SHIMON ZILBERMAN

THE UP-TO-DATE HEBREW - ENGLISH DICTIONARY

מִילוֹן
עִבְרִי – אַנגלִי
עַדְכָּנִי

בעריכת

שמעון זילברמן

BREW

ZILBERMAN'S DICTIONARIES

ISBN-978-965-90918-1-2
THE NEW COMPREHENSIVE DICTIONARY
ENGLISH-HEBREW / HEBREW-ENGLISH
89,000 ENTRIES

ISBN-965-90918-0-X
THE UP-TO-DATE
ENGLISH-HEBREW DICTIONARY
60,000 ENTRIES

ISBN-965-222-862-1
THE UP-TO-DATE DICTIONARY
ENGLISH-HEBREW / HEBREW-ENGLISH
82,000 ENTRIES

ISBN-965-222-778-1
THE COMPACT UP-TO-DATE DICTIONARY
ENGLISH-HEBREW / HEBREW-ENGLISH
55,000 ENTRIES

ISBN-965-222-779-X
THE UP-TO-DATE
HEBREW-ENGLISH DICTIONARY
27,000 ENTRIES

zilpub@walla.co.il

Published by Zilberman
P.O.B. 6119 Jerusalem
Tel./Fax 02-6524928
Printed in Israel

THE UP-TO-DATE HEBREW-ENGLISH DICTIONARY

מילון עברי-אנגלי עדכני

הַקְדָּמָה

הַתּוֹפָעוֹת הַשּׁוֹנוֹת שֶׁבְּעוֹלָמֵנוּ, וְהַחֲוָיוֹת שֶׁאָנוּ מִתְנַסִּים בָּהֶן חֲדָשִׁים לַבְּקָרִים, כּוֹפוֹת עָלֵינוּ מִדֵּי פַּעַם בְּפַעַם לִטְבּוֹעַ תַּחְדִּישִׁים לְשׁוֹנִיִּים, הַנִּקְלָטִים בַּשָּׂפָה אַט-אַט וְהוֹפְכִים לְנַחֲלַת הַכְּלָל. לְפִיכָךְ מִתְעוֹרֵר בְּכָל פֶּרֶק-זְמַן הַצּוֹרֶךְ לְעַדְכֵּן אֶת הַמִּילוֹנִים וּלְשַׁבֵּץ בָּהֶם אֶת הַמּוּנָחִים הַחֲדָשִׁים.

הַמִּילוֹן הָעִבְרִי-אַנְגְלִי הָעַדְכָּנִי עוֹנֶה עַל דְּרִישָׁה זוֹ, שֶׁכֵּן הוּא כּוֹלֵל מִלִּים וּבִיטּוּיִים שְׁכִיחִים, וְכֵן כָּאֵלֶּה שֶׁנִּתְחַדְּשׁוּ לָאַחֲרוֹנָה בַּלְּשׁוֹנוֹת הָעִבְרִית וְהָאַנְגְלִית בִּשְׂפַת הַיּוֹם יוֹם, וּבִתְחוּמִים שׁוֹנִים כְּגוֹן בְּעַנְפֵי הָרְפוּאָה, הַסְּפּוֹרְט, הַמַּחְשְׁבִים וְעוֹד.

הַמִּילוֹן מְיוּעָד הֵן לַקּוֹרֵא הָעִבְרִי וְהֵן לַקּוֹרֵא הָאַנְגְלִי. הַמָּבוֹא לַשָּׂפָה הָעִבְרִית שֶׁנִּיתָּן בָּעַמּוּדִים הַבָּאִים עָשׂוּי לִהְיוֹת לְעֵזֶר לַלּוֹמֵד שֶׁשְּׂפַת אִמּוֹ אַנְגְלִית.

הַכְּתִיב בַּמִּילוֹן הוּא כְּתִיב מָלֵא. דָּגֵשׁ בָּא רַק בָּאוֹתִיּוֹת ב, כ, פ, ת. שִׁין יְמָנִית אֵינָהּ מְסוּמֶּנֶת; שִׂין שְׂמָאלִית מְסוּמֶּנֶת; שְׁוָא נָח אֵינוֹ מְסוּמָּן.

הַפּוֹעַל הָעִבְרִי מוּבָא בְּצוּרַת גּוּף יָחִיד, עָבָר, נִסְתָּר (בַּבִּנְיָן הַמַּתְאִים). כָּךְ לְמָשָׁל הַמְחַפֵּשׂ אֶת הַמִּלָּה "אֶשָּׁמֵר" יְאַתֵּר אוֹתָהּ בָּעֵרֶךְ "נִשְׁמַר"; כְּמוֹ כֵן יֵשׁ לְחַפֵּשׂ אֶת הַמִּלָּה "לָשֶׁבֶת" בָּעֵרֶךְ "יָשַׁב", וְכַדּוֹמֶה.

AN INTRODUCTION TO HEBREW

Hebrew is one of the most ancient languages in the world. The Bible was written in Hebrew, and the Jews uttered daily their prayers in this 'Holy Tongue' for thousands of years. With the revival of Zionism, Modern Hebrew became a commonly spoken language, and now it is the official language of Israel.

The next few pages present the basic characteristics of Hebrew (which is written from right to left), so that the reader may have the basis to expand his knowledge of this language. It must be noted that only the very essentials of Hebrew are given here, and the reader is advised to refer to more detailed books and to listen attentively to Hebrew-speakers.

For the sake of simplicity, the symbols used here for the transliteration of the various sounds (consonant-sounds and vowel-sounds), are of letters of the English alphabet without dots, signs etc. Sounds that are very close to one another, are given the same symbol.

Abbreviations used here:
זָכָר - ז׳ - noun (masculine)
נְקֵבָה - נ׳ - noun (feminine)
זָכָר רִיבּוּי - ז״ר - noun (masculine) plural
נְקֵבָה רִיבּוּי - נ״ר - noun (feminine) plural
מִלַּת גוּף - מ״ג - pronoun
מִלַּת חִיבּוּר - מ״ח - conjunction
מִלַּת יַחַס - מ״י - preposition
מִלַּת קְרִיאָה - מ״ק - interjection
פּוֹעַל - פ׳ - verb
רָאשֵׁי תֵּיבוֹת - ר״ת - acronym
שֵׁם מִספָּר - ש״מ - numeral
תּוֹאַר - ת׳ - adjective
תּוֹאַר הַפּוֹעַל - תה״פ - adverb. תח' - prefix
m. - masculine; f. - feminine.
sing. - singular; pl. - plural.
* (asterisk) - slang or colloquialism

TRANSLITERATION

The transliteration of the Hebrew consonant-sounds used here is:
[b] as 'b' in 'boy': בן (בֵּן) [ben] (a son).
[ch] as 'ch' in 'chair': צ׳ילו (צֶ׳ילוֹ) [CHElo] (a cello).
[d] as 'd' in 'day': דגל (דֶּגֶל) [DEgel] (a flag).
[f] as 'f' in 'free': יפה (יָפֶה) [yaFE] (beautiful).
[g] as 'g' in 'good': בגד (בֶּגֶד) [BEged] (a garment).
[h] as 'h' in 'happy': הד (הֵד) [hed] (an echo).
[j] as 'j' in 'joy': ג׳יפ (ג׳יפּ) [jip] (a jeep).
[k] as 'k' in 'book': כן (כֵּן) [ken] (yes).
[kh] as 'ch' in the Scottish word 'loch': אחד (אֶחָד) [eKHAD] (one).
[l] as 'l' in 'glad': גל (גַּל) [gal] (a wave).
[m] as 'm' in 'merry': אמת (אֱמֶת) [eMET] (truth).
[n] as 'n' in 'not': אני (אֲנִי) [aNI] (I).
[p] as 'p' in 'please': פרח (פֶּרַח) [PErakh] (a flower).
[r] as 'r' in 'ring': רק (רַק) [rak] (only).
[s] as 's' in 'sorry': סולם (סוּלָם) [suLAM] (a ladder).
[sh] as 'sh' in 'shall': שם (שֵׁם) [shem] (a name).
[t] as 't' in 'tall': טוב (טוֹב) [tov] (good).
[ts] as 'ts' in 'its': צב (צָב) [tsav] (a tortoise).
[v] as 'v' in 'very': אב (אָב) [av] (a father).
[y] as 'y' in 'young': ילד (יֶלֶד) [YEled] (a child).
[z] as 'z' in 'zoo': זאב (זְאֵב) [zeEV] (a wolf).
[zh] as 's' in 'pleasure': בז׳ (בֶּז׳) [bezh] (beige).

The transliteration of the Hebrew vowel-sounds used here is:
[a] as 'a' in 'car': אב (אָב) [av] (a father).
[e] as 'e' in 'bed': בן (בֵּן) [ben] (a son).
[i] as 'ee' in 'keep': שיר (שִׁיר) [shir] (a song).
[o] as 'o' in 'more': טוב (טוֹב) [tov] (good).
[u] as 'oo' in 'zoo': הוא (הוּא) [hu] (he).

The diphthongs:
[ai] as 'y' in 'by': אולי (אוּלַי) [uLAI] (perhaps).
[ei] as 'a' in 'make': לפני (לִפְנֵי) [lifNEI] (before).
[oi] as 'oy' in 'boy': גוי (גּוֹי) [goi] (a nation).
[ui] as 'oi' in 'doings': בנוי (בָּנוּי) [baNUI] (built).

Note: [a], [e], [i], [o] and [u] retain their consonantal value at the beginning of a syllable: אך (אַךְ) [akh] (but); אש (אֵשׁ) [esh] (a fire); איש (אִישׁ) [ish] (a man); אור (אוֹר) [or] (light); אולי (אוּלַי) [uLAI] (maybe).

Words in the examples are given in this order: unpointed Hebrew, pointed Hebrew, transliteration, meaning. Accented syllables are written in capital letters.

THE CONSONANTS

There are 22 letters (consonants) in the Hebrew alphabet. They are:
א, ב, ג, ד, ה, ו, ז, ח, ט, י, כ, ל, מ, נ, ס, ע, פ, צ, ק, ר, ש, ת.
1. א (אָלֶף) [Alef], as 'a' in 'all', or as 'h' in 'honest':
אדם (אָדָם) [aDAM] (a man); זאב (זְאֵב) [zeEV] (a wolf).
1.1. א at the end of a syllable is silent (i.e. not pronounced):
באתי (בָּאתִי) [BAti] (I came); לא (לֹא) [lo] (no).
2. בּ (בֵּית) [bet], as 'b' in 'ball':
בן (בֵּן) [ben] (a son); אבא (אַבָּא) [Aba] (father).
2.1. ב as 'v' in 'very':
אב (אָב) [av] (a father); אבן (אֶבֶן) [Even] (a stone).
3. ג (גִּימֶל) [GImel], as 'g' in 'good':
גג (גַּג) [gag] (a roof); בגד (בֶּגֶד) [BEged] (a garment).
3.1. ג׳ as 'j' in 'jam':
ג׳יפ (גִ׳יפּ) [jip] (a jeep); ג׳וקר (ג׳וֹקֶר) [JOker] (a joker).
4. ד (דָּלֶת) [DAlet], as 'd' in 'good':
דגל (דֶּגֶל) [DEgel] (a flag); בגד (בֶּגֶד) [BEged] (a garment).
5. ה (הֵא) [he], as 'h' in 'happy':
הד (הֵד) [hed] (an echo); אהב (אָהַב) [aHAV] (he loved).
5.1. ה at the end of a word is silent (i.e. not pronounced):
מה (מַה) [ma] (what); זה (זֶה) [ze] (this).
5.2. הּ (מַפִּיק הֵא) [maPIK he] occurs sometimes at the end of a word, to indicate that the ה is audible and not silent:
גבה (גָּבַהּ) [gaVAH] (he became tall); לה (לָהּ) [lah] (to her).
6. ו (וָו) [vav], as 'v' in 'very':
וגם (וְגַם) [veGAM] (and also); ודאי (וַדַּאי) [vaDAI] (of course).
6.1. וֹ is a vowel; it indicates the pronunciation [o]:
שור (שׁוֹר) [shor] (a bull); אור (אוֹר) [or] (light).

6.2. ו is a vowel; it indicates the pronunciation [u]:
סוס (סוּס) [sus] (a horse); הוא (הוּא) [hu] (he).
6.3. וּ at the beginning of a word is pronounced [u] as 'oo' in 'ooze', it means 'and', and it occurs before ב, ו, מ, פ, or before a schwa:
אב ובנו (אָב וּבְנוֹ) [av uvNO] (a father and his son).
6.4. When ו is a consonant and not a vowel, it is often doubled, so as not to mistake it for a vowel, and is written וו :
דוור (דַּוָּר) [daVAR] (a postman);
7. ז (זַיִן) [ZAyin], as 'z' in 'zero':
איזה (אֵיזֶה) [EIze] (which); זאב (זְאֵב) [zeEV] (a wolf).
7.1. ז׳ as 's' in 'treasure':
בז׳ (בֶּז׳) [bezh] (beige).
8. ח (חֵית) [khet], as 'ch' in the Scottish word 'loch':
אחד (אֶחָד) [eKHAD] (one); חג (חַג) [khag] (a holiday).
Note: Many Israelis pronounce ח more gutturally.
9. ט (טֵית) [tet], as 't' in 'tall':
טוב (טוֹב) [tov] (good); לאט (לְאַט) [leAT] (slowly).
10. י (יוּד) [yud], as 'y' in 'young':
ילד (יֶלֶד) [YEled] (a child); יד (יָד) [yad] (a hand).
10.1. י often appears after a khirik, especially in unpointed Hebrew, where it serves as a vowel, to indicate the pronunciation [i]:
דיבר (דִּיבֵּר) [diBER] (he talked); גילה (גִּילָה) [giLA] (he discovered).
10.2. י sometimes serves as a vowel, especially in unpointed Hebrew, to indicate the pronunciation [ei]:
ביאור (בֵּאוּר) [beiUR] (explanation); אבידה (אֲבֵדָה) [aveiDA] (a loss).
10.3. When י is a consonant and not a vowel, it is often doubled, so as not to mistake it for a vowel:
בניין (בִּנְיָן) [binYAN] (a building);
11. כ (כָּף) [kaf], as 'k' in 'bake':
כן (כֵּן) [ken] (yes); כי (כִּי) [ki] (because).
11.1. כ as 'ch' in the Scottish word 'loch':
אכל (אָכַל) [aKHAL] (he ate); שכח (שָׁכַח) [shaKHAKH] (he forgot).
11.2. כ at the end of a word is written ך :
דרך (דֶּרֶךְ) [DErekh] (a way); אביך (אָבִיךָ) [aviKHA] (your father);
12. ל (לָמֶד) [LAmed], as 'l' in 'play':
לילה (לַיְלָה) [LAIla] (night); גל (גַּל) [gal] (a wave).
13. מ (מֵם) [mem], as 'm' in 'mother':
מתי (מָתַי) [maTAI] (when); אמת (אֱמֶת) [eMET] (truth).

13.1. מ at the end of a word is written ם :
אם (אֵם) [em] (a mother); לחם (לֶחֶם) [LEkhem] (bread);
14. נ (נוּן) [nun], as 'n' in 'not':
אני (אֲנִי) [aNI] (I); גינה (גִינָה) [giNA] (a garden).
14.1. נ at the end of a word is written ן:
בן (בֵּן) [ben] (a son); אבן (אֶבֶן) [Even] (a stone);
15. ס (סָמֶך) [SAmekh], as 's' in 'small':
סולם (סוּלָם) [suLAM] (a ladder); סוס (סוּס) [sus] (a horse).
16. ע (עַיִן) [Ayin], as 'a' in 'all', or as 'h' in 'honest':
עלה (עָלֶה) [aLE] (a leaf); פועל (פּוֹעֵל) [poEL] (a worker).
Note: Many Israelis pronounce ע more gutturally.
17. פ (פֵּא) [pe], as 'p' in 'play':
פרח (פֶּרַח) [PErakh] (a flower); פיזר (פִּיזֵר) [piZER] (he dispersed).
17.1. פ as 'f' in 'free':
יפה (יָפֶה) [yaFE] (beautiful); שפם (שָׂפָם) [saFAM] (a mustache).
17.2. פ at the end of a word is written ף:
אף (אַף) [af] (a nose); חורף (חוֹרֶף) [KHOref] (winter).
18. צ (צָדֵי) [TSAdei], as 'ts' in 'its':
אצל (אֵצֶל) [Etsel] (by); צב (צָב) [tsav] (a tortoise).
18.1. צ׳ as 'ch' in 'chair':
צ׳ילו (צֶ׳ילוֹ) [CHElo] (a cello); ריצ׳רץ׳ (רִיצ׳רָץ׳) [RICHrach] (a zipper).
18.2 צ at the end of a word is written ץ:
חץ (חֵץ) [khets] (an arrow); ארץ (אֶרֶץ) [Erets] (a country).
19. ק (קוּף) [kuf], as 'k' in 'sake':
רק (רַק) [rak] (only); בוקר (בּוֹקֶר) [BOker] (morning).
20. ר (רֵיש) [resh], as 'r' in 'bring':
רק (רַק) [rak] (only); מחר (מָחָר) [maKHAR] (tomorrow).
21. ש (שִׁין) [shin], as 'sh' in 'push':
שם (שֵׁם) [shem] (a name); שם (שָׁם) [sham] (there).
Note: This ש is called שִׁין יְמָנִית [shin yemaNIT] (a right-handed 'shin'), as a dot is placed over its right-hand corner.
21.1. ש as 's' in 'same':
ישראל (יִשְׂרָאֵל) [israEL] (Israel); עשה (עָשָׂה) [aSA] (he made).
Note: This ש is called שִׂין שְׂמָאלִית [sin semaLIT] (a left-handed 'sin'), as a dot is placed over its left-hand corner.
22. תּ, or ת (תָּו) [tav], as 't' in 'tall':
אתה (אַתָּה) [aTA] (you); אותו (אוֹתוֹ) [oTO] (him).
Note: תּ and ת are both pronounced [t].

THE VOWELS

The vowels are signs placed below the letters, over them, or after them.

The five long vowels are:
(אָ) (קָמַץ) [kaMATS], vowel-sound [a] : זר (זָר) [zar] (a stranger).
(אֵ) (צֵירֶה) [tseRE], vowel-sound [e] : נר (נֵר) [ner] (a candle).
(אִי) (חִירִיק גָדוֹל) [long khiRIK], vowel-sound [i]: כי (כִּי) [ki] (as).
(אוֹ) (חוֹלָם) [khoLAM], vowel-sound [o]: חול (חוֹל) [khol] (sand).
(אוּ) (שׁוּרוּק) [shuRUK], vowel-sound [u]: שוב (שׁוּב) [shuv] (again).

The five short vowels are (actually, the same sounds as above):
(אַ) (פַּתָּח) [paTAKH], vowel-sound [a]: חג (חַג) [khag] (a holiday).
(אֶ) (סֶגוֹל) [seGOL], vowel-sound [e]: דרך (דֶרֶךְ) [DErekh] (a way).
(אִ) (חִירִיק קָטָן) [short khiRIK], vowel-sound [i]: אם (אִם) [im] (if).
(אָ) (קָמַץ חָטוּף) [kaMATS khaTUF], vowel-sound [o]: תוכנית (תָּכְנִית) [tokhNIT] (a plan); כל (כָּל) [kol] (all).
(אֻ) (קֻבּוּץ) [kuBUTS], vowel-sound [u]: בובה (בֻּבָּה) [buBA] (a doll).

Note: Kholam occurs sometimes without a ו (short kholam):
פה (פֹּה) [po] (here); לא (לֹא) [lo] (no).
Kamats khatuf is generally replaced by a kholam:
חופשי (חָפְשִׁי) [khofSHI] (free).
Kubuts is generally replaced by a shuruk:
סוכר (סֻכָּר) [suKAR] (sugar).

THE SCHWA

The schwa (אְ) (שְׁוָא) [sheVA] is placed below the letter. It indicates lack (or almost lack) of a vowel-sound. The schwa is of two kinds:
1. שְׁוָא נָע [sheva na] (vocal schwa), vowel-sound [e]; it occurs at the beginning of a syllable:
זְאֵב [zeEV] (a wolf); שָׁמְרָה [shameRA] (she has kept).
2. שְׁוָא נָח [sheva nakh] (silent schwa), indicates that the letter has no vowel-sound; it occurs at the end of a syllable. At the end of a word (now also at the end of a syllable), it is almost always omitted:
אָב [av] (a father); מִשְׁפָּט or מִשפָּט [mishPAT] (a sentence).

THE COMPOSITE SCHWA

The composite schwas are:
(אֳ) (חֲטַף קָמַץ) [khaTAF kaMATS], vowel-sound [o]:
צָהֳרַיִים [tsohoRAim] (noon).
(אֲ) (חֲטַף פַּתָּח) [khaTAF paTAKH], vowel-sound [a]:
אֲנִי [aNI] (I).
(אֱ) (חֲטַף סֶגוֹל) [khaTAF seGOL], vowel-sound [e]:
אֱמֶת [eMET] (truth).
The composite schwa replaces the vocal schwa under א, ה, ח, ע.

THE FURTIVE PATAKH

A patakh at the end of a word under הּ or under ח or under ע, is called פַּתַּח גְנוּבָה [patakh genuVA] (furtive (-letter) patakh).
This patakh at the end of a word under ח is pronounced אַח [akh], (not [kha]): רוח (רוּחַ) [RUakh] (a wind) (not [RUkha]).
גבוה (גָבוֹהַּ) [gaVOah] (high).
מזבח (מִזְבֵּחַ) [mizBEakh] (an altar) (not [mizBEkha]).
רוע (רוֹעַ) [ROa] (wickedness).

THE DAGESH

The daGESH is a dot inside a letter.
The dot may appear in all the letters except א, ה, ח, ע, ר. However, only the dotted letters בּ, כּ, פּ, תּ, are discussed here.

THE ACCENT

The accent in Hebrew occurs either on the last (ultimate) syllable, or on the next to last (penultimate) syllable. Hebrew words are generally accented on the last syllable. But nouns ending in a consonant pointed by a short vowel and followed by another consonant (a closed syllable), are generally accented on the penultimate syllable:
סֵפֶר [SEfer] (a book); נַעַר [NAar] (a boy).

THE NOUN

The noun in Hebrew is either masculine or feminine. A noun ending in a ה or ת is usually feminine; all other nouns are mostly masculine. Generally, the plural of the masculine noun is formed by adding ים to the end of the noun (often accompanied by a change in the pointing of the singular form): יֶלֶד [YEled] (a boy); יְלָדִים [yelaDIM] (boys). The plural of the feminine noun is generally formed by replacing the ה or ת with ות: יַלְדָּה [yalDA] (a girl); יְלָדוֹת [yelaDOT] (girls).

THE ADJECTIVE

The adjective in Hebrew appears after the noun, and the suffixes ה, ים, ות are added respectively to agree with the number and gender: יֶלֶד טוֹב [-tov] (a good boy); יַלְדָּה טוֹבָה [-toVA] (a good girl); יְלָדִים טוֹבִים [-toVIM] (good boys); יְלָדוֹת טוֹבוֹת [-toVOT] (good girls).

THE CONSTRUCT STATE

Generally, when two nouns combine in Hebrew to form a new compound, the first noun is in the Construct State.

For example, יַד אָדָם means 'hand of a man'. The first word יַד 'hand of' is in the Construct State, since it is dependent on the second word אָדָם 'a man'. Hebrew is rich in such compounds. Words in the Construct State most often change both in spelling and pointing of their Absolute State. Some main changes are:

1. Changes in the pointing:

שָׂדֶה (field), קְרָב (battle); שְׂדֵה קְרָב (battlefield).

2. The ending ־ָה of the Absolute State becomes ־ַת:

גִּינָּה (garden), גַּג (roof); גִּינַּת גַּג (roof garden).

3. The ending ־ים of the Absolute State becomes ־ֵי:

מַיִם (water), יָם (sea); מֵי יָם (sea water).

צִיּוּרִים (paintings), שֶׁמֶן (oil); צִיּוּרֵי שֶׁמֶן (oil paintings).

The definite article (הַ) is prefixed to the genitive (i.e. the second word), not to the word in the construct state:

שְׂדֵה הַקְּרָב (the battlefield); צִיּוּרֵי הַשֶּׁמֶן (the oil paintings).

THE VERB

The Hebrew verb consists of three letters that form the verb-root. The conjugation of the verb in tense, gender etc. is supplied by the vowels and affixes. The verb is conjugated in seven 'structures' (בְּנְיָנִים):

1. פָּעַל [paAL], also called קַל [kal] (Simple Active):
(שָׁמַר) [shaMAR] (he kept) verb-root: שמר.

2. נפעל [nifAL] (Simple Passive):
(נִשְׁמַר) [nishMAR] (he was kept) verb-root: שמר.

3. פִּיעֵל [piEL] (Intensive Active):
(בִּיטֵל) [biTEL] (he canceled) verb-root: בטל.

4. פּוּעַל [puAL] (Intensive Passive):
(בּוּטַל) [buTAL] (he was canceled) verb-root: בטל.

5. הִפְעִיל [hifIL] (Causative Active):
(הִשְׁמִיד) [hishMID] (he destroyed) verb-root: שמד.

6. הוּפְעַל [hufAL] (Causative Passive):
(הוּשְׁמַד) [hushMAD] (he was destroyed) verb-root: שמד.

7. הִתְפַּעֵל [hitpaEL] (Reflexive):
(הִתְלַבֵּשׁ) [hitlaBESH] (he dressed himself) verb-root: לבש.

The verbs are classified in 'classes' (גְּזָרוֹת) according to the type of the three root-letters, and are conjugated accordingly. The conjugations of the verbs are decided by strict rules. The above verbs are of the 'regular class' (גִּזְרַת הַשְׁלֵמִים). But a verb in which one or more of its root-letters is 'weak' (א, ה, ו, י, or נ), or verbs that have double letters in their verb-root, deviate from the regular conjugations: changes occur in the vowels, root-letters drop, or are replaced by other letters according to the 'class' (גִּזְרָה) of the verb. Such verbs are called 'weak verbs', since they do not follow the conjugations of the 'regular verb'.

The verb-root, for instance, of הִכִּיר [hiKIR] (he recognized) is נכר. Since its 'structure' is הִפְעִיל it loses the נ (of הִנְכִּיר).

The verb-root of קַמְתִּי [KAMti] (I got up) is קום; since its 'structure' is קַל, the ו of its verb-root drops in the past tense.

In dictionaries, the verb appears in its respective 'structure', in the past tense, 3rd person, singular, masculine:

קַמְתִּי is found at קָם [kam] (he got up).

אֵשֵׁב [eSHEV] (I'll sit down) is found at יָשַׁב [yaSHAV] (he sat down).

AFFIXES

Prepositional, Conjunctive etc. Prefixes:
בְּ, or בּ 'in' or 'into': בְּסֵפֶר [beSEfer] (in a book).
בַּ, or בָּ 'in the': בַּיָּד [baYAD] (in the hand).
הַ, or הָ serves as the definite article: הַיָּם [haYAM] (the sea).
הֲ, or הַ serves as an interrogative: הֲתֵלֵךְ? [hateLEKH] (will you go?).
וְ, or וּ 'and': הוּא וְהִיא [hu veHI] (he and she).
כְּ, or כּ 'as': כְּאָדָם [keaDAM] (as a man).
כַּ, or כָּ 'as the': כַּצִּיפּוֹר [katsiPOR] (as the bird).
לְ, or לִ 'to': לְמָקוֹם [lemaKOM] (to a place).
לַ, or לָ 'to the': לַיָּם [laYAM] (to the sea).
מִ, or מֵ 'from': מִשָּׁם [miSHAM] (from there).
שֶׁ 'that' or 'which' or 'who': שֶׁכָּתַב [shekaTAV] (who wrote).

Pronominal Suffixes of Singular Masculine Nouns:
-ִי 'my': סִפְרִי [sifRI] (my book).
-ךָ 'your' (m. sing.): סִפְרְךָ [sifreKHA] (your book).
-ךְ 'your' (f. sing.): סִפְרֵךְ [sifREKH] (your book).
-וֹ 'his' (m. sing.): סִפְרוֹ [sifRO] (his book).
-ָהּ 'her' (f. sing.): סִפְרָהּ [sifRAH] (her book).
-ֵנוּ 'our': סִפְרֵנוּ [sifREnu] (our book).
-כֶם 'your' (m. pl.): סִפְרְכֶם [sifreKHEM] (your book).
-כֶן 'your' (f. pl.): סִפְרְכֶן [sifreKHEN] (your book).
-ָם 'their' (m. pl.): סִפְרָם [sifRAM] (their book).
-ָן 'their' (f. pl.): סִפְרָן [sifRAN] (their book).

Pronominal Suffixes of Plural Masculine Nouns:
-ַי 'my': סְפָרַי [sefaRAI] (my books).
-ֶיךָ 'your' (m. sing.): סְפָרֶיךָ [sefaREkha] (your books).
-ַיִךְ 'your' (f. sing.): סְפָרַיִךְ [sefaRAikh] (your books).
-ָיו 'his' (m. sing.): סְפָרָיו [sefaRAV] (his books).
-ֶיהָ 'her' (f. sing.): סְפָרֶיהָ [sefaREha] (her books).
-ֵינוּ 'our': סְפָרֵינוּ [sefaREInu] (our books).
-ֵיכֶם 'your' (m. pl.): סִפְרֵיכֶם [sifreiKHEM] (your books).
-ֵיכֶן 'your' (f. pl.): סִפְרֵיכֶן [sifreiKHEN] (your books).
-ֵיהֶם 'their' (m. pl.): סִפְרֵיהֶם [sifreiHEM] (their books).
-ֵיהֶן 'their' (f. pl.): סִפְרֵיהֶן [sifreiHEN] (their books).

Verb Affixes of בִּנְיַן פָּעַל, גִּזְרַת הַשְּׁלֵמִים, verb-root: שמר:

Past Tense Suffixes:
ָ-ַ-תִּי 'I have': שָׁמַרְתִּי [shaMARti] (I have kept).
ָ-ַ-תָּ 'you have' (m. sing.): שָׁמַרְתָּ [shaMARta] (you have kept).
ָ-ַ-תְּ 'you have' (f. sing.): שָׁמַרְתְּ [shaMART] (you have kept).
ָ-ַ (no suffix) 'he has': שָׁמַר [shaMAR] (he has kept).
ָ-ְ-ָה 'she has': שָׁמְרָה [shameRA] (she has kept).
ָ-ַ-נוּ 'we have': שָׁמַרְנוּ [shaMARnu] (we have kept).
ְ-ַ-תֶּם 'you have' (m. pl.): שְׁמַרְתֶּם [shemarTEM] (you have kept).
ְ-ַ-תֶּן 'you have' (f. pl.): שְׁמַרְתֶּן [shemarTEN] (you have kept).
ָ-ְ-וּ 'they have': שָׁמְרוּ [shameRU] (they have kept).

Present Tense Affixes:
-וֹ-ֵ- (m. sing.): שׁוֹמֵר [shoMER] (I, you, he, keep(s)).
-וֹ-ֶ-ֶת (f. sing.): שׁוֹמֶרֶת [shoMEret] (I, you, she keep(s)).
-וֹ-ְ-ִים (m. pl.): שׁוֹמְרִים [shomeRIM] (we, you, they keep).
-וֹ-ְ-וֹת (f. pl.): שׁוֹמְרוֹת [shomeROT] (we, you, they keep).

Future Tense Affixes:
אֶ--וֹ- 'I will': אֶשְׁמוֹר [eshMOR] (I will keep).
תִּ--וֹ- 'you will' (m. sing.): תִּשְׁמוֹר [tishMOR] (you will keep).
תִּ-ְ-ִי 'you will' (f. sing.): תִּשְׁמְרִי [tishmeRI] (you will keep).
יִ--וֹ- 'he will': יִשְׁמוֹר [ishMOR] (he will keep).
תִּ--וֹ- 'she will': תִּשְׁמוֹר [tishMOR] (she will keep).
נִ--וֹ- 'we will': נִשְׁמוֹר [nishMOR] (we will keep).
תִּ-ְ-וּ 'you will' (m. pl.): תִּשְׁמְרוּ [tishmeRU] (you will keep).
תִּ--וֹ-נָה 'you will' (f. pl.): תִּשְׁמוֹרְנָה [tishMORna] (you will keep).
יִ-ְ-וּ 'they will' (m. pl.): יִשְׁמְרוּ [ishmeRU] (they will keep).
תִּ--וֹ-נָה 'they will' (f. pl.): תִּשְׁמוֹרְנָה [tishMORna] (they will keep).

Imperative Affixes:
ְ-וֹ- (m. sing.): שְׁמוֹר [sheMOR] (keep!).
ִ-ְ-ִי (f. sing.): שִׁמְרִי [shimRI] (keep!).
ִ-ְ-וּ (m. pl.): שִׁמְרוּ [shimRU] (keep!).
ְ-וֹ-נָה (f. pl.): שְׁמוֹרְנָה [sheMORna] (keep!).

Infinitive Affixes: לִ--וֹ-: לִשְׁמוֹר [lishMOR] (to keep).

POINTED HEBREW AND UNPOINTED HEBREW

Pointed Hebrew is written with vowels, schwas, dagesh, dots, etc.
Unpointed Hebrew is written without these signs.
The apostrophe (') after ג, ז, and צ is retained in unpointed Hebrew:
ג׳ימי נולד בצ׳ילי [JImi noLAD beCHIli] (Jimmy was born in Chile).
Partially pointed Hebrew is sometimes used to clarify the meaning:
הוא שמֵח [hu saMEakh] (he is glad).
הוא שמַח [hu saMAKH] (he was glad).

The following text is written first in pointed Hebrew and then in unpointed Hebrew:

הַיְהוּדִים חָזְרוּ לְאֶרֶץ יִשְׂרָאֵל לְאַחַר שֶׁהוּגלוּ מִשָּׁם בְּכוֹחַ וּלְאַחַר שֶׁשָּׁמְרוּ לָהּ אֱמוּנִים בְּמֶשֶׁךְ אַלְפֵי שָׁנִים. הֵם הֵקִימוּ אֶת מְדִינַת יִשְׂרָאֵל וְחִידְשׁוּ בָּהּ אֶת חֵירוּתָם. תּוֹשָׁבֵי יִשְׂרָאֵל מוֹשִׁיטִים יָד לְשָׁלוֹם לְכָל מְדִינוֹת הָאֵיזוֹר, וְקוֹרְאִים אֶל הָעָם הַיְהוּדִי בָּעוֹלָם לְהִתְלַכֵּד סְבִיבָם וְלַעֲזוֹר בְּבִנְיַין הָאָרֶץ.

היהודים חזרו לארץ ישראל לאחר שהוגלו משם בכוח ולאחר ששמרו לה אמונים במשך אלפי שנים. הם הקימו את מדינת ישראל וחידשו בה את חירותם. תושבי ישראל מושיטים יד לשלום לכל מדינות האיזור, וקוראים אל העם היהודי בעולם להתלכד סביבם ולעזור בבניין הארץ.

The Jews returned to the Land of Israel after they were exiled from there by force and after they remained loyal to her during thousands of years. They established the State of Israel and renewed their freedom there. The residents of Israel extend a hand of peace to all the countries of the region, and call on the Jewish people in the world to rally around them and to help with the building of the Land.
(From the Declaration of Independence)

[hayehuDIM khazeRU leErets israEL leaKHAR shehugLU miSHAM beKHOakh uleaKHAR sheshameRU lah emuNIM beMEshekh alFEI shaNIM. hem heKImu et mediNAT israEL vekhideSHU bah et kheiruTAM. toshaVEI israEL moshiTIM yad leshaLOM leKHOL mediNOT haeiZOR, vekoreIM el haAM hayehuDI baoLAM lehitlaKED seviVAM velaaZOR bevinYAN haArets].

FULL SPELLING AND SHORT SPELLING
(כתיב מלא וכתיב חסר)

Classical Hebrew had strict rules in writing. The use of 'short spelling', (i.e. the short khirik, short kholam and kubuts) was strictly kept. Words in unpointed Hebrew were spelled like those in pointed Hebrew. For example, חִוֵּר [khiVER] (pale) in pointed Hebrew, was written חור in unpointed Hebrew as well. But חור might be mistaken for [khor] (a hole). Since it was sometimes difficult for the reader to identify the meaning, the 'full spelling' was introduced, and the letters ו and י were used instead of vowels. Thus חִוֵּר [khiVER] is now written חיוור in unpointed Hebrew. Moreover, this 'full spelling' is now used generally even in pointed Hebrew (חִוֵּר is written חִיוֵּר). Some dictionaries, however, still follow the strict rules of the 'short spelling', and the reader who is not familiar with the rules is advised to look up a word that has the vowel-sounds [i] or [o], or the consonant-sounds [y] or [v], in different places in the dictionary, where it may appear with or without a ו or י, or sometimes with two of them, e.g. וו.

The main rules of the full spelling are:

1. The vowel-sound [u] is always written with a ו:
שולחן (שֻׁלְחָן) [shulKHAN] (a table); בובה (בֻּבָּה) [buBA] (a doll).
2. The vowel-sound [o] is always written with a ו:
בוקר (בֹּקֶר) [BOker] (morning); חופשי (חָפְשִׁי) [khofSHI] (free).
3. The vowel-sound [i] (not before a silent schwa) is written with a י:
כיסא (כִּסֵּא) [kiSE] (a chair); דיבר (דִּבֵּר) [diBER] (he talked).
4. The vowel-sound [i] before a silent schwa is written without a י:
מכתב (מִכְתָּב) [mikhTAV] (a letter).
5. The consonant ו, consonant-sound [v], (only in the middle of the word) is doubled and written וו:
זווית (זָוִית) [zaVIT] (an angle).
6. The consonant י, consonant-sound [y], (usually in the middle of the word) is doubled:
בניין (בִּנְיָן) [binYAN] (a building).

א

א נ׳	A
– מא׳ ועד ת׳	from A to Z, from cover to cover
א׳	firstly, in the first place
א״א	excellent, A1
א״א = אי־אפשר	impossible
אא״כ = אלא אם כן	unless
אָב ז׳	father, *old man, Av (month)
– אב בית דין	president of court
– אב העורקים	aorta
– אב חורג	stepfather
– אב קדמון	ancestor, forebear
– אבי הסב	great-grandfather
– אבות המזון	nutrients
אֵב ז׳	young shoot, youth
– בעודו באיבו	untimely, in the prime of life
אַבָּא ז׳	father, *dad, *papa
אָבַד פ׳	be lost, get lost
– אבד עליו כלח	become outmoded
אֲבֵדָה נ׳	loss, casualty
אֲבַדּוֹן ז׳	ruin, destruction, doom
אָבָה פ׳	want, desire, wish
אַבָהוּת נ׳	fatherhood, paternity
אֲבָהִי ת׳	fatherly, paternal
אַבּוּב ז׳	oboe, inner tube, hautboy
– אבוב רופאים	stethoscope
אַבּוּבִית נ׳	small oboe, tubule
אַבּוּבָן ז׳	oboist
אָבוּד ת׳	hopeless, lost, irrecoverable
אֲבוֹי מ״ק	alas, oh brother!, woe to
אָבוּס ת׳	fattened, stuffed, stall-fed
אֲבוֹקָדוֹ ז׳	avocado
אֲבוּקָה נ׳	torch
אִבְזֵר פ׳	accessorize
אַבְזָם ז׳	buckle, clasp
– התיר האבזם	unbuckle
אַבְזָר ז׳	accessory, gadget
אַבְזְרָן ז׳	property man
אַבְחוֹמֶר ז׳	protoplasm
אִבְחוּן ז׳	diagnosis
אַבְחַי ז׳	protozoon
– אבחיים	protozoa
אִבְחֵן פ׳	diagnose
אַבְחָנָה נ׳	diagnosis, distinction
– ללא אבחנה	indiscriminately
אִבְטֵחַ פ׳	secure, protect
אַבְטָחָה נ׳	security, protection
אֲבַטִּיחַ ז׳	watermelon
אַבְטִיפּוּס ז׳	archetype, prototype
אַבְטָלָה נ׳	unemployment
אָבִיב ז׳	spring, prime of the year
– באביב ימיו	in the prime of life
אֲבִיבִי ת׳	spring-like, vernal
אֶבְיוֹן ז׳	poor man, pauper, beggar
אֲבִיוֹנָה נ׳	libido, sexual urge
אֲבִיזָר ז׳	accessory, gadget
אָבִיךְ ת׳	hazy, misty
אַבִּיק ז׳	retort
אַבִּיר ז׳	knight, cavalier, gallant
אַבִּירוּת נ׳	knighthood, chivalry
אַבִּירִי ת׳	chivalrous, knightly
אָבֵל ז׳	mourner
אֵבֶל ז׳	mourning, grief
אֲבָל מ״ח	but, however, yet
– בלי אבל	but me no buts
אֲבֵלוּת נ׳	mourning
אֶבֶן נ׳	rock, stone, boulder
– אבן בוחן	criterion, touchstone
– אבן ברד	hailstone
– אבן חול	sandstone, holystone
– אבן חן	precious stone, jewel
– אבן חצייה	steppingstone
– אבן טובה	precious stone
– אבן טיפין עילית	stalactite
– אבן טיפין תחתית	stalagmite
– אבן יסוד	cornerstone, foundation stone
– אבן כליות	renal calculus
– אבן מרה	gallstone
– אבן משחזת	grindstone, whetstone
– אבן נגולה מעל ליבו	feel relieved
– אבן נגף	obstacle, stumbling block
– אבן פינה	cornerstone, keystone
– אבן ריחיים	millstone
– אבן ריצוף	flagstone, cobblestone
– אבן שיניים	scale, tartar, fur
– אבן שפה	curbstone, kerbstone

- כאבן שאין לה הופכין useless
אַבְנֵט ז' girdle, sash, belt
אָבְנַיִים ז"ר potter's wheel
אַבְנִית נ' fur, scale
אַבְנָן ז' lithium
אַבְּסוּרד ז' absurdity, nonsense
אַבְּסוּרדִי ת' absurd, ridiculous
אֲבַעְבּוּעָה נ' blister, boil, pustule, pimple, nettle-rash, pock
- אבעבועות smallpox, pox
- אבעבועות רוח chicken pox
אָבָץ ז' zinc
אָבָק ז' dust, small amount, trace
- אבק שריפה gunpowder
אֲבָקָה נ' powder, pollen
- אבקת אפייה baking powder
אִבְקָה נ' buttonhole
אַבְקָן ז' stamen
אֵבֶר (ראה איבר) limb
אֶבְרָה נ' wing, pinion
אַבְּרְזִין ז' tarpaulin
אַבְרֵךְ ז' young man
- אברך משי young man, haredi
אַבְרָקַיִים ז"ר breeches, knickers
אַבְרָש (שיח) ז' heather, heath
אג' = אגורה agora
אַגַּב תה"פ apropos, by the way
- דרך אגב by the way, in passing
אֶגֶד ז' bunch, bundle, truss
- אגד מידבק adhesive bandage, plaster
אַגָּדָה נ' fable, legend, fairy tale
- אגדת עם folk-tale
אַגָּדִי ת' fabulous, legendary
אַגָּדָתִי ת' fabulous, legendary
אֲגוּדָּה נ' association, brotherhood
אֲגוּדָל ז' thumb
אֱגוֹז ז' nut
- אגוז אדמה peanut, earthnut
- אגוז הודו coconut
- אגוז המלך walnut
- אגוז פיקן pecan
אֱגוֹזָה נ' nut tree
אָגוּר ת' collected, hoarded
אֲגוֹרָה נ' agora, small coin
- אגורה שחוקה worthless thing
אג"ח = איגרת חוב bond, debenture
אֲגִירָה נ' hoarding, accumulating

אֶגֶל ז' drop, bead
- אגל טל dewdrop
אֲגַם ז' lake, pond, pool
אַגְמוֹן ז' bulrush, reed, rush
אַגָּן ז' basin, font, pan
- אגן הירכיים pelvis
- אגן נהר drainage basin
- של אגן הירכיים pelvic
אַגָּס ז' pear
- אגס איגרוף punching bag
אָגַף פ' flank, outflank
אֲגַף ז' department, flank, outbuilding, wing
אֲגַפִּי ת' flanking, lateral
אָגַר פ' hoard, store, stock up
אַגְרָה נ' fee, toll, dues, tax
אֶגְרוֹן ז' wordbook, glossary
אֶגְרוֹף ז' fist
אִגְרוּף ז' boxing, pugilism
- של איגרוף pugilistic
אֶגְרוֹפָן ז' knuckle-duster, boxer
אֲגַרְטֵל ז' vase, bowl, amphora
אִגְרֵף פ' clench fist
אֵד ז' vapor, mist, steam
אַדְוָה נ' ripple, slight waves, riffle
אָדוֹם ת' red, scarlet, crimson
- אדום החזה redbreast, robin
- אדום שיער redhead, red-haired
אָדוֹן ז' master, Mister, sir, Mr., gentleman, lord, owner, *boss
- אדון נכבד Dear Sir
- האדונים messieurs, Messrs.
אֲדוֹנִי מ"ק sir, *mac
אָדוּק ת' devout, orthodox, pious
אָדִיב ת' polite, courteous, kind
- לא אדיב discourteous
אֲדִיבוּת נ' courtesy, politeness
- באדיבות kindly, by courtesy of
אֲדִיקוּת נ' devotion, piety
אַדִּיר ת' mighty, powerful
אָדִיש ת' apathetic, indifferent
אֲדִישׁוּת נ' apathy, indifference
אָדַם פ' be red, redden, blush
אָדָם ז' human being, person, man
- אדם חשוב personage, *big shot
- אדם לא חשוב nobody
- אדם עליון superman
- בן אדם man

– בני אדם — people
אֲדַמְדַם ת' — reddish, ruddy
אֲדָמָה נ' — earth, land, soil, country, ground
– אדמה חרוכה — scorched earth
– אדמת טרשים — rocky ground
– אדמת מרעה — pasturage, pastoral land
אֲדמוּמִי ת' — reddish, hectic
אַדְמוֹנִי ת' — red-haired, reddish
אַדְמוֹנִית (פרח) נ' — peony
אַדְמִירָל ז' — admiral
אַדֶּמֶת נ' — rubella, German measles
אֶדֶן ז' — sill, base, plinth, sleeper, tie
– אדן החלון — windowsill
אַדְנוּת נ' — lordship, patronage
אֲדָנִית נ' — planter, window box
אֲדָר ז' — Adar (month)
אֶדֶר (עץ) ז' — maple
אַדְרַבָּה תה"פ — on the contrary, rather, far from it
אַדְרַבָּה מ"ק — you're welcome to try, I dare you!, I defy you!
אִדְרָה נ' — fish bone, herringbone
אִדְרִיָּה נ' — eider duck
אַדְרִיכָל ז' — architect
אַדְרִיכָלוּת נ' — architecture
אַדֶּרֶת נ' — overcoat, cloak, mantle
אָהַב פ' — like, love, fancy, *adore, cherish, be fond of, care for
אַהֲבָה נ' — love, adoration, affection
– אהבת בצע — avarice, greed
– אהבת הבריות — humanitarianism, altruism, philanthropy
– אהבת שלום — pacifism
– התנה אהבים — make love
אֲהַבְהָבִים ז"ר — dalliance, flirt
אָהַד פ' — like, sympathize
אַהֲדָה נ' — sympathy, fellow feeling
אֲהָהּ מ"ק — alas, dear, alack
אָהוּב ז' — beloved, darling, sweetheart, dear, love
אֲהוּבָה נ' — love, mistress, sweetheart
– אהובה בעבר — old flame
אָהוּד ת' — beloved, liked, popular
אָהִיל ז' — lampshade, globe
אוֹ מ"ח — or
– או – או – — either - or -
– או ש– — or else
אוֹ קֵיי מ"ק — OK, okay, well, all right
אוֹב ז' — necromancy
– העלה באוב — conjure up
אוֹבֵד ת' — lost, stray
– אובד עצות — helpless, at a loss
אוֹבְדָן ז' — loss, destruction
אוּבְחַן פ' — be diagnosed
אוֹבְּיֶקְטִיבִי ת' — objective, impartial, unbiased, detached
אוֹבֶךְ ז' — haze, haziness
אוּבָל ז' — aqueduct, water course
אוֹגֵד (בדקדוק) ז' — copula, copulative
אוּגְדָּה נ' — division
אוֹגוּסְט ז' — August
אוֹגֶן ז' — brim, flange
אוֹגֵר ז' — accumulator, register, hamster
[1]אוּד ז' — brand, firebrand
– אוד מוצל מאש — a brand from the burning, survivor
אוֹדוֹת מ"י — concerning, about
– על אודות — regarding, about
אוֹדֶם ז' — redness, lipstick, rouge
אוֹדֶם (אבן יקרה) ז' — cornelian, ruby
אוֹהֵב ת' — fond, lover, amorous
– אוהב בית — stay-at-home
– אוהב בצע — mercenary, venal
– אוהב הבריות — humanitarian
– אוהב שלום — pacific, peaceful
אוֹהֵד ת' — fan, sympathizer
אוֹהֶל ז' — tent
– אוהל חמצן — oxygen tent
– אוהל מועד — tabernacle
– אוהל סיירים — pup tent, shelter tent
אַוָּז ז' — gander, goose
אוּוְזוּז ז' — goose-step
אַוָּזוֹן ז' — gosling
אֱוִיל ז' — fool, stupid
אֱוִילִי ת' — stupid, foolish
אֲוִיר ז' — air, breath
– אוויר–אוויר (טיל) — air-to-air
– אוויר–קרקע (טיל) — air-to-ground
אֲוִירָאוּת נ' — aviation, airmanship
אֲוִירָה נ' — air, atmosphere
אֲוִירוֹן ז' — airplane, aeroplane
אֲוִירִי ת' — aerial, airy

אָוֶן ז' wickedness, evil
אַוְרָר ז' vent, fan
אִוְרוּר ז' ventilation, airing, aeration
אַוְרִירִי ת' airy, breezy, ethereal
אִוְרֵר פ' fan, ventilate, aerate, air
אַוְרָר ז' aerator, vent, fan
אִוְשָׁה נ' rustle, murmur, whisper
אַוַּת נֶפֶשׁ נ' desire
– כאוות-נפשו to his heart's desire
אוּזְכַּר פ' be mentioned
אוּזַּן פ' be balanced
אוֹזֶן נ' ear, handle, *lug
– אוזניים לכותל walls have ears
– הטה אוזן lend an ear
– העיר אוזנו had a word in his ear
– זכה לאוזן קשבת gain a hearing
אוֹזְנִית נ' earphone, auricle, headphone, receiver
אוֹחַ ז' eagle-owl
אוּחַד פ' be unified
אוּחָה פ' be pieced together
אוּחְסַן פ' be stored
אוֹטוֹ ז' car, automobile
אוֹטוֹבּוּס ז' bus, coach, omnibus
– אוטובוס דו-קומתי double-decker
– אוטובוס חשמלי trolley bus
– אוטובוס מפרקי articulated bus
אוֹטוֹבִּיוֹגְרַפְיָה נ' autobiography
אוֹטוֹמָט ז' automaton
– אוטומט מכירות vending machine
– אוטומט תקליטים jukebox
אוֹטוֹמָטִי ת' automatic, self-acting
אוֹטוֹנוֹמִי ת' autonomous
אוֹטוֹנוֹמְיָה נ' autonomy, self-government, home rule
אוֹטוֹסְטְרָדָה נ' highway, expressway
אוֹטֶם ז' stoppage, obstruction
– אוטם שריר הלב myocardial infarct
אוֹטִיסְט autistic
אוֹי מ"ק alas, ouch, dear me
– אוי ואבוי alas, woe to
אוֹיֵב ז' enemy, foe
אוֹכֶל ז' food, meal, board
אוֹכֵל ת' eater
– אוכל אדם cannibal, man-eater
– אוכל בשר carnivorous
– אוכל הכל omnivorous
– אוכל חרקים insectivorous
– אוכל עשב herbivorous
אוּכְלוּסִיָּה נ' population
אוּכְמָנִית נ' blackberry, bilberry
אוּכָּף ז' saddle, trough, *pigskin
– אוכף צד sidesaddle
אוּכָּפִית נ' yoke, carrier
אוּלְטְרָה ת' ultra
– אולטרה-סגול ultraviolet
אוּלַי תה"פ perhaps, maybe, possibly
אוּלָם ז' hall, auditorium
– אולם התעמלות gymnasium, *gym
אוּלָם מ"ח but, however
אוּלַּף פ' be trained
אוּלְפָּן ז' atelier, studio, preparatory school, *prep
אוּלַץ פ' be forced
אוּלְקוּס ז' ulcer
אוֹלָר ז' penknife, pocketknife
– אולר קפיצי switchblade
אוּלְתַּר פ' be improvised
אוֹם נ' nut
– אום כנפיים wing nut
או"ם The UN
אוּמְדָן ז' estimate, appraisal, valuation
אוּמָּה נ' people, nation
אוּמְלָל ת' wretched, miserable, disconsolate, unfortunate
אוּמַּן פ' be trained
אוֹמָן ז' artist
אוֹמֵן ז' trainer, foster-father
אוּמָּן ז' craftsman, artisan, expert
אוֹמְנָה נ' fosterage, custody
אוֹמָנוּת נ' art
אוּמָּנוּת נ' skill, trade, craft, craftsmanship, workmanship
אוּמְנָם תה"פ indeed, granted that
– האומנם? is that so?
אוֹמֶנֶת נ' governess, nurse, nanny
– אומנת לא מיניקה dry nurse
אוּמַּץ פ' be adopted
אוֹמֶץ ז' courage, fortitude, valor, bravery, *guts
אומץ לב = אומץ courage
אוּמְצָה נ' beefsteak, steak
אוֹמֶר ז' speech, word

– גמר אומר set one's mind, decide
אומת פ' be verified, proved true
און ז' strength, power, virility
– אין אונים helpless, powerless
– חסר אונים helpless, powerless
אונה נ' lobe
אונות נ' strength, power, potency
– אין אונות impotence
אוני ז' fleet, shipping
אוניברסיטה נ' university
אוניברסלי ת' universal
אונייה נ' ship, vessel
– אונייה אחות sister ship
– אוניית מלחמה warship
– אוניית משמר guard-ship
– אוניית סוחר merchantman, trader
– אוניית קיטור steamship, steamer
– אוניית קרב battleship
– העביר באונייה ship
– העלה לאונייה embark
אונן פ' masturbate
אוננות נ' masturbation
אונס ז' rape, compulsion
אונס ז' violator, rapist
אונקייה נ' ounce
אונקל ז' hook, grapnel
אוסטרלי ת' Australian, *aussie
אוסף ז' collection, repertory
אוסף ז' collector, harvester
אוסר ת' prohibitive, prohibitory
אוף מ"ק phew, pshaw, ugh, *oops
אופה ז' baker
אופוזיציה נ' opposition
אופטימיות נ' optimism
אופי ז' character, nature
אופייני ת' characteristic, typical
– אופייני לו it's just like him
– אין זה אופייני לו it's unlike him
אופל ז' darkness
– יקחהו אופל! The devil take him!
אופן ז' manner, way, mode
– באופן ש– so as to
– באותו אופן likewise
– בכל אופן in any case, anyway, however
– בשום אופן on no account, on no condition, *no way!

אופן ז' wheel
אופנאי ז' trend-setter, fashion designer
אופנה נ' style, fashion, mode
– באופנה in, in vogue
– לא באופנה outmoded
אופנוע ז' motorcycle, motorbike
– אופנוע עם סירה motorcycle and sidecar, combination
אופנוען ז' motorcyclist
אופניים ז"ר bicycle, cycle, *bike
– אופני כושר exercise cycle
– אופניים דו-מושביים tandem
אופנתי ת' stylish, fashionable
אופף ת' surrounding, ambient
אופציה נ' option, first refusal
אופק ז' horizon
אופקי ת' horizontal, level
אופר פ' be made up
אופרה נ' opera
– אופרת סבון soap opera
– של אופרה operatic
אופרטה נ' operetta, musical
אוצר ז' treasure, treasury
– אוצר בלום large treasure, well-read
– אוצר מלים thesaurus, vocabulary
אוקטובר ז' October
אוקיינוס ז' ocean, sea, the deep
אוקיינוסי ת' oceanic
אור פ' light up, shine
– אורו פניו his face lit up
אור ז' light
– אור יום daylight
– אור ירח moonlight
– אור ל– on the eve of
– אור שמש sunlight
– אורות הבימה footlights, limelight
– באור חיובי in a good light
– הוצאה לאור publication
– הוציא לאור bring to light, publish
– יצא לאור come to light
אורב ז' ambusher
אורג ז' weaver
אורגייה נ' orgy, bacchanal
אורגן ז' organ
אורגני ת' organic

אוֹרָה נ' light
אוּרְוָה נ' stable, stall
אוּרְוָן ז' stable boy, stable man
אוֹרֶז ז' rice
– אורז טחון ground rice
אוֹרֵז ז' packer
אוֹרַח ז' manner, way
– אורח חיים way of life, lifestyle
– אורח נשים menstruation, menses
אוֹרֵחַ ז' guest, visitor
אוֹרְחָה נ' caravan
אוּרְיָין ז' learning
– בר אוריין scholar
אוֹרַיְיתָא נ' Torah
אוּרִים וְתוּמִּים ז"ר oracle
אוֹרֶךְ ז' length, duration
– אורך גל wavelength
– אורך רוח patience
אוֹרְכִּי ת' longitudinal
אוֹרְלוֹגִין ז' clock
אוֹרָלִי ת' oral
אוֹרֶן ז' fir, pine, pinewood
אוֹרַנְג אוּטַנְג (קוף) ז' orangutan
אוֹרְקוֹלִי ת' audio-visual
אוֹרְתּוֹדוֹכְּסִי ת' orthodox
אוֹרְתּוֹפֶּדִי ת' orthopedic
אוּשִׁיָּה נ' foundation, chassis
אוּשַּׁר פ' be confirmed
אוֹשֶׁר ז' happiness, felicity
אוֹשֵׁשׁ פ' strengthen, bring around
אוֹת ז' sign, signal, token, mark
– אות המשדר signature tune
– אות קלון stigma
– אות תודה acknowledgment
– אותות ומופתים signs and wonders
אוֹת נ' letter, character
– אות באות to the letter
– אות ראשונה (בשם אדם) initial
– אותיות מוטות italics
אוֹתָהּ מ"ג her
אוֹתוֹ ת' identical, same
– אותו דבר the same, likewise
אוֹתוֹ מ"ג him, that, it
אוֹתִי מ"ג me
אוֹתְךָ (לזכר) מ"ג you
אוֹתָךְ (לנקבה) מ"ג you
אוֹתָם מ"ג them, those

אוֹתָנוּ מ"ג us, ourselves
אוּתַּר פ' be located
אוֹתֵת פ' signal, beckon, sign
– אותת ימינה (רכב) indicate right
אָז תה"פ then, at that point, so
– אז מה? so what?
– מאז since then
– מאז ומעולם since former times
אַזְהָרָה נ' caution, warning
אֵזוֹב ז' moss, hyssop, marjoram
אֲזוֹבְיוֹן ז' lavender
אֵזוֹר (ראה איזור) area
אֲזוֹרִי ת' regional, zonal
אֲזַי תה"פ then
אֲזִילָה נ' exhaustion
אֲזִיקִים ז"ר handcuffs, manacles, shackles, *bracelets, *cuffs
אִזְכּוּר ז' reference, mention
אִזְכֵּר פ' refer, make reference to, mention
אַזְכָּרָה נ' memorial service, commemoration
אָזַל פ' be sold out, be exhausted, run out, out of print
– אזל מן המלאי out of stock
אָזְלַת יָד נ' helplessness
אִזְמֵל ז' scalpel, lancet, chisel
אַזְעָקָה נ' alarm, alert
– אזעקת שווא false alarm
אָזֵק (רבים אזיקים) ז' shackle
אָזַר פ' gird, put on
– אזר אומץ muster one's courage
– אזר כוח summon up strength
– אזר עוז take heart
אִזְרוּחַ ז' naturalization
אִזְרֵחַ פ' naturalize
אֶזְרָח ז' citizen, civilian
– אזרח העולם cosmopolitan
– אזרח כבוד freeman
אֶזְרָחוּת נ' citizenship, nationality
– אזרחות כבוד freedom of a city
אֶזְרָחִי ת' civil, civilian, civic
אָח ז' brother, male nurse, orderly
– אח חורג stepbrother, half-brother
– אחים brothers, brethren
– כמו אח brotherly, fraternal
– ללא אח ורע unexampled

אָח נ' fireplace, hearth
אָחָא ז' brother
אַחָאִים ז"ר siblings
אֶחָד ש"מ one, 1, single, someone
- אחד אחד one at a time
- אחד באפריל All Fools' Day
- אחד בינואר New Year's Day
- אחד במאי May Day
- אחד בפה ואחד בלב hypocritical
- אחד ויחיד one and only
- אחד לפני האחרון last but one
- אחד מני אלף one in a thousand
- אחד משניהם either
- אחדים several, some
אַחַד עָשָׂר ש"מ eleven, 11
- האחד עשר eleventh
- החלק האחד עשר eleventh
אַחְדוּת נ' unity, togetherness
אחה"צ = אחר הצהריים afternoon
אָחוּ ז' lea, meadow, pasture
אַחֲוָה נ' brotherhood, fellowship, fraternity, togetherness
אָחוּז ז' per cent, percentage
אָחוּז ת' seized, stricken
- אחוז אימה horror-stricken
- אחוז בחבלי-קסם under a spell
- אחוז דיבוק possessed
אֲחוּזָּה נ' estate, property
- אחוזת קבר family grave
אָחוּי ת' mended, stitched
אָחוֹר ז' back, rear, buttock
- אחורי המטבע tails
- אחורי הקלעים backstage
אָחוֹרָה תה"פ back, backwards
אֲחוֹרִי ת' back, rear, hind
- האחורי ביותר rearmost
אֲחוֹרַיִים ז"ר buttocks, behind
אֲחוֹרָנִי ת' back, hindmost
אֲחוֹרַנִּית תה"פ backwards, back
אָחוֹת נ' sister, *sis, nurse
- אחות חורגת stepsister, half-sister
- אחות מוסמכת registered nurse
- אחות רחמנייה nurse
- של אחות sisterly
אָחַז פ' hold, grasp, catch
- אחז ברסן השלטון take the reins
- אחז החבל בשני קצותיו have it both ways

אַחְזָקָה נ' maintenance, upkeep
אָחִיד ת' uniform, homogeneous
- לא אחיד heterogeneous
אֲחִידוּת נ' uniformity
אֲחִיזָה נ' hold, grasp, grip
- אחיזת עיניים eyewash, bluff
- בית אחיזה handle, ear
אַחְיָן ז' nephew
אַחְיָנִית נ' niece
אח"כ = אחר כך afterwards
אַחְלָמָה (אבן יקרה) ז' amethyst
אח"ם very important person, VIP
אִחְסוּן ז' storage, stowage
אִחְסֵן פ' store, house, stow
אַחְסָנָה נ' storage, stowage
אַחֵר ת' another, other, else
אַחַר מ"י after, behind
- אחר הצהריים afternoon, pm
- אחר כך afterwards, then, later
- לאחר מכן after that
- מאחר ש- since, because
אַחֲרַאי ת' accountable, in charge, responsible, answerable
- בלתי אחראי irresponsible
אַחֲרָה נ' stern, poop
אַחֲרוֹן ת' final, last, ultimate
- אחרון אחרון חביב last but not least
- האחרון (מבין השניים) the latter
- לאחרונה lately, newly, recently
אַחֲרֵי מ"י after, behind, past
- אחרי ככלות הכל after all
- אחרי כן then, afterwards, later
אַחֲרָיוּת נ' responsibility, liability, warranty, guarantee
- חוסר אחריות irresponsibility
אַחֲרִית נ' end
- אחרית דבר epilogue
- אחרית הימים doomsday, crack of doom
אַחֶרֶת תה"פ else, otherwise
אַחַת ש"מ one, 1
- אחת ולתמיד once and for all
- אחת ושתיים immediately
- אחת לשבוע once a week
- בבת אחת all at once, at the same time
- לא אחת many a time

אַחַת עֶשְׂרֵה ש"מ eleven, 11
אַט תה"פ slowly, slow
- אט אט slowly, by inches
אֶטֶב ז' clip, fastener
- אטב כביסה clothes-peg, clothespin
אָטָד ז' bramble
אָטוֹם ז' atom
אָטוּם ת' sealed, shut, opaque, dense, blockhead
אֲטוֹמִי ת' atomic
אָטִים ת' airtight, sealed, impermeable, impervious
- אטים מים waterproof, watertight
- אטים קול soundproof
אֲטִימָה נ' closing, sealing, calking
אֲטִימוּת נ' opacity, impermeability, dullness
אִטְלִיז ז' butcher's shop
- בעל איטליז butcher
אַטְלַס ז' atlas
אָטַם פ' shut, seal, calk, wall up
- אטם אוזניו turn a deaf ear
- אטם בלבנים brick over, wall up
אֶטֶם ז' gasket, seal
אַטְמוֹסְפֵירָה נ' atmosphere
אִטְרִיּוֹת נ"ר macaroni, spaghetti
אִטְרִיָּה נ' noodle
אִי ז' island, isle
- אי אלמוגים coral island
- אי טבעתי atoll
- אי קטן islet
- אי תנועה traffic island, rotary, roundabout
- חצי אי peninsula
- של אי insular
אֵי תה"פ where
- אי אלו some, several
- אי לזאת therefore
- אי לכך therefore
- אי פעם ever, one day, sometime
- אי שם somewhere
א"י = ארץ ישראל Land of Israel
אִי (ראה גם חוסר) תח' dis-, in-, un-
אִי אֵמוּן ז' incredulity, mistrust, non-confidence
אִי אֶפְשָׁר תה"פ impossible
אִי אֶפְשָׁרוּת נ' impossibility
אִי בְּהִירוּת נ' ambiguity, obscurity
אִי דִּיּוּק ז' inaccuracy, inexactitude
אִי הֲבָנָה נ' misunderstanding, incomprehension
אִי הַסְכָּמָה נ' disagreement, disapproval
אִי הַתְאָמָה נ' disagreement, discrepancy
אִי הִתְאַפְּקוּת נ' incontinence
אִי הִתְעָרְבוּת נ' noninterference, nonintervention
אִי הַתְקָפָה נ' non-aggression
אִי וַדָּאוּת נ' uncertainty, incertitude
אִי חוּקִיּוּת נ' illegitimacy
אִי יְדִיעָה נ' ignorance
אִי יְכוֹלֶת נ' inability, inaptitude
אִי יְעִילוּת נ' inefficiency
אִי יַצִּיבוּת נ' instability
אִי כְּדָאִיּוּת נ' inexpediency
אִי כְּשִׁירוּת נ' ineligibility
אִי לוֹחֲמָה נ' non-belligerency
אִי מוּסָרִיּוּת נ' immorality
אִי נֶאֱמָנוּת נ' infidelity, disloyalty
אִי נְגִישׁוּת נ' inaccessibility
אִי נוֹחוּת נ' discomfort, inconvenience, unease
- גרם אי נוחות inconvenience, discommode
אִי נוֹרְמָלִיּוּת נ' abnormality
אִי נְעִימוּת נ' inconvenience, unpleasantness
- גרם אי נעימות inconvenience
אִי סְדִירוּת נ' irregularity
אִי סֵדֶר ז' disorder, mess, disarrangement
- גרם אי סדר disorder, disarrange
אִי סוֹבְלָנוּת נ' intolerance
אִי סְפִיקַת הַלֵּב נ' cardiac insufficiency, heart failure
אִי פְּעִילוּת נ' inaction, inactivity
אִי צֶדֶק ז' injustice, inequity
אִי צִיּוּת ז' disobedience, noncompliance
אִי רְגִישׁוּת נ' insensitivity
אִי רָצוֹן ז' disinclination, unwillingness
אִי שְׂבִיעוּת רָצוֹן נ' discontent,

dissatisfaction
– גרם אי שביעות רצון dissatisfy
אִי שִׁוְויוֹן ז' inequality
אִי שִׁימוּשׁ ז' disuse
אִי שִׂימַת לֵב נ' inattention
אִי שֶׁקֶט ז' disquiet, unrest
אִי תְּלוּת נ' independence, self-reliance
אִיבֵּד פ' lose, forfeit, exterminate
– איבד עצמו לדעת commit suicide
– איבד עשתונותיו lose one's temper
אֵיבָה נ' animosity, hostility, antagonism, hate, hatred
אִיבּוּד ז' loss, forfeiture, ruin
– איבוד עצמו לדעת suicide
אִיבּוּן ז' petrifaction
אֵבוּס ז' trough, manger, rack, crib
אִיבֵּן פ' fossilize, petrify, numb
אֵיבָר ז' limb, member, organ
– איבר (באלגברה) term
– איבר המין הגברי penis
– איברי המין genitals, private parts, reproductive organs
– בכל רמ"ח איבריו to the fingertips, every inch, entirely
אִיגֵּד פ' bind, incorporate, unionize
אִיגּוּד ז' association, union
– איגוד מקצועי trade union
אִיגּוּף ז' flanking, outflanking
אִיגֵּף פ' flank, outflank
אִיגֶּרֶת נ' note, letter
– איגרת אוויר airletter
– איגרת דואר letter-card
– איגרת חוב bond, debenture
– בעל איגרת חוב bondholder
אֵיד ז' distress, misfortune
אִידָּה פ' evaporate, vaporize, steam
אִידּוּי ז' evaporation, vaporization
אִידֵיאָה נ' idea
– אידיאה פיקס fixed idea
אִידֵיאוֹלוֹגְיָה נ' ideology
אִידֵיאָל ז' ideal
אִידֵיאָלִי ת' idealistic, ideal
אִידְיוֹט ז' idiot, cretin
אִידְיוֹטִי ת' idiotic, softheaded
אִידִילְיָה נ' idyll
אִידִישׁ נ' Jewish, Yiddish
אִידָךְ מ"ג the other
– מאידך (גיסא) on the other hand
אי"ה = אם ירצה השם God willing
אִיּוּד ז' vaporization, evaporation
אִיוֶּלֶת נ' foolishness, folly
אִיּוּם ז' menace, threat
אָיוֹם ת' terrible, fearful, awful
אִיּוֹן ז' islet
אִיּוּר ז' illustration
אִיּוּשׁ ז' manning
אִיּוּת ז' spelling, lettering
אֵיזֶה מ"ג which, which one?, who
– איזה יופי! very good, splendid!
– איזה כיף! what fun!
– איזה מזל! what luck!
– איזה שהוא whichever, some
אֵיזֶהוּ מ"ג which is, who is
אֵיזוֹ מ"ג which, who, what
– איזו חוצפה! what a nerve!
– איזו שהיא whichever, some
– איזו שטות! what an idea!
אֵיזוֹהִי מ"ג which is, who is
אִיזּוּן ז' balancing, balance, poise
אֵיזוֹר ז' area, district, region, zone
– איזור הספר borderland
– איזור חיץ buffer zone
– איזור חנויות mall, shopping precinct
– איזור מגורים residential zone
אֵיזוֹרִי (ראה אזורי) regional
אֵיזוֹשֶׁהִי מ"ג any, whatever
אִיזֵּן פ' balance, level, poise
אֵיזֶשֶׁהוּ מ"ג any, whatever
אִיחֵד פ' unite, combine, join, unify
אִיחָה פ' sew together, knit together, piece together
אִיחוּד ז' unification, union, unity
אִיחוּי ז' stitching, fastening, splice
– איחוי הקרעים mending the rents
אִיחוּל ז' wish, congratulation
– איחולים congratulations, greetings, regards
– של איחולים congratulatory
אִיחוּר ז' lateness, delay
– לא באיחור in time
אִיחֵז הָעֵינַיִם פ' juggle, delude
אִיחֵל פ' wish, congratulate, bid
– איחל לו כל טוב wish him well
אֵיחַר פ' be late, miss

– איחר לישון stay up, sit up
– איחר לרכבת miss the train
אִיטוּם ז' closing, calking, sealing
אִיטִי ת' slow, tardy
אִיטִיוּת נ' slowness, tardiness
אִיטַלְקִית נ' Italian
אִיטֵם פ' seal, calk, caulk
אִיטֵר ת' left-handed, *southpaw
– לא איטר right-hander
אִיִּי ת' insular
אִייֵּד פ' vaporize, evaporate
אֵיידס ז' AIDS
אַיָּה נ' buzzard, kite
אַיֵּה תה"פ where
אַיָּל ז' deer, buck, roebuck, hart
– אייל הצפון reindeer
אַיָּלָה נ' doe, hind, roe deer
– איילת השחר morning star, dawn
אִייֵּם פ' threaten, menace
אִייֵּר פ' illustrate
אַייָּר ז' illustrator
אִייָּר ז' Iyar (month)
אִייֵּשׁ פ' man, staff
– אייש איוש יתר overman
אִייֵּת פ' spell, spell out
אֵיךְ תה"פ how, however
*– איך לא? no doubt
– איך קוראים לו *thingamabob
– איך שהוא somehow, someway
– ועוד איך and how!
אִיכּוּל ז' corrosion, erosion
אִיכּוּן ז' locating
אֵיכוּת נ' quality
– איכות הסביבה ecology, environment
אֵיכוּתִי ת' qualitative
אִיכֵּל פ' consume, corrode, erode, eat away
אִיכֵּן פ' locate
אִיכָּר ז' farmer, peasant
אֵיכשֶׁהוּ תה"פ somehow, someway
אַיִל ז' ram, tup
– איל ברזל battering ram, ram
– איל הון tycoon, magnate
– איל נפט oil tycoon
– איל עיתונות press baron
אִילוּ מ"ח if
– אילו הייתי if I were, were I
– אילו רק if only

– ואילו but, whereas, while
– כאילו as if, as though
אִילוּזְיָה נ' illusion
אִילוּחַ ז' infection, contamination
אִילוּלֵא מ"ח but for, if not
אִילוּף ז' taming, training
– ניתן לאילוף tameable
אִילוּץ ז' constraint, compulsion
אִילֵּחַ פ' poison, contaminate
אֵילָךְ תה"פ onwards
– אילך ואילך to and fro, up and down
– מכאן ואילך from now on
אִילֵּם ת' dumb, mute, silent
אִילָן ז' tree
– אילן היחס family tree, pedigree
אִילֵּף פ' train, tame, break in
אִילֵּץ פ' force, compel, coerce
– אילץ לחכות keep waiting
אִימָּא נ' mother, *ma, *mamma
אִימָּה נ' matrix, stereotype
אֵימָה נ' dismay, dread, fright
– אימת הציבור stage fright
– אימת מוות mortal fear
אִימָּהוּת נ' motherhood, maternity
אִימָּהִי ת' motherly, maternal, mother-like
אִימּוּם ז' manikin, block, last, dummy, shoe tree
אִימּוּן ז' training, practice
– אימון גופני physical training
– אימונים training, exercise
אֵימוּן = אֵמוּן ז' trust
אִימוּנִית נ' track-suit
אִימּוּץ ז' adoption, straining
אִימּוּת ז' verification, authentication, confirmation
אִימֵּן פ' train, coach, tutor
אִימְפֶּרְיָה נ' empire
אִימֵּץ פ' adopt, strain, try
אִימֵּת פ' verify, authenticate, confirm, ascertain, corroborate
אֵימַת תה"פ whenever
– כל אימת whenever, every time
אֵימָתַי תה"פ when
– מאימתי since when
אֵימְתָנוּת נ' terrorism, thuggery
אֵימְתָנִי ת' terroristic

אַיִן ז' — no, there is not
- כאין וכאפס — insignificant
אֵין תה"פ — there is not, no, not
- אין אונות — impotence
- אין אונים — helpless
- אין בעד מה — you're welcome, not at all
- אין דבר — never mind, no harm done, no matter
- אין מושלו — unique, second to none
- אין סוף — infinity
- אין סופי — endless, eternal
- אין ספור — without number, innumerable
- אין ספק — no doubt, evidently
- אין תגובה — no comment
אִינדִיבִידוּאָלִי ת' — individual
אִינָּה פ' — cause
- אינה הגורל — it happened that
אֵינוֹ מ"ג — he is not
- אינו כתמול שלשום — he's not himself
אִינּוּס ז' — compulsion, rape
אִינּוּשׁ ז' — anthropomorphism, personification
אִינטוּאִיצְיָה נ' — intuition
אִינטִימִי ת' — intimate
אִינטִימִיוּת נ' — intimacy
אִינטֶלִיגֶנטִי ת' — intelligent
אִינטֶלֶקטוּאָלִי ת' — intellectual
אִינטֶנסִיבִי ת' — intensive
אִינטֶרֶס ז' — interest
אִינטֶרֶסַנטִי ת' — interested
אִינטשׁ ז' — inch
אֵינִי מ"ג — I am not
אֵינֶנָּה = אֵינָהּ מ"ג — she is not
אֵינֶנּוּ מ"ג — we are not
אֵינֶנּוּ = אֵינוֹ מ"ג — he is not
אִינֵּס פ' — rape
אֵינסוֹפִי ת' — infinite, endless
אִינסטִינקטִיבִי ת' — instinctive
אִינסטָלָטוֹר ז' — plumber
אִינפוֹרמַצְיָה נ' — information
אִינפלַצְיָה נ' — inflation
אִינפֶקצְיָה נ' — infection
אִינקוּבָּטוֹר ז' — incubator
אִינקוִויזִיצְיָה נ' — inquisition

אִינֵּשׁ פ' — humanize, personify
אִיסּוּף ז' — collection, assemblage
אִיסּוּר ז' — prohibition, ban
אֵיפֹה תה"פ — where
- איפה לכל הרוחות — where in the world
- איפה שהוא — somewhere
אֵיפָה (מידת היבש) נ' — ephah
- איפה ואיפה — partiality, inequity, favoritism, discrimination
אֵיפוֹא תה"פ — then
- לכן איפוא — therefore
אֵיפוֹד ז' — vest, tunic
- איפוד מגן — flak jacket
אִיפּוּל ז' — blackout, darkness
- הטיל איפול — black out, keep in the dark
אִיפּוּס ז' — zeroing
אִיפּוּק ז' — restraint, self-control
אִיפּוּר ז' — make-up, *war paint
אִיפֵּל פ' — darken, blackout
אִיפֵּס פ' — zero, zero in
אִיפֵּק פ' — suppress, restrain
אִיפֵּר פ' — make up
אִיקוֹנִין ז' — icon, ikon
אֵיקָלִיפּטוּס ז' — eucalyptus
אִיקס מִיקס דרִיקס ז' — tick-tack-toe, noughts and crosses
אֵירוֹבָּטִיקָה נ' — aerobatics
אֵירוֹבִּי ת' — aerobic
אֵירוּחַ ז' — entertainment
אִירוֹנִי ת' — ironical, ironic
אִירוֹנִיָּה נ' — irony
אִירוּס (פרח) ז' — iris, orris
אֵירוּסִין ז"ר — betrothal, engagement
אֵירוּעַ ז' — event, act, occasion
אֵירוֹפִּי ת' — European
אֵירַח פ' — entertain, accommodate
אֵירַס פ' — be engaged, affiance
אֵירַע פ' — happen, occur
אִירַצִיוֹנָלִי ת' — irrational
אִישׁ ז' — man, person, gentleman
- איש אדמה — farmer
- איש ביניים — middleman, go-between
- איש דת — Reverend
- איש זרוע — violent, thug
- איש מילואים — reservist

– איש מפתח key man
– איש משפחה family man
– איש עסקים businessman
– איש צבא soldier, serviceman
– איש צוות crewman, airman
– איש צפרדע frogman
– איש קש straw man
– איש ריב quarrelsome, cantankerous
– כאיש אחד as one man, unanimously
אִישָׁה נ' lady, wife, woman, spouse
- אישה מוכה battered wife
אִישׁוּם ז' accusation, indictment, charge
– בר אישום chargeable
אִישׁוֹן ז' pupil, bull's-eye
– אישון עיני the apple of my eye
אִישׁוּר ז' confirmation, approval, endorsement, OK
אִישׁוּת נ' matrimony, marital relationship
אִישִׁי ת' personal, private
– באופן אישי personally, in person
אִישִׁיוּת נ' personality, personage, *big shot
– אישיות חשובה מאוד VIP, very important person
– אישיות רצויה persona grata
אִישִׁית תה"פ in person, personally
אִישֵׁר פ' confirm, certify, OK, approve, endorse
– אישר חוק pass a law
אִיתּוּר ז' localization, location
אִיתּוּרִית נ' beeper
אִיתּוּת ז' signaling
אִיתִּי מ"ג with me
אֵיתָן ת' firm, strong, unshakable
– איתני הטבע natural forces, elements
– השיב לאיתנו recover, set right
– חזר לאיתנו recover, recuperate
אִיתֵּר פ' locate, localize, pinpoint, spot
– איתר שריפה keep a fire under
אַךְ תה"פ but, only, yet, as soon as, barely, scarcely, even as
– אך הפעם for once, just the once
– אך ורק merely, only, solely

א"כ = אם כן if so
אָכוּל ת' eaten
– אכול שנאה consumed by hate
אִכְזֵב פ' disappoint, let down
אַכְזָב ת' deceptive
אַכְזָבָה נ' disappointment, chagrin, letdown
אַכְזָר ת' brute, brutal, cruel
אַכְזָרִי ת' cruel, brutal, atrocious, heartless, merciless, ruthless
אַכְזְרִיּוּת נ' brutality, cruelty
אָכִיל ת' eatable, edible
– לא אכיל inedible
אֲכִילָה נ' eating
אָכִיף ת' enforceable
אֲכִיפָה נ' enforcement
אָכַל פ' eat, consume, dine
*– אכל אותה has been had, has had it
– אכל את עצמו eat one's heart out
– אכל בלהיטות gobble, wolf, *scoff
– אכל הכל eat up
אִכְלוּס ז' populating
אַכְלָן ז' eater
אִכְלֵס פ' people, populate
– אכלס מדי overpopulate
אָכֵן תה"פ indeed, granted
אַכְסַדְרָה נ' colonnade, porch
אִכְסוּן ז' accommodation, boarding, quartering
אִכְסֵן פ' accommodate, lodge, board, house, put up
אַכְסְנָאִי ז' hosteler
אַכְסַנְיָה נ' hostel, lodging, inn
– אכסניית נוער youth hostel
– בעל אכסניה innkeeper, landlord
אָכַף פ' enforce, compel
אִכְפַּת פ' concern, care
– לא אכפת לי I don't care, I don't mind
אִכְפַּתִּי ת' careful
– לא אכפתי indifferent, reckless
אִכְפַּתִּיּוּת נ' concern, care
אֵל ז' God
– אל אלוהים my God!
אַל תה"פ not, do not
– אל כשל failsafe
– אל לך you shouldn't

אֶל מ"י to, toward, into
– אל נכון right, no doubt
– אל על up
אֶלָּא תה"פ but, except, only
– אלא אם כן unless
– אלא מה? no doubt
אַלְבּוֹם ז' album
– אלבום פושעים rogues' gallery
אַלְגֶּבְּרָה נ' algebra
אֶלֶגַנְטִי ת' elegant
אַלָּה נ' bludgeon, truncheon, baton, club, cudgel
אֵלֶּה מ"ג these, those
– כאלה such
אֵלָה נ' goddess, oak
אֵלּוּ מ"ג these, those
אֱלוֹהַּ ז' God
אֱלוֹהוּת נ' deity, divinity
אֱלוֹהִי ת' divine, godlike
אֱלוֹהִים ז' God, the Almighty
– אלוהים אדירים! goodness gracious
אַלְוַי (צמח נוי) ז' aloe
אָלוּחַ ת' septic, infected
– לא אלוח aseptic
אֱלוּל ז' Elul (month)
אֲלוּמָּה נ' sheaf, bundle
– אלומת אור beam of light
אַלּוֹן ז' oak
אֲלוּנְקַאי ז' stretcher-bearer
אֲלוּנְקָה נ' stretcher, litter
אַלּוּף ז' champion, *champ, general, major general
– אלוף משנה colonel
אֶלַח ז' sepsis, infection
אַלְחוּט ז' radio, wireless
אַלְחוּטָן ז' wireless operator
אַלְחוּשׁ ז' anesthesia
אִלְחֵשׁ פ' anesthetize
אַלְטֶרְנָטִיבָה נ' alternative
אַלְטֶרְנָטִיבִי ת' alternative
אַלִּיבָּא תה"פ according to
– אליבא דאמת truly
– אליבא דידי in my opinion
אַלִּיבִּי ז' alibi
אַלְיָה נ' lobe, tail of sheep
– אליה וקוץ בה not all roses, sting in its tail, a fly in the ointment

אֱלִיל ז' idol, demigod, god
אֱלִילוּת נ' idolatry, paganism
אַלִּים ת' violent, strong-arm, tough
– כל דאלים גבר law of the jungle, might is right
אַלִּימוּת נ' violence, thuggery
– אלימות מילולית violent language
אַלִּיפוּת נ' championship, title
אֶלִיפְּסָה נ' ellipse
אַלְכּוֹהוֹל ז' alcohol
אֲלַכְסוֹן ז' diagonal
– באלכסון aslant, diagonally
אֲלַכְסוֹנִי ת' diagonal, oblique
אֲלַכְסוֹנִית תה"פ diagonally
אַלְלָה ז' Allah, God
אַלְלַי מ"ק woe to
אַלָּם ז' violent, thug, *toughie
אֵלֶם ז' dumbness, silence
– הכה באלם dumbfound, strike dumb
אל"מ = אלוף משנה colonel
אַלְמוֹג ז' coral
אַלְמָוֶת ז' immortality
– בן אלמוות immortal
אַלְמוֹן ז' alder, widowhood
אַלְמוֹנִי ת' anonymous, nameless, obscure, unknown
אַלְמוֹנִיּוּת נ' anonymity, obscurity
– באלמוניות incognito
אַלְמוֹתִי ת' deathless, immortal
אִלְמָלֵא מ"ח but for, if it weren't
אַלְמָן ז' widower
אַלְמָנָה נ' widow
– אלמנת קש grass widow
אַלְמְנוּת נ' widowhood
אֶלֶמֶנְט ז' element
אֶלֶמֶנְטָרִי ת' elementary
אַלְמָנָךְ ז' almanac
אַלְמַתֶּכֶת נ' nonmetal
אֶלַסְטִי ת' elastic, stretchy
אִלְסָר ז' hazelnut, filbert
אָלֶף נ' Aleph, alpha
– אלף בית alphabet
– לא באלף רבתי absolutely not
אֶלֶף ש"מ thousand, 1000
– אלף דולר *G, *grand
– אלף מונים thousandfold
– אלף שנה millennium

- אלפיים two thousand
- האלף thousandth
אָלֶפְבֵּיתִי ת' alphabetical
אַלְפוֹן ז' alphabetical index
אַלְפִית נ' thousandth
אִלְפָס ז' casserole, pan, saucepan
אַלֶרְגִיָה נ' allergy
אִלְתּוּר ז' improvisation
אִלְתִּית נ' salmon
אִלְתֵּר פ' ad-lib, improvise, extemporize, wing it
אַלְתֵּר תה"פ immediately
- לאלתר immediately, forthwith
אֵם נ' mother, *mom, *old woman
- אם בית matron, housemother
- אם פונדקאית surrogate mother
- אם חורגת stepmother
אִם מ"ח if, whether, in case of
- אם אך– once, if only
- אם בכלל if anything, if ever
- אם גם even if
- אם ירצה השם God willing
- אם כבר if anything
- אם כי although
- אם כך if so, in that event
- אם לא unless, if not
- האם is it, whether
- ואם לאו or otherwise
אִמָא נ' mother, *ma, *mamma
אֲמֶבָּה נ' ameba, amoeba
אַמְבּוּלַנְס ז' ambulance
אַמְבָּט ז' bathtub, *tub
אַמְבַּטְיָה נ' bath, bathroom, bathtub
אֶמְבַּרְגוֹ ז' embargo
- הסיר אמברגו raise an embargo
אָמַד פ' assess, estimate, appraise, value
אַמָה נ' ell, cubit, forearm, middle finger
- הסתגר בד' אמותיו retire into one's shell
אָמָה נ' maidservant
אֲמוֹדָאוּת נ' diving
אֲמוֹדַאי ז' diver
אֵמוּן ז' confidence, trust, credibility, faith
- אמונים loyalty, fealty
- הפרת אמון breach of faith

אָמוּן ת' faithful, loyal
אֱמוּנָה נ' belief, faith, religion
- אמונה טפלה superstition
- באמונה honestly, in faith
- חדור אמונות טפלות superstitious
אֶמוֹצְיוֹנָלִי ת' emotional
אָמוּר ת' stated, said
- אמור ל– supposed to, due to
- האמור foregoing, the said
- כאמור as aforesaid
אָמִיד ת' well-to-do, well-off
אֶמַיִיל ז' enamel
אָמִין ת' authentic, believable, credible, reliable, trustworthy
אֲמִינוּת נ' credibility, reliability
אַמִּיץ ת' bold, brave, courageous
אָמִיר ז' treetop
אֲמִירָה נ' saying, statement
אֲמִיתָּה נ' axiom, truth, verity
אֲמִיתּוּת נ' authenticity, veracity
אֲמִיתִּי ת' authentic, real, true, genuine
אִמְלֵל פ' make miserable
אָמַן פ' foster
אָמָן ז' artist, master
אָמֵן מ"ק amen
אֲמָנָה נ' pact, treaty, convention
אַמְנוֹן וְתָמָר (צמח) ז' pansy
אָמָנוּת נ' art, skill
- האמנויות היפות fine arts
אָמָנוּתִי ת' artistic, masterly
אָמְנָם תה"פ indeed, sure enough
- אמנם כן quite so!, quite!
- האמנם? is that so?
אַמְפִיתֵיאַטְרוֹן ז' amphitheater, bowl
אַמְצָאָה נ' invention
אֶמְצַע ז' center, middle, midst
- באמצע in the middle of
אֶמְצָעוּת נ' means
- באמצעות by means of, through
אֶמְצָעִי ז' means, tool
- אמצעי בטיחות safeguard
- אמצעי זהירות precaution
- אמצעי מחייה means of support
- אמצעי מניעה contraceptive, prophylactic
- אמצעים measures, means
- בכל האמצעים by fair means or

foul, by hook or by crook
– בעל אמצעים man of means
אֶמְצָעִי ת' center, middle, mean
אָמַר פ' say, speak, state, tell, observe, come out with
– אומר ועושה no sooner said than done
– אומרים some say, they say, It's said that, report has it
– אמר נואש abandon all hope
– הווי אומר that is to say
– הייתי אומר so to say
אַמַרְגָן ז' impresario
אִמְרָה נ' flounce, hem, selvage, saying, statement
– אמרת כנף catch phrase
אֲמַרְכָּל ז' administrator
אֲמַרְכָּלוּת נ' administration
אֶמֶשׁ תה"פ last night
אֱמֶת נ' truth, truism, verity
– אמת לאמיתה naked truth
– הסתלק לעולם האמת go to heaven
– לאמיתו של דבר actually
אַמְתַּחַת נ' bag, saddlebag, sack
– שמר באמתחת keep in store
אֲמַתְלָה נ' excuse, pretext, subterfuge
א"נ = אדון נכבד dear Sir
אָנָא מ"ק come on, please, kindly
אַנַאלְפָבֵּיתִי ת' illiterate, unlettered
– לא אנאלפביתי literate
אַנַאלְפָבֵּיתִיּוּת נ' illiteracy
אַנְגְלִי ז' Englishman
– האנגלים the English
אַנְגְלִית נ' English
אַנְדְרוֹגִינוּס ז' hermaphrodite
אַנְדְרוֹגִינִי ת' androgynous, hermaphroditic
אַנְדַרְטָה נ' monument, statue
אַנְדְרָלָמוּסְיָה נ' disorder, pandemonium
אָנָה תה"פ where, whither
– אנה ואנה to and fro
אָנוּ מ"ג we
אָנוֹכִי מ"ג I
אָנוֹכִיּוּת נ' egoism, self-interest
אָנוֹכִיִי ת' selfish, egoist, self-interested, self-seeker

אֲנוֹנָה נ' annuity
אֲנוֹנִימִי ת' anonymous
אָנוּס ת' compelled, forced
אֱנוֹשׁ ז' man
אָנוּשׁ ת' mortal, severe
אֱנוֹשׁוּת נ' humanity, mankind
אֲנוּשׁוֹת תה"פ seriously, mortally
אֱנוֹשִׁי ת' human, humane, humanitarian
– המין האנושי humankind
אֱנוֹשִׁיּוּת נ' humanism, humanity
אֲנָחָה נ' groan, sigh, moan
– אנחת רווחה sigh of relief
אֲנַחְנוּ מ"ג we
אֲנָטוֹמְיָה נ' anatomy
אַנְטִיבִּיוֹטִיקָה נ' antibiotics
אַנְטִילוֹפָּה (צבי) נ' antelope
אַנְטִישֵׁמִי ת' anti-Semite, anti-Semitic
אַנְטִישֵׁמִיּוּת נ' anti-Semitism
אַנְטֶנָה נ' aerial, antenna
– חוט אנטנה lead-in
אֲנִי מ"ג I
– אני תקווה I hope
– זה אני it's me
אָנִין ת' dainty, fastidious
– אנין טעם epicure, gourmet
– אנין נפש prude
אֲנִינוּת נֶפֶשׁ נ' prudery
אֲנָךְ ז' lead, plumb line, perpendicular, plummet
אֲנָכִי ת' perpendicular, vertical
אֲנָכִית תה"פ vertically
אֲנָלוֹגְיָה נ' analogy
אֲנָלִיזָה נ' analysis
אֲנָלִיטִי ת' analytical
אֲנָנָס ז' pineapple
אָנַס פ' compel, rape, ravish, violate
אַנָּס ז' rapist
אֲנָפָה (עוף) נ' egret, heron
אִנְפּוּף ז' nasalization, snuffle
אַנְפִּין ז"ר face
– בזעיר אנפין in miniature
אִנְפֵּף פ' nasalize, snuffle
אֶנְצִיקְלוֹפֶּדְיָה נ' encyclopedia
אֲנָקָה נ' groan, sigh
אַנְקוֹל ז' hook
אַנְקוֹר ז' sparrow

אֶנֶרְגִיָה נ' energy
אַנַרְכִיָה נ' anarchy
אַנְשׁוֹבִי ז' anchovy
אֲנָשִׁים ז"ר people, men
– אנשים מן השורה rank and file
אַנְתּוֹלוֹגְיָה נ' anthology, miscellany
אַס (קלף) ז' ace
אַסְבֶּסְט ז' asbestos
אַסְדָה נ' raft
– אסדת נחיתה landing craft
אָסוּךְ (לסיכה) ז' oiler, squirter, oil-can
אָסוֹן ז' disaster, calamity, catastrophe, misfortune
– אסון אונייה shipwreck
אֲסוּפָה נ' collection
אֲסוּפִי ז' foundling
אֲסוֹצִיאַצְיָה נ' association
אָסוּר ת' forbidden, must not, imprisoned, in chains
– אסור לו is not supposed to-
אָסוּתָא מ"ק your good health!
אִסְטְנִיס ת' fastidious, squeamish
אַסְטְרוֹלוֹגְיָה נ' astrology
אַסְטְרוֹנוֹם ז' astronomer, *stargazer
אַסְטְרוֹנוֹמִי ת' astronomical
אַסְטְרוֹנוֹמְיָה נ' astronomy
אִסְטְרָטֵג ז' strategist
אִסְטְרָטֶגְיָה נ' strategy, strategics
אֲסִימוֹן ז' token, slug
– אסימון-משחק chip, counter
– אסימון שחוק worthless thing
אָסִיף ז' harvest, ingathering
אֲסֵיפָה נ' gathering, meeting, assembly, rally
אַסִּיר ז' prisoner, convict, *con
– אסיר תודה grateful, thankful
אַסְכּוֹלָה נ' school of thought
אַסְכָּלָה נ' broiler, grill, gridiron
אַסְכָּרָה נ' croup, diphtheria
אֶסֶל ז' beam, yoke
אַסְלָה נ' lavatory bowl, pan, toilet
– אסלת שטיפה bidet
אָסָם ז' barn, granary
אַסְמַכְתָּה נ' support, voucher
אָסַף פ' assemble, collect, gather
– אסף במכונית pick him up
אֲסֵפָה נ' gathering, meeting

אִסְפְּלָנִית נ' adhesive tape, plaster
אַסְפַּמְיָה נ' Spain
– חלום באספמיא castles in the air, day dream
אַסְפָן ז' collector
– אספן מטבעות numismatist
אֲסַפְסוּף ז' mob, rabble, ragtag, riffraff
אַסְפֶּסֶת (צמח) נ' alfalfa, lucerne
אַסְפָּקָה נ' provision, supply
אַסְפֶּקְט ז' aspect, light, side
אַסְפַּקְלַרְיָה נ' mirror
אַסְפָּרָגוֹס ז' asparagus
אַסְקוּפָּה נ' threshold, doorstep
אָסַר פ' arrest, ban, forbid, imprison, incarcerate, prohibit
– אסר מלחמה go to war
אִסְרוּ חַג day after holiday
אֶסְתֶּטִיקָה נ' esthetics
אַסְתֵּר (צמח) ז' aster
אע"פ = אף על פי although
אעפ"כ = אף על פי כן nevertheless
אַף ז' nose, *snout, *snoot
– אף נשרי roman nose
– אפיים ארצה prostrate, prone
אַף מ"ח also, even, too
– אף אחד no one, nobody, none
– אף אחד משניהם (לא) neither
– אף אם even if, even though
– אף כי although
– אף על גב although
– אף על פי כן nevertheless, however, nonetheless, though
– אף על פי ש- although
– אף פעם never
אָפָה פ' bake, cook
אֵפוֹא תה"פ then
אֲפוּדָה נ' jumper, pullover, sweater
אַפּוֹטְרוֹפּוֹס ז' custodian, guardian, patron
אַפּוֹטְרוֹפְּסוּת נ' guardianship
אָפוּי ת' baked
אֲפוּנָה נ' pea
אֶפּוֹס ז' epic
אָפוּף ת' wrapped, surrounded
אָפוֹר ת' gray, grey, ashen, ashy
אַפִּי ת' nasal
אִפְיוּן ז' characterization

אֶפִּיזוֹדָה נ' episode
אֶפִּידוּרָל (זריקה) epidural
אֶפִּילַצְיָה (הסרת שיער) epilation
אֲפִיָּה נ' baking
אִפְיֵן פ' characterize, typify
אֲפֵילָה נ' darkness, murk
אֲפִילוּ מ"ח even, even if, even though
– אפילו אז even now, even then
– אפילו לא not so much as
אֲפִיסָה נ' end
– אפיסת כוחות exhaustion, weakness
אֲפִיפָה נ' surrounding, wrapping
אַפִּיפְיוֹר ז' Pope, Pontiff
אַפִּיפְיוֹרוּת נ' papacy, Holy See, pontificate
אֲפִיפִית נ' biscuit, wafer, scone, waffle
אָפִיק ז' channel, riverbed
אֶפִּיקוֹרוֹס ז' heretic
אֶפִּיקוֹרְסוּת נ' heresy
אֶפִּיקוֹרְסִי ת' heretical, infidel
אַפִּירְיוֹן ז' canopy, sedan
אָפֵל ת' dark, obscure, murky
אֲפֵלָה נ' darkness
אַפְלוּלִי ת' dim, dusky
אַפְלָיָה נ' discrimination, favoritism
אַפֶּנְדִיצִיט ז' appendicitis
אַפְנָיָה נ' reference
אִפְנֵן פ' modulate
אָפֵס פ' end, be exhausted
– אפסה כל תקווה all hope vanished
אֶפֶס ז' nil, zero, O, naught
– אפס מעשה inaction
– אפס נקודות *love
– אפסים ואיקסים (משחק) noughts and crosses, tick-tack-toe
– בתיקו אפס pointless, scoreless
אֶפֶס תה"פ but, yet
אַפְסוּת נ' nullity, worthlessness
אַפְסִי ת' insignificant, worthless
אַפְסְנָאוּת נ' supply, store-keeping
אַפְסְנַאי ז' quartermaster
אַפְסָר ז' halter, tether
אֶפְעֶה (נחש) ז' adder, asp, viper
אָפַף פ' surround, wrap up
אֶפֶקְט ז' effect
– אפקטים קוליים sound effects
אֶפֶקְטִיבִי ת' effective, telling
– לא אפקטיבי ineffective
אֵפֶר ז' ash, ember, ashes
אֶפְרוֹחַ ז' chick, chicken, fledgling
אַפְרוּרִי ת' grayish, ashy
אַפִּרְיוֹן ז' canopy, sedan, palanquin
אַפְּרִיל ז' April
– האחד באפריל All Fools' Day
אֲפַרְכֶּסֶת נ' earpiece, receiver
אֲפַרְסְמוֹן ז' persimmon
אֲפַרְסֵק ז' peach
אֲפַרְפַּר ת' grayish, greyish
אַפְרַקְדָן תה"פ supine, on back
אֲפַרְשְׁזִיף ז' nectarine
אִפְשׁוּר ז' enabling
אִפְשֵׁר פ' enable, make possible, let, permit
אֶפְשָׁר תה"פ perhaps, possible, maybe, -able
– אי אפשר impossible
– אפשר לומר if you like
– שאפשר למנעו preventable
אֶפְשָׁרוּת נ' chance, possibility, likelihood, probability
אֶפְשָׁרִי ת' possible, likely
– אם הדבר אפשרי if possible
– בלתי אפשרי impossible
אַפַּתְיָה נ' apathy
אָץ פ' hurry, rush, hasten
אֶצְבַּע נ' finger, digit, forefinger
– אצבע הרגל toe
– אצבע משולשת sign of contempt
– אצבע (הגליל) panhandle
– החזיק אצבעות cross one's fingers
– הכה באצבע צרידה snap one's fingers
– לא נקף אצבע not lift a finger
אֶצְבָּעוֹן ז' thimble
אֶצְבְּעוֹנִי ז' midget
אֶצְבְּעוֹנִית (צמח נוי) נ' foxglove
אַצָּה נ' alga, seaweed
– אצות algae
אֲצֻוָּה נ' batch, group
אֲצֻלָּה נ' nobility, peerage
אִצְטַבָּה נ' ledge, shelf
אִצְטַגְנִין ז' astrologer
אִצְטַדְיוֹן ז' stadium

cloak, robe — אִצְטְלָה נ'
pretend — הִתְעַסֵּף בְּאִצְטְלָה –
acorn, cone, pine cone — אִצְטְרוּבָּל ז'
upper arm, arm — אַצִּיל ז'
noble, nobleman, peer — אָצִיל ז'
magnanimous — אֲצִיל נֶפֶשׁ –
vesting, bestowal, noblewoman, peeress — אֲצִילָה נ'
nobility, dignity — אֲצִילוּת נ'
courtly, noble, lordly — אֲצִילִי ת'
bestow, confer — אָצַל פ'
at, beside, by, near — אֵצֶל מ"י
runner, sprinter — אָץ ז'
bangle, bracelet — אֶצְעָדָה נ'
anklet — אצעדת קרסול –
collect, accumulate — אָצַר פ'
gun, pistol, revolver — אֶקְדָּח ז'
gunman — אֶקְדְּחָן ז'
academic — אֲקַדְמָאִי ז'
academy — אֲקַדְמְיָה נ'
ibex — אַקּוֹ ז'
aquarium — אַקְוַוריוּם ז'
accordion — אַקּוֹרְדְּיוֹן ז'
actual, current, topical — אַקְטוּאָלִי ת'
active — אַקְטִיבִי ת'
climate — אַקְלִים ז'
climatology — אַקְלִימָאוּת נ'
climatic — אַקְלִימִי ת'
acclimate, naturalize, season — אִקְלֵם פ'
ecstasy — אֶקְסְטָזָה נ'
axiom, postulate — אַקְסִיוֹמָה נ'
acre — אַקֵּר ז'
acreage — הַשֶּׁטַח בְּאֵקְרִים –
chance, random — אַקְרַאי ז'
by chance, at random — בְּאַקְרַאי –
acrobat, tumbler — אַקְרוֹבָּט ז'
acrobatics — אַקְרוֹבָּטִיקָה נ'
mite — אֲקָרִית (טפיל) נ'
screen — אֶקְרָן ז'
ambush, waylay, lurk — אָרַב פ'
locust — אַרְבֶּה ז'
barge — אַרְבָּה נ'
four, 4 — אַרְבַּע ש"מ
fringed undershirt — אַרְבַּע כְּנָפוֹת –
quadruped — הוֹלֵךְ עַל-אַרְבַּע –
quarter — חִלֵּק לְאַרְבַּע –
quadruplicate — כָּפַל בְּאַרְבַּע –

fourteen, 14 — אַרְבַּע עֶשְׂרֵה ש"מ
four, 4 — אַרְבָּעָה ש"מ
semibreve, whole note — אַרְבָּעָה רְבָעִים –
fourteen, 14 — אַרְבָּעָה עָשָׂר ש"מ
fourteenth — הָאַרְבָּעָה עָשָׂר –
fourteenth — הַחֵלֶק הָאַרְבָּעָה עָשָׂר –
tetrahedron — אַרְבְּעוֹן ז'
forty, 40 — אַרְבָּעִים ש"מ
fortieth — הָאַרְבָּעִים –
fortieth — הַחֵלֶק הָאַרְבָּעִים –
weave — אָרַג פ'
organization — אִרְגּוּן ז'
organizational — אִרְגּוּנִי ת'
box, chest, crate — אַרְגָּז ז'
crimson, purple — אַרְגָּמָן ז'
lavender, mauve — אַרְגָּמָן בָּהִיר –
organize, get together — אִרְגֵּן פ'
all clear — אַרְגָּעָה נ'
bronze — אָרָד ז'
gather, pick — אָרָה פ'
chimney, flue, funnel, shaft, stack — אֲרוּבָּה נ'
eye socket — אֲרוּבַּת הָעַיִן –
packed — אָרוּז ת'
vacuum-packed — אָרוּז אֲרִיזַת-וַקּוּם –
erosion — אֵרוֹזְיָה נ'
meal, dinner, repast — אֲרוּחָה נ'
breakfast — אֲרוּחַת בּוֹקֶר –
brunch — אֲרוּחַת בּוֹקֶר מְאוּחֶרֶת –
supper — אֲרוּחַת עֶרֶב –
lunch — אֲרוּחַת צָהֳרַיִים –
erotic — אֵרוֹטִי ת'
long, prolonged, lengthy — אָרוֹךְ ת'
at length — אֲרוּכּוֹת תה"פ
cabinet, cupboard — אָרוֹן ז'
wardrobe — אֲרוֹן בְּגָדִים –
Ark of the Covenant — אֲרוֹן הַבְּרִית –
coffin — אֲרוֹן הַמֵּת –
Holy Ark — אֲרוֹן הַקּוֹדֶשׁ –
small cupboard — אֲרוֹנִית נ'
bridegroom, fiance — אָרוּס ז'
betrothed, bride, fiancee — אֲרוּסָה נ'
bloody, cursed — אָרוּר ת'
pack — אָרַז פ'
cedar — אֶרֶז (עֵץ) ז'
larch — אַרְזִית (עֵץ מַחַט נָשִׁיר) נ'
bums, tramps — אָרְחֵי פָּרְחֵי

אַרְטִילֶרְיָה נ'	artillery
אַרְטִישׁוֹק ז'	artichoke
אֲרִי ז'	lion
- ארי הים	sea lion
- ארי שבחבורה	dominant person
- חלק הארי	lion's share, the greater part of
אָרִיג ז'	cloth, fabric, material, textile, tissue
אֲרִיגָה נ'	weaving
אַרְיֵה ז'	lion
- להקת אריות	pride of lions
- של אריה	leonine
אֲרִיזָה נ'	package, packing
אָרִיחַ ז'	brick, flagstone, tile
- אריחיים	square brackets
אֲרִיךְ נֶגֶן ת'	long-playing, LP
אֲרִיכוּת נ'	length
- אריכות ימים	longevity
אָרִיס ז'	tenant, tenant farmer
- אריסים	tenantry
אֲרִיסוּת נ'	tenancy
אֲרִיסְטוֹקְרַטְיָה נ'	aristocracy
אֲרִיתְמֶטִיקָה נ'	arithmetic
אָרַךְ פ'	last, take time
- ארך זמן	take long, take time
אֶרֶךְ ת'	long
- ארך אפיים	patient
- ארך מועד	long-term
- ארך רוח	patient
- ארך שיער	longhaired
אַרְכָאִי ת'	archaic
אַרְכָּה נ'	extension, grace, respite
אַרְכּוּבָה נ'	crank
אַרְכּוֹף ז'	stirrup, stocks, caliper
אַרְכֵיאוֹלוֹגְיָה נ'	archaeology
אַרְכִיב ז'	archives
אַרְכִיבִּישׁוֹף ז'	archbishop
אַרְכִיבָר ז'	archivist
אַרְכִיּוֹן ז'	archives
אַרְכִיטֶקְטוּרָה נ'	architecture
אַרְכָן ת'	prolonging, prolix
אַרְכָנוּת נ'	prolixity
אַרְמוֹן ז'	castle, palace
- כמו ארמון	palatial
אֲרָמִית נ'	Aramaic
אַרְנָב ז'	rabbit
אַרְנָבִיָּה נ'	warren, rabbit hutch
אַרְנֶבֶת נ'	bunny, hare
אַרְנוֹנָה נ'	property tax, rate
אַרְנָק ז'	bag, handbag, purse, wallet
אַרְנָקוֹן ז'	reticule
אֶרֶס ז'	poison, venom
אַרְסִי ת'	poisonous, venomous, virulent
אַרְסִיּוּת נ'	poisonousness, virulence
אַרְסָן ז'	arsenic
אֲרָעִי ת'	casual, impermanent, provisional, temporary
אֲרָעִיּוּת נ'	impermanence
אֲרָעִית תה"פ	temporarily
אֶרֶץ נ'	country, earth, ground, land, state
- ארץ (משחק)	hopscotch
- ארץ גזירה	penal colony
- ארץ חסות	protectorate, satellite
- ארץ לא נודעת	terra incognita
- ארצות הברית	United States
- דרך ארץ	manners
- חוץ לארץ	abroad
אַרְצָה תה"פ	to the ground, down
אַרְצִי ת'	earthbound, earthly, worldly
- בין ארצי	interstate
אַרְצִיּוּת נ'	worldliness
אֲרָקָה נ'	earth, ground
אֲרֶשֶׁת נ'	countenance, assumption, expression
אֵשׁ נ'	fire, flame, light
- אש וגופרית	fireworks, extreme anger
- אש נגד מטוסים	flak, *ack-ack
- אש צולבת	cross-fire
- באש ובמים	rain or shine, through fire and water
- כמו אש	fiery
- עלה באש	go up in flames
אֶשְׁבּוֹל ז'	corn cob
אֶשֶׁד ז'	waterfall, rapid, cataract
אַשְׁוָה נ'	bobbin, reel, spool
אַשּׁוּחַ ז'	fir tree, Christmas tree
אַשּׁוּר ז'	beech
- ידע דבר לאשורו	know what's what, know well
אֶשֶׁךְ ז'	testicle, testis, *nut
- אשכים	*ballocks, *balls

אַשְׁכָּבָה נ'	burial, requiem
אֶשְׁכּוֹל ז'	bunch, cluster, raceme
- איש אשכולות	learned man, scholar
אֶשְׁכּוֹלִית ת'	grapefruit
אַשְׁכְּנַזִּי ז'	European Jew
אֵשֶׁל ז'	tamarisk
אש״ל=אכילה שתיה לינה	board and lodging
אַשְׁלָג ז'	potash
אַשְׁלְגָן ז'	potassium
אַשְׁלָיָה נ'	delusion, illusion, wishful thinking
אָשַׁם פ'	be guilty
אָשָׁם ז'	blame, guilt
אָשֵׁם ת'	guilty, culpable, is to blame
אַשְׁמַאי ז'	sinner
אַשְׁמָה נ'	accusation, blame, guilt, charge
- הודה באשמה	own up, plead guilty
- חדור רגשות אשמה	guilt-ridden
אַשְׁמוּרָה נ'	watch
- אשמורת ליל	night watch
אֶשְׁנָב ז'	window, loophole, skylight, fanlight, transom
- אשנב ירי	embrasure
אַשָּׁף ז'	wizard
- אשף מטבח	chef
אש״ף	PLO
אַשְׁפָּה נ'	refuse, rubbish, garbage, litter, trash
- אשפת חיצים	quiver
אִשְׁפּוּז ז'	hospitalization
אִשְׁפֵּז פ'	hospitalize
אַשְׁפָּתוֹן ז'	garbage can
אֶשְׁקָף ז'	porthole, scuttle
אֲשֶׁר מ"ח	that, which, who
- אשר ל-	as to, as regards
- אשר על כן	whereupon
- באשר ל-	as for, as to, concerning
- יקרה אשר יקרה	regardless, come what may
- כאשר	when, while, as
אַשְׁרַאי ז'	credit, *tick
אַשְׁרָה נ'	visa
- אשרת יציאה	exit visa
אִשְׁרוּר ז'	ratification
אַשְׁרֵי מ"ק	happy is the man
- אשרי יושבי ביתך	stay-at-home
אִשְׁרֵר פ'	ratify
אשת- (ראה אישה)	
אֶשְׁתָּקַד תה"פ	last year, yesteryear
אֵת ז'	shovel, spade
אֶת מ"י	(sign of direct object), with
- את זה	it, this
- את מי	whom
אַתְּ (לנקבה) מ"ג	you
אִתְגֵּר פ'	challenge, dare, defy
אֶתְגָּר ז'	challenge
אַתָּה מ"ג	you, thou, you are
- אתה מבין (ביטוי סתמי)	you know, you see
אָתוֹן נ'	she-ass, mare
אִתְחוּל ז'	initialization
אִתְחֵל פ'	initialize
אֶתִּי ת'	ethical
אִתִּי מ"ג	with me
אַתֵּיאִיזְם ז'	atheism
אֶתִּיקָה נ'	ethics
אֶתְכֶם מ"ג	you
אַתְלֵט ז'	athlete
אַתְלֵטִי ת'	athletic
אַתְלֵטִיקָה נ'	athletics
- אתלטיקה קלה	light athletics, track and field
אַתֶּם מ"ג	you, ye
אֶתְמוֹל תה"פ	yesterday, the day before
אַתָּן ז'	tonic
אַתֶּן (לנקבות) מ"ג	you
אֶתְנַחְתָּה נ'	pause, caesura
אֶתְנִי ת'	ethnic
אֶתְנַן ז'	harlot's pay
אֶתְנַע ז'	motive
אֲתַר ז'	place, site
- אתר הסרטה	location, set
- אתר מרפא	spa
אֶתֶר ז'	ether
אַתְרָאָה נ'	alert, warning, ultimatum
אֶתְרוֹג ז'	citron
אִתְרַע מַזָּלוֹ	it's rough on him, unluckily
אַתָּת ז'	signaler, signalman

ב

בְּ מ״י	at, by, in, into, with
ב׳ תה״פ	secondly, in the second place
בָּא פ׳	come, arrive, enter, call
– בא אחרי	ensue, follow, succeed
*– בא לו ל-	feel like to
– בא לפני	precede
בָּא ת׳	coming, next
– בא בחשבון	possible
– בא בימים	aged, old
– בא כוח	representative, attorney, proxy, delegate, deputy
– הבא	following, next, to come
ב״א (תואר)	Bachelor of Arts
בֵּאוּר ז׳	explanation
בָּאוּשׁ ת׳	stinking, putrid
בָּאוּת כּוֹחַ נ׳	representation
בֶּאֱמֶת תה״פ	really, truly
בְּאַקְרַאי תה״פ	by chance, at random
בֵּאֵר פ׳	explain
בְּאֵר נ׳	well
בָּאַשׁ פ׳	stink, rot
בַּאֲשֶׁר לְ- מ״י	as for, as to, concerning
בָּאֶשֶׁת נ׳	halitosis, stench
בָּבוּאָה נ׳	reflection, image
בַּבּוּן (קוף) ז׳	baboon
בַּבּוֹנָג ז׳	camomile
בְּבַקָּשָׁה תה״פ	please, *be my guest!
בְּבַת אַחַת תה״פ	all at once
בָּבַת עַיִן נ׳	apple of the eye
בָּגַד פ׳	betray, sell out
בֶּגֶד ז׳	garment, dress, raiment
– בגד אימונים	track-suit
– בגד גוף	cat suit, fleshing, leotard
– בגד ים	bathing suit, swimsuit, trunks
– בגד תחתון	undergarment
– בגדי אבל	mourning
– בגדי אזרח	civies, plain clothes
– בגדי עבודה	fatigues, working clothes
– בגדים	clothes, clothing
– בגדים תחתונים	underwear, underclothing
בְּגֶדֶר תה״פ	within the scope of
בְּגוֹ תה״פ	in it
– דברים בגו	there is some reason, no smoke without fire
בָּגֶט ז׳	French loaf
בְּגִידָה נ׳	betrayal, treason, sellout, treachery
בְּגִילוּפִין ת׳	drunk, *sloshed
בְּגִין מ״י	because of, by virtue of
בָּגִיר ז׳	adult, major
בַּגִירוּת נ׳	adulthood, majority
בִּגְלַל מ״י	because of, for, due to, owing to, thanks to
בְּגַפּוֹ תה״פ	alone, unattended
בג״ץ=בי״ד גבוה לצדק	Supreme Court
בָּגַר פ׳	grow up, mature
בַּגְרוּת נ׳	adulthood, manhood
– הגיע לבגרות	come of age
בַּד ז׳	cloth, material, screen
– בד בבד	equally, at the same time
בַּדַּאי ז׳	liar
בִּדְבַר מ״י	about, concerning
בָּדָד תה״פ	alone, solitary
בָּדָה פ׳	invent, fabricate
בֶּדוּאִי ז׳	Bedouin
בָּדוּחַ ת׳	amused, cheerful
בָּדוּי ת׳	invented, false
– בשם בדוי	pseudonymous
בְּדוֹלַח ז׳	crystal
בַּדּוֹן ז׳	tent, hut
בָּדוּק ת׳	tested, checked, proven
– בדוק ומנוסה	tried-and-true
בְּדוּתָה נ׳	lie, fabrication
בִּדְחִילוּ וּרְחִימוּ תה״פ	with awe
בַּדְחִית נ׳	farce
בַּדְחָן ז׳	humorist, jester
בְּדִידוּת נ׳	loneliness, solitude
בְּדָיָה נ׳	lie, fabrication
בִּדְיוֹנִי ת׳	fictitious
בְּדִיּוּק תה״פ	exactly, just, precisely
בְּדִיחָה נ׳	jest, joke
– בדיחות זוועה	sick jokes
בְּדִיחוּת נ׳	joy, merriment
– בדיחות הדעת	joy, jesting
בְּדִיל ז׳	tin
בְּדִימוֹס ת׳	retired, emeritus

after the event בְּדִיעֲבַד תה"פ
check, inspection, test, examination, probe בְּדִיקָה נ'
biopsy – בדיקה מן החי
physical, *medical, physical examination, checkup – בדיקה רפואית
pregnancy test – בדיקת הריון
end, butt, stub, tip בָּדָל ז'
lobe – בדל אוזן
cigarette end, fag-end, butt – בדל סיגרייה
isolationist, separatist בַּדְלָן ז'
Haredi Court בד"ץ = בית דין צדק
check, examine, inspect, test, probe בָּדַק פ'
censor בַּדָּק ז'
house repair, maintenance בֶּדֶק בַּיִת ז'
generally, usually, in general בְּדֶרֶךְ כְּלָל תה"פ
entertainer בַּדְרָן ז'
entertainment בַּדְרָנוּת נ'
in her בָּהּ מ"ג
with God's help ב"ה = בעזרת השם
wonder, gape בָּהָה פ'
hasty, urgent בָּהוּל ת'
absolutely, decidedly, by all means בְּהֶחְלֵט תה"פ
by no means – בהחלט לא
alabaster, porphyry בַּהַט ז'
secretly בְּהֵיחָבֵא תה"פ
haste, hurry בְּהִילוּת נ'
unawares בְּהֶיסַח הַדַּעַת תה"פ
bright, clear, fair בָּהִיר ת'
brightness, clarity בְּהִירוּת נ'
necessarily, perforce בְּהֶכְרֵחַ תה"פ
rush, scare, panic בֶּהָלָה נ'
in them בָּהֶם מ"ג
beast, animal, cattle בְּהֵמָה נ'
large cattle - בהמה גסה
small cattle - בהמה דקה
pack animal - בהמת משא
brutish בַּהֲמִי ת'
brutishness, animalism בַּהֲמִיּוּת נ'
in them בָּהֶן מ"ג
honestly, upon my word בְּהֵן צֶדֶק תה"פ
shine, glitter בָּהַק פ'

soon, early בְּהֶקְדֵּם תה"פ
as soon as possible – בהקדם האפשרי
bright spot בַּהֶרֶת נ'
freckle – בהרת קיץ
accordingly, by בְּהֶתְאֵם תה"פ
according to – בהתאם ל–
respectively בְּהַתְאָמָה תה"פ
in him בּוֹ מ"ג
there and then, outright – בו במקום
contemporaneous, simultaneous – בו זמני
simultaneously, at the same time – בו זמנית
coming, arrival בּוֹא ז'
on the way to בּוֹאֲכָה מ"י
be explained בּוֹאַר פ'
skunk בּוֹאֶשׁ (חיה) ז'
puppet, doll, marionette בּוּבָּה נ'
burn in effigy – העלה בובתו באש
traitor, renegade בּוֹגֵד ז'
treachery, perfidy בּוֹגְדָנוּת נ'
treacherous, unfaithful בּוֹגְדָנִי ת'
traitress בּוֹגֶדֶת נ'
bougainvillea בּוּגֶנְווִילֵיאָה (צמח) נ'
graduate, adult בּוֹגֵר ז'
seclude, isolate, insulate בּוֹדֵד פ'
be isolated בּוּדַּד פ'
lonely, solitary, single בּוֹדֵד ת'
bohemian בּוֹהֶמִי ת'
thumb, toe בּוֹהֶן נ'
tiptoe – הילך על קצות הבהונות
certainly, of course בְּוַדַּאי תה"פ
let alone, much less – בוודאי שלא
scorn, contempt, disdain בּוּז ז'
down with, boo – בוז ל–
plunderer, pillager בּוֹזֵז ז'
test, examination, trial בּוֹחַן ז'
examiner, tester, trier בּוֹחֵן ז'
elector, voter בּוֹחֵר ז'
be expressed בּוּטָא פ'
harsh, biting בּוֹטֶה ת'
be insured בּוּטַח פ'
trustful, trusting בּוֹטֵחַ ת'
boutique בּוּטִיק ז'
be canceled, be called off בּוּטַל פ'
peanut, pistachio בּוֹטֶן ז'

בּוֹטָנִי ת' botanical
בּוֹטָנִיקָה נ' botany
בּוּיַל be stamped
בּוֹילֶר boiler
בּוּיַם be staged, be directed
בּוּיַת be domesticated, be tamed
בּוֹכְיָיר ז' shuttle
בּוּכְנָה נ' piston
בּוּל ז' stamp, bull's-eye
- בול דואר postage stamp
- בול הכנסה revenue stamp
- בול זיכרון commemorative stamp
- בול עץ chump, log, blockhead
בּוּלָאוּת נ' philately, stamp collecting
בּוּלְבּוּל ז' bulbul
בּוּלְבּוּס ז' bulb, corm
בּוּלְדוֹג (כלב) ז' bulldog
בּוֹלֵט ת' prominent, conspicuous, outstanding
- לא בולט flush, unobtrusive
בּוּלֶטִין ז' bulletin
בּוֹלֵל פ' mix, assimilate
בּוּלְמוּס ז' desire, mania, bout, fit
בּוּלַע פ' (יבולע לו) be harmed
בּוֹלֶשֶׁת נ' secret police
בּוּם ז' boom, prosperity
- בום על-קולי sonic boom
בּוֹמְבַּסְטִי ת' bombastic, turgid
בּוּמֶרַנְג ז' boomerang
בּוֹנְבּוֹנְיֶירָה נ' candy box
בּוּנְגָלוֹ ז' bungalow
בּוֹנֶה ז' beaver, builder, constructor
- בונה חופשי freemason
בּוֹנֶה ת' constructive, generative
בּוֹנוּס ז' bonus, premium
בּוֹנְנוּת נ' insight
בּוּנְקֶר ז' bunker
בּוֹס ז' boss, governor, *chief
בּוֹסֵס פ' tread, trample, squelch
בּוּסַס פ' be based
בּוֹסֶר ז' unripe fruit
בּוּסְתָּן ז' garden, orchard
בּוּעָה נ' blister, bubble
- בועת סבון soap bubble
בּוֹעַר פ' be exterminated
בּוֹעֵר ת' burning, urgent, on fire
בּוּפָלוֹ ז' buffalo, bison

בּוֹץ ז' mud, mire, *nice mess
- בבוץ עמוק in the mire
- הטיל בוץ throw mud, fling dirt at
בּוֹצִי, בּוֹצָנִי muddy, miry
בּוֹצִין (צמח בר) ז' mullein
בּוּצִית נ' canoe, dinghy
בּוּצַע פ' be performed, be achieved
בּוּצַר פ' be fortified
בּוֹצֵר ז' vintager
בּוּקִיצָה (עץ נוי) נ' elm
בּוֹקְסֶר (כלב) ז' boxer
בּוֹקֵעַ ת' breaking, piercing
בּוֹקֶר ז' morn, morning, morrow
בּוֹקֵר ז' herdsman, cowboy, rancher
בּוֹקֶרֶת נ' cowgirl
בּוּקַשׁ פ' be sought
בּוֹר ז' pit, hole
- בור שופכין sink, cesspit, cesspool
בּוּר ת' ignorant, illiterate
- על בוריו very well, perfectly
- שדה בור uncultivated field
בּוֹר (יסוד כימי) ז' boron
בּוֹרֵא ז' God, Creator
בּוֹרֶג ז' bolt, screw
- בורג כנפיים wing screw, thumbscrew
- חסר לו בורג *has a screw loose
בּוֹרְגִי ת' spiral, screw-like
בּוּרְגָנוּת נ' bourgeoisie
בּוּרְגָנִי ז' bourgeois
בּוֹרְדָם ז' dysentery
בּוּרוּת נ' ignorance, illiteracy
בּוֹרִית נ' lye, soap
בּוֹרַךְ פ' be blessed, be endowed
בּוּרְלֶסְקָה נ' burlesque
בּוּרְנָס ז' burnoose, cowl, hood
בּוּרְסָה נ' stock exchange
בּוֹרַר פ' be clarified
בּוֹרֵר ז' arbitrator, selector
בּוֹרְרוּת נ' arbitration, arbitrament
- ניתן לבוררות arbitrable
בּוֹשׁ פ' be ashamed
- חיכה עד בוש wait a long time
בּוּשָׁה נ' disgrace, shame, infamy
- בושת פנים shame
- חסר בושה shameless, unblushing
בּוּשַׁל פ' be cooked

be perfumed בּוּשַּׂם פ'
let him enjoy it! – יבושם לו!
perfume, scent בּוֹשֶׂם ז'
be late, tarry בּוֹשֵׁשׁ פ'
be cut, be dismembered בּוּתַּר פ'
despise, scorn, laugh at בָּז פ'
falcon, hawk, loot בַּז ז'
contemptuous, disdainful בָּז ת'
beige, ecru בֶּז' ז'
waste, spending בִּזְבּוּז ז'
spend, squander, waste בִּזְבֵּז פ'
squanderer, spendthrift בַּזְבְּזָן ז'
improvidence, prodigality בַּזְבְּזָנוּת נ'
prodigal, wasteful בַּזְבְּזָנִי ת'
despise, scorn בָּזָה פ'
despised, despicable בָּזוּי ת'
plunder, rob, pillage, ransack, spoil בָּזַז פ'
censer בָּזִיךְ ז'
basalt בַּזֶּלֶת נ'
sprinkle, dust, strew, dredge בָּזַק פ'
telecommunication בֶּזֶק ז'
lightning, flash בָּזָק ז'
boy, youth, lad בָּחוּר ז'
quite a boy – בחור כארז
girl, maiden, *bird בַּחוּרָה נ'
upon my word בְּחַיַּי מ"ק
nausea, revulsion, sickness בְּחִילָה נ'
examination, *exam, test, aspect, assay בְּחִינָה נ'
like, in the sense of – בבחינת
oral examination – בחינה בעל פה
matriculation – בחינת בגרות
generally speaking – מבחינה כללית
free, for nothing בְּחִנָּם תה"פ
chosen, elect, select בָּחִיר ת'
sweetheart – בחירת ליבו
choice, selection, option בְּחִירָה נ'
free will – בחירה חופשית
election בְּחִירוֹת נ"ר
primaries – **בחירות מקדימות**
mixing, stir בְּחִישָׁה נ'
abhor, loathe בָּחַל פ'
stop at nothing – לא בחל בשום אמצעי
examine, scan, test, inspect, probe, scrutinize בָּחַן פ'

choose, elect, pick, vote בָּחַר פ'
youth, adolescence בַּחֲרוּת נ'
stir, fold, mix בָּחַשׁ פ'
secretly, in privacy בַּחֲשַׁאי תה"פ
ladle, paddle בַּחֲשָׁה נ'
certain, confident, safe, secure, sure, convinced בָּטוּחַ ת'
confident, sure of oneself – בטוח בעצמו
I am sure – בטוחני
concrete בֶּטוֹן ז'
reinforced concrete – בטון מזוין
trust, rely, confide in בָּטַח פ'
certainly, sure, you bet בֶּטַח תה"פ
safety, certainty בִּטְחָה נ'
sweet potato, yam בָּטָטָה נ'
safety, security בְּטִיחוּת נ'
safety בְּטִיחוּתִי ת'
stamping, beating בְּטִישָׁה נ'
idle, void, null, invalid בָּטֵל ת'
null and void – בטל ומבוטל
idle gossip – דברים בטלים
loafer, idler – הולך בטל
old, senile – עובר בטל
battle-dress בַּטֶּלְדְּרֶס ז'
idleness, indolence בַּטָּלָה נ'
bum, idler, butterfingers בַּטְלָן ז'
idleness, awkwardness בַּטְלָנוּת נ'
abdomen, belly, stomach בֶּטֶן נ'
underbelly – בטן רכה
born, natural – מבטן ומלידה
lining בִּטְנָה נ'
double bass בַּטְנוּן ז'
cello, violoncello בַּטְנוּנִית נ'
battery בַּטֶּרְיָה נ'
trample, stamp, beat בָּטַשׁ פ'
in me בִּי מ"ג
coming, advent, oncoming, intercourse בִּיאָה נ'
explanation בֵּיאוּר ז'
explain בֵּיאֵר פ'
sewer, gutter בִּיב ז'
bibliography בִּיבְּלִיוֹגְרַפְיָה נ'
beaver בִּיבָר ז'
zoo בֵּיבָר ז'
clothing בִּיגּוּד ז'
bigamy בִּיגַמְיָה נ'
bigamist בִּיגַמִיסְט ז'

court בי״ד = בית דין
isolate, insulate בִּידֵד פ׳
isolation, insulation, seclusion, lagging בִּידוּד ז׳
fabrication, invention בִּידוּי ז׳
censorship בִּידוֹקֶת נ׳
amusement, entertainment, fun, pastime, diversion בִּידוּר ז׳
amuse, entertain בִּידַח פ׳
entertain, amuse, divert בִּידֵר פ׳
synagogue ביהכ״נ = בית הכנסת
sewage, drainage בִּיוּב ז׳
biography, life story בִּיוֹגְרַפְיָה נ׳
knowingly, wittingly בְּיוֹדְעִין תה״פ
biochemistry בִּיוֹכִימְיָה נ׳
stamping, franking בִּיוּל ז׳
biology בִּיוֹלוֹגְיָה נ׳
staging, directing בִּיוּם ז׳
– ביום אשמה *frame-up
intelligence בִּיוּן ז׳
ovulation בִּיוּץ ז׳
expensive, dear, dearly בְּיוֹקֶר תה״פ
bureaucrat בְּיוּרוֹקְרָט ז׳
bureaucratic בְּיוּרוֹקְרָטִי ת׳
bureaucracy, red tape בְּיוּרוֹקְרָטְיָה נ׳
causing shame בִּיוּשׁ ז׳
domestication, homing בִּיוּת ז׳
most, very much, exceedingly בְּיוֹתֵר תה״פ
despise, scorn, dishonor בִּיזָה פ׳
loot, pillage, plunder, spoil, depredation בִּיזָה נ׳
despising, dishonor בִּיזּוּי ז׳
bison בִּיזוֹן ז׳
decentralization בִּיזּוּר ז׳
shame, contempt, ignominy בִּיזָּיוֹן ז׳
– בִּיזיון בית-דין contempt of court
decentralize בִּיזֵּר פ׳
hospital בי״ח = בית חולים
together בְּיַחַד תה״פ
factory ביח״ר = בית חרושת
pronounce, express, utter, voice בִּיטֵא פ׳
organ, mouthpiece בִּיטָאוֹן ז׳
insurance, assurance בִּיטּוּחַ ז׳
– ביטוח לאומי National Insurance
– ביטוח משנה reinsurance

expression, phrase, term בִּיטּוּי ז׳
abolition, abrogation, annulment, cancellation, repeal בִּיטּוּל ז׳
– ביטול הלאמה denationalization
– ביטול תוקף invalidation
– בר ביטול revocable, voidable
insure, cover בִּיטַּח פ׳
– ביטח בביטוח משנה reinsure
confidence, safety, security, trust, assurance בִּיטָּחוֹן ז׳
– ביטחון עצמי self-confidence
– חסר ביטחון diffident, insecure
security בִּיטְחוֹנִי ת׳
– סיכון ביטחוני security risk
abolish, abrogate, call off, cancel, mock בִּיטֵּל פ׳
– ביטל זמן waste time, loiter
especially, chiefly בְּיִיחוּד תה״פ
stamp, frank בִּייֵּל פ׳
stage, direct בִּייֵּם פ׳
– ביים אשמה frame
put to shame, disgrace בִּייֵּשׁ פ׳
diffident, shy, coy, self-conscious בַּיְישָׁן ת׳
diffidence, shyness בַּיְישָׁנוּת נ׳
tame, domesticate, home בִּייֵּת פ׳
lament, mourn בִּיכָּה פ׳
first fruits בִּיכּוּרִים ז״ר
prefer, choose בִּיכֵּר פ׳
spend time, wear out בִּילָּה פ׳
pastime, recreation בִּילּוּי ז׳
search, detection בִּילּוּשׁ ז׳
billiards בִּילְיַארְד ז׳
billion בִּילְיוֹן ז׳
billionth בִּילְיוֹנִית נ׳
destroy, harm בִּילַּע פ׳
bluff, lie *בִּילֵּף פ׳
search, investigate בִּילֵּשׁ פ׳
stage manager, director בִּימַאי ז׳
stage, platform, dais, rostrum בִּימָה נ׳
staging, direction בִּימּוּי ז׳
court of law בימ״ש = בית משפט
theatrical, of the stage בִּימָתִי ת׳
between, among בֵּין מ״י
– בין היתר inter alia, among other things
– בין הערביים twilight, dusk

- בין השאר inter alia, among other things
- בין השמשות twilight, dusk
- בין כה וכה anyway, even so
- בין שכן ובין שלא whether or no
- בינו לבינה between man and woman
- ביני לבינך between you and me
- בינם לבין עצמם among themselves

בֵּין תח' inter-
- בין ארצי interstate
- בין יבשתי intercontinental

בִּינָה נ' wisdom, intellect
- בינת הלב intuition

בִּינוּי ז' construction, restoration
בִּינוֹם (במתימטיקה) ז' binomial
בֵּינוֹנִי ת' middle, mediocre, fair
- בינוני (בדקדוק) present

בֵּינוֹנִיּוּת נ' mediocrity
בֵּינוֹת תה"פ between, among
בֵּינֵיהֶם מ"ג between them
בֵּינַיִים ז"ר middle
- דו"ח ביניים interim report

בֵּינֵיכֶם מ"ג between you
בֵּינֵינוּ מ"ג between us
בֵּינְלְאוּמִי ת' international
בֵּינְלְאוּמִיּוּת נ' internationalism
בֵּינְתַיִים תה"פ for the time being, meanwhile, meantime
בי"ס = בית ספר school
בִּיסוּס ז' basing, establishing
בִּיסֵס פ' establish, base
- ביסס על base on, found on

בִּיסְקְוִויט ז' biscuit, scone
בִּיעוּר ז' clearing out, eradication
בִּיעוּת ז' horror, terror
בְּיָעַף תה"פ in a hurry
בִּיעֵר פ' remove, eradicate, clean up
בִּיצָה נ' marsh, swamp, mire
בֵּיצָה נ' egg, ovum (pl - ova)
- ביצה קשה hard-boiled egg
- ביצה רכה soft-boiled egg
- ביצי דגים caviar, roe
- ביצים eggs, *testicles
- ביצת כינה nit
- ביצת עין sunny-side up
- דמוי ביצה egg-shaped, ovoid

בִּיצוּעַ ז' achievement, performance, execution, accomplishment
- בר ביצוע achievable, feasible

בִּיצוּעִי ת' executive
בִּיצוּר ז' fortification, strengthening
בֵּיצִי ת' egg-like, oval, ovoid
בֵּיצִיָּיה נ' omelet, fried egg
בֵּיצִית נ' ovule
בִּיצָנִית נ' sandpiper
בִּיצֵעַ פ' perform, achieve, carry out, commit, execute, accomplish
בִּיצֵר פ' fortify, entrench
בִּיצָתִי ת' marshy, boggy, swampy
בִּיקּוּעַ ז' splitting, fission
- ביקוע הגרעין nuclear fission

בִּיקּוּר ז' call, visit, visiting
- ביקור בית domiciliary visit
- ביקור חולים visiting the sick
- ביקור ממלכתי state visit
- ביקור נימוסין courtesy call

בִּיקּוֹרֶת נ' criticism, review, notice
- ביקורת חשבונות audit
- מתח ביקורת criticize

בִּיקּוֹרְתִּי ת' censorious, critical
בִּיקּוֹרְתִּיּוּת נ' criticism
בִּיקּוּשׁ ז' demand, market
בִּיקֵּעַ פ' chop, cleave, split
בִּיקֵּר פ' visit, pay a visit, call, criticize
- ביקר אצל רופא see a doctor
- ביקר חשבונות audit

בִּיקֵּשׁ פ' ask, beg, seek, bid, desire, request
- ביקש את ידה offer one's hand, propose marriage

בֵּירֵא פ' deforest, disforest
בִּירָה נ' beer, ale, capital
- בירה מהחבית barrelled beer

בֵּירוּא ז' deforestation
בֵּירוּץ ז' overflow, surplus
בֵּירוּר ז' clarification, selection
- בבירור clearly

בִּירִית נ' garter, suspender
בֵּירֵךְ פ' bless, greet, bid, wish
בֵּירֵר פ' clarify, ascertain
בִּישׁ ת' bad, awkward, ill
- ביש גדא unlucky, ill-starred
- ביש מזל unlucky, ill-starred

בִּישׁוּל ז' cookery, cooking, cuisine
בִּישׂוּם ז' perfuming
בִּישׁוֹף ז' bishop, prelate
בִּישֵּׁל פ' cook, stew, boil
- בישל יותר מדי overdo
בִּישֵּׂם פ' perfume, embalm, scent
בִּישֵּׂר פ' augur, bring news, bode, herald, portend
- בישר בשורה רעה break the news
- בישר טוב bode well for
בַּיִת ז' home, house, domicile, door, dwelling, stanza
- בבית indoors, at home
- בית טרומי prefab
- בן בית familiar
- בני בית household
- הבייתה home, homeward
בֵּית אָב ז' family
בֵּית אָבוֹת ז' home for aged
בֵּית אוֹזֶן ז' earmuff
בֵּית אֲחִיזָה ז' handle, hold, ear, haft
בֵּית אֲסוּרִים ז' prison, jail
בֵּית בַּד ז' oil press
בֵּית בּוֹשֶׁת ז' brothel, whore-house
בֵּית בְּלִיעָה ז' throat, gullet
בֵּית גִידּוּל ז' place of growth
בֵּית דוֹאַר ז' post office
בֵּית דִין ז' court, tribunal
- בית דין צבאי court martial
בֵּית דִירוֹת ז' apartment house
בֵּית דְפוּס ז' printing press
בֵּית הַאֲרָחָה ז' guest-house
בֵּית הַבְרָאָה ז' rest home
בֵּית הֶחָזֶה ז' chest, thorax, rib cage
בֵּית הַחְלָמָה ז' convalescent home
בֵּית הַיוֹצֵר ז' pottery, workshop
בֵּית הַמֶּכֶס ז' customs house
בֵּית הַמִקְדָש ז' Temple, sanctuary
בֵּית הָעִירִיָה ז' City Hall
בֵּית הַשֶׁחִי ז' armpit
בֵּית זוֹנוֹת ז' brothel, whore-house
בֵּית זִיקוּק ז' refinery, cracking plant
בֵּית חוֹלִים ז' hospital, infirmary
- בית חולים לחולי רוח mental home, asylum
- בית חולים ליולדות maternity hospital
- בית חולים למצורעים lazaret
- בית חולים שדה field hospital
בֵּית חֲרוֹשֶׁת ז' factory, mill, plant, works
- בית חרושת לנייר paper mill
- בית חרושת לשימורים cannery
בֵּית יְצִיקָה ז' foundry
בֵּית יְתוֹמִים ז' orphanage
בֵּית כָּבוֹד ז' water closet
בֵּית כִּסֵא ז' water closet, toilet
בֵּית כֶּלֶא ז' prison, jail
בֵּית כְּנֶסֶת ז' synagogue
בֵּית מְגוּרִים ז' dwelling house
בֵּית מִדְרָש ז' college, Talmud school
בֵּית מְחוֹקְקִים ז' legislature, parliament
בֵּית מַחֲסֶה ז' almshouse, poorhouse
בֵּית מִטְבָּחַיִים ז' slaughterhouse
בֵּית מְלָאכָה ז' workshop, shop
בֵּית מָלוֹן ז' hotel
בֵּית מִסְחָר ז' shop, store
בֵּית מַעֲצָר ז' lockup, remand home
בֵּית מַרְגוֹעַ ז' rest home
בֵּית מַרְזֵחַ ז' tavern, inn, pothouse
בֵּית מֶרְחָץ ז' bathhouse
בֵּית מִרְקַחַת ז' pharmacy, dispensary, drug store
בֵּית מְשׁוּגָעִים ז' madhouse
בֵּית מִשְׁפָּט ז' court of law, court
- בית משפט מחוזי county court
- בית משפט עליון Supreme Court
- בית משפט שלום magistrate's court
בֵּית נִבְחָרִים ז' parliament
בֵּית נוּרָה ז' socket
בֵּית נְכוֹת ז' museum
בֵּית נְתִיבוֹת ז' train station
בֵּית סוֹהַר ז' jail, prison
- ישב בבית סוהר serve time, *do bird
בֵּית סֵפֶר ז' school
- בית ספר יסודי elementary school, grade school, primary school
- בית ספר תיכון secondary school, high school
בֵּית עֲבוֹט ז' pawnshop, *popshop
בֵּית עָלְמִין ז' cemetery, graveyard
בֵּית עָם ז' community center

בֵּית קְבָרוֹת ז' graveyard, cemetery
בֵּית קוֹלְנוֹעַ ז' cinema
בֵּית קִיבּוּל ז' receptacle, repository
בֵּית קָפֶה ז' cafe, coffee house
בֵּית שִׁימּוּשׁ ז' lavatory, WC, water closet
בֵּית תַּמְחוּי ז' public kitchen
בֵּית תְּפִילָּה ז' synagogue, bethel
בִּיתּוּק ז' severing, splitting
בִּיתּוּר ז' dissection, dismemberment
בֵּיתִי ת' domestic, homemade
בִּיתָן ז' booth, cabin, pavilion
בִּיתֵּק פ' cut, split
בִּיתֵּר פ' cut, bisect, dissect, dismember
בְּךָ מ"ג in you
בִּכְדִי תה"פ in vain, vainly
בָּכָה פ' cry, weep
– בכה בדמעות שליש cry one's eyes out
בְּכַוָּונָה תה"פ deliberately, intentionally
בְּכוֹחַ תה"פ potentially
בְּכוֹר ז' firstborn, eldest
בִּכּוּרָה נ' early fruit
בְּכוֹרָה נ' birthright, primogeniture, priority
בְּכִי ז' crying, weeping, cry
בְּכִיָּה נ' crying, weeping, wail
בַּכְיָין ז' crier, weeper, whiner
בַּכְיָינוּת נ' weeping
בַּכְיָינִי ת' lachrymose, weepy
בָּכִיר ת' senior, high-ranking
בְּכָל זֹאת תה"פ nevertheless, anyway
בִּכְלָל תה"פ in general, at all, in the main
– ועד בכלל inclusive, down to
בָּכֶם מ"ג in you
בִּכְרָה נ' young camel
בַּל מ"ח not, you shouldn't
– בל יכופר inexcusable
– בל יתואר indescribable
בְּלֹא תה"פ without, wanting
בְּלָאו הָכֵי תה"פ anyway, even so
בַּלָּאט תה"פ stealthily
בְּלַאי ז' amortization, wear
בִּלְבַד תה"פ mere, only, solely, merely
– ובלבד ש- only, on condition
בִּלְבַדִּי ת' exclusive, sole
בִּלְבּוּל ז' confusion, mess-up
– בלבול מוח nonsense, palaver
בִּלְבֵּל פ' bewilder, confuse, upset
– בלבל המוח talk nonsense
בָּלָגָן ז' disorder, mess-up
– בבלגן pellmell
בַּלָּדָה נ' ballad
בַּלְדָּר ז' courier, messenger
בָּלָה פ' be worn out
בָּלֶה ת' worn out, threadbare
בַּלָּהָה נ' horror, dread
בְּלוֹ ז' excise, inland revenue
בְּלוֹאִים ז"ר rags, tatters
בַּלּוּט ז' acorn
בַּלּוּטָה נ' gland
– בלוטת הכרס pancreas
– בלוטת התריס thyroid gland
בָּלוּי ת' shabby, worn out
בָּלוּל ת' mixed
בָּלוּם ת' full, closed
בַּלּוֹן ז' balloon, bubble
בְּלוֹנְדִינִי ת' blond
בְּלוֹנְדִינִית ת' blonde
*בְּלוֹף ז' bluff, fake, lie
בְּלוֹק ז' bloc, block
– בלוק כתיבה writing pad
בְּלוֹרִית נ' forelock, quiff
בְּלוֹת נ' change of life, menopause
בָּלַט פ' protrude, bulge, predominate, stand out
בַּלֶּט ז' ballet
בֶּלֶטְרִיסְטִיקָה נ' belles-lettres
בְּלִי תה"פ without, wanting
– בלי הרף incessantly, without cease
– בלי משים unawares, unintentionally
– בלי ספק no doubt, sure
– בלי עין הרע without grudge, touch wood!
בְּלִיטָה נ' projection, bulge
בְּלִיָּיה נ' wearing out
בְּלִיל ז' mixture, hotchpotch
בְּלִילָה נ' mixing, thickening
בְּלִימָה נ' check, braking, stoppage,

tackle
בַּלִיסְטְרָה נ' catapult
בְּלִיעָה נ' swallowing, gulp, swallow
בְּלִיַּעַל ז' wickedness
- בן בליעל scoundrel, villain
בָּלַל פ' mix, mingle
בָּלַם פ' brake, stop, curb
- בלום פיך! *shut up!
בָּלָם ז' center back
בֶּלֶם ז' brake, stop
- בלם אוויר air brake
- בלם יד handbrake
בלמ"ס = בלתי מסווג unclassified
בַּלָּן ז' bath attendant
בָּלַע פ' swallow, gulp
בֶּלַע ז' slander
בִּלְעָדִי ת' exclusive, sole
בִּלְעֲדֵי מ"י save, without
בִּלְעָדִיּוּת נ' exclusiveness
בְּלַעַז תה"פ in a foreign language
בָּלַשׁ פ' search, detect, spy into
בַּלָּשׁ ז' detective, sleuth
- בלש פרטי private eye
בַּלָּשׁוּת נ' investigation
בַּלָּשִׁי ת' detective, cloak-and-dagger
בַּלְשָׁן ז' linguist, philologist
בַּלְשָׁנוּת נ' linguistics, philology
בַּלְשָׁנִי ת' linguistic, philological
בִּלְתִּי מ"י not, except
- בלתי חוקי illegal, unlawful
- בלתי נדלה inexhaustible
- בלתי נמנע inevitable, unavoidable
- בלתי נסבל intolerable, unbearable
- בלתי רגיל unusual, extraordinary
בָּם מ"ג in them
בַּמָּאוּת נ' direction
בַּמַּאי ז' director, stage manager
בַּמְבּוּק ז' bamboo
בָּמָה נ' podium, rostrum, stage
בַּמֶּה תה"פ wherewith, with what
בִּמְהֵרָה תה"פ soon, shortly
בְּמוֹ מ"ח with his own
- במו עיני with my own eyes
בָּמוֹל נ' flat
בְּמֵזִיד תה"פ intentionally, on purpose
בְּמַחִי יָד תה"פ at one blow
בְּמָטוּתָא מ"ק please
בָּמְיָה (ירק מאכל) נ' okra
בִּמְיוּחָד תה"פ in particular, especially
בְּמֵישָׁרִין תה"פ directly
בְּמַפְגִּיעַ תה"פ vigorously, decidedly
בִּמְפוֹרָשׁ תה"פ expressly, clearly
בִּמְקוֹם תה"פ instead of, in lieu of
בְּמִקְרֶה תה"פ by chance, accidentally
- במקרה זה in this case
- במקרה ש- in case of
בְּמֶשֶׁךְ תה"פ during, throughout
בֵּן ז' boy, child, son, aged, old, deserving
- בן אח nephew
- בן אלמוות immortal
- בן גילו of the same age
- בן זמנו contemporary
- בן זקונים youngest son
- בן חורג stepson
- בן יומו day-old
- בן יחיד only child
- בן כמה? how old?
- בן מוות deserving death
- בן מינו of the same kind
- הבן junior, the younger
בֶּן אָדָם ז' man, person
- בני אדם people, mankind
בֶּן בַּיִת ז' familiar
בֶּן בְּלִיַּעַל ז' villain
בֶּן בָּקָר ז' steer
בֶּן בְּרִית ז' ally, Jew, in league
בֶּן דּוֹד ז' cousin
בֶּן זוּג ז' companion, mate, husband, wife, spouse, partner
בֶּן חוֹרִין ז' freeborn
בֶּן חַיִל ז' brave man, soldierly
בֶּן חֲלוֹף ת' ephemeral, transient
בֶּן חָסוּת ז' protege, ward
בֶּן טוֹבִים ז' of good family
בֶּן כִּלְאַיִם ז' hybrid, crossbred, crossbreed, half-breed
בֶּן כְּפָר ז' villager, countryman
בֶּן כְּרַךְ ז' townee, townsman
בֶּן לְוָיָה ז' companion, escort

בֶּן עֲרוּבָּה ז' hostage
בֶּן רֶגַע תה"פ at once, *in a jiffy
בֶּן תְּמוּתָה ז' mortal, man
בֶּן תַּעֲרוֹבֶת ז' hybrid, crossbred
בִּנְאוּם ז' internationalization
בַּנָּאוּת נ' building, masonry
בַּנַּאי ז' builder, mason
בִּנְאֵם פ' internationalize
בָּנָה פ' build, construct
– בנה מחדש rebuild, reconstruct
– בנה על plan on, build on
בָּנוּ מ"ג in us
בְּנוֹגֵעַ לְ- מ"י regarding, as to
בָּנוּי ת' built-up
בֶּנְזִין ז' benzine, petrol, gas, gasolene
בְּנִיגוּד לְ- תה"פ as opposed to, contrary to
בְּנִיָּה נ' construction, building
בִּנְיָן ז' building, construction, structure, voice
– בניין אב precedent
– בניין הפעיל causative
– בניין נפעל passive voice
– בניין פעיל active voice
בָּנָלִי ת' banal, hackneyed
בַּנָּנָה נ' banana
בַּנְק ז' bank
– בנק דם blood bank
בַּנְקָאוּת נ' banking
בַּנְקַאי ז' banker
בַּנְקוֹמָט ז' cash dispenser
בַּס ז' bass
בִּסְבִיבָה תה"פ around, hereabout(s)
בִּסְבִיבוֹת מ"י about, around, or so
בס"ד = בסיעתא דשמיא with God's help
בְּסֵדֶר תה"פ all right, OK, well, all there
– בסדר גמור very well
– לא בסדר wrong, not all there
– בסדר גודל של on the order of
בסה"כ = בסך הכל altogether
בְּסוֹמֶת נ' aroma
בַּסּוֹן ז' bassoon
בָּסִיס ז' base, basis, foundation, alkali
– בסיס אווירי air base
– חסר בסיס baseless, insubstantial
– בסיס טילים missile base
בְּסִיסִי ת' basic, fundamental
בְּסַךְ הַכֹּל תה"פ all told, in all, altogether, in total
בָּסַס פ' trample, tread
בִּעְבּוּעַ ז' bubble, gurgle
בַּעֲבוּר מ"י for, so that
בִּעְבַּע פ' bubble, gurgle
בֶּעָבָר תה"פ before, in former times
בְּעַד מ"י pro, by, through, for, in favor of
– בעד ונגד pro and con
בע"ה = בעזרת השם with God's help
בְּעוֹד תה"פ after, while
– בעוד ש- while, whereas
בע"ח = בעל חיים animal
בָּעַט פ' kick, boot
בְּעֶטְיוֹ תה"פ because of, owing to
בְּעָיָה נ' problem, question, issue
בְּעִיטָה נ' kick, shot, *boot
– בעיטה חופשית free kick
– בעיטת יעף punt
– בעיטת עונשין penalty kick
– בעיטת פתיחה kickoff
– בעיטת קרן corner kick
בְּעָיָיתִי ת' problematic
בְּעִילָה נ' cohabitation, intercourse
בְּעִילוּם שֵׁם תה"פ incognito
בְּעַיִן תה"פ clearly, in reality
– בעין יפה generously, without stint
בְּעִיקָר תה"פ mainly, chiefly, mostly
בָּעִיר ת' inflammable, combustible
בְּעֵירָבוֹן מוּגְבָּל תה"פ Ltd.
בְּעֵירָה נ' burning, combustion
בָּעַל פ' have sexual intercourse
בַּעַל ז' husband, spouse, owner
– בעלים owner, possessor
בַּעַל מ"י having, of
– בעל אופי man of character
בַּעַל אֶמְצָעִים ז' man of means
בַּעַל בַּיִת ז' householder, landlord
– בעלת בית landlady, mistress
בַּעַל בְּרִית ז' ally, confederate
בַּעַל בָּשָׂר ת' porky, fat
בַּעַל גוּף ת' corpulent, fat
בַּעַל דָּבָר ז' person concerned

בַּעַל דִין ז' — litigant, plaintiff
בַּעַל הוֹן ז' — capitalist
בַּעַל חוֹב ז' — debtor, creditor
בַּעַל חוּלְיוֹת ז' — vertebrate
בַּעַל חַיִים ז' — animal
בַּעַל טוּר ז' — columnist
בַּעַל כּוֹחַ גַבְרָא ת' — potent, virile
בְּעַל כּוֹרחוֹ תה"פ — reluctantly, unwillingly
בַּעַל מוּם ז' — invalid, disabled, cripple
בַּעַל מְלָאכָה ז' — craftsman, expert
בַּעַל מְנָיוֹת ז' — shareholder, stockholder
בַּעַל מִקצוֹעַ ז' — craftsman, expert
בַּעַל נִיסָיוֹן ת' — experienced
בַּעַל עֶרֶך ת' — worthy, valuable
בְּעַל פֶּה תה"פ — by heart, verbally
בַּעַל קוֹמָה ת' — tall, important
בַּעַל שֵׁם ת' — known, noted, of repute
בַּעַל תְּפִילָה ז' — cantor
בַּעַל תְּשׁוּבָה ז' — repentant, remorseful
בַּעֲלוּת נ' — ownership, possession
בַּעֲלִיל תה"פ — clearly, visibly
בְּעָלְמָא תה"פ — unintentionally, hit or miss
בע"מ=בעירבון מוגבל — limited, Ltd.
בע"פ = בעל פה — by heart
בְּעֶצֶם תה"פ — actually, as a matter of fact
- בעצמה — by herself
- בעצמו — all alone, by himself
- בעצמי — myself, by myself
- בעצמך — yourself, by yourself
- בעצמם — by themselves
- בעצמנו — ourselves
בַּעֲקִיפִין תה"פ — indirectly
בָּעַר פ' — burn, blaze, flame, flare
בַּעַר ת' — ignorant, illiterate
בַּעֲרוּת נ' — ignorance, illiteracy
בְּעֵרֶך תה"פ — about, around, or so
בַּעַת ז' — phobia
- בעת סגור — claustrophobia
בְּעֵת מ"י — during, while
- בעת ובעונה אחת — at the same time
בְּעָתָה נ' — fear, horror
בְּפוּמבֵּי תה"פ — in public
בְּפוֹעַל תה"פ — actually, acting
בַּפְּטִיסְט ז' — Baptist

בְּפֵירוּשׁ תה"פ — clearly, explicitly
בִּפְנֵי מ"י — in front of, before
- בפני עצמו — in itself, per se
בִּפְנִים תה"פ — inside, within, indoors
בְּפַרְהֶסְיָה תה"פ — openly, in public
בְּפרוֹטרוֹט תה"פ — in detail, minutely
בִּפְרָט תה"פ — particularly, especially
בְּצבּוּץ ז' — sprouting, appearance
בִּצבֵּץ פ' — sprout, burst forth
בְּצוֹבֶר תה"פ — in bulk, loose
בְּצַוותָּא תה"פ — together, in concert
בַּצוֹרֶת נ' — drought
בְּצִיעָה נ' — slicing, cutting
בָּצִיר ז' — grape harvest, vintage
בָּצָל ז' — onion, bulb
- בצל ירוק — spring onion, scallion
בְּצַלְצָל ז' — shallot, small onion
בְּצִמצוּם תה"פ — scantily, barely
בָּצַע פ' — cut, slice
בֶּצַע ז' — gain, profit
- בצע כסף — lucre, greed
- מה בצע? — of what avail?
בָּצֵק ז' — dough, paste, duff
- בצק עלים — puff pastry
בְּצֵקִי ת' — doughy, pasty
בַּצֶקֶת נ' — edema
בָּצַר פ' — harvest grapes
בַּקְבּוּק ז' — bottle, flask
- בקבוק גומי — hot-water bottle
- בקבוק מולוטוב — Molotov cocktail
בַּקְבּוּקוֹן ז' — phial, vial, flask
בְּקוֹל תה"פ — aloud, out
בְּקוֹשִׁי תה"פ — barely, hardly, scarcely
בַּקְטֶרִיוֹלוֹגְיָה נ' — bacteriology
בַּקְטֶרְיוֹת נ"ר — bacteria
בָּקִי ת' — expert, familiar, versed
- לא בקי — unversed
בְּקִיאוּת נ' — skill, mastership, familiarity, mastery
בְּקִיעַ ז' — crack, breach, gap, fissure
בָּקִיעַ ת' — fissile, fissionable
בְּקִיעָה נ' — splitting, breach
בְּקִיצוּר תה"פ — in brief, briefly, in fine, in sum
בְּקֵירוּב תה"פ — approximately, nearly
בַּקָלָה (דג) נ' — cod, codfish, hake
בְּקַלוּת תה"פ — easily, lightly
בָּקֶלִיט ז' — bakelite

בָּקַע פ'	hatch, cleave, split, chip
בֶּקַע ז'	rupture, split, hernia
בִּקְעָה נ'	valley, basin
בְּקִצָּרָה תה"פ	in brief, summarily
בַּקָּר ז'	controller, inspector
בָּקָר ז'	cattle, cows
- בן בקר	steer, young bull
- בקר שחיטה	beef cattle
- בשר בקר	beef
- גונב בקר	rustler
בְּקֶרֶב מ"י	among, inside
בַּקָּרָה נ'	control, revision
- בקרת אש	fire control
בְּקָרוֹב תה"פ	soon, shortly
בַּקָּשָׁה נ'	application, request, appeal, desire, plea
- בבקשה	please, *be my guest!
*בַּקְשִׁישׁ ז'	baksheesh, tip
בִּקְתָּה נ'	hut, shed, shack
בַּר ז'	bar, barroom, saloon
בָּר ז'	wilderness
- חזיר בר	wild pig, boar
בַּר ת'	son of, -able
- בר ביצוע	achievable, workable
- בר השוואה	comparable
- בר ויכוח	arguable
- בר חרישה	arable
- בר עונשין	punishable
- בר קיימא	durable, imperishable
- בר שינוי	alterable
- בר תביעה	actionable, suable
בַּר אוֹרְיָן ז'	scholar, learned man
בַּר דַּעַת ת'	intelligent, reasonable
בַּר מַזָּל ת'	fortunate, lucky
בַּר מִינָן ת'	deceased, corpse
בַּר סַמְכָא ז'	authority, reliable
בַּר תּוֹקֶף ת'	valid, effective
בָּרָא פ'	create, call into being
בְּרֵאשִׁית תה"פ	in the beginning
בְּרֵאשִׁית (חומש) ז'	Genesis
בַּרְבּוּר ז'	swan
בַּרְבָּרִי ת'	barbarian, vandal
בַּרְבָּרִיּוּת נ'	barbarism, vandalism
בָּרָד ז'	hail, hailstone
- ירד ברד	it hailed
בַּרְדְּלָס ז'	cheetah, panther
בַּרְדָּס ז'	cowl, hood
*בַּרְדָּק ז'	disorder, mess
ברה"מ = ברית המועצות	USSR
בָּרוּא ז'	creature
בְּרוֹגֶז תה"פ	on bad terms
בַּרְוָז ז'	duck, false report
- ברווז פיתיון	decoy
בַּרְוָזוֹן ז'	duckling
בַּרְוָזָן (יונק) ז'	platypus
בְּרוּטוֹ ז'	gross, before tax
בְּרוּטָלִי ת'	brutal
בְּרוּטָלִיּוּת נ'	brutality
בָּרוּךְ ת'	blessed
- ברוך הבא	welcome
- ברוך שפטרני!	good riddance
בְּרוֹם (יסוד כימי) ז'	bromine
בָּרוֹמֶטֶר ז'	barometer
בָּרוֹן ז'	baron
בְּרוֹנְזָה נ'	bronze
בְּרוֹנְכִיטִיס ז'	bronchitis
בָּרוֹק (סגנון) ז'	baroque
בְּרוֹקֶר ז'	broker, stockbroker
בָּרוּר ת'	obvious, clear, evident
בְּרוּרוֹת תה"פ	clearly, distinctly
בְּרוֹשׁ (עץ) ז'	cypress
בָּרוּת ז'	diet
בֶּרֶז ז'	faucet, tap, cock
- ברז שריפה	hydrant, plug
בְּרֶזִיָּה נ'	drinking fountain
בַּרְזִלִּי ת'	ferrous
בַּרְזְלָן ז'	ironworker
בַּרְזֶל ז'	iron
- ברזל יציקה	cast iron
בְּרֶזֶנְט ז'	tarpaulin
בָּרַח פ'	flee, run, bolt, escape, run away
- ברח (עם אהובה)	elope
בְּרַחֲבֵי מ"י	throughout, all over
בַּרְחַשׁ ז'	gnat, small mosquito
בָּרִי ת'	certain, sure
בָּרִיא ת'	healthy, sound, fit, well
- בריא אולם	hale and hearty
- בריא בשר	fat, obese
בְּרִיאָה נ'	creation
- בריאת העולם	the Creation, cosmogony
בְּרִיאוּת נ'	health, well-being
- בקו הבריאות	in condition, healthy
בְּרִיאוּתִי ת'	sanitary

בְּרִידְג' (משחק) ז' bridge
בִּרְיוֹן ז' hooligan, thug
בִּרְיוֹנוּת נ' hooliganism, thuggery
בִּרְיוֹנִי ת' ruffianly, strong-arm
בְּרִיחַ ז' bar, bolt, latch
- הסיר הבריח unbar
בְּרִיחָה נ' flight, escape, bolt
- **בריחת סידן** osteoporosis
- בריחת מוחות brain drain
בְּרִיטִי ת' British, Anglo
בְּרִיטַנְיָה נ' UK, United Kingdom
בְּרִיָּה נ' creature, person
- בריה משונה freak of nature
בְּרֵיכָה נ' pond, pool, reservoir
- בריכת שחייה swimming pool
בְּרֵיכִיָּה נ' mallard, wild duck
בָּרִיקָדָה נ' barricade, roadblock
בְּרֵירָה נ' alternative, choice
- בדלית ברירה as there is no choice
- ברירה טבעית natural selection, survival of the fittest
- ברירת מחדל default
- ברירת קנס option of a fine
בְּרֵישׁ גְּלֵי תה"פ openly, in public
בְּרִית נ' alliance, confederacy, treaty, league, covenant
- ***בריתה** party for birth of girl
- ברית המועצות USSR
- ברית מילה circumcision
- הברית החדשה New Testament
בֶּרֶךְ נ' knee, elbow
בְּרָכָה נ' blessing, greeting, regards
- ברכה לבטלה waste of efforts
- ברכת הגומל thanks to God
- ברכת המזון grace
בְּרַם תה"פ but, however, yet
בַּרְנָשׁ ז' person, fellow, guy
בִּרְצִינוּת תה"פ in earnest, seriously
בָּרָק ז' lightning, polish, shine
בַּרְקִית נ' glaucoma
בַּרְקָן ז' thorn, briar
בָּרֶקֶת (אבן יקרה) ז' emerald
בֵּרֵר פ' pick, select, single out
בַּרְרָן ז' choosy, dainty, picky
בִּשְׁבִיל מ"י for, in order to
בְּשׁוּם אוֹפֶן/פָּנִים on no account
בְּשׁוּם שֵׂכֶל reasonably, sensibly

בְּשׂוֹרָה נ' tidings, news
בָּשַׁל פ' ripen, become ripe, mature
בָּשֵׁל ת' ripe, mature, mellow
בְּשֶׁל מ"י because of
בְּשֵׁלוּת נ' maturity, ripeness
בַּשָּׂם ז' perfumier, perfumer
בִּשְׁעַת תה"פ while, when, during
בָּשָׂר ז' flesh, meat
- בשר בקר beef
- בשר הפרי pulp
- בשר ודם flesh and blood
- בשר ורד sirloin
- בשר חזיר pork, white meat
- בשר טחון mince, hamburger
- בשר כבש mutton, lamb
- בשר עגל veal
- בשר קצוץ hash, forcemeat
- בשר תותחים cannon fodder
בְּשָׂרִי ת' carnal, fleshy, meaty
בַּשְׂרָנִי ת' fleshy, succulent
בַּת נ' daughter, girl, aged
- בת אח niece
- בת השיר muse
- בת חורגת stepdaughter
בַּת דּוֹד נ' cousin
בַּת זוּג נ' partner, spouse
בַּת יַעֲנָה נ' ostrich
בַּת צְחוֹק נ' smile
בַּת קוֹל נ' echo
בָּתָה נ' waste land, scrub
בְּתוֹךְ מ"י among, in, inside
- בתוך דקה in a minute
- בתוך תוכו at bottom, at heart
בְּתוֹכְכֵי מ"י in, inside
בָּתוּל ז' virgin
בְּתוּלָה נ' virgin, maid
בְּתוּלִי ת' virginal, maiden
בְּתוּלִים ז"ר hymen, maidenhood, virginity
בְּתוֹם לֵב in good faith, bona fide
בְּתוֹקֶף תה"פ vigorously, valid, in force, by virtue of
בְּתוֹרַת תה"פ like, as
בִּתְחִילָּה תה"פ at first, originally
בְּתַכְלִית תה"פ completely, absolutely
בִּתְנַאי שֶׁ- מ"ח provided, as long as
בֶּתֶר ז' section, fistula

ג

ג' תה"פ — third, thirdly
גֵא ת' — proud, haughty, *gay, homosexual
גָאָה פ' — rise, grow, mount
גֵאֶה ת' — arrogant, proud
גַאֲוָה נ' — pride, self-esteem
- גאוותי על כך — it's my boast
גַאַוְתָן ז' — boastful, swaggerer
גַאַוְתָנוּת נ' — arrogance, pride
גְאוּלָה נ' — delivery, redemption, salvation
- גאולת דם — vendetta
גָאוֹן ז' — genius, mastermind
גְאוֹנוּת נ' — genius
גְאוֹנִי ת' — genius
גָאַל פ' — free, redeem, deliver
גַב ז' — back, spine
- גב אל גב — back to back
- על גבי — upon, on top of
- על הגב — supine
גב' = גברת — Mrs.
גַבָּאוּת נ' — management of synagogue
גַבַּאי ז' — manager of synagogue
גְבָבָה נ' — straw, heap, pile
- קש וגבבה — idle talk
גָבַהּ פ' — be high, rise, mount
גָבָה פ' — collect, levy
- גבה מחיר מופרז — overcharge
- גבה עדות — take evidence
גַבָּה נ' — eyebrow
- הרים גבה — raise eyebrows
גַבהוּת נ' — haughtiness, pride
גָבוֹהַּ ת' — high, tall, lofty
- גבה קומה — tall
גְבוֹהָה נ' — proud talk
- גבוהה־גבוהה — big words
גְבוּל ז' — border, bound, boundary, frontier, limit
- הסגת גבול — encroachment, trespass
- הסיג גבול — encroach, poach, trespass
- ללא גבול — boundless, indefinitely

גְבוּלִי ת' — borderline, marginal
גְבוּרָה נ' — strength, power, God
- הגיע לגבורות — be eighty years old
גַבַּחַת נ' — baldness, nap
גַבִּי ת' — dorsal, backhanded
גְבִיָה נ' — collection, levy
- גביית עדות — taking evidence
גְבִין ז' — eyebrow
גְבִינָה נ' — cheese
- גבינת קוטג' — cottage cheese
גְבִינִי ת' — caseous, cheesy
גָבִיעַ ז' — cup, goblet, chalice, calyx
- גביע גלידה — ice-cream cornet, cone
- גביע לביצים — egg-cup
גְבִיר ז' — rich man
גָבִישׁ ז' — crystal
גְבִישִׁי ת' — crystalline
גָבַל פ' — abut, border, knead, mix
- גבל ב־ — verge on, border on
גַבְלִית נ' — oriel, balcony
גַבְנוּן ז' — hump, hunch
גַבְנוּנִי ת' — hunchbacked, gibbous
גֶבֶס ז' — gypsum, plaster, cast
גִבְעָה נ' — hill, elevation
גִבְעוֹל ז' — stalk, stem, pedicel
גִבְעוֹנֶת נ' — hillock, mound
גָבַר פ' — increase, grow, mount
- גבר על — beat, defeat, overcome
גֶבֶר ז' — man, male, cock
גָבֵר ז' — dominant
גַבְרָא ז' — man, male
- כוח גברא — sexual potency
גַברוּת נ' — manhood, virility
גַברִי ת' — male, manly, virile
גַברִיוּת נ' — manhood, virility
גְבֶרֶת נ' — lady, madam, mistress, Mrs.
- גבירותי ורבותי — ladies and gentlemen
- כיאה לגברת — ladylike
גְבַרְתָן ז' — strong man
גַבשׁוּשִׁית נ' — hillock, mound, knob
- גבשושית (בגולף) — tee
גִבְתּוֹן ז' — ortolan, bunting
גַג ז' — roof, housetop
גַגוֹן ז' — awning, roof rack
גַד ז' — coriander
גָדָה נ' — bank, brink, riverside

גְדוּד ז' battalion, regiment
גְדוּדִי ת' regimental
גָדוֹל ת' great, large, big
*– בגדול in a big way
– גדול למדי largish, sizeable
– גדולות great things
גְדוּלָּה נ' greatness, importance
גָדוּם ת' cut, amputated
גָדוּעַ ת' cut down, felled
גָדוּר ת' fenced, fenced off
גָדוּשׁ ת' full, packed, brimming, fraught, replete, stuffed
גְדִי ז' kid, Capricorn
גָדִיל ז' fringe, strand, tassel
גְדִילָה נ' growth, increase, accretion
גְדִיעָה נ' cutting down, felling
גְדֵירָה נ' pen, sheepfold
גָדִישׁ ז' heap of corn, rick, stack
גָדַל פ' increase, grow, wax
– גדל פרא grow wild, run wild
גָדֵל ת' growing, increasing
גַדְלוּת נ' greatness, magnanimity
גָדַם פ' cut off, sever
גֶדֶם ז' stub, stump
גדנ"ע = גדודי נוער cadet corps
גָדַע פ' cut off, fell, hew, lop
– גדע קרניים dehorn, poll
גָדַר פ' fence off, enclose, wall
גֶדֶר נ' fence, limit, wall
– בגדר within the scope of
– גדר המערכת security fence
– גדר חיה hedge
– גדר כלונסאות stockade, picket, paling
– גדר שיחים hedge
– גדר תיל barbed-wire fence
– יושב על הגדר fence-sitter
– יצא מגדרו be beside oneself, lose control
גדרון (ציפור שיר) ז' wren
גָדַשׁ פ' heap, pile up, stuff
גֵהָה נ' remedy, cure, medicine
גֵהוּת נ' hygiene, sanitation
גֵהוּתִי ת' hygienic, sanitary
גְהִירָה נ' stooping, bowing down
גָהַר פ' stoop, bow down
גֵו ז' back, inside
גוֹאֵל ז' deliverer, liberator, savior

גוֹב ז' den, pit, lair
*ג'וֹב ז' job, *berth
גוּבַּב פ' be piled up, be heaped
גוּבָּה פ' be backed up, be saved
גוֹבַהּ ז' altitude, height, highness
– גובה המים sea level
– גובה צליל pitch
גוֹבֶה ז' collector
– גובה מיסים tax collector
גוּבַיינָה ת' collect
– שיחת גוביינה collect call
גוֹבֵל ת' adjoining, bordering on
גוּבַּשׁ פ' crystallize, be formed
גוּבתָּה נ' hose, tube
ג'ודו ז' judo
גוּדַּל פ' be brought up
גוֹדֶל ז' size, greatness, magnitude
גוֹדֶשׁ ז' surplus, overflow, plenitude
גוּהַץ פ' be ironed
גְוָוה נ' hulk, hull, body
– גוות אונייה hulk
גְוִויָּה נ' carcass, corpse, *stiff
– אוהב גוויות necrophiliac
גְוויל ז' parchment
גְוויעָה נ' dying, death
גָוון ז' color, hue, tinge, shade
– בן גוון nuance
– גון הפנים complexion
גַוונון ז' nuance
גָוַוע פ' die, wane, fade out
גוֹזֵז ז' shearer, clipper
גוֹזָל ז' nestling, young bird
גוּזמָה נ' exaggeration, tall tale
גוֹי ז' nation, gentile
גוֹייָבָה נ' guava
גוֹייָה נ' gentile woman
גוּיַּס פ' be mobilized, be enlisted
גוּיַּר פ' become a Jew
גוֹל ז' goal
גוּלגוֹלֶת נ' cranium, head, skull
– לגולגולת per capita, per head
גוֹלֶה ז' exile, deportee
גוּלָּה נ' knob, marble, ball
– גולת הכותרת coping-stone, crown
– גולת הניצב (בחרב) pommel
גוֹלָה נ' exile, diaspora
גוּלַּח פ' be shaved

גוֹלֵל פ' roll, unfold, unroll, unwind
גוֹלֵל ז' tomb stone
– סתם הגולל put an end to
גוּלַם פ' be embodied, be enacted
גוֹלֶם ז' robot, idiot, clumsy, pupa, chrysalis
– התגלגל לגולם pupate
גוֹלְמִי ת' raw, crude, rude
גוֹלְמִיּוּת נ' crudeness, crudity
גוּלַף פ' be carved, be engraved
גוֹלְף ז' golf
גוֹלֵשׁ ז' surfer, skier
גוּלָשׁ ז' goulash
גוֹמֶא ז' papyrus, reed
גוּמַד פ' be dwarfed, be stunted
גוֹמֶד ז' cubit, ulna
גוּמָה נ' dent, dimple, hole, pothole
– גומת חן dimple
גוּמְחָה נ' niche, recess, alcove
גוּמִי ז' gum, rubber, elastic
– גומי לעיסה chewing gum
– כמו גומי rubbery, elastic
גוּמִיָּה נ' rubber band
גּוֹמֵל ת' retaliative, retaliatory
– גומל חסד benefactor, beneficent
גוּנַב פ' slip in, be stolen
– גונב לאוזניו reach his ears
ג'וּנְגֶל ז' jungle
גוּנְדָּה נ' company, battery, squadron
גוֹנְדָר ז' major general, warden
גוּנָּה פ' be denounced, be condemned
גּוֹנֵן פ' shelter, protect
גּוֹסֵס ת' dying, moribund
גּוֹעַל (נֶפֶשׁ) ז' disgust, revulsion
גּוֹעֲלִי ת' disgusting, revolting
גּוֹעֵשׁ ת' stormy, tempestuous
גּוּף ז' body, figure, object
– בעל גוף corpulent, fat
– גוף זר foreign body
– גוף חימום heating element
– גוף ראשון first person
– גוף שלישי third person
– גוף שני second person
– לגופו של דבר to the point
גוּפָא ת' proper
גוּפָה נ' corpse, cadaver, body

גוּפִיָּה נ' undershirt, singlet, undervest, vest
גּוּפִיף ז' corpuscle
גּוֹפָן ז' font, fount, type style
גּוּפָנִי ת' bodily, carnal, corporal, physical, material
גּוֹפְרָה נ' sulfate, sulphate
גּוֹפְרִית נ' brimstone, sulfur
– אש וגפרית fire and brimstone
גּוֹפְרִיתִי ת' sulfurous, sulfuric
גּוֹפְרִיתָנִי ת' sulfuric
גּוּץ ת' short, dumpy, squat
*ג'וּק ז' cockroach
גּוּר ז' cub, puppy, pup, whelp
– גורים litter, young
גּוֹרֵד שְׁחָקִים ז' skyscraper
גּוֹרִילָה נ' gorilla
גּוֹרָל ז' destiny, fate, lot, luck
– אינה הגורל it so happened
– הטיל גורל cast lots, draw lots
גּוֹרָלִי ת' critical, fatal, fateful
גּוֹרָלִיּוּת נ' fatality, fatefulness
גּוֹרֵם ז' cause, factor, agent
גּוֹרֶן נ' threshing floor
– חצי גורן עגולה semicircle
גּוֹרֵר ז' tractor, tow tractor
גּוֹרֶרֶת נ' tugboat, towboat
גּוֹרַשׁ פ' be expelled, be deported
גּוּשׁ ז' block, lump, mass, body
– גוש עפר clod
– גוש ערים conurbation
– גוש פוליטי bloc
גּוּשִׁי ת' agglomerate, massive
גּוּשִׁישׁ ז' small lump, nodule
גּוּשְׁפַּנְקָה נ' seal, approval
– נתן גושפנקה approve, endorse
גּוֹתִי ת' Gothic
גָּז פ' disappear, vanish, pass away
גַּז ז' gas
– גז הביצות methane, marsh gas
– גז החרדל mustard gas
– גז מדמיע tear gas
– גזים בבטן flatulence, wind
– הפך לגז gasify, sublimate
ג'ֶז ז' jazz
גֵּז ז' shearing, cut, clip, fleece
גִּזְבָּר ז' treasurer, purser
גִּזְבָּרוּת נ' treasury

גזגזים ז"ר confetti
גָזָה נ' gauze, cheesecloth
גזוז ז' soda pop, pop, soda
גָזוּז ת' shorn, cut
גְזוּזְטְרָה נ' balcony, porch
גְזוֹמֶת נ' pruned branches
גָזוּר ת' cut, shorn, derived
גָזַז פ' cut, fleece, shear, pare
גַזֶזֶת (מחלת עור) נ' ringworm
גַזִי ת' gaseous, gassy
גְזִיזָה נ' clipping, shearing, clip
גְזִיר ז' clipping, log
גְזִירָה נ' cutting, shearing, snip, derivation, differentiation
גְזֵרָה נ' edict, decree, law, predestination
- גזירה שווה analogy, inference
גָזִית נ' hewn stone
גָזַל פ' rob, plunder, mug
- גזל זמן take time, occupy
גֶזֶל ז' loot, robbery, mugging
גְזֵלָה נ' loot, robbery, mugging
גַזְלָן ז' bandit, robber, mugger
גַזְלָנוּת נ' robbery, mugging
גָזַם פ' prune, trim, prune down
גַזְמָן ז' exaggerator
גֶזַע ז' breed, race, stump, trunk
- הגזע האנושי man, human race
גִזְעִי ת' racial, purebred, *cool
- כלב גזעי pedigree dog
גַזְעָן ז' racialist, racist
גַזְעָנוּת נ' racialism, color line
גַזְעָנִי ת' racial
גָזַר פ' cut, clip, snip, decree, order, foreordain, derive
- גזר דין sentence, pass sentence
גֶזֶר ז' carrot
- גזר לבן parsnip
- דמוי גזר carroty
גְזַר דִין ז' verdict, sentence
גִזְרָה נ' figure, shape, cut, sector, zone
גִזָרוֹן ז' etymology
גָח פ' emerge, break out, sally out
גָחוֹן ז' belly, bottom
גָחוּן ת' stooping, bent over
גְחִינָה נ' stooping, bowing down
גַחְכָה נ' burlesque, farce

גַחְלִילִית נ' firefly, glowworm, lightning bug
גֶחָלִים נ"ר embers, hot coals
גַחֲלִית נ' carbuncle
גַחֶלֶת נ' ember, cinder, coal
גַחֲמָה נ' caprice, vagary, whim
גַחְמוֹן ז' pyromaniac, arsonist
גַחֲמָנִי ת' capricious, whimsical
גָחַן פ' stoop, bend, bow over
גֶט ז' divorce
גֶטוֹ ז' ghetto
גַיא ז' valley, gulch, ravine
גֵיאוֹגְרָף ז' geographer
גֵיאוֹגְרָפִי ת' geographical
גֵיאוֹגְרַפְיָה נ' geography
גֵיאוֹלוֹג ז' geologist
גֵיאוֹלוֹגִי ת' geological
גֵיאוֹלוֹגְיָה נ' geology
גֵיאוֹמֶטְרִי ת' geometric(al)
גֵיאוֹמֶטְרְיָה נ' geometry
גֵיאוּת נ' flood tide, high tide
- גיאות ושפל ebb and flow
גִיבֵּב פ' heap, stack, pile up
- גיבב מלים babble, prattle
גִיבָּה פ' back up, copy, save
גִיבּוּב ז' piling up, heap
- גיבוב מלים verbiage, babble
גִיבּוּי ז' backing, backup
גִיבּוּל ז' kneading
גִיבּוֹן (קוף) ז' gibbon
גִיבּוּס ז' plastering (a bone)
גִיבּוֹר ז' hero, strong man
גִיבּוּש ז' formation, consolidation, solidification, crystallization
גִיבֵּחַ ת' bald in front
גִיבֵּן ז' crookbacked, hunchback
גִיבֵּס פ' plaster (a bone)
גִיבֵּשׁ פ' crystallize, consolidate
- גיבש דעה form an opinion
גִיגוֹלוֹ ז' gigolo
גִיגִית נ' tub, washtub, vat
גִיד ז' sinew, tendon, gut, vein
גִידּוּל ז' increase, growth, increment, raising, breeding, crop, tumor
- גידול בנים upbringing
גִידּוּף ז' curse, insult, swearword
- גידופים blasphemy, strong language

גידור ז' fencing, fencing off
גידל פ' bring up, raise, grow, rear
גידם ז' one-armed, amputee
גידף פ' curse, insult, vituperate
גידר פ' fence off, enclose
ג'יהאד ז' Jihad
גיהוץ ז' ironing, pressing
גיהוק ז' belch, burp, eructation
גיהינום ז' hell, inferno
גיהץ פ' iron, press, smooth
גיהק פ' belch, burp
גיוון פ' checker, color, diversify, tinge, vary, lend color to
גיוון ז' coloration, shade, variety
גיוס ז' call-up, enlistment, mobilization, recruitment
גיור ז' proselytizing
גיורת נ' converted Jewess
גיזה נ' fleece
גיזום ז' trimming, pruning
גיזם פ' prune, trim
גיחה נ' sally, sortie, foray
גיחוך ז' absurdity, smile, giggle
גיחך פ' giggle, sneer
גיטרה נ' guitar
גייס פ' conscript, mobilize, enlist
– גייס כסף raise money
גייצת נ' milling cutter
גייר פ' convert to Judaism, proselytize
גיישה נ' geisha
גיל ז' age, joy, happiness
– בן גילו coeval, contemporary, of the same age
– גיל גיוס military age
– גיל העמידה middle age
– גיל פרישה retiring age
– גיל רך tender age, tender years
– גיל שכלי mental age
גילאי ת' of the same age
גילדה נ' guild
גילה פ' detect, disclose, discover, find, reveal, expose, show
*– גילה את אמריקה reveal a famous fact, talk nonsense
– גילה את קלפיו show one's hand
– גילה התנגדות offer resistance
– גילה רחמים relent, show mercy

גילה נ' joy, happiness
גילוח ז' shave, shaving
גילוי ז' discovery, revelation, detection, exposure
– בגילוי לב candidly, frankly
– גילוי דעת manifesto, statement
– גילוי לב candor, frankness
– גילוי עריות incest
– גילוי ראש bareheadedness
– גילוי שכינה divine revelation
גילום ז' embodiment, grossing up
– גילום תפקיד personation
גילוף ז' carving, engraving
גילופין ז"ר drunkenness
– בגילופין drunk, *smashed
גילח פ' shave, raze
גיליוטינה נ' guillotine
גיליון ז' sheet, newspaper
– גיליון אישום charge sheet
– גיליון אלקטרוני spreadsheet
– גיליון שכר payroll
גילם פ' embody, personify, give shape, gross up
– גילם תפקיד personate, enact
גילף פ' engrave, carve
גימד פ' reduce, dwarf, stunt
גימוד ז' dwarfing, reducing
גימור ז' finish, finishing
גימטריה נ' value of letters
גימיק ז' gimmick
גימנסיה נ' secondary school
ג'ינג'י ת' ginger, red-haired
גינה פ' denounce, condemn, censure, deplore, rap
גינה נ' garden
גינוי ז' censure, denunciation, condemnation, reprimand
גינון ז' gardening, horticulture
גינונים ז"ר manners, etiquette, ceremonial behavior, decorum
– חוסר גינונים familiarity
גיניקולוג ז' gynecologist
גיניקולוגיה נ' gynecology
ג'ינס ז' jeans
גיס ז' corps, column, force, army
– גיס חמישי fifth column
גיס ז' brother-in-law
גיסא ז' side

- מחד גיסא on the one hand
גִּיסָה נ' sister-in-law
גִ'יפּ ז' jeep
גִּיפּוּף ז' embrace, cuddle, hug
גִּיפּוּר ז' sulfurization, vulcanization
גִּיפֵּף פ' embrace, cuddle
גִּיפֵּר פ' sulfurize, recap, retread, vulcanize
גִּיר ז' chalk, limestone, gear
גֵּירֵד פ' scrape, scratch, *scratch up, *itch
גֵּירָה פ' stimulate, irritate, whet
גֵּירָה נ' cud
- העלאת גירה rumination
- העלה גירה chew the cud, regurgitate, ruminate
גֵּירוּד ז' scrape, scratch, itch
גֵּירוּז ז' greasing, lubrication
גֵּירוּי ז' stimulation, itch, irritation, provocation
גִּ'ירוֹסקוֹפּ ז' gyroscope, *gyro
גֵּירוּף ז' sweeping, raking
גֵּירוּשׁ ז' banishment, deportation
- גירוש רוחות exorcism
גֵּירוּשִׁין ז"ר divorce
גֵּירֵז פ' grease, lubricate
גִּירִי ת' chalky, cretaceous
גִּירִית נ' badger
גֵּירֵם פ' bone, debone, fillet
גֵּירָעוֹן ז' deficit, lack, shortage, shortfall
גִ'ירָפָה נ' giraffe
גֵּירֵשׁ פ' expel, deport, banish, drive away, divorce
- גירש רוחות exorcize
גֵּירֵשׁ ז' apostrophe
גִּישָׁה נ' access, approach, attitude, dealing
- בר גישה accessible
גִּישׁוּר ז' bridging
גִּישׁוּשׁ ז' groping, searching
- גישושים overtures
גִּישֵׁר פ' bridge, reconcile, span
גִּישֵׁשׁ פ' feel, grope, fumble
- גישש באפילה be in the dark
ג"כ = גם כן also, as well
גַּל ז' wave, billow, heap, shaft
- גל ארכובה crankshaft
- גל מיקרו microwave
- גל עצמות bag of bones
- גל פיקות camshaft
- גלי קול sound waves
גַּלַּאי ז' detector
- גלאי שקר lie detector
גַּלָּב ז' barber
גִּלְגּוּל ז' rolling, revolving, change, reincarnation, metamorphosis
- גלגול באוויר somersault
- גלגול נשמה metempsychosis
- גלגול קודם former incarnation
גַּלְגִּילָּה נ' pulley, wheel, roller
גַּלְגִּילּוֹן ז' roller, castor, wheel
- גלגילון סלסול curler, roller
- גלגילון רוח pin wheel, windmill
גַּלְגִּלַּיִים ז"ר scooter
גַּלְגִּלִּית נ' castor, skate, wheel
- גלגיליות roller skates
גִּלְגֵּל פ' roll, revolve, turn, coil
- גלגל שיחה chat, talk
גַּלְגַּל ז' wheel, hoop, sphere
- גלגל ההגה steering wheel
- גלגל המזלות zodiac
- גלגל העין eyeball
- גלגל הצלה life buoy, lifebelt
- גלגל שיניים cogwheel, sprocket
- גלגל שיער roller, curler
- גלגל תנופה flywheel
גַּלְגֶּלֶת נ' block and tackle, pulley
גֶּלֶד ז' scab, skin, crust
גְּלָדִיוֹלָה נ' gladiolus
גֶּלָדִין ז' gelatine
גַּלְדָנִי ת' leathery
גָּלָה פ' be deported, go into exile
גְּלוֹבּוּס ז' globe, sphere
גְּלוֹבָּלִי ת' global
גִּלְוֵון פ' galvanize
גִּלְווּן ז' galvanization
גָּלוּי ת' apparent, frank, open, bare
- בגלוי openly, candidly
- גלוי לב candid, openhearted
- גלוי ראש bareheaded, hatless
גְּלוּיָה נ' postcard, card
- גלויית דואר postcard
גְּלוּיוֹת תה"פ openly, frankly
- דיבר גלויות *talk turkey
גְּלוּלָה נ' capsule, pill, tablet,

lozenge
- גלולה מרה bitter pill
- גלולת מרץ pep pill
- גלולת שינה sleeping pill
- המתיק את הגלולה sugar the pill
גָלוּם ת' latent, embodied, grossed-up
גָלוֹן ז' gallon
גְלוֹסְקָמָה נ' sarcophagus, chest
גְלוֹסַרְיוֹן ז' glossary
גְלוֹפַאי ז' engraver, etcher
גְלוּפָה נ' printing block, plate
גְלוּקוֹזָה נ' glucose
גְלוּקוֹמָה נ' glaucoma
גָלוּת נ' banishment, exile, diaspora
גָלוּתִי ת' downtrodden, of ghetto
גַלָח ז' priest
גַלִי ת' wavy, rolling, undulating
גְלִידָה נ' ice cream
- גלידת פירות tutti-frutti, sherbet
גַלִיוּת נ' waviness, undulation
גָלִיל ז' cylinder, district, Galilee
גְלִילָה נ' roll, rolling, scrolling
גְלִילִי ת' cylindrical, of Galilee
גְלִימָה נ' cloak, gown, robe
גְלִיצֶרִין ז' glycerin
גְלִיש ז' glissando
גְלִישָה נ' overflow, surf riding, sliding, skiing, gliding
גָלַל פ' roll, roll up, furl, reel
גְלָלִים ז"ר dung, cow-pat
גַלְמוּד ת' lonely, friendless
גַלַנְטֶרְיָה נ' haberdashery, notions
גַלְעֵד ז' cairn, cromlech, monument
גַלְעִין ז' pit, stone, kernel
גִלְעֵן פ' core, stone, pit
גַלָף ז' engraver, carver
גַלְפְּכוֹל ז' pantograph
גָלַקְסִי ת' galactic
גָלַקְסְיָה נ' galaxy
גָלֶרְיָה נ' gallery
גָלַש פ' boil over, overflow, ski, slide, surf, glide
גִלְשוֹן ז' glider
- גלשון יד hang glider
- גלשון מפרש sailboard
- גלשון רוח sailboard
גַלָשׁ ז' surfer, skier, glider

- גלשן רוח sailboard
גַלֶשֶת נ' eczema
גַם מ"ח also, too, not excepting
- גם אם even if
- גם כן also, as well, too, to boot
- הגם although
- וגם לא neither, nor
גָמָא פ' swallow, sip, gulp
גַמָאָן ז' sprinter
גַמְבָּה נ' sweet pepper
גִמְגוּם ז' stammer, stutter
גִמְגֵם פ' stammer, falter, stutter
גַמְגְמָן ז' stammerer, stutterer
גַמָד ז' dwarf, midget, pygmy
גַמָדִי ת' dwarfish, stunted
גָמוּד ת' scrubby, undersized
גְמוּל ז' payment, reward, recompense
- השיב לו כגמולו pay him in his own coin , repay in kind
גָמוּר ת' complete, finished, thorough, utter, very
גָמַז פ' criticize, blast
ג"מח = גמילות חסד charity
גְמִיאָה נ' swallowing, drinking, run
גְמִילָה נ' weaning, ripening, maturation
גְמִילוּת חֶסֶד נ' charity, loan to the poor, benefaction, beneficence
גְמִיעָה נ' sipping, swallowing
גָמִיש ת' elastic, flexible, lithe
גַמִישוֹן ז' stocking
- גמישונים tights
גְמִישוּת נ' flexibility, pliability
גָמַל פ' pay, retaliate, requite, reward, wean
גָמָל ז' camel, dromedary
- גמל הצאן llama, alpaca
- גמל שלמה praying mantis
גִמְלָאוּת נ' retirement
גִמְלַאי ז' pensioner, retired
גִמְלָה נ' benefit, pension
גַמְלָה נ' gangplank, gangway
גַמְלוֹן ז' gable, pediment
גַמְלוֹנִי ת' awkward, huge
גֻמָמִית נ' hole, pockmark, pit
גָמַע פ' drink, gulp, swallow, sup
גָמַר פ' end, finish, complete

– גמר אומר decide, determine
– גמר את ההלל praise, rhapsodize
גְמָר ז' end, finish, final
– גמר הגביע cup final
גְמָרָא נ' Talmud, tractate
גַן ז' garden, park
– גן חיות zoo, zoological gardens
– גן ילדים kindergarten, nursery school
– גן עדן paradise, heaven
– גן שעשועים amusement park
גֶן ז' gene
ג"נ = גברת נכבדה Dear Madam
גְנַאי ז' disgrace, shame, obloquy
גָנַב פ' steal, pilfer, *nick, *snitch
– גנב את ההצגה steal the show
– גנב דעתו cheat, deceive
– גנב זכות-יוצרים pirate
– גנב מחנויות shoplift
– גנב רעיון (מספר) plagiarize
גַנָב ז' thief, pilferer
גַנגסטֶר ז' gangster, mobster
גַנגרֶינָה נ' gangrene
גִנדֵר פ' adorn, trick up
גַנדְרָן ז' dandy, coxcomb, fop
גַנדְרָנוּת נ' dandyism, show
גְנוּ (בעל חיים) ז' wildebeest, gnu
גָנוּב ת' stolen, *mad on, *great
גְנוֹגֶנֶת נ' awning, sun-blind
גָנוּז ת' hidden, latent, potential
גַנוֹן ז' nursery school, play-group, play-school
גְנוּת נ' disgrace, dishonor
– דיבר בגנות speak ill of
גָנַז פ' hide, shelve, table, stash
גַנָזַך ז' archives, chancery
גָנַח פ' groan, moan, sigh
גַנַחַת נ' asthma
גֶנֶטִי ת' genetic
גֶנֶטִיקָה נ' genetics
גֶ'נטלמֶן ז' gentleman
גֶ'נטלמֶנִי ת' gentlemanly
גְנֵיבָה נ' theft, stolen thing
– בגניבה furtively, undercover
– גניבה ספרותית plagiarism
– גניבת דעת fraud, deceit
גְנִיזָה נ' hiding, archives
גְנִיחָה נ' groan, moan, sigh

גַנָן ז' gardener, horticulturist
גַנָנוּת נ' gardening, horticulture
גַנֶנֶת נ' nursery governess
גֶנֶרָטוֹר ז' generator
גֶנֶרָל ז' general
גַס ת' abusive, coarse, crude, rude, obscene, rough, common, vulgar
– גס רוח rude, impolite
גַסוּת נ' rudeness, indecency
– גסות רוח rudeness
גֶ'סטָה נ' gesture
גַסטרוֹנוֹמיָה נ' gastronomy
גְסִיסָה נ' dying, agony
גָסַס פ' be dying, expire
גִעגוּעַ ז' quack, honk
גַעגוּעִים ז"ר longing, yearning, nostalgia
גִעגַע פ' quack, honk
גָעָה פ' low, moo, burst out
– געה בצחוק burst into laughter
גְעִייָה נ' low, moo, weeping
גָעַר פ' chide, rebuke, scold, rap
גְעָרָה נ' rebuke, reproach, scolding
גָעַש פ' storm, bluster, rave
גַף ז' flight, limb, wing
גַפַּיִים נ"ר extremities, hands and feet
גֶפֶן נ' vine, grapevine
גַפרוּר ז' match, safety match
גֵץ ז' spark, gleam, flicker
גָר פ' dwell, live, reside, lodge
גֵר ז' proselyte, convert
גָרַב פ' wear stockings
גֶרֶב ז' stocking, sock
– גרבי רשת net stocking
גָרָב ז' eczema
גַרבּוֹן ז' stocking, hose
– גרבונים panty hose, tights
גַרבִּיוֹן ז' hose
גָרֶבֶת נ' eczema, scabies
גִרגוּר ז' gargle, gurgle
גַרגִיר ז' berry, grain, particle
– גרגיר הנחלים (תבלין) watercress
גִרגֵר פ' gargle, gurgle
גַרגְרָן ז' glutton, trencherman
גַרגְרָנוּת נ' gluttony, voracity
גַרגֶרֶת נ' throat, windpipe, trachea

גַּרְדּוֹם ז' gallows, scaffold, block
גֶּרֶדֶת נ' scabies, scab
גְּרוֹגֶרֶת נ' dry fig
גְּרוֹד בּוֹץ ז' scraper
גְּרוֹדֶת נ' filings, shavings
גְּרוּזִינִי ת' Georgian
גְּרוּטָה נ' junk, scrap, *crock
- גרוטאות junk, lumber
גְּרוֹטֶסְקָה נ' grotesque
גָּרוֹן ז' larynx, neck, throat
גְּרוֹנִי ת' guttural, laryngeal, throaty
גָּרוּעַ ת' bad, not much of a
- גרוע מכל worst
- גרוע מן worse than
גְּרוֹפֶת נ' gravel, silt, drift
גָּרוּר ז' ת' trailer, henchman
גְּרוּרָה נ' satellite, vassal state
גְּרוּשׁ ז' piaster, agora, kurus
גָּרוּשׁ ת' divorced
גְּרוּשָׁה נ' divorced, divorcee
גֵּרוּת נ' conversion to Judaism
גָּרָז' ז' garage
גַּרְזֶן ז' ax, axe, hatchet
גֶּרֶט ז' discard
גֶּרִיאַטְרִי ת' geriatric
גְּרֵידָא תה"פ alone, merely, solely
גֶּרִילָה נ' guerrilla
גְּרִימָה נ' causing, causation
גְּרִיסָה נ' milling, shredding, crunch
גְּרִיסִים ז"ר grits, groats
גְּרִיעָה נ' decrease, diminishing
גְּרִיפָה נ' sweeping, raking
- גריפת החוטם blowing the nose
- גריפת כסף making money
גֶ'רִיקָן ז' jerrycan
גְּרִירָה נ' dragging, tow, tug, traction
- גרירת רגליים shamble, shuffle
גָּרַם פ' cause, bring about, make
- גרם הנאה please, gratify
- גרם כאב inflict pain
גְּרָם ז' gram, gramme
גֶּרֶם ז' body, bone
- גרם מדרגות stairwell, stairs
- גרם שמיים orb, luminary
- גרמי השמיים heavenly bodies
גַּרְמִי ת' bony, angular, osseous
גֶּרְמָנִי ת' German
גֶּרְמָנִית נ' German
גֶּרַנְיוֹן (צמח) ז' geranium
גְּרָנִיט ז' granite
גָּרַס פ' formulate, read, crush, grind, crunch
גִּרְסָה נ' version, text, release
גָּרַע פ' subtract, withdraw, detract
- גרע עין take one's eyes off
גַּרְעִין ז' grain, kernel, pip, seed, sunflower seed, nucleus
גַּרְעִינִי ת' nuclear, granular
גַּרְעֶנֶת נ' trachoma
גָּרַף פ' rake, sweep, scour
- גרף חוטמו blow one's nose
- גרף כסף make money
גְּרָף ז' graph, bedpan
גְּרָפוֹלוֹג ז' graphologist
גְּרָפוֹלוֹגְיָה נ' graphology
גְּרָפִי ת' graphic, graphical
גְּרָפִיט ז' graphite
גְּרָפִיקַאי ז' graphic artist
גְּרָפִיקָה נ' graphics
גָּרַר פ' haul, drag, tug, entail
- גרר רגליו shuffle one's feet
גְּרָר ז' drawing, carriage
גְּרָרָה נ' sledge, carriage, slide rule
גֵּרְשַׁיִים ז"ר quotation marks, inverted commas
גָּשׁוּם ת' rainy, pouring, wet
גָּשׁוֹשׁ ז' sounding line, sounding rod, probe, calipers
גָּשִׁישׁ ז' splint
גֶּשֶׁם ז' rain, shower
- גשם כבד downfall, downpour
- יורד גשם it's raining
גִּשְׁמָה נ' drainpipe, gutter, waterspout
גַּשְׁמִי ת' material, physical, worldly
גַּשְׁמִיּוּת נ' materialism, worldliness
גֶּשֶׁר ז' bridge, overpass, flyover
- גשר הפיקוד bridge
- גשר סירות pontoon bridge
- גשר תלוי suspension bridge
גִּשְׁרָה נ' bridge
גִּשְׁרִית נ' bridge
גַּשָּׁשׁ ז' tracker, pathfinder, scout
גִּשְׁתָּה נ' syphon, siphon, trap
גַּת נ' sinus, wine press

ד

ד' four, fourthly
- ד' על ד' a small place
דָא מ"ג this, that
- דא עקא that is the trouble, only
- על דא ועל הא on this and that
דָאַב פ' pine, grieve, be sad
דְאָבוֹן ז' sorrow, sadness, regret
- דאבון לב sadness, sorrow
- לדאבוני unfortunately, sorry
דָאַג פ' worry, care, be concerned, see to, take care of
דְאָגָה נ' anxiety, care, concern, worry
דָאָה פ' glide, plane, soar
דָאוֹן ז' glider, sail plane
דְאִיָּה נ' gliding, soaring flight
דבה"י = דברי הימים Chronicles
דָבוּק ת' attached, glued, stuck
דְבוּקָה נ' group, cluster, stick
דַבּוּר ז' hornet
*דֶבִּיל ז' fool, stupid, *jerk
דְבוֹרָה נ' bee, honeybee
דְבִיבוֹן ז' raccoon, racoon
דָבִיק ת' adhesive, gluey, sticky
דְבִיקוּת נ' adhesiveness, tackiness
דְבֵלָה נ' fig cake
דִבְלֵל פ' unravel, thin out, ruffle
דִבְעוֹן ז' tannin
דָבַק פ' adhere, cling, stick
- דבקה לשונו לחיכו speechless, lost his tongue
דֶבֶק ז' adhesive, glue, paste
דָבֵק ת' adherent, clinging
- דבק במטרה dedicated, single-minded, pertinacious
דִבְקוֹן (צמח טפיל) ז' mistletoe
דְבֵקוּת נ' adhesion, devotion
- דבקות במטרה single-mindedness
דִבְקִי ת' sticky, adhesive
דָבָר ז' thing, something, word
- אין דבר never mind
- אין זה דבר של מה-בכך that's something!
- בדבר about, concerning
- בעל דבר person concerned
- דבר והיפוכו contradiction in terms
- דבר מה something
- דברי דפוס printed matter
- דברי ערך valuables
- דברים בטלים idle talk
- לא היו דברים מעולם it's a lie
- על דבר about, regarding
- על לא דבר you're welcome
דֶבֶר ז' plague, pestilence
דִבְרָה נ' speech, parole, word, word of honor
- על דברתי upon my word
דִבְרֵי הַיָמִים history, memorials
דִבְרֵי הַיָמִים (בתנ"ך) Chronicles
דְבָרִים (חומש) Deuteronomy
דַבְּרָן ז' speaker, talker, orator
דַבְּרָנוּת נ' loquacity, rhetoric
דַבֶּרֶת נ' talkativeness
דְבַשׁ ז' honey
- לא מדובשך ולא מעוקצך no dealings with you!
דִבְשָׁה נ' molasses, treacle
דַבֶּשֶׁת נ' hump
דָג פ' fish, go fishing, angle
- דג במים עכורים fish in troubled waters
דָג ז' fish
- דג החרב swordfish
- דג הפטיש hammerhead
- דג זהב goldfish
- דג ים sea-fish
- דג מלוח herring
- דג מלוח מעושן bloater
- דג משה רבנו plaice, sole, flounder
- דגי רקק little people, small fry
- כדג במים in one's element
דִגְדֵג פ' tickle, titillate
דַגְדְגָן ז' clitoris
דִגְדוּג ז' tickle, titillation
דָגָה נ' fish
דָגוּל ת' outstanding, excellent
דָגוּשׁ ת' stressed, emphasized
דָגִיג ז' small fish, minnow, *tiddler
דְגִילָה נ' espousal, support
דְגִימָה נ' sampling

דְגִירָה נ'	brooding, incubation, *study
דָגַל פ'	advocate, stand for, support
דֶגֶל ז'	banner, flag, standard
דִגלוֹן ז'	small flag, streamer
דַגלָן ז'	flagbearer, standard-bearer
דֶגֶם ז'	pattern, sample, model, mockup
דִגמֵן פ'	model, pose for
דָגָן ז'	cereal, corn, grain
דְגָנִייָה (פרח) נ'	cornflower
דָגַר פ'	brood, incubate, hatch, *study, swot, bone up
דַגרָן ז'	studious, swotter
דָגֵשׁ ז'	emphasis, stress, accent
דַד ז'	brisket, teat, nipple, breast
דֶה יוּרֶה	de jure
דֶה לוּקס	deluxe
דֶה פַקטוֹ	de facto
דָהָה פ'	fade, discolor, weather, run
דֵהֶה ת'	faded, washed-out
דָהוּי ת	faded, shopworn, washed-out
דְהִייָה נ'	fading, discoloration
דְהַיינוּ תה"פ	namely, that is, i.e.
דְהִירָה נ'	gallop, career, *scorch
דָהַר פ'	gallop, spur, career, *scorch
דְהָרָה נ'	gallop, career, *scorch
דִהֲרוּר ז'	canter, trot, dogtrot
דוֹ ז'	C, do, doh
– דוֹ דיאז	C sharp
דוּ ת'	two, dual, bi-
דוּ דַלתִית נ'	two-door car
דוּ חוֹדשִׁי ת'	bimonthly
דוּ יָדִי ת'	ambidextrous, two-handed
דוּ לְאוּמִי ת'	binational
דוּ לְשׁוֹנִי ת'	bilingual
דוּ מוֹקדִי ת'	bifocal
דוּ מוֹשָׁבִית נ'	two-seater
דוּ מִינִי ת'	bisexual, androgynous
דוּ מְמַדִי ת'	two-dimensional
דוּ מִפלַגתִי ת'	bipartisan, bipartite
דוּ מַשמָעוּת נ'	ambiguity
דוּ מַשמָעִי ת'	equivocal, two-edged
דוּ מַתַכתִי ת'	bimetallic
דוּ סִטרִי ת'	two-way
דוּ סִפרָתִי ת'	two-digit
דוּ עֶרכִּי ת'	ambivalent
דוּ עֶרכִּיוּת נ'	ambivalence
דוּ פַּרצוּפִי ת'	double-faced
דוּ צְדָדִי ת'	bilateral, bipartite
דוּ קוֹמָתִי ת'	double-deck, two-storied
דוּ קִיוּם ז'	coexistence
דוּ קְרָב ז'	duel, affair of honor
דוּ רַגלִי ת'	biped, two-legged
דוּ שְׁבוּעִי ת'	biweekly, fortnightly
דוּ שִׂיחַ ז'	dialogue, parley
דוּ שִׁימוּשִׁית נ'	station wagon
דוּ שְׁנָתִי ת'	biennial, biyearly
דוּ תַּחמוֹצֶת נ'	dioxide
דוּ תַּחמוֹצֶת הַפַּחמָן נ'	carbon dioxide
דוּ תַּכלִיתִי ת'	dual-purpose
דוּ תְּנוּעָה נ'	diphthong
דוֹאֵג ת'	anxious, apprehensive, worried
– לא דואג	careless, carefree
דוּאֶט ז'	duet, duo
דוּאִית נ'	duet, duo
דוֹאַר ז'	mail, post
– בדואר חוזר	by return
– דואר אוויר	airmail
– דואר חבילות	parcel post
– דואר רשום	registered post
דוֹב ז'	bear, grizzly
– לא דובים ולא יער	it's a lie!
דוֹבֵב פ'	cause to speak, draw out, elicit
דוּבדְבָן ז'	cherry
דוּבָּה נ'	bear, she-bear
– דובה גדולה	Great Bear, Plough, Ursa Major
דוּבּוֹן ז'	teddy bear, parka, anorak, windbreaker
דוּבִּי ז'	*teddy bear
דוּבַּר פ'	be spoken, be talked
דוֹבֵר ז'	spokesman, speaker
דוֹברָה נ'	raft, barge, lighter
דוּבשָׁנִית נ'	honey cake
דוּגִית נ'	canoe, dinghy
דוּגמָה נ'	example, instance, model, pattern, sample, specimen
– כדוגמת	as, like
– לדוגמה	for instance, say, e.g.
דוֹגמָה נ'	dogma

דוגמָטִי ת' dogmatic, bigoted, opinionated
דוּגמָן ז' model, mannequin, sitter
דוּגמָנוּת נ' modeling
דוּגמָנִית נ' model, sitter
דוֹגֶרֶת נ' brooder, sitter
דוֹד ז' uncle, lover
– דומה לדוד avuncular
דוּד ז' tank, vat
– דוד חימום boiler, water heater
– דוד שמש solar heater
דוּדָא ז' mandrake, mandragora
דוֹדָה נ' aunt, *auntie, *aunty
דוֹדָן ז' cousin, first cousin
– דודן משנה second cousin
דוֹדָנִית נ' cousin
דוֹהֶה ת' fading
– לא דוהה fast
דָוֶוה ת' sad, sick, mournful
דוּוַח פ' be reported, be briefed
דַווקָא תה"פ exactly so, for all that, regardless, just to spite
– דווקא הוא! of all people!
– לאו דווקא not necessarily, no
דַוָור ז' postman, mailman
דַוושָׁה נ' pedal, treadle
– דוושת הדלק accelerator
– דוושת עמעום (בפסנתר) soft pedal
דוּזֶמֶר ז' duet
דו"ח = דין וחשבון report, account, statement
– דו"ח ביניים interim report
– דו"ח מסים tax return
– דו"ח תנועה ticket
דוֹחֶה ת' offensive, repulsive, ugly
דוּחַי ז' amphibian
דוֹחַן (סוג תבואה) ז' millet
דוֹחַק ז' jam, congestion, pressure
– בדוחק hardly, not easily
דוֹחֵק ת' pressing, urgent
דוּכָּא פ' be oppressed, be subdued
דוּכִיפַת נ' hoopoe
דוּכָן ז' dais, platform, pulpit, rostrum, podium, counter, stand
– דוכן העדים witness stand
– דוכן מנצחים podium
דוּכָּס ז' duke
דוּכָּסוּת נ' duchy, dukedom
דוּכָּסִית נ' duchess
דוֹלֶב ז' plane tree
דוּלַל פ' be thinned, be rarefied
דוֹלפִין ז' dolphin, porpoise
דוֹלָר ז' dollar, *buck, *smacker
דוֹם מ"ק attention
דוֹם לֵב ז' cardiac arrest
דוֹמֶה ת' alike, such, like, similar, it seems that
– אין דומה לו incomparable, unparalleled
– באופן דומה similarly, likewise
– וכדומה and the like
דוּמִי ז' quiet, silence
דוּמִייָה נ' quiet, silence
דוֹמִינוֹ (משחק) ז' dominoes
דוֹמִיננטִי ת' dominant, commanding
דוֹמֵם פ' silence, quiet
דוֹמֵם ז' dead matter
דוֹמֵם ת' inanimate, still, silent
דוּמָם תה"פ in silence, silently
דוֹמֶן ז' manure, dung, muck
דוֹמַנִי it seems, I guess
דוֹמֵעַ ת' tearful, lachrymose
דוֹמְעָנִי ת' tearful, lachrymose
דוֹן קִישוֹטִי ת' quixotic
דוֹנַג ז' wax
– דונג האוזן earwax
דוּנָם ז' dunam
דוֹפִי ז' blemish, stain, taint
– הטיל דופי slur, blemish
– ללא דופי irreproachable, spotless
דוֹפֶן נ' side, wall
– יוצא דופן unusual, extraordinary
דוֹפֶק ז' pulse, heartbeat
דוֹק ז' film, mist
דוֹקוּמֶנטָרִי ת' documentary
דוֹקטוֹר ז' doctor
דוֹקטרִינָה נ' doctrine, law
דוֹקֵר ז' pricker, stabber
דוֹקְרָן ז' sear, forked stick
דוֹקְרָנִי ת' barbed, prickly, spiky
דוֹר ז' age, generation
– לדורות forever, for good
דוּר ז' whorl, circle
דוֹרבָן (ראה דרבן) ז' spur
דוּרַג פ' be graded, be classified

דוּרְגָל ז' bipod
דּוּרָה נ' sorghum
דּוֹרוֹן ז' gift, present
דּוֹרֵס ת' killing, running over
– עוף דורס bird of prey
דּוֹרְסָנִי ת' predatory, killing
דּוֹרֵשׁ ז' preacher, insistent, demanding
– דורש אל המתים necromancer
דָּחָה פ' delay, postpone, repel, refuse, reject, turn down
– דחה בקש reject with weak excuses
– דחה בשתי ידיו reject completely
– דחה לעתיד table, shelve
– דחה על הסף refuse immediately
דָּחוּי ת' postponed, delayed, repelled, rejected
דָּחוּס ת' compact, dense, compressed, crowded, congested
דָּחוּף ת' urgent, pressing, instant
דָּחוּק ת' in need, pressed
– דחוק בזמן pressed for time
– דחוק בכסף short of money
דֶּחִי ז' failure, downfall
– מדחי אל דחי from failure to failure
דְּחִיָּה נ' delay, postponement, rejection, refusal, *brushoff
– דחייה בשתי ידיים square refusal
*דְּחִילָק מ"ק come on!, I beg you!
דָּחִיס ת' compressible
דְּחִיסָה נ' compression, squeeze
דְּחִיסוּת נ' density, compressibility
דָּחִיף ז' tappet
דְּחִיפָה נ' boost, push, impulse, thrust, impetus, stimulus
דְּחִיפוּת נ' urgency, hurry
דְּחִיקָה נ' push, pressing, displacement
– דחיקה (בהרמת משקולות) jerk
– דחיקת הקץ impatience
– דחיקת רגליים ousting, edging out
דַּחְלִיל ז' scarecrow, bogey
דָּחַס פ' compress, cram, jam, squeeze, stuff, congest, crowd
דָּחַף פ' push, drive, shove
דַּחַף ז' impetus, impulse, push, urge
דַּחֲפוֹנִי ת' impulsive
דַּחְפּוֹר ז' bulldozer
דָּחַק פ' push, urge, press
– דחק רגליו edge out, oust
דֹּחַק ז' pressure, need, want
– בשעת הדחק at a push, if it comes to the pinch
דַּי תה"פ enough, adequate, sufficient, pretty, quite, fairly
– די והותר enough and to spare
דִּיאַגְנוֹזָה נ' diagnosis
דִּיאַגְרָמָה נ' diagram
דִּיאֶז ז' sharp
דִּיאֶטָה נ' diet
דִּיאָלוֹג ז' dialogue
דִּיאָלִיזָה נ' dialysis
דִּיאָלֶקְט ז' dialect
דִּיאַפְרַגְמָה נ' diaphragm
דִּיבֵּב פ' dub, draw out, elicit
דִּיבָּה נ' calumny, libel, slander, aspersion
– הוציא דיבה slander, traduce
דִּיבּוּב ז' dubbing, drawing out
דִּיבּוּק ז' evil spirit, obsession
– כאחוז דיבוק like one possessed
דִּיבּוּר ז' speech, talking, talk
– הרחיב הדיבור expatiate, enlarge upon
דִּיבּוּרִית handfree speaker
דִּיבּוּרִי ת' colloquial, conversational
דִּיבִידֶנְד ז' dividend
דִּיבִיזְיָה נ' division
דִּיבֶּל ז' dowel pin
דִּיבֵּר פ' say, speak, talk
– דיבר "תכלית" get to the point
– דיבר אל הקיר speak in vain
– דיבר בקול speak up, talk up
– דיבר לעניין get to the point
– דיבר על ליבו reason with him
דִּיבֵּר ז' commandment, speech
– עשרת הדיברות Ten Commandments
דַּיִג ז' fishing, fishery
דִּיגּוּל ז' raising the banner
– דיגול נשק presenting arms
דִּיגִיטָלִי ת' digital
דִּיגֵּל פ' raise the banner

– דיגל נשק present arms
דיגם פ' model, standardize
דידה פ' stumble, hop
דידקטי ת' didactic
דיו ז' ink
דיווח פ' report, brief
דיווח ז' report, reportage
דיוור ז' mail, mailing
דיווש פ' pedal, treadle
– דיווש לאחור backpedal
דיווש ז' pedaling
דיוטה נ' storey, floor
דיון ז' discussion, deliberation, hearing, debate
– בדיון under discussion
דיונה נ' dune, sand dune
דיונון ז' cuttlefish, squid
דיוני ת' deliberative
דיוק ז' exactness, accuracy, precision
דיוקן ז' portrait, image, profile
דיוקנאות נ' portraiture
דיוקנאי ז' portraitist
דיור ז' accommodation, housing, lodging
דיות נ' adequacy, sufficiency
דיות נ' diffusion, transpiration
דיותה נ' ink-bottle, inkwell
דיזל ז' diesel
דיזנטריה נ' dysentery
דיחוי ז' delay, postponement
– ללא דיחוי immediately
דייג ז' fisherman
דייה (עוף דורס) נ' kite
דייל ז' steward
דיילות נ' stewardship
דיילת נ' hostess, stewardess, air hostess
דיין ז' judge, religious judge
דיינות נ' office of judge
דייסה נ' gruel, porridge, cereal, pap, *nice mess
– אכל הדייסה שהוא בישל stew in one's own juice
דייק פ' be accurate, be precise
דייק ז' dyke, rampart, siege-wall
דייקן ז' precise, punctual, pedant
דייקנות נ' accuracy, exactness

דייקני ת' precise, exact, punctual
דייר ז' lodger, occupant, tenant
– דייר משותף cotenant
– דייר משנה subtenant
דיית פ' diffuse, ink, transpire
דיכא oppress, repress, subdue
דיכאון dejection, depression
- דיכאון שלאחר לידה postnatal depression
דיכוי oppression, suppression
דילג פ' jump, skip, clear, shuttle
דילוג ז' omission, leap, skip
– מסע דילוגים shuttle
דילול ז' thinning, dilution
דילל פ' dilute, rarefy, thin out
דילמה נ' dilemma
דימה פ' fancy, imagine, liken, compare
דימוי ז' comparison, similitude, likeness, image, simile
דימום ז' bleeding, hemorrhage
– דימום אף nosebleed
דימוס ז' freedom, retirement
– בדימוס retired, emeritus
דימם פ' bleed
דין ז' judgment, sentence, trial, verdict, law, rule
– בדין well, rightfully
– בעל דין litigant, plaintiff
– גזר דין verdict, sentence
– דין ודברים discussion, dealings
– דין וחשבון account, report
– דינו כ– tantamount, as good as
– דיני כשרות dietary laws
– הוא הדין the same refers to
– הזמין לדין cite, summon
– לפנים משורת הדין leniently, indulgently
– פסק דין judgment, sentence
דינוזאור ז' dinosaur
דינמו ז' dynamo, generator
דינמי ת' dynamic
דינמיות נ' dynamism
דינמיט ז' dynamite
דינמיקה נ' dynamics
דיסלקטי dyslexic
דיסק ז' disc, disk
– דיסק קשיח hard disk

דיסקוטק ז' discotheque, *disco
דיסקוס ז' discus, disc, disk, slipped disk
דיסקט ז' diskette, floppy disk
דיסקית נ' washer
– דיסקית זיהוי identity disk, dog tag
דיסקרטי ת' discreet, careful
דיעה נ' opinion, mind, view
– בחילוקי דיעות at variance
– דיעה קדומה bias, prejudice
– דיעה שקולה considered opinion
– היו בדיעה אחת be of one mind
– היו תמימי דעים be of one mind
– לכל הדיעות by all accounts
דיפוף ז' pagination
דיפלומה נ' diploma, *sheepskin
דיפלומט ז' diplomat
דיפלומטיה נ' diplomacy
דיפף פ' paginate, page
דיפרנציאל ז' differential
דיפתריה נ' diphtheria
דיצה נ' joy, happiness
דיקור ז' pricking
– דיקור סיני acupuncture
דיקט ז' plywood
דיקטטור ז' dictator
דיקטטורה נ' dictatorship
דיר ז' shed, sheep pen, cote, fold
– דיר חזירים pigsty, pigpen
דיראון ז' disgrace, shame
– דיראון עולם eternal disgrace
דירג פ' gradate, grade, rank, terrace
דירה נ' flat, apartment, dwelling
– דירה דו-מפלסית duplex apartment
– דירת גג penthouse
– דירת שירות service flat
דירוג ז' grading, ranking, rating
דירקטוריון ז' directorate
דיש ז' threshing (time)
דישה נ' threshing
דישון ז' antelope
דישון ז' fertilization
דישן פ' fertilize, manure
דכדוך ז' dejection, low spirits
דכדך פ' depress, deject

דל ת' poor, badly-off, low
– דל אוכלוסין underpopulated
– דל בשר lank, rawboned, skinny
דלג פ' jump, skip
דלגית נ' skipping rope
דלדול ז' atrophy, impoverishment, pauperization, wattle
דלדל פ' impoverish, weaken, waste
דלה פ' draw, draw water, raise
– דלה פנינים pearl, go pearling
דלהלן תה"פ the following, undermentioned
דלוח ת' dirty, foul, muddy
דלוק ת' burning, on, *mad on, keen
דלות נ' beggary, poverty, want
דלח פ' dirty, make muddy
דלי ז' bucket, pail
– הלך החבל אחר הדלי from failure to failure
– מזל דלי Aquarius
דליה (צמח) נ' dahlia
דליות נ' varicose veins
דליחות נ' turbidity, pollution
דלייה נ' long branch
דלייה נ' drawing water, retrieval
דליל ת' dilute, sparse, thin, rare
דלילות נ' sparsity, tenuity, thinness
דליפה נ' leakage, leak, escape
דליק ת' combustible, inflammable
דליקה נ' fire, conflagration
דליקות נ' inflammability
דלעיל תה"פ the above, abovementioned
דלעת נ' pumpkin, gourd, squash
דלף פ' drip, leak, escape, seep
דלפון ז' very poor
דלפק ז' bar, counter, desk, stall
– דלפק קבלה reception desk
דלפקן ז' counterman
דלק פ' burn, be on, chase, pursue
דלק ז' fuel, petrol, gas, *juice
– תחנת דלק service station
דלקמן תה"פ the following, undermentioned
דלקת נ' inflammation
– דלקת הגיתים sinusitis
– דלקת הגרון laryngitis

- דלקת החניכיים gingivitis
- דלקת הכבד hepatitis
- דלקת המפרקים arthritis
- דלקת הסמפונות bronchitis
- דלקת העור dermatitis
- דלקת עצבים neuritis
- דלקת קרום המוח meningitis
- דלקת ריאות pneumonia
- דלקת שקדים tonsillitis

דַלַקְתִּי ת' inflammatory, inflamed
דֶלֶת נ' door, gate, hatch
- בדלתיים סגורות in camera
- בדלתיים פתוחות in open court
- דלת אחורית tailgate
- דלת הזזה sliding door

דַלַת הָעָם נ' the poor
דָם ז' blood
- בדם קר in cold blood
- בעל דם קר coldblooded
- דמו בראשו risks his neck
- הקפיא דמו make his blood run cold
- מקפיא דם bloodcurdling
- שפיכות דמים bloodshed
- שפך דם shed blood, spill blood

דֶמָגוֹג ז' demagogue, mob orator
דֶמָגוֹגִי ת' demagogic, rabble-rousing
דֶמָגוֹגְיָה נ' demagoguery, demagogy
דִמְדוּם ז' dimness
- דמדומי ערב twilight
- דמדומים twilight, afterglow, shadows

דַמְדְמָנִית נ' red currant, bloodberry, gooseberry
דָמָה פ' be like, resemble, equal
- דומה ש- it seems that

דֶמֶה ז' dummy
דֶמוֹגְרָפִי ת' demographic
דָמוּי ת' shaped, like, -form
- דמוי ביצה ovoid, egg-shaped
- דמוי צלב cruciform, cross-shaped

דֶמוֹקְרָטִי ת' democratic
דֶמוֹקְרַטְיָה נ' democracy
דְמוּת נ' figure, shape, image, form, character
- בדמות in the form of, in the shape of

דֳמִי ז' quiet, silence
- בדמי ימיו untimely, in the prime of life

דְמֵי (ראה דמים) fee, money
דְמֵי אַבְטָלָה ז"ר unemployment pay
דְמֵי דוֹאַר ז"ר postage
דְמֵי הוֹבָלָה ז"ר freight, carriage
דְמֵי הַעֲבָרָה (לשחקן) ז"ר transfer fee
דְמֵי חָבֵר ז"ר membership fee
דְמֵי כִּיס ז"ר pocket money, allowance, pin money, spending money
דְמֵי כְּנִיסָה ז"ר admission, gate money, entrance fee
דְמֵי לֹא יֶחֱרַץ ז"ר hush money
דְמֵי מְזוֹנוֹת ז"ר alimony, maintenance
דְמֵי מַחֲלָה ז"ר sick pay
דְמֵי מָנוּי ז"ר subscription
דְמֵי מַפְתֵּחַ ז"ר key money
דְמֵי נֶזֶק ז"ר damages
דְמֵי נְסִיעָה ז"ר fare
דְמֵי קְדִימָה ז"ר earnest money, advance payment, deposit
דְמֵי שְׁבִיתָה ז"ר strike pay
דְמֵי שֵׁירוּת ז"ר service charge, cover charge, gratuity, tip
דְמֵי שְׂכִירוּת ז"ר hire, rent, rental
דְמֵי שְׁתִיָּיה ז"ר tip
דְמֵי תִּיווּךְ ז"ר brokerage
דִמְיוֹן ז' fancy, imagination, likeness, resemblance, similarity
דִמְיוֹנִי ת' imaginary, unreal
דִמְיֵין פ' fancy, imagine, visualize
- דמיין לעצמו picture to oneself

דָמִים ז"ר money, fee, blood
דָמַם פ' be silent, be still
דֶמֶם ז' bleeding, hemorrhage
דְמָמָה נ' silence, stillness, hush
- דממת מוות dead silence

דַמֶמֶת נ' hemophilia
דָמַע פ' shed tears, water
דִמְעָה נ' tear, teardrop
- דמעות תנין crocodile tears
- הזיל דמעות shed tears
- התמוגג בדמעות dissolve in tears

דַמְקָה נ' draughts, checkers

דָן פ' — discuss, deliberate, judge, punish, sentence
- דן לכף זכות — acquit, exonerate
- דן לכף חובה — charge, blame

דְנָא מ"ג — this, inst.
דְנַן מ"ג — this
- במקרה דנן — in this case

דֶסק ז' — desk
דֵעָה (ראה דיעה) נ' — opinion
דְעִיכָה נ' — fading, decay, wane
דָעַך פ' — fade, die out, wane
דַעַת נ' — knowledge, mind
- בדעתו ל- — is about to
- דעת הקהל — public opinion
- הוציאו מדעתו — drive him mad
- העלה על הדעת — imagine, think of
- יצא מדעתו — lose one's mind
- לא מתקבל על הדעת — inconceivable
- לדעתי — in my opinion
- לפי דעתי — in my opinion
- מתקבל על הדעת — conceivable, reasonable
- עמד על דעתו — insist, stand firm

דַעְתָן — assertive, resolute
דַף ז' — page, leaf, sheet, plank
- דף זיעור — microfiche
- דפי זהב — yellow pages
- הפך דפים — turn pages, thumb
- פתח דף חדש — turn over a new leaf

דִפדוּף ז' — turning pages
דִפדֵף פ' — turn pages, riffle, thumb, leaf through
דַפדֶפֶת נ' — notebook, notepad, tablet
דָפוּן ת' — cornered, at bay
דְפוּס ז' — press, print, mold, mode, manner
- דפוס אבן — lithography
- דפוסי התנהגות — folkways, behavior
- תחת מכבש הדפוס — in print

דְפוּסִית נ' — template
דָפוּק ת' — beaten, down-and-out, deprived, *fool, *not all there
דָפִיס ת' — printable
דֶפִיצִיט ז' — deficit, shortfall
דְפִיקָה נ' — beat, knock, tap, blow
- דפיקת לב — heartbeat, pulsation

דַפְלִית נ' — duffle coat
דַפְנָה נ' — daphne, bay, laurel
- נח על זרי הדפנה — rest on one's laurels

דַפָּס ז' — printer, typographer
דַפָּסוּת נ' — printing, typography
דָפַק פ' — knock, beat, bang, throb, *fix, *screw
*דֶפֶק ז' — failure, *fix
ד"צ = דואר צבאי — military post
דֶצֶמְבֶּר ז' — December
דָק פ' — examine, be accurate
דַק ת' — slender, thin, fine, slim
דִקדוּק ז' — grammar, exactness
- דקדוקי עניות — hairsplitting, pedantry

דִקדוּקִי ת' — grammatical
דִקדֵק פ' — be strict, be exact
דַקְדְקָן ז' — grammarian, pedant, meticulous
דַקָה נ' — minute
דַקוּת נ' — fineness, delicacy
דַקִיק ת' — very thin, flimsy
דְקִירָה נ' — prick, stab, thrust, jibe
דֶקֶל ז' — date, palm, date palm
דִקלוּם ז' — declamation, recitation
דִקלוּמִי ת' — declamatory
דִקלֵם פ' — declaim, recite, repeat
דֶקָן ז' — dean
דֶקָנוּת נ' — deanery
דָקַר פ' — prick, stab, sting
- דקר בכידון — bayonet
- דקר בסכין — knife, stab

דֶקֶר ז' — pick, hoe, mattock, dibber
דַקָר (דג) ז' — perch, Jaffa cod
דִקרוּר ז' — prickle, pricking
דִקרֵר פ' — pink, prickle
דָר פ' — dwell, live, reside, room
- דרי הבית — household

ד"ר = דוקטור — doctor
דִרבּוּן ז' — spur, stimulation
דִרבֵּן פ' — spur, urge, goad, stimulate, egg on
דָרְבָן ז' — goad, spike, spine, spur, quill
- דברים כדרבנות — sharp words

דַרבָּן ז' — porcupine
דָרְבָנִית נ' — delphinium, larkspur
דֶרֶג ז' — degree, grade, level, echelon

רם דרג –	high-level, high-ranking
דַרגָה נ'	degree, grade, rank, step
הוריד בדרגה –	demote, downgrade
קידם בדרגה –	promote, upgrade
דַרגנוֹעַ ז'	escalator
דַרגָרג ז'	step ladder
דַרגָש ז'	couch, sofa, bunk, divan
דרדור ז'	rolling down, deterioration
דַרדָס ז'	slipper, sandal
דַרדַק ז'	infant, child, pupil
דרדֵר פ'	roll down, worsen
דַרדַר ז'	thistle, thorn
דֶרווִיש ז'	dervish
דרוּזִי ז'	Druze, Druse
דָרוּך ת'	alert, ready, tense, cocked, drawn
דָרוֹם ז'	south
דרום מזרח –	southeast
דרום מזרחי –	southeastern
דרום מערב –	southwest
דרום מערבי –	southwestern
דָרוֹמָה תה"פ	southward, down
דרומה מזרחה –	southeastward
דרומה מערבה –	southwestward
דְרוֹמִי ת'	southern, southerner
דְרוֹר ז'	freedom, sparrow
קרא דרור –	free, let loose
דְרוּש ז'	sermon, speech, lecture
דָרוּש ת'	required, needed, requisite
מודעות דרושים –	classified ads, want ads
דְרִיכָה נ'	treading, cocking
דריכה במקום –	marking time
דְרִיכוּת נ'	suspense, vigilance, tension, readiness
דְרִיסָה נ'	running over, trampling, treading
דריסת רגל –	foothold, toehold
דְרִישָה נ'	claim, demand, request, requisition
דרישה אל המתים –	necromancy
דרישת שלום –	regards, greetings
דָרַך פ'	tread, step, cock, stamp, trample
דרך במקום –	mark time
דרך על יבלותיו –	tread on his corns
דרך קשת –	draw a bow
דֶרֶך נ'	way, path, road, manner, means
בדרך כלל –	usually, as a rule
בדרך כלשהי –	somehow or other
דרך אגב –	by the way
דרך ארץ –	manners, courtesy
דרך המלך –	highway
דרך המשאלה –	subjunctive
דרך העולם –	way of the world
דרך הציווי –	imperative mood
דרך עפר –	cart track, dirt road
דרך צלחה! –	goodbye, farewell
דֶרֶך מ"י	by, through, via
דַרכּוֹן ז'	passport
דַרכִּייָה נ'	toll-house
דְרָמָה נ'	drama, dramatics
דְרָמָטִיזַצִיָה נ'	dramatization
דְרָמָתִי ת'	dramatic, theatrical
דְרָמָתִיוּת נ'	dramatics
דֶרֶן ז'	grub
דָרַס פ'	run over, trample
דְרַסטִי ת'	drastic
דְרָקוֹן ז'	dragon
דְרָקוֹנִי ת'	draconian
דָרַש פ'	claim, demand, ask, require, need, preach, interpret
אומר דרשני –	requires consideration
דרש בשלומו –	send his regards to
דרש רעתו –	wish him ill
דְרָש ז'	exposition, explanation
דְרָשָה נ'	sermon, address, homily
דַרשָן ז'	preacher
דַרשָנוּת נ'	preaching, homiletics
דָש פ'	thresh, deal repeatedly, overwork
דַש ז'	flap, lapel
ד"ש = דרישת שלום	regards
דֶשֶא ז'	lawn, grass, sward
דשדוש ז'	treading, shuffle, scuff
דשדֵש פ'	tread, shuffle, scuff
דֶשֶן ז'	fertilizer, manure
דָשֵן ת'	fertile, fat
דָת נ'	religion, faith, law, belief
המיר דת –	convert
דָתִי ת'	religious, pious, orthodox
לא דתי –	impious, irreligious
דָתִיוּת נ'	religiousness, piety

ה

הַ תח' definite article, the
הֲ תח' interrogative (prefix)
ה' ז' God
הָא מ"ג this, that
– הא ראיה this is the proof
– על דא ועל הא on this and that
הֵא הַיְדִיעָה definite article, the
הֵא לְךָ here you are, take this
הֶאֱבִיד פ' destroy, ruin
הֶאֱבִיק פ' pollinate
הַאֲבָקָה נ' pollination
הֶאְדִים פ' redden, turn red
הֶאְדִיר פ' glorify, dignify
הַאְדָרָה נ' glorifying
הַאוּמְנָם? is that so?, indeed!
הֶאֱזִין פ' listen, listen in, monitor
– האזנת סתר wiretapping
הַאֲזָנָה נ' listening, auscultation
הֶאָח מ"ק hurray, bravo
הֵאֵט פ' slow down, decelerate
הָאָטָה נ' slowing down, slowdown
הֵאִיץ פ' accelerate, quicken, hurry, urge
הֵאִיר פ' light, illuminate, brighten
– האיר לו מזלו fortune smiled on him, be successful
– האיר פנים welcome warmly
הֶאֱכִיל פ' feed, nourish
– האכיל בכף spoonfeed
הַאֲכָלָה נ' feeding, nourishing
הַאֲלָהָה נ' apotheosis, deification
הֶאֱלִיהַּ פ' deify, worship
הַאִם מ"ח is it?, whether
הֶאֱמִין פ' believe, trust, think
– לא האמין למראה עיניו not believe one's eyes
הֶאֱמִיר פ' rise, soar, go up
הַאֲמָנָה נ' accreditation
– כתב האמנה credentials
הַאֻמְנָם? is that so?, indeed!
הַאֲמָרָה נ' rise, increase
הֶאֱנִישׁ פ' personify, humanize
הַאֲנָשָׁה נ' personification

הֶאֱפִיל פ' darken, overshadow, eclipse
הֶאֱפִיר פ' turn gray, gray, silver
הַאֲפָלָה נ' darkening, blackout
הַאֲפָרָה נ' turning gray
הָאָצָה נ' urging, acceleration
הֶאֱצִיל פ' impart, inspire, ennoble, delegate
הַאֲצָלָה נ' ennobling, conferment
הֶאָרָה נ' lighting, illumination
– הארת מזל stroke of luck
הַאֲרָחָה נ' hospitality
– בית הארחה guest-house
הֶאֱרִיךְ פ' lengthen, elongate, prolong
– האריך בדברים talk at length
– האריך ימים live long
הֶאֱרִיק פ' earth, ground
הַאֲרָכָה נ' lengthening, extension, extra time, overtime
הַאֲרָקָה נ' earthing, earth, ground
הֶאֱשִׁים פ' accuse, blame, charge
הַאֲשָׁמָה נ' charge, accusation
– האשמה נגדית recrimination
הַב פ' give, give me
הֲבָאָה נ' bringing, fetching
הֲבַאי ז' nonsense, idle talk
הִבְאִישׁ פ' stink, defame, stagnate
– הבאיש ריחו libel, speak ill of
הַבְאָשָׁה נ' stench, defamation
הִבְדִּיל פ' distinguish, separate
– להבדיל not to compare
הֶבְדֵּל ז' difference, distinction
הַבְדָּלָה נ' separation, distinction, prayer on Saturday night
הָבָה מ"ק let us, let's
הִבְהֵב פ' flicker, blink, singe, scorch
הִבְהוּב ז' blink, flicker, wink
הִבְהִיל פ' alarm, frighten, fetch, summon, bring, call
הִבְהִיק פ' blaze, shine, glare
הִבְהִיר פ' brighten, clarify
– הבהיר דבריו make oneself clear
הֶבְהֵק ז' blaze, flash
הַבְהָרָה נ' clarification, elucidation
הָבוּ מ"ק give, give us
הִבְזִיק פ' flash, sprinkle
הֶבְזֵק ז' flash

הִבְחִיל פ׳ sicken, nauseate, ripen
הִבְחִין פ׳ tell apart, discern, distinguish, notice, observe
הַבְחָנָה נ׳ discrimination, discernment, distinction
הַבָּטָה נ׳ glance, look
הַבְטָחָה נ׳ pledge, promise, word
הִבְטִיחַ פ׳ ensure, pledge, promise, make sure, guarantee
– הבטיח הרים וגבעות promise the moon, promise the earth
הֵבִיא פ׳ bring, cause, fetch, make
– הביא בחשבון take into account
– הביא לידי lead, give rise to
הִבִּיט פ׳ look, eye, look at
– הביט קדימה (לעתיד) look ahead
הַבַּיְתָה תה״פ home, homeward
הֵבִיךְ פ׳ bewilder, baffle, embarrass
הָבִיל ת׳ steamy, hazy
הֵבִין פ׳ understand, get, see
– לא הבין כראוי misunderstand
הֵבִיס פ׳ defeat, beat, rout
הִבִּיעַ פ׳ express, utter, voice
– הביע אהדה sympathize
– הביע מורת רוח disapprove
הִבְכִּיר פ׳ ripen early
הֶבֶל ז׳ vapor, steam, breath, nonsense, vanity
– הבל הבלים vanity of vanities
– הבלים nonsense, *blah
הַבְלָגָה נ׳ restraint
הַבְלוּת נ׳ folly, nonsense
הַבְלָחָה נ׳ flickering, wavering
הַבְלָטָה נ׳ emphasis, prominence
הַבְלִי ת׳ vain, futile
הִבְלִיג פ׳ contain, restrain
הִבְלִיחַ פ׳ flicker, waver
הִבְלִיט פ׳ emphasize, protrude, highlight, underline
הִבְלִיעַ פ׳ insert, conceal, elide, slur
– הבליע מלים swallow words, clip
הַבְלָעָה נ׳ slurring over, elision
הֲבָנָה understanding, comprehension
– הבנת הנקרא reading comprehension
הֲבָסָה נ׳ defeat, rout
הַבָּעָה נ׳ expression, look
– הבעת תודה acknowledgment
הִבְעִיר פ׳ set fire, burn

הִבְעִית פ׳ terrify, frighten
הַבְעָרָה נ׳ setting fire
הַבָּעָתִי ת׳ expressive
הִבְקִיעַ פ׳ break through
– הבקיע דרך force one's way
– הבקיע שער score a goal
הַבְקָעָה נ׳ breakthrough, sally
הַבְרָאָה נ׳ convalescence, recovery
– בית הבראה rest home
הַבְרָגָה נ׳ screwing, thread, worm
הֲבָרָה נ׳ syllable, phoneme, pronunciation, accent
הֲבָרוֹנִי ת׳ phonetic
הַבְרָחָה נ׳ contraband, smuggling, driving away, bolting
– הברחת נשק gunrunning
הֲבָרָתִית׳ syllabic, syllabled
הִבְרִיא פ׳ convalesce, recover, recuperate, get well
הִבְרִיג פ׳ bolt, screw
*הִבְרִיז פ׳ run away, disappear
הִבְרִיחַ פ׳ bolt, latch, smuggle, chase away, drive away
– הבריח נשק run arms
הִבְרִיךְ פ׳ cause to kneel, layer
הִבְרִיק פ׳ glitter, polish, shine, cable, wire, telegraph
– הבריקו ברקים it was lightening
הִבְרִישׁ פ׳ brush, whisk
הַבְרָקָה נ׳ brilliancy, flashing, shining, glittering, flash
– הברקה גאונית stroke of genius
הַבְרָשָׁה נ׳ brush
הִבְשִׁיל פ׳ ripen, mature
הַבְשָׁלָה נ׳ ripening, maturation
הג״א = הגנה אזרחית civil defense
הַגַּאי ז׳ helmsman, navigator
הֲגָבָה נ׳ reaction, response
הַגְבָּהָה נ׳ lifting, elevation
– הגבהה ודחיקה clean and jerk
הֲגָבִי ת׳ reactive
הִגְבִּיהַּ פ׳ raise, lift, elevate
הִגְבִּיל פ׳ limit, restrict, confine
הִגְבִּיר פ׳ amplify, strengthen
הֶגְבֵּל עִסְקִי trade restriction
הַגְבָּלָה נ׳ limitation, restriction
– הגבלת אשראי credit squeeze
הַגְבָּרָה נ׳ strengthening,

intensification, amplification
הַגָּדָה נ' telling, tale, narration, Haggada, saga
- הגדת עתידות fortune telling
הִגְדִּיל פ' increase, augment, enhance, enlarge
- הגדיל לעשות achieve much
- הגדיל תמונה blow up a picture
הִגְדִּיר פ' define, determine
הִגְדִּישׁ הַסְּאָה פ' exaggerate
הַגְדָּלָה נ' magnification, increase, enlargement, blow-up
הַגְדָּרָה נ' definition, demarcation
- הגדרה עצמית self-determination
הָגָה פ' meditate, think, pronounce
- הגה רעיון conceive an idea
הֶגֶה ז' sound, word, phoneme, steering wheel, helm, tiller
- הגה אופניים handlebars
- הגה כוח power steering
- הוציא הגה breathe a word
הַגָּהָה נ' proofreading, emendation
הִגְהִיק (תינוק) פ' burp, wind
הָגוּן ת' honest, decent, fair, respectable, considerable
הָגוּת נ' meditation, philosophy
הִגְזִים פ' exaggerate, go too far
הַגְזָמָה נ' exaggeration
הֵגִיב פ' react, respond, comment
הָגִיג ז' thought
הִגִּיד פ' say, tell, come out with
- הגיד עתידות tell fortunes
הִגִּיהַּ פ' emend, proofread, retouch
הֶגְיוֹנִי ת' logical, reasonable, sensible, rational
- לא הגיוני illogical, irrational
הֵגִיחַ פ' sally forth, come out
הֲגִיָּיה נ' pronunciation, expression
הֲגִינוּת נ' candor, decency, honesty
- בהגינות decently, justly
הִגִּיעַ פ' arrive, come, reach, attain
- הגיע לו deserve, be entitled to
- הגיע לפרקו be marriageable
הֵגִיף פ' shut, close, bolt
הֲגִירָה נ' emigration, migration
הִגִּישׁ פ' present, offer, serve, submit, wait on
- הגיש תלונה lodge a complaint

הִגְלָה פ' banish, deport, exile
הִגְלִיד פ' form a crust, heal
הַגְלָיָה נ' deportation, exile
הֲגַם תה"פ although, much as
הֶגְמוֹן ז' bishop, cardinal
הֶגְמוֹנְיָה נ' hegemony, leadership
הִגְמִישׁ פ' make flexible, stretch
הַגְמָשָׁה נ' making flexible
הֵגֵן פ' protect, defend, shelter
הַגְנָבָה נ' smuggling, insertion by stealth, slipping
הֲגָנָה נ' protection, defense
- הגנה אזורית zone defense
- הגנה אזרחית civil defense
- הגנה עצמית self-defense
- הגנת הצרכן consumerism
הִגְנִיב פ' insert stealthily, slip
הֲגַנָּתִי ת' defensive, protective
הַגָּעָה נ' arrival, reaching
הִגְעִיל פ' cause disgust, nauseate, repel, cleanse, rinse in hot water
הַגְעָלָה נ' rinsing in hot water
הֲגָפָה נ' shutting, closing
הִגְרִיל פ' draw lots, raffle
הַגְרָלָה נ' raffle, lottery, draw, toss
הַגָּשָׁה נ' presentation, serving, submitting, lodgment, serve
הִגְשִׁים פ' carry out, carry through, realize, attain, fulfill
הַגְשָׁמָה נ' realization, attainment, fulfillment, accomplishment
הֵד ז' echo, repercussion
הִדְאִיג פ' trouble, worry, concern
הִדְבִּיק פ' glue, stick, paste up, infect, overtake
הִדְבִּיר פ' subjugate, disinfest
הַדְבָּקָה נ' gluing, sticking, contagion, overtaking
הַדְבָּרָה נ' disinfestation, subduing
הִדְגִּים פ' demonstrate, exemplify, illustrate, instance
הִדְגִּיר פ' hatch, incubate, set
הִדְגִּישׁ פ' emphasize, stress
הֶדְגֵּם ז' pattern, example
הַדְגָּמָה נ' illustration, demonstration, exemplification
הַדְגָּשָׁה נ' emphasis, stress
הֲדָדִי ת' reciprocal, mutual

הֲדָדִיּוּת נ׳ mutuality, reciprocity
הִדְהֵד פ׳ echo, resound, reverberate
הִדְהָה פ׳ fade, wash out
הִדְהוּד ז׳ reverberation, echo
הִדְהִים פ׳ amaze, astonish, shock
הִדְהִיר פ׳ gallop, make gallop
הֲדוֹם ז׳ footstool, stool
הָדוּק ת׳ tight, closefitting
הָדוּר ת׳ adorned, elegant, stately
הֲדוּרִים ז״ר obstacles
– יישר ההדורים iron out difficulties
הַדָּחָה נ׳ deposition, ousting, dismissal, leading astray
הֲדָחָה נ׳ washing, rinsing
הִדְחִיק פ׳ repress, suppress
הֶדְחֵק ז׳ displacement
הַדְחָקָה נ׳ repression, suppression
הִדִּיד פ׳ remove, keep away
הֶדְיוֹט ז׳ layman, common, simple
הִדִּיחַ פ׳ oust, remove, unseat, depose, seduce, mislead
הֵדִיחַ פ׳ wash, rinse
הִדִּיף פ׳ emit smell, waft
הֲדִיפָה נ׳ pushing back, repulse, parry, fending off
– הדיפת כדור ברזל shot put
הִדִּיר פ׳ prohibit, forbid
– הדיר עצמו abstain, avoid
הִדְלָה פ׳ trellis
הַדְלָיָה נ׳ trellising
הִדְלִיף פ׳ leak, reveal
הִדְלִיק פ׳ light, ignite, set fire to, turn on
הַדְלָפָה נ׳ leakage, leaking, leak
הַדְלָקָה נ׳ lighting, kindling
הַדְמָיָה נ׳ simulation
הִדְמִים פ׳ immobilize, silence, cut
הֶדָן ז׳ resonator
הֲדַס ז׳ myrtle
הָדַף פ׳ repel, repulse, fend, parry
– הדף כדור ברזל put the shot
הֶדֶף ז׳ repulsion, blast
– הדף אוויר blast
הִדְפִּיס פ׳ print, type, run off
הֶדְפֵּס ז׳ print, printout, offprint
הַדְפָּסָה נ׳ printing, typing
– ניתן להדפסה printable
הֶדֶק ז׳ trigger, clip, clasp

הָדָר ז׳ citrus, glory, pomp, chic, splendor, elegance
הַדְרָגָה נ׳ gradation
– בהדרגה gradually, step by step
הַדְרָגָתִי ת׳ gradual
הֲדָרָה נ׳ dignity, majesty
– הדרת פנים majestic appearance
הִדְרִיךְ פ׳ guide, direct, instruct
– הדריך מנוחתו disturb, upset
הִדְרִים פ׳ go south
הַדְרָכָה נ׳ guidance, direction, instruction, teaching
– הדרכה מקצועית vocational guidance
הַדְרָן מ״ק encore, again
– הופעת הדרן curtain call
הָהּ מ״ק oh, ah
ה״ה = האדונים Messrs.
הֶהְבִּיל פ׳ steam, give out vapor
הֵהִין פ׳ dare, venture
הוֹ מ״ק O, why
הוּא מ״ג he, it, *him
– ההוא that one, that, yonder
– הוא הוא it's he who, the very
הוּאַט פ׳ be slowed down
הוֹאִיל פ׳ agree, consent
– הואל נא please!
– התואיל ל- would you mind
הוּאֲכַל פ׳ be fed, be nourished
הוּאַץ פ׳ be quickened
הוּאַר פ׳ be illuminated
הוּאֲרַךְ פ׳ be lengthened
הוּבָא פ׳ be brought
הוּבְהַל פ׳ be called urgently
הוּבְהַר פ׳ be made clear
הוּבְטַח פ׳ be promised
הוֹבִּי ז׳ avocation, hobby
הוֹבִיל פ׳ drive, lead, guide, conduct
הוּבַל פ׳ be led, be guided
הוֹבָלָה נ׳ carriage, transportation, freight, haulage
הוּבְלַע פ׳ be slipped, be insinuated
הוּבַן פ׳ be understood
הוֹבְנֶה ז׳ ebony
הוֹבְנִית נ׳ ebonite
הוּבַס פ׳ be defeated, be beaten
הוּבַּע פ׳ be expressed, be uttered
הוּבְעַר פ׳ be burnt

הוּבְקַע פ׳	be broken through
– הוּבְקַע (שער)	be scored (a goal)
הוּבְרַג פ׳	be screwed
הוּבְרַח פ׳	be smuggled
הוּגְבַּהּ פ׳	be raised, be lifted
הוּגְבַּל פ׳	be limited, be restricted
הוּגַד פ׳	be said, be told
הוּגְדַל פ׳	be increased, be enlarged
הוּגְדַר פ׳	be defined
הוּגַּהּ פ׳	be proofread
הוֹגֶה ת׳	thinking
– הוֹגֶה דֵּעוֹת	philosopher, thinker
הוּגָה מִן הַמְּסִילָה	be eliminated
הוֹגִיעַ פ׳	weary, tire
הוּגְלָה פ׳	be deported, be exiled
הוּגַן פ׳	be protected, be defended
הוֹגֵן ת׳	fair, honest, just, proper
– לֹא הוֹגֵן	dishonest, unfair
הוּגְנַב פ׳	be slipped, be smuggled
הוּגְרַל פ׳	be raffled, be drawn
הוּגַּשׁ פ׳	be presented, be served
הוּגְשַׁם פ׳	be realized, be fulfilled
הוֹד ז׳	magnificence, glory
– הוֹד מַלְכוּתוֹ	His Majesty
– הוֹד מַעֲלָתְךָ	Your Highness
הוּדְאַג פ׳	be worried, be concerned
הוֹדָאָה נ׳	admission, confession, acknowledgment, thanks
הוּדְבַּק פ׳	be glued, be infected
הוּדְבַּר פ׳	be exterminated
הוּדְגַם פ׳	be demonstrated
הוּדְגַשׁ פ׳	be emphasized, be stressed
הוֹדָה פ׳	confess, admit, own, thank, acknowledge
– הוֹדָה בְּאַשְׁמָה	plead guilty
הוֹדוּ נ׳	India
הוֹדוֹת לְ- תה״פ	thanks to, due to
הוּדַּח פ׳	be deposed, be ousted, be seduced, be misled
הוֹדִי ז׳	Indian, hindu
הוֹדָיָה נ׳	thanksgiving, thanking
הוֹדִיעַ פ׳	inform, tell, notify, announce, make it known
הוּדְלַף פ׳	leak out
הוֹדָעָה נ׳	announcement, notice
– עַד לְהוֹדָעָה חֲדָשָׁה	until further notice
הוּדְפַּס פ׳	be printed, be typed

הוּדְרַךְ פ׳	be guided, be led
הָוָה פ׳	be, exist
– הֱוֵי אוֹמֵר	that is to say
– לֶהֱוֵי יָדוּעַ	you should know
הֹוֶה ז׳	present, present tense
הֹוָה נ׳	misfortune, disaster
– לְהַוָּתִי	unfortunately
הֲוָי ז׳	manner of life, milieu
הֲוָיָה נ׳	being, existence
– דְּבָרִים כַּהֲוָיָתָם	things as they are
הוֹזֶה ז׳	dreamer, visionary
הוּזְהַר פ׳	be warned, be cautioned
הוּזַז פ׳	be moved, be removed
הוֹזִיל פ׳	reduce, mark down
הוּזְכַּר פ׳	be mentioned
הוּזַל פ׳	be reduced, cheapen
הוֹזָלָה נ׳	markdown, reduction
הוּזַם פ׳	be contradicted
הוּזְמַן פ׳	be invited, be ordered
הוּזְנַח פ׳	be neglected
הוּזְעַק פ׳	be sent for
הוּזְרַם פ׳	be injected, be poured
הוּזְרַק פ׳	be injected, be syringed
הוּחְבָּא פ׳	be concealed, be hidden
הוּחַג פ׳	be celebrated
הוּחְדַּר פ׳	be inserted, be implanted
הוּחְזַק פ׳	be held, be regarded
הוּחְזַר פ׳	be returned, be restored
הוֹחִיל פ׳	wait for, expect
הוּחְכַּר פ׳	be leased, be let
הוּחַל פ׳	be applied, be enforced
הוּחְלַט פ׳	be decided, be resolved
הוּחְלַף פ׳	be changed, be switched
הוּחְמַץ פ׳	be missed, be lost
הוּחְמַר פ׳	become serious, get worse
הוּחֲנָה פ׳	be parked
הוּחַק פ׳	be legislated, be enacted
הוּחְרַם פ׳	be confiscated, be banned
הוּחַשׁ פ׳	be hastened, be rushed
הוּחְשַׁד פ׳	be suspected
הוּחְתַּם פ׳	be subscribed, be signed
הוּטַב פ׳	be improved, feel better
הוּטְבַּל פ׳	be soaked, be baptized
הוּטְבַּע פ׳	be drowned, be stamped
הוּטָה פ׳	be bent, be diverted, be inclined, be conjugated
הוּטַח פ׳	be thrown, be leveled
הוּטַל פ׳	be thrown, be imposed

be concealed, be buried	הוּטְמַן פ׳
be flown	הוּטַס פ׳
be misled, be deceived	הוּטְעָה פ׳
be emphasized	הוּטְעַם פ׳
be loaded, be charged	הוּטְעַן פ׳
be bothered, be annoyed	הוּטְרַד פ׳
be troubled, be bothered	הוּטְרַח פ׳
oh, woe, alas	הוֹי מ״ק
be hit, be beaten	הוּכָּה פ׳
be proved	הוּכַח פ׳
be annihilated	הוּכְחַד פ׳
demonstration, evidence, proof, admonition	הוֹכָחָה נ׳
be denied	הוּכְחַשׁ פ׳
admonish, demonstrate, prove, show	הוֹכִיחַ פ׳
rise to the occasion, act well	– הוֹכִיחַ אֶת עַצְמוֹ
be insulted, be shamed	הוּכְלַם פ׳
be prepared	הוּכַן פ׳
be admitted, be inserted	הוּכְנַס פ׳
be subdued, be subjugated	הוּכְנַע פ׳
be infuriated, be angered	הוּכְעַס פ׳
be multiplied, be doubled	הוּכְפַּל פ׳
be soiled, be smeared	הוּכְפַּשׁ פ׳
be recognized, be known	הוּכַּר פ׳
be declared, be proclaimed	הוּכְרַז פ׳
be forced, be compelled	הוּכְרַח פ׳
be decided, be subdued	הוּכְרַע פ׳
be bitten	הוּכַּשׁ פ׳
be failed, be tripped, be knocked over, *be flunked	הוּכְשַׁל פ׳
be made kosher, be made fit	הוּכְשַׁר פ׳
be dictated	הוּכְתַּב פ׳
be stained, be blotted	הוּכְתַּם פ׳
be crowned	הוּכְתַּר פ׳
be crowned with success	– הוּכְתַּר בְּהַצְלָחָה
hall	הוֹל ז׳
be tired, be wearied	הוּלְאָה פ׳
be nationalized	הוּלְאַם פ׳
be whitened, be laundered	הוּלְבַּן פ׳
be dressed, be clothed	הוּלְבַּשׁ פ׳
giving birth, begetting	הוֹלָדָה נ׳
birth, delivery	הוֹלֶדֶת נ׳
be set to music	הוּלְחַן פ׳
beget, cause, generate	הוֹלִיד פ׳

conduct, lead	הוֹלִיךְ פ׳
mislead, cheat	– הוֹלִיךְ שׁוֹלָל
walker, goer	הוֹלֵךְ ז׳
loafer, *layabout	– הוֹלֵךְ בָּטֵל
is going to	– הוֹלֵךְ לְ-
quadruped	– הוֹלֵךְ עַל אַרְבַּע
biped	– הוֹלֵךְ עַל שְׁתַּיִם
pedestrian	– הוֹלֵךְ רֶגֶל
be cheated	הוּלַךְ שׁוֹלָל
transport	הוֹלָכָה נ׳
deception	– הוֹלָכַת שׁוֹלָל
profligate, debauchee	הוֹלֵל ז׳
debauchery, profligacy	הוֹלֵלוּת נ׳
appropriate, suitable, becoming, fit	הוֹלֵם ת׳
Dutch	הוֹלַנְדִית נ׳
be crammed, be stuffed	הוּלְעַט פ׳
be whipped, be flogged	הוּלְקָה פ׳
noisy, bustling	הוֹמֶה ת׳
homosexual, gay, *fag	הוֹמוֹ ז׳
homogeneous	הוֹמוֹגֵנִי ת׳
homogeneity	הוֹמוֹגֵנִיּוּת נ׳
homosexual, gay	הוֹמוֹסֶקְסוּאָל ז׳
homosexuality	הוֹמוֹסֶקְסוּאָלִיּוּת נ׳
humor, pleasantry	הוּמוֹר ז׳
humorous	הוּמוֹרִיסְטִי ת׳
be dramatized, be staged	הוּמְחַז פ׳
be realized, be illustrated	הוּמְחַשׁ פ׳
be showered upon	הוּמְטַר פ׳
be salted	הוּמְלַח פ׳
be crowned	הוּמְלַךְ פ׳
be recommended	הוּמְלַץ פ׳
humane, humanitarian	הוּמָנִי ת׳
humanism	הוּמָנִיּוּת נ׳
be invented, be provided	הוּמְצָא פ׳
be changed, be converted	הוּמַר פ׳
be urged to rebel	הוּמְרַד פ׳
be urged, be encouraged	הוּמְרַץ פ׳
be put to death	הוּמַת פ׳
be sweetened, be commuted, be mitigated	הוּמְתַּק פ׳
capital, wealth, money	הוֹן ז׳
working capital	– הוֹן חוֹזֵר
fortune, much money	– הוֹן תוֹעָפוֹת
deceit, fraud, *con	הוֹנָאָה נ׳
deceive, cheat, swindle	הוֹנָה פ׳
be established, be led	הוּנְהַג פ׳
be placed, be assumed	הוּנַח פ׳

- הונח לפני הקהל lie in state
הוּנְחָה פ' be guided, be led
הוּנְמַךְ פ' be lowered
הוּנַס פ' be driven away
הוּנַע פ' be moved, be prompted
הוּנַף פ' be hoisted, be lifted
הוּנְפַּק פ' be issued
הוּנְצַח פ' be commemorated
הוּסַב פ' be averted, be endorsed
הוּסְבַּר פ' be explained
הוּסְגַּר פ' be extradited, be betrayed
הוּסְדַּר פ' be settled, be arranged
הוּסְוָה פ' be camouflaged
הוּסַט פ' be shifted, be moved
הוֹסִיף פ' add, increase, continue
הוּסְכַּם פ' be agreed, be approved
הוּסְמַךְ פ' be authorized
הוּסַע פ' be driven, be transported
הוּסְפַּג פ' be saturated
הוּסְפַּד פ' be mourned, be eulogized
הוֹסָפָה נ' addition, increase
הוּסַק פ' be heated, be inferred
הוּסַר פ' be removed, be taken off
הוּסְרַט פ' be filmed, be shot
הוּסַת פ' be incited, be seduced
הוּסְתַּר פ' be hidden, be concealed
הוּעֳבַד פ' be employed
הוּעֳבַר פ' be moved, be transferred
הוּעֲדַף פ' be preferred, be chosen
הוֹעִיד פ' destine, summon
הוֹעִיל פ' be useful, benefit
- ללא הועיל vainly, of no effect
הוּעֲלָה פ' be raised, be lifted
הוּעֲלַם פ' be hidden, be concealed
הוּעַם פ' be dimmed, be darkened
הוּעֳמַד פ' be established, be stopped
- הועמד לדין be arraigned, be sued
הוּעֲמַס פ' be loaded, be burdened
הוּעֲנַק פ' be awarded, be given
הוּעֳסַק פ' be employed, be occupied
הוּעַף פ' be flown, be sent flying
הוּעֲרַךְ פ' be valued, be estimated
הוּעֲרַץ פ' be admired, be idolized
הוּעְתַּק פ' be copied, be transferred
הוּפְגַּז פ' be shelled, be bombarded
הוּפְגַּן פ' be demonstrated, be shown
הוּפְגַּשׁ פ' be brought together
הוּפְחַד פ' be scared, be frightened
הוּפְחַת פ' be deducted, be reduced
הוֹפִיעַ פ' appear, turn up
הוּפַּל פ' be overthrown, be dropped
הוּפְלָה פ' be discriminated
הוּפְנָה פ' be referred, be directed
הוּפְנַט פ' be hypnotized
הוּפְנַם פ' be internalized
הוּפְסַק פ' be interrupted
הוֹפָעָה נ' appearance, looks, arrival
- הופעת בכורה debut
הוּפְעַל פ' be activated, be operated
הוּפַץ פ' be distributed
הוּפְצַץ פ' be bombed, be shelled
הוּפַק פ' be produced, be obtained
הוּפְקַד פ' be deposited, be entrusted
הוּפְקַע פ' be requisitioned
הוּפְקַר פ' be abandoned
הוּפַר פ' be violated, be broken
הוּפְרַד פ' be separated, be detached
הוּפְרָה פ' be fertilized
הוּפְרַךְ פ' be refuted, be disproved
הוּפְרַע פ' be disturbed
הוּפְרַשׁ פ' be set aside, be excreted
הוּפְשַׁט פ' be undressed, be stripped
הוּפְשַׁל פ' be rolled up, be turned up
הוּפְתַּע פ' be surprised, be amazed
הוּצָא פ' be taken out, be spent
- הוצא להורג be put to death
הוֹצָאָה נ' taking out, expense, outlay, expenditure, publication
- הוצאה לאור publication
- הוצאה להורג execution
- הוצאה לפועל execution
- הוצאת ספרים publishing
הוֹצָאוֹת נ"ר outgoings, expenses
הוּצַב פ' be stationed, be placed
הוּצַג פ' be shown, be introduced, be presented, be performed
הוּצְדַּק פ' be justified, be excused
הוּצְהַר פ' be declared, be stated
הוֹצִיא פ' take out, draw, spend, publish, emit, produce
- הוציא אל מחוץ לחוק outlaw
- הוציא דיבה libel, slander
- הוציא כסף spend money
- הוציא לאור publish
- הוציא לפועל carry out, execute
- להוציא excluding, except

הוּצלַב פ' be crossbred, be crossed
הוּצמַד פ' be coupled, be linked
הוּצנַח פ' be dropped
הוּצנַע פ' be hidden, be reduced
הוּצַע פ' be suggested, be offered
הוּצַף פ' be flooded, be washed
הוּצפַּן פ' be hidden, be concealed
הוּצַר פ' be narrowed, be limited
הוּצרַך פ' be required, be needed
הוּצַת פ' be ignited, be burnt
הוּקדַם פ' be brought forward
הוּקדַש פ' be dedicated, be devoted
הוּקטַן פ' be reduced, be lessened
הוֹקִי ז' hockey
הוֹקִיעַ פ' denounce, condemn, brand, expose, hang
הוֹקִיר פ' appreciate, respect
– הוקיר רגליו avoid visiting
הוּקַל פ' be light, be relieved
הוּקלַט פ' be recorded, be taped
הוּקַם פ' be established, be raised
הוּקנַט פ' be teased, be taunted
הוּקסַם פ' be fascinated
הוּקַע פ' be denounced, be hanged
הוֹקָעָה נ' hanging, denunciation, condemnation, exposure
הוּקַף פ' be surrounded
הוּקפָּא פ' be frozen, be congealed
הוּקפַּץ פ' be jumped, be startled
הוּקצַב פ' be allotted, be allocated
הוּקצָה פ' be assigned, be allotted
הוּקצַף פ' be whisked, be angered
הוּקרָא פ' be read, be narrated
הוּקרַב פ' be sacrificed
הוֹקָרָה נ' respect, esteem, regard
הוּקרַן פ' be screened, be radiated
הוּקשָה פ' be hardened, be asked
הוֹרָאָה נ' instruction, order, teaching, tuition, meaning
– הוראת קבע standing order
הוֹרֵג ז' killer, slayer
– הוציא להורג put to death
הוּרגַל פ' be accustomed, be used to
הוּרגַש פ' be felt, be perceived
הוּרַד פ' be lowered
הוֹרָדָה נ' taking down, decrease
- הורדת ידיים arm wrestling
הוּרדַם פ' be put to sleep
הוֹרָה פ' order, instruct, teach, show, point
הוֹרֶה ז' parent, father
הוֹרָה נ' hora (dance)
הוֹרוֹסקוֹפּ ז' horoscope
הוֹרוּת נ' parentage, parenthood
הוּרחַב פ' widen, be broadened
הוּרחַק פ' be removed, be ousted
הוֹרִי ת' parental, parent
הוֹרִיד פ' take down, reduce, drop, lower, remove
– הוריד מהפרק rule out, exclude
הוֹרִים ז"ר parents, folks
הוֹרִיק פ' turn green
הוֹרִיש פ' bequeath, leave
הוּרכַּב פ' be composed, be formed
הוּרַם פ' be raised, be lifted
הוֹרמוֹן ז' hormone
הוֹרסָנִי ת' destructive
הוּרַע פ' worsen, deteriorate
הוּרעַב פ' be starved
הוּרעַל פ' be poisoned
הוּרעַש פ' be bombed, be shelled
הוֹרָקָה נ' becoming green
הוּרשָה פ' be allowed, be permitted
הוֹרָשָה נ' bequeathing, entail
הוּרשַע פ' be convicted
הוּשאַל פ' be borrowed, be lent
הוּשאַר פ' be left
הוּשַב פ' be returned, be restored
הוֹשָבָה נ' placing, seating
הוּשבַּע פ' be sworn, be adjured
הוּשבַּת פ' be locked out
הוּשַג פ' be obtained, be achieved
הוּשוָוה פ' be compared, be likened
הוּשחַז פ' be sharpened, be honed
הוּשחַל פ' be threaded
הוּשחַת פ' be corrupted, be wasted
הוֹשָטָה נ' extending, handing
הוֹשִיב פ' seat, settle, sit
הוֹשִיט פ' extend, outstretch, give
– הושיט יד reach, lend a hand
הוֹשִיעַ פ' help, save, rescue
הוּשכַּב פ' be laid down
הוּשכַּר פ' be let, be hired out
הוּשלַך פ' be thrown, be hurled
– הושלך הס silence reigned
הוּשלַם פ' be completed, be settled

הושלַש פ' be deposited
הושמַד פ' be destroyed
הושמַט פ' be omitted, be skipped
הושמַע פ' be announced
הושמַץ פ' be defamed, be slandered
הושפַל פ' be humiliated
הושפַע פ' be influenced, be moved
הושקַע פ' be invested, be sunk
הושתַל פ' be transplanted
הושתַק פ' be silenced, be hushed up
הושתַת פ' be based, be founded
הותאַם פ' be matched, be suited
הותוַוה פ' be outlined
הותִיר פ' leave
– הותיר חסר אונים render helpless
הותנָה פ' be stipulated
הותקַן פ' be installed, be fitted
הותקַף פ' be attacked
הותַר פ' be permitted, be loosened
– הותרה הרצועה anarchy reigned
הותַש פ' weaken, be enervated
הִזדַהָה פ' identify oneself
הִזדַהות פ' identification, solidarity
הִזדַהֵם פ' be contaminated
הִזדַהֲמות נ' contamination
הִזדַווֵג פ' copulate, mate
הִזדַווְגות נ' copulation, mating
הִזדַחֵל פ' worm, crawl, creep
הִזדַייֵן פ' arm oneself, *copulate
הִזדַייְנות נ' arming, armament
הִזדַמֵן פ' happen
– הזדמן לו come one's way
הִזדַמְנות נ' chance, opportunity, occasion, bargain
– בהזדמנות cheap, someday
– הזדמנות פז golden opportunity
הִזדַנֵב פ' trail along, tail
הִזדַעֲזֵע פ' be shocked, tremble
הִזדַעַזְעות נ' shock, start
הִזדַקֵן פ' age, become old
הִזדַקְנות נ' aging, senescence
הִזדַקֵף פ' stand upright
הִזדַקְפות נ' straightening up
הִזדַקֵק פ' need, have recourse
הִזדַקְקות נ' being in need, resort
הִזדַקֵר פ' stand out, protrude
הִזדַקְרות נ' protrusion
הִזדָרֵז פ' hurry up, make haste
הִזדָרְזות נ' hurry, haste
הִזָה פ' sprinkle, spray
הֶזָה פ' daydream, hallucinate
הִזהִיב פ' brown, gild
הִזהִיר פ' caution, warn, shine
הַזהָרָה נ' warning, caution
הֲזָזָה נ' moving, shifting
הֵזִיד פ' simmer, boil, cook
הֲזָיָה נ' hallucination, daydream, fancy, delusion
הֵזִיז פ' budge, move, shift
*– הזיז לו impress him
הֵזִיחַ פ' move, displace, shift
הִזִיל פ' shed, drop, drip
– הזיל דמעות shed tears
הֵזִים פ' refute, contradict, rebut
הֵזִין פ' feed, nourish, input
– הזין עיניו watch, look round
הֵזִיעַ פ' perspire, sweat
הִזִיק פ' damage, harm, prejudice
הִזכִּיר פ' mention, remind, call up
הַזכָּרָה נ' reminder, mention
הִזלִיף פ' spray, sprinkle, water
הַזלָפָה נ' sprinkling, watering
הֵזֵם פ' refute, contradict, rebut
הֲזָמָה נ' refutation, rebuttal
הִזמִין פ' book, call, invite, order
– הזמין צרות ask for trouble
הַזמָנָה נ' invitation, order
הֲזָנָה נ' feeding, nutrition
הַזנָחָה נ' neglect, negligence
הִזנִיחַ פ' neglect, abandon
הִזנִיק פ' cause to take off
הַזנָקָה נ' start, scrambling
הֲזָעָה נ' perspiration, sweat
הִזעִיף פָּנִים פ' scowl, glower
הִזעִיק פ' summon, call, fetch
הִזעִיר פ' miniaturize
הַזעָקָה נ' alarm, summoning
הַזעָרָה נ' miniaturization
הֶזֵק ז' damage, harm
הִזקִין פ' grow old, age, get old
הִזרִים פ' cause to flow, pour, inject
הִזרִיעַ פ' inseminate
הִזרִיק פ' inject, syringe
הַזרָמָה נ' causing to flow, injection
הַזרָעָה נ' sowing, insemination
הַזרָקָה נ' injection

הַחְבָּאָה נ' hiding, concealing
הֶחְבִּיא פ' conceal, hide
הֶחְבֵּר ז' association
הֶחְדִּיר פ' insert, instill, imbue
– החדיר למוחו indoctrinate, instill
הַחְדָּרָה נ' insertion, piercing
הֶחֱוָה פ' show, gesticulate
– החווה קידה bow, curtsey
הֶחֱוִיר פ' pale, whiten, lose color
– החוויר לעומת pale beside
הַחְוָרָה נ' paleness, pallor
הַחוּצָה תה"פ out, outward(s)
הֶחֱזִיק פ' hold, keep, maintain
– החזיק טובה be grateful
– החזיק מעמד hold on
הֶחֱזִיר פ' bring back, give back, return, restore, reply
– החזיר למוטב reclaim, reform
הַחְזָקָה נ' holding, maintenance
הֶחְזֵר ז' return, reflex, refund, reimbursement
הַחְזָרָה נ' return, restoration
– החזרה למוטב reclamation
הַחְטָאָה נ' miss, misfire, mishit
הֶחֱטִיא פ' miss, cause to sin
– החטיא המטרה miss the mark
*הֶחְטִיף פ' hit, strike, land, steal
הֶחֱיָה פ' revive, animate, enliven, resurrect, resuscitate
הַחְיָאָה נ' revival, recovery
הֵחִיל פ' apply, enforce
הֵחִישׁ פ' hasten, hurry, speed up
הֶחְכִּים פ' become wise, make wise
הֶחְכִּיר פ' lease, let, rent
הַחְכָּרָה נ' lease, renting
הֵחֵל פ' begin, start
– החל מ- as from, as of
הֶחֱלָה פ' make sick, indispose
הֶחָלָה נ' application
הַחְלָטָה נ' decision, resolution
הֶחְלֵטִי ת' definite, decisive, stout
הֶחְלֵטִיּוּת נ' determination, resolve
הֶחֱלִיא פ' make sick, sicken
הֶחֱלִיד פ' rust, corrode
הֶחְלִיט פ' decide, determine
הֶחֱלִים פ' recover, get better
הֶחֱלִיף פ' switch, barter, change, exchange, trade
– החליף בגדים change
– החליף בעלים change hands
– החליף כוח rest, recuperate
הֶחֱלִיק פ' slide, smooth, slip, skate, skid, ski
הֶחֱלִישׁ פ' weaken, debilitate
הַחְלָמָה נ' convalescence, recovery
– בית החלמה convalescent home
הַחְלָפָה נ' exchange, switch, *swap
הַחְלָקָה נ' smoothing, slide, slip, skiing, skating, skid
הַחְלָשָׁה נ' weakening, vitiation
הֶחֱמִיא פ' compliment, flatter
הֶחֱמִיץ פ' pickle, acidify, turn sour, miss, let slip
הֶחֱמִיר פ' worsen, be strict
הַחְמָצָה נ' souring, missing
הַחְמָרָה נ' strictness, worsening, aggravation, deterioration
הֶחֱנָה פ' park
הַחֲנָיָה נ' parking
הֶחֱנִיף פ' flatter, curry favor
הֶחֱנִיק פ' strangle, stifle
הַחְנָפָה נ' flattery, fawning
הֶחְסִיר פ' omit, subtract, miss
הַחְסָנָה נ' storage, storing
הַחְסָרָה נ' subtraction, absence
הֶחְצִין פ' externalize
הַחְצָנָה נ' externalization
הַחֲרָבָה נ' destruction, eradication
הֶחֱרָה הֶחֱזִיק אַחֲרֵי follow suit
הֶחֱרִיב פ' destroy, ruin, raze
הֶחֱרִיד פ' terrify, startle, alarm
הֶחֱרִים פ' boycott, confiscate, ban
– החרים לפי חרב put to the sword
הֶחֱרִיף פ' worsen, aggravate
הֶחֱרִישׁ פ' be silent, deafen
הַחְרָמָה נ' confiscation, boycott
הַחְרָפָה נ' worsening, aggravation
הַחְשָׁדָה נ' casting suspicion
הֶחֱשָׁה פ' be silent, be still
הַחָשָׁה נ' acceleration, speeding
הֶחְשִׁיב פ' appreciate, respect
– החשיב עצמו fancy oneself
הֶחֱשִׁיד פ' cast suspicion on
הֶחְשִׁיךְ פ' darken, grow dark
הֶחְתִּים פ' sign up, stamp, frank
– החתים הכרטים ביציאה clock out

- החתים הכרטיס בכניסה clock in
הַחְתָּמָה נ' subscription, stamping
הֲטָבָה נ' improvement, bonus
- הטבות שכר fringe benefits
- הטבת העדר תביעה no claims bonus
- הטבת סעד supplementary benefit
הִטְבִּיל פ' soak, dip, baptize, christen, immerse
הִטְבִּיעַ פ' drown, sink, stamp, coin
- הטביע (בכדורסל) dunk
- הטביע חותמו set one's seal
הַטְבָּלָה נ' dipping, baptism
הַטְבָּעָה נ' drowning, stamping, impression, dunk
הִטָּה פ' bend, divert, incline
- הטה אוזן lend an ear
- הטה את הכף tip the scale
- הטה פעלים conjugate
הֲטָחָה נ' striking, knocking
- הטחת דברים flinging hard words
הַטָּיָה נ' bending, diversion, bias
- הטיית פעלים conjugation
הֵטִיחַ פ' strike, throw, fling
הֵטִיל פ' cast, throw, toss, hurl
- הטיל גורל cast lots, draw lots
- הטיל מים pass water, urinate
- הטיל ספק question, doubt
- הטיל צל cast a shadow
הֵטִיל פ' impose, put, lay
- הטיל מום cripple, maim
הֵטִיס פ' fly, pilot
הִטִּיף פ' preach, exhort, drop
- הטיף מוסר lecture, moralize
הֲטָלָה נ' throw, toss, projection
- הטלת כידון javelin throw
- הטלת ספק questioning
הַטָּלָה נ' imposition, laying
- הטלת מס levy, taxation
הִטְלִיא פ' patch, patch up
הִטְמִין פ' conceal, hide, bury
- הטמין חמין keep food in oven
- הטמין מוקשים plant mines
הִטְמִיעַ פ' assimilate, absorb
הַטְמָנָה נ' concealing, burial
הַטְמָעָה נ' assimilation
- הטמעת הפחמן photosynthesis
הֲטָסָה נ' flying
הַטְעָאָה נ' sophistry
הִטְעָה פ' mislead, misdirect
הַטְעָיָה נ' misleading, eyewash
הִטְעִים פ' emphasize, stress
הִטְעִין פ' burden, charge, load
הַטְעָמָה נ' emphasis, accent
הַטְעָנָה נ' loading, charging
הַטָּפָה נ' preaching, lecture, homily
הִטְפִּיחַ פ' baste
הִטְפִּיס פ' stereotype
הֶטְפֵּס ז' stereotype
הַטְרָדָה נ' bothering, annoyance
הֶטֶרוֹגֶנִי ת' heterogeneous
הַטְרָחָה נ' troubling, bother
הִטְרִיד פ' annoy, bother, trouble
הִטְרִיחַ פ' trouble, bother
הִטְרִים פ' anticipate
הִטְרִיף פ' pronounce not kosher
- הטריף דעתו craze, drive mad
הַטְרָמָה נ' anticipation
הִיא מ"ג she, it
- ההיא that one
- היא הנותנת but this is the reason
- ולא היא yet this is not so
הֵיאָבְקוּת נ' wrestling, scrabble
- היאבקות חופשית freestyle, catch-as-catch-can
הֵיאָחֲזוּת נ' settling, settlement
הֵיאַךְ תה"פ how, how come
הֵיאָלְמוּת נ' speechlessness
הֵיאָנְחוּת נ' sighing, groaning
הִיבָּדְלוּת נ' separation, isolation
הִיבָּחֲרוּת נ' election, being elected
הֶיבֵּט ז' aspect
הִיבִּיסקוּס (שיח) ז' hibiscus
הִיבָּלְטוּת נ' protrusion
הִיבָּלְמוּת נ' check, being stopped
הִיבָּרוֹן ז' phonetics
הִיגּוּי ז' pronunciation, steering
- ועדת היגוי steering committee
הִיגָּיוֹן ז' logic, reason
הִיגְיֶינָה נ' hygiene
הִיגְיֶינִי ת' hygienic, sanitary
הִיגָּמְלוּת נ' weaning, stopping
הִיגֵּר פ' emigrate, immigrate
הִיגָּרְרוּת נ' being dragged
הי״ד = ה' יקום דמו God revenge his blood

הִידַּבְּקוּת נ' contagion, infection, adhesion, adherence
הִידָּבְרוּת נ' talks, rapprochement
הֵידָד מ"ק bravo, hooray
הִידּוּק ז' tightening, fastening
הִידּוּר ז' adornment, elegance
– הידור (במחשבים) compilation
הִידָּחֲפוּת נ' rush, being pushed
הִידָּחֲקוּת נ' intrusion, elbowing
הִידַּלְדֵּל פ' be impoverished
הִידַּלְדְּלוּת נ' impoverishment
הִידָּמוּת נ' resemblance, likeness
הִידֵּס פ' hop, leap, stagger
הִידֵּק פ' fasten, tie, tighten
– הידק החגורה tighten the belt
הִידֵּר פ' adorn, glorify, compile
הִידַּרְדֵּר פ' degenerate, deteriorate, roll down
הִידַּרְדְּרוּת נ' deterioration, decline
הִידְרוֹלִי ת' hydraulic
הָיָה פ' be, exist, become, get
*– היה ו– if, in case of
– היה לו have, hold, possess
– היה צריך might, need, ought
– הייתי רוצה ל– I'd like to
– ויהי מה whether or no
– יהי כן so be it
הי"ו=ה' ישמרהו ויחיהו
הִיוָּדְעוּת נ' making known
הִיוָוה פ' comprise, constitute, be
הִיוֵּן פ' capitalize
הִיוּן ז' capitalization
הִיוָּעֲצוּת נ' consultation
הִיוָּצְרוּת נ' formation, forming
הִיוּלִי ת' primeval, primal
הַיּוֹם תה"פ today, in these days
הֱיוֹת תה"פ being, since, as
הִיזּוּן ז' feeding
– היזון חוזר feedback
הִיזָּכְרוּת נ' remembering
הֶיזֵּק ז' damage, harm
הִיזָּקְקוּת נ' need, resort
הֵיחָלְצוּת נ' volunteering, helping, escape, deliverance
הֵיחָלְשׁוּת נ' weakening
הֵיחָפְזוּת נ' hurry, haste
הֵיחָשְׂפוּת נ' exposure, uncovering
הֵיטֵב תה"פ well, properly
– היטב היטב very well, *but good
הִיטַּגֵן פ' fry
הִיטַּהֲרוּת נ' purification, catharsis
הֵיטִיב פ' improve, do good
– היטיב לעשות מ– do better than
הֶיטֵל ז' levy, tax, projection
הִיטַּלְטֵל פ' wander, roll, bump
הִיטַּלְטְלוּת נ' wandering, rolling
הִיטַּמְטֵם פ' become stupid
הִיטָּמְעוּת נ' assimilation
הִיטָּפְלוּת נ' joining, sticking
הִיטַּשְׁטֵשׁ פ' be unclear, be blurred
הַיְינוּ תה"פ that is, namely
– דהיינו namely, i.e., that is
– היינו הך it's all the same
הֵיישִׁיר פ' go straight
– היישיר מבט stare at, outface
הַיְישֵׁר תה"פ directly, straight, due
הֲיִיתָּכֵן מ"ק is it possible, fancy!
הִיכּוֹן ז' alert, stand-by
הֵיכָל ז' palace, temple
הֵיכָן תה"פ where, wherein
– להיכן whereto, whither
הֶיכֵּר ז' recognition
– סימן היכר trademark, characteristic
הֶיכֵּרוּת נ' acquaintance
הִילָה נ' aura, corona, halo
הִילּוּךְ ז' walking, gait, gear
– בהילוך סרק out of gear
הִילּוּלָה נ' merrymaking, spree
הִילֵּךְ פ' walk about, go round
– הילך אימים frighten, terrify
הִילָךְ חוּקִי ז' legal tender
הִילֵּל פ' praise, acclaim, laud
הִימּוּן ז' popularization
הִימּוּר ז' gamble, bet, wager
הֵימִין פ' turn right
הִימָּלְטוּת נ' escape, fleeing
הֵימֶנּוּ מ"ג from him, from it
הִימְנוֹן ז' anthem, hymn, canticle
הִימָּנוּת נ' counting among
הִימָּנְעוּת נ' abstention, avoidance
הִימָּצְאוּת נ' presence, existence
הִימֵּר פ' bet, gamble, stake, wager
הִימָּשְׁכוּת נ' attraction, continuation
הִינָּה פ' cause joy, please
הִינוּמָה נ' bridal veil

הִינָּזְרוּת נ' abstinence, self-denial
– הינזרות ממשקאות temperance
הֵינִיקָה פ' suckle, give suck to
הֶינֵעַ ז' motion, drive
– הינע קדמי front-wheel drive
הִינָּצְלוּת נ' saving, escape, miss
– הינצלות בנס narrow escape
הִינָּשְׂאוּת נ' rising up, waft
הִינָּתְקוּת נ' severance, cutting off
הִיסָה פ' silence, shush, hush
הִיסּוּס ז' hesitation, scruple
הֶיסֵחַ ז' diversion
– בהיסח הדעת absently, unawares
– היסח הדעת absence of mind
הִיסָּחֲפוּת נ' being carried away
הֶיסֵט ז' shift, deviation
הִיסְטוֹרִי ת' historic, historical
הִיסְטוֹרְיָה נ' history, annals
הִיסְטוֹרְיוֹן ז' historian, annalist
הִיסְטֶרִי ת' hysterical
הִיסְטֶרְיָה נ' hysteria
הִיסֵּס פ' hesitate, waver
הֶיסֵעַ ז' transportation
הִיסָּפְגוּת נ' absorption
הֵיעָדְרוּת נ' absence, truancy
הֵיעָלְבוּת נ' being insulted
הֵיעָלְמוּת נ' disappearance
הֵיעָנוּת נ' response, acceptance
הֵיעָרְכוּת נ' alignment, deployment, forming up, lineup
הֵיעָתְרוּת נ' consent, acceding
הִיפּוּךְ ז' turning over, reverse, opposite, inversion
– היפוך אותיות anagram
– היפוך החורף winter solstice
הִיפּוֹכוֹנדרְיָה נ' hypochondria
הִיפּוֹתֵיזָה נ' hypothesis
הִיפָּטְרוּת נ' riddance, disposal
הֵיפֶךְ ז' contrary, opposite, reverse
– להיפך to the contrary
הִיפְּנוֹזָה נ' hypnosis, hypnotism
הִיפְּנוּט ז' hypnotizing, hypnotism
הִיפְּנֵט פ' hypnotize, mesmerize
הִיפָּרְדוּת נ' separation, parting
הִיפָּתְחוּת נ' opening, openness
הֶיצֵג ז' exposition, display
הִיצָּמְדוּת נ' linkage, adherence
הֶיצֵעַ ז' supply, offer

הֶיצֵף ז' dumping
הֵיצָרוּת נ' narrowing, stricture
הֶיקֵף ז' circuit, circumference, perimeter, scope, extent
הֶיקֵפִי ת' circumferential, peripheral
הִיקָּרוּת נ' occurrence
הֶיקֵשׁ ז' analogy, inference
הֵירָאוּת נ' visibility, appearance
הֵירָגְעוּת נ' calming down
הֵירָדְמוּת נ' falling asleep
הֵירוֹאִי ת' heroic
הֵירָטְבוּת נ' becoming wet, wetting
הֵירָיוֹן ז' pregnancy, conception
– בהיריון pregnant, mother-to-be
- היריון מחוץ לרחם ectopic pregnancy
הִיֶרַרכְיָה נ' hierarchy
הֵירָתְמוּת נ' being harnessed, helping
הֶישֵׂא (במוסיקה) ז' transposition
הִישָּׁאֲרוּת נ' staying, remaining
הִישָּׁבוֹן ז' drawback, restitution
הֶישֵּׂג ז' achievement
– בהישג יד within reach, to hand
הִישָּׁחֲקוּת נ' being ground
הִישָּׁנוּת נ' repetition, recurrence
הִישָּׁעֲנוּת נ' reliance, leaning
הִישָּׂרְדוּת נ' survival
הִיתּוּךְ ז' melting
הִיתּוּל ז' ridicule, mockery, humor
הִיתּוּלִי ת' humorous, facetious
הִיתֵּל פ' mock, joke, jest
הִיתַּמֵּם פ' feign simplicity
הִיתַּמְּמוּת נ' pretending simplicity
הִיתַּמֵּר פ' billow, go up
הִיתָּפְסוּת נ' being caught
הִיתָּקְלוּת נ' encounter, meeting
הִיתָּקְעוּת נ' being stuck, lock
הֶיתֵּר ז' permission, leave, permit
הַכָּאָה נ' beating, hitting, striking
הִכְאִיב פ' hurt, cause pain
הַכְבָּדָה נ' burdening, troubling
הִכְבִּיד פ' burden, lie heavy on
– הכביד את ליבו steel one's heart
הִכְבִּיר מִלִּים פ' talk much
הִכָּה פ' beat, hit, knock, *lick
– הכה שורש strike root, take root
הִכְהָה פ' darken, shade in

הִכְוָה פ' scald, burn
הִכְוִין פ' adjust, tune
הֶכְוֵן ז' tuning in, guidance
הַכְוָנָה נ' direction, alignment
הִכְזִיב פ' disappoint, belie
הַכְחָדָה נ' annihilation, eradication
הִכְחִיד פ' annihilate, eradicate
הִכְחִיל פ' turn blue
הִכְחִישׁ פ' contradict, deny
הַכְחָשָׁה נ' contradiction, denial
הֲכִי מ"ח is it?, most, veriest
– הכי הרבה most of all
הֵכִיל פ' contain, include, hold
הֵכִין פ' fix, prepare, make ready
הֲכֵיצַד תה"פ how so, how come
הִכִּיר פ' recognize, know, acquaint, acknowledge
– הכיר טובה be grateful
הִכִּישׁ פ' bite, sting
הַכֹּל מ"ג all, everybody, everything
– הכל בכל lock stock and barrel
הַכְלָאָה נ' hybridization
הִכְלִיא פ' hybridize, crossbreed
הִכְלִיב פ' baste, stitch, tack
הִכְלִיל פ' generalize, include
הִכְלִים פ' shame, insult
הִכְלִיר פ' chlorinate
הַכְלָלָה נ' generalization, inclusion
הַכְלָמָה נ' causing shame
הַכְלָרָה נ' chlorination
הִכְמִישׁ פ' wither, wither up
הָכֵן תה"פ ready, on the alert
הֲכָנָה נ' preparation, readiness
הִכְנִיס פ' introduce, admit, let in
*– הכניס לו lam into him
– הכניס רווח yield a profit
הִכְנִיעַ פ' subdue, subjugate
הַכְנָסָה נ' admission, income, insertion, introduction
– הכנסת אורחים hospitality
– הכנסת כלה marriage, wedding
הַכְנָעָה נ' submission, humility
הִכְסִיף פ' gray, silver
הִכְעִיס פ' anger, enrage, infuriate
– להכעיס out of spite
הִכְפִּיל פ' double, multiply
הִכְפִּישׁ פ' smear, taint, soil
– הכפיש שמו sully his name
הַכְפָּלָה נ' multiplication
הַכְפָּשָׁה נ' smearing
הַכָּרָה נ' consciousness, recognition
– בהכרה conscious
– הכרת טובה gratitude
הַכְרָזָה נ' proclamation
הֶכְרֵחַ ז' necessity, compulsion
– בהכרח necessarily, perforce
הֶכְרֵחִי ת' indispensable, necessary
הִכְרִיז פ' declare, proclaim
הִכְרִיחַ פ' compel, force, coerce
הִכְרִיעַ פ' subdue, subject, decide
– הכריע את הכף tip the scales
הִכְרִית פ' destroy, annihilate
הַכְרָעָה נ' decision, subduing
– הכרעת הדין judgment
הַכָּרָתִי ת' conscious, cognitive
הַכָּשָׁה נ' bite, blow
הִכְשִׁיל פ' cause to fail, trip up
הִכְשִׁיר פ' qualify, train, prepare, fit, condition, make kosher
– הכשיר הקרקע pave the way
הַכְשָׁלָה נ' causing failure, trip
הֶכְשֵׁר ז' authorization, fitness, permit as kosher
הַכְשָׁרָה נ' training, preparation, qualification
הַכְתָּבָה נ' dictation
הִכְתִּיב פ' dictate
הִכְתִּים פ' blot, stain, tarnish
הִכְתִּיף פ' shoulder, slope
– הכתף נשק! shoulder arms!
הִכְתִּיר פ' crown, cap, queen
הַכְתָּמָה נ' staining, tarnishing
הַכְתָּפָה נ' shouldering, slope
הַכְתָּרָה נ' coronation, crowning
הֲלֹא תה"פ is it not, indeed, but
הֶלְאָה פ' weary, tire, exhaust
הָלְאָה תה"פ away, farther, forth, on
– והלאה ff., and the following
– וכן הלאה and so on
הָלְאָה מ"ק away with!, down with!
הִלְאִים פ' nationalize
הַלְאָמָה נ' nationalization
הִלְבִּין פ' bleach, whiten
– הלבין כסף launder money
– הלבין פנים insult, dishonor
הִלְבִּישׁ פ' clothe, dress, attire

הַלְבָּנָה נ' whitening
– הלבנת כספים money laundering
הַלְבָּשָׁה נ' clothing, wear
הַלָּה מ"ג that one
הִלְהִיב פ' inflame, excite
הַלוֹ מ"ק hello, hey
הַלְוָאָה נ' loan, lending
הַלְוַאי מ"ק I wish, if only
הִלְוָה פ' lend, loan
הַלְוָיָה נ' funeral (procession)
הָלוֹךְ וָשׁוֹב back and forth, to and fro, round trip, return
הֲלוֹם תה"פ hither, here
הַלָּזֶה מ"ג that one
הִלְחִים פ' solder
הִלְחִין פ' compose, set to music
*הִלְחִיץ פ' pressurize, unnerve
הַלְחָמָה נ' soldering
הַלְחָנָה נ' composition
הֵלִיט פ' veil, cover, enclose
הָלִיךְ ז' procedure, action
– הליכים proceedings
הֲלִיכָה נ' walk, going, carriage
– הליכה על הסף brinkmanship
– הליכות עולם manners, behavior
הֲלִיכוֹן ז' walker, walking frame
הֲלִיכִי ת' andante
הַלַּיְלָה תה"פ tonight
הֲלִימוּת נ' suitability, fitness
הֵלִין פ' complain, grumble
הֵלִין פ' accommodate, lodge, house
הֶלִיקוֹפְּטֶר ז' helicopter, *chopper
הָלַךְ פ' go, walk, depart
*– הולך! it's a deal!
– הלך אחרי follow
– הלך בתלם toe the line
– הלך ו– become more and more
– הלך ל– be going to
*– הלך לו succeed, do well
– הלך לעולמו die
*– הלך על choose, go for
– הלך שולל be deceived in
הַלָּךְ ז' walker
הֵלֶךְ ז' wanderer, wayfarer
הֲלָךְ נֶפֶשׁ ז' mood, temper
הֲלָךְ רוּחַ ז' mood, morale
הֲלָכָה נ' Jewish law, rule
– הלכה למעשה feasibly, in practice
– כהלכה well, properly
– להלכה theoretically
הַלְכָן ז' walker
הִלְכָתִי ת' of Jewish law
הַלֵּל ז' praise, encomium, glory
הַלָּלוּ מ"ג these, those
הַלְלוּיָהּ מ"ק hallelujah
הָלַם פ' strike, blow, throb, fit, suit
הֶלֶם ז' blow, shock
– הלם קרב shell shock
הַלְמוּת נ' throb, beating
– הלמות לב heartbeat, pulsation
הֲלָנָה נ' night's lodging
– הלנת שכר delaying wages
הַלְעָזָה נ' slandering, libel
הַלְעָטָה נ' feeding, stuffing
הִלְעִיג פ' mock, deride
הִלְעִיז פ' slander, libel
הִלְעִיט פ' feed, stuff, cram
הֲלָצָה נ' joke, jest, pleasantry
הַלְקָאָה נ' beating, flogging
הִלְקָה פ' whip, flog, lash
הֶלְקֵט ז' capsule
הִלְשִׁין פ' inform on, *squeak
הַלְשָׁנָה נ' informing, reporting
הֵם מ"ג they
– ההם those
הִמְאִיס פ' make loathsome
הִמְדִּיר פ' bevel, slope
הָמָה פ' make noise, coo
הֵמָּה מ"ג they
הֶמְהוּם ז' murmur, rustle
הִמְהֵם פ' hum, murmur, hem
הֲמוּלָה נ' tumult, hustle, *hoo-ha
הָמוּם ת' shocked, stunned
הָמוֹן ז' crowd, mass, multitude, *lots of, *tons of
– ההמונים the many, the masses
הֲמוֹנִי ת' common, vulgar, mass
הֲמוֹנִיּוּת נ' vulgarity
הֶמוֹפִילְיָה נ' hemophilia
הַמּוֹצִיא ז' prayer over bread
הַמְחָאָה נ' check, cheque, assignment
– המחאת דואר postal order
– המחאת כסף money order
– המחאת נוסעים traveler's check
הִמְחָה פ' assign
הַמְחָזָה נ' dramatization, staging

הַמְחִיז פ' dramatize, stage
הַמְחִישׁ פ' illustrate, realize, embody
הַמְחָשָׁה נ' realization, embodiment
הַמְטִיר פ' shower, rain, heap
– המטיר אש bombard
הַמְטָרָה נ' raining, showering
הֶמְיָה נ' coo, murmur, noise
הֵמִיט פ' bring upon, cause
*הֵמִיס פ' melt, dissolve, liquefy
הֵמִיר פ' convert, exchange
– המיר דת convert
הֵמִית פ' kill, put to death
הַמְכָּלָה נ' containerization
הַמְלָחָה נ' salting
הַמְלָטָה נ' giving birth
הִמְלִיחַ פ' salt
הִמְלִיטָה פ' give birth, litter
– המליטה עגל calve
הִמְלִיךְ פ' crown, make king
הִמְלִיץ פ' recommend, suggest
הַמְלָכָה נ' enthronement, crowning
הַמְלָצָה נ' recommendation
הָמַם פ' confound, stun, daze
הֵמֵס פ' melt, dissolve, liquefy
הֲמַסָּה נ' melting, solution
הַמְעָטָה נ' reducing, diminishing
– לשון המעטה understatement
הִמְעִיט פ' reduce, diminish
– המעיט בחשיבות make little of
הַמְצָאָה נ' innovation, invention
הִמְצִיא פ' invent, supply, provide, make up, *cook up
הֵמַר פ' embitter, make bitter
הַמְרָאָה נ' sublimation, takeoff
הַמְרָדָה נ' incitement, sedition
הִמְרָה פ' defy, disobey
הֲמָרָה נ' exchange, change, commutation, conversion
– המרת דת conversion
הִמְרִיא פ' take off, soar
הִמְרִיד פ' cause to rebel
הִמְרִיץ פ' stimulate, urge, prod
הַמְרָצָה נ' stimulation, urging
הִמְשִׁיךְ פ' carry on, continue, go on
הִמְשִׁיל פ' compare, allegorize
הֶמְשֵׁךְ ז' continuation, sequel
– בהמשך ל– further to
– בהמשכים in installments
הַמְשָׁכָה נ' continuation
הֶמְשֵׁכִי ת' continual, run-on
הֶמְשֵׁכִיּוּת נ' continuity
הֲמָתָה נ' killing, execution
– המתת חסד euthanasia
הִמְתִּין פ' wait, stay
– המתין על הקו hold the line
הִמְתִּיק פ' sweeten, mitigate
– המתיק סוד let into a secret
– המתיק עונש commute
הַמְתָּנָה נ' waiting, wait
הַמְתָּקָה נ' sweetening, mitigation
– המתקת עונש commutation
הֵן מ"ג they
– ההן those
הֵן מ"ק yes, surely, but
– הן זה והן זה both of them
– הן צדק word of honor
הֲנָאָה נ' pleasure, delight
הֲנָבָה נ' yield, producing
הַנְבָּטָה נ' germination
הִנְבִּיט פ' germinate
הִנְגִּין פ' intonate
הַנְגָּנָה נ' intonation
הִנְדֵּס פ' engineer
הַנְדְּסָאוּת נ' practical engineering
הַנְדְּסַאי ז' technician, practical engineer
הַנְדָּסָה נ' engineering, geometry
– הנדסת המרחב stereometry
– הנדסת מכונות mechanical engineering
הַנְדָּסִי ת' geometric, geometrical
הֵנָּה תה"פ here, hither
– הנה והנה to and fro
– כהנה וכהנה so much more
הִנָּהּ מ"ג she is
הִנֵּה מ"ק here is, see, why
הַנְהָגָה נ' leadership, introduction
הִנְהוּן ז' nodding, nod
הִנְהִיג פ' lead, introduce
– הנהיג מנהג institute a custom
הַנְהָלָה נ' management, directorate
– הנהלת חשבונות bookkeeping
הִנְהֵן פ' say yes, nod
הִנּוֹ מ"ג he is
הַנְזָלָה נ' liquefaction

הִנְחָה פ' direct, guide, lead
הַנָּחָה נ' assumption, laying, placing
- בהנחה ש- supposing
הֲנָחָה נ' reduction, discount
הַנְחָיָה נ' direction, guidance
הִנְחִיל פ' bequeath, impart, bring
הִנְחִית פ' land, disembark, give
- הנחית מכה deal a blow
הַנְחָלָה נ' bequeathing, teaching
- הנחלת לשון language instruction
הַנְחָתָה נ' landing, smash
הֵנִיא פ' argue out of, dissuade
הֵנִיב פ' produce, yield, bear
הֵנִיד פ' move, shake, stir
- לא הניד עפעף not bat an eyelid
הִנִּיחַ פ' leave, let, lay, put, place, assume, suppose
- הניח לו let him alone
הֵנִיחַ פ' give rest, rest
- הניח דעתו be satisfactory
הֵנִיס פ' put to flight, rout
הֵנִיעַ פ' move, stir, motivate
הֵנִיף פ' lift, wave, lever, hoist
- הניף דגל fly a flag
הִנְּךָ (לזכר) מ"ג you are
הִנָּךְ (לנקבה) מ"ג you are
הִנְּכֶם מ"ג you are
הנ"ל = הנזכר לעיל above-mentioned
הִנָּם מ"ג they are
הִנְמִיךְ פ' lower, take down
- הנמיך טוס buzz, hedgehop
הַנְמָכָה נ' lowering, reduction
הַנְמָקָה נ' argumentation
הִנְּנוּ מ"ג we are
הִנְנִי מ"ג. I am
הֲנָעָה נ' moving, propulsion
הִנְעִיל פ' shoe, put shoes on
הִנְעִים פ' make pleasant, sweeten
הַנְעָלָה נ' shoes, footwear
הֶנֶף ז' swing, hoisting, blow
הֲנָפָה נ' lifting, waving, hoist
- הנפה (בהרמת משקולות) snatch
הִנְפִּיק פ' issue
הַנְפָּקָה נ' issue, emission
הַנְפָּשָׁה נ' animation
הֵנֵץ פ' sprout, bud
הָנֵץ הַחַמָּה ז' sunrise, sunup
הַנְצָחָה נ' commemoration
הִנְצִיחַ פ' commemorate
הֲנָקָה נ' breast feeding
הִנְשִׁים פ' cause to breathe
הַנְשָׁמָה נ' respiration
- הנשמה מפה לפה kiss of life
הַס מ"ק quiet, silence
הֵסֵב פ' cause, bring, turn, endorse, recline, sit at table
- הסב עיניו look away
- הסב תשומת לב call attention
הֲסָבָה נ' endorsement, change
- הסבה מקצועית professional retraining
הִסְבִּיר פ' explain, account for
- הסביר פנים greet warmly
הֶסְבֵּר ז' explanation, account
הַסְבָּרָה נ' explanation, information, propaganda
הַסְבָּרָתִי ת' explanatory
הַסָּגָה נ' removing, shifting
- הסגת גבול encroachment, infringement
הִסְגִּיר פ' extradite, betray, hand over, give away
הֶסְגֵּר ז' closure, blockade, embargo, quarantine
הַסְגָּרָה נ' extradition, giveaway
הִסְדִּיר פ' arrange, settle, regulate
הֶסְדֵּר ז' arrangement, settlement
- הגיע לידי הסדר come to terms
הַסְדָּרָה נ' settlement, arrangement
הַסְוָאָה נ' camouflage, mimicry
הִסְוָה פ' camouflage, mask
הַסָּחָה נ' diversion, distraction
- הסחת דעת distraction
הֲסָטָה נ' shifting, moving
הִסִּיג פ' withdraw, move back
- הסיג גבול encroach, trespass
הִסִּיחַ פ' divert, distract
- הסיח דעת distract, divert
הֵסִיט פ' shift, remove, shunt
הִסִּיעַ פ' drive, transport, taxi
הִסִּיק פ' conclude, infer, heat up
הֵסִיר פ' remove, lift, take off
הֵסִית פ' instigate, incite
הִסְכִּים פ' agree, approve, consent
הִסְכִּין פ' be accustomed
הֶסְכֵּם ז' accord, agreement,

compact, contract, deal
הַסְכָּמָה נ' agreement, consent
– הסכמה כללית consensus
הִסְלִים פ' escalate, step up
הַסְלָמָה נ' escalation, step-up
הִסְמִיךְ פ' authorize, empower
הִסְמִיק פ' blush, redden, flush
הַסְמָכָה נ' authorization, delegation
הַסְמָקָה נ' blushing, flush
הַסְסָן ז' hesitant, indecisive
הַסְסָנוּת נ' hesitancy, indecision
הַסְסָנִי ת' hesitant, indecisive
הַסְעָדָה נ' catering
הַסָּעָה נ' transportation, lift
הִסְעִיר פ' agitate, enrage, infuriate
הַסְפָּגָה נ' saturation, soaking
הֶסְפֵּד ז' funeral oration
הִסְפִּיג פ' saturate, impregnate
הִסְפִּיד פ' eulogize, mourn
הִסְפִּיק פ' be enough, suffice, manage, succeed
הֶסְפֵּק ז' output, capacity, power
הַסְפָּקָה נ' provision, supply
הַסָּקָה נ' heating, inference
– הסקה מרכזית central heating
הֲסָרָה נ' removal, taking off
הַסְרָטָה נ' filming, photographing
הִסְרִיחַ פ' stink, reek, smell
הִסְרִיט פ' film, screen, shoot
הִסְתָּאֵב פ' become corrupt
הִסְתָּאֲבוּת נ' defilement, corruption
הִסְתַּבֵּךְ פ' become complicated
– הסתבך בצרה run into trouble
הִסְתַּבְּכוּת נ' complication, involvement
הִסְתַּבֵּן פ' soap oneself
הִסְתַּבֵּר פ' be evident, turn out
הִסְתַּבְּרוּת נ' probability, odds
הִסְתַּגֵּל פ' adapt oneself, adjust
הִסְתַּגְּלוּת נ' adaptation, adjustment
הִסְתַּגֵּף פ' mortify oneself
הִסְתַּגְּפוּת נ' mortification
הִסְתַּגֵּר פ' shut oneself up
הִסְתַּגְּרוּת נ' seclusion, introversion
הִסְתַּדֵּר פ' be organized, manage, get along, make do
– הסתדר בלעדי do without
– הסתדר בשורה fall in, line up
הִסְתַּדְּרוּת נ' organization
הֲסָתָה נ' incitement, sedition
הִסְתּוֹבֵב פ' circle, revolve, rotate, turn, roll around, go with
הִסְתּוֹבְבוּת נ' turning around
הִסְתּוֹדֵד פ' commune, whisper
הִסְתּוֹדְדוּת נ' whispering
הִסְתּוֹפֵף פ' visit often
הִסְתַּחְרֵר פ' be dizzy, whirl, spin
הִסְתַּיֵּג פ' have reservations, disapprove, disfavor
הִסְתַּיְּגוּת נ' reservation, disfavor
הִסְתַּיֵּד פ' calcify
הִסְתַּיְּדוּת נ' calcification
– הסתיידות עורקים arteriosclerosis
הִסְתַּיֵּם פ' end, terminate
הִסְתַּיֵּעַ פ' be helped, be assisted
הִסְתִּיר פ' conceal, hide
הִסְתַּכֵּל פ' gaze, look, watch
הִסְתַּכְּלוּת נ' looking, observation
הִסְתַּכֵּם פ' add up to, amount
הִסְתַּכֵּן פ' risk, venture
הִסְתַּכְסֵךְ פ' quarrel, dispute
*הִסְתַּלְבֵּט פ' waste time, loaf
הִסְתַּלְסֵל פ' curl, wave
הִסְתַּלֵּק פ' leave, depart
הִסְתַּלְּקוּת נ' departure, death
הִסְתַּמֵּךְ פ' rely on, depend on
הִסְתַּמְּכוּת נ' reliance
הִסְתַּמֵּן פ' form, take shape
הִסְתַּמֵּר פ' bristle, stand on end
הִסְתַּנְוֵר פ' be dazzled, be blind
הִסְתַּנֵּן פ' filter, infiltrate
הִסְתַּנְּנוּת נ' infiltration
הִסְתָּעֵף פ' branch, fork, ramify
הִסְתָּעֲפוּת נ' ramification, junction
הִסְתָּעֵר פ' attack, assail, storm
הִסְתָּעֲרוּת נ' attack, onslaught
הִסְתַּפֵּחַ פ' be annexed, join
הִסְתַּפֵּק פ' content oneself
הִסְתַּפְּקוּת נ' contentment
הִסְתַּפֵּר פ' have a haircut
הִסְתַּקְרֵן פ' wonder, be curious
הֶסְתֵּר ז' concealment, secrecy
הַסְתָּרָה נ' concealment, hiding
הִסְתָּרֵק פ' comb one's hair
הִסְתַּתֵּר פ' hide, lurk, lie low
הִסְתַּתְּרוּת נ' hiding

הֶעֱבִיד פ' employ, work
הֶעֱבִיר פ' move, pass, transfer
– העביר הזמן while away
– העביר מיד ליד hand around
הַעֲבָרָה נ' transference, hand-over
הֶעָדָה נ' protest
הֶעֱדִיף פ' prefer, choose, elect
הַעֲדָפָה נ' preference, choice
הֶעְדֵּר ז' lack, absence
– בהעדר wanting, failing
הֶעֱוָה פָּנָיו pull faces, mouth
הַעֲוָיָה נ' grimace, wry face
הֵעֵז פ' dare, presume, venture
– העז פנים be insolent
הֶעָזָה נ' daring, venture, temerity
הֶעֱטָה פ' cover, envelop
הֵעִיב פ' cloud, eclipse
הֵעִיד פ' testify, witness, show
– העיד כמאה עדים speak volumes
*הֵעִיז פ' dare, venture
הֵעִיף פ' fly, send flying
– העיף מבט glance, have a look
הֵעִיק פ' oppress, lie heavy on
הֵעִיר פ' comment, remark, observe, rouse, wake
הֶעְכִּיר פ' befoul, make gloomy
הַעֲלָאָה נ' lift, raise, rise
הַעֲלָבָה נ' insulting, offence
הֶעֱלָה פ' raise, lift, mount, up
– העלה על הנייר write down
הֶעֱלִיב פ' insult, offend, affront
הֶעֱלִיל פ' slander, calumniate
הֶעֱלִים פ' hide, conceal
– העלים עין overlook, connive at
הַעֲלָמָה נ' concealing, hush-up
– העלמת מס tax evasion
הֵעֵם פ' dim
הַעֲמָדָה נ' erection, setting up
– העמדת פנים affectation, pretense
הֶעֱמִיד פ' establish, erect, put, set
– העמיד פנים feign, pretend
הֶעֱמִיס פ' burden, load, encumber
הֶעֱמִיק פ' deepen, delve
הַעֲמָסָה נ' loading, burdening
הַעֲמָקָה נ' deepening, delving
הֶעֱנִיק פ' award, grant, give
– העניקה חסדיה bestow her favors
הֶעֱנִישׁ פ' punish, penalize

הַעֲנָקָה נ' grant, award, bestowal
הַעֲנָשָׁה נ' punishing, penalization
הֶעֱסִיק פ' employ, engage, occupy
הַעֲסָקָה נ' employment, occupation
הֶעָפָה נ' flying, flip
הֶעְפִּיל פ' climb, immigrate
הַעְפָּלָה נ' climbing, immigration
הֶעֱצִיב פ' sadden, cast down
הֶעֱצִים פ' intensify, strengthen
הֶעֱקִיב פ' trace
הֶעֱרָה פ' pour, decant
הֶעָרָה נ' comment, note, remark
הֶעֱרִיךְ פ' estimate, appreciate
הֶעֱרִים פ' go around, trick, cheat
הֶעֱרִיץ פ' worship, adore, admire
הַעֲרָכָה נ' appreciation, estimate
הַעֲרָמָה נ' cheating, circumvention
הַעֲרָצָה נ' admiration, worship
הֶעֱשִׁיר פ' enrich, improve
הַעֲשָׁרָה נ' enrichment
הֶעְתִּיק פ' copy, reproduce, move
הֶעְתִּיר פ' entreat, beg, shower
הֶעְתֵּק ז' copy, duplicate, replica
– העתק שמש blueprint
הַעְתָּקָה נ' copying, shift, moving
הֲפָגָה נ' easing, abatement
הַפְגָּזָה נ' bombardment, shelling
הִפְגִּיז פ' shell, bombard, shower
הִפְגִּין פ' demonstrate, show
הִפְגִּישׁ פ' bring together
הַפְגָּנָה נ' demonstration, show
הַפְגָּנָתִי ת' demonstrative
הַפְגָּשָׁה נ' bringing together
הִפְדָּה פ' surrender
הֲפוּגָה נ' pause, cease-fire, lull
הָפוּךְ ת' overturned, upside down, reverse, opposite
הַפְחָדָה נ' intimidation, scaring
הֲפָחָה נ' blowing, inspiring
הִפְחִיד פ' frighten, scare, intimidate
הִפְחִית פ' lessen, reduce, subtract
הַפְחָתָה נ' decrease, reduction
הִפְטִיר פ' release, say, let drop
הֶפְטֵר ז' discharge
הַפְטָרָה נ' Haftarah, excerpt from the Bible
הֵפִיג פ' ease, relieve, allay
הֵפִיחַ פ' blow, inspire, breathe

- הפיח תקווה inspire with hope
הָפִיך ת' convertible, reversible
- בלתי הפיך irreversible, final
הֲפִיכָה נ' revolution, overturning
הִפִּיל פ' drop, throw down, trip
- הפיל בפח entrap, frame, trip up
- הפילה (בהריון) abort, miscarry
הֵפִיס פ' appease, calm, pacify
הֵפִיץ פ' scatter, distribute
הֵפִיק פ' produce, derive, yield
- הפיק תועלת make use of, profit
הֵפִיר פ' cancel, break, violate
הָפַךְ פ' turn over, upset, reverse
- הפך הקערה על פיה turn the tables
- הפך ל- turn into, become
- הפך עולמות move heaven and earth, raise Cain
הֲפַכְפַּךְ ת' fickle, wayward, fitful
הַפְלֵא וָפֶלֶא מ"ק wonderful
הַפְלָגָה נ' cruise, sailing, voyage
הִפְלָה פ' discriminate, differentiate
הַפָּלָה נ' abortion, miscarriage, dropping, bringing down
הַפְלָטָה נ' ejection, discharge
הִפְלִיא פ' amaze, surprise
- הפליא מכותיו punish, beat up
הִפְלִיג פ' sail, voyage, exaggerate
- הפליג בשבחו praise to the skies
הַפְלָיָה נ' discrimination, partiality
הִפְלִיט פ' eject, let slip, emit
הִפְלִיל פ' incriminate, frame
*הִפְלִיץ פ' fart, break wind
הַפְלָלָה פ' incrimination
הִפְנָה פ' refer, turn, direct
הַפְנָיָה נ' turning, referring
הִפְנִים פ' internalize
הַפְנָמָה נ' introversion
הֶפְסֵד ז' damage, loss, defeat
הִפְסִיד פ' lose, forfeit, miss
הִפְסִיק פ' cease, pause, stop, quit
הֶפְסֵק ז' stop, interruption, rest
הַפְסָקָה נ' break, intermission, pause
- הפסקת אש cease-fire, truce
הִפְעִיל פ' activate, actuate, operate
הַפְעָלָה נ' activation, exercise
הֲפָצָה נ' distribution, spreading
הִפְצִיעַ פ' break through, burst
הִפְצִיץ פ' bomb, blast, shell
הִפְצִיר פ' entreat, implore
הַפְצָצָה נ' bombardment, raid
הַפְצָרָה נ' entreaty, urging, plea
הַפְקָדָה נ' depositing, entrusting
הֲפָקָה נ' production, elicitation
הִפְקִיד פ' deposit, entrust, place
הִפְקִיעַ פ' requisition, expropriate
- הפקיע מחירים overcharge
הִפְקִיר פ' abandon, desert
הַפְקָעָה נ' requisition, expropriation
- הפקעת מחיר overcharging
הֶפְקֵר ז' ownerless property, anarchy, lawlessness
הַפְקָרָה נ' abandonment, desertion
הֶפְקֵרוּת נ' lawlessness, anarchy
הֵפֵר פ' violate, break, contravene
הַפְרָאָה נ' fertilization, insemination
הַפְרָדָה נ' separation, parting
הִפְרָה פ' fertilize, impregnate
הֲפָרָה נ' violation, breach
הַפְרָזָה נ' exaggeration, excess
הַפְרָחָה נ' flying, flowering
הַפְרָטָה נ' privatization
הִפְרִיד פ' segregate, separate, part
הַפְרָיָה נ' fertilization, impregnation
הִפְרִיז פ' exaggerate, go too far
הִפְרִיחַ פ' fly, spread, flower
הִפְרִיט פ' privatize
הִפְרִיךְ פ' confute, disprove, refute
הִפְרִיעַ פ' disturb, interrupt
הִפְרִישׁ פ' set aside, excrete, detach
הַפְרָכָה נ' confutation, disproof
הַפְרָעָה נ' interference, disturbance
הֶפְרֵשׁ ז' difference
הַפְרָשָׁה נ' excretion, setting aside, allocation
הַפְשָׁטָה נ' abstraction, undressing
הִפְשִׁיט פ' undress, strip, denude
הִפְשִׁיל פ' roll up, tuck up
הִפְשִׁיר פ' defrost, thaw
הַפְשָׁלָה נ' rolling up
הַפְשָׁרָה נ' melting, defrosting, thaw
הִפְתִּיעַ פ' surprise, take unawares
הַפְתָּעָה נ' surprise
הַצָּבָה נ' stationing, placing, erecting, establishing, posting
הִצְבִּיעַ פ' point, indicate, vote

הַצְבָּעָה נ' vote, ballot, pointing
- הצבעת אמון vote of confidence
הַצָּגָה נ' display, show, scene, introducing, presentation
- הצגת בכורה premiere
הִצְדִיעַ פ' salute
הִצְדִיק פ' justify, excuse, vindicate
הַצְדָעָה נ' salute, saluting
הַצְדָקָה נ' justification, vindication
הִצְהִיב פ' yellow, turn yellow
הִצְהִיר פ' declare, state, attest
הַצְהָרָה נ' declaration, statement
- הצהרה בשבועה affidavit
הִצְחִיחַ פ' parch, dry up
הִצְחִין פ' stink, smell
הִצְחִיק פ' amuse, make laugh
הַצְחָקָה נ' causing laugh
הִצְטַבֵּר פ' accumulate, accrue
הִצְטַבְּרוּת נ' accrual, accumulation
הִצְטַדֵּק פ' apologize, excuse oneself
הִצְטַדְּקוּת נ' excuse, apology
הִצְטַוָּה פ' be ordered
הִצְטוֹפֵף פ' crowd, huddle, pack
הִצְטוֹפְפוּת נ' crowding, huddle
הִצְטַיֵּד פ' be equipped, arm
הִצְטַיְּדוּת נ' equipping oneself
הִצְטַיֵּן פ' be distinguished, excel
הִצְטַיְּנוּת נ' excellence, distinction
הִצְטַיֵּר פ' be portrayed, be pictured
הִצְטַלֵּב פ' intersect, cross oneself
הִצְטַלְּבוּת נ' crossing, intersection
הִצְטַלֵּם פ' be photographed
הִצְטַמְצֵם פ' limit oneself, narrow
הִצְטַמְצְמוּת נ' limitation
הִצְטַמֵּק פ' shrivel, shrink
הִצְטַמְּקוּת נ' shrinking, contraction
הִצְטַנֵּן פ' catch cold, cool
הִצְטַנְּנוּת נ' cold, cooling
הִצְטַנֵּעַ פ' be modest, be humble
הִצְטַנְּעוּת נ' modesty, prudery
הִצְטַנֵּף פ' be wrapped, curl up
הִצְטַעְצְעוּת נ' affectation
הִצְטַעֵר פ' be sorry, regret
הִצְטָרֵד פ' be hoarse
הִצְטָרֵךְ פ' need, have to
הִצְטָרֵף פ' join, join in
הִצְטָרְפוּת נ' joining
הִצִּיב פ' place, station, set up
הִצִּיג פ' perform, play, show, present, introduce
הַצִּידָה תה"פ aside, sidewards
הִצִּיל פ' rescue, save
הַצִּילוּ מ"ק help, SOS
הִצִּיעַ פ' offer, propose, suggest
- הציע את המיטה make the bed
הֵצִיף פ' flood, inundate, float
הֵצִיץ פ' peep, look, glance
- הציץ ונפגע become irreligious
הֵצִיק פ' annoy, bully, harass
הִצִּית פ' set fire, kindle, light
הֵצֵל פ' shade, cast a shadow
הַצְלָבָה נ' crossbreeding, match
הַצָּלָה נ' rescue, saving
הַצְלָחָה נ' success, prosperity
- בהצלחה! good luck!
הִצְלִיב פ' cross, interbreed
הִצְלִיחַ פ' succeed, work, make it
הִצְלִיף פ' lash, whip, flay
הַצְלָפָה נ' whipping, lash
הַצְמָדָה נ' linking, joining
הִצְמִיא פ' make thirsty
הִצְמִיד פ' couple, link, fasten
הִצְמִיחַ פ' grow, produce, send out
- הצמיח שיניים cut one's teeth
הִצְמִית פ' annihilate, destroy
הֵצֵן פ' cool, chill
הַצְנָחָה נ' airdrop, dropping
הִצְנִיחַ פ' drop, parachute
הִצְנִיעַ פ' conceal, hide
- הצניע לכת live humbly
הַצְנָעָה נ' concealment, humility
הַצָּעָה נ' offer, proposal, suggestion
- הצעת חוק bill
הִצְעִיד פ' lead, march
הִצְעִיר פ' rejuvenate, be younger
הֲצָפָה נ' flooding, inundation
הִצְפִּין פ' hide, encode, go north
הֲצָצָה נ' peep, peek, glance
הֵצֵר פ' narrow, limit, be sorry
- הצר צעדיו suppress, clamp down
הֲצָרָה נ' narrowing, constriction
הַצְרָחָה נ' castling
הִצְרִיחַ פ' castle
הִצְרִיךְ פ' necessitate, need, require
הַצָּתָה נ' ignition, kindling, arson
הֲקָאָה נ' vomiting, sickness

הקב״ה=הקדוש ברוך הוא — God
הִקְבִּיל פ' — compare, parallel
– הקביל פנים — welcome
הַקְבָּלָה נ' — analogy, comparing
הַקְבָּצָה נ' — grouping, banding
הִקְדִּיחַ תַּבְשִׁילוֹ — go too far
הִקְדִּים פ' — be early, anticipate, be first, bring forward
הִקְדִּיר פ' — darken, cloud
הִקְדִּישׁ פ' — consecrate, dedicate, devote
– הקדיש תשומת לב — pay attention
הַקְדָּמָה נ' — introduction, preface
הַקְדָּמִי ת' — preliminary
הֶקְדֵּשׁ ז' — consecration, taboo
הַקְדָּשָׁה נ' — devoting, dedication
הִקְהָה פ' — blunt, take the edge off
הִקְהִיל פ' — assemble, summon
הַקָּזַת דָּם נ' — bloodletting
הִקְטִין פ' — lessen, reduce
הִקְטִיר פ' — burn incense
הַקְטָנָה נ' — reduction, lessening
הֵקִיא פ' — throw up, vomit, be sick
הִקִּיז דָּם פ' — let blood, shed blood
הֵקִים פ' — establish, set up, found, erect, raise, make
– הקים רעש — make a noise
הִקִּיף פ' — surround, revolve, encompass, comprise
הֵקִיף פ' — give credit, lend
הֵקִיץ פ' — awaken, arouse
הִקִּישׁ פ' — knock, beat, strike, tap
– הקש בעץ — touch wood
הֵקִישׁ פ' — analogize, compare
הֵקֵל פ' — alleviate, ease, relieve
– הקל ראש — trifle, underestimate
הַקְלָדָה נ' — keyboarding, typing
הֲקַלָּה נ' — alleviation, easing, relief
הַקְלָטָה נ' — recording
הִקְלִיד פ' — keyboard, type
הִקְלִיט פ' — record, tape, tape-record
הֲקָמָה נ' — establishment, setting up
הִקְנָה פ' — transfer, impart, vest, give
הַקְנָטָה נ' — teasing, bullying
הַקְנָיָה נ' — transferring, giving
הִקְנִיט פ' — tease, taunt, rag
הִקְסִים פ' — charm, enchant, fascinate
הַקְסָמָה נ' — captivation, fascination

הַקְפָּאָה נ' — coagulation, freeze
הַקְפָּדָה נ' — strictness, observance
הַקָּפָה נ' — credit, circuit, surrounding, revolution, lap
הִקְפִּיא פ' — congeal, freeze, ice
הִקְפִּיד פ' — be strict, observe
הִקְפִּיץ פ' — bounce, jump, startle
הַקְפָּצָה נ' — bouncing, rise
הַקְצָאָה נ' — allotment, assignment
הַקְצָבָה נ' — allocation, appropriation
הִקְצָה פ' — set aside, allot, assign
הִקְצִיב פ' — allocate, budget, allow
הִקְצִין פ' — be radical, be extreme
הִקְצִיעַ פ' — plane, shave, smooth
הִקְצִיף פ' — whisk, whip, anger
הַקְצָנָה נ' — becoming radical
הַקְרָאָה נ' — recitation, reading
הַקְרָבָה נ' — sacrifice, good fight
הִקְרִיא פ' — read, recite, narrate
הִקְרִיב פ' — sacrifice, draw near
הִקְרִיחַ פ' — lose one's hair
הִקְרִין פ' — screen, radiate, shine
הִקְרִישׁ פ' — clot, coagulate, congeal
הַקְרָנָה נ' — screening, projection
הַקְשָׁבָה נ' — listening, attention
הִקְשָׁה פ' — harden, toughen, make difficult, ask a question
הַקָּשָׁה נ' — knock, tap, percussion
הַקְשָׁחָה נ' — hardening, toughening
הִקְשִׁיב פ' — listen, heed, monitor
– הקשב! — attention!, shun!
הִקְשִׁיחַ פ' — harden, toughen, steel
הֶקְשֵׁר ז' — context, relation
– בהקשר זה — in this connection
הַר ז' — mountain, mount
– ההר הוליד עכבר — much cry and little wool
– הר געש — volcano
הֶרְאָה פ' — display, indicate, show
הִרְבָּה פ' — do much, increase
הַרְבֵּה תה"פ — many, much, plenty
הִרְבִּיעַ פ' — mate, mount, serve
הִרְבִּיץ פ' — strike, hit, lay down, *eat
הַרְבָּעָה נ' — mating, service
הָרַג פ' — kill, slay
*– הרג את עצמו — break one's neck
הֶרֶג ז' — killing, slaughter
הֲרֵגָה נ' — slaughter, killing

הַרְגָּזָה נ' angering, irritation
הִרְגִּיז פ' anger, tease, enrage
הִרְגִּיל פ' accustom, habituate
הִרְגִּיעַ פ' calm, soothe, allay
הִרְגִּישׁ פ' feel, perceive, sense
הֶרְגֵּל ז' custom, habit, practice
הַרְגָּעָה נ' calming, appeasement
הַרְגָּשָׁה נ' feeling, sensation, sense
הַרְדּוּף ז' oleander
הִרְדִּים פ' put to sleep, anesthetize
הַרְדָּמָה נ' anesthesia
הָרָה ת' pregnant, full of
– הרה סכנות risky
הִרְהוּר ז' thought, meditation
הִרְהִיב פ' dare, venture
הִרְהֵר פ' think, ponder, reflect
הֶרוֹאִין ז' heroin, *junk
הָרוּג ת' slain, dead, *done in, tired
הִרְוָה פ' saturate, quench, slake
הִרְוִיחַ פ' profit, earn, gain
הָרוּס ת' ruined, broken, *tired
הִרְזָה פ' reduce weight, slim, thin
הַרְזָיָה נ' reducing weight
הַרְחָבָה נ' expansion, widening
– הרחבת הדעת contentment
הֲרָחָה נ' smelling, scenting
הִרְחִיב פ' broaden, widen, expand
– הרחיב את הדיבור talk at large
הִרְחִיק פ' remove, go far, keep off
– הרחיק לכת go far, go too far
הַרְחֵק תה"פ far, far away
הַרְחָקָה נ' removal, sending away
הַרְטָבָה נ' wetting, moistening
הִרְטִיב פ' wet, moisten, bathe
הִרְטִיט פ' thrill, vibrate
הֲרֵי מ"ק here is, look, but
– הרי זה כהרי זה this is like that
הֲרִיגָה נ' killing, slaughter
הֵרִיחַ פ' smell, scent
הֵרִים פ' lift, pick up, raise, *pilfer
– הרים ידיים give up
– הרים כוס toast, drink to
הֲרֵינִי מ"ג I am
הֲרִיסָה נ' destruction, wreck
הֲרִיסוֹת נ"ר remains, ruins
הֵרִיעַ פ' cheer, shout, root for
הֵרִיץ פ' dispatch, run, run in
הֵרִיק פ' empty, deplete

הֶרְכֵּב ז' composition, constitution
הַרְכָּבָה נ' assembly, grafting, vaccination, inoculation
הִרְכִּיב פ' assemble, compose, graft, vaccinate, mount, ride
– הרכיב ממשלה form a government
– הרכיב משקפיים wear glasses
הִרְכִּין פ' bend, bow, incline
– הרכין ראש pay obeisance
הַרְכָּנָה נ' bowing, bending
הֲרָמָה נ' raising, lift, elevation
– הרמת משקולות weight lifting
הַרְמוֹן ז' harem, seraglio
הַרְמוֹנִי ת' harmonious, concordant
הַרְמוֹנְיָה נ' harmony, agreement
הִרְנִין לֵב פ' do one's heart good
הָרַס פ' destroy, ruin, undo
הֶרֶס ז' destruction, ruin
הַרְסָנִי ת' destructive, ruinous
הֵרַע פ' harm, do wrong, worsen
הַרְעָבָה נ' starving, starvation
הֲרָעָה נ' worsening, deterioration
הִרְעִיב פ' starve, cause hunger
הִרְעִיד פ' cause to shake, shiver
הִרְעִיל פ' poison, envenom
הִרְעִים פ' thunder, roar
הִרְעִיף פ' drip, heap on, shower
הִרְעִישׁ פ' bomb, make a noise
הַרְעָלָה נ' poisoning
– הרעלת קיבה food poisoning
הַרְעָשָׁה נ' bombing, making noise
הֶרֶף ז' moment, instant
– בלי הרף without cease
– כהרף עין in a trice, in a flash
הֶרֶף מ"ק hands off!, stop it!
הִרְפָּה פ' leave, relax, let go
– הרפה ידיו discourage, dishearten
הַרְפָּיָה נ' relaxing, relaxation
הַרְפַּתְקָה נ' adventure, escapade
הַרְפַּתְקָן ז' adventurer
הַרְפַּתְקָנוּת נ' adventurousness
הַרְצָאָה נ' lecture, discourse
הִרְצָה פ' lecture, discourse
הֲרָצָה נ' running in, run-up
הִרְצִין פ' be serious, solemnize
הַרְקָבָה נ' decay, rotting
הַרְקָדָה נ' dancing, making dance
הֲרָקָה נ' emptying, depletion, drain

הִרְקִיב פ' decay, rot, decompose
הִרְקִיד פ' make dance, dance
הִרְקִיעַ פ' soar, rise high
– הרקיע שחקים rocket, soar
הֲרָרִי ת' mountainous, alpine
הַרְשָׁאָה נ' authorization, proxy
הִרְשָׁה פ' allow, let, permit
– יכול להרשות לעצמו can afford
הִרְשִׁים פ' impress, strike
הִרְשִׁיעַ פ' convict, find guilty
הִרְשִׁית פ' net, score a goal
הַרְשָׁמָה נ' registration, enrollment
הַרְשָׁעָה נ' conviction
הָרְתָה פ' be pregnant, conceive
הַרְתָּחָה נ' boiling, simmer
הִרְתִּיחַ פ' boil, simmer, infuriate
הִרְתִּיעַ פ' deter, discourage
הַרְתָּעָה נ' deterrence
הִשְׁאִיל פ' lend, loan
הִשְׁאִיר פ' leave, let
הַשְׁאָלָה נ' lending, loan, metaphor
הַשְׁאָרָה נ' leaving
הֲשָׁבָה נ' returning, giving back
הַשְׁבָּחָה נ' betterment, improving
הִשְׁבִּיחַ פ' improve, enrich, upgrade
הִשְׂבִּיעַ פ' satiate, satisfy, sate
– השביע רצון please, satisfy
הִשְׁבִּיעַ פ' swear in, adjure
הִשְׁבִּית פ' lock out, stop work
הַשְׁבָּעָה נ' swearing in
הַשְׂבָּעָה נ' satisfying
הַשְׁבָּתָה נ' lockout, shutdown
הַשָּׂגָה נ' attainment, reach, overtaking, criticism, grasp
הַשְׁגָּחָה נ' Providence, supervision, attention, custody
– ההשגחה העליונה Supreme Being
הִשְׁגִּיחַ פ' mind, watch, supervise, take care of, invigilate
הִשְׁגִּיר פ' accustom, run in
הִשְׁהָה פ' delay, postpone, suspend
הַשְׁהָיָה נ' delay, postponement
הַשְׁוָאָה נ' comparison, analogy
– בהשוואה ל- beside, vis-a-vis
– השוואת החורף autumnal equinox
הִשְׁוָה פ' compare, equalize, even
*הִשְׁוִויץ פ' swagger, brag
הַשְׁחָזָה נ' whetting, sharpening

הִשְׁחִיז פ' sharpen, whet, hone
הִשְׁחִיל פ' thread, lace
הִשְׁחִים פ' brown, tan, turn brown
הִשְׁחִיר פ' blacken, black
הִשְׁחִית פ' corrupt, destroy, ruin
הַשְׁחָלָה נ' threading, lacing
הַשְׁחָמָה נ' browning, tanning
הַשְׁחָרָה נ' blackening, shading
הַשְׁחָתָה נ' destruction, mutilation
הֲשָׁטָה נ' floating
הִשִּׂיא פ' marry off
– השיא עצה give advice
הֵשִׁיב פ' reply, return, restore
– השיב פניו ריקם turn away
הִשִּׂיג פ' gain, get, reach, overtake
הֵשִׁיט פ' float, sail, row
הִשִּׁיל פ' slough, discard, throw
הִשִּׁיק פ' launch, touch
הִשִּׁיר פ' molt, shed, defoliate
הַשְׁכָּבָה נ' laying down
הִשְׁכִּיב פ' lay down, strike down
– השכיב לישון put to bed
הִשְׁכִּיחַ פ' make forget
הִשְׂכִּיל פ' be wise, be intelligent
הִשְׁכִּים פ' rise early
הִשְׁכִּין שָׁלוֹם פ' make peace, pacify
הִשְׂכִּיר פ' hire out, let, lease
הַשְׂכָּלָה נ' knowledge, learning, education, wisdom
הַשְׁכֵּם תה"פ early, in the morning
הַשְׁכָּמָה נ' early rising
הַשְׁכָּנַת שָׁלוֹם נ' peacemaking
הַשְׂכָּרָה נ' hire, renting, leasing
הִשְׁלָה פ' delude, deceive
הַשְׁלָטָה נ' imposition, enforcement
הִשְׁלִיט פ' impose, enforce, establish
הִשְׁלִיךְ פ' cast, throw, hurl
– השליך יהבו על pin one's hopes on
הִשְׁלִים פ' complement, complete, make peace, reconcile oneself
הִשְׁלִישׁ פ' deposit, place, give
הַשְׁלָכָה נ' projection, throw, implication, effect, bearings
הַשְׁלָמָה נ' completion, peacemaking, reconciliation, resignation
– השלמת שכר make-up pay
הַשְׁלָשָׁה נ' depositing, placing
הַשֵּׁם ז' God

God forbid!	- השם ישמור!
annihilation, destruction	הַשְׁמָדָה נ'
elimination, omission	הַשְׁמָטָה נ'
annihilate, destroy	הִשְׁמִיד פ'
omit, skip, leave out	הִשְׁמִיט פ'
become fat, fatten	הִשְׁמִין פ'
announce, sound, let hear	הִשְׁמִיעַ פ'
slander, speak ill of	הִשְׁמִיץ פ'
growing fat	הַשְׁמָנָה נ'
playback, announcement	הַשְׁמָעָה נ'
slander, defamation	הַשְׁמָצָה נ'
making hateful	הַשְׂנָאָה נ'
antagonize, make hateful	הִשְׂנִיא פ'
suspend, lay off	הִשְׁעָה פ'
layoff, suspension	הַשְׁעָיָה נ'
lean against, prop, rest	הִשְׁעִין פ'
assumption, conjecture	הַשְׁעָרָה נ'
abase, humiliate, lower	הִשְׁפִּיל פ'
influence, affect, persuade	הִשְׁפִּיעַ פ'
humiliation, abasement	הַשְׁפָּלָה נ'
effect, influence, impact	הַשְׁפָּעָה נ'
watering, irrigation	הַשְׁקָאָה נ'
water, irrigate	הִשְׁקָה פ'
launching, launch	הַשָּׁקָה נ'
calming, pacification	הַשְׁקָטָה נ'
irrigation, watering	הַשְׁקָיָה נ'
calm, allay, silence	הִשְׁקִיט פ'
invest, sink, immerse	הִשְׁקִיעַ פ'
view, look, watch, survey	הִשְׁקִיף פ'
investment, stake	הַשְׁקָעָה נ'
view, opinion, outlook	הַשְׁקָפָה נ'
view, philosophy	- השקפת עולם
induction, inspiration	הַשְׁרָאָה נ'
induce, inspire, immerse	הִשְׁרָה פ'
casting off, shedding	הַשָּׁרָה נ'
spawn, swarm	הִשְׁרִיץ פ'
validate, ratify	הִשְׁרִיר פ'
strike roots, ingrain	הִשְׁרִישׁ פ'
spawning, breeding	הַשְׁרָצָה נ'
striking roots	הַשְׁרָשָׁה נ'
wonder, be amazed	הִשְׁתָּאָה פ'
wonder, amazement	הִשְׁתָּאוּת נ'
be proud, boast	הִשְׁתַּבֵּחַ פ'
fit in, integrate	הִשְׁתַּבֵּץ פ'
refraction, diffraction	הִשְׁתַּבְּרוּת נ'
go wrong, be confused	הִשְׁתַּבֵּשׁ פ'
go mad, be crazy	הִשְׁתַּגֵּעַ פ'
make a match	הִשְׁתַּדֵּךְ פ'
endeavor, try hard, strive	הִשְׁתַּדֵּל פ'
attempt, intercession	הִשְׁתַּדְּלוּת נ'
delay, tarry	הִשְׁתַּהָה פ'
make mischief, romp	הִשְׁתּוֹבֵב פ'
be equal, match	הִשְׁתַּוָּה פ'
riot, run wild, rage	הִשְׁתּוֹלֵל פ'
running wild, frenzy	הִשְׁתּוֹלְלוּת נ'
marvel, wonder	הִשְׁתּוֹמֵם פ'
astonishment, wonder	הִשְׁתּוֹמְמוּת נ'
crave, wish, yearn	הִשְׁתּוֹקֵק פ'
sunbathe, tan, bake	הִשְׁתַּזֵּף פ'
sunbathing, suntan	הִשְׁתַּזְּפוּת נ'
intertwine, interweave	הִשְׁתַּזֵּר פ'
bow, prostrate oneself	הִשְׁתַּחֲוָה פ'
pass through	הִשְׁתַּחֵל פ'
boast, brag	הִשְׁתַּחֵץ פ'
be worn, rub away	הִשְׁתַּחֵק פ'
be freed, come loose	הִשְׁתַּחְרֵר פ'
play the fool	הִשְׁתַּטָּה פ'
prostrate oneself	הִשְׁתַּטֵּחַ פ'
prostration	הִשְׁתַּטְּחוּת נ'
belong, be related	הִשְׁתַּיֵּךְ פ'
belonging	הִשְׁתַּיְּכוּת נ'
transplant, graft	הִשְׁתִּיל פ'
urinate, *pee	הִשְׁתִּין פ'
silence, hush up	הִשְׁתִּיק פ'
base, found	הִשְׁתִּית פ'
be forgotten	הִשְׁתַּכַּח פ'
improve, be perfect	הִשְׁתַּכְלֵל פ'
set up home, settle	הִשְׁתַּכֵּן פ'
settlement, housing	הִשְׁתַּכְּנוּת נ'
be convinced	הִשְׁתַּכְנֵעַ פ'
get drunk, *booze	הִשְׁתַּכֵּר פ'
earn, get, gain	הִשְׂתַּכֵּר פ'
earning	הִשְׂתַּכְּרוּת נ'
intoxication	הִשְׁתַּכְּרוּת נ'
paddle, splash	הִשְׁתַּכְשֵׁךְ פ'
fit in, harmonize	הִשְׁתַּלֵּב פ'
integration, harmony	הִשְׁתַּלְּבוּת נ'
transplantation, graft	הַשְׁתָּלָה נ'
skin graft	- השתלת עור
flare up, get excited	הִשְׁתַּלְהֵב פ'
be insolent, run wild	הִשְׁתַּלֵּחַ פ'
rudeness, insolence	הִשְׁתַּלְּחוּת נ'
take control, dominate	הִשְׁתַּלֵּט פ'
taking control	הִשְׁתַּלְּטוּת נ'
complete studies, specialize, pay, be worthwhile	הִשְׁתַּלֵּם פ'

הִשְׁתַּלְּמוּת נ' study, specialization
הִשְׁתַּלְשֵׁל פ' develop, hang down
הִשְׁתַּלְשְׁלוּת נ' development
הִשְׁתַּמֵּד פ' convert, be Christian
הִשְׁתַּמֵּט פ' evade, elude, shirk
הִשְׁתַּמְּטוּת נ' evasion, *cop-out
הִשְׁתַּמֵּעַ פ' suggest, be interpreted
– השתמע לשתי פנים be equivocal
הִשְׁתַּמֵּר פ' be preserved
הִשְׁתַּמֵּשׁ פ' use, employ
הִשְׁתַּנָּה פ' change, be different, turn
הַשְׁתָּנָה נ' urination, *pee
הִשְׁתַּנּוּת נ' change, variation
הִשְׁתַּעְבֵּד פ' be enslaved
הִשְׁתַּעְבְּדוּת נ' enslavement
הִשְׁתָּעֵל פ' cough, hack
הִשְׁתַּעֲמֵם פ' be bored
הִשְׁתַּעֲשֵׁעַ פ' play, amuse oneself
– השתעשע ברעיון toy with an idea
הִשְׁתַּפֵּךְ פ' empty, sentimentalize
הִשְׁתַּפְּכוּת נ' effusion, outpouring
הִשְׁתַּפֵּעַ פ' slant, slope, incline
הִשְׁתַּפֵּר פ' improve, get well
הִשְׁתַּפְּרוּת נ' improvement
הִשְׁתַּפְשֵׁף פ' rub, *experience
הַשְׁתָּקָה נ' silencing, hush-up
הִשְׁתַּקֵּם פ' be rehabilitated
הִשְׁתַּקֵּעַ פ' settle down
הִשְׁתַּקְּעוּת נ' immersion, absorption
הִשְׁתַּקֵּף פ' be reflected
הִשְׁתַּקְּפוּת נ' reflection
הִשְׁתַּרְבֵּב פ' be extended, protrude, be misplaced, be mixed
הִשְׂתָּרֵג פ' straggle, twine
הִשְׁתָּרֵךְ פ' plod along, trail
הִשְׂתָּרֵעַ פ' extend, stretch, lie
הִשְׂתָּרֵר פ' dominate, reign
הִשְׁתָּרֵשׁ פ' strike root
הַשְׁתָּתָה נ' founding, basing
הִשְׁתַּתֵּף פ' participate, take part
– השתתף בצער commiserate
הִשְׁתַּתְּפוּת נ' participation
הִשְׁתַּתֵּק פ' be silent, *clam up
הִתְאַבֵּד פ' commit suicide
הִתְאַבְּדוּת נ' suicide
הִתְאַבֵּךְ פ' spiral up, billow
הִתְאַבֵּל פ' mourn, grieve, lament
הִתְאַבֵּן פ' fossilize, ossify, petrify

הִתְאַגֵּד פ' unite, unionize
הִתְאַגְּדוּת נ' association, union
הִתְאַגְרֵף פ' box, spar
הִתְאַדָּה פ' vaporize, evaporate
הִתְאַדּוּת נ' vaporization
הִתְאַהֵב פ' fall in love
הִתְאַוָּה פ' want, desire, crave
הִתְאַוְרֵר פ' be ventilated
הִתְאוֹנֵן פ' complain, *bellyache
הִתְאוֹשֵׁשׁ פ' recover, come to
הִתְאוֹשְׁשׁוּת נ' comeback, recovery
הִתְאַזֵּן פ' be balanced, balance
הִתְאַזֵּר פ' gird oneself
הִתְאַזְרֵחַ פ' be naturalized
הִתְאַחֵד פ' combine, unite, associate
הִתְאַחֲדוּת נ' association, union
הִתְאַחָה פ' be stitched
הִתְאַחֵר פ' be late
הִתְאִים פ' fit, suit, match, correspond, adapt, adjust
הִתְאַכְזֵב פ' be disappointed
הִתְאַכְזֵר פ' be cruel, ill-treat
הִתְאַכְזְרוּת נ' cruelty, ill-treatment
הִתְאַכְסֵן פ' lodge, put up
הִתְאַלְמֵן פ' become widowed
הֶתְאֵם ז' accordance
– בהתאם ל- according to
הַתְאָמָה נ' accord, agreement, adjustment, fitness, harmony
– בהתאמה respectively
הִתְאַמְלֵל פ' be miserable
הִתְאַמֵּן פ' train, practice, exercise
הִתְאַמֵּץ פ' try, endeavor, strive
הִתְאַמְּצוּת נ' effort, exertion
הִתְאַמֵּת פ' come true, be verified
הִתְאַנָּה פ' provoke, tease
הִתְאַסְלֵם פ' become Moslem
הִתְאַסֵּף פ' assemble, gather, meet
הִתְאַפֵּק פ' restrain oneself, resist
הִתְאַפְּקוּת נ' continence, restraint
הִתְאַפֵּר פ' make up
הִתְאַפְשֵׁר פ' be possible
הִתְאַקְלֵם פ' acclimate, adapt
הִתְאַקְלְמוּת נ' acclimation
הִתְאַרְגֵּן פ' be organized
הִתְאַרְגְּנוּת נ' organization
הִתְאָרֵחַ פ' stay as guest
הִתְאָרֵךְ פ' be long, lengthen

הִתְאָרְכוּת נ' extension, lengthening
הִתְאָרֵס פ' be engaged
הִתְאַשְׁפֵּז פ' be hospitalized
הִתְבָּאֵר פ' be explained
הִתְבַּגֵּר פ' mature, grow up
הִתְבַּגְּרוּת נ' adolescence, maturation
הִתְבַּדָּה פ' be proved false
הִתְבַּדֵּחַ פ' joke, jest, banter
הִתְבַּדְּחוּת נ' joking, raillery
הִתְבַּדֵּל פ' isolate oneself
הִתְבַּדְּלוּת נ' seclusion, isolation
הִתְבַּדֵּר פ' have fun, disperse
הִתְבַּהֵם פ' become brutalized
הִתְבַּהֵר פ' brighten, clear, clarify
הִתְבַּהֲרוּת נ' brightening, clearing up
הִתְבּוֹדֵד פ' retire, be alone, retreat
הִתְבּוֹדְדוּת נ' seclusion, retirement
הִתְבּוֹלֵל פ' assimilate
הִתְבּוֹלְלוּת נ' assimilation
הִתְבּוֹנֵן פ' contemplate, observe
הִתְבּוֹנְנוּת נ' meditation, observation
הִתְבּוֹסֵס פ' roll, wallow, welter
הִתְבַּזְבֵּז פ' be wasted, be spent
הִתְבַּזָּה פ' degrade oneself
הִתְבַּזּוּת נ' humiliation, abasement
הִתְבַּטֵּא פ' express oneself, put it
הִתְבַּטְּאוּת נ' expression, statement
הִתְבַּטֵּל פ' be canceled, be called off, loaf, idle, *bum about
הִתְבַּטְּלוּת נ' self disparagement
הִתְבַּיֵּשׁ פ' be ashamed, feel shame
הִתְבַּיֵּת פ' home, home in
הִתְבַּלְבֵּל פ' be confused, addle
הִתְבַּלָּה פ' wear out
הִתְבַּלּוּת נ' wear, wear and tear
הִתְבַּלֵּט פ' be prominent, stand out
הִתְבַּלְּטוּת נ' prominence, eminence
הִתְבַּסֵּם פ' get drunk
הִתְבַּסֵּס פ' be based, settle down
הִתְבַּסְּסוּת נ' basing, consolidation
הִתְבַּצֵּעַ פ' be carried out, come off
הִתְבַּצֵּר פ' fortify oneself
הִתְבַּצְּרוּת נ' fortification
הִתְבַּקֵּעַ פ' split, crack, cleave
הִתְבַּקֵּשׁ פ' be asked, be summoned
הִתְבָּרֵג פ' screw, worm one's way
הִתְבָּרֵךְ פ' be blessed, be endowed
הִתְבָּרֵר פ' turn out, become clear

הִתְבַּשֵּׁל פ' cook, stew, *be cooking
הִתְבַּשֵּׂם פ' perfume oneself
הִתְבַּשֵּׂר פ' receive tidings
הִתְגָּאָה פ' boast, take pride in
הִתְגָּאוּת נ' boasting, arrogance
הִתְגַּבֵּר פ' overcome, intensify, rise
הִתְגַּבְּרוּת נ' increase, defeating
הִתְגַּבֵּשׁ פ' crystallize, take form
הִתְגַּבְּשׁוּת נ' crystallization
הִתְגַּהֵץ פ' iron, be pressed
הִתְגּוֹדֵד פ' form groups, gather
הִתְגּוֹדְדוּת נ' gathering, scrummage
הִתְגּוֹלֵל פ' roll, wallow, welter
הִתְגּוֹנֵן פ' defend oneself
הִתְגּוֹנְנוּת נ' self defense
הִתְגּוֹרֵר פ' dwell, live, stay
הִתְגּוֹרְרוּת נ' sojourn, stay
הִתְגּוֹשֵׁשׁ פ' wrestle, *lock horns
הִתְגּוֹשְׁשׁוּת נ' wrestling, grappling
הִתְגַּיֵּס פ' enlist, volunteer
הִתְגַּיֵּר פ' become a Jew, proselyte
הִתְגַּלְגֵּל פ' roll, wheel, reincarnate
הִתְגַּלָּה פ' be revealed, be exposed
– התגלה לעיניו come into view
הִתְגַּלּוּת נ' revelation, emergence
הִתְגַּלֵּחַ פ' shave, shave oneself
הִתְגַּלֵּם פ' be embodied, take form
הִתְגַּלְּמוּת נ' embodiment
הִתְגַּלַּע פ' break out, burst
הִתְגַּמֵּד פ' be dwarfed
הִתְגַּנֵּב פ' sneak, creep, steal
הִתְגַּנְּבוּת נ' stealth, stalk
הִתְגַּנְדֵּר פ' dress up, show off
הִתְגַּנְדְּרוּת נ' showing off
הִתְגַּעְגֵּעַ פ' long, yearn, miss
הִתְגַּפֵּף פ' cuddle, hug, *neck
הִתְגָּרֵד פ' scratch oneself
הִתְגָּרָה פ' provoke, be stimulated
– התגרה מלחמה offer battle
הִתְגָּרוּת נ' aggression, provocation
הִתְגָּרֵשׁ פ' divorce, separate
הִתְגַּשֵּׁם פ' be realized, come true
הִתְגַּשְּׁמוּת נ' realization
הִתְדַּיֵּן פ' argue, litigate
הִתְדַּפֵּק פ' beat, knock, hit
הִתְדַּרְדֵּר פ' roll down, deteriorate
הִתְהַדֵּק פ' tighten, be fastened
הִתְהַדֵּר פ' dress up, boast

התהַווה פ' be formed, arise, be
התהַוות נ' formation, forming
התהולל פ' behave wildly, revel
התהוללות נ' revelry, *high jinks
התהַלך פ' walk about, go around
התהַפך פ' turn over, capsize, upset
- התהפך בקברו turn in one's grave
התוַודה פ' confess, make a clean breast of, unbosom oneself
התוַודות נ' confession, unbosoming
התוַודע פ' get acquainted
התווה פ' mark, outline, plot
התוַויה נ' outline, marking
התווַכח פ' argue, debate, haggle
התוַסף פ' be added, increase
התָזה נ' sprinkling, splash, cutting
התחַבא פ' hide oneself, *hole up
התחַבב פ' be liked, *cotton to
התחַבט פ' struggle, flounder, thrash
התחַבטות נ' struggle, doubt
התחַבק פ' embrace, *canoodle
התחַבר פ' join, unite, associate
התחַברות נ' association, coalition
התחַדד פ' sharpen, taper off
התחַדש פ' renew, regenerate, revive
התחַדשות נ' renewal, resurrection
התחוַור פ' become clear
התחולל פ' take place, rage, form
התחַזה פ' feign, pretend, sham
התחַזות נ' pretense, imposture
התחַזק פ' strengthen, brace up
התחַזקות נ' strengthening
התחַייב פ' pledge, undertake, vow
התחַייבות נ' pledge, liability, commitment, undertaking
התחַייל פ' enlist, join the army
התחִיל פ' begin, open, start
- התחיל עם flirt, *make a pass
התחַכך פ' rub, brush
- התחכך ב– rub elbows with
התחַכם פ' be a wise guy
התחַכמות נ' display of wisdom
התחַלה פ' feign illness, malinger
התחָלה נ' beginning, start, outset
התחַלחל פ' be shocked, shudder
התחָלי ת' initial, inchoate
התחַלף פ' change, alternate, vary
התחַלק פ' share, split, segment, be divided, slip, slide
התחָלתי ת' initial, inchoate
התחַמם פ' heat, warm up, hot up
התחַממות נ' warming, heating
התחַמק פ' evade, sneak, shirk
התחַמקות נ' evasion, avoidance
התחַמש פ' arm oneself
התחַנחן פ' coquet, behave affectedly
התחַנך פ' be educated, study
התחַנן פ' beg, entreat, implore
התחַנף פ' flatter, fawn, toady
התחַסד פ' feign piety, be virtuous
התחַסדות נ' hypocrisy, cant
*התחַפף פ' beat it, scram
התחַפר פ' entrench oneself, dig in
התחַפרות נ' entrenchment
התחַפש פ' disguise oneself, dress up
התחַצף פ' be insolent, be saucy
התחַקה פ' investigate, trace
*התחַרבן פ' fail, blow it, be done
התחַרד פ' be haredi, become pious
התחָרה פ' compete, vie, contend
התחָרות נ' competition, rivalry
התחָרז פ' rhyme, be in rhyme
התחָרט פ' regret, repent, rue
התחַשב פ' take into account, reckon with, consider
התחַשבות נ' consideration, regard
התחַשבן פ' settle accounts
התחַשל פ' harden, be forged
התחַשמל פ' get an electric shock
*התחַשק לו פ' feel like, fancy
התחַתן פ' marry, take a wife
התִיז פ' sprinkle, splash, behead
התייַאש פ' despair, give up
התייַבש פ' dry, dry up
התייַגע פ' be tired, become weary
התייַדד פ' become friends
התייַהד פ' become a Jew
התייַחד פ' seclude oneself, closet
התייַחם פ' rut, be excited
התייַחס פ' refer, apply, regard, relate to, treat
התייַחסות נ' relation, bearing
התייַמר פ' pretend, boast, purport
התייַסר פ' suffer, agonize, smart
התייַעל פ' be more efficient

הִתְיַיעֵץ פ' consult, take counsel
הִתְיַיעֲצוּת נ' consultation
הִתְיַיפָּה פ' preen oneself
הִתְיַיפֵּחַ פ' sob, cry, weep
הִתְיַיצֵּב פ' stand, be stabilized, steady, report, present oneself
הִתְיַיצְּבוּת נ' stabilization, reporting
הִתְיַיקֵּר פ' rise in price
הִתְיָירֵא פ' fear, be afraid
הִתְיַישֵּׁב פ' settle, locate, sit
הִתְיַישְּׁבוּת נ' settlement
הִתְיַישֵּׁן פ' become obsolete, date
הִתְיַישְּׁנוּת נ' obsolescence, limitations
הִתְיַישֵּׁר פ' straighten, right itself
– התיישר לפי הקו fall into line
הִתְיַיתֵּם פ' become orphaned
הִתִּיךְ פ' melt, fuse, smelt
הִתִּיר פ' permit, allow, loosen, untie
הִתִּישׁ פ' weaken, sap, wear down
הִתְכַּבֵּד פ' help oneself, be honored
הִתְכַּדֵּר פ' ball, become spherical
הַתָּכָה נ' melting, fusion
הִתְכַּוֵּון פ' intend, aim, mean
הִתְכַּוֵּוץ פ' shrink, contract
הִתְכַּוְּוצוּת נ' contraction, shrinkage
– התכווצות שרירים cramp
הִתְכּוֹנֵן פ' prepare oneself, ready
הִתְכּוֹפֵף פ' bow, stoop, bend, duck
הִתְכַּחֵשׁ פ' abjure, renounce, disown
הִתְכַּחֲשׁוּת נ' renunciation
הִתְכַּנֵּס פ' assemble, convene
הִתְכַּסָּה פ' be covered
הִתְכַּרְבֵּל פ' wrap up, tuck up
הִתְכַּתֵּב פ' correspond, write
הִתְכַּתְּבוּת נ' correspondence
הִתְכַּתֵּשׁ פ' fight, skirmish
הִתְלַבֵּט פ' have doubts
הִתְלַבְּטוּת נ' struggle, doubt
הִתְלַבֵּן פ' become clear
הִתְלַבֵּשׁ פ' dress, put on
*– התלבש עליו persecute, annoy
הִתְלָה פ' suspend
הִתְלַהֵב פ' get excited, *enthuse
הִתְלַהֲבוּת נ' ardor, enthusiasm
הִתְלַהֵט פ' burn, be hot, blaze
הִתְלַוָּוה פ' accompany, escort
הִתְלוֹנֵן פ' complain, grumble
הִתְלוֹצֵץ פ' jest, joke, banter
הִתְלַחֵשׁ פ' whisper
הַתְלָיָה נ' suspension
הִתְלַכֵּד פ' unite, rally, join up
הִתְלַכְּדוּת נ' uniting, coherence
הִתְלַכְלֵךְ פ' become dirty, soil
הִתְלַקֵּחַ פ' catch fire, flare up
הִתְלַקְּחוּת נ' blaze, flare-up
הִתְמַגֵּל פ' fester, suppurate, matter
הַתְמָדָה נ' assiduity, diligence, persistence, inertia
הִתְמַהְמֵהַּ פ' linger, tarry, be late
הִתְמוֹגֵג פ' melt, dissolve
– התמוגג בבכי melt into tears
הִתְמוֹדֵד פ' compete, contest, cope
הִתְמוֹדְדוּת נ' competition, rivalry
הִתְמוֹטֵט פ' collapse, cave in
הִתְמוֹטְטוּת נ' collapse, fall
– התמוטטות עצבים nervous breakdown
הִתְמוֹסֵס פ' melt, dissolve
הִתְמַזֵּג פ' coalesce, merge, mingle
הִתְמַזְּגוּת נ' amalgamation, merger
הִתְמַזֵּל פ' be lucky
*הִתְמַזְמֵז פ' dally, flirt, neck
הִתְמַחָה פ' practice, specialize
הִתְמַחוּת נ' specialization, practice
הִתְמִיד פ' persist, last, persevere
הִתְמַכֵּר פ' be addicted, indulge
הִתְמַכְּרוּת נ' addiction, indulgence
הִתְמַלֵּא פ' be realized, be full
הִתְמַמֵּשׁ פ' be realized, come true
הִתְמַנָּה פ' be appointed
הִתְמַסֵּד פ' be established
הִתְמַסְמֵס פ' be dissolved, melt
הִתְמַסֵּר פ' devote oneself, give oneself
הִתְמַסְּרוּת נ' devotion, dedication
הִתְמַעֵט פ' decrease, diminish
הִתְמַעֲטוּת נ' decrease, wane
הִתְמַצֵּא פ' be familiar with
הִתְמַצְּאוּת נ' orientation
הִתְמַצָּה פ' be exhausted
הִתְמַקֵּד פ' focus, center, converge
הִתְמַקְּדוּת נ' convergence, focusing
הִתְמַקֵּחַ פ' bargain, haggle
הִתְמַקֵּם פ' be situated, settle
הִתְמָרֵד פ' rebel, revolt, mutiny

הִתְמַרְמֵר פ' resent, feel bitter
הִתְמַרְמְרוּת נ' embitterment
הִתְמַשֵּׁךְ פ' extend, continue, last
הִתְמַתֵּחַ פ' stretch out
הִתְמַתֵּן פ' become moderate
הִתְנַבֵּא פ' prophesy, foresee
הִתְנַגֵּב פ' wipe oneself, dry oneself
הִתְנַגֵּד פ' object, oppose, resist
הִתְנַגְּדוּת נ' objection, resistance
הִתְנַגֵּחַ פ' joust, contend
הִתְנַגֵּשׁ פ' clash, collide, conflict
הִתְנַגְּשׁוּת נ' clash, collision
הִתְנַדֵּב פ' volunteer, come forward
הִתְנַדְּבוּת נ' volunteering
הִתְנַדְּבוּתִי ת' voluntary
הִתְנַדְנֵד פ' sway, swing, dangle
הִתְנַדֵּף פ' evaporate, vanish
הִתְנָה פ' stipulate, condition
הִתְנַהֵג פ' behave, deport oneself
הִתְנַהֲגוּת נ' behavior, conduct
הִתְנַהֲגוּתָנוּת נ' behaviorism
הִתְנַהֵל נ' go, proceed, go on
הִתְנוֹדֵד פ' sway, oscillate, reel
הִתְנַוֵּן פ' degenerate, atrophy
הִתְנַוְּנוּת נ' atrophy, decadence
הִתְנוֹסֵס פ' be hoisted, wave
הִתְנוֹעֵעַ פ' sway, move, rock, roll
הִתְנוֹפֵף פ' flutter, wave
הִתְנוֹצֵץ פ' glitter, sparkle
הִתְנַזֵּר פ' abstain from, refrain
הִתְנַחֵל פ' settle, locate
הִתְנַחֲלוּת נ' settlement, colonization
הִתְנַחֵם פ' be consoled, find solace
הַתְנָיָה נ' stipulation, conditioning
הִתְנִיעַ פ' start, start up
הִתְנַכֵּל פ' plot, devise evil, scheme
הִתְנַכְּלוּת נ' plotting, scheming
הִתְנַכֵּר פ' estrange, renounce
הִתְנַכְּרוּת נ' estrangement
הִתְנַמְנֵם פ' doze, slumber
הִתְנַסָּה פ' experience, undergo
הַתְנָעָה נ' starting, starting up
הִתְנַעְנֵעַ פ' sway, swing, shake
הִתְנַעֵר פ' shake off, renounce, deny
הִתְנַעֲרוּת נ' shaking off, repudiation
הִתְנַפֵּחַ פ' bulge, swell, puff up
הִתְנַפְּחוּת נ' swelling, pomposity
הִתְנַפֵּל פ' charge, attack, assault

הִתְנַפְּלוּת נ' assault, attack, charge
הִתְנַפְנֵף פ' flutter, wave, flap
הִתְנַפֵּץ פ' shatter, smash, dash
הִתְנַצֵּחַ פ' argue, dispute, spar
הִתְנַצְּחוּת נ' clash, verbal
הִתְנַצֵּל פ' apologize, excuse oneself
הִתְנַצְּלוּת נ' apology, excuse
הִתְנַצֵּר פ' become Christian
הִתְנַקָּה פ' clean oneself, clean up
הִתְנַקֵּז פ' drain, drain off
הִתְנַקֵּם פ' take revenge, avenge
הִתְנַקֵּשׁ פ' attempt to kill
הִתְנַקְּשׁוּת נ' assault, assassination
– התנקשות בחייו attempt on his life
הִתְנַשֵּׂא פ' rise, tower, boast
הִתְנַשְּׂאוּת נ' loftiness, pride
הִתְנַשֵּׁם פ' gasp, puff and pant
הִתְנַשֵּׁף פ' gasp, huff and puff
הִתְנַשֵּׁק פ' kiss, *smooch
הִתְנַתֵּק פ' break loose, cut off
הִתְסִיס פ' ferment, agitate, churn
הַתְסָסָה נ' fermentation
הִתְעַבָּה פ' condense, thicken
הִתְעַבּוּת נ' condensation
הִתְעַבְּרָה פ' become pregnant
הִתְעַגֵּל פ' become round, ball
הִתְעַדְכֵּן פ' be updated
הִתְעַדֵּן פ' become delicate
הִתְעָה פ' deceive, misdirect, mislead
הִתְעוֹדֵד פ' cheer up, chin up!
הִתְעַוֵּר פ' become blind
הִתְעַוֵּת פ' be contorted, twitch
הִתְעוֹפֵף פ' fly about, flit
הִתְעוֹרֵר פ' arise, wake up
הִתְעוֹרְרוּת נ' awakening, revival
הִתְעַטֵּף פ' wrap oneself, wrap up
– התעטף בשתיקה keep silent
הִתְעַטֵּשׁ פ' sneeze
הִתְעַיֵּף פ' become tired, weary
הִתְעַכֵּב פ' tarry, delay, linger
הִתְעַכֵּל פ' be digested, assimilate
הִתְעַלָּה פ' rise, be above
הִתְעַלֵּל פ' ill-treat, be cruel, abuse
הִתְעַלְּלוּת נ' abuse, cruelty
הִתְעַלֵּם פ' disregard, ignore
הִתְעַלְּמוּת נ' disregard, overlooking
הִתְעַלֵּס פ' make love, *neck
הִתְעַלְּסוּת נ' lovemaking, *necking

הִתְעַלֵּף פ' faint, swoon, black out
הִתְעַלְּפוּת נ' faint, swoon
הִתְעַמֵּל פ' exercise, take exercise
הִתְעַמְּלוּת נ' exercise, gymnastics
הִתְעַמְעֵם פ' become dimmed, dim
הִתְעַמֵּק פ' think deeply, delve
הִתְעַמְּקוּת נ' deep study, absorption
הִתְעַמֵּר פ' ill-treat, abuse
הִתְעַמֵּת פ' be confronted, face
הִתְעַנֵּג פ' enjoy, indulge in
הִתְעַנָּה פ' suffer, mortify oneself
הִתְעַנְיֵין פ' be interested
הִתְעַנְיְינוּת נ' interest
הִתְעַסֵּק פ' occupy oneself, deal, flirt
הִתְעַסְּקוּת נ' engagement, dealings
הִתְעַצֵּב פ' become sad, sadden
הִתְעַצְבֵּן פ' get irritated, fret
הִתְעַצֵּל פ' be lazy, laze, slack
הִתְעַצֵּם פ' become strong, intensify
הִתְעַצְּמוּת נ' strengthening
הִתְעַקֵּל פ' be twisted, wind
הִתְעַקֵּם פ' curve, be bent, crook
הִתְעַקֵּשׁ פ' be stubborn, insist
הִתְעָרֵב פ' interfere, intervene, intercede, mix, bet, wager
הִתְעַרְבֵּב פ' be mixed, jumble
הִתְעָרְבוּת נ' intervention, bet, wager
הִתְעַרְבֵּל פ' be mixed, eddy, swirl
הִתְעָרָה פ' strike roots, mingle
הִתְעַרְטֵל פ' undress, strip
הִתְעַרְעֵר פ' be shaken
הִתְעַרְפֵּל פ' become vague, go black
הִתְעַשֵּׁר פ' become rich
הִתְעַשֵּׁת פ' think over, reconsider
הִתְעַתֵּד פ' intend, be driving at
הִתְפָּאֵר פ' boast, brag, show off
הִתְפַּגֵּר פ' die, drop dead
הִתְפּוּטֵר פ' be forced to resign
הִתְפּוֹצֵץ פ' explode, burst, blow up
*– אפשר להתפוצץ it is intolerable
הִתְפּוֹצְצוּת נ' blast, explosion
הִתְפּוֹרֵר פ' crumble, disintegrate
הִתְפּוֹרְרוּת נ' disintegration
הִתְפַּזֵּר פ' disperse, scatter
הִתְפַּחֵם פ' be electrocuted
הִתְפַּטֵּם פ' cloy, cram, gorge
הִתְפַּטֵּר פ' quit, resign, get rid of
הִתְפַּטְּרוּת נ' resignation, abdication

הִתְפַּיֵּיס פ' be reconciled, make up
הִתְפַּיְּיסוּת נ' reconciliation
הִתְפִּיל פ' desalinate, desalt
הִתְפַּכֵּחַ פ' become sober, sober up
הִתְפַּכְּחוּת נ' disillusionment
הִתְפַּלֵּא פ' marvel, wonder
הִתְפַּלֵּג פ' split, part, separate
הִתְפַּלְּגוּת נ' split, parting, division
הַתְפָּלָה נ' desalination
*הִתְפַּלֵּחַ פ' gate-crash, crash
הִתְפַּלֵּל פ' pray, wish for
הִתְפַּלְמֵס פ' argue, dispute, spar
הִתְפַּלְסֵף פ' philosophize
הִתְפַּלְפֵּל פ' sophisticate, quibble
הִתְפַּלֵּץ פ' be shocked, be appalled
הִתְפַּלֵּשׁ פ' roll, wallow, welter
הִתְפַּנָּה פ' have time, relieve oneself
הִתְפַּנֵּק פ' pamper oneself, be spoilt
הִתְפַּעֵל פ' admire, be impressed
הִתְפַּעֲלוּת נ' admiration, wonder
הִתְפַּצֵּל פ' branch, split up
הִתְפַּצְּלוּת נ' splitting
הִתְפַּקֵּד פ' be numbered, count off
הִתְפַּקֵּעַ פ' burst, explode, rupture
הִתְפַּקֵּר פ' become immoral
*הִתְפַּרְחֵחַ פ' run wild, misbehave
הִתְפַּרְכֵּס פ' preen oneself, make up
הִתְפַּרְנֵס פ' make a living
הִתְפָּרֵס פ' deploy, fan out
הִתְפַּרְסֵם פ' be famous, be published
הִתְפָּרֵעַ פ' run wild, run riot
הִתְפָּרְעוּת נ' going wild, riot
*הִתְפַּרְפֵּר פ' play truant, flirt
הִתְפָּרֵץ פ' barge in, burst
– התפרץ בזעם explode with rage
הִתְפָּרְצוּת נ' outbreak, outburst, fit
הִתְפָּרֵק פ' come apart, disband, break up, let off steam, relax
הִתְפָּרְקוּת נ' relief, disarming
הִתְפָּרֵשׁ פ' be interpreted
הִתְפַּשֵּׁט פ' undress, strip, expand, spread, stretch
הִתְפַּשְּׁטוּת נ' undressing, expansion
הִתְפַּשֵּׁר פ' compromise
הִתְפַּתָּה פ' yield to temptation
הִתְפַּתֵּחַ פ' develop, evolve, grow up
הִתְפַּתְּחוּת נ' development, evolution
הִתְפַּתֵּל פ' twist, wind, wriggle

הִתְקַבֵּל פ' be received, be admitted
הִתְקַבֵּץ פ' assemble, gather, group
הִתְקַדֵּם פ' make progress, advance
הִתְקַדְּמוּת נ' advancement, progress
הִתְקַדֵּשׁ פ' become holy
הִתְקַהֵל פ' assemble, gather, rally
הִתְקַהֲלוּת נ' assembly, rally
הִתְקוֹטֵט פ' quarrel, brawl
הִתְקוֹמֵם פ' rebel, rise up, revolt
הִתְקוֹמְמוּת נ' rebellion, uprising
הִתְקַזֵּז פ' be offset, pair
הִתְקַיֵּם פ' exist, live, take place, come true, be realized
הִתְקִין פ' install, fit, adjust, arrange, establish
הִתְקִיף פ' attack, assault, raid
הִתְקַלֵּחַ פ' take a shower, shower
הִתְקַלֵּף פ' peel, scale off
הִתְקַלְקֵל פ' be spoiled, go bad
הִתְקַמֵּט פ' crease, crumple, wrinkle
הֶתְקֵן ז' device, apparatus
– התקן תוך רחמי intrauterine device, coil
הִתְקַנֵּא פ' envy, be envious
הַתְקָנָה נ' installation, establishing
הֶתְקֵף ז' attack, access, fit
– התקף לב heart attack
הַתְקָפָה נ' attack, assault, raid
– התקפת נגד counterattack
הִתְקַפֵּל פ' fold, double up, retreat
הִתְקַצֵּף פ' become angry
הִתְקַצֵּר פ' shorten, close in
הִתְקָרֵב פ' approach, draw near
הִתְקָרְבוּת נ' approach, coming
הִתְקַרְנֵף פ' become thick-skinned
הִתְקָרֵר פ' cool, chill, catch cold
הִתְקַשָּׁה פ' harden, toughen, stiffen
הִתְקַשֵּׁחַ פ' stiffen, become callous
הִתְקַשֵּׁט פ' adorn oneself
הִתְקַשֵּׁר פ' communicate, contact, get in touch, telephone
הִתְקַשְּׁרוּת נ' connection, bond
הִתְרָאָה פ' see each other
הַתְרָאָה נ' warning, caution
הִתְרַאְיֵן פ' be interviewed
הִתְרַבָּה פ' increase, multiply, breed
הִתְרַבּוּת נ' increase, breeding
הִתְרַבְרֵב פ' brag, boast, *swank
הִתְרַגֵּז פ' become angry, fret
הִתְרַגֵּל פ' get used to
הִתְרַגֵּשׁ פ' be excited, fuss about
הִתְרַגְּשׁוּת נ' excitement, feeling, fuss
הִתְרָה פ' caution, warn
הַתָּרָה נ' untying, releasing
הִתְרַוְוחַ פ' sit back, spread oneself
הִתְרוֹמֵם פ' rise, ascend
הִתְרוֹמְמוּת נ' rising, ascent, heave
– התרוממות רוח high spirits
הִתְרוֹעֵעַ פ' associate, consort
הִתְרוֹפֵף פ' loosen, work loose
הִתְרוֹצֵץ פ' bustle, run around
הִתְרוֹקֵן פ' empty, drain away
הִתְרוֹשֵׁשׁ פ' become poor, *go broke
הִתְרַחֵב פ' broaden, dilate, spread
הִתְרַחֲבוּת נ' expansion, dilation
הִתְרַחֵץ פ' wash oneself, bathe
הִתְרַחֵק פ' keep away, go far
הִתְרַחֵשׁ פ' happen, take place
הִתְרַחֲשׁוּת נ' occurrence, happening
הִתְרַטֵּב פ' become wet
הִתְרִים פ' get him to contribute, whip round, raise money
הִתְרִיס פ' defy, challenge, brave
הִתְרִיעַ פ' protest against, cry out
הִתְרַכֵּז פ' center, concentrate, focus
הִתְרַכְּזוּת נ' concentration
הִתְרַכֵּךְ פ' soften, become soft
הַתְרָמָה נ' money raising
הַתְרָסָה נ' defiance, objection
הִתְרַסֵּן פ' control oneself
הִתְרַסֵּק פ' crash, fragment, smash
הִתְרַסְּקוּת נ' crash
הַתְרָעָה נ' protest, cry
הִתְרַעֵם פ' resent, grouch, grumble
הִתְרַעֲנֵן פ' be refreshed, freshen
הִתְרַפֵּא פ' be cured, heal
הִתְרַפָּה פ' loosen, slacken
הִתְרַפֵּס פ' bow and scrape, toady
הִתְרַפֵּק פ' cuddle, hug, nestle
הִתְרַצָּה פ' be reconciled
הִתְרַקֵּם פ' be formed, take shape
הִתְרַשֵּׁל פ' be negligent, slack
הִתְרַשֵּׁם פ' be impressed, believe
הִתְרַשְּׁמוּת נ' impression
הִתְרַתֵּחַ פ' be angry, flare up
הֲתָשָׁה נ' attrition, weakening

ו

וְ מ"ח — and
- ו/או — and/or
וָאדִי ז' — wadi, wady
וּבְכֵן מ"ח — so, well, now
וגו' = וגומר — and so on, etc.
וַדָּאוּת נ' — certainty, certitude
וַדָּאִי ת' — certain, sure, inevitable
וַדָּאִי תה"פ — certainly, surely
- בוודאי — certainly, of course
וָו ז' — hook, peg, clasp
וָוִית נ' — small hook
וולגָרִי ת' — vulgar, common, coarse
וולקָנִי ת' — igneous, volcanic
ווקִי טוקִי ז' — walkie-talkie
ווקמֶן ז' — walkman
וָזִיר ז' — vizier, minister
וָט (בחשמל) ז' — watt
וֶטוֹ ז' — veto
- הטיל וטו — veto, put a veto
וֶטֶרִינָר ז' — veterinarian, *vet
וַי מ"ק — woe, alas
ויאולָה נ' — viola
ויבּרַציָה נ' — vibration
וִידֵא פ' — make sure, verify, ascertain
וִידָה פ' — confess, shrive
וִידוּא ז' — authentication, verification
וִידוּי ז' — confession, shrift
וִידֵיאוֹ ז' — video
וִידַע פ' — introduce to, acquaint
וִיזָה נ' — visa
ויזוּאָלִי ת' — visual
ויטרִינָה נ' — shop window
וִיכּוּחַ ז' — argument, debate, discussion, dispute
וִילָה נ' — villa
וִילוֹן ז' — curtain, drape, blind
וִילוֹנִית נ' — valance, pelmet
וִילֵן פ' — curtain, drape
וִיסוּת נ' — regulation, modulation
וִיסקִי ז' — whisky, Scotch
וִיסֵת פ' — regulate, adjust, modulate
וִיעֵד פ' — invite, summon
וַיִקְרָא (חומש) ז' — Leviticus
וִירוּס ז' — virus
וִירטוּאוֹז ז' — virtuoso
וִיתּוּר ז' — surrender, giving up
וִיתֵּר פ' — yield, give up, surrender
וכד' = וכדומה — and the like
וכו' = וכולי — etc., et cetera
וַכְּחָנוּת נ' — polemics, arguing
וַכְּחָנִי ת' — polemic, argumentative
וְכִי? — is it?, is there?
וְכֵן מ"י — plus, also, as well as
וָלֹא תה"פ — otherwise, or else
וָלָד ז' — child, embryo, young
וַלְדָנִית נ' — prolific mother
וַלס ז' — waltz
וָסִית ת' — regular
וַסָל ז' — vassal, liege man
וַסָת ז' — regulator, governor, register, control
- וסת חום — thermostat
וֶסֶת נ' — menstruation, period
וַעַד ז' — committee
- הוועד הפועל — executive
- ועד העובדים — workers' committee
וַעֲדָה נ' — committee, commission
- ועדה מתמדת — steering committee
- ועדת היגוי — steering committee
- ועדת משנה — subcommittee
וְעוֹד מ"י — plus
- ועוד איך — and how!
וְעִידָה נ' — conference, convention
- ועידת פסגה — summit conference
וָפֶל ז' — waffle, wafer
וָקוּם ז' — vacuum
וֶרֶד ז' — rose
וַרדִינוֹן ז' — attar
וַרַדרַד ת' — pinkish
וָרוֹד ת' — pink, rosy, rose-colored
וָריאַציָה נ' — variation
וָרִיד ז' — vein
וְרִידִי ת' — venous
ושות' — and company, and Co.
וֶשֶט ז' — esophagus, gullet
וָשִינגטוֹן ז' — navel orange
וְתוּ לא — and no more
וָתִיק ת' — veteran, senior, old hand
וֶתֶק ז' — period of service, seniority
וַתְּרָן ז' — lenient, compliant
וַתְּרָנוּת נ' — leniency, indulgence

ז

ז' = זכר masculine, male
ז"א = זאת אומרת that is to say
זְאֵב ז' wolf
– זאב בעור כבש wolf in sheep's clothing
– זאב הים hake, wolf-fish
– זאב ערבות coyote
זְאֵבִי ת' wolfish
זַאֲטוּט ז' urchin, guttersnipe, tyke
זאת מ"ג it, that, this
– בזאת herein, hereby
– בכל זאת anyway, nonetheless
– זאת אומרת that is to say, i.e.
זָב פ' ooze, flow, drip, trickle
– זב חוטם sniveling, *snotty
זְבָדָה נ' butterfat, sour cream
זְבוּב ז' fly
– זבוב הבית housefly
זְבוּבוֹן ז' small fly
זְבוֹרִית נ' ballast
זָבַח פ' slaughter, sacrifice, butcher
זֶבַח ז' slaughter, sacrifice
זְבִיל ז' bomb-holder, missile-tube
זַבָּל ז' dustman, scavenger
זֶבֶל ז' garbage, refuse, rubbish, trash, manure, fertilizer
– זבל פרות dung
זִבְלִית נ' scarab
זַבָּן ז' salesman, sales clerk
זַבָּנוּת נ' salesmanship
זַבָּנִית נ' saleswoman, shopgirl
זֶבְּרָה נ' zebra
זב"ש = זו בעיה שלך *that's your funeral, that's your problem
זָג ז' grapeskin, peel
זַגָּג ז' glass-cutter, glazier
זַגָּגוּת נ' glazing
זְגוּגִי ת' glassy, vitreous
זְגוּגִית נ' glass, pane, enamel
זֵד ז' wicked, evildoer
זָדוֹן ז' malice, wickedness
– בזדון deliberately, willfully
זְדוֹנִי ת' malicious, wicked, spiteful

זֶה מ"ג it, that, this
– בזה herein, hereupon, therein
– זה את זה each other, one another
– זה לא כבר newly, recently
– זה לזה each other, one another
– זה מכבר long ago
– זה עתה just now, this moment
– זהו זה *that's flat!, that's it!
– כהוא זה a little
זָהָב ז' gold
זְהַבְהַב ת' golden
זֶהָבִי ז' goldsmith
זַהֲבָן (ציפור שיר) ז' oriole
זֶהֶה ת' equal, identical, same
זֶהוּ מ"ג this is, that's it
זָהוֹב ת' golden
זְהוֹרִית נ' orlon, rayon
זֶהוּת נ' identity, sameness
זָהִיר ת' careful, cautious, wary
– לא זהיר careless, heedless
זְהִירוּת נ' care, caution, prudence
זָהַר פ' shine, glow, glisten
זַהֲרוּר ז' glimmer, glow
זוֹ מ"ג this, it
זוֹאוֹלוֹג ז' zoologist
זוֹאוֹלוֹגִי ת' zoological
זוֹאוֹלוֹגְיָה נ' zoology
זוֹב דָם ז' bleeding
זוּג ז' brace, couple, pair
– בן זוג husband, spouse, partner
– בת זוג partner, spouse
– זוגות doubles
– זוגות מעורבים mixed doubles
זוּגָה נ' wife, spouse
זוּגִי ת' even, double, dual
– לא זוגי uneven
זוֹדִיאַק ז' zodiac
זוּהָה פ' be identified, be recognized
זוֹהִי מ"ג this is, that's it
זוּהַם פ' be polluted, be contaminated
זוּהֲמָה נ' filth, dirt, squalor
זוֹהַר ז' brilliance, shine, glamor
– זוהר קוטבי aurora
זוֹהֵר ת' bright, glittering, radiant
זְוָד ז' kit, package
– זווד הצלה survival kit

זָוִית נ'	angle, corner, elbow, aspect
– זוויות משלימות	supplementary angles
– זווית האופק	azimuth
– זווית חדה	acute angle
– זווית ישרה	right angle
– זווית לא ישרה	oblique angle
– זווית קהה	obtuse angle
– זווית ראייה	vantage point, point of view
– זווית שטוחה	straight angle
זָוִיתוֹן ז'	square
זָוִיתִי ת'	angular
זָוִיתָן (לספרים) ז'	book end
זְוָעָה נ'	atrocity, horror, outrage
זְוָעָתִי ת'	horrible, hideous
זוֹחֵל ז'	reptile, creeper, reptilian
זוּטָא ת'	tiny, small, minor
זוּטָה נ'	bagatelle, miniature
זוּטָר ת'	junior, inferior
זוּיַף פ'	be forged, be counterfeited
זוֹך ז'	purity, clarity
זוּכָּה פ'	be acquitted, be credited
זוֹכֶה ז'	winner, champion
זוֹל ת'	cheap, inexpensive, low
– בזול	cheaply, cheap
זוֹלוּת נ'	cheapness
זוֹלֵל ת'	gluttonous, voracious
– זולל וסובא	piggish, guzzler
זוֹלְלוּת נ'	voracity, gluttony
זוֹלְלָן ז'	phagocyte, glutton
זוּלַת ז'	the other, fellow man
זוּלַת מ"י	except, other than
זוּלָתָן ז'	altruist
זוּלָתָנוּת נ'	altruism
זוֹמֵם ת'	scheming, evil-minded
זוּמַן פ'	be summoned, be invited
זוֹנָה נ'	harlot, prostitute, whore
– בן זונה	*son of a bitch
– זונת צמרת	courtesan
זוּעֲזַע פ'	be shocked, be horrified
זוֹעֵם ת'	angry, irate, wrathful
זוֹעֵף ת'	sullen, morose, sulky
זוּפַּת פ'	be tarred, be asphalted
זוֹקֶן ז'	old age
זוּקַק פ'	be distilled, be refined
זוֹרַז פ'	be hurried, be urged
זוֹרֵחַ ת'	luminous, radiant
זוֹרֵם ת'	running, torrential
זוֹרֵעַ ז'	seedsman
– זורע בהלה	alarmist, scaremonger
זוֹרֵר פ'	sneeze
זָז פ'	budge, move, stir, shift
זָח פ'	boast, brag
זְחוּחַ דַּעַת ת'	arrogant, haughty
זָחִיחַ ת'	sliding, movable
זְחִיחוּת נ'	movability, euphoria
– זחיחות דעת	pride, arrogance
זְחִילָה נ'	crawl, creeping
זָחַל פ'	creep, crawl, grovel
זַחַל ז'	larva, grub, maggot, caterpillar, track
זַחֲלִי ת'	larval, tracked
זַחֲלִית נ'	tracked carrying vehicle
זַחְלָם ז'	halftrack
זַחְלָן ז'	crawler, slider, slipper
זִיבָה נ'	oozing, gonorrhea, *clap
זִיבּוּל ז'	manuring, fertilization
זִיבּוּרִית נ'	marginal land, poor soil
זִיבֵּל פ'	manure, fertilize, top-dress
זִיג ז'	jacket, blazer
זִיגֵג פ'	glass, glaze, frost, ice
זִיגּוּג ז'	glazing, icing, frosting
זִיגְזַג ז'	zigzag
זִיהָה פ'	identify, recognize, spot
זִיהוּי ז'	identification, recognition
זִיהוּם ז'	contamination, pollution
זִיהֵם פ'	pollute, contaminate, defile
זִיו ז'	brightness, luster, effulgence
זִיוֵּג פ'	pair, match, partner up
זִיוּוּג ז'	pairing, match, matching
זִיוֵּת פ'	angle
זִיוּן ז'	arming, armament, *screw
זִיוּף ז'	fake, forgery, manipulation
זִיז ז'	projection, bracket, ledge
זִיחַ ז'	indentation
זִיֵּן פ'	arm, reinforce, *screw
זִיֵּף פ'	forge, counterfeit, falsify
זַיְּפָן ז'	counterfeiter, forger
זַיְּרָה נ'	calender, mangle
זִיכָּה פ'	acquit, exonerate, credit
– זיכה ב–	earn, award, grant
זִיכּוּי ז'	crediting, acquittal
זִיכּוּך ז'	purification, cleansing
זִיכָּיוֹן ז'	concession, franchise
– בעל זיכיון	concessionaire

זִיכֵּך פ' purify, cleanse, clarify
זִיכָּרוֹן ז' memory, storage, recall
- זיכרון דברים protocol, minute
- זיכרון חזותי visual memory
- זיכרונו לברכה of blessed memory
- זיכרונות memoirs, reminiscences
זִיכְרִינִי (צמח) נ' forget-me-not
זִיל הַזּוֹל ז' very cheap
- בזיל הזול very cheap
זִילוּף ז' sprinkling, spraying
זִילוּת נ' cheapness, contempt
זִילֵף פ' sprinkle, spray
זִים ז' gill
זִימָּה נ' lechery, pornography
זִימּוּן ז' invitation, summons
זִימּוּנִית נ' beeper
זִימֵּן פ' summon, invite, convene
זִימֵּר פ' sing, chant, *cough up
זִימָּתִי ת' pornographic, lubricious
זַיִן ז' arms, weapons, *penis
זִינֵּב פ' dock, tail, destroy the rear
זִינּוּב ז' cutting off
זִינּוּק ז' dart, jump, start, blast-off
זִינֵּק פ' jump, leap, dash, bounce
זִיעַ ז' movement, tremor, twitch
זֵיעָה נ' perspiration, sweat
- בזיעת אפיו by the sweat of his brow
זִיעוּר ז' miniaturization
זִיעֵר פ' miniaturize, smooth over
זִיף ז' bristle, stubble
זִיפְזֵף zap
זִיפְזִיף ז' coarse sand, gravel
זִיפִי ת' bristly, stubbly
זִיפֵּת פ' asphalt, tar
*זִיפְתִּי ת' bad, lousy
זִיק ז' gleam, spark, ray, glimmer
- זיק תקווה ray of hope
זִיקָה נ' tie, link, relation, connection
זִיקּוּק ז' refining, distillation
זִיקּוּקִין דִּי נוּר ז"ר fireworks, pyrotechnics
זִיקּוּקִית נ' rocket, maroon
זִיקִית נ' chameleon
זִיקֵּק פ' distill, refine, fine down
זִירָה נ' arena, rink, battlefield, ring, scene, theater

- זירת מטען roadside bomb
- זירת קרב cockpit, theater of war
זֵירוּז ז' urging, spurring, catalysis
זֵירֵז פ' urge, hurry up, hustle
זִירְעוֹן ז' spermatozoon, sperm
זַיִת ז' olive
- כזית small amount
זֵיתִי ת' olive
זַךְ ת' pure, clear, transparent
זַכַּאי ת' innocent, worthy, deserving, entitled, creditor
זָכָה פ' win, gain, be fortunate
זְכוּכִית נ' glass
- זכוכית מגדלת magnifying glass
- זכוכית עששית chimney
זָכוּר ת' remembered
- זכורני I remember
זַכּוּת נ' purity, innocence
זְכוּת נ' credit, privilege, right
- בזכות- by right of, due to
- זכות בחירה franchise, vote
- זכות הצבעה suffrage, vote, ballot
- זכות יוצרים copyright
- זכות קדימה priority, first refusal
- כל הזכויות שמורות all rights reserved
- לימד זכות על plead for, defend
זְכִייָה נ' win, gaining
זַכְיָין concessionaire
זָכַר פ' remember, keep in mind
זָכָר ז' male, masculine, he
זֵכֶר ז' memory, trace, vestige
- זכרו לברכה of blessed memory
זִכְרָה נ' association
זַכְרוּת נ' masculinity, virility
זַכְרִי ת' manly, male
ז"ל=זיכרונו לברכה of blessed memory
זָלַג פ' drip, flow, weep, run
זַחְלָדָה נ' armored vehicle
זַלְדְּקָן ז' thin-bearded
זִלְזוּל ז' contempt, scorn
זִלְזֵל פ' disregard, underrate, scorn
זַלְזַל ז' twig, sprig
זַלְזֶלֶת (צמח מטפס) נ' clematis
זְלִילָה נ' gluttony, gorging, surfeit
זָלַל פ' eat greedily, *tuck in
זַלְלָן ז' trencherman, glutton
זַלְעָפָה נ' storm, tempest

– גשם זלעפות heavy rain, buckets
זָלַף פ' ooze, drip, sprinkle
זְמוֹרָה נ' branch, twig, sprig
זִמְזוּם ז' buzz, hum, drone
זִמְזֵם פ' hum, buzz, drone, croon
זַמְזָם ז' buzzer
זָמִין ת' available, cashable
זְמִינוּת נ' availability, liquidity
זָמִיר ז' nightingale
זְמִירוֹת נ"ר songs
– זימר זמירות חדשות change one's tune, sing another tune
זָמַם פ' devise, scheme, think up
זָמָם ז' muzzle
זְמַן ז' time, hour, while, term
– בו בזמן thereupon, then and there, simultaneously
– בזמנו once, at one time
– בן זמננו modern, contemporary
– זמן (בדקדוק) tense
– זמן אמת real time
– זמן מה little, awhile
– זמן רב long, long time
– זמנים times, days
– כל זמן ש- as long as
– מזמן a long time ago
זְמַנָּה נ' tempo
זְמַנִּי ת' provisional, temporary
– בו זמני simultaneous
זְמַנִּית תה"פ temporarily
– בו זמנית simultaneously, at once
– התרחש בו זמנית concur, coincide
זמ"פ = זמן פירעון date of payment
זָמַר פ' prune, trim
זֶמֶר ז' song, singing, tune
– הרבה זמר ומעט צמר much cry and little wool
– זמר רב-קולי madrigal, part-song
זַמָּר נ' singer
זִמְרָה נ' singing
זַמֶּרֶת נ' singer, songstress
– זמרת ראשית prima donna
זַמְשׁ (עור רך) ז' suede
זָן פ' feed, nourish, feast
– זן עיניו feast one's eyes on
זַן ז' kind, sort, species, variety
זַנַּאי ז' adulterer, lecher
זָנָב ז' tail, stub, stump
– זנב סוס pigtail, ponytail
– חסר זנב acaudal, tailless
זְנָבִי ת' caudal
זַנְבִיּוֹן ז' dovetail
זַנְבְּנָב ז' small tail, scut
זַנֶּבֶת הַסְּבִיאָה נ' hangover
זַנְגְּבִיל ז' ginger
זָנָה פ' commit adultery
זְנוּנִים ז"ר prostitution
זְנוּת נ' harlotry, prostitution
זָנַח פ' forsake, neglect, abandon
זָנִיחַ ת' negligible, insignificant
זְנִיחָה נ' neglect, desertion
זֶנִית נ' zenith
זָ'נְר ז' genre
זָנְתָה פ' be a harlot, prostitute
זָע פ' budge, move, stir
זָעוּם ת' scanty, paltry, slight
זָעוּף ת' angry, enraged
זַעֲזוּעַ ז' blow, shock, start
– זעזוע מוח concussion
זִעְזַע פ' shock, shake, startle
זָעִיר ת' petty, very small, tiny
זְעֵיר אַנְפִּין ת' miniature, minute
זָעַם פ' be angry, fume, rage
זַעַם ז' anger, fury, rage, wrath
זַעֲמָן ז' black snake, whip snake
זָעַף פ' be angry, glower, frown
זַעַף ז' anger, fury, storm
זָעֵף ת' angry, cross, displeased
זְעַפְרָן ז' saffron
זָעַק פ' scream, shout, cry out
זְעָקָה נ' outcry, cry, scream, shout
זַעֲרוּרָה נ' miniature
זַעֲרוּרִי ת' tiny, very small, minute
זַעְתָּר ז' savory
זֶפֶק ז' craw, crop, maw
זַפֶּקֶת (מחלה) נ' goiter
זֶפֶת ז' pitch, tar, asphalt
זַפָּת ז' pitch worker
זצ"ל=זכר צדיק לברכה of blessed memory
זְקוּנִים ז"ר old age
– בן זקונים youngest son
זָקוּף ת' erect, upright, vertical
זָקוּק ת' in need of, needing
זָ'קֶט ז' jacket
זָקִיף ז' guardsman, sentinel,

lookout, sentry, stalagmite
זְקִיפָה נ׳ charging
– זקיפת זכות crediting
– זקיפת חובה debiting
זְקִיפוּת נ׳ erectness, uprightness
– זקיפות קומה uprightness, pride
זְקִיק follicle
זָקֵן פ׳ become old, age
זָקָן ז׳ beard
– בעל זקן bearded
– זקן לחיים side-whiskers
– זקן תיש goatee
זָקֵן ת׳ aged, old, old man
– הזקנים the aged, the old
זִקְנָה נ׳ age, old age, senility
זְקֵנָה נ׳ old woman
זְקַנְקַן ז׳ small beard, imperial
זָקַף פ׳ straighten, erect, raise up, lift, attribute, charge
– זקף אוזניו prick up one's ears
– זקף לזכות credit
– זקף לחובה debit
זָקָף ז׳ stile, bollard, upright
זִקְפָּה נ׳ erection
זֵר ז׳ garland, wreath, coronet
– זרי דפנה laurels, bays
זָר ת׳ alien, foreign, stranger
ז״ר = זכר ריבוי masculine plural
זָרָא ז׳ disgust, stomachful, surfeit
זַרְבּוּבִית נ׳ muzzle, snout, spout
זַ׳רגוֹן ז׳ cant, jargon, pidgin
זֶרֶד ז׳ twig, sprig
זָרָה פ׳ scatter, spread, winnow
– זרה חול בעיניו mislead, cheat, throw dust in his eyes
– זרה מלח על פצעיו rub salt into his wounds
זְרוֹעַ נ׳ arm, forearm, limb, tentacle
– בזרועות פתוחות with open arms
– זרוע המיקרופון boom
– זרועות הצבא military forces
– שלובי זרוע arm in arm
זָרוּעַ ת׳ sown, rife, strewn
– זרוע כוכבים star-studded
זָרוּק ת׳ thrown away, beatnik
זָרוּת נ׳ strangeness, anomaly
זָרָז ז׳ catalyst
זַרְזִיף ז׳ shower, raindrop

זַרְזִיר ז׳ starling, grayhound
– זרזיר עט sensational writer
זִרְזֵף פ׳ drip, mizzle
זָרַח פ׳ shine, dawn, lighten, radiate
זַרְחָה נ׳ phosphate
זַרְחוֹרָנוּת נ׳ phosphorescence
זַרְחָן ז׳ phosphorus
זַרְחָנִי ת׳ phosphoric
זָרִיז ת׳ nimble, agile, skillful, quick
זְרִיזוּת נ׳ quickness, skill, agility
זְרִיחָה נ׳ sunrise, dawn
– זריחת השמש sunrise, sunup
זְרִיָּה נ׳ sprinkling, winnowing
– זריית חול בעיניים deception, misleading
זָרִים ת׳ streamlined
זְרִימָה נ׳ flow, flux, issue, onrush
זְרִימוּת נ׳ streamlining
זָרִיעַ ז׳ seedtime, sowing season, seedling
זְרִיעָה נ׳ sowing, seeding
זְרִיקָה נ׳ hypodermic, injection, throw, throwing, toss, *shot
– זריקה חופשית free throw
– זריקת חוץ throw-in
– זריקת עידוד shot in the arm
– זריקת פטיש hammer throw
זָרַם פ׳ stream, flow, run
זֶרֶם ז׳ current, flow, stream, torrent, flux
– זרם התודעה stream of consciousness
– זרם חילופין alternating current, ac
– זרם ישר direct current, dc
זַרְנוּק ז׳ fire-hose, hose, hose-pipe
זַרְנִיך ז׳ arsenic
זָרַע פ׳ seed, sow, plant
– זרע שנאה sow hate
זֶרַע ז׳ seed, semen, sperm, kernel
– זרע הפורענות seeds of trouble
זַרְעִי ת׳ seedy
זָרַק פ׳ throw, toss, cast, hurl
זַרְקָא ז׳ tilde
זַרְקוֹר ז׳ projector, searchlight, spotlight, spot
זֶרֶת נ׳ little finger, pinkie, pinky
– זרת (כ־23 ס״מ) span

ח

Hajj, Hadji חַאג' ז'
khan חַאן ז'
owe, incur debt חָב פ'
love, like, be fond of חָבַב פ'
beaten, hackneyed חָבוּט ת'
hidden, latent, secret חָבוּי ת'
beaten, wounded, injured חָבוּל ת'
hugged, embraced, clasped חָבוּק ת'
counterfoil, stub, pool חֲבוּר ז'
bruise, weal, contusion חַבּוּרָה נ'
group, company, gang חֲבוּרָה נ'
quince חַבּוּשׁ ז'
tied, bandaged, imprisoned, worn חָבוּשׁ ת'
wearing a hat – חבוש כובע
liability, obligation, debt חָבוּת נ'
taxability – חבות במס
beat, strike, club, bat חָבַט פ'
blow, hit, stroke, bang חֲבָטָה נ'
backhand – חבטה גבית (בטניס)
forehand – חבטה כפית (בטניס)
lovable, amiable, affable חָבִיב ת'
amiability, affability חֲבִיבוּת נ'
hiding place חֶבְיוֹן ז'
keg, small barrel חָבִיוֹנֶת נ'
bundle, package, parcel חֲבִילָה נ'
parcel post – דואר חבילות
package deal – עסקת חבילה
custard, pudding, *pud חֲבִיצָה נ'
bandaging, imprisonment חֲבִישָׁה נ'
wearing a hat – חבישת כובע
barrel, cask, butt, keg חָבִית נ'
tinder box – חבית חומר נפץ
omelet, omelette חֲבִיתָה נ'
pancake, blintze חֲבִיתִית נ'
bruise, wound, pawn חָבַל פ'
rope, cord, district, region חֶבֶל ז'
skate on thin ice – הילך על חבל דק
region, territory – חבל ארץ
umbilical cord – חבל הטבור
lifeline – חבל הצלה
clothesline – חבל כביסה
skipping rope – חבל קפיצה

bonds of sleep – חבלי שינה
tug of war – משיכת חבל
alas, it's a pity, *too bad חֲבָל מ"ק
bindweed, convolvulus חֲבַלְבַּל ז'
bruise, injury, trauma חֲבָלָה נ'
sabotage, destruction חַבָּלָה נ'
saboteurs, vandals – מלאכי חבלה
throes, labor, birth pangs, teething troubles חֶבְלֵי לֵידָה ז"ר
sapper, bomb disposal expert, saboteur, vandal חַבְּלָן ז'
sabotage חַבְּלָנוּת נ'
lily, fleur-de-lis חֲבַצֶּלֶת נ'
hug, embrace, wrap round חָבַק פ'
girth, cinch, band חֶבֶק ז'
unite, associate, gang up חָבַר פ'
fellow, member, friend, companion חָבֵר ז'
juror – חבר בחבר מושבעים
congressman – חבר הקונגרס
commissioner – חבר ועדה
Member of Knesset, MK, parliamentarian – חבר כנסת
schoolfellow – חבר לבית-ספר
roommate – חבר לחדר
classmate – חבר לכיתה
comrade in arms – חבר לנשק
pen friend, pen pal – חבר לעט
councilor – חבר מועצה
boyfriend, *steady – חבר קבוע
bandsman – חבר תזמורת
gentlemen!, comrades! – חברים!
company, group, league חֶבֶר ז'
jury – חבר מושבעים
brindled, spotted חֲבַרְבּוּר ת'
streak, stripe, spot חֲבַרְבּוּרָה נ'
company, corporation, firm, society חֶבְרָה נ'
in the society of – בחברת
high society – החברה הגבוהה
burial society – חברה קדישא
parent company – חברת אם
insurance company – חברת ביטוח
subsidiary company – חברת בת
holding company – חברת גג
friends, guys *חֶבְרֶה ז"ר
girl friend, *date חֲבֵרָה נ'
membership, friendship חֲבֵרוּת נ'

חִברוּת נ' socialization
חַברוּתִי ת' sociable, *matey
- לא חברותי unsociable, bad mixer
חַברוּתִיוּת נ' sociability, friendliness
חֲבֵרִי ת' friendly, companionable
*חֶבְרַיָה ז"ר friends, guys
*חֶבְרֶמָן ז' jolly fellow, good sport
חִבְרֵת פ' socialize
חֶבְרָתִי ת' social
חָבַשׁ פ' bandage, dress, imprison
- חבש כובע wear a hat
- חבש סוס saddle up
- חבש ספסל הלימודים attend school
חַבְתָּן ז' cooper, barrel maker
חָג פ' circle, go round, revolve, veer
חַג ז' holiday, festival, feast
- חג האורים Festival of Lights
- חג החירות Passover
- חג הסוכות Feast of Tabernacles
- חג השבועות Pentecost
- חג המולד Christmas
חָגָא נ' Christian holiday
חָגָב ז' grasshopper, locust
חָגַג פ' celebrate, make merry
חָגוּ ז' ravine, cleft, crack
חֲגוֹר ז' accouterments, belt-bag, gear, personal equipment
חָגוּר ת' girded, belted
חֲגוֹרָה נ' belt, girdle, webbing
- חגורת בטיחות safety belt
- חגורת הצלה life belt
- חגורת צניעות chastity belt
- חגורת שבר truss, hernia belt
חֲגִיגָה נ' celebration, festival
*- חגיגה לעיניים ravishing view
חֲגִיגִי ת' festive, formal, solemn
חֲגִיגִיוּת נ' solemnity, ceremony
חֲגִיגִית תה"פ solemnly, formally
חֲגִירָה נ' girding, wearing a belt
חָגַר פ' gird, wear a belt
חָד פ' pose a riddle
חַד ת' acute, sharp, cutting, keen
- חד וחלק unequivocally
חַד ש"מ one, mono-, uni-
*חַד גַּדְיָא ז' prison, jail, *jug
חַד הוֹרִי ת' single-parent
חַד כִּיווּנִי ת' one-way
חַד לָשׁוֹן ת' sharp-tongued
חַד מִינִי ת' unisexual, monosexual
חַד מַשְׁמָעִי ת' unequivocal
חַד סִטְרִי ת' one-way
חַד עַיִן ת' eagle-eyed, sharp-sighted
חַד עֶרְכִּי ת' monovalent, univalent
חַד פַּעֲמִי ת' disposable, for one time
חַד צְדָדִי ת' unilateral, one-sided
חַד שִׂיחַ ז' monologue, soliloquy
חַד שְׁנָתִי (צמח) ז' annual
חַד תָּאִיִּים ז"ר protozoa
חַדְגוֹנִי ת' monotonous, tedious
חַדְגוֹנִיוּת נ' monotony, sameness
חִדּוּד ז' point, edge, spike
חַדּוּדִי ת' conical, conic
חַדּוּדִית נ' cone, pyramid
חֶדְוָה נ' joy, happiness, mirth
- חדוות החיים joie de vivre
חֲדוֹפָן ז' wheelbarrow
חָדוּר ת' penetrated, full of
- חדור גאווה proud, puffed up
חַדּוּת נ' sharpness, keenness
חֲדִילָה נ' cessation, stopping
חָדִיר ת' penetrable, permeable
חֲדִירָה נ' penetration, pervasion
חֲדִירוּת נ' penetrability
חָדִישׁ ת' modern, brand-new
חֲדִישׁוּת נ' modernity, novelty
חָדַל פ' cease, stop, desist
חָדֵל ת' ceasing, pausing
- חדל אישים worthless man
חַדַּף (דמוי עכבר) ז' shrew
חֶדֶק ז' proboscis, trunk, snout
חִדְקוֹנִית נ' weevil
חִדְקָן (דג) ז' sturgeon
חָדַר פ' penetrate, pervade, pierce
חֶדֶר ז' room, chamber
- בחדרי חדרים in innermost places
- חדר אוכל dining room, mess hall
- חדר אורחים guest room, salon
- חדר מיון **emergency, casualty ward**
- חדר הלב ventricle
- חדר המדרגות stairwell
- חדר המתנה waiting room
- חדר התאוששות recovery room
- חדר חושך darkroom
- חדר מתים mortuary, morgue
- חדר ניתוחים operating theater
- חדר עבודה study, workroom

– חדר שטיפה scullery
– חדר שינה bedroom, dormitory
חַדְרוֹן ז' alcove, cabinet, cubicle
חַדְרָנִית נ' chambermaid
חָדָשׁ ת' new, recent, fresh, novel
– חדש בתכלית brand-new
– חדשים לבקרים every morning
חֲדָשָׁה נ' news, novelty
חֲדָשׁוֹת נ"ר news, news items
חַדְשָׁן ז' innovator, modernist
חַדְשָׁנוּת נ' modernism, creativity
חַדְשָׁנִי ת' modernistic, inventive
ח"ו = חס וחלילה God forbid!
חוֹב ז' debt, obligation, bosom
– בעל חוב debtor, creditor
– חוב אבוד bad debt
– טומן בחובו keeps inside
חוֹבֵב ז' lover, amateur, fancier
חוֹבְבָן ז' dabbler, dilettante
חוֹבְבָנוּת נ' dilettantism, amateurism
חוֹבְבָנִי ת' amateurish, dilettante
חוֹבָה נ' debit, duty, liability
– חובה עליך you must, you should
– יצא ידי חובה go through the motions, do one's duty
חוֹבֵט ז' batter
חוֹבֵל ז' seaman, sailor
– חובל ראשון first mate
חוּבְצָה נ' buttermilk
חוּבַּק פ' be hugged, be embraced
חוֹבֵק עוֹלָם ת' worldwide, universal
חוּבַּר פ' be written, be composed, be added, be connected
חוֹבֶרֶת נ' booklet, pamphlet, brochure
חוֹבֵשׁ ז' dresser, paramedic, *medic
חוֹבְשׁוּת נ' wound dressing
חוּג ז' circle, sphere, range, tropic
– החוג הנוצץ smart set, jet set
– חוג הגדי Tropic of Capricorn
– חוג הסרטן Tropic of Cancer
– חוגים פוליטיים political circles
חוֹגֵג ז' celebrant, merrymaker
חוּגָה נ' dial, rotor
חוֹגְלָה נ' partridge
חוֹגֵר ז' enlisted man
– חוגרים other ranks, the ranks
חוֹד ז' point, barb, edge, tooth

חוּדַּד פ' be sharpened
חוֹדֵר ת' penetrating, piercing
– חודר שריון armor-piercing
חוֹדְרָנִי ת' penetrating, piercing
חוּדַּשׁ פ' be resumed, be renewed
חוֹדֶשׁ ז' month
– בחודש הבא prox.
– בחודש זה instant, inst.
– בחודש שעבר ult.
– חודש חמה calendar month
– חודש לבנה lunar month
חוֹדְשִׁי ת' monthly
חַוָּאוּת נ' farming
חַוַּאי ז' farmer, rancher
חָוָה פ' experience, taste, undergo
חַוָּה נ' farm, ranch, grange
חַוָּה (אשת אדם) נ' Eve
חָווּי ת' experienced
חֲוָיָה נ' experience, affair
חֲוָיָתִי ת' impressive, moving
חֲוִילָה נ' villa
חָוָק ז' rung, transom, ratlin
חָוַר פ' become pale, whiten
חַוָּר ז' marl, chalky soil
חֲוַרְוַר ת' pale, palish, whitish
חֲוַרְוָרִי ת' pale, palish, whitish
חַוַּת דַּעַת נ' opinion, report
חוֹזֶה ז' contract, prophet
חוֹזִי ת' contractual
חוּזַּק פ' be strengthened
חוֹזֶק ז' intensity, strength
חוֹזְקָה נ' strength
– בחוזקה strongly, forcibly, tight
חוֹזֵר ז' circular, returning, repeating
– חוזר בתשובה repentant sinner, Jew who became religious
חוּזְרָד ז' mountain ash, rowan
חוֹחַ ז' thistle, briar, brier
חוֹחִית (ציפור שיר) נ' goldfinch
חוּט ז' cord, string, thread, line
– חוט השני leitmotiv, main thread
– חוט חשמל electric wire
– חוט שדרה backbone, spinal cord
– כחוט השערה by a hair's breadth
חוּטָּא פ' be disinfected
חוֹטֵא ז' sinner, wrongdoer
חוֹטֵב ז' hewer, carver

- חוטב עצים woodcutter, logger
חוּטִי ת' stringy, threadlike
חוֹטֶם ז' nose, snout, *beak, *snoot
חוּטִינִי gee-string, G-string
חוטמית נ' marsh mallow
- חוטמית תרבותית hollyhock
חוּטָנִי ת' stringy, threadlike
חוֹטֵף ז' kidnapper, grabber
- חוטף מטוס hijacker, skyjacker
חוֹטֶר ז' offshoot, scion, shoot, rod
- חוטר ניקוי ramrod, cleaning stick
חוּיַּב פ' be obliged, be debited
חוּיַּל פ' be mobilized, be enlisted
חוּכָּא וְאִטְלוּלָה laughing stock
חוֹכְמָה נ' wisdom, sagacity, sense
- חוכמה לאחר מעשה hindsight
- חוכמת היד palmistry
- חוכמת הפרצוף physiognomy
חוֹכֵר ז' leaseholder, lessee, tenant
חוֹל ז' sand, workaday, secular
- חול המועד workdays of Passover, workdays of Tabernacles
- חולות sands
- יום חול weekday, working day
חו"ל = חוץ לארץ abroad
חוֹלֵב ז' milker, dairyman
חוֹלֶבֶת נ' milch cow, milkmaid
חוֹלֶד ז' mole, ermine
חוּלְדָה נ' rat
חוֹלֶה ת' ill, patient, sick, diseased
- חולה אהבה lovesick
*- חולה הגה mad on driving
- חולה נפילה epileptic
- חולה נפש mad, mental patient
- חולה רוח insane, mad, lunatic
חוֹלִי ז' sickness, illness, malady
חוֹלִי ת' sandy, gritty
חוּלִיגָן ז' hooligan, ruffian
חוּלִיגָנִיּוּת נ' hooliganism, ruffianism
חוּלְיָה נ' link, vertebra, joint, squad
- בעל חוליות vertebrate, vertebral
- החוליה החסרה missing link
- חסר חוליות invertebrate
חוּלִּין ז"ר secularism
חוֹלִירָע ז' cholera
חוֹלִית נ' dune, sand dune
חוּלַּל פ' be desecrated, be profaned
חוֹלֵל פ' create, produce, do, dance
- חולל נפלאות do wonders
חוֹלָם ז' O (Hebrew vowel)
חוֹלֵם ת' dreamer, visionary
חוֹלְמָנִי ת' dreamy, faraway, moony
חוֹלָנִי ת' morbid, sick, unhealthy
חוֹלָנִיּוּת נ' morbidity, sickliness
חוֹלֵף ת' evanescent, passing
חוּלַּץ פ' be delivered, be freed
חוֹלֵץ ז' pincers, extractor
- חולץ פקקים corkscrew
חוּלְצָה נ' blouse, shirt, waist
- חולצת טי T-shirt
חוּלַּק פ' be divided, be distributed
חוּלְשָׁה נ' weakness, infirmity
חוֹם ז' heat, temperature, warmth
- חום סגולי specific heat
חוּם ת' brown
*חוּמֶד ת' cute, charming
חוֹמָה נ' wall, parapet
חוּמוּס ז' chickpea dish
חוֹמֶט ז' lizard
חוּמִית נ' calorie, calory, brownie
חוּמַּם פ' be heated, be warmed
חוּמָּנִי ת' thermal
חוֹמֵס ז' robber, bandit
חוּמְעָה נ' dock, sorrel
חוֹמֶץ ז' vinegar
חוּמְצָה נ' acid
- חומצה גופרתית sulfuric acid
- חומצה חנקנית nitric acid
- חומצת לימון citric acid
חוּמְצִיּוּת נ' acidity
חוֹמֶר ז' clay, material, matter, stuff, subject, substance
- חומר בידוד insulation, lagging
- חומר גלם raw material
- חומר הדין the rigor of the law
- חומר למחשבה food for thought
- חומר נפץ explosive
- חומר קריאה reading matter
- כחומר ביד היוצר putty in his hands, wax in his hands
חוּמְרָה נ' austerity, severity, strictness, seriousness
חוֹמְרָה נ' hardware
חוֹמְרִי ת' material, worldly
חוֹמְרִיּוּת נ' materialism, worldliness
חוֹמְרָנוּת נ' materialism, worldliness

חוּמַש פ' be armed, be equipped
חוֹמֶש ז' fifth, five years
חוּמָש ז' Pentateuch
- חומש בראשית Genesis
- חומש שמות Exodus
- חומש ויקרא Leviticus
- חומש במדבר Numbers
- חומש דברים Deuteronomy
חוּנְטָה נ' junta
חוּנַך פ' be educated, be taught
חוֹנֵך ז' tutor, coach, trainer
חוֹנְכוּת נ' tutorship
חוֹנֵן פ' endow, bestow, show mercy
חוֹנַן פ' be blessed, be talented
חוֹסֶה ז' inmate, ward, sheltered
חוּסַל פ' be liquidated, be killed
חוֹסֵם עוֹרְקִים ז' tourniquet
חוּסַן פ' be immunized, be inured
חוֹסֶן ז' strength, power, immunity
- לא לעולם חוסן even strong men fall, accidents will happen
חוּסַר פ' be subtracted
חוֹסֶר ז' lack, absence, want
- חוסר אונים fatigue, helplessness
- חוסר אמון disbelief, distrust
- חוסר ביטחון uncertainty
- חוסר טעם poor taste
- חוסר יציבות instability, shakiness
- חוסר כאב analgesia
- חוסר כבוד disrespect, irreverence
- חוסר כוח גברא impotence
- חוסר כול poverty, destitution
- חוסר משקל weightlessness
- חוסר נימוס incivility
- חוסר ניסיון inexperience
- חוסר פעילות inactivity
חוֹסֶר (ראה גם אי) תח' dis-, in-, un-
חוֹף ז' beach, shore, coast
- חוף מבטחים haven, safe place
חוּפָּה נ' canopy, wedding ceremony
חוּפְזָה נ' hurry, haste
חוֹפִי ת' coastal
חוֹפְמִי (עוף) ז' plover
חוֹפֶן ז' handful
חוֹפֵף ת' overlapping, congruent
חוֹפְפוּת נ' congruity, congruence
חוּפַּש פ' be disguised, dress up
חוֹפֶש ז' freedom, liberty, latitude
- החופש הגדול long vacation
חוּפְשָׁה נ' leave, vacation, *vac
- חופשת מחלה sick leave
חוֹפְשִׁי ת' free, irreligious, at large
חוֹפְשִׁיּוּת נ' freedom, familiarity
חוּץ ז' outside, out, open, open air
- בחוץ out, outside, without
- החוצה out, outward(s)
- חוץ לארץ abroad
- חוץ מזה moreover, further
- חוץ מן apart from, except
חוֹצֵב ז' quarryman
- חוצב להבות fiery, burning
חוֹצֶה זָוִית ז' bisector
חוֹצֶן ז' bosom, lap
- ניער חוצנו מן renounce, repudiate
חוּצְפָּה נ' impertinence, insolence
חוּצְפָּן ז' impudent, insolent, cheeky
חוֹצֵץ ז' buffer, divider
- יצא חוצץ attack, denounce
חוֹק ז' act, law, regulation, rule, statute, enactment
- חוק וסדר law and order
- חוק עזר עירוני bylaw
חוּקָּה נ' constitution, law, rule
- חוקת הכנסייה canon law
חוּקִּי ת' lawful, legal, legitimate
- בלתי חוקי illegal, unlawful
חוּקִּיּוּת נ' legality, legitimacy
חוֹקֶן ז' enema, *blow, punishment
חוֹקֵק פ' legislate, enact
חוּקַּק פ' be legislated, be enacted
חוֹקֵר ז' inquirer, investigator
- חוקר מקרי מוות coroner
חוּקָּתִי ת' constitutional
חוּקָּתִיּוּת נ' constitutionality
חוֹר ז' aperture, hole, socket
- חור המנעול keyhole
- חור שחור black hole
חוֹרֶב ז' drought, aridity
חוּרְבָּה נ' ruined house, ruin
חוּרְבָּן ז' ravage, ruin, destruction
חוֹרֵג ת' step-, aberrant, deviating
- בן חורג stepson, stepchild
חוֹרְמָה נ' extermination
חוֹרֶף ז' winter
חוֹרְפָּה נ' blade, edge
חוֹרְפִּי ת' wintry, winter

חוֹרְפָן ז׳ mink
חוֹרֵק ת׳ creaky, grating, scratchy
חוֹרֵשׁ ז׳ plowman, plougher
– חורש רעה designing, evil-minded
חוֹרֶשׁ ז׳ grove, wood, copse
חוֹרְשָׁה נ׳ grove, wood, copse
חוּרְשָׁף ז׳ artichoke
חוּשׁ ז׳ sense, feeling, flair
– חוש הומור sense of humor
חוּשַׁב פ׳ be calculated, be reckoned
חוּשְׁחָשׁ ז׳ bitter orange
חוּשִׁי ת׳ sensory, sensual, sensuous
חוֹשֶׁךְ ז׳ darkness, dark, murk
– הרי חושך edge of the world
– חושך מצריים pitch-dark
חוּשַׁל פ׳ be inured, be forged
חוֹשֶׁם ז׳ fool, dolt, botcher
חוּשְׁמַל פ׳ be electrified
חוֹשֶׁן ז׳ breastplate
חוּשָׁנִי ת׳ carnal, sensual
חוּשָׁנִיּוּת נ׳ sensualism
חוֹשְׂפָנִי ת׳ revealing, exposing
חוֹשֵׁק ת׳ lover, lustful, covetous
חוֹשֵׁשׁ ת׳ afraid, nervous, fearful
– חוששני I'm afraid, I fear
חוֹתֵךְ ת׳ decisive, lapidary, secant
חוֹתְכָן ז׳ letter opener
חוֹתֶכֶת נ׳ incisor
חוֹתָל ז׳ wrapper, gaiter
חוֹתֶלֶת נ׳ gaiter, puttee, legging
חוֹתָם ז׳ imprint, seal, stamp
חוֹתֵם ז׳ signer, subscriber
חוֹתֶמֶת נ׳ seal, stamp, signet
– חותמת גומי rubber stamp
חוּתַּן פ׳ be married off
חוֹתֵן ז׳ father-in-law
חוֹתֶנֶת נ׳ mother-in-law
חוֹתֵר ז׳ rower, oarsman, striver
חוֹתְרָנִי ת׳ insidious, subversive
חַזָּאוּת נ׳ meteorology, forecasting
חַזַּאי ז׳ weatherman, weather-wise, forecaster
חָזָה פ׳ foresee, watch, anticipate
חָזֶה ז׳ breast, chest
חָזוּי ת׳ expected, forecast
חָזוֹן ז׳ prophecy, vision
– חזון תעתועים chimera, illusion
– עוד חזון למועד time will tell

חָזוּת נ׳ appearance, vision, prospect
חָזוּתִי ת׳ visual, optical
– חזותי שמיעתי audio-visual
חֲזָזִית נ׳ acne, lichen
חֲזִי ת׳ pectoral, of the breast
חֲזִיז ז׳ bolt, flash, firecracker
חֲזִיָּה נ׳ bra, brassiere, vest
חֲזִיר ז׳ hog, pig, swine
– חזיר בר boar, wild boar
– חזיר ים cavy, guinea pig
חֲזִירָה נ׳ sow, returning
חֲזִירוֹן ז׳ piggy, piglet
חֲזִירוּת נ׳ swinishness, piggishness
חֲזִירִי ת׳ hoggish, swinish, porcine
חֲזִירִית נ׳ king's evil, scrofula
חֲזִית נ׳ front, facade
– חזית הפנים home front
חֲזִיתִי ת׳ frontal, head-on
חז״ל = חכמינו ז״ל our Sages
חַזָּן ז׳ cantor of synagogue
חַזָּנוּת נ׳ office of cantor
חָזַק פ׳ become strong
חָזָק ת׳ strong, powerful, firm
חֲזָקָה נ׳ holding, occupation, possession, presumption
– חזקה עליו no doubt, he must
חֶזְקָה נ׳ power
– חזקה שלישית cube
– חזקה שנייה square
חָזַר פ׳ come back, be back, return, repeat, rehearse
– חזור let, *come again
– חזר בו regret, withdraw, retract
*– חזר בשאלה become irreligious
– חזר בתשובה become religious
– חזר לסורו revert to bad habits
חֲזָרָה נ׳ rehearsal, repetition, return
– בחזרה back, backwards
– חזרה בתשובה becoming religious
חֲזַרְזִיר ז׳ piggy, piglet
חֲזַרְזָר ז׳ gooseberry
חִזְרָן ז׳ bamboo, cane
חֲזֶרֶת (ירק) נ׳ horseradish
חַזֶּרֶת (מחלה) נ׳ mumps
חָח ז׳ nose ring, swivel
חָט ז׳ tusk, incisor
חָטָא פ׳ sin, transgress, do wrong
חֵטְא ז׳ sin, fault, wrongdoing

חַטָּאת נ' sin offering, sin
חָטַב פ' cut, chop wood, log
חָטוּב ת' well shaped, carved
חֲטוֹטֶרֶת נ' hump, hunch
חָטוּף ת' snatched, abducted, quick, sudden, swift
חֲטוּפוֹת תה"פ swiftly, quickly
חָטַט פ' dig, bore, scratch
חָטָט ז' blackhead, pimple, spot
חַטְטָן ז' faultfinder, nosy, snoop
חַטְטָנוּת נ' faultfinding
חַטֶּטֶת נ' furunculosis, acne
חֲטִיבָה נ' brigade, regiment, section
- חטיבת ביניים junior high school
חָטִיף ז' snack, bite, nosh
חֲטִיפָה נ' abduction, kidnapping, hijack, snatch, grab
חָטַף פ' snatch, grab, hijack, skyjack, kidnap, abduct
- חטף תנומה take a nap
חָטָף ז' haste, hurry, semivowel
חַטְפָן ז' snatcher, grabber
חַי פ' live, exist, reside, dwell
חַי ת' live, living, alive, vivid
- חי וקיים alive, existing
- חי נפשי! upon my life!
חִיבֵּב פ' be fond of, like, love
חִיבָּה נ' affection, liking, love
חִיבּוּט ז' beating, castigation
חִיבּוּץ ז' churning
חִיבּוּק ז' embrace, hug, clasp
- חיבוק ידיים idleness, inaction
חִיבּוּר ז' addition, connection, linkage, composition, essay
חִיבֵּל פ' damage, harm, sabotage
חִיבֵּל ז' cordage, rigging, tackle
חִיבֵּץ שַׁמֶּנֶת פ' churn
חִיבֵּק פ' hug, embrace, embosom
חִיבֵּר פ' join, tie, connect, add, write, compose
חִיגֵּר ז' lame, limping
חִיגְּרוּת נ' lameness, limping
חִידֵּד פ' sharpen, edge, whet
חִידָה נ' puzzle, riddle, enigma
חִידּוּד ז' sharpening, wit, quip
- חידודים חידודים goose-flesh
חִידּוֹן ז' quiz
חִידּוֹנַאי ז' quizmaster
חִידּוּשׁ ז' innovation, renewal, resumption, renovation
- חידוש נעורים rejuvenation
חִידָּלוֹן ז' cessation, stopping
חִידֵּשׁ פ' resume, renew, invent
חָיָה פ' live, be alive, exist
חַיָּה נ' animal, beast, brute
- חיה רעה beast, brutal person
- חיית טרף beast of prey
- חיית כיס marsupial
- חיית מחמד pet
חִיּוּב ז' debiting, charge, conviction, approval, affirmation
חִיּוּבִי ת' positive, favorable
חִיּוּג ז' dialing
חִיוָּה פ' pronounce, express, state
חִיוּוּי ז' statement, indication
- דרך החיווי indicative mood
חִיוֵּר ת' pale, ashen, colorless
חִיוּוֹר דָּם ז' leukemia
חִיוָּרוֹן ז' paleness, pallor
חִיּוּךְ ז' smile, chuckle, grin
חִיּוּל ז' enlistment, mobilization
חִיּוּנִי ת' essential, vital, necessary
חִיּוּנִיּוּת נ' vitality, necessity
חִיּוּת נ' liveliness, vitality, sap
חִיזּוּי ז' prediction, forecasting
חִיזּוּק ז' strengthening, support
חִיזּוּר ז' courtship, wooing
- חיזורים addresses, advances
חִיזּוֹרֶת נ' refrain, reprise
חִיזָּיוֹן ז' vision, revelation, play
- חיזיון אור קולי son et lumiere
חִיזֵּן פ' sing as a cantor
חִיזֵּק פ' strengthen, fortify
חִיזֵּר פ' court, woo, canvass
- חיזר על הפתחים go begging
חִיטֵּא פ' disinfect, sterilize
חִיטֵּב פ' sculpt, carve, hew
חִיטָּה נ' wheat
חִיטּוּב ז' carving, sculpture
חִיטּוּט ז' carping, picking
חִיטּוּי ז' disinfection, fumigation
חִיטֵּט פ' scratch, snoop, carp, peck
חִיֵּיב פ' compel, force, charge, debit, convict, approve of
חַיָּב ת' should, must, obliged, debtor, guilty

– היה חייב	must, ought, owe
חַיְּבָר ז'	wildlife reserve
חִייֵג פ'	dial
חַייְגָן ז'	dialer
חַיְידַק ז'	microbe, germ, bacillus
חִייָה פ'	give life, revive
חַייזֶרַע ז'	spermatozoon
חִייֵט פ'	tailor, sew
חַייָט ז'	tailor, sewer
חַייָטוּת נ'	tailoring
חִייֵךְ פ'	smile, chuckle, grin
חַייְכָנִי ת'	smiling, smiler
חִייֵל פ'	enlist, mobilize
חַייָל ז'	soldier, GI, pawn
– חייל סדיר	regular
– חייל שוקולדה	carpet-knight
– חיילים	soldiery, troops
חַייָלִי ת'	soldierly, military
חַייֶלֶת נ'	woman soldier
חַיִּים ז"ר	life
– בחייו!	upon my word!
– בחיים	alive, living
– חיי עולם	eternal life
– חייו תלואים לו מנגד	his life hangs by a hair
– כמו בחיים	lifelike
– לחיים!	cheers!, your health!
*– עשה חיים	have a good time
חַייְנוֹעַ ז'	stroboscope
חַייְעַד ז'	everlasting
חִייֵץ פ'	partition, extrapolate
חַייְשָׁן ז'	hesitant
חַייָתִי ת'	beastly, animal, bestial
חַייָתִיּוּת נ'	animalism, bestiality
חֵיךְ ז'	palate
– החיך הרך	soft palate
– חיך שסוע	cleft palate
חִיכָּה פ'	wait, expect, await, stay
חִיכּוּךְ ז'	friction, rubbing, strife
חִיכִּי ת'	palatal, of the palate
חִיכֵּךְ פ'	rub, scratch, chafe
חַיִל ז'	strength, power, bravery, army, force, corps
– חיל אוויר	air force
– חיל הנדסה	engineering force
– חיל חימוש	ordnance corps
– חיל ים	navy
– חיל מצב	garrison
– חיל פרשים	cavalry
– חיל קשר	signal corps
– חיל רגלים	infantry
– חיל שריון	armored corps
– חיל תותחנים	artillery
– מחיל אל חיל	always prospering
– עשה חיל	prosper, thrive
חִיל ז'	fear, trembling
חִילָדוֹן ז'	wheat rust, rust
חִילָה פָּנָיו פ'	beg, entreat
חִילוּט ז'	forfeiture, foreclosure
חִילוּל ז'	desecration, profanity
– חילול הקודש	sacrilege
– חילול השם	blasphemy
חִילוּן ז'	secularization
חִילוֹנִי ת'	secular, irreligious
חִילוֹנִיּוּת נ'	secularism
חִילוּף ז'	exchange, substitution
– חילוף חומרים	metabolism
חִילוּפִי ת'	alternative, substitute
חִילוּפֵי גַבְרֵי ז"ר	reshuffle, shakeup
חִילוּפִית נ'	ameba
חִילּוּץ ז'	extrication, rescue, recovery
– חילוץ עצמות	physical drill
חִילּוּק ז'	division, dividing
– חילוקי דיעות	disagreement
חִילָזוֹן ז'	snail, worm, slug
חִילֵט פ'	forfeit, foreclose
חִילֵל פ'	profane, desecrate, violate, play the flute
חִילֵן פ'	laicize, secularize
חִילֵץ פ'	free, deliver, remove, rescue, extricate, rid
– חילץ עצמות	stretch one's legs
חִילֵק פ'	divide, distribute, give out, partition, deal out
חֵימָה נ'	anger, fury, rage, wrath
– חימה שפוכה	towering rage
חִימּוּם ז'	warming, heating
*– חימום הקנה	warm-up
חִימּוּץ ז'	souring, acidification
חִימּוּשׁ ז'	armament, ordnance
חִימֵּם פ'	heat, warm, warm up
חִימֵּץ פ'	make sour, leaven
חִימֵּר פ'	drive a donkey
חֵימָר ז'	asphalt, clay, bitumen
חִימֵּשׁ פ'	equip, arm, munition

חִין עֶרְכּוֹ ז' grace, charm
חִינּוּךְ ז' education, upbringing
- חינוך מעורב coeducation
חִינוּכִי ת' educational, pedagogic
חִינֵךְ פ' bring up, educate, train up
חִינָּם תה"פ free, gratis, in vain
- בחינם free, for nothing
חִינָּנִי ת' graceful, charming
חִינָּנִיּוּת נ' gracefulness, charm
חִינָּנִית נ' daisy, marguerite
חִיסּוּי ז' shelter, refuge
חִיסּוּל ז' liquidation, elimination
חִיסּוּם ז' forging, tempering
חִיסּוּן ז' immunization, vaccination
חִיסּוּר ז' subtraction, deduction
חִיסָּיוֹן ז' immunity, shelter
חִיסָּכוֹן ז' saving, economy
חִיסֵּל פ' put an end to, liquidate, cancel, annul, finish, kill
חִיסֵּם פ' temper, harden, forge
חִיסֵּן פ' immunize, proof, vaccinate
חִיסֵּר פ' subtract, deduct
חִיסָּרוֹן ז' disadvantage, deficiency, defect, demerit, weakness
חִיפָּה פ' cover, protect, shield, cover up
חִיפָּה נ' hood, bonnet
- חיפת המנוע hood, bonnet
חִיפּוּי ז' cover, protection, cover-up
חִיפּוּשׂ ז' search, quest, frisk
חִיפּוּשִׁית נ' beetle, May-bug
- חיפושית זבל scarab
- חיפושית פרעה scarab
חִיפָּזוֹן ז' haste, hurry, rush
חִיפֵּשׂ פ' look for, search, seek
- חיפש פגמים find fault
חַיִץ ז' barrier, buffer, partition
חִיצוֹן ת' outer, external
חִיצוֹנִי ת' external, outward, outer
חִיצוֹנִיּוּת נ' exterior, outside
חֵיק ז' bosom, lap
חִיקָּה פ' imitate, copy, emulate
חִיקּוּי ז' imitation, mimicry, parody
חִיקּוּר ז' investigation, research
חי"ר = חיל רגלים infantry
חֵירוּם ז' emergency, exigency
חֵירוּף ז' curse, blasphemy
- חירוף נפש mortal danger

חֵירוּק ז' grinding, indenting, rifling
- חירוק שיניים fury, rage
חֵירוּת נ' freedom, liberty
- חירות המשורר poetic license
חִירִיק ז' ee, (Hebrew vowel)
חֵירֵף פ' curse, insult, blaspheme
- חירף נפשו risk one's life
חֵירֵץ פ' flute, groove, jag, slot
חֵירֵר פ' perforate, bore
חֵירֵשׁ ז' deaf
- חירש אילם deaf-mute
חֵירְשׁוּת נ' deafness
חִישׁ תה"פ quickly, on the double
חִישֵּׁב פ' calculate, reckon, compute
חִישָּׁה נ' sensation, sense
חִישּׁוּב ז' computation, calculation
חִישּׁוּל ז' forging, strengthening
חִישּׁוּק ז' hoop, ring, rim
חִישּׁוּקַאי ז' hard-liner
חִישּׁוּר ז' hub, spoke
חִישֵּׁל פ' anneal, harden, forge, temper, shape
חִישָּׁן ז' sensor
חִישֵּׁק פ' hoop, gird, fasten
חִיתּוּי ז' raking, gathering
חִיתּוּךְ ז' cut, cutting, etching, carving, section, incision
- חיתוך דיבור articulation, diction
חִיתּוּל ז' diaper, napkin, *nappy, swaddling clothes
- בחיתוליו in embryo
חִיתּוּם ז' sealing, stamping
חִיתּוּן ז' marrying off
חִיתִּית נ' terror, fear, awe
חִיתֵּל פ' diaper, bandage, swaddle
חִיתֵּן פ' marry off, wed
ח"כ = חבר כנסת Member of Knesset
חַכָּה נ' fishing rod, fishhook
- העלה בחכה hook, snare, angle
חָכוּר ת' hired, leased
חִכְחֵךְ פ' clear one's throat
חַכִּימָא ת' wise, clever, smart
חֲכִירָה נ' lease, tenancy, rent
חָכַךְ פ' rub, scratch
- חכך בדעתו hesitate, meditate
חַכֶּכֶת נ' eczema
חַכְלִילִי ת' reddish, ruddy
חָכַם פ' be clever, become wise

חָכָם ת' wise, clever, sage, Rabbi
- חכם בלילה *wiseacre, *wise guy
- חכם גדול *smart aleck
חָכְמָה נ' wisdom, sagacity, sense
חֲכָמָה נ' wise woman
חָכַר פ' lease, hire, let, rent
חָל פ' apply, be due, fall on, occur, take effect
חֵל ז' moat, bulwark, rampart
חֶלְאָה נ' scum, dirt, filth
- חלאת אדם riffraff, skunk
חָלַב פ' milk
חָלָב ז' milk
- חלב הדג milt
חֵלֶב ז' tallow, fat, grease
חַלְבָה נ' halvah
חֶלְבּוֹן ז' albumen, protein, egg white
חֶלְבּוֹנִי ת' albuminous
חֲלָבִי ת' lactic, milky
חַלְבָּן ז' milkman, dairyman
חַלְבָּנוּת נ' dairy farming
חֶלֶד ז' world, this life
חָלָה פ' be ill, fall sick
חַלָּה נ' halla, twist bread
- חלה קלועה plaited halla
- חלת דבש honeycomb, comb
חָלוּד ת' rusty
חֲלוּדָה נ' rust
חָלוּט ת' boiled, scalded, absolute
חָלוּל ת' hollow, female
חֲלוֹם ז' dream, vision
- חלום בהקיץ daydream, reverie
- חלום בלהות nightmare
חֲלוֹמִי ת' dreamlike, *wonderful
חַלּוֹן ז' window, light
- החלונות הגבוהים high places
- חלון הרמה sash window
- חלון ראווה shop window
חָלוּף ז' vanishing, passing
- בן חלוף ephemeral, transient
חֲלוּפָה נ' alternative
חֲלוּפִין ז"ר alternation
- לחלופין alternatively
חָלוּץ ז' pioneer, vanguard, forward
- חלוץ מרכזי center forward
חֲלוּצִי ת' pioneer, pioneering
חֲלוּצִיּוּת נ' pioneering, initiation

חָלוּק ז' gown, robe, housecoat
חָלוּק ת' disagreeing, differing
חֲלוּקָה נ' distribution, dealing, division, partition
חַלּוּקֵי אֲבָנִים ז"ר pebbles, shingle
חָלוּשׁ ת' weak, feeble, decrepit
חָלוּת נ' application, taking effect
חֶלְזוֹנִי ת' spiral, coiled, voluted
חִלְחוּל ז' percolation, permeation, seepage, penetration
חַלְחוּל ז' percolator
חַלְחֹלֶת נ' rectum
חִלְחֵל פ' penetrate, percolate, seep
חַלְחָלָה נ' trembling, horror, jump
חָלַט פ' brew, scald, pour boiling water, blanch, infuse
*חַלְטוּרָה נ' moonlighting, sideline, second job
חֲלִיבָה נ' milking
חָלִיד ת' rusty, corrosive
חֲלִיטָה נ' brew, scalding, infusion
חָלִיל ז' flute, fife, pipe
- חליל צד flute
חֲלִילָה תה"פ again and again
- וחוזר חלילה again and again
חָלִילָה! מ"ק God forbid!
חֲלִילוֹן ז' piccolo, flageolet
חֲלִילִית נ' recorder
חֲלִילָן ז' flautist, flutist, piper
חָלִיף ת' changeable, commutable, replaceable
חֲלִיפָה נ' suit, costume, tuxedo
- חליפת חלל space suit
- חליפת מכתבים correspondence
חֲלִיפוֹת תה"פ alternately, by turns
חֲלִיפִי ת' alternative, substitute
חֲלִיפִין ז"ר barter, exchange
חֲלִיצָה נ' battle-dress, taking off
חָלִיק ז' slur, slide
חָלִיק ת' divisible
חֲלִישׁוּת נ' weakness, infirmity
- חלישות דעת confusion
חֵלְכָּאִים ז"ר wretched, poor
חָלָל ז' space, cosmos, hollow, vacuity, dead, fallen
- החלל החיצון outer space
חֲלָלִית נ' spaceship, spacecraft
חָלַם פ' dream, *muse, laze

- חלם בהקיץ moon, daydream
חֶלמון ז' yolk
חֶלמוֹנָה נ' egg brandy
חַלָּמִיש ז' flint
חֶלמִית (פרח) נ' mallow
*חַלַס! מ"ק enough!
חָלַף פ' pass by, go past, vanish
חֵלֶף ז' spare part, spare
חֵלֶף תה"פ in return for
חַלָּף ז' butcher's knife
חַלְפָן ז' moneychanger
חַלְפָנוּת נ' money-changing
חָלַץ פ' remove, take off, pull out
חֲלָצַיִים ז"ר loins, waist
חָלַק פ' divide, share, allot
- חלק כבוד respect, pay homage
- חלק על differ, disagree
- חלק שבחים eulogize, praise
חֵלֶק ז' part, portion, share, piece
- בחלקו partly, in part
- חלק הארי lion's share
- חלקי הדיבור parts of speech
- חלקי חילוף spare parts
- לקח חלק participate
חָלָק ת' smooth, blank, clean, flat
- חלק קדח smoothbore
חֶלְקָה נ' plot, lot, portion
- דברי חלקות flattery, cajolery
- חלקת לשון flattery, cajolery
חֶלְקִי ת' partial, fractional
חֶלְקִיוּת נ' partiality
חֶלְקִיק ז' particle, fraction
חֶלְקִית תה"פ partially, partly
חֲלַקְלַק ת' slippery, smooth, slick
חֲלַקְלַקָּה נ' rink, skating rink
חָלַשׁ פ' become weak, weaken
- חלש על dominate, command
חַלָּשׁ ת' weak, feeble, frail
חָם ז' father-in-law
חַם ת' warm, hot, fervent, torrid
- חם מזג hot-blooded
חֶמְאָה נ' butter
חָמַד פ' covet, desire, hanker
- חמד לצון joke, jest
חֶמֶד ז' charm, grace, loveliness
חֶמְדָּה נ' desire, love
חַמְדָן ז' greedy, covetous
חַמְדָנוּת נ' greed, covetousness

חַמָּה נ' sun
חָמוּד ת' charming, cute, *sweetie
חֲמוּדוֹת נ"ר grace, beauty
חֲמוּלָה נ' clan, clique, sect
חָמוּם ת' hot, heated
- חמום מוח hotheaded
- חמום מזג hot-tempered
חָמוּץ ת' acid, sour, vinegary
חֲמוּצִים ז"ר pickles
חַמּוּק ז' curve, bend
חַמּוּקִים ז"ר hips, thighs
חֲמוּקִית נ' slip
חֲמוֹר ז' donkey, ass, jackass, trestle
- חמור ים haddock
- חמור (בהתעמלות) horse
חָמוּר ת' serious, severe, grave
- חמור סבר grave, solemn
חֲמוֹרִי ת' asinine
חָמוּשׁ ת' armed, equipped
חָמוֹת נ' mother-in-law
חָמִים ת' warm, cosy, cordial
חֲמִימוּת נ' warmth, heartiness
חַמִּין ז"ר hot water, cholent, Sabbath food
חֲמִיצָה נ' borscht, beetroot soup
חֲמִיצוּת נ' acidity, sourness
חֲמִישָּׁה ש"מ five, 5
חֲמִישָּׁה עָשָׂר ש"מ fifteen, 15
- החלק החמישה עשר fifteenth
- החמישה עשר fifteenth
חֲמִישִׁי ת' fifth
- יום חמישי Thursday
חֲמִישִׁיָּה נ' quintet, quintuplets
חֲמִישִּׁים ש"מ fifty, 50
- החלק החמישים fiftieth
- החמישים fiftieth
חֲמִישִׁית נ' fifth
חָמַל פ' have pity, spare
חֶמְלָה נ' pity, mercy, compassion
חֲמָמָה נ' glasshouse, greenhouse, hothouse, frame, hotbed
חַמָּנִית נ' sunflower
חָמַס פ' rob, destroy, usurp
חָמָס ז' corruption, violence
חַמְסִין ז' heat wave, sirocco
חַמְסָן ז' robber, predator, usurper
חַמְסָנוּת נ' robbery, usurpation
חָמֵץ פ' become sour, ferment

חָמֵץ ז'	leavened bread
חִמְצָה (קטנית) נ'	chickpea
חִמְצוּן ז'	oxidization
חֲמַצִיץ ז'	wood-sorrel
חֲמַצְמַץ ת'	acidulous, sourish
חִמְצֵן פ'	oxidize, oxygenate
חַמְצָן ז'	oxygen
חַמְצָנִי ת'	oxygenic
חַמֶּצֶת (מחלה) ז'	acidosis
חָמַק פ'	sneak, slip away, escape
חֲמַקְמַק ת'	elusive, evasive, slippery
חַמְקָן ז'	slippery, evasive, elusive
חַמְקָנוּת נ'	evasiveness
חֲמָרָה נ'	red loam, loess
חֲמָרָן ז'	aluminum
חָמְרָן ז'	materialist
חָמְרָנוּת נ'	materialism
חָמְרָנִי ת'	materialistic
חָמֵשׁ ש"מ	five, 5
חֲמֵשׁ עֶשְׂרֵה ש"מ	fifteen, 15
חַמְשָׁה נ'	staff, stave
חַמְשִׁיר ז'	limerick
חַמְשִׁית נ'	quintet, quintette
חֵמֶת נ'	skin bottle, skin
– חמת חלילים	bagpipes, pipes
– חמת מים	waterskin
חֵן ז'	grace, charm, favor
– חן חן	thank you
– מצא חן בעיניו	love, like
ח"ן = חיל נשים	women's corps
– יודעי ח"ן	occult, recondite
חִנָּא נ'	feast, merrymaking
חָנָה פ'	camp, encamp, stop, park
חֶנְוָנִי ז'	storekeeper, retailer
חָנוּט ז'	mummy, embalmed
חֲנֻכָּה נ'	Hanukka, Festival of Lights, inauguration
– חנוכת בית	housewarming
חֲנֻכִּיָּה נ'	Hanukka lamp
חַנּוּן ת'	merciful, gracious
חֲנֻפָּה נ'	flattery, sycophancy
חָנוּק ת'	choked, pressed for cash
חֲנוּת נ'	shop, store, fly
– חנות מכולת	grocery
חִנְחוּן ז'	coquettishness
חָנַט פ'	embalm, mummify
*חַנְטָרִיש ז'	fake, gibberish
חֲנָיָה נ'	parking, halt, stop
חֶנְיוֹן ז'	car park, campground
חֲנִיטָה נ'	mummification
חָנִיךְ ז'	apprentice, trainee, cadet
– חניך תורן	monitor, in charge
חֲנִיכוּת נ'	apprenticeship
חֲנִיכַיִים ז"ר	gums
חֲנִינָה נ'	amnesty, pardon
חֲנִיקָה נ'	strangling, suffocation
חֲנִית נ'	spear, lance, pike
חֲנִיתַאי ז'	spearman
חָנַךְ פ'	inaugurate, launch, train
חָנַן פ'	pity, pardon, bestow, grant
חַנְפָן ז'	flatterer, sycophant, oily
חַנְפָנוּת ז'	flattery, fawning
חָנַק פ'	strangle, suffocate, choke
חֶנֶק ז'	strangulation, suffocation
חַנָּק (נחש) ז'	boa, constrictor
חַנְקָה נ'	nitrate
חַנְקָן ז'	nitrogen
חַנְקָנִי ת'	nitric, nitrogenous
חַנְקָתִי ת'	nitrous
חָס פ'	pity, spare, skimp
חַס וְחָלִילָה! מ"ק	God forbid!
חַס וְשָׁלוֹם! מ"ק	God forbid!
חֶסֶד ז'	favor, charity, benevolence
חָסָה פ'	find shelter, take refuge
חַסָּה (ירק) נ'	lettuce
חָסוּד ת'	graceful, hypocritical
חָסוּי ת'	sheltered, protected, privileged, confidential
חָסוּם ת'	impassable, blocked
חָסוֹן ת'	stout, strong, lusty, stocky
חָסוּת נ'	aegis, auspices, patronage, sponsorship
– בחסות	under cover of
– בן חסות	protege, ward
חַסְחוּס ז'	cartilage, gristle
חָסִיד ת'	adherent, fan, follower, pious, Hasid, haredi
חֲסִידָה נ'	stork
חֲסִידוּת נ'	piety, virtue, well-doing
חָסִיל ז'	locust
חֲסִילוֹן ז'	shrimp
חֲסִימָה נ'	blocking, restriction, interference, jamming
– אחוז חסימה	blocking percentage
חָסִין ת'	immune, proof, resistant
– חסין אש	fireproof

– חסין זעזועים shockproof
– חסין מים waterproof
– חסין פצצות bombproof
– חסין קליעים bulletproof
חֲסִינוּת נ' immunity, privilege
חָסַךְ פ' save, economize, spare
חֶסְכוֹנִי ת' economical
חַסְכָן ז' thrifty, saver, frugal
חַסְכָנוּת נ' thrift, saving, economy
חַסְכָנִי ת' frugal, thrifty, sparing
חֲסַל מ"ק stop, that's all
חַסְלָן ז' liquidator
חָסַם פ' block, bar, stop, stem
חַסָם ז' obstruction, tourniquet
חִספּוּס ז' roughness, coarseness
חִספֵּס פ' rough, roughen, coarsen
חַספֶּסֶת (מחלה) נ' pellagra
חַסָקָה נ' surfboat
חָסַר פ' lack, miss, want
חֶסֶר ז' deficiency disease
חָסֵר ת' lacking, without, minus
חֲסַר אוֹנִים ת' helpless, powerless
חֲסַר בַּיִת ת' waif, homeless
חֲסַר בָּסִיס ת' baseless, insubstantial
חֲסַר דְאָגוֹת ת' carefree, easy
חֲסַר דֵיעָה ת' mindless, witless
חֲסַר דָם ת' anemic, bloodless
חֲסַר הַכָּרָה ת' unconscious
חֲסַר חַיִים ת' inanimate, lifeless
חֲסַר טַעַם ת' pointless, tasteless
חֲסַר יֶשַע ת' helpless, high and dry
חֲסַר כּוֹל ת' destitute, stone-broke
חֲסַר לֵב ת' heartless, unfeeling
חֲסַר מַזָל ת' unfortunate, luckless
חֲסַר מַשמָעוּת ת' meaningless
חֲסַר נִיסָיוֹן ת' inexperienced
חֲסַר נְשִימָה ת' breathless, puffed
חֲסַר סַבלָנוּת ת' impatient
חֲסַר עֶרֶך ת' worthless, valueless
חֲסַר פְּנִיוֹת ת' impartial
חֲסַר קוֹרַת גַג ת' roofless, homeless
חֲסַר שַחַר ת' groundless, unfounded
חֲסַר תַקדִים ת' unprecedented
חִסָרוֹן ז' defect, disadvantage
– חסרון כיס loss of money
חַף ז' tooth of a key
חַף ת' blameless, guiltless, innocent
חָפָה פ' cover, overlap
חֻפָּה ז' bract
חָפוּז ת' hasty, hurried, perfunctory
חָפוּי ת' covered, wrapped
– חפוי ראש ashamed
חֲפוֹרֶת נ' spoil, excavated earth
חַפּוּת נ' innocence, clean hands
חָפוּת ת' rolled up (sleeve)
חָפַז פ' hasten, hurry
חֲפִי ז' bib, flap
חֲפִיסָה נ' pack, packet
– חפיסת קלפים deck
חֲפִיפָה נ' overlapping, congruence
– חפיפת ראש shampooing
חֲפִיר ז' ditch, fosse, moat, trench
חֲפִירָה נ' ditch, digging, excavation
*חַפלָה נ' party, feast
חָפַן פ' cup, take a handful
חָפַף פ' overlap, coincide, be congruent, shampoo, wash
חֲפָף ז' pumice
חָפֵץ פ' desire, want, wish
חֵפֶץ ז' article, commodity, object, thing, desire, want, wish
– בחפץ לב with pleasure, gladly
– חפץ נוי knickknack
– חפצי ערך valuables
חֶפְצִיוּת נ' caprice
חָפַר פ' dig, excavate, unearth
חַפָּר ז' digger, sapper
חפרור ז' mattock, mineral
חֲפַרְפֶּרֶת נ' mole
חָפַת פ' roll up, turn up, tuck
חֵפֶת ז' cuff, fold, tuck, turnup
חֵץ ז' arrow, dart, shaft
חֲצָאִית נ' skirt
– חצאית בלט tutu
– חצאית מכנסיים culottes
– חצאית סקוטית kilt
– חצאית קפלים pleated skirt
חָצַב פ' quarry, chisel, hew, carve
חָצָב ז' squill
חַצֶבֶת נ' measles
חָצָה פ' bisect, divide, halve, cross
חָצוּב ת' hewn, quarried
חֲצוּבָה נ' easel, tripod, stand
חָצוּי ת' halved, bisected
חָצוּף ת' impertinent, insolent
חֲצוֹצְרָה נ' bugle, trumpet

- חצוצרת הרחם fallopian tube
חֲצוֹצְרָן ז' bugler, trumpeter
חֲצוֹת נ' midnight, midday
חֲצִי ז' half, semi-, middle, moiety
- חצי שנתי biyearly, semiannual
- לחצאין half, by halves
חֲצִי אִי ז' peninsula
חֲצִי אֱמֶת נ' half-truth
חֲצִי גְּמָר ז' semifinal
חֲצִי כַּדּוּר (הארץ) ז' hemisphere
חֲצִי סַהַר ז' crescent
חֲצִיבָה נ' quarrying, hewing
חֶצְיוֹן ז' median
חֲצִיָּה נ' bisection, crossing
חָצִיל ז' aubergine, eggplant
חֲצִיצָה נ' partitioning, screening
חָצִיר ז' hay, fodder, forage, chaff
חָצַץ פ' partition, separate
- חצץ את השיניים pick one's teeth
חָצָץ ז' rubble, gravel, chippings
חֲצָצִית נ' gravel throwing vehicle
חִצְצֵר פ' bugle, sound a trumpet
*חַצִ'קוֹנִים ז"ר pimples, acne
חָצֵר נ' courtyard, yard
חֲצֵרִים נ"ר premises, precincts
חַצְרָן ז' janitor, courtier
*חִצְרֵץ פ' sound a trumpet
חָקוּק ת' carved, enacted
חָקִי ז' khaki
חַקְיָן ז' imitator, mimic, *copy cat
חַקְיָנוּת נ' imitation, mimicry
חַקְיָנִי ת' imitative, emulating
חֲקִיקָה נ' legislation, engraving
חֲקִירָה נ' inquiry, research, probe, investigation, interrogation
- חקירה נגדית cross-examination
חַקְלָאוּת נ' agriculture, farming
חַקְלַאי ז' farmer
חַקְלָאִי ת' agricultural, agrarian
חָקַק פ' legislate, engrave, carve
חָקַר פ' inquire, investigate, explore
- חקר חקירה צולבת cross-examine
חֵקֶר ז' inquiry, study, research
חַקְרָן ז' inquirer, examiner
*חָרָא ז' shit, crap
חָרַב פ' be ruined, dry up
חֶרֶב נ' sword, saber, cutlass
- חרב פיפיות two-edged sword

חָרֵב ת' destroyed, ruined, parched
חָרָבָה נ' dry land, desert
*חֻרְבָּה נ' ruin, ruined house
*חֻרְבּוֹן ז' failure, *shit, fizzle
*חִרְבֵּן פ' spoil, *shit, blow
חָרַג פ' deviate, digress, exceed
חַרְגּוֹל ז' grasshopper
חָרַד פ' tremble, be afraid, quail
חָרֵד ת' anxious, fearful, afraid, pious, religious, haredi
חֲרָדָה נ' alarm, anxiety, worry
חֲרֵדִי ת' devout, pious, haredi
חַרְדָּל ז' mustard
חָרָה (אַפּוֹ) פ' be angry, resent
חָרוּב ז' carob
חָרוּז ז' bead, rhyme, verse, rime
- חרוז תנועה assonance
חָרוּז ת' rhymed, strung, threaded
חָרוּט ז' cone
חָרוּט ת' engraved, carved, turned
חֲרוּטִי ת' conic, conical
חָרוּךְ ת' singed, scorched
חָרוּל ז' thorn, thistle
חֲרוּמַף ז' flat-nosed
חָרוֹן (אַף) ז' wrath, anger, fury
חֲרוֹסֶת נ' mixture, pot pourri
חָרוּץ ת' industrious, diligent, utter, complete
חָרוּק ת' indented, notched
חָרוּר ת' full of holes, perforated
חָרוּשׁ ת' plowed, furrowed
חֲרוֹשֶׁת נ' industry, manufacture
חֲרוֹשְׁתָּן ז' industrialist
חָרוּת ת' carved, engraved
חָרַז פ' rhyme, string, versify
חַרְזָן ז' versifier, rhymester
חִרְחוּר ז' provocation, grunt, snort
- חרחור מלחמה aggression
- חרחור ריב instigation, sedition
- חרחורי גסיסה death rattle
חִרְחֵר פ' stir up, foment, grunt
חַרְחֲרָן ז' instigator, *stirrer
חָרַט פ' etch, chisel, carve, engrave
חָרָט ז' etcher, carver, turner
חֶרֶט ז' stylus, pen, pencil
חֲרָטָה נ' regret, remorse
חַרְטוֹם ז' beak, bill, prow, nose
- חרטום נעל toe-cap

- חרטום ספינה prow
- חרטום ספינה bow
- חרטום חללית nose-cone

חַרטוֹמָן ז' snipe, woodcock
חֲרָטוּת נ' turnery, engraving
חֳרִי אַף ז' wrath, anger
חָרִיג ז' exception, anomaly
חָרִיג ת' exceptional, irregular
חֲרִיגָה נ' digression, deviation, exception, exceeding
חֲרִיגוּת נ' irregularity, anomaly
חֲרִיזָה נ' rhyming, stringing
חָרִיט ז' handbag, purse
חֲרִיטָה נ' turnery, engraving
חֲרִיכָה נ' scorching, singe
חָרִיעַ ז' safflower
חָרִיף ת' sharp, acrid, acute, hot
- חריף שכל sharp-witted

חֲרִיפָה נ' hibernation
חֲרִיפוּת נ' sharpness, acrimony, wit
חָרִיץ ז' crack, notch, slot, groove
- חריץ חלב cheese

חֲרִיצָה נ' cutting, deciding, rifling
- חריצת דין verdict

חֲרִיצוּת נ' diligence, skill
חֲרִיקָה נ' creak, grating, screech
חָרִיר ז' small hole, cavity, prick
חָרִיש ז' plowing (season)
חֲרִישָה נ' plowing, ploughing
חֲרִישִי ת' silent, quiet, soft
חֲרִיתָה נ' engraving, etching
חָרַךְ פ' burn, char, scorch, singe
חָרַךְ ז' lattice, hole, crevice
- חרך ירי firing loophole

חָרֶלֶת (מחלת עור) נ' hives
חֵרֶם ז' anathema, boycott, ban, excommunication, taboo
*חַרמָן ז' lecher, lustful person
חֶרמֵש ז' reaphook, scythe, sickle
- חרמש הירח new moon

חרמ״ש mechanized infantry
חֶרֶס ז' potsherd, shard, clay, sherd
- העלה חרס בידו draw a blank, fail

חַרסִינָה נ' china, porcelain
חַרסִית נ' red soil, clay
חָרַף פ' hibernate, winter
חֵרֶף תה"פ despite, in spite of
חֶרפָּה נ' disgrace, shame, infamy
חַרפּוּשִית נ' scarab
חָרַץ פ' cut, notch, groove, decide
- דמי "לא יחרץ" hush money
- חרץ גורלו seal his fate
- חרץ דין sentence, adjudge
- חרץ לשון intend to harm

חֶרֶץ ז' cut, slot, fissure
חַרצוֹב ז' ganglion, nerve center
חַרצוּבָּה נ' chain, shackle
חַרצִית (פרח) נ' chrysanthemum
חַרצָן ז' pip, stone, kernel
חָרַק פ' creak, grate, gnash, grind
חֶרֶק ז' insect, bug
*חֲרָקָה נ' joyride
חֲרָקִירִי ז' hara-kiri
חַרקָן ז' entomologist
חַרקָנוּת נ' entomology
חַרקָנִי ת' creaky, grating
חָרַר פ' perforate, bore
חֲרָרָה נ' prickly heat, flat cake
חָרַש פ' plough, plow, till
- חרש רעה devise evil

חָרָש ז' craftsman, artisan, wright
- חרש ברזל smith
- חרש נחושת coppersmith

חֶרֶש תה"פ secretly, silently
חַרשָף ז' artichoke
חָרַת פ' engrave, carve, etch
חַרתָּה נ' printing ink
חָש פ' feel, sense, hurry, hasten
חֲשַאי ז' quiet, silence
- בחשאי secretly, in privacy

חֲשָאִי ת' secret, surreptitious
חֲשָאִיוּת נ' secrecy, privacy
חָשַב פ' think, mean, intend
- חושבני ש- I guess, I think

חַשָב ז' accountant
חֶשבּוֹן ז' account, reckoning, arithmetic, bill, invoice
- בא בחשבון possible, thinkable
- הביא בחשבון take into account
- חשבון אינטגרלי integral calculus
- חשבון נפש soul-searching
- חשבון עובר ושב current account
- על חשבונו at his expense

חֶשבּוֹנָאוּת נ' accountancy
חֶשבּוֹנַאי ז' accountant
חֶשבּוֹנִי ת' arithmetical

חֶשְבּוֹנִיָּה נ' counting frame, abacus
חֶשְבּוֹנִית נ' sales slip, invoice
חִשְבֵּן פ' calculate, reckon
חָשַד פ' suspect, scent, mistrust
חֲשָד ז' suspicion, distrust
חַשְדָן ז' suspicious, distrustful
חַשְדָנוּת נ' suspicion, mistrust
חַשְדָנִי ת' suspicious, mistrustful
חָשָה פ' be silent, be still
חָשוּב ת' important, considerable
– חשוב כמת as good as dead
*– לא חשוב never mind, no matter
חָשוּד ת' suspected, alleged, suspect
חֶשְוָן ז' Heshvan (month)
חָשוּך ת' dark, dusky, obscure
חָשׂוּך ת' reactionary, lacking
– חשוך בנים childless
– חשוך מרפא incurable
חָשוּף ת' exposed, bare, naked
חֲשִיבָה נ' cerebration, thinking, reckoning, thought
חֲשִיבוּת נ' importance, moment, significance, value
חֲשֵיכָה נ' darkness, night, dusk
חָשִיל ת' malleable, forgeable
חֲשִילוּת נ' malleability
חֲשִׂיפָה נ' exposure, laying bare
חֲשִיש ז' hashish, cannabis, *grass
חָשַך פ' become dark
– חשכו עיניו be stunned
חָשָׂך ז' restraint, refraining
– בלי חשך ceaselessly
חָשַׂך פ' withhold, spare
חִשמוּל ז' electrification
חִשמֵל פ' electrify, galvanize, shock
חַשמַל ז' electricity , power
– חשמל חיובי positive electricity
חַשמַלאוּת נ' electricity
חַשמַלַאי ז' electrician
חַשמַלוֹרִי ת' photoelectric
חַשמַלִי ת' electric
חַשמַלִית נ' tram, trolley, streetcar
חַשמָן ז' cardinal
חָשַׂף פ' lay bare, uncover, disclose, expose, reveal
חַשׂפָנוּת נ' striptease, strip show
חַשׂפָנִית נ' stripper
חָשַק פ' desire, covet, crave, lust
חֵשֶק ז' desire, lust, appetite
– אין לי חשק ל- I don't feel like
חַשקָנִי ת' desirous, amorous, lustful
חַשרָה נ' gathering, heap
– חשרת עבים bank of clouds
חָשַש פ' be afraid, fear, worry
חֲשָש ז' anxiety, fear, apprehension
חֲשַש ז' hay, chaff
חַשְשָן ז' hesitant, apprehensive, *lecher
חַשְשָנוּת נ' hesitation
חַשְשָנִי ת' hesitant, apprehensive
חַת ז' fear, terror
– לבלי חת unflinching, brave
חָתָה פ' rake, stir, stoke, gather
חָתוּך ת' cut, cut up
חָתוּל ז' cat, tom, *moggy
– חתול בר wildcat
– חתול בשק pig in a poke
– חתול סיאמי Siamese cat
חֲתוּלָה נ' cat
חֲתוּלִי ת' feline, catty, cattish
חָתוּם ת' stamped, sealed, signed, closed, subscriber, signatory
– החתום מטה the undersigned
חֲתוּנָּה נ' wedding, nuptials
*חֲתִיך ז' handsome boy
חֲתִיכָה נ' bit, lump, piece, *pretty girl, *bird, nice, good-looking
חֲתִימָה נ' signature, end, sealing, subscription
– חתימת זקן trace of a beard
חֲתִירָה נ' rowing, stroke, effort, undermining, subversion
חָתַך פ' cut, intersect, incise, slice
חֲתָך ז' cut, section, wound
– חתך רוחב cross-section
חֲתַלתּוּל ז' kitten, kitty
חָתַם פ' seal, sign, subscribe, stamp, complete, finish, close
חַתָּם ז' underwriter
חָתָן ז' bridegroom, groom, son-in-law, prize winner
חָתַר פ' row, paddle, strive, aim
– חתר תחת subvert, undermine
חַתרָן ז' subversive, underminer
חַתרָנוּת נ' subversion, undermining

ט

טִאטֵא פ׳ sweep, clean down
טִאטוּא ז׳ sweep, sweeping
טָבָא ת׳ good
טָבּוּ ז׳ taboo, Land Registry Office
טָבוּחַ ת׳ slaughtered, butchered
טָבוּל ת׳ dipped, immersed
טַבּוּלָטוֹר ז׳ tabulator, tab
טָבוּעַ ת׳ sunk, drowned, engraved, marked, coined, inherent
טַבּוּר ז׳ navel, bellybutton, hub, center, middle
טַבּוּרִי ת׳ navel, umbilical, radial
טָבַח פ׳ slaughter, kill
טֶבַח ז׳ carnage, massacre
טַבָּח ז׳ cook, chef, butcher
טַבָּחוּת נ׳ cooking, cuisine
טַבַּחַית נ׳ cook
טְבִיחָה נ׳ slaughter, kill, massacre
טְבִילָה נ׳ baptism, dipping, immersion
– טבילת אש baptism of fire
טָבִין וּתְקִילִין ז״ר good money
טְבִיעָה נ׳ drowning, sinking, stamping, impression
– טביעת אצבעות fingerprint
– טביעת עין deep insight, intuition
טָבַל פ׳ immerse, dip, souse, bathe
טַבְלָה נ׳ table, list, plate, board
– טבלת שוקולדה bar of chocolate
טַבְלִית נ׳ lozenge, tablet, pastille
טַבְלָן (עוף) ז׳ grebe, loon
טַבְלָר ז׳ tabulator, tab
טָבַע פ׳ drown, sink, stamp, impress, coin, mint
– טבע מטבע לשון coin a phrase
טֶבַע ז׳ nature, character
– איתני הטבע natural forces
– בדרך הטבע naturally
טִבְעוֹנוּת נ׳ naturism, vegetarianism
טִבְעוֹנִי ת׳ naturist, vegan, vegetarian
טִבְעִי ת׳ natural, unaffected
טִבְעִיּוּת נ׳ naturalism, naturalness
– בטבעיות naturally, unaffectedly
טַבַּעַת נ׳ ring, seal, circle
– טבעת נישואים wedding ring
טַבַּעְתִּי ת׳ ringed, annular
טַבְעְתָן ז׳ naturalist
טַבְעְתָנוּת נ׳ naturalism
טַבָּק ז׳ tobacco, snuff, *baccy
טַבָּקַאי ז׳ tobacconist
טַבָּקִיָּה נ׳ snuffbox
טֵבֵת ז׳ Tebeth (month)
טִגְנִית נ׳ fritter
טֵה ז׳ tea
טָהוֹר ת׳ chaste, clean, pure
טָהַר פ׳ be clean, be pure
טָהֳרָה נ׳ purity, cleansing
טַהֲרָן ז׳ purist
טַהֲרָנוּת נ׳ purism
טוּאטָא פ׳ be swept
טוּאָלֶט ז׳ toilet
טוּב ז׳ good, goodness
– טוב טעם esthetics, good taste
– טוב לב kindness, goodness
– כל טוב! all the best!
טוֹב ת׳ good, kind, fair, nice, fine
– בכי טוב pretty well
– הטוב ביותר best
– טוב יותר better
– טוב לב kindhearted
– טוב מאוד very good, very well
טוֹב תה״פ well, okay
– כטוב בעיניך as you please
טוֹבָה נ׳ benefit, favor, kindness, welfare, well-being
– טובת הנאה benefit, profit
– לטובת on behalf of, in favor of
טוּבָּה (כלי נשיפה) נ׳ tuba
טוּבִין ז״ר goods, merchandise
טוֹבְלָן ז׳ plunger
טוּבַּע פ׳ be drowned, be sunk
טוֹבְעָנִי ת׳ boggy, marshy, swampy
טוּגַן פ׳ be fried
טוּגָנִים ז״ר chips, French fries
טוֹהַר פ׳ be purified, be cleared
טוֹהַר ז׳ purity, chastity, pureness
– טוהר מידות morality, honesty
טַוָּאי ז׳ spinner, weaver
– טוואי המשי silkworm
טָוָה פ׳ spin, weave

טְוָח ז' range, term
- בטווח- within
- טווח אש gunshot
- טווח ראייה eyeshot, sight
- טווח שמיעה earshot, hearing
- לטווח ארוך in the long term
טְוִי ז' texture, fabric, cloth
טָווּי ת' spun, woven
טְוִויָּה נ' spinning
טַוָּס ז' peacock, peafowl
טַוָּסוֹן ז' pea-chick
טוֹחֵן אַשְׁפָּה waste disposal unit
טוֹחֵן ז' miller
טוֹחֶנֶת נ' molar tooth
טוֹטוֹ כַּדּוּרֶגֶל ז' football pools
טוֹטָלִי ת' total, utter, complete
טוֹטָלִיטָרִי ת' totalitarian
טוֹטָף ז' carrier-pigeon's bag
טוֹטֶפֶת נ' phylactery, tress
טוּיַּח פ' be whitewashed
טוּלְטַל פ' be rocked, be shaken
טוּמְאָה נ' impurity, pollution
טוּמְטוּם ז' hermaphrodite, fool
טוֹן ז' ton, metric ton, tone, key
- הנמיך הטון tone down
טוֹנָה נ' ton, metric ton
טוּנָה נ' tuna, tunny
טוּנוּס ז' tuna, tunny
טוֹנָז' ז' tonnage, burden
טוֹנִיקָה נ' tonic
טוּנִיקָה (כותונת) נ' tunic
טוֹנָלִי ת' tonal
טוּנַּף פ' become dirty
טוֹסְט ז' toast, rarebit
טוּסְטוּס ז' moped
טוֹסְטֶר ז' toaster
*טוּסִיק ז' buttocks, bottom
טוֹעֶה ת' mistaken, wrong
טוֹעֵם (יינות) ז' taster
טוֹעֵן ז' plaintiff, claimant, litigant
- טוען לכתר pretender, challenger
- טוען רבני rabbinical lawyer
טוֹפּוֹגְרָפִי ת' topographical
טוֹפּוֹגְרַפְיָה נ' topography
טוֹפָּז ז' topaz
טוּפַּח פ' be cherished, be fostered
טוֹפִי ז' toffee, toffy, taffy
טוּפַּל פ' be handled, be treated
טוֹפֶס ז' form, copy
- טופס בקשה application form
טוֹפֶר ז' claw, talon
טוֹקָטָה נ' toccata
טוּקָן (עוף) ז' toucan
טוּר ז' column, row, line, file
- טור הנדסי geometric progression
- טור חשבוני arithmetic progression
- טור עורפי Indian file, single file
טוּרַאי ז' private, private soldier
- טוראי ראשון lance corporal, private first class
- טוראים rank and file
- רב טוראי corporal
טוּרְבִּינָה נ' turbine
טוֹרְדָנִי ת' troublesome, worrying
טוֹרַח ז' trouble, bother, burden
טוֹרְט ז' tart, pie
טוּרִי ת' arranged in a row, serial
טוֹרֵיאָדוֹר ז' toreador
טוּרִיָּה נ' hoe, wide hoe
טוֹרִית נ' drill, sowing machine
טוֹרְנָדוֹ ז' tornado, twister
טוֹרָנִי ת' serial
טוּרְנִיר ז' tournament, tourney
טוֹרֵף ז' carnivore, predator, beast of prey, scrambler
טוֹרֶף ז' peat, turf
טוּרְפַּד פ' be torpedoed, be ruined
טוֹרְפֶּדוֹ ז' torpedo
טוֹרְפָנִי ת' preying, predatory
טוּרְקִי ז' Turkish, Turk
טוּרְקִיז ז' turquoise
טוּשׁ ז' Indian ink, *shower
טוּשְׁטַשׁ פ' be blurred, be smeared
טַזִּית נ' semiquaver, sixteenth
טָח פ' plaster, coat, smear
- טחו עיניו מראות be blind
טַחַב ז' damp, mildew, humidity
טְחָב ז' moss, bryophyte
טָחוּב ת' damp, moist, humid, dank
טְחוֹל ז' spleen, milt
טָחוּן ת' ground, milled
טְחוֹרִים ז"ר hemorrhoids, piles
טְחִינָה נ' grinding, sesame paste
טָחַן פ' grind, mill, crush
טֶחָן ז' miller

טַחֲנָה נ' mill
- טחנת רוח windmill
- נלחם בטחנות רוח tilt at windmills
טֶטָנוּס ז' lockjaw, tetanus
טֵיאוּט ז' sweeping, sweep
טִיב ז' quality, nature, caliber
טִיבּוּל ז' dipping, immersion
טִיבּוּעַ ז' drowning, sinking
טִיבֵּל פ' dip, dunk, submerge
טִיבֵּעַ פ' drown, sink
טִיגּוּן ז' frying, frizzling
טִיגֵּן פ' fry, braise, frizzle
טִיגְרִיס ז' tiger
טִיהוּר ז' purge, purification, clearance, expurgation
טִיהֵר פ' purify, purge, clear
טִיוּב ז' improvement, amelioration
טִיוֵּחַ פ' range, find the range
טִיוּוּחַ ז' range finding
טִיוּחַ ז' plastering, whitewash
טִיוּט ז' drafting, drawing up
טְיוּטָה נ' draft, rough copy, proof
טְיוּטָן ז' copyholder
טִיוּל ז' journey, tour, walk, trip
טִיוּלִית נ' sightseeing bus
טִיוֹן ז' teapot
טִיחַ ז' plaster, stucco, roughcast
טִיט ז' clay, loam, mud
טִייֵּב פ' improve, better, reclaim
טִייֵּחַ פ' plaster, coat, whitewash
טַיָּח ז' plasterer
טַיָּחוּת נ' plastering
טִייֵּט פ' draft, rough out
טִייֵּל פ' tour, walk, hike, travel
טַיָּל ז' tourist, rambler, tripper
טַיֶּלֶת נ' promenade, esplanade
טַיָּס ז' pilot, airman, aviator
- טייס חלל astronaut, cosmonaut
טַיֶּסֶת נ' squadron, woman pilot
טֵייפּ ז' tape
טַייפוּן ז' typhoon
טַיָּרָה נ' kite
טִיכּוּס ז' arranging, organization
- טיכוס עצה seeking advice
טִיכֵּס פ' arrange, organize
- טיכס עצה seek advice
טִיל ז' missile, rocket, projectile
- טיל מונחה guided missile
- טיל שטח-אוויר surface-to-air missile
- טיל שיוט cruise missile
טִילָאוּת נ' rocketry
טִילוֹן ז' moped, motorbike
טִילְיָה (עץ) נ' linden
טִילָן ז' missile operator
טִימֵּא פ' contaminate, profane
טִין ז' silt, clay, mud, loam
טִינָה נ' animosity, grudge, enmity
טִינּוּף ז' filth, dirt, soiling
טִינּוֹפֶת נ' filth, dirt, scum
טִינֵּף פ' dirty, make filthy, defile
טַיִס ז' flying, aviation, aeronautics
טִיסָה נ' flight, flying, *hop
- טיסה במבנה formation flying
- טיסת מבחן trial flight
- טיסת שכר charter flight
טִיסָן ז' flying model
טִיעוּן ז' argument, pleading
טִיפּ ז' tip, gratuity
טִיפָּה נ' drop, bead, a little
*- טיפ טיפה a little, trace
- טיפה מרה liquor, drink, *booze
- כשתי טיפות מים as two peas
טִיפּוּחַ ז' care, cultivation, fostering
טִיפּוּל ז' care, treatment, handling
- טיפול נמרץ intensive care
- טיפול שורש thorough treatment
טִיפּוֹנֶת נ' droplet, trace
טִיפּוּס ז' sort, character, type, *customer, ascent, climbing
טִיפוּס ז' typhus, typhoid
טִיפּוּסִי ת' typical, characteristic
טִיפֵּחַ פ' cultivate, foster, cherish
טִיפִּין טִיפִּין תה"פ bit by bit
טִיפֵּל פ' handle, tackle, care for
- טיפל ב- treat, look after, see to
טִיפֵּס פ' climb, scale, ascend
טִיפֵּשׁ ז' fool, stupid, *jerk
טִיפְּשׁוֹן ז' stupid, fool
טִיפְּשׁוּת נ' foolishness, stupidity
טִיפְּשִׁי ת' foolish, silly, stupid
טִיק ז' teak, tic, twitch
טִירָה נ' castle, palace
טֵירוּד ז' trouble, banishment
טִירוֹן ז' novice, tyro, recruit, beginner, green

טִירוֹנוּת נ' novitiate, basic training
טֵירוּף ז' madness, insanity, confusion, mixing, scrambling
- טירוף מערכות chaos, disorder
טִירָן ז' tyrant, dictator
טֵירָפוֹן ז' delirium, DTs
טִישוּ ז' tissue, paper handkerchief
טֶכנַאי ז' technician, repairman
טֶכנוֹלוֹג ז' technologist
טֶכנוֹלוֹגִי ת' technological
טֶכנוֹלוֹגיָה נ' technology
טֶכנוֹקרָט ז' technocrat
טֶכנִי ת' technical
טֶכנִיוֹן ז' technical school, polytechnic
טֶכנִיוּת נ' technicality
טֶכנִיקָה נ' technique, tactics
טֶכנִיקוֹלוֹר ז' technicolor
טַכסִיס ז' tactic, stratagem
טַכסִיסָנוּת נ' tactics, maneuvering
טַל ז' dew
טְלַאי ז' patch, darn
טֶלֶגרָמָה נ' telegram, cable, wire
טִלגרֵף פ' telegraph, cable, wire
טֶלֶגרָף ז' telegraph
טֶלֶגרָפַאי ז' telegrapher, telegraphist
טֶלֶגרָפִי ת' telegraphic
טֶלֶגרָפיָה נ' telegraphy
טָלֶה ז' lamb, lambkin
- מזל טלה Aries
טָלוּא ת' patchy, speckled
טֶלֶוִויזיָה נ' television, TV, *telly
- טלוויזיה בכבלים cable TV
טָלוּל ת' dewy, bedewed
טלו"ח=טעות לעולם חוזר errors excepted
טִלטוּל ז' moving, sway, rocking, carrying, wandering
טִלטֵל פ' move, transfer, shake, rock, hurl, swing
טַלטָל ז' connection rod
טַלטֵלָה נ' hurling, throwing
טַליָה נ' waistline, torso, trunk
טַלִית נ' praying shawl
טְלָלִים ז"ר dew drops
טְלָלִית (צמח) ז' sundew
טֶלֶסקוֹפ ז' telescope, spyglass
טֶלֶסקוֹפִּי ת' telescopic
טֶלֶף ז' hoof, unguis
טֶלֶפוֹן ז' telephone, phone, ring
- טלפון לחיצים push-button telephone
- טלפון ציבורי pay phone, telephone-box
*- טלפון שבור misunderstanding
טֶלֶפוֹנָאוּת נ' telephony
טֶלֶפוֹנַאי ז' telephonist
טֶלֶפוֹנִי ת' telephonic
טֶלֶפוֹנִית תה"פ by telephone
טִלפֵּן פ' call, telephone, phone
טַלפָן ז' telephone operator, telephonist
טֶלֶפרוֹמפטֶר ז' teleprompter
טֶלֶפרִינטֶר ז' teleprinter, ticker
טֶלֶפָּתִי ת' telepathic
טֶלֶפַּתיָה נ' telepathy
טַלק ז' talc
טֶלֶקוֹמוּנִיקַציָה נ' telecommunication
טֶלֶקס ז' telex
טָמֵא ת' unclean, impure, defiled, contaminated
*טֶמבֶּל ז' fool, stupid
טֶמבֶּר ז' timbre, tone color
טָמוּן ת' concealed, hidden, buried
טִמטוּם ז' stupidity, dullness
טִמטֵם פ' stupefy, make dull
טִמיוֹן ז' treasury, coffers
- ירד לטמיון go down the drain
טְמִיעָה נ' assimilation, mixing
טָמִיר ת' hidden, secret, latent
טָמַן פ' conceal, hide, bury
- לא טמן ידו בצלחת not pull one's punches, not sit idle
טֶמפּוֹ ז' tempo, beat, pace
טַמפּוֹן ז' tampon
טֶמפֶּרָטוּרָה נ' temperature
טֶמפֶּרָמֶנט ז' temperament, nature
טֶנֶא ז' wicker basket, basket
טַנבּוּר ז' snare drum
טַנבּוּרִית נ' tambourine, timbrel
טַנגוֹ ז' tango
טַנגֶנס ז' tangent, tan
טַנדוּ תה"פ in two, together
טֶנדֶר ז' pickup truck, van
טֶנוֹר ז' tenor
טֶנִיס ז' tennis, lawn tennis

– טניס שולחן ping-pong, table tennis
טֶנִיסַאי ז' tennis player
טַנְק ז' tank
טָס פ' fly, wing, pass swiftly
טַס ז' salver, tray, plate
טֶסְט ז' driving test, test, MOT
טַסִית נ' small tray, platelet
טָעָה פ' err, mistake, be wrong
– טעה בכתובת bark up the wrong tree
טָעוּן ת' charged, loaded, requiring, needing
– טעון טיפוח deprived, lowly
טָעוּת נ' error, mistake, blunder
– טעות דפוס misprint, erratum
– טעות פרוידיאנית Freudian slip
טְעִיָּיה נ' erring, mistaking
טָעִים ת' delicious, tasteful, tasty
טְעִימָה נ' gustation, tasting
טְעִינָה נ' loading, charging
טָעַם פ' taste, experience, sample
טַעַם ז' taste, flavor, savor, reason, cause, stress
– אין טעם there's no point
– בטעם tastefully, with taste
– טעם לוואי aftertaste, smack
– מטעם- in the name of-
טַעֲמָן ז' taster
טָעַן פ' allege, claim, plead, maintain, load, charge
טַעַן ז' charger, loader
– טען-קשר signaler-loader
טַעֲנָה נ' argument, claim, plea
– בלי טענות ומענות without arguments, but me no buts
טַף ז' small children
טָפוּל ת' joined, connected
טְפוּלָה נ' affix, prefix, suffix
טְפוּת נ' infancy, babyhood
טָפַח פ' strike, pat, slap, dab
– טפח על פניו prove wrong, rebut
– טפח על שכמו blow one's own horn, pat on the back
טֶפַח ז' span, handbreadth
טְפָחָה נ' coping, roof beam, rafter
טַפֵּט ז' wallpaper, paper, hangings
טִפְטוּף ז' dripping, dropping, trickle
טִפְטֵף פ' drip, drop, trickle
טַפְטָפָה נ' drip sprinkler
– השקייה בטפטפות trickle irrigation
טַפְטֶפֶת נ' dropper, pipette
טַפִּי ז' dropper, pipette
טְפִיחָה נ' pat, slap, strike, dab
טַפִּיל ז' parasite, sponger
טַפִּילוּת נ' parasitism
טַפִּילִי ת' parasitic, leechlike
טְפִיפָה נ' mincing walk, strut
טַפִּיר (יונק) ז' tapir
טָפַל פ' attribute, ascribe, attach, paste, stick
– טפל זאת עליו pin it on him
– טפל עליו שקר libel, traduce
טָפֵל ת' additional, subordinate, secondary
טִפְלֵי בְּהֵמָה ז"ר offal
טִפְלֵי עוֹף ז"ר giblets
טַפְסָן ז' climber, creeper, alpinist
טַפְסָן ז' molder, form maker, scaffolding erector
טַפְסָנוּת נ' scaffolding
טַפְסָר ז' chief fireman, assistant commander
טָפַף פ' walk mincingly, strut
טַקְט ז' tact, finesse, savoir-faire
טִקְטוּק ז' ticking, tick, typing
טַקְטִי ת' tactful, tactical, discreet
טַקְטִיקָה נ' tactics
טִקְטֵק פ' tick, type
טֶקֶס ז' ceremony, ritual, rite
טֶקְסְט ז' text, letterpress
טֶקְסְטִיל ז' textile, dry goods
טִקְסִי ת' ceremonious, ritual
טִקְסִיּוּת נ' ceremony, ritualism
טְרָאוּמָה נ' trauma, shock, wound
טְרָאוּמָתִי נ' traumatic
טְרָגֶדְיָה נ' tragedy
טְרָגִי ת' tragic, tragical
טְרָגִיּוּת נ' tragedy
טְרָגִיקוֹמֶדְיָה נ' tragicomedy
טְרָגִיקוֹמִי ת' tragicomic
טָרַד פ' drive away, expel, trouble
טָרֶד (ציפור) ז' thrush, throstle
טִרְדָּה נ' trouble, bother, care,

concern, nuisance
טַרְדָן ז' nuisance, bothersome, pest
טַרְדָנוּת נ' nuisance, bother
טַרְדָנִי ת' bothersome
טָרָה (משקל האריזה) נ' tare
טָרוּד ת' busy, preoccupied
טָרוּט ת' bleary-eyed
טְרוּטָה (דג) נ' trout
טְרוֹם תה"פ pre-, before
– טרום-היסטורי prehistoric
טְרוֹמְבּוֹן (כלי נשיפה) ז' trombone
טְרוֹמִי ת' prefabricated, preliminary
טְרוּנְיָה נ' complaint, grumble
טָרוּף ת' confused, mixed, hard times
טְרוֹפִּי ת' tropical
טֵרוֹר ז' terror, terrorism
טֶרוֹרִיסְט ז' terrorist, gunman
טַרְזָן ז' dandy, elegant, foppish
טַרְזָנוּת נ' dandyism, elegance
טָרַח פ' bother, trouble, take pains
טְרַח! מ"ק bump!, bang!, crash!
טִרְחָה נ' bother, trouble, effort
טַרְחָן ז' nuisance, annoying
טַרְחָנוּת נ' bothering, nagging
טִרְטוּר ז' rattle, noise, chug, *bull, hazing, ordering around
טִרְטֵן פ' straddle, bestride
טִרְטֵר פ' rattle, chug, haze, bully
טָרִי ת' fresh, new, young
טְרִיבּוּנָל ז' tribunal, court
טְרִיגוֹן (דג ארסי) ז' stingray
טְרִיגוֹנוֹמֶטְרִיָה נ' trigonometry
טְרִיוֹ ז' trio
טְרִיוּת נ' freshness, novelty
טְרִיז ז' wedge, salient, gusset
– תקע טריז drive a wedge
טְרִיזִי ת' wedged, wedgy, tapering
טְרִיטוֹן ז' newt
טֶרִיטוֹרְיָאלִי ת' territorial
טֶרִיטוֹרְיָה נ' territory, *turf
טֶרִיֶר (שַׁפְלָן) ז' terrier
טְרִיל ז' trill, warble
טְרִילוֹגְיָה נ' trilogy
טְרִילְיוֹן ז' trillion
טֶרִילִין (אריג) ז' terylene
טְרִימֶסְטֶר ז' trimester
טְרִיפּ ז' freak-out, *trip
טְרִיפָה נ' shuffle, mixing
טְרֵיפָה נ' not kosher food
טְרִיק ז' trick, catch, *gimmick
טְרִיקָה נ' slam, banging, bang
טְרִיקוֹ (אריג) ז' tricot, textile
טְרִית נ' sardine
טְרָכוֹמָה (גַרְעֶנֶת) נ' trachoma
טִרְלֵל פ' trill, warble
טֶרֶם תה"פ ere, before, not yet
– בטרם ere, before, prior to
טֶרְמִיט ז' termite, white ant
טֶרְמִינוֹלוֹגְיָה נ' terminology
טֶרְמִינָל ז' terminal, air terminal
טֶרֶמְפּ ז' hitchhike, lift
טְרַמְפּוֹלִינָה (קַפֶּצֶת) נ' trampoline
טְרֶמְפִּיאָדָה נ' hitchhiker' station
טְרֶמְפִּיסְט ז' hitchhiker
טְרַנְזִיסְטוֹר ז' transistor, *tranny
טְרַנְס ז' trance, hypnotic state
טְרַנְספוֹרְמָטוֹר ז' transformer
טְרַנְספֶר ז' transfer, deportation
טֶרַסָה נ' terrace
טְרַסְט ז' trust
– טרסט מוחות brain trust
טְרַסְקָל ז' three-legged chair
טָרַף פ' devour, prey upon, shuffle, mix, scramble, whip, whisk
טֶרֶף ז' prey, food, kill, victim
טְרֵף ת' forbidden, not kosher
טָרָף ז' leaf, blade
טִרְפֵּד פ' torpedo, wreck, ruin
טַרְפֶּדֶת נ' torpedo boat
טִרְפּוּד ז' torpedoing, destroying
טְרַפֵּז ז' trapeze, trapezium
טֶרְפֶּנְטִין ז' turpentine, *turps
טֶרְצָה נ' third
טָרַק פ' slam, bang
טְרַקְטוֹר ז' tractor
טְרַקְלִין ז' living room, salon, lounge
*טְרָרָם ז' hoo-ha, commotion
טֶרֶשׁ ז' stone, rock, boulder
– אדמת טרשים stony ground
טרא"ש=טוראי ראשון private first class
טָרֶשֶׁת נ' sclerosis, arteriosclerosis
טִשְׁטוּשׁ ז' blurring, erasing
טִשְׁטֵשׁ פ' blur, erase, make indistinct, cover up, hush up

י

י"א = יש אומרים	some say
יָאָה פ'	be suitable, fit
יָאֶה ת'	becoming, fit, proper
יְאוֹר ז'	river, the Nile
יָאוּת תה"פ	properly, right
- כיאות	properly, right, well
יְבָבָה נ'	sobbing, whimper, whine
יְבוּא ז'	import, importation
יְבוּאָן ז'	importer
יְבוּל ז'	crop, yield, produce, harvest
יְבוֹשֶׁת נ'	dryness, dullness
יַבְחוּשׁ ז'	gnat, mosquito, midge
יָבִיל ת'	transportable, conveyable
יַבְּלִית נ'	couch grass, crab grass
יַבַּלְנִי ת'	callous, warty, corny
יַבֶּלֶת נ'	callus, corn, wart
- דרך על יבלותיו	tread on his corns
יַבַּלְתִּי ת'	corny, warty, callous
יָבָם ז'	husband's brother
יְבָמָה נ'	sister-in-law
יָבֵשׁ פ'	dry, dry up, dry out
יָבֵשׁ ת'	dry, arid, dull, uninteresting
יַבָּשָׁה נ'	dry land, land
יְבֵשׁוּת נ'	dryness, aridity
יַבֶּשֶׁת נ'	continent, dry land
יַבַּשְׁתִּי ת'	continental, overland
יָגוּאָר (חיה) ז'	jaguar
יָגוֹן ז'	grief, sorrow, dolor, woe
יָגוֹר פ'	fear, be afraid
יְגִיעַ כַּפַּיִם ז'	fruit of one's work
יְגִיעָה נ'	effort, labor, toil
יָגַע פ'	work, labor, toil
יֶגַע ז'	effort, labor, toil, weariness
יָגֵעַ ת'	tired, weary
יָד נ'	arm, hand, handle, monument, share, portion
- במחי יד	at one blow
- בעל ידיים שמאליות	all thumbs
- יד לפה!	silence!, quiet!
- ידו על העליונה	gain the upper hand
- כלאחר יד	perfunctorily, offhand
- עלה בידו	succeed, manage
- עם יד על הלב	honestly
- עשו יד אחת	cooperate, unite
- שלח יד	embezzle, steal
- שלח יד בנפשו	commit suicide
יָדָה פ'	throw, cast, hurl
יָדָה נ'	cuff
יְדוֹנִית נ'	muff, hand pouch
יָדוּעַ ת'	known, noted, certain
- גלוי וידוע	it is well known
- ידוע חולי	ill, sick
- ידוע לשמצה	infamous, notorious
- ידועה בציבור	common-law wife
*יְדוּעָן (סֶלֶב)	celeb, celebrity
יָדִיד ז'	friend, fellow, pal, *buddy
- ידיד נפש	bosom friend
יְדִידוּת נ'	friendship, amity
יְדִידוּתִי ת'	friendly, amiable
יְדִיעָה נ'	knowledge, news, report
- הא הידיעה	definite article, the
- ידיעת הארץ	geography
- למיטב ידיעתי	so far as I know
יְדִיעוֹן ז'	bulletin, newsletter
יְדִיעוֹת נ"ר	news items, news
יָדִית נ'	handle, grip, haft, hilt
יָדְנִי ת'	manual, hand-operated
יָדַע פ'	know, be aware of, learn, tell
יֶדַע ז'	knowledge, know-how
- ידע עם	folklore, ethnography
יִדְּעוֹנִי ז'	magician, wizard
יַדְעָן ז'	scholar, erudite, know-all
יַדְעָנוּת נ'	knowledge, scholarship
יְהָב ז'	burden, load, levy, hope
- השליך יהבו על	pin one's hopes on
יַהֲדוּת נ'	Jewry, Judaism
- יהדות התפוצות	Diaspora
יְהוּדוֹן ז'	*Yid, *kike
יְהוּדִי ז'	Jew, Jewish, Judaic
- לא יהודי	gentile
יְהוּדִיָּה נ'	Jewess
יָהִיר ת'	arrogant, boastful, proud
יְהִירוּת נ'	arrogance, conceit
יַהֲלוֹם ז'	diamond
יַהֲלוֹמָן ז'	diamond merchant
יַהֲלוֹמָנוּת נ'	diamond trade
יו יו (צעצוע) ז'	yo-yo
יוּבָא פ'	be imported
יוֹבֵל ז'	jubilee, anniversary
*- יובלות	ages, month of Sundays

- פעם ביובל	once in a blue moon
יוּבַל ז'	stream, tributary, rivulet
יוּבַּשׁ פ'	be dried up, be drained
יוֹבֶשׁ ז'	aridity, dryness, drought
יוֹגֵב ז'	farmer, husbandman
יוֹגָה נ'	yoga
יוגורט ז'	yogurt
יוד (יסוד כימי) ז'	iodine
יוּדָאִיקָה נ'	Judaica, Jewish books
יוֹדֵעַ ת'	knowing, acquainted
- ביודעין	knowingly, wittingly
- יודע כול	omniscient, know-all
- יודע ספר	lettered, man of letters
- יודעי דבר	well-informed
יוֹהֲרָה נ'	arrogance, pride, conceit
יָוֵן ז'	mire, mud
יְוָנִי ת'	Grecian, Greek, Hellenic
יְוָנִית נ'	Greek
יוֹזֵם ז'	initiator, promoter
יוֹזְמָה נ'	enterprise, initiative, push
יוּחַד פ'	be set apart
יוּחַס פ'	be attributed, be ascribed
יוּחֲסָה נ'	relation
יוּחֲסִין ז"ר	genealogy, descent
יו"ט = יום טוב	holiday
יוּטָה נ'	jute, burlap
יו"כ = יום כיפור	Yom Kippur
יוּלַד פ'	be born, be delivered
יוֹלֶדֶת נ'	woman in confinement
יוּלִי ז'	July
יוּלְיָאנִי (לוח) ת'	Julian
יוֹם ז'	day, time
- היום	today, in these days
- יום הדין	day of reckoning
- יום הולדת	birthday
- יום העצמאות	Independence Day
- יום השנה	anniversary
- יום זיכרון	Remembrance day
- יום חול	weekday, workday
- יום טוב	holiday
- יום יום	daily, day by day
- יום כיפור	Day of Atonement
- ימי הביניים	Middle Ages
- ימי קדם	ancient times
- מימים ימימה	from long ago
- יום ראשון	Sunday
- יום שני	Monday
- יום שלישי	Tuesday
- יום רביעי	Wednesday
- יום חמישי	Thursday
- יום שישי	Friday
- יום שבת	Saturday, Sabbath
יוֹמוֹן ז'	daily, newspaper
יוֹמִי ת'	daily, diurnal, quotidian
יומיומִי ת'	daily, ordinary, everyday
*יוֹמִית נ'	day's wage
יוֹמִית תה"פ	daily, by day
יוֹמֵם פ'	commute, travel regularly
יוֹמָם תה"פ	daily, by day
- יומם ולילה	night and day
יוֹמָן ז'	daybook, diary, journal, log
יוֹמָנַאי ז'	diarist
יוּמְנָה נ'	skill, expertise
יוּמְרָה נ'	pretension, pretense
יוּמְרָנוּת נ'	pretentiousness
יוּמְרָנִי ת'	pretentious, overblown
יוֹן ז'	pigeon, ion
יוֹנָה נ'	dove, pigeon
- יונת דואר	carrier pigeon
- יונת פיתיון	decoy, stool-pigeon
יונוספֵירָה נ'	ionosphere
יוּנִי ז'	June
יוֹנִי ת'	dovelike, dovish, Ionic
יוניזַציָה נ'	ionization
יוֹנֵק ז'	mammal, suckling, sucker
- יונק הדבש	hummingbird
- יונק עילאי	primate
יוּסַד פ'	be established, be founded
יוּסַף פ'	be revaluated, be revalued
יוּעַד פ'	be destined, be assigned
יוֹעֵץ ז'	adviser, counselor
- יועץ מקצועי	vocational counselor
- יועץ משפטי לממשלה	attorney general
יוּפָּה פ'	be beautified, be adorned
יוֹפִי ז'	beauty, charm, loveliness
יוֹפִי מ"ק	I like that!, great!
יוּפִּיטֶר (צדק) ז'	Jupiter
יוּצָא פ'	be exported
יוֹצֵא ת'	outgoing, departing
- וכיוצא בו	and the like
- יוצא דופן	unusual, odd, special
- יוצא מזה	consequently, therefore
- יוצא מן הכלל	extraordinary
- יוצא צבא	liable for army service, veteran

- יוצאי חלציו offspring, children
יוּצַג פ' be represented
יוּצַר פ' be manufactured
יוֹצֵר ז' creator, maker, author
- החליף היוצרות mix up, muddle
יוֹקֵד ת' inextinguishable, burning
יוֹקֶר ז' expensiveness, dearness
- ביוקר expensive, dearly
- יוקר המחיה cost of living
יוּקְרָה נ' prestige, renown
יוּקְרָתִי ת' prestigious, *swish
יוֹקֶשֶׁת נ' minelayer
יו"ר = יושב ראש chairman, speaker
יוֹרֵד ז' emigrant, expatriate, iamb
- יורד ים sailor, seaman
יוֹרֶה ז' first rain, shooter
יוֹרָה נ' boiler, cauldron, pot
יוּרַט פ' be intercepted
יוּרִידִי ת' juridical
יוֹרֵשׁ ז' heir, successor, legatee
- יורש מוחלט heir apparent
- יורש על תנאי heir presumptive
- יורש עצר crown prince, heir to the throne
יוֹרֶשֶׁת נ' heiress, inheritress
יוּשַׁב פ' be settled, be solved
יוֹשֵׁב ז' inhabitant, resident, sitter
- יושב קרנות idler, loafer
- יושב ראש chairman, speaker
יוּשַׂם פ' be applied, be imposed
יוֹשֶׁן ז' oldness, antiquity, age
יוֹשֶׁר ז' straightness, honesty
יוֹתֵר תה"פ more, more than
- ארבעים ויותר forty-odd
- ביותר most, very much
- יותר מדי too much, too many
- לכל היותר at most
יוֹתֶרֶת נ' surplus, gland
- יותרת הכבד lobe of the liver
- יותרת הכליה adrenal gland
יָזוּם ת' initiated, conceived
יִזְכּוֹר ז' memorial prayer
יָזַם פ' initiate, plan, pioneer
יַזָּם ז' initiator, enterpriser, entrepreneur
יַזָּמוּת נ' entrepreneurship
יֶזַע ז' sweat, perspiration
יַחַד תה"פ together, along
- ביחד together, put together
- יחד עם זאת at the same time, yet
יַחְדָּיו תה"פ together
יְחִי מ"ק long live-
יָחִיד ת' single, sole, only, alone
- בן יחיד only child, an only son
- יחיד ומיוחד unique, stands alone
- יחידי סגולה the elect, the best
יְחִידָה נ' unit, detail, squad, unity
יְחִידוּת נ' uniqueness, privacy
יְחִידִי ת' alone, single, sole
יְחִידָנִי ת' individual
יַחְמוּר ז' fallow deer, roebuck
יַחַס ז' attitude, relation, ratio, proportion, treatment, dealing
- ביחס ל- regarding, in relation to
- יחס הפוך inverse proportion
- יחס הקניין genitive, possessive case
- יחס ישר direct proportion
- יחסי מין intercourse, sex
- יחסי ציבור public relations
- יחסים relations, intercourse
יַחֲסָה (בדקדוק) נ' case
- יחסת אל dative
- יחסת את accusative
- יחסת הנושא nominative
- יחסת הפנייה vocative
יַחֲסוּת נ' relativity
יַחֲסִי ת' comparative, proportional, relative
יַחֲסִיּוּת נ' relativity, relativism
יַחֲסִית תה"פ comparatively
יַחֲסָן ז' privileged, man of good family
יַחֲסָנוּת נ' haughtiness, privilege
יָחֵף ת' barefoot, unshod
יְחֵפוּת נ' barefootedness
יְחֵפָן ז' barefooted, tramp
יַחְצָן ז' public relations officer
יֵאוּשׁ ז' despair, desperation
- לאחר ייאוש hopeless, past hope
יֵאֵשׁ פ' cause despair, dishearten
יִבֵּא פ' import
יִבֵּב פ' sob, whimper, wail, whine
יִבּוּא ז' import, importation
יִבּוּב ז' sobbing, wailing
יִבּוּל ז' weeding

ייבום ז' levirate marriage, taking a brother's widow
ייבוש ז' drying, draining
ייבל פ' weed, grow corns
ייבם פ' marry a brother's widow
ייבש פ' dry, drain, desiccate
יידה פ' throw, cast, hurl
יידוי ז' throwing, hurling
יידוע ז' notification, briefing
– הא היידוע definite article, the
יידיש נ' Yiddish
יידע פ' cause to know, notify
ייהד פ' convert to Judaism
ייהוד ז' converting to Judaism
ייזום ז' initiating, promotion
ייחד פ' set apart, allocate, assign
ייחוד ז' singularity, setting aside, uniqueness, privacy
– בייחוד especially, chiefly
ייחודי ת' exclusive, unique
ייחודיות נ' exclusiveness
ייחול ז' expectation, hope
ייחום ז' rut, heat, excitement
ייחוס ז' ancestry, lineage, good family, ascription, attribution
ייחור ז' cutting, offshoot, slip
ייחל פ' hope, expect, wait
ייחם פ' rut, excite sexually
ייחס פ' attribute, ascribe, attach
– ייחס חשיבות place importance
יילד פ' deliver, help bear
יילוד ז' newborn, infant, son
יילל פ' howl, wail, weep, whine
יין ז' wine
– יין לענה vermouth
– יין נסך not kosher wine
– יין שרף brandy, spirits
ייני ת' winy, wine-colored, vinous
יינן ז' vintner, wine maker
ייסד פ' establish, found, set up
ייסוד ז' establishing, foundation
ייסוף ז' revaluation, revaluing
ייסורים ז"ר agony, suffering, torture
ייסף פ' revaluate, revalue
ייסר פ' admonish, torment
ייעד פ' appoint, intend, earmark
ייעוד ז' designation, destiny, appointment, mission, vocation
ייעול ז' making efficient, rationalization, streamlining
ייעוץ ז' advice, consultation, counsel, counseling
– ייעוץ מקצועי vocational counseling
ייעור ז' afforestation
ייעל פ' make efficient, rationalize
ייעץ פ' advise, counsel, recommend
ייער פ' afforest, plant trees
ייפה פ' beautify, adorn, embellish
– ייפה כוחו authorize, empower
ייפוי ז' beautification, decoration
– ייפוי כוח power of attorney, proxy, mandate, plenipotentiary
ייצא פ' export
ייצב פ' stabilize, fix, steady
ייצג פ' represent, stand for
ייצוא ז' exportation, export
ייצוב ז' stabilization, fixation
ייצוג ז' representation
ייצוגי ת' representative
ייצור ז' manufacture, production
ייצר פ' manufacture, produce
ייקור ז' raising of price, markup
ייקר פ' raise the price, mark up
יראה נ' fear, awe, dread
יירוט ז' interception
יירט פ' intercept, head off
יירקון ז' chlorosis, jaundice
י"ש = יין שרף spirits, brandy, arrack
יישב פ' settle, adjust, set, place, solve, reconcile
יישוב ז' settlement, population, colonization, explaining
– יישוב דעת composure, self-possession
יישובי ת' of a settlement
יישום ז' application, implementation
יישור ז' straightening, alignment
– יישור שיניים orthodontics
יישם פ' apply, put to use, implement
יישן פ' put to sleep, make old, date
יישר פ' straighten, align, level
– יישר הדורים iron out difficulties
– יישר זרם rectify

thank you!, well done! – יישר כוח!
excess, redundancy יִיתּוּר ז'
tautology, pleonasm – ייתור לשון
possible, perhaps, maybe יִיתָּכֵן תה"פ
is it possible, fancy! – הייתכן?
possibility, probability יִיתָּכְנוּת נ'
make an orphan, orphan יִיתֵּם פ'
can, may, be able יָכוֹל פ'
may, might – היה יכול
overcome, beat, win – יכול ל–
I can – יכולני
able, capable יָכוֹל ת'
unable, cannot – לא יכול
ability, capability יְכוֹלֶת נ'
yacht יַכְטָה נ'
demonstrable, provable יָכִיחַ ת'
child, son, boy, *kid יֶלֶד ז'
the bird has flown – והילד איננו
infant prodigy – ילד פלא
girl, daughter יַלְדָּה נ'
bear, have a baby יָלְדָה פ'
child, little boy, kid יַלְדּוֹן ז'
little girl, chit יַלְדּוֹנֶת נ'
childhood, babyhood יַלְדוּת נ'
boyish, childish, infantile יַלְדוּתִי ת'
infantilism, puerility יַלְדוּתִיּוּת נ'
baby, child יִלּוֹד ז'
mortal, human – ילוד אישה
birth rate, birth יְלוּדָה נ'
native, born, indigenous יָלִיד ז'
howl, lament, wail, whine יְלָלָה נ'
let's go!, *shoo *יַלְלָה! מ"ק
locust larva יֶלֶק ז'
bag, satchel, compilation, anthology, shepherd's purse יַלְקוּט ז'
service record – ילקוט שירות
sea, ocean, *the drink, west יָם ז'
seamanship, navigation יַמָּאוּת נ'
sailor, seaman, bluejacket יַמַּאי ז'
iamb יַמְבּוּס ז'
lake, closed sea יַמָּה נ'
westwards, seawards יָמָּה תה"פ
days of, times of יְמוֹת ז"ר
marine, nautical, naval יַמִּי ת'
days of יְמֵי (ראה יום)
fleet, navy יַמִּיָּה נ'
days, times יָמִים (ראה יום) ז"ר

right, right hand יָמִין ז'
on all sides – על ימין ועל שמאל
to the right, right יָמִינָה תה"פ
right, right-handed יְמִינִי ת'
a day and a night יְמָמָה נ'
right, rightist, right-handed יְמָנִי ת'
January יָנוּאָר ז'
baby, child-Rabbi יָנוּקָא ז'
sucking, suction יְנִיקָה נ'
suck, imbibe, absorb יָנַק פ'
babyhood, infancy יַנְקוּת נ'
owl יַנְשׁוּף ז'
owlish יַנְשׁוּפִי ת'
establish, set up, found יָסַד פ'
tonic יֶסֶד ז'
basis, element, foundation יְסוֹד ז'
essentially, at bottom – ביסודו
basically – ביסודו של דבר
basic, elementary, fundamental, thorough יְסוֹדִי ת'
thoroughness, radicalism יְסוֹדִיּוּת נ'
thoroughly, at length – ביסודיות
jasmine יַסְמִין (שיח בר) ז'
petrel יַסְעוּר (עוף ים) ז'
continue, add, go on יָסַף פ'
coda, excess יֶסֶף ז'
surtax – מס יסף
assign, designate, appoint יָעַד פ'
aim, destination, goal, purpose, target יַעַד ז'
dustpan, scoop, shovel יָעֶה ז'
ibex-goat, gobex יָעֵז נ'
efficient, effective, effectual יָעִיל ת'
efficiency, efficacy יְעִילוּת נ'
chamois, mountain-goat, ibex יָעֵל ז'
mountain-goat יַעֲלָה נ'
charming woman – יעלת חן
ostrich יָעֵן ז'
because, as, since יַעַן תה"פ
because, as, since – יען כי
that is to say, kind of *יַעֲנִי תה"פ
hurry, haste, volley, overflight יָעַף ז'
in a hurry, swiftly – ביעף
advise, counsel, recommend יָעַץ פ'
forest, jungle, wood יַעַר ז'
honeycomb, honeysuckle יַעְרָה נ'

יַעֲרִי ת' wooded, sylvan
יַעֲרָן ז' forester, woodsman
יַעֲרָנוּת נ' forestry, woodcraft
יַפַּאי ז' beautician, decorator
יָפָה פ' be beautiful, bloom
יָפֶה ת' beautiful, lovely, fair, pretty
– יפה ל– suitable, good
– יפה נפש noble-minded, prim
– יפה תואר good-looking
יָפֶה תה"פ well, properly, fine
יְפֵהפֶה ת' beauteous, beautiful
יְפֵהפִיָּה נ' beauty, belle
יַפָּן נ' Japan, Nippon
יַפָּנִי ז' Japanese
יָצָא פ' come out, go out, get out, emerge, leave
– יצא בשן ועין lose, be defeated
– יצא לאור come to light
– יצא לפועל be carried out
– יצא מדעתו lose one's mind
*– יצא מזה be well out of it
*– יצא ש– it so happened that
– יצאה נשמתו die
יַצְאָנִית נ' prostitute, whore
יִצְהָר ז' pure oil
יְצוּא ז' export
יְצוּאָן ז' exporter
יָצוּל ז' beam, pole, shaft
– יצול המשקפיים bow
יָצוּעַ ז' couch, bed
יָצוּק ת' cast, molten, poured
יְצוּר ז' creature, organism
– יצור אנוש human being
יְצִיאָה נ' going out, exit, departure, emptying the bowels
– יציאת חירום fire-escape
– יציאת מצריים Exodus
יְצִיאוֹת נ"ר cost, expenditure
יַצִּיב ת' stable, steady, firm, set
יְצִיבָה נ' standing, posture
יַצִּיבוּת נ' stability, steadiness
יָצִיג ת' representative
יָצִיעַ ז' gallery, balcony, stand
– יציע הקהל grandstand, bleachers
יְצִיקָה נ' casting, pouring, infusion
יְצִיר ז' creature, creation
– יציר כפיו handiwork, creation
יְצִירָה נ' creation, formation, work of art, composition
יְצִירָתִי ת' creative
יְצִירָתִיּוּת נ' creativity
יָצַק פ' cast, pour, decant, infuse
– יצק מים על ידיו serve him
יֶצֶקֶת נ' cast iron, pig iron, fondant
יָצַר פ' create, make, form, produce
יֵצֶר ז' instinct, urge, drive, impulse
– יצר הרע urge to do evil
יַצְרָן ז' manufacturer, producer
יַצְרָנוּת נ' productivity
יַצְרָנִי ת' productive
יֶקֶב ז' wine cellar, wine press
יָקַד פ' burn, glow, blaze
*יֶקֶה ז' German Jew
יְקוּם ז' cosmos, universe
יַקִּינְטוֹן ז' hyacinth
יְקִיצָה נ' waking up, awakening
יַקִּיר ת' dear, beloved, darling
יָקַר פ' be dear, be precious
יְקָר ז' honor, dignity, importance
יָקָר ת' dear, expensive, precious
– יקר המציאות rare, scarce
– יקר ערך valuable, prized
יֹקֶר נ' dearness, expensiveness
יַקְרָן ז' profiteer, overcharging
יָרֵא ת' fearing, fearful, afraid
– ירא שמיים God-fearing, pious
יַרְבּוּז ז' tumbleweed, amaranth
יַרְבּוּעַ (מכרסם) ז' jerboa
יַרְגָּזִי (ציפור שיר) ז' tit, titmouse
יָרַד פ' go down, come down, descend, fall, emigrate
– ירד לחייו annoy, torment
– ירד לטמיון be lost, go to waste
– ירד ממנו *get off his back
– ירד מן הפסים go off the rails
– ירד מנכסיו become poor
– ירד על *come down on, annoy
– ירד פלאים touch bottom, drop
יַרְד ז' yard
יַרְדֵּן נ' Jordan
יָרָה פ' fire, shoot, gun, loose
– ירה מהמותן shoot indiscriminately
יָרוּד ת' low, inferior, poor
יָרוֹד (מחלה) ז' cataract
יָרוֹק ת' green, verdant, *dollar

- ירוק עד evergreen
- קיבל אור ירוק get the green light
יְרוֹקָה נ' duckweed, chlorosis
- ירוקת החמור squirting cucumber
יְרוֹקֶת נ' duckweed, verdigris
יְרוּשָׁה נ' heritage, inheritance
יֶרַח ז' month
- ירח דבש honeymoon
יָרֵחַ ז' moon, satellite
יַרְחוֹן ז' monthly
יַרְחִי ת' lunar, of the moon
יְרִי ז' shooting, firing, shot
יָרִיב ז' adversary, opponent, rival
יְרִיבוּת נ' rivalry, contention
יָרִיד ז' bazaar, fair, market
יְרִידָה נ' descent, fall, going down, decline, decrease, emigration
יְרִיָּה נ' shot, shooting, firing
יְרִיעָה נ' sheet, tent-cloth, curtain
- יריעת הגהה galley proof
יְרִיקָה נ' spitting, spit
יָרֵךְ נ' hip, thigh, loin, haunch
- הכה שוק על ירך beat severely
יַרְכָה נ' loins, stern, end, rear, hindpart, abutment
יַרְכִּית נ' tunic, cuisse
יַרְכְּתֵי הַסְּפִינָה נ"ר stern, poop
יַרְכָּתַיִם נ"ר sidelines, stern
יָרַק פ' spit, spit out, expectorate
יֶרֶק ז' green herbs, foliage
יָרָק ז' vegetable, *veg, herbage
- ירק עלה chlorophyll
יַרְקוּת נ' greenness, verdancy
יְרָקוֹת ז"ר greens, vegetables, *veg
יַרְקָן ז' greengrocer
יַרְקָנוּת נ' greengrocery
יְרַקְרַק ת' greenish, viridescent
יָרַשׁ פ' inherit, possess, come into
יֵשׁ ז' being, existence
- יש מאין out of thin air
יֵשׁ תה"פ there is, there are
- יש לי I have, I possess
*יֵשׁ מ"ק hurrah!, bingo!
יָשַׁב פ' sit, sit down, dwell, reside
- ישב ראש preside, chair, head
יַשְׁבָן ז' behind, buttocks, bottom
יָשׁוּב ת' seated, sitting
יְשׁוּעָה נ' salvation, help

יֵשׁוּת נ' being, entity, substance
יֵשׁוּתִי ת' substantive, existential
יְשִׁיבָה נ' sitting, meeting, session, dwelling, yeshiva
יָשִׂיג ת' available, attainable
יָשִׂים ת' applicable, imposable
יְשִׁימוֹן ז' waste, desert, wilderness
יְשִׂימוּת נ' applicability, execution
יָשִׁיר ת' direct, straight, nonstop
יְשִׁירוּת תה"פ directly, straight
יָשִׁישׁ ז' old man, aged, elderly
יָשַׁן פ' sleep, slumber, *kip
יָשָׁן ת' old, ancient, longstanding
יָשֵׁן ת' asleep, sleeping, dormant
יֶשְׁנָהּ תה"פ there is, she is
יֶשְׁנוֹ תה"פ there is, be found
יַשְׁנוּנִי ת' sleepy, drowsy
יֶשְׁנָם תה"פ there are
יַשְׁנָן ז' sleeper, slumberer
יֶשְׁנָן תה"פ there are
יֶשַׁע ז' salvation, help
- חסר ישע helpless, high and dry
יָשְׁפֵה (אבן טובה) ז' jasper
יָשַׁר פ' be straight, be just
יָשָׁר ז' straight line
יָשָׁר ת' straight, direct, right, honest, candid
- ישר זווית right-angled, square
- ישר לב honest, righteous
יִשְׂרָאֵל נ' Israel, Zion
יִשְׂרְאֵלִי ת' Israeli
יַשְׁרוּת נ' straightness, integrity
יָתֵד נ' peg, pin, spike, wedge, chock, picket, stake, metric foot
יַתּוּךְ ז' tongs
יָתוֹם ז' orphan, fatherless
יַתּוּשׁ ז' mosquito, gnat, midge
יַתִּיר ת' superfluous, redundant
יַתְמוּת נ' orphanhood, orphanage
יֶתֶר ז' remainder, excess, surplus, hypotenuse
- בין היתר among other things
יָתֵר ת' superfluous, excessive
- יתר על כן moreover, what's more
- יתרה מזו moreover, what's more
יִתְרָה נ' balance, remainder, surplus
יִתְרוֹן ז' advantage, profit, gain
יִתְרוֹנִי ת' advantageous

כ

כְּ- as, like, about, a matter of
כ"א = כל אחד every one, each
כָּאַב פ' ache, hurt, smart
כְּאֵב ז' ache, pain, torture
- כאב בטן bellyache
- כאב גב backache
- כאב לב heartache
- כאב ראש headache
- כאב שיניים toothache
כָּאוּב ת' aching, painful
כְּאִילוּ תה"פ as if, as though
כָּאָמוּר תה"פ as aforesaid
כָּאן תה"פ here, in this place
כַּאֲשֶׁר מ"ח when, while, whereas, as
כַּבָּאוּת נ' fire fighting
כַּבַּאי ז' fire fighter, fireman
כַּבָּאִית נ' fire truck, fire engine
כָּבֵד פ' be heavy, be hard
כָּבֵד ז' liver
כָּבֵד ת' heavy, weighty, onerous
- כבד פה falterer, stammerer
- כבד שמיעה hard of hearing
כְּבֵדוּת נ' weight, heaviness
כָּבָה פ' go out, fade out
כָּבוֹד ז' dignity, honor, respect
- בכבוד רב yours respectfully
- בכבודו ובעצמו he himself
- כל הכבוד! well done!, bravo!
- לכבוד to, in honor of
כְּבוּדָּה נ' luggage, burden
כָּבוּי ת' extinguished, off
כָּבוּל ז' peat, turf, dry land
כָּבוּל ת' fettered, tied, restricted
כָּבוּשׁ ת' conquered, occupied, preserved, pickled, pressed
כְּבוּשִׁים ז"ר pickles
כְּבִידָה נ' gravitation, gravity
כִּבְיָכוֹל תה"פ as it were, so-called
כְּבִילָה נ' tying, chaining, restriction
כָּבִיס ת' washable
כְּבִיסָה נ' washing, laundry
כְּבִיסוּת נ' washability
כַּבִּיר ת' huge, enormous, *great
כְּבִירָה נ' sieving, sifting
כְּבִישׁ ז' road, highway, carriageway
- כביש אגרה turnpike, toll road
- כביש מהיר expressway, freeway
- כביש ראשי highway, highroad
כְּבִישָׁה נ' pressing, pickling
כָּבַל פ' tie, fetter, chain, bind
כֶּבֶל ז' cable, chain, restraint
כַּבְלָר ז' jointer, splicer
כִּבְנָה נ' hairpin, brooch
כִּבֵּס פ' launder, wash
כְּבָסִים ז"ר laundry, washing
כִּבֵּר פ' sift, riddle, sieve
כְּבָר תה"פ already, yet
- זה לא כבר newly, recently
כְּבָרָה נ' riddle, screen, sieve
כִּבְרַת אֶרֶץ נ' plot of land
כִּבְרַת דֶּרֶךְ נ' a distance, some way
כָּבַשׁ פ' conquer, subdue, take, occupy, preserve, pickle
- כבש בסערה carry, take by storm
- כבש דרך beat a way
- כבש יצרו suppress desires
- כבש לב captivate
- כבש פניו בקרקע hide one's face
- כבש שער score a goal
כֶּבֶשׂ ז' sheep, lamb
כֶּבֶשׁ ז' ramp, gangplank
כִּבְשָׂה נ' ewe, sheep
כִּבְשָׁן ז' crematorium, furnace, kiln
כְּגוֹן תה"פ such as, for example, e.g.
כַּד ז' pitcher, jar, jug, ewer
- כד חלב churn, milk-churn
כְּדַאי ת' advisable, worthwhile
כְּדָאִיּוּת נ' advisability, worthiness
*כְּדַאינִיק ז' self-seeker, egoist
כִּדְבָעֵי תה"פ well, properly
כְּדוֹמֶה תה"פ and the like
כַּדּוּר ז' ball, bullet, cartridge, round, sphere, globe, tablet, pill
- כדור ביניים jump ball
- כדור בסיס baseball
- כדור בשר meatball
- כדור הארץ Earth, globe
- כדור יד handball
- כדור מים (משחק) water polo
- כדור משחק ball, play ball
- כדור נותב tracer bullet

– כדור ניתר rebound
– כדור נפטלין camphor ball
– כדור סרק dummy ammunition
– כדור פורח balloon
– כדור שלג snowball
– כדור תועה stray bullet
כַּדּוּרֶגֶל ז' football, soccer
כַּדּוּרַגְלָן ז' soccer player
כַּדּוּרוֹן ז' small ball, pellet
כַּדּוּרִי ת' spherical, round, globular
כַּדּוּרִית נ' cell, corpuscle, globule
– כדורית לבנה leukocyte
כַּדּוּרְסַל ז' basketball
כַּדּוּרְסַלָן ז' basketball player
כַּדּוּרְעָף ז' volleyball
כַּדּוֹרֶת נ' bowls, bowling
כְּדֵי תה"פ so as to, in order to, about, as much as
כַּדְכּוֹד ז' jacinth, porphyry
כִּדְלְהַלָּן תה"פ as follows
כִּדְלְקַמָּן תה"פ as follows
כִּדְרוּר ז' dribble, dribbling
כִּדְרֵר פ' dribble
כַּדָּת תה"פ properly, well, right
כֹּה תה"פ so, such, here, that
– כה לחי! congratulations!
כָּהָה פ' be dark, grow dim
כֵּהֶה ת' dark, dim, faint, dusky
כְּהוּא זֶה a little, a bit
כְּהוֹגֶן תה"פ well, properly, decently
כָּהוּי ת' dark, dim, faint
כְּהוּנָּה נ' office, incumbency, term of service, priesthood
כֵּהוּת נ' darkness, dimness
כַּהֲלָכָה תה"פ well, properly, right
כַּהֶלֶת נ' alcoholism
כְּהֶרֶף עַיִן תה"פ in a flash, in no time
כּוֹאֵב ת' painful, sore, hurting
כּוּבַּד פ' be honored, be cleaned
כּוֹבֶד ז' weight, heaviness
– כובד ראש gravity, seriousness
כּוּבָּה פ' be extinguished
כּוֹבֵל ת' binding, tying down
כּוּבַּס פ' be washed, be laundered
כּוֹבֶסֶת נ' laundress, washerwoman
כּוֹבַע ז' cap, hat, headgear
– כובע גרב stocking cap
– כובע הטבור (בגלגל) hubcap
– כובע הנזיר (פרח) nasturtium
כּוֹבָעוֹן ז' condom, sheath, small hat
כּוֹבָעָן ז' hatter, milliner, hat-maker
כּוֹבֵשׁ ז' conqueror, subjugator
כּוֹד ז' blunt end, rounded end
כּוֹהֶל ז' alcohol, spirit
כּוֹהֳלִי ת' alcoholic, spirituous
כּוֹהֵן ז' priest, Cohen
כּוֹהֶנֶת נ' priestess, priest's wife
כָּוָה פ' burn, scorch, scald, sear
כַּוָּה נ' port, hatchway, manhole
כְּוִויָּה נ' blister, burn, scald
כָּוִיץ ת' contractile, shrinkable
כּוּוַּן פ' be aimed, be directed
כַּוָּן ז' gunlayer
כַּוָּנָה נ' aim, intention, meaning
– בכוונה deliberately, on purpose
כּוונון ז' adjustment, tune-up
כּוֹונֵן פ' adjust, tune, regulate
כַּוְנָן ז' tuner
כַּוּוֹנֶנֶת נ' regulator, adjuster
כַּוֶּנֶת נ' sight, viewfinder
– כוונת פצצות bombsight
– כוונת קדמית foresight, front sight
*– על הכוונת marked, be a target
כּוּוַּץ פ' be shrunk, be contracted
כַּוְּרָן ז' apiarist, beekeeper
כַּוְּרָנוּת נ' apiculture, beekeeping
כַּוֶּרֶת נ' beehive, hive, apiary
כּוֹזֵב ת' false, lying, untruthful
כּוֹחַ ז' force, power, strength, might, lizard, monitor
– בכוח potentially, by force
– חוסר כוח גברא impotence
– כוח אדם manpower, work force
– כוח גברא sexual potency
– כוח הדיבור *the gift of the gab
– כוח המשיכה gravity, gravitation
– כוח משימה task force
– כוח סבל endurance, stamina
– כוח סוס horsepower
– כוח עליון force majeure, act of God
– כוח רצון willpower
– כוחות הביטחון security forces
– כוחות יבשה land forces
כּוֹחִי ת' vigorous, forceful
כּוֹחַל ז' kohl, blueness

כּוֹחָנוּת נ' violence, forcefulness
כּוֹחָנִי ת' potential, forceful
כּוּיַל פ' be calibrated, be gauged
כּוּיַר פ' be modeled, be molded
כּוּך ז' niche, catacomb, hole
כּוֹכָב ז' star, planet, Mercury
- כוכב הצפון polestar, lodestar
- כוכב ים starfish
- כוכב לכת planet
- כוכב נופל meteor, shooting star
- כוכב על superstar
- כוכב קולנוע film star, movie star
- כוכב שביט comet
- כוכב שבת fixed star
כּוֹכָבוֹן ז' asterisk, (*)
כּוֹכָבִי ת' astral, stellar, sidereal
כּוֹכָבִית נ' asterisk, (*)
כּוֹכָבָנִית נ' starlet
כּוֹל מ"ג all, any, every, each, whole
- כולו he is all, throughout
- כולכם all of you, you all
- כולם all, all of them, they all
- כולנו all of us, we all
כּוֹלֵל ז' community, religious fund
כּוֹלֵל ת' including, all-out, general
- לא כולל excluding, exclusive of
כּוֹלְלָנִי ת' comprehensive, global
כּוֹלֶסְטֶרוֹל ז' cholesterol
כּוֹלֵרָה נ' cholera
כּוֹמֶר ז' clergyman, curate, priest
כּוּמְתָּה נ' beret
כּוּנָּה פ' be nicknamed, be named
כּוֹנֵן פ' found, set up, wind
כּוֹנָן ז' rack, drive, on call
- כונן סרטים tape drive
כּוֹנְנוּת נ' alert, vigilance, standby
כּוֹנָנִית נ' bookcase, cabinet
כּוּנַּס פ' be convened, be summoned
כּוֹנֵס נְכָסִים ז' official receiver
כּוֹנֶרֶת נ' viola
כּוֹס נ' glass, tumbler, goblet
- כוס רוח cupping-glass
- נתן בכוס עינו *hit the bottle
כּוֹס (עוף) ז' owl
כּוּסְבָּר (תבלין) ז' coriander
כּוּסָּה פ' be covered, be coated
כּוּסַּח פ' be cut down, *be beaten
כּוֹסִית נ' small glass

כּוּסֶּמֶת נ' buckwheat, spelt
כּוּסְפָּה (מזון בהמות) נ' oil-cake
כּוֹעֵס ת' angry, cross, irate, mad
כּוֹפֶה ת' compulsive, compelling
כּוֹפֵל ז' multiplier
כּוֹפֵף פ' bend, bow, incline, stoop
כּוּפַּר פ' be atoned, be pardoned
- בל יכופר inexcusable
כּוֹפֵר ז' heretic, infidel, atheist
כּוֹפֶר ז' ransom, forfeit, asphalt
כּוּפְתָּה נ' dumpling
כּוּר ז' melting pot, furnace, forge
- כור אטומי atomic pile, reactor
- כור היתוך blast furnace, smelter, melting pot, crucible
- כור מצרף purgatory
כּוּרְדִי ז' Kurd
כּוֹרֶה ז' miner, collier, digger
כּוֹרַח ז' inevitability, necessity
- בעל כורחו reluctantly, willy-nilly
כּוֹרֵיאוֹגְרָף ז' choreographer
כּוֹרֵיאוֹגְרַפְיָה נ' choreography
כּוֹרֵךְ ז' binder, bookbinder
כּוֹרְכָן ז' binder
- כורכן טבעות ring binder
כּוּרְכָּר ז' limestone, coarse sand
כּוֹרָל ז' chorale
כּוֹרֵם ז' vinegrower, vinedresser
כּוּרְסָה נ' armchair, lounge-chair
כּוֹרֶת ז' trunk, stump
כּוּשׁ ז' spindle, shaft, rod
כּוּשִׁי ז' black, colored, Negro
כּוּשִׁית נ' Negress
כּוֹשֵׁל ת' failing, abortive, futile
כּוּשַּׁף פ' be bewitched, be charmed
כּוֹשֶׁר ז' ability, fitness, form, condition, power, skill
- בכושר in condition, in shape
- חיכה לשעת כושר bide one's time
- לא בכושר out of condition
כּוֹשְׁרָה נ' chance, opportunity
כּוֹתֵב ז' writer, scribe
כּוּתּוֹנֶת נ' shirt, blouse
- כותונת לילה nightgown
כּוֹתֶל ז' wall, side
- הכותל המערבי the Wailing Wall
כּוּתְנָה נ' cotton
כּוֹתֶפֶת נ' epaulet, shoulder strap

כּוּתַּר פ' be surrounded, be encircled
כּוֹתֶר ז' letterhead, title
כּוֹתֶרֶת נ' caption, headline, title
- גולת הכותרת coping-stone
- כותרת העמוד capital
- כותרת הפרח corolla
- כותרת משנה subheading, subtitle
כָּזָב ז' lie, deceit, falsehood
כַּזְבָן ז' liar, storyteller
כָּזֶה ת' that, such, like that
כַּזַּיִת ז' small amount
כָּח פ' spit phlegm, cough
כָּחוֹל ת' blue
- כחול לבן made in Israel
כָּחוּשׁ ת' thin, skinny, gaunt, lean
כִּחְכֵּחַ פ' clear one's throat
כָּחַל פ' blue, turn blue
כָּחָל ז' kohl, liner, eye shadow
- בלא כחל ושרק plain, frankly
כְּחָל ז' udder
כְּחַלְחַל ת' bluish, blueish
כָּחַשׁ פ' become thin, emaciate
כַּחַשׁ ז' deceit, lying, bluff
כִּי מ"ח because, since, as, for
- בכי טוב pretty well
- כי אז then
- כי אם but, except, only
כַּיָּאוֹת תה"פ well, properly, right
כִּיב ז' ulcer
כִּיבֵּד פ' honor, respect, offer, clean
כִּיבָּה פ' extinguish, put out
כִּיבּוּד ז' honoring, respect, refreshments, treat, sweeping
- כיבוד אב ואם filial piety
כִּיבּוּי ז' extinguishing, turning off
- כיבוי אורות blackout, lights out
כִּיבּוּס ז' washing, laundering
כִּיבּוּשׁ ז' conquest, occupation
- כיבוש היצר self-control
כִּיבִי ת' ulcerous
כִּיבֵּס פ' launder, wash, wash out
כִּידוֹן ז' bayonet, lance, javelin
כִּידֵּר פ' make round, ball
כִּיהֵן פ' hold office, officiate, serve
כִּיוּב ז' ulceration
כִּיוֵּן פ' aim, direct, point, true up
כִּיווּן ז' direction, aim, tuning
כֵּיוָן תה"פ because, since, as

כִּיווּנִי ת' directional
כִּיוֵּץ פ' contract, shrink, narrow
כִּיוּוּץ ז' constriction, shrinking
כִּיוּל ז' calibration, gauging
כַּיּוֹם תה"פ now, nowadays
כִּיּוֹר ז' sink, basin, washbowl
כִּיּוּר ז' modeling, molding
כִּיּוֹרֶת נ' plasticine
כִּיזֵּב פ' lie, deceive, prevaricate
כִּיחַ ז' phlegm, sputum, *gob
כִּיחֵד פ' hide, deny, disown
כִּיחָה נ' expectoration, phlegm
כִּייֵּל פ' calibrate, measure, gauge
כִּייֵּס פ' pick pockets
כַּיָּיס ז' pickpocket, light-fingered
כַּיָּיסוּת נ' picking pockets
*כִּייֵּף פ' have fun, enjoy
כִּייֵּר פ' mold, model
כִּיכֵּב פ' feature, star, act, play
כִּיכָּר נ' square, circle, plaza, rotary, roundabout, traffic circle
- כיכר לחם loaf of bread
כִּילֵּב פ' stitch
כִּילָּה פ' finish, destroy, exhaust, use
- כילה חמתו ב- wreak one's fury on
כִּילָּה נ' canopy, mosquito net
כִּילַי ז' miser, mean, stingy
כִּילָּיוֹן ז' extermination, ruin
- כיליון עיניים yearning, longing
כֵּילַף ז' hatchet, ax
כִּימַאי ז' chemist
כִּימּוּת ז' quantification
כִּימוֹתֶרַפְּיָה ז' chemotherapy
כִּימִי ת' chemical
כִּימְיָה נ' chemistry, sympathy
כִּימִיקָלִים ז"ר chemicals
כִּימֵּר פ' braise, burn
כִּימֵּת פ' quantify
כִּינָּה פ' name, nickname, term
כִּינָּה נ' louse
- כינים lice, vermin
כִּינּוּי ז' nickname, alias, *handle
- כינוי הקניין possessive pronoun
- כינוי השם pronoun
- כינוי ספרותי pseudonym
כִּינּוּן ז' establishing, founding
כִּינּוּס ז' gathering, conference
- כינוס נכסים receivership

כִּינוֹר ז' violin, fiddle
- כינור שני (למישהו) second fiddle
כִּינִין (תרופה למלריה) ז' quinine
כִּינֶמֶת נ' infestation of lice
כִּיוֵּן פ' adjust, wind, regulate
כִּינֵּס פ' convene, summon
כִּינֵּר פ' fiddle, play the violin
כִּיס ז' pocket, sac, pouch, purse
- חיית כיס marsupial
- כיס אוויר air pocket
- כיס איבקה seam pocket
- כיס האשכים scrotum
- כיס המרה gall bladder
- כיס התנגדות pocket of resistance
- כיס חזה breast pocket
- כיס משוקע inset pocket
- כיס פנימי interior pocket
*- שם אותו בכיס הקטן he's no match for him
כִּסֵּא ז' chair, seat
- כיסא גבוה high chair, step chair
- כיסא גלגלים wheelchair
- כיסא חשמל electric chair, chair
- כיסא מסתובב swivel chair
- כיסא מתקפל camp chair, folding chair, campstool
- כיסא נוח easy chair
כִּיסָּה פ' cover, coat, veil, hide
כִּיסּוּחַ ז' cutting off, *beating up
כִּיסּוּי ז' blanket, cover, cover-up, covering, lid
- כיסוי מיטה bedspread, coverlet
- כיסוי ראש headdress, headgear
כִּיסוֹן ז' small pocket, fob
כִּיסּוּפִים ז"ר yearning, longing
כִּיסַּח פ' mow, cut down, *beat
כִּיסָן ז' dumpling, ravioli, pasty
כִּיסְתָּה נ' cyst
כִּיעוּר ז' ugliness, disfigurement
כִּיעֵר פ' make ugly, uglify, disfigure
*כֵּיף ז' fun, enjoyment, good time
כִּיפָּה נ' canopy, dome, cupola, cap, skullcap
- כיפת השמיים vault of heaven
- משל בכיפה dominate, domineer
כִּיפּוּף ז' bending, bend, curve
כִּיפּוּר ז' atonement, pardon
- יום כיפור Day of Atonement

כִּיפֵּחַ ת' very tall
כִּיפֵּר פ' atone, pardon, expiate
כֵּיצַד תה"פ how, how come
כִּירָה נ' stove, cooker, griddle
כִּירוֹפְּרַקְטִיקָה נ' chiropractic
כִּירוּרג ז' surgeon
כִּירוּרגִי ת' operative, surgical
כִּירוּרגְיָה נ' surgery
כִּירַיִים ז"ר stove, cooker
כִּישׁוּף ז' magic, spell, enchantment
כִּישׁוֹר ז' distaff, spindle
כִּישׁוּרִים ז"ר qualifications, talents
כִּישָׁלוֹן ז' failure, fiasco, *bust
כִּישֵּׁף פ' bewitch, charm, enchant
כִּישָׁרוֹן ז' ability, aptitude, talent
כִּיתָּה נ' class, classroom, grade, form, section, sect, squad, party
- כיתת יורים firing squad
כִּיתּוּב ז' caption, write-up
כִּיתּוּף ז' shouldering, joggle, crimp
כִּיתּוּר ז' surrounding, encirclement
כִּיתּוּת ז' beating, crushing
- כיתות רגליים tiring walk, trudge
כִּיתֵּף פ' shoulder
כִּיתֵּר פ' encircle, surround, hem in
כִּיתֵּת פ' beat, pound, crush
- כיתת רגליו trudge, walk slowly
כִּיתָּתִי ת' sectarian, clannish
כִּיתָּתִיּוּת נ' sectarianism
כָּךְ תה"פ so, thus, like that
- בין כך ובין כך anyway, anyhow
- לא כל כך not so much
כ"כ = כמו כן likewise, as well
כָּכָה תה"פ so, thus, like that
- ככה ככה so-so, after a fashion
כָּל מ"ג all, any, every, each, whole
- בכל מכל כל lock stock and barrel
- ככלות הכל after all
- כל אחד each, anyone, everyone
- כל אימת ש- whenever, every time
- כל דבר anything, everything
- כל דכפין anybody, whoever
- כל הזמן all the time
- כל טוב all the best!
- כל יכול all-powerful, almighty
- כל כולו all, the whole of it
- כל כך so, so much
- כל עוד as long as, so long as

- כל שכן let alone, much more
- מכל וכל entirely, altogether
כָּלָא פ' jail, imprison, lock in
כֶּלֶא ז' jail, prison, *nick
כִּלְאַחַר יָד תה"פ perfunctorily
כַּלַּאי ז' jailor, warden, warder
כִּלְאַיִם ז"ר hybrid, crossbreeding
כֶּלֶב ז' dog, *bowwow
- כלב גזעי pedigree dog
- כלב גישוש bloodhound, tracker dog
- כלב ים seal, sea dog
- כלב נהר otter
- כלב ציד hound, foxhound
- כלב שוטה mad dog
- כלב שמירה watchdog
- פה קבור הכלב that's the trouble
כַּלְבָּה נ' bitch
כַּלְבִּי ת' canine, dog-like
כַּלְבִּיָּה נ' dog shelter
כְּלַבְלָב ז' puppy, doggie, lap-dog
כַּלְבָּן ז' dog-trainer
כַּלֶּבֶת נ' hydrophobia, rabies
כַּלַבְתָּא נ' bitch, shrew, virago
כָּלָה פ' end, run out, long, yearn
- כלו כל הקיצין all hopes vanished
- כלתה אליו הרעה ill luck befell him
כַּלָּה נ' bride, daughter-in-law
כָּלֶה ת' transitory, gone, yearning
כָּלָה תה"פ decidedly, completely
- כלה ונחרצה irrevocable decision
כָּלוּא ת' imprisoned, internee
כְּלוּב ז' cage, coop, hutch
- כלוב עופות aviary
כָּלוּל ת' included
כְּלוּלוֹת נ"ר wedding, nuptials
כְּלוּם ז' something, aught, *nothing
*- כמו כלום easily, as anything
כְּלוּם תה"פ is it (not)?
כְּלוֹמַר תה"פ i.e., namely, that is
כְּלוֹנָס ז' pole, stilt, pale, picket
כְּלוֹר ז' chlorine
כְּלוֹרוֹפוֹרם ז' chloroform
כְּלוֹרוֹפִיל ז' chlorophyll
כְּלוֹרִיד ז' chloride
כְּלוֹת הַנֶּפֶשׁ נ' yearning, longing
כֶּלַח - אָבַד עָלָיו כֶּלַח become dated

כְּלִי ז' apparatus, gadget, appliance, instrument, tool, utensil, vessel
- הוציאו מכליו drive him crazy
- הציגו ככלי ריק rob, clean out
- יצא מכליו lose one's temper
כְּלֵי בַּרְזֶל ז"ר ironware
כְּלִי דָּם ז' blood vessel
כְּלֵי הַקָּשָׁה ז"ר percussion instruments
כְּלֵי זְכוּכִית ז"ר glassware
כְּלֵי זֶמֶר ז"ר musical instruments
כְּלֵי חֶרֶס ז"ר earthenware
כְּלֵי חַרְסִינָה ז"ר chinaware
כְּלִי טַיִס ז' aircraft
כְּלֵי כֶּסֶף ז"ר silverware
כְּלֵי מִטְבָּח ז"ר kitchenware
כְּלֵי מִיטָּה ז"ר bedclothes, bedding
כְּלֵי מֵיתָרִים ז' stringed instrument
כְּלֵי מִלְחָמָה ז"ר arms, weapons
כְּלִי מִשְׂחָק ז' pawn, plaything
כְּלִי נְגִינָה ז' musical instrument
כְּלִי נְשִׁיפָה ז' wind instrument
כְּלֵי נֶשֶׁק ז"ר weapons, arms
כְּלֵי עֲבוֹדָה ז"ר tools
כְּלִי קִיבּוּל ז' receptacle, vessel
כְּלֵי קֶשֶׁת ז"ר string instruments
כְּלִי רֶכֶב ז' vehicle
כְּלֵי שׁוּלְחָן ז"ר tableware
כְּלִי שַׁחְמָט ז' chessman, man
כְּלִי שַׁיִט ז' vessel, ship, boat
כְּלִי שָׁרֵת ז' tool, cat's paw
כְּלֵי תִּקְשׁוֹרֶת ז"ר media
כַּלִּיא בָּרָק ז' lightning conductor
כְּלִיאָה נ' imprisonment, internment
כְּלִיב ז' staple
כְּלִיבָה נ' stitching, clamp, cramp
כְּלָיָה נ' extermination, annihilation
כִּלְיָה נ' kidney
- של הכליות renal
כָּלִיל תה"פ completely, entirely
- כלילת יופי paragon of beauty
כְּלִילִי (עורק) ת' coronary
כְּלִימָה נ' shame, disgrace
כָּלִיף ז' caliph
כָּלִיפוּת נ' caliphate
כַּלֵּךְ מ"ק go away!, avaunt!
כִּלְכֵּל פ' feed, maintain, nourish, handle, deal with

כַּלְכָּל ז' steward
כַּלְכָּלָה נ' economics, economy
כַּלְכָּלִי ת' economic
כַּלְכְּלָן ז' economist
כָּלַל פ' comprise, contain, include
כְּלָל ז' regulation, rule, total, whole, society, community
- כלל וכלל לא not in the least
- כלל לא not at all, far from it
- כללו של דבר in short
כְּלַל עוֹלָמִי ת' worldwide
כְּלָלוּת נ' generality, entirety
כְּלָלִי ת' common, general, public
כְּלָלִית תה"פ generally, on the whole
כַּלָּנִית נ' anemone, windflower
כַּלַנְתָּרִיזְם ז' defection, deserting
כִּלְעוּמַּת שֶׁ- תה"פ just as
כְּלַפֵּי תה"פ toward, towards, at
כָּלְשֶׁהוּ תה"פ whatever, somewhat
כִּמְדוּמֶה תה"פ it seems
כִּמְדוּמַנִי תה"פ it seems to me
כָּמַהּ פ' yearn, long, pine
כָּמֵהַּ ת' yearning, longing, wistful
כַּמָּה תה"פ how much?, how many?, few, several, some
- על אחת כמה וכמה let alone, sure
כְּמֵהָה (פטרייה) נ' truffle
כְּמוֹ תה"פ as, like, such as
- אין כמוהו peerless, unparalleled
- כמו כן likewise, as well
- כמוהו like him
- כמוהו כ- tantamount, same as
כַּמּוּבָן תה"פ certainly, of course
כַּמּוֹן (צמח) ז' cumin
כָּמוּס ת' secret, hidden, covert
כְּמוּסָה נ' capsule, cachet
כְּמוּרָה נ' clergy, priesthood
כָּמוּשׁ ת' withered, dried up
כַּמּוּת נ' amount, lot, quantity
- בכמויות in quantities
כְּמוֹת תה"פ as, like
- כמות שהוא as it is, *as is
כַּמּוּתִי ת' quantitative
כְּמִטַּחֲוֵי תה"פ within the range of
כְּמִיהָה נ' longing, yearning
כְּמִישָׁה ת' withering, drying up
כַּמְנוֹן ז' anise
כִּמְעַט תה"פ almost, approximately
- כמעט טוב fairly good, C (grade)
- כמעט שלא hardly, scarcely
כָּמַשׁ פ' wither, dry up
כִּמְשׁוֹן ז' blight
כַּן ז' mount, pedestal, stand, base
- השיב על כנו reinstate, restore
- כן ציור easel
- כן שיגור launching pad
- כן תותח gun carriage
כֵּן ת' honest, frank, open, sincere
כֵּן תה"פ yes, so, thus, *yeah
- בין שכן ובין שלא whether or no
- וכן הלאה and so forth, and so on
כַּנָּה נ' stand, base, easel, stock
כָּנוּעַ ת' submissive, yielding
כְּנוּפְיָה נ' band, gang, mob
כֵּנוּת נ' sincerity, truth, honesty
כִּנּוּי ז' nomenclature
כְּנִימָה נ' aphid, greenfly, vermin
- כנימת מגן scale insect
כְּנִיסָה נ' admission, entrance, entry
כְּנִיעָה נ' submission, surrender
כְּנִיעוּת נ' humility, submissiveness
כנ"ל = כנזכר לעיל ditto, as above
כַּנָּן (למשיכת ספינות) ז' capstan
כַּנֶּנֶת נ' winch, windlass
כָּנַס פ' assemble, collect, pen up
כֶּנֶס ז' meeting, conference, rally
כְּנֵסִיָּה נ' church
כְּנֵסִיָּתִי ת' ecclesiastical, church
כְּנֶסֶת נ' Knesset, parliament
כְּנַעֲנִי ת' Canaanite, non-Hebrew
כָּנָף נ' wing, mudguard, fender
- כנף שולחן leaf, drop-leaf
- כנפי טיס wings
- עשתה לה כנפיים spread quickly
- קיצץ את כנפיו clip his wings
כַּנָּר ז' violinist, fiddler
כַּנִּרְאֶה תה"פ apparently, it seems
כַּנָּרִית נ' canary
כֵּס ז' chair, seat, throne
- הכס הקדוש the Holy See
כ"ס = כוח סוס horsepower
כָּסוּחַ ת' mown, cut off
כָּסוּף ת' argent, gray, silvery
- כסוף שיער gray-headed
כְּסוּת נ' garment, cover, cloth
- כסות עיניים excuse, pretext

כָּסַח פ' mow, cut down
*כֶּסַח ז' violence, clash, crash
כְּסָיָה נ' glove, mitten, mitt
כְּסִיחָה נ' mowing, cutting off
כְּסִיל ז' fool, dunce, Orion
כְּסִילוּת נ' foolishness, folly
כְּסִיסָה נ' biting (nails), gnawing
כָּסִיף ז' silver carp
כִּסְכֵּס ת' scrub, rub
כַּסְכֶּסֶת נ' washboard
כֶּסֶל ז' foolishness, flank, loin
כִּסְלֵו ז' Kislev (month)
כִּסְנוֹעַ ז' rocking chair, rocker
כָּסַס פ' gnaw, bite (nails)
כֶּסֶף ז' silver, money, *bread
– כסף קטן change, *piece of cake
– כסף קל easy money
כַּסָּף ז' silversmith
כַּסְפִּי ת' financial, monetary
כַּסְפִּית נ' mercury, quicksilver
כַּסְפִּיתָנִי ת' mercurial
כַּסְפָּר ז' teller
כַּסֶּפֶת נ' safe, strongbox
כֶּסֶת נ' quilt, pillow
כָּעוּס ת' angry, indignant, morose
כְּעֵין תה"פ like, sort of
כַּעַךְ ז' roll, bagel
כִּעְכֵּעַ פ' cough, clear the throat
כָּעַס פ' be furious, be angry
כַּעַס ז' anger, ire, fury, wrath
כַּעֲסָן ז' irascible, hot-tempered
כָּעֵת תה"פ now, nowadays
כֵּף ז' cape, rock, headland, promontory
כַּף נ' palm, spoon, tablespoon
– הכריע את הכף turn the scales
– כף אשפה dustpan
– כף היד palm
– כף המאזניים scale
– כף הרגל foot, sole, paw
– כף נעליים shoehorn
– מכף רגל ועד ראש from top to toe
כָּפָה פ' enforce, force, compel
– כמי שכפאו שד against his will
כִּפָּה נ' palm, paw
כָּפוּי ת' forced, compelled
– כפוי טובה ungrateful, thankless
כָּפוּל ת' multiplied, double, times

כְּפוּלָה נ' duplicate, multiple
כָּפוּף ת' subordinate, subject, bent
– כפוף ל– subject to
כְּפוֹר ז' frost
כָּפוּת ת' tied, bound, trussed
כְּפִי תה"פ as, according to
– כפי הנראה seemingly, apparently
כִּפְיוֹן ז' epilepsy
כְּפִיּוּת נ' coercion, compulsion
– כפיות טובה ingratitude
כְּפִיָּה נ' compulsion, coercion
כְּפִיָּתִי ת' compulsive, compulsory
כָּפִיל ז' double, stunt man, ringer
כְּפִילָה נ' multiplying, stunt woman
כְּפִילוּת נ' duplication, duplicity
כָּפִיס ז' rafter, beam, stick
כָּפִיף ת' pliable, pliant, flexible
כְּפִיפָה נ' bending, flexion
– דר בכפיפה אחת live together
– כפיפת בטן sit-up
כְּפִיפוּת נ' pliancy, subordination
כְּפִיר ז' young lion
כְּפִירָה נ' denial, disbelief, heresy
כַּפִּית נ' teaspoon, teaspoonful
כְּפִיתָה נ' binding, tying, trussing
כָּפַל פ' multiply, double, duplicate
כֶּפֶל ז' multiplication, duplication
– החזיר כפל כפליים return with interest
– כפל לשון repetition, double sense
כִּפְלַיִם תה"פ twice, double, twofold
כָּפָן ז' hunger, famine
כָּפַף פ' bend, bow, curve
כֶּפֶף ז' bend, bending, curve
כְּפָפָה נ' glove, mitten, gauntlet
– בכפפות משי with kid gloves
כָּפַר פ' disbelieve, deny, disavow
– כפר בעיקר be atheistic
כְּפָר ז' village, country, hamlet
כַּפָּרָה נ' atonement, pardon
כַּפְרִי ת' rustic, rural, countryman
כַּפְרִיּוּת ת' rusticity, country life
כַּפְרָן ז' denier, atheist, unbeliever
כָּפַת פ' bind, tie, truss, fetter
כַּפְתּוֹר ז' button, knob, switch, bud
– כפתור ופרח! wonderful!
– כפתור חפתים cuff link
– כפתור פעמון bell push

כִּפְתּוּר ז' buttoning
כִּפְתֵּר פ' button, button up
כַּר ז' cushion, pillow, meadow
- כר לפעולה scope for action
- כר מושב pouf, pouffe
- כר מרעה meadow, grassland
כָּרָאוּי תה"פ well, properly, right
כֶּרֶב נָע ז' fallow field
כַּרְבֹּלֶת נ' cockscomb, crest
כִּרְבֵּל פ' wrap up, muffle
כָּרָגִיל תה"פ as usual, ordinarily
כָּרֶגַע תה"פ now, at the moment
כָּרָה פ' dig, dig up, mine, hoe
- כרה לו אוזן gain his attention
כֵּרָה נ' feast, banquet
כְּרוּב ז' cabbage, cherub
- כרוב הניצנים Brussels sprouts
- כרוב הקלח kohlrabi
כְּרוּבִית נ' cauliflower
כְּרַוְיָה (צמח) ז' caraway
כָּרוֹז ז' auctioneer, crier, announcer
כְּרוּז ז' proclamation
כָּרוּךְ ת' bound, wound, wrapped, involved, attached, fond
כְּרוּכִית נ' strudel
כְּרוֹם ז' chrome, chromium
כְּרוֹמוֹזוֹם ז' chromosome
כְּרוֹמָטִי ת' chromatic
כְּרוֹנוֹלוֹגִי ת' chronological
כְּרוֹנוֹלוֹגְיָה נ' chronology
כְּרוֹנִי ת' chronic, incurable
כְּרוֹנִיקָה נ' chronicle, news, events
כָּרוּת ת' cut off, hewn, signed
כְּרָזָה נ' banner, placard, poster
כַּרְטִיס ז' card, ticket
- כרטיס אשראי credit card
- כרטיס ביקור calling card
- כרטיס הלוך ושוב return ticket
- כרטיס מנוי season ticket
- כרטיס ניקוב punch card
כַּרְטִיסִיָּה ת' season ticket
כַּרְטִיסָן ז' conductor, ticket collector
כִּרְטֵס פ' card-index
כַּרְטֶסֶת נ' card index, file
כָּרִיזְמָה נ' charisma
כָּרִיזְמָטִי ת' charismatic
כְּרִיָּה נ' digging, mining

כָּרִיךְ ז' sandwich, sedge
- כריך תלת-רובדי three-decker
כְּרִיכָה נ' binding, cover, winding
- כריכה רכה paperback
- קשה כריכה hard-covered
כְּרִיכִיָּה נ' bindery, bookbindery
כְּרִיעָה נ' kneeling, genuflection
כָּרִישׁ ז' shark
כָּרִית נ' cushion, pillow, pad
- כרית דיו ink-pad
- כרית כריעה hassock
- כרית סיכות pincushion
- כרית פידור powder puff
כְּרִיתָה נ' amputation, cutting down
- כריתת ברית making an agreement
- כריתת שד mastectomy
כְּרִיתוּת נ' divorce
כָּרַךְ פ' bind, wrap, wind, tie, connect, combine
כֶּרֶךְ ז' volume, bunch
כְּרַךְ ז' town, city
כַּרְכֹּב ז' cornice, rim, edge
כַּרְכֹּם ז' crocus, saffron, turmeric
כִּרְכּוּר ז' dance, caper, gambol
כִּרְכֵּר פ' dance, caper, frisk, frolic
- כרכר סביב- dance attendance on
כַּרְכָּר ז' top, rotary hook
כִּרְכָּרָה נ' cab, carriage, coach
כַּרְכֶּשֶׁת נ' intestine, colon, rectum
כֶּרֶם ז' vineyard, vinery
כַּרְמִין ז' carmine
כֶּרֶס נ' belly, potbelly, abdomen
כִּרְסוּם ז' gnawing, nibble, erosion
כַּרְסוֹם ז' milling instrument
כִּרְסֵם פ' gnaw, nibble, mill, erode
כֶּרֶסֶת נ' celiac disease
כַּרְסְתָנִי ת' big-bellied, paunchy
כָּרַע פ' kneel, bow down, genuflect
- כרע ברך bend the knee
- כרעה ללדת give birth
כֶּרַע ז' leg
- על כרעי תרנגולת unstable
כַּרְפַּס ז' celery, parsley
כֶּרֶץ (תולעת מעיים) ז' hookworm
כְּרֵשָׁה (ירק דמוי בצל) נ' leek
כָּרַת פ' cut down, cut off, fell, destroy, amputate, hew, lop

כרת ברית - make an agreement
כרת ז' excommunication
כרתי ז' leek
כש- מ"ח when, as
כשורה תה"פ well, properly, right
כשות נ' hops, hop
כשיל ז' heavy ax, sledgehammer
כשיר ת' eligible, qualified, fit
כשיר לטיסה - airworthy
כשירות נ' qualification, eligibility, competence, fitness
כשכוש ז' wagging, wag, waggle
כשכש פ' wag, waggle
כשל פ' fail, stumble, fall, slip
כשל ז' failure, mistake, slip
כשם ש- מ"ח just as
כשפים ז"ר magic, miracles
כשר ת' fit, proper, valid, allowed, kosher, ritually clean
כשרון ז' ability, aptitude, talent
כשרוני ת' able, talented, capable
כשרות נ' validity, being kosher
כת נ' caste, clique, sect, group
כתב פ' write, write down, record
כתב ז' handwriting, writing, warrant, writ, document
בכתב - down, in writing
העלה על הכתב - put in writing
ככתבו וכלשונו - literally
כתב אישום - charge sheet
כתב ברייל - braille
כתב האמנה - credentials
כתב החרטומים - hieroglyphs
כתב היתדות - cuneiform
כתב יד - handwriting, manuscript
כתב סתרים - cipher, cryptography
כתב עת - periodical, magazine
כתב פלסתר - lampoon, libel
כתבי הקודש - Bible, Scripture
כתבים - writings, works
כתב ז' correspondent, reporter
כתב ספורט - sportswriter
כתבה נ' reportage, report, story
כתבי ת' graphic, graphical
כתבן ז' typist, penman, scribe
כתבנות נ' typing
כתבנות עיוורת - touch-type
כתבנית נ' typist

כתוב ת' written, transcribed, text
כתובה נ' marriage contract
כתובים (בתנ"ך) ז"ר Hagiographa
כתובים אחרונים - Apocrypha
כתובית נ' subtitle
כתובת נ' address, inscription, legend
הכתובת על הקיר - writing on the wall
טעה בכתובת - bark up the wrong tree, go to the wrong shop
כתובת קעקע - tattoo
כתום ת' orange
כתונת נ' shirt
כתונת-לילה - night-dress, *nightie
כתוש ת' ground, crushed, pounded
כתושת נ' pulp, mash
כתות ת' pounded, crushed
כתיב ז' spelling, orthography
כתיב חסר - grammatical spelling, with fewer vowel-letters
כתיב מלא - plene spelling, with many vowel-letters
כתיבה נ' writing
כתיבה בשמים - skywriting
כתיבה וחתימה טובה - Happy New Year
כתיבה תמה - calligraphy
כתיבת הארץ - geography
כתיבי ת' orthographic, of spelling
כתישה נ' pounding, pulverization
כתיתה נ' crushing, schnitzel, steak
כתם ז' blot, mark, stain, taint
הכתם העיוור (בעין) - blind spot
כתם נפט - slick, oil slick
כתף ז' carrier, porter
כתף נ' shoulder
משך בכתפיו - shrug one's shoulders
כתפה נ' brace, suspender
כתפה נ' epaulette, shoulder strap
כתפייה נ' cape, mantle, brace, suspender, shoulder strap
כתר ז' crown, diadem, krona
טען לכתר - pretend to the crown
קשר לו כתרים - praise him highly
כתש פ' pestle, crush, pound, pulp
כתת פ' pound, crush, pulverize

ל

לְ- מ"י to, for, towards, per
לֹא תה"פ no, not, nay, dis-, in-
- לא ולא definitely not, *no way!
- לא זו אף זו moreover, again
- לא זו בלבד not only (but also)
- לא יאוחר מ- not later than
- לא יאומן incredible, unbelievable
- לא יאומן כי יסופר incredible
- לא יסולא invaluable, priceless
- לא יצלח awkward, all thumbs
- לא כל שכן let alone, of course
- לא כלום nothing
*- לא משנה no matter, never mind
- לא נורא never mind
- לא עליכם may it not happen to you
לֵאֶה ת' tired, weary, exhausted
לָאו תה"פ no, not
- לאו דווקא not necessarily
- לאו נפקא מינה it makes no odds
לְאוֹם ז' nation, people
לְאוּמִי ת' national, nationalist
לְאוּמִיוּת נ' nationalism, nationality
לְאוּמָנוּת נ' chauvinism, nationalism
לְאוּמָנִי ת' chauvinistic, nationalistic
לְאוֹר תה"פ in the light of, as
לְאוֹרֶךְ תה"פ along, longwise
לֵאוּת נ' weariness, exhaustion
לְאַחַר תה"פ after, past, subsequent
- לאחר מכן afterwards, after that
לָאַחֲרוֹנָה תה"פ lately, recently
לָאַט פ' speak slowly, whisper
לְאַט תה"פ slowly, slow, *easy
לְאַלְתַּר תה"פ immediately, at once
לֵאמוֹר תה"פ as follows, namely
לְאָן תה"פ where, whereto, whither
לֵב ז' heart, core, center, *ticker
- אין בלבו על bear no grudge
- אמר בלבו say to oneself
- בכל לב wholeheartedly
- בלב ולב insincerely
- בלב ונפש heart and soul
- בלי שים לב ל- irrespective
- בשים לב ל- in view of
- לב ים high seas
- לב ליבו heart, core
- עם יד על הלב honestly
לֵבָב ז' heart
לְבָבִי ת' cordial, hearty, warm
לְבָבִיּוּת נ' cordiality, amicability
לָבֶד ז' felt
לְבַד תה"פ alone, by oneself
- לבדה by herself
- לבדו alone, by oneself
- לבדם by themselves
לָבָה נ' lava
לְבוּבִית נ' bib
- לבובית נפנפות jabot
לָבוּד ת' combined, laminated
לְבוֹנָה נ' frankincense
לַבּוּרנוּם (עץ נוי) ז' laburnum
לְבוּשׁ ז' garment, dress, attire
לָבוּשׁ ת' dressed, clad, clothed
לָבֶטַח תה"פ surely, no doubt
לְבָטִים ז"ר pains, trouble, doubts
לָבִיא ז' lion
לְבִיאָה נ' lioness
לְבִיבָה נ' pancake, flapjack
לָבִיד ז' plywood, veneer
לָבִישׁ ת' wearable
לְבִישָׁה נ' dressing, wearing
לְבֵית ת' nee, maiden name
לְבַל תה"פ lest, so as not
לִבְלֵב פ' bloom, sprout, thrive
לַבְלָב ז' pancreas
לִבְלוּב ז' blooming, blossoming
לִבְלִי מ"י without, lacking
לַבְלָר ז' amanuensis, clerk, writer
לַבְלָרוּת נ' office work
לֶבֶן ז' leben, sour milk, yogurt
לָבָן ת' white, pale
לְבַנְבַּן ת' off-white, whitish
לִבְנֶה ז' birch, styrax
לְבֵנָה נ' brick, adobe
- לבנת חבלה demolition block
לְבָנָה נ' moon
לְבָנוֹן נ' Lebanon
לַבְנוּן (דג) ז' bleak
לְבנוּנִי ת' whitish
לְבָנוֹנִי ת' Lebanese
לַבְנוּת נ' whiteness

לֶבַנְט ז' Levant
לֶבַנְטִינִי ת' Levantine
לֶבֶּנִייָה נ' sour milk, lebenia
לְבָנִים ז"ר linen, underclothes
לַבְנִין הַכְּרוּב ז' cabbage butterfly
לְבַסוֹף תה"פ finally, eventually
לַבְקָן ז' albino
לַבְקָנוּת נ' albinism
לִבְרִית נ' book, libretto
לָבַשׁ פ' wear, put on, don
– לבש צורה take form, take shape
לְגַבֵּי מ"י regarding, as to
לָגוּנָה נ' lagoon
לֶגָטוֹ (במוסיקה) תה"פ legato
לִגְיוֹן ז' legion
לִגְיוֹנֵר ז' legionary
לֶגִיטִימִי ת' legitimate, lawful
לֶגִיטִימִיוּת נ' legitimacy, legality
לְגִימָה נ' drink, gulp, sip, sup
לָגִין ז' jar, jug, carafe
לִגְלֵג פ' mock, sneer, jeer, scoff
לַגְלְגָן ז' mocker, scoffer, tease
לִגְלוּג ז' mockery, sneer, jeer
לֶגָלִי ת' legal, lawful, licit
לֶגָלִיוּת נ' legality, lawfulness
לֶגָלִיזַצְיָה נ' legalization
לָגַם פ' sip, drink, gulp, sup
– לגם כוסית *wet one's whistle
לַגַּמְרֵי תה"פ completely, entirely
לְדוּגְמָה תה"פ for instance, e.g.
לְדִידִי תה"פ for my part, to me
לָהּ מ"ג her, to her
לָה (צליל) ז' la, A
לְהָאָה (בקצה החך) נ' uvula
לַהַב ז' blade, edge
לְהַבָּא תה"פ in the future
לְהַבְדִּיל תה"פ not to compare
לֶהָבָה נ' blaze, flame, flare
לַהֲבִיוֹר ז' flame-thrower
לֶהָבִית נ' pilot burner, pilot light
לָהַג פ' prattle, talk, babble
לַהַג ז' garrulity, wordiness, *blah
לַהֲגָנוּת נ' prattle, garrulity
להד"ם completely untrue
לָהוּט ת' eager, keen, avid, willing
לְהוֹצִיא תה"פ excluding, except
לָהַט פ' burn, blaze, flame, glow
לַהַט ז' ardor, fervency, heat

לַהֲטוּט ז' jugglery, trick, stunt
לַהֲטוּטִים ז"ר legerdemain, magic
לַהֲטוּטָן ז' conjuror, juggler
לַהֲטוּטָנוּת נ' sleight of hand
לְהַטֵּט (בזריקת כדורים) פ' juggle
לָהִיט ז' hit, *smash hit
לְהִיטוּת נ' avidity, zeal, alacrity
לְהֵיפֶךְ תה"פ on the contrary
לְהַכְעִיס תה"פ out of spite
לְהַלָּן תה"פ below, as follows, infra
לָהֶם מ"ג them, to them
לָהֶן מ"ג them, to them
לַהַק ז' group, wing, squadron
לַהֲקָה נ' group, band, flight, troupe
– להקת אריות pride of lions
– להקת בלט corps de ballet
– להקת דגים school, shoal
לְהִשְׁתַּמֵּעַ! מ"ק talk to you soon!
לְהִתְרָאוֹת! מ"ק so long!, au revoir
לוּ תה"פ if only, Oh that
לוֹ מ"ג him, to him, to it
לוּב נ' Libya
לוּבָּה פ' be inflamed, be kindled
לוֹבִּי ז' lobby, caucus
לוּבַּן פ' be whitened, be clarified
לוֹבֶן ז' whiteness, white
לוּבְנָן ז' sponge cake
לוֹג ז' log (liquid measure)
לוֹגוֹ ז' logo, symbol, emblem
לוֹגִי ת' logical, rational
לוֹגִיסְטִיקָה נ' logistics, movement of forces
לוֹגִיקָה נ' logic, reason, sense
לוֹגָרִיתְם ז' logarithm, log
לוֹגָרִיתְמִי ת' logarithmic
לוּדָר ז' gladiator
לוֹהֵט ת' hot, burning, fervent
לְוָואִי ז' accompaniment, secondary
לַוָּואִי ז' accompanist, escort
לוּוָּה פ' be accompanied
לָוָוה פ' take on loan, borrow
לוֹוֶה ז' borrower, debtor
לֵוִי ז' Levite
לְוָויָה נ' funeral, escort, company
לַוְויָן ז' satellite
– לוויין תקשורת telstar, comsat, communications satellite
לִוְויָתָן ז' leviathan, whale, giant

לוויְתָנִית נ' whaler, whale boat
לווַיַת חֵן נ' ornament, garnish
לֶוַנטִינִי ת' Levantine
לוּז ז' hazel, hazelnut, almond
לוּחַ ז' plank, board, plate, table
- לוח בקרה control panel, console
- לוח הכפל multiplication table
- לוח הסל backboard
- לוח זמנים timetable, schedule
- לוח כיתה blackboard
- לוח מודעות billboard, hoarding
- לוח מחוונים dashboard
- לוח מכשירים instrument panel
- לוח מקשים keyboard
- לוח סילוקין amortization table
- לוח ספרות dial
- לוח שחמט chessboard
- לוח שנה calendar
- לוח שעון dial
- לוח תוצאות scoreboard
- לוחות הברית Tables of the Law
לוּחִית נ' tablet, plate, template
- לוחית זיהוי license plate, number plate
לוֹחֵם ז' belligerent, bellicose, fighter, warrior
- לוחם גרילה guerrilla, partizan
- לוחם שוורים bullfighter
לוֹחָמָה נ' warfare, fighting
- לוחמה זעירה guerrilla war
- לוחמה כימית chemical warfare
לוֹחֲמוּת נ' belligerency
לוֹחֲמָנִי ת' belligerent, fighter
לוֹחֵץ ת' insistent, pressing, tight
לוֹט ז' cover, envelope, veil
לוּט ת' enclosed, wrapped
לוטוס (פרח) ז' lotus
לוֹטֶם ז' rockrose, cistus
לוּטַף פ' be caressed, be stroked
לוּטְרָה נ' otter
לוּטַש פ' be polished, be honed
לֵוִי ז' Levite
לוֹיָאלִי ת' loyal, faithful, true
לוֹיָאלִיוּת נ' loyalty, faithfulness
לוּכַּד פ' be united, rally
לוּכְלַךְ פ' be dirtied, be soiled
לוֹכְסָן ז' slant, oblique, slash, (/)
לוֹכְסָנִי ת' oblique

לוּל ז' coop, hen house, poultry house, playpen, pen
לוּלֵא מ"ח but for, if it weren't
לוּלָאָה נ' buttonhole, loop, noose, bight, knot, eyelet
לוֹלָב ז' bolt
לוּלָב ז' palm branch
לוּליָין ז' acrobat, tumbler
לוּליָינוּת נ' acrobatics
לוּליָינִי ת' spiral, corkscrew, winding
לוּלָן ז' poultry keeper
לוּמבָּגוֹ (מַתְנֶת) ז' lumbago
לוֹמֵד ז' learner, student
לוֹמדה נ' courseware
לוֹעַ ז' pharynx, throat, mouth, muzzle
- לוע הארי antirrhinum, snapdragon
- לוע הר געש crater
לוֹעֲגָנִי ת' derisive, mocking
לוֹעֲזִי ת' foreign, stranger
לוֹעֲזִית נ' foreign language
לוֹעִי ת' guttural, throaty
לוּף ז' arum, meat
לוּפַּף פ' be wrapped round
לוּפַּת פ' be flavored, be garnished
לוּקַט פ' be gathered, be collected
לוֹקָלִי (מקומי) ת' local
לוּקסוּס ז' luxury, richness
*לוֹקש ז' noodle, fake, lie, pay slip
לוֹרד ז' lord, marker pen
לוּתֶרָנִי ז' Lutheran
לִזְבֵּז ז' frame, rim, mantelpiece
לִזְבֶּזֶת נ' gunnel, gunwale
לְזוּת שְׂפָתַיִים נ' slander, libel
לֵחַ ז' moisture, vigor
- לא נס לחו potent, vigorous
לַח ת' damp, humid, moist, wet
לְחוּד תה"פ alone, separately, apart
לָחוּץ ת' pressed, pushed, nervous
לַחוּת נ' damp, humidity, moisture
לְחִי נ' cheek, jaw
לְחַיִים! מ"ק cheers!, *bottoms up!
לְחִיכָה נ' lapping, licking, chewing
לְחִימָה נ' fighting, battle
לָחִין ת' melodic, euphonic, tuneful
לְחִיץ ז' button, push button, knob

לְחִיצָה נ' pressing, urging, squeeze, press
- לחיצת יד handshake, clasp
לְחִישָׁה נ' whisper, undertone, hiss
לָחַךְ פ' lap, lick, crop
לִחלוּחַ ז' moisture, dampening
לַחלוּחִי ת' moist, dampish
לַחלוּחִית נ' moisture, damp
לַחֲלוּטִין תה"פ entirely, absolutely
לַחֲלוּפִין תה"פ alternatively
לִחלַח פ' humidify, moisten
לָחַם פ' fight, make war, battle
לֶחֶם ז' bread, loaf, food
- הלחם הקדוש Sacrament, Host
- לחם האלים ambrosia
- לחם חוק daily bread
- לחם חסד charity, favor
- לחם קיבר whole wheat bread
- לחם קלוי toast
- לחם שחור brown bread
- לחם שיפון rye bread
לַחָם ז' solder
לַחמִית נ' conjunctiva
- דלקת הלחמית conjunctivitis
לַחמָנִייָה נ' bread roll, bun, muffin
לַחַן ז' melody, tune, setting, strain
לָחַץ פ' press, oppress, squeeze
- לחץ אל הקיר push to the wall
- לחץ ידיים shake hands, *pump hands
לַחַץ ז' pressure, press, stress
- לחץ דם blood pressure
- לחץ דם גבוה hypertension
לַחצָן ז' switch, button, snap
לַחצָנִית נ' press-stud, snap, snap fastener, *popper
לָחַשׁ פ' whisper, hiss, prompt
לַחַשׁ ז' whisper, spell, incantation
לַחֲשׁוּשׁ ז' whisper, murmur, rustle
לַחשָׁן ז' whisperer, prompter
לִחשֵׁשׁ פ' whisper, murmur, rustle
לָט פ' wrap up, envelop, cover
לְטָאָה נ' lizard, saurian
לְטוֹבַת מ"י on behalf of, in favor of
לָטִינִי ז' Latin
לָטִינִית נ' Latin
לָטִיף ת' cuddlesome, huggable
לְטִיפָה נ' caress, patting, stroke

לְטִישָׁה נ' polishing, whetting
- לטישת עיניים staring, coveting
לַטפָנִי ת' velvety, soft, cuddly
לָטַשׁ פ' polish, sharpen, hone
- לטש עיניים stare, ogle, covet
לַטָּשׁ ז' polisher, lapidary
לִי מ"ג me, to me
לֵיאוּת נ' weariness, exhaustion
לִיאָנָה (צמח מטפס) נ' liana
לִיבֵּב פ' fascinate, attract
לִיבֵּד פ' combine, laminate, veneer
לִיבָּה פ' inflame, kindle, fan
לִיבָּה נ' heartwood, core
לִיבּוּב ז' fascination, attraction
לִיבּוּי ז' inflaming, fanning
לִיבּוּן ז' whitening, clarifying
לִיבִּידוֹ ז' libido, sexual urge
לִיבֵּן פ' whiten, bleach, clarify
לִיבּרָה נ' pound, lb.
לִיבֶּרָלִי ת' liberal, broad, large
לִיבֶּרָלִיוּת נ' liberalism
לִיבֶּרָלִיזַציָה נ' liberalization
לִיגָה נ' league, confederation
לִיגוּסטרוּם (שיח נוי) ז' privet
לִיגָטוּרָה (מִשׁלֶבֶת) נ' ligature
לְיַד מ"י beside, by, about, at
לֵידָה נ' birth, childbirth, labor
- לידת חתך Caesarean section
- לפני הלידה antenatal
לִידֵי מ"י to, to the hands of
לִיהוּג ז' prattle, jabber, babble
לִיהוּק ז' casting, selecting actors
לִיהֵק פ' cast, choose actors
לִיוָוה פ' escort, accompany, see
לִיוֵוחַ פ' tabulate, plank, plate
לִיוּוּחַ ז' paneling, tabulation
לִיוּוּי ז' accompaniment, escort
לִיזוֹל (נוזל חיטוי) ז' lysol
לֵיחָה נ' mucus, phlegm, sputum
לִיחֵךְ פ' lick, graze, chew
לִיטוּף ז' caress, patting, stroke
לִיטוּרגִי ת' liturgical, ritual
לִיטוּרגִיָה נ' liturgy, service, worship
לִיטוּשׁ ז' polishing, honing, rub-up
לִיטֵף פ' caress, pet, pat, stroke
לִיטֶר ז' liter, litre
לִיטרָה נ' pound, lb.
לִיטֵשׁ פ' polish, hone, brush up

לֵיידִי נ' lady, gentlewoman
לֵייזֶר ז' laser
לֵייטמוֹטִיב (תְּנַע תּוֹאַר) ז' leitmotif
לִיכֵּד פ' unite, combine, rally
לִיכָּה פ' lacquer, varnish
לִיכּוּד ז' unity, consolidation, rally
לֵיל ז' night
– ליל שבת Friday night
– ליל שימורים vigil, wake
לַיְלָה ז' night
– בן לילה overnight
– עשה לילות כימים burn the midnight oil, work at night
לֵילִי ת' nightly, nocturnal
לִילִית נ' owl, night owl
לִילָך (שיח נוי) ז' lilac, syringa
לִימֵּד פ' instruct, teach, profess
– לימד זכות על say a good word for
– לימד לקח teach a lesson
לִימוּד ז' learning, study, teaching, tuition, stave
– לימוד זכות על speaking well of
לִימוּדִי ת' didactic, tutorial
לִימוּזִינָה נ' limousine
לִימוֹן ז' lemon
לִימוֹנָדָה נ' lemonade
לִימְפָה נ' lymph
לִימְפָתִי ת' lymphatic
לִינָה נ' lodging, staying overnight
– לינה וארוחת-בוקר bed and breakfast
לִינוֹלֵיאוּם ז' linoleum
לִינְץ' ז' lynching, killing by mob
לִיף ז' fiber, fibre
לִיפּוּף ז' winding, wrapping, coil
לִיפּוּת ז' flavoring, garnishing
לִיפִי ת' fibrous, fibroid
לִיפְּסְטִיק (שְׂפָתוֹן) ז' lipstick
לִיפֵּף פ' wind, wrap round
לִיפֵּת פ' flavor, garnish
לֵיצָן ז' jester, clown, buffoon, fool
לֵיצָנוּת נ' buffoonery, silliness
לִיקּוּט ז' gathering, compilation
לִיקּוּי ז' blemish, fault, defect
– ליקוי חמה solar eclipse
– ליקוי ירח lunar eclipse
– ליקוי מאורות eclipse, decline
– ליקוי שכלי mental deficiency

לֵיקוֹמְיָה (סרטן הדם) נ' leukemia
לֵיקוֹצִיט ז' leukocyte, white blood cell
לִיקּוּק ז' licking, lick, *flattery
לִיקֵּט פ' gather, collect, glean, pick
לִיקֵּק פ' lick, lap, *flatter, fawn
– לא ליקק דבש suffer
– ליקק שפתיו lick one's lips, enjoy
לִיקֶר ז' liqueur
לִירָה נ' pound, lira
– לירה שטרלינג pound, *nicker
לִירִי ת' lyric, lyrical, emotional
לִירִיּוּת נ' lyricism, emotionalism
לִירִיקָה נ' lyrics, lyric
לִירִיקָן ז' lyricist, lyrist
לַיִשׁ ז' lion
לִישָׁה נ' kneading
לִישׁ"ט=לירה שטרלינג pound
לֵית תה"פ there is not
– לית מאן דפליג all agree
לִיתוֹגְרָפִי ת' lithographic
לִיתוֹגְרַפְיָה (דפוס אבן) נ' lithography
לִיתּוּת ז' malting, making malt
לִיתְיוּם (אַבְנָן) ז' lithium
לְךָ (לזכר) מ"ג you, to you
לָךְ (לנקבה) מ"ג you, to you
לִכְאוֹרָה תה"פ apparently, seemingly
לִכְבוֹד מ"י to, in honor of
לָכַד פ' capture, catch, trap, *cop
לַכָּה נ' varnish, lacquer, polish
לָכִיד נ' cohesive, coherent
לְכִידָה נ' capture, roundup, *cop
לְכִידוּת נ' coherence, cohesiveness
לְכָל הַיּוֹתֵר תה"פ at best, at most
לְכָל הַפָּחוֹת תה"פ at least
לִכְלוּךְ ז' dirt, filth, grime, muck
לִכְלוּכִית נ' Cinderella, slut
לִכְלֵךְ פ' dirty, defile, smear, soil
לַכְלְכָן ז' dirty person, litter-bug
לָכֶם מ"ג you, to you
לָכֵן תה"פ accordingly, so, therefore
לָכֶן מ"ג you, to you
לִכְסוּן ז' tilt, slanting
לִכְסֵן פ' turn aside, splay, squint
לַכְסָנִית נ' lozenge, pastille, pill
לֶכֶשׁ ז' bast, raffia
לִכְשֶׁ- מ"ח when, once, as soon as
לֶכֶת ז' going, marching, departure

לְכַתְחִילָה תה"פ at first, initially
לְלֹא מ"י without, free of
– ללא יוצא מהכלל without exception
– ללא תנאים unconditional
לָמַד פ' learn, study, understand
– למד בעל פה learn by heart
לָמֵד ת' learning, taught
לְמַדַּי תה"פ enough, rather, sufficiently, quite, pretty
לַמְדָן ז' scholar, learned person
לַמְדָנוּת נ' scholarship, erudition
לַמְדָנִי ת' scholarly, erudite
לָמָּה תה"פ why, wherefore, what for
*– למה ש- because, since
לָמָה (גמל הצאן) נ' llama
לָמָה (נזיר טיבטי) ז' lama
לְמוּד נִיסָיוֹן ת' experienced
לְמוֹחֳרָת תה"פ on the following day
למוכ"ז=למוסר כתב זה to bearer
לֵמוּר (קיפוף) ז' lemur
לְמַטָּה תה"פ beneath, below, down
לְמִי תה"פ to whom
לָמִיד ת' teachable, educable
לְמִידָה נ' learning, study
*לֶמֶךְ ז' idiot, moron, dope
לְמַכְבִּיר תה"פ much, profusely
לְמַעֵט תה"פ excluding, except for
לְמַעְלָה תה"פ above, up, upward, upwards, beyond, more than
לְמַעַן מ"י for the sake of, on behalf
– למען השם! for Heaven's sake!
לְמַעֲשֶׂה תה"פ actually, in fact
לְמַפְרֵעַ תה"פ retroactively
לְמַרְאִית עַיִן תה"פ apparently, outwardly
לְמַרְבֵּה הַמַּזָּל תה"פ fortunately, luckily
לַמְרוֹת תה"פ in spite of, even though
– למרות הכל after all, still
לְמֶשֶׁךְ מ"י for, for the duration of
לְמָשָׁל תה"פ for instance, e.g.
לְמִשְׁעִי תה"פ cleanly, smoothly
לָן פ' lodge, stay overnight, sleep
לָנוּ מ"ג us, to us
לָנֶצַח תה"פ forever, for good

לֶס (אדמה) ז' loess
לֶסְבִּיּוּת נ' lesbianism
לֶסְבִּית ת' lesbian, sapphic
לסד (סם) ז' LSD, *acid
לָסוֹ (פלצור) ז' lasso
לְסוּטָה נ' blouse, vest, waistcoat
לִסְטִים ז' robber, highwayman
לִסְטֵם פ' rob, ransack, *mug
לְסֵירוּגִין תה"פ alternately, by turns
לֶסֶת נ' jaw, jowl, mandible
לִסְתָּנִי ת' heavy-jowled
לְעֵבֶר מ"י toward, towards, on, to
לָעַג פ' mock, ridicule, scorn, sneer
לַעַג ז' derision, mockery, scorn
– לעג לרש poor excuse, insult
לַעֲגָנִי ת' deriding, mocking, cynical
לָעַד תה"פ forever, for good
לְעוֹלָם תה"פ forever, always
– לעולם ועד forever, for good
– לעולם לא never
לְעוּמַּת תה"פ compared with, against, versus
– לעומת זאת contrariwise
לָעוּס ת' chewed, hackneyed, trite
לַעַז ז' libel, slander, vilification
לַעֲזָאזֵל! מ"ק hell!, damn it!
לְעֵיל תה"פ above, before, back
לְעֵילָא וּלְעֵילָא תה"פ the best
לָעִיס ת' chewable, masticable
לְעִיסָה נ' chewing, crunch
לְעִיתִּים תה"פ sometimes
– לעיתים קרובות often, frequently
– לעיתים רחוקות seldom, rarely
לִעְלֵעַ פ' stammer, stutter
לַעֲנָה נ' wormwood, sagebrush, absinth, bitterness
לָעַס פ' chew, crunch, masticate
לְעַצְמִי מ"ג myself, to self
לְעֵרֶךְ תה"פ about, nearly
לְעֵת תה"פ when, at the time
– לעת עתה for the time being
לָפוּף ת' coiled, wrapped, wound
לְפוּפִית (מטפס) נ' morning glory
לְפוּת ת' grasped, embraced
לְפָחוֹת תה"פ at least
לְפִי מ"י according to, by, because
לַפִּיד ז' torch, flambeau
לְפִיכָךְ תה"פ hence, therefore, thus

לְפִיתָה נ' grasp, clinch, clutch
לִפנוֹת בּוֹקֶר תה"פ at sunrise
לִפנוֹת עֶרֶב תה"פ at sunset
לִפנֵי תה"פ before, ago, in front of, prior to
- לפני הספירה BC
- לפני הצהריים before noon, AM
- לפני כן before, previously
לִפנַי וְלִפנִים the innermost place
לְפָנִים תה"פ in the past, formerly
- לפנים משורת הדין leniently, indulgently
לִפעָמִים תה"פ sometimes
לָפַף פ' wind, wrap round
לִפרָקִים תה"פ sometimes
לָפַת פ' clutch, grasp, clasp, clench
לֶפֶת (ירק) נ' turnip
לִפתָּן ז' dessert, sweet, afters
לְפֶתַע תה"פ suddenly
- לפתע פתאום suddenly
לֵץ ז' joker, jester, clown
לָצוֹן ז' jesting, joking, banter
- חמד לצון joke, jest
לִצמִיתוּת תה"פ forever, for good
לָקָה פ' be stricken, be afflicted
- לוקה בחסר defective, wanting
- לוקה בשכלו mental defective
לָקוֹחַ ז' client, customer, purchaser
- חוג לקוחות clientele, regulars
לָקוּי ת' defective, faulty, deficient
לָקוֹנִי ת' laconic, brief, terse, short
לְקוּת נ' defectiveness, deficiency
לָקַח פ' take, accept, assume, get
- לקח בחשבון take into account
- לקח חלק participate, take part
- לקח ללב take to heart, resent
*- לקח עצמו בידיים brace up, pull oneself together
לֶקַח ז' lesson, example, *cake
- למד את הלקח learn one's lesson
לַקְחָן ז' magpie, thief, pilferer
לָקַט פ' glean, gather, pick
לֶקֶט ז' gleanings, collection
לַקְטוֹז (סוכר חלב) ז' lactose
לַקְטָן ז' collector, eclectic, pick-up
לְקִיחָה נ' taking, assuming
לִקְלוּק ז' lap, licking, lick
לִקלֵק פ' lap, lick, lick up

לַקְמוּס ז' litmus
לְקַמָּן תה"פ below, further, infra
לֶקְסִיקָה נ' lexis, vocabulary
לֶקְסִיקוֹן ז' lexicon, vocabulary
לַקְקָן ז' sweet-tooth, *flatterer
לַקְקָנוּת נ' sweet tooth, *flattery
לִקרַאת מ"י towards, against
לַקרוֹס (משחק) ז' lacrosse
לָרִאשׁוֹנָה תה"פ for the first time
לְרַבּוֹת תה"פ including, as well
לְרֶגֶל תה"פ owing to, because
לָרוֹב תה"פ mostly, usually
לְרוֹעַ הַמַּזָּל תה"פ unfortunately
לָרִיק תה"פ in vain, to no end
לָשׁ פ' knead
לְשַׁד ז' marrow, sap, fat, juice
לְשָׁדִי ת' fat, juicy, pithy
לַשָּׁוְא תה"פ in vain, of no avail
לָשׁוֹן נ' language, tongue, speech
- בלשון המעטה to put it mildly
- היווה לשון המאזניים hold the balance
- לשון המעטה understatement
- לשון הקודש Hebrew
- לשון הרע slander, gossip, evil tongue
- לשון יבשה cape, tongue of land
- לשון ים inlet, strip of water
- לשון נופל על לשון play on words
- לשון נקייה euphemism, decent words
*- עם הלשון בחוץ hopeless, beaten
לְשׁוֹנָאוּת נ' philology, linguistics
לְשׁוֹנַאי ז' philologist, linguist
לְשׁוֹנִי ת' lingual, linguistic
לְשׁוֹנִית נ' reed, tab
לִשׁכָּה נ' bureau, chamber, office
- לשכת עבודה labor exchange
לִשלֶשֶׁת נ' droppings, guano
לְשֵׁם תה"פ for the sake of, for
- לשם מה? what for?, why?
- לשם שינוי for a change
לֶשֶׁם (אבן יקרה) ז' opal
לְשֶׁעָבַר תה"פ formerly, ex-
לְתוֹךְ מ"י into, in
לְתוּמוֹ תה"פ at a venture, at random
לָתַת פ' malt, make malt
לֶתֶת ז' malt

מ

מְ- מ"י from, of, than, since
מַאֲבוּס ז' manger, granary, crib
מְאַבְחֵן ת' diagnostic, distinguishing
מְאַבְטֵחַ ז' guard, security man
מַאֲבָק ז' combat, contest, struggle
מַאֲבֵק ז' spray gun, sprinkler
מַאֲבָק (של פרח) ז' anther
מַאֲגָר ז' reservoir, store, bank
- מאגר נתונים data bank
מְאַדֶּה ז' carburetor, steamer
מַאְדִּים ז' Mars, turning red
מֵאָה ש"מ hundred, 100
- המאה hundredth
- יובל המאה centenary
- למאה percent, per cent
*- מאה אחוז perfect, OK, yes
- מאה שנה century, centenary
מְאַהֵב ז' lover, *fancy man
מְאַהֶבֶת ז' mistress, *fancy woman
מַאֲהָל ז' encampment, bivouac
מְאוּבְטָח ת' secured, protected
מְאוּבָּן ז' fossil, petrified, stunned
- מאובן דיעות hidebound, old fogy
מְאוּבָּק ת' dusty, powdered
מְאוּגָּד ת' associated, incorporate
מְאוּגָּף ת' flanked, outflanked
מְאוּגְרָף ת' clenched (fist)
מְאוֹד תה"פ very much, extremely
- בכל מאודו with all one's heart
- מאוד מאוד very much, *terribly
מְאוּדֶּה ת' steamed, evaporated
מְאוֹהָב ת' in love, enamored
מַאֲוַויִים ז"ר wishes, desires
מְאַוְורֵר ז' fan, ventilator
מְאוּוְרָר ת' ventilated, airy
מְאוּזָּן ת' horizontal, balanced
מְאוּחָד ת' united, combined
מְאוּחֶה ת' sewn together, stitched
מְאוּחְסָן ת' stored, in mothballs
מְאוּחָר ת' late, belated, latter
- טוב מאוחר מלעולם לא better late than never
- לכל המאוחר at the latest
מְאוּיָּד ת' steamed, evaporated
מְאוּיָּם ת' threatened, menaced
מְאוּיָּר ת' illustrated
מְאוּיָּשׁ ת' manned, staffed
מְאוּכְזָב ת' disappointed, let down
מְאוּכְלָס ת' populated, inhabited
מְאוּכָּף ת' saddled, saddle-like
מְאוּלָּף ת' trained, tame, broken
מְאוּלָּץ ת' constrained, forced, contrived, affected, labored
מְאוּלְתָּר ת' improvised, impromptu
מְאוּם ז' something, *nothing
מְאוּמָה ז' something, *nothing
מְאוּמָּן ת' trained, coached
מְאוּמָּץ ת' adopted, forced, hard
מְאוּמָּת ת' verified, authenticated
מֵאוֹן ז' percentile
מֵאוּן ז' refusal, declination
מְאוּנָּך ז' perpendicular, vertical
מְאוּנְפָּף ת' nasalized, snuffly
מְאוּנְקָל ת' hooked, hook-shaped
מָאוּס ת' loathsome, repulsive
מְאוּפְיָין ת' characterized, typified
מְאוּפָּל ת' darkened, blacked out
מְאוּפָּס ת' zeroed, *aware, sober
מְאוּפָּק ת' reserved, restrained
מְאוּפָּר ת' made up
מָאוֹץ ז' dash, sprint
מְאוּצְבָּע ת' digitate, fingered
מְאוּקְלָם ת' acclimatized, adapted
מָאוֹר ז' light, lighting, luminary
- מאור פנים welcome, hospitality
מְאוּרְגָּן ת' organized, grouped
מְאוּרָה נ' den, hole, lair
מְאוֹרָס ת' engaged, fiance
מְאוֹרָע ז' event, incident, affair, occurrence, happening
מְאוּשְׁכָּל ת' conglomerate, clustered
מְאוּשְׁנָב ת' embattled, windowed
מְאוּשְׁפָּז ת' hospitalized, inpatient
מְאוּשָּׁר ת' happy, approved
מְאוּשָּׁשׁ ת' firm, strong, verified
מְאוּתָּר ת' localized, pinpointed
מְאוֹתֵת ז' signaler, indicator
מֵאָז תה"פ since then, ever after
מַאֲזִין ז' listener, hearer
מֵאָזֵן ז' balance, balance sheet
- מאזן אימה balance of terror

- מאזן בוחן trial balance
- מאזן כוחות balance of power
- מאזן מסחרי balance of trade
- מאזן תשלומים balance of payments

מְאַזֵּן ת' offsetting, countervailing
מְאֻזְנָה נ' level
מאזניים ז"ר balance, pair of scales, scales, steelyard, Libra
- כף המאזניים scale, pan
- מאזני קפיץ spring-balance

מַאֲזֶנֶת נ' aileron, stethoscope
מַאֲחוֹזֶת סְפָרִים נ' bookend
מֵאָחוֹר תה"פ from behind, astern
מֵאֲחוֹרֵי מ"י behind, after, *back of
מַאֲחָז ז' handle, grip, hold, settlement, foothold
מְאַחֵז עֵינַיִם ז' juggler, deluder
מְאַחֵל ת' congratulatory, wisher
מְאַחֵר ת' late, tardy, behind time
- מאחר קום lie-abed

מֵאַחַר שֶׁ- since, because, as
מַאי ז' May
מַאי = מה תה"פ what
- מאי נפקא מינה what's the difference
- מאי קא משמע לן what's the point

מֵאִידָךְ (גִּיסָא) תה"פ on the other hand
מְאַיֵּד ז' carburetor, vaporizer
מְאַיֵּם ת' threatening, sinister
מְאַיֵּן ז' nihilist, negator, nullifying
מְאַיֵּר ז' illustrator
מְאַיֵּת ז' speller
מֵאֵימָתַי? תה"פ since when?
מֵאַיִן תה"פ wherefrom, whence
מֵאֵין תה"פ lacking, wanting
- מאין כמוהו peerless, unmatched

מְאִיסָה נ' loathing, disgust
מֵאִיץ ז' accelerator, impellent
מֵאִיר ת' shining, illuminating
מֵאִית נ' hundredth
מַאֲכוֹלֶת אֵשׁ נ' combustion, burning
מְאַכְזֵב ת' disappointing, deceiving
מַאֲכָל ז' food, meal, comestible
- מאכל תאווה dainty, ambrosia

מְאַכֵּל ת' corrosive, erosive
מַאֲכֶלֶת נ' knife, butcher's knife

מְאַכֵּן ז' locater, spotter
מְאַלְחֵשׁ ז' anesthetist, anesthetic
מֵאֵלָיו תה"פ by itself, by himself
מְאַלֵּיף ת' many, myriad, abundant
מְאַלֶּמֶת נ' reaper binder, baler
מְאַלֵּף ז' tamer, trainer, coach, handler, instructive, edifying
מַאֲמִין ז' believer, faithful
מְאַמֵּן ז' coach, trainer, handler
מַאֲמָץ ז' effort, pains, bid, strain
מְאַמֵּץ ת' adoptive, strenuous
מַאֲמָר ז' article, essay, feature
- מאמר מוסגר parenthesis
- מאמר ראשי leading article, editorial

מֵאֵן פ' refuse, decline
מָאן דְּהוּ ז' someone, somebody
מָאַס פ' despise, detest, abhor
מָאֶסטרוֹ ז' maestro, conductor
מְאַסֵּף ז' rearguard, rear, slow public vehicle
מַאֲסָר ז' arrest, imprisonment
- מאסר עולם life sentence, *life
- מאסר על תנאי suspended sentence

מַאֲפֶה ז' pastry, baked foods, cake
מַאֲפִייָה נ' bakery
מְאַפְיֵין ז' characteristic, trait
מַאֲפֵרָה נ' ashtray
מַאֲרָב ז' ambush, hiding place
מַאֲרָג ז' weave, texture, web
מְאַרְגֵּן ז' organizer, steward
מְאֵרָה נ' curse, imprecation
מְאָרֵחַ ז' host, entertainer
מְאָרַחַת נ' hostess
מַאֲרִיךְ ת' talkative, lasting long
מַאֲרֵךְ ז' extension rod
מַאֲשִׁים ז' accuser, prosecutor, plaintiff, accusatory
מַאֲשֵׁכָה נ' scrotum
מְאַשֵּׁר ת' corroborative, approving
מֵאֲשֶׁר מ"ח than, rather than
מֵאֵת מ"י from, by
מָאתַיִם ש"מ two hundred, 200
מְאַתֵּר ז' locater, spotter
מַבְאִישׁ ת' stinking, smelly, reeking
מְבַדֵּד ז' insulator
מִבְדֶּה ז' fiction

מִבדּוֹק ז' dock, shipyard, stocks
מְבַדֵּחַ ת' amusing, funny, jocular
מְבַדֵּק ז' tester
מִבְדָּק ז' audit, checkup, test
מַבְהִיל ת' frightful, appalling
מַבְהִיק ת' shining, brilliant, lurid
מַבְהֵן ז' space bar, thumb piece
מַבְהֵק (בתמונה) ז' highlight
מָבוֹא ז' foreword, introduction, preface, entrance, passage
מְבוֹאָה ת' lobby
מְבוֹאָר ת' explained, explicated
מְבוּגָּר ז' adult, grown-up, elder
מְבוֹדָד ת' isolated, secluded
מְבוֹדָח ת' amused, diverted
מְבוֹהָל ת' frightened, scared
מְבוּזְבָּז ת' wasted, spent
מְבוּזֶה ת' despised, humiliated
מְבוּטָא ת' pronounced, expressed
מְבוּטָח ז' insured, assured
מְבוּטָל ת' canceled, annulled, insignificant, negligible
- לא מבוטל significant, not small
מָבוֹי ז' alley, passage, lane
- מבוי סתום blind alley, dead end, cul-de-sac, impasse
מְבוּיָל ת' stamped, franked
מְבוּיָם ת' staged, directed, invented, false, mock
מְבוּיָשׁ ת' ashamed, shamefaced
מְבוּיָת ת' tame, domesticated
מָבוֹךְ ז' labyrinth, maze
מְבוּכָה נ' embarrassment, bewilderment, confusion
מַבּוּל ז' deluge, flood, downpour
מְבוּלְבָּל ת' confused, mixed up
מְבוּלְגָן ת' in utter disorder
מְבוּסָם ת' drunk, tipsy, *soused
מְבוּסָס ת' established, based, well-grounded, well off, rich
מַבּוּעַ ז' spring, fountain
*מְבוּעָס ת' depressed, disappointed
מְבוֹעָת ת' frightened, aghast
מְבוּצָע ת' performed, carried out
מְבוּצָר ת' fortified, entrenched
מְבוּקָע ת' split, cracked, cleft
מְבוּקָר ת' checked, controlled
מְבוּקָשׁ ת' wanted, required

מְבוּרְדָס ת' hooded
*מְבוּרְדָק ת' chaotic, in disorder
מְבוֹרָךְ ת' blessed, endowed
מְבוֹרָר ת' selected, clarified
מְבוּשִׁים ז"ר privates, genitals
מְבוּשָּׁל ת' cooked, done, stewed
מְבוּשָּׂם ת' perfumed, scented
מְבוּתָּר ת' cut up, cleft, dissected
מַבְזֵק ז' shaker, castor, dredger, flash
- מבזק נורה flash lamp
מִבְזַק חֲדָשׁוֹת ז' newsflash, flash
מַבְזֶקֶת מֶלַח נ' saltshaker
מַבְזֶקֶת פִּלְפֵּל נ' peppershaker
מִבַּחוּץ תה"פ from without
מַבְחִיל ת' nauseous, revolting
מַבְחִין ת' discerning, perceptive
מִבְחָן ז' examination, test, trial, proof, audition, *exam
- העמיד במבחן put to the test
- מבחן בד screen test, film test
מַבְחֵן ז' tester, probe
מַבְחֵנָה נ' test tube
מִבְחָר ז' choice, selection
מַבְחֵשׁ ז' ladle, dasher
מַבָּט ז' gaze, stare, look, view
- במבט לאחור in retrospect
- מבט חטוף glance, glimpse
מִבְטָא ז' accent, pronunciation
מִבְטָח ז' trust, reliance, security
מְבַטֵּחַ ז' insurer
מַבְטִיחַ ת' hopeful, promising
מַבְטֵשׁ ז' fulling machine, press
מֵבִיךְ ת' embarrassing, confusing
מֵבִין ת' understanding, expert
מִבֵּין מ"י from, out of
מְבִינוּת נ' understanding, insight
מַבִּיעַ ת' expressive, expressing
מֵבִישׁ ת' disgraceful, shameful
מִבַּיִת תה"פ from within
מַבְכִּירָה נ' delivering first baby
מַבְלֵט ז' die, block
מִבְלָט ז' salient, protrusion
מִבְּלִי מ"י without, lacking
- מבלי משים unintentionally
מַבְלִיג ת' restrained, holding back
מַבְלֵל ז' mixer
מִבַּלְעֲדֵי מ"י except, save

מִבְנֶה ז' construction, structure, building, formation, set
- מבנה הגוף anatomy, physique
מִבְנִי ת' structural
מִבְנָן ז' complex, block
*מַבְסוּט ת' contented, pleased
מַבָּע ז' expression, look, utterance
מִבַּעַד לְ- מ"י through, by
מִבְּעוֹד יוֹם תה"פ before sunset
מַבְעִית ת' frightful, appalling
מַבְעֵר ז' burner, torch
מִבִּפְנִים תה"פ from within
מִבְצָע ז' achievement, operation, feat, campaign, performance
מְבַצֵּעַ ז' performer, executant
מַבְצֵעָה נ' slicer
מִבְצָעִי ת' operational, functional
מִבְצָר ז' fortress, fort, stronghold
מְבַקֵּר ז' comptroller, controller, critic, caller, visitor
- מבקר המדינה state comptroller
- מבקר חשבונות auditor
מְבַקֵּשׁ ז' applicant, petitioner
מִבְרָא ז' clearing, glade
מִבְּרֵאשִׁית תה"פ from the beginning
מַבְרֵג ז' screwdriver
מַבְרֵגָה נ' router
*מַבְּרוּק מ"ק congratulations
מִבְרָח ז' contraband goods
מַבְרַחַת נ' back belt, back tab
מַבְרִיא ת' convalescent, healthful
מַבְרִיחַ ז' smuggler, runner
- מבריח נשק gunrunner
מַבְרִיק ת' brilliant, bright, shining
מִבְרָץ ז' spillway
מִבְרָק ז' cable, telegram, cablegram
מִבְרָקָה נ' telegraph, cable office
מִבְרֶשֶׁת נ' brush
- מברשת גילוח shaving brush
- מברשת שיניים toothbrush
- מברשת שיער hairbrush
מְבַשֵּׁל ז' cook, chef
מִבְשָׁלָה נ' brewery
מְבַשֶּׁלֶת נ' cook
מִבְשָׂמָה נ' perfumery
מְבַשֵּׂר ז' herald, messenger, omen
- מבשר טוב auspicious, promising
- מבשר רע ill-omened

מִבְתָּר ז' cutting, cut
מָג ז' magician, sorcerer
מַגֵּב ז' wiper, windshield wiper, squeegee
מג"ב = משמר הגבול frontier force
מַגְבֵּהַּ ז' height, elevation
מַגְבֵּהַּ ז' jack, riser
מִגְבּוֹל ז' diapason, range, register
מַגְבּוֹן ז' paper-towel, tissue
מַגְבִּיל ז' determiner, qualifier, modifier, restrictive
מַגְבִּיר ת' strengthening
- מגביר קול megaphone, bullhorn
מַגְבִּית נ' money raising
מִגְבָּלָה נ' limitation, restriction
מִגְבָּע ז' top hat, *topper
מִגְבַּעַת נ' hat, felt hat, derby
מַגְבֵּר ז' amplifier
מַגֶּבֶת נ' towel
מֶגֶד ז' sweetness
מג"ד = מפקד גדוד regiment commander
מִגְדּוֹל ז' pylon
מַגְדִּיר ז' definer, qualifier, guide
מַגְדֵּל ז' enlarger, magnifier
מִגְדָּל ז' tower
- מגדל איתות (לרכבות) signal box
- מגדל מים water tower
- מגדל פיקוח control tower
- מגדל פעמון belfry, campanile
- מגדל קידוח derrick
- מגדל שן ivory tower, Olympus
- מגדלים פורחים באוויר castles in the air
מְגַדֵּל ז' grower, raiser, breeder
מִגְדַּלּוֹר ז' lighthouse, beacon
מַגְדֶּלֶת נ' magnifying glass
מִגְדָּנַאי ז' pastry chef
מִגְדָּנִיָּיה נ' confectionery, cakes shop
מְגַדֵּף ת' abusive, insulter, profane
מַגְהֵץ ז' iron, flatiron
- מגהץ אדים steam iron
מְגוֹאָל ת' soiled, stained
מָגוֹב ז' rake
מָגוֹב ז' reactor
מְגוּבָּב ת' heaped, stacked
מְגוּבָּן ת' humpbacked

מְגוּבָּש ת'	crystallized, consolidated
מַגוֹד ז'	rack, coat rack
מְגוּדָל ת'	large, grown, adult
מְגוּדָר ת'	fenced, enclosed, pent
מְגוֹהָץ ת'	ironed, well-groomed
מִגוּוָן ז'	assortment, variety, choice
מְגוּוָן ת'	diverse, colorful, varied
מְגוּחָך ת'	grotesque, ridiculous
מְגוּיָד ת'	veined, sinewy, wiry
מְגוּיָס ת'	conscript, recruit, mobilized, draftee
מְגוּיָר ת'	convert, proselyte
מְגוּלגָל ת'	rolled, reincarnate
מְגוּלֶה ת'	uncovered, bare, visible
מְגוּלוָן ת'	galvanized
מְגוּלָח ת'	shaven, shaved, razed
- מגולח ראש	skinhead
מְגוֹלָל ת'	rolled up, unfurled
מְגוּלעָן ת'	stoned, pitted, cored
מְגוּלָף ת'	engraved, carved
מְגוּמגָם ת'	unclear, stammered
מְגוּמָד ת'	stunted, dwarfed
מְגוּמָם ת'	pockmarked, pocked
מְגוּנדָר ת'	dandified, elegant
מְגוּנֶה ת'	improper, indecent
מְגוֹנֵן ת'	defending, protecting
מָגוֹף ז'	sluice, stopper, valve
מְגוּפָה נ'	bung, plug, stopper, spigot
מְגוּפָּר ת'	sulfurized, vulcanized
מָגוֹר ז'	fear, dread, terror
מְגוֹרָב ת'	stockinged, wearing socks
מְגוֹרֶה ת'	stimulated, hot, excited
מְגוּרִים ז"ר	dwelling, lodging, residence, quarters, *digs
מְגוֹרָם ת'	boned, boneless
מְגוֹרָש ת'	exiled, deportee, expelled
מְגוּשָם ת'	awkward, clumsy, heavy
מִגזָזַיִים ז"ר	shears, clippers
מַגָזִין ז'	magazine, periodical, *mag
מִגזָר ז'	sector, branch
מַגזֵרָה נ'	cutters, saw, guillotine
מִגזָרַיִים ז"ר	wirecutters
מַגַח ז'	ram, butt, goring
מֶגָטוֹן ז'	megaton, million tons
מָגִי ת'	magic, magical, occult
מֵגִיב ת'	reactive, reactor
מַגִיד ז'	preacher, narrator
- מגיד עתידות	fortune teller
מַגִיהַּ ז'	proofreader, reader, reviser
מַגִיָה נ'	magic, witchcraft
מְגִילָה נ'	roll, scroll
- מגילת יוחסין	family tree
מָגִינוֹר ז'	lampshade, shade
מְגִינַת לֵב נ'	sorrow, grief
מַגִיעַ ת'	arriving, due, deserving
מַגֵיפָה נ'	epidemic, plague
מַגֵיפָתִי ת'	epidemic, pestilent
מְגֵירָה נ'	drawer, till
- דחף למגירה	pigeonhole
מַגִיש ז'	waiter, presenter, compere, server, pitcher
מַגָל ז'	reaping-hook, sickle, scythe
מַגלֵב ז'	whip, lash, riding crop
מְגַלֶה ז'	discoverer, detector, finder
- מגלה מוקשים	mine detector
מַגלוּל ז'	tape measure, tape
מֶגָלוֹמָן (חולה רוח) ז'	megalomaniac
מַגלֵחַ ז'	shaver, razor, safety razor
מֶגָלִית ז'	megalith, large stone
מַגלֵל ז'	winder, rewinder
מְגַלעֵן ז'	corer, stoner
מַגלֵף ז'	carving knife
מִגלָש ז'	ski, chute, slide, spillway
מַגלֵש ז'	skid
מִגלָשָה נ'	chute, slide
מִגלָשַיִים ז"ר	skis, runners, launchers
מִגלְשָן ז'	skier
מְגַמגֵם ז'	stammerer, inarticulate
מְגַמָה נ'	tendency, trend, aim, direction, course, stream
מגמ"ק = מגלה מוקשים	mine detector
מִגמֶשֶת נ'	body stocking
מְגַמָתִי ת'	tendentious, biased
מְגַמָתִיוּת נ'	tendentiousness
מָגֵן ז'	shield, defense, guard
- מגן בוץ	mudguard, mud flap
- מגן דוד	Star of David, hexagram
- מגן שוק	shin-guard
מֵגֵן ז'	defender, fullback, back
מְגַנֶה ת'	condemnatory
מִגנוּט ז'	magnetization
מַגנוֹליָה (עץ נוי) נ'	magnolia
*מַגִינוֹן ת'	crazy, mad, insane
מִגנֵט פ'	magnetize
מַגנֵט ז'	magnet, loadstone

מַגְנֶטִי ת' magnetic
מַגְנֶטִיוּת נ' magnetism
מַגְנִיב ת' slipping, *great, cool
מַגְנִיוֹן (מגנזיום) ז' magnesium
מִגְנָנָה נ' defensive, defensive war
מָגֵס ז' bowl, tureen, soup tureen
מַגָּע ז' contact, touch, intercourse
מַגְעִיל ת' disgusting, revolting
מַגַּעַת נ' contact
מַגָּף ז' boot, wellington, jackboot
מַגֵּפָה נ' epidemic, pestilence
מֶגָפוֹן ז' megaphone, bullhorn
מַגְפֵּר ז' sulfur sprayer
מַגֵּפָתִי ת' epidemic, pestilent
מַגְרֵד ז' grater, scraper
מַגְרֶדֶת נ' currycomb, scraper
מְגֵרָה נ' drawer, till
מְגָרֶה ת' stimulating, exciting
מַגְרֵסָה נ' crusher, mill, shredder
– מגרסת אשפה garbage disposal unit
מִגְרָע ז' groove, waist, fault
מִגְרָעָה נ' recess, niche, alcove
מִגְרַעַת נ' disadvantage, fault, defect
מַגְרֵפָה נ' rake
מִגְרָר ז' trailer, semitrailer
מִגְרָרָה נ' sleigh, sledge, sled
מִגְרֶרֶת (פומפייה) נ' grater
מִגְרָשׁ ז' field, court, plot, pitch, ground, lot, yard
– מגרש גולף golf course, links
– מגרש חנייה car park, parking lot
– מגרש טניס tennis court
– מגרש מסדרים parade ground
– מגרש משחקים playground
מַגָּשׁ ז' salver, tray, server, dish
– מגש דואר יוצא the out tray
– מגש דואר נכנס the in tray
– על מגש של כסף without effort
מַד ז' measure, gage, gauge, meter
מַד אוֹץ ז' speedometer
מַד אוֹר ז' photometer
מַד אַמְפֵּר ז' ammeter
מַד גּוֹבַהּ ז' altimeter
מַד דֶּרֶךְ ז' mileometer, pedometer
מַד חַשְׁמַל ז' electrometer
מַד טְוָוח ז' range finder
מַד כּוֹבֶד ז' barometer
מַד לַחוּת ז' hygrometer
מַד לַחַץ ז' manometer, pressure gauge
מַד מְהִירוּת ז' speedometer
מַד מַיִם ז' water meter
מַד נֶשֶׁם ז' spirometer
מַד צַעַד ז' pedometer
מַד רוּחַ ז' anemometer, wind gauge
מַד רוֹחַק ז' telemeter
מַד רוּם ז' altimeter
מַד רַעַשׁ ז' seismograph
מַד שֶׁטַח ז' planimeter
מַד שִׁכְרוּת ז' breathalyser
מַד שֶׁמַע ז' audiometer
מַד תַּיִל ז' wire gauge, wire gage
מִדְאָה ז' gliding field
מַדְאִיג ת' troublesome, worrying
מַדְבִּיק ת' contagious, catching
– מדביק מודעות billposter
מַדְבִּיר ז' exterminator, eradicative
– מדביר חרקים insecticide
מַדְבֵּקָה נ' sticker, tag, label
מִדְבָּר ז' desert, wilderness, waste
מְדַבֵּר (גוף ראשון) ז' first person
– מדבר מהבטן ventriloquist
מִדְבָּרִי ת' desert, waste, arid
מִדְגֶּה ז' fish breeding
מַדְגִּים ת' illustrative, demonstrator
מִדְגָּם ז' design, sample, specimen
מִדְגָּר ז' brood, clutch
מַדְגֵּרָה נ' incubator, hatchery
מַדְגֶּשֶׁם ז' rain gauge, rain gage
מָדַד פ' measure, gauge, survey
– מדד בגד try on a garment
מַדָּד ז' index
– מדד המחירים לצרכן consumer price index
– מדד המשתנים two-sided index
– מדד יוקר המחיה cost of living index
מַדְהִים ת' amazing, stupendous
מְדוּבְלָל ת' sparse, thin, ragged
מְדוּבָּר ת' said, discussed, above
מָדוּד ת' measured, deliberate
מְדוּדוֹת תה"פ deliberately
מַדְוֶה ז' pain, affliction, disease
מְדוּוָּר ת' mailed, posted
מְדוּזָה נ' jellyfish, medusa

מַדּוּחַ ז' seduction, leading astray
מְדוּיָּק ת' accurate, exact, precise
מָדוֹךְ ז' ramrod, pestle, rammer
מְדוּכָּא ת' dejected, depressed
מְדוּכְדָּךְ ת' dejected, low-spirited
מְדוֹכָה נ' canister, mortar
– ישבו על המדוכה put heads together
מְדוּלְדָּל ת' dangling, loose, poor
מְדוּמֶה ת' imaginary, seeming
מְדוּמְיָין ת' fictitious, imaginary
מָדוֹן ז' quarrel, dispute, brawl
מַדּוּעַ תה"פ why, what for?
מְדוּפְלָם ת' certificated
מְדוּקְדָּק ת' accurate, precise
מָדוֹר ז' department, branch, section
מְדוֹרָג ת' graded, ranked, terraced
מְדוּרָה נ' bonfire, flame, fire
– הוסיף שמן למדורה pour oil on the flames
– מדורת קומזיץ campfire
מְדוּשָּׁא ת' turfed, grassy, lawny
מְדוּשַּׁן עוֹנֶג ת' self-satisfied, smug
מַדְזָוִוית ז' protractor
מַדְזְמַן ז' chronometer
מַדְזֶרֶם ז' ammeter
מַדְחוֹם ז' thermometer
מַדְחָן ז' parking meter
מַדְחֵס ז' compressor
מַדְחֵף ז' airscrew, propeller
מִדַּי תה"פ too much, too many
מִדֵּי תה"פ whenever, every
– מדי יום ביומו every day
– מדי פעם occasionally, at times
מַדִּיד ז' gage, gauge, measure
מָדִיד ת' measurable, mensurable
מְדִידָה נ' measurement, survey
– מדידת בגד fitting, trying on
– מדידת רוחק telemetry
מֶדְיוּם ז' medium, means, way
מֵדִיחַ ז' seducer, enticer, seditious
מֵדִיחַ כֵּלִים ז' dishwasher
מֶדִיטַצְיָה נ' meditation
מְדַיֵּיק ת' punctual, precise, exact
מַדִּים ז"ר uniform, livery
מְדִינָאוּת נ' diplomacy, statesmanship, statecraft
מְדִינַאי ז' diplomat, politician, statesman
מְדִינָאִי ת' diplomatic
מְדִינָה נ' state, country, land
– מדינת חיץ buffer state
– מדינת חסות dependency
– מדינת משטרה police state
– מדינת סעד welfare state
– מדינת רווחה welfare state
מְדִינִי ת' political, state
מְדִינִיּוּת נ' policy, politics
מַדִּיף רֵיחַ ת' redolent, smelly
מְדַכֵּא ת' depressing, dismal
מְדַכְדֵּךְ ת' depressing, gloomy
מַדְכּוֹחַ ז' dynamometer
מַדְלֶה ז' derrick, crane, davit
מֶדַלְיָה נ' medal
מֶדַלְיוֹן ז' medallion, pendant
מַדְלִיק ת' lighting, *marvellous
מָדָם נ' madame, madam, lady
מַדְמֶה ז' simulator
מִדְמֶה ז' dummy
מְדַמֶּה ת' imaginative
מְדַמֵּם ת' bleeding, losing blood
מַדְמֵנָה נ' dunghill, dump
מְדָנִים ז"ר quarrel, contention
מד"ס=מדריך ספורט physical trainer
מַדְסֶקֶת נ' disk harrow
מַדָּע ז' science
– המדעים המדוייקים exact sciences
– מדע בדיוני science fiction
– מדע המדינה political science
– מדעי החברה social sciences
– מדעי הטבע natural sciences
– מדעי היהדות Jewish studies
– מדעי הרוח arts, humanities
מַדָּעִי ת' scientific
מַדְעֵךְ ז' fader
מַדְעָן ז' scientist, *boffin
מַדָּף ז' shelf, ledge, rack
מַדְפִּיס ז' printer, typist
מַדְפֵּן ז' disk harrow
מֻדְפָּס ז' printed matter
מַדְפֵּס רַחַק ז' teleprinter, telex, teletypewriter, teletype
מַדְפֶּסֶת נ' printer
מְדַקְדֵּק ת' grammarian, punctual, accurate, stickler

מְדַקְלֵם ז' reciter, declaimer
מַדְקֵר ז' awl, piercer
מַדְקֵרָה נ' stab, stabbing, cut
מֶדֶר ז' bevel, sloping edge
מְדַרְבֵּן ת' urging, stimulant
מִדְרֵג פ' terrace, make terraces
מִדְרָג ז' terrace, stagger, hierarchy
מַדְרֵגָה נ' stair, step, terrace, degree
– הגיע לשפל המדרגה hit bottom
– מדרגות stairs, staircase
– מדרגות מילוט fire escape
– מדרגות נעות escalator
– מדרגת מס tax bracket
מִדְרוֹן ז' slope, declivity, incline
– מדרון מסוכן slippery slope
מִדְרְחוֹב ז' mall, pedestrianized street
מַדְרִיךְ ז' guide, manual, handbook, educator, instructor, trainer
– מדריך טלפון telephone directory
מַדְרִים ת' southbound
מִדְרָךְ ז' step, foothold, footboard, tread, toehold
מִדְרָכָה נ' pavement, sidewalk
מִדְרָס ז' foot support
מִדְרָסָה נ' doormat, mat
מִדְרָשׁ ז' learning, study
מִדְרָשָׁה נ' academy, college
מִדְרָשִׁיָּה נ' college
מִדְשָׁאָה נ' lawn, green
מַדְשִׁיא ת' grassy, lawny
מָה מ"ג what, some, whatever
– דבר של מה בכך triviality
– ומה בכך? so what?
*– ומה לא and what not
– מה אתה סח! you don't say!
– מה דעתך ש- how about-
*– מה העניינים? what's up?
*– מה זה?=מה? (תת-תקני) what?
– מה טוב! very good!
– מה נפשך in either case
*– מה נשמע? how do you do?, how goes it?, what's up?
*– מה פתאום? says you!, certainly not!
– מה שהיה היה let bygones be bygones
– מה שלומך? how do you do?

*– מה שמו what d'you call him
מְהַבְהֵב ת' flickering, winking
מַהְבִּיל ת' steamy, vaporous
מַהֲגוֹנִי ז' mahogany
מְהַגֵּר ז' emigrant, immigrant
מְהַדְהֵד ת' resonant, resounding
מַהֲדוּרָה נ' edition, printing
מַהֲדִיר ז' editor, reader, compiler
מְהַדֵּק ז' clip, fastener, paper clip, stapler, brace
מַהֲדֵר ז' repeater, compiler
מְהַדְרִין ת' religious, very (kosher)
מַהוּ מ"ג what is he, what is it
מְהוּגָּן ת' honest, proper
מָהוֹד ז' resonator
מְהוּדָּק ת' closefitting, tight
מְהוּדָּר ת' elegant, fancy, chic
מָהוּהַּ ת' shabby, worn out
מָהוּל ת' mixed, blended, diluted, adulterated, circumcised
מְהוּלָּל ת' praised, acclaimed
מְהוּמְגָּן ת' homogenized
מְהוּמָה נ' riot, confusion, fuss, turmoil
מְהוּפָּךְ ת' upside down, reverse
מְהוּפְּנָט ת' hypnotized
מְהוּקְצָע ת' polished, planed
מְהוּרְהָר ת' thoughtful, preoccupied
מַהוּת נ' nature, being, essence
מַהוּתִי ת' essential, substantial
מַהִי מ"ג what is she, what is it
מֵהֵיכָן תה"פ where from, whence
מְהִילָה נ' mixing, dilution
מְהֵימָן ת' credible, reliable, faithful
מְהֵימָנוּת נ' reliability, faithfulness
מָהִיר ת' quick, rapid, fast, swift
– מהיר חימה quick-tempered
מְהִירוּת נ' speed, velocity, celerity
מָהַל פ' mix, blend, adulterate
מַהֲלוּמָה נ' blow, hit, shock
מַהֲלָךְ ז' move, step, walk, journey, course, gear
– מהלכים approach, free access
מְהַלֵּל ת' laudatory, praising
מָהֶם מ"ג what are they?
מֵהֶם מ"י of them, from them
מַהֲמוֹרָה נ' pit, pitfall
מְהַמֵּם ת' stunning, knockout

מְהַמֵּר ז' gambler, bettor, backer
מָהֵן מ"ג what are they?
מֵהֶן מ"י of them, from them
מְהַנְדֵּס ז' engineer
- מהנדס חשמל electrical engineer
- מהנדס מכונות mechanical engineer
מְהַנֶּה ת' enjoyable, pleasing
מְהַסֵּס ת' hesitant, waverer
מַהְפָּך ז' revolution, changeover, upheaval, tropic
מַהְפֵּכָה נ' revolution, *disorder
- מהפכת נגד counterrevolution
מַהְפְּכָן ז' revolutionary
מַהְפְּכָנִי ת' revolutionary
מְהַפְּנֵט ז' hypnotist, mesmerist
מַהֵר תה"פ fast, quickly, soon
מְהֵרָה תה"פ quickly, soon
מְהַרְהֵר ת' meditative, ruminative
מַהֲתָלָה נ' joke, comedy, skit
מוּאַזִּין ז' muezzin
מוּאָט ת' slowed down, decelerated
מוּאֳמָן ת' accredited
מוּאָץ ת' accelerated, quickened
מוּאָר ת' lit, illuminated, lighted
מוּאֳרָך ת' prolonged, lengthened
מוּאֳשָׁם ת' accused, charged
מוּבָא ת' brought, fetched
מוּבָאָה נ' quotation, excerpt
מוּבְדָּל ת' separated, isolated
מוּבְהָק ת' clear, obvious, thorough
מוּבְחָר ת' choice, selected, best
מוּבְטָח ת' promised, secure
- מובטחני I am sure
מוּבְטָל ת' unemployed, jobless
מוֹבַּייל (מַרְצֶדָה) ז' mobile
מוֹבִיל ז' carrier, conveyor, conductor
- מוביל מים aqueduct, water conduit
- מוביל ציבורי common carrier
מוֹבָל ז' conduit, duct
מוּבָל ת' led, conducted
מוּבְלָע ת' mingled, slurred, implicit
מוּבְלַעַת נ' enclave
מוֹבֶלֶת נ' carrier
מוּבָן ז' meaning, sense
- במובן הצר in the strict sense

מוּבָן ת' understood, intelligible
- מובן מאליו of course, self-evident
מוּבְנֶה ת' built-in
מוּבָנוּת נ' comprehensibility
מוּבָס ת' defeated, routed, beaten
מוּבָּע ת' expressed, spoken
מוּבְרָג ת' screwed
מוּבְרָח ת' smuggled, bolted, latched
מוּג לֵב ת' coward, *yellow-bellied
מוּגְבָּהּ ת' raised, lifted
מוּגְבָּל ת' limited, confined, *fool
מוּגְבָּלוּת נ' limitation, narrowness
מוּגְבָּר ת' intensified, boosted
מוּגְדָּל ת' enlarged, magnified
מוּגְדָּר ת' defined, definite
מוּגָהּ ת' corrected, proofread
מוּגָז ת' sparkling, carbonated
מוּגְזָם ת' exaggerated, excessive
מוּגְלָה נ' pus, matter, purulence
מוּגְלִית נ' pustule
מוּגְלָתִי ת' abscessed, purulent
מוּגְמָר ת' completed, finished
מוּגָן ת' protected, safe, secure
מוּגָף ת' closed, shut, shuttered
מוּגַר פ' be defeated, be routed
מוּגָשׁ ת' offered, presented
מוּגְשָׁם ת' realized, fulfilled
מוּדְאָג ת' upset, worried, concerned
מוּדְגָם ת' illustrated, demonstrated
מוּדְגָשׁ ת' emphasized, stressed
מוֹדֵד ז' surveyor, measuring
מוֹדָה נ' mode, fashion, vogue
מוֹדֶה ת' thankful, grateful
מוֹדוּל ז' module, unit
מוֹדוּלַצְיָה (אפנון) נ' modulation
מוֹדוּס ז' mode, modus, method
מוּדָּח ת' deposed, ousted, expelled
מוּדְחָק ת' repressed, suppressed
מוֹדִיעַ ז' informer, stool pigeon
מוֹדִיעִין ז' intelligence, information
- מודיעין נגדי counterintelligence
מוֹדִיפִיקַצְיָה (סיגול) נ' modification
מוֹדֶל ז' model, design, pattern
מוּדְלֶה ת' trellised, espaliered
מוּדְלָף ת' leaked out, disclosed
מוֹדָע ז' acquaintance, friend
מוּדָע ת' aware, conscious, sensible
- התת מודע the subconscious

מוֹדָעָה נ' advertisement, ad, notice, bill, poster
- מודעת דרוש (בעיתון) want ad
מוּדָעוּת נ' awareness, consciousness
מוּדְפָּס ת' printed, typed
מוּדְרָג ת' graduated, graded, scaled
מוֹדֶרָטוֹ (במתינות) תה"פ moderato
מוּדְרָךְ ת' guided, directed, led
מוֹדֶרְנִי ת' modern, *with it
מוֹדֶרְנִיּוּת נ' modernity, novelty
מוֹדֶרְנִיזַצְיָה נ' modernization
מוֹהֵל ז' circumciser
מוֹהַל ז' sap, juice
מוֹהַר ז' bride price, dowry
מְוּסֶּת ת' regulated, adjusted
מָוֶת ז' death, demise, passing
- שנאת מוות mortal hatred
מוֹז ז' banana
מוֹזָאִיקָה (פסיפס) נ' mosaic
מוּזַג פ' be merged, be mixed
מוֹזֵג ז' barman, bartender
מוֹזֶגֶת נ' barmaid
מוּזָה נ' muse, inspiration
מוּזְהָב ת' gilded, gilt
מוּזְהָר ת' warned, cautioned
מוּזָז ת' removed, shifted
מוּזֵיאוֹן ז' museum
מוּזְכָּר ת' mentioned, referred to
מוּזָל ת' cheaper, reduced, cut
מוּזָם ת' refuted, contradicted
מוּזְמָן ת' guest, invited, ordered
מוּזָן ת' fed, nourished, input
מוּזְנָח ת' neglected, derelict
מוּזָר ת' strange, eccentric, odd, peculiar, queer, bizarre
מוּזָרוּת נ' eccentricity, peculiarity
מוּזְרָם ת' conducted, pouring
מוֹחַ ז' brain, mind, gray matter
- המוח הגדול cerebrum
- המוח הקטן cerebellum
- מוח של אפרוח *birdbrained
מוּחְזָק ת' held, maintained
מוּחְזַר פ' be recycled
מוּחְזָר ת' returned, restored
מוֹחַט ז' snuff, soot, cleaner
מוֹחִי ת' cerebral, brainy
מוּחְכָּר ת' leased, hired, rented
מוּחְלָט ת' absolute, definite

מוּחְלָף ת' exchanged, switched
מוּחְמָץ ת' irrecoverable, missed
מוֹחֵץ ת' crushing, overwhelming
מוּחְצָן ת' extrovert, externalized
מוֹחֵק ז' eraser
מוּחְרָב ת' destroyed, ruined
מוּחְרָם ת' banned, confiscated
מוּחֳרָת תה"פ the following day
- מוחרתיים the day after tomorrow
מוּחָשׁ ת' perceptible, tangible
מוּחְשַׁב פ' be computerized
מוּחָשׁוּת נ' perceptibility
מוּחָשִׁי ת' perceptible, tangible
מוּחָשִׁיּוּת נ' perceptibility
מוּחְתָּם ת' stamped, signed
מוֹט ז' beam, pole, rod, bar, staff
- מוט הדגל flagpole, flagstaff
- מוט החרטום (בספינה) bowsprit
- מוט היגוי joystick, control bar
- מוט סקי ski pole, ski stick
- מוט פריצה jimmy, jemmy
מוּטָב ז' beneficiary, payee
מוּטָב תה"פ rather, better, had better, had best, well, preferably
מוּטְבָּל ת' dipped, baptized
מוּטְבָּע ת' stamped, impressed
מוּטָּה נ' spread, span
- מוטת כנפיים wingspread
מוּטֶה ת' inclined, slanted, bent
מוֹטָה נ' pole, yoke, oppression
מוֹטוֹ ז' motto, watchword, slogan
מוֹטוֹרִי ת' motor, of motion
מוֹטֵט פ' shake, overthrow, topple
מוֹטֶט (שירה רב-קולית) ז' motet
מוֹטִיב (תֵּנַע) ז' motif, motive
מוֹטִיבַצְיָה נ' motivation, incentive
מוֹטִית נ' small rod, stick
- מוטית היגוי joystick
מוּטָל ת' imposed, inflicted, put, laid, thrown, cast, placed
- מוטל בספק questionable
- מוטל על כף המאזניים at stake
מוֹטֶל (מלונוע) ז' motel
מוּטָס ת' airborne, flown
מוּטְעֶה ת' mistaken, wrong
מוּטְעָם ת' stressed, emphatic
מוּטַצְיָה נ' mutation, change

מוטרד ת' troubled, worried
מוטרם ת' anticipatory
מוין פ' be sorted, be classified
מוך ז' down, cotton wool, fluff
- מוך השן pulp
מוכה ת' beaten, afflicted, stricken
- מוכה ירח moonstruck
- מוכה שחין scabious, scabby
מוכ"ז = מוסר כתב זה bearer
מוכח ת' proven, demonstrated
מוכחד ת' exterminated, annihilated
מוכי ת' fluffy, downy
מוכיח ת' admonitory, preacher
מוכלא ת' crossbred, hybridized
מוכלם ת' insulted, ashamed
מוכן ת' prepared, ready
- מוכן ומזומן ready and waiting
*- מוכנים היכון רוץ! on your marks set go!, ready steady go!
מוכנות נ' preparedness, readiness
מוכנס ת' inserted, introduced
מוכס ז' customs-officer
מוכסן ז' tax collector
מוכסף ת' silver-plated, silvery
מוכפל ת' double, multiplied
מוכפש ת' soiled, smeared, miry
מוכר ז' seller, vendor, salesman
- מוכר ספרים bookseller
- מוכר עיתונים newsdealer
מוכר ת' known, recognized
מוכרז ת' declared, proclaimed
מוכרח ת' must, compelled, bound
מוכרע ת' decided, defeated
מוכרת נ' saleswoman
- מוכרת פרחים flower girl
מוכשל ת' knocked over, tripped
מוכשר ת' able, capable, competent, talented, qualified, made kosher
מוכשרות נ' skill, ability
מוכתב ת' dictated, prescribed
מוכתם ת' stained, smeared
מוכתף ת' shouldered, at the slope
מוכתר ז' village leader
מוכתר ת' crowned, titled
מול מ"י against, in front of, opposite, versus
מו"ל = מוציא לאור publisher
מולא פ' be filled, be fulfilled
מולאם ת' nationalized
מולד ז' birth, new moon
מולד ת' congenital, inborn
מולדת נ' homeland, motherland
מולות נ' publishing
מולחם ת' soldered, welded
מולטימיליונר ז' multimillionaire
מוליד ז' father, progenitor, sire
מולייה נ' praline, sugared almond
מוליך ת' conductor, conductive
- מוליך שולל deceitful, deceptive
מוליכות נ' conductivity
מולית (דג ים) ז' mullet
מולך ז' Moloch, Molech
מולכד פ' be booby-trapped
מולל פ' rub, scrape, unravel
מולקולה (פרודה) נ' molecule
מולקולרי ת' molecular
מום ז' defect, deformity, disability
מו"מ = משא ומתן negotiation
מומחה ז' expert, skillful, specialist
מומחז ת' dramatized, staged
מומחיות נ' skill, speciality
מומיה נ' mummy
מומלץ ת' advisable, recommended
מומן פ' be financed, be funded
מומנטום ז' momentum, impetus
מומס ת' dissolved, melted
מומר ז' apostate, convert
מומש פ' be realized, be effected
מומת ת' executed, slain
מונגולואיד ז' mongoloid, of Down's syndrome
מונה פ' be appointed, be named
מונה ז' counter, gauge, numerator
- מונה גייגר Geiger counter
מונהג ת' led, introduced, directed
מונוגמיה נ' monogamy, having only one wife
מונוגרמה (משלבת) נ' monogram
מונוטוני ת' monotonous, tedious
מונוטוניות נ' monotony, dullness
מונולוג ז' monologue, soliloquy
מונולית ז' monolith, large stone
מונוליתי ת' monolithic, solid
מונומן ז' monomaniac, obsessed
מונומנטלי ת' monumental, colossal
מונומניה נ' monomania, obsession

monopoly, corner מונופול ז'
monocle מונוקל (משקף) ז'
monotheism, belief in only one God מונותיאיזם ז'
term מונח ז'
put, placed, lying מונח ת'
guided, led, directed מונחה ת'
landed, disembarked מונחת ת'
montage מונטז' (מצרף) ז'
goodwill, fame, prestige מוניטין ז"ר
monetary, financial מוניטרי ת'
times, -fold מונים ז"ר
municipal מוניציפלי (עירוני) ת'
cab, taxi, taxicab, *hack מונית נ'
monsoon מונסון (רוחות) ז'
preventive, prohibitive מונע ת'
driven, motivated, moved מונע ת'
hoisted, raised, lifted מונף ת'
issued מונפק פ'
monarch, king מונרך ז'
monarchy, kingdom מונרכיה נ'
mousse, creamy dessert מוס ז'
endorsed, endorsee מוסב ת'
explained, accounted for מוסבר ת'
parenthetic, extradited, handed over, betrayed מוסגר ת'
institution, establishment מוסד ז'
reformatory - מוסד לעבריינים
institutional, established מוסדי ת'
square, settled, arranged מוסדר ת'
masked, camouflaged מוסווה ת'
shifted, moved, displaced מוסט ת'
musician מוסיקאי ז'
music מוסיקה נ'
classical music - מוסיקה קלסית
chamber music - מוסיקה קמרית
incidental music - מוסיקת לוואי
music hall, vaudeville מוסיקול ז'
musical, melodious מוסיקלי ת'
garage, pit, shed, hangar מוסך ז'
garage owner מוסכאי ז'
agreed, accepted מוסכם ת'
convention, accepted rule, customary practice מוסכמה נ'
Moslem, islamic מוסלמי ת'
authorized, certified, qualified, reliable, authoritative מוסמך ת'
Master of Science - מוסמך למדעי הטבע
Master of Arts - מוסמך למדעי הרוח
dissolve, soften, melt מוסס פ'
supplement, additional prayer, added, supplementary מוסף ז'
affix מוספית נ'
heated, inferred מוסק ת'
muscatel, muscat מוסקט (ענבים) ז'
moral, ethics, virtue מוסר ז'
moral, lesson - מוסר השכל
contrition, remorse - מוסר כליות
giver, informer מוסר ז'
filmed, screened מוסרט ת'
moral, ethical, virtuous מוסרי ת'
morality, rectitude מוסריות נ'
moralist מוסרן ז'
moralism מוסרנות נ'
moralistic מוסרני ת'
incited, provoked מוסת ת'
hidden, concealed מוסתר ת'
cloudy, eclipsed מועב ת'
transferred, moved מועבר ת'
time, term, holiday, festival מועד ז'
on time, duly - במועד
tide - מועדי הים
warned, habitual, prone, dangerous, directed, bound מועד ת'
destination מועדה נ'
club, country club מועדון ז'
nightclub, *clip joint - מועדון לילה
favored, preferential מועדף ת'
small, few, little, scanty מועט ת'
profitable, useful מועיל ת'
raised hand מועל יד ז'
applicant, candidate מועמד ז'
candidacy, candidature מועמדות נ'
be addressed מוען פ'
sender, addressor מוען ז'
addressee מוען ז'
awarded, granted, given מוענק ת'
employed, worker מועסק ת'
flown, sent flying מועף ת'
council, board מועצה נ'
local council - מועצה מקומית
Security Council - מועצת הביטחון
board, directorate - מועצת מנהלים
corporation - מועצת עיר
device, counsel מועצה נ'

מוּעָקָה נ' distress, burden, load
מוּעֳרָךְ ת' estimated, valued
מוּעֲשָׁר ת' enriched, improved
מוּעְתָּק ת' copied, transferred
מוּפְגָז ת' shelled, bombarded
מוּפְגָן ת' manifest, demonstrated
מוּפָּה פ' be mapped
מוּפְחָת ת' lessened, reduced
מוּפְלָא ת' wonderful, mystical
מוּפְלָג ת' distant, very, untold
מוּפְלֶה ת' separated, favored, discriminated against
מוּפְנֶה ת' directed, turned, referred
מוּפְנָם ת' introverted, introvert
מוּפְנָמוּת נ' introversion
מוּפְסָד ת' lost, losing, damaged
מוּפְסָק ת' stopped, ceased
מוֹפָע ז' show, appearance, event, phase
מוּפְעָל ת' activated, operated
מוּפָץ ת' distributed, spread
מוּפְצָץ ת' bombed, shelled
מוּפָק ת' produced, derived
מוּפְקָד ת' deposited, appointed
מוּפְקָע ת' requisitioned, confiscated, exorbitant, exaggerated
מוּפְקָר ת' abandoned, lawless, licentious, libertine, wanton
מוּפְקֶרֶת נ' prostitute, slut
מוּפָר ת' violated, broken
מוּפְרָד ת' separated, segregated
מוּפְרֶה ת' fertilized, impregnated
מוּפְרָז ת' exaggerated, exorbitant
מוּפְרָךְ ת' contradicted, groundless
מוּפְרָע ת' disturbed, psychotic
מוּפְרָעוּת נ' disturbance
מוּפְרָשׁ ת' set aside, allocated
מוּפְשָׁט ת' abstract, theoretical
מוּפְשָׁל ת' rolled up, turned up
מוּפְשָׁר ת' thawed, melted, defrosted
מוֹפֵת ז' model, paragon, pattern, miracle, proof, sign
– לְמוֹפֵת exemplary, perfect
מוֹפְתִי ת' exemplary, ideal, classic
מוּפְתָּע ת' taken aback, surprised
מוֹץ ז' chaff, husk
מוֹצָא ז' ancestry, descent, origin, source, exit, outlet

– מוצא שפתיים word, promise
מוּצָא ת' taken out, spent
מוֹצֵא ז' finder, locator
מוֹצָאֵי שַׁבָּת ז"ר Saturday night
מוּצָב ז' post, position
מוּצָב ת' stationed, placed, set
מוּצָג ז' exhibit, presented, on show
מוּצְדָק ת' justified, excused
מוּצָה פ' be exhausted, be drained
מוּצְהָר ת' declared, avowed, stated
מוֹצִיא ת' taking out, producing
– מוציא לאור publisher
– מוציא לפועל executive
מוּצָל ת' shadowy, shady
מוּצְלָב ת' crossbred, hybridized
מוּצְלָח ת' successful, lucky
מוּצְמָד ת' linked, fastened
מוּצְנָח ת' parachuted, dropped
מוּצְנָע ת' hidden, concealed
מוּצָע ת' proposed, offered
מוּצַעַת ת' (bed) made, spread out
מוּצָף ת' flooded, inundated
מוּצְפָּן ת' encoded, coded, hidden
מוֹצֵץ ז' comforter, pacifier, dummy
מוּצָק ת' solid, hard, firm, stocky
מוּצָקוּת נ' hardness, solidity
מוּצָר ז' product, work, narrowed
מוצ"ש = מוצאי שבת Saturday night
מוֹק ז' gaiter, puttee, greave
– מוקיים leggings
מוּקַד פ' be focused, be directed
מוֹקֵד ז' focus, center, fire, hearth
מוֹקְדִי ת' focal, radial
מוּקְדָם ת' early, soon, preliminary
– במוקדם או במאוחר sooner or later
מוּקְדָשׁ ת' dedicated, devoted
מוּקְטָן ת' reduced, lessened
מוּקְיוֹן ז' buffoon, clown
מוּקְיוֹנִי ת' clownish, foolish
מוֹקִיר ת' respectful, appreciative
מוֹקִית נ' stirrup sock, legging
מוּקְלָט ת' recorded, tape-recorded
מוּקָם ת' erected, established
מוּקְנֶה ת' vested, placed, given
מוֹקָסִין (נעל) ז' moccasin
מוּקְסָם ת' fascinated, spellbound
מוּקָע ת' exposed, condemned

מוּקָף ת' surrounded, hyphenated
מוּקְפָּא ת' frozen, congealed
מוּקְצָב ת' allocated
מוּקְצֶה ת' set apart, allotted
- מוקצה מחמת מיאוס loathsome
מוּקְרָן ת' screened, filmed, radiated
מוּקַשׁ פ' be mined
מוֹקֵשׁ ז' mine, obstacle, trap
מוֹקְשַׁאי ז' miner, mine layer
מוּקְשֶׁה ת' hardened, bound, asked
מוֹר ז' myrrh
מוֹרָא ז' fear, awe, dread
מוֹרָג ז' threshing sledge
מוּרְגָּל ת' accustomed, used, wont
מוּרְגָּשׁ ת' felt, perceivable
מוֹרֵד ז' rebel, mutineer, mutinous
מוּרָד ת' lowered, brought down
מוֹרָד ז' slope, decline, descent
מוֹרֶה ז' teacher, tutor, showing
- מורה דרך guide, cicerone
מוֹרָה נ' teacher, governess, razor
מוּרְחָב ת' widened, enlarged
מוּרְחָק ת' removed, sent away
מוֹרַחַת נ' palette knife, knife
מוֹרָטוֹרְיוּם (תדחית) ז' moratorium
מוֹרִיק ת' turning green, verdant
מוֹרִישׁ ז' testator, bequeathing
מוֹרֶךְ לֵב ז' cowardice, timidity
מוּרְכָּב ת' complex, complicated, compound, consisting
מוּרְכָּבוּת נ' complexity, intricacy
מוּרְכָּן ת' bent, bowed, stooping
מוֹרָל ז' morale, spirit, confidence
מוּרָם ת' raised, lifted, elevated
מוֹרְמוֹנִי ז' Mormon
מוֹרָן (שיח) ז' viburnum, dogwood
מוֹרֶנָה (סחף חול) נ' moraine
מוֹרֵנוּ ת' our teacher, our mentor
מורס (כתב טלגרף) ז' Morse
מוּרְסָה נ' abscess, pus
מוּרְעָב ת' starved, famished
מוּרְעָל ת' poisoned, venomous
מוֹרְפוֹלוֹגִי (צורתי) ת' morphological
מוֹרְפוֹלוֹגְיָה (מבנה) נ' morphology
מוֹרְפְיוּם ז' morphine, morphia
מוֹרְפֵימָה (צורה) נ' morpheme
מוֹרַק פ' be scoured, be polished
מוּרָק ת' emptied, drained

מוֹרֶשֶׁה ז' representative, deputy, delegate
מוֹרָשָׁה נ' legacy, inheritance, heritage
מוּרְשֶׁה ת' permissible, authorized
- מורשה חתימה senior bank clerk
מוּרְשָׁע ת' convicted, guilty
מוֹרַת רוּחַ נ' discontent, displeasure
מוּשָּׂא ז' object
- מושא ישיר direct object
- מושא עקיף indirect object, dative
מוּשְׁאָל ת' lent, metaphorical
מוֹשָׁב ז' seat, session, sitting, settlement, residence, dwelling
- מושב אחורי back seat, pillion
- מושב זקנים home for aged
- מושב מפלט ejection seat
- מושב מתקפל jump seat
מוּשָׁב ת' returned, restored
מוֹשָׁבָה נ' colony, settlement
*מוֹשַׁבְנִיק ז' settlement member
מוּשְׁבָּע ז' juror, sworn, confirmed
מוּשְׁבָּת ת' locked out, strike-bound
מוּשָּׂג ז' idea, notion, concept
מוּשָּׂג ת' obtained, attained, got
מוּשָּׂגִי ת' conceptual, notional
מוּשְׁוֶה ת' compared, likened
מוּשְׁחָז ת' sharpened, honed
מוּשְׁחָל ת' threaded, laced
מוּשְׁחָר ת' blackened, smeared
מוּשְׁחָת ת' corrupt, spoiled, evil
מוּשָּׁט ת' extended, floated, sailed
מוֹשִׁיעַ ז' savior, helper, rescuer
מוֹשֵׁךְ ז' drawer, attractive
- מושך בחוטים wirepuller
מוֹשְׁכָה נ' rein, trace
- מושכות reins, bridle
מוּשְׂכָּל ז' concept, idea
- מושכל ראשון axiom
מוּשְׁכַּן פ' be mortgaged
מוּשְׂכָּר ת' rented, let
מוֹשֵׁל ז' ruler, governor, suzerain
- אין מושלו nonpareil, unique
מוּשְׁלָג ת' snowy, snow-clad
מוּשְׁלָךְ ת' castoff, thrown away
מוּשְׁלָם ת' complete, perfect
מוּשְׁמָץ ת' defamed, slandered
מוּשְׁעֶה ת' suspended, in abeyance

מוּשְׁפָּל ת' humiliated, downcast
מוּשְׁפָּע ת' influenced, affected
מושק (חיה אסייתית) ז' musk deer
מוּשְׁקֶה ת' watered, irrigated
מוּשְׁקָע ת' invested, sunk
מוּשְׁרָשׁ ת' rooted, deep-seated
מוּשְׁתָּל ת' transplanted, *bugged
מוּשְׁתָּת ת' based, founded
מוּתְאָם ת' fitted, adjusted, adapted
מוֹתֵחַ ז' tensor, thrilling, suspenseful, stretching
מוֹתְחָן ז' cliffhanger, thriller
מוּתָּךְ ת' molten, liquefied
מוּתַּן פ' be moderated, be tempered
מוֹתֶן ז' loin, hip, waist, haunch
מוּתְנֶה ת' conditioned, subject
מוֹתְנִיָּה נ' jacket, battle-dress
מוֹתְנַיִם ז"ר loins, waist
מוֹתְנִית נ' battle-dress, fillet
*מוֹתֶק מ"ק sweetheart, honey
מוּתְקָן ת' installed, fitted
מוּתְקָף ת' attacked, assailed, beset
מוֹתָר ז' excess, remainder, surplus
– למותר לציין needless to say
מוּתָּר ת' allowed, permitted
מוֹתָרוֹת ז"ר luxury, comfort
מוּתָּשׁ ת' weakened, tired, beat
מִזְבֵּחַ ז' altar
מִזְבָּלָה נ' dump, tip, refuse dump
מָזַג פ' mix, pour, blend
מֶזֶג ז' mixture, nature, temper
– מזג אוויר weather
מִזְגָּגָה נ' glassworks
מִזְגִּי ת' temperamental
מַזְגָּן ז' air-conditioner
מִזְדַּמֵּן ת' irregular, occasional, odd
מִזְדַּקֵּן ת' senescent, elderly
מַזֶּה ז' sprinkler, sprayer
מְזֵה רָעָב ת' starving, hungry
מְזַהֶה ז' spotter, identifier
מַזְהִיר ת' bright, brilliant, warning
מָזוּג ת' poured, blended, mixed
מְזוּגָּג ת' frosted, glazed, glace
מְזוּגְזָג ת' zigzag, zigzagged
מְזוֹהֶה ת' identified, spotted
מְזוֹהָם ת' contaminated, dirty
מַזְוֵג (מצמד) ז' clutch
מִזְוָד ז' baggage, luggage, kitbag
מִזְוָדָה נ' valise, suitcase, trunk
מְזָוֶה ז' pantry, larder, still-room
מַזְוִית ז' bevel
מְזוּזָה נ' doorpost, jamb, mezuza
– מזוזת השער gatepost
מָזוּט ז' crude oil
מְזוּיָּן ת' armed, equipped, *lousy
מְזוּיָּף ת' forged, affected, false
מָזוֹכִיזם (עינוי עצמי) ז' masochism
מְזוּכָּךְ ת' purified, refined, clean
מְזוּמָּן ת' ready, prepared, cash
מְזוּמָּנִים ז"ר cash, ready money
מָזוֹן ז' food, nourishment, *grub
מְזוּנָּב ת' tailed, caudal
מְזוֹנוֹת ז"ר alimony, maintenance
מְזוֹנִי ת' nutritive, alimentary
מְזוּעְזָע ת' shocked, alarmed, upset
מְזוּפָּת ת' tarry, *rotten, lousy, bad
מְזוּקָּן ת' bearded, unshaven
מְזוּקָּק ת' refined, distilled
מָזוֹר ז' remedy, salve, bandage
מָזִ'וֹר (סולם קולות) ז' major
מְזוֹרָז ת' quick, hurrying, summary, fast, shortened
מֵזַח ז' quay, pier, jetty, wharf
מַזְחִילָה נ' waterspout, gutter
מִזְחֶלֶת נ' sled, sleigh, toboggan
מְזִיג ז' consonance
מְזִיגָה נ' mixture, blending, pouring
מֵזִיד - בְּמֵזִיד תה"פ deliberately
מְזַיֵּיף ת' forger, out of tune
מְזִימָּה נ' conspiracy, scheme, plot
מֵזִין ת' nutritious, nutrient
מַזִּיעַ ת' sweaty, perspiring
מַזִּיק ת' harmful, injurious, pest, *imp
מַזְכִּיר ז' secretary, reminder
– מזכיר המדינה Secretary of State
– מזכירה אלקטרונית answering machine
מַזְכִּירוּת נ' secretariat
מזכ"ל = מזכיר כללי secretary general
מִזְכָּר ז' memorandum, memo
מִזְכָּרִית נ' memo pad, memo
מַזְכֶּרֶת נ' keepsake, remembrance
מַזָּל ז' luck, fortune, fate, sign of the zodiac, *mercy
– מזל אריה Leo

– מזל בתולה	Virgo
– מזל גדי	Capricorn
– מזל דגים	Pisces
– מזל דלי	Aquarius
– מזל טוב!	congratulations!
– מזל טלה	Aries, Ram
– מזל מאזניים	Libra
– מזל סרטן	Cancer
– מזל עקרב	Scorpio
– מזל קשת	Sagittarius
*– מזל ש–	it's a good thing
– מזל שור	Taurus
– מזל תאומים	Gemini
מַזְלֵג ז'	fork
– מזלג חשמלי	immersion heater
– מזלג קול	tuning fork
מְזַלְזֵל ת'	scorning, derogatory
מַזְלֵחַ ז'	squeeze bottle, sprayer
מִזְלָלָה נ'	(gluttons') restaurant, snack bar
מַזְלֵף ז'	sprinkler, sprayer, watering pot, watering can
*מִזְמוּז ז'	necking, lovemaking
מִזְמוֹר ז'	song, hymn, psalm
*מִזְמֵז פ'	flirt, neck, make love
מַזְמִין ת'	inviting, orderer
מִזְמַן תה"פ	a long time ago
מַזְמֵרָה נ'	pruning shears, secateurs
מִזְנֶבֶת נ'	fur hat, shtreimel
מִזְנוֹן ז'	buffet, cupboard, cabinet, restaurant, bar
– מזנון דרכים	pull-in, pullup
– מזנון מהיר	snack bar
מִזְנוֹנַאי ז'	buffet attendant
מִזְנוֹנִית נ'	buffet, sideboard
מַזְנִיק ז'	starter
מַזְנֵק ז'	spout, nozzle
מִזְעוּר ז'	miniaturization
מְזַעְזֵעַ ת'	shocking, terrible
מַזְעֵק ז'	alarm bell, fire alarm
מִזְעֵר פ'	miniaturize, minimize
מִזְעָר ז'	little, least, minimum
מִזְעָרִי ת'	minimal, minimum
מִזְעֶרֶת נ'	miniature
מְזַקֵּק ז'	distiller, refiner
מַזְקֵקָה נ'	refinery, distillery, still
מַזָּר (קבוצת כוכבים) ז'	constellation
מַזְרֵבָה נ'	spool, reel, bobbin
מִזְרוֹן (מִזְרָן) ז'	mattress
מְזָרֵז ת'	catalytic, urging
מִזְרָח ז'	east, the Orient
– המזרח התיכון	the Middle East
מִזְרָחָה תה"פ	eastwards, east
מִזְרָחִי ת'	eastern, east, oriental
מִזְרָחָן ז'	orientalist
מִזְרָחָנוּת נ'	orientalism
מִזְרָן ז'	mattress, mat
– מזרן אוויר	air mattress
– מזרן קש	pallet, palliasse
מַזְרֵעָה נ'	drill, sowing machine
מַזְרֵק ז'	gun, syringe, hypodermic syringe, injector
מִזְרָקָה נ'	fountain
מֵחַ ז'	marrow, fatness
– מח עצמות	bone-marrow
מָחָא כַּף פ'	clap, applaud
מְחָאָה נ'	protest, objection
מְחָאֲנִים ז"ר	clappers, claque
מַחֲבוֹא ז'	hiding place, *hideout
– מחבואים (משחק)	hide-and-seek
מַחְבּוֹשׁ ז'	detention, imprisonment
מַחְבֵּט ז'	bat, racket, carpet-beater
– מחבט זבובים	flyswatter
– מחבט טניס	tennis racket
מַחְבֵּטָה נ'	flail, thresher
מְחַבֵּל ז'	terrorist, saboteur
מְחַבֵּל ז'	spoiler
מַחְבֵּצָה נ'	churn
מְחַבֵּר ז'	author, compiler, writer
מַחְבֵּר ז'	connector, joint, tailpiece
מְחַבְּרוּת נ'	writing, authorship
מַחְבֶּרֶת נ'	notebook, copybook, exercise book
מַחֲבַת נ'	frying pan, pan
מַחְגֵּר ז'	escapement, ratchet
מֵחַד (גִיסָא) תה"פ	on the one hand
מְחַדֵּד עֶפְרוֹנוֹת ז'	pencil sharpener
מְחַדְּדָה נ'	pencil sharpener
מֶחְדָּל ז'	omission, failure
מְחַדֵּשׁ ז'	innovator, inventor
מֵחָדָשׁ תה"פ	anew, over again
מָחָה פ'	erase, wipe, mash, protest
מְחוּבָּק ת'	embraced, hugged
מְחוּבָּר ת'	connected, joined, addend
מָחוֹג ז'	hand, pointer, radius

– מחוג הדקות minute hand
– מחוג השניות second hand
– מחוג השעות hour hand
מְחוּגָה נ' compasses, dividers, calipers
מְחוּדָד ת' pointed, sharp, acuminate
מְחוּדָשׁ ת' renovated, renewed
מַחֲוֶה ז' pointer, indicator
מֶחְוָה נ' gesture, act of grace
מַחֲוָן ז' index, indicator, pointer
מְחוּוָר ת' clear, clarified
מָחוֹז ז' county, district
– מחוז בחירות constituency
– מחוז חפץ destination
מְחוֹזִי ת' district, regional
מְחוּזָּק ת' reinforced, stronger
מְחוּטָּא ת' sterile, disinfected
מְחוּטָּב ת' well-shaped, chiseled
מְחוּיָּב ת' obliged, committed, bound
- מחויב המציאות vital, inevitable
מְחוּיָּבוּת נ' commitment, pledge
מְחוּיָּט ת' tailored, sewn
מְחוּיָּל ת' mobilized, enlisted
מָחוֹךְ ז' corset, stays, girdle
מְחוֹכִית נ' corselette, corselet
מְחוּכָּם ת' clever, wise, ingenious
מָחוֹל ז' dance, dancing
– מחול שדים fuss, brouhaha
מָחוּל ת' pardoned, forgiven
מְחוּלְחָל ת' porous, permeable
מְחוֹלִית (מחלה) נ' St Vitus's dance
מְחוֹלֵל ז' generator, performer, dancer
– מחולל יישומים application generator
מְחוּלָּל ת' desecrated, profaned
מְחוּלָּק ת' divided, shared, dividend
מְחוּמָּם ת' heated, warmed, *angry
מְחוּמְצָן ת' oxidized, oxygenic
מְחוּמָּשׁ ת' fivefold, pentagon
מְחוּנָּךְ ת' educated, well-bred
מְחוֹנָן ת' gifted, talented
מְחוּסָּל ת' finished, done, *done in
מְחוּסָּן ת' immune, proof
מְחוּסְפָּס ת' abrasive, rough, rugged
מְחוּסָּר ת' lacking, without

– מחוסר עבודה out of work, unemployed
מְחוּסָּר (בחשבון) ז' minuend
מְחוּפֶּה ת' covered, protected
מְחוּפָּר ת' dug in, entrenched
מְחוּפָּשׂ ת' disguised, masked
מִחוּץ תה"פ outside, out of, beyond
– מחוץ לארץ from abroad
– מחוץ לתחום out of bounds
מְחוּצָּף ת' impudent, insolent, brash
מְחוֹקֵק ז' lawgiver, legislator
*מְחוּרְבָּן ת' lousy, bad, rotten
מְחוֹרָז ת' rhymed, strung
מְחוֹרָץ ת' grooved, jagged, slotted
מְחוֹרָר ת' full of holes, perforated
מָחוֹשׁ ז' feeler, antenna
מְחוּשָּׁב ת' calculated, deliberate
מְחוּשָּׁל ת' forged, casehardened
מְחוּשְׁמָל ת' electrified
מְחוּתָּךְ ת' articulate, cut
מְחוּתָּן ז' father of son-in-law, daughter-in-law's father
– מחותנים parents-in-law
מַחֲזָאוּת נ' dramatics, stagecraft, dramaturgy, play-writing
מַחֲזַאי ז' dramatist, playwright
מַחֲזֶה ז' play, scene, show, sight, spectacle, view
– מחזה מוסיקלי musical
מַחֲזוֹר ז' cycle, period, circulation, circuit, turnover, prayer-book, menstruation
– מחזור הדם blood circulation, bloodstream
– מחזור זרעים rotation of crops
מִחְזוּר ז' recycling
מַחֲזוֹרִי ת' circulatory, cyclic, periodic, periodical, recurring
מַחֲזוֹרִיּוּת נ' recurrence, rotation, periodicity
מַחֲזוֹרֶת (בתחביר) נ' period, periodic sentence
מַחֲזִיק ז' holder, retentive
– מחזיק מפתחות key-ring
– מחזיק סיגריות cigarette holder
מַחֲזִירוֹר ז' reflector
– מחזירור כביש cat's eye
מַחֲזֶמֶר ז' musical

מִחזֵר פ' recycle, reprocess
מַחזֵר ז' reflector, carriage return
מְחַזֵר ת' courting, suitor, wooer
מָחַט פ' clean, trim, snuff
מַחַט נ' needle, stylus
מח״ט=מפקד חטיבה brigade commander
מְחַטֵא ת' antiseptic, disinfectant
מַחטָנִי ת' coniferous, spiny
מֶחטָף ז' snatch, grab, catch
מְחִי - בִּמְחִי יָד תה"פ at one blow
מְחִיאוֹת כַּפַּיִים נ"ר applause, handclap, ovation
מִחיָה נ' living, subsistence, livelihood, sustenance
מְחַיֵב ת' binding, obliging, positive
מְחִילָה נ' forgiveness, pardon, absolution, tunnel, burrow
- במחילה! I beg your pardon!
מְחִיצָה נ' partition, screen, wall, neighborhood, proximity
מָחִיק ת' erasable, effaceable
מְחִיקָה נ' deletion, erasure
מְחִיר ז' cost, price, charge
- בכל מחיר at any price
מְחִירוֹן ז' price list
מְחִית נ' mash, puree, pulp, sauce
מַחכִּים ת' edifying, enlightened
מַחכִּיר ז' lessor, renter
מָחַל פ' forgive, pardon, remit
- מחל על כבודו swallow one's pride
מַחלָבָה נ' dairy, creamery
מַחֲלָה נ' disease, illness, sickness
- מחלה מידבקת contagion
- מחלת הפה והטלפיים foot-and-mouth disease
- מחלת ים seasickness
- מחלת מין venereal disease, *dose
- מחלת נפילה epilepsy, petit mal
- מחלת נפש mental illness
מַחֲלוֹקֶת נ' quarrel, dispute, controversy, disagreement
- סלע המחלוקת bone of contention
- שנוי במחלוקת controversial
מַחֲלִיא ת' sickening, disgusting
מַחֲלִים ת' convalescent
מַחֲלִיף ז' substitute, stand-in
מַחֲלִיקַיִים ז"ר ice skates, skate
מַחֲלִיקָן ז' skater, ice skater
מֶחלָף ז' interchange, intersection
מַחלֵף ז' commutator, changer, converter, shift key
- מחלף תקליטים record changer
מַחלָפָה נ' plait, tress, braid
מַחלֵץ ז' corkscrew, extractor
- מחלץ כליבים staple remover
מַחֲלָצוֹת נ"ר fine garments, finery
מְחַלֵק ז' divider, divisor, dealer
מַחלָק ז' squad
- מחלק מוסר vice squad
מַחלָקָה נ' department, class, platoon, division, faculty
- מחלקה ראשונה first class
מַחלַקתִּי ת' departmental
מַחֲמָאָה נ' compliment, flattery
מַחמָד ז' sweetheart, darling
מַחֲמוֹשֶת נ' staff, stave
מַחמִיר ת' austere, strict, harsh
מַחמַל נֶפֶש ז' darling, beloved
מְחַמֵם ז' heater, warmer
מַחֲמַצִים ז"ר pickles
מְחַמצֵן ז' oxygenizer, oxidizer
מֵחֲמַת מ"י because of, due to
מַחֲנָאוּת נ' camping
מַחֲנָאִי ז' camper
מַחֲנֶה ז' camp, encampment
- מחנה מעבר transit camp
- מחנה ריכוז concentration camp
מַחֲנִיף ת' flattering, *soapy
מַחֲנִיק ת' stuffy, airless, fuggy
מְחַנֵך ז' educator, pedagogue
מַחֲנָק ז' suffocation, fug
מַחסֶה ז' refuge, cover, shelter
מַחֲסוֹל ז' liquidation
מַחסוֹם ז' block, barrier, bar, barricade, muzzle, gag
- מחסום הצבע color bar
- מחסום הקול sound barrier
מַחסוֹר ז' shortage, want, lack
מַחסָן ז' warehouse, store
- מחסן נשק arsenal, armory
- מחסן ערובה bonded warehouse
מַחסָנָאוּת נ' storekeeping
מַחסָנַאי ז' storekeeper
מַחסָנִית נ' magazine, cartridge
מְחַסֵר ז' subtrahend, subtracting

מַחֲפֶה ז' spat, vamp
מַחְפּוֹרֶת נ' trench, dugout, mine
מַחְפִּיר ת' disgraceful, shameful
מַחְפֵּן ז' grab, grapple
מַחְפֵּר ז' dredge, bulldozer
מְחַפֵּשׂ ז' searcher, prospector
- מחפש מציאות bargain hunter
- מחפש פגמים fault-finding
- מחפשים את המטמון treasure hunt
מָחַץ פ' crush, wound, mangle
מַחַץ ז' blow, wound, brunt
מַחְצָב ז' mineral, ore
מַחְצָבָה נ' quarry, workings
- צור מחצבתו origin, source
מֶחֱצָה נ' half, moiety
- מחצה על מחצה fifty-fifty
מַחֲצִית נ' half, half time, moiety
- במחצית הדרך midway, halfway
מַחְצֶלֶת נ' mat, doormat
מַחְצֵצָה נ' toothpick
מְחַצְצֵר ז' trumpeter, bugler
מָחַק פ' delete, erase, write off
מַחַק ז' eraser, rubber
מְחַקֶּה ז' imitator, mimic, emulous
מֶחְקָר ז' research, study
מֶחְקָרִי ת' exploratory, research
מָחָר תה"פ tomorrow, the future
מַחֲרָאָה נ' latrine, toilet, WC
מַחֲרוֹזֶת נ' necklace, collar, string, chain, beads, series
- מחרוזת קצרה choker
מְחַרְחֵר ז' inciter, provoker
- מחרחר מלחמה warmonger
מַחֲרֵטָה נ' lathe
מַחֲרִיב ז' destroyer, ruinous
מַחֲרִיד ת' shocking, terrible
מַחֲרִישׁ ת' deafening, silent, mute
- מחריש אוזניים earsplitting
מְחָרֵף ת' blasphemous, profane
מַחֲרֵץ ז' groove knife
מַחֲרֵצָה נ' runner, gouge
מַחֲרֵשָׁה נ' plow, plough
מָחֳרָת תה"פ the following day
מָחֳרָתַיִם תה"פ day after tomorrow
מִחְשֵׁב פ' computerize
מַחְשֵׁב ז' computer, calculator
- מחשב על super computer
מְחַשֵּׁב ז' calculator, reckoner

מַחֲשָׁבָה נ' thought, reflection
- במחשבה תחילה deliberately
מַחְשְׁבוֹן ז' calculator
מִחְשׁוּב ז' computerization
מַחְשׂוֹף ז' neckline, exposure
מַחְשָׁךְ ז' darkness, dark
מְחַשְׁמֵל ת' electrifying
מַחְשֵׂף (במצלמה) ז' shutter button
*מַחְשֵׁשָׁה נ' hashish-smokers' den
מַחְתָּה נ' censer, poker, shovel, fire iron, thurible, griddle
מַחְתֵּךְ ז' cutter
מֶחְתָּךְ ז' cut, cross section
מַחְתֵּכָה נ' slicer, trimmer, guillotine
מַחְתֶּרֶת נ' underground, resistance
מַחְתַּרְתִּי ת' underground
מָט פ' totter, stagger
- מט ליפול ramshackle, collapsing
מַט ז' mate, checkmate, matt, mat
- מט סנדלרים fool's mate
מֶטֶאוֹר ז' meteor, shooting star
מֶטֶאוֹרוֹלוֹג (חזאי) ז' meteorologist
מֶטֶאוֹרוֹלוֹגְיָה נ' meteorology
מֶטֶאוֹרִי ת' meteoric, brilliant
מַטְאֲטֵא ז' broom, besom, whisk
מְטַאטֵא ז' sweeper, dustman
מֶטַבּוֹלִיזְם ז' metabolism, chemical processes
מִטְבָּח ז' kitchen, galley
מִטְבָּחוֹן ז' kitchenette
מַטְבִּיל ז' dipper, Baptist
מַטְבֵּל ז' dipstick
מַטְבֵּעַ ז' coin, currency, form, type
- החזיר באותו מטבע repay in kind
- מטבע לשון idiom, coinage
מִטְבָּעָה נ' mint
מַטְבְּעָן ז' numismatist, coiner
מַטְבְּעָנוּת נ' numismatics, coinage
מַטְבַּעַת נ' die, punch, swage
מָטָדוֹר ז' matador, bullfighter
מַטֶּה ז' headquarters, staff, stick
- המטה הכללי General Staff
- כבמטה קסם as if by magic
- מטה לחם staff of life, bread
- מטה קסם wand
מַטָּה תה"פ down, under, below
מְטַהֵר ת' purgative, purifier
מְטוּאטָא ת' swept, cleaned

מְטוּגָן ת' fried, saute
מְטוֹהָר ת' purged, purified, cleared
מַטְוֶה ז' yarn, texture, weave
מְטוָח ז' shooting range, range
מְטוּוָח ת' ranged, aimed, targeted
מַטְוִייָה נ' spinning mule
מְטוּטֶלֶת נ' pendulum
מְטוּיָח ת' plastered, whitewashed
מַטוֹל ז' projector
– מטול רקטות נגד טנקים bazooka
– מטול שקופיות slide projector
– מטול תמונות epidiascope
מְטוּלָּא ת' patched, spotty
מְטוּלָּל ת' dewy, bedewed
מְטוֹלָן ז' projectionist
מְטוֹלְנוֹעַ ז' movie projector
מְטוּמְטָם ת' stupid, fool, *sucker
מְטוּנָּף ת' filthy, dirty, nasty
מָטוֹס ז' aircraft, airplane, plane
– מטוס יירוט interceptor
– מטוס ים seaplane
– מטוס סילון jet plane
– מטוס קרב fighter
מְטוּפָּח ת' cherished, well-groomed
מְטוּפָּל ת' burdened, encumbered
מְטוּפָּש ת' stupid, foolish
*מְטוּרלָל ת' disturbed, insane, mad
מְטוֹרָף ת' crazy, insane, *nuts
מְטוּרְפָּד ת' torpedoed, foiled
מְטוּשְׁטָש ת' dim, blurred, vague
מַטָח ז' salvo, volley
מט"ח = מטבע חוץ foreign currency
מְטַחֲוֵי - כִּמְטַחֲוֵי within the range
– מטחווי אבן stone's throw
– מטחווי קשת bowshot
מַטְחֵנָה נ' grinder, mill, mincing machine, mincer
מְטַיֵּיל ז' tourist, hiker, walker
מְטִיל ז' bar, bullion, ingot
מַטִיל ת' laying, placing, putting
מֵטִיל ת' throwing, casting
מְטִילָה (תרנגולת) נ' layer
מַטִיף ז' preacher, moralist
מטכ"ל = מטה כללי General Staff
מַטָּלָה נ' mission, task, assignment
מֶטָלוּרְגְיָה נ' metallurgy, study of metals
מִטַלטְלִין ז"ר chattels, movables

מַטְלִית נ' cloth, rag, rubber
מַטְמוֹן ז' treasure, cache, hoard
מֶטָמוֹרפוֹזָה נ' metamorphosis, change, transfiguration
מַטְמֵן (לשמירת חום) ז' cosy, cozy
מַטָס ז' flight, flyover, fly-past
מַטָע ז' plantation, orchard
מַטְעֶה ת' deceptive, misleading
מִטַעַם תה"פ on behalf of
מַטְעַמִים ז"ר delicious foods
מִטְעָן ז' baggage, cargo, freight, load, luggage, charge
– מטען חבלה demolition charge
– מטען צד roadside charge
מַטְעֵן ז' charger, clip
מַטָעָן (בעל מטעים) ז' planter
מַטְעֵנָה נ' loader, pickup loader
מִטְעָנִית נ' van, pickup truck
מַטְפֶּה ז' fire extinguisher
מֶטָפוֹרָה נ' metaphor, image
מֶטָפוֹרִי ת' metaphorical, figurative
מִטְפַּחַת נ' handkerchief, *hanky
– מטפחת ראש kerchief, scarf
מְטַפְטֵף ז' dropper
מֶטָפִיסִי ת' metaphysical, abstract
מֶטָפִיסִיקָה נ' metaphysics, philosophy of being
מְטַפֵּל ז' attendant, handling
מְטַפֶּלֶת נ' nurse, nursemaid, nanny
מְטַפֵּס ז' creeper, climber, trailer
– מטפס הרים mountaineer
מְטַפְּסַיִם ז"ר climbing irons
מט"ק = מפקד טנק tank commander
מָטָר ז' rain, shower, barrage
– מטר שאלות barrage of questions
מֶטֶר ז' meter, metre, *tape measure
מַטְרֵד ז' annoyance, nuisance
מַטָרָה נ' aim, end, goal, object, purpose, target
– במטרה ל– with an eye to
– מטרה ללעג laughingstock
מֶטְרוֹ ז' metro, subway
מַטְרוֹנָה נ' matron, lady
מֶטְרוֹנוֹם ז' metronome
מֶטְרוֹפּוֹלִין נ' metropolis, mother city, mother country
מֶטְרִי ת' metric
מָטֶרְיָאלִיזם (חָמְרָנוּת) ז' materialism

מַטרִיאַרכָט (שלטון אם) ז' matriarchy
מַטרִיד ת' annoying, bothersome
מְטרִיָה נ' umbrella, *brolly
*מַטרִיף ת' driving mad, wonderful
מַטרִיצָה נ' die, matrix
מַטרֵף ז' eggbeater, beater, whisk
מַטרֵק ז' knocker
מִי ז' E, mi
מִי מ"ג who, whom, whoever
*- לא מי-יודע-מה no great shakes
- מי יתן I wish, Oh that-
מֵי (ראה מים) waters of
מֵיאוּן ז' declination, refusal
מִיאוּס ז' loathing, abomination
מֵיאֵן פ' refuse, decline
מִיגוּל ז' suppuration, gathering
מִיגוּן ז' protection, defense
מִיגוּר ז' defeat, routing
מִיגֵל פ' suppurate, form pus
מִיגֵן פ' protect, secure, defend
מִיגֵר פ' defeat, rout, vanquish
מִיגרֶנָה נ' migraine, megrim
מִיגָשָה נ' wharf, quay, quay ramp
מִיָד תה"פ at once, without delay, soon, immediately, right away
- מיד כש- as soon as, the moment
מִידַבֵּק ת' contagious, infectious
מִידָה נ' degree, measure, type, disposition, size
- באותה מידה just as well
- במידה מסויימת to some extent
- במידה ניכרת widely, largely
- במידה ש- insofar, insomuch
- במידת מה rather, somewhat
- מידה כנגד מידה tit for tat
- מידות ethics, proportions
- מידת הדין strict justice, severity
- מידת היבש dry measure
- מידת הלח liquid measure
- מידת הרחמים leniency, pity
מִידוּף ז' shelving
מִידוּר ז' departmentalization
מִידֵי מ"ח from, at the hands of
מֵידָע ז' information, tip, *gen
מֵידָעוֹן ז' information leaflet
מִידֵף פ' shelve, place on shelves
מִידֵר פ' departmentalize
מִידַרדֵר ת' deteriorating, retrograde
מִידָרֵך ת' self-cocking
מִיהוּ מ"ג who is he
מִיהֵר פ' hurry, hasten, make haste
מְיוֹאָש ת' desperate, inconsolable
מְיוּבָּא ת' imported, introduced
מְיוּבָּל ת' horny, warty, callous
מְיוּבָּש ת' dried, desiccated
מְיוּדָד ת' befriended, friendly
מְיוּדָע ת' acquaintance, notified
מְיוּזָע ת' sweaty, perspiring
מְיוּחָד ת' particular, specific
- מיוחד במינו special, unique
מְיוּחָדוּת נ' speciality, uniqueness
מְיוּחָל ת' hoped for, expected
מְיוּחָם ת' rutted, rutting, in heat
מְיוּחָס ת' highborn, privileged, wellborn, ascribed, attributed
מִיוּם ז' hydration, hydrating
מְיוּמָן ת' skillful, adept, versed
מְיוּמָנוּת נ' skill, dexterity, knack
מִיוּן ז' classification, sorting
מְיוֹנִית נ' mayonnaise
מְיוּסָר ת' agonized, suffering
מְיוּעָד ת' designate, intended
מְיוּעָר ת' afforested, wooded
מְיוּפֶּה ת' beautified, empowered
- מיופה כוח proxy, representative
*מְיוּפִיפְיָה ת' beautified, prudish
מְיוּצָא ת' exported
מְיוּצָג ת' represented
מְיוּצָר ת' manufactured, produced
מְיוּשָב ת' seated, calm, sedate, inhabited, settled
מְיוּשָן ת' antiquated, out-of-date
מְיוּשָר ת' straightened, leveled
מְיוּתָּם ת' orphaned, isolated
מְיוּתָּר ת' needless, unnecessary
מִיזֵג פ' amalgamate, merge, blend
מִיזוּג ז' amalgamation, merger
- מיזוג אוויר airconditioning
- מיזוג גלויות fusion of exiles
מֵיזָם ז' enterprise
מִיזַנתרוֹפּ ז' misanthrope, mankind-hater
מֵיזָע ז' sweater, sweatshirt, jumper
מִיחָה פ' protest, object, wipe
מֵיחוּש ז' ache, pain, trouble
מֵיחַם ז' samovar, urn

מֵיטָב ז' best, pick, prime
מֵיטָבִי ת' optimum, optimal
מִיטָה נ' bed, couch, cot, berth
– מיטה דו קומתית bunkbed
– מיטה כפולה double bed
– מיטה מתקפלת camp bed
– מיטה תחתית truckle bed
– מיטת מת bier
– מיטת סדום narrow place
– מיטת תינוק crib, cot
מִיטוּב ז' optimization
מֵיטִיב ז' benefactor, improver
מִיטַּלְטֵל ת' portable, movable
מִיטָּעֵן ת' self-loading
מְיַיבֵּשׁ ז' desiccant, drier, dryer
– מייבש כביסה tumble dryer
– מייבש שיער hair dryer
מְיַיגֵּעַ ת' tiring, exhausting
מִיָּדִי ת' immediate, prompt, ready
מִיָּדִיּוּת נ' immediacy, urgency
מְיַילֵּד ז' obstetrician
מְיַילְּדוּת נ' midwifery, obstetrics
מְיַילֶּדֶת נ' midwife
מִייֵּם פ' water down, hydrate
מַיְימִין ת' turning right
מַיֶּמֶת (מחלה) נ' dropsy
מִייֵּן פ' classify, sort, assort
מְמַיֵּן ז' classifier, sorter
מְיַיסֵּד ז' founder, establisher
מְיָיעֵץ ת' advisory, adviser,
counselor, consultant
מְיַיצֵּב ז' stabilizer, outrigger
– מייצב שיער conditioner
מְיַיצֵּג ת' representing
מְיַישֵּׁר (בחשמל) ז' rectifier
מִיכּוּן ז' automation
מֵיכָל ז' container, tank, cistern
מֵיכָלִית נ' tanker, oil tanker
מִיכֵּן פ' automate, mechanize
מִיל ז' mile
מִילֵּא פ' fill, fulfill, keep
– מילא הבטחה keep a promise
– מילא טופס fill out a form
– מילא ידיו authorize, empower
– מילא מקום replace, substitute
מֵילָא תה"פ never mind
מִילָה נ' circumcision
מֵילָה (עץ) נ' ash

מִילּוּא הַיָּרֵחַ ז' full moon
מִילּוּאָה נ' filling, inlay, panel
מִילּוּאִים ז"ר army reserve
*מִילּוּאִימְנִיק ז' reservist
מִילּוּט ז' escape, rescue, ejection
מִילּוּי ז' stuffing, filling, fulfillment,
refill, inlay
– מילוי מקום replacement
מִילּוּלִי ת' literal, verbal
מִילּוֹן ז' dictionary, lexicon
– מילון מלים נרדפות thesaurus
מִילּוֹנָאוּת נ' lexicography
מִילּוֹנַאי ז' lexicographer
מִילּוֹנָאִי ת' lexical
מִילֵּט פ' deliver, save, rescue
מִילְיַארְד ש"מ billion, milliard
מִילִיגְרָם ז' milligram
מִילְיוֹן ש"מ million, mega-
– המיליון millionth
מִילְיוֹנִית נ' millionth
מִילְיוֹנֶר ז' millionaire
מִילִיטַנְטִי ת' militant, warring
מִילִיטָרִיזְם (צבאנות) ז' militarism
מִילִילִיטֶר ז' milliliter
מִילִימֶטֶר ז' millimeter
מִילִיצְיָה נ' militia, citizen army
מִילֵּל פ' say, speak, utter
מַיִם ז"ר water, waters
– באו מים עד נפש in deep water
– מי בושם perfume
– מי דבש mead
– מי חופין territorial waters
– מי חמצן hydrogen peroxide
– מי מנוחות still waters
– מי קולון eau de cologne
– מי רגליים urine
– מי שופכין sewage water
– מי שיפוליים bilge
– מי תהום ground water
– מים אחרונים washing after meal
– מים מתוקים fresh water
מֵימַד ז' dimension
מֵימָה נ' hydrate
מִימּוּן ז' financing, flotation
מִימּוּשׁ ז' realization, execution
– מימוש רווחים profit taking
מֵימִי ת' aquatic, watery, washy
מֵימִיּוּת נ' wateriness, washiness

מֵימִיָּה נ' canteen, water bottle
מִיָּמִים תה"פ long since
– מימים ימימה annually, of old
מִימֵן פ' finance, fund
מֵימָן ז' hydrogen
מֵימְרָה נ' saying, maxim, proverb
מִימֵשׁ פ' realize, execute
מִין ז' kind, sort, type, sex, species, class, heretic, gender
– בן מינו of the same kind
– המין האנושי humankind
– המין היפה the fair sex
מִינָּה פ' appoint, allot, assign
מִינוּאֶט (ריקוד) ז' minuet
מִינוּחַ ז' terminology
מִינּוּי ז' appointment, nomination, designation, subscription
מִינּוּן ז' dosage, apportionment
מִינוּס ז' less, minus, *disadvantage
מִינּוּעַ ז' motorization, motorizing
מִינוֹר (סולם קולות) ז' minor
מִינוֹרִי ת' minor, inferior, sad
מִינוּת נ' heresy, impiety
מִינֵּחַ פ' coin words, term, name
מִינִי ת' sexual, venereal, small
מִינְיָאטוּרָה (מִזְעֶרֶת) נ' miniature
מִינְיָאטוּרִי ת' miniature, very small
מִינִיּוּת נ' sexuality, sexiness
מִינִימוּם ז' minimum, least
מִינִימָלִי ת' minimal, smallest
מִינִיסְטֶר (שר) ז' minister
מִינִיסְטֶרְיוֹן (משרד) ז' ministry
מִינֵּן פ' dose, apportion
מִינֶסְטְרוֹנֶה (תבשיל) ז' minestrone
מִינֵּעַ פ' motorize
מֵינֶקֶת נ' wet nurse, suckler
מִינָרֶט ז' minaret, mosque tower
מִינֶרָל (מחצב) ז' mineral
מִינֶרָלִי (מחצבי) ת' mineral
מֵיסַב ז' bearing, suspension
– מיסב גלילים roller bearing
– מיסב כדורי ball bearing
מִיסֵּד פ' establish, institute
מִיסָּה נ'פ' Mass, tax, levy taxes
מִיסּוּד ז' establishment
מִיסּוּי ז' taxation, levying taxes
מִיסּוּךְ ז' masking, screening
מִיסְטִי ת' mystical, mysterious
מִיסְטִיּוּת נ' mysticism, mystique
מִיסְטִיקָה נ' mystique, mysticism
מִיסְטִיקָן ז' mystic, cabalist
מִיסְיוֹן ז' mission
מִיסְיוֹנֶר ז' missionary
מִיסֵּךְ פ' screen, mask
מִיסְעָה נ' carriageway, roadway
מִיעוּט ז' minority, little, lessening
– מיעוט דם anemia
– מיעוט חום hypothermia
– מיעוטים minorities
מִיעֵט פ' reduce, lessen, belittle
– למעט excluding, except for
מִיעֵן פ' address, post, mail, direct
מִיפָּה פ' map, plot, survey, scan
מִיפּוּי ז' cartography, mapping
מֵיפָּע ז' concert, recital
מִיץ ז' juice, squash, crush
– מיץ תפוחים cider
מִיצָּב ז' status, standing
מֵיצָד ז' parameter, side track
מִיצָּה פ' extract, exhaust, epitomize
מִיצּוּי ז' extraction, exhaustion
מִיצּוּעַ ז' averaging, mean
מִיצּוּק ז' solidification
מִיצּוֹר ז' composition, opus
מִיצַּע פ' find the average, average
מִיצֵּק פ' firm, solidify
מֵיצַר ז' isthmus, strait, distress
– בין המצרים in straits, cornered
מִיקֵּד פ' focus, concentrate
מִיקּוּד ז' zip code, postcode, focusing
מִיקּוּחַ ז' bargaining, negotiation
מִיקּוּם ז' location, position, placing
מִיקּוּשׁ ז' mine laying, mining
מִיקָּח ז' buying, purchase, take
– מיקח וממכר bargaining, trade
– מיקח טעות purchase in error
מִיקֵּם פ' locate, site, station
מִיקְסֶר (מערבל) ז' mixer
מִיקֵּף פ' hyphen, hyphenate
מִיקְרוֹ ת' micro, very small
מִיקְרוֹבִּיוֹלוֹגְיָה נ' microbiology
מִיקְרוֹגַל ז' microwave
מִיקְרוֹמַחְשֵׁב ז' microcomputer
מִיקְרוֹן (אלפית מ"מ) ז' micron
מִיקְרוֹסְקוֹפּ ז' microscope

מִיקרוֹסקוֹפִּי ת' microscopic, minute
מִיקרוֹפוֹן ז' microphone, *mike
– מיקרופון שתול *bug
מִיקרוֹפִילם ז' microfilm
מִיקרוֹקוֹסמוֹס ז' microcosm
מִיקֵש פ' mine, plant mines
מֵירֵב פ' maximize
מֵירָב ז' maximum, utmost, top
מֵירַבִּי ת' maximal, maximum, top
מֵירוּב ז' maximization
מֵירוּט ז' polishing, honing
מֵירוֹץ ז' race, running, run
– מירוץ החימוש arms race
– מירוץ כרכרות harness race
– מירוץ מכשולים obstacle race
– מירוץ משוכות hurdle race
– מירוץ סוסים horse race, steeplechase
– מירוץ שליחים relay race
מֵירוּק ז' polishing, purification
מֵירֵט פ' pluck, polish, hone
מֵירֵס פ' liquidize, pulp, blend
מֵירַע ז' worst, evildoer
מֵירֵעַ ז' companion, friend
מֵירֵק פ' polish, scour, rub up
מֵירֵר פ' embitter, distress
– מירר בבכי weep bitterly
מִישֶהוּ מ"ג somebody, someone
מִישֶהִי מ"ג somebody, someone
מִישוֹר ז' plain, plane, flatland
מִישוֹרִי ת' plane, level, flat
מִישוֹרֶת נ' platform, landing
מִישוּש ז' feeling, touch, grope
מִישוּשִי ת' tactual, tactile, tangible
מִישָק ז' joint
מֵישָרִים ז"ר justice, directly
מִישֵש פ' feel, grope, touch
– מישש את הדופק put out feelers
מִיתֵג פ' bridle, switch
מֵיתָד ז' dowel pin
מִיתָה נ' death, passing, execution
– מיתה חטופה sudden death
– מיתה משונה ugly death
– מיתת נשיקה easy death
מִיתּוּג ז' switching, bridling
מִיתּוּחַ עוֹר הַפָּנִים ז' face lift
מִיתוֹלוֹגִי ת' mythological
מִיתוֹלוֹגְיָה נ' mythology, myths

מִיתּוּן ז' recession, moderation, slow-down
מִיתוֹס ז' myth, legend
מִיתֵּן פ' moderate, temper, modify
מֵיתָר ז' chord, cord, catgut, gut, string, tendon
– מיתרי הקול vocal cords
מָך ז' poor, humble, Mach
מ"כ = מפקד כיתה squad commander
מַכאוֹב ז' pain, ache, affliction
מַכאִיב ת' painful, sore, smart
מִכָּאן תה"פ hence, from here, so
– מכאן ואילך from now on
מְכַבָּה ז' extinguisher
– מכבה אש fireman
מַכבִּיר מִלִּים ת' verbose, wordy
מַכבֵּנָה נ' brooch, hair-grip, hairpin
– מכבנות curling-pins
מִכבָּסָה נ' laundry, cleaners
מִכבָּר ז' grill, grate, strainer
מַכבֵּש ז' press, steamroller, roller
– מכבש דפוס printing press
מִכְּדֵי תה"פ more than
מַכָּה נ' hit, stroke, blow, *sock
– במכה אחת at one blow
– מכת חום heat stroke
– מכת חסד coup de grace
– מכת יעף volley
– מכת שמש sunstroke
מְכוּבָּד ת' honorable, respectable
מְכוּבָּדוּת נ' respectability
מְכוּבֶּה ת' off, extinguished
מְכוּדָּן ת' bayoneted
מִכוָוה נ' burn, scald
מַכוֵון ז' tuner, regulator, pilot
מְכוּוָן ת' aimed, intentional
מְכַוונֵן ז' tuner, regulator
מְכוּונָן ת' in tune, tuned, adjusted
מְכוּוָץ ת' shrunken, contracted
מְכַווֵץ ת' astringent, constrictor
מִכוָורֶת נ' apiary, beehives
מִכּוֹחַ תה"פ by virtue of, by right of
מְכוּכָּב ת' starred, star-studded
מְכוּלָה נ' container
מְכוּלכָּל ת' dependant, hanger-on
מַכּוֹלֶת נ' grocery, groceries
מָכוֹן ז' institute, faculty
– מכון יופי beauty parlor

מְכוֹנָאוּת נ'	mechanics
מְכוֹנַאי ז'	machinist, mechanic
מְכוֹנָה נ'	machine
– מכונת אמת	lie detector, polygraph
– מכונת גילוח	electric razor, shaver
– מכונת הידוק	stapler, staple gun
– מכונת חישוב	calculator
– מכונת ירייה	machine-gun
– מכונת כביסה	washer, washing-machine
– מכונת כתיבה	typewriter
– מכונת סריגה	knitting-machine
– מכונת צילום	photocopier
– מכונת תפירה	sewing machine
מְכוּנֶה ת'	named, called, nicknamed
מְכוֹנִית נ'	car, automobile, vehicle
– מכונית כיבוי	fire engine
– מכונית מירוץ	racing car
– מכונית עצירים	Black Maria
– מכונית תופת	booby-trapped car
מְכוּנָּם ת'	lousy, lice-ridden
מְכוֹנֵן ז'	founder, establisher
מְכוּנָּס ת'	gathered in, assembled
– מכונס בעצמו	introvert
מְכוּסֶּה ת'	covered, clad, thick with
מְכוֹעָר ת'	nasty, ugly, plain
מְכוּפָּל ת'	multiplied, redoubled
מְכוּפְתָּר ת'	buttoned up, dandified
מָכוּר ת'	sold, addicted, *hooked on
מְכוּרְבָּל ת'	wrapped up, cuddled up
מְכוֹרָה נ'	homeland, motherland
מְכוּרְכָּם ת'	saffron, suffering
מַכּוֹשׁ ז'	hoe, pick, pickax, mattock
מְכוּשָּׁף ת'	charmed, bewitched
מְכוּתָּב ת'	addressee, correspondent
מְכוּתָּר ת'	surrounded, encircled
מִכְחוֹל ז'	brush, paintbrush
מִכֵּיוָן תה"פ	because, as, since
מֵכִיל ת'	containing, holding
מְכִינָה נ'	preparatory school, *prep
מַכִּיר ז'	acquaintance, friend
מָכִיר ת'	saleable, purchasable
מְכִירָה נ'	selling, sale, sell
– מכירה פומבית	auction, sale
– מכירת חיסול	clearance sale
מְכָל ז'	container, tank, cistern
– מכל גז	gasholder, gasometer
– מכל הדחה	toilet tank, flush tank
מִכָּל מָקוֹם תה"פ	anyway
מִכְלָא ז'	cattle-yard, stockyard
מִכְלָאָה נ'	pen, fold, corral, pound
מַכְלֵב ז'	stapler, staple gun
מִכְלָב ז'	stitch, tack, basting
מִכְלוֹל ז'	generality, total, sum
מְכָלִית נ'	tanker, tank truck, bowser
מִכְלָל ז'	perfection, assembly
מִכְּלָל מ"י	out of, from, so
מִכְלָלָה נ'	college, university
מכ"ם=מגלה כוון ומקום	radar
מִכְמוֹנֶת נ'	trap, speed trap
מִכְמוֹרֶת נ'	fishing net, net, trawl
מִכְמַנִּים ז"ר	treasures
מְכַנֶּה ז'	denominator
– מכנה משותף	common denominator, common ground
מֶכָנִי ת'	mechanical, automated
מֶכָנִיּוּת נ'	mechanism, automatism
מַכְנִיס ת'	profitable, introducing
– מכניס אורחים	hospitable
מַכְנִיף ת'	winged
מֶכָנִיקָה נ'	mechanics
מִכְנָס ז'	breech, trouser-leg
מִכְנְסוֹנִים ז"ר	shorts, bloomers
מִכְנָסַיִם ז"ר	pants, trousers
– מכנסי ג'ינס	jeans
– מכנסי פעמון	bell-bottoms
– מכנסי קורדורוי	corduroys, *cords
– מכנסי רכיבה	jodhpurs
– מכנסיים קצרים	shorts, trunks
מִכְנָסִית נ'	shorts, trunks
מֶכֶס ז'	customs, duty, tax, levy
– מכס מגן	protective tariff
מִכְסֶה ז'	cap, cover, lid, top
מִכְסָה נ'	norm, quota, stint
מַכְסֵחָה נ'	lawn-mower, mower
מַכְּסִימוּם ז'	maximum, at best
מַכְּסִימָלִי ת'	maximal, maximum
מַכְסִיף ת'	gray, silvery
מִכְסָף ז'	silver plate
מַכְפִּיל ז'	multiplier
מַכְפֵּלָה נ'	product
מַכְפֶּלֶת נ'	hem
מָכַר פ'	sell, market, vend, betray
מֶכֶר ז'	sale, merchandise
מַכָּר ז'	acquaintance, friend

מִכְרֶה ז'	mine, pit
- מכרה זהב	goldmine
- מכרה פחם	coalmine
מִכְרָז ז'	tender, bid
מַכְרִיעַ ת'	decisive, determinant
מְכַרְסֵם ז'	rodent, nibbling
מִכְשׁוֹל ז'	obstacle, obstruction
מִכְשׁוּר ז'	instrumentation
מַכְשִׁיר ז'	appliance, gadget, instrument, tool, vehicle
- מכשיר שמיעה	hearing aid
- מכשירי התעמלות	apparatus
- מכשירי כתיבה	writing materials, stationery
מִכְשֵׁלָה נ'	obstacle, obstruction
מְכַשֵּׁף ז'	magician, wizard
מְכַשֵּׁפָה נ'	witch, sorceress
מִכְתָּב ז'	letter, epistle
- מכתב אשראי	letter of credit
מִכְתָּבָה נ'	desk, escritoire
מִכְתָּם ז'	epigram, proverb
מַכְתֵּשׁ ז'	mortar, hollow, crater
מָל (הערלה) פ'	circumcise
מָלֵא פ'	be full, overflow
- מלאו ליבו	dare, have the heart
מָלֵא ת'	abundant, full, replete
- מלא חיים	lively, perky
מַלְאֶה ת'	tiresome, tedious
מְלֵאוּת נ'	fullness, plenitude
מְלַאי ז'	supply, stock, repertory
מַלְאָךְ ז'	angel, messenger
מְלָאכָה נ'	work, labor, craft, trade
- מלאכת יד	handicraft
- מלאכת מחשבת	masterwork
מְלָאכוּתִי ת'	artificial, affected
מְלָאכוּתִיּוּת נ'	artificiality
מַלְאָכִי ת'	angelic, heavenly
מְלַבֵּב ת'	attractive, fascinating
מִלְבַד מ"י	apart from, besides
מַלְבּוּשׁ ז'	garment, clothing
מַלְבִּין ז'	bleacher, whitening
מַלְבֵּן ז'	rectangle
מַלְבֵּנִי ת'	rectangular, oblong
מַלְבֵּנִית נ'	tile
מִלְּבַר תה"פ	from outside
מִלְגַאי ז'	stipendiary, scholar
מִלְגָה נ'	grant, stipend, scholarship
מִלְּגַו תה"פ	from inside
מַלְגֵז ז'	pitchfork, fork
מַלְגֵּזָה נ'	forklift truck
מַלְגְּזָן ז'	forklift operator
מִלָּה נ'	word, entry, term
- מלה במלה	literally, verbatim
- מלה גסה	four-letter word
- מלה נגדית	antonym
- מלה נרדפת	synonym
- מלה שאולה	loanword
- מלת גוף	pronoun
- מלת חיבור	conjunction
- מלת יחס	preposition
- מלת קריאה	interjection
- מלת שאלה	interrogative
מַלְהִיב ת'	exciting, stirring
מלה"ע=מלחמת העולם	World War
מְלוֹא ז'	fullness, capacity
- מלוא היד	handful
- מלוא קומתו	full height
מְלוּבָּן ת'	white-hot, clarified
מְלוֹג ז'	usufruct, rent
מֶלוֹדִי ת'	melodic, tuneful
מֶלוֹדְיָה נ'	melody, tune, air
מֶלוֹדְרָמָתִי ת'	melodramatic
מִלְוֶה ז'	loan, lending
מְלַוֶּה ז'	accompanist, escort
מְלוּוֶּה ת'	accompanied, attended
מַלְוֶה ז'	lender, creditor
מְלוּוָּח ת'	tabular, tabulated
מְלַוַּחַת נ'	tabulator
מָלוּחַ ת'	salted, salty, briny, saline
מָלוּחַ (שיח בר) ז'	saltbush
מְלוּטָשׁ ת'	honed, polished
מְלוּכָּד ת'	united, rallied, combined
מְלוּכָה נ'	kingdom, monarchy
מְלוּכְלָךְ ת'	dirty, filthy, foul
מְלוּכָנוּת נ'	monarchism
מְלוּכָנִי ת'	monarchist, royalist
מְלוּכְסָן ת'	oblique, slanting, skew
מְלוּמָּד ז'	learned, scholar, sage
מָלוֹן ז'	hotel
מֶלוֹן ז'	melon
מְלוֹנָאוּת נ'	hotelkeeping
מְלוֹנַאי ז'	hotelier, hotelkeeper
מְלוּנָה נ'	doghouse, kennel
מְלוֹנוֹעַ ז'	motel
מְלוּקָּט ת'	eclectic, collected
מֶלַח ז'	salt

- מלח אנגלי Epsom salts
- מלח הארץ salt of the earth
- מלחי הרחה smelling salts

מַלָּח ז' sailor, seaman, salt
מְלֵחָה נ' salt marsh
- מלחת ליקוק (לחיות) salt-lick

מִלְחִי ת' salty, saline
מִלְחִיָּה נ' saltcellar, saltshaker
מַלְחִין ז' composer
מְלַחֵךְ פִּנְכָּא ז' bootlicker
מַלְחֵם ז' soldering iron
מִלְחָמָה נ' war, battle, warfare
- השיב מלחמה שערה fight back
- מלחמת אזרחים civil war
- מלחמת התשה war of attrition
- מלחמת חורמה fight to the finish
- מלחמת שוורים bullfight

מִלְחַמְתִּי ת' belligerent, warlike
מִלְחַמְתִּיּוּת נ' bellicosity, militancy
מַלְחֵץ ז' clamp, vise, vice, press
מֶלְחָצַיִם ז"ר clamp, vise, vice
מַלְחֶצֶת נ' clamp, cramp-iron
מִלְחַת נ' saltpeter, niter
מֶלֶט ז' cement, mortar
מַלְט (לֶתֶת) ז' malt
מִלְטָשָׁה נ' polishing workshop
מַלְטֶשֶׁת נ' grinder, buffer, file
מָלִיא ז' filled vegetable
מְלִיאָה נ' plenum, plenary meeting
מְלֵידָה ת' born, congenital
מָלִיחַ ז' herring
מְלִיחָה נ' salting
מְלִיחוּת נ' salinity, saltiness
מְלִיל ז' dumpling, noodle
מֵלִיץ יוֹשֶׁר ז' advocate
מְלִיצָה נ' figure of speech, bombast
מְלִיצִי ת' high-flown, florid, ornate
מְלִיקָה נ' wringing the neck
מִלִּית נ' particle
מְלִית נ' dressing, stuffing, filling
מָלַךְ פ' reign, rule, dominate
מֶלֶךְ ז' king, ruler, monarch
מִלְכֵּד פ' booby-trap, mine
מַלְכָּה נ' queen
- מלכת יופי beauty queen, Miss

מִלְכּוּד ז' booby trap, catch
מַלְכֹּדֶת נ' snare, trap, net, pit
- מלכודת מוות deathtrap

מַלְכוּת נ' kingdom, majesty, royalty
מַלְכוּתִי ת' kingly, majestic, royal
מְלָכִים (בתנ"ך) Kings
מִלְּכַתְּחִילָּה תה"פ from the start
מֶלֶל ז' talk, verbosity, wordiness
מְלָל ז' frill, selvage, fringe, hem
מַלְלָנִי ת' voluble, verbose, wordy
מְלַמֵּד ז' religious teacher
מַלְמָד ז' goad, prod
מִלְמוּל ז' muttering, murmur
מַלְמָז ז' sextant
מִלְמֵל פ' mutter, murmur, babble
מַלְמָלָה נ' muslin, gauze, batiste
מֶלַנְכּוֹלִי ת' melancholic, atrabilious
מֶלַנְכּוֹלְיָה נ' melancholy, gloom
מִלְעֵיל ת' penultimate accent
מַלְעָן ז' husk, awn, beard
מְלָפְפוֹן ז' cucumber
מֶלְצַר ז' waiter, barman, bartender
מֶלְצָרוּת נ' serving, waiting
מֶלְצָרִית נ' waitress, barmaid
מָלַק פ' wring the neck
מִלְקָה ז' ecliptic
מַלְקוֹחַ ז' plunder, loot, booty
מַלְקוֹשׁ ז' last rain
מַלְקוֹת נ"ר flogging, flagellation
מֶלְקָחַיִם ז"ר forceps, pincers, tongs
מֶלְקָחִית נ' pincette, tweezers
מֶלְקַחַת נ' pliers
מֶלְקֵט ז' picker, pincette, tweezers
מֶלְקֶטֶת נ' pincers, tweezers
מָלַרְיָה (קדחת הביצות) נ' malaria
מִלְרַע ת' ultimate accent
מַלְשִׁין ז' informer, *fink, *squealer
מֶלְתָּחָה נ' wardrobe, cloakroom
מֶלְתָּחָן ז' cloakroom attendant
מַלְתָּעָה נ' premolar, jaw
מ"מ=מפקד מחלקה platoon commander
מַמְאִיר ת' cancerous, malignant
מְמֻבְרָנָה (קרומית) נ' membrane
מַמְגּוּרָה נ' barn, granary
מֵמַד ז' dimension, proportions
ממ"ד=ממלכתי דתי State-Religious
מְמַדִּי ת' dimensional
מְמוּגָּף ת' booted, wearing boots
מְמוּזָּג ת' temperate, airconditioned
מְמוּזְלָג ת' forked, bifurcate

מְמוּחְשָׁב ת' computerized
מְמוּיָן ת' classified, sorted
מְמוּכָּן ת' mechanized, motorized
מְמוּל מ"י opposite, vis-a-vis
מְמוּלָּא ת' stuffed, filled
מְמוּלָּח ת' salty, shrewd, clever
מְמוּלְכָּד ת' booby-trapped, mined
מָמוֹן ז' money, mammon
מָמוֹנַאי ז' financier
מְמוּנֶּה ז' in charge, appointed
מְמוּנּוּת ז' mandate, charge, control
מְמוּנָּע ת' motor, motorized
מְמוּסְגָּר ת' rimmed, framed
מְמוּסָּד ת' established, instituted
מְמוּסְחָר ת' commercialized
מְמוּסְפָּר ת' numbered, numerated
מְמוּצָּע ז' average, mean, medial
מְמוּקָּם ת' placed, situated, located
מְמוּרְמָר ת' embittered, dissatisfied
מְמוּשָּׁךְ ת' prolonged, protracted
מְמוּשְׁכָּן ת' pawned, mortgaged
מְמוּשְׁמָע ת' disciplined, tractable
מְמוּשְׁקָף ת' wearing glasses
מָמוּתָה נ' mammoth
מְמוּתָּק ת' sweetened, sugared
מִמְזָג ז' mixture, blend
מַמְזֵר ז' bastard, love-child, *devil
מַמְזֵרוּת נ' bastardy, illegitimacy
מַמְזֵרִי ת' bastard, shrewd
מַמְחֶה ז' assignor, blender
מִמְחָטָה נ' handkerchief, *hanky
– ממחטת נייר tissue, kleenex
מִמְטָר ז' shower, light rain
מַמְטֵרָה נ' sprinkler
מְמַיֵּין ז' sorter, classifier
מְמַיֶּינֶת נ' sorting machine
מִמֵּילָא תה"פ in any case, anyway
מֵמִיר ז' converter, transformer
מִמְּךָ מ"י from you
מִמְכָּר ז' sale, selling
מְמַכֵּר ת' addictive, habit-forming
מְמַלֵּא ת' filling, fulfilling
– ממלא מקום substitute, deputy
מִמְלָחָה נ' saltshaker, saltcellar
מַמְלָכָה נ' kingdom, realm
– ממלכת החי animal kingdom
– ממלכת הצומח vegetable kingdom
מַמְלַכְתִּי ת' state, royal
מַמְלַכְתִּיּוּת נ' statehood
מִמֶּנּוּ מ"י from him, from us
מִמֶּנִּי מ"י from me
מִמְסָד ז' establishment
מִמְסָךְ ז' cocktail, mixture
מְמַסְפֵּר ז' numerator, enumerator
מִמְסָר ז' relay
מִמְסָרָה נ' transmission, gear
מִמְעָךְ ז' masher, press
מִמַּעַל תה"פ above, from above
מִמְצָא ז' finding, discovery
מְמַצֶּה ת' thorough, exhaustive
מַמְצִיא ז' innovator, inventor
ממ"ק=ממלא מקום קצין warrant officer
מִמְרָאָה נ' airstrip, runway
מַמְרֶה ת' disobedient, rebellious
מִמְרָח ז' spread, paste, pate
מִמְרַחַת נ' jam
מְמָרֵס ז' blender, liquidizer
מַמָּשׁ ז' reality, substance, actuality
מַמָּשׁ תה"פ really, actually, in fact
מַמָּשׁוּת נ' reality, substance
מַמָּשִׁי ת' actual, real, tangible
מִמְשָׁךְ בַּנְקָאִי ז' draft
מְמַשְׁכֵּן ז' mortgagor, mortgager
מִמְשָׁל ז' administration, government, rule
מֶמְשָׁלָה נ' cabinet, government, rule
– ממשלת בובות puppet government
– ממשלת מעבר caretaker government
– ממשלת צללים shadow cabinet
מֶמְשַׁלְתִּי ת' governmental
מִמְשָׁק ז' interface
מִמְתַּח ז' temple, stretcher, tenter
מִמְתָּח ז' span
מֵמָתַי תה"פ since when?, how long?
מַמְתִּיק ת' sweetening, sweetener
מַמְתָּק ז' candy, sweet, sweetmeat
מָן ז' manna, delicious food
מִן מ"י from, of, than, out of
– למן from
– מן הדין it is proper, it is right
– מן הסתם probably, may well
– מן הראוי it is proper, it is right
מִנְבָּטָה נ' seedbed

מַנגו (פרי) ז' mango
מַנגִינָה נ' tune, melody, air, song
מְנַגֵן ז' musician, player
מַנגָן (יסוד כימי) ז' manganese
מַנגָנוֹן ז' mechanism, machinery, gear, works, staff, personnel
– מנגנון השהיה delay mechanism
– מנגנון כונן tape deck
מְנַגֵעַ ת' contagious, infectious
מַנדוֹלִינָה (כלי נגינה) נ' mandolin
מַנדָט ז' mandate, authorization
מַנדָרִינָה נ' mandarin, tangerine
מָנָה פ' count, number, enumerate
מָנָה נ' course, dish, dose, dosage, quotient, portion, ration, share
– מנה אחרונה dessert, sweet
*– מנה הגונה earful, what for
– מנות קרב iron rations, field rations
– מנת משכל intelligence quotient
מִנהָג ז' custom, habit, manner
מַנהִיג ז' leader, captain, chief
מַנהִיגוּת נ' leadership, hegemony
מְנַהֵל ז' director, manager, boss
– מנהל בי"ס headmaster, principal
– מנהל במה floor manager
– מנהל חשבונות bookkeeper
– מנהל עבודה foreman, ganger
מִנהָל ז' administration, management
– מנהל עסקים business management
מִנהָלָה נ' directorate, executive
מִנהָלִי ת' administrative
מִנהָלָן ז' administrator
מִנהָרָה נ' tunnel, subway
מְנוּגָד ת' opposed, contrary
מְנוֹד ראש ז' shaking the head, nod
מְנוּדֶה ת' outcast, ostracized
מָנוֹט ז' log
מְנוּוָל ת' villain, *crook, ugly
מְנוּוָן ת' degenerate, effete
מְנוּזָל ת' having a cold, catarrhal
מָנוֹחַ ז' rest, peace, deceased, late
מְנוּחָה נ' rest, peace, respite
– הובא למנוחות be buried
מָנוּי ז' subscriber, counted
– מנוי וגמור firmly decided

מְנוּמנָם ת' sleepy, drowsy, dozy
מְנוּמָס ת' civil, polite, courteous
מְנוּמָק ת' reasoned, argued
מְנוּמָר ת' spotted, mottled, speckled
מְנוּמָש ת' freckled
מָנוֹס ז' escape, refuge, flight
– אין מנוס it can't be helped
מְנוּסָה נ' bolt, stampede, flight
מְנוּסֶה ת' experienced, versed
מְנוּסָח ת' phrased, styled, worded
מָנוֹעַ ז' engine, motor
מָנוּעַ ת' prevented, unable
מְנוֹעִי ת' motorized, motor, power
מָנוֹף ז' lever, crane, crank, hoist
מְנוֹפַאי ז' crane operator
מְנוּפָּח ת' inflated, swollen
מְנוֹצֶה ת' fledged, plumed, pinnate
מְנוּצָח ת' beaten, defeated
מְנוּצָל ת' exploited, utilized
מְנוּקָב ת' punched, perforated
מְנוּקָד ת' vocalized, vowelized, pointed, dotted
מָנוֹר ז' boom, warp beam
מְנוֹרָה נ' lamp, light
– מנורה כחולה sunray lamp
– מנורת עמוד standard lamp
מְנוּשָל ת' dispossessed
מְנוּתָק ת' disconnected, faraway
*מֶזְנוֹן...

מִנזָר ז' convent, monastery, abbey
מַנחֶה ז' compere, host, presenter, master of ceremonies, guide
מִנחָה נ' present, afternoon prayer
מְנַחֵש ז' fortune teller, diviner
מַנחֵת ז' buffer, absorber, cushion
מִנחָת ז' landing field, landing strip
– מנחת מסוקים heliport, helideck
מֶנטָלִיוּת נ' mentality, psychology
מַנטֵף ז' dropper, pipette
מִנִי מ"י of, from, since
מְנָיָה נ' share, stock
– מניה בטוחה blue chip
– מניות בכורה preferred stock
מִנֵיהּ וּבֵיהּ תה"פ off the cuff, at once
מְנִייָה נ' counting, numbering
מִניָין ז' counting, ten, decade
– למניינם AD
מִנַיִין תה"פ where form, how

- מניין לך? how do you know?
מֵנִיעַ ז' motivation, motive, cause
מָנִיעַ ת' avoidable, preventable
מְנִיעָה נ' prevention, hindrance
- מניעת הריון contraception
מְנִיפָה נ' fan, punka
מָנִיפּוּלַצְיָה (טיפול) נ' manipulation
מָנִיקוּר (טיפול בידיים) ז' manicure
מָנֵירִיזם ז' mannerism, affectation
מנכ״ל=מנהל כללי director-general
מִנְסָרָה נ' sawmill, prism
מָנַע פ' keep from, prevent, stop
מֶנַע ז' preventive, pre-emptive
מַנְעוּל ז' lock, padlock
מִנְעָל ז' shoe, footwear
מַנְעַמִּים ז"ר pleasures, dainties
מַנְפֵּטָה נ' cotton gin, gin
מַנְפֵּק ז' dispenser
- מנפק כסף cash dispenser
מְנַצֵּחַ ז' conductor, winner
- מנצח תזמורת bandmaster
מְנַקֵּב ז' punch, perforator
- מנקב כרטיסים cardpunch
מְנַקֵּד ז' vocalizer, vowelizer
מְנַקֶּה ז' cleaner, sweeper
מַנֶקִין ז' manikin, dummy
מְנַקֵּר ז' porger, remover of veins
מִנְשָׂאָה נ' carrier
מִנְשָׁךְ ז' bite, biting
מַנְשֵׁם ז' respirator
מַנְשֵׁמָה נ' breathing apparatus
מִנְשָׁר ז' manifesto, declaration
מְנָת חֶלְקוֹ נ' lot, portion, fate
מִנְתָּה נ' mint, peppermint
מְנַתֵּחַ ז' surgeon, analyst
- מנתח מערכות systems analyst
מְנַתְּחוּת נ' surgery
מַס ז' duty, levy, tax, dues
- מס הכנסה income tax
- מס עיזבון inheritance tax
- מס ערך מוסף VAT, value added tax
- מס קנייה purchase tax
- מס רכוש property tax
- מס שפתיים lip service
מַסַּאי ז' essayist, writer
מֵסֵב ז' endorser, sitting, reclining
מִסְבָּאָה נ' bar, pub, tavern, saloon

מִסָּבִיב תה"פ about, around, round
מֶסֶג ז' alloy, amalgam
מִסְגָּד ז' mosque
מְסַגְנֵן ז' stylist, editor
מִסְגֵּר פ' frame, mount, bracket, rim
מַסְגֵּר ז' locksmith, metal worker
מַסְגְּרוּת נ' locksmith's work
מַסְגֵּרִיָּה נ' locksmith's shop
מִסְגֶּרֶת נ' frame, framework, rim, compass, skeleton, borders
מַסָּד ז' basis, foundation
- ממסד עד הטפחות from A to Z
מִסְדָּר ז' parade, order
- מסדר זיהוי identification parade, lineup
- מסדר חולים sick parade
מִסְדְּרוֹן ז' corridor, passage
מְסַדֶּרֶת נ' typesetter, composer
מַסָּה נ' trial, test, essay, mass
מְסוֹאָב ת' filthy, foul, corrupt
מָסוֹב ז' distribution round
מְסוּבָּב ת' rotated, effect, *sucker
מְסוּבִּין ז"ר diners, at table
מְסוּבָּךְ ת' complicated, intricate
מְסוּבְסָד ת' subsidized
מְסוּגָּל ת' able, capable, can, up to
מְסוּגְנָן ת' styled, edited, worded
מְסוּגָּר ת' closed, locked, pent-up
מְסוּדָּר ת' tidy, neat, arranged
מְסוּוָּג ת' classified, sorted
מַסְוֶה ז' disguise, mask, veil
מְסוּחְרָר ת' giddy, dizzy
מָסוֹט ז' switch, points
מְסוּיָּג ת' reserved, restrained
מְסוּיָּם ת' certain, known, specific
מְסוּכָּה נ' casing, case, housing
מְסוּכָּם ת' summed up, agreed
מְסוּכָּן ת' dangerous, perilous, risky
מְסוּכְסָךְ ת' quarreling, in conflict
מְסוּכָּר ת' candied, glace
מְסוּלְסָל ת' curly, wavy, flowery
מְסוּלָּע ת' rocky, craggy, stony
מְסוּלָּף ת' false, distorted, perverse
מְסוּמָּם ת' poisoned, drugged
מְסוּמָּן ת' marked, labeled
מְסוּמָּר ת' nailed, hobnailed, bristly
מְסוּנְדָּל ת' sandalled,locked, clamped
מְסוּנְוָור ת' dazzled, blinded

מְסוּנָן ת' strained, filtered
מְסוּנָף ת' affiliated, associate
מַסוֹעַ ז' apron, conveyor
מְסוֹעָף ת' ramified, branched
מָסוֹף ז' terminal, terminus
מְסוּפָּח ת' annexed, attached
מְסוּפָּק ת' doubtful, supplied
– מסופקני I doubt
מְסוּפָּר ת' told, narrated, (hair) cut
מְסוּפְרָר ת' numbered
מַסּוֹק ז' helicopter, *chopper
מְסוּקָס ת' knotty, knotted, gnarled
מְסוּקְרָן ת' curious, interested
מַסּוֹר ז' saw
מָסוּר ת' devoted, faithful
מְסוֹרַב עֲלִיָּה ז' refusenik
מְסוּרְבָּל ת' awkward, clumsy
מָסוֹרָה נ' masora, tradition
מַסּוֹרִית נ' fretsaw, jigsaw
מְסוֹרָס ת' castrated, distorted
מְסוֹרָק ת' combed, carded
מָסוֹרֶת נ' tradition, masora
מָסוֹרְתִּי ת' traditional, religious
מָסוֹרְתִּיוּת נ' traditionalism
מְסוּתָּת ת' hewn, chiseled
מַסָּז' (עיסוי) ז' massage
מַסָּזִ'יסְט (עסיין) ז' masseur
מִסְחוּר ז' commercialization
מַסְחֵט ז' squeezer, press, reamer
מַסְחֵטָה נ' wringer, juicer
מִסְחֵר פ' commercialize
מִסְחָר ז' commerce, trade, market
מִסְחָרִי ת' commercial, mercantile
מְסַחְרֵר ת' dizzying, giddy
*מַסְטוּל ת' drugged, zonked, crazy
*מֶסְטִינְג (פִּינְכָ) ז' mess-tin
*מַסְטִיק ז' chewing gum
מְסִיבָּה נ' party, banquet, sociable
– מסיבת עיתונאים press conference
מְסִיבּוֹת נ"ר circumstances
מָסִיבִי ת' massive, heavy, bulky
מַסִּיג גְּבוּל ז' poacher, trespasser
מֵסִיחַ דַּעַת ת' red herring
מַסִּיט רוּחַ ז' wind deflector
מְסַיֵּעַ ת' auxiliary, helpful
מַסֵּיכָה נ' mask, disguise, false face
– מסיכת גז gas mask
מְסִילָּה נ' track, path, groove
– מסילת ברזל railroad, railway
– מצא מסילות בליבו win his favor
מָסִיס ת' soluble, solvent
מְסִיסוּת נ' solubility, solvency
מַסִּיק ז' stoker, concluder
מָסִיק ז' olive harvest
מְסִירָה נ' handing over, delivery, pass, transmission, transfer
מְסִירוּת נ' devotion, loyalty
מֵסִית ז' inciter, seditious
מָסַךְ פ' pour, blend, mix
מָסָךְ ז' curtain, screen
– מסך עשן smoke screen
מַסֵּכָה נ' mask, disguise, false face
מִסְכָּה נ' cocktail
מִסְכֵּן ת' miserable, poor, wretched
מִסְכֵּנוּת נ' misery
מִסְכֶּרֶת נ' sugar bowl
מַסְכֵּת ז' stethoscope
מַסֶּכֶת נ' tractate, series, set
מַסְלוּל ז' orbit, path, track, course, itinerary, route, trajectory
– מסלול המראה airstrip, runway
מִסְלָקָה נ' clearinghouse
מִסְמָךְ ז' document, paper
מְסַמֵּן ז' marker
מִסְמֵס פ' melt, dissolve, macerate
מִסְמֵר פ' nail, spike, nail down
מַסְמֵר ז' nail, stud, peg, kingpin
מְסַמֵּר שֵׂיעָר ת' hair-raising, grisly
מַסְמְרוֹן ז' brad, tack, hobnail
מַסְמֶרֶת נ' pin, stud, rivet
מְסַנְוֵר ת' dazzling, blinding
מַסְנֵן ז' filter, strainer
– מסנן קפה percolator
מִסְנֶנֶת נ' strainer, colander
מַסָּע ז' march, travel, voyage, trip, campaign, move
– מסע דילוגים shuttle
– מסע מזורז forced march
– מסע צלב crusade
מִסְעָד ז' back, rest, splat, support
מִסְעָדָה נ' restaurant
– מסעדת רכב drive-in
מִסְעֲדָן ז' caterer, restaurateur
מִסְעָף ז' junction, fork, bifurcation
מַסְפֵּג ז' blotter, pad, swab
מִסְפֵּד ז' lament, wailing, mourning

מִספּוֹא ז' fodder, forage, provender
מִספּוּר ז' numeration, numbering
מַספִּיק ת' enough, adequate, sufficient, C (grade), pass degree
מִספָּנָה נ' dock, dockyard, shipyard
מְסַפֵּק ת' satisfactory, supplier
מִספֵּר פ' numerate, number
מִספָּר ז' number, figure, digit, some, several, a few, *fool, dope
- לאין מספר innumerable
- מספר זוגי even number
- מספר יסודי cardinal number
- מספר לא זוגי odd number
- מספר סידורי serial number
- מספר ראשוני prime number
- מספר שלם integer
מְסַפֵּר ז' story teller, narrator
מִספָּרָה נ' barbershop, hairdresser
מִספָּרִי ת' numerical, numeral
מִספָּרַיִים ז"ר scissors, shears, snips
- מספרי זיגזג pinking shears
מָסַק פ' pick olives
מַסָקָה ז' stokehold, fire room
מֶסקָלִין (סם) ז' mescaline, peyote
מַסקָנָה נ' conclusion, inference
מַסקָנִי ת' deductive, inferential
מִסקָר ז' review, survey, parade
מַסקֵרָה נ' mascara brush
מָסַר פ' hand over, deliver, transmit
מֶסֶר ז' message, communication
- הבין את המסר get the message
מַסרֵגָה נ' knitting-needle
מַסרֵטָה נ' movie camera, camera
מְסַרטֵן ז' carcinogen, cancerous
מַסרִיחַ ת' stinking, malodorous
מַסרִיט ז' cameraman, projectionist
מַסרֵק ז' comb, card
מַסרֵקָה נ' card, carding machine
מִסתַּבֵּר תה"פ it seems, apparently
מִסתּוֹר ז' hiding place, concealment
מִסתּוֹרִי ת' mysterious, hidden
מִסתּוֹרִין ז"ר mystery, secret
מִסתַּיֵיג ת' reserved, disapproving
מִסתַּכֵּל ז' onlooker, watcher
מַסתֵּם ז' stopper, plug, valve
מִסתָּמָא תה"פ probably, it seems
מִסתַּנֵן ז' infiltrator, pervasive
מִסתַּעֲרֵב ז' disguised as an Arab
מִסתַּפֵּק ת' content, satisfied
- מסתפק במועט abstemious
מְעַבֵּד ז' processor, adapter
- מעבד מזון food processor
- מעבד נתונים data processor
- מעבד תמלילים word processor
מַעבָּדָה נ' laboratory, lab
- מעבדת חלל spacelab
מַעֲבֶה ז' thickness, depth
מְעַבֶּה ז' condenser, thickener
מַעֲבוֹט ז' pawnshop
מַעבּוֹרַאי ז' ferryman
מַעבּוֹרֶת נ' ferry, ferryboat
- מעבורת חלל space shuttle
מַעֲבִיד ז' employer, boss
מַעֲבִיר ז' conveyer, transmitter
מַעֲבָר ז' pass, passage, transition, transit, thoroughfare, aisle
- מעבר חציה pedestrian crossing
- מעבר עילי overpass, flyover
- מעבר תחתי underpass
מֵעֵבֶר לְ- מ"י beyond, past, trans-
מַעבָּרָה נ' ferry, transit camp
מַעגִילָה נ' wringer, mangle, roller
מַעגָל ז' circle, circuit, cycle, ring
- מעגל סגור closed circuit
- מעגל קסמים vicious circle
מַעֲגָן ז' anchorage, berth, roads
מָעַד פ' stumble, totter, founder
מַעַד ז' gambit, slipping
מַעֲדָן ז' delicacy, dainty, sweet
מַעֲדָנִיָיה נ' delicatessen
מַעדֵר ז' hoe, pickax, mattock
מָעָה נ' coin, grain
מְעוּבָּד ת' processed, adapted
מְעוּבֶּה ת' thickened, dense
מְעוּבֶּרֶת ת' pregnant, with young
- שנה מעוברת leap year, intercalary year
מְעוּגָל ת' round, circular, curved
מְעוּגָן בְּחוֹק ת' statutory, enacted
מְעוֹדָד ת' encouraged, cheered up
מְעוּדכָּן ת' up-to-date, *hip
מְעוּדָן ת' delicate, graceful, refined
מְעוּוָת ת' distorted, deformed, wry
מָעוֹז ז' post, stronghold, fortress
מָעוֹט ז' catapult
מְעוּטֵי יְכוֹלֶת ת' needy, poor

מְעוּטָף ת' wrapped, enveloped
מְעוּטָר ת' crowned, adorned
מְעוּיָן ז' diamond, lozenge, rhomb, rhombus
מָעוּךְ ת' crushed, squashed
מְעוּכָּב ת' delayed, detained
מְעוּכָּל ת' digested, assimilated
מְעוּלֶה ת' excellent, first-class
מֵעוֹלָם (לא) תה"פ never
– מאז ומעולם from long ago
מְעוּלָּף ת' fainting, wrapped
מְעוּמלָן ת' starched
מְעוּמעָם ת' dim, hazy, indistinct
מָעוֹן ז' residence, house, dwelling
– מעון יום day nursery, creche
– מעונות lodgings, dormitory
מְעוּנֶה ת' tortured, afflicted
מְעוֹנוֹעַ ז' caravan, trailer
מְעוּניָין ת' interested, concerned
מְעוּנייָנוּת נ' interest, interestedness
מְעוּנָן ת' cloudy, overcast
מָעוֹף ז' flight, vision, imagination
מְעוֹפֵף ת' flying, winged, volant
מְעוּפָּש ת' moldy, stinking, rancid
מְעוּצָב ת' shaped, formed, molded
מְעוּצבָּן ת' nervous, fidgety, edgy
מְעוּצֶה ת' woody, wooden, ligneous
מְעוּצָר ת' inhibited, self-contained
מְעוּקָב ת' cubic, cube
מְעוּקָל ת' confiscated, seized
מְעוּקָם ת' curved, crooked, bent
מְעוּקָר ת' sterile, pasteurized
מְעוֹרָב ת' mixed, involved, motley
מְעוּרבָּב ת' mixed, promiscuous
מְעוֹרָבוּת נ' involvement
מְעוּרגָל ת' rolled, smoothed
מְעוֹרֶה ת' rooted, mixed
מְעוּרטָל ת' naked, bare, undressed
מְעוֹרָם ת' heaped, piled up, stacked
מְעוּרעָר ת' shaken, unbalanced
מְעוּרפָּל ת' ambiguous, foggy, vague
מְעוֹרֵר ת' stimulant, arousing
מְעוּשֶׂה ת' artificial, unnatural
מְעוּשָׁן ת' smoked, smoke-dried
מְעוּשָׂר ת' decagon, tithed
מָעוֹת נ"ר money, coins
מְעוּתָּד ת' postdated, postponed
מָעַט פ' decrease, diminish
מְעַט ת' few, little, some, handful
מַעֲטֶה ז' covering, wrap, veil, rig
מַעֲטָפָה נ' envelope, cover
– מעטפת חלון window envelope
– מעטפת נפץ letter bomb
מַעֲטֶפֶת נ' casing, housing, wrapper
מְעִי ז' intestine
– המעי הגס colon, large intestine
– המעי העיוור appendix
מְעִידָה נ' stumble, slip, trip, tumble
מֵעַיִים ז"ר bowels, entrails
– המעיים הדקים small intestines
מַעייָן ז' fountain, well, spring
– בראש מעייניו occupy one's mind
– מעיין מתגבר never-ending flow
מְעַייֵן ז' reader, browser, peruser
מְעִייָנָה נ' colic, abdominal pain
מְעַייֵף ת' tiresome, wearisome
מְעִיכָה נ' crushing, squash
מְעִיל ז' coat, robe, cloak, mantle
– מעיל גשם raincoat, trench coat
– מעיל זנב cutaway, tailcoat
– מעיל עליון greatcoat, overcoat
– מעיל רוח windbreaker, wind jacket
מְעִילָה נ' embezzlement, treachery
– מעילה באמון breach of faith
מֵעֵין תה"פ like, *kind of
מֵעִיק ת' burdensome, oppressive
מָעַךְ פ' crush, squash, squeeze
מְעַכֵּב ת' delaying, hindering, inhibitory
מָעַל פ' embezzle, break faith
מַעַל ז' treachery, embezzlement
מֵעַל מ"י above, over, on top of
– מעל לכל above all
מַעֲלֶה ז' acclivity, ascent, climb, rise
מַעֲלָה נ' degree, merit, advantage
– מעלת כבודו His Honor
מַעְלָה תה"פ up, upward
מַעֲלֵה גֵירָה ת' ruminant
מַעֲלִית נ' elevator, lift, paternoster
– מעלית מזון dumbwaiter
מַעֲלָל ז' action, deed, feat
מֵעִם מ"י from
מע"מ=מס ערך מוסף VAT[value added tax]
מַעֲמָד ז' class, state, rank, status,

position, posture, presence
- החזיק מעמד hold on, last, endure
מַעֲמָדִיוּת נ' class consciousness
מַעֲמָס ז' burden, load
מַעֲמָסָה נ' burden, load, tax, weight
מְעַמְעֵם ז' dimmer, fader, mute
מַעֲמַקִּים ז"ר depths, bottom
מַעַן ז' address, direction
מַעֲנָב ז' sling
מְעַנֵּג ת' delightful, enjoyable
מַעֲנֶה ז' answer, reply, response
- מענה חריף comeback, repartee
מְעַנְיֵן ת' interesting, arresting
מַעֲנִית נ' furrow, sulcus
מַעֲנָק ז' allowance, award, grant, bonus, scholarship, gratuity
- מענק פרישה *golden handshake
מַעֲפֹּרֶת נ' overall, apron, smock
מַעְפִּיל ז' climber, immigrant
מַעַץ ז' public works department
מְעַצֵּב ז' fashioner, designer, molder
מְעַצְבֵּן ת' irritating, nagging
מַעֲצָד ז' plane, spokeshave
מַעֲצוֹר ז' brake, check, obstacle
מַעֲצִיב ת' sad, saddening, tragic
מְעַצֵּם ז' intensifier
מַעֲצָמָה נ' power, world power
- מעצמת על superpower
מֵעַצְמוֹ מ"ג himself, of itself
מַעְצָר ז' apprehension, detention, arrest, custody, remand
- מעצר מונע preventive custody
מַעֲצֵר ז' stop, brake, skid
מַעֲקָב ז' follow-up, tracing
מַעֲקֶה ז' balustrade, banister, parapet, rail, handrail
- מעקה ביטחון crash barrier
מַעֲקוֹבֶת נ' sequence
מַעֲקוֹף ז' traffic island
מַעֲקָף ז' bypass, detour, ring road
מְעַקְצֵץ ת' itchy, scratchy
מִעֲרֵב פ' westernize
מַעֲרָב ז' west, the Occident
מַעֲרָבָה תה"פ westward, westwards
מְעַרְבּוֹלֶת נ' eddy, whirlpool, swirl
מַעֲרָבוֹן ז' western
מַעֲרָבִי ת' western, occidental
מְעַרְבֵּל ז' mixer, cement mixer

מְעַרְגּוֹלֶת נ' rolling mill
מַעֲרֶה ז' bare place, glade
מְעָרָה נ' cave, cavern
- מערת פריצים sink, den of vice
מִעֲרוּב ז' westernization
מַעֲרוֹך ז' rolling pin
מַעֲרוֹכֶת נ' constitution, system, make-up
מַעֲרוּכְתִּי ת' constitutional, systemic
מַעֲרוּמִּים ז"ר nakedness, nudity
מַעֲרוּפְיָה נ' clientele, customers
מַעֲרִיב ז' evening prayer
מַעֲרִיך ז' assessor, exponent
מַעֲרִיץ ז' admirer, fan, worshiper
מַעֲרָך ז' alignment, array, layout, formation, lineup
מַעֲרָכָה נ' campaign, battle, array, act, set, order, round, system
- מערכה מחזורית periodic table
- מערכת העיכול digestive system
- מערכת העצבים nervous system
- מערכת השמש solar system
מַעֲרְכוֹן ז' one-act play, skit
מַעֲרֶכֶת נ' editorial board, system, set, fabric
- מערכת בקרה control system
- מערכת כלים kit, service, set
מְעַרְעֵר ז' appellant, contesting
מַעֲרֶפֶת נ' guillotine
מַעַשׂ ז' action, deed
מַעֲשֶׂה ז' act, action, story, tale
- מעשה בראשית the Creation
- מעשה מגונה indecent act
- מעשה מרכבה difficult task
- מעשה ניסים miracle, marvel
- מעשה סדום sodomy, pederasty
- מעשה קונדס mischief, prank
- מעשי איבה hostilities
מַעֲשִׂי ת' practical, pragmatic
מַעֲשִׂיוּת נ' practicality, pragmatism
מַעֲשִׂיָּה נ' anecdote, story, tale
מְעַשֵּׁן ז' smoker, smoking
מַעֲשֵׁנָה נ' chimney, stack, funnel
מַעֲשֵׂר ז' tenth, tithe
מֵעֵת לְעֵת תה"פ at times, 24 hours
מֵעַתָּה תה"פ hence, from now
מַעְתִּיק ז' copier, copyist, translator
מַעְתָּק ז' shift, facsimile

מַפָּאוּת נ׳ cartography, mapping
מַפַּאי ז׳ cartographer
מִפְּאַת מ״י owing to, because
מַפְגִּין ז׳ demonstrator, showing
מַפְגִּיעַ - בְּמַפְגִּיעַ תה״פ vigorously
מִפְגָּן ז׳ rally, demonstration, show
– מפגן אווירי flyover, fly-past
מִפְגָּע ז׳ nuisance, obstacle, hazard
מְפַגֵּר ת׳ backward, retarded, behindhand, slow (clock)
מִפְגָּשׁ ז׳ meeting place, meeting
מִפְדֶּה ז׳ ransom money
מפד״ל NRP
מִפְדֶּרֶת נ׳ powder puff
מַפָּה נ׳ map, chart, tablecloth
מְפוֹאָר ת׳ glorious, magnificent
מְפוּבְרָק ת׳ fabricated, false, fake
מְפוּגָּל ת׳ denatured, spoiled
מְפוּזָּר ת׳ scattered, absent-minded
מַפּוּחַ ז׳ bellows, blower, inflator
מְפוּחָד ת׳ frightened, scared, fearful
מַפּוּחִית יָד נ׳ accordion
מַפּוּחִית פֶּה נ׳ harmonica
מְפוּחְלָץ ת׳ stuffed (animal's skin)
מְפוּחָם ת׳ carbonized, sooty
מְפוּטָּם ת׳ stuffed, fatted, crammed
מְפוּטָּר ת׳ fired, dismissed, *sacked
מְפוּיָּח ת׳ sooty, sooted
מְפוּיָּס ת׳ appeased, placated
מְפוּכָּח ת׳ sober-minded
מְפוּלָּס ת׳ leveled, paved, flattened
מְפוּלְפָּל ת׳ peppery, sophistic, dear
מְפוּלָּשׁ ת׳ open, unbarred, unclosed
מַפּוֹלֶת נ׳ collapse, fall, avalanche
מַפּוֹן ז׳ atlas
*מְפוּנְדָּרָק ת׳ spoilt, pampered
מְפוּנֶּה ז׳ evacuee, vacated, cleared
מְפוּנָּק ת׳ pampered, spoilt
מְפוּסְטָר ת׳ pasteurized
מְפוּסְפָּס ת׳ striped, barred, streaky
מְפוּעְנָח ת׳ solved, deciphered
מְפוּצָּח ת׳ cracked, broken, prised
מְפוּצָּל ת׳ forked, split, bifurcate
מְפוּצָּץ ת׳ exploded, *chock-full
מְפוּקְפָּק ת׳ doubtful, questionable
מְפוֹרָד ת׳ scattered, separated
מְפוֹרָז ת׳ demilitarized
מְפוּרְזָל ת׳ shod, ironclad
מְפוֹרָט ת׳ detailed, specific
מְפוּרְכָּס ת׳ made-up, painted
מְפוּרְמָט ת׳ formatted
מְפוּרְסָם ת׳ famous, known, reputed
מְפוֹרָק ת׳ dismantled, taken apart
מְפוֹרָר ת׳ crumbled, loose
מְפוֹרָשׁ ת׳ explicit, explained, specific, express
מְפוֹרָשׁוֹת תה״פ expressly
*מְפוּשָּׁל ת׳ bust, blown, bungled
מְפוּשָּׂק ת׳ astride, apart, splay
מְפוּתָּח ת׳ developed, mature, ripe
מְפוּתָּל ת׳ curved, winding
מְפַזֵּר חוֹם ז׳ convector
מַפָּח ז׳ blow, breathing, frustration
– מפח נפש disappointment
מַפָּחָה נ׳ smithy, forge
מַפְחִיד ת׳ awful, frightful
מַפְטִיר ז׳ Haftarah reader
מֵפִיג ת׳ removing, relieving
– מפיג לחות dehumidifier
– מפיג ריח deodorant
מַפְיוֹן ז׳ serviette stand
מַפְיוֹנֶר ז׳ racketeer, ruffian
מַפִּיוֹנֶת נ׳ doily, serviette, napkin
מֵפִיץ ז׳ distributor, jobber
מֵפִיק ז׳ producer, yielding
מַפִּיק ת׳ aspirate, pronounced as h
מַפִּית נ׳ napkin, doily, mat
מפכ״ל=מפקח כללי Inspector General
מַפָּל ז׳ fall, waterfall, fat folds
– מפל מים cascade, waterfall
מִפְלָג ז׳ detachment, squad, section
מְפַלֵּג (במכונית) ז׳ distributor
מִפְלָגָה נ׳ party
מִפְלַגְתִּי ת׳ party, sectarian
מַפָּלָה נ׳ defeat, beating, downfall
מַפְלֵחַ בֵּיצִים ז׳ egg slicer
מִפְלָט ז׳ refuge, asylum, escape
מַפְלֵט ז׳ ejector, exhaust pipe
מַפְלִיא ת׳ marvelous, wonderful
מִפְלָס ז׳ level, floor, storey
– דירה דו מפלסית duplex apartment
– מפלס הים sea level
מְפַלֵּס ז׳ leveler, level, grader
מְפַלְּסָה נ׳ grader, spirit level
מַפְלֶסֶת נ׳ road grader, snowplow

מִפְלֶצֶת נ' monster, monstrosity
מִפְלַצְתִּי ת' monstrous, hideous
מִפְלָשׁ ז' passage, tunnel
- מפלש מים culvert
מִפְנֶה ז' turn, change, turnaround
מִפְּנֵי מ"י because, owing to, from
- מפני מה? why?
- מפני ש- because, since, as
מַפְסִידָן ז' loser, also-ran
מַפְסֶלֶת נ' chisel, gouge
מִפְסָק ז' cesura, caesura
מַפְסֵק ז' switch, cutoff, shut-off
מַפְעִיל ז' operator, actuator
מִפְעָל ז' concern, factory, plant, work, deed, enterprise
מִפְעָם ז' tempo, beat, time
מִפַּעַם לְפַעַם תה"פ from time to time
מְפַעְנַחַת נ' decoder
מִפְעָר ז' splay, gap
מַפָּץ ז' smashing, Bang
מְפַצֶּה ת' compensatory, saving
מַפְצֵחַ ז' nutcracker, safe-cracker
מַפְצִיץ ז' bomber, bombardier
מַפְצִיר ת' importunate, imploratory
מְפַקֵּד ז' captain, commander
מִפְקָד ז' census, parade, roll call
מִפְקָדָה נ' headquarters
מְפַקֵּחַ ז' inspector, supervisor
- מפקח משנה sub-inspector
מַפְקִיד ז' depositor, entrusting
מַפְקִיעַ מְחִירִים ז' profiteer
מְפַקְפֵּק ת' dubious, uncertain
מֵפֵר שְׁבִיתָה ז' strikebreaker
*מְפַרְגֵּן ת' ungrudging, not envious
מַפְרֵדָה נ' centrifuge, separator
מִפְרָט ז' specification, menu
מַפְרֵט ז' plectrum, pick
מַפְרִיד ז' dash, (-)
מַפְרִיס פַּרְסָה ת' hoofed, ungulate
מְפָרֵךְ ת' arduous, hard, laborious
מַפְרֵם ז' seam ripper
מְפַרְנֵס ז' breadwinner, provider
מַפְרֵסָה נ' slicer
מְפַרְסֵם ז' advertiser, advertizer
מִפְרָעָה נ' advance payment
מַפְרַעִי ת' retroactive, back
מִפְרָץ ז' bay, gulf, bight, inlet
- מפרץ חניה parking bay, lay-by

מִפְרָצוֹן ז' cove, creek, lay-by
מִפְרָק ז' joint, articulation, node
- מפרק אצבע knuckle
- מפרק הירך hip, hip joint
- מפרק כף היד carpus, wrist
מְפָרֵק ז' liquidator, receiver
מַפְרֶקֶת נ' nape, neck, gooseneck
מִפְרָשׂ ז' sail, jib, standard
- מפרש אחורי mizzen
- מפרש ראשי mainsail
מְפָרֵשׁ ז' commentator, exponent
מִפְרָשִׂית נ' sailing ship, sailboat
מַפְשׁוֹל ז' pullover, slipover
מִפְשָׂעָה נ' groin, crotch, crutch
מִפְשָׂעִית נ' jockstrap
מִפְשָׂק ז' leapfrog, fourchette
מַפְשֵׁר ז' defroster, de-icer
מְפַשֵּׁר ז' mediator, intermediary
מְפַתֶּה ת' tempting, seductive
מִפְתּוּחַ ז' indexing, keying
מִפְתַּח פ' index, key
מַפְתֵּחַ ז' key, clef, index, clue
- מפתח בוהן (בספר) thumb index
- מפתח ברגים wrench, spanner
- מפתח כללי passkey
- מפתח שוודי wrench, spanner
מִפְתָּח ז' opening, aperture, span
מְפַתֵּחַ ז' carver, developer
מַפְתְּחָן ז' indexer, key maker
מַפְתִּיעַ ת' surprising, amazing
מִפְתָּן ז' threshold
מִפְתָּק ז' gate
מ"צ=משטרה צבאית military police
מָצָא פ' find, discover, get, learn
- לא מצא ידיו ורגליו be confused
- מצא חן בעיניו like him
- מצא לנכון see fit to
- מצאה ידו can afford
מְצַאי ז' inventory, stock
מַצָּב ז' circumstance, condition, position, state, situation, status
- מצב היכון standby, alert
- מצב רוח mood, temper, spirits
מצ"ב = מצורף בזה enclosed
מַצֵּבָה נ' gravestone, tombstone
- מצבת זיכרון cenotaph, memorial
- מצבת מחט obelisk
מַצָּבָה נ' strength, number, list

מִצְבּוֹר ז' dump, store, heap
מִצְבָּטַיִים ז"ר pince-nez, nippers
מַצְבִּיא ז' commander, warlord
מַצְבִּיעַ ז' voter, pointer, indicative
מִצְבָּעָה נ' dye-works
מַצְבֵּר ז' accumulator, battery
מֻצָּג ז' display, screen, exposition
מֵצַד ז' shunt, lock, parameter
מְצָד ז' pillbox, stronghold
מְצַדֵּד ז' supporter, advocate
מְצָדִית נ' pillbox
מַצָּה נ' matzah, unleavened bread, quarrel, strife
מִצְהָר ז' declaration, meridian
מֶצוֹ סוֹפְּרָן ז' mezzo-soprano
מְצוּבָּה נ' pile, stack, pyramid
*מְצוּבְרָח ת' moody, spiritless
מָצוֹד ז' hunt, chase, pursuit
מְצוֹדֵד ת' fascinating, eye-catching
מְצוּדָּד ת' sideways, sidelong
מְצוּדָה נ' castle, fortress, citadel
מִצְוָה נ' commandment, command, precept, good act
– מצוות אנשים מלומדה act done automatically
מְצוּוֶּה ת' ordered, enjoined, bid
מְצַוֶּה ת' commanding, imperative
מְצוּחְצָח ת' polished, shipshape
מְצוּטָט ת' quoted, cited
מָצוּי ת' common, available
מְצוּיָּד ת' equipped, armed, fitted
מְצוּיָּן ת' excellent, remarkable
מְצוּיָּנוּת נ' excellence, perfection
מְצוּיָּץ ת' tufted, frilled, crested
מְצוּיָּר ת' drawn, painted
מְצוּלָּב ת' crisscross, crossed
מְצוּלָה נ' abyss, deep water
מְצוּלָּם ת' photographed, pictorial
מְצוּלָּע ז' polygon, sided
מְצוּלָּק ת' scarred, pockmarked
מְצוּמְצָם ת' narrow, scarce, limited
מְצוּמָּק ת' shriveled, shrunken
מְצוּנְזָר ת' censored, bowdlerized
מְצוּנָּן ת' cooled, caught cold
מְצוּעָף ת' veiled, covered
מְצוּעְצָע ת' flamboyant, ornate
מָצוֹף ז' buoy, float, ball-cock
– מצופים water-wings

מְצוּפֶּה ת' coated, covered, chocolate-coated, expected
מָצוּץ ת' sucked
– מצוץ מן האצבע false, untrue
מָצוּק ז' cliff, precipice
מְצוּקָה נ' hardship, distress, need
*מְצֻוּקְמָק ת' shriveled, withered
מָצוֹר ז' siege, blockade, investment
מְצוֹרָע ז' leper, leprous
מְצוֹרָף ת' enclosed, attached, pure
מֵצַח ז' forehead, brow
– מצח נחושה impudence
מִצְחָה נ' eye-shade, peak, visor
מִצְחִיָּה נ' eye-shade, peak, visor
מַצְחִיק ת' funny, amusing, comic
מִצְחִית נ' brow-band
מִצְחָף ז' manuscript, codex
מְצַחְצֵחַ נְעָלַיִים ז' shoeblack
מִצְטַבֵּר ת' accumulative
מִצְטַדֵּק ת' apologetic, regretful
מִצְטַלֵּב ת' crossing, crisscross
מִצְטַנֵּעַ ת' prude, demure, coy
מִצְטַעֵר ת' sorry, sorrowful, sad
מְצִיאָה נ' bargain, find, finding
מְצִיאוּת נ' existence, reality
– מציאות מדומה virtual reality
מְצִיאוּתִי ת' real, realistic
מְצִיאוּתִיּוּת נ' realism
מַצִּיג ז' exhibitor, introductory
מַצִּיָּה נ' cracker, crisp biscuit
מַצִּיל ז' lifeguard, saver, rescuer
מְצִילָּה נ' bell, chime
מְצִיצָה נ' suck, suction, *drag
מְצִיצָן ז' peeping Tom, voyeur
מְצִיצָנוּת נ' voyeurism
מֵצִיק ת' bothersome, vexatious
מַצִּית ז' lighter, arsonist, firebug
מֵצֵל ת' shady, shadowy, bowery
מִצְלָב ז' crossing, crossroads
מִצְלֶה ז' rotisserie, roast
מִצְלוֹל ז' euphony, resonance
מַצְלִיב ת' cruciform, crossing
מַצְלִיחַ ת' successful, prosperous
מַצְלִיחָן ז' go-getter, success
מַצְלִיף ז' whip, lashing
מַצְלֵל ז' tuning fork
מַצְלֵמָה נ' camera
– מצלמה נסתרת candid camera

מַצְלֵף ז' swatter
מַצְלְצְלִים ז"ר coins, money, specie
מְצִלְתַּיִים ז"ר cymbals
מַצְמֵד ז' clutch, coupler
מַצְמֶדֶת נ' coupling, coupler
מִצְמוּץ ז' blink, wink, twinkle
מַצְמִיא ת' thirsty, dry
מַצְמִיחַ שֵׂיעָר ז' hair-restorer
מִצְמֵץ פ' blink, wink, bat, twinkle
מִצְמֶת ז' junction
מַצְנֵחַ ז' parachute, drogue, *chute
מֶצֶנָט ז' patron, sponsor, Maecenas
מַצְנֵם ז' toaster
מַצְנֵן ז' radiator, cooler, coolant
מִצְנֶפֶת נ' bonnet, hat, miter, turban
מַצְנֵר ז' parachute flare
מַצָּע ז' platform, linen, bedding
מִצְעָד ז' march, parade, procession
- מצעד הפזמונים hit parade
- מצעד הצדעה march past
מִצְעָר ז' smallness, trifle
- למצער at least
מְצַעֵר ת' distressing, sad
מַצְעֶרֶת נ' throttle valve
מִצְפֶּה ז' watchtower, lookout
- מצפה כוכבים observatory
מַצְפּוּן ז' conscience, scruple
מַצְפּוּנִי ת' conscientious, scrupulous
מִצְפּוֹר ז' lookout, vantage point
מַצְפֵּן ז' compass
מָצַץ פ' suck, draw in
מוֹצֵץ ז' pacifier, comforter, dummy
מַצֶּקֶת נ' dipper, ladle
מֶצֶר ז' boundary, border
- ללא מצרים unbounded
מֵצַר ת' narrowing, sorry, sad
מֵצַר ז' isthmus, distress, strait
מַצְרֵב ז' searing iron
מִצְרִי ז' Egyptian
מִצְרַיִם נ' Egypt
מִצְרָךְ ז' commodity, article, item
- מצרך היכרות (במבצע) loss leader
- מצרכי מזון eatables, foodstuff
מִצְרָנִי ת' adjacent, bordering
מִצְרָף ז' montage, photomontage
מַצְרֵף ז' crucible, melting pot
מִצְרֶפֶת נ' combination, jump suit, slip, rompers, crawlers

מִצְרָר ז' cluster
מַצָּת ז' plug, spark plug, igniter
מַק ז' rot, decay
מַקָּב ז' punch, perforator
מַקְבִּיל ת' parallel, corresponding
- במקביל similarly, likewise
מַקְבִּילָה נ' parallel, equivalent
מַקְבִּילוֹן ז' parallelepiped
מַקְבִּילִים ז"ר parallel bars
מַקְבִּילִית נ' parallelogram
מְקַבֵּל ז' recipient, receiver
מִקְבָּע ז' fixation, mount, binding
מִקְבָּץ ז' group, cluster, collection
מִקְבֶּצֶת נ' gathering, gather
מַקַבְּרִי ת' macabre, ghastly, horrid
מַקֶּבֶת נ' hammer, mallet
מַקְדֵּד ז' reamer, borer, broach
מַקְדֵּחַ ז' bit, drill, auger, gimlet
מַקְדֵּחָה נ' drill
מְקַדֵּם ז' coefficient, promoter
- מקדם מכירות sales promoter
מִקְדָּם ז' handicap, head start
מִקְדָּמָה נ' advance (payment), *sub
מִקְדָּמִי ת' preliminary
מִקְדָּשׁ ז' temple, shrine
מַקְהֵלָה נ' choir, chorus
מַקְהֵלָתִי ת' choral
מְקוּבָּל ז' cabalist, mystic
מְקוּבָּל ת' accepted, customary
*- לא מקובל עלי I reject it
מְקוּבָּץ ת' gathered, collected
מַקּוֹד ז' center punch
מְקוּדָּשׁ ת' holy, hallowed
מִקְוֶה ז' ritual bath, pool
מְקוּוֶּה ת' hoped, expected, awaited
מְקוּוָּן (במחשבים) ת' on-line
מְקוּוְקָו ת' lined, linear, striped
מְקוּזָּז ת' offset, paired
מְקוּטָּע ת' cut, discontinuous
מָקוֹל ז' record player, turntable
- מקול אוטומטי jukebox
מְקוּלָּל ת' cursed, accursed, damned
מְקוּלָּף ת' peeled, shelled
מְקוּלְקָל ת' out of order, spoilt
מָקוֹם ז' place, room, space, spot
- מקום גיאומטרי locus
- מקום לספק room for doubt
מְקוֹמוֹן ז' local newspaper

מְקוּמָט ת' wrinkled, creased
מְקוֹמִי ת' local, native
מְקוּמָר ת' convex, arched, domed
מְקוֹנֵן ז' mourner, lamenter
מְקוּעָר ת' concave, incurved
מָקוֹף ז' beat, round, path
מְקוּפָּח ת' deprived, underdog
מְקוּפָּל ת' folded, containing
- מקופל פינות (ספר) dogeared
מְקוּצָץ ת' cut, truncate, curtailed
מְקוּצָר ת' abridged, shortened
מָקוֹר ז' source, origin, root
- מקור (בדקדוק) infinitive
מַקּוֹר ז' beak, bill
- מקור החסידה storksbill
מְקוּרָב ת' familiar, friend
מְקוּרֶה ת' roofed, sheltered
מְקוּרְזָל ת' curled, curly, kinky, wiry
מְקוֹרִי ת' original, genuine
מְקוֹרִיוּת נ' originality, creativity
מְקוּרְקָע ת' grounded
מְקוּרָר ת' cooled, caught cold
מַקּוֹשׁ ז' gong, drumstick, mallet
- מקוש דלת knocker
מְקוּשָׁט ת' adorned, decorated
מַקּוֹשִׁית נ' xylophone
מְקוּשְׁקָשׁ ת' scribbled, scratchy
מְקוּשָּׁת ת' arched, vaulted
מִקְטוֹרָה נ' cardigan
מִקְטוֹרֶן ז' jacket, tuxedo, coat
מִקְטוֹרֶנִית נ' spencer, short jacket
מִקְטָע ז' segment, section
מַקְטֵפָה נ' picking machine
מִקְטָר ז' censer, thurible
*מְקַטֵּר ז' complainer, bellyacher
מִקְטֶרֶת נ' pipe
מַקְיָאבֶלִי ת' Machiavellian, amoral
מַקִּיף ת' comprehensive, broad
מַקֵּל ז' stick, rod, staff, cane
- מקל גולף wood, golf club
- מקל הליכה walking stick, cane
- מקל חובלים iron hand, tyranny
- מקל כביסה clothes-peg
- מקל נועם leniency, gentleness
- מקלות סיניים chopsticks
מֵקֵל ת' lenient, palliative
מַקְלָב ז' clothes tree, hallstand
מִקְלֶדֶת נ' keyboard, *ivories

מַקְלֶה ז' toaster
מַקְלוֹן ז' small stick
מִקְלַח ז' shower head
מִקְלַחַת נ' shower, douche
מִקְלָט ז' shelter, asylum, *hideout
מַקְלֵט ז' receiver, set, recorder
- מקלט טלוויזיה television set
- מקלט רדיו radio set
מַקְלֵעַ ז' machine-gun
מַקְלְעוֹן ז' automatic rifle
מַקְלְעָן ז' machine-gunner
מִקְלַעַת נ' braid, plait, garland, slingshot, catapult, plexus
מַקְלֵף ז' peeler, parer, stripper
מַקְלֵפָה נ' peeling machine
מְקַמֵּץ ת' frugal, sparing, thrifty
מִקְמָר ז' vaulting, dome, cupola
מִקְמֶרֶת נ' arcade
מקמ"ש=מקלט משדר transceiver
מְקַנֵּא ת' envious, jealous
מִקְנֶה ז' cattle, property
מַקְסִים ת' charming, fascinating
מַקְסִימוּם ז' maximum, at most
מַקְסִימָלִי ת' maximal, utmost
מִקְסָם ז' magic, attraction
- מקסם שווא hallucination
מַקָּף ז' hyphen
מִקְפָּא ז' jelly, aspic
מִקְפָּה נ' gruel
מַקְפָּה נ' skimmer
מַקְפִּיא ז' freezer
- מקפיא דם bloodcurdling
מַקְפִּיד ת' strict, meticulous, severe
מִקְפִּית נ' gelatine
מַקְפֵּצָה נ' diving board, springboard, trampoline
מִקְצָב ז' beat, rhythm, meter
מַקְצֵב ז' timer, clock timer
מִקְצָבִי ת' rhythmical, metrical
מִקְצֶה ז' detail, heat
מִקְצוֹעַ ז' calling, profession, trade, occupation, vocation, subject
מַקְצוּעָה נ' plane, smoothing-plane
מִקְצוֹעִי ת' professional, vocational
מִקְצוֹעִיּוּת נ' professionalism
מִקְצוֹעָן ז' professional, *pro
מִקְצוֹעָנוּת נ' professionalism
מַקְצֵף ז' whisk, beater

מַקְצֵפָה נ' cake mixer
מִקְצֶפֶת נ' meringue, whip, icing
מַקְצֵץ ז' cleaver, chopper, nippers
מַקְצֵצָה נ' chopping machine
מַקְצֵרָה נ' harvester, reaper, mower
מִקְצָת תה"פ somewhat, a little
– במקצת somewhat, slightly
מַקָק ז' cockroach, roach
מִקְרָא ז' Bible, reading, calling, text, legend
מִקְרָאָה נ' anthology, reader, teleprompter
מִקְרָאִי ת' biblical, scriptural
מִקְרָב ז' close-up, close range
מִקֶּרֶב מ"י from, from among
מִקְרֶבֶת נ' telescope
מִקְרֶה ז' case, occurrence, occasion, chance, event, happening
– בכל מקרה in any case
– במקרה by chance, accidentally
– במקרה ש- in case of, if
– יד המקרה chance, luck, fortune
– מקרה גבול borderline case
מַקְרוֹנִים (פַּסְטָה) ז"ר macaroni
מַקְרוֹקוֹסְמוֹס (יקום) ז' macrocosm
מִקְרִי ת' accidental, casual, chance
מִקְרִיּוּת נ' chance, coincidence
מַקְרִיחַ ת' bald, thin on top
מַקְרִין ת' horned, radiant, shining
מַקְרֵן ז' radiator, projector
מַקְרֵנָה נ' projector
מִקְרֶצֶת נ' lump of dough
מְקַרְקְעִין ז"ר realty, real estate
מְקָרֵר ז' refrigerator, *fridge
– מקרר הקפאה deepfreeze
מַקָּשׁ ז' key
– מקש הרווחים space bar
מִקְשָׁה נ' watermelon field
– במקשה אחת as a whole
מַקְשִׁיב ת' attentive, heedful
מְקַשֵּׁר ת' connecting, copulative
– מקשר ימני inside right
– מקשר שמאלי inside left
מִקְשָׁת ז' arcade
מַקֶּשֶׁת נ' minelayer
מַר ז' Mister, Mr.
מַר ת' bitter, acrimonious, acrid
– מר ונמהר very bitter

– מר נפש embittered, resentful
מ"ר = מטר מרובע square meter
מַרְאֶה ז' appearance, look, scene, sight, view, vision
– מראה מקום cross-reference
מַרְאָה נ' mirror, looking glass
– מראת תשקיף rearview mirror
מְרַאְיֵן ז' interviewer
מֵרֹאשׁ תה"פ in advance, ahead
מְרַאֲשׁוֹת נ"ר head of a bed
מֵרַב ז' maximum, utmost, top
מַרְבָד ז' carpet, tapestry
– מרבד קסמים magic carpet
מִרְבָּד ז' stratum, layer
מַרְבֶּה ת' much, great, doing much
– מרבה רגליים millepede
מְרַבִּי ת' maximal, maximum
מַרְבִּית נ' most, majority, best part
מִרְבָּץ ז' deposit, stratum, seam
מַרְבֵּק ז' fattening stable
מַרְגּוֹעַ ז' rest, repose, tranquility
מַרְגִּיז ת' annoying, irksome
מַרְגִּיעַ ת' relaxing, sedative
מְרַגֵּל ז' spy, *tail
מַרְגְּלוֹת נ"ר foot, bottom
מַרְגָּלִית נ' pearl, gem
מַרְגֵּמָה נ' mortar, catapult
מַרְגָּנִית (פרח) נ' pimpernel
מַרְגָּרִינָה נ' margarine, *marge
מַרְגָּשׁ ז' feeling, mood
מְרַגֵּשׁ ת' exciting, touching
מָרַד פ' rebel, revolt, mutiny, rise
מֶרֶד ז' mutiny, uprising, rebellion
מִרְדֶּה ז' honey collected
מַרְדֶּה ז' baker's shovel
מַרְדּוּת נ' punishment
– בן נעוות המרדות scoundrel
מַרְדִּים ת' narcotic, anesthetist
מַרְדָן ז' rebel, intractable
מַרְדָנוּת נ' rebelliousness
מַרְדֵּעַ ז' goad
מַרְדַּעַת נ' saddle cloth
מִרְדָּף ז' chase, pursuit
מָרָה פ' disobey, rebel, defy
מָרָה נ' bile, gall
– מרה שחורה melancholy, gloom
מַרְהִיב עַיִן ת' spectacular, gorgeous
מְרוּאיָן ז' interviewed

מְרוּבֶּה ת' much, numerous
מְרוּבָּע ז' quadrilateral, *square
מְרוּגָז ת' angry, enraged, *mad
מָרוּד ת' very (poor)
מְרוּדָד ת' flattened, beaten
מְרוֹהָט ת' furnished, fitted
מַרְוָה נ' sage, salvia
מַרְוֶה ת' quenching, slaking
מְרוָח ז' distance, space, span, gap, room, clearance
– מרווח זמן time-lag, interval
מְרוּוָּח ת' roomy, spacious, ample
מַרְוֵחַ ז' spacer
מְרוּחָק ת' remote, distant, far
מְרוּטָּשׁ ת' torn, shredded, ripped
מְרוּכָּז ת' compact, concentrated
מְרוּכָּך ת' softened, bombed
מָרוֹם ז' height, sky, heaven
מְרוּמֶּה ת' deceived, misled
מְרוּמָּז ת' hinted, implied, tacit
מְרוּמְזָר ת' having traffic lights
מְרוֹמִים ז"ר height, sky, heaven
מְרוֹמָם ת' high, exalted, elated
מְרוּסָּן ת' restrained, inhibited
מְרוּסָּס ת' sprayed, sprinkled
מְרוּסָּק ת' crushed, minced
מְרוּעֲנָן ת' refreshed, freshened
מְרוֹעָף ת' imbricate, tiled
מְרוּפָּט ת' shabby, tattered, ragged
מְרוּצָה נ' running, race, course
– במרוצת הימים in course of time
– מרוצת החיים race of life
מְרוּצֶּה ת' satisfied, pleased, content
– מרוצה מעצמו complacent, smug
מְרוּצּוּת נ' complacency, satisfaction
מְרוּצָּף ת' paved, tiled, floored
מְרוֹקָן ת' empty, drained, depleted
מָרוֹקָנִי ת' Moroccan
מְרוּקָּע ת' beaten, flattened, flat
מָרוֹר ז' bitter herb, horseradish
– האכיל מרורים tyrannize, oppress
– מרורים bitterness, bitter life
מְרוּשָּׁל ת' negligent, untidy, sloppy
מְרוּשָּׁע ת' vicious, cruel, sinister
מְרוֹשָּׁשׁ ת' impoverished, *broke
מְרוּשָּׁת ת' reticulate, netted
מָרוּת נ' authority, rule, obedience
מָרוּתִי ת' authoritative, lordly

מְרוּתָּק ת' confined, shut-in, bound, rapt, spellbound
מַרְזֵב ז' eaves, gutter, drainpipe
מָרַח פ' spread, daub, smear, *bribe
מֶרְחָב ז' space, expanse, scope
– מרחב מחיה living space
– מרחב פעולה elbowroom, leeway
מֶרְחָבִי ת' spatial, spacial
מַרְחִיק ת' going far, removing
– מרחיק לכת going far
– מרחיק ראות farseeing
מָרְחָן ז' dauber, *careless worker
מְרַחֶפָה נ' hovercraft
מֶרְחָץ ז' bath
– מרחץ דמים blood-bath, massacre
מֶרְחָק ז' distance, remote place
מַרְחֶשְׁוָן ז' Marheshvan (month)
מַרְחֶשֶׁת נ' frying pan, deep fryer
מָרַט פ' pluck, pull out, tear
– מרט עצבים irritate, fray nerves
מְרַטֵּט ז' vibrator
מַרְטִינִי (יי"ש וורמוט) ז' martini
מְרִי ז' mutiny, disobedience
מְרִיא ז' fatted ox, buffalo
מְרִיבָה נ' quarrel, broil, row
מְרִידָה נ' revolt, rebellion, mutiny
מֶרִידְיָאן (מצהר) ז' meridian
מָרִיוֹנֶטָה נ' marionette, puppet
מְרִיחָה נ' smearing, daub, lick, *bribe, careless work
מָרִיחוּאָנָה נ' marijuana, hemp
מְרִיטָה נ' plucking, tweak
– מריטת עצבים nerve-racking
מֵרִים ז' lifting, dactyl
– מרים משקולות weightlifter
מָרִינָה (מעגן יכטות) נ' marina
מָרִינס (נֶחָתִים) ז"ר marines corps
מְרִיצָה נ' wheelbarrow, barrow
מָרִיר ת' bitter, bittersweet
מְרֵירָה נ' gall, bitterness
מְרִירוּת נ' bitterness, ill feeling
מָרִישׁ ז' beam, rafter, joist
מָרִית נ' spatula, trowel, shovel
מֵרְכָאוֹת נ"ר inverted commas
– במרכאות so-called, pretended
– מרכאות כפולות quotation marks
מֶרְכָּב ז' mount, chassis, body, fuselage, cabinet, truck, bogie

מֶרְכָּבָה נ' carriage, chariot, coach
מִרְכּוּז ז' centralization, centralism
מַרְכּוֹל ז' supermarket, store
מַרְכּוֹלֶת נ' merchandise, goods
מִרְכֵּז פ' centralize, center, focus
מֶרְכָּז ז' center, middle, focus, core
– מרכז הכובד center of gravity
– מרכז קהילתי community center
מְרַכֵּז ז' organizer, center, pivot
מֶרְכָּזִי ת' central, middle, main
מֶרְכָּזִיּוּת נ' centrality
מֶרְכָּזִיָּה נ' telephone exchange
מֶרְכָּזָן ז' (switchboard) operator
מִרְכֶּזֶת נ' telephone exchange
מַרְכִּיב ז' component, constituent
מְרַכֵּךְ ז' softener
מִרְמָה נ' fraud, deceit, dishonesty
מַרְמוּטָה נ' dormouse, marmot
מַרְמֶלָדָה נ' marmalade
מִרְמָס ז' trampling, crushing
מָרָן ז' our teacher, rabbi
מְרַנֵּין ת' gladdening, delightful
מַרְס ז' March, Mars
מַרְסֵס ז' sprayer, spray gun
מַרְסֵק ז' masher
מִרְעֶה ז' pasture, pasturage, browse
מַרְעוֹם ז' fuse, fuze
מַרְעִים ת' thunderous, resounding
מַרְעִין בִּישִׁין ז"ר serious illnesses
מַרְעִית נ' flock, pasture, fold
מְרַעֲנֵן ת' refreshing, bracing
מַרְפֵּא ז' cure, remedy, medicine
מְרַפֵּא ת' curative, remedial, healer
– מרפא שיניים dentist
מִרְפָּאָה נ' clinic, infirmary
– מרפאת חוץ outpatient clinic
– מרפאת נשים antenatal clinic
מַרְפֵּד ז' pad, cushion
מַרְפֵּדִיָּה נ' upholsterer's shop
מִרְפֶּסֶת נ' balcony, porch, veranda, patio, terrace, gallery
מִרְפֵּק פ' elbow, nudge
מַרְפֵּק ז' elbow
מַרְפְּקָן ז' thruster, pusher
מְרַפְרֵף ת' superficial, browsing
מֶרֶץ ז' energy, vigor, drive, pep
– במרץ heartily, with a will
מֶרְץ ז' March
מַרְצֵדָה נ' mobile
מַרְצֶה ז' lecturer, reader, professor
מְרַצֵּחַ ז' murderer, killer, butcher
מַרְצִיפָּן ז' marzipan
מַרְצֵעַ ז' awl, bradawl, gimlet
מִרְצָף ז' pavement, paving
מְרַצֵּף ז' tiler, tile layer
מַרְצֶפֶת נ' flagstone, tile, pavement
מָרַק פ' polish, scour, rub up
מָרָק ז' soup, broth
מֶרֶק ז' putty, lute
מַרְקוֹע ז' biscuit, wafer
מֶרְקָחָה נ' commotion, mixture
מִרְקַחַת נ' jam, mixture
מַרְקִיז ז' marquis, marquess
מְרָקִית נ' soup bowl, tureen
מִרְקָם ז' fabric, texture, weave
מִרְקָע ז' screen, background
מַרְקֵקָה נ' cuspidor, spittoon
מַרְשׁ ז' march
– מרש אבל dead march
מַרְשֶׁה ז' client, lawyer's client
מַרְשִׁים ת' impressive, imposing
מִרְשָׁם ז' prescription, receipt, recipe, registration, formula
מִרְשָׁמָה נ' registry
מַרְשְׁמֶלוֹ (ממתק) ז' marshmallow
מִרְשַׁעַת נ' shrew, bitch, hag
מְרַשְׁרְשִׁים ז"ר paper money
מָרַת נ' Mrs., madam
מָרָתוֹן (מירוץ) ז' marathon
מַרְתּוֹק ז' door chain
מַרְתֵּחַ ז' boiler
מַרְתִּיעַ ת' deterrent, disincentive
מַרְתֵּף ז' cellar, basement, vault
מְרַתֵּק ת' thrilling, exciting
מָשׁ פ' move, stir, go away, stop
מַשָּׂא ז' burden, cargo, prophecy
– משא ומתן negotiation, debate
– משא נפש ideal, longing
מַשְׁאֵבָה נ' pump
– משאבת דלק gasoline pump
מַשְׁאַבִּים ז"ר resources, means
משא"ז=משמר אזרחי civil guard
מַשְׁאִיל ז' lender
מַשָּׂאִית נ' truck, lorry
– משאית רכינה dump truck
מִשְׁאָל ז' poll, referendum

– משאל דעת הקהל	opinion poll
– משאל עם	plebiscite, referendum
מִשְׁאָלָה נ'	request, wish, desire
מַשְׁאֵף ז'	inhaler, aspirator
מִשְׁאֶרֶת נ'	kneading trough, trough
מַשְׂאַת נֶפֶשׁ נ'	ideal, ambition
מַשָּׁב ז'	blow, breeze, gust, draft
מַשְׂבִּיעַ ת'	satisfying, satiating
– משביע רצון	satisfactory
מַשְׁבִּית שִׂמְחָה ז'	spoilsport, damper
מִשְׁבֶּצֶת נ'	square, setting, mount
מַשְׁבֵּר ז'	crisis, critical stage
מִשְׁבָּר ז'	breaker, wave, billow
מִשְׂגָּב ז'	fortress, safety, shelter
מִשְׁגֶּה ז'	mistake, error, blunder
מַשְׁגּוֹחַ ז'	monitor
מִשְׁגּוֹר ז'	consignment, shipment
מַשְׁגִּיחַ ז'	inspector, supervisor
מִשְׁגָּל ז'	intercourse, coitus
מְשַׁגֵּעַ ת'	maddening, *terrific
מַשְׁגֵּר ז'	launcher
מְשַׁגֵּר ז'	consignor, sender, shipper
מְשַׂגְשֵׂג ת'	prosperous, thriving
מַשְׂדֵּדָה נ'	harrow, drag
מִשְׁדָּר ז'	broadcast, program
מַשְׁדֵּר ז'	transmitter
מָשָׁה פ'	draw out, pull, fish up
מַשֶּׁהוּ ז'	something, aught, bit
*– משהו כמו–	something like-
*– משהו משהו!	wonderful!, great!
מַשֶּׁהוּ תה"פ	slightly, somewhat
מַשּׂוֹא פָּנִים ז'	partiality, bias, favor
מַשּׂוּאָה נ'	beacon, fire signal
מָשׁוֹב ז'	feedback
מְשׁוֹבֵב נֶפֶשׁ ת'	reviving, delightful
מְשׁוּבָה נ'	mischief, folly
מְשׁוּבָּח ת'	excellent, praised, choice
מְשׁוּבָּע ז'	heptagon
מְשׁוּבָּץ ת'	checked, inlaid, placed
מְשׁוּבָּשׁ ת'	malfunctioning, out of order, incorrect, impaired
מְשׁוּגָּע ת'	crazy, insane, mad, *nuts
– משוגע ל-	mad about, *nuts about
*– משוגע על כל הראש	crazy
מְשׁוּגָּר ת'	sent, shipped, launched
מְשׁוּדָּר ת'	broadcast, transmitted
מִשְׁוָואָה נ'	equation
מַשְׁוֶוה ז'	equator, equalizer
מַשְׁוָון ז'	equator
מַשְׁוָונִי ת'	equatorial, comparative
מְשַׁוֵּועַ ת'	crying, shocking
מְשַׁוֵּוק ז'	marketer, distributor
מִשְׁוֶורֶת נ'	stirrup
מָשׁוּחַ ת'	anointed, smeared, oiled
מְשׁוּחָד ת'	prejudiced, biased
מְשׁוּחְזָר ת'	reconstructed, restored
מְשׁוּחְרָר ת'	free, released, liberated
– משוחרר בערבות	out on bail
מָשׁוֹט ז'	oar, paddle, scull
מְשׁוֹטַאי ז'	oarsman, sculler
מְשׁוֹטֵט ז'	wanderer, rambler
מָשׁוּךְ ת'	drawn, stretched, pulled
מְשׂוּכָה נ'	hurdle, hedge, palisade
מְשׁוּכְלָל ת'	elaborate, perfect
– מצולע משוכלל	regular polygon
מְשׁוּכָּן ת'	housed, put up
מְשׁוּכְנָע ת'	convinced, positive
מְשׁוּכְפָּל ת'	duplicate, reproduced
מָשׁוּל ת'	resembling, tantamount
מְשׁוּלָּב ת'	linked, combined
מְשׁוּלְהָב ת'	excited, aflame
מְשׁוּלָּח ת'	envoy, sent away
– משולח רסן	unrestrained
מְשׁוּלָּט ת'	signposted
מְשׁוּלָּל ת'	lacking, without
מְשׁוּלָּשׁ ז'	triangle, triple, triangular
– משולשים דומים	similar triangles
מִשּׁוּם מ"י	more or less, sort of
– משום מה	for some reason
– משום ש–	because, since, as
מְשׁוּמָּד ז'	convert, apostate
מְשׁוּמָּן ז'	octagon, lubricated
מְשׁוּמָּר ת'	preserved, canned
מְשׁוּמָּשׁ ת'	used, secondhand, old
מְשׁוּנֶּה ת'	strange, odd, queer
מְשׁוּנּוּת נ'	strangeness, oddity
מְשׁוּנָּן ת'	toothed, jagged, serrated
מְשׁוּסָּע ת'	interrupted, torn, split
מְשׁוּעְבָּד ת'	mortgaged, enslaved
מְשׁוּעֲמָם ת'	bored, weary
מְשׁוֹעָר ת'	supposed, estimated
מְשׁוּעֲשָׁע ת'	amused, diverted
מָשׁוֹף ז'	rasp, file
מְשׁוּפָה נ'	wire cleaner, scourer
מְשׁוּפֶּה ת'	planed, polished, smooth
מְשׁוּפָּם ת'	moustached, whiskered

מְשׁוּפָּע ת' slanting, sloping, inclined, abundant, rich, plentiful
מְשׁוּפָּץ ת' repaired, reconditioned
מְשׁוּפָּר ת' improved, bettered, rich
מְשׁוּפְשָׁף ת' rubbed, worn, experienced, seasoned
מְשׁוּקְלָל ת' weighted
מְשׁוּקָם ת' rehabilitated
מְשׁוּקָע ת' immersed, sunk
מְשׁוּקָץ ת' repulsive, disgusting
מַשּׂוֹר ז' saw
מְשׁוּרְבָּב ת' misplaced, put in
מְשׁוּרְבָּט ת' scratchy, scribbled
מְשׂוּרָה נ' measuring cup
מְשׁוּרווָּל ת' sleeved
מְשׁוּרְטָט ת' drawn, sketched
– שיק משורטט crossed check
מְשׁוּרְיָין ת' armored, earmarked
מְשׁוֹרֵר ז' poet, lyricist
מְשׁוֹרָשׁ ת' uprooted, weeded out
מָשׁוֹשׁ ז' antenna (of an insect)
מָשׂוֹשׂ ז' gladness, joy
מְשׁוּשֶּׁה ז' hexagon
מְשׁוֹשָׁה נ' aerial, antenna
מְשׁוּתָּף ת' common, joint, mutual
– משותף מרכז concentric
מְשׁוּתָּק ת' paralyzed, palsied, numb
מִשְׁזָר ז' intertwining, texture
מָשַׁח פ' anoint, oil, smear
מִשְׂחֶה ז' swimming (race)
מִשְׁחָה נ' cream, salve, ointment
– משחת גילוח shaving cream
– משחת נעליים shoe polish
– משחת שיניים toothpaste
מִשְׁחוֹלֶת נ' pull-through
מַשְׁחֵז ז' sharpener
מַשְׁחֵזָה נ' grinding machine
מַשְׁחֶזֶת נ' grinder, sharpener
מִשְׁחָטָה נ' slaughterhouse
מַשְׁחֶלֶת נ' needle threader
מִשְׂחָק ז' match, game, play, performance, acting, pretending
– משחק בית parlor game
– משחק גומלין return match
– משחק הוגן fair play
– משחק הרכבה jigsaw puzzle
– משחק זוגות doubles
– משחק חוץ away match
– משחק ילדים *piece of cake, child's play, pushover
– משחק מחשב computer game
– משחק מלים pun, word-play
– משחקי גמר finals
– משחקי מזל gambling
מְשַׂחֵק ז' actor, player, at play
מִשְׂחָקוֹן ז' game
מְשַׁחְרֵר ז' liberator, deliverer
מַשְׁחֶתֶת נ' destroyer
מַשָּׁט ז' cruise, voyage, sail, flotilla
מִשְׁטוּר ז' regimentation
מִשְׁטָח ז' surface, plane, level, pallet
– משטח (ברפואה) smear
– משטח בישול cooking surface
מִשְׁטָחִית נ' platform (truck)
מַשְׂטֵמָה נ' hatred, enmity, odium
מִשְׁטָפָה נ' washery, sluice
מִשְׁטֵר פ' regiment, discipline
מִשְׁטָר ז' regime, rule, reign
– משטר צבאי martial law
מִשְׁטָרָה נ' police, *fuzz
– משטרה צבאית military police
מִשְׁטַרְתִּי ת' police
מֶשִׁי ז' silk
מֵשִׁיב ז' respondent, returning
מְשִׁיבוֹן ז' answering machine
מַשִּׂיג ז' reacher, achiever, objector
מָשִׁיחַ ז' Messiah
מְשִׁיחָה נ' anointment, cord, twine
מְשִׁיחִי ת' messianic
מְשִׁיחִיּוּת נ' messianism
מִשְׁיִי ת' silken, silk, silky
מִשְׁיֶרֶת נ' slop bowl, slop basin
מְשִׁיכָה נ' attraction, appeal, draw, dragging, pull, tug
– משיכה מינית sex appeal
– משיכת חבל tug-of-war
– משיכת יתר overdraft
– משיכת כתפיים shrug
מְשִׂימָה נ' assignment, mission, task
מְשִׁיסָה נ' loot, plunder
מַשִּׁיק ז' tangent, tan
מַשִּׁיר עָלִים נ' defoliant
מָשִׁישׁ ת' touchable, palpable
מָשַׁךְ פ' drag, draw, pull, attract
– משך אותו באף lead by the nose
– משך בחוטים pull strings

משך ידו – withdraw, back out
משך כסף – withdraw money
משך תשומת-לב – draw attention
משך ז' duration, extent, length
משך זמן – period of time, duration
משכב ז' bed, lying
משכב זכר – homosexuality
משכון ז' pawn, security, pledge
משכון ז' pawning, mortgaging
משכונאי ז' pawnbroker, *uncle
משכורת נ' salary, wage, pay
משכיל ז' scholar, intellectual
משכים (קום) ז' early riser
משכיר ז' renter, lessor
משכית נ' locket, ornament
משכך ת' placatory, soothing
משכך כאבים – pain-killer
משכל ז' intelligence
משכן פ' mortgage, pawn, pledge
משכן ז' dwelling place, tabernacle
משכנות עוני – slums, *skid row
משכנע ת' convincing, persuasive
משכנתה נ' mortgage
משכר ת' intoxicating, inebriating
משל פ' rule, govern, dominate
משל ברוחו – collect oneself
משל ז' allegory, fable, proverb, parable, example
משל ושנינה – laughing stock
משלב ז' drive
משלב ז' register, stop
משלבת נ' monogram, ligature
משלה ת' delusive, illusive, illusory
משלוח ז' shipment, delivery
משלוש ז' trinity, trio, triplet
משלח יד ז' calling, occupation
משלחת נ' delegation, expedition, mission, deputation
משלט ז' commanding post
משלי ת' allegorical, parabolical
משלי (בתנ"ך) Proverbs
משלים ז' complement
משלפת נ' hemstitch
משלשל ת' laxative, aperient
משמוע ז' disciplining
משמוש ז' touching, feeling
משמיץ ת' slanderous, libelous
משמנים ז"ר delicacies, dainties

משמע פ' discipline, regiment
משמע ז' hearing, ear
משמע ז' meaning, sense
משמע ש- תה"פ hence, therefore
משמעות נ' meaning, sense, purport, significance, import
משמעותי ת' meaningful, significant
משמעי ת' significant, meaningful
משמעת נ' discipline, obedience
משמעתי ת' disciplinary
משמר ז' escort, guard, watch
משמר אזרחי – militia, civil guard
משמר הגבול – border police
משמר כבוד – guard of honor
משמרת נ' shift, guard, watch
משמרת לילה – night shift
משמרת נ' colander, strainer
משמש פ' feel, touch, grope
ממשמש ובא – imminent, coming
משמש ז' apricot
משמש ת' serving, functioning
משנה ז' twice, double, vice-, sub-
דודן משנה – second cousin
משנה זהירות – great care
משנה למלך – viceroy
משנה נ' Mishnah, doctrine
משני ת' secondary, minor
משנק ת' choke, throttle
משעבד ז' enslaver, mortgagor
משעול ז' path, alley, lane
משעמם ת' boring, dull, *drip
משען ז' support, rest, stay, buttress
משען ז' support, staff, brace
משענה נ' support, staff, brace
משענת נ' staff, stick, support, rest, arm, crutch, prop
משענת גב – backrest
משענת קנה רצוץ – broken reed
משענת ראש – headrest
משענת רגל – footrest
משעשע ת' entertaining, amusing
משפחה נ' family, *folks
משפחה אומנת – foster family
משפחתון ז' nursery, foster family
משפחתי ת' domestic, family, home
משפט ז' judgement, trial, case, law, sentence, clause, theorem
למד משפטים – study law

- משפט לינץ׳ lynch law
- משפט צבאי court martial
- משפט קדום prejudice, bias

מִשְׁפָּטִי ת׳ judicial, legal, forensic
מִשְׁפְּטָן ז׳ jurist, expert in law
מַשְׁפִּיל ז׳ anapest, humiliating
מַשְׁפֵּךְ ז׳ funnel, rose
מַשְׁפֶּת ז׳ hotplate, plate
מֶשֶׁק ז׳ farm, economy, grange
- משק בית household, housework
- משק החי livestock, stock

מַשָּׁק ז׳ noise, rustle, whirr
מש״ק=מפקד שאינו קצין NCO, noncommissioned officer
מַשְׁקֶה ז׳ beverage, drink, liquor
- משקה חריף strong drink
- משקה קל soft drink

מִשְׁקוֹלָן ז׳ weightlifter
מִשְׁקוֹלֶת נ׳ weight, plummet, sinker
- משקולת יד dumbbell

מַשְׁקוֹף ז׳ crossbar, lintel, transom
מִשְׁקִי ת׳ economic, farm
מַשְׁקִיעַ ז׳ investor
מַשְׁקִיף ז׳ observer, onlooker
מִשְׁקָל ז׳ weight, rhyme, meter
- משקל בינוני middleweight
- משקל זבוב flyweight
- משקל חצי בינוני welterweight
- משקל כבד heavyweight
- משקל נוצה featherweight
- משקל סגולי specific gravity
- משקל קל lightweight
- משקל תרנגול bantamweight
- משקל תת כבד light heavyweight

מִשְׁקָע ז׳ deposit, sediment
- משקעים precipitation, rainfall

מִשְׁקָף ז׳ monocle
מַשְׁקֵף ז׳ oscilloscope
*מִשְׁקָפוֹפֶר ז׳ four-eyes
מִשְׁקָפַיִם ז״ר glasses, spectacles
- משקפי חוטם pince-nez
- משקפי מגן goggles
- משקפי שמש sunglasses, *shades

מִשְׁקֶפֶת נ׳ binoculars, spyglass
- משקפת תיאטרון opera glasses

מִשְׂרָד ז׳ department, ministry, office, bureau
- משרד האוצר Treasury, Ministry of Finance
- משרד הביטחון Defense Ministry
- משרד החוץ Foreign Office, Foreign Affairs Ministry
- משרד המשפטים Justice Ministry
- משרד הפנים Ministry of the Interior, Home Office
- משרד התחבורה Ministry of Transport

מִשְׂרָדִי ת׳ office, departmental
מִשְׂרָדָנוּת נ׳ bureaucracy
מִשְׂרָדָנִי ת׳ bureaucratic
מִשְׂרָה נ׳ job, post, position, *billet
מַשְׁרוֹקִית נ׳ whistle, pipe
מְשַׂרְטֵט ז׳ draftsman, designer
מַשְׁרָן ז׳ inductor
מִשְׂרַעַת נ׳ amplitude
מִשְׂרָפָה נ׳ crematorium
מִשְׂרֶפֶת נ׳ incinerator
מְשָׁרֵת ז׳ servant, attendant, page
- משרת ראשי butler

מְשָׁרֶתֶת נ׳ maidservant, maid
מִשְׁתֶּה ז׳ banquet, feast, *booze-up
מִשְׁתּוֹקֵק ת׳ anxious, longing, eager
מַשְׁתִּיק קול ז׳ silencer, muffler
מִשְׁתָּלָה נ׳ plant nursery, nursery
מִשְׁתַּמֵּט ז׳ evader, truant, dodger
מִשְׁתַּמֵּשׁ ז׳ user
מַשְׁתֵּן ז׳ urinal, urine pot, *po
מִשְׁתַּנֶּה ז׳ variable, changeable
מִשְׁתָּנָה ז׳ urinal
מְשַׁתֵּף פְּעוּלָּה ז׳ collaborator
מַשְׁתֵּק ז׳ silencer, muffler
מַשְׁתֵּת ז׳ subsoil plow
מִשְׁתַּתֵּף ז׳ participant, partaker
מֵת פ׳ die, pass away, perish
מֵת ת׳ dead, deceased, dying
*- מת על potty about, keen on

מִתְאַבֵּד ז׳ suicide (committer)
מְתַאֲבֵן ז׳ appetizer, hors d'oeuvre
מִתְאַבֵּק ז׳ wrestler
מִתְאַגְרֵף ז׳ boxer, pugilist, *pug
מַתְאִים ת׳ appropriate, fit, suitable, proper, corresponding
*- מתאים לו ל- it's like him to-

מַתְאִימוֹן ז׳ concordance
מִתְאַכְסֵן ז׳ boarder, hosteler
מַתְאֵם ז׳ adapter, fitting, adjuster

מְתָאָם ז' symmetry, correlation
מִתְאַמֵּן ז' trainee, practicing
מִתְאָר ז' contour, outline
מִתְבַּגֵּר ז' adolescent, pubescent
מתבודד ז' recluse, hermit, loner
מתבולל ז' assimilator
מתבונן ז' observer, watcher
מִתְבַּיֵּשׁ ת' ashamed, shy
מִתְבָּל ז' ketchup, catsup, catchup
מַתְבֵּן ז' barn, hayloft
מֶתֶג ז' switch, button, bit, bacillus
- מתג עמעום dip switch
מִתְגּוֹשֵׁשׁ ז' wrestler
מִתְגַּנֵּב ת' furtive, surreptitious
מִתְגָּרֶה ת' aggressive, provocative
מִתְדַּיֵּן ז' litigant, suer
מְתַדְלֵק ז' petrol station attendant
מְתוֹאָם ת' coordinated
מְתוֹאָר ת' described, depicted
מְתוֹאֲרָךְ ת' dated, assigned a day
מְתוּבָּל ת' seasoned, spicy, flavored
מֶתּוֹדָה נ' method, way, process
מֶתּוֹדִי ת' methodical, systematic
מִתְוֶה ז' outline, sketch
מְתַוֵּךְ ז' arbitrator, broker, mediator, agent
מְתוּזְמָן ת' timed, scheduled
מָתוּחַ ת' tense, stretched, nervous
מְתוּחְזָק ת' maintained, kept
מְתוּחְכָּם ת' sophisticated, subtle
מְתוּיָּק ת' on file, filed
מִתּוֹךְ מ"י out of, from, since
מִתּוֹךְ הַכַּף ז' metacarpus
מִתּוֹךְ הָרֶגֶל ז' metatarsus
מְתוּכְנָן ת' planned, designed
מְתוּכְנָת ת' programmed
מְתוּלָּע ת' maggoty, wormy, grubby
מְתוּלְתָּל ת' curly, frizzy, wavy
מְתוֹם ז' perfection
- אין בו מתום mass of bruises
מְתוּמָן ז' octagon
מְתוּמְצָת ת' summarized
מְתוּמְרָר ת' signposted
מָתוּן ת' moderate, temperate, slow
- מתון מתון gently, moderately
מְתוּסְבָּךְ ת' having complexes
מְתוּסְכָּל ת' frustrated, foiled
מְתוֹעָב ת' abominable, detestable

מְתוֹעָד ת' documented, recorded
מְתוֹפֵף ז' drummer
מָתוֹק ת' sweet, sugary, saccharine
מְתוּקָּן ת' repaired, proper, decent
מְתוּקְנָן ת' standardized
מְתוּרְבָּת ת' civilized, cultured
מְתוּרְגָּל ת' trained, accustomed
מְתוּרְגָּם ת' translated, rendered
מְתוּרְגְּמָן ז' interpreter, translator
מְתוֹרָץ ת' explained, accounted for
מָתַח פ' stretch, strain, extend, pull his leg, hoax, *kid
- מתח ביקורת criticize
- מתח קו draw the line
מֶתַח ז' voltage, tension, suspense, horizontal bar
מַתְחֵב ז' rammer, ramrod
מִתְחַזֶּה ת' fake, impostor, quack
מַתְחֵחָה נ' cultivator
מַתְחִיל ז' beginner, incipient
מִתְחַכֵּם ת' joking, *wise guy
מִתְחַלֶּה ז' malingerer
מִתְחַלֵּף ת' changeable, alternating
מִתְחַלֵּק ת' divisible, split
מִתְחָם ז' defined area, zone
מִתְחַמֵּק ת' evasive, dodger
מִתְחַנְחֵן ת' coquettish, affected
מִתְחַסֵּד ת' hypocrite, goody-goody
מִתְחָרֶה ז' competitor, rival
מִתְחַשֵּׁב ת' considerate, regardful
מִתַּחַת מ"י beneath, below, under
- מתחת לכל ביקורת very bad
מָתַי תה"פ when, whenever
*- מתי ש- when, at the time that
מְתֵי מִסְפָּר ז"ר few people
מָתִיחַ ת' elastic, extensible, stretchy
מְתִיחָה נ' stretch, hoax, *leg-pull
- מתיחות ביקורת criticism
מְתִיחוּת נ' stress, tension
מִתְיַיהֵד ז' convert to Judaism
מִתְיַיוֵּן ז' Hellenist
מִתְיַישֵּׁב ז' settler, colonist, reconcilable, compatible
מְתִינוּת נ' moderation, slowness
מְתִיקָה נ' sweet, candy
- מיני מתיקה sweets, delicacies
מְתִיקוּת נ' sweetness
מַתִּירָנוּת נ' permissiveness

permissive, lenient מַתִּירָנִי ת'
sometime, someday *מָתִישֶׁהוּ תה"פ
washable מִתְכַּבֵּס ת'
intentional, meaning מִתְכַּוֵּן ת'
adjustable, tuneable מִתְכַּוְונֵן ת'
prescription, recipe, receipt, formula מַתְכּוֹן ז'
standard, form, pattern, proportion, amount מַתְכּוֹנֶת נ'
proportional מַתְכּוּנְתִּי ת'
expendable, perishable מִתְכַּלֶּה ת'
planner, designer מְתַכְנֵן ז'
programmer מְתַכְנֵת ז'
metal מַתֶּכֶת נ'
correspondent מִתְכַּתֵּב ז'
metallic, brazen, tinny מַתַּכְתִּי ת'
bimetallic – דו מתכתי
hanger, hook, rail, rack מַתְלֶה ז'
towel rack – מתלה מגבות
suspension מִתְלֶה ז'
escarpment, scarp, crag מַתְלוּל ז'
complainant, whiner מִתְלוֹנֵן ז'
drill, ridging plow מַתְלֵם ז'
learner, autodidact מִתְלַמֵּד ז'
inflammable, hot-tempered מִתְלַקֵּחַ ת'
trainee, specializing מִתְמַחֶה ז'
mathematical מָתֶמָטִי ת'
mathematician מָתֶמָטִיקַאי ז'
mathematics, *maths מָתֶמָטִיקָה נ'
assiduous, diligent, ceaseless, persistent, steady מַתְמִיד ת'
surprising, puzzling מַתְמִיהַּ ת'
buttress, brace, truss מִתְמָד ז'
addict, *junkie מִתְמַכֵּר (לסמים) ז'
transducer, converter מַתְמֵר ז'
giving, bestowal, present מַתָּן ז'
methane מֶתָן ז'
objector, opponent מִתְנַגֵּד ז'
oscillator מַתְנֵד ז'
volunteer מִתְנַדֵּב ז'
gift, present, offering מַתָּנָה נ'
term מַתְנֶה ז'
decadent, degenerate מִתְנַוֵּן ת'
settler, colonist מִתְנַחֵל ז'
mobile, self-propelled מִתְנַיֵּיעַ ת'
youth center מתנ"ס
starter, kick-starter מַתְנֵעַ ז'

apologetic, regretful מִתְנַצֵּל ת'
assassin, *hit man מִתְנַקֵּשׁ ז'
rising, arrogant, haughty מִתְנַשֵּׂא ת'
lumbago מַתֶּנֶת נ'
frustrating מְתַסְכֵּל ת'
misleading, delusive מַתְעֶה ת'
gymnast, exercising מִתְעַמֵּל ז'
interested, curious מִתְעַנְיֵין ת'
insistent, pressing מִתְעַקֵּשׁ ת'
bettor, meddler מִתְעָרֵב ז'
misleading, delusive מְתַעְתֵּעַ ת'
boastful, ostentatious מִתְפָּאֵר ת'
prayer, worshiper מִתְפַּלֵּל ז'
philosophizer מִתְפַּלְסֵף ת'
grip מִתְפָּס ז'
counted in a census מִתְפַּקֵּד ת'
sewing workshop מִתְפָּרָה נ'
misbehaved, violent מִתְפָּרֵעַ ת'
intruder, impulsive מִתְפָּרֵץ ז'
dart מִתְפֶּרֶת (פֶּנֶס) נ'
winding, snaky מִתְפַּתֵּל ת'
be sweet, be tasty מָתַק פ'
circuit breaker מַתֵּק ז'
honeyed words מֶתֶק שְׂפָתַיִים ז'
acceptable, admissible מִתְקַבֵּל ת'
conceivable – מתקבל על הדעת
advanced, modern מִתְקַדֵּם ת'
up in arms, rebel מִתְקוֹמֵם ת'
attacker, assailant מַתְקִיף ז'
glycerin מִתְקִית נ'
apparatus, device, unit, appliance, installation, plant מִתְקָן ז'
mender, reformer, repairer מְתַקֵּן ז'
impulse, impetus מִתְקָף ז'
offensive, attack מִתְקָפָה נ'
offensive, attacking מִתְקָפִי ת'
collapsible, foldaway מִתְקַפֵּל ת'
sweetish, sugary מְתַקְתַּק ת'
release, release button מַתֵּר ז'
translator, interpreter מְתַרְגֵּם ז'
rising, *homosexual מִתְרוֹמֵם ת'
bather מִתְרַחֵץ ז'
fundraiser, collector מַתְרִים ז'
barricade מִתְרָס ז'
servile, obsequious מִתְרַפֵּס ת'
negligent, careless מִתְרַשֵּׁל ת'
gift, present מַתָּת נ'
godsend, windfall – מתת אל

נ

נָא ת' rare, raw, half-done
נָא מ"ק please, pray
נֶאֱבַד פ' be lost, be missing
נֶאֱבַק פ' fight, struggle, wrestle
נֶאֱגַר פ' be stored, be accumulated
נֹאד ז' waterskin, water bag, *fart
נָאֶה ת' fine, nice, good-looking
– נאה דורש ונאה מקיים as good as one's promise
נָאֱהָב ג' beloved, lovely, lover
נָאוֶה ת' beautiful, pretty
נְאוּם ז' address, speech, lecture
נָאוֹר ת' enlightened, civilized
נְאוֹרוּת נ' enlightenment
נֵאוֹת פ' agree, consent, acquiesce
נָאוֹת ת' proper, decent, fit
נְאוֹת מִדְבָּר נ"ר oasis, pastures
נְאוֹתוּת נ' propriety, decency
נֶאֱחַז פ' cling, be held, hold on
נֶאֱטַם פ' be sealed, be closed
נָאִיבִי ת' naive, credulous
נָאִיבִיּוּת נ' naivete, simplicity
נֶאֱכַל פ' be eaten, be consumed
נֶאֱלָח ת' dirty, loathsome, nasty
נֶאֱלָם ת' dumbfounded, silent
– נאלם דום be struck dumb
נֶאֱלַץ פ' be forced, be compelled
נָאַם פ' deliver a speech, preach
נֶאֱמַד פ' be estimated, be appraised
נֶאֱמָן ת' faithful, loyal, trustee
נֶאֱמָנָה תה"פ true, honestly, really
נֶאֱמָנוּת נ' loyalty, trusteeship
נֶאֱמַר פ' be said, be told
– הנאמר לעיל aforementioned
*נְאֻמַּת נ' speechifying
נֶאֱנַח פ' sigh, moan, groan
נֶאֱנַס פ' be forced, be raped
נֶאֱנַק פ' sigh, groan, moan
נֶאֱסַף פ' be collected, be gathered
– נאסף אל אבותיו gathered to his fathers , die
נֶאֱסַר פ' be arrested, be forbidden
נָאַף פ' commit adultery, womanize

נַאֲפוּפִי ת' adulterous, promiscuous
נַאֲפוּפִים ז"ר adultery, promiscuity
נֶאָצָה נ' blasphemy, swearword
נָאצִי ז' Nazi
נֶאֱצַל ת' ennobled, bestowed
נָאַק פ' sigh, groan, moan
נְאָקָה נ' sigh, groan, moan
נָאקָה נ' female camel
נֶאֱרַג פ' be woven, be webbed
נֶאֱרַז פ' be packed, be packaged
נֶאֱשַׁם פ' be charged, be accused
נֶאֱשָׁם ז' accused, culprit, defendant
נ"ב = נכתב בצד postscript, NB
נִבְאַשׁ פ' stink, become odious
נֶבֶג ז' spore
נִבְדָּל ת' offside, separate, different, distinct, segregated
– לא בעמדת נבדל onside
נִבְדַּק פ' be examined, be checked
נִבְהַל פ' be frightened, be scared
נְבוּאָה נ' prediction, prophecy
נְבוּאִי ת' prophetic, oracular
נָבוּב ת' hollow, empty, vacuous
*נַבּוּט ז' club, baton, truncheon
נָבוֹךְ ת' confused, bewildered
נָבוֹן ת' wise, intelligent, sensible
נְבוֹנוּת נ' understanding, wit
נִבְזֶה ת' contemptible, mean
נִבְזוּת נ' meanness, villainy
נִבְזִי ת' despicable, mean, nasty
נָבַח פ' bark, bay, yelp, yap
נִבְחַן פ' be examined, be tested
נִבְחָן ז' candidate, examinee
נַבְחָן ז' barker, dog
נִבְחָר ת' chosen, elect, picked, selected, representative
נִבְחֶרֶת נ' team, selected team
נָבַט פ' germinate, sprout, shoot
נֶבֶט ז' bud, sprout, germ
נָבִיא ז' prophet, seer, predictor
נְבִיאָה נ' prophetess, sibyl
נְבִיאִים (בתנ"ך) Prophets
נְבִיבוּת נ' hollowness, emptiness
נְבִיחָה נ' barking, bark, bay, yelp
נְבִיטָה נ' germination, sprouting
נְבִילָה נ' withering, decay
נְבִיעָה נ' emanation, flow, gush
נְבִירָה נ' burrowing, carping

נֶבֶךְ ז'	depth, recess, nadir
נָבַל פ'	wither, decay, wilt, wizen
נָבָל ז'	blackguard, villain, rascal
נֶבֶל ז'	harp, lyre
נַבְלַאי ז'	harpist
נְבָלָה נ'	outrage, crime, evil
נְבֵלָה נ'	carcass, carrion, *swine
נִבְלַם פ'	be curbed, be checked
נִבְלַע פ'	be swallowed, disappear
נִבְנָה פ'	be built, be established
נָבַע פ'	result, stem, flow, gush forth
נִבְעָה פ'	be disclosed, be revealed
נִבְעַט פ'	be kicked
נִבְעֲלָה פ'	have sex
נִבְעָר ת'	ignorant, silly, stupid
נִבְעַת פ'	be frightened, startle
נִבְצַר פ'	be unable, be difficult
נִבְקַע פ'	be split, be broken
נָבַר פ'	burrow, dig, carp, seek
נִבְרָא פ'	be created, be formed
נַבְרָן ז'	vole, field mouse
נִבְרַר פ'	be selected, be chosen
נִבְרֶשֶׁת נ'	chandelier, luster
נִגְאַל פ'	be saved, be redeemed
נֶגֶב ז'	south, the Negev
נִגְבָּה פ'	be collected, be charged
נֶגְבָּה תה"פ	southwards, south
נָגַד פ'	be against, oppose
נַגָּד ז'	resistor, sergeant, sergeant-major
נֶגֶד מ"י	against, versus, opposite
– נגד השעון	counterclockwise, anti-clockwise, against time
– נגד טנקים	antitank
– נגד מטוסים	antiaircraft
נֶגְדִּי ת'	opposite, contrary
נִגְדַּע פ'	be cut off, be removed
נָגַהּ פ'	shine, glow, shimmer
נָגוֹז פ'	disappear, vanish
נָגוֹל פ'	be rolled, be lifted, unfold
נָגוּעַ ת'	infected, stricken, having
נִגְזָל ת'	robbed, *mugged
נִגְזָר ת'	cut, derived, determined, destined, fated, decreed
נִגְזֶרֶת נ'	derivative
נָגַח פ'	gore, butt, ram, head
נַגְחָן ז'	butting, goring
נֶגְטִיב (תַּשְׁלִיל) ז'	negative
נֶגָטִיבִי (שלילי) ת'	negative
נָגִיד ז'	director, governor, rector
נְגִיחָה נ'	goring, butt, header
נְגִינָה נ'	music, playing, melody, stress, accent
– נגינת ביניים	intermezzo
נְגִיסָה נ'	bite, biting, morsel, nibble
נְגִיעָה נ'	touch, dab, connection
נְגִיעוּת נ'	infection, contagion
נָגִיף ז'	virus, *bug
נְגִיפִי ת'	viral
נָגִישׁ ת'	accessible, approachable
נְגִישָׂה נ'	oppression, persecution
נְגִישׁוּת נ'	accessibility, openness
נִגְלָה פ'	be revealed, appear
*נַגְלָה נ'	round, circuit, travel
נִגְלַל פ'	be rolled, unfold, be folded
*נִגְמַז פ'	be criticized, be blasted
נִגְמַל פ'	be weaned, *kick the habit
נִגְמַר פ'	end, finish, be over
נגמ"ש	armored troop vehicle, APC
נַגָּן ז'	player, instrumentalist
– נגן ראשי	leader, concertmaster
נִגְנַב פ'	be stolen, *be lifted
נִגְנַז פ'	be hidden, be shelved
נָגַס פ'	bite off, nibble
נָגַע פ'	touch, adjoin, brush
– נגע ל-	concern, regard, relate to
– נגע ללב	affect, touch, be moved
נֶגַע ז'	plague, disease, fault
נָגַף פ'	beat, strike, smite
נֶגֶף ז'	obstacle, plague, pestilence
נַגָּר ז'	carpenter, cabinetmaker
נַגָּרוּת נ'	carpentry, woodwork
– נגרות בניין	joinery
נַגָּרִיָּה נ'	carpenter's shop
נִגְרַם פ'	be caused, be effected
נִגְרַע פ'	be diminished, be reduced
נִגְרַר פ'	be dragged, be towed
נִגְרָר ז'	trailer
נִגְרֶרֶת נ'	trailer
נָגַשׂ פ'	oppress, persecute, hector
נָד פ'	roam, wander, shake, lament
נֵד ז'	wall, heap, bank
נָדַב פ'	donate, contribute, present
נְדָבָה נ'	charity, alms, donation
נִדְבָּךְ ז'	layer, course, tier, prop
נַדְבָן ז'	philanthropist, giver

נַדְבָנוּת נ'	philanthropy, largess
נִדְבַּק פ'	stick, be glued, be infected
נִדְבַּר פ'	talk, communicate, agree
נָדַד פ'	roam, wander, travel
- נדדה שנתו	couldn't sleep
נִדְהַם פ'	be amazed, be taken aback
נְדוּדִים ז"ר	wandering
- נדודי שינה	insomnia
נָדוֹן פ'	be discussed, be sentenced
- הנדון	in question, the subject
נְדוּנְיָה נ'	dower, dowry, dot
נָדוֹשׁ ת'	banal, hackneyed, trite
נְדוֹשׁוּת נ'	banality, triteness
נִדְחָה פ'	be postponed, be rejected
נִדְחַס פ'	be compressed, be crowded
נִדְחַף פ'	push oneself, shove
נִדְחַק פ'	intrude, push, squeeze
נָדִיב ת'	generous, liberal, donor
- נדיב לב	bounteous, openhearted
נְדִיבוּת נ'	generosity, liberality
- נדיבות לב	benevolence, charity
נְדִידָה נ'	wandering, migration
נָדִיף ת'	volatile, evaporable
נְדִיפוּת נ'	volatility, evaporability
נָדִיר ת'	infrequent, rare, scarce
נָדִיר (נֶבֶד) ז'	nadir
נְדִירוּת נ'	infrequency, rarity
נְדִישׁוּת נ'	banality, triteness
נִדְכָּא ת'	depressed, oppressed
נַדָּל (רמש טורף) ז'	centipede
נִדְלֶה ת'	drawn out, raised, trellised
- בלתי נדלה	exhaustless, unending
נדל"ן=נכסי דלא ניידי	real property
נִדְלַק פ'	be lit, catch fire
*- נדלק על	love, *take a shine to
נָדַם פ'	be silent, be speechless
נִדְמֶה תה"פ	apparently, it seems
*- נדמה לך!	says you!, incorrect!
נְדָן ז'	scabbard, sheath
נִדְנֵד פ'	rock, swing, nag, badger
נַדְנֵדָה נ'	swing, seesaw, teeter
נִדְנוּד ז'	rocking, wiggle, nagging
נָדַף פ'	spread, disperse, waft
נֶדֶף ז'	waft, smell, whiff
נִדְפַּס פ'	be printed, be typed
נִדְפַּק פ'	be beaten, be knocked, *be screwed, be fixed, be had
נִדְקַר פ'	be stabbed, be pricked
נָדַר פ'	vow, undertake solemnly
נֶדֶר ז'	vow, commitment
- בלי נדר	God willing, I hope
נִדְרַךְ פ'	be trodden, be cocked
נִדְרַס פ'	be run over, be hit
נִדְרַשׁ פ'	be required, be asked
- נדרש ל-	refer to, deal with
נָהַג פ'	drive, conduct, lead, be used to, treat, behave, act
נֶהָג ז'	driver, chauffeur, motorist
- נהג מונית	cabdriver, *cabby
- נהג משאית	teamster, truckdriver
נֶהָגוּת נ'	driving
נֶהְדַּף פ'	be repelled, be pushed back
נֶהְדָּר ת'	wonderful, gorgeous
נָהָה פ'	follow, be attracted, yearn
נָהוּג ת'	customary, usual, wonted
נְהִי ז'	lamentation, wailing
נְהִיגָה נ'	driving, conducting
נִהְיָה פ'	be, become, turn, happen
נְהִיָּה נ'	following, longing, wailing
נְהִימָה נ'	roar, growling, snarl
נְהִיקָה נ'	braying, heehaw
נָהִיר ת'	clear, lucid, obvious, bright
נְהִירָה נ'	flow, flocking, streaming
נְהִירוּת נ'	clarity, lucidity
נָהַם פ'	roar, growl, snarl, purr
נְהָמָה נ'	roar, growl, grumble, grunt
נֶהֱנָה פ'	enjoy, relish, benefit
נֶהֱנֶה ז'	beneficiary, recipient
נֶהֱנְתָן ז'	hedonist, voluptuary
נֶהֱנְתָנוּת נ'	hedonism, epicurism
נֶהְפַּךְ פ'	turn, become, be inverted
- נהפוך הוא	on the contrary
נָהַק פ'	bray, heehaw
נָהַר פ'	stream, throng, flock, shine
נָהָר ז'	river, stream
- נהרי-נחלי-דם	rivers of blood
נֶהֱרַג פ'	be killed, be slain
נְהָרָה נ'	light, brightness
נֶהֱרַס פ'	be ruined, be destroyed
*נוּ מ"ק	you see!, come on
- נוּ נוּ!	tut, tut-tut, don't!
נוֹאָל ת'	foolish, stupid, absurd
נוֹאֵם ז'	orator, speaker, lecturer
נוֹאֵף ז'	adulterer, womanizer
נוֹאֶפֶת נ'	adulteress
נוֹאַשׁ פ'	despair, give up, lose hope

נוֹאָשׁ ת'	desperate, hopeless
– אמר נואש	give up hope
נוֹאָשׁוֹת תה"פ	desperately, badly
נִבָּא פ'	be predicted, be foretold
נוּבוֹרִישׁ ז'	new rich, nouveau riche
נוֹבֶלָה נ'	novel, novelette, story
נוֹבֶמְבֶּר ז'	November
נוֹבֵעַ ת'	flowing, resulting
נוּגַּב פ'	be dried, be wiped
נוֹגֵד ת'	contrasting, contrary
נוֹגְדָן ז'	antibody
נוֹגַהּ ז'	light, glory, Venus
נוּגֶה ת'	sad, gloomy, plaintive
נוּגָט (ממתק) ז'	nougat
נוּגַּן פ'	be played, be fingered
נוּגַּע פ'	be infected, be afflicted
נוֹגֵעַ ת'	touching, relevant
– נוגע בדבר	interested, concerned
נוֹגֵשׂ ז'	oppressor, pressing
נוֹדַב פ'	be donated, be volunteered
נוֹדֵד ז'	wanderer, migratory
נוּדָּה פ'	be excommunicated
נוּדִיזם ז'	nudism, naturism
נוּדִיסט ז'	nudist, naturist
*נוּדְנִיק ז'	nag, nagger, pest
נוֹדַע פ'	be known, learn
נוֹדָע ת'	known, noted, famous
נוֹהַג ז'	habit, custom, convention
נוּהַל פ'	be directed, be run
נוֹהַל ז'	procedure, formality
נוֹהֳלִי ת'	procedural
נַוָּד ז'	nomad, vagabond, vagrant
נַוָּדוּת נ'	vagrancy, nomadism
נָוֶה ז'	dwelling place
– נווה מדבר	oasis
– נווה קיץ	summer resort
נוּוַט פ'	be navigated, be piloted
נַוָּט ז'	pilot, navigator
נַוָּטוּת נ'	navigation, pilotage
נוֹזֵל ז'	fluid, liquid, flowing
נוֹזְלִי ת'	fluid, liquid, liquefied
נוֹחַ ת'	easy, comfortable, convenient, affable, *comfy
– נוח ל–	-able, -ible, easy of-
– נוח לו ש–	it is better to
– נוח לכעוס	hot-tempered
נוֹחוּת נ'	convenience, ease
נוֹחִיּוּת נ'	comfort, toilet, wc
נוֹחַם פ'	be consoled, be solaced
נוֹחַם ז'	consolation, solace
נוֹטֶה ת'	disposed, tending, inclined
נוֹטֵר ז'	guard, watchman, grudging
נוֹטַרְיוֹן ז'	notary
נוּטְרִיָּה (מכרסם) ז'	coypu
נוֹטָרִיקוֹן ז'	acronym, abbreviation
נוֹי ז'	ornament, beauty
נוֹירוֹזָה (עצבנות) נ'	neurosis
נוֹירוֹטִי (עצבני) ת'	neurotic
נוֹירוֹלוֹג (רופא עצבים) ז'	neurologist
נוֹירוֹלוֹגְיָה נ'	neurology
נוֹירִיטִיס (דלקת עצבים) ז'	neuritis
נוֹירַלְגִיָּה (כאב בעצב) נ'	neuralgia
נוּכָּה פ'	be deducted, be discounted
נוֹכַח פ'	be convinced, learn, realize
נוֹכֵחַ ת'	present, second person
נוֹכַח מ"י	opposite, facing
נוֹכְחוּת נ'	attendance, presence
נוֹכְחִי ת'	present, current, existing
נוֹכֵל ז'	scoundrel, crook, swindler
נוֹכְלוּת נ'	roguery, fraud, knavery
נוּכַּר פ'	be alienated, be estranged
נוֹכְרִי ז'	foreigner, alien, stranger
נוֹל ז'	loom
נוֹלַד פ'	be born, originate, spring
נוֹלָד ת'	born, result, outcome
נוֹמִינָלִי ת'	nominal, theoretical
נוּמִיסְמָט (מַטְבְּעָן) ז'	numismatist
נוּמַק פ'	be explained, be argued
נוּמֶרָטוֹר (מְמַסְפֵּר) ז'	numerator
נוֹסַד פ'	be founded, be established
נוּסָּה פ'	be tested, be tried
נוּסַּח פ'	be formulated, be worded
נוּסַח ז'	version, manner, style
נוּסְחָה נ'	formula, reading, version
נוֹסְטַלְגִי ת'	nostalgic, homesick
נוֹסְטַלְגְיָה נ'	nostalgia, yearning
נוֹסֵעַ ז'	traveler, passenger
– נוסע סמוי	stowaway
נוֹסַף פ'	be added, be affixed
נוֹסָף ת'	additional, extra, another
– נוסף ל–	in addition to
– נוסף על כך	moreover, besides
נוּסַר פ'	be sawn, be sawn off
נוֹעַ ז'	movement, motion
נוֹעַד פ'	meet, assemble, get together, be designed, be destined

נוֹעָז ת' brave, bold, daring
נוֹעַם ז' grace, pleasantness
נוֹעַץ פ' consult, take advice, confer
נוּעַר פ' be shaken, be dusted off
נוֹעַר ז' youth, boys, teenagers
נוֹף ז' landscape, scene, scenery, sight, view, panorama, prospect
נוּפָּה פ' be sieved, be screened, be debugged, be removed
נוּפַּח פ' be inflated, be exaggerated
נוֹפֶךְ ז' turquoise, garnet, touch
- הוסיף נופך tinge, garnish
- נופך משלו personal touch
נוֹפֵל ת' fallen, dead, killed
נוֹפֵף פ' flourish, brandish, wave
נוּפַּץ פ' smash, be shattered
נוּפַּק פ' be issued, be supplied
נוֹפֶשׁ ז' rest, recreation, vacation
נוֹפֵשׁ ת' resting, vacationer
נוֹפֶת נ' liquid honey
- נופת צופים sweetness
נוֹצָה נ' feather, plume, quill
- נוצת צוואר hackle
נוּצַּח פ' be defeated, be beaten
נוֹצִי ת' feathery
נוֹצִית נ' badminton, shuttlecock
נוּצַּל פ' be exploited, be utilized
נוֹצֵץ ת' shining, sparkling, lucent
נוּצַק פ' be poured, be cast
נוֹצַר פ' be created, be made
נוֹצְרִי ז' Christian
נוֹקָאוּט ז' knockout, KO
נוּקַּב פ' be perforated, be punched
נוֹקֵב ת' penetrating, severe
נוּקַּד פ' be vocalized, be dotted
נוֹקֵד ז' shepherd
נוֹקְדָן ז' pedant, precious, precise
נוֹקְדָנוּת נ' pedantry, preciosity
נוּקָּה פ' be cleaned, be purified
נוּקַּז פ' be drained, be canalized
נוֹקְטוּרְנוֹ (לחן לירי) ז' nocturne
נוֹקְמָנִי ת' vengeful, vindictive
נוֹקֵר ז' cock, firing pin, striking pin
נוּקְשֶׁה ת' hard, rigid, stiff
נוּקְשׁוּת נ' rigidity, stiffness
נוֹר ז' flare, fire
נוֹרָא ת' terrible, *very, *awfully
- לא נורא never mind

*נוֹרָאִי ת' terrible, formidable
נוֹרָה פ' be shot, *be plugged
נוּרָה נ' lamp, bulb, light, valve
- נורת איתות indicator, blinker
- נורת חשמל bulb
- נורת ניאון fluorescent lamp
- נורת פלש flashbulb
נוֹרְוֶגִי ת' Norwegian, Norse
נוּרִית נ' buttercup, ranunculus
נוֹרְמָה נ' norm, standard, quota
נוֹרְמָלִי ת' normal, usual, regular
נוֹרְמָלִיּוּת נ' normality, normalcy
נוֹרְמָלִיזַצְיָה נ' normalization
נוֹשֵׂא ז' carrier, bearer, subject, theme, topic, issue, matter
- בנושא– re, in the matter of
- נושא גייסות troop carrier
- נושא דגל protagonist, standard-bearer, flag-bearer
- נושא כלים armor bearer, squire
- נושא כלים (בגולף) caddie
- נושא מכתבים postman, mailman
- נושא פנים partial, biased
- נושאת מטוסים aircraft carrier, flattop
נוֹשָׁב ת' inhabited, settled
נוֹשֶׁה ז' creditor, claimant, dun
נוּשַּׁל פ' be dispossessed, be evicted
נוֹשָׁן ת' ancient, old
נוֹשַׁע פ' be saved, be rescued
נוֹתֵב ז' tracer
נוּתַּח פ' be operated, be analyzed
נוּתַּץ פ' be smashed, be shattered
נוּתַּק פ' be cut off, be severed
נוֹתַר פ' remain, be left
נוֹתָר ת' remainder, remnant
נִזַּד- (פועל) ראה הִזַּד-
נִזְהַר פ' take care, beware, mind
נָזוּף ת' reprimanded, rebuked
נְזוּרָה נ' monasticism, nunhood
נָזִיד ז' pottage, broth, stew, soup
נָזִיל ת' liquid, solvent, fluid
נְזִילָה נ' leak, flow, leakage
נְזִילוּת נ' liquidity, fluidity, solvency
נְזִיפָה נ' reprimand, rebuke, *earful
נְזִיקִין ז"ר damages, torts
נָזִיר ז' hermit, monk, friar
נְזִירָה נ' nun, sister

abbess – נזירה ראשית
monasticism, nunhood נְזִירוּת נ'
call to mind, remember, recall, be mentioned נִזְכַּר פ'
flow, drip, leak, ooze נָזַל פ'
catarrh, cold, *sniffles נַזֶּלֶת נ'
nose ring נֶזֶם ז'
angry, furious, *mad נִזְעָם ת'
be summoned, be alarmed נִזְעַק פ'
rebuke, reproach, reprimand נָזַף פ'
damage, harm, injury נֶזֶק ז'
be charged, be ascribed נִזְקַף פ'
be in need of, need נִזְקַק פ'
needy, poor, necessitous נִזְקָק ת'
crown, diadem, coronet נֵזֶר ז'
be sown, be seeded נִזְרַע פ'
be thrown, be cast נִזְרַק פ'
lie, rest, relax, repose, recline נָח פ'
RIP – ינוח בשלום על משכבו
be pleased, be content – נחה דעתו
hide, lie low, be hidden נֶחְבָּא פ'
efface oneself – נחבא אל הכלים
be beaten, be struck נֶחְבַּט פ'
be injured, be hurt נֶחְבַּל פ'
be bandaged, be dressed, be imprisoned, be jailed נֶחְבַּשׁ פ'
lead, guide, conduct נָחָה פ'
be celebrated, revel נָחוֹג פ'
essential, necessary, vital נָחוּץ ת'
desiderata נְחוּצוֹת נ"ר
hard, adamant נָחוּשׁ ת'
determined, resolute – נחוש בדעתו
copper נְחוֹשֶׁת נ'
copper, cupreous, cupric נְחוּשְׁתִּי ת'
fetters, gyves, irons נְחוּשְׁתַּיִם ז"ר
inferior, low, second-rate נָחוּת ת'
inferior, lowly – נחות דרגה
be kidnapped, be sold out נֶחְטַף פ'
swarm, shoal נָחִיל ז'
necessity, urgency נְחִיצוּת נ'
nostril, spout, nozzle נָחִיר ז'
nostrils – נחיריים
snore, snorting, grunt נְחִירָה נ'
resolve, determination נְחִישׁוּת נ'
landing, alighting נְחִיתָה נ'
soft landing – נחיתה רכה
forced landing – נחיתת אונס
inferiority, subordination נְחִיתוּת נ'

inherit, possess, have, get נָחַל פ'
suffer defeat – נחל מפלה
stream, rivulet, brook, river נַחַל ז'
wadi – נחל אכזב
Nahal נח"ל=נוער חלוצי לוחם
Nahal soldier נַחְלָאִי ז'
be milked, be extracted נֶחְלַב פ'
heritage, estate, relief, calm נַחֲלָה נ'
dispossessed – אין לו חלק ונחלה
public property, everybody's matter – נחלת הכלל
be infused, be scalded נֶחְלַט פ'
wagtail נַחֲלִיאֵלִי (ציפור שיר) ז'
be delivered, escape, get out, pioneer נֶחְלַץ פ'
help him out – נחלץ לעזרתו
be divided, be distributed נֶחְלַק פ'
be weak, weaken, flag נֶחְלַשׁ פ'
lovely, cute, nice, lovable נֶחְמָד ת'
loveliness, charm נֶחְמָדוּת נ'
comfort, consolation נֶחָמָה נ'
some consolation – נחמה פורתא
be blessed, be gifted, be pardoned, be granted amnesty נֶחַן פ'
be embalmed נֶחֱנַט פ'
be inaugurated, open נֶחֱנַךְ פ'
suffocate, choke, stifle נֶחֱנַק פ'
bad luck *נַחַס ז'
be saved, be spared נֶחְסַךְ פ'
be closed, be blocked נֶחְסַם פ'
hasten, rush, hurry נֶחְפַּז פ'
be dug, be excavated נֶחְפַּר פ'
be hewn, be quarried נֶחְצַב פ'
be halved, part, split נֶחֱצָה פ'
be carved, be enacted נֶחְקַק פ'
be investigated, be interrogated, be explored נֶחְקַר פ'
snore, snort, *saw wood נָחַר פ'
be destroyed, be ruined נֶחֱרַב פ'
be terrified, be alarmed נֶחֱרַד פ'
be carved, be engraved נֶחֱרַט פ'
be scorched, singe, char נֶחֱרַךְ פ'
snorer, snorter, stertorous נַחְרָן ז'
be determined, corrugate נֶחֱרַץ פ'
decisive, resolved נֶחֱרָץ ת'
resolution, decisiveness נֶחֱרָצוּת נ'
absolutely, definitely נֶחֱרָצוֹת תה"פ
be plowed, be tilled נֶחֱרַשׁ פ'

נֶחֱרַת פ' be engraved, be inscribed
נָחָשׁ ז' snake, serpent
- נחש הפעמונים rattlesnake, rattler
- קפץ כנשוך נחש jump, start
נֶחְשַׁב פ' be considered, be regarded
נֶחְשַׁד פ' be suspected
נַחְשׁוֹל ז' breaker, wave, heavy sea
נַחְשׁוֹן ז' pioneer, daring, vanguard
נְחָשִׁי ת' snaky, serpentine
נֶחֱשָׁל ת' backward, retarded
נֶחְשַׂף פ' be exposed, be revealed
נֶחְשַׁק פ' be desired, be craved
נָחַת פ' land, alight, disembark
נֶחָת ז' marine, *leatherneck
- נחתים marine corps, Marines
נַחַת נ' quiet, satisfaction
- בנחת softly, gently, quietly
- נחת זרועו power, blow
- נחת רוח satisfaction, pleasure
נַחַת (בְּמוּל) ז' flat
נַחְתּוֹם ז' baker
נֶחְתַּךְ פ' cut, be cut, be decided
נֶחְתַּם פ' end, be signed, be sealed
נֶחְתָּן ת' calm, relaxed, unmoved
נַחֶתֶת נ' landing craft
נְטַאי ז' bias, partiality, favoritism
נִטְבַּח פ' be massacred, be killed
נִטְבַּל פ' be dipped, be baptized
נִטְבַּע פ' be coined, be stamped
נָטָה פ' tend, turn, lean, bend
- נטה חסד treat kindly, favor
- נטה למות be dying, near his end
נֶטוֹ ז' net, nett
נָטוּי ת' extended, leaning, inclined
- ועוד ידו נטויה not finished yet
נָטוּל ת' deprived, lacking, without
- נטול יסוד groundless, unfounded
נָטוּעַ ת' planted, instilled
נְטוּרֵי קַרְתָּא ultra-orthodox Jews
נָטוּרָלִיזם (טִבְעֲתָנוּת) ז' naturalism
נָטוּרָלִיסט (טִבְעֲתָן) ז' naturalist
נָטוּשׁ ת' abandoned, derelict
נִטְחַן פ' be ground, be milled
נְטִיָּה נ' inclination, tendency, liking, conjugation, inflection
נְטִילָה נ' taking, removing
- נטילת ידיים washing hands
נְטִיעָה נ' planting, plant, instilling
נָטִיף ז' drop, stalactite, dumpling
- נטיף קרח icicle
נְטִירָה נ' bearing a grudge
נְטִישָׁה נ' abandonment, desertion
נָטַל פ' take, assume, remove
- נטל חלק take part, participate
- נטל ידיים wash hands
נֵטֶל ז' burden, load, onus, weight
נַטְלָה נ' washing jug
נִטְמָא פ' be profaned, be polluted
נִטְמַן פ' be hidden, be buried
נִטְמַע פ' assimilate, merge
נָטַע פ' plant, implant, inculcate
נֶטַע ז' plant, seedling
- נטע זר foreign thing, stranger
נִטְעַן פ' be loaded, be claimed
נָטַף פ' drip, drop, flow, seep
נֶטֶף ז' drop, bead, globule
נִטְפַּל פ' stick, cling to, annoy
נָטַר פ' guard, keep, watch, bear a grudge, grudge, nurse
נִטְרוּל ז' neutralization
נִטְרֵל פ' neutralize, defuse, negate
נִטְרַף פ' be torn, be rent, be mixed, be devoured, be wrecked, become not kosher
- נטרפה דעתו lose one's mind
נִטְרַק פ' slam, be slammed, bang
נִטְרֵק פ' abbreviate, form an acronym
נָטַשׁ פ' desert, quit, abandon
נ"י = נרו יאיר may his light shine
נֵיאוֹ- תח' new, modern
נֵיאוֹלִיתִי ת' neolithic, of the Stone Age
נֵיאוֹן ז' neon
נִיאוּף ז' adultery, fornication
נִיאוּץ ז' blasphemy, cursing
נִיאֵף פ' commit adultery, womanize
נִיאֵץ פ' blaspheme, abuse, curse
נִיב ז' accent, dialect, idiom, phrase, fang, tusk, canine tooth
נִיבָּא פ' foretell, predict, prophesy
נִיבּוּי ז' prediction, prognostication
נִיבּוּל פֶּה נ' obscenity, ribaldry
נִיבוֹן ז' phrase-book
נִיבַּט פ' look, be seen, gaze
נִיבִי ת' phrasal, dialectic, idiomatic

ניבל פיו פ' talk obscenely, swear
ניגב פ' wipe, dry, wipe dry, mop
*- ניגב צלחת eat, wipe with bread
ניגוב ז' drying, wipe, wiping
ניגוד ז' contrast, opposition
ניגודי ת' contrary, contrasting
ניגוח ז' butting, goring, criticism
ניגון ז' melody, tune, song
ניגוע ז' contagion, infection
ניגח פ' gore, butt, be butted
ניגן פ' play, finger, perform
*ניגיס פ' nag, pester, annoy
ניגע פ' infect, afflict, plague
ניגף פ' be beaten, be defeated
ניגר פ' flow, drip, stream, ooze
ניגש פ' approach, accost, begin
ניד ז' motion, movement, swing
נידב פ' donate, contribute
נידה פ' banish, excommunicate
נידה נ' menstruating woman
נידוי ז' ban, excommunication
נידון ת' accused, sentenced, discussed, considered, topic
- הנידון in question, the subject
נידח ת' remote, distant, banished
נידף ת' scattered, blown, fallen
- קול עלה נידף the slightest noise
ניהול ז' management, running, conducting, administration
- ניהול חשבונות accounting
- ניהול ספרים bookkeeping
ניהולי ת' supervisory, managerial
ניהיליזם ז' nihilism, anarchy
ניהל פ' administer, manage, run, lead, conduct, hold, keep
- ניהל חשבונות keep accounts
- ניהל משא ומתן negotiate
- ניהל ספרים keep books
ניואנס ז' nuance, shade
ניוד ז' floating, fluctuation
ניווט פ' navigate, steer, pilot
ניווט ז' navigation, pilotage
ניוול פ' make ugly, uglify, deform
ניוול ז' ugliness, deformity
ניוון פ' atrophy, degenerate, waste
ניוון ז' atrophy, decadence
ניוח ז' immobilization, settling
ניורת (קרטון) נ' cardboard

ניזול ז' liquefaction, liquidizing
ניזון פ' be fed, feed, be nourished
ניזוק פ' be damaged, be hurt, suffer
ניזל פ' liquefy, liquidize, melt
ניזק פ' be hurt, be damaged, suffer
ניזר פ' abstain, deny oneself, shun
ניחא תה"פ well, good, OK
ניחוח ת' pleasant, sweet-scented
ניחוחי ת' aromatic, fragrant, balmy
ניחוחיות נ' fragrance, aromaticity
ניחום ז' consolation, comfort
ניחוש ז' guess, conjecture, shot
ניחותא - בניחותא תה"פ calmly
ניחם פ' comfort, condole, console
ניחם פ' regret, repent, deplore
ניחן פ' be blessed, be endowed
ניחר (גרון) ת' dry, hoarse
ניחש פ' guess, conjecture, surmise
ניחת פ' stick, pierce, penetrate
ניטור ז' monitoring
ניטל פ' be taken, be removed
ניטע פ' be planted, be instilled
ניטר פ' monitor
ניטרוגליצרין ז' nitroglycerin
ניטרט (חנקה) ז' nitrate
ניטש פ' be abandoned, extend
- קרבות ניטשו battles raged
נייד פ' make changeable, float, fluctuate
נייד ת' movable, portable, mobile
ניידות נ' mobility, portability
ניידת נ' patrol car, flying squad
- ניידת טיפול נמרץ Intensive Care Ambulance
נייח פ' immobilize, stabilize
נייח ת' static, stationary, unvarying
נייטרון ז' neutron
נייטרלי ת' neutral, nonpartisan
נייטרליות נ' neutrality, impartiality
ניילון ז' nylon
נייר ז' paper, document, certificate
- העלה על הנייר commit to paper
- נייר אלומיניום aluminum paper
- נייר זכוכית sandpaper
- נייר טואלט toilet paper
- נייר כסף tinfoil, silver paper
- נייר לטש emery-paper
- נייר לקמוס litmus paper

- נייר מכתבים writing paper
- נייר סופג blotting paper, blotter
- נייר עבודה working paper
- נייר פחם carbon paper
- נייר רציף continuous paper
- נייר שורה lined paper
- נייר שמיר emery paper
- ניירות ערך securities

נְיָרִי ת' papery, paper, paperlike
נַיֶּרֶת נ' paperwork, bureaucracy
נִיכָּה פ' deduct, subtract, discount
נִיכּוּי ז' deduction, discount
נִיכּוּר ז' alienation, estrangement
נִיכּוּשׁ ז' weeding, weeding out
נִיכָּיוֹן ז' discount
נִיכֵּר פ' alienate, estrange
נִיכָּר ת' considerable, appreciable, recognized, can be seen
נִיכֵּשׁ פ' weed, grub, hoe
נִילוּס ז' Nile
נִים ת' sleepy, asleep
- נים ולא נים half asleep
נִימבּוּס (ענני צעיף) ז' nimbus
נִימָה נ' capillary, hair, thread, tune, tone, note, trace
- נימת אמת ring of truth
נִימוֹל ת' circumcised
נִימוּס ז' civility, politeness
- נימוסי שולחן table manners
נִימוּסִי ת' polite, courteous, genteel
נִימוּק ז' reason, argument, case
נִימִי ת' capillary, vascular
נִימִיּוּת נ' capillarity, vascularity
נִימפָה נ' nymph, beautiful girl
נִימפוֹמַנְיָה נ' nymphomania, excessive sexual desire
נִימפֵאָה (צמח מים) נ' water lily
נִימֵּק פ' give reasons, argue, reason
נִימֵּר פ' mottle, spot, dapple
נִין ז' great grandson
נִינוֹחַ ת' relaxed, calm, restful
נִינוֹחוּת נ' relaxation, restfulness
נִיסָּה פ' attempt, test, try, essay
- ניסה כוחו ב- try one's hand, *have a go at
נִיסּוּחַ ז' formulation, wording
נִיסּוֹט פ' be shifted, be displaced
נִיסּוּי ז' experiment, test, trial
- ניסוי וטעייה trial and error
נִיסּוּיִי ת' experimental, pilot
נִיסּוּךְ ז' libation, pouring-out
נִיסּוּר ז' sawing, sawing off
נִיסַּח פ' formulate, draft, put it
נִיסִּי ת' miraculous, marvellous
נִיסָּיוֹן ז' attempt, trial, experience
נִיסְיוֹנִי ת' experimental, empirical
נִיסֵּךְ פ' pour, pour libation
נִיסָן ז' Nisan (month)
נִיסֵּר פ' saw, saw off, trephine
- שאלה מנסרת current question
נִיעַ ז' motion, movement, stir
ני״ע = ניירות ערך securities
נֵיעוֹר פ' wake up, arouse
נִיעוּר ז' shaking off
נִיעוּת נ' mobility
נִיעֵר פ' shake, beat, dust off
- ניער חוצנו מ- repudiate, renounce
נִיפָּה פ' debug, sieve, sift, winnow, screen out, remove, dismiss
נִיפּוּחַ ז' blowing up, exaggeration
נִיפּוּי ז' sifting, selecting, debugging
נִיפּוּץ ז' shattering, smash
נִיפּוּק ז' issue, supplying
נִיפַּח פ' blow, inflate, fan, exaggerate
נִיפֵּט פ' gin, card, beat
נִיפֵּץ פ' shatter, smash, explode
נִיפֵּק פ' issue, equip, supply
נִיצַּב פ' stand, face, appear
נִיצָּב ז' perpendicular, upright
- ניצב (בסרט) extra
- ניצב (דרגה) commander
- ניצב החרב hilt, haft
- ניצב משנה deputy commander
נִיצּוֹד פ' be captured, be hunted
נִיצּוּחַ ז' conducting, direction
נִיצּוּל ז' exploitation, utilization
- ניצול לרעה abuse, misuse
נִיצּוֹל ז' survivor, rescued
נִיצּוֹלֶת נ' salvage, utility
נִיצּוֹץ ז' spark, sparkle, gleam
נִיצַּח פ' win, overcome, defeat
- ניצח בקלות win hands down
- ניצח על conduct, direct, lead
נִיצָּחוֹן ז' triumph, victory, win
- ניצחון מוחץ landslide

crushing, sharp, final ניצַחַת ת'
hawkish, hardliner נִיצִי ת'
hawkishness, hard line נִיצִיוּת נ'
exploit, use, utilize נִיצֵל פ'
put to good use – ניצל לטובה
abuse, misuse – ניצל לרעה
survive, be rescued נִיצַל פ'
bud, sprout, mark, rudiment נִיצָן ז'
Christianize, baptize נִיצֵר פ'
be ignited, be kindled נִיצַת פ'
bore, punch, perforate נִיקֵב פ'
dot, vowelize, vocalize, punctuate, point נִיקֵד פ'
clean, cleanse, clear, do up נִיקָה פ'
perforation, punch נִיקוּב ז'
vowelization, vocalization, vowel points, score נִיקוּד ז'
draining, canalization נִיקוּז ז'
nicotine נִיקוֹטִין ז'
cleaning, cleanup נִיקוּי ז'
dry cleaning – ניקוי יבש
jabbing, peck, porging נִיקוּר ז'
drain, canalize נִיקֵז פ'
cleanliness, neatness נִיקָיוֹן ז'
innocence – ניקיון כפיים
nickel נִיקֶל (מתכת או מטבע) ז'
peck, pick, jab, porge נִיקֵר פ'
prey upon one's mind – ניקר במוחו
be ostentatious – ניקר עיניים
plowed field, tilth, heddle נִיר ז'
nirvana נִירְוָנָה (דעיכת נשמה) נ'
be carried, be borne, be raised, be elevated, marry, wed נִישָּׂא פ'
high, lofty, portable נִישָּׂא ת'
blow, puff, whiff נִישֵּׁב פ'
marriage, wedding נִישּׂוּאִים ז"ר
mixed marriage – נישואי תערובת
civil marriage – נישואים אזרחיים
marriage, wedding נִישּׂוּאִין ז"ר
chaff נִישׁוֹבֶת נ'
dispossession, eviction נִישּׁוּל ז'
taxpayer, assessed נִישׁוֹם ז'
filings נִישׁוֹפֶת נ'
dispossess, deprive, evict נִישֵּׁל פ'
kiss, *peck, *smooch נִישֵּׁק פ'
route, trace, track נִיתֵּב פ'
tracking, routing, directing נִיתּוּב ז'
analysis, operation נִיתּוּחַ ז'
appendectomy – ניתוח התוספתן
open-heart surgery – ניתוח לב פתוח
systems analysis – ניתוח מערכות
plastic surgery – ניתוח פלסטי
Cesarean section – ניתוח קיסרי
autopsy, postmortem – ניתוח שלאחר המוות
operative, analytical נִיתּוּחִי ת'
shattering, smashing נִיתּוּץ ז'
disconnection, severance נִיתּוּק ז'
jump, bounce, caper נִיתּוּר ז'
be sprayed, splash, ricochet נִיתַּז פ'
analyze, cut, dissect, operate, parse, construe, scan נִיתַּח פ'
melt, fuse, pour down, teem נִיתַּךְ פ'
rain cats and dogs – ניתך גשם עז
be given, be possible, be placed, be put on נִיתַּן פ'
capable of, -able, -ible – ניתן ל–
smash, destroy, shatter נִיתֵּץ פ'
sever, cut, disconnect נִיתֵּק פ'
break contact – ניתק מגע
be cut off, come loose נִיתַּק פ'
jump, leap, hop, bound נִיתֵּר פ'
rebound, be released נִיתַּר פ'
Prophets and Hagiographa נ"ך = נביאים וכתובים
depressed, dejected נָכֵא ת'
depression, dejection נְכָאִים ז"ר
spice, perfume נְכֹאת נ'
dignitary, honorable, venerable, great, significant נִכְבָּד ת'
Dear Sir – נכבדי
praise, commendation נִכְבָּדוֹת נ"ר
be extinguished, go off נִכְבָּה פ'
be bound, be chained נִכְבַּל פ'
be conquered, be pickled נִכְבַּשׁ פ'
grandson, grandchild נֶכֶד ז'
granddaughter נֶכְדָּה נ'
cripple, disabled, invalid נָכֶה ת'
dejected, depressed – נכה רוח
be burnt, be scalded נִכְוָה פ'
burn one's fingers – נכווה ברותחין
straight, right נְכוֹחָה תה"פ
correct, right, true, ready נָכוֹן ת'
no doubt, certainly – אל נכון
incorrect, wrong – לא נכון
now, by this time – נכון לעכשיו

exactly!, quite so!	– נכון מאד!
see fit	– ראה לנכון
correctly, truly, duly	נָכוֹנָה תה"פ
readiness, alacrity, truth	נְכוֹנוּת ג'
disability, incapacity	נָכוּת ג'
attend, be present	נָכַח פ'
be annihilated, disappear	נִכְחַד פ'
be imprisoned, be jailed	נִכְלָא פ'
be included, fall under	נִכְלַל פ'
ashamed, shamefaced	נִכְלָם ת'
have pity	נִכְמְרוּ רַחֲמָיו ת'
come in, enter, get into	נִכְנַס פ'
fill his shoes	– נכנס לנעליו
go into details	– נכנס לפרטים
take effect	– נכנס לתוקף
give in, surrender, yield	נִכְנַע פ'
submissiveness, humility	נִכְנָעוּת ג'
asset, property, acquisition	נֶכֶס ז'
real estate	– נכסי דלא ניידי
movables	– נכסי דניידי
inalienable goods	– נכסי צאן ברזל
yearn, long for, desire	נִכְסַף פ'
be forced, be compelled	נִכְפָּה פ'
epileptic	נִכְפֶּה ז'
epilepsy	נִכְפּוּת ג'
be doubled, multiply	נִכְפַּל פ'
multiplicand	נִכְפָּל ז'
be bent, be subordinate	נִכְפַּף פ'
be tied, be bound	נִכְפַּת פ'
foreign country	נֵכָר ז'
be dug, be mined	נִכְרָה פ'
foreigner, alien, stranger	נָכְרִי ז'
be bound, be wrapped	נִכְרַךְ פ'
be attached, stick to	– נכרך אחרי
be cut off, be felled	נִכְרַת פ'
fail, stumble, *flop	נִכְשַׁל פ'
be written, be recorded	נִכְתַּב פ'
be stained, be soiled	נִכְתַּם פ'
be crushed, be pounded	נִכְתַּשׁ פ'
be tired, become weary	נִלְאָה פ'
tired, weary, fatigued	נִלְאָה ת'
unflagging, tireless	– בלתי נלאה
lovely, cordial, warm	נִלְבָּב ת'
died, departed this life	נלב"ע
enthusiastic, ardent	נִלְהָב ת'
accompany, escort, go with	נִלְוָה פ'
perverse, crooked, twisted	נָלוֹז ת'
fight, wage war, combat	נִלְחַם פ'
be pressed, be pressurized	נִלְחַץ פ'
be whispered, be breathed	נִלְחַשׁ פ'
perversion, deviation	נִלְיָזָה ג'
be captured, be caught	נִלְכַּד פ'
be studied, be taught	נִלְמַד פ'
ridiculous, absurd	נִלְעָג ת'
be chewed, be masticated	נִלְעַס פ'
be held, twist, startle	נִלְפַּת פ'
be taken, be taken away	נִלְקַח פ'
sleep, slumber, nap	נָם פ'
antiaircraft	נ"מ = נגד מטוסים
become loathsome	נִמְאַס פ'
I'm fed up	*– נמאס לי
be measured, be tried on	נִמְדַּד פ'
be mixed, be diluted	נִמְהַל פ'
hasty, rash, reckless	נִמְהָר ת'
imprudence, rashness	נִמְהָרוּת ג'
melt, vanish, fade, die away	נָמוֹג פ'
low, short, humble	נָמוּךְ ת'
short, small	– נמוך קומה
worthless people	נְמוּשׁוֹת ג"ר
be mixed, be poured	נִמְזַג פ'
be erased, be wiped	נִמְחָה פ'
Damn him!	– יִימח שמו!
assignee, assigned	נִמְחֶה ז'
be forgiven, be pardoned	נִמְחַל פ'
be crushed, be squeezed	נִמְחַץ פ'
be deleted, be obliterated	נִמְחַק פ'
ichneumon, marten	נְמִיָּה ג'
lowness, humility	נְמִיכוּת ג'
shortness	– נמיכות קומה
be sold, sell, *be flogged	נִמְכַּר פ'
harbor, port, haven	נָמֵל ז'
haven, shelter	– נמל מבטחים
hoverport	– נמל רחפות
airport	– נמל תעופה
be full, overflow, be filled	נִמְלָא פ'
ant	נְמָלָה ג'
white ant, termite	נמלה לבנה
be salted	נִמְלַח פ'
escape, run away, flee	נִמְלַט פ'
think over, consult	נִמְלַךְ פ'
consider, meditate	– נמלך בדעתו
ornate, bombastic	נִמְלָץ ת'
be counted, rank, number	נִמְנֶה פ'
slumber, doze, nap	נִמְנוּם ז'
doze, take a nap, *snooze	נִמְנֵם פ'
avoid, refrain, abstain	נִמְנַע פ'

נִמְנָע ת' impossible, abstainer
– בלתי נמנע unavoidable
– לא מן הנמנע it is possible
נָמַס פ' melt, dissolve, thaw
נִמְסַךְ פ' be mixed, be poured
נִמְסַר פ' be given, be handed over, be notified, be reported
נִמְעַךְ פ' be crushed, squash
נִמְעָן ז' addressee, addressed
נִמְצָא פ' be found, be, exist, lie
– נמצא ש- it follows, hence
נִמְצַץ פ' be sucked, be extracted
נָמַק פ' rot, decay, pine
נֶמֶק ז' gangrene, rot, putrefaction
נָמֵר ז' tiger, leopard, panther
– נמר של נייר paper tiger
נְמֵרָה נ' tigress, leopardess
נִמְרַח פ' be spread, be smeared
נִמְרַט פ' be plucked, be racked
נְמֵרִי ת' tigerish
נִמְרָץ ת' vigorous, energetic
– בקיצור נמרץ in brief, in short
נִמְרָצוּת נ' verve, vigor, *vim
נִמְרָצוֹת תה"פ vigorously, strongly
נָמָשׁ ז' freckle
נִמְשָׁה פ' be pulled out
נִמְשַׁח פ' be anointed, be greased
נִמְשַׁךְ פ' be pulled, be attracted, continue, last, run, drag on
נִמְשָׁךְ ז' drawee
נִמְשָׁךְ ת' continuous, prolonged
נִמְשַׁל פ' resemble, be like, be ruled
נִמְתַּח פ' be stretched, be hoaxed
נִנְאַם פ' be lectured, be addressed
נִנְזַף פ' be rebuked, be lectured
נַנָּס ז' dwarf, midget
נַנָּסִי ת' dwarfish, midget, scrub
נִנְעַל פ' lock, be locked, adjourn
– ננעל על (מטרה) lock on to
נִנְעַץ פ' be inserted, stick, run into
נִנְקַט פ' be taken (measures)
נָס פ' flee, escape, bolt, scamper
– נס ליחו has no kick left
נֵס ז' banner, flag, miracle, wonder
– נס הרוח weather vane
נָסַב פ' surround, turn, refer, touch
נָסָב ז' indorsee, endorsee
נִסְבָּל ת' bearable, tolerable
– בלתי נסבל intolerable
נְסִגָנוּת נ' reaction, recession
נְסִגָנִי ת' recessive, reactionary
נִסְגַר פ' close, be closed, shut
נִסְדַק פ' crack, be cracked, fracture
נָסוֹג פ' retreat, withdraw
נָסוֹג ת' regressive, retrogressive
נָסוּךְ ת' covered, covering, spread
נְסוֹרֶת נ' sawdust, shavings
נַסָּח ז' draftsman, copywriter
נֹסַח ז' extract, text
נִסְחַב פ' be dragged, be drawn
נִסְחַט פ' be squeezed, be blackmailed
נִסְחַף פ' be swept, be carried away
נִסְחַר פ' be traded, be marketed
נְסִיבּוֹת נ"ר circumstances
נְסִיבָּתִי ת' circumstantial
נָסִיג ת' retractable, retrogressive
נְסִיגָה נ' regression, retreat, withdrawal, pull-back
נַסְיוּב ז' serum
נַסְיָן ז' experimenter, trier
נָסִיךְ ז' prince, jack, knave
– נסיך החלומות Prince Charming
– נסיך הכתר crown prince
נְסִיכָה נ' princess
נְסִיכוּת נ' principality, princedom
נְסִיעָה נ' journey, travel, drive
– נסיעת מבחן trial run, test drive
נְסִיקָה נ' vertical takeoff, zoom
נָסַךְ פ' pour, inspire, fill
נֶסֶךְ ז' libation
נִסְלַח פ' be pardoned, be forgiven
נִסְלַל פ' be paved, be beaten
נִסְמָךְ ת' leaning, part of compound
נָסַע פ' go, travel, journey, drive
נִסְעָר ת' stormy, excited, raging
נִסְפַּג פ' be absorbed, sink in
נִסְפָּה פ' be killed, fall, die
נִסְפָּח ז' attache, appendix, adjunct, supplement, addendum
– נספח צבאי military attache
נִסְפַּר פ' be numbered, be counted
נָסַק פ' rise, ascend, climb, zoom
נָסֵק (דִיאֵז) ז' sharp
נִסְקַל פ' be stoned
נִסְקַר פ' be reviewed, be surveyed

נֶסֶר ז' board, plank
נִסרַג פ' be knitted
נִסרַק פ' be combed, be searched
נִסתַ- (פּוֹעַל) ראה הִסתַ-
נִסתַם פ' be blocked, be filled
נִסתַר פ' be contradicted, be refuted
נִסתָר ז' third person, hidden
נָע פ' move, stir, wander, roam
– נע בין - ל- range from - to -
– נע ונד nomadic, vagabond
*נֶעבָּך ז' miserable, henpecked
נֶעדַר פ' be absent, be dug up
נֶעדָר ת' absent, lacking, missing
נַעֲוֶה ת' distorted, crooked, twisted
– נעווה לב crook, swindler
נָעוּל ת' locked, shod, wearing shoes
נָעוּץ ת' inserted, fixed, embedded
נְעוּרִים ז"ר boyhood, youth
– אשת נעוריו beloved wife
נְעוֹרֶת נ' chaff, tow
נֶעֱזַב פ' be abandoned, be left
נֶעֱזַר פ' be helped, be assisted
נֶעֱטַף פ' be wrapped, be enveloped
נְעִילָה נ' adjournment, locking, close-down, wearing shoes
נָעִים ת' agreeable, lovely, pleasant
– בילה בנעימים have a good time
– היה נעים my pleasure
נְעִימָה נ' melody, tune, strain
– נעימת ביניים interlude
נְעִימוּת נ' pleasantness, amenity
נְעִיצָה נ' inserting, fixing, stab
נְעִירָה נ' bray, heehaw
נֶעכָּר ת' dejected, gloomy, muddied
נָעַל פ' bar, lock, shut, close, secure, adjourn, wear shoes
– נעל דלת בפני shut the door on
נַעַל נ' shoe, boot
– נעל אורטופדית surgical shoe
– נעל בית slipper, mule
– נעלי ספורט plimsolls, sneakers
נֶעֱלַב פ' be insulted, be offended
נַעֲלֶה ת' high, supreme, sublime
– נעלה עקרונות high-principled
נֶעֱלַם פ' vanish, disappear, die out
נֶעֱלָם ז' unknown, mysterious
נָעַם פ' be pleasant, be sweet
נֶעֱמַד פ' stand, stop, halt
נֶעֱנַד פ' be worn, be decorated
נַעֲנָה פ' agree, respond, be answered
נַעֲנָה נ' mint, peppermint
נִענוּעַ ז' movement, shake, rocking
נִענַע פ' shake, move, stir, swing
נֶעֱנַשׁ פ' be punished, *cop it
נָעַץ פ' insert, stick in, drive in
– נעץ מבט stare, glare
נַעַץ ז' drawing pin, thumbtack
נֶעֱצַב פ' sadden, be sad, rue
נֶעֱצַם פ' be closed, close, shut
נֶעֱצַר פ' stop, halt, be detained, be arrested, *be nabbed
נֶעֱקַד פ' be bound, be trussed
נֶעֱקַף פ' be overtaken, be bypassed
נֶעֱקַץ פ' be stung, be bitten
נֶעֱקַר פ' be uprooted, be displaced
נָעַר פ' shake out, bray, heehaw
נַעַר ז' boy, lad, youth, teenager
– מנער ועד זקן young and old
– נער שעשועים playboy
נַעֲרָה נ' girl, maid, teenager, *gal
– נערת זוהר glamor girl
– נערת טלפון call girl
– נערת שער cover girl
נַעֲרוּת נ' boyhood, youth
נַעֲרִי ת' boyish, juvenile
נֶעֱרַךְ פ' be prepared, be aligned, line up, be edited, be estimated
נֶעֱרַם פ' pile up, bank up, be heaped
נֶעֱרַף פ' be decapitated
נַעֲרָץ ת' respected, admired
נַעֲשָׂה פ' be made, be done, turn into, become, wax
נֶעתַּק פ' be copied, be shifted
נֶעתַּר פ' grant a request
נֵף ז' halyard, halliard
נִפגַם פ' be spoiled, be impaired
נִפגַע פ' be insulted, take offense, be knocked down, be injured
נִפגָע ז' casualty, injured, loss
נִפגַשׁ פ' meet, encounter, date
נִפדָה פ' be redeemed, be ransomed
נָפָה נ' sieve, screen, sifter, riddle, district, region
נָפוֹג פ' weaken, vanish, abate
נָפוּחַ ת' inflated, swollen, bloated
נָפוּל ת' fallen, downcast

נְפוֹלֶת נ' fallout, dropout
נָפוֹץ פ' spread, pass round
נָפוֹץ ת' widespread, rife, scattered
נָפַח פ' blow, puff, breathe
- נפח נשמתו breathe one's last
- תיפח רוחי! damn!, I'm blowed!
נַפָּח ז' smith, blacksmith
נֶפַח ז' bulk, volume
נִפְחָד ת' afraid, scared, tremulous
נַפָּחוּת נ' smithery
נַפָּחִיָּה נ' forge, smithy
נִפְחַס פ' flatten, be compressed
נֵפְט ז' oil, kerosene
נֶפְטוּן (כוכב-לכת) ז' Neptune
נַפְטָלִין ז' mothball, naphthalene
נִפְטַר פ' die, get rid of, go away, depart, be freed
נִפְטָר ז' deceased, dead, late
נְפִיחָה נ' blowing, fart, wind
נְפִיחוּת נ' swelling, tumescence
נָפִיל ז' giant
נְפִילָה נ' fall, collapse, downfall
- מחלת הנפילה epilepsy
נָפִיץ ת' explosive
נְפִיצָה נ' dispersion
נְפִיצוּת נ' distribution, circulation
נָפַל פ' fall, die, happen, occur
- נפל בחלקו fall his way, go to him
- נפל בפח fall for it, be deceived
- נפל ברוחו be dejected, lose heart
- נפל דבר something happened
- נפל למשכב fall ill, become sick
*- נפל על כל הראש go mad
- נפלו פניו be downcast
נֵפֶל ז' abortion, failure, fiasco
נִפְלָא ת' marvelous, wonderful
נִפְלָאוֹת ז"ר wonders, miracles
נִפְלַט פ' escape, slip out, be emitted
נִפְנָה פ' turn, address, be removed
נִפְנוּף ז' waving, flapping, flutter
נִפְנֵף פ' flourish, wave, flutter
*- נפנף החוצה chuck out
נַפְנֶפֶת נ' flounce, ruffle
נִפְסָד ת' harmful, worthless, bad
נִפְסַל פ' be disqualified
נִפְסַק פ' pause, cease, stop, be ruled, be adjudged, be determined
נִפְעַל ז' passive voice

נִפְעָם ת' moved, amazed, astounded
נִפְעַר פ' gape open, yawn
נֶפֶץ ז' explosion, bang, blast
נַפָּץ ז' detonator
נִפְצַע פ' be injured, be wounded
נָפְקָא מִינַהּ נ' difference, odds
נִפְקָד ת' missing, absentee, absent without leave, AWOL, enumerated, counted
נִפְקָדוּת נ' absenteeism
נִפְקַח פ' be opened, open
נַפְקָנִית נ' prostitute, whore
נִפְרַד פ' depart, divorce, leave
נִפְרָד ת' different, separate
- בנפרד apart, individually
נִפְרַט פ' be changed (money)
נִפְרַם פ' ravel, be untied, split
נִפְרַס פ' deploy, be sliced
נִפְרַע פ' be paid, be settled
נִפְרַץ פ' be broken, burst open
נִפְרָץ ת' widespread
- חזון נפרץ common phenomenon
נִפְרַק פ' be unloaded, be vented
נִפְרַשׂ פ' be spread out
נָפַשׁ פ' relax, rest, vacation
נֶפֶשׁ נ' mind, soul, spirit, life
- בנפשו הדבר vitally important
- דיני נפשות capital offenses
- השליך נפשו מנגד risk one's life
- חי נפשי upon my life
- כלות הנפש yearning, longing
- לנפש per capita, per person
- נמלט כל עוד נפשו בו run for dear life
נַפְשִׁי ת' mental, psychic, spiritual
נִפְשָׁע ת' sinful, mean, nefarious
נַפְתּוּל ז' meander, struggle
- נפתולים meanderings, twists
נִפְתַּח פ' open, open up, unroll
נִפְתָּל ת' twisted, distorted, winding
נִפְתַּר פ' be solved, work out
נֵץ ז' hawk, hardliner
נִצְבַּט פ' be pinched, be nipped
נִצְבַּע פ' be colored, be painted
נִצְבַּר פ' accumulate, be gathered
נָצוּר ת' locked, besieged
- גילה נצורות break new ground
נֶצַח ז' eternity, perpetuity

נִצְחִי ת' eternal, infinite, perpetual
נִצְחִיּוּת נ' eternity, immortality
נַצְחָנוּת נ' polemics, argumentation
נִצַּט- (פּוֹעַל) ראה הִצְטַ-
נְצִיב ז' governor, commissioner
- נציב המים Water Commissioner
- נציב תלונות הציבור ombudsman
נְצִיבוּת נ' commission
- נציבות שירות המדינה Civil Service Commission
נָצִיג ז' representative, delegate
נְצִיגוּת נ' representation, mission
נְצִילוּת נ' efficiency
נָצִיץ ז' mica
נְצִירַת אֵשׁ נ' holding fire
נִצְלַב פ' be crucified, be executed
נִצְלָה פ' broil, be roasted, roast
נַצְלָן ז' exploiter, sponger
נַצְלָנוּת נ' exploitation, abuse
נצ"מ=ניצב משנה deputy commander
נִצְמַד פ' adhere, cling, stick, keep
נִצְנוּץ ז' sparkle, flash, glitter
נִצְנֵץ פ' sparkle, twinkle, glitter
נַצְנָץ ז' signal light, flashing light
נַצְנַצִּים ז"ר sequins, spangles
נִצְפָּה פ' be expected, be foreseen
נָצַץ פ' shine, glitter, sparkle
נָצַר פ' guard, preserve, keep, lock
נֵצֶר ז' offspring, sprout, scion
נִצְרַב פ' be burnt, be scalded
נִצְרָה נ' safety catch, safety pin
נַצְרוּת נ' Christianity
נִצְרָךְ ת' needy, poor, necessitous
נִצְרָכוּת נ' need, indigence
נָקַב פ' name, say, specify, bore
נֶקֶב ז' hole, aperture, puncture
- נקבים excretion, urination
נִקְבֵּב פ' perforate, punch
נְקֵבָה נ' female, feminine, she
נִקְבָּה נ' tunnel, gallery, adit
נִקְבּוּב ז' perforation
נַקְבּוּבִי ת' porous, perforated
נַקְבּוּבִיּוּת נ' porosity, porousness
נַקְבּוּבִית נ' pore, hole
נְקֵבִי ת' female, feminine
נַקְבָנוּת נ' keypunching
נַקְבָנִית נ' keypuncher
נִקְבַּע פ' be determined, be fixed, be placed, be agreed
נִקְבַּץ פ' gather, assemble, rally
נִקְבַּר פ' be buried, be interred
נֶקֶד ז' dot, coccus, score
- נקד שרשרת streptococcus
נִקֵּד פ' draw a dotted line
נִקְדּוּד ז' stippling, scoring
נִקְדַּח פ' be bored, be drilled
נַקְדָן ז' vocalizer, pedant
נַקְדָנוּת נ' vocalization, pedantry
נִקְדַּשׁ פ' be hallowed, be sanctified
נִקְהַל פ' gather, assemble, rally
נָקוּב ת' pierced, riddled, punched, named, stated, nominal
נָקוֹד ת' spotted, speckled, dotted
נְקוּדָה נ' point, dot, full stop, period, spot
- בנקודה זו at that point
- נקודה ופסיק semicolon, (;)
- נקודה עשרונית decimal point
- נקודת אחיזה support, basis
- נקודת ביקורת checkpoint
- נקודת היתוך melting point
- נקודת העונשין penalty spot
- נקודת זינוק starting point
- נקודת חן beauty spot
- נקודת חשמל power point
- נקודת מבט point of view, angle
- נקודת מוצא square one, base
- נקודת מפנה turning point
- נקודת משען fulcrum
- נקודת ראות aspect, viewpoint
- נקודת תורפה foible, weak point
נְקוּדָתַיִם נ"ר colon, (:)
נִקְוָה פ' be collected, gather, well
נָקוּעַ ת' out of joint, sprained
נֶקֶז ז' drain, canalization
נָקַט פ' take (steps), adopt, resort
- נקט אמצעים take measures
נִקְטַל פ' be killed, be blasted
נִקְטַם פ' be truncated, be cut off
נִקְטַע פ' be cut off, be interrupted
נִקְטַף פ' be picked, be plucked, die
נֶקְטָרִינָה (אֲפַרְשְׁזִיף) נ' nectarine
נָקִי ת' clean, neat, tidy, net
- נקי כפיים incorruptible
נְקִיּוּת נ' cleanliness
נְקִיטָה נ' taking (measures)

swear on the bible – נשבע בנקיטת חפץ
dislocation, sprain נְקִיעָה נ'
precession, beating נְקִיפָה נ'
lifting a finger – נקיפת אצבע
qualm, compunction – נקיפת לב
compunction – נקיפת מצפון
crevice, hole, cranny נָקִיק ז'
peck, pecking נְקִירָה נ'
knock, tap, percussion נְקִישָׁה נ'
easy, simple, easily נָקֵל תּ'
be roasted, be disgraced נִקלָה פ'
contemptible, base נִקלֶה תּ'
easily נְקַלָּה - עַל נְקַלָּה תה"פ
be absorbed, get across, be understood, strike roots נִקלַט פ'
chance, get into, be thrown, be braided, be plaited נִקלַע פ'
avenge, take revenge נָקַם פ'
revenge, vengeance נָקָם ז'
revenge, vengeance נְקָמָה נ'
vendetta – נקמת דם
revenge, vindictiveness נַקמָנוּת נ'
revengeful, vindictive נַקמָנִי תּ'
be bought, be acquired נִקנָה פ'
sausage, wurst, *banger נַקנִיק ז'
hot dog, sausage נַקנִיקִיָּה נ'
be fined, be mulcted נִקנַס פ'
sprain, dislocate, rick נָקַע פ'
sick to death of – נקעה נפשו מ–
sprain, dislocation, wrench נֶקַע ז'
tap, knock, beat נָקַף פ'
have qualms – מצפונו נקפו
lift a finger – נקף אצבע
a year passed – נקפה שנה
be frozen, freeze נִקפָּא פ'
be cut, be chopped נִקצַץ פ'
be reaped, be harvested נִקצַר פ'
hole, pick, dry point נֶקֶר ז'
woodpecker נַקָּר (עוף) ז'
be called, be read נִקרָא פ'
approach, be sacrificed נִקרַב פ'
chance, happen, meet נִקרָה פ'
crevice, cleft, hole נִקרָה נ'
form a crust, crust over נִקרַם פ'
picking, fault-finding נַקרָנוּת נ'
be torn, be ripped, split נִקרַע פ'
congeal, freeze, solidify נִקרַשׁ פ'

knock, tap, beat, chatter נָקַשׁ פ'
be tied, be connected נִקשַׁר פ'
be attached to, love – נקשר אל
candle, suppository, candela, candlepower נֵר ז'
search high and low – חיפש בנרות
guiding principle – נר לרגליו
memorial candle – נר נשמה
be seen, appear, look נִראָה פ'
apparent, visible נִראֶה תּ'
I like it *– זה נראה לי
visible – נראה לעין
probably, it seems נִראֶה תה"פ
apparently, it seems – כנראה
angry, enraged, peevish נִרגָּז תּ'
hookah, hubble-bubble נַרגִּילָה נ'
be stoned נִרגַּם פ'
complaining, querulous נִרגָּן תּ'
grumbling, *griping נִרגָּנוּת נ'
calm down, relax, *unwind נִרגַּע פ'
moved, excited, *het up נִרגָּשׁ תּ'
spikenard נֵרד (צמח-בושם) ז'
fall asleep, drop off נִרדַּם פ'
persecuted, chased נִרדָּף תּ'
synonym – מלה נרדפת
synonymy, persecution נִרדָּפוּת נ'
spacious, wide, ample נִרחָב תּ'
be washed, be bathed נִרחַץ פ'
become wet, moisten נִרטַב פ'
button, be clasped, fasten נִרכַּס פ'
be acquired, be bought נִרכַּשׁ פ'
normalization נִרמוּל ז'
be hinted, be alluded נִרמַז פ'
normalize, standardize נִרמֵל פ'
be trodden, be trampled נִרמַס פ'
shake, tremble, shiver נִרעַד פ'
excited, *flabbergasted נִרעָשׁ תּ'
heal, be cured, recover נִרפָּא פ'
slacken, slack off, weaken נִרפָּה פ'
slack, lazy, idle, listless נִרפֶּה תּ'
slackness, listlessness נִרפּוּת נ'
be accepted, be atoned נִרצָה פ'
be murdered נִרצַח פ'
be pierced, be bored נִרצַע פ'
rot, rot away, decay נִרקַב פ'
narcotic נַרקוֹזָה (סם מרדים) נ'
narcotic נַרקוֹטִי (מרדים) תּ'
drug addict, *junkie נַרקוֹמָן ז'

נַרְקִיס ז' amaryllis, daffodil, narcissus, jonquil
נַרְקִיסִיּוּת נ' narcissism, self-love
נִרְקַם פ' be embroidered, be devised, be planned, be formed
נִרְשַׁם פ' be recorded, enter, register
נַרְתִּיק ז' sheath, case, wallet
- נרתיק האקדח holster
נַרְתִּיקָה נ' vagina
נִרְתַּם פ' be harnessed, be hitched
- נרתם לעבודה get down to work
- נרתם לעזרתו help him out
נִרְתַּע פ' recoil, flinch, draw back
נִרְתַּק פ' sheathe, case, encase
נָשָׂא פ' carry, bear, endure, raise
- נשא אישה marry, take a wife
- נשא ונתן negotiate, deal
- נשא נאום make a speech
- נשא עיניו lift up one's eyes
- נשא פנים be partial, favor
- נשא פרי bear fruit, succeed
- נשא ריבית bear interest
נַשָּׂא (של מחלה) ז' carrier
נִשְׁאַב פ' be pumped, be drawn
נִשְׁאַל פ' be asked, be borrowed
נִשְׁאַף פ' be inhaled, be drawn in
נִשְׁאַר פ' remain, stay, keep, rest
- נשאר בחיים survive, be spared
נָשַׁב פ' blow, breathe, puff, whiff
נִשְׁבָּה פ' be captured, be taken
נִשְׁבַּע פ' swear, take an oath
- נשבע לשקר perjure oneself
נִשְׁבַּר פ' break, be broken, snap
*- נשבר לי I'm fed up
נִשְׂגָּב ת' lofty, sublime, beyond understanding, transcendent
נִשְׁגָּר ז' consignee
נִשְׁדַּד פ' be robbed, *be mugged
נַשְׁדּוּר ז' ammonia
נִשְׁדַּף פ' be blighted, be burnt
נָשָׁה פ' claim a debt
נָשׂוּא ז' predicate
נָשׂוּא ת' carried, borne
- נשוא פנים venerable, dignitary
נְשׂוּאָה נ' married woman
נְשׂוּאִי ת' predicative
נָשׂוּי ת' married, wedded, *hitched
נָשׁוּךְ ת' bitten

נְשׁוֹרֶת נ' fallout, molt, detritus
נִשְׁזַר פ' be twined, be twisted
נִשְׁחַט פ' be butchered, be killed
נִשְׁחַק פ' erode, be pounded, shrink, wear down, wear thin
נִשְׁחָת ת' corrupt, bad, spoilt
נִשְׁטַף פ' wash, be rinsed, be swept
נָשִׁי ת' effeminate, feminine
נָשִׂיא ז' president
- הנשיא הנבחר president elect
- נשיא כבוד honorary president
- נשיאים ורוח וגשם אין much ado about nothing
נְשִׂיאָה נ' carrying, bearing
נְשִׂיאוּת נ' presidency, presidium
נְשִׂיאוּתִי ת' presidential
נְשִׁיבָה נ' blowing, puffing
נְשִׁיוֹן ז' amnesia
נָשִׁיּוּת נ' femininity, womanhood
נְשִׁיָּה נ' oblivion, forgetfulness
נְשִׁיכָה נ' bite, biting, snap
נָשִׁים נ"ר women, ladies
- נשים מוכות battered women
נְשִׁימָה נ' breath, breathing, respiration
- בנשימה אחת in the same breath
- עוצר נשימה breathtaking
נְשִׁיפָה נ' breathing out, exhalation
נְשִׁיקָה נ' kiss, osculation, *smooch
נָשִׁיר ז' molting season
נָשִׁיר ת' deciduous, shedding leaves
נְשִׁירָה נ' dropping out, fallout, shedding, molting
נָשִׁית (דלקת עצב-השת) נ' sciatica
נָשַׁךְ פ' bite, nip, worry
נֶשֶׁךְ ז' usury, interest
נִשְׁכַּב פ' lie down, fall
נִשְׁכַּח פ' be forgotten
- בלתי נשכח unforgettable
נִשְׁכָּחוֹת ז"ר forgotten events
נִשְׂכַּר פ' let, hired, rent, gaining
נָשַׁל פ' drop, fall, slough, remove
נֶשֶׁל ז' sloughing, fall, falling
נִשְׁלָה פ' be drawn out
נִשְׁלַח פ' be sent, be transmitted
נִשְׁלַט פ' be governed, be ruled
נִשְׁלַל פ' be denied, be deprived
נִשְׁלַם פ' be completed, end, finish

נִשְׁלַף פ'	be unsheathed, be drawn
נִשְׁלַשׁ פ'	triple, treble
נָשַׁם פ'	breathe, pant, gasp, respire
– נשם ונשף	pant
– נשם לרווחה	feel relief
נִשְׁמַד פ'	be destroyed, perish
נְשָׁמָה נ'	soul, spirit, *darling
נִשְׁמַט פ'	drop, be omitted, slip
נִשְׁמַע פ'	obey, be heard, sound, ring
נִשְׁמַר פ'	be kept, be preserved, be guarded, take care
נִשְׁנָה פ'	recur, repeat, be reiterated
נִשְׁעַן פ'	lean, recline, depend on, rely on, rest on
נָשַׁף פ'	blow, breathe, exhale, puff
– נשף בעורפו	breathe down his neck
נֶשֶׁף ז'	ball, party, soiree
– נשף מסיכות	masked ball, masquerade
– נשף ריקודים	ball, dance
נִשְׁפַּט פ'	be sentenced, be judged
נִשְׁפִּיָּה נ'	small party
נִשְׁפַּךְ פ'	spill, be poured, empty
נִשְׁפַּת פ'	be placed on fire
נָשַׁק פ'	kiss, *peck, *smooch
נֶשֶׁק ז'	arms, weapon, firearm
– נשק חם	firearms
– נשק קל	light weapons
– נשק קר	cold steel, knife
נַשָּׁק ז'	gunsmith, armorer
נַשָּׁקִיָּה נ'	armory, arsenal
נִשְׁקַל פ'	be weighed, be considered
נִשְׁקַף פ'	be seen, be reflected, appear, overlook
– נשקפה לו סכנה	be in danger
נָשַׁר פ'	drop, be shed, molt
נֶשֶׁר ז'	eagle, vulture, windfall
נִשְׁרָה פ'	soak, be immersed
נִשְׁרוֹן ז'	eaglet
נִשְׂרַט פ'	be scratched, be scraped
נִשְׁרִי ת'	aquiline, curved
נִשְׂרַף פ'	burn, be burnt, scorch
נִשְׁתַּ- (פּוֹעַל) ראה הִשְׁתַּ-	
נִשְׁתַּל פ'	be planted, be implanted
נִת- (פּוֹעַל) ראה הִת-	
נַתָּב ז'	tracker, pilot
נִתְבַּע פ'	be demanded, be sued
נִתְבָּע ז'	defendant, respondent
נָתוּן ת'	given, is, found, placed, situated, datum
נְתוּנִים ז"ר	data, qualities, makings
נְתוּקוֹת תה"פ	staccato
נֶתֶז ז'	ricochet, splinter, sprinkle
נֵתַח ז'	cut, chunk, piece, slice
– נתח שוק	market share
נִתְחַב פ'	be inserted, be shoved
נִתְחַם פ'	be fixed, be delimited
נִתְחָנוּת נ'	analysis, breakdown
נִתְחָנִי ת'	analytical, dissecting
נָתִיב ז'	path, way, lane, track
– חד נתיבי	single-track, one-track
– נתיב אוויר	air lane, airway
נָתִיחַ ת'	operable
נְתִיחָה נ'	dissection, analysis
נָתִיךְ ז'	fuse, fuse wire
נָתִין ז'	subject, citizen, national
נְתִינָה נ'	giving, granting
נְתִינוּת נ'	nationality, citizenship
נָתִיק ת'	detachable, removable
נְתִיקוּת נ'	separability, detachment
נְתִיר ז'	ricochet
נֶתֶךְ ז'	alloy, mixture
נִתְלָה פ'	hang, be hanged
נִתְלַשׁ פ'	be plucked, be torn
נִתְמַךְ פ'	be supported, get help
נָתַן פ'	give, grant, let, allow, put
– נתן את הדין	pay for
– נתן דעתו	pay attention
– נתן יד	lend a hand, take part
– נתן להבין	give to understand
*– נתן לו מנה	give him what for
*– נתן על הראש	blow up, rebuke
נִתְעָב ת'	loathsome, abominable
נִתְפַּס פ'	be seized, be caught, be grasped, be understood
נִתְפַּר פ'	be sewn, be stitched
נָתַץ פ'	smash, destroy, demolish
נֶתֶק ז'	switch, break, severance
נִתְקַל פ'	meet, encounter, stumble
נִתְקַע פ'	be stuck, stick
נִתְקַף פ'	be attacked, feel, suffer
נֶתֶר ז'	niter, nitre, soda
נֶתֶר מְאַכֵּל ז'	caustic soda
נִתְרַם פ'	be contributed, be donated
נַתְרָן (מתכת) ז'	sodium

ס

סְאָה נ׳ seah (measure)
- הגדיש הסאה go too far
סָאוּנָה (מרחץ אדים) נ׳ sauna
סא״ל=סגן אלוף lieutenant colonel
סָב פ׳ turn, go round, encircle
סָב ז׳ grandfather, old man
סָבָא פ׳ drink to excess, guzzle
סָבָא ז׳ grandfather, *grandpa
- סבא רבא great-grandfather
*סַבָּא ז׳ grandfather, grandpa
סָבַב פ׳ go round, encircle, revolve, rotate, turn
סֶבֶב ז׳ round, revolution, circuit
סֶבֶת נ׳ pinion, cogwheel
סַבּוֹטַז׳ (חַבָּלָה) ז׳ sabotage
סָבוּךְ ת׳ tangled, complicated
סַבּוֹלֶת נ׳ stamina, endurance
סַבּוֹן ז׳ soap, *timid, softy
סַבּוֹנִי ת׳ soapy
סַבּוֹנִיָּה נ׳ soap holder, soap dish
סָבוּר ת׳ thinking, believing
- סבורני I think
סְבִיאָה נ׳ drinking, boozing
סָבִיב מ״י around, round
סְבִיבָה נ׳ surroundings, vicinity, environment, neighborhood
- אין איש בסביבה the coast is clear
- בסביבה near by, around
- בסביבות about, around, or so
סְבִיבוֹל ז׳ swivel
סְבִיבוֹן ז׳ top, whipping top, whirligig, teetotum
סְבִיבָתִי ת׳ environmental
סַבְיוֹן ז׳ ragwort, groundsel
סָבִיךְ ת׳ entangled, tangly, jumbly
סְבִיכוּת נ׳ entanglement
סָבִיל ת׳ passive, tolerable
סְבִילוּת נ׳ tolerability, stamina
סָבִיר ת׳ reasonable, logical, likely
סְבִירוּת נ׳ probability, likelihood
סְבַךְ ז׳ entanglement, thicket
סְבָכָה נ׳ lattice, grill, trellis
סָבַל פ׳ suffer, tolerate, bear, endure
סֵבֶל ז׳ suffering, affliction, burden
- סבל הירושה atavism
סַבָּל ז׳ porter, carrier, redcap
- כשל כוח הסבל can bear no more
סַבָּלוּת נ׳ porterage, carrying
סַבְלָנוּת נ׳ patience, endurance
סַבְלָנִי ת׳ patient, tolerant, quiet
סַבְסָב (התקן בזנב מטוס) ז׳ yaw
סִבְסֵד פ׳ subsidize
סִבְסוּד ז׳ subsidization
סָבַר פ׳ think, suppose, hold, opine
סֵבֶר ז׳ hope, appearance
- סבר פנים יפות hospitality
*סַבְּרָה ז׳ prickly pear, Israel-born
סְבָרָה נ׳ opinion, belief, conjecture
- סברת כרס unfounded view
סַבְתָּא נ׳ grandmother, *grandma
- סבתא רבתא great-grandmother
*- ספר לסבתא tell it to the marines
סָגַד פ׳ worship, idolize, adore
סָגָה (סיפורי גיבורים) נ׳ saga
סֶגוֹל ז׳ eh (Hebrew vowel)
סָגוֹל ת׳ violet
סְגוּלָה נ׳ attribute, trait, quality
סְגוּלִי ת׳ specific
סָגוּף ת׳ suffering, mortified
סָגוּר ת׳ shut, barred, closed, secure
סְגוֹר לִיבּוֹ burden, heavy heart
סַגִּי ת׳ enough
סַגִּי נְהוֹר ת׳ blind, euphemism
- לשון סגי נהור ironic language
סְגִידָה נ׳ worship, idolization
סָגִיל ת׳ adaptable, malleable
סְגִילוּת נ׳ adaptability, malleability
סָגִיר ז׳ shackle
סְגִירָה נ׳ closing, shutting
סֶגֶל ז׳ cadre, corps, staff, group
- הסגל הדיפלומטי diplomatic corps
סֶגֶל (סוג צמחי נוי) ז׳ viola
סְגַלְגַּל ת׳ elliptic, oval
סג״מ=סגן משנה second lieutenant
סְגָן ז׳ deputy, vice
- סגן אלוף lieutenant colonel
- סגן ניצב chief superintendent
- סגן נשיא vice-president, VP
סֶגֶן ז׳ first lieutenant, lieutenant
- סגן משנה second lieutenant, *sub
סִגְנוֹן ז׳ style, manner, mode

- סגנון חופשי freestyle
סִגְנוֹן ז' styling, wording
סִגְנוֹנִי ת' stylistic
סְגָנוּת נ' deputizing, lieutenancy
סִגְנֵן פ' stylize, style, word
סַגְנָן ז' stylist, editor
סִגְסֵג פ' alloy, debase by mixing
סַגְסוֹגֶת נ' alloy, mixture
סַגְפָן ז' ascetic, self-denier
סַגְפָנוּת נ' asceticism, self-denial
סָגַר פ' close, shut, block, bar
*- סגר חשבון עם settle an account
- סגר עסקה sew up a deal
- סגר רווחים close ranks
סֶגֶר ז' closure, lock, latch, shutter
סַגְרִיר ז' heavy rain
סַגְרִירִי ת' rainy, cold, wintry
סַד ז' pillory, stocks, wheel chock
סְדוֹם - מַעֲשֵׂה סְדוֹם ז' sodomy
סְדוֹמִי ז' sodomite, corrupt
סָדוּק ת' cracked, cleft, split
סָדוּר ת' arranged, orderly, in order
סָדִיזְם (התעללות בזולת) ז' sadism
סָדִין ז' sheet
סָדִיסְט (אכזר) ז' sadist
סָדִיסְטִי ת' sadistic, vicious, cruel
סָדִיק ת' crackable, fissile
סָדִיר ת' regular, systematic
סְדִירוּת נ' regularity, orderliness
סַדָּן ז' anvil, breechblock
סַדָּנָא דְאַרְעָא חַד הוּא it's the same everywhere
סַדְנָה נ' workshop, forge, shop
סָדַק פ' crack, chap, split
סֶדֶק ז' crack, crevice, cleft, fissure
סִדְקִי ז' haberdasher
סִדְקִית נ' haberdashery, notions
סִדֵּר פ' arrange, order, organize
סֵדֶר ז' order, arrangement
- בסדר all right, OK, well
- בסדר גודל של about, a matter of
- בסדר גמור all right, *all there
- הפר סדר disturb the peace
- הפרת סדר breach of the peace
- סדר יום agenda, order of the day
- סדר מופתי apple-pie order
סַדָּר ז' typesetter, compositor
סְדָר ז' type, setup type

- סדר-צלם phototypesetting
סִדְרָה נ' sequence, series, succession, course, military exercises
- סדרת ניצחונות winning streak
סִדְרוֹן ז' serial
סִדְרוּר ז' sequencing
סַדָּרוּת נ' typesetting, composition
סַדְרָן ז' usher, steward, *bouncer
סַדְרָנוּת נ' ushering, attendance
סַדְרָנִית נ' usherette
סִדְרָתִי ת' sequential
ס"ה = סך הכול total, sum total
סָהוּר ת' moonlit
סה"כ = סך הכול total, sum total
סַהַר ז' moon, crescent
סַהֲרוּרִי ת' moonstruck, sleepwalker
סַהֲרוּרִיּוּת נ' sleepwalking
סַהֲרִית (קְרוּאָסוֹן) נ' croissant
סוֹאֵן ת' noisy, tumultuous
סוּב יוּדִיצֶה (בדיון) sub judice
סוֹבֵא ז' drunkard, drinker, guzzler
סוֹבֵב פ' turn, revolve, spin, rotate, go round, encircle, wind
סוֹבָּה נ' rotary, traffic circle, roundabout
סוּבְּטִילִי (מעודן) ת' subtle
סוּבְּטרוֹפִּי ת' subtropical
סוֹבְיֶטִי ת' Soviet
סוּבְּיֶקְטִיבִי ת' subjective, personal
סוּבְּיֶקְטִיבִיּוּת נ' subjectivity
סוּבִּין ז"ר bran
סוּבַּךְ פ' be complicated
סוֹבֶךְ ז' calf, thicket
סוֹבֵל ת' suffering, bearing
- לא סובל דיחוי urgent, pressing
סוּבְּלִימַצְיָה (הַמְרָאָה) נ' sublimation
סוֹבְלָנוּת נ' toleration, tolerance
סוֹבְלָנִי ת' tolerant, latitudinarian
סוּבְּסַד פ' be subsidized
סוּבְּסִידְיָה נ' subsidy, financial aid
סוּבֶרֶנִי ת' sovereign, independent
סוּבֶרֶנִיּוּת נ' sovereignty
סוּג ז' category, class, kind, sort, type, brand, genre, nature
- דרכו סוגה בשושנים fares well
- סוג א' A-one, first-class
- סוג ב' mediocre, second-class
סוּגְיָה נ' problem, issue, question

סוּגְנַן פ' be stylized, be worded
סוּגֶסְטְיָה (הַשָּׁאָה) נ' suggestion
סוֹגֵר ז' bracket, parenthesis
סוּגַר ז' cage, muzzle
סוֹגְרַיִים ז"ר parentheses, brackets
– סוגריים מרובעים square brackets
– סוגריים צומדים braces
סוֹד ז' secret, confidence
– בסוד in confidence, in secret
– בסוד העניינים in the know
– בסודי סודות in strict secrecy
– סוד גלוי open secret
סוֹדָה נ' soda, soda water
– סודה לשתייה bicarbonate
– סודת אפייה baking soda
– סודת כביסה washing soda
סוֹדִי ת' secret, confidential
– סודי ביותר top secret
סוֹדִיּוּת נ' secrecy, confidentiality
סוּדַּר פ' be arranged, *be had
סוּדָר ז' scarf, shawl, neckerchief
סוֹדֵר ת' ordinal, serial
סוֹדְרָן ז' index file
סוֹהֵר ז' jailor, warden, guard
סוּוַּג פ' be classified, be sorted
סְוֶודֶר ז' sweater, jumper, wooly
סְוִויטָה (גם במוסיקה) נ' suite
סְוֶוצֶ'ר ז' sweatshirt
סַוָּר ז' docker, stevedore
סַוָּרוּת נ' lighterage, stevedoring
סוֹחֲפָנִי ת' sweeping, erosive
סוֹחֵר ז' merchant, trader, dealer
– סוחר בדים mercer, clothier
– סוחר בסחורה גנובה receiver
– סוחר סמים peddler, pusher
סוֹטָה נ' faithless wife
סוֹטֶה ת' aberrant, deviating, divergent, deviant, pervert
סוֹיָה נ' soy, soya
סוּיַּג פ' be limited, be restricted
סוּיַּד פ' be whitewashed, be painted
סוּכָּה נ' thatched booth, hut
סוּכּוֹת נ"ר Feast of Tabernacles
סוֹכֵךְ ז' awning, umbrella, shelter, screen, sunshade, umbel
סוֹכְכוֹת נ"ר covert, feathers
סוֹכְכִית נ' flashing, roof flashing

סוּכַּל פ' be thwarted, be foiled
סוּכַּם פ' be added up, be concluded
סוּכַּן פ' be endangered, be risked
סוֹכֵן ז' agent, broker, factor
– סוכן הימורים bookie, bookmaker
– סוכן מניות stockbroker, jobber
– סוכן מקרקעין real estate agent
– סוכן נוסע traveling salesman
– סוכן שתול agent provocateur
סוֹכְנוּת נ' agency, bureau
סוֹכֶנֶת נ' housekeeper, agent
סוּכָּר ז' sugar
– סוכר חתיכות lump-sugar
– סוכר פירות dextrose, grape sugar
סוּכְּרָזִית נ' saccharine
סוּכָּרִי ת' sugary, saccharine
סוּכָּרִיָּה נ' candy, sweet, drop
– סוכרייה על מקל lollipop, *lolly
– סוכריית גומי gum drop
סוּכֶּרֶת נ' diabetes
סוֹל ז' sol, G, sole
סוּלָּא - לא יְסוּלָּא ת' invaluable
סוֹלֵד ת' pug nose, snub, retrousse, feeling disgust, averse
סוֹלוֹ (שירת יחיד) ז' solo
*סוּלְחָה נ' reconciliation
סוֹלְחָנוּת נ' forgiveness, indulgence
סוֹלְחָנִי ת' forgiving, indulgent
סוּלְטָן (שליט מוסלמי) ז' sultan
סוֹלִידִי ת' solid, reliable, upstanding
סוֹלִידָרִיּוּת נ' solidarity, sympathy
סוּלְיָה נ' sole
סוֹלִיסְט (סולן) ז' soloist
סוֹלְלָה נ' battery, dike, embankment, rampart, ramp
סוּלָּם ז' ladder, scale, stepladder
– סולם חבלים rope ladder
– סולם נע (לשכר) sliding scale
– סולם שכר wage scale
סוֹלְמִיזַצְיָה נ' solmization, solfeggio
סוֹלָן ז' soloist
סוֹלָנוּם ז' nightshade, solanum
סוּלַּף פ' be distorted, be twisted
סוֹלְפֶג' (תרגילי זמרה) ז' solfeggio
סוּלְפָה (סמי רפואה) נ' sulfa
סוּלְפָט (גפרה) ז' sulfate
סוּלְפִיד (תרכובת גפרית) ז' sulfide
סוּלַּק פ' be removed, be paid

סוֹלר ז' diesel oil, derv
סוֹלָרִי (שֶׁל הַשֶּׁמֶשׁ) ת' solar
סוֹלֶת נ' semolina, fine flour
– סולתה ושמנה elite, best
סוּמָא ז' blind man
– כסומא בארובה in the dark
סוֹמֵך ז' prop, supporter, relying, part of compound
סוּמַל פ' be symbolized, be signified
סוּמַם פ' be drugged, be poisoned
סוּמַן פ' be marked, be indicated
סוֹמֶק ז' blush, redness, rouge
סוּנְדַל פ' be clamped (a car)
סוּנְוַר פ' be blinded, be dazzled
סוֹנָטָה (במוסיקה) נ' sonata
סוֹנֶטָה (שיר זהב) נ' sonnet
סוּנַן פ' be strained, be filtered
סוּנַף פ' be affiliated, be annexed
סוֹנָר (איתור תת מימי) ז' sonar
סוּס ז' horse, steed, knight, licorice
– סוס היאור hippopotamus, hippo
– סוס הרבעה stallion, studhorse
– סוס התעמלות vaulting horse
– סוס טרויאני Trojan horse
– סוס ים walrus
– סוס מירוץ racehorse, racer
– סוס משא packhorse, shire horse
– סוס עבודה dobbin, workhorse
– סוס ציד hunter
*– על הסוס riding high, top dog
סוּסָה נ' mare, filly
סוּסוֹן ז' pony, small horse, *nag
– סוסון ים sea horse
סוּסִי ת' equine, horsy
סוֹעֵד ז' diner, at table
סוֹעֵר ת' stormy, tempestuous
סוֹף ז' end, close, finish
– בסופו של דבר eventually
– סוף דבר epilogue, afterword
– סוף המאה turn of the century
– סוף כל סוף at last
– סוף סוף at last, after all
– סוף פסוק end, finish, period
– סוף ציטוט unquote
סוּף ז' bulrush, rush, reed
סוֹפְגָנִי ת' absorbent, receptive
סוּפְגָּנִיָּה נ' doughnut
סוּפָה נ' storm, gale, gust, tempest
– סופת ברד hailstorm
– סופת גשמים rainstorm
– סופת חול sandstorm
– סופת רעמים thunderstorm
– סופת שלג snowstorm, blizzard
סוּפַּח פ' be annexed, be attached
סוֹפִי ת' final, ultimate, eventual
סוֹפִיּוּת נ' finality, limit, end
סוֹפִיזְם (הַטְעָאָה) ז' sophism
סוֹפִיסְטִיקַצְיָה נ' sophistication, casuistry, speciousness
סוֹפִית נ' suffix
סוֹפִית תה"פ once and for all, finally
סוּפְלֶה (תפיחית) ז' souffle
סוֹפָנִי ת' terminal, incurable
סוּפַּק פ' be supplied, be provided
סוּפַּר פ' be narrated, be cut (hair)
סוֹפֵר ז' author, writer, penman
– סופר סת"ם writer of Scriptures
– סופר צללים ghostwriter
סוֹפְרוּת נ' authorship, writing
סוּפֶּרְמַרְקֶט (מַרְכּוֹל) ז' supermarket
סוֹפְּרָנוֹ ז' descant, soprano, treble
סוֹפֶרֶת נ' authoress, woman author
סוֹפְשָׁבוּעַ ז' weekend
סוֹפָתִי ת' stormy, gusty, squally
סוֹצְיָאלִי (חברתי) ת' social
סוֹצְיָאלִיזְם ז' socialism
סוֹצְיָאלִיסְט ז' socialist
סוֹצְיוֹלוֹג ז' sociologist
סוֹצְיוֹלוֹגִי ת' sociological
סוֹצְיוֹלוֹגְיָה נ' sociology, study of human societies
סוּקַר פ' be reviewed, be covered
סוֹקֵר ז' reviewer, surveyor, pollster
סוּר ז' origin, natural habit
– חזר לסורו revert to bad habits, backslide, fall from grace
סוֹרֵג ז' bars, grating, grid, grille, lattice, trellis, knitter
– מאחורי סורג ובריח behind bars
סוֹרָגָה נ' sweater, jumper, wooly
סוּרִי ז' Syrian
סוּרֵיאָלִיזְם (עַל-מְצִיאוּת) ז' surrealism
סוּרֵיאָלִיסְט ז' surrealist
סוּרְיָה נ' Syria
סוֹרַס פ' be castrated, be distorted
סוֹרַק פ' be combed, be carded

סוֹרֵק ז' scanner
סוֹרֵר ת' indocile, rebellious
- סורר ומורה extremely intractable
סוֹתֵר ת' contradictory, conflicting
סוּתַּת פ' be chiseled, be cut (stones)
סָח פ' say, tell, speak
סָחַב פ' drag, pull, draw, *steal
סְחָבָה נ' floor cloth, mop, rag
- סחבות shabby dress, rags, tatters
סַחֲבָן ז' pilferer, sneak thief
סַחֶבֶת נ' red tape, bureaucracy
סָחוּט ת' squeezed, tired, *beat
סְחוּס ז' cartilage, gristle
סְחוּסִי ת' cartilaginous
סְחוֹפֶת נ' deposit, sediment, alluvium, silt
סְחוֹר סְחוֹר תה"פ indirectly
סְחוֹרָה נ' goods, ware, merchandise
סָחַט פ' blackmail, extort, exact, wring, squeeze, extract, milk
- סוחט דמעות weepy, *tear-jerker
סַחְטָן ז' blackmailer, extorter
סַחְטָנוּת נ' blackmail, racketeering
סְחִי ז' rubbish, refuse, dirt
סְחִיבָה נ' drag, *pilfering
סְחִיטָה נ' blackmail, squeezing, wringing
סְחִיף ז' embolism, embolus
סְחִיפָה נ' erosion, sweeping, wash
סָחִיר ת' negotiable, marketable
סַחְלָב (פרח) ז' orchid
סָחַף פ' carry away, wash, sweep
סַחַף ז' erosion, silt, drift
סָחַר פ' trade, deal in, traffic
סַחַר ז' commerce, trade, traffic
- סחר חוץ foreign trade
- סחר חליפין barter, trade
- סחר מכר trading, dealing
- סחר פנים home trade
סְחרוּר ז' spin, whirl, pirouette
סְחַרְחוֹרֶת נ' dizziness, vertigo
סְחַרְחַר ת' dizzy, indirect, whirling
סְחַרְחֵרָה נ' carousel, merry-go-round
סִחְרֵר פ' dizzy, make giddy
- סחרר את ראשו turn his head
סֶט ז' set, service
סָטָה פ' digress, deviate, diverge

סְטוֹאִי ת' stoical, calm, indifferent
סְטוּדְיוֹ ז' atelier, studio
סְטוּדֶנְט ז' student, undergraduate
סְטוֹפֶּר (שְׁעוֹן-עֶצֶר) ז' stopwatch
*סְטוֹץ ז' affair, happening
סְטָז' ז' training period
סְטָזֶ'ר ז' intern, articled clerk
סְטָטוּס ז' status, standing, position
סְטָטִי ת' static, stationary
סְטָטִיסְט ז' supernumerary, extra
סְטָטִיסְטִי ת' statistical
סְטָטִיסְטִיקָה נ' statistics
סְטָטִיסְטִיקָן ז' statistician
סְטָטִיקָה (גופים נחים) נ' statics
סְטִיגְמָה (אות קלון) נ' stigma
סְטָיו ז' porch, colonnade, portico
סְטִיָּה נ' aberration, deviation, digression, perversion, swerve
- סטיית תקן standard deviation
סְטֵייק (אוּמְצָה) ז' steak, beefsteak
סְטֵייקִיָּה נ' steakhouse
סְטֵיישְׁן ז' station wagon, estate car
סטי"ל=ספינת טילים missile-boat
סָטִין ז' satin, sateen
סָטִיף ת' pockmarked
סְטִיפֶּנְדְיָה נ' grant, scholarship, stipend
סָטִיר (אֵל הַיַּעַר) ז' satyr, lecher
סְטִירָה נ' slap, smack, spat
- סטירת לחי slap in the face
סָטִירָה נ' satire, lampoon, ridicule
סָטִירִי ת' satirical, mocking
סָטִירִיקָן ז' satirist, lampoonist
סְטַנְדַּרְד (תֶּקֶן) ז' standard
סְטַנְדַּרְטִי (תִּקְנִי) ת' standard
סְטֶנוֹגְרַמָּה נ' stenograph
סְטֶנְסִיל (נייר משוכפל) ז' stencil
סְטַנְצָה (בית בשירה) נ' stanza
סְטָקָטוֹ (נְתוּקוֹת) תה"פ staccato
סָטַר פ' slap, smack, spat
סִטְרִי - דוּ סִטְרִי ת' two-way
סִטְרִי - חַד סִטְרִי ת' one-way
סְטֶרֵיאוֹ ז' stereo
סְטֶרֵיאוֹטִיפּ ז' stereotype, pattern
סְטֶרֵיאוֹסְקוֹפּ ז' stereoscope
סְטֶרֵיאוֹפוֹנִי ת' stereophonic
סְטֶרִילִי ת' sterile, germ-free
סְטֶרִילִיזַצְיָה (חיטוי) נ' sterilization

striptease, strip show סטריפטיז ז'
streptococcus סטרפטוקוקוס ז'
stethoscope סטתוסקופ (מסכת) ז'
B, ti, si סי ז'
defilement, soiling סיאוב ז'
seance סיאנס (ישיבה) ז'
fiber, fibre, string סיב ז'
fiberglass – סיבי זכוכית
cause, surround, revolve סיבב פ'
cause, reason, factor סיבה נ'
circuit, round, revolution, rotation, turn, spin סיבוב ז'
rotary, rotatory, circular סיבובי ת'
complication, confusion סיבוך ז'
soaping, *leg-pull סיבון ז'
fibrous, stringy סיבי ת'
Siberia סיביר נ'
fiberboard, chipboard, bit סיבית נ'
embroil, complicate סיבך פ'
warbler סיבכי (ציפור) ז'
soap, *play a joke on סיבן פ'
causal, causational סיבתי ת'
causality, causation סיבתיות נ'
base metal, dross, slag סיג ז'
adaptation, adjustment סיגול ז'
penance, mortification סיגוף ז'
adapt, adjust, modify סיגל פ'
violet סיגלית (פרח) נ'
afflict, mortify, torture סיגף פ'
cigar, *smoke סיגר ז'
cigarette, *fag, *smoke סיגריה נ'
lime, whitewash, plaster סיד ז'
quicklime – סיד חי
slaked lime – סיד כבוי
arrangement, settlement, prayer book, *leg-pull, fixing סידור ז'
work assignment – סידור עבודה
ordinal, serial סידורי ת'
calcium סידן ז'
arrange, put in order, settle, *fix, cheat, get even with סידר פ'
you've been had *– סידרו אותך
restriction, reservations סיוג ז'
whitewashing, painting סיוד ז'
sort, classify, categorize סיווג פ'
classification, bracket סיווג ז'
Sivan (month) סיוון ז'
nightmare, bad dream סיוט ז'

finish, end, termination סיום ז'
suffix, termination סיומת נ'
aid, assistance, help סיוע ז'
fencing, swordplay סיוף ז'
patrol, tour, reconnaissance סיור ז'
package tour – סיור מאורגן
span סיט ז'
situation, state סיטואציה נ'
wholesaler סיטונאי ז'
wholesale סיטונות נ'
wholesale, in the gross, *abundantly – בסיטונות
wholesale סיטוני ת'
restrict, have reservations סייג פ'
fence, hedge, restriction סייג ז'
without reservation – ללא סייג
the less said the better – סייג לחוכמה שתיקה
whitewash, paint סייד פ'
whitewasher, plasterer סייד ז'
whitewashing סיידות נ'
cider סיידר ז'
colt, foal סייח ז'
filly סייחה נ'
end, finish, terminate סיים פ'
groom, horseman, ostler סייס ז'
help, aid, assist, support סייע פ'
assistant, helper, second סייע ז'
assistant, collaborator סייען ז'
fence סייף פ'
fencer, swordsman סייף ז'
swordsmanship, fencing סייפות נ'
patrol, tour, reconnoiter, visit, travel סייר פ'
scout, pathfinder, patrolman סייר ז'
reconnaissance סיירות נ'
battle-cruiser, cruiser, reconnaissance unit סיירת נ'
pin, clip, brooch סיכה נ'
safety pin – סיכת ביטחון
tiepin, tie bar – סיכת עניבה
hairpin, clip – סיכת ראש
has ants in his pants *– על סיכות
lubrication, greasing, oiling סיכה נ'
chance, prospect סיכוי ז'
odds – סיכויים
frustration, foiling סיכול ז'

סִיכּוּם ז' sum, summing up, total
- בסיכום in conclusion, in fine
- סיכום ביניים subtotal
- סיכומו של דבר the long and short of it, to sum up
סִיכּוּן ז' risk, endangering
- סיכון מחושב calculated risk
- סיכון מקצועי occupational hazard
סִיכֵּךְ פ' cover, thatch, screen
סִיכֵּל פ' frustrate, thwart, foil
סִיכֵּם פ' sum up, add up, conclude
סִיכֵּן פ' endanger, risk, jeopardize
סִיכְּרֵר פ' sugar, candy
סִילֵא פ' value, estimate
סִילוֹ (מִגדַל הַחמָצָה) ז' silo
סִילוּאֶט (צללית) ז' silhouette
סִילוֹגִיזם (הֶיקֵש) ז' syllogism
סִילוּם ז' modulation
סִילוֹן ז' jet, jet-plane, squirt, spurt
סִילוּף ז' distortion, perversion
סִילוּק ז' elimination, removal
- סילוק חוב payment of a debt
- סילוק חשבון settling an account
סִילוּקִין ז"ר clearing
סִילִיקוֹן ז' silicone
סִילִיקָט (מחצב) ז' silicate
סִילֵם פ' modulate
סִילֵף פ' distort, pervert, twist, warp
סִילֵק פ' eliminate, remove, send away, pay
- סילק חשבון settle an account
סִימֵא פ' blind, dazzle
סִימבּוֹלִי ת' symbolical, emblematic
סִימבִּיוֹזָה (חיי שיתוף) נ' symbiosis
סִימוּכִין ז"ר reference, support
סִימוּל ז' symbolization, denotation
סִימוּלָטוֹר (מַדמֶה) ז' simulator
סִימוּלטָנִי ת' simultaneous, synchronous, coinciding
סִימוּלטָנִיוּת נ' simultaneity
סִימוּלטָנִית תה"פ simultaneously
סִימוּלַצִיָה (הַדמָיָה) נ' simulation
סִימוּם ז' drugging, poisoning
סִימוּן ז' marking, signing, notation
סִימוּר ז' bristling, nailing
סִימֶטרִי (תּוֹאֵם) ת' symmetrical
סִימֶטרִיָה (תּוֹאַם) נ' symmetry

סִימֵל פ' symbolize, signify, denote
סִימֵם פ' poison, drug, dope
סִימֵן פ' mark, indicate, betoken
סִימָן ז' mark, sign, omen, signal
- סימן היכר trademark, characteristic
- סימן מסחרי brand, trademark
- סימן קריאה exclamation mark, !
- סימן שאלה question mark, ?
- סימני דרגה insignia
- סימני פיסוק punctuation marks
סִימָנוֹף ז' landmark
סִימָנִייָה נ' bookmark
סִימָנִית נ' mark, sign, cue
סִימפּוֹזיוֹן (רַב שִׂיחַ) ז' symposium
סִימפּוֹנוֹת ז"ר bronchi, bronchial tubes
- דלקת הסימפונות bronchitis
סִימפוֹנִי ת' symphonic
סִימפוֹנִיָה (יצירה) נ' symphony
סִימפּטוֹם (סִימַן הֶיכֵּר) ז' symptom
סִימפּטוֹמָטִי ת' symptomatic
סִימפָּתִי ת' nice, caring, sympathetic
סִימפַּתיָה נ' sympathy, compassion
סִימֵר פ' harden, stiffen, transfix
סִין נ' China
סִינדִיקָט ז' syndicate, association
סִינדרוֹם (תסמונת) ז' syndrome
סִינוֹד (ועד כוהני דת) ז' synod
סִינוּן ז' filtering, straining, sifting
סִינוֹנִים (מלה נרדפת) ז' synonym
סִינוּס ז' sine, sinus
סִינוּסִיטִיס (דַלֶקֶת הַגַּת) ז' sinusitis
סִינוֹפּטִי (סוקר כללית) ת' synoptic
סִינוֹר ז' apron, pinafore, bib
סִינַי נ' Sinai
סִינִי ת' Chinese, Sino-
סִינִית נ' Chinese
סִינכּרוּן ז' synchronization, making simultaneous
סִינכּרוֹנִי ת' synchronous
סִינכּרֵן פ' synchronize
סִינֵן פ' strain, filter, sift, utter
סִינֵף פ' affiliate, annex
סִינקוֹפָּה (במוסיקה) נ' syncope
סִינָר ז' apron, pinafore, bib
סִינתֶזָה (תרכובת) נ' synthesis
סִינתֶטִי (מורכב) ת' synthetic

סִינתֶסַייזֶר ז' synthesizer
סִיס (ציפור) ז' swift, swallow
סִיסטֶמָטִי ת' systematic, methodical
סִיסמָה נ' slogan, password, motto, watchword, catchword
סֵיסמוֹגרָף ז' seismograph
סֵיסמוֹלוֹגיָה נ' seismology, study of earthquakes
סֵיסמִי ת' seismic, relating to earthquakes
סִיעָה נ' faction, party, bloc, group
סִיעוּד ז' nursing, care
סִיעוּדִי ת' nursing
סִיעָתִי ת' factional, party
סַיִף ז' fencing, foil, sword, saber
סֵיפָא ז' end, final section
סִיפּוּחַ ז' annexation, attachment
סִיפּוּן ז' deck, ceiling
סִיפוֹן ז' siphon, syphon, trap
סִיפּוּנַאי ז' deck hand
סִיפּוּק ז' satisfaction, gratification, fulfillment, supplying
סִיפּוּר ז' tale, story, narrative
– סיפור בדים canard, *tall story
– סיפור קצר short story
– סיפורי סבתא old wives story
סִיפּוּרִי ת' narrative
סִיפּוֹרֶת נ' fiction, prose
סִיפֵּחַ פ' annex, attach, coopt
סִיפִילִיס (עַגֶבֶת) ז' syphilis
סֵיפָן (פרח) ז' gladiolus
סִיפֵּק פ' please, gratify, satisfy, supply, give, provide for
סִיפֵּק ז' enough time, ability
סִיפֵּר פ' tell, relate, recite, narrate, cut hair, trim
*– סיפר סיפורים tell tales, yarn
סִיקוּל ז' stone removal
סִיקוּס ז' knot, gnarl
סִיקוּר ז' covering, coverage, review
סִיקוֹרֶת נ' review, notice, recension
סִיקֵל פ' remove stones
סִיקֵר פ' survey, cover, review
סִיקָרִיקוֹן ז' robber, bandit
סִיר ז' pot
– סיר בשר fleshpot, luxury
– סיר לחץ pressure cooker, steamer
– סיר לילה chamber pot, potty
סִירָאוּת נ' boating
סִירָאִי ז' boatman
סֵירֵב פ' decline, refuse, turn down
סִירָה נ' boat, dinghy, sidecar
– בסירה אחת in the same boat
– סירת הצלה lifeboat, life raft
– סירת מנוע motorboat
– סירת מפרשים sailboat
– סירת קיטור steamboat
– סירת רוטב gravy boat
סֵירוּב ז' refusal, declination
סֵירוּגִי ת' alternate, every other
– לסירוגין alternately
סֵירוּס ז' castration, distortion
סִירוֹפּ ז' syrup, sirup
סִירֶנָה (צוֹפָר) נ' siren
סֵירֵס פ' castrate, distort, twist
סֵירֵק פ' comb, card
סִיתּוּת ז' stone cutting
סִיתֵּם (צליל) פ' stop (a tone)
סִיתֵּת פ' chisel, cut stones
סָךְ פ' lubricate, oil, grease
סַךְ ז' amount, sum, crowd, procession
– בסך הכל altogether, all, only
– סך אור lens hood, sunshade
– סך הכל sum, total, sum total
– סך עיניים blinder, blinker
– סך שמש sun vizor
סָכוּךְ ת' covered, thatched
סְכוֹלַסטִי ת' scholastic, scholarly
סְכוּם ז' amount, sum
סכו"ם=סכין כף ומזלג cutlery, canteen
סָכוּר ת' dammed up, shut
סָכוּת נ' prognosis, prediction
סְכִיזוֹפרֶנִי ת' schizophrenic
סְכִיזוֹפרֶנִיָה נ' schizophrenia, split personality
סְכִייָה נ' prognosis, prediction
סְכֵימָה נ' scheme, sketch
סְכֵימָתִי ת' schematic, outlined
סַכִּין נ' knife
– סכין גילוח blade, razor blade
– סכין המחרשה colter, plowshare
סַכִּינַאי ז' robber, stabber, cutthroat
סִכֵּךְ פ' cover, thatch, screen
סְכָךְ ז' thatch, cover

סְכָכָה נ' shed, covered yard
סָכָל ז' fool, stupid, silly
סִכְלוּת נ' folly, foolishness
סַכָּנָה נ' danger, peril, risk, hazard
– סכנת נפשות mortal danger
סִכְסוּךְ ז' conflict, quarrel, strife
– סכסוך עבודה labor dispute
סִכְסֵךְ פ' intrigue, incite, arouse quarrels, stir up, set against
סַכְסְכָן ז' quarrel-monger, *stirrer
סַכְסְכָנוּת נ' trouble making
סָכַר פ' dam, close, shut, stem
סֶכֶר ז' dam, sluice gate, weir
סָכָרִין ז' saccharin
סַל ז' basket, holdall, carryall
– סל אשפה waste basket
– סל מזונות food basket
– סל נצרים wicker basket
*סֶלֶבּ (ידוען) celeb, celebrity
סָלַד פ' feel disgust at, abhor
סֶלָה תה"פ selah, forever
סָלוּל ת' paved, beaten
סָלוֹן ז' living room, salon, parlor
– סלון יופי beauty parlor
סְלוֹנִי ת' ballroom
סָלַח פ' pardon, forgive, excuse
סַלְחָן ז' forgiver, remitter
סַלְחָנוּת נ' forgiveness, remission
סַלְחָנִי ת' forgiving, clement
סָלָט ז' salad, *mishmash
סַלְטָה נ' somersault
סְלִידָה נ' aversion, disgust, dislike
סָלִיחַ ת' forgivable, pardonable
סְלִיחָה נ' pardon, forgiveness
– סליחה! excuse me!, sorry!
סְלִיל ז' coil, spool, reel, spiral
– סליל גלילה take-up spool
– סליל השראה induction coil
– סליל חוטים bobbin, skein
סְלִילָה נ' paving, road construction
סְלִילִי ת' spiral, voluted, coiled
סְלִיק ז' cache, stash, hiding place
סָלַל פ' pave, build (roads)
– סלל הדרך ל– pave the way for
סַלְמוֹן (אִלְתִּית) ז' salmon
סַלָמִי ז' salami, bit by bit
סַלָמַנְדְּרָה נ' salamander, newt
סַלַמְס ז"ר shantytown, slums

סְלֶנְג (עָגָה) ז' slang
סִלְסוּל ז' curl, wave, flourish
– סלסול קול trill, coloratura
– סלסול תמידי permanent (wave)
סַלְסִילָה נ' small basket, paper cup
סִלְסֵל פ' curl, wave, frizz, trill
סַלְסָלָה נ' lace, muslin, basket
סֶלַע ז' boulder, rock
– סלע המחלוקת bone of contention
סַלְעִי ת' rocky, stony, craggy
סַלְעִית (ציפור-שיר) נ' wheatear
סַלְפִית (במוסיקה) נ' falsetto
סַלְפָן ז' distorter, liar, falsifier
סֶלֶק ז' beet, beetroot
– סלק סוכר sugar beet
סַלְקָה (בֶּקֶר) נ' natural
סֶלֶקְטִיבִי (בררני) ת' selective
סֶלֶקְטִיבִיוּת נ' selectivity
סַלְקַל ז' carrycot, bassinet
סַלְקָנִית נ' borscht
סֶלֶקְצִיָה נ' selection, choosing
סֶלֶרִי (כרפס) ז' celery
סַלְתָּנִית (דג מאכל) נ' sprat
סַם ז' drug, poison, medicine
– סם חיים healing drug
– סם מוות deadly poison
– סם משכר narcotic drug, *dope
– סם שינה soporific, opiate
ס"מ = סנטימטר cm, centimeter
סַמְבָּה (ריקוד) נ' samba
סַמְבּוּק (שיח נוי) ז' elder
סמג"ד=סגן מפקד גדוד
סְמָדַר ז' blossom, bud
סָמוּי ת' concealed, latent
סָמוֹךְ ז' prop, support, stay, strut
סָמוּךְ ת' close, near, adjacent
– סמוך ובטוח may rest assured
סְמוֹכָה נ' prop, support, brace, stay
סָמוֹק ת' red, crimson, ruddy
סְמוֹקִינְג ז' dinner jacket, tuxedo
סָמוּר (טורף קטן) ז' ferret, weasel
סמח"ט=סגן מפקד חטיבה
סִמְטָה נ' alley, alleyway, lane, boil, furuncle
סֶמִיטְרֵיילֶר (גרור נתמך) ז' semitrailer
סָמִיךְ ת' dense, thick, turbid
סְמִיכָה נ' support, leaning
סְמִיכוּת נ' proximity, nearness

- סמיכות לרבנות Rabbinical ordination
- סמיכות מקום adjacency, vicinity

סֶמִינָר ז' seminary, seminar, college
סָמִיר ת' bristly, prickly, stiff
סָמַךְ פ' support, trust, depend
- סמך ידו authorize, approve
- סמך על depend on, rely on
סֶמֶךְ - בֶּן סֶמֶךְ ז' authority
סַמְכוּת נ' authority, power, right
סַמְכוּתִי ת' authoritative
סַמְכוּתִיּוּת נ' authoritativeness
סֵמֶל ז' symbol, emblem, badge, image, mark, sign, insignia
- סמל מסחרי trademark, chop
סַמָּל ז' sergeant, *sarge
- סמל ראשון staff sergeant
- סמל תורן duty sergeant
סִמְלִי ת' symbolic, token, small
סִמְלִיּוּת נ' symbolism
סַמְמָן ז' savor, spice, drug, flavor, perfume, ingredient
סַמָּן ז' marker, cursor, winger
- סמן ימני right-winger, extremist
סֵמַנְטִי ת' semantic, meaning
סֵמַנְטִיקָה נ' semantics, meaning
סמנכ"ל=סגן מנהל כללי deputy director general
סֶמֶסְטֶר (זמן) ז' semester
סֶמָפוֹר (תמרור) ז' semaphore
סמ"ק=סנטימטר מעוקב cubic centimeter, cc
סָמַר פ' bristle, stand on end
סמ"ר = סמל ראשון staff sergeant
סִמְרוּר ז' riveting, nailing
סְמַרְטוּט ז' cloth, rag, mop, *spineless person, weak-kneed
סְמַרְטוּטָר ז' junkman, rag-and-bone man
סִמַרְמוֹרֶת נ' goose-flesh, shudder
סִמְרֵר פ' rivet, spike, nail
*סַמְתּוּכָה נ' razzle-dazzle, fuss
סְנָאִי ז' squirrel
סִנֵּגֵר פ' defend, advocate
סֶנְדְוִויץ' (כריך) ז' sandwich
סִנְדּוּל ז' clamping (a car)
סִנְדֵּל פ' clamp (a car), lock
סַנְדָּל ז' sandal, wheel clamp, Denver boot, plaice, sole
- סנדל אצבע flip-flop, toe-strap
- סנדל הבלם shoe, brake shoe

סַנְדְּלָר ז' cobbler, shoemaker
סַנְדְּלָרוּת נ' shoemaking, shoe-mending
סַנְדָּק ז' godfather, sponsor
סְנֶה ז' bush, thorn-bush, bramble
סַנְהֶדְרִין נ' Sanhedrin, ancient tribunal
סְנוֹב ז' snob, highbrow, *high-hat
סְנוֹבִּיּוּת נ' snobbery, *snootiness
סִנְוֵר פ' dazzle, blind, glare
סִנְווּר ז' dazzle, blinding
סַנְוֵרִים ז"ר blindness
סַנְוֶרֶת נ' visor, vizor
סְנוּנִית נ' martin, swallow, omen
סְנוּקֶר (משחק ביליארד) ז' snooker
סְנוֹקֶרֶת נ' punch, blow, uppercut
סָנַט פ' mock, tease, vex
סֶנָט (בית מחוקקים) ז' senate
סֶנְט (מטבע) ז' cent, penny
סֶנָטוֹר ז' senator, senate member
סָנָטוֹרְיוּם (בית מרפא) ז' sanitarium
סֶנְטִיגְרַם (מאית גרם) ז' centigram
סֶנְטִימֶטֶר ז' centimeter, centimetre
סֶנְטִימֶנְט ז' sentiment, feeling
סֶנְטִימֶנְטָלִי ת' sentimental
סֶנְטִימֶנְטָלִיּוּת נ' sentimentality
סַנְטֵר ז' chin
- סנטר כפול double chin, dewlap
סַנְטֵרִית נ' chin rest
סָנֵיגוֹר ז' defender, advocate, defense counsel
סָנֵיגוֹרְיָה נ' defense, advocacy
סְנִיטָה נ' mocking, sneering, jeering
סָנִיטַצְיָה (תברואה) נ' sanitation
סָנִיטָר ז' hospital orderly, nurse
סָנִיטָרִי (תברואני) ת' sanitary
סֶנִילִי ת' senile, weak-minded
סֶנִילִיּוּת נ' senility, dotage, old age
סְנִיף ז' branch, chapter
סְנִיקָה נ' delivery, supply, push
סֶנְסוּאָלִיזְם (חושניות) ז' sensualism
סֶנְסַצְיָה נ' sensation, news, scoop
סֶנְסַצְיוֹנִי ת' sensational, *smashing
סְנַפִּיר ז' fin, flipper, foil
סְנַפִּירִית נ' hydrofoil (boat)

סנ"צ=סגן ניצב chief superintendent
סִנְקֵף (במוסיקה) פ' syncopate
סַנקציות (עיצומים) נ"ר sanctions
סִנתֵּז (הרכיב) פ' synthesize
סַסגוֹנִי ת' colorful, variegated
סַסגוֹנִיוּת נ' variegation, iridescence
סַסקוֹלִי ת' polyphonic
סָעַד פ' dine, feast, support, help
סַעַד ז' support, aid, welfare, relief
סְעוּדָה נ' meal, feast, repast
– סעודה מפסקת meal before a fast
סָעִיף ז' article, clause, paragraph
– סעיף קטן subsection, subclause
סְעָף ז' distribution, thought
סַעֶפֶת נ' impetigo, manifold
סָעַר פ' storm, rage, bluster
סַעַר ז' storm, gale
סְעָרָה נ' storm, tempest, gale, fury
– סערה בכוס מים storm in a teacup
סַף ז' threshold, doorstep, verge
– סף החלון window sill
– על סף on the verge of
סָפַג פ' absorb, blot, take, get
סַפַּג זַעֲזוּעִים ז' shock absorber
סְפָּגֶטִי (אטריות) ז' spaghetti
סָפַד פ' mourn, lament, bewail
סַפָּה נ' couch, sofa, divan
סְפוֹג ז' sponge, foam rubber
סָפוּג ת' saturated, soaked, full
סְפוֹגִי ת' spongy, absorbent
סָפוּן ת' hidden, concealed
*סְפּוֹנגָ'ה נ' mopping (floors)
סְפּוֹנטָנִי ת' spontaneous, unprompted
סְפּוֹנטָנִיוּת נ' spontaneity
סָפוּר ת' numbered, counted
– ספורים few, some, not many
סְפוֹר - אֵין סְפוֹר תה"פ countless, without number
סְפּוֹרָדִי ת' sporadic, irregular
סְפּוֹרט ז' sport, sports, exercise
סְפּוֹרטָאִי ז' sportsman
סְפּוֹרטִיבִי ת' sports, casual
סְפּוֹרטִיבִיוּת נ' sportsmanship
סֶפַח ז' addendum, stub, appendage
סַפַּחַת נ' parasite, psoriasis, pest
סֶפּטֶמבֶּר ז' September
סָפִיג ת' absorbent, receptive

סְפִיגָה נ' absorption, taking in
סְפִיגוּת נ' absorbability
סְפִּידוֹמֶטֶר ז' speedometer
סָפִיחַ ז' aftergrowth, aftereffects
סָפִין ז' panel, skirting board
– ספין ראש headboard
סְפִינָה נ' ship, vessel, boat
– ספינת אוויר airship, dirigible
– ספינת גרר tugboat, towboat
– ספינת טילים missile-boat
– ספינת משא freighter
– ספינת רחף hovercraft, hydrofoil
סְפִינקס ז' sphinx, inscrutable man
סְפִיקָה נ' clapping, supply, capacity, sufficiency, flow
סַפִּיר ז' sapphire, lapis lazuli
סָפִיר ת' countable, numerable
סְפִירָה נ' counting, enumeration
– לספירה AD, year of grace
– ספירה לאחור countdown
– ספירת דם blood count
– ספירת מלאי stocktaking
סְפִירָה (סביבה) נ' sphere
סְפִּירט ז' spirit, alcohol
סְפִּירִיטוּאָלִיזם ז' spiritualism, contact with the dead
סְפִּירָלִי (חלזוני) ת' spiral, coiled
סֵפֶל ז' cup, beaker, mug
סִפלוֹן ז' small cup, demitasse
סָפַן פ' panel, roof, hide, cover
סַפָּן ז' sailor, seaman, salt
סְפָנָה נ' stowage, hold
סַפָּנוּת נ' seamanship, sailing
סַפסָל ז' bench, settle, form
– ספסל אחורי backbench
– על ספסל הנאשמים on trial
סִפסֵר פ' speculate, profiteer
סַפסָר ז' speculator, profiteer
סַפסָרוּת נ' speculation, profiteering, scalping, touting
סַפסָרִי ת' speculative
*סְפֶּץ ז' expert, specialist, whiz
סְפֶּצִיאָלִי ת' special, especial
סְפֶּצִיפִי ת' specific, particular
סְפֶּצִיפִית תה"פ specifically
סָפֵק ז' doubt, misgiving, question
– אין מקום לספק no room for doubt

- בלי ספק no doubt
- הטיל ספק doubt, throw doubt
סַפָּק ז' supplier, provider, purveyor
סָפַק כַּפָּיו פ' wring one's hands, clap
סְפֶּקוּלָטִיבִי ת' speculative, risky
סְפֶּקוּלַנְט ז' speculator, venturer
סְפֶּקוּלַצְיָה נ' speculation, guess
סְפֵקוּת נ' doubt, dubiety
סְפֶּקְטרוּם ז' spectrum, range
סַפְקָן ז' skeptic, doubter
סַפְקָנוּת נ' skepticism, doubt
סָפַר פ' count, number, tally, tell
סֵפֶר ז' book, volume
- ספר בישול cookbook
- ספר חתום closed book, enigma
- ספר יען reference book
- ספר כיס pocketbook
- ספר לימוד textbook
- ספר עזר reference book, handbook
- ספר עיון reference book
- ספר שימושי handbook, manual
- ספר תורה Torah, Pentateuch
סַפָּר ז' barber, hairdresser, coiffeur
סְפָר ז' frontier, border
סְפָרַד נ' Spain
סְפָרַדִּי ז' Spanish, Sephardi
סְפָרַדִּית נ' Spanish, Ladino
סִפְרָה נ' cipher, digit, number, figure, numeral
- ספרת ביקורת check digit
סִפְרוֹן ז' booklet, pamphlet
סִפְרוּר ז' numeration, numbering
סִפְרוּת נ' literature, letters
- ספרות יפה belles-lettres
סַפָּרוּת נ' hairdressing
סִפְרוּתִי ת' literary, bookish
סָפָרִי ז' safari, journey, expedition
סְפְּרֵיי (תרסיס) ז' spray
סִפְרִיָּה נ' library, *bookcase
- ספרייה ניידת bookmobile
- ספריית השאלה circulating library, lending library
- ספריית עיון reference library
סַפָּרִית נ' hairdresser, coiffeuse
סַפְרָן ז' librarian, bibliographer
סַפְרָנוּת נ' librarianship
סִפְרֵר פ' number, numerate

סִפְרָתִי ת' digital
*סְפֶּשֶׁל ז' ordered cab
סְצֵינָה נ' scene, emotional display
סְצֵינַרְיוֹ (תסריט) ז' scenario, sketch
סֶקְוֶונְצְיָאלִי (סִדְרָתִי) ת' sequential
סְקְווֹשׁ (מִשְׂחָק) ז' squash
סְקוֹטִי ת' Scot, Scotch, Scottish
סֶקוּלָרִיזַצְיָה (חִילוּן) נ' secularization
סְקוּפּ ז' scoop, exclusive, sensation
סֶקְטוֹר (מִגְזָר) ז' sector
סְקֶטִים (גַּלְגִּילִיּוֹת) ז"ר roller skates
סְקִי ז' ski, skiing
סְקִילָה נ' stoning (to death)
סְקִיצָה (מִתְוֶוה) נ' sketch
סְקִירָה נ' review, survey, look-over
סָקַל פ' stone (to death)
סְקָלָה (סולם) נ' scale
סְקְלֶרוֹסִיס (טָרֶשֶׁת) ז' sclerosis
סְקַנְדָּל (שערורייה) ז' scandal
סֶקַנְס (בטריגונומטריה) ז' secant
סֶקְס (מין) ז' sex
סֶקְסאַפִּיל ז' sex appeal, *oomph
סַקְסוֹפוֹן ז' saxophone, *sax
סֶקְסְטַנְט (מכשיר ניווט) ז' sextant
סֶקְסִי ת' sexy, *come-hither
סְקֶפְּטִי ת' skeptical, doubtful
סָקַר פ' survey, review, scan
סֶקֶר ז' reconnaissance, review, survey
- סקר דעת קהל public opinion survey
סִקְרֵן פ' arouse curiosity, intrigue
סַקְרָן ז' curious, inquisitive
סַקְרָנוּת נ' curiosity, *nosiness
סַקְרָנִי ת' inquisitive, curious
סְקֶרְצוֹ (במוסיקה) ז' scherzo
סָר פ' move, go away, depart, come in, drop in
- סר חינו fall from grace, lose face
- סר לפקודתו do as he bids
סַר וְזָעֵף ת' dejected, grumpy, angry
סִרְבּוּל ז' clumsiness, heaviness
סִרְבֵּל פ' make heavy, make clumsy
סַרְבָּל ז' overall, jumpsuit, smock, dungarees, coverall
סָרְבָן ת' objector, stubborn
- סרבן מלחמה conscientious objector, *conchy

סַרְבָנוּת נ' stubbornness, disobedience
סָרַג פ' knit, crochet, plait, lace
סַרְגֵל ז' rule, ruler, scale, straightedge
– סרגל חישוב slide rule
סַרְג'נט (סַמָּל) ז' sergeant, *sarge
סֹרֶג ז' grill, grille
סַרְדִין ז' sardine
סָרָה נ' slander, libel, falsehood
סִרְהֵב פ' urge, plead, importune
סָרוּג ת' knitted, crocheted
סָרוּחַ ת' stinking, sprawling, stretched
סָרוּק ת' combed, carded
סָרַח פ' stink, smell, sin, sprawl
סֶרַח הָעוֹדֵף ז' excess, surplus, train
סִרְחוֹן ז' stink, stench, reek, *niff
סֶרֶט ז' cinema, film, movie, picture, ribbon, band, strap, tape
– סרט אילם silent film, *silent
– סרט דרגה stripe
– סרט זיעור microfilm
– סרט כחול blue film, *skin flick
– סרט מגנטי magnetic tape
– סרט מידה tape measure, tape
– סרט מצוייר animated cartoon
– סרט מתח thriller
– סרט נע conveyor belt, assembly line
– סרט קולנוע motion picture, feature
– סרט שרוול armband, brassard
סִרְטוֹן ז' short, filmstrip, *quickie
סִרְטִיָּה נ' film library
סַרְטָן ז' cancer, crab, crustacean, lobster, shrimp, prawn
סַרְטָנִי ת' cancerous, carcinogenic
סָרִיג ז' rack, lattice, grille, grid, fret, knitwear, jersey
– סריג כלים plate rack
סְרִיגָה נ' knitting, knitwear
סִדְרָה נ' series, set, run
סָרִיס ז' eunuch, castrated
סְרִיקָה נ' combing, carding, scan
סִרְכּוּזִי ת' centrifugal
סַרְכֶּזֶת נ' centrifuge
סֶרֶן ז' axle, spindle, captain

סֶרֶנָדָה (שיר אהבה) נ' serenade
סַרְסוּר ז' middleman, agent, pimp, pander, procurer
סַרְסָרוּת נ' mediation, procuration
סַרְעַף ז' thought, idea, opinion
סַרְעֶפֶת נ' diaphragm, midriff
סִרְפָּד ז' nettle
סִרְפֶּדֶת נ' nettle rash, hives, urticaria
סַרָפָן ז' pinafore, jumper
סָרַק פ' comb, card, rake, scan
סְרָק ז' emptiness, neutral, sterile
סַרְקוֹפָג (ארון מת) ז' sarcophagus
סַרְקָזְם ז' sarcasm, irony, vitriol
סַרְקַסְטִי ת' sarcastic, mordant
סָרַר פ' disobey, revolt, rebel
סְתַגְלָן ז' opportunist, timeserver
סְתַגְלָנוּת נ' opportunism
סְתַגְרָנוּת נ' introversion
סְתַגְרָנִי ת' introverted, withdrawn
סְתָווִי ת' autumnal
סְתָוָנִית נ' colchicum, autumn crocus
סָתוּם ת' blocked, stopped, obscure, abstruse, vague, *fool, dense
סְתָיו ז' autumn, fall
סְתִימָה נ' closing, blocking, stoppage, stopping, filling, inlay
– סתימת הגולל a nail in its coffin
– סתימת פה gagging, silencing
סְתִירָה נ' confutation, contradiction
סָתַם פ' close, block, stop, plug
– סתם הגולל put an end to
– סתם ולא פירש say vaguely
– סתם שן fill a tooth
סֶתֶם ז' cork, plug, stopper, wad
סְתָם תה"פ just like that, mere
סְתָמִי ת' undefined, vague, neutral, random
סְתָמִיּוּת נ' generality, uncertainty
סָתַר פ' refute, contradict, destroy
סֵתֶר ז' hiding place
– בסתר in secret, stealthily
סְתַרְשָׁף ז' flash eliminator, flash hider, blast screen
סַתָּת ז' stonecutter, stone mason
סַתָּתוּת נ' stonecutting, stonework

עָב ז' cloud
עָב ת' thick, fat
עב"ג=עם בת גילו with his fiancee
עָבַד פ' work, labor, serve, worship
*– עבד עליו pull his leg, fool
עֶבֶד ז' slave, servant, serf
– עבד נרצע submissive slave
עַבְדוּת נ' bondage, slavery, serfdom
עַבְדְקָן ז' thick-bearded man
עָבֶה ת' thick, fat
עֲבוֹדָה נ' labor, work, employment
*– עבודה בעיניים leg-pull, deceit
– עבודה זרה idolatry, paganism
– עבודה סוציאלית social work
– עבודת אדמה agriculture
– עבודת יד handiwork, handwork
– עבודת כפיים manual work
– עבודת נמלים hard work
– עבודת פרך hard labor
– עבודת רגליים footwork
עֲבוֹט ז' pawn, pledge
– בעבוט in pledge, *in hock
עֲבוּר מ"י for, in return for
עֲבוֹת נ' rope, tie, cable
עָבוֹת ת' bushy, dense, thick, shaggy
– בוקר לא עבות cloudless morning
עָבַט פ' pawn, borrow, lend, *hock
עָבִיד ת' workable, practicable
עֲבָיָה (גלימה) נ' aba, Arab garment
עָבִיט ז' bedpan, chamber pot
עָבִיר ת' passable, navigable
עֲבֵירָה נ' offense, sin, foul, lapse
– עבירה פלילית criminal offense
עֲבִירוּת נ' passability, navigability
עב"ל=עם בחירת לבו with his beloved
עב"מ=עצם בלתי מזוהה UFO
עָבַר פ' move, pass, cross, undergo
– עבור (באלחוט)! over!
– עבר דירה move, move house
– עבר זמנו out of date
– עבר כל גבול go too far, overdo it
– עבר עבירה sin, commit a crime
– עבר על go through, look over
– עבר על החוק break the law
עָבָר ז' past, past tense, record
– עבר נשלם pluperfect, past perfect
– עבר צבאי military record
עֵבֶר ז' side
– מכל עבר on every side
עֶבְרָה נ' anger, fury, wrath
עִבְרוּת נ' Hebraization, Hebraizing
עִבְרִי ת' Hebrew, Hebraic
עֲבַרְיָין ז' offender, sinner
עֲבַרְיָינוּת נ' delinquency
– עבריינות נוער juvenile delinquency
עִבְרִית נ' Hebrew
עִבְרֵת פ' Hebraize
עָבֵשׁ ת' moldy, stale, musty
עָג פ' draw a circle
עָגַב פ' make love, desire, lust
עֲגָבוֹת נ"ר buttocks, behind, rump
עַגְבָנוּת נ' coquetry, lust, flirting
עַגְבָנִיָּה נ' tomato
עַגְבָנִית נ' coquette, flirtatious
עַגֶּבֶת נ' syphilis, *the pox
עָגָה נ' slang, dialect, jargon
עָגוֹל ת' round, circular, spherical
עָגוּם ת' sad, gloomy, cheerless
עֲגוּנָה נ' abandoned wife
עָגוּר (עוף) ז' crane
עֲגוּרָן ז' crane, derrick
עָגִיל ז' earring, eardrop, catkin
עֲגִילוּת נ' roundness, rotundity
עֲגִינָה נ' anchorage, anchoring
עֲגִינוּת נ' desertion, abandonment
עֵגֶל ז' calf
עֲגַלְגַּל ת' round, roundish, rotund
עֲגָלָה נ' cart, wagon, coach, pram, carriage, truck, trolley
– העגלה הגדולה The Big Dipper
– עגלת יד wheelbarrow, handcart
– עגלת ילדים push-chair, stroller
– עגלת תה serving table, tea trolley
– עגלת תינוק pram, baby carriage
עֶגְלָה נ' heifer
עֶגְלוֹן ז' carter, coachman, wagoner
עַגְמוּמִי ת' sad, gloomy, sorrowful
עָגַן פ' anchor, moor, ride at anchor
עֵד ז' witness, testifier
– היה עד ל– witness, see

– עד המדינה State's evidence
– עד ראייה eyewitness
עַד מ"י till, until, up to
– ועד בכלל inclusive, down to
– עד אחד all, to a man
– עד אין קץ forever, ad infinitum
– עד כאן so far, thus far
– עד כדי כך ש– so much so that
– עד כה as yet, hitherto, up to now
– עד מאוד very much, extremely
עַד ז' eternity
עָדָה פ' wear, adorn oneself
עֵדָה נ' congregation, community, group, swarm
עֵדוּת נ' evidence, testimony
– עדות מדינה state's evidence
– עדות שמיעה hearsay evidence
– עדות שקר perjury
עֲדִי ז' jewel, adornment
עֲדַיִן תה"פ still, yet
– עדיין לא not yet
עֲדִילְיוֹן ז' pendant, medallion
עָדִין ת' delicate, gentle, tender
עֲדִינוּת נ' delicacy, tenderness
עָדִיף ת' preferable, better, superior
עֲדִיפוּת נ' priority, preference
עֲדִירָה נ' hoeing, digging
עִדְכּוּן ז' updating, update
עִדְכֵּן פ' update, bring up to date, keep posted, fill in
עַדְכָּנִי ת' up-to-date, updated
עַדְלָיָדַע נ' Purim carnival
עֵדֶן ז' Eden, paradise
– נשמתו עדן May he rest in peace
עֶדְנָה נ' pleasure, delight
עָדַר פ' dig, hoe, turn soil, grub
עֵדֶר ז' flock, herd, drove
עֶדְרִי ת' gregarious, living in herds
עֲדָשָׁה נ' lentil, lens
– עדשות מגע contact lenses
– עדשים lentils
עֲדָתִי ת' communal, ethnic
עֲדָתִיּוּת נ' communal segregation
ע"ה=עליו השלום May he rest in peace
עוּבַּד פ' be adapted, be processed
עוֹבֵד ז' worker, employee
– עובד אלילים heathen, pagan
– עובד מדינה civil servant
– עובד סוציאלי social worker
עוּבְדָה נ' fact, actuality, truth
– עובדה מוגמרת accomplished fact
עוּבְדָתִי ת' factual, true-life
עוּבָּה פ' thicken, condense
עוֹבִי ז' thickness, gauge
– עובי הקורה inner details
עוּבָּר ז' embryo, fetus, foetus
עוֹבֵר ת' passing, transient
– עובר אורח passerby
– עובר בטל senile, in one's dotage
– עובר ושב current account
– עובר לסוחר legal tender
– עוברים ושבים passers-by
עוּבָּרִי ת' fetal, embryonic
עוֹבֶשׁ ז' mold, mildew
עוּגָב ז' organ
עוּגָבַאי ז' organist
עוֹגְבָנִי ת' desirous, loving
עוּגָה נ' cake, gateau, pastry
עוּגִיָּה נ' cookie, cooky, biscuit
עוּגַּל פ' be rounded (up)
עוֹגְמַת נֶפֶשׁ נ' sorrow, grief
עוּגַּן פ' be established, be anchored
עוֹגֶן ז' anchor, armature
– עוגן הצלה sheet anchor, lifeline
עוֹד תה"פ more, yet, still, else
– בעוד מועד duly, in time
– כל עוד as long as, so long as
– עוד מעט soon, later
– עוד פעם again, once more
– עודני I am still
עו"ד = עורך דין lawyer, advocate
עוֹדֵד פ' encourage, hearten, egg on
עוּדְכַּן פ' be updated
עוֹדֶף ז' change, rest, surplus, balance, excess
עוֹדֵף ת' surplus, extra, redundant
עֲוָיָה נ' grimace
עֲוִית נ' spasm, convulsion, cramp
– עווית סופרים writer's cramp
עֲוִיתִי ת' convulsive, spasmodic
עָוֶל ז' injustice, wrong, iniquity
עַוְלָה נ' injustice, wrong, tort
עָוֹן ז' sin, crime, offense
עוּוַּת פ' be distorted, be warped
עוֹז ז' strength, courage, intensity
– עוז רוח valor, daring

uzzi, sub-machine gun עוּזִי ז'
black vulture, osprey עוֹזְנִיָּה נ'
assistant, helper, auxiliary עוֹזֵר ז'
housemaid, help עוזרת (בית) -
whitethorn, hawthorn עוּזְרָד ז'
folder עוֹטְפָן ז'
be decorated, be adorned עוּטַר פ'
unfriendly, hostile עוֹיֵן ת'
hostility, animus, enmity עוֹיְנוּת נ'
be delayed, be stopped עוּכַּב פ'
be digested, be assimilated עוּכַּל פ'
polluting, defiling עוֹכֵר ת'
ruined him היה בעוכריו -
villain, anti-Semite עוכר ישראל -
yoke, burden, pressure עוֹל ז'
become unrestrained פרק כל עול -
boy, youngster עוּל יָמִים ז'
immigrant, rising, upward עוֹלֶה ז'
pilgrim עולה רגל -
burnt offering עוֹלָה נ'
do (wrong), ill-treat עוֹלֵל פ'
baby, infant עוֹלָל ז'
gleanings, acts, tidbits עוֹלֵלוֹת נ"ר
world, universe, eternity עוֹלָם ז'
the next world העולם הבא -
the underworld העולם התחתון -
universal, *wonderful עוֹלָמִי ת'
forever, for good עוֹלָמִית תה"פ
faint, swoon, be wrapped עוּלַּף פ'
chicory, endive עוֹלֶשׁ ז'
be set up, be paginated עוּמַּד פ'
standing, up, stagnant עוֹמֵד ת'
be dimmed, be dipped עוּמַּם פ'
load, burden, encumbrance עוֹמֶס ז'
overload עומס יתר -
depth, profundity, extent עוֹמֶק ז'
swath, sheaf of corn עוֹמֶר ז'
be confronted, contrast עוּמַּת פ'
pleasure, delight, relish עוֹנֶג ז'
be tormented, be tortured עוּנָּה פ'
period, season, term עוֹנָה נ'
poverty, poorness, indigence עוֹנִי ז'
punishment, penalty עוֹנֶשׁ ז'
capital punishment עונש מוות -
punishment, penalty עוֹנָשִׁין ז"ר
seasonal, periodic עוֹנָתִי ת'
dealer, has to do with עוֹסֵק ז'
licensed dealer עוסק מורשה -

bird, fowl, poultry, hen עוֹף ז'
bird of prey, raptor עוף דורס -
citadel, castle עוֹפֶל ז'
fly, fly about עוֹפֵף פ'
fawn, young deer עוֹפֶר ז'
young doe, beautiful girl עוֹפְרָה נ'
plumbago עוֹפְרִית (פרח תכול) נ'
lead עוֹפֶרֶת נ'
be shaped, be formed עוּצַּב פ'
formation, division עוּצְבָּה נ'
become nervous עוּצְבַּן פ'
power, strength עוֹצֶם ז'
strength, force, power עוֹצְמָה נ'
curfew, closure עוֹצֶר ז'
regent, ruler, stopper עוֹצֵר ז'
breathtaking עוצר נשימה -
consecutive, tracer עוֹקֵב ת'
deceit, provocation עוֹקְבָה נ'
group, cohort עוּקְבָּה נ'
classeur, file עוֹקְדָן ז'
sump, pan, oil pan עוּקָה נ'
be attached, be foreclosed עוּקַּל פ'
be curved, be twisted עוּקַּם פ'
circuitous, bypassing עוֹקֵף ת'
sting, catch, point, pedicel עוֹקֶץ ז'
heliotrope עוקץ העקרב (צמח) -
sarcasm, pungency עוֹקְצָנוּת נ'
biting, sarcastic, vitriolic עוֹקְצָנִי ת'
be sterilized, be extracted עוּקַּר פ'
leather, skin, hide עוֹר ז'
by the skin of his teeth בעור שיניו -
change, turn one's coat הפך עורו -
eardrum, drumhead עור התוף -
skin and bone, skinny עור ועצמות -
crow, raven עוֹרֵב ז'
magpie עורב הנחלים -
nonsense, lie עוֹרְבָא פָּרַח
be mixed, be blended עוּרְבַּב פ'
jay עוֹרְבָנִי ז'
leathery, leatherlike עוֹרִי ת'
editor עוֹרֵךְ ז'
lawyer, advocate עורך דין -
subeditor, *sub עורך משנה -
foreskin, prepuce, עוֹרְלָה נ'
forbidden fruit, non-kasher fruit
cunning, wisdom, deceit עוֹרְמָה נ'
be shaken, be shattered עוּרְעַר פ'
neck, rear, nape, occiput, עוֹרֶף ז'

home front, hinterland
turn one's back - הפנה עורף
rear, occipital, single (file) עוֹרְפִּי ת'
checkrein, head-strap עוֹרְפִּית נ'
artery, vein, blood vessel עוֹרֶק ז'
arterial, veiny עוֹרְקִי ת'
arouse, wake up, stimulate עוֹרֵר פ'
appellant, claimant עוֹרֵר ז'
contesters, opposers עוֹרְרִין ז"ר
current account עו"ש=עובר ושב
be smoked, be fumigated עוּשַׁן פ'
robbery, oppression עוֹשֶׁק ז'
tithe, be paid a tithe עוּשַּׂר פ'
richness, wealth עוֹשֶׁר ז'
copy, duplicate עוֹתֶק ז'
petitioner, pleading עוֹתֵר ז'
goat, nanny goat, she-goat עֵז נ'
mountain goat, ibex - עז הבר
llama - עז הגמל
strong, fierce, sharp, intense עַז ת'
impudent, insolent - עז פנים
leave, abandon, depart, quit עָזַב פ'
leave me alone! *- עזוב אותך!
abandoned, deserted עָזוּב ת'
disorder, neglect עֲזוּבָה נ'
insolence, impudence עַזּוּת (מֵצַח) נ'
departure, leaving עֲזִיבָה נ'
cringle עֶזֶק ז'
grommet, ring עִזְקָה נ'
help, aid, assist, abet עָזַר פ'
help, assistance, aid עֵזֶר ז'
helpmate, wife - עזר כנגדו
visual aids - עזרים חזותיים
help, aid, assistance עֶזְרָה נ'
welfare - עזרה סוציאלית
first aid - עזרה ראשונה
Temple court עֲזָרָה נ'
women's gallery - עזרת נשים
swoop, pounce, dart עָט פ'
pen עֵט ז'
light pen - עט אור
ball-point pen - עט כדורי
felt-tip pen - עט לורד
fountain pen - עט נובע
highlighter, marker - עט סימון
wrap oneself, put on, don עָטָה פ'
dressed, wrapped, clad עָטוּי ת'
wrapped, enveloped עָטוּף ת'

adorned, crowned עָטוּר ת'
brisket, udder, dug עָטִין ז'
cover, wrapping, casing עֲטִיפָה נ'
dust jacket, cover - עטיפת ספר
jacket, sleeve - עטיפת תקליט
bat עֲטַלֵּף ז'
wrap, envelop, coat עָטַף פ'
crown, wreath, garland, diadem, corona, glans penis עֲטָרָה נ'
reinstate it - החזיר עטרה ליושנה
tar, resin, coal tar עִטְרָן ז'
by, through ע"י = על ידי
heap of ruins, debris עִי חֳרָבוֹת ז'
adapt, cultivate, work עִיבֵּד פ'
process data - עיבד נתונים
arrange a song - עיבד שיר
thicken, condense עִיבָּה פ'
adaptation, processing, cultivation, arrangement עִיבּוּד ז'
data processing - עיבוד נתונים
condensation, thickening עִיבּוּי ז'
pregnancy, conception עִיבּוּר ז'
suburbs, outskirts - עיבורה של עיר
make pregnant, intercalate עִיבֵּר פ'
circle, rounding off עִיגּוּל ז'
round, circular עִיגּוּלִי ת'
desertion of wife, anchoring עִיגּוּן ז'
legalization - עיגון בחוק
round off, roll, plump up עִיגֵּל פ'
round up - עיגל כלפי מעלה
desert a wife, anchor עִיגֵּן פ'
enact, legalize - עיגן בחוק
encouragement עִידּוּד ז'
refinement, sublimation עִידּוּן ז'
cream, best, good soil עִידִית נ'
refine, soften, make tender עִידֵּן פ'
era, period, epoch, age, eon עִידָּן ז'
*ages, long time - עידן ועידנים
hour of anger - עידנא דריתחא
distort, contort, grimace עִיוָּה פ'
make faces, grimace - עיווה פניו
blind, deprive of sight עִיוֵּר פ'
blind, sightless, unseeing עִיוֵּר ת'
colorblind - עיוור צבעים
blindness עִיוָּרוֹן ז'
distort, pervert, twist, warp עִיוֵּת פ'
distortion, deformity, twist עִיוּוּת ז'
study, perusal, consideration עִיוּן ז'

- בעיון under consideration
- יום עיון study day, seminar
עִיוּנִי ת' theoretical, speculative
עִיוּר ז' urbanization
עִיזָּבוֹן ז' inheritance, legacy
עִיזָּה נ' goat, nanny goat
עַיִט ז' eagle, vulture
עִיטָה נ' swoop, charge, pounce
עִיטוּר ז' decoration, medal
עִיטוֹרֶת נ' vignette, tailpiece
עִיטוּשׁ ז' sneeze
עִיטֵר פ' decorate, ornament, adorn
עִיֵּין פ' consider, study, read, peruse
- עיין ערך see, vide, qv
עָיֵין פ' hate, be hostile
עִייֵּף פ' tire, weary, exhaust, fatigue
עָיֵיף ת' tired, weary, exhausted
עֲיֵיפָה נ' weariness
עֲיֵיפוּת נ' weariness, fatigue
- עייפות המתכת metal fatigue
עִייֵּר פ' urbanize
עֲיָירָה נ' small town, township
- עיירת פיתוח development town
עִיכֵּב פ' delay, hinder, stop, impede
עִיכָּבוֹן ז' lien
עִיכּוּב ז' delay, hindrance, stay, stop
עִיכּוּל ז' digestion, assimilation
עִיכּוּלִי ת' digestive, peptic
עִיכֵּל פ' digest, assimilate, stomach
עִיכֵּס פ' tinkle, strut, shake hips
עִילָּאִי ת' superlative, superb
עִילֵּג ז' lisper, stammerer, stutterer
עִילְּגוּת נ' lisp, stammer
עִילָּה נ' cause, pretext, occasion
- עילה למלחמה casus belli
עִילּוּי ז' prodigy, genius, elevation
עִילִּי ת' upper, top, higher
עִילִּית נ' elite, superstructure
עִילֵּף פ' cause to faint, floor
עִילָּפוֹן ז' faint, fainting, swoon
עִימֵּד פ' page, set up, paginate
עִימָּדִי מ"י with me, by me
עִימּוּד ז' pagination, make-up
עִימּוּם ז' dimming, muffling
עִימּוּת ז' conflict, confrontation
עִימֵּם פ' dim, darken, tarnish, dip
עִימֵּת פ' confront, contrast, oppose
עַיִן נ' eye, stitch, mesh, bud, color,
spring, fountain
- בעיניו in his eyes, to him
- הביט בשבע עיניים be all eyes
- עין הסערה storm center
- עין הרע evil eye
- עין חתול cat's eye, reflector stud
- עין תחת עין an eye for an eye
- עיניו בראשו wise, prudent
עִינֵּג פ' please, delight, regale
עִינָּה פ' torment, torture, afflict
עִינּוּג ז' delight, pleasure, joy
עִינּוּי ז' torment, suffering, torture
- עינוי דין prolonged trial
עֵינִית נ' eyepiece, eyelet, ocular
עִיסָּה פ' massage, knead, rub down
עִיסָּה נ' dough, pulp, paste
- עיסת נייר papier-mache
עִיסּוּי ז' massage, rubdown
עִיסּוּק ז' business, occupation
עִיפּוּשׁ ז' mold, stink, stench
עִיפֵּץ פ' tan
עִיפָּרוֹן ז' pencil, liner
- עפרון גיר crayon
- עפרון חודים propelling pencil
עִיפֵּשׁ פ' decay, mold, emit a smell
עִיצֵּב פ' shape, design, form, mold
עִיצּוּב ז' shaping, fashioning
- עיצוב שיער hairstyle
עִיצּוּם - בְּעִיצּוּמוֹ תה"פ in progress, under way, in the middle of
עִיצּוּמִים ז"ר sanctions
עִיצּוּר ז' consonant
עִיצֵּר פ' press, squeeze, constipate
עִיקֵּב פ' cube, trace, follow
עִיקּוּב ז' cubing, tracing, following
עִיקּוּל ז' confiscation, foreclosure, attachment, bend, curve, twist
עִיקּוּם ז' bending, twisting, warp
עִיקּוּר ז' sterilization, extraction
עִיקֵּל פ' confiscate, foreclose, attach
עִיקֵּל ת' bowlegged, bandy-legged
עִיקֵּם פ' bend, curve, distort, warp
- עיקם חוטמו turn up one's nose
עִיקֵּר פ' sterilize, extract
עִיקָּר ז' essential, principle, basis
- לא כל עיקר not at all
עִיקָּרוֹן ז' principle, canon, law
- עקרונות principles, the ABC

עִיקָּרִי ת' basic, main, chief
עִיקֵּשׁ ת' stubborn, obstinate
עִיקְּשׁוּת נ' stubbornness, caprice
עַיִר ז' young donkey
עִיר נ' city, town
– העירה downtown, to town
– עיר ואם metropolis, mother city
– עיר נמל seaport, port
– עיר שדה country town, province
עֵירֵב פ' mix, blend, involve
עֵירָבוֹן ז' earnest money, guarantee, pawn, pledge, security
– בעירבון מוגבל Ltd., limitedly
עֵירָה פ' pour, decant, empty, expose, transfuse
עֵירוּב ז' mixing, involvement, wire around a settlement
עֵירוּי ז' infusion, pouring
– עירוי דם blood transfusion
עֵירוֹם ז' nakedness, nudity, undress
עֵירוֹם ת' naked, nude, undressed
עִירוֹנִי ת' municipal, urban
עִירִיָּה נ' municipality, city hall
עִירִית (פרח) נ' asphodel
עֵירָנוּת נ' alertness, vigilance
עֵירָנִי ת' alert, vigilant, on guard
עִירָק נ' Iraq
עִירָקִי ת' Iraqi
עִישֵּׁב פ' weed, grub, root out
עִישּׁוּן ז' smoking, puffing
עִישֵּׁן פ' smoke, puff, fumigate, cure
עִישֵּׂר פ' tithe, exact a tithe
עִיתֵּד פ' prepare, destine, predestine
עִיתּוּי ז' timing
עִיתּוֹן ז' newspaper, paper, journal
עִיתּוֹנָאוּת נ' journalism
עִיתּוֹנַאי ז' journalist, reporter
עִיתּוֹנָאִי ת' journalistic
עִיתּוֹנוּת נ' press
עִיתִּי ת' periodical
עִיתֵּק פ' shunt, switch, shift
עַכָּבָה נ' delay, inhibition
עַכָּבִישׁ ז' spider
עַכְבָּר ז' mouse
עַכְבְּרוֹשׁ ז' rat
עַכּוּז ז' buttocks, rump, breech
עכו"ם=עובד כוכבים heathen, pagan
עָכוּר ת' cloudy, muddy, dejected

עֲכִירָה נ' fouling, spoiling
עֲכִירוּת נ' turbidity, gloom
עֶכֶס ז' anklet
עָכַר פ' muddy, befoul, spoil
עַכְשׁוּב ז' tarantula
עַכְשָׁוִוי ת' current, actual
עַכְשָׁיו תה"פ now, by now, just now
עַל מ"י on, over, above, about
– על אף despite, although, for all
– על אפו ועל חמתו in spite of him
– על ארבע on all fours
*– על בטוח for sure, without fail
*– על הכיפקי! wonderful!, please!
*– על הפנים defeated, ruined
– על יד beside, near, by
– על ידי by, through
– על כל פנים in any case, any way
– על כן therefore, so
– על מנת in order to, so that
– על סמך on the basis of
– על סף on the brink, on the verge
– על פה orally, by heart
– על פי according to, after
– על פי רוב generally, usually
– על פני across, over, on
– על שום because, on account of
– עליו ל– he should, he ought to
עַל תח' super-
– על אנושי superhuman
– על טבעי supernatural, unearthly
– על קולי supersonic, ultrasonic
עָלַב פ' insult, offend, slight
עֶלְבּוֹן ז' affront, insult, umbrage
עָלָה פ' go up, ascend, rise, cost, sell at, immigrate, come
– עלה בדעתו strike, come to mind
– עלה בידו manage, succeed
– עלה בקנה אחד עם accord, agree
– עלה בתוהו fail utterly
– עלה יפה succeed, turn out well
– עלה על exceed, excel, surpass
עָלֶה ז' leaf, sheet
– עלה גביע sepal
– עלה הגהה proof sheet
– עלה כותרת petal
– עלה תאנה fig leaf, cover
– עלי דפנה bay leaves
עָלוּב ת' poor, shabby, wretched

עָלְוָה נ' foliage, leafage
עָלוּל ת' likely, liable, may, might
עָלוּם ת' hidden, unknown, secret
– עלום שם anonymous
עֲלוּמִים ז"ר youth, young days
עָלוֹן ז' bulletin, leaflet, handbill
עֲלוּקָה נ' leech, vampire
עֲלוּת נ' cost
עֲלוֹת הַשַּׁחַר נ' daybreak, cockcrow
עָלַז פ' rejoice, be merry, revel
עֲלָטָה נ' darkness, blackout
עֱלִי ז' pestle, pistil
עֲלֵי = על מ"י on, over
*עֲלֵיהוּם! מ"ק down with them!
עֶלְיוֹן ת' superior, supreme, upper
עֶלְיוֹנוּת נ' supremacy, superiority
עֶלְיוֹנִית נ' top coat, over-blouse
עַלִּיז ת' cheerful, joyful, *gay
עַלִּיזוּת נ' gaiety, joy, fun
עֲלִיָּה נ' immigration, aliya, rise, ascent, going up, attic, entresol
– עליות וירידות ups and downs
– עלייה לרגל pilgrimage
– עליית גג attic, garret, loft
עֲלִילָה נ' calumny, libel, story, scene, plot, deed, act
– עלילת דם blood libel
עֲלִילָתִי ת' of a plot, feature (film)
עֲלִיצוּת נ' gaiety, cheerfulness, joy
עֶלֶם ז' lad, youth, boy, sapling
עַלְמָה נ' Miss, damsel, girl
עִלְעוּל ז' browsing, leafing
עִלְעֵל פ' turn pages, leaf through
עֶלְעָל ז' bract, leaflet
עָלַץ פ' exult, rejoice, revel
עַם ז' people, nation, folk, country
– הלך אל העם go to the country
– עם הארץ ignoramus, unlettered
– עם סגולה Peculiar People, Israel
עִם מ"י with, together, by
– עם זאת yet, nevertheless, still
עָמַד פ' stand, rise, halt, stop, cease
– הדבר עומד בעינו it still holds
– עמד בדיבורו keep one's word
– עמד במבחן pass a test
– עמד ל- be going to, be about to
– עמד על טיבו assess his character
– עמד על כך insist, stand on
– עמד על שלו insist on his rights
עֶמְדָּה נ' attitude, stance, position, post, station, posture
– עמדת זינוק starting post
– עמדת מפתח key position
עַמּוּד ז' page, column, pillar, post
– עמוד העלי style
– עמוד הקלון pillory
– עמוד השדרה backbone, spine
– עמוד השחר dawn, daybreak
– עמוד השער title page, goal post
– עמוד התווך linchpin, mainstay
– עמוד חשמל pylon
– עמוד מעקה baluster, newel post
עַמּוּדָה נ' column
עָמוּם ת' dim, unclear, dull, matt
עָמוּס ת' loaded, burdened
עָמוֹק ת' deep, profound
עֲמוּקוֹת תה"פ profoundly, deep
עֲמוּתָּה נ' association, group, club
עָמִיד ת' resistant, -proof, tenable
עֲמִידָה נ' standing, footing, stand
– עמידת ידיים handstand
עֲמִידוּת נ' resistance, tenability
עָמִיל ז' commission agent, factor
– עמיל מכס customs agent
עֲמִילוּת נ' commission
עֲמִילָן ז' starch
עֲמִילָנִי ת' starchy, farinaceous
עֲמִימוּת נ' dullness, dimness
עָמִיר ז' sheaf, swath
עָמִית ז' colleague, counterpart
עַמְךָ ז"ר common people, masses
עָמַל פ' work, labor, toil, drudge
עָמָל ז' labor, toil, travail
עָמֵל ז' workman, laborer, working
עַמְלָה נ' commission, fee, kickback
עִמְלֵן פ' starch
עִמֵּם פ' dim, darken, muffle, frost
עַמָּם ז' dimmer, muffler, silencer
עַמְמוֹר ז' dimmer, dipswitch
עֲמָמִי ת' popular, pop, folk, vulgar
עֲמָמִיּוּת נ' popularity, simplicity
עָמַס פ' load, burden, encumber
עִמְעוּם ז' dimming, dipping, dimout
עִמְעֵם פ' damp, dim, dip, dull, mute
עַמְעָם ז' silencer, muffler, mute
עַמְעֶמֶת נ' damper, mute

עֵמֶק ז' valley, dale, vale, ravine
- באו לעמק השווה compromise
עמקות נ' depth, profundity
עמקן ז' deep thinker
עָנַב פ' tie, fasten, loop
עֵנָב (עֲנָבִים) ז' grape (grapes)
- ענבי שועל currants
עֲנָבָה נ' berry
עִנְבָּל ז' clapper, uvula
עִנְבָּר ז' amber
עָנַד פ' wear (jewels, medals), carry
עָנָה פ' reply, answer, respond
- ענה על meet, satisfy, answer
עָנוּב ת' wearing (a tie)
עָנוֹג ת' tender, delicate, honeyed
עֲנָוָה נ' humility, modesty
עַנְוְתָן ת' humble, meek, modest
עַנְוְתָנוּת נ' humbleness, meekness
*ענטזה פ' shake her hips
עָנִי ת' poor, pauper, indigent
עֲנִיבָה נ' tie, necktie, cravat, loop
- עניבת חנק noose
- עניבת פרפר bow tie
עֲנִידָה נ' wearing (medals)
עָנָיו ת' humble, modest, meek
עֲנִיוּת נ' poverty, indigence, misery
- לעניות דעתי in my humble opinion
עִנְיֵן פ' concern, interest, intrigue
עִנְיָן ז' affair, concern, business, interest, case, matter, subject
- בעניין- concerning, referring to
- בעניינים informed, *in the know
- דיבר לעניין speak to the subject
*- מה העניינים? what's up?
- ענייני דיומא current affairs
עִנְיָנִי ת' relevant, practical, businesslike, matter-of-fact
עָנִישׁ ת' punishable, penal
עֲנִישָׁה נ' punishment, correction
עָנָן ז' cloud
- ענן ערימה cumulus
- ענני נוצה cirrus
- ענני צעיף nimbus
עֲנָנָה נ' cloud, shadow, gloom
עֲנָנוּת נ' cloudiness, clouds
עָנָף ז' branch, bough, limb, sector
עָנֵף ת' extensive, wide, ramified

עַנְפְּנָף ז' twig, spray, sprig
עֲנָק ז' giant, titan, necklace
עֲנָקִי ת' huge, gigantic, colossal
עָנַשׁ פ' punish, penalize, chastise
עַסַּאי ז' masseur
עָסוּק ת' busy, occupied, engaged
עַסְיָן ז' masseur
עַסְיָנִית נ' masseuse
עָסִיס ז' juice, fruit juice
עֲסִיסִי ת' juicy, succulent, spicy
עֲסִיסִיּוּת נ' succulence, juiciness
עָסַק פ' engage in, deal, treat
עֵסֶק ז' business, concern, affair
- לא עסקך none of your business
- עסק ביש bad business, mess
- עסקים כרגיל business as usual
*- עשינו עסק done!, it's a deal
עִסְקָה נ' transaction, deal, bargain
- עסקת חבילה package deal
- עסקת טיעון plea bargaining
עִסְקִי ת' businesslike, business
עַסְקָן ז' public worker, doer
עַסְקָנוּת נ' public business, activity
עָף פ' fly, take wing, *get the ax
עֲפִיָן (דגיג) ז' anchovy
עֲפִיפוֹן ז' kite
עִפְעוּף ז' winking, blinking
עִפְעֵף פ' wink, blink, flicker
עַפְעַף ז' eyelid, lid
עָפָץ ז' gallnut, tannin, oak apple
עָפָר ז' earth, dust, dirt
- עפר ואפר dust and ashes
עַפְרָה נ' earth, ore
עֶפְרוֹנִי ז' lark
עֵץ ז' tree, wood, log, stick
- דיבר אל העצים waste one's breath
- עץ לבוד plywood
- עץ מחט conifer
- עץ תלייה gibbet, gallows
עֶצֶב ז' grief, sorrow, gloom, pain
עָצָב (עֲצַבִּים) ז' nerve (nerves)
עֶצְבּוֹנִית נ' ruscus, butcher's broom
עַצְבוּת נ' sadness, grief, *blues
עֲצַבִּי ת' nervous, neural
עִצְבֵּן פ' make nervous, annoy
עַצְבָּנוּת נ' nervousness, unease
עַצְבָּנִי ת' nervous, jumpy, edgy
עַצֶּבֶת נ' neurosis, sorrow

croup, rump bone עָצָה ז'
advice, counsel, tip, wood עֵצָה נ'
wrong advice עצת אחיתופל -
sad, unhappy, gloomy עָצוּב ת'
enormous, *great, shut עָצוּם ת'
petition עֲצוּמָה נ'
detained, restrained עָצוּר ת'
arboreal, wooden, ligneous עֵצִי ת'
intensive, intense, compact עָצִים ת'
closing (one's eyes) עֲצִימָה נ'
flowerpot, planter עָצִיץ ז'
prisoner, detainee עָצִיר ז'
halt, stop, stoppage עֲצִירָה נ'
constipation עֲצִירוּת נ'
lazy, indolent, sluggish עָצֵל ת'
laziness, indolence, sloth עַצְלוּת נ'
lazy, idler, lazybones, sloth עַצְלָן ז'
laziness, indolence עַצְלָנוּת נ'
laziness, listlessness עַצַלְתַּיִים ז"ר
shut, close, become strong עָצַם פ'
thing, object, essence עֶצֶם ז'
himself, itself, oneself עצמו -
themselves עצמם -
bone עֶצֶם נ'
thorn in one's flesh כעצם בגרון -
to the bone עד העצם -
collarbone, clavicle עצם הבריח -
sternum, breastbone עצם החזה -
femur, thighbone עצם הירך -
coccyx עצם העוקץ -
sacrum עצם העצה -
shoulder blade עצם השכמה -
independence עַצְמָאוּת נ'
independent, sovereign, self-employed, business owner עַצְמָאִי ת'
personal, self-, auto עַצְמִי ת'
self-defense הגנה עצמית -
individuality, self עַצְמִיּוּת נ'
objective, lens עַצְמִית נ'
lignin עֶצֶן ז'
arrest, apprehend, detain, check, contain, halt, stop, *nick עָצַר פ'
hold one's breath עצר נשימתו -
regency, rule, stop, stoppage עֶצֶר ז'
rally, assembly, factorial עֲצֶרֶת נ'
follow, track, trace, *tail עָקַב פ'
heel, footstep, footprint, trace, track, trail, rear עָקֵב ז'
in his footsteps, in the wake of, after בעקבות -
Achilles' heel, foible עקב אכילס -
slowly, gradually עקב בצד אגודל -
traces, tracks, marks עקבות -
because, owing to, due to עֵקֶב מ"י
trace, wake, footprint עָקְבָה נ'
consistent, coherent עִקְבִי ת'
consistency, constancy עִקְבִיּוּת נ'
bind, tie, truss, pinion עָקַד פ'
bloody, gory עָקוֹב מִדָּם ת'
striped, spotted, streaky עָקוֹד ת'
bent, curved, crooked, wry עָקוֹם ת'
graph, bend, curve עֲקוּמָה נ'
displaced person, DP עָקוּר ז'
consequential, consistent עָקִיב ת'
consistence עֲקִיבוּת נ'
sacrifice, binding עֲקֵידָה נ'
turning up one's nose עֲקִימַת אַף נ'
indirect, roundabout עָקִיף ת'
circumvention, going around, bypassing, overtaking עֲקִיפָה נ'
sting, bite, gibe, jeer, dig עֲקִיצָה נ'
uprooting, extraction, moving, relocation עֲקִירָה נ'
winding, twisty, devious עֲקַלְקַל ת'
winding, twisty עֲקַלָּתוֹן ת'
crooked, curved, twisted עַקְמוּמִי ת'
crookedness עַקְמוּמִיּוּת נ'
magpie עַקְעָק ז'
bypass, go around, pass, circumvent, evade, overtake עָקַף פ'
sting, bite, be sarcastic, jeer עָקַץ פ'
itch, prickle, pruritus עִקְצוּץ ז'
itch, prickle, tickle, tingle עִקְצֵץ פ'
uproot, extract, pull out, remove, move, move house עָקַר פ'
barren, impotent, infertile, sterile, dud עָקָר ת'
scorpion, Scorpio עַקְרָב ז'
barren woman, childless עֲקָרָה נ'
principled, moral עֶקְרוֹנִי ת'
in principle, basically עֶקְרוֹנִית תה"פ
sterility, barrenness עֲקָרוּת נ'
housewife עֲקֶרֶת בַּיִת נ'
stubborn, obstinate עַקְשָׁן ת'
obstinacy, stubbornness עַקְשָׁנוּת נ'
awake, conscious, vigilant עֵר ת'

aware of, alive to - ער ל־
temporary עֲרַאי = ארעי ת'
guarantee, go bail, be responsible, pledge, underwrite, be pleasant, be sweet, be dark עָרַב פ'
evening, eve, the eve of עֶרֶב ז'
this evening - הערב
Friday, Sabbath eve - ערב שבת
responsible, sweet, tasty עָרֵב ת'
guarantor, warrantor, guarantee, surety עָרֵב ז'
weft, woof, mixture עֵרֶב ז'
mob, riffraff, medley - ערב רב
Saudi Arabia עֲרָב הַסָעוּדִית נ'
mix, fold, shuffle, confuse עִרְבֵּב פ'
willow, prairie, desert, wilderness, steppe, plain עֲרָבָה נ'
tub, kneading tub עֲרֵבָה נ'
mixing, mixture, shuffle עִרְבּוּב ז'
disorder, mess, medley עִרְבּוּבְיָה נ'
mixing, scrambling עִרְבּוּל ז'
bail, surety, guarantee עֲרֻבּוּת נ'
sweetness, tastiness עֲרֵבוּת נ'
Arab, Arabian, Saracen עֲרָבִי ז'
Arabist, student of Arab culture עֲרָבִיסְט ז'
evening prayer עַרְבִית נ'
Arabic עֲרָבִית נ'
mix, blend, scramble עִרְבֵּל פ'
whirlpool, mixer עַרְבָּל ז'
arabesque עֲרַבֶּסְקָה נ'
potpourri, medley עֲרַבְרָב ז'
yearn, desire, long, pine, yen עָרַג פ'
yearning, longing, yen עֲרָגָה נ'
roll (metal) עִרְגֵל פ'
galosh, rubber, overshoe עַרְדָל ז'
guarantee, surety, warrant עֲרֻבָּה נ'
bed, flower bed, square עֲרוּגָה נ'
nakedness, genitals, pudenda, vulva, pubis עֶרְוָה נ'
prepared, ready, arranged, set, edited עָרוּךְ ת'
priceless עָרוֹךְ - אֵין עָרוֹךְ לוֹ
naked, bare, nude עָרוֹם ת'
sly, shrewd, cunning עָרוּם ת'
channel, canyon, ravine עָרוּץ ז'
wakefulness, vigil עֵרוּת נ'
stripping, undressing עִרְטוּל ז'
nude, abstract עַרְטִילָאִי ת'
strip, undress, denude עִרְטֵל פ'
stark naked עֶרְיָה - עָרוֹם וְעֶרְיָה
arraying, arrangement, editing עֲרִיכָה נ'
advocacy, law - עריכת דין
heap, pile, stack, rick עֲרֵמָה נ'
espalier, pergola, trellis עָרִיס ז'
cradle, cot, crib עֲרִיסָה נ'
decapitation, beheading עֲרִיפָה נ'
removal of opponents, purge - עריפת ראשים
despot, tyrant, oppressor עָרִיץ ז'
despotism, tyranny עָרִיצוּת נ'
despotic, tyrannical עָרִיצִי ת'
renegade, deserter, defector עָרִיק ז'
desertion, defection עֲרִיקָה נ'
childless, lonely, lonesome עֲרִירִי ת'
array, arrange, lay, hold, make, do, perform, prepare, edit עָרַךְ פ'
set the table - ערך השולחן
value, price, worth, degree, order, set, entry, headword עֶרֶךְ ז'
positive - ערך הדמיון
superlative - ערך ההפלגה
comparative - ערך היתרון
rule of three - ערך משולש
face value, par value - ערך נקוב
valuable, worthy - רב ערך
legal instance, law, court עַרְכָּאָה נ'
kit, set, outfit עֶרְכָּה נ'
gas mask - ערכת מגן
of (moral) values עֶרְכִּי ת'
ambivalent - דו ערכי
valence, valency, value עֶרְכִּיּוּת נ'
uncircumcised, gentile, shut עָרֵל ת'
stubborn, stupid - ערל לב
stammerer, stutterer - ערל שפתיים
pile up, heap, amass, stack עָרַם פ'
make difficulties - ערם קשיים
crafty, shrewd, sly, foxy עַרְמוּמִי ת'
cunning, craft עַרְמוּמִיּוּת נ'
chestnut עַרְמוֹן ז'
grasp the nettle - הוציא הערמונים מהאש
chestnut, auburn עַרְמוֹנִי ת'
castanets עַרְמוֹנִיּוֹת נ"ר
prostate עַרְמוֹנִית נ'

עַרְסָל ז' hammock
עִרְעוּר ז' appeal, protest, subversion, shaking, undermining
עִרְעֵר פ' appeal, undermine, shake, upset, subvert
עַרְעָר (שיח) ז' juniper
עָרַף פ' decapitate, behead
עַרְפָּד ז' vampire
עִרְפּוּל ז' misting, ambiguity
עַרְפִּיחַ ז' smog
עַרְפִּילִי ת' misty, vague, foggy
עַרְפִּילִיּוּת נ' fog, mistiness
עַרְפִּילִית נ' nebula
עִרְפֵּל פ' obscure, make vague, fog
עֲרָפֶל ז' fog, mist, vagueness
עָרַק פ' desert, defect, tergiversate
עָרָק (יין שרף) ז' arrack
עַרְקָה נ' lash, thong, whipcord
עַרְקָנוּת נ' escapism
עָרַר פ' appeal, contest, protest
עָרָר ז' appeal, protest, objection
עֶרֶשׂ ז' bed, cradle
- ערש דווי sickbed
עָשׁ ז' moth
עֵשֶׂב ז' grass, herb, weed, herbage
- עשב שוטה tare, weed
עִשְׂבָּה נ' turf, sod, divot
עִשְׂבּוֹנַאי ז' herbalist
עִשְׂבּוֹנִי ת' herbaceous, grassy
עִשְׂבִּיָּה נ' herbarium
עָשָׂה פ' commit, do, make, perform
*- עשה במכנסיים be scared, shit
*- עשה בשכל act wisely
- עשה דין לעצמו disregard the law
- עשה ולא תעשה do's and don'ts
*- עשה חושבים think it over
- עשה עצמו pretend, affect, feign
- עשה צרכיו defecate, excrete
*- עשה רוח bluster, put on airs
- עשה שמות play havoc, destroy
*- עשה שמח make it lively
עָשׂוּי ת' done, made, likely, may
- עשוי לבלי חת fearless, dauntless
עָשׁוּק ת' exploited, robbed
עָשׂוֹר ז' decade, ten years, ten
עֶשׂוֹרִי ת' decimal, metric, denary
עֲשִׂיָּה נ' doing, making
עָשִׁיר ת' rich, wealthy, abundant

עֲשִׂירוֹן עֶלְיוֹן ז' upper tenth, the rich
עֲשִׂירִי ת' tenth
עֲשִׂירִיָּה נ' tenth, ten (NIS), *tenner
עֲשִׂירִית נ' tenth, tithe, deci-
עָשַׁן פ' smoke, emit smoke
עָשָׁן ז' smoke, fumes
עָשֵׁן ת' smoky, smoldering
עַשְׁנָן ז' heavy smoker, fumitory
עָשַׁק פ' exploit, subdue, rob, *skin
עש"ק=ערב שבת קודש Friday
עֶשֶׂר ש"מ ten, 10, deca-
עֲשָׂרָה ש"מ ten, 10, deca-
- עשרת הדיברות Decalogue, Ten Commandments
עֶשְׂרוֹנִי ת' decimal, denary
עֶשְׂרִים ש"מ twenty, 20, score
- החלק העשרים twentieth
- העשרים twentieth
- עשרים ואחת (משחק) pontoon
עֲשָׁשִׁית נ' lamp, oil-lamp, lantern
עַשֶּׁשֶׁת נ' caries
עֶשְׁתּוֹנוֹת ז"ר thoughts, calmness
- אבדו עשתונותיו be confused
עֵת נ' time, season, period
- בעיתו timely, at the right time
- לעת מצוא at an opportune time
עַתָּה תה"פ now, at present
עַתוּדַאי ז' reservist
עֲתוּדָה נ' reserve
- עתודות reserves, resources
עָתִיד ז' future, hereafter, futurity
עָתִיד ת' ready, would-be, destined
עֲתִידוֹת נ"ר future
עֲתִידִי ת' future, unborn, coming
עֲתִידָנוּת נ' futurism, futurology
עֲתִידָנִי ת' futuristic
עַתִּיק ת' ancient, archaic, antique
- עתיק יומין old, ancient
עַתִּיקוּת נ' antiquity
עַתִּיקוֹת נ"ר antiquities
עָתִיר ת' rich, abundant, full
- עתיר ידע hi-tech, knowledgable
- עתיר קלוריות calorie-rich
עֲתִירָה נ' petition, plea, request
עַתָּק ז' shunter, switchman
עָתָק ז' pride, big words, arrogance
עָתֵק - הון עָתֵק ז' a large fortune
עָתַר פ' petition, plead, appeal, ask

פ

pub, public house פָּאבּ ז'
fauna פָאוּנָה (ממלכת החי) נ'
punk פַּאנְק (מוסיקת רוק) ז'
pomp, glory, splendor פְּאֵר ז'
magnum opus – פאר יצירתו
medal פְּאֵרָה נ'
outskirts, purlieus פַּאֲתֵי עִיר נ"ר
February פֶבְּרוּאָר ז'
fabrication, lie, invention פִּבְּרוּק ז'
fabricate, invent, make up פִּבְּרֵק פ'
expire, end, melt, vanish פָּג פ'
premature baby, unripe fig פַּג ז'
pagoda פָּגוֹדָה (מסגד בודהיסטי) נ'
bassoon פָּגוֹט (כלי נשיפה) ז'
faulty, spoiled, defective פָּגוּם ת'
hit, hurt, afflicted פָּגוּעַ ת'
bumper, fender פָּגוֹשׁ ז'
shell, cannonball פָּגָז ז'
dagger, poniard, stiletto פִּגְיוֹן ז'
premature infants' ward פַּגִּיָּה נ'
defect, flaw, spoiling פְּגִימָה נ'
vulnerable, sensitive פָּגִיעַ ת'
affront, offense, insult, injury, attack, blow, hit פְּגִיעָה נ'
vulnerability פְּגִיעוּת נ'
appointment, meeting, encounter, date פְּגִישָׁה נ'
spoil, blemish, impair, mar פָּגַם פ'
blemish, defect, fault, flaw פְּגָם ז'
bad taste, flaw – טעם לפגם
pagan, heathen פָּגָן ז'
hit, hurt, injure, harm, insult פָּגַע פ'
hit-and-run – פגע וברח
mishap, misfortune, trouble פֶּגַע ז'
intact, unhurt – בלי פגע
nuisance, pest, plague – פגע רע
corpse, carrion, carcass פֶּגֶר ז'
holiday, vacation, recess פַּגְרָה נ'
meet, encounter, bump into פָּגַשׁ פ'
pad, sanitary napkin פֶּד ז'
pedagogue, educator פֶּדָגוֹג ז'
pedagogical, educational פֶּדָגוֹגִי ת'
pedagogy, teaching פֶּדָגוֹגְיָה נ'

redeem, ransom, cash, obtain money, release, save, free פָּדָה פ'
redeemed, ransomed פָּדוּי ת'
pedometer פֶּדוֹמֶטֶר (מד צעד) ז'
redemption, deliverance פְּדוּת נ'
forehead פַּדַּחַת נ'
ransom, redemption, proceeds, turnover, takings פִּדְיוֹן ז'
redemption of firstborn – פדיון הבן
joke, fake, trash *פַּדִּיחָה נ'
ransom, redemption פְּדִיָּה נ'
pedicure פֶּדִיקוּר (טיפול רגליים) ז'
pedant, hairsplitter פֶּדַנְט (נוֹקְדָן) ז'
pedantic, scholastic פֶּדַנְטִי ת'
pedantry, finicality פֶּדַנְטִיּוּת נ'
federal, of a federation פֶדֶרָלִי ת'
federation, alliance פֶדֶרַצְיָה נ'
mouth, opening, mouthpiece פֶּה ז'
hypocrisy – אחד בפה ואחד בלב
oral, orally, by mouth – בפה
remain silent – מילא פיו מים
secretly, in a whisper – מפה לאוזן
mouth-to-mouth – מפה לפה
unanimously – פה אחד
silver tongue – פה מפיק מרגליות
ask him – שאל את פיו
here, over here פֹּה תה"פ
here and there, passim – פה ושם
F, fa פָה (צליל) ז'
yawning, the gapes פַּהֶקֶת נ'
foyer, lobby, anteroom פוֹאָיֶה ז'
poem פוֹאֶמָה (שירה בחרוזים) נ'
FOB - free on board פו"ב
phobia פוֹבְּיָה (בַּעַת) נ'
publicist, journalist פּוּבְּלִיצִיסְט ז'
be fabricated, be invented פּוּבְּרַק פ'
weaken, relieve, melt פּוֹגֵג פ'
fugue פוּגָה (יצירה מוסיקלית) נ'
opprobrious, offensive פּוֹגְעָנִי ת'
massacre, pogrom פּוֹגְרוֹם ז'
podagra, gout פּוֹדַגְרָה (צינית) נ'
pudding, custard פּוּדִינְג (חביצה) ז'
poodle פּוּדֶל (כלב) ז'
powder, face powder פּוּדְרָה נ'
compact, powder box פּוּדְרִיָּה נ'
pavilion פָּוִילְיוֹן (ביתן) ז'
pose, posture, affectation פּוֹזָה נ'
positive פּוֹזִיטִיבִי (חיובי) ת'

פּוֹזֵל ת' cross-eyed, squint
פוּזְמָק ז' stocking, sock
פּוּזַּר פ' be scattered, be dispersed
פּוֹחֵד ת' afraid, fearful, frightened
פּוֹחֵז ת' reckless, mindless, rash
פּוֹחֵחַ ת' shabby, tattered, hooligan
פּוּחְלָץ ז' stuffed animal
פּוּחַת פ' be devalued, be devaluated
פוּטבּוֹל ז' football, rugby
פוֹטוֹגֶנִי (נוח לצילום) ת' photogenic
פוֹטוֹמוֹנטָז' (מִצְרָף) ז' photomontage
פוֹטוֹסִינתֶּזָה נ' photosynthesis
פּוּטִית נ' halibut, brill, flatfish
פּוּטַם פ' be crammed, be stuffed
פּוֹטֶנצְיָאל ז' potential, latent ability
פּוֹטֶנצְיָאלִי ת' potential, possible
פּוֹטֶנצְיָה נ' potency, force, power
פּוּטַר פ' be fired, *get the sack
פּוֹטַשׁ (אשלגן פחמתי) ז' potash
פּוּטשׁ (הפיכת נפל) ז' putsch
פוּי מ"ק faugh, shame on you!
פּוּיַּס פ' be pacified, be reconciled
פּוּךְ ז' eye shadow, eye-liner, kohl, mascara, down, duvet
פּוֹל ז' bean, broad bean
פּוֹלָג ז' migraine, megrim
פּוּלוֹבֶר (מִפְשׂוֹל) ז' pullover
פּוּלְחָן ז' cult, worship, ritualism
– פולחן אישיות personality cult
פּוּלְחָנִי ת' ritual, idolatrous
פּוֹלִיגוֹן (מצולע) ז' polygon
פּוֹלִיגַמְיָה (ריבוי נשים) נ' polygamy
פּוֹלִיגְרָף ז' polygraph
פוֹלְיוֹ (גיליון) ז' folio
פּוֹלְיוֹ (שיתוק ילדים) ז' polio
פּוֹלִיטוּרָה נ' polish, varnish, lacquer
פּוֹלִיטִי ת' political, state
פּוֹלִיטִיזַצְיָה נ' politicization
פּוֹלִיטִיקַאי ז' politician
פּוֹלִיטִיקָה נ' politics, policy, wisdom
פּוֹלִין נ' Poland
פּוֹלִיסָה נ' policy
– פוליסה זמנית cover note
– פוליסת ביטוח insurance policy
פּוֹלִיפוֹנִי (ססקולי) ת' polyphonic
פּוֹלִיפִּים ז"ר adenoids, polyps
פּוּלְמוּס ז' controversy, polemics
פּוּלְמוּסִי ת' controversial, polemical

פּוּלְמוּסָן ז' disputant, debater
פּוֹלָנִי ז' Pole, Polish
פּוֹלָנִית (שפה) נ' Polish
פוֹלקלוֹר (ידע עם) ז' folklore
פּוֹלֵשׁ ז' invader, trespasser
פו"מ=פיקוד ומטה command and staff
פּוּמְבִּי ת' public, open, overt
פּוּמְבִּיוּת נ' publicity, exposure
פּוּמָה נ' cougar, puma
פּוּמִית נ' mouthpiece, cigarette holder
פּוֹמֶלוֹ ז' pomelo, shaddock
פּוֹמְפָּה נ' plunger, *plumber's friend
פּוֹמְפּוֹן (ציצה) ז' pompon, pompom
פּוּמְפִּיָּה נ' grater
פּוּנְדָּה נ' bandoleer, cartridge belt
פּוּנְדָּמֶנְטָלִיסְט ז' fundamentalist
פּוּנְדָּק ז' inn, tavern, roadhouse
פּוּנְדְּקָאוּת נ' surrogacy
פּוּנְדְּקַאי ז' innkeeper, host
פּוּנְדְּקָאִית נ' surrogate mother
פּוּנָּה פ' be cleared, be evacuated
פוֹנֶטִי (הֲבָרוֹנִי) ת' phonetic
פוֹנֶטִיקָה (הִיבָּרוֹן) נ' phonetics
פּוֹנִי ז' pony, fringe
פוֹנֶמָה (הגה) נ' phoneme
פּוּנַּק פ' be pampered, be spoiled
פוּנקצְיָה נ' function
פוּנקצְיוֹנָלִי (תִּפְקוּדִי) ת' functional
פוּנקצְיוֹנֶר (פקיד) ז' functionary
פוּנשׁ (משקה) ז' punch
*פּוּסְטֶמָה נ' idiot, blockhead
פּוּסַל פ' be sculptured, be carved
פוֹספוֹר (זרחן) ז' phosphorus
פוֹספָט (זרחה) ז' phosphate
פּוֹסֵק ז' arbiter, decider, rabbi
פּוֹעַל ז' verb, work, action, deed
– פועל יוצא transitive verb, result
– פועל עומד intransitive verb
פּוֹעֵל ז' worker, laborer, working
– פועל ניקיון refuse collector
– פועל שחור unskilled laborer
פָּעֳלִי ת' verbal
פּוּעְנַח פ' be deciphered, be solved
פּוֹפּוּלָרִי ת' popular, in request
פּוֹפּוּלָרִיוּת נ' popularity, fame
*פּוּפִּיק (טבור) ז' bellybutton, navel
פּוֹפְּקוֹרְן ז' popcorn

פּוּצָה פ' be compensated
פּוּצַח פ' be cracked, burst open
פּוּצַל פ' be split up, be divided
פּוֹצֵץ פ' explode, blow up, detonate
פּוּצַץ פ' be exploded, be blown up
פּוֹקֵד ז' census holder, counter
פוקוס (מוקד) ז' focus
פּוֹקֶר (מִשְׂחַק קְלָפִים) ז' poker
פּוּר ז' lot, die, dice, fate
– הפור נפל the die is cast
*פּוּר (מִקְדָם) ז' head start
פּוֹרֶה ת' fertile, prolific, fruitful
פורום ז' forum, meeting
פּוֹרַז פ' be demilitarized
פּוֹרַט פ' be specified, be itemized
פורטוגָזִית נ' Portuguese
פורטרֶט (דְיוֹקָן) ז' portrait
פּוֹרִיּוּת נ' fertility, productivity
פוריזם (טַהֲרָנוּת) ז' purism
פּוּרִיטָנִי ת' puritanical, strict
פּוּרִים ז' Purim (Jewish holiday)
פורמָט (תבנית) ז' format
פורמַייקָה נ' Formica
פורמָלִי (רִשְׁמִי) ת' formal
פורמָלִיוּת (רִשְׁמִיּוּת) נ' formality
פורנוגרָפִי ת' pornographic
פורנוגרַפְיָה נ' pornography, *porn
פורניר (לָבִיד) ז' veneer
פּוּרְסַם פ' be published
פּוֹרֵעַ ז' rioter, riotous, hooligan
פּוּרְעָנוּת נ' trouble, calamity
פּוּרְפָן ז' buttonhook
פּוֹרֵץ ז' burglar, housebreaker
פּוּרַק פ' be dismantled, be defused, be taken apart, be disarmed
פּוּרְקָן ז' relief, outlet, relaxation
– נתן פורקן ל– give vent to
פּוֹרֵר פ' crumble, disintegrate
פּוֹרַשׁ פ' be interpreted
פּוֹרֵשׁ ז' dissenter, dissident, retired
פּוּרְתָּא נ' a little, bit, some
פּוֹשֶׁה ת' pervasive, rampant
*פּוּשְׁטָ ז' hooligan, hoodlum
פּוֹשֵׁט ת' invader, raider, extensor
– פושט יד beggar, pauper
– פושט רגל bankrupt, insolvent
פּוֹשֵׁעַ ז' criminal, sinner, culprit
פּוּשַׂק פ' be opened wide apart

פּוֹשֵׁר ת' lukewarm, tepid
– פושרין lukewarm water
פּוֹשְׁרוּת נ' tepidity, lukewarmness
פּוֹת ז' vulva, vagina
פּוּתָּה פ' be seduced, be enticed
פּוּתַּח פ' be developed, be engraved
פּוֹתֵחַ ז' opener, server
פּוֹתְחָן ז' can opener, opener
פּוֹתַחַת נ' master key, passkey
פּוֹתֵת פ' crumble, flake
פָּז ז' gold, pure gold
פָּזָה נ' phase, stage
פָּזוּר ת' scattered, dispersed, strewn
– פזור נפש scatterbrained
פְּזוּרָה נ' Diaspora, dispersion
פָּזִיז ת' hasty, reckless, foolhardy
פְּזִיזוּת נ' impetuosity, haste
פְּזִילָה נ' squint, covetous glance
פָּזַל פ' squint, skew, desire, want
פָּזֶל (מִשְׂחַק הַרְכָּבָה) ז' jigsaw puzzle
פִּזְמוֹן ז' song, refrain, burden
פִּזְמוֹנַאי ז' songwriter
פַּזְרָן ז' spendthrift, squanderer
פַּזְרָנוּת נ' squandering
פַּזְרָנִי ת' extravagant, lavish
פַּח ז' metal sheet, can, tin, trap
– מן הפח אל הפחת from bad to worse
– פח אשפה garbage can, dustbin
פָּחַד פ' fear, be afraid, dread
פַּחַד ז' fear, fright, awe, dismay
– פחד מוות mortal fear
פַּחְדָן ז' coward, timorous, *chicken
פַּחְדָנוּת נ' cowardice, timidity
פַּחְדָנִי ת' cowardly, white-livered
פֶּחָה ז' pasha, governor
פַּחוֹן ז' shack, tin hut
פָּחוּס ת' flattened, oblate, snub
פָּחוּת ת' inferior, less, secondary
– פחות ערך trivial, unimportant
פָּחוֹת תה"פ less, minus, least
– לא פחות ולא יותר exactly
– פחות או יותר more or less
פַּחַז ז' rashness, haste
פַּחֲזָנִית נ' cream puff, puff
פֶּחָח ז' tinsmith, tinker
פֶּחָחוּת נ' tinsmith's work
– פחחות רכב vehicle bodywork,

body shop
פַּחֵי נֶפֶשׁ ז"ר disappointment
פְּחִיסוּת נ' oblateness
פַּחִית נ' can, small tin
פְּחִיתוּת נ' decrease, reduction
– פחיתות כבוד disrespect
פִּחלוּץ ז' taxidermy
פִּחלֵץ פ' stuff skins, stuff
פֶּחָם ז' coal, charcoal
– פחם אבן anthracite
פַּחמָה נ' carbonate
פִּחמוּן ז' carbonization
פַּחמֵימָה נ' carbohydrate
פַּחמֵימָן ז' hydrocarbon
פִּחמֵן פ' carbonize
פַּחמָן ז' carbon
פַּחֶמֶת (מחלה) נ' anthrax
פַּחמָתִי ת' carbonic
פָּחַס פ' flatten, compress, squash
פָּחַת פ' lessen, diminish, decrease
פְּחָת ז' amortization, depreciation
פַּחַת נ' trap, pit, snare
– בעברי פי פחת in great danger
פַּט (בשחמט) ז' stalemate
פִּטדָה נ' topaz
פָּטָה מוֹרגָנָה נ' mirage, illusion
פְּטוֹטֶרֶת נ' petiole, stalk, stem
פֶּטוּנִיָה (צמח נוי) נ' petunia
פְּטוֹר ז' exemption, release
פָּטוּר ת' free, exempt, excused
– פטור ממס tax-free, duty-free
פַּטִיוֹ (חצר מרוצפת) ז' patio
פַּטִיפוֹן ז' record player, turntable
פֶּטִיצִיָה (עצומה) נ' petition
פְּטִירָה נ' death, decease, demise
פַּטִישׁ ז' hammer, cock, mallet
– בין הפטיש והסדן in a predicament
– פטיש אוויר pneumatic hammer
– פטיש היושב-ראש gavel
– פטיש חולץ claw-hammer
פֶטִישׁ (אליל) ז' fetish
פֶּטֶל ז' raspberry
פָטָלִי (גורלי) ת' fatal, predestined
פָטָלִיוּת (גורליות) נ' fatalism
פְּטָם ז' fattened livestock
פִּטמָה נ' nipple, teat, *tit
פִּטמִית נ' papilla
פָּטֶנט ז' patent, device, gadget

פִּטפּוּט ז' babble, chatter, jabber
פִּטפֵּט פ' blabber, chatter, *yak
פַּטפְּטָן ז' chatterbox, *gasbag
פַּטפְּטָנוּת נ' chatter, garrulity
פַּטפֶּטֶת נ' chatter, *blah blah
פָּטַר פ' dismiss, exempt, excuse
פֶּטֶר ז' firstborn
פֶּטרוֹזִילִיָה נ' parsley
פִּטרוּל ז' patrolling, policing
פַּטרוֹל (משמר נייד) ז' patrol
פַּטרוֹן ז' patron, sponsor
פַּטרוֹנוּת נ' patronage, sponsorship
פַּטרִיאַרך (אב) ז' patriarch
פַּטרִיאַרכָלִי ת' patriarchal, ruled by men
פַּטרִיוֹט (נאמן למולדת) ז' patriot
פַּטרִיוֹטִי ת' patriotic, jingoist
פַּטרִיוֹטִיוּת נ' patriotism
פִּטרִיָה נ' mushroom, fungus
פִּטרִיָתִי ת' fungal, fungoid
פִּטרֵל פ' patrol, keep watch
פַּטֶרֶת הַפֶּה נ' thrush
פַּטֶרֶת הָרַגלַיִם נ' athlete's foot
פִּי תה"פ times, -fold, mouth of
– פי עשרה ten times, tenfold
פִּי הַטַבַּעַת ז' rectum, anus
פֵּאָה נ' edge, side, facet, corner
– פיאה נוכרית wig, hairpiece, *rug
– פיאות side curls, side locks
– פיאות לחיים sideburns
פֵיאוֹדָל (בעל אחוזה) ז' lord
פֵיאוֹדָלִי ת' feudal, lordly
פֵּיאוֹן ז' polyhedron, polygon
פֵּיאוּר ז' glorification, decoration
פְּיָאנוֹ (בשקט) תה"פ piano
פְיַאסקוֹ (כישלון) ז' fiasco
פֵּיאֵר פ' decorate, glorify, laud
פֵיבוֹרִיט (חביב) ז' favorite, dear
פִיבֶּרגלַס (סיבי זכוכית) ז' fiberglass
פִּיגוּל ז' stench, abomination, filth
פִּיגוּם ז' scaffold, cradle, staging
פִּיגוּעַ ז' attack, hit, blow, strike
פִּיגוּר ז' lag, time lag, backwardness, retardation, arrears, backlog
פִּיגֵל פ' spoil, pollute, denature
פִּיגָ'מָה נ' pajamas, pyjamas
פִּיגמֶנט (צבען) ז' pigment
פִּיגֵר פ' fall behind, lag, be slow

powder, apply powder פִּידֵר פ'
yawn, yawning פִּיהוּק ז'
yawn, gape פִּיהֵק פ'
hymn, poetry פִּיוּט ז'
poetical, lyrical פִּיוּטִי ת'
appeasement, pacification פִּיוּס ז'
fiord, fjord פְּיוֹרְד (מפרץ צר) ז'
mash, puree פְּיוּרֶה (מְחִית) ז'
gambol, prance, dancing פִּיזּוּז ז'
humming, singing פִּיזּוּם ז'
dispersal, scattering, squandering, dissolution פִּיזּוּר ז'
absent-mindedness – פיזור נפש
caper, dance, leap, gambol פִּיזֵּז פ'
hum, sing, intone פִּיזֵּם פ'
disperse, scatter, diffuse, squander, disband, dissolve פִּיזֵּר פ'
soot, lampblack פִּיחַ ז'
devaluation פִּיחוּת ז'
devaluate, reduce פִּיחֵת פ'
stuffing, fattening פִּיטּוּם ז'
dismissal, discharge פִּיטּוּרִים ז"ר
cram, fatten, cloy, stuff, fill פִּיטֵּם פ'
tip (on citron) פִּיטָם ז'
dismiss, fire, *sack פִּיטֵּר פ'
mouthpiece, aperture פִּיָּה נ'
fairy, fay, pixie, pixy פֵיָה נ'
soot, blacken, smut פִּייֵּחַ פ'
poet, hymnologist, versifier פַּייְטָן ז'
fighter, brave man *פַייטֶר ז'
appease, propitiate, placate פִּייֵּס פ'
conciliation פַּייְסָנוּת נ'
conciliatory, placatory פַּייְסָנִי ת'
flow, gush, bubble, well פִּיכָּה פ'
sober, level-headed פִּיכֵּחַ ת'
sobriety, soberness פִּיכְּחוּת נ'
elephant פִּיל ז'
split, divide, separate פִּילֵּג פ'
concubine, mistress פִּילֶגֶשׁ נ'
steel, harden פִּילֵּד פ'
delouse, rid of lice פִּילָּה פ'
fillet פִילֶה (מותנית) ז'
philharmonic פִילהַרמוֹנִי ת'
split, separation, schism פִּילּוּג ז'
slicing, piercing פִּילּוּחַ ז'
philologist פִילוֹלוֹג (בַּלשָׁן) ז'
philology פִילוֹלוֹגְיָה (בַּלשָׁנוּת) נ'
young elephant פִּילוֹן ז'

leveling, paving פִּילּוּס ז'
philosopher פִילוֹסוֹף ז'
philosophical פִילוֹסוֹפִי ת'
philosophy פִילוֹסוֹפְיָה נ'
slice, split, pierce, impale פִּילַּח פ'
steal, filch, lift, pilfer *פִילַּח פ'
filter פִילטֶר (מַסנֵן) ז'
filibuster, long speeches, delaying tactics פִילִיבַּסטֶר ז'
satire, feuilleton פֶלִיטוֹן ז'
believe, expect, pray פִּילֵּל פ'
philanthropist פִילַנתרוֹפּ (נדיב) ז'
philanthropic פִילַנתרוֹפִּי (נדבני) ת'
level, straighten פִּילֵּס פ'
pave a way, make way – פִּילס דרך
double chin פִּימָה נ'
pin, peg, rivet, penis פִּין ז'
table tennis, ping-pong פִּינג פּוֹנג ז'
penguin פִּינגווִין ז'
coffee cup, coffee pot פִינגָ'ן ז'
clear, vacate, evacuate פִּינָּה פ'
give place to – פִּינה מקום ל–
corner, recess, alcove, nook פִּינָּה נ'
dinette – פִּינת אוכל
evacuation, clearing פִּינּוּי ז'
pampering, spoiling פִּינּוּק ז'
Finn, Finnish פִינִי ז'
finale פִינָלֶה (סיום) ז'
financial פִינַנסִי (כספי) ת'
tweezers פִּינצֶטָה (מַלקֶטֶת) נ'
pamper, spoil, coddle, pet פִּינֵּק פ'
corner פִּינָּתִי ת'
lottery, lot, raffle פַּיִס ז'
piece, bit, strip, shred פִּיסָּה נ'
sculpture, engraving פִּיסּוּל ז'
punctuation, punctuating פִּיסּוּק ז'
lame, limping פִּיסֵּחַ ת'
lameness, limping פִּיסְּחוּת נ'
fistula פִיסטוּלָה (בֶּתֶר) נ'
pistachio nut פִּיסטוּק ז'
physical פִיסִי ת'
physiologist פִיסיוֹלוֹג ז'
physiological פִיסיוֹלוֹגִי ת'
physiology פִיסיוֹלוֹגְיָה נ'
physiotherapist פִיסיוֹתֶרַפִּיסט ז'
physicist פִיסִיקַאי ז'
physics פִיסִיקָה נ'
physical פִיסִיקָלִי ת'

sculpture, hew, carve פִּיסֵל פ׳
punctuate פִּיסֵק פ׳
fiscal, financial פִּיסְקָלִי ת׳
beat, throb, strike פִּיעֵם פ׳
fringe, tuft, tassel פִּיף ז׳
urine, piss, pee *פִּיפִּי ז׳
two-edged (sword) פִּיפִיּוֹת
compensate, indemnify פִּיצָּה פ׳
pizza פִּיצָה נ׳
cracking, opening, fission פִּיצּוּחַ ז׳
roasted seeds, peanuts *– פיצוחים
compensation, indemnity פִּיצּוּי ז׳
severance pay – פיצויי פיטורים
amends, damages – פיצויים
splitting, dividing, forking פִּיצּוּל ז׳
schizophrenia – פיצול האישיות
explosion, blowing up פִּיצּוּץ ז׳
crack, break open פִּיצַּח פ׳
split, divide, part פִּיצֵּל פ׳
pizzeria פִּיצֶרִיָּה נ׳
trembling, cold feet פִּיק בִּרְכַּיִים ז׳
order, command, dominate פִּיקֵד פ׳
deposit, pledge, trust פִּיקָדוֹן ז׳
cap, kneecap, cam, primer פִּיקָה נ׳
patella, kneecap – פיקת הברך
Adam's apple – פיקת הגרגרת
command פִּיקּוּד ז׳
command, of command פִּיקּוּדִי ת׳
control, supervision פִּיקּוּחַ ז׳
saving of life – פיקוח נפש
birth control – פיקוח על הילודה
piccolo פִּיקוֹלוֹ (חֲלִילוֹן) ז׳
supervise, oversee, control פִּיקַּח פ׳
clever, smart, not blind פִּיקֵּחַ ת׳
cleverness, acumen פִּיקְחוּת נ׳
clever, intelligent פִּיקְחִי ת׳
fictitious, false פִּיקְטִיבִי ת׳
piquant, spicy, pungent פִּיקַנְטִי ת׳
piquancy, sharpness פִּיקַנְטִיּוּת נ׳
picnic, barbecue פִּיקְנִיק ז׳
perfectly, excellent *פִּיקס תה״פ
fiction, invention, lie פִּיקְצִיָּה נ׳
shaft, pit, well פִּיר ז׳
mash, puree פִּירֶה (מְחִית) ז׳
pirouette פִּירוּאֶט (סִחְרוּר) ז׳
separation, split, disunion פֵּירוּד ז׳
demilitarization פֵּירוּז ז׳
specification, detailing, פֵּירוּט ז׳
changing money
pyromaniac פִּירוֹמָן (חולה הצתות) ז׳
Pyrrhic (victory) פִּירוּס ת׳
dismantling, liquidation, defusing, dissolution פֵּירוּק ז׳
factorization – פירוק לגורמים
disarmament – פירוק נשק
crumb, bit, crumbling פֵּירוּר ז׳
interpretation, meaning פֵּירוּשׁ ז׳
mean, spell – היה פירושו
fruits פֵּירוֹת (רבים של פרי) ז״ר
demilitarize פֵּירֵז פ׳
specify, detail, itemize פֵּירֵט פ׳
pirate, freebooter פִּירָט ז׳
piracy, robbery at sea פִּירָטִיּוּת נ׳
firm, concern, *expert פִּירְמָה נ׳
pyramid פִּירָמִידָה נ׳
payment, settlement פֵּירָעוֹן ז׳
take apart, dismantle, liquidate, decompose, defuse פֵּירֵק פ׳
factorize – פירק לגורמים
disarm – פירק מנשקו
annotate, comment, explain, interpret פֵּירֵשׁ פ׳
simplification, outspread פִּישּׁוּט ז׳
botch, bungle *פִּישּׁוּל נ׳
opening wide, straddle פִּישּׂוּק ז׳
compromising פִּישּׁוּר ז׳
simplify, streamline פִּישֵּׁט פ׳
blow it, botch, bungle *פִּישֵּׁל פ׳
open wide, part, straddle פִּישֵּׂק פ׳
compromise, mediate פִּישֵּׁר פ׳
seduce, tempt, allure, coax פִּיתָּה פ׳
pitah, flat bread פִּיתָּה נ׳
development, engraving פִּיתּוּחַ ז׳
allurement, temptation פִּיתּוּי ז׳
twist, curve, bend, torsion פִּיתּוּל ז׳
ventriloquist פִּיתוֹם ז׳
python פִּיתוֹן (נחש) ז׳
develop, build up, engrave פִּיתַּח פ׳
bait, decoy, lure פִּיתָּיוֹן ז׳
wind, twist, curve, twine פִּיתֵּל פ׳
jar, can, jug, vessel פַּךְ ז׳
trivia, trifles – פכים קטנים
jar, small can פַּכִּית נ׳
bubble, gush, flow, gurgle פִּכְפּוּךְ ז׳
bubble, gush, flow, gurgle פִּכְפֵּךְ פ׳
break, wring, clasp פָּכַר פ׳

- פכר ידיו	wring one's hands
פֶּלֶא ז'	wonder, miracle, marvel
- פלאי פלאים!	wonderful!
פִּלְאִי ת'	miraculous, wonderful
פֶּלֶאפוֹן ז'	cellular telephone
פִּלְבֵּל פ'	roll eyes, goggle
פֶּלֶג ז'	stream, brook, rivulet, faction, sect, splinter group
- פלג צל	penumbra
פְּלֻגָּה ג'	group, detachment, detail
פְּלַגְיָאט ז'	plagiarism, theft, *crib
פְּלַגְלָג ז'	brook, rivulet, streamlet
פְלֶגְמָטִי ת'	phlegmatic, listless
פַּלְגָנוּת ג'	factionalism, dissension
פַּלְגָנִי ת'	divisive, schismatic
פֶּלַגְרָה (חַסֶּפֶת) ג'	pellagra
פְּלָדָה ג'	steel
- פלדת אל-חלד	stainless steel
פְּלָדִי ת'	steely, hard
פְּלָדֶלֶת ג'	steel-door
פָּלָה פ'	delouse, rid of lice
פְלוּאוֹר (יסוד כימי) ז'	fluorine
פְּלוּגָה ג'	company, detachment
- פלוגות סער	storm troops
פְּלוּגְתָּא ג'	dispute, conflict
- בר פלוגתא	opponent, disputant
פְּלוּגָתִי ת'	company
פְּלוּטוֹנְיוּם (יסוד כימי) ז'	plutonium
פְּלוּטוֹקְרַטְיָה ג'	plutocracy, rule by the wealthy
פְּלוּמָה ג'	down, fluff, fuzz
*פְּלוֹנְטֶר ז'	tangle, knot, tie
פְּלוֹנִי ז'	someone, so-and-so, Mr. X
- פלוני אלמוני	Mr. X, someone
פְּלוּס ז'	plus, advantage
*- פלוס מינוס	more or less
פְלוֹרָה (צמחייה) ג'	flora
פְּלוּרָלִיזם ז'	pluralism, independent groups
פֶּלַח ז'	slice, segment, section
פַּלָּח ז'	fellah, farmer
פַּלָּחָה ג'	farming, field crops
פָּלַט פ'	emit, discharge, say, let slip
פֶּלֶט ז'	output, printout
פַּלְטָה ג'	dish, plate, platter, hot-plate, dental plate
פְּלָטִינָה (מתכת) ג'	platinum
פְּלַטְפוּס ז'	flatfoot, splayfoot
פְּלַטְפוֹרְמָה ג'	platform, policy
פַּלְטֵרִין ז'	palace
פְּלִיאָה ג'	wonder, surprise
פְּלִיז ז'	brass
פָּלִיט ז'	fugitive, refugee, runaway
פְּלִיטָה ג'	emission, ejecting
- פליטת פה	slip of the tongue
- פליטת קולמוס	slip of the pen
פְּלֵיטָה ג'	remnant, remains
פְּלֵייאוֹף ז'	play-off, championship games
פְּלֵייבּוֹי ז'	playboy, womanizer
פְּלָיֶיר (מֶלְקַחַת) ז'	pliers
פְּלִילִי ת'	criminal
פְּלִילִים ז"ר	crime, felony, sin
פָּלִינְדְרוֹם ז'	palindrome
*פְּלִיק ז'	flick, slap, smack
פְּלִיקָן (שַׂקְנַאי) ז'	pelican
פְּלִירְט ז'	flirtation, coquetry
פְּלִירְטֵט פ'	flirt, philander
פְּלִישָׁה ג'	intrusion, invasion, inroad
פֶּלֶךְ ז'	distaff, spindle, district
פַּלְמוּדָה (דג) ג'	bonito
פַּלְמוֹנִי ז'	someone, so-and-so
פְלָמִינְגוֹ (שְׁקִיטָן) ז'	flamingo
פְלָמֶנְקוֹ (ריקוד) ז'	flamenco
פָּלַנְגָה (יחידה צבאית) ג'	phalanx
פְּלָנֶטָה (כוכב לכת) ג'	planet
פְּלָנֶטַרְיוּם ז'	planetarium, orrery
פְלָנֶל (אריג רך) ז'	flannel
פְלָנֶלִית (לניקוי הקנה) ג'	flannelette
פֶּלֶס ז'	balance, scale, steelyard
- פלס מים	spirit level, level
פַּלָּס ז'	engineer, sapper, pioneer
פַלְסֶט (סַלְפִּית) ז'	falsetto
פְּלַסְטִי ת'	plastic
פְּלַסְטִיּוּת ג'	plasticity, flexibility
פָּלֶסְטִינַאי ז'	Palestinian
פְּלַסְטֶלִינָה (כִּיוֹרֶת) ג'	plasticine
פְּלַסְטֶר ז'	adhesive bandage
פְּלַסְמָה (נוזל בדם) ג'	plasma
פַלְסְתֵּר ז'	fraud, deceit, fake
פִּלְפּוּל ז'	dispute, casuistry, sophism
פִּלְפֵּל פ'	argue, chop logic
פִּלְפֵּל ז'	pepper
- פלפל אדום	cayenne, chilli
- פלפל אנגלי	allspice, pimento
פָּלָפֶל ז'	falafel (food), *star (rank)

פִּלְפְּלָן ז' casuist, sophist
פִּלְפְּלָנוּת נ' casuistry, hairsplitting
פִּלְפֶּלֶת נ' capsicum, paprika, red pepper
– פלפלת הגינה sweet pepper
פְּלָצוּר ז' lasso, lariat
פַּלָּצוּת נ' horror, shock, tremble
פְּלָקָט ז' placard, poster
פָּלַשׁ פ' invade, intrude, squat
פְּלֶשׁ (הֶבזֵק) ז' flash
פְּלִשְׁתִּי ת' Philistine
פָּמוֹט ז' candlestick, sconce
פֶמִינִיזם ז' feminism, equal rights for women
פָּמַלְיָה נ' entourage, retinue, train
פַּמְפְלֶט ז' pamphlet, brochure
*פִּמְפֵּם פ' pump, puff, gobble
פָּן ז' face, facet, aspect, side
פֶּן מ"י lest, or else, in case, for fear
*פֶּן (תסרוקת) ז' blow-dry
פ"נ=פה נטמן here lies buried
פְּנַאי ז' leisure, free time, spare time
פִּנְגְווִין ז' penguin
פַּנְדָה נ' panda
*פֶּנְדֶל ז' penalty kick
פָּנָה פ' turn, refer, apply, address
– פנה עורף ל- turn one's back on
פָּנוּי ת' available, free, unmarried
פֶנוֹמֶן ז' phenomenon, wonder
פֶנוֹמֶנָלִי ת' phenomenal, unique
פָּנוֹרָמָה (מראה נוף) נ' panorama
פֶּנְטָגוֹן (מְחוּמָשׁ) ז' pentagon
פֶּנְטהָאוּז (דירת גג) ז' penthouse
פַּנְטוֹגְרָף (גְלַפְכּוֹל) ז' pantograph
פַּנְטוֹמִימַאי ז' mime, mummer
פַּנְטוֹמִימָה נ' pantomime, *panto
*פִּנְטֵז פ' fantasize, daydream
פָנָטִי ת' fanatic, zealot, bigot
פָנָטִיוּת נ' fanaticism, zealotry
פַנְטַסְטִי ת' fantastic, *great
פַנְטַסְיָה נ' fantasy, imagination
פֶּנִי ז' penny
פְּנֵי- (ראה פָּנִים) the face of
פְּנִיָּה נ' application, appeal, salutation, bend, curve, turn
– פנייה חדה dogleg, hairpin bend
– פניית פרסה U-turn
פְּנִים ז' inside, interior

פָּנִים ז"ר face, features, front, facade, appearance
– פני הדברים situation, status
– פני הים sea level
– פני השטח surface, lie of the land
– פנים אל פנים face to face
– פנים לכאן ולכאן equivocal
פְּנִימַאי ז' boarder, inmate
פְּנִימָה תה"פ inside, within, inwardly
פְּנִימוֹן ז' inner tube
פְּנִימִי ת' internal, inner, inside
פְּנִימִיּוּת נ' inwardness, immanence
פְּנִימִיָּה נ' boarding school
פְּנִימִית נ' inner tube
פְּנִינָה נ' pearl, gem, witty remark
פְּנִינִיָּה נ' guinea fowl
פֶּנִיצִילִין ז' penicillin
פָּנִיקָה נ' panic, fright, hysteria
פִּנְכָּה נ' platter, dish
פָּנֶל ז' panel, jury, baseboard, skirting board, wainscot
פָּנָס ז' lamp, lantern, light, torch, flashlight, *black eye, *shiner
– פנס אחורי taillight, rear light
– פנס כיס torch, flashlight
– פנס נסיעה לאחור backup light
– פנס קדמי headlamp, headlight
– פנס קסם magic lantern
– פנס רוח lantern, hurricane lamp
– פנס רחוב lamppost, street light
פֶּנס (מִתְפֶּרֶת בבגד) ז' *dart
פֶּנְסְיָה נ' pension, superannuation
פֶּנְסְיוֹן ז' boarding house, pension
– פנסיון מלא full board
פֶּנְסְיוֹנֶר ז' pensioner, retired man
פַּנְצֶ'ר (תֶּקֶר) ז' puncture, flat tire, hitch
פִּנְקָס ז' blotter, book, notebook, pad, ledger
– פנקס צ'קים checkbook
פִּנְקְסָן ז' bookkeeper
פִּנְקְסָנוּת נ' bookkeeping
פַּנְקְרֵיאָס (לַבְלָב) ז' pancreas
פֶּנֶת ז' upper, vamp
פַּנְתֵּיאִיזם ז' pantheism, worshiping all gods
פַּנְתֵּר ז' panther, puma, leopard
פַּס ז' stripe, line, bar, band, rail

- פס אוטם weather strip
- פס ייצור production line
- פסי רכבת rails, track
*- שם פס על not give a damn
פִּסְגָּה נ' top, crest, peak, summit
פס"ד=פסק דין judgment
פְּסוֹל ז' flaw, fault, defect
פָּסוּל ת' unfit, disqualified
- פסול חיתון forbidden to marry
פְּסוֹלֶת נ' garbage, litter, waste
פָּסוּק ז' verse, sentence, phrase
פְּסוּקִית נ' clause
פְּסוֹקֶת (בשיער) נ' parting, part
פָּסַח פ' omit, pass, skip, leave out
- פסח על שתי הסעיפים waver
פֶּסַח ז' Passover
פַּסְחָא ז' Easter
פַּסְטָה (אטריות) נ' pasta
פִּסְטוּר ז' pasteurization
פַּסְטוֹרָלָה (רועית) נ' pastoral
פַּסְטוֹרָלִי ת' pastoral, idyllic
פֶסְטִיבָל ז' festival, celebration
פַּסְטֶל (ציור) ז' pastel
פִּסְטֵר פ' pasteurize
פַּסְיַאנְס ז' solitaire, patience
פַּסִּיב ז' passive, assets
פַּסִּיבִי (סביל) ת' passive, nonviolent
פַּסִּיבִיּוּת נ' passivity, passiveness
פָּסִיג ז' cotyledon
פְּסִיגִי ת' cotyledonous
פְּסֵידוֹ ת' pseudo, false, unauthentic
פְּסֵידוֹנִים ז' pseudonym, pen name
פַּסְיוֹן (עוף) ז' pheasant
פְּסִיחָה נ' skipping, omitting
- פסיחה על שתי הסעיפים waver
פְּסִיכוֹאֲנָלִיזָה נ' psychoanalysis
פְּסִיכוֹאֲנָלִיטִי ת' psychoanalytic
פְּסִיכוֹזָה נ' psychosis, mental disorder
פְּסִיכוֹלוֹג ז' psychologist
פְּסִיכוֹלוֹגִי ת' psychological
פְּסִיכוֹלוֹגְיָה נ' psychology, science of mind, mental make-up
פְּסִיכוֹמֶטְרִי ת' psychometric
פְּסִיכוֹפָּת ז' psychopath, lunatic
פְּסִיכוֹתֶרַפְּיָה נ' psychotherapy
פְּסִיכִי ת' psychic, mental, *mad
פְּסִיכִיאָטֶר ז' psychiatrist, *shrink
פְּסִיכִיאַטְרִיָּה נ' psychiatry
פְּסִילָה נ' disqualification
פְּסִילִים ז"ר images, idols
פֶּסִימִי ת' pessimistic, despairing
פֶּסִימִיּוּת נ' pessimism
פֶּסִימִיסְט ז' pessimist, worrier
פָּסִיס ז' lath, board, slat, batten
- פסיסי אוורור louver, louvre
פְּסִיסִית נ' lath, board
פְּסִיעָה נ' step, pace
פְּסֵיפָס ז' mosaic
פְּסִיק ז' comma, (,)
פְּסִיקָה נ' verdict, ruling, judgment
פָּסַל פ' disqualify, reject, invalidate, rule out, chisel, carve, sculpture
פֶּסֶל ז' statue, sculpture, icon, idol
- פסל חזה bust
פַּסָּל ז' sculptor
פַּסְלוֹן ז' statuette
פַּסֶּלֶת נ' sculptress
פְּסַנְתֵּר ז' piano
- פסנתר זקוף upright piano
- פסנתר כנף grand piano, *grand
פְּסַנְתְּרָן ז' pianist
פְּסַנְתְּרָנוּת נ' piano playing
פָּסַע פ' step, pace, walk, stride
פֶּסַע ז' step, brink, verge
*פַּסְפּוּס ז' miss, mishit, muff, *fluff
פַּסְפּוֹרְט (דרכון) ז' passport
*פִּסְפֵס פ' miss the target, muff
פָּסַק פ' stop, cease, rule, decide
פְּסַק ז' decision, ruling
- פסק בוררות award
- פסק דין sentence, judgment
פְּסַק זְמַן ז' timeout, break
פִּסְקָה נ' clause, paragraph, passage
פַּסְקוֹל ז' soundtrack
פַּסְקָנוּת נ' decisiveness, firmness
פַּסְקָנִי ת' decisive, definite
פָּעָה פ' baa, bleat
פָּעוֹט ז' baby, infant, tot, toddler
פָּעוּט ת' tiny, small, petty, trivial
פָּעוֹטוֹן ז' nursery, day nursery
פָּעוּל ת' passive, creature
פְּעוּלָה נ' act, action, deed, doing, operation, performance
- פעולת גומלין interaction
- פעולת מעיים excretion, motion

reprisal, requital — פעולת תגמול -
open, agape, wide open — פָּעוּר ת'
open-eyed, popeyed — פעור עיניים -
open-mouthed, agape — פעור פה -
bleat, baa — פְּעִיָּה נ'
active, dynamic, lively, spry — פָּעִיל ת'
activity, hustle, life — פְּעִילוּת נ'
stroke, beat, pulse — פְּעִימָה נ'
stop beating (heart) — החסיר פעימה -
hiatus, gape, gaping — פְּעִירָה נ'
do, work, act, make, operate — פָּעַל פ'
special effect, stunt — פַּעֲלוּל ז'
stunt man — פַּעֲלוּלָן ז'
active person, doer — פַּעֲלְתָן ז'
activity — פַּעֲלְתָנוּת נ'
beat, throb, strike, pulsate — פָּעַם פ'
time, beat, footstep, footfall — פַּעַם נ'
this time — הפעם -
now - then - — פעם (כך) ופעם (כך) -
one time, once — פעם אחת -
once, sometime — פַּעַם תה"פ
beat, step, footfall — פַּעֲמָה נ'
bell — פַּעֲמוֹן ז'
alarm bell, tocsin — פעמון אזעקה -
glockenspiel — פַּעֲמוֹנִיָּה נ'
campanula, harebell — פַּעֲמוֹנִית נ'
ringer, bell ringer — פַּעֲמוֹנָר ז'
twice, doubly — פַּעֲמַיִם תה"פ
sometimes, times — פְּעָמִים תה"פ
deciphering, solving — פִּעְנוּחַ ז'
decipher, decode, solve — פִּעְנֵחַ פ'
diffusion, osmosis — פִּעְפּוּעַ ז'
penetrate, pervade — פִּעְפַּע פ'
open wide, gape, dilate — פָּעַר פ'
gap, chasm, inequality — פַּעַר ז'
credibility gap — פער אמון -
generation gap — פער הדורות -
papaw, papaya — פַּפָּיָה (עץ) ז'
bow tie — פַּפְּיוֹן (עניבת פרפר) ז'
papyrus — פַּפִּירוּס (גומא) ז'
paprika — פַּפְּרִיקָה (פִּלְפֶּלֶת) נ'
open (one's mouth) — פָּצָה פ'
injured, wounded — פָּצוּעַ ת'
open, begin, start — פָּצַח פ'
cracking, opening — פְּצִיחָה נ'
patient — פַּצְיֶינְט (חולה) ז'
splintery, splittable — פָּצִיל ת'
wound, injury — פְּצִיעָה נ'

pacifism — פָּצִיפִיזְם (אהבת שלום) ז'
pacifist — פָּצִיפִיסְט (שוחר שלום) ז'
shrapnel, ricochet — פְּצִיץ ז'
file, rasp, filing — פְּצִירָה נ'
feldspar, spar — פַּצֶּלֶת (מחצב) נ'
wound, injure, hurt, cut — פָּצַע פ'
wound, cut, injury, trauma — פֶּצַע ז'
bedsore — פצע לחץ -
acne, pimples — פצעי בגרות -
small wound, pimple — פִּצְעוֹן ז'
tiny, teeny-weeny — פִּצְפּוֹן* ז'
shattering, smashing — פִּצְפּוּץ ז'
shatter, smash, crash — פִּצְפֵּץ פ'
detonator — פַּצָּץ ז'
bomb, *smasher — פְּצָצָה נ'
booby trap — פצצה ממולכדת -
atomic bomb — פצצת אטום -
time bomb — פצצת זמן -
hydrogen bomb — פצצת מימן -
voluptuous woman — פצצת מין -
cluster bomb — פצצת מצרר -
depth charge — פצצת עומק -
smoke bomb — פצצת עשן -
illuminating bomb — פצצת תאורה -
incendiary — פצצת תבערה -
file, entreat — פָּצַר פ'
פצ"ר=פרקליט צבאי ראשי
totter, tremble, wobble — פָּק פ'
order, command, count, number, haunt — פָּקַד פ'
chief inspector — פַּקָּד ז'
man, subordinate, soldier — פָּקוּד ז'
order, decree, command — פְּקוּדָה נ'
to the order of — לפקודת -
order of the day — פקודת יום -
warrant — פקודת מעצר -
open, watchful, vigilant — פָּקוּחַ ת'
faculty, school — פָּקוּלְטָה נ'
plugged, corked, jammed — פָּקוּק ת'
open, be watchful, heed — פָּקַח פ'
inspector, supervisor — פַּקָּח ז'
air-traffic controller — פקח טיסה -
superintendence, control — פַּקָּחוּת נ'
clerk, official, *penpusher — פָּקִיד ז'
receptionist — פקיד קבלה -
tax collection officer — פקיד שומה -
female clerk, counting — פְּקִידָה נ'
from time to time — מפקידה לפקידה -

פְּקִידוֹן ז' minor official
פְּקִידוּת נ' office work, officialdom
פְּקִידוּתִי ת' clerical, office
פְּקִימָה נ' tacking, tack, diversion
פְּקִיעָה נ' expiration, expiry, crack
פְּקִיקָה נ' stopping, corking
פָּקִיר (נזיר הודי) ז' fakir
פָּקַם פ' tack, change course
פַּקְס ז' fax
פַקְסִימִילֶה (מַעְתָּק) ז' facsimile
פִּקְסֵס פ' fax, send a fax
פָּקַע פ' expire, split, lapse, burst
– פקעה סבלנותו lose one's patience
פְּקַעַת נ' bulb, coil, spool, tuber
*– פקעת עצבים bundle of nerves
פִּקְפּוּק ז' doubt, scruple, discredit
פִּקְפֵּק פ' doubt, hesitate, waver
פַּקְפְּקָן ז' skeptic, hesitant
פָּקַק פ' cork, plug, bung, stopper
פְּקָק ז' cork, bung, cap, plug
– פקק תנועה traffic jam, snarl-up
פַּקֶּקֶת נ' thrombosis, coronary
פַּקְרֵס ז' pullover, jumper, sweater
*פִקְשׁוּשׁ ז' miss, muff, bungle
*פִקְשֵׁשׁ פ' miss, blow it, botch
פַּר ז' bull
פֶּרֶא ז' barbarian, savage, brute
– פרא אדם rude person, wild
פְּרָאוּת נ' savagery, wildness
פְּרָאִי ת' barbarous, savage, wild
פָּרָבּוֹלָה (בהנדסה) נ' parabola
פָּרָבּוֹלָה (מָשָׁל) נ' parable, allegory
פַּרְבָּר ז' suburb, outskirts, purlieu
פֶּרֶג ז' poppy, poppy seed
פַּרְגּוֹד ז' screen, curtain
פַּרְגּוֹל ז' whip, lash
*פִרְגּוּן ז' indulgence, granting
פַּרְגִּית נ' chicken, pullet, chick
פְּרַגְמָטִי ת' pragmatic, businesslike
פְּרַגְמָטִיּוּת (מעשיות) נ' pragmatism
*פִרְגֵּן פ' not grudge, grant
– לא פרגן begrudge, grudge, envy
פֶּרֶד ז' mule, odd number
פִּרְדָּה נ' mule
פָּרָדוֹקְס ז' paradox, contradiction
פָּרָדוֹקְסָלִי ת' paradoxical
פָּרָדִיגְמָה (תבנית) נ' paradigm
פַּרְדֵּס ז' orchard, citrus grove

פַּרְדְּסָן ז' citrus grower
פַּרְדְּסָנוּת נ' citrus growing
פָּרָה פ' be fertile, be fruitful, breed
– פרה ורבה be fruitful and multiply
פָּרָה נ' cow
– פרה חולבת milch cow
– פרת ים manatee, sea cow
– פרת משה רבנו ladybird
פְּרֶהִיסְטוֹרִי ת' prehistorical, ancient
פְּרֶהִיסְטוֹרְיָה נ' prehistory, old days
פַּרְהֶסְיָה נ' publicity, (in) public
פְּרוֹבוֹקָטִיבִי ת' provocative, inciting
פְּרוֹבוֹקַצְיָה (התגרות) נ' provocation
פְּרוֹבִיזוֹרִי (ארעי) ת' provisional
פְּרוֹבִינְצְיָאלִי (קרתני) ת' provincial
פְּרוֹבִינְצְיָה נ' province, rural area
פְּרוֹבְּלֵמָתִי (בעייתי) ת' problematical
פְּרוֹגְנוֹזָה (חיזוי) נ' prognosis
פְּרוֹגְרֶסִיבִי (מתקדם) ת' progressive
פְּרוּדָה נ' molecule
פְּרוֹדוּקְטִיבִי ת' productive, fertile
פְּרוֹדוּקְטִיבִיּוּת (פריון) נ' productivity
פָּרוֹדְיָה נ' parody, burlesque
פַּרְוָה נ' fur, pelt
פַּרְוֶה ת' neither milky nor meaty
פַּרְוָן ז' furrier, fur seller
פַּרְוָר (פרבר) ז' suburb
פְּרוֹזָאִי ת' prosaic, dry, flat
פִּירוּזָג (טורקיז) ז' turquoise
פְּרוֹזְדוֹר ז' corridor, hall, vestibule
– פרוזדור הלב auricle, atrium
פְּרוֹזָה (סיפורת) נ' prose
פְּרוֹטֶאִין (חלבון) ז' protein
פְּרוּטָה נ' small coin, penny, mite
– חסר פרוטה לפורטה penniless
פְּרוֹטוֹזוֹאָה (אבחיים) נ' protozoa
פְּרוֹטוֹזוֹאוֹן (אבחי) ז' protozoon
פְּרוֹטוֹן (חלקיק באטום) ז' proton
פְּרוֹטוֹקוֹל ז' minutes, protocol
פְּרוֹטֶסְטַנְטִי (נוצרי) ת' Protestant
פְּרוֹטֶקְצְיָה נ' favoritism, pull
פְּרוֹטֶקְצְיוֹנֶר ז' favorite, preferred
פְּרוֹטֶקְשֶׁן ז' protection, blackmail
פְּרוֹטְרוֹט ז' change, detail
פרוידיסטִי ת' Freudian
פְּרוֹיֶקְט ז' project, enterprise
פָּרוֹכֶת נ' curtain (of the Ark)
פְּרוֹלוֹג ז' prologue, introduction

פְּרוֹלֵיטָרִי ת' proletarian, *prole
פְּרוֹלֵיטַרְיוֹן ז' proletariat, workers
פָּרוּם ת' unraveled, unstitched
פְּרוֹמִיל ז' a thousandth
פְרוֹנטָלִי ת' frontal, face to face
פָּרוּס ת' sliced, cut, deployed
פְּרוֹס - בִּפְרוֹס תה"פ on the eve of
פְּרוּסָה נ' slice, slab, piece
פְּרוֹסְטָטָה (ערמונית) נ' prostate
פְּרוֹסְפֶּקְט ז' prospectus, brochure
פָּרוּעַ ת' wild, disheveled, riotous
פרופ' = פרופסור professor, Prof.
פְּרוֹפּוֹרְצְיָה נ' proportion, ratio
פְּרוֹפּוֹרְצִיוֹנָלִי (יחסי) ת' proportional
פְּרוֹפִיל ז' profile, side view, outline, form, fitness, condition
פְּרוֹפֶּלֶר (מדחף) ז' propeller
פְּרוֹפֶסוֹר ז' professor, Prof.
פְּרוֹפֶסוּרָה נ' professorship
פָּרוּץ ת' broken open, wanton
פְּרוֹצֶדוּרָה (נוהל) נ' procedure
פְּרוּצָה נ' prostitute, harlot, whore
פָּרוּשׁ ז' chaffinch, Pharisee
פָּרוּשׁ ת' abstemious, chaste, ascetic
פָּרוּשׂ ת' spread, outstretched
פְּרוֹתֵיזָה נ' prosthesis, artificial limb
פְּרָזָה נ' phrase, bombast
פִּרְזוּל ז' shoeing horses
פְּרָזוֹת תה"פ unwalled, open
פָּרָזִיט (טפיל) ז' parasite, pest
פָּרָזִיטִי ת' parasitical, *sponging
פִּרְזֵל פ' shoe horses, shoe
פָּרַח פ' flourish, blossom, bloom, flower, spread over, fly
- פרח מזיכרונו slip one's memory
- פרחה נשמתו die, be scared
פֶּרַח ז' flower, bloom, novice, cadet
- פרח טיס air force cadet
- פרח קצונה cadet
פִּרְחוֹנִי ת' flowery, ornate, flowered
פִּרְחָח ז' hooligan, rowdy, urchin
פִּרְחָחוּת נ' hooliganism, *bovver
פָּרַט פ' change money, play, harp
- פרט על נימה נכונה strike the right note
פְּרָט ז' detail, element, item, individual, unit
- בפרט particularly, especially
- פרט ל- except, except for, save
- פרטי פרטים full details
פֶּרֶט ז' small change, odd number
פְּרָטִי ת' private, personal
פְּרָטִיּוּת נ' privacy
פַּרְטִיזָן ז' partisan, guerrilla
פַּרְטִיטוּרָה (תכליל) נ' score
פָּרָטִיפוּס (כעין טיפוס) ז' paratyphoid
פַּרְטִית (תפקיד) נ' part
פְּרָטָנִי ת' individual
פְּרֶטֶנְסְיָה (יומרה) נ' pretension
פְּרִי ז' fruit, result, product
- מפרי עטו of his writings
- פרי בטן progeny, offspring
- פרי הדמיון figment, phantasm
- פרי הדר citrus fruit
פְּרִיבִילֶגְיָה (זכות יתר) נ' privilege
פְרִיגָטָה (משחתת) נ' frigate
פְּרִידָה נ' departure, parting
פְּרִיָּה וּרְבִיָּה propagation
פֶּרְיוֹדִי (מחזורי) ת' periodical
פִּרְיוֹן ז' productivity, fertility, yield
- פריון עבודה productivity
פְרִיזֶר (מַקְפֵּא) ז' freezer
פְּרִיחָה נ' bloom, flowering, blossom, prosperity, rash
*פְרֵיחָה נ' wench, immoral girl
פְּרִיט ז' article, item, piece
פְּרִיטָה נ' changing money, harping
פָּרִיטֶטִי (שווה בזכויות) ת' parity
פְּרַיְימֶרִיס (מקדימות) ז"ר primaries
*פְרַייֶר ז' sucker, fall guy
פָּרִיךְ ת' crisp, brittle, friable
פְּרִיכוּת נ' brittleness, friability
פְּרִימָדוֹנָה נ' prima donna
פֶּרִימֶטֶר (היקף) ז' perimeter
פְּרִימִיטִיבִי ת' primitive, savage
פְּרִינְצִיפּ (עיקרון) ז' principle
פְּרִינְצִיפּיוֹנִי ת' principled
פְּרִיסָה נ' slicing, spreading out, deployment, disposition
- פריסת חוב rescheduling of a debt
פְּרִיסְמָה (מנסרה) נ' prism
פֶּרִיסְקוֹפּ (מכשיר צפייה) ז' periscope
פְּרִיפָה נ' safety pin, brooch
פֶּרִיפֶרְיָה נ' periphery, outskirts
פָּרִיץ ז' robber, landowner
פְּרִיצָה נ' break-in, burglary

- פריצת דרך breakthrough
פְּרִיצוּת נ' licentiousness, lechery
פָּרִיק ת' detachable, reducible
פְּרִיקָה נ' unloading, discharge
- פריקת עול licentiousness
פְּרִישָׁה נ' retirement, secession
פְּרִישָׂה נ' spreading, extending
פְּרִישׁוּת נ' abstinence, self-denial
פֶּרֶךְ - בְּפֶרֶךְ תה"פ hard, arduously
פִּרְכָה נ' refutation, contradiction
פִּרְכּוּס ז' adornment, make-up
פִּרְכֵּס פ' adorn, make up, struggle
פְּרֶלוּד ז' prelude, introduction
פְּרֶלִימִינָרִי (מקדמי) ת' preliminary
פְּרָלִין (מוליָה) ז' praline
פַּרְלָמֶנְט (בית נבחרים) ז' parliament
פַּרְלָמֶנְטָרִי ת' parliamentary
פָּרַם פ' unstitch, unravel, rip, unrip
פִּרְמֵט פ' format
פָּרָמֶטֶר ז' parameter, constant
פְּרֶמְיָה נ' premium, bonus, fee
פְּרֶמְיֶירָה (הצגת בכורה) נ' premiere
פַּרֶנְהַייט (מעלות חום) ז' Fahrenheit
פָּרָנוֹיָה (מחלת הרדיפה) נ' paranoia
פִּרְנֵס פ' maintain, support, keep
פַּרְנָס ז' chief, head, leader
פַּרְנָסָה נ' maintenance, support
פְּרַנְק (מטבע) ז' franc
פָּרַס פ' cut, slice, deploy, dispose, spread, reschedule (debts)
פְּרָס ז' award, prize, reward
- פרס תנחומים consolation prize
פֶּרֶס ז' bearded vulture
פַּרְסָה נ' horseshoe, hoof
- פרסה שסועה cloven hoof
פַּרְסָה נ' farce, comedy, absurdity
פִּרְסוּם ז' advertising, publication, fame, publicity, renown
פִּרְסוּמַאי ז' adman, *huckster
פִּרְסוּמִי ת' advertising, of ads
פִּרְסוֹמֶת נ' advertising, publicity
פֶּרְסוֹנָל ז' personnel, staff
פְּרֶסְטִיזָ'ה (יוקרָה) נ' prestige
פַּרְסִי ת' Iranian, Persian
פַּרְסִית נ' Iranian, Persian
פִּרְסֵם פ' advertise, publish
פֶּרְסְפֶּקְטִיבָה נ' perspective
פְרֶסְקוֹ ז' fresco, wall painting

פָּרַע פ' pay, defray, ruffle, dishevel
פַּרְעוֹשׁ ז' flea, hopper
פְּרָעוֹת נ"ר pogrom, massacre
פָּרַף פ' button, fasten
פִּרְפּוּר ז' spasm, convulsion, struggle, fibrillation
פֶּרְפוֹרַצְיָה (ניקוב) נ' perforation
פַּרְפּוֹרֶת נ' crumb cake
פָּרָפִין ז' paraffin
פִּרְפֵּר פ' struggle, shake, jerk
פַּרְפַּר ז' butterfly, *playboy
*- יש לו פרפרים בבטן be nervous
פָּרָפְרָזָה נ' paraphrase, rephrasing
פַּרְפֶּרֶת נ' dessert
- פרפראות delightful things
פָּרַץ פ' break, burst, erupt
- פרץ ב– break into, burst into
פֶּרֶץ ז' outflow, gush, outburst, fit
- עמד בפרץ defend, hold firm
פִּרְצָה נ' breach, gap, opening
- פרצה בחוק loophole in the law
פַּרְצוּף ז' face, countenance, *mug
פַּרְצֶלַצְיָה (חלוקת שטח) נ' parceling
פַּרְצָנִי ת' impulsive
פָּרַק פ' unload, off-load, free, vent
פֶּרֶק ז' chapter, part, lesson, section, installment, stage, joint
- ירד מהפרק be ruled out
- על הפרק discussed, at issue
- פרק זמן period of time, spell
פַּרְק ז' park, public garden
פְּרָק ז' cutaway, frock-coat
פְּרַקְדָן תה"פ supine, on back
פּוּרְקָן ז' abreaction, acting-out
פַּרְקֶט ז' parquet, wood flooring
פְּרַקְטִי ת' practical, functional
פְּרַקְטִיקָה נ' practice, workout
פְּרַקְלִיט ז' advocate, lawyer, attorney, barrister
- פרקליט המדינה state attorney
פְּרַקְלִיטוּת נ' advocacy, the Bar
פְּרַקְמַטְיָה נ' goods, wares
פָּרַשׁ פ' retire, withdraw, leave
פָּרָשׁ ז' horseman, rider, knight
פָּרַשׂ פ' spread out, unfold, extend
פָּרָשָׁה נ' affair, case, section
- פרשת אהבים love affair, romance
- פרשת דרכים crossroads

– פרשת השבוע weekly portion of Torah
– פרשת מים watershed, divide
פרשות נ' horsemanship, equitation
פרשן ז' commentator, interpreter
פרשנות נ' commentary
פש פ' relax, rest
פשה פ' spread, pervade, diffuse
פשוט ז' simple meaning
– פשוטו כמשמעו literally, simply
– פשוטי עם common people
פשוט ת' simple, plain, common
פשוט תה"פ simply, just
פשוש (ציפור שיר) ז' warbler
פשט פ' take off, undress, strip, raid, attack, stretch, extend, spread
– פשט יד beg, call for alms
– פשט עור skin, profiteer, fleece
– פשט רגל go bankrupt, smash
פשט ז' literal meaning
פשטות נ' simplicity, plainness
– בפשטות bluntly, simply
פשטידה נ' pie, quiche, pastry
פשטידית נ' patty, pate
פשטנות נ' simpleness, plainness
פשטני ת' simplistic, simple, plain
פשיזם (תנועה גזענית) ז' fascism
פשיט ת' extensive, expansive
פשיטא תה"פ of course, surely
פשיטה נ' raid, inroad, foray, attack
– פשיטת רגל bankruptcy, smash
פשיסט (גזען) ז' fascist
פשיעה נ' crime, offense, vice
*פשלה נ' botch, bungle, foul-up
פשע פ' commit a crime, sin
פשע ז' crime, sin, felony, *job
פשע - כפשע בינו ובין only one remove from, on the verge of
פשפוש ז' search, scrutiny, rummage
פשפש פ' search, scrutinize
פשפש ז' bedbug, bug, flea (market)
פשפש ז' wicket, postern
פשק פ' open wide, open
פשר ז' meaning, explanation, sense
פשרה נ' compromise
פשרן ז' compromiser, conceder
פשרנות נ' reconcilability
פשרני ת' compromising, conceding

פשתה נ' flax
פשתן ז' flax, linen
פשתני ת' flaxen, fustian
פת נ' bread, meal, slice, piece
– הגיע לפת לחם become penniless
פתאום תה"פ suddenly, all at once
פתאומי ת' abrupt, sudden
פתאומיות נ' suddenness
פתאי ז' seducer, tempter, enticer
פתגם ז' saying, maxim, proverb
פתגמי ת' proverbial, sententious
פתוח ת' open, accessible, frank
פתולוגי ת' pathological, morbid
פתולוגיה נ' pathology, study of diseases
פתוס ז' pathos, enthusiasm
פתות ז' crumb, flake
פתח פ' open, start, begin, turn on
פתח ז' entrance, door, gate
– פתח דבר introduction, preface
פתח ז' ah (Hebrew vowel)
פתחון פה ז' excuse, pretext
פתטי ת' pathetic, moving, touching
פתי (פתאים) ז' simpleton, fool
פתיות נ' credulity, folly, gullibility
פתיח ז' indentation, preface, lead
פתיחה נ' opening, start, overture
פתיחות נ' openness, accessibility
פתיל ז' cord, fuse, string, thread
– פתיל השהיה time fuse
פתילה נ' wick, suppository, pessary
פתילייה נ' paraffin stove, oil-burner
פתיר ת' solvable, decipherable
פתירה נ' solving, working-out
פתית ז' crumb, flake
– פתית שלג snowflake
פתלתול ת' winding, twisty
פתן ז' cobra
פתע תה"פ suddenly, unexpectedly
פתפותי ביצים ז"ר nonsense, *guff
פתק ז' note, slip, chit, label, ticket
– פתק הצבעה vote, ballot paper
פתקה נ' note, slip, tab, chit
פתקית נ' ticket, label, sticker
פתר פ' solve, interpret, work out
פתרון ז' answer, solution, key
פתשגן ז' conspectus, copy, note
פתת פ' crumble, crumb

צ

צֶאֱלוֹן ז' poinciana
צֶאֱלִים ז"ר shadow, acacia
צֹאן נ"ר sheep, flock, herd
- גמל הצאן llama, alpaca
- צאן מרעית flock, fold
צ'אנס ז' opportunity, chance
צֶאֱצָא ז' descendant, offspring
צאר ז' czar, tzar, tsar
צֵאת going out, departure
צָב ז' tortoise, turtle
צָבָא פ' assemble, throng, gather
צָבָא ז' army, military, host
- ה' צבאות Lord of Hosts
- צבא הגנה לישראל Israel Defense Forces, IDF
- צבא השמיים heavenly bodies
- צבא סדיר regular army
- צבא קבע standing army
צְבָאִי ת' martial, military
צְבָאִים (רבים של צבי) ז"ר deer
צְבָאָנוּת נ' militarism
צְבָאָנִי ת' militaristic
צָבָה פ' swell, distend
צָבוֹעַ ז' hyena
צָבוּעַ ת' painted, hypocrite
צָבַט פ' nip, pinch, clamp, tweak
צְבִי ז' deer, gazelle, buck, stag
צִבְיוֹן ז' color, tint, tone, nature
צְבִיטָה נ' nip, pinch, tweak
צְבִיָּה ז' hind
צְבִיעָה נ' coloration, painting
צְבִיעוּת נ' hypocrisy, cant
צְבִיר ז' group, cluster, clump
צְבִירָה נ' accumulation, hoarding
- מצב צבירה physical state
צָבַע פ' paint, color, dye, tinge
צֶבַע ז' color, paint, dye, tint, hue
- צבע יסוד undercoat, primer
- צבע מגן protective coloring
- צבע שיער hair-dye, tint
- צבעי מים watercolors
- צבעי שמן oils, oil-colors
צַבָּע ז' painter, dyer

צִבְעוֹנִי ז' tulip
צִבְעוֹנִי ת' chromatic, colored
צִבְעוֹנִיּוּת נ' colorfulness
צַבָּעוּת נ' painting
צִבְעִי ת' chromatic
צִבְעָן ז' pigment
צָבַר פ' accumulate, hoard, store
- צבר מהירות gather speed, run up
צַבָּר ז' cactus, prickly pear, sabra, Israel-born
צֶבֶר ז' heap, pile, mass, sorus
צַבָּרִי ת' Israeli, prickly
צְבָת נ' pincers, tongs, nippers
- צבת הסרטן claw, mandibles
צְבָתָן (חרק) ז' earwig
צָג ז' display, screen
צָד פ' hunt, capture, catch, bag
צַד ז' side, flank, page, party
- בצד apart, aside
- מצד אחד on the one hand
- מצד שני on the other hand
- מצידי for my part
- על הצד הטוב ביותר best
- עמד לצידי took sides with me
- צד בצד side by side
צְדָדִי ת' lateral, incidental, side
צְדָדִים (רבים של צד) ז"ר sides
צְדוּדִית (פרופיל) נ' profile
צְדוֹקִי ז' Sadducee
צְדִידָה נ' leeway
צְדִיָּה נ' evil intent
צַדִּיק ת' just, righteous, pious, virtuous, Rabbi
- צדיק תמים paragon of virtue
צֶדַע ז' temple
צֶדֶף ז' shell
צִדְפָּה נ' clam, oyster, scallop
- צדפת הפנינים mother-of-pearl
צָדַק פ' be right, be correct
צֶדֶק ז' justice, honesty, Jupiter
- בצדק deservedly, justly, rightly
צְדָקָה נ' alms, charity
צַדְקָנוּת נ' priggishness, piety
צַדְקָנִי ת' priggish, *goody-goody
צַדֶּקֶת נ' righteous woman
צְדָרָה (בד אטים-מים) ז' tarpaulin
צָהַב פ' yellow, turn yellow
צְהַבְהַב ת' yellowish, yellowy

צָהֶבֶת (מחלה) נ' jaundice, yellows
צָהוֹב ת' yellow
צָהוּב ת' hostile, angry, inimical
צְהוּבּוֹן ז' tabloid, yellow press
צָהַל פ' rejoice, exult, neigh, whinny
צה"ל=צבא הגנה לישראל IDF
צָהֳלָה נ' exultation, glee, neigh
צָהֳרוֹן ז' midday newspaper
צָהֳרַיִם ז"ר noon, midday
צַו ז' decree, edict, order, warrant
- צו ביניים interim injunction/order
- צו גיוס mobilization order
- צו האופנה de rigueur
- צו הבאה habeas corpus
- צו החלטי final order
- צו השעה need of the hour
- צו חיפוש search warrant
- צו לבוא ולנמק show-cause order
- צו מניעה injunction
- צו על תנאי order nisi
- צו קריאה call-up
צוֹאָה נ' excrement, feces, dung
צוֹבֶל (טורף) ז' sable
צוֹבֶר ז' bulk, pile, heap
- בצובר in bulk, loose
צוֹדֵד פ' capture, catch, captivate
צוֹדֵק ת' just, right, equitable, fair
צוֹהֵל ת' joyful, exultant, jubilant
צוֹהַר ז' window, skylight, zenith
צַוָּאָה נ' testament, will
- מת בלי צוואה die intestate
צַוָּאר ז' neck, throat
- צוואר הבקבוק bottleneck
- צוואר הרחם cervix
צַוָּארוֹן ז' collar
- צווארון גולף turtleneck
- צווארון וי V-neck
צֻוָּה פ' be ordered, be commanded
צָוַח פ' scream, bellow, bawl, yell
צְוָחָה נ' shout, scream, yell, squeak
צַוְחָנִי ת' screaming, squeaky
צְוִיחָה נ' shout, scream, bawl
צֶוֶת ז' crew, panel, team
- צוות אוויר air crew
- צוות חשיבה think tank
- צוות קרקע ground crew
צַוְתָּא - בְּצַוְתָּא תה"פ together
צֻחְצַח פ' be polished

צֻטַּט פ' be quoted, be cited
צֻיַּד פ' be equipped, be supplied
צֻיַּן פ' be marked, be pointed out
- צוין לשבח be cited, mentioned in dispatches
צֻיַּר פ' be drawn, be painted
צוֹלֵב ת' cross, crosswise
צוֹלֵל ז' diver, frogman, diving
צוֹלְלוּת נ' sonority, resonance
צוֹלְלָן ז' submariner
צוֹלֶלֶת נ' submarine, *sub
צֻלַּם פ' be filmed, be shot
צוֹלֵעַ ת' lame, limping, poor, weak
צוֹם ז' fast, fasting
צוֹמֵד ז' accolade, brace
צוֹמֵחַ ת' growing, flora, vegetation
צֻמְצַם פ' be limited, be reduced
צֻמַּק פ' be shriveled, be shrunken
צוֹמֶת ז' crossroads, junction, intersection, crossing, node
- צומת טי T-junction
- צומת מישורי level crossing
- צומת תלתן cloverleaf
צֻנְזַר פ' be censored
צֻנַּן פ' be cooled, catch cold
צוֹנֵן ת' chilly, cold, cool, aloof
- צוננים cold water
צוֹעֵד ז' marcher, walker, wayfarer
צוֹעֲנִי ז' gipsy, gypsy, romany
צֻעַף פ' be veiled, film over
צוֹעֵר ז' cadet, assistant
צוּף ז' honeydew, nectar
צֻפָּה פ' be coated, be plated
צוֹפֶה ז' scout, watcher, spectator
צוֹפָה נ' girl guide
צוֹפִיּוּת נ' scouting
צוֹפֶן ז' code, cipher
- צופן גנטי genetic code
צ'וֹפְּסוּאִי (מאכל סיני) ז' chop suey
צוֹפֵף פ' press, compact, overcrowd
*צ'וּפְּצִ'יק ז' snout, jut, button
צוֹפָר ז' horn, siren, hooter, klaxon
*צ'וּפָּר ז' bonus, gift, extra
*צוּצִיק ז' kid, rug rat, little one
צוֹצֶלֶת נ' wild pigeon, palm dove
צוּק ז' cliff, promontory, bluff
צוּק הָעִיתִּים ז' hard times
צוּר ז' rock, cliff, fortress

- צור ישראל God, Rock of Israel
- צור מחצבתו origin, nativity
צוֹר ז' flint
צוֹרֵב ת' burning, scalding, caustic
צוּרָה נ' form, shape, manner, way
- בצורת in the form of, shaped
*- צורה לו! looks a sight!, ugly!
צוֹרֶךְ ז' need, requirement
- בעת הצורך when the need arises
- כל צורכו sufficiently, adequately
- לצורך for the purpose of
- שלא לצורך needlessly
צוֹרְמָנִי ת' harsh, grating, strident
צוּרָן (הברה) ז' morpheme
צוֹרָן (יסוד כימי) ז' silicon
צוּרָנִי ת' formal, morphological
צוֹרֶנֶת נ' silicosis
צוֹרַף פ' be added, be refined
צוֹרֵף ז' goldsmith, silversmith
צוֹרְפוּת נ' goldsmith's craft
צוֹרֵר ז' enemy, foe, oppressor
צוּרָתִי ת' formal, of form
צוֹתֵת פ' eavesdrop, wiretap, tap
צֶזוּרָה (מִפְסָק) נ' cesura, caesura
צַח ת' white, pure, clear, precise
צָחוּן ת' stinking, reeking
צְחוֹק ז' laughter, laugh, fun, sport
- בצחוק jokingly, in fun
- צחוק בצד joking apart
- צחוק הגורל irony of fate
צָחוֹר ת' white, snow-white
צַחוּת נ' purity, lucidity, accuracy
צַחֲזַאי ז' clairvoyant, seer
צַחֲזוּת נ' clairvoyance, prescience
צָחִיחַ ת' arid, parched, torrid
צְחִיחוּת נ' dryness, aridity, torridity
צָחַן פ' stink, reek, smell
צַחֲנָה נ' stink, stench, reek, smell
צִחצוּחַ ז' polishing, brush, scour
- צחצוח חרבות saber rattling
- צחצוח מלים polemics, sparring
- צחצוח נעליים shoeshine
צִחְצַח פ' brush, polish, rub up
*צַ'חְצָ'ח ז' ill-bred man, hooligan
צָחַק פ' laugh, smile, grin, mock
צִחקוּק ז' giggle, chuckle, titter
צִחְקֵק פ' giggle, chuckle, cackle
צִי ז' fleet, navy, armada, shipping
- צי הסוחר merchant marine
צִיאָנִיד (רעל) ז' cyanide
צִיבּוּר ז' public, community, heap
צִיבּוּרִי ת' public, common
- עבודות ציבוריות public works
צִיבִית (צלולואיד) נ' celluloid
צַיִד ז' hunting, hunt, chase, game
- ציד מכשפות witch hunt
צִידֵּד פ' support, traverse
צֵידָה נ' provisions, supplies
צִידּוּד ז' siding, supporting, partisanship, traverse
צִידוֹן ז' broadside, topside
צִידּוּק ז' justification, vindication
צִידִּי ת' side, flanking, lateral
צֵידָנִית נ' picnic box, cooler
צִידֵּק פ' justify, vindicate
צִיּוּד ז' equipment, outfit, gear, provision, supplies, tackle
- ציוד היקפי peripheral equipment
צִיוָּה פ' command, order, bid, tell
צִיוּוּי ז' order, command, imperative
צִיווִילִיזַצְיָה (תרבות) נ' civilization
צִיּוּן ז' mark, note, grade, notation
- ציון דרך landmark, milestone
- ציון לשבח citation, commendation
- ציון מגן protective mark
צִיּוֹן נ' Zion, Israel
צִיּוֹנוּת נ' Zionism
צִיּוֹנִי ז' Zionist
צִיּוּץ ז' cheep, twitter, chirp, peep
צִיּוּר ז' painting, picture, drawing
- ציור קיר fresco, wall painting
- ציור שמן oil painting, canvas
צִיּוּרִי ת' picturesque, figurative
צִיּוּרִיּוּת נ' picturesqueness
צִיּוּת ז' obedience, obeying, compliance
*צִ'יזְבֵּט פ' fabricate, fib, lie
*צִ'יזְבָּט ז' tall story, fib, lie
צִ'יטָה (ברדלס) נ' cheetah
צִיטוּט ז' quotation, quote, citation
צִיטֵט פ' cite, quote, adduce
צִיטָטָה נ' quotation, citation
צִיֵּד פ' equip, furnish, provide, supply, outfit

hunter, huntsman צַיָּד ז'
talent scout, headhunter – צייד כשרונות
huntress צַיֶּדֶת נ'
dryness, desert, aridity צִיָּה נ'
mark, signify, specify, point out, note צִיֵּן פ'
twitter, cheep, chirp, peep צִיְיֵץ פ'
draw, paint, describe צִיֵּר פ'
artist, painter צַיָּר ז'
descriptive צִיּוּרִי ת'
obey, comply, heed צִיֵּת פ'
obedient, docile, yielding צַיְיתָן ת'
obedience, tractability צַיְיתָנוּת נ'
photography, photograph, picture, shot, x-ray צִילוּם ז'
photocopy, Xerox – צילום מסמך
close-up – צילום מקרב
Venetian blind, roller shade צִילוֹן ז'
cylinder, top hat צִילִינְדֶר ז'
photograph, film, take, picture, shoot, photocopy, x-ray צִילֵּם פ'
scar, traumatize צִילֵּק פ'
thirst צִימָּאוֹן ז'
attach, link, couple צִימֵּד פ'
homograph, homonym צִימּוּד ז'
raisin, currant, anecdote צִימּוּק ז'
pickling צִימּוּת ז'
grow, sprout, produce צִימַּח פ'
shrivel, dry, shrink צִימֵּק פ'
pickle, oppress צִימֵּת פ'
chill, cold, cool, shield צִינָּה נ'
chilling, cooling-off צִינּוּן ז'
dungeon, solitary confinement צִינּוֹק ז'
hose, pipe, pipeline, tube, canal, drain, duct צִינּוֹר ז'
the proper channels – הצינורות המקובלים
alimentary canal – צינור העיכול
exhaust pipe – צינור פליטה
darning needle, knitting needle צִינּוֹרָה נ'
crochet hook, pastry roll צִינּוֹרִית נ'
cynical, mocking, sarcastic צִינִי ת'
cynicism, sarcasm צִינִיּוּת נ'
thorn צִנִּים (רבים של צֵן) ז"ר
cynic צִינִיקָן ת'
podagra, gout צִינִית נ'
cool, cool off, chill צִינֵּן פ'
cyst, sac, vesicle, wen צִיסְטָה נ'
veil, cover, film, shroud צִיעֵף פ'
cause sorrow, grieve, sadden, upset צִיעֵר פ'
expect, hope, coat, plate צִיפָּה פ'
cover, bed cover, tick צִיפָּה נ'
pulp, flesh, buoyancy צִיפָּה נ'
coating, plating, icing צִיפּוּי ז'
crowding, compacting צִיפּוּף ז'
bird, *birdie צִיפּוֹר נ'
cut to the quick – פגע בציפור נפשו
footloose, fancy-free – ציפור דרור
bird of passage – ציפור נודדת
songbird – ציפור שיר
birdie, small bird צִיפּוֹרִית נ'
fingernail, nail, claw צִיפּוֹרֶן נ'
in the clutches of – בציפורני
(fight) tooth and nail – בציפורניו
nib – ציפורן עט
marigold – ציפורני החתול (פרח)
clove, carnation, pink צִיפּוֹרֶן (צמח) ז'
campion צִיפּוֹרְנִית (פרח) נ'
anticipation, expectation צִיפִּיָּה נ'
pillowcase, slip, tick צִיפִּית נ'
code, encode, cipher צִיפֵּן פ'
French fries, chips צִ'יפְּס ז"ר
blossom, diadem, feather צִיץ ז'
frill, tuft, tassel, pompon צִיצָה נ'
forelock, fringe, tassel, zizith, fringed garment צִיצִית נ'
examine his integrity – בדק בציציותיו
chop-chop, immediately, pronto *צִ'יק צַ'ק תה"פ
cicada צִיקָדָה (חרק מצרצר) נ'
chicory, endive צִיקוֹרְיָה (עולש) נ'
cyclone צִיקְלוֹן (סערה) ז'
axis, axle, pivot, hinge, pole, delegate, messenger, sauce, juice צִיר ז'
birth pangs, pains – צירי לידה
birth pangs, travail, pains – צירים
eh (Hebrew vowel) צֵירֶה ז'
cirrus צִירוּס (ענני נוצה) ז'
combination, joining צֵירוּף ז'
along with, together with – בצירוף

- צירוף מלים idiom, phrase
- צירוף מקרים coincidence
צִירוּת נ' legation, consulate
צֵירֵף פ' combine, unite, add, join
צִיתּוּת ז' eavesdropping, listening-in, wiretapping
צִיתָר (כלי פריטה) ז' zither
צֶ'כִי ז' Czech
צֵל ז' shadow, shade, shelter
- העמיד בצל put in the shade
- צל של ספק a shadow of doubt
צ"ל = צריך להיות should be
צָלַב פ' crucify
צְלָב ז' cross, crucifix, rood
- הצלב האדום Red Cross
- צלב הקרס swastika
צְלָבוֹן ז' dagger, obelisk, cross
צַלְבָן ז' crusader
צָלָה פ' broil, grill, roast
צֶ'לוֹ (בטנונית) ז' cello
צָלוּב ת' crucified, Christ
צְלוֹחִית נ' small bottle, phial, vial
צָלוּי ת' roast, roasted
צָלוּל ת' clear, limpid, lucid, sober
צֶלוּלוֹאִיד (ציבית) ז' celluloid
צֶלוּלוֹזָה (תאית) נ' cellulose
צְלוֹפָח ז' eel
צֶלוֹפָן (נייר שקוף) ז' cellophane
צָלַח פ' cross, pass, succeed, prosper
צְלָחָה נ' migraine, headache
צַלַּחַת נ' dish, plate, saucer, hubcap
- צלחת מעופפת flying saucer
צְלִי ז' barbecue, roast, grill
צְלִיבָה נ' crucifixion
צְלִיחָה נ' crossing (water), fording
צְלִיָּה נ' roast, roasting
צַלְיָן ז' pilgrim, palmer
צְלִיל ז' sound, tone, note, twang
- צליל חיוג dial tone
צְלִילָה נ' dive, diving, plunge, spin
צְלִילוּת נ' clarity, lucidity, limpidity
- צלילות דעת presence of mind
צְלִילִיּוּת נ' resonance, tonality
צְלִיעָה נ' limp, limping, lameness
צְלִיף ז' crack, whiplash, snap
צְלִיפָה נ' sniping, shooting
צָלַל פ' dive, sink, plunge, delve
- צללו אוזניו his ears rang

צְלָלִים (רבים של צל) ז"ר shadows
צְלָלִית נ' silhouette
- צללית עיניים eyeshadow
צַלָּם ז' cameraman, photographer
צֶלֶם ז' icon, idol, image
צַלְמָוֶת ז' inky darkness
צֶ'לָן ז' cellist
צֶלְסִיוּס ז' Celsius, centigrade
צָלַע פ' limp, halt, be lame, hobble
צֵלָע נ' rib, side
צַלְעוֹן ז' polygon
צַלְעִית נ' chop
צָלַף פ' snipe, snipe at
צַלָּף ז' marksman, sharpshooter, sniper, shot
צָלָף (שיח בר) ז' caper
צַלָּפוּת נ' sniping, sharpshooting
צִלְצוּל ז' ringing, call, ring, toll
צִלְצֵל פ' ring, call, telephone
צִלְצָל ז' harpoon, cymbal
צַלֶּקֶת נ' scar, mark, cut, trauma
צל"ש=ציון לשבח citation
צָם פ' fast, refrain from food
צָמָא ז' thirst, thirstiness, longing
צָמֵא ת' thirsty, greedy, craving
- צמא דם bloodthirsty
צֶ'מְבָּלוֹ ז' harpsichord
צֶמֶד ז' brace, pair, couple, team
- צמד חמד lovely pair
צִמְדָּה נ' duet, duo
צַמָּה נ' braid, plait, bun, queue
- צמת עורף pigtail
צָמוּד ת' attached, adjacent, clinging, closefitting, tight, linked, level, neck and neck
צָמַח פ' grow, sprout, shoot
צֶמַח ז' plant, growth, *vegetable
צִמְחוֹנוּת נ' vegetarianism
צִמְחוֹנִי ת' vegetarian, vegan
צִמְחִי ת' vegetable
צִמְחִיָּה נ' flora, vegetation
צְמִיג ז' tyre, tire
*- צמיגים middle age spread, belly
צָמִיג ת' viscous, sticky, tough
צְמִיגוּת נ' viscosity, stickiness
צָמִיד ז' bracelet, wristlet, armlet
צְמִידוּת נ' linking, coupling
צְמִיחָה נ' growth, growing

צָמִית ת' permanent (serf), villein
צְמִיתוּת נ' permanence, perpetuity
צִמְצוּם ז' reduction, diminishing, cutback, poverty, penury
צִמְצֵם פ' reduce, decrease, diminish, limit, restrict
– צמצם (בחשבון) reduce, cancel
צַמְצָם ז' diaphragm, shutter
צָמַק פ' shrivel, dry
צַמֶּקֶת (מחלה) נ' cirrhosis
צֶמֶר ז' wool
– צמר גפן cotton, cotton wool
– צמר גפן מתוק candyfloss, cotton candy
– צמר פלדה steel wool
צַמְרוֹן (כלב) ז' poodle
צַמְרִי ת' woolen, woolly, fleecy
צְמַרְמוֹרֶת נ' shiver, shudder, *creeps
צַמֶּרֶת נ' top, treetop, leadership
צֵן (צִינִים) ז' thorn
צְנוֹבָר ז' pine, pine cone
צָנוּם ת' thin, lean, skinny
צְנוֹן ז' radish, rutabaga, swede
צְנוֹנִית נ' small radish, radish
צָנוּעַ ת' decent, humble, modest
צָנוּף ת' wrapped, rolled up
צֶנְזוֹר ז' censor
צֶנְזוּרָה נ' censorship, blue pencil
צִנְזֵר פ' bowdlerize, censor
צָנַח פ' parachute, sag, sink, drop
צַנְחָן ז' parachutist, paratrooper
צֶנְטְרִיפוּגָה (מַפְרֵדָה) נ' separator
צֶנְטְרִיפוּגָה (סַרְכֶּזֶת) נ' centrifuge
צֶנְטְרִיפוּגָלִי (סרכוזי) ת' centrifugal
צֶנְטְרִיפֶּטָלִי ת' centripetal, moving towards a center
צֶנְטְרָלִיזַצְיָה (מִרכּוּז) נ' centralization
צְנִיחָה נ' parachuting, fall, drop
– צניחה חופשית free fall, skydiving
צְנִים ז' rusk, toast
צְנִינִים ז"ר thorn (in one's flesh)
צְנִיעוּת נ' modesty, chastity
צָנִיף ז' headdress, turban, wimple
צְנִיפָה נ' neigh, whinny, wrapping
צְנִירָה נ' crochet, knitting
צֶנַע ז' austerity, modesty
צִנְעָה נ' privacy, secrecy
– צנעת הפרט privacy, intimateness

צָנַף פ' wrap, roll up, neigh, whinny
צִנְצֶנֶת נ' jar, flask, bottle, cruet
צַנָּר ז' pipe layer
צַנֶּרֶת נ' piping, pipe system, plumbing, tubing
צִנְתּוּר ז' catheterization
צַנְתָּר ז' catheter, pipe, pastry tube
צָעַד פ' march, pace, step, walk
צַעַד ז' footstep, pace, step, move
– בצעדי ענק by leaps and bounds
– בצעדי צב at a snail's pace
– על כל צעד ושעל at every turn
– צעד צעד step by step
צְעָדָה נ' march, walk, wayfaring
צְעִידָה נ' march, walk, wayfaring
צָעִיף ז' scarf, shawl, veil, stole
צָעִיר ת' young, junior, lad, youth
צְעִירָה נ' young woman, *missy
צְעִירוּת נ' youth, young days
צַעֲצוּעַ ז' toy, plaything, trinket
צָעַק פ' yell, cry, scream, *holler
– צעק חי וקיים *bay at the moon
צְעָקָה נ' cry, scream, shout, yell
– הצעקה האחרונה the latest, recent fashion
צַעֲקָן ז' shouter, vociferous
צַעֲקָנוּת נ' flamboyance, shouting
צַעֲקָנִי ת' flamboyant, noisy, *chichi
צַעַר ז' sorrow, grief, pain, distress
– לצערי to my sorrow, sorry
– צער בעלי חיים mercy to animals
צָף פ' float, buoy, surface, bob up
צָף ז' ball-cock, buoy, float
צָפַד פ' shrivel, dry up
צַפְדִּינָה (מחלה) נ' scurvy
צַפֶּדֶת נ' tetanus, lockjaw
צָפָה פ' watch, look, foresee, predict
צָפוּי ת' expected, foreseen, liable, likely, destined
צָפוֹן ז' north
– צפון מזרח northeast
– צפון מזרחי northeastern
– צפון מערב northwest
– צפון מערבי northwestern
צָפוּן ת' hidden, concealed
– צפונות secrets, hidden things
צָפוֹנָה תה"פ northward, north
– צפונה מזרחה northeastward

– צפונה מערבה northwestward
צְפוֹנִי ת' northern, *snobbish
צָפוּף ת' crowded, dense, close
צִפְחָה נ' shale, slate, schist
צַפַּחַת נ' cruse, jar, flask
צָפִי ז' forecast, prognosis
צַפִּיחִית נ' wafer, cake
צְפִיָּה נ' watching, viewing
– צפיית שיא prime time
צְפִיפוּת נ' density, crowding, congestion, jam
צָפִיר ז' goat, kid, tragus
צְפִירָה נ' blast, honk, hooting, siren
צָפַן פ' hide, conceal
צֶפַע (נחש ארסי) ז' viper
צִפְעוֹנִי (משפחת נחשים) ז' viper
צִפְצוּף ז' whistle, hooting, *contempt, disregard
צִפְצֵף פ' whistle, twitter, *scorn
צַפְצֵפָה נ' whistle
צַפְצָפָה (עץ נוי) נ' poplar
צֶפֶק (קרום הכרס) ז' peritoneum
צַפֶּקֶת (דלקת הצפק) נ' peritonitis
צָפַר פ' hoot, honk, sound a horn
צַפָּר ז' ornithologist, birdwatcher
צַפְרָא ז' morn, morning
צְפַרְדֵּעַ נ' frog
צִפְרוֹנוּת נ' caprice, freak, whim
צִפְרוֹנִי ת' capricious, inconstant
צַפָּרוּת נ' ornithology, birdwatching
צַפְרִיר ז' zephyr, morning breeze
צָץ פ' appear, sprout up, spring
צֵ'יק (המחאה) ז' check, cheque
צִקְלוֹן פ' bag, knapsack
*צִקְצֵק פ' tut-tut, smack one's lips
צָר פ' shape, form, mold, besiege
צַר ז' enemy, foe, persecutor
צַר ת' narrow, close, confined, tight
– בצר לו in one's distress
– צר אופק narrow-minded
– צר לי I'm sorry
– צר עין envious, grudging
צָרַב פ' burn, sear, etch, cauterize
צָרֶבֶת נ' heartburn
צָרָה נ' affliction, trouble, misfortune, distress
– על כל צרה שלא תבוא in case of trouble
– צרה צרורה serious trouble
צָרוּד ת' hoarse, husky, throaty
צָרוּעַ ת' leprous, leper
צָרוּף ת' pure, refined, purged
צְרוֹר ז' bundle, batch, bunch
– צרור יריות burst of fire
– צרור פרחים bouquet, posy
צָרוּת נ' narrowness, tightness
– צרות אופק narrow-mindedness
– צרות מוחין narrow-mindedness
– צרות עין envy, grudge
צָרַח פ' shout, scream, yell, *holler
צַרְחָן ז' screamer, yeller
צַרְחָנִי ת' screaming, high-pitched
צֵ'רְטֶר (הֶסְכֵּם שֶׂכֶר) ז' charter
צֳרִי ז' balm, balsam
צְרִיבָה נ' burn, scorching, etching
צְרִידוּת נ' hoarseness, huskiness
צְרִיחַ ז' castle, tower, rook, turret
צְרִיחָה נ' shout, scream, shriek, yell
צָרִיךְ ת' must, should, need, ought, necessary
צְרִיכָה נ' consumption, use
צְרִימָה נ' stridency, dissonance
צְרִיף ז' hut, shack, cottage
צְרִיפָה נ' purification, refining
צְרִיפוֹן ז' hovel, small hut
צְרִיר ז' dissonance, discord
צָרַךְ פ' consume, use, require, need
צְרָכִים ז"ר wants, needs, excretion
צַרְכָן ז' consumer, user
צַרְכָנוּת נ' consumption, consumerism
צַרְכָנִיָּה נ' cooperative store, *coop
צָרַם פ' be strident, grate, jar, rasp
– צרם את העין offend the eye
צִרְעָה נ' hornet, wasp
צָרַעַת נ' leprosy
צָרַף פ' purify, refine, purge
צָרְפַת נ' France
צָרְפָתִי ת' French, *Frog
צָרְפָתִית נ' French
צִרְצוּר ז' chirping, chirp, chirrup
צִרְצֵר פ' chirp, cheep, stridulate
צְרָצַר ז' cricket, cicada
צָרַר פ' pack, bundle, bind, parcel, oppress, persecute
צַתְרָה (צמח) נ' savory

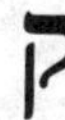

קָאוּבּוֹי ז' cowboy, wrangler, herder
קָאוֹלִין ז' kaolin, china clay
קָאָק (עורב) ז' daw, jackdaw
קָאָת נ' pelican
קַב ז' crutch, stilt, small measure
- קביים crutches
קַבָּב ז' kebab, kabob, shish kebab
קָבוּעַ ת' fixed, permanent, steady, regular, constant
קְבוּעָה נ' fixture, fitment
קְבוּצָה נ' band, group, team, communal settlement
- קבוצת כוכבים constellation
- קבוצת לחץ pressure group
קְבוּצָתִי ת' collective, group, party
קָבוּר ת' buried, entombed, interred
קְבוּרָה נ' burial, burying, interment
קב"ט=קצין ביטחון security officer
קָבִיָה נ' guinea pig
קָבִיל ת' admissible, acceptable
קְבִילָה נ' complaint, charge
קְבִילוּת נ' admissibility
קַבִּינָה נ' cabin, cab
קַבִּינֶט ז' cabinet, senior ministers
קְבִיעָה נ' fixing, installing, verdict, decision, ruling
קְבִיעוּת נ' regularity, constancy, permanence, tenure
- בקביעות regularly, invariably
קֵבִית נ' cavity, ventricle
קָבַל פ' complain, grumble
קַבָּל ז' condenser, capacitor
קָבָל תה"פ in front of
- קבל עם publicly, overtly
קַבָּלָה נ' receipt, reception, acceptance, cabala
- קבלת פנים welcome, reception
קַבְּלָן ז' contractor, entrepreneur
- קבלן משנה subcontractor
קַבְּלָנוּת נ' piecework, contracting
קַבְּלָנִי ת' piecework, contractual
קֶבֶס ז' nausea, disgust
קַבַּסְתָּנִי ת' disgusting, sickening

קָבַע פ' fix, install, appoint, determine, set
קֶבַע ז' permanence, regularity, standing army
קַבְּצָן ז' beggar, cadger, pauper
קַבְּצָנוּת נ' beggary, poverty
קַבְקַב ז' clog, patten, sabot
קָבַר פ' bury, entomb, inter
קֶבֶר ז' tomb, grave, sepulcher
קַבָּרֶט ז' cabaret, floor show
קַבְּרָן ז' undertaker, gravedigger
קַבְרנון (דג) ז' gudgeon
קַבַּרְנִיט ז' skipper, captain, leader
ק"ג = קילוגרם kg., kilogram
קָד (קידה) פ' curtsy, bow, genuflect
קָדַד פ' curtsy, bow
קָדוּחַ ת' drilled, bored
קָדוּם ת' ancient, old, immemorial
קְדוּמִית נ' protozoon
קְדוּמָנִי ת' frontal, advance, fore
קְדוֹרָנִי ת' gloomy, morose, dark
קְדוֹרַנִּית תה"פ gloomily, dejectedly
קָדוֹשׁ ת' holy, sacred, saint
- הקדוש ברוך הוא God
- קדוש מעונה martyr
קְדוּשָּׁה נ' holiness, sacredness
קָדַח פ' bore, drill, suffer from fever
קֹדַח ז' bore, diameter
קַדַּחַת נ' ague, fever, *not a bit
- קדחת הביצות malaria
- קדחת השחת hay fever
- קדחת השיגרון rheumatic fever
קַדַּחְתָּנוּת נ' ardor, vehemence
קַדַּחְתָּנִי ת' feverish, hectic
קָדֶט (חניך בי"ס צבאי) ז' cadet
קָדִי ז' cadi, kadi, Muslim judge
קְדִיחָה נ' boring, drilling
קָדִים ז' east, east wind
קְדִימָה נ' priority, precedence
קָדִימָה תה"פ ahead, onwards, forward, on, let's go!, come on!
קְדִימוּת נ' priority, preference
קְדֵרָה נ' pot, casserole, cauldron
קַדִּישׁ ז' Kaddish, prayer
קָדַם פ' precede, come before
קֶדֶם ז' east, ancient times
קְדַם תח' pre-, ante-
- קדם-היסטורי prehistoric

קִדְמָה נ' advance, progress
קֵדְמָה תה"פ eastwards
קִדְמָה נ' forecourt, forefront, front
- קדמת הבימה proscenium, apron
קדמון ת' ancient, primeval
קדמוֹנִי ת' ancient, primeval
קדמות נ' previous position
קִדמִי ת' frontal, forward, fore
קָדֶנצָה (תֶּנַח) נ' cadenza, cadence
קָדֶנציָה נ' tenure, term of office
קָדַר פ' darken, be gloomy, lour
קַדָּר ז' potter, ceramist
קָדֶר ז' cadre, key group
קדרות נ' gloom, depression
קַדָּרוּת נ' pottery, ceramics
קדריל (ריקוד זוגות) ז' quadrille
קְדֵשָׁה נ' prostitute, harlot
קָהָה פ' blunt, become dull
קֵהֶה ת' blunt, dull, obtuse
קָהוּי ת' blunt, dull, matt
קֵהוּת נ' bluntness, numbness
- קהות חושים stupor, numbness
קְהִילָה נ' parish, community, congregation, assembly
קְהִילִיָּה נ' commonwealth, republic
קְהִילָתִי ת' communal, parochial
קָהָל ז' audience, crowd, public, congregation, throng
קַו ז' line, policy, streak
- קו אורך meridian, longitude
- קו אש line of fire
- קו גבול borderline
- קו האמצע center line
- קו החיים (בכף היד) lifeline
- קו המשווה equator
- קו השער goal line
- קו חוף coastline
- קו ייצור production line
- קו מפלגתי party line
- קו נטוי oblique, slash, solidus, virgule, (/)
- קו רוחב latitude
- קו רקיע skyline
- קו תפר seam
- קווי יסוד guidelines
קואוֹפֶּרָטִיב (איגוד) ז' cooperative
קואוֹפֶּרָטִיבִי (משותף) ת' cooperative
קואורדִינָטָה נ' coordinate, location
of a point
קוֹאוֹרדִינַציָה נ' coordination
קוֹאָלִיציָה נ' coalition, alliance
קוֹאָלִיציוֹנִי ת' coalition
קוֹאֶפִיציֶינט (מְקַדֵם) ז' coefficient
קוּב ז' cubic meter
קוּבָּה נ' hut, tent, brothel, Cuba
קוּבּוּץ ז' oo (Hebrew vowel)
קוביוסטוס ז' gambler, dice-player
קוּבִּיזם (באמנות) ז' cubism
קוּבִּיָּה נ' cube, dice, die, brick
- קוביות dice
קוֹבַּלט (מתכת קשה) ז' cobalt
קובלָנָה נ' complaint, charge
קוֹבַע ז' helmet, *tin hat
קוֹבֵעַ ת' setter, determinant
קוּבַּעַת נ' chalice, font, stoup, goblet
קוּבַּץ פ' be gathered, be collected
קוֹבֶץ ז' file, collection, anthology
- קובץ אב master file
קוֹבּרָה (פתן) נ' cobra
קוֹד (צוֹפֶן) ז' code
קוֹדֵד פ' code, encode
קוֹדָה (יֶסֶף) נ' coda
קוֹדֵחַ ת' feverish, hectic, burning
קוּדַם פ' be advanced, be promoted
קוֹדֵם ת' preceding, prior, previous, former, erstwhile
קוֹדֶם תה"פ previously, before
- מקודם before, previously
- קודם כל to begin with, first of all
קודקוד ז' head, crown, skull, top, vertex, apex
קוֹדֶקס ז' code, codex
קוֹדֵר ת' gloomy, somber, sullen, morose, dark, dismal
קוּדַשׁ פ' be consecrated
קוֹדֶשׁ ז' holiness, sanctity
- קודש ל– dedicated to
- קודש קודשים holy of holies
קוֹהֶלֶת ז' Ecclesiastes
קָוִוי ת' linear, lined
קַוויָאר (ביצי דגים) ז' caviar, caviare
קְווינטֶט (חמשית) ז' quintet
קַוָּון ז' lineman, linesman
קְוַונט (חלקיק) ז' quantum
קְווּצַת שֵׂיעָר נ' lock, curl, tress
קִווקֵו פ' hatch, line, shade

קווקוו ז' hatching, shading
קְווַקֶר ז' oats, oatmeal
קְוורוּם (מניין מספיק) ז' quorum
קְוורְטֶט (רְבִעִית) ז' quartet, quartette
קְוורְץ (מינרל) ז' quartz
קוּזַז פ' be offset, be compensated
קוֹזָק ז' cossack
קוֹטֶב ז' pole
- הקוטב הצפוני the North Pole
קוֹטבִּי ת' polar, diametric
קוֹטבִּיוּת נ' polarity, contrariety
קוֹטֶג' ז' cottage, cottage cheese
קוֹטֵל ת' lethal, killer, -cide
- קוטל חרקים insecticide
- קוטל נשים lady-killer, Don Juan
- קוטל קנים nobody, *small beer
קוּטלַג פ' be cataloged
קוֹטֶן ז' smallness, little finger
קוֹטַנגֶנס ז' cotangent, cot
קוֹטֶר ז' diameter, gage
- קוטר פנימי caliber
קוּיַם פ' be fulfilled, be kept
קוֹל ז' sound, voice, noise, vote
- בקולי קולות loudly, noisily
- קול אחד with one voice, unanimously
- קול המון vox populi
- קול מכריע (של יו"ר) casting vote
- קול קורא manifesto, appeal
- קולות צפים floating vote
קוּלָא נ' leniency, mercy, clemency
קוֹלָב ז' coat hanger, clothes tree
קוֹלֶג' (מכללה) ז' college
קוֹלֶגָה (עמית) ז' colleague
קוֹלוֹנִיאָלִי ת' colonial, of colonies
קוֹלוֹנִיאָלִיזם ז' colonialism, imperialism
קוֹלוֹנְיָה (מושבה) נ' colony
קוֹלוֹנֶל (אלוף משנה) ז' colonel
קוֹלָז' (הדבקת גזירים) ז' collage
קוֹלָח ז' hose-pipe, hose
קוֹלֵט ז' collector, solar collector
קוֹלְטָן ז' receptor
קוֹלִי ת' sound, sonic, vocal
קוּלִי (פועל במזרח) ז' coolie
קוֹלְיָיס (דג) ז' mackerel, scomber
קוּלִית נ' femur, thighbone
קוּלַל פ' be cursed, be damned

קוּלמוֹס ז' quill pen, pen
קוֹלָן ז' tuning fork
קוֹלנוֹע ז' cinema, movie, *flicks
- קולנוע רכב drive-in
קוֹלנוֹעִי ת' movie, film, cinematic
קוֹלָנִי ת' vociferous, noisy, loud
קוֹלָנִיוּת נ' noisiness, vociferation
קוֹלֶס ז' stalk, stem
קוֹלֵעַ ת' hitting, fit, apt, apropos
קוּלַף פ' be peeled, be shelled
קוֹלֶקטִיבִי ת' collective, corporate
קוֹלָר ז' collar, torque, neckband
קוֹלרַבִּי (כְּרוּב הַקֶּלַח) ז' kohlrabi
קוֹם ז' curd
קוֹמבַּיין (קְצַרְדָשׁ) ז' combine
קוֹמבִּינִיזוֹן ז' slip, petticoat, combinations, coms
קוֹמבִּינַצְיָה (צירוף) נ' combination
קוֹמֶדְיָה נ' comedy, slapstick
קוֹמָה נ' floor, story, height, stature
- קומת ביניים mezzanine
- קומת מרתף basement
- קומת קרקע ground floor
קוֹמוֹדוֹר (מְפַקֵד יַמִי) ז' commodore
קוֹמוּלוּס (ענן ערימה) ז' cumulus
קוֹמוּנָה (קבוצה) נ' commune
קוֹמוּנִיזם ז' communism
קוֹמוּנִיסט ז' communist, *commie
קוֹמוּנִיקַצְיָה נ' communication
*קוּמזִיץ ז' campfire picnic
קוּמַט פ' be creased, be wrinkled
קוֹמִי ת' comical, farcical
קוֹמִיסיוֹן (עמילות) ז' commission
קוֹמִיסָר (מפקח) ז' commissar
קוֹמִיקַאי ז' comedian, comic, *card
קוֹמִיקָאִית נ' comedienne
קוֹמֵם ת' rebuild, restore, raise
- קומם נגדו arouse against him
קוֹמְמִיוּת נ' independence, upright
קוֹמַנדוֹ (חיל פשיטה) ז' commando
קוֹמַנדקָר ז' command car
קוֹמפּוֹזִיטוֹר (מלחין) ז' composer
קוֹמפּוֹזִיצְיָה (יצירה) נ' composition
קוֹמפּוֹט (לפתן) ז' compote, dessert
קוֹמפּוֹסט (זבל אורגני) ז' compost
קוֹמפְּלִימֶנט (מחמאה) ז' compliment
קוֹמפְּלִיקַצְיָה (סיבוך) נ' complication
קוֹמפְּלֶקס (מערכת מבנים) ז' complex

קומפַּקטִי ת' compact, compendious
קומפְּרֶסוֹר (מדחס) ז' compressor
קוּמַץ פ' be saved, be spared
קוֹמֶץ ז' handful, small quantity
קוּמקוּם ז' kettle
קוּמקוּמוֹן ז' small kettle, teapot
קוֹמָתִי ת' storied, storeyed
קוֹנָאָה נ' ninepin, tenpin, pin
קוֹנבֶנציוֹנָלִי (שגרתי) ת' conventional
קוֹנבֶקטוֹר (מפזר חום) ז' convector
קוֹנגרֶס ז' congress, legislature
קוֹנדוֹם (כובעון) ז' condom
קוֹנדוֹמִינִיוֹן ז' condominium, joint rule
קוֹנדִיטָאוּת נ' confectionery
קוֹנדִיטוֹרִיָה נ' pastry shop
קוֹנדֶנסָטוֹר (מְעַבֶּה) ז' condenser
קוּנדֵס ז' prankster, pickle, rogue
קוּנדֵסוּת נ' prank, practical joke
קוֹנֶה ז' buyer, client, customer
קוֹנוּס (חרוט) ז' cone
קוּנַח פ' be wiped, be finished
קוֹנטוּר (מִתאָר) ז' contour
קוֹנטַקט (מגע) ז' contact
קוֹנטֶקסט (הֶקשֵר) ז' context
קוֹנטרַבַּס (בַּטנוּן) ז' contrabass
קוּנטרֵס ז' pamphlet, booklet, signature, folded sheet
קוֹנטרַסט (ניגוד) ז' contrast
קוֹנִי (חרוטי) ת' conic, conical
קוֹנְיָאק ז' cognac, brandy
קוֹנכִייָה נ' conch, shell, seashell
קוֹנֵן פ' mourn, lament, bewail
קוֹנסוּל ז' consul
קוֹנסוֹלִידַצִיָה (גיבוש) נ' consolidation
קוֹנסוּלִיָה נ' consulate
קוֹנסוּלָרִי ת' consular
קוֹנסוֹרציוּם (שותפות) ז' consortium
קוֹנסטִיטוּצִיָה (חוקה) נ' constitution
קוֹנסטִיטוּציוֹנִי ת' constitutional
קוֹנסטֶלַצִיָה (תנאים) נ' constellation
קוֹנסטרוּקטִיבִי (בונה) ת' constructive
קוֹנסִיליוּם ז' consultation
קוֹנסֶנסוּס (הסכמה) ז' consensus
קוֹנספֶּקט (תקציר) ז' conspectus
קוֹנסֶרבָטִיבִי (שמרן) ת' conservative
קוֹנסֶרבִים (שימורים) ז"ר conserves
קוֹנסֶרוָטוֹריוֹן ז' conservatoire

קוֹנפֶדֶרַציָה נ' confederacy, union
קוֹנפוֹרמִיזם (צייתנות) ז' conformity
קוֹנפוֹרמִיסט (צייתן) ז' conformist
קוֹנפֶטִי (גִזגָזִים) ז' confetti
קוֹנפִיגוּרַציה (מערך) נ' configuration
קוֹנפֶקציָה (לבוש) נ' confection
*קוּנץ ז' trick, prank, legerdemain
קוֹנצֶפּציָה (תפיסה) נ' conception
קוֹנצֶרט ז' concert
קוֹנצֶ'רטוֹ ז' concerto
קוֹנצֶרטִינָה נ' concertina, barbed wire
קוֹנצֶרן ז' concern, business
קוֹנקוֹרדֶנציָה נ' concordance
קוֹנקוּרס ז' competition
קוֹנקלָבֶה (כינוס סגור) נ' conclave
קוֹנקרֶטִי ת' concrete, actual
קוֹסִינוּס ז' cosine, cos
קוֹסֵם ז' magician, wizard, charmer
קוֹסמוֹנָאוּט ז' cosmonaut, astronaut
קוֹסמוֹס ז' cosmos, universe
קוֹסמוֹפּוֹלִיטִי ת' cosmopolitan, citizen of the world
קוֹסמֶטִי ת' cosmetic, beautifying
קוֹסמֶטִיקָאִי ז' beautician
קוֹסמֶטִיקָה נ' cosmetics, beautification
קוֹסמִי ת' cosmic, universal
קוּעֲקַע פ' be tattooed, be destroyed
קוֹף ז' monkey, simian, ape
קוֹף הַמַחַט ז' eye of a needle
קוּפַּאי ז' cashier, banker, teller
קוּפַּד פ' be cut, be taken (life)
קוּפָּה נ' fund, pool, cash, bank, till, box-office, booking office
– קופה (במשחק קלפים) kitty, pot
– קופה קטנה petty cash
– קופה רושמת cash register
– קופה של שרצים criminal record
– קופת גמל provident fund
– קופת חולים sick fund
– קופת צדקה poor box
– קופת תגמולים provident fund
קוּפַּח פ' be discriminated against
קוֹפִי ז' skimmings, scum, froth
קוֹפִי ת' apish, simian
קוּפִּידוֹן (אל האהבה) ז' Cupid
קוֹפִיף ז' little monkey

קוֹפִיץ ז' chopper, cleaver
קוֹפִּיקָה (מאית הרובל) ז' kopeck
קוּפַּל פ' be folded, be rolled up
קוֹפֶל ז' padlock
קוּפְסָה נ' box, can, tin, canister
– קופסת גפרורים matchbox
– קופסת טבק snuffbox
– קופסת סיגריות pack of cigarettes
קוּפְסִית נ' capsule, small box
קוֹפֵץ ז' jumper, vaulter, diver
– אין קופצים עליו it sells badly
– קופץ לגובה high jumper
– קופץ לרוחק long jumper
– קופץ מוט pole vaulter
קוֹץ ז' thistle, thorn, prickle, spine
– ישב על קוצים has ants in his pants
– עמד על קוצו של יוד split hairs
קוֹצֵב זְמַן ז' timer
קוֹצֵב לֵב ז' pacer, pacemaker
קוֹצִי ת' thorny, prickly, spiny
קוֹצִיץ (צמח קוצני) ז' acanthus
קוֹצָנִי ת' thorny, prickly, spiny
קוּצַּץ פ' be cut, be chopped
קוֹצֵץ צִיפּוֹרְנַיִים פ' clippers
קוּצַּר פ' be abridged, be shortened
קוֹצֶר ז' brevity, shortness
– קוצר יד helplessness, impotence
– קוצר נשימה difficult breathing
– קוצר ראייה myopia, shortsightedness
– קוצר רוח impatience
קוֹצֵר ז' reaper, harvester
קוֹקָאִין ז' cocaine, *coke
קוּקוּ ז' pony tail, *peekaboo, cuckoo, not all there
קוֹקוֹס ז' coconut, coco
*קוּקוּרִיקוּ מ"ק cock-a-doodle-doo
קוֹקֶטִי (מתחנחן) ת' coquettish
קוֹקֶטִיוּת (התחנחנות) נ' coquetry
קוֹקְטֵייל (ממסך) ז' cocktail
קוֹקֶטִית (מפלרטטת) נ' coquette
קוּקִיָּיה נ' cuckoo
קוֹקְסִינֶל ז' transsexual
קוֹר ז' chill, cold, coolness, frost
– קור כלבים perishing cold
– קור רוח composure, equanimity
קוּר ז' cobweb, spider's web
– קורי עכביש cobweb, gossamer
קוֹרֵא ז' partridge, reader, narrator
קוֹרְאָן ז' Koran
קוֹרַב פ' be brought near
קוֹרְבֶטָה (אוניית לחימה) נ' corvette
קוֹרְבָּן ז' sacrifice, victim, offering
קוֹרְדוּרוֹי ז' corduroy
קוֹרָה פ' be roofed over
קוֹרָה נ' beam, log, rafter, girder
– קורה (בהתעמלות) balance beam
– קורת גג shelter, roof
– קורת השער goalpost, post
קוֹרוֹזְיָה (שיתוך) נ' corrosion
קוֹרוֹת נ"ר history, annals, events, memorials, chronicles
– קורות חיים curriculum vitae
קוֹרֶט ז' particle, grain, shred, trace
קוֹרְטוֹב ז' bit, drop, touch, pinch
קוֹרְטִיזוֹן (הורמון) ז' cortisone
קוּרְיוֹז ז' curiosity, amusing event
קוֹרָל (אלמוג) ז' coral
קוֹרְמוֹרָן (עוף מים) ז' cormorant
קוֹרֵן ת' shining, radiant, refulgent
קוֹרְנִית (כלי נשיפה) נ' cornet
קוֹרָנִית (צמח) נ' thyme
קוּרְנָס ז' drop hammer, drop press, sledgehammer
קוֹרְנְפְלוֹר (קמח תירס) ז' corn flour
קוּרְס ז' course, seminar, rate, price
קוֹרְסֶט (מחוך) ז' corset
קוּרְסִיב ז' italics, cursive
קוֹרֶסְפּוֹנְדֶנְצְיָה נ' correspondence
קוֹרֵעַ לֵב ת' heart-rending
קוֹרְפּוֹרָל (רב טוראי) ז' corporal
קוֹרַץ פ' be formed, be shaped
קוּרְצַף פ' be curried, be brushed
קוּרְקְבָן ז' gizzard, crop, navel
קוֹרֶקְטִי ת' correct, seemly, proper
קוֹרֶקְטִיוּת נ' correctitude, propriety
קוֹרְקִינֶט (גלגיליים) ז' scooter
קוּרְקַע פ' be grounded
קוּרְקַף פ' be scalped, be beheaded
קוֹרַר פ' be cooled, be chilled
קוֹרַת רוּחַ נ' contentment, pleasure
קוּשַּׁט פ' be adorned, be decorated
קוֹשִׁי ז' difficulty, hardness, trouble
קוּשְׁיָה נ' question, problem
קוּשַּׁר פ' be associated, be tied

קוֹשֵׁר ז' rebel, conspirator, plotter
קוֹשֵׁשׁ פ' gather straw, pick
קוֹתֶל ז' fat meat, wall
- קותל חזיר bacon, ham, gammon
קָזוּאָר (עוף) ז' cassowary
קָזוּס בֶּלִי=עילה למלחמה casus belli
קָזֵיאִין (מרכיב בחלב) ז' casein
קָזִינוֹ ז' casino
קַחְוָון (צמח בר) ז' anthemis
קַט ת' small, little, tiny, mini
קָטוּם ת' cut, lopped off, truncated
קָטוֹן פ' be small, be unworthy
קָטוֹן ת' small, young, little
קָטוּעַ ת' cut off, interrupted
קָטוּף ת' picked, plucked
קְטוֹרֶת נ' incense
קְטָטָה נ' affray, broil, altercation, quarrel, brawl, *dust-up
קָטֵיגוֹר ז' prosecutor
קָטֵיגוֹרִי ת' categorical, unqualified
קָטֵיגוֹרְיָה נ' category, prosecution
קְטִילָה נ' killing, pulling apart
קְטִימָה נ' lopping off, truncation
קָטִין ז' minor, under age, infant
קְטִינוּת נ' minority, nonage
קְטִיעָה נ' amputation, cutting off
קָטִיף ז' fruit picking season
קְטִיפָה נ' velvet, plush, velour
קְטִיפָתִי ת' velvety, plushy
קָטֶכִיסִיס (ספר לימוד) ז' catechism
קָטַל פ' kill, slay, slaughter, pull to pieces
קֶטֶל ז' carnage, killing, slaughter
קָטָלָב (מעצי החורש) ז' arbutus
קִטְלֵג פ' catalog, classify
קָטָלוֹג ז' catalog, catalogue, list
קִטְלוּג ז' cataloging, cataloguing
קָטָלִיז (זירוז) ז' catalysis
קָטָלִיזָטוֹר (זָרָז) ז' catalyst
קַטְלָנִי ת' deadly, lethal, murderous, destructive, fatal, mortal
קָטַם פ' cut off, truncate, lop off
קָטָן ת' little, small, small boy
- קטן אמונה faithless, unbelieving
- קטנות petty matters, trivialities
קָטֵן וְהוֹלֵךְ ת' growing smaller
קַטְנוּנִי ת' petty, trivial, narrow-minded, captious

קַטְנוּנִיּוּת נ' pettiness, punctilio
קַטְנוֹעַ ז' motor scooter, scooter
קַטְנוּת נ' smallness, childhood
קְטַנְטַן ת' tiny, very small, *weeny
קִטְנִית נ' legume, bean, pulse
קְטַנְצִ'יק ת' tiny, very small
קָטַסְטְרוֹפָה (אסון) נ' catastrophe
קָטַסְטְרוֹפִי ת' catastrophic, disastrous
קָטַע פ' amputate, cut off, interrupt
קֶטַע ז' piece, section, passage, segment, portion, part, paragraph, excerpt
*- איזה קטע! what fun!
- קטע עיתון clipping, cutting
קָטַף פ' pick, pluck, pull off
קָטָקוֹמְבָּה נ' catacomb, crypt, tomb
קָטַקְלִיזם (שואה) ז' cataclysm
קַטָּר ז' engine, locomotive
קַטָּרַאי ז' engine driver, engineer
קַטְרָב ז' cotter, cotter pin, linchpin
קִטְרֵג פ' charge, accuse, complain
קַטְרֶגֶל ז' minifootball
קִטְרוּג ז' charge, accusation, prosecution, denunciation
קָטָרַקְט (יָרוֹד) ז' cataract
קֶטְשׁוֹפּ ז' ketchup, catsup
קִיא ז' vomit
קֵיבָה נ' stomach, *bowel movement, defecation
קִיבּוּל ז' capacity, acceptance
קִיבּוֹלִית נ' jerrycan
קִיבּוֹלֶת נ' capacity, volume
קִיבּוּעַ ז' fixation, installing
קִיבּוּץ ז' gathering, kibbutz, communal settlement
- קיבוץ גלויות gathering of the exiles
- קיבוץ נדבות begging alms
קִיבּוּצִי ת' collective, communal
קִיבּוּצִיּוּת נ' collectivism, collectivity
קִיבּוּצְנִיק ז' member of a kibbutz
קִיבּוֹרֶת נ' biceps
קִיבִּיצֶר ז' kibitzer, looker-on
קִיבֵּל פ' obtain, receive, get, take, accept
*- קיבל על הראש get a telling-off
- קיבל על עצמו undertake, agree

- קיבל פנים welcome, greet
קִיבָּעוֹן ז' fixation, fixture
קִיבֵּץ פ' gather, collect, rally
- קיבץ נדבות beg (for) money
קִיבָּר ז' coarse flour
קִיבֶּרְנֶטִיקָה נ' cybernetics
קֵיבָתִי ת' gastric, stomachic
קִידֵּד פ' code, encode, bore
קִידָה נ' bow, curtsy, curtsey, bob
קידוד ז' encoding, boring, drilling
קידוּחַ ז' drilling, boring
קידום ז' advancement, promotion
- קידום מכירות sales promotion
- קידום פנים welcome, greeting
קידוֹמֶת נ' dialing code, prefix
קידוש ז' consecration, Kiddush, Friday night blessing
- אותיות של קידוש לבנה big letters
- קידוש השם martyrdom
קידוּשִׁין ז"ר marriage, betrothal
קִידֵּם פ' advance, promote, further
- קידם פניו welcome, greet, meet
קִידֵּשׁ פ' sanctify, betroth, say Kiddush
- קידש מלחמה declare war
- קידש שם שמיים be a martyr
קִיוָּה פ' expect, hope, desire
- קיווה לטוב hope for the best
קִיוִוי (עוף) ז' kiwi
קִיווית (עוֹף בִּיצָה) נ' pewit, lapwing
קיום ז' being, existence, subsistence, fulfillment, keeping
- קיום צוואה probate
קִיוּמִי ת' existential, subsistent
קיוסק ז' kiosk, buffet
קיזוז ז' setoff, offset, compensation
קִיזֵּז פ' set off, offset, set against, cancel, compensate, reduce
קַיִט ז' summer vacation
קִיטֵּב פ' polarize, counteract
קִיטְבֶּג (מִזוָד) ז' kitbag, duffle bag
קִיטוּב ז' polarization, polarity
קִיטוּעַ ז' cutting off, amputation
קִיטוֹר ז' steam, vapor, smoke
*קִיטוּר ז' complaining, bellyaching
קִיטֵּעַ פ' chop, lop off, cut
קִיטֵּעַ ז' amputee, cripple

קִיטֵּר פ' burn incense, *complain, bellyache
קִיטש ז' kitsch, vulgarized art
קִייֵּט פ' vacation, spend a holiday
קַייְטָן ז' summer vacationer
קַייְטָנָה נ' summer resort
קִייֵּם פ' fulfill, carry out, maintain, confirm, hold, keep, sustain
- קיים יחסים have relations with
קִייָּם ז' existence, duration
קַייָּם ת' existing, extant, alive, present, there is
קִייָּמָא ז' existence, duration
קִיכְלִי ז' thrush, ouzel, throstle
קִילוֹ ז' kilo, 1000, kilogram, k
קִילוֹגְרַם ז' kilogram, kg
קִילוֹהֶרְץ ז' kilocycle, kilohertz, kHz
קִילוֹוָאט ז' kilowatt, kW
קִילוּחַ ז' squirt, jet, flow, spurt
קִילוֹלִיטֶר ז' kiloliter, kl
קִילוֹמֶטֶר ז' kilometer, km
קילוס ז' praise, acclaim, scorn
קילוף ז' peeling, shelling, paring
קִילַּח פ' flow, stream, squirt, gush, shower, wash
קִילֵּל פ' curse, damn, wish ill, swear
קִילֵּס פ' praise, acclaim, scorn
קִילֵּף פ' peel, pare, shell, scale off
קִימָה נ' rising, getting up
קימוּחַ ז' flouring, dredging, sprinkling
קימוט ז' creasing, fold, wrinkle
קימום ז' reconstruction, restoration, rehabilitation
קימונו (חלוק יפני) ז' kimono
קימוץ ז' thrift, economy, stint
קימור ז' arching, vault, arch
קימוֹרֶת נ' anticline, arch
קִימַּח פ' flour, sprinkle, dredge
קִימָּחוֹן ז' mildew, blight, mold
קִימֵּט פ' crease, crinkle, crumple, fold, wrinkle
- קימט מצחו knit one's brows
קִימֶל (כְּרַוְויָה) ז' caraway
קִימֵּץ פ' save, economize, skimp
קִימֵּר פ' arch, vault, camber, hunch
קִינֵּא פ' envy, be jealous, grudge
קִינָה נ' lament, dirge, elegy

קִינוּחַ ז' wipe, cleaning, windup
– קינוח סעודה dessert, afters
קִינּוּן ז' nesting, penetrating
קִינַּח פ' wipe, eat dessert, finish
קִינֶטִי (תנועתי) ת' kinetic
קִינֶטִיקָה (תנועה) נ' kinetics
קִינָּמוֹן ז' cinnamon
קִינֵּן פ' nestle, build a nest, dwell, penetrate, nest
קִיסוֹס (צמח מטפס) ז' ivy
קִיסוֹסִית (צמח מטפס) ז' smilax
קֵיסָם ז' splinter, sliver, chip, spill
– קיסם שיניים toothpick
קֵיסָר ז' emperor, Caesar
קֵיסָרוּת נ' empire
קֵיסָרִי ת' imperial, royal, Cesarean
קֵיסָרִית ז' empress
קִיעוּר ז' concavity, concaveness
קִיעוֹרֶת נ' syncline
קִיעֵר פ' concave, make concave
קִיפָּאוֹן ז' freeze, deadlock, stalemate, standstill
קִיפֵּד פ' cut, truncate
– קיפד חייו take his life
קִיפָּה פ' remove scum, skim
קִיפּוֹד ז' hedgehog
– קיפוד ים sea urchin
– קיפוד נמלים porcupine anteater
קִיפּוּחַ ז' deprivation, injustice, discrimination
קִיפּוּי ז' scum, skimming
קִיפּוּל ז' crinkle, fold, crease, pleat
קִיפּוֹלִית (עוגה) נ' turnover
קִיפוֹן (דג) ז' mullet
קִיפַּח פ' deprive, discriminate
– קיפח חייו be killed
קִיפֵּחַ ת' very tall, lanky
קִיפֵּל פ' fold, double, include
קִיפֵּץ פ' jump, leap, caper, gambol
קַיִץ ז' summer
קִיצֵּב פ' ration, allot
קִיצּוּב ז' rationing, allotment
קִיצוֹנִי ת' radical, extreme, extremist, utmost
– קיצוני (בספורט) wing, outside
קִיצוֹנִיּוּת נ' extremism, radicalism
קִיצּוּץ ז' cutting, cutback, truncation, chopping, reducing, curtailment, cut
קִיצּוּר ז' abbreviation, abridgment, brevity, shortening, summary
– קיצור דרך short cut
– קיצורו של דבר in brief
קֵיצִי ת' summery, summer
קִיצֵּץ פ' cut, chop, dice, truncate, curtail, reduce, ax
– קיצץ את כנפיו clip his wings
קִיצֵּר פ' abridge, shorten, be brief
קִיק ז' castor oil seed
קִיקָיוֹן ז' castor oil plant
קִיקְיוֹנִי ת' ephemeral, short-lived
קִיר ז' wall
– מקיר אל קיר wall-to-wall
– עמד בפני קיר אטום not gain a hearing
קֵירֵב פ' draw near, show friendship
קֵירֵד פ' comb, scrape
קֵירָה פ' roof, make a roof
קֵירוּב ז' drawing near, nearness, proximity
– בקירוב approximately
– קירוב לבבות befriending
קֵירוּי ז' roofing, roofing over
קֵירוּר ז' cooling, freezing
קֵירֵחַ ת' bald, bare, baldhead, hairless, treeless
– יצא קירח מכאן ומכאן lose either way
קֵירְחוּת נ' baldness, hairlessness
קֵירֵר פ' chill, cool, ice, refrigerate
קִישּׁוּא ז' squash, marrow, courgette, zucchini
קִישּׁוּט ז' adornment, decoration, ornament, embellishment
קִישּׁוּטִי ת' decorative, ornamental
קִישּׁוּי ז' hardening, erection
קִישּׁוּר ז' binding, tying, liaison, connection, linkage, ribbon
קִישּׁוֹשֶׁת נ' splint, straw
קִישֵּׁחַ ת' hard, steely, tough
קִישֵּׁט פ' decorate, ornament, adorn
קִישֵּׁר פ' associate, bond, connect, tie, join, link
קִישֵּׁת פ' arch, camber
קִיתוֹן ז' jug, ewer
– קיתונות shower, barrage, deluge

קַל ת' easy, simple, effortless, light, swift, agile, slight
– קל דעת fickle, frivolous, light-minded, flippant
– קל וחומר let alone, much more
– קל ערך unimportant, trivial
– קלי קלות piece of cake, easy
קְלָאוּסטרוֹפוֹבְּיָה נ' claustrophobia
*קַלַבּוּשׁ ז' prison, calaboose
קַלְגָס ז' soldier, subjugator
קַלְדָנוּת נ' keyboarding
קַלְדָנִית נ' keyboarder, typist
קָלָה פ' roast, toast, parch
קָלָה (צמח) נ' calla
קַלְוִינִיזם (בנצרות) ז' Calvinism
קָלוּט ת' taken in, absorbed
– קלוט מן האוויר baseless, false
קָלוּי ת' roasted, toasted, parched
קָלוֹן ז' dishonor, shame, infamy
קָלוּעַ ת' twisted, braided, plaited
קָלוּף ת' peeled, pared, shelled
קְלוֹקֵל ת' corrupt, spoilt, inferior, poor, bad
קָלוֹרְיָה נ' calorie, calory
קָלוּשׁ ת' thin, sparse, slack, scanty, weak, faint, slim
קַלּוּת נ' agility, ease, facility, lightness
– קלות דעת frivolity, recklessness
– קלות ראש frivolity, levity
קָלַח פ' flow, stream, squirt, gush
קֶלַח ז' stalk, stem, head (of cabbage)
קַלַּחַת נ' saucepan, pot, stock-pot, commotion, turmoil
קָלַט פ' absorb, take in, imbibe, understand, comprehend
קֶלֶט ז' input, reception center
קִלְטוּר (תיחוח) ז' cultivation
קֶלְטִי ז' Gaelic, Celtic, Keltic
קִלְטֵר פ' cultivate, break up soil
קַלְטֶרֶת נ' cultivator, tiller
קַלֶּטֶת נ' cassette
קָלִי ז' roasted grain
קָלִיבֶּר ז' caliber, *big gun
קָלִיד ז' key, manual, *ivory
קָלִיט ת' graspable, user-friendly
קְלִיטָה נ' absorption, taking in, understanding, grasping
קָלֵיידוֹסקוֹפּ ז' kaleidoscope
קָלֵיידוֹסקוֹפִּי ת' kaleidoscopic, colorful, variegated
קְלִיָּה נ' roasting, toasting
קְלַיֶינְט ז' client, customer, buyer
קְלַיֶינְטוּרָה נ' clientele, clients
קָלִיל ת' light, easy, nimble, airy
קְלִילוּת נ' lightness, easy manners
קְלִימַקְס ז' climax, payoff, height
קְלִינִי (רפואי) ת' clinical
קְלִינִיקָה (מרפאה) נ' clinic
קְלִיעַ ז' bullet, slug, missile
קְלִיעָה נ' weaving, plaiting, shooting, sniping, shot
קָלִיף ת' easily peeled
קְלִיפָּה נ' crust, peel, shell, skin, rind, shrew, bad woman
– כקליפת השום worthless
– קליפת ביצה eggshell
– קליפת הגולם cocoon
– קליפת עץ bark
קָלִיפְּסוֹ (ריקוד) ז' calypso
קְלִיקָה (כנופיה) נ' clique
קְלִישָׁאָה נ' cliche, hackneyed phrase
קְלִישֶׁה נ' cliche, hackneyed phrase
קְלִישׁוּת נ' thinness, slack, sparsity
קְלָלָה נ' curse, imprecation, oath
קְלֶמֶנְטִינָה נ' clementine
קַלְמָר ז' pencil case
קַלְנוֹעַ ז' buggy, light vehicle
קֶלֶס ז' praise, scorn, mockery
קְלַסִּי ת' classic, classical, first-rate
קְלַסִּיוּת נ' classicism, perfection
קְלַסִּיקוֹן (אמן מופת) ז' classic
קְלַסֵר ז' classeur, (clamp) binder
קְלַסְתֵּר פָּנִים ז' features, face
קְלַסְתְּרוֹן ז' identikit, photofit
קָלַע פ' braid, plait, weave, twist, shoot, hit
– קלע למטרה hit the mark
קֶלַע ז' bullet, slug, shot, sling
קַלָּע ז' marksman, sharpshooter, shooter, slinger, shot, sniper
קַלָּעוּת נ' marksmanship
קְלָעִים ז"ר scenes, curtain, wings
– מאחורי הקלעים behind the scenes
קָלַף פ' peel, pare, shell

קְלָף ז' — parchment, playing card
- קלף חזק — ace, trump card
- קלף מיקוח — bargaining card

קְלֶפְטוֹמָן ז' — kleptomaniac
קְלֶפְּטוֹמַנְיָה נ' — kleptomania, strong impulse to steal
קַלְפֵּי ז' — ballot box, polls
קַלְפָן ז' — gambler, *rook
קַלְפָנוּת נ' — gambling
קְלָץ' (מַצְמֵד) ז' — clutch
קִלְקוּל ז' — spoiling, damage, corruption, *bug
- קלקול קיבה — stomach upset

קִלְקֵל פ' — spoil, damage, bungle, impair, corrupt, sin
קַלְקָלָה נ' — failure, bad behavior
קַלְקַר ז' — polystyrene, styrofoam
קְלָרִינֶט (קְלַרְנִית) ז' — clarinet
קְלֶרִיקָלִי ת' — clerical, of the clergy
קְלַרְנִיתָן ז' — clarinetist
קִלְשׁוֹן ז' — fork, pitchfork, hayfork
קֶלֶת נ' — fruit basket
קַלְתִּית נ' — tartlet, tart
קָם פ' — get up, rise, stand up
קָם ז' — enemy, foe, riser
קַמָאִי ת' — ancient, primeval
קמב"ץ = קצין מבצעים — operations officer
קָמָה נ' — standing corn
קָמוּט ת' — crumpled, creased
קָמוּל ת' — withered, wizened
קָמוּץ ת' — clenched, closed, tight
קָמוּר ת' — arched, convex, recurved
קֶמַח ז' — flour, meal
- קמח תירס — corn flour, cornstarch

קִמְחִי ת' — floury, mealy
קֶמֶט ז' — crease, crinkle, crumple, fold, wrinkle, line
קַמְטָן (זוחל דמוי נחש) ז' — slowworm
קַמְטָר ז' — chest of drawers
קְמִילָה נ' — withering, shriveling
קָמִין ז' — oven, fireplace, stove
קָמֵיעַ ז' — amulet, cameo, charm, talisman, mascot
קְמִיצָה נ' — ring finger, third finger
קְמִירוּת נ' — convexity, gibbosity
קָמַל פ' — wither, dry up, shrivel, wilt
קָמֵל ת' — withered, faded, dry

קָמֶלְיָה (פרח) נ' — camellia, japonica
קִמְעָה תה"פ — a bit, a little, slightly
- קמעה קמעה — bit by bit

קִמְעוֹנַאי ז' — retailer
קִמְעוֹנוּת נ' — retail, retail trade
קִמְעוֹנִי ת' — retail
קַמְפּוּס (קריה) ז' — campus
קֶמְפִּינג (מחנאות) ז' — camping
קָמַץ פ' — take a handful, shut
קָמָץ ז' — ah (Hebrew vowel)
קַמְצוּץ ז' — pinch, touch, a bit
קַמְצָן ז' — closefisted, miser, parsimonious, stingy
קַמְצָנוּת נ' — stinginess, parsimony
קַמְצָנִי ת' — miserly, mean, niggardly
קָמַר פ' — arch, vault
קִמְרוֹן ז' — arch, camber, dome, vault
- קמרון הרגל — instep

קמ"ש = קילומטר לשעה — kilometers per hour
קֵן ז' — nest, cell
- קן נשר — eyrie, eyry, aery
- קן צרעות — hornet's nest

קַנָּא ת' — jealous, zealous
קִנְאָה נ' — envy, jealousy, grudge
קַנָּאוּת נ' — fanaticism, zeal, bigotry, fundamentalism
קַנַּאי ז' — bigot, fanatic, zealot
קַנָּאִי ת' — jealous, zealous, fanatical
קַנַּבּוּס ז' — cannabis, hemp
קֶנְגּוּרוּ ז' — kangaroo
קַנָדִי ת' — Canadian
קָנָה פ' — buy, purchase, get, gain, acquire, possess
- קנה עולמו — succeed, achieve fame
- קנה שם לעצמו — win a reputation

קָנֶה ז' — cane, rod, stick, reed
- קנה הנשימה — trachea, windpipe
- קנה מידה — criterion, scale, standard, gauge
- קנה סוכר — sugar cane
- קנה רובה — barrel

קָנוּי ת' — bought, purchased
קָנוֹן ז' — canon, round
קְנוּנְיָה נ' — collusion, plot, conspiracy, intrigue, cabal
קְנוֹקֶנֶת נ' — tendril, bine, volute
קַנְטוֹן (מחוז) ז' — canton

קִנְטוּר ז' taunt, teasing, raillery
קַנְטָטָה (במוסיקה) נ' cantata
קַנְטִינָה (חנות צבאית) נ' canteen
קִנְטֵר פ' vex, annoy, tease, rib
קַנְטָר ז' crowbar, pole, rod
קַנְטְרִיקְלַבּ ז' country club
קַנְטְרָנוּת נ' annoyance, teasing
קַנְטְרָנִי ת' vexatious, annoying
קַנִיבָּל ז' cannibal, maneater
קַנִיבָּלִי ת' cannibalistic
קַנִיבָּלִיוּת נ' cannibalism
קַנְיוֹן ז' mall, shopping center
קַנְיוֹן ז' canyon, gulch
קְנִיָּה נ' purchase, buy, bargain
– קניות shopping
– קנייה בתשלומים installment plan, hire purchase, HP
קִנְיָן ז' property, ownership
קַנְיָן ז' buyer, purchaser
קִנְיָנִי ת' proprietary, acquired
קָנַס פ' fine, sentence, mulct
קְנָס ז' fine, forfeit, surcharge
קַנְצְלֵר ז' chancellor
קַנְקַן ז' jar, jug, amphora, coffeepot, teapot, cancan
– תהה על קנקנו evaluate him
קִנְרֵס ז' artichoke
קַסְדָּה נ' helmet, headpiece, *tin hat
– קסדת מגן crash helmet
קָסוּם ת' magic, charmed
קַסֶּטָה (קַלֶּטֶת) נ' cassette, cartridge
קְסִילוֹפוֹן (מַקוֹשִׁית) ז' xylophone
קָסַם פ' fascinate, charm, appeal
קֶסֶם ז' charm, fascination, magic, enchantment, spell
קְסֶנוֹפוֹבְּיָה (בַּעַת זָרִים) נ' xenophobia
קְסַרְקְטִין ז' barracks, military camp
קֶסֶת נ' inkbottle, inkwell, ink-pot
קָעוּר ת' concave, incurved
קְעִירוּת נ' concavity, concaveness
קִעְקוּעַ ז' tattoo, destruction
קִעְקֵעַ פ' tattoo, destroy, tear down
קַעֲקַע ז' tattoo
קַעַר ז' concavity, syncline
קְעָרָה נ' basin, bowl, dish, tub
קְעַרוּרִי ת' concave, incurved
קְעָרִית נ' small bowl
קָפָא פ' freeze, congeal, freeze over
– קפא על שמריו stand still, mark time
קָפֶאִין (אלקלואיד) ז' caffeine
קַפְדָּן ת' strict, severe, pedant
קַפְדָּנוּת נ' strictness, severity
קַפְדָּנִי ת' austere, strict, severe, pedantic, scrupulous
קָפֶה ז' coffee, cafe
– קפה הפוך coffee with milk
– קפה נמס instant coffee
קָפוּא ת' frozen, iced, congealed
קַפּוֹטָה נ' long coat, capote
קָפוּץ ת' closefisted, clenched
קַפְזָנָב ז' springtail
קָפַח פ' strike, beat, hit
קַפְטָן ז' caftan, kaftan, long coat
קָפֶטֶרְיָה (מזנון) נ' cafeteria
קְפִיאָה נ' freezing, solidifying, congealing, stagnation
– קפיאה על השמרים marking time
קְפִידָה נ' strictness, rigor
קַפִּיטָל (הון) ז' capital
קַפִּיטָלִיזְם (רכושנות) ז' capitalism
קַפִּיטָלִיסְט (רכושן) ז' capitalist
קַפִּיטָלִיסְטִי (רכושני) ת' capitalistic
קְפִיץ ז' spring, elastic, snake
קְפִיצָה נ' bounce, caper, jump, leap, spring, bound
– קפיצה משולשת hop step and jump, triple jump
– קפיצת גובה high jump
– קפיצת הדרך short cut
– קפיצת מוט pole vault
– קפיצת רוחק long jump, broad jump
קְפִיצִי ת' elastic, springy
קְפִיצִיּוּת נ' springiness
קֶפֶל ז' crease, fold, pleat, tuck
קַפֶּלָה (חדר תפילה) נ' chapel
קַפֶּלֶט ז' hairpiece, wig
קַפֶּנְדַּרְיָה נ' short cut
קַפְסוּלַת נ' capsule, cachet
קָפַץ פ' spring, bounce, caper, jump, leap, vault, *drop in, pop in
*– קפוץ לי! definitely not!, no!
– קפץ ידו be tightfisted
– קפץ על המציאה grab a bargain
קֶפֶץ (מפרק ברגל הסוס) ז' hock

קַפְצוֹן ז' cap
קִפֵּץ פ' caper, jump, leap, gambol
קַפֶּצֶת נ' trampoline
קַפְקָאִי ת' Kafkaesque, nightmarish
קַפְּרִיזָה נ' caprice, freak, whim
קַפְּרִיזִי ת' capricious, wayward
קַפְרִיסִין נ' Cyprus
קַפְּרִיצִ'יוֹ ז' caprice, capriccio
קָץ פ' loathe, detest, wake up
קֵץ ז' end, stop, termination, death
– כלו כל הקצים all hope was lost
– מקץ after, afterwards
– קץ הימים doomsday
קָצַב פ' allot, allocate, apportion, assign, ration
– קצב עונש fix a sentence
קֶצֶב ז' rhythm, tempo, meter, rate, pace, measure, time
קַצָּב ז' butcher
קִצְבַּאי ז' pensioner
קִצְבָּה נ' allowance, grant, pension
– קצבה שנתית annuity
– קצבת זקנה old age pension
קַצָּבוּת נ' butchery
קִצְבִּי ת' rhythmical
קָצֶה ז' border, brim, brink, edge, end, extremity, tip
– אפס קצהו a bit of it
– בקצה המזלג a bit, very little
– קצה הקרחון tip of the iceberg
– קצה חוט sign, clue, lead
קָצוּב ת' fixed, allotted, rhythmical
קְצוּבָּה נ' allowance
– קצובת נסיעה traveling allowance, mileage
קְצוּנָה נ' officers' class, commission
קָצוּץ ת' cut off, cut, truncate, chopped, minced
*– לא שם קצוץ not care a damn
קֶצַח ז' fennel, love-in-a-mist
קָצִין ז' officer
– קצין ביטחון security officer
– קצין מבחן probation officer
– קצין מטה staff officer
– קצין עיר town-major
– קצין קישור liaison officer
– קצין תורן orderly officer
קְצִינוּת נ' officers' rank
קְצִיפָה נ' cream, mousse, frosting
קְצִיץ ז' meat loaf
קְצִיצָה נ' croquette, cutlet, rissole, patty, fish cake, meatball
קָצִיר ז' harvest, harvest-time
– קציר דמים death toll
קְצִירָה נ' harvesting, reaping
קָצַף פ' be angry, be furious, foam
קֶצֶף ז' foam, froth, lather, anger, fury, wrath
– קצף גלים surf, foam
– קצף סבון soapsuds, suds
– קצף של בירה head, foam
קַצֶּפֶת נ' whipped cream, cream, icing, frosting
קִצֵּץ פ' chop, dice, truncate, curtail, reduce, cut up, hash
קָצַר פ' reap, harvest, mow, be short, have, get
– קצר את הפירות reap the fruits
– קצר הצלחה have much success, make a hit
– קצרה ידו be powerless
– קצרה רוחו be impatient
קֶצֶר ז' short circuit, friction
קָצָר ת' short, brief, concise, curt
– קצר ולעניין brief and to the point
– קצר יד helpless, powerless
– קצר ימים short-lived
– קצר מועד short-dated, short-term
– קצר נשימה short-winded, out of breath
– קצר ראות myopic, shortsighted
– קצר ראייה nearsighted, shortsighted
– קצר רוח impatient, restless
קַצֶּרֶדֶשׁ ז' combine (harvester)
קְצָרוֹת תה"פ briefly, in short
קְצָרִים (מכנסונים) ז"ר shorts
קַצְרָן ז' stenographer
קַצְרָנוּת נ' shorthand, stenography
קְצַרְצַר ת' very short, *shortie
קַצֶּרֶת נ' asthma
קְצָת תה"פ bit, little, some, somewhat
– קצת קצת bit by bit, piecemeal
ק"ק = קהילה קדושה holy community

קָקָאוֹ ז' cocoa, cacao
קָקָדוּ (תוכי) ז' cockatoo
קָקוֹפוֹנְיָה (תַּצרוּם) נ' cacophony
קַקְטוּס (צַבָּר) ז' cactus
קַר ת' cold, chilly, cool, frigid
– קר לי I'm cold
– קר מזג cold-tempered
– קר רוח composed, cool
קָרָא פ' call, name, read, cry, shout, proclaim, exclaim
– קרא דרור set at liberty, let loose
– קרא לסדר call to order
– קרא תיגר challenge, impugn
קָרָא (ממיני הדלעת) ז' squash
קָרָאִי ז' Karaite
קָרַב פ' approach, come near, near
קְרָב ז' battle, fight, combat, match
– קרב מגע hand-to-hand combat
– קרב עשר decathlon
קָרֵב ת' approaching, oncoming
קֶרֶב ז' interior, inside
קִרְבָה נ' adjacency, nearness, proximity, kinship, affinity, relation, relationship
– בקרבת מקום near, close by
– קרבת דם kinship, consanguinity
קַרְבּוּרָטוֹר (מְאַיֵּד) ז' carburetor
קְרָבִי ת' battle, combat, fighting
קְרָבִיּוּת נ' fighting spirit
קְרָבַיִם ז"ר bowels, entrails
קֶרֶד ז' fur
קַרְדָה (צמח קוצני) נ' thistle
קַרְדּוֹם ז' ax, axe, adze, hatchet
– עשהו קרדום לחפור בו turn it to his advantage, make use of it
קַרְדִיגָן (מִקְטוֹרָה) ז' cardigan
קַרְדִיוֹלוֹג (רופא לב) ז' cardiologist
קַרְדִיוֹלוֹגְיָה נ' cardiology
קְרֶדִיט (אשראי) ז' credit
קָרָה פ' happen, occur, chance, come about, befall
קָרָה נ' frost, cold
קָרוּא ז' guest, invited
– ועדה קרואה nominative council
קְרוֹא וּכְתוֹב reading and writing
קְרוּאָסוֹן (סַהֲרִית) ז' croissant
קָרוֹב ת' approximate, close, near, related, relative
– מקרוב recently, intimately
– קרוב ל– about, around, near
– קרוב לוודאי probably
– קרוב משפחה kinsman, relative
קְרָוָון ז' caravan, mobile home
קָרוּי ת' called, named
קְרוּם ז' crust, skin, membrane, film
– קרום שחייה web
קָרוּם ת' cream, creme
קְרוּמִי ת' membranous, cuticular
קְרוּמִית נ' membrane, cuticle
קָרוֹן ז' car, cart, coach, wagon
– קרון מסעדה dining car
– קרון משא freight car
– קרון מת hearse
– קרון נוסעים passenger car
– קרון רכבת car, carriage
– קרון שינה sleeping car, wagon-lit
קְרוֹנִית נ' trolley, cart, go-cart
קֶרוֹסִין ז' kerosene, paraffin oil
קָרוּסֶלָה נ' merry-go-round, roundabout, carousel, carrousel
קָרוּעַ ת' torn, tattered, ragged
קְרוּפְּיֶיה (קופאי) ז' croupier
קָרוּץ ת' formed, made, shaped
קְרוֹקֶט (מִשְׂחָק) ז' croquet
קָרוּשׁ ת' jellified, coagulated, congealed
קִרְזוּל ז' curling, waving, kink
קִרְזֵל פ' curl, wave, frizzle
קֶרַח ז' ice
קָרְחָה נ' bald place, clearing
קַרְחוֹן ז' glacier, iceberg, berg
קָרַחַת נ' baldness, bald spot
– קרחת יער glade, clearing
קָרָט (יחידת משקל) ז' carat
קָרָטֶה (שיטת התגוננות) ז' karate
קַרְטוֹגְרָף (מפאי) ז' cartographer
קַרְטוֹגְרַפְיָה (מפאות) נ' cartography
קַרְטוֹן ז' cardboard, pasteboard, box, case
קִרְטוּעַ ז' fidgeting, rocking
קַרְטֶל ז' cartel, trust, monopolizers
קִרְטֵם פ' cut, nip, truncate
קִרְטֵעַ פ' fidget, limp, leap
קֶרִי ז' pollution, emission
קְרִי תה"פ should be read as
קָרִיא ת' legible, readable

קְרִיאָה נ' call, cry, exclamation, naming, reading, appeal
- קריאה שנייה (בכנסת) second reading
- קריאת ביניים interjection
- קריאת הגבר cockcrow
קְרִיאוּת נ' legibility, readability
קִרְיָה נ' city, town, district, campus
*קְרִיזָה נ' shock, crisis, seizure
קְרִיטִי ת' critical, crucial
קְרִיטֶרְיוֹן (אבן בוחן) ז' criterion
קְרִיֵּן פ' announce, broadcast
קַרְיָן ז' announcer, narrator
- קריין רצף linkman, anchorman
קַרְיָנוּת נ' announcing, narration
קַרְיֶרָה נ' career, occupation
קַרְיֶרִיסְט ז' careerist, climber
קְרִימִינוֹלוֹג ז' criminologist
קְרִימִינוֹלוֹגְיָה נ' criminology
קָרִין ז' keel
קְרִינָה נ' radiation, radiance
קְרִינוֹלִינָה (שמלה רחבה) נ' crinoline
קְרִיסָה נ' collapse, fall, cave-in
קְרִיסְטָל ז' crystal
קְרִיעָה נ' tear, rending, laceration
*- קריעת ישבן hard work
- קשה כקריעת ים סוף very difficult
קְרִיצָה נ' wink, glance, ogle
קְרִיקֶט (מִשְׂחָק) ז' cricket
קָרִיקָטוּרָה נ' caricature, cartoon
קָרִיקָטוּרִיסְט ז' caricaturist, cartoonist
קָרִיר ת' chilly, cool, frigid, *parky
קְרִירוּת נ' coolness, frigidity
קָרִישׁ ז' aspic, jelly, gel
- קריש דם blood clot, embolus
קְרִישָׁה נ' jellying, clotting
קָרַם פ' crust over, form a crust
- קרם עור וגידים form, take shape
קְרֶם ז' cream, icing, creme
קְרֶמָטוֹרְיוּם (מִשְׂרָפָה) ז' crematorium
קֶרָמִיקָה (קַדָּרוּת) נ' ceramics
קָרָמֶל (שֶׁזֶף סוּכָּר) ז' caramel
קָרֶמֶת (אסכרה) נ' diphtheria
קָרַן פ' shine, radiate, beam, bloom
קֶרֶן נ' fund, capital, principal, horn, beam, ray, corner
- הצמיחה לו קרניים cuckold
- הרים קרן exalt, dignify, ennoble
- קרן אור ray of light, beam
- קרן אנגלית cor anglais, English horn
- קרן הצבי antler, dubious enterprise
- קרן השפע cornucopia, horn of plenty
- קרן השתלמות training fund
- קרן זווית corner
- קרן יער French horn
- קרן נאמנות trust fund
- קרן צרפתית French horn
- קרן קיימת לישראל Jewish National Fund
- קרן שמש sunbeam
- קרני רנטגן X rays
קַרְנָבָל ז' carnival, festival, rag
קַרְנִי ת' horny, hornlike
קַרְנִית נ' cornea
קַרְנָן ז' cuckold
קַרְנַף ז' rhinoceros, rhino
קָרַס פ' fall, collapse, cave in, yield, kneel, buckle
קֶרֶס ז' barb, hook, clasp, fishhook
קַרְסוֹל ז' ankle, hock
- לא מגיע לקרסולי- can't hold a candle to
קַרְסוּלִית נ' gaiter, spat, legging
קָרַע פ' rend, rip, tear, lacerate
*- קרע הישבן break one's neck
- קרע לגזרים shred, tear apart
קֶרַע ז' rent, tear, rip, tatter, rift
קְרֶפּ ז' crape, crepe
קַרְפָּדָה נ' toad
קַרְפִּיוֹן ז' carp
קַרְפִּיף ז' enclosure, enclosed yard
קָרַץ פ' wink, ogle, form, shape, cut out, divide dough
- קרץ לו attract, appeal, fascinate
קֵרוּץ ז' scraping, currying
קַרְצִית (טפיל) נ' tick
קִרְצֵף פ' brush, scrape, curry
קַרְצֶפֶת נ' currycomb, brush
קִרְקוּר ז' cackle, cluck, croaking
קִרְקָס ז' circus
קִרְקַע פ' ground
קַרְקַע נ' ground, land, soil

- קרקע אוויר (טיל) ground-to-air
- קרקע בתולה virgin soil

קַרְקָעִי ת' soil, ground

קַרְקָעִית נ' bottom, base, bed

קִרְקֵף פ' scalp, behead, decapitate

קַרְקֶפֶת נ' scalp, head, pate

קִרְקֵר פ' cackle, cluck, croak

קְרֶקֶר ז' cracker, crisp biscuit

קֶרֶשׁ ז' board, plank, batten
- קרש בציעה breadboard
- קרש גיהוץ ironing board
- קרש הצלה lifesaver
- קרש קפיצה springboard, diving board, steppingstone
- קרשי הבימה the boards

קְרֶשֶׁנְדוֹ (מִתְגַּבֵּר) תה"פ crescendo

קֶרֶת נ' city, town

קַרְתָּנוּת נ' provincialism

קַרְתָּנִי ת' provincial, rustic, *hick

קַשׁ ז' straw
- הקש ששבר את גב הגמל the last straw
- קש וגבבה worthless talk

קַשָּׁב ז' listener, monitor

קֶשֶׁב ז' attention, listening

קָשָׁה פ' harden, be difficult

קָשֶׁה ת' difficult, arduous, hard, rough, rigid, tough, severe
- קשה הבנה slow-witted, dull
- קשה יום dejected, miserable
- קשה לכעוס slow to anger
- קשה מנשוא insupportable
- קשה עורף stubborn, obstinate
- קשה תפיסה slow-witted

קָשׁוּב ת' attentive, listening

קַשְׂוָה נ' valve, shell, shuck
- קשוות הצדפה clamshell, valve

קָשׁוּחַ ת' hard, callous, rigid, stern, tough, inexorable
- קשוח לב hardhearted

קָשׁוּר ת' bound, tied, connected, related, relevant

קָשׁוֹת נ"ר hard words

קַשָּׁט ז' decorator, embellisher

קֹשִׁי- ראה קושי hardness, difficulty

קַשְׁיוּת נ' hardness, rigidity, temper
- קשיות עורף obstinacy, self-will

קָשִׁיחַ ת' hard, rigid, immovable

קְשִׁיחוּת נ' hardness, rigidity
- קשיחות לב callousness

קְשִׁירָה נ' tying, binding
- קשירת קשר conspiracy, plot

קָשִׁישׁ ת' old, aged, elder, elderly

קְשִׁישׁוּת נ' old age, seniority

קַשִּׁית נ' straw

קִשְׁקוּשׁ ז' ringing, tinkling, scribble, scrawl, *nonsense, yak

קִשְׁקֵשׁ פ' tinkle, scribble, *prattle

*- קשקש בקומקום talk nonsense

קַשְׂקַשִּׂי ת' scaly, flaky, imbricate

קַשְׂקַשִּׂים ז"ר dandruff, scurf, scales

קַשְׁקְשָׁן ז' chatterbox, prattler

קַשְׂקֶשֶׂת נ' dandruff, scurf, scale

קָשַׁר פ' tie, bind, join, fasten
- קשר כתרים ל- sing him praises
- קשר קשר conspire, plot

קֶשֶׁר ז' tie, connection, knot, conspiracy, plot, joint, bond, relation, node
- קשר גורדי Gordian knot
- קשר ימי knot
- קשר עין eye contact

קַשָּׁר ז' signaler, signalman, liaison, midfield player, halfback

קַשָּׁרוּת נ' liaison, signaling

קִשְׁרִי ת' nodal

קִשְׁרִיר ז' nodule

קִשֵּׁשׁ פ' gather straw

קֶשֶׁת נ' arc, arch, bow, rainbow
- קשת פחם carbon arc, arc lamp
- קשת רחבה wide spectrum, full range

קַשָּׁת ז' bowman, archer

קַשָּׁתוּת נ' archery

קַשְׁתִּי ת' arched, vaulted

קַשְׁתִּית נ' iris, fretsaw

קַשְׁתָּנִית נ' bow, drill

קַת נ' butt, handle, haft, shaft

קָתֶדְרָה נ' cathedra, chair

קָתֶדְרָלָה נ' cathedral

קָתוֹדָה נ' cathode, negative pole

קָתוֹלִי ת' Catholic, *papist

קָתוֹלִיּוּת נ' Catholicism, popery

קָתֶטֶר ז' catheter

קַתְרוֹס ז' guitar, lute

קַתְרוֹסָן ז' lutanist

ר

ר׳ = ראה q.v., quod vide, see
ר׳ = רבי rabbi
רָאָה פ׳ see, watch, look, perceive, notice, understand
– ראה בעין יפה favor, sympathize
– ראה בעין רעה disfavor, frown on
– ראה לנכון see fit
רַאֲוָה נ׳ show, display
רַאַוותָן ז׳ exhibitionist, showoff
רַאַוותָנוּת נ׳ ostentation, showiness, exhibitionism
רַאַוותָנִי ת׳ ostentatious, showy
רָאוּי ת׳ deserving, worthy, proper, suitable, fit
– ראוי לשמו worth one's salt, good
רְאוּיוּת נ׳ worthiness, fitness
רֶאוֹרגָנִיזַצְיָה נ׳ reorganization
רְאוּת נ׳ eyesight, vision, visibility
– כראות עיניו as one sees fit
רְאִי ז׳ mirror, looking glass
רְאָיָה נ׳ proof, evidence
– הא ראיה here is the proof
רֵאָיוֹן ז׳ appointment, interview
ראיון ז׳ interviewing
רְאִיָּה נ׳ eyesight, sight, seeing, looking, vision
– ראיית הנולד foresight, prescience
רִאיֵין פ׳ interview
רְאִינוֹעַ ז׳ cinema, movies
רְאִיקוֹלִי ת׳ audiovisual
רְאֵם ז׳ oryx, antelope
רֹאשׁ ז׳ head, top, leader, chief, start, beginning
– בראש ובראשונה first and foremost
– בראש חוצות openly, in public
*– ג׳וק בראש bee in one's bonnet
– ראש בקר head of cattle
– ראש גשר bridgehead
– ראש הטקס master of ceremonies, emcee
– ראש השנה New Year
– ראש התורן masthead
– ראש חודש new moon, first day of month
– ראש חוף beachhead
– ראש חץ arrowhead, salient
*– ראש כרוב woodenhead, fool
– ראש להק group captain
– ראש ממשלה prime minister, premier
– ראש מנזר abbe, abbot
– ראש נפץ גרעיני nuclear warhead
– ראש עיר mayor, mayoress
– ראש קבוצה captain, skipper
*– ראש קטן low profile, avoiding responsibility
– ראשו בעננים on cloud nine, wishful thinker
– ראשו ורובו ב– up to his neck in
– ראשי תיבות acronym, abbreviation, initials
רִאשׁוֹן ת׳ first, former, initial
– מכלי ראשון from the horse's mouth
– ראשון בין שווים primus inter pares
רִאשׁוֹנָה תה״פ first, in the first place
רִאשׁוֹנִי ת׳ first, original, prime
רִאשׁוֹנִיּוּת נ׳ originality
רָאשׁוּת נ׳ leadership, head
– בראשותו headed by him
– ראשות ממשלה premiership
– ראשות עיר mayoralty
רָאשִׁי ת׳ chief, primary, main, major, principal
רֵאשִׁית נ׳ beginning, start, firstly
– ראשית כל first of all, to start with, *for starters
רֵאשִׁיתִי ת׳ primitive, primeval
רֹאשָׁן ז׳ tadpole
רָב פ׳ quarrel, fight, dispute, row
רַב ז׳ rabbi, teacher
– רב צבאי army chaplain
רַב ת׳ much, many, numerous, large, strong, poly-, multi, -ful
– רב אחריות responsible
– רב איבר polynomial
– רב אלוף major-general, general, lieutenant-general
– רב אמן grand master

– רב חובל captain
– רב חשיבות all-important
– רב טבחים chef, murderer
– רב טוראי corporal
– רב כוח all-powerful, mighty
– רב כלאי warden, warder
– רב לשוני multilingual
– רב מכר best seller
– רב משמעות meaningful
– רב ניצב commissioner
– רב סמל sergeant major
– רב סמל ראשון first sergeant major
– רב סרן major
– רב ערך valuable, important
– רב פעלים doer, active person
– רב פקד superintendent
– רב צדדי all-round, versatile, multilateral
– רב צורות multiform, variform
– רב צלעון polygon
– רב קולי polyphonic
– רב קומות multistorey, high-rise
– רב רושם impressive, imposing
– רב שיח symposium
– רב שימושי multipurpose, general-purpose
– רב תכליתי all-purpose, utility
רַב תה"פ enough, sufficiently
רְבָב ז' stain, blot, taint, blemish
רְבָבָה נ' ten thousand, 10000
רְבָבִית נ' one of 10000 equal parts
רַבְגוֹנִי ת' colorful, multicolored
רַבְגוֹנִיּוּת נ' variety, variegation
רְבָדִים (רְבִּים שֶׁל רוֹבֶד) ז"ר strata
רָבָה פ' multiply, propagate, increase, be numerous
רָבוּד ז' stratified, laminated
רֶבּוּס ז' rebus
רָבוּעַ ת' square, quadrate
רָבוּץ ת' lying, couchant
רַבּוֹת תה"פ much, a great deal
רְבוּתָא נ' novelty, news, discovery
רַבּוֹתַי מ"ק gentlemen!
רב"ט = רב טוראי corporal
רַבִּי ז' rabbi, teacher, Mr.
רַבִּיב ז' major scale
רְבִיבִים ז"ר rain, shower

רָבִיד ז' necklace, scarf, neckerchief
רֶבְיוּ (תוכנית בידור) ז' revue
רָבְיוֹלִי (כיסן פסטה) ז' ravioli
רֶבִיזְיָה נ' revision, emendation
רֶבִיזְיוֹנִיזְם ז' revisionism
רֶבִיזְיוֹנִיסְט ז' revisionist
רְבִיָּה נ' increase, reproduction, propagation
– רביית בתולים parthenogenesis
רְבִיכָה נ' thickening
רַבִּים ז"ר many, plural
– ברבים in public, openly
רְבִיעַ ז' quarter, quadrant
רְבִיעָה נ' copulation, mating, rainy season
רְבִיעִי ת' fourth
רְבִיעִיָּה נ' quadruplets, quartet
רְבִיעִית נ' quarter, fourth, fourthly
רְבִיצָה נ' lying, couching
רַבָּן ז' rabbi, champion
רַבָּנוּת נ' rabbinate
רַבָּנִי ת' rabbinical
רַבָּנָן ז"ר our rabbis
רַבְסָב ז' great-grandfather
רֶבַע ז' fourth, quarter
– רבע גמר quarterfinal
– רבע תו crotchet, quarter note
רִבְעוֹן ז' quarterly
רְבִעִית נ' quartet, quartette
רָבַץ פ' lie, couch, brood, squat
– רבץ לפתחו lie at his door
רַבְצָל ז' capsule
רַבְרְבָן ז' braggart, *blowhard
רַבְרְבָנוּת נ' boastfulness
רַבְרְבָנִי ת' boastful, *swanky
רַבָּתִי ת' large, capital
– ירושלים רבתי greater Jerusalem
– לא בא' רבתי definitely not
רֶגֶב ז' clod, lump of earth
רַגְבּוּבִית נ' small clod
רַגְבִּי ז' football, rugby, *rugger
רָגוּ (תַּרְבִּיךְ) ז' ragout
רָגוּז ת' angry, irate
רֶגוּלָטוֹר (וַסָּת) ז' regulator
רֶגוּלַצְיָה (ויסות) נ' regulation
רֶגוּלָרִי (סדיר) ת' regular
רָגוּעַ ת' calm, relaxed, tranquil
רָגַז פ' be angry, be enraged, rage

רַגְזָן ז' ill-tempered person, irate
רַגְזָנוּת נ' bad temper, anger
רַגְזָנִי ת' fretful, short-tempered
רָגִיל ת' accustomed, used to, wont, ordinary, common, usual
רְגִילוּת נ' habit, custom
רְגִימָה נ' stoning, throwing stones
רְגִיעָה נ' relaxation, quiet, placidity, repose, subsidence
רָגִישׁ ת' sensitive, touchy, allergic
רְגִישׁוּת נ' sensitivity, susceptibility
רֶגֶל נ' foot, leg, holiday
– התחיל ברגל שמאל start badly
*– זה לא הולך ברגל no simple matter
– יש רגליים לדבר not totally baseless
– על רגל אחת quickly, summarily
– רגל קדמית forefoot, foreleg
– רגל שטוחה splayfoot, flatfoot
רִגְלוּל ז' footwork
רַגְלִי ז' pedestrian, pawn, infantryman, on foot
רַגְלִית נ' trestle, leg, foot
רָגַם פ' stone, mortar, pelt, pepper
רַגָּם ז' mortarman, gunner
רָגַן פ' rail, complain, grumble
רָגַע פ' be calm, relax
רֶגַע ז' instant, moment, second
– רגע קט twinkling, instant
רִגְעִי ת' momentary, instantaneous
רִגְעִיּוּת נ' instantaneousness
רֶגְרֶסִיבִי (נסוג) ת' regressive
רָגַשׁ פ' storm, rage, be excited
רֶגֶשׁ ז' feeling, sentiment, emotion
רִגְשִׁי ת' sentimental, emotional
רִגְשִׁיּוּת נ' sentiment, emotionality
רַגְשָׁנוּת נ' sentimentalism, slush
רַגְשָׁנִי ת' sentimental, maudlin
רָדָה פ' tyrannize, rule, remove
רָדוּד ת' shallow, flimsy, low
רָדוּם ת' drowsy, sleepy, slumberous, dormant
רָדוּף ת' persecuted, pursued, hunted
רַדְיָאטוֹר (מַקְרֵן) ז' radiator
רַדְיָאלִי (טַבּוּרִי) ת' radial
רְדִיד ז' scarf, shawl, veil, stole
רְדִידוּת נ' shallowness, flimsiness
רַדְיוֹ ז' radio, wireless, radio set
רַדְיוֹאַקְטִיבִי ת' radioactive
רַדְיוֹאַקְטִיבִיּוּת נ' radioactivity
רַדְיוּם (יסוד כימי) ז' radium
רַדְיוּס (מחוג) ז' radius
רְדִיָּה נ' removal (of honey), rule
רָדִים ת' sleepy, somnolent, drowsy
רְדִימוּת נ' somnolence, drowsiness
רְדִיפָה נ' chase, pursuit, persecution
– רדיפת בצע avarice, greed
רָדִיקָלִי ת' radical, basic, extremist
רָדִיקָלִיּוּת נ' radicalism
רֶדֶם (סם מרדים) ז' narcotic
רֶדֶמֶת נ' lethargy, stupor
רָדַף פ' persecute, chase, pursue, run after, seek for, woo, court
רָדָר (מכ"ם) ז' radar
רֶדֶת הַלַּיְלָה nightfall, sunset
רֶה (צליל) ז' D, re
רֶה אִרְגּוּן ז' reorganization, shakeup
רַהַב ז' arrogance, pride, boasting
רֶהַבִּילִיטַצְיָה (שיקום) נ' rehabilitation
רָהוּט ת' cursive, fluent, flowing
– רהוט דיבור voluble
רַהֲטָן (סוס מרכבה) ז' trotter
רָהִיט ז' piece of furniture
– רהיטים furniture
רְהִיטָה נ' fluency, trot
רְהִיטוּת נ' fluency, volubility, trot
רה"מ=ראש הממשלה prime minister
רוֹאֶה ז' seer, spectator, watcher
– רואה חשבון accountant, auditor
– רואה שחורות pessimist
רוּאְיַן פ' be interviewed
רוֹב ז' most, majority, plenty
– מרוב due to so many
– רוב מניין ורוב בניין the majority
– רוב קולות majority, plurality
– רוב רובו chiefly, mostly
רוֹבָאוּת נ' rifle shooting, musketry
רוֹבַאי ז' rifleman
רוּבַּד פ' be stratified, be lined
רוֹבֶד ז' stratum, layer, thickness
רוֹבֶה ז' rifle, gun
– רובה אוויר air gun, air rifle
– רובה אוטומטי automatic
– רובה מיטען self-loading rifle

- רובה סער assault rifle
- רובה ציד shotgun, hunting rifle
- רובה קטום-קנה sawed-off shotgun

רוֹבּוֹט ז' robot, automaton
רוֹבּוֹטִיקָה נ' robotics, building robots
רוּבָּל ז' rouble, ruble
רוּבָּנִי ת' majority, of the majority
רוּבַּע פ' be squared, quadruple
רוֹבַע ז' quarter, district, section
רוֹגֶז ז' anger, rage, wrath, huff
רוֹגֵז ת' angry, irate, cross, mad
רוֹגְזָה נ' anger, rage, concern
רוֹגְזָנִי ת' angry, irate
רוֹגְלִית נ' trailing vine
רוֹגֶם ז' cairn, dolmen, heap
רוּגְמָה נ' intrigue, machination
רוֹגַע ז' calm, tranquility, stillness
רוֹגֵעַ ת' calm, tranquil, placid, still
רוֹגֵשׁ ת' astir, agitated, turbulent
רוֹדוֹדֶנדרוֹן (פרח) ז' rhododendron
רוֹדֵיאוֹ (מופע בוקרים) ז' rodeo
רוֹדָן ז' autocrat, dictator, tyrant
רוֹדָנוּת נ' dictatorship, autocracy
רוֹדָנִי ת' despotic, dictatorial
רוֹדֵף ז' persecutor, pursuer, wooer

- רודף בצע avaricious, greedy
- רודף נשים womanizer

רוּהַט פ' be furnished
רוה"מ=ראש הממשלה prime minister
רָוָה פ' drink one's fill

- רווה נחת derive pleasure

רָוֶה ת' saturated, quenched
רָוַח פ' feel relief, be current, be widespread
רֶוַח ז' profit, gain, benefit, interval, space, separation, relief

- רווח נקי net profit
- רווחי הון capital gains

רוֹוֵחַ ת' current, widespread, prevalent
רְוָחָה נ' relief, welfare, comfort

- פתוח לרווחה wide open

רִוְחִי ת' profitable, lucrative
רִוְחִיּוּת נ' profitability
רָווּי ת' saturated, sodden, soaked
רְוָיָה נ' saturation, fill
רִוְיוֹן ז' saturation, orgasm
רַוָּץ ז' jockey, rider
רַוָּק ז' bachelor, single, unmarried
רַוָּקָה נ' maid, spinster
רַוָּקוּת נ' celibacy, bachelorhood
רֶוֶרְס ז' reverse, moving backwards
רוֹזֶטָה (שׁוֹשֶׁנֶת) נ' rosette
רוֹזְמָרִין (שיח נוי) ז' rosemary
רוֹזֵן ז' baron, count, earl, marquis
רוֹזְנוּת נ' barony, earldom
רוֹזֶנֶת נ' countess, baroness
רוּחַ נ' wind, air, spirit, mind, soul, ghost, *gas, boasting

- הוציא הרוח ממפרשיו refute his arguments, clip his wings
- לרוחו to his liking
- מי לכל הרוחות- who the devil-
- רוח הזמן spirit of the age
- רוח הקודש holy spirit
- רוח עוועים madness, confusion
- רוח פרצים draft, draught
- רוח צד cross-wind
- רוח צוות esprit de corps
- רוח קלה breeze, breath
- רוח קרב fight, militancy
- רוח רעה madness, insanity
- רוח רפאים specter, phantom

רוֹחַב ז' breadth, width, spread

- רוחב גיאוגרפי latitude
- רוחב יד generosity
- רוחב לב magnanimity

רוֹחְבִּי ת' lateral, transverse
רוּחַם פ' be shown mercy
רוּחָנִי ת' mental, spiritual
רוּחָנִיּוּת נ' spirituality
רוֹחַק ז' distance
רוֹטֶב ז' sauce, gravy

- רוטב עגבניות ketchup

רוֹטוֹר (חוּגָה) ז' rotor
רוֹטְטָנִי ת' vibrant, quivering
רוּטִינָה נ' routine, procedure
רוֹטַצְיָה נ' rotation, switching
רוֹטַצְיוֹנִי ת' rotatory, spinning
רוּטַשׁ פ' be retouched, be shredded
רוֹךְ ז' tenderness, softness, lenience
רוֹכֵב ז' rider, jockey, graft

- רוכב אופניים cyclist, cycler

רוּכַּז פ׳ be concentrated, be focused
רוּכַּךְ פ׳ be softened up
רוֹכֵל ז׳ hawker, peddler, pedlar
רוֹכלוּת נ׳ peddling, hawking
רוֹכסָן ז׳ zipper, zip fastener
רוֹלָדָה (גלילה) נ׳ roll, Swiss roll
רוּלֶטָה נ׳ roulette
רוּם ז׳ altitude, height, highness
- עומדים ברומו של עולם very important
רוֹמָאִי ז׳ Roman
רוּמבָּה (ריקוד) ז׳ rumba
רוֹמבּוּס (מעוין) ז׳ diamond, lozenge, rhomb, rhombus
רוּמָה פ׳ be cheated, be deceived
רוֹמֶה ז׳ discharger, discharge cup
רוּמַז פ׳ be hinted, be alluded
רוֹמֵז ת׳ allusive, hinting, indicative
רוֹמַח ז׳ lance, spear
רוֹמִי ת׳ Roman, Romanesque
רוֹמֵם פ׳ raise, lift, praise, glorify
- רומם רוח buoy up, exhilarate
רוֹממוּת נ׳ elevation, majesty
- רוממות רוח high spirits
רוֹמָן ז׳ love affair, affair, love story, novel, romance
רוֹמַנטִי ת׳ romantic, fascinating
רוֹמַנטִיוּת נ׳ romanticism
רוֹמַנטִיקָה נ׳ romanticism
רוֹמַנטִיקָן ז׳ romantic, romanticist
רוֹמָנִית נ׳ Romanian
רוֹמַנסָה (יצירה לירית) נ׳ romance
רוֹן ז׳ song, singing, music
רוֹנדוֹ ז׳ rondo, rondeau
רוּסִי ת׳ Russian
רוּסיָה נ׳ Russia
רוּסִית נ׳ Russian
רוּסַן פ׳ be curbed, be restrained
רוּסַס פ׳ be sprayed, be atomized
רוּסַק פ׳ be crushed, be mashed
רוֹעַ ז׳ wickedness, bad, evil
- רוע לב wickedness, malevolence
רוֹעֶה ז׳ herdsman, herder, shepherd, pastor, leader
- רועה זונות pimp, pander
- רועה רוחני mentor, pastor
רוֹעִית נ׳ pastoral, pastorale
רוֹעֵם ת׳ thunderous, resounding

רוּעֲנַן פ׳ be refreshed
רוּעַף פ׳ be tiled, be lapped
רוֹעֵץ ז׳ obstacle, boomerang
- היה לרועץ fail, backfire, recoil
רוֹעֵשׁ ת׳ loud, noisy, clamorous
רוֹפֵא ז׳ doctor, physician, *medico
- רופא אליל quack doctor
- רופא בהמות וחיות veterinarian
- רופא כללי general practitioner, GP, family doctor
- רופא נשים gynecologist
- רופא עור dermatologist
- רופא עיניים ophthalmologist
- רופא עצבים neurologist
- רופא עצמות osteopath
- רופא שיניים dentist
רוּפַּד פ׳ be upholstered, be lined
רוּפָּה פ׳ be slackened, loosen
רוֹפֵס ת׳ weak, soft
רוֹפֵף פ׳ weaken, loosen, slacken
רוֹפֵף ת׳ loose, weak, shaky, frail
רוּצָה פ׳ be appeased, be served
רוֹצֶה ת׳ willing, desirous, wishful
רוֹצֵחַ ז׳ assassin, murderer
רוֹצַחַת נ׳ murderess
רוּצַף פ׳ be tiled, be paved
רוֹצֵץ פ׳ smash, crush, shatter
רוּצַץ פ׳ be crushed, be smashed
רוֹק ז׳ saliva, spit, spittle, rock
רוֹקֵחַ ז׳ druggist, chemist, dispenser, pharmacist
רוֹקְחוּת נ׳ pharmacy
רוֹקֵם ז׳ embroiderer, deviser
רוֹקֵן פ׳ empty, deplete, drain
רוּקַן פ׳ be emptied, be cleaned out
רוֹקֶנרוֹל ז׳ rock 'n' roll, rock
רוּקַע פ׳ be flattened, be beaten
רוֹשׁ ז׳ hemlock, poison
רוֹשֶׁם ז׳ effect, impression, impact
- יש רושם ש- it seems that
רוֹשֵׁם ז׳ recorder, registrar
רוֹשֵׁשׁ פ׳ impoverish, beggar
רוּשַּׁת פ׳ be netted, be reticulated
רוֹת! מ״ק roger!, O.K.
רוֹתֵחַ ת׳ boiling, furious, *mad
רוֹתְחִין ז״ר boiling water
- דן ברותחין criticize sharply
רוּתַּךְ פ׳ be welded, be soldered

רוֹתֶם (שיח) ז' broom, furze
רוּתַּק פ' be confined, be riveted
רָז ז' secret, mystery
רָזָה פ' thin, lose weight
רָזֶה ת' skinny, slender, thin, slim
– בשר רזה lean meat
רָזוֹן ז' thinness, leanness, emaciation
רֶזוֹנַנְס (תהודה) ז' resonance
רְזִיָּיה נ' thinning, losing weight
רֶזֶרְבָה (עתודה) נ' reserve, backup
רֶזֶרְבִי ת' spare, reserve, substitute
רח' = רחוב st., street
רָחַב פ' broaden, widen, expand
רָחָב ת' broad, wide, spacious, ample
– רחב אופק broad-minded, open-minded
– רחב גרם big-boned
– רחב ידיים spacious, roomy
– רחב לב generous, benevolent
רַחַב - בְּרַחֲבֵי throughout, all over
רְחָבָה נ' square, platform, concourse, area
– רחבת העונשין penalty area
רַחֲבוּת נ' width, breadth, extent
רְחוֹב ז' street, road
רַחוּם ת' merciful, pitiful, clement
רָחוּם ת' beloved, dear, darling
רָחוּץ ת' washed, bathed
רָחוֹק ת' distant, far, remote
– רחוק ראות farsighted
רְחִיפָה נ' hovering, flying
רָחִיץ ת' washable
רְחִיצָה נ' washing, bath, ablution
רְחִישָׁה נ' moving, swarming, stirring
רָחֵל ז' ewe, sheep
רְחֵלָה נ' ewe, sheep
רֶחֶם ז' uterus, womb
– רחם צנוח prolapsed uterus
רָחָם ז' Egyptian vulture
רַחְמִי ת' uterine, womblike
רַחֲמִים ז"ר pity, mercy, compassion, clemency, lenity
רַחֲמָן ת' clement, merciful, sparing
רַחֲמָנָא לִצְלַן מ"ק God forbid
רַחֲמָנוּת נ' mercy, pity, compassion

רַחֶמֶת (דלקת הרחם) נ' metritis
רִחֵף פ' shake, tremble, hover
רַחֶפֶת נ' hydrofoil, air cushion vehicle, hovercraft
רָחַץ פ' wash, bathe
– רחץ בניקיון כפיו wash one's hands of, repudiate a charge
רַחְצָה נ' washing, bathing
רָחַק פ' be far, keep far from
רַחְרוּחַ ז' smelling, sniffing, snuff
רִחְרֵחַ פ' nose, smell, sniff, snoop
רָחַשׁ פ' move, stir, swarm, teem, sizzle, frizzle, feel, bear
רַחַשׁ ז' noise, whisper, ripple, stir, rustle, sizzle, thought
– רחשי לב feelings, thoughts
רַחֲשׁוּשׁ ז' rustle, thought
רַחַת נ' racket, racquet, spatula
– רחת טיגון turner
רַחַת לוּקוּם נ' Turkish delight
רָטוֹב ת' damp, humid, wet, moist
רֵטוֹרִי ת' rhetorical, pompous
רֵטוֹרִיקָה נ' rhetoric, oratory
רֵטוּשׁ ז' retouch, brush-up, finish
רָטַט פ' tremble, thrill, vibrate
רֶטֶט ז' thrill, vibration, shaking
רַטָּט ז' vibrator
רַטֶּטֶת נ' Parkinson's disease
רְטִיבוּת נ' damp, moisture, wet
רְטִיָּיה נ' bandage, compress, patch, application, poultice, plaster
רָטַן פ' grumble, growl, *bellyache
רַטְנָן ז' grumbler, grouch, *nag
רֶטרוֹאַקְטִיבִי (מִפְּרֵעִי) ת' retroactive
רֶטרוֹאַקְטִיבִיוּת נ' retroactivity
רֶטרוֹאַקְטִיבִית (למפרע) retroactively
רֶטרוֹסְפֶּקְטִיבִי ת' retrospective, looking backwards, retroactive
רֵיאָה נ' lung
– ריאות בהמות lights
רֵיאָלִי ת' actual, real, existent
רֵיאָלִיוּת נ' reality, realism
רֵיאָלִיזם ז' realism
רֵיאָלִיסט ז' realist
רֵיאָלִיסטִי ת' realistic, pragmatic
רֵיאַקְטוֹר (מָגוֹב) ז' reactor
רֵיאַקְצְיָה נ' reaction, obscurantism
רֵיאַקְצְיוֹנֶר ז' reactionary, die-hard

ריב ז' dispute, quarrel, altercation, argument, strife, *hassle
ריבָּאונד (כדור ניתר) ז' rebound
ריבֵּד פ' laminate, stratify, line
ריבָּה פ' increase, breed, bring up
ריבָה נ' girl, lass, wench
ריבָּה נ' jam, jelly, preserves
ריבּוֹא נ' ten thousand, 10000
ריבּוּד ז' stratification, layering
ריבּוּי ז' increase, large number of, profusion, propagation, breeding, raising, plural
– ריבוי נשים polygamy
ריבּוֹן ז' lord, master, sovereign
– ריבונו של עולם God
ריבּוֹנוּת נ' sovereignty, domain
ריבּוֹנִי ת' sovereign, independent
ריבּוּעַ ז' square, squaring
ריבּוּעִי ת' quadratic, square
ריבִיֶירָה נ' riviera, coastal region
ריבִּית נ' interest
– ריבית דריבית compound interest
– ריבית מצטברת compound interest
– ריבית פשוטה simple interest
– ריבית קצוצה usury, excessive interest
ריבָּס (צמח מאכל) ז' rhubarb
ריבֵּעַ פ' square, quadruple
ריבֵּעַ ז' great-grandchild
ריגּוּל ז' espionage, spying
– ריגול נגדי counterespionage
ריגּוּשׁ ז' emotion, agitation, excitement, ecstasy
ריגּוּשִׁי ת' emotional, ecstatic
ריגּוּשִׁיוּת נ' emotionality
ריגֵּל פ' spy, spy on
ריגֵּם פ' stone, mortar
ריגֵּשׁ פ' excite, enrapture, move
רידֵּד פ' flatten, roll out, shallow
רידּוּד ז' flattening, shallowing
ריהוּט ז' furniture, furnishing
ריהֵט פ' furnish
ריוָּה פ' saturate, quench, slake
ריוַּח פ' space, separate, ventilate
ריוּוּחַ ז' spacing
רֵיחַ ז' odor, scent, smell, smack
– ריח ניחוח fragrance, perfume
– ריח רע מהפה halitosis, bad breath
ריחוּף ז' hovering, flying, levitation
ריחוּק ז' distance, remoteness
– ריחוק מקום distance
רֵיחַיִים ז"ר mill, millstone
– ריחיים על צווארו millstone round his neck, heavy burden
ריחֵם פ' pity, have mercy, show pity
רֵיחָן (תבלין) ז' basil
רֵיחָנִי ת' fragrant, aromatic
ריחֵף פ' hover, fly, flutter, float
ריטוּאָל (טקס פולחני) ז' ritual
ריטוּט ז' vibration, tremble
ריטוּן ז' growl, grumbling, snarl
ריטוּשׁ ז' retouching, retouch, tearing to pieces, crushing
ריטֵט פ' tremble, vibrate
ריטֵשׁ פ' tear to pieces, retouch
ריכּוּז ז' concentration, centralizing
ריכּוּזִי ת' centralized, compact
ריכּוּזִיוּת נ' centralization
ריכּוּךְ ז' softening, softening up
ריכֵּז פ' concentrate, focus, mass
ריכֵּךְ פ' soften, soften up, shell
ריכֵל פ' gossip, chat, *jaw, peddle
רימָּה פ' cheat, lie, swindle, *skin
רימָּה נ' maggot, worm, larva
רימּוֹן ז' grenade, pomegranate
– רימון יד grenade, hand-grenade
רימֵּז פ' hint, beckon, allude, imply
רֵימָטִיזם (שיגרון) ז' rheumatism
רינָּה נ' song, singing, joy
רינּוּן ז' singing, gossip, hearsay
רינֵּן פ' sing, gossip, talk about, slander
רִיס ז' eyelash, lash
ריסּוּן ז' restraint, curbing, control
ריסּוּס ז' dusting, spraying, atomizing, sprinkling
ריסּוּק ז' crushing, mashing, mincing, pounding
ריסֵּן פ' curb, restrain, check, bridle, rein, hold back
ריסֵּס פ' spray, atomize, sprinkle
– ריסס בכדורים riddle with bullets
ריסֵּק פ' mash, mince, crush, pound, smash

- ריסק עצמותיו *beat to a pulp
ריעוף ז' tiling, imbrication, slating
ריעֵף פ' tile, imbricate, overlap
ריפֵּא פ' cure, heal, put right
ריפֵּד פ' pad, upholster, cushion
ריפָּה פ' slacken, loosen, relax
- ריפה ידיים discourage, dispirit
ריפוד ז' upholstery, padding
ריפוי ז' therapy, cure, healing
- ריפוי בהלם shock therapy
- ריפוי במחטים acupuncture
- ריפוי בעיסוק occupational therapy
- ריפוי עור dermatology
- ריפוי עצמות osteopathy
- ריפוי רגליים podiatry
- ריפוי שיניים dentistry
רִיפוֹת נ"ר grits, groats
ריפֵּט פ' tatter, wear out
ריצֵד פ' jump, dance, flicker
ריצָּה פ' appease, pacify, repay
- ריצה עונש serve a sentence
רִיצָה נ' run, running, race
- ריצה קלה jogging, canter
ריצוד ז' dancing, play, flicker
ריצוי ז' placating, appeasing
- ריצוי עונש serving a sentence
ריצוף ז' paving, tiling, flooring
ריצֵף פ' tile, pave, floor
ריצֵּץ פ' crush, smash, shatter, bust
ריצ'רְץ' (רוכסן) ז' zipper
ריק ז' emptiness, vacuum
רֵיק ת' empty, vacant, blank, void
רֵיקָא ת' fickle, idler, vain, rake
ריקָבוֹן ז' decay, rot, corruption
ריקֵּד פ' dance, caper
ריקוד ז' dance, dancing
- ריקוד עם folk dance
ריקוּעַ ז' flattening, beating, hammering, thin sheet, foil, leaf
רֵיקוּת נ' emptiness, vacancy
רֵיקָם תה"פ empty-handed
רֵיקָנוּת נ' emptiness, vacancy
רֵיקָנִי ת' hollow, empty
ריקֵּעַ פ' flatten, hammer out, beat out
ריר ז' saliva, spit, mucus, slobber
רירִי ת' mucous, salivary, slimy
רִירִית נ' mucous membrane
רֵישָׁא ז' beginning, first part
רישוי ז' license, licensing
רישול ז' negligence, carelessness
רישום ז' registration, recording, drawing, impression, mark, inscription, entry
רישות ז' netting, screening
רישֵּׁת פ' net, reticulate, screen
ריתוך ז' welding, soldering
ריתוק ז' binding, connecting, chaining, confinement, riveting
ריתֵּך פ' weld, solder
ריתמוס (מִקְצָב) ז' rhythm
ריתמִי ת' rhythmical, metrical
ריתֵּק פ' bind, chain, connect, confine, rivet, spellbind
רַךְ ת' mild, soft, tender, young
- הרך הנולד newborn baby
- רך לב coward, timid, softhearted
רָכַב פ' ride, mount, hack
רֶכֶב ז' car, vehicle, transport, graft, upper millstone
רַכָּב ז' charioteer, rider, jockey
רַכֶּבֶל ז' cable car, cable railway, funicular
- רכבל מושבים chair lift
רַכֶּבֶת נ' railway, train, railroad
*- רכבת (בגרב) ladder, run
- רכבת אווירית airlift
- רכבת משוננת-פסים rack railway
- רכבת תחתית metro, subway, underground
רָכוּב ת' mounted, riding
רְכוּבָּה נ' stirrup
רָכוּן ת' bending, stooping, leaning
רָכוּס ת' buttoned, fastened
רְכוּשׁ ז' capital, property, assets
- רכוש קבוע fixed assets
- רכוש שוטף current assets
רְכוּשָׁן ז' capitalist
רְכוּשָׁנוּת נ' capitalism, materialism
רְכוּשָׁנִי ת' capitalistic, acquisitive
רַכּוּת נ' mildness, softness, lenity
רַכּוֹת תה"פ kind words, gently
רַכָּז ז' organizer, playmaker, center, quarterback
רַכֶּזֶת נ' switchboard

רְכִיב ז' component, constituent
רְכִיבָה נ' ride, riding, equitation
רַכִּיכָה נ' mollusc, mollusk, shellfish
רָכִיל - הוֹלֵךְ רָכִיל ז' gossip
רַכִילַאי ז' slanderer, gossip
רְכִילוּת נ' slander, gossip, *chitchat
רָכִין ת' bent, tipping
רְכִיסָה נ' buttoning, fastening
רְכִישָׁה נ' acquirement, acquisition, purchase, procurement
רַכֶּכֶת נ' rachitis, rickets
רָכַל פ' gossip, peddle, vend
רַכְלָן ז' gossip, telltale
רַכְלָנוּת נ' gossip, hearsay, *jaw
רָכַן פ' stoop, bend, lean down
רָכַס פ' button, fasten, zip up
רֶכֶס ז' range, ridge, button, clasp, cuff link
רכסָה (חבל התורן) נ' shroud
רכפָּה (צמח ריחני) נ' mignonette
רַכרוּכִי ת' softy, weak, feeble
רַכרוּכִיוּת נ' softness, weakness
רַכְרַךְ ת' softish, delicate
רָכַשׁ פ' acquire, gain, get, purchase
- רכש לב captivate, charm
רֶכֶשׁ ז' purchase of arms, procurement
ר"ל = רחמנא לצלן God forbid
רֶלֶוַונְטִי ת' relevant, pertinent
רֶלֶוַונְטִיוּת נ' relevancy, pertinence
רֶלִיֶיף (תבליט) ז' relief
רָם ת' high, lofty, loud, ringing
- רם דרג high-level, high-ranking
- רם לבב haughty, proud
- רם מעלה important person
- רם קומה high, tall
ר"מ=ראש מתיבתא head of yeshiva
רַמָּאוּת נ' cheat, deceit, deception, fraud, hanky-panky, *con
רַמַּאי ז' cheat, deceiver, swindler, mountebank, *con-man
רָמָה פ' throw, hurl, cast
רָמָה נ' height, plateau, level, standard
- רמת חיים standard of living
רָמוּס ת' trampled, trodden
רָמַז פ' hint, beckon, allude, imply, wink, sign

רֶמֶז ז' hint, allusion, clue, cue, suggestion, sign, tip
- רמז שקוף broad hint
רַמְזוֹר ז' traffic light
רָמַח - בְּכָל רְמַ"ח אֵבָרָיו the whole of him
רמטכ"ל=ראש מטה כללי Chief of Staff, commander in chief
רָמִי (משחק קלפים) ז' rummy
רְמִיזָה נ' allusion, hint, wink, insinuation, innuendo
רְמִיָּה נ' deceit, cheating, fraud
רְמִיסָה נ' trample, treading
רַמָּן ז' grenadier
רָמַס פ' stamp, trample, tread
רַמְפָּה (כֶּבֶשׁ) נ' ramp
רֶמֶץ ז' ash, cinders, embers
רַמְקוֹל ז' loudspeaker, speaker, bullhorn, loud-hailer, woofer
רָמַשׂ פ' creep, crawl
רֶמֶשׂ ז' insect
רַמְשִׁית (סרנדה) נ' serenade
רָן פ' sing, chant
רֶנְטַבִּילִי ת' lucrative, profitable
רֶנְטַבִּילִיוּת נ' lucrativeness
רֶנְטגֶן ז' Roentgen, X-rays
רֶנְטָה (דמי שכירות) נ' rent
רְנָנָה נ' song, singing, joy
רֶנֶסַנס ז' renaissance, rebirth
רֶסִיטָל (מֵיפָע) ז' recital
רְסִיס ז' chip, splinter, fragment, shrapnel, drop
רס"ל = רב סמל sergeant major
רֶסֶן ז' bridle, curb, rein, restraint
רס"ן = רב סרן major
רֶסֶס ז' lead shot, fragmentation
רס"פ=רב סמל פלוגתי company sergeant major
רֶסֶק ז' mash, sauce, puree, pulp
- רסק תפוחים applesauce
רס"ר = רב סמל ראשון first sergeant major
רַע ז' wickedness, evil, bad, wrong
- בכי רע very bad
- רע הכרחי necessary evil
רַע ת' bad, evil, wicked, *lousy
- רע לב wicked, heartless
רֵעַ ז' friend, companion

- איש את רעהו — one another
רָעֵב פ' — be hungry, starve, hanker
רָעָב ז' — hunger, famine, starvation
רָעֵב ת' — hungry, famished, *empty
רְעָבוֹן ז' — hunger, famine, starvation
רַעַבְתָנוּת נ' — voracity, hunger, greed, gluttony
רָעַד פ' — shake, shiver, tremble
רַעַד ז' — tremble, shaking, shudder
רְעָדָה נ' — tremble, shaking, shivering
רַעֲדוּד ז' — tremolo
רָעָה פ' — browse, graze, pasture, shepherd, lead, guide
רָעָה נ' — evil, wickedness, wrong, trouble, detriment
- רעה חולה — evil past remedy
רְעוּל פָּנִים ת' — veiled, masked
רָעוּעַ ת' — shaky, weak, unstable, ramshackle, *rocky
רֵעוּת נ' — friendship, fellowship
רְעוּת-רוּחַ נ' — vanity, folly
רְעִי ז' — dung, droppings, cowpat
רְעִידָה נ' — tremble, shiver, tremor
- רעידת אדמה — earthquake, *quake
רַעְיָה נ' — wife, spouse
רַעְיוֹן ז' — concept, idea, notion, thought, brainchild
- רעיון מרכזי — keynote, leitmotiv
רַעְיוֹנַאי ז' — copywriter
רַעְיוֹנִי ת' — conceptual, ideological, notional
רְעִיָּה נ' — grazing, pasturing
רָעִיל ת' — toxic, poisonous
רְעִילוּת נ' — toxicity, virulence
רְעִיעוּת נ' — dilapidation, shakiness
רַעַל ז' — poison, venom, bane
רְעָלָה נ' — veil, yashmak
רַעֲלִי ת' — poisonous, toxic
רַעֲלָן ז' — toxin
- רעלן נגדי — antitoxin
רַעֶלֶת נ' — toxicosis
- רעלת דם — toxemia
רָעַם פ' — thunder, roar, boom, peal
רַעַם ז' — thunder, roar, boom, peal, rumble, roll
- רעם ביום בהיר — a bolt from the blue
רַעְמָה נ' — mane, shag

רִעְנוּן ז' — refreshing, brush-up
רִעְנֵן פ' — freshen, refresh, brush up
רַעֲנָן ת' — fresh, refreshed, young
רַעֲנַנּוּת נ' — freshness, vigor, verdure
רָעַף פ' — drip, drop, drizzle
רַעַף ז' — tile, slate, shingle
רַעְפָן ז' — tiler, slater
רָעַשׁ פ' — make a noise, storm, din
רַעַשׁ ז' — earthquake, noise, din, commotion, tumult
רַעֲשִׁי ת' — seismic
רַעֲשָׁן ז' — rattler, clapper, rattle
רַעֲשָׁנִי ת' — noisy, sensational
רַף ז' — crossbar, bar, shelf
רָפָא פ' — cure, heal
רְפָאִים ז"ר — ghosts, phantoms
רַפָּד ז' — upholsterer
רֶפֶד ז' — litter, pad
רַפָּדוּת נ' — upholstery
רָפָה פ' — weaken, become lax
רָפֶה ת' — weak, loose, slack, faint, lax
- רפה שכל — feebleminded, *dumb
רְפוּאָה נ' — medicine, remedy, drug, cure, healing
*- אין אף אדם לרפואה — there's not even one man
- הקדים רפואה למכה — anticipate trouble
- רפואה מונעת — preventive medicine
- רפואה משפטית — forensic medicine
רְפוּאִי ת' — clinical, medical
רֶפּוּבְּלִיקָה נ' — republic
- רפובליקת בננות — banana republic
רֶפּוּבְּלִיקָנִי ת' — republican
רָפוּי ת' — lax, loose, slack, flabby
רַפּוֹרט ז' — ticket, citation, report
רֶפּוֹרְטָזְ'ה נ' — reportage, report, story
רֶפוֹרְמָה נ' — reform, amendment
רֶפוֹרְמִי ת' — reformist, not orthodox
רָפִיא ת' — remediable, curable
רְפִיאוּת נ' — curability
רְפִיד ז' — lining, cushion, pad, wad
רְפִידָה נ' — lining, carpet, insole, pad
רַפְיָה נ' — bast, raffia
רִפְיוֹן ז' — weakness, laxity, slack
- רפיון ידיים — weakness, apathy
רְפִיסוּת נ' — softness, flaccidity
רֶפְלֶקְטוֹר (מחזירור) ז' — reflector

רֶפְלֶקְס (תגובה בגוף) ז' — reflex
- רפלקס מותנה — conditioned reflex
רָפַס פ' — be weak, be soft
רַפְסוֹדַאי ז' — raftsman, rafter
רַפְסוֹדָה נ' — raft, catamaran
רַפְסוֹדְיָה (יצירה) נ' — rhapsody
רָפַף פ' — be weak, be shaky
רַפָּף (סם משלשל) ז' — laxative
רְפָפָה נ' — lath, slat, lattice work
- רפפות — louver, louver boards
רפ"ק=רב פקד — superintendent
רֶפְּרוֹדוּקְצְיָה (שחזור) נ' — reproduction
רִפְרוּף ז' — hovering, browsing, glancing
רֶפְּרֶזֶנְטָטִיבִי ת' — representative
רֶפְּרֶזֶנְטַצְיָה נ' — representation
רֶפֶּרְטוּאָר (מלאי יצירות) ז' — repertory
רֶפְּרִיזָה (חזרה) נ' — reprise
רִפְרֵף פ' — hover, flutter, browse, glance, scan, leaf through
רַפְרֶפֶת נ' — blancmange, custard, pudding
רֶפֶשׁ ז' — mud, mire, slime, sludge
רֶפֶת נ' — cowshed, byre, stall
רַפְתָּן ז' — cowman, dairyman
רָץ פ' — run, rush, race, *leg it
רָץ ז' — runner, courier, envoy, bishop, halfback
רצ"ב=רצוף בזה — enclosed please find
רָצָה פ' — desire, want, wish, feel like
רָצוּי ת' — desirable, welcome, advisable, favorable
רָצוֹן ז' — desire, will, wish, volition
- ברצון — willingly, with pleasure
- יהי רצון — I wish, Oh that...
- כרצונך — as you like
- מרצון — of one's own free will
- רצון טוב — goodwill
רְצוֹנִי ת' — voluntary, volitional
רְצוּעָה נ' — band, ribbon, strap, tape
- רצועת עזה — Gaza Strip
- רצועת שעון — watchband
רָצוּף ת' — paved, consecutive, successive, continuous, nonstop, attached, enclosed
רָצוּץ ת' — broken, crushed, exhausted, tired
רָצַח פ' — murder, kill, assassinate
רֶצַח ז' — murder, assassination, homicide
- רצח אב — patricide, parricide
- רצח אופי — character assassination
- רצח עם — genocide
רַצְחָנִי ת' — murderous, *excessive
רַצְיוֹנָלִי (הגיוני) ת' — rational
רַצְיוֹנָלִיּוּת (הגיונות) נ' — rationality
רַצְיוֹנָלִיזְם (שכלתנות) ז' — rationalism
רְצִיחָה נ' — murder, execution
רְצִיָּה נ' — will, volition, desirability
רְצִינוּת נ' — seriousness, gravity
רְצִינִי ת' — earnest, serious, severe, grave, sincere
רָצִיף ז' — dock, quay, pier, wharf, platform
רָצִיף ת' — consecutive, continuous, successive, sequential
רְצִיפוּת נ' — continuity, run, succession
רָצַע פ' — bore, pierce
רַצְעָן ז' — shoemaker, saddler
רֶצֶף ז' — sequence, stretch, continuity, continuum, streak, straight
רַצָּף ז' — tiler, tile-layer, paver
רִצְפָּה נ' — floor
רֶצֶפְּט (מִרְשָׁם) ז' — prescription
רָצַץ פ' — crush, shatter, smash
רַק תה"פ — only, just, but, except
רָקַב פ' — rot, decay
רָקָב ז' — decay, rot, corruption
רַקְבּוּבִי ז' — containing humus
רַקְבּוּבִית נ' — humus, rot, decay
רָקַד פ' — dance
- רקד בכל החתונות — meddle in every affair
רַקְדָן ז' — dancer
רַקְדָנִית נ' — dancer
- רקדנית בטן — belly dancer
רַקָּה נ' — temple
רָקוּב ת' — decayed, rotten, putrid
רֶקְוִויאֶם (שיר אשכבה) ז' — requiem
רָקוּם ת' — embroidered
רָקַח פ' — concoct, mix, dispense
רַקֶטָה נ' — rocket, racket, bat
רֶקְטוּם ז' — rectum, back passage
רֶקְטוֹר (ראש בי"ס גבוה) ז' — rector
רְקִיחָה נ' — concoction

רִקִימָה נ' embroidery, devising
רָקִיעַ ז' heaven, sky, firmament
- ברקיע השביעי happy, on cloud nine
רְקִיעָה נ' stamping, striking
רְקִיעוּת נ' ductility
רָקִיק ז' wafer, biscuit, cracker
רְקִיקָה נ' spitting
רָקַם פ' embroider, form, shape, design, devise, plan
רִקְמָה נ' embroidery, tissue, texture
רָקַע פ' stamp, tread, beat, flatten, hammer out
רֶקַע ז' background, ground, setting
- על רקע against a background of
רַקֶּפֶת נ' cyclamen, primrose
רָקַק פ' spit, expectorate
רְקָק ז' bog, swamp, mire
רְקָקִית נ' spittoon, cuspidor
רָר פ' salivate, drool, slaver
רָשׁ ת' poor, beggar, pauper
רַשַּׁאי ת' entitled, allowed, can, permitted
רָשׁוּם ת' registered, recorded, scheduled, on record, written
רְשׁוּמָה נ' record
רְשׁוּמוֹת נ"ר official records
רְשׁוּמֶת נ' sketch, personal details
רָשׁוּת נ' authority, territory
- רשות הדואר postal authority
- רשות מבצעת the executive
- רשות מחוקקת the legislature
- רשות מקומית local authority
- רשות שופטת the judiciary
רְשׁוּת נ' permission, leave, license, possession, ownership, property
- ברשותך by your leave
- עמד ברשות עצמו be independent
- רשות היחיד private domain
- רשות הרבים common domain
רִשָּׁיוֹן ז' license, permit
- רשיון נהיגה driver's license
רְשִׁימָה נ' list, roll, register, report, short article
- רשימה שחורה blacklist
- רשימת מועמדים slate, ticket
רְשִׁימוֹן יִיבּוּא ז' import entry
רַשְׁלָן ז' sloven, lazy person
רַשְׁלָנוּת נ' neglect, negligence, carelessness, inadvertence
- רשלנות פושעת criminal negligence
רַשְׁלָנִי ת' neglectful, lazy, slovenly
רָשַׁם פ' write, list, record, register, enter, draw, note
- רשם לפניו note, keep in mind
רַשָּׁם ז' registrar, scorer, recorder
רִשְׁמָה נ' graph
רַשְׁמְזְמַן ז' chronograph
רִשְׁמִי ת' formal, official, dress
רִשְׁמִיּוּת נ' formality, ceremony
רִשְׁמִית תה"פ officially
רַשְׁמַלְחֵץ ז' barograph
רַשְׁמְקוֹל ז' tape recorder
רָשַׁע פ' sin, do wrong
רָשָׁע ת' wicked, evil, villain
- רשע מרושע extremely wicked
רֶשַׁע ז' wickedness, villainy
רִשְׁעוּת נ' wickedness, malice
רֶשֶׁף ז' flash, spark
רִשְׁרוּשׁ ז' murmur, rustle, swish
רִשְׁרֵשׁ פ' murmur, rustle, whisper
רֶשֶׁת נ' net, network, screen, lattice, mesh, grid
- רשת דייגים drift-net, trawl
- רשת חנויות chain stores
רִשְׁתִּי ת' net-like, reticulate
רִשְׁתִּית נ' retina
ר"ת=ראשי תיבות acronym
רָתוּחַ ת' boiled
רָתוּם ת' harnessed, fastened
רָתוּק ת' confined, chained, riveted
רָתַח פ' boil, be furious, fume
רְתָחָה נ' boiling, fury
רַתְחָן ז' hot-tempered man, spitfire
רְתִיחָה נ' boiling, fury, simmer
רְתִימָה נ' harnessing
רְתִיעָה נ' recoil, reluctance, flinching, wince
רַתָּךְ ז' welder, solderer
רַתָּכוּת נ' welding, soldering
רָתַם פ' harness, bind, yoke
רִתְמָה נ' harness
רֶתַע ז' recoil, recoiling
רֶתֶק ז' clip, clamp, hook
רְתֵת ז' tremble, clonus

שֶׁ- = אשר	that, which, who, whom
שָׁאַב פ'	pump, draw, obtain, derive
שָׁאֲבָק ז'	vacuum cleaner
שָׁאַג פ'	roar, bellow, shout, yell
שְׁאָגָה נ'	roar, bellow, shout
שָׁאוּב ת'	pumped, derived, drawn
שְׁאוֹל ז'	Sheol, hell, grave
- שאול תחתית	nether world
שָׁאוּל ת'	borrowed, loaned, lent
שָׁאוֹן ז'	din, noise, tumult, hubbub
שְׂאוֹר ז'	leaven
- שאור שבעיסה	essence, main part
שְׁאָט נֶפֶשׁ ז'	repulsion, disgust
שְׁאִיבָה נ'	pump, drawing, obtaining
שְׁאִילָה נ'	borrowing, asking
שְׁאִילְתָּה נ'	interpellation, query
שְׁאִיפָה נ'	aim, ambition, inhalation
שְׁאִיר ז'	relative, survivor
שָׁאַל פ'	ask, question, borrow
שְׁאֵלָה נ'	question, problem, issue
- שאלה מכשילה	catch question
- שאלה מנחה	leading question
שְׁאֵלוֹן ז'	questionnaire
שַׁאֲנָן ת'	tranquil, calm, complacent
שַׁאֲנַנּוּת נ'	calm, tranquility
שָׁאַף פ'	strive, aim, inhale, sniff
- שאף לגדולות	aim high
שְׁאַפְתָּן ז'	ambitious man, aspirant
שְׁאַפְתָּנוּת נ'	ambitiousness
שְׁאַפְתָּנִי ת'	ambitious, highflying
שְׁאָר ז'	rest, remainder
- שאר ירקות	other things, etc.
- שאר רוח	inspiration, genius
שְׁאֵר ז'	relative, kinsman
- שאר בשר	next of kin
שְׁאֵרִית נ'	remainder, remnant, rest
- שאריות	odds and ends, scraps
שְׂאֵת נ'	tumor
שְׂאֵת - בְּיֶתֶר שְׂאֵת	with more force
שָׁב פ'	return, come back, repeat
שָׂב ז'	old man
שְׁבָב ז'	splinter, chip, shaving
שָׁבָה פ'	capture, take prisoner, take
שְׁבוֹ (אבן יקרה) ז'	agate
שָׁבוּי ז'	captive, prisoner of war
שָׁבוּעַ ז'	week
- שבוע עבודה	workweek
- שבועיים	fortnight, two weeks
שְׁבוּעָה נ'	oath, sworn statement
- שבועת שקר	perjury
שְׁבוּעוֹן ז'	weekly
שָׁבוּעוֹת ז"ר	Shavuoth, Feast of Weeks, Pentecost
שְׁבוּעִי ת'	weekly, hebdomadal
שָׁבוּר ת'	broken, heartbroken
- שבור לב	heartbroken
שְׁבוּת נ'	return, repatriation
שֶׁבַח ז'	praise, acclaim, improvement, increment
שֵׁבֶט ז'	tribe, clan, stick, rod, staff
- לשבט או לחסד	for good or for bad
- שבט לשונו	lash of his tongue
שְׁבָט ז'	Shevat (month)
שִׁבְטִי ת'	tribal, clannish
שְׁבִי ז'	captivity, prisoners
- הלך שבי אחרי	be captivated by
שָׁבִיב ז'	gleam, spark, glimmer
שָׁבִיט ז'	comet
שְׁבִיָּה נ'	capture, capturing, taking
שְׁבִיל ז'	path, lane, course, trail
- שביל הזהב	golden mean
- שביל החלב	Milky Way
שְׁבִילָה נ'	parting, part, runner
שְׁבִיס ז'	kerchief, hair net, coif
שְׂבִיעָה נ'	satiety, satisfaction
שְׂבִיעוּת נ'	satiety
- שביעות רצון	satisfaction, content
שְׁבִיעִי ת'	seventh, 7th
שְׁבִיעִיָּה נ'	septet, group of seven
שְׁבִיעִית נ'	seventh, Sabbatical year
שָׁבִיר ת'	breakable, brittle, fragile
שְׁבִירָה נ'	breaking, refraction
שְׁבִירוּת נ'	fragility, frailty
שְׁבִיתָה נ'	strike, stoppage, walkout
- קנה שביתה	settle, take root
- שביתה פראית	wildcat strike
- שביתת אזהרה	token strike
- שביתת האטה	go-slow strike
- שביתת נשק	armistice, truce
- שביתת רעב	hunger strike

– שביתת שבת sit-down strike
שב"כ=שרות בטחון כללי GSS
שְׂבָכָה נ' grid, lattice, net, grate
שַׁבְּלוּל ז' snail, slug, cochlea, volute
שַׁבְּלוֹנָה נ' mold, pattern, model
שַׁבְּלוֹנִי ת' trite, hackneyed, routine
שָׂבַע פ' be satisfied, eat enough
שָׂבָע ז' satiety, fullness
שָׂבֵעַ ת' satisfied, sated, full
– שבע ימים old, bowed with age
– שבע נחת pleased, contented
– שבע רצון content, satisfied
שֶׁבַע ש"מ seven, 7
שְׁבַע עֶשְׂרֵה ש"מ seventeen, 17
שִׁבְעָה ש"מ seven, 7
– ישב שבעה mourn for seven days
– שבעה מדורי גיהינום suffering
שִׁבְעָה עָשָׂר ש"מ seventeen, 17
– (החלק) השבעה עשר seventeenth
שִׁבְעִים ש"מ seventy, 70
– שנות השבעים the seventies
– (החלק) השבעים seventieth
שְׁבִעִית נ' septet
שִׁבְעָתַיִם תה"פ sevenfold
שָׁבָץ ז' apoplexy, fit, stroke
שַׁבֵּץ נָא (מִשְׂחָק) ז' Scrabble
שָׁבַק פ' abandon, leave, forsake
– שבק חיים die, pass away
שָׁבַר פ' break, smash, bust
– שבר את הראש rack one's brains
– שבר רעבונו satisfy one's hunger
– שבר שיא break a record
שֶׁבֶר ז' fragment, fracture, fraction, rupture, hernia
– שבר כלי broken man, wreck
– שבר מדומה improper fraction
– שבר ענן cloudburst
– שבר עשרוני decimal fraction
– שבר פשוט simple fraction
שָׁבְרוּחַ ז' windbreak
שִׁבְרוֹן לֵב ז' heartbreak
שְׁבָרִיר ז' particle, fraction, splinter
שְׁבָרִירִי ת' slight, fragile, weak
שַׁבְשֶׁבֶת נ' vane, weather vane
שָׁבַת פ' strike, walk out, rest, cease
שַׁבָּת נ' Sabbath, Saturday
שֶׁבֶת נ' sitting, anise, dill
שַׁבְּתַאי (כוכב לכת) ז' Saturn
שַׁבָּתוֹן ז' complete rest, sabbatical
שַׁבַּתִּי ת' sabbatical
שַׁבַּתְיָן ז' sabbatarian
ש"ג=שוטר גדודי regimental guard
שָׂגַב פ' be high, be strong
שֶׂגֶב ז' greatness, loftiness
שָׁגַג פ' sin unintentionally
שְׁגָגָה נ' unintentional sin
שָׁגָה פ' err, be engrossed in
– שגה בהזיות daydream
שָׂגָה פ' grow, prosper
שָׁגוּי ת' incorrect, erroneous, wrong
שָׁגוּר ת' usual, customary, fluent
שַׂגִּיא ת' lofty, enormous
שְׁגִיאָה נ' error, mistake, blunder
שַׂגִּיב ת' lofty, enormous
שְׁגִירוּת נ' fluency, routine, habit
שָׁגַל פ' lie with, rape
שֶׁגֶם ז' tenon, spline, slip, dowel
שֶׁגֶר ז' offspring, young
שִׁגְרָה נ' convention, routine, rut
שַׁגְרִיר ז' ambassador, envoy
שַׁגְרִירָה נ' ambassadress
שַׁגְרִירוּת נ' embassy
שִׁגְרָתִי ת' conventional, usual, routine
שִׂגְשֵׂג פ' flourish, prosper, thrive
שִׂגְשׂוּג ז' prosperity, thriving, boom
שֵׁד ז' demon, devil, ghost, spook
– שד משחת expert, *fireball, whiz
שַׁד ז' breast, *tit
– שדיים breasts, bust, *boobs
שְׂדָאוּת נ' field training
שָׁדַד פ' rob, plunder, ravage, *mug
שָׂדֶה ז' field, ground
– שדה בור fallow
– שדה בית השלחין irrigated field
– שדה בעל unirrigated land
– שדה מגנטי magnetic field
– שדה מוקשים minefield
– שדה מרעה grazing-land, pasture
– שדה פחם coalfield
– שדה פעולה scope for action
– שדה קרב battlefield
– שדה ראייה field of vision, view
– שדה תעופה airfield, airport
שָׁדוּד ת' robbed, *mugged
שְׁדוּלָה נ' lobby, pressure group

שֵׁדוֹן ז' elf, imp, sprite
שֵׁדוֹנִי ת' elfin, elfish, elvish, impish
שָׁדוּף ת' blighted, empty, hollow
שַׁדַּי ז' the Almighty, God
שֵׁדִי ת' devilish, demoniacal
שָׁדִיר ת' broadcastable
שְׂדֵרָה נ' avenue, boulevard,
column, rank, class, circle
- שדירת עמודים colonnade, arcade
- שדירת שיחים hedgerow
שַׁדְכָן ז' matchmaker, *stapler
שַׁדְכָנוּת נ' matchmaking
שַׁדְלָן ז' lobbyist, intercessor
שַׁדְלָנוּת נ' lobbyism, intercession
שָׁדַף פ' blight, parch, blast
שֶׁדֶר ז' broadcast, message
שַׁדָּר ז' broadcaster
שִׁדְרָה נ' spine, backbone
שִׁדְרִית נ' keel
שַׁדְּרָן ז' broadcaster, transmitter
שֶׂה ז' lamb, sheep
שֶׁהֲדִי בַּמְּרוֹמִים! מ"ק so help me!
שָׁהָה פ' stay, live, linger, tarry
שָׁהוּי ת' delayed, slow
שָׁהוּת נ' interval, pause, time
שְׁהִי ז' rest, pause, fermata
שְׁהִיָּה נ' delay, sojourn, stay
שׁוֹאֵב ז' pumper, drawer, deriver
- שואב אבק vacuum cleaner
שׁוֹאָה נ' disaster, holocaust
שׁוֹאֵל ז' borrower, questioner
שׁוּב תה"פ again, anew, back, over
- שוב פעם again, once more
שׁוֹבֵב פ' restore, refresh
- שובב נפש delight, charm, please
שׁוֹבָב ז' mischief, prankster, rogue
שׁוֹבְבוּת נ' mischief, misbehavior
שׁוֹבְבָנִי ת' mischievous, wild
שׁוֹבֶה ז' captor
- שובה לב fascinating, captivating
שׁוּבָה נ' calm, tranquility, peace
שׁוּבַּח פ' be praised, be improved
שׁוֹבִינִיזְם (לאומנות) ז' chauvinism
שׁוֹבִינִיסְט (לאומני) ז' chauvinist
שׁוֹבָךְ ז' dovecote, cote, cot
שׁוֹבֶל ז' train, trail, wake, tail
- שובל אדים contrail, vapor trail
שׁוֹבַע ז' satiety, fullness, repletion

שׂוֹבְעָה נ' satiety, fullness
- שאינו יודע שובעה insatiable
שׁוּבַּץ פ' be set, be placed
שׁוֹבֵר ז' voucher, receipt, breaker
- שובר גלים breakwater, sea-wall
- שובר קופות box-office success
- שובר רוח windbreak
- שובר שוויון tie-break
שׁוּבַּשׁ פ' be distorted, be upset
שׁוֹבֵת ז' striker
שׁוֹגֵג - בְּשׁוֹגֵג unintentionally
שׁוּגַּר פ' be sent, be launched
שׁוֹגֵר ז' consignor, consigner
שׁוֹד ז' robbery, plunder, pillage
- שוד ושבר! woe is me!, alas!
- שוד ים piracy
- שוד לאור היום daylight robbery
שׁוֹדֵד ז' bandit, robber, *mugger
- שודד ים pirate, sea rover
שׁוּדַּךְ פ' be matched, be engaged
שׁוּדַּל פ' be coaxed, be persuaded
שׁוּדַּר פ' be broadcast
שׁוֹהַם (אבן טובה) ז' onyx
שָׁוְא ז' lie, untruth, vanity, false
שְׁוָא (בניקוד) ז' schwa
שְׁוָאִי ת' vocalized by schwa
שְׁוֶדִי ת' Swede, Swedish
שְׁוֶדְיָה נ' Sweden
שָׁוָה פ' be equal, be like, be worth
שָׁוֶה ת' equal, same, worth, even
- לא שווה unequal, *worthless
- צד שווה common characteristic
- שווה בשווה fifty-fifty, equally
- שווה לכל נפש not expensive
- שווה נפש indifferent, apathetic
- שווה ערך equivalent, tantamount
- שווה צלעות equilateral
- שווה שוקיים isosceles
שׁוֹוִי ז' value, worth, price
שִׁוְיוֹן ז' equality, tie, deuce
- שוויון יום ולילה equinox
- שוויון נפש indifference, apathy
שִׁוְיוֹנִי ת' egalitarian, equalitarian
שִׁוְיוֹנִיּוּת נ' egalitarianism
שְׁוַויְץ נ' Switzerland
שְׁוֵייצָרִי ת' Swiss
*שְׁוִויץ ז' swagger, showing off
*שְׁוִויצָר ז' braggart, swank

שָׁוִויק ת' marketable, salable
שַׁוְעָה נ' cry, outcry
שׁוּוַּק פ' be marketed, sell
שַׁוָּק ז' marketer
שַׁוָּר ז' ropedancer
שׁוּזַּף פ' be tanned, be browned
שׁוּחַד פ' be bribed, be prejudiced
שׁוֹחַד ז' bribe, bribery, *graft
שׁוּחָה נ' pit, ditch, trench, foxhole
שׁוּחזַר פ' be reconstructed
שׂוֹחַח פ' talk, discuss, chat
שׁוֹחֵט ז' butcher, slaughterer
שׁוֹחֵר ז' seeker, lover, friend, cadet
- שוחר שלום pacifist, peace-lover
שׁוּחרַר פ' be liberated, be exempted
- שוחרר בערבות be released on bail
שׁוֹט ז' whip, lash, scourge
שׁוֹטֶה ת' fool, silly, stupid, rabid
שׁוֹטֵט פ' roam, rove, wander
שׁוֹטְטוּת נ' vagrancy, wandering
שׁוּטִית נ' skiff, canoe
שׁוֹטֵף ת' current, fluent, running
שׁוֹטֵר ז' constable, cop, policeman, officer, police officer
- שוטר חרש detective
- שוטר מקוף patrolman, patroller
- שוטר צבאי military policeman
- שוטר תנועה traffic policeman
שׁוּיַּךְ פ' be ascribed, be connected
שׁוּיַּף פ' be filed, be rasped off
שׁוּכַּךְ פ' be appeased, be allayed
שׁוּכלַל פ' be perfected, be improved
שׁוּכַּן פ' be housed, be settled
שׁוֹכֵן ת' located, situated, present
שׁוּכנַע פ' be convinced
שׁוּכפַּל פ' be duplicated, be cloned
שׂוֹכֵר ז' hirer, renter, lessee, tenant
שׁוּכתַּב פ' be rewritten, be revised
שׁוּלַּב פ' be joined, be linked
שׁוּלהַב פ' be excited, be inflamed
שׁוּלַּח פ' be sent, be dismissed
שׁוּלחָן ז' table, desk, board
- שולחן טואלט dressing table
- שולחן כתיבה writing desk
- שולחן מתקפל folding table
- שולחן ניתוחים operating table
- שולחן ערוך set table, code of Jewish laws
- שולחן שחיל extension table
שׁוּלחָנוֹן ז' stand, small table
שׁוּלחָנִי ז' moneychanger
שׁוֹלטָנִי ת' domineering, dominant
שׁוּלִי ת' marginal, peripheral, small
שׁוּלְיָה ז' apprentice, trainee
שׁוּלַיִים ז"ר margin, edge, edging, brim, hem, fringes, selvage
- שולי הכביש roadside, shoulder
שׁוֹלֵל ת' objector, denier
שׁוֹלָל - הוֹלִיך שׁוֹלָל mislead
שׁוּלַּם פ' be paid, be settled
שׁוּלַּשׁ פ' be multiplied by three
שׁוּלשַׁל פ' be inserted, be pocketed
שׁוֹלַת מוֹקְשִׁים נ' mine sweeper
שׁוּם ז' garlic, something, *not any
- שום אדם (לא) nobody
- שום דבר (לא) nothing
שׁוּמָה נ' mole, valuation, assessment, appraisal
שׁוּמָה עַל it's incumbent upon-, one must, you should
שׁוֹמֵם ת' empty, desolate, desert
שׁוּמַּן פ' be oiled, be lubricated
שׁוּמָן ז' fat, schmaltz, dripping
שׁוֹמֶן ז' adiposity, fatness
שׁוּמָנִי ת' fatty, adipose, greasy
שׁוֹמֵעַ ז' hearer, listener, auditor
שׁוֹמֵר ז' guard, keeper, watchman
- שומר חוק law-abiding
- שומר משקל weight watcher
- שומר ראש bodyguard
שׁוּמָר (תבלין) ז' fennel
שׁוֹמֵרָה נ' watchman's booth
שׁוֹמרוֹן ז' Samaria
שׁוֹמרוֹנִי ת' Samaritan
שׁוּמשׁוּם ז' sesame
שׁוּמשְׁמָנִית נ' sesame cookie
שׂוֹנֵא ז' enemy, foe, hater, hostile
שׁוּנָּה פ' be changed, be altered
שׁוֹנֶה ת' different, unlike, another
- שונים various, sundry, sundries
שׁוֹנוּת נ' difference, variance
שׁוֹנוֹת נ"ר sundries, various items
שׁוֹנִי ז' difference, distinction
שׁוּנִית נ' cliff, reef
שׁוּנַּן פ' be memorized
שׁוּנַּע פ' be moved, be transshipped

wild cat שׁוּנְרָה נ׳
be calibrated, be graduated שׁוּנַת פ׳
be incited, be set on שׁוּסָה פ׳
be interrupted, be rent שׁוּסַע פ׳
be cut, be split שׁוּסַף פ׳
noble, magnate, rich שׁוֹעַ ז׳
be mortgaged, be enslaved שׁוּעְבַּד פ׳
fox שׁוּעָל ז׳
battle-scarred - שועל קרבות
vixen שׁוּעָלָה נ׳
foxy, vulpine, cunning, sly שׁוּעָלִי ת׳
be bored, be tired שׁוּעֲמַם פ׳
be supposed, be estimated שׁוֹעַר פ׳
unimaginable, fantastic - בל ישוער
porter, gatekeeper, doorman, janitor, goalkeeper שׁוֹעֵר ז׳
be revalued שׁוּעֲרַךְ פ׳
be amused, be delighted שׁוּעֲשַׁע פ׳
be reproduced שׁוּעְתַּק פ׳
be stabbed, be spitted שׁוּפַּד פ׳
be indemnified, be planed שׁוּפָּה פ׳
judge, justice, referee שׁוֹפֵט ז׳
linesman, lineman - שופט קו
Justice of the Peace, magistrate - שופט שלום
justiceship, judicature שׁוֹפְטוּת נ׳
Judges שׁוֹפְטִים (בתנ״ך)
file, nail file שׁוֹפִין ז׳
penis, urethra שׁוֹפְכָה נ׳
sewage, sludge שׁוֹפְכִין ז״ר
be slanted, abound in שׁוּפַּע פ׳
affluent, abundant, rich שׁוֹפֵעַ ת׳
trim שׁוֹפַע (הספינה) ז׳
be renovated, be repaired שׁוּפַּץ פ׳
be improved, ameliorate שׁוּפַּר פ׳
ram's horn, shofar, trumpet, mouthpiece, organ שׁוֹפָר ז׳
the best שׁוּפְרָא דְשׁוּפְרָא
be rubbed, be seasoned שׁוּפְשַׁף פ׳
market, marketplace שׁוּק ז׳
flea market - שוק פשפשים
black market - שוק שחור
shank, shin, leg, calf, side, shock שׁוֹק ז׳
severely beaten - הוכה שוק על ירך
shinbone, tibia שׁוֹקָה נ׳
chocolate שׁוֹקוֹ ז׳
chocolate שׁוֹקוֹלָדָה נ׳

fibula שׁוֹקִית (מעצמות השוק) נ׳
be weighted שׁוּקְלַל פ׳
be rehabilitated שׁוּקַם פ׳
draft, draught שׁוֹקַע (של אונייה) ז׳
bustling, noisy שׁוֹקֵק (חיים) ת׳
trough, drinking trough שׁוֹקֶת נ׳
hopeless - עומד בפני שוקת שבורה
bull, ox, Taurus שׁוֹר ז׳
buffalo - שור הבר
be inserted erroneously שׁוּרְבַּב פ׳
line, row, file, rank, series שׁוּרָה נ׳
average person - אדם מן השורה
the bottom line - השורה התחתונה
lined sheet שׁוּרוֹן ז׳
oo (Hebrew vowel) שׁוּרוּק ז׳
be drawn, be sketched שׁוּרְטַט פ׳
be armored, be earmarked שׁוּרְיַן פ׳
sibilant, hissing, piping שׁוֹרְקָנִי ת׳
sing, write poetry שׁוֹרֵר פ׳
navel, umbilicus שׁוֹרֶר ז׳
rife, prevalent, ruling שׁוֹרֵר ת׳
be uprooted, be rooted out שׁוֹרַשׁ פ׳
root, source, radical, stem שׁוֹרֶשׁ ז׳
cube root - שורש מעוקב
square root - שורש ריבועי
radical, radicle, rootlet שׁוֹרְשׁוֹן ז׳
radical, deep-rooted שׁוֹרְשִׁי ת׳
fundamentality שׁוֹרְשִׁיּוּת נ׳
licorice, liquorice שׁוּשׁ ז׳
best man, friend שׁוֹשְׁבִין ז׳
bridesmaid שׁוֹשְׁבִינָה נ׳
dynasty, genealogy שׁוֹשֶׁלֶת נ׳
lily, rosette שׁוֹשָׁן ז׳
rose, lily, erysipelas שׁוֹשַׁנָּה נ׳
compass card - שושנת הרוחות
sea anemone - שושנת ים
roseate, rosy שׁוֹשַׁנִּי ת׳
rosette שׁוֹשֶׁנֶת נ׳
be joined, take part שׁוּתַּף פ׳
partner, companion, party שׁוּתָּף ז׳
accomplice - שותף לפשע
partnership, complicity שׁוּתָּפוּת נ׳
be paralyzed, be silenced שׁוּתַּק פ׳
tanned, suntanned שָׁזוּף ת׳
interwoven, twined, laced שָׁזוּר ת׳
plum, prune שְׁזִיף ז׳
interweaving, twist שְׁזִירָה נ׳
tan, brown, see שָׁזַף פ׳

שֶׁזֶף סוּכָּר ז' caramel
שָׁזַר פ' twine, interweave, weave
שִׁזְרָה נ' cob, corncob, spine
שָׂח פ' speak, say, walk, stroll
שַׁח ז' chess, check, Shah
שַׁח ת' bent, bowed, stooping
ש"ח = שקל חדש NIS, new shekel
שִׁחְבֵּר פ' socialize
שָׂחָה פ' swim, have a swim
– שחה עם הזרם go with the tide
שָׁחָה פ' bow, stoop, bend
שָׁחוּחַ ת' bent down, bowed
שָׁחוּט ת' slaughtered, butchered
שָׁחוֹם ת' brown, swarthy, brunette
שָׁחוּן ת' hot, dry, arid, torrid
שְׂחוֹק ז' laughter, game, play, sport
שָׁחוּק ת' worn, crushed, trite
שְׁחוֹר ז' blackness, darkness
– ראה שחורות be pessimistic
– שחורים black (clothes)
שָׁחוֹר ת' black, dark
– שחור משחור pitch-black
– שחור על גבי לבן clearly
שִׁחְזוּר ז' reconstruction
שִׁחְזֵר פ' reconstruct, restore, reenact
שָׁחַט פ' butcher, slaughter
שֶׁחִי ז' armpit
שָׁחִיד ת' bribable, venal
שְׁחִיטָה נ' butchery, slaughter
שְׂחִיָּה נ' swimming, swim, stroke
– שחיית גב backstroke
– שחיית חזה breaststroke
– שחיית חתירה crawl
– שחיית כלב dog paddle
– שחיית פרפר butterfly
שַׂחְיָן ז' swimmer
שָׁחִיל ת' telescopic, extension
שְׁחִין ז' boils, scabies, mange
שָׁחִיף ז' fingerboard, lath, lean
שְׁחִיקָה נ' attrition, erosion, grinding, wear, burnout
שְׁחִיתוּת נ' corruption, abuse
שַׁחַל ז' lion
שַׁחֲלָה נ' ovary
שִׁחְלֵף פ' reexchange
שַׁחַם ז' granite
שְׁחַמְחַם ת' brownish, tawny
שַׁחְמָט ז' chess

שַׁחְמְטַאי ז' chess player
שַׁחֶמֶת (מחלה) נ' cirrhosis
שַׁחַף ז' gull, seagull
שַׁחֲפִית (עוף ים) נ' tern
שַׁחֲפָנִי ת' consumptive, tubercular
שַׁחֶפֶת נ' consumption, tuberculosis
שַׁחֲצָן ז' arrogant, haughty, *uppish
שַׁחֲצָנוּת נ' arrogance, vanity
שַׁחֲצָנִי ת' arrogant, haughty
שָׁחַק פ' grind, pulverize, crush, wear out, erode
שָׂחַק פ' laugh, scorn
שְׁחָקִים ז"ר heavens, sky, welkin
שַׂחְקָן ז' actor, player, artist
– שחקן אופי character actor
– שחקן משנה supporting actor
– שחקן שדה fielder
שַׂחְקָנִית נ' actress
שִׁחֵר פ' seek, search, love
שַׁחַר ז' dawn, daybreak, truth, base
שִׁחְרוּר ז' acquittal, exemption, liberation, release
שַׁחֲרוּר (ציפור שיר) ז' blackbird
שַׁחֲרוּת נ' youth, boyhood
שְׁחַרְחוֹר ת' brunette, dark, swarthy
שְׁחַרְחַר ת' dark, blackish
שַׁחֲרִית נ' morning (prayer)
שִׁחְרֵר פ' free, liberate, release, exempt, acquit, loosen, relieve
שַׁחַת נ' hay, grave, pitfall
שָׁט פ' sail, float, wander
שָׁטוּחַ ת' flat, leveled, plane
– שטוח רגליים flat-footed
שְׁטוּיוֹת נ"ר nonsense, rubbish
שָׁטוּף ת' washed, addicted, full of
– שטוף זימה salacious, prurient
שְׁטוּת נ' nonsense, folly, absurdity
שְׁטוּתִי ת' absurd, foolish
שָׁטַח פ' spread, stretch out
שֶׁטַח ז' area, zone, surface, field
– שטח הפקר no man's land
שִׁטְחָה נ' facet
שִׁטְחִי ת' superficial, shallow
שִׁטְחִיּוּת נ' platitude, superficiality
שָׁטִיחַ ז' carpet, rug
– שטיח קיר arras
שְׁטִיחוֹן ז' mat, small carpet
שְׁטִיחוּת נ' flatness

שְׁטִיפָה נ' rinse, washing, flooding, flushing, *scolding, telling-off
- שטיפת מוח brainwashing
שְׁטִיפוּת נ' addiction, avidity
שָׂטַם פ' hate, dislike
שָׂטָן ז' Satan, devil, fiend
שִׂטְנָה נ' hatred, denunciation
שְׂטָנִי ת' devilish, fiendish, satanic
שְׂטָנִיּוּת נ' devilry, cruelty
*שְׁטַנְץ ז' mold, mould, pattern
שִׁטְעוּן ז' transshipment
שִׁטְעֵן פ' transship, tranship
שָׁטַף פ' rinse, wash, flood, sweep, *scold, tell off, give what for
*- שטף את המוח brainwash
שֶׁטֶף ז' flow, current, stream
- שטף דיבור fluency
- שטף דם hemorrhage
*שְׁטֶקֶר (תֶּקַע) ז' plug
שְׁטָר ז' bill, promissory note, note
- שטר חוב IOU, promissory note
- שטר חליפין bill of exchange
- שטר כסף bill, (bank)note
- שטר מטען bill of lading
- שטר מכר bill of sale
- שטר קניין deed of covenant
- שטרות לפירעון bills payable
- שטרות לקבל bills receivable
שְׁטרוּדֶל (כְּרוּכִית) ז' strudel
שְׁטְרַיימֶל ז' shtreimel, fur hat
שְׁטֶרְלִינג ז' sterling
שַׁי ז' gift, present, offering
שִׂיא ז' summit, peak, apex, climax, height, high, record, acme
שִׂיאָן ז' record holder
שִׁיבֵּב פ' plane, splinter, sliver, chip
שִׁיבָה נ' return, comeback
שֵׂיבָה נ' old age, gray hair
- בשיבה טובה at a ripe old age
שִׁיבּוּב ז' planing, splintering
שִׁיבּוּט (דג) ז' turbot, cod
שִׁיבּוֹלֶת נ' ear of corn, swirl
- שיבולת שועל oats, oatmeal
שִׁיבּוּץ ז' setting, inlay, placing
שִׁיבּוּשׁ ז' mistake, error, disorder, disruption, confusion, upset
שִׁיבַּח פ' praise, laud, improve
שִׁיבֵּץ פ' checker, inlay, insert, set, place, grade, post
שִׁיבֵּר פ' break, shatter, fracture
- שיבר האוזן make it clear
*שִׁיבֶּר ז' tap, faucet, valve
שִׁיבֵּשׁ פ' upset, make errors, spoil, disrupt, confuse, *screw up
שִׂיג וָשִׂיחַ ז' talks, negotiations
שִׁיגָדוֹן (פּוֹדַגְרָה) ז' gout
שִׁיגּוּעַ ז' maddening, driving mad
שִׁיגּוּר ז' sending, dispatch, launch
שִׁיגָּיוֹן ז' fixed idea, obsession
שִׁיגְיוֹנִי ת' obsessive, capricious
שִׁיגֵּל פ' lie with, rape
שִׁיגַּע פ' madden, drive crazy
שִׁיגָּעוֹן ז' insanity, lunacy, madness, mania, *great!, excellent
- שיגעון הגדלות megalomania
שִׁיגְעוֹנִי ת' insane, mad, crazy
שִׁיגֵּר פ' consign, send, launch
שִׁיגָּרוֹן ז' rheumatism
שִׁיגְרוֹנִי ת' rheumatic
שִׁידֵּד פ' harrow, plow
שִׁידָּה נ' cabinet, dresser, chest of drawers, highboy, chiffonier
שִׁידּוּד ז' harrowing, plowing
- שידוד מערכות reshuffle, reform
שִׁידּוּךְ ז' match, betrothal
שִׁידּוּל ז' persuasion, coaxing
שִׁידּוּר ז' broadcast, transmission
- שידור חוזר repeat
- שידור חי live broadcast
שִׁידֵּךְ פ' arrange a marriage
שִׁידֵּל פ' persuade, tempt, solicit
שִׁידָּפוֹן ז' blight, smut
שִׁידֵּר פ' broadcast, transmit, radio
*- שידרו על אותו גל agree
שִׁיהוּק ז' hiccup, hiccough
שִׁיהֵק פ' hiccup, hiccough
שִׁיוָּה פ' compare, give, render
שִׁיוֵּט פ' systematize
שִׁיוּוּט ז' systematization
שִׁיוּוּי ז' equalization, parity
- שיווי זכויות equal rights
- שיווי משקל equilibrium, balance
שִׁיוַּע פ' cry, cry out, shout, scream
שִׁיוֵּק פ' market
שִׁיוּוּק ז' marketing
שִׁיוּט ז' cruise, rowing, sail

שִׁיּוּךְ ז' attribution, connection
שִׁיּוּף ז' filing, rasping, abrasion
שִׁיּוּר ז' remainder, leftover
שִׁיזּוּף ז' tan, suntan, tanning
שִׁיזֵּף פ' tan, brown, bronze
שֵׁיזָף (עץ פרי) ז' jujube
שִׂיחַ ז' bush, shrub, conversation
שִׁיחֵד פ' bribe, oil his palm
שִׂיחָה נ' chat, conversation, dialogue, talk, call, lecture
– שיחת ועידה conference call
– שיחת חולין chat, *confab
– שיחת חוץ long-distance call
שִׁיחוּד ז' bribing, buying off
שִׁיחוּל ז' extrusion
שִׂיחוֹן ז' conversation book
שִׂיחֵק פ' play, toy, act, perform
*– שיחק אותה (בגדול) act, pretend, make it, succeed
– שיחק לו מזלו be lucky
– שיחק לידיו play into his hands
שִׁיחֵר פ' search, visit, turn to
– שיחר לטרף prowl, maraud, raven
– שיחר פנים welcome, greet
שִׁיחֵת פ' spoil, waste, ruin
שַׁיִט ז' cruise, navigation, sailing
שִׁיטָּה פ' fool, ridicule, mock, *cod
שִׁיטָה נ' system, manner, method
– בין השיטין between the lines
שִׁיטָּה (עץ) נ' acacia, wattle
שִׁיטּוּחַ ז' flattening, leveling
שִׁיטּוּי ז' fooling, mocking, hoax
שִׁיטּוּר ז' policing, patrolling
שִׁיטֵּחַ פ' flatten, relate, present
שִׁיטָּפוֹן ז' flood, inundation
שִׁיטָתִי ת' systematic, methodical
שִׁיטָתִיּוּת נ' orderliness, method
שֵׂיָה נ' lamb, sheep
שִׁיֵּט פ' cruise, sail, row, yacht
שַׁיָּט ז' rower, oarsman, navigator
שַׁיָּטוּת נ' oarsmanship
שַׁיֶּטֶת נ' fleet, flotilla, squadron
שִׁיֵּךְ פ' ascribe, connect, class
שַׁיָּךְ ת' belong, belonging, pertinent, relevant
שַׁיָּכוּת נ' relevancy, belonging
שִׁיֵּף פ' file, rasp, rasp off, abrade
שִׁיֵּר פ' leave, leave over

שַׁיָּרָה נ' caravan, convoy, train
שְׁיָרִים ז"ר leftovers, remains
שֵׁיך (נכבד ערבי) ז' sheik, sheikh
שִׁיכּוּךְ ז' calming, mitigation
שִׂיכּוּל ז' transposition, crossing
– שיכול אותיות metathesis
שִׁיכּוּל ז' bereavement
שִׁיכּוּן ז' housing, housing estate
שִׁיכּוֹר ז' drunk, drunkard, *canned
– שיכור כלוט dead drunk, *sozzled
שִׁיכַּח פ' erase from memory
שִׁיכָּחוֹן ז' amnesia, oblivion
שִׁיכֵּךְ פ' appease, allay, soothe
שִׁיכֵּל פ' bereave, kill (son)
שִׂיכֵּל פ' cross, transpose
שִׁיכֵּן פ' house, lodge, billet, quarter
שִׁיכֵּר פ' intoxicate, inebriate, elate
שֵׁיכָר ז' beer
– שיכר תפוחים cider, applejack
שִׁיכָּרוֹן (צמח רעלי) ז' henbane
שִׁילֵּב פ' combine, join, fit, attach, interlace, engage
– שילב ידיו fold one's arms
שִׁילּוּב ז' combining, linking, connecting, interlacing
שִׁילּוּחַ ז' sending, dismissal, launching, banishment, send-off
שִׁילּוּט ז' making signposts, signs
שִׁילּוּם ז' payment, reward
– שילומים reparations
שִׁילּוּשׁ ז' Trinity, tripling
שִׁילַּח פ' send, dismiss, fire, launch
שִׁילֵּט פ' signpost, fix signposts
שִׁילִינג ז' shilling, *bob
שִׁילֵּם פ' pay, repay, requite, defray
שִׁילֵּשׁ פ' treble, multiply by three
שִׁילֵּשׁ ז' great-grandson
שִׁימֵּד פ' convert, baptize
שִׂימָה נ' putting, placing, setting
– שימת לב regard, attention
שִׁימּוּן ז' lubrication, greasing
שִׁימּוּעַ ז' hearing
שִׁימּוּר ז' conservation, preservation
– שימורים conserves, canned food
שִׁימּוּשׁ ז' use, service, usage
– שימוש לרעה abuse, misuse
שִׁימּוּשִׁי ת' handy, practical, useful, usable, applied

שִׁימוּשִׁיוּת נ' utility, usability
שִׂמֵּחַ פ' gladden, make merry
שִׁמָּמוֹן ז' dejection, boredom
שִׁמֵּן פ' lubricate, oil, grease
שִׁימְפַּנְזָה נ' chimpanzee, *chimp
שִׁמֵּר פ' conserve, can, tin, preserve
שִׁמֵּשׁ פ' serve, act, be, use, attend
שִׁנָּה פ' change, alter, transform
- שינה טעמו shift one's ground
שֵׁנָה נ' sleep, sleeping, nap
- שינה חטופה doze, forty winks
- שנת ישרים sweet sleep
שִׁינּוּי ז' alteration, change, amendment, modification
- שינוי לטובה change for the better
שִׁינּוּן ז' repetition, memorizing
שִׁינּוּס ז' girding (one's loins)
שִׁינּוּעַ ז' transshipment, handling
שִׁינּוּת ז' graduation, calibration
שִׁנִּי ת' dental, toothlike
שִׁנַּיִם (רבים של שֵׁן) נ"ר teeth
- שיניים תותבות dentures
שִׁנֵּן פ' memorize, repeat, inculcate
שִׁנָּן (צמח) ז' dandelion
שִׁנֵּס פ' gird (one's loins)
שִׁנַּע פ' transport, transship, handle
שִׁנֵּק פ' choke, throttle, strangulate
שִׁנֵּת פ' graduate, calibrate
שִׁסָּה פ' incite, instigate, set upon
שִׁיסּוּי ז' inciting, setting on
שִׁיסּוּעַ ז' tearing, interruption
שִׁיסּוּף נ' cutting, rending, tearing
שִׁסַּע פ' rend, tear, rip, interrupt
שִׁסֵּף פ' tear, cut, rend, split
שִׁיעוּל ז' cough, hack
שִׁיעוּר ז' lesson, measure, extent, rate, size, proportion
- לאין שיעור immeasurably, vastly
- לשיעורין gradually, bit by bit
- שיעור קומה stature, caliber
- שיעורי בית homework
שִׁיעִי (מוסלמי) ת' Shiite
שִׁעֵר פ' guess, suppose, believe
- שער בנפשך! imagine!, just fancy!
שֵׂעָר ז' hair
שִׁפֵּד פ' spit, stab, pierce, skewer
שִׁפָּה פ' smooth, indemnify
שִׁפָּה פ' hem, hemstitch, edge
שִׁפָּה (רקמה בצמח) נ' phloem, bast
שִׁיפּוּד ז' spit, skewer, spitting
שִׁיפּוּט ז' judgment, discretion
שִׁיפּוּטִי ת' judicial, judiciary
שִׁיפּוּי ז' indemnity, slope, tilt
שִׁיפּוּי ז' hemstitch, hemming
שִׁיפּוּל ז' lower part, fall
שִׁיפּוּלֶת נ' baseboard, panel, skirting board
שִׁיפּוֹן ז' rye
שִׁיפּוּעַ ז' slope, incline, slant, tilt
שִׁיפּוּץ ז' renovation, repair
שִׁיפּוּר ז' improvement, betterment
שִׁפַּע פ' slant, slope, tilt, cant
שִׁפֵּץ פ' renovate, overhaul, *do up
שִׁפֵּר פ' improve, better
שִׁיק ז' chic, stylishness, elegance
שִׁיקּוּי ז' drink, potion
- שיקוי פלא elixir, philter
שִׁיקּוּל ז' consideration
- שיקול דעת judgment, discretion
שִׁיקּוּם ז' rehabilitation
- שיקום שכונות urban renewal
שִׁיקּוּעַ ז' sinking, outlay
שִׁיקּוּף ז' X-ray examination, reflecting
שִׁיקּוּץ ז' abhorrence, abomination
שִׁקֵּם פ' rehabilitate, rebuild
שִׁקַּע פ' sink, insert, drive
שִׁקֵּף פ' reflect, show, mirror
שִׁקֵּץ פ' loathe, abominate, detest
שִׁקֵּר פ' lie, swindle, cheat, *fib
שִׁיר ז' song, chant, poem, jingle
- שיר הלל acclaim, praise
- שיר השירים Canticles, Song of Solomon, Song of Songs
- שיר זהב sonnet
- שיר לכת march
- שיר עם folk song
- שיר ערש lullaby
- שיר רועים bucolic, pastoral
- שירי נשמה soul music, soul
שִׁירָאִים ז"ר fine silk
שִׁירָה נ' singing, poesy, poetry
- שירה בציבור community singing
- שירת הברבור swan song
שִׁירוֹן ז' song book
שֵׁירוּשׁ ז' uprooting, erasing

שֵירוּת ז' service, serving
- שירות דוב disservice, harm
- שירות הלוך ושוב shuttle service
- שירות המדינה civil service
- שירות חובה compulsory service
- שירות מטאורולוגי weather bureau
- שירות עצמי self-service
- שירות פעיל active service
- שירות צבאי military service
- שירות ציבורי public utility
שֵירוּתִים ז"ר water closet, WC, lavatory, toilet, *lav, *loo
- שירותי גברים gents, men's room
שִירִי ת' poetical, lyrical
שִירַיִים ז"ר leftovers, remains
שֵירֵךְ פ' twist, plod, go astray, sin
שֵירֵשׁ פ' uproot, exterminate
שֵירֵת פ' serve, attend, wait on
שַיִשׁ ז' marble
*שִישַבָּת ז' weekend
שִישָה ש"מ six, 6
שִישָה עָשָׂר ש"מ sixteen, 16
- (החלק) השישה עשר sixteenth
שִישִי ת' sixth, 6th
שַיִשִי ת' marmoreal, marbled
שִישִיָה נ' sextuplets, sextet, six
שִישִים ש"מ sixty, threescore, 60
- בטל בשישים negligible, petty
- שנות השישים the sixties
- (החלק) השישים sixtieth
שִישִית ת' sixth, sixthly
שַיִת ז' thorn bush
שִיתוּךְ ז' corrosion
שִיתוּף ז' including, joining, sharing
- שיתוף פעולה collaboration
שִיתוּפָה נ' partnership, firm
שִיתוּפִי ת' cooperative, collective
שִיתוּק ז' paralysis, apoplexy, palsy
- שיתוק ילדים infantile paralysis, polio
שִיתִית נ' sextet, sextette
שִיתֵךְ פ' corrode, rust, eat away
שִיתֵף פ' join, associate, include
- שיתף פעולה collaborate
שִיתֵק פ' paralyze, silence
שֵךְ (שִיכִּים) ז' thorn, prickle
שָכַב פ' lie, lie down, sleep
- שכב עם have relations with

- שכב עם אבותיו die
שֶכֶב ז' lower millstone
שִכְבָה נ' layer, stratum, coat, bed
שִכְבָנִית נ' harlot, whore
שכ"ד = שכר דירה rent
שָכוּב ת' lying, lying down
שֶכְוִי ז' cock, bantam, grouse
שָכוּחַ ת' forgotten, forsaken
- שכוח אל Godforsaken, desolate
שְכוֹל ז' bereavement
שַכּוּל ת' bereaved, bereft
שְכוּנָה נ' neighborhood, quarter
- שכונות עוני slums, gutter
שְכוּנָתִי ת' neighborhood
שָכוּר ת' rented, hired
שָכַח פ' forget, forsake, leave out
שִכְחָה נ' forgetfulness, oblivion
שַכְחָן ז' forgetful, apt to forget
שַכְחָנוּת נ' forgetfulness
שַכַּחַת (מחלת השכחה) נ' amnesia
*שַכְטָה נ' drag, puff, pull, smoke
שְכִיב מְרַע ז' dying, very ill
שְכִיבָה נ' lying, lie-down
- שכיבת סמיכה push-up, press-up
שְכִיוֹת חֶמְדָה נ"ר treasures, valuables
שָכִיחַ ת' common, frequent, mode
שְכִיחוּת נ' frequency, incidence
שְכִינָה נ' God, inspiration
שָכִיר ז' hired worker, hireling
- שכיר חרב mercenary
שְכִירָה נ' renting, hiring
שְכִירוּת נ' hire, rent, lease, tenancy
- שכירות משנה sublease
שָכַךְ פ' abate, subside, calm, settle
שָכַל פ' lose one's children
שֵכֶל ז' brains, intelligence, wisdom
- שכל ישר common sense, reason
שכ"ל = שכר לימוד tuition fee
שִכְלוּל ז' improvement, perfection
שִכְלוּן ז' rationalization
שִכְלִי ת' intellectual, rational
שִכְלֵל פ' elaborate, improve, perfect
שִכְלְתָנוּת נ' rationalism
שִכְלְתָנִי ת' rationalistic
שְכֶם ז' shoulder
- משכמו ומעלה outstanding
- שכם אחד as one man, together
שִכְמָה נ' shoulder blade, scapula

cape שִׁכְמִיָּה נ'
live, dwell, abide, reside שָׁכַן פ'
neighbor שָׁכֵן ז'
persuasion, conviction שִׁכְנוּעַ ז'
neighborhood, vicinity שְׁכֵנוּת נ'
convince, persuade שִׁכְנֵעַ פ'
duplication, cloning שִׁכְפּוּל ז'
duplicate, stencil, clone שִׁכְפֵּל פ'
mimeograph שַׁכְפֵּלָה נ'
bulletproof vest שַׁכְפָּץ ז'
hire, rent, lease, charter שָׂכַר פ'
wages, salary, pay, reward שָׂכָר ז'
rent - שכר דירה
attorney's fee - שכר טרחת עו"ד
minimum wage - שכר מינימום
royalties - שכר סופרים
charter שֶׂכֶר ז'
leasing, hire purchase - שכר מכר
drunkenness, intoxication שִׁכְרוּת נ'
dipsomania שַׁכֶּרֶת נ'
splash, paddling, swash שִׁכְשׁוּךְ ז'
splash, paddle, swash שִׁכְשֵׁךְ פ'
rewrite, revise שִׁכְתֵּב פ'
rewriting, rewrite שִׁכְתּוּב ז'
scarf, shawl שַׁל ז'
of, belonging to שֶׁל מ"י
he insists, he is firm - הוא בשלו
her, hers, its - שלה
their, theirs - שלהם
his, its, whose, one's own - שלו
mine, my - שלי
your, yours, thy, thine - שלך
our, ours - שלנו
not, in-, un-, lest שֶׁלֹּא = אֲשֶׁר לֹא מ"ח
phase, step, stage, rung שָׁלָב ז'
herpes שַׁלֶּבֶקֶת (מחלה) נ'
shingles, zoster - שלבקת חוגרת
snow שֶׁלֶג ז'
snow - ירד שלג
melted away - כשלג דאשתקד
ice-lolly, popsicle שִׁלְגּוֹן ז'
Snow-white, snowdrop שִׁלְגִּיָּה נ'
sled, sleigh, bobsleigh שַׁלְגִּית נ'
frame, framework, skeleton שֶׁלֶד ז'
kingfisher שַׁלְדָּג (עוף) ז'
chassis, skeleton, body שִׁלְדָּה נ'
draw out, fish out שָׁלָה פ'
inflame, arouse, excite שִׁלְהֵב פ'

phlox שַׁלְהָבִית (פרח) נ'
flame, fire שַׁלְהֶבֶת נ'
inflaming, kindling שִׁלְהוּב ז'
end, conclusion, close שִׁלְהֵי ז"ר
combined, connected שָׁלוּב ת'
arm in arm - שלובי זרוע
roll, pretzel שְׁלוֹבִית נ'
slush שְׁלוּגִית נ'
calm, peace, tranquility שַׁלְוָה נ'
sent, extended, stretched שָׁלוּחַ ת'
unrestrained - שלוח רסן
extension, range, siding, branch, shoot, spur שְׁלוּחָה נ'
pool, puddle שְׁלוּלִית נ'
peace, safety, quiet, goodbye, shalom, so long! שָׁלוֹם ז'
our friends - אנשי שלומנו
may he rest in peace - עליו השלום
internal peace - שלום בית
bum, worthless, botcher שְׁלוּמִיאֵל ז'
clumsiness שְׁלוּמִיאֵלִיּוּת נ'
untidy, sloven, sloppy *שְׁלוּמְפֶּר ז'
drawn, unsheathed שָׁלוּף ת'
boiled, poached, blanched שָׁלוּק ת'
three, 3 שָׁלוֹשׁ ש"מ
thirteen, 13 שְׁלוֹשׁ עֶשְׂרֵה ש"מ
three, 3 שְׁלוֹשָׁה ש"מ
thirteen, 13 שְׁלוֹשָׁה עָשָׂר ש"מ
thirteenth - (החלק) השלושה עשר
thirty, 30 שְׁלוֹשִׁים ש"מ
thirtieth - (החלק) השלושים
hat trick שְׁלוֹשַׁעַר ז'
thrice, 3 times שְׁלוֹשְׁתַּיִם תה"פ
send, transfer, ship, dismiss שָׁלַח פ'
steal, embezzle, deal in - שלח יד
commit suicide - שלח יד בנפשו
rawhide, weapon, pelt שֶׁלַח ז'
blister, sac, cyst, vesicle שַׁלְחוּף ז'
master, rule, command שָׁלַט פ'
control oneself - שלט ברוחו
sign, signpost, nameplate שֶׁלֶט ז'
coat of arms, shield - שלט גיבורים
remote control שְׁלַט רָחוֹק ז'
reign, rule, government שִׁלְטוֹן ז'
local government - שלטון מקומי
self-rule, autonomy - שלטון עצמי
authorities - שלטונות
governmental, ruling שִׁלְטוֹנִי ת'

שִׁלְיָה נ' placenta, afterbirth
שְׂלָיו ז' quail
שָׁלֵיו ת' calm, quiet, tranquil
שָׁלִיחַ ז' messenger, envoy, delegate, emissary, Apostle
- שליח ציבור cantor
שְׁלִיחוּת נ' mission, errand, vocation
שַׁלִּיט ז' ruler, sovereign, dominant
שְׁלִיטָ"א may he live long
שְׁלִיטָה נ' command, control, dominance, mastership
שְׁלִיָּיה נ' drawing out, pull
- שליית מוקשים mine-sweeping
שָׁלִיל ז' embryo, fetus, foetus
שְׁלִילָה נ' denial, negation, rejection
- שלילת רשיון revoking of license
שְׁלִילִי ת' negative, unfavorable
שְׁלִים מַזָּל ת' unlucky, clumsy, bum
שְׁלִיפָה נ' drawing out, retrieval
שְׁלִיקָה נ' poaching, boiling
שָׁלִישׁ ז' adjutant, aide
שְׁלִישׁ ז' third, one third, trimester
שִׁלִּישׁוֹן ז' triplet, the Tertiary
שָׁלִישׁוּת נ' adjutancy, manpower office
שְׁלִישִׁי ת' third, 3rd, tertiary
שְׁלִישִׁיָּה נ' triplet, trio, group of 3
שְׁלִישִׁית תה"פ thirdly
שָׁלָךְ ז' osprey
שַׁלֶּכֶת נ' falling of leaves, fall
שָׁלַל פ' negate, deny, revoke
שָׁלָל ז' spoils, plunder, loot, catch
- שלל צבעים blaze of color
שַׁלָּם ז' paymaster, payer
שָׁלֵם ת' complete, full, entire, perfect, whole, intact, safe
שַׁלְמוֹנִים ז"ר bribe, bribery
שְׁלֵמוּת נ' perfection, integrity
שְׁלָמִים ז"ר peace offering
שָׁלַף פ' draw, unsheathe, retrieve
שֶׁלֶף ז' stubble
שַׁלְפּוּחִית נ' cyst, sac, bladder, vesicle
*שְׁלֶפֶּר ז' untidy, schlep, slow
שָׁלַק פ' boil, poach, blanch
שְׁלָשָׁה נ' row of three, triad
שִׁלְשׁוּל ז' diarrhea, loose bowels, earthworm, lowering, dropping

שִׁלְשׁוֹם תה"פ the day before yesterday
שַׁלֶּשֶׁת נ' trio
שִׁלְשֵׁל פ' lower, drop, pocket, suffer from diarrhea, purge
שַׁלְשֶׁלֶת נ' chain, cable
- שלשלת יוחסין family tree, lineage
שָׂם פ' lay, place, put, set
*- לא שם עליו disregard him
- שם לאל thwart, frustrate
- שם לב mind, note, notice
*- שם לו רגל trip up
- שם נפשו בכפו venture one's life
*- שם פס עליו disregard him
- שם קץ ל- put an end to
שֵׁם ז' name, noun, fame, repute
- בשם in the name of, on behalf of
- לשמו for its own sake
- שם בדוי pseudonym, pen name
- שם דבר famous person, proverb
- שם הגוף pronoun
- שם המפורש ineffable name
- שם משפחה surname
- שם נרדף synonym
- שם עצם noun
- שם עצם כללי common noun
- שם עצם פרטי proper noun
- שם פועלי gerund, verbal noun
- שם פרטי Christian name, first name, forename, given name
- שם תואר adjective
- שמו הולך לפניו famous
שָׁם תה"פ there, yonder, ibid.
שֶׁמָּא מ"ח lest, perhaps, maybe
שַׁמָּאוּת נ' valuing, assessing
שַׁמַּאי ז' actuary, assessor, appraiser, surveyor, estimator
שְׂמֹאל ז' left, left hand
שְׂמֹאלָה תה"פ leftward, left
שְׂמָאלִי ת' left, left-handed, *pink
שְׂמָאלִיּוּת נ' left-handedness
שְׂמָאלָנוּת נ' leftism
שְׂמָאלָנִי ת' leftist, left-winger, *pink
שְׁמָד ז' religious persecution
שַׁמָּה נ' desolation, ruin
שָׁמָּה תה"פ there, yonder, thither
שָׁמוּט ת' falling, hanging loosely
שְׁמוֹנֶה ש"מ eight, 8

שְׁמוֹנֶה (לזכר) ש"מ	eight, 8
שְׁמוֹנֶה עָשָׂר ש"מ	eighteen, 18
– (החלק) השמונה עשר	eighteenth
שְׁמוֹנֶה עֶשְׂרֵה ש"מ	eighteen, standing prayer
שְׁמוֹנִים ש"מ	eighty, fourscore, 80
– שנות השמונים	the eighties
– (החלק) השמונים	eightieth
*שְׁמוֹנְצֶס ז"ר	odds and ends
שְׁמוּעָה נ'	rumor, gossip, hearsay
שָׁמוּר ת'	guarded, kept, preserved, reserved, restricted
שְׁמוּרָה נ'	reservation, reserve, eyelid, guard
– שמורת ההדק	trigger guard
– שמורת טבע	nature reserve
שְׁמוֹת (חומש) ז'	Exodus
שָׂמַח פ'	be glad, be happy, rejoice
שָׂמֵחַ ת'	glad, happy, merry, lively
שִׂמְחָה נ'	joy, happiness, celebration
– שמחה לאידו	glee at his ill luck
*– שמחת זקנתי!	no cause for joy!
– שמחת תורה	Rejoicing of the Torah, Jewish holiday
שָׁמַט פ'	drop, let fall, leave, lose
שֵׁמִי ת'	Semite, nominal, of names
שְׁמִיטָה נ'	fallow year, dropping, leaving, prolapse
שָׁמַיִם ז"ר	heaven, sky, God
– שומו שמיים!	my goodness!
שְׁמֵימִי ת'	celestial, heavenly
שְׂמִיכָה נ'	blanket, quilt, cover
שְׁמִינִי ת'	eighth, 8th
– שמיני עצרת	eighth day of Succoth, Jewish holiday
שְׁמִינִיָּה נ'	octave, octet, loop, figure of 8
*– עשה שמיניות באוויר	try hard
שְׁמִינִית נ'	eighth, twelfth grade, octavo, a bit of, trace
– שמינית תו	quaver, eighth note
שָׁמִיעַ ת'	audible, hearable
שְׁמִיעָה נ'	hearing, ear for music
שְׁמִיעָתִי ת'	auditory, aural, audio
שָׁמִיר ז'	emery, flint, thistle, dill
שְׁמִירָה נ'	protection, watch, keeping, guarding
– שמירה אזורית	zone defense
– שמירה אישית	man-to-man
שָׁמִישׁ ת'	serviceable, usable
שְׁמִישׁוּת נ'	usability, applicability
שֶׁמֶךְ (דג) ז'	trout
שְׁמִכּוּר ז'	resale
שִׂמְלָה נ'	dress, garment
– שמלת הירידון	maternity dress
– שמלת נשף	ball dress
שִׂמְלָנִית נ'	skirt
שְׁמַלְץ ז'	schmaltz, sentimentality
שָׁמֵם ת'	desolate, deserted, waste
שְׁמָמָה נ'	wilderness, desert
שְׂמָמִית נ'	gecko, spider
שָׁמַן פ'	become fat, put on weight
שֶׁמֶן ז'	oil, olive oil
– שמן דגים	cod liver oil
– שמן זית	olive oil
– שמן סיכה	lubricating oil
– שמן פשתים	linseed oil
– שמן קיק	castor oil
שָׁמֵן ת'	fat, adipose, corpulent
שַׁמְנוּנִי ת'	oily, fat, greasy
שַׁמְנוּנִיּוּת נ'	oiliness, greasiness
שֵׁמָנִי ת'	nominal, of a noun
שְׁמַנְמוֹנֶת ת'	buxom, plump, *sonsy
שְׁמַנְמַן ת'	fat, chubby, roly-poly
שַׁמֶּנֶת נ'	cream
שָׁמַע פ'	hear, listen, obey, give ear
שֶׁמַע ז'	hearing, rumor, audio
שַׁמְפּוּ ז'	shampoo
שַׁמְפַּנְיָה נ'	champagne, *bubbly
שֶׁמֶץ ז'	particle, bit, touch, jot
שִׁמְצָה נ'	disgrace, disrepute
שָׁמַר פ'	guard, keep, watch, retain
– שמור לי (ואשמור לך)	scratch my back
– שמר אמונים	be loyal to
שְׁמַרְחוֹם ז'	thermos, vacuum flask
שְׁמַרְטַף ז'	baby-sitter, *sitter
שְׁמָרִים ז"ר	yeast, lees, ferment
שַׁמְרָן ז'	conservative, true blue
שַׁמְרָנוּת נ'	conservatism
שַׁמְרָנִי ת'	conservative, die-hard
שְׁמַרְקָע (פטרייה) ז'	truffle
שַׁמָּשׁ ז'	attendant, janitor, caretaker, beadle, valet
שֶׁמֶשׁ נ'	sun, star, luminary
שִׁמְשָׁה נ'	windowpane, windshield

שִׁמְשִׁי ת'	solar, sunny
שִׁמְשִׁיָּה נ'	parasol, sunshade
שַׁמֶּשֶׁת (ספינת שירות) נ'	tender
שֵׁן נ'	tooth, ivory, tine, cog
- כרסה בין שיניה	pregnant
- שן בינה	wisdom tooth
- שן הארי (צמח)	dandelion
- שן חותכת	incisor
- שן חלב	milk tooth, baby tooth
- שן טוחנת	grinder, molar
- שן סלע	cliff, crag, bluff
- שן שום	clove
שָׂנֵא פ'	hate, dislike, detest, loathe
שִׂנְאָה נ'	hate, hatred, ill will, dislike
- שנאת הבריות	misanthropy
- שנאת מוות	mortal hatred
שַׁנַּאי ז'	transformer
שְׁנַאי (רֶפְּרִיזָה) ז'	reprise
שָׁנָה פ'	study, teach, repeat
שָׁנָה נ'	year, twelvemonth
- השנה	this year
- שנה בשנה	year by year
- שנה טובה!	happy new year!
- שנה מעוברת	leap year
- שנות העשרה	teens, teenage
- שנת אור	light year
- שנת כספים	financial year
שֶׁנְהָב ז'	ivory, enamel, tusk
שָׂנוּא ת'	hated, disliked, odious
שָׁנוּי ת'	repeated, studied
- שנוי במחלוקת	controversial
שָׁנוּן ת'	biting, sharp, acute, clever
*שְׁנוֹר ז'	scrounging, begging
שְׁנוֹרְקֶל ז'	snorkel, schnorkle
*שְׁנוֹרֵר פ'	scrounge, beg, sponge
*שְׁנוֹרֶר ז'	scrounger, beggar, cadger
שִׁנְטֵעַ פ'	replant, transplant
שָׁנִי ז'	scarlet, vermilion, cochineal
שֵׁנִי ת'	second, 2nd, other, runner-up
- אין שני לו	peerless, unrivaled
- כל שני וחמישי	often, frequently
שְׁנֵי- (ראה שְׁנַיִים)	two, both of
שְׁנִיּוֹנִי ת'	secondary, binary
שְׁנִיּוּת נ'	dualism, duplicity
שְׁנִיָּה נ'	second
שְׁנַיִים ש"מ	two, 2, twosome, deuce
- שניהם	both of them, both
- שנינו	both of us
שְׁנֵים עָשָׂר ש"מ	twelve, 12, dozen
- (החלק) השנים עשר	twelfth
שְׁנִינָה נ'	mockery, ridicule, byword
שְׁנִינוּת נ'	sharpness, acuity, subtlety
שְׁנִיצֶל (כְּתִיתָה) ז'	schnitzel
שָׁנִית נ'	scarlatina, scarlet fever
שֵׁנִית תה"פ	again, secondly
שֶׁנֶף ז'	vanilla
שֶׁנֶץ ז'	cord, lace, ribbon
שֶׁנֶת נ'	mark, scale mark, notch
שְׁנָתוֹן ז'	almanac, annual, yearbook, age bracket
שְׁנָתִי ת'	annual, yearly
שְׁנָתַיִים נ"ר	two years
ש"ס = שישה סדרים	Talmud
שָׁסָה פ'	rob, plunder, spoil
שָׁסוּעַ ת'	cloven, cleft, split
שֶׁסַע ז'	cleft, split, schism, vent
שַׁסַּעַת נ'	schizophrenia
שֶׁסֶק ז'	loquat, medlar
שַׁסְתּוֹם ז'	valve, stopcock, pallet
שִׁעְבֵּד פ'	enslave, subdue, mortgage
שִׁעְבּוּד ז'	bondage, mortgage, lien, subjection, slavery
שָׁעָה פ'	heed, listen, notice, mind
שָׁעָה נ'	hour, time, while, moment
- בשעתו	at the time
- לפי שעה	for the time being
- שעה קלה	short while
- שעות נוספות	overtime
- שעת האפס	zero hour, D-day
- שעת חירום	emergency
- שעת כושר	chance, opportunity
שַׁעֲוָה נ'	wax
- שעוות האוזן	earwax
שַׁעֲוִית נ'	stencil
שַׁעֲוָנִית נ'	oilcloth, linoleum
שָׁעוֹן ז'	clock, watch, timepiece
- שעון חול	sandglass, hourglass
- שעון יד	wrist watch
- שעון מעורר	alarm clock
- שעון נוכחות	time clock
- שעון עצר	stopwatch, timer
- שעון קיץ	daylight saving time
- שעון שמש	sundial
שָׁעוּן ת'	supported, leaning
שְׁעוּנִית (צמח נוי) נ'	passionflower

שְׁעוּעִית נ' bean, beans, kidney bean
שְׂעוֹרָה נ' barley, sty, stye
שָׁעַט פ' stamp, run, gallop
שְׁעָטָה נ' stamping, gallop
שַׁעַטְנֵז ז' wool and linen mixture
שָׂעִיר ז' billy goat, satyr
– שעיר לעזאזל scapegoat, *fall guy
שָׂעִיר ת' hairy, hirsute, shaggy
שַׁעַל ז' step, bit of land
שַׁעֶלֶת נ' whooping cough
שַׁעַם ז' cork
שִׁעְמוּד ז' baptism, conversion
שִׁעֲמוּם ז' boredom, dullness, ennui
שִׁעֲמֵם פ' bore, weary, tire
שַׁעֲמָנִית נ' linoleum, lino
שָׁעָן ז' watchmaker
שָׁעָנוּת נ' horology, watchmaking
שַׁעַר ז' gate, goal, title, page, rate
– שער חליפין rate of exchange
– שער עצמי own goal
שַׂעֲרָה נ' hair, strand
– שערות שולמית maidenhair fern
שִׁעֲרוּךְ ז' revaluation, revaluing
שַׁעֲרוּרִיָּה נ' scandal, outrage, *stink
שַׁעֲרוּרִיָּתִי ת' scandalous
שִׁעֲרֵךְ פ' revalue, revaluate
שַׁעֲשׁוּעַ ז' amusement, fun,
entertainment, game
שִׁעֲשַׁע פ' amuse, entertain, recreate
שִׁעְתּוּק ז' reproduction,
transcription
שִׁעְתֵּק פ' reproduce, replicate
שָׂפָה נ' lip, language, bank, shore,
border, margin, edge, rim
– שפה עילית high-level language
– שפה שסועה harelip
– שפת אם mother tongue
– שפת הים beach, seaside
שַׁפּוּד ז' spit, skewer, rotisserie
שָׁפוּט ת' sentenced, *keen, hooked
שָׁפוּי ת' sane, sound, all there
שְׁפוֹכֶת נ' debris, detritus, dump
שָׁפוּף ת' stooping, bent, dejected
שְׁפוֹפֶרֶת נ' tube, receiver
שִׁפְחָה נ' maid servant, slave
שָׁפַט פ' judge, sentence, referee
שְׁפִיוּת נ' sanity, saneness, reason
שָׁפִיט ת' judgeable, triable
שְׁפִיטָה נ' judgment, judging, trial
שְׁפִיכָה נ' pouring, spill, ejaculation
שְׁפִיכוּת דָּמִים נ' bloodshed, killing
שְׁפִיפוֹן ז' horned viper
*שְׁפִּיץ (חוֹד) ז' point, tip
שְׁפִיר ז' amnion, chorion, fetus' sac
– בדיקת מי שפיר amniocentesis
שַׁפִּיר תה"פ well, fine, OK, benign
שַׁפִּירִית (חרק) נ' dragonfly
שְׂפִית נ' labium
שְׁפִיתָה נ' putting on fire
שָׁפַךְ פ' pour, spill, shed, dump, tip
– שפך ליבו bare one's heart
שֶׁפֶךְ ז' estuary, outfall, mouth
*שְׁפַּכְטֶל (מָרִית) ז' spatula
שְׁפָכִים ז"ר sewage, drainage, sludge
שֵׁפֶל ז' ebb, lowliness, recession
שָׁפָל ת' abject, base, mean, scum
שְׁפֵלָה נ' lowland, plain
שִׁפְלוּת נ' baseness, lowliness
– שפלות רוח humility
שַׁפְלָן ז' terrier, fox terrier
שָׂפָם ז' moustache, whiskers
שְׂפַמְנוּן (דג) ז' catfish
שָׁפָן ז' rabbit, cony, bunny, buck,
*coward, chicken
– שפן ניסיונות guinea pig
שְׁפַנִיָּה נ' warren, rabbit hutch
שְׁפַנְפֶנָה נ' bunny girl
שָׁפַע פ' flow, abound in, overflow
שֶׁפַע ז' abundance, plenty, riches
שִׁפְעָה נ' amplitude, abundance
שִׁפְעוּל ז' reactivation
שִׁפְעֵל פ' reoperate, reactivate
שַׁפַּעַת נ' influenza, flu, *grippe
שָׁפַר פ' be good, be well, be fair
שַׁפָּר ז' decorator
שֶׁפֶר - אִמְרֵי שֶׁפֶר praise, good words
*שְׁפְּרִיץ (קילוח) ז' spray, spurt
שִׁפְשׁוּף ז' scour, scrape, rub, going
through the mill, ordeal
שִׁפְשֵׁף פ' scrub, rub, scrape, scratch
שְׁפְשֶׁפֶת נ' doormat
שָׁפַת פ' put on the fire
שְׂפָתוֹן ז' lipstick
שִׂפְתּוּת נ' lisp, labialization
שְׂפָתִי ת' labial, linguistic, lingual
שְׂפָתַיִים נ"ר lips

ש"ץ = שליח ציבור cantor
שֶׁצֶף קֶצֶף ז' wrath, fury
שַׂק ז' sack, sackcloth, bag
– שק איגרוף punching bag
– שק חול sandbag
– שק חפצים kit-bag
– שק שינה sleeping bag
ש"ק = שבת קודש holy Sabbath
שֶׁק (המחאה) ז' check, cheque
שָׁקַד פ' persevere, persist, study
שָׁקֵד ז' almond, tonsil
– שקדי מרק soup nuts
שְׁקֵדִי ת' almond shaped, oval
שְׁקֵדִיָּה נ' almond, almond tree
שַׁקְדָן ת' diligent, assiduous
שַׁקְדָנוּת נ' diligence, perseverance
שָׁקוּל ת' balanced, deliberate, sane
– שקול כנגד tantamount, equal
שָׁקוּעַ ת' absorbed, sunken, deep
שָׁקוּף ת' transparent, clear, lucid
שְׁקוּפִית נ' slide, transparency
שָׁקַט פ' be calm, be quiet, be still
שֶׁקֶט ז' quiet, silence, calm, peace
שָׁקֵט ת' quiet, silent, still, calm
שְׁקִידָה נ' diligence, perseverance
שְׁקִיטָן ז' flamingo
שַׂקַּיִים ז"ר saddlebags, panniers
שְׁקִילָה נ' weighing, considering
שְׁקִילוּת נ' equivalence
שְׁקִיעָה נ' decline, fall, sinking, setting, sunset
– שקיעת דם sedimentation rate
שְׁקִיפוּת נ' transparency, visibility
שַׂקִּיק ז' small bag, cornet
שְׁקִיקָה נ' lust, eagerness, avidity
שַׂקִּית נ' small bag, pouch
שָׁקַל פ' weigh, consider
שֶׁקֶל ז' shekel
– שקל חדש NIS, new Israeli shekel
שַׁקְלָא וְטַרְיָא ז' discussion
שִׁקְלוּל ז' weighting
שִׁקְלֵל פ' weight
שֶׁקֶם ז' canteen, PX
שִׁקְמָה (עץ) נ' sycamore
שַׂקְנַאי ז' pelican
שָׁקַע פ' sink, set, decline, be absorbed, be engrossed
שֶׁקַע ז' depression, dent, socket

שְׁקַעֲרוּרִי ת' concave
שְׁקַעֲרוּרִיּוּת נ' concavity
שֶׁקֶף ז' perspective, transparency
שֶׁקֶץ ז' unclean insect, rake
שִׁקְצָה נ' non-Jewish girl
שָׁקַק פ' bustle, teem, run about
שֶׁקֶר ז' lie, untruth, fib, falsehood
שִׁקְרִי ת' false, untrue
שַׁקְרָן ז' liar, storyteller
שַׁקְרָנוּת נ' lying, mendacity
שִׁקְשׁוּק ז' noise, rustle, fear
*שקשוקה נ' scrambled eggs
שִׁקְשֵׁק פ' rumble, rustle, tremble
שָׁר פ' sing, chant, praise, laud
שַׂר ז' minister, secretary, head
– שר החוץ (ראה משרד) Foreign Minister, Secretary of State
– שר צבא general, commander
שָׁרָב ז' hot weather, broiler
שִׁרְבֵּב פ' stretch, extend, misplace, put incorrectly
שִׁרְבּוּב ז' extending, confusion
שִׁרְבּוּט ז' scribble, scrawl
שִׁרְבֵּט פ' scribble, scrawl, *doodle
שְׁרָבִי ת' very hot, broiling
שַׁרְבִיט ז' scepter, wand, rod, baton
שַׁרְבִיטַאי ז' drum major
שַׁרְבִיטָאִית נ' drum majorette
שְׁרַבְרָב ז' plumber
שְׁרַבְרָבוּת נ' plumbing
שִׁרְגֵּן פ' reorganize
שָׂרַד פ' survive, remain, live on
שְׂרָד ז' service, official, ministerial
שָׁרָה פ' dip, steep, soak, immerse
שָׂרָה פ' contend, struggle
שַׁרְווּל ז' sleeve, arm
– מן השרוול off the cuff
– שרוול רוח windsock, drogue
שַׁרְווּלִית נ' cuff, wristband
שָׁרוּי ת' soaked, dipped, in a state
שְׂרוֹךְ ז' lace, string, tie, lanyard
– שרוך נעל shoelace, shoestring
שָׂרוּעַ ת' outstretched, lying, flat
שָׂרוּף ת' burnt, ardent, *keen, freak
שָׂרַט פ' scratch, abrade, scrape
שִׂרְטוּט ז' blueprint, sketch, drawing, design, plan, outline
שִׂרְטוֹן ז' sandbank, sandbar, shoal

reach deadlock – עלה על שרטון
draw, sketch, outline שִׂרְטֵט פ׳
cross a check – שרטט המחאה
designer, draftsman שַׂרְטָט ז׳
cut, scratch שָׂרֶטֶת נ׳
sherry, cherry שֶׁרִי (משקה) ז׳
tendril, twig, sprig שָׂרִיג ז׳
remnant, survivor, residue, vestige, relic שָׂרִיד ז׳
remains, debris – שרידים
armor, armored force, mail שִׁרְיוֹן ז׳
breastplate, cuirass – שריון חזה
beaver – שריון סנטר
shell, carapace – שריון צב
coat of mail – שריון קשקשים
earmarking, securing שִׁרְיוּן ז׳
armored force soldier שִׁרְיוֹנַאי ז׳
armored car שִׁרְיוֹנִית נ׳
armored force soldier שִׁרְיוֹנֶר ז׳
scratch, graze, scrape שְׂרִיטָה נ׳
soaking, dipping, steep שְׁרִיָּה נ׳
armor, earmark, secure שִׁרְיֵן פ׳
shrimp שְׁרִימְפּ (חֲסִילוֹן) ז׳
sheriff, marshal שֶׁרִיף ז׳
fire, combustion שְׂרֵיפָה נ׳
cremation – שריפת מת
infestation, swarming שְׁרִיצָה נ׳
whistle, blast, hiss, toot שְׁרִיקָה נ׳
catcall – שריקת בוז
muscle שְׁרִיר ז׳
valid, effective, in force שָׁרִיר ת׳
arbitrariness שְׁרִירוּת לֵב נ׳
arbitrary, willful שְׁרִירוּתִי ת׳
muscular, brawny, sinewy שְׁרִירִי ת׳
lace, pull, drag שָׂרַךְ פ׳
fern שָׂרָךְ ז׳
charlatan, swindler, cheat שַׁרְלָטָן ז׳
thoughts שַׂרְעַפִּים ז״ר
burn, set on fire, consume שָׂרַף פ׳
seraph, angel שָׂרָף ז׳
resin, rosin, frankincense שְׂרָף ז׳
footstool, stool, ottoman שְׁרַפְרַף ז׳
abound, swarm, teem שָׁרַץ פ׳
insects, vermin, villain שֶׁרֶץ ז׳
whistle, catcall, hiss, toot שָׁרַק פ׳
bee-eater שְׁרַקְרַק (ציפור) ז׳
reign, dominate, prevail שָׂרַר פ׳
authority, rule, tyranny שְׂרָרָה נ׳

concatenation, linking שִׁרְשׁוּר ז׳
tapeworm שַׁרְשׁוּר (תולעת מעיים) ז׳
concatenate, link שִׁרְשֵׁר פ׳
chain, necklace, string שַׁרְשֶׁרֶת נ׳
caretaker, janitor שָׁרָת ז׳
maintenance, service שֵׁרוּתוּת נ׳
be glad, rejoice, be eager שָׂשׂ פ׳
bellicose, militant – שש לקרב
six, 6, half a dozen שֵׁשׁ ש״מ
backgammon שֵׁשׁ בֵּשׁ (מִשְׂחָק) ז׳
sixteen, 16 שֵׁשׁ עֶשְׂרֵה ש״מ
joy, delight, rejoicing שָׂשׂוֹן ז׳
put, place, lay, set שָׁת פ׳
buttocks, bottom שֵׁת ז׳
intercessor, lobbyist שְׁתַדְלָן ז׳
intercession, lobbyism שְׁתַדְלָנוּת נ׳
drink, *booze, knock back שָׁתָה פ׳
toast, drink his health – שתה לחיי־
drunk, intoxicated שָׁתוּי ת׳
planted, hidden, *bugged שָׁתוּל ת׳
warp שְׁתִי ז׳
cross, crisscross – שתי וערב
two, both of שְׁתֵּי־ (ראה שְׁתַּיִם)
drink, drinking, potation שְׁתִיָּה נ׳
two, 2 שְׁתַּיִם ש״מ
both of them – שתיהן
both of us – שתינו
alcoholic, drinker, *boozer שַׁתְיָן ז׳
corrodible שָׁתִיךְ ת׳
seedling, plant, set שָׁתִיל ז׳
planting, setting שְׁתִילָה נ׳
twelve, 12 שְׁתֵּים עֶשְׂרֵה ש״מ
silence, taciturnity שְׁתִיקָה נ׳
bleeding, oozing שְׁתִיתָה נ׳
plant, set שָׁתַל פ׳
graft, plant, set שֶׁתֶל ז׳
domineering, bully, bossy שְׁתַלְטָן ז׳
domineering שְׁתַלְטָנוּת נ׳
nurseryman שַׁתְלָן ז׳
evader, shirker, truant שְׁתַמְטָן ז׳
evasion, shirking שְׁתַמְטָנוּת נ׳
urine שֶׁתֶן ז׳
urinalysis – בדיקת שתן
be silent, be quiet, *shut up שָׁתַק פ׳
silent, taciturn, reticent שַׁתְקָן ז׳
quietism, reticence שַׁתְקָנוּת נ׳
taciturn, closemouthed שַׁתְקָנִי ת׳
flow, bleed, ooze שָׁתַת פ׳

ת

תָּא ז' — cell, box, cabin, chamber, compartment, locker, cubicle
- תא גזים — gas chamber
- תא דואר — post office box, POB
- תא הטייס — cockpit, flight deck
- תא הכפפות — glove compartment
- תא המטען — trunk, boot
- תא הקפאה — freezer
- תא זרע — spermatozoon
- תא טלפון — booth, call box, phonebooth, telephone booth
- תא מלתחה — locker
- תא צלילה — caisson, bathysphere
- תאים אפורים — gray matter

ת"א = תל אביב — Tel Aviv
תָּאֵב ת' — desirous, craving, thirsty
תְּאַבְדָּע ת' — curious
תַּאֲגִיד ז' — corporation
תְּאוֹ ז' — buffalo, bison
תַּאֲוָה נ' — lust, desire, passion, greed
- תאווה לעיניים — a gorgeous sight
- תאוות רצח — blood lust, amok

תַּאַוְתָן ז' — voluptuary, lecher
תַּאַוְתָנוּת נ' — lust, passion, salacity
תַּאַוְתָנִי ת' — lustful, lewd, greedy
תְּאוֹם ז' — twin
- תאומי סיאם — Siamese twins
- תאומים — twins, Gemini
- תאומים זהים — identical twins

תָּאוֹן ז' — pigeonhole, stall
תְּאוּנָה נ' — accident, mishap, casualty
- תאונת דרכים — road accident
- תאונת שרשרת — pileup

תְּאוּצָה נ' — acceleration, pickup
תְּאוּרָה נ' — illumination, lighting
תְּאוּרָן ז' — lighting operator
תְּאוֹרֶת נ' — collation
תַּאֲחוּז ז' — percentage, percent
תַּאֲחִיזָה נ' — cohesion, adhesion
תָּאִי ת' — cellular
תָּאִים ת' — symmetrical, compatible
תְּאִימוּת נ' — symmetry, compatibility
תָּאִיר ת' — figured, describable

תָּאִית נ' — cellulose, xylonite
תָּאַם פ' — match, fit, suit, correspond, agree, be in harmony
תְּאֵנָה נ' — fig
תַּאֲנִיָּה (וַאֲנִיָּה) נ' — grief and sorrow
תָּאַר פ' — encompass, encircle
תַּאֲרִיךְ ז' — date
תַּאֲרִיכוֹן ז' — date stamp, dater
תְּאֵרִית (קבוצת תווים) נ' — figure
תַּאֲרֵךְ פ' — date, assign a date
תְּאַשּׁוּר (עץ) ז' — boxwood
תַּבְהֵלָה נ' — panic, alarm, fright
תַּבְהֵלָן ז' — scaremonger, alarmist
תְּבוּאָה נ' — corn, grain, crop, produce
תְּבוּנָה נ' — intelligence, reason, sense, wisdom, wit
תְּבוּנִי ת' — intelligent, rational
תְּבוּסָה נ' — beating, defeat, rout
תְּבוּסָן ז' — defeatist, quitter
תְּבוּסָנוּת נ' — defeatism
תְּבוּסְתָן ז' — defeatist, quitter
תַּבְחִין ז' — diagnosis, test
תְּבִיעָה נ' — demand, claim, action, suit, lawsuit, prosecution
תֶּבֶל ז' — spice, flavoring
תֵּבֵל נ' — universe, world
תְּבַלּוּל ז' — cataract
תִּבְלֵט פ' — emboss, carve a relief
תַּבְלִיט ז' — relief
- תבליט נמוך — bas-relief, low relief

תַּבְלִיל ז' — batter, mixture
תַּבְלִין ז' — condiment, spice, flavoring, seasoning
תֶּבֶן ז' — straw
תַּבְנוּן ז' — bastion
תַּבְנִית נ' — model, mold, shape, form, pattern, format, type
- תבנית אפייה — baking pan

תַּבְנִיתִי ת' — structural, modular
תָּבַע פ' — claim, demand, require, prosecute, sue, take to court
תַּבְעָן ז' — pretender, claimer
תַּבְעֵרָה נ' — fire, conflagration
- בקבוק תבערה — petrol bomb

תִּבְצוֹר ז' — blockhouse
תִּבְרֵג פ' — thread, cut screws
תַּבְרוּאָה נ' — sanitation
תַּבְרוּאִי ת' — sanitary

תַּברוּאָן ז' sanitarian
תַּברוּאָנוּת נ' sanitation
תִּברוּג ז' threading (screws)
תִּברוֹגֶת נ' thread, screw thread
תַּברִיג ז' thread, screw thread
תַּבשִׁיל ז' cooked food, dish, stew
תָּג ז' badge, label, tag, apostrophe
- תג יחידה shoulder flash, patch
תִּגבּוּר ז' reinforcing, strengthening
תִּגבּוֹרֶת נ' reinforcement, force
תִּגבֵּר פ' reinforce, strengthen
תְּגוּבָה נ' reaction, response, reflex
- אין תגובה no comment
- תגובת שרשרת chain reaction
תְּגוּבָן ז' reactor
תַּגזִיר ז' clipping, cutting
תִּגלַחַת נ' shaving, shave
תַּגלִיף ז' carving, engraving, relief
תַּגלִית נ' discovery
תַּגמוּל ז' reprisal, reward, recompense, retaliation
תַּגמִיר ז' finish, finishing touch
תִּגמֵל פ' reimburse, repay, reward
תִּגמֵר פ' finish, touch up
תַּגָּר ז' merchant, trader
תִּגרָה נ' quarrel, affray, skirmish
תִּגרוֹלֶת נ' raffle, lottery
תַּגרָן ז' merchant, pedlar, hawker
תַּגרָנוּת נ' bargaining, haggling
ת"ד=תיבת דואר post office box, POB
תִּדגוֹרֶת נ' incubation
תַּדגִים ז' sample, specimen
תַּדהֵמָה נ' amazement, surprise
תִּדהָר ז' elm tree
תַּדחִית נ' moratorium
תָּדִיר ת' frequent, regular, often
תְּדִירוּת נ' frequency, constancy
תִּדלוּק ז' refueling, fill-up
תִּדלֵק פ' fuel, refuel, tank up
תַּדמִית נ' image, appearance, model
תַּדפִּיס ז' printout, offprint
תֶּדֶר ז' frequency
- תדר אולטרה-גבוה ultra-high frequency, UHF
- תדר גבוה מאוד very high frequency, VHF
תִּדרוּך ז' brief, briefing
תַּדרִיג ז' echelon
תַּדרִיך ז' briefing, instructions
תִּדרֵךְ פ' brief, instruct
תֵּה ז' tea, *char
תָּהָה פ' wonder, be amazed
- תהה על קנקנו sound him out
תְּהוּדָה נ' repercussion, echo, resonance
תְּהוֹם נ' abyss, chasm, depth
- תהום הנשייה oblivion
תְּהוֹמִי ת' abysmal, deep, huge
תְּהִיָּה נ' wonder, amazement
תְּהִילָּה נ' praise, acclaim, fame
תְּהִילִים (בתנ"ך) ז"ר Psalms
תְּהִילִימוֹן (לזמרה) ז' Psalter
תַּהֲלוּכָה נ' procession, parade
תַּהֲלִיך ז' process, procedure
תַּהֲלִילָה נ' psalmody
תַּהפּוּכָה נ' perversion, change, vicissitude
תָּו ז' sign, label, note, character
- תו שלם semibreve, whole note
- תווי נגינה musical notes, score
- תווי פנים features, lineaments
תּוּאַם פ' be coordinated
תּוֹאַם ז' harmony, symmetry
תּוֹאֵם ת' fit, suitable, harmonious, agreeable, compatible
תּוֹאֲמוּת נ' compatibility, agreement
תּוֹאֲמָן ז' conformist, complying
תּוֹאֲמָנוּת נ' conformism, conformity
תּוֹאֲנָה נ' pretext, excuse
תּוֹאַר פ' be described, be depicted
- בל יתואר indescribable
תּוֹאַר ז' title, degree, form, appearance, adjective
- תואר הפועל adverb
- תואר השם adjective
- תואר מ"א Master's degree
תּוֹאֳרִי ת' adjectival, titular
תּוּבָּה נ' hull, main body, trunk
תּוּבַּל פ' be spiced, be flavored
תּוֹבָלָה נ' transport, transportation
תּוֹבָנָה נ' insight
תּוֹבֵעַ ז' claimant, prosecutor, plaintiff
- תובע מחוזי district attorney, DA
תּוֹבְעָנָה נ' claim, action
תּוֹבְעָנִי ת' demanding, challenging

loop, keeper, carrier תּוֹבָר ז'
rosette, belt loop תּוֹבְרָה נ'
be reinforced תּוּגְבַּר פ'
sorrow, grief, dolor תּוּגָה נ'
thanks, thank-you, gratitude, acknowledgment תּוֹדָה נ'
thanks - רוב תודות
thank God - תודה לאל
Thank you - תודה רבה
thanks to, due to - תודות ל–
be refueled, be tanked up תּוּדְלַק פ'
consciousness תּוֹדָעָה נ'
conscious תּוֹדַעְתִּי ת'
be briefed, be instructed תּוּדְרַךְ פ'
come to nothing תּוֹהוּ - עָלָה בַּתּוֹהוּ
chaos, shambles תּוֹהוּ וָבוֹהוּ
outline, feature, sketch תְּוָואי ז'
sketch, outline, draw תָּוָוה פ'
outline, feature, sketch, plan תְּווַי ז'
drawing, plotting תְּווִייָה נ'
score writer, plotter תַּוויָן ז'
label, mark, tab, tag תָּווִית נ'
be mediated, be arbitrated תּוּוַךְ פ'
broker, relay תַּוָּוךְ ז'
inside, center, middle, interior, midst תָּווֶךְ ז'
broker, mediator תַּוּוכָן ז'
be timed תּוּזְמַן פ'
be orchestrated תּוּזְמַר פ'
be maintained, be kept תּוּחְזַק פ'
be broken up, be crumbled תּוּחַח פ'
be primed, be initiated תּוּחַל פ'
expectation, hope תּוֹחֶלֶת נ'
life expectancy - תוחלת חיים
be demarcated תּוּחַם פ'
delimitative, mark תּוֹחֵם ת'
be interrogated תּוּחְקַר פ'
be filed (away) תּוּיַּק פ'
inside, center, middle, interior, midst תּוֹךְ ז'
crumb - תוך הלחם
honest, sincere - תוכו כברו
within, in, at, intra תּוֹךְ מ"ח
intravenous, IV - תוך ורידי
before long - תוך זמן קצר
while, during - תוך כדי
immediately - תוך כדי דיבור
intrauterine - תוך רחמי

admonition, reproof, rebuke, exhortation, reprimand תּוֹכָחָה נ'
punishment תּוֹכֵחָה נ'
homiletic, admonitory תּוֹכַחְתִּי ת'
parrot תּוּכִּי ז'
internal, immanent תּוֹכִי ת'
immanence תּוֹכִיּוּת נ'
infix תּוֹכִית (מוספית) נ'
subject matter, substance תּוֹכֶן ז'
contents - תוכן העניינים
astronomer תּוֹכֵן ז'
software תּוֹכְנָה נ'
program, prospectus תּוֹכְנִייָה נ'
plan, program, project, scheme, design תּוֹכְנִית נ'
master plan - תוכנית אב
curriculum, syllabus - תוכנית לימודים
planned, programmatic תּוֹכְנִיתִי ת'
programmer תּוֹכְנִיתָן ז'
be planned, be designed תּוּכְנַן פ'
be programed תּוּכְנַת פ'
derivative, outcome, sequel תּוֹלָד ז'
outcome, result, upshot, consequence, sequel תּוֹלָדָה נ'
annals, history תּוֹלָדוֹת נ"ר
life story, biography, curriculum vitae, resume - תולדות חיים
be freed from worms תּוּלַע פ'
worm, larva תּוֹלֵעָה נ'
mahogany תּוֹלַעְנָה (עץ) נ'
worm, larva, maggot תּוֹלַעַת נ'
silkworm - תולעת משי
bookworm - תולעת ספרים
innocence, purity, perfection, end, finish תּוֹם ז'
bona fides, good faith - תום לב
innocence, honesty תּוּמָה נ'
supporter, advocate תּוֹמֵךְ ז'
be summarized תּוּמְצַת פ'
date palm, palm tree תּוֹמֶר ז'
be maneuvered תּוּמְרַן פ'
kettledrum, timbal תּוּנְפָּן ז'
be frustrated תּוּסְכַּל פ'
fermenting, active, lively, fizzy, bubbly, effervescent תּוֹסֵס ת'
be revaluated תּוּסַף פ'
additive, foresail, staysail תּוֹסָף ז'

תּוֹסֶפֶת נ' addition, increase, increment, annex
- תוספת יוקר cost of living bonus
תּוֹסֶפְתָּן ז' (vermiform) appendix
- דלקת התוספתן appendicitis
תּוֹעַב פ' be abominated
תּוֹעֵבָה נ' abomination, ugly act
תּוֹעַד פ' be documented
תּוֹעֶה ת' stray, lost, errant
תּוֹעַל פ' be canalized, be channeled
תּוֹעֶלֶת נ' advantage, benefit, profit, use, utility
תּוֹעַלְתִּי ת' expedient, useful, profitable
תּוֹעַלְתִּיּוּת נ' expedience, usefulness
תּוֹעַלְתָּן ז' utilitarian
תּוֹעַלְתָּנוּת נ' utilitarianism
תּוֹעָפוֹת - הוֹן תּוֹעָפוֹת fortune, wealth
תּוֹעַשׂ פ' be industrialized
תּוֹף ז' drum, tambour
- תוף האוזן eardrum, tympanum
- תוף הכיור kettledrum, timbal
- תוף מרים tambourine, timbrel
- תוף צד side drum
תּוֹפֵחַ ת' tumescent, (self-)rising
תּוּפִּי ת' drum-like
תּוּפִין ז' biscuit, cookie
תּוּפִינִין ז"ר petits fours
תּוֹפִית (דִיאָפְרַגְמָה) נ' diaphragm
תּוֹפֵס ת' holder, catcher, applicable
- תופס משוט oarsman
- תופס קשת archer, bowman
תּוֹפֶסֶת (מִשְׂחָק) נ' tag
תּוֹפָעָה נ' phenomenon, occurrence
תּוּפְעַל פ' be operated, be activated
תּוֹפֵף פ' drum, thrum, beat
תּוֹפֵר ז' sewer, tailor
תּוֹפֶרֶת נ' seamstress, dressmaker
תּוֹפֶת נ' hell, bomb, booby trap
תּוֹצָא ז' effect
תּוֹצָאָה נ' consequence, outcome, result, upshot
- כתוצאה as a result
תּוֹצָר ז' product
- תוצר לאומי גולמי gross national product
- תוצר לוואי by-product, spin-off
תּוֹצֶרֶת נ' manufacture, product, produce, make, made in
תּוּקַן פ' be corrected, be repaired
תּוֹקֵעַ ז' trumpeter, shofar blower
תּוֹקֶף ז' force, strength, validity
- בתוקף היותו in his capacity
תּוֹקְפָן ז' aggressor, assailant
תּוֹקְפָנוּת נ' aggression
תּוֹקְפָנִי ת' aggressive, bellicose
תּוּקְצַב פ' be budgeted, be allotted
תּוּקְצַר פ' be summarized
תּוּקְשַׁר פ' be communicated
תּוֹר ז' queue, line, turn, spell, move, turtledove
- בתור (בבחינת) as, in the sense of
- הסתדר בתור queue up
- תור הזהב golden age
תּוּרְבַּת פ' be civilized, be cultivated
תּוּרְגַּל פ' be practiced, be trained
תּוּרְגַּם פ' be translated, be rendered
תּוּרְגְּמָן ז' translator, interpreter
תּוֹרָה נ' doctrine, teaching, law, Pentateuch, Torah
- תורה שבכתב Bible
- תורה שבעל פה Talmud
- תורת החי zoology
- תורת הנסתר mysticism
- תורת הצומח botany
תּוּרְכִּי ת' Turkish
תּוּרְכִּיָּה נ' Turkey
תּוּרְכִּית (שפה) נ' Turkish
תּוֹרֵם ז' contributor, donor
- תורם דם blood donor
תּוּרְמוּס (קטנית) ז' lupine
תּוֹרֶן ז' mast, pole
- תורן אחורי mizzenmast
- תורן ראשי mainmast
תּוֹרָן ז' person on duty
תּוֹרָנוּת נ' duty, turn of duty, tour of duty, fatigue
תּוֹרָנִי ת' religious, of the Torah
תּוֹרָנִית נ' axle, main shaft
תּוֹרֶף ז' blank (of a bill)
תּוּרְפָּה נ' weakness, foible
תּוֹרַץ פ' be explained, be answered
תּוֹרָשָׁה נ' heredity, congenital traits
תּוֹרַשְׁתִּי ת' hereditary, genetic
תּוֹרַשְׁתִּיּוּת נ' atavism, heredity
תּוֹשָׁב ז' inhabitant, resident, settler

- תושב ספר frontiersman
- תושב קדמון aborigine, native
תּוֹשֶׁבֶת נ' chassis, base, seat, frame
תּוּשִׁיָּה נ' presence of mind, resource, wisdom
תּוּת ז' mulberry
- תות גינה strawberry
- תות סנה raspberry
- תות שדה strawberry
תּוֹתָב ז' bushing, sleeve, prosthesis
תּוֹתָב ת' fixed, artificial, false
תּוֹתָח ז' cannon, gun
*- תותח כבד personality, *big gun
תּוֹתְחָן ז' gunner, artilleryman
תּוֹתְחָנוּת נ' gunnery, artillery
ת"ז = תעודת זהות identity card
תַּזְגִּיג ז' enamel, frosting, icing
תְּזוּזָה נ' shift, movement, progress
תְּזוּנַאי ז' dietitian, nutritionist
תְּזוּנָה נ' diet, dietetics, nourishment, nutrition
תְּזוּנָתִי ת' dietetic, dietary, nutritive
תְּזָזִית נ' madness, delirium
תִּזְכּוֹרֶת נ' reminder, memorandum
תַּזְכִּיר ז' memorandum, memo, chit
תִּזְמוּן ז' timing, regulating
תִּזְמוֹנֶת נ' synchronism
תִּזְמוּר ז' orchestration, scoring
תִּזְמוֹרֶת נ' band, orchestra
- תזמורת כלי הקשה steel band
- תזמורת כלי מיתרים string band
- תזמורת כלי נשיפה brass band
- תזמורת ריקודים dance band
תִּזְמוֹרְתִּי ת' instrumental, orchestral
תִּזְמֵן פ' time, set a time
תִּזְמֵר פ' orchestrate, score for
תַּזְקִיק ז' distillation, distillate
תַּזְרִים ז' flow
- תזרים מזומנים cash flow
תַּזְרִיק ז' hypodermic, *shot
תָּחַב פ' insert, thrust, foist, stick
- תחב אפו poke one's nose
תַּחְבּוּלָה נ' device, strategy, trick
תַּחְבּוּלָן ז' schemer, tactician, *brain
תַּחְבּוּרָה נ' communication, transport, traffic
תַּחְבּוֹשֶׁת נ' bandage, dressing, compress
- תחבושת היגיינית pad, sanitary napkin, sanitary towel
תַּחְבִּיב ז' hobby, avocation, interest
תַּחְבִּיר ז' syntax
תַּחְבִּירִי ת' syntactic
תִּחְבֵּל פ' scheme, contrive, devise
תַּחְבְּלָנוּת נ' inventiveness, cunning
תַּחְבְּלָנִי ת' wily, crafty, tricky
תַּחְדִּישׁ ז' new word, neologism
תָּחוּב ת' inserted, stuck in, thrust
תָּחוּחַ ת' loose, broken up, plowed
תְּחוּלָה נ' incidence, taking effect, coming into force, applicability
תְּחוּם ז' bound, border, limit, area, boundary, range, scope, zone
- תחום שיפוט jurisdiction
תָּחוּם ת' demarcated, restricted
תְּחוּשָׁה נ' feeling, sense, perception, sensation, hunch
תְּחוּשָׁתִי ת' sensory, sensational
תִּחְזוּק פ' maintaining, upkeep
תַּחְזוּקָה נ' maintenance, upkeep
תַּחְזוּקָן ז' maintenance man
תַּחְזוֹרֶת נ' reconstruction
תַּחֲזִית נ' forecast, outlook, spectrum
- תחזית מזג האוויר weather forecast
תִּחְזֵק פ' maintain, keep up
תִּחֵחַ פ' break up, loosen, plow
תְּחִיבָה נ' insertion, sticking in
תְּחִיגָה נ' festival
תְּחִיחוּת נ' looseness
תְּחִיָּה נ' renaissance, revival, rebirth
- תחיית המתים resurrection
תְּחִילָה נ' first, start, beginning
תְּחִילִי ת' initial, preliminary
תְּחִילִית נ' prefix
תְּחִימָה נ' demarcation, delimiting
תְּחִינָה נ' plea, supplication
תְּחִיקָה נ' legislation
תְּחִיקָתִי ת' legislative
תִּחְכּוּם ז' sophistication, refinement
תֶּחֶל ז' primer, exploder
תִּחְלֵב פ' emulsify
תַּחֲלוּאָה נ' morbidity, incidence of disease, illness

תַּחֲלוּאִים ז"ר diseases, ailments
תַּחְלוּף ז' substituting, replacing
תַּחֲלוּפָה נ' substitution, replacement, change
תַּחֲלִיב ז' emulsion, lotion
תַּחֲלִיף ז' alternative, substitute
תִּחְלֵף פ' substitute, surrogate
תָּחַם פ' demarcate, set limits
תַּחְמוֹצֶת נ' oxide
תַּחְמוֹשֶׁת נ' ammunition, *ammo
תַּחְמִיץ ז' silage, ensilage, marinade
תַּחְמִישׁ ז' cartridge
תַּחְמָס ז' falcon
תִּחְמֵץ פ' oxidize
תַּחֲנָה נ' base, station, stop, stage
- תחנה סופית terminal, terminus
- תחנת אוטובוס bus stop
- תחנת דלק service station, petrol station
- תחנת כוח power station
- תחנת מוניות cab rank, taxi stand
- תחנת משטרה police station
- תחנת רכבת railroad station
תַּחֲנוּן ז' plea, supplication, appeal
תַּחְפּוֹשֶׂת נ' disguise, fancy dress
תִּחְפֵּשׂ פ' dress up, disguise
תַּחְקוּר ז' debriefing
תַּחְקִיר ז' investigation, research
תַּחְקִירָן ז' investigator, researcher
תִּחְקֵר פ' interrogate, debrief
תַּחְרָה נ' lacework, lace, tatting
תַּחֲרוּת נ' contest, match, competition, rivalry, race
- תחרות מוקדמת heat, preliminary contest
תַּחֲרוּתִי ת' competitive
תַּחְרִיט ז' engraving, etching
תַּחְרִים ז' lacework, lace
תַּחַשׁ ז' dachshund, badger
תִּחְשֵׁב פ' calculate
תַּחְשִׁיב ז' calculation
*תַּחַת ז' bottom, buttocks
- הזיז את התחת stir oneself
- כיסה התחת avoid responsibility
תַּחַת מ"י under, beneath, in place of, instead
- תחת ידו in hand, on hand
תַּחְתּוֹן ת' lower, inferior, bottom

תַּחְתּוֹנִים ז"ר underpants, briefs, pants, panties, knickers
- תחתונים ארוכים drawers
תַּחְתּוֹנִית נ' camisole, slip, petticoat, underskirt
תַּחְתִּי ת' lower, underground
תַּחְתִּית נ' bottom, foot, saucer, mat, subway, underground
תֵּיאָבוֹן ז' appetite, stomach
תֵּיאוֹלוֹג ז' theologian, theologist
תֵּיאוֹלוֹגִי ת' theological
תֵּיאוֹלוֹגְיָה נ' theology, divinity, study of the divine
תֵּיאוּם ז' coordination, matching
- תיאום מנוע tune-up
תֵּיאוֹקְרַטְיָה (שלטון הדת) נ' theocracy
תֵּיאוּר ז' description, account, depiction, portrayal
תֵּיאוֹרֶטִי ת' theoretical
תֵּיאוֹרֶטִיקָן ז' theoretician, theorist
תֵּיאוֹרֶטִית תה"פ theoretically
תֵּיאוּרִי ת' descriptive, narrative
תֵּיאוֹרְיָה נ' theory, hypothesis
תֵּיאַטְרוֹן ז' theater, the stage
- תיאטרון האבסורד theater of the absurd
תֵּיאַטְרוֹנִי ת' theatrical, stage
תֵּיאַטְרָלִי ת' theatrical, affected
תֵּיאַטְרָלִיּוּת נ' theatricality
תֵּיאִיזְם ז' theism, belief in God
תֵּיאִיסְט ז' theist, believer
תֵּיאֵם פ' coordinate, correlate, harmonize, fix
- תיאם מנוע tune an engine
תֵּיאֵר פ' describe, portray, narrate, outline, draw, depict, picture
- תיאר לעצמו fancy, imagine
תֵּיבָה נ' box, case, crate, word, bar, measure
- תיבת דואר mailbox, postbox, post office box, POB
- תיבת הילוכים gearbox, gear-case
- תיבת לחות humidor
- תיבת מכתבים mailbox, letter-box
- תיבת נגינה barrel organ
- תיבת נוח Noah's ark
- תיבת פנדורה Pandora's box,

source of trouble
- תיבת תהודה sound box
תִיבּוּל ז' seasoning, flavoring
תִיבֵּל פ' flavor, season, spice, tinge
תִיבֵּן פ' mix with straw
תִיגֵר פ' bargain, peddle
תִיגָר ז' quarrel, dispute
- קרא תיגר challenge, impugn
תִיהֵד פ' resonate, resound
תִיוּג ז' ornamenting letters
תִיוְוה פ' sketch, outline, design
תִיווּי ז' sketching, outlining
תִיוֵוך פ' arbitrate, mediate, intermediate, interpose
תִיווּך ז' arbitration, mediation, brokerage
תִיוּל ז' wiring, fastening with wire
תֵיוֹן ז' teapot
תִיוּק ז' filing, filing documents
תִיוּר ז' sightseeing, tour
תִיוּרֶגֶל ז' walking tour
תֵיזָה (הנחת יסוד) נ' thesis
תִיחוּחַ ז' plowing, loosening
תִיחוּל ז' initialization, priming, *boot
תִיחוּם ז' demarcation, fixing limits
תִיחֵחַ פ' break up, loosen, plow
תִיחֵל פ' prime, initiate, initialize
תִיחֵם פ' delimit, set limits
תִיחֵר פ' compete, vie
תִיֵיג פ' label, ornament letters
תִיֵיל פ' wire, join with wire
תִיֵיק פ' file, place in a file
תַיָיק ז' filing clerk
תִיֵיר פ' tour, travel round, visit
תַיָיר ז' tourist, sightseer, *rubberneck
תַיָירוּת נ' tourism
תִיכוֹן ז' median, high school
תִיכוֹן ת' middle, central, median
- הים התיכון Mediterranean Sea
תִיכוֹנִי ת' central, high school
תִיכֵּן פ' measure, design, plan
תֵיכֶף תה"פ immediately, soon
- תיכף ומיד directly, right away
תַיִל ז' wire, flex, filament
- תיל דוקרני barbed wire
תִילָה פ' ascribe, attribute
תִילוּי ז' ascription, attribution
תִילוּל ז' lob, steepening
תִילוּם ז' furrowing, ridging
תִילוֹן ז' hillock, knoll
תִילוּעַ ז' removing worms
תִילֵל פ' lob, loft, mound, steepen
תִילֵם פ' furrow, ridge, corrugate
תִילַע פ' worm, remove worms
תִילֵת פ' triangulate
תְמִהָּ ז' wonder, surprise
תֵימָה (נושא) נ' theme
תִימָהוֹן ז' wonder, astonishment
תִימהוֹנִי ת' queer, eccentric, *wacky
תִימוּכִין ז"ר backing, support
תֵימָטִי (נושאי) ת' thematic
תֵימָן נ' Yemen
תֵימָנִי ת' Yemenite
תִימֵר פ' rise, go up, mushroom
תִימָרָה נ' column (of smoke), plume
תִינָה פ' tell, relate, mourn
- תינה אהבים make love
תִינוֹק ז' baby, infant, tot, toddler
- תינוק מבחנה test-tube baby
תִינוֹקִי ת' babyish, infantile
תִינוֹקֶת נ' baby (girl)
תִיסוּף ז' revaluation, revaluing
תִיסֵף פ' revaluate, revalue
תִיעֵב פ' abominate, despise, detest
תִיעֵד פ' document, record
תִיעוּב ז' abhorrence, disgust
תִיעוּד ז' documentation, recording
תִיעוּדִי ת' documentary
תִיעוּל ז' drainage, canalization
תִיעוּשׁ ז' industrialization
תִיעֵל פ' canalize, lay sewers
תִיעֵשׁ פ' industrialize
תִיפּוּף ז' drumming, drumbeat
תִיפֵּר פ' sew, stitch
תִיק ז' bag, wallet, brief, case, briefcase, file, dossier, portfolio
- תיק ג'ימס בונד attache case
- תיק השקעות portfolio
תֵיקוּ ז' draw, tie, stalemate, standoff
תִיקוּל ז' tackle
תִיקוּן ז' repair, reform, amendment, correction
- תיקון סופרים unpointed Torah

- תיקוני טעויות — corrigenda, errata
תִּיקִיָּה נ' — filing cabinet, file
תִּיקֵל פ' — tackle
תִּיקֵן פ' — correct, mend, repair, darn, fix, reform, set right
תִּיקָן ז' — cockroach, roach
תִּיקֵר פ' — puncture
תֵּירוּץ ז' — excuse, pretext, *alibi
תִּירוֹשׁ ז' — must, new wine
תִּירָס ז' — corn, maize, hominy
תֵּירֵץ פ' — explain (away), reply
תַּיִשׁ ז' — he-goat, billy-goat, goat
תִּיתּוֹרָה נ' — brim, rim
תֵּיתֵי לוֹ — Blessed be he
תַּךְ ז' — stitch, seam, tack
- תך שרשרת — chain stitch
תָּכוֹל ת' — azure, sky blue
תְּכוּלָה נ' — content, capacity, volume
תְּכוּנָה נ' — attribute, trait, quality, character, astronomy, commotion, bustle
תָּכוּף ת' — successive, frequent
תְּכוּפוֹת תה"פ — often, frequently
תְּכִיפוּת נ' — frequency, succession, immediacy
תְּכָכִים ז"ר — intrigues, machinations
תַּכְכָן ז' — intriguer, *stirrer
תַּכְכָנוּת נ' — intriguing, *shenanigans
תַּכְלִיל ז' — score
תַּכְלִית נ' — end, purpose, object, aim
- תכלית שנאה — extreme hatred
תַּכְלִיתִי ת' — purposeful, useful
תַּכְלִיתִיּוּת נ' — purposefulness
תַּכְלִיתָן ז' — careerist
תְּכַלְכַּל ת' — light blue, bluish
*תַּכְלֶס! (תַּכְלִית!) מ"ק — to the point!
תְּכֵלֶת ת' — azure, sky blue
- טלית שכולה תכלת — goody-goody
*תִּכְמֵן פ' — maneuver, scheme
תִּכֵּן פ' — measure, plan
תֶּכֶן ז' — design
תִּכְנוּן ז' — planning, design, layout, engineering
- תכנון המשפחה — family planning
תִּכְנוּת ז' — programming
תָּכְנִית נ' — program, plan, project, scheme
תִּכְנֵן פ' — plan, scheme, plot, design
תִּכְנֵת פ' — program, programme
תַּכְנָת ז' — programmer
תַּכְסִיס ז' — tactic, stratagem, trick
תַּכְסִיסִי ת' — strategical, tactical
תַּכְסִיסָן ז' — tactician
תַּכְסִיסָנוּת נ' — strategy, tactics
תָּכַף פ' — come frequently
תַּכְרִיךְ ז' — robe, bundle, shroud
- תכריכים — shroud, winding sheet
תַּכְשִׁיט ז' — jewel, ornament, *mischief, naughty boy
- תכשיטים — jewelry, jewellery
תַּכְשִׁיטָן ז' — jeweler, jeweller
תַּכְשִׁיר ז' — preparation, concoction
תִּכְתּוֹבֶת נ' — correspondence
תִּכְתּוֹשֶׁת נ' — scrum, scrummage
תַּכְתִּיב ז' — dictate, dictation
תֵּל ז' — mound, hillock, bank, heap
- עומד על תילו — standing firm
- תל חזה — parapet
תְּלָאָה נ' — hardship, trouble
תַּלְאוּבָה נ' — aridity, suffering
תִּלְבּוֹשֶׁת נ' — dress, clothing, costume
- תלבושת אחידה — uniform
תַּלְבִּיד ז' — plywood
תל"ג=תוצר לאומי גלמי — GNP
תָּלָה פ' — hang, suspend, ascribe, attribute, pin
- תלה הקולר ב- — pin, blame, impute
- תלה תקוותו ב- — pin one's hopes on
תָּלוּי ת' — hanged, suspended, dependent
- חייו תלויים לו מנגד — be in danger
- תלוי ב- — depending on, subject to
- תלוי ועומד — undecided, pending
- תלויים זה בזה — interdependent
*תָּלוּי תה"פ — that depends
תָּלוּל ת' — abrupt, steep, high, sharp
תְּלוּלִית נ' — hillock, mound, tee
תְּלוּנָה נ' — complaint, *gripe, grouch
תָּלוּעַ ת' — wormy, maggoty
תְּלוּשׁ ז' — coupon, counterfoil, token, voucher
- תלוש משכורת — pay slip
תָּלוּשׁ ת' — plucked, torn off, detached
תְּלוּת נ' — dependence, reliance
- תלות הדדית — interdependence

תְּלִי ז' quiver, hanger, peg
תִּלְיוֹן ז' medallion, pendant, locket
תְּלִיָּה נ' hanging, scaffold, the rope
תַּלְיָן ז' hangman, executioner
תְּלִילוּת נ' steepness
תָּלִישׁ ת' detachable, looseleaf
תְּלִישָׁה נ' tearing out, plucking, detaching
תְּלִישׁוּת נ' detachment, remoteness
תַּלְכִּיד ז' conglomerate, concretion
תְּלָלָה נ' chute
תֶּלֶם ז' drill, furrow, ridge
– הלך בתלם toe the line
תַּלְמוּד ז' Talmud, learning
– תלמוד תורה religious school
תַּלְמוּדִי ת' Talmudic
תַּלְמִיד ז' pupil, student, disciple
– תלמיד חכם learned, scholar
תַּלְמִידָה נ' schoolgirl, co-ed
תַּלְקִיט ז' digest
תָּלַשׁ פ' pick, pluck, tear, rend
תְּלַת ת' tri-, three-
– תלת אופן tricycle, trike
– תלת חודשי quarterly
– תלת ממדי three-dimensional
– תלת רגל tripod
– תלת שנתי triennial
תִּלְתּוּל ז' curling, waving
תִּלְתֵּל פ' curl, wave
תַּלְתַּל ז' curl, lock, tress, kink
– תלתל מצח forelock, cowlick
תַּלְתַּלוֹן ז' tendril
תִּלְתָּן ז' clover, trefoil, club
תִּלְתָּנִי ת' trefoiled, three-leaved
תַּם פ' finish, be exhausted, all over
תָּם ת' innocent, simple, naive
תֶּמֶד ז' mead, cheap wine
תָּמַהּ פ' wonder, be surprised
תָּמֵהַּ ת' wondering, surprised
– תמהני I wonder
תָּמוּהַּ ת' strange, puzzling
תַּמּוּז ז' Tammuz (month)
תְּמוּטָה נ' collapse, cave-in
תְּמוֹכָה נ' support, prop, brace
– תמוכת ספרים book end
תְּמוֹל תה"פ yesterday
– איני כתמול שלשום I'm not myself
– תמול שלשום formerly, in the past

תְּמוּנָה נ' picture, photograph, photo, pinup
– בתמונה in the picture, informed
– תמונת מצב picture, situation
– תמונת שער frontispiece, cover picture
תְּמוּנָתִי ת' pictorial
תְּמוּרָה נ' change, metamorphosis, value, reward, recompense, apposition, permutation
– תמורת in exchange for, at
תֻּמּוֹת נ' integrity, innocence
תְּמוּתָה נ' mortality, death (rate)
תִּמְזוֹגֶת נ' constitution, mixture
תַּמְזִיג ז' mixture, blend, swizzle
תַּמְחוּי ז' public kitchen, soup kitchen
תַּמְחִיר ז' cost accounting, costing
תַּמְחִירָן ז' cost accountant, pricer
תַּמְחִית נ' expertise, puree, mash
תָּמִיד תה"פ always, every time
תְּמִידוּת נ' permanence, constancy
תְּמִידִי ת' permanent, perpetual
תְּמִיהָה נ' wonder, surprise
תְּמִיכָה נ' backing, help, maintenance, support
תָּמִים ת' artless, innocent, naive, entire, whole
– תמים דעים of one mind
תְּמִימוּת נ' innocence, naivety, integrity
– תמימות דעים unanimity
תְּמִיסָה נ' solution, mixture
תָּמִיר ת' high, tall, erect, towering
תְּמִירוּת נ' tallness, loftiness
תָּמַךְ פ' maintain, support, back, uphold, help
תַּמְלוּגִים ז"ר royalties
תַּמְלַחַת נ' salts, brine
תַּמְלִיל ז' text, libretto, book
תַּמְלִילָן ז' word processor, librettist
תְּמָנוּן ז' octopus
תִּמְנוּעַ ז' parry, preventive medicine
תְּמָנְיוֹן ז' octahedron
תְּמָנִית נ' octet, octette, token
תִּמְנַע פ' parry, ward off
תִּמְנָעִי ת' prophylactic
תִּמְסוֹרֶת נ' transmission

תִּמְסָח ז' crocodile
תַּמְסִיר ז' communique, handout, announcement, release
תִּמְצוּת ז' summarizing, digesting
תַּמְצִית נ' essence, summary, precis, abstract, gist
תַּמְצִיתִי ת' concise, pithy, succinct
תַּמְצִיתִיּוּת נ' conciseness, pithiness
תִּמְצֵת פ' summarize, abstract
תִּמֵּר פ' permute
תָּמָר ז' date, palm
תָּמָרְהִינְדִּי ז' tamarind
תַּמְרוּט ז' lacquer, polish, varnish
תִּמְרוֹן ז' maneuver, manoeuvre
תִּמְרוּן ז' maneuvering
תַּמְרוּקִיָּה נ' perfumery
תַּמְרוּקִים ז"ר cosmetics, make-up
תַּמְרוּקָן ז' cosmetician
תַּמְרוּר ז' signpost, signal, sign, road sign, traffic sign
תִּמְרוּר ז' erecting signposts
תַּמְרוּרִים ז"ר bitterness, signals
תַּמְרִיץ ז' stimulus, incentive, spur
תִּמְרֵן פ' maneuver, manoeuvre
תִּמְרֵץ פ' grant an incentive
תַּמְשִׁיחַ ז' fresco, mural
תַּן ז' jackal
תַּנָּא ז' teacher, authority, scholar
– תנא דמסייע support, backing
תְּנַאי ז' condition, term, state, stipulation, provision
– על תנאי on condition
– תנאי בל יעבור must, sine qua non
– תנאי מוקדם prerequisite
– תנאים engagement, conditions, circumstances
תִּנְגּוֹדֶת נ' resistance
תִּנְגּוּן ז' instrumentation
תִּנְגֵּן פ' orchestrate
תְּנוּבָה נ' yield, produce, crop
תְּנוּדָה נ' vibration, oscillation, movement, fluctuation, swing
תְּנוּחָה נ' pose, posture, position, lie
תְּנוּךְ ז' lobe, ear lobe
תְּנוּמָה נ' doze, slumber, nap
תְּנוּעָה נ' movement, motion, move, stir, traffic, vowel, vocal
– תנועה גדולה long vowel
– תנועה מזרחית indecent gesture
– תנועה קטנה short vowel
– תנועת מלקחיים pincer movement
תְּנוּעָתִי ת' motor, of motion
תְּנוּפָה נ' leverage, lifting, momentum, swing, sweep
תַּנּוּר ז' oven, stove, cooker, range
– תנור מיקרוגל microwave oven
תֶּנַח ז' cadence, cadenza
תַּנְחוּמִים ז"ר consolation, comfort, condolence
תִּנְיָינִי ת' secondary
תַּנִּין ז' alligator, crocodile
תַּנַ"ךְ Bible, Old Testament
תַּנָ"כִי biblical
תֵּנַע ז' motif, motive
– תנע תואר leitmotif, leitmotiv
תֶּנַע ז' momentum
תִּנְעוֹלֶת נ' footwear
תִּנְעוּמָה נ' euphony, melody
תנ"צ = תת ניצב deputy commander
תַּנְצְבָּ"ה RIP, Rest In Peace
תִּנְשֶׁמֶת נ' owl
תִּסְבּוֹכֶת נ' complication, mix-up
תִּסְבּוֹלֶת נ' bearing capacity
תַּסְבִּיךְ ז' complex
– תסביך נחיתות inferiority complex
תַּסְבִּיר ז' prospectus
תִּסְבֵּךְ פ' complicate, snarl up
תַּסְדִּיר ז' arrangement, layout
תְּסוּגָה נ' regression, withdrawal
תַּסְחִיף ז' embolism, embolus
תְּסִיסָה נ' fermentation, agitation, unrest, excitement
תִּסְכּוּל ז' frustration, thwarting
תַּסְכִּית ז' sketch, radio play
תִּסְכֵּל פ' frustrate, stymie, foil
תִּסְמוֹנֶת נ' syndrome
– תסמונת דאון Down's syndrome
תַּסְמִין ז' symptom
תָּסַס פ' ferment, effervesce, seethe
תֶּסֶס ז' enzyme, ferment
תַּסְפּוֹקֶת נ' supplies
תִּסְפּוֹרֶת נ' haircut, hair style
– תספורת קצרה bob, crew cut
תִּסְקוֹרֶת נ' revue
תַּסְקִיר ז' review, survey

תִּסְרוֹקֶת נ' hairdo, hairstyle
תַּסְרִיט ז' scenario, script, screen play
תַּסְרִיטַאי ז' scenarist, scriptwriter
תַּעֲבוּרָה נ' traffic
תָּעָה פ' go astray, lose way, wander
תְּעוּגָה נ' choreography
תְּעוּדָה נ' certificate, document, report card, school report
– תעודות papers, presents
– תעודת בגרות high school diploma
– תעודת הוקרה testimonial
– תעודת זהות identity card
– תעודת כבוד honor, testimonial
– תעודת לידה birth certificate
– תעודת משלוח delivery note
– תעודת עניות shame, discredit
– תעודת פטירה death certificate
תְּעוּדָתִי ת' documentary
תְּעוּזָה נ' daring, courage, nerve
תְּעוּפָה נ' aviation, flight, flying
תְּעוּקָה נ' pressure, constriction
– תעוקת הלב angina pectoris
תְּעִיָּה נ' going astray, wandering
תְּעָלָה נ' canal, channel, drain, trench, ditch
תַּעֲלוּל ז' antic, prank, whim, hoax
תַּעֲלוּמָה נ' mystery, secret, enigma
תַּעֲמוּלָה נ' propaganda, campaign
תַּעֲמוּלָתִי ת' propaganda
תַּעֲמִיד ז' attitude, pose, posture
תַּעַמְלָן ז' campaigner, propagandist
תַּעֲנוּג ז' pleasure, delight, *kick
תַּעֲנוּגְנוּת נ' hedonism
תַּעֲנִית נ' fast, fasting, avoidance
תַּעֲסוּקָה נ' employment, occupation
תַּעֲצוּמָה נ' power, force, strength
תַּעֲקִיף ז' paraphrase
תַּעַר ז' razor, cutthroat, sheath
תַּעֲרֹבֶת נ' mixture, blend, farrago
תַּעֲרוּכָה נ' exhibition, exposition
תַּעֲרִיף ז' tariff, price
תַּעֲרִיפוֹן ז' tariff, price list
תַּעַשׂ ז' military industry
תַּעֲשִׂיָּה נ' industry, manufacture
תַּעֲשִׂיָּן ז' industrialist
תַּעֲשִׂיָּנוּת נ' industrialism
תַּעֲשִׂיָּתִי ת' industrial

תַּעְתּוּעַ ז' deceit, illusion
תַּעְתִּיק ז' transcription, transliteration
תִּעְתַּע פ' deceive, cheat
תִּעְתֵּק פ' transliterate, transcribe
תַּפְאוּרָה נ' scenery, decor, setting
תַּפְאוּרָן ז' decorator, scene-painter
תִּפְאֶרֶת נ' glory, splendor, majesty
תְּפוּגָה נ' expiration, expiry, lapse
תַּפּוּד ז' potato, *spud
תַּפּוּז ז' orange
תָּפוּז ת' orange
תַּפּוּחַ ז' apple
– תפוח אדמה potato, *spud
– תפוח בגלימה apple dumpling
– תפוח זהב orange
– תפוח עץ apple
תָּפוּחַ ת' swollen, puffed up
תְּפוּנָה נ' doubt, scruple
תָּפוּס ז' pommel, handle
תָּפוּס ת' occupied, busy, reserved, engaged
תְּפוּסָה נ' displacement, tonnage, occupancy, volume
תְּפוּצָה נ' distribution, circulation, dispersion
– יהדות התפוצות the Diaspora
– תפוצת קריאה readership
תְּפוּקָה נ' production, yield, output, turnout, throughput
תָּפוּר ת' sewn, tailored, cut out
תִּפְזֹרֶת נ' bulk, loose cargo
תָּפַח פ' swell, rise, puff up
תַּפְטִיר ז' spawn, mycelium
תְּפִיחָה נ' swelling, lump, souffle
תְּפִיחוּת נ' swell, tumescence
תְּפִיחִית נ' souffle
תְּפִלָּה נ' prayer, service, worship
– אני תפילה I pray, Oh that
תְּפִלִּין נ"ר phylacteries, phylactery
– תפילין של ראש frontlet
תָּפִיס ת' perceptible, graspable
תְּפִיסָה נ' capture, seizure, outlook, understanding, grasp
– תפיסת עולם opinion, philosophy
תְּפִיסוּת נ' perceptibility
תְּפִיסָתִי ת' conceptual, perceptual
תְּפִירָה נ' needlework, sewing, stitch

תָּפֵל ת' insipid, tasteless, vapid, flat
תְּפֵלוּת נ' tastelessness, vapidity
תִּפְלוּת נ' folly, foolishness
תִּפְלַצְתִּי ת' monstrous, hideous
תַּפְנוּק ז' spoiling, pleasure
תַּפְנִית נ' turn, change, flip-flop
תָּפַס פ' capture, catch, take, get, grasp, grip, seize, understand
*– זה לא תופס not valid
*– תפס ייאוש despair, lose hope
תֶּפֶס ז' catch, clasp, clip, pawl
תִּפְעוּל ז' operation, working
תִּפְעוּלִי ת' operational, operative
תִּפְעֵל פ' operate, activate, work
תָּפַף פ' drum, tap, beat
תַּפָּף ז' drummer
תִּפְקֵד פ' function, act, operate
תִּפְקוּד ז' functioning, performance
תִּפְקוּדִי ת' functional
תַּפְקִיד ז' function, role, part, duty
– בתפקיד on duty
– תפקיד ראשי lead, title role
תָּפַר פ' sew, sew up, stitch, tailor
תֶּפֶר ז' seam, stitch
– תפר נסתר slip stitch
תִּפְרֹשֶׁת נ' sails
תִּפְרַחַת נ' inflorescence, rash
תַּפְרִיט ז' diet, menu, bill of fare
*תַּפְרָן ז' beggar, broke, penniless
תָּפַשׂ פ' seize, grasp
תַּפְשׁוּעָה נ' criminality, delinquency
תַּצְבִּיר ז' concretion
תַּצְהִיר ז' declaration, affidavit
תְּצוּגָה נ' display, show, exhibition
– תצוגת אופנה fashion display
תְּצוּרָה נ' formation, configuration
תַּצְלֹבֶת נ' crossing, hybrid
תַּצְלוּם ז' picture, photograph
תַּצְלִיל (אקורד) ז' chord
– תצליל שבור arpeggio
תַּצְפִּית נ' observation, lookout, forecast
תַּצְפִּיתָן ז' lookout, watcher
תַּצְרֹכֶת נ' consumption
תַּצְרוּם ז' discord, cacophony
תַּקְבּוּל ז' receipt, amount received
תַּקְבֹּלֶת נ' parallelism
תַּקְדִּים ז' precedent

תַּקְדִּימִי ת' precedential
תִּקְוָה נ' hope, expectation
– אני תקווה I hope
תָּקוּל ת' out of order
תְּקוּמָה נ' recovery, revival, rising
תָּקוּעַ ת' stuck, thrust, inserted
תְּקוּפָה נ' age, period, era, season, time, term, cycle
– תקופת האבן Stone Age
– תקופת הברונזה Bronze Age
– תקופת הברזל Iron Age
– תקופת המעבר change of life, menopause
תְּקוּפוֹן ז' periodical
תְּקוּפָתִי ת' periodic, seasonal
תְּקוּצָה נ' satiety
תְּקוּרָה נ' overhead (expenses)
תָּקִין ת' normal, regular, correct, proper
תְּקִינָה נ' standardization
תַּקִּינוּת נ' normality, regularity, propriety
תְּקִיעָה נ' blowing, blast, insertion
– תקיעת כף handshake, pledge
תַּקִּיף ת' firm, strong, stern, stout
תְּקִיפָה נ' assault, attack
תַּקִּיפוּת נ' firmness, resolve, resolution
*תֶּקֶל ז' conflict, clash, tackle
תַּקָּלָה נ' accident, malfunction, mishap, obstacle, fault, hitch
תַּקְלִיט ז' record, disk, *platter
תַּקְלִיטוֹן ז' diskette, floppy disk, single
תַּקְלִיטוֹר ז' compact disk, CD
תַּקְלִיטִיָּה נ' record library
תַּקְלִיטָן ז' disk jockey
תֶּקֶן ז' norm, standard, strength
*– על תקן של acting as, as
– תקן מלא full complement
תַּקָּנָה נ' regulation, rule, remedy
– ללא תקנה incorrigible, hopeless
תַּקָּנוֹן ז' regulations, rule book, code
תִּקְנוּן ז' standardization
תִּקְנִי ת' standard, normal
תִּקְנֵן פ' standardize, regularize
תָּקַע פ' blow, sound, stick, insert,

thrust, push, drive
– מי לידי יתקע? who can promise?
תֶּקַע ז' plug
תָּקַף פ' attack, assault, set about
תָּקֵף ת' valid, in force, in effect
תְּקֵפוּת נ' validity, force
תִּקְצֵב פ' budget, allocate, ration
תִּקְצוּב ז' budgeting, earmarking
תַּקְצִיב ז' budget, allocation
תַּקְצִיבִי ת' budgetary
תַּקְצִיר ז' summary, synopsis
תִּקְצֵר פ' summarize, abstract
תֶּקֶר ז' flat tire, puncture, blowout
תִּקְרָה נ' ceiling
תִּקְרֹבֶת נ' refreshments, treat
תַּקְרִישׁ ז' thrombosis
תַּקְרִית נ' incident, accident, mishap
תִּקְשֹׁרֶת נ' communication, media
– תקשורת פנים intercom
תִּקְשׁוּרְתִּי ת' communicative, media
תַּקְשִׁיט ז' ornament, vignette
תַּקְשִׁיר ז' service regulations
תִּקְשֵׁר פ' communicate
תִּקְתּוּק ז' tick, ticktock, typing
תִּקְתֵּק פ' tick, tap, clack, type
תָּר פ' tour, travel, scan, survey
תַּרְבּוּשׁ ז' fez, tarboosh, turban
תִּרְבּוּת ז' cultivating, civilizing
תַּרְבּוּת נ' civilization, culture
– תרבות רעה corruption, evil
תַּרְבּוּתִי ת' civil, civilized, cultural
תַּרְבִּיךְ ז' ragout, stew
תַּרְבִּית נ' culture, breeding
תִּרְבֵּת פ' civilize, cultivate
תִּרְגּוּל ז' practice, exercise, drill
תִּרְגֹּלֶת נ' drill, exercise
תַּרְגּוּם ז' translation, rendition
– תרגום בגוף הסרט subtitles
– תרגום השבעים Septuagint
תִּרְגּוּם ז' translating, rendering
תִּרְגֹּשֶׁת נ' ecstasy, sensation
תַּרְגִּיל ז' drill, exercise, maneuver
תַּרְגִּימָה נ' sweets
תִּרְגֵּל פ' drill, practice, exercise
תִּרְגֵּם פ' translate, interpret, render
תֶּרֶד (ירק גינה) ז' spinach
תַּרְדֵּמָה נ' sleep, lethargy
תַּרְדֶּמֶת נ' coma

תָּרוֹג ת' yellowish green
תַּרְוָד ז' dipper, ladle, scoop
תְּרוֹמְבּוֹזָה (פַּקֶּקֶת) נ' thrombosis
תְּרוּמָה נ' contribution, donation
תְּרוּמִי ת' excellent, outstanding
תְּרוּעָה נ' blare, blast, shout, cheer
תְּרוּפָה נ' cure, drug, medicine, remedy, medication
– תרופת פלא cure-all, panacea
תְּרוּפָתִי ת' medical, medicinal
תִּרְזָה נ' linden, birch
*תֶּרַח ז' old man, old codger
תַּרְחִיף ז' suspension
תַּרְחִיץ ז' lotion, wash
תַּרְחִישׁ ז' scenario, happening
תַּרְטִיט ז' vibrato
תְּרֵי עָשָׂר (בתנ"ך) Minor Prophets
תְּרִיס ז' shutter, blind, shield
– תריס רפפות jalousie
תְּרֵיסַר ש"מ dozen, 12, twelve
תְּרֵיסַרְיָן ז' duodenum
תִּרְכּוּב ז' vaccination
תִּרְכֹּבֶת נ' compound, synthesis
תַּרְכּוֹס ז' sideboard, trunk
תַּרְכִּיב ז' vaccine, inoculation, serum
תַּרְכִּיז ז' concentrate, decoction
תָּרַם פ' contribute, donate, *chip in
תֶּרֶם (יחידת חום) ז' therm
תֶּרְמוֹדִינָמִיקָה נ' thermodynamics
תֶּרְמוֹס ז' thermos, vacuum flask
תֶּרְמוֹסְטָט (וַסַּת חוֹם) ז' thermostat
תֶּרְמוֹסְטָטִי ת' thermostatic
תֶּרְמִי (חוֹמָנִי) ת' thermal
תַּרְמִיל ז' cartridge case, case, pod, shell, hull, bag, carryall
– תרמיל גב knapsack, rucksack
תַּרְמִית נ' fraud, deceit, swindle
תִּרְמֵל פ' pod, produce pods
תַּרְנְגוֹל ז' cock, rooster, bantam
– תרנגול בר grouse, moorcock
– תרנגול הודו turkey, *gobbler
תַּרְנְגֹלֶת נ' chicken, hen, fowl
תַּרְנְהוֹד ז' turkey
תַּרְסִיס ז' spray
תַּרְעֹמֶת נ' resentment, grudge
תַּרְעֵלָה נ' poison
תֶּרַפְּיָה (ריפוי) נ' therapy

תְּרָפִים ז"ר household idols
תִּרְקוֹמֶת נ' embroidery
תַּרְשִׁים ז' design, diagram, sketch, graph, plan, chart
– תרשים זרימה flowchart
תַּרְשִׁישׁ ז' aquamarine, beryl
תִּרְשֵׁם פ' design, sketch, chart
תַּרְתֵּי ש"מ two
– תרתי דסתרי self-contradiction
– תרתי משמע double meaning, two-edged, equivocal
תַּשׁ פ' weaken, be tired, be feeble
תִּשְׁאוּל ז' questioning, interrogation
תִּשְׁאֵל פ' question, debrief
תִּשְׁבָּחוֹת נ"ר praise, acclaim
תַּשְׁבֵּץ ז' crossword puzzle
תַּשְׁדִּיר ז' program, broadcast
– תשדיר פרסומת commercial
– תשדיר שירות public service broadcast
תְּשׁוּאָה נ' proceeds, yield, return
תְּשׁוּאוֹת נ"ר applause, ovation
– תשואות חן applause, cheers
תְּשׁוּבָה נ' answer, reply, response, retort, repentance, religiousness
– תשובה שנונה repartee, riposte
תְּשׂוּמָה נ' input
– תשומת לב attention, care, heed
תְּשׁוּעָה נ' salvation, help, saving
תְּשׁוּקָה נ' desire, passion, lust, yen
תְּשׁוּקָתִי ת' lustful, craving, erotic
תְּשׁוּרָה נ' present, gift
תָּשׁוּשׁ ת' weak, tired, exhausted
תִּשְׁחוֹרֶת נ' youth, boyhood
תַּשְׁטִיף ז' gargle, wash
תְּשִׁיעִי ת' ninth, 9th
תְּשִׁיעִית נ' ninth, ninthly
תְּשִׁישׁוּת נ' weakness, fatigue
תִּשְׁלוֹבֶת נ' gearing, linkage, complex, conglomerate, concern
תַּשְׁלוּם ז' payment, reward, disbursement, fee
– בתשלומים by installments
תַּשְׁלִיל ז' negative
תַּשְׁמִישׁ ז' utensil, thing, article, sexual intercourse
תַּשְׁנוּן ז' rehearsal, run-through

תֵּשַׁע ש"מ nine, 9
תְּשַׁע עֶשְׂרֵה ש"מ nineteen, 19
תִּשְׁעָה ש"מ nine, 9
תִּשְׁעָה עָשָׂר ש"מ nineteen, 19
– (החלק) התשעה עשר nineteenth
תִּשְׁעִים ש"מ ninety, 90
*– בדקה התשעים at the last minute
– שנות התשעים the nineties
– (החלק) התשעים ninetieth
תִּשְׁעָתַיִם תה"פ ninefold
תִּשְׁפּוֹכֶת נ' outpouring, effusion
תִּשְׁקוֹפֶת נ' perspective
תַּשְׁקִיף ז' forecast, outlook, prospectus
תֶּשֶׁר ז' tip, baksheesh
תִּשְׁרֵי ז' Tishri (month)
תַּשְׁרִיר ז' validation
תַּשְׁרִית נ' tincture
תָּשַׁשׁ פ' be tired, be feeble, weaken
תַּשְׁתִּית נ' infrastructure, subsoil
תַּת תח' sub-, under-, hypo-
ת"ת = תלמוד תורה religious school
תַּת אַלּוּף ז' brigadier, brigadier general
תַּת אֱנוֹשִׁי ת' subhuman
תַּת הַכָּרָה נ' subconscious
תַּת הַכָּרָתִי ת' subconscious, subliminal
תַּת חֲלוּקָה נ' subdivision
תַּת יַבֶּשֶׁת נ' subcontinent
תַּת יַמִּי ת' submarine
תַּת מוּדָע ז' unconscious
תַּת מֵימִי ת' underwater
תַּת מַקְלֵעַ ז' submachine gun
תַּת נִיצָּב ז' deputy commander
תַּת עוֹרִי ת' hypodermic, subcutaneous
תַּת קוֹלִית (מהירות) ת' subsonic
תַּת קַרְקָעִי ת' underground, subterranean
תַּת שַׂר ז' deputy minister
תַּת תְּזוּנָה נ' malnutrition, undernourishment
תַּת תִּקְנִי ת' substandard
תַּתּוֹן הַמּוֹחַ ז' pituitary gland
תַּתְרָן ת' anosmic, lacking olfaction

****

THE COMPACT UP-TO-DATE

ENGLISH-HEBREW

DICTIONARY

Compiled by
SHIMON ZILBERMAN

With Rules of Pronunciation
of the English Language

מִלּוֹן עַדְכָּנִי מְרוּכָּז

אַנגלִי — עִברִי

בעריכת

שמעון זילברמן

עִם כְּלָלֵי הֲגִיָה
שֶׁל הַשָּׁפָה הָאַנגלִית

Published by Zilberman
P.O.B. 6119 Jerusalem
Tel./Fax 02-6524928

Printed in Israel

PREFACE

The Compact Up-to-date English-Hebrew Dictionary is an abridgment of *The Up-to-date English-Hebrew Dictionary.*
The Compact Up-to-date English-Hebrew Dictionary is written with the simplicity, clarity, and accuracy associated with its parent volume.
The intent of the present dictionary is to meet the needs of the students, home users, business users, and all those who want a smaller lexicon.
The rules of pronunciation of the English language offer the reader adequate guidance to the correct pronunciation of the majority of the English words without the use of a cumbersome phonetic transcription.

הַקדָמָה

מִילוֹן זֶה מְיוּעָד לַקּוֹרֵא הַזָּקוּק לְמִילוֹן אַנגלִי-עִברִי מְעוּדכָּן, וְעִם זֹאת קַל וְנוֹחַ לְטִילטוּל. וְאָכֵן הַמְגַמָּה בַּעֲרִיכַת הַמִּילוֹן הָיְיתָה לִכלוֹל בּוֹ עֲרָכִים שִׁימוּשִׁיִּים רַבִּים, וּבַד בְּבַד לִשׁמוֹר עַל גּוֹדלוֹ הַקּוֹמפַּקטִי.

מִילוֹן זֶה עוּבַּד מִן הַמִּילוֹן הָאַנגלִי-עִברִי הָעַדכָּנִי הַגָּדוֹל שֶׁהָעֲרָכִים הַפָּחוֹת שְׁכִיחִים נוּפּוּ מִמֶּנּוּ. הַמִּלִּים הָעִברִיּוֹת נוּקְדוּ בְּמִילוֹן זֶה לְתוֹעֶלֶת הַקּוֹרֵא שֶׁשְּׂפַת אִמּוֹ אֵינָהּ עִברִית.

הַלּוֹמֵד אַנגלִית יֵיעָזֵר רַבּוֹת אִם יְעַיֵּין הֵיטֵב בַּפְּרָקִים הַמּוּבָאִים בִּתְחִילַּת הַמִּילוֹן, כִּדלְהַלָּן:

כתיב אמריקני וכתיב בריטי

להלן קבוצות המלים העיקריות שבהן ישנו הבדל בין הכתיב האמריקני והבריטי:

כתיב אמריקני	כתיב בריטי	דוגמאות כתיב אמריקני	דוגמאות כתיב בריטי
-or	**-our**	**color** **honor**	**colour** **honour**
-er	**-re**	**center** **theater**	**centre** **theatre**
-l-	**-ll-**	**traveler** **jeweler**	**traveller** **jeweller**
-ll-	**-l-**	**skillful** **willful**	**skilful** **wilful**
-ense	**-ence**	**license** **defense**	**licence** **defence**
-gment	**-gement**	**abridgment** **judgment**	**abridgement** **judgement**
-e-	**-ae-**	**anemia** **eon**	**anaemia** **aeon**
-ize	**-ise**	**apologize** **capitalize**	**apologise** **capitalise**
וכן מספר קטן של מלים אחרות		**check** **gray**	**cheque** **grey**

כללי הגייה של השפה האנגלית (במבטא אמריקני)

א. מבוא

כללי ההגייה הבאים מקשרים בין כתיב המלה והגייתה. כלומר, על פי כללים אלה ניתן בדרך כלל לבטא נכונה את המלה בלי להיעזר בתעתיק היגוי. ראוי להדגיש שכללי ההגייה של השפה האנגלית הם רבים ומסובכים, ומהווים נושא לחיבור מקיף. כאן נביא רק את העיקריים שבהם, שרצוי שהקורא יכיר אותם. נציין גם שכללים אלה חלים אומנם על מרבית המלים באנגלית, אבל לא על כולן; ובמילון יובא תעתיק היגוי לכל מלה החורגת מהם.

כללים אלה יפים ברובם גם להגייה הבריטית, אך לשם תיאום עם המילון הובאה ההגייה האמריקנית. ההבדל בין שתי ההגיות הוא בקבוצות הכוללות מלים כגון: tune, hurry, advance, ask.

ב. הגדרות

עיצורים ותנועות

באלפבית האנגלי ישנם 20 עיצורים (consonants) ו-6 תנועות (vowels).

העיצורים הם:

b, c, d, f, g, h, j, k, l, m, n, p, q, r, s, t, v, w, x, z.

התנועות הן: a, e, i, o, u, y.

האותיות y ו-w נקראות גם חצאי-תנועות (semivowels), ומשמשות לפעמים כעיצורים ולפעמים כתנועות.

האות e בבואה בסוף מלה ואינה מבוטאת נקראת e סופית (final e), ובכללי ההגייה הבאים לא תיחשב כתנועה. דוגמאות:

face, make, smile, home, fire.

הברות

כל מלה אנגלית מורכבת מהברות (syllables). למשל, המלה table מורכבת מההברות ta-ble; המלה picture מורכבת מההברות pic-ture; המלה yesterday מורכבת מההברות yes-ter-day.

אלפי מלים באנגלית הן בנות הברה אחת בלבד. דוגמאות:

I, you, strange, down.

הברה סגורה והברה פתוחה

הברה המסתיימת בעיצור נקראת הברה סגורה (closed syllable). למשל, ההברה pic במלה picture היא הברה סגורה, כי היא מסתיימת בעיצור c.
הברה המסתיימת בתנועה נקראת הברה פתוחה (open syllable). למשל, ההברה ta במלה table היא הברה פתוחה, כי היא מסתיימת בתנועה a.

הברות מוטעמות

הברות מסויימות במלה מבוטאות ביתר הדגשה מן האחרות. הברות אלה נקראות הברות מוטעמות (stressed syllables). סימן ההטעמה העבה (ʹ) בא במילון מיד אחרי ההברה המוטעמת בהטעמה ראשית; סימן ההטעמה הדק (ʹ) בא מיד אחרי ההברה המוטעמת בהטעמה מישנית.
למשל, במלה yesterday באים סימני ההטעמה אחרי ההברות המוטעמות, כך: yes'terday'.
מלה בת הברה אחת, דינה כדין הברה מוטעמת, ונראה אותה כאילו סימן ההטעמה בא מיד אחריה. דוגמאות: I, go, spring, strange.
בכללים הבאים, הברה מוטעמת פירושה הברה בעלת הטעמה ראשית או מישנית.

צלילים

האותיות השונות מייצגות צלילים (sounds) של השפה האנגלית. נבחין בשני סוגי צלילים:
צלילים עיצוריים (consonant sounds) המיוצגים בדרך כלל על-ידי העיצורים; וצלילים תנועיים (vowel sounds) המיוצגים בדרך כלל על-ידי התנועות.
ואולם, לא כל עיצור מייצג תמיד צליל עיצורי קבוע; ולא כל תנועה מייצגת תמיד צליל תנועי קבוע. למשל, העיצור c מייצג צליל עיצורי שונה במלים car ו-face. והתנועה u מייצגת צליל תנועי שונה במלים but ו-put. מכאן, שלא נוכל תמיד לדעת את הגיית המלה על פי הכתיב שלה בלבד. לפיכך אנו בונים מערכת סמלים של הצלילים השונים, ומשכתבים את המלה בסמלים אלה, כדי שנדע לבטא אותה נכונה. אנו משתמשים במערכת הסמלים הבאה:

סמלי הצלילים התנועיים

01. (a) as in glad (glad)
02. (e) as in red (red)
03. (i) as in sing (sing)
04. (o) as in hot (hot)
05. (u) as in sun (sun)
06. (oo) as in foot (foot)
07. (ā) as in make (māk)
08. (ē) as in see (sē)
09. (ī) as in smile (smīl)
10. (ō) as in hope (hōp)
11. (ū) as in few (fū)
12. (o͞o) as in fool (fo͞ol)
13. (ä) as in car (kär)
14. (ô) as in all (ôl)
15. (ou) as in now (nou)
16. (oi) as in boy (boi)
17. (û) as in bird (bûrd)
18. (ə) as in about (əbout′)

סמלי הצלילים העיצוריים

01. (b) as in boy (boi)
02. (ch) as in chair (chār)
03. (d) as in glad (glad)
04. (dh) as in that (dhat)
05. (f) as in find (fīnd)
06. (g) as in go (gō)
07. (h) as in hat (hat)
08. (j) as in jam (jam)
09. (k) as in king (king)
10. (l) as in light (līt)
11. (m) as in man (man)
12. (n) as in sun (sun)
13. (ng) as in king (king)
14. (p) as in play (plā)
15. (r) as in rain (rān)
16. (s) as in sit (sit)
17. (sh) as in shine (shīn)
18. (t) as in tell (tel)
19. (th) as in thing (thing)
20. (v) as in love (luv)
21. (w) as in win (win)
22. (y) as in yes (yes)
23. (z) as in zero (zēr′ō)
24. (zh) as in pleasure (plezh′ər)

תנועה קצרה ותנועה ארוכה

הצלילים התנועיים מ-01 עד 06, דהיינו (a, e, i, o, u, oo) **נקראים תנועות קצרות** (short vowels).

הצלילים התנועיים מ-07 עד 12, דהיינו (ā, ē, ī, ō, ū, o͞o) **נקראים תנועות ארוכות** (long vowels).

תעתיק היגוי

על פי מערכת הסמלים דלעיל, משוכתבות המלים הבאות כך: car (kär), face (fās), put (poot), but (but).

שיכתוב המלה בסמלים פונטיים כנ"ל, נקרא תעתיק היגוי (phonetic transcription).

ראוי לציין כי סמל פונטי כנ"ל עשוי לציין וריאציות שונות במעט זו מזו של הצליל שאותו הוא מייצג.

ג. כללי ההגייה

בכללי ההגייה הבאים, **C** מייצג עיצור, ו-**V** מייצג תנועה.
הערה: מתוך הדוגמאות ניתן להבין אם **C** כולל גם את העיצור r, מאחר שלפעמים יש לעיצור זה כללים משלו.

1. כללי הצלילים העיצוריים

\# 1.01 **C = (C)**
כלומר, כל עיצור מבוטא בהתאם לסמל הזהה לו. דוגמאות:
book (book), hot (hot), wait (wāt), base (bās), star (stär).

\# 1.02 **2C = (C)**
כלומר, עיצור כפול מבוטא כעיצור יחיד. דוגמאות:
press (pres), bot′tle (bot′əl), odd (od), acclaim′ (əklām′), ar′row (ar′ō).

\# 1.03 c = (k)
כלומר, העיצור c מבוטא (k). דוגמאות:
act (akt), car (kär), cry (krī), cool (ko͞ol), cup (kup).

\# 1.04 ce, ci, cy = (s)
כלומר, העיצור c בבואו לפני e או i או y מבוטא (s). דוגמאות:
face (fās), bi′cycle (bī′sikəl), cit′y (sit′i), ac′id (as′id).

\# 1.05 cce, cci, ccy = (ks)
כלומר, העיצור הכפול cc בבואו לפני e או i או y מבוטא (ks). דוגמאות:
ac′cident (ak′sidənt), success′ (səkses′), ac′cent′ (ak′sent′), flac′cid (flak′sid).

\# 1.06 ck, c(k) = (k)
כלומר, הצירוף ck, או הצירוף c ועיצור בעל צליל (k), מבוטאים (k). דוגמאות:
back (bak), acquire′ (əkwīr′), acquaint′ (əkwānt′).

1.07 sce, sci, scy = (s)

כלומר, הצירוף sc בבואו לפני e או i או y מבוטא (s). דוגמאות:
sci′ence (sī′əns), ab′scess′ (ab′ses′), scythe (sīdh), cres′cent (kres′ənt).

1.08 ch, tch = (ch)

כלומר, הצירופים ch ו-tch מבוטאים (ch). דוגמאות:
chair (chār), catch (kach), itch (ich), watch (woch), each (ēch), arch (ärch).

1.09 ge, gi, gy = (j)

כלומר, העיצור g בבואו לפני e או i או y מבוטא (j). דוגמאות:
age (āj), gi′ant (jī′ənt), gyp′sy (jip′si), philol′ogy (filol′əji), gem (jem).

1.10 dg, dj, = (j)

כלומר, הצירופים dg ו-dj מבוטאים (j). דוגמאות:
edge (ej), adjust′ (əjust′), fledg′ling (flej′ling), judge (juj), adja′cent (əjā′sənt).

1.11 gge, ggi, ggy = (g)

כלומר, העיצור הכפול gg גם בבואו לפני e או i או y מבוטא (g). דוגמאות:
dag′ger (dag′ər), bag′gy (bag′i), rig′ging (rig′ing), rug′ged (rug′id).

1.12 n(g), n(k) = (ng)

כלומר, הצירוף n ועיצור בעל צליל (g) או הצירוף n ועיצור בעל צליל (k) מבוטאים (ng). דוגמאות:
king (king), drink (dringk), un′cle (ung′kəl), anx′ious (angk′shəs), van′quish (vang′kwish).

הערה: במילון לא ייתן תעתיק היגוי ליד מלה החורגת מכלל זה. למשל, המלה uncom′mon הגייתה (unkom′ən) ולא (ungkom′ən).

1.13 ph = (f)

כלומר, הצירוף ph מבוטא (f). דוגמאות:
el′ephant (el′əfənt), pho′to (fō′tō), al′pha (al′fə).

1.14 qu = (kw)

כלומר, הצירוף qu מבוטא (kw). דוגמאות:
liq′uid (lik′wid), queen (kwēn), e′qual (ēk′wəl),
square (skwār).

1.15 sh = (sh)

כלומר, הצירוף sh מבוטא (sh). דוגמאות:
shut (shut), brush (brush), shine (shīn), shop (shop).

1.16 th = (th)

כלומר, הצירוף th מבוטא (th). דוגמאות:
thing (thing), meth′od (meth′əd), oath (ōth),
south (south), path (path).

1.17 wh = (w, hw)

כלומר, הצירוף wh מבוטא (w) או (hw). דוגמאות:
when (wen, hwen), why (wī, hwī), while (wīl, hwīl),
whisper (wis′pər, hwis′pər).

1.171 wr = (r)

כלומר, הצירוף wr מבוטא (r). דוגמאות:
write (rīt), wrong (rông), wrap (rap).

1.18 x = (ks)

כלומר, האות x מבוטאת (ks). דוגמאות:
box (boks), ax (aks), six (siks).

1.19 y- = (y)

כלומר, האות y בבואה בתחילת המלה או בתחילת המרכיב השני של מלה מורכבת מבוטאת (y). דוגמאות:
yes (yes), court′yard′ (kôrt′yärd′).

1.20 kn = (n-)

כלומר, הצירוף kn בבואו בתחילת המלה מבוטא (n). דוגמאות:
know (nō), knee (nē), knot (not).

2. כללי הצלילים התנועיים

2.01 unstressed a, e, o, u = (ə)
כלומר, האותיות a, e, o, u, בבואן בהברה לא מוטעמת, מבוטאות (ə).
דוגמאות: about′ (əbout′), les′son (les′ən), o′pen (ō′pən), cir′cus (sûr′kəs).

הצליל (ə) נקרא שווא schwa (shwä), והוא מיוצג במילונים אנגלים ע"י e הפוכה. schwa היא מלה שאולה מעברית.

2.02 unstressed i, y = (i)
כלומר, האותיות i, y, בבואן בהברה לא מוטעמת, מבוטאות (i).
דוגמאות: ar′ticle (är′tikəl), bi′cycle (bī′sikəl).
הערה: בהברה לא מוטעמת ובסוף מלה, הסמל (i) מייצג לפעמים גם צליל זהה ל- (ē) ולפעמים גם צליל זהה ל- (ə). לדוגמה:
abil′ity (əbil′iti, əbil′ətē).

2.03 unstressed ia, ie, io, iu = (iə, yə)
כלל זה נובע משני הכללים הקודמים. כלומר הצירופים ia, ie, io, iu, בבואם בהברה לא מוטעמת, מבוטאים (iə) או (yə). דוגמאות:
pe′riod (pēr′iəd), la′bial (lā′biəl), me′dium (mē′diəm), colo′nial (kəlō′niəl), id′iot (id′iət), famil′iar (fəmil′yər), au′dience (ô′diəns), al′ien (āl′yən), mil′lion (mil′yən), bril′liant (bril′yənt).

3.01 a**C**′ = (a**C**′)
כלומר, האות a בבואה בהברה מוטעמת וסגורה, מבוטאת (a).
דוגמאות:
man (man), gam′ble (gam′bəl), ask (ask), hand (hand).

3.02 e**C**′ = (e**C**′)
כלומר, האות e בבואה בהברה מוטעמת וסגורה, מבוטאת (e).
דוגמאות: pen (pen), attempt′ (ətempt′), sev′eral (sev′ərəl).

3.03 i**C**′, y**C**′ = (i**C**′)
כלומר, האותיות i ו- y בבואן בהברה מוטעמת וסגורה, מבוטאות (i).
דוגמאות: sit (sit), sim′ple (sim′pəl), admit′ (admit′), sys′tem (sis′təm), sym′pathy (sim′pəthi), lynch (linch).

3.04 oC′ = (oC′)

כלומר, האות o בבואה בהברה מוטעמת וסגורה, מבוטאת (o).

hot (hot), shock (shok), bot′tle (bot′əl). :דוגמאות

3.05 uC′ = (uC′)

כלומר, האות u בבואה בהברה מוטעמת וסגורה, מבוטאת (u).

but (but), ug′ly (ug′li), bunch (bunch), sun (sun). :דוגמאות

3.06 ooC′ = (ooC′)

כלומר, הצירוף oo בבואו בהברה מוטעמת וסגורה, מבוטא (oo).

look (look), foot (foot), boor (boor), :דוגמאות
poor (poor), wood (wood), good (good), stood (stood).

3.99 VC′ or ooC′ = (short vowel)

כלומר לסיכום, תנועה או הצירוף oo בבואם בהברה מוטעמת וסגורה, תנועתם קצרה.

4.01 a′ = (ā′)

כלומר, האות a בבואה בהברה מוטעמת ופתוחה, מבוטאת (ā).
דוגמאות:

ba′by (bā′bi), ta′ble (tā′bəl), la′zy (lā′zi), la′dy (lā′di).

4.02 e′ = (ē′)

כלומר, האות e בבואה בהברה מוטעמת ופתוחה, מבוטאת (ē).
דוגמאות:

se′cret (sē′krit), le′gal (lē′gəl), he′ro (hēr′ō),
se′rious (sēr′iəs), ze′ro (zēr′ō), e′ven (ē′vən).

4.03 i′, y′ = (ī′)

כלומר, האותיות i ו- y בבואן בהברה מוטעמת ופתוחה, מבוטאות (ī).
דוגמאות:

li′on (lī′ən), si′lent (sī′lənt), bi′cycle (bī′sikəl),
I (ī), my (mī), sat′isfy′ (sat′isfī′), ty′rant (tī′rənt).

4.04 o′ = (ō′)

כלומר, האות o בבואה בהברה מוטעמת ופתוחה, מבוטאת (ō).

o′pen (ō′pən), to′tal (tō′təl), ago′ (əgō′). :דוגמאות

4.05 u′ = (ū′)

כלומר, האות u בבואה בהברה מוטעמת ופתוחה, מבוטאת (ū).
(הערה: לפני האות r הצליל מתקצר ל-(yoo)). דוגמאות:
fu′ture (fū′chər), u′sual (ū′zhōōəl),
confu′sion (kənfū′zhən), mu′tual (mū′chōōəl),
cu′rious (kyoor′iəs), fu′ry (fyoor′i).

4.051 (ch)u′, (d)u′, (j)u′, (l)u′, (n)u′, (r)u′,
(s)u′, (sh)u′, (t)u′, (th)u′, (z)u′, = (ōō′)

כלומר, האות u בבואה בהברה מוטעמת ופתוחה, ולאחר אחד מן הצלילים העיצוריים דלעיל, מבוטאת (ōō).
(הערה: לפני האות r הצליל מתקצר ל-(oo)). דוגמאות:
stu′dent (stōōd′ənt), ju′ry (joor′i), nu′meral (nōō′mərəl),
du′rable (door′əbəl), ru′by (rōō′bi), tu′nic (tōō′nik),
lu′rid (loo′rid), matu′rity (məchoor′iti), su′per (sōō′pər),
Zu′lu (zōō′lōō).

4.06 oo′ = (ōō′)

כלומר, הצירוף oo בבואו בהברה מוטעמת ופתוחה, מבוטא (ōō).
דוגמאות: too (tōō), poo′dle (pōō′dəl), coo (kōō).

4.99 **V′** or oo′ = (long vowel)

כלומר לסיכום, תנועה או הצירוף oo בבואם בהברה מוטעמת ופתוחה, תנועתם ארוכה.

5.01 a**C**e = (ā**C**)

כלומר, האות a בבואה לפני עיצור יחיד ו- e סופית, מבוטאת (ā).
דוגמאות: make (māk), face (fās), dare (dār), declare′ (diklār′).

5.02 e**C**e = (ē**C**)

כלומר, האות e בבואה לפני עיצור יחיד ו- e סופית, מבוטאת (ē).
דוגמאות:
complete′ (kəmplēt′), eve (ēv), here (hēr), severe′ (səvēr′).

5.03 i**C**e, y**C**e = (ī**C**)

כלומר, האותיות i ו- y בבואן לפני עיצור יחיד ו- e סופית, מבוטאות (ī).
דוגמאות: side (sīd), price (prīs), admire′ (admīr′),
em′pire (em′pīr), style (stīl), type (tīp), tyre (tīr).

5.04 oCe = (ōC)

כלומר, האות o בבואה לפני עיצור יחיד ו- e סופית, מבוטאת (ō).
דוגמאות: bone (bōn), home (hōm).

5.05 uCe = (ūC)

כלומר, האות u בבואה לפני עיצור יחיד ו- e סופית, מבוטאת (ū).
(הערה: לפני האות r הצליל מתקצר ל-(yoo)). דוגמאות:
cute (kūt), refuse′ (rifūz′), pure (pyoor), huge (hūj).

5.051 (ch)uCe, (d)uCe, (j)uCe, (l)uCe, (n)uCe, (r)uCe, (s)uCe, (sh)uCe, (t)uCe, (th)uCe, (z)uCe, = (o͞oC)

כלומר, האות u בבואה לפני עיצור יחיד ו- e סופית ולאחר אחד מן הצלילים העיצוריים דלעיל, מבוטאת (o͞o).
(הערה: לפני האות r הצליל מתקצר ל-(oo)). דוגמאות:
reduce′ (rido͞os′), tune (to͞on), rude (ro͞od), June (jo͞on), lure (loor), assume′ (əso͞om′), resume′ (rizo͞om′), sure (shoor), nude (no͞od), chute (sho͞ot).

5.06 ooCe = (o͞oC)

כלומר, הצירוף oo בבואו לפני עיצור יחיד ו- e סופית, מבוטא (o͞o).
דוגמאות: choose (cho͞oz), ooze (o͞oz), groove (gro͞ov).

5.99 **V**C**e** or oo**C**e = (long vowel)

כלומר לסיכום, תנועה או הצירוף oo בבואם לפני עיצור יחיד ו- e סופית (גם בהברה לא מוטעמת), תנועתם ארוכה.

6.01 a**CC**e′ = (a**C**′)

כלומר, האות a בבואה בהברה מוטעמת לפני שני עיצורים ו- e סופית, מבוטאת (a). דוגמאות: lapse(laps), valve(valv), advance′(ədvans′).

6.02 e**CC**e′ = (e**C**′)

כלומר, האות e בבואה בהברה מוטעמת לפני שני עיצורים ו- e סופית, מבוטאת (e). דוגמאות: defense′ (difens′), edge (ej).

6.03 i**CC**e′, y**CC**e′ = (i**C**′)

כלומר, האותיות i ו- y בבואן בהברה מוטעמת לפני שני עיצורים ו- e סופית, מבוטאות (i). דוגמאות: bridge (brij), since (sins).

6.04 oCCe′ = (oC′)
כלומר, האות o בבואה בהברה מוטעמת לפני שני עיצורים ו- e סופית, מבוטאת (o). דוגמאות: lodge (loj), revolve′ (rivolv′).

6.05 uCCe′ = (uC′)
כלומר, האות u בבואה בהברה מוטעמת לפני שני עיצורים ו- e סופית, מבוטאת (u). דוגמאות: judge (juj), repulse′ (ripuls′).

6.99 **VCCe′** = (short vowel)
כלומר לסיכום, תנועה הבאה בהברה מוטעמת לפני שני עיצורים ו- e סופית, היא קצרה.

7.01 ar′, ar′**C**, ar**C**e′ = (är′)
כלומר, הצירוף ar בהברה מוטעמת, בבואו בסוף מלה או לפני עיצור, מבוטא (är). דוגמאות: mar′ket (mär′kit), ar′ticle (är′tikəl), car (kär), charm (chärm), large (lärj), starve (stärv).

7.02 ar′**V**, ar′r = (ar′)
כלומר, הצירוף ar בהברה מוטעמת, בבואו לפני תנועה או לפני האות r, מבוטא (ar). דוגמאות: bar′on (bar′ən), ar′id (ar′id), nar′row (nar′ō), car′ry (kar′i), mar′ry (mar′i).

8.01 er′, er′**C**, er**C**e′ = (ûr′)
כלומר, הצירוף er בהברה מוטעמת, בבואו בסוף מלה או לפני עיצור, מבוטא (ûr). דוגמאות: per′son (pûr′sən), cer′tain (sûr′tən), her (hûr), verb (vûrb), nerve (nûrv), deserve′ (dizûrv).

8.02 er′**V**, er′r = (er′)
כלומר, הצירוף er בהברה מוטעמת, בבואו לפני תנועה או לפני האות r, מבוטא (er). דוגמאות: ver′y (ver′i), ter′ror (ter′ər), cer′emo′ny (ser′əmō′ni), ter′rible (ter′ibəl).

9.01 ir′, ir′**C**, ir**C**e′, yr′, yr′**C**, yr**C**e′ = (ûr′)
כלומר, הצירופים ir ו-yr בהברה מוטעמת, בבואם בסוף מלה או לפני עיצור, מבוטאים (ûr). דוגמאות: first (fûrst), dirt′y (dûr′ti), sir (sûr), bird (bûrd), dirge (dûrj), myr′tle (mûr′təl).

9.02 ir′V, ir′r, yr′V, yr′r = (ir′)
כלומר, הצירופים ir ו-yr בהברה מוטעמת, בבואם לפני תנועה או לפני האות r, מבוטאים (ir). דוגמאות:, spir′it (spir′it), Syr′ia (sir′iə)
mir′acle (mir′əkəl), pyr′amid′ (pir′əmid′) mir′ror (mir′ər).

10.01 ur′, ur′r, ur′**C**, ur**C**e′ = (ûr′)
כלומר, הצירוף ur בבואו בהברה מוטעמת מבוטא (ûr). דוגמאות:
fur (fûr), turn (tûrn), mur′der (mûr′dər), tur′tle (tûrt′əl), nurse (nûrs), curve (kûrv), bur′row (bûr′ō), hur′ry (hûr′i).

11.01 or′, or′**C**, or**C**e′ = (ôr′)
כלומר, הצירוף or בבואו בהברה מוטעמת, בסוף מלה או לפני עיצור, מבוטא (ôr). דוגמאות: abhor′ (əbhôr′), por′ter (pôr′tər),
sort (sôrt), tor′ture (tôr′chər), force (fôrs), horse (hôrs).

11.02 or′**V**, or′r, ore′ = (or′, ōr′, ôr′)
כלומר, הצירוף or בבואו בהברה מוטעמת, לפני תנועה או לפני האות r, או לפני e סופית, מבוטא (or) או (ōr) או (ôr). דוגמאות:
sor′ry (sor′i, sôr′i), more (mōr, môr), or′igin (or′ijin, ôr′ijin).

3. הגיית צירופי תנועות

12.01 ai, ay = (ā)
כלומר, הצירופים ai ו- ay מבוטאים (ā). דוגמאות:
rain (rān), day (dā), air (ār).

12.02 au, aw = (ô)
כלומר, הצירופים au ו- aw מבוטאים (ô). דוגמאות:
cau′tion (kô′shən), law (lô).

12.03 ee, ea = (ē)
כלומר, הצירופים ea ו- ee מבוטאים (ē). דוגמאות:
sea (sē), near (nēr), see (sē), beer (bēr).

12.04 oa = (ō)
כלומר, הצירוף oa מבוטא (ō). דוגמאות:
boat (bōt), coast (kōst), board (bōrd, bôrd).

12.05 ou, ow = (ou)

כלומר, הצירופים ou ו- ow מבוטאים (ou). דוגמאות:
round (round), flour (flour), now (nou).

12.06 oi, oy = (oi)

כלומר, הצירופים oi ו- oy מבוטאים (oi). דוגמאות:
boil (boil), boy (boi).

4. הגיית סיומות

13.01 -**C**le = (-**C**əl)

כלומר, עיצור ו-le בסוף מלה, מבוטאים (-**C**əl). דוגמאות:
a′ble (ā′bəl), bot′tle (bot′əl).

13.02 unstressed -age = (-ij)

כלומר, age בסוף מלה, בהברה לא מוטעמת, מבוטא (-ij). דוגמאות:
man′age (man′ij), vil′lage (vil′ij).

13.021 unstressed -ate (noun, adjective) = (-it)

כלומר, ate בסוף מלה, בהברה לא מוטעמת, במלה המציינת שם או תואר, מבוטא (-it). דוגמאות:
del′icate (del′ikit), mod′erate (mod′ərit), sen′ate (sen′it).
אבל במלה המציינת פועל, או בהברה מוטעמת, ההגייה היא (-āt).
דוגמאות: mod′erate′ (mod′ərāt′), date (dāt), va′cate (vā′kāt).

13.03 -ey, -ie = (-i)

כלומר, -ey או -ie בסוף מלה, מבוטאים (-i). דוגמאות:
mon′ey (mun′i), kid′die (kid′i).

13.04 -ous = (-əs)

כלומר, -ous בסוף מלה, מבוטא (-əs). דוגמאות:
nerv′ous (nûr′vəs), se′rious (sēr′iəs).

13.05 -ism = (-iz′əm)

כלומר, -ism בסוף מלה, מבוטא (-iz′əm). דוגמאות:
re′alism′ (rē′əliz′əm), so′cialism′ (sō′shəliz′əm).

13.06 -tion, -sion = (-shən)
כלומר, tion- או sion- בסוף מלה, מבוטאים (shən-). דוגמאות:
ac′tion (ak′shən), na′tion (nā′shən), ten′sion (ten′shən), mis′sion (mish′ən), posses′sion (pəzesh′ən).

(13.061) -V′sion = (-zhən)
כלומר, sion- בסוף מלה אחרי תנועה, מבוטא (zhən-). דוגמאות:
intru′sion (intrōō′zhən), adhe′sion (adhē′zhən), occa′sion (əkā′zhən), divi′sion (divizh′ən), explo′sion (iksplō′zhən).

13.07 -ight = (-īt)
כלומר, ight- בסוף מלה, מבוטא (īt-). דוגמאות:
night (nīt), right (rīt).

13.08 -ign = (-īn)
כלומר, ign- בסוף מלה, מבוטא (īn-). דוגמאות:
align′ (əlīn′), sign (sīn).

13.09 -o = (-ō)
כלומר, o- בסוף מלה, (גם בהברה לא מוטעמת), מבוטא (ō-).
דוגמאות: al′so (ôl′sō), pota′to (pətā′tō).

13.10 -ture = (-chər)
כלומר, ture- בסוף מלה, מבוטא (chər). דוגמאות:
pic′ture (pik′chər), adven′ture (adven′chər).

13.101 -some = (-səm)
כלומר, some- בסוף מלה, מבוטא (səm). דוגמאות:
troublesome (trub′əlsəm), lonesome (lōn′səm).

13.11 -tive = (-tiv)
כלומר, tive- בסוף מלה, מבוטא (tiv). דוגמאות:
ac′tive (ak′tiv), na′tive (nā′tiv).

13.12 -sive = (-siv)
כלומר, sive- בסוף מלה, מבוטא (siv). דוגמאות:
expen′sive (ikspen′siv), pas′sive (pas′iv).

13.13 -cial, -sial, -tial = (-shəl)
כלומר, -cial, -sial, -tial בסוף מלה, מבוטאים (shəl). דוגמאות:
so′cial (sō′shəl), ini′tial (inish′əl),
con′trover′sial (kon′trəvûr′shəl).

(13.14) -tual = (-cho͞oəl)
כלומר, -tual בסוף מלה, מבוטא (cho͞oəl). דוגמאות:
ac′tual (ak′cho͞oəl), mu′tual (mū′cho͞oəl).

(13.15) -all = (-ôl)
כלומר, -all בסוף מלה, מבוטא (ôl). דוגמאות: all (ôl), call (kôl).

(13.151) -cean, -cian, -sian, -tian = (-shən)
כלומר, הסופיות דלעיל מבוטאות (shən). דוגמאות:
o′cean (ō′shən), physi′cian (fizish′ən),
di′eti′tian (dī′ətish′ən), Rus′sian (rush′ən).

(13.152) -ceous, -cious, -tious = (-shəs)
כלומר, הסופיות דלעיל מבוטאות (shəs). דוגמאות:
av′ari′cious (av′ərish′əs), herba′ceous (hûrbā′shəs),
nutri′tious (no͞otrish′shəs).

13.16 -s = (-z)
כלומר, הסופית (-s) מבוטאת (z). דוגמאות:
num′bers (num′bərz), odds (odz).

13.17 (f)s, (k)s, (p)s, (t)s, (th)s = (-s)
כלומר, הסופית (-s) בבואה אחרי אחד הצלילים העיצוריים דלעיל,
מבוטאת (s). דוגמאות:
cats (kats), books (books), lips (lips).

13.18 (ch)s, (j)s, (s)s, (sh)s, (z)s, (zh)s = (-iz)
כלומר, הסופית (-s) בבואה אחרי אחד הצלילים העיצוריים דלעיל,
מבוטאת (iz). דוגמאות:
pushes (poosh′iz), horses (hôrs′iz), judges (juj′iz),
roses (rōz′iz), ashes (ash′iz).

13.19 -ed = (-d)

כלומר, הסופית (-ed) מבוטאת (d). דוגמאות:

tried (trīd), aban′doned (əban′dənd).

13.20 (d)ed, (t)ed = (-id)

כלומר, הסופית (-ed) בבואה אחרי אחד הצלילים העיצוריים דלעיל, מבוטאת (id). דוגמאות:

pointed (poin′tid), needed (nē′did).

13.21 (ch)ed, (f)ed, (k)ed, (p)ed, (s)ed, (sh)ed, (th)ed = (-t)

כלומר, הסופית (-ed) בבואה אחרי אחד הצלילים העיצוריים דלעיל, מבוטאת (t). דוגמאות:

polished (pol′isht), watched (wocht), possessed (pəzest′),
marked (markt), faced (fāst),
stuffed (stuft), shaped (shāpt).

5. הגיית מלה עם סופית

סופיות אינן משנות בדרך כלל את הגיית המלה השורשית. כלומר, הסופיות המצורפות למלה, מותירות בדרך כלל את הגיית המלה הראשית בעינה (כולל ההברות המוטעמות), והשינוי היחידי הוא הצמדת ההגייה של הסופית למלה. דוגמאות:

abatement, (əbāt′mənt), cheerful (chēr′fəl),
gracefully (grās′fəli), bottomless (bot′əmləs).

6. הגיית מלה מורכבת

השפה האנגלית עשירה במלים מורכבות. מלה מורכבת (compound word) היא מלה המורכבת משתי מלים או יותר. מלה מורכבת כתובה לפעמים כמלה אחת, לפעמים כמלה מוקפת (דהיינו כשתי מלים או יותר המחוברות במקף), ולפעמים כמלים נפרדות. דוגמאות:

sunshine, drive-in, post card.

בדרך כלל, במלה מורכבת הכתובה כמלה אחת, באה ההטעמה הראשית על המרכיב הראשון של המלה, וההטעמה המישנית באה על המרכיב השני שלה. לדוגמה: shoestring (shōō′string′).

כללי ההגייה והמילון

כללי ההגייה שהובאו לעיל חלים כאמור על רוב המלים באנגלית, אבל לא על כולן. לפיכך לא ניתן במילון תעתיק היגוי לכל מלה, אלא רק למלה שהגייתה (כולה או מקצתה) חורגת מכללים אלו. למשל במלה son ניתן תעתיק היגוי (sun), שלא נבטא (son) בהתאם לכללים.

הכללים בכללי ההגייה המוקפים בסוגריים, הם אלה שלגביהם ניתן תעתיק היגוי במילון, למרות האמור לעיל.

הנקודה הבין-הברתית

הנקודה הבין-הברתית (·) באה לפעמים מיד אחרי הברות בלתי-מוטעמות, כדי לציין שהגיית האותיות a, e, o, u, בהברות אלה אינה שוואית (כפי שניתן להסיק מכלל 2.01 #). כלומר, למרות שההברה אינה מוטעמת, הגיית הצליל התנועי שבה זהה להגיית הצליל בהברה מוטעמת, בהתאם לכללי הגיית הצלילים התנועיים. דוגמאות:
(əmbasʹədər ולא) am·basʹsador (ambasʹədər),
(hətelʹ ולא) ho·telʹ (hōtelʹ).

כמו כן משמשת הנקודה הבין-הברתית כדלהלן:

1. e· = (i)

כלומר, כאשר הנקודה באה אחרי האות e הגייתה (i). דוגמאות:
re·turnʹ (ritûrnʹ), be·haveʹ (bihāvʹ).

2. u· = (yə)

כלומר, כאשר הנקודה באה אחרי האות u הגייתה (yə). דוגמאות:
arʹgu·ment, (ärʹgyəmənt), popʹu·lar (popʹyələr).

לפעמים תבוא הנקודה לשם הבהרת משמעות המלה. דוגמאות:
in·esʹtimable, dis·comʹfort.

יש לציין שבמילון זה, הנקודה הבין-הברתית אינה מציינת בהכרח את החלוקה המקובלת של המלה להברות, אלא מהווה אך ורק מכשיר-עזר להגייה נכונה של המלה.

באנגלית - הצורה השנייה של העבר (The Past Tense) של פוֹעַל רגיל (regular verb) והצורה השלישית שלו (The Past Participle) הן בדרך כלל זהות, ומסתיימות ב-ed- ע"י הוספת ed- או d- לצורה הבסיסית (The Infinitive) של הַפּוֹעַל. לדוגמה: act, acted; love, loved. פוֹעַל המסתיים בעיצור ו-y אחריו, ה-y משתנה ל-ied-. לדוגמה, cry, cried (לעומת play, played). פוֹעַל, שהברתו האחרונה מוטעמת, המסתיים בעיצור, תנועה אחת ועיצור אחד, מוכפל בו העיצור האחרון לפני ה-ed-. לדוגמה, commit, committed; stop, stopped (לעומת open, opened). להלן רשימת הפעלים החורגים מכללים אלו:

Verb	**Past tense**	**Past participle**
abide	**abode, abided**	**abode, abided**
arise	**arose**	**arisen**
awake	**awoke, awaked**	**awoken, awaked**
be	**was, were**	**been**
bear	**bore**	**borne, (born נולד)**
beat	**beat**	**beaten**
become	**became**	**become**
befall	**befell**	**befallen**
begin	**began**	**begun**
behold	**beheld**	**beheld**
bend	**bent**	**bent**
bereave	**bereaved, bereft**	**bereaved, bereft**
beseech	**besought**	**besought**
beset	**beset**	**beset**
bet	**bet, betted**	**bet, betted**
bid	**bid, bade**	**bid, bidden**
bide	**bided, bode**	**bided**
bind	**bound**	**bound**
bite	**bit**	**bitten**
bleed	**bled**	**bled**
bless	**blessed, blest**	**blessed, blest**
blow	**blew**	**blown**
break	**broke**	**broken**
breed	**bred**	**bred**
bring	**brought**	**brought**
broadcast	**broadcast**	**broadcast**
build	**built**	**built**
burn	**burnt, burned**	**burnt, burned**
burst	**burst**	**burst**
buy	**bought**	**bought**
cast	**cast**	**cast**

Verb	Past tense	Past participle
catch	caught	caught
chide	chided	chidden, chid
choose	chose	chosen
cleave	clove, cleft	cloven, cleft
cling	clung	clung
come	came	come
cost	cost	cost
creep	crept	crept
cut	cut	cut
deal	dealt	dealt
deep-freeze	deep-froze	deep-frozen
dig	dug	dug
dive	dived, dove	dived
do	did	done
draw	drew	drawn
dream	dreamed, dreamt	dreamed, dreamt
drink	drank	drunk
drive	drove	driven
dwell	dwelt, dwelled	dwelt, dwelled
eat	ate	eaten
fall	fell	fallen
feed	fed	fed
feel	felt	felt
fight	fought	fought
find	found	found
flee	fled	fled
fling	flung	flung
fly	flew	flown
forbear	forbore	forborne
forbid	forbad, forbade	forbidden
forecast	forecast, forecasted	forecast, forecasted
foreknow	foreknew	foreknown
foresee	foresaw	foreseen
foretell	foretold	foretold
forget	forgot	forgotten
forgive	forgave	forgiven
forsake	forsook	forsaken
forswear	forswore	forsworn
freeze	froze	frozen
gainsay	gainsaid	gainsaid
get	got	got, gotten
gild	gilded, gilt	gilded, gilt
gird	girded, girt	girded, girt

Verb	Past tense	Past participle
give	gave	given
go	went	gone
grind	ground	ground
grow	grew	grown
hamstring	hamstrung, hamstringed	hamstrung, hamstringed
hang (לתלות אדם)	hanged	hanged
hang (לתלות חפץ)	hung	hung
have	had	had
hear	heard	heard
heave	heaved, hove	heaved, hove
hew	hewed	hewed, hewn
hide	hid	hidden, hid
hit	hit	hit
hold	held	held
hurt	hurt	hurt
inlay	inlaid	inlaid
keep	kept	kept
kneel	knelt, kneeled	knelt, kneeled
knit	knitted, knit	knitted, knit
know	knew	known
lay	laid	laid
lead	led	led
lean	leaned, leant	leaned, leant
leap	leaped, leapt	leaped, leapt
learn	learned, learnt	learned, learnt
leave	left	left
lend	lent	lent
let	let	let
lie (לשכב)	lay	lain
lie (לשקר)	lied	lied
light	lit, lighted	lit, lighted
lose	lost	lost
make	made	made
mean	meant	meant
meet	met	met
miscast	miscast	miscast
misdeal	misdealt	misdealt
misgive	misgave	misgiven
mislay	mislaid	mislaid
mislead	misled	misled
misread	misread	misread
misspell	misspelled, misspelt	misspelled, misspelt
misspend	misspent	misspent

Verb	Past tense	Past participle
mistake	mistook	mistaken
misunderstand	misunderstood	misunderstood
mow	mowed	mowed, mown
outbid	outbid, outbade	outbid, outbidden
outdo	outdid	outdone
outgrow	outgrew	outgrown
outrun	outran	outrun
outshine	outshone	outshone
overbear	overbore	overborne
overcome	overcame	overcome
overdo	overdid	overdone
overhang	overhung	overhung
overhear	overheard	overheard
overlay	overlaid	overlaid
override	overrode	overridden
overrun	overran	overrun
oversee	oversaw	overseen
oversleep	overslept	overslept
overtake	overtook	overtaken
overthrow	overthrew	overthrown
partake	partook	partaken
pay	paid	paid
plead	pled, pleaded	pled, pleaded
prove	proved	proven, proved
put	put	put
read	read	read
rebind	rebound	rebound
rebuild	rebuilt	rebuilt
redo	redid	redone
remake	remade	remade
rend	rent	rent
repay	repaid	repaid
reset	reset	reset
retell	retold	retold
rewind	rewound	rewound
rewrite	rewrote	rewritten
rid	rid, ridded	rid, ridded
ride	rode	ridden
ring	rang	rung
rise	rose	risen
run	ran	run
saw	sawed	sawn, sawed
say	said	said

Verb	Past tense	Past participle
see	saw	seen
seek	sought	sought
sell	sold	sold
send	sent	sent
set	set	set
sew	sewed	sewn, sewed
shake	shook	shaken
shave	shaved	shaved, shaven
shear	sheared	shorn, sheared
shed	shed	shed
shine (לזרוח)	shone	shone
shine (לצחצח)	shined	shined
shoe	shod	shod
shoot	shot	shot
show	showed	shown, showed
shrink	shrank, shrunk	shrunk
shrive	shrove, shrived	shriven, shrived
shut	shut	shut
sing	sang	sung
sink	sank	sunk
sit	sat	sat
slay	slew	slain
sleep	slept	slept
slide	slid	slid
sling	slung	slung
slink	slunk	slunk
slit	slit	slit
smell	smelt, smelled	smelt, smelled
smite	smote	smitten
sow	sowed	sown, sowed
speak	spoke	spoken
speed	sped, speeded	sped, speeded
spell	spelt, spelled	spelt, spelled
spend	spent	spent
spill	spilt, spilled	spilt, spilled
spin	spun, span	spun
spit	spat, spit	spat, spit
split	split	split
spoil	spoilt, spoiled	spoilt, spoiled
spread	spread	spread
spring	sprang, sprung	sprung
stand	stood	stood
steal	stole	stolen

Verb	Past tense	Past participle
stick	stuck	stuck
sting	stung	stung
stink	stank, stunk	stunk
strew	strewed	strewn, strewed
stride	strode	stridden
strike	struck	struck
string	strung	strung
strive	strove, strived	striven, strived
swear	swore	sworn
sweep	swept	swept
swell	swelled	swollen, swelled
swim	swam	swum
swing	swung	swung
take	took	taken
teach	taught	taught
tear	tore	torn
tell	told	told
think	thought	thought
thrive	throve, thrived	thriven, thrived
throw	threw	thrown
thrust	thrust	thrust
tread	trod	trodden
unbend	unbent	unbent
undergo	underwent	undergone
understand	understood	understood
undertake	undertook	undertaken
undo	undid	undone
unwind	unwound	unwound
uphold	upheld	upheld
upset	upset	upset
wake	woke, waked	woken, waked
waylay	waylaid	waylaid
wear	wore	worn
weave	wove	woven
wed	wedded, wed	wedded, wed
weep	wept	wept
win	won	won
wind	winded, wound	winded, wound
withdraw	withdrew	withdrawn
withhold	withheld	withheld
withstand	withstood	withstood
wring	wrung	wrung
write	wrote	written

מוּסָפִית (affix) הִיא הֲבָרָה הַנּוֹסֶפֶת לְמִלָּה (הַנִּקְרֵאת מִלַּת שׁוֹרֶשׁ — root word) בִּתְחִלָּתָהּ אוֹ בְּסוֹפָהּ, וְאַגַּב כָּךְ מְשַׁנָּה אֶת מַשְׁמָעוּתָהּ, לְעִתִּים תּוֹךְ שִׁנּוּי קַל בִּכְתִיב שֶׁל מִלַּת הַשּׁוֹרֶשׁ. הֲבָרָה הַנּוֹסֶפֶת בִּתְחִלַּת הַמִּלָּה נִקְרֵאת תְּחִלִּית (prefix); הֲבָרָה הַנּוֹסֶפֶת בְּסוֹף הַמִּלָּה נִקְרֵאת סוֹפִית (suffix). הַשִּׁנּוּיִים שֶׁהַמּוּסָפִיּוֹת יוֹצְרוֹת הֵם מְגוּוָנִים בְּיוֹתֵר, כְּגוֹן מִפּוֹעַל לְשֵׁם עֶצֶם, מִשֵּׁם תּוֹאַר לְתוֹאַר הַפּוֹעַל, מִמִּלָּה חִיּוּבִית לִשְׁלִילִית, וְכַדּוֹמֶה.

הַמּוּסָפִיּוֹת דִּלְהַלָּן הֵן הַשְּׁכִיחוֹת בְּיוֹתֵר בְּאַנְגְּלִית, וְהַכָּרָתָן תְּסַיֵּעַ לַקּוֹרֵא לְהָבִין מַשְׁמָעוּת מִלִּים רַבּוֹת בַּעֲלוֹת מוּסָפִיּוֹת, אַף אִם לֹא יִמְצָא אוֹתָן בַּמִּלּוֹן.

-ability *sfx.* (לִיצִירַת שֵׁם־עֶצֶם:
אֶפְשָׁרוּת, יְתָכְנוּת, תְּכוּנָה, סְגֻלָּה)
read (מִלַּת־שׁוֹרֶשׁ) קָרָא
readability קְרִיאוּת
move (מִלַּת־שׁוֹרֶשׁ) הֵזִיז
movability אֶפְשָׁרוּת הַהֲזָזָה, נַיָּדוּת
-able *sfx.* (לִיצִירַת תּוֹאַר הַשֵּׁם:
בַּר־, יָכוֹל, נִתָּן לְ־)
eat (מִלַּת־שׁוֹרֶשׁ) אָכַל
eatable אָכִיל, בַּר אֲכִילָה
tolerate (מִלַּת־שׁוֹרֶשׁ) סָבַל
tolerable שֶׁנִּתָּן לְסָבְלוֹ, נִסְבָּל
-al *sfx.* (לִיצִירַת תּוֹאַר הַשֵּׁם:
שֶׁל, שַׁיָּךְ לְ־, אוֹפְיָנִי לְ־)
magic (מִלַּת־שׁוֹרֶשׁ) כְּשָׁפִים
magical שֶׁל כְּשָׁפִים, קָסוּם
medicine (מִלַּת־שׁוֹרֶשׁ) רְפוּאָה
medicinal שֶׁל רְפוּאָה, רְפוּאִי
-al *sfx.* (לִיצִירַת שֵׁם־עֶצֶם:
פְּעוּלָּה, תַּהֲלִיךְ, תּוֹצָאָה)
arrive (מִלַּת־שׁוֹרֶשׁ) הִגִּיעַ
arrival הַגָּעָה, בִּיאָה
survive (מִלַּת־שׁוֹרֶשׁ) שָׂרַד
survival הִשָּׂרְדוּת
-an *sfx.* (לִיצִירַת תּוֹאַר הַשֵּׁם:
שֶׁל, שַׁיָּךְ לְ־; מוּמְחֶה בְּ־)
Mexico (מִלַּת־שׁוֹרֶשׁ) מֶקְסִיקוֹ
Mexican מֶקְסִיקָנִי
America (מִלַּת־שׁוֹרֶשׁ) אַמֶרִיקָה
American אַמֶרִיקָנִי
-ance *sfx.* (לִיצִירַת שֵׁם־עֶצֶם:
פְּעוּלָּה, תַּהֲלִיךְ, תּוֹצָאָה, מַצָּב)
appear (מִלַּת־שׁוֹרֶשׁ) הוֹפִיעַ
appearance הוֹפָעָה
continue (מִלַּת־שׁוֹרֶשׁ) הִמְשִׁיךְ
continuance הֶמְשֵׁכִיּוּת, רֶצֶף
-ant *sfx.* (לִיצִירַת תּוֹאַר הַשֵּׁם,
וְשֵׁם־עֶצֶם: עוֹשֶׂה, פּוֹעֵל, מְהַוֶּה)
please (מִלַּת־שׁוֹרֶשׁ) גָּרַם הֲנָאָה
pleasant נָעִים
assist (מִלַּת־שׁוֹרֶשׁ) עָזַר
assistant עוֹזֵר, סַיָּע
-ary *sfx.* (לִיצִירַת תּוֹאַר הַשֵּׁם:
שֶׁל, שַׁיָּךְ לְ־, קָשׁוּר לְ־)
second (מִלַּת־שׁוֹרֶשׁ) שֵׁנִי
secondary שֶׁל שֵׁנִי, מִשְׁנִי
custom (מִלַּת־שׁוֹרֶשׁ) מִנְהָג
customary שֶׁל מִנְהָג, נָהוּג
-ation *sfx.* (לִיצִירַת שֵׁם־עֶצֶם:
פְּעוּלָּה, תַּהֲלִיךְ, תּוֹצָאָה, מַצָּב)
contaminate (מִלַּת־שׁוֹרֶשׁ) זִהֵם
contamination זִהוּם
operate (מִלַּת־שׁוֹרֶשׁ) פָּעַל
operation פְּעוּלָּה
co- *pfx.* עִם, יַחַד, בְּצֵרוּף
exist (מִלַּת־שׁוֹרֶשׁ) הִתְקַיֵּם
coexist הִתְקַיֵּם יַחַד
operate (מִלַּת־שׁוֹרֶשׁ) פָּעַל
cooperate שִׁתֵּף פְּעוּלָּה
-cy *sfx.* (לִיצִירַת שֵׁם־עֶצֶם:
מַצָּב, מַעֲמָד, כְּהוּנָּה)
secret (מִלַּת־שׁוֹרֶשׁ) סוֹד
secrecy סוֹדִיּוּת
accurate (מִלַּת־שׁוֹרֶשׁ) מְדוּיָּק
accuracy דִּיּוּק, דַּיְקָנוּת
de- *pfx.* הָפַךְ, שָׁלַל, בִּטֵּל, סִלֵּק
populate (מִלַּת־שׁוֹרֶשׁ) אִכְלֵס
depopulate צִמְצֵם הָאוּכְלוּסִין
control (מִלַּת־שׁוֹרֶשׁ) פִּקַּח
decontrol הֵסִיר הַפִּקּוּחַ
dis- *pfx.* אִי־; לֹא; שָׁלַל, בִּטֵּל
appear (מִלַּת־שׁוֹרֶשׁ) הוֹפִיעַ
disappear נֶעְלַם
belief (מִלַּת־שׁוֹרֶשׁ) אֱמוּנָה

disbelief	חוֹסֶר אֵמוּן
-dom *sfx.*	(לִיצִירַת שֵׁם־עֶצֶם: מַצָּב, מַעֲמָד, כְּהוּנָּה)
king	(מִלַּת־שׁוֹרֶשׁ) מֶלֶךְ
kingdom	מְלוּכָה, מַמְלָכָה
wise	(מִלַּת־שׁוֹרֶשׁ) חָכָם
wisdom	חוֹכְמָה
-ed *sfx.*	(לְצִיּוּן זְמַן עָבָר)
want	(מִלַּת־שׁוֹרֶשׁ) לִרְצוֹת
wanted	רָצָה
try	(מִלַּת־שׁוֹרֶשׁ) לְנַסּוֹת
tried	נִסָּה
-ed *sfx.*	(לִיצִירַת תּוֹאַר הַשֵּׁם: בַּעַל־; מְאוּפְיָן בְּ־)
beard	(מִלַּת־שׁוֹרֶשׁ) זָקָן
bearded	בַּעַל זָקָן, מְזוּקָּן
talent	(מִלַּת־שׁוֹרֶשׁ) כִּשְׁרוֹן
talented	בַּעַל כִּשְׁרוֹן
en- *pfx.*	(לִיצִירַת פּוֹעַל: גָּרַם, עָשָׂה לְ־; הִקִּיף בְּ־)
slave	(מִלַּת־שׁוֹרֶשׁ) עֶבֶד
enslave	שִׁעְבֵּד, עָשָׂה לְעֶבֶד
danger	(מִלַּת־שׁוֹרֶשׁ) סַכָּנָה
endanger	סִכֵּן
-en *sfx.*	(לִיצִירַת תּוֹאַר הַשֵּׁם: עָשׂוּי; דּוֹמֶה לְ־, כְּמוֹ)
silk	(מִלַּת־שׁוֹרֶשׁ) מֶשִׁי
silken	מִשְׁיִי; עָשׂוּי מֶשִׁי
wood	(מִלַּת־שׁוֹרֶשׁ) עֵץ
wooden	עֵצִי; עָשׂוּי עֵץ
-en *sfx.*	(לִיצִירַת פּוֹעַל: גָּרַם, עָשָׂה לְ־; נַעֲשָׂה לְ־)
sharp	(מִלַּת־שׁוֹרֶשׁ) חַד
sharpen	חִדֵּד
strength	(מִלַּת־שׁוֹרֶשׁ) חוֹזֶק
strengthen	חִזֵּק; הִתְחַזֵּק
-ence *sfx.*	(לִיצִירַת שֵׁם־עֶצֶם: פְּעוּלָּה, תַּהֲלִיךְ, תּוֹצָאָה, מַצָּב)
confide	(מִלַּת־שׁוֹרֶשׁ) סִפֵּר בְּסוֹד
confidence	אֵמוּן, סוֹדִיּוּת
refer	(מִלַּת־שׁוֹרֶשׁ) הִתְיַחֵס
reference	הִתְיַחֲסוּת
-ent *sfx.*	(לִיצִירַת תּוֹאַר הַשֵּׁם, וְשֵׁם־עֶצֶם: עוֹשֶׂה, פּוֹעֵל, מְהַוֶּה)
differ	(מִלַּת־שׁוֹרֶשׁ) הָיָה שׁוֹנֶה
different	שׁוֹנֶה
persist	(מִלַּת־שׁוֹרֶשׁ) הִתְמִיד

persistent	מַתְמִיד
-er *sfx.*	(לִיצִירַת שֵׁם־עֶצֶם: עוֹשֶׂה, מְבַצֵּעַ; עוֹסֵק בְּ־)
drive	(מִלַּת־שׁוֹרֶשׁ) נָהַג
driver	נֶהָג
run	(מִלַּת־שׁוֹרֶשׁ) רָץ
runner	רָץ
-er *sfx.*	(לִיצִירַת דַּרְגַּת הַיּוֹתֵר)
cold	(מִלַּת־שׁוֹרֶשׁ) קַר
colder	קַר יוֹתֵר
strong	(מִלַּת־שׁוֹרֶשׁ) חָזָק
stronger	חָזָק יוֹתֵר
-ess *sfx.*	(לְצִיּוּן מִין נְקֵבָה)
lion	(מִלַּת־שׁוֹרֶשׁ) אַרְיֵה
lioness	לְבִיאָה
ambassador	(מִלַּת־שׁוֹרֶשׁ) שַׁגְרִיר
ambassadress	שַׁגְרִירָה
-est *sfx.*	(לִיצִירַת דַּרְגַּת הַמּוּפְלָג)
cold	(מִלַּת־שׁוֹרֶשׁ) קַר
coldest	הַקַּר בְּיוֹתֵר
fast	(מִלַּת־שׁוֹרֶשׁ) מָהִיר
fastest	הֲכִי מָהִיר
ex- *pfx.*	לְשֶׁעָבַר
minister	(מִלַּת־שׁוֹרֶשׁ) שַׂר
ex-minister	שַׂר לְשֶׁעָבַר
president	(מִלַּת־שׁוֹרֶשׁ) נָשִׂיא
ex-president	נָשִׂיא לְשֶׁעָבַר
-ful *sfx.*	(לִיצִירַת תּוֹאַר הַשֵּׁם, וְשֵׁם־עֶצֶם: מָלֵא; רַב־; שֶׁל; בַּעַל; נוֹטֶה לְ־; מְאוּפְיָן בְּ־; מְלוֹא)
help	(מִלַּת־שׁוֹרֶשׁ) עָזַר
helpful	עוֹזֵר
glass	(מִלַּת־שׁוֹרֶשׁ) כּוֹס
glassful	מְלוֹא־הַכּוֹס
-hood *sfx.*	(לִיצִירַת שֵׁם־עֶצֶם: מַצָּב, מַעֲמָד, קְבוּצָה)
boy	(מִלַּת־שׁוֹרֶשׁ) נַעַר
boyhood	נְעוּרִים, יַלְדוּת
priest	(מִלַּת־שׁוֹרֶשׁ) כּוֹמֶר
priesthood	כְּהוּנָּה, כְּמוּרָה
-ian *sfx.*	(לִיצִירַת תּוֹאַר הַשֵּׁם: שֶׁל, שַׁיָּךְ לְ־; מוּמְחֶה בְּ־)
magic	(מִלַּת־שׁוֹרֶשׁ) כְּשָׁפִים
magician	מְכַשֵּׁף, קוֹסֵם
mathematics	מָתֵימָטִיקָה
mathematician	מָתֵימָטִיקָאִי
-ibility *sfx.*	(לִיצִירַת שֵׁם־עֶצֶם:

	אֶפְשָׁרוּת, יִתָּכְנוּת, תְּכוּנָה, סְגוּלָה)
flexible	(מִלַּת־שׁוֹרֶשׁ) גָּמִישׁ
flexibility	גְּמִישׁוּת
possible	(מִלַּת־שׁוֹרֶשׁ) אֶפְשָׁרִי
possibility	אֶפְשָׁרוּת
-ible *sfx.*	(לִיצִירַת תּוֹאַר הַשֵּׁם:
	בַּר־, יָכוֹל, נִתָּן לְ־)
resist	(מִלַּת־שׁוֹרֶשׁ) עָמַד בִּפְנֵי
resistible	שֶׁנִּתָּן לַעֲמוֹד בְּפָנָיו
reduce	(מִלַּת־שׁוֹרֶשׁ) הִפְחִית
reducible	בַּר הַפְחָתָה
-ic *sfx.*	(לִיצִירַת תּוֹאַר הַשֵּׁם:
	שֶׁל, בַּעַל; עָשׂוּי)
alcohol	(מִלַּת־שׁוֹרֶשׁ) כּוֹהֶל
alcoholic	כּוֹהֳלִי
athlete	(מִלַּת־שׁוֹרֶשׁ) אַתְלֵט
athletic	אַתְלֵטִי
-ification *sfx.*	(לִיצִירַת שֵׁם־עֶצֶם:
	עֲשִׂיָּה, גְּרִימָה)
beauty	(מִלַּת־שׁוֹרֶשׁ) יוֹפִי
beautification	יִפּוּי
null	(מִלַּת־שׁוֹרֶשׁ) בָּטֵל
nullification	בִּטּוּל
-ify *sfx.*	(לִיצִירַת פּוֹעַל:
	עָשָׂה, גָּרַם; נַעֲשָׂה)
beauty	(מִלַּת־שׁוֹרֶשׁ) יוֹפִי
beautify	יִפָּה
null	(מִלַּת־שׁוֹרֶשׁ) בָּטֵל
nullify	בִּטֵּל, עָשָׂה לְאַיִן
in-, il-, im-, ir- *pfx.*	חוֹסֶר, אִי־;
	לֹא; בְּלֹא; שָׁלַל, בִּטֵּל
correct	(מִלַּת־שׁוֹרֶשׁ) נָכוֹן
incorrect	לֹא נָכוֹן, מוּטְעֶה
legal	(מִלַּת־שׁוֹרֶשׁ) חוּקִי
illegal	לֹא חוּקִי, בִּלְתִּי לֵיגָלִי
possible	(מִלַּת־שׁוֹרֶשׁ) אֶפְשָׁרִי
impossible	בִּלְתִּי אֶפְשָׁרִי
relevant	(מִלַּת־שׁוֹרֶשׁ) רֶלֶוַנְטִי
irrelevant	לֹא רֶלֶוַנְטִי
-ing *sfx.*	(הוֹוֶה מְמוּשָׁךְ, אוֹ תּוֹאַר)
drink	(מִלַּת־שׁוֹרֶשׁ) שָׁתָה
drinking	שׁוֹתֶה
walk	(מִלַּת־שׁוֹרֶשׁ) הָלַךְ
walking	מְהַלֵּךְ
-ing *sfx.*	(לְצִיּוּן שֵׁם פְּעוּלָּה)
drink	(מִלַּת־שׁוֹרֶשׁ) שָׁתָה
drinking	שְׁתִיָּה
swim	(מִלַּת־שׁוֹרֶשׁ) שָׂחָה
swimming	שְׂחִיָּה
-ish *sfx.*	(לִיצִירַת תּוֹאַר הַשֵּׁם:
	שֶׁל; כְּמוֹ; קְצָת; מַשֶּׁהוּ)
blue	(מִלַּת־שׁוֹרֶשׁ) כָּחוֹל
bluish	כְּחַלְחַל
Jew	(מִלַּת־שׁוֹרֶשׁ) יְהוּדִי
Jewish	שֶׁל יְהוּדִים, יְהוּדִי
-ism *sfx.*	(לִיצִירַת שֵׁם־עֶצֶם:
	פְּעוּלָּה, מַצָּב, טִיפּוּסִיּוּת,
	דּוֹקְטְרִינָה, עִקָּרוֹן)
hero	(מִלַּת־שׁוֹרֶשׁ) גִּבּוֹר
heroism	גְּבוּרָה, הֵרוֹאִיזְם
social	(מִלַּת־שׁוֹרֶשׁ) סוֹצְיָאלִי
socialism	סוֹצְיָאלִיזְם
-ist *sfx.*	(לִיצִירַת שֵׁם־עֶצֶם:
	עוֹשֶׂה; עוֹסֵק בְּ־; דּוֹגֵל בְּ־)
science	(מִלַּת־שׁוֹרֶשׁ) מַדָּע
scientist	מַדְעָן
accompany	(מִלַּת־שׁוֹרֶשׁ) לִוָּה
accompanist	מְלַוֶּה
-ition *sfx.*	(לִיצִירַת שֵׁם־עֶצֶם:
	פְּעוּלָּה, תַּהֲלִיךְ, תּוֹצָאָה, מַצָּב)
compete	(מִלַּת־שׁוֹרֶשׁ) הִתְחָרָה
competition	הִתְחָרוּת
repeat	(מִלַּת־שׁוֹרֶשׁ) חָזַר
repetition	חֲזָרָה, הִשָּׁנוּת
-ity *sfx.*	(לִיצִירַת שֵׁם־עֶצֶם:
	מַצָּב, מַעֲמָד)
inferior	(מִלַּת־שׁוֹרֶשׁ) נָחוּת
inferiority	נְחִיתוּת
curious	(מִלַּת־שׁוֹרֶשׁ) סַקְרָן
curiosity	סַקְרָנוּת
-ive, -tive, -sive *sfx.*	(לִיצִירַת
	תּוֹאַר־הַשֵּׁם: שֶׁל, נוֹטֶה)
act	(מִלַּת־שׁוֹרֶשׁ) פָּעַל
active	אַקְטִיבִי, פָּעִיל
possess	(מִלַּת־שׁוֹרֶשׁ) הָיָה בַּעַל
possessive	שֶׁל בַּעֲלוּת
-ization *sfx.*	(לִיצִירַת
	שֵׁם־עֶצֶם: עֲשִׂיָּה; הֵעָשׂוּת)
fertile	(מִלַּת־שׁוֹרֶשׁ) פּוֹרֶה
fertilization	הַפְרָאָה, הַפְרָיָה
legal	(מִלַּת־שׁוֹרֶשׁ) חוּקִי
legalization	לֵיגָלִיזַצְיָה
-ize *sfx.*	(לִיצִירַת פּוֹעַל:
	עָשָׂה, גָּרַם; נַעֲשָׂה)

legal	(מִלַּת־שׁוֹרֶשׁ) חוּקִי
legalize	עָשָׂה לְחוּקִי
fertile	(מִלַּת־שׁוֹרֶשׁ) פּוֹרֶה
fertilize	הִפְרָה
-less *sfx.*	בְּלִי, חֲסַר־, נְטוּל
hope	(מִלַּת־שׁוֹרֶשׁ) תִּקְוָה
hopeless	חֲסַר תִּקְוָה
tree	(מִלַּת־שׁוֹרֶשׁ) עֵץ
treeless	חֲסַר עֵצִים
-let *sfx.*	קָטָן, זָעִיר
book	(מִלַּת־שׁוֹרֶשׁ) סֵפֶר
booklet	סִפְרוֹן
leaf	(מִלַּת־שׁוֹרֶשׁ) עָלֶה
leaflet	עֲלַעַל, עָלוֹן
-like *sfx.*	כְּמוֹ, דוֹמֶה, כְּיָאֶה לְ־,
child	(מִלַּת־שׁוֹרֶשׁ) יֶלֶד
childlike	יַלְדוּתִי
lady	(מִלַּת־שׁוֹרֶשׁ) גְּבֶרֶת
ladylike	כְּיָאֶה לִגְבֶרֶת
-ly *sfx.*	(לִיצִירַת תּוֹאַר הַפּוֹעַל: בְּאוֹפֶן, בְּצוּרָה)
glad	(מִלַּת־שׁוֹרֶשׁ) שָׂמֵחַ
gladly	בְּצוּרָה שְׂמֵחָה, בְּשִׂמְחָה
quick	(מִלַּת־שׁוֹרֶשׁ) מָהִיר
quickly	בְּאוֹפֶן מָהִיר, בִּמְהִירוּת
-ment *sfx.*	(לִיצִירַת שֵׁם־עֶצֶם: פְּעוּלָּה, תַּהֲלִיךְ, תּוֹצָאָה, מַצָּב)
improve	(מִלַּת־שׁוֹרֶשׁ) שִׁפֵּר
improvement	שִׁפּוּר, הִשְׁתַּפְּרוּת
amaze	(מִלַּת־שׁוֹרֶשׁ) הִדְהִים
amazement	תַּדְהֵמָה
mis- *pfx.*	אִי־; לֹא; גָּרוּעַ, לֹא טוֹב, לֹא נָכוֹן, מוּטְעֶה, לֹא נְכוֹנָה
conduct	(מִלַּת־שׁוֹרֶשׁ) הִתְנַהֲגוּת
misconduct	הִתְנַהֲגוּת רָעָה
quote	(מִלַּת־שׁוֹרֶשׁ) צִטֵּט
misquote	צִטֵּט לֹא נָכוֹן
-ness *sfx.*	(לִיצִירַת שֵׁם־עֶצֶם: מַצָּב, מַעֲמָד, פְּעוּלָּה, טִיב, תְּכוּנָה)
loud	(מִלַּת־שׁוֹרֶשׁ) רָם
loudness	רוֹם קוֹל, קוֹלָנִיּוּת
kind	(מִלַּת־שׁוֹרֶשׁ) אָדִיב
kindness	טוּב לֵב, אֲדִיבוּת
non- *pfx.*	אִי־, לֹא, חוֹסֶר
religious	(מִלַּת־שׁוֹרֶשׁ) דָּתִי
nonreligious	לֹא דָּתִי
payment	(מִלַּת־שׁוֹרֶשׁ) תַּשְׁלוּם
nonpayment	אִי תַּשְׁלוּם
-or *sfx.*	(לִיצִירַת שֵׁם־עֶצֶם: עוֹשֶׂה, מְבַצֵּעַ; עוֹסֵק בְּ־)
invent	(מִלַּת־שׁוֹרֶשׁ) הִמְצִיא
inventor	מַמְצִיא
debt	(מִלַּת־שׁוֹרֶשׁ) חוֹב
debtor	חַיָּב, לֹוֶה
-ory *sfx.*	(לִיצִירַת תּוֹאַר הַשֵּׁם: שֶׁל, מְשַׁמֵּשׁ כְּ־, שַׁיָּךְ לְ־)
compulsion	(מִלַּת־שׁוֹרֶשׁ) כְּפִיָּה
compulsory	שֶׁל כְּפִיָּה, כְּפִיָּתִי
contradict	(מִלַּת־שׁוֹרֶשׁ) סָתַר
contradictory	סוֹתֵר, מְנוּגָּד
-ous *sfx.*	(לִיצִירַת תּוֹאַר הַשֵּׁם: שֶׁל, בַּעַל, מָלֵא, כְּמוֹ)
danger	(מִלַּת־שׁוֹרֶשׁ) סַכָּנָה
dangerous	מְסוּכָּן, הָרֵה סַכָּנוֹת
fame	(מִלַּת־שׁוֹרֶשׁ) פִּרְסוּם
famous	מְפוּרְסָם, בַּעַל שֵׁם
out- *pfx.*	הַחוּצָה; עָלָה/עָבַר עַל
play	(מִלַּת־שׁוֹרֶשׁ) שִׂחֵק
outplay	הֵיטִיב לְשַׂחֵק מִן
smart	(מִלַּת־שׁוֹרֶשׁ) פִּקֵּחַ
outsmart	עָלָה בְּפִקְחוּתוֹ עַל
over- *pfx.*	יוֹתֵר מִדַּי; מֵעַל לְ־,
work	(מִלַּת־שׁוֹרֶשׁ) עָבַד
overwork	עָבַד בְּפֶרֶךְ
pay	(מִלַּת־שׁוֹרֶשׁ) שִׁלֵּם
overpay	שִׁלֵּם יוֹתֵר מִדַּי
pre- *pfx.*	קֹדֶם, לִפְנֵי, טְרוֹם
war	(מִלַּת־שׁוֹרֶשׁ) מִלְחָמָה
prewar	קֹדֶם־מִלְחַמְתִּי
condition	(מִלַּת־שׁוֹרֶשׁ) תְּנַאי
precondition	תְּנַאי מוּקְדָּם
re- *pfx.*	שׁוּב, שֵׁנִית, מֵחָדָשׁ
decorate	(מִלַּת־שׁוֹרֶשׁ) קִשֵּׁט
redecorate	קִשֵּׁט מֵחָדָשׁ
connect	(מִלַּת־שׁוֹרֶשׁ) קִשֵּׁר
reconnect	קִשֵּׁר מֵחָדָשׁ
-s, -es *sfx.*	(לִיצִירַת מִסְפַּר רַבִּים)
horse	(מִלַּת־שׁוֹרֶשׁ) סוּס
horses	סוּסִים
tomato	(מִלַּת־שׁוֹרֶשׁ) עַגְבָנִיָּה
tomatoes	עַגְבָנִיּוֹת
-s, -es *sfx.*	(בְּיָחִיד, נִסְתָּר, הוֹוֶה)
eat	(מִלַּת־שׁוֹרֶשׁ) אָכַל (לֶאֱכוֹל)
eats	(הוּא) אוֹכֵל

go	(מִלַּת־שׁוֹרֶשׁ) הָלַךְ (לָלֶכֶת)
goes	(הוּא) הוֹלֵךְ
self- *pfx.*	עַצְמִי, לְעַצְמוֹ
defense	(מִלַּת־שׁוֹרֶשׁ) הֲגָנָה
self-defense	הֲגָנָה עַצְמִית
respect	(מִלַּת־שׁוֹרֶשׁ) כָּבוֹד
self-respect	כָּבוֹד עַצְמִי
-ship *sfx.*	(לִיצִירַת שֵׁם־עֶצֶם: מַצָּב, מַעֲמָד, דַּרְגָּה, אוּמָּנוּת)
friend	(מִלַּת־שׁוֹרֶשׁ) יָדִיד
friendship	יְדִידוּת
hard	(מִלַּת־שׁוֹרֶשׁ) קָשֶׁה
hardship	קוֹשִׁי, מְצוּקָה
-sion *sfx.*	(לִיצִירַת שֵׁם־עֶצֶם: פְּעוּלָּה, תַּהֲלִיךְ, תּוֹצָאָה, מַצָּב)
confess	(מִלַּת־שׁוֹרֶשׁ) הוֹדָה
confession	הוֹדָאָה
invade	(מִלַּת־שׁוֹרֶשׁ) פָּלַשׁ
invasion	פְּלִישָׁה
-some *sfx.*	(לִיצִירַת תּוֹאַר הַשֵּׁם: שֶׁל, עָשׂוּי לְ־, נוֹטֶה)
quarrel	(מִלַּת־שׁוֹרֶשׁ) רִיב
quarrelsome	אִישׁ רִיב
frolic	(מִלַּת־שׁוֹרֶשׁ) עַלִּיזוּת
frolicsome	עַלִּיז
sub- *pfx.*	תַּחַת, מִשְׁנִי, תַּת
divide	(מִלַּת־שׁוֹרֶשׁ) חִלֵּק
subdivide	חִלֵּק לְתַת־חֲלֻקּוֹת
plot	(מִלַּת־שׁוֹרֶשׁ) עֲלִילָה
subplot	עֲלִילַת מִשְׁנֶה
super- *pfx.*	עַל, מֵעַל, סוּפֶּר
natural	(מִלַּת־שׁוֹרֶשׁ) טִבְעִי
supernatural	עַל־טִבְעִי
power	(מִלַּת־שׁוֹרֶשׁ) מַעֲצָמָה
superpower	מַעֲצֶמֶת־עַל
-tion *sfx.*	(לִיצִירַת שֵׁם־עֶצֶם: פְּעוּלָּה, תַּהֲלִיךְ, תּוֹצָאָה, מַצָּב)
object	(מִלַּת־שׁוֹרֶשׁ) הִתְנַגֵּד
objection	הִתְנַגְּדוּת
correct	(מִלַּת־שׁוֹרֶשׁ) תִּקֵּן
correction	תִּקּוּן
un- *pfx.*	אִי־; לֹא; שְׁלִילָה, הֵפֶךְ
afraid	(מִלַּת־שׁוֹרֶשׁ) פּוֹחֵד
unafraid	לֹא פּוֹחֵד
button	(מִלַּת־שׁוֹרֶשׁ) רָכַס, כִּפְתֵּר
unbutton	הִתִּיר אֶת הַכַּפְתּוֹרִים
under- *pfx.*	מִתַּחַת; לֹא מַסְפִּיק, פָּחוֹת מִן, נָמוּךְ מִן
estimate	(מִלַּת־שׁוֹרֶשׁ) הֶעֱרִיךְ
underestimate	מִעֵט בְּעֶרְכּוֹ
world	(מִלַּת־שׁוֹרֶשׁ) עוֹלָם
underworld	הָעוֹלָם הַתַּחְתּוֹן
-ward(s) *sfx.*	לְכִוּוּן, לְעֵבֶר, אֶל
sky	(מִלַּת־שׁוֹרֶשׁ) שָׁמַיִם
skyward	אֶל הַשָּׁמַיִם, לַשְּׁחָקִים
home	(מִלַּת־שׁוֹרֶשׁ) בַּיִת
homeward	הַבַּיְתָה
well- *pfx.*	הֵיטֵב, יָפֶה, כָּרָאוּי
cooked	(מִלַּת־שׁוֹרֶשׁ) מְבוּשָּׁל
well-cooked	מְבוּשָּׁל הֵיטֵב
built	(מִלַּת־שׁוֹרֶשׁ) בָּנוּי
well-built	בָּנוּי כַּהֲלָכָה
-wise *sfx.*	(לִיצִירַת תּוֹאַר הַפּוֹעַל: בְּאוֹפֶן, בְּצוּרָה, בְּכִוּוּן)
clock	(מִלַּת־שׁוֹרֶשׁ) שָׁעוֹן
clockwise	בְּכִוּוּן הַשָּׁעוֹן
contrary	(מִלַּת־שׁוֹרֶשׁ) מְנוּגָּד
contrariwise	בְּנִגּוּד לְכָךְ
-y *sfx.*	(לִיצִירַת תּוֹאַר הַשֵּׁם: שֶׁל, מֵכִיל, מָלֵא, כְּמוֹ)
rain	(מִלַּת־שׁוֹרֶשׁ) גֶּשֶׁם
rainy	גָּשׁוּם
thirst	(מִלַּת־שׁוֹרֶשׁ) צָמָא
thirsty	צָמֵא

קיצורים וראשי־תיבות

adj = adjective
adv = adverb
conj = conjunction
interj = interjection
n = noun
p = past tense & past participle
pl = plural
pp = past participle
pt = past tense
pfx = prefix
prep = preposition
pron = pronoun
sfx = suffix
v = verb

* (כּוֹכָבִית) — בִּטּוּי דִּבּוּרִי/סְלֶנְג

A

a (ā, ə) *adj&prep.* אֶחָד, כָּל אֶחָד
A *n.* לָה (צליל); מְצוּיָּן (ציון)
aback′, taken aback מוּפְתָּע
aban′don *v.* נָטַשׁ, הִפְקִיר, וִתֵּר עַל
abandon *n.* הִתְפָּרְקוּת, הַתָּרַת רֶסֶן
abandoned *adj.* מוּפְקָר; רָע, מוּשְׁחָת
abase′ *v.* הִשְׁפִּיל, בִּזָּה
abash′ *v.* הֵבִיךְ, בִּלְבֵּל
abate′ *v.* הִפְחִית, הִקְטִין; שָׁכַךְ, פָּג
ab′bess *n.* נְזִירָה רָאשִׁית
ab′bey *n.* מִנְזָר; כְּנֵסִיָּה
ab′bot *n.* רֹאשׁ מִנְזָר
abbre′viate′ *v.* קִצֵּר, נִטְרֵק
abbre′via′tion *n.* קִצּוּר; רָאשֵׁי־תֵּבוֹת
ABC *n.* הָאָ״ב; יְסוֹדוֹת, עֶקְרוֹנוֹת
ab′dicate′ *v.* הִתְפַּטֵּר; וִתֵּר עַל
ab′domen *n.* בֶּטֶן, כֶּרֶס
ab·duct′ *v.* חָטַף (אדם)
ab·duc′tion *n.* חֲטִיפָה
abet′ *v.* עָזַר, סִיֵּעַ, עוֹדֵד
abey′ance (-bā′-) *n.* דְּחִיָּה, הַשְׁעָיָה, אִי־הַפְעָלָה, חוֹסֶר־תְּקֵפוּת
abhor′ *v.* תִּעֵב, סָלַד מִן
abhor′rent *adj.* נִתְעָב, מְתוֹעָב
abide′ *v.* נִשְׁאַר; גָּר; חִכָּה לְ—
abide by קִיֵּם, פָּעַל לְפִי
abiding נִצְחִי, תְּמִידִי
abil′ity *n.* יְכוֹלֶת; כִּשְׁרוֹן
ab′ject′ *adj.* אוּמְלָל; נִבְזֶה, שָׁפָל
a′ble *adj.* יָכוֹל, מְסוּגָל; כִּשְׁרוֹנִי, מוּכְשָׁר
able-bodied *adj.* חָסוֹן, בָּרִיא
ab′ne·ga′tion *n.* הַקְרָבָה עַצְמִית
aboard′ *adv.* עַל הָרַכֶּבֶת (או המטוס וכו׳)
abode′ *n.* דִּירָה, מְגוּרִים, בַּיִת, מָעוֹן
abol′ish *v.* בִּטֵּל, חִסֵּל
ab′oli′tion (-li-) *n.* בִּטּוּל, חִסּוּל
abom′inable *adj.* נִתְעָב; *גָּרוּעַ, רַע
abom′ina′tion *n.* תִּעוּב; תּוֹעֵבָה
Ab′orig′ine (-jini) *n.* תּוֹשָׁב קַדְמוֹן
abort′ *v.* הִפִּילָה; בִּטֵּל; נִכְשַׁל
abor′tion *n.* הַפָּלָה; נֵפֶל; כִּשָּׁלוֹן
abor′tive *adj.* כּוֹשֵׁל, שֶׁעָלָה בַּתֹּהוּ
abound′ *v.* הָיָה מָלֵא, שָׁרַץ, שָׁפַע
about′ *adv&prep.* מִסָּבִיב; בִּסְבִיבָה; אֲחוֹרַנִּית; בְּעֵרֶךְ, כִּמְעַט; קָרוֹב לְ־; עַל־אוֹדוֹת, לְיַד
about to עוֹמֵד לְ־, מִתְכּוֹנֵן לְ—
about-face, -turn תַּפְנִית לְאָחוֹר
above′ (-buv′) *adv&adj.* לְמַעְלָה
above *prep.* מֵעַל לְ־, יוֹתֵר מִן
aboveboard *adj.* גָּלוּי, כֵּן, הוֹגֵן
above-mentioned, -named *adj.* הַנַּ״ל
abra′sion (-zhən) *n.* שִׁפְשׁוּף; שְׂרִיטָה
abra′sive *adj&n.* מְשַׁפְשֵׁף; שׂוֹרֵט
abreast′ (-rest) *adv.* זֶה בְּצַד זֶה
abreast of מְעוּדְכָּן, יוֹדֵעַ
abridge′ *v.* קִצֵּר; צִמְצֵם
abroad′ (-rôd) *adv.* בְּכָל מָקוֹם; בַּחוּץ; בְּחוּץ לָאָרֶץ
ab′rogate′ *v.* בִּטֵּל, חִסֵּל
abrupt′ *adj.* פִּתְאוֹמִי; תָּלוּל; מְקוּטָע, מְחוּסַּר־קֶשֶׁר; לֹא אָדִיב, גַּס
ab′scess′ *n.* מוּרְסָה, פֶּצַע מוּגְלָתִי
ab·scond′ *v.* בָּרַח בַּחֲשַׁאי, הִתְחַמֵּק
ab′sence *n.* הֵעָדְרוּת, חוֹסֶר, הֶעְדֵּר
ab′sent *adj.* נֶעְדָּר; מְהוּרְהָר
ab·sent′ (oneself) *v.* נֶעְדַּר, נִפְקַד
absent-minded *adj.* מְהוּרְהָר
ab′solute′ *adj.* מוּחְלָט, אַבְּסוֹלוּטִי
absolutely *adv.* בְּהֶחְלֵט; לְגַמְרֵי; נֶחֱרָצוֹת
ab·solve′ (-z-) *v.* פָּטַר, שִׁחְרֵר; מָחַל
ab·sorb′ *v.* סָפַג, קָלַט
absorbed in שָׁקוּעַ בְּ־, מִתְעַמֵּק בְּ—
absorbing *adj.* מְעַנְיֵן, מְרַתֵּק
ab·sorp′tion *n.* סְפִיגָה; הִשְׁתַּקְּעוּת
ab·stain′ *v.* נִמְנַע; הִתְנַזֵּר, הִדִּיר עַצְמוֹ
ab·ste′mious *adj.* מִסְתַּפֵּק בְּמוּעָט
ab·sten′tion *n.* הִמָּנְעוּת
ab′stinence *n.* הִנָּזְרוּת, פְּרִישׁוּת
ab′stract′ *adj.* אַבְּסְטְרַקְטִי, מוּפְשָׁט
ab′stract′ *n.* תַּמְצִית, קִצּוּר
ab·stract′ *v.* הוֹצִיא, הִפְרִיד; *גָּנַב
ab·stract′ed *adj.* שָׁקוּעַ בְּמַחֲשָׁבוֹת
ab·struse′ *adj.* עָמוֹק, קָשֶׁה לְהָבִין

ab•surd′ *adj.* אַבּסוּרדִי, שְׁטוּתִי, מְגוּחָך
ab•surd′ity *n.* אַבּסוּרד, שְׁטוּת
abun′dant *adj.* עָשִׁיר, מָלֵא; הַרבֵּה
abuse′ (-z) *v.* הִשתַּמֵש לְרָעָה בְּ־,
נִצֵל; הִתעַלֵל בְּ־; גִדֵף, נִאֵץ
abuse′ (-s) *n.* שִׁמוּש לְרָעָה; הִתעַלְלוּת;
שְׁחִיתוּת; לָשׁוֹן גַסָה, גִדוּפִים
abu′sive *adj.* גַס, מְגַדֵף
abut′ *v.* גָבַל בְּ־, נִסמַך
abys′mal (-z-) *adj.* תְּהוֹמִי
abyss′ *n.* תְּהוֹם
ac′adem′ic *adj&n.* אֲקָדֶמִי; אֲקָדֶמַאי
acad′emy *n.* אֲקָדֶמיָה, מִדרָשָׁה
ac•cede′ *v.* הִסכִּים, נַעֲנָה לְ־;
נִכנַס לְתַפקִיד; הִצטָרֵף לְהֶסכֵּם
ac•cel′erate′ *v.* הֵאִיץ; הִגבִּיר
מְהִירוּת; הֵחִיש
ac•cel′era′tion *n.* תְּאוּצָה
ac′cent′ *n&v.* הַטעָמָה; מִבטָא,
נִיב; דָגֵש; הִטעִים, הִדגִיש
ac•cept′ *v.* קִבֵּל, הִסכִּים,
נַעֲנָה לְ־; קִבֵּל שְׁטָר
acceptable *adj.* מִתקַבֵּל; רָצוּי
acceptance *n.* קַבָּלָה, הִתקַבְּלוּת
accepted *adj.* מְקוּבָּל, מוּסכָּם
ac′cess′ *n&v.* גִישָׁה; כְּנִיסָה;
הִתפָּרְצוּת, הֶתקֵף; קִבֵּל; שָׁלַף (מֵידָע)
ac•ces′sary *n.* עוֹזֵר, מְסַיֵעַ
ac•ces′sible *adj.* נָגִישׁ, נִתָּן
לַהֲשִׂיגוֹ; בַּר־שִׁכנוּעַ; פָּתוּחַ
ac•ces′sion *n.* כְּנִיסָה לְתַפקִיד,
הַגָעָה; הֵעָנוּת; תּוֹסֶפֶת
ac•ces′sory *n.* אֲבִיזָר; עוֹזֵר
ac′cident *n.* תְּאוּנָה, תַּקָלָה, תַּקרִית
by accident בְּמִקרֶה
ac′ciden′tal *adj.* מִקרִי, לֹא צָפוּי, אַגָבִי
acclaim′ *v.* הִלֵל; הֵרִיעַ לְ—
acclaim *n.* תְּשׁוּאוֹת, שְׁבָחִים
ac′climate′ *v.* סִגֵל; הִתאַקלֵם
ac′clima′tion *n.* הִתאַקלְמוּת; אִקלוּם
accli′matize′ *v.* סִגֵל; הִתאַקלֵם
accliv′ity *n.* מַעֲלֶה, שִׁפּוּעַ
accom′modate′ *v.* אִכסֵן, אֵרַח;
הֵכִיל מָקוֹם; עָשָׂה טוֹבָה/שֵׁרוּת; סִגֵל;
הִסתַּגֵל; הִתאִים; סִפֵּק, נָתַן, הֶעֱנִיק
accommodating *adj.* נוֹחַ, אָדִיב, עוֹזֵר
accom′moda′tion *n.* דִיוּר, אִכסוּן;
הַתאָמָה; סִגוּל; טוֹבָה, חֶסֶד; פְּשָׁרָה,
הֶסדֵר; הַלוָאָה; נוֹחוּת;
נוֹחִיוּת; חֶדֶר מְרוֹהָט
accom′paniment (-kum-) *n.* לִוּוּי
accom′pany (-kum-) *v.* לִוָה; צֵרַף
accom′plice (-lis) *n.* שׁוּתָּף לְפֶשַׁע
accom′plish *v.* בִּצַע, הִשׁלִים
accomplished *adj.* מוּשׁלָם; מוּמחֶה
accomplishment *n.* בִּצוּעַ, הַגשָׁמָה;
מַעֲלָה, סְגוּלָה
accord′ *v.* נָתַן, הֶעֱנִיק; הִתאִים
accord *n.* הַסכָּמָה, הֶסכֵּם; הַתאָמָה
accord′ance *n.* הַתאָמָה, תֵּאוּם
accord′ing *adv.* לְפִי, בְּהֶתאֵם לְ—
according to בְּהֶתאֵם לְ־, לְפִי
accordingly *adv.* לָכֵן; בְּהֶתאֵם
accor′dion *n.* אַקוֹרדִיוֹן, מַפּוּחוֹן
accost′ (-kôst) *v.* פָּנָה אֶל, נִגַשׁ אֶל
account′ *n.* תֵּאוּר, דוּ״חַ; הֶסבֵּר;
חִשׁוּב; חֶשׁבּוֹן; חֲשִׁיבוּת
not on any account בְּשׁוּם פָּנִים לֹא
on account עַל הַחֶשׁבּוֹן
on account of בִּגלַל, עֵקֶב
on his account לְמַעֲנוֹ, בִּגְלָלוֹ
take account of הִתחַשֵׁב בְּ—
take into account הֵבִיא בְּחֶשׁבּוֹן
account *v.* חָשַׁב, הִתיַחֵס לְ—
account for הִסבִּיר;
מָסַר דוּ״חַ; הָרַג, צָד
accountable *adj.* אַחֲרָאִי, חַיָב הֶסבֵּר
account′ancy *n.* חֶשׁבּוֹנָאוּת
account′ant *n.* חֶשׁבּוֹנַאי, רוֹאֵה חֶשׁבּוֹן
accounting *n.* נִהוּל חֶשׁבּוֹנוֹת/סְפָרִים
accred′it *v.* אִשֵׁר, הִכִּיר בְּ־; יִחֵס לְ־;
מִנָה/הֶאֱמִין שַׁגרִיר, הִסמִיך
accre′tion *n.* גְדִילָה, צְמִיחָה
accrue′ (-ro͞o) *v.* הִצטַבֵּר, גָדַל, צָמַח
accu′mu•late′ *v.* צָבַר; הִצטַבֵּר
accu′mu•la′tion *n.* צְבִירָה;
הִצטַבְּרוּת; דְחִיסָה; עֲרֵמָה
accu′mu•la′tor *n.* מַצבֵּר; אוֹגֵר
ac′cu•racy *n.* דַיְקָנוּת
ac′cu•rate *adj.* מְדוּיָק
ac′cu•sa′tion (-z-) *n.* הַאֲשָׁמָה, אַשׁמָה
accu′sato′ry (-z-) *adj.* מַאֲשִׁים
accuse′ (-z) *v.* הֶאֱשִׁים
the accused הַנֶאֱשָׁם, הַנֶאֱשָׁמִים

accus'tom *v.* הרגיל
accustomed *adj.* רָגִיל, מוּרְגָל
ace *adj&n.* אַס (קלף); *אַלוּף, מוּמְחֶה
within an ace of עַל סַף, קָרוֹב
acer'bity *n.* חֲרִיפוּת, מְרִירוּת
ace'tic *adj.* שֶׁל חוֹמֶץ, חָמוּץ
ache (āk) *v&n.* כָּאַב, חָשׁ כְּאֵב; הִשְׁתּוֹקֵק, הִתְגַּעְגֵּעַ; כְּאֵב, מַכְאוֹב
achieve' (-chēv) *v.* בִּצַּע, הִשְׁלִים; הִשִּׂיג
achievement *n.* הֶשֵּׂג; בִּצּוּעַ; מִבְצָע
ac'id *adj.* חָמוּץ, חָרִיף; חַד, שָׁנוּן
acid *n.* חוּמְצָה; *ל.ס.ד.
acid'ify' *v.* הֶחְמִיץ
acid'ity *n.* חֲמִיצוּת
acid'ulous (-j'-) *adj.* חֲמַצְמַץ; מַר
ac•knowl'edge (-nol'ij) *v.* הִכִּיר בְּ־, הוֹדָה בְּ־; הוֹדָה עַל; אִשֵּׁר
acknowledged *adj.* מוּכָּר, מְקוּבָּל
acknowledg(e)ment *n.* הוֹדָאָה; הַכָּרָה; תּוֹדָה, אוֹת תּוֹדָה; אִשּׁוּר
ac'me (-mi) *n.* שִׂיא, פִּסְגָּה
ac'ne (-ni) *n.* חֲזָזִית, פִּצְעֵי בַּגְרוּת
a'corn' *n.* אִצְטְרוּבָּל
acous'tic (-ko͞o-) *adj.* אֲקוּסְטִי
acquaint' *v.* הִכִּיר, הִצִּיג, וִדֵּא
acquaint oneself with הִכִּיר, לָמַד
acquaintance *n.* הֶכֵּרוּת, יְדִיעָה; מַכָּר, מוֹדָע
acquainted *adj.* יוֹדֵעַ, מוֹדָע לְ־; מַכִּיר
ac'quiesce' (ak'wies') *v.* קִבֵּל, לֹא עִרְעֵר, הִסְכִּים
acquiescence *n.* הַסְכָּמָה
acquire' *v.* רָכַשׁ, הִשִּׂיג
ac'quisi'tion (-zi-) *n.* רְכִישָׁה; נֶכֶס
acquis'itive (-z-) *adj.* צוֹרְדָן, אוֹגֵר
acquit' *v.* שִׁחְרֵר, זִכָּה; הִתְנַהֵג
ac'rid *adj.* חָרִיף, מַר
ac'rimo'nious *adj.* חָרִיף, מַר
ac'rimo'ny *n.* חֲרִיפוּת, מְרִירוּת
ac'robat' *n.* לוּלְיָן, אַקְרוֹבָּט
ac'robat'ics *n.* אַקְרוֹבָּטִיקָה
ac'ronym' *n.* נוֹטְרִיקוֹן, רָאשֵׁי תֵּבוֹת
across' (-rôs) *prep.* עַל־פְּנֵי; מֵעֵבֶר לְ־; לְרוֹחַב; בְּהִצְטַלְּבוּת עִם
across *adv.* מִצַּד לְצַד; לְעֵבֶר הַשֵּׁנִי; בָּעֵבֶר הַשֵּׁנִי
across-the-board מַקִּיף, כּוֹלֵל, בְּשִׁעוּר שָׁוֶה לְכָל אֶחָד
act *n.* מַעֲשֶׂה, פְּעוּלָּה, אַקְט; חוֹק; מַעֲרָכָה בְּמַחֲזֶה; הוֹפָעָה, אֵרוּעַ; מוּצָג
put on an act הִתְנַהֵג בִּמְלָאכוּתִיּוּת
act *v.* פָּעַל, בִּצַּע; שִׂחֵק בְּמַחֲזֶה, מִלֵּא תַּפְקִיד; הֶעֱמִיד פָּנִים
act up *הֵצִיק, פָּעַל שֶׁלֹּא כַּשּׁוּרָה; הִשְׁתּוֹבֵב, הִשְׁתּוֹלֵל
acting *adj&n.* מְמַלֵּא מָקוֹם; מִשְׂחָק
ac'tion *n.* פְּעוּלָּה, מַעֲשֶׂה, פְּעִילוּת; תְּנוּעָה, מַנְגָּנוֹן; תְּבִיעָה; קְרָב, מִלְחָמָה
out of action יָצָא מִכְּלַל פְּעוּלָּה
see action הִשְׁתַּתֵּף בִּקְרָב
take action נָקַט פְּעוּלָּה
actionable *adj.* בַּר־תְּבִיעָה
ac'tivate' *v.* הִפְעִיל
ac'tive *adj.* פָּעִיל, אַקְטִיבִי, נִמְרָץ
ac•tiv'ity *n.* פְּעִילוּת, פַּעַלְתָּנוּת
ac'tor *n.* שַׂחְקָן
ac'tress *n.* שַׂחְקָנִית
ac'tual (-cho͞oəl) *adj.* מַמָּשִׁי, רֵיאָלִי
ac'tual'ity (-cho͞oal-) *n.* מַמָּשׁוּת, אַקְטוּאָלִיּוּת; עוּבְדָּה, מְצִיאוּת
actually *adv.* לַאֲמִתּוֹ שֶׁל דָּבָר, לְמַעֲשֶׂה
ac'tu•ate' (-cho͞oāt) *v.* הִפְעִיל, הֵנִיעַ
acu'ity *n.* חֲרִיפוּת, חַדּוּת הַחוּשִׁים
acu'men *n.* חֲרִיפוּת הַשֵּׂכֶל, פִּקְחוּת
acute' *adj.* חַד, חָרִיף; רְצִינִי, חָמוּר
ad *n.* מוֹדָעָה
A.D. = anno Domini לַסְּפִירָה
ad'age *n.* פִּתְגָּם, מֵימְרָה
ad'amant *adj.* קָשֶׁה, עַקְשָׁן
adapt' *v.* עִבֵּד, סִגֵּל, הִתְאִים
ad'apta'tion *n.* עִבּוּד, סִגּוּל
add *v.* הוֹסִיף; חִבֵּר, סִכֵּם; אָמַר
add up סִכֵּם; *הִתְקַבֵּל עַל הַדַּעַת
add up to הִסְתַּכֵּם בְּ־, הִתְפָּרֵשׁ כְּ—
ad'der *n.* אֶפְעֶה (נחש)
addict' *v.* גָּרַם לְהִתְמַכְּרוּת
be addicted to הִתְמַכֵּר לְ—
ad'dict *n.* מִתְמַכֵּר (לסמים)
addic'tion *n.* הִתְמַכְּרוּת
addi'tion (-di-) *n.* חִבּוּר; תּוֹסֶפֶת
in addition to נוֹסָף עַל
additional *adj.* נוֹסָף
additionally *adv.* נוֹסָף עַל כָּךְ
address' *v.* פָּנָה לְ־, דִּבֵּר אֶל;

מַעַן, כָּתַב מַעַן; הִפְנָה

address oneself to הִתְמַסֵּר

address *n.* נְאוּם, הַרְצָאָה; כְּתֹבֶת,

מַעַן; צוּרַת הִתְבַּטְּאוּת, הִתְנַהֲגוּת

addresses חִזּוּרִים

ad′dress•ee′ *n.* נִמְעָן

adduce′ *v.* הֵבִיא הוֹכָחָה/דוּגְמָה

adept′ *adj&n.* מוּמְחֶה, מְיוּמָן

ad′equacy *n.* הַתְאָמָה, הֲלִימוּת;

כַּמּוּת מַסְפֶּקֶת, דַּיּוּת

ad′equate *adj.* מַסְפִּיק, מַתְאִים

ad•here′ *v.* נִדְבַּק; דָּבַק בְּ־, דָּגַל; קִיֵּם

adherence *n.* הִדָּבְקוּת; נֶאֱמָנוּת

adherent *n.* חָסִיד, תּוֹמֵךְ

ad•he′sion (-zhən) *n.* דְּבֵקוּת

ad•he′sive *adj&n.* דָּבִיק; דֶּבֶק

ad′ipose′ *adj.* שׁוּמָנִי, שֶׁל שׁוּמָן

adja′cency *n.* קִרְבָה, סְמִיכוּת מָקוֹם

adja′cent *adj.* סָמוּךְ, קָרוֹב, צָמוּד

ad′jective (-jik-) *n.* תֹּאַר הַשֵּׁם

adjoin′ *v.* הָיָה סָמוּךְ לְ־; נָגַע

adjourn′ (əjûrn′) *v.* דָּחָה, נָעַל

(יְשִׁיבָה); נִנְעַל; עָבַר (לְמָקוֹם אַחֵר)

adjournment *n.* נְעִילָה, דְּחִיָּה

ad′junct′ *n.* תּוֹסֶפֶת, נִסְפָּח

adjure′ *v.* הִפְצִיר בְּ־, הִשְׁבִּיעַ

adjust′ *v.* הִתְאִים, סִגֵּל, כִּוֵּן;

הִתְקִין; הִסְדִּיר, יִשֵּׁב

adjustment *n.* כִּוּנוּן; הַתְאָמָה; תִּקּוּן

ad′jutant *n.* שָׁלִישׁ צְבָאִי; עוֹזֵר

ad′-lib′ *v.* *אִלְתֵּר, עָשָׂה אִלְתּוּרִים

ad-lib *adj.* *מְאוּלְתָּר; לְלֹא הַגְבָּלָה

ad•min′ister *v.* נִהֵל, פִּקַּח עַל; נָתַן,

סִפֵּק; הוֹצִיא לַפּוֹעַל

administer to דָּאַג לְ־, שֵׁרֵת

ad•min′istra′tion *n.* נִהוּל, מִנְהָל;

אֲמַרְכָּלוּת; מִמְשָׁל; מַתָּן, סִפּוּק

ad•min′istra′tive *adj.* מִנְהָלִי, הַנְהָלִי

ad•min′istra′tor *n.* מְנַהֵל, אֲמַרְכָּל

ad′mirable *adj.* נִפְלָא, מְצוּיָּן

ad′miral *n.* אַדְמִירָל

ad′mira′tion *n.* הִתְפַּעֲלוּת; הַעֲרָצָה

ad•mire′ *v.* הִתְפַּעֵל מִן, הִלֵּל, הֶעֱרִיץ

ad•mis′sible *adj.* קָבִיל; מִתְקַבֵּל

ad•mis′sion *n.* כְּנִיסָה, הַכְנָסָה;

רְשׁוּת כְּנִיסָה, דְּמֵי כְּנִיסָה; הוֹדָאָה

ad•mit′ *v.* הִכְנִיס, קִבֵּל; הוֹדָה

הוֹתִיר מָקוֹם; אִפְשֵׁר, קִבֵּל

admit of

ad•mit′tance *n.* כְּנִיסָה; הַכְנָסָה

admittedly *adv.* יֵשׁ לְהוֹדוֹת, אֵין סָפֵק

ad•mon′ish *v.* הִזְהִיר, הוֹכִיחַ, נָזַף

ad′moni′tion (-ni-) *n.* אַזְהָרָה, תּוֹכָחָה

ado′ (-dōō′) *n.* מְהוּמָה, הִתְרַגְּשׁוּת

ad′oles′cence *n.* בַּחֲרוּת, הִתְבַּגְּרוּת

ad′oles′cent *adj&n.* מִתְבַּגֵּר, נַעַר

adopt′ *v.* אִמֵּץ, קִבֵּל

adop′tion *adj.* אִמּוּץ

adop′tive *adj.* (הוֹרֶה) מְאַמֵּץ

ador′able *adj.* חָמוּד, מַקְסִים; נַעֲרָץ

ad′ora′tion *n.* הַעֲרָצָה, אַהֲבָה

adore′ *v.* הֶעֱרִיץ, סָגַד; *אָהַב

adorn′ *v.* קִשֵּׁט, יִפָּה

adornment *n.* קִשּׁוּט; תַּכְשִׁיט

adrift′ *adv.* נִסְחָף הֵנָּה וָהֵנָּה, נָתוּן

לְחַסְדֵי הַגּוֹרָל

adroit′ *adj.* זָרִיז, פִּקֵּחַ, מוּכְשָׁר

adult′ *adj&n.* בּוֹגֵר, מְבוּגָּר

adul′terate′ *v.* פָּגַם, מָהַל, פִּגֵּל

adul′terer *n.* נוֹאֵף

adul′terous *adj.* שֶׁל נִאוּף, נַאֲפוּפִי

adul′tery *n.* נִאוּף

adulthood *n.* בַּגְרוּת

ad′umbrate′ *v.* שִׂרְטֵט, תֵּאֵר; הֵטִיל צֵל

ad•vance′ *v.* הִתְקַדֵּם; קִדֵּם, הִקְדִּים,

הֵחִישׁ, נָתַן מִקְדָּמָה; יִקֵּר; הִתְיַקֵּר

advance *n.* הִתְקַדְּמוּת; מִקְדָּמָה; קִדּוּם

advances חִזּוּרִים, פְּנִיּוֹת

in advance מֵרֹאשׁ; בָּרֹאשׁ, לִפְנֵי

advance *adj.* מוּקְדָּם; קִדּוּמִי

advanced *adj.* מִתְקַדֵּם; מוֹדֶרְנִי

advancement *n.* קִדּוּם; הִתְקַדְּמוּת

ad•van′tage *n.* יִתְרוֹן; רֶוַח, תּוֹעֶלֶת

take advantage of נִצֵּל

ad′vanta′geous (-′jəs) *adj.* יִתְרוֹנִי

ad′vent′ *n.* כְּנִיסָה, הוֹפָעָה, בִּיאָה

ad•ven′ture *n.* הַרְפַּתְקָה, סִכּוּן

adventurer *n.* הַרְפַּתְקָן, נוֹעָז

ad•vent′urous (-ch-) *adj.* הַרְפַּתְקָנִי

ad′verb′ *n.* תֹּאַר הַפּוֹעַל

ad′versar′y (-seri) *n.* יָרִיב

ad′verse′ *adj.* נֶגְדִּי, מְנוּגָּד, עוֹיֵן

ad•ver′sity *n.* מְצוּקָה, צָרָה

ad•vert′ *v.* רָמַז, הִתְיַחֵס לְ־; הֵעִיר

ad′vertise′ (-z) *v.* פִּרְסֵם (מוֹדָעָה)

ad′vertise′ment (-tīz′m-) *n.* מוֹדָעָה
advertising *n.* פִּרְסוּם
ad•vice′ *n.* עֵצָה, יֵעוּץ; הוֹדָעָה
advices חֲדָשׁוֹת, יְדִיעוֹת, מֵידָע
ad•vi′sable (-z-) *adj.* רָצוּי, מוּמְלָץ
ad•vise′ (-z) *v.* יָעַץ; יֵעֵץ; הוֹדִיעַ
advised *adj.* מְכוּוָּן, שָׁקוּל, מְחוּשָּׁב
advisedly *adv.* בְּשִׁקּוּל דַּעַת, בְּכַוָּנָה
advi′sory (-z-) *adj.* מְיָעֵץ
ad′vocacy *n.* תְּמִיכָה, סָנֵגוֹרְיָה, הֲגַנָּה
ad′vocate *n.* פְּרַקְלִיט, עוֹרֵךְ־דִּין; חָסִיד
ad′vocate′ *v.* תָּמַךְ בְּ־, דָּגַל בְּ—
adz, adze *n.* קַרְדּוֹם (להקצעת עץ)
ae′gis (ē′-) *n.* חָסוּת, מַחֲסֶה
ae′on (ē′-) *n.* תְּקוּפָה, עִדָּן
a′erate′ *v.* אִוְרֵר, הִכְנִיס גַּז
aer′ial (âr-) *adj.* אֲוִירִי; גַּזִּי
aerial *n.* אַנְטֶנָּה, מְשׁוּשָׁה
aer′obat′ics (âr-) *n.* אֲוִירוֹבָּטִיקָה
aero′bic (âr-) *adj.* אֵירוֹבִּי
aer′oplane′ (âr-) *n.* אֲוִירוֹן
aer′osol′ (âr′əsôl) *n.* מַזְלֵף, מַרְסֵס
aer′o•space′ (âr-) *n.* חָלָל
aesthet′ic (es-) *adj.* אֶסְתֶּטִי, נָאֶה
aesthet′ics (es-) *n.* אֶסְתֶּטִיקָה
afar′ *adv.* רָחוֹק, בְּמֶרְחָק
af′fabil′ity *n.* אֲדִיבוּת, חֲבִיבוּת
af′fable *adj.* אָדִיב, נוֹחַ, חָבִיב
affair′ *n.* עִנְיָן, עֵסֶק; דָּבָר, מַשֶּׁהוּ;
פָּרָשָׁה, מְאוֹרָע; פָּרָשַׁת אֲהָבִים, רוֹמָן
affair of honor דּוּ־קְרָב
affect′ *v.* הֶעֱמִיד פָּנִים; חִבֵּב;
עָשָׂה רוֹשֶׁם; הִשְׁפִּיעַ עַל, נָגַע לַלֵּב
af′fecta′tion *n.* הַעֲמָדַת פָּנִים
affected *adj.* מְזוּיָּף, מְלָאכוּתִי; נָגוּעַ
affec′tion *n.* חִבָּה; מַחֲלָה, מֵחוֹשׁ
affec′tionate (-′shən-) *adj.* מְחַבֵּב
af′fida′vit *n.* הַצְהָרָה בִּשְׁבוּעָה
affil′iate′ *v.* צֵרֵף, סִנֵּף; הִסְתַּנֵּף
affin′ity *n.* דִּמְיוֹן; קִרְבָה; חִבָּה, זִקָּה
affirm′ *v.* אִשֵּׁר, טָעַן; הִצְהִיר (בהן צדק)
af′firma′tion (-fər-) *n.* הַצְהָרָה
affirm′ative *adj&n.* חִיּוּבִי, כֵּן, הֵן
affix′ *v.* צֵרֵף, הִדְבִּיק, הוֹסִיף
afflict′ *v.* יִסֵּר, צִעֵר, הֵצִיק
afflic′tion *n.* סֵבֶל, צָרָה, מַכְאוֹב
af′fluence (-lōōəns) *n.* עוֹשֶׁר, שֶׁפַע

afford′ *v.* נָתַן, סִפֵּק, הֶעֱנִיק
can afford יָכוֹל לְהַרְשׁוֹת לְעַצְמוֹ
affor′est *v.* יִעֵר, שָׁתַל עֵצִים
affray′ *n.* תִּגְרָה, קְטָטָה, מְהוּמָה
affront′ (-unt) *v.* הֶעֱלִיב, פָּגַע
affront *n.* פְּגִיעָה, עֶלְבּוֹן
afire′, aflame′ *adj.* בּוֹעֵר, לוֹהֵט
afloat′ *adj.* צָף; בַּיָּם, עַל הַמַּיִם,
בָּאֳנִיָּה; מוּצָף; נָפוֹץ, מִתְהַלֵּךְ
afoot′ *adj.* מִתְהַלֵּךְ; בַּהֲכָנָה,
בִּפְעוּלָּה, מִתְרַחֵשׁ, "מִתְבַּשֵּׁל"
afore′ *prep.* לִפְנֵי
aforesaid, -mentioned *adj.* הַנַּ"ל
afoul′ *adj.* מִסְתַּבֵּךְ, מִתְנַגֵּשׁ
afraid′ *adj.* פּוֹחֵד, חוֹשֵׁשׁ
I'm afraid חוֹשְׁשַׁנִי שֶׁ—
aft *adv.* לְכִוּוּן יַרְכְּתֵי הַסְּפִינָה/הַמָּטוֹס
af′ter *prep.* אַחֲרֵי, אַחַר־, מֵאֲחוֹרֵי;
בְּסִגְנוֹן, עַל־פִּי; עַל־אוֹדוֹת
after all כִּכְלוֹת הַכֹּל; לַמְרוֹת כָּל
after *conj.* לְאַחַר שֶׁ־, אַחֲרֵי שֶׁ—
after *adj.* הַבָּא, שֶׁלְּאַחַר מִכֵּן; הָאֲחוֹרָנִי
afterlife *n.* הָעוֹלָם הַבָּא
af′termath′ *n.* תּוֹצָאָה, תּוֹלָדָה
af′ternoon′ (-nōōn) *n.* אַחַר־הַצָּהֳרַיִם
afters *npl.* לְפַתָּן, קִנּוּחַ סְעוּדָה
aftertaste *n.* טַעַם לְוַאי
afterthought *n.* מַחֲשָׁבָה שְׁנִיָּה
af′terwards (-z) *adv.* לְאַחַר מִכֵּן
again′ (-gen) *adv.* עוֹד פַּעַם, שׁוּב;
זֹאת וְעוֹד, בְּרַם
be oneself again שָׁב לְאֵיתָנוֹ
now and again מִדֵּי פַּעַם
against′ (-genst) *prep.* מוּל; נֶגֶד; עַל־;
לִקְרַאת, מִפְּנֵי; נִשְׁעָן עַל־, לְיַד־, כְּלַפֵּי
agape′ *adj.* פְּעוּר־פֶּה
age *n.* גִּיל; זִקְנָה; תְּקוּפָה, דּוֹר
act/be your age! הִתְנַהֵג כִּמְבוּגָּר!
ages *עִדָּן וְעִדָּנִים, תְּקוּפָה אֲרוּכָּה
over/under age זָקֵן/צָעִיר מִדַּי
age *v.* הִזְקִין
a′ged *adj.* זָקֵן, בָּא בַּיָּמִים
aged (ājd) *adj.* בֶּן־, שֶׁגִּילוֹ—
ageing, aging *n.* הִזְדַּקְנוּת
ageless *adj.* נִצְחִי, לֹא מַזְקִין
age-long *adj.* מִדּוֹרֵי־דּוֹרוֹת, עַתִּיק
a′gency *n.* סוֹכְנוּת, מִשְׂרָד, לִשְׁכָּה

by the agency of בְּאֶמְצָעוּת, בְּהַשְׁפָּעַת
agen′da *n.* סֵדֶר יוֹם
a′gent *n.* סוֹכֵן, נָצִיג; כּוֹחַ, גוֹרֵם
age-old *adj.* עַתִּיק, מֵאָז וּמֵעוֹלָם
agglom′erate′ *v.* צָבַר; הִצְטַבֵּר
agglu′tinate′ *v.* הִדְבִּיק, אִחֵד
aggran′dize *v.* הִגְדִּיל, הִרְחִיב
ag′gravate′ *v.* הֵרַע, קִלְקֵל, הֶחֱרִיף, הֶחֱמִיר; *הִרְגִּיז, הֵצִיק
ag′gregate′ *v.* צָבַר; הִסְתַּכֵּם בְּ—
ag′gregate *n.* סַךְ הַכֹּל; צֵרוּף, גּוּשׁ
aggres′sion *n.* הִתְגָּרוּת, חִרְחוּר רִיב
aggres′sive *adj.* אַגְרֶסִיבִי, תּוֹקְפָנִי, מִתְגָּרֶה; בַּעַל־יָזְמָה, שֶׁאֵינוֹ נִרְתָּע
aggres′sor *n.* תּוֹקְפָן, מְחַרְחֵר מִלְחָמָה
aggrieve′ (-rēv) *v.* צִעֵר, הֶעֱלִיב, הֵצִיק
aghast′ (-gast) *adj.* נִבְעַת, מְזוּעְזָע
ag′ile (aj′əl) *adj.* קַל, זָרִיז, מָהִיר
agil′ity *n.* קַלּוּת, זְרִיזוּת
ag′itate′ *v.* הִטְרִיד, הִדְאִיג; עוֹרֵר גַּלִּים, נִעְנַע; הִתְסִיס; נִהֵל תַּעֲמוּלָה
ag′ita′tion *n.* חֲרָדָה, דְּאָגָה; נִעְנוּעַ; תְּסִיסָה; תַּעֲמוּלָה
ag•nos′tic *n&adj.* אַגְנוֹסְטִי, כּוֹפֵר
ago′ *adv.* בֶּעָבָר; לִפְנֵי כֵן
how long ago? לִפְנֵי כַּמָּה זְמַן? מָתַי?
agog′ *adj.* מִתְלַהֵב, נִרְגָּשׁ
ag′onize′ *v.* הִתְיַסֵּר, סָבַל קָשׁוֹת
ag′ony *n.* יִסּוּרִים; גְּסִיסָה
agra′rian *adj.* אַגְרָרִי, חַקְלָאִי
agree′ *v.* הִסְכִּים; חַי בְּשָׁלוֹם; תָּאַם, הָלַם
agree with הִתְאִים לְ־, עָלָה בְּקָנֶה אֶחָד עִם; הָיָה יָפֶה לִבְרִיאוּתוֹ
agree′able *adj.* נָעִים; מַסְכִּים
agree′ment *n.* תְּמִימוּת דֵּעִים, הַסְכָּמָה; הֶסְכֵּם; הַתְאָמָה, הַרְמוֹנְיָה
ag′ricul′ture *n.* חַקְלָאוּת
agron′omy *n.* אַגְרוֹנוֹמְיָה, חַקְלָאוּת
aground′ *adv.* עַל שִׂרְטוֹן
a′gue (-gū) *n.* קַדַּחַת, צְמַרְמוֹרֶת
ahead′ (-hed) *adv.* קָדִימָה, לְפָנִים, בָּרֹאשׁ; מֵרֹאשׁ
ahead of לִפְנֵי
go ahead הִתְקַדֵּם; הִמְשִׁיךְ
aid *v.* עָזַר, סִיַּע לְ—
aid *n.* עֶזְרָה, סִיּוּעַ, אֶמְצְעֵי־עֵזֶר, עֲזָר
aide *n.* שָׁלִישׁ, עוֹזֵר

AIDS, Aids (ādz) *n.* אֵידְס (מחלה)
ail *v.* הִכְאִיב, הֵצִיק; חָלָה
ai′leron′ *n.* מַאֲזֶנֶת (של מטוס)
ail′ment *n.* חוֹלִי, מַחֲלָה
aim *v.* כִּוֵּן; הִתְכַּוֵּן; שָׁאַף, תִּכְנֵן
aim *n.* מַטָּרָה, כַּוָּנָה, שְׁאִיפָה; יַעַד
ain′t = am not, is not, has not
air *n.* אֲוִיר; רוּחַ; אֲוִירָה, הוֹפָעָה, מַרְאֶה; מַנְגִּינָה
by air בְּדֶרֶךְ הָאֲוִיר, בָּאֲוִיר
give the air *פִּטֵּר, דָּחָה, סִלֵּק
go off the air הִפְסִיק הַשִּׁדּוּר
in the air נָפוֹץ, רוֹוֵחַ, מִתְהַלֵּךְ, מוּרְגָּשׁ; תָּלוּי וְעוֹמֵד, לֹא מוּכְרָע; חָשׂוּף, גָּלוּי
on the air מְשׁוּדָּר (ברדיו)
put on airs הִתְנַפֵּחַ, "עָשָׂה רוּחַ"
air *v.* אִוְרֵר, יִבֵּשׁ; נִפְנֵף, הִבְלִיט
airborne *adj.* מוּטָס; טָס, בְּטִיסָה
airbrake *n.* בֶּלֶם אֲוִיר, מַעֲצוֹר אֲוִיר
air-conditioned *adj.* מְמוּזַּג־אֲוִיר
air-conditioner *n.* מַזְגָן
air-conditioning *n.* מִזּוּג אֲוִיר
aircraft *n.* מָטוֹס; מְטוֹסִים
airdrome *n.* שְׂדֵה תְּעוּפָה
airdrop *n.* הַצְנָחָה (ממטוסים)
airfield *n.* שְׂדֵה תְּעוּפָה
airforce *n.* חֵיל אֲוִיר
airhostess *n.* דַּיֶּלֶת
airily *adv.* בַּעֲלִיזוּת, בְּקַלִּילוּת
airing *n.* אִוְרוּר, הַבָּעָה בְּפוּמְבֵּי
airlane *n.* נְתִיב אֲוִיר
airlift *n.* רַכֶּבֶת אֲוִירִית
airline *n.* חֶבְרַת תְּעוּפָה
airliner *n.* מְטוֹס נוֹסְעִים
airmail *n.* דּוֹאַר אֲוִיר
airman *n.* טַיָּס, אִישׁ־צֶוֶת
air-minded *adj.* חוֹבֵב תְּעוּפָה
airplane *n.* מָטוֹס, אֲוִירוֹן
airport *n.* נְמַל תְּעוּפָה
air raid הַתְקָפָה אֲוִירִית, הַפְצָצָה
airsick *adj.* חוֹלֵה טִיסָה
airspace *n.* חֲלַל הָאֲוִיר, שְׁמֵי הַמְּדִינָה
airstrip *n.* מַסְלוּל הַמְרָאָה, מִמְרָאָה
airtight *adj.* אָטִים, לֹא חָדִיר; מְשַׁכְנֵעַ
airwaves גַּלֵּי הָרַדְיוֹ
airway *n.* נְתִיב אֲוִיר
airy *adj.* מְאוּוְרָר, אַוְרִירִי; רֵיק, נָבוּב,

שְׁטְחִי; עָלִיז, קַלִּיל
aisle (īl) *n.* מַעֲבָר (בין שורות)
walk down the aisle הִתְחַתֵּן
ajar′ *adj.* (דלת) פְּתוּחָה בְּמִקְצָת
akim′bo *adv.* (ידים) עַל הַמּוֹתְנַיִם
akin′ *adj.* דּוֹמֶה, קָרוֹב
a la (ä lä) *prep.* בְּאוֹפֶן, בְּנוֹסַח, בְּסִגְנוֹן
al′abas′ter *n.* בַּהַט
alac′rity *n.* נְכוֹנוּת, לְהִיטוּת
alarm′ *n.* אַזְעָקָה; פַּעֲמוֹן־אַזְעָקָה; חֲרָדָה
alarm *v.* הֶחֱרִיד, הִפְחִיד
alarm clock שְׁעוֹן מְעוֹרֵר
alarming *adj.* מְעוֹרֵר חֲרָדָה
alas′ *interj.* חֲבָל!, אֲהָהּ!, אֲבוֹי
al·be′it (ôl-) *conj.* אַף עַל פִּי שֶׁ—
al·bi′no *n.* לַבְקָן, אַלְבִּינִיסְט
al′bum *n.* אַלְבּוֹם; תַּקְלִיט אֲרִיךְ־נֶגֶן
al·bu′men *n.* אַלְבּוּמִין; חֶלְבּוֹן
al′chemy (-k-) *n.* אַלְכִּימְיָה
al′cohol′ (-hôl) *n.* אַלְכּוֹהוֹל, כּוֹהֶל
al′cohol′ic (-hôl-) *adj.* אַלְכּוֹהוֹלִי
alcoholic *n.* שַׁתְיָן
al′cove′ *n.* חַדְרוֹן, חֲצִי חֶדֶר, פִּנָּה
al′der (ôl-) *n.* אַלְמוֹן (עץ)
ale *n.* שֵׁכָר, בִּירָה
alehouse *n.* מִסְבָּאָה
alert′ *adj.* דָּרוּךְ, עֵרָנִי, זָרִיז, מָהִיר
alert *n.* אַזְעָקָה, אַתְרָאָה, כּוֹנְנוּת
on the alert עַל הַמִּשְׁמָר, בְּכוֹנְנוּת
alert *v.* הֶעֱמִיד עַל הַמִּשְׁמָר, הִזְהִיר
al·fal′fa *n.* אַסְפֶּסֶת (צמח)
al′gae (-jē) *npl.* אַצּוֹת
al′gebra *n.* אַלְגֶּבְּרָה
al′gebra′ic *adj.* אַלְגֶּבְּרָאִי
a′lias *n&adv.* שֵׁם נוֹסָף, כִּנּוּי
al′ibi′ *n.* אַלִּיבִּי; *תֵּרוּץ, אֲמַתְלָה
a′lien *n.* זָר, נָכְרִי
alien *adj.* זָר, שׁוֹנֶה, מְנוּגָד, סוֹתֵר
a′lienate′ *v.* הִרְחִיק, גָּרַם נִכּוּר, נִכֵּר; הֶעֱבִיר בַּעֲלוּת, הֶחֱרִים, הִפְקִיעַ
alight′ *v.* יָרַד (מסוס, מאוטובוס)
alight on נָחַת עַל; נִתְקַל בְּ—
alight *adj.* דּוֹלֵק, לוֹהֵט, בּוֹעֵר
align′ (əlīn′) *v.* סִדֵּר/הִסְתַּדֵּר בְּשׁוּרָה, יִשֵּׁר; נֶעֱרַךְ; הִתְיַצֵּב לְצַד—
alignment *n.* יִשּׁוּר; הֵעָרְכוּת; מַעֲרָךְ
alike′ *adj.* דּוֹמֶה, שָׁוֶה, דּוֹמִים

alike *adv.* בְּאוֹתָהּ צוּרָה, בְּאוֹפֶן דּוֹמֶה
al′imen′tary *adj.* עִכּוּלִי, מְזוֹנִי
alimentary canal צִנּוֹר הָעִכּוּל
al′imo′ny *n.* דְּמֵי מְזוֹנוֹת
alive′ *adj.* בַּחַיִּים; חַי; פָּעִיל, עֵרָנִי
alive to עֵר לְ־, מוּדָע לְ—
alive with שׁוֹרֵץ, רוֹחֵשׁ, מָלֵא
al′kali′ *n.* אַלְקָלִי, בָּסִיס
all (ôl) *adj.* כָּל, הַכֹּל, כּוּלָם; כָּל כּוּלוֹ
all *adv.* כָּלִיל, לְגַמְרֵי
all along בְּמֶשֶׁךְ כָּל הַזְּמַן
all but כִּמְעַט
all in *עָיֵף, "מֵת", "סָחוּט"
all one to הַיְנוּ הָךְ לְ—
all over נִגְמַר, נִסְתַּיֵּם, תַּם; בְּכָל מָקוֹם; בְּכָל רְמַ"ח אֵיבָרָיו
all over the world בְּכָל הָעוֹלָם
all right בְּסֵדֶר, בָּרִיא וְשָׁלֵם; נָכוֹן, כֵּן
all the same to הַיְנוּ הָךְ לְ—
all there "בְּסֵדֶר גָּמוּר", פִּקֵּחַ
all told בְּסַךְ הַכֹּל
all up חֲסַל, נִגְמַר, זֶה הַסּוֹף
not all there "לֹא בְּסֵדֶר", מְטוּמְטָם
two all 2:2 (תוצאת תיקו)
all *pron.* הַכֹּל, כּוּלָם
all in all בְּסַךְ הַכֹּל, בְּסִכּוּם
all of כָּל אֶחָד מִן, הַכֹּל, כּוּלָם
for all I know לְמֵיטַב יְדִיעָתִי
in all בְּסַךְ הַכֹּל
not at all לְגַמְרֵי לֹא, "אֵין בְּעַד מָה" (כתשובה על "תודה")
Al′lah (-lə) *n.* אֱלֹהִים, אַלְלָה
allay′ *v.* שִׁכֵּךְ, הֵפִיג, הִרְגִּיעַ
all clear אַרְגָּעָה, צְפִירַת אַרְגָּעָה
al′lega′tion *n.* הַצְהָרָה, טַעֲנָה, אֲמִירָה
allege′ (-lej′) *v.* הִצְהִיר, טָעַן
alleged *adj.* הֶחָשׁוּד, כְּפִי שֶׁאוֹמְרִים, שֶׁהוּא כְּבְיָכוֹל, כְּאִלּוּ
alle′giance (-jəns) *n.* נֶאֱמָנוּת
al′legor′ical *adj.* אַלֶּגוֹרִי, מְשָׁלִי
al′lego′ry *n.* מָשָׁל, אַלֶּגוֹרְיָה
aller′gic *adj.* אַלֶּרְגִּי, רָגִישׁ
al′lergy *n.* אַלֶּרְגְּיָה, רְגִישׁוּת
alle′viate′ *v.* הֵקֵל, הִפְחִית, שִׁכֵּךְ
al′ley *n.* סִמְטָה, מִשְׁעוֹל
alleyway *n.* סִמְטָה, מִשְׁעוֹל
alli′ance *n.* בְּרִית, הִתְקַשְּׁרוּת

allied′ (-līd′) *adj.* בַּעַל בְּרִית; קָשׁוּר, קָרוֹב
al′liga′tor *n.* תַּנִּין; עוֹר תַּנִּין
al′locate′ *v.* הִקְצִיב, הִקְצָה
al′loca′tion *n.* הַקְצָבָה; מָנָה
allot′ *v.* הִקְצִיב, הִקְצָה
allotment *n.* הַקְצָאָה; חֵלֶק; חֶלְקָה
all-out *adj.* כּוֹלֵל, שָׁלֵם, כְּלָלִי; לְלֹא סְיָג, בְּלִי חָשָׂךְ, לְגַמְרֵי
allow′ *v.* הִרְשָׁה; נָתַן, הִקְצִיב; הוֹדָה, קִבֵּל
allow for לָקַחַת בְּחֶשְׁבּוֹן, אִפְשֵׁר
allow of אִפְשֵׁר, קִבֵּל
allowable *adj.* מוּתָּר, חוּקִי
allowance *n.* קִצְבָּה, מַעֲנָק, דְּמֵי כִּיס; הֲנָחָה, הַפְחָתָה
make allowances for הִתְחַשֵּׁב בְּ—
alloy′ *n.* סַגְסוֹגֶת, מֶסֶג, נֶתֶךְ
alloy *v.* סִגְסֵג; פִּגֵּם, קִלְקֵל
all-powerful *adj.* כֹּל־יָכוֹל, רַב־כּוֹחַ
all-purpose *adj.* רַב־תַּכְלִיתִי
all-round *adj.* רַב־צְדָדִי
allude′ *v.* רָמַז, הִזְכִּיר
allure′ *v.* מָשַׁךְ, פִּתָּה, שָׁבָה לֵב
allu′sion (-zhən) *n.* רֶמֶז, רְמִיזָה
allu′sive *adj.* מְרַמֵּז, רוֹמֵז
ally′ *v.* הִתְקַשֵּׁר, בָּא בִּבְרִית; אִחֵד
ally *n.* בַּעַל בְּרִית, תּוֹמֵךְ, מְסַיֵּעַ
al′manac′ (ôl-) *n.* אַלְמָנָךְ
al·might′y (ôl-) *adj.* כֹּל־יָכוֹל
al′mond (ä′m-) *n.* שָׁקֵד; שְׁקֵדִיָּה
al′moner *n.* עוֹבֵד סוֹצְיָאלִי, פְּקִיד סַעַד
almost (ôl′mōst) *adv.* כִּמְעַט
alms (ämz) *npl.* נְדָבָה, צְדָקָה
almshouse *n.* בֵּית מַחֲסֶה
aloft′ (əlôft′) *adv.* לְמַעְלָה, גָּבוֹהַּ
alone′ *adv&adj.* לְבַד, לְבַדּוֹ; יָחִיד
along′ (əlông′) *prep.* לְאוֹרֶךְ —
along *adv.* (להדגשת פעולה)הָלְאָה, קָדִימָה; בְּחֶבְרַת, יַחַד
along with בְּצֵרוּף, יַחַד עִם
alongside *adv&prep.* לְצַד, עַל־יַד
aloof′ (əlo͞of′) *adv.* בְּמֶרְחָק
aloof *adj.* צוֹנֵן, לֹא יְדִידוּתִי
aloud′ *adv.* בְּקוֹל, בְּקוֹל רָם
al′pha *n.* אַלְפָא, אָלֶף, רִאשׁוֹן
al′phabet′ *n.* אָלֶף־בֵּית, א״ב

al′pine *adj.* שֶׁל הָרִים, הֲרָרִי
Al′pinist *n.* אַלְפִּינִיסְט, טַפְסָן, טַפָּס
already (ôlred′i) *adv.* כְּבָר
alright′ = all right
al′so (ôl-) *adv.* גַּם, גַּם כֵּן
also-ran *n.* נִכְשָׁל (בתחרות, בבחירות)
al′tar (ôl-) *n.* מִזְבֵּחַ
lead to the altar הִתְחַתֵּן
al′ter (ôl-) *v.* שִׁנָּה; הִשְׁתַּנָּה
al′tera′tion (ôl-) *n.* שִׁנּוּי, תִּקּוּן
al′terca′tion (ôl-) *n.* רִיב, וִכּוּחַ
al′ternate′ (ôl-) *v.* בָּא לְסֵרוּגִין, הִתְחַלֵּף; הֶחֱלִיף, סִדֵּר זֶה אַחַר זֶה
al′ternate (ôl-) *adj.* בָּא לְסֵרוּגִין, סֵרוּגִי, כָּל שֵׁנִי, חֲלִיפוֹת
alternating current זֶרֶם חִלּוּפִין
al′terna′tion (ôl-) *n.* הִתְחַלְּפוּת
alter′native (ôl-) *n.* בְּרֵרָה, חֲלוּפָה, אַלְטֶרְנָטִיבָה
alternative *adj.* אַלְטֶרְנָטִיבִי, חִלּוּפִי
altho (ôldhō′) *conj.* אַף עַל פִּי שֶׁ—
although (ôldhō′) *conj.* אַף עַל פִּי שֶׁ—
al′titude′ *n.* גֹּבַהּ, רוּם
al′to *n.* אַלְט (קול)
al′togeth′er (ôl′təgedh-) *adv.* לְגַמְרֵי; בְּסִכּוּם, בְּסַךְ הַכֹּל
al′tru·ism′ (-tro͞o-) *n.* זוּלָתָנוּת
alu′minum *n.* אֲלוּמִינְיוּם, חַמְרָן
alum′na *n.* בּוֹגֶרֶת (של בית ספר)
alum′nus *n.* בּוֹגֵר (של בית ספר)
always (ôl′wāz) *adv.* תָּמִיד
A.M. לִפְנֵי הַצָּהֳרַיִם
am, I am, I′m אֲנִי, הִנְנִי
amal′gam *n.* מֶסֶג; אֲמַלְגָּמָה
amal′gamate′ *v.* אִחֵד, מִזֵּג; הִתְמַזֵּג
amal′gama′tion *n.* הִתְמַזְּגוּת; אִגּוּד
am′aryl′lis *n.* נַרְקִיס
am′ateur (-choor) *n&adj.* חוֹבֵב
am′ato′ry *adj.* אוֹהֵב, עוֹרֵג, חַשְׁקָנִי
amaze′ *v.* הִדְהִים, הִפְתִּיעַ
amazement *n.* תַּדְהֵמָה
amazing *adj.* מַדְהִים, כַּבִּיר
am·bas′sador *n.* שַׁגְרִיר, נָצִיג
am′ber *n.* עִנְבָּר; חוּם־צְהַבְהַב
am′bience *n.* אֲוִירָה, סְבִיבָה
am′bient *adj.* אוֹפֵף, מַקִּיף
am·bigu′ity *n.* אִי־בְּהִירוּת, עִרְפּוּל

am•big'u•ous (-gūəs) *adj.* מְעוּרְפָּל
am•bi'tion (-bi-) *n.* אַמְבִּיצְיָה, שְׁאִיפָה
am•bi'tious (-bish'əs) *adj.* שְׁאַפְתָּנִי
am•biv'alent *adj.* דוּ־עֶרְכִּי
am'ble *v.* פָּסַע לְאַט, צָעַד קַלּוֹת
am'bu•lance *n.* אַמְבּוּלַנְס
am'bu•lato'ry *adj.* שֶׁל הֲלִיכָה
am'bush (-boosh) *n&v.* מַאֲרָב; אָרַב
ame'ba *n.* אַמֶבָּה, חִלּוּפִית
ame'liorate' *v.* שִׁפֵּר; הִשְׁתַּפֵּר
ame'liora'tion *n.* שִׁפּוּר
a'men' *interj.* אָמֵן!
ame'nable *adj.* מְקַבֵּל מָרוּת, מְמוּשְׁמָע
amenable to כָּפוּף לְ־; אַחְרָאִי כְּלַפֵּי —
amend' *v.* שִׁפֵּר; הִשְׁתַּפֵּר; שִׁנָּה, תִּקֵּן
amendment *n.* תִּקּוּן, שִׁנּוּי
amends' *npl.* פִּצּוּיִים
amen'ity *n.* נוֹחוּת, נְעִימוּת
a'miable *adj.* חָבִיב, נָעִים
am'icable *adj.* יְדִידוּתִי
amid', amidst' *prep.* בְּתוֹךְ, בֵּין
amid'ships' *adv.* בְּאֶמְצַע הָאוֹנִיָּה
amiss' *adv.* לֹא כַּשּׁוּרָה, לֹא בְּסֵדֶר
take it amiss נֶעֱלַב מִכָּךְ
am'ity *n.* יְדִידוּת, יַחֲסֵי יְדִידוּת
ammo'nia *n.* אַמּוֹנְיָה, אַמּוֹנְיָק, אוֹשֶׁק
am'mu•ni'tion (-ni-) *n.* תַּחְמוֹשֶׁת
am'nesty *n.* חֲנִינָה, הַמְתָּקַת עוֹנֶשׁ
amok', amuck' *adv.* אָמוֹק, טֵרוּף
among' (-mung) *prep.* בְּתוֹךְ, בֵּין
a•mor'al *adj.* לֹא מוּסָרִי, חֲסַר מוּסָרִיּוּת
am'orous *adj.* אוֹהֵב, שֶׁל אַהֲבָה; חַשְׁקָנִי
amor'phous *adj.* נְטוּל צוּרָה, אָמוֹרְפִי
am'ortiza'tion *n.* בְּלַאי, פְּחָת
am'ortize' *v.* סִלֵּק חוֹב (בתשלומים)
amount' *n.* סְכוּם, כַּמּוּת
amount *v.* הִסְתַּכֵּם, הָיָה שָׁוֶה לְ—
am'pere *n.* אַמְפֶּר (יחידת זרם)
am•phib'ious *adj.* אַמְפִיבִּי
am'phithe'ater *n.* אַמְפִיתֵּיאַטְרוֹן
am'phora *n.* כַּד, אֲגַרְטֵל, קַנְקַן, אַמְפוֹרָה
am'ple *adj.* גָּדוֹל, מְרֻוָּח; הַרְבֵּה
am'plifica'tion *n.* הַגְדָּלָה, הַגְבָּרָה
am'plifi'er *n.* מַגְבֵּר (במקלט רדיו)
am'plify' *v.* הִגְדִּיל; הֶאֱרִיךְ,
הוֹסִיף פְּרָטִים; הִגְבִּיר עָצְמַת זֶרֶם
am'plitude' *n.* גֹּדֶל; שֶׁפַע, שִׁפְעָה;
מִשְׂרַעַת, אַמְפְּלִיטוּדָה
amply *adv.* הַרְבֵּה, בְּשֶׁפַע
am'pule *n.* אַמְפוּלָה; שְׁפוֹפֶרֶת קְטַנָּה
am'pu•tate' *v.* קָטַע (איבר)
amuck', run amuck הִתְרוֹצֵץ אָחוּז
אָמוֹק (בתאוות־רצח)
am'u•let *n.* קָמֵעַ
amuse' (-z) *v.* בִּדֵּר; הִצְחִיק, בִּדַּח
amusement *n.* בִּדּוּר; הֲנָאָה, שַׁעֲשׁוּעַ
an = a (an, ən) *adj.* אֶחָד
anach'ronism' (-k-) *n.* אֲנַכְרוֹנִיזְם
an'agram' *n.* אֲנַגְרָם, הִפּוּךְ־אוֹתִיּוֹת
a'nal *adj.* שֶׁל פִּי הַטַּבַּעַת, אֲנָלִי
an'alge'sia *n.* חוֹסֶר כְּאֵב
an'alog'ical *adj.* אֲנָלוֹגִי
anal'ogize' *v.* הִקִּישׁ, הִשְׁוָה
anal'ogous *adj.* דּוֹמֶה, מַקְבִּיל
anal'ogy *n.* אֲנָלוֹגְיָה, הַשְׁוָאָה, הֶקֵּשׁ
anal'ysis *n.* נִתּוּחַ, בְּדִיקָה, אֲנָלִיזָה
an'alyst *n.* נַתְּחָן, מְנַתֵּחַ, בּוֹדֵק
an'alyt'ical *adj.* נִתּוּחִי, נַתְּחָנִי
an'alyze' *v.* נִתַּח; עָשָׂה אֲנָלִיזָה
an'archist (-k-) *n.* אֲנַרְכִיסְט
an'archy (-k-) *n.* אֲנַרְכְיָה, הֶפְקֵרוּת
anath'ema *n.* נִדּוּי, חֵרֶם; תּוֹעֵבָה
an'atom'ical *adj.* אֲנָטוֹמִי
anat'omy *n.* אֲנָטוֹמְיָה, מִבְנֵה הַגּוּף
an'ces'tor *n.* אָב קַדְמוֹן
an'ces'try *n.* מוֹצָא, יִחוּס, שׁוֹשֶׁלֶת
an'chor (-k-) *n.* עֹגֶן; מַחֲסֶה, מִבְטָח
anchor *v.* עָגַן, הֵטִיל עֹגֶן
an'chorite' (-k-) *n.* נָזִיר
an'cho•vy *n.* עֲפְיָן (דגיג), אַנְשׁוֹבִי
an'cient (ān'shənt) *adj.* עַתִּיק, קַדְמוֹן
and (and, ənd, ən) *conj.* וְ־, גַּם
and'i'ron (-ī'ərn) *n.* מוֹט,
מִשְׁעַן בָּאָח (להחזקת העצים)
an'ecdote' *n.* אֲנֶקְדוֹטָה, מַעֲשִׂיָּה
ane'mia *n.* אֲנֶמְיָה, מִעוּט־דָּם, חֹסֶר־דָּם
ane'mic *adj.* אֲנֶמִי, חֲסַר־דָּם, מְעוּט־דָּם
anem'one (-məni) *n.* כַּלָּנִית (פרח)
an'esthet'ic *n.* מְאַלְחֵשׁ (סם)
anes'thetist *n.* מְאַלְחֵשׁ (רופא)
anes'thetize' *v.* הִרְדִּים, אִלְחֵשׁ
anew' (ənōō') *adv.* שׁוּב, עוֹד
פַּעַם, מֵחָדָשׁ
an'gel (ān'-) *n.* מַלְאָךְ

an'ger (-g-) *n.* כַּעַס, חֵמָה
anger *v.* הִרְגִּיז, הִכְעִיס
an·gi'na pec'toris תְּעוּקַת הַלֵּב
an'gle *n.* זָוִית; נְקוּדַּת מַבָּט
angle *v.* הִטָּה, זִוֵּת, הִצְדִּיד
angle *v.* הִשְׁלִיךְ חַכָּה, חִכָּה (דגים)
Ang'lican *adj.* אַנְגְּלִיקָנִי
ang'licize' *v.* אִנְגֵּל; הִתְאַנְגֵּל
an·go'ra *n.* אַנְגוֹרָה, צֶמֶר אַנְגוֹרָה
an'gry *adj.* כּוֹעֵס, זוֹעֵם, סוֹעֵר
an'guish (-gwish) *n.* יִסּוּרִים; חֲרָדָה
anguished *adj.* סוֹבֵל, מִתְיַסֵּר
an'gu·lar *adj.* זָוִיתִי; שֶׁעַצְמוֹתָיו בּוֹלְטוֹת, גַּרְמִי; קָשֶׁה, נוּקְשֶׁה
an'imad'vert' *v.* בִּקֵּר, הֵעִיר
an'imal *n.* בַּעַל־חַיִּים, חַיָּה
an'imate *adj.* חַי, מָלֵא חַיִּים
an'imate' *v.* עוֹרֵר, הֶחֱיָה; הִמְרִיץ
animated cartoon סֶרֶט מְצוּיָּר
an'ima'tion *n.* חִיּוּת; הַנְפָּשָׁה
an'imos'ity *n.* טִינָה, אֵיבָה
an'kle *n.* קַרְסוֹל; *הָלַךְ
an'klet *n.* עֶכֶס, אֶצְעֶדֶת־קַרְסוֹל
an'nals *npl.* תּוֹלָדוֹת, הִיסְטוֹרְיָה
anneal' *v.* חִשֵּׁל, קִשָּׁה
an'nex' *n.* תּוֹסֶפֶת; אֲגַף בְּבִנְיָן
annex' *v.* סִפַּח, חִבֵּר
an'nex·a'tion *n.* סִפּוּחַ, חִבּוּר
anni'hilate' (-'əl-) *v.* הִשְׁמִיד
anni'hila'tion (-'əl-) *n.* הַשְׁמָדָה
an'niver'sary *n.* יוֹם הַשָּׁנָה
an'notate' *v.* פֵּרֵשׁ, הוֹסִיף הֶעָרוֹת
announce' *v.* הוֹדִיעַ, הִכְרִיז
announcement *n.* הוֹדָעָה, מוֹדָעָה
announcer *n.* קַרְיָן
annoy' *v.* הֵצִיק, הִטְרִיד
annoyance *n.* הַטְרָדָה; צַעַר; מִטְרָד
an'nu·al (-nūəl) *adj.* שְׁנָתִי
annual *n.* שְׁנָתוֹן; חַד־שְׁנָתִי (צמח)
annu'ity *n.* קִצְבָּה שְׁנָתִית, אֲנוֹנָה
annul' *v.* בִּטֵּל, חִסֵּל
an'nu·lar *adj.* טַבַּעְתִּי
anoint' *v.* מָשַׁח (בשמן)
anointment *n.* מְשִׁיחָה
anom'alous *adj.* חוֹרֵג, אֲנוֹמָלִי
anom'aly *n.* סְטִיָּה, אֲנוֹמַלְיָה, זָרוּת
an'onym'ity *n.* אַלְמוֹנִיּוּת
anon'ymous *adj.* אֲנוֹנִימִי, אַלְמוֹנִי
anoth'er (-nudh-) *adj&pron.* נוֹסָף, אַחֵר, שׁוֹנֶה, שֵׁנִי, עוֹד
  one another זֶה אֶת זֶה
an'swer (-sər) *n.* תְּשׁוּבָה, פִּתְרוֹן
answer *v.* הֵשִׁיב, עָנָה לְ־, עָנָה עַל־; סִפֵּק, הָלַם אֶת, הִתְאִים
  answer back עָנָה בְּחוּצְפָּה
  answer for הָיָה אַחֲרָאִי לְ־, עָרַב לְ—
ant *n.* נְמָלָה
an·tag'onism' *n.* נִגּוּד, אֵיבָה
an·tag'onist *n.* יָרִיב, מִתְנַגֵּד חָרִיף
ant·arc'tic *adj.* אַנְטַארְקְטִי
an'tece'dent *adj.* בָּא לִפְנֵי, קוֹדֵם
antecedent *n.* מִקְרֶה קוֹדֵם; שֵׁם קוֹדֵם
  antecedents אָבוֹת, יִחוּס, מוֹצָא
an'te·cha'mber *n.* פְּרוֹזְדוֹר
an'te·date' *v.* הִקְדִּים תַּאֲרִיךְ; קָרָה לִפְנֵי, קָדַם לְ—
an'telope' *n.* אַנְטִילוֹפָּה (צבי)
an'te merid'iem (-ti-) לִפְנֵי הַצָּהֳרַיִם
an·ten'na *n.* מְשׁוֹשָׁה, אַנְטֶנָּה; מָחוֹשׁ
an·te'rior *adj.* קוֹדֵם, בָּא לִפְנֵי
an'te·room' *n.* פְּרוֹזְדוֹר
an'them *n.* הִימְנוֹן
an'ther *n.* מַאֲבָק (של פרח)
an'thol'ogy *n.* מִקְרָאָה, אַנְתּוֹלוֹגְיָה
an'thropol'ogy *n.* אַנְתְּרוֹפּוֹלוֹגְיָה
anti (תחילית) אַנְטִי, נֶגֶד—
an'tibi·ot'ic *n.* אַנְטִיבְּיוֹטִיקָה
an'tibod'y *n.* נוֹגְדָן
an'tic *n.* תַּעֲלוּל; תְּנוּעָה מַצְחִיקָה
an·tic'ipate' *v.* צִפָּה לְ־, חָזָה; הִטְרִים, הִקְדִּים, הִזְדָּרֵז וְהִקְדִּים אֶת—
an·tic'ipa'tion *n.* צִפִּיָּה; הַטְרָמָה
an'tidote' *n.* תְּרוּפָה; נֶגֶד רַעַל
an·tip'athet'ic *adj.* שׂוֹנֵא, סוֹלֵד
an·tip'athy *n.* אַנְטִיפַּתְיָה, סְלִידָה
an'tiqua'rian *adj.* שֶׁל עַתִּיקוֹת
an'tiqua'ted *adj.* שֶׁעָבַר זְמַנּוֹ, מְיוּשָּׁן
an·tique' (-tēk) *n&adj.* (חפץ) עַתִּיק
an·tiq'uity *n.* יְמֵי־קֶדֶם, קַדְמוֹנוּת
  antiquities שְׂרִידִים, עַתִּיקוֹת
an'ti-Semit'ic *adj.* אַנְטִישֵׁמִי
an'ti-Sem'itism' *n.* אַנְטִישֵׁמִיּוּת
an'tisep'tic *n.* מוֹנֵעַ זִהוּם, מְחַטֵּא
an·tith'esis *n.* נִגּוּד, אַנְטִיתֵּיזָה

an′titox′in *n.* רַעֲלָן נֶגְדִּי
ant′ler *n.* קֶרֶן־הַצְּבִי
an′tonym′ *n.* אַנְטוֹנִים, מִלָּה נֶגְדִּית
a′nus *n.* פִּי־הַטַּבַּעַת
an′vil (-vəl) *n.* סַדָּן
anx·i′ety (angzī-) *n.* חֲרָדָה,
דְּאָגָה; תְּשׁוּקָה, רָצוֹן עַז
anx′ious (angk′shəs) *adj.* חָרֵד,
דּוֹאֵג; מַדְאִיג; מִשְׁתּוֹקֵק
any (en′i) *adj&pron&adv.* אֵיזֶשֶׁהוּ,
כָּל, שׁוּם, מִישֶׁהוּ; בְּמִדָּה כָּלְשֶׁהִי, בִּכְלָל
at any rate בְּכָל אוֹפֶן
in any case בְּכָל מִקְרֶה
anybody *pron.* מִישֶׁהוּ; כָּל אָדָם
anyhow *adv.* אֵיכְשֶׁהוּ, בְּדֶרֶךְ כָּלְשֶׁהִי;
בְּכָל זֹאת, בְּכָל אוֹפֶן
anyone *pron.* מִישֶׁהוּ; כָּל אֶחָד
anyplace *adv.* בְּכָל מָקוֹם שֶׁהוּא
anything *n.* מַשֶּׁהוּ; שׁוּם דָּבָר, כָּל דָּבָר
if anything אִם כְּבָר, אִם בִּכְלָל
anyway *adv.* בְּכָל אוֹפֶן, בְּכָל זֹאת
anywhere *adv.* בְּכָל מָקוֹם שֶׁהוּא
a·or′ta *n.* אַב הָעוֹרְקִים, אַבְעוֹרֵק
apart′ *adv.* בְּמֶרְחָק, בְּנִפְרָד, לְחוּד, בַּצַּד,
הַצִּדָּה; בְּמֶרְחַק־מָה; לַחֲתִיכוֹת, לַחֲלָקִים
apart from חוּץ מִן; מִלְּבַד
set apart יִחֵד, הִבְדִּיל, הִפְרִישׁ
take apart פֵּרֵק לַחֲלָקִים
apart′ment *n.* חֶדֶר; דִּירָה
ap′athet′ic *adj.* אָדִישׁ, אַפָּתִי, אֶדְשׁוֹנִי
ap′athy *n.* אֲדִישׁוּת, אַפַּתְיָה, אִדָּשׁוֹן
ape *n&v.* קוֹף, קוֹף־אָדָם; חִקָּה
ap′erture *n.* פֶּתַח, חוֹר
a′pex′ *n.* שִׂיא, פִּסְגָּה, קוֹדְקוֹד
a′phid, a′phis *n.* כְּנִימָה (חרק קטן)
aph′orism′ *n.* מֵימְרָה, פִּתְגָּם
a′piar′y (-eri) *n.* כַּוֶּרֶת, מִכְוֶרֶת
apiece′ (-pēs) *adv.* לְכָל אֶחָד, כָּל אֶחָד
ap′ish (āp′-) *adj.* קוֹפִי, מְחַקֶּה
aplomb′ (-lom) *n.* בִּטָּחוֹן עַצְמִי
apoc′alypse′ *n.* אַפּוֹקָלִיפְּסָה, חֲזוֹן
אַחֲרִית־הַיָּמִים
apol′oget′ic *adj.* מִתְנַצֵּל, מִצְטַדֵּק
apologetics *n.* אַפּוֹלוֹגֶטִיקָה, סָנֵגוֹרְיָה
apol′ogist *n.* סָנֵגוֹר, דּוֹגֵל בְּ—
apol′ogize′ *v.* הִתְנַצֵּל
apol′ogy *n.* הִתְנַצְּלוּת; סָנֵגוֹרְיָה

ap′oplec′tic *adj.* שֶׁל שָׁבָץ
ap′oplex′y *n.* שִׁתּוּק פִּתְאוֹמִי, שָׁבָץ
apos′tasy *n.* כְּפִירָה, בְּגִידָה
apos′tate *n&adj.* מוּמָר, בּוֹגֵד
apos′tle (-səl) *n.* מַנְהִיג, מְבַשֵּׂר
apos′trophe′ (-trəfē) *n.* גֵּרֵשׁ (׳)
apoth′ecar′y (-keri) *n.* רוֹקֵחַ
appall′ (-pôl) *v.* הִפְחִיד, הֶחֱרִיד
appalling *adj.* מַפְחִיד, מְזַעְזֵעַ
ap′parat′us *n.* כְּלִי, מִתְקָן, מַעֲרֶכֶת
appar′el *n.* לְבוּשׁ, תִּלְבֹּשֶׁת
appar′ent *adj.* בָּרוּר, גָּלוּי; מְדוּמֶּה,
שֶׁלִּכְאוֹרָה, שֶׁכִּבְיָכוֹל
apparently *adv.* אֵין סָפֵק שֶׁ־, בָּרוּר שֶׁ־;
נִרְאֶה שֶׁ־, לִכְאוֹרָה, לְמַרְאִית עַיִן
ap′pari′tion (-ri-) *n.* הוֹפָעָה (של רוח)
appeal′ *v.* בִּקֵּשׁ, הִתְחַנֵּן, פָּנָה אֶל;
מָשַׁךְ, רִתֵּק, עִנְיֵן; עִרְעֵר
appeal *n.* פְּנִיָּה, בַּקָּשָׁה, תַּחֲנוּנִים;
עִנְיָן, מְשִׁיכָה; עִרְעוּר
appealing *adj.* מִתְחַנֵּן; מוֹשֵׁךְ, מְעַנְיֵן
appear′ *v.* הוֹפִיעַ; נִרְאָה
appearance *n.* הוֹפָעָה, מַרְאֶה, רוֹשֶׁם
appease′ (-z) *v.* שִׁכֵּךְ, פִּיֵּס
appeasement *n.* פִּיּוּס, הַרְגָּעָה
appel′lant *adj&n.* מְעַרְעֵר (על פס״ד)
append′ *v.* הוֹסִיף, צֵרֵף
append′age *n.* תּוֹסֶפֶת; נִסְפָּח
appen′dici′tis *n.* דַּלֶּקֶת הַתּוֹסֶפְתָּן
appen′dix *n.* נִסְפָּח; תּוֹסֶפְתָּן
ap′pertain′ *v.* הָיָה קָשׁוּר לְ־,
הִשְׁתַּיֵּךְ לְ—
ap′petite′ *n.* תֵּאָבוֹן, חֵשֶׁק
ap′peti′zer *n.* מְגָרֶה תֵּאָבוֹן, מְתַאֲבֵן
applaud′ *v.* מָחָא כַּף; הֵרִיעַ; שִׁבַּח
applause′ (-z) *n.* תְּשׁוּאוֹת; שְׁבָחִים
ap′ple *n.* תַּפּוּחַ, תַּפּוּחַ־עֵץ; *בַּרְנָשׁ
the apple of my eye אִישׁוֹן עֵינִי
apple-pie order סֵדֶר מוֹפְתִי
apple-polish *v.* *הֶחֱנִיף, לִקֵּק
applesauce *n.* רֶסֶק תַּפּוּחִים; *שְׁטֻיּוֹת
appli′ance *n.* מַכְשִׁיר, כְּלִי, מִתְקָן
ap′plicable *adj.* מַתְאִים, הוֹלֵם, יָשִׂים
ap′plicant *n.* פּוֹנֶה, מוּעֲמָד
ap′plica′tion *n.* פְּנִיָּה, בַּקָּשָׁה;
הַתְאָמָה, יִשּׂוּם, הַחֲלָה, שִׁמּוּשׁ; הֲנָחָה;
רְטִיָּה; תְּרוּפָה; רִכּוּז, שַׁקְדָנוּת, הַתְמָדָה

applied′ (-plīd′) *adj.* שִׁמּוּשִׁי, מַעֲשִׂי
apply′ *v.* פָּנָה, בִּקֵּשׁ; הִתְיַחֵס; יִשֵּׂם, הֵחִיל, הִפְעִיל; שָׂם עַל—
appoint′ *v.* קָבַע, יִעֵד; מִנָּה, בָּחַר, הִרְכִּיב
appointment *n.* קְבִיעָה; רֵאָיוֹן, פְּגִישָׁה; מִשְׂרָה; מִנּוּי
appor′tion *v.* חִלֵּק, הִקְצָה
ap′posite (-zit) *adj.* הוֹלֵם, קוֹלֵעַ
apprais′al (-z-) *n.* הַעֲרָכָה, אוּמְדָן
appraise′ (-z) *v.* הֶעֱרִיךְ, אָמַד
appre′ciable (-′shəb-) *adj.* נִכָּר, גָּדוֹל
appre′ciate′ (-′sh-) *v.* הֶעֱרִיךְ, הוֹקִיר; עָלָה בְּעֶרְכּוֹ; הִתְיַקֵּר
appre′cia′tion (-′shi-) *n.* הַעֲרָכָה
appre′ciative (-′shət-) *adj.* מַעֲרִיךְ
ap′pre•hend′ *v.* עָצַר, תָּפַס; הֵבִין; חָשַׁשׁ
ap′pre•hen′sion *n.* מַעֲצָר, עֲצִירָה; תְּפִיסָה, הֲבָנָה; חֲשָׁשׁ, דְּאָגָה
ap′pre•hen′sive *adj.* דּוֹאֵג
appren′tice (-tis) *n.* חָנִיךְ, שׁוּלְיָה
apprise′ (-z) *v.* הוֹדִיעַ
approach′ *n.* הִתְקָרְבוּת; גִּישָׁה, דֶּרֶךְ
approach *v.* הִתְקָרֵב, נִגַּשׁ; פָּנָה אֶל
approachable *adj.* נוֹחַ לְגִישָׁה, נָגִישׁ
ap′proba′tion *n.* אִשּׁוּר, הַסְכָּמָה
appro′priate *adj.* מַתְאִים, הוֹלֵם
appro′priate′ *v.* הִקְצָה, הִקְצִיב; גָּנַב, נָטַל בְּלִי רְשׁוּת
approv′al (-ro͞ov-) *n.* אִשּׁוּר; דֵּעָה חִיּוּבִית
on approval עַל תְּנַאי, לִבְדִיקָה
approve′ (-ro͞ov) *v.* הִסְכִּים, אִשֵּׁר
approve of חִיֵּב, הִתְיַחֵס בְּאַהֲדָה
approved′ *a.* מְאוּשָּׁר, מוּכָּר
approx′imate *adj.* קָרוֹב, כִּמְעַט
approx′imate′ *v.* הִתְקָרֵב
ap′ricot′ *n.* מִשְׁמֵשׁ; עֵץ מִשְׁמֵשׁ
A′pril *n.* אַפְּרִיל
April Fool קוֹרְבָּן (מתיחת) 1 בְּאַפְּרִיל
a′pron *n.* סִנָּר, סִנּוֹר; קִדְמַת־הַבִּימָה
ap′ropos′ (-pō′) *adv.* הוֹלֵם, לָעִנְיָן, קוֹלֵעַ לַמַּטָּרָה; אַגַּב, אַ־פְּרוֹפּוֹ
apropos of *prep.* בְּנוֹגֵעַ לְ־, בַּאֲשֶׁר לְ—
apt *adj.* מְהִיר־תְּפִיסָה; קוֹלֵעַ, מַתְאִים
apt to נוֹטֶה לְ־, עָלוּל לְ—

ap′titude′ *n.* כִּשְׁרוֹן, כּוֹשֶׁר
aq′uaplane′ *n.* קֶרֶשׁ־הַחְלָקָה, מִגְלַשׁ־מַיִם
aqua′rium *n.* אַקְוַרְיוּם
Aqua′rius *n.* מַזַּל דְּלִי
aquat′ic *adj.* מֵימִי, שֶׁל מַיִם
aq′ueduct′ *n.* מוֹבִיל־מַיִם, תְּעָלָה, אוּבָל
aq′uiline′ *adj.* נִשְׁרִי, שֶׁל נֶשֶׁר
Ar′ab *n.* עַרְבִי
Ara′bian *adj.* עַרְבִי
Ar′abic *adj&n.* עַרְבִי; עֲרָבִית
ar′able *adj.* רָאוּי לְעִבּוּד, בַּר־חֲרִישָׁה
ar′biter *n.* בּוֹרֵר, פּוֹסֵק, מְתַוֵּךְ, שַׁלִּיט
ar′bitrar′y (-reri) *adj.* שְׁרִירוּתִי
ar′bitrate′ *v.* שִׁמֵּשׁ כְּבוֹרֵר, תִּוֵּךְ
ar′bitra′tion *n.* בּוֹרְרוּת, תִּוּוּךְ
ar′bor *n.* מָקוֹם מוּצָל, סוּכָּה
arc *n&v.* קֶשֶׁת; הִקְשִׁית, הִתְקַמֵּר
ar•cade′ *n.* מִקְמֶרֶת, מִקְשֶׁת
arch *n.* קֶשֶׁת, קִמּוּר, קִמְרוֹן
arch *v.* קִשֵּׁת, קִמֵּר, גִּבֵּן; הִתְקַמֵּר
arch *adj.* עַרְמוּמִי, שׁוֹבָבִי; רָאשִׁי
ar′chae•ol′ogy (-ki-) *n.* אַרְכֵיאוֹלוֹגְיָה
ar•cha′ic (-k-) *adj.* עַתִּיק, אַרְכָאִי
ar′cha•ism′ (-k-) *n.* אַרְכָאִיזְם
arch•bish′op *n.* אַרְכִיבִּישׁוֹף
ar′che•ol′ogy (-k-) *n.* אַרְכֵיאוֹלוֹגְיָה
arch′er *n.* קַשָּׁת, תּוֹפֵס קֶשֶׁת
arch′ery *n.* קַשָּׁתוּת
ar′che•type′ (-k-) *n.* אַבְטִיפּוּס
ar′chipel′ago′ (-k-) *n.* אַרְכִיפֶּלָג
ar′chitect′ (-k-) *n.* אַדְרִיכָל
ar′chitec′tural (-ki-) *adj.* אַדְרִיכָלִי
ar′chitec′ture (-k-) *n.* אַדְרִיכָלוּת
ar′chives (-kīvz) *npl.* גַּנְזָךְ
ar′chivist (-k-) *n.* אַרְכִיבָר
arc′tic *adj.* אַרְקְטִי, שֶׁל הַקּוֹטֶב הַצְּפוֹנִי
ar′dent *adj.* נִלְהָב, מָלֵא הִתְלַהֲבוּת
ar′dor *n.* לַהַט, הִתְלַהֲבוּת
ar′duous (-′jo͞oəs) *adj.* קָשֶׁה, מְפָרֵךְ
are, you are (är) אַתָּה, אַתֶּם, הִנְּךָ
ar′e•a (ār′iə) *n.* שֶׁטַח; אֵזוֹר
are′na *n.* זִירָה
aren′t = are not, am not (ärnt)
ar′gue (-gū) *v.* הִתְוַכֵּחַ; טָעַן; נִמֵּק; הוֹכִיחַ
argue him out of שִׁכְנְעוֹ לְבַל, הֱנִיאוֹ

ar′gu·ment *n.* וִכּוּחַ; טִעוּן; נִמּוּק
ar′gu·men′tative *adj.* פולמוסִי
a′ria (ä-) *n.* אַרְיָה (שיר)
ar′id *adj.* יָבֵשׁ, צָחִיחַ
arid′ity *n.* יוֹבֶשׁ, צְחִיחוּת
Aries (ār′ēz) *n.* מַזַּל טָלֶה
arise′ (-z) *v.* הִתְהַוָּה; הִתְעוֹרֵר
ar′istoc′racy *n.* אֲרִיסטוֹקְרַטְיָה
aris′tocrat′ *n.* אֲרִיסטוֹקְרָט
aris′tocrat′ic *adj.* אֲרִיסטוֹקְרָטִי
arith′metic′ *n.* חֶשְׁבּוֹן, אֲרִיתְמֶטִיקָה
ar′ithmet′ical *adj.* חֶשְׁבּוֹנִי
ark *n.* תֵּבָה, תֵּבַת־נוֹחַ
Ark of the Covenant אֲרוֹן־הַבְּרִית
arm *n.* זְרוֹעַ, יָד; שַׁרְווּל; עָנָף
 arm in arm שְׁלוּבֵי זְרוֹעַ
arm *v.* חִמֵּשׁ, צִיֵּד; הִזְדַּיֵּן, הִצְטַיֵּד
ar′mament *n.* חִמּוּשׁ
 armaments צִיּוּד, כּוֹחוֹת צָבָא
ar′mature *n.* עוֹגֶן (של מנוע חשמלי)
armchair *n.* כּוּרְסָה
armed *adj.* מְזוּיָּן, מְצוּיָּד
arm′ful′ (-fool) *n.* מְלוֹא הַזְּרוֹעַ
arm-hole *n.* חוֹר הַשַּׁרְווּל (בבגד)
ar′mistice (-tis) *n.* שְׁבִיתַת נֶשֶׁק
ar′mor *n.* שִׁרְיוֹן; חֵיל שִׁרְיוֹן
armored *adj.* מְשׁוּרְיָן
armored car *n.* שִׁרְיוֹנִית
armor-plated *adj.* מְשׁוּרְיָן
ar′mory *n.* נַשָּׁקִיָּה; מַחְסַן נֶשֶׁק
arm′pit′ *n.* בֵּית הַשֶּׁחִי
arms *npl.* נֶשֶׁק, כְּלֵי־מִלְחָמָה
 up in arms מִתְקוֹמֵם
ar′my *n.* צָבָא; מַחֲנֶה, אַרְמִיָּה
army corps גַּיִס (צבאי)
aro′ma *n.* רֵיחַ נָעִים; אֲרוֹמָה, בְּסוֹמֶת
arose′ = pt of arise (-z)
around′ *adv.* סָבִיב, מִסָּבִיב; בִּסְבִיבָה,
 בְּעֵרֶךְ, בְּהֶקֵּף
around *prep.* מִסָּבִיב לְ, קָרוֹב לְ—
arouse′ (-z) *v.* עוֹרֵר, הֵעִיר
arraign′ (ərān′) *v.* הֶעֱמִיד
 לְדִין, הֶאֱשִׁים
arrange′ (ərānj′) *v.* סִדֵּר; תִּכְנֵן;
 יִשֵּׁב, הִסְדִּיר; עָשָׂה תַּסְדִּיר
arrangement *n.* סִדּוּר; הֶסְדֵּר; תַּסְדִּיר
ar′rant *adj.* מוּבְהָק, גָּמוּר

array′ *v.* עָרַךְ, הִצִּיב בְּמַעֲרָךְ; הִלְבִּישׁ
array *n.* תְּצוּגָה; כּוֹחַ, מַעֲרָךְ; בְּגָדִים
arrears′ *npl.* פִּגּוּרִים
arrest′ *v.* עָצַר, עִכֵּב; רִתֵּק
arrest *n.* מַעֲצָר, מַאֲסָר
arresting *adj.* מְעַנְיֵן, מְרַתֵּק
arri′val *n.* הַגָּעָה, כְּנִיסָה, הוֹפָעָה
arrive′ *v.* הִגִּיעַ, בָּא; נוֹלַד
ar′rogance *n.* יְהִירוּת
ar′rogant *adj.* יָהִיר; מִתְנַשֵּׂא
ar′rogate′ *v.* תָּבַע, נָטַל
ar′row (-ō) *n.* חֵץ
arse *n.* *יַשְׁבָן
ar′senal *n.* מַחְסַן־נֶשֶׁק
ar′senic *n.* זַרְנִיךְ, אַרְסָן
ar′son *n.* הַצָּתָה בְּזָדוֹן
art *n.* אָמָנוּת
 arts מַדָּעֵי הָרוּחַ
ar′tery *n.* עוֹרֵק; כְּבִישׁ עוֹרְקִי
art′ful *adj.* פִּקְחִי; עַרְמוּמִי
ar·thri′tis *n.* דַּלֶּקֶת הַמִּפְרָקִים
ar′tichoke′ *n.* קִנְרֵס, חַרְשָׁף, אַרְטִישׁוֹק
ar′ticle *n.* פְּרִיט, חֵפֶץ; מַאֲמָר, סָעִיף
ar·tic′u·late *adj.* מְחוּתָּךְ, בָּרוּר;
 מִתְבַּטֵּא בִּבְהִירוּת; מְחוּבָּר בְּמִפְרָקִים
ar·tic′u·late′ *v.* דִּבֵּר בְּרוּרוֹת,
 בִּטֵּא בִּבְהִירוּת; חִבֵּר בְּמִפְרָקִים
ar·tic′u·la′tion *n.* חִתּוּךְ הַדִּבּוּר,
 הַבָּעָה, הֲגִיָּה, בִּטּוּי; מִפְרָק
ar′tifice (-fis) *n.* תַּחְבּוּלָה, מוּמְחִיוּת
ar′tifi′cial (-fi-) *adj.* מְלָאכוּתִי; מְעוּשֶּׂה
ar·til′lery *n.* אַרְטִילֶרְיָה, חֵיל
 תּוֹתָחִים, תּוֹתְחָנוּת
ar′tisan (-z-) *n.* אוּמָן, פּוֹעֵל מְיוּמָּן
art′ist *n.* אָמָן, צַיָּר; שַׂחְקָן, אַרְטִיסְט
ar·tis′tic *adj.* אָמָנוּתִי, שַׂחְקָנִי
artless *adj.* טִבְעִי, פָּשׁוּט, תָּמִים
as (az, əz) *adv&conj.* כְּ־, כְּמוֹ, כְּפִי שֶׁ־;
 כְּשֶׁ־; מִכֵּיוָן שֶׁ־; אַף־עַל־פִּי־שֶׁ—
 as for, as to בַּאֲשֶׁר לְ—
 as if, as though כְּאִלּוּ, כְּמוֹ
 as it were כִּבְיָכוֹל, כְּאִלּוּ
 as long as כָּל עוֹד, כָּל זְמַן שֶׁ־,
 בִּתְנַאי שֶׁ־, מִכֵּיוָן שֶׁ—
 as soon as מִיָּד כְּשֶׁ־, אַךְ
 as to בְּנוֹגֵעַ, לְגַבֵּי; לְפִי, בְּהֶתְאֵם לְ—
 as well גַּם כֵּן

as well as וְגַם, וּכְמוֹ כֵן
as yet עַד עַתָּה, עַד כֹּה
as... as... כְּמוֹ, כְּפִי
as•bes'tos *n.* אַזְבֶּסְט
ascend' *v.* טִפֵּס, עָלָה עַל; הִתְרוֹמֵם
ascend'ancy, -ency *n.* עֶלְיוֹנוּת
ascend'ant, -ent *adj.* מִתְרוֹמֵם, עוֹלֶה
ascen'sion *n.* עֲלִיָּה, הִתְרוֹמְמוּת
ascent' *n.* טִפּוּס; הִתְרוֹמְמוּת; מַעֲלֶה
as'certain' *v.* וִדֵּא, אִמֵּת, בֵּרֵר
ascet'ic *adj&n.* פָּרוּשׁ, סַגְפָן
ascribe' *v.* יִחֵס לְ־, תָּלָה בְּ—
ascrip'tion *n.* יִחוּס, שִׁיּוּךְ
a•sep'tic *adj.* לֹא אֶלוּחַ, נָקִי, לֹא מְזוֹהָם
ash *n.* אֵפֶר, רֶמֶץ
ashamed' (əshāmd') *adj.* נִכְלָם
ash-bin, ash-can *n.* פַּח אַשְׁפָּה
ash'en *adj.* חִוֵּר, אָפוֹר
ashore' *adv.* לַחוֹף, עַל הַחוֹף
ash-tray *n.* מַאֲפֵרָה
A'sian (-shən) *adj.* אַסְיָתִי
aside' *adv.* הַצִּדָּה, בַּצַּד, לַצַּד
aside from חוּץ מִן, מִלְּבַד
aside *n.* הֶעָרָה צְדָדִית (של שחקן)
as'inine' *adj.* חֲמוֹרִי; *טִפְּשִׁי
ask *v.* שָׁאַל, בִּקֵּשׁ, דָּרַשׁ; הִזְמִין
ask for it הִזְמִין לְעַצְמוֹ צָרוֹת
asleep' *adj.* יָשֵׁן, נִרְדָּם
aspar'agus *n.* אֲסַפָּרָגוּס
as'pect' *n.* מַרְאֶה, הוֹפָעָה, חָזוּת; כִּווּן, צַד; נְקוּדַת־רְאוּת, זָוִית, אַסְפֶּקְט, הֶבֵּט, בְּחִינָה
asper'ity *n.* גַּסּוּת, קְשִׁיחוּת
asper'sion (-zhən) *n.* דִּבָּה, הַשְׁמָצָה
as'phalt (-fôlt) *n.* אַסְפַלְט, חֵמָר, כּוֹפֶר
as•phyx'iate' *v.* חִנֵּק; נֶחֱנַק
as'pic *n.* קָרִישׁ, מִקְפָּא
as'pirant *n.* שְׁאַפְתָּן
as'pira'tion *n.* שְׁאִיפָה
aspire' *v.* שָׁאַף
ass *n.* חֲמוֹר; טִפֵּשׁ; *יַשְׁבָן; נְקֵבָה
assail' *v.* הִסְתָּעֵר, הִתְנַפֵּל, הִתְקִיף
assailant *n.* מַתְקִיף, מִתְנַפֵּל
assas'sin *n.* רוֹצֵחַ, מִתְנַקֵּשׁ
assas'sinate' *v.* רָצַח, הִתְנַקֵּשׁ
assas'sina'tion *n.* הִתְנַקְּשׁוּת, רֶצַח
assault' *n.* הַתְקָפָה, הִתְנַפְּלוּת, תְּקִיפָה
assault *v.* הִסְתָּעֵר, הִתְנַפֵּל, הִתְקִיף
assay' *n.* בְּחִינָה (של מתכת)
assay *v.* בָּדַק, בָּחַן; נִסָּה
assem'ble *v.* אָסַף; הִתְאַסֵּף; הִרְכִּיב
assem'bly *n.* צִבּוּר, אֲסֵפָה; הַרְכָּבָה, בְּנִיָּה; בֵּית־מְחוֹקְקִים; מַתַּן אוֹת לְמִסְדָּר
assent' *n&v.* הַסְכָּמָה, אִשּׁוּר; הִסְכִּים
assert' *v.* טָעַן, הִצְהִיר, הִבִּיעַ; הֵגֵן עַל, עָמַד עַל
asser'tion *n.* טַעֲנָה, עֲמִידָה בְּתוֹקֶף
assess' *v.* הֶעֱרִיךְ, אָמַד
assessment *n.* הַעֲרָכָה, שׁוּמָה
as'set' *n.* נֶכֶס, רְכוּשׁ
as'sidu'ity *n.* שַׁקְדָנוּת, הַתְמָדָה
assid'uous (-j'ōōəs) *adj.* שַׁקְדָן
assign' (əsīn') *v.* הִקְצָה; מִנָּה, קָבַע; נָתַן; הֶעֱבִיר (רכוש), הִמְחָה; יִחֵס
assignment *n.* הַקְצָאָה; מְשִׂימָה, תַּפְקִיד
assim'ilate' *v.* הִטְמִיעַ; נִטְמַע, הִתְבּוֹלֵל; סָפַג, עִכֵּל; הִתְעַכֵּל
assim'ila'tion *n.* טְמִיעָה, הִתְמַזְּגוּת
assist' *v.* עָזַר, סִיַּע לְ—
assis'tance *n.* עֶזְרָה, סִיּוּעַ, עֵזֶר
assis'tant *n.* עוֹזֵר, אַסִיסְטֶנְט, סַיָּע
asso'ciate *n.* שׁוּתָּף, חָבֵר
asso'ciate' *v.* קִשֵּׁר, אִחֵד; הִתְאַחֵד; הִתְחַבֵּר, הִתְרוֹעֵעַ
asso'cia'tion *n.* אִגּוּד; הִתְחַבְּרוּת; קְשָׁרִים; אֲסוֹצִיאַצְיָה, זִכְרָה, הֶחְבֵּר
assort' *v.* סִוֵּג, מִיֵּן
assort'ment *n.* מִגְוָן, מִבְחָר
assuage' (əswāj') *v.* הִרְגִּיעַ, שִׁכֵּךְ
assume' *v.* הִנִּיחַ, קָבַע הַנָּחָה; נָטַל, לָקַח, תָּפַס; לָבַשׁ אֲרֶשֶׁת—
assump'tion *n.* הַנָּחָה, הַשְׁעָרָה; נְטִילָה, תְּפִיסָה; אֲרֶשֶׁת, הוֹפָעָה מַטְעָה
assur'ance (əshoor-) *n.* הַבְטָחָה; בִּטָּחוֹן, אֱמוּנָה; בִּטָּחוֹן עַצְמִי; בִּטּוּחַ
assure' (əshoor') *v.* הִבְטִיחַ; בִּטַּח
assured *adj.* וַדַּאי, בָּטוּחַ; בָּטוּחַ בְּעַצְמוֹ
as'ter *n.* אַסְתֵּר (צמח, פרח)
as'terisk' *n.* כּוֹכָבִית, כּוֹכָבוֹן, (*)
astern' *adv.* לַאֲחוֹרֵי הָאֳנִיָּה; מֵאָחוֹר
asthma (az'mə) *n.* קַצֶּרֶת, אַסְתְּמָה
aston'ish *v.* הִדְהִים
astonishment *n.* תַּדְהֵמָה

astound′ *v.* הִדְהִים
astray′ *adv.* שֶׁלֹּא בַּדֶּרֶךְ הַנְּכוֹנָה
astride′ *adv&prep.* בְּרַגְלַיִם מְפוּשָׂקוֹת; כְּשֶׁרַגְלָיו מִשְּׁנֵי צִדֵּי (הסוס), מְטַרְטֵן
astrol′oger *n.* אִצְטַגְנִין, אַסטרוֹלוֹג
astrol′ogy *n.* אַסטרוֹלוֹגְיָה
as′tronaut′ *n.* אַסטרוֹנָאוּט, טַיַּס־חָלָל
astron′omer *n.* אַסטרוֹנוֹם, תּוֹכֵן
as′tronom′ical *adj.* אַסטרוֹנוֹמִי; עָצוּם
astron′omy *n.* אַסטרוֹנוֹמְיָה
astute′ *adj.* פִּקֵּחַ, חָרִיף
asun′der *adv.* לַחֲלָקִים, לַחֲתִיכוֹת, בְּנִפְרָד, הַרְחֵק זֶה מִזֶּה
asy′lum *n.* מִקְלָט, מַחְסֶה; בֵּית־חוֹלִים לְחוֹלֵי רוּחַ
a•sym′metry *n.* חוֹסֶר־סִימֶטְרִיָּה
at *prep.* בְּ־, עַל, מִן, לְיַד, אֵצֶל; בְּשָׁעָה; לִקְרַאת, כְּלַפֵּי; בִּמְחִיר, תְּמוּרַת; בְּכִוּוּן
  at all בִּכְלָל
  at last סוֹף סוֹף
  at least לְפָחוֹת
  at once מִיָּד
  at times לִפְעָמִים
ate = pt of eat
a′the•ism′ *n.* אַתֵּיאִיזְם, כְּפִירָה
a′the•ist *n.* אַתֵּיאִיסְט, כּוֹפֵר
ath′lete *n.* אַתְלֵט
ath•let′ic *adj.* אַתְלֵטִי
ath•let′ics *n.* אַתְלֵטִיקָה
at′las *n.* אַטְלָס, מַפּוֹן
at′mosphere′ *n.* אַטְמוֹסְפֵירָה; אֲוִירָה
at′mospher′ic *adj.* אַטְמוֹסְפֵירִי
at′om *n.* אָטוֹם; שֶׁמֶץ
atom′ic *adj.* אֲטוֹמִי, שֶׁל אָטוֹם, גַּרְעִינִי
at′omize′ *v.* רִסֵּס; הִפְרִיד לַאֲטוֹמִים
atone′ *v.* כִּפֵּר, פִּיֵּס
atonement *n.* כִּפּוּר
atro′cious (-shəs) *adj.* אַכְזָרִי; רַע
atroc′ity *n.* אַכְזָרִיּוּת; זְוָעָה
at′rophy *n.* הִתְנַוְּנוּת, דִּלְדּוּל
attach′ *v.* חִבֵּר, הִדֵּק; סִפֵּחַ; הוֹסִיף; עִקֵּל; הִתְחַבֵּר
  attached to אוֹהֵב, קָשׁוּר
at′taché′ (-təshā′) *n.* נִסְפָּח (צבאי)
attachment *n.* סִפּוּחַ; אֲבִיזָר, קָבִיעַ; חִבָּה, מְשִׁיכָה; עִקּוּל
attack′ *v.* הִתְקִיף, תָּקַף
attack *n.* הַתְקָפָה, הֶתְקֵף; פְּתִיחָה, גִּישָׁה
attain′ *v.* הִגִּיעַ לְ־, הִגְשִׁים, הִשִּׂיג
attainment *n.* הַשָּׂגָה, הַגְשָׁמָה; כִּשְׁרוֹן
attempt′ *v.* נִסָּה, הִשְׁתַּדֵּל
attempt *n.* נִסָּיוֹן, הִשְׁתַּדְּלוּת
  attempt on his life הִתְנַקְּשׁוּת בְּחַיָּיו
attend′ *v.* בִּקֵּר בְּ־; נָכַח; לִוָּה; שֵׁרֵת, טִפֵּל בְּ־, דָּאַג לְ—
  attend to הִקְדִּישׁ תְּשׂוּמֶת־לֵב לְ—
attend′ance *n.* נוֹכְחוּת; טִפּוּל, שֵׁרוּת
attend′ant *adj.* נוֹכֵחַ, נִלְוֶה, מָצוּי
attendant *n.* מְשָׁרֵת, מְלַוֶּה, סַדְּרָן
atten′tion *n.* תְּשׂוּמֶת־לֵב, הַקְשָׁבָה; הִתְחַשְּׁבוּת; מַצַּב "הַקְשֵׁב" (בְּמִסְדָּר)
atten′tive *adj.* מַקְשִׁיב, מִתְרַכֵּז; אָדִיב, מָסוּר, דּוֹאֵג לְ—
atten′u•ate′ (-nūāt) *v.* הֶחֱלִישׁ
attest′ *v.* הִצְהִיר; אִשֵּׁר, הוֹכִיחַ
at′tic *n.* עֲלִיַּת־גַּג
attire′ *v&n.* הִלְבִּישׁ; בְּגָדִים, לְבוּשׁ
at′titude′ *n.* עֶמְדָּה, יַחַס, תַּעֲמִיד
attor′ney (-tûr′-) *n.* פְּרַקְלִיט
attract′ *v.* מָשַׁךְ
attrac′tion *n.* מְשִׁיכָה, אַטְרַקְצְיָה
attrac′tive *adj.* מוֹשֵׁךְ, מַקְסִים
attrib′ute *v.* יִחֵס לְ־, זָקַף לְ—
at′tribute′ *n.* סְגֻלָּה, תְּכוּנָה, אוֹפִי; סֵמֶל
attri′tion (-ri-) *n.* שְׁחִיקָה, הֲתָשָׁה
au′burn *adj.* עַרְמוֹנִי
auc′tion *n.* מְכִירָה פּוּמְבִּית
auction (off) *v.* מָכַר בִּמְכִירָה פּוּמְבִּית
auc′tioneer′ (-shən-) *n.* כָּרוֹז
auda′cious (-shəs) *adj.* נוֹעָז; חָצוּף
audac′ity *n.* הַרְהָבָה; חוּצְפָּה
au′dible *adj.* שָׁמִיעַ, נִשְׁמָע
au′dience *n.* קָהָל; חוּג קוֹרְאִים; רֵאָיוֹן
au′dit *n.* בִּקֹּרֶת חֶשְׁבּוֹנוֹת
audit *v.* בִּקֵּר חֶשְׁבּוֹנוֹת
audi′tion (-di-) *n.* מִבְחָן (לשחקן)
au′ditor *n.* מְבַקֵּר חֶשְׁבּוֹנוֹת; שׁוֹמֵעַ
au′dito′rium *n.* אוּלָם, אוֹדִיטוֹרְיוּם
au′ger (-g-) *n.* מַקְדֵּחַ
aught (ôt) *n.* מַשֶּׁהוּ, כְּלוּם; *אֶפֶס
  for aught I know לְמֵיטַב יְדִיעָתִי
augment′ *v.* הִגְדִּיל; הִתְרַבָּה
au′gur *v.* נִבֵּא, בִּשֵּׂר
au′gu•ry *n.* נְבוּאָה, סִמָּן לֶעָתִיד

august′ *adj.* מְעוֹרֵר כָּבוֹד, אֲצִילִי
Au′gust *n.* אוֹגוּסְט
aunt (ant) *n.* דּוֹדָה
au′ricle *n.* אוֹזֶן; פְּרוֹזְדוֹר הַלֵּב, אוֹזְנִית
auro′ra *n.* אוֹרוֹרָה, זוֹהַר קוֹטְבִּי
aus′pices (-pisēz) *npl.* חָסוּת
austere′ *adj.* מַחְמִיר, קַפְּדָנִי; צָנוּעַ
auster′ity *n.* חוּמְרָה; צֶנַע; פַּשְׁטוּת
authen′tic *adj.* אֲמִתִּי, אָמִין, אוֹתֶנְטִי
authen′ticate′ *v.* אִשֵּׁר; וִדֵּא
au′thor *n.* מְחַבֵּר, סוֹפֵר; יוֹצֵר
author′ita′rian *adj&n.* דּוֹגֵל בְּרוֹדָנוּת; רוֹדָנִי, סַמְכוּתִי
author′ita′tive *adj.* מוּסְמָךְ, מְהֵימָן; תַּקִּיף, מְצַוֶּה, מָרוּתִי, סַמְכוּתִי
author′ity *n.* סַמְכוּת, מָרוּת; אִשּׁוּר; מָקוֹר; שִׁלְטוֹן; בַּר־סַמְכָא, אוֹטוֹרִיטָה
au′thorize′ *v.* אִשֵּׁר, הִסְמִיךְ
au′to *n.* מְכוֹנִית, אוֹטוֹ
au′to•bi′ograph′ical אוֹטוֹבִּיוֹגְרָפִי
au′to•bi•og′raphy *n.* אוֹטוֹבִּיוֹגְרַפְיָה
au′tocrat′ *n.* רוֹדָן, שַׁלִּיט יָחִיד
au′tograph′ *n&v.* (חָתַם) אוֹטוֹגְרָף
au′tomat′ic *adj.* אוֹטוֹמָטִי, מְכוֹנָתִי
au′toma′tion *n.* מִכּוּן, אוֹטוֹמַצְיָה
au′tomobile′ (-bēl) *n.* מְכוֹנִית
auton′omous *adj.* אוֹטוֹנוֹמִי
auton′omy *n.* אוֹטוֹנוֹמְיָה, עַצְמָאוּת
au′top′sy *n.* אוֹטוֹפְּסְיָה, נִתּוּחַ שֶׁלְּאַחַר הַמָּוֶת; נִתּוּחַ בִּקָּרְתִּי
au′tumn (-təm) *n.* סְתָו; עֵת הַבַּשָׁלוּת
autum′nal *adj.* סְתָוִי, שֶׁל סְתָו
auxil′iary (ôgzil′əri) *adj&n.* עוֹזֵר
avail′ *v&n.* הוֹעִיל, עָזַר; תּוֹעֶלֶת
avail oneself of נִצֵּל
of no avail לְלֹא הוֹעִיל, לַשָּׁוְא
avail′able *adj.* יָשִׂיג, נִתָּן לְהַשָּׂגָה, זָמִין, פָּנוּי; שִׁמּוּשִׁי, בַּר־תּוֹקֶף
av′alanche′ (-lanch) *n.* מַפֹּלֶת; מַבּוּל
avant′-garde′ *n.* חָלוּץ, אֲוַנְגַּרְד
av′arice (-ris) *n.* אַהֲבַת בֶּצַע
av′ari′cious (-rish′əs) *adj.* רוֹדֵף בֶּצַע
avenge′ *v.* נָקַם
av′enue′ (-no͞o) *n.* שְׂדֵרָה, דֶּרֶךְ; אֶמְצָעִי
aver′ *v.* טָעַן, הִצְהִיר
av′erage *n&adj.* מְמוּצָע; רָגִיל
average *v.* מִצַּע, חִשֵּׁב אֶת הַמְּמוּצָע
averse′ *adj.* מִתְנַגֵּד, סוֹלֵד
aver′sion (-zhən) *n.* סְלִידָה, שִׂנְאָה
avert′ *v.* מָנַע, הִפְנָה הַצִּדָּה, הֵסֵב
a′viar′y (-vieri) *n.* כְּלוּב עוֹפוֹת
a′via′tion *n.* תְּעוּפָה, אֲוִירָאוּת
av′id *adj.* לָהוּט, שׁוֹאֵף
avid′ity *n.* לְהִיטוּת
av′oca′tion *n.* תַּחְבִּיב, הוֹבִּי
avoid′ *v.* נִמְנַע מִן, הִתְחַמֵּק מִן
avoidance *n.* הִמָּנְעוּת, הִתְחַמְּקוּת
avow′ *v.* הִצְהִיר, הוֹדָה בְּ—
avowed *adj.* מוּצְהָר, מוּכְרָז
await′ (əw-) *v.* חִכָּה
awake′ (əw-) *v.* עוֹרֵר; הִתְעוֹרֵר
awake *adj.* עֵר, מוּדָע לְ—
awa′ken (əw-) *v.* עוֹרֵר
awakening *n.* הִתְעוֹרְרוּת
award′ (əwôrd′) *v.* פָּסַק, הֶעֱנִיק
award *n.* פְּרָס, מַעֲנָק; תַּשְׁלוּם
aware′ (əwār′) *adj.* עֵרָנִי; מַכִּיר, יוֹדֵעַ, מוּדָע לְ—
awareness *n.* מוּדָעוּת, הַכָּרָה
away′ (əwā′) *adv.* הָלְאָה, בְּמָקוֹם אַחֵר, בְּמֶרְחָק, הַרְחֵק; בְּכִוּוּן אַחֵר; בְּלִי הֶרֶף, אֲרוּכּוֹת
do away with נִפְטַר מִן, חִסֵּל
awe (ô) *n.* פַּחַד, יִרְאַת־כָּבוֹד
awe *v.* עוֹרֵר יִרְאַת כָּבוֹד בְּלֵב—
awe′some (ô′səm) *adj.* נוֹרָא, מַפְחִיד
awe-struck *adj.* מָלֵא פַּחַד, הֲלוּם־אֵימָה
aw′ful *adj.* מַפְחִיד, אָיֹם; *"נוֹרָא"
awfully *adv.* *נוֹרָא, מְאוֹד
awhile (əwīl′) *adv.* זְמַן־מָה; לְרֶגַע
awk′ward *adj.* לֹא נוֹחַ, קָשֶׁה לְטִפּוּל; מְגוּשָּׁם, לֹא־יוּצְלָח; בַּיְשָׁן, מֵבִיךְ
awl *n.* מַרְצֵעַ
aw′ning *n.* סוֹכֵךְ, גְּנוֹגֶנֶת, גַּגּוֹן
awoke′ = **p of awake** (əw-)
ax, axe (aks) *n&v.* גַּרְזֶן; קִצֵּץ; פִּטֵּר
give the ax פִּטֵּר, שִׁלַּח
ax′iom *n.* אַקְסְיוֹמָה, אֲמִתָּה
ax′is *n.* צִיר, צִיר הַסִּימֶטְרִיָּה
ax′le *n.* סֶרֶן, צִיר
aye, ay (ī) *adv.* כֵּן, הֵן
az′imuth *n.* אֲזִימוּת, זָוִית הָאוֹפֶק
azure (azh′ər) *adj&n.* תָּכוֹל; תְּכֵלֶת

B

B *n.* סִי (צליל)
BA = Bachelor of Arts ב״א
baa (bä) *n&v.* פְּעִיָּה; פָּעָה, חָנַב
bab'ble *n.* פִּטְפּוּט, מִלְמוּל; פִּכְפּוּךְ
babble *v.* מִלְמֵל, פִּטְפֵּט; בִּעְבַּע
babe *n.* תִּינוֹק; תָּמִים, נָאִיבִי; *בַּחוּרָה
baboon' (-ōōn) *n.* בַּבּוּן (קוף)
ba'by *n.* תִּינוֹק; זָעִיר; *בַּחוּרָה, מוֹתֶק
baby carriage עֶגְלַת תִּינוֹק
babyhood *n.* יַנְקוּת, יַלְדוּת, טַפּוּת
babyish *adj.* יַלְדוּתִי, תִּינוֹקִי
baby-sitter *n.* שְׁמַרְטַף, בֵּיבִּי־סִיטֶר
baby tooth שֵׁן חָלָב
bach'elor *n.* רַוָּק; בַּעַל תּוֹאַר ב״א
Bachelor of Arts ב״א (תואר)
bacil'lus *n.* חַיְדַק, מֶתֶג, בְּצִילוּס
back *n.* גַּב, צַד אֲחוֹרִי; מִסְעַד הַכִּסֵּא; מֵגֵן (בכדורגל); קָצֶה, סוֹף
at one's back מֵאֲחוֹרָיו, תּוֹמֵךְ בּוֹ
at the back of —מֵאֲחוֹרֵי
get one's back up הִתְרַגֵּז
on one's back חוֹלֶה, שׁוֹכֵב, חֲסַר־אוֹנִים
put one's back into הִתְמַסֵּר בְּמֶרֶץ
turn one's back on —פָּנָה עוֹרֶף לְ
back *v.* הוֹלִיךְ אֲחוֹרָה; נָע לְאָחוֹר; תָּמַךְ בְּ־; הִמֵּר עַל
back a bill הֵסֵב שְׁטָר
back away נָסוֹג, נִרְתַּע
back down/off וִתֵּר, נָסוֹג מִן
back up תָּמַךְ, נָתַן גִּבּוּי
back *adj.* אֲחוֹרִי, אֲחוֹרָנִי, מִפִּגְרֵי
be back חָזַר, שָׁב
back *adv.* אֲחוֹרָה, בַּחֲזָרָה, שׁוּב; לְעֵיל, לְפָנִים, בֶּעָבָר
back and forth הָלוֹךְ וָשׁוֹב
go back on הֵפֵר, לֹא קִיֵּם; בָּגַד
backache *n.* כְּאֵב גַּב
backbench *n.* סַפְסָל אֲחוֹרִי
back'bite' *v.* רִכֵּל עַל, הִלְעִיז
backbone *n.* חוּט־שִׁדְרָה; תְּקִיפוּת־דַּעַת
backbreaking *adj.* מְפָרֵךְ, קָשֶׁה
backchat *n.* עַזּוּת, חוּצְפָּה, תְּשׁוּבָה גַּסָּה
back door *n.* כְּנִיסָה אֲחוֹרִית
backdrop *n.* תַּפְאוּרַת־רֶקַע
backer *n.* תּוֹמֵךְ, מְמַמֵּן; מְהַמֵּר
backfield *n.* הַשַּׂחְקָנִים הָאֲחוֹרִיִּים
back'gam'mon *n.* שֵׁשׁ־בֵּשׁ (משחק)
background *n.* רֶקַע
backhand *n.* (בטניס) מַכָּה גַּבִּית
backhanded *adj.* דּוּ־מַשְׁמָעִי, מְפוּקְפָּק
backing *n.* תְּמִיכָה, תְּמוּכִין, גִּבּוּי
backlash *n.* רְתִיעָה; תְּגוּבָה עוֹיֶנֶת
backlog *n.* הִצְטַבְּרוּת, פִּגּוּרִים
backnumber *n.* עִתּוֹן יָשָׁן; *מְיוּשָּׁן
backpedal *v.* דִּוֵּשׁ לְאָחוֹר; נָסוֹג
back seat מַעֲמָד מִשְׁנִי; מוֹשָׁב אֲחוֹרִי
back-seat driver נוֹתֵן עֵצוֹת
backside *n.* *יַשְׁבָן, עַכּוּז
backslide *v.* הִתְדַּרְדֵּר, חָזַר לְסוּרוֹ
backspace *n.* מַקַּשׁ הַהַחְזָרָה
backstage *n.* אֲחוֹרֵי הַקְּלָעִים
backstairs *adj.* סוֹדִי, חֲשָׁאִי, עָקִיף
backstroke *n.* שְׂחִיַּת גַּב
back talk חוּצְפָּה, עַזּוּת
backtrack *v.* נָסוֹג, חָזַר בּוֹ
back'up' *n.* תַּחֲלִיף, גִּבּוּי, רֶזֶרְבָה
backward *adj.* מְפַגֵּר, מְהַסֵּס
backward(s) *adv.* אֲחוֹרַנִּית, אֲחוֹרָה
backwater *n.* מַיִם עוֹמְדִים; פִּגּוּר
backwoods *npl.* שְׁמָמָה, מָקוֹם נִדָּח
backyard *n.* חָצֵר אֲחוֹרִית
ba'con *n.* קוֹתֶל חֲזִיר
save one's bacon *נִצַּל בְּנֵס
bac·te'ria *npl.* בַּקְטֶרְיוֹת, חַיְדַקִּים
bac·te'riol'ogist *n.* בַּקְטֶרְיוֹלוֹג
bac·te'riol'ogy *n.* בַּקְטֶרְיוֹלוֹגְיָה
bad *adj.* רַע, גָּרוּעַ, מַזִּיק, חוֹלֶה; רְצִינִי; חָמוּר
bad business עֵסֶק בִּישׁ
bad leg רֶגֶל כּוֹאֶבֶת
feel bad about it הִצְטַעֵר עַל כָּךְ
go bad הִתְקַלְקֵל
go from bad to worse הִתְדַּרְדֵּר
too bad *חֲבָל, אֲנִי מִצְטַעֵר

bad *n.* רוֹעַ, רַע
go (to the) bad הִתְדַּרְדֵּר, הִתְקַלְקֵל
in bad בְּצָרָה, בִּמְצוּקָה
the bad הָרָעִים, הָרְשָׁעִים
bad blood אֵיבָה, טִינָה
bad debt חוֹב אָבוּד, חוֹב מְסוּפָּק
bade = pt of bid
badge *n.* תָּג, סֵמֶל, אוֹת
badg'er *n.* גִּירִית, פַּרְוַת הַגִּירִית
badger *v.* הֵצִיק, הִטְרִיד, נִדְנֵד
bad'inage' (-näzh') *n.* לִגְלוּג, הִתּוּל
badly *adv.* בְּצוּרָה גְרוּעָה; מְאוֹד מְאוֹד
badly-off *adj.* עָנִי, דַּל
bad'min'ton *n.* נוֹצִית (מִשְׂחָק)
baf'fle *v.* הֵבִיךְ, בִּלְבֵּל; סִכֵּל
bag *n.* תִּיק, יַלְקוּט, אַרְנָק, שַׂקִּית
bag and baggage עִם כָּל חֲפָצָיו
bag of bones גַּל עֲצָמוֹת, כָּחוּשׁ
bags מִכְנָסַיִם רְחָבִים
bags of *הַרְבֵּה, "הָמוֹן"
in the bag *מוּנָח בַּכִּיס, מוּבְטָח
bag *v.* שָׂם בַּיַּלְקוּט; הָרַג, צָד; *תָּפַס
bag'atelle' *n.* דָּבָר קַל־עֵרֶךְ; זוּטָה
bag'gage *n.* מִטְעָן, מִזְוָד
bag'gy *adj.* תָּלוּי בְּרִפְיוֹן
bag'pipe' *n.* חֵמֶת חֲלִילִים
bail *n&v.* עֲרֵבוּת; שִׁחְרוּר בַּעֲרֵבוּת
bail out שִׁחְרֵר בַּעֲרֵבוּת
go bail עָרַב, הִפְקִיד עֲרֵבוּת
out on bail מְשׁוּחְרָר בַּעֲרֵבוּת
bail'ee' *n.* נֶאֱמָן, שׁוֹמֵר, אֶפִּיטְרוֹפּוֹס
bai'liff *n.* פְּקִיד בֵּית הַמִּשְׁפָּט
bait *n.* פִּתָּיוֹן, פִּתּוּי
bait *v.* שָׂם פִּתָּיוֹן; הֵצִיק, הִרְגִּיז
bake *v.* אָפָה; הִקְשָׁה בְּחוֹם; הִתְחַמֵּם, הִשְׁתַּזֵּף
Ba'kelite' *n.* בָּקֶלִיט
baker *n.* אוֹפֶה, פּוֹעֵל מַאֲפִיָּה
baker's dozen שְׁלוֹשָׁה־עָשָׂר, 13
ba'kery *n.* מַאֲפִיָּה
baking powder אַבְקַת אֲפִיָּה
bal'ance *n.* מֹאזְנַיִם; שִׁוּוּי־מִשְׁקָל; יַצִּיבוּת; מַאֲזָן; יִתְרָה
in the balance עַל כַּף הַמֹּאזְנַיִם
off balance מִתְמוֹטֵט, לֹא יַצִּיב
on balance בְּהִתְחַשֵּׁב בַּכֹּל
balance *v.* שָׁקַל, הִשְׁוָה, אִזֵּן
balanced *adj.* מְאוּזָּן, יַצִּיב, שָׁקוּל
balance of payments מַאֲזַן הַתַּשְׁלוּמִים
balance of power מַאֲזַן הַכּוֹחוֹת
balance of trade מַאֲזָן מִסְחָרִי
balance sheet מַאֲזָן
bal'cony *n.* מִרְפֶּסֶת; יָצִיעַ
bald (bôld) *adj.* קֵרֵחַ; גָּלוּי
baldly *adv.* בְּגָלוּי, גְלוּיוֹת
bal'dric (bôl-) *n.* מִנְשָׂאָה, חֲגוֹרָה
bale *n&v.* חֲבִילָה, צְרוֹר; צָרַר, אָרַז
baleful (bāl'fəl) *adj.* רַע, מָלֵא שִׂנְאָה
balk (bôk) *n.* מוֹט; מַעֲצוֹר, מִכְשׁוֹל
balk *v.* הִסֵּס, עָצַר; סִכֵּל
balky *adj.* עַקְשָׁן, עוֹצֵר
ball (bôl) *n.* כַּדּוּר; נֶשֶׁף רִקּוּדִים
play ball *שִׁתֵּף פְּעוּלָּה
ball *v.* הִתְכַּדֵּר, הִתְעַגֵּל
ball up *קִלְקֵל, פִּשֵּׁל, הָרַס; בִּלְבֵּל
bal'lad *n.* בַּלָּדָה, שִׁיר
bal'last *n.* זְבוֹרִית; חָצָץ; יַצִּיבוּת
ball bearing מֵסַב כַּדּוּרִיּוֹת
ball-cock *n.* מָצוֹף (שֶׁל מֵיכָל), צָף
bal'leri'na (-rē'-) *n.* בַּלֶּרִינָה
bal'let (-lā) *n.* בַּלֶּט, מָחוֹל
ballis'tic *adj.* בַּלִּיסְטִי
ballistics *n.* בַּלִּיסְטִיקָה
balloon' (-ōōn) *n.* כַּדּוּר פּוֹרֵחַ; בַּלּוֹן
balloon *v.* הִתְנַפֵּחַ
bal'lot *n.* הַצְבָּעָה חֲשָׁאִית; פֶּתֶק הַצְבָּעָה; מִסְפַּר הַקּוֹלוֹת; זְכוּת הַצְבָּעָה
ballot *v.* עָרַךְ הַצְבָּעָה; הִגְרִיל
ballot box קַלְפִּי
ballroom *n.* אוּלַם רִקּוּדִים
bal'lyhoo' *n.* *פִּרְסוֹמֶת רַעֲשָׁנִית
balm (bäm) *n.* תְּרוּפָה מַרְגִּיעָה, צֳרִי
balmy *adj.* מַרְגִּיעַ, נָעִים, רֵיחָנִי; *שׁוֹטֶה
balo'ney *n.* שְׁטוּיוֹת
bal'sam (bôl-) *n.* בַּלְסָמוֹן, בּוֹשֶׂם
bal'uster *n.* עַמּוּד־מַעֲקֶה
bal'ustrade' *n.* מַעֲקֶה, בָּלוּסְטְרָדָה
bam•boo' *n.* בַּמְבּוּק, חִזְרָן
bam•boo'zle *v.* *רִמָּה, בִּלְבֵּל
ban *v&n.* אָסַר, הֶחֱרִים; אִסּוּר; נִדּוּי
banal' *adj.* בָּנָלִי, נָדוֹשׁ, שִׁגְרָתִי
banan'a *n.* בָּנָנָה, מוֹז
band *n.* רְצוּעָה, פַּס, סֶרֶט

band *v.* כָּרַךְ רְצוּעָה
band *n&v.* קְבוּצָה, לַהֲקָה; תִּזְמוֹרֶת
band together הִתְאַחֵד
band′age *n.* תַּחְבּוֹשֶׁת, רְטִיָּה
bandage *v.* חָבַשׁ (פצע)
bandbox *n.* תֵּבַת כּוֹבָעִים (לאישה)
out of a bandbox מְצוּחְצָח, מְטוּפָּח
ban′dit *n.* שׁוֹדֵד, גַּזְלָן
bandmaster *n.* מְנַצֵּחַ תִּזְמוֹרֶת
ban′doleer′ *n.* פּוּנְדָּה, חֲגוֹרָה
bandsman *n.* חֲבֵר תִּזְמוֹרֶת
bandstand *n.* בִּימַת הַתִּזְמוֹרֶת
bandwagon *n.* קְרוֹן הַתִּזְמוֹרֶת
ban′dy *v.* הֶחֱלִיף (מלים, מכות)
bandy words הִתְנַצֵּחַ, הֶחֱלִיף הֶעָרוֹת
bandy *adj.* (בעל רגליים) עֲקוּמוֹת
bane *n.* הֶרֶס, קְלָלָה; רַעַל
baneful *adj.* רַע, מַמְאִיר, הַרְסָנִי
bang *v.* הָלַם, דָּפַק, הִרְעִישׁ
bang into נִתְקַל בְּ—
bang up *קִלְקֵל; פָּצַע
bang *n.* חֲבָטָה, קוֹל נֶפֶץ, טְרִיקָה
bang *adv.* פִּתְאוֹם, בְּדִיּוּק, בְּרַעַשׁ
bang *n.* תִּסְפּוֹרֶת פּוֹנִי
ban′gle *n.* צָמִיד, אֶצְעָדָה
ban′ish *v.* הִגְלָה, גֵּרֵשׁ; סִלֵּק
banishment *n.* גֵּרוּשׁ, גָּלוּת
ban′ister *n.* מַעֲקֶה
bank *n.* גָּדָה, שָׂפָה; שִׁפּוּעַ, תֵּל, עֲרֵמָה (של עננים/שלג)
bank *v.* טָס בְּשִׁפּוּעַ; נָסַע בְּהַטָּיָה
bank up נֶעֱרַם; עָרַם (שלג, עפר)
bank *n.* בַּנְק, קוּפָּה; שׁוּרַת קְלִידִים
bank *v.* הִפְקִיד (כספים) בְּבַנְק
bank on סָמַךְ עַל
banker *n.* בַּנְקַאי, קוּפַּאי
banking *n.* בַּנְקָאוּת
bank note בַּנְקְנוֹט, שְׁטַר כֶּסֶף
bank′rupt′ *n&adj.* פּוֹשֵׁט רֶגֶל
bankrupt *v.* גָּרַם לִפְשִׁיטַת רֶגֶל
bankrupt *adj.* חֲסַר־, נֶעְדַּר־, נְטוּל—
bank′rupt′cy *n.* פְּשִׁיטַת־רֶגֶל
ban′ner *n.* דֶּגֶל, נֵס, כְּרָזָה
banner headline כּוֹתֶרֶת עֲנָקִית
banns *npl.* הוֹדָעַת נִשּׂוּאִין
ban′quet *n.* מְסִבָּה, סְעוּדָה, מִשְׁתֶּה
banquet *v.* עָרַךְ מְסִבָּה לְ־; הֵסֵב

ban′tam *n.* בַּנְטָם, תַּרְנְגוֹל
ban′ter *v.* הִתְלוֹצֵץ, הִתְבַּדֵּחַ
banter *n.* לָצוֹן, הִתְבַּדְּחוּת
bap′tism′ *n.* טְבִילָה, שְׁעָמוּד
Bap′tist *n.* בַּפְּטִיסְט
bap•tize′ *v.* הִטְבִּיל לְנַצְרוּת, שִׁעֲמֵד
bar *n.* מוֹט, בְּרִיחַ; מַחְסוֹם; מְחִצָּה; שִׂרְטוֹן; עִטּוּר; פַּס; בַּר, מִסְבָּאָה, דֶּלְפֵּק
behind bars מֵאֲחוֹרֵי סוֹרֵג וּבְרִיחַ
the bar פְּרַקְלִיטוּת; מְחִצַּת הַשּׁוֹפְטִים
bar *v.* סָגַר, נָעַל, חָסַם; אָסַר, שָׁלַל
bar *prep.* חוּץ מִן, זוּלַת, בַּר
bar none לְלֹא יוֹצֵא מֵהַכְּלָל
barb *n.* חוֹד, קֶרֶס, וָו כָּפוּף
bar•ba′rian *n.* פֶּרֶא; בַּרְבָּרִי
bar•bar′ic *adj.* בַּרְבָּרִי
bar′barism′ *n.* בַּרְבָּרִיזְם
bar•bar′ity *n.* בַּרְבָּרִיּוּת
bar′barous *adj.* בַּרְבָּרִי, פִּרְאִי
bar′be•cue′ (-kū) *n.* צָלִי, פִּיקְנִיק־צָלִי, בַּרְבֶּקְיוּ; מַחְתָּה, אַסְכָּלָה
barbed (bärbd) *adj.* בַּעַל חוֹד, עוֹקֵץ
barbed wire תַּיִל דּוֹקְרָנִי
bar′ber *n.* סַפָּר
bare *adj.* חָשׂוּף, עָרוֹם, גָּלוּי, רֵיק; מְצוּמְצָם; בְּקוֹשִׁי, גְּרֵידָא
with bare hands בְּיָדָיו בִּלְבַד
bare *v.* חָשַׂף, גִּלָּה
bareback *adv.* לְלֹא אוּכָּף
barefaced *adj.* נוֹעָז, חוּצְפָּנִי
barefoot *adj.* יָחֵף
bareheaded *adj.* גְּלוּי־רֹאשׁ
bare-legged *adj.* לְלֹא גַּרְבַּיִם
barely *adv.* אַךְ; בְּקוֹשִׁי, בְּצִמְצוּם
bar′gain (-gən) *n.* עִסְקָה; הֶסְכֵּם; קְנִיָּה, "עֵסֶק טוֹב", מְצִיאָה
into the bargain נוֹסָף עַל כָּךְ
it's a bargain עָשִׂינוּ עֵסֶק
bargain *v.* הִתְמַקֵּחַ; הִגִּיעַ לְהֶסְכֵּם
bargain away מָכַר, הִקְרִיב
bargain for שִׁעֵר שֶׁ־, צִפָּה לְ—
bargaining position עֶמְדַּת־מִקּוּחַ
barge *n.* דּוֹבְרָה, סִירָה, אַרְבָּה
barge *v.* נָע בִּכְבֵדוּת
barge in/into נִתְקַל בְּ־; הִתְפָּרֵץ לְ—
bar′itone′ *n.* בָּרִיטוֹן (קול)
bar′ium *n.* בַּרְיוּם (מתכת)

bark *n.* קְלִפַּת עֵץ
bark *v.* קִלֵּף; הוֹרִיד עוֹר, פָּצַע
bark *n.* נְבִיחָה; קוֹל יְרִי; שִׁעוּל
bark *v.* נָבַח; צָעַק
bar'ley *n.* שְׂעוֹרָה
barmaid *n.* מֶלְצָרִית, מוֹזֶגֶת
barman *n.* מֶלְצַר, מוֹזֵג, בַּארמָן
bar mitz'vah (-və) בַּר מִצְוָה
barn *n.* אָסָם, מַמְגוּרָה; בִּנְיָן גַּס
bar'nacle *n.* סַפַּחַת
barn-yard *n.* חֲצַר־מֶשֶׁק
bar'ograph' *n.* רַשַּׁם־לַחַץ, בָּרוֹגְרָף
barom'eter *n.* בָּרוֹמֶטֶר, מַד־כּוֹבֶד
bar'omet'ric *adj.* בָּרוֹמֶטְרִי
bar'on *n.* בָּרוֹן, רוֹזֵן; אֵיל־הוֹן
baroness *n.* בָּרוֹנִית, רוֹזֶנֶת
baroque' (-rōk) *n.* בָּרוֹק (סגנון)
barque (bärk) *n.* סִירָה, דוֹבְרָה
bar'rack *v.* צָעַק בּוּז
bar'racks *npl.* קְסַרְקְטִין, בִּנְיָן גַּס
barrage' (-räzh') *n.* מָסַךְ־אֵשׁ; מְטַר־אֵשׁ/שְׁאֵלוֹת
barred (bärd) *adj.* מוּבְרָח, נָעוּל, סָגוּר; מְפוּסְפָּס
bar'rel *n.* חָבִית; קְנֵה־רוֹבֶה, קְנֵה— אֶקְדָּח; מִכַל גְּלִילִי
barrel organ תֵּבַת נְגִינָה
bar'ren *adj.* עָקָר, לֹא פּוֹרֶה
bar'ricade' *n.* בָּרִיקָדָה, מִתְרָס
barricade *v.* חָסַם; כָּלָא
bar'rier *n.* מַחְסוֹם, סְיָג
bar'ring (bär-) *prep.* פְּרָט לְ—
bar'rister *n.* פְּרַקְלִיט
barroom *n.* בַּר, מִסְבָּאָה
bar'row (-ō) *n.* עֶגְלַת־יָד; מְרִיצָה; עֶגְלַת־רוֹכְלִים; תֵּל, גִּבְעָה
bartender *n.* מוֹזֵג; מֶלְצַר
bar'ter *n.* סַחַר־חֲלִיפִין
barter *v.* הֶחֱלִיף, עָסַק בַּחֲלִיפִין
barter away מָכַר, הֶחֱלִיף, הִקְרִיב
basalt' (-sôlt) *n.* בַּזֶּלֶת, בָּשָׁנִית
base *n&v.* בָּסִיס; תַּחֲנָה; בִּסֵּס
base on/upon בִּסֵּס עַל
base *adj.* שָׁפָל, נִבְזֶה
base coin מַטְבֵּעַ מְזוּיָּף
base metal מַתֶּכֶת פְּשׁוּטָה
baseball *n.* בֵּיסבּוֹל, כַּדּוּר־בָּסִיס
baseless *adj.* חֲסַר־בָּסִיס, לְלֹא יְסוֹד
base'ment (bās'-) *n.* קוֹמַת־מַרְתֵּף
bases = pl of basis (bā'sēz)
bash *n.* מַהֲלוּמָה; *נִסָּיוֹן
bash *v.* הָלַם, הִכָּה, חָבַט
bash'ful *adj.* בַּיְשָׁן, נָבוֹךְ
ba'sic *adj.* בְּסִיסִי, יְסוֹדִי
basically *adv.* בִּיסוֹדוֹ שֶׁל דָּבָר
bas'ilisk' *adj.* (מבט) קַטְלָנִי
ba'sin *n.* כִּיּוֹר, קְעָרָה; אַגָּן; בִּקְעָה
ba'sis *n.* בָּסִיס, יְסוֹד
bask *v.* הִתְחַמֵּם, נֶהֱנָה
bas'ket *n.* סַל, טֶנֶא
basketball *n.* כַּדּוּרְסַל
bass (bās) *n.* בַּס, קוֹל בַּס
bas'sinet' *n.* עֲרִיסַת תִּינוֹק, סַל־קַל
bassoon' (-ōōn) *n.* בַּסוֹן, פָּגוֹט
bas'tard *n&adj.* מַמְזֵר; מְזוּיָּף
bas'tardy *n.* מַמְזֵרוּת, מַעֲמַד הַמַּמְזֵר
baste (bāst) *v.* הִכְלִיב (בתפירה); יָצַק רוֹטֶב עַל, הִטְפִּיחַ; הִכָּה
bas'tion (-'chən) *n.* מְצוּדָה, תַּבְנוּן
bat *n.* עֲטַלֵּף; מַחְבֵּט; אַלָּה
go to bat for עָזַר, תָּמַךְ, הֵגֵן
bat *v.* הִכָּה, חָבַט; מִצְמֵץ, קָרַץ
not bat an eyelid לֹא הֵנִיד עַפְעַף
batch *n.* קְבוּצָה, אוֹסֶף, צְרוֹר, אַצְוָה
bate *v.* הִפְחִית
with bated breath בִּנְשִׁימָה עֲצוּרָה
bath *n.* אַמְבַּטְיָה, מֶרְחָץ
bathe (bādh) *v.* רָחַץ; הִרְטִיב
bathed in light מוּצָף אוֹר
ba'ther (-dh-) *n.* מִתְרַחֵץ, טוֹבֵל
bathhouse *n.* בֵּית־מֶרְחָץ
ba'thing (-dh-) *n.* רְחִיצָה, רַחְצָה
bathing suit בֶּגֶד־יָם
bathrobe *n.* גְּלִימַת רַחְצָה
bathroom *n.* אַמְבַּטְיָה; שֵׁרוּתִים
bathtub *n.* אַמְבַּטְיָה
baton' *n.* שַׁרְבִיט, אַלָּה
bats *adj.* *מְטוֹרָף, מוּזָר
battal'ion *n.* גְּדוּד, בַּטַלְיוֹן
bat'ten *n&v.* קֶרֶשׁ, לוּחַ
batten *v.* הִשְׁמִין (ע"ח הזולת)
batten down הִדֵּק בִּקְרָשִׁים, סָגַר
bat'ter *v.* הָלַם, הִכָּה, הָרַס
battered hat כּוֹבַע מְרוּפָּט

batter *n.* מַחֲזִיק הַמַּחְבֵּט
batter *n.* תַּעֲרוֹבֶת־אֲפִיָּה, תַּבְלִיל
battering ram אֵיל־בַּרְזֶל
bat'tery *n.* סוֹלְלָה; גוּנְדָה; מַעֲרֶכֶת
assault and battery תְּקִיפַת אָדָם
bat'tle *n.* קְרָב, מִלְחָמָה; נִצָּחוֹן
give battle נִלְחַם
battle *v.* נִלְחַם
battle-cruiser *n.* סַיֶּרֶת (ספינה)
battle-dress *n.* מוּתְנִית, בַּטֶּלדְרֶס
battlefield *n.* שְׂדֵה־קְרָב, זִירָה
battleground *n.* שְׂדֵה־קְרָב
battlements *npl.* גַּג־הַחוֹמָה, חוֹמָה מְאוּשְׁנֶבֶת (לירייה)
battleship *n.* אוֹנִיַּת־קְרָב
bat'ty *adj.* *מְטוֹרָף, מוּזָר
bau'ble *n.* תַּכְשִׁיט זוֹל/צַעֲצוּעַ
baulk = balk
bawd *n.* בַּעֲלַת בֵּית בּוֹשֶׁת
baw'dy *n.* נִבּוּל פֶּה
bawl *v.* צָוַח, צָעַק, בָּכָה
bawl out *נָזַף, גָּעַר
bay *adj&n.* (סוס) חוּם־אֲדַמְדַּם
bay *n.* דַּפְנָה, עֵץ דַּפְנָה
bay *n.* מִפְרָץ; תָּא, מָדוֹר, אֲגַף
bay *n&v.* נְבִיחָה (של כלב ציד); נָבַח
at bay מוּתְקָף, בֵּין הַמֵּיצָרִים, דָּפוּן
bay leaves עֲלֵי־דַּפְנָה
bay'onet *n&v.* כִּידוֹן; דָּקַר בְּכִידוֹן
bay window גַּבְלִית, מִרְפֶּסֶת זְגוּגָה
bazaar' (-zär) *n.* בָּזָר, יְרִיד, שׁוּק
bazoo'ka *n.* בָּזוּקָה
B.C. לִפְנֵי הַסְּפִירָה
be *v.* הָיָה, נִמְצָא, הִתְקַיֵּם
beach *n.* חוֹף יָם, שְׂפַת הַיָּם
beach *v.* הֶעֱלָה סִירָה לַחוֹף
beachhead *n.* רֹאשׁ חוֹף (בפלישה)
beachwear *n.* בִּגְדֵי יָם, בִּגְדֵי חוֹף
bea'con *n.* מַשּׂוּאָה, אוֹר; מִגְדַּלּוֹר
bead *n.* חָרוּז; טִפָּה, אֵגֶל
beads מַחֲרוֹזֶת, עֲנָק
draw a bead on כִּוֵּן אֶל, הִתְקִיף
bea'dle *n.* שַׁמָּשׁ, עוֹזֵר־כּוֹמֶר
bea'gle *n.* כֶּלֶב־צַיִד
beak *n.* מַקּוֹר, חַרְטוֹם; *אַף, חוֹטֶם
bea'ker *n.* סֵפֶל, גָּבִיעַ
beam *n.* קוֹרָה, מוֹט, אֶשֶׁל, יָצוּל
beam *n.* קֶרֶן־אוֹר/־רַדְיוֹ; חִיּוּךְ קוֹרֵן
beam *v.* הֵאִיר, קָרַן; הִקְרִין
bean *n.* שְׁעוּעִית, פּוֹל; *פְּרוּטָה
bear (bār) *n.* דּוֹב; גַּס, קָשׁוּחַ; סַפְסַר־מְנָיוֹת
bear *v.* נָשָׂא, הוֹבִיל, תָּמַךְ, סָבַל; יָלְדָה; הֵנִיב
bear hatred נָטַר טִינָה
bear on הִתְיַחֵס לְ־, הִשְׁפִּיעַ עַל
bear oneself הִתְנַהֵג
bear up סָבַל, עָמַד בְּ־; הֶחֱזִיק
bear witness הֵעִיד
bearable *adj.* נִסְבָּל, שֶׁאֶפְשָׁר לְשֵׂאתוֹ
beard *n.* זָקָן; מַלְעָנִים
beard *v.* הִתְנַגֵּד, הִתְיַצֵּב מוּל
bearded *adj.* בַּעַל זָקָן, מְזוּקָן
bearer *n.* מוֹכָ"ז; נוֹשֵׂא; מֵנִיב פְּרִי
bear'ing (bār-) *n.* הִתְנַהֲגוּת, הוֹפָעָה; קֶשֶׁר, יַחַס, הִתְיַחֲסוּת; סְבִילָה; מֵסַב
bearings הִתְמַצְּאוּת, כִּוּוּן
bearish *adj.* כְּמוֹ דּוֹב, דּוּבִּי, גַּס
bearskin *n.* עוֹר־דּוֹב; כּוֹבַע פַּרְוָה
beast *n.* חַיָּה, בְּהֵמָה
beastly *adj.* נִתְעָב, גָּרוּעַ; חַיָּתִי
beast of burden בֶּהֱמַת־מַשָּׂא
beast of prey חַיַּת־טֶרֶף
beat *v.* הִכָּה, הָלַם, גָּבַר עַל
beat a way כָּבַשׁ דֶּרֶךְ
beat it! הִסְתַּלֵּק!
beat one's brains שָׁבַר אֶת הָרֹאשׁ
beat the record שָׁבַר אֶת הַשִּׂיא
beat up הִכָּה קָשׁוֹת; טָרַף בֵּיצָה
beat *n.* מַכָּה, דְּפִיקָה; מִקְצָב, פְּעָמָה; מַסְלוּל, מַקּוֹף, נָתִיב קָבוּעַ
beat *adj.* *עָיֵף, סָחוּט; שֶׁל בִּיטְנִיק
beaten *adj.* (מתכת) מְרוּקַּעַת; (דרך) כְּבוּשָׁה, סְלוּלָה; מוּכֶּה, מוּבָס
the beaten track הַדֶּרֶךְ הָרְגִילָה
beater *n.* מַחְבֵּט; מַקְצֵף־בֵּיצִים
beating *n.* מַלְקוֹת, הַכָּאָה; תְּבוּסָה
beat'nik *n.* בִּיטְנִיק
beau (bō) *n.* מְחַזֵּר, מְאַהֵב
beau'te•ous (bū'-) *adj.* יְפֵהפֶה
beau•ti'cian (būtish'ən) *n.* יַפַּאי
beau'tiful (bū'-) *adj.* יָפֶה, יְפֵהפֶה
beau'tify' (bū'-) *v.* יִפָּה
beau'ty (bū'-) *n.* יוֹפִי; יְפֵהפִיָּה

beauty queen מַלְכַּת־יוֹפִי
beauty spot נְקוּדַת חֵן
bea'ver *n.* בִּיבָר, בּוֹנֶה; פַּרְוַת־בּוֹנֶה; שִׁרְיוֹן־סַנְטֵר
be•calm' (-käm) *v.* עָצַר, הִרְגִּיעַ
be•came' = **pt of become**
be•cause' (-z) *conj.* מִכֵּיוָן שֶׁ—
because of בִּגְלַל, מֵחֲמַת
beck *n.* רְמִיזָה, סִמָּן, אוֹת
beck'on *v.* רָמַז, אוֹתֵת
be•come' (-kum') *v.* הָיָה, הָפַךְ, נַעֲשָׂה; הָלַם אֶת, הָיָה יָאֶה לְ—
become of קָרָה לְ־, עָלָה בְּגוֹרָלוֹ
becoming *adj.* יָאֶה, הוֹלֵם, נָאֶה
bed *n.* מִטָּה; קַרְקָעִית; שִׁכְבָה; עֲרוּגָה
bed and board לִינָה וְאוֹכֶל, תְּמִיכָה
go to bed הָלַךְ לִישׁוֹן, שָׁכַב
bed *v.* שָׁתַל בַּעֲרוּגָה; קָבַע, נָעַץ
bed down סִפֵּק כְּלֵי מִטָּה; שָׁכַב
bedbug *n.* פִּשְׁפֵּשׁ
bedclothes *npl.* כְּלֵי־מִטָּה
bedding *n.* כְּלֵי־מִטָּה; מַצָּע
be•deck' *v.* יִפָּה, קִשֵּׁט
be•dev'il *v.* סִבֵּךְ, הֵבִיךְ, בִּלְבֵּל
bedfellow *n.* שׁוּתָּף לַמִּטָּה; יָדִיד
bed'lam *n.* מְהוּמָה; בֵּית־מְשׁוּגָּעִים
bed linen לִבְנֵי־מִטָּה
bed'ouin (-dōōin) *n.* בֶּדוּי, נַוָּד
bedpan *n.* עָבִיט, סִיר־חוֹלֶה
be•drag'gle *v.* לִכְלֵךְ, הִכְפִּישׁ
bedridden *adj.* מְרוּתָּק לַמִּטָּה, שׁוֹכֵב
bedroom *n.* חֲדַר־שֵׁנָה
bedside *n.* צַד הַמִּטָּה, לְיַד הַמִּטָּה
bedspread *n.* כִּסּוּי־מִטָּה
bedtime *n.* שְׁעַת שֵׁנָה
bee *n.* דְּבוֹרָה; אֲסֵפָה; תַּחֲרוּת
beech *n.* אַשּׁוּר (עֵץ)
beef *n.* בְּשַׂר־בָּקָר; שְׁרִירִים, כּוֹחַ
beef *v.* *הִתְלוֹנֵן, הִתְאוֹנֵן
beef up חִזֵּק, תִּגְבֵּר
beef cattle בְּקַר־שְׁחִיטָה
beefsteak *n.* סְטֵיק בָּשָׂר, אוּמְצָה
bee'hive' *n.* כַּוֶּרֶת; מְקוֹם שׁוֹקֵק
bee-line *n.* קַו יָשָׁר
been = pp of be (bin)
beep *n.* צְלִיל חוֹזֵר, בִּיפּ
beer *n.* בִּירָה, שֵׁכָר, בַּקְבּוּק בִּירָה
beet *n.* סֶלֶק
bee'tle *n.* חִפּוּשִׁית; פַּטִּישׁ, קוּרְנָס
beetle *v.* הָיָה תָּלוּי מִמַּעַל, בָּלַט
beetle-browed *adj.* בַּעַל גַּבּוֹת עֲבוֹת
beeves = pl of beef
be•fall' (-fôl) *v.* קָרָה, הִתְרַחֵשׁ
be•fit' *v.* הִתְאִים, הָלַם אֶת
befitting *adj.* מַתְאִים, נָאוֹת, הוֹלֵם
be•fore' *adv.* לִפְנֵי כֵן, בֶּעָבָר, לְפָנִים
the day before אֶתְמוֹל, בַּיּוֹם שֶׁעָבַר
before *conj.* לִפְנֵי שֶׁ־, בְּטֶרֶם
before *prep.* לִפְנֵי—
before long בְּקָרוֹב, תּוֹךְ זְמַן קָצָר
beforehand *adv.* מֵרֹאשׁ, לִפְנֵי הַמּוֹעֵד
be•friend' (-rend) *v.* הִתְיַדֵּד
beg *v.* בִּקֵּשׁ, הִתְחַנֵּן; פָּשַׁט יָד
I beg to אֲבַקֵּשׁ לְ־, בִּרְצוֹנִי לְ—
be•gan' = pt of begin
be•get' (-g-) *v.* הוֹלִיד; גָּרַם
beg'gar *n.* קַבְּצָן, שְׁנוֹרֶר; *בַּרְנָשׁ
beggar *v.* רוֹשֵׁשׁ, הָרַס
beggary *n.* דַּלּוּת, עוֹנִי
be•gin' (-g-) *v.* הִתְחִיל, פָּתַח בְּ—
to begin with קוֹדֶם כֹּל
beginner *n.* מַתְחִיל
beginning *n.* הַתְחָלָה, רֵאשִׁית
be•got' = p of beget
be•got'ten = pp of beget
be•grudge' *v.* קִנֵּא בְּ־, לֹא פִּרְגֵּן, הָיָה צַר־עַיִן בְּ־; נָתַן בְּאִי־רָצוֹן
be•guile' (-gīl) *v.* רִמָּה, פִּתָּה; בִּלָּה, בִּדֵּר; הִקְסִים
be•gun' = pp of begin
be•half' (-haf) *n.* תּוֹעֶלֶת
on behalf of לְטוֹבַת־, לְמַעַן־, בְּשֵׁם—
be•have' *v.* הִתְנַהֵג, פָּעַל
behave yourself הִתְנַהֵג יָפֶה
be•ha'vior *n.* הִתְנַהֲגוּת
behaviorism *n.* הִתְנַהֲגוּתָנוּת
be•head' (-hed) *v.* עָרַף
be•held' = p of behold
be•hest' *n.* פְּקוּדָה; בַּקָּשָׁה
be•hind' (-hīnd) *prep&adv.* מֵאֲחוֹרֵי, אַחֲרֵי; מֵאָחוֹר, בְּפִגּוּר
behind *n.* *יַשְׁבָן, אֲחוֹרַיִם
behindhand *adj.* מְפַגֵּר, בְּפִגּוּר
be•hold' (-hōld) *v.* רָאָה, שׁוּר!

be•hoove′ *v.* הָיָה חוֹבָה עַל
be′ing *n&adj.* קִיוּם; יֵשׁוּת
for the time being בֵּינְתַיִם
be•la′ted *adj.* מִשְׁתַּהֶה, מְאַחֵר
belch *v&n.* גִּהֵק; פָּלַט; גְּהוּק
be•lea′guer (-gər) *v.* כִּתֵּר,
הִקִּיף; צִעֵר, גָּרַם צָרוֹת
bel′fry *n.* מִגְדַּל פַּעֲמוֹן
be•lie′ (-lī) *v.* הִסְוָה,
הִסְתִּיר, הִכְזִיב, אִכְזֵב
be•lief′ (-lēf) *n.* אֱמוּנָה; דָּת
believable *adj.* אָמִין, מְהֵימָן
be•lieve′ (-lēv) *v.* הֶאֱמִין
believer *n.* מַאֲמִין, חָסִיד
be•lit′tle *v.* הִמְעִיט, זִלְזֵל בְּ—
bell *n&v.* פַּעֲמוֹן, צִלְצוּל פַּעֲמוֹן
bellboy *n.* מְשָׁרֵת, שָׁלִיחַ (במלון)
belle *n.* יְפֵהפִיָּה
belles-lettres (bel′let′rə) *n.*
סִפְרוּת יָפָה, בֶּלֶטְרִיסְטִיקָה
bellflower *n.* פַּעֲמוֹנִית (צמח)
bell′hop′ *n.* מְשָׁרֵת, שָׁלִיחַ (במלון)
bel′licose′ *adj.* תּוֹקְפָנִי, שָׂשׂ לַקְרָב
-bellied *adj.* בַּעַל כָּרֵס
big-bellied כַּרְסְתָנִי
bellig′erency *n.* לוֹחֲמוּת, קְרָבִיוּת
bellig′erent *adj.* לוֹחֵם, מִלְחַמְתִּי
bel′low (-ō) *v.* צָוַח, שָׁאַג
bel′lows (-ōz) *n.* מַפּוּחַ
bel′ly *n.* כָּרֵס, בֶּטֶן, קֵבָה
belly *v.* נִפַּח; הִתְנַפֵּחַ, הִתְכָּרֵס
bellyache *n&v.* כְּאֵב בֶּטֶן; *רָטַן, קִטֵּר
bellybutton *n.* *טַבּוּר
belly dancer רַקְדָנִית בֶּטֶן
bellyful (-fool) *n.* מְלוֹא הַכָּרֵס
bellyland *v.* נָחַת עַל גְּחוֹנוֹ
be•long′ (-lông) *v.* הָיָה
מַתְאִים לְ־/מְקוֹמוֹ בְּ־/חָבֵר בְּ—
belong to הָיָה שַׁיָּךְ לְ—
belongings *npl.* נְכָסִים, חֲפָצִים
be•lov′ed (-luv′id) *n&adj.* אָהוּב
be•low′ (-ō) *adv.* לְמַטָּה; לְהַלָּן
below *prep.* לְמַטָּה מִן, מִתַּחַת לְ—
belt *n.* חֲגוֹרָה, רְצוּעָה; אֵזוֹר
belt *v.* חָגַר; הִלְקָה, הִכָּה
be•moan′ *v.* קוֹנֵן עַל
bench *n.* סַפְסָל; שׁוֹפֵט, שׁוֹפְטִים; כִּסֵּא
הַשּׁוֹפֵט; שׁוּלְחַן־מְלָאכָה
bend *n.* פְּנִיָּה, עִקּוּם; קֶשֶׁר
bend *v.* כּוֹפֵף; הִתְכּוֹפֵף, רָכַן; נָטָה;
כִּוֵּן; נִכְנַע; כָּפָה
be•neath′ *adv.* לְמַטָּה, מִלְמַטָּה
beneath *prep.* לְמַטָּה מִן, מִתַּחַת לְ—
ben′edic′tion *n.* בְּרָכָה, תְּפִלָּה
ben′efac′tion *n.* גְּמִילוּת חֶסֶד
ben′efac′tor *n.* גּוֹמֵל חֶסֶד, תּוֹרֵם
benef′icence *n.* גְּמִילוּת חֶסֶד
benef′icent *adj.* גּוֹמֵל חֶסֶד
ben′efi′cial (-fi-) *adj.* מוֹעִיל, מְהַנֶּה
ben′efic′iar′y (-shieri) *n.* בַּעַל
קִצְבָּה, נֶהֱנֶה
ben′efit *n.* טוֹבָה, יִתְרוֹן, רֶוַח, תּוֹעֶלֶת;
סִיּוּעַ; קִצְבָּה, גִּמְלָה
for the benefit of לְטוֹבַת, לְמַעַן
benefit *v.* הוֹעִיל; נֶהֱנָה, הִרְוִיחַ
benev′olence *n.* נְדִיבוּת לֵב
benev′olent *adj.* נְדִיב־לֵב, רְחַב־לֵב
be•nign′ (-nīn) *adj.* נְדִיב־לֵב;
נָעִים, נוֹחַ; (מַחֲלָה) לֹא מְסוּכֶּנֶת, שָׁפִיר
be•nig′nant *adj.* נָעִים, נוֹחַ
be•nig′nity *n.* נְדִיבוּת־לֵב, חֶסֶד
bent *adj.* מְעוּקָם; *מוּשְׁחָת; מְטוֹרָף
bent on נָחוּשׁ בְּדַעְתּוֹ לְ—
bent *n.* נְטִיָּה, כִּשְׁרוֹן טִבְעִי
bent = p of bend
ben′zine (-zin) *n.* בֶּנְזִין
be•queath′ *v.* הוֹרִישׁ, הִנְחִיל
be•quest′ *n.* יְרוּשָׁה, עִזָּבוֹן
be•rate′ *v.* נָזַף, גָּעַר
be•reave′ *v.* שִׁכֵּל, אִבֵּד, שָׁלַל
bereaved father אָב שַׁכּוּל
bereavement *n.* שִׁכּוּל, שְׁכוֹל
be•reft′ *adj.* חֲסַר־, נְטוּל־, נֶעְדַּר—
ber′ry *n.* עֵנָב, גַּרְגֵּר; פּוֹל־קָפֶה
berth *n.* מִטַּת־מַדָּף; מַעֲגָן; *מִשְׂרָה
berth *v.* אִכְסֵן; עָגַן; הֶעֱגִין
be•seech′ *v.* הִתְחַנֵּן, הִפְצִיר בְּ—
be•set′ *v.* כִּתֵּר, הִתְקִיף; הִטְרִיד
be•side′ *prep.* אֵצֶל, לְיַד, עַל־יַד;
בְּהַשְׁוָאָה לְ, לְעוּמַּת
beside oneself יוֹצֵא מִגִּדְרוֹ
besides *adv&prep.* נוֹסָף לְכָךְ; נוֹסָף לְ—
be•siege′ (-sēj) *v.* כִּתֵּר, צָר, הִקִּיף
be•speak′ *v.* הֶרְאָה, הֵעִיד עַל

be•spoke′ *adj.* מוזמן מראש
bespoke tailor תופר לפי הזמנה
best *adj.* הטוב ביותר
the best part of רוב, מרבית
best *adv.* באופן הטוב ביותר, הכי
had best מוטב ש־, טוב היה אלו
best *n.* הטוב ביותר, מיטב
all the best! שלום! כל טוב!
at best לכל היותר; "מכסימום"
in one's best בבגדיו הנאים
best *v.* גבר על, הביס
bes′tial (-′chəl) *adj.* חייתי
be•stir′ *v.* עורר לפעולה, הזדרז
best man שושבין
be•stow′ (-ō) *v.* נתן, העניק
best seller *n.* רב־מכר
bet *v&n.* התערב, המר; המור
you bet *בוודאי, אין ספק
be•take′ *v.* הלך
be•think′ *v.* חשב, נזכר
be•tide′ *v.* קרה, התרחש
be•to′ken *v.* נבא, בשר; ציין, סמן
be•tray′ *v.* בגד ב־; מסר, גלה סוד, הסגיר, העיד על
betrayal *n.* בגידה; הסגרה
be•troth′ (-rōdh) *v.* ארס
betrothal *n.* ארוסין
betrothed *adj.* מאורס; ארוסה
bet′ter *adj.* טוב יותר
the better part of רוב, מרבית
better *adv.* (באופן) טוב יותר
better off במצב יותר טוב
had better כדאי, מוטב ש—
better *n.* דבר (או אדם) יותר טוב
for the better (שינוי) לטובה
better *v.* שפר, תקן
betterment *n.* שפור, השבחה
be•tween′ *prep.* בין
between *adv.* באמצע, בין השניים
in between בתוך, באמצע
bev′el *n.* שפוע; מזוית; מדר
bevel *v.* שפע קצה, המדיר
bev′erage *n.* משקה
be•wail′ *v.* קונן, בכה
be•ware′ *v.* נשמר, נזהר
be•wil′der *v.* בלבל, הביך
be•witch′ *v.* כשף; הקסים

be•yond′ *prep.* מעבר, למעלה מן
beyond *adv.* הלאה, יותר רחוק
the beyond העולם הבא
bi′as *n.* נטיה, דעה קדומה, נטאי
bias *v.* הטה דעה, שחד, השפיע
biased *adj.* משוחד, בעל דעה קדומה
bib *n.* סנר, לבובית, חפי
Bi′ble *n.* תנ"ך, כתבי הקודש
bib′lical *adj.* תנכ"י, מקראי
bib′liograph′ical *adj.* ביבליוגרפי
bib′liog′raphy *n.* ביבליוגרפיה
bib′liophile′ *n.* חובב ספרים
bib′u•lous *adj.* מכור לשתיה, שתין
bi•car′bonate *n.* סודה לשתיה
bi′ceps′ *n.* קבורת, שריר הזרוע
bick′er *v.* רב, התקוטט
bi′cycle *n&v.* (רכב על) אופניים
bid *v.* הציע מחיר; השתדל לרכוש; צוה, בקש, הזמין; ברך, אחל
bids fair to יש רושם ש־, נראה ש—
bid *n.* הצעת מחיר, מכרז; מאמץ, נסיון; הצעה (בקלפים)
bidder *n.* מציע מחיר במכרז
bidding *n.* פקודה; הצעת מחיר
bide *v.* חכה, נשאר
bide one's time חכה לשעת כושר
bidet′ (-dā′) *n.* אסלת־רחצה, בידה
bi•en′nial *adj.* דו־שנתי
bier (bir) *n.* מטת מת, ארון מת
bi•fo′cal *adj.* דו־מוקדי
bifocals משקפיים דו־מוקדיים
bi′furca′tion *n.* הסתעפות, מסעף
big *adj.* גדול; מבוגר, חשוב; *מפורסם
big deal! *האומנם?! (בזלזול)
big′amist *n.* ביגמיסט
big′amous *adj.* של ביגמיה
big′amy *n.* ביגמיה, נשואים כפולים
big-hearted *adj.* נדיב, רחב־לב
big′ot *n.* קנאי, קנאי חשוך
big′oted *adj.* קנאי, דוגמטי
big′otry *n.* קנאות עורת
big shot *אדם חשוב, אישיות
big′wig′ *n.* *אדם חשוב, אישיות
bike *n&v.* *(רכב על) אופניים
bi•lat′eral *adj.* דו־צדדי, הדדי
bile *n.* מרה; מרירות, רגזנות
bilge *n.* מי־שפולים; *שטויות, זבל

bi·ling′ual (-gwəl) *adj.* דוּ־לְשׁוֹנִי
bil′ious *adj.* סוֹבֵל מֵעוֹדֶף מָרָה; רַגְזָן
bilk *v.* רִמָּה, הִתְחַמֵּק מִתַּשְׁלוּם
bill *n.* מַקּוֹר, חַרְטוֹם; לְשׁוֹן יַבָּשָׁה
bill *n.* חֶשְׁבּוֹן (לתשלום); מוֹדָעָה; הַצָּעַת חוֹק; שְׁטָר, תְּעוּדָה
bill of exchange שְׁטַר חֲלִיפִין
bill of fare תַּפְרִיט (בְּמִסְעָדָה)
bill of lading שְׁטַר מִטְעָן
bill of sale שְׁטַר מֶכֶר
bill *v.* הִגִּישׁ חֶשְׁבּוֹן; פִּרְסֵם בְּמוֹדָעוֹת, הִכְרִיז, הוֹדִיעַ
bill and coo הִתְעַלֵּס, הִתְנַשֵּׁק
billboard *n.* לוּחַ מוֹדָעוֹת
bil′let *n.* מְגוּרֵי־חַיָּל; *מִשְׂרָה, גִ׳וֹבּ
bill′fold′ (-fōld) *n.* אַרְנָק, תִּיק לְכֶסֶף
bil′liards (-lyərdz) *n.* בִּילְיַארְד
bil′lion *n.* בִּילְיוֹן, מִילְיַארְד
bil′low (-ō) *n&v.* נַחְשׁוֹל; הִתְנַחְשֵׁל
billposter *n.* מַדְבִּיק מוֹדָעוֹת
billsticker *n.* מַדְבִּיק מוֹדָעוֹת
bil′ly *n.* כְּלִי (להרתחה); אַלַּת־שׁוֹטֵר
billy goat תַּיִשׁ
bi′metal′lic *adj.* דוּ־מַתַּכְתִּי
bi·month′ly (-mun-) *adj.* דוּ־חוֹדְשִׁי
bin *n.* אַרְגָּז, תֵּבָה
bi′nary *adj.* בִּינָרִי, שְׁנִיּוֹנִי, זוּגִי
bind (bīnd) *v.* קָשַׁר, כָּבַל; כָּפַת, חִיֵּב; כָּרַךְ; הִקְשָׁה, גִּבֵּשׁ
bind oneself to הִתְחַיֵּב לְ—
binder *n.* כּוֹרֵךְ סְפָרִים; כּוֹרְכָן, תִּיק
bindery *n.* כְּרִיכִיָּה
binding *n.* כְּרִיכָה; רְצוּעַת שׁוּלַיִם
binding *adj.* מְחַיֵּב, קוֹשֵׁר, כּוֹבֵל
binge *n.* *הִילוּלָה
bin′nacle *n.* קוּפְסַת הַמַּצְפֵּן (בספינה)
binoc′u·lars *npl.* מִשְׁקֶפֶת
bi′o·chem′istry (-k-) בִּיוֹכִימְיָה
bi·og′rapher *n.* בִּיוֹגְרָף
bi′ograph′ical *adj.* בִּיוֹגְרָפִי
bi·og′raphy *n.* בִּיוֹגְרַפְיָה
bi′olog′ical *adj.* בִּיוֹלוֹגִי
bi·ol′ogist *n.* בִּיוֹלוֹג
bi·ol′ogy *n.* בִּיוֹלוֹגְיָה
bi′o·phys′ics (-z-) *n.* בִּיוֹפִיסִיקָה
bi·par′tisan (-z-) *adj.* דוּ־מִפְלַגְתִּי
bi·par′tite′ *adj.* דוּ־צְדָדִי
bi′ped′ *n.* הוֹלֵךְ עַל שְׁתַּיִם, דוּ־רַגְלִי
birch *n.* לִבְנֶה, מַקֵּל לִבְנֶה; תִּרְזָה
bird *n.* צִפּוֹר, עוֹף; *בַּרְנָשׁ; בַּחוּרָה
bird's-eye view מַרְאֶה מִמְּעוֹף הַצִּפּוֹר; סְקִירָה כְּלָלִית
bird of passage צִפּוֹר נוֹדֶדֶת
bird of prey עוֹף טוֹרֵף, דּוֹרֵס
birth *n.* לֵדָה, יְלוּדָה; מוֹצָא, מָקוֹר
give birth to יָלַד, יָצַר
birth control פִּקּוּחַ עַל הַיְלוּדָה
birthday *n.* יוֹם הוּלֶּדֶת
birthmark *n.* סִמַּן־לֵדָה (עַל הַגּוּף)
birthplace *n.* מְקוֹם הַלֵּדָה
birthrate *n.* שִׁעוּר הַיְלוּדָה
birthright *n.* זְכוּת מִלֵּדָה
bis′cuit (-kət) *n.* בִּיסְקְוִיט, אֲפִיפִית
bi′sect′ *v.* חָתַךְ, חָצָה
bi′sec′tion *n.* חֲצִיָּה, חִתּוּךְ
bish′op *n.* בִּישׁוֹף, הֶגְמוֹן; רָץ (בשחמט)
bis′muth (-z-) *n.* בִּיסְמוּת (מתכת)
bi′son *n.* בִּיזוֹן, בּוּפָלוֹ, תְּאוֹ
bit *n.* מֶתֶג (בְּפִי הַסּוּס); מַקְדֵּחַ
bit *n.* מַשֶּׁהוּ, קְצָת, חֲתִיכָה
bit by bit בְּהַדְרָגָה
bit = p of bite
bitch *n&v.* כַּלְבָּה; *הִתְאוֹנֵן
bite *v.* נָשַׁךְ, עָקַץ; הִכְאִיב; בָּלַע פִּתָּיוֹן; נִצְמַד, נִתְפַּס
bite off נָגַס
bitten with לָהוּט אַחֲרֵי, אָחוּז —
bite *n.* נְשִׁיכָה, מִנְשָׁךְ, נְגִיסָה, עֲקִיצָה, הַכָּשַׁת נָחָשׁ; חֲרִיפוּת; אֲחִיזָה
biting *adj.* חַד, שָׁנוּן, עוֹקְצָנִי
bit′ten = pp of bite
bit′ter *adj.* מָרִיר, מַר; (קוֹר) עַז
bittersweet *adj.* (שוקולד) מְרִיר
bit′ty *adj.* *קְטַנְטַן, זָעִיר
bi′valve′ *n.* צִדְפָּה (דוּ־קַשְׂוָתִית)
biv′ouac′ (-vōōak) *n&v.* (חָנָה בְּ־) מַחֲנֶה אַרְעִי לְלֹא אוֹהָלִים
bi·week′ly *adj.* דוּ־שְׁבוּעִי
bizarre′ (-zär) *adj.* מְשֻׁנֶּה, מוּזָר
blab, blab′ber *v.* פִּטְפֵּט, גִּלָּה סוֹד
blabbermouth *n.* פַּטְפְּטָן
black *adj&n.* שָׁחוֹר; כּוּשִׁי; קוֹדֵר
black and blue כּוּלוֹ פֶּצַע וְחַבּוּרָה
go black הִתְעַרְפֵּל, נִטַשְׁטֵשׁ

black and white — שָׁחוֹר עַל גַּבֵּי לָבָן, בִּכְתָב; (שדוּר בְּ־) שָׁחוֹר־לָבָן
black *v.* הִשְׁחִיר; הֶחֱרִים
black out — אִפֵּל; הִתְעַלֵּף
blackberry *n.* אוּכְמָנִית
blackboard *n.* לוּחַ (של כיתה)
blacken *v.* הִשְׁחִיר; הִשְׁמִיץ
black eye פָּנָס (מסביב לעין)
blackguard (blag′ərd) *n.* נָבָל
blackhead *n.* חֲטָטִית (בעור)
blacking *n.* מִשְׁחַת־נַעֲלַיִם שְׁחוֹרָה
blackleg *n.* מֵפֵר שְׁבִיתָה; רַמַּאי
blacklist *n.* רְשִׁימָה שְׁחוֹרָה
blackmail *n.* סְחִיטָה, סַחֲטָנוּת
blackmail *v.* סָחַט (כְּסָפִים)
black market שׁוּק שָׁחוֹר
blackout *n.* הַאֲפָלָה, אִפּוּל; כִּבּוּי אוֹרוֹת, עֲלָטָה; אִבּוּד הַהַכָּרָה
black sheep כִּבְשָׂה שְׁחוֹרָה, בֵּן סוֹרֵר
blacksmith *n.* נַפָּח, מְפַרְזֵל סוּסִים
blad′der *n.* שַׁלְפּוּחִית (השתן); פְּנִימוֹן
blade *n.* לַהַב; סַכִּין־גִּלּוּחַ; עָלֶה אָרוֹךְ; כַּף (שֶׁל מָשׁוֹט, מַחְבֵּט, מַדְחֵף)
blame *v.* הֶאֱשִׁים, הֵטִיל אַשְׁמָה עַל
blame *n.* אַשְׁמָה, אַחֲרָיוּת, גִּנּוּי
blameless *adj.* לֹא אָשֵׁם, נָקִי, חַף
blanch *v.* הֶחֱוִיר; הִלְבִּין צְמָחִים; קִלֵּף שְׁקֵדִים; חָלַט, שָׁלַק
bland *adj.* נָעִים, נוֹחַ, רַךְ, עָדִין; שִׁטְחִי; אָדִישׁ; מְשַׁעֲמֵם
blan′dish *v.* הֶחֱנִיף
blandishment *n.* חֲנֻפָּה, שִׁדּוּלִים
blank *adj.* רֵיק, חָלָק, חֲסַר־הַבָּעָה
blank *n.* חָלָל רֵיק; טוֹפֶס רֵיק; תּוֹרֶף
draw a blank — הֶעֱלָה חֶרֶס בְּיָדוֹ
blank check צֵ'יק רֵיק; יָד חוֹפְשִׁית
blan′ket *n.* שְׂמִיכָה; כִּסּוּי, מַעֲטֶה
blanket *adj.* כּוֹלֵל, מַקִּיף, לְכָל מִקְרֶה
blanket *v.* כִּסָּה
blare *n.* רַעַשׁ, תְּרוּעַת חֲצוֹצְרָה
blasé (blazā′) *adj.* עָיֵף מִתַּעֲנוּגוֹת
blas·pheme′ *v.* חֵרֵף; נִאֵץ
blas′phemous *adj.* מְחָרֵף; מְנָאֵץ
blas′phemy *n.* חִלּוּל הַשֵּׁם, חֵרוּף
blast *n.* זֶרֶם־אֲוִיר; הֶדֶף־אֲוִיר; הִתְפּוֹצְצוּת; צְפִירָה, שְׁרִיקָה
at full blast — בִּמְלוֹא הַקִּיטוֹר, בְּמֶרֶץ
blast *v.* פּוֹצֵץ; הִפְצִיץ; קִלְקֵל, הָרַס; שָׁדַף; גָּעַר, גִּנָּה
blast it! — לַעֲזָאזֵל!
blast off — הִמְרִיא, זִנֵּק; גָּעַר
blast furnace כּוּר הִתּוּךְ
blast-off *n.* זִנּוּק (של חללית)
bla′tant *adj.* קוֹלָנִי, גַּס, חֲסַר־בּוּשָׁה
blaze *n.* לֶהָבָה, שְׂרֵפָה; אוֹר מַבְהִיק; הִתְפָּרְצוּת זַעַם, הִתְלַקְּחוּת
blaze *v.* בָּעַר; הִבְהִיק; פִּרְסֵם
be blazed — הִתְנוֹסֵס, הִתְפַּרְסֵם
blaze away — יָרָה בְּלִי הֶרֶף
bla′zer *n.* מְעִיל סְפּוֹרְטִיבִי, בְּלֵייזֶר
bleach *n&v.* חוֹמֶר מַלְבִּין; הִלְבִּין
bleaching powder אַבְקַת הַלְבָּנָה
bleak *adj.* קַר, עָגוּם; חָשׂוּף
bleat *n&v.* פְּעִיָּה; פָּעָה
bled = p of bleed
bleed *v.* דִּמֵּם, אִבֵּד דָּם; הִקִּיז דָּם
blem′ish *n.* דּוֹפִי, פְּגָם, לִקּוּי
blemish *v.* פָּגַם, הֵטִיל דּוֹפִי בְּ—
blench *v.* נִרְתַּע בְּפַחַד, הִתְחַלְחֵל
blend *v.* עִרְבֵּב, מָהַל; הִתְמַזֵּג
blend *n.* תַּעֲרוֹבֶת, מִמְזָג
blender *n.* מַמְרֵס, בְּלֶנְדֶר, מַמְחֶה
bless *v.* בֵּרֵךְ; קִדֵּשׁ
bless me! I'm blest! — חֵי נַפְשִׁי!
blessing *n.* בְּרָכָה; מַזָּל; טוֹבָה
blew = pt of blow (blo͞o)
blight *n.* שִׁדָּפוֹן; הֶרֶס; פֶּגַע
blight *v.* הִקְמִיל; קִלְקֵל, הָרַס
blind (blīnd) *adj.* עִוֵּר, סוּמָא; אָטוּם
turn a blind eye to — הִתְעַלֵּם מִן
blind *v.* עִוֵּר; סִנְוֵר
blind *n.* וִילוֹן (משתלשל); מַסְוֶה, הַטְעָיָה, רַמָּאוּת; מַאֲרָב
blind alley מָבוֹי סָתוּם
blindfold *v.* כִּסָּה הָעֵינַיִם
blindfold *adj.* בְּעֵינַיִם קְשׁוּרוֹת
blind turning סִבּוּב סָמוּי, פְּנִיָּה בַּעֲלַת שְׂדֵה־רְאִיָּה מוּגְבָּל
blink *v.* מִצְמֵץ, קָרַץ; הִבְהֵב
blink *n.* מִצְמוּץ, הִבְהוּב
blink′er *n.* נוּרַת־הִבְהוּב; סַךְ־עֵינַיִם
bliss *n.* אוֹשֶׁר, שִׂמְחָה
blissful *adj.* מְאוּשָּׁר
blis′ter *n.* בּוּעָה, אֲבַעְבּוּעָה, כְּוִיָּה

blister *v.* הִתְכַּסָּה בְּבוּעוֹת
blithe (blīdh) *adj.* עַלִּיז
blitz *n.* הַתְקָפַת־בָּזָק, בְּלִיץ
bliz′zard *n.* סוּפַת־שֶׁלֶג עַזָּה
bloat′ed *adj.* נָפוּחַ, מְנוּפָּח, מִתְנַפֵּחַ
bloc *n.* גּוּשׁ פּוֹלִיטִי, בְּלוֹק
block *n.* גּוּשׁ; אִמּוּם, גְּלוּפָה; סְתִימָה, מַחְסוֹם; גַּרְדּוֹם; *רֹאשׁ
block *v.* חָסַם, הִכְשִׁיל, עִכֵּב, סִכֵּל
block•ade′ *n.* הֶסְגֵּר יַמִּי, מָצוֹר
block and tackle גַּלְגֶּלֶת (מכשיר)
blockbuster *n.* פְּצָצָה אַדִּירָה
blockhead *n.* טִפֵּשׁ
blockhouse *n.* מִבְצָר, מְצוּדָה, תַּבְצוּר
blond(e) *adj&n.* בְּלוֹנְדִינִי, בְּהִירָנִי
blood (blud) *n.* דָּם; קִרְבַת־דָּם
blood-bath *n.* מֶרְחָץ דָּמִים
bloodcurdling *adj.* מַקְפִּיא דָּם
bloodhound *n.* כֶּלֶב גִּשּׁוּשׁ
bloodletting *n.* הַקָּזַת דָּם
blood poisoning הַרְעָלַת דָּם
blood pressure לַחַץ דָּם
bloodshed *n.* שְׁפִיכוּת דָּמִים
bloodshot *adj.* (עיניים) אֲדוּמוֹת
bloodthirsty *adj.* צְמֵא־דָם
blood transfusion *n.* עֵרוּי דָּם
blood vessel כְּלִי דָּם, עוֹרֵק, וָרִיד
bloody *adj.* עָקוֹב מִדָּם; *אָרוּר
bloom (blo͞om) *n.* פֶּרַח; פְּרִיחָה
bloom *v.* פָּרַח, לִבְלֵב; קָרַן
blos′som *n&v.* פֶּרַח; פְּרִיחָה; פָּרַח
blot *n.* כֶּתֶם, רְבָב, פְּגָם
blot *v.* הִכְתִּים; סָפַג (בנייר סופג)
  blot out הִסְתִּיר; מָחַק, הִשְׁמִיד
blot′ter *n.* מַסְפֵּג, נְיַר סוֹפֵג; פִּנְקָס
blouse *n.* חוּלְצָה; מְעִיל
blow (blō) *v.* נָשַׁב, נָשַׁף; נִפַּח; שָׁרַק; הִתְנַפְנֵף; הִתְנַשֵּׁם; פּוֹצֵץ; *פִּשֵּׁל
  blow out כִּבָּה; נִכְבָּה; פּוֹצֵץ;
  blow up נִפַּח; הִתְנַפַּח; פּוֹצֵץ; הִתְפּוֹצֵץ; הִתְפָּרֵץ; *נָזַף קָשׁוֹת
  I'll be blowed תִּפַּח רוּחִי!
blow *n.* מַשַּׁב אֲוִיר, נְשִׁיפָה
blow *n.* מַהֲלוּמָה, זַעֲזוּעַ, הֶלֶם
blower *n.* מַפּוּחַ; מְנַפֵּחַ; *טֶלֶפוֹן
blowtorch *n.* מַבְעֵר־הַלְחָמָה
blown = pp of blow

blowout *n.* הִתְפּוֹצְצוּת; *סְעוּדָה
blow-up *n.* הִתְפּוֹצְצוּת; הִתְפָּרְצוּת
blub′ber *n.* שׁוּמַן לִוְיָתָן; יְבּוּב
blubber *v.* בָּכָה, יִבֵּב
bludg′eon (-jən) *n.* מַקֵּל, אַלָּה
bludgeon *v.* הִכָּה בְּאַלָּה כְּבֵדָה
blue (blo͞o) *n&adj.* כָּחוֹל, תְּכֵלֶת; עָצוּב, מְדוּכְדָּךְ
  blues בְּלוּז (מוסיקה); עַצְבוּת
blue *v.* צָבַע בְּכָחוֹל, כִּחֵל
bluejacket *n.* יַמַּאי
blue-pencil *v.* צִנְזֵר, מָחַק
blueprint *adj.* תּוֹכְנִית, שִׂרְטוּט
bluff *adj.* קָשׁוּחַ וְגַם לְבָבִי, גְּלוּי־לֵב, פָּשׁוּט, עַלִּיז; בַּעַל חֲזִית רְחָבָה וּתְלוּלָה
bluff *v.* רִמָּה, בִּלֵּף, הִתְעָה
bluff *n.* בְּלוֹף; צוּק, שֵׁן־סֶלַע
bluf′fer *n.* רַמַּאי, בְּלוֹפֶר
blu′ish *adj.* כְּחַלְחַל
blun′der *n.* שְׁגִיאָה גַסָּה
blunder *v.* שָׁגָה גַסּוֹת; נָע הֵנָּה וָהֵנָּה
blunt *adj.* קֵהֶה, לֹא חַד; גָּלוּי, פָּשׁוּט
blunt *v.* הִקְהָה, פָּגַם
bluntly *adv.* בְּצוּרָה גְלוּיָה, בְּפַשְׁטוּת
blur *v.* לִכְלֵךְ; טִשְׁטֵשׁ; עִמְעֵם
blur *n.* כֶּתֶם, טִשְׁטוּשׁ, לִכְלוּךְ
blurb *n.* תֵּאוּר קָצָר, פִּרְסוֹמֶת
blurt *v.* גִּלָּה, פָּלַט (סוד)
blush *v&n.* הִסְמִיק; הִתְבַּיֵּשׁ; סוֹמֶק
blus′ter *v.* סָעַר, גָּעַשׁ, צָעַק; דִּבֵּר בְּגַאֲוָה, "עָשָׂה רוּחַ"
bluster *n.* שָׁאוֹן; הֲמוּלָה
blustery *adj.* סוֹעֵר, מְנַשֵּׁב בְּעוֹצְמָה
boar *n.* חֲזִיר בָּר; חֲזִיר זָכָר
board *n.* קֶרֶשׁ, לוּחַ; שׁוּלְחָן; מוֹעֶצֶת הַמְנַהֲלִים; אֲרוּחוֹת, אוֹכֶל; דַּף־כְּרִיכָה
  on board בָּאוֹנִיָּה, בַּמָּטוֹס וכו'
board *v.* כִּסָּה בִּקְרָשִׁים; עָלָה עַל (הרכבת וכו'); אִכְסֵן; הִתְגּוֹרֵר
  board out אָכַל בַּחוּץ
boarder *n.* מִתְאַכְסֵן; פְּנִימַאי
boarding house פֶּנְסִיוֹן
boarding school פְּנִימִיָּה
boardwalk *n.* טַיֶּלֶת (בחוף הים)
boast *v.* הִתְפָּאֵר, הִתְגָּאָה
boast *n.* הִתְרַבְרְבוּת, גַּאֲוָה
boastful *adj.* מִתְפָּאֵר, יָהִיר

boat *n.* סִירָה; קְעָרָה (דמויית־סירה)
boat *v.* שִׁיֵּט בְּסִירָה
boatman *n.* סִירַאי, מַשְׂכִּיר סִירוֹת
boatswain (bō'sən) *n.* רַב־מַלָּחִים
bob *n&v.* (עָשָׂה) תִּסְפּוֹרֶת קְצָרָה
bob *v.* נָע מַעְלָה וּמַטָּה; קַד קִדָּה
bob up הוֹפִיעַ, עָלָה, צָף
bob *n.* הִתְנוֹעֲעוּת; קִדָּה, מִכְרוֹעַ
bob'bin *n.* סְלִיל־חוּטִים, אַשְׁוָה
bob'by *n.* *שׁוֹטֵר
bobby pin סִכַּת שֵׂעָר
bobby socks גַּרְבֵּי נַעֲרָה
bobby sox'er *גִּילָאִית טִפֵּשׁ־עֶשְׂרֵה
bobsled, bobsleigh *n.* מִגְרָרָה, שַׁלְגִּית
bobtail *n.* סוּס/כֶּלֶב קְצוּץ־זָנָב
bode *v.* הָיָה סִמָּן לְ־, בִּשֵּׂר
bod'ice (-dis) *n.* לְסוּטָה, חֲזִיָּה
bodily *adj.* גּוּפָנִי, שֶׁל הַגּוּף, גַּשְׁמִי
bodily *adv.* לְגַמְרֵי; אִישִׁית, בְּעַצְמוֹ
bo'ding *n.* הַרְגָּשָׁה שֶׁל רָעָה קְרֵבָה
bod'kin *n.* מַחַט עָבָה; מַרְצֵעַ
bod'y *n.* גּוּף; גְּוִיָּה; אָדָם; גּוּשׁ
bodyguard *n.* שׁוֹמֵר־רֹאשׁ
bog *n&v.* בִּצָּה, אַדְמַת־בּוֹץ; *בֵּית־כִּסֵּא
bog down שָׁקַע בְּבוֹץ; נִתְקַע
bogey, bogie, bogy (bō'gi) *n.* עֶגְלַת־מַשָּׂא; מַעֲרֶכֶת גַּלְגַּלִּים; דַּחְלִיל, שֵׁד
bo'gus *adj.* מְזֻיָּף, מְלָאכוּתִי
boil *n.* סִמְטָה, נְפִיחוּת; רְתִיחָה
boil *v.* רָתַח; הִרְתִּיחַ, בִּשֵּׁל
boil over גָּלַשׁ, גָּלַשׁ לְ־
boil'er *n.* דּוּד־חִמּוּם, מַרְתֵּחַ, בּוֹילֶר
bois'terous *adj.* סוֹעֵר, רוֹעֵשׁ; קוֹלָנִי
bold (bōld) *adj.* אַמִּיץ, נוֹעָז; חָצוּף, חֲסַר־בּוּשָׁה; בּוֹלֵט, בָּרוּר
boldface *n.* אוֹתִיּוֹת עָבוֹת וּשְׁחוֹרוֹת
bo'lster *n.* כַּר (למראשות המיטה)
bolster *v.* חִזֵּק, תָּמַךְ
bolt (bōlt) *n.* בְּרִיחַ; בּוֹרֶג; בָּרָק, חֲזִיז; חֵץ; גְּלִיל־בַּד
bolt *v.* הִבְרִיג, הִבְרִיחַ; נִנְעַל
bolt *n.* מְנוּסָה, בְּרִיחָה
bolt *v.* נָס, בָּרַח; בָּלַע מַהֵר
bomb (bom) *n&v.* פְּצָצָה; הִפְצִיץ
bom•bard' *v.* הִפְגִּיז, הִמְטִיר (אש)
bombardment *n.* הַפְגָּזָה; הַפְצָצָה

bom•bas'tic *adj.* מְנֻפָּח, נִמְלָץ
bombproof *adj.* חֲסִין פְּצָצוֹת
bombshell *n.* פְּצָצָה; זַעֲזוּעַ, הֶלֶם
bond *n.* קֶשֶׁר, הִתְחַיְּבוּת, הִתְקַשְּׁרוּת; אֲחִיזָה, תְּפִיסָה; אִגֶּרֶת חוֹב
bonds כְּבָלִים, אֲזִקִּים
bond *v.* הִדְבִּיק; נִדְבַּק
bond'age *n.* עַבְדוּת, שִׁעְבּוּד
bonded warehouse מַחְסָן עֲרוּבָּה
bondholder *n.* בַּעַל אִגֶּרֶת חוֹב
bondman *n.* מְשׁוּעְבָּד, עֶבֶד
bone *n.* עֶצֶם
bone of contention סֶלַע הַמַּחֲלוֹקֶת
make no bones about it לֹא הִסֵּס
bone *v.* הוֹצִיא הָעֲצָמוֹת מִן
bone up *שָׁקַד עַל לִמּוּדָיו
bone-lazy *n.* עַצְלָן לְלֹא תַּקָּנָה
bo'ner *n.* *טָעוּת גַּסָּה
bon'fire' *n.* מְדוּרָה
bon'net *n.* כּוֹבַע, מִצְנֶפֶת; חִפַּת הַמָּנוֹעַ
bo'nus *n.* בּוֹנוּס, הֲטָבָה
bo'ny *adj.* כָּחוּשׁ; מָלֵא עֲצָמוֹת, גַּרְמִי
boo *n.* בּוּז! קְרִיאַת בּוּז
boob, boo'by *n.* טִפֵּשׁ
booby prize פְּרָס לָאַחֲרוֹן בְּתַחֲרוּת
booby trap פְּצָצָה מְמוּלְכֶּדֶת
book *n.* סֵפֶר, פִּנְקָס; חֲבִילָה, צְרוֹר; לִבְרִית, תַּמְלִיל; רְשִׁימַת הַהִמּוּרִים
make a book on נִהֵל הִמּוּרִים
throw the book at הֶחֱמִיר בְּדִינוֹ
book *v.* הִזְמִין, הִסְדִּיר מֵרֹאשׁ; נִרְשַׁם; רָשַׁם; הֶאֱשִׁים, הִגִּישׁ תְּלוּנָה
bookbindery *n.* כְּרִיכִיָּה
bookcase *n.* כּוֹנָנִית סְפָרִים
book-end *n.* מַאֲחוֹזֶת סְפָרִים
book'ie *n.* *סוֹכֵן הִמּוּרִים
booking *n.* הַזְמָנַת מְקוֹמוֹת מֵרֹאשׁ
bookish *adj.* תּוֹלַעַת־סְפָרִים, סִפְרוּתִי
bookkeeper *n.* מְנַהֵל חֶשְׁבּוֹנוֹת
bookkeeping *n.* הַנְהָלַת חֶשְׁבּוֹנוֹת
book'let *n.* סִפְרוֹן, חוֹבֶרֶת
bookmaker *n.* סוֹכֵן הִמּוּרִים
bookmark *n.* סִמָּנִיָּה (של ספר)
bookseller *n.* מוֹכֵר סְפָרִים
bookworm *n.* תּוֹלַעַת סְפָרִים
boom (bo͞om) *n.* רַעַם, רַעַשׁ, שָׁאוֹן, בּוּם
boom *v.* רָעַם, הִרְעִישׁ, הִדְהֵד

boom *n.* שִׁגְשׁוּג מָהִיר (של עסק)
boom *v.* שִׂגְשֵׂג, הִצְלִיחַ; הִתְפַּרְסֵם
boom *n.* מָנוֹר; זְרוֹעַ הַמִּיקְרוֹפוֹן
boo'merang' *n.* בּוּמֶרַנְג
boon (bōōn) *n.* יִתְרוֹן; בְּרָכָה; חֶסֶד
boon companion חָבֵר עַלִּיז
boor *n.* גַּס, חֲסַר נִימוּס
boost (bōōst) *v.* נָתַן דְּחִיפָה, הֶעֱלָה, הֵרִים; הִלֵּל, הִפְלִיג בְּשְׁבָחִים
boost *n.* דְּחִיפָה, הֲרָמָה, עִדּוּד
booster *n.* תּוֹמֵךְ, חָסִיד; מַגְבִּיר
boot (bōōt) *n.* מַגָּף, נַעַל; *בְּעִיטָה; פִּטּוּרִין; תָּא הַמִּטְעָן (במכונית)
to boot נוֹסָף עַל כָּךְ, גַּם כֵּן
boot *v.* בָּעַט; *פִּטֵּר
bootblack *n.* מְצַחְצֵחַ נַעֲלַיִם
booth (bōōth) *n.* תָּא טֶלֶפוֹן; בִּיתָן
bootleg *v.* הִבְרִיחַ מַשְׁקָאוֹת
bootleg *adj.* (משקאות) לֹא חוּקִיִּים
boo'ty *n.* שְׁלַל־מִלְחָמָה, בִּזָּה
booze *v.* *שָׁתָה לְשָׁכְרָה, הִשְׁתַּכֵּר
booze *n.* *מַשְׁקֶה חָרִיף
bor'der *n.* גְּבוּל; קָצֶה, שָׂפָה
border *v.* גָּבַל, עָשָׂה שָׂפָה לְ—
borderland *n.* אֵזוֹר גְּבוּל/סְפָר
borderline *n.* קַו גְּבוּל
bore *v.* קָדַח; הִתְקַדֵּם, נָע
bore *n.* חוֹר; קֹדַח, חֲלַל הַקָּנֶה
bore *n&v.* אָדָם מְשַׁעֲמֵם; שִׁעֲמֵם
bore = pt of bear
boredom *n.* שִׁעֲמוּם
born *adj.* נוֹלָד, נוֹצָר, מִלֵּדָה
born = pp of bear נוֹלַד
borne = pp of bear נִשָּׂא
borough (bûr'ō) *n.* עִיר
bor'row (-ō) *v.* שָׁאַל, לָוָה
borrower *n.* שׁוֹאֵל, לוֹוֶה
borrowing *n.* שְׁאִילָה, נְטִילָה
bos'om (booz'-) *n.* חֵיק
bosom friend יְדִיד נֶפֶשׁ
boss (bôs) *n.* *בּוֹס, אָדוֹן, מַעֲבִיד
boss *v.* נִהֵל, שָׁלַט
boss *n.* תַּבְלִיט, קִשּׁוּט, פִּתּוּחַ
bossy *adj.* שְׁתַלְּטָן, רוֹדָנִי
botan'ical *adj.* שֶׁל בּוֹטָנִיקָה, בּוֹטָנִי
bot'anist *n.* בּוֹטָנִיקָן
bot'any *n.* בּוֹטָנִיקָה, תּוֹרַת הַצּוֹמֵחַ

botch *v.* קִלְקֵל, פִּשֵּׁל
botch *n.* עֲבוֹדָה גְרוּעָה, קִלְקוּל
both (bōth) *adj&pron.* שְׁנֵיהֶם, גַּם
both of them שְׁנֵיהֶם
both'er (-dh-) *v&n.* הֵצִיק, הִטְרִיד, הִדְאִיג; טָרַח, דָּאַג; טִרְחָה, מִטְרָד
bothersome *adj.* מֵצִיק; טוֹרְדָן
bot'tle *n&v.* בַּקְבּוּק
bottle up רִסֵּן, עָצַר (רגשות)
bottle-neck *n.* צַוַּאר הַבַּקְבּוּק
bot'tom *n&v.* תַּחְתִּית, יְסוֹד; יַשְׁבָן; מוֹשַׁב־הַכִּסֵּא; סְפִינָה
bottomless *adj.* עָמוֹק מְאוֹד, תְּהוֹמִי
boudoir (bōō'dwär) *n.* חֲדַר־אִשָּׁה
bough (bou) *n.* עָנָף
bought = p of buy (bôt)
boul'der (bōl'-) *n.* סֶלַע, אֶבֶן
boul'evard' (bool'-) *n.* שְׂדֵרָה
bounce *v.* קָפַץ, קִפֵּץ; הִקְפִּיץ; זִנֵּק
the check bounced *הַשֶּׁק חָזַר
bounce *n.* נִתּוּר, קְפִיצָה; הִתְרַבְרְבוּת
bouncer *n.* סַדְרָן, הוֹדֵף מִתְפָּרְעִים
bouncing *adj.* חָסוֹן, שׁוֹפֵעַ בְּרִיאוּת
bound *adj.* בְּדֶרֶךְ לְ־, פָּנָיו מוּעָדוֹת
bound *v&n.* קָפַץ, נִתֵּר; נִתּוּר
bound *adj.* חַיָּב, מוּכְרָח; וַדָּאִי, בָּטוּחַ; קָשׁוּר, כָּרוּךְ
bound *n&v.* תְּחוּם, גְּבוּל; תָּחַם
bound = p of bind
bound'ary *n.* גְּבוּל; תְּחוּם
boundless *adj.* לְלֹא גְּבוּל, עָצוּם
boun'tiful *adj.* נְדִיב לֵב; שׁוֹפֵעַ
boun'ty *n.* נְדִיבוּת־לֵב; מַעֲנָק, פְּרָס
bouquet' (bōōkā') *n.* צְרוֹר פְּרָחִים; רֵיחַ יַיִן נָעִים; מַחֲמָאָה
bourgeois (boorzhwä') *n.* בּוּרְגָּנִי
bout *n.* תְּקוּפַת פְּעִילוּת; הֶתְקֵף מַחֲלָה, בּוּלְמוּס; תַּחֲרוּת
boutique (bōōtēk') *n.* בּוּטִיק
bo'vine *adj.* כְּמוֹ שׁוֹר (אוֹ פָּרָה)
bow (bō) *n.* קֶשֶׁת; קַשְׁתָּנִית; קֶשֶׁת בֶּעָנָן; לוּלָאָה, עֲנִיבָה; יְצוּל־הַמִּשְׁקָפַיִם
bow (bou) *n.* קִדָּה, קִדַּת נִמּוּסִין
bow (bou) *v.* קָד, הִשְׁתַּחֲוָה, הִתְכּוֹפֵף; כּוֹפֵף; הִבִּיעַ תּוֹךְ קִדָּה
bow to נִכְנַע, צִיֵּת, קִבֵּל
bow (bou) *n.* חַרְטוֹם הַסְּפִינָה

bowd'lerize' *v.* מָחַק, צִנְזֵר
bow'els *npl.* מְעַיִם, קְרָבַיִם, בֶּטֶן
bow'er *n.* סוּכָּה, מָקוֹם מוּצָל
bowl (bōl) *n.* קְעָרָה; אַמְפִיתֵיאַטְרוֹן
bowls כַּדּוֹרֶת (מִשְׂחָק)
bowl *v.* שִׂחֵק כַּדּוֹרֶת; גִלְגֵל כַּדּוּר
bow-legged *n.* עֲקוֹם־רַגְלַיִם
bow'ler (bō'-) *n.* מִגְבַּעַת
bowler *n.* מְגַלְגֵל הַכַּדּוּר (בכדורת)
bowl'ing (bōl'-) *n.* כַּדּוֹרֶת (מִשְׂחָק)
bowling alley אוּלָם כַּדּוֹרֶת
bowling green מִגְרַשׁ כַּדּוֹרֶת
bowman *n.* תּוֹפֵס קֶשֶׁת, קַשָּׁת
bowshot *n.* מְטַחֲוֵי קֶשֶׁת
bow'sprit' *n.* מוֹט הַחַרְטוֹם (בספינה)
bow tie עֲנִיבַת פַּרְפַּר
box *n.* סְטִירָה; מַכַּת אֶגְרוֹף; אַרְגָּז, קוּפְסָה; תָּא; *טֶלֶוִיזְיָה
box *v.* הִתְאַגְרֵף; שָׂם בְּאַרְגָּזִים
box in/up כָּלָא בְּמָקוֹם צַר
box, boxwood *n.* (עץ) תְּאַשּׁוּר
boxer *n.* בּוֹקְסֶר (כלב); מִתְאַגְרֵף
boxing *n.* אִגְרוּף
box office קוּפָּה (לְכַרְטִיסִים)
box-office success הַצְלָחָה קוּפָּתִית
boy *n.* נַעַר, בֵּן, בָּחוּר; מְשָׁרֵת
boy'cott' *v&n.* הֶחֱרִים; חֵרֶם
boyfriend *n.* יְדִיד, חָבֵר קָבוּעַ
boyhood *n.* נַעֲרוּת, נְעוּרִים
boyish *adj.* נַעֲרִי; יַלְדוּתִי
boy scout צוֹפֶה
bra (brä) *n.* חֲזִיָּה
brace *v.* הִדֵּק, חִזֵּק; הִתְחַזֵּק
brace *n.* מִשְׁעָן, מִתְמָךְ, מְהַדֵּק
braces כְּתֵפִיּוֹת, כְּתֵפוֹת; מִתְקָן לְיִשּׁוּר הַשִּׁנַּיִם; סוֹגְרַיִם
brace *n.* זוּג, צֶמֶד; זוּגוֹת, צְמָדִים
brace and bit מַקְדֵּחַת־יָד
brace'let (brās'l-) *n.* צָמִיד
bracing *adj.* מְחַזֵּק, מַבְרִיא, מְרַעֲנֵן
brack'et *n.* מִשְׁעָן, זָוִית (לְהַחְזָקַת מַדָּף); סוֹגֵר, סוּג, קְבוּצָה, מִסְגֶּרֶת
brackets סוֹגְרַיִם
bracket *v.* סָגַר בְּסוֹגְרַיִם; כָּלַל
brack'ish *adj.* מְלַחְלַח, מָלוּחַ מְעַט
brad *n.* מַסְמֵר קָטָן, מַסְמְרוֹן
brag *v.* הִתְפָּאֵר, הִתְרַבְרֵב
brag'gart *n.* רַבְרְבָן
braid *v.* קָלַע (צמה/חלה); קִשֵּׁט בְּסֶרֶט
braid *n.* צַמָּה, מִקְלַעַת; סֶרֶט
brain *n.* מוֹחַ; שֵׂכֶל
beat/rack one's brain(s) שָׁבַר אֶת הָרֹאשׁ
brain *v.* רוֹצֵץ גּוּלְגּוֹלֶת, הָרַג
brainchild *n.* יֶלֶד־רוּחוֹ, אַמְצָאָה
brain drain בְּרִיחַת מוֹחוֹת
brainless *n.* טִפֵּשׁ, רְפֵה־שֵׂכֶל
brain-storm *n.* הַשְׁרָאַת פֶּתַע, רַעְיוֹן מַבְרִיק; הַתְקָפַת עֲצַבִּים
brain-washing *n.* שְׁטִיפַת־מוֹחַ
brain-wave *n.* *רַעְיוֹן מַבְרִיק
brainy *adj.* פִּקֵּחַ, בַּעַל מוֹחַ
braise (-z) *v.* טִגֵּן (בשר), כָּמַר
brake *n&v.* בֶּלֶם, מַעֲצוֹר; בָּלַם
brake *n.* סְבַךְ, אֵזוֹר שִׂיחִים; כִּרְכָּרָה
bram'ble *n.* אָטָד, סְנֶה
bran *n.* סוּבִּין
branch *n.* עָנָף; סְנִיף, זְרוֹעַ
branch *v.* הִסְתָּעֵף, הִתְפַּצֵּל
brand *n.* סִמָּן מִסְחָרִי; סוּג; אוּד; אוֹת קָלוֹן, בַּרְזֶל מְלוּבָּן
brand *v.* סִמֵּן; הוֹתִיר רִשּׁוּם; הוֹקִיעַ
bran'dish *v.* נוֹפֵף, נִפְנֵף
brand-new *adj.* חָדָשׁ בְּתַכְלִית, חֲדַשְׁדַּשׁ
bran'dy *n.* בְּרַנְדִּי; יֵין שָׂרָף
brash *adj.* חָצוּף, מְחוּצָף; פָּזִיז, נוֹעָז
brass *n.* פְּלִיז; כְּלֵי־נְשִׁיפָה; לוּחַ־זִכָּרוֹן; *כֶּסֶף; חוּצְפָּה
brass band תִּזְמוֹרֶת כְּלֵי נְשִׁיפָה
brass hat *קְצִין בָּכִיר
brassiere (brəzir') *n.* חֲזִיָּה
brassy *adj.* פְּלִיזִי; חָצוּף
brat *n.* יֶלֶד (רע)
brave *adj.* אַמִּיץ, נוֹעָז; נָאֶה, יָפֶה
brave *v.* הִתְיַצֵּב מוּל, הִתְרִיס
bra'very *n.* אוֹמֶץ לֵב
bra'vo (-rä'-) *n.* הֵידָד!, בְּרָאבוֹ!
brawl *n&v.* מְרִיבָה; הִתְקוֹטֵט
brawn *n.* שְׁרִירִים, כּוֹחַ; בְּשַׂר־חֲזִיר
brawny *adj.* שְׁרִירִי, חָזָק
bray *n&v.* נְעִירַת חֲמוֹר; נָעַר
braze *v.* הִלְחִים; צִפָּה בִּפְלִיז
bra'zen *adj.* פְּלִיזִי, מַתַּכְתִּי; חָצוּף
breach *n.* הֲפָרָה; עֲבֵרָה; פִּרְצָה

breach *v.* פָּרַץ, עָשָׂה פִּרְצָה בְּ—
breach of faith הֲפָרַת אֵמוּן, מְעִילָה
breach of the peace הֲפָרַת הַסֵּדֶר
bread (bred) *n.* לֶחֶם, מָזוֹן; *כֶּסֶף
breadcrumbs *npl.* פֵּרוּרֵי־לֶחֶם
breadline *n.* תּוֹר לְלֶחֶם
breadth (bredth) *n.* רוֹחַב, מֶרְחָב, מִישׁוֹר; רוֹחַב לֵב, רַחֲבוּת־אוֹפֶק
breadwinner *n.* מְפַרְנֵס
break (brāk) *v.* שָׁבַר; נִשְׁבַּר; נִתֵּק; נִתַּק; הֵפֵר; פָּרַץ; הִפְסִיק, בִּטֵּל
break away בָּרַח, נִמְלַט, נִתַּק
break down הָרַס; נִשְׁבַּר
break in פָּרַץ פְּנִימָה; אִלֵּף, לִמֵּד
break through הִבְקִיעַ, הִפְצִיעַ
break up פֵּרֵק; הִתְפָּרֵק; שָׁבַר; נֶהֱרַס
break *n.* שֶׁבֶר, פִּרְצָה, הַפְסָקָה; שִׁנּוּי, שִׁנּוּי כִּוּוּן; *הִזְדַּמְּנוּת, צַ'אנְס
breakable *adj.* שָׁבִיר; עָלוּל לְהִשָּׁבֵר
breakage *n.* שֶׁבֶר, שְׁבִירָה
breakaway *n.* נִתּוּק; פִּלּוּג; פֶּלֶג
breakdown *n.* קִלְקוּל; הִתְמוֹטְטוּת
breaker *n.* מִשְׁבָּר, גַּל גָּדוֹל, נַחְשׁוֹל
break'fast (brek'-) *n&v.* אֲרוּחַת בּוֹקֶר; אָכַל אֲרוּחַת בּוֹקֶר
break-in *n.* פְּרִיצָה (לדירה)
breakneck *adj.* מְסֻכָּן, מָהִיר מְאוֹד
breakthrough *n.* פְּרִיצַת דֶּרֶךְ
breakup *n.* הִתְפָּרְקוּת, הִתְמוֹטְטוּת
breakwater *n.* שׁוֹבֵר־גַּלִּים; מֵזַח
breast (brest) *n.* חָזֶה, שָׁדַיִם, חֵיק
breast *v.* נֶאֱבַק עִם, הִתְיַצֵּב מוּל
breaststroke *n.* שְׂחִיַּת חָזֶה
breath (breth) *n.* נְשִׁימָה; אֲוִיר, רוּחַ קַלָּה; סִמָּן קַל, רֶמֶז, מַשֶּׁהוּ, שֶׁמֶץ
draw/take breath נָשַׁם, נָח
out of breath חֲסַר נְשִׁימָה
breathe (brēdh) *v.* נָשַׁם, נָשַׁף
breathe in/out נָשַׁם/נָשַׁף
breath'ing (-dh-) *n.* נְשִׁימָה
breathing space הַפְסָקָה, מְנוּחָה
breathless *adj.* חֲסַר־נְשִׁימָה, מִתְנַשֵּׁם
breathtaking *adj.* עוֹצֵר נְשִׁימָה
bred = p of breed
breech *n.* מִכְנָס (בכלי ירייה)
breeches *npl.* מִכְנָסַיִם
breed *v.* פָּרָה, הִתְרַבָּה; גִּדֵּל חַיּוֹת; חִנֵּךְ, טִפֵּחַ; יָצַר, גָּרַם
breed *n.* גֶּזַע, מִין
breeder *n.* מְגַדֵּל (חיות)
breeding *n.* גִּדּוּל; חִנּוּךְ; נִימוּס
breeze *n.* רוּחַ קַלָּה, בְּרִיזָה; *רִיב
breezy *adj.* אַוְרִירִי, מְנוּשָּׁב; עַלִּיז
breth'ren (-dh-) *npl.* אַחִים
brev'ity *n.* קִצּוּר, קוֹצֶר, קַצְרוּת
brew (broo) *v.* בִּשֵּׁל שֵׁכָר, חָלַט תֵּה; תִּכְנֵן, רָקַם מְזִמָּה; הִתְהַוָּה
brewer *n.* מְבַשֵּׁל שֵׁכָר
brew'ery (broo'-) *n.* מִבְשֶׁלֶת שֵׁכָר
bribe *n&v.* שׁוֹחַד; שִׁחֵד, נָתַן שׁוֹחַד
bri'bery *n.* מַתַּן שׁוֹחַד, לְקִיחַת שׁוֹחַד
bric'-a-brac' *n.* חֲפָצֵי נוֹי קְטַנִּים
brick *n&v.* לְבֵנָה; קוּבִּיָּה; *אִישׁ אָדִיב
brick up/over אָטַם בִּלְבֵנִים
brickbat *n.* חֲתִיכַת לְבֵנָה; בִּקֹּרֶת חֲרִיפָה, הַתְקָפָה מוּחֶצֶת
bricklayer *n.* בַּנַּאי
brickyard *n.* בֵּית חֲרוֹשֶׁת לִלְבֵנִים
bri'dal *adj.* שֶׁל כַּלָּה, שֶׁל חֲתוּנָּה
bride *n.* כַּלָּה, אֲרוּסָה
bridegroom *n.* חָתָן, אָרוּס
bridesmaid *n.* שׁוֹשְׁבִינָה
bridge *n&v.* גֶּשֶׁר; בְּרִידְג'; גִּשֵּׁר
bridgehead *n.* רֹאשׁ־גֶּשֶׁר
bri'dle *n&v.* רֶסֶן, מוֹשְׁכוֹת; רִסֵּן
brief (brēf) *adj.* קָצָר, תַּמְצִיתִי
in brief/briefly בְּקִצּוּר, בִּקְצָרָה
brief *n&v.* תַּקְצִיר, תַּדְרִיךְ; תִּדְרֵךְ
briefcase *n.* תִּיק (לְמִסְמָכִים)
bri'er, bri'ar *n.* קוֹץ, חוֹחַ, עֶצְבּוֹנִית
brig *n.* דּוּ־תּוֹרְנִית; תָּא־מַעֲצָר
brigade' *n.* בְּרִיגָדָה, חֲטִיבָה; גְּדוּד
brig'and *n.* שׁוֹדֵד, גַּזְלָן
bright *adj.* בָּהִיר; מַבְרִיק, פִּקֵּחַ
brighten *v.* הִתְבַּהֵר; הֵאִיר, הִבְהִיר
bril'liance, -cy *n.* זֹהַר, הַבְרָקָה
bril'liant *adj.* מַבְהִיק, מַבְרִיק, מְצֻיָּן
brim *n.* שָׂפָה, קָצֶה; אוֹגֶן, תִּתּוֹרָה
brim *v.* הָיָה מָלֵא עַד גְּדוֹתָיו
brim'stone' *n.* גָּפְרִית
brine *n.* מֵי־מֶלַח (לשימור מזון)
bring *v.* הֵבִיא
bring about הֵבִיא, גָּרַם
bring out הוֹצִיא; הוֹצִיא לָאוֹר; חָשַׂף

bring to עוֹרֵר מֵעִלָּפוֹן ; עָצַר
bring to light הוֹצִיא לָאוֹר
bring to mind הִזְכִּיר
bring together הִפְגִּישׁ
bring up גִּדֵּל, חִנֵּךְ ; הֶעֱלָה ; הִגִּישׁ
brink *n.* שָׂפָה, גָּדָה, קָצֶה, סַף
brisk *adj.* מָהִיר, פָּעִיל, עֵר ; מְרַעֲנֵן
bris'tle (-səl) *n.* זִיף, שֵׂעָר קָשֶׁה
bristle *v.* הִסְתַּמֵּר ; זָעַף ; שָׁפַע
Brit'ish *adj.* בְּרִיטִי
brit'tle *adj.* שָׁבִיר, פָּרִיךְ ; רָגִישׁ
broach *v.* פָּתַח בַּקְבּוּק ; הֶעֱלָה נוֹשֵׂא
broad (brôd) *adj.* רָחָב, כְּלָלִי, מַקִּיף
broadcast *v.* שִׁדֵּר ; פִּרְסֵם ; זָרַע
broadcast *n.* שִׁדּוּר, תּוֹכְנִית
broadcasting *n.* שִׁדּוּר
broaden *v.* הִרְחִיב ; הִתְרַחֵב
broadminded *adj.* רְחַב־אוֹפֶק
bro·cade' *n.* רִקְמָה (בחוטי זהב)
bro·chure' (-shoor') *n.* חוֹבֶרֶת
brogue (brōg) *n.* נַעַל כְּבֵדָה
broil *v.* צָלָה ; נִצְלָה ; לָהַט
broil *n.* קְטָטָה, מְרִיבָה
broiler *n.* אַסְכָּלָה ; עוֹף לִצְלִיָּה
broke *adj.* *חֲסַר־כֹּל, מְרוּשָׁשׁ
broke = pt of break
bro'ken = pp of break שָׁבוּר
broken-down *adj.* שָׁבוּר, רָעוּעַ
brokenhearted *adj.* שְׁבוּר־לֵב
bro'ker *n.* תַּוְכָן, מְתַוֵּךְ, בְּרוֹקֶר
bro'kerage *n.* דְּמֵי תִּוּוּךְ
bro'mide *n.* בְּרוֹמִיד ; הֶעָרָה נְדוֹשָׁה
bro'mine (-min) *n.* בְּרוֹם (יסוד כימי)
bron·chi'tis (-k-) *n.* דַּלֶּקֶת
הַסִּמְפוֹנוֹת, בְּרוֹנְכִיטִיס
bronze *n.* אָרָד, בְּרוֹנְזָה
brooch (brōch) *n.* מַכְבֵּנָה, סִכַּת־נוֹי
brood (brōōd) *v.* דָּגַר ; דָּאַג
brood *n.* מִדְגָּר, אֶפְרוֹחִים, בְּרִיכָה
brook *n.* נַחַל קָטָן, פֶּלֶג
brook *v.* נָשָׂא, סָבַל
broom (brōōm) *n.* מַטְאֲטֵא ; רוֹתֶם
broomstick *n.* מַקֵּל הַמַּטְאֲטֵא
broth *n.* מָרָק, מְרַק־בָּשָׂר
broth'el *n.* בֵּית בּוֹשֶׁת
broth'er (brudh-) *n.* אָח
brotherhood *n.* אַחֲוָה, אֲגוּדָה
brother-in-law *n.* גִּיס
brotherly *adj.* כְּמוֹ אָח, יְדִידוּתִי
brought = p of bring (brôt)
brow *n.* מֵצַח ; רֹאשׁ גִּבְעָה, רֹאשׁ צוּק
browbeat *v.* הִפְחִיד (במבט מאיים)
brown *n&adj.* חוּם, שָׁחוּם
browse (-z) *n.* מִרְעֶה ; רִפְרוּף, עִיּוּן
browse *v.* רָעָה ; רִפְרֵף בִּסְפָרִים
bruise (brōōz) *v.* הִכָּה, חָבַל, פָּגַע
bruise *n.* חַבָּלָה, חַבּוּרָה, תְּפִיחָה
brunch *n.* אֲרוּחַת בֹּקֶר מְאוּחֶרֶת
bru·nette' (brōō-) *adj.* שְׁחַרְחוֹר
brunt *n.* כֹּבֶד, מַחַץ (ההתקפה)
brush *n.* מִבְרֶשֶׁת, מִכְחוֹל ; הַבְרָשָׁה ;
תִּגְרָה ; מַגָּע ; שִׂיחִים, חוֹרְשָׁה
brush *v.* הִבְרִישׁ, צִחְצֵחַ ; נָגַע, שִׁפְשֵׁף,
הִתְחַכֵּךְ בְּ־ ; חָלַף, עָבַר
brush up לִטֵּשׁ יְדִיעוֹתָיו, רִעֲנֵן
brushwood *n.* שִׂיחִים ; עֲנָפִים כְּרוּתִים
brusque (brusk) *adj.* גַּס, פִּתְאוֹמִי
bru'tal *adj.* אַכְזָרִי, בְּרוּטָלִי
bru·tal'ity (brōō-) *n.* אַכְזְרִיּוּת
brute *n.* חַיָּה, בְּהֵמָה ; אַכְזָר, פֶּרֶא
bru'tish *adj.* אַכְזָרִי, פִּרְאִי, גַּס
bub'ble *n.* בּוּעָה, בַּלּוֹן ; בִּעְבּוּעַ
bubble *v.* הֶעֱלָה בּוּעוֹת, בִּעְבֵּעַ
buck *n.* צְבִי ; שָׁפָן (זכר) ; *דּוֹלָר
buck *v.* קָפַץ, קִפֵּץ, הִפִּיל רוֹכֵב ;
הִתְנַגֵּד לְ־ ; עוֹדֵד רוּחוֹ
buck'et *n.* דְּלִי
buck'le *n.* אַבְזֵם ; בְּלִיטָה, כִּפּוּף
buckle *v.* אִבְזֵם, הִדֵּק, חָגַר, רָכַס ;
עִקֵּם ; הִתְעַקֵּם ; נִכְנַע
buckshot *n.* כַּדּוּר־עוֹפֶרֶת כָּבֵד
bucktooth *n.* שֵׁן בּוֹלֶטֶת (קדמית)
buckwheat *n.* כֻּסֶּמֶת
bud *n&v.* נִצָּן, נֶבֶט ; הֵנֵץ
bud'dy *n.* *חָבֵר, יָדִיד, בַּרְנָשׁ
budge *v.* הֵזִיז ; זָז
budg'et *n&v.* תַּקְצִיב ; תִּקְצֵב
budgetary *adj.* תַּקְצִיבִי, שֶׁל תַּקְצִיב
buff *v.* לִטֵּשׁ, הִבְרִיק
buf'falo' *n.* בּוּפָלוֹ, תְּאוֹ, שׁוֹר־הַבָּר
buf'fer *n.* סוֹפֵג זַעֲזוּעַ, מַנְחֵת
buffer state מְדִינַת חַיִץ
buf'fet *n&v.* מַהֲלוּמָה, מַכָּה ; הִכָּה
buffet' (bəfā') *n.* מִזְנוֹן

buffoon′ (-ōōn) *n.* לֵיצָן, מוּקְיוֹן
buffoonery *n.* לֵיצָנוּת
bug *n.* פִּשְׁפֵּשׁ, חֶרֶק; *חַיְדַק, נָגִיף; קִלְקוּל; מִיקְרוֹפוֹן שָׁתוּל
bug *v.* *שָׁתַל מִיקְרוֹפוֹן; הֵצִיק
bug′aboo′, bugbear *n.* דַּחְלִיל
bug′gy *n.* כִּרְכָּרָה; עֲגָלַת תִּינוֹק
bughouse *n.* *בֵּית־מְשׁוּגָּעִים
bu′gle *n.* חֲצוֹצְרָה
bu′gler *n.* חֲצוֹצְרָן
build (bild) *v.* בָּנָה, יָצַר
build up בָּנָה, פִּתַּח; הִתְפַּתֵּחַ
build *n.* צוּרָה, מִבְנֵה הַגּוּף
building *n.* בִּנְיָן; הֲקָמַת בִּנְיָנִים
build-up *n.* גִּדּוּל; יְצִירַת תַּדְמִית
built = p of build (bilt)
built-in *adj.* מוּרְכָּב, קָבוּעַ, מוּבְנֶה
built-up *adj.* מְכוּסֶּה בִּנְיָנִים
bulb *n.* נוּרַת חַשְׁמַל; פְּקַעַת, בּוּלְבּוּס
bulge *n&v.* בְּלִיטָה; בָּלַט; הִתְנַפֵּחַ
bulk *n.* נֶפַח, גּוֹדֶל; צוֹבֶר
the bulk of מַרְבִּית, חֵלֶק הָאֲרִי
bulky *adj.* בַּעַל נֶפַח, גָּדוֹל, מְגוּשָּׁם
bull (bool) *n.* פַּר; סַפְסַר־מְנָיוֹת
bull *n.* בּוּלָה, אִגֶּרֶת־הָאַפִּיפְיוֹר
bulldog *n.* בּוּלְדּוֹג (כלב)
bull′doze′ (bool-) *v.* הִפְחִיד; אִיֵּם
bull′doz′er (bool′dōz-) *n.* דַּחְפּוֹר
bul′let (bool-) *n.* כַּדּוּר; קָלִיעַ
bul′letin (bool-) *n.* עָלוֹן, יְדִיעוֹן
bulletin board לוּחַ־מוֹדָעוֹת
bulletproof *adj.* חֲסִין קְלִיעִים
bullfight *n.* מִלְחֶמֶת שְׁוָרִים
bullfighter *n.* לוֹחֵם שְׁוָרִים
bullheaded *adj.* קְשֵׁה־עוֹרֶף
bul′lion (bool-) *n.* מְטִיל־זָהָב/כֶּסֶף
bul′lock (bool-) *n.* שׁוֹר, פַּר מְסוֹרָס
bullring *n.* זִירַת מִלְחֶמֶת שְׁוָרִים
bull's-eye *n.* בּוּל, מֶרְכַּז הַמַּטָּרָה
bull′shit′ (bool′-) *n.* *שְׁטוּיוֹת
bul′ly (bool-) *n.* רוֹדָן, שְׁתַלְטָן
bully *v.* הֵצִיק, הִפְחִיד
bul′rush′ (bool-) *n.* אַגְמוֹן
bul′wark (bool-) *n.* מָעוֹז; דָּיֵק
bum *n&v.* *בַּטְלָן; יַשְׁבָן; הִתְבַּטֵּל
bum *adj.* *גָּרוּעַ, חֲסַר עֵרֶךְ
bump *v.* חָבַט; הִכָּה, הִתְנַגֵּשׁ בְּ—
bump *n.* חֲבָטָה; בְּלִיטָה, נְפִיחוּת
bump′er *n.* פָּגוֹשׁ (במכונית)
bump′kin *n.* מְגוּשָּׁם, גַּמְלוֹנִי
bump′tious (-shəs) *adj.* מִתְנַשֵּׂא; בָּטוּחַ בְּעַצְמוֹ
bumpy *adj.* בַּעַל גַּבְשׁוּשִׁיּוֹת; טַלְטְלָנִי
bun *n.* לַחְמָנִיָּה, עוּגָה; צַמָּה צְנוּפָה
bunch *n.* אֶשְׁכּוֹל, צְרוֹר; *קְבוּצָה
bunch *v.* אִגֵּד; הִתְקַבֵּץ; הִתְקַפֵּל
bun′dle *n&v.* אֲגוּדָּה, חֲבִילָה; אָרַז
bung *n&v.* פְּקָק, מְגוּפָה; פָּקַק
bun′galow′ (-ō) *n.* בּוּנְגָּלוֹ
bunghole *n.* פִּי־הֶחָבִית
bun′gle *n.* מְלָאכָה גְּרוּעָה, כִּשָּׁלוֹן
bungle *v.* קִלְקֵל, פִּשֵּׁל
bun′ion *n.* תְּפִיחָה, יַבֶּלֶת
bunk *n.* מִטָּה צָרָה, דַּרְגָּשׁ; *שְׁטוּיוֹת
bun′ker *n.* בּוּנְקֶר, מִקְלָט; תָּא־פֶּחָם
bun′ny *n.* שָׁפָן, אַרְנֶבֶת
bunt′ing *n.* בַּד־דְּגָלִים; קִשּׁוּטֵי רְחוֹב
buoy (boi) *n.* מָצוֹף; מִתְקַן־הַצָּלָה
buoy′ancy (boi′-) *n.* צִיפָנוּת, כּוֹשֶׁר צִיפָה; קַלִּילוּת, כּוֹשֶׁר הִתְאוֹשְׁשׁוּת
buoy′ant (boi′-) *adj.* צָף, מֵצִיף; עַלִּיז, קַלִּיל
bur, burr *n.* תַּרְמִיל־צֶמַח; קְלִפָּה
bur′ble *v.* בִּעְבַּע, פִּכְפֵּךְ; פִּטְפֵּט
bur′den *n.* מַשָּׂא, נֵטֶל; פִּזְמוֹן
burden *v.* הֶעֱמִיס, הִטְעִין, הִכְבִּיד
burdensome *adj.* כָּבֵד, מְעַיֵּף, מֵעִיק
bu′reau (-rō) *n.* אֲרוֹן מְגֵרוֹת; שׁוּלְחַן כְּתִיבָה; מִשְׂרָד, לִשְׁכָּה
bu·reauc′racy (byoorok′-) *n.* בְּיוּרוֹקְרַטְיָה; נַיֶּרֶת, מִשְׂרָדָנוּת
bu′reaucrat′ (-rək-) *n.* בְּיוּרוֹקְרָט
bu′reaucrat′ic (-rək-) *adj.* בְּיוּרוֹקְרָטִי, מִשְׂרָדָנִי, פְּקִידוּתִי
bur′glar *n.* גַּנָּב, פּוֹרֵץ
burglar alarm מַזְעֵק נֶגֶד פְּרִיצָה
bur′glary *n.* פְּרִיצָה, גְּנֵבָה
bur′ial (ber′-) *n.* קְבוּרָה
burlesque′ (-lesk) *n&v.* בּוּרְלֶסְקָה, גַּחְכָּה, פָּרוֹדְיָה; חִבֵּר פָּרוֹדְיָה עַל
bur′ly *adj.* חָזָק, מוּצָק
burn *v.* בָּעַר, צָרַב, שָׂרַף; נִשְׂרַף
burn down כָּלָה בָּאֵשׁ; נִשְׂרַף כָּלִיל
burn out דָּעַךְ, נִשְׂרַף; שָׂרַף

burn up הִשְׁתַּלְהֵב; בָּעַר; נִשְׂרַף
burn *n.* כְּוִיָּה; בְּעֵירָה
burner *n.* מַבְעֵר, בְּרֶנֶר
burning *adj.* בּוֹעֵר, צוֹרֵב
bur'nish *v.* הִבְרִיק, צִחְצֵחַ
burnt = p of burn
burp *v&n.* גִּהֵק; הִגְהִיק; גִּהוּק
burr drill מַקְדֵּחַ שִׁנַּיִם
bur'row (bûr'ō) *n.* מְאוּרָה, שׁוּחָה
burrow *v.* חָפַר; חָקַר; הִטְמִין
bur'sar *n.* גִּזְבָּר, קוּפַּאי
burst *v.* פָּרַץ; הִתְפָּרֵץ; שָׁבַר; נִשְׁבַּר; נִפֵּץ; הִתְפּוֹצֵץ, הִתְפַּקַּע
burst into פָּרַץ/פָּתַח/גָּעָה בְּ—
burst *n.* הִתְפָּרְצוּת; צְרוֹר יְרִיּוֹת
bur'y (ber'i) *v.* קָבַר; הִטְמִין
burying-ground *n.* בֵּית־קְבָרוֹת
bus *n.* אוֹטוֹבּוּס; *מְכוֹנִית, מָטוֹס
bus'by (-z-) *n.* כּוֹבַע פַּרְוָה
bush (boosh) *n.* שִׂיחַ; יַעַר בְּרֵאשִׁית
beat about the bush דִּבֵּר בַּעֲקִיפִין
bushy *adj.* סָבוּךְ, עֲבוֹת, עָבֶה
business (biz'nəs) *n.* עֵסֶק, עִנְיָן
I mean business אֲנִי מְדַבֵּר בִּרְצִינוּת
business-like *adj.* מַעֲשִׂי, יָעִיל, שִׁטָּתִי
businessman *n.* אִישׁ עֲסָקִים
busman *n.* נַהַג אוֹטוֹבּוּס
bus stop תַּחֲנַת אוֹטוֹבּוּסִים
bust *n.* פֶּסֶל־חָזֶה, פְּרוֹטוֹמָה; הֶקֵּף הֶחָזֶה; שָׁדַיִם; *מַאֲסָר; כִּשָּׁלוֹן חָרוּץ
bust *v.* שָׁבַר; נִשְׁבַּר; עָצַר, אָסַר
bus'ter *n.* הוֹרֵס, מְפוֹצֵץ; בַּרְנָשׁ
bus'tle (-səl) *v&n.* הֵקִים רַעַשׁ, הִתְרוֹצֵץ, מִהֵר; הֲמֻלָּה, פְּעִילוּת, תְּכוּנָה
busy (biz'i) *adj&v.* עָסוּק, טָרוּד
busy oneself with הִתְעַסֵּק בְּ—
the line is busy הַקַּו תָּפוּס
busybody *n.* מִתְעָרֵב בְּעִסְקֵי הַזּוּלַת
but *conj&prep&ad.* אֲבָל, אַךְ, אֶלָּא, בְּרַם; מִבְּלִי שֶׁ־; חוּץ מִן
but for אִלְמָלֵא, לוּלֵא
but that אֶלָּא שֶׁ—
last but one אֶחָד לִפְנֵי הָאַחֲרוֹן
but *pron&v&n.* שֶׁלֹּא־, אֲשֶׁר אֵינֶנּוּ—
butch'er (booch-) *n.* שׁוֹחֵט, קַצָּב
butcher *v.* שָׁחַט, רָצַח
butchery *n.* שְׁחִיטָה, קַצָּבוּת; קֶטֶל

but'ler *n.* רֹאשׁ הַמְשָׁרְתִים
butt *v.* נָגַח, חָבַט רֹאשׁוֹ; נִתְקַל
butt in הִפְרִיעַ, הִתְפָּרֵץ
butt *n.* מַטָּרָה; קָרְבָּן; נְגִיחָה; יַשְׁבָן; קָצֶה, קַת־רוֹבֶה; בָּדָל
but'ter *n&v.* חֶמְאָה; מָרַח בְּחֶמְאָה
butter up הֶחֱנִיף, הֶחְמִיא
buttercup *n.* נוּרִית (צמח/פרח)
butterfly *n.* פַּרְפַּר; שְׂחִיַּת פַּרְפַּר
buttermilk *n.* חוּבְצָה, חֲלֵב־חֶמְאָה
butterscotch *n.* מַמְתַּק־חֶמְאָה
but'tocks *npl.* עַכּוּז, שֵׁת, אָחוֹר
but'ton *n.* כַּפְתּוֹר, לְחִיץ, מֶתֶג
button *v.* רָכַס, כִּפְתֵּר; נִרְכַּס
buttoned-up *adj.* מְתֻכְפָּתָר, מִסְתַּגֵּר; מְבוּצָּע בְּהַצְלָחָה
buttonhole *n.* לוּלָאָה, אִבְקַת הַכַּפְתּוֹר
buttonhole *v.* תָּפַס בְּבִגְדוֹ
buttonhook *n.* פּוֹרְפָן (לכפתורים)
but'tress *n.* מִתְמָךְ, תּוֹמֵךְ, מִשְׁעָן
buttress *v.* חִזֵּק, תָּמַךְ
bux'om *adj.* שְׁמַנְמַנָּה, יָפָה, נָאָה
buy (bī) *v&n.* קָנָה; קְנִיָּה
buy off/over שִׁחֵד, קָנָה
buy out/up קָנָה הַכֹּל
buyer *n.* קוֹנֶה, קַנְיָן
buzz *v&n.* זִמְזֵם; תָּסַס; זִמְזוּם
buz'zard *n.* אַיָּה (עוף)
buzzer *n.* זַמְזָם
by *prep&adv.* עַל־יַד; עַל־יְדֵי; אֵצֶל, קָרוֹב לְ־; בְּ־; דֶּרֶךְ, בְּעַד; עַד לְ־, לִפְנֵי; לְפִי, בְּהֶתְאֵם
by and by עוֹד מְעַט, תֵּכֶף
by and large כְּלָלִית, בְּדֶרֶךְ כְּלָל
by day/night בִּשְׁעוֹת הַיּוֹם/הַלַּיְלָה
by oneself לְבַדּוֹ, בְּעַצְמוֹ
by the way דֶּרֶךְ אַגַּב
3 by 4 3 על 4 (כגון חדר)
bye-bye *שָׁלוֹם! לְהִתְרָאוֹת!
bygone *adj.* שֶׁעָבַר, שֶׁחָלַף
by-law *n.* חוֹק־עֵזֶר עִירוֹנִי
by-pass *n.* כְּבִישׁ עוֹקֵף; מַעֲקָף
by-pass *v.* עָקַף, הִתְעַלֵּם מִן
by-path/way *n.* דֶּרֶךְ צְדָדִית
by-product *n.* תּוֹצָר לְוַאי
by-stander *n.* מַשְׁקִיף, עוֹמֵד קָרוֹב
by-word *n.* פִּתְגָּם, שְׁנִינָה; שֵׁם־דָּבָר

C

C *n.* דו (צליל)
cab *n.* מונית; כִּרְכָּרָה; תָּא־הַנֶּהָג, קַבִּינָה
cabal′ *n.* קְנוּנְיָה; קְבוּצַת קוֹשְׁרִים
cab′aret′ (-rā′) *n.* קַבָּרֶט
cab′bage *n.* כְּרוּב
cab-driver, cab′by נַהַג מוֹנִית
cab′in *n.* בִּיתָן, תָּא, קַבִּינָה
cab′inet *n.* אָרוֹן, שִׁדָּה; קַבִּינֶט, מֶמְשָׁלָה; לִשְׁכָּה
cabinetmaker *n.* נַגָּר
ca′ble *n&v.* כֶּבֶל; מִבְרָק; הִבְרִיק
cable car/railway רַכֶּבֶל
cable TV טֶלֶוִיזְיָה בִּכְבָלִים
caboose′ *n.* קְרוֹן־הַצֶּוֶת
cab rank, cab stand תַּחֲנַת מוֹנִיּוֹת
cache (kash) *n.* מַחֲבוֹא, סְלִיק
cache *v.* הֶחְבִּיא, הִטְמִין
cachet (-shā′) *n.* חוֹתֶמֶת, סִמָּן מְיוּחָד; עֶמְדָּה גְּבוֹהָה; קַפְסוּלַת, כְּמוּסָה
cack′le *n.* קִרְקוּר; צְחוֹק רָם; פִּטְפּוּט
cackle *v.* קִרְקֵר, צִחְקֵק, פִּטְפֵּט
cacoph′ony *n.* קָקוֹפוֹנְיָה, תַּצְרוּם
cac′tus *n.* קַקְטוּס, צָבָּר
cad *n.* גַּס, חֲסַר־נִימוּס
cadav′er *n.* גוּפָה, גְּוִיָּה
cadav′erous *adj.* חִוֵּר, כְּמוֹ מֵת
cad′die, cad′dy *n.* נוֹשֵׂא כֵּלִים
cad′dy *n.* קוּפְסַת־תֵּה
ca′dence *n.* מִקְצָב, קֶצֶב; תַּנַּח
caden′za *n.* קָדֶנְצָה, תַּנַּח
cadet′ *n.* צוֹעֵר, שׁוֹחֵר; בֵּן צָעִיר
cadge *v&n.* בִּקֵּשׁ נְדָבָה, נִדְנֵד
cadger *n.* קַבְּצָן, מְבַקֵּשׁ נְדָבוֹת
cad′re (kä′drə) *n.* מִסְגֶּרֶת, סֶגֶל, צֶוֶת מְצוּמְצָם; גַּרְעִין צְבָאִי, קָדֶר
café (kəfā′) *n.* בֵּית־קָפֶה
caf′ete′ria *n.* קָפֶטֶרְיָה, מִסְעָדָה
caf′feine′ (-fēn) *n.* קָפֶאִין
cage *n&v.* כְּלוּב; כָּלָא בִּכְלוּב
cage′y (kā′ji) *adj.* *זָהִיר; מִסְתַּגֵּר
cahoots (-hōōts) *n.* שׁוּתָּפוּת
in cahoots "יַד אַחַת"

cairn *n.* מַצֶּבֶת־זִכָּרוֹן, גַּלְעֵד
cai′tiff *n.* נִבְזֶה; מוּג־לֵב
cajole′ *v.* פִּתָּה, שִׁדֵּל, רִמָּה
cajo′lery *n.* פִּתּוּי, דִּבְרֵי חֲלָקוֹת
cake *n.* עוּגָה, לְבִיבָה, פַּשְׁטִידָה; חֲתִיכָה
took the cake *עָבַר כָּל גְּבוּל
cake *v.* כִּסָּה; גִּבֵּשׁ; הִתְקָרֵשׁ
cal′abash′ *n.* דְּלַעַת
cal′aboose′ *n.* *כֶּלֶא, בֵּית סוֹהַר
calam′itous *adj.* מֵמִיט שׁוֹאָה
calam′ity *n.* אָסוֹן, שׁוֹאָה
cal′cifica′tion *n.* הִסְתַּיְּדוּת
cal′cify′ *v.* הִסְתַּיֵּד; הִקְשָׁה בְּסִיד
cal′cine *v.* שָׂרַף לְאֵפֶר; נִשְׂרַף
cal′cium *n.* סִידָן
cal′cu·lable *adj.* בַּר־חִשּׁוּב
cal′cu·late′ *v.* חִשֵּׁב, הֶעֱרִיךְ, תִּכְנֵן; שִׁעֵר, הֶאֱמִין
calculate on סָמַךְ עַל
calculating *adj.* עַרְמוּמִי, זָהִיר
cal′cu·la′tion *n.* חִשּׁוּב; תַּחְשִׁיב
cal′cu·la′tor *n.* מְכוֹנַת חִשּׁוּב
cal′cu·lus *n.* חֶשְׁבּוֹן; אֶבֶן (בכליות)
cal′endar *n.* לוּחַ־שָׁנָה; לוּחַ זְמַנִּים
cal′ender *n.* מַעגִילָה, זִירָה
calf (kaf) *n.* עֵגֶל; פִּילוֹן; עוֹר־עֵגֶל; סוֹבֶךְ, בְּשַׂר־הַשּׁוֹק
calf skin עוֹר־עֵגֶל
cal′iber *n.* קוֹטֶר פְּנִימִי; טִיב, אֵיכוּת, שִׁעוּר־קוֹמָה, קָלִיבֶּר
cal′ibrate′ *v.* מָדַד קוֹטֶר, כִּיֵּל, שִׁנֵּת
cal′ico′ *n.* בַּד־כּוּתְנָה
ca′lif, -liph *n.* כָּלִיף מוּסְלְמִי
cal′ipers *npl.* מְחוּגָה
ca′liphate′ *n.* כָּלִיפוּת
cal′isthen′ics *npl.* הִתְעַמְּלוּת
calk (kôk) *n.* זִיז פַּרְסָה
calk = caulk
call (kôl) *v.* צָעַק; קָרָא; הִזְמִין; טִלְפֵּן; הֵעִיר; בָּא, בִּקֵּר; עָצַר
call attention הֵסֵב תְּשׂוּמַת לֵב
call for דָּרַשׁ, הִצְרִיךְ, חִיֵּב; בִּקֵּר

call forth עוֹרֵר, הִפְעִיל
call in question פִּקְפֵּק בְּ—
call into being יָצַר, בָּרָא
call names כִּנָּה כִּנּוּיֵי גְנַאי
call off בִּטֵל, הִפְסִיק; הִרְחִיק
call out צָעַק; הִזְעִיק; הִשְׁבִּית
call to mind נִזְכַּר
call up טִלְפֵּן; הִזְכִּיר; הִזְמִין; גִּיֵּס
call *n.* קְרִיאָה; בִּקּוּר; צִלְצוּל; הַזְמָנָה
pay a call עָרַךְ בִּקּוּר; *הִשְׁתִּין
cal'la *n.* קָלָה (צמח)
call box תָּא טֶלֶפוֹן
call-boy *n.* נַעַר־מְשָׁרֵת (בתיאטרון)
caller *n.* מְבַקֵּר, עוֹרֵךְ בִּקּוּר
call-girl נַעֲרַת־טֶלֶפוֹן
callig'raphy *n.* כְּתִיבָה תַּמָּה, כְּתָב
calling *n.* מִשְׁלַח־יָד, מִקְצוֹעַ; שְׁאִיפָה
calling card כַּרְטִיס בִּקּוּר
callos'ity *n.* יַבֶּלֶת (בעור)
cal'lous *adj.* קָשׁוּחַ; יַבַּלְנִי, מְיוּבָּל
cal'low (-ō) *adj.* צָעִיר, חֲסַר־נִסָּיוֹן
call sign אוֹת הַתַּחֲנָה
call-up *n.* גִּיּוּס, צַו־קְרִיאָה
cal'lus *n.* יַבֶּלֶת (בעור)
calm (käm) *adj.* שָׁקֵט, שָׁלֵו, רָגוּעַ
calm *n.* שֶׁקֶט, שַׁלְוָה; הֶעְדֵּר־רוּחַ
calm *v.* הִרְגִּיעַ, הִשְׁקִיט
calm down הִרְגִּיעַ; נִרְגַּע
cal'orie *n.* קָלוֹרְיָה, חוּמִית
calum'niate' *v.* הִלְעִיז; הֶעֱלִיל
calum'nious *adj.* מַעֲלִיל, מַשְׁמִיץ
cal'umny *n.* דִּבָּה; עֲלִילָה
calve (kav) *v.* הִמְלִיטָה עֵגֶל
calves = pl of calf (kavz)
calyp'so *n.* קָלִיפְּסוֹ (שיר)
ca'lyx *n.* גָּבִיעַ (של פרח)
cam *n.* פִּיקָה, בְּלִיטָה, גַּל
cam'ber *n&v.* שִׁפּוּעַ, קִמּוּר; קִמֵּר
ca'mbric *n.* אֲרִיג כּוּתְנָה
came = pt of come
cam'el *n.* גָּמָל
cam'e•o' *n.* קָמֵעַ; תַּכְשִׁיט
cam'era *n.* מַצְלֵמָה, מַסְרֵטָה
in camera בִּדְלָתַיִם סְגוּרוֹת
cameraman *n.* צַלָּם
cam'isole' *n.* תַּחְתּוֹנִית, כּוּתֹּנֶת
cam'omile' *n.* בַּבּוֹנָג
cam'ouflage' (-'əfläzh) *n.* הַסְוָאָה
camouflage *v.* הִסְוָה
camp *n&v.* מַחֲנֶה; הֵקִים מַחֲנֶה, חָנָה
camp *adj.* *מְיוּשָּׁן, מְגוּחָךְ; הוֹמוֹ, נָשִׁי
cam•paign' (-pān) *n.* מַעֲרָכָה, מִבְצָע; תַּעֲמוּלָה; נִהֵל תַּעֲמוּלָה
campaigner *n.* לוֹחֵם, תַּעַמְלָן
camp bed מִטָּה מִתְקַפֶּלֶת
camper *n.* חוֹנֶה; מְכוֹנִית־נוֹפֶשׁ
campfire *n.* מְדוּרַת־קוּמְזִיץ
cam'phor *n.* קַמְפוֹר, כּוֹפֶר
camphor ball כַּדּוּר נַפְטָלִין
camping *n.* קֶמְפִּינג, מַחֲנָאוּת
camp-stool *n.* כִּסֵּא מִתְקַפֵּל
cam'pus *n.* קַמְפּוּס; קִרְיָה
cam'shaft' *n.* גַּל הַפִּיקוֹת
can *n.* קוּפְסָה, פַּחִית; *בֵּית־סוֹהַר
can *v.* שִׁמֵּר (מזון) בְּפַחִית
can *v.* יָכוֹל/מְסוּגָּל/עָשׂוּי/רַשַּׁאי לְ־
Cana'dian *n&adj.* קָנָדִי
canal' *n.* תְּעָלָה; צִנּוֹר
can'aliza'tion *n.* תִּעוּל
can'alize' *v.* תִּעֵל; הִפְנָה (לאפיק)
canard' *n.* סִפּוּר בַּדִּים
cana'ry *n.* קָנָרִית; זַמֶּרֶת
can'can' *n.* קַנְקַן (ריקוד)
can'cel *v.* בִּטֵּל, חִסֵּל; מָחַק, קִזֵּז
can'cella'tion *n.* בִּטּוּל; מְחִיקָה
can'cer *n.* סַרְטָן
can'cerous *adj.* סַרְטָנִי, מַמְאִיר
can'delab'rum (-lä-) *n.* מְנוֹרָה
can'did *adj.* גְּלוּי־לֵב, יָשָׁר
can'didacy *n.* מוּעֲמָדוּת
can'didate *n.* מוּעֲמָד; נִבְחָן
can'didature *n.* מוּעֲמָדוּת
candid camera מַצְלֵמָה נִסְתֶּרֶת
candied *adj.* מְסוּכָּר, מְתוּבָּל בְּסוּכָּר
can'dle *n.* נֵר
candlepower *n.* נֵר (יחידת הארה)
candlestick *n.* פָּמוֹט
can'dor *n.* הֲגִינוּת; גִּלּוּי לֵב
can'dy *n.* סוּכָּרִיָּה, מַמְתָּק
candy *v.* בִּשֵּׁל בְּסוּכָּר; הִתְגַּבֵּשׁ
candyfloss *n.* צֶמֶר־גֶּפֶן מָתוֹק
cane *n.* קָנֶה, מַקֵּל; חִזְרָן
get the cane סָפַג מַלְקוֹת
ca'nine *adj.* כְּמוֹ כֶּלֶב, כַּלְבִּי

can′ister *n.* קוּפְסָה; פַּחִית; מְדוֹכָה
can′ker *n.* אִכָּל, פֶּצַע; הֶרֶס, סַרְטָן
canned *adj.* (מזון) מְשׁוּמָר; *שִׁכּוֹר
can′nery *n.* בֵּית־חֲרוֹשֶׁת לְשִׁמּוּרִים
can′nibal *n.* קָנִיבָּל, אוֹכֵל־אָדָם
can′nibalism′ *n.* קָנִיבָּלִיּוּת
can′non *n&v.* תּוֹתָח; הִפְגִּיז
can′nonade′ *n.* הַרְעָשָׁה, הַפְגָּזָה
cannon fodder בְּשַׂר־תּוֹתָחִים
cannot = can not לֹא יָכוֹל
can′ny *adj.* עַרְמוּמִי, זָהִיר
canoe (-nōō′) *n.* בּוּצִית, סִירָה קַלָּה
can′on *n.* קָנוֹן, חוּקַּת הַכְּנֵסִיָּה
canon′ical *adj&n.* קָנוֹנִי
canonicals בִּגְדֵי כְּמוּרָה
can′onize′ *v.* קִדֵּשׁ, עָשָׂה לְקָדוֹשׁ
canoo′dle *v.* *הִתְגַּפֵּף, הִתְחַבֵּק
can′opy *n.* אַפִּרְיוֹן, כִּפָּה; כִּלָּה
cant *n.* צְבִיעוּת, הִתְחַסְּדוּת; זַ'רְגוֹן
cant *n.* שִׁפּוּעַ, נְטִיָּה; תְּנוּעַת־פֶּתַע
cant *v.* שִׁפַּע, הִטָּה, הָפַךְ
can′t = cannot (kant)
can•tan′kerous *adj.* רַגְזָן, אִישׁ־רִיב
can•teen′ *n.* קַנְטִינָה, שֶׁקֶם; מֵימִיָּה
can′ter *n&v.* דְּהִירָה קַלָּה; דִּהֵר
can′ticle *n.* שִׁיר, הִימְנוֹן
Canticles שִׁיר הַשִּׁירִים
can′tile′ver *n.* מוֹט תּוֹמֵךְ, שְׁלוּחָה
can′ton *n.* קַנְטוֹן, מָחוֹז (בשווייץ)
can•ton′ment *n.* מַחֲנֶה צְבָאִי
can′tor *n.* חַזָּן; מְנַצֵּחַ מַקְהֵלָה
can′vas *n.* אֲרִיג גַּס; צִיּוּר שֶׁמֶן
under canvas בְּאוֹהָלִים
can′vass *v.* נִהֵל תַּעֲמוּלָה, חִזֵּר
אַחֲרֵי קוֹלוֹת; דָּן, שָׁקַל
canvass *n.* נִהוּל תַּעֲמוּלָה; דִּיּוּן
can′yon (-yən) *n.* קַנְיוֹן, עָרוּץ
cap *n.* כּוֹבַע, כִּפָּה; פְּקָק, מִכְסֶה
set her cap at נִסְּתָה לִכְבּוֹשׁ לִבּוֹ
cap *v.* כִּסָּה בְּכוֹבַע, הִכְתִּיר
ca′pabil′ity *n.* כִּשְׁרוֹן, יְכוֹלֶת; כֹּחַ
capabilities סְגֻלּוֹת, פּוֹטֶנְצִיָּה
ca′pable *adj.* מוּכְשָׁר, כִּשְׁרוֹנִי
capable of מְסֻגָּל; נִתָּן לְ—
capa′cious (-shəs) *adj.* מְרֻוָּח, רָחָב
capac′ity *n.* קִבּוֹלֶת, יְכֹלֶת־קְלִיטָה,
יְכֹלֶת־הֲבָנָה; מַעֲמָד, תַּפְקִיד
filled to capacity מָלֵא עַד
אֶפֶס מָקוֹם
cap′-a-pie′ מִכַּף רֶגֶל וְעַד רֹאשׁ
capar′ison *n.* מַחֲלָצוֹת (לְסוּס)
cape *n.* שִׁכְמִיָּה; כֵּף, לְשׁוֹן־יַבָּשָׁה
ca′per *n.* צָלָף; קְפִיצָה; *תַּעֲלוּל
cut a caper כִּרְכֵּר; הִשְׁתַּטָּה
caper *v.* קִפֵּץ, כִּרְכֵּר, קִפְצֵץ
cap′illar′ity *n.* נִימִיּוּת
cap′illar′y (-leri) *n.* נִימַת־דָּם, נִימָה
cap′ital *n.* בִּירָה; הוֹן, רְכוּשׁ, קַפִּיטָל;
כּוֹתֶרֶת הָעַמּוּד
make capital of נִצֵּל
capital *adj.* דִּינוֹ מָוֶת; רָאשִׁי; *מְצֻיָּן
capital importance חֲשִׁיבוּת עֶלְיוֹנָה
cap′italism′ *n.* רְכוּשָׁנוּת
cap′italist *n.* רְכוּשָׁן
cap′italis′tic *adj.* רְכוּשָׁנִי
cap′italiza′tion *n.* הִוּוּן
cap′italize′ *v.* הִוֵּן, מִמֵּן; כָּתַב
בְּאוֹתִיּוֹת גְּדוֹלוֹת; הֵפִיק תּוֹעֶלֶת; נִצֵּל
capital letter אוֹת גְּדוֹלָה
capital punishment עוֹנֶשׁ מָוֶת
Capitol *n.* בִּנְיַן הַקּוֹנְגְּרֶס, קַפִּיטוֹל
capit′ulate′ (-ch′-) *v.* נִכְנַע
capit′ula′tion (-ch′-) *n.* כְּנִיעָה
ca′pon *n.* תַּרְנְגוֹל מְסוֹרָס (מפוטם)
caprice′ (-rēs) *n.* קַפְּרִיזָה, גַּחְמָה,
עַקְשׁוּת, חֲפָצִיּוּת, צִפָּרוֹנוּת; קַפְּרִיצִ'יוֹ
capri′cious (-shəs) *adj.* קַפְּרִיזִי
Cap′ricorn′ *n.* מַזַּל גְּדִי
cap′sicum *n.* פִּלְפֶּלֶת (צמח)
cap•size′ *v.* הָפַךְ; הִתְהַפֵּךְ
cap′stan *n.* כַּנָּן (למשיכת ספינות)
cap′sule (-səl) *n.* קַפְּסוּלָה, גְּלוּלָה,
כְּמוּסָה, הֶלְקֵט, מִכְסֶה; תָּא־חֲלָלִית
cap′tain (-tən) *n&v.* סֶרֶן, מְפַקֵּד,
רַב־חוֹבֵל, רֹאשׁ־קְבוּצָה; פִּקֵּד
cap′tion *n.* כּוֹתֶרֶת, מִלּוֹת־הֶסְבֵּר
cap′tious (-shəs) *adj.* קַטְנוּנִי
cap′tivate′ *v.* הִקְסִים, כָּבַשׁ לֵב
cap′tive *n&adj.* שָׁבוּי, אָסִיר
cap•tiv′ity *n.* שְׁבִי; מַאֲסָר
cap′tor *n.* לוֹכֵד, שַׁבַּאי, שׁוֹבֶה
cap′ture *v.* שָׁבָה, לָכַד, תָּפַס
capture *n.* תְּפִיסָה, לְכִידָה; שָׁבוּי
car *n.* מְכוֹנִית; קְרוֹן־רַכֶּבֶת; מַעֲלִית

carafe (-raf′) *n.* בַּקְבּוּק, לָגִין, כַּד
car′amel *n.* שֶׁזֶף־סוּכָּר, קָרָמֶל
car′at *n.* קָרָט (יחידת משקל)
car′avan′ *n.* שַׁיָּרָה; קְרוֹן־מְגוּרִים, קָרָוָן, מְעוֹנוֹעַ
car′avan′sary *n.* פּוּנְדָק, חָן
car′away′ (-′əwā) *n.* כְּרַוְיָה (צמח)
car′bide *n.* קַרְבִּיד
car′bine *n.* קַרְבִּין (רובה)
car′bo·hy′drate *n.* פַּחְמֵימָה
car′bon *n.* פַּחְמָן; פֶּחָם; הֶעְתֵּק
car′bona′ted water מֵי־סוֹדָה
carbon dioxide דוּ־תַּחְמוֹצֶת הַפַּחְמָן
car′bonize′ *v.* פִּחֵם, פִּחְמֵן
carbon paper נְיַר פֶּחָם
car′boy′ *n.* בַּקְבּוּק (גדול)
car′bun′cle *n.* גַּחֶלִית, פּוּרוּנְקֶל
car′bure′tor (-rā-) *n.* מְאַיֵּד
car′cass *n.* גְּוִיָּה; שֶׁלֶד; *גּוּף
car·cin′ogen *n.* גּוֹרֵם סַרְטָן, מְסַרְטֵן
card *n.* כַּרְטִיס, גְּלוּיָה; קְלָף; תּוֹכְנִיָּה
  cards, playing cards קְלָפִים
  one's best card הַקְּלָף הֶחָזָק שֶׁלּוֹ
card *n&v.* מַסְרֵק, מַנְפֵּטָה; סֵרֵק
cardboard *n.* קַרְטוֹן, נְיוֹרֶת
car′diac′ *adj.* שֶׁל הַלֵּב
car′digan *n.* אֲפֻדַּת צֶמֶר, מִקְטוֹרָה
car′dinal *adj.* יְסוֹדִי, רָאשִׁי, עִקָּרִי
cardinal *n.* חַשְׁמָן; אוֹדֶם; אָדוֹם
card index כַּרְטֶסֶת
cardpunch *n.* מְנַקֵּב־כַּרְטִיסִים
card-sharper *n.* רַמַּאי־קְלָפִים
care *n.* דְּאָגָה, תְּשׂוּמֶת־לֵב; זְהִירוּת; טִפּוּל, פִּקּוּחַ
  take care נִזְהַר
  take care of טִפֵּל בְּ—
care *v.* דָּאַג; חָפֵץ, רָצָה
  care for טִפֵּל בְּ־; אָהַב, חִבֵּב
  not care a damn לֹא אִכְפַּת כְּלָל
careen′ *v.* הִטָּה/נָטָה עַל הַצַּד
career′ *n&v.* קַרְיֶרָה; מִקְצוֹעַ; רִיצָה, מְהִירוּת, דְּהִירָה; דָּהַר
careerist *n.* קַרְיֶרִיסְט, תַּכְלִיתָן
carefree *adj.* חֲסַר־דְּאָגוֹת, עַלִּיז
careful *adj.* זָהִיר; קַפְּדָנִי, מְדוּקְדָּק
careless *adj.* לֹא זָהִיר, רַשְׁלָנִי; לֹא דּוֹאֵג, עַלִּיז, לֹא אִכְפַּת לוֹ, אָדִישׁ
caress′ *n&v.* לְטִיפָה; נְשִׁיקָה; לִטֵּף
caretaker *n.* מַשְׁגִּיחַ, מְמוּנֶּה, שָׁרָת
caretaker government מֶמְשֶׁלֶת מַעֲבָר
careworn *adj.* אֲכוּל־דְּאָגוֹת
car′go *n.* מִטְעָן, מַשָּׂא
car′icature *n.* קָרִיקָטוּרָה, אִטְלוּלִית, רְשׁוּמִית
car′ies (kār′ēz) *n.* עַשֶּׁשֶׁת, רִקָּבוֹן
car′illon *n.* נְגִינַת פַּעֲמוֹנִים
car′ious (kār′-) *adj.* (שן) רְקוּבָה
car′mine *n.* אַרְגָּמָן, כַּרְמִין
car′nage *n.* שְׁחִיטָה, טֶבַח, קֶטֶל
car′nal *adj.* בְּשָׂרִי, חוּשָׁנִי, גּוּפָנִי
car·na′tion *n.* צִפּוֹרֶן (פרח); וָרוֹד
car′nival *n.* קַרְנָבָל
car′nivore′ *n.* חַיָּה טוֹרֶפֶת, טוֹרֵף
car·niv′orous *adj.* (חיה) אוֹכֶלֶת בָּשָׂר
car′ob *n.* חָרוּב (עץ)
car′ol *n&v.* שִׁיר, זֶמֶר; שָׁר, זִמֵּר
carou′sal (-z-) *n.* הִלּוּלָה, מִשְׁתֶּה
carouse′ (-z) *v.* שָׁתָה, הִתְהוֹלֵל
car′ousel′ (-rəs-) *n.* סְחַרְחֵרָה
carp *v.* חִטֵּט, הֵטִיל דּוֹפִי; הִתְאוֹנֵן
carp *n.* קַרְפִּיוֹן, קַרְפִּיוֹנִים
car park חֲנִיוֹן
car′penter *n.* נַגָּר
car′pentry *n.* נַגָּרוּת
car′pet *n.* שָׁטִיחַ, מַרְבָד
carpet *v.* כִּסָּה בְּשָׁטִיחַ; *נָזַף בְּ—
carpet-knight *n.* חַיַּל־שׁוֹקוֹלָדָה
carpet sweeper מְנַקֵּה שְׁטִיחִים
carping *adj.* חַטְטָנִי, מְחַפֵּשׂ פְּגָמִים
car′riage (-rij) *n.* עֲגָלָה, כִּרְכָּרָה; קְרוֹן־רַכֶּבֶת; הוֹבָלָה; גְּרָר; כַּן־תּוֹתָח; הוֹפָעָה, הִלּוּךְ
carrier *n.* סַבָּל, נוֹשֵׂא, חֶבְרַת־הוֹבָלָה
carrier bag שַׂקִּית קְנִיּוֹת
carrier pigeon יוֹנַת דּוֹאַר
car′rion *n.* נְבֵלָה, פֶּגֶר
car′rot *n.* גֶּזֶר
car′rousel′ (-rəs-) *n.* סְחַרְחֵרָה
car′ry *v.* נָשָׂא; הֶעֱבִיר; הִמְשִׁיךְ, הֶאֱרִיךְ; כָּבַשׁ בִּסְעָרָה; הִצְלִיחַ
  carry away שִׁלְהֵב, סָחַף
  carry forward הֶעֱבִיר לַדַּף הַבָּא
  carry on נִהֵל; הִמְשִׁיךְ
  carry oneself הִתְנַהֵג (בהילוך וכו׳)

carry out/through בָּצַע, הִגְשִׁים
carry the day נָחַל הַצְלָחָה
carry too far עָבַר הַגְּבוּל, הִגְזִים
carry *n.* טְוַח־תּוֹתָח; נְשִׂיאָה; הוֹבָלָה
carry-cot *n.* סַל־קַל (לתינוק)
carryings-on אֲרוּעִים, הִתְרַחֲשׁוּיוֹת
carsick *adj.* חוֹלֵה נְסִיעָה
cart *n.* עֲגָלָה, קָרוֹן
cart *v.* הֶעֱבִיר בַּעֲגָלָה; *סָחַב
cart away/off גָּרַר, הֶעֱבִיר
carte blanche (-blänsh) *n.* יָד חוֹפְשִׁית, יִפּוּי כּוֹחַ
car•tel′ *n.* קַרְטֶל, אִגּוּד
car′ter *n.* עֶגְלוֹן
carthorse *n.* סוּס עֲבוֹדָה
car′tilage *n.* סְחוּס, חַסְחוּס
car•tog′rapher *n.* מַפַּאי, קַרְטוֹגְרָף
car′ton *n.* קוּפְסַת קַרְטוֹן
car•toon′ (-o͞on) *n.* קָרִיקָטוּרָה
animated cartoon סֶרֶט מְצוּיָּר
cartoonist *n.* קָרִיקָטוּרִיסְטָן
car′tridge *n.* כַּדּוּר, תַּרְמִיל; קַסֶטָה; סְלִיל־מַצְלֵמָה; מַחְסָנִית
carve *v.* פִּסֵּל, גִּלֵּף; חָתַךְ, פָּרַס
carve out הִשִּׂיג (במאמץ רב)
carver *n.* סַכִּין (לבשר); גַּלָּף
carving *n.* גִּלּוּף, תַּגְלִיף
cas•cade′ *n.* מַפַּל־מַיִם; אֶשֶׁד
cascade *v.* נָפַל כְּמַפַּל־מַיִם
case *n.* מִקְרֶה, מַצָּב; עִנְיָן; תִּיק, מִשְׁפָּט; טַעֲנָה, נִמּוּק; יַחֲסָה; תֵּבָה, קוּפְסָה; נַרְתִּיק, מִסְגֶּרֶת
in any case בְּכָל מִקְרֶה
in case פֶּן, לְמִקְרֶה שֶׁל
in case of בְּמִקְרֶה שֶׁ־, אִם
in no case בְּשׁוּם מִקְרֶה
in this case בְּמִקְרֶה זֶה
it's not the case אֵין זֶה כָּךְ
just in case עַל כָּל מִקְרֶה
lower case אוֹתִיּוֹת קְטַנּוֹת
upper case אוֹתִיּוֹת גְּדוֹלוֹת
case *v.* אָרַז, שָׂם בְּתֵבָה
case history תִּיק (של חולה)
case′ment (kās′-) *n.* חַלּוֹן
cash *n.* כֶּסֶף, מְזוּמָנִים
ready cash מְזוּמָנִים
cash *v.* הֶחֱלִיף בִּמְזוּמָנִים, פָּדָה
cash in on נִצֵּל, הֵפִיק תּוֹעֶלֶת מִן
cashable *adj.* זָמִין
cash dispenser בַּנְקוֹמָט, מַנְפֵּק כֶּסֶף
cash flow תַּזְרִים מְזוּמָנִים
cash•ier′ (-shir) *n.* קוּפַּאי
cashier *v.* סִלֵּק, הִדִּיחַ, פִּטֵּר
cash′mere *n.* צֶמֶר קַשְׁמִיר
cash register קוּפָּה רוֹשֶׁמֶת
ca′sing *n.* כִּסּוּי, מִסְגֶּרֶת, עֲטִיפַת־מָגֵן
casi′no (-sē′-) *n.* קָזִינוֹ
cask *n.* חָבִית
cas′ket *n.* תֵּבָה; אֲרוֹן מֵתִים
cas′serole′ *n.* אִלְפָּס, קְדֵרָה; תַּבְשִׁיל
cassette′ *n.* קַסֶטָה, קַלֶּטֶת
cas′sock *n.* גְּלִימָה
cast *v.* הֵטִיל, הִשְׁלִיךְ; גִּבֵּשׁ; עִצֵּב, יָצַק; שִׁבֵּץ בְּתַפְקִיד; לְהֵק; חִשֵּׁב
cast about/around חִפֵּשׂ; חָשַׁב
cast aside זָנַח, נָטַשׁ
cast doubts הֵטִיל סְפֵקוֹת
cast down מְדוּכְדָּךְ; הֶעֱצִיב, דִּכָּא
cast lots הִפִּיל גּוֹרָלוֹת
cast off הִשְׁלִיךְ, נָטַשׁ
cast out גֵּרֵשׁ
cast up חִשֵּׁב, חִבֵּר
cast *n.* הַשְׁלָכָה, הֲטָלָה; צֶוֶת; צוּרָה, דְּמוּת; גֶּבֶס; פְּזִילָה
cas′tanets′ *npl.* עַרְמוֹנִיּוֹת
castaway *n.* נִצּוֹל; שָׂרִיד
caste *n.* כַּת, מַעֲמָד חֶבְרָתִי
cas′ter = **castor**
cas′tigate′ *v.* הֶעֱנִישׁ, בִּקֵּר קָשׁוֹת
casting *n.* הַשְׁלָכָה; יְצִיקָה, עִצּוּב
casting vote קוֹל מַכְרִיעַ (של יו״ר)
cast-iron *adj.* כְּבַרְזֶל, קָשֶׁה, חָזָק
cas′tle (-səl) *n.* טִירָה; מְצוּדָה; צְרִיחַ
castle *v.* הִצְרִיחַ
cast-off *adj.* מוּשְׁלָךְ, מְשׁוּמָּשׁ
cast-offs *npl.* בְּגָדִים מְשׁוּמָּשִׁים
cas′tor *n.* גַּלְגִּלּוֹן; מַבְזֵק
castor oil *n.* שֶׁמֶן קִיק
cas′trate *v.* סֵרֵס, עִקֵּר
cas•tra′tion *n.* סֵרוּס, עִקּוּר
cas′ual (-zho͞oəl) *adj&n.* מִקְרִי; שִׁטְחִי, לֹא מְתֻחְשָׁב; אֲרָעִי, לֹא קָבוּעַ
cas′ualty (-zho͞oəl-) *n.* תְּאוּנָה; נִפְגָּע, נֶעְדָּר, חָלָל, אֲבֵדָה

cas′uist (-zhōōist) *n.* פַּלְפְּלָן
cas′uistry (-zhōōis-) *n.* פַּלְפְּלָנוּת
cat *n.* חָתוּל, חֲתוּלָה; *טְרַקְטוֹר; שׁוֹט
cat′aclysm′ (-liz′əm) *n.* שׁוֹאָה; קָטַקְלִיזְם, מַהְפָּךְ; רְעִידַת־אֲדָמָה
cat′acomb′ (-kōm) *n.* מְעָרַת— קְבָרִים, כּוּךְ, קָטָקוֹמְבָּה
cat′alep′sy *n.* קָטָלֶפְּסְיָה, שִׁתּוּק
cat′alog′, -logue′ (-lôg) *n&v.* קָטָלוֹג; קִטְלֵג, רָשַׁם בְּקָטָלוֹג
cat′alyst *n.* קָטָלִיזָטוֹר, מְדַרְבֵּן, זָרָז
cat′apult′ *n&v.* מַרְגֵּמָה, בַּלִּיסְטְרָה; מָעוֹט; מִקְלַעַת; הִזְנִיק, הֵעִיף
cat′aract′ *n.* מַפַּל־מַיִם; יָרוֹד (מחלה)
catarrh′ (-tär) *n.* נַזֶּלֶת
catas′trophe′ (-rəfē) *n.* אָסוֹן, שׁוֹאָה
cat′astroph′ic *adj.* קָטַסְטְרוֹפִי
catcall *n&v.* (שָׁרַק) שְׁרִיקַת־בּוּז
catch *v.* תָּפַס; הֵבִין; לָכַד; נִדְבַּק בְּ־; הִכָּה; נֶאֱחַז, הִסְתַּבֵּךְ
catch a cold הִצְטַנֵּן
catch at נִסָּה לתפוס, נֶאֱחַז
catch fire נִדְלַק, התלַקַח; הִתְלַהֵב
catch his attention מָשַׁךְ תְּשׂוּמֶת־לִבּוֹ
catch hold of תָּפַס
catch sight of רָאָה לְרֶגַע, הבחין
catch up (with) הִשִּׂיג, הִדְבִּיק
catch *n.* תְּפִיסָה; שָׁלָל; בְּרִיחַ; עוֹקֶץ, טְרִיק, שְׁאֵלָה מַכְשִׁילָה, מַשֶּׁהוּ חָשׁוּד
catcher *n.* תּוֹפֵס
catching *adj.* (מחלה) מִדַּבֶּקֶת, מְנַגַּעַת
catchphrase *n.* אִמְרַת־כָּנָף
catchword *n.* סִיסְמָה, מִלַּת־מַפְתֵּחַ
catchy *adj.* מוֹשֵׁךְ, קַל לְזָכְרוֹ; עַרְמוּמִי
cat′echism′ (-k-) *n.* מַדְרִיךְ בְּצוּרַת שְׁאֵלוֹת וּתְשׁוּבוֹת, קָטֶכִיסִיס
cat′egor′ical *adj.* מוּחְלָט, פַּסְקָנִי
cat′ego′ry *n.* קָטֵגוֹרְיָה, סוּג
ca′ter *v.* סִפֵּק (מזון, בידור)
caterer *n.* סַפַּק־מָזוֹן, מִסְעָדָן
catering *n.* הַסְעָדָה, קֵיטֶרִינְג
cat′erpil′lar *n.* תּוֹלַעַת; זַחַל
cat′erwaul′ *n.* יִלְלַת־חָתוּל
catfish *n.* שְׂפַמְנוּן (דג)
catgut *n.* מֵיתַר־נְגִינָה, מֵיתָר
cathar′tic *adj&n.* (סם) מְשַׁלְשֵׁל
cathe′dra *n.* קָתֶדְרָה
cathe′dral *n.* קָתֶדְרָלָה
cath′eter *n.* קָתֶטֶר, צַנְתָּר
cath′ode *n.* קָתוֹדָה
cath′olic *adj.* כְּלָלִי, רְחַב, מַקִּיף
Cath′olic *adj&n.* קָתוֹלִי
cat′kin *n.* עָגִיל (תפרחת)
cat′nap′ *n.* תְּנוּמָה קַלָּה
cat-o′-nine-tails שׁוֹט, מַגְלֵב
cat′s cradle *n.* עֲרִיסַת־חָתוּל (מִשְׂחָק)
cat′s eye עֵין־חָתוּל, מַחֲזִירוֹר־כְּבִישׁ
cat′s paw כְּלִי־שָׁרֵת (בִּידֵי הַזּוּלַת)
cat suit בֶּגֶד מְהוּדָּק, בֶּגֶד־גּוּף
cat′tle *npl.* בָּקָר, בְּהֵמוֹת
catty, cattish *adj.* חֲתוּלִי, עַרְמוּמִי
cat-walk שְׁבִיל צַר; כֶּבֶשׁ־אוֹפְנָה
cau′cus *n.* וְעִידָה מִפְלַגְתִּית
caught = p of catch (kôt)
caul′dron *n.* יוֹרָה, קְדֵרָה
cau′liflow′er *n.* כְּרוּבִית
caulk (kôk) *v.* סָתַם (סְדָקִים)
caus′al (-z-) *adj.* סִבָּתִי, גּוֹרֵם
causa′tion (-z-) *n.* סִבָּתִיּוּת
cause (-z) *n.* סִבָּה, גּוֹרֵם; עִנְיָן, מַטָּרָה, עִקָּרוֹן; עִלָּה לְתְבִיעָה
in the cause of לְטוֹבַת, לְמַטְּרַת—
cause *v.* גָּרַם, הֵבִיא
causeless *adj.* חֲסַר־סִבָּה
cause′way′ (kôz′wā) *n.* שְׁבִיל מוּרָם
caus′tic *adj.* שׂוֹרֵף, צוֹרֵב, חָרִיף
caustic soda נֶתֶר מְאַכֵּל
cau′terize′ *v.* צָרַב (פצע, נכישה)
cau′tion *n.* זְהִירוּת; אַזְהָרָה; הַתְרָאָה
caution *v.* הִזְהִיר, הִתְרָה
cau′tious (-shəs) *adj.* זָהִיר
cav′alcade′ *n.* תַּהֲלוּכָה
cav′alier′ (-lir) *n.* פָּרָשׁ, אַבִּיר
cavalier *adj.* יָהִיר, אָנוֹכִיִּי, מְזַלְזֵל
cav′alry *n.* חֵיל־פָּרָשִׁים
cave *n&v.* מְעָרָה
cave in הִתְמוֹטֵט, קָרַס; מוֹטֵט
cave-in *n.* הִתְמוֹטְטוּת, מַפּוֹלֶת
caveman *n.* אִישׁ־מְעָרוֹת; *חֲסַר נִימוּס
cav′ern *n.* מְעָרָה (גדולה)
cav′ernous *adj.* עָמוֹק; מָלֵא מְעָרוֹת
cav′iar′ *n.* קַוְיָאר, בֵּיצֵי דָגִים
cav′il *v.* חִפֵּשׂ פְּגָמִים; הִתְאוֹנֵן
cav′ity *n.* חָלָל, חוֹר, חָרִיר, קֵבִית

cavort′ *v.* קִפֵּץ, כִּרְכֵּר
caw *n&v.* צְרִיחַת עוֹרֵב; צָרַח כָּעוֹרֵב
cc = cubic centimeter
cease *v&n.* הִפְסִיק, חָדַל; הֶפְסֵק
ceasefire *n.* הַפְסָקַת־אֵשׁ
ceaseless *adj.* מַתְמִיד, לֹא פּוֹסֵק
ce′dar *n.* אֶרֶז (עֵץ)
cede *v.* וִתֵּר עַל; הֶעֱבִיר (שטח)
ceil′ing (sēl-) *n.* תִּקְרָה, תִּקְרַת הַגּוֹבַהּ
cel′ebrant *n.* חוֹגֵג; מְנַהֵל טֶקֶס
cel′ebrate′ *v.* חָגַג; הִלֵּל, פֵּאֵר
celebrated *adj.* מְפוּרְסָם
cel′ebra′tion *n.* חֲגִיגָה, שִׂמְחָה
celeb′rity *n.* אָדָם מְפוּרְסָם; פִּרְסוּם
celer′ity *n.* מְהִירוּת
cel′ery *n.* כַּרְפַּס, סֶלֶרִי
celes′tial (-schəl) *adj.* שְׁמֵימִי
cel′ibacy *n.* רַוָּקוּת, פְּרִישׁוּת
cel′ibate *n.* רַוָּק
cell *n.* תָּא
cel′lar *n.* מַרְתֵּף, מַחְסַן־יֵינוֹת
cel′list (ch-) *n.* צֶ'לָן, נַגַּן צֶ'לוֹ
cel′lo (ch-) *n.* צֶ'לוֹ, בַּטְנוּנִית
cel′lophane′ *n.* צֶלוֹפָן
cel′lu•lar *adj.* תָּאִי, נַקְבּוּבִי
cel′lu•loid′ *n.* צֶלוּלוֹאִיד, צִיבִית
cel′lu•lose′ *n.* תָּאִית, צֶלוּלוֹזָה
Cel′sius *n.* צֶלְסִיוּס
Cel′tic *n.* קֶלְטִית (שפה)
ce•ment′ *n.* מֶלֶט; מִלּוּי
cement *v.* כִּסָּה בְּמֶלֶט, מִלֵּט; חִזֵּק
cem′eter′y *n.* בֵּית־קְבָרוֹת
cen′otaph′ *n.* מַצֶּבֶת־זִכָּרוֹן, יָד
cen′ser *n.* מַחְתָּה, מִקְטֵר
cen′sor *n&v.* צֶנְזוֹר, בַּדָּק; צִנְזֵר
cen•sor′ious *adj.* בִּקָּרְתִּי
cen′sorship *n.* צֶנְזוּרָה, בְּדוֹקֶת
cen′sure (-shər) *n.* בִּקֹּרֶת, גִּנּוּי
censure *v.* גִּנָּה, בִּקֵּר, נָזַף
cen′sus *n.* מִפְקָד
cent *n.* סֶנְט (מטבע)
cen′tena′rian *n&adj.* בֶּן מֵאָה
cen•ten′ary *n.* מֵאָה שָׁנָה
cen•ten′nial *adj.* שֶׁל יוֹבֵל הַמֵּאָה
cen′ter *n.* אֶמְצַע, מֶרְכָּז
center *v.* הִתְרַכֵּז; רִכֵּז; מִרְכֵּז
  center upon הִתְרַכֵּז בְּ־, הִתְמַקֵּד עַל
center of gravity מֶרְכַּז הַכֹּבֶד
cen′tigrade′ *adj.* שֶׁל צֶלְסִיוּס
cen′time′ter *n.* סֶנְטִימֶטֶר
cen′tipede′ *n.* נָדָל (רמש טורף)
cen′tral *adj.* מֶרְכָּזִי, עִקָּרִי
central *n.* מֶרְכָּזִיָּה; מֶרְכְּזָן
cen′traliza′tion *n.* מִרְכּוּז
cen′tralize′ *v.* מִרְכֵּז; הִתְרַכֵּז
cen′tre = center (-tər)
cen•trif′u•gal *adj.* סִרְכּוּזִי
cen′trist *n.* אִישׁ הַמֶּרְכָּז, מָתוּן
cen′tury (-′ch-) *n.* מֵאָה שָׁנָה
ce•phal′ic *adj.* שֶׁל הָרֹאשׁ
ce•ram′ic *adj.* שֶׁל קְדֵרוּת
ce•ram′ics *npl.* קֵרָמִיקָה, כְּלֵי חֶרֶס
ce′re•al *n.* דָּגָן, תְּבוּאָה; דַּיְסָה
cer′emo′nial *adj.* טִקְסִי, רִשְׁמִי
cer′emo′nious *adj.* טִקְסִי
cer′emo′ny *n.* טֶקֶס, רִשְׁמִיּוּת
cer′tain (-tən) *adj.* בָּטוּחַ; מְסֻיָּם
  make certain וִדֵּא
certainly *adv.* בְּלִי סָפֵק; כַּמּוּבָן!
cer′tainty (-tən-) *n.* וַדָּאוּת
certif′icate *n.* תְּעוּדָה, אִשּׁוּר, נְיָר
certified public accountant
רוֹאֵה חֶשְׁבּוֹן
cer′tify′ *v.* אִשֵּׁר, נָתַן אִשּׁוּר
cer′titude′ *n.* בִּטָּחוֹן, וַדָּאוּת
cer′vix *n.* צַוָּאר; צַוַּאר הָרֶחֶם
ces•sa′tion *adj.* הַפְסָקָה, הֲפוּגָה
ces′sion *n.* וִתּוּר, מְסִירַת שְׁטָחִים
cess′pit′, cesspool בּוֹר שְׁפָכִין
cf. = compare
chafe *v.* שִׁפְשֵׁף, חָכַךְ; הִשְׁתַּפְשֵׁף
  chafe at/under הִתְעַצְבֵּן
chafe *n.* חֲכָךְ, שִׁפְשׁוּף
chaff *n.* מוֹץ; חָצִיר; לִגְלוּג
chaff *v.* לִגְלֵג
chaf′fer *v.* הִתְמַקֵּחַ, הִתְוַכֵּחַ
cha′fing dish מַכְשִׁיר חִמּוּם
chagrin′ (sh-) *n.* אַכְזָבָה, מַפַּח־נֶפֶשׁ
chagrin *v.* צִעֵר, אִכְזֵב
chain *n.* שַׁרְשֶׁרֶת, כֶּבֶל
chain *v.* כָּבַל, אָסַר
chain mail/armor שִׁרְיוֹן קַשְׂקַשִּׂים
chain reaction תְּגוּבַת שַׁרְשֶׁרֶת
chain-smoker מְעַשֵּׁן בְּשַׁרְשֶׁרֶת

chain stores רֶשֶׁת חֲנוּיוֹת

chair *n.* כִּסֵּא; כִּסֵּא הַיּוֹשֵׁב־רֹאשׁ

take the chair נִהֵל יְשִׁיבָה

chair *v.* הֵרִים, נָשָׂא עַל כִּסֵּא

chair lift רַכֶּבֶל־כִּסְאוֹת

chairman *n.* יוֹשֵׁב־רֹאשׁ

chairmanship *n.* מַעֲמַד הַיּוֹשֵׁב־רֹאשׁ

chal'ice (-lis) *n.* גָּבִיעַ, קֻבַּעַת

chalk (chôk) *n&v.* גִּיר; כָּתַב בְּגִיר

chalk up זָקַף לְחֶשְׁבּוֹנוֹ

chalky *adj.* גִּירִי, כְּמוֹ גִּיר

chal'lenge (-linj) *v.* הִזְמִין, קָרָא, אִתְגֵּר; הִוָּה אֶתְגָּר

challenge *n.* הַזְמָנָה, אֶתְגָּר

challenger *n.* טוֹעֵן לְכֶתֶר־הָאַלִּיפוּת

challenging *adj.* מְעוֹרֵר אֶתְגָּר, מַקְסִים

cha'mber *n.* חֶדֶר; לִשְׁכָּה

cha'mberlain (-lən) *n.* חַצְרָן, מְנַהֵל הַלִּשְׁכָּה

chambermaid *n.* חַדְרָנִית

chamber music מוּסִיקָה קָמֶרִית

chamber pot מַשְׁתֵּן, עָבִיט

chame'le•on (k-) *n.* זִקִּית

cham'fer *n.* פִּנָּה מְלוּכְסֶנֶת, שִׁפּוּעַ

champ *v.* לָעַס (מזון, מתג), גָּרַס

champ at the bit גִּלָּה קוֹצֶר־רוּחַ

champ *n.* *אַלּוּף

champagne (shampān') *n.* שַׁמְפַּנְיָה

cham'pion *n.* אַלּוּף; תּוֹמֵךְ, לוֹחֵם

champion *v.* הֵגֵן עַל, דָּגַל בְּ—

championship *n.* אַלִּיפוּת; דְּגִילָה

chance *n.* הִזְדַּמְּנוּת, כּוֹשְׁרָה; מִקְרֶה, מַזָּל; סִכּוּן, סִכּוּי, צִ'ינְס

by chance בְּמִקְרֶה, בְּאַקְרַאי

chance *v.* הִזְדַּמֵּן, קָרָה; סִכֵּן

chance on נִתְקַל בְּ—

chance *adj.* מִקְרִי, לֹא צָפוּי

chan'cel *n.* מִזְרַח הַכְּנֵסִיָּה

chan'cellery *n.* מַעֲמַד הַקַּנְצְלֶר

chan'cellor *n.* קַנְצְלֶר; נָגִיד

chan'cy *adj.* *כָּרוּךְ בְּסִכּוּן, מְסֻכָּן

chan'delier' (sh-lir) *n.* נִבְרֶשֶׁת

chan'dler *n.* רוֹכֵל; יַצְרַן נֵרוֹת

change (chānj) *v.* שִׁנָּה, הֶחֱלִיף, הֶחֱלִיף בְּגָדִים, פָּרַט כֶּסֶף; הִשְׁתַּנָּה

change down עָבַר לְהִלּוּךְ נָמוּךְ

change hands הֶחֱלִיף בְּעָלִים

change one's mind שִׁנָּה דַּעְתּוֹ

change up עָבַר לְהִלּוּךְ גָּבוֹהַּ

change *n.* שִׁנּוּי, הַחְלָפָה, הֲמָרָה; כֶּסֶף קָטָן; עוֹדֶף

change of life תְּקוּפַת הַמַּעֲבָר, בְּלוֹת

for a change לְשֵׁם שִׁנּוּי

small change כֶּסֶף קָטָן

changeable *adj.* חָלִיף; הֲפַכְפַּךְ

changeful *adj.* מִתְחַלֵּף; הֲפַכְפַּךְ

changeover *n.* תְּמוּרָה, מַהְפָּךְ

chan'nel *n.* תְּעָלָה; עָרוּץ, אָפִיק

channels צִנּוֹרוֹת, דְּרָכִים

channel *v.* כִּוֵּן, הִפְנָה; תִּעֵל

chant *n&v.* פִּזְמוֹן, שִׁיר; שָׁר, זִמֵּר

cha'os' (k-) *n.* תֹּהוּ וָבֹהוּ

cha•ot'ic (k-) *adj.* בְּעִרְבּוּבְיָה, הָפוּךְ

chap *v.* נִסְדַּק, הִתְבַּקַּע; סָדַק

chap *n.* סֶדֶק, בְּקִיעַ; לֶסֶת; *בָּחוּר

chap'el *n.* מְקוֹם תְּפִלָּה, קַפֶּלָה

chaperon (shap'ərōn) *n.* בַּת— לְוָיָה (לְנַעֲרָה), מַשְׁגִּיחָה

chap'lain (-lən) *n.* רַב צְבָאִי; כּוֹמֶר

chap'let *n.* זֵר, מַחֲרֹזֶת; תְּפִלָּה

chap'ter *n.* פֶּרֶק; תְּקוּפָה; סְנִיף

chapter and verse מָקוֹר מְדֻיָּק, צִיטָטָה מְדֻיֶּקֶת; בְּרָחֵל בִּתְּךָ הַקְּטַנָּה

char *v.* חָרַךְ; נֶחֱרַךְ

char *v&n.* (עָבְדָה כְּ־) פּוֹעֶלֶת־נִקָּיוֹן

char'acter (k-) *n.* אוֹפִי, טֶבַע; דְּמוּת, טִפּוּס; אוֹת, סִמָּן

char'acteris'tic (k-) *adj.* אוֹפְיָנִי

characteristic *n.* מְאַפְיֵן, תְּכוּנָה

char'acterize' (k-) *v.* אִפְיֵן

characterless *adj.* חֲסַר־אוֹפִי, רָגִיל

char'coal' *n.* פֶּחָם; צִיּוּר פֶּחָם

charge *v.* דָּרַשׁ מְחִיר; חִיֵּב; צִוָּה עַל; הִתְנַפֵּל; הִטְעִין, מִלֵּא; הִצְהִיר

charge it to- זָקַף זֹאת לְ—

charge off בִּטֵּל, רָשַׁם כְּהֶפְסֵד

charge oneself with קִבֵּל עָלָיו

charge with הִפְקִיד בְּיָדָיו; הֶאֱשִׁים

charge *n.* מְחִיר; אַחֲרָיוּת; פִּקּוּחַ, טִפּוּל; פִּקָּדוֹן; הוֹרָאָה; חוֹבָה; הִסְתָּעֲרוּת; אַשְׁמָה; חוֹמֶר־נֶפֶץ; מִטְעָן, מַשָּׂא

give in charge הִסְגִּיר, הִפְקִיד

in charge אַחֲרַאי, מְמֻנֶּה

chargeable *adj.* בַּר־הָאַשְׁמָה; נִזְקָף לְ—

charge account חֶשְׁבּוֹן הַקָּפָה
charge d'affaires מְמוּנֶה
charger *n.* מַטְעֵן; סוּס־מִלְחָמָה
charge sheet גִּלְיוֹן אִשּׁוּם
char'iot *n.* רֶכֶב בַּרְזֶל
char'ioteer' *n.* רַכָּב
charis'ma (kəriz-) *n.* כָּרִיזְמָה
char'ismat'ic (kariz-) *adj.* כָּרִיזְמָטִי
char'itable *adj.* נְדִיב לֵב; שֶׁל צְדָקָה
char'ity *n.* נְדִיבוּת־לֵב; צְדָקָה
char'latan (sh-) *n.* נוֹכֵל, שַׁרְלָטָן
charm *n.* מְשִׁיכָה, יוֹפִי; קֶסֶם; קָמֵעַ
charm *v.* הִקְסִים, כִּשֵּׁף
charmer *n.* אָדָם מַקְסִים; קוֹסֵם
charming *adj.* מַקְסִים, נֶחְמָד
char'nel house חֲדַר־מֵתִים
chart *n.* מַפָּה, תַּרְשִׁים
chart *v.* שִׂרְטֵט, עָרַךְ תַּרְשִׁים, תִּרְשֵׁם
char'ter *n.* צִ׳ירְטֶר, אִשּׁוּר, כְּתַב־זְכֻיּוֹת
charter *v.* הֶעֱנִיק צִ׳ירְטֶר; שָׂכַר
charter member חָבֵר מְיַסֵּד
charwoman *n.* פּוֹעֶלֶת נִקָּיוֹן
cha'ry *adj.* זָהִיר, חַסְכָן
chase *v.* רָדַף אַחֲרֵי; גֵּרֵשׁ; *רָץ
chase around הִסְתּוֹבֵב, הִתְרוֹצֵץ
chase *n.* מִרְדָּף, רְדִיפָה; חַיָּה, צַיִד
give chase רָדַף אַחֲרֵי
chaser *n.* רוֹדֵף; מַשְׁקֶה קַל
chasm (kaz'əm) *n.* בְּקִיעַ, פַּעַר, תְּהוֹם
chassis (shas'i) *n.* בָּסִיס, תּוֹשֶׁבֶת
chaste (chāst) *adj.* פָּרוּשׁ, טָהוֹר, צָנוּעַ
chas'ten (chā'sən) *v.* יִסֵּר, טִהֵר
chas•tise' (-z) *v.* עָנַשׁ, הִלְקָה
chas'tity *n.* טֹהַר, צְנִיעוּת
chastity belt חֲגוֹרַת צְנִיעוּת
chas'u•ble (-z-) *n.* גְּלִימַת כּוֹמֶר
chat *n.* שִׂיחָה, פִּטְפּוּט, רְכִילוּת
chat *v.* פִּטְפֵּט, שׂוֹחַח, גִּלְגֵּל שִׂיחָה
chateau (shatō') *n.* טִירָה, אַרְמוֹן
chat'tels *npl.* מִטַּלְטְלִים, חֲפָצִים
chat'ter *v.* פִּטְפֵּט, נָקַשׁ, תִּקְתֵּק
chatter *n.* פִּטְפּוּט, נְקִישׁוֹת, תִּקְתּוּק
chatterbox *n.* פַּטְפְּטָן, קַשְׁקְשָׁן
chauffeur (shōfûr') *n.* נֶהָג
chau'vinism' (shō'v-) *n.* לְאוּמָנוּת
chau'vinis'tic (shōv-) *adj.* לְאוּמָנִי
cheap *adj&adv.* זוֹל; בְּזוֹל
hold cheap זִלְזֵל בְּ—
cheapen *v.* הוֹזִיל; זִלְזֵל בְּ—
cheat *v.* רִמָּה, הוֹנָה; *בָּגַד
cheat *n.* רַמַּאי, רַמָּאוּת
check *v.* בָּדַק, אִמֵּת; עָצַר, בָּלַם
check in נִרְשַׁם (בשעת בואו), הִגִּיעַ
check off סִמֵּן (בשעת בדיקה); נִכָּה
check out סִלֵּק הַחֶשְׁבּוֹן (במלון),
עָזַב; רָשַׁם; בָּדַק; *מֵת
check *n.* מַעְצוֹר, בְּלִימָה; בְּדִיקָה,
אִמּוּת; קַבָּלָה; צֵ׳ק, הַמְחָאָה; חֶשְׁבּוֹן
checkbook *n.* פִּנְקַס צֵ׳קִים
check'er *v.* גִּוֵּן, שִׁבֵּץ
checkerboard *n.* לוּחַ דַּמְקָה
checkered *adj.* מְגֻוָּן, רַב־תַּהְפּוּכוֹת
check'ers (-z) *n.* דַּמְקָה
check'mate' *v.* נָתַן מַט, הֵבִיס
check'mate' *n.* מַט; תְּבוּסָה, מַפָּלָה
checkoff *n.* נִכּוּי (מֵהַמַּשְׂכֹּרֶת)
checkout *n.* בִּקֹּרֶת־יְצִיאָה; פִּנּוּי
checkpoint *n.* נְקֻדַּת בִּקֹּרֶת
checkrein *n.* עוֹרְפִית, רֶסֶן־הָעֹרֶף
checkroom *n.* מֶלְתָּחָה
checkup *n.* בְּדִיקָה (רפואית) כְּלָלִית
cheek *n.* לֶחִי; *חוּצְפָּה; יַשְׁבָן
cheek *v.* הִתְחַצֵּף אֶל
cheekbone *n.* עֶצֶם־הַלֶּסֶת/הַלֶּחִי
cheeky *adj.* חוּצְפָּנִי, חָצוּף
cheep *n&v.* צִיּוּץ; צִיֵּץ
cheer *n&v.* תְּרוּעָה; שִׂמְחָה; עִדּוּד
cheers! *לְחַיִּים! שָׁלוֹם!
cheer up עוֹדֵד; הִתְעוֹדֵד
cheerful *adj.* עַלִּיז, צוֹהֵל, שָׂמֵחַ
cheerleader *n.* מְאַרְגֵּן הַתְּרוּעוֹת
cheerless *adj.* עָגוּם, קוֹדֵר
cheese (-z) *n&v.* גְּבִינָה; *אִישִׁיּוּת
cheese-cloth *n.* אָרִיג מְרֻשָּׁת, גָּזָה
chee'tah (-tə) *n.* צִ׳יטָה, בַּרְדְּלָס
chef (shef) *n.* אַשַּׁף מִטְבָּח, טַבָּח
chem. = **chemical**
chem'ical (k-) *adj.* כִּימִי
chemicals *npl.* כִּימִיקָלִים
chemise' (shəmēz') *n.* תַּחְתּוֹנִית
chem'ist (k-) *n.* כִּימַאי; רוֹקֵחַ
chem'istry (k-) *n.* כִּימְיָה
cheque (chek) *n.* צֵ׳ק, הַמְחָאָה
cher'ish *n.* אָהַב, פִּנֵּק; שָׁמַר בְּלִבּוֹ,

טִפָּה (תִּקְוָה, אַשְׁלָיָה)
cher′ry *n&adj.* דּוּבְדְּבָן; אָדוֹם
cher′ub *n.* מַלְאָךְ, כְּרוּב
chess *n.* שַׁחְמָט, מִשְׂחַק הַמְּלָכִים
chessboard *n.* לוּחַ שַׁחְמָט
chessman *n.* כְּלִי שַׁחְמָט
chest *n.* אַרְגָּז, שִׁדָּה; חָזֶה
on one's chest מֵעִיק עָלָיו
chest′nut′ (-sn-) *n&adj.* עַרְמוֹן; סוּס עַרְמוֹנִי; עַרְמוֹנִי
chest of drawers שִׁדָּה (לבגדים)
cheval′ glass (sh-) *n.* רְאִי (גדול)
chev′alier′ (sh-lir) *n.* אַבִּיר
chev′ron (sh-) *n.* סֶרֶט, סִמַּן־דַּרְגָּה
chev′vy, chev′y *v.* הֵצִיק, הִקְנִיט
chew (chōō) *v&n.* לָעַס; לְעִיסָה
chew over הִרְהֵר, הָפַךְ בַּדָּבָר
chewing gum מַסְטִיק, גּוּמִי לְעִיסָה
chic (shēk) *n.* שִׁיק, הָדָר, טַעַם טוֹב
chic *adj.* אוֹפְנָתִי, מְהוּדָּר
chica′nery (sh-) *n.* רַמָּאוּת, הוֹנָאָה
chick *n.* אֶפְרוֹחַ, פַּרְגִּית; *יֶלֶד; נַעֲרָה
chick′en *n.* תַּרְנְגוֹלֶת, פַּרְגִּית; *פַּחְדָן
chickenhearted *adj.* מוּג־לֵב, פַּחְדָן
chicken pox אֲבַעְבּוּעוֹת רוּחַ
chickpea *n.* חִמְצָה (קטנית)
chic′ory *n.* צִיקוֹרְיָה, עוֹלֶשׁ
chide *v.* נָזַף, גָּעַר
chief (chēf) *n.* רֹאשׁ, מַנְהִיג; *בּוֹס
in chief בְּעִקָּר, בְּיִחוּד
Chief of Staff רַמַטְכַּ״ל
chief *adj.* רָאשִׁי, עִקָּרִי, עֶלְיוֹן
chiefly *adv.* בְּעִקָּר, בְּיִחוּד
chief′tain (chēf′tən) *n.* מַנְהִיג, רֹאשׁ
chiffon′ (sh-) *n.* אֲרִיג־מֶשִׁי, שִׁיפוֹן
chif′fonier′ (sh-nir) *n.* שִׁדָּה
chignon (shēn′yon) *n.* צַמָּה צְנוּפָה
chil′blain′ *n.* אֲבַעְבּוּעוֹת קוֹר
child (chīld) *n.* תִּינוֹק, יֶלֶד, בֵּן
with child בְּהֵרָיוֹן, הָרָה
childbearing *n.* לֵדָה
childbirth, -bed *n.* לֵדָה
childhood *n.* יַלְדוּת, גִּיל הַיַּלְדוּת
childish *adj.* יַלְדוּתִי, טִפְּשִׁי
childless *adj.* חֲשׂוּךְ־בָּנִים
childlike *adj.* יַלְדוּתִי, תָּמִים
chil′dren = pl of child

child's play מִשְׂחַק יְלָדִים, דָּבָר קַל
chili, chile (chil′i) *n.* פִּלְפֵּל אָדוֹם
chill *n.* קוֹר, צִנָּה; צְמַרְמוֹרֶת; קַדָּרוּת
chill *adj.* קָרִיר, צוֹנֵן
chill *v.* הֵצֵן, צִנֵּן; הִתְקָרֵר
chiller *n.* מְצַנֵּן; סִפּוּר מֶתַח
chilly *adj.* קַר, קָרִיר, צוֹנֵן
chime *n.* צִלְצוּל, צִלְצוּל־פַּעֲמוֹנִים
chime *v.* צִלְצֵל; עָלָה בְּקָנֶה אֶחָד עִם
chime in הִתְעָרֵב בְּשִׂיחָה; הִצְטָרֵף
chime in with הִתְאִים, הָלַם אֶת
chi•mer′ical (k-) *adj.* דִּמְיוֹנִי
chim′ney *n.* אֲרֻבָּה; אָח; זְכוּכִית — עֲשָׁשִׁית; מַעֲשֵׁנָה; מַעֲלֶה צַר, שְׁבִיל צַר
chimney corner פִּנַּת הָאָח
chimney-pot כּוֹבַע הָאֲרֻבָּה
chimneystack *n.* מַעֲשֵׁנָה; אֲרֻבּוֹת
chimney-sweep מְנַקֵּה אֲרֻבּוֹת
chim′pan•zee′ *n.* שִׁימְפַּנְזָה
chin *n&v.* סַנְטֵר
chin up! הִתְעוֹדֵד! בְּרֹאשׁ זָקוּף!
chi′na *n.* חַרְסִינָה, כְּלֵי חַרְסִינָה
China *n.* סִין
chinaware *n.* כְּלֵי חַרְסִינָה
Chi•nese′ (-z) *n&adj.* סִינִי
chink *n.* סֶדֶק; קִשְׁקוּשׁ, צִלְצוּל
chink *v.* צִלְצֵל; סָתַם סְדָקִים
chinless *adj.* חֲסַר־סַנְטֵר; *פַּחְדָנִי
chinstrap *n.* רְצוּעַת־סַנְטֵר
chintz *n.* אֲרִיג צִבְעוֹנִי
chip *n.* חֲתִיכָה, קֵיסָם, שְׁבָב; אֲסִימוֹן־מִשְׂחָק; בְּקִיעַ, סֶדֶק
chips טוּגָנִים, צִ׳יפְּס
in the chips *עָשִׁיר
when the chips are down בְּשָׁעָה גּוֹרָלִית, בִּשְׁעַת מַשְׁבֵּר
chip *v.* שָׁבַר חֲתִיכָה, שִׁבֵּב
chip at שִׁבֵּב, קִצֵּץ
chip in *הִתְפָּרֵץ לְשִׂיחָה; תָּרַם
chippings *npl.* אַבְנֵי־תַּשְׁתִּית, חָצָץ
chi′roman′cy (k-) *n.* חוֹכְמַת הַיָּד
chirop′odist (k-) *n.* רוֹפֵא רַגְלַיִם
chirop′ody (k-) *n.* רִפּוּי רַגְלַיִם
chi′roprac′tic (k-) *n.* כִּירוֹפְּרַקְטִיקָה
chirp *n&v.* צִיּוּץ, צִרְצוּר; צִיֵּץ
chir′rup *n&v.* צִיּוּץ; צִרְצוּר; צִיֵּץ
chis′el (-z-) *n.* אִזְמֵל, מַפְסֶלֶת

chisel *v.* פִּסֵּל, סִתֵּת; *רִמָּה
chiseled *adj.* מְפוּסָל, חָטוּב, מְחוּטָב
chit *n.* יַלְדּוֹנֶת; פֶּתֶק; תִּזְכּוֹרֶת
chit-chat *n.* *שִׂיחָה קַלָּה, רְכִילוּת
chiv'alrous (sh-) *adj.* אַבִּירִי, אָדִיב
chiv'alry (sh-) *n.* אַבִּירוּת
chlo'ride (k-) *n.* כְּלוֹרִיד
chlo'rinate' (k-) *v.* הִכְלִיר
chlo'rina'tion (k-) *n.* הַכְלָרָה
chlo'rine (klô'rēn) *n.* כְּלוֹר
chlo'roform' (k-) *n.* כְּלוֹרוֹפוֹרְם
chloroform *v.* אִלְחֵשׁ בִּכְלוֹרוֹפוֹרְם
chlo'rophyll' (k-) *n.* כְּלוֹרוֹפִיל
chock *n.* יָתֵד, מַעֲצוֹר, טְרִיז
chock *v.* שָׂם מַעֲצוֹר לְ־; דָּחַס
chock-full *adj.* מָלֵא, דָּחוּס
choc'olate *n.* שׁוֹקוֹלָדָה
choice *n.* בְּחִירָה, בְּרֵרָה, מִבְחָר
choice *adj.* מוּבְחָר, מְשׁוּבָּח
choir (kwīr) *n.* מַקְהֵלָה
choirmaster *n.* מְנַצֵּחַ הַמַּקְהֵלָה
choke *v.* חָנַק; דָּחַס; נֶחֱנַק
choke back/down דִּכָּא, שָׁלַט בְּ—
choke off שָׂם קֵץ; נָזַף בְּ—
choke *n.* חֲנִיקָה; מַשְׁנֵק
cho'ky, cho'key *n.* *בֵּית־סוֹהַר
chol'er (k-) *n.* כַּעַס, חֵמָה
chol'era (k-) *n.* כּוֹלֵירָה, חוֹלֵירַע
chol'eric (k-) *adj.* רַתְחָן, מְהִיר־חֵמָה
choles'terol' (k-ôl) *n.* כּוֹלֶסְטֵרוֹל
choose (-z) *v.* בָּחַר; הֶחְלִיט; הֶעֱדִיף
choo'sy, choo'sey (-z-) *adj.* בַּרְרָן
chop *v.* גָּדַע, חָטַב, קָצַץ, חָתַךְ
chop and change שָׁנָה (דעתו) תָּמִיד
chop logic הִתְפַּלְפֵּל
chop *n.* מַכַּת־גַּרְזֶן, מַהֲלוּמָה; נֵתַח — בָּשָׂר, צַלְעִית; חוֹתֶמֶת; סֵמֶל מִסְחָרִי
chophouse *n.* מִסְעֶדֶת־בָּשָׂר
chop'per *n.* מְקַצֵּץ, קוֹפִיץ; הֶלִיקוֹפְּטֶר
chop'py *adj.* גַּלִּי, רוֹגֵשׁ; מִתְחַלֵּף
chop'sticks' *npl.* מַקְלוֹת סִינִיִּים
chor'al (k-) *adj.* מַקְהֵלָתִי, כּוֹרָלִי
chorale (kəräl') *n.* כּוֹרָל, שִׁיר
chord (k-) *n.* מֵיתָר; אַקּוֹרְד, תַּצְלִיל
chore *n.* עֲבוֹדָה יוֹמְיוֹמִית
chor'e·og'rapher (k-) *n.* כּוֹרֵיאוֹגְרָף
chor'e·og'raphy (k-) *n.* תְּעוּגָה
cho'rine (kôr'ēn) *n.* זַמֶּרֶת־רַקְדָנִית
chor'ister (k-) *n.* חָבֵר־מַקְהֵלָה
chor'tle *v&n.* צָחַק בְּקוֹל; צְחוֹק רָם
chor'us (k-) *n.* מַקְהֵלָה; לַהֲקָה; שִׁיר־מַקְהֵלָה; פִּזְמוֹן חוֹזֵר
chorus *v.* שָׁר בְּמַקְהֵלָה
chorus girl זַמֶּרֶת־רַקְדָנִית
chose = pt of choose (-z)
cho'sen = pp of choose (-z-)
chow'der *n.* מְרַק דָּגִים, מָרָק סָמִיךְ
Christ (krīst) *n.* יֵשׁוּ
chris'ten (kris'ən) *v.* הִטְבִּיל, נִצֵּר; קָרָא שֵׁם; חָנַךְ (ספינה)
Christendom *n.* הָעוֹלָם הַנּוֹצְרִי
christening *n.* טֶקֶס הַטְבִילָה
Chris'tian (kris'chən) *n.* נוֹצְרִי
Chris'tian'ity (krischi-) *n.* נַצְרוּת
Christian name שֵׁם פְּרָטִי
Christ'mas (kris'm-) *n.* חַג הַמּוֹלָד
Christmas card כַּרְטִיס בְּרָכָה
Christmas Eve עֶרֶב חַג הַמּוֹלָד
Christmas tree אַשּׁוּחַ
chrome, chro'mium (k-) *n.* כְּרוֹם
chro'mosome' (k-) *n.* כְּרוֹמוֹזוֹם
chron'ic (k-) *adj.* כְּרוֹנִי, מְמוּשָּׁךְ
chron'icle (k-) *n.* דִּבְרֵי־הַיָּמִים, קוֹרוֹת, כְּרוֹנִיקָה, הִיסְטוֹרְיָה
chronicle *v.* רָשַׁם קוֹרוֹת
Chronicles דִּבְרֵי־הַיָּמִים (בתנ״ך)
chron'ograph' (k-) *n.* רַשְׁמְזְמָן
chron'olog'ical (k-) *adj.* כְּרוֹנוֹלוֹגִי
chronol'ogy (k-) *n.* כְּרוֹנוֹלוֹגְיָה
chronom'eter (k-) *n.* מַד־זְמַן
chrys'alis (k-) *n.* גּוֹלֶם (של פרפר)
chrysan'themum (k-) *n.* חַרְצִית
chub'by *adj.* שְׁמַנְמַן
chuck *n.* טְפִיחָה; בְּשַׂר־הָעוֹרֶף
chuck *v.* זָרַק; לִטֵּף, טָפַח קַלּוֹת
chuck out הִשְׁלִיךְ (מתפרעים) הַחוּצָה
chuck up *נָטַשׁ, זָרַק; וִתֵּר עַל
chuck'le *v.* צָחַק בְּקִרְבּוֹ, גִּחֵךְ
chuckle *n.* צְחוֹק חֲרִישִׁי
chug *n&v.* טִרְטוּר (מנוע); טִרְטֵר
chum *n&v.* *יָדִיד, חָבֵר לַחֶדֶר
chum up *הִתְיַדֵּד, הִתְחַבֵּר
chum'my *adj.* *יְדִידוּתִי
chump *n.* בּוּל־עֵץ; נֵתַח בָּשָׂר; *טִפֵּשׁ

chunk *n.* גוש, חֲתִיכָה, נַתַח
chunk'y *adj.* חָסוֹן, מוּצָק, עָבֶה
church *n.* כְּנֵסִיָּה
churchgoer *n.* מִתְפַּלֵּל בַּכְּנֵסִיָּה
churchwarden *n.* נְצִיג הַכְּנֵסִיָּה
churchyard *n.* בֵּית־קְבָרוֹת כְּנֵסִיָּתִי
churl *n.* גַּס, לֹא מְחוּנָּךְ, אִכָּר
churlish *adj.* גַּס, לֹא מְחוּנָּךְ
churn *n.* מַחְבֵּצָה; כַּד חָלָב
churn *v.* חִבֵּץ שַׁמֶּנֶת; עָשָׂה חֶמְאָה; הִקְצִיף גַּלִּים, הֵנִיעַ, הִתְסִיס; סָעַר
chute (shōōt) *n.* תְּלָלָה, מִגְלָשׁ; מַפַּל־מַיִם; *מַצְנֵחַ
cibo'rium *n.* חוּפָּה; קוּפְסָה
cica'da *n.* צְרָצַר, צִיקָדָה
cic'atrix' *n.* צַלֶּקֶת
ci'der *n.* מִיץ תַּפּוּחִים, סִידֶר
cif = cost, insurance, freight סִי״פ, כּוֹלֵל הוֹבָלָה וּבִטּוּחַ
cigar' *n.* סִיגָר
cig'arette', -ret' *n.* סִיגַרְיָה
cigarette holder מַחֲזִיק סִיגַרְיוֹת
cinch *n.* חֶבֶק, רְצוּעַת הָאוּכָּף; *דָּבָר וַדַּאי, וַדָּאוּת, דָּבָר קַל וּבָטוּחַ
cinc'ture *n.* חֲגוֹרָה
cin'der *n.* גַּחֶלֶת, אֵפֶר
Cin'derel'la *n.* סִינְדֶּרֶלָּה, לִכְלוּכִית
cine-camera *n.* מַסְרֵטָה
cine-film *n.* סֶרֶט (של מסרטה)
cin'ema *n.* סֶרֶט; קוֹלְנוֹעַ
cine-mat'ograph' *n.* מְטוֹלְנוֹעַ
cine-projector *n.* מְטוֹלְנוֹעַ
cin'namon *n&adj.* קִנָּמוֹן
ci'pher *n.* אֶפֶס, 0; סִפְרָה; פְּחוּת־עֵרֶךְ; צוֹפֶן, כְּתַב־סְתָרִים
cipher *v.* צִפֵּן, חִשֵּׁב
cir'ca *prep.* בְּעֵרֶךְ, בִּסְבִיבוֹת שְׁנַת—
cir'cle *n.* עִגּוּל, מַעְגָּל; טַבַּעַת; חוּג; מַחֲזוֹר; גּוּשׁ מוֹשָׁבִים (בתיאטרון)
political circles חוּגִים פּוֹלִיטִיִּים
circle *v.* הִקִּיף; הִסְתּוֹבֵב, חָג
cir'clet *n.* תַּכְשִׁיט, צָמִיד, עֲטָרָה
cir'cuit (-kət) *n.* סִבּוּב, הֶקֵּף, הַקָּפָה, מַעְגָּל; מַסְלוּל, סִיּוּר, נְסִיעָה
make a circuit of הִקִּיף
circuit breaker מַפְסֵק חַשְׁמַלִּי, מַתֵּק
cir·cu'itous *adj.* עוֹקֵף
cir'cu·lar *adj.* עִגּוּלִי, מִסְתּוֹבֵב
circular *n.* חוֹזֵר, מִכְתָּב חוֹזֵר
cir'cu·larize' *v.* הֵפִיץ חוֹזֵר
cir'cu·late' *v.* נָע בְּמַחֲזוֹר, הִסְתּוֹבֵב, זָרַם; הֵפִיץ; הִתְפַּשֵּׁט
circulating library סִפְרִיַּת הַשְׁאָלָה
cir'cu·la'tion *n.* הֲפָצָה, תְּפוּצָה; מַחֲזוֹר־הַדָּם; מַחֲזוֹר; הִסְתּוֹבְבוּת
cir'cumcise' (-z) *v.* מָל (הערלה)
cir'cumci'sion (-sizh'ən) *n.* מִילָה
circum'ference *n.* הֶקֵּף
cir'cumflex' *n.* תָּג (על אות)
cir'cumlo·cu'tion *n.* גִּבּוּב מִלִּים
cir'cumnav'igate' *v.* הִקִּיף, הִפְלִיג סָבִיב
cir'cumnav'iga'tion *n.* הַקָּפָה
cir'cumscribe' *v.* הִגְבִּיל; הִקִּיף
cir'cumscrip'tion *n.* הַגְבָּלָה; תְּחוּם; כְּתוֹבֶת (על מטבע)
cir'cumspect' *adj.* זָהִיר, שָׁקוּל
cir'cumspec'tion *n.* זְהִירוּת
cir'cumstance' *n.* עוּבְדָה, פְּרָט, מִקְרֶה, מַצָּב; טֶקֶס, טִקְסִיּוּת
circumstances תְּנָאִים, נְסִבּוֹת
in/under no circumstances בְּשׁוּם אוֹפֶן, לְעוֹלָם לֹא
cir'cumstan'tial *adj.* נְסִבָּתִי
cir'cumvent' *v.* הֶעֱרִים עַל, עָקַף
cir'cumven'tion *n.* הַעֲרָמָה, עֲקִיפָה
cir'cus *n.* קִרְקָס; כִּכָּר; צוֹמֶת
cir'rus *n.* עַנְנֵי־נוֹצָה, צִירוּס
cis'tern *n.* מְכָל, מְכַל־הַדָּחָה
cit'adel *n.* מְצוּדָה, מִבְצָר, מָעוֹז
ci·ta'tion *n.* צִיטָטָה, צִטּוּט; צִיּוּן לְשֶׁבַח; הַזְמָנָה לְדִין
cite *v.* צִטֵּט; צִיֵּן לְשֶׁבַח; הִזְמִין
cit'izen *n.* אֶזְרָח
citizenship *n.* אֶזְרָחוּת
cit'ron *n.* אֶתְרוֹג
cit'rous *adj.* שֶׁל פְּרִי־הָדָר
cit'rus *n.* הָדָר, צִיטְרוּס
cit'y *n.* עִיר
city editor עוֹרֵךְ חֲדָשׁוֹת מְקוֹמִיּוֹת
city father אַב־עִיר
city hall עִירִיָּה, בֵּית הָעִירִיָּה
city-state עִיר־מְדִינָה (בעבר)
civ'ic *adj.* עִירוֹנִי, אֶזְרָחִי

civ′ics *n.* מַדַּע הָאֶזְרָחוּת
civ′il *adj.* אֶזְרָחִי; אָדִיב, מְנוּמָּס
civil defense הַגָּ"א, הֲגַנָּה אֶזְרָחִית
civil′ian *adj&n.* אֶזְרָח; אֶזְרָחִי
civil′ity *n.* אֲדִיבוּת, נִימוּס
civ′iliza′tion *n.* צִיוִילִיזַצְיָה,
תַּרְבּוּת; תִּרְבּוּת, אִלּוּף
civ′ilize′ *v.* תִּרְבֵּת, חִנֵּךְ, אִלֵּף
civilized *adj.* מְתוּרְבָּת, מִתְקַדֵּם
civil marriage נִשּׂוּאִים אֶזְרָחִיִּים
civil servant עוֹבֵד מְדִינָה
civil service שֵׁרוּת הַמְּדִינָה
civil war מִלְחֶמֶת אֶזְרָחִים
civ′vies (-ēz) *npl.* בִּגְדֵי־אֶזְרָח
clack *n.* נְקִישָׁה, תִּקְתּוּק; פִּטְפּוּט
clack *v.* הִקִּישׁ, תִּקְתֵּק; פִּטְפֵּט
clad *adj.* עָטוּי, לָבוּשׁ, מְכוּסֶּה
claim *v.* דָּרַשׁ, תָּבַע; טָעַן; חִיֵּב
claim *n.* דְּרִישָׁה, תְּבִיעָה, טַעֲנָה; זְכוּת
claimant *n.* תּוֹבֵעַ
clairvoy′ance *n.* צַחֲזוּת
clairvoy′ant *n.* צַחֲזָן
clam *n.* צִדְפָּה; *שַׁתְקָן
clam *v.* אָסַף צְדָפוֹת
clam up *הִשְׁתַּתֵּק, נֶאֱלַם דּוֹם
clam′ber *v.* טִפֵּס (בידיים וברגליים)
clamber *n.* עֲלִיָּה מְפָרֶכֶת
clam′my *adj.* דָּבִיק, לַח וְקַר
clam′or *n.* רַעַשׁ, מְחָאָה, זְעָקָה
clamor *v.* זָעַק, תָּבַע בְּקוֹל
clam′orous *adj.* צַעֲקָנִי, תּוֹבְעָנִי
clamp *n.* מֶלְחָצַיִם, מַלְחֶצֶת, כְּלִיבָה
clamp *v.* הִדֵּק (לוחות) בְּמַלְחֶצֶת
clamp down *דִּכֵּא, לָחַץ, הִגְבִּיל
clampdown *n.* *מְנִיעָה, דִּכּוּי, מִגְבָּלָה
clan *n.* שֵׁבֶט, כַּת, מִשְׁפָּחָה
clan·des′tine (-tin) *adj.* סוֹדִי
clang *n&v.* צִלְצוּל; צִלְצֵל
clan′ger (-g-) *n.* *שְׁגִיאָה גַּסָּה
clan′gorous *adj.* מְצַלְצֵל, מַרְעִישׁ
clank *n.* צִלְצוּל; נְקִישָׁה
clank *v.* צִלְצֵל, קִשְׁקֵשׁ
clannish *adj.* עֲדָתִי, כִּתָּתִי, שִׁבְטִי
clap *v.* מָחָא כַּפַּיִם; טָפַח; הֵטִיל
בִּמְהִירוּת, הִשְׁלִיךְ
clap eyes on רָאָה
clap *n.* קוֹל נֶפֶץ; טְפִיחָה; מְחִיאַת
כַּפַּיִם; *זִיבָה (מחלה)
clap′per *n.* עִנְבָּל; רַעֲשָׁן
claptrap *n.* שְׁטוּיוֹת, מִלִּים רֵיקוֹת
claque (klak) *n.* קְבוּצַת מְחָאֲנִים
clar′et *n&adj.* יֵין אָדוֹם; אָדוֹם
clar′ifica′tion *n.* הַבְהָרָה
clar′ify′ *v.* הִבְהִיר; הִתְבַּהֵר
clar′inet′ *n.* קְלַרְנִית, קְלָרִינֶט
clarinetist *n.* קְלַרְנִיתָן
clar′ion *n.* קוֹל רָם וְצָלוּל
clar′ity *n.* בְּהִירוּת, צְלִילוּת
clash *v.* הִקִּישׁ, הִרְעִישׁ; הִתְנַגֵּשׁ
clash *n.* נְקִישָׁה; הִתְנַגְּשׁוּת; עִמּוּת
clasp *n.* אַבְזֵם, מַנְעוּלוֹן; עִטּוּר;
לְחִיצַת־יָד; חִבּוּק; לְפִיתָה
clasp *v.* חִבֵּק, לָפַת; הִדֵּק, אִבְזֵם
class *n.* כִּתָּה; מַחְלָקָה; מַעֲמָד; סוּג
class *v.* סִוֵּג, מִיֵּן, שִׁיֵּךְ
clas′sic *adj.* קְלַסִּי, מְעוּלֶה, מוֹפְתִי
classic *n.* יְצִירָה קְלַסִּית; סוֹפֵר־מוֹפֵת
clas′sical *adj.* קְלַסִּי, מָסוֹרְתִּי
clas′sicist *n.* קְלַסִּיקוֹן, סוֹפֵר־מוֹפֵת
class′ifica′tion *n.* מִיּוּן, סִוּוּג
classified *adj.* מְמוּיָּן; מְסוּוָּג; סוֹדִי
classified ad מוֹדָעָה (בעיתון)
class′ify′ *v.* סִוֵּג, מִיֵּן
classmate *n.* חָבֵר לְכִתָּה
classroom *n.* כִּתָּה
class struggle מִלְחֶמֶת מַעֲמָדוֹת
classy *adj.* אוֹפְנָתִי, מְעוּלֶה
clat′ter *n.* נְקִישׁוֹת, רַעַשׁ, הֲמֻלָּה
clatter *v.* הִקִּישׁ, הִרְעִישׁ, קִשְׁקֵשׁ
clause (-z) *n.* סָעִיף, פִּסְקָה;
(בדקדוק) מִשְׁפָּט טָפֵל, פְּסוּקִית
claus′tropho′bia *n.* בַּעַת־סָגוּר
clav′icle *n.* עֶצֶם הַבְּרִיחַ
claw *n.* צִפֹּרֶן, טוֹפֶר; צְבַת־הַסַּרְטָן
claw *v.* קָרַע, תָּפַס בְּצִפָּרְנָיו
claw-hammer פַּטִּישׁ (לשליפת מסמרים)
clay *n.* חוֹמֶר, טִיט
clay pigeon מַטָּרָה מְעוֹפֶפֶת
clean *adj.* נָקִי, טָהוֹר, חָלָק; מוּשְׁלָם
clean animal חַיָּה טְהוֹרָה/כְּשֵׁרָה
clean *adv.* לְגַמְרֵי, לַחֲלוּטִין
come clean הוֹדָה, גִּלָּה הָאֱמֶת
clean *v.* נִקָּה; הִתְנַקָּה
clean out נִקָּה, רוֹקֵן

clean up הִתְנַקָּה; נִקָּה, בִּעֵר; *גָּרַף סְכוּם הָגוּן, עָשָׂה כֶּסֶף
clean-cut *adj.* בָּרוּר, חַד; נָאֶה; נָקִי
cleaner *n.* מְנַקֶּה; מַכְבֵּסָה
cleanly (klen′-) *adj.* נָקִי
cleanly (klē′-) *adv.* בְּצוּרָה נְקִיָּה
cleanse (klenz) *v.* נִקָּה, טִהֵר
cleanser *n.* מְנַקֶּה; חוֹמֶר נִקּוּי
clean-shaven *adj.* מְגוּלָּח לְמִשְׁעִי
clean-up *n.* נִקּוּי; זְכִיָּה גְדוֹלָה
clear *adj.* בָּהִיר, בָּרוּר, צָלוּל, נָקִי; רֵיק; וַדַּאי, בָּטוּחַ; שָׁלֵם, תָּמִים
it is clear that בָּרוּר שֶׁ—
make oneself clear הִבְהִיר דְּבָרָיו
clear *adv.* בְּרוּרוֹת; לְגַמְרֵי
keep clear of הִתְרַחֵק מִן
clear *v.* הִבְהִיר; הִתְבַּהֵר; נִקָּה, טִהֵר; דִּלֵּג; שִׁחְרֵר
clear a check פָּדָה צֶ׳ק בְּמִסְלָקָה
clear away/off סִלֵּק; הִסְתַּלֵּק
clear one's throat כִּחְכֵּחַ, חִכְחֵךְ
clear out נִקָּה, רוֹקֵן; *הִסְתַּלֵּק
clear up הִתְבַּהֵר; הִבְהִיר; נִקָּה
clearance *n.* שִׁחְרוּר; נִקּוּי, טִהוּר; מִרְוָח, שֶׁטַח חוֹפְשִׁי; פִּדְיוֹן בְּמִסְלָקָה
clearance sale מְכִירַת חִסּוּל
clear-cut *adj.* בָּרוּר, חָלָק
clear-eyed *adj.* צְלוּל־רְאִיָּה
clearing *n.* קָרַחַת, מִבְרָא; סְלוֹקִין
clearing-house *n.* מִסְלָקָה
clearly *adv.* בְּרוּרוֹת, בְּלִי סָפֵק
clear-sighted *adj.* צְלוּל־רְאִיָּה
clearway *n.* כְּבִישׁ
cleat *n.* זִיז; יָתֵד; קֶרֶשׁ־חִזּוּק
cleav′age *n.* הִתְבַּקְּעוּת, הִסְתַּדְּקוּת
cleave *v.* בִּקַּע; הִתְבַּקֵּעַ, הִתְפַּצֵּל
cleave to דָּבַק בְּ־, נִצְמַד לְ—
cleav′er *n.* סַכִּין־קַצָּבִים, קוֹפִיץ
clef *n.* מַפְתֵּחַ
cleft *n.* סֶדֶק, בְּקִיעַ, פַּעַר
cleft = p of cleave
cleft palate חֵךְ שָׁסוּעַ
clem′atis *n.* זַלְזֶלֶת (צמח מטפס)
clem′ency *n.* רַחֲמִים; נוֹחוּת, נְעִימוּת
clem′ent *adj.* רַחֲמָן; נוֹחַ, נָעִים
clench *v.* הִדֵּק, סָגַר, לָפַת
cle′resto′ry *n.* קִיר עֶלְיוֹן, צוֹהַר

cler′gy *n.* כְּמוּרָה, כְּמָרִים
clergyman *n.* כּוֹמֶר
cler′ic *n.* כּוֹמֶר
cler′ical *adj.* קְלֶרִיקָלִי, שֶׁל כְּמוּרָה; שֶׁל פָּקִיד, פְּקִידוּתִי, מִשְׂרָדִי
clerical error פְּלִיטַת קוּלְמוֹס
clerk *n.* פָּקִיד, לַבְלָר; זַבָּן; כּוֹמֶר
clerk *v.* עָבַד בִּפְקִידוּת, לִבְלֵר
clev′er *adj.* פִּקֵּחַ, פִּקְחִי, שָׁנוּן, זָרִיז
clew (klōō) *n.* פְּקַעַת חוּטִים; לוּלָאָה
cliché (klēshā′) בִּטּוּי נָדוֹשׁ, קְלִישָׁה
click *n.* נְקִישָׁה, הַקָּשָׁה, קְלִיק
click *v.* הִקִּישׁ; דָּפַק, הִצְלִיחַ
cli′ent *n.* לָקוֹחַ, קוֹנֶה, קְלַיְנְט
cli′entele′ (-tel) *n.* קְלַיְנְטוּרָה
cliff *n.* צוּק, שֶׁן־סֶלַע, מָצוּק
cliffhanger *n.* סִפּוּר מוֹתֵחַ, מוֹתְחָן
cli′mate *n.* אַקְלִים
cli·mat′ic *adj.* אַקְלִימִי
cli′max′ *n.* שִׂיא, פִּסְגָּה, קְלִימַקְס
climax *v.* הִגִּיעַ לַפִּסְגָּה
climb (klīm) *v.* טִפֵּס, עָלָה
climb down הוֹדָה בְּטָעוּת; יָרַד
climb *n.* עֲלִיָּה, מַעֲלֶה, טִפּוּס
climbdown *n.* נְסִיגָה, הוֹדָאָה בְּטָעוּת
climber *n.* מְטַפֵּס; שׁוֹאֵף לְהִתְקַדֵּם
clime *n.* אַקְלִים, אֵזוֹר
clinch *v.* הִדֵּק; הִסְדִּיר; הִתְחַבֵּק
clinch *n.* תְּפִיסָה, לְפִיתָה; חִבּוּק
cling *v.* נִצְמַד, דָּבַק, נֶאֱחַז
clin′ic *n.* מִרְפָּאָה, קְלִינִיקָה
clin′ical *adj.* קְלִינִי, רְפוּאִי
clink *n.* צִלְצוּל, נְקִישָׁה; *בֵּית־סוֹהַר
clink *v.* הִקִּישׁ, צִלְצֵל
clink′er *n.* שְׁגִיאָה; כִּשָּׁלוֹן
clip *n.* מְהַדֵּק, אֶטֶב, רֶתֶק; מַטְעֵן— כַּדּוּרִים; גְּזִיזָה, גֵּז; מַכָּה; מְהִירוּת
clip *v.* הִדֵּק, הִצְמִיד; נִצְמַד; גָּזַר, קָצַץ; נִקֵּב; פָּגַם; הִכָּה
clip-on *adj.* בַּר־הִדּוּק (בסיכה)
clip′per *n.* מִפְרָשִׂית מְהִירָה
clippers קוֹצֵץ־צִפּוֹרְנַיִם; מַגְזֵזָה
clipping *n.* קֶטַע־עִתּוֹן, תַּגְזִיר
clique (klēk) *n.* כַּת, קְבוּצָה, חוּג
clit′oris *n.* דַּגְדְּגָן
cloak *n.* גְּלִימָה, מַעֲטֶה, מַסְוֶה
cloak *v.* הִסְתִּיר, כִּסָּה

cloak-and-dagger הַרְפַּתְקָנִי, בַּלָּשִׁי

cloakroom *n.* מֶלְתָּחָה; שֵׁרוּתִים

clob'ber *v.* *הִכָּה, הָלַם, הֵבִיס

clock *n.* שָׁעוֹן; קִשּׁוּט־גֶּרֶב; *פַּרְצוּף

round the clock 24 שָׁעוֹת בִּיְמָמָה

clock *v.* מָדַד זְמָן, קָבַע זְמָן

clock in/out הֶחְתִּים הַכַּרְטִיס עִם הַכְּנִיסָה/הַיְצִיאָה

clock tower מִגְדַּל שָׁעוֹן

clockwise *adj.* בְּכִוּוּן הַשָּׁעוֹן

clockwork *n.* מַנְגְּנוֹן־הַשָּׁעוֹן

clockwork toys צַעֲצוּעִים מֵכָנִיִּים

clod *n.* גּוּשׁ עָפָר, רֶגֶב; *טִפֵּשׁ

clod'hop'per *n.* מְגוּשָּׁם, כַּפְרִי

clog *v.* סָתַם; נִסְתַּם; הִכְבִּיד

clog *n.* קַבְקַב, נַעַל־עֵץ

clog'gy *adj.* גּוּשִׁי, דָּבִיק

clois'ter *n.* סְטָו, אַכְסַדְרָה; מִנְזָר

cloister *v.* סָגַר בְּמִנְזָר, בּוֹדֵד

close (-s) *adj.* קָרוֹב; צַר, צָפוּף, מֵעִיק; סוֹדִי; סָגוּר, מוּגְבָּל; קַמְצָן

close call כִּמְעַט תְּאוּנָה, מַמָּשׁ נֵס

close on/upon קָרוֹב לְ־, כִּמְעַט

keep close הִסְתַּתֵּר; שָׁמַר בְּסוֹד

close (-s) *adv.* קָרוֹב

close (-z) *v.* סָגַר, גָּמַר; נִסְגַּר

close down סָגַר, נָעַל; נִסְגַּר

close in הִתְקַצֵּר; הִתְקָרֵב

close in on הִקִּיף; הִתְקָרֵב

close out עָרַךְ מְכִירַת חִסּוּל

close ranks סָגַר רְוָחִים; הִתְאַחֵד

close up סָגַר; סָגַר רְוָחִים

close (-z) *n.* סוֹף, סְגִירָה, שִׁלְהֵי

close (-s) *n.* חָצֵר, מִגְרָשׁ; סִמְטָה

closed (klōzd) *adj.* סָגוּר; בִּלְעָדִי

closedown (-z-) *n.* סְגִירָה, נְעִילָה

closed season עוֹנָה סְגוּרָה לְצַיִד

close-fisted *adj.* קַמְצָן

close-fitting *adj.* מְהוּדָּק, צָמוּד

close-knit *adj.* קָרוֹב, מְהוּדָּק

close-lipped, -mouthed שַׁתְקָן

closely (-s-) *adv.* בְּקַפְּדָנוּת; כִּמְעַט

close quarters מַגָּע, קְרַב־מַגָּע

clos'et (-z-) *n.* חֲדַרוֹן, מְזָוֶה

closet *v.* הִתְיַחֵד, הִסְתַּגֵּר

close-up *n.* צִלּוּם מִקָּרֹב

clot *n.* גּוּשׁ, קְרִישׁ־דָּם; *טִפֵּשׁ

clot *v.* הִקְרִישׁ

cloth (klôth) *n.* אָרִיג, בַּד, מַטְלִית

the cloth הַכְּמוּרָה, הַכְּמָרִים

clothe (klōdh) *v.* הִלְבִּישׁ, כִּסָּה

clothes (klōz) *npl.* בְּגָדִים

clothes-basket *n.* סַל־כְּבָסִים

clothes-horse *n.* מִתְלֶה־יִבּוּשׁ

clothes-line *n.* חֶבֶל־כְּבִיסָה

clothes-pin, -peg *n.* אֶטֶב כְּבִיסָה

clothes tree מַקְלֵב

cloth'ier (klōdh'-) *n.* סוֹחֵר בַּדִּים

cloth'ing (klōdh'-) *n.* הַלְבָּשָׁה

cloud *n.* עָנָן, עֲנָנָה; כֶּתֶם, צֵל

on cloud nine *בָּרָקִיעַ הַשְּׁבִיעִי

cloud *v.* עִנֵּן, הֵעִיב, הִקְדִּיר; טִשְׁטֵשׁ

cloud-bank *n.* עֲנָנָה נְמוּכָה

cloud-burst *n.* שֶׁבֶר־עָנָן

cloud-capped *adj.* עֲטוּר־עֲנָנִים

cloudless *adj.* בָּהִיר, לְלֹא עֲנָנִים

cloudy *adj.* מְעוּנָן, מְעוּרְפָּל; עָכוּר

clout *n&v.* מַטְלִית; *מַהֲלוּמָה; הִכָּה

clove = pt of cleave

clove *n.* שֵׁן־שׁוּם; צִפּוֹרֶן (תבלין)

clo'ven = pp of cleave שָׁסוּעַ

clo'ver *n.* תִּלְתָּן; מוֹתָרוֹת, עוֹשֶׁר

clover-leaf *n.* צוֹמֶת תִּלְתָּן

clown *n.* מוּקְיוֹן, לֵיצָן; גַּס

clown *v.* הִתְנַהֵג כְּמוּקְיוֹן

clownish *adj.* מוּקְיוֹנִי, נִלְעָג

cloy *v.* פִּטֵּם, סָתַם תֵּאָבוֹן; הִתְפַּטֵּם

club *n.* מוֹעֲדוֹן; אַלָּה; קְלַף־תִּלְתָּן

club *v.* הִכָּה, חָבַט

club together הִתְאַגֵּד, הִשְׁתַּתֵּף

cluck *n&v.* קִרְקוּר; קִרְקֵר

clue (klōō) *n&v.* סִמָּן, רֶמֶז, מַפְתֵּחַ

clump *n.* סְבַךְ־שִׂיחִים; גּוּשׁ; קוֹל, חֲבָטָה

clump *v.* פָּסַע בִּכְבֵדוּת; שָׁתַל בִּקְבוּצוֹת; הִתְקַבֵּץ לְגוּשׁ, הִתְאַשְׁכֵּל

clum'sy (-zi) *adj.* מְגוּשָּׁם, מְסוּרְבָּל, גַּס

clung = p of cling

clus'ter *n.* קְבוּצָה; אֶשְׁכּוֹל

cluster *v.* הִתְקַבֵּץ, הִתְקַהֵל; הִתְאַשְׁכֵּל

clutch *v.* אָחַז, לָפַת, תָּפַס

clutch *n.* לְפִיתָה, אֲחִיזָה; מַצְמֵד, קְלָץ'; קְבוּצַת אֶפְרוֹחִים, מִדְגָּר

clut'ter *v.* בִּלְבֵּל, הָפַךְ

clutter *n.* אִי־סֵדֶר, עִרְבּוּבְיָה

cm. = **centimeter**
c/o = **care of** אֵצֶל, בְּאֶמְצָעוּת
coach *n&v.* כִּרְכָּרָה; קָרוֹן; אוֹטוֹבּוּס; מוֹרֶה, מְאַמֵּן; אִמֵּן, הִדְרִיךְ
coach-builder *n.* מַרְכִּיב מְכוֹנִיּוֹת
co·ad′jutor *n.* עוֹזֵר, סְגָן
co·ag′u·lant *n.* חוֹמֶר מַקְרִישׁ
co·ag′u·late′ *v.* הִקְרִישׁ, הִקְפִּיא
coal *n.* פֶּחָם, גַּחֶלֶת
coal *v.* סִפֵּק פֶּחָם, הִטְעִין פֶּחָם
coal-bunker *n.* מַחְסַן־פֶּחָם
co′alesce′ (-les) *v.* הִתְמַזֵּג
coalescence *n.* הִתְמַזְּגוּת
coalescent *adj.* מִתְמַזֵּג, מִתְחַבֵּר
coalfield *n.* שְׂדֵה־פֶּחָם
coal-hole *n.* מַרְתֵּף־פֶּחָם
coal-house *n.* בֵּיתַן־פֶּחָם
co′ali′tion (-li-) *n.* קוֹאָלִיצְיָה
coalmine, -pit *n.* מִכְרֵה פֶּחָם
coal oil נֵפְט
coal-scuttle *n.* כְּלִי לְפֶחָם
coal-seam *n.* מִרְבָּץ פֶּחָם
coal tar עִטְרָן
coarse *adj.* גַּס; מְחוּסְפָּס
coarsen *v.* חִסְפֵּס; הִתְחַסְפֵּס
coast *n.* חוֹף־יָם; מִדְרוֹן, מוֹרָד
the coast is clear אֵין אִישׁ בַּסְּבִיבָה, אֵין סַכָּנָה
coast *v.* שִׁיֵּט לְאוֹרֶךְ הַחוֹף; הֶחֱלִיק בְּמִדְרוֹן, גָּלַשׁ לְלֹא דִּוּוּשׁ
coastal *adj.* שֶׁל חוֹף, חוֹפִי
coaster *n.* סִירַת־חוֹפִים; תַּחְתִּית לְכוֹס
coastguard *n.* מִשְׁמַר הַחוֹפִים
coastwise *adv.* לְאוֹרֶךְ הַחוֹף
coat *n.* מְעִיל; שֵׂעָר, פַּרְוָה; שִׁכְבָה
coat of arms שֶׁלֶט גִּבּוֹרִים
coat of mail שִׁרְיוֹן קַשְׂקַשִּׂים
turn one's coat הָפַךְ עוֹרוֹ
coat *v.* כִּסָּה, צִפָּה, עָטַף
coat hanger קוֹלָב
coating *n.* שִׁכְבָה, צִפּוּי
coatroom *n.* מֶלְתָּחָה
coax *v.* פִּתָּה, שִׁדֵּל, שִׁכְנֵעַ
cob *n.* בַּרְבּוּר; סוּס קְצַר־רַגְלַיִם; אֶשְׁבּוֹל
co′balt (-bôlt) *n.* קוֹבַּלְט
cob′ble *v.* רִצֵּף בְּחַלּוּקֵי־אֶבֶן
cobbler *n.* סַנְדְּלָר
cobblestone *n.* אֶבֶן־רִצּוּף (עגולה)
co′bra *n.* קוֹבְּרָה (נחש)
cob′web′ *n.* קוּרֵי עַכָּבִישׁ
co·caine′ *n.* קוֹקָאִין
coch′le·a (-k-) *n.* שַׁבְּלוּל־הָאוֹזֶן
cock *n.* תַּרְנְגוֹל; בֶּרֶז; נוֹקֵר, פַּטִּישׁ; עֲרֵמַת חָצִיר
cock *v.* דָּרַךְ רוֹבֶה; זָקַף; הִזְדַּקֵּף; הִטָּה מְעַט; עָרַם (ערימת חציר)
cock one's eyes at הֵצִיץ בְּ—
cock up *בִּלְבֵּל, הָפַךְ; פִּשֵּׁל, קִלְקֵל
cock·ade′ *n.* צִיץ־קִשּׁוּט (בכובע)
cock′-a-doo′dle-doo′ קוּקוּרִיקוּ
cock-and-bull story סִפּוּר בַּדִּים
cockcrow *n.* שַׁחַר, קְרִיאַת הַגֶּבֶר
cocked hat כּוֹבַע תְּלַת־פִּנָּתִי
cock′erel *n.* תַּרְנְגוֹל צָעִיר
cock-eyed *n.* פּוֹזֵל; טִפֵּשׁ; עָקוֹם
cock-fighting *n.* קְרַב־תַּרְנְגוֹלִים
cock′le *n.* צִדְפָּה; סִירָה קְטַנָּה
cock′ney *n&adj.* קוֹקְנִי, לוֹנְדּוֹנִי
cockpit *n.* תָּא הַטַּיָּס; זִירַת־קְרָב
cock′roach′ *n.* מַקָּק, תִּיקָן
cockscomb *n.* כַּרְבּוֹלֶת; כּוֹבַע הַלֵּיצָן
cock′sure′ (-shoor) *adj.* בַּעַל בִּטָּחוֹן מוּפְרָז
cock′tail′ *n.* קוֹקְטֵיל, מִמְסָךְ, מִסְכָּה
cocky *adj.* *בָּטוּחַ בְּעַצְמוֹ, חָצוּף
co′coa *n.* קָקָאוֹ
co′conut′ *n.* קוֹקוֹס, אֱגוֹז הוֹדוּ
cocoon′ (-kōōn) *n&v.* קְלִפַּת הַגּוֹלֶם, פְּקַעַת; כִּסָּה, עָטַף, הֵגֵן
cod *v.* *שִׁטָּה בְּ־, הֵתֵל בְּ—
C.o.D. = **Cash on Delivery**
cod, cod′fish′ *n.* בַּקָּלָה (דג)
co′da *n.* קוֹדָה, יֶסֶף (במוסיקה)
cod′dle *v.* פִּנֵּק; בִּשֵּׁל בְּאִטִּיּוּת
code *n.* קוֹד, צֹפֶן; קוֹבֶץ חוּקִים
code *v.* צִפֵּן, רָשַׁם בְּקוֹד, קוֹדֵד
co′dex′ *n.* כְּתַב־יָד עַתִּיק, מִצְחָף
codg′er *n.* *בַּרְנָשׁ מוּזָר
cod′icil *n.* נִסְפָּח לְצַוָּאָה
cod′ifica′tion *n.* קוֹדִיפִיקַצְיָה, כִּנּוּס הַחוּקִים בְּקוֹבֶץ
cod′ify′ *v.* עָרַךְ חוּקִים בְּקוֹבֶץ
cod′ling *n.* בַּקָּלָה צְעִירָה
cod-liver oil שֶׁמֶן דָּגִים

co′ed′ *n.* תַּלְמִידָה (בבי״ס מעורב)
co′ed·uca′tion (-ej-) *n.* חִנּוּךְ מְעֹרָב
co′effi′cient (-ifish′ənt) *n.* מְקַדֵּם
co·erce′ *v.* הִכְרִיחַ, אִלֵּץ, דִּכָּא
co·er′cion (-zhən) *n.* כְּפִיָּה
co·er′cive (-siv) *adj.* כְּפִיָּתִי
co·e′val *adj.* בֶּן גִילוֹ, בֶּן דּוֹרוֹ
co′exist′ (-igz-) *v.* חַי בְּאוֹתוֹ זְמַן, הִתְקַיֵּם יַחַד
coexistence *n.* דּוּ־קִיּוּם
cof′fee (kôf′-) *n.* קָפֶה
coffee break הַפְסָקָה (ללגימת קפה)
coffee-mill *n.* מַטְחֵנַת־קָפֶה
coffee-pot *n.* קַנְקַן קָפֶה
coffee shop בֵּית קָפֶה
cof′fer *n.* תֵּבָה, כַּסֶּפֶת
coffers אוֹצָר, קְרָנוֹת
cofferdam *n.* מִבְנֶה אֲטִים־מַיִם
cof′fin (kôf′-) *n.* אֲרוֹן־מֵתִים
cog *n.* שֵׁן (בגלגל משונן)
co′gency *n.* עוֹצְמָה (של טענה)
co′gent *adj.* מְשַׁכְנֵעַ, כְּבַד־מִשְׁקָל
co′gitate′ *v.* חָשַׁב, הִרְהֵר בְּ—
co′gita′tion *v.* מַחֲשָׁבָה, הִרְהוּר
cognac (kon′yak) *n.* קוֹנְיָאק
cog′nate′ *adj&n.* מֵאוֹתוֹ מָקוֹר, קָרוֹב
cog·ni′tion (-ni-) *n.* הַכָּרָה, יְדִיעָה
cog′nitive *adj.* הַכָּרָתִי, שֶׁל יְדִיעָה
cog′nizance *n.* הַכָּרָה, מוּדָעוּת
take cognizance of רָשַׁם לְפָנָיו
cog′nizant *adj.* מַכִּיר, מוּדָע לְ—
cog′nomen *n.* שֵׁם מִשְׁפָּחָה; כִּנּוּי
cogwheel *n.* גַּלְגַּל שִׁנַּיִם
co·hab′it *v.* חָיוּ יַחַד
co·hab′ita′tion *n.* חַיִּים בְּצַוְתָּא
co·here′ *v.* הִתְלַכֵּד; הָיָה עִקְבִי
coherence *n.* הִתְלַכְּדוּת; עִקְבִיּוּת
coherent *adj.* מְחֻבָּר, עִקְבִי, הֶגְיוֹנִי
co·he′sion (-zhən) *n.* הִתְלַכְּדוּת
co·he′sive *adj.* מִתְלַכֵּד; מְלַכֵּד
co′hort′ *n.* קְבוּצָה, פְּלֻגָּה, קוֹהוֹרְטָה
coif *n.* כּוֹבַע מְהֻדָּק, שָׁבִיס
coiffeur (kwäfûr′) *n.* סַפָּר
coiffure′ (kwäf-) *n.* תִּסְרֹקֶת
coil *v.* גִּלְגֵּל, כָּרַךְ; הִתְפַּתֵּל
coil *n.* סְלִיל, גָּלִיל, טַבַּעַת, לִפּוּף
coin *n.* מַטְבֵּעַ
coin *v.* טָבַע מַטְבֵּעַ; הִמְצִיא מִלָּה
coin money עָשָׂה הוֹן. גָּרַף כֶּסֶף
coin′age *n.* טְבִיעַת מַטְבְּעוֹת; מַטְבֵּעַ
co′incide′ *v.* הִתְרַחֵשׁ בְּאוֹתוֹ זְמַן, חָפַף; עָלָה בְּקָנֶה אֶחָד
co·in′cidence *n.* צֵרוּף מִקְרִים
co·in′cident *adj.* תּוֹאֵם, הוֹלֵם, חוֹפֵף
coiner *n.* זַיְּפָן מַטְבְּעוֹת
co·i′tion (kōish′ən) *n.* הִזְדַּוְּגוּת
co′itus *n.* הִזְדַּוְּגוּת
coke *n.* קוֹקְס; קוֹקָאִין; קוֹקָה קוֹלָה
col *n.* מַעֲבָר, אוּכַף־הָרִים
col′ander *n.* מִשְׁמֶרֶת, מְסַנֶּנֶת
cold (kōld) *adj.* קַר, צוֹנֵן
have cold feet פָּחַד
out cold מִתְעַלֵּף
I'm cold קַר לִי
cold *n.* קוֹר, הִצְטַנְּנוּת; נַזֶּלֶת
catch cold/take cold הִצְטַנֵּן
out in the cold עָזוּב, לֹא רָצוּי
cold-blooded *adj.* אַכְזָרִי; בַּעַל דָּם קַר
cold comfort נֶחָמָה עֲלוּבָה
cold cream מִשְׁחַת־עוֹר
cold-hearted *adj.* אָדִישׁ, לֹא לְבָבִי
cold shoulder יַחַס צוֹנֵן
cold steel נֶשֶׁק קַר, פִּגְיוֹן
cold storage אִחְסָנָה בְּקֵרוּר
cold war מִלְחָמָה קָרָה
cole′slaw′ (kōl′s-) *n.* סָלַט־כְּרוּב
col′ic *n.* מְעִינָה, כְּאֵב־בֶּטֶן
collab′orate′ *v.* שִׁתֵּף פְּעֻלָּה
collab′ora′tion *n.* שִׁתּוּף פְּעֻלָּה
collaborationist *n.* מְשַׁתֵּף פְּעֻלָּה
collab′ora′tor *n.* מְשַׁתֵּף פְּעֻלָּה
collage (-läzh′) *n.* קוֹלָאז׳
collapse′ *v.* הִתְמוֹטֵט, קָרַס, נָפַל, הִתְקַפֵּל; מוֹטֵט, קִפֵּל
collapse *n.* הִתְמוֹטְטוּת, נְפִילָה
collapsible *adj.* מִתְקַפֵּל
col′lar *n.* צַוָּארוֹן; קוֹלָר; מַחֲרֹזֶת
collar *v.* תָּפַס בַּצַּוָּארוֹן; *סָחַב
collarbone *n.* עֶצֶם־הַבְּרִיחַ
collate′ *v.* הִשְׁוָה, הִתְאִים, בָּדַק
collat′eral *adj.* צְדָדִי, מִשְׁנִי, מַקְבִּיל
collateral relative קָרוֹב, דּוֹדָן
collateral *n.* עֵרָבוֹן, מַשְׁכּוֹן
colla′tion *n.* אֲרוּחָה קַלָּה; הַשְׁוָאָה

col'league (-lēg) *n.* עָמִית, קוֹלֶגָה
col'lect' *n.* תְּפִלָּה קְצָרָה
collect' *v.* אָסַף; גָּבָה; הִתְאַסֵּף
collect one's thoughts/oneself מָשַׁל בְּרוּחוֹ, יִשֵּׁב הַדַּעַת
collect' *adv.* לְתַשְׁלוּם בְּגוּבַיְנָה
collected *adj.* שׁוֹלֵט בְּעַצְמוֹ, שָׁלֵו
collec'tion *n.* אוֹסֶף, עֲרֵמָה; גְּבִיָּה
collec'tive *adj.* קוֹלֶקְטִיבִי, קִבּוּצִי
collective *n.* קוֹלֶקְטִיב, צֶוֶת, סֶגֶל
collec'tivize' *v.* הִלְאִים
collec'tor *n.* גּוֹבֶה; אַסְפָן, אַגְרָן
col'lege (-lij) *n.* מִכְלָלָה; מוֹעָצָה
colle'giate *adj.* שֶׁל קוֹלֶג'
collide' *v.* הִתְנַגֵּשׁ
col'lie *n.* כֶּלֶב רוֹעִים, קוֹלִי
col'lier (-yər) *n.* כּוֹרֶה פֶּחָם
col'liery (-yər-) *n.* מִכְרֵה־פֶּחָם
colli'sion (-lizh'ən) *n.* הִתְנַגְּשׁוּת
col'locate' *v.* לָוָה בְּאוֹפֶן טִבְעִי
collo'quial *adj.* דִּבּוּרִי, שֶׁל שִׂיחָה
collo'quialism' *n.* בִּטּוּי דִּבּוּרִי
col'loquy *n.* שִׂיחָה, דִּיּוּן
collude' *v.* שִׁתֵּף פְּעוּלָּה, חָבַר
collu'sion (-zhən) *n.* קְנוּנְיָה, קֶשֶׁר
collu'sive *adj.* שֶׁל מְזִמָּה
cologne (-lōn') *n.* מֵי־בּוֹשֶׂם
co'lon *n.* נְקוּדָתַיִם (:); מְעִי גַּס
colonel (kûr'nəl) *n.* קוֹלוֹנֶל, אל״מ
colo'nial *adj.* שֶׁל מוֹשָׁבָה, קוֹלוֹנְיָאלִי
colo'nialism' *n.* קוֹלוֹנְיָאלִיזְם
col'onist *n.* מִתְיַשֵּׁב, מִתְנַחֵל
col'oniza'tion *n.* יִשּׁוּב, הִתְנַחֲלוּת
col'onize' *v.* יִסֵּד מוֹשָׁבָה; יִשֵּׁב
col'onnade' *n.* סְטָו, שׁוּרַת עַמּוּדִים
col'ony *n.* מוֹשָׁבָה, קוֹלוֹנְיָה
col'or (kul-) *n.* צֶבַע, גֶּוֶן; גּוּוּן
a man of color צִבְעוֹנִי, כּוּשִׁי
change color הִסְמִיק, הֶחֱוִיר
colors דֶּגֶל, מוֹלֶדֶת; סֵמֶל
in its true colors כְּמוֹת שֶׁהוּא
lose color הֶחֱוִיר
off color *חוֹלֶה, חָשׁ בְּרַע; לֹא מְנוּמָּס
with flying colors בְּהַצְלָחָה רַבָּה
color *v.* צָבַע; גִּוֵּן; קִבֵּל גֶּוֶן
col'ora'tion (kul-) *n.* גּוּוּן
color bar מַחְסוֹם הַצֶּבַע, גִּזְעָנוּת
color-blind *adj.* עִוֵּר צְבָעִים
colorcast *n.* שִׁדּוּר בִּצְבָעִים
colored *adj.* כּוּשִׁי, צִבְעוֹנִי
colorfast *adj.* יַצִּיב, שֶׁאֵינוֹ דּוֹהֶה
colorful *adj.* סַסְגּוֹנִי, רַבְגּוֹנִי
color guard מִשְׁמַר הַדֶּגֶל
coloring *n.* צֶבַע, צְבִיעָה
colorless *adj.* חֲסַר־צֶבַע, חִוֵּר
color line מַחְסוֹם הַהַפְרָדָה הַגִּזְעִית
colos'sal *adj.* כַּבִּיר, עָצוּם, עֲנָקִי
colos'sus *n.* פֶּסֶל עֲנָק, עֲנָק
colour = color
colt (kōlt) *n.* סְיָח; טִירוֹן; אֶקְדָּח
Colum'bian *adj.* שֶׁל קוֹלוּמְבּוּס
col'umn (-m) *n.* עַמּוּד, טוּר, עֲמוּדָה
columned *adj.* בַּעַל עַמּוּדִים
col'umnist *n.* בַּעַל טוּר
co'ma *n.* חוֹסֶר־הַכָּרָה, תַּרְדֶּמֶת
co'matose' *adj.* חֲסַר־הַכָּרָה
comb (kōm) *n.* מַסְרֵק; מַגְרֶדֶת; כַּרְבֹּלֶת; חַלַּת־דְּבַשׁ
comb *v.* סָרַק; הִסְתָּרֵק; הִתְנַפֵּץ
com'bat' *n.* מִלְחָמָה, מַאֲבָק
combat' *v.* נִלְחַם, נֶאֱבַק
combat'ant *adj&n.* לוֹחֵם
com'bative *adj.* שָׂשׂ לַקְּרָב
com'bina'tion *n.* קוֹמְבִּינַצְיָה, צֵרוּף
combine' *v.* אִחֵד, צֵרֵף; הִתְאַחֵד
com'bine *n.* קוֹמְבַּיְן, קַצְרַדָּשׁ; אִגּוּד
combine harvester קוֹמְבַּיְן, קַצְרַדָּשׁ
comb-out *n.* סִלּוּק, נִפּוּי
combus'tible *adj&n.* (חוֹמֶר) דָּלִיק
combus'tion (-chən) *n.* בְּעֵירָה
come (kum) *v.* בָּא; הִגִּיעַ; קָרָה; הִתְחִיל; נַעֲשָׂה, הָפַךְ לְ—
come about קָרָה, הִתְרַחֵשׁ
come across נִתְקַל בְּ־, פָּגַשׁ
come along הִתְקַדֵּם; הוֹפִיעַ, בָּא
come along/on! קָדִימָה! נוּ!
come apart הִתְפּוֹרֵר, הִתְפָּרֵק
come at הִגִּיעַ; הִתְנַפֵּל עַל; הֵבִין
come away נִפְרַד, נִתַּק
come between הִפְרִיד בֵּין, הִפְרִיעַ
come by הִשִּׂיג, רָכַשׁ, קִבֵּל
come down הִתְמוֹטֵט; יָרַד; שִׁלֵּם
come down on יָרַד עַל, גָּעַר בְּ—
come down to הִסְתַּכֵּם בְּ־, הִצְטַמְצֵם

come for הִתְקָרֵב, הִתְנַפֵּל
come forward הִצִּיעַ עַצְמוֹ, הִתְנַדֵּב
come home to הִתְחַוֵּר, הִתְבָּרֵר
come in נִכְנַס, הוֹפִיעַ, הִגִּיעַ
come in for קִבֵּל, יָרַשׁ
come in handy הָיָה שִׁמּוּשִׁי
come into הִתְחִיל בְּ־; הִגִּיעַ לְ—
come into sight הוֹפִיעַ, נִרְאָה
come of age הִגִּיעַ לְבַגרוּת
come off נִתַּק מִן, נָפַל; הִתְגַשֵּׁם, הִתְבַּצַע, הִצְלִיחַ
come on בָּא; הִתְקַדֵּם; הוֹפִיעַ; הִגִּיעַ; הִתְחִיל; עָלָה לְדִיוּן; נִתְקַל בְּ—
come on! בּוֹא! קָדִימָה! אָנָּא!
come out יָצָא, הוֹפִיעַ; הִתְבָּרֵר; נִפְתַּר; שָׁבַת; נֶעֱלַם
come out with הִגִּיד, אָמַר, הִצִּיעַ
come over עָבַר עַל, עָבַר לְ—
come round בִּקֵּר; חָזַר; שִׁנָּה דַעְתּוֹ; הִסְכִּים; הִתְאוֹשֵׁשׁ
come to הִתְאוֹשֵׁשׁ; הִגִּיעַ לְ—
come to oneself הִתְאוֹשֵׁשׁ
come to pass קָרָה, הִתְרַחֵשׁ
come true הִתְאַמֵּת, הִתְגַשֵּׁם
come under הִשְׁתַּיֵּךְ לְ־, הָיָה כָּפוּף לְ—
come up עָלָה; הִתְרַחֵשׁ; הִגִּיעַ
come up against נִתְקַל בְּ—
come up with הִשִּׂיג; חָשַׁב עַל; סִפֵּק; הִצִּיעַ, שָׁלַף
come upon תָּקַף; תָּבַע
come what may יִקְרֶה אֲשֶׁר יִקְרֶה
how come? כֵּיצַד? הֵיאַךְ?
to come הַבָּא, שֶׁיָּבוֹא, בֶּעָתִיד
comeback *n.* הִתְאוֹשְׁשׁוּת; מַעֲנֶה חָרִיף
come'dian *n.* קוֹמִיקָן, לֵיצָן
come'dienne' *n.* קוֹמִיקָאִית
comedown *n.* נְפִילָה, אַכְזָבָה
com'edy *n.* קוֹמֶדְיָה
comely (kum'li) *adj.* נָאֶה, נָעִים
com'et *n.* כּוֹכַב שָׁבִיט
com'fort (kum-) *n.* נוֹחִיּוּת; נֶחָמָה
comfort *v.* נִחֵם, עוֹדֵד
comfortable *adj.* נוֹחַ; אָמִיד
comfortably off אָמִיד
comforter *n.* סוּדָר, שְׂמִיכָה; מוֹצֵץ
comic *n.* עִתּוֹן מְצוּיָּר; קוֹמִיקָן
com'ic, -cal *adj.* מַצְחִיק, קוֹמִי
comic strip סִפּוּר מְצוּיָּר (בעיתון)
coming *n.* הוֹפָעָה, בִּיאָה, הִתְקָרְבוּת
coming *adj.* הַבָּא; מַצְלִיחַ, מַבְטִיחַ
com'ity *n.* אֲדִיבוּת, נִימוּס, כָּבוֹד
com'ma *n.* פְּסִיק, (,)
command' *v.* צִוָּה, הוֹרָה; שָׁלַט; חָלַשׁ עַל
command *n.* פְּקוּדָה; פִּקּוּד, שְׁלִיטָה
at his command לִפְקוּדָתוֹ; בִּרְשׁוּתוֹ
com'mandant' *n.* מְפַקֵּד
com'mandeer' *v.* הִפְקִיעַ, הֶחֱרִים
comman'der *n.* מַנְהִיג, מְפַקֵּד
commanding *adj.* שׁוֹלֵט; מְצַוֶּה; מַרְשִׁים
command'ment *n.* דִּבֵּר, מִצְוָה
comman'do *n.* קוֹמַנְדוֹ, אִישׁ קוֹמַנְדוֹ
commem'orate' *v.* הִנְצִיחַ
commem'ora'tion *n.* אַזְכָּרָה, הַנְצָחָה
commem'ora'tive *adj.* שֶׁל זִכָּרוֹן
commence' *v.* הִתְחִיל, פָּתַח בְּ—
commencement *n.* הַתְחָלָה
commend' *v.* הִלֵּל, שִׁבַּח; הִמְלִיץ עַל; הִפְקִיד בִּידֵי
com'menda'tion *n.* הַסְכָּמָה, הַעֲרָכָה; שֶׁבַח; צִיּוּן לְשֶׁבַח
commen'surate (-sh-) *adj.* הוֹלֵם, תּוֹאֵם, שָׁוֶה, פְּרוֹפּוֹרְצִיוֹנָלִי
com'ment' *n.* הֶעָרָה; פֵּרוּשׁ
no comment! אֵין תְּגוּבָה!
comment *v.* הֵעִיר; הֵגִיב; פֵּרֵשׁ
com'mentar'y (-teri) *n.* פַּרְשָׁנוּת
com'mentate' *v.* שִׁמֵּשׁ כְּפַרְשָׁן
com'menta'tor *n.* פַּרְשָׁן
com'merce *n.* מִסְחָר
commer'cial *adj.* מִסְחָרִי
commercial *n.* תַּשְׁדִּיר פִּרְסוֹמֶת
commer'cialize' (-shəl-) *v.* מִסְחֵר
com'mie *n.* *קוֹמוּנִיסְט
comming'le *v.* מִזֵּג; הִתְמַזֵּג
commis'erate' (-z-) *v.* הִשְׁתַּתֵּף בְּצַעַר, הִבִּיעַ צַעַר עַל
commis'era'tion (-z-) *n.* רַחֲמִים
com'missar' *n.* קוֹמִיסָר
com'missa'riat *n.* אַסְפָּקָה
commis'sion *n.* יִפּוּי־כּוֹחַ; תַּפְקִיד; בִּצּוּעַ; עֲמָלָה, עֲמִילוּת, קוֹמִיסְיוֹן; וַעֲדָה, הַסְמָכָה לִקְצוּנָה
commission of crime בִּצּוּעַ פֶּשַׁע

out of commission לֹא בְּשִׁמּוּשׁ
commission *v.* הִטִּיל תַּפְקִיד עַל
commissioned officer קָצִין
commis'sioner (-mish'ən-) *n.* חֲבֵר־וַעֲדָה; מְנַהֵל, מְמוּנֶּה; נָצִיב; נְצִיג
commit' *v.* עָשָׂה, בִּצַּע; הֶעֱבִיר
commit oneself הִתְחַיֵּב; הִבִּיעַ דַּעְתּוֹ
commit suicide הִתְאַבֵּד
commit to memory לָמַד עַל־פֶּה
commit to paper הֶעֱלָה עַל הַנְּיָר
commitment *n.* הִתְחַיְּבוּת; נֶאֱמָנוּת, מְחוּיָּבוּת; בִּצּוּעַ; הַעֲבָרָה
commit'tal *n.* הַעֲבָרָה (למוסד)
committed *adj.* מָסוּר, נֶאֱמָן; מְחוּיָּב
commit'tee *n.* וַעֲדָה
commode' *n.* שִׁדָּה; אָרוֹן; עָבִיט
commo'dious *n.* נוֹחַ, מְרוּוָּח
commod'ity *n.* מִצְרָךְ, חֵפֶץ
com'modore' *n.* קוֹמוֹדוֹר, מְפַקֵּד יַמִּי
com'mon *adj.* מְשׁוּתָּף; צִבּוּרִי, כְּלָלִי; רָגִיל, מָצוּי; פָּשׁוּט, גַּס
common ground מִכְנֶה מְשׁוּתָּף
common-or-garden רָגִיל
common *n.* שֶׁטַח צִבּוּרִי
in common בִּמְשׁוּתָּף
in common with כְּמוֹ, בְּדוֹמֶה לְ—
out of the common יוֹצֵא דּוֹפֶן
com'moner *n.* אָדָם פָּשׁוּט
common law הַמִּשְׁפָּט הַמְּקוּבָּל
common-law wife יְדוּעָה בְּצִבּוּר
commonly *adv.* בְּדֶרֶךְ כְּלָל; בְּגַסּוּת
com'monplace' *adj.* רָגִיל, נָדוֹשׁ
common-sense *n.* הִגָּיוֹן, שֵׂכֶל יָשָׁר
commonweal *n.* טוֹבַת הַכְּלָל
commonwealth *n.* קְהִלִיָּה
commo'tion *n.* מְהוּמָה, תְּכוּנָה
commu'nal *adj.* עֲדָתִי; צִבּוּרִי
com'mune *n.* קוֹמוּנָה, קְבוּצָה
commune' *v.* שׂוֹחַח, הִסְתּוֹדֵד
commu'nicable *adj.* מִדַּבֵּק, עוֹבֵר
commu'nicant *n.* אוֹכֵל לֶחֶם קוֹדֶשׁ
commu'nicate' *v.* הֶעֱבִיר, מָסַר; נִדְבַּר, הִתְקַשֵּׁר; גָּבַל בְּ־, הִתְחַבֵּר
commu'nica'tion *n.* קֶשֶׁר, קוֹמוּנִיקַצְיָה; יְדִיעָה, מֶסֶר
communications תַּחְבּוּרָה, תִּקְשׁוֹרֶת
commu'nica'tive *adj.* פָּתוּחַ, דַּבְּרָנִי; תִּקְשׁוֹרְתִּי
commu'nion *n.* קֶשֶׁר, שִׁתּוּף; דּוּ—שִׂיחַ; כַּת דָּתִית; אֲכִילַת לֶחֶם קוֹדֶשׁ
commu'niqué' (-nikā') *n.* תַּמְסִיר
com'mu•nism' *n.* קוֹמוּנִיזְם
com'mu•nist *n.* קוֹמוּנִיסְט
commu'nity *n.* קְהִלָּה; צִבּוּר; שִׁתּוּף, שׁוּתָּפוּת; קִרְבָה, דִּמְיוֹן
community center מֶרְכָּז קְהִלָּתִי
community singing שִׁירָה בְּצִבּוּר
com'mu•ta'tion *n.* הֲמָרָה, חֲלִיפִין; הֲמָרַת עוֹנֶשׁ, הַמְתָּקָה; נְסִיעָה בִּקְבִיעוּת
commutation ticket כַּרְטִיס מָנוּי, כַּרְטִיסִיַּת־נְסִיעָה
com'mu•ta'tor *n.* מַחְלֵף (בחשמל)
commute' *v.* הֶחֱלִיף; הִמְתִּיק עוֹנֶשׁ; נָסַע בִּקְבִיעוּת (לעבודה)
compact' *adj.* דָּחוּס, קוֹמְפַּקְטִי, מְרוּכָּז
com'pact' *n&v.* חוֹזֶה, הֶסְכֵּם; פּוּדְרִיָּה; מְכוֹנִית קְטַנָּה; כָּרַת בְּרִית
compact'ed *adj.* מְהוּדָּק, מְרוּכָּז
compan'ion *n.* שׁוּתָּף, חָבֵר; בֶּן־לְוָיָה, בֶּן־זוּג; מַדְרִיךְ, סֵפֶר שִׁמּוּשִׁי
companionable *adj.* חַבְרוּתִי
companionship *n.* יְדִידוּת, חֲבֵרוּת
companionway *n.* יַרְדָּה
com'pany (kum-) *n.* חֶבְרָה; חֲבוּרָה; אוֹרְחִים; קְבוּצָה, צֶוֶת; לַהֲקָה; פְּלוּגָה
and company וְשׁוּתָּ'
for company לְשֵׁם לִוּוּי
in company with בְּלִוּוּי, בְּחֶבְרַת
keep company הִתְחַבֵּר, הִתְיַדֵּד
part company with נִפְרַד מִן
com'parable *adj.* בַּר־הַשְׁוָאָה, דּוֹמֶה
compar'ative *adj.* יַחֲסִי, הַשְׁוָאָתִי
comparative *n.* עֵרֶךְ הַיִּתְרוֹן
comparatively *adv.* יַחֲסִית
compare' *v&n.* הִשְׁוָה; נִדְמָה לְ—
compare notes הֶחֱלִיף דֵּעוֹת
without compare אֵין דּוֹמֶה לוֹ
compar'ison *n.* הַשְׁוָאָה, דִּמְיוֹן
compart'ment *n.* תָּא, מַחְלָקָה
com'pass (kum-) *n.* מַצְפֵּן; תְּחוּם
compasses מְחוּגָה
compass *v.* הִקִּיף; הִשִּׂיג; הֵבִין
compas'sion *n.* רַחֲמִים
compas'sionate (-shən-) *adj.* רַחוּם

compat′ible *adj.* מַתְאִים, הוֹלֵם
com′peer *n.* שְׁוֵה־מַעֲמָד; חָבֵר
compel′ *v.* אִלֵּץ, הִכְרִיחַ
compen′dious *adj.* תַּמְצִיתִי, קָצָר
compen′dium *n.* תַּמְצִית, קִצּוּר
com′pensate′ *v.* פִּצָּה
com′pensa′tion *n.* פִּצּוּי
compen′sato′ry *adj.* מְפַצֶּה
com′pere (-pār) *n.* מַנְחֶה, מַגִּישׁ
compete′ *v.* הִתְחָרָה, הִתְמוֹדֵד
com′petence *n.* כִּשְׁרוֹן, יְכוֹלֶת; הַכְנָסָה נוֹחָה; סַמְכוּת; כַּשְׁרוּת
com′petent *adj.* מוּכְשָׁר, מַתְאִים
com′peti′tion (-ti-) *n.* הִתְחָרוּת
compet′itive *adj.* תַּחֲרוּתִי
compet′itor *n.* מִתְחָרֶה
com′pila′tion *n.* לִקּוּט; קוֹבֶץ
compile′ *v.* אָסַף, חִבֵּר (מילון)
compla′cency *n.* שַׁאֲנַנּוּת, מְרוּצוּת
compla′cent *adj.* מְרוּצֶה מֵעַצְמוֹ
complain′ *v.* הִתְלוֹנֵן
complain′ant *n.* מִתְלוֹנֵן, תּוֹבֵעַ
complaint′ *n.* קְבִילָה, תְּלוּנָה; מַחֲלָה
complais′ance (-z-) *n.* אֲדִיבוּת
complais′ant (-z-) *adj.* אָדִיב, נוֹחַ
com′plement *n.* הַשְׁלָמָה, מַשְׁלִים; מִכְסָה מְלֵאָה
com′plement′ *v.* הִשְׁלִים
com′plemen′tary *adj.* מַשְׁלִים
complete′ *adj.* שָׁלֵם, מוּשְׁלָם, גָּמוּר
complete *v.* הִשְׁלִים; סִיֵּם
completely *adv.* לְגַמְרֵי, כָּלִיל
comple′tion *n.* הַשְׁלָמָה, סִיּוּם
complex′ *adj.* מוּרְכָּב, מְסוּבָּךְ
com′plex′ *n.* תַּסְבִּיךְ; מַעֲרֶכֶת מוּרְכֶּבֶת, קוֹמְפְּלֶקְס
complex′ion (-kshən) *n.* גּוֹן הַפָּנִים
complex′ity *n.* סִבּוּךְ; מוּרְכָּבוּת
compli′ance *n.* צִיּוּת, נִכְנָעוּת
in compliance with בְּהֶתְאֵם לְ—
compli′ant *adj.* מַסְכִּים, נִכְנָע
com′plicate′ *v.* סִבֵּךְ
complicated *adj.* מְסוּבָּךְ, מוּרְכָּב
com′plica′tion *n.* סִבּוּךְ, הִסְתַּבְּכוּת
complic′ity *n.* שׁוּתָּפוּת (לפשע)
com′pliment *n.* מַחֲמָאָה; בְּרָכָה
com′pliment′ *v.* הֶחֱמִיא
com′plimen′tary *adj.* מַחֲמִיא
complimentary ticket כַּרְטִיס הַזְמָנָה
comply′ *v.* נַעֲנָה לְ־, צִיֵּת לְ—
compo′nent *n.* מַרְכִּיב, רְכִיב
comport′ *v.* הִתְנַהֵג; הָלַם, תָּאַם
comportment *n.* הִתְנַהֲגוּת
compose′ (-z) *v.* הִרְכִּיב, יָצַר, חִבֵּר; הִלְחִין; הִרְגִּיעַ; סִדֵּר; יִשֵּׁב
compose oneself שָׁלַט בְּרוּחוֹ
composed *adj.* שָׁלֵו, מוֹשֵׁל בְּרוּחוֹ
composer (-z-) *n.* מַלְחִין
compos′ite (-zit) *adj.* מוּרְכָּב
com′posi′tion (-zi-) *n.* יְצִירָה; חִבּוּר; הֶרְכֵּב; תַּעֲרוֹבֶת; מִיצוּר
compos′itor (-z-) *n.* סַדָּר (בדפוס)
compo′sure (-zhər) *n.* קוֹר־רוּחַ
com′pote *n.* לִפְתָּן, קוֹמְפּוֹט
com′pound *adj.* מוּרְכָּב
com′pound *n.* תִּרְכּוֹבֶת, מִלָּה מוּרְכֶּבֶת; שֶׁטַח מְגוּדָּר
compound′ *v.* הִרְכִּיב, עִרְבֵּב; הִגְדִּיל; הֶחֱמִיר; הִגִּיעַ לְהֶסְדֵּר
compound interest רִבִּית דְּרִבִּית
com′pre•hend′ *v.* הֵבִין; כָּלַל
com′pre•hen′sibil′ity *n.* מוּבָנוּת
com′pre•hen′sible *adj.* מוּבָן, נִתְפָּס
com′pre•hen′sion *n.* הֲבָנָה
com′pre•hen′sive *adj.* מַקִּיף, כּוֹלֵל
compress′ *v.* דָּחַס, כִּוֵּץ, תִּמְצֵת
com′press′ *n.* רְטִיָּה, תַּחְבּוֹשֶׁת
compres′sion *n.* דְּחִיסָה, לְחִיצָה
compres′sor *n.* מַדְחֵס
comprise′ (-z) *v.* הָיָה מוּרְכָּב מִן, כָּלַל, הֵכִיל
com′promise′ (-z) *n.* פְּשָׁרָה
compromise *v.* הִתְפַּשֵּׁר; סִכֵּן
comptrol′ler (kəntrōl-) *n.* מְבַקֵּר
compul′sion *n.* כְּפִיָּה, כְּפִיָּתִיּוּת
compul′sive *adj.* כּוֹפֶה
compul′sory *adj.* כְּפִיָּתִי, שֶׁל חוֹבָה
compunc′tion *n.* נְקִיפַת מַצְפּוּן
com′pu•ta′tion *n.* חִשּׁוּב, הַעֲרָכָה
compute′ *v.* חִשֵּׁב
compu′ter *n.* מַחְשֵׁב
compu′terize′ *v.* מִכֵּן, מִחְשֵׁב
com′rade (-rad) *n.* חָבֵר; קוֹמוּנִיסְט
comradeship *n.* חֲבֵרוּת, יְדִידוּת

con *v.* לָמַד עַל־פֶּה; *הוֹנָה
con *n.* *הוֹנָאָה, רַמָּאוּת; אָסִיר
con *n&adv.* מִתְנַגֵּד; נֶגֶד
con·cat'enate' *v.* שִׁרְשֵׁר, חִבֵּר
concave' *adj.* קָעוּר, שְׁקַעֲרוּרִי
concav'ity *n.* שְׁקַעֲרוּרִיּוּת
conceal' *v.* הִסְתִּיר, הֶחְבִּיא
concealment *n.* הַסְתָּרָה; מַחֲבוֹא
concede' *v.* וִתֵּר עַל; הוֹדָה
conceit' (-sēt) *n.* יְהִירוּת
conceited *adj.* יָהִיר, גֵּא
conceivable *adj.* מִתְקַבֵּל עַל הַדַּעַת
conceive' (-sēv) *v.* הָגָה רַעְיוֹן; הֵבִין, תֵּאֵר, הֶאֱמִין; הָרְתָה
con'centrate' *v.* רִכֵּז; הִתְרַכֵּז
con'centrate' *n.* תַּרְכִּיז
concentrated *adj.* מְרוּכָּז
con'centra'tion *n.* רִכּוּז; הִתְרַכְּזוּת
concen'tric *adj.* מְשׁוּתַּף־מֶרְכָּז
con'cept' *n.* רַעְיוֹן, מוּשָׂג
concep'tion *n.* הֲגִיַּת רַעְיוֹן; תְּפִיסָה; מוּשָׂג, קוֹנְצֶפְּצְיָה; הֵרָיוֹן
concern' *n.* דְּאָגָה; עֵסֶק; עִנְיָן; חֵלֶק, שׁוּתָּפוּת, מִפְעָל, קוֹנְצֶרְן
it isn't my concern אֵין זֶה עִנְיָנִי
concern *v.* נָגַע לְ־, עָסַק בְּ־, הִתְיַחֵס; עִנְיֵן; הִדְאִיג
as concerns בַּאֲשֶׁר לְ—
concerned *adj.* מוּדְאָג; מְעוּנְיָן
concerning *prep.* בַּאֲשֶׁר לְ—
con'cert *n.* קוֹנְצֶרְט, מֵיפָע; תֵּאוּם
concert'ed *adj.* מְשׁוּתָּף; מְרוּכָּז
concertmaster *n.* נַגָּן רָאשִׁי
concer'to (-cher-) *n.* קוֹנְצֶ'רְטוֹ
conces'sion *n.* וִתּוּר, כְּנִיעָה; זִכָּיוֹן
conces'sive *adj.* מְוַתֵּר
conch (-k) *n.* קוֹנְכִיָּה
con'cierge' (-siûrzh') *n.* שׁוֹעֵר
concil'iate' *v.* הִרְגִּיעַ, פִּיֵּס
concil'ia'tion *n.* פִּיּוּס; פִּשּׁוּר
concil'ia'tor *n.* מְתַוֵּךְ, בּוֹרֵר
concil'iato'ry *adj.* פַּיְסָנִי, מְפַיֵּס
concise' *adj.* מְקוּצָּר, תַּמְצִיתִי
con'clave *n.* כֶּנֶס, קוֹנְקְלָבָה
conclude' *v.* גָּמַר, סִכֵּם, הִסְדִּיר; הִסִּיק, הֶחְלִיט
conclu'sion (-zhən) *n.* מַסְקָנָה; סִיּוּם, סִכּוּם, הֶסְדֵּר
in conclusion בְּקִצּוּר, בְּסִכּוּם
conclu'sive *adj.* מְשַׁכְנֵעַ, סוֹפִי
concoct' *v.* הֵכִין תַּבְשִׁיל; הִמְצִיא
concoc'tion *n.* תַּבְשִׁיל; בְּדוּתָה
concom'itant *n&adj.* צָמוּד, מְלַוֶּה
con'cord' *n.* הַתְאָמָה, הַרְמוֹנְיָה; הֶסְכֵּם
concord'ance *n.* הַתְאָמָה, הַרְמוֹנְיָה; קוֹנְקוֹרְדַנְצְיָה, מַתְאִימוֹן
concord'ant *adj.* מַתְאִים, הַרְמוֹנִי
con'course (-kôrs) *n.* הִתְקַהֲלוּת, כִּנּוּס, מִפְגָּשׁ; רְחָבָה
con'crete *n.* בֶּטוֹן, חוֹמֶר בְּנִיָּה
concrete *adj.* מַמָּשִׁי, קוֹנְקְרֶטִי
concrete *v.* הִתְלַכֵּד לְגוּשׁ; הִתְגַּבֵּשׁ
concrete mixer מְעַרְבֵּל
concre'tion *n.* הִתְקָרְשׁוּת; גּוּשׁ
con'cu·bine' *n.* פִּילֶגֶשׁ
concu'piscence *n.* תַּאֲוָה מִינִית
concur' *v.* הִסְכִּים; תָּאַם; הִתְרַחֵשׁ בּוֹ־זְמַנִּית; הִצְטָרֵף, פָּעַל יַחְדָּיו
concurrence *n.* הַסְכָּמָה
concurrent *adj.* מַתְאִים, מַסְכִּים, תְּמִים־דֵּעִים; חָל בּוֹ־זְמַנִּית
concurrently *adv.* בְּעֵת וּבְעוֹנָה אַחַת
concus'sion *n.* זַעֲזוּעַ־מוֹחַ, הֶלֶם
condemn' (-m) *v.* גִּנָּה; דָּן; הִרְשִׁיעַ; פָּסַל לְשִׁמּוּשׁ; הֶחֱרִים
the condemned הַנִּדּוֹנִים לְמָוֶת
con'demna'tion *n.* גִּנּוּי; הַרְשָׁעָה
condem'nato'ry *adj.* מְגַנֶּה
con'densa'tion *n.* עִבּוּי; רִכּוּז
condense' *v.* עִבָּה; רִכֵּז, תִּמְצֵת
conden'ser *n.* מְעַבֶּה, קַבָּל
con'de·scend' *v.* מָחַל עַל כְּבוֹדוֹ, הוֹאִיל לְהַשְׁפִּיל עַצְמוֹ; הִתְנַשֵּׂא
con'de·scen'sion *n.* הִתְנַשְּׂאוּת
condign' (-dīn') *adj.* רָאוּי, יָאֶה
con'diment *n.* תַּבְלִין
condi'tion (-di-) *n.* מַצָּב, תְּנַאי
in condition בְּקַו הַבְּרִיאוּת, בְּכוֹשֶׁר
on condition that בִּתְנַאי שֶׁ—
on no condition בְּשׁוּם אוֹפֶן
out of condition לֹא בְּכוֹשֶׁר
condition *v.* הִכְשִׁיר, אִלֵּף; הִתְאִים; הִתְנָה, קָבַע
conditional *adj.* מוּתְנֶה, תָּלוּי בְּ—

conditioned *adj.* מוּתְנֶה; בְּכוֹשֶׁר
condole' *v.* נִחֵם, הִבִּיעַ צַעַר
condo'lence *n.* צַעַר, תַּנְחוּמִים
con'dom *n.* כּוֹבָעוֹן
con'domin'ium *n.* שִׁלְטוֹן מְשׁוּתָּף
condone' *v.* מָחַל; פִּצָּה עַל
conduce' *v.* גָּרַם, תָּרַם לְ—
condu'cive *adj.* גּוֹרֵם לְ־, מֵבִיא
conduct' *v.* הוֹבִיל, נִהֵל; נִצֵּחַ עַל
conduct oneself הִתְנַהֵג
con'duct' *n.* הִתְנַהֲגוּת; נִהוּל
conduc'tion *n.* הַעֲבָרָה, הוֹבָלָה
conduc'tive *adj.* מוֹלִיךְ (חשמל, חום)
conduc'tor *n.* מְנַצֵּחַ; כַּרְטִיסָן; מוֹלִיךְ
con'duit (-do͞oit) *n.* תְּעָלָה, צִנּוֹר
cone *n.* חָרוּט, חֲדוּדִית, קוֹנוּס; גְּבִיעַ גְּלִידָה; אִצְטְרוֹבָּל
co'ney *n.* שָׁפָן
con'fab' *n.* *שִׂיחָה קַלָּה
confab'u·late' *v.* שׂוֹחֵחַ
confec'tion *n.* (רְקִיחַת) מַמְתָּק
confec'tioner (-shən-) *n.* קוֹנְדִיטוֹר
confectionery *n.* מַמְתַּקִּים; מִגְדָּנִיָּה
confed'eracy *n.* קוֹנְפֶדֶרַצְיָה, בְּרִית
confed'erate *n.* בַּעַל־בְּרִית, שׁוּתָּף
confed'erate' *v.* הִצְטָרֵף לִבְרִית
confed'era'tion *n.* אִחוּד, לִיגָה
confer' *v.* נוֹעַץ; הֶעֱנִיק, נָתַן
con'ference *n.* יְשִׁיבָה, וְעִידָה, דִּיּוּן
confess' *v.* הוֹדָה, הִתְוַדָּה
confes'sion *n.* הוֹדָאָה; הִתְוַדּוּת
confessional *n.* תָּא הַוִּדּוּיִים
confessor *n.* כּוֹמֶר וִדּוּיִים
con'fidant' *n.* יָדִיד נֶאֱמָן
confide' *v.* גִּלָּה, סִפֵּר בְּסוֹד; הִפְקִיד בִּידֵי, הֶעֱבִיר, מָסַר; בָּטַח בְּ—
con'fidence *n.* בִּטָּחוֹן, אֵמוּן; סוֹד
confidence man רַמַּאי, נוֹכֵל
con'fident *adj.* בָּטוּחַ, בָּטוּחַ בְּעַצְמוֹ
con'fiden'tial *adj.* סוֹדִי; פְּרָטִי
config'u·ra'tion *n.* צוּרָה, מִבְנֶה
confine' *v.* הִגְבִּיל; רִתֵּק, כָּלָא
con'fine *n.* גְּבוּל, תְּחוּם
confined' (-fīnd) *adj.* צַר; מְצוּמְצָם
confinement *n.* מַאֲסָר; רִתּוּק; לֵידָה
confirm' *v.* אִמֵּת, חִזֵּק; אִשֵּׁר
con'firma'tion (-fər-) *n.* אִשּׁוּר
confirmed *adj.* מְאוּשָּׁר; מוּשְׁבָּע
con'fiscate' *v.* הֶחֱרִים, עִקֵּל
con'fisca'tion *n.* עִקּוּל
con'flagra'tion *n.* דְּלֵקָה, שְׂרֵפָה
con'flict *n.* סִכְסוּךְ, מַאֲבָק, עִמּוּת
conflict' *v.* סָתַר; הִתְנַגֵּשׁ עִם
conflicting *adj.* מְנוּגָּד, סוֹתֵר
con'fluent (-lo͞oənt) *adj.* מִתְלַכֵּד
conform' *v.* הִתְאִים; צִיֵּת
con'for·ma'tion *n.* צוּרָה, מִבְנֶה
confor'mist *n.* תּוֹאֲמָן, קוֹנְפוֹרְמִיסְט
confor'mity *n.* קוֹנְפוֹרְמִיזְם
in conformity with בְּהֶתְאֵם לְ—
confound' *v.* בִּלְבֵּל, הִדְהִים; עִרְבֵּב
confound it! לַעֲזָאזֵל!
confounded *adj.* אָרוּר
con'frere (-rār) *n.* חָבֵר, עָמִית
confront' (-unt) *v.* עָמַד מוּל; עִמֵּת
con'fronta'tion *n.* עִמּוּת, הַקְבָּלָה
confuse' (-z) *v.* בִּלְבֵּל, הֵבִיךְ
confu'sion (-zhən) *n.* בִּלְבּוּל, מְבוּכָה
confute' *v.* הִפְרִיךְ, סָתַר
congeal' *v.* הִקְפִּיא, הִקְרִישׁ; קָפָא
conge'nial *adj.* חָבִיב, נָעִים; מַתְאִים
congen'ital *adj.* קַיָּם מִלֵּדָה
congest' *v.* דָּחַס, גָּדַשׁ
congested *adj.* דָּחוּס, צָפוּף
conges'tion (-schən) *n.* צְפִיפוּת
conglom'erate *n.* גּוּשׁ, תַּלְכִּיד
conglom'erate' *v.* גִּבֵּב; הִתְאַשְׁכֵּל
congrat'ulate' (-ch'-) *v.* בֵּרֵךְ
congrat'ula'tion (-ch'-) *n.* בְּרָכָה
congratulations אִחוּלִים, מַזָּל־טוֹב
con'gregate' *v.* הִתְקַהֵל; הִקְהִיל
con'grega'tion *n.* הִתְקַהֲלוּת; קָהָל
con'gress *n.* קוֹנְגְרֶס; וְעִידָה
con'gruent (-ro͞oənt) *adj.* מַתְאִים
congru'ity *n.* הַתְאָמָה, תֵּאוּם
con'gruous (-ro͞oəs) *adj.* מַתְאִים
con'ic, -al *adj.* חֲרוּטִי, קוֹנִי
con'ifer *n.* עֵץ מַחַט, אִצְטְרוֹבָּל
conjec'tural (-ch-) *adj.* מְשׁוֹעָר
conjec'ture *n.* הַשְׁעָרָה, סְבָרָה, נִחוּשׁ
conjecture *v.* שִׁעֵר, נִחֵשׁ
conjoin' *v.* אִחֵד; הִתְאַחֵד
conjoint' *adj.* מְשׁוּתָּף, מְאוּחָד
con'jugal *adj.* שֶׁל נִשּׂוּאִים, שֶׁל הַזּוּג

con'jugate' *v.* הַטָּה (פעלים)
con'juga'tion *n.* הַטָּיַת פְּעָלִים
conjunc'tion *n.* צֵרוּף; מִלַּת־חִבּוּר
conjunc'tive *n.* מִלַּת־חִבּוּר
conjunc'ture *n.* צֵרוּף מְסִבּוֹת
con'jura'tion *n.* הַפְצָרָה; כִּשּׁוּף
conjure' *v.* הִפְצִיר, הִתְחַנֵּן
con'jure (-jər) *v.* הֶעֱלָה בְּכִשּׁוּף
con'juror *n.* לַהֲטוּטָן
con-man *n.* *רַמַּאי, נוֹכֵל
connect' *v.* חִבֵּר, קִשֵּׁר; הִתְחַבֵּר
connec'tion *n.* חִבּוּר; קֶשֶׁר
in connection with בְּקֶשֶׁר לְ—
connec'tive *adj.* מְקַשֵּׁר
con'ning tower צְרִיחַ
conni'vance *n.* הַעֲלָמַת עַיִן
connive' *v.* עָשָׂה קְנוּנְיָה, זָמַם
connive at הֶעֱלִים עַיִן מִן
con'noisseur' (-nəsûr') *n.* בַּעַל טַעַם טוֹב, מֵבִין
con'nota'tion *n.* מַשְׁמָעוּת לְוַאי
connote' *v.* רָמַז עַל
connu'bial *adj.* שֶׁל נִשּׂוּאִים, שֶׁל זוּג
con'quer (-kər) *v.* כָּבַשׁ; נִצַּח
conqueror *n.* כּוֹבֵשׁ
con'quest *n.* כִּבּוּשׁ
con'science (-shəns) *n.* מַצְפּוּן
in all conscience *בֶּאֱמֶת, בִּרְצִינוּת
conscience-smitten מְיוּסַּר־מַצְפּוּן
con'scien'tious (-shien'shəs) מַצְפּוּנִי; מָסוּר, רְצִינִי
con'scious (-shəs) *adj.* בְּהַכָּרָה, עֵר, מַכִּיר, יוֹדֵעַ, מוּדָע, תּוֹדַעְתִּי
consciousness *n.* מוּדָעוּת, תּוֹדָעָה
conscript' *v.* גִּיֵּס
con'script *n.* מְגוּיָּס
conscrip'tion *n.* גִּיּוּס; הַפְקָעַת רְכוּשׁ
con'secrate' *v.* הִקְדִּישׁ; קִדֵּשׁ
con'secra'tion *n.* הַקְדָּשָׁה; קִדּוּשׁ
consec'u·tive *adj.* רָצוּף, עוֹקֵב
consen'sus *n.* הַסְכָּמָה כְּלָלִית
consent' *v&n.* הִסְכִּים; הַסְכָּמָה
with one consent פֶּה אֶחָד
con'sequence *n.* תּוֹצָאָה; חֲשִׁיבוּת
in consequence כְּתוֹצָאָה, עֵקֶב, לָכֵן
con'sequent *adj.* נוֹצָר מִן, בָּא אַחֲרֵי
con'sequen'tial *adj.* בָּא כְּתוֹצָאָה, עָקִיב; מַחֲשִׁיב עַצְמוֹ; חָשׁוּב, בַּעַל עֵרֶךְ
con'sequently *adv.* וּכְתוֹצָאָה; לָכֵן
con'serva'tion *n.* שִׁמּוּר, הַשְׁגָּחָה
conser'vatism' *n.* שַׁמְרָנוּת
conser'vative *n&adj.* שַׁמְרָנִי; זָהִיר
conser'vato'ry *n.* חֲמָמָה; קוֹנְסֶרְוָטוֹרְיוֹן
conserve' *v.* שִׁמֵּר
con'serve' *n.* שִׁמּוּרִים, קוֹנְסֶרְבִים
consid'er *v.* חָשַׁב, שָׁקַל; לָקַח בְּחֶשְׁבּוֹן; חָשַׁב לְ־, הִתְיַחֵס כְּ—
considerable *adj.* גָּדוֹל, חָשׁוּב, נִכָּר
considerably *adv.* הַרְבֵּה, בְּהַרְבֵּה
consid'erate *adj.* מִתְחַשֵּׁב (בזולת)
consid'era'tion *n.* הִתְחַשְּׁבוּת; שִׁקּוּל, גּוֹרֵם; תַּשְׁלוּם, בֶּצַע־כֶּסֶף
in consideration of בְּהִתְחַשֵּׁב בְּ—
under consideration בְּעִיּוּן
considering *prep.* בְּהִתְחַשֵּׁב בְּ—
consign' (-sīn') *v.* שָׁלַח, שִׁגֵּר; הִפְקִיד בִּידֵי, מָסַר
con'signee' (-sīn-) *n.* נִשְׁגָּר
consignment *n.* מִשְׁגּוֹר
consist' *v.* הָיָה מוּרְכָּב מִן
consistence, -cy *n.* עֲקִיבוּת, יַצִּיבוּת; צְפִיפוּת, סְמִיכוּת
consistent *adj.* עִקְבִי, יַצִּיב; הוֹלֵם
con'sola'tion *n.* נֶחָמָה, תַּנְחוּמִים
console' *v.* נִחֵם, עוֹדֵד
con'sole *n.* מִשְׁעָן (למדף); לוּחַ־בַּקָּרָה; תֵּבַת רַדְיוֹ, תֵּבַת טֶלֶוִיזְיָה
consol'idate' *v.* חִזֵּק, גִּבֵּשׁ; מִזֵּג
consol'ida'tion *n.* גִּבּוּשׁ, מִזּוּג
con'sommé' (-səmā') *n.* מְרַק בָּשָׂר
con'sonant *n.* עִצּוּר
consonant *adj.* מַתְאִים, הוֹלֵם; הַרְמוֹנִי
con'sort' *n.* בֶּן־זוּג; סְפִינַת־לִוּוּי
consort' *v.* הִתְחַבֵּר; תָּאַם
conspec'tus *n.* סְקִירָה, תַּקְצִיר
conspic'uous (-ūəs) *adj.* בּוֹלֵט, בָּרוּר
conspir'acy *n.* קְנוּנְיָה, קֶשֶׁר
conspir'ator *n.* קוֹשֵׁר, חוֹרֵשׁ רָעָה
conspire' *v.* קָשַׁר, תִּכְנֵן בַּחֲשַׁאי
con'stable *n.* שׁוֹטֵר
con'stancy *n.* יַצִּיבוּת, נֶאֱמָנוּת
con'stant *adj.* רָצוּף, קָבוּעַ, יַצִּיב
constant *n.* גּוֹדֶל קָבוּעַ, קוֹנְסְטַנְטָה

constantly *adv.* בִּקְבִיעוּת, תְּכוּפוֹת
con′stella′tion *n.* קְבוּצַת־כּוֹכָבִים
con′sterna′tion *n.* תַּדְהֵמָה
con′stipate′ *v.* עִצֵּר (המעיים)
con′stipa′tion *n.* עֲצִירוּת
constit′uency (-ch′o͞oənsi) *n.* מְחוֹז
בְּחִירוֹת; צִבּוּר הַבּוֹחֲרִים
constit′uent (-ch′o͞oənt) *n&adj.*
בּוֹחֵר, מַצְבִּיעַ; מַרְכִּיב, חֵלֶק יְסוֹדִי
con′stitute′ *v.* הִוָה, יָצַר; יָסַד,
הֵקִים; מִנָּה, הִסְמִיךְ
con′stitu′tion *n.* חוּקָה; מַצָּב גּוּפָנִי;
מַעֲרוֹכֶת; מִבְנֶה, הֶרְכֵּב
constitutional *adj.* חוּקָתִי
con′stitu′tive *adj.* יְסוֹדִי, מַרְכִּיב
constrain′ *v.* אִלֵּץ, הִכְרִיחַ
constrained *adj.* מְאוּלָץ, מְעוּשֶׂה
constraint′ *n.* אִלּוּץ; מַעֲצוֹר, מְבוּכָה
constrict′ *v.* כִּוֵּץ, הֵצֵר, צִמְצֵם
constric′tion *n.* כִּווּץ; תְּעוּקָה
construct′ *v.* בָּנָה, הִרְכִּיב
con′struct′ *n.* תַּבְנִית, מוּשָׂג
construc′tion *n.* בִּנְיָן, מִבְנֶה, בְּנִיָּה;
פֵּרוּשׁ, מַשְׁמָעוּת
construc′tive *adj.* מוֹעִיל, בּוֹנֶה
constructor *n.* בּוֹנֶה, מַרְכִּיב
construe′ (-ro͞o) *v.* פֵּרֵשׁ, הֵבִין
con′sul *n.* קוֹנסוּל
con′sular *adj.* קוֹנסוּלָרִי
con′sulate *n.* קוֹנסוּלִיָּה
consult′ *v.* נוֹעַץ; הִתְחַשֵּׁב בְּ—
consult a map עִיֵּן בְּמַפָּה
consul′tant *n.* יוֹעֵץ, מְיָעֵץ
con′sulta′tion *n.* יֵעוּץ, הִתְיָעֲצוּת
consulting *adj.* יוֹעֵץ, מְיָעֵץ
consume′ *v.* אָכַל, צָרַךְ, כִּלָּה
consumed by hate אֲכוּל שִׂנְאָה
consumer *n.* צַרְכָן
consumer goods/items מִצְרָכִים
consumer price index מַדַּד
הַמְּחִירִים לַצַּרְכָן
consum′mate *adj.* מוּשְׁלָם, שָׁלֵם
con′summate′ *v.* הִשְׁלִים, הִגְשִׁים
con′summa′tion *n.* הַשְׁלָמָה, הַגְשָׁמָה
consump′tion *n.* צְרִיכָה; שַׁחֶפֶת
consump′tive *adj.* שַׁחֲפָנִי
con′tact′ *n.* מַגָּע, קֶשֶׁר
contact *v.* הִתְקַשֵּׁר עִם, יָצַר קֶשֶׁר
contact lenses עֲדָשׁוֹת־מַגָּע
conta′gion (-jən) *n.* הִתְפַּשְּׁטוּת
(של מחלה, פחד); מַחֲלָה מִדַּבֶּקֶת
conta′gious (-jəs) *adj.* מִדַּבֵּק, מְנַגֵּעַ
contain′ *v.* הֵכִיל, כָּלַל; עָצַר בְּעַד,
רִסֵּן; הִתְאַפֵּק; הִבְלִיג; הִתְחַלֵּק
container *n.* כְּלִי־קִבּוּל; מְכָל
contam′inate′ *v.* זִהֵם, טִמֵּא
contam′ina′tion *n.* זִהוּם
contemn′ (-m) *v.* בָּז לְ—
con′template′ *v.* הִתְבּוֹנֵן, עִיֵּן,
בָּחַן; שָׁקַל, הִתְכַּוֵּן, צִפָּה לְ—
con′templa′tion *n.* הִתְבּוֹנְנוּת
contem′plative *adj.* מְהוּרְהָר, עִיּוּנִי
contem′pora′ne•ous *adj.* קַיָּם
בְּאוֹתָהּ עֵת, בּוֹ־זְמַנִּי, חוֹפֵף
contem′porar′y (-reri) *adj&n.*
בֶּן־זְמַנּוֹ, בֶּן־גִּילוֹ; מוֹדֶרְנִי, עַכְשָׁוִי
contempt′ *n.* בּוּז, בִּזָּיוֹן
contemptible *adj.* נִבְזֶה
contemp′tuous (-′cho͞oəs) *adj.* בָּז
contend′ *v.* הִתְחָרָה; נֶאֱבַק; טָעַן
contender *n.* טוֹעֵן לַכֶּתֶר
content′ *adj&n.* מְרוּצֶה, שְׂבַע־רָצוֹן;
שָׂמֵחַ; שְׂבִיעוּת־רָצוֹן, מְרוּצוּת
content′ *v.* גָּרַם שְׂבִיעוּת־רָצוֹן
content oneself with הִסְתַּפֵּק בְּ—
con′tent′ *n.* תּוֹכֶן, תְּכוּלָה
content′ed *adj.* מְרוּצֶה, שְׂבַע־רָצוֹן
conten′tion *n.* רִיב; טַעֲנָה
conten′tious (-shəs) *adj.* פּוּלמוּסִי
content′ment *n.* שְׂבִיעוּת־רָצוֹן
conter′minous *adj.* גּוֹבֵל
contest′ *v.* הִתְמוֹדֵד, נֶאֱבַק עַל;
עִרְעֵר עַל, חָלַק עַל
con′test′ *n.* תַּחֲרוּת
contes′tant *n.* מִתְחָרֶה; מְעַרְעֵר
con′text′ *n.* קוֹנטֶקסט, הֶקְשֵׁר
contig′uous (-ūəs) *adj.* גּוֹבֵל, נוֹגֵעַ
con′tinence *n.* הִתְאַפְּקוּת, הִתְרַסְּנוּת
con′tinent *adj.* מִתְאַפֵּק, כּוֹבֵשׁ יִצְרוֹ
continent *n.* יַבֶּשֶׁת; יַבֶּשֶׁת אֵירוֹפָּה
con′tinen′tal *adj&n.* יַבַּשְׁתִּי; אֵירוֹפִּי
contin′gency *n.* אֶפְשָׁרוּת, מִקְרֶה
contingency plans תּוֹכְנִיּוֹת חֵרוּם
contin′gent *adj.* מִקְרִי, אֶפְשָׁרִי

contingent on תָּלוּי בְּ—
contingent *n.* תִּגְבֹּרֶת; נְצִיגוּת
contin'ual (-nūəl) *adj.* נִמְשָׁךְ
continually *adv.* בְּלִי הֶרֶף
contin'uance (-ūəns) *n.* הֶמְשֵׁךְ
contin'ua'tion (-nūa'-) *n.* הֶמְשֵׁךְ, הַאֲרָכָה, הַמְשָׁכוּת
contin'ue (-nū) *v.* הִמְשִׁיךְ, הוֹסִיף; נִשְׁאַר, נִמְשַׁךְ; הִשְׁאִיר
con'tinu'ity *n.* הֶמְשֵׁכִיּוּת; רֶצֶף
contin'uous (-nūəs) *adj.* נִמְשָׁךְ, רָצוּף, מַתְמִיד
contort' *v.* עִקֵּם, עִוֵּת, סִלֵּף
contor'tion *n.* עִקּוּם, הִתְפַּתְּלוּת
con'tour (-toor) *n.* מִתְאָר, קַו־גּוֹבַהּ
con'traband' *n&adj.* הַבְרָחָה; מֻבְרָח
con'trabass' (-bās) *n.* בַּטְנוּן
con'tracep'tion *n.* מְנִיעַת הֵרָיוֹן
con'tracep'tive *n.* אֶמְצָעִי מְנִיעָה
con'tract' *n.* הֶסְכֵּם, חוֹזֶה
contract' *v.* עָרַךְ הֶסְכֵּם; רָכַשׁ, יָצַר, קִבֵּל; כִּוֵּץ, קִצֵּר; הִתְכַּוֵּץ
contract in הִתְחַיֵּב, לָקַח חֵלֶק בְּ—
contract out מָשַׁךְ יָדוֹ, הִשְׁתַּחְרֵר
contrac'tion *n.* קִצּוּר; הִתְכַּוְּצוּת
contract'or *n.* קַבְּלָן
con'tradict' *v.* הִכְחִישׁ; סָתַר
con'tradic'tion *n.* הַכְחָשָׁה, סְתִירָה
con'tradic'tory *adj.* מְנוּגָד, סוֹתֵר
con'trail *n.* שׁוֹבֶל־אֵדִים (של מטוס)
contral'to *n.* קוֹנְטְרַאלְטוֹ, אַלְט נָמוּךְ
contrap'tion *n.* *מַכְשִׁיר מוּזָר
con'trar'y (-reri) *adj.* מְנוּגָד, נֶגְדִּי
contrary to בְּנִגּוּד לְ—
contrary *adj.* עַקְשָׁן, סַרְבָן
contrary *n.* הֵפֶךְ, נִגּוּד
on the contrary לְהֶפֶךְ, אַדְרַבָּה
con'trast' *n.* נִגּוּד, קוֹנְטְרַסְט
contrast' *v.* עִמֵּת, הִקְבִּיל, הִשְׁוָה
con'travene' *v.* עָבַר עַל, הֵפֵר
con'traven'tion *v.* הֲפָרָה, עֲבֵרָה
contrib'ute *v.* תָּרַם; גָּרַם לְ—
con'tribu'tion *n.* תְּרוּמָה
contrib'u·tor *n.* תּוֹרֵם
contrib'u·to'ry *adj.* תּוֹרֵם, מְסַיֵּעַ
con'trite *adj.* מָלֵא חֲרָטָה
contri'tion (-ri-) *n.* מוּסַר־כְּלָיוֹת
contri'vance *n.* אַמְצָאָה; תַּחְבּוּלָה
contrive' *v.* תִּכְנֵן, הִמְצִיא; הִצְלִיחַ
control' (-rōl) *n.* שְׁלִיטָה; פִּקּוּחַ, בַּקָּרָה; לוּחַ־בַּקָּרָה; רֶסֶן, אִפּוּק
in control אַחֲרָאִי, מְמוּנֶה
out of control לְלֹא שְׁלִיטָה
control *v.* שָׁלַט, רִסֵּן, פִּקַּח; בָּדַק
controller *n.* מְבַקֵּר, מְפַקֵּחַ
con'trover'sial *adj.* שָׁנוּי בְּמַחֲלוֹקֶת
con'trover'sy *n.* מַחֲלוֹקֶת, וִכּוּחַ
con'trovert' *v.* חָלַק עַל, הִתְנַגֵּד
con'tuma'cious (-shəs) *adj.* עַקְשָׁן
contu'macy *n.* עַקְשָׁנוּת, עִקְשׁוּת
con'tume'lious *adj.* חָצוּף, מַעֲלִיב
contu'mely *n.* גַּסּוּת; עֶלְבּוֹן
contu'sion (-zhən) *n.* חַבָּלָה, חַבּוּרָה
conun'drum *n.* בְּעָיָה, חִידָה
con'valesce' (-les) *v.* הֶחֱלִים
convalescence *n.* הַחְלָמָה, הַבְרָאָה
convalescent *n&adj.* מַחֲלִים, מַבְרִיא
convalescent home בֵּית הַחְלָמָה
convec'tion *n.* זְרִימַת חוֹם
convene' *v.* כִּנֵּס, זִמֵּן; הִתְכַּנֵּס
conven'ience (-vēn'-) *n.* נוֹחוּת, נוֹחִיּוּת; שָׁעָה נוֹחָה; שֵׁרוּתִים
make a convenience of נִצֵּל
conven'ient (-vēn'-) *adj.* נוֹחַ
con'vent' *n.* מִנְזָר
conven'ticle *n.* אֲסֵפָה חֲשָׁאִית
conven'tion *n.* וְעִידָה; הֶסְכֵּם, אֲמָנָה; נוֹהַג, שִׁגְרָה
conventional *adj.* שִׁגְרָתִי, רָגִיל, רוֹוֵחַ
conven'tional'ity (-shən-) *n.* שִׁגְרָה
converge' *v.* נִפְגַּשׁ, הִתְמַקֵּד
convergence *n.* הִפָּגְשׁוּת, הִתְמַקְּדוּת
conver'sant *adj.* בָּקִי, יוֹדֵעַ
con'versa'tion *n.* שִׂיחָה, דִּבּוּר
conversational *adj.* דִּבּוּרִי, שֶׁל שִׂיחָה
converse' *v.* שׂוֹחַח, דִּבֵּר
converse' *adj.* הָפוּךְ, מְנוּגָד, נֶגְדִּי
con'verse' *n.* הֵפֶךְ, נִגּוּד
conver'sion (-zhən) *n.* הֲמָרָה
convert' *v.* הֵמִיר (דָּתוֹ), הֶחֱלִיף
con'vert' *n.* מוּמָר, גֵּר
conver'tible *adj.* הָפִיךְ, בַּר־הֲמָרָה
con'vex' *adj.* קָמוּר
convey' (-vā') *v.* הֶעֱבִיר, מָסַר

conveyance *n.* הַעֲבָרָה; רֶכֶב־הוֹבָלָה
conveyor *n.* מַסּוֹעַ
convict′ *v.* הִרְשִׁיעַ; הֶאֱשִׁים
con′vict *n.* אָסִיר
convic′tion *n.* הַרְשָׁעָה; שִׁכְנוּעַ; הַכָּרָה
convince′ *v.* שִׁכְנֵעַ
convinced *adj.* מְשׁוּכְנָע, בָּטוּחַ
conviv′ial *adj.* עַלִּיז, הוֹלְלָנִי
con′voca′tion *n.* כִּנּוּס, זִמּוּן
convoke′ *v.* כִּנֵּס, זִמֵּן
con′voy *v.* לִוָּה (ספינה), הֵגֵן
convoy *n.* לִוּוּי; שַׁיָּרָה מוּגֶנֶת
convulse′ *v.* זִעְזַע, טִלְטֵל
convul′sion *n.* זַעֲזוּעַ, עֲוִית
convul′sive *adj.* עֲוִיתִי
co′ny, co′ney *n.* שָׁפָן, פַּרְוַת שָׁפָן
coo *v&n.* הָמָה כַּיּוֹנָה; הֶמְיָה
cook *n.* טַבָּח, טַבָּחִית
cook *v.* בִּשֵּׁל, צָלָה, אָפָה, טִגֵּן; הִתְבַּשֵּׁל; זִיֵּף, טִפֵּל בְּ—
cooker *n.* תַּנּוּר, כִּירַיִם
cook′ery *n.* בִּשּׁוּל
cook′ie, cook′y *n.* עוּגִיָּה
cooking *n.* בִּשּׁוּל, טַבָּחוּת
cool (kōōl) *adj.* קָרִיר, צוֹנֵן; קַר־רוּחַ
a cool 5000 5000 טָבִין וּתְקִילִין
cool *n.* קוֹר, צִנָּה; *שַׁלְוַת־נֶפֶשׁ
cool *v.* קֵרֵר, הֵצֵן; הִתְקָרֵר; שָׁכַךְ
cool down/off נִרְגַּע; הִרְגִּיעַ
cooler *n.* כְּלִי־קֵרוּר; *בֵּית־סוֹהַר
cool-headed *adj.* קַר־רוּחַ
coo′lie *n.* קוּלִי, פּוֹעֵל פָּשׁוּט
cooling-off צִנּוּן, הַרְגָּעַת רוּחוֹת
coop (kōōp) *n&v.* לוּל, כְּלוּב
coop up כָּלָא, שָׂם בַּלּוּל
co′-op′ *n.* צַרְכָנִיָּה
coo′per *n.* חַבְתָּן, עוֹשֶׂה חָבִיּוֹת
co·op′erate′ *v.* שִׁתֵּף פְּעוּלָּה
co·op′era′tion *n.* שִׁתּוּף־פְּעוּלָּה
co·op′erative *adj&n.* עוֹזֵר, מְשַׁתֵּף פְּעוּלָּה; קוֹאוֹפֶּרָטִיב
co·opt′ *v.* צֵרֵף (חבר לוועדה), סִפֵּחַ
co·or′dinate *adj&n.* שְׁוֵה־עֵרֶךְ, שָׁוֶה—דַּרְגָּה; קוֹאוֹרְדִינָטָה
co·or′dinate′ *v.* תֵּאֵם (פְּעוּלּוֹת)
co·or′dina′tion *n.* תֵּאוּם, הֶסְדֵּר
cop *n.* שׁוֹטֵר; תְּפִיסָה, לְכִידָה
cop *v.* תָּפַס, לָכַד
cop out הִתְחַמֵּק, הִשְׁתַּמֵּט
co·part′ner *n.* שׁוּתָּף
cope *n.* גְּלִימָה
cope *v.* הִתְמוֹדֵד, הִתְגַּבֵּר עַל
copier *n.* מַעְתִּיק
co′pi′lot *n.* טַיַּס־מִשְׁנֶה
co′ping *n.* נִדְבָּךְ עֶלְיוֹן
coping-stone *n.* גּוּלַת־הַכּוֹתֶרֶת
co′pious *adj.* שׁוֹפֵעַ, רַב, פּוֹרֶה
cop′per *n&v.* נְחוֹשֶׁת; מַטְבֵּעַ; דּוּד—הַרְתָּחָה; *שׁוֹטֵר; צִפָּה בִּנְחוֹשֶׁת
copperplate *n.* כְּתִיבָה תַּמָּה
coppersmith *n.* חָרַשׁ־נְחוֹשֶׁת
cop′pice (-pis) *n.* חוּרְשָׁה, סְבַךְ
copse *n.* חוּרְשָׁה, סְבַךְ
cop′ter *n.* *מַסּוֹק, הֶלִיקוֹפְּטֶר
cop′u·late′ *v.* הִזְדַּוֵּג
cop′y *n.* הֶעְתֵּק, עוֹתֶק
copy *v.* הֶעְתִּיק; חִקָּה
copybook *n.* מַחְבֶּרֶת
copy boy נַעַר שָׁלִיחַ (במערכת)
copy desk שׁוּלְחַן הַמַּעֲרֶכֶת
copyist *n.* מַעְתִּיק
copyright *n.* זְכוּת יוֹצְרִים
copyright *v.* הִבְטִיחַ זְכוּת יוֹצְרִים
copywriter *n.* מְסַגְנֵן מוֹדָעוֹת
co′quetry (-k-) *n.* קוֹקֶטִיּוּת
co·quette′ (-ket) *n.* קוֹקֶטִית
coquettish *adj.* מִתְחַנְחֵן, קוֹקֶטִי
cor′al *n.* קוֹרָל, אַלְמוֹג
cor′bel *n.* זִיז (הבולט מקיר)
cord *n.* חוּט, מְשִׁיחָה, מֵיתָר, פְּתִיל
cords *מִכְנְסֵי קוֹרְדוּרוֹי
cord *v.* קָשַׁר בְּחוּט
cord′age *n.* חֶבֶל, חַבְלֵי סְפִינָה
cor′dial (-jəl) *n.* לְבָבִי, חַם
cordial *n.* מַשְׁקֶה מְרַעֲנֵן, לִיקֶר
cor′dial′ity (-′j-) *n.* לְבָבִיּוּת
cor′don *n&v.* חֲגוֹרַת בִּטָּחוֹן
cordon off הִקִּיף בְּטַבַּעַת־בִּטָּחוֹן
cor′duroy′ *n.* קוֹרְדוּרוֹי
core *n.* תּוֹךְ־הַפְּרִי; מֶרְכָּז, לֵב
to the core עַד לֵב־לִבּוֹ
core *v.* הוֹצִיא אֶת תּוֹךְ־הַפְּרִי
co′re·spon′dent *n.* אָשֵׁם בְּנִאוּף
co′rian′der *n.* גַּד, כּוּסְבָּר (תבלין)

cork *n&v.* שַׁעַם, פְּקָק; פָּקַק, סָתַם
corked *adj.* שֶׁטַּעֲמוֹ פָּגוּם; *שָׁתוּי
cork'er *n.* *מְצוּיָן; טַעֲנָה נִצַּחַת
cork-screw *n.* מַחְלֵץ, חוֹלֵץ־פְּקָקִים
cork-screw *adj.* בּוֹרְגִי, לוּלְיָנִי
corm *n.* פְּקַעַת, בּוּלְבּוּס
cor'morant *n.* קוֹרְמוֹרָן (עוֹף־מַיִם)
corn *n.* דָּגָן, תִּירָס; גַּרְעִין, יַבֶּלֶת
corn *v.* שִׁמֵּר (בשר) בְּמֶלַח
corn bread לֶחֶם־תִּירָס
corn-cob *n.* שִׁזְרַת־הַתִּירָס
cor'ne·a *n.* קַרְנִית
cor'ner *n.* פִּנָּה, זָוִית; קֶרֶן; מַחֲבוֹא
make a corner הִשְׁתַּלֵּט עַל (שוק)
turn the corner עָבַר אֶת הַמַּשְׁבֵּר
corner *v.* לָחַץ אֶל הַקִּיר; הִשְׁתַּלֵּט עַל הַשּׁוּק; פָּנָה, עָשָׂה פְּנִיָּה
corner kick בְּעִיטַת קֶרֶן
cornerstone *n.* אֶבֶן־יְסוֹד, אֶבֶן־פִּנָּה
cor'net *n.* קוֹרְנִית; גָּבִיעַ, שַׂקִּיק
corn-exchange *n.* בּוּרְסַת־תְּבוּאָה
cornflour *n.* קֶמַח־תִּירָס, קוֹרְנְפְלוֹר
cornflower *n.* דְּגָנִיָּה (פרח)
cor'nice (-nis) *n.* כַּרְכּוֹב
cornstarch *n.* קֶמַח־תִּירָס, קוֹרְנְפְלוֹר
cor'nuco'pia *n.* קֶרֶן הַשֶּׁפַע, גּוֹדֶשׁ
corn'y *adj.* *נָדוֹשׁ, מְיוּשָּׁן
corol'la *n.* כּוֹתֶרֶת (של פרח)
cor'ollar'y (-leri) *n.* תּוֹצָאָה, מַסְקָנָה
cor'onar'y (-neri) *adj.* כְּלִילִי
cor'ona'tion *n.* הַכְתָּרָה
cor'oner *n.* חוֹקֵר מִקְרֵי מָוֶת
cor'onet *n.* נֵזֶר, זֵר, עֲטָרָה
cor'poral *adj.* גּוּפָנִי
corporal *n.* רַב־טוּרַאי, קוֹרְפּוֹרָל
cor'porate *adj.* מְשֻׁתָּף, קוֹלֶקְטִיבִי
cor'pora'tion *n.* חֶבְרָה, תַּאֲגִיד
cor·por'e·al *adj.* גּוּפָנִי, גַּשְׁמִי
corps (kôr) *n.* חַיִל, גַּיִס, סֶגֶל
corpse *n.* גְּוִיָּה, גּוּפָה
cor'pu·lence *n.* שׁוֹמָן
cor'pu·lent *adj.* שָׁמֵן, בַּעַל גּוּף
cor'pus *n.* אוֹסֶף, קוֹבֶץ
cor'puscle (-pəsəl) *n.* גּוּפִיף
corral' *n.* מִכְלָאָה; טַבַּעַת עֲגָלוֹת
correct' *v.* תִּקֵּן; הֶעֱנִישׁ
correct *adj.* נָכוֹן, מְדֻיָּק; יָאֶה, הוֹגֵן
correc'tion *n.* תִּקּוּן; עֲנִישָׁה
correc'titude' *n.* קוֹרֶקְטִיּוּת
correc'tive *adj.* מַחֲזִיר לְמוּטָב
cor'relate' *v.* קָשַׁר הֲדָדִית; תָּאַם
cor'rela'tion *n.* מִתְאָם, קֶשֶׁר הֲדָדִי
correl'ative *adj.* קָשׁוּר הֲדָדִית
cor'respond' *v.* הִתְאִים, הָלַם; הִקְבִּיל, הָיָה דּוֹמֶה; הִתְכַּתֵּב
correspondence *n.* הַתְאָמָה, דִּמְיוֹן; הִתְכַּתְּבוּת, תִּכְתֹּבֶת, קוֹרֶסְפּוֹנְדֶנְצְיָה
correspondent *n.* מִתְכַּתֵּב; כַּתָּב
corresponding *adj.* מַקְבִּיל, דּוֹמֶה
cor'ridor' *n.* מִסְדְּרוֹן
cor'rigen'da *npl.* תִּקּוּנֵי טָעֻיּוֹת
cor'rigen'dum *n.* דְּבַר הַטָּעוּן תִּקּוּן
cor'rigible *adj.* בַּר־תַּקָּנָה
corrob'orate' *v.* חִזֵּק, אִשֵּׁר, אִמֵּת
corrob'ora'tion *n.* חִזּוּק, אִמּוּת
corrode' *v.* אִכֵּל, הֶחֱלִיד, שִׁתֵּךְ
corro'sion (-zhən) *n.* אִכּוּל, שִׁתּוּךְ
corro'sive *adj.* מְאַכֵּל, הוֹרֵס, חַד
cor'rugate' *v.* קִמֵּט, תִּלֵּם; נֶחֱרַץ
corrugated cardboard קַרְטוֹן גַּלִּי
corrupt' *adj.* מוּשְׁחָת, מְקוּלְקָל
corrupt *v.* הִשְׁחִית; שִׁחֵד; הִתְקַלְקֵל
corrup'tible *adj.* מוּשְׁחָת, שָׁחִיד
corrup'tion *n.* שְׁחִיתוּת, רִקָּבוֹן
cor·sage' (-säzh) *n.* צְרוֹר־פְּרָחִים; חֲזִיָּה; חֵלֶק הַבֶּגֶד הָעֶלְיוֹן
cor'set *n.* מָחוֹךְ, קוֹרְסֶט
cor·tege' (-tezh) *n.* פָּמַלְיָה; לְוָיָה
cor'tex' *n.* קְלִפָּה
cor'tisone' *n.* קוֹרְטִיזוֹן (הורמון)
cor'uscate' *v.* הִבְרִיק, הִזְהִיר
cor·vette' *n.* קוֹרְבֶטָה (ספינת־קרב)
cos = because (kəz) *conj.* *בִּגְלַל
cosh *n&v.* *אַלָּה; הִכָּה, חָבַט
co·sig'nato'ry *n.* חוֹתֵם (עם אחרים)
co'sine' *n.* קוֹסִינוּס
cos·met'ic (-z-) *adj.* קוֹסְמֶטִי, מְיַפֶּה
cosmetics *npl.* קוֹסְמֶטִיקָה
cos'mic (-z-) *adj.* קוֹסְמִי, שֶׁל הַיְקוּם
cos'monaut' (-z-) *n.* קוֹסְמוֹנָאוּט
cos'mopol'itan (-z-) כְּלַל־עוֹלָמִי
cos'mos (-z-) *n.* קוֹסְמוֹס, יְקוּם
cos'set *v.* פִּנֵּק, טִפֵּל בְּרוֹךְ
cost (kôst) *n.* מְחִיר; עֲלוּת, יְצִיאוֹת

at all costs בְּכָל מְחִיר
at the cost of בִּמְחִיר—
cost of living יוֹקֶר הַמִּחְיָה
cost *v.* עָלָה; קָבַע מְחִיר, תִּמְחֵר
cost accounting תַּמְחִיר
costly *adj.* יָקָר
cos'tume *n.* תִּלְבּוֹשֶׁת; חֲלִיפַת־אִשָּׁה
costu'mier *n.* תּוֹפֵר תִּלְבּוֹשׁוֹת
co'sy (-z-) *adj.* נוֹחַ, חָמִים
cot *n.* מִטַּת תִּינוֹק; מִטָּה מִתְקַפֶּלֶת
co·tan'gent *n.* קוֹטַנְגֶּנְס
cote *n.* צְרִיף, דִּיר; שׁוֹבָךְ
co'terie *n.* חוּג, קְבוּצָה, כַּת
cot'tage *n.* צְרִיף, קוֹטֶג'
cot'ton *n&v.* צֶמֶר־גֶּפֶן, כּוּתְנָה
cotton to הִתְחַבֵּב עַל, הִתְיַדֵּד
cotton candy צֶמֶר־גֶּפֶן מָתוֹק
cotton gin מַנְפֵּטָה
cotton wool צֶמֶר־גֶּפֶן
cot'yle'don *n.* פְּסִיג
couch *n.* סַפָּה, מִטָּה
couch *v.* נִסַּח, הִבִּיעַ; הִרְכִּין; רָבַץ
couch doctor *פְּסִיכִיאָטֶר
cou'gar (kōō'-) *n.* פּוּמָה (נמר)
cough (kôf) *v.* הִשְׁתַּעֵל; * הוֹדָה
cough *n.* שִׁעוּל; *הוֹדָאָה בְּפֶשַׁע
cough drop סוּכָּרִיָּה נֶגֶד שִׁעוּל
could = pt of can (kood)
couldn't = could not
coun'cil (-səl) *n.* מוֹעָצָה
coun'cilor *n.* חֲבֵר־מוֹעָצָה
coun'sel *n.* עֵצָה, יִעוּץ; פְּרַקְלִיט
hold/take counsel הִתְיָעֵץ
counsel *v.* יָעַץ, הִמְלִיץ עַל
coun'selor *n.* יוֹעֵץ; עוֹרֵךְ דִּין
count *v.* סָפַר, מָנָה; כָּלַל, הֵבִיא בְּחֶשְׁבּוֹן; רָאָה, חָשַׁב אֶת
be counted among נִמְנֶה עִם—
count down סָפַר לְאָחוֹר
count on/upon סָמַךְ עַל; צִפָּה מִן
every word counts כָּל מִלָּה חֲשׁוּבָה
count *n.* סְפִירָה; סְעִיף־אַשְׁמָה; רוֹזֵן
take no count of הִתְעַלֵּם מִן
countable *adj.* סָפִיר, אֶפְשָׁר לְסָפְרוֹ
countdown *n.* סְפִירָה לְאָחוֹר
coun'tenance *n.* פָּנִים, פַּרְצוּף, אֲרֶשֶׁת, הוֹפָעָה; תְּמִיכָה, עִדּוּד
put out of countenance הֵבִיךְ
countenance *v.* הִרְשָׁה, עוֹדֵד
coun'ter *n.* דֶּלְפֵּק, דּוּכָן
counter *v.* גָּמַל בְּמַכָּה, הֵגִיב
counter *adv.* בְּנִגּוּד, נֶגֶד
coun'teract' *v.* פָּעַל נֶגֶד, בִּטֵּל
coun'terattack' *n.* הַתְקָפַת־נֶגֶד
counterattack *v.* עָרַךְ הַתְקָפַת־נֶגֶד
coun'terbal'ance *n.* מִשְׁקָל נֶגְדִּי
coun'terbal'ance *v.* אִזֵּן
coun'teres'pionage *n.* רִגּוּל נֶגְדִּי
coun'terfeit' (-fit) *adj.* מְזֻיָּף
counterfeit *v.* זִיֵּף
counterfeiter *n.* זַיְּפָן
coun'terfoil' *n.* חִבּוּר, קַבָּלָה
coun'terman' *n.* דַּלְפְּקָן, מַגִּישׁ
coun'termand' *v.* בִּטֵּל פְּקוּדָה
coun'termarch' *n&v.* צְעִידַת חֲזָרָה
coun'teroffen'sive *n.* מִתְקֶפֶת־נֶגֶד
coun'terpane' *n.* כִּסּוּי מִטָּה
coun'terpart' *n.* מַקְבִּיל, דּוֹמֶה
coun'terplot' *n.* קֶשֶׁר נֶגְדִּי
coun'terpoise' (-z) *n.* מִשְׁקָל נֶגְדִּי
coun'tersign' (-sīn) *n.* סִיסְמָה
countersign *v.* הוֹסִיף חֲתִימָה
coun'tervail' *v.* פָּעַל נֶגֶד; אִזֵּן
coun'tess *n.* רוֹזֶנֶת
countless *adj.* עָצוּם, לְאֵין סְפוֹר
countrified (kun'trifīd) כַּפְרִי
coun'try (kun-) *n.* מְדִינָה, עַם, אֶרֶץ; אֲדָמָה, שֶׁטַח; אֵזוֹר; כְּפָר
go to the country הִכְרִיז עַל בְּחִירוֹת
country *adj.* כַּפְרִי, שֶׁל כְּפָר
country club מוֹעֲדוֹן, קַנְטְרִיקְלַבּ
country cousin כַּפְרִי, תָּמִים
country gentleman בַּעַל אֲחֻזָּה
countryman *n.* בֶּן אוֹתָהּ אֶרֶץ; כַּפְרִי
country seat/house בַּיִת כַּפְרִי
countryside *n.* אֲזוֹרֵי הַכְּפָר
coun'ty *n.* מָחוֹז
county town/seat עִיר הַמָּחוֹז
coup (kōō) *n.* צַעַד מַזְהִיר, הֲפִיכָה
coup de grace (kōō'dəgräs') מַכַּת־חֶסֶד, מַהֲלוּמָה סוֹפִית
coup d'etat (kōō'dātä') הֲפִיכָה
coup'le (kup-) *n.* זוּג
couple *v.* קָשַׁר, חִבֵּר, שִׁלֵּב; הִזְדַּוֵּג

coup'let (kup-) *n.* צֶמֶד חֲרוּזִים
cou'pon' (ko͞o'-) *n.* תְּלוּשׁ, טוֹפֶס
cour'age (kûr-) *n.* אוֹמֶץ־לֵב
summon up courage אָזַר אוֹמֶץ
coura'geous (kərā'jəs) *adj.* אַמִּיץ
courgette (koorzhet') *n.* קִשּׁוּא
cou'rier (koo-) *n.* רָץ, שָׁלִיחַ
course (kôrs) *n.* הִתְקַדְּמוּת; מַסְלוּל, כִּוּוּן, דֶּרֶךְ; קוּרְס; מָנָה; סִדְרָה; נִדְבָּךְ
in course of בְּתַהֲלִיךְ—
in course of time בִּמְרוּצַת הַיָּמִים
in due course בְּבוֹא הַזְּמַן, בְּקָרוֹב
in the course of בִּמְרוּצַת־, בְּמֶשֶׁךְ
of course כַּמּוּבָן שֶׁ־, כַּמּוּבָן
off course לֹא בַּכִּוּוּן הַנָּכוֹן
on course בַּכִּוּוּן הַנָּכוֹן
course *v.* זָרַם; צָד אַרְנָבוֹת
court (kôrt) *n.* חָצֵר; בֵּית־מִשְׁפָּט; אַרְמוֹן־מֶלֶךְ; אַנְשֵׁי־הֶחָצֵר; קַבָּלַת־פָּנִים
pay court to חִזֵּר אַחֲרֵי
take to court פָּתַח בַּהֲלִיכִים
tennis court מִגְרַשׁ טֶנִיס
court *v.* חִזֵּר אַחֲרֵי
court danger הִסְתַּכֵּן בְּיוֹתֵר
court-card *n.* קְלַף־מֶלֶךְ (מלכה, נסיך)
cour'te•ous (kûr'-) *n.* אָדִיב
cour'tesan (kôr'təzən) זוֹנַת־צַמֶּרֶת
cour'tesy (kûr'-) *n.* אֲדִיבוּת
courtesy call בִּקּוּר נִמּוּסִין
courthouse *n.* בִּנְיַן בֵּית־הַמִּשְׁפָּט
court'ier (kôrt-) *n.* חַצְרָן
courting *adj.* מְחַזֵּר, אוֹהֵב
court'ly (kôrt-) *adj.* מְנֻמָּס, אֲצִילִי
court-martial *n.* בֵּית־דִּין צְבָאִי
court-martial *v.* הֶעֱמִיד לְדִין צְבָאִי
courtroom *n.* אוּלַם מִשְׁפָּטִים
courtship *n.* חִזּוּר, תְּקוּפַת הַחִזּוּר
courtyard *n.* חָצֵר
cousin (kuz'ən) *n.* דּוֹדָן; קָרוֹב
cove *n.* מִפְרָץ קָטָן, מִפְרָצוֹן; *בַּרְנָשׁ
cov'enant (kuv-) *n.* חוֹזֶה; אֲמָנָה
covenant *v.* הִתְחַיֵּב בִּכְתָב
cov'er (kuv-) *v.* כִּסָּה; סִקֵּר; חִפָּה עַל; הֵגֵן עַל; כָּלַל; בִּטַּח
be covered with הִתְמַלֵּא, הִתְכַּסָּה
cover for him מִלֵּא מְקוֹמוֹ
cover over כִּסָּה, צִפָּה
cover up הִסְתִּיר, כִּסָּה; חִפָּה
cover *n.* כִּסּוּי, חִפּוּי; מִכְסֶה; מַעֲטָפָה; כְּרִיכָה; שְׂמִיכָה; מַחֲסֶה; בִּטּוּחַ
from cover to cover מֵא' עַד ת'
take cover מָצָא מַחֲסֶה, הִסְתַּתֵּר
under cover בַּחֲשַׁאי, בַּסּוֹד
under cover of בְּמַסְוֶה שֶׁל, בְּחָסוּת
cov'erage (kuv-) *n.* כִּסּוּי; סִקּוּר
cover charge דְּמֵי שֵׁרוּת בְּמִסְעָדָה
cover girl נַעֲרַת־שַׁעַר
covering *n.* כִּסּוּי, מִכְסֶה
cov'erlet (kuv-) *n.* כִּסּוּי־מִטָּה
co'vert *adj.* סוֹדִי, כָּמוּס, נִסְתָּר
cov'ert (kuv-) *n.* חוֹרֶשֶׁת־שִׂיחִים
cover-up *n.* כִּסּוּי, חִפּוּי
cov'et (kuv-) *v.* חָמַד
cov'etous (kuv-) *adj.* חַמְדָנִי
cov'ey (kuv-) *n.* לַהֲקַת־צִפּוֹרִים
cow *n.* פָּרָה; פִּילָה; נְקֵבָה; *אִשָּׁה
cow *v.* הִפְחִיד, דִּכָּא
cow'ard *n.* פַּחְדָן
cow'ardice (-dis) *n.* פַּחְדָנוּת
cowardly *adj.* פַּחְדָנִי, שָׁפָל
cowbell *n.* פַּעֲמוֹן־פָּרָה
cowboy *n.* בּוֹקֵר, קָאוּבּוֹי
cow'er *v.* הִשְׁתּוֹחֵחַ; הִתְכַּוֵּץ בְּפַחַד
cowhand, cowherd *n.* רוֹעֵה־בָּקָר
cowhide *n.* עוֹר־פָּרָה; שׁוֹט
cowl *n.* בַּרְדָּס; כּוֹבַע־הַמַּעֲשֵׁנָה
cow'lick' *n.* קְוֻצַּת־שֵׂעָר, תַּלְתַּלּוֹן
cowman *n.* רוֹעֵה־בָּקָר, בּוֹקֵר, רַפְתָּן
cowpox *n.* אֲבַעְבּוּעוֹת הַפָּרוֹת
cowshed, cowhouse *n.* רֶפֶת
cox, cox'swain' *n.* הַגַּאי־סִירָה
cox, coxswain *v.* הֵשִׁיט סִירָה
coxcomb *n.* גַּנְדְּרָן, רַבְרְבָן
coy *adj.* בַּיְשָׁנִי, מִצְטַנַּעַת
coy'pu (-po͞o) *n.* נוּטְרִיָּה (מכרסם)
coz'en (kuz-) *v.* רִמָּה, פִּתָּה
co'zy *adj.* נוֹחַ, חָמִים
crab *n.* סַרְטָן; *רַגְזָן, נִרְגָּן
crab *v.* צָד סַרְטָנִים; *הִתְאוֹנֵן
crab apple תַּפּוּחַ חָמוּץ
crab'bed *adj.* מַר־נֶפֶשׁ; לֹא־קָרִיא
crab louse כִּנַּת הָעֶרְוָה
crack *n.* סֶדֶק, בְּקִיעַ; קוֹל נֶפֶץ; צְלִיף; מַהֲלוּמָה; הֶעָרָה שְׁנוּנָה, בְּדִיחָה

crack of dawn הַפְצָעַת הַשַּׁחַר
have a crack at נִסָּה
crack *v.* סָדַק; נִסְדַּק; פִּצַּח, הִשְׁמִיעַ קוֹל נֶפֶץ; הִצְלִיף; פָּתַח
crack a joke *סִפֵּר בְּדִיחָה
crack a smile חִיֵּךְ
crack down נָקַט אֶמְצָעִים נֶגֶד
crack up הִתְמוֹטֵט; נִשְׁבַּר; הִתְרַסֵּק
crack *adj.* מְעוּלֶּה, מְצוּיָּן
crack-down *n.* נְקִיטַת אֶמְצָעִים
cracked *adj.* מְטוֹרָף
crack'er *n.* פַּכְסָם, מַצִּיָּה; זִקּוּקִין־דִּי־נוּר; *חֲתִיכָה
crack'le *v.* הִשְׁמִיעַ קוֹלוֹת הִתְפַּצְּחוּת
crackleware *n.* חַרְסִינָה מְרוּשֶּׁתֶת
crackpot *n.* *מְטוֹרָף
crack-up *n.* *הִתְמוֹטְטוּת
cra'dle *n.* עֲרִיסָה, עֶרֶשׂ
cradle of culture עֶרֶשׂ־הַתַּרְבּוּת
cradle *v.* הִשְׁכִּיב בַּעֲרִיסָה
craft *n.* אוּמָּנוּת; סְפִינָה, מָטוֹס; עַרְמוּמִיּוּת
craftsman *n.* אוּמָּן, מוּמְחֶה
craftsmanship *n.* אוּמָּנוּת
crafty *adj.* עַרְמוּמִי
crag *n.* צוּק, שֶׁן־סֶלַע, מַתְלוּל
craggy *adj.* מְסוּלָּע; קָשׁוּחַ
cram *v.* דָּחַס, פִּטֵּם; הִתְפַּטֵּם
cram-full *adj.* מָלֵא וְדָחוּס
cramp *n.* הִתְכַּוְּצוּת שְׁרִירִים, עֲוִית
cramps כְּאֵבֵי בֶּטֶן עַזִּים
cramp *v.* עָצַר, הִגְבִּיל; כִּוֵּץ; הִדֵּק בְּמַלְחֶצֶת
cramp, cramp-iron *n.* מַלְחֶצֶת, כְּלִיבָה
cramped *adj.* צַר, צָפוּף
cran'ber'ry *n.* אוּכְמָנִית
crane *n.* עֲגוּרָן; עָגוּר (עוֹף)
crane *v.* שִׁרְבֵּב צַוָּאר
cra'nium *n.* גּוּלְגּוֹלֶת
crank *n.* אַרְכּוּבָה; *טִיפּוּס מוּזָר
crank *v.* סוֹבֵב, הִתְנִיעַ בְּאַרְכּוּבָה
crankshaft *n.* גַּל, יְדִית הָאַרְכּוּבָה
cran'ky *adj.* מוּזָר; רָעוּעַ; רַגְזָן
cran'ny *n.* נָקִיק, חוֹר, סֶדֶק
crape *n.* סֶרֶט שָׁחוֹר (לְאוֹת אֵבֶל); קְרֶפּ
craps *npl.* מִשְׂחַק קוּבִּיּוֹת
crash *v.* הִתְנַגֵּשׁ; הִתְרַסֵּק; נִפֵּץ; נָע בְּרַעַשׁ; הִתְפָּרֵץ; הִתְמוֹטֵט
crash a party הִתְפַּלֵּחַ לִמְסִבָּה
crash *n.* רַעַשׁ; הִתְרַסְּקוּת; הִתְמוֹטְטוּת
crash *adj.* מָהִיר, דְּרַסְטִי; מְאוּמָּץ
crash barrier מַעֲקֵה־בִּטָּחוֹן
crash-dive *n.* צְלִילַת־פֶּתַע
crash helmet קַסְדַּת־מָגֵן
crashing *adj.* *מוּשְׁלָם, כַּבִּיר
crash-landing *n.* נְחִיתַת־הִתְרַסְּקוּת
crass *adj.* גַּס, גָּמוּר, מוּשְׁלָם
crate *n.* תֵּבָה; *גְּרוּטָה, מְכוֹנִית יְשָׁנָה
crate *v.* אָרַז בְּתֵבָה
cra'ter *n.* לוֹעַ־הַר־גַּעַשׁ; מַכְתֵּשׁ
cravat' *n.* עֲנִיבָה; צְעִיף־צַוָּאר
crave *v.* הִשְׁתּוֹקֵק; הִתְחַנֵּן
cra'ven *n&adj.* פַּחְדָן, שָׁפָל
craving *n.* תְּשׁוּקָה
craw *n.* זֶפֶק; קֵבָה
crawl *v.* זָחַל; שָׁרַץ; הִתְרַפֵּס
crawl *n.* זְחִילָה; שְׂחִיַּת חֲתִירָה
cray'on *n.* עִפָּרוֹן־גִּיר, עִפָּרוֹן־צֶבַע
craze *v.* הִטְרִיף דַּעְתּוֹ, שִׁגַּע; סָדַק
craze *n.* שִׁגָּעוֹן הָאוֹפְנָה
cra'zy *adj.* מְטוֹרָף, מְשׁוּגָּע
creak *v&n.* חָרַק; חֲרִיקָה
creaky *adj.* חוֹרֵק
cream *n.* שַׁמֶּנֶת; שׁוּמָן; קְצֶפֶת; קְרֶם; קְצִיפָה; מִשְׁחָה; עִדִּית
cream *v.* הִקְצִיף; הֵסִיר שַׁמֶּנֶת
cream *n&adj.* קְרֶם (צֶבַע); קָרוֹם
cream'ery *n.* מַחְלָבָה
cream puff פַּחְזָנִית
creamy *adj.* כְּמוֹ שַׁמֶּנֶת, שָׁמֵן
crease *n&v.* קֶמֶט; קִמֵּט; הִתְקַמֵּט
cre•ate' *v.* יָצַר, בָּרָא
cre•a'tion *n.* בְּרִיאָה; יְצִירָה; עוֹלָם
the Creation בְּרִיאַת הָעוֹלָם
cre•a'tive *adj.* יוֹצֵר, חַדְשָׁנִי
cre•a'tor *n.* יוֹצֵר, בּוֹרֵא
the Creator הַבּוֹרֵא
crea'ture *n.* יְצוּר, יְצִיר, בְּרִיָּה
crèche (kresh) *n.* פָּעוֹטוֹן
cre'dence *n.* אֵמוּן
cre•den'tial *n.* מִכְתַּב־הַמְלָצָה
credentials כְּתַב־הָאֲמָנָה
cred'ibil'ity *n.* אֵמוּן, אֲמִינוּת
cred'ible *adj.* מְהֵימָן, אָמִין

cred'it *n.* אֵמוּן; אַשְׁרַאי, הַקָּפָה; זְכוּת; הַעֲרָכָה, כָּבוֹד; נְקוּדַת־זְכוּת; קְרֶדִיט
give credit הֶעֱרִיךְ, כִּבֵּד; הֶאֱמִין
lend credit to חִזֵּק הָאֵמוּן בְּ—
to his credit לִזְכוּתוֹ יֵשׁ לִזְקוֹף
credit *v.* הֶאֱמִין; זָקַף לִזְכוּתוֹ
cerdit with יִחֵס לְ־; הֶאֱמִין
creditable *adj.* רָאוּי לְהוֹקָרָה
credit card כַּרְטִיס אַשְׁרַאי
creditor *n.* נוֹשֶׁה, מַלְוֶה
cre'do *n.* אֱמוּנָה, דָת
cre·du'lity *n.* פְּתַיּוּת, תְּמִימוּת
cred'ulous (-j'-) *adj.* מַאֲמִין, תָּמִים
creed *n.* אֱמוּנָה, עֶקְרוֹנוֹת־דָּת
creek *n.* נַחַל, פֶּלֶג; מִפְרָצוֹן
creel *n.* סַל לְדָגִים
creep *v.* זָחַל; הִתְגַּנֵּב; טִפֵּס
creeper *n.* צֶמַח מְטַפֵּס; זוֹחֵל
creepers נַעֲלֵי־גוּמִי; מִצְרֶפֶת־תִּינוֹק
cre'mate *v.* שָׂרַף גּוּפַת־מֵת
cre·ma'tion *n.* שְׂרֵפַת מֵת
cre'mator'ium *n.* כִּבְשָׁן, מִשְׂרָפָה
cre'mato'ry *n.* כִּבְשָׁן, מִשְׂרָפָה
creme de menthe' (-mint) מֶנְתָּה
crepe (krāp) *n.* מַלְמָלָה, קְרֶפּ
crep'ita'tion *n.* קוֹלוֹת נֶפֶץ
crept = p of creep
cres'cent *n.* חֲצִי־סַהַר, קֶשֶׁת
crest *n.* צִיצַת־נוֹצוֹת, כַּרְבֹּלֶת; פִּסְגָּה
crestfallen *adj.* מְדוּכְדָּךְ, מְאוּכְזָב
cre·vasse' *n.* סֶדֶק, בְּקִיעַ
crev'ice (-vis) *n.* סֶדֶק, בְּקִיעַ צַר
crew (kroo) *n.* צֶוֶת
crew cut תִּסְפֹּרֶת קְצָרָה
crib *n.* מִטַּת־תִּינוֹק; אֵבוּס; תֵּבָה; הַעְתָּקָה, גְּנֵבָה; תַּרְגּוּם
crib *v.* הֶעְתִּיק, גָּנַב; כָּלָא, סָגַר
crick'et *n.* צְרָצַר; קְרִיקֶט
not cricket לֹא הוֹגֵן, לֹא מְכוּבָּד
cri'er *n.* כָּרוֹז, מַכְרִיז; בַּכְיָן
crime *n.* פֶּשַׁע, חֵטְא
crim'inal *adj.* שֶׁל פֶּשַׁע, פְּלִילִי
criminal *n.* פּוֹשֵׁעַ
crim'inol'ogy *n.* קְרִימִינוֹלוֹגְיָה
crimp *v.* סִלְסֵל; קִפֵּל, גִּהֵץ
crim'son (-z-) *n&adj.* אָדוֹם, אַרְגָּמָן
crimson *v.* הֶאְדִּים, הִסְמִיק

cringe *v.* נִרְתַּע, הִתְכַּוֵּץ; הִתְרַפֵּס
crin'gle *n.* עֲנִיבַת־חֶבֶל, עֲזֶק
crin'kle *n&v.* קֶמֶט; קִמֵּט
crin'oline (-lin) *n.* קְרִינוֹלִינָה
crip'ple *n.* נָכֶה, בַּעַל מוּם
cripple *v.* הֵטִיל מוּם; שִׁבֵּשׁ, פָּגַע
cri'ses = pl of crisis (-sēz)
cri'sis *n.* מַשְׁבֵּר, שָׁעָה גּוֹרָלִית
crisp *adj.* פָּרִיךְ; טָרִי, רַעֲנָן, קַר; מְתוּלְתָּל; מָהִיר, חַד, בָּרוּר
crisp *n.* טוּגָן תַּפּוּחַ־אֲדָמָה
crisp *v.* עָשָׂה לְפָרִיךְ; הִתְקַשָּׁה
criss'cross' (-rôs) *adv.* בִּמְצוּלָּב
crisscross *n.* שְׁתִי וָעֵרֶב
cri·te'rion *n.* קְרִיטֶרְיוֹן, קְנֵה־מִדָּה
crit'ic *n.* מְבַקֵּר; מוֹצֵא פְּגָמִים
crit'ical *adj.* קְרִיטִי, גּוֹרָלִי; בִּקָּרְתִּי
crit'icism' *n.* בִּקָּרְתִּיּוּת, בִּקֹּרֶת
crit'icize' *v.* מָתַח בִּקֹּרֶת, בִּקֵּר
critique' (-tēk) *n.* מַאֲמַר־בִּקֹּרֶת
croak *n&v.* קִרְקוּר; קִרְקֵר; *מֵת
cro·chet' (-shā') *n&v.* צְנִירָה; סָרַג
crock *n.* כְּלִי־חֶרֶס; *סוּס מֵת, גְּרוּטָה
crock'ery *n.* כְּלֵי־חֶרֶס
croc'odile' *n.* תַּנִּין
cro'cus *n.* כַּרְכֹּם (צמח)
crone *n.* זְקֵנָה בָּלָה
cro'ny *n.* יָדִיד, חָבֵר
crook *n.* מַקֵּל רוֹעִים; כִּפּוּף; נוֹכֵל
crook *v.* כּוֹפֵף, עִקֵּם; הִתְעַקֵּם
crookbacked *adj.* גִּבֵּן
crook'ed *adj.* עָקוֹם; *רַמַּאי
croon (-ōōn) *v.* זִמְזֵם, זִמֵּר
crooner *n.* זַמַּר שִׁירֵי־נְשָׁמָה
crop *n.* יְבוּל, תּוֹצֶרֶת; קְבוּצָה; זֶפֶק; שׁוֹט, יְדִית־הַשּׁוֹט; תִּסְפֹּרֶת קְצָרָה
crop *v.* לָחַךְ; גָּזַז, סִפֵּר; נָטַע
crop up/out בִּצְבֵּץ, הוֹפִיעַ, עָלָה
crop-dusting *n.* רִסּוּס שָׂדוֹת
cro·quet' (-kā') *n.* קְרוֹקֶט
cro·quette' (-ket) *n.* כּוּפְתָּה
cro'sier (-zhər) *n.* שַׁרְבִיט הַבִּישׁוֹף
cross (krôs) *n.* צְלָב; יִסּוּרִים; בֶּן—; כִּלְאַיִם, תַּעֲרֹבֶת; צוֹמֶת
on the cross בַּאֲלַכְסוֹן
cross *v.* חָצָה; הֶעֱבִיר קַו; הִצְלִיב; הִצְטַלֵּב; הִכְשִׁיל; הִתְנַגֵּד, הִרְגִּיז

cross a check שִׂרְטֵט צֵ׳יק
cross off/out בִּטֵּל, מָחַק
cross one's mind חָלַף בְּמוֹחוֹ
cross oneself הִצְטַלֵּב
crossed in love אַהֲבָתוֹ הִכְזִיבָה
cross *adj.* כּוֹעֵס, רוֹגֵז; מְנוּגָּד, נֶגְדִּי
crossbar *n.* מַשְׁקוֹף־הַשַּׁעַר; מוֹט רוֹחַב
crossbones *npl.* עֲצָמוֹת מַצְלִיבוֹת
crossbow *n.* קֶשֶׁת
crossbreed *n.* מוּצְלָב, בֶּן־כִּלְאַיִם
crossbreed *v.* הִצְלִיב, הִכְלִיא
cross-check *v.* אִמֵּת, וִדֵּא
crosscountry *adj.* דֶּרֶךְ שָׂדוֹת
crosscurrent *n.* זֶרֶם נֶגְדִּי
crossed check צֵ׳יק מְסוּרְטָט
cross-examination *n.* חֲקִירָה צוֹלֶבֶת
cross-examine *v.* חָקַר שְׁתִי וָעֵרֶב
cross-eyed *adj.* פּוֹזֵל
cross-fertilize *v.* הִצְלִיב
cross-fire *n.* אֵשׁ צוֹלֶבֶת
cross-grained *adj.* עַקְשָׁן, כַּעֲסָן
crossing *n.* חֲצִיָּה, מִצְלָב; הִצְטַלְּבוּת
cross-legged *adv.* בְּרַגְלַיִם שְׁלוּבוֹת
crossover *n.* צוֹמֶת; מְסִלַּת־עִתּוּק
crosspatch *n.* *רַגְזָן, כַּעֲסָן
cross-piece *n.* קוֹרַת־רוֹחַב
cross-purpose *n.* מַטָּרָה מְנוּגֶּדֶת
cross-question *v.* חָקַר שְׁתִי וָעֵרֶב
cross-reference *n.* מַרְאֵה־מָקוֹם
crossroad *n.* רְחוֹב חוֹצֶה
crossroads פָּרָשַׁת־דְּרָכִים
cross-section *n.* חֲתַךְ־רוֹחַב
crosswalk *n.* מַעֲבַר־חֲצִיָּה, תַּחֲצָה
crosswind *n.* רוּחַ רוֹחְבִּית, רוּחַ צַד
crossword puzzle תַּשְׁבֵּץ
crotch *n.* מִסְעָף; מִפְשָׂעָה
crotch'et *n.* רֶבַע תָּו; רַעְיוֹן מוּזָר
crouch *v.* הִתְכּוֹפֵף; הִתְכַּוֵּץ
crouch *n.* הִתְכּוֹפְפוּת, הִתְקַפְּלוּת
croup (kro͞op) *n.* עַכּוּז; אַסְכָּרָה
croupier (kro͞o'piər) *n.* קוּפַּאי
crow (-ō) *n.* עוֹרֵב; קְרִיאַת הַגֶּבֶר
had to eat crow *אָכַל אוֹתָהּ
crow *v.* קִרְקֵר; הִתְרַבְרֵב; צָהַל
crowbar *n.* קַנְטָר, מוֹט־הֲרָמָה
crowd *n.* קָהָל; חֲבוּרָה; עֲרֵמָה
follow the crowd הָלַךְ בַּתֶּלֶם
crowd *v.* מִלֵּא; הִצְטוֹפֵף; דָּחַס
crowd round נִקְהַל סְבִיב —
crowded *adv.* צָפוּף, דָּחוּס, מָלֵא
crown *n.* כֶּתֶר; זֵר; מֶלֶךְ; רֹאשׁ, פִּסְגָּה
crown *v.* הִכְתִּיר
crowned with success מוּכְתָּר בְּהַצְלָחָה
crowned head מֶלֶךְ, מַלְכָּה
crown prince יוֹרֵשׁ־עֶצֶר, נְסִיךְ הַכֶּתֶר
crow's feet קְמָטִים (בצידי העיניים)
crow's nest תָּא־תַּצְפִּית
cru'cial *adj.* מַכְרִיעַ, קְרִיטִי
cru'cible *n.* כּוּר־הִתּוּךְ; מִבְחָן רְצִינִי
cru'cifix' *n.* צְלָב
cru'cifix'ion (-kshən) *n.* צְלִיבָה
cru'cify' *v.* צָלַב
crude *adj.* גַּס; לֹא־מְעוּבָּד; גּוֹלְמִי
cru'dity *n.* גַּסּוּת, גּוֹלְמִיּוּת
cru'el *adj.* אַכְזָרִי
cru'elty *n.* אַכְזָרִיּוּת, הִתְאַכְזְרוּת
cru'et *n.* בַּקְבּוּקוֹן, צִנְצֶנֶת
cruise (kro͞oz) *n&v.* שִׁיּוּט; שִׁיֵּט
cruiser *n.* סַיֶּרֶת, סְפִינַת־קְרָב
crumb (-m) *n.* פֵּרוּר; תּוֹךְ הַלֶּחֶם
crum'ble *v.* פּוֹרֵר, פּוֹתֵת; הִתְפּוֹרֵר
crumbly *adj.* פָּרִיר, פָּרִיךְ
crum'my *adj.* *גָּרוּעַ, רַע, דַּל
crum'pet *n.* לַחְמָנִיָּה קְלוּיָה; *חֲתִיכָה
crum'ple *v.* קִמֵּט; הִתְקַמֵּט; מוֹטֵט
crunch *v&n.* לָעַס, גָּרַס; לְעִיסָה
cru·sade' (kro͞o-) *n.* מַסַּע־צְלָב
crusader *n.* צַלְבָן, לוֹחֵם
crush *v.* מָעַךְ, מָחַץ; דָּחַס; חִסֵּל
crush into נִדְחַק לְ—
crush *n.* דּוֹחַק, הִצְטוֹפְפוּת; מִיץ
get a crush on *הִתְאַהֵב בְּ—
crust *n&v.* קְרוּם, קְלִפָּה; הִקְרִים
crus·ta'cean (-shən) *n.* סַרְטָן
crust'y *adj.* קְשֵׁה־קְלִפָּה; קָשׁוּחַ, רַגְזָן
crutch *n.* קַב; מִשְׁעֶנֶת; מִפְשָׂעָה
crux *n.* לֵב הַבְּעָיָה, עִקַּר הַקּוֹשִׁי
cry *v.* קָרָא; בָּכָה; צָעַק; שִׁוַּע
cry down הִמְעִיט בְּ־, זִלְזֵל בְּ—
cry off מָשַׁךְ יָדוֹ מִן, נָסוֹג
cry out צָעַק
cry up הִלֵּל, שִׁבַּח
cry *n.* קְרִיאָה; צְעָקָה, זְעָקָה; בְּכִי
in full cry נוֹבֵחַ, מַתְקִיף קָשׁוֹת

within cry לֹא רָחוֹק, בְּמֶרְחַק־שְׁמִיעָה
crybaby *n.* בַּכְיָן
crying *adj.* מְשַׁוֵּעַ, דָּחוּף, בּוֹלֵט לָעַיִן
crypt *n.* אוּלָם תַּת־קַרְקָעִי, קְרִיפְּטָה
cryp'tic *adj.* סוֹדִי, נִסְתָּר, כָּמוּס
cryptog'raphy *n.* כְּתַב־סְתָרִים
crys'tal *n.* בְּדוֹלַח; גָּבִישׁ, קְרִיסְטָל
crys'talline (-lən) *adj.* בְּדוֹלְחִי
crys'talliza'tion *n.* גִּבּוּשׁ
crys'tallize' *v.* גִּבֵּשׁ; הִתְגַּבֵּשׁ
cu. = cubic
cub *n.* גּוּר; צוֹפֶה; פִּרְחָח; טִירוֹן
cub'by-hole' תָּא; כּוּךְ; מָקוֹם סָגוּר
cube *n.* קוּבִּיָּה; חֶזְקָה שְׁלִישִׁית
cube *v.* הֶעֱלָה בְּחֶזְקָה הַשְּׁלִישִׁית
cube root שׁוֹרֶשׁ מְעוּקָב
cu'bic *adj.* מְעוּקָב, דְּמוּי־קוּבִּיָּה
cu'bical *adj.* דְּמוּי־קוּבִּיָּה
cu'bicle *n.* חֲדַרוֹן, תָּא
cu'bit *n.* אַמָּה (מידת־אורך)
cub reporter כַּתָּב טִירוֹן, כְּתַבְלַב
cuck'old *n.* בַּעַל אִשָּׁה בּוֹגֶדֶת
cuckold *v.* הִצְמִיחַ קַרְנַיִם
cuckoo (ko͞o'ko͞o) *n.* קוּקִיָּה; *טִפֵּשׁ
cu'cum'ber *n.* מְלָפְפוֹן
cud *n.* גֵּרָה
cud'dle *v.* לִטֵּף; הִתְגַּפֵּף; הִצְטַנֵּף
cuddle *n.* לִטּוּף, גִּפּוּף, חִבּוּק
cud'gel *n&v.* אַלָּה; הִכָּה, הָלַם
cue (kū) *n&v.* אוֹת; רֶמֶז, דּוּגְמָה; מַקֵּל בִּילְיַרְד; סִמֵּן, רָמַז
cuff *n.* שַׁרְווּלִית; חֵפֶת
off the cuff מִנֵּיהּ וּבֵיהּ, לְלֹא הֲכָנָה
cuff *n&v.* סָטַר; סְטִירָה
cuff link כַּפְתּוֹר־חֲפָתִים
cuirass' (kwir-) *n.* שִׁרְיוֹן חָזֶה
cuisine (kwizēn') *n.* בִּשּׁוּל, טַבָּחוּת
cul'-de-sac' *n.* מָבוֹי סָתוּם
cul'inar'y (-neri) *adj.* שֶׁל בִּשּׁוּל
cull *v.* בֵּרֵר, לִקֵּט; קֶטֶל הַחַלָּשִׁים
cul'lender *n.* מְסַנֶּנֶת, מְשַׁמֶּרֶת
cul'minate' *v.* הִסְתַּיֵּם, הִגִּיעַ לְשִׂיא
cul'mina'tion *n.* שִׂיא, פִּסְגָּה
cul'pable *adj.* רָאוּי לְעוֹנֶשׁ, אָשֵׁם
culpable negligence רַשְׁלָנוּת פּוֹשַׁעַת
cul'prit *n.* נֶאֱשָׁם, פּוֹשֵׁעַ
cult *n.* פּוּלְחָן, כַּת
cul'tivate' *v.* עִבֵּד; פִּתַּח, טִפַּח
cultivated *adj.* מְנוּמָּס, תַּרְבּוּתִי
cul'tiva'tion *n.* עִבּוּד, טִפּוּחַ
cul'tiva'tor *n.* קַלְטֶרֶת, מַתְחֵחָה
cul'tural (-'ch-) *adj.* תַּרְבּוּתִי
cul'ture *n.* פִּתּוּחַ; עִבּוּד; תַּרְבּוּת
cultured *adj.* מְעוּבָּד, תַּרְבּוּתִי
cul'vert *n.* תְּעָלָה; מִפְלַשׁ מַיִם
cum'ber *v.* הִכְבִּיד, הֶעֱמִיס
cumbersome *adj.* מְגוּשָּׁם, מְסוּרְבָּל
cum'brous *adj.* מְגוּשָּׁם, מְסוּרְבָּל
cum'in *n.* כַּמּוֹן (צמח)
cu'mu·lative *adj.* מִצְטַבֵּר
cun'ning *adj.* עָרוּם, פִּקֵּחַ; חָמוּד
cunning *n.* עַרְמוּמִיּוּת; כִּשְׁרוֹן
cup *n.* סֵפֶל; גָּבִיעַ; כּוֹס, גּוֹרָל
not my cup of tea *לֹא לְטַעֲמִי
cupboard (kub'ərd) *n.* מִזְנוֹן, אָרוֹן
cup final גְּמַר הַגָּבִיעַ
cu·pid'ity (kū-) *n.* חַמְדָנוּת
cu'pola *n.* כִּפַּת־גַּג
cup'ping *n.* הַצְמָדַת כּוֹסוֹת־רוּחַ
cup-tie *n.* מִשְׂחַק גָּבִיעַ
cur *n.* כֶּלֶב; פַּחְדָן, נִבְזֶה
cu'rable *adj.* שֶׁנִּתָּן לְרַפְּאוֹ, רָפִיא
cu'racy *n.* מַעֲמַד־הַכּוֹמֶר, כְּמוּרָה
cu'rate *n.* כּוֹמֶר
cu'rative *adj.* מְרַפֵּא, שֶׁל מַרְפֵּא
cu·ra'tor (kyoo-) *n.* מְמוּנֶּה, מְנַהֵל
curb *n&v.* רֶסֶן; אֶבֶן־שָׂפָה; רִסֵּן
curd *n.* קוֹם, גּוּשׁ חָלָב חָמוּץ
cur'dle *v.* הִקְרִישׁ, הִקְפִּיא; הִתְגַּבֵּן
cure *n.* רִפּוּי; תְּרוּפָה; מִשְׂרַת כּוֹמֶר
cure *v.* רִפֵּא; תִּקֵּן; שִׁמֵּר (מזון)
cure-all *n.* תְּרוּפַת־פֶּלֶא
cur'few (-fū) *n.* עוֹצֶר
cu'rio' *n.* חֵפֶץ עַתִּיק, דָּבָר נָדִיר
cu'rios'ity *n.* סַקְרָנוּת; דָּבָר נָדִיר
cu'rious *adj.* סַקְרָן; מוּזָר; נָדִיר
curl *n.* תַּלְתַּל, סָלִיל, סִלְסוּל
curl *v.* סִלְסֵל; הִסְתַּלְסֵל; הִתְאַבֵּךְ
curler *n.* גַּלְגִּלוֹן־סִלְסוּל (לשיער)
cur'licue' (-kū) *n.* סִלְסוּל
curling iron צְבַת־סִלְסוּל (לשיער)
curly *adj.* מְסוּלְסָל, מְתוּלְתָּל
cur·mud'geon (-jən) *n.* קַמְצָן
cur'rant (kûr-) *n.* דַּמְדְּמָנִית

cur'rency (kûr-) *n.* נוֹהַג, תְּפוּצָה; מַחֲזוֹר; מַטְבֵּעַ, כֶּסֶף
cur'rent (kûr-) *adj.* שׁוֹטֵף, נוֹכְחִי
current *n.* זֶרֶם; מַהֲלָךְ; תַּהֲלִיךְ; מְגַמָּה
current account חֶשְׁבּוֹן עוֹבֵר וָשָׁב
currently *adv.* בְּיָמִים אֵלֶּה, כַּיּוֹם
curric'u·lum *n.* תּוֹכְנִית לִמּוּדִים
cur'ry (kûr-) *v.* קִרְצֵף, עִבֵּד עוֹרוֹת
curry favor הֶחֱנִיף, כִּרְכֵּר לִפְנֵי
curry *n.* קָרִי, תַּבְשִׁיל (בשר) חָרִיף
currycomb *n.* קַרְצֶפֶת
curse *n&v.* קְלָלָה; *וֶסֶת; קִלֵּל
cursed *adj.* אָרוּר
cur'sive *adj.* קוּרְסִיבִי, רָהוּט, שׁוֹטֵף
cur'sory *adj.* שִׁטְחִי, מָהִיר, קָצָר
curt *adj.* קָצָר, מְדַבֵּר קְצָרוֹת, גַּס
curtail' *v.* קִצֵּץ, הִפְחִית
cur'tain (-tin) *n.* מָסָךְ, וִילוֹן
curtain call הוֹפָעַת הַדְּרָן
curtain raiser מַעֲרְכוֹן (לפני ההצגה)
curt'sy, -sey *n&v.* (קָד) קִדָּה
curve *v.* עִקֵּם; הִתְעַקֵּם, נָטָה
curve *n.* קַו עָקוֹם; סִבּוּב, פְּנִיָּה
cush'ion (koosh'ən) *n.* כַּר
cushion *v.* רִפֵּד; הִפְחִית, רִכֵּךְ
cusp *n.* חוֹד, קָצֶה חַד
cus'pidor' *n.* רָקְקִית, מַרְקֵקָה
cus'tard *n.* רַפְרֶפֶת בֵּיצִים, חֲבִיצָה
custo'dian *n.* מְמֻנֶּה; אַפּוֹטְרוֹפּוֹס
cus'tody *n.* מַעְצָר; הַשְׁגָּחָה; שְׁמִירָה
cus'tom *n.* מִנְהָג, הֶרְגֵּל, נוֹהַג
customs מֶכֶס
custom made עָשׂוּי לְפִי הַזְמָנָה
cus'tomar'y (-meri) *adj.* נָהוּג
cus'tomer *n.* לָקוֹחַ, קוֹנֶה; *טִיפּוּס
custom house בֵּית־מֶכֶס
cut *v.* חָתַךְ, קָצַר, קִצֵּץ; חָצַב; פָּצַע; נִתֵּק; נֶחְתַּךְ
cut across חָצָה; סָתַר, נָגַד
cut down כָּרַת, גָּדַע; קִצֵּץ
cut him dead הִתְעַלֵּם מִן, הִתְנַכֵּר
cut in הִתְפָּרֵץ, הִפְרִיעַ
cut loose/free הִתִּיר; שִׁחְרֵר
cut no ice לֹא הִשְׁפִּיעַ, לֹא הִרְשִׁים
cut off חָתַךְ; נִתֵּק, בּוֹדֵד; הִפְסִיק
cut one's teeth הִצְמִיחַ שִׁנַּיִם
cut out גָּזַר; חָצַב; הִפְסִיק
cut school נֶעְדַּר מִבֵּית־סֵפֶר
cut short קִצֵּץ; הִפְסִיק, שִׁסַּע
cut up קִצֵּץ; הָרַס; קָטַל; פָּגַע
cut *n.* חֲתָךְ; חִתּוּךְ, פֶּצַע; נֵתַח; קִצּוּץ; גְּזֵרָה; פְּגִיעָה; גֵּז
a cut above *לְמַעְלָה מִן, טוֹב מִן
short cut דֶּרֶךְ קְצָרָה, קַפֶּנְדַּרְיָא
cut *adj.* חָתוּךְ, קָצוּץ, מוּזָל
cut and dried קָבוּעַ מֵרֹאשׁ, מְגוּבָּשׁ
cutaway *n.* מְעִיל זָנָב, פְּרָק
cutback *n.* צִמְצוּם, הַפְחָתָה
cute *adj.* פִּקֵּחַ; חָמוּד, נֶחְמָד
cu'ticle *n.* עוֹר קַרְנִי (בציפורן)
cut'lass *n.* פִּגְיוֹן, חֶרֶב, שֶׁלַח
cut'ler *n.* מוֹכֵר סַכִּינִים
cut'lery *n.* סַכּוּ״ם, כְּלֵי־אוֹכֶל
cut'let *n.* פְּרוּסַת־בָּשָׂר, קְצִיצָה
cutoff *n.* קִצּוּץ; מַפְסֵק; וֶסֶת־זֶרֶם
cut-out *n.* מַפְסֵק חַשְׁמַלִּי; תַּגְזִיר
cut'purse' *n.* כַּיָּס, גּוֹנֵב אַרְנָקִים
cut'ter *n.* סִירָה מְהִירָה; גַּזְרָן
cut'throat' *n.* רוֹצֵחַ; אַכְזָרִי
cutting *n.* תַּגְזִיר; יִחוּר
cutting *adj.* חַד, פּוֹגֵעַ, עוֹקֵץ
cwt = hundredweight
cy'anide' *n.* צִיאָנִיד (רעל)
cy'bernet'ics *n.* קִיבֶּרְנֶטִיקָה
cyc'lamen *n.* רַקֶּפֶת (צמח)
cy'cle *n&v.* מַעְגָּל, מַחֲזוֹר, תְּקוּפָה; (רָכַב עַל) אוֹפַנַּיִם
cy'clic, cy'clical *adj.* מַחֲזוֹרִי
cy'clist *n.* אוֹפַנָּן, רוֹכֵב־אוֹפַנַּיִם
cy'clone *n.* צִיקְלוֹן (סערה)
cyl'inder *n.* גָּלִיל, צִילִינְדֶּר
cylin'drical *adj.* גְּלִילִי
cym'bals *npl.* מְצִלְתַּיִם
cyn'ic *n.* צִינִי, לַגְלְגָן
cyn'ical *adj.* צִינִי, לַעֲגָנִי
cyn'icism' *n.* צִינִיּוּת
cy'nosure' (-shoor) *n.* מוֹקֵד— הַהִתְעַנְיְנוּת
cy'press *n.* בְּרוֹשׁ (עץ)
cyst *n.* צִיסְטָה, כִּיסְתָּה, שַׁלְחוּף
cysti'tis *n.* דַּלֶּקֶת שַׁלְפּוּחִית־הַשֶּׁתֶן
czar (zär) *n.* צָאר
czari'na (zärē'-) *n.* אֵשֶׁת הַצָּאר
Czech (chek) *n.* צֶ׳כִי

D

D *n.* רֶה (צליל)
3D = 3 dimensional
'd, he'd = he would, he had
dab *v.* טָפַח, נָגַע קַלּוֹת, מָרַח
dab *n.* נְגִיעָה, טְפִיחָה; מְעַט; *מוּמְחֶה
dabs *טְבִיעַת אֶצְבָּעוֹת
dab'ble *v.* טָפַח בַּמַּיִם, הִתִּיז
dabble in הִתְעַסֵּק בְּ— (כחובב)
dabbler *n.* חוֹבְבָן, שִׁטְחִי
dachshund (dak'sənd) *n.* תַּחַשׁ (כלב)
dac'tyl (-təl) *n.* דַקְטִיל, מֵרִים
dad, dad'dy *n.* *אַבָּא
daf'fodil' *n.* נַרְקִיס
daft *adj.* *טִפֵּשׁ, טִפְּשִׁי
dag'ger *n.* פִּגְיוֹן, חֶרֶב; צְלָבוֹן (סימן)
look daggers at נָעַץ מַבָּט זוֹעֵם
dahl'ia (dal-) *n.* דָלִיָה (צמח)
dai'ly *adj&adv.* יוֹמִי, מִדֵּי יוֹם
daily *n.* יוֹמוֹן, עִתּוֹן; *עוֹזֶרֶת־בַּיִת
daily dozen הִתְעַמְּלוּת יוֹמִית
dain'ty *n.* מַעֲדָן, מַאֲכָל טָעִים
dainty *adj.* טָעִים; עָדִין; אֲנִין־טַעַם
dair'y *n.* מַחלָבָה, חֲנוּת לְמוּצְרֵי חָלָב
dairy farm מֶשֶׁק חָלָב
dairy-man *n.* חַלְבָן, בַּעַל מַחלָבָה
dais *n.* דוּכָן, בִּימָה
dai'sy (-zi) *n.* חִנָּנִית (פרח)
push up daisies *מֵת, שָׁכַב בַּקֶּבֶר
dale *n.* עֵמֶק, בִּקְעָה
dal'liance *n.* אֲהַבְהָבִים, פְלִירט
dal'ly *v.* הִתְבַּטֵּל, הִתמַזמֵז; הִשְׁתַּעֲשֵׁעַ
dam *n&v.* סֶכֶר; סָכַר; בָּלַם, רִסֵּן
dam'age *n&v.* (גָרַם) נֶזֶק, הֶפְסֵד
dam'ascene' *adj.* מְעוּטָר, מְקוּשָׁט
dame *n.* אִשָּׁה, גְבֶרֶת, אֲצִילָה
damn (dam) *v.* גִּנָּה; הָרַס; קִלֵּל
damn it (all) ! *לַעֲזָאזֵל!
I'll be damned! תִּפַּח רוּחִי!
damn *n.* קְלָלָה; *כְּלוּם, שׁוּם דָבָר
dam•na'tion *n.* קְלָלָה, דִין גֵיהִנּוֹם
damned (damd) *adj.* *אָרוּר
damp *adj&n.* לַח; לַחוּת, רְטִיבוּת
damp *v.* לִחלַח; עִמְעֵם; דִכָּא
damp'en *v.* לִחלַח; נָסַךְ דִכדוּךְ
damp'er *n.* עַמְעֶמֶת; מְדַכֵּא
dam'sel (-z-) *n.* עַלְמָה, בַּחוּרָה
dance *v&n.* רָקַד, פִּזֵּז; רִקּוּד
dance attendance on — כִּרכֵּר סְבִיב
dance-band תִּזמוֹרֶת רִקּוּדִים
dancer *n.* רַקְדָן, רַקְדָנִית
dancing *n.* רִקּוּד, מָחוֹל
dan'deli'on *n.* שֶׁן־הָאֲרִי (צמח), שִׁנָּן
dan'der *n.* *כַּעַס
get one's dander up הִתרַגֵּז
dan'dify' *v.* גִּנדֵּר
dan'druff *n.* קַשְׂקַשִּׂים, קַשְׂקֶשֶׂת
dan'dy *n.* גַּנדְּרָן, מִתהַדֵּר
dandy *adj.* *מְצוּיָּן, טוֹב מְאוֹד
dan'ger (dān'-) *n.* סַכָּנָה
dan'gerous (dān'-) *adj.* מְסוּכָּן
dan'gle *v.* תָּלָה, הִתנַדנֵד; פִּתָּה, מָשַׁךְ
Da'nish *n&adj.* דֶנִי; דֶנִית (שפה)
dank *adj.* לַח, טָחוּב, קַר
daph'ne (-ni) *n.* דַפְנָה (שיח)
dap'per *adj.* נָאֶה; זָרִיז, פָּעִיל
dap'ple *v.* נִמֵּר
dare *v&n.* הֵעֵז, הִרהִיב עוֹז; עָמַד מוּל; הִזמִין, אִתגֵּר; אֶתגָּר, הַזמָנָה
dare-devil *n.* נוֹעָז, נִמהָר, שֵׁד
daring *n&adj.* אוֹמֶץ, תְּעוּזָה; נוֹעָז
dark *adj.* חָשׁוּךְ; כֵּהֶה; קוֹדֵר; מְעוּרפָּל
dark *n.* חוֹשֶׁךְ; אֲפֵלָה; שְׁחוֹר
after dark בַּלַּיְלָה
Dark Ages יְמֵי הַבֵּינַיִם
dark'en *v.* הֶחשִׁיךְ, הִכהָה, הִקדִּיר
darkness *n.* חוֹשֶׁךְ, אֲפֵלָה
darkroom *n.* חֲדַר־חוֹשֶׁךְ (בצילום)
dar'ling *n&adj.* אָהוּב, יַקִּירִי; מַקְסִים
darn *v&n.* תִּקֵּן (גַּרְבַּיִם); טְלַאי
darn = damn *לַעֲזָאזֵל
darning needle צִנּוֹרִית, צִנּוֹרָה
dart *n.* זִנּוּק; חֵץ, חֵץ נוֹצִי
dart *v.* זִנֵּק; זָרַק, הֵטִיל; הִתרוֹצֵץ
dash *n.* קוּרטוֹב, מְעַט; מַפרִיד —

dash *n.* זִנּוּק, הִסְתָּעֲרוּת; מֵרוֹץ, מָאוֹץ; פְּעַלְתָּנוּת, מֶרֶץ; מַשַּׁק־מַיִם
dash *v.* זִנֵּק, הֵגִיחַ; נִפֵּץ; הִתְנַפֵּץ; הִשְׁלִיךְ, הֵטִיל; הִתִּיז
dash it all! *לַעֲזָאזֵל
dashboard *n.* לוּחַ מַחֲוָנִים (במכונית)
dashing *adj.* נִמְרָץ, פָּעִיל, נוֹעָז
das'tard *n.* מוּג־לֵב, רַע־לֵב
da'ta *n.* נְתוּנִים, פְּרָטִים
date *n.* תַּאֲרִיךְ; תְּקוּפָה; רֵאָיוֹן, פְּגִישָׁה; *חָבֵר, חֲבֵרָה; תָּמָר; דֶּקֶל
to date עַד כֹּה, עַד הַיּוֹם
up to date מְעוּדְכָּן, עַדְכָּנִי, חָדִישׁ
date *v.* תַּאֲרֵךְ; נִפְגַּשׁ; יָצָא עִם
dates back to/from קַיָּם מִן
dated *adj.* מְיוּשָּׁן, לֹא בְּשִׁמּוּשׁ
date palm דֶּקֶל
da'tum *n.* נָתוּן, פְּרָט
daub *v.* מָרַח, צָבַע, לִכְלֵךְ
daub *n.* טִיחַ, צִפּוּי; קִשְׁקוּשׁ, מְרִיחָה
daugh'ter (dô'-) *n.* בַּת
daughter-in-law *n.* כַּלָּה, אֵשֶׁת הַבֵּן
daunt *v.* הִרְתִּיעַ, הִפְחִיד
nothing daunted לֹא נִשְׁבְּרָה רוּחוֹ
dauntless *adj.* עָשׂוּי לִבְלִי חַת
dau'phin *n.* יוֹרֵשׁ־עֶצֶר (צרפתי)
dav'enport' *n.* סַפָּה
dav'it *n.* מַדְלֶה, מָנוֹף לַהֲרָמַת סִירוֹת
daw *n.* קָאָק (עורב); *טִפֵּשׁ
daw'dle *v.* הִתְבַּטֵּל, הִתְמַזְמֵז
dawn *n.* שַׁחַר, זְרִיחָה; הוֹפָעָה
dawn *v.* עָלָה (עמוד השחר), זָרַח
dawn on הִתְבַּהֵר, חָדַר לַהַכָּרָה
day *n.* יוֹם; תַּחֲרוּת
by day בִּשְׁעוֹת הַיּוֹם, יוֹמָם
call it a day סִיֵּם יוֹם עֲבוֹדָה
day by day מִדֵּי יוֹם, בְּכָל יוֹם
day in, day out יוֹם יוֹם
he's had his day יָרַד מִגְּדוּלָּתוֹ
his days are numbered יָמָיו סְפוּרִים
in my day בִּצְעִירוּתִי
one of these days לֹא יִרְחַק הַיּוֹם
some day/one day בְּאַחַד הַיָּמִים
the day after the fair מְאוּחָר מִדַּי
the day after tomorrow מָחֳרָתַיִם
the day before yesterday שִׁלְשׁוֹם
the day is mine! נִצַּחְתִּי!
the other day לִפְנֵי כַּמָּה יָמִים
this day week הַיּוֹם בְּעוֹד שָׁבוּעַ
to the day בְּדִיּוּק
win/lose the day נִצַּח/הִפְסִיד
day bed סַפָּה־מִטָּה
day-book *n.* יוֹמָן
daybreak *n.* עֲלוֹת הַשַּׁחַר
daydream *n.* חֲלוֹם בְּהָקִיץ
daydream *v.* שָׁגָה בְּהֲזָיוֹת
day-laborer *n.* פּוֹעֵל יוֹמִי
daylight *n.* אוֹר יוֹם
daylight saving time שְׁעוֹן קַיִץ
day nursery מְעוֹן־יוֹם, גַּן
day of reckoning יוֹם הַדִּין
days (-z) *adv.* יוֹמִית, בְּכָל יוֹם
daytime *n.* שְׁעוֹת הַיּוֹם
day-to-day *adj.* יוֹמְיוֹמִי
daze *v&n.* בִּלְבֵּל, הֵמֵם; מְבוּכָה
daz'zle *v&n.* סִנְוֵר; סִנְווּר
D-day *n.* שָׁעָה ש', שְׁעַת הָאֶפֶס
de- (תחילית) הֵסִיר, סִלֵּק, בִּטֵּל
dea'con *n.* כּוֹמֶר
dead (ded) *adj.* מֵת, חֲסַר־תְּחוּשָׁה; לֹא־פּוֹעֵל; עָמוּם; מוּחְלָט; גָּמוּר
dead matter דּוֹמֵם
dead to pity חֲסַר־רַחֲמִים
dead of winter עִצּוּמוֹ שֶׁל הַחוֹרֶף
the dead הַמֵּתִים
dead *adv.* לְגַמְרֵי, פִּתְאוֹם; בְּהֶחְלֵט
dead ahead הָלְאָה, הַיְשֵׁר בְּדִיּוּק
dead beat *עָיֵף, רָצוּץ
dead center הַמֶּרְכָּז הַמְדוּיָּק, בּוּל
dead'en (ded'ən) *v.* שִׁכֵּךְ, הִקְהָה
dead end מָבוֹי סָתוּם, קִפָּאוֹן
dead heat מֵרוֹץ־תֵּיקוּ
deadline *n.* מוֹעֵד אַחֲרוֹן, מוֹעֵד סוֹפִי
deadlock *n.* קִפָּאוֹן, מָבוֹי סָתוּם
deadly *adj&adv.* קַטְלָנִי; כַּמָּוֶת; מְאוֹד
dead march מַרְשׁ אֵבֶל
dead'pan' (ded-) *adj.* חֲסַר־הַבָּעָה
dead set הַתְקָפָה מְחוּשֶׁבֶת
dead wood דְּבָרִים מְיוּתָּרִים
deaf (def) *adj.* חֵרֵשׁ; אוֹטֵם אָזְנוֹ
deaf-aid *n.* מַכְשִׁיר־שְׁמִיעָה
deaf'en (def-) *v.* הֶחֱרִישׁ, הִרְעִישׁ
deaf-mute *n.* חֵרֵשׁ־אִלֵּם
deal *n.* סְכוּם, כַּמּוּת; עֵסֶק, עִסְקָה;

יַחַס; חֲלוּקַת־קְלָפִים; עֵץ אוֹרֶן
a good/great deal הַרְבֵּה, בְּהַרְבֵּה
it's a deal עָשִׂינוּ עֵסֶק! אֲנִי מַסְכִּים
deal *v.* חִלֵּק, נָתַן, סִפֵּק; טִפֵּל; סָחַר
deal out חִלֵּק, נָתַן
deal with נִהֵל עֲסָקִים עִם, עָסַק בְּ־, טִפֵּל בְּ—
dealer *n.* מְחַלֵּק קְלָפִים; סוֹחֵר
dealing *n.* הִתְנַהֲגוּת, יַחַס; חֲלוּקָה
dealt = p of deal (delt)
dean *n.* כּוֹמֶר רָאשִׁי; דֵּקַן פָּקוּלְטָה
dear *adj&n.* יָקָר; יַקִּיר; אָהוּב
Dear Sir א.נ.; נִכְבָּדִי
dear *adv.* בִּמְחִיר גָּבוֹהַּ, בְּיוֹקֶר
dear *interj.* אוֹי! אֲהָהּ!
dearly *adv.* מְאוֹד; בְּיוֹקֶר
dearth (dûrth) *n.* מַחְסוֹר
dear'y, dear'ie *n.* *יַקִּירִי
death (deth) *n.* מָוֶת; הֶרֶס
at death's door עַל סַף הַמָּוֶת
put to death הוֹצִיא לְהוֹרֵג
to death עַד מָוֶת; עַד מְאוֹד
death-bed *n.* עֶרֶשׂ מָוֶת, מִטַּת גּוֹסֵס
death-blow *n.* מַכַּת־מָוֶת, מַהֲלוּמָה
death duty/tax מַס עִזָּבוֹן
deathless *adj.* אַלְמוֹתִי, נִצְחִי
deathly *adj&adv.* שֶׁל מָוֶת, כַּמָּוֶת
death rate תְּמוּתָה
death roll רְשִׁימַת הַחֲלָלִים
death trap מַלְכּוֹדֶת מָוֶת
death warrant גְּזַר דִּין מָוֶת
de·ba'cle (-bä'-) *n.* מְנוּסָה, בֶּהָלָה; הִתְמוֹטְטוּת, כִּשָּׁלוֹן, אָסוֹן
de·bar' *v.* שָׁלַל, מָנַע
de·bark' *v.* עָלָה לַיַּבָּשָׁה
de·base' *v.* הִשְׁפִּיל; זִיֵּף מַטְבֵּעַ
debatable *adj.* נָתוּן לְוִכּוּחַ
de·bate' *n.* וִכּוּחַ, דִּיּוּן
debate *v.* הִתְוַכֵּחַ, דָּן, שָׁקַל
de·bauch' *v.* הִדִּיחַ, הִשְׁחִית
de·bauch'ery *n.* הוֹלֵלוּת
de·ben'ture *n.* אִגֶּרֶת חוֹב
de·bil'itate' *v.* הִתִּישׁ, הֶחֱלִישׁ
de·bil'ity *n.* חוּלְשָׁה, תְּשִׁישׁוּת
deb'it *n&v.* חוֹבָה; חִיּוּב; חִיֵּב
deb'onair' *adj.* עַלִּיז, מַקְסִים; אָדִיב
de·bouch' (-bōōsh) *v.* יָצָא, הֵגִיחַ

de'brief' (-brēf) *v.* תִּחְקֵר, תִּשְׁאֵל
debris (-brē') *n.* עִיֵּי־חֳרָבוֹת, שְׁפוֹכֶת
debt (det) *n.* חוֹב
debt'or (det-) *n.* חַיָּב, לוֹוֶה
de·bug' *v.* סִלֵּק (טעויות), נִפָּה
debut (dābū') *n.* הוֹפָעַת בְּכוֹרָה
deb'u·tante' (-tänt) *n.* מַתְחִילָה
dec'ade *n.* עָשׂוֹר, 10 שָׁנִים; מִנְיָן
dec'adence *n.* שְׁקִיעָה, הִתְנַוְּנוּת
dec'adent *adj&n.* מִתְנַוֵּן
Dec'alogue' (-lôg) *n.* עֲשֶׂרֶת הַדִּבְּרוֹת
de·cant' *v.* יָצַק, שָׁפָה
de·cant'er *n.* בַּקְבּוּק (לִיין)
de·cap'itate' *v.* עָרַף, הֵסִיר רֹאשׁ
de·cath'lon *n.* קְרַב־עֶשֶׂר
de·cay' *v&n.* הִרְקִיב, הִתְנַוֵּן; רִקָּבוֹן
de·cease' *n.* מָוֶת
deceased *adj&n.* מֵת, מָנוֹחַ
de·ceit' (-sēt) *n.* רַמָּאוּת
deceitful *adj.* רַמַּאי, מוֹלִיךְ שׁוֹלָל
de·ceive' (-sēv) *v.* רִמָּה, הִתְעָה
de'cel'erate' *v.* הֵאֵט
De·cem'ber *n.* דֶּצֶמְבֶּר
de'cency *n.* הֲגִינוּת, צְנִיעוּת
de'cent *adj.* צָנוּעַ, הָגוּן, נָאֶה, מְכֻבָּד
de'cen'traliza'tion *n.* בִּזּוּר
de'cen'tralize' *v.* בִּזֵּר
de·cep'tion *n.* רַמָּאוּת, הוֹלָכַת שׁוֹלָל
de·cep'tive *adj.* מַטְעֶה, מוֹלִיךְ שׁוֹלָל
de·cide' *v.* הֶחְלִיט, פָּסַק, הִכְרִיעַ
decided *adj.* בָּרוּר, הֶחְלֵטִי, פַּסְקָנִי
dec'imal *adj&n.* (שֶׁבֶר) עֶשְׂרוֹנִי
dec'imalize' הֵמִיר לְשִׁטָּה עֶשְׂרוֹנִית
decimal point נְקֻדָּה עֶשְׂרוֹנִית
dec'imate' *v.* הִשְׁמִיד חֵלֶק נִכָּר מִן
de·ci'pher *v.* פִּעְנַח, גִּלָּה
de·ci'sion (-sizh'ən) *n.* הַחְלָטָה
de·ci'sive *adj.* מַכְרִיעַ, מוּחְלָט, פַּסְקָנִי
deck (out) *v.* קִשֵּׁט
deck *n.* סִפּוּן, קוֹמָה; חֲפִיסַת קְלָפִים
deck chair כִּסֵּא־נוֹחַ
deck hand סַפּוּנַאי
de·claim' *v.* דִּקְלֵם; דִּבֵּר בְּלַהַט
dec'lama'tion *n.* דִּקְלוּם; נְאוּם
dec'lara'tion *n.* הַצְהָרָה; מִצְהָר
de·clare' *v.* הִצְהִיר, הִכְרִיז, אָמַר
declare oneself הִבְהִיר עַצְמוֹ, טָעַן

declared *adj.* מוּצהָר, מוּבהָק
de′clas′sify′ *v.* הֵסִיר סִוּוּג
de•clen′sion *n.* נְטִיָּה; שִׁפּוּעַ
dec′lina′tion *n.* סֵרוּב, מֵאוּן
de•cline′ *v.* סֵרֵב, דָּחָה; יָרַד, הִתדַּרדֵּר, שָׁקַע; (בדקדוק) הִטָּה
decline *n.* שְׁקִיעָה, יְרִידָה
on the decline הוֹלֵך וּפוֹחֵת
de•cliv′ity *n.* מִדרוֹן, מוֹרָד
de′clutch′ *v.* נִתֵּק/לָחַץ עַל הַמַּצמֵד
de′code′ *v.* פִּענַח צוֹפֶן
décolleté (dā′koltā) בַּעַל מַחשׂוֹף
de′compose′ (-z) *v.* הִפרִיד, שָׁבַר קַרנֵי אוֹר, פֵּרֵק; הִרקִיב
de′com′posi′tion (-zi-) *n.* פֵּרוּק
de′compress′ *v.* הִפחִית הַלַּחַץ
de′contam′inate′ *v.* טִהֵר, חִטֵּא
de′control′ (-rōl) *v.* הֵסִיר הַפִּקּוּחַ מִן
decor′ (dā-) *n.* תִּפאוּרָה
dec′orate′ *v.* קִשֵּׁט, יִפָּה, עִטֵּר
dec′ora′tion *n.* קִשּׁוּט; עִטּוּר
dec′ora′tor *n.* קַשָּׁט, תַּפאוּרָן, יַפַּאי
dec′orous *adj.* הוֹלֵם, הוֹגֵן, לֹא פּוֹגֵעַ
de•co′rum *n.* הֲגִינוּת, צְנִיעוּת
de′coy′ *n&v.* פִּתָּיוֹן; מַלכּוֹדֶת; פִּתָּה
de•coy′ *v.* הִפִּיל בְּמַלכּוֹדֶת
de•crease′ *v.* הִפחִית, צִמצֵם; יָרַד
de′crease′ *n.* הַפחָתָה, יְרִידָה
de•cree′ *n&v.* (הוֹצִיא) צַו; פְּסַק־דִּין
decree ni′si (-sī) צַו־גֵּרוּשִׁין עַל תְּנַאי
dec′rement *n.* הַפחָתָה
de•crep′it *adj.* חָלוּשׁ, תָּשׁוּשׁ
de•cry′ *v.* זִלזֵל בְּ־; גִּנָּה
ded′icate′ *v.* הִקדִּישׁ
dedicated *adj.* מָסוּר, דָּבֵק בְּמַטָּרָה
ded′ica′tion *n.* הַקדָּשָׁה
de•duce′ *v.* הִסִּיק (מסקנה)
de•duct′ *v.* הִפחִית, נִכָּה
de•duc′tion *n.* הַפחָתָה, נִכּוּי; מַסקָנָה
deed *n.* מַעֲשֶׂה, עֲשִׂיָּה; מִסמָך, תְּעוּדָה
deem *v.* סָבַר, הֶאֱמִין, הֶעֱרִיך
deep *adj&adv.* עָמוֹק
deep in a book מִתעַמֵּק בְּסֵפֶר
deep learning הִתעַמְּקוּת, עַמקָנוּת
deep thinker עַמקָן
go off the deep end *הִתפָּרֵץ בְּזַעַם
in deep water בָּאוּ מַיִם עַד נֶפֶשׁ
the deep הַיָּם, הָאוֹקְיָנוֹס
deep′en *v.* הֶעֱמִיק
deep-freeze *n.* מְקָרֵר־הַקפָּאָה
deep-rooted, -seated *adj.* מוּשׁרָשׁ
deep-water/sea *adj.* שֶׁל לֶב־יָם
deer *n.* צְבִי, צְבָאִים
deerskin *n.* עוֹר־צְבִי
de′-es′calate′ *v.* הִפחִית, צִמצֵם
def. = **definite, definition**
de•face′ *v.* הִשׁחִית צוּרָה, טִשׁטֵשׁ
de′ fac′to דֶּה פַקטוֹ, לְמַעֲשֶׂה
de′fal•ca′tion *n.* מְעִילָה
def′ama′tion *n.* הַשׁמָצָה
de•fame′ *v.* הִשׁמִיץ, הִלעִיז
de•fault′ *v.* הִשׁתַּמֵּט; לֹא הוֹפִיעַ
default *n.* הִשׁתַּמְּטוּת; הֵעָדְרוּת, אִי־הוֹפָעָה; בְּרֵרַת מֶחדָּל
de•feat′ *n.* מַפָּלָה, הֶפסֵד, תְּבוּסָה
defeat *v.* הֵבִיס, גָּבַר עַל; סִכֵּל
de•feat′ism′ *n.* תְּבוּסָנוּת
de•feat′ist *n.* תְּבוּסָן, תְּבוּסתָּן
def′ecate′ *v.* עָשָׂה צְרָכָיו
de′fect′ *n.* פְּגָם, חִסָּרוֹן, דֶּפֶקט
de•fect′ *v.* עָרַק (למחנה הנגדי)
de•fec′tion *n.* עֲרִיקָה
de•fec′tive *adj.* פָּגוּם; מְפַגֵּר
de•fend′ *v.* הֵגֵן
de•fend′ant *n.* נִתבָּע, נֶאֱשָׁם
defender *n.* מֵגֵן, סַנֵגוֹר
de•fense′ *n.* הֲגַנָּה; מָגֵן
de•fen′sible *adj.* בַּר־הֲגַנָּה
de•fen′sive *adj.* מֵגֵן, הֲגַנָּתִי
on the defensive בְּעֶמדַּת הִתגּוֹנְנוּת
de•fer′ *v.* דָּחָה (לעתיד), עִכֵּב
defer to נִכנַע לְ־, קִבֵּל דַּעתּוֹ
def′erence *n.* יַחַס־כָּבוֹד, כִּבּוּד
def′eren′tial *adj.* מְכַבֵּד
de•fer′ment *n.* דְּחִיָּה, עִכּוּב
de•fi′ance *n.* הִתנַגְּדוּת, אִי־צִיּוּת
in defiance of בְּנִגּוּד, לַמְרוֹת, חֵרֶף
de•fi′ant *adj.* מִתנַגֵּד, לֹא מְצַיֵּת, בָּז
de•fi′ciency (-fish′ən-) *n.* חוֹסֶר, מַחסוֹר; פְּגָם, לִקּוּי
de•fi′cient (-fish′ənt) *adj.* חָסֵר, לָקוּי, נְטוּל־, נֶעדָּר, לֹא מַספִּיק; מְפַגֵּר
def′icit *n.* גֵּרָעוֹן, דֶּפִיצִיט
de•file′ *v.* לִכלֵך, טִנֵּף, זִהֵם

de′file′ *v.* צָעַד בְּטוּר
de′file′ *n.* מַעֲבָר צַר (בין הרים)
de·fine′ *v.* הִגְדִּיר; תָּחַם תְּחוּמִים
def′inite (-nit) *adj.* מוּגדָר, מוּחלָט, בָּרוּר; פַּסְקָנִי, הֶחְלֵטִי
definite article = the
def′ini′tion (-ni-) *n.* הַגְדָּרָה
de·fin′itive *adj.* סוֹפִי, מוּחלָט
de·flate′ *v.* הוֹצִיא הָאֲוִיר מִן, הִנְמִיךְ קוֹמָתוֹ; צִמְצֵם מַחֲזוֹר הַכֶּסֶף
de·fla′tion *n.* דֶּפְלַצְיָה
de·flect′ *v.* הִטָּה; סָטָה מִמַּסלוּלוֹ
de·flow′er *v.* גָּזַל בְּתוּלִים
de′for′est *v.* בֵּרֵא, עָקַר עֵצִים
de·form′ *v.* עִוֵּת, הִשְׁחִית צוּרָה
deformed *adj.* מְעוּוָּת, בַּעַל מוּם
de·for′mity *n.* מוּם, עִוּוּת
de·fraud′ *v.* רִמָּה, הוֹצִיא בְּמִרמָה
de·fray′ *v.* שִׁלֵּם
defrayal, -ment *n.* סִלּוּק חֶשְׁבּוֹן
de·frost′ (-rôst) *v.* הִפְשִׁיר
deft *adj.* זָרִיז, מוּכשָׁר
de·funct′ *adj.* מֵת; לֹא קַיָּם
de′fuse′ (-z) *v.* פֵּרֵק, נִטְרֵל
de·fy′ *v.* הִמְרָה; הִתְרִיס, עָמַד מוּל
de·gen′eracy *n.* הִתְנַוְּנוּת, דִּלְדּוּל
de·gen′erate′ *v.* הִתְנַוֵּן, הִדַּרְדֵּר
de·gen′erate *adj&n.* מְנוּוָּן; מְפַגֵּר
deg′rada′tion *n.* הַשְׁפָּלָה, קָלוֹן
de·grade′ *v.* הִשְׁפִּיל, בִּזָּה
de·gree′ *n.* מִדָּה, דַּרְגָּה; מַעֲלָה; תּוֹאַר
by degrees בְּהַדְרָגָה
de′hu′manize′ *v.* נָטַל צֶלֶם־אֱנוֹשׁ
de′hy·dra′ted *adj.* יָבֵשׁ, מְיוּבָּשׁ
de′ice′ *v.* הֵסִיר הַקֶּרַח מִן
de′ify′ *v.* הֶאֱלִיהַּ, סָגַד לְ—
deign (dān) *v.* הִשְׁפִּיל עַצְמוֹ
de′ity *n.* אֱלוֹהוּת, אֵל
de·jec′ted *adj.* מְדוּכָּא, עָצוּב
de·jec′tion *n.* דִּכָּאוֹן, עַצְבוּת
de′ ju′re (-ri) דֶּה יוּרֶה, לַהֲלָכָה
de·lay′ *n.* דְּחִיָּה, עִכּוּב, שְׁהִיָּה
delay *v.* דָּחָה, עִכֵּב; הִשְׁתַּהָה
de·lec′table *adj.* טָעִים, נָעִים, נֶחְמָד
del′egate *n.* צִיר, בָּא־כּוֹחַ, נָצִיג
del′egate′ *v.* מִנָּה צִיר, הִסְמִיךְ
del′ega′tion *n.* מִשְׁלַחַת, נְצִיגוּת
de·lete′ *v.* מָחַק
del′e·te′rious *adj.* מַזִּיק
de·le′tion *n.* מְחִיקָה
de·lib′erate *adj.* מְכֻוָּן, מְחוּשָּׁב
de·lib′erate′ *v.* שָׁקַל הֵיטֵב, דָּן
de·lib′era′tion *n.* דִּיּוּן
del′icacy *n.* עֲדִינוּת, רְגִישׁוּת; מַעֲדָן
del′icate *adj.* עָדִין, רָגִישׁ
del′icates′sen *n.* מַעֲדָנִיָּה
de·li′cious (-lish′əs) *adj.* טָעִים, עָרֵב
de·light′ *n.* הֲנָאָה, שִׂמְחָה, תַּעֲנוּג
delight *v.* עִנֵּג, שִׂמַּח; נֶהֱנָה
delightful *adj.* מְעַנֵּג, נָעִים
de·lim′it *v.* קָבַע גְּבוּלוֹת, תָּחַם
de·lin′e·ate′ *v.* תֵּאֵר, שִׂרְטֵט
de·lin′quency *n.* עֲבַרְיָנוּת; עֲבֵרָה
de·lin′quent *n.* עֲבַרְיָן; מִשְׁתַּמֵּט
de·lir′ious *adj.* מְטוֹרָף, נִרְגָּשׁ
de·lir′ium *n.* טֵרוּף, טֵרָפוֹן, תְּזָזִית
de·liv′er *v.* הֶעֱבִיר, מָסַר; נָתַן; אָמַר, הִבִּיעַ; יִלֵּד; שִׁחְרֵר, גָּאַל
be delivered of יָלְדָה
deliverance *n.* שִׁחְרוּר; גִּלּוּי דַּעַת
de·liv′ery *n.* הַעֲבָרָה, מְסִירָה; חֲלוּקָה; שִׁחְרוּר, גְּאוּלָּה; סִגְנוֹן; לֵדָה
dell *n.* עֵמֶק, בִּקְעָה, גַּיְא
de′louse′ *v.* סִלֵּק כִּנִּים, פִּלָּה
del·phin′ium *n.* דָּרְבָנִית (צמח)
de·lude′ *v.* רִמָּה, הוֹלִיךְ שׁוֹלָל
del′uge (-′ūj) *n&v.* מַבּוּל; הֵצִיף
de·lu′sion (-zhən) *n.* אַשְׁלָיָה, הֲזָיָה
de·lu′sive *adj.* מַשְׁלֶה; מְרַמֶּה, מַטְעֶה
de·luxe′ (-looks) דֶּה־לוּקְס, מְפוֹאָר
delve *v.* הִתְעַמֵּק, צָלַל
dem′agog′ic *adj.* דֶּמָגוֹגִי
dem′agogue′ (-gôg) *n.* דֶּמָגוֹג
dem′agog′y *n.* דֶּמָגוֹגְיָה
de·mand′ *n.* דְּרִישָׁה, תְּבִיעָה; בִּקּוּשׁ
demand *v.* תָּבַע, דָּרַשׁ; הִצְרִיךְ
de·mar′cate *v.* צִיֵּן גְּבוּלוֹת, תָּחַם
de·mean′ *v.* הִשְׁפִּיל; הִתְנַהֵג
de·mea′nor *n.* הִתְנַהֲגוּת
de·men′ted *adj.* מְטוֹרָף
de·mer′it *n.* חִסָּרוֹן
dem′igod′ *n.* חֲצִי־אֵל, אֱלִיל
dem′ijohn′ (-jon) *n.* בַּקְבּוּק, קִיתוֹן
de′mil′itariza′tion *n.* פֵּרוּז

de′mil′itarize′ *v.* פֵּרֵז
de·mise′ (-z) *n.* מָוֶת, פְּטִירָה
de·mo′biliza′tion *n.* שִׁחְרוּר מֵהַצָּבָא
de·mo′bilize′ *v.* שִׁחְרֵר מֵהַצָּבָא
de·moc′racy *n.* דֶּמוֹקְרַטְיָה
dem′ocrat′ *n.* דֶּמוֹקְרָט
dem′ocrat′ic *adj.* דֶּמוֹקְרָטִי
dem′ograph′ic *adj.* דֶּמוֹגְרָפִי
de′mog′raphy *n.* דֶּמוֹגְרַפְיָה
de·mol′ish *v.* הָרַס, חִסֵּל
dem′oli′tion (-li-) *n.* הֶרֶס, חִסּוּל
de′mon *n.* שֵׁד, שָׂטָן; שֵׁד מִשַּׁחַת
de′moni′acal *adj.* שְׂטָנִי
dem′onstrate′ *v.* הוֹכִיחַ, הֶרְאָה, הִדְגִּים, הִצִּיג; הִפְגִּין
dem′onstra′tion *n.* הוֹכָחָה; הַפְגָּנָה
de·mon′strative *adj.* מַפְגִּין; גָּלוּי
dem′onstra′tor *n.* מַפְגִּין; מַדְגִּים
de·mor′alize′ *v.* הוֹרִיד הַמּוֹרָל
de·mote′ *v.* הוֹרִיד בְּדַרְגָּה
de·mo′tion *n.* הוֹרָדָה בְּדַרְגָּה
de·mur′ *v.* הִתְנַגֵּד, עִרְעֵר עַל
demur *n.* הִתְנַגְּדוּת, עִרְעוּר
de·mure′ *adj.* צָנוּעַ, רְצִינִי; מִצְטַנֵּעַ
den *n.* מְאוּרָה; *חֶדֶר פְּרָטִי
de′na′ture *v.* פִּגֵּל, הִשְׁחִית טַעֲמוֹ
de·ni′al *n.* שְׁלִילָה, סֵרוּב; הַכְחָשָׁה
den′igrate′ *v.* הִשְׁמִיץ
den′izen *n.* תּוֹשָׁב, שׁוֹכֵן, חַי
de·nom′inate′ *v.* כִּנָּה, קָרָא
de·nom′ina′tion *n.* כִּנּוּי, שֵׁם; כַּת, עֵדָה; סוּג, מִין, עֵרֶךְ; מְכַנֶּה
de·nom′ina′tor *n.* מְכַנֶּה (של שבר)
de′no·ta′tion *n.* צִיּוּן, סִמּוּל, הַגְדָּרָה
de·note′ *v.* צִיֵּן, סִמֵּל
de·nounce′ *v.* גִּנָּה, הוֹקִיעַ
dense *adj.* צָפוּף; אָטוּם, מְטוּמְטָם
den′sity *n.* צְפִיפוּת, דְּחִיסוּת
dent *n.* גּוּמָה, שֶׁקַע; פְּגִיעָה
dent *v.* גָּרַם לְשֶׁקַע, עָשָׂה גּוּמוֹת
den′tal *adj.* שֶׁל הַשִּׁנַּיִם, שִׁנִּי
den′tifrice (-fris) *n.* מִשְׁחַת־שִׁנַּיִם
den′tist *n.* רוֹפֵא שִׁנַּיִם
den′tistry *n.* רִפּוּי שִׁנַּיִם
den′ture, -tures *n.* שִׁנַּיִם תּוֹתָבוֹת
de·nude′ *v.* עִרְטֵל, הִפְשִׁיט; חָשַׂף
de·nun′cia′tion *n.* גִּנּוּי, הוֹקָעָה

de·ny′ *v.* הִכְחִישׁ; הִתְכַּחֵשׁ, נִעֵר חָצְנוֹ מִן; שָׁלַל, מָנַע, חָשַׂךְ
de′o′dorant *n.* דֵּאוֹדוֹרַנְט, מְפִיג רֵיחַ
de·part′ *v.* עָזַב, יָצָא, נִפְרַד
the departed הַמָּנוֹחַ, הַמֵּתִים
de·part′ment *n.* מִשְׂרָד (ממשלתי); מַחְלָקָה, אֲגַף; מָחוֹז; תְּחוּם, שֶׁטַח
department store חֲנוּת כָּל־בּוֹ
de·par′ture *n.* עֲזִיבָה, פְּרִידָה
de·pend′ *v.* הָיָה תָּלוּי בְּ־; סָמַךְ עַל
that depends תָּלוּי, יִתָּכֵן
dependable *adj.* שֶׁאֶפְשָׁר לִסְמוֹךְ עָלָיו
dependence *n.* תְּלוּת; בִּטָּחוֹן, אֵמוּן
de·pen′dency *n.* מְדִינַת חָסוּת
de·pend′ent *adj.* תָּלוּי בְּ־, מוּתְנֶה בְּ—
de·pict′ *v.* תֵּאֵר, הֶרְאָה, צִיֵּר
de·pic′tion *n.* תֵּאוּר
de·plete′ *v.* רוֹקֵן, כִּלָּה
deplorable *adj.* מְצַעֵר; רַע, גָּרוּעַ
de·plore′ *v.* הִצְטַעֵר; גִּנָּה
de·ploy′ *v.* פָּרַס כּוֹחוֹת; הִתְפָּרֵס
deployment *n.* פְּרִיסָה
de·po′nent *n.* עֵד (הכותב תצהיר)
de′pop′u·la′tion *n.* הַפְחָתַת מִסְפַּר הַתּוֹשָׁבִים, חִסּוּל, הַשְׁמָדָה
de·port′ *v.* הִגְלָה; גֵּרֵשׁ; הִתְנַהֵג
de′por·ta′tion *n.* גֵּרוּשׁ, הַגְלָיָה
de·port′ment *n.* הִתְנַהֲגוּת; הִלּוּךְ
de·pose′ (-z) *v.* הֵדִיחַ; הֵעִיד
de·pos′it (-z-) *n.* פִּקָּדוֹן; דְּמֵי־קְדִימָה; מִרְבָּץ, שִׁכְבָה; מִשְׁקָע, סְחוֹפֶת
deposit *v.* שָׂם; הִפְקִיד, הִשְׁלִישׁ
dep′osi′tion (-zi-) *n.* הַדָּחָה; תַּצְהִיר
de·pos′itor (-z-) *n.* מַפְקִיד
de·pos′ito′ry (-z-) *n.* מַחְסָן, אוֹצָר
de′pot (-pō) *n.* תַּחֲנַת־רַכֶּבֶת; מַחְסָן
de·prave′ *v.* הִשְׁחִית, קִלְקֵל
de·prav′ity *n.* שְׁחִיתוּת, קַלְקָלָה
dep′recate′ *v.* גִּנָּה, הִתְנַגֵּד
dep′reca′tion *n.* גִּנּוּי, מְחָאָה
de·pre′ciate′ (-shi-) *v.* מִעֵט, זִלְזֵל
de·pre′cia′tion (-shi-) *n.* יְרִידַת עֵרֶךְ
dep′reda′tion *n.* הֶרֶס, בִּזָּה
de·press′ *v.* לָחַץ עַל, הִקִּישׁ; דִּכָּא
depressed *adj.* מְדוּכָּא; נָחוּת, יָרוּד
de·pres′sion *n.* דִּכָּאוֹן; שֶׁקַע, גּוּמָה; תְּקוּפַת שֵׁפֶל; שֶׁקַע בָּרוֹמֶטְרִי

de•prive′ *v.* מָנַע, שָׁלַל, נָטַל
deprived *adj.* מְקוּפָּח; נְטוּל־, מְשׁוּלָל
depth *n.* עוֹמֶק
dep′u•ta′tion *n.* מִשְׁלַחַת; נְצִיגוּת
dep′u•ty *n.* בָּא־כּוֹחַ; סְגָן; נִבְחָר
de′rail′ *v.* הוֹרִיד מֵהַפַּסִים
de•range′ (-rānj) *v.* בִּלְבֵּל; שִׁגַּע
der′by *n.* מִגְבַּעַת, כּוֹבַע
Der′by *n.* מֵרוֹץ סוּסִים; מִשְׂחָק דֶרְבִּי
der′elict′ *adj.* נָטוּשׁ, מוּזְנָח, מוּפְקָר
der′elic′tion *n.* הַזְנָחָה; חוּרְבָּן
de•ride′ *v.* לָעַג לְ־, צָחַק
de•ri′sion (-rizh′ən) *n.* לַעַג
de•ri′sive *adj.* מְלַגְלֵג, לוֹעֵג; מְגוּחָךְ
de•riv′ative *n.* נִגְזָר; נִגְזֶרֶת
de•rive′ *v.* הֵפִיק, קִבֵּל, שָׁאַב
derived from נִגְזַר מִן, הִשְׁתַּלְשֵׁל
der′matol′ogy *n.* רִפּוּי עוֹר
der′ogate′ *v.* הִפְחִית מֵעֵרֶךְ
de•rog′ato′ry *adj.* מַשְׁפִּיל, מְבַזֶּה
der′rick *n.* עֲגוּרָן, מִגְדַּל קִדּוּחַ
de′sal′inate′ *v.* הִתְפִּיל (מֵי־יָם)
de•scend′ *v.* יָרַד; עָבַר בִּירוּשָׁה
descend on/upon הִסְתָּעֵר עַל
descendant *n.* צֶאֱצָא
de•scent′ *n.* יְרִידָה, הִדַּרְדְּרוּת; מוֹצָא, שׁוֹשֶׁלֶת; הִתְנַפְּלוּת; הוֹרָשָׁה
de•scribe′ *v.* תֵּאֵר, שִׂרְטֵט
de•scrip′tion *n.* תֵּאוּר; סוּג
de•scrip′tive *adj.* תֵּאוּרִי, צִיּוּרִי
de•scry′ *v.* רָאָה, הִבְחִין מֵרָחוֹק
des′ecrate′ *v.* חִלֵּל
des′ecra′tion *n.* חִלּוּל
de′seg′regate′ *v.* בִּטֵּל הַהַפְרָדָה
de•sert′ (-z-) *v.* נָטַשׁ, הִפְקִיר; עָרַק
des′ert (-z-) *n.* מִדְבָּר
de•ser′tion (-z-) *n.* נְטִישָׁה; עֲרִיקָה
de•serts′ (-z-) *npl.* גְּמוּל, עוֹנֶשׁ
de•serve′ (-z-) *v.* הָיָה רָאוּי לְ—
de•serv′edly (-z-) *adv.* כָּרָאוּי
des′iccate′ *v.* יִבֵּשׁ (פֵּירוֹת, מָזוֹן)
de•sid′era′ta *npl.* נְחוּצוֹת
de•sign′ (-zīn) *n.* תּוֹכְנִית, תַּרְשִׁים, שִׂרְטוּט, דוּגְמָה; מִדְגָם, כַּוָּנָה, זָדוֹן
design *v.* תִּכְנֵן, שִׂרְטֵט; זָמַם
des′ignate (-z-) *adj.* מְיוּעָד
des′ignate′ (-z-) *v.* צִיֵּן, סִמֵּן; מִנָּה, בָּחַר, יִעֵד
des′igna′tion (-z-) *n.* מִנּוּי; כִּנּוּי
designed *adj.* מְיוּעָד, מְתוּכְנָן
designing *n.* שִׂרְטוּט, תִּכְנוּן
desirable *adj.* רָצוּי; נֶחְמָד
de•sire′ (-z-) *v.* רָצָה, חָפֵץ, בִּקֵּשׁ
desire *n.* תְּשׁוּקָה; רָצוֹן, בַּקָּשָׁה
de•si′rous (-z-) *adj.* רוֹצֶה, חָפֵץ
de•sist′ *v.* חָדַל, הִפְסִיק
desk *n.* שׁוּלְחָן, מִכְתָּבָה; דֶּסְק
desk clerk פְּקִיד קַבָּלָה
des′olate *adj.* שׁוֹמֵם, עָזוּב; אוּמְלָל
des′olate′ *v.* הִזְנִיחַ; אִמְלֵל
des′ola′tion *n.* חוּרְבָּן, שַׁמָּה
de•spair′ *n&v.* יֵאוּשׁ; הִתְיָאֵשׁ
des′perate *adj.* מְיוּאָשׁ, נוֹאָשׁ; מְסוּכָּן
desperately *adv.* נוֹאָשׁוֹת, עַד מְאוֹד
de•spic′able *adj.* נִבְזֶה, נִבְזִי
de•spise′ (-z) *v.* בָּז, תִּעֵב
de•spite′ *prep.* לַמְרוֹת, חֵרֶף
de•spoil′ *v.* בָּזַז, שָׁדַד
de•spon′dency *n.* דִּכָּאוֹן
de•spon′dent *adj.* מְדוּכָּא
des′pot *n.* עָרִיץ, רוֹדָן
des′potism′ *n.* רוֹדָנוּת, עָרִיצוּת
dessert′ (diz-) *n.* לִפְתָּן, פַּרְפֶּרֶת
des′tina′tion *n.* מְחוֹז־חֵפֶץ, יַעַד
des′tine (-tin) *v.* הוֹעִיד
destined מְיוּעָד; נִגְזָר (מִשָּׁמַיִם)
des′tiny *n.* גּוֹרָל, מַזָּל, יִעוּד
des′titude′ *adj.* עָנִי; נְטוּל־, חָסֵר
des′titu′tion *n.* עוֹנִי, מַחְסוֹר
de•stroy′ *v.* הָרַס, הִשְׁמִיד, חִסֵּל
destroyer *n.* מַשְׁחֶתֶת
de•struc′tion *n.* הֶרֶס, חוּרְבָּן
de•struc′tive *adj.* הוֹרֵס, הַרְסָנִי
des′ulto′ry *adj.* שִׁטְחִי, לֹא שִׁטָתִי
de•tach′ *v.* נִתֵּק, הִפְרִיד; הִקְצָה
detached *adj.* לֹא מְשׁוּחָד, אוֹבְּיֶקְטִיבִי
detachment *n.* נִתּוּק; פְּלֻגָּה
de•tail′ *n.* פְּרָט; פְּרוֹטְרוֹט; יְחִידָה
detail *v.* הִקְצָה (לִמְשִׂימָה); פֵּרֵט
de•tain′ *v.* עִכֵּב, עָצַר, כָּלָא
de′tainee′ *n.* עָצוּר, עָצִיר
de•tect′ *v.* גִּלָּה, הִבְחִין בְּ—
de•tec′tion *n.* גִּלּוּי, חֲשִׂיפָה
de•tec′tive *n&adj.* בַּלָּשׁ; בַּלָּשִׁי

detector *n.* מְגַלֶּה, גַּלַּאי, דֶטֶקטוֹר
de·ten′tion *n.* מַעְצָר; עִכּוּב, רִתּוּק
de·ter′ *v.* הִרְתִּיעַ, עָצַר בְּעַד
de·ter′gent *n.* דֶטֶרְגֶנְט, תַּכְשִׁיר נִקּוּי
de·te′riorate′ *v.* קִלְקֵל; הִדַּרְדֵּר
de·ter′minate *adj.* מוּגְדָּר, קָבוּעַ
de·ter′mina′tion *n.* הַחְלָטָה
נְחִישׁוּת; הֶחְלֵטִיּוּת; הַגְדָּרָה, קְבִיעָה
de·ter′mine (-min) *v.* הֶחְלִיט; קָבַע
determined *adj.* נָחוּשׁ בְּדַעְתּוֹ
de·ter′rence *n.* הַרְתָּעָה
de·ter′rent *n&adj.* מַרְתִּיעַ
de·test′ *v.* שָׂנֵא, תִּעֵב
de·test′able *adj.* מְתוֹעָב
de·throne′ *v.* הִדִּיחַ (מלך)
det′onate′ *v.* פּוֹצֵץ; הִתְפּוֹצֵץ
det′ona′tion *n.* פִּצּוּץ, נֶפֶץ
det′ona′tor *n.* נַפָּץ, דֶטוֹנָטוֹר
de·tour′ (-toor) *n&v.* מַעֲקָף; עָקַף
de·tract′ *v.* גָּרַע, פָּגַם, זִלְזֵל
det′riment *n.* נֶזֶק, פְּגִיעָה, רָעָה
det′rimen′tal *adj.* מַזִּיק, פּוֹגֵעַ
deuce (dōōs) *n.* שְׁנַיִם; שִׁוְיוֹן; שָׂטָן
Deu′teron′omy (dōōt-) *n.* דְּבָרִים
de′val′uate′ (-lūāt) *v.* פִּחֵת
de′val′ua′tion (-lūā′-) *n.* פִּחוּת
dev′astate′ *v.* הָרַס, הֶחֱרִיב
dev′asta′tion *n.* הֶרֶס, חוּרְבָּן
de·vel′op *v.* הִתְפַּתֵּחַ; פִּתֵּחַ
development *n.* הִתְפַּתְּחוּת; פִּתּוּחַ
de′viate′ *v.* סָטָה, חָרַג
de′via′tion *n.* סְטִיָּה, נְלִיזָה
de·vice′ *n.* תַּחְבּוּלָה, תּוֹכְנִית; מִתְקָן
dev′il (-vəl) *n.* שָׂטָן, שֵׁד
go to the devil! לֵךְ לַעֲזָאזֵל!
what the devil- מַה, לְכָל הָרוּחוֹת –
devil *v.* טִגֵּן; הֵצִיק, עִנָּה
dev′ilry *n.* תַּעֲלוּל; שֵׁדִיּוּת
de′vious *adj.* עוֹקֵף, עֲקַלְקַל; עַרְמוּמִי
de·vise′ (-z) *v.* הִמְצִיא, תִּכְנֵן; הוֹרִישׁ
de·void′ *adj.* רֵיק; חֲסַר־, נֶעְדַּר –
de·volve′ *v.* הֶעֱבִיר, הֵטִיל, גִּלְגֵּל
de·vote′ *v.* הִקְדִּישׁ
devoted *adj.* מָסוּר, נֶאֱמָן, מִתְמַסֵּר
dev′otee′ *n.* חָסִיד, חוֹבֵב; קַנַּאי
de·vo′tion *n.* מְסִירוּת; הִתְמַסְּרוּת
de·vour′ *v.* טָרַף; אָכַל, זָלַל

de·vout′ *adj.* אָדוּק, דָּתִי; רְצִינִי
dew (dōō) *n.* טַל
dewdrop *n.* אֶגֶל־טַל
dew′lap′ (dōō-) *n.* פִּימָה, סַנְטֵר כָּפוּל
dex·ter′ity *n.* מְיוּמָנוּת
dex′terous *n.* זָרִיז, מוּמְחֶה
di′abe′tes *n.* סוּכֶּרֶת, מַחֲלַת הַסּוּכָּר
di′abet′ic *n.* חוֹלֵה סוּכֶּרֶת
di′abol′ic *adj.* שְׂטָנִי
di′adem′ *n.* כֶּתֶר, נֵזֶר, עֲטָרָה
di′agnose′ *v.* אִבְחֵן
di′agno′sis *n.* דִיאַגְנוֹזָה, תַּבְחִין
di′agnos′tic *adj.* אַבְחָנָתִי
di·ag′onal *n&adj.* אֲלַכְסוֹן; אֲלַכְסוֹנִי
di′agram′ *n.* דִיאַגְרַמָּה, תַּרְשִׁים
di′al *n&v.* חוּגָה; לוּחַ הַשָּׁעוֹן; חִיֵּג
di′alect′ *n.* דִיאָלֶקְט, נִיב
di′alec′tic *n.* דִיאָלֶקְטִיקָה
dialing code קִדּוֹמֶת
di′alogue′ (-lôg) *n.* דִיאָלוֹג, שִׂיחָה
dial tone צְלִיל חִיּוּג
di·am′eter *n.* קוֹטֶר
di′amet′rical *adj.* קוֹטְבִּי; מְנוּגָּד
di′amond *n.* יַהֲלוֹם; מְעוּיָּן, רוֹמְבּוּס
di′aper *n.* חִתּוּל
di·aph′anous *adj.* שָׁקוּף
di′aphragm′ (-ram) *n.* סַרְעֶפֶת;
תּוּפִית; דִיאַפְרַגְמָה, צַמְצָם
di′arist *adj.* יוֹמָנַאי
di′arrhoe′a (-rē′ə) *n.* שִׁלְשׁוּל
di′ary *n.* יוֹמָן
Di·as′pora *adj.* יַהֲדוּת הַתְּפוּצוֹת
di′atribe′ *n.* הַתְקָפָה חֲרִיפָה, הַצְלָפָה
dib′ber, dib′ble *n.* דֶּקֶר
dice *n.* קוּבִּיָּה, קוּבִּיּוֹת
dice *v.* שִׂחֵק; חָתַךְ לְקוּבִּיּוֹת
dick′ens (-z) *n.* שֵׁד, שָׂטָן
what the dickens *מַה, לַעֲזָאזֵל
dick′er *v.* *הִתְמַקֵּחַ
dick′y *adj.* *חָלוּשׁ, רָעוּעַ
dick′y, -ey, -ie *n.* צַוָּארוֹן; חוּלְצָה
מְזוּיֶּפֶת; מוֹשָׁב קָטָן אֲחוֹרִי; *צִפּוֹר
dic′taphone′ *n.* דִיקְטָפוֹן
dictate′ *v.* הִכְתִּיב
dic′tate′ *n.* תַּכְתִּיב, צַו, דִיקְטָט
dicta′tion *n.* הַכְתָּבָה, תַּכְתִּיב
dic′ta′tor *n.* רוֹדָן, דִיקְטָטוֹר

dic′tato′rial *adj.* רוֹדָנִי, דִיקטָטוֹרִי
dicta′torship *n.* רוֹדָנוּת
dic′tion *n.* דִיקצְיָה, סִגנוֹן; מִבטָא
dic′tionar′y (-′shəneri) *n.* מִלוֹן
dic′tum *n.* פִּתגָם; חַוַת דַעַת
did = pt of do
di·dac′tic *adj.* דִידַקטִי, לִמוּדִי
didn't = did not (did′ənt)
die (dī) *v.* מֵת; הִתאַוָה לְ־; דָעַך
die away/down דָעַך, גָוַע
die off מֵת בָּזֶה אַחַר זֶה
die *n.* קוּבִּיָה; מַטבַּעַת, מַטרִיצָה
the die is cast הַפּוּר נָפַל
die-hard *n.* עַקשָן; שַמרָן
die′sel (dē′z-) *n.* דִיזֶל
di′et *n.* דִיאֶטָה, תַּפרִיט, תְּזוּנָה, בָּרוּת
diet *v.* צָוָה/שָמַר עַל דִיאֶטָה
di′etar′y (-teri) *adj.* דִיאֶטִי
dietary laws דִינֵי כַּשרוּת
di′etet′ic *adj.* תְּזוּנָתִי, דִיאֶטֶטִי
di′eti′cian (-tish′ən) *n.* תְּזוּנַאי
dif′fer *v.* הָיָה שוֹנֶה; חָלַק עַל
dif′ference *n.* שוֹנִי, הֶבדֵל; הֶפרֵש
dif′ferent *adj.* שוֹנֶה; מְיוּחָד
dif′feren′tial *n.* דִיפֶרֶנצִיָאל
dif′feren′tiate′ (-′sh-) *v.* הִבדִיל
dif′feren′tia′tion (-′sh-) *n.* הַבחָנָה
dif′ficult *adj.* קָשֶה
dif′ficulty *n.* קוֹשִי
dif′fidence *n.* בַּיְשָנוּת
dif′fident *adj.* בַּיְשָן, חֲסַר־בִּטָחוֹן
diffuse′ (-s) *adj.* לַהֲגָנִי; מְפוּזָר
diffuse′ (-z) *v.* הִתפַּשֵט; הֵפִיץ
diffu′sion (-zhən) *n.* הֲפָצָה; דִיוּת
dig *v.* חָפַר, עָדַר; *חִבֵּב; הֵבִין
dig in הִתכַּבֵּד, הִתחִיל; הִתחַפֵּר
dig out/up מָצָא, חָשַף
dig *n.* חֲפִירָה, אֲתַר; דְחִיפָה; *עֲקִיצָה
di′gest′ *n.* תַּמצִית, תַּקצִיר; תַּלקִיט
di·gest′ *v.* עִכֵּל; הִתעַכֵּל; הֵבִין
di·ges′tible *adj.* מִתעַכֵּל
diges′tion (-chən) *n.* עִכּוּל
diges′tive *n.* עִכּוּלִי
diggings *npl.* חֲפִירוֹת, מִכרֶה; *מְגוּרִים
dig′it *n.* סִפרָה; אֶצבַּע
dig′ital *adj.* סִפרָתִי, דִיגִיטָלִי
dignified *adj.* מַרשִים, מְעוֹרֵר כָּבוֹד
dig′nify′ *v.* כִּבֵּד; הֶאֱדִיר; נִפֵּחַ
dig′nitar′y (-teri) *n.* נִכבָּד
dig′nity *n.* כָּבוֹד, אֲצִילוּת, מַעֲמָד
di·gress′ *v.* סָטָה, חָרַג
di·gres′sion *n.* סְטִיָה, חֲרִיגָה, עִוּוּת
dike *n.* דָיֵק, סוֹלְלָה, תְּעָלָה
dilap′ida′ted *adj.* רָעוּעַ, הָרוּס
dilap′ida′tion *n.* רְעִיעוּת
di·late′ *v.* הִרחִיב, פִּעֵר; הִתרַחֵב
dil′ato′ry *adj.* רַשלָנִי, אִטִי, מְעַכֵּב
dilem′ma *n.* דִילֶמָה, מַצָב קָשֶה
dil′ettan′te (-tänti) *n.* חוֹבְבָן
dil′igence *n.* הַתמָדָה, שַקדָנוּת
dil′igent *n.* מַתמִיד, שַקדָן
dill *n.* שֶבֶת (צמח־תבלין)
dil′ly-dal′ly *v.* בִּזבֵּז זְמַן, הִסֵס
di·lute′ *v&adj.* דִלֵל, מָהַל; דָלִיל
di·lu′tion *n.* דִלוּל; נוֹזֵל מְדוּלָל
dim *adj&v.* עָמוּם; עִמעֵם; הִתעַמעֵם
dime *n.* דַיים (10 סנטים)
dimen′sion *n.* מֵמַד
dimensional *adj.* מְמַדִי
dimin′ish *v.* הִפחִית, צִמצֵם; פָּחַת
dimin′u·tive *adj.* זָעִיר, קְטַנטַן
dim′mer *n.* מְעַמעֵם; עַמָמוֹר
dim′ple *n.* גוּמַת־חֵן
dim-witted *adj.* *טִפְּשִי
din *n&v.* רַעַש, שָאוֹן; רָעַש, הִרעִיש
dinar′ *n.* דִינָר
dine *v.* סָעַד; כִּבֵּד בִּסְעוּדָה
dine out אָכַל בַּחוּץ
di′ner *n.* סוֹעֵד; קְרוֹן־מִזנוֹן
di·nette′ *n.* פִּנַת אוֹכֶל
ding′-dong′ (-dông) *n.* צִלצוּל
din′gey, -ghy (-gi) *n.* סִירָה קְטַנָה
din′gy *adj.* מְלוּכלָך; קוֹדֵר
dining room חֲדַר אוֹכֶל
din′ky *adj.* *חָמוּד, מַקסִים; קְטַנטַן
din′ner *n.* אֲרוּחַת הַיוֹם הָעִקָרִית
dinner jacket סְמוֹקִינג, מִקטוֹרֶן
di′nosaur′ *n.* דִינוֹזָאוּר
dint *n.* שֶקַע, גוּמָה
by dint of בְּאֶמצָעוּת, עַל־יְדֵי
di′ocese′ *n.* מְחוֹז הַבִּישוֹף, בִּישוֹפוּת
di·ox′ide *n.* דו־תַּחמוֹצֶת
dip *v.* שָרָה, טָבַל; שָקַע; הוֹרִיד
dip up/out דָלָה, שָאַב

dip *n.* טְבִילָה; יְרִידָה, שִׁפּוּעַ; הוֹרָדָה
diphthe'ria *n.* דִיפְתֶּרְיָה, אַסְכָּרָה
diph'thong' *n.* דוּ־תְּנוּעָה, דִיפְתּוֹנג
diplo'ma *n.* דִיפְּלוֹמָה; תְּעוּדַת־גְּמָר
diplo'macy *n.* דִיפְּלוֹמַטְיָה, מְדִינָאוּת
dip'lomat' *n.* דִיפְּלוֹמָט, מְדִינָאִי
dip'lomat'ic *adj.* דִיפְּלוֹמָטִי; טַקְטִי
dip'per *n.* מַצֶּקֶת, תַּרְוָד
dip-stick *n.* קְנֵה־טְבִילָה
dipswitch *n.* מֶתֶג עִמְעוּם
dire *adj.* נוֹרָא, מַפְחִיד
direct' *adj&adv.* יָשָׁר, יָשִׁיר; בָּרוּר
direct *v.* הִנְחָה, הִדְרִיךְ, הִפְנָה; פִּקַּח, נִהֵל; צִוָּה, הוֹרָה; בִּיֵּם
direc'tion *n.* כִּוּוּן; הַדְרָכָה, פִּקּוּחַ; נִצּוּחַ; הַנְהָלָה; הוֹרָאָה, הַנְחָיָה
direc'tive *n&adj.* הַנְחָיָה; מַנְחֶה
directly *adv.* יְשִׁירוּת, הַיְשֵׁר; מִיָּד
director *n.* מְנַהֵל; בַּמַּאי
direct'orate *n.* הַנְהָלָה; דִירֶקְטוֹרְיוֹן
direct'ory *n.* מַדְרִיךְ (ספר)
dirge *n.* קִינָה
dir'igible *n.* סְפִינַת אֲוִיר
dirt *n.* לִכְלוּךְ; עָפָר; נִבּוּל פֶּה
dirt cheap *בְּזִיל הַזּוֹל
dirt track מַסְלוּל (לתחרויות)
dirt'y *adj.* מְלוּכְלָךְ; סוֹעֵר, סַגְרִירִי
dirty *v.* לִכְלֵךְ; הִתְלַכְלֵךְ
dis- (תחילית) לֹא, אִי־, בִּטֵּל, שָׁלַל
dis'abil'ity *n.* מוּם, נָכוּת, לִקּוּי
dis•a'ble *v.* הֵטִיל מוּם; פָּסַל
disabled *adj.* נָכֶה, בַּעַל מוּם
dis'advan'tage *n.* מִגְרַעַת, חִסָּרוֹן
dis•ad'vanta'geous (-jəs) לֹא נוֹחַ
dis'affec'tion *n.* חוֹסֶר נֶאֱמָנוּת
dis'agree' *v.* חָלַק עַל; לֹא הִתְאִים
disagreeable *adj.* לֹא נָעִים; רַגְזָן
disagreement *n.* חִלּוּקֵי־דֵעוֹת, אִי— הַתְאָמָה, הֶבְדֵּל
dis'appear' *v.* נֶעֱלַם; נִכְחַד
disappearance *n.* הֵעָלְמוּת
dis'appoint' *v.* אִכְזֵב
disappointment *n.* אַכְזָבָה, מַפַּח־נֶפֶשׁ
dis'approv'al (-rōōv-) *n.* מוֹרַת־רוּחַ
dis'approve' (-rōōv) *v.* הִתְיַחֵס בִּשְׁלִילָה; הִסְתַּיֵּג, הִבִּיעַ מוֹרַת־רוּחַ
dis•arm' *v.* פֵּרֵק נֶשֶׁק; הֵפִיג
dis•ar'mament *n.* פֵּרוּק נֶשֶׁק
dis'arrange' (-rānj) *v.* בִּלְבֵּל, הָפַךְ
disarrangement *n.* אִי־סֵדֶר
dis'array' *v&n.* בִּלְבֵּל; אִי־סֵדֶר
disas'ter (-zas-) *n.* אָסוֹן, שׁוֹאָה
disas'trous (-zas-) *adj.* מֵמִיט שׁוֹאָה
dis'avow' *v.* כָּפַר, דָּחָה, שָׁלַל קֶשֶׁר
dis•band' *v.* פֵּרֵק, שִׁחְרֵר; הִתְפָּרֵק
dis'be•lief' (-lēf) *n.* חוֹסֶר אֵמוּן
dis'be•lieve' (-lēv) *v.* כָּפַר
dis•burse' *v.* הוֹצִיא כֶּסֶף, שִׁלֵּם
disc, disk *n.* דִיסְק; דִיסְקוּס; תַּקְלִיט
discard' *v.* הִשְׁלִיךְ, נִפְטַר, גֵּרֵט
dis'card' *n.* חֵפֶץ מוּשְׁלָךְ; גֶּרֶט
discern' *v.* הִבְחִין, רָאָה
discerning *adj.* מַבְחִין, מֵבִין
dis•charge' *v.* פָּרַק מִטְעָן; פָּלַט; הוֹצִיא; שִׁחְרֵר; סִלֵּק; שִׁלַּח; יָרָה
discharge *n.* פְּרִיקָה; פְּלִיטָה; הֶפְטֵר, שִׁחְרוּר, סִלּוּק חוֹב; יְרִיָּה
disci'ple *n.* תַּלְמִיד, מַעֲרִיץ, חָסִיד
dis'ciplina'rian *n.* מַשְׁלִיט מִשְׁמַעַת
dis'ciplinar'y (-neri) *adj.* מִשְׁמַעְתִּי
dis'cipline (-lin) *n&v.* מִשְׁמַעַת; עוֹנֶשׁ; שִׁטָּה; מִשְׁמַע, הֶעֱנִישׁ
dis•claim' *v.* נִעֵר חָצְנוֹ מִן, וִתֵּר
disclose' (-z) *v.* גִּלָּה, חָשַׂף
disclo'sure (-zhər) *n.* גִּלּוּי
dis'co *n.* *דִיסְקוֹ; דִיסְקוֹטֶק
dis•col'or (-kul-) *v.* שִׁנָּה צֶבַע; דָּהָה
dis•com'fit (-kum-) *v.* הֵבִיךְ; סִכֵּל
dis•com'fiture (-kum-) *n.* מְבוּכָה
dis•com'fort (-kum-) *n.* אִי־נוֹחוּת
dis'compo'sure (-zhər) *n.* מְבוּכָה
dis'concert' *v.* הֵבִיךְ, הִדְאִיג; סִכֵּל
dis'connect' *v.* נִתֵּק
disconnected *adj.* מְנוּתָּק, חֲסַר־קֶשֶׁר
dis•con'solate *adj.* שֶׁאֵין לְנַחֲמוֹ
dis'content' *n.* אִי־שְׂבִיעוּת־רָצוֹן
discontented *adj.* לֹא־מְרוּצֶה
dis'contin'ue (-nū) *v.* הִפְסִיק, חָדַל
dis'con•tinu'ity *adj.* אִי־רְצִיפוּת
dis'cord' *n.* חוֹסֶר־הַרְמוֹנְיָה; צְרִיר
dis•cor'dant *adj.* לֹא־תּוֹאֵם; צוֹרֵם
dis'cothèque' (-tek) *n.* דִיסְקוֹטֶק
dis'count' *n.* הֲנָחָה; נִכָּיוֹן, דִיסְקוֹנְט
discount *v.* נִכָּה (שְׁטָר); בִּטֵּל, זִלְזֵל

dis•coun′tenance *v.* הִסְתַּיֵּג מִן
dis•cour′age (-kûr′-) *v.* הִרְתִּיעַ,
רִפָּה יָדַיִם; מָנַע, הֵנִיא
discouragement *n.* מְנִיעָה, הַרְתָּעָה
dis′course′ (-kôrs) *n.* הַרְצָאָה; דִּיּוּן
discourse′ (-kôrs) *v.* הִרְצָה
dis•cour′te•ous (-kûr′-) לֹא־נִימוּסִי
dis•cour′tesy (-kûr′-) חוֹסֶר נִימוּס
dis•cov′er (-kuv-) *v.* גִּלָּה, מָצָא
dis•cov′ery (-kuv-) *n.* גִּלּוּי; תַּגְלִית
dis•cred′it *v.* עִרְעֵר הָאֵמוּן; פִּקְפֵּק
discredit *n.* חוֹסֶר־אֵמוּן; פִּקְפּוּק; כֶּתֶם
discreditable *adj.* מֵבִישׁ, מַחְפִּיר
discreet′ *adj.* דִּיסְקְרֶטִי, זָהִיר, טַקְטִי
dis•crep′ancy *n.* אִי־הַתְאָמָה, סְתִירָה
discrete′ *adj.* לֹא־רָצִיף; נִפְרָד
discre′tion (-resh′ən) *n.* זְהִירוּת,
תְּבוּנָה; שִׁפּוּט, שִׁקּוּל־דַּעַת
discrim′inate′ *v.* הִבְחִין, הִבְדִּיל
discrim′ina′tion *n.* הַבְחָנָה; הַפְלָיָה
discur′sive *adj.* קוֹפֵץ מִנּוֹשֵׂא לְנוֹשֵׂא
dis′cus *n.* דִּיסְקוּס
discuss′ *v.* דָּן, שׂוֹחֵחַ, הִתְוַכֵּחַ
discus′sion *n.* וִכּוּחַ, דִּיּוּן
disdain′ *v&n.* בָּז לְ־, (דָּחָה בְּ־)בּוּז
disdainful *adj.* בָּז, מִתְיַחֵס בְּבוּז
disease′ (-zēz) *n.* מַחֲלָה
diseased *adj.* חוֹלֶה, נָגוּעַ
dis′embark′ *v.* יָרַד מֵאֳנִיָּה; הִנְחִית
dis•em′bar•ka′tion *n.* נְחִיתָה
dis′embar′rass *v.* חִלֵּץ מִמְּבוּכָה
dis′embow′el *v.* הוֹצִיא אֶת הַמֵּעַיִם
dis′enchant′ *v.* שִׁחְרֵר מֵחַבְלֵי־קֶסֶם
dis′engage′ *v.* הִתִּיר; נִתֵּק; נִתַּק
disengagement *n.* הִנָּתְקוּת
dis′entan′gle *v.* שִׁחְרֵר, הִתִּיר
dis•fa′vor *n.* חוֹסֶר־אַהֲדָה, הִסְתַּיְּגוּת
disfavor *v.* הִתְיַחֵס בִּשְׁלִילָה, הִסְתַּיֵּג
dis•fig′ure (-gyər) *v.* כִּעֵר, הִשְׁחִית
dis•fran′chise (-z) *v.* שָׁלַל
זְכוּת בְּחִירָה מִן
dis•gorge′ *v.* הֵקִיא; נִשְׁפַּךְ לַיָּם;
הֶחֱזִיר לַבְּעָלִים
dis•grace′ *n.* בּוּשָׁה, חֶרְפָּה
disgrace *v.* הֵמִיט חֶרְפָּה עַל; בִּיֵּשׁ
disgraceful *adj.* מֵבִישׁ, מַחְפִּיר
dis•grun′tle *v.* אִכְזֵב

disgruntled *adj.* מְאוּכְזָב, מְמוּרְמָר
dis•guise′ (-gīz) *v.* הִסְתִּיר, הִסְוָה
disguise oneself הִתְחַפֵּשׂ, הִתְחַזָּה
disguise *n.* תַּחְפֹּשֶׂת, מַסְוֶה; הִתְחַזּוּת
disgust′ *n&v.* (עוֹרֵר) גּוֹעַל, תִּעוּב
disgusting *adj.* גּוֹעֲלִי, מַגְעִיל
dish *n.* קְעָרָה; צַלַּחַת; תַּבְשִׁיל; מָנָה
dish *v.* הָרַס, סִכֵּל, הֵבִיס
dish out חִלֵּק, נָתַן; *בִּקֵּר קָשׁוֹת
dish up הִגִּישׁ אוֹכֶל; הֵכִין
dishcloth *n.* מַטְלִית־כֵּלִים
dis•heart′en (-här-) *v.* רִפָּה יָדַיִם
dishev′eled (-vəld) *adj.* פָּרוּעַ, מְרוּשָּׁל
dis•hon′est (-son-) *adj.* לֹא הוֹגֵן, רַמַּאי
dishonesty *n.* מִרְמָה, חוֹסֶר־הֲגִינוּת
dis•hon′or (-son-) *n.* חֶרְפָּה, קָלוֹן
dishonor *v.* בִּיֵּשׁ; לֹא כִּבֵּד (צ׳יק)
dishonorable *adj.* מֵבִישׁ, מְגוּנֶּה
dishwasher *n.* מֵדִיחַ כֵּלִים
dis′illu′sion (-zhən) *v.* עִרְעֵר
אַשְׁלָיָה, שִׁחְרֵר מֵאֱמוּנַת־שָׁוְא, אִכְזֵב
disillusioned *adj.* מְאוּכְזָב, מִתְפַּכֵּחַ
dis′incen′tive *n.* גּוֹרֵם מַרְתִּיעַ
dis•in′clina′tion *n.* חוֹסֶר נְטִיָּה
dis′incline′ *v.* הֵסֵב לֵב מִן; סֵרֵב
disinclined *adj.* לֹא רוֹצֶה, מִסְתַּיֵּג
dis′infect′ *v.* חִטֵּא, טִהֵר
dis′infec′tion *n.* חִטּוּי, חִטּוּא
dis′infest′ *v.* הִדְבִּיר מַזִּיקִים
dis′ingen′uous (-nūəs) *n.* לֹא הוֹגֵן
dis′inher′it *v.* נִשֵּׁל מִירוּשָּׁה
dis•in′tegrate′ *v.* פּוֹרֵר; הִתְפּוֹרֵר
dis′inter′ *v.* הוֹצִיא מִן הַקֶּבֶר; חָשַׂף
dis•in′terest′ed *adj.* אָדִישׁ
dis•joint′ *v.* פֵּרֵק (לחלקים)
disjointed *adj.* חֲסַר־קֶשֶׁר, מְקוּטָּע
disk = disc
diskette′ *n.* תַּקְלִיטוֹן, דִּיסְקֶט
disk jockey מַגִּישׁ שִׁירִים וּלְהִיטִים
dis•like′ *v&n.* לֹא חִבֵּב; שִׂנְאָה
dis′lo•cate′ *v.* נָקַע עֶצֶם; הֵזִיז; שִׁבֵּשׁ
dis•lodge′ *v.* הוֹצִיא, חִלֵּץ; סִלֵּק
dis•loy′al *adj.* לֹא נֶאֱמָן, לֹא מָסוּר
dis•loy′alty *n.* אִי־מְסִירוּת, בְּגִידָה
dis′mal (-z-) *adj.* עָצוּב, קוֹדֵר, מְדַכֵּא
disman′tle *v.* פֵּרֵק; פִּנָּה צִיּוּד
dismay *v&n.* הִפְחִיד; פַּחַד, אֵימָה

dis•mem′ber *v.* בִּתֵּר, שִׁסַּע; חִלֵּק
dismiss′ *v.* פָּטַר; שִׁלַּח, שִׁחְרֵר
dismiss′al *n.* פִּטּוּרִים
dis•mount′ *v.* יָרַד (מסוס); הוֹרִיד
dis′obe′dience *n.* אִי־צִיּוּת
dis′obe′dient *adj.* לֹא מְצַיֵּת, סָרְבָן
dis′obey′ (-bā) *v.* לֹא צִיֵּת; הִמְרָה
dis•or′der *n&v.* (גָּרַם) אִי־סֵדֶר
dis•or′derly *adj.* פָּרוּעַ, לֹא מְסוּדָּר
dis•or′ganize′ *v.* שִׁבֵּשׁ, בִּלְבֵּל סֵדֶר
dis•or′ienta′ted *adj.* מְבוּלְבָּל
dis•own′ (-ōn) *v.* הִתְכַּחֵשׁ לְ—
dis•par′age *v.* זִלְזֵל בְּ־, הִמְעִיט
dis′parate *adj.* שׁוֹנֶה לְגַמְרֵי, לֹא דּוֹמֶה
dis•par′ity *n.* שׁוֹנִי, הֶבְדֵּל
dis•pas′sionate (-shən-) *adj.* קַר־רוּחַ
dispatch′ *v.* שָׁלַח, הֵרִיץ; חִסֵּל; הָרַג
dispatch *n.* שִׁגּוּר; שֶׁדֶר; יְעִילוּת
dispel′ *v.* פִּזֵּר, הֵפִיג, סִלֵּק
dispen′sable *adj.* שֶׁאֶפְשָׁר לְוַתֵּר עָלָיו
dispen′sary *n.* מִרְפָּאָה, בֵּית מִרְקַחַת
dis′pensa′tion *n.* חֲלוּקָה, מַתָּן; הֶתֵּר
dispense′ *v.* חִלֵּק, נָתַן; וִתֵּר
dispense with הִסְתַּדֵּר בִּלְעָדָיו
dispenser *n.* רוֹקֵחַ; מַנְפֵּק
disperse′ *v.* פִּזֵּר; הִתְפַּזֵּר
disper′sion (-zhən) *n.* פִּזּוּר; הַפְּזוּרָה
dispir′it *v.* רִפָּה יָדַיִם, יֵאֵשׁ
dis•place′ *v.* גֵּרֵשׁ, דָּחַק, הֵזִיז
displaced person עָקוּר
display′ *v.* הֶרְאָה, גִּלָּה, חָשַׂף
display *n.* תְּצוּגָה; גִּלּוּי, רַאֲוָה
dis•please′ (-z) *v.* הִרְגִּיז, הִכְעִיס
dis•pleas′ure (-plezh′ər) *n.* רֹגֶז
disport′ *v.* שִׁעֲשַׁע; הִשְׁתַּעֲשַׁע
dispo′sable (-z-) לְשִׁמּוּשׁ חַד־פַּעֲמִי
dispo′sal (-zəl) *n.* חִסּוּל; פְּרִיסָה
at one's disposal לִרְשׁוּתוֹ, לְשִׁמּוּשׁוֹ
dispose′ (-z) *v.* פָּרַס כּוֹחוֹת, עָרַךְ
dispose of נִפְטַר מִן; חִסֵּל; טִפֵּל
disposed *adj.* נוֹטֶה, רוֹצֶה, מוּכָן
dis′posi′tion (-zi-) *n.* נְטִיָּה, זִקָּה; תְּכוּנָה, אוֹפִי; מַעֲרָךְ, פְּרִיסָה
dis′possess′ (-zes) *v.* נִשֵּׁל, גֵּרֵשׁ
dis•proof′ (-o͞of) *n.* הַפְרָכָה, הַכְחָשָׁה
dis′propor′tion *n.* דִּיסְפְּרוֹפּוֹרְצְיָה
dis•prove′ (-ro͞ov) *v.* הִפְרִיךְ
dispu′table *adj.* שָׁנוּי בְּמַחֲלוֹקֶת
dispute′ *v&n.* הִתְוַכֵּחַ, דָּן בְּ־; עִרְעֵר עַל; הִתְנַגֵּד, נֶאֱבַק; וִכּוּחַ; רִיב
beyond/past dispute לְלֹא כָּל סָפֵק
dis•qual′ify′ (-kwol-) *v.* פָּסַל
dis•qui′et *v&n.* הִדְאִיג; אִי־שֶׁקֶט
dis′quisi′tion (-zi-) הַרְצָאָה, חִבּוּר
dis′re•gard′ *v&n.* הִתְעַלֵּם; הִתְעַלְּמוּת
dis′re•pair′ *n.* עֲזוּבָה
dis•rep′u•table *adj.* יָדוּעַ לְשִׁמְצָה
dis′re•pute′ *n.* שֵׁם רָע
dis′re•spect′ *n.* חוֹסֶר כָּבוֹד, גַּסּוּת
disrespectful *adj.* חֲסַר נִימוּס
dis•robe′ *v.* הִתְפַּשֵּׁט; פָּשַׁט (גְּלִימָה)
disrupt′ *v.* שִׁסַּע, נִפֵּץ; פִּלֵּג; שִׁבֵּשׁ
dis•sat′isfac′tion *n.* מוֹרַת רוּחַ
dissatisfied *adj.* לֹא מְרוּצֶה
dis•sat′isfy′ *v.* גָּרַם מוֹרַת רוּחַ
dissect′ *v.* בִּתֵּר; נִתַּח, בָּחַן הֵיטֵב
dis•sem′ble *v.* הִסְוָה; הֶעֱמִיד פָּנִים
dis•sem′inate *v.* הֵפִיץ, פִּזֵּר
dissen′sion *n.* מַחֲלוֹקֶת, רִיב
dissent′ *v&n.* חָלַק עַל; הִתְנַגְּדוּת
dissenter *n.* פּוֹרֵשׁ, מִתְנַגֵּד
dis′serta′tion *n.* הַרְצָאָה, מֶחְקָר
dis•ser′vice (-vis) *n.* נֵזֶק, רָעָה
dis•sev′er *v.* נִתֵּק, הִפְרִיד
dis′sident *adj&n.* מִתְנַגֵּד, חוֹלֵק, פּוֹרֵשׁ
dis•sim′ilar *adj.* שׁוֹנֶה, לֹא דּוֹמֶה
dis•sim′u•late′ *v.* הֶעֱמִיד פָּנִים
dis′sipate′ *v.* פִּזֵּר, גֵּרֵשׁ; הִתְפַּזֵּר
dissipated *adj.* הוֹלֵל, הוֹלְלָנִי
dis•so′ciate′ *v.* הִפְרִיד, נִתֵּק
dis′solute′ *adj.* הוֹלֵל, מוּשְׁחָת
dis′solu′tion *n.* פֵּרוּד, פֵּרוּק; מָוֶת
dissolve′ (-zolv) *v.* הֵמֵס; הִתְמוֹסֵס; הָפַךְ לְנוֹזֵל; נֶעֱלַם; פֵּרֵק, פִּזֵּר
dis′sonance *n.* דִּיסוֹנַנְס, צְרִיר
dissuade′ (-swād) *v.* הֵנִיא
dissua′sion (-swā′zhən) *n.* עִכּוּב
dis′syllab′ic *adj.* דּוּ־הֲבָרִי
dis′taff′ *n.* פֶּלֶךְ, כִּישׁוֹר
on the distaff side מִצַּד הָאֵם
dis′tance *n.* מֶרְחָק, רוֹחַק; דִּיסְטַנְץ
go the distance הִמְשִׁיךְ עַד הַסּוֹף
distance *v.* חָלַף, הִשְׁאִיר מֵאָחוֹר
dis′tant *adj.* רָחוֹק; מִתְרַחֵק, צוֹנֵן

dis·taste′ *n.* סְלִידָה, שְׁאָט־נֶפֶשׁ
distasteful *adj.* לֹא נָעִים, חֲסַר־טַעַם
dis·tem′per *n&v.* סִיד, צֶבַע; סִיֵּד
distend′ *v.* הִתְנַפֵּחַ; נִפַּח
disten′tion *n.* הִתְנַפְּחוּת
distill′ *v.* זִקֵּק, הִתְפִּיל; טִפְטֵף
dis′tilla′tion *n.* זִקּוּק; תַּזְקִיק
distil′lery *adj.* מַזְקֵקָה (למשקאות)
distinct′ *adj.* בָּרוּר, נִכָּר; נִפְרָד
distinc′tion *n.* שׁוֹנִי, הֶבְדֵּל, הַבְחָנָה, יִחוּד; שֵׁם, הִצְטַיְּנוּת; תּוֹאַר כָּבוֹד
distinc′tive *adj.* מְיוּחָד, שׁוֹנֶה
distin′guish (-gwish) *v.* הִבְחִין, יִחֵד
distinguish oneself הִצְטַיֵּן
distinguished *adj.* מְפוּרְסָם, מְצוּיָּן
distort′ *v.* עִוֵּת; עִקֵּם; סִלֵּף
dis·tract′ *v.* הִסִּיחַ דַּעַת, הִפְרִיעַ
dis·trac′tion *n.* הַסָּחַת דַּעַת; בִּלְבּוּל, טֵרוּף, הַפְרָעָה; בִּדּוּר, שַׁעֲשׁוּעַ
distrain′ *v.* עִקֵּל נְכָסִים
distraught′ (-rôt) *adj.* מְבוּלְבָּל
distress′ *v&n.* צִעֵר; סֵבֶל; מְצוּקָה
distressing, -ful *adj.* מְצַעֵר
dis·trib′ute *v.* חִלֵּק, פִּזֵּר, הֵפִיץ
dis′tribu′tion *n.* חֲלוּקָה; תְּפוּצָה
dis·trib′u·tor *n.* מַפְלֵג
dis′trict *n.* אֵזוֹר, מָחוֹז
district attorney תּוֹבֵעַ מְחוֹזִי
dis·trust′ *v.* לֹא סָמַךְ עַל, פִּקְפֵּק
distrust *n.* חוֹסֶר אֵמוּן, חֲשָׁד
distrustful *adj.* לֹא בּוֹטֵחַ, חַשְׁדָן
disturb′ *v.* הִפְרִיעַ; בִּלְבֵּל; הִדְאִיג
disturbance *n.* הַפְרָעָה; תְּסִיסָה
dis′u·nite′ (-sū-) *v.* הִפְרִיד; נִתֵּק
dis·u′nity (-sū′-) *n.* חוֹסֶר אַחְדוּת
dis·use′ (-sūs) *n.* אִי־שִׁמּוּשׁ
ditch *adj.* תְּעָלָה, עָרוּץ, חֲפִירָה
ditch *v.* חָפַר תְּעָלָה; הִשְׁלִיךְ, נָטַשׁ
dith′er (-dh-) *v&n.* רָעַד, הִסֵּס; רֶטֶט
dit′to *n.* כַּנַּ״ל, אוֹתוֹ הַדָּבָר
dit′ty *n.* שִׁיר קָצָר, שִׁיר פָּשׁוּט
di·ur′nal *adj.* יוֹמִי, שֶׁל הַיּוֹם
di′vagate′ *v.* סָטָה (מהנושא)
di′van′ *n.* סַפָּה, דַּרְגָּשׁ
dive *v.* צָלַל; תָּחַב יָד (לכיס)
dive *n.* צְלִילָה; מוֹעֲדוֹן מְפוּקְפָּק
diver *n.* אֲמוֹדַאי, צוֹלֵל
di·verge′ *v.* סָטָה, נָטָה הַצִּדָּה
divergence,-cy *n.* סְטִיָּה
di′vers (-z) *adj.* שׁוֹנִים, אֲחָדִים
di·verse′ *adj.* שׁוֹנֶה, מְגוּוָּן
di·ver′sify′ *v.* גִּוֵּן, נָתַן גִּוּוּן
di·ver′sion (-zhən) *n.* הַסָּחָה; בִּדּוּר
di·ver′sity *n.* גִּוּוּן, מִגְוָן
di·vert′ *v.* הִטָּה, הִפְנָה; בִּדֵּר
diverting *adj.* מַסִּיחַ; מְשַׁעֲשֵׁעַ
di·vest′ *v.* הִפְשִׁיט; שָׁלַל, נָטַל
divide′ *v.* חִלֵּק; הִפְרִיד; הִתְחַלֵּק
divide *n.* פָּרָשַׁת מַיִם
div′idend *n.* דִּיבִידֶנְד; מְחוּלָּק
pay dividends הִשְׁתַּלֵּם, הוֹעִיל
divider *n.* מְחַלֵּק; מְחִצָּה
dividers מְחוּגַת מְדִידָה
div′ina′tion *n.* הַגָּדַת עֲתִידוֹת
divine′ *adj&n.* אֱלֹהִי, שְׁמֵימִי; כּוֹמֶר
divine *v.* נִבָּא, גִּלָּה; נִחֵשׁ
diving board מַקְפֵּצָה
divin′ity *n.* אֱלוֹהוּת; תֵּיאוֹלוֹגְיָה
divi′sion (-vizh′ən) *n.* חֲלוּקָה, חִלּוּק, פִּלּוּג; דִּיבִיזְיָה; מַחְלָקָה
divi′sor (-z-) *n.* מְחַלֵּק
divorce′ *n.* גֵּרוּשִׁין, גֵּט; הַפְרָדָה
divorce *v.* גֵּרֵשׁ; הִתְגָּרֵשׁ, נִפְרַד
divor′cee′ *n.* גְּרוּשָׁה
divulge′ *v&n.* גִּלָּה; גִּלּוּי
diz′zy *adj&v.* סְחַרְחַר; סִחְרֵר
do (dōō) *v.* עָשָׂה, פָּעַל; טִפֵּל בְּ־; הִסְפִּיק; הִצִּיג, שִׂחֵק; רִמָּה
do in *חִסֵּל
do up תִּקֵּן, הֵדֵק, רָכַס; עָטַף, קָשַׁר; כִּבֵּס; נִקָּה; הִתְלַבֵּשׁ
do without הִסְתַּדֵּר בְּלִי/בִּלְעֲדֵי
done for *מְחוּסָּל, אָבוּד
done in/up *מְחוּסָּל, הָרוּג, עָיֵף
done! עָשִׂינוּ עֵסֶק! אֲנִי מַסְכִּים!
have/be done (with) סִיֵּם
how do you do? מַה שְּׁלוֹמְךָ?
well done! טוֹב מְאוֹד! כָּל הַכָּבוֹד!
doc = doctor, document
do′cent *n.* דּוֹצֶנְט, מַרְצֶה
doc′ile (-səl) *n.* צַיְּתָן, נוֹחַ
doc·il′ity *n.* צַיְּתָנוּת, נוֹחוּת
dock *n&v.* רָצִיף, מִסְפָּנָה; הִסְפִּין
dock *v&n.* קִצֵּץ; זָנָב; תָּא הָאָסִיר

dock′er *n.* סַוָּר; עוֹבֵד מִסְפָּנָה
dock′et *n.* תַּמְצִית; רְשִׁימָה; תָּוִית
docket *v.* כָּלַל בָּרְשִׁימָה; שָׂם תָּוִית
dockyard *n.* מִסְפָּנָה
doc′tor *n&v.* דוֹקְטוֹר; רוֹפֵא; טִפֵּל
doc′torate *n.* דוֹקְטוֹרָט
doc′trine (-rin) *n.* דוֹקְטְרִינָה, תּוֹרָה
doc′u•ment *n.* מִסְמָךְ, תְּעוּדָה
doc′u•ment′ *v.* תִּעֵד
doc′u•men′tary *adj.* תִּעוּדִי
doc′u•menta′tion *n.* תִּעוּד
dod′der *v.* נֶחֱלַשׁ, רָעַד, הִשְׁתָּרֵךְ
dodge *v.* זָז הַצִּדָּה, עָקַף; הִתְחַמֵּק
dodge *n.* הִתְחַמְּקוּת, תַּחְבּוּלָה
doe (dō) *n.* אַיָּלָה; אַרְנֶבֶת
do′er (do͞o′-) *n.* עוֹשֶׂה, אִישׁ מַעַשׂ
doeskin *n.* עוֹר צְבִי
doesn't = does not (duz′ənt)
doff *v.* הֵסִיר (מְעִיל, כּוֹבַע)
dog (dôg) *n.* כֶּלֶב; *בַּרְנָשׁ
 dogs מַשְׁעֵן (לעצי־הסקה באח)
 go to the dogs נֶהֱרַס, הִדַּרְדֵּר
 put on the dog *הִתְרַבְרֵב
dog *v.* עָקַב, נִצְמַד לְ—
dog-eared *adj.* (סֵפֶר) מְקוּפָּל פִּנּוֹת
dogface *n.* *חַיָּל (בצבא ארה"ב)
dogfight *n.* קְרָב אֲוִירִי
dog′ged (dôg-) *adj.* עַקְשָׁנִי
dog′gerel (dôg-) *n.* חַרְזָנוּת
dog′gie, -gy (dôg-) *n.* *כְּלַבְלָב
dogleg *n.* פְּנִיָּה חַדָּה, סִבּוּב
dog′ma *n.* דוֹגְמָה, עִקָּר
dog•mat′ic *adj.* דוֹגְמָטִי
dog-tired *adj.* *עָיֵף, סָחוּט
dogwatch *n.* מִשְׁמֶרֶת עֶרֶב
doi′ly *n.* מַפִּית, מַפִּיוֹנֶת
do′ings (do͞o′-) *npl.* מַעֲשִׂים
dol′drums *npl.* דִּכָּאוֹן
dole *n&v.* (נָתַן) נְדָבָה, צְדָקָה
doleful *adj.* עָצוּב, מְדַכֵּא
doll *n&v.* בּוּבָּה; *הִתְגַּנְדֵּר; קִשֵּׁט
dol′lar *n.* דּוֹלָר
dol′lop *n.* *כַּמּוּת, גּוּשׁ; קוּרְטוֹב
dol′ly *n.* בּוּבָּה; עֶגְלַת־הוֹבָלָה
do′lor *n.* צַעַר, יָגוֹן
dol′phin *adj.* דּוֹלְפִין
dolt (dōlt) *n.* טִפֵּשׁ

do•main′ *n.* רִבּוֹנוּת, אַדְנוּת; תְּחוּם
dome *n.* כִּפָּה, כִּפַּת־גַּג, קִמְרוֹן
domes′tic *adj&n.* בֵּיתִי, מִשְׁפַּחְתִּי; פְּנִימִי; מְבוּיָת; עוֹזֶרֶת בַּיִת
domes′ticate′ *v.* בִּיֵּת (בעלי־חיים)
dom′icile′ *n.* בַּיִת, מְגוּרִים
domiciled *adj.* גָּר, שׁוֹכֵן
dom′inant *adj.* שׁוֹלֵט, שַׁלִּיט, חוֹלֵשׁ
dominant *n.* דוֹמִינַנְטָה, גָּבֵר
dom′inate′ *v.* שָׁלַט עַל, מָשַׁל, חָלַשׁ
dom′ina′tion *n.* שְׁלִיטָה
dom′ineer′ *v.* הִשְׁתַּלֵּט, הִתְנַשֵּׂא
domineering *adj.* שְׁתַלְּטָן, מִתְנַשֵּׂא
domin′ion *n.* שְׁלִיטָה, רִבּוֹנוּת
dom′ino′ *n.* טַבְלַת־דּוֹמִינוֹ
dominoes *n.* דּוֹמִינוֹ (מִשְׂחָק)
don *n&v.* דּוֹן; מַרְצֶה; לָבַשׁ, עָטָה
do′nate *v.* תָּרַם, נָדַב
do•na′tion *n.* תְּרוּמָה, נְדָבָה
done = pp of do (dun)
done *adj.* עָשׂוּי, גָּמוּר
don′key *n.* חֲמוֹר
don′nish *adj.* לַמְדָנִי; שֶׁל מַרְצֶה
do′nor *n.* תּוֹרֵם, מְנַדֵּב
don't = do not (dōnt)
doo′dle *v&n.* *שִׁרְבֵּט; שִׁרְבּוּט
doom (do͞om) *n.* גּוֹרָל מַר, אֲבַדּוֹן; מָוֶת
doom *v.* חָרַץ דִּין, גָּזַר עַל
doomsday *n.* קֵץ הַיָּמִים; יוֹם הַדִּין
door (dôr) *n.* דֶּלֶת, פֶּתַח; בַּיִת
 answer the door פָּתַח אֶת הַדֶּלֶת
 next door בַּבַּיִת הַסָּמוּךְ; כִּמְעַט
 out of doors בַּחוּץ
 within doors בַּבַּיִת
door-keeper, -man *n.* שׁוֹעֵר
door-knob יְדִית הַדֶּלֶת, גּוּלַת־דֶּלֶת
doormat *n.* מַחְצֶלֶת, שְׁפַשֶּׁפֶת
door-post *n.* מְזוּזָה
doorstep *n.* מַדְרֵגַת דֶּלֶת, סַף
doorstopper *n.* מַעֲצֵר־דֶּלֶת
doorway *n.* פֶּתַח, כְּנִיסָה
dope *n.* *סַם מְשַׁכֵּר; מֵידָע; טִפֵּשׁ
dope *v.* סִמֵּם; הֵבִין, גִּלָּה, חִשֵּׁב
dor′mant *adj.* לֹא פָּעִיל, יָשֵׁן, רָדוּם
dor′mer *n.* חַלּוֹן־גַּג
dor′mito′ry *n.* חֲדַר שֵׁנָה
dor′mouse′ *n.* מַרְמוּטָה

dor'sal *adj.* גַּבִּי, שֶׁל הַגַּב
do'sage *n.* מִנּוּן, מָנָה
dose *n&v.* מְנַת־תְּרוּפָה, מָנָה; מִנֵּן
doss *n&v.* *שֵׁנָה חֲטוּפָה; יָשַׁן
dos'sier' (-siā) *n.* תִּיק
dot *n&v.* נְקוּדָּה; נִקֵּד; *הִכָּה
do'tage *n.* טִפְּשׁוּת, סֶנִילִיּוּת
do'tard *n.* עוֹבֵר בָּטֵל, טִפֵּשׁ
dote *v.* אָהַב עַד מְאוֹד
dotted *adj.* מְנוּקָּד, מְסוּמָּן בִּנְקוּדּוֹת
dot'ty *adj.* *שׁוֹטֶה, רְפֵה־שֵׂכֶל
doub'le (dub'-) *adj.* כָּפוּל, זוּגִי
double *adv.* פִּי שְׁנַיִם; בְּזוּגוֹת
double *n.* כָּפוּל; כָּפִיל; תַּפְנִית חַדָּה
doubles מִשְׂחַק־זוּגוֹת
on the double מַהֵר
double *v.* הִכְפִּיל; נִכְפַּל; קִפֵּל; רָץ
double back פָּנָה אֲחוֹרָה; קִפֵּל
double up הִתְקַפֵּל; קִפֵּל; גָּרוּ יַחַד
double-barreled *adj.* כְּפוּל־קָנֶה
double bass בַּטְנוּן
double chin פִּימָה; סַנְטֵר כָּפוּל
double-cross *v.* רִמָּה; בְּגִידָה
double-dealer *n.* רַמַּאי; נוֹכֵל
double-decker *n.* דּוּ־קוֹמָתִי
double-faced *adj.* דּוּ־פַּרְצוּפִי
double feature הַצָּגַת שְׁנֵי סְרָטִים
double-jointed *adj.* גְּמִישׁ מִפְרָקִים
double-park *v.* חָנָה לְצַד מְכוֹנִית
double-quick *adv.* מַהֵר מְאוֹד, חִישׁ
doub'let (dub-) *n.* בֶּגֶד מְהוּדָּק
double-talk *n.* דִּבּוּר דּוּ־מַשְׁמָעִי
double-think *n.* חֲשִׁיבָה כְּפוּלָה
double time שְׂכַר שָׁעוֹת נוֹסָפוֹת
doubt (dout) *n&v.* סָפֵק; פִּקְפֵּק
no doubt אֵין סָפֵק
doubtful *adj.* בְּסָפֵק, מְסוּפָּק; מְפוּקְפָּק
doubtless *adv.* בְּלִי סָפֵק
dough (dō) *n.* עִסָּה, בָּצֵק; *כֶּסֶף
doughnut *n.* סוּפְגָּנִיָּה, סוּפְגָּנִית
dough'ty (dou'-) *adj.* אַמִּיץ
doughy (dō'i) *adj.* בְּצֵקִי, רַךְ
dour (door) *adj.* קוֹדֵר, רְצִינִי
douse *v.* הִטְבִּיל; הִתִּיז; *כִּבָּה
dove (duv) *n.* יוֹנָה
dovecote *n.* שׁוֹבָךְ
dovetail *n&v.* זְנַבְיוֹן, שֶׁגֶם; שִׁלֵּב

dow'ager *n.* אִשָּׁה כְּבוּדָה, יוֹרֶשֶׁת
dow'dy *adj.* רַשְׁלָנִי, מְרוּשָּׁל
dow'el *n.* פִּין, זִיז, שֶׁגֶם
dowel pin מֵיתָד, דִּיבֶּל
dow'er *n.* נִכְסֵי הָאַלְמָנָה, נְדוּנְיָה
down *adv.* לְמַטָּה; דָּרוֹמָה; בִּמְזוּמָנִים
down with הָלְאָה! בּוּז לְ־!
get/go down יָרַד
down *adj.* יוֹרֵד, מְדוּכְדָּךְ; בְּשֵׁפֶל; גָּמוּר
down *prep.* בְּכִוּוּן יוֹרֵד, לְמַטָּה, עַד לְ—
down *v.* הִפִּיל, הֵבִיס; בָּלַע
down *n.* יְרִידָה; פְּלוּמָה; טִינָה
down-and-out חֲסַר־מַזָּל, חֲסַר־כֹּל
downcast *adj.* מְדוּכָּא; מוּשְׁפָּל
downfall *n.* נְפִילָה; גֶּשֶׁם כָּבֵד
downgrade *v&n.* הוֹרִיד בְּדַרְגָּה; מוֹרָד
downhearted *adj.* עָצוּב, מְדוּכְדָּךְ
downhill *adv.* בְּמוֹרַד הָהָר
downpour *n.* גֶּשֶׁם כָּבֵד, מַבּוּל
downright *adj.* הוֹגֵן; מוּחְלָט, מוּבְהָק
downstairs *adv.* בַּקּוֹמָה מִתַּחַת, לְמַטָּה
down-to-earth *adj.* מַעֲשִׂי, מְצִיאוּתִי
downtown *adv.* לְמֶרְכַּז הָעִיר
downtrodden *adj.* נִרְמָס, מְקוּפָּח
downward *adj.* יוֹרֵד, מִדַּרְדֵּר
downwards *adv.* כְּלַפֵּי מַטָּה
downy *adj.* פְּלוּמִי, פְּלוּמָתִי
dow'ry *n.* נְדוּנְיָה; כִּשְׁרוֹן טִבְעִי
dowse *v.* הִטְבִּיל, הִתִּיז; *כִּבָּה
doy'en *n.* זְקַן הַסֶּגֶל, זְקַן הַחֲבֵרִים
doze *v&n.* נִמְנֵם; תְּנוּמָה, שֵׁנָה חֲטוּפָה
doz'en (duz-) *n.* תְּרֵיסָר
do'zy *adj.* נַמְנְמָנִי; מַרְדִּים; *טִפֵּשׁ
DP = displaced person עָקוּר
Dr. = doctor
drab *adj.* חוּם־בּוֹצִי; מְשַׁעֲמֵם, חַדְגּוֹנִי
draco'nian *adj.* דְּרָקוֹנִי, אַכְזָרִי
draft *n.* טְיוּטָה, תַּרְשִׁים; מִמְשָׁךְ בַּנְקָאִי; גִּיּוּס; יְחִידָה; רוּחַ פְּרָצִים; שׁוֹקֵעַ
draft *v.* עָרַךְ טְיוּטָה, טִיֵּט; גִּיֵּס
draft = draught
draft card צַו גִּיּוּס
draft dodger מִשְׁתַּמֵּט מִגִּיּוּס
draft·ee' *n.* מְגוּיָּס
draftsman *n.* שַׂרְטָט; נַסָּח־חוּקִים
drafty *adj.* מְנוּשָּׁב, קָרִיר
drag *n.* סְחִיבָה; מִגְרָרָה; מַעֲצוֹר

drag *v.* מָשַׁךְ, סָחַב; גֵּרֵר, הִשְׁתָּרֵךְ
drag'net' *n.* מִכְמוֹרֶת; מַלְכֹּדֶת
drag'on *n.* דְּרָקוֹן; מִרְשַׁעַת
dragonfly *n.* שַׁפִּירִית (חרק)
dragoon' (-gōōn) *n&v.* פָּרָשׁ; אִלֵּץ
drain *v.* נִקֵּז; הִתְנַקֵּז; רוֹקֵן; אָזַל
drain dry יִבֵּשׁ לַחֲלוּטִין
drain *n.* תְּעָלָה; נִקּוּז, נֶקֶז
go down the drain יָרַד לְטִמְיוֹן
drain'age *n.* נִקּוּז, תִּעוּל; שְׁפָכִין
draining board לוּחַ־יִבּוּשׁ (לכלים)
drainpipe *n.* צִנּוֹר נִקּוּז; גַּשְׁמָה
drake *n.* בַּרְוָז זָכָר
dram *n.* דַּרְכְּמוֹן (מִשְׁקָל); *לְגִימָה
dra'ma (drä'-) *n.* דְּרָמָה
dramat'ic *adj.* דְּרָמָתִי
dram'atist *n.* מַחֲזַאי
dram'atiza'tion *n.* הַמְחָזָה
dram'atize' *v.* הִמְחִיז; הִגְזִים
drank = pt of drink
drape *v.* וִלֵּן; תָּלָה בְּרִפְיוֹן
drape *n.* סִדּוּר בִּקְפָלִים; גִּזּוּר; וִילוֹן
dra'per *n.* סוֹחֵר בַּדִּים
dra'pery *n.* בַּדִּים; בַּדֵּי וִילוֹנוֹת
dras'tic *adj.* דְּרַסְטִי, נִמְרָץ
draught (draft) *n.* רוּחַ פְּרָצִים; מַשָּׁב; שִׁקּוּי; לְגִימָה; שׁוֹקַע; שְׁלַל־דַּיִג
beer on draught בִּירָה מִן הֶחָבִית
draughts דַּמְקָה (מִשְׂחָק)
draw *n.* מְשִׁיכָה; הַגְרָלָה; תֵּיקוּ
draw *v.* מָשַׁךְ; הוֹצִיא, שָׁלַף; צִיֵּר, תֵּאֵר, שִׂרְטֵט; נָע לִקְרַאת
draw a comparison עָרַךְ הַשְׁוָאָה
draw a game סִיֵּם מִשְׂחָק בְּתֵיקוּ
draw attention מָשַׁךְ תְּשׂוּמַת־לֵב
draw away הִתְרַחֵק, חָמַק; הִרְחִיק
draw back נָסוֹג, נִרְתַּע
draw blood הִקִּיז דָּם
draw in הֶחְשִׁיךְ; הִתְקַצֵּר; הִגִּיעַ
draw lots/draw for הִפִּיל גּוֹרָל
draw near הִתְקָרֵב
draw on הִתְקָרֵב; מָשַׁךְ; לָבַשׁ, גָּרַב
draw out מָתַח, הֶאֱרִיךְ; הִתְאָרֵךְ
draw up עָרַךְ; הִקְרִיב; עָצַר
drawback *n.* חִסָּרוֹן; קוֹשִׁי; הֶשְׁבּוֹן
drawbridge *n.* גֶּשֶׁר מִתְרוֹמֵם
draw•ee' *n.* נִמְשָׁךְ
draw'er *n.* מוֹשֵׁךְ; צַיָּר; שַׂרְטָט
drawer (drôr) *n.* מְגֵרָה
drawers תַּחְתּוֹנִים
drawing *n.* צִיּוּר, רִשּׁוּם, שִׂרְטוּט
drawing card מוֹשֵׁךְ קָהָל, אַטְרַקְצִיָּה
drawing pin נַעַץ
drawing room חֲדַר אוֹרְחִים
drawl *v&n.* דִּבֵּר לְאַט; דִּבּוּר אִטִּי
drawn *adj.* נִמְשָׁךְ, מָתוּחַ; שֶׁל תֵּיקוּ
drawn = pp of draw
drawstring *n.* חוּט גּוּמִי
dray *n.* עֲגָלַת־מַשָּׂא
dread (dred) *n&v.* פַּחַד, אֵימָה; פָּחַד
dreadful *adj.* נוֹרָא, אָיוֹם
dream *n&v.* חֲלוֹם; חָלַם
dreamt = p of dream (dremt)
dreamy *adj.* חֲלוֹמִי; מְהוּרְהָר; מְעוּרְפָּל
drear'y *adj.* קוֹדֵר, מַעֲצִיב, מְשַׁעֲמֵם
dredge *n&v.* מַחְפֵּר, כִּדּוּם; חָפַר
dredge *v.* בָּזַק, זָרָה, קֶמַח, גִּלְגֵּל
dredger *n.* מַבְזֵק
dregs *npl.* מִשְׁקָע; פְּסֹלֶת
drench *v.* הִרְטִיב, הִסְפִּיג
dress *n.* שִׂמְלָה; תִּלְבֹּשֶׁת, לְבוּשׁ
dress *adj.* חֲגִיגִי, רִשְׁמִי; שֶׁל לְבוּשׁ
dress *v.* הִלְבִּישׁ; הִתְלַבֵּשׁ; הִסְתַּדֵּר בְּשׁוּרָה; הֵכִין (לבישול); קִשֵּׁט
dress a wound חָבַשׁ פֶּצַע
dress down נָזַף; הִבְרִישׁ, שִׁפְשֵׁף
dress coat מִקְטוֹרֶן
dresser *n.* לוֹבֵשׁ; שׁוּלְחַן טוּאָלֶט
dressing *n.* לְבוּשׁ; חֲבִישָׁה; מִלּוּי
dressing down נְזִיפָה
dressing gown חָלוּק
dressing table שׁוּלְחַן טוּאָלֶט
dressmaker *n.* תּוֹפֶרֶת
dress rehearsal חֲזָרָה סוֹפִית
dressy *adj.* גַּנְדְּרָן, מְגוּנְדָּר
drew = pt of draw (drōō)
drib'ble *n.* טִפְטֵף, זָב; כִּדְרֵר
dribble *n.* טִפָּה; טִפְטוּף; כִּדְרוּר
drib'let *n.* טִפָּה; כַּמּוּת זְעוּמָה
dried = p of dry מְיוּבָּשׁ
drier = dryer מְיַבֵּשׁ
drift *n.* תְּנוּעָה, כִּוּוּן, מְגַמָּה; סַחַף
drift *v.* נִשָּׂא (עם הזרם); סַחַף
drift-net *n.* מִכְמוֹרֶת, רֶשֶׁת דַּיָּגִים

drill *v.* קָדַח; אִמֵּן, תִּרְגֵּל; זָרַע בְּטוּרִים־טוּרִים
drill *n.* מַקְדֵּחַ; אִמּוּן, תִּרְגּוּל, תַּרְגִּיל; תֶּלֶם, מַזְרֵעָה, מַתְלֵם, טוּרִית
drink *v&n.* שָׁתָה; מַשְׁקֶה; שְׁתִיָּה
drink down/off שָׁתָה עַד תּוֹם
drinkable *adj.* רָאוּי לִשְׁתִיָּה
drinker *n.* שַׁתְיָן
drinking *n.* שְׁתִיָּה
drinking fountain בֶּרֶזִיָּה
drip *v&n.* נָטַף, טִפְטֵף; טִפְטוּף
drip-dry *n.* יִבּוּשׁ (כְּבָסִים) בִּתְלִיָּה
drive *v.* רָדַף; הֵרִיץ; הִסִּיעַ, הוֹבִיל; נָהַג, נָסַע; הֵנִיעַ; תָּקַע, נָעַץ
be driving at הִתְכַּוֵּן, חָתַר, שָׁאַף
drive away גֵּרֵשׁ; עָבַד קָשֶׁה
drive him mad הוֹצִיאוֹ מִדַּעְתּוֹ
drive home הֶחְדִּיר לְרֹאשׁוֹ, שִׁכְנְעוֹ
drive *n.* נְסִיעָה, טִיּוּל; הֶנֵּעַ; מַשְׁלֵב; מִבְצָע, הַתְקָפָה; מֶרֶץ, יוֹזְמָה, דַּחַף
drive-in *n.* דְּרַיְב־אִין, קוֹלְנוֹעַ־רֶכֶב
driv'el *n&v.* (דִּבֵּר) שְׁטוּיוֹת; קִשְׁקֵשׁ
driv'en = pp of drive
driver *n.* נֶהָג; מַקֵּל גּוֹלְף
driver's license רִשְׁיוֹן נְהִיגָה
driveway *n.* כְּבִישׁ פְּרָטִי
driving *adj.* מֵנִיעַ, נִמְרָץ; שֶׁל נְהִיגָה
driving school בֵּי״ס לִנְהִיגָה
driving test מִבְחַן נְהִיגָה, טֶסְט
driz'zle *v&n.* (טִפְטֵף) גֶּשֶׁם דַּקִּיק
drogue (drōg) *n.* שַׂק עוֹגֶן; מַצְנֵחַ
droll (drōl) *adj.* מַצְחִיק, מְגוּחָךְ
droll'ery (drōl'-) *n.* לֵיצָנוּת
drom'edar'y (-deri) *n.* גָּמָל
drone *n.* דַּבּוּר; בַּטְלָן, טַפִּיל; זִמְזוּם
drone *v.* זִמְזֵם; דִּבֵּר בְּחַדְגּוֹנִיּוּת
drool (drōōl) *v.* רָר מֵהַפֶּה; פִּטְפֵּט
droop (drōōp) *v&n.* נָפַל, צָנַח, נָפְלָה רוּחוֹ; הוֹרִיד; שְׁקִיעָה, שְׁחִיחָה
drop *n.* נָטִיף, טִפָּה; סוּכָּרִיָּה; נְפִילָה
at the drop of a hat מִיָּד
had a drop too much שָׁתוּי, מְבוּסָּם
in drops טִפִּין טִפִּין
drop *v.* נָפַל; הִפִּיל; הוֹרִיד; יָרַד; הִצְנִיחַ; הִשְׁמִיט; הִרְפָּה מִן, נָטַשׁ
drop back/behind פִּגֵּר, נָסוֹג
drop by/in בִּקֵּר, קָפַץ
drop dead! הִתְפַּגֵּר!
drop off נִמְנֵם, נִרְדַּם; יָרַד
drop out נָשַׁר מִתַּחֲרוּת, הִסְתַּלֵּק
drop hammer, drop press קוּרְנָס
drop'let *n.* טִפּוֹנֶת, טִפָּה
dropout *n.* נְשִׁירָה; נוֹשֵׁר (מכיתה)
dropper *n.* טַפְטֶפֶת, טַפִּי, מַנְטֵף
droppings *npl.* גְּלָלִים, רְעִי, לַשְׁלֶשֶׁת
drop'sy *n.* מַיֶּמֶת (מחלה)
dross (drôs) *n.* פְּסֹלֶת, סִיג
drought (drout) *n.* בַּצֹּרֶת, יוֹבֶשׁ
drove = pt of drive
drove *n.* עֵדֶר, קָהָל נוֹהֵר
dro'ver *n.* מוֹבִיל בָּקָר, נוֹהֵג בָּקָר
drown *v.* טָבַע; הִטְבִּיעַ; הֵצִיף
drown out הֶחֱרִישׁ, הִשְׁתִּיק
drowse (-z) *v&n.* נִמְנֵם; נִמְנוּם
drow'sy (-zi) *adj.* רָדוּם; מַרְדִּים
drub *v.* הִכָּה, הָלַם
a good drubbing מַכָּה רְצִינִית
drudge *v.* עָבַד עֲבוֹדָה קָשָׁה/מְשַׁעֲמֶמֶת
drudg'ery *n.* עֲבוֹדַת פֶּרֶךְ
drug *n.* סַם; תְּרוּפָה; סַם מְסוּכָּן
drug *v.* סִמֵּם, הִרְעִיל; הוֹסִיף סַם
drug'gist *n.* רוֹקֵחַ; בַּעַל חֲנוּת
drugstore *n.* חֲנוּת כָּל־בּוֹ, דְּרַגְסְטוֹר
drum *n&v.* תּוֹף; תִּפּוּף; תּוֹפֵף; הִקִּישׁ
drum into הֶחְדִּיר לְרֹאשׁוֹ, שִׁנֵּן לוֹ
drumbeat *n.* תִּפּוּף
drumfire *n.* הַרְעָשָׁה כְּבֵדָה
drumhead *n.* עוֹר הַתּוֹף, יְרִיעַת תּוֹף
drum major מְנַצֵּחַ הַתִּזְמֹרֶת, שַׁרְבִיטַאי
drummer *n.* מְתוֹפֵף, תַּפָּף; *סוֹכֵן־נוֹסֵעַ
drumstick *n.* מַקֵּל־תִּפּוּף; רֶגֶל עוֹף
drunk *adj&n.* שִׁכּוֹר, שָׁתוּי
drunk = pp of drink
drunk'ard *n.* שִׁכּוֹר
drunk'en *adj.* שִׁכּוֹר; שֶׁל שִׁכְרוּת
Druze, Druse (-z) *n.* דְּרוּזִי
dry *adj.* יָבֵשׁ; מַצְמִיא; צָמֵא
dry measure מִדַּת הַיָּבֵשׁ
dry *v.* יִבֵּשׁ, נִגֵּב; הִתְיַבֵּשׁ
dry-clean *v.* נִקָּה נִקּוּי יָבֵשׁ
dry'er, dri'er *n.* מְיַבֵּשׁ
dry goods אֲרִיגִים, בַּדִּים, טֶקְסְטִיל
dry land יַבָּשָׁה
dryness *n.* יוֹבֶשׁ

dry nurse אוֹמֶנֶת לֹא מֵינִיקָה
du′al *adj.* זוּגִי, כָּפוּל, דוּ—
dub *v.* כִּנָּה, קָרָא, הֶעֱנִיק תּוֹאַר
dub *v.* שִׁנָּה שָׂפָה בַּפַּסְקוֹל
dub′bin *n.* מִשְׁחָה (למוצרי עור)
du′bious *adj.* מְפוּקְפָּק; מְסוּפָּק
duch′ess *n.* דוּכָּסִית
duch′y *n.* דוּכָּסוּת
duck *n.* בַּרְוָז; *מוֹתֶק; אֶפֶס נְקוּדוֹת
duck *v&n.* כּוֹפֵף; הִתְכּוֹפֵף; הִתְכּוֹפְפוּת
duck′ling *n.* בַּרְוָזוֹן
duct *n.* תְּעָלָה, צִנּוֹר; צִנּוֹר־אִוְרוּר
duc′tile (-til) *n.* רָקִיעַ; גָּמִישׁ
dud *n&adj.* *דָּבָר חֲסַר־עֵרֶךְ; כִּשָּׁלוֹן
duds *בְּגָדִים, בְּלוֹאִים, סְחָבוֹת
dude *n.* *גַּנְדְּרָן
due (do͞o) *adj&n.* מַגִּיעַ, יֵשׁ לְפָרְעוֹ; מַתְאִים, נָאוֹת, נָכוֹן; אָמוּר לְהַגִּיעַ
due to בִּגְלַל, מֵחֲמַת; עוֹמֵד לְ—
dues אַגְרָה, מַס
du′el *n&v.* דּוּ־קְרָב; יָצָא לְדוּ־קְרָב
du•et′ (do͞o-) *n.* דּוּאֶט, צִמְדָּה
dug = p of dig
duke *n.* דּוּכָּס
dukedom *n.* דּוּכָּסוּת
dul′cet *adj.* מָתוֹק, נָעִים
dull *adj.* עָמוּם, קוֹדֵר; טִפֵּשׁ; מְשַׁעֲמֵם
dull *v.* הִקְהָה; עִמְעֵם
dull′ard *n.* מְטוּמְטָם
du′ly *adv.* בַּזְּמָן; כָּרָאוּי, נְכוֹנָה
dumb (dum) *adj.* אִלֵּם; שׁוֹתֵק; *טִפֵּשׁ
dumbbell *n.* מִשְׁקוֹלֶת (לשרירי היד)
dumb′found′ (dumf-) *v.* הִדְהִים
dum′my *n.* דֶּמֶה, מִדְמֶה; זִיּוּף; אִמּוּם
dump *v.* הִשְׁלִיךְ; הֵרִיק; נִפְטַר מִן
dump *n.* מִזְבָּלָה; מַחְסָן, מִצְבּוֹר, מִצְבָּר
dump′er, dump truck מַשָּׂאִית־פְּרִיקָה
dump′ing *n.* דַּמְפִּינְג, הֶצֵף
dump′ling *n.* כּוּפְתָּה
dum′py *adj.* גּוּץ, שְׁמַנְמַן
dun *v&n.* תָּבַע; תְּבִיעַת חוֹב; נוֹשֶׁה
dunce *n.* קְשֵׁה־תְּפִיסָה; טִפֵּשׁ
dune *n.* דְּיוּנָה, חוֹלִית
dung *n.* גְּלָלִים, זֶבֶל פָּרוֹת
dun′geon (-jən) *n.* צִינוֹק, בּוֹר
dunk *v.* טָבַל (עוגה בקפה)
du′o *n.* דּוּאֶט, דּוּאִית, צִמְדָּה; צֶמֶד, זוּג
du′ode′num *n.* תְּרֵיסַרְיָן
dupe *v&n.* רִמָּה, הוֹלִיךְ שׁוֹלָל; פֶּתִי
du′plex′ *adj.* כָּפוּל; דּוּ־מִפְלָסִי
du′plicate *adj&n.* כָּפוּל, זֵהֶה; עוֹתֶק
du′plicate′ *v.* שִׁכְפֵּל; עָשָׂה הֶעְתֵּק
du•plic′ity (do͞o-) *n.* רַמָּאוּת, צְבִיעוּת
du′rabil′ity *n.* יַצִּיבוּת
du′rable *adj.* נִמְשָׁךְ, בַּר־קְיָמָא; יַצִּיב
du•ra′tion (doo-) *n.* מֶשֶׁךְ זְמַן
du•ress′ (doo-) *n.* אִיּוּם, לַחַץ
du′ring *prep.* בְּמֶשֶׁךְ, בִּשְׁעַת, בְּעֵת
dusk *n.* בֵּין הָעַרְבַּיִם, עִם חֲשֵׁכָה
dusky *adj.* חָשׁוּךְ, כֵּהֶה
dust *n.* אָבָק, עָפָר; מֵת; מְהוּמָה
dust *v.* הֵסִיר אָבָק, אִבֵּק; בָּזַק
dustbin *n.* פַּח אַשְׁפָּה
dust-cart *n.* מְכוֹנִית אִסּוּף־אַשְׁפָּה
duster *n.* מַטְלִית אָבָק
dust jacket עֲטִיפַת־סֵפֶר
dustman *n.* פּוֹעֵל נִקָּיוֹן
dustpan *n.* יָעֶה, כַּף־אַשְׁפָּה
dusty *n.* מְאוּבָּק; מְעוּרְפָּל, יָבֵשׁ
Dutch *adj&n.* הוֹלַנְדִּי; הוֹלַנְדִּית (שפה)
du′te•ous *adj.* מְמַלֵּא חוֹבָתוֹ, צַיְּתָן
du′tiable *adj.* חַיָּב בְּמֶכֶס
du′tiful *adj.* מְמַלֵּא חוֹבָתוֹ, צַיְּתָן
du′ty *n.* חוֹבָה; מַס
on/off duty בְּתַפְקִיד/לֹא בְּתַפְקִיד
duty-free *n.* פָּטוּר מִמֶּכֶס
dwarf (dwôrf) *n&v.* גַּמָּד; גִּמֵּד
dwell *v.* גָּר, הִתְגּוֹרֵר; הִדְגִּישׁ
dwelling *n.* בַּיִת, דִּירָה, מָעוֹן
dwelling house בֵּית מְגוּרִים
dwelt = p of dwell
dwin′dle *v.* הִתְדַּלְדֵּל, פָּחַת
dye (dī) *n&v.* צֶבַע; צָבַע
dyer *n.* צַבָּע, צוֹבֵעַ
dy′ing *adj.* מֵת, גּוֹסֵס, שְׁכִיב מְרַע
dy•nam′ic *adj.* דִּינָמִי; פָּעִיל, נִמְרָץ
dynamics דִּינָמִיקָה
dy′namite′ *n.* דִּינָמִיט, בֶּרֶד
dy′namo′ *n.* דִּינָמוֹ
dy′nast′ *n.* מוֹשֵׁל, מֶלֶךְ
dy′nasty *n.* שׁוֹשֶׁלֶת, דִּינַסְטְיָה
dys′enter′y *n.* דִּיזֶנְטֶרְיָה, בּוֹרְדָם
dysfunc′tion *n.* תִּפְקוּד לָקוּי
dyspep′sia *n.* הַפְרָעָה בְּעִכּוּל

E

E *n.* מִי (צליל)
each *adj&prep.* כָּל, כָּל אֶחָד
each other זֶה אֶת זֶה, זֶה לָזֶה
ea′ger (-g-) *adj.* לָהוּט, מִשְׁתּוֹקֵק
eager beaver שַׁקְדָן, נִלְהָב, שְׁאַפְתָּן
ea′gle *n.* נֶשֶׁר
eagle-eyed *adj.* חַד־עַיִן; לוֹטֶשׁ עַיִן
ear *n.* אוֹזֶן; שְׁמִיעָה; שִׁבּוֹלֶת
catch/win his ear הֵעִיר אוֹזְנוֹ
give/lend an ear הִטָּה אוֹזֶן
I'm all ears כּוּלִּי אוֹזֶן
earache *n.* כְּאֵב אוֹזְנַיִם
eardrop *n.* עָגִיל
eardrum *n.* תּוֹף הָאוֹזֶן
ear′ful′ (-fool) *n.* נְזִיפָה; רְכִילוּת
earl (ûrl) *n.* רוֹזֵן, אָצִיל
earldom *n.* רוֹזְנוּת
ear′ly (ûr′-) *adj.* מוּקְדָם; בְּהֶקְדֵּם
early on בְּשָׁלָב מוּקְדָם, בְּרֵאשִׁית
keep early hours יָשַׁן מוּקְדָם
early bird *מַקְדִּים, מַשְׁכִּים קוּם
earmark *n.* סִמַּן בַּעֲלוּת (על אוזן)
earmark *v.* תִּקְצֵב, שִׁרְיֵן, יִעֵד
earmuff *n.* כִּסּוּי אוֹזְנַיִם, בֵּית אוֹזֶן
earn (ûrn) *v.* הִרְוִיחַ; הָיָה רָאוּי/זַכַּאי
ear′nest (ûr′-) *adj&n.* רְצִינִי
in earnest/earnestly בִּרְצִינוּת
earnest *n.* דְּמֵי קְדִימָה, עֵרָבוֹן
earnings *n.* שָׂכָר; רְוָחִים
earphone *n.* אוֹזְנִית
earpiece *n.* אֲפַרְכֶּסֶת
ear′ring (-r-r-) *n.* עָגִיל
earshot *n.* טְוַח שְׁמִיעָה
earsplitting *adj.* מַחֲרִישׁ אוֹזְנַיִם, רָם
earth (ûrth) *n.* כַּדּוּר הָאָרֶץ, אֶרֶץ; אֲדָמָה, עָפָר; מְאוּרָה; אַרְקָה; עֲפָרָה
down to earth מַעֲשִׂי, מְצִיאוּתִי
what on earth... מָה, לַעֲזָאזֵל
earth *v.* הֶאֱרִיק; כִּסָּה בְּעָפָר
earthen *adj.* עָשׂוּי עָפָר, עָשׂוּי חוֹמֶר
earthenware *n.* כְּלֵי חֶרֶס
earthly *adj.* אַרְצִי
earthnut *n.* אֱגוֹז אֲדָמָה
earthquake *n.* רְעִידַת אֲדָמָה
earthwork *n.* בִּצּוּרִים, סוֹלְלָה
earthworm *n.* שִׁלְשׁוּל, תּוֹלַעַת
earthy *adj.* אַרְצִי, גַּשְׁמִי
earwax *n.* דּוֹנַג הָאוֹזֶן, שַׁעֲוַת הָאוֹזֶן
ease (-z) *n.* נוֹחוּת, שַׁלְוָה, קַלּוּת
with ease בְּקַלּוּת, בְּנָקֵל
ease *v.* הִרְגִּיעַ, הֵקֵל, שִׁחְרֵר, הִרְפָּה
ease off/up הִרְפָּה, נֶחֱלַשׁ
ea′sel (-z-) *n.* חֲצוּבָה, כַּן־צִיּוּר
easily *adv.* בְּקַלּוּת; בְּהֶחְלֵט, לְלֹא סָפֵק
east *n&adj.* מִזְרָח; מִזְרָחִי
east, eastwards *adv.* מִזְרָחָה
East′er *n.* פַּסְחָא
east′erly, east′ern *adj.* מִזְרָחִי
ea′sy (-zi) *adj.* קַל; נוֹחַ; חֲסַר־דְּאָגוֹת
easy mark/victim פֶּתִי, טֶרֶף קַל
easy virtue מוּסָר מְפוּקְפָּק
easy *adv.* בְּקַלּוּת, בְּנָקֵל
easy! לְאַט לְךָ! בַּעֲדִינוּת!
take it easy! קַח זֹאת בְּקַלּוּת! לְאַט!
easy chair כִּסֵּא נוֹחַ, כּוּרְסָה
easygoing *adj.* עַצְלָן, לֹא מַקְפִּיד, נוֹחַ
eat *v.* אָכַל; הָרַס; שִׁתֵּךְ
eat away אִכֵּל, כִּרְסֵם, שִׁתֵּךְ
eat dirt גִּלָּה הַכְנָעָה, הִרְכִּין רֹאשׁ
eat one's words חָזַר בּוֹ מִדְּבָרָיו
eat up אִכֵּל, אָכַל הַכֹּל, בָּלַע
eatable *adj.* רָאוּי לַאֲכִילָה, אָכִיל
eatables *npl.* מִצְרְכֵי מָזוֹן
eaves (ēvz) *npl.* שׁוּלֵי גַּג, מַרְזֵב
eavesdrop *v.* צוֹתֵת, הֶאֱזִין בִּגְנֵבָה
ebb *n&v.* שֵׁפֶל; יְרִידָה; יָרַד, דָּעַךְ
ebb tide שֵׁפֶל, זְמַן הַשֵּׁפֶל
eb′ony *n&adj.* הוֹבְנֶה, שָׁחוֹר
e•bul′lient *adj.* נִלְהָב; גּוֹלֵשׁ, שׁוֹפֵעַ
ec•cen′tric *adj&n.* מוּזָר, מְשׁוּנֶּה
ec′cen•tric′ity *n.* מוּזָרוּת
eccle′sias′tic (iklēzi-) *n.* כּוֹמֶר
ecclesiastical *adj.* כְּנֵסִיָּתִי
ech′elon′ (esh-) *n.* תַּדְרִיג; רָמָה, דֶּרֶג

ech'o (ek-) *n&v.* הֵד; הִדְהֵד; חִקָּה
éclair' (āk-) *n.* עוּגִיָּה
éclat (āclä') *n.* הַצְלָחָה כַּבִּירָה
ec·lec'tic *adj.* מְלוּקָט, מְלַקֵּט
ec·lipse' *n&v.* לִקּוּי מְאוֹרוֹת; הֶאֱפִיל
ec·lip'tic *n.* מִלְקָה, קַו הַלִּקּוּיִים
ec'logue' (-lôg) *n.* שִׁיר קָצָר
e·col'ogy *n.* אֶקוֹלוֹגְיָה
e'conom'ic *adj.* כַּלְכָּלִי; רִוְחִי
e'conom'ical *adj.* חֶסְכוֹנִי
e'conom'ics *n.* כַּלְכָּלָה
e·con'omist *n.* כַּלְכְּלָן
e·con'omize' *v.* חָסַךְ, קִמֵּץ
e·con'omy *n.* חִסָּכוֹן; כַּלְכָּלָה
ec'stasy *n.* אֶקְסְטָזָה, הִתְלַהֲבוּת
ec·stat'ic *adj.* אֶקְסְטָטִי, מִתְלַהֵב
ec'u·men'ical *adj.* אֶקוּמֶנִי, עוֹלָמִי
ec'zema (eks-) *n.* אֶקְזֶמָה, חַכֶּכֶת
ed'dy *n&v.* מְעַרְבֹּלֶת; הִתְעַרְבֵּל
E'den *n.* גַּן־עֵדֶן
edge *n.* חוּד, לַהַב; קָצֶה, שָׂפָה
on edge מָתוּחַ, עַצְבָּנִי
take the edge off הִקְהָה, שִׁכֵּךְ
edge *v.* שִׂפָּה, חִדֵּד; הִתְקַדֵּם לְאַט
edge out דָּחַק רַגְלָיו
edgeways, -wise *adv.* בְּכִוּוּן הַחוּד
edging *n.* שָׂפָה, שׁוּלַיִם
edg'y *adj.* מָתוּחַ, עַצְבָּנִי
ed'ible *adj&n.* אָכִיל; דְּבַר מַאֲכָל
e'dict *n.* צַו, פְּקוּדָה
ed'ifica'tion *n.* חִזּוּק הָרוּחַ, חִנּוּךְ
ed'ifice (-is) *n.* בִּנְיָן, אַרְמוֹן
ed'ify' *v.* חִזֵּק הַמּוּסָר, חִנֵּךְ, שִׁפֵּר
ed'it *v.* עָרַךְ; הֵכִין לַדְּפוּס
e·di'tion (-di-) *n.* מַהֲדוּרָה; הוֹצָאָה
ed'itor *n.* עוֹרֵךְ
ed'ito'rial *adj.* שֶׁל עוֹרֵךְ, שֶׁל עֲרִיכָה
editorial *n.* מַאֲמַר הַמַּעֲרֶכֶת
ed'ucate' (ej'-) *v.* חִנֵּךְ, לִמֵּד
ed'uca'tion (ej-) *n.* חִנּוּךְ
educational *n.* חִנּוּכִי
ed'uca'tor (ej'-) *n.* מְחַנֵּךְ, מוֹרֶה
e·duce' *v.* הוֹצִיא, הִסִּיק, פִּתֵּחַ
eel *n.* צְלוֹפָח
ee'rie *adj.* מַפְחִיד, מוּזָר, מִסְתּוֹרִי
efface' (i-) *v.* מָחַק, מָחָה
efface oneself נֶחְבָּא אֶל הַכֵּלִים
effect' (i-) *n.* הַשְׁפָּעָה, תּוֹצָאָה, תּוֹלָדָה; אֶפֶקְט, רוֹשֶׁם; פֵּעֲלוּל
effects חֲפָצִים
in effect לְמַעֲשֶׂה; בְּתוֹקֶף, תָּקֵף, חָל
take effect פָּעַל, נִכְנַס לְתוֹקְפּוֹ
to that effect בְּרוּחַ זוֹ, בְּמוּבָן זֶה
effect *v.* הוֹצִיא לַפּוֹעַל, בִּצַּע
effec'tive (i-) *adj.* אֶפֶקְטִיבִי, יָעִיל
effec'tuate' (ifek'chōōāt) *v.* בִּצַּע
effem'inate (i-) *adj.* נָשִׁי, כְּמוֹ אִשָּׁה
ef'fervesce' (-ves) *v.* תָּסַס, בִּעְבַּע
effervescent *adj.* תּוֹסֵס
ef·fete' *adj.* חַלָּשׁ, מְנוּוָן
ef'fica'cious (-shəs) *adj.* יָעִיל
ef'ficacy *n.* יְעִילוּת
effi'ciency (ifish'ənsi) *n.* יְעִילוּת
effi'cient (ifish'ənt) *adj.* יָעִיל
ef'figy *n.* דְּמוּת, בֻּבָּה
ef'flores'cent *adj.* פּוֹרֵחַ
ef'fort *n.* מַאֲמָץ; נִסָּיוֹן; מִבְצָע
effron'tery (ifrun-) *n.* חוּצְפָּה
efful'gent (i-) *adj.* זוֹהֵר, מַבְהִיק
effu'sion (ifū'zhən) *n.* הִשְׁתַּפְּכוּת
effu'sive (i-) *adj.* מִשְׁתַּפֵּךְ, שׁוֹפֵעַ
e.g. כְּגוֹן, לְדוּגְמָה
egg *n&v.* בֵּיצָה; *אָדָם, בַּרְנָשׁ
egg on דִּרְבֵּן, עוֹדֵד
eggbeater *n.* מַקְצֵף בֵּיצִים, מַטְרֵף
egghead *n.* רֹאשׁ־בֵּיצָה, מַשְׂכִּיל
egg'plant' *n.* חָצִיל
eggshell *n.* קְלִפַּת הַבֵּיצָה
e'gis = aegis חָסוּת
e'go *n.* אֶגוֹ, הָאֲנִי
e'go·ism' *n.* אֶגוֹאִיזְם, אָנֹכִיּוּת
e'go·is'tic *adj.* אֶגוֹאִיסְטִי
e'gotism' *n.* אֶגוֹטִיזְם, אָנֹכִיּוּת
e·gre'gious (-'jəs) *adj.* גַּס, בּוֹלֵט
e'gress' *n.* יְצִיאָה
E'gypt *n.* מִצְרַיִם
E·gyp'tian (-shən) *adj&n.* מִצְרִי
ei'der (ī'-) *n.* אִדְרִיָּה, בַּרְוָז
eiderdown *n.* שְׂמִיכַת נוֹצוֹת
eight (āt) *adj&n.* שְׁמוֹנֶה, 8
eighteen (ātēn') *n.* שְׁמוֹנָה עָשָׂר
eighteenth *adj.* הַשְּׁמוֹנָה עָשָׂר
eighth (ātth) *adj.* (הַחֵלֶק) הַשְּׁמִינִי
eightieth (ā'tiəth) *adj.* הַשְּׁמוֹנִים

eighty (ā′ti) *adj&n.* שְׁמוֹנִים
ei′ther (ē′dh-) *adj&pron.* אֶחָד
מִשְּׁנֵיהֶם, זֶה אוֹ זֶה; זֶה וְגַם זֶה
either *adv.* גַּם כֵּן (לא)
either... or... אוֹ...אוֹ...
e·jac′u·late′ *v.* קָרָא, אָמַר; פָּלַט
e·ject′ *v.* גֵּרֵשׁ; פָּלַט
ejector *n.* מַפְלֵט (בכלי יריה)
eke out הִשְׁלִים, הוֹסִיף, הֶאֱרִיךְ
e·lab′orate *adj.* מְשׁוּכְלָל, מְתוּכְנָן
e·lab′orate′ *v.* עִבֵּד, שִׁכְלֵל
élan (äläng′) *n.* הִתְלַהֲבוּת
e·lapse′ *v.* עָבַר, חָלַף
e·las′tic *adj&n.* גָּמִישׁ, אֶלַסְטִי; גּוּמִי
e·las′tic′ity *n.* גְּמִישׁוּת, אֶלַסְטִיּוּת
e·late′ *v.* רוֹמֵם רוּחַ, נָסַךְ גַּאֲוָה
elated *adj.* מְרוֹמָם, עַלִּיז, גֵּאֶה
e·la′tion *n.* הִתְרוֹמְמוּת רוּחַ
el′bow (-bō) *n&v.* מַרְפֵּק; מִרְפֵּק
at one's elbow עַל יָדוֹ, קָרוֹב
up to the elbows שָׁקוּעַ בְּ—
elbow grease עֲבוֹדַת פֶּרֶךְ
elbowroom *n.* מֶרְחָב פְּעוּלָּה
el′der *n.* סַמְבּוּק (שיח נוי)
elder *adj&n.* גָּדוֹל, מְבוּגָּר; קָשִׁישׁ
el′derly *adj.* קָשִׁישׁ, מִזְדַּקֵּן
elder statesman מְדִינַאי מְנוּסֶּה
eld′est *adj.* הַבְּכוֹר, הַגָּדוֹל בְּיוֹתֵר
e·lect′ *adj.* נִבְחָר; הַנִּבְחָר
elect *v.* בָּחַר; הֶעֱדִיף, הֶחְלִיט
e·lec′tion *n.* בְּחִירוֹת
e·lec′tioneer′ (-shən-) *v.* נִהֵל
תַּעֲמוּלַת בְּחִירוֹת
e·lec′tive *adj.* נִבְחָר; לְפִי בְּחִירָה
elector *n.* בּוֹחֵר; אֶלֶקְטוֹר
electoral roll רְשִׁימַת הַבּוֹחֲרִים
e·lec′torate *n.* צִבּוּר הַבּוֹחֲרִים
e·lec′tric, -cal *adj.* חַשְׁמַלִּי
e·lec′tri′cian (-rish′ən) *n.* חַשְׁמַלַּאי
e·lec′tric′ity *n.* חַשְׁמַל
e·lec′trify′ *v.* חִשְׁמֵל
e·lec′tro·car′diogram אֶקָ״גְ
e·lec′trocute′ *v.* חִשְׁמֵל (למוות)
e·lec′tron′ *n.* אֶלֶקְטְרוֹן
e·lec′tron′ic *adj.* אֶלֶקְטְרוֹנִי
electronics *n.* אֶלֶקְטְרוֹנִיקָה
el′e·emos′ynar′y (-neri) שֶׁל צְדָקָה

el′egance *n.* אֶלֶגַנְטִיּוּת, הִדּוּר
el′egant *adj.* אֶלֶגַנְטִי, הָדוּר, נָאֶה
el′egi′ac *adj&n.* עָצוּב; שִׁיר קִינָה
el′egy *n.* אֶלֶגְיָה, קִינָה
el′ement *n.* אֶלֶמֶנְט, יְסוֹד, עִקָּר, פְּרָט
in one's element כַּדָּג בַּמַּיִם
the elements אֵיתָנֵי הַטֶּבַע
el′emen′tary *adj.* אֶלֶמֶנְטָרִי, יְסוֹדִי
el′ephant *n.* פִּיל
el′evate′ *v.* הֵרִים, רוֹמֵם, הִגְבִּיהַּ
el′eva′tion *n.* הֲרָמָה, הַגְבָּהָה; רָמָה
el′eva′tor *n.* מַעֲלִית
e·lev′en *n&adj.* אַחַד עָשָׂר, 11
eleventh *adj.* (הַחֵלֶק) הָאַחַד עָשָׂר
elf (pl - elves) *n.* שֵׁדוֹן, פֵּיָה
e·lic′it *v.* הוֹצִיא, מָשַׁךְ, הֵפִיק
e·lide′ *v.* הִשְׁמִיט, הִבְלִיעַ
el′igible *adj.* רָאוּי, כָּשִׁיר, מַתְאִים
e·lim′inate′ *v.* סִלֵּק, הוֹצִיא
e·li′sion (-lizh′ən) *n.* הַשְׁמָטָה, הַבְלָעָה
e·lite′ (ilēt′) *n.* עִלִּית, מוּבְחָר
elk *n.* אַיָּל גָּדוֹל; דִּישׁוֹן
ellipse′ (i-) *n.* אֶלִיפְּסָה
ellip′sis (i-) *n.* הֶשְׁמֵט, הַשְׁמָטַת מִלָּה
el′ocu′tion *n.* אָמָנוּת הַנְּאוּם
e·lon′gate′ *v.* הֶאֱרִיךְ
e·lope′ *v.* בָּרַח (עם אהובה)
el′oquence *n.* צַחוּת הַלָּשׁוֹן
el′oquent *adj.* אֳמַן הַדִּבּוּר; מְשַׁכְנֵעַ
else *adv.* אַחֵר, אַחֶרֶת, וָלֹא
or else וָלֹא, פֶּן; אוֹ שֶׁ—
elsewhere *adv.* בְּמָקוֹם אַחֵר
e·lu′cidate′ *v.* הִסְבִּיר, הִבְהִיר
e·lude′ *v.* הִתְחַמֵּק מִן, הִשְׁתַּמֵּט מִן
e·lu′sive *adj.* חֲמַקְמַק
e·ma′ciate′ (-′sh-) *v.* הִרְזָה
em′anate′ *v.* נָבַע, יָצָא מִן
e·man′cipate′ *v.* שִׁחְרֵר, גָּאַל
e·mas′cu·late′ *v.* סֵרֵס; הֶחֱלִישׁ
em·balm′ (-bäm) *v.* חָנַט, הִנְצִיחַ
em·bank′ment *n.* סֶכֶר, סוֹלְלָה
em·bar′go *n.* (הֵטִיל) אֶמְבַּרְגוֹ
em·bark′ *v.* עָלָה לָאוֹנִיָּה; הִתְחִיל
em′bar·ka′tion *n.* עֲלִיָּה לָאוֹנִיָּה
em·bar′rass *v.* הֵבִיךְ; הִדְאִיג
embarrassment *n.* מְבוּכָה; קוֹשִׁי
em′bassy *n.* שַׁגְרִירוּת

em•bed′ded *adj.* מְשׁוּבָּץ, נָעוּץ, קָבוּעַ
em•bel′lish *v.* קִשֵּׁט, יִפָּה
em′ber *n.* גַּחֶלֶת, אֵפֶר
em•bez′zle *v.* מָעַל
em•bit′ter *v.* גָּרַם הִתְמַרְמְרוּת
em•bla′zon *v.* קִשֵּׁט; הִלֵּל, פֵּאֵר
em′blem *n.* סֵמֶל, סִמָּן
em•bod′iment *n.* הִתְגַּלְמוּת
em•bod′y *v.* הִמְחִישׁ; גִּלֵּם; כָּלַל
em•bold′en (-bōl-) *v.* חִזֵּק, עוֹדֵד
em′bolism′ *n.* תַּסְחִיף, קְרִישׁ־דָּם
em•bos′om (-booz′-) *v.* חִבֵּק
em•boss′ (-bôs) *v.* תִּבְלֵט, הִבְלִיט
em•brace′ *v&n.* חִבֵּק; אִמֵּץ; חִבּוּק
em•broi′der *v.* רָקַם, קִשֵּׁט
em•broi′dery *n.* רִקְמָה; תִּרְקוֹמֶת
em•broil′ *v.* סִבֵּךְ, הִסְתַּבֵּךְ בְּרִיב
em′bryo′ *n.* עוּבָּר; רֵאשִׁית
em′cee′ *n.* רֹאשׁ הַטֶּקֶס
e•mend′ *v.* תִּקֵּן, הִגִּיהַּ
em′erald *n.* בָּרֶקֶת (אבן יקרה)
e•merge′ *v.* הוֹפִיעַ, הִתְגַּלָּה
e•mer′gency *n&adj.* שְׁעַת חֵרוּם
em′ery *n.* שָׁמִיר (לשיוף ומירוק)
e•met′ic *n.* סַם הֲקָאָה, שִׁקּוּי הַבְחָלָה
em′igrant *n.* מְהַגֵּר, יוֹרֵד
em′igrate′ *v.* הִגֵּר
em′inence *n.* מַעֲמָד רָם; רָמָה, גִּבְעָה
em′inent *adj.* מְפוּרְסָם, מְצוּיָן, בּוֹלֵט
em′issar′y (-seri) *n.* שָׁלִיחַ
e•mis′sion *n.* פְּלִיטָה; הַנְפָּקָה
e•mit′ *v.* הוֹצִיא, פָּלַט
e•mo′tion *n.* רֶגֶשׁ, רִגּוּשׁ, אֱמוֹצְיָה
emotional *adj.* אֱמוֹצְיוֹנָלִי, רִגְשִׁי
em′peror *n.* קֵיסָר
em′phasis *n.* הַדְגָּשָׁה, הַבְלָטָה
em′phasize′ *v.* הִדְגִּישׁ
em•phat′ic *adj.* תַּקִּיף; מוּדְגָּשׁ
em′pire *n.* אִימְפֶּרְיָה, שִׁלְטוֹן
em•pir′ic *adj.* אֶמְפִּירִי, נִסְיוֹנִי
em•place′ *v.* הִצִּיב בְּעֶמְדָּה
emplacement *n.* עֶמְדַּת־תּוֹתָח
em•ploy′ *v.* הֶעֱסִיק; הִפְעִיל
em′ployee′ *n.* עוֹבֵד, פּוֹעֵל
em•ploy′er *n.* מַעֲבִיד
employment *n.* עֲבוֹדָה, תַּעֲסוּקָה
em•pow′er *v.* יִפָּה כּוֹחַ, הִסְמִיךְ

em′press *n.* קֵיסָרִית
emp′tiness *n.* רֵיקָנוּת
emp′ty *adj&v.* רֵיק; רוֹקֵן
empty-handed *adj.* בְּיָדַיִם רֵיקוֹת
empty-headed *adj.* טִפֵּשׁ
em′pyre′an *n.* רָקִיעַ, שָׁמַיִם
em′u•late′ *v.* חִקָּה, הָלַךְ בִּדְרָכָיו
em′u•lous *adj.* מְחַקֶּה, שׁוֹאֵף, רוֹדֵף
e•mul′sify′ *v.* תִּחְלֵב
e•mul′sion *n.* תַּחֲלִיב, אֱמוּלְסְיָה
en•a′ble *v.* אִפְשֵׁר; הִתִּיר
en•act′ *v.* חוֹקֵק; גִּלֵּם (תפקיד)
enactment *n.* חֲקִיקָה; חוֹק
e•nam′el *n&v.* אֱמַיִל, זֶגֶג; אִמֵּל
en•am′or *v.* הִקְסִים, שָׁבָה לֵב
enamored *adj.* מְאוֹהָב
en•camp′ *v.* חָנָה, הֵקִים מַחֲנֶה
encampment *n.* מַחֲנֶה
en•chain′ *v.* כָּבַל, רִתֵּק
en•chant′ *v.* הִקְסִים; כִּשֵּׁף
en•cir′cle *v.* הִקִּיף, כִּתֵּר
en′clave *n.* מוּבְלַעַת
en•close′ (-z) *v.* סָגַר; צֵרֵף לְמִכְתָּב
en•clo′sure (-zhər) *n.* סְגִירַת שֶׁטַח
en•code′ *v.* כָּתַב בְּצוֹפֶן, צִפֵּן
en•co′mium *n.* הַלֵּל, תְּהִלָּה
en•com′pass (-kum-) *v.* הִקִּיף, כִּתֵּר
en′core (än-) *n&interj.* הַדְרָן
en•coun′ter *v&n.* נִתְקַל; הִתָּקְלוּת
en•cour′age (-kûr′-) *v.* עוֹדֵד
en•croach′ *v.* הִסִּיג גְּבוּל, פָּלַשׁ
en•cum′ber *v.* הֶעֱמִיס, הִכְבִּיד
en•cum′brance *n.* מַשָּׂא, מַעֲמָסָה
en•cy′clope′dia *n.* אֶנְצִיקְלוֹפֶּדְיָה
end *n.* סוֹף, קָצֶה; תַּכְלִית; מָוֶת
  end on (התנגשות) חֲזִיתִית
  for this end לְשֵׁם כָּךְ
  in the end לְבַסוֹף
  on end עַל הַקָּצֶה; בִּרְצִיפוּת
  put an end to שָׂם קֵץ לְ—
  to no end לַשָּׁוְא
  to the end that כְּדֵי לְ—
end *v.* הִסְתַּיֵּם; סִיֵּם, גָּמַר
en•dan′ger (-dān′-) *v.* סִכֵּן
en•dear′ *v.* חִבֵּב עַל; הִתְחַבֵּב עַל
en•deav′or *v&n.* הִשְׁתַּדֵּל; מַאֲמָץ
en•dem′ic *adj.* אֶנְדֶּמִי, מוּגְבָּל, מְקוֹמִי

ending *n.* סוֹף, סִיּוּם
endless *adj.* אֵין־סוֹפִי
en·dorse′ *v.* הֵסֵב; אִשֵּׁר; תָּמַךְ
en·dow′ *v.* תָּרַם; הֶעֱנִיק
endowment *n.* תְּרוּמָה; הַקְדָּשָׁה; כִּשְׁרוֹן
endurable *adj.* נִסְבָּל
endurance *n.* כֹּחַ סֵבֶל, סַבְלָנוּת
en·dure′ *v.* סָבַל; נָשָׂא; נִמְשַׁךְ
enduring *adj.* קַיָּם, מַתְמִיד, נִצְחִי
en′ema *n.* חוֹקֶן
en′emy *n.* אוֹיֵב, שׂוֹנֵא
en′erget′ic *adj.* אֶנֶרְגִי, נִמְרָץ
en′ergy *n.* מֶרֶץ, אֶנֶרְגִיָּה
en′ervate′ *v.* הֶחֱלִישׁ, הִתִּישׁ
en·fee′ble *v.* הֶחֱלִישׁ, הִתִּישׁ
en·fold′ (-fōld) *v.* חִבֵּק, הִקִּיף
en·force′ *v.* כָּפָה, אָכַף; חִזֵּק
en·gage′ *v.* הֶעֱסִיק, שָׂכַר; חִבֵּר
engage for עָרַב לְ־, הִתְחַיֵּב
engaged *adj.* עָסוּק, תָּפוּס; מְאוֹרָס
engagement *n.* הִתְחַיְּבוּת; אֵרוּסִין
engaging *adj.* מַקְסִים, מְרַתֵּק
en·gen′der *v.* הוֹלִיד, גָּרַם
en′gine (-jən) *n.* מָנוֹעַ; קַטָּר
en′gineer′ *n&v.* מְהַנְדֵּס; תִּכְנֵן
engineering *n.* הַנְדָּסָה; תִּכְנוּן
Eng′lish (ing′-) *n.* אַנְגְּלִית; אַנְגְּלִי
en·graft′ *v.* הִרְכִּיב (ענף); הֶחְדִּיר
en·grave′ *v.* חָרַת, חָקַק, גִּלֵּף
engraving *n.* גִּלּוּף, תַּגְלִיף
en·gross′ (-rōs) *v.* שָׁקַע; רִתֵּק
en·gulf′ *v.* בָּלַע; הִטְבִּיעַ
en·hance′ *v.* הִגְדִּיל, הִגְבִּיר
e·nig′ma *n.* חִידָה, תַּעֲלוּמָה
en′ingmat′ic *adj.* מִסְתּוֹרִי, סָתוּם
en·join′ *v.* צִוָּה, הֵטִיל, חִיֵּב
en·joy′ *v.* נֶהֱנָה
enjoy oneself נֶהֱנָה, הִתְעַנֵּג
enjoyable *adj.* מְהַנֶּה, מְעַנֵּג
enjoyment *n.* הֲנָאָה
en·kin′dle *v.* הִצִּית, שִׁלְהֵב, לִבָּה
en·large′ *v.* הִגְדִּיל, הִרְחִיב
en·light′en *v.* הִסְבִּיר, בֵּאֵר, הֵבִין
en·list′ *v.* גִּיֵּס (לצבא); הִתְגַּיֵּס
en·li′ven *v.* הֶחֱיָה, עוֹרֵר
en′mity *n.* שִׂנְאָה, טִינָה
en·no′ble *v.* עִדֵּן, אִצֵּל; הֶאֱצִיל
ennui (änwē′) *n.* שִׁעֲמוּם, עֲיֵפוּת
e·nor′mity *n.* זְוָעָה, פֶּשַׁע; גּוֹדֶל
e·nor′mous *adj.* עָצוּם, גָּדוֹל, כַּבִּיר
e·nough′ (inuf′) *adj&adv.* דַּי, מַסְפִּיק; לְמַדַּי
en·rage′ *v.* הִרְגִּיז
en·rap′ture *v.* הִלְהִיב, מִלֵּא גִּיל
en·rich′ *v.* הֶעֱשִׁיר, הִשְׁבִּיחַ, שִׁפֵּר
en·roll′ (-rōl) *v.* הִכְנִיס לָרְשִׁימָה
en route (änro͞ot′) בַּדֶּרֶךְ
en·sconce′ *v.* הִטְמִין; הִתְבַּסֵּס
en·shroud′ *v.* עָטַף, אָפַף
en′sign (-sən) *n.* דֶּגֶל־אוֹנִיָּה; סֵמֶל
en·slave′ *v.* שִׁעְבֵּד
en·snare′ *v.* לָכַד, הִפִּיל בָּרֶשֶׁת
en·sue′ (-so͞o) *v.* נָבַע, נִגְרַם
the ensuing year הַשָּׁנָה הַבָּאָה
en·sure′ (-shoor) *v.* הִבְטִיחַ
en·tail′ *v.* גָּרַר, הִצְרִיךְ, דָּרַשׁ
en′tail *n.* יְרוּשָׁה, עִזָּבוֹן; הוֹרָשָׁה
en·tan′gle *v.* סִבֵּךְ; הִסְתַּבֵּךְ
en′ter *v.* נִכְנַס; הִצְטָרֵף; רָשַׁם
enter on הִתְחִיל בְּ־; זָכָה, נֶהֱנָה
en′terprise′ (-z) *n.* מִבְצָע, יוֹזְמָה
enterprising *adj.* בַּעַל יוֹזְמָה, נִמְרָץ
en′tertain′ *v.* אֵרַח; בִּדֵּר; נָטַר
entertainer *n.* בַּדְּרָן
entertainment *n.* אֵרוּחַ; בִּדּוּר
en·thral′ (-rôl) *v.* רִתֵּק, הִקְסִים
en·thu′siasm′ (-ziaz-) *n.* הִתְלַהֲבוּת
en·tice′ *v.* פִּתָּה, הִדִּיחַ
en·tire′ *adj.* כּוֹלֵל, שָׁלֵם, גָּמוּר, מָלֵא
entirely *adv.* לַחֲלוּטִין, לְגַמְרֵי, כָּלִיל
en·tire′ty (-tīr′-) *n.* שְׁלֵמוּת, סַךְ הַכֹּל
en·ti′tle *v.* קָרָא, כִּנָּה; זִכָּה
en′tity *n.* יֵשׁוּת, מְצִיאוּת
en·tomb′ (-to͞om) *v.* קָבַר
entourage (än′tooräzh′) *n.* פָּמַלְיָה
en′trails *npl.* מֵעַיִם, קְרָבַיִם
en·train′ *v.* עָלָה/הֶעֱלָה לָרַכֶּבֶת
en′trance *n.* כְּנִיסָה, פֶּתַח
en·trance′ *v.* הִפְנֵט, הִקְסִים
en′trant *n.* נִכְנָס, מִצְטָרֵף, מִתְמוֹדֵד
en·trap′ *v.* לָכַד, הִפִּיל בַּפַּח
en·treat′ *v.* הִפְצִיר, הִתְחַנֵּן
en·trea′ty *n.* הַפְצָרָה
entree (än′trā) *n.* זְכוּת כְּנִיסָה

en·trench′ *v.* חָפַר חֲפִירָה, בִּצֵּר
en·trust′ *v.* הִפְקִיד בִּידֵי, הִטִּיל
en′try *n.* כְּנִיסָה; עֵרֶךְ; רִשּׁוּם
en·twine′ *v.* קָלַע, שָׁזַר, שִׁלֵּב
e·nu′merate′ *v.* סִפֵּר, מָנָה
e·nun′ciate′ *v.* בִּטֵּא, הִבִּיעַ
en·vel′op *v.* עָטַף, אָפַף
en′velope′ *n.* מַעֲטָפָה
en·ven′om *v.* הִרְעִיל
en′viable *adj.* מְעוֹרֵר קִנְאָה; מְצוּיָּן
en′vious *adj.* מְקַנֵּא, אֲכוּל קִנְאָה
en·vi′ron *v.* הִקִּיף
en·vi′ronment *n.* סְבִיבָה
en·vis′age (-z-) *v.* רָאָה, חָזָה
en′voy *n.* שָׁלִיחַ, צִיר; סִיּוּם שִׁיר
en′vy *n&v.* קִנְאָה; קִנֵּא
en′zyme *n.* אֶנְזִים, חוֹמֶר מַתְסִיס
e′on *n.* עִדָּן, תְּקוּפָה אֲרוּכָּה
ep′aulette′ (epəlet′) *n.* כּוֹתֶפֶת
e·phem′eral *adj.* קִיקְיוֹנִי, בֶּן־חֲלוֹף
epic *adj&n.* אֶפִּי, שִׁיר־עֲלִילָה
ep′icure′ *n.* אֲנִין טַעַם, מֵבִין בְּאוֹכֶל
ep′icu′re·an *adj.* רוֹדֵף תַּעֲנוּגוֹת
ep′idem′ic *n.* מַגֵּפָה, אֶפִּידֶמְיָה
ep′ider′mis *n.* קְרוּם הָעוֹר (בבע״ח)
ep′igram′ *n.* פִּתְגָּם, מֵימְרָה, מִכְתָּם
ep′ilep′sy *n.* אֶפִּילֶפְּסְיָה, כִּפְיוֹן
ep′isode′ *n.* אֶפִּיזוֹדָה, מִקְרֶה
e·pis′tle (-səl) *n.* מִכְתָּב, אִגֶּרֶת
ep′itaph′ *n.* כְּתוֹבֶת (על מצבה)
ep′ithet′ *n.* כִּנּוּי, תּוֹאַר
e·pit′ome (-təmi) *n.* תַּמְצִית; עִקָּר
e·pit′omize′ *v.* מִצָּה, הָוָה עִקָּר
ep′och (-k) *n.* עִדָּן, מְאוֹרָע חָשׁוּב
epoch-making *adj.* פּוֹתֵחַ עִדָּן חָדָשׁ
eq′uable *adj.* אָחִיד, יַצִּיב, קָבוּעַ
e′qual *adj.* שָׁוֶה, זֵהֶה; מְסוּגָּל, מוּכְשָׁר
equal *v.* הָיָה שָׁוֶה לְ־, דָּמָה
e·qual′ity (-kwol-) *n.* שִׁוְיוֹן
e′qualize′ *v.* הִשְׁוָה
eq′uanim′ity *n.* קוֹר־רוּחַ, שַׁלְוָה
e·qua′tion *n.* מִשְׁוָאָה; הַשְׁוָאָה
e·qua′tor *n.* קַו־הַמַּשְׁוֶה, מַשְׁוָן
e·ques′trian *adj&n.* (של) פָּרָשׁ
e′quilat′eral *adj.* שְׁוֵה־צְלָעוֹת
e′quilib′rium *n.* שִׁוּוּי מִשְׁקָל
e′quine *adj.* סוּסִי, שֶׁל סוּס
e′quinox′ *n.* שִׁוְיוֹן יוֹם וָלַיְלָה
e·quip′ *v.* צִיֵּד
e·quip′ment *n.* צִיּוּד
eq′uitable *adj.* צוֹדֵק, יָשָׁר, הוֹגֵן
eq′uity *n.* צֶדֶק, יוֹשֶׁר, הֲגִינוּת
e·quiv′alent *adj.* שְׁוֵה־עֵרֶךְ, שָׁקוּל
e·quiv′ocal *adj.* דּוּ־מַשְׁמָעִי, מְפוּקְפָּק
e·quiv′oca′tion *n.* בִּטּוּי דּוּ־מַשְׁמָעִי
e′ra *n.* תְּקוּפָה, עִדָּן
e·rad′icate′ *v.* הִשְׁמִיד, בִּעֵר, שֵׁרֵשׁ
e·rase′ *v.* מָחַק
e·ra′ser *n.* מַחַק, מוֹחֵק
e·ra′sure (-zhər) *n.* מְחִיקָה
ere (ār) *prep.* לִפְנֵי, טֶרֶם, קוֹדֶם
e·rect′ *adj&v.* זָקוּף; בָּנָה, הֵקִים
erec′tion *n.* הֲקָמָה, בִּנְיָן; זִקְפָּה
er′mine (-min) *n.* סַמּוּר; פַּרְוָה
e·rode′ *v.* אִכֵּל, כִּרְסֵם, סָחַף; נִשְׁחַק
e·ro′sion (-zhən) *n.* אֶרוֹזְיָה, עֶרְצוֹן
e·rot′ic *adj.* אֶרוֹטִי, תְּשׁוּקָתִי
err *v.* טָעָה, שָׁגָה
er′rand *n.* שְׁלִיחוּת קְצָרָה
errand-boy *n.* נַעַר־שְׁלִיחוּיוֹת
er′rant *adj.* טוֹעֶה; בּוֹרֵחַ מֵהַבַּיִת
erra′ta *npl.* תִּקּוּנֵי טָעֻיּוֹת
errat′ic *adj.* לֹא־יַצִּיב, לֹא־קָבוּעַ
erro′ne·ous *adj.* מוּטְעֶה, שֶׁל טָעוּת
er′ror *n.* טָעוּת, שְׁגִיאָה
er′udite′ *adj.* לַמְדָנִי, מְלוּמָד, יַדְעָן
er′udi′tion (-di-) *n.* לַמְדָנוּת, בְּקִיאוּת
e·rupt′ *v.* הִתְפָּרֵץ (הר געש)
e·rup′tion *n.* הִתְפָּרְצוּת; פְּרִיחָה בָּעוֹר
es′calate′ *v.* הִסְלִים, הֶחֱרִיף; עָלָה
es′cala′tor *n.* דְּרַגְנוֹעַ, מַדְרֵגוֹת נָעוֹת
es′capade′ *n.* מִבְצָע, הַרְפַּתְקָה, תַּעֲלוּל
es·cape′ *n.* בְּרִיחָה; דְּלִיפָה; מִפְלָט
escape *v.* בָּרַח, נִמְלַט; דָּלַף; נִצַּל
es·ca′pee′ *n.* אָסִיר נִמְלָט
es·carp′ment *n.* מַתְלוּל, מִדְרוֹן
es·chew′ (-choo) *v.* נִמְנַע מִן
es′cort′ *n&v.* מִשְׁמָר, לִוּוּי; לִוָּה
es′cu·lent *adj.* אָכִיל, רָאוּי לַאֲכִילָה
e·soph′agus *n.* וֶשֶׁט
es′oter′ic *adj.* סוֹדִי, סָתוּם, פְּנִימִי
es·pal′ier *n.* עָרִיס, שִׂיחַ מוּדְלֶה
es·pe′cial (-pesh′əl) *adj.* מְיוּחָד
es′pionage′ (-näzh) *n.* רִגּוּל

es′planade′ *n.* טַיֶּלֶת (על החוף)
es·pous′al (-z-) *n.* דְּגִילָה; נְשׂוּאִין
es·pouse′ (-z) *v.* תָּמַךְ בְּ־; הִתְחַתֵּן
es·py′ *v.* רָאָה, הִבְחִין בְּ—
Esq., Esq·uire′ *n.* אָדוֹן, מַר, הַנִּכְבָּד
es·say′ *v.* נִסָּה; נִסָּיוֹן; מַאֲמָר
es′say·ist *n.* מַסַּאי
es′sence *n.* תַּמְצִית, עִקָּר
essen′tial (i-) *adj.* נָחוּץ, חִיּוּנִי; יְסוֹדִי
essentially *adv.* בִּיסוֹדוֹ, בְּעִקָּרוֹ
essentials *npl.* יְסוֹדוֹת, עִקָּרִים
es·tab′lish *v.* יִסֵּד, הֵקִים; בִּסֵּס
establishment *n.* יִסּוּד; מוֹסָד; מִמְסָד
es·tate′ *n.* אֲחֻזָּה; רְכוּשׁ; מַעֲמָד
es·teem′ *v&n.* כִּבֵּד, הֶעֱרִיךְ; הַעֲרָכָה
es·thet′ic *adj.* אֶסְתֵּטִי, יָפֶה
es′timable *adj.* רָאוּי לְהַעֲרָכָה
es′timate′ *v.* הֶעֱרִיךְ, אָמַד
es′timate *n.* הַעֲרָכָה, אוּמְדָּן
es·trange′ (-rānj) *v.* נִכֵּר, הִרְחִיק
estrangement *n.* הִתְנַכְּרוּת, נִכּוּר
es′tuar′y (-′chōōeri) *n.* שֶׁפֶךְ־נָהָר
etc., et cet′era וְכוּ׳, וְכַדּ׳
etch *v.* חָרַט, חָרַת, גִּלֵּף
etcher *n.* חָרָט, גְּלוּפַאי
etching *n.* חֲרִיטָה; הֶדְפֵּס גְּלוּפָה
e·ter′nal *adj.* נִצְחִי, אֵין־סוֹפִי
eternally *adv.* לָעַד, לְעוֹלָמִים
e·ter′nity *n.* נֶצַח, עַד; עוֹלָם הָאֱמֶת
e′ther *n.* אֶתֶר; סַם הַרְדָּמָה
e·the′re·al *adj.* אַוְרִירִי, עָדִין, שְׁמֵימִי
eth′ical *adj.* אֶתִּי, מוּסָרִי
eth′ics *npl.* אֶתִּיקָה, תּוֹרַת הַמִּדּוֹת
eth′nic *adj.* אֶתְנִי, גִּזְעִי, שִׁבְטִי
et′iquette′ (-ket) *n.* כְּלָלֵי הִתְנַהֲגוּת
et′ymol′ogy *n.* אֶטִימוֹלוֹגְיָה, גִּזָּרוֹן
eu′calyp′tus (ū-) *n.* אֵיקָלִיפְּטוּס
eu·gen′ics (ū-) *n.* שִׁפּוּר הַגֶּזַע
eu′logize′ (ū-) *v.* הִלֵּל, חָלַק שְׁבָחִים
eu′logy (ū-) *n.* הַלֵּל, שְׁבָחִים
eu′nuch (ū′nək) *n.* סָרִיס
eu′phemism′ (ū-) *n.* לָשׁוֹן נְקִיָּה
eu′phony (ū-) *n.* תַּנְעוּמָה
eu·phor′ia (ū-) *n.* תְּחוּשָׁה נְעִימָה
Eu′rope′an (yoor-) *adj.* אֵירוֹפִּי
eu·thana′sia (ū-zhə) *n.* הֲמָתַת חֶסֶד
e·vac′uate′ (-kūāt) *v.* פִּנָּה
e·vac′ua′tion (-kūā′-) *n.* פִּנּוּי
e·vade′ *v.* הִתְחַמֵּק, הִשְׁתַּמֵּט
e·val′uate′ (-lūāt) *v.* הֶעֱרִיךְ
ev′anes′cent *adj.* נִשְׁכָּח, נֶעְלָם, חוֹלֵף
e·vap′orate′ *v.* אִדָּה; הִתְנַדֵּף
e·va′sion (-zhən) *n.* הִתְחַמְּקוּת
e·va′sive *adj.* מִתְחַמֵּק, חֲמַקְמַק
eve *n.* עֶרֶב, הַיּוֹם שֶׁלִּפְנֵי
e′ven *adj.* חָלָק, יָשָׁר; קָבוּעַ; שָׁוֶה
even number מִסְפָּר זוּגִי
get even with נָקַם, הֶחֱזִיר, גָּמַל
even *v.* הִשְׁוָה, יִשֵּׁר
even *adv.* אֲפִילוּ
even if/though אַף אִם, לַמְרוֹת שֶׁ—
eve′ning (ēv′n-) *n.* עֶרֶב
evensong *n.* תְּפִלַּת עַרְבִית
e·vent′ *n.* מִקְרֶה, מְאֹרָע; תַּחֲרוּת
in the event לְבַסּוֹף, לְמַעֲשֶׂה
in the event of בְּמִקְרֶה שֶׁ־, אִם
eventful *adj.* רַב אֵרוּעִים
e·ven′tual (-chōōəl) *adj.* סוֹפִי
e·ven′tual′ity (-chōōal′-) *n.* מִקְרֶה, אֶפְשָׁרוּת
eventually *adv.* לְבַסּוֹף
ev′er *adv.* אֵי פַּעַם, בִּכְלָל, מֵעוֹדוֹ
ever since/after מֵאָז
for ever (and ever) לְעוֹלָם, לָעַד
evergreen *n&adj.* יְרוֹק־עַד
everlasting *adj.* נִצְחִי, אֵין סוֹפִי
ev′ermore′ *adv.* לְעוֹלָם, לָעַד
every (ev′ri) *adj.* כָּל, בְּכָל
every now and then מִפַּעַם לְפַעַם
every so often לְעִתִּים קְרוֹבוֹת
every time תָּמִיד; כָּל אֵימַת שֶׁ—
in every way מִכָּל הַבְּחִינוֹת
everybody *pron.* הַכֹּל, כָּל אֶחָד
everyday *adj.* יוֹמְיוֹמִי, רָגִיל
everyone *pron.* הַכֹּל, כָּל אֶחָד
everything *pron.* הַכֹּל, כָּל דָּבָר
everywhere *adv.* בְּכָל מָקוֹם
e·vict′ *v.* גֵּרֵשׁ (בצו פינוי)
e·vic′tion *n.* גֵּרוּשׁ
ev′idence *n.* עֵדוּת, הוֹכָחָה, רְאָיוֹת
bear evidence of הֵעִיד עַל
evidence *v.* הֵעִיד עַל, הוֹכִיחַ
ev′ident *adj.* בָּרוּר, נִכָּר, נִרְאֶה
e′vil (-vəl) *adj&n.* רַע, מוּשְׁחָת; רוֹעַ

the Evil One הַשָּׂטָן
evil-doer *n.* עוֹשֵׂה רָע
evil eye/tongue עַיִן/לְשׁוֹן הָרָע
evil-minded *adj.* זוֹמֵם רָעוֹת
e•vince′ *v.* הֶרְאָה, הִפְגִּין, גִּלָּה
e•voke′ *v.* הֶעֱלָה, עוֹרֵר
ev′olu′tion *n.* הִתְפַּתְּחוּת
e•volve′ *v.* פִּתַּח; הִתְפַּתַּח
ewe (ū) *n.* כִּבְשָׂה
ew′er (ū-) *n.* כַּד, כְּלִי, קִיתוֹן
ex- מִי שֶׁהָיָה, לְשֶׁעָבַר, אֶקְס
ex•ac′erbate′ *v.* הֵרַע, הִכְבִּיד
ex•act′ (egz-) *adj.* מְדוּיָּק, דַּיְקָנִי
exact *v.* סָחַט, תָּבַע, גָּבָה; הִצְרִיךְ
exacting *adj.* סוֹחֵט, מְיַגֵּעַ; קַפְּדָן
ex•ac′tion (egz-) *n.* סְחִיטָה, עוֹשֶׁק
exactly *adv.* בְּדִיּוּק
exactness *n.* דִּיּוּק, דַּיְקָנוּת
ex•ag′gerate′ (egzaj′ər-) *v.* הִגְזִים
ex•alt′ (egzôlt′) *v.* רוֹמֵם; שִׁבַּח
exalted *adj.* רָם; שִׁכּוֹר הַצְלָחָה
exam′ (egzam′) *n.* *בְּחִינָה, מִבְחָן
ex•am′ina′tion (egz-) *n.* מִבְחָן,
 בְּחִינָה, בְּדִיקָה; חֲקִירַת־עֵד
ex•am′ine (egzam′in) *v.* בָּחַן, בָּדַק
ex•am′ple (egz-) *n.* דּוּגְמָה; אַזְהָרָה
 for example לְדוּגְמָה, כְּגוֹן
ex•as′perate′ (egz-) *v.* הִרְגִּיז
ex•as′pera′tion (egz-) *n.* כַּעַס
ex′cavate′ *v.* חָפַר, גִּלָּה עַתִּיקוֹת
ex•ceed′ *v.* עָלָה עַל, עָבַר
exceedingly *adv.* מְאוֹד, בְּיוֹתֵר
ex•cel′ *v.* הִצְטַיֵּן; עָלָה עַל
ex′cellence *n.* הִצְטַיְּנוּת; סְגוּלָה
 His Excellency הוֹד מַעֲלָתוֹ
ex′cellent *adj.* מְצוּיָּן
ex•cept′ *prep.* חוּץ מִן, פְּרָט לְ—
 except for פְּרָט לְ־; לוּלֵא
except *conj.* אֶלָּא שֶׁ—
except *v.* הוֹצִיא; לֹא כָּלַל
 nobody excepted לְלֹא יוֹצֵא מֵהַכְּלָל
excepting *prep.* חוּץ מִן
 without/not excepting כּוֹלֵל, גַּם
ex•cep′tion *n.* יוֹצֵא מִן הַכְּלָל; חָרִיג
 take exception נֶעֱלַב; הִתְנַגֵּד
 with the exception of חוּץ מִן
exceptional *adj.* בִּלְתִּי רָגִיל

ex′cerpt′ *n.* קֶטַע (מִסֵּפֶר)
ex•cess′ *n.* עוֹדֶף, מוֹתָר; הַפְרָזָה
ex′cess′ *adj.* נוֹסָף, יוֹתֵר מֵהָרָגִיל
ex•ces′sive *adj.* מוּגְזָם, יוֹתֵר מִדַּי
ex•change′ (-chānj) *n&v.* חִלּוּפִים;
 הֲמָרָה; בּוּרְסָה; הֶחֱלִיף, הֵמִיר
 in exchange for תְּמוּרַת
ex•cheq′uer (-kər) *n.* אוֹצָר
ex′cise (-z) *n.* בְּלוֹ (מַס)
ex•cise′ (-z) *v.* קִצֵּץ, חָתַךְ; סִלֵּק
ex•ci′sion (sizh′ən) *n.* כְּרִיתָה, נִתּוּחַ
excitable *adj.* נוֹטֶה לְהִתְרַגֵּשׁ, רַגְשָׁנִי
ex•cite′ *v.* עוֹרֵר, רִגֵּשׁ, הִלְהִיב
excited *adj.* נִרְגָּשׁ
excitement *n.* הִתְרַגְּשׁוּת
ex•claim′ *v.* קָרָא, צָעַק
ex′clama′tion *n.* קְרִיאָה
ex•clude′ *v.* שָׁלַל, מָנַע; גֵּרֵשׁ
excluding *prep.* לְהוֹצִיא, לֹא כּוֹלֵל
ex•clu′sion (-zhən) *n.* מְנִיעָה, הַרְחָקָה
ex•clu′sive *adj.* בִּלְעָדִי; חוּץ מִן
ex•cog′itate′ *v.* חָשַׁב, הִמְצִיא
ex′commu′nicate′ *v.* נִדָּה, הֶחֱרִים
ex•cor′iate′ *v.* קִלֵּף; בִּקֵּר, גִּנָּה
ex′crement *n.* צוֹאָה
ex•crete′ *v.* הִפְרִישׁ, הוֹצִיא
ex•cru′cia′ting (-′sh-) (כְּאֵב) עַז
ex′cul•pate′ *v.* זִכָּה (מֵאַשְׁמָה)
ex•cur′sion (-zhən) *n.* טִיּוּל
excursionist *n.* טַיָּל, מְטַיֵּל
excusable *adj.* בַּר־סְלִיחָה, סָלִיחַ
ex•cuse′ (-s) *n.* תֵּרוּץ; הִתְנַצְּלוּת
ex•cuse′ (-z) *v.* סָלַח; פָּטַר; הִצְדִּיק
 excuse me סְלִיחָה!
ex′e•crate′ *v.* תִּעֵב, שָׂנֵא; קִלֵּל
ex′e•cute′ *v.* בִּצֵּעַ; הוֹצִיא לְהוֹרֵג
ex′e•cu′tion *n.* בִּצּוּעַ; הוֹצָאָה לְהוֹרֵג
ex′e•cu′tioner (-shənər) *n.* תַּלְיָן
ex•ec′u•tive (egz-) *adj&n.* בִּצּוּעִי;
 מְנַהֵל; מִנְהָלָה; מוֹצִיא לַפּוֹעַל
ex•em′plary (egz-) *adj.* מוֹפְתִי
ex•em′plify′ (egz-) *v.* הִדְגִּים
ex•empt′ (egz-) *v&adj.* פָּטַר; פָּטוּר
ex•emp′tion (egz-) *n.* שִׁחְרוּר, פְּטוֹר
ex′ercise′ (-z) *n.* אִמּוּן, תִּרְגּוּל;
 הַפְעָלָה, שִׁמּוּשׁ; הִתְעַמְּלוּת; תַּרְגִּיל
exercise *v.* הִתְעַמֵּל; הִתְאַמֵּן; אִמֵּן,

תִּרְגֵל; נָהַג בְּ־, הִשְׁתַּמֵּשׁ בְּ—
ex•ert′ (egz-) *v.* הִפְעִיל; הִתְאַמֵּץ
ex•er′tion (egz-) *n.* הַפְעָלָה; מַאֲמָץ
ex•hale′ *v.* נָשַׁף
ex•haust′ (egzôst′) *v.* עִיֵּף,
הֶחֱלִישׁ; רוֹקֵן, כִּלָּה, מִצָּה
exhaust *n.* מַפְלֵט, צִנּוֹר פְּלִיטָה
ex•haus′tion (egzôs′chən) לֵאוּת
ex•haus′tive (egzôs′-) *adj.* מְמַצֶּה
ex•hib′it (egzib′-) *n&n.* הֶרְאָה,
הִפְגִּין; הִצִּיג; מוּצָג; תַּעֲרוּכָה
ex•hibi′tion (eksibi-) *n.* תַּעֲרוּכָה
exhibitor *n.* מַצִּיג, מִשְׁתַּתֵּף בְּתַעֲרוּכָה
ex•hil′arate′ (egzil-) *v.* שִׂמַּח
ex•hort′ (egzôrt′) *v.* הוֹכִיחַ, הִטִּיף
ex•hume′ *v.* הוֹצִיא מֵהַקֶּבֶר
ex•ig′ency *n.* מַצַּב חֵרוּם
ex′igent *adj.* דָּחוּף, דּוֹחֵק, לוֹחֵץ
ex′ile (egz-) *n&v.* גָּלוּת; גּוֹלֶה; הִגְלָה
ex•ist′ (egz-) *v.* הִתְקַיֵּם, הָיָה
existence *n.* קִיּוּם, מְצִיאוּת; חַיִּים
existing *adj.* קַיָּם, נוֹכְחִי
ex′it (egz-) *n&v.* יְצִיאָה; יָצָא
Ex′odus *n.* שְׁמוֹת; יְצִיאַת מִצְרַיִם
ex•on′erate′ (egz-) *v.* זִכָּה, שִׁחְרֵר
ex•or′bitant (egz-) *adj.* מוּפְרָז
ex′or•cize′ *v.* גֵּרֵשׁ רוּחוֹת
ex•ot′ic (egz-) *adj.* אֶקְזוֹטִי, זָר
ex•pand′ *v.* הִתְפַּשֵּׁט, גָּדַל; הִרְחִיב
ex•panse′ *n.* מֶרְחָב, שֶׁטַח
ex•pan′sion *n.* הִתְפַּשְּׁטוּת; פִּתּוּחַ
ex•pan′sive *adj.* מִתְפַּשֵּׁט; פָּתוּחַ
ex•pa′tiate′ (-′sh-) הִרְחִיב הַדִּבּוּר
ex•pa′triate′ *v.* גֵּרֵשׁ, הִגְלָה
ex•pa′triate *n.* גּוֹלֶה, מְגוֹרָשׁ; יוֹרֵד
ex•pect′ *v.* קִוָּה, צִפָּה; *שִׁעֵר
ex•pec′tancy *n.* תּוֹחֶלֶת; תִּקְוָה
ex•pec′tant *adj.* מְקַוֶּה, מְצַפֶּה
ex′pecta′tion *n.* תִּקְוָה, צִפִּיָּה
ex•pec′torate′ *v.* יָרַק, רָקַק
ex•pe′dience, -cy *n.* תּוֹעַלְתִּיּוּת
ex•pe′dient *adj.* תּוֹעַלְתִּי, כְּדַאי, רָצוּי
expedient *n.* אֶמְצָעִי, תַּחְבּוּלָה
ex′pedite′ *v.* הֵחִישׁ, זֵרֵז, קִדֵּם
ex′pedi′tion (-di-) *n.* מִשְׁלַחַת;
מַסָּע; מְהִירוּת, זְרִיזוּת
ex′pedi′tious (-dish′əs) *adj.* מָהִיר

ex•pel′ *v.* פָּלַט, גֵּרֵשׁ
ex•pend′ *v.* בִּזְבֵּז, הוֹצִיא, כִּלָּה
ex•pend′able *adj.* רָאוּי לְהַקְרִיבוֹ
ex•pen′diture *n.* הוֹצָאָה (כספית)
ex•pense′ *n.* מְחִיר, הוֹצָאָה
ex•pen′sive *adj.* יָקָר
ex•pe′rience *n.* נִסָּיוֹן; חֲוָיָה
experience *v.* הִתְנַסָּה, חָוָה, חָשׁ
experienced *adj.* מְנוּסֶּה
ex•per′iment *n&v.* (עָרַךְ) נִסּוּי
ex′pert′ *n&adj.* מוּמְחֶה, יַדְעָן
ex′piate′ *v.* כִּפֵּר עַל
ex′pira′tion *n.* גְּמַר, פְּקִיעָה; נְשִׁיפָה
ex•pire′ *v.* פָּקַע, הִסְתַּיֵּם; מֵת
ex•plain′ *v.* הִסְבִּיר
ex′plana′tion *n.* הֶסְבֵּר
ex•plan′ato′ry *adj.* מַסְבִּיר, מְבָאֵר
ex′pletive *n.* מִלַּת סְרָק, קְלָלָה
ex•plic′it *adj.* בָּרוּר, מוּבָּע בִּבְרוּרוֹת
ex•plode′ *v.* הִתְפּוֹצֵץ; פּוֹצֵץ; נִפֵּץ
ex′ploit *n.* מִבְצָע, מַעֲשֶׂה נוֹעָז
ex•ploit′ *v.* נִצֵּל
ex′ploita′tion *n.* נִצּוּל, נַצְלָנוּת
ex′plora′tion *n.* חֲקִירָה, בְּדִיקָה
ex•plore′ *v.* חָקַר (ארץ/נושא)
explorer *n.* חוֹקֵר
ex•plo′sion (-zhən) *n.* הִתְפּוֹצְצוּת
ex•plo′sive *n.* חוֹמֶר נֶפֶץ
ex•po′nent *n.* פַּרְשָׁן, מְפָרֵשׁ; מַעֲרִיךְ
ex′port′ *n.* יְצוּא; יִצּוּא
ex•port′ *v.* יִצֵּא
ex′por•ta′tion *n.* יִצּוּא
ex•por′ter *n.* יְצוּאָן
ex•pose′ (-z) *v.* גִּלָּה, חָשַׂף; נָטַשׁ
ex′po•sé′ (-pōzā′) *n.* הַרְצָאָה; חֲשִׂיפָה
ex′posi′tion (-zi-) *n.* הַבְהָרָה,
הֶסְבֵּר, הַצָּגָה, הֶצֵּג; תַּעֲרוּכָה
ex•pos′tulate′ (-′ch-) *v.* מָחָה
ex•po′sure (-zhər) *n.* גִּלּוּי,
חֲשִׂיפָה, הוֹקָעָה; תְּמוּנָה; צַד, כִּוּוּן
ex•pound′ *v.* הִסְבִּיר, הִרְצָה
ex•press′ *adj&n.* בָּרוּר, מְפוֹרָשׁ;
מְדוּיָּק, זֵהֶה; מָהִיר, אֶקְסְפְּרֶס
express *v.* בִּטֵּא; שָׁלַח; סָחַט, הוֹצִיא
ex•pres′sion *n.* בִּטּוּי, מִלָּה; הַבָּעָה
ex•pres′sive *adj.* מַבִּיעַ, מַשְׁמָעוּתִי
expressly *adv.* בִּמְפוֹרָשׁ; בִּמְיוּחָד

expressway *n.* כְּבִישׁ מָהִיר
ex·pro'priate' *v.* הִפְקִיעַ, הֶחֱרִים
ex·pul'sion *n.* גֵּרוּשׁ
ex·punge' *v.* מָחַק
ex'purgate' *v.* טִהֵר, צִנְזֵר
ex'quisite (-zit) *adj.* מוּשְׁלָם, מְצֻיָּן; חַד, חָרִיף; רָגִישׁ, עָדִין
ex-service *adj.* מְשֻׁחְרָר, שֶׁשֵּׁרֵת בַּצָּבָא
ex·tant' *adj.* קַיָּם, עֲדַיִן נִמְצָא
ex·tem'pora'ne·ous *adj.* מְאֻלְתָּר
ex·tem'pore (-pəri) *adj.* מִנֵּיהּ וּבֵיהּ
ex·tem'porize' *v.* אִלְתֵּר
ex·tend' *v.* הִגִּיעַ, הִשְׂתָּרֵעַ; הֶאֱרִיךְ, הִגְדִּיל; מָתַח; הֶעֱנִיק
ex·ten'sion *n.* הִתְפַּשְּׁטוּת; הַאֲרָכָה, תּוֹסֶפֶת, שְׁלוּחָה
extension table שֻׁלְחָן שָׁחִיל
ex·ten'sive *adj.* מַקִּיף, פָּשִׁיט, נִרְחָב
ex·tent' *n.* הֶקֵּף, גֹּדֶל; מִדָּה, שִׁעוּר
ex·ten'u·ate' (-nūāt) *v.* הֵקֵל
ex·te'rior *adj&n.* חִיצוֹנִי; חִיצוֹנִיּוּת
ex·te'riorize' *v.* הֶחְצִין
ex·ter'minate' *v.* הִשְׁמִיד, חִסֵּל
ex·ter'mina'tion *n.* הַשְׁמָדָה
ex·ter'nal *adj&n.* חִיצוֹנִי; חִיצוֹנִיּוּת
ex·ter'naliza'tion *n.* הַחְצָנָה
ex·ter'nalize' *v.* הֶחְצִין
ex'ter·rito'rial אֶקְסְטֶרִיטוֹרְיָאלִי
ex·tinct' *adj.* לֹא קַיָּם; נֶעְלַם, מֵת
extinct volcano הַר־גַּעַשׁ כָּבוּי/רָגוּעַ
ex·tinc'tion *n.* כִּבּוּי; הַשְׁמָדָה
ex·tin'guish (-gwish) *v.* כִּבָּה, חִסֵּל
extinguisher *n.* מַטְפֶּה
ex'tirpate' *v.* הִשְׁמִיד, עָקַר
ex'tirpa'tion *n.* הַשְׁמָדָה
ex·tol' (-tōl) *v.* הִלֵּל, שִׁבַּח
ex·tort' *v.* סָחַט, הוֹצִיא בְּכוֹחַ
ex·tor'tion *n.* סְחִיטָה
ex·tor'tionate (-shən-) *adj.* סַחְטָנִי
ex'tra *adj&n.* נוֹסָף, אֶקְסְטְרָה, מְיוּחָד; נִצָּב (בסרט); הוֹצָאָה מְיוּחֶדֶת
ex·tract' *v.* הוֹצִיא, חִלֵּץ; סָחַט
ex'tract' *n.* תַּמְצִית; קֶטַע; נֶסַח
ex·trac'tion *n.* הוֹצָאָה, עֲקִירָה, סְחִיטָה; מוֹצָא, מָקוֹר, יִחוּס
ex'tradite' *v.* הִסְגִּיר
ex'tradi'tion (-di-) *n.* הַסְגָּרָה
ex'tramar'ital *adj.* מִחוּץ לְנִשּׂוּאִין
ex'tramu'ral *adj.* מִחוּץ לָעִיר; מִחוּץ לְכוֹתְלֵי בֵּית־הַסֵּפֶר
ex·tra'ne·ous *adj.* חִיצוֹנִי; לֹא שַׁיָּךְ
ex·traor'dinar'y (-trôr'dineri) בִּלְתִּי רָגִיל, יוֹצֵא מִן הַכְּלָל
ex·trap'olate' *v.* נִחֵשׁ, שִׁעֵר
ex·trav'agance *n.* פַּזְרָנוּת
ex·trav'agant *adj.* פַּזְרָנִי; יָקָר; מוּגְזָם
ex·treme' *adj.* קִיצוֹנִי; רַב
extreme *n.* קִיצוֹנִיּוּת; נִגּוּד גָּמוּר
in the extreme עַד מְאוֹד
extremely *adv.* עַד מְאוֹד
ex·trem'ity *n.* קִיצוֹנִיּוּת; גַּפַּיִם
ex'tricate' *v.* חִלֵּץ, שִׁחְרֵר
ex·trin'sic *adj.* חִיצוֹנִי, זָר
ex'trovert' *n.* מוּחְצָן, לֹא מִסְתַּגֵּר
ex·trude' *v.* הוֹצִיא; גֵּרֵשׁ
ex·u'berant (egzōō'-) *adj.* שׁוֹפֵעַ חַיִּים, שׁוֹפֵעַ מֶרֶץ; גָּדֵל בְּשֶׁפַע
ex·ude' (egz-) *v.* הִזִּיעַ; הִרְעִיף
ex·ult' (egz-) *v.* צָהַל, שָׂמַח
exultant *adj.* צוֹהֵל
eye (ī) *n&v.* עַיִן; רָאָה, הִבִּיט
an eye for an eye עַיִן תַּחַת עַיִן
be all eyes הִבִּיט בְּשֶׁבַע עֵינַיִם
in his eyes בְּעֵינָיו, לְדַעְתּוֹ
keep an eye on הִשְׁגִּיחַ עַל
up to one's eyes in שָׁקוּעַ בְּ—
eyeball *n.* גַּלְגַּל הָעַיִן
eyebrow *n.* גַּבָּה
eyeful *n.* מְלוֹא עֵינָיו; *חֲתִיכָה
eyeglasses *npl.* מִשְׁקָפַיִם
eyelash *n.* רִיס
eyelet *n.* לוּלָאָה
eyelid *n.* עַפְעַף, שְׁמוּרַת עַיִן
eyeliner *n.* פּוּךְ, כָּחָל, צֶבַע
eye-opener *n.* פּוֹקֵחַ־עֵינַיִם, הַפְתָּעָה
eyepiece *n.* עֲדֶשֶׁת הָעַיִן, עֵינִית
eye shadow פּוּךְ, כָּחָל, צֶבַע
eyeshot *n.* טְוַח־רְאִיָּה
eyesight *n.* רְאִיָּה, רְאוּת
eyesore *n.* חֵפֶץ מְכוֹעָר, מַרְאֶה דּוֹחֶה
eyestrain *n.* עֲיֵפוּת הָעֵינַיִם
eyewash *n.* הַטְעָיָה, אֲחִיזַת־עֵינַיִם
eye-witness *n.* עֵד רְאִיָּה
eyrie, eyry (ī'əri) *n.* קֵן נֶשֶׁר

F

F *n.* פַּה (צליל)
fab *adj.* *אַגָדִי, נִפְלָא, מְצוּיָן
fa′ble *n.* מָשָׁל, אַגָדָה; בְּדוּתָה
fab′ric *n.* אָרִיג; בִּנְיָן, מִבְנֶה, מַעֲרֶכֶת
fab′ricate′ *v.* יָצַר; הִמְצִיא, זִיֵף
fab′rica′tion *n.* פַבְּרִיקַצְיָה, זִיוּף
fab′u·lous *adj.* אַגָדִי; נִפְלָא
façade (fəsäd′) *n.* חֲזִית; חָזוּת
face *n.* פַּרצוּף, פָּנִים; חֲזִית; חוּצְפָּה
face to face פָּנִים אֶל פָּנִים
fly in the face of הִמְרָה פִּי—
in the face of מוּל, בִּפְנֵי־; לַמרוֹת
lost face with סָר חִנוֹ בְּעֵינֵי
make faces עִוָה פָּנָיו
on the face of it לְמַרְאִית עַיִן
saved his face כְּבוֹדוֹ נִצַל
to his face בְּפָנָיו, גְלוּיוֹת
face *v.* הָיָה מוּל; הִתְיַצֵב מוּל; עָמַד בִּפְנֵי; כִּסָה, צִפָּה
face the music לֹא נִרתַּע
face up to עָמַד בִּפְנֵי
face-card *n.* קְלַף־תְּמוּנָה
face-cloth *n.* מַגֶבֶת, מַטלִית פָּנִים
faceless *adj.* לְלֹא פָּנִים, אַלמוֹנִי
face-lift *n.* מִתּוּחַ עוֹר הַפָּנִים
face-saving *adj.* מַצִיל יוּקְרָה
fac′et *n.* שְׁטִחָה; צַד, נְקוּדַת־רְאוּת
face′tious (-shəs) *adj.* מְבַדֵחַ, הִתּוּלִי
face value עֶרֶךְ נָקוּב
at its face value לְפִי מַרְאֵהוּ
fa′cial *adj&n.* שֶׁל הַפָּנִים; עִסוּי פָּנִים
fac′ile (-səl) *adj.* קַל, מָהִיר; שִׁטחִי
facil′itate′ *v.* הֵקֵל, הִפחִית קוֹשִׁי
facil′ity *n.* קַלוּת; כִּשרוֹן; מִתקָן
facilities אֶמצָעִים, מִתקָנִים, כֵּלִים
facing *n.* צִפּוּי, כִּסוּי
facings צַוָארוֹן וַחֲפָתִים
fac′sim′ile (-mili) *n.* מַעתֶּק
fact *n.* עוּבדָה, מְצִיאוּת; מַעֲשֶׂה, פֶּשַׁע
in (point of) fact לְמַעֲשֶׂה
fact-finding *n.* חֲקִירַת הָעוּבדוֹת
fac′tion *n.* סִיעָה, פֶּלֶג; חִלוּקֵי דֵעוֹת
fac′tious (-shəs) *adj.* פַּלְגָנִי, חַרְחֲרָנִי
fac·ti′tious (-tish′əs) *adj.* מְלָאכוּתִי
fac′tor *n.* גוֹרֵם; סוֹכֵן, עָמִיל
fac′torize′ *v.* פֵּרֵק לְגוֹרְמִים
fac′tory *n.* בֵּית־חֲרוֹשֶׁת
fac·to′tum *n.* מְשָׁרֵת
fac′tual (-cho͞oəl) *adj.* עוּבדָתִי
fac′ulty *n.* כִּשרוֹן, יְכוֹלֶת; פַקוּלטָה; מָכוֹן, מַחלָקָה
fad *n.* שִׁגָעוֹן חוֹלֵף, תַּחבִּיב זְמַנִי
fad′dy, fad′dish *adj.* שִׁגעוֹנִי
fade *v.* דָעַךְ; דָהָה; הִדהָה; נָמוֹג
fader *n.* מַדעֵךְ
fag *n.* עָמַל; עֲבוֹדָה קָשָׁה; *הוֹמוֹ
fagged out עָיֵף, סָחוּט
fag-end *n.* שְׁאֵרִית; בְּדַל־סִיגָרְיָה
fag′got, fag′ot *n.* צְרוֹר עֵצִים; קְצִיצָה, לְבִיבָה; *הוֹמוֹ
fail *v&n.* נִכשַׁל; הִכשִׁיל, פָּסַל; לֹא בִּצַע; נֶחֱלַשׁ; אִכזֵב; פָּשַׁט רֶגֶל
he failed to come הוּא לֹא בָּא
not fail to הִקפִּיד לְ־, זָכַר לְ—
without fail לְעוֹלָם, תָּמִיד
failing *n.* פְּגָם, חוּלשָׁה
failing *prep.* בְּהֶעדֵר, בְּאֵין־, לְלֹא—
failing this אִם זֶה לֹא יִקרֶה
fail-safe *adj.* נֶגֶד תַּקָלוֹת
fail′ure (-lyər) *n.* כִּשָׁלוֹן; אִי־יְכוֹלֶת, אִי־בִּצוּעַ, חוֹסֶר; פְּשִׁיטַת רֶגֶל
fain *adv.* בְּרָצוֹן, מַעֲדִיף
faint *adj.* חַלָשׁ, רָפֶה, קָלוּשׁ; דָהוּי
faint *v&n.* הִתעַלֵף; הִתעַלְפוּת
faint-hearted *adj.* פַּחדָן, מוּג־לֵב
fair *adj.* הוֹגֵן, צוֹדֵק; בֵּינוֹנִי, מְמוּצָע; נָאֶה; בָּהִיר; בָּרוּר; נָקִי
fair shake הֲגִינוּת, יַחַס הוֹגֵן
the fair sex הַמִין הַיָפֶה
fair *adv.* בַּהֲגִינוּת; הַיְשֵׁר אֶל
bid fair נִראָה, יָצַר רוֹשֶׁם שֶׁ—
fair and square בַּהֲגִינוּת, בְּצֶדֶק
fair enough הוֹגֵן, בְּסֵדֶר
fair *n.* יָרִיד

fair-complexioned *adj.* בְּהִיר־עוֹר
fair game צַיִד חוּקִי; מַטָּרָה לְלַעַג
fair ground מִגְרַשׁ הַיְרִיד
fairly *adv.* בַּהֲגִינוּת; לְגַמְרֵי, בְּהֶחְלֵט
fair-minded *adj.* הוֹגֵן, צוֹדֵק בְּשִׁפּוּט
fair play מִשְׂחָק הוֹגֵן, צֶדֶק
fairway *n.* מַסְלוּל
fair-weather friend נוֹטֵשׁ יְדִידוֹ בְּעֵת צָרָה
fair'y *n.* פֵיָה; *הוֹמוֹ
fairy lamp נוּרָה צִבְעוֹנִית
fairy tale אַגָּדָה, סִפּוּר בַּדִּים
faith *n.* אֱמוּנָה; דָּת; אֵמוּן
in faith בֶּאֱמֶת, בֶּאֱמוּנָה
faithful *adj.* נֶאֱמָן, מָסוּר; מְדוּיָּק
faithless *adj.* לֹא נֶאֱמָן; לֹא מַאֲמִין
fake *n&adj&v.* זִיּוּף; בְּלוֹף; רַמַּאי; מְזוּיָּף; זִיֵּף, הִתְחַזָּה כְּ—
fakir' (-kir) *n.* פָקִיר
fal'con *n.* בַּז (עוֹף דּוֹרֵס)
falconer *n.* בַּזָּיר
falconry *n.* צַיִד בְּבַזִּים, בַּזָּיָרוּת
fall (fôl) *v.* נָפַל; יָרַד; נַעֲשָׂה לְ—
fall asleep נִרְדַּם
fall away נֶעֱלַם, הִסְתַּלֵּק
fall back נָסוֹג; הִסְתַּמֵּךְ; נִשְׁעַן עַל
fall behind פִּגֵּר
fall flat נִכְשַׁל, לֹא הִצְלִיחַ
fall for הִתְאַהֵב; נָפַל בַּפַּח
fall ill חָלָה, נָפַל לְמִשְׁכָּב
fall in הִתְמוֹטֵט; הִסְתַּדֵּר בְּשׁוּרָה
fall in love הִתְאַהֵב
fall in with נִתְקַל בְּ; הִסְכִּים
fall into line הִסְכִּים; הָלַךְ בַּתֶּלֶם
fall off פָּחַת, הִתְמַעֵט, נָשַׁר
fall on/upon הִתְנַפֵּל עַל
fall out with רָב, הִתְקוֹטֵט
fall over/down נָפַל
fall short לֹא הִגִּיעַ לַמַּטָּרָה
fall through נִכְשַׁל
fall to הִתְחִיל; הִתְנַפֵּל עַל הָאוֹכֶל
fall *n.* נְפִילָה; יְרִידָה; מַפּוֹלֶת; סְתָו
falls מַפַּל־מַיִם
ride for a fall הִסְתַּכֵּן
falla'cious (-shəs) *adj.* מַטְעֶה; מוּטְעֶה
fal'lacy *n.* טָעוּת, אַשְׁלָיָה
fall'en (fôl'-) *adj.* נוֹפֵל; הַחֲלָלִים
fall guy *פֶּתִי, קוֹרְבָּן
fal'lible *adj.* עָלוּל לִטְעוֹת
falling-out *n.* רִיב, וִכּוּחַ
fall-out *n.* נְשִׁירָה; נְשׂוֹרֶת
fal'low (-ō) *adj&n.* כְּרָב נָע; שֶׁנֶּחְרַשׁ אַךְ לֹא נִזְרַע; שְׂדֵה־בּוּר
false (fôls) *adj.* מוּטְעֶה; מְזוּיָּף, מְלָאכוּתִי; לֹא נֶאֱמָן, מְשַׁקֵּר; כּוֹזֵב
false alarm אַזְעָקַת שָׁוְא
play false רִמָּה, בָּגַד בְּ—
false-hearted *adj.* חֲסַר־כֵּנוּת, נוֹכֵל
falsehood *n.* שֶׁקֶר, שַׁקְרָנוּת, כָּזָב
falset'to (fôl-) *n.* סַלְפִית, פַלְסֶט
fal'sies (fôl'siz) *npl.* *חֲזִיָּה מְמוּלֵּאת, רִפּוּד
fal'sify' (fôl-) *v.* זִיֵּף, סִלֵּף
fal'sity (fôl-) *n.* שֶׁקֶר, רַמָּאוּת
fal'ter (fôl-) *v.* גִּמְגֵּם, הִסֵּס; מָעַד
fame *n.* פִּרְסוּם, שֵׁם, תְּהִלָּה
famed *adj.* מְפוּרְסָם
famil'ial *adj.* מִשְׁפַּחְתִּי
famil'iar *adj.* שָׁכִיחַ, רָגִיל; מוּכָּר, יָדוּעַ; בָּקִי; קַל, יְדִידוּתִי; מִשְׁפַּחְתִּי
famil'iar'ity *n.* בְּקִיאוּת, יְדִידוּת; חוֹפְשִׁיּוּת, חוֹסֶר־גִּנּוּנִים
famil'iarize' *v.* פִּרְסֵם
familiarize with לִמֵּד, הִכִּיר
fam'ily *n.* מִשְׁפָּחָה
in the family way *בְּהֵרָיוֹן
family doctor רוֹפֵא כְּלָלִי
family tree אִילַן הַיַּחַס
fam'ine (-min) *n.* רָעָב; מַחְסוֹר חָמוּר
fam'ish *v.* סָבַל מֵרָעָב, רָעֵב
fa'mous *adj.* מְפוּרְסָם; *מְצוּיָּן
fan *n.* מְאַוְרֵר; מְנִיפָה; אוֹהֵד, מַעֲרִיץ
fan *v.* אִוְרֵר; לִבָּה (אֵשׁ, זַעַם)
fan out הִתְפָּרֵס, הִתְפַּזֵּר
fanat'ic *n.* קַנַּאי, פָנָטִי
fanatic(al) *adj.* קַנָּאִי
fanat'icism' *n.* קַנָּאוּת, פָנָטִיּוּת
fancied *adj.* מְדוּמֶּה, דִּמְיוֹנִי
fan'cier *n.* מוּמְחֶה לְ, חוֹבֵב
fan'ciful *adj.* דִּמְיוֹנִי; מוּזָר
fan'cy *n.* דִּמְיוֹן; מְשִׁיכָה; קַפְּרִיזָה
take the fancy of כָּבַשׁ אֶת לֵב—
fancy *adj.* מְקוּשָּׁט, דִּמְיוֹנִי, לֹא רָגִיל
fancy *v.* תֵּאֵר לְעַצְמוֹ, הֶעֱלָה בְּדִמְיוֹנוֹ;

הָאֱמִין, חָשַׁב; אָהַב, חִבֵּב
fancy dress תַּחפּוֹשֶׂת
fancy-free *adj.* חוֹפשִׁי לְנַפשׁוֹ
fancy work מִרקָם, מַעֲשֵׂה־רִקמָה
fan'fare' *n.* תְּרוּעַת חֲצוֹצְרוֹת
fang *n.* שֵׁן כֶּלֶב, שֵׁן נָחָשׁ, נִיב
fanlight *n.* אֶשׁנָב (מעל לדלת), צוֹהַר
fan·tas'tic *adj.* פַנטַסטִי, דִמיוֹנִי
fan'tasy *n.* פַנטַסיָה, דִמיוֹן
far *adv&adj.* רָחוֹק; בְּמִדָּה נִכֶּרֶת
(so) far from לֹא זוֹ בִּלבַד שֶׁלֹּא
as far as עַד כַּמָּה שֶׁ־; עַד לְ—
far and away מְאוֹד, בְּהֶחלֵט
far and wide בְּכָל מָקוֹם
far be it from me חָלִילָה לִי מ—
far cry from רַב הַהֶבדֵל/הַמֶּרחָק בֵּין
far from it אַדְרַבָּה, כְּלָל לֹא
far off/away רָחוֹק
go far הִרחִיק לֶכֶת
so far, thus far עַד כֹּה, עַד כָּאן
far-away *adj.* רָחוֹק; מְנוּתָּק, חוֹלמָנִי
farce *n.* פַרסָה, קוֹמֶדיָה, בַּדּחִית
far'cical *adj.* קוֹמִי, אַבּסוּרדִי
fare *v.* הִתקַדֵּם, הִצלִיחַ
fare *n.* דְמֵי נְסִיעָה; נוֹסֵעַ; אֲרוּחָה
bill of fare תַּפרִיט
farewell *n.* פְּרֵדָה
fare'well' (fārw-) *interj.* שָׁלוֹם!
far-fetched *adj.* דָחוּק, לֹא סָבִיר, לֹא הֶגיוֹנִי, לֹא טִבעִי, חֲסַר־קֶשֶׁר
far-flung *adj.* מִשׂתָּרֵעַ, נִרחָב
far'ina'ceous (-shəs) *adj.* עֲמִילָנִי
farm *n.* חַוָּה, מֶשֶׁק; בֵּית הַמֶּשֶׁק
farm *v.* עִבֵּד אֲדָמָה, נִהֵל מֶשֶׁק
farm out מָסַר לַאֲחֵרִים
farm'er *n.* חַוַּאי, אִכָּר
farmhand *n.* עוֹבֵד מֶשֶׁק
farming *n.* חַקלָאוּת, חַוָּאוּת
farmyard *n.* חֲצַר הַמֶּשֶׁק
far-off/out *adj.* רָחוֹק
far-reaching *adj.* מַרחִיק־לֶכֶת, מַקִּיף
far'rier *n.* פַּרזְל־סוּסִים
far'row (-ō) *v&n.* (הִמלִיט) חֲזִירוֹנִים
far-sighted *adj.* רְחוֹק־רְאִיָּה
fart *v&n.* *נְפִיחָה; הִפלִיץ
far'ther (-dh-) *adj&adv.* יוֹתֵר רָחוֹק, הָלְאָה; הַיּוֹתֵר רָחוֹק
far'thest (-dh-) *adj.* הֲכִי רָחוֹק
far'thing (-th-) *n.* (בעבר) פְּרוּטָה
fas'cinate' *v.* הִקסִים
fascinating *adj.* מַקסִים
fas'cina'tion *n.* קֶסֶם
fas'cism' (fash'iz'əm) *n.* פָשִׁיזם
fas'cist (fash'ist) *n&adj.* פָשִׁיסט
fash'ion (fash'ən) *n&v.* אוֹפנָה, מִנהָג; צוּרָה, דֶרֶךְ; יָצַר, עִצֵּב
after a fashion כָּכָה־כָּכָה, בֵּינוֹנִי
fashionable *adj.* אוֹפנָתִי, מְקוּבָּל
fashion designer מְעַצֵּב אוֹפנָה
fast *adj.* מָהִיר, מְמַהֵר; רוֹדֵף תַּעֲנוּגוֹת
fast *adv.* מַהֵר; בְּחוֹזקָה; בְּקִרבַת—
fast *adj.* קָבוּעַ; חָזָק; מְהוּדָק; לֹא דוֹהֶה
fast asleep בְּתַרדֵּמָה עֲמוּקָה
stand fast עָמַד אֵיתָן
fast *v&n.* צָם; צוֹם
fas'ten (-sən) *v.* הִדֵּק, הִדבִּיק, הִצמִיד, סָגַר; נִסגַר, נִרכַּס
fasten on טָפַל; נָעַץ
fastener *n.* מְהַדֵּק; רוֹכְסָן
fastening *n.* מְהַדֵּק; בְּרִיחַ
fas·tid'ious *adj.* אִסטְנִיס, בַּררָן
fastness *n.* מְצוּדָה, מִבצָר; יַצִּיבוּת
fat *adj&n.* שָׁמֵן, עָבֶה; דָשֵׁן; שׁוּמָן
a fat lot (באירוניה) *הַרבֵּה
fat cat *עָשִׁיר, תּוֹרֵם לְמִפלָגָה
chew the fat התלוֹנֵן, שׂוֹחַח
fa'tal *adj.* קַטלָנִי, גוֹרָלִי, פָטָלִי
fa'talism' *n.* פָטָלִיוּת, פָטָלִיזם
fa'talist *n.* פָטָלִיסט
fatal'ity *n.* גוֹרָלִיוּת; מָוֶת, אָסוֹן
fate *n.* גוֹרָל; מָוֶת
fated *adj.* נִגזַר עָלָיו, גוֹרָלוֹ נֶחֱרַץ
fateful *adj.* גוֹרָלִי; נְבוּאִי
fat-head *n.* מְטוּמטָם
fa'ther (fä'dhər) *n&v.* אָב; הוֹלִיד
like father like son כְּאָב — כֵּן בְּנוֹ
father on יִחֵס לְ—
father figure דְמוּת אָב, כְּמוֹ אָב
fatherhood *n.* אַבָהוּת
father-in-law *n.* חָם, חוֹתֵן
fatherland *n.* אֶרֶץ אָבוֹת, מוֹלֶדֶת
fatherless *adj.* יָתוֹם, אֵין לוֹ אָב
fatherly *adj.* אַבָהִי
fath'om (-dh-) *n.* פָתוֹם (1.83 מטר)

fathom *v.* יָרַד לָעוֹמֶק, הֵבִין
fathomless *adj.* עָמוֹק, תְּהוֹמִי
fatigue′ (-tēg′) *n&v.* עֲיֵפוּת; (בצבא) תּוֹרָנוּת, עֲבוֹדוֹת; עִיֵּף
 fatigue uniform בִּגְדֵי עֲבוֹדָה
fat′ted *adj.* מְפוּטָם
fat′ten *v.* פִּטֵּם, הִשְׁמִין
fat′tish *adj.* שְׁמַנְמַן
fat′ty *adj.* מֵכִיל שׁוּמָן
fatu′ity *n.* טִפְּשׁוּת, טִמְטוּם
fat′uous (fach′ōōəs) *adj.* מְטוּמְטָם
fau′cet *n.* בֶּרֶז
fault *n.* לִקּוּי, פְּגָם; טָעוּת; עֲבֵרָה
 at fault לֹא בְּסֵדֶר; אָשֵׁם, נָבוֹךְ
 find fault מָצָא פְּגָמִים, הִתְאוֹנֵן
 to a fault יוֹתֵר מִדַּי, מְאוֹד
fault *v.* חִפֵּשׂ פְּגָמִים; הִתְלוֹנֵן עַל
fault-finding *n.* חִפּוּשׂ פְּגָמִים
faultless *adj.* מוּשְׁלָם, לְלֹא פְּגָם
faulty *adj.* פָּגוּם, לָקוּי
fau′na *n.* פָאוּנָה, מַמְלֶכֶת הַחַי
fa′vor *n.* אַהֲדָה, עַיִן יָפָה; מַשּׂוֹא פָּנִים; טוֹבָה, חֶסֶד; סֶרֶט, סֵמֶל
 by favor of —בְּאֶמְצָעוּת
 find favor in his eyes מָצָא חֵן בְּעֵינָיו
 in favor of —בְּעַד, מְחַיֵּב; לִפְקוּדַת
 in his favor לְטוֹבָתוֹ, לִזְכוּתוֹ
 out of favor סָר חִנּוֹ
 win his favor זָכָה בְּאַהֲדָתוֹ
favor *v.* הִפְלָה לְטוֹבָה; תָּמַךְ
favorable *adj.* רָצוּי, חִיּוּבִי; מְגַלֶּה אַהֲדָה, מְסַיֵּעַ, מְעוֹדֵד
favored *adj.* חָבִיב; נֶחֱן, נִתְבָּרֵךְ
 ill/well-favored מְכוֹעָר/נָאֶה
fa′vorite (-rit) *n&adj.* חָבִיב, אָהוּב; מוּפְלֶה לְטוֹבָה; בַּעַל הַסִּכּוּיִים לְנַצֵּחַ
fa′voritism′ *n.* פְּרוֹטֶקְצְיָה
fawn *n.* עוֹפֶר; חוּם־צְהַבְהַב
fawn *v.* כִּרְכֵּר סְבִיב־, הֶחֱנִיף
fax *n.* פַקְסִימִילֶה; מַעְתָּק
fay *n.* פֵיָה
faze *v.* *הִפְחִיד, הִדְהִים
fe′alty *n.* נֶאֱמָנוּת, אֱמוּנִים
fear *n&v.* פַּחַד, חֲשָׁשׁ; פָּחַד
 for fear of/that —מֵחֲשַׁשׁ, פֶּן
 no fear! בְּהֶחְלֵט לֹא, אֵין פַּחַד
 fear for him הָיָה חָרֵד לִשְׁלוֹמוֹ
fear′ful *adj.* אָיוֹם; נוֹרָא; פּוֹחֵד
fearless *adj.* נוֹעָז; אַמִּיץ
fearsome *adj.* מַפְחִיד
fea′sible (-z-) *adj.* בַּר־בִּצּוּעַ; סָבִיר
feast *n.* סְעוּדָה, מִשְׁתֶּה; חַג
feast *v.* סָעַד; עָרַךְ מִשְׁתֶּה
 feast one's eyes on זָן עֵינָיו
Feast of Weeks חַג הַשָּׁבוּעוֹת
feat *n.* מִבְצָע, מַעֲשֵׂה גְבוּרָה
feath′er (fedh′-) *n.* נוֹצָה; מַצַּב רוּחַ
 show the white feather פָּחַד
feather *v.* כִּסָּה בְּנוֹצוֹת
 feather one's nest הִתְעַשֵּׁר
feather-bed *n.* מִזְרַן־נוֹצוֹת
feather-bed *v.* פִּנֵּק; סִבְסֵד
featherbrained *adj.* טִפֵּשׁ
featherweight *n.* מִשְׁקַל־נוֹצָה
feathery *adj.* נוֹצִי, קַל, רַךְ, סְפוֹגִי
fea′ture *n.* תְּכוּנָה מְיוּחֶדֶת, תּוֹפָעָה; מַאֲמָר; סֶרֶט־קוֹלְנוֹעַ; תְּוֵי־פָּנִים
feature *v.* כִּכֵּב, הִצִּיג; אִפְיֵן
feb′rile (-rəl) *adj.* שֶׁל קַדַּחַת
Feb′ru·ar′y (-rōōeri) *n.* פֶבְּרוּאָר
fe′ces (-sēz) *n.* צוֹאָה
feck′less *adj.* חַלָּשׁ; בִּלְתִּי־אַחֲרָאִי
fe′cund *adj.* פּוֹרֶה, יוֹצֵר
fe·cund′ity *n.* פּוֹרִיּוּת
fed = p of feed
fed′eral *adj.* פֶדֶרָלִי, מֶרְכָּזִי
fed′eralism′ *n.* פֶדֶרָלִיזְם
fed′erate′ *v.* הִתְאַחֵד לְפֶדֶרַצְיָה
fed′era′tion *n.* פֶדֶרַצְיָה, אִחוּד
fee *n&v.* תַּשְׁלוּם, אַגְרָה; שָׂכָר; שִׁלֵּם
fee′ble *adj.* חַלָּשׁ
feeble-minded *adj.* רְפֵה־שֵׂכֶל
feed *v.* הֶאֱכִיל; אָכַל; הֵזִין
 feed on נִזּוֹן מִן, חַי עַל
 I'm fed up נִמְאַס לִי
feed *n.* אֲרוּחָה; מָזוֹן; הַסְפָּקָה
feedback *n.* הֵזּוּן חוֹזֵר, מָשׁוֹב
feeder *n.* אַכְלָן; זְרוֹעַ; מֵזִין
feeding bottle בַּקְבּוּק הֲזָנָה
feel *v.* חָשׁ, הִרְגִּישׁ; מִשֵּׁשׁ, גִּשֵּׁשׁ
 feel for him הִשְׁתַּתֵּף בְּצַעֲרוֹ
 feel one's way גִּשֵּׁשׁ, חִפֵּשׂ דֶּרֶךְ
 feel out מִשֵּׁשׁ אֶת הַדּוֹפֶק

feels like מִתְחַשֵׁק לוֹ, רוֹצֶה
he feels sad הוּא עָצוּב
feel *n.* מַגָּע, הַרְגָּשָׁה, מִשּׁוּשׁ
feeler *n.* מָחוֹשׁ (של חרק)
put out feelers מִשֵּׁשׁ אֶת הַדּוֹפֶק
feeling *n.* הַרְגָּשָׁה, תְּחוּשָׁה, רֶגֶשׁ
bad/ill feeling טִינָה, מְרִירוּת
feeling *adj.* מָלֵא רֶגֶשׁ
feet = pl of foot
feign (fān) *v.* הֶעֱמִיד פָּנִים; בָּדָה
feint (fānt) *n.* תַּרְגִּיל הַסָּחָה, הַטְעָיָה
feint *v.* עָרַךְ תַּרְגִּיל הַסָּחָה, הִטְעָה
fe·lic′itate′ *v.* אִחֵל, בֵּרֵךְ
fe·lic′ita′tion *n.* אִחוּלִים
fe·lic′itous *adj.* מַתְאִים, הוֹלֵם
fe·lic′ity *n.* אוֹשֶׁר; כּוֹשֶׁר הַבָּעָה
fe′line *adj.* חֲתוּלִי, כְּמוֹ חָתוּל
fell *n.* עוֹר חַיָּה; אַדְמַת טְרָשִׁים
fell *adj.* אָיוֹם, מְסוּכָּן, אַכְזָרִי
fell *v.* הִפִּיל אַרְצָה; כָּרַת עֵץ
fell = pt of fall
fel′lah (-lə) *n.* פַּלָּח (ערבי)
fel′low (-ō) *n.* חָבֵר, יָדִיד; בַּרְנָשׁ
fellow feeling אַהֲדָה, סִימְפַּתְיָה
fellowship *n.* יְדִידוּת, אַחֲוָה; אֲגוּדָה
fel′on *n.* פּוֹשֵׁעַ
felo′nious *adj.* פּוֹשֵׁעַ, פִּשְׁעִי
fel′ony *n.* פֶּשַׁע, עֲבֵרָה חֲמוּרָה
felt *n.* לֶבֶד
felt = p of feel
felt-tip pen עֵט לֶבֶד, עֵט לוֹרד
female *a&ndj.* נְקֵבָה; נְקֵבִי; חָלוּל
fem′inine (-nin) *adj.* נָשִׁי, נְקֵבִי
fem′inin′ity *n.* נָשִׁיּוּת
fem′inism′ *n.* פֶמִינִיזם
fem′inist *n.* פֶמִינִיסט
fe′mur *n.* עֶצֶם הַיָּרֵךְ, קוּלִית
fen *n.* אַדְמַת בִּצָּה
fence *n&v.* גָּדֵר; גָּדַר; הֵקִים גָּדֵר
sit on the fence יָשַׁב עַל הַגָּדֵר
fence in כָּלָא, כָּבַל יָדָיו
fence *n.* סוֹחֵר בִּסְחוֹרָה גְּנוּבָה
fence *v.* סִיֵּף; הִסְתַּיֵּף
fence with הִתְחַמֵּק (מתשובה ישירה)
fencer *n.* סַיָּף, אָמַן־סִיּוּף
fencing *n.* סִיּוּף; גִּדּוּר
fend *v.* הָדַף; דָּאַג, פִּרְנֵס
fend′er *n.* מַעֲקֵה הָאָח; פָּגוֹשׁ; כָּנָף
fen′nel *n.* שׁוּמָר (עשב, תבלין)
fe′ral *adj.* פְּרָאִי
ferment′ *v.* תָּסַס; הִתְסִיס; הֵסִית
fer′ment′ *n.* תְּסִיסָה; שְׁמָרִים; תֶּסֶס
fer′menta′tion *n.* תְּסִיסָה; הַתְסָסָה
fern *n.* שָׁרָךְ, שְׁרָכִים (צמחים)
fero′cious (-shəs) *adj.* אַכְזָרִי, פְּרָאִי
feroc′ity *n.* אַכְזְרִיּוּת, מַעֲשֶׂה אַכְזָרִי
fer′ret *n&v.* סָמוּר (חיית־טרף); חִטֵּט
ferret out הוֹצִיא לָאוֹר, חָשַׂף
fer′ro·con′crete *n.* בֶּטוֹן מְזוּיָּן
fer′rous *adj.* מֵכִיל בַּרְזֶל
fer′rule (fer′əl) *n.* כִּפַּת—
מַתֶּכֶת (בקצה מטרייה); טַבַּעַת־חִזּוּק
fer′ry *v&n.* (הֶעֱבִיר בְּ־) מַעְבּוֹרֶת
ferryboat *n.* מַעְבּוֹרֶת
ferryman *n.* מַעְבּוֹרַאי
fer′tile (təl) *adj.* פּוֹרֶה, יוֹצֵר; שׁוֹפֵעַ
fertil′ity *n.* פּוֹרִיּוּת
fer′tiliza′tion *n.* הַפְרָאָה
fer′tilize′ *v.* הִפְרָה; זִבֵּל
fertilizer *n.* דֶּשֶׁן, זֶבֶל כִּימִי
fer′ule (fer′əl) *n.* מַקֵּל, סַרְגֵּל
fer′vency *n.* לַהַט, חוֹם
fer′vent *adj.* לוֹהֵט, חַם, עַז
fer′vid *adj.* לוֹהֵט, נִלְהָב
fer′vor *n.* לַהַט, חוֹם
fes′tal *adj.* חֲגִיגִי, עַלִּיז
fes′ter *v.* הִתְמַגֵּל; נִמְלָא מוּגְלָה
fes′tival *n.* פֶסְטִיבָל, חַג, תְּחִגָּה
Festival of Lights חֲנוּכָּה
fes′tive *adj.* חֲגִיגִי, שֶׁל חַג
fes·tiv′ity *n.* חֲגִיגָה, שִׂמְחָה
fes·toon′ (-tōōn′) *n.* שַׁרְשֶׁרֶת־קִשּׁוּט
fe′tal *adj.* שֶׁל עוּבָּר, עוּבָּרִי
fetch *v.* הִזְעִיק, הֵבִיא; מָשַׁךְ; פָּלַט
fetch and carry for שֵׁרֵת אֶת
fetch up הוֹפִיעַ, הִגִּיעַ
fetching *adj.* מַקְסִים, מוֹשֵׁךְ
fete (fāt) *n&v.* (עָרַךְ) מְסִבָּה, חֲגִיגָה
fet′id *adj.* מַסְרִיחַ
fet′ish *n.* פֶטִישׁ, אֱלִיל
fet′lock′ *n.* רֶגֶל הַסּוּס (מעל הפרסה)
fet′ter *n&v.* שַׁרְשֶׁרֶת, כְּבָלִים; כָּבַל
fet′tle *n.* מַצָּב, בְּרִיאוּת
fe′tus *n.* עוּבָּר, שְׁלִיל

feud (fūd) *n.* מַשְׂטֵמָה, רִיב מִשְׁפָּחוֹת
feu′dal (fū′-) *adj.* פֵּיאוֹדָלִי
feu′dalism′ (fū′-) *n.* פֵּיאוֹדָלִיּוּת
fe′ver *n.* חוֹם; קַדַּחַת; מֶתַח, עַצְבָּנוּת
feverish *adj.* קַדַּחְתָּנִי, קוֹדֵחַ
few (fū) *adj.* מְעַט, מְעַטִּים, כַּמָּה
a good few מִספָּר נִכָּר, לֹא מְעַט
few and far between נְדִירִים
quite a few מִספָּר נִכָּר, לֹא מְעַט
fez *n.* תַּרְבּוּשׁ
ff. = and the following וְהָלְאָה
fiancé (fē′änsā′) *n.* אָרוּס
fiancée (fē′änsā′) *n.* אֲרוּסָה
fias′co *n.* פִיאַסקוֹ, כִּשָּׁלוֹן, מַפָּלָה
fi′at *n.* צַו, פְּקוּדָה
fib *n&v.* *שֶׁקֶר, בְּדוּתָה; שִׁקֵּר
fibber *n.* שַׁקְרָן
fi′ber *n.* סִיב, לִיף, חוּט; מִבְנֶה; אוֹפִי
fiberglass *n.* פִיבֶּרגלָס, סִיבֵי זְכוּכִית
fi′brous *adj.* סִיבִי, כְּמוֹ סִיבִים, לִיפִי
fib′u·la *n.* שׁוֹקִית (מעצמות השוק)
fick′le *adj.* קַל־דַּעַת, הֲפַכְפַּךְ
fic′tion *n.* סִפּוֹרֶת; פִיקציָה; מִבְדֶּה
ficti′tious (-tish′əs) *adj.* בָּדוּי, פִיקטִיבִי, מְדוּמֶה, מְדוּמְיָן
fid′dle *n.* כִּנּוֹר; *רַמָּאוּת
fit as a fiddle בָּרִיא מְאוֹד
fiddle *v.* כִּנֵּר; הִתְבַּטֵּל; זִיֵּף
fiddle with שִׂחֵק בְּ־, הִשְׁתַּעֲשֵׁעַ בְּ—
fiddler *n.* כַּנָּר
fiddlestick *n.* קֶשֶׁת־הַכִּנּוֹר
fiddlesticks *interj.* שְׁטוּיוֹת
fid′dling *adj.* חֲסַר־עֵרֶךְ, זָעִיר
fidel′ity *n.* נֶאֱמָנוּת; דִּיוּק, דַּיְקָנוּת
fidg′et *v&n.* הִתְנוֹעֵעַ בְּעַצְבָּנוּת, נָע בְּקוֹצֶר־רוּחַ; עַצְבָּן; *נוּדנִיק, מְעַצְבֵּן
fidgety *adj.* עַצְבָּנִי
fie (fī) *interj.* בּוּשָׁה וְחֶרְפָּה! פוּי!
fief (fēf) *n.* אֲחוּזָה פֵּיאוֹדָלִית
field (fēld) *n.* שָׂדֶה; מִגְרָשׁ; שֶׁטַח
hold the field עָמַד אֵיתָן
field *v.* הֶעֱלָה לַמִּגְרָשׁ; קָלַט כַּדּוּר
field day יוֹם סְפּוֹרט; מְאוֹרָע חָשׁוּב
fielder *n.* קוֹלֵט כַּדּוּרִים; שַׂחְקַן שָׂדֶה
field glasses מִשְׁקֶפֶת שָׂדֶה
field marshal פֶילדמַרשַׁל
field of vision שְׂדֵה־רְאִיָּה
fiend (fēnd) *n.* שָׂטָן, רָשָׁע; מְשׁוּגָּע לְ—
fiendish *adj.* שְׂטָנִי; *כַּבִּיר, גְאוֹנִי
fierce (firs) *adj.* אַכְזָרִי; זוֹעֵף, פִּרְאִי; עַז
fi′ery *adj.* לוֹהֵט, כְּמוֹ אֵשׁ; מִתְלַקֵּחַ
fies′ta *n.* חַג, פֶסטִיבָל
fife *n.* חָלִיל
fif·teen′ *adj.* חֲמִישָּׁה עָשָׂר
fifteenth *adj&n.* הַחֲמִישָּׁה עָשָׂר
fifth *adj&n.* חֲמִישִׁי; חֲמִישִׁית
fifth column גַּיִס חֲמִישִׁי
fifthly *adv.* חֲמִישִׁית, הִ׳
fif′tieth *adj&n.* (החלק) הַחֲמִישִׁים
fif′ty *n&adj.* חֲמִישִׁים
fifty-fifty *adv.* שָׁוֶה בְּשָׁוֶה
fig *n.* תְּאֵנָה; *תִּלְבּוֹשֶׁת; מַצָּב
not worth a fig לֹא שָׁוֶה כְּלוּם
fight *v.* נִלְחַם, נֶאֱבַק
fight back הֵשִׁיב מִלְחָמָה שַׁעְרָה
fight down דִּכָּא, הִתְגַּבֵּר עַל
fight *n.* קְרָב, מִלְחָמָה; רוּחַ־קְרָב
fighter *n.* לוֹחֵם; מְטוֹס־קְרָב
fig leaf עֲלֵה תְאֵנָה
fig′ment *n.* הַמְצָאָה; פְּרִי הַדִּמְיוֹן
fig′u·rative *adj.* צִיּוּרִי, סִמְלִי
fig′ure (-gyər) *n.* סִפְרָה, מִספָּר; מְחִיר; דְּמוּת; אִישִׁיּוּת; גּוּף; תַּאֲרִית
cut a good figure הִרְשִׁים בְּהוֹפָעָה
figure of eight צוּרַת 8
figures חֶשְׁבּוֹן, חִשּׁוּבִים
figure *v.* הוֹפִיעַ (בספר, במחזה); הֶאֱמִין, חָשַׁב, תֵּאֵר
figure in כָּלַל, לָקַח בְּחֶשְׁבּוֹן
figure on סָמַךְ עַל; תִּכְנֵן, חָשַׁב
figure out פִּעְנַח, הֵבִין
figured *adj.* מְקוּשָּׁט, מְעוּטָּר
figurehead *n.* בּוּבָּה, מְנַהֵל חֲסַר סַמְכוּת; פִּסְלוֹן (על חרטום אונייה)
figure of speech נִיב צִיּוּרִי
fil′ament *n.* תַּיִל דַּק (בנורת חשמל)
fil′ature *n.* מַטְוָאָה, מַטְוִיָּה
fil′bert *n.* אֱגוֹז, אִלְסָר
filch *v.* גָּנַב
file *n&v.* פְּצִירָה, שׁוֹפִין; שִׁיֵּף, לִטֵּשׁ
file *n.* תִּיק; תִּיקִיָּה, כַּרְטֶסֶת; קוֹבֶץ
file *v.* תִּיֵּק; הִגִּישׁ רִשְׁמִית
file *n&v.* (צָעַד בְּ־) שׁוּרָה עוֹרְפִּית
fil′ial *adj.* שֶׁל בֵּן, שֶׁל בַּת

filial piety כִּבּוּד אָב וָאֵם
fil′ibus′ter פִילִיבַּסְטֶר, נוֹאֵם אֲרוּכּוֹת
fil′igree′ *n.* רִקְמָה בְּחוּטֵי זָהָב
filing cabinet תִּיקִיָּה
fi′lings *npl.* נְשׁוֹפֶת, גְרוֹדֶת
fill *v.* מִלֵּא; הִתְמַלֵּא; מִלֵּא תַּפְקִיד
fill a tooth סָתַם חוֹר בְּשֵׁן
fill in מִלֵּא, רָשַׁם; מִלֵּא מָקוֹם
fill out הִתְעַגֵּל, הִתְנַפֵּחַ; מִלֵּא טוֹפֶס
fill the bill *עָנָה עַל הַדְּרִישׁוֹת
fill up מִלֵּא; הִתְמַלֵּא
fill *n.* מִלּוּי; כַּמּוּת מַסְפֶּקֶת
filler *n.* מִלּוּי, חוֹמֶר מִלּוּי
fil′let *n.* סֶרֶט־שֵׂעָר; פִילֶה (בשר/דג)
fill-in *n.* *מְמַלֵּא מָקוֹם
filling *n.* מִלּוּי, מְלִית; סְתִימָה
filling station תַּחֲנַת דֶּלֶק
fil′lip *n.* מַכַּת אֶצְבַּע; עִדּוּד, תַּמְרִיץ
fil′ly *n.* סְיָחָה, סוּסָה צְעִירָה
film *n.* סֶרֶט; שִׁכְבָה, קְרוּם, דוֹק
film *v.* הִסְרִיט; הִתְאִים לְהַסְרָטָה
film over הִטַּשְׁטֵשׁ, הִתְכַּסָּה קְרוּם
film star כּוֹכַב קוֹלְנוֹעַ
film-strip *n.* סֶרֶט שְׁקוּפִיּוֹת, סִרְטוֹן
film test מִבְחַן בַּד
filmy *adj.* שָׁקוּף; מְעוּרְפָּל; מְכוּסֶּה דוֹק
fil′ter *n&v.* מַסְנֵן, פִילְטֶר; סִנֵּן; הִסְתַּנֵּן
filter tip פִּית־סִנּוּן (בסיגריה)
filth *n.* לִכְלוּךְ; טִנּוֹפֶת; גַּסּוּת
filthy *adj.* מְלוּכְלָךְ, מְטוּנָּף
fin *n.* סְנַפִּיר; *חֲמִישָּׁה דוֹלָרִים
fi′nable *adj.* צָפוּי לִקְנָס
fi′nal *adj&n.* סוֹפִי, אַחֲרוֹן
finals מִשְׂחֲקֵי גְּמָר; בְּחִינוֹת גְּמָר
finale (-näl′i) *n.* פִינָלֶה, סִיּוּם
fi′nalist *n.* (בספורט) עוֹלֶה לַגְּמָר
fi·nal′ity *n.* פַּסְקָנוּת, הֶחְלֵטִיּוּת
fi′nalize′ *v.* גִּבֵּשׁ סוֹפִית, סִיֵּם
fi′nally *adv.* לְבַסּוֹף, אַחַת וּלְתָמִיד
fi′nance′ *v&n.* מִמֵּן; מָמוֹן
Minister of Finance שַׂר הָאוֹצָר
fi·nan′cial *adj.* פִינַנְסִי, כַּסְפִּי
fin′ancier′ (-sir) *n.* מָמוֹנַאי
find (fīnd) *v&n.* מָצָא, גִּלָּה; סִפֵּק, צִיֵּד; הֶחְלִיט, פָּסַק; מְצִיאָה
be found נִמְצָא, יֶשְׁנוֹ
find for פָּסַק לְטוֹבַת
find one's feet עָמַד עַל רַגְלָיו
find out גִּלָּה, חָשַׂף
finder *n.* מוֹצֵא; מְגַלֶּה
finding *n.* פְּסַק־דִּין; מִמְצָא
fine *n&v.* קְנָס; קָנַס
fine down צֵרֵף; זִקֵּק
in fine בְּקִצּוּר, בְּסִכּוּמוֹ שֶׁל דָּבָר
fine *adj.* נָאֶה, יָפֶה; דַּק; עָדִין
fine gold זָהָב טָהוֹר
fine state מַצָּב מְצוּיָּן (באירוניה)
I'm fine אֲנִי מַרְגִּישׁ מְצוּיָּן
fineable *adj.* צָפוּי לִקְנָס
finely *adv.* יָפֶה; בַּעֲדִינוּת; עַד דַּק
fi′nery *n.* בִּגְדֵי פְּאֵר; מַחְלָצוֹת
finesse′ *n.* עֲדִינוּת, טַקְט; תַּחְבּוּלָה
fine-tooth comb מַסְרֵק דַּק־שִׁנַּיִם
fin′ger (-ngg-) *n.* אֶצְבַּע
lift a finger נָקַף אֶצְבַּע
finger *v.* מִשֵּׁשׁ; נִגֵּן, אִצְבֵּעַ
fingerboard *n.* צַוַּאר הַגִּיטָרָה, שַׁחִיף
finger bowl קְעָרִית (לרחיצת אצבעות)
finger-mark *n.* סִמַּן־אֶצְבַּע, כֶּתֶם
fingernail *n.* צִפּוֹרֶן
finger-post תַּמְרוּר, מוֹרֵה־דֶּרֶךְ
fingerprint *n.* טְבִיעַת אֶצְבָּעוֹת
fingertip *n.* קְצֵה הָאֶצְבַּע
to the fingertips בְּכָל רמ"ח אֵיבָרָיו
fin′ical,-icky *adj.* אִסְטְנִיס, קַפְּדָן
fin′is *n.* סוֹף
fin′ish *v.* גָּמַר; חִסֵּל; נִגְמַר; תִּגְמֵר
finish off/up חִסֵּל, שָׂם קֵץ לְ—
finish *n.* סִיּוּם; תִּגְמִיר; גִּמּוּר
finished *adj.* גָּמוּר, מוּשְׁלָם; מוּמְחֶה
fi′nite *adj.* מוּגְבָּל, סוֹפִי
fink *n.* *מֵפֵר שְׁבִיתָה; מוּשְׁתָּל, מַלְשִׁין
Finn *n.* פִינִי
fin′nan *n.* דָּג מְעוּשָּׁן
Fin′nish *n.* פִינִית (שפה)
fiord (fyôrd) *n.* פְיוֹרְד
fir *n.* אֹרֶן, אַשׁוּחַ
fire *n.* אֵשׁ, שְׂרֵפָה; הִתְלַהֲבוּת
catch/take fire הִתְלַקַּח
on fire בּוֹעֵר, בְּלֶהָבוֹת
open fire פָּתַח בָּאֵשׁ
play with fire שִׂחֵק בָּאֵשׁ
under fire בָּאֵשׁ, תַּחַת אֵשׁ
fire *v.* יָרָה; שָׂרַף; שִׁלְהֵב; *פִּטֵּר

fire away יָרָה בְּלִי הֶרֶף
fire away! בְּבַקָּשָׁה! קָדִימָה!
fire up הִתְלַקֵּחַ
fire alarm פַּעֲמוֹן אַזְעָקָה, מַזְעֵק
firearm *n.* נֶשֶׁק, רוֹבֶה, אֶקְדָּח
fireball *n.* כַּדּוּר־אֵשׁ; *שֵׁד מִשַּׁחַת
firebomb *n.* פְּצָצַת תַּבְעֵרָה
firebrand *n.* אוּד; מְחַרְחֵר, מֵסִית
firebreak *n.* מוֹנֵעַ אֵשׁ
firebrick *n.* לְבֵנָה שְׂרוּפָה
fire brigade מְכַבֵּי אֵשׁ
fire-bug *n.* מַצִּית (בְּזָדוֹן)
fire control בַּקָּרַת־אֵשׁ
fire-cracker *n.* פְּצָצַת־רַעַשׁ
firedamp *n.* גַּאז מִכְרוֹת
firedog *n.* מִשְׁעַן הָעֵצִים (באח)
fire drill תִּרְגּוּל שְׂרֵפָה
fire-eater *n.* רַגְזָן, שָׂשׂ לָרִיב
fire engine מְכוֹנִית כִּבּוּי־אֵשׁ
fire escape מַדְרֵגוֹת־חֵרוּם/מִלּוּט
fire extinguisher מַטְפֶּה
fire fighter כַּבַּאי
firefly *n.* גַּחְלִילִית
fireguard *n.* מַעֲקֵה הָאָח
fire-hose *n.* זַרְנוּק
fire irons כְּלֵי הָאָח
fireman *n.* כַּבַּאי
fireplace *n.* אָח
firepower *n.* עוֹצְמַת הָאֵשׁ
fireproof *adj.* חֲסִין אֵשׁ
fire-raising *n.* הַצָּתָה (בְּזָדוֹן)
fireside *n.* קִרְבַת הָאָח; חַיֵּי מִשְׁפָּחָה
fire station תַּחֲנַת כִּבּוּי אֵשׁ
firetrap *n.* מַלְכֹּדֶת אֵשׁ
fire-water *n.* *מַשְׁקָאוֹת חֲרִיפִים
firewood *n.* עֲצֵי־הַסָּקָה
firework *n.* זִקּוּקִין־דִּי־נוּר
fireworks הִתְפָּרְצוּת, אֵשׁ וְגָפְרִית
firing squad כִּתַּת יוֹרִים
firm *adj&adv.* חָזָק, אֵיתָן, יַצִּיב; קָשֶׁה
firm ground בָּסִיס אֵיתָן
firm *v.* מִצֵּק, הִקְרִישׁ, יִצֵּב
firm *n.* חֶבְרָה, עֵסֶק מִסְחָרִי, פִירְמָה
fir'mament *n.* שָׁמַיִם, רָקִיעַ
first *adv.* תְּחִלָּה, קוֹדֶם־כֹּל; לָרִאשׁוֹנָה
first and foremost בְּרֹאשׁ וּבָרִאשׁוֹנָה
first of all קוֹדֶם־כֹּל
first *adj&pron.* רִאשׁוֹן, עִקָּרִי
at first בַּתְּחִלָּה
first and last בְּסַךְ הַכֹּל, בִּכְלָלוּתוֹ
from the first מֵהָרֶגַע הָרִאשׁוֹן
in the first place קוֹדֶם כֹּל, קוֹדֶם
first aid עֶזְרָה רִאשׁוֹנָה
firstborn *n.* בְּכוֹר
first-class *adj.* מְעוּלֶה, מְשֻׁבָּח
first floor קוֹמַת קַרְקַע
first-fruits בִּכּוּרִים, פֵּרוֹת רִאשׁוֹנִים
first lieutenant סֶגֶן (דרגה)
firstly *adv.* רֵאשִׁית, א׳
first name שֵׁם פְּרָטִי
first night הַצָּגַת בְּכוֹרָה
first person גּוּף רִאשׁוֹן, מְדַבֵּר
first-rate *adj.* מְעוּלֶה, מְצֻיָּן
first-run *adj.* חָדָשׁ, מוּצָג לָרִאשׁוֹנָה
fis'cal *adj.* פִיסְקָלִי, שֶׁל כַּסְפֵּי הַצִּבּוּר
fish *n&v.* דָּג, דָּגִים; דָּג; חִפֵּשׂ
pretty kettle of fish *עֵסֶק בִּישׁ
fish out/up מָשָׁה, שָׁלַף, הוֹצִיא
fishball, fishcake *n.* קְצִיצָה
fish'erman *n.* דַּיָּג
fish'ery *n.* דַּיִג, אֵזוֹר דַּיִג
fish-hook *n.* קֶרֶס הַחַכָּה
fishing *n.* דַּיִג
fishing-line *n.* חוּט־הַחַכָּה
fishing-rod *n.* קְנֵה־הַחַכָּה
fishing tackle צִיּוּד דַּיִג
fishmonger (-mung-) *n.* מוֹכֵר דָּגִים
fish story *גּוּזְמָה, בְּדוּתָה
fishwife *n.* מוֹכֶרֶת דָּגִים
fishy *adj.* שֶׁל דָּגִים; מְפוּקְפָּק, חָשׁוּד
fis'sile (-səl) *adj.* סָדִיק, בָּקִיעַ
fis'sion *n.* בִּקּוּעַ; הִתְפַּלְּגוּת
fissionable *adj.* נִתָּן לְבִקּוּעַ, בָּקִיעַ
fissip'arous *adj.* מִתְפַּלֵּג
fis'sure (fish'ər) *n.* סֶדֶק, בֶּקַע
fist *n.* אֶגְרוֹף
fis'ticuffs' *npl.* הִתְאַגְרְפוּת
fis'tula (-'ch-) *n.* פִיסְטוּלָה, בֶּתֶר
fit *adj.* רָאוּי,מַתְאִים, הוֹלֵם; בָּרִיא
keep fit שָׁמַר עַל הַכּוֹשֶׁר
think/see fit to מָצָא לְנָכוֹן
fit *n.* הֶתְקֵף, הִתְפָּרְצוּת; שָׁבָץ; הַתְאָמָה
have a fit הִזְדַּעֲזַע; הִתְפָּרֵץ

in fits and starts לא בִּקְבִיעוּת
fit *v.* הִתְאִים; הִתְקִין, הִכְשִׁיר
fit in הִתְאִים, הָלַם; תֵּאֵם
fit out צִיֵּד, סִפֵּק כָּל הַנָּחוּץ
fit up צִיֵּד, הִכְשִׁיר
fitful *adj.* לא סָדִיר, הֲפַכְפַּךְ
fit'ment *n.* מִתְקָן, רָהִיט קָבוּעַ, קְבוּעָה
fitness *n.* הַתְאָמָה, הֲלִימוּת; כּוֹשֶׁר
fitted *adj.* מְצוּיָד; קָבוּעַ
fit'ter *n.* מַסְגֵר; חַיָּט, מְתַקֵּן בְּגָדִים
fitting *adj.* מַתְאִים, רָאוּי, יָאֶה
fitting *n.* מְדִידַת בֶּגֶד; צִיּוּד; מִתְקָנִים
five *adj&n.* חָמֵשׁ, 5
fivefold *adj.* פִּי חֲמִישָּׁה
fi'ver *n.* *5 דולרים, חֲמִישִׁיָּה
fix *v.* קָבַע; סִדֵּר, תִּקֵּן; הֵכִין; *שִׁחֵד
fix attention רִתֵּק תְּשׂוּמֶת לֵב
fix on הֶחְלִיט עַל; נָעַץ מַבָּט בְּ—
fix up תִּקֵּן
I'll fix him *אֲטַפֵּל בּוֹ, אֲסַדֵּר אוֹתוֹ
fix *n.* מַצָּב בִּישׁ, סְבַךְ; אִתּוּר, מִקּוּם
fixa'tion *n.* קִבָּעוֹן, הִצָּמְדוּת; מִקְבָּע
fix'ative *n.* מְיַצֵּב, קוֹבֵעַ, מַחֲזִיק
fixed *adj.* קָבוּעַ, יַצִּיב; נִקְבַּע מֵרֹאשׁ
fixed idea אִידֵאָה פִיקְס, שִׁגָּיוֹן
fixed star כּוֹכַב שֶׁבֶת
fix'ity *n.* יַצִּיבוּת, קְבִיעוּת
fix'ture *n.* קְבוּעָה, מִתְקָן, אֲבִיזָר
fizz *n&v.* תָּסַס; תְּסִיסָה; *שַׁמְפַּנְיָה
fiz'zle *v.* הִשְׁמִיעַ קוֹל תְּסִיסָה
fizzle out עָלָה בַּתּוֹהוּ, נִכְשַׁל
fiz'zy *n.* תּוֹסֵס
fjord (fyôrd) *n.* פִיוֹרְד
flab'bergast' *v.* הִדְהִים
flab'by *adj.* חַלָּשׁ, רָפוּי; רַךְ, רָפֶה
flac'cid *adj.* רַךְ, רָפֶה
flag *n.* דֶּגֶל; אֶבֶן־רִצּוּף; אִירִיס
flag *v.* קִשֵּׁט בִּדְגָלִים, הִדְגִּיל
flag down אוֹתֵת (למכונית) לַעֲצוֹר
flag *v.* נֶחֱלַשׁ, דָּעַךְ, קָמַל
flag'ellate' *v.* הִלְקָה
flag'ella'tion *n.* הַלְקָאָה, מַלְקוֹת
flag'eolet' (-jəl-) *n.* חָלִיל קָטָן
flagi'tious (-jish'əs) *adj.* אַכְזָרִי
flagpole *n.* מוֹט הַדֶּגֶל
fla'grancy *n.* שַׁעֲרוּרִיָּה, חֶרְפָּה
fla'grant *adj.* מֵבִישׁ, חֲסַר־בּוּשָׁה
flagship *n.* אוֹנִיַּת הַדֶּגֶל
flagstaff *n.* מוֹט הַדֶּגֶל
flagstone *n.* אֶבֶן רִצּוּף, מַרְצֶפֶת, אָרִיחַ
flail *n&v.* חָבַט; הִכָּה; דָּשׁ; מַחְבֵּטָה
flair *n.* חוּשׁ טִבְעִי, כִּשָּׁרוֹן
flak *n.* אֵשׁ נֶגֶד־מְטוֹסִים
flake *n.* פְּתִית, רְסִיס, שְׁבָב
flake *v.* הִתְקַלֵּף, נָשַׁר בִּפְתִיתִים
fla'ky *adj.* עָשׂוּי עָלִים־עָלִים, קַשְׂקַשִּׂי
flam•boy'ance *n.* צַעַקְנוּת
flam•boy'ant *adj.* צַעַקְנִי, מְצוּעְצָע
flame *n&v.* לֶהָבָה, אֵשׁ; זוֹהַר; בָּעַר
go up in flames עָלָה בְּלֶהָבוֹת
old flame אֲהוּבָה בֶּעָבָר
flame up/out הִתְפָּרֵץ; הִתְלַקֵּחַ
flame-thrower *n.* לַהֲבִיּוֹר
flaming *adj.* בּוֹעֵר; *גָּמוּר, מוּבְהָק
flamin'go *n.* פְלַמִינְגוֹ, שְׁקִיטָן
flam'mable *adj.* מִתְלַקֵּחַ
flan *n.* עוּגַת גְּבִינָה, עוּגַת פֵּרוֹת
flange *n.* אוֹגֶן (של גלגל)
flank *n&v.* אֲגַף, צַד; כֶּסֶל; אִגֵּף
flan'nel *n.* פְלָנֶל; מַטְלִית
flan'nelette' *n.* פְלָנֶלִית
flap *n.* חֲבָטָה, סְטִירָה; דַּשׁ, כָּנָף
get in a flap *הִתְרַגֵּשׁ
flap *v.* הִכָּה, נִפְנֵף; הִתְנַפְנֵף, עָף
flapper *n.* מַחְבֵּט־זְבוּבִים; סְנַפִּיר
flare *v&n.* בָּעַר, הִבְהִיק; לֶהָבָה; הֶבְזֵק
flare up הִתְלַקֵּחַ
flare *n&v.* הִתְרַחֲבוּת הַדְרָגָתִית; הִתְרַחֵב
flare-up *n.* הִתְלַקְּחוּת
flash *n.* נִצְנוּץ, הֶבְזֵק, חֲזִיז; מַבְזֵק
in a flash כְּהֶרֶף עַיִן
flash *v.* נִצְנֵץ; חָלַף; הִבְרִיק מִבְרָק
flash *adj.* *מַרְשִׁים, צַעַקְנִי
flashback *n.* תְּמוּנַת־הֶחְזֵר (מֵהֶעָבָר)
flashbulb *n.* נוּרַת פְלֶשׁ
flashlight *n.* פָּנָס; אוֹר־אִתּוּת
flash'y *adj.* צַעַקְנִי, מַרְשִׁים
flask *n.* בַּקְבּוּק, בַּקְבּוּקוֹן; תֶּרְמוֹס
flat *adj.* שָׁטוּחַ, חָלָק; שִׁטְחִי; מוּחְלָט
flat battery סוֹלְלָה רֵיקָה
flat tyre צְמִיג חֲסַר־אֲוִיר
that's flat! *וְזֶהוּ זֶה! נְקוּדָּה!
B flat סִי בֶּמוֹל, סִי נָחֵת
flat *adv.* בְּהֶחְלֵט, גְלוּיוֹת

sing flat זַיֵּף (בחצי טון)
flat *n.* דִּירָה; מִשְׁטָח; צְמִיג מְנוּקָר; תַּפְאוּרָה זְחִיחָה; נַחַת, בֶּמוֹל
flat-car *n.* קְרוֹן־רַכֶּבֶת שָׁטוּחַ
flatfoot *n.* *שׁוֹטֵר
flat-footed *adj.* שְׁטוּחַ־רֶגֶל; *מוּחְלָט
flat-iron *n.* מַגְהֵץ
flat'let *n.* דִּירָה קְטַנָּה
flatly *adv.* בְּהֶחְלֵט, הֶחְלֵטִית
flat'ten *v.* שִׁטֵּחַ; יִשֵּׁר; פָּחַס; נִפְחַס
flat'ter *v.* הֶחֱנִיף, הֶחֱמִיא
flatterer *n.* חַנְפָן
flat'tery *n.* חֲנוּפָּה, מַחֲמָאָה
flattop *n.* *נוֹשֵׂאת מְטוֹסִים
flat'ulence (-ch'-) *n.* גַּזִּים בַּבֶּטֶן
flaunt *v.* נִפְנֵף, הִצִּיג לְרַאֲוָה
flau'tist *n.* חֲלִילָן
fla'vor *n&v.* טַעַם מְיוּחָד, רֵיחַ; תִּבֵּל
flavoring *n.* תַּבְלִין
flaw *v&n.* פָּגַם; סֶדֶק; פְּגָם, לִקּוּי
flawless *adj.* מוּשְׁלָם, לְלֹא פְּגָם
flax *n.* פִּשְׁתָּן, פִּשְׁתָּה
flax'en *adj.* פִּשְׁתָּנִי, זָהוֹב, בָּהִיר
flay *v.* פָּשַׁט הָעוֹר; הִצְלִיף בְּ—
flea *n.* פַּרְעוֹשׁ
flea market שׁוּק פִּשְׁפְּשִׁים
fleck *n.* כֶּתֶם; גַּרְגִּיר זָעִיר
fleck *v.* כִּסָּה בִּכְתָמִים, הִכְתִּים
fled = p of flea
fledge *v.* הִצְמִיחַ נוֹצוֹת
fledged *adj.* מְנוּצֶּה, מְסוּגָּל לָעוּף
fully-fledged מְנוּסֶּה, מְיוּמָן
fledg'ling *n.* אֶפְרוֹחַ, טִירוֹן
flee *v.* בָּרַח, נִמְלַט מִן
fleece *n&v.* צֶמֶר, גִּזָּה; עָשַׁק, גָּזַל
fleecy *adj.* צַמְרִי, דּוֹמֶה לְצֶמֶר
fleer *v.* צָחַק, לָעַג
fleet *n.* צִי; צִי־מִלְחָמָה, יַמִּיָּה
fleet *adj.* מָהִיר
fleeting *adj.* חוֹלֵף, קָצָר
flesh *n.* בָּשָׂר; צִיפָּה
flesh and blood בָּשָׂר וָדָם, שְׁאֵר
go the way of all flesh מֵת
in the flesh בַּחַיִּים, בִּמְצִיאוּת
flesh out הוֹסִיף, הִגְדִּיל, מִלֵּא
fleshing *n.* לְבוּשׁ הָדוּק, בֶּגֶד־גּוּף
fleshpot *n.* סִיר הַבָּשָׂר, מְקוֹם שֶׁפַע
flesh wound פֶּצַע חִיצוֹנִי (בבשר)
fleshy *adj.* בְּשָׂרִי, שָׁמֵן
flew = pt of fly (flōō)
flex *n.* חוּט חַשְׁמַל, תַּיִל חַשְׁמַלִּי
flex *v.* כּוֹפֵף, עִקֵּם, הֵנִיעַ
flex'ibil'ity *n.* גְּמִישׁוּת
flex'ible *adj.* גָּמִישׁ
flick *n&v.* מַכָּה קַלָּה, הַצְלָפָה; הִצְלִיף
flicks *סֶרֶט, קוֹלְנוֹעַ
flick'er *v&n.* הִבְהֵב, הִבְלִיחַ; זִיק
flick knife סַכִּין קְפִיצִי
fli'er *n.* טַיָּס; *עָלוֹן פִּרְסוֹמֶת
flight *n.* בְּרִיחָה, מְנוּסָה; טִיסָה, תְּעוּפָה; לַהֲקָה; גַּף; מַעֲרֶכֶת מַדְרֵגוֹת
flight of time מְרוּצַת הַזְּמַן
put to flight הֵנִיס
flight deck סִפּוּן הַמַּרְאָה; תָּא הַטַּיָּס
flight lieutenant סֶרֶן (בח״א)
flighty *adj.* קַל־דַּעַת
flim'flam' *n.* *רַמָּאוּת; שְׁטוּיוֹת
flim'sy (-zi) *n.* נְיָר דַּק
flimsy *adj&n.* דַּק, דַּקִּיק, שָׁבִיר; חַלָּשׁ
flinch *v.* נִרְתַּע, גִּלָּה פַּחַד
fling *v.* הֵטִיל, הִשְׁלִיךְ; זִנֵּק
fling off בָּרַח, חָמַק מִן
fling open פָּתַח בִּתְנוּפָה
fling out of יָצָא בְּזַעַם מִן
fling *n.* הֲטָלָה, הַשְׁלָכָה
have a fling at נִסָּה כּוֹחוֹ בְּ—
flint *n.* צוֹר, חַלָּמִישׁ, אֶבֶן־אֵשׁ
flinty *adj.* קָשֶׁה כָּאֶבֶן, חַלָּמִישִׁי
flip *v.* הֵעִיף, הֵטִיל (מטבע); *הִשְׁתַּגַּע
flip through רִפְרֵף, עִיֵּן בְּרִפְרוּף
flip *n.* מַכָּה קַלָּה; הָעָפָה; מֶזֶג יַיִן וּבֵיצָה
flip-flop *n.* תַּפְנִית, שִׁנּוּי מָקוֹם
flip-flops *npl.* סַנְדְּלֵי־אֶצְבַּע
flip'pancy *n.* קַלּוּת דַּעַת, זִלְזוּל
flip'pant *adj.* קַל דַּעַת, מְזַלְזֵל
flip'per *n.* סְנַפִּיר
flip side *הַצַּד הַשֵּׁנִי (של תקליט)
flirt *v.* הִשְׁתַּעֲשַׁע, פְלִירְטֵט
flirt *n.* מִתְעַסֶּקֶת, מְפַלְרְטֶטֶת
flit *v&n.* הִתְעוֹפֵף, עָף
do a flit *עָבַר דִּירָה בַּחֲשַׁאי
flitch *n.* יֶרֶךְ־חֲזִיר מְעוּשֶּׁנֶת
fliv'ver *n.* מְכוֹנִית קְטַנָּה וְזוֹלָה
float *n.* מָצוֹף; קְרוֹן־תְּצוּגָה

float *v.* צָף; הֵשִׁיט; רִחֵף; הֵצִיף
floating *adj.* צָף; לא־קָבוּעַ, נָע וָנָד
floating vote קולות צָפִים
flock *n.* עֵדֶר, לַהֲקָה; אָנִיץ, צֶמֶר
flock *v.* הִתְקַהֵל, הִתְקַבֵּץ; נָהַר
floe (flō) *n.* גוש קֶרַח צָף
flog *v.* הִלְקָה; *מָכַר
flogging *n.* הַלְקָאָה
flood (flud) *n.* מַבּוּל, שִׁטָּפוֹן; הֵצִיף
flood in זָרַם פְּנִימָה
flood gate סֶכֶר
floodlight *n.* תְּאוּרַת זַרְקוֹרִים
flood tide גֵאוּת
floor (flôr) *n.* רִצְפָּה; קוֹמָה; קַרְקַע
floor *v.* רִצֵּף; הִפִּיל, הֵבִיס; הֵבִיךְ
floorboard *n.* לוּחַ־רִצּוּף
floor cloth סְמַרְטוּט רִצְפָּה, סְחָבָה
flooring *n.* חוֹמֶר־רִצּוּף
floor show מוֹפְעֵי בִּדּוּר (במועדון)
floor-walker *n.* פַּקָּח (בחנות)
flop *v.* פִּרְפֵּר, נָפַל; *נִכְשַׁל
flop *n.* חֲבָטָה; *כִּשָּׁלוֹן חָרוּץ
flop′py *adj.* תָּלוּי בְּרִפְיוֹן, רָפוּי
flo′ra *n.* פְלוֹרָה, צִמְחִיָּה
flo′ral *adj.* פִּרְחוֹנִי, שֶׁל פְּרָחִים
flo•res′cence *n.* פְּרִיחָה
flo′ricul′ture *n.* גִדּוּל פְּרָחִים
flor′id *adj.* נִמְלָץ, מְלִיצִי; אָדוֹם, סָמוּק
flor′ist *n.* בַּעַל חֲנוּת פְּרָחִים
floss (flôs) *n.* מֶשִׁי גַס
flo•ta′tion *n.* גִיּוּס כֶּסֶף, מִמּוּן חֶבְרָה
flot′sam *n.* שְׂרִידֵי אוֹנִיָּה טְרוּפָה
flotsam and jetsam נָעִים וְנָדִים
flounce *v.* נָע בְּעַצְבָּנוּת
flounce *n.* נַפְנֶפֶת, אִמְרָה, פַּס־נוֹי
flounce *v.* קִשֵּׁט (שמלה) בְּנַפְנֶפֶת
floun′der *v&n.* פִּרְפֵּר, הִתְחַבֵּט; גִמְגֵם, הִתְבַּלְבֵּל; דַג הַסַּנְדָּל
flour *n&v.* קֶמַח; בָּזַק קֶמַח, קִמַּח
flour′ish (flûr′-) *v.* נִפְנֵף; נוֹפֵף; פָּרַח, שִׂגְשֵׂג, הִצְלִיחַ
flourish *n.* תְּנוּעַת־רַאֲוָה; סִלְסוּל
flour′y *adj.* קִמְחִי, אֲבָקִי
flout *v.* זִלְזֵל בְּ־, הִתְיַחֵס בְּבוּז
flow (flō) *v&n.* זָרַם, גָלַשׁ, תָּלָה בְּרִפְיוֹן; גָאָה; זֶרֶם, זְרִימָה; גֵאוּת
flowchart *n.* תַּרְשִׁים זְרִימָה
flow′er *n&v.* פֶּרַח; מֵיטָב, פְּאֵר; פָּרַח
flowers of speech מְלִיצוֹת
flowerbed *n.* עֲרוּגַת פְּרָחִים
flowered *adj.* פִּרְחוֹנִי
flowering *n.* פְּרִיחָה
flowerpot *n.* עָצִיץ
flowery *adj.* פִּרְחוֹנִי; גָדוּשׁ מְלִיצוֹת
flown = pp of fly (flōn)
flu (flo͞o) *n.* *שַׁפַּעַת
fluc′tuate′ (-′cho͞oāt) *v.* הִתְנַדְנֵד, עָלָה וְיָרַד חֲלִיפוֹת
flue (flo͞o) *n.* אֲרוּבָּה; מַעֲשֵׁנָה
flu′ency *n.* שֶׁטֶף־הַדִּבּוּר, רְהִיטוּת
flu′ent *adj.* רָהוּט, מְדַבֵּר בְּשֶׁטֶף
fluff *n.* מוֹךְ, פְּלוּמָה; *פִּסְפּוּס, טָעוּת
fluff *v.* נִפַּח (שיער, כר); פִּסְפֵס
fluffy *adj.* מוֹכִי, פְּלוּמִי
flu′id *adj&n.* נוֹזְלִי; מִשְׁתַּנֶּה; נוֹזֵל
flu•id′ity (flo͞oid′-) *n.* נְזִילוּת
fluke *n.* כַּף הָעוֹגֶן; אוֹנַת הַזָּנָב; טַפִּיל; תּוֹלַעַת; מַזָּל, הַצְלָחָה מִקְרִית
flume *n.* תְּעָלָה מְלָאכוּתִית
flum′mox *v.* *בִּלְבֵּל, הֵבִיךְ
flung = p of fling
flunk *v.* נִכְשַׁל/פָּסַל בִּבְחִינָה
flun′key *n.* מְשָׁרֵת, מִתְרַפֵּס
flu′ores′cent lamp נוּרַת נֵאוֹן
flu′oridate′ *v.* הוֹסִיף פְלוּאוֹר
flu′oride′ *n.* פְלוּאוֹרִיד
flur′ry (flûr′i) *n&v.* הִתְרַגְּשׁוּת, מֶתַח; סוּפָה קְצָרָה; בִּלְבֵּל, עִצְבֵּן, הִרְגִיז
flush *v.* הִתְרוֹמֵם, עָף, הִסְתַּלֵּק
flush *adj.* שָׁטוּחַ, לא בּוֹלֵט; עָשִׁיר, שׁוֹפֵעַ
flush *n.* זֶרֶם מַיִם; שְׁטִיפָה; הַסְמָקָה
flush *v.* הִסְמִיק, הֶאְדִּים; שִׁלְהֵב; זָרַם בְּשֶׁטֶף; שָׁטַף (האסלה)
flush it *נִכְשַׁל, פִּשֵּׁל
flus′ter *v&n.* בִּלְבֵּל, הֵבִיךְ; בִּלְבּוּל
flute *n&v.* חָלִיל; חָרַץ, קִשֵּׁט בַּחֲרִיצִים
flu′tist *n.* חֲלִילָן
flut′ter *v.* נוֹפֵף; הִתְנוֹפֵף; הָלַם; נִפְנוּף; הִתְרַגְּשׁוּת; תְּנוּדָה, רַעַד
flu′vial *adj.* שֶׁל נְהָרוֹת
flux *n.* זְרִימָה; זֶרֶם; חוֹמֶר רִתּוּךְ
fly *n.* זְבוּב; פִּתָּיוֹן דְּמוּי־חֶרֶק
fly in the ointment קוֹץ בָּאַלְיָה
on the fly עָסוּק, מִתְרוֹצֵץ; בִּנְסִיעָה

fly *v.* עָף, טָס; הֵטִיס; הִתְעוֹפֵף; רָץ, בָּרַח; חָלַף; חָצָה
fly a flag הֵנִיף דֶּגֶל
fly at זִנֵּק בְּזַעַם לְעֵבֶר־, הִתְנַפֵּל עַל
fly high שָׁאַף לִגְדוֹלוֹת
make the feathers/fur fly הֵקִים שַׁעֲרוּרִיָּה, צָעַק, הִתְנַפֵּל עַל
the bird is flown וְהַיֶּלֶד אֵינֶנּוּ
fly *n.* יְרִיעַת־הַפֶּתַח (בְּאוֹהֶל); קְצֵה יְרִיעַת הַדֶּגֶל; דַּשׁ הַחֲנוּת
fly *adj.* *עַרְמוּמִי, עֵרָנִי
fly-blown *adj.* מְטוּנָף, מֵכִיל בֵּיצֵי זְבוּב
flyby *n.* מִפְגַּן אֲוִירִי
fly-by-night *n.* בּוֹרֵחַ בָּאִישׁוֹן לַיְלָה
flyer *n.* טַיָּס; עָלוֹן פִּרְסוֹמֶת
fly-fish *v.* דָּג בְּפִתְיוֹנֵי־זְבוּב
flying *adj.* מְעוֹפֵף; קָצָר, חָטוּף
flying high *בָּרָקִיעַ הַשְּׁבִיעִי, מְאוּשָּׁר
flying *n.* טִיסָה, תְּעוּפָה
flying boat מְטוֹס־יָם
flying buttress מִתְמָךְ מְשׁוּפָּע
flying colors הַצְלָחָה רַבָּה
flying saucer צַלַּחַת מְעוֹפֶפֶת
flying squad נַיֶּדֶת־מִשְׁטָרָה
flyleaf *n.* דַּף רֵיק (בִּקְצֵה הַסֵּפֶר)
flyover *n.* מִפְגַּן אֲוִירִי
fly paper נְיַר דָּבִיק (לוֹכֵד זְבוּבִים)
flypast *n.* מִפְגַּן אֲוִירִי
flyswatter *n.* מַחְבֵּט זְבוּבִים
flyweight *n.* מִשְׁקַל זְבוּב
flywheel *n.* גַּלְגַּל תְּנוּפָה
foal *n.* (הִמְלִיטָה) סְיָח
foam *n.* קֶצֶף; סְפוֹג; קָצַף
foam rubber גּוּמִי־רִפּוּד, סְפוֹג
fob *n.* כִּיס־שָׁעוֹן, כִּיסוֹן
fob *v.* הִתְעַלֵּם מִן; הוֹנָה, תָּחַב
fob = free on board פוֹב
fo'cal *adj.* שֶׁל מוֹקֵד, שֶׁל פוֹקוּס, מוֹקְדִי
fo'c'sle = forecastle
fo'cus *n&v.* מוֹקֵד; מִקֵּד; הִתְמַקֵּד
fod'der *n.* מִסְפּוֹא, חָצִיר, מָזוֹן
foe (fō) *n.* אוֹיֵב
fog (fôg) *n&v.* עֲרָפֶל; עִרְפֵּל; טִשְׁטֵשׁ
in a fog בִּמְבוּכָה, מְבוּלְבָּל
fogbound *adj.* מְעוּכָּב בָּעֲרָפֶל
foggy *adj.* מְעוּרְפָּל
foghorn *n.* צוֹפַר־עֲרָפֶל
foglamp *n.* פָּנַס־עֲרָפֶל (בִּמְכוֹנִית)
foi'ble *n.* חוּלְשָׁה, נְקוּדַת תּוּרְפָּה
foil *v.* סִכֵּל, הֵפֵר
foil *n.* סַיִף; רְקוּעַ, נְיַר אֲלוּמִינְיוּם
foist *v.* הוֹלִיד שׁוֹלָל, תָּחַב
fold (fōld) *v&n.* קִפֵּל; הִתְקַפֵּל; עָטַף; עִרְבֵּב, בָּחַשׁ; קֶמֶט, קִפּוּל; גַּיְא
fold up הִתְמוֹטֵט, נִכְשַׁל, הִתְקַפֵּל
fold *n.* דִּיר, מִכְלָאָה; צֹאן מַרְעִית
foldaway *adj.* מִתְקַפֵּל, שֶׁאֶפְשָׁר לְקַפְּלוֹ
fold'er (fōld'-) *n.* עוֹטְפָן, תִּיק; עָלוֹן
fo'liage (-liij) *n.* עֲלְוָה
fo'lio' *n.* פוֹלְיוֹ, גִּלָּיוֹן; דַּף
folk (fōk) *n&adj.* אֲנָשִׁים; עַם; שִׁבְטִי
folks מִשְׁפָּחָה, הוֹרִים, חֲבֵרָה
folk dance רִקּוּד־עַם
folk'lore' (fōk'lôr) *n.* פוֹלְקְלוֹר
folk songs שִׁירֵי עַם
folksy (fōk'si) *adj.* *עֲמָמִי, פָּשׁוּט
folkways *n.* דְּפוּסֵי הִתְנַהֲגוּת
fol'low (-ō) *v.* הָלַךְ/בָּא אַחֲרֵי; עָקַב; פָּעַל לְפִי; נָבַע
as follows כִּדְלְהַלָּן, כַּדִּלְקַמָּן
follow on הִמְשִׁיךְ; נָבַע מִן
follow out/through הִמְשִׁיךְ עַד תּוֹם
follow suit הֶחֱרָה־הֶחֱזִיק אַחֲרָיו
follow up פָּעַל הֲלָאָה; עָקַב; גִּלָּה
it follows מִכָּאן שֶׁ־, זֹאת אוֹמֶרֶת
follower *n.* חָסִיד, מַעֲרִיץ
following *adj.* הַבָּא, דִּלְקַמָּן
following *n.* קְהַל מַעֲרִיצִים, תּוֹמְכִים
follow-up *n.* פְּעוּלַּת־הֶמְשֵׁךְ; מַעֲקָב
fol'ly *n.* שְׁטוּת, טִפְּשׁוּת
fo·ment' *v.* טִפַּח (אֵיבָה); חִרְחֵר; חָבַשׁ
fo'men·ta'tion *n.* הַסָּתָה; תַּחְבּוֹשֶׁת
fond *adj.* אוֹהֵב, מְחַבֵּב
be fond of אָהַב
fond hope/belief אַשְׁלָיָה
fon'dant *n.* יַצֶּקֶת (מַמְתָּק), פוֹנְדָן
fon'dle *v.* לִטֵּף
font *n.* אַגָּן, קוּבַּעַת, כְּלִי לְמֵי טְבִילָה; פוֹנְט, גּוֹפָן; מָקוֹר; מַעְיָן
food (fōōd) *n.* מָזוֹן, מַאֲכָל
food poisoning הַרְעָלַת קֵבָה
food-stuff מִצְרְכֵי מָזוֹן
fool (fōōl) *n.* טִפֵּשׁ; לֵיצָן
a fool's errand בְּרָכָה לְבַטָּלָה

fool's mate מַט סַנְדְלָרִים
make a fool of רִמָּה, שָׁטָה בְּ—
fool *v.* שָׁטָה, רִמָּה; הִשְׁתַּטָּה
fool around/about הִתְבַּטֵּל
fool with הִשְׁתַּעֲשַׁע בְּ־, שִׂחֵק בְּ—
fool'ery (fōōl'-) *n.* שְׁטוּת, טִפְּשׁוּת
foolhardy *adj.* נִמְהָר, פָּזִיז, נוֹעָז
foolish *adj.* טִפְּשִׁי, שְׁטוּתִי
foolproof *adj.* פָּשׁוּט, חֲסִין־תַּקָּלוֹת
foolscap *n.* גִּלָּיוֹן (16 על 13 אִינְטש)
foot *n.* רֶגֶל, כַּף הָרֶגֶל; תַּחְתִּית; צַעַד
at one's feet לְרַגְלָיו, נָתוּן לַחֲסָדָיו
find one's feet עָמַד עַל רַגְלָיו
get a foot in הִשִּׂיג דְּרִיסַת רֶגֶל
get to one's feet עָמַד, קָם
keep one's feet עָמַד עַל רַגְלָיו
my foot! שְׁטוּיוֹת!
on foot בַּהֲכָנָה, בִּפְעוּלָּה; בָּרֶגֶל
put one's foot down הָיָה תַּקִּיף
put one's foot in it שָׁגָה גַּסּוֹת
set foot הָלַךְ, צָעַד
foot *v.* הִתְקִין סוּלְיָה
foot it *הָלַךְ בָּרֶגֶל
foot the bill *שִׁלֵּם אֶת הַחֶשְׁבּוֹן
foot'age *n.* מִדָּה (בּרגלים); סֶרֶט
foot-and-mouth disease מַחֲלַת הַפֶּה וְהַטְּלָפַיִם
football *n.* כַּדּוּרֶגֶל; רַגְבִּי
footboard *n.* מִשְׁעַן־רֶגֶל (לנהג)
foot-fall *n.* צַעַד; קוֹל פְּסִיעָה, פַּעַם
foot fault פְּסוּל־פֶּסַע (בטניס)
foot-hill *n.* גִּבְעָה (למרגלות הר)
foothold *n.* מַאֲחָז, דְּרִיסַת־רֶגֶל
footing *n.* עֲמִידָה; בָּסִיס; מַעֲמָד, מַצָּב, מַעֲרָךְ; יְחָסִים; דְּרִיסַת־רֶגֶל
lose one's footing מָעַד
foo'tle *v.* *הִתְבַּטֵּל, הִשְׁתַּטָּה
footlights *npl.* אוֹרוֹת הַבִּימָה
foot'ling (fōōt'-) *adj.* חֲסַר־עֵרֶךְ
footloose *adj.* חוֹפְשִׁי, צִפּוֹר דְּרוֹר
footman *n.* מְשָׁרֵת
footnote *n.* הֶעָרָה (בתחתית הדף)
footpath *n.* שְׁבִיל, מִשְׁעוֹל
footprint *n.* עִקְבָה, סִמַּן עָקֵב
foot-race *n.* מֵרוֹץ
foot rule סַרְגֵּל (של 12 אִינְטש)
footsore *adj.* סוֹבֵל מִכְּאֵב רַגְלַיִם
footstep *n.* צַעַד, קוֹל פְּסִיעָה, פַּעַם
footstool *n.* הֲדוֹם, שְׁרַפְרַף
footsure *n.* יַצִּיב־רֶגֶל, צוֹעֵד אֵיתָן
footwear *n.* תִּנְעוֹלֶת, הַנְעָלָה
footwork *n.* רַגְלוּל, עֲבוֹדַת רַגְלַיִם
fop *n.* גַּנְדְּרָן, מִתְגַּנְדֵּר
for *prep.* לְ־, עֲבוּר, לְמַעַן, לְשֵׁם, כְּדֵי לְ־; לְגַבֵּי; בְּעַד, בִּגְלַל, לְמֶשֶׁךְ, לְאוֹרֶךְ
be for it נָתַן אֶת הַדִּין, נֶעֱנַשׁ
for all לַמְרוֹת כָּל־, חֶרֶף
for all I know לְמֵיטַב יְדִיעָתִי
for my part לְדִידִי, מִצִּדִּי
take for טָעָה בְּ־, חָשַׁב לְ—
what for לְאֵיזוֹ תַּכְלִית, לָמָּה
for *conj.* כִּי, מִכֵּיוָן שֶׁ—
for'age *n.* מִסְפּוֹא, חָצִיר; חִפּוּשׂ
for'asmuch' (-z-) *conj.* הוֹאִיל וְ—
for'ay *n&v.* פְּשִׁיטָה, הִסְתָּעֲרוּת; פָּשַׁט
forbade' = **pt of forbid**
for•bear' (-bār) *v.* נִמְנַע מִן, הִבְלִיג, הִתְאַפֵּק; וִתֵּר, הִתְיַחֵס בְּסַבְלָנוּת
forbearance *n.* סַבְלָנוּת, הִתְאַפְּקוּת
forbid' *v.* אָסַר עַל, שָׁלַל מִן
God forbid! הַשֵּׁם יִשְׁמוֹר!, חָלִילָה!
forbid'den *adj.* אָסוּר
forbidding *adj.* דּוֹחֶה, מְאַיֵּם
for•bore' = **pt of forbear**
force *n.* כֹּחַ, עָצְמָה; תֹּקֶף; מַשְׁמָעוּת
by force of בְּכֹחַ הַ־, בְּתוֹקֶף הַ—
forces צָבָא, כּוֹחוֹת, חֲיָלוֹת
put into force הִפְעִיל (חוק), הֵחִיל
force *v.* הִכְרִיחַ, אִלֵּץ; פָּרַץ, שָׁבַר
force his hand דָּחַק בּוֹ, אִלְּצוֹ
forced *adj.* מְאוּלָץ, מְעוּשֶׂה
forced landing נְחִיתַת אוֹנֶס
forced march מַסָּע מְזוֹרָז
forceful (-fəl) *adj.* חָזָק, תַּקִּיף
forcemeat *n.* בָּשָׂר קָצוּץ, בְּשַׂר־מְלִית
for'ceps *n.* מֶלְקָחַיִם
for'cible *adj.* מְשַׁכְנֵעַ; חָזָק
ford *n&v.* מַעְבָּרָה; חָצָה נָהָר
fore *adj.* קִדְמִי, קְדוּמָנִי
fore *adv.* קָדִימָה, בַּחֲזִית הַסְּפִינָה
come to the fore הִתְבַּלֵּט, הִתְפַּרְסֵם
fore and aft לְאוֹרֶךְ הַסְּפִינָה
fore'arm' (fôr'-) *n.* אַמַּת הַיָּד, זְרוֹעַ
forearm' (fôrärm') *n.* צִיֵּד מֵרֹאשׁ

fore′bear′ (fôr′bār) *n.* אָב קַדמוֹן
forebode′ (fôrbōd′) *v.* בִּשֵּׂר
רַע, הָיָה אוֹת, חָשׁ מֵרֹאשׁ
foreboding *n.* תְּחוּשַׁת רָעָה קְרֵבָה
fore′cast′ (fôr′-) *v&n.* נִבָּא; תַּחֲזִית
fore′cas′tle (fôr′kasəl) *n.* חַרטוֹם
הַסְפִינָה; סִפּוּן קִדְמִי
foreclose′ (fôrklōz′) *v.* עִקֵּל
foreclosure (fôrklōzh′ər) *n.* עִקּוּל
fore′court′ (fôr′kôrt) *n.* קִדְמָה
forefather *n.* אָב קַדמוֹן
forefinger *n.* אֶצְבַּע
forego′ (fôrgō′) *v.* קָדַם, הָלַךְ לִפְנֵי
foregoing *adj.* הַנַּ״ל, הָאָמוּר
fore′gone′ (fôr′gôn) *adj.* קוֹדֵם
foregone conclusion מַסְקָנָה צְפוּיָה,
תּוֹצָאָה מְחוּיֶבֶת הַמְּצִיאוּת
foreground *n.* רֶקַע קִדְמִי; קִדְמָה
forehand *n.* חֲבָטָה כַּפִּית
fore′head′ (fôr′hed) *n.* מֵצַח
for′eign (-rin) *adj.* זָר; נוֹכרִי
foreigner *n.* זָר, נוֹכרִי
Foreign Office מִשְׂרַד הַחוּץ
foreknowledge *n.* יְדִיעָה מֵרֹאשׁ
foreleg *n.* רֶגֶל קִדְמִית
forelock *n.* בְּלוֹרִית, תַּלְתַּל־מֵצַח
foreman *n.* מְנַהֵל עֲבוֹדָה,
רֹאשׁ חֶבֶר הַמּוּשׁבָּעִים
foremost *adj.* בּוֹלֵט, חָשׁוּב בְּיוֹתֵר
forename *n.* שֵׁם פְּרָטִי
forenoon *n.* לִפְנֵי הַצָּהֳרַיִם
foren′sic *adj.* מִשְׁפָּטִי
fore′or•dain′ (fôr′-) *v.* דָּן מֵרֹאשׁ
forepart *n.* חֵלֶק קִדְמִי
forerunner *n.* מְבַשֵּׂר, אוֹת, חָלוּץ
foresail *n.* מִפְרָשׂ קִדְמִי, תּוֹסָף
foresee′ (fôrsē′) *v.* חָזָה, צָפָה
foreseeable *adj.* צָפוּי
foreshad′ow (fôrshad′ō) *v.* בִּשֵּׂר
foreshore *n.* רְצוּעַת הַחוֹף
foresight *n.* מַחֲשָׁבָה תְּחִלָּה,
רְאִיַּת הַנּוֹלָד; כַּוֶּנֶת קִדְמִית
foreskin *n.* עָרְלָה
for′est (-rist) *n.* יַעַר
forestall′ (fôrstôl′) *v.* הִקְדִּים, סִכֵּל
forester *n.* יַעֲרָן
forestry *n.* יַעֲרָנוּת

foretaste *n.* נִסָּיוֹן־מָה, טְעִימָה
foretell′ (fôrtel′) *v.* נִבָּא
forethought *n.* מַחֲשָׁבָה תְּחִלָּה
foretold = p of foretell
for•ev′er *adv.* לָעַד, לָנֶצַח
forever and ever לָעַד, לִצְמִיתוּת
forewarn′ (fôrwôrn′) *v.* הִזְהִיר
foreword (fôr′wûrd) *n.* הַקְדָּמָה
for′feit (-fit) *v.* אִבֵּד, הִפְסִיד
forfeit *n.* קְנָס, הֶפְסֵד, מְחִיר
for′feiture (-fichər) *n.* הַחְרָמָה, חִלּוּט
for•gath′er (-dh-) *v.* הִתְקַבֵּץ
forgave′ = pt of forgive
forge *n.* נַפָּחִיָּה, כּוּר
forge *v.* עִצֵּב, חִשֵּׁל, גִּבֵּשׁ; זִיֵּף
forge ahead הִתְקַדֵּם, הוֹבִיל
for′gery *n.* זִיּוּף
forget′ (-g-) *v.* שָׁכַח
forgetful *adj.* שַׁכְחָן
forget-me-not זִכְרִינִי (צמח)
forgivable *adj.* בַּר־מְחִילָה, סָלִיחַ
forgive′ (-giv) *v.* סָלַח, מָחַל
forgiveness *n.* סְלִיחָה, סַלְחָנוּת
for•go′ *v.* וִתֵּר עַל
forgot′ = pt of forget
forgot′ten = pp of forget
fork *n.* מַזְלֵג, קִלְשׁוֹן; מִסְעָף
fork *v.* חָפַר בְּקִלְשׁוֹן; הִסְתָּעֵף
forked *adj.* מְמוּזלָג, מִתְפַּלֵּג, מְסוֹעָף
fork-lift *n.* מַלְגֵּזָה
forlorn′ *adj.* נָטוּשׁ; אוּמְלָל
form *n.* צוּרָה, דְּמוּת; נוֹהַג; טוֹפֶס; כּוֹשֶׁר;
מַצַּב־רוּחַ; סַפְסָל; כִּתָּה
bad form חוֹסֶר נִימוּס; לֹא בְּכוֹשֶׁר
in the form of בְּצוּרַת, בִּדְמוּת
take form לָבַשׁ צוּרָה, הִתְגַּבֵּשׁ
form *v.* יָצַר, הִרְכִּיב; עִצֵּב;
הָיָה; הִתְהַוָּה; נֶעֱרַךְ
for′mal *adj.* רִשְׁמִי, פוֹרמָלִי; חִיצוֹנִי,
טִקְסִי; קַפְּדָנִי; צוּרָתִי, צוּרָנִי
for•mal′ity *n.* פוֹרמָלִיוּת, רִשְׁמִיּוּת,
טִקְסִיּוּת, נוֹהַל, הָלִיךְ
for′mat′ *n.* פוֹרמָט, תַּבְנִית
for•ma′tion *n.* גִּבּוּשׁ; מַעֲרָךְ, מִבְנֶה;
עוּצבָּה; הִתְהַוּוּת, הִוָּצְרוּת; תְּצוּרָה
for′mer *adj.* קוֹדֵם, הַקּוֹדֵם, הָרִאשׁוֹן
formerly *adv.* בֶּעָבָר, בַּיָּמִים עָבָרוּ

For·mi′ca *n.* פּוֹרמַיקָה
for′midable *adj.* מַפחִיד, קָשֶׁה, נוֹרָא
formless *adj.* נְטוּל־צוּרָה
for′mu·la *n.* נוּסחָה, פוֹרמוּלָה, מִרשָׁם
for′mu·late′ *v.* נִסֵּחַ
for′mu·la′tion *n.* נִסּוּחַ
for′nica′tion *n.* נִאוּף, זְנוּת
for·sake′ *v.* זָנַח, נָטַשׁ
for·swear′ (-swār) *v.* וִתֵּר עַל
forswear oneself נִשׁבַּע לַשֶּׁקֶר
fort *n.* מִבצָר, מָעוֹז
forte *n.* צַד חָזָק, תְּחוּם הִצטַיְּנוּת
for′te (-tā) *adj.* פוֹרטֶה, חָזָק
forth *adv.* הַחוּצָה; הָלְאָה, קָדִימָה
forth·com′ing (-kum′-) *adj.* הַבָּא, הַקָּרֵב; מוּצָע, נִתָּן; מוּכָן, מוּכָן לַעֲזוֹר
forth′right′ *adj.* יָשָׁר, גָּלוּי
forth·with′ *adv.* מִיָּד, תֵּכֶף, לְאַלתַּר
for′tieth *adj&n.* (הַחֵלֶק) הָאַרבָּעִים
for′tifica′tion *n.* חִזּוּק; בִּצּוּרִים
for′tify′ *v.* חִזֵּק, בִּצֵּר
for′titude′ *n.* אוֹמֶץ, גְבוּרָה, קוֹר־רוּחַ
fort′night′ *n.* שְׁבוּעַיִם
for′tress *n.* מִבצָר, מְצוּדָה
for·tu′itous *adj.* מִקרִי; *בַּר־מַזָּל
for′tunate (-′ch-) *adj.* בַּר־מַזָּל
for′tune (-chən) *n.* מַזָּל, מִקרֶה; הוֹן
try one's fortune נִסָּה מַזָּלוֹ
fortune hunter מְחַפֵּשׂ עוֹשֶׁר
fortune teller מַגִּיד עֲתִידוֹת
for′ty *n&adj.* אַרבָּעִים
fo′rum *n.* בָּמָה, פוֹרוּם
for′ward *adj.* קִדמִי, חֲזִיתִי; מִתקַדֵּם; לָהוּט, מוּכָן; נוֹעָז; עֲתִידִי
forward *adv.* קָדִימָה, הָלְאָה
come forward הִצִּיעַ אֶת עַצמוֹ
forward *v.* שִׁגֵּר, שָׁלַח; קִדֵּם
forward *n.* חָלוּץ
forwardness *n.* הִתקַדְּמוּת; חוּצפָּה
for·went′ = pt of forgo
fos′sil (-səl) *n.* מְאוּבָּן
fos′silize′ *v.* אִבֵּן; הִתאַבֵּן
fos′ter *v.* גִּדֵּל, אָמַן (בֵּן); טִפֵּל; טִפֵּחַ, עוֹדֵד
foster-son בֵּן אָמוּן (בְּמִשפָּחָה אוֹמֶנֶת)
fought = p of fight (fôt)
foul *adj.* מְלוּכלָךְ, מַגעִיל; גַּס, רָע
fall foul of הִסתַּבֵּךְ עִם
foul *n.* עֲבֵרָה (בִּספּוֹרט)
foul *v.* לִכלֵךְ; הִתלַכלֵךְ; סָתַם; בִּצַּע עֲבֵרָה; הִסתַּבֵּךְ, הִתנַגֵּשׁ
foul up *קִלקֵל, פִּשֵּׁל; שִׁבֵּשׁ; סִבֵּךְ; טִנֵּף
foul-mouthed מְנַבֵּל פִּיו
foul play רֶצַח, פֶּשַׁע; עֲבֵרָה (בִּספּוֹרט)
found *v.* בִּסֵּס, יִסֵּד, הֵקִים; הִתִּיךְ
found = p of find
founda′tion *n.* יְסוֹד, הֲקָמָה; מוֹסָד, קֶרֶן; בָּסִיס, יְסוֹד
found′er *n.* מְיַסֵּד, בּוֹנֶה
founder *v.* טָבַע, הִתמַלֵּא מַיִם, שָׁקַע; נִכשַׁל, מָעַד; הִפִּיל
found′ling *n.* אֲסוּפִי, יֶלֶד נָטוּשׁ
foun′dry *n.* בֵּית יְצִיקָה
fount *n.* מַעְיָן, מָקוֹר
foun′tain (-tən) *n.* מַעְיָן; מִזרָקָה
fountain-head *n.* מָקוֹר רִאשׁוֹן
fountain pen עֵט נוֹבֵעַ
four (fôr) *n&adj.* אַרבַּע; 4
four-eyes *n.* *מִשקָפוּפֶר
four-letter word מִלָּה גַּסָּה
four-poster *adj.* מִטַּת־אַפִּריוֹן
fourscore *n.* שְׁמוֹנִים
foursome *n.* תַּחֲרוּת זוּגוֹת
four·teen′ (fôr-) *n&adj.* אַרבָּעָה עָשָׂר
fourteenth *adj.* הָאַרבָּעָה עָשָׂר
fourth (fôrth) *adj&n.* רְבִיעִי; רֶבַע
fourth estate הָעִתּוֹנוּת
fowl *n.* עוֹף, תַּרנְגוֹלֶת
fowling *n.* צֵיד־עוֹפוֹת
fox *n&v.* שׁוּעָל; בִּלבֵּל; רִמָּה
foxglove *n.* אֶצבְּעוֹנִית (צֶמַח־נוֹי)
foxhole *n.* שׁוּחָה, חֲפִירָה
foxhound *n.* כֶּלֶב־צַיִד
foxhunt *n.* צֵיד־שׁוּעָלִים
fox terrier שְׁפֶלָן, כֶּלֶב קָטָן
foxtrot *n.* צַעֲדֵי־שׁוּעָל (רִקּוּד)
foxy *adj.* עַרמוּמִי, שׁוּעָלִי
foy′er *n.* אוּלַם הַכְּנִיסָה, טְרַקלִין, פוֹיֶה
Fr = franc, French
fra′cas *n.* מְהוּמָה, תִּגרָה
frac′tion *n.* חֵלֶק, חֲלַקִיק, שֶׁבֶר
fractional *adj.* שֶׁל שֶׁבֶר; זָעוּם, קָטָן
frac′tious (-shəs) *adj.* רַגזָן, עַצבָּנִי
frac′ture *n&v.* שֶׁבֶר, סֶדֶק; שָׁבַר

frag′ile (-jəl) *adj.* שָׁבִיר, חַלָּשׁ
frag′ment *n.* רְסִיס, קֶטַע, חֵלֶק
frag′ment′ *v.* הִתְרַסֵּק; קִטַּע
fra′grance *n.* נִיחוֹחִיּוּת, רֵיחַ נִיחוֹחַ
fra′grant *adj.* רֵיחָנִי, נָעִים
frail *adj.* חַלָּשׁ, שָׁבִיר, רוֹפֵף
frame *n.* מִסְגֶּרֶת, שֶׁלֶד, גוּף; חֲמָמָה
frame of mind מַצַּב רוּחַ
frame *v.* מִסְגֵּר, הִרְכִּיב, בָּנָה; הִפִּיל בְּפַח, בִּיֵּם אַשְׁמָה, הִפְלִיל
frame-up *n.* *בִּיּוּם אַשְׁמָה, הַפָּלָה בְּפַח
framework *n.* מִסְגֶּרֶת, שֶׁלֶד
franc *n.* פְרַנְק (מטבע)
fran′chise (-z) *n.* זְכוּת בְּחִירָה; זִכָּיוֹן
Fran·cis′can *adj&n.* פְרַנְצִיסְקָנִי
frank *adj.* גָלוּי, כֵּן, פָּתוּחַ, הוֹגֶן
frank *v.* הֶחְתִּים בְּחוֹתֶמֶת־פְּטוֹר
frank′furter *n.* נַקְנִיקִית
frank′incense′ *n.* לְבוֹנָה, שְׂרָף
frankly *adv.* בְּכֵנוּת, גְלוּיוֹת
fran′tic *adj.* יוֹצֵא מִגִּדְרוֹ, מְטוֹרָף
frater′nal *adj.* שֶׁל אַחִים; יְדִידוּתִי
frater′nity *n.* אַחֲוָה; יְדִידוּת; אֲגוּדָה
frat′ernize′ *v.* הִתְיַדֵּד, הִתְחַבֵּר
frat′ricide′ *n.* רֶצַח אָח; רוֹצֵחַ אָח
fraud *n.* הוֹנָאָה, מְעִילָה, רַמָּאוּת; רַמַּאי
fraud′ulent (-j′-) *n.* רַמַּאי
fraught (frôt) *adj.* מָלֵא, גָדוּשׁ, כָּרוּךְ
fray *n.* מְרִיבָה, תִּגְרָה
fray *v.* בִּלָּה, קָרַע; נִשְׁחַק
freak *n.* קַפְּרִיזָה; *מְשׁוּגָע; מְסוּמָם
freak of nature בְּרִיָּה מְשׁוּנָּה
freak *adj.* מוּזָר, לֹא רָגִיל
freakish *adj.* קַפְּרִיזִי; מְשׁוּנֶּה
freck′le *n.* נֶמֶשׁ, בַּהֶרֶת־קַיִץ
freckled *adj.* מְנוּמָשׁ, מְכוּסֶּה נְמָשִׁים
free *adj.* חוֹפְשִׁי, פָּנוּי; פָּטוּר, חִנָּם
for free בְּחִנָּם, לְלֹא תַּשְׁלוּם
free from לְלֹא; נָקִי, פָּטוּר מִן
free of לְלֹא; מִחוּץ לְ, רָחוֹק מִן
make free with נָהַג בְּחוֹפְשִׁיּוּת
set free שִׁחְרֵר, הוֹצִיא לְחוֹפְשִׁי
free *v.* שִׁחְרֵר, חִלֵּץ
free′boo′ter *n.* שׁוֹדֵד־יָם, פִּירָאט
freeborn *adj.* בֶּן־חוֹרִין
free′dom *n.* חוֹפֶשׁ, חֵרוּת, חוֹפְשִׁיּוּת
free enterprise יָזְמָה חוֹפְשִׁית
free fall צְנִיחָה חוֹפְשִׁית
free fight קְטָטָה, מְהוּמָה
free-for-all *n.* וִכּוּחַ הֲמוֹנִי
free hand יָד חוֹפְשִׁית
freehanded *adj.* נָדִיב, שֶׁיָּדוֹ פְּתוּחָה
freehold *n.* בַּעֲלוּת מְלֵאָה
free kick בְּעִיטַת עוֹנְשִׁין
free-lance *n&v.* (עָבַד כְּ־)עִתּוֹנַאי חוֹפְשִׁי, סוֹפֵר חוֹפְשִׁי
freely *adv.* בְּאוֹפֶן חוֹפְשִׁי; גְלוּיוֹת
freeman *n.* אֶזְרַח כָּבוֹד
freemason *n.* בּוֹנֶה חוֹפְשִׁי
free on board = fob (במסחר) פוֹב
free pass כַּרְטִיס נְסִיעָה חוֹפְשִׁי
free rein הַתָּרַת הָרֶסֶן, דְּרוֹר
free-spoken *adj.* גָלוּי, מְדַבֵּר גְלוּיוֹת
free-standing *adj.* חוֹפְשִׁי, לֹא מְחוּבָּר
freestone *n.* אֶבֶן חוֹל
free throw זְרִיקָה חוֹפְשִׁית
freeway *n.* כְּבִישׁ מָהִיר
free will בְּחִירָה חוֹפְשִׁית, רָצוֹן חוֹפְשִׁי
freeze *v.* קָפָא; הִקְפִּיא
freeze on to נִצְמַד בְּחוֹזְקָה
freeze out הִרְחִיק, לֹא שִׁתֵּף
freeze *n.* קוֹר עַז, קִפָּאוֹן; הַקְפָּאָה
freezer *n.* מְקָרֵר, תָּא־הַקְפָּאָה, מַקְפֵּא
freight (frāt) *n.* מִטְעָן; הוֹבָלָה; דְּמֵי הוֹבָלָה; הִטְעִין בִּסְחוֹרָה, שִׁגֵּר
freighter *n.* מְטוֹס הוֹבָלָה, סְפִינַת מַשָּׂא
French *adj&n.* צָרְפָתִי; צָרְפָתִית
French fries טוּגָנִים, צִ'יפְּס
French leave הֵעָדְרוּת לְלֹא רְשׁוּת
Frenchman *n.* צָרְפָתִי
frenet′ic *adj.* מְטוֹרָף, מִשְׁתּוֹלֵל
frenzied *adj.* מְטוֹרָף, מִשְׁתּוֹלֵל
fren′zy *n.* טֵרוּף, הִשְׁתּוֹלְלוּת
fre′quency *n.* תְּכִיפוּת, תְּדִירוּת, תֶּדֶר
fre′quent *adj.* שָׁכִיחַ, מָצוּי, רָגִיל
fre·quent′ *v.* בִּקֵּר תָּדִיר, נִמְצָא בְּ—
fre′quently *adv.* לְעִתִּים קְרוֹבוֹת
fres′co *n.* פְרֶסְקוֹ, צִיּוּר קִיר, תַּמְשִׁיחַ
fresh *adj-.* טָרִי, חָדָשׁ, קָרִיר, רַעֲנָן
fresh water מַיִם מְתוּקִים
in the fresh air בַּחוּץ
freshen *v.* רִעֲנֵן; הִתְרַעֲנֵן, הִתְחַזֵּק
fresh′et *n.* פֶּלֶג־מַיִם
freshly *adv.* לָאַחֲרוֹנָה, אַךְ אֶתְמוֹל

freshman *n.* תַּלְמִיד שָׁנָה רִאשׁוֹנָה
fret *v&n.* הִדְאִיג, הִרְגִּיז; הִתְעַצְבֵּן; כִּרְסֵם; נִשְׁחַק; רוֹגֶז, הִתְעַצְבְּנוּת
fretful *adj.* רַגְזָנִי, כּוֹעֵס
fret'saw' *n.* מַסּוֹרִית, מַשּׂוֹר־נִימָה
fretwork *n.* עִטּוּרֵי־עֵץ, מַעֲשֵׂה־תַּשְׁבֵּץ
Freudian (froid'-) *adj.* שֶׁל פרויד
fri'able *adj.* פָּרִיךְ, שָׁבִיר
fri'ar *n.* נָזִיר
fric'assee' *n.* נְזִיד בָּשָׂר; פַּרְקֶסֶת
fric'tion *n.* חִכּוּךְ
Fri'day *n.* יוֹם שִׁשִּׁי
fridge *n.* *מְקָרֵר
friend (frend) *n.* חָבֵר, יָדִיד; שׁוֹחֵר
make friends רָקַם יַחֲסֵי יְדִידוּת
friendly *adj.* יְדִידוּתִי; נוֹחַ
friendship *n.* יְדִידוּת
frieze (frēz) *n.* רְצוּעַת־עִטּוּר
frig'ate *n.* פְרִיגָטָה; סְפִינַת לִוּוּי
fright *n.* אֵימָה, פַּחַד
take fright נִבְהַל
frighten *v.* הִפְחִיד, הִבְהִיל
frightened *adj.* פּוֹחֵד, נִבְהַל
frightful *adj.* מַפְחִיד, מְזַעְזֵעַ; *נוֹרָא
frightfully *adv.* *נוֹרָא, מְאוֹד
frig'id *adj.* קַר, צוֹנֵן
frigid'ity *n.* קוֹר, קְרִירוּת
frill *n.* צִיצָה, גְּדִיל, מְלָל
frilled, frilly *adj.* מְצוּיָץ
fringe *n&v.* צִיצִית, מְלָל; שָׂפָה, קָצֶה; תִּסְפּוֹרֶת פּוֹנִי; עִטֵּר
fringe benefits הֲטָבוֹת שׁוֹנוֹת
fringe group פֶּלֶג קִיצוֹנִי, פֶּלֶג שׁוּלִי
frip'pery *n.* קִשּׁוּט מְיֻתָּר; תַּכְשִׁיט זוֹל
frisk *v.* קִפֵּץ, כִּרְכֵּר; חִפֵּשׂ, בָּדַק
frisky *adj.* שׁוֹפֵעַ חַיִּים, עַלִּיז
frit'ter *n&v.* טְגָנִית
fritter away בִּזְבֵּז
frivol'ity *n.* קַלּוּת־דַּעַת; שְׁטוּת
friv'olous *adj.* קַל־דַּעַת; אוֹהֵב בִּלּוּיִים
frizz *v.* סִלְסֵל שֵׂעָר
friz'zle *v.* רָחַשׁ (בְּטִגּוּן), סִלְסֵל
frizzy *adj.* מְתֻלְתָּל
fro, to and fro הָלוֹךְ וָשׁוֹב
frock *n.* מְעִיל, גְּלִימָה
frock-coat *n.* מְעִיל אָרוֹךְ, פְּרַק
frog (frôg) *n.* צְפַרְדֵּעַ
frogman *n.* אִישׁ־צְפַרְדֵּעַ
frol'ic *v.* קִפֵּץ, כִּרְכֵּר, שִׂחֵק
frolic *n.* עַלִּיזוּת, הִשְׁתּוֹבְבוּת
frolicsome *adj.* עַלִּיז, שָׂמֵחַ
from *prep.* מִן, מֵאֵת
from...to... מִן...וְעַד...
front (frunt) *n.* פָּנִים, חֲזִית, קַדְמָה; מַסְוֶה, כִּסּוּי; שְׂפַת־הַיָּם; עוֹז
in front of בְּנוֹכְחוּת, לִפְנֵי, קֳבֵל
front *adj.* קִדְמִי, חֲזִיתִי; *מוּסְוֶה
front page עַמּוּד רִאשׁוֹן
front *v.* פָּנָה לְעֵבֶר־, עָמַד מוּל
front'age (frunt'-) *n.* חֲזִית
front'al (frunt'-) *adj.* חֲזִיתִי, קִדְמִי
frontier' (fruntir') *n.* גְּבוּל
frontiersman (-z-) *n.* תּוֹשַׁב־סְפָר
front'ispiece' (frun'tispēs) *n.* תְּמוּנַת הַשַּׁעַר (בספר)
frost (frôst) *n.* קוֹר, כְּפוֹר; כִּשָּׁלוֹן
frost *v.* הִתְכַּסָּה בִּכְפוֹר; אִבֵּק
frost-bite *n.* אֲבַעְבּוּעוֹת חוֹרֶף
frost-bitten *adj.* מוּכֵּה כְּפוֹר
frosting *n.* קְצִיפָה, צִפּוּי, זִגּוּג
frosty *adj.* קַר מְאוֹד, צוֹנֵן
froth (frôth) *v.* הֶעֱלָה קֶצֶף
froth *n.* קוֹפִי, קֶצֶף; הֲבָלִים, רַעְיוֹן־רוּחַ
frothy *adj.* מַעֲלֶה קֶצֶף; שִׁטְחִי
frown *v&n.* קִמֵּט הַמֵּצַח, כִּוֵּץ הַגַּבּוֹת; זָעַף; אִיֵּם; מַבָּט זוֹעֵף
frows'ty *adj.* מֵעִיק, מַחֲנִיק, חַם
frow'zy *adj.* מְלֻכְלָךְ, מְעֻפָּשׁ
froze = pt of freeze
fro'zen = pp of freeze קָפוּא, קַר
fruc'tify' *v.* נָשָׂא פְּרִי
fru'gal *adj.* חַסְכָנִי, מְקַמֵּץ, דַּל
fru·gal'ity (froo-) *n.* חִסָּכוֹן
fruit (froot) *n.* פְּרִי, פֵּרוֹת; תּוֹצָאָה
fruitcake *n.* עוּגַת פֵּרוֹת
fruitful *adj.* נוֹשֵׂא פְּרִי, פּוֹרֶה
fru·i'tion (frooish'ən) *n.* הַגְשָׁמָה
fruitless *adj.* חֲסַר תּוֹצָאוֹת, עָלָה בַּתֹּהוּ
fruity *adj.* כְּמוֹ פֵּרוֹת, עֲסִיסִי
frump *n.* מְרֻשַּׁל־לְבוּשׁ
frus'trate' *v.* תִּסְכֵּל, סִכֵּל, אִכְזֵב
frus·tra'tion *n.* תִּסְכּוּל, אַכְזָבָה
fry *v&n.* טִגֵּן; הִטַּגֵּן; דְּגֵי־רְקָק
frying pan מַחֲבַת, מַרְחֶשֶׁת

ft. = foot, feet
fud′dle *v.* שִׁכֵּר, טִמְטֵם
fudge *n&v.* מַמְתָּק; פָּעַל בְּרַשְׁלָנוּת
fu′el *n&v.* דֶּלֶק; תִּדְלֵק
fug′gy *adj.* מַחֲנִיק, מְעוּפָּשׁ
fu′gitive *adj&n.* נִמְלָט; חוֹמֵק; פָּלִיט
fugue (fūg) *n.* פוּגָה, רְדִיפַת קוֹלוֹת
ful′crum *n.* נְקוּדַּת הַמִּשְׁעָן
fulfill′ (fool-) *v.* קִיֵּם, בִּצַּע, הִגְשִׁים
fulfillment *n.* הַגְשָׁמָה, סִפּוּק
full (fool) *adj.* מָלֵא, שָׁלֵם; שׁוֹפֵעַ
  full up מָלֵא עַל כָּל גְּדוֹתָיו
  to the full מְאוֹד, לְגַמְרֵי
full *adv.* מְאוֹד; יָשָׁר, הַיְשֵׁר
  full well יָפֶה, הֵיטֵב
full-back *n.* מָגֵן (בכדורגל)
full-blooded *adj.* גִּזְעִי, נִמְרָץ, חָזָק
full-blown *adj.* בִּמְלוֹא פְּרִיחָתוֹ
full-bodied *adj.* (יַיִן) חָזָק
full dress תִּלְבֹּשֶׁת רִשְׁמִית
ful′ler (fool-) *n.* מְנַקֶּה בַּדִּים
full-fledged *adj.* מְנוּסֶּה, מְיוּמָּן; שָׁלֵם
full-grown *adj.* מְבוּגָּר
full-length *adj.* בְּאוֹרֶךְ מָלֵא
fullness *n.* מְלוֹא, מְלֵאוּת; שׂוֹבַע
full-page *adj.* עַל פְּנֵי עַמּוּד שָׁלֵם
full-scale *adj.* מַקִּיף; בְּגוֹדֶל טִבְעִי
full stop נְקוּדָּה; עֲצִירָה מוּחְלֶטֶת
full-time *adj.* שֶׁל יוֹם עֲבוֹדָה מָלֵא
full time גְּמַר הַמִּשְׂחָק, 90 דַּקּוֹת
fully *adv.* לְפָחוֹת; בִּמְלוֹאוֹ, לְגַמְרֵי
ful′minate′ *v.* מָחָה, הִתְקִיף קָשׁוֹת
ful′some (fool′səm) *adj.* מוּגְזָם, גַּס
fum′ble *v.* מִשֵּׁשׁ, גִּשֵּׁשׁ; פִּסְפֵּס
fume *n&v.* זַעַם; אֵד; זָעַם; עִשֵּׁן
fu′migate′ *v.* חִטֵּא בְּעָשָׁן
fun *n.* צְחוֹק, שַׁעֲשׁוּעַ, בִּדּוּר, תַּעֲנוּג
  what fun! אֵיזֶה בִּדּוּר! אֵיזֶה כֵּיף!
func′tion *n&v.* תַּפְקִיד; פוּנְקְצִיָּה; תִּפְקֵד
functional *adj.* פְּרַקְטִי; תִּפְקוּדִי
func′tionar′y (-shəneri) *n.* פָּקִיד
fund *n.* קֶרֶן; כֶּסֶף; אוֹצָר, מְלַאי
fund *v.* מִמֵּן; הִפְרִישׁ סְכוּמִים
fun′damen′tal *adj.* בְּסִיסִי, יְסוֹדִי
fundamentals *npl.* יְסוֹדוֹת, עִקָּרִים
fu′neral *n.* הַלְוָיָה, לְוָיַת־מֵת
funfair *n.* יְרִיד שַׁעֲשׁוּעִים

fun′gus, (pl = fungi) פִּטְרִיָּה
fu·nic′u·lar (fū-) *n.* רַכֶּבֶל
funk *n.* *פַּחַד; פַּחְדָן; פָּחַד
fun′nel *n.* אֲרֻבָּה, מַעֲשֵׁנָה; מַשְׁפֵּךְ
fun′ny *adj.* מַצְחִיק, מְשַׁעֲשֵׁעַ; מוּזָר
funny bone עֶצֶם הַמַּרְפֵּק; *חוּשׁ הוּמוֹר
fur *n.* פַּרְוָה; אַבְנִית, מִשְׁקָע, קֶרֶד
fur′below′ (-ō) *n.* קִשּׁוּט צַעֲקָנִי
fur′bish *v.* צִחְצֵחַ, הִבְרִיק, חִדֵּשׁ
fu′rious *adj.* רוֹגֵז, מָלֵא זַעַם, פִּרְאִי
furl *v.* קִפֵּל; הִתְקַפֵּל
fur′lough (-lō) *n.* חוּפְשָׁה
fur′nace (-nis) *n.* כִּבְשָׁן
fur′nish *v.* רִהֵט; צִיֵּד; סִפֵּק
furnishings *npl.* רִהוּט, צִיּוּד
fur′niture *n.* רָהִיטִים, רִהוּט
fu′ror′ *n.* הִתְלַהֲבוּת; זַעַם
fur′rier (fûr′-) *n.* פַּרְוָן, מוֹכֵר פַּרְווֹת
fur′row (fûr′ō) *n.* תֶּלֶם, חָרִיץ, קֶמֶט
furrow *v.* תִּלֵּם, עָשָׂה חֲרִיצִים בְּ—
fur′ry (fûr′i) *adj.* דְּמוּי פַּרְוָה
fur′ther (-dh-) *adj&adv.* הָלְאָה, יוֹתֵר
  רָחוֹק; עוֹד, נוֹסָף; חוּץ מִזֶּה
further *v.* קִדֵּם, עוֹדֵד, עָזַר לְ—
furthermore *adv.* נוֹסָף עַל כָּךְ
fur′thest (-dhist) *adj.* הָרָחוֹק בְּיוֹתֵר
fur′tive *adj.* חֲשָׁאִי, מִתְגַּנֵּב, חָטוּף
fu′run′cle *n.* פוּרוּנְקוּל, סִמְטָה
fu′ry *n.* זַעַם, חֵמָה; סְעָרָה
furze *n.* רוֹתֶם, אוּלֶקְס (שִׂיחַ קוֹצָנִי)
fuse (-z) *n.* פְּתִיל, מַרְעוֹם, נָתִיךְ
fuse *v.* הִתִּיךְ; נִתַּךְ; אִחֵד, מִזֵּג
fu′selage′ (-läzh) *n.* גּוּף הַמָּטוֹס
fu′sillade′ *n.* מְטַר־אֵשׁ
fu′sion (-zhən) *n.* הַתָּכָה, מִזּוּג
fusion bomb פְּצָצַת מֵימָן
fuss *n.* הִתְרַגְּשׁוּת, מְהוּמָה, רַעַשׁ
fuss *v.* הִתְרַגֵּשׁ, הֵקִים רַעַשׁ; עִצְבֵּן
fussy *adj.* קַפְּדָן, מְדַקְדֵּק, עַצְבָּנִי
fus′tian (-chən) *n.* פִּשְׁתָּן; אָרִיג גַּס
fus′ty *adj.* מַסְרִיחַ, מְעוּפָּשׁ; מְיוּשָּׁן
fu′tile (-til) *adj.* חֲסַר־תּוֹעֶלֶת, כּוֹשֵׁל
fu·til′ity (fū-) *n.* הֶבֶל, אֶפֶס
fu′ture *n&adj.* עָתִיד; עֲתִידִי
fuze *n.* מַרְעוֹם
fuzz *n.* פְּלוּמָה, מוֹךְ; *מִשְׁטָרָה
fuzzy *adj.* מְסוּלְסָל; מְעוּרְפָּל; רַךְ

G

G *n.* סוֹל (צליל); *1000 דולר
gab *n.* *פִּטְפֵּט; דִּבּוּר, כֹּחַ הַדִּבּוּר
gab'ardine' (-dēn) *n.* גַּבַּרְדִּין
gab'ble *v&n.* מִלְמֵל, פִּטְפֵּט; פִּטְפּוּט
ga'ble *n.* גַּמְלוֹן
gad *v.* *שׁוֹטֵט, נָסַע, תִּיֵּר
gad'about' *n.* *מְשׁוֹטֵט, אוֹהֵב לְטַיֵּל
gad'get *n.* כְּלִי, אַבְזָר, מַכְשִׁיר
gadgetry *n.* כֵּלִים, מַכְשִׁירִים
Gael'ic (gā'-) *n&adj.* גָּלִית; קֶלְטִי
gaff *n.* חַכָּה; (דָּקַר/מָשָׁה בְּ־) צִלְצָל
gaf'fer *n.* *זָקֵן; בּוֹס, מְמֻנֶּה
gag *n.* מַחְסוֹם (לסתימת פה); בְּדִיחָה
gag *v.* סָתַם פֶּה; נִתְקַע בִּגְרוֹנוֹ
gage *n.* עֵרָבוֹן; כְּסָיָה, כְּפָפָה; אֶתְגָּר
gage = gauge
gai'ety *n.* שִׂמְחָה, עַלִּיזוּת
gai'ly *adv.* בְּשִׂמְחָה, בְּעַלִּיזוּת
gain *n.* רֶוַח, יִתְרוֹן; תּוֹסֶפֶת
gain *v.* הִשִּׂיג, רָכַשׁ; הִרְוִיחַ; הִגִּיעַ לְ—
gain in weight עָלָה בְּמִשְׁקָל
gain on הִתְקַדֵּם, צִמְצֵם הַמֶּרְחָק
gainful *adj.* מֵפִיק רְוָחִים, מַכְנִיס
gainsay' *v.* הִכְחִישׁ, הִפְרִיךְ
gait *n.* הִלּוּךְ, צוּרַת הֲלִיכָה
gai'ter *n.* קַרְסוּלִית, מוֹק, חוֹתֶלֶת
gal *n.* *נַעֲרָה
ga'la *n&adj.* תִּפְאֶרֶת, גָּלָה; חֲגִיגִי
galac'tic *adj.* שֶׁל גָּלַקְסְיָה, גָּלַקְסִי
gal'axy *n.* גָּלַקְסְיָה; קְבוּצַת אִישִׁים
gale *n.* סוּפָה, סְעָרָה; הִתְפָּרְצוּת
gall (gôl) *n&v.* מָרָה; הִתְמַרְמְרוּת; חֲכָךְ, פֶּצַע; *חוּצְפָּה; הִכְאִיב, הֶעֱלִיב
gal'lant *n&adj.* אַבִּיר; אַמִּיץ, אָדִיב
gallantry *n.* אַבִּירוּת; אוֹמֶץ; חִזּוּר
gall bladder כִּיס הַמָּרָה
gal'lery *n.* גָּלֶרְיָה, מוּזֵיאוֹן; יָצִיעַ; אַכְסַדְרָה, אוּלָם; נִקְבָּה, מִנְהָרָה
gal'ley *n.* גָּלֶרָה, סְפִינַת עֲבָדִים; מִטְבָּח אוֹנִיָּה; מַגַּשׁ סְדָר; יְרִיעַת־הַגָּהָה
galley proof יְרִיעַת הַגָּהָה
Gal'lic *adj.* גָּלִי; צָרְפָתִי
gall'ing (gôl'-) *adj.* מַכְאִיב, מַרְגִּיז
gal'livant' *v.* שׁוֹטֵט, הִסְתּוֹבֵב
gal'lon *n.* גָּלוֹן
gal'lop *n&v.* דְּהִירָה; דָּהַר; הִדְהִיר
gal'lows (-lōz) *n.* גַּרְדּוֹם
gallows bird רָאוּי לִתְלִיָּה
gallstone *n.* אֶבֶן־מָרָה
galore' *adv.* הַרְבֵּה, בְּשֶׁפַע
galosh' *n.* עַרְדָּל
galumph' *v.* פִּזֵּז (בצהלת ניצחון)
gal•van'ic *adj.* גַּלְוָנִי, מְחֻשְׁמָל
gal'vanize' *v.* גִּלְוֵן, חִשְׁמֵל, אִבֵּץ
gam'bit *n.* גַּמְבִּיט, מַעַד, פְּתִיחָה
gam'ble *v&n.* שִׂחֵק, הִמֵּר; הִמּוּר
gambler *n.* קוּבְיוּסְטוּס, קַלְפָן
gambling *n.* מִשְׂחֲקֵי מַזָּל, הִמּוּר
gam'bol *n&v.* קְפִיצָה, כִּרְכּוּר; קִפֵּץ, פִּזֵּז
game *v.* שִׂחֵק בִּקְלָפִים, הִמֵּר
game *n.* מִשְׂחָק; מִשְׂחָקוֹן; צַיִד
game all תֵּיקוּ
make game of צָחַק עַל, הִתֵּל בְּ—
game *adj.* אַמִּיץ; מוּכָן, חָפֵץ; צוֹלֵעַ, נָכֶה
gamecock *n.* תַּרְנְגוֹל־קְרָב
gamekeeper *n.* שׁוֹמֵר צַיִד
gamesmanship *n.* אָמָּנוּת הַמִּשְׂחָק
gamesome *adj.* שָׂמֵחַ, עַלִּיז
gam'ut *n.* (בְּמוּסִיקָה) סוּלָּם; הֶקֵּף מָלֵא
gan'der *n.* אַוָּז; *מַבָּט חָטוּף
gang *n&v.* קְבוּצָה, חֲבוּרָה, כְּנוּפְיָה
gang up חָבַר עַל, קָשַׁר, הִתְחַבֵּר
ganger *n.* מְנַהֵל עֲבוֹדָה, מַנְהִיג קְבוּצָה
gang'ling *adj.* רָזֶה, גָּבֹהַּ
gang'lion *n.* גַּנְגְּלִיוֹן, חַרְצוֹב; מֶרְכָּז
gan'grene' *n.* גַּנְגְּרֶנָה, מֶקֶק, נֶמֶק
gan'grenous *adj.* נָגוּעַ בְּגַנְגְּרֶנָה
gang'ster *n.* גַּנְגְּסְטֶר, פּוֹשֵׁעַ, בִּרְיוֹן
gang'way' *n.* גַּמְלָה, פֶּתַח הַכֶּבֶשׁ; מַעֲבָר
gant'let = gauntlet
gan'try *n.* מִסְגֶּרֶת, חִשּׁוּק; פִּגּוּם
gaol = jail (jāl) כֶּלֶא; כָּלָא
gap *n.* פִּרְצָה; פַּעַר; מֶרְחָק
gape *v&n.* פָּעַר; פִּהֵק; פְּעִירַת פֶּה

the gapes הִתְקֵף פִּהוּק, פַּהֶקֶת
gap-toothed *adj.* מְפוֹרָץ־שִׁנַּיִם
garage′ (-räzh) *n.* מוּסָךְ; תַּחֲנַת דֶּלֶק
garb *n&v.* תִּלְבֹּשֶׁת, בְּגָדִים; הִלְבִּישׁ
gar′bage *n.* פְּסֹלֶת; אַשְׁפָּה; זֶבֶל
garbage can פַּח־אַשְׁפָּה
gar′ble *v.* סֵרֵס, תֵּאֵר בְּרַאי עָקוֹם
gar′den *n&v.* גַּן, גִּנָּה; פַּרְק; גִּנֵּן
gardener *n.* גַּנָּן
gar·de′nia *n.* גַּרְדֶנְיָה (שיח/פרח)
gardening *n.* גִּנּוּן, גַּנָּנוּת
garden party מְסִבַּת־גַּן
gar·gan′tuan (-′cho͞oən) *adj.* עֲנָקִי
gar′gle *v&n.* גִּרְגֵּר; גִּרְגּוּר; תַּשְׁטִיף
gar′goyle *n.* פִּי־הַמַּרְזֵב (דמוי־מפלצת)
ga′rish *adj.* (צבע) רוֹעֵשׁ, צַעֲקָנִי
gar′land *n.* זֵר, מִקְלַעַת פְּרָחִים, עֲטָרָה
garland *v.* קִשֵּׁט בְּזֵר פְּרָחִים, עִטֵּר
gar′lic *n.* שׁוּם
gar′ment *n.* בֶּגֶד, מַלְבּוּשׁ; הַלְבָּשָׁה
gar′ner *v&n.* אָסַף, אָגַר; אָסָם
gar′net *n.* נֹפֶךְ, אֶבֶן יְקָרָה; אָדֹם עַז
gar′nish *v.* קִשֵּׁט, לִפֵּת; קִשּׁוּט
gar′ret *n.* עֲלִיַּת־גַּג
gar′rison *n&v.* (הִצִּיב) חֵיל מִשְׁמָר
garrotte′ *v&n.* חָנַק; חֲנִיקָה
garru′lity *n.* פַּטְפְּטָנוּת, לַהַג
gar′ru·lous *adj.* פַּטְפְּטָן
gar′ter *n.* בִּירִית, בִּירִית־גֶּרֶב
gas *n.* גַּז; בֶּנְזִין; *פִּטְפּוּט, רוּחַ
gas *v.* הִרְעִיל בְּגַז; פִּטְפֵּט; תִּדְלֵק
gas chamber תָּא גַּזִּים
gas′e·ous *adj.* גַּזִּי
gash *v&n.* חָתַךְ; חֶתֶךְ עָמוֹק, פֶּצַע
gas-holder *n.* מְכַל גַּז
gas′ify′ *v.* הָפַךְ/נֶהְפַּךְ לְגַז
gas′ket *n.* אֶטֶם (לאוגנים); רְצוּעַת־מִפְרָשׂ
gaslight *n.* אוֹר גַּז; מְנוֹרַת גַּז
gas-meter *n.* מַד־גַּז, גָּזוֹמֶטֶר
gas′oline′, -lene′ (-lēn) *n.* בֶּנְזִין
gasp *v.* הִתְנַשֵּׁף, הִתְנַשֵּׁם
gasp *n.* הִתְנַשְּׁפוּת, נְשִׁימָה כְּבֵדָה
gas station תַּחֲנַת דֶּלֶק
gas′tric *adj.* קֵבָתִי, הַשַּׁיָּךְ לַקֵּבָה
gas·tri′tis *n.* דַּלֶּקֶת הַקֵּבָה
gas·tron′omy *n.* גַּסְטְרוֹנוֹמְיָה
gasworks *n.* מִפְעָל לְיִצּוּר גַּז

gat *n.* *אֶקְדָּח
gate *n.* שַׁעַר, פֶּתַח; מִסְפַּר הַצּוֹפִים
give the gate *הֵעִיף, פִּטֵּר
gate-keeper *n.* שׁוֹמֵר, שׁוֹעֵר
gatepost *n.* מְזוּזַת הַשַּׁעַר
gateway *n.* שַׁעַר; כְּנִיסָה
gath′er (-dh-) *v.* קִבֵּץ; אָסַף; הִתְאַסֵּף; לִקֵּט; הֵבִין, הִסִּיק
gather speed צָבַר מְהִירוּת
gathering *n.* מִקְבָּצָה; אֲסֵפָה; מוּגְלָה
gau′dy *adj.* צַעֲקָנִי, רַאַוְתָנִי, רוֹעֵשׁ
gauge (gāj) *n&v.* מַד, מַדִּיד, מוֹנֶה; קְנֵה־מִדָּה; מָדַד, הֶעֱרִיךְ
gaunt *adj.* רָזֶה, כָּחוּשׁ; שׁוֹמֵם, קוֹדֵר
gaunt′let *n.* כְּפָפָה, כְּסָיָה
gauze *n.* גָּזָה, מַלְמָלָה; רֶשֶׁת
gave = pt of give
gav′el *n.* פַּטִּישׁ הַיּוֹשֵׁב־רֹאשׁ
gawk *n&v.* (הִסְתַּכֵּל כְּ־) גּוֹלֶם, מְגוּשָּׁם
gaw′ky *adj.* כְּבַד־תְּנוּעָה, מְגוּשָּׁם
gawp *v.* נָעַץ מַבָּט טִפְּשִׁי
gay *adj.* עַלִּיז, שָׂמֵחַ; *הוֹמוֹ
Ga′za Strip רְצוּעַת עַזָּה
gaze *v&n.* הִסְתַּכֵּל; מַבָּט
gazelle′ *n.* צְבִי
gazette′ *n.* עִתּוֹן רִשְׁמִי, רְשׁוּמוֹת
gaz′etteer′ *n.* אִינְדֶּקְס גֵּאוֹגְרָפִי
gear (g-) *n&v.* מַעֲרֶכֶת הִלּוּכִים, גִּיר; הִלּוּךְ; כֵּלִים; *בְּגָדִים; שִׁלֵּב; קִשֵּׁר
gear up שִׁלֵּב לְהִלּוּךְ גָּבוֹהַּ
geared up מָתוּחַ, בְּצִפִּיָּה
gearbox, -case *n.* תֵּבַת הִלּוּכִים
gear shift/stick מְנוֹף הִלּוּכִים
gee *interj.* גִ'יי! (קריאת־הפתעה)
geese = pl of goose (g-)
gei′sha (gā′-) *n.* גֵּישָׁה
gel *n&v.* קָרִישׁ, גֶ'לִי; הִקְרִישׁ; הִצְלִיחַ
gel′atine′ (-tēn) *n.* מִקְפִּית
geld (g-) *v.* סֵרֵס, עִקֵּר
gelding *n.* סוּס מְסוֹרָס
gem *n.* אֶבֶן יְקָרָה, פְּנִינָה
gem′inate′ *v.* הִכְפִּיל; עָרוּךְ בְּזוּגוֹת
Gem′ini′ *n.* מַזַּל תְּאוֹמִים
gen′der *n.* מִין (בדקדוק)
gene *n.* גֵּן, גּוֹרֵם תּוֹרַשְׁתִּי
ge′ne·al′ogy *n.* גֵּינֵיאוֹלוֹגְיָה
gen′eral *adj.* כְּלָלִי, כּוֹלֵל, גֶּנֶרָלִי

in general בְּדֶרֶךְ כְּלָל
general *n.* גֶנֶרָל, רַב־אַלּוּף, אַלּוּף
gen′eral′ity *n.* כְּלָלִיּוּת, הַכְלָלָה
the generality הָרוֹב, הַכְּלָל
gen′eralize′ *v.* הִכְלִיל, סִכֵּם כְּלָלִית
generally *adv.* בְּדֶרֶךְ כְּלָל, כְּלָלִית
general practitioner רוֹפֵא כְּלָלִי
general staff מַטֶּה כְּלָלִי
gen′erate′ *v.* יָצַר, הוֹלִיד
gen′era′tion *n.* דּוֹר; יְצִירָה
generation gap פַּעַר הַדּוֹרוֹת
gen′era′tive *adj.* מוֹלִיד, יוֹצֵר, בּוֹנֶה
gen′era′tor *n.* מְחוֹלֵל, גֶנֶרָטוֹר
gener′ic *adj.* שֶׁל מִין; מְשׁוּתָּף לִקְבוּצָה
gen′eros′ity *n.* רוֹחַב־לֵב, נְדִיבוּת
gen′erous *adj.* נָדִיב; רַב, שׁוֹפֵעַ, עָשִׁיר
gen′esis *n.* מָקוֹר; הִוָּצְרוּת, לֵדָה
Genesis *n.* בְּרֵאשִׁית (חומש)
genet′ic *adj.* גֶנֶטִי, שֶׁל גֶּנִים, תּוֹרַשְׁתִּי
genet′ics *n.* גֶנֶטִיקָה, מַדַּע הַתּוֹרָשָׁה
ge′nial *adj.* עַלִּיז, שָׂמֵחַ, חָמִים, נָעִים
ge′nie *n.* שֵׁד, רוּחַ
gen′ital *adj.* שֶׁל אֵיבְרֵי הַמִּין, גֶנִיטָלִי
genitals *npl.* אֵיבְרֵי הַמִּין
gen′itive case יַחַס הַקִּנְיָן
ge′nius *n.* גְּאוֹנוּת; גָּאוֹן, כִּשְׁרוֹן, גֶּנְיוּס
gen′ocide′ *n.* גֶנוֹסִיד, רֶצַח עַם
genre (zhän′rə) *n.* זָ׳נֶר, סוּג, סִגְנוֹן
gent *n.* *גֶ׳נְטֶלְמֶן
gents שֵׁרוּתֵי גְּבָרִים
gen·teel′ *adj.* נִימוּסִי, מְחוּנָּךְ
gen′tile *adj&n.* גּוֹי, לֹא יְהוּדִי
gen·til′ity *n.* נִימוּסִיּוּת, חִנּוּךְ
gen′tle *adj.* עָדִין; נוֹחַ, רַךְ, מָתוּן; אָצִיל
gentlefolk *npl.* מְיוּחָסִים, אֲצִילִים
gentleman *n.* גֶ׳נְטֶלְמֶן; אָדִיב; אָדוֹן
gentlemanly *adj.* גֶ׳נְטֶלְמֶנִי, אָדִיב
gentle sex הַמִּין הַיָּפֶה, הַמִּין הַחַלָּשׁ
gen′try *n.* בְּנֵי מַעֲמָד גָּבוֹהַּ
gen′u·flect′ *v.* כָּרַע בֶּרֶךְ, קָד
gen′uine (-nūin) *adj.* אֲמִתִּי, מְקוֹרִי
ge′nus *n.* סוּג (בתורת המיון)
ge·og′rapher *n.* גֵאוֹגְרָף
ge′ograph′ical *adj.* גֵאוֹגְרָפִי
ge·og′raphy *n.* גֵאוֹגְרַפְיָה
ge′olog′ical *adj.* גֵאוֹלוֹגִי
ge·ol′ogist *n.* גֵאוֹלוֹג

ge·ol′ogy *n.* גֵאוֹלוֹגְיָה
ge′omet′ric(al) *adj.* גֵאוֹמֶטְרִי, הַנְדָּסִי
ge·om′etry *n.* גֵאוֹמֶטְרִיָּה, הַנְדָּסָה
ge′o·phys′ics (-z-) *n.* גֵאוֹפִיסִיקָה
ge′o·pol′itics *n.* גֵאוֹפּוֹלִיטִיקָה
gera′nium *n.* גֶּרַנְיוֹן (צמח)
ger′iat′ric *adj.* גֶרִיאַטְרִי
ger′iat′rics *n.* גֶרִיאַטְרִיקָה, רְפוּאַת הַזִּקְנָה
germ *n.* חַיְדַּק, נֶבֶט; רֵאשִׁית, הִתְהַוּוּת
Ger′man *adj&n.* גֶּרְמָנִי; גֶּרְמָנִית
ger·mane′ *adj.* נוֹגֵעַ, רֶלֶוַנְטִי
Ger·man′ic *adj.* גֶּרְמָנִי
ger′micide′ *n.* קוֹטֵל חַיְדַּקִּים
ger′minate′ *v.* נָבַט; הִתְפַּתֵּחַ; הִנְבִּיט
germ warfare מִלְחָמָה בִּיּוֹלוֹגִית
ger′ontol′ogy *n.* גֶרוֹנְטוֹלוֹגְיָה, מַדַּע הַזִּקְנָה
ger′und *n.* שֵׁם הַפְּעוּלָּה, שֵׁם פָּעֳלִי
ges·ta′tion *n.* הֵרָיוֹן, נְשִׂיאַת הָעוּבָּר
ges·tic′u·late′ *v.* הֵנִיעַ הַיָּדַיִם וְהָרֹאשׁ (תוך כדי דיבור)
ges′ture *n.* מֶחֱוָה, גֶ׳סְטָה; תְּנוּעָה
gesture *v.* הֵנִיעַ הַיָּדַיִם/הָרֹאשׁ
get (g-) *v.* קִבֵּל, הִשִּׂיג, רָכַשׁ, לָקַח; בָּא, הִגִּיעַ; הָיָה, נַעֲשָׂה; גָּרַם, הֵבִיא לְ־; הֵבִין
get across עָבַר; נִקְלַט, הֵבִין
get ahead עָלָה עַל, הִשִּׂיג, עָבַר
get along הִסְתַּדֵּר; הִתְקַדֵּם; זָז
get around עָקַף, הֶעֱרִים עַל, חָמַק
get at הִגִּיעַ לְ־; רָמַז, הִתְכַּוֵּן
get away הִסְתַּלֵּק, נִמְלַט; הִשְׁתַּחְרֵר
get away with it נִפְטַר בְּלֹא עוֹנֶשׁ
get back הֶחֱזִיר; חָזַר; נָקַם
get better/well הִשְׁתַּפֵּר, הֶחֱלִים
get down יָרַד; הוֹרִיד; בָּלַע
get going זָז; הֵזִיז; הִרְגִּיז
get home חָדַר לָרֹאשׁ, נִקְלַט
get in הִגִּיעַ; הִכְנִיס; נִכְנַס; צָבַר
get into נִכְנַס; הִכְנִיס
get it? *מוּבָן? הֵבַנְתָּ?
get lost! הִסְתַּלֵּק! עוּף!
get off יָרַד; הוֹרִיד; זָז, יָצָא
get off with הִתְיַדֵּד עִם
get on עָלָה עַל; הִתְקַדֵּם, הַמְשִׁיךְ
get one's own back נָקַם

get out יָצָא; הוֹצִיא; בָּרַח
get over הִתְגַּבֵּר עַל; שָׁכַח; סִיֵּם
get the ax *עָף, פּוּטַר
get through הִגִּיעַ; הִשִּׂיג (בטלפון)
get together נוֹעַד, הִתְאַסֵּף
get up קָם; הֵקִים; הִתְעוֹרֵר; אִרְגֵּן
has got הָיָה לוֹ; הוּא חַיָּב/מוּכְרָח
get-away *n&adj.* (שֶׁל) בְּרִיחָה
get-together *n.* מְסִבָּה; מִפְגָּשׁ
get-up *n.* *מַרְאֶה חִיצוֹנִי; תִּלְבּוֹשֶׁת
gew'gaw' (gū'-) *n.* תַּכְשִׁיט צַעֲקָנִי
gey'ser (gī'z-) *n.* גֵּיזֶר
ghas'tly (gas-) *adj.* נוֹרָא, מְזַעְזֵעַ
gher'kin (gûr'-) *n.* מְלָפְפוֹן (קטן)
ghet'to (ge-) *n.* גֶּטוֹ
ghost (gōst) *n.* רוּחַ, שֵׁד; צֵל
give up the ghost מֵת
ghost *v.* שִׁמֵּשׁ כְּסוֹפֵר־צְלָלִים
ghostly *adj.* כְּמוֹ רוּחַ/שֵׁד; דָּתִי, רוּחָנִי
ghost-writer *n.* סוֹפֵר־צְלָלִים
ghoul (gōōl) *n.* שֵׁד; אָדָם מְתוֹעָב
GI (gē'ī') *n&v.* חַיָּל; נִקָּה
gi'ant *n&adj.* עֲנָק; עֲנָקִי
giantess *n.* עֲנָקִית
gib'berish *n.* מִלְמוּל, קִשְׁקוּשׁ
gib'bet *n&v.* עֵץ תְּלִיָּה; הוֹקִיעַ
gib'bon (g-) *n.* גִּיבּוֹן (קוֹף)
gibe *n&v.* לִגְלוּג; לִגְלֵג
gib'lets *npl.* טְפָלֵי־עוֹף (כבד/לב)
gid'dy (g-) *adj.* מְסוּחְרָר; מְסַחְרֵר
gift (g-) *n.* שַׁי, מַתָּנָה; כִּשְׁרוֹן טִבְעִי
gifted *adj.* מְחוֹנָן, נִתְבָּרֵךְ בְּ—
gig (g-) *n.* כִּרְכָּרָה; סִירָה קְטַנָּה; *ג'וֹבּ
gi·gan'tic *adj.* עֲנָקִי, כַּבִּיר
gig'gle (g-) *v&n.* גִּחֵךְ, צִחְקֵק; גִּחוּךְ
gig'olo' *n.* גִּ'יגוֹלוֹ, בֶּן־זוּג
gild (g-) *v.* צִפָּה בְּזָהָב, הִזְהִיב
gilded youth נוֹעַר זָהָב, נַעֲרֵי זוֹהַר
gilding *n.* חוֹמֶר זָהוּב, הַזְהָבָה
gill (g-) *n.* זִים
gill (j-) *n.* רֶבַע פַּיְנְט (מִדָּה)
gilt (g-) *n.* צִפּוּי זָהָב
gilt-edged *adj.* (ניירות ערך) בְּטוּחִים
gim'crack' *adj.* חֲסַר־עֵרֶךְ, צַעֲקָנִי
gim'let (g-) *n.* מַרְצֵעַ, מַקְדֵּחַ
gim'mick (g-) *n.* גִּימִיק, פַּעֲלוּל
gin *n.* מַנְפֵּטָה; מַלְכּוֹדֶת; גִּ'ין (משקה)
gin *v.* נִפֵּט (כותנה); לָכַד
gin'ger *n.* זַנְגְּבִיל; חִיּוּת; גִּ'ינְגִ'י
ginger *v.* הִכְנִיס חַיִּים בְּ־, חִזֵּק
ginger ale/beer מַשְׁקֵה זַנְגְּבִיל
gingerbread *n.* עוּגַת זַנְגְּבִיל
gin'gerly *adj&adv.* זָהִיר; בִּזְהִירוּת
gin'givi'tis *n.* דַּלֶּקֶת הַחֲנִיכַיִם
gip'sy *n.* צוֹעֲנִי
giraffe' *n.* גִּ'ירָפָה
gird (g-) *v.* הִקִּיף, חָגַר, אָזַר; לָעַג
gird one's loins שִׁנֵּס מוֹתְנָיו
gir'der (g-) *n.* קוֹרָה, קוֹרַת פְּלָדָה
gir'dle (g-) *n.* חֲגוֹרָה, אַבְנֵט; מָחוֹךְ
girdle *v.* הִקִּיף
girl (g-) *n.* נַעֲרָה, יַלְדָּה; *אִשָּׁה; עוֹזֶרֶת
girl friend חֲבֵרָה, יְדִידָה
girlhood *n.* תְּקוּפַת הַיַּלְדוּת
girlish *adj.* שֶׁל נְעָרוֹת
girt = p of gird (g-) מוּקָף; חָגוּר
girth (g-) *n.* הֶקֵּף (הַמּוֹתְנַיִם); חֲבָק
gist *n.* תַּמְצִית, נְקוּדוֹת עִקָּרִיּוֹת
give (giv) *v.* נָתַן; מָסַר, הֶעֱבִיר; הִתְכּוֹפֵף, נִכְנַע, נֶחֱלַשׁ; עָרַךְ
give away נָתַן; בִּזְבֵּז; הִסְגִּיר; גִּלָּה
give in נִכְנַע; מָסַר, נָתַן
give off/forth הוֹצִיא, פָּלַט
give oneself away/up הִסְגִּיר עַצְמוֹ
give or take פָּחוֹת אוֹ יוֹתֵר
give out חִלֵּק, נָתַן; הוֹדִיעַ, פִּרְסֵם
give rise to עוֹרֵר, הֵבִיא לְ—
give up חָדַל, נָטַשׁ, וִתֵּר; נִכְנַע
give way נִכְנַע, וִתֵּר, נִשְׁבַּר
give *n.* גְּמִישׁוּת
give and take תֵּן וְקַח, וִתּוּר
give-away *n.* הַסְגָּרָה, גִּלּוּי־סוֹד; שַׁי
given *adj.* נָתוּן, מוּסְכָּם, מְסוּיָּם
is given to נוֹטֶה לְ־, רָגִיל; מָכוּר לְ—
given name שֵׁם פְּרָטִי
giver *n.* נוֹתֵן, נַדְבָן
giz'zard (g-) *n.* קוּרְקְבָן; זֶפֶק
gla'cial *adj.* שֶׁל קֶרַח/קַרְחוֹנִים; קַר
gla'cier (-shər) *n.* קַרְחוֹן
glad *adj.* שָׂמֵחַ; מְשַׂמֵּחַ
glad rags *בִּגְדֵי חַג
glad hand קַבָּלַת פָּנִים לְבָבִית
gladden *v.* שִׂמַּח, הִרְנִין לֵב
glade *n.* קָרַחַת־יַעַר; מִבְרָא

glad'ia'tor *n.* גְלַדְיָאטוֹר, לוּדָר
glad'io'lus *n.* גְלַדְיוֹלָה, סֵיפָן
glam'or *n.* זוֹהַר, קֶסֶם, חֵן
glam'orous *adj.* אָפוּף זוֹהַר, מַקְסִים
glance *v.* הֵעִיף מַבָּט, הֵצִיץ; הִבְהִיק
glance off/away הֶחֱלִיק הַצִּדָּה
glance *n.* מַבָּט חָטוּף; קְרִיצָה; נִצְנוּץ
gland *n.* בַּלּוּטָה
glare *n&v.* אוֹר חָזָק, אוֹר מְסַנְוֵר; מַבָּט זוֹעֵם; סִנְוֵר; נָעַץ מַבָּט נוֹקֵב
glaring *adj.* מְסַנְוֵר; בּוֹלֵט; זוֹעֵם
glass *n.* זְכוּכִית; כּוֹס; מִשְׁקֶפֶת; רְאִי
glasses מִשְׁקָפַיִם; מִשְׁקֶפֶת
glass *v.* זִגֵּג
glass'ful' (-fool) *n.* כּוֹס; מְלוֹא הַכּוֹס
glasshouse *n.* בֵּית־זְכוּכִית; חֲמָמָה
glassware *n.* כְּלֵי זְכוּכִית
glass wool סִיבֵי־זְכוּכִית
glassworks *n.* בּיח״ר לִזְכוּכִית, מִזְגָּגָה
glassy *adj.* זְגוּגִי; חֲסַר־הַבָּעָה
glauco'ma *n.* גְלוֹקוֹמָה, בַּרְקִית
glaze *v&n.* זִגֵּג; הִזְדַּגֵּג; זֶגֶג
gla'zier (-zhər) *n.* זַגָּג
glazing *n.* זַגָּגוּת, הַזְגָּגָה; שִׁמְשָׁה
gleam *n.* קֶרֶן־אוֹר; זִיק; נִצְנֵץ, זָרַח
glean *v.* אָסַף (תבואה); לִקֵּט
gleanings *npl.* לֶקֶט; אוֹסֶף יְדִיעוֹת
glee *n.* גִּיל, צָהֳלָה; שִׁיר מַקְהֵלָה
glib *adj.* קַל־לָשׁוֹן; חָלָק; שִׁטְחִי
glide *v&n.* דָּאָה; גָּלַשׁ, הֶחֱלִיק; דְּאִיָּה
glider *n.* דָּאוֹן; דּוֹאֶה
glim'mer *v&n.* נִצְנֵץ, הִבְהֵב; זִיק
glimpse *n&v.* מַבָּט חָטוּף; הִבְחִין
glint *n&v.* נִצְנוּץ, בָּרָק; נִצְנֵץ
glis'ten (-sən) *v.* הִבְרִיק, זָהַר
glit'ter *v&n.* הִבְרִיק, נִצְנֵץ; בָּרָק
gloam'ing *n.* דִּמְדּוּמֵי־עֶרֶב
gloat *v.* צָהַל; טָרַף בְּעֵינָיו
glo'bal *adj.* גְלוֹבָּלִי, כּוֹלְלָנִי, מַקִּיף
globe *n.* גְלוֹבּוּס, כַּדּוּר, אָהִיל
globetrotter *n.* מְסַיֵּר בָּעוֹלָם
glob'ule *n.* טִפָּה, נֵטֶף, כַּדּוּרִית
glock'enspiel' (-pēl) *n.* פַּעֲמוֹנִיָּה
gloom (glōōm) *n.* קַדְרוּת, עֶצֶב
gloo'my *adj.* קוֹדֵר, עָצוּב
glor'ify' *v.* הִלֵּל; פֵּאֵר, הֶאְדִּיר
glor'ious *adj.* נֶהְדָּר, מְפוֹאָר
glo'ry *n.* הָדָר, כָּבוֹד, הַלֵּל; יוֹפִי
go to glory *מֵת
glory *v.* הִתְפָּאֵר
gloss (glôs) *n&v.* בָּרָק; מַסְוֶה; פֵּרוּשׁ, הֶעָרָה; פֵּרֵשׁ; הִבְרִיק, הֶחֱלִיק
glos'sary *n.* גְלוֹסַרְיוֹן, אֶגְרוֹן
gloss'y *adj.* מַבְרִיק, חָלָק
glot'tis *n.* פֶּתַח־הַקּוֹל (בגרון)
glove (gluv) *n.* כְּפָפָה
hand in glove with יָד בְּיָד
glove compartment תָּא הַכְּפָפוֹת
glow (glō) *v.* לָהַט; זָהַר; הֶאְדִּים
glow *n.* לַהַט, חוֹם; אַדְמוּמִיּוּת, סוֹמֶק
glow'er *v.* זָעַף, הִבִּיט בְּזַעַם
glowing *adj.* לוֹהֵט, נִלְהָב
glow-worm *n.* גַּחְלִילִית
glu'cose *n.* גְלוּקוֹזָה, סוּכַּר־פֵּרוֹת
glue (glōō) *n&v.* דֶּבֶק; הִדְבִּיק, הִצְמִיד
gluey *adj.* דָּבִיק
glum *adj.* עָצוּב
glut *n&v.* שֶׁפַע, עוֹדֶף־הֶצֵּעַ; הֵצִיף, הִלְעִיט
glut'ton *n.* זוֹלְלָן; לָהוּט אַחֲרֵי
glut'tonous *adj.* זוֹלֵל; רָעֵב לְ—
glut'tony *n.* זְלִילָה
glyc'erin *n.* גְלִיצֶרִין, מַתְקִית
G-man *n.* *בַּלָּשׁ
gnarled (närld) *adj.* מְיוּבָּל, מְסוּקָס
gnash (n-) *v.* חָרַק (בְּשִׁנַּיִם)
gnat (n-) *n.* יַתּוּשׁ
gnaw (n-) *v.* כִּרְסֵם; כָּסַס
go *v.* הָלַךְ; נָסַע; הִגִּיעַ; נַעֲשָׂה
be going to הוֹלֵךְ לְ־, עוֹמֵד לְ—
go about הִסְתּוֹבֵב, הִתְהַלֵּךְ; טִפֵּל בְּ—
go after/for רָדַף אַחֲרֵי
go ahead הִמְשִׁיךְ, הִתְקַדֵּם; קָדִימָה!
go along הִמְשִׁיךְ; הִסְכִּים; תָּמַךְ
go around הִתְהַלֵּךְ, הִסְתּוֹבֵב
go at הִתְקִיף, טִפֵּל בְּמֶרֶץ
go away הָלַךְ, הִסְתַּלֵּק
go back on לֹא קִיֵּם; בָּגַד בְּ—
go by עָבַר, חָלַף; פָּעַל לְפִי
go down יָרַד; שָׁקַע; נִרְשַׁם
go far הִגִּיעַ רָחוֹק, הִצְלִיחַ
go for/at נִמְכַּר תְּמוּרַת; הִתְקִיף
go in for חִבֵּב, הִתְעַנְיֵן בְּ־; הִשְׁתַּתֵּף
go into נִכְנַס לְ־, חָקַר הֵיטֵב
go it פָּעַל; מַהֵר; זָז; חַי

go off	הִתְקַלְקֵל; הִתְפּוֹצֵץ; יָרָה
go off well	הִצְלִיחַ, עָבַר יָפֶה
go on	הִמְשִׁיךְ; הִתְרַחֵשׁ, קָרָה
go out	יָצָא; שָׁבַת, כָּבָה
go over	עָבַר, בָּדַק; חָזַר עַל
go through	עָבַר; הִתְנַסָּה בְּ–; קִיֵּם
go too far	הִגְזִים, הִרְחִיק לֶכֶת
go up	עָלָה; נִבְנָה; נֶהֱרַס
go without	הִסְתַּדֵּר בִּלְעֲדֵי
5 days to go	נוֹתְרוּ 5 יָמִים
go n.	*מֶרֶץ, פְּעִילוּת, נִסָּיוֹן
from the word go	מִן הַהַתְחָלָה
no go	*לֹא! זֶה לֹא יֵלֵךְ
on the go	*עָסוּק, פָּעִיל
goad n&v.	מַלְמַד, דָּרְבָן; דִּרְבֵּן
go-ahead adj.	מִתְקַדֵּם
goal n.	מַטָּרָה, יַעַד; שַׁעַר, גּוֹל
goalkeeper, goalie n.	שׁוֹעֵר
goal line	קַו הַשַּׁעַר
goalpost n.	קוֹרַת הַשַּׁעַר
goat n.	תַּיִשׁ, עֵז
goatee′ n.	זְקַן־תַּיִשׁ
goatskin n.	עוֹר־עִזִּים
gob n.	*כִּיחַ, רוֹק; מֶלַח, יַמַּאי; פֶּה
gob′ble v.	זָלַל, אָכַל בִּלְהִיטוּת
gob′bler n.	תַּרְנְגוֹל הוֹדוּ
go-between n.	מְתַוֵּךְ, אִישׁ־בֵּינַיִם
gob′let n.	גָּבִיעַ
gob′lin n.	שֵׁד, רוּחַ רָעָה
go-by n.	הִתְעַלְּמוּת, הַמְנָעוּת, הִתְנַכְּרוּת
go-cart n.	הֲלִיכוֹן; קְרוֹנִית, עֲגָלָה
God n.	אֱלֹהִים, הַבּוֹרֵא
God forbid	חַס וְחָלִילָה
God willing	אִם יִרְצֶה הַשֵּׁם, אי"ה
god n.	אֱלִיל
godfather n.	סַנְדָּק
God-fearing adj.	יְרֵא־שָׁמַיִם
God-forsaken adj.	שְׁכוּחַ־אֵל, שׁוֹמֵם
Godhead n.	אֱלֹהוּת
godless adj.	רָשָׁע, כּוֹפֵר
godlike adj.	אֱלוֹהִי, שְׁמֵימִי
godly adj.	יְרֵא־שָׁמַיִם, אָדוּק
godsend n.	מַזָּל, מַתַּת־אֱלֹהִים
godson n.	בֶּן־סַנְדָּקָאוּת
godspeed n.	דֶּרֶךְ צְלֵחָה, בְּרָכָה
go-getter n.	נִמְרָץ, מַצְלִיחָן
gog′gle v.	פִּעֲר־גִּלְגֵּל עֵינַיִם

goggle-eyed adj.	פְּעוּר־עֵינַיִם
goggles npl.	מִשְׁקְפֵי־מָגֵן
going n.	הֲלִיכָה, הִסְתַּלְּקוּת
going adj.	קַיָּם; מַצְלִיחַ
goings-on npl.	הִתְרַחֲשׁוּיוֹת, מַעֲשִׂים
goi′ter n.	זֶפֶּקֶת (מַחֲלָה)
gold (gōld) n.	זָהָב
gold-beater n.	מְרַקֵּעַ זָהָב, זֶהָבִי
gold-digger n.	כּוֹרֶה־זָהָב, מְחַפֵּשׂ זָהָב
golden adj.	זָהוֹב, זְהָבִי; יָקָר; פָּז
golden age	תּוֹר הַזָּהָב, יְמֵי הַזּוֹהַר
golden mean	שְׁבִיל הַזָּהָב
golden rule	כְּלָל זָהָב (בַּהִתְנַהֲגוּת)
goldfinch n.	חוֹחִית (צִפּוֹר־שִׁיר)
goldfish n.	דַּג זָהָב
gold leaf	עֲלֵה זָהָב, זָהָב מְרוּקָּע
goldmine n.	מִכְרֵה זָהָב
gold plate	כְּלֵי זָהָב; צִפּוּי זָהָב
goldsmith n.	צוֹרֵף
golf n&v.	גּוֹלְף; שִׂחֵק בְּגוֹלְף
golf club	מַקֵּל גּוֹלְף; מוֹעֲדוֹן גּוֹלְף
golf course/links	מִגְרַשׁ גּוֹלְף
golfer n.	שַׂחְקָן גּוֹלְף
goli′ath n.	גּוֹלְיָת, עֲנָק
gon′dola n.	גּוֹנְדּוֹלָה; פָּגוֹם
gone (gôn) adj.	אָזַל, הִסְתַּלֵּק; אָבוּד
gone = pp of go	
gong n.	גּוֹנְג, מַקּוֹשׁ
gon′orrhe′a (-rē′ə) n.	זִיבָה
good adj.	טוֹב; נָעִים, מְהַנֶּה; שָׁלֵם, נִכָּר
as good as	כְּ– ; לְמַעֲשֶׂה, בְּעֶצֶם, חָשׁוּב כְּ–
be so good as	הוֹאֵל־נָא
good day	שָׁלוֹם!
good money	טָבִין וּתְקִילִין
good morning	בּוֹקֶר טוֹב
make good	הִצְלִיחַ; פִּצָּה; קִיֵּם
good n.	טוֹב; טוֹבָה; תּוֹעֶלֶת
for good (and all)	לְעוֹלָם, לְצַמִּיתוּת
up to no good	חוֹרֵשׁ רָעָה
good′bye′ (-bī′) interj.	שָׁלוֹם!
good-for-nothing n.	בַּטְלָן
good-hearted adj.	טוֹב־לֵב
good-humored adj.	עַלִּיז, חָבִיב
good-looking adj.	נָאֶה, יָפֶה, מוֹשֵׁךְ
good′ly adj.	יָפֶה, נָאֶה; גָּדוֹל, נִכָּר
good-natured adj.	טוֹב־לֵב, נוֹחַ
goodness n.	טוֹב, טוּב־לֵב; הַשֵּׁם, ה׳

for goodness' sake לְמַעַן הַשֵּׁם
goods *npl.* סְחוֹרָה; מִטַּלְטְלִין; מִטְעָן
good sense כּוֹשֶׁר שִׁפּוּט, חָכְמָה
goodwill′ *n.* רָצוֹן טוֹב; מוֹנִיטִין
good′y *n.* מַמְתָּק
goof (go͞of) *n.* *טִפֵּשׁ; שְׁגִיאָה טִפְּשִׁית
goon (go͞on) *n.* *טִפֵּשׁ; בִּרְיוֹן שָׂכִיר
goose *n.* אַוָּז; בְּשַׂר־אַוָּז; *טִפֵּשׁ
gooseberry *n.* דַּמְדְּמָנִית, חֲזַרְזָר
goose-flesh *n.* סִמַּרְמוֹרֶת
goose-step *n.* צְעִידַת־אַוָּז, אוֹזוּז
Gor′dian knot קֶשֶׁר גּוֹרְדִי
gore *n&v.* דָּם קָרוּשׁ; נָגַח
gorge *n&v.* עָרוּץ; גָּרוֹן; זְלִילָה
gorge on/with זָלַל; הִתְפַּטֵּם
gor′geous (-jəs) *adj.* נֶהְדָּר, נִפְלָא
goril′la *n.* גּוֹרִילָה
gor′mandize′ *v.* זָלַל, טָרַף הָאוֹכֶל
gor′y *adj.* עָקוֹב מִדָּם, מְכוּסֶּה דָּם
go-slow *adj.* שֶׁל שְׁבִיתַת הָאָטָה
gos′pel *n.* תּוֹרָה; כְּלָל, עִקָּרוֹן
Gospel *n.* סִפְרֵי הַבְּשׂוֹרָה
gospel truth אֱמֶת מוּחְלֶטֶת
gos′samer *n.* קוּרֵי־עַכָּבִישׁ; אָרִיג דַּק
gos′sip *n&v.* רְכִילוּת; רַכְלָן; רִכֵל
got = p of get
Goth′ic *adj.* גּוֹתִי
got′ten = pp of get
gouache (gwäsh) *n.* גּוּאָשׁ
gouge *n&v.* מַפְסֶלֶת; חָרַט בְּמַפְסֶלֶת
gou′lash (go͞o′läsh) *n.* גּוּלָשׁ
gourd (goord) *n.* דְּלַעַת; כְּלִי דְּלַעַת
gour′mand (goor′-) *n.* זוֹלְלָן
gourmet (goor′mā) *n.* מֵבִין בְּאוֹכֶל
gout *n.* צִנִּית, שִׁגָּדוֹן, פּוֹדַגְרָה
gov′ern (guv-) *v.* מָשַׁל, שָׁלַט בְּ—
governess *n.* מוֹרָה, מְחַנֶּכֶת
government *n.* מֶמְשָׁלָה; שִׁלְטוֹן
gov′ernmen′tal (guv-) *adj.* מֶמְשַׁלְתִּי
governor *n.* מוֹשֵׁל; נָגִיד; אָב; בּוֹס
gown *n.* גְּלִימָה; שִׂמְלָה; חָלוּק
grab *v&n.* תָּפַס, חָטַף; חֲטִיפָה
grace *n.* חֵן, נוֹעַם; חֶסֶד; רָצוֹן טוֹב; אַרְכָּה; בִּרְכַּת הַמָּזוֹן
airs and graces עֲשִׂיַּת רוֹשֶׁם, רוּחַ
fall from grace סָר חִנּוֹ; נִדְרְדַר
in the year of grace בִּשְׁנַת —
Your Grace הוֹד מַעֲלָתְךָ
grace *v.* קִשֵּׁט, כִּבֵּד (בִּנְוֹכְחוּתוֹ)
graceful *adj.* חִנָּנִי, מוּבָּע בְּחֵן
gra′cious (-shəs) *adj.* אָדִיב, נָעִים
gra•da′tion *n.* הַדְרָגָתִיּוּת; דְּרִיגָה
grade *n.* דַּרְגָּה, סוּג; כִּתָּה; צִיּוּן; שִׁפּוּעַ
grade *v.* סִוֵּג, הִדְרִיג; יִשֵּׁר שֶׁטַח
grade school בֵּית סֵפֶר יְסוֹדִי
gra′dient *n.* שִׁפּוּעַ; שִׁעוּר הַשִּׁפּוּעַ
grad′ual (-jo͞oəl) *adj.* הַדְרָגָתִי
grad′uate (-jo͞oit) *adj.* בּוֹגֵר (בי״ס)
grad′uate′ (-jo͞oāt) *v.* סִיֵּם לִמּוּדִים; סִמֵּן מִדּוֹת, שִׁנֵּת, כִּיֵּל; סִוֵּג
grad′ua′tion (-jo͞oa′-) *n.* טֶקֶס הַעֲנָקַת תְּאָרִים, סִיּוּם; סִוּוּג; שְׁנוֹת
graft *n.* שֶׁתֶל, רוֹכֵב (בְּהַרְכָּבָה); שׁוֹחַד
graft *v.* הִרְכִּיב, הִשְׁתִּיל; לָקַח שׁוֹחַד
grain *n.* גַּרְעִין; דָּגָן, תְּבוּאָה; אוֹרֶז; קוּרְטוֹב; מַעֲרַךְ הַסִּיבִים
gram, gramme (gram) *n.* גְּרַם
gram′mar *n.* דִּקְדּוּק
gramma′rian *n.* מְדַקְדֵּק
grammar school בֵּית־סֵפֶר יְסוֹדִי
grammat′ical *n.* דִּקְדּוּקִי
gram′ophone′ *n.* פַּטֵּיפוֹן, מָקוֹל
gran′ary *n.* אָסָם, מַחְסַן תְּבוּאָה
grand *adj.* גָּדוֹל; נִפְלָא, מַרְשִׁים; רָאשִׁי
grand *n.* *פְּסַנְתֵּר־כָּנָף; אֶלֶף דּוֹלָר
grandchild, grandson *n.* נֶכֶד
granddaughter *n.* נֶכְדָּה
gran′deur (-jər) *n.* גְּדוּלָּה, הוֹד
grandfather *n.* סָבָא
gran•dil′oquent *adj.* נִמְלָץ, מִתְנַפֵּחַ
gran′diose′ *adj.* מְפוֹאָר, מַרְשִׁים, נִשְׂגָּב
grand master רַב־אָמָן; רֹאשׁ אִרְגּוּן
grandmother *n.* סַבְתָּא
grand piano פְּסַנְתֵּר כָּנָף
grandstand *n.* יְצִיעַ הַקָּהָל
grange (grānj) *n.* חַוָּה; מֶשֶׁק
gran′ite (-nit) *n.* גְּרָנִיט, שַׁחַם
grant *v.* נָתַן, הֶעֱנִיק; נַעֲנָה לְ—
take for granted קִבֵּל כְּמוּבָן מֵאֵלָיו
grant *n.* מַעֲנָק, קִצְבָּה, מִלְגָה
gran′u•lar *adj.* גַּרְעִינִי, מְחוּסְפָּס
gran′u•late′ *v.* פּוֹרֵר; הִתְפּוֹרֵר
gran′ule (-nūl) *n.* גַּרְגִּירוֹן
grape *n.* עֵנָב

grapefruit *n.* אֶשְׁכּוֹלִית
grape shot צְרוֹר פְּגָזִים, מַטָּח
grape-vine *n.* גֶּפֶן; הֲפָצַת יְדִיעוֹת
graph *n.* גְּרָף, עֲקוּמָה, תַּרְשִׁים, רִשְׁמָה
graph'ic(al) *adj.* כְּתָבִי, גְּרָפִי, צִיּוּרִי
graphics *npl.* גְּרָפִיקָה
graph'ite *n.* גְּרָפִיט
graph•ol'ogist *n.* גְּרָפוֹלוֹג
graph•ol'ogy *n.* גְּרָפוֹלוֹגְיָה
grap'nel *n.* עוֹגֶן קְרָסִים; אוּנְקָל
grap'ple *v.* נֶאֱבַק, הִתְגּוֹשֵׁשׁ
grasp *v.* לָפַת; תָּפַס; הֵבִין; קָפַץ עַל
grasp *n.* אֲחִיזָה, תְּפִיסָה; הַשָּׂגָה
grasping *adj.* רוֹדֵף בֶּצַע
grass *n.* עֵשֶׂב, דֶּשֶׁא; *חֲשִׁישׁ; מוֹדִיעַ
grass *v.* כִּסָּה בְּעֵשֶׂב; *הִלְשִׁין
grass'hop'per *n.* חָגָב
grass roots הֶהָמוֹן; עוּבְדוֹת־הַיְסוֹד
grass widow אַלְמְנַת קַשׁ, עֲגוּנָה
grassy *adj.* מְכוּסֶה עֵשֶׂב, מַדְשִׁיא
grate *n.* אָח; שְׂבָכָה (להחזקת הגחלים)
grate *v.* גֵּרֵד; פּוֹרֵר; חָרַק, צָרַם
grateful *adj.* אֲסִיר תּוֹדָה; נָעִים
gra'ter *n.* מִגְרֶרֶת, פּוּמְפִּיָּה
grat'ifica'tion *n.* סִפּוּק; הֲנָאָה
grat'ify' *v.* סִפֵּק; גָּרַם עוֹנֶג
gra'ting *n.* סוֹרֵג, סְבָכָה
gra'tis *adj.* חִנָּם, בְּלִי תַּשְׁלוּם, גְּרָטִיס
grat'itude' *n.* הַכָּרַת טוֹבָה, תּוֹדָה
gratu'itous *adj.* בְּחִנָּם, חוֹפְשִׁי; מְיוּתָּר
gratu'ity *n.* דְּמֵי־שֵׁרוּת, טִיפּ; מַעֲנָק
grave *adj.* רְצִינִי, חָמוּר, חֲמוּר־סֵבֶר
grave *n.* קֶבֶר
grav'el *n&v.* חָצָץ; אֲבָנִים; *הֵבִיךְ
gravestone *n.* מַצֵּבָה
graveyard *n.* בֵּית קְבָרוֹת
grav'ita'tion *n.* כּוֹחַ הַכּוֹבֶד, כְּבִידָה
grav'ity *n.* כּוֹחַ הַמְּשִׁיכָה; כּוֹבֶד רֹאשׁ
gravure' *n.* הֶדְפֵּס גְּלוּפָה, פִּתּוּחַ
gra'vy *n.* רוֹטֶב בָּשָׂר; *רְוָחִים קַלִּים
gray *n&adj.* אָפוֹר, כָּסוּף, מַכְסִיף
graybeard *n.* זָקֵן
grayheaded *n.* זָקֵן, כְּסוּף־שֵׂעָר
grayhound *n.* זַרְזִיר (כלב ציד)
grayish *adj.* אֲפַרְפַּר
gray matter מוֹחַ; תָּאִים אֲפוֹרִים
graze *v&n.* רָעָה; שִׁפְשֵׁף; שִׁפְשׁוּף

grease *n&v.* שׁוּמָן; סִיכָה, גְּרִיז; גֵּרֵז
grease gun מַזְרֵק גְּרִיז
grease-paint *n.* מִשְׁחַת־אִפּוּר
greasy *adj.* מְכוּסֶה שׁוּמָן; חֲלַקְלַק
great (grāt) *adj.* גָּדוֹל; חָשׁוּב; רַב
great and small מִקָּטֹן וְעַד גָּדוֹל
great-grandfather *n.* אֲבִי הַסָּב, רַבְסָב
great-grandson *n.* נִין
greatly *adv.* מְאוֹד, הַרְבֵּה, בְּהַרְבֵּה
Gre'cian (-shən) *adj.* יְוָנִי
greed *n.* תַּאֲוָה, אַהֲבַת בֶּצַע
greedy *adj.* תַּאַוְתָנִי, צָמֵא, לָהוּט
Greek *adj&n.* יְוָנִי; יְוָנִית
green *adj.* יָרוֹק; לֹא בָּשֵׁל, שֶׁל בּוֹסֶר
green *n.* יָרוֹק; מִגְרָשׁ; כַּר דֶּשֶׁא
greens יְרָקוֹת
greenback *n.* שְׁטַר כֶּסֶף
green'ery *n.* יֶרֶק, עָלִים יְרוּקִים
green-eyed *adj.* מְקַנֵּא, קַנָּאִי
greengrocer *n.* יַרְקָן
greenhorn *n.* *פֶּתִי; מַתְחִיל, טִירוֹן
greenhouse *n.* חֲמָמָה
greenish *adj.* יְרַקְרַק
greenroom *n.* חֲדַר מְנוּחָה (לשחקנים)
green thumb גַּנָּנוּת
greet *v.* קִדֵּם פָּנָיו, קִבֵּל, בֵּרֵךְ
greeting *n.* בְּרָכָה; פְּנִיָּה (במכתב)
gre•ga'rious *adj.* עֶדְרִי, אוֹהֵב חֶבְרָה
Gre•go'rian *adj.* גְּרֵיגוֹרְיָאנִי
gre•nade' *n.* רִמּוֹן־יָד
gren'adier' (-dir) *n.* רַמָּן
grew = pt of grow (grōō)
grey = gray (grā)
grid *n.* אַסְכָּלָה, סְבָכָה; רֶשֶׁת; סוֹרֵג
grid'dle *n.* מַחֲבַת־אֲפִיָּה
grid'i'ron (-ī'ərn) *n.* אַסְכָּלָה, שְׂבָכָה
grief (grēf) *n.* צַעַר, עֶצֶב; יָגוֹן
griev'ance (grēv'-) *n.* תְּלוּנָה
grieve (grēv) *v.* הִצְטַעֵר; הִתְאַבֵּל; צִעֵר
griev'ous (grēv'-) *adj.* מְצַעֵר, מַכְאִיב
grill *n.* גְּרִיל, אַסְכָּלָה, סְרָד; מִכְבָּר; צָלִי
grill *v.* צָלָה; חָקַר קָשׁוֹת, הֵצִיק
grille *n.* סוֹרֵג, מְחִצָּה
grim *adj.* אַכְזָרִי, מַפְחִיד, נוֹרָא, שְׂטָנִי
grim'ace (-mis) *n&v.* (עָשָׂה) הַעֲוָיָה
grime *n&v.* לִכְלוּךְ; לִכְלֵךְ
gri'my *adj.* מְלוּכְלָךְ

grin *v&n.* (חִיֵּךְ) חִיּוּךְ רָחָב, צְחוֹק
grind (grīnd) *v&n.* טָחַן; נִטְחַן;
הִשְׁחִיז; שִׁפְשֵׁף; עֲבוֹדָה קָשָׁה
grind away/for לָמַד בִּשְׁקִידָה
grinder *n.* שֵׁן טוֹחֶנֶת; מַטְחֵנָה
grindstone *n.* אֶבֶן־מַשְׁחֶזֶת
grip *v.* תָּפַס, אָחַז, רִתֵּק
grip *n.* אֲחִיזָה; הֲבָנָה; מִתְפָּס, יָדִית
gripe *n&v.* *תְּלוּנָה; הִתְלוֹנֵן
grippe *n.* *שַׁפַּעַת
gris'ly (-z-) *adj.* אָיוֹם, זְוָעָתִי
grist *n.* גַּרְעִינֵי תְּבוּאָה (לטחינה)
gris'tle (-səl) *n.* סְחוּס, חַסְחוּס
grit *n&v.* חָצָץ, חוֹל; אוֹמֶץ, כּוֹחַ סֵבֶל
grit the teeth חָרַק שִׁנַּיִם
grit'ty *adj.* חוֹלִי, כְּמוֹ חוֹל
griz'zled (-zəld) *adj.* אָפוֹר, מַכְסִיף
griz'zly *n.* דּוֹב
groan *v&n.* נֶאֱנַח, נֶאֱנַק; אֲנָחָה
gro'cer *n.* בַּעַל חֲנוּת־מַכּוֹלֶת
grocery *n.* חֲנוּת מַכּוֹלֶת
groceries מַכּוֹלֶת, מִצְרָכִים
grog *n.* מַשְׁקֶה חָרִיף (מהול במים)
grog'gy *adj.* כּוֹשֵׁל, לֹא־יַצִּיב, חָלוּשׁ
groin *n.* מִפְשָׂעָה; מִפְגַּשׁ קִמְרוֹנוֹת
groom *v.* טִפֵּל בְּ־, נִקָּה, סִדֵּר, טִפֵּחַ
groom *n.* סַיָּס, מְטַפֵּל בְּסוּסִים; חָתָן
groove *n.* חָרִיץ, מְסִלָּה; אוֹרַח־חַיִּים
groove *v.* חֵרֵץ, עָשָׂה חֲרִיצִים
grope *v.* מִשֵּׁשׁ, גִּשֵּׁשׁ, חִפֵּשׂ
gross (grōs) *n.* גְּרוֹס, 144
in the gross בְּסִיטוֹנוּת; בְּסַךְ הַכֹּל
gross *adj.* גַּס; שָׁמֵן; דּוֹחֶה; בְּרוּטוֹ
gro·tesque' (-tesk) *adj.* מְגוּחָךְ
grotesque *n.* גְּרוֹטֶסְקָה, דְּמוּת נִלְעֶגֶת
grot'ty *adj.* *מְלוּכְלָךְ, לֹא־נָעִים
grouch *v&n.* הִתְלוֹנֵן; טְרוּנְיָה; רַטְנָן
ground *n.* קַרְקַע, אֶרֶץ; קַרְקַע־הַיָּם;
שֶׁטַח, מִגְרָשׁ; יְסוֹד, בָּסִיס, רֶקַע
common ground בָּסִיס מְשׁוּתָּף
gain ground הִתְקַדֵּם
give ground נָסוֹג, נָטַשׁ עֶמְדָּה
grounds מִשְׁקָע; סִבָּה, סִבּוֹת
lose ground נָסוֹג, הִפְסִיד; נֶחֱלַשׁ
on the grounds of/that בִּגְלַל
ground *v.* קִרְקַע; בִּסֵּס; הֶאֱרִיק
well grounded מְבוּסָּס הֵיטֵב
ground = p of grind טָחוּן
ground crew/staff צֶוֶת קַרְקַע
grounding *n.* לִמּוּד הַיְסוֹדוֹת
groundless *adj.* נְטוּל יְסוֹד, חֲסַר שַׁחַר
ground plan תּוֹכְנִית כְּלָלִית
ground-work *n.* בָּסִיס, יְסוֹד
group (grōōp) *n.* קְבוּצָה; לַהֲקָה
group *v.* הִתְקַבֵּץ; קִבֵּץ; סִוֵּג
grouse *n.* תַּרְנְגוֹל־בָּר, שֶׂכְוִי; *טְרוּנְיָה
grouse *v.* *הִתְלוֹנֵן, רָטַן
grove *n.* חוּרְשָׁה
grov'el *v.* זָחַל, הִתְרַפֵּס
grow (grō) *v.* צָמַח, גָּדַל; גִּדֵּל,
הִצְמִיחַ; נַעֲשָׂה, הָיָה
grow up הִתְבַּגֵּר, הִתְפַּתֵּחַ
grower *n.* מְגַדֵּל (צמחים); צֶמַח
growl *v&n.* רָטַן, נָהַם; טְרוּנְיָה
grown = pp of grow (grōn) מְבוּגָּר
grown-up *adj&n.* מְבוּגָּר
growth (grōth) *n.* צְמִיחָה; גִּדּוּל
grub *n.* זַחַל, דֶּרֶן; *מָזוֹן
grub *v.* חָפַר, עָדַר; נִכֵּשׁ, עִשֵּׂב
grub'by *adj.* מְלוּכְלָךְ, מְתוּלָּע
grudge *v.* נָתַן בְּלִי רָצוֹן, לֹא פִּרְגֵּן;
נָטַר טִינָה, קִנֵּא; קִנְאָה, טִינָה
not grudge פִּרְגֵּן, מָחַל
grudging *adj.* מְקַמֵּץ; נוֹתֵן בְּלִי רָצוֹן
gru'el *n.* דַּיְסָה
gru'eling *adj.* קָשֶׁה, מֵצִיק, מְפָרֵךְ
grue'some (grōō'səm) *adj.* אָיוֹם
gruff *adj.* קָשֶׁה, צָרוּד, מְחוּסְפָּס, גַּס
grum'ble *v&n.* הִתְלוֹנֵן, רָטַן; נְהָמָה
grump'y *adj.* כּוֹעֵס, סַר וְזָעֵף
grunt *v&n.* נָחַר, חִרְחֵר; נְחִירָה
guar'antee' (gar-) *n&v.* עַרְבוּת; עָרֵב;
עֲרוּבָּה; בִּטָּחוֹן, עֵרָבוֹן; עָרַב, הִבְטִיחַ
guar'antor' (gar-) *n.* עָרֵב
guar'anty (gar-) *n.* בִּטָּחוֹן; מַשְׁכּוֹן
guard (gärd) *n&v.* מִשְׁמָר; עֶמְדַּת הֲגַנָּה;
עֵרָנוּת; שׁוֹמֵר, סוֹהֵר; מָגֵן; שָׁמַר
on guard עַל הַמִּשְׁמָר, עֵרָנִי
guarded *adj.* זָהִיר
guardhouse *n.* בֵּית מִשְׁמָר
guard'ian (gär-) *n.* שׁוֹמֵר, אַפִּיטְרוֹפּוֹס
guardianship *n.* אַפִּיטְרוֹפְּסוּת
guard-rail *n.* מַעֲקֶה
guardroom *n.* חֲדַר מִשְׁמָר

guardsman *n.* שׁוֹמֵר, זָקִיף
gua'va (gwä-) *n.* גוּיָבָה
guerril'la (gər-) *n.* לוֹחֵם גֶרִילָה
guess (ges) *v&n.* נִחֵשׁ, שִׁעֵר; נִחוּשׁ
I guess חוֹשְׁבַנִי שֶׁ־, דוֹמַנִי שֶׁ—
guesswork *n.* נִחוּשׁ, הַשְׁעָרָה
guest (gest) *n.* אוֹרֵחַ, קָרוּא
be my guest! *בְּבַקָּשָׁה
guesthouse *n.* בֵּית הַאֲרָחָה
guestroom *n.* חֲדַר־אוֹרְחִים
guffaw' *n&v.* (פָּרַץ בְּ־) צְחוֹק רָם
guidance (gīd-) *n.* הַדְרָכָה; הַנְחָיָה
guide (gīd) *n.* מוֹרֵה־דֶרֶךְ; מַדְרִיךְ; מַנְחֶה
guide *v.* הִדְרִיךְ; הִנְחָה
guided missile טִיל מוּנְחֶה
guide lines קַוִּים מַנְחִים
guild (gild) *n.* גִילְדָה, אִגּוּד
guile (gīl) *n.* רַמָּאוּת, מִרְמָה
guileful *adj.* רַמַּאי, עַרְמוּמִי
guileless *adj.* תָּמִים, יָשָׁר
guil'lotine' (gil'ətēn) *n&v.* מַעֲרֶפֶת; (עָרַף בְּ־) גִילְיוֹטִינָה; מְכוֹנַת חִתּוּךְ
guilt (gilt) *n.* אַשְׁמָה
guiltless *adj.* חַף מִפֶּשַׁע
guilty (gil'-) *adj.* אָשֵׁם
guinea (gin'i) *n.* גִינִי; 21 שִׁילִינג
guinea fowl פְּנִינִיָּה (עוֹף)
guinea pig חֲזִיר־יָם; שְׁפַן־נִסְיוֹנוֹת
guise (gīz) *n.* לְבוּשׁ, הוֹפָעָה; מַסְוֶה
guitar' (git-) *n.* גִיטָרָה, קַתְרוֹס
gulf *n.* מִפְרָץ; תְּהוֹם, פַּעַר
gull *n&v.* שַׁחַף (עוֹף־יָם); פֶּתִי; רִמָּה, פִּתָּה
gul'let *n.* גָּרוֹן, וֶשֶׁט
gul'lible *adj.* פֶּתִי; תָּם
gul'ly *n.* עָרוּץ; תְּעָלָה
gulp *n&v.* בְּלִיעָה, לְגִימָה; גָּמַע בִּשְׁקִיקָה
gum *n&v.* גוּמִי; מַסְטִיק; דֶבֶק; הִדְבִּיק
gums חֲנִיכַיִם
gumboil *n.* מוּרְסָה בַּחֲנִיכַיִם
gum boots מַגָּפַיִם
gum drop סוּכָּרִיַּת גוּמִי
gum'my *adj.* דָבִיק
gump'tion *n.* *תְּבוּנָה, שֵׂכֶל, תּוּשִׁיָּה
gun *n.* רוֹבֶה; אֶקְדָח; תּוֹתָח; מַזְרֵק
spike his guns שִׁבֵּשׁ תּוֹכְנִיּוֹתָיו
stick to one's guns דָבַק בְּעֶמְדָתוֹ
gun *v.* יָרָה; הִגְבִּיר הַמְּהִירוּת
gun down הִפִּיל/הָרַג בִּירִיָּה
gun-boat *n.* סְפִינַת־תּוֹתָחִים
gun carriage כַּן־תּוֹתָח
gunfire *n.* יְרִיָּה, הַפְגָּזָה, הַרְעָשָׁה
gunman *n.* שׁוֹדֵד, אֶקְדְחָן, מְחַבֵּל
gunner *n.* תּוֹתְחָן; קְצִין תּוֹתְחָנִים
gunnery *n.* תּוֹתְחָנוּת
gunpoint *n.* פִּי־הָאֶקְדָח
at gunpoint בְּאִיּוּם אֶקְדָח
gunpowder *n.* אֲבַק־שְׂרֵפָה
gun-runner *n.* מַבְרִיחַ נֶשֶׁק
gunshot *n.* טְוַח־אֵשׁ; יְרִיָּה; כַּדּוּר
gunsmith *n.* נַשָּׁק, מְתַקֵּן נֶשֶׁק
gun'wale (-nəl) *n.* לִזְבֵּז הַסִּירָה
gur'gle *v&n.* גִרְגֵר, בִּעְבַּע; גִרְגוּר
gush *v&n.* זָרַם, פָּרַץ, הִשְׁתַּפֵּךְ; זֶרֶם
gush'er *n.* בְּאֵר־נֵפְט
gushing, gush'y *adj.* מִשְׁתַּפֵּךְ
gus'set *n.* טְרִיז־בַּד
gust *n.* רוּחַ חֲזָקָה, מַשָּׁב; הִתְפָּרְצוּת
gus·ta'tion *n.* טְעִימָה, חוּשׁ הַטַּעַם
gus'to *n.* הִתְלַהֲבוּת, חֵשֶׁק רַב, לְהִיטוּת
gust'y *adj.* סוּפָתִי, סוֹעֵר, מִתְפָּרֵץ
gut *n.* מְעַיִם; מֵיתָר, גִּיד
guts מְעַיִם; *אוֹמֶץ; תּוֹכֶן, עֵרֶךְ
gut *v.* הוֹצִיא הַמְּעַיִם; הָרַס, כִּלָּה
gutless *adj.* פַּחְדָן, חֲסַר־אוֹמֶץ
gut'ter *n.* תְּעָלָה, מַרְזֵב, גַּשְׁמָה
gutter *v.* בָּעַר, הִבְלִיחַ
guttersnipe *n.* יֶלֶד־רְחוֹב, זַאֲטוּט
gut'tural *adj.* גְּרוֹנִי
guy (gī) *n&v.* חֶבֶל, שַׁרְשֶׁרֶת; בַּרְנַשׁ; בָּחוּר; בּוּבַּת־אָדָם; לָעַג
guz'zle *v.* זָלַל, שָׁתָה, סָבָא
gym *n.* *אוּלַם הִתְעַמְּלוּת; הִתְעַמְּלוּת
gymna'sium (-z-) *n.* אוּלַם הִתְעַמְּלוּת
gym'nast *n.* מוֹרֶה לְהִתְעַמְּלוּת, מַדְ"ס
gymnas'tic *adj.* שֶׁל הִתְעַמְּלוּת
gymnastics *npl.* הִתְעַמְּלוּת
gy'necol'ogist (g-) *n.* גִינֵיקוֹלוֹג
gy'necol'ogy (g-) *n.* גִינֵיקוֹלוֹגְיָה
gyp *n&v.* *רַמָּאוּת, הוֹנָאָה; רִמָּה
gyp'sum *n.* גֶּבֶס
gyp'sy *n.* צוֹעֲנִי
gy'rate *v.* הִסְתּוֹבֵב
gy'roscope' *n.* גִירוֹסְקוֹפּ
gyve *n.* שַׁלְשֶׁלֶת, כֶּבֶל; אֲזִק

H

hab'erdash'er *n.* מוֹכֵר בִּגְדֵי גְבָרִים; מוֹכֵר מִינֵי סִדְקִית; סִדְקִי
haberdashery *n.* סִדְקִית, גָּלַנְטֶרְיָה
hab'it *n.* מִנְהָג, הֶרְגֵל; תִּלְבּוֹשֶׁת
habit of mind מַצַּב־רוּחַ
out of habit מִתּוֹךְ הֶרְגֵל
hab'itable *adj.* רָאוּי לִמְגוּרִים
hab'itat' *n.* בַּיִת, בַּיִת טִבְעִי, מִשְׁכָּן
hab'ita'tion *n.* מְגוּרִים; בַּיִת
habit'u·al (-chōōəl) *adj.* רָגִיל; טִבְעִי
habit'u·ate' (-chōō-) *v.* הִרְגִּיל
hab'itude' *n.* הֶרְגֵל, מִנְהָג
habit'u·é' (-chōōā') *n.* מְבַקֵּר קָבוּעַ
hack *v.* חָתַךְ, הִכָּה, חָטַב, קִצֵּץ; נָהַג בְּמוֹנִית, רָכַב
hack *n.* מַהֲלוּמָה; חָתָךְ; שִׁעוּל יָבֵשׁ; מוֹנִית; סוּס לְהַשְׂכָּרָה; כַּתְבָן שָׂכִיר
hack'le *n.* נוֹצַת־צַוָּאר
hack'ney *n.* סוּס רְכִיבָה
hackney carriage מוֹנִית; כִּרְכָּרָה
hackneyed *adj.* נָדוֹשׁ, חָבוּט, בָּנָלִי
hacksaw *n.* מַסּוֹר (לניסור) מַתֶּכֶת
had = p of have
had'dock *n.* חֲמוֹר הַיָּם (דג)
hadn't = had not (had'ənt)
haemo- = hemo
haft *n.* יָדִית, נִצָּב, בֵּית־אֲחִיזָה
hag *n.* זְקֵנָה; מְכַשֵּׁפָה, מִרְשַׁעַת
hag'gard *adj.* עָיֵף, רַע־מַרְאֶה, כָּחוּשׁ
hag'gle *v.* הִתְמַקֵּחַ, הִתְוַכֵּחַ
hag-ridden *adj.* אָחוּז סִיוּטִים
hail *n.* בָּרָד; קְרִיאַת שָׁלוֹם, בְּרָכָה
within hail בְּטְוַח־שְׁמִיעָה
hail *v.* יָרַד (ברד); הִמְטִיר
hail *v.* בֵּרֵךְ, קָרָא, הֵרִיעַ
hail from בָּא מִן, הָיָה בֵּיתוֹ בְּ—
hailstone *n.* אֶבֶן בָּרָד, כַּדּוּר בָּרָד
hailstorm *n.* סוּפַת־בָּרָד
hair *n.* שַׂעֲרָה, שֵׂעָר
by a hair's breadth כְּחוּט הַשַּׂעֲרָה
get in his hair הִרְגִּיזוֹ
lose one's hair הִקְרִיחַ; רָגַז
not turn a hair לֹא הֵנִיד עַפְעַף
to a hair בְּדַיְקָנוּת מְרֻבָּה
hairbrush *n.* מִבְרֶשֶׁת שֵׂעָר
haircut *n.* תִּסְפֹּרֶת
hair-do *n.* תִּסְרֹקֶת
hairdresser *n.* סַפַּר־נָשִׁים, סַפָּר
hair-dye *n.* צֶבַע־שֵׂעָר
hairless *adj.* חֲסַר־שֵׂעָר, קֵרֵחַ
hairnet *n.* רֶשֶׁת (לשיער)
hairpiece *n.* פֵּאָה נוֹכְרִית, קַפְלֶט
hairpin/-grip *n.* מַכְבֵּנָה, סִכַּת רֹאשׁ
hair-raising *adj.* מְסַמֵּר שֵׂעָר, נוֹרָא
hair-splitting *n.* דִּקְדּוּקֵי־עֲנִיּוּת
hairspring *n.* קְפִיץ דַּקִּיק (בשעון)
hairy *adj.* שָׂעִיר; מְכֻסֶּה שֵׂעָר
hake *n.* זְאֵב־הַיָּם (דג)
hal'cyon *adj.* שָׁקֵט, נוֹחַ, שָׁלֵו
hale *adj.* בָּרִיא
half (haf) *n&adj&adv.* חֲצִי, מַחֲצִית; רָץ (בכדורגל); לַחֲצָאִין, בְּחֶלְקוֹ
by half בְּמִדָּה נִכֶּרֶת, מְאוֹד
cut in half חָתַךְ לִשְׁנַיִם, חָצָה
go halves הִתְחַלֵּק שָׁוֶה בְּשָׁוֶה
half and half חֲצִי־חֲצִי
not half! *מְאוֹד! וְעוֹד אֵיךְ!
halfback *n.* רָץ (בכדורגל)
half-baked *adj.* טִפְּשִׁי, לֹא־שָׁקוּל, דַּל
half-blood/-brother *n.* אָח חוֹרֵג
half-breed *n.* בֶּן־תַּעֲרֹבֶת, בֶּן־כִּלְאַיִם
half-hearted *adj.* בְּלִי הִתְלַהֲבוּת
half-mast *adv.* בַּחֲצִי הַתֹּרֶן
half-pay *n.* שָׂכָר מוּקְטָן
halfpenny *n.* חֲצִי פֶּנִי (מטבע)
half-seas-over מְבֻסָּם לְמֶחֱצָה
half-sister *n.* אָחוֹת חוֹרֶגֶת
half time הַפְסָקָה, מַחֲצִית
half-track *n.* זַחֲלָם
half-truth *n.* חֲצִי אֱמֶת
half-way *adv.* בְּמַחֲצִית הַדֶּרֶךְ
half-witted *adj.* מְטֻמְטָם, חֲסַר־שֵׂכֶל
hal'ibut *n.* פּוּטִית (דג שטוח)
hal'ito'sis *n.* בְּאֹשֶׁת (ריח רע מהפה)

hall (hôl) *n.* אוּלָם; פְּרוֹזדוֹר; חֲדַר־אוֹכֶל
hal'lelu'jah (-yə) *interj.* הַלְלוּיָהּ
hallmark *n.* סִמָּן; חוֹתֶמֶת הָאֵיכוּת
hallo' *interj.* הַלוֹ!
hal'low (-lō) *v.* קִדֵּשׁ, הֶעֱרִיץ
hallowed *adj.* מְקוּדָּשׁ, קָדוֹשׁ
hallstand *n.* מִקְלָב
hallu'cina'tion *n.* הֲזָיָה
hallway *n.* מִסְדְּרוֹן, פְּרוֹזדוֹר
ha'lo *n.* הִלָּה, עֲטֶרֶת־אוֹר
halt (hôlt) *v.* עָצַר; הִסֵּס, פִּקְפֵּק
halt *n.* עֲצִירָה; תַּחֲנָה; חֲנִיָּה
halt *adj.* צוֹלֵעַ
hal'ter (hôl'-) *n.* אַפְסָר; חֶבֶל־תְּלִיָּה
hal'vah (häl'vä) *n.* חַלְבָה
halve (hav) *v.* חָצָה, חָלַק לִשְׁנַיִם
halves = pl of half (havz)
hal'yard *n.* חֶבֶל (להנפת דגל/מִפרש)
ham *n.* יֶרֶךְ־חֲזִיר, יָרֵךְ; שַׂחְקָן רַע
ham'burg'er (-g-) *n.* הַמְבּוּרְגֶר
ham-fisted, -handed *adj.* לֹא־יוּצְלָח
ham'let *n.* כְּפָר קָטָן, כְּפָרוֹן
ham'mer *n.* פַּטִּישׁ
hammer *v.* הִכָּה (בפטיש); הֵבִיס
hammer away at עָבַד קָשֶׁה עַל
hammer in הֶחְדִּיר, שִׁנֵּן לוֹ
hammerhead *n.* דַּג־הַפַּטִּישׁ
ham'mock *n.* עַרְסָל
ham'per *v.* עִכֵּב, הִכְבִּיד
hamper *n.* סַל; סַל כְּבָסִים
ham'ster *n.* אוֹגֵר (מכרסם)
hand *n.* יָד; כְּתַב־יָד; מָחוֹג; 4 אינטשים; קְלָפִים (שבידי שחקן); פּוֹעֵל, מַלָּח
a good hand at מוּמְחֶה בְּ—
at first hand בְּאוֹפֶן בִּלְתִּי אֶמְצָעִי
at hand קָרוֹב, מִתְקָרֵב; בְּהֶשֵּׂג יָד
at his hands מִמֶּנּוּ, בִּגְלָלוֹ
from hand to hand מִיָּד לְיָד
get the upper hand גָּבַר עַל
hand in hand יָד בְּיָד
hand over fist/hand מַהֵר מְאוֹד
hands off! אַל תִּגַּע! הֶרֶף!
hands up! יָדַיִם לְמַעְלָה!
money/cash in hand מְזוּמָּנִים
on (the) one hand מִצַּד אֶחָד
on all hands מִכָּל עֵבֶר
on hand זָמִין, תַּחַת יָדוֹ; קָרוֹב, נִמְצָא
on the other hand מֵאִידָךְ
play into his hands שִׂחֵק לְיָדָיו
raise one's hand הֵרִים יָד עַל
shake his hand לָחַץ יָדוֹ
show one's hand גִּלָּה אֶת קְלָפָיו
sit on one's hands יָשַׁב בְּחִבּוּק יָדַיִם
take in hand רִסֵּן, לָקַח לְיָדַיִם
to hand זָמִין, בְּהֶשֵּׂג־יָד
try one's hand נִסָּה כּוֹחוֹ בְּ—
win hands down נִצַּח בְּנָקֵל
hand *v.* נָתַן, מָסַר; עָזַר
hand down מָסַר; הֶעֱבִיר
hand over הִסְגִּיר, הֶעֱבִיר
handbag *n.* אַרְנָק, תִּיק
handball *n.* כַּדּוּר־יָד
handbill *n.* עֲלוֹן פִּרְסוֹמֶת
handbook *n.* סֵפֶר שִׁמּוּשִׁי, מַדְרִיךְ
handbrake *n.* בֶּלֶם־יָד, בֶּלֶם עֵזֶר
handclap *n.* מְחִיאוֹת כַּפַּיִם
handcuff *v&n.* כָּבַל בְּ־(אֲזִקִּים)
handful *n.* מְלוֹא־הַיָּד, חוֹפֶן; מְעַט
hand'icap' *n.* מִכְשׁוֹל, מִגְרַעַת; מִקְדָּם
handicap *v.* הִגְבִּיל, עִכֵּב
hand'icraft' *n.* מְלֶאכֶת־יָד
hand'iwork' *n.* עֲבוֹדַת־יָד, יְצִירָה
hand'kerchief (hang'kərch-) *n.* מִמְחָטָה, מִטְפַּחַת
han'dle *n&v.* יָדִית; *תּוֹאַר, כִּנּוּי; נָגַע, מִשֵּׁשׁ; טִפֵּל; סָחַר בְּ—
handlebars *npl.* הֶגֶה (שֶׁל אוֹפַנַּיִם)
handler *n.* מְאַמֵּן, מְאַלֵּף
hand-made *adj.* שֶׁל עֲבוֹדַת־יָד
handmaid *n.* שִׁפְחָה, עוֹזֶרֶת
hand-me-down *n.* בֶּגֶד מְשׁוּמָּשׁ
hand-organ *n.* תֵּבַת־נְגִינָה
hand-out *n.* נְדָבָה, מַתָּנָה; תַּמְסִיר
hand-over *n.* הַעֲבָרָה, מְסִירָה
hand-pick *v.* בָּחַר, בֵּרֵר
handrail *n.* מַעֲקֶה
handshake *n.* לְחִיצַת־יָד
hand'some (han'səm) *adj.* נָאֶה, נִכָּר
handwork *n.* עֲבוֹדַת־יָד
handwriting *n.* כְּתַב־יָד
hand'y *adj.* שִׁמּוּשִׁי, נוֹחַ; קָרוֹב
come in handy הָיָה לְתוֹעֶלֶת
handyman *n.* עוֹשֶׂה כָּל מְלָאכָה
hang *v&n.* תָּלָה, הָיָה תָּלוּי; תְּלִיָּה

hang about/around הִסְתּוֹבֵב
hang back/off/behind נִרְתַּע
hang it! לְכָל הָרוּחוֹת!
hang on הִתְמִיד, הִמְשִׁיךְ; חִכָּה
hang on to it הֶחֱזִיק בּוֹ
hang the head כָּבַשׁ פָּנָיו בַּקַּרְקַע
hang together פָּעַל בְּצַוְתָּא
hang up סִיֵּם שִׂיחַת־טֶלֶפוֹן; נִתְקַע
not care a hang לֹא אִכְפַּת כְּלָל
han'gar *n.* מוּסַךְ־מְטוֹסִים, הַנְגָּר
hanger *n.* קוֹלָב, מִתְלֶה
hanger-on *n.* גָּרוּר, טַפִּיל, נִדְחָק
hanging *n.* תְּלִיָּה, מָוֶת בִּתְלִיָּה
hangings וִילוֹנוֹת, טַפֶּטִים
hangman *n.* תַּלְיָן
hang-out *n.* *מְקוֹם מְגוּרִים
hangover *n.* כְּאֵב־רֹאשׁ, זַנֶּבֶת הַסְּבִיאָה
hank *n.* סְלִיל, פְּקַעַת חוּטִים/צֶמֶר
han'ker *v.* הִשְׁתּוֹקֵק לְ־, חָמַד
han'ky *n.* *מִטְפַּחַת, מִמְחָטָה
hank'y-pank'y *n.* רַמָּאוּת, בְּלוֹף
han'som *n.* כִּרְכָּרָה
hap'haz'ard *adj.* מִקְרִי, אַקְרָאִי
hap'less *adj.* אוּמְלָל, חֲסַר־מַזָּל
hap'pen *v.* קָרָה, הִתְרַחֵשׁ; פָּגַשׁ
happening *n.* מִקְרֶה; הַפֶּנִינְג, אֵרוּעַ
hap'pily *adv.* בְּשִׂמְחָה; לְמַזָּלוֹ
hap'piness *n.* שִׂמְחָה, אוֹשֶׁר
hap'py *adj.* שָׂמֵחַ, מְאוּשָּׁר, בַּר־מַזָּל
happy-go-lucky *adj.* לֹא־דוֹאֵג
happy medium/mean שְׁבִיל הַזָּהָב
harangue' (-rang') *n.* נְאוּם, תּוֹכָחָה
harangue *v.* נָשָׂא נְאוּם אָרוֹךְ
har'ass *v.* הֵצִיק, הִטְרִיד
har'binger *n.* מְבַשֵּׂר, מוֹדִיעַ
har'bor *n&v.* נָמֵל, חוֹף־מִבְטַחִים; עָגַן; הֶעֱנִיק מַחְסֶה לְ־; טִפַּח, שָׁמַר בַּלֵּב
hard *adj.* קָשֶׁה
hard and fast (חוֹק) קָבוּעַ, נוּקְשֶׁה
hard drink/liquor מַשְׁקֶה חָרִיף
hard feelings תַּרְעוֹמֶת, טִינָה
hard of hearing כְּבַד־שְׁמִיעָה
hard *adv.* קָשֶׁה, בְּמַאֲמָץ; בְּסָמוּךְ לְ—
hard put (to it) בְּמַצָּב קָשֶׁה
hard up דָּחוּק (בְּכֶסֶף), זָקוּק לְ—
hardback *n.* סֵפֶר קָשֶׁה־כְּרִיכָה
hard-bitten *adj.* קָשׁוּחַ, עַקְשָׁן
hard-boiled *adj.* (בֵּיצָה) קָשָׁה; קָשׁוּחַ
hard cash מְזוּמָנִים
hard currency מַטְבֵּעַ קָשֶׁה
hard'en *v.* הִקְשָׁה; הִתְקַשָּׁה; הִקְשִׁיחַ; חִשֵּׁל; הִתְחַשֵּׁל
hard-fisted *adj.* חָזָק; קָשׁוּחַ; קַמְצָן
hard-headed *adj.* מַעֲשִׂי, הֶחְלֵטִי
hard-hearted *adj.* קְשׁוּחַ־לֵב
hardihood, hardiness *n.* הֶעָזָה
hard labor עֲבוֹדַת־פֶּרֶךְ
hardly *adv.* בְּקוֹשִׁי, כִּמְעַט שֶׁלֹּא; אַךְ
hardly ever לְעִתִּים נְדִירוֹת מְאוֹד
hardness *n.* קוֹשִׁי; מוּצָקוּת
hardship *n.* קוֹשִׁי, מְצוּקָה, סֵבֶל
hard-top *n.* מְכוֹנִית בַּעֲלַת גַּג־מַתֶּכֶת
hardware *n.* כְּלֵי־מַתֶּכֶת; חוֹמְרָה
hardy *adj.* חָזָק, נוֹעָז; חֲסִין־קוֹר
hare *n&v.* אַרְנֶבֶת
hare off רָץ מַהֵר, בָּרַח
harelip *n.* שָׂפָה שְׁסוּעָה
har'em *n.* הַרְמוֹן, נְשֵׁי הַהַרְמוֹן
hark *v.* שְׁמַע, הַאֲזֵן; חָזַר (לְעָבָר)
har'lequin *n.* מוּקְיוֹן, לֵיצָן
har'lot *n.* זוֹנָה, פְּרוּצָה
harm *n&v.* נֵזֶק, הֶפְסֵד; הִזִּיק, פָּגַע
no harm done לֹא נוֹרָא, אֵין דָּבָר
harmful *adj.* מַזִּיק
harmless *adj.* לֹא מַזִּיק; חַף, תָּמִים
har•mon'ic *n.* צְלִיל הַרְמוֹנִי
har•mon'ica *n.* מַפּוּחִית־פֶּה
har•mo'nious *adj.* הַרְמוֹנִי
har'monize' *v.* הִרְמֵן; הִתְהַרְמֵן
har'mony *n.* הַרְמוֹנְיָה
har'ness *n&v.* רִתְמָה, כְּלֵי־רִתְמָה; רָתַם
die in harness מֵת בְּעוֹדוֹ עוֹבֵד
harp *n&v.* נֵבֶל; פָּרַט עַל נֵבֶל
harpist *n.* מְנַגֵּן בְּנֵבֶל, נֵבְלַאי
har•poon' (-pōōn) *n&v.* (הֵטִיל) צִלְצָל
harp'sichord' (-k-) *n.* צֶ'מְבָּלוֹ
har'ridan *n.* מִרְשַׁעַת, מְכַשֵּׁפָה
har'row (-ō) *n&v.* מַשְׂדֵּדָה; שִׂדֵּד; הֵצִיק
har'ry *v.* הֶחֱרִיב; הִטְרִיד, הֵצִיק
harsh *adj.* קָשֶׁה, גַּס; צוֹרֵם; אַכְזָרִי
hart *n.* צְבִי, אַיָּל
ha'rum-sca'rum פָּזִיז; מְבוּלְגָּן
har'vest *n&v.* קָצִיר, אָסִיף; קָצַר, אָסַף
harvester *n.* קוֹצֵר, אוֹסֵף; מַקְצֵרָה

has = pr of have (haz)
has-been *n.* מי שֶׁהָיָה, שֶׁכּוֹכָבוֹ דָּעַךְ
hash *v&n.* קָצַץ; בָּשָׂר קָצוּץ; *חֲשִׁישׁ
hash out *דָּן בְּ־, יִשֵּׁב, הִסְדִּיר
hash'ish *n.* חֲשִׁישׁ
hasn't = has not (haz'ənt)
hasp *n.* בְּרִיחַ (הנסגר עַל חֵת)
has'sle *n&v.* *וִכּוּחַ, רִיב; רָב
has'sock *n.* כָּרִית־כְּרִיעָה
haste (hāst) *n.* חִפָּזוֹן
has'ten (hā'sən) *v.* מִהֵר; הֵחִישׁ
ha'sty *adj.* מָהִיר, נִמְהָר, פָּזִיז
hat *n.* כּוֹבַע, מִגְבַּעַת; *בַּרְנָשׁ
hat in hand בְּהַכְנָעָה, בְּהִתְרַפְּסוּת
hat-band *n.* סֶרֶט מִגְבַּעַת
hatch *n.* פֶּתַח (בסיפון); דֶּלֶת, צוֹהַר
hatch *v.* בָּקַע מִבֵּיצָתוֹ; הִדְגִּיר; תִּכְנֵן
hatch'et *n.* גַּרְזֶן, כֵּילָף
hatchet-faced *adj.* אֶרֶךְ־פָּנִים
hatchway *n.* כַּוָּה, פֶּתַח (בסיפון)
hate *v&n.* שָׂנֵא; שִׂנְאָה, אֵיבָה
hateful *adj.* שָׂנוּא, דּוֹחֶה, נִתְעָב
ha'tred *n.* שִׂנְאָה, אֵיבָה
hat'ter *n.* כּוֹבָעָן
haugh'ty (hô'-) *adj.* יָהִיר, גֵּא, מִתְנַשֵּׂא
haul *v.* מָשַׁךְ, גָּרַר; שִׁנָּה כִּוּוּן
haul over the coals נָזַף
haul *n.* מְשִׁיכָה, גְּרִירָה; שָׁלָל
haunch *n.* מוֹתֶן, יָרֵךְ, אֲחוֹרַיִם
haunt *v.* בִּקֵּר תָּדִיר; פָּקַד; הֵצִיק
haunt *n.* מְקוֹם בִּקּוּרִים
haut'boy' (hō'boi) *n.* אַבּוּב
hauteur (hōtûr') *n.* גַּאַוְתָנוּת
have (hav) *v.* הָיָה לוֹ, יֵשׁ לוֹ; קִבֵּל, לָקַח; עָלָיו לְ־; גָּרַם, הֵבִיא לְ־, הִרְשָׁה, סָבַל; סִדֵּר, רִמָּה
had better/best מוּטָב שֶׁ—
had I- לוּ הָיִיתִי—
have a look רָאָה
have done (with) חִסֵּל; גָּמַר
have it in for רָחַשׁ טִינָה לְ—
have it out יִשֵּׁב, הִסְדִּיר; הוֹצִיא
you've been had סִדְּרוּ אוֹתְךָ
you've had it סִדְּרוּ אוֹתְךָ
I have (got) to אֲנִי חַיָּב לְ־, עָלַי לְ—
have *n.* רַמָּאוּת; סִדּוּר; עָשִׁיר
the have-nots הָעֲנִיִּים

ha'ven *n.* נָמֵל, חוֹף מִבְטַחִים
haven't = have not (hav'ənt)
hav'ersack' *n.* תַּרְמִיל
hav'oc *n.* הֶרֶס, אַנְדְּרָלָמוּסְיָה
play havoc with עָשָׂה שַׁמּוֹת בְּ—
hawk *n&v.* נֵץ; עָסַק בְּרוֹכְלוּת; הֵפִיץ
hawker *n.* רוֹכֵל
haw'ser (-z-) *n.* חֶבֶל, כֶּבֶל
haw'thorn' *n.* עוּזְרָד
hay *n.* חָצִיר, שַׁחַת, מִסְפּוֹא
make hay of בִּלְבֵּל, הֵטִיל מְבוּכָה
hay-fork *n.* קִלְשׁוֹן
hay-maker *n.* מֵכִין מִסְפּוֹא; מַהֲלוּמָה
haystack/-rick *n.* עֲרֵמַת־שַׁחַת
haz'ard *n.* סַכָּנָה, סִכּוּן; מִשְׂחַק־מַזָּל
hazard *v.* סִכֵּן; הֵעֵז, הִסְתַּכֵּן בְּ—
haz'ardous *adj.* מְסוּכָּן, כָּרוּךְ בְּסַכָּנָה
haze *n&v.* אוֹבֶד, עֲרָפֶל; הֵצִיק, הִשְׁפִּיל
ha'zel *n.* אִלְסָר, אֱגוֹז; חוּם־אֲדַמְדַּם
ha'zy *adj.* מְעוּרְפָּל, אָבִיךְ; מְבוּלְבָּל
H-bomb *n.* פְּצָצַת מֵימָן
he (hē) *pron&adj.* הוּא; זָכָר
head (hed) *n&adj.* רֹאשׁ; רָאשִׁי, עִקָּרִי
go over his head עָקַף אוֹתוֹ
head over heels in- שָׁקוּעַ בְּ—
heads up! שִׂימוּ לֵב! זְהִירוּת!
keep one's head נִשְׁאַר שָׁלֵו
lose one's head אִבֵּד עֶשְׁתּוֹנוֹתָיו
out of one's head יָצָא מִדַּעְתּוֹ
over one's head נִשְׂגָּב מִבִּינָתוֹ
per head לְגוּלְגּוֹלֶת, לְכָל אֶחָד
turn his head סִחְרֵר אֶת רֹאשׁוֹ
2 a head 2 לְכָל אֶחָד
head *v.* הוֹבִיל, עָמַד בְּרֹאשׁ; נָגַח
head for נָע בְּכִוּוּן־; הִזְמִין
headache *n.* כְּאֵב רֹאשׁ
headband *n.* סֶרֶט, סֶרֶט־מֵצַח
headdress *n.* שָׁבִיס, כִּסּוּי רֹאשׁ
header *n.* קְפִיצַת רֹאשׁ; נְגִיחָה
headfirst *adv.* בְּקַלּוּת־דַּעַת; בְּחִפָּזוֹן
head'gear' (hed'gir) *n.* כּוֹבַע
head-hunter *n.* צַיַּד־כִּשְׁרוֹנוֹת
headlamp/-light *n.* פָּנָס קִדְמִי
headland *n.* כֵּף, לְשׁוֹן יַבָּשָׁה
headline *n.* כּוֹתֶרֶת
headlong *adj&adv.* פָּזִיז; בְּחִפָּזוֹן
headman *n.* מַנְהִיג, רֹאשׁ

headmaster *n.* מְנַהֵל, מוֹרֶה־מְנַהֵל
head-on *adj.* חֲזִיתִי, פָּנִים אֶל פָּנִים
headphone *n.* אוֹזְנִית
headpiece *n.* קַסְדָּה; שֵׂכֶל, מוֹחַ
headquarters *n.* מִפְקָדָה, מַטֶּה
head-rest *n.* מִשְׁעַן־רֹאשׁ
head start יִתְרוֹן, מִקְדָּם, פוֹר
headstone *n.* אֶבֶן רֹאשָׁה, מַצֵּבָה
headstrong *adj.* עַקְשָׁן
headway *n.* הִתְקַדְּמוּת
headwind *n.* רוּחַ נֶגְדִּית
heady (hed′i) *adj.* פָּזִיז, קַל־דַּעַת
heal *v.* רִפֵּא; נִרְפָּא; הִגְלִיד
healer *n.* מְרַפֵּא; תְּרוּפָה
health (helth) *n.* בְּרִיאוּת
healthful *adj.* מַבְרִיא, יָפֶה לַבְּרִיאוּת
healthy *adj.* בָּרִיא
heap *n&v.* עֲרֵמָה; עָרַם, צָבַר; מִלֵּא
  a heap/heaps of *הָמוֹן, רַב
  heap on him הֵרְעִיף, הִמְטִיר
hear *v.* שָׁמַע
  hear out שָׁמַע עַד תּוֹם
  hear! hear! שְׁמַעְתֶּם!
  I've heard tell of שָׁמַעְתִּי, אוֹמְרִים
hearer *n.* שׁוֹמֵעַ, מַאֲזִין
hearing *n.* שְׁמִיעָה; דִּיּוּן, שִׁמּוּעַ
  within hearing בִּטְוַח־שְׁמִיעָה
hearing aid מַכְשִׁיר־שְׁמִיעָה
hear′say′ *n.* שְׁמוּעָה, דִּבּוּרִים, רְכִילוּת
hearse (hûrs) *n.* קְרוֹן־מֵת
heart (härt) *n.* לֵב
  by heart בְּעַל־פֶּה
  have a heart! רַחֵם!
  heart and soul בְּלֵב וָנֶפֶשׁ
  lose heart הִתְיָאֵשׁ, נָפַל בְּרוּחוֹ
  lose one's heart to הִתְאַהֵב בְּ—
  out of heart בְּמַצָּב רַע; מְדוּכְדָּךְ
  take heart קִוָּה; אָזַר עוֹז
heartache *n.* כְּאֵב לֵב
heart attack הֶתְקֵף לֵב
heartbeat *n.* דּוֹפֶק, פְּעִימַת־הַלֵּב
heartbreak *n.* שִׁבְרוֹן־לֵב
heartbreaking *adj.* שׁוֹבֵר לֵב
heartbroken *n.* שְׁבוּר־לֵב
heartburn *n.* צָרֶבֶת
heart′en (härt′-) *v.* עוֹדֵד
heart failure אִי סְפִיקַת הַלֵּב

heartfelt *adj.* עָמוֹק, כֵּן, רְצִינִי
hearth (härth) *n.* אָח; בַּיִת, מִשְׁפָּחָה
heartily *adv.* בְּכָל־לֵב, בְּמֶרֶץ; מְאוֹד
heartless *adj.* חֲסַר־לֵב, אַכְזָרִי
heart-searching *n.* חֶשְׁבּוֹן נֶפֶשׁ
heartstrings *npl.* מֵיתְרֵי הַלֵּב; רֶגֶשׁ
heart-to-heart *adj.* גְּלוּי־לֵב
heart-whole *adj.* שֶׁלִּבּוֹ לֹא נִכְבַּשׁ
heartwood *n.* לִבָּה, לֵב הָעֵץ
hearty *adj.* לְבָבִי, כֵּן; בָּרִיא, חָזָק
heat *n&v.* חוֹם, לַהַט; תַּחֲרוּת מוּקְדֶּמֶת; יִחוּם; חִמֵּם; הִתְחַמֵּם
heated *adj.* מְחוּמָם, לוֹהֵט; זוֹעֵם
heater *n.* תַּנּוּר
heath *n.* שְׂדֵה־בּוּר; שִׂיחַ, אַבְרָשׁ
hea′then (-dh-) *n.* עוֹבֵד־אֱלִילִים; פֶּרֶא
heath′er (hedh′-) *n.* אַבְרָשׁ (שיח)
heating *n.* הַסָּקָה, חִמּוּם
heat shield מָגֵן חוֹם (על חללית)
heat stroke מַכַּת־חוֹם
heat wave גַּל־חוֹם, שָׁרָב
heave *v.* הֵרִים, מָשַׁךְ; הִתְרוֹמֵם; הוֹצִיא; *זָרַק; הֲרָמָה; הִתְרוֹמְמוּת
  heave a sigh פָּלַט אֲנָחָה
  heave in view/sight הִתְגַּלּוּת לָעַיִן
heav′en (hev′-) *n.* שָׁמַיִם; גַּן־עֵדֶן
  Heaven forbid! יִשְׁמְרֵנוּ הָאֵל!
heavenly *adj.* שְׁמֵימִי; *נִפְלָא
  heavenly bodies גִּרְמֵי הַשָּׁמַיִם
heav′y (hev′i) *adj&adv.* כָּבֵד; קָשֶׁה
  hang heavy עָבַר לְאַט (כגון זמן)
  heavy sea יָם גּוֹעֵשׁ
  lie/hang heavy on הִכְבִּיד עַל
heavy-duty *adj.* עָמִיד, חָזָק
heavy-handed *adj.* מְגוּשָּׁם; מַכְבִּיד יָדוֹ
heavy-hearted *adj.* עָצוּב, מְדוּכָּא
heavy-set *adj.* חָסוֹן, מוּצָק
heavyweight *n.* מִשְׁקַל כָּבֵד
heb•dom′adal *adj.* שְׁבוּעִי
He•bra′ic *adj.* עִבְרִי
He′brew (-broo) *adj&n.* עִבְרִי; עִבְרִית
hec′atomb′ (-tōōm) *n.* טֶבַח, זֶבַח
heck′le *v.* הִפְרִיעַ, שִׁסַּע (נואם)
hec′tare *n.* הֶקְטָר (10 דונמים)
hec′tic *adj.* קַדַּחְתָּנִי, אַדְמוּמִי, סָמוּק
he'd = he had/would (hēd)
hedge *n.* גֶּדֶר־שִׂיחִים, מְשׂוּכָה; סְיָג

hedge *v.* גָּדַר, תָּחַם, הִגְבִּיל; הִתְחַמֵּק
hedge'hog' (hej'hôg) *n.* קִפּוֹד
hedgehop *v.* הִנְמִיךְ טוּס
hedgerow *n.* שְׂדֵרַת־שִׂיחִים, מְשׂוּכָה
he'donism' *n.* הֶדוֹנִיזְם, נֶהֱנְתָנוּת
heed *v&n.* שָׂם לֵב לְ־; תְּשׂוּמֶת־לֵב
heed *n.*
give/pay/take heed שָׂם לֵב
heedful *adj.* מַקְשִׁיב, שָׂם לֵב לְ—
heedless *adj.* לֹא זָהִיר, מְזַלְזֵל
hee'haw' *n.* נְעִירַת חֲמוֹר; צְחוֹק גַּס
heel *n.* עָקֵב; נָבָל, אָדָם שָׁפָל
bring to heel הִכְנִיעַ, הִשְׁתַּלֵּט
cool one's heels נֶאֱלַץ לְחַכּוֹת
take to one's heels בָּרַח
under the heel of נִרְמָס, מְשׁוּעְבָּד
heel *v.* הִתְקִין עָקֵב עַל (נעל)
well-heeled *עָשִׁיר
hef'ty *adj.* גָּדוֹל, חָזָק, כָּבֵד
he·gem'ony *n.* הֶגֶמוֹנְיָה, מַנְהִיגוּת
heif'er (hef'-) *n.* עֶגְלָה, פָּרָה רַכָּה
height (hīt) *n.* גּוֹבַהּ, רוּם; שִׂיא
heighten *v.* הִגְבִּיהַּ; גָּדַל; הִגְבִּיר
hei'nous (hā'-) *adj.* נִתְעָב, שָׁפָל
heir (ār) *n.* יוֹרֵשׁ
heir apparent יוֹרֵשׁ מוּחְלָט/וַדָּאִי
heir to the throne יוֹרֵשׁ־עֶצֶר
heiress *n.* יוֹרֶשֶׁת
held = p of hold
hel'icop'ter *n.* מַסּוֹק, הֶלִיקוֹפְּטֶר
he'liotrope' *n.* עוֹקֶץ־הָעַקְרָב (צמח)
hel'iport' *n.* מִנְחַת־מַסּוֹקִים
he'lium *n.* הֶלְיוּם (גאז)
hell *n.* גֵּיהִנּוֹם; *לַעֲזָאזֵל, אָרוּר
like hell! בְּוַדַּאי שֶׁלֹּא!
what the hell מַה, לְכָל הָרוּחוֹת—
he'll = he will/shall (hēl)
hell-bent *adj.* נָחוּשׁ בְּדַעְתּוֹ; נִמְהָר, פָּזִיז
hellcat *n.* מְכַשֵּׁפָה, מִרְשַׁעַת
Hel·len'ic *adj.* יְוָנִי
hell'ish *adj.* נוֹרָא, אָיוֹם, שְׂטָנִי
hello'! הַלּוֹ!
helm *n.* הֶגֶה (של ספינה/שלטון)
hel'met *n.* קַסְדָּה
helmsman (-z-) *n.* הַגַּאי, תּוֹפֵס הַהֶגֶה
help *n&v.* עֶזְרָה, סִיּוּעַ, עֵזֶר; תּוֹעֶלֶת; עוֹזֶרֶת; עָזַר; רִפֵּא, תִּקֵּן
help oneself הִתְכַּבֵּד, לָקַח
it can't be helped אֵין מָנוֹס
so help me (God) חֵי נַפְשִׁי!
helpful *adj.* עוֹזֵר, מוֹעִיל
helping *n.* מָנָה (בארוחה)
helpless *adj.* חֲסַר־יֶשַׁע; אֵין אוֹנִים
help'mate', -meet' *n.* בַּת־זוּג, אִשָּׁה
hel'ter-skel'ter *adv.* בְּאִי־סֵדֶר
hem *n.* שָׂפָה, שׁוּלֵי־בֶּגֶד
hem *v.* שִׂפָּה; הִקִּיף; כִּתֵּר; הִמְהֵם
hem'isphere' *n.* חֲצִי־כַּדּוּר (הארץ)
hemline *n.* קַו הַשּׁוּלַיִם, אוֹרֶךְ הַשִּׂמְלָה
hem'lock' *n.* רֹאשׁ, רוֹשׁ (צמח רעלי)
he'moglo'bin *n.* הֱמוֹגְלוֹבִּין
he'mophil'ia *n.* דַּמֶּמֶת, הֱמוֹפִילְיָה
hem'orrhage (-rij) *n.* דִּמּוּם
hem'orrhoid' (-roid) *n.* טְחוֹרִים
hemp *n.* קַנַּבּוֹס, חֲשִׁישׁ
hemstitch *n.* שִׁפּוּי (בשולי הבגד), מִשְׁלֶפֶת
hen *n.* תַּרְנְגֹלֶת; נְקֵבָה (בעוף)
hence *adv.* לָכֵן, לְפִיכָךְ, מִכָּאן; מֵעַתָּה
henceforth *adv.* מֵעַתָּה וּלְהַבָּא
hench'man *n.* חָסִיד נִלְהָב, גָּרוּר
hen house/-coop לוּל
hen'na *n.* חִנָּה; חוּם־אֲדַמְדַּם
hen'peck' *v.* רָדְתָה (בבעל)
hep *n.* *בָּקִי, מְעוּדְכָּן בַּנַּעֲשֶׂה
her *pron.* שֶׁלָּהּ; אוֹתָהּ; לָהּ
her'ald *n&v.* שָׁלִיחַ, רָץ, מְבַשֵּׂר; בִּשֵּׂר
herb *n.* עֵשֶׂב; צֶמַח תַּבְלִין
her·ba'ceous (-shəs) *adj.* עֶשְׂבּוֹנִי
herb'age *n.* עֵשֶׂב, דֶּשֶׁא־עֵשֶׂב; יָרָק
herb'al *adj.* עֶשְׂבּוֹנִי, שֶׁל עֵשֶׂב
herb'alist *n.* עֶשְׂבּוֹנַאי
herd *n.* עֵדֶר; הֶהָמוֹן; רוֹעֶה
herd *v.* הִתְאַסֵּף; קִבֵּץ; נָהַג עֵדֶר
herdsman *n.* רוֹעֶה
here *adv.* כָּאן, פֹּה; הִנֵּה, הֲרֵי; הִנֵּה
here goes! הָבָה נְנַסֶּה! קָדִימָה!
here you are בְּבַקָּשָׁה, הֵא לְךָ
here'about(s) (hir'-) *adv.* בִּסְבִיבָה
here'af'ter (hir'-) *adv.* בֶּעָתִיד
here'by' (hir'-) *adv.* בָּזֹאת (הנני־)
hered'itar'y (-teri) *adj.* תּוֹרַשְׁתִּי
hered'ity *n.* תּוֹרָשָׁה, יְרוּשָׁה
here'in' (hir'-) *adv.* כָּאן, בָּזֶה, בָּזֹאת
here'of' (hirov') *adv.* שֶׁל זֶה

her′esy *n.* כְּפִירָה
her′etic *n.* כּוֹפֵר
heret′ical *adj.* כּוֹפֵר, אֶפִּיקוֹרְסִי
here′tofore′ (hir′-) *adv.* עַד כֹּה
here′upon′ (hir′-) *adv.* בָּזֶה, עַל כָּךְ
here′with′ (hir′-) *adv.* בָּזֶה
her′itage *n.* יְרוּשָׁה, נַחֲלָה
her•met′ic *adj.* הֶרְמֶטִי, אָטוּם, חָתוּם
her′mit *n.* נָזִיר
her′nia *n.* שֶׁבֶר, בֶּקַע
he′ro *n.* גִּבּוֹר
he•ro′ic *adj.* הֶרוֹאִי, נוֹעָז; כַּבִּיר
her′o•in *n.* הֶרוֹאִין (סם משכר)
her′o•ism′ *n.* גְּבוּרָה, הֶרוֹאִיּוּת
her′on *n.* אֲנָפָה (עוף)
her′pes (-pēz) *n.* שַׁלְבֶּקֶת, בֶּרֶץ
her′ring *n.* מָלִיחַ, דָּג מָלוּחַ
herringbone *n.* דֶּגֶם אִדְרָה
hers (-z) *pron.* שֶׁלָּהּ; הַשַּׁיָּךְ לָהּ
her•self′ *pron.* (אֶת־/ל־/ב־/מ־) עַצְמָהּ
he's = he is, he has (hēz)
hes′itance, -cy (-z-) *n.* הַסְסָנוּת
hes′itant (-z-) *adj.* מְהַסֵּס, הַסְסָן
hes′itate′ (-z-) *v.* הִסֵּס, פִּקְפֵּק
hes′ita′tion (-z-) *n.* הִסּוּס
het′erodox′ *adj.* אֶפִּיקוֹרְסִי, כּוֹפֵר
het′eroge′ne•ous *adj.* הֶטֶרוֹגֵנִי
het-up′ *adj.* נִרְגָּשׁ, נִלְהָב
hew (hū) *v.* קִצֵּץ, כָּרַת, חָצַב
 hew out חָצַב; בָּנָה בְּעָמָל רַב
hex *n.* כִּשּׁוּף
hex′agon′ *n.* מְשׁוּשֶּׁה (מְצוּלָע)
hex′agram′ *n.* מָגֵן דָּוִד
hey (hā) *interj.* הֵיי! הַלּוֹ!
hey′day′ (hā′-) *n.* פִּסְגָּה; שְׁעַת הַשִּׂיא
hi•a′tus *n.* פִּרְצָה, חוֹר; הַפְסָקָה, פְּעִירָה
hi′bernate′ *v.* חָרַף, יָשַׁן בַּחוֹרֶף
hi•bis′cus *n.* הִיבִּיסְקוּס (שיח)
hic′cup, hic′cough (-kup) *n.* שֶׁהֶק; שִׁהוּק; שַׁהֶקֶת
hick *n.* *כַּפְרִי, קַרְתָּנִי, בַּעַר
hick′ory *n.* קַרְיָה, אֱגוֹז אֲמֶרִיקָנִי
hid = pt of hide
hid′den = pp of hide חָבוּי, כָּמוּס
hide *v.* הֶחְבִּיא, הִסְתִּיר; הִתְחַבֵּא
hide *n.* מַחֲבוֹא; עוֹר־חַיָּה; *עוֹר אָדָם
 save one's hide הִצִּיל אֶת עוֹרוֹ
hide-and-seek *n.* מַחֲבוֹאִים (מִשְׂחָק)
hide-away *n.* *מִקְלָט, מַחֲבוֹא
hidebound *adj.* קְשֵׁה־עוֹר; צַר־אוֹפֶק
hid′e•ous *adj.* נִתְעָב, זְוָעָתִי, נוֹרָא
hide-out *n.* מִקְלָט, מַחֲבוֹא
hiding *n.* הִסְתַּתְּרוּת, מַחֲבוֹא; *מַלְקוֹת
hie (hī) *v.* מִהֵר, הִזְדָּרֵז
hi′erar′chy (-ki) *n.* הִיֶרַרְכְיָה
hi′eroglyph′ *n.* כְּתַב־הַחַרְטוּמִים
hi′-fi′ = high fidelity
high (hī) *adj.* גָּבוֹהַּ, רָם; נַעֲלֶה; *מְסוּמָם
 high circles חוּגִים רָמֵי־דֶּרֶג
 high society חֶבְרָה גְּבוֹהָה
 high spirits מַצַּב־רוּחַ מְרוֹמָם
 it's high time הִגִּיעַ הַזְּמַן שֶׁ—
high *adv.* גָּבוֹהַּ, לְמַעְלָה
 flying high *בָּרְקִיעַ הַשְּׁבִיעִי, מְאוּשָּׁר
high *n.* מְרוֹמִים; הָלוּךְ גָּבוֹהַּ; שִׂיא
highborn *adj.* מְיוּחָס, בֶּן־יִחוּס
highboy *n.* אֲרוֹן־מְגֵרוֹת (גָּבוֹהַּ)
highbrow *n.* יַדְעָן, אִישׁ־רוּחַ, סְנוֹב
higher-ups *npl.* חֲלוֹנוֹת גְּבוֹהִים
high-falu′tin *adj.* *מְנוּפָּח, מְגוּהָךְ
high fidelity (הקלטה) נֶאֱמָנָה לַמָּקוֹר
high-handed *adj.* בְּיָד קָשָׁה
high-hat *v&adj.* הִתְנַשֵּׂא; סְנוֹבִּי
high′jack′ (hī′-) *v.* חָטַף (מטוס)
highland *n.* רָמָה, אֵזוֹר הֲרָרִי
high-level *adj.* רַם־דֶּרֶג
high life חַיֵּי מוֹתָרוֹת
highlight *n.* מַבְהָק; פְּרָט בּוֹלֵט; עִקָּר
highlight *v.* הִבְלִיט, הִדְגִּישׁ
highly *adv.* מְאוֹד, בְּמִדָּה רַבָּה
 speak highly of הִפְלִיג בְּשִׁבְחוֹ
high-minded *adj.* נַעֲלֵה־עֶקְרוֹנוֹת
highness *n.* גּוֹבַהּ, רוּם; אֲצִילוּת
 Your Highness הוֹד מַעֲלָתְךָ
high-pitched *adj.* (קוֹל) צַרְחָנִי, גָּבוֹהַּ
high-powered *adj.* רַב־כּוֹחַ; נִמְרָץ
high-priced *adj.* יָקָר
high-principled *adj.* נַעֲלֵה־עֶקְרוֹנוֹת
high-ranking *adj.* בָּכִיר, רַם־דֶּרֶג
high-rise *adj.* שֶׁל בִּנְיָן רַב־קוֹמוֹת, גָּבוֹהַּ
highroad *n.* כְּבִישׁ רָאשִׁי, דֶּרֶךְ
high school בֵּית־סֵפֶר תִּיכוֹן
high-sounding *adj.* מְנוּפָּח, יוֹמְרָנִי
high-speed *adj.* מָהִיר

high-spirited *adj.* אַמִּיץ; מָלֵא־חַיִּים
high tide/water גֵּאוּת הַיָּם
high treason בְּגִידָה (במולדת)
high water mark שִׂיא, גוּלַת הַכּוֹתֶרֶת
highway *n.* כְּבִישׁ רָאשִׁי; דֶּרֶךְ
highwayman *n.* שׁוֹדֵד דְּרָכִים
hi'jack' *v&n.* חָטַף (מטוס); חֲטִיפָה
hike *v&n.* טִיֵּל, צָעַד; טִיּוּל
hiker *n.* מְטַיֵּל
hila'rious *adj.* עַלִּיז, שָׂמֵחַ; מַצְחִיק
hill *n.* גִּבְעָה; תְּלוּלִית; שִׁפּוּעַ, מַעֲלֶה
hill'ock *n.* תְּלוּלִית, גִּבְעוֹנֶת
hillside *n.* צֶלַע גִּבְעָה
hilly *adj.* רַב־גְּבָעוֹת, מְשׁוּפָּע
hilt *n.* נִצַּב־הַחֶרֶב, יָדִית
him *pron.* אוֹתוֹ; לוֹ; *הוּא
himself' *pron.* (את־/ל־/ב־/מ־) עַצְמוֹ
 he himself בִּכְבוֹדוֹ וּבְעַצְמוֹ
hind (hīnd) *adj&n.* אֲחוֹרִי; צְבִיָּה
hin'der *v.* עִכֵּב; הִפְרִיעַ; מָנַע
hindmost *adj.* הָאַחֲרוֹן, אֲחוֹרָנִי
hindquarters *npl.* הַחֲלָקִים הָאֲחוֹרִיִּים
hin'drance *n.* עִכּוּב, מַעֲצוֹר
hindsight *n.* רְאִיָּה לְאָחוֹר
hinge *n&v.* צִיר; תָּלָה, הָיָה תָּלוּי
hint *n&v.* רֶמֶז, סִמָּן קַל; עֵצָה; רָמַז
hin'terland' *n.* תּוֹךְ הָאָרֶץ, עוֹרֶף
hip *n.* יָרֵךְ, מִפְרַק הַיָּרֵךְ; מוֹתֶן
hip'pie, hip'py *n.* הִיפִּי
hip'po *n.* סוּס־הַיְאוֹר, הִיפּוֹפּוֹטָמוּס
hip'podrome' *n.* כִּכָּר, אִצְטַדְיוֹן
hip'popot'amus *n.* סוּס־הַיְאוֹר
hire *v&n.* שָׂכַר; שְׂכִירוּת; הַשְׂכָּרָה
 hire out הִשְׂכִּיר; מָכַר שֵׁרוּתָיו
hire'ling (hīr'l-) *n.* שָׂכִיר
his (-z) *pron&adj.* שֶׁלּוֹ
hiss *v&n.* שָׁרַק, לָחַשׁ, נָשַׁף; שְׁרִיקָה
histol'ogy *n.* תּוֹרַת רִקְמוֹת־הַגּוּף
histo'rian *n.* הִיסְטוֹרְיוֹן
histor'ic(al) *adj.* הִיסְטוֹרִי
his'tory *n.* הִיסְטוֹרְיָה, דִּבְרֵי הַיָּמִים
his'trion'ic *adj.* תֵּיאַטְרָלִי, דְּרָמָתִי
hit *v.* הִכָּה; פָּגַע; הִגִּיעַ לְ־, מָצָא
 hit it off הִסְתַּדֵּר יָפֶה, הִתְאִים
 hit the books *לָמַד
 hit the bottle *הִתְמַכֵּר לִשְׁתִיָּה
 hit the hay/sack *הָלַךְ לִישׁוֹן
 hit the roof *הִתְרַתַּח, הִתְרַגֵּז
hit *n.* מַכָּה, מַהֲלוּמָה; פְּגִיעָה; לָהִיט
hit-and-run *adj.* פְּגַע וּבְרַח
hitch *n&v.* מְשִׁיכָה, הֲרָמָה; מִכְשׁוֹל, תַּקָּלָה; לוּלָאָה; קָשַׁר, חִבֵּר; הִתְחַבֵּר
 be hitched *הִתְחַתֵּן
hitch'hike' *v.* נָסַע בְּטֶרֶמְפִּים
hitchhiker *n.* טְרֶמְפִּיסְט
hith'er (-dh-) *adj.* לְכָאן, הֵנָּה, פֹּה
hitherto (hidh'ərtōō) *adv.* עַד כֹּה
hit-or-miss *adj.* מִקְרִי, לֹא־מְתוּכְנָן
hit parade מִצְעַד הַפִּזְמוֹנִים
hive *n.* כַּוֶּרֶת; חַיִּו בְּצַוְתָּא
hives *npl.* חָרֶלֶת (מחלת־עור)
hoard *v&n.* אָגַר, צָבַר; אוֹצָר, מַטְמוֹן
hoarse *adj.* צָרוּד
hoar'y *adj.* אָפוֹר, לָבָן, עַתִּיק
hoax *n&v.* מְתִיחָה, תַּעֲלוּל; מָתַח
hob *n.* מַדַּף־מַתֶּכֶת (ליד האח לחימום)
hob'ble *v.* צָלַע, הִשְׁתָּרֵךְ; קָשַׁר
hob'by *n.* תַּחְבִּיב, הוֹבִּי
hobbyhorse *n.* סוּס־עֵץ; שִׁגָּיוֹן
hob'gob'lin *n.* שֵׁד, רוּחַ, מַזִּיק
hob'nail' *n.* מַסְמֵר קָטָן (עב־ראש)
ho'bo *n.* *נַוָּד, פּוֹעֵל מוּבְטָל
Hobson's choice חוֹסֶר בְּרֵרָה
hock *n.* קֶפֶץ; יֵין הוֹק; *מַשְׁכּוֹן; כֶּלֶא
hock'ey *n.* הוֹקִי
ho'cus-po'cus *n.* הוֹקוּס פּוֹקוּס
hod *n.* מַגַּשׁ־בַּנָּאִים
hoe (hō) *n&v.* מַעְדֵּר, מַכּוֹשׁ; עָדַר, תִּחֵחַ
hog *n&v.* חֲזִיר; הִתְנַהֵג כַּחֲזִיר
hoggish *adj.* חֲזִירִי, גַּס, אָנוֹכִיִּי
hogs'head' (hogz'hed) *n.* חָבִית
hog-tie *v.* עָקַד, כָּפַת, כָּבַל
hogwash *n.* זֶבֶל, שְׁטוּיוֹת
hoist *v&n.* הֵנִיף; מָנוֹף; הֲנָפָה
hoi'ty-toi'ty *adj.* *גֵּא, יָהִיר, מְנוּפָּח
hold (hōld) *v.* הֶחֱזִיק; אָחַז; הֵכִיל; שָׁמַר; חָשַׁב, הֶאֱמִין; נִהֵל, עָרַךְ; הָיָה בַּעַל—
 hold back עָצַר, בָּלַם; מָנַע
 hold down דִּכֵּא, רִסֵּן, בָּלַם
 hold in רִסֵּן, הִגְבִּיל, עָצַר
 hold it! עֲצוֹר! אַל תָּזוּז!
 hold off עָצַר, הִרְחִיק; דָּחָה
 hold on הֶחֱזִיק מַעֲמָד, הִמְשִׁיךְ

hold one's hand נִמְנַע; הִשְׁהָה
hold one's own עָמַד אֵיתָן
hold out הִצִּיעַ; הֶחֱזִיק מַעֲמָד
hold true הָיָה נָכוֹן, הָיָה כָּךְ
hold up עִכֵּב; נָשָׂא, תָּמַךְ
hold water הָיָה הֶגְיוֹנִי/סָבִיר
it still holds זֶה עוֹמֵד בְּעֵינוֹ
I hold (that-) לְדַעְתִּי
hold *n.* אֲחִיזָה, תְּפִיסָה; הַשְׁפָּעָה; סַפָּנָה
catch/take/get hold of תָּפַס
holder *n.* מַחֲזִיק, תּוֹפֵס; בְּעָלִים
holding *n.* נְכָסִים, קַרְקַע; מְנָיוֹת
holding company חֶבְרַת־גַּג
hold-up *n.* שׁוֹד מְזוּיָן; עֲצִירָה
hole *n&v.* חוֹר; גּוּמָה; כּוּךְ; נָקַב
in a hole בְּמַצָּב קָשֶׁה, בִּמְצוּקָה
hol'iday' *n.* חַג; יוֹם מְנוּחָה; פַּגְרָה
ho'liness *n.* קְדוּשָּׁה
hol'ler *v.* *צָרַח, צָעַק
hol'low (-lō) *adj.* חָלוּל, נָבוּב; רֵיקָנִי
hollow *n&v.* חוֹר, חָלָל; נִבֵּב; חָפַר
hol'ly *n.* צִנִּית (שיח ירוק־עד)
hollyhock *n.* חוֹטְמִית תַּרְבּוּתִית (פרח)
hol'ocaust' *n.* שׁוֹאָה; שְׂרֵפָה
hol'ster (hōl'-) *n.* נַרְתִּיק (האקדח)
ho'ly *adj&n.* קָדוֹשׁ
holy of holies קוֹדֶשׁ הַקֳּדָשִׁים
holystone *n.* אֶבֶן־חוֹל (למירוק)
Holy Writ כִּתְבֵי־הַקּוֹדֶשׁ
hom'age *n.* כָּבוֹד, הַעֲרָכָה
home *n&v.* בַּיִת; שָׁב; הִתְבַּיֵּת
is at home in מִתְמַצֵּא בְּ־, בָּקִי בְּ—
home *adj.* בֵּיתִי, מִשְׁפַּחְתִּי, פְּנִימִי
home *adv.* הַבַּיְתָה; בַּבַּיִת, אֶל הַיַּעַד
bring it home to הֶחְדִּיר לְמוֹחוֹ
it came home to me נִתְחַוֵּר לִי
home brew בִּירָה בֵּיתִית
home-coming *n.* שִׁיבָה הַבַּיְתָה
home front חֲזִית־הַפְּנִים
homeland *n.* מוֹלֶדֶת
homeless *adj.* חֲסַר־בַּיִת
home'ly (hōm'-) *adj.* פָּשׁוּט, מְכוֹעָר
home-made *adj.* בֵּיתִי, עָשׂוּי בַּבַּיִת
home rule שִׁלְטוֹן עַצְמִי, אוֹטוֹנוֹמְיָה
home run הַקָּפָה שְׁלֵמָה (בכדור בסיס)
homesick *adj.* מִתְגַּעְגֵּעַ הַבַּיְתָה
homespun *adj&n.* טָווּי בַּבַּיִת; פָּשׁוּט

home stretch/straight קֶטַע הַסִּיּוּם
homeward(s) *adv.* הַבַּיְתָה
homework *n.* שִׁעוּרֵי־בַּיִת; הֲכָנוֹת
home'y (hō'mi) *adj.* *בֵּיתִי, נוֹחַ
hom'ici'dal *adj.* רַצְחָנִי, שֶׁל רֶצַח
hom'icide' *n.* הֶרֶג; רֶצַח; רוֹצֵחַ
hom'ily *n.* דְּרָשָׁה, הַטָּפַת מוּסָר
ho'ming *adj.* שָׁב הַבַּיְתָה, מִתְבַּיֵּת
homing pigeon יוֹנַת־דּוֹאַר
ho'mo *n.* אָדָם, אִישׁ
ho'mogene'ity *n.* הוֹמוֹגֶנִיּוּת
ho'moge'ne·ous *adj.* הוֹמוֹגֶנִי, אָחִיד
hom'ograph' *n.* הוֹמוֹגְרָף, צָמוּד
hom'onym' *n.* צָמוּד, הוֹמוֹנִים
ho'mo·sex'u·al (-sek'shōōəl) הוֹמוֹסֶקְסוּאָלִי; הוֹמוֹסֶקְסוּאָל
hone *n&v.* אֶבֶן מַשְׁחֶזֶת; הִשְׁחִיז
hon'est (on-) *adj.* הוֹגֵן, יָשָׁר
honestly *adv.* בְּהֶגֵּן־צֶדֶק, בֶּאֱמֶת, בֶּאֱמוּנָה
honesty *n.* הֲגִינוּת, יוֹשֶׁר
hon'ey (hun'i) *n.* דְּבַשׁ; *מוֹתֶק; יַקִּירִי
honeybee *n.* דְּבוֹרָה
honeycomb *n.* חַלַּת־דְּבַשׁ
honeyed *adj.* מָתוֹק; מַחֲמִיא
honeymoon *n.* יֶרַח דְּבַשׁ
honeysuckle *n.* יַעֲרָה (שיח מטפס)
honk *n&v.* צְפִירַת מְכוֹנִית; גִּעְגּוּעַ; צָפַר
hon'or (on-) *n&v.* כָּבוֹד; כִּבֵּד; קִיֵּם
honor a check כִּבֵּד שֶׁק
honors אוֹתוֹת הִצְטַיְּנוּת
in honor of לִכְבוֹד, לְזֵכֶר
Your/His honor כְּבוֹד הַשּׁוֹפֵט
honorable *adj.* מְכוּבָּד
hon'orar'y (on'əreri) *adj.* שֶׁל כָּבוֹד
hon'orif'ic (on-) *adj.* חוֹלֵק כָּבוֹד
hood *n.* בַּרְדָס; בַּרְדָּס; חִפַּת הַמָּנוֹעַ
hood'lum *n.* *פּוֹשֵׁעַ מְסוּכָּן, בִּרְיוֹן
hood'wink' *v.* רִמָּה, הוֹלִיךְ שׁוֹלָל
hoof *n.* פַּרְסָה
on the hoof חַי, שֶׁטֶרֶם נִשְׁחַט
hook *n.* וָו, קֶרֶס; מִתְלֶה; מַכַּת מַגָּל
on the hook בְּמַצָּב קָשֶׁה
hook *v.* לָכַד; כּוֹפֵף; רָכַס
hook up with הִתְחַבֵּר, הִתְאַחֵד עִם
hook'ah (-kə) *n.* נַרְגִּילָה
hooked *adj.* כָּפוּף, מְאוּנְקָל; *מָכוּר לְ—
hook'er *n.* *זוֹנָה

hookworm *n.* כֶּרֶץ (תולעת מעיים)

hook'y *adj&n.* דְּמוּי קֶרֶס

play hooky הִשְׁתַּמֵּט מִבֵּית־הַסֵּפֶר

hoo'ligan *n.* חוּלִיגָן, בִּרְיוֹן

hoop *n&v.* גַּלְגַּל, חִשּׁוּק; חִשֵּׁק

hooray' *interj.* הֵידָד!

hoot (ho͞ot) *n&v.* שְׁרִיקָה; צְפִירָה; קְרִיאַת בּוּז; צָפַר, צָעַק בּוּז

hoo'ter *n.* צוֹפָר; *חוֹטֶם

hooves = pl of hoof (hoovz)

hop *v&n.* קִפֵּץ, דִּדָּה; נִתּוּר, קְפִיצָה; *מְסִבַּת־רִקּוּדִים; טִיסָה; כְּשׁוּת

hop to it! קְדִימָה!

on the hop *עָסוּק; לֹא מוּכָן

hope *n&v.* תִּקְוָה, צִפִּיָּה; קִוָּה, יִחֵל

beyond/past hope לְאַחַר יֵאוּשׁ

hope chest אַרְגַּז הַכַּלָּה

hopeful *adj.* מְקַוֶּה; מַבְטִיחַ

hopefully *adv.* בְּתִקְוָה, נְקַוֶּה שֶׁ—

hopeless *adj.* חֲסַר־תִּקְוָה, אָבוּד

hop'per *n.* מַרְזֵב, אֲפַרְכֶּסֶת; חָגָב

hop-scotch *n.* אֶרֶץ (משחק באבן)

horde *n.* הָמוֹן, קָהָל; שֵׁבֶט נוֹדֵד

hori'zon *n.* אוֹפֶק

hor'izon'tal *adj&n.* אוֹפְקִי, מְאוּזָן

horizontal bars מֶתַח (בהתעמלות)

hor'mone *n.* הוֹרְמוֹן

horn *n&v.* קֶרֶן; חוֹמֶר קַרְנִי; צוֹפָר; שׁוֹפָר

blow one's own horn הִתְפָּאֵר

horn in הִתְעָרֵב, תָּחַב אַפּוֹ

horned *adj.* מַקְרִין, בַּעַל קַרְנַיִם

hor'net *n.* צִרְעָה, דַּבּוּר

horn-rimmed *adj.* מְמוּסְגְּרֵי־קֶרֶן

horny *adj.* קָשֶׁה, קַרְנִי, מְחֻסְפָּס

horol'ogy *n.* שְׁעָנוּת

hor'oscope' *n.* הוֹרוֹסְקוֹפּ

hor'rible *adj.* נוֹרָא, אָיֹם; *מַגְעִיל

hor'rid *adj.* נוֹרָא, אָיֹם

hor'rify' *v.* הֶחֱרִיד, זִעְזַע

hor'ror *n.* אֵימָה, חַלְחָלָה, זְוָעָה

horror-struck *adj.* אֲחוּז אֵימָה

hors d'oeuvre (ôrdûrv') מְתַאֲבֵן

horse *n&v.* סוּס; חֲמוֹר (בהתעמלות)

a willing horse עוֹבֵד מָסוּר

horse and foot פָּרָשִׁים וְרַגְלִים

horse around שִׂחֵק, הִתְהוֹלֵל

horseback *n.* גַּב הַסּוּס, עַל הַסּוּס

horsefly *n.* זְבוּב הַסּוּס

horsehair *n.* שְׂעַר־סוּס

horse-laugh *n.* צְחוֹק גַּס, צְחוֹק רָם

horseman *n.* פָּרָשׁ, סַיָּס

horsemanship *n.* פָּרָשׁוּת

horsemeat *n.* בְּשַׂר־סוּס

horse opera *מַעֲרָבוֹן

horse-play *n.* מִשְׂחָק גַּס, מִשְׂחָק פָּרוּעַ

horsepower *n.* כֹּחַ סוּס

horserace *n.* מֵרוֹץ סוּסִים

horseradish *n.* חֲזֶרֶת (ירק)

horse sense שֵׂכֶל יָשָׁר, הִגָּיוֹן

horseshoe *n.* פַּרְסָה, פַּרְסַת־בַּרְזֶל

horse trade סְחַר־סוּסִים

horsewhip *n&v.* שׁוֹט, מַגְלֵב; הִצְלִיף

horsewoman *n.* רוֹכֶבֶת, פָּרָשִׁית

hors'y *adj.* סוּסִי; שׁוֹחֵר רְכִיבָה

hor'tative *adj.* מְעוֹדֵד, מְעוֹרֵר

hor'ticul'ture *n.* גַּנָּנוּת

hor'ticul'turist (-'ch-) *n.* גַּנָּן

hose (-z) *n.* גּוּבְתָּה, זַרְנוּק; גַּרְבַּיִם

hose *v.* הִשְׁקָה/שָׁטַף בְּצִנּוֹר

ho'sier (-zhər) *n.* מוֹכֵר גַּרְבַּיִם וּלְבָנִים

hosiery *n.* גַּרְבַּיִם וּלְבָנִים

hos'pice (-pis) *n.* פּוּנְדָּק, אַכְסַנְיָה

hos'pitable *adj.* מַסְבִּיר פָּנִים, מְאָרֵחַ

hos'pital *n.* בֵּית־חוֹלִים

hos'pital'ity *n.* סֵבֶר פָּנִים יָפוֹת

hos'pitalize' *v.* אִשְׁפֵּז

host (hōst) *n.* מְאָרֵחַ; פּוּנְדְּקַאי

host *n.* הָמוֹן, הַרְבֵּה, צָבָא; לֶחֶם קוֹדֶשׁ

hos'tage *n.* בֶּן־עֲרוּבָּה

take hostage חָטַף בֶּן־עֲרוּבָּה

hos'tel *n.* אַכְסַנְיָה, פְּנִימִיָּה

hostess *n.* מְאָרַחַת, בַּת־זוּג לְרִקּוּד

hos'tile *adj.* אוֹיֵב, עוֹיֵן, מִתְנַגֵּד

hos·til'ity *n.* מַעֲשֵׂה־אֵיבָה; שִׂנְאָה

hot *adj&v.* חַם, לוֹהֵט; חָרִיף; טָרִי

blow hot and cold הָיָה הַפַּכְפַּךְ

hot and heavy נִמְרָץ, נִלְהָב, חָזָק

hot news חֲדָשׁוֹת שֶׁל הָרֶגַע הָאַחֲרוֹן

hot up חִמֵּם; הִתְחַמֵּם

in hot water בְּצָרוֹת

hot air מִלִּים רֵיקוֹת, הֶבֶל

hotbed *n.* חֲמָמָה; מְקוֹם גִּדּוּל

hot-blooded *adj.* חֲמוּם מוֹחַ, חַם מֶזֶג

hot dog נַקְנִיקִית (בתוך לחמנייה)

ho·tel′ *n.* מָלוֹן, בֵּית־מָלוֹן
hotfoot *adv&v.* מַהֵר; מִהֵר, רָץ
hothead *n.* חֲמוּם־מוֹחַ, לֹא מְיוּשָׁב
hotheaded *adj.* חֲמוּם־מוֹחַ
hothouse *n.* חֲמָמָה
hot line קַו יָשִׁיר (בטלפון האדום)
hotly *adv.* בְּחוֹם, בְּהִתְרַגְּשׁוּת, בְּכַעַס
hotplate *n.* לוּחַ־בִּשּׁוּל, מַשְׁפֵּת
hot spot מָקוֹם חַם (על סף מלחמה)
hot spring מַעְיַן מַיִם חַמִּים
hot-tempered *adj.* חֲמוּם־מֶזֶג
hot-water bottle בַּקְבּוּק מַיִם חַמִּים
hound *n&v.* כֶּלֶב־צַיִד; נָבָל; צָד; הֵצִיק
hour (our) *n.* שָׁעָה; זְמַן
after hours לְאַחַר שְׁעוֹת הָעֲבוֹדָה
for hours בְּמֶשֶׁךְ שָׁעוֹת אֲרוּכּוֹת
on the hour בְּשָׁעָה, בְּכָל שָׁעָה שְׁלֵמָה
the small hours הַשָּׁעוֹת הַקְּטַנּוֹת
hourglass *n.* שְׁעוֹן חוֹל (האוזל בשעה)
hour hand מְחוֹג הַשָּׁעוֹת
hourly *adv.* בְּכָל שָׁעָה, מִדֵּי שָׁעָה
house (-s) *n.* בַּיִת; תֵּיאַטְרוֹן; קָהָל
on the house עַל חֶשְׁבּוֹן בַּעַל הַבַּיִת
under house arrest בְּמַעֲצַר בַּיִת
house (-z) *v.* שִׁכֵּן, אִכְסֵן; אִחְסֵן
housebreaker *n.* פּוֹרֵץ, גַּנָּב
housebroken *adj.* מְאוּלָּף, מְבוּיָּת
housecoat *n.* חֲלוּק בַּיִת
housefly *n.* זְבוּב הַבַּיִת
houseful *n.* מְלוֹא הַבַּיִת
household *n.* דָּרֵי הַבַּיִת, בְּנֵי בַּיִת
household *adj.* בֵּיתִי, שֶׁל בַּיִת
householder *n.* בַּעַל בַּיִת
housekeeper *n.* מְנַהֶלֶת מֶשֶׁק הַבַּיִת
housemaid *n.* עוֹזֶרֶת, פּוֹעֶלֶת נִקָּיוֹן
housemother *n.* אֵם הַבַּיִת
house physician רוֹפֵא בַּיִת (הגר בבי״ח)
house-to-house *adj.* מִבַּיִת לְבַיִת
housetop *n.* גַּג הַבַּיִת
shout from the housetops פִּרְסֵם
house-warming *n.* חֲנוּכַּת בַּיִת
housewife *n.* עֲקֶרֶת בַּיִת
housework *n.* עֲבוֹדוֹת הַבַּיִת
hous′ing (-z-) *n.* דִּיוּר; שִׁכּוּנִים; בַּיִת
hove = p of heave
hov′el *n.* בַּיִת עָלוּב, צְרִיפוֹן
hov′er *v.* רִחֵף; שָׁהָה בַּסְּבִיבָה
hovercraft *n.* רַחֶפֶת, סְפִינַת־רַחַף
how *adv.* אֵיךְ, כֵּיצַד; בְּאֵיזוֹ מִדָּה
and how *וְעוֹד אֵיךְ! בֶּטַח!
how about- מַה דַּעְתְּךָ עַל/שֶׁ—
how come *מַדּוּעַ זֶה? אֵיךְ יִתָּכֵן?
how long כַּמָּה זְמַן
how much/many כַּמָּה
how·ev′er *adv&conj.* בְּכָל אוֹפֶן
howl *v&n.* יִלֵּל, גָּעָה; יְלָלָה
howler *n.* *טָעוּת טִפְּשִׁית/מַצְחִיקָה
HP = horsepower
hub *n.* טַבּוּר הָאוֹפַן; מֶרְכָּז, מוֹקֵד
hub′bub′ *n.* הֲמוּלָה, שָׁאוֹן
hubcap *n.* כּוֹבַע הַטַּבּוּר (בגלגל), צַלַּחַת
huck′ster *n.* רוֹכֵל; *פִּרְסוּמַאי
hud′dle *v&n.* הִצְטוֹפֵף; עֵרֶב רַב
hue (hū) *n.* צֶבַע, גָּוֶן
hue and cry מְחָאָה, זְעָקָה
huff *v.* הִתְנַשֵּׁף; רוֹגֶז, הִפָּגְעוּת
hug *v&n.* חִבֵּק; אִמֵּץ; חִבּוּק
hug oneself טָפַח עַל שִׁכְמוֹ
huge *adj.* גָּדוֹל, כַּבִּיר, עֲנָקִי
hulk *adj&n.* כָּבֵד, מְגוּשָּׁם; גְּוַת־אוֹנִיָּה
hulking *adj.* גָּדוֹל, מְגוּשָּׁם, כָּבֵד
hull *n.* גּוּף הָאוֹנִיָּה; תּוּבָּה; קְלִפָּה
hull *v.* קִלֵּף
hul′labaloo′ *n.* רַעַשׁ, מְהוּמָה
hum *v&n.* זִמְזֵם; נָע, פָּעַל; זִמְזוּם
hu′man *adj.* אֱנוֹשִׁי, שֶׁל הָאָדָם
human being אָדָם, יְצוּר אֱנוֹשִׁי
hu·mane′ (hū-) *adj.* אֱנוֹשִׁי, הוּמָנִי
hu′manist *n.* הוּמָנִיסְט
hu·man′ita′rian (hū-) *adj.* אֱנוֹשִׁי, הוּמָנִיטָרִי, אוֹהֵב הַבְּרִיּוֹת
hu·man′ity (hū-) *n.* אֱנוֹשׁוּת
humanities מַדְּעֵי הָרוּחַ
humankind *n.* הַמִּין הָאֱנוֹשִׁי
hum′ble *adj.* צָנוּעַ, עָנָיו; עָלוּב, דַּל
humble *v.* הִשְׁפִּיל, הִכְנִיעַ, דִּכָּא
hum′bug′ *n.* רַמָּאוּת; רַמַּאי
humbug *v.* הוֹנָה, הוֹלִיךְ שׁוֹלָל
hum′drum′ *adj.* מְשַׁעֲמֵם, מוֹנוֹטוֹנִי
hu′merus *n.* עֶצֶם הַזְּרוֹעַ
hu′mid *adj.* לַח, רָטוֹב
hu·mid′ify′ (hū-) *v.* לִחְלַח
hu·mid′ity (hū-) *n.* לַחוּת
hu·mil′iate′ (hū-) *v.* הִשְׁפִּיל

hu·mil′ity (hū-) *n.* עֲנָוָה, נִכְנָעוּת
hum′mingbird′ *n.* יוֹנֵק־הַדְּבַשׁ
hu′mor *n.* הוּמוֹר, הִתּוּל; מַצַּב־רוּחַ
out of humor בְּמַצַּב־רוּחַ רָע
humor *v.* מִלֵּא אֶת רְצוֹן־, פִּנֵּק
hu′morist *n.* הוּמוֹרִיסְטָן, בַּדְּחָן
hu′morous *adj.* הוּמוֹרִיסְטִי, הִתּוּלִי
hump *n&v.* חֲטוֹטֶרֶת, דַּבֶּשֶׁת; קִמֵּר
humpback *n.* גִּבֵּן; גַּב מְגוּבְנָן
hu′mus *n.* רִקְבּוּבִית, הוּמוּס
hunch *n.* חֲטוֹטֶרֶת, גּוּשׁ; חֲשָׁשׁ, תְּחוּשָׁה
hunch *v.* גִּבְנֵן, קִמֵּר
hunchback *n.* גִּבֵּן; גַּב מְגוּבְנָן
hun′dred *n.* מֵאָה, 100
hundredth *adj.* ה־100; מֵאִית
hung = p of hang
hun′ger (-ng-) *n&v.* רָעָב; רָעַב
hun′gry *adj.* רָעֵב; גּוֹרֵם רָעָב, מַרְעִיב
hunk *n.* חֲתִיכָה גְּדוֹלָה, נֵתַח
hunt *v&n.* צָד; חִפֵּשׂ; צַיִד, מָצוֹד
hunt down לָכַד, חִפֵּשׂ וְתָפַס
hunt off/out of גֵּרֵשׁ, הִבְרִיחַ
hunter *n.* צַיָּד; סוּס־צַיִד; שְׁעוֹן־כִּיס
hunting *n.* צַיִד
hunting ground אֲתַר־צַיִד
huntress *n.* צַיֶּדֶת
hur′dle *n&v.* מְשׂוּכָה; קוֹשִׁי; גָּדַר
hur′dy-gur′dy *n.* תֵּבַת נְגִינָה
hurl *v.* הִשְׁלִיךְ, הֵטִיל
hur′ly-bur′ly *n.* הֲמוּלָה, שָׁאוֹן
hurray′ (hoor-) *interj.* הֵידָד!
hur′ricane′ (hûr′-) *n.* סוּפַת הוּרִיקָן
hurried *adj.* חָפוּז
hur′ry (hûr′-) *v.* מִהֵר, חָשׁ; הֵאִיץ
hurry up הִזְדָּרֵז; זֵרֵז
hurry *n.* חִפָּזוֹן, מְהִירוּת; דְּחִיפוּת
hurt *v&n.* הִכְאִיב, פָּצַע; פְּגִיעָה
hur′tle *v.* נָע בְּעָצְמָה, הִתְעוֹפֵף
hus′band (-z-) *n&v.* בַּעַל; חָסַךְ
husbandry *n.* חַקְלָאוּת, נִהוּל; חִסָּכוֹן
hush *v&n.* הִשְׁתִּיק; שָׁתַק; שֶׁקֶט
hush up הִשְׁתִּיק, טִשְׁטֵשׁ, הֶעֱלִים
hush-hush *adj.* חֲשָׁאִי, סוֹדִי
hush money דְּמֵי לֹא יֶחֱרַץ
hush-up *n.* הַשְׁתָּקָה, טִשְׁטוּשׁ, הַעֲלָמָה
husk *n&v.* קְלִפָּה, מוֹץ; קִלֵּף
hus′ky *adj.* צָרוּד, יָבֵשׁ; חָסוֹן, חָזָק
hus′sy *n.* אִשָּׁה קַלַּת־דַּעַת
hus′tle (-səl) *v&n.* דָּחַף, דָּחַק, זֵרֵז; עָסַק בִּזְנוּת; הֲמוּלָה, פְּעִילוּת
hustler *n.* פַּעַלְתָּן; *יַצְאָנִית
hut *n.* צְרִיף, בִּקְתָּה
hutch *n.* תֵּבָה, לוּל, כְּלוּב
hy′acinth′ *n.* יַקִּינְטוֹן
hy′brid *n.* הִיבְּרִיד, בֶּן־כִּלְאַיִם
hy′bridize′ *v.* הִצְלִיב, הִכְלִיא
hy′dra *n.* הִידְרָה, מִפְלֶצֶת
hy′drant *n.* הִידְרַנְט, בֶּרֶז־שְׂרֵפָה
hy′drate′ *n.* הִידְרָט, מֵימָה
hy·draul′ic *adj.* הִידְרוֹלִי, שֶׁל לַחַץ מַיִם
hy′drocar′bon *n.* פַּחְמֵימָן
hy′dro·e·lec′tric *adj.* הִידְרוֹאֶלֶקְטְרִי
hy′drofoil′ *n.* רַחֶפֶת, סְנַפִּירִית
hy′drogen *n.* מֵימָן
hydrogen peroxide מֵי חַמְצָן
hy′dropho′bia *n.* בַּעַת־מַיִם, כַּלֶּבֶת
hy′droplane′ *n.* מְטוֹס־יָם
hy·e′na *n.* צָבוֹעַ
hy′giene (-jēn) *n.* הִיגְיֶנָה, גֵּהוּת
hy′gien′ic *adj.* הִיגְיֶנִי, גֵּהוּתִי
hy′men *n.* בְּתוּלִים
hymn (him) *n.* הִימְנוֹן, פִּיּוּט, מִזְמוֹר
hy·per′bola *n.* הִיפֶּרְבּוֹלָה (עקומה)
hy·per′bole (-bəli) *n.* הַפְרָזָה
hy′persen′sitive *adj.* רָגִישׁ מְאוֹד
hy′phen *n.* מַקָּף, (־)
hy′phenate′ *v.* חִבֵּר בְּמַקָּף, מִקֵּף
hypno′sis *n.* הִיפְּנוֹזָה
hypnot′ic *adj.* מְהוּפְּנָט, הִיפְּנוֹטִי
hyp′notist *n.* מְהַפְּנֵט
hyp′notize′ *v.* הִפְנֵט
hy′po *n.* זְרִיקָה, מַזְרֵק; הִיפּוֹסוּלְפִיט
hy′pochon′dria (-k-) *n.* דִּכְדּוּךְ, הִיפּוֹכוֹנְדְרִיָה, פַּחַד מִפְּנֵי מַחֲלוֹת מְדוּמוֹת
hypoc′risy *n.* צְבִיעוּת
hyp′ocrite′ (-rit) *n.* צָבוּעַ, מִתְחַסֵּד
hyp′ocrit′ical *adj.* צָבוּעַ
hy′poder′mic זְרִיקָה; תַּת־עוֹרִי
hy·pot′enuse′ *n.* יֶתֶר (במשולש)
hy·poth′esis *n.* הִיפּוֹתֵיזָה, הַנָּחָה
hy′pothet′ical *adj.* הִיפּוֹתֵיטִי, מְשׁוֹעָר
hys′sop *n.* אֵזוֹב
hyster′ia *n.* הִיסְטֶרְיָה
hyster′ical *adj.* הִיסְטֶרִי

I

I *pron.* אֲנִי
ib′id, ib′idem′ *adv.* הַנַּ״ל, שָׁם
ice *n&v.* קֶרַח; הִקְפִּיא, קֵרֵר; צִפָּה
cut no ice לֹא הִשְׁפִּיעַ, לֹא הִרְשִׁים
on ice מוּשְׁעֶה, מוּנָח בַּצַּד
ice up/over הִתְכַּסָּה קֶרַח
ice′berg′ (īs′-) *n.* קַרְחוֹן
icebound *adj.* (נמל) חָסוּם בְּקֶרַח
ice-breaker *n.* שׁוֹבֶרֶת־קֶרַח (אונייה)
ice cream גְּלִידָה
ice pick מַכּוֹשׁ קֶרַח, אִזְמֵל קֶרַח
icerink *n.* חֲלַקְלַקָּה, רַחֲבַת קֶרַח
ice skates מַחֲלִיקַיִם
i′cicle *n.* נְטִיף קֶרַח
i′cing *n.* צִפּוּי לְעוּגָה, קֶצֶפֶת, זִגּוּג
i′con *n.* אִיקוֹנִין, צֶלֶם, פֶּסֶל
i·con′oclast′ *n.* מְנַפֵּץ אֱלִילִים; כּוֹפֵר
icy *adj.* קַר כְּקֶרַח; מְכוּסֶּה קֶרַח
I′d = I had, I would (īd)
i·de′a *n.* רַעְיוֹן; מוּשָּׂג; תּוֹכְנִית; אִידֵיאָה
the idea! אֵיזוֹ חוּצְפָּה! אֵיזוֹ שְׁטוּת!
i·de′al *adj.* אִידֵיאָלִי; מוֹפְתִי, דִּמְיוֹנִי
ideal *n.* אִידֵיאָל, חָזוֹן, מוֹפֵת, מַשָּׂא־נֶפֶשׁ
i·de′alist *n.* אִידֵיאָלִיסְט
id′em *pron.* הַנַּ״ל, שָׁם
i·den′tical *adj.* זֶהֶה, דּוֹמֶה, שָׁוֶה; אוֹתוֹ
i·den′tifica′tion *n.* זִהוּי
i·den′tify′ *v.* זִהָה; הִשְׁוָה
i·den′tikit′ *n.* קַלַסְתְּרוֹן
i·den′tity *n.* זֶהוּת
i′de·olog′ical *adj.* אִידֵיאוֹלוֹגִי
i′de·ol′ogy *n.* אִידֵיאוֹלוֹגְיָה
id′iocy *n.* אִידְיוֹטִיּוּת, טִפְּשׁוּת
id′iom *n.* אִידְיוֹם; נִיב, צֵרוּף מִלִּים
id′iomat′ic *adj.* אִידְיוֹמָטִי; רַב־נִיבִים
id′iosyn′crasy *n.* אוֹפְיָנוּת, יִחוּדִיּוּת
id′iot *n.* אִידְיוֹט; שׁוֹטֶה
id′iot′ic *adj.* אִידְיוֹטִי, חֲסַר־הִגָּיוֹן
i′dle *adj&v.* בָּטֵל, לֹא עוֹבֵד; עָצֵל; חֲסַר־תּוֹעֶלֶת, חֲסַר־עֵרֶךְ; הִתְבַּטֵּל
i′dol *n.* אֱלִיל, פֶּסֶל
i·dol′atrous *adj.* פּוּלְחָנִי, סוֹגֵד
i·dol′atry *n.* עֲבוֹדַת־אֱלִילִים, פּוּלְחָן
i′dolize′ *v.* הֶעֱרִיץ, סָגַד לְ—
i·dyl′lic *adj.* אִידִילִי, שָׁלֵו, פָּשׁוּט
i.e. = id est (īē′) כְּלוֹמַר
if *conj.* אִם; אִלּוּ; כְּשֶׁ־, כַּאֲשֶׁר; לַמְרוֹת
if not אִם לֹא, וַאֲפִילוּ, וְאוּלַי
if only הַלְוַאי! אִלּוּ רַק! לוּ!
if you like אִם תִּרְצֶה, הָיִיתִי אוֹמֵר
ig′ne·ous *adj.* ווּלְקָנִי, שֶׁל אֵשׁ
ignite′ *v.* הִדְלִיק; הִתְלַקֵּחַ
igni′tion (-ni-) *n.* הַצָּתָה; הִתְלַקְּחוּת
ig·no′ble *adj.* שָׁפָל, נִבְזֶה, מֵבִישׁ
ig′nomin′y *n.* חֶרְפָּה, בִּזָּיוֹן
ig′nora′mus *n.* בּוּר, בַּעַר, עַם־הָאָרֶץ
ig′norance *n.* אִי־יְדִיעָה, בּוּרוּת
ig′norant *adj.* לֹא־יוֹדֵעַ, בּוּר; שֶׁל בּוּר
ignore′ *v.* הִתְעַלֵּם מִן, הִתְנַכֵּר לְ—
ilk *n.* סוּג, מַעֲמָד, מִשְׁפָּחָה
ill *adj&adv.* חוֹלֶה; רַע, בִּישׁ; בְּקוֹשִׁי
ill at ease בִּמְבוּכָה, לֹא נוֹחַ
I′ll = I will, I shall (īl)
ill-advised *adj.* לֹא נָבוֹן, לֹא פִּקֵּחִי
ill-bred *adj.* גַּס, לֹא מְחוּנָּךְ
ill-disposed *adj.* עוֹיֵן; לֹא נוֹטֶה, מְסָרֵב
il·le′gal *adj.* לֹא־חוּקִי
il·leg′ible *adj.* לֹא־קָרִיא
il′le·git′imate *adj&n.* לֹא־חוּקִי; מַמְזֵר
ill-favored *adj.* מְכוֹעָר, דּוֹחֶה
ill-gotten *adj.* שֶׁנִּרְכַּשׁ בְּמִרְמָה
il·lic′it *adj.* לֹא־חוּקִי
il·lit′erate *adj.* אַנַאלְפַבֵּיתִי, בּוּר
ill-mannered *adj.* גַּס, לֹא מְנוּמָּס
illness *n.* מַחֲלָה
il·log′ical *adj.* לֹא הֶגְיוֹנִי
ill-tempered *adj.* רַע־מֶזֶג, רַגְזָן
ill-timed *adj.* שֶׁלֹּא בִּזְמַנּוֹ, לֹא בְּעִתּוֹ
ill-treat *v.* הִתְאַכְזֵר, הִתְעַלֵּל
illu′minate′ *v.* הֵאִיר; שָׁפַךְ אוֹר
illu′mina′tion *n.* הֶאָרָה, תְּאוּרָה
ill-use *v.* הִתְאַכְזֵר, הִתְעַלֵּל
illu′sion (-zhən) *n.* אִילוּזְיָה, אַשְׁלָיָה
illu′sive, illu′sory *adj.* מַשְׁלֶה

il′lustrate′ *v.* בֵּאֵר, אִיֵּר; הִדְגִּים
il′lustra′tion *n.* בֵּאוּר; הַדְגָּמָה; אִיּוּר
illus′trative *adj.* מַסְבִּיר, מַדְגִּים
illus′trious *adj.* מְפוּרְסָם, מַזְהִיר
ill will שִׂנְאָה, אֵיבָה
im- (תחילית) לא
im′polite′ לֹא מְנוּמָס, גַּס
I′m = I am (īm) אֲנִי, הִנְנִי
im′age *n.* דְּמוּת; תַּדְמִית; דִּמּוּי, אִימָז׳
imag′inable *adj.* שֶׁיַּעֲלֶה עַל הַדַּעַת
imag′inar′y (-neri) *adj.* דִּמְיוֹנִי
imag′ina′tion *n.* דִּמְיוֹן
imag′ine (-jin) *v.* דִּמָּה, דִּמְיֵן
im′becil′ity *n.* טִמְטוּם, טִפְּשׁוּת
imbibe′ *v.* שָׁתָה, סָפַג, קָלַט
imbue′ (-bū′) *v.* מִלֵּא, הִסְפִּיג
im′itate′ *v.* חִקָּה; נִרְאָה כְּ—
im′ita′tion *n.* חִקּוּי, חַקְיָנוּת
im•mac′u•late *adj.* טָהוֹר, לְלֹא רְבָב
im′manent *adj.* פְּנִימִי, טָבוּעַ בִּפְנִים
im′mate′rial *adj.* לֹא חָשׁוּב; רוּחָנִי
imme′diacy *n.* מִיָּדִיּוּת, תְּכִיפוּת
imme′diate *adj.* מִיָּדִי, מָהִיר, יָשִׁיר
immediately . מִיָּד, לְלֹא דִּחוּי
im′memo′rial *adj.* קָדוּם
immense′ *adj.* כַּבִּיר, עָצוּם
immerse′ *v.* הִטְבִּיל, הִשְׁקִיעַ
immer′sion (-zhən) *n.* טְבִילָה, שְׁקִיעָה
im′migrant *n.* מְהַגֵּר, עוֹלֶה
im′migrate′ *v.* הִגֵּר, עָלָה
im′migra′tion *n.* הֲגִירָה, עֲלִיָּה
im′minent *adj.* קָרוֹב, עוֹמֵד לִקְרוֹת
im•mod′erate *adj.* מוּפְרָז, מוּגְזָם
im•mod′est *adj.* לֹא צָנוּעַ, גַּס, חָצוּף
im•mor′tal *adj&n.* אַלְמוֹתִי, נִצְחִי
immune′ *adj.* מְחוּסָּן, חָסִין
immu′nity *n.* חֲסִינוּת; פְּטוֹר, שִׁחְרוּר
im′mu•nize′ *v.* חִסֵּן, הִרְכִּיב
immure′ *v.* כָּלָא, סָגַר
imp *n.* שֵׁדוֹן, שֵׁד קָטָן
im′pact′ *n.* הִתְנַגְּשׁוּת; רוֹשֶׁם; אִימְפַּקְט
impair′ *v.* קִלְקֵל, הֶחֱלִישׁ, פָּגַם
impale′ *v.* דָּקַר, נָעַץ, פִּלַּח
impan′el *v.* צֵרֵף לְחֶבֶר הַמּוּשְׁבָּעִים
impart′ *v.* נָתַן, מָסַר, הִקְנָה
im•par′tial *adj.* הוֹגֵן, לֹא נוֹשֵׂא פָּנִים
im′passe′ *n.* מָבוֹי סָתוּם
impas′sion *v.* הִלְהִיב, שִׁלְהֵב
im•pas′sive *adj.* חֲסַר רֶגֶשׁ, שָׁלֵו, שַׁאֲנָן
im•pa′tient (-shənt) *adj.* קְצַר־רוּחַ
impeach′ *v.* פִּקְפֵּק בְּ־; הֶאֱשִׁים
im•pec′cable *adj.* טָהוֹר, לְלֹא רְבָב
imped′iment *n.* עִכּוּב, מַעְצוֹר; מוּם, פְּגַם
impel′ *v.* דָּחַף, הֵמְרִיץ, זֵרֵז
impend′ing *adj.* מִתְקָרֵב, מְמַשְׁמֵשׁ וּבָא
im•pen′itent *adj.* רָשָׁע, קְשׁוּחַ־לֵב
imper′ative *adj&n.* הֶכְרֵחִי; צִוּוּי
im•per′fect *adj.* לֹא־מוּשְׁלָם; פָּגוּם
impe′rial *adj&n.* קֵיסָרִי; זְקַנְקַן מְחוּדָּד
impe′rialism′ *n.* אִימְפֶּרְיָאלִיזְם
imper′il *v.* סִכֵּן, הֶעֱמִיד בְּסַכָּנָה
impe′rious *adj.* מְצַוֶּה, תַּקִּיף; הֶכְרֵחִי
im•per′sonal *adj.* לֹא־אִישִׁי; עַל־אֱנוֹשִׁי
imper′sonate′ *v.* שִׂחֵק/גִּלֵּם דְּמוּת
im•per′tinent *adj.* חָצוּף; לֹא רֶלֶוַנְטִי
impet′u•ous (-cho͞oəs) *adj.* פָּזִיז, נִמְהָר
im′petus *n.* דַּחַף, דְּחִיפָה, תְּנוּפָה
im•pi′ety *n.* חוֹסֶר כָּבוֹד, כְּפִירָה
impinge′ *v.* הִתְנַגֵּשׁ; הִשְׁפִּיעַ
impinge on גָּבַל בְּ־; הִסִּיג גְּבוּל
im′pious *adj.* לֹא דָּתִי; כּוֹפֵר
implant′ *v.* הֶחְדִּיר, הִשְׁרִישׁ
im•plau′sible (-z-) *adj.* לֹא סָבִיר
im′plement *n.* כְּלִי, מַכְשִׁיר
im′plement′ *v.* הוֹצִיא לְפוֹעַל, בִּצַּע
im′plicate′ *v.* עֵרֵב, סִבֵּךְ, גֵּרֵר
im′plica′tion *n.* סִבּוּךְ; מַשְׁמָעוּת
implic′it *adj.* מִשְׁתַּמֵּעַ, נִרְמָז; שָׁלֵם, מוּחְלָט
implied *adj.* מְרוּמָּז, מוּבָּע בַּעֲקִיפִין
implore′ *v.* הִתְחַנֵּן, הִפְצִיר בְּ—
imply′ *v.* רָמַז, הִבִּיעַ בַּעֲקִיפִין
import′ *v.* יִבֵּא; רָמַז, הִתְכַּוֵּן
it imports us to know חָשׁוּב שֶׁנֵּדַע
im′port′ *n.* יְבוּא; יִבּוּא; מַשְׁמָעוּת
impor′tance *n.* חֲשִׁיבוּת, עֵרֶךְ
impor′tant *adj.* חָשׁוּב, רַב עֵרֶךְ
impor′ter *n.* יְבוּאָן
impor′tunate (-′ch-) *adj.* מַפְצִיר
im′portune′ *v.* הִפְצִיר, נִדְנֵד
impose′ (-z) *v.* הֵטִיל (מס, תפקיד)
impose upon/on נִצֵּל
imposing *adj.* מַרְשִׁים, רַב־רוֹשֶׁם
im′posi′tion (-zi-) *n.* הַטָּלָה; מַס
im•pos′sible *adj.* בִּלְתִּי אֶפְשָׁרִי

impos'tor *n.* רַמַּאי, נוֹכֵל, מִתחַזֶה
im'potence *n.* אֵין־אוֹנוּת
im'potent *adj.* חֲסַר־אוֹנִים; אִימְפּוֹטֶנט
impound' *v.* תָּפַס, הֶחֱרִים; כָּלָא
impov'erish *v.* רוֹשֵׁשׁ, דִלדֵל
im·prac'tical *adj.* לֹא־מַעֲשִׂי
im'pre·ca'tion *n.* קְלָלָה
im·preg'nable *adj.* שֶׁאֵין לְכָבשוֹ, אֵיתָן
impreg'nate *v.* הִפרָה; מִלֵא
im'presar'io (-sär-) *n.* אֲמַרגָן
impress' *v.* הִטבִּיעַ; הִרשִׁים, הִשׁפִּיעַ
impres'sion *n.* טְבִיעָה, הַטבָּעָה; סִימָן; רוֹשֶׁם, הִתרַשְׁמוּת; הַדפָּסָה, מַהֲדוּרָה
impres'sive *adj.* רַב רוֹשֶׁם, מַרשִׁים
imprint' *v.* הִדפִּיס, הֶחתִּים, הִטבִּיעַ
im'print' *n.* חוֹתָם, סִימָן; שֵׁם הַמוֹ״ל
impris'on (-z-) *v.* אָסַר, כָּלָא
im·prob'able *adj.* לֹא סָבִיר, לֹא יִתָּכֵן
impromp'tu (-tōō) *adj.* מְאוּלתָּר
im·prop'er *adj.* לֹא הוֹגֵן; לֹא מַתְאִים; מוּטעֶה; מְגוּנֶה; (שֶׁבֶר) מְדוּמֶה
improve' (-rōōv') *v.* שִׁפֵּר; הִשׁתַּפֵּר
improvement *n.* שִׁפּוּר; הִשׁתַּפְּרוּת
im·prov'ident *adj.* בַּזבְּזָן
im'provise' (-z) *v.* אִלתֵּר
im·pru'dent *adj.* לֹא נָבוֹן, נִמהָר
im'pu·dence *n.* חוּצפָּה, עַזוּת
im'pu·dent *adj.* חָצוּף, חֲסַר־בּוּשָׁה
impugn' (-pūn') *v.* פִּקפֵּק בְּ־, אִתגֵר
im'pulse' *n.* דַחַף, דְחִיפָה; אִימפּוּלס
impul'sive *adj.* אִימפּוּלסִיבִי, דַחֲפוֹנִי
im·pu'nity *n.* פְּטוֹר מֵעוֹנֶשׁ
im·pure' *adj.* לֹא טָהוֹר, מְזוֹהָם
impute' *v.* יִחֵס, תָּלָה הַקּוֹלָר בְּ—
in *prep.* בְּ־, בְּתוֹך
in all בְּסַך הַכֹּל
in so far as בְּמִדָה שֶׁ—
in *adv.* בִּפנִים, בַּבַּיִת; בְּאוֹפנָה, ״אִין״
in and out תְּכוּפוֹת יוֹצֵא וְנִכנָס
in *n&adj.* פְּנִימִי, נִכנָס
the ins and outs כָּל הַפְּרָטִים
in- (תחילית) לֹא, אִי־, חוֹסֶר־, בִּלתִּי
in'abil'ity *n.* אִי יְכוֹלֶת
in·ac'cu·rate *adj.* לֹא מְדוּיָק
in·ac'tion *n.* אִי פְּעוּלָה, אֶפֶס מַעֲשֶׂה
in·ac'tive *adj.* לֹא פָּעִיל
in·ad'equate *adj.* לֹא מַספִּיק; לֹא כָּשִׁיר, לֹא מַתְאִים; לָקוּי
in'adver'tent *adj.* שֶׁלֹּא בְּכַוָנָה, בְּשׁוֹגֵג
inane' *adj.* רֵיק, טִפְּשִׁי
in·an'imate *adj.* דוֹמֵם, חֲסַר־חַיִים
in'appre'ciable (-shəb-) לֹא נִכָּר
in'appro'priate *adj.* לֹא הוֹלֵם
in·apt' *adj.* לֹא הוֹלֵם; לֹא מוּכשָׁר
in'asmuch' (-z-) *conj.* כֵּיוָן שֶׁ—
in'atten'tion *n.* חוֹסֶר תְּשׂוּמֶת לֵב
inau'gu·ral *adj&n.* חוֹנֵך; נְאוּם פְּתִיחָה
inau'gu·rate' *v.* הִכנִיס לְמִשׂרָה; חָנַך
inau'gu·ra'tion *n.* חֲנוּכָּה, פְּתִיחָה
in'be·tween' *adj.* שֶׁל בֵּינַיִם, בֵּינָאִי
in'born', in'bred' *adj.* שֶׁמִלֵּדָה
in'candes'cent *adj.* לוֹהֵט, זוֹהֵר
in·ca'pable *adj.* לֹא מְסוּגָל, לֹא יָכוֹל
in'capac'itate' *v.* שָׁלַל יְכוֹלֶת
in'capac'ity *n.* אִי יְכוֹלֶת
incar'cerate' *v.* כָּלָא, אָסַר
in'car·na'tion *n.* הִתגַלְמוּת; גִלגוּל
incen'diarism' *n.* הַצָּתָה; הֲסָתָה
incen'diar'y (-eri) *adj&n.* מַבעִיר
in'cense' *n.* קְטוֹרֶת
incense' *v.* הִרגִיז, הִכעִיס
incen'tive *n.* עִדוּד, דְחִיפָה, תַּמרִיץ
incep'tion *n.* הַתחָלָה, פְּתִיחָה
in·cer'titude' *n.* אִי־וַדָאוּת
in·ces'sant *adj.* לֹא חָדֵל, מַתמִיד
in'cest' *n.* גִלוּי עֲרָיוֹת
inch *n&v.* אִינץ'; מַשֶׁהוּ; הִתקַדֵם בְּאִטִיוּת
inch by inch טִפִּין טִפִּין
within an inch of עַל סַף הַ—
incho'ate (-k-) *adj.* הַתחָלִי, לֹא שָׁלֵם
in'cidence *n.* תְּחוּלָה, הֶקֵף, שְׁכִיחוּת
in'cident *adj.* כָּרוּך בְּ־, מְהַוֶה חֵלֶק מִן
incident *n.* מְאוֹרָע, תַּקרִית
in'ciden'tal *adj.* מִקרִי, מִשׁנִי, טָפֵל
in'ciden'tally *adv.* אַגַב
incin'era'tor *n.* מִשׂרֶפֶת (לאשפה)
incip'ience, -cy *n.* הַתחָלָה, רֵאשִׁית
inci'sion (-sizh'ən) *n.* חֲתָך; חִתּוּך
inci'sive *adj.* חוֹתֵך, חַד, שָׁנוּן
incite' *v.* הֵסִית, עוֹרֵר
in·clem'ency *n.* חוֹסֶר רַחֲמִים
in·clem'ent *adj.* (מזג אוויר) קָשֶׁה, קַר
in'clina'tion *n.* שִׁפּוּעַ, מוֹרָד; נְטִיָה
incline' *v.* כּוֹפֵף; הִטָּה; נָטָה; הִשׁפִּיעַ

in′cline′ *n.* שִׁפּוּעַ, מִדְרוֹן
inclined′ (-klīnd′) *adj.* נוֹטֶה; מְשׁוּפָּע
inclose′ (-z) *v.* סָגַר, הִקִּיף; הֵכִיל
include′ *v.* כָּלַל, הֵכִיל
including *prep.* וּבִכְלַל זֶה, לְרַבּוֹת
inclu′sive *adj.* כּוֹלֵל הַכֹּל; וְעַד בִּכְלָל
incog′, incog′nito′ בְּעִלּוּם־שֵׁם
in′co·he′rent *adj.* חֲסַר קֶשֶׁר, מְבוּלְבָּל
in′combus′tible *adj.* לֹא דָלִיק
in′come′ (-kum) *n.* הַכְנָסָה
income tax מַס הַכְנָסָה
in′com′ing (-kum-) *adj.* נִכְנָס, בָּא
in′commode′ *v.* גָּרַם אִי־נְעִימוּת
in·com′parable *adj.* אֵין דּוֹמֶה לוֹ, מוּפְלָג
in′compat′ible *adj.* לֹא מַתְאִים, מְנוּגָּד
in·com′petent *adj.* לֹא מוּכְשָׁר, לֹא יָכוֹל
in′complete′ *adj.* לֹא מוּשְׁלָם, פָּגוּם
in·com′pre·hen′sion *n.* אִי הֲבָנָה
in′conceiv′able (-sēv-) *adj.* לֹא סָבִיר
in·con′gru·ous (-rōōəs) *adj.* לֹא הוֹלֵם
in·con′sequent *adj.* לֹא עָקִיב, לֹא שַׁיָּךְ
in·con′sequen′tial *adj.* חֲסַר חֲשִׁיבוּת
in′consid′erable *adj.* קַל עֵרֶךְ, זָעוּם
in′consis′tent *adj.* לֹא מַתְאִים, הֲפַכְפַּךְ
in′conso′lable *adj.* שֶׁאֵין לְנַחֲמוֹ
in′conspic′u·ous (-ūəs) לֹא בּוֹלֵט
in·con′stant *adj.* לֹא עָקִיב, הֲפַכְפַּךְ
in·con′tinence *n.* אִי הִתְאַפְּקוּת
in′conve′nience *n.&v.* (גָּרַם) אִי נוֹחוּת
in′conve′nient *adj.* לֹא נוֹחַ
incor′porate′ *v.* הִתְאַחֵד; מִזֵּג; כָּלַל
in′correct′ *adj.* לֹא מְדוּיָּק, לֹא נָכוֹן
in·cor′rigible *adj.* לְלֹא תַּקָּנָה
in′crease′ *n.* גִּדּוּל, תּוֹסֶפֶת, הוֹסָפָה
increase′ *v.* גָּדַל; הִרְבָּה; הִגְבִּיר
in·cred′ible *adj.* לֹא יְאוּמָן; נִפְלָא
in·cred′ulous (-krej′-) *adj.* מְפַקְפֵּק
in′crement *n.* גִּדּוּל, תּוֹסֶפֶת
incrim′inate′ *v.* הִפְלִיל, הֶאֱשִׁים
in′crus·ta′tion *n.* קְרוּם; הַקְרָמָה
in′cu·bate′ *v.* דָּגַר; הִדְגִּיר
in′cu·ba′tor *n.* אִינְקוּבָּטוֹר, מַדְגֵּרָה
in′cu·bus *n.* סִיּוּט, מוּעָקָה, נֵטֶל
incul′cate *v.* הֶחְדִּיר, שִׁנֵּן, נָטַע
incul′pate *v.* הֶאֱשִׁים, הִפְלִיל
incum′bency *n.* כְּהוּנָּה, תַּפְקִיד, חוֹבָה
incum′bent *adj.* חוֹבָה עַל; הַמְכַהֵן
incur′ *v.* גָּרַם לְ־, הֵבִיא עַל רֹאשׁוֹ
in·cu′rable *adj&n.* חֲשׁוּךְ־מַרְפֵּא
in·cu′rious *adj.* לֹא מְגַלֶּה סַקְרָנוּת
incur′sion (-zhən) *n.* פְּלִישָׁה, הַתְקָפָה
indebt′ed (-det′-) *adj.* אֲסִיר תּוֹדָה
in·de′cent *adj.* לֹא צָנוּעַ, גַּס, פּוֹגְעָנִי
in′de·ci′sive *adj.* לֹא מוּכְרָע; הַסְסָנִי
in·dec′orous *adj.* לֹא נִימוּסִי, גַּס
indeed′ *adv.* אָכֵן; לְמַעֲשֶׂה; הָאוּמְנָם?
in′de·fat′igable *adj.* לֹא נִלְאֶה
in′de·fen′sible *adj.* שֶׁאֵין לְהַצְדִּיקוֹ
in′de·fi′nable *adj.* לֹא בַּר־הַגְדָּרָה
in·def′inite (-nit) *adj.* לֹא בָּרוּר, סְתָמִי
indefinite article = a, an
indefinitely *adv.* לְלֹא גְּבוּל; סְתָמִית
in·del′ible *adj.* בַּל יִמָּחֶה
in·del′icate *adj.* גַּס, לֹא מְעוּדָּן
indem′nify′ *v.* פִּצָּה; שִׁפָּה, בִּטַּח
indem′nity *n.* פִּצּוּיִים; שִׁפּוּי; בִּטּוּחַ
indent′ *v.* שִׁנֵּן, הִזְמִין; עָשָׂה זִיחַ
in′dent′ *n.* הַזְמָנַת סְחוֹרָה
in′denta′tion *n.* שִׁנּוּן; זִיחַ, פְּתִיחַ
inden′ture *n&v.* (קָשַׁר בְּ־) הֶסְכֵּם
in′de·pen′dence *n.* עַצְמָאוּת
in′de·pen′dent *adj&n.* עַצְמָאִי; לֹא תָּלוּי
in′de·scri′bable *adj.* בַּל יְתוֹאַר
in′de·ter′minate *adj.* לֹא בָּרוּר, מְעוּרְפָּל
in′dex′ *n&v.* מַפְתֵּחַ, אִינְדֶּקְס; מַדָּד; סִימָן, עֵדוּת, אוֹת; מַעֲרִיךְ; עָרַךְ מַפְתֵּחַ, מִפְתֵּחַ
the index finger הָאֶצְבַּע
In′dia *n.* הוֹדוּ
In′dian *adj&n.* הוֹדִי; אִינְדִיאָנִי
Indian club אַלָּה (בְּהִתְעַמְּלוּת)
Indian file שׁוּרָה עוֹרְפִּית, טוּר עוֹרְפִּי
Indian ink טוּשׁ; דְּיוֹ הוֹדִית
India-rubber גּוּמִי, מַחַק
in′dicate′ *v.* הֶרְאָה, הִצְבִּיעַ; צִיֵּן
in′dica′tion *n.* סִימָן, אִינְדִיקַצְיָה
indic′ative *adj.* מַצְבִּיעַ, רוֹמֵז עַל
indicative mood דֶּרֶךְ הַחִוּוּי
in′dica′tor *n.* מַצְבִּיעַ, מַחֲוָן, מָחוֹג
in′dices = pl of index (-sēz)
indict′ (-dīt′) *v.* הֶאֱשִׁים
indictment *n.* כְּתַב אִשּׁוּם; הַאֲשָׁמָה
in·dif′ference *n.* אֲדִישׁוּת, שִׁוְיוֹן נֶפֶשׁ
in·dif′ferent *adj.* אָדִישׁ; בֵּינוֹנִי
in′digence *n.* עוֹנִי

in′digent *adj.* עָנִי
in′diges′tible *adj.* שֶׁאֵינוֹ מִתְעַכֵּל
in′diges′tion (-chən) *n.* קוֹשִׁי בְּעִכּוּל
indig′nant *adj.* כּוֹעֵס, מִתְמַרְמֵר
in′digna′tion *n.* זַעַם, הִתְמַרְמְרוּת
in·dig′nity *n.* אוֹבְדַן כָּבוֹד; הַשְׁפָּלָה
in′digo′ *n.* אִינְדִיגוֹ, כָּחוֹל כֵּהֶה
in′direct′ *adj.* לֹא יָשִׁיר, עָקִיף
in′discern′ible *adj.* שֶׁאֵין לְהַבְחִין בּוֹ
in′discreet′ *adj.* לֹא זָהִיר, לֹא טַקְטִי
in′dispen′sable *adj.* הֶכְרֵחִי, חִיּוּנִי
in′dispose′ (-z) *v.* גָּרַם לְאִי־רָצוֹן
indisposed *adj.* לֹא חָשׁ בְּטוֹב, לֹא רוֹצֶה
in′distinct′ *adj.* לֹא בָּרוּר, מְעוּרְפָּל
indite′ *v.* חִבֵּר, כָּתַב (שיר)
in′divid′ual (-j′ōōəl) *adj&n.* יָחִיד, מְיוּחָד, אִינְדִיבִידוּאָלִי, יְחִידָנִי
in′divid′ual′ity (-vijōōal-) יְחוּדִיּוּת
indoc′trinate′ *v.* הֶחְדִּיר לְמוֹחוֹ; שִׁנֵּן
Indo-European *adj.* הוֹדוּ אֵירוֹפִּי
in′dolence *n.* עַצְלוּת; בַּטָּלָה
in·dom′itable *adj.* לֹא נִכְנָע, אֵיתָן
in′door′ (-dôr) *adj.* בֵּיתִי; בָּאוּלָם
in′doors′ (-dôrz) *adv.* פְּנִימָה; בַּבַּיִת
indorse′ = endorse *v.* הֲסֵב
induce′ *v.* הִשְׁפִּיעַ, פִּתָּה; הִמְרִיץ
inducement *n.* פִּתּוּי, דְּחִיפָה
induct′ *v.* הִכְנִיס לְתַפְקִיד; גִּיֵּס
induc′tion *n.* הַכְנָסָה; גִּיּוּס; הַשְׁרָאָה
indue′ (-dōō′) *v.* הֶעֱנִיק, חוֹנֵן
indulge′ *v.* פִּנֵּק, הִשְׂבִּיעַ רְצוֹנוֹ, וִתֵּר; שָׁקַע, הִתְמַכֵּר, הִתְפָּרֵק; הִתְעַנֵּג
indul′gence *n.* הִתְמַכְּרוּת; תַּעֲנוּג
indul′gent *adj.* אָדִיב; וַתְּרָן, מְפַנֵּק
indus′trial *adj.* תַּעֲשִׂיָּתִי
indus′trialism′ *n.* תַּעֲשִׂיָּנוּת
indus′trialist *n.* תַּעֲשִׂיָּן
indus′trialize′ *v.* תִּעֵשׂ
indus′trious *adj.* חָרוּץ, שַׁקְדָן
in′dustry *n.* תַּעֲשִׂיָּה; שַׁקְדָנוּת
ine′briate *adj&n.* שִׁכּוֹר, שָׁתוּי
in·ed′ible *adj.* לֹא אָכִיל, לֹא לְמַאֲכָל
in·ef′fable *adj.* בַּל־יְתוֹאַר, שֶׁאֵין לְבַטְאוֹ
in′effec′tive *adj.* לֹא אֶפֶקְטִיבִי
in′effi′cient (-fish′ənt) *adj.* לֹא יָעִיל
in·el′igible *adj.* לֹא כָּשִׁיר, פָּסוּל
inept′itude′ *n.* אִי הַתְאָמָה; שְׁטוּת
in′e·qual′ity (-kwol′-) *n.* אִי שִׁוְיוֹן
in·eq′uity *n.* אִי צֶדֶק, אֵיפָה וְאֵיפָה
in′e·rad′icable *adj.* שֶׁאֵין לְשָׁרְשׁוֹ
inert′ *adj.* לֹא נָע; דּוֹמֵם; כָּבֵד; אָדִישׁ
iner′tia (-shə) *n.* אִינֶרְצְיָה, חוֹסֶר פְּעִילוּת
in′esca′pable *adj.* שֶׁאֵין מָנוֹס מִמֶּנּוּ
inev′itable *adj.* בִּלְתִּי נִמְנָע, וַדָּאִי
in′exact′ (-gz-) *adj.* לֹא מְדוּיָּק
in′excu′sable (-′z-) *adj.* בַּל־יְכוּפַּר
in′exhaust′ible (-igzôst-) בִּלְתִּי נִדְלֶה
in·ex′orable *adj.* לֹא מְרַחֵם, קָשׁוּחַ
in′expe′dient *adj.* לֹא כְּדַאי
in′expen′sive *adj.* זוֹל, לֹא יָקָר
in′expe′rience *n.* חוֹסֶר־נִסָּיוֹן
in·ex′piable *adj.* שֶׁלֹּא יְכוּפַּר
in′explic′able *adj.* שֶׁאֵין לְהַסְבִּירוֹ
in′expres′sible *adj.* שֶׁאֵין לְהַבִּיעוֹ
in·fal′lible *adj.* שֶׁאֵינוֹ טוֹעֶה; יָעִיל
infallibly *adv.* בְּוַדָּאוּת, לְעוֹלָם
in′famous *adj.* נוֹדָע לִגְנַאי; מֵבִישׁ
in′famy *n.* בּוּשָׁה, קָלוֹן, חֶרְפָּה
in′fancy *n.* יַלְדוּת, יַנְקוּת
in′fant *n&adj.* תִּינוֹק, יֶלֶד, קַטִּין
in′fantile′ *adj.* יַלְדוּתִי, אִינְפַנְטִילִי
in′fantry *n.* חֵיל רַגְלִים
infantryman *n.* חַיָּל רַגְלִי
infat′u·ate′ (-chōōāt) *v.* הִקְסִים
infatuated *adj.* מוּקְסָם, מְאוֹהָב מְאוֹד
infect′ *v.* זִהֵם; הִדְבִּיק (במחלה)
infec′tion *n.* זִהוּם, אִינְפֶקְצְיָה
infec′tious (-shəs) *adj.* מִדַּבֵּק, מְנַגֵּעַ
infer′ *v.* הִסִּיק, הִגִּיעַ לְמַסְקָנָה
in′ference *n.* מַסְקָנָה
infe′rior *adj&n.* נָחוּת; זוּטָר; כָּפוּף
infe′rior′ity *n.* נְחִיתוּת
infer′nal *adj.* שֶׁל הַגֵּיהִנּוֹם, שְׂטָנִי
in′fertil′ity *n.* אִי־פּוֹרִיּוּת
infest′ *v.* שָׁרַץ, רָחַשׁ, פָּשַׁט
in′fidel *n&adj.* כּוֹפֵר; אֶפִּיקוֹרְסִי
in′fidel′ity *n.* אִי נֶאֱמָנוּת; בְּגִידָה
in′filtrate′ *v.* הִסְתַּנֵּן; הֶחְדִּיר
in′filtra′tor *n.* מִסְתַּנֵּן
in′finite (-nit) *adj.* אֵינְסוֹפִי, רַב
infin′itive *n.* (בדקדוק) מָקוֹר
infin′ity *n.* אֵין־סוֹף, אֵינְסוֹפִיּוּת
infirm′ *adj.* חַלָּשׁ; לוֹקֶה בְּשִׂכְלוֹ; מְהַסֵּס
infir′mary *n.* בֵּית חוֹלִים, מִרְפָּאָה

inflame′ *v.* הִדְלִיק; הִרְגִיז; שִׁלְהֵב
inflamed *adj.* אָדוֹם, נָפוּחַ, דַּלַּקְתִּי
inflam′mable *adj.* דָּלִיק, מִתְלַקֵּחַ
in′flamma′tion *n.* דַּלֶּקֶת
inflate′ *v.* נִפַּח; גָּרַם לְאִינפלַצְיָה
infla′tion *n.* הִתְנַפְּחוּת; אִינפלַצְיָה
inflect′ *v.* הִטָּה (מלה); גִּוֵּן קוֹל
inflec′tion *n.* הַטָּיָה, נְטִיָּה; גִּוּוּן קוֹל
in·flex′ible *adj.* לֹא גָמִישׁ; עַקְשָׁנִי
inflict′ *v.* הֵטִיל, נָתַן, גָּרַם (סבל)
inflic′tion *n.* גְּרִימַת סֵבֶל, מַכָּה
in′flo·res′cence *n.* פְּרִיחָה, תִּפְרַחַת
in′flu·ence (-flōō-) הַשְׁפָּעָה; הִשְׁפִּיעַ
in′flu·en′za (-flōō-) *adj.* שַׁפַּעַת
inform′ *v.* הוֹדִיעַ, מָסַר מֵידָע; הִלְשִׁין
in·for′mal *adj.* לֹא רִשְׁמִי, לֹא פוֹרמָלִי
in′forma′tion *n.* מֵידָע, אִינפוֹרמַצְיָה
infor′mative *adj.* אִינפוֹרמָטִיבִי, מְאַלֵּף
informed *adj.* מוּדָע, בַּעַל אִינפוֹרמַצְיָה
infrac′tion *n.* הֲפָרָה, עֲבֵרָה
in′frastruc′ture *n.* תַּת מִבְנֶה, תַּשְׁתִּית
in·fre′quent *adj.* לֹא שָׁכִיחַ, נָדִיר
infringe′ *v.* הֵפֵר (חוק); הִסִּיג גְּבוּל
infringement *n.* הֲפָרָה; הַסָּגַת גְּבוּל
infu′riate′ *v.* עוֹרֵר זַעַם, הִכְעִיס
infuse′ (-z) *v.* שָׁפַךְ, יָצַק, מִלֵּא; עֵרָה
infu′sion (-zhən) *n.* יְצִיקָה; עֵרוּי
inge′nious *adj.* חָכָם, חָרִיף; מְתוּחְכָּם
in′genu′ity *n.* חֲרִיפוּת, כּוֹשֶׁר הַמְצָאָה
ingen′u·ous (-ūəs) *adj.* תָּמִים, כֵּן, גָּלוּי
in·glo′rious *adj.* מַחפִּיר, מֵבִישׁ
in′go′ing *adj.* נִכְנָס, בָּא
in′got *n.* מְטִיל (של כסף/זהב)
ingraft′ = engraft
ingra′tiate′ (-′sh-) *v.* הִשְׁתַּדֵּל לִמְצוֹא חֵן בְּעֵינֵי־; הִתְחַנֵּף, הִתְרַפֵּס
in·grat′itude′ *n.* כְּפִיּוּת טוֹבָה
ingre′dient *n.* יְסוֹד, מַרְכִּיב
in′grown′ (-grōn) *adj.* צוֹמֵחַ כְּלַפֵּי פְּנִים (לתוך הבשר); פְּנִימִי, טִבְעִי
inhab′it *v.* גָּר, חַי בְּ—
inhab′itant *n.* תּוֹשָׁב; דַּיָּר
inhale′ *v.* שָׁאַף, נָשַׁם פְּנִימָה
inher′ent *adj.* טָבוּעַ, פְּנִימִי, שָׁרוּי בּוֹ
inher′it *v.* יָרַשׁ
inheritance *n.* עִזָּבוֹן; יְרוּשָׁה
inhib′it *v.* מָנַע, עָצַר, רִסֵּן; דִּכָּא (דַּחַף)
in′hibi′tion (-bi-) *n.* מַעְצוֹר, עַכָּבָה
in·hos′pitable *adj.* לֹא מַסְבִּיר פָּנִים
in·hu′man *adj.* לֹא אֱנוֹשִׁי, אַכְזָרִי
in′hu·mane′ (-hū-) *adj.* לֹא אֱנוֹשִׁי
inim′ical *adj.* עוֹיֵן, שׂוֹנֵא, מַזִּיק
iniq′uity *n.* עָוֶל, אִי צֶדֶק, רֶשַׁע
ini′tial (-ni-) *adj.* רִאשׁוֹן, הַתְחָלָתִי
initial *n.* אוֹת רִאשׁוֹנָה (בשם אדם)
ini′tiate′ (inish′-) *v.* הִתְחִיל, הִפְעִיל; קִבֵּל כְּחָבֵר; הִכְנִיס בְּסוֹד; יָזַם
init′ia′tion (inish-) *n.* טֶקֶס קַבָּלָה
init′iative (inish′ət-) *n.* יוֹזְמָה
on one's own initiative בְּיוֹזְמָתוֹ
inject′ *v.* הִזְרִיק; הֵפִיחַ (חיים)
injec′tion *n.* הַזְרָקָה; זְרִיקָה; תַּזְרִיק
in′ju·di′cious (-jōōdish′əs) *adj.* לֹא נָבוֹן, לֹא פִּקְחִי
injunc′tion *n.* פְּקוּדָה, צַו בֵּית־דִּין
in′jure (-jər) *v.* פָּצַע, פָּגַע
inju′rious *adj.* מַזִּיק, פּוֹגֵעַ
in′jury *n.* פְּגִיעָה; נֶזֶק, חַבָּלָה
in·jus′tice (-tis) *n.* אִי צֶדֶק, עָוֶל
ink *n&v.* ′ דְּיוֹ; דְּיוֹת, הִכְתִּים/סִמֵּן בִּדְיוֹ
ink′ling *n.* מוּשָּׂג־מָה, רֶמֶז
ink-stand *n.* כַּן לִדְיוֹ וְעֵטִים
inky *adj.* מוּכְתָּם בִּדְיוֹ, מְדוּיָּת; שָׁחוֹר
in′laid′ *adj.* מְשׁוּבָּץ (זהב וכו׳)
in′land *adj.* פְּנִימִי, תּוֹךְ אַרְצִי
in-law *n.* חָם, חוֹתֶנֶת, גִּיס, קָרוֹב
inlay′ *v&n.* שִׁבֵּץ; שִׁבּוּץ; מִלּוּאָה
in′let′ *n.* לְשׁוֹן־יָם; כְּנִיסָה; דָּבָר מוּכְנָס
in′mate′ *n.* חָבֵר לְחֶדֶר, שָׁכֵן, פְּנִימַאי
in′most′ (-mōst) *adj.* פְּנִימִי בְּיוֹתֵר
inn *n.* פּוּנְדָק, אַכְסַנְיָה
innate′ *adj.* שֶׁמִּלֵּדָה, טָבוּעַ בְּדָמוֹ
in′ner *adj.* פְּנִימִי
inner tube פְּנִימוֹן, אַבּוּב
in′ning *n.* מַחֲזוֹר (בבייסבול)
innings *n.* תּוֹר, סִבּוּב; תְּקוּפָה; חַיִּים
inn-keeper *n.* בַּעַל אַכְסַנְיָה, פּוּנְדְּקַאי
in′nocence *n.* חַפּוּת מִפֶּשַׁע; תְּמִימוּת
in′nocent *adj&n.* חַף מִפֶּשַׁע; תָּם; פֶּתִי
innoc′u·ous (-ūəs) *adj.* לֹא מַזִּיק
in′novate′ *v.* חִדֵּשׁ, הִכְנִיס שִׁנּוּיִים
in′nova′tion *n.* חִדּוּשׁ, הַמְצָאָה
in′nu·en′do (-nū-) *n.* רְמִיזָה
innu′merable *adj.* עָצוּם, לְאֵין מִסְפָּר

inoc′u•late′ *v.* הִרְכִּיב (תרכיב)
in′offen′sive *adj.* לֹא פּוֹגֵעַ, לֹא מַזִּיק
in•op′portune′ *adj.* שֶׁלֹּא בְּעִתּוֹ
in•or′dinate *adj.* מוּפְרָז, לֹא מְרוּסָן
in′organ′ic *adj.* לֹא אוֹרְגָנִי
in′put′ (-poot) *n.* תְּשׂוּמָה; קֶלֶט (בְּמחשב)
in′quest′ *n.* חֲקִירָה (לסיבת המוות)
inquire′ *v.* שָׁאַל, חָקַר, דָּרַשׁ
inquire after שָׁאַל לִשְׁלוֹם
inquirer *n.* חוֹקֵר; חַקְרָן
inqui′ry *n.* חֲקִירָה
in′quisi′tion (-zi-) *n.* חֲקִירָה
inquis′itive (-z-) *adj.* חַקְרָנִי, חַטְטָנִי
in′road′ *n.* הִתְקָפָה, פְּלִישָׁה, חֲדִירָה
in′rush′ *n.* זְרִימָה, נְהִירָה
in•sane′ *adj.* מְטוֹרָף, מְשׁוּגָּע
in•san′ity *n.* שִׁגָּעוֹן
in•sa′tiable (-shəb-) *adj.* שֶׁאֵין לְהַשְׂבִּיעוֹ, רָעֵב, תָּאֵב
inscribe′ *v.* רָשַׁם, חָקַק; הִקְדִּישׁ
inscrip′tion *n.* כְּתוֹבֶת; רִשּׁוּם
in•scru′table *adj.* שֶׁאֵין לַהֲבִינוֹ, עָמוֹק
in′sect′ *n.* חֶרֶק
insec′ticide′ *n.* מַדְבִּיר חֲרָקִים
in′se•cure′ *adj.* רָעוּעַ; חֲסַר בִּטָּחוֹן
insem′inate′ *v.* הִפְרָה, הִזְרִיעַ
in•sen′sate *adj.* חֲסַר תְּחוּשָׁה; עֲרַל־לֵב
in•sen′sible *adj.* חֲסַר הַכָּרָה, נְטוּל רֶגֶשׁ
insensible change שִׁנּוּי זָעִיר
in•sen′sitive *adj.* לֹא רָגִישׁ, לֹא חָשׁ
insert′ *v.* הִכְנִיס, תָּחַב, שִׁבֵּץ
inser′tion *n.* הַכְנָסָה, תְּחִיבָה; תּוֹסֶפֶת
in′set′ *n.* תּוֹסֶפֶת; דַּף נוֹסָף; מַפָּה קְטַנָּה
inset′ *v.* הִכְנִיס (תוספת כנ"ל)
inside′ *n&adj.* פְּנִים, תּוֹךְ; פְּנִימִי
inside out הָפוּךְ; בִּיסוֹדִיּוּת
inside right/left מְקַשֵּׁר יְמָנִי/שְׂמָאלִי
inside′ *adv&prep.* בִּפְנִים, פְּנִימָה; בְּתוֹךְ
insi′der *n.* אִישׁ פְּנִים, קָרוֹב לַצַּלַּחַת
insid′ious *adj.* חוֹתְרָנִי, הַרְסָנִי
in′sight′ *n.* בּוֹנְנוּת, רְאִיָּה חוֹדְרָנִית
insig′nia *npl.* סְמָלִים, סִימָנֵי דַּרְגָּה
in′signif′icant *adj.* חֲסַר עֵרֶךְ, זָעוּם
in′sincere′ *adj.* לֹא כֵּן, מְזוּיָּף, צָבוּעַ
insin′u•ate′ (-nū-) *v.* רָמַז; הִתְגַּנֵּב
in•sip′id *adj.* חֲסַר טַעַם, תָּפֵל
insist′ *v.* הִתְעַקֵּשׁ; עָמַד עַל (כך)
insistent *adj.* מִתְעַקֵּשׁ; דָּחוּף, לוֹחֵץ
in′so•far′ *adv.* בְּמִדָּה שֶׁ—
in′solent *adj.* חָצוּף; מַעֲלִיב
in•sol′u•ble *adj.* לֹא מָסִיס; לֹא פָּתִיר
in•sol′vent *adj.* פּוֹשֵׁט רֶגֶל
insom′nia *n.* נְדוּדֵי שֵׁנָה
in′so•much′ *adv.* בְּמִדָּה שֶׁ—
inspect′ *v.* בָּחַן, בָּדַק; בִּקֵּר; פִּקֵּחַ
inspec′tion *n.* בְּדִיקָה; פִּקּוּחַ
inspector *n.* מְפַקֵּחַ, מַשְׁגִּיחַ; פַּקָּד
in′spira′tion *adj.* הַשְׁרָאָה; שְׁאָר־רוּחַ
inspire′ *v.* עוֹרֵר, הִמְרִיץ; הִשְׁרָה
inspire with hope הֵפִיחַ תִּקְוָה
inst. לְחוֹדֶשׁ זֶה
in′stabil′ity *n.* חוֹסֶר יַצִּיבוּת
install′ (-tôl′) *v.* הִכְנִיס לְתַפְקִיד; הִתְקִין (מִתְקָן); יִשֵּׁב, מִקֵּם
in′stalla′tion *n.* מִתְקָן; הַתְקָנָה
install′ment (-stôl′-) *n.* תַּשְׁלוּם; פֶּרֶק
in installments בְּהֶמְשֵׁכִים
installment plan רְכִישָׁה בְּתַשְׁלוּמִים
in′stance *n.* דּוּגְמָה; עַרְכָּאָה; דְּרִישָׁה
for instance לְדוּגְמָה, לְמָשָׁל
in the first instance רֵאשִׁית כֹּל
in′stant *n&adj.* רֶגַע; מִיָּדִי; דָּחוּף
in′stanta′ne•ous *adj.* מִיָּדִי
instantly *adv.* מִיָּד, תֵּכֶף וּמִיָּד
instead′ (-sted) *adv.* בִּמְקוֹם (זאת)
in′step′ *n.* גַּב כַּף־הָרֶגֶל, קִמְרוֹן הָרֶגֶל
in′stigate′ *v.* הֵסִית, עוֹרֵר, הִמְרִיץ
instill′ *v.* הֶחְדִּיר לְמוֹחוֹ, שִׁנֵּן
in′stinct *n.* אִינְסְטִינְקְט, חוּשׁ טִבְעִי
instinc′tive *adj.* אִינְסְטִינְקְטִיבִי, טִבְעִי
in′stitute′ *n&v.* מוֹסָד, מָכוֹן; יִסֵּד; פָּתַח
in′stitu′tion *n.* מוֹסָד; מִנְהָג קָבוּעַ
instruct′ *v.* הוֹרָה; לִמֵּד, הִדְרִיךְ
instruc′tion *n.* הוֹרָאָה; הַדְרָכָה
instruc′tive *adj.* מְאַלֵּף, מַדְרִיךְ
instructor *n.* מְאַמֵּן, מוֹרֶה, מַדְרִיךְ
in′strument *n.* מַכְשִׁיר, כְּלִי; מִסְמָךְ
in′strumen′tal *adj.* מוֹעִיל; תּוֹרֵם, עוֹזֵר
in′strumen′talist *n.* נַגָּן
in′strumen•tal′ity *n.* אֶמְצָעוּת; סִיּוּעַ
in′subor′dinate *adj.* לֹא צַיְּתָן, מַרְדָן
in′substan′tial *adj.* חֲסַר תּוֹכֶן; חַלָּשׁ
in•suf′ferable *adj.* בִּלְתִּי־נִסְבָּל; יָהִיר
in′suffi′cient (-fish′ənt) לֹא מַסְפִּיק

in′sular *adj.* שֶׁל אִי; צַר אוֹפֶק, קַרְתָּנִי
in′sulate′ *v.* בּוֹדֵד, הִפְרִיד
in′sula′tion *n.* בְּדוּד; חוֹמֶר בִּדּוּד
insult′ *v.* הֶעֱלִיב, פָּגַע בְּ—
in′sult′ *n.* עֶלְבּוֹן, פְּגִיעָה
in′support′able *adj.* קָשֶׁה מִנְּשׂוֹא
insu′rance (-shoor′-) *n.* בִּטּוּחַ
insure′ (-shoor′) *v.* בִּטַּח; הִבְטִיחַ
insurer *n.* מְבַטֵּחַ; חֶבְרַת בִּטּוּחַ
insur′gent *n&adj.* מִתְקוֹמֵם, מוֹרֵד
in′surmount′able שֶׁאֵין לְהִתְגַּבֵּר עָלָיו
in′surrec′tion *n.* מֶרֶד, הִתְקוֹמְמוּת
intact′ *adj.* שָׁלֵם, בְּלִי פֶּגַע, לֹא נִזּוֹק
in′take′ *n.* קְלִיטָה; כְּנִיסָה; פֶּתַח
in•tan′gible *adj.* לֹא מוּחָשׁ, לֹא נִתְפָּס
in′teger *n.* מִסְפָּר שָׁלֵם (לֹא שֶׁבֶר)
in′tegral *adj.* אִינְטֶגְרָלִי, לֹא נִפְרָד; שָׁלֵם
in′tegrate′ *v.* אִחֵד, מִזֵּג; הִתְמַזֵּג
in′tegra′tion *n.* מִזּוּג, אִינְטֶגְרַצְיָה
integ′rity *n.* הֲגִינוּת, יוֹשֶׁר; שְׁלֵמוּת
in′tellect′ *n.* בִּינָה, שֵׂכֶל, אִינְטֶלֶקְט
in′tellec′tual (-cho͞oəl) *adj&n.*
אִינְטֶלֶקְטוּאָלִי; אִישׁ רוּחַ; מַשְׂכִּיל
intel′ligence *n.* אִינְטֶלִיגֶנְצְיָה, שֵׂכֶל,
תְּבוּנָה; מִשְׂכָּל; בִּיּוּן, מוֹדִיעִין
intelligence quotient מְנַת מִשְׂכָּל
intel′ligent *adj.* אִינְטֶלִיגֶנְטִי, נָבוֹן
intel′ligible *adj.* מוּבָן, שֶׁקַּל לַהֲבִינוֹ
in•tem′perate *adj.* לֹא מְרוּסָן; שַׁתְיָן
intend′ *v.* הִתְכַּוֵּן, חָשַׁב; יִעֵד
my intended *אִשְׁתִּי לֶעָתִיד
intense′ *adj.* חָזָק, עַז, עָמוֹק, לוֹהֵט
inten′sify′ *v.* חִזֵּק; הֶחְמִיר; הֶעֱצִים
inten′sity *n.* עוֹז, עוֹצְמָה, חוֹזֶק
inten′sive *adj.* אִינְטֶנְסִיבִי, מְרוּכָּז, עַצִּים
intent′ *adj&n.* מְרוּכָּז, רְצִינִי; כַּוָּנָה; רָצוֹן
to all intents מִכָּל הַבְּחִינוֹת
inten′tion *n.* כַּוָּנָה; מַטָּרָה
intentional *adj.* שֶׁבְּמֵזִיד, מְתֻכְוָן
in′teract′ *v.* פָּעַל זֶה עַל זֶה
in′terbreed′ *v.* הִצְלִיב, הִכְלִיא
inter′calate′ *v.* הוֹסִיף, עִבֵּר (שָׁנָה)
in′tercede′ *v.* הִשְׁתַּדֵּל לְמַעַן
in′tercept′ *v.* עָצַר, עִכֵּב; יֵרֵט
in′tercep′tor *n.* מְטוֹס יֵרוּט
in′terchange′ (-chānj′) *v.* הֶחֱלִיף
in′terchange′ (-chānj) *n.* מַחְלָף

in′tercom′ אִינְטֶרְקוֹם, תִּקְשֹׁרֶת פְּנִים
in′tercon′tinen′tal *adj.* בֵּין יַבַּשְׁתִּי
in′tercourse′ (-kôrs) *n.* מַגָּע; יְחָסִים
in′terde•pen′dence *n.* תְּלוּת הֲדָדִית
in′terdict′ *v.* אָסַר, הֶחֱרִים; הָרַס; מָנַע
in′terdict *n.* אִסּוּר, חֵרֶם
in′terest *n&v.* עִנְיָן, הִתְעַנְיְנוּת, תַּחְבִּיב;
תּוֹעֶלֶת, אִינְטֶרֶס; רִבִּית; עִנְיֵן
in the interest of לְטוֹבַת, לְמַעַן
interested *adj.* מְעוּנְיָן; אִינְטֶרֶסַנְטִי
interesting *adj.* מְעַנְיֵן, מְרַתֵּק
in′terfere′ *v.* הִפְרִיעַ, הִתְעָרֵב; מָנַע
interference *n.* הַפְרָעָה; הִתְעָרְבוּת
in′terim *n&adj.* תְּקוּפַת בֵּינַיִם; זְמַנִּי
in the interim בֵּינְתַיִם, לְפִי שָׁעָה
inte′rior *n&adj.* פְּנִים; פְּנִימִי
in′terject′ *v.* שִׁסַּע, הֵעִיר לְפֶתַע
in′terjec′tion *n.* מִלַּת קְרִיאָה, קְרִיאָה
in′terlard′ *v.* עִרְבֵּב, שִׁלֵּב, גִּוֵּן; תִּבֵּל
in′terline′ *v.* הוֹסִיף בֵּין הַשּׁוּרוֹת
in′terlink′ *v.* קָשַׁר יַחְדָיו, חִבֵּר
in′terlock′ *v.* חִבֵּר, שִׁלֵּב; הִשְׁתַּלֵּב
in′terlock′ *n.* אִינְטֶרְלוֹק (בַּד)
in′terlo′per *n.* דּוֹחֵק עַצְמוֹ, נִדְחָק
in′terlude′ *n.* אִינְטֶרְלוּד, נְעִימַת בֵּינַיִם
in′termar′riage (-rij) נִשּׂוּאֵי תַּעֲרוֹבֶת
in′terme′diar′y (-eri) *n.* מְתַוֵּךְ
intermediary *adj.* מְפַשֵּׁר; שֶׁל בֵּינַיִם
in′terme′diate′ *v.* תִּוֵּךְ
inter′ment *n.* קְבוּרָה
in′termez′zo (-met′sō) *n.* אִינְטֶרְמֶצוֹ
in•ter′minable *adj.* אֵינְסוֹפִי, נִצְחִי
in′termis′sion *n.* הַפְסָקָה, הֲפוּגָה
in′termit′tent *adj.* לֹא רָצוּף, סֵרוּגִי
in′termix′ *v.* עִרְבֵּב; הִתְמַזֵּג
intern′ *v.* כָּלָא, הִגְבִּיל הַתְּנוּעָה
in′tern′ *n.* רוֹפֵא מִתְמַחֶה, רוֹפֵא פְּנִימַאי
inter′nal *adj.* פְּנִימִי; שֶׁל פְּנִים
in′terna′tional (-nash′ən-) בֵּינְלְאוּמִי
internationalize v. בִּנְאֵם
in′terne′cine (-sin) *adj.* מַשְׁמִיד הֲדָדִית
in′tern•ee′ *n.* כָּלוּא, נָתוּן בְּמַעֲצָר
intern′ment *n.* כְּלִיאָה, מַעֲצָר
in′terpella′tion *n.* שְׁאִילְתָּה
inter′polate′ *v.* הוֹסִיף; שִׁבֵּץ; זִיֵּף
in′terpose′ (-z) *v.* שָׂם בְּאֶמְצַע;
עָמַד בֵּין; הִפְרִיעַ, שִׁסַּע דִּבּוּר; תִּוֵּךְ

inter′pret *v.* תִּרְגֵּם; הִסְבִּיר; פֵּרֵשׁ; גִּלֵּם
inter′preta′tion *n.* תִּרְגּוּם; פֵּרוּשׁ
inter′rogate′ *v.* חָקַר, הִצִּיג שְׁאֵלוֹת לְ—
inter′roga′tion *n.* חֲקִירָה; תַּחְקִיר
interrogation mark סִימַן שְׁאֵלָה
in′terrog′ative *adj.* שׁוֹאֵל; שֶׁל שְׁאֵלָה
in′terrupt′ *v.* הִפְרִיעַ; הִפְסִיק; נִתֵּק
in′terrup′tion *n.* הַפְרָעָה; הַפְסָקָה
in′tersect′ *v.* חָתַךְ, חָצָה; הִצְטַלֵּב
in′tersec′tion *n.* הִצְטַלְּבוּת, חֲצִיָּה
in′tersperse′ *v.* פִּזֵּר, שִׁבֵּץ; גִּוֵּן
inter′stice (-tis) *n.* סֶדֶק, רֶוַח קָטָן
in′terval *n.* הַפְסָקָה; שְׁהוּת; אִינְטֶרְוָל
at intervals מִדֵּי פַּעַם; פֹּה וָשָׁם
in′tervene′ *v.* הִתְעָרֵב; הִפְרִיעַ; הִפְרִיד
in′terven′tion *n.* הִתְעָרְבוּת
in′terview′ (-vū) *n&v.* רֵאָיוֹן; רִאְיֵן
intes′tate *adj.* (מֵת) בְּלִי צַוָּאָה
intes′tine (-tin) *n.* מְעִי, מֵעַיִם
in′timacy *n.* אִינְטִימִיּוּת; קִרְבָה; יְחָסִים
in′timate *adj&n.* אִינְטִימִי; אִישִׁי; יָדִיד
in′timate′ *v.* הוֹדִיעַ, רָמַז
intim′idate′ *v.* הִפְחִיד, אִיֵּם
in′to (-to͞o) *prep.* לְתוֹךְ, אֶל־, לְ—
in•tol′erable *adj.* בִּלְתִּי נִסְבָּל
in•tol′erance *n.* אִי־סוֹבְלָנוּת
in′tona′tion *n.* הַנְגָּנָה, הַטְעָמָה
intox′icate′ *v.* שִׁכֵּר
intra- (תחילית) תּוֹךְ־, פְּנִים—
in•trac′table *adj.* מַרְדָן, עַקְשָׁנִי
in•tran′sigent *adj.* לֹא מִתְפַּשֵּׁר, נוּקְשֶׁה
in•tran′sitive verb פּוֹעַל עוֹמֵד
intrench′ = entrench
in•trep′id *adj.* אַמִּיץ, עָשׂוּי לִבְלִי חָת
in′tricacy *n.* סְבַךְ; סִבּוּךְ, מוּרְכָּבוּת
in′tricate *adj.* מְסוּבָּךְ, מוּרְכָּב
intrigue′ (-rēg′) *v&n.* עִנְיֵן, סִקְרֵן; תִּכְנֵן; קְנוּנְיָה, מְזִמָּה; אִינְטְרִיגָה
intrin′sic *adj.* פְּנִימִי, עַצְמִי, מַהוּתִי
in′troduce′ *v.* הִכְנִיס, הֵבִיא לָרִאשׁוֹנָה, הִנְהִיג; הִצִּיג, וִדַּע; הִתְחִיל
introduce into הֶחְדִּיר, תָּחַב
in′troduc′tion *n.* הַכְנָסָה; הַצָּגָה; הֶכֵּרוּת; הַקְדָּמָה, מָבוֹא; סֵפֶר לִמּוּד
in′troduc′tory *adj.* פּוֹתֵחַ, מַצִּיג
in′trospec′tion *n.* הִסְתַּכְּלוּת פְּנִימִית
in′trovert′ *n.* מוּפְנָם, סְתַגְרָן
intrude′ *v.* נִדְחַק; הֶחְדִּיר; הִתְפָּרֵץ
intru′sion (-zhən) *n.* הִתְפָּרְצוּת; פְּרִיצָה
intru′sive *adj.* נִדְחָק, מַפְרִיעַ
in′tu•i′tion (-to͞oish′ən) אִינְטוּאִיצְיָה
in′undate′ *v.* הֵצִיף, שָׁטַף
in′unda′tion *n.* הֲצָפָה; מַבּוּל
inure′ (-nyoor) *v.* הִרְגִּיל, חִסֵּן, חִשֵּׁל
invade′ *v.* פָּלַשׁ, הִסִּיג גְּבוּל
in′valid *n.* נָכֶה, בַּעַל־מוּם, חוֹלֶה
in•val′id *adj.* פָּסוּל, לֹא־תָּקֵף, בָּטֵל
inval′idate′ *v.* פָּסַל, בִּטֵּל תּוֹקְפוֹ
in′valid′ity *n.* חוֹסֶר־תּוֹקֶף, פְּסוּל
in•val′u•able (-lū-) *adj.* יָקָר מִפָּז
in•va′riable *adj.* לֹא מִשְׁתַּנֶּה, קָבוּעַ
invariably *adv.* תָּמִיד, לְעוֹלָם
inva′sion (-zhən) *n.* פְּלִישָׁה
invec′tive *n.* חֵרוּף, גִּדּוּף, קְלָלָה
inveigh′ (-vā′) *v.* הִתְקִיף קָשׁוֹת
invei′gle (-vā′g-) *v.* פִּתָּה
invent′ *v.* הִמְצִיא; בָּדָה מִן הַלֵּב
inven′tion *n.* הַמְצָאָה; אַמְצָאָה; בְּדוּתָה
inven′tive *adj.* מַמְצִיא, חַדְשָׁנִי, מְקוֹרִי
in′vento′ry *n.* אִינְוֶנְטָר, מְצַאי, פִּרְטָה
in′verse′ *adj.* הָפוּךְ, נֶגְדִּי
inver′sion (-zhən) *n.* הִפּוּךְ; סֵדֶר הָפוּךְ
invert′ *v.* הָפַךְ
in•ver′tebrate *n&adj.* חֲסַר חוּלְיוֹת
invest′ *v.* הִשְׁקִיעַ; רָכַשׁ, הֶעֱנִיק; כִּתֵּר
inves′tigate′ *v.* חָקַר (פשע, נאשם)
investment *n.* הַשְׁקָעָה; מָצוֹר, כִּתּוּר
invet′erate *adj.* מוּשְׁרָשׁ, עָמוֹק
invid′ious *adj.* פּוֹגֵעַ, גּוֹרֵם הִתְמַרְמְרוּת
invig′orate′ *v.* חִזֵּק, עוֹרֵר, רִעֲנֵן
in•vin′cible *adj.* שֶׁאֵין לְהַכְנִיעוֹ, אַדִּיר
in•vis′ible (-z-) *adj.* אֵינוֹ נִרְאֶה, סָמוּי
in′vita′tion *n.* הַזְמָנָה
invite′ *v.* הִזְמִין; בִּקֵּשׁ
inviting *adj.* מַזְמִין, מְפַתֶּה
in′voca′tion *n.* קְרִיאָה לְעֶזְרָה; תְּפִלָּה
in′voice′ *n&v.* (הֵכִין) חֶשְׁבּוֹן (ללקוח)
invoke′ *v.* קָרָא לְעֶזְרָה, בִּקֵּשׁ; הִתְפַּלֵּל
in•vol′untar′y (-teri) *adj.* לֹא רְצוֹנִי
involve′ *v.* סִבֵּךְ, עֵרֵב, הִצְרִיךְ, דָּרַשׁ
involved *adj.* מְסוּבָּךְ, מְעוֹרָב בְּ—
involvement *n.* מְעוֹרָבוּת, הִסְתַּבְּכוּת
in•vul′nerable *adj.* לֹא פָּגִיעַ, חָזָק
in′ward(s) *adj&adv.* פְּנִימִי; כְּלַפֵּי פְּנִים

i'odine' *n.* יוד (יסוד כימי)
i'on *n.* יון (אטום טעון חשמל)
i'oniza'tion *n.* יוֹנִיזַצְיָה, יִנּוּן
i·o'ta *n.* יוֹטָה (אות יוונית); שֶׁמֶץ
IOU שְׁטַר חוֹב, פֶּתֶק "אֲנִי חַיָּב לְךָ"
IQ = intelligence quotient
Ira'nian *adj&n.* אִירָנִי; פַּרְסִית
Ira'qi (irä'ki) *adj.* עִירָקִי
iras'cible *adj.* רַגְזָן, מִתְלַקֵּחַ מַהֵר
i·rate' *adj.* כּוֹעֵס, זוֹעֵם
ire *n.* כַּעַס, זַעַם
ir·ides'cent *adj.* ססגוֹנִי, רַב־צְבָעִים
i'ris *n.* אִירוּס (פרח); קֶשֶׁתִּית הָעַיִן
I'rish *adj&n.* אִירִי; אִירִית (שפה)
irk *v.* הִרְגִּיז, יִגֵּעַ
irksome *adj.* מַרְגִּיז, מְיַגֵּעַ
i'ron (ī'ərn) *n&v.* בַּרְזֶל; מַגְהֵץ; גִּהֵץ
 iron out הֶחֱלִיק בְּגִהוּץ, יִשֵּׁר
ironclad *adj.* מְשׁוּרְיָן
Iron Curtain מָסַךְ הַבַּרְזֶל
i·ron'ic(al) *adj.* אִירוֹנִי, מְלַגְלֵג
ironing *n.* גִּהוּץ; בְּגָדִים לְגִהוּץ
ironing board קֶרֶשׁ גִּהוּץ
iron ration מְנַת בַּרְזֶל, מְנַת קְרָב
ironware *n.* כְּלֵי בַּרְזֶל
ironworks *n.* בֵּית יְצִיקָה לְבַרְזֶל
i'rony *n.* אִירוֹנְיָה, לִגְלוּג, צְחוֹק
irra'diate' *v.* הִקְרִין; הֵטִיל אוֹר
ir·ra'tional (irash'ənəl) אִירַצְיוֹנָלִי
ir·rec'onci'lable *adj.* שֶׁאֵין לְפַיְּסוֹ
ir're·cov'erable (-kuv'-) *adj.* שֶׁאֵין לְהַחֲזִירוֹ, אָבוּד, מוּחְמָץ
ir're·du'cible *adj.* שֶׁאֵין לְהַקְטִינוֹ
ir're·fu'table *adj.* שֶׁאֵין לְהַפְרִיכוֹ
ir·reg'u·lar *adj.* לֹא סָדִיר; חָרִיג
ir·rel'evant *adj.* לֹא רֶלֶוַנְטִי, לֹא שַׁיָּךְ
ir're·li'gious (-lij'əs) *adj.* לֹא דָּתִי
ir're·me'diable *adj.* שֶׁאֵין לוֹ תַּקָּנָה
ir're·mis'sible *adj.* בַּל יְכוּפַּר
ir're·mov'able (-mōōv-) שֶׁאֵין לַהֲזִיזוֹ
ir·rep'arable *adj.* שֶׁלֹּא נִתָּן לְתִקּוּן
ir're·sis'tible (-zis'-) *adj.* שֶׁאֵין לַעֲמוֹד בְּפָנָיו, מְגָרֶה בְּיוֹתֵר
ir·res'olute' (-rez'-) *adj.* לֹא הֶחְלֵטִי
ir're·spec'tive *adv.* בְּלִי שִׂים לֵב לְ—
ir're·spon'sible *adj.* בִּלְתִּי אַחְרָאִי
ir're·triev'able (-trēv-) אֵין לְהָשִׁיב
ir·rev'erent *adj.* לֹא חוֹלֵק כָּבוֹד, מְזַלְזֵל
ir're·vers'ible *adj.* שֶׁאֵין לְהַחֲזִירוֹ
ir·rev'ocable *adj.* שֶׁאֵין לְשַׁנּוֹתוֹ, סוֹפִי
ir'rigate' *v.* הִשְׁקָה; שָׁטַף (פצע)
ir'ritable *adj.* עַצְבָּנִי, נוֹחַ לְהִתְרַגֵּז
ir'ritate' *v.* הִרְגִּיז; גֵּרָה (העור)
is, he is, it is (iz) הוּא, הִנּוֹ, זֶהוּ
Islam' (izläm') *n.* אִיסְלָם
is'land (ī'l-) *n.* אִי
islander *n.* תּוֹשַׁב אִי
isle (īl) *n.* אִי
is'let (ī'l-) *n.* אִיּוֹן, אִי קָטָן
isn't = is not (iz'ənt)
i'solate' *v.* בּוֹדֵד
isolated *adj.* מְבוּדָּד, מְנוּתָּק; יְחִידִי
i'sola'tion *n.* בִּדּוּד
isolationism *n.* בַּדְלָנוּת
i·sos'celes' (-lēz) *adj.* שְׁוֵה־שׁוֹקַיִם
i'sotope' *n.* אִיזוֹטוֹפּ
Is'rael (iz'riəl) *n.* יִשְׂרָאֵל
Israe'li (izrā'li) *adj.* יִשְׂרְאֵלִי
Is'raelite' (iz'riəl-) *adj.* מִבְּנֵי יִשְׂרָאֵל
is'sue (ish'ōō) *n.* יְצִיאָה; הוֹצָאָה; הַנְפָּקָה; הֲפָצָה; נוֹשֵׂא, בְּעָיָה; צֶאֱצָא
 join/take issue with חָלַק עַל
issue *v.* יָצָא; הוֹצִיא, הִנְפִּיק; נָבַע
isth'mus (is'm-) מֵצַר, רְצוּעַת יַבָּשָׁה
it *pron.* זֶה, זֹאת, הוּא; אֶת זֶה, אוֹתוֹ
 it's me זֶה אֲנִי
 it's raining יוֹרֵד גֶּשֶׁם
Ital'ian *adj&n.* אִיטַלְקִי; אִיטַלְקִית
ital'ic *n.* קוּרְסִיב; אוֹת מוּטָּה
itch *n&v.* גֵּרוּי, (חָשׁ) עִקְצוּץ; גֵּרֵד; גֵּרָה
 be itching for/to *הִשְׁתּוֹקֵק לְ—
it'd = it had, it would (it'əd)
i'tem n&adv. פְּרִיט, פְּרָט; וּכְמוֹ כֵן
it'erate' *v.* חָזַר עַל, אָמַר שׁוּב
i·tin'erant *adj.* נוֹסֵעַ, נוֹדֵד
i·tin'erar'y (-reri) *n.* מַסְלוּל טִיּוּל
it'll = it will, it shall (it'əl)
its *adj.* שֶׁלּוֹ, שֶׁלָּהּ
it's = it is, it has (its)
itself' *pron.* (את, בְּ־, של) עַצְמוֹ
 in itself כְּשֶׁהוּא לְעַצְמוֹ, בִּפְנֵי עַצְמוֹ
I've = I have (īv)
i'vory *n.* שֶׁנְהָב; שֵׁן; קְלִיד הַפְּסַנְתֵּר
i'vy *n.* קִיסוֹס

J

jab *v&n.* הִכָּה, תָּקַע; נִתקַע; מַכָּה; *זְרִיקָה
jab'ber *v&n.* פִּטפֵּט, מִלמֵל; פִּטפּוּט
jack *n&v.* מַגבֵּהַ, מָנוֹף; *בַּרנָש; (בקלפים) נָסִיך; הֶעֱלָה; הֵנִיף
jack'al *n.* תַּן
jack'anapes' (-nāps) *n.* גַּאַוְתָן
jack'ass' *n.* טִפֵּש; חֲמוֹר (זכר)
jack'daw' *n.* קָאָק (עורב)
jack'et *n.* מוֹתנִיָה, זָ'קֶט; עֲטִיפַת־סֵפֶר
dust his jacket הִלקָהוּ
jack-knife *n.* אוֹלָר גָדוֹל; קְפִיצַת אוֹלָר
jack-of-all-trades כֹּל יָכוֹל
jack-o'-lan'tern (-kəl-) *n.* אוֹר מְתַעתֵּעַ
jackpot *n.* קוּפָּה מִצטַבֶּרֶת (בקלפים)
hit the jackpot נָחַל הַצלָחָה רַבָּה
jade *n&v.* סוּס בָּלֶה/עָיֵף; *אִשָּה; מִין אֶבֶן טוֹבָה (ירוקה); עִיֵף; הִתִּיש
jag *n&v.* בְּלִיטָה, זִיז; קֶרַע; שֵׁן, חֵרֶץ
jag'ged *adj.* מְשוּנָן, רַב זִיזִים
jag'uar (-gwär) *n.* יָגוּאָר (חיה)
jail *n&v.* כֶּלֶא, בֵּית־סוֹהַר; כָּלָא
jail-bird *n.* אָסִיר (שישב הרבה)
jailor *n.* סוֹהֵר
jalop'y *n.* *מְכוֹנִית יְשָׁנָה, גְרוּטָה
jam *v&n.* מִלֵּא, דָּחַס; דָּחַק; נִדחַק; לָחַץ; נֶעֱצַר; דוֹחַק; פְּקָק; רִבָּה
get into a jam נִקלַע לְמַצָּב בִּיש
jamb (jam) *n.* מְזוּזָה
jam-packed *adj.* *דָחוּס, צָפוּף
jan'gle *v.* רָב; הִשמִיעַ צְלִיל צוֹרמָנִי
jan'itor *n.* שׁוֹעֵר, שׁוֹמֵר; חַצרָן
Jan'u•ar'y (-nūeri) *n.* יָנוּאָר
Japan' *n.* יַפָּן
Jap'anese' (-z) *n.* יַפָּנִי; יַפָּנִית
jape *n.* בְּדִיחָה
jar *n.* צִנצֶנֶת, כַּד, קַנקַן, פַּך; חֲרִיקָה
on the jar פָּתוּחַ לְמֶחֱצָה
jar *v.* זִעזַע; צָרַם, לֹא הָלַם; עִצבֵּן
jar'gon *n.* זָ'רגוֹן; שָׂפָה מִקצוֹעִית
jas'mine (jaz'min) *n.* יַסמִין (שיח־בר)
jas'per *n.* יָשׁפֵה (אבן טובה)
jaun'dice (-dis) *n.* צַהֶבֶת (מחלה)
a jaundiced eye קִנאָה, צָרוּת עַיִן
jaunt *v&n.* (עָרַך) טִיּוּל, מַסָּע
jaun'ty *adj.* שׁוֹפֵעַ עַלִּיזוּת, מָלֵא חַיִּים
jav'elin *n.* כִּידוֹן (להטלה)
jaw *n&v.* לֶסֶת; סַנטֵר; פִּטפּוּט; פִּטפֵּט; לָהַג
hold your jaw! בְּלוֹם פִּיךָ!
jaws מֶלקָחַיִם; פֶּתַח; מַלתָּעוֹת
jaw-breaker *n.* *שׁוֹבֶרֶת שִׁנַּיִם (מלה)
jay *n.* עוֹרבָנִי; פַּטפְּטָן
jay-walk *n.* חָצָה כְּבִיש שֶׁלֹּא כַּחוֹק
jazz *n&v.* (נִגֵּן) גֵ'ז; הֵפִיחַ רוּחַ חַיִּים
jeal'ous (jel'-) *adj.* מְקַנֵּא, קַנָּאִי
jealousy *n.* קִנאָה
jeans *npl.* מִכנְסֵי גִ'ינס
jeep *n.* גִ'יפּ
jeer *v&n.* לָעַג, לִגלֵג; לִגלוּג
je•june' (-jōōn') *adj.* דַּל, יָבֵש; יַלדוּתִי
jell *v.* הִקרִיש; הִתגַבֵּש (רעיון)
jel'ly *n.* מִקפָּא, קָרִיש, גֶ'לִי
jellyfish *n.* מֶדוּזָה
jeop'ardize' (jep'-) *v.* סִכֵּן
jeop'ardy (jep'-) *n.* סַכָּנָה
jer'emi'ad *n.* קִינָה
jerk *v&n.* מָשַׁך בִּתנוּפָה; רָטַט, הִזדַעֲזַע; הִטַלטֵל; זַעֲזוּעַ; טִלטוּל; *טִפֵּש
physical jerks *הִתעַמְּלוּת
jer'kin *n.* מְעִיל קָצָר, מוֹתנִיָה
jer'ry *n.* *חַיָּל גֶרמָנִי; *עָבִיט
jerrycan *n.* גֶ'רִיקָן, קִבּוּלִית, דַּן
jer'sey (-zi) *n.* אֲפֻדַּת צֶמֶר; גֶ'רסִי
Jeru'salem *n.* יְרוּשָׁלַיִם
jest *n&v.* בְּדִיחָה; הִתלוֹצֵץ; הֵקֵל רֹאש
jester *n.* לֵיצָן; לֵיצַן הֶחָצֵר
Jes'u•it (jez'ōōit) *n.* יֵשׁוּעִי; צָבוּעַ
Je'sus (-zəs) *n.* יֵשׁוּ
jet *n.* סִילוֹן; נָחִיר
jet *v.* טָס בְּמָטוֹס סִילוֹן; קָלַח, פָּרַץ
jet-black *adj.* שָׁחוֹר כַּזֶּפֶת
jet'sam *n.* מִטעַן סְפִינָה שֶׁהוּשלַך לַיָּם
jet set עֲשִׁירִים (הטסים במטוסי סילון)
jet'tison *v.* הִשלִיך; נָטַש
jet'ty *n.* מֵזַח, רָצִיף

Jew (jōō) *n.* יְהוּדִי
jew′el (jōō′-) *n.* תַּכְשִׁיט, אֶבֶן טוֹבָה
jeweled *adj.* מְשׁוּבָּץ בַּאֲבָנִים טוֹבוֹת
jeweler *n.* תַּכְשִׁיטָן, מוֹכֵר תַּכְשִׁיטִים
jewelry, -llery *n.* תַּכְשִׁיטִים
Jew′ess (jōō′is) *n.* יְהוּדִיָּה
Jewish *adj&n.* יְהוּדִי; אִידִישׁ
jib *n.* מִפְרָשׂ קָטָן; זְרוֹעַ הָעֲגוּרָן
 cut of one's jib סִגְנוֹנוֹ, הוֹפָעָתוֹ
jib *v.* נִרְתַּע, עָצַר, סֵרֵב לְהִתְקַדֵּם
jibe *v.* לִגְלֵג, לָעַג
jif′fy *n.* *רֶגַע קָט
jig *v&n.* (רָקַד) גִ׳יג; נִעְנַע; פִּזֵּז
jig′gered (-gərd) *adj.* *עָיֵף, הָמוּם
jig′gle *v&n.* נִעְנַע; הִתְנוֹעַע; נִעְנוּעַ
jig′saw′ *n.* מַסּוֹרִית מֵכָנִית
jigsaw puzzle מִשְׂחַק הַרְכָּבָה, פָּזֶל
jihad′ *n.* גִ׳יהָד, מִלְחֶמֶת קוֹדֶשׁ
jilt *v.* נָטַשׁ; דָּחָה; סֵרֵב לְהִנָּשֵׂא לְ—
jim′jams *npl.* מֶתַח, חֲרָדָה, עַצְבָּנוּת
jim′my *n.* מוֹט בַּרְזֶל (לפריצה)
jin′gle *n&v.* נְקִישָׁה, צִלְצוּל; שִׁיר,
 חֲרוּזִים, גִ׳ינְגֶל; צִלְצֵל, קִשְׁקֵשׁ
jin′go *n.* לְאוּמָנִי, קַנַּאי קִיצוֹנִי
jingoism *n.* לְאוּמָנוּת
jinks, high jinks הִתְהוֹלְלוּת
jit′ney *n.* *מְכוֹנִית, טִיוּלִית
jit′ters *npl.* מֶתַח, חֲרָדָה, עַצְבָּנוּת
job *n.* עֲבוֹדָה, גִ׳וֹבּ, מִשְׂרָה; מְשִׁימָה; *פֶּשַׁע
 a job lot אוֹסֶף חֲפָצִים, חֲבִילָה
 a job of work *עֲבוֹדָה כָּרָאוּי
 do a job on *הָרַס, קִלְקֵל, פִּשֵּׁל
 it's a good job (that) טוֹב שֶׁ—
 just the job *בְּדִיּוּק מַה שֶּׁצָּרִיךְ
 on the job *בִּפְעוּלָּה; עוֹבֵד קָשֶׁה
 out of a job מוּבְטָל
 pull a job *בִּצַּע שׁוֹד
job *v.* עָבַד כְּמְתַוֵּךְ; נִצֵּל מַעֲמָדוֹ
Job (jōb) *n.* אִיּוֹב
job′ber *n.* מְתַוֵּךְ; עוֹשֶׂה עֲבוֹדָה
jock′ey *n.* רַכָּץ, רוֹכֵב עַל סוּס
jockey *v.* הוֹנָה, הִשִּׂיג בְּמִרְמָה; תִּמְרֵן
jo·cose′ *adj.* עַלִּיז, מַצְחִיק, מְבַדֵּחַ
joc′u·lar *adj.* מְבַדֵּחַ, מַצְחִיק
joc′und *adj.* עַלִּיז
jog *v&n.* דָּחַף קַלִּילוֹת; טָפַח; נִעְנַע;
 רָץ בְּאִטִּיּוּת; דְּחִיפָה; טִלְטוּל; רִיצָה
 jog his memory הִזְכִּיר לוֹ
jog′gle *v&n.* נִעְנַע; הִתְנוֹעַע; תְּנוּעָה
jog trot רִיצָה קַלָּה, צְעִידָה אִטִּית
John Bull אַנְגְּלִיָּה; אַנְגְּלִי טִיפּוּסִי
John Doe פְּלוֹנִי, אָדָם טִיפּוּסִי
john′ny (joni) *n.* *חָבֵר, בַּרְנָשׁ
Johnny-come-lately פָּנִים חֲדָשׁוֹת
join *v&n.* חִבֵּר, קָשַׁר, צֵרֵף, אִחֵד;
 הִתְחַבֵּר; הִצְטָרֵף אֶל; מְקוֹם הַחִבּוּר
 join hands עָשָׂה יָד אַחַת
 join in (with) הִצְטָרֵף, הִשְׁתַּתֵּף בְּ—
 join the army, join up הִתְגַּיֵּס
join′er *n.* נַגַּר בִּנְיָן
joint *n&adj.* חִבּוּר; מְקוֹם הַחִבּוּר; מִפְרָק;
 חוּלְיָה; נֵתַח בָּשָׂר; מְשׁוּתָּף
 out of joint נָקוּעַ, שֶׁחָרַג מִמְּקוֹמוֹ
joint *v.* חִבֵּר בְּמִפְרָקִים
joint account חֶשְׁבּוֹן בַּנְק מְשׁוּתָּף
joint-stock company חֶבְרַת מְנָיוֹת
joist *v.* קוֹרָה (התומכת ברצפה)
joke *n&v.* בְּדִיחָה; הִתְבַּדֵּחַ, חָמַד לָצוֹן
 have a joke with סִפֵּר בְּדִיחָה לְ—
 joking apart/aside *צְחוֹק בַּצַּד
 make a joke about הִתְלוֹצֵץ עַל
 play a joke on סִדֵּר אוֹתוֹ
jo′ker *n.* לֵיצָן, לֵץ; גִ׳וֹקֶר
jol′lifica′tion, jol′lity *n.* עַלִּיזוּת
jol′ly *adj.* עַלִּיז, שָׂמֵחַ; נָעִים; *שָׁתוּי
jolly *adv.* *מְאוֹד, נוֹרָא
 jolly good fellow בָּחוּר כָּאֶרֶז
jolly *v.* *שִׂמַּח; רוֹמֵם רוּחַ
jolt (jōlt) *v&n.* טִלְטֵל, נִעְנַע, הִקְפִּיץ,
 זִעְזַע; הִתְנוֹעַע; טִלְטוּל; דְּחִיפָה
jon′quil *n.* נַרְקִיס
Jor′dan *n.* יַרְדֵּן; הַיַּרְדֵּן
josh *v.* צָחַק, הִתְלוֹצֵץ עַל
jos′tle (-səl) *v.* דָּחַף; נִדְחַק
jot *n&v.* שֶׁמֶץ, כַּמּוּת זְעוּמָה
 jot down רָשַׁם בְּקִצָּרָה, שִׁרְבֵּט הֶעָרוֹת
jot′ter *n.* פִּנְקָס (לרישום הערות)
jounce *v&n.* טִלְטֵל; טִלְטוּל
jour′nal (jûr′-) *n.* עִתּוֹן; יוֹמָן
jour′nalism′ (jûr′-) *n.* עִתּוֹנָאוּת
jour′nalist (jûr′-) *n.* עִתּוֹנַאי
jour′ney (jûr′-) *n&v.* נְסִיעָה; נָסַע
journeyman *n.* בַּעַל מִקְצוֹעַ שָׂכִיר
joust *v.* נֶאֱבַק, הִתְחָרָה, הִתְנַגַּח

jo'vial *adj.* עַלִּיז, מָלֵא שִׂמְחָה
jowl *n.* לֶסֶת; בְּשַׂר הַלֶּחִי; פִּימָה
joy *n&v.* שִׂמְחָה, עַלִּיזוּת; *הַצְלָחָה; שָׂמַח
for joy מֵרוֹב שִׂמְחָה, בִּגְלַל הַשִּׂמְחָה
joyful *adj.* שָׂמֵחַ, עַלִּיז; מְשַׂמֵּחַ
joy'ous *adj.* שָׂמֵחַ, עַלִּיז; מְשַׂמֵּחַ
joy-ride *n.* *נְסִיעַת־הִשְׁתּוֹלְלוּת, חַרְקָה
joy-stick *n.* יָדִית הַנִּווּט; מוֹט הַגּוּי
ju'bilant *adj.* צוֹהֵל, שֶׁל צָהֳלָה, שָׂמֵחַ
ju'bilate' *v.* שָׂמַח
ju'bilee' *n.* יוֹבֵל, חֲגִיגַת יוֹבֵל
Ju'da·ism' *n.* יַהֲדוּת; דָּת הַיְּהוּדִים
jud'der *v.* רָעַד, הִזְדַּעֲזַע
judge *n.* שׁוֹפֵט; מֵבִין, מוּמְחֶה
judge *v.* שָׁפַט; פָּסַק; הֶעֱרִיךְ
judge of הֶעֱרִיךְ, גִּבֵּשׁ דֵּעָה עַל
judging from הַמַּסְקָנָה הַנּוֹבַעַת מִן
judg(e)ment *n.* מִשְׁפָּט, דִּין; שִׁפּוּט; דֵּעָה
pass judgment הוֹצִיא פְּסַק דִּין
ju'dicato'ry *adj&n.* מִשְׁפָּטִי; בֵּית־דִּין
ju'dica'ture *n.* מִנְהָל מִשְׁפָּטִי; שׁוֹפְטִים
ju·di'cial (joodish'əl) *adj.* מִשְׁפָּטִי; שִׁפּוּטִי; שֶׁל שׁוֹפֵט; בִּקָּרְתִּי, בְּלִי מַשּׂוֹא פָּנִים
ju·di'ciar'y (joodish'ieri) *n.* הַמַּעֲרֶכֶת הַמִּשְׁפָּטִית
ju·di'cious (joodish'əs) *n.* נָבוֹן
ju'do *n.* ג'וּדוֹ
jug *n&v.* כַּד; *בֵּית סוֹהַר; אָסַר, כָּלָא
jug'gle *v.* לְהֲטֵט; אִחֵז עֵינַיִם; רִמָּה
juggler *n.* לַהֲטוּטָן, מְאַחֵז עֵינַיִם
jug'u·lar *adj.* שֶׁל הַצַּוָּאר
juice (joos) *n&v.* מִיץ; עָסִיס; סָחַט
juice up *הֵפִיחַ רוּחַ חַיִּים בְּ—
juice dealer מַלְוֶה בְּרִבִּית קְצוּצָה
juic'y (joo'si) *adj.* עֲסִיסִי; מְעַנְיֵן
ju'jube' *n.* שֵׁיזָף; מִין מַמְתָּק
juke-box *n.* אוֹטוֹמַט־תַּקְלִיטִים
ju'lep *n.* מַשְׁקֶה מְנֻתָּה
Ju'lian *adj.* יוּלְיָאנִי (לוּחַ)
Ju·ly' (joo-) *n.* יוּלִי
jum'ble *v&n.* עִרְבֵּב; הִתְעַרְבֵּב; בִּלְבּוּל
jum'bo *adj.* עֲנָק, גָּדוֹל מֵהָרָגִיל
jump *v&n.* קָפַץ; הִקְפִּיץ; קְפִיצָה, זִנּוּק
jump at קָפַץ עַל, חָטַף (הצעה)
jump bail בָּרַח אַחֲרֵי מַתַּן הָעַרְבוּת
jump out of one's skin נֶחֱרַד
jump ship *עָרַק מֵאֳנִיָּה
jump the gun זִנֵּק מוּקְדָּם מִדַּי
jump the queue קָפַץ לְרֹאשׁ הַתּוֹר
jump the rails/track יָרַד מֵהַפַּסִּים
jump to it מַהֵר, הִזְדָּרֵז
jump upon/on גָּעַר, נָזַף, הִתְקִיף
get the jump on זָכָה בְּיִתְרוֹן עַל
high/long jump קְפִיצַת גּוֹבַהּ/רוֹחַק
jumps עֲוִיתוֹת, רֶטֶט עַצְבָּנוּת
jumped-up *adj.* מְנֻפָּח, עָלָה לִגְדוּלָּה
jumper *n.* קוֹפֵץ, קַפְצָן; אֲפוּדָּה, סְוֶדֶר
jumping-off place סוֹף הָעוֹלָם
jump'y *adj.* עַצְבָּנִי, מָתוּחַ
junc'tion *n.* חִבּוּר, מִפְגָּשׁ, צוֹמֶת, מִצְמֶת
junc'ture *n.* חִבּוּר; צוֹמֶת; שָׁעָה, מַצָּב
June *n.* יוּנִי
jun'gle *n.* ג'וּנְגֶל, יַעַר; סְבַךְ
ju'nior *n&adj.* צָעִיר; זוּטָר; הַצָּעִיר
ju'niper *n.* עַרְעָר (שיח/עץ)
junk *n.* גְּרוּטָאוֹת; פְּסֹלֶת, זֶבֶל
jun'ket *n.* חֲבִיצָה; נְסִיעָה, טִיּוּל
jun'keting *n.* עֲרִיכַת מְסִבָּה; פִּיקְנִיק
junk'y, junk'ie *n.* נַרְקוֹמָן
Ju'piter *n.* יוּפִּיטֶר, צֶדֶק
ju·rid'ical (joor-) *adj.* יוּרִידִי, מִשְׁפָּטִי
ju'risdic'tion *n.* סַמְכוּת חוּקִית
ju'rispru'dence *n.* מַדַּע הַמִּשְׁפָּט
ju'rist *n.* מִשְׁפְּטָן, יוּרִיסְט
ju'ror, juryman *n.* מוּשְׁבָּע
ju'ry *n.* חֶבֶר מוּשְׁבָּעִים; צֶוֶת שׁוֹפְטִים
just *adj.* צוֹדֵק, הוֹגֵן; צַדִּיק; מַתְאִים, יָאֶה
just *adv.* בְּדִיּוּק, פָּשׁוּט; זֶה עַתָּה; כִּמְעַט
just a moment *רַק רֶגַע!
just as well בְּאוֹתָהּ מִדָּה
just look! *רַק תִּרְאֶה! רְאֵה־נָא!
just my luck! אֵין לִי מַזָּל!
just the same אַעַפִּ"י כֵן
jus'tice (-tis) *n.* צֶדֶק, יֹשֶׁר; שׁוֹפֵט
do justice to עָשָׂה כָּרָאוּי; זָלַל
Justice of the Peace שׁוֹפֵט שָׁלוֹם
jus'tifi'able *adj.* מוּצְדָּק
jus'tifica'tion *n.* הַצְדָּקָה
jus'tify' *v.* הִצְדִּיק; הֵזִיז (שורת דפוס)
jut *v.* בָּלַט
jute *n.* יוּטָה (לייצור בד־יוטה)
ju'venes'cent *adj.* מְחַדֵּשׁ נְעוּרָיו
ju'venile' *adj&n.* צָעִיר; לְ־/שֶׁל נְעָרִים
jux'tapose' (-z) *v.* שָׂם זֶה בְּצַד זֶה

K

kail, kale *n.* זַן שֶׁל כְּרוּב
kalei'doscope' (-lī'-) *n.* קָלֵידוֹסקוֹפּ
kan'garoo' *n.* קֶנְגוּרוּ
kangaroo court בֵּית דִּין מָהִיר
ka'olin *n.* קָאוֹלִין, טִיט לָבָן
kara'te (-rä'ti) *n.* קָרָטֶה
kay'ak' (kī'-) *n.* קָיָק (סִירָה קַלָּה)
kay'o' *n.* נוֹקָאאוּט
kebab', kebob' *n.* קַבַּב
keel *n.* שִׁדְרִית הַסְּפִינָה, קָרִין
on an even keel יַצִּיב, בְּלִי זַעֲזוּעִים
keel *v.* הִטָּה (ספינה) עַל צִדָּהּ
keel over הִתְהַפֵּךְ; נָפַל; הִתְעַלֵּף
keelhaul *v.* גָּעַר, נָזַף בְּ—
keen *adj.* חַד; חָרִיף; נִלְהָב, לָהוּט; עֵר
be keen on *הִשְׁתּוֹקֵק, "מֵת" עַל
keen frost קוֹר עַז
keen sorrow צַעַר עָמוֹק
keen *n&v.* קִינָה; קוֹנֵן
keen-sighted *adj.* חַד־עַיִן
keep *v.* הֶחֱזִיק; שָׁמַר; קִיֵּם; פִּרְנֵס; נִהֵל; נִשְׁאַר, הָיָה, הִמְשִׁיךְ
keep accounts/books נִהֵל חֶשְׁבּוֹנוֹת
keep after שִׁנֵּן, חָזַר וְאָמַר
keep an eye on הִשְׁגִּיחַ, פָּקַח עַיִן
keep at it הִתְמִיד בְּכָךְ
keep away הִתְרַחֵק, הִרְחִיק מִן
keep back עָצַר; דִּכָּא, רִסֵּן; הִסְתִּיר
keep down דִּכָּא; הִכְנִיעַ, רִסֵּן
keep from מָנַע; נִמְנַע מִן; הִסְתִּיר
keep going הִמְשִׁיךְ, הֶחֱזִיק מַעֲמָד
keep him waiting אִלְּצוֹ לְחַכּוֹת
keep in mind זָכַר, רָשַׁם לְפָנָיו
keep it in רִסֵּן, עָצַר בְּעַד
keep off הִתְרַחֵק; הִרְחִיק; לֹא קָרָה
keep on הִמְשִׁיךְ, הוֹסִיף וְהֶחֱזִיק בְּ—
keep oneself to oneself הִתְבּוֹדֵד
keep out הִרְחִיק; הִתְרַחֵק
keep quiet! שְׁתוֹק!
keep to קִיֵּם, כִּבֵּד (הסכם)
keep (to the) right נָע בִּימִין הַדֶּרֶךְ
keep under דִּכָּא, רִסֵּן
keep up הִמְשִׁיךְ; הֶחֱזִיקוֹ לְמַעְלָה/עַל רָמָה, מָנַע נְפִילָתוֹ; הִשְׁאִירוֹ עֵר
keep up with הִתְקַדֵּם בְּאוֹתוֹ קֶצֶב
keep warm הִתְלַבֵּשׁ/הִתְכַּרְבֵּל הֵיטֵב
keep your shirt on! אַל תִּתְרַגֵּשׁ!
I'm keeping well אֲנִי בְּסֵדֶר/בָּרִיא
keep *n.* פַּרְנָסָה, אַחְזָקָה, תְּמִיכָה; מְצוּדָה
for keeps *לְעוֹלָם, לְתָמִיד
keeper *n.* שׁוֹמֵר; שׁוֹעֵר (בספורט)
keeping *n.* שְׁמִירָה, הַשְׁגָּחָה
in keeping with עוֹלֶה בְּקָנֶה אֶחָד עִם
out of keeping סוֹתֵר, לֹא תּוֹאֵם
keep'sake' *n.* מַזְכֶּרֶת
keg *n.* חָבִיוֹנֶת, חָבִית קְטַנָּה
ken *n.* יְדִיעָה, יֶדַע; תְּחוּם הַיְדִיעוֹת
ken'nel *n.* מְלוּנָה; מוֹסָד לִכְלָבִים
kept = p of keep
a kept woman פִּילֶגֶשׁ
kerb *n.* אֶבֶן־שָׂפָה, שְׂפַת הַמִּדְרָכָה
ker'chief (-chif) *n.* מִטְפַּחַת־רֹאשׁ
ker'nel *n.* גַּרְעִין, זֶרַע; עִקָּר
ker'osene' *n.* נֵפְט, קֶרוֹסִין
ketch'up *n.* קֶטְשׁוֹפּ, מִתְבָּל
ket'tle *n.* קוּמְקוּם
a pretty kettle of fish עֵסֶק בִּישׁ
kettledrum *n.* תּוֹף הַכִּיוֹר, תּוּנְפָּן
key *n.* מַפְתֵּחַ; קָלִיד; מַקָּשׁ; סוּלַם־קוֹלוֹת
in a minor key בְּטוֹן מִינוֹרִי, בְּעֶצֶב
key man אִישׁ מַפְתֵּחַ
key position עֶמְדַּת מַפְתֵּחַ
key *v.* כִּוֵּן (כלי נגינה); הִתְאִים
key up מָתַח, הֶעֱלָה הַמֶּתַח
keyboard *n.* מִקְלֶדֶת, מַעֲרֶכֶת מַקָּשִׁים
keyhole *n.* חוֹר הַמַּנְעוּל
key money דְּמֵי מַפְתֵּחַ
keynote *n.* צְלִיל רָאשִׁי, צְלִיל בְּסִיסִי
key-ring *n.* מַחֲזִיק מַפְתְּחוֹת
keystone *n.* אֶבֶן רֹאשָׁה, אֶבֶן פִּנָּה
kg = kilogram
khak'i (kak'i) *n.* חָקִי
khan (kän) *n.* שַׁלִּיט, חַן; פּוּנְדָּק
kib'itzer *n.* קִיבִּיצֶר, נַדְבָן־עֵצוֹת

kick *n.* בְּעִיטָה; *סִפּוּק, תַּעֲנוּג; כּוֹחַ
has no kick left נָס לֵחוֹ
kicks *עִלָּה לִתלוּנָה; תַּעֲנוּג, מֶתַח
kick *v.* בָּעַט; *הִתאוֹנֵן, קִטֵּר
kick about/around הִסתּוֹבֵב, טִיֵּל; הִתגַּלגֵּל; הִתיַחֵס בְּגַסוּת
kick against/at מָחָה, הִתמַרמֵר
kick in *תָּרַם חֶלקוֹ
kick off פָּתַח בְּמִשׂחָק (כּדוּרגל)
kick one's heels חִכָּה שָׁעָה אֲרוּכָּה
kick oneself *הִתחָרֵט, אָכַל עַצמוֹ
kick the bucket *מֵת
kick the habit/it *נִגמַל (מסמים)
kick up *עָשָׂה צָרוֹת, הִתקַלקֵל
kick up a fuss/row/stink גָּרַם לִמהוּמָה רַבָּה, עוֹרֵר שַׁעֲרוּרִיָּה
kick upstairs בָּעַט (פקיד) לְמַעלָה
kick'back' *n.* *עַמלָה, שׁוֹחַד
kick-off *n.* בְּעִיטַת הַפְּתִיחָה
kid *n&v.* גְּדִי; *יֶלֶד; רִמָּה, מָתַח
kid gloves כְּפָפוֹת מֶשִׁי
you're kidding! אַתָּה מִתלוֹצֵץ!
kid'die, kid'dy *n.* יֶלֶד
kid'nap' *v.* חָטַף (אדם)
kid'ney *n.* כִּליָה; סוּג, טֶבַע, טֶמפֶּרָמֶנט
kidney bean שְׁעוּעִית
kidney machine מַכשִׁיר דִיאָלִיזָה
kidskin *n.* עוֹר־גְדִי
kike *n.* *יְהוּדִי, יְהוּדוֹן
kill *v.* הָרַג, הֵמִית, חִסֵּל; נִטרֵל
dressed to kill מַרשִׁים בִּלבוּשׁוֹ
kill off הָרַג, חִסֵּל, נִפטַר מִן
kill time הָרַג אֶת הַזְּמָן
kill *n.* טֶרֶף, צַיִד; הֲרֵיגָה
be in at the kill נוֹכֵחַ בַּסִיּוּם
killer *n.* הוֹרֵג, רוֹצֵחַ
killing *adj&n.* *הוֹרֵג; מַצחִיק מְאוֹד
make a killing הִרוִיחַ כֶּסֶף רַב
kill-joy *n.* מַשׁרֶה דִכָּאוֹן
kiln *n.* תַּנּוּר, כִּבשָׁן
kil'o *n.* קִילוֹ
kil'ocy'cle *n.* קִילוֹהֶרץ
kil'ogram' *n.* קִילוֹגְרַם
kilom'eter *n.* קִילוֹמֶטֶר
kil'owatt' (-wot) *n.* קִילוֹוָט
kilt *n.* חֲצָאִית סְקוֹטִית
kil'ter *n.* *מַצָּב טוֹב, אִזּוּן

kimo'no *n.* קִימוֹנוֹ, חָלוּק יַפָּנִי
kin *n.* מִשׁפָּחָה, קְרוֹבִים; קְרוֹב־מִשׁפָּחָה
next of kin שְׁאֵר־בְּשָׂרוֹ הַקָּרוֹב בְּיוֹתֵר
kind (kīnd) *n.* סוּג, מִין; שְׁוֵה כֶּסֶף
differ in kind הָיָה שׁוֹנֶה בְּאוֹפִי
kind of feeling מִין תְּחוּשָׁה
he's her kind הוּא הַטִּיפּוּס שֶׁלָּהּ
nothing of the kind כְּלָל לֹא
of a kind מֵאוֹתוֹ מִין, מִסּוּג אֶחָד
repay in kind הֶחֱזִיר בְּאוֹתוֹ מַטבֵּעַ
something of the kind מַשֶּׁהוּ מֵעֵין זֶה
I kind of hoped *קִוִּיתִי אֵיכשֶׁהוּ
kind *adj.* טוֹב, טוֹב־לֵב, אָדִיב
be so kind as to- הוֹאֵל נָא לְ—
kin'dergar'ten *n.* גַּן־יְלָדִים
kind-hearted *adj.* טוֹב־לֵב
kin'dle *v.* הִצִּית; בָּעַר; הִתלַקֵּחַ
kin'dling *n.* חֳמָרִים בְּעִירִים
kindly *adj&adv.* חָבִיב, נָעִים; אָנָּא
take kindly to קִבֵּל בְּרָצוֹן/בְּקַלּוּת
kindness *n.* טוּב־לֵב, אֲדִיבוּת; טוֹבָה
have the kindness to הוֹאֵל נָא—
kin'dred *n&adj.* קְרוֹבִים; קָרוֹב, דּוֹמֶה
kinet'ic *adj.* קִינֶטִי, שֶׁל תְּנוּעָה
kin'folk' (-fōk) *npl.* קְרוֹבִים
king *n.* מֶלֶךְ
king's evil חֲזִירִית (מחלה)
Kings מְלָכִים (בתנך)
kingdom *n.* מְלוּכָה, מַמלָכָה
kingdom come עוֹלָם הָאֱמֶת
king'fish'er *n.* שַׁלְדָּג (עוף)
kingly, kinglike *adj.* מַלכוּתִי
kingpin *n.* צִיר יַד הַסֶּרֶן; מֶרכָּז, "מַסמֵר"
kingship *n.* מַלכוּת, מְלוּכָה
king-sized *adj.* גָּדוֹל, עֲנָק
kink *n&v.* עִקּוּל, כִּפּוּף; תִּלתּוּל, קִרזוּל; מוֹחַ עָקוֹם; עִקֵּם; הִתעַקֵּם
kins'folk' (-zfōk) *npl.* קְרוֹבִים
kin'ship' *n.* קִרבַת מִשׁפָּחָה; דִמיוֹן
kins'man (-z-) *n.* קְרוֹב מִשׁפָּחָה
ki'osk (kē'osk) *n.* קִיוֹסק; תָּא טֶלֶפוֹן
kip *n&v.* *שֵׁנָה; מְקוֹם לִינָה; יָשַׁן
kip'per *n.* דָּג מְעוּשָׁן
kis'met (-z-) *n.* גּוֹרָל
kiss *v&n.* נָשַׁק; הִתנַשֵּׁק; נְשִׁיקָה
kiss of life הַנשָׁמָה מִפֶּה לְפֶה
kiss the dust/ground נִכנַע; מֵת

kit *n&v.* צִיּוּד, זָוָד, מַעֲרֶכֶת כֵּלִים; צִיֵּד
kitbag *n.* מִזְוָד, קִיטְבֶּג, שַׂק חֲפָצִים
kitch'en *n.* מִטְבָּח
kitch'enette' *n.* מִטְבָּחוֹן
kitchenware *n.* כְּלֵי־מִטְבָּח
kite *n.* עֲפִיפוֹן; דַּיָּה (עוף דורס)
fly a kite מִשֵּׁשׁ אֶת הַדּוֹפֶק
kith and kin קְרוֹבִים, יְדִידִים
kitsch (kich) *n.* קִיטְשׁ, יְצִירָה זוֹלָה
kit'ten *n.* חֲתַלְתּוּל
have kittens הָיָה מָתוּחַ/עַצְבָּנִי
kit'ty *n.* קוּפָּה; קֶרֶן; חֲתַלְתּוּל
klep'toma'nia *n.* קְלֶפְּטוֹמַנְיָה
km = kilometer
knack *n.* כִּשְׁרוֹן, מְיוּמָנוּת, זְרִיזוּת
knap'sack' *n.* תַּרְמִיל גַּב
knave *n.* נָסִיךְ (בקלפים); נוֹכֵל
kna'very *n.* נוֹכְלוּת
knead *v.* לָשׁ; עִסָּה, עָשָׂה עִסּוּי
knee *n.* בֶּרֶךְ
bend the knee כָּרַע בֶּרֶךְ
on one's knees מִתְחַנֵּן; עַל סַף מַשְׁבֵּר
kneecap *n.* פִּקַּת־הַבֶּרֶךְ; מָגֵן בֶּרֶךְ
knee-deep *adj.* עָמוֹק עַד הַבִּרְכַּיִם
kneel *v.* כָּרַע, נָפַל עַל בִּרְכָּיו
knell *n.* צִלְצוּל פַּעֲמוֹן (בלוויה); קֵץ
knelt = p of kneel
knew = pt of know (no͞o)
knick'erbock'ers *npl.* אַבְרְקֵי־בֶּרֶךְ
knick'ers *npl.* תַּחְתּוֹנִים
knick'-knack' *n.* קִשּׁוּט; חֵפֶץ־נוֹי
knife *n&v.* סַכִּין; דָּקַר בְּסַכִּין
under the knife עַל שׁוּלְחַן הַנִּתּוּחִים
war to the knife מִלְחָמָה עַד חוֹרְמָה
knight *n&v.* אַבִּיר; פָּרָשׁ; הֶעֱנִיק אַבִּירוּת
knight'-er'rant *n.* אַבִּיר נוֹדֵד
knighthood *n.* אַבִּירוּת; אַבִּירִים
knightly *adj.* אַבִּירִי, אֲצִילִי
knit *v.* סָרַג; קָשַׁר, אִחָה
knit one's brows זָעַף, קִמֵּט מִצְחוֹ
well knit מְשׁוּלָּב יָפֶה, מְלוּכָּד הֵיטֵב
knitter *n.* סוֹרֵג, סָרָג
knitting *n.* סְרִיגָה, אָרִיג נִסְרָג
knitting-needle *n.* מַסְרֵגָה, צִנּוֹרָה
knit'wear' (-wār) *n.* דִּבְרֵי סְרִיגָה
knives = pl of knife (nīvz)
knob *n.* גוּלָּה, יָדִית, כַּפְתּוֹר; גוּשׁ, בְּלִיטָה
knock *n.* דְּפִיקָה, מַכָּה, נְקִישָׁה; *בִּקֹּרֶת
knock *v.* הִכָּה, דָּפַק, הִקִּישׁ; *הִדְהִים
be knocked down נִפְגַּע (ע״י מכונית)
knock (it) off! חֲדַל! הַפְסֵק!
knock around/about *הִסְתּוֹבֵב, טִיֵּל
knock back *שָׁתָה, גָּמַע; הִדְהִים
knock down הִפִּיל, הָרַס; הוֹרִיד מְחִיר
knock into הֶחְדִּיר (רעיון) לָרֹאשׁ; נִתְקַל
knock off נִכָּה, הִפְחִית; חִסֵּל; רָצַח
knock out הִנְחִית נוֹקָאוּט; הִדְהִים
knock spots off עָלָה עַל, גָּבַר
knock together הִרְכִּיב בִּמְהִירוּת
knock up *הֵקִים/אִרְגֵּן בִּמְהִירוּת
knock-down *adj.* מְהַמֵּם, מַדְהִים
knocked-out *adj.* *שִׁכּוֹר, מְסוּמָּם
knocker *n.* מַקּוֹשׁ־דֶּלֶת, מְטָרֵק
knock-kneed *adj.* עֲקוֹם בִּרְכַּיִם
knockout *n.* נוֹקָאוּט; מְהַמֵּם, מַרְשִׁים
knoll (nōl) *n.* תֵּל, גִּבְעוֹנֶת
knot *n&v.* קֶשֶׁר, לוּלָאָה; קִשּׁוּר; סִיקוּס; קְבוּצָה, חֲבוּרָה; קֶשֶׁר יַמִּי; קָשַׁר
tie the knot *הִתְחַתֵּן
knotty *n.* מְסוּקָס, בַּעַל סִיקוּסִים; מְסוּבָּךְ
know (nō) *v&n.* יָדַע, הִכִּיר; הִבְחִין
in the know בְּסוֹד הָעִנְיָנִים
know of יָדַע, שָׁמַע עַל
not that I know of לֹא — לְמֵיטַב יְדִיעָתִי
you know אַתָּה מֵבִין (ביטוי סתמי)
know-how *n.* יֶדַע מִקְצוֹעִי, יֶדַע מַעֲשִׂי
knowing *adj.* יוֹדֵעַ, מֵבִין, פִּקְחִי, חָרִיף
knowingly *adv.* בְּכַוָּנָה, בְּיוֹדְעִין
know-it-all *n.* יוֹדֵעַ־כֹּל (כביכול)
knowl'edge (nol'ij) *n.* יְדִיעָה, דַּעַת
knowledgeable *adj.* בַּעַל יְדִיעוֹת
known (nōn) *adj.* יָדוּעַ, מְפוּרְסָם, מוּכָּר
known = pp of know
know-nothing *adj.* בּוּר, בַּעַר
knuck'le *n&v.* מִפְרַק אֶצְבַּע
knuckle down נִרְתַּם לַעֲבוֹדָה בְּמֶרֶץ
knuckle under נִכְנַע
knuckle-duster *n.* אֶגְרוֹפָן (ממתכת)
Ko·ran' (-rän) *n.* קוּרְאָן
ko'sher *adj.* כָּשֵׁר; הָגוּן
kow'tow', ko'tow' *v.* הִתְרַפֵּס
Kurd *n.* כּוּרְדִי
kw = kilowatt

L

lab *n.* *מַעְבָּדָה
la'bel *n&v.* פֶּתֶק, תָּוִית; הִדְבִּיק תָּוִית
la'bial *adj.* שְׂפָתִי, שֶׁל הַשְּׂפָתַיִם
la'bor *n&v.* עֲבוֹדָה, עָמָל, מְלָאכָה; מַעֲמַד הַפּוֹעֲלִים; לֵדָה; עָמַל; נָע בִּכְבֵדוּת
labor the point הִתְעַכֵּב בַּאֲרִיכוּת עַל הַנּוֹשֵׂא
lab'orato'ry (-brə-) *n.* מַעְבָּדָה
labored *adj.* אִטִּי, כָּבֵד, מְאוּלָץ, מְאוּמָץ
laborer *n.* פּוֹעֵל
labo'rious *adj.* קָשֶׁה, מְפָרֵךְ; חָרוּץ
La'borite' *n.* אִישׁ מִפְלֶגֶת הָעֲבוֹדָה
labor union אִגּוּד מִקְצוֹעִי
lab'yrinth' *n.* מָבוֹךְ; תִּסְבּוֹכֶת
lace *n&v.* שְׂרוֹךְ; תַּחְרָה; שָׂרַךְ; הִשְׁחִיל
lace into him הִכָּה/הִצְלִיף בּוֹ
lace with מָהַל (במשקה חריף)
lac'erate' *v.* קָרַע, פָּצַע, פָּגַע
lach'rymose' (-k-) *adj.* בַּכְיָנִי; עָצוּב
lack *v&n.* חָסַר, הָיָה נְטוּל־; חוֹסֶר, מַחְסוֹר
lack'adai'sical (-z-) *adj.* אָדִישׁ
lack'ey *n.* מְשָׁרֵת, מִתְרַפֵּס
lack'lus'ter *adj.* חֲסַר בָּרָק, עָמוּם
lacon'ic *adj.* לָקוֹנִי, מוּבָּע בִּקְצָרָה
lac'quer (-kər) *n&v.* (צִפָּה בְּ־) לַכָּה
lac'tate *v.* הֵינִיק, הֵנִיק
lac'tic *adj.* חֲלָבִי, שֶׁל חָלָב
lacu'na *n.* מָקוֹם רֵיק, קֶטַע חָסֵר, חָלָל
la'cy *adj.* שֶׁל תַּחְרָה, מְשׁוּנָּץ
lad *n.* נַעַר, בָּחוּר, עֶלֶם
lad'der *n&v.* סוּלָּם; (נוֹצְרָה) רַכֶּבֶת (בגרב)
lad'dy, lad'die *n.* נַעַר
la'den *adj.* טָעוּן, עָמוּס, כּוֹרֵעַ תַּחַת—
la'ding *n.* מִטְעָן, מַשָּׂא
la'dle *n&v.* מַצֶּקֶת, תַּרְוָד
ladle out יָצַק בְּמַצֶּקֶת; חִלֵּק, נָתַן
la'dy *n.* גְּבֶרֶת, אִשָּׁה, לֵידִי
ladies שֵׁרוּתֵי נָשִׁים
ladies' man רוֹדֵף נָשִׁים
ladybird *n.* פָּרַת־מֹשֶׁה־רַבֵּנוּ
ladykiller *n.* קוֹטֵל נָשִׁים, דוֹן ז׳וּאָן
ladylike *adj.* כַּיָּאֶה לִגְבֶרֶת, אֲצִילִית

ladyship *n.* הוֹד מַעֲלָתָהּ
lag *v&n.* פִּגֵּר; בּוֹדֵד; פִּגּוּר, אִחוּר; *פּוֹשֵׁעַ
la'ger (lä'gər) *n.* לָאגֶר (בירה)
lag'gard *n.* מְפַגֵּר, מְאַחֵר, חֲסַר־מֶרֶץ
lagoon' (-gōōn') *n.* לָגוּנָה, בְּרֵכָה
la'ic *adj.* חִלּוֹנִי, לֹא דָתִי, הֶדְיוֹט
laid = p of lay
lain = pp of lie
lair *n.* מְאוּרָה (של חיה)
la'ity *n.* הֶדְיוֹטוֹת, לֹא־מִקְצוֹעִיִּים
lake *n.* אֲגַם, בְּרֵכָה; צֶבַע אָדוֹם
lam *v.* *הִכָּה, הִרְבִּיץ, הִתְקִיף
la'ma (lä'-) *n.* לָמָה (נזיר טיבטי)
lamb (lam) *n&v.* (הִמְלִיטָה) טָלֶה; כֶּבֶשׂ
lam'bent *adj.* זוֹהֵר, מַבְלִיחַ, מַבְרִיק
lamb'kin (lam'-) *n.* טָלֶה רַךְ
lambskin *n.* עוֹר כֶּבֶשׂ
lame *adj&v.* צוֹלֵעַ, נָכֶה, חִגֵּר; הִצְלִיעַ
lame duck "סוּס מֵת"; עֵסֶק כּוֹשֵׁל
lament' *v&n.* קוֹנֵן, הִתְאַבֵּל עַל; קִינָה, בְּכִי
lam'entable *adj.* מְצַעֵר, גָּרוּעַ, אוּמְלָל
lam'enta'tion *n.* קִינָה, הֶסְפֵּד, נְהִי
lam'inate' *v.* לִבֵּד; רִקֵּעַ; פִּצֵּל לִשְׁכָבוֹת
lamp *n.* מְנוֹרָה, נוּרָה, פָּנָס
lam•poon' (-pōōn') *n.* סָטִירָה, הִתּוּל
lamppost *n.* פָּנַס רְחוֹב, עַמּוּד פָּנָס
lampshade *n.* אָהִיל, מָגוֹר
lance *n&v.* רוֹמַח, כִּידוֹן; דָּקַר בְּאִזְמֵל
lance corporal טוּרַאי רִאשׁוֹן
lan'cet *n.* אִזְמֵל מְנַתְּחִים
land *n.* יַבָּשָׁה, אֲדָמָה, קַרְקַע, אֶרֶץ; מְדִינָה
land *v.* עָלָה לַיַּבָּשָׁה, נָחַת; הִנְחִית
land in jail סִיֵּם/מָצָא עַצְמוֹ בַּכֶּלֶא
land on הִתְנַפֵּל עַל, הִתְקִיף, נָעַר
landed *adj.* שֶׁל קַרְקָעוֹת; בַּעַל קַרְקָעוֹת
landholder *n.* אָרִיס; בַּעַל מְקַרְקְעִין
landing *n.* נְחִיתָה; הַנְחָתָה; רָצִיף; רְחָבָה (בין מערכות־מדרגות)
landing craft נַחֶתֶת, אַסְדַּת־נְחִיתָה
landing field/strip מִנְחָת
landlady *n.* בַּעֲלַת בַּיִת
landlocked *adj.* (מדינה) מְנוּתֶּקֶת מֵהַיָּם

landlord *n.* בַּעַל בַּיִת; בַּעַל אַכְסַנְיָה

land'lub'ber *n.* *אִישׁ הַיַּבָּשָׁה

landmark *n.* סִמַּנּוֹף; צִיּוּן דֶּרֶךְ

landmine *n.* מוֹקֵשׁ (יבשתי)

land-office business עֲסָקִים מְשַׂגְשְׂגִים

landowner *n.* בַּעַל קַרְקָעוֹת

land'scape' *n.* נוֹף; אָמָנוּת הַנּוֹף

landslide *n.* מַפּוֹלֶת אֲדָמָה; נִצָּחוֹן סוֹחֵף

landward *adv.* לְעֵבֶר הַיַּבָּשָׁה

lane *n.* שְׁבִיל, מִשְׁעוֹל; סִמְטָה; נָתִיב

lan'guage (-gwij) *n.* שָׂפָה, לָשׁוֹן

bad language קְלָלוֹת, מִלִּים גַּסּוֹת

lan'guid (-gwid) *adj.* חֲסַר־מֶרֶץ, אִטִּי

lan'guish (-gwish) *v.* נֶחֱלַשׁ, הִתְנַוֵּן; סָבַל אֲרוּכּוֹת; הִשְׁתּוֹקֵק, הִתְגַּעְגַּע

lan'guor (-gər) *n.* חוּלְשָׁה, עֲיֵפוּת

lank *adj.* דַּל־בָּשָׂר, רָזֶה וְגָבוֹהַּ

lank'y *adj.* גָּבוֹהַּ וְרָזֶה

lan'tern *n.* פָּנָס, פְּנַס רוּחַ

lantern-jawed *adj.* אֶרֶךְ־פַּרְצוּף

lan'yard (-y-) *n.* חֶבֶל קָצָר; שְׂרוֹךְ

lap *n.* חֵיק, בִּרְכַּיִם; הַקָּפָה (בְּמֵירוֹץ); שָׁלָב

lap *v.* עָטַף; הִשְׁלִים הַקָּפָה; חָפַף, רָעַף

lap *v&n.* לִקֵּק; שִׁקְשֵׁק; לִקְלוּק; מַשָּׁק

lap-dog *n.* כְּלַבְלָב

la'pel *n.* דַּשׁ הַבֶּגֶד

lapse *n.* מִשְׁגֶּה; פְּלִיטָה; סְטִיָּה; תְּפוּגָה

lapse of time חֲלוֹף זְמַן, רֶוַח זְמַן

lapse *v.* שָׁקַע, עָבַר, נִדַּרְדֵּר; פָּג, פָּקַע

lap'wing' *n.* קִיוִית (עוֹף בִּצָּה)

lar'board' *n.* שְׂמֹאל הָאוֹנִיָּה

lar'ceny *n.* גְּנֵבָה

larch *n.* אַרְזִית (עֵץ־מחט נשיר)

lard *v.* מָרַח שׁוּמַּן־חֲזִיר; תִּבֵּל; שִׁבֵּץ

lar'der *n.* מְזָוֶה

large *adj&n.* גָּדוֹל; מְרוּוָּח; נָדִיב, רָחָב

at large חוֹפְשִׁי, נִמְלָט, מְסוּכָּן; כְּלָלִית

by and large כְּלָלִית, בְּסַךְ הַכֹּל

largely *adv.* בְּמִדָּה רַבָּה; בְּיָד נְדִיבָה

large-scale *adj.* בִּקְנֵה־מִדָּה גָּדוֹל

lar'iat *n.* פְּלָצוּר

lark *n&v.* שַׁעֲשׁוּעַ, צְחוֹק; עֶפְרוֹנִי

lark about *הִשְׁתַּעֲשֵׁעַ, הִשְׁתּוֹלֵל

lar'va *n.* זַחַל

laryn'ge•al *adj.* גְּרוֹנִי

lar'yngi'tis *n.* דַּלֶּקֶת הַגָּרוֹן

lar'ynx *n.* גָּרוֹן

lasciv'ious *adj.* שְׁטוּף־זִמָּה; תַּאַוְתָנִי

la'ser (-z-) *n.* לֵיזֶר

lash *v.* הִכָּה, הִצְלִיף; הִדֵּק, קָשַׁר

lash *n.* שׁוֹט, עַרְקָה; הַצְלָפָה; רִיס, עַפְעַף

lashing *n.* הַלְקָאָה; חֶבֶל־הִדּוּק

lass, lass'ie *n.* נַעֲרָה; אֲהוּבָה, חֲבֵרָה

las'situde' *n.* עֲיֵפוּת, לֵאוּת, חוּלְשָׁה

las'so *n&v.* פְּלָצוּר, לָסוֹ; פִּלְצֵר, לָכַד

last *adj&n.* אַחֲרוֹן, הָאַחֲרוֹן, שֶׁעָבַר; סוֹף

last but not least אַחֲרוֹן אַחֲרוֹן חָבִיב

last *adv.* לָאַחֲרוֹנָה, בַּפַּעַם הָאַחֲרוֹנָה

last *v.* נִמְשַׁךְ, אָרַךְ; הִתְקַיֵּם; הִתְמִיד

last *n.* אִמּוּם

last-ditch *adj.* שֶׁל מַאֲמָץ אַחֲרוֹן/עֶלְיוֹן

lasting *adj.* מְמוּשָּׁךְ, מַתְמִיד, קַיָּם, נִצְחִי

lastly *adv.* לְבַסּוֹף; לָאַחֲרוֹנָה

latch *n&v.* בְּרִיחַ; מַנְעוּל; הִבְרִיחַ, נָעַל

latch onto נִצְמַד לְ־; הֵבִין, תָּפַס

latchkey *n.* מַפְתֵּחַ (לדלת)

late *adj.* מְאוּחָר; מְאַחֵר; הָאַחֲרוֹן; הַמָּנוֹחַ

at the latest לְכָל הַמְאוּחָר

of late בַּזְּמַן הָאַחֲרוֹן, לָאַחֲרוֹנָה

latecomer *n.* מְאַחֵר, מַגִּיעַ בְּאִחוּר

lately *adv.* לָאַחֲרוֹנָה, בַּזְּמַן הָאַחֲרוֹן

la'tent *adj.* חָבוּי, כָּמוּס, נִסְתָּר, סָמוּי

later *adj.* לְאַחַר מִכֵּן

lat'eral *adj.* צְדָדִי, שֶׁל הַצַּד, מִן הַצַּד

lath *n.* פְּסִיסִית, פְּסִיס, לוּחַ עֵץ דַּק

lathe (lādh) *n.* מַחֲרֵטָה

lath'er (-dh-) *n&v.* (הֶעֱלָה) קֶצֶף; *הִכָּה

Lat'in *n&adj.* לָטִינִי; לָטִינִית

la'tish *adj.* בְּאִחוּר־מָה

lat'itude' *n.* קַו־רוֹחַב; מֶרְחָב; חוֹפֶשׁ

latrine' (-rēn') *n.* מַחֲרָאָה, בֵּית שִׁמּוּשׁ

lat'ter *n.* הַמְאוּחָר, הַשֵּׁנִי, הַמּוּזְכָּר אַחֲרוֹן

lat'tice (-tis) *n.* סוֹרֵג, שְׂבָכָה, רֶשֶׁת

laud *v.* הִלֵּל, שִׁבַּח, פֵּאֵר

laudable *adj.* רָאוּי לִתְהִלָּה

lau'dato'ry *adj.* מְהַלֵּל, מַבִּיעַ שֶׁבַח

laugh (laf) *v&n.* צָחַק; לָעַג; צְחוֹק

laugh away/off סִלֵּק/בִּטֵּל בִּצְחוֹק

laugh down הִסָּה/הֶחֱרִישׁ בִּצְחוֹק

laugh'able (laf'-) *adj.* מַצְחִיק; מְגוּחָךְ

laughingstock *n.* מַטָּרָה לְלַעַג

laugh'ter (laf'-) *n.* צְחוֹק

launch *v.* הִשִּׁיק; שִׁגֵּר; הֵטִיל; הִתְחִיל

launch out/into פָּתַח בְּ־, הִתְחִיל בְּ—

launch *n.* הַשָׁקָה; שִׁגּוּר; סִירַת מָנוֹעַ
launching pad כַּן־שִׁגּוּר
laun'der *v.* כִּבֵּס; הִתְכַּבֵּס
laun'dress *n.* כּוֹבֶסֶת
laun'dry *n.* מַכְבֵּסָה; כְּבָסִים, "כְּבִיסָה"
laundryman *n.* כּוֹבֵס; אוֹסֵף כְּבָסִים
laur'e•ate *adj.* עָטוּר זֵר דַפְנָה
laur'el *n.* דַפְנָה; תְּהִלָּה, כָּבוֹד
lav *n.* *בֵּית שִׁמּוּשׁ, שֵׁרוּתִים
la'va (lä'-) *n.* לָבָה
lav'ato'ry *n.* בֵּית שִׁמּוּשׁ, שֵׁרוּתִים
lavatory bowl אַסְלָה
lav'ender *n.* אֲזוֹבְיוֹן; אַרְגְּמָן־בָּהִיר
lav'ish *v&adj.* פִּזֵּר; בִּזְבֵּז; הִרְעִיף; מְשׁוּפָּע
law *n.* חוֹק; מִשְׁפָּט, דִין; מִנְהָג; כְּלָל
go to law פָּנָה לְעַרְכָּאוֹת
lay down the law הִבִּיעַ דַעְתּוֹ בְּתַקִּיפוּת
study/read law לָמַד מִשְׁפָּטִים
Law תּוֹרַת מֹשֶׁה
law-abiding *adj.* שׁוֹמֵר חוֹק
law-breaker *n.* מֵפֵר חוֹק, עֲבַרְיָן
law court בֵּית מִשְׁפָּט
lawful *adj.* חוּקִי
law-giver *n.* מְחוֹקֵק
lawless *adj.* לֹא חוּקִי; מוּפְקָר, חֲסַר־חוֹק
lawn *n.* מִדְשָׁאָה, כַּר־דֶשֶׁא, מִגְרַשׁ דֶשֶׁא
lawsuit *n.* תְּבִיעָה מִשְׁפָּטִית
law'yer (-yər) *n.* עוֹרֵךְ־דִין
lax *adj.* מְרוּשָּׁל, רָפוּי, רָפֶה, לֹא מַקְפִּיד
lax'ative *n&adj.* רַפֶּף, (חוֹמֶר) מְשַׁלְשֵׁל
lax'ity *n.* רִפְיוֹן, רַשְׁלָנוּת; אִי הַקְפָּדָה
lay *v.* הֵנִיחַ, שָׂם; הֵטִיל; הִשְׁכִּיב; הִשְׁקִיט; הֵמֵר; כִּסָּה, פָּרַשׂ
lay about הִכָּה בְּכָל הַכִּוּוּנִים
lay an egg *נִכְשַׁל, לֹא לָעִנְיָן
lay bare חָשַׂף; שָׁפַךְ (לִבּוֹ)
lay by the heels לָכַד, כָּלָא
lay down הֵנִיחַ; הִשְׁכִּיב; בָּנָה, תִּכְנֵן
lay him low הִפִּילוֹ; הִפִּילוֹ לְמִשְׁכָּב
lay hold of —תָּפַס, הֶחֱזִיק בְּ
lay into הִתְקִיף
lay it on (thick) הִגְזִים; הֶחֱנִיף
lay off הִשְׁעָה; חָדַל; הִשְׁבִּית
lay on צִיֵּד, הִתְקִין; סִפֵּק; *הִכָּה
lay oneself out הִתְאַמֵּץ בְּיוֹתֵר
lay open חָשַׂף, גִּלָּה; פָּתַח, פָּצַע
lay out פָּרַשׂ, שָׁטַח; תִּכְנֵן, סִדֵּר
lay over עָשָׂה חֲנִיָּה קְצָרָה; דָחָה
lay up אָגַר, צָבַר; רֻתַּק לַמִּטָּה
lay weight on יִחֵס לוֹ מִשְׁקָל רַב
lay *adj&n.* חִלּוֹנִי; לֹא מִקְצוֹעִי, שֶׁל הֶדְיוֹט
lay of the land מַצַּב הָעִנְיָנִים
lay = pt of lie שָׁכַב
lay-by *n.* שֶׁטַח חֲנִיָּה (בְּשׁוּלֵי הַכְּבִישׁ)
lay'er *n.* שִׁכְבָה, רוֹבֶד; מְטִילָה
lay•ette' *n.* מַעֲרֶכֶת חֲפָצִים לְתִינוֹק
lay figure בּוּבָּה, מַנֶּקִין
layman *n.* הֶדְיוֹט, לֹא מִקְצוֹעִי
lay-off *n.* הַשְׁעָיָה, פִּטּוּרִים זְמַנִּיִּים
lay-out *n.* סִדּוּר, תִּכְנוּן; תַּבְנִית, תּוֹכְנִית
layover *n.* חֲנִיָּה קְצָרָה (בִּנְסִיעָה)
laze *v.* הִתְבַּטֵּל, הִתְעַצֵּל
la'zy *adj.* עָצֵל; מַשְׁרֶה עַצְלוּת, עַצְלָן
lazy-bones *n.* עַצְלָן
lb = libra לִיבְּרָה
lea *n.* אָחוּ, כַּר־דֶשֶׁא
leach *v.* סִנֵּן; שָׁטַף ע"י חִלְחוּל
lead *v.* הוֹבִיל; הוֹלִיךְ; הִנְחָה; הִנְהִיג
lead off —הִתְחִיל, פָּתַח בְּ
lead on פִּתָּה, עוֹדֵד לְהַמְשִׁיךְ
lead up to —הוֹבִיל לְ, הָיָה הֲכָנָה לְ
lead *n.* הַנְחָיָה, דוּגְמָה, כִּוּוּן, רֶמֶז; תַּפְקִיד רָאשִׁי; מָבוֹא (בְּעִיתּוֹן); תְּעָלָה; מוֹבִיל; חוּט; רְצוּעַת כֶּלֶב
follow his lead עָשָׂה כָּמוֹהוּ
lead story הַחֲדָשׁוֹת הַמֶּרְכָּזִיּוֹת
take the lead עָמַד בְּרֹאשׁ, נָתַן דוּגְמָה, פָּתַח בִּפְעוּלָּה
lead (led) *n.* עוֹפֶרֶת; אֲנָךְ, גְרָפִיט
lead'en (led'-) *adj.* עָשׂוּי עוֹפֶרֶת; כָּבֵד
lead'er *n.* מַנְהִיג, רֹאשׁ; מְנַצֵּחַ, נַגָּן רָאשִׁי; מַאֲמַר מַעֲרֶכֶת; פְּרַקְלִיט רָאשִׁי; גִּיד
leadership *n.* מַנְהִיגוּת
lead-in *n.* הֶעָרוֹת־הַקְדָּמָה; חוּט אַנְטֶנָּה
leading *adj.* רָאשִׁי, עִקָּרִי
leading light אִישִׁיּוּת בּוֹלֶטֶת
leading question שְׁאֵלָה מַנְחָה
leading strings הֲלִיכוֹן־מוֹשְׁכוֹת; פִּקּוּחַ מַתְמִיד, הַנְחָיָה, הַדְרָכָה
leaf *n&v.* עָלֶה; דַף; רְקוּעַ־מַתֶּכֶת
come into leaf לִבְלֵב, הִצְמִיחַ עָלִים
leaf through דִפְדֵף, רִפְרֵף, עִלְעֵל
leaf'age *n.* עַלְוָה, כְּלַל הֶעָלִים
leafless *adj.* חֲסַר־עָלִים

leaf'let *n.* עָלוֹן; דַּף־פִּרְסוֹמֶת; עַלְעָל
leafy *adj.* מְכוּסֶה עָלִים, עַלְוָנִי
league (lēg) *n.* לִיגָה, בְּרִית, חֶבֶר
league *v.* הִתְאַגֵּד בְּלִיגָה, הִצְטָרֵף
leak *v.* דָּלַף; הִדְלִיף; חוֹר; דְּלִיפָה
leak'age *n.* דְּלִיפָה, נְזִילָה
leaky *adj.* דּוֹלֵף, שֶׁיֵּשׁ בּוֹ חוֹר
lean *v.* נָטָה; הִתְכּוֹפֵף; נִשְׁעַן; הִשְׁעִין
lean on סָמַךְ עַל; *סָחַט, לָחַץ
lean over backward הִתְאַמֵּץ
lean *adj&n.* רָזֶה, כָּחוּשׁ; דַּל; נְטִיָּה
leaning *n.* נְטִיָּה, מְגַמָּה
lean-to *n.* מִבְנֶה צְדָדִי; אֲגַף נִסְמָךְ
leap *v&n.* קָפַץ, דִּלֵּג; קְפִיצָה, נִתּוּר
by leaps and bounds בְּצַעֲדֵי עֲנָק
leap-frog *n.* מִפְשָׂק
leap year שָׁנָה מְעוּבֶּרֶת
learn (lûrn) *v.* לָמַד; יָדַע; נוֹכַח, מָצָא
learn by heart לָמַד עַל פֶּה
learn'ed (lûr'nid) *adj.* מְלוּמָד; יַדְעָנִי
learner *n.* לוֹמֵד, תַּלְמִיד
learning *n.* בְּקִיאוּת, יֶדַע רָחָב
lease *n&v.* חֲכִירָה, שְׂכִירוּת; חָכַר; הֶחְכִּיר
leasehold *adj&n.* (נכס) מוּחְכָּר; חֲכִירָה
leaseholder *n.* חוֹכֵר
leash *n.* רְצוּעַת כֶּלֶב
hold in leash שָׁלַט, הֶחֱזִיק בָּרֶסֶן
least *adj&n.* הַקָּטָן בְּיוֹתֵר, הֲכִי מְעַט
at least לְכָל הַפָּחוֹת, לְפָחוֹת
not in the least כְּלָל וּכְלָל לֹא
least *adv.* בְּמִדָּה הֲכִי קְטַנָּה
least of all בְּיִחוּד לֹא, פָּחוֹת מִכֹּל
leastwise, -ways *adv.* לְפָחוֹת
leath'er (ledh'-) *n&v.* עוֹר; *הִלְקָה
leatherneck *n.* *נֶחָת, אִישׁ הַמָּארִינְס
leathery *adj.* עוֹרִי, קָשֶׁה, גִּלְדָּנִי
leave *v.* יָצָא, נִפְרַד; עָזַב; הִשְׁאִיר;
הִנִּיחַ; נָטַשׁ; הִתְפַּטֵּר; לִבְלֵב
leave him be! הַשְׁאֵר אוֹתוֹ כָּךְ!
leave him alone עֲזֹב אוֹתוֹ, הַנַּח לוֹ
leave off הִפְסִיק; חָדַל מִלִּלְבּוֹשׁ
leave out הִשְׁמִיט, שָׁכַח, פָּסַח עַל
leave word with הִשְׁאִיר הוֹדָעָה אֵצֶל
leave *n.* רְשׁוּת, הֶתֵּר; חוּפְשָׁה
leave of absence חוּפְשָׁה
take leave נִפְרַד, אָמַר שָׁלוֹם
leav'en (lev'-) *n&v.* שְׂאוֹר, שְׁמָרִים;
הַשְׁפָּעָה; הוֹסִיף שְׂאוֹר; הִשְׁפִּיעַ
leavening *n.* שְׁמָרִים, חוֹמֶר מַתְפִּיחַ
leaves = pl of leaf (lēvz)
leave taking פְּרִידָה, עֲזִיבָה
leavings *npl.* שִׁירַיִם, שְׁיָרִים
Leb'anon *n.* לְבָנוֹן
lech *n&v.* (הָיָה שָׁטוּף בְּ־) זִמָּה
lech'er *n.* שְׁטוּף בְּזִמָּה, תַּאַוְתָן
lech'ery *n.* תַּאַוְתָנוּת, מַעֲשֵׂה זִמָּה
lec'tern *n.* עַמּוּד קְרִיאָה; סְטֶנְדֶּר
lec'ture *n&v.* הַרְצָאָה; הַטָּפָה; הִרְצָה
lecturer *n.* מַרְצֶה
led = p of lead
ledge *n.* מַדָּף; זִיז; אֶדֶן; רֶכֶס סְלָעִים
led'ger *n.* סֵפֶר רָאשִׁי (בחשבונאות)
lee *n.* חָסִי, מַחֲסֶה (מפני רוח)
lee side צַד (הספינה) שֶׁהָרוּחַ נוֹשֶׁבֶת
מִמֶּנּוּ וָהָלְאָה (לעבר הים); צַד הֶחָסִי
leech *n.* עֲלוּקָה; *רוֹפֵא
leek *n.* כְּרֵשָׁה (ירק דמוי־בצל)
leer *n&v.* (נָעַץ) מַבָּט חַשְׁקָנִי/עוֹיֵן; פָּזַל
lees (-z) *npl.* שְׁמָרִים, מִשְׁקַע הַיַּיִן
lee'ward *adj.* לְכִוּוּן (שבו נושבת) הָרוּחַ
lee'way *n.* צְדִידָה, הִסְתַּחֲפוּת; פִּגּוּר
left *n&adj.* שְׂמֹאל; שְׂמָאלִי; שְׂמֹאלָה
left = p of leave
left-handed *adj.* אִטֵּר; שְׂמָאלִי
leftist *n.* שְׂמָאלָנִי
leftovers *npl.* שִׁירַיִם, שְׁיָרִים
leftward *adj&adv.* שְׂמָאלִי, שְׂמֹאלָה
leg *n&v.* רֶגֶל, כֶּרַע; קֶטַע, שָׁלָב (בתחרות)
give him a leg up עָזַר לוֹ
has the legs of her רָץ מַהֵר מִמֶּנָּה
he is all legs הוּא גָּבוֹהַּ וְרָזֶה
leg it מִהֵר, רָץ, בָּרַח
shake a leg *רָקַד; מַהֵר
take to one's legs בָּרַח
leg'acy *n.* יְרוּשָׁה, עִזָּבוֹן; מוֹרָשָׁה
le'gal *adj.* חוּקִי; מוּתָּר; מִשְׁפָּטִי; לֵיגָלִי
le'galize' *v.* עָשָׂה לְחוּקִי, הִתִּיר
legal tender מַטְבֵּעַ חוּקִי, הֵילָךְ חוּקִי
leg'atee' *n.* יוֹרֵשׁ, מְקַבֵּל עִזָּבוֹן
le·ga'tion *n.* צִירוּת; לִשְׁכַּת הַצִּיר
leg'end *n.* אַגָּדָה; כְּתוֹבֶת; מִקְרָא (במפה)
leg'endar'y (-deri) *adj.* אַגָּדִי
leg'erdemain' *n.* לַהֲטוּטִים
leg'gings *npl.* חוֹתָלוֹת, מוּקַיִם

leg′gy *adj.* אֶרֶךְ־רַגְלַיִם
leg′ible *adj.* קָרִיא, נוֹחַ לִקְרִיאָה
le′gion (-jən) *n.* לִגְיוֹן; הָמוֹן
leg′islate′ *v.* חוֹקֵק
leg′isla′tion *n.* חֲקִיקָה; תְּחִקָּה
leg′isla′tive *adj.* תְּחִקָּתִי, מְחוֹקֵק
leg′isla′ture *n.* בֵּית מְחוֹקְקִים
le·git′imate *adj.* חוּקִי, לֶגִיטִימִי, כָּשֵׁר
le·git′imize′ *v.* נָתַן לֶגִיטִימַצְיָה
leg′ume (-gūm) *n.* קִטְנִית
leg work שְׁלִיחוּיוֹת; רִגְלוּל
lei′sure (lē′zhər) *n.* פְּנַאי
leisured *adj.* פָּנוּי, שֶׁיֵּשׁ לוֹ פְּנַאי
leisurely *adj.* מָתוּן, אִטִּי, לֹא מְמַהֵר
lem′on *n.* לִימוֹן; *נַעֲרָה מְכוֹעֶרֶת
lem′onade′ *n.* לִימוֹנָדָה
lend *v.* הִלְוָה, הִשְׁאִיל; הוֹסִיף; נָתַן
  lend a hand עָזַר, הוֹשִׁיט יָד
  lend itself to הָיָה מַתְאִים/נוֹחַ לְ—
lender *n.* מַלְוֶה, מַשְׁאִיל
length *n.* אוֹרֶךְ; תְּקוּפָה, מֶשֶׁךְ־זְמַן; חֲתִיכָה (של חבל/בד)
  at length לְבַסּוֹף; בִּפְרוֹטְרוֹט; בַּאֲרִיכוּת
lengthen *v.* הֶאֱרִיךְ; הִתְאָרֵךְ
lengthwise, -ways *adv.* לְאוֹרֶךְ
lengthy *adj.* אָרוֹךְ, אָרוֹךְ בְּיוֹתֵר
le′nience *n.* רוֹךְ, יָד רַכָּה, מֵקֵל־נוֹעַם
le′nient *adj.* מֵקֵל, לֹא מַחְמִיר (בדין), רַךְ
lens (-z) *n.* עֲדָשָׁה; עֲדֶשֶׁת הָעַיִן
lent = p of lend
len′til *n.* עֲדָשָׁה (קטנית)
Le′o *n.* מַזַּל אַרְיֵה
leop′ard (lep′-) *n.* נָמֵר
le′otard′ *n.* בֶּגֶד־גּוּף; מִצְרֶפֶת הֲדוּקָה
lep′er *n.* מְצוֹרָע
lep′rosy *n.* צָרַעַת
les′bian (-z-) *adj&n.* לֶסְבִּית
lese′-maj′esty (lēz-) *n.* בְּגִידָה
le′sion (-zhən) *n.* פֶּצַע, פְּגִיעָה
less *adj&adv&n.* פָּחוֹת; פָּחוּת
  less of it! דַּי! מַסְפִּיק!
  none the less בְּכָל זֹאת, אַעֲפִ״כֵ
  still/much/even less וַדַּאי שֶׁלֹּא
les·see′ *n.* חוֹכֵר, שׂוֹכֵר
less′en *v.* הִפְחִית; הִמְעִיט; נֶחֱלַשׁ
lesser *adj.* הַפָּחוֹת, הַיּוֹתֵר קָטָן
les′son *n.* שִׁעוּר; לֶקַח; פֶּרֶק בַּתַּנַ״ךְ

les·sor′ *n.* מַחְכִּיר, מַשְׂכִּיר
lest *conj.* פֶּן, שֶׁמָּא, לְבַל—
let *v.* הִרְשָׁה, אִפְשֵׁר, הִנִּיחַ, נָתַן; הִשְׂכִּיר, הֶחְכִּיר; נַנִּיחַ שֶׁ־; הָבָה
  let alone כָּל שֶׁכֵּן, בְּוַדַּאי שֶׁלֹּא
  let down הוֹרִיד; אִכְזֵב, נָטַשׁ
  let drive זָרַק, הֵטִיל; הִכָּה
  let drop/fall הִפִּיל; אָמַר, פָּלַט
  let fly יָרָה; פָּלַט; הִתְפָּרֵץ
  let go הִרְפָּה, הִנִּיחַ, שִׁחְרֵר; פָּלַט
  let him have it *נָתַן לוֹ מָנָה
  let him alone/be הִנִּיחַ לוֹ, עָזַב אוֹתוֹ
  let off שִׁחְרֵר, פָּטַר; יָרָה, פּוֹצֵץ
  let on *גִּלָּה (סוד); הֶעֱמִיד פָּנִים
  let out הִשְׂכִּיר; הוֹצִיא; שִׁחְרֵר; הִתְקִיף
  let up חָדַל, הִפְסִיק; נֶחֱלַשׁ
  let up on נָהַג בְּיֶתֶר רַכּוּת כְּלַפֵּי—
  let us go, let′s go הָבָה נֵלֵךְ, נָזוּז
let *n.* הַשְׂכָּרָה; מַעְצוֹר; (בטניס) חָזוֹר
let-down *n.* אַכְזָבָה; נְטִישָׁה
le′thal *adj.* קַטְלָנִי, מֵמִית
le·thar′gic *adj.* רָדוּם, חֲסַר־מֶרֶץ, אָדִישׁ
leth′argy *n.* רַדֶּמֶת; עֲיֵפוּת; אֲדִישׁוּת
let′s = let us (lets)
let′ter *n&v.* אוֹת; מִכְתָּב; סִפְרוּת; כָּתַב
  man of letters מַשְׂכִּיל, יוֹדֵעַ סֵפֶר
  to the letter כַּכָּתוּב, אוֹת בְּאוֹת
lettered *adj.* מְלוּמָד, יוֹדֵעַ סֵפֶר
letterhead *n.* כּוֹתֶרֶת מִכְתָּב
lettering *n.* אוֹתִיּוֹת, מִלִּים; אִיּוּת
letter-perfect *adj.* מְדֻיָּק, בָּקִי בְּעַ״פ
let′tuce (-tis) *n.* חַסָּה
let-up *n.* הֲפוּגָה, הַפְסָקָה
leu′kocyte′ (lo͞o′-) *n.* כַּדּוּרִית לְבָנָה
leu·ke′mia (lo͞ok-) *n.* לֵיקוֹמְיָה
Levant′ *n.* לְבַנְט, הַמִּזְרָח הַקָּרוֹב
Lev′antine′ *adj.* לְבַנְטִינִי
lev′ee *n.* סֶכֶר, סוֹלְלָה (למי נהר)
lev′el *n.* רָמָה; דַּרְגָּה; מִשְׁטָח, שֶׁטַח; גֹּבַהּ, רוּם; מִפְלָס; פֶּלֶס־מַיִם, מַפְלֵסָה
  on the level הוֹגֵן, יָשָׁר; בְּכֵנוּת
level *adj.* יָשָׁר, חָלָק, אוֹפְקִי; שָׁוֶה־רָמָה
  a level race מֵרוֹץ צָמוּד
level *v.* יִשֵּׁר, אִזֵּן, פִּלֵּס; הָרַס, מָחַק
  level at כִּוֵּן (רובה) לְעֵבֶר
  level down/up הוֹרִיד/הֵרִים
  level off/out נִשְׁאַר בְּאוֹתָהּ רָמָה

level-headed *adj.* מְיוּשָׁב בְּדַעְתּוֹ
lev'er *n&v.* מָנוֹף; הֵנִיף, הֵזִיז בְּמָנוֹף
lev'erage *n.* הֲנָפָה, תְּנוּפָה
le·vi'athan *n.* לִוְיָתָן; עֲנָק
lev'ita'tion *n.* רִחוּף; הֲרָמָה בָּאֲוִיר
Le'vite *n.* לֵוִי
Le·vit'icus *n.* וַיִּקְרָא (חומש)
lev'ity *n.* קַלּוּת רֹאשׁ, זִלְזוּל
lev'y *v&n.* (הִטִּיל) מַס; גְּבִיָּה; מִכְסָה
levy war יָצָא לַמִּלְחָמָה
lewd (lo͞od) *adj.* גַּס; תַּאַוְתָנִי
lex'icog'raphy *n.* מִלּוֹנָאוּת
lex'icon *n.* מִלּוֹן, לֶקְסִיקוֹן
li'abil'ity *n.* חָבוּת; חוֹבָה; אַחֲרָיוּת; נֵטֶל
li'able *adj.* אַחֲרָאִי; עָלוּל לְ־, צָפוּי לְ—
li'aison' (lē'āzon) *n.* קֶשֶׁר; יַחֲסִים
li'ar *n.* שַׁקְרָן
li·ba'tion *n.* נֶסֶךְ; *שְׁתִיַּת מַשְׁקֶה
li'bel *n.* (הוֹצִיא) דִּבָּה, לַעַז; עָוֶל
li'belous *adj.* מַשְׁמִיץ, מְרַכֵּל
lib'eral *adj&n.* לִיבֶּרָלִי, חוֹפְשִׁי, נָדִיב
lib'eral'ity *n.* נְדִיבוּת, רוֹחַב־לֵב
lib'eraliza'tion *n.* לִיבֶּרָלִיזַצְיָה
lib'erate' *v.* שִׁחְרֵר; גָּאַל
lib'era'tion *n.* שִׁחְרוּר
lib'ertine (-tēn) *n.* מוּפְקָר, שְׁטוּף זִמָּה
lib'erty *n.* חֵרוּת, חוֹפֶשׁ; חוּצְפָּה
at liberty חוֹפְשִׁי, רַשַּׁאי לְ—
set at liberty שִׁחְרֵר
libid'inous *adj.* שְׁטוּף־תַּאֲוָה
libi'do (-bē'-) *n.* יֵצֶר־הַמִּין, אֲבִיּוֹנָה
Li'bra (lē'-) *n.* מַזַּל מֹאזְנַיִם
li·bra'rian *n.* סַפְרָן
li'brary *n.* סִפְרִיָּה
libret'to *n.* לִבְּרִית, לִיבְּרֶטוֹ, תַּמְלִיל
lice = pl of louse כִּנִּים
li'cense *n.* רִשָּׁיוֹן; רִשּׁוּי; חוֹפֶשׁ, הֶפְקֵרוּת
li'censee' *n.* בַּעַל רִשָּׁיוֹן
li·cen'tious (-shəs) *adj.* מוּפְקָר, פָּרוּץ
lich'en *n.* חֲזָזִית
lic'it *adj.* חוּקִי, מוּתָּר, כָּשֵׁר
lick *v.* לִקֵּק; לִחֵךְ; *הִכָּה, הֵבִיס; מִהֵר
lick into shape אִמֵּן, הִדְרִיךְ; עִצֵּב
lick the dust נָחַל תְּבוּסָה; מֵת
that licks everything זֶה מַדְהִים אוֹתִי
lick *n.* לְקִיקָה; מְרִיחָה קַלָּה, נִקּוּי קַל
a lick and a promise *נִקּוּי שִׁטְחִי

lick'ety-split' *adv.* *חִישׁ, מַהֵר מְאוֹד
licking *n.* *תְּבוּסָה; הַצְלָפָה
lic'orice (-ris) *n.* שׁוּשׁ, סוּס (משקה)
lid *n.* מִכְסֶה; עַפְעַף; *כּוֹבַע
blow the lid off חָשַׂף הָאֱמֶת
lie (lī) *v&n.* שָׁכַב; נָח; רָבַץ; הָיָה, שָׁכַן, נִמְצָא, הִשְׂתָּרֵעַ; תְּנוּחָה; מַצָּב
lie at his door (אַשְׁמָה) רְבָצָה לְפִתְחוֹ
lie back הִשְׂתָּרַע, שָׁכַב, נָח
lie behind עָמַד/הִסְתַּתֵּר מֵאֲחוֹרֵי—
lie down שָׁכַב, רָבַץ
lie heavy on הִכְבִּיד/הֵעִיק עַל
lie low שָׁמַר עַל פְּרוֹפִיל נָמוּךְ
lie over נִדְחָה לְטִפּוּל בֶּעָתִיד
lie up הָיָה מְרוּתָּק לַמִּטָּה; הִסְתַּתֵּר
lie with חָל עַל, רָבַץ עַל; שָׁכַב אֶת
lie *v&n.* שִׁקֵּר, רִמָּה; שֶׁקֶר
give the lie to הֶאֱשִׁימוֹ בְּשֶׁקֶר; הֵזֵם
lie detector מְכוֹנַת אֱמֶת, גַּלַּאי שֶׁקֶר
lie-down *n.* מְנוּחָה קְצָרָה, שְׁכִיבָה
lief (lēf) *adv.* בְּחֵפֶץ לֵב, בְּשִׂמְחָה
lie-in *n.* הִשָּׁאֲרוּת בְּמִטָּה, אִחוּר לָקוּם
lien (lēn) *n.* עִכָּבוֹן, שִׁעְבּוּד
lieu, in lieu of (lo͞o) בִּמְקוֹם, תַּחַת
lieu·ten'ant (lo͞ot-) *n.* סֶגֶן; סְגָן
lieutenant colonel סְגַן־אַלּוּף
life *n.* חַיִּים; נֶפֶשׁ, חִיּוּת; פְּעִילוּת; מוֹדֶל חַי (בציור); תּוֹחֶלֶת חַיִּים; *מַאֲסַר עוֹלָם
a life for a life נֶפֶשׁ תַּחַת נֶפֶשׁ
come to life הִתְאוֹשֵׁשׁ, שָׁב לְהַכָּרָתוֹ
for (dear) life כְּדֵי לְהִנָּצֵל מִמָּוֶת
for life לְמֶשֶׁךְ כָּל הַחַיִּים, לִצְמִיתוּת
for the life of me כֹּה אֶחְיֶה!
life imprisonment מַאֲסַר עוֹלָם
not on your life! חַס וְחָלִילָה!
take his life הֲרָגוֹ
the other/future life הָעוֹלָם הַבָּא
true to life אֲמִתִּי, נֶאֱמָן לַמְּצִיאוּת
life belt חֲגוֹרַת הַצָּלָה
life-boat *n.* סִירַת הַצָּלָה
life buoy גַּלְגַּל הַצָּלָה
life expectancy תּוֹחֶלֶת חַיִּים
lifeguard *n.* מַצִּיל; שׁוֹמְרֵי רֹאשׁ
life jacket חֲגוֹרַת הַצָּלָה
lifeless *adj.* מֵת; חֲסַר־חַיִּים
lifelike *adj.* כְּמוֹ בַּחַיִּים, כְּמוֹ בַּמְּצִיאוּת
lifeline *n.* חֶבֶל הַצָּלָה; קַו הַחַיִּים

lifelong *adj.* לְאוֹרֶךְ כָּל הַחַיִּים
life preserver חֲגוֹרַת הַצָּלָה
li'fer *n.* חַי; *(נדון ל־) מַאֲסַר עוֹלָם
life-saver *n.* מַצִּיל (במקום רחצה)
life sentence מַאֲסַר עוֹלָם
life-size *adj.* (פסל) בְּגוֹדֶל טִבְעִי
lifetime *n.* חַיִּים (של האדם)
life work מִפְעַל חַיִּים
lift *v.* הֶעֱלָה, הֵרִים, הִגְבִּיהַּ; עָלָה; הִתְנַדֵּף; גָּנַב; בִּטֵּל; הוֹצִיא מִן הָאֲדָמָה
lift *n.* הֲרָמָה, הַעֲלָאָה; מַעֲלִית; הַסָּעָה, טְרֶמְפּ; מַצַּב רוּחַ מְרוֹמָם
lift-off *n.* זִנּוּק, הַמְרָאָה
lig'ament *n.* מֵיתָר (המחבר עצמות)
lig'ature *n.* תַּחְבּוֹשֶׁת, סֶרֶט; לִיגָטוּרָה
light *n.* אוֹר; אֵשׁ, גַּפְרוּר; חַלּוֹן; אַסְפֶּקְט
come to light הִתְגַּלָּה, יָצָא לָאוֹר
in a bad light בְּאוֹר שְׁלִילִי
in the light of לְאוֹר, בְּהִתְחַשֵּׁב —
see the light נוֹלַד; הִתְפַּרְסֵם; הֵבִין
shed/throw light on שָׁפַךְ אוֹר עַל
shining light אָדָם מַבְרִיק, אִישִׁיּוּת
stand in his light עָמַד בְּדַרְכּוֹ
light *v.* הֵאִיר; הִדְלִיק; הֵאִיר דֶּרֶךְ
light into הִתְנַפֵּל עַל, הִתְקִיף
light out *הִסְתַּלֵּק, בָּרַח
light upon גִּלָּה, מָצָא, נִתְקַל בְּ —
light *adj.* קַל; קַלִּיל; עַלִּיז; מוּאָר; בָּהִיר
light head רֹאשׁ סְחַרְחַר
light horse פָּרָשִׁים קַלִּים
light woman קַלַּת־דַּעַת, פְּרוּצָה
make light of הֵקֵל רֹאשׁ בְּ —
light bulb נוּרָה
light'en *v.* הֵקֵל; הוּקַל; הֵאִיר; הִתְבַּהֵר
it was lightening הִבְרִיקוּ בְּרָקִים
light'er *n.* מַצִּית; דוֹבְרָה, רַפְסוֹדָה
light-fingered *adj.* זְרִיז־אֶצְבַּע; כַּיָּס
light-headed *adj.* סְחַרְחַר; קַל־דַּעַת
light-hearted *adj.* שָׂמֵחַ, עַלִּיז
light heavyweight מִשְׁקַל תַּת־כָּבֵד
lighthouse *n.* מִגְדַּלּוֹר
lighting *n.* תְּאוּרָה, מָאוֹר
lightly *adv.* בְּקַלּוּת, בַּעֲדִינוּת; בְּזִלְזוּל
light-minded *adj.* קַל־דַּעַת
lightness *n.* קַלּוּת, קַלִּילוּת
light'ning *n.* בָּרָק, בָּזָק
lightning bug גַּחְלִילִית
lightning conductor/rod כְּלִיא־בָּרָק
lights *npl.* רֵאוֹת (של בעל־חיים)
lightsome *adj.* עַלִּיז; קַל־דַּעַת; זָרִיז
light-weight *n&adj.* מִשְׁקַל קַל; קַל
light year שְׁנַת אוֹר
likable, likeable *adj.* חָבִיב, אָהוּב
like *v.* אָהַב, חִבֵּב, רָצָה
as you like כִּרְצוֹנְךָ
how do you like- מַה דַּעְתְּךָ עַל —
if you like אִם טוֹב בְּעֵינֶיךָ, בְּבַקָּשָׁה
I like that! יוֹפִי! (באירוניה)
like *adj&adv.* דּוֹמֶה, דּוֹמִים; שָׁוֶה
like enough קָרוֹב לְוַדַּאי
like *prep&conj.* כְּמוֹ, כְּגוֹן; כְּאִלּוּ
it's (just) like him to אוֹפְיָנִי לוֹ לְ —
something like בְּעֵרֶךְ, בִּסְבִיבוֹת
I feel like מִתְחַשֵּׁק לִי, הָיִיתִי רוֹצֶה
like *n.* דָּבָר דּוֹמֶה, אָדָם דּוֹמֶה
and the like וְכַדּוֹמֶה
see the like (of it) רָאָה דָּבָר כְּגוֹן זֶה
the likes of us *אֲנָשִׁים כָּמוֹנוּ
likelihood *n.* אֶפְשָׁרוּת, סְבִירוּת, עֲלִילוּת
likely *adj&adv.* מַתְאִים, סָבִיר; עָשׂוּי, עָלוּל; אֶפְשָׁרִי, מִתְקַבֵּל עַל הַדַּעַת
as likely as not קָרוֹב לְוַדַּאי
like-minded *adj.* תְּמִים־דֵּעִים
liken *v.* הִשְׁוָה, דִּמָּה, הִקְבִּיל
likeness *n.* דְּמוּת; דִּמְיוֹן, שִׁוְיוֹן; תְּמוּנָה
likewise *adv&conj.* בְּאוֹפֶן דּוֹמֶה; וְכֵן
liking *n.* חִבָּה, נְטִיָּה, טַעַם
li'lac *n.* לִילָךְ; סָגוֹל־וָרוֹד
lil'lipu'tian (-shən) *adj.* זָעִיר
lilt *n&v.* שִׁיר רִיתְמִי; נִגֵּן בְּמִקְצָב
lil'y *n.* שׁוֹשָׁן, שׁוֹשַׁנָּה
lily-livered *adj.* פַּחְדָן, מוּג־לֵב
limb (lim) *n.* אֵיבָר, גַּף; עָנָף גָּדוֹל; *שׁוֹבָב
out on a limb בָּדָד, נָטוּשׁ; מִסְתַּכֵּן
limber *adj&v.* גָּמִישׁ, כָּפִיף; הִגְמִישׁ
lim'bo *n.* לִימְבּוֹ; תָּלוּי וְעוֹמֵד
lime *n&v.* סִיד; הוֹסִיף סִיד (לאדמה)
limelight *n.* אוֹרוֹת הַבִּימָה; פִּרְסוּמֶת, מוֹקֵד הַהִתְעַנְיְנוּת
lim'erick *n.* חַמְשִׁיר
lim'it *n.* גְּבוּל, תְּחוּם; מִגְבָּלָה; הַגְבִּיל
off limits to- מִחוּץ לִתְחוּם לְ —
you're the limit! *אַתָּה עוֹבֵר כָּל גְּבוּל!
lim'ita'tion *n.* הַגְבָּלָה, גְּבִילָה; מִגְבָּלָה

lim′ited *adj.* מוּגְבָּל; מְצוּמְצָם; בע״מ
limitless *adj.* בְּלִי גְבוּל
limn (lim) *v.* תֵּאֵר, צִיֵּר
lim′ousine′ (-məzēn) *n.* לִימוּזִינָה
limp *v&n.* צָלַע; נָע בִּכְבֵדוּת; צְלִיעָה
limp *adj.* רַךְ, רָפוּי, חַלָּשׁ, תָּשׁוּשׁ
lim′pid *adj.* צָלוּל, בָּהִיר, שָׁקוּף, בָּרוּר
linch′pin′ *n.* פִּין אוֹפַן; בּוֹרֶג מֶרְכָּזִי
lin′den *n.* טִלְיָה
line *n.* קַו; שׁוּרָה; חֶבֶל; גְּבוּל; תּוֹר; מַעֲרָךְ; שׁוֹשֶׁלֶת; תּוֹכְנִית; מִקְצוֹעַ
bring into line הֵבִיא לִידֵי הַתְאָמָה
come/fall into line נָהַג לְפִי הַקַּו
down the line לַחֲלוּטִין; בְּהֶמְשֵׁךְ הַדֶּרֶךְ
drop a line *כָּתַב פֶּתֶק/כַּמָּה מִלִּים
give a line on *סִפֵּק מֵידָע עַל
in line בְּשׁוּרָה, בְּקַו יָשָׁר; מְרוּסָן
in line with עוֹלֶה בְּקָנֶה אֶחָד עִם
lay on the line סִכֵּן; אָמַר גְּלוּיוֹת
lines קַוִּים, שְׁטוּת; הַמִּלִּים בְּמַחֲזֶה
out of line לֹא הוֹלֵךְ בַּתֶּלֶם
take a line נָקַט קַו/דֶּרֶךְ
line *v.* סִמֵּן בְּקַוִּים; חָרַשׁ בִּקְמָטִים; צִפָּה בְּבִטְנָה; מִלֵּא (ארנקו); רִבֵּד
line up סִדֵּר/הִסְתַּדֵּר בְּשׁוּרָה; נֶעֱרַךְ
lin′e•age (-niij) *n.* שַׁלְשֶׁלֶת יוּחֲסִין
lin′e•ament *n.* תָּוֵי הַפָּנִים; צִבְיוֹן
lin′e•ar *adj.* קַוִּי, מְקוּוְקָו; שֶׁל אוֹרֶךְ
lineman *n.* שׁוֹפֵט קַו; קַוָּן
lin′en *n.* פִּשְׁתָּן, בַּדֵּי פִּשְׁתָּן; לְבָנִים
li′ner *n.* אוֹנִיַּת נוֹסְעִים; עִפָּרוֹן־פּוּךְ
linesman (-z-) *n.* שׁוֹפֵט־קַו
line-up *n.* מַעֲרָךְ, הֵעָרְכוּת, מִסְדָּר
lin′ger (-g-) *v.* הִתְמַהְמֵהַּ, הִתְעַכֵּב
lingerie (lan′zhərā′) *n.* לִבְנֵי נָשִׁים
lin′gering (-g-) *adj.* מְמוּשָׁךְ, נִשְׁאָר
lin′gual (-gwəl) *adj.* לְשׁוֹנִי
lin′guist (-gwist) *n.* בַּלְשָׁן, לְשׁוֹנַאי
lin′iment *n.* מִשְׁחָה (לעיסוי, לריפוי)
li′ning *n.* בִּטְנָה, צִפּוּי פְּנִימִי
link *n&v.* חוּלְיָה; קֶשֶׁר, חוּלְיָה מְקַשֶּׁרֶת; רֶכֶס־חֲפָתִים; לַפִּיד; קִשֵּׁר; הִתְחַבֵּר
link′age *n.* חִבּוּר, קִשּׁוּר, שִׁלּוּב
links *npl.* מִגְרַשׁ גּוֹלְף; מִשְׁטַח חוֹלִי
link-up *n.* קִשּׁוּר, נְקוּדַת־חִבּוּר
lin′net *n.* חוֹחִית; פָּרוּשׁ
lino′le•um *n.* לִינוֹלֵיאוּם, שַׁעֲמָנִית

li′notype′ *n.* לִינוֹטַיפּ, מַסְדֶּרֶת שׁוּרוֹת
lin′seed′ *n.* זַרְעֵי הַפִּשְׁתָּה
lint *n.* רְטִיָּה מוֹכִית (לחבישת פצע)
lin′tel *n.* מַשְׁקוֹף
li′on *n.* אַרְיֵה; אָדָם חָשׁוּב, אִישִׁיּוּת
the lion's share חֵלֶק הָאֲרִי
lioness *n.* לְבִיאָה
lip *n.* שָׂפָה; פֶּה; *חוּצְפָּה
hang on his lips יִחֵל לְמוֹצָא פִּיו
lip-read *v.* קָרָא תְּנוּעוֹת שְׂפָתַיִם
lip-service *n.* מַס־שְׂפָתַיִם
lipstick *n.* שְׂפָתוֹן, לִיפְּסְטִיק
liq′uefy′ *v.* הֵמִיס, הָפַךְ לְנוֹזֵל
liqueur′ (-kûr′) *n.* לִיקֶר
liq′uid *n&adj.* נוֹזֵל; נָזִיל; זַךְ; בָּהִיר
liq′uidate′ *v.* חִסֵּל; פֵּרֵק (חברה)
liq′uida′tion *n.* מְחַסּוֹל; פְּשִׁיטַת רֶגֶל
liquid′ity *n.* נְזִילוּת, זְמִינוּת
liq′uidize′ *v.* רִסֵּק, מֵרֵס (פירות)
liq′uor (-kər) *n.* מַשְׁקֶה; מַשְׁקֶה חָרִיף
lisp *v&n.* עִלֵּג; עִלְּגוּת, שִׂפְתּוּת
lis′som *adj.* גָּמִישׁ, זָרִיז, נָע בְּחֵן
list *n&v.* רְשִׁימָה; רָשַׁם; עָרַךְ רְשִׁימָה
list *n&v.* נְטִיָּה לַצַּד; נָטָה הַצִּדָּה
lis′ten (-sən) *v.* הִקְשִׁיב, הֶאֱזִין
listen in צוֹתֵת; הֶאֱזִין לְשִׁדּוּר
listen out הִקְשִׁיב הֵיטֵב, שָׂם לֵב
list′less *adj.* אָדִישׁ, תָּשׁוּשׁ, נִרְפֶּה
lists *npl.* זִירַת מִלְחֲמוֹת פָּרָשִׁים; תַּחֲרוּת
lit = p of light
lit′any *n.* תְּפִלָּה, תְּחִנָּה
li′ter (lē′-) *n.* לִיטֶר
lit′eracy *n.* יְדִיעַת קְרוֹא וּכְתוֹב
lit′eral *adj.* מְדוּיָּק, מִלּוּלִי, מִלָּה בְּמִלָּה
literal error/mistake טָעוּת דְּפוּס
lit′erar′y (-reri) *adj.* סִפְרוּתִי
lit′erate *n.* יוֹדֵעַ קְרוֹא וּכְתוֹב; מַשְׂכִּיל
lit′erature *n.* סִפְרוּת
lithe (līdh) *adj.* גָּמִישׁ, כָּפִיף
lith′ium *n.* לִיתְיוּם, אַבְנָן
lith′ograph′ *n.* דְּפוּס־אֶבֶן, לִיתוֹגְרָף
lit′igant *adj.* בַּעַל־דִּין, טוֹעֵן
lit′igate′ *v.* הִגִּישׁ תְּבִיעָה; הִתְדַּיֵּן
liti′gious (-tij′əs) *adj.* מַרְבֶּה לְהִתְדַּיֵּן
lit′mus *n.* לַקְמוּס
litre = liter (lē′tər) *n.* לִיטֶר
lit′ter *n&v.* (פִּזֵּר) אַשְׁפָּה; אִי־סֵדֶר;

מַצַע־תֶּבֶן; אַפִּריוֹן; (הַמְלִיטָה) גוּרִים

litter-lout/-bug *n.* לַכְלְכָן

lit'tle *adj&adv&n.* קָטָן; מְעַט; קְצָת

after a little לְאַחַר זְמַן־מָה

he little cares לֹא אִכְפַּת לוֹ כְּלָל

little by little בְּהַדְרָגָה, מְעַט־מְעַט

little short of כִּמְעַט

make little of הִמְעִיט בַּחֲשִׁיבוּת, בִּטֵּל

the little finger זֶרֶת

litur'gical *adj.* לִיטוּרְגִי

lit'urgy *n.* לִיטוּרְגְיָה; סִדְרֵי הַתְּפִלָּה

liv'able *adj.* רָאוּי לִמְגוּרִים; נִסְבָּל

live (liv) *v.* חַי; גָּר; הִתְקַיֵּם

live by נָהַג לְפִי; הִשְׂתַּכֵּר מִן

live down הִשְׁכִּיחַ, מָחַק מִלֵּב

live it up נֶהֱנָה מֵהַחַיִּים

live through עָבַר, נִשְׁאַר בַּחַיִּים

live up to חַי לְפִי, קִיֵּם, בִּצֵּעַ

live (līv) *adj.* חַי; מָלֵא חַיִּים; בּוֹעֵר

a real live *מַמָּשׁ!

live wire אָדָם נִמְרָץ, בַּעַל יוֹזְמָה

live'lihood' (līv'-) *n.* פַּרְנָסָה, מִחְיָה

live'long' (līv'lông) *adj.* כּוּלוֹ, שָׁלֵם

live'ly (līv'li) *adj.* מָלֵא־חַיִּים, עַלִּיז; עֵר

look lively הִזְדָּרֵז; הָיָה נִמְרָץ

li'ven *v.* הֵפִיחַ חַיִּים; הִתְעוֹרֵר

liv'er *n.* כָּבֵד; חַי (בְּצוּרָה מסוימת)

liv'ery *n.* מַדִּים; לְבוּשׁ; אוּרְווֹת סוּסִים

lives = pl of life (līvz)

live'stock' (līv'-) *n.* מֶשֶׁק הַחַי

liv'id *adj.* כְּחוֹל־אָפוֹר (מִמַּכּוֹת); זוֹעֵם

liv'ing *adj.* חַי, מָלֵא חַיִּים; קַיָּם; פָּעִיל

living death חַיִּים גְּרוּעִים מִמָּוֶת

the living end *כַּבִּיר, מְצֻיָּן

the living image of דּוֹמֶה מְאוֹד לְ—

living *n.* פַּרְנָסָה, מִחְיָה; אוֹרַח חַיִּים

make a living הִתְפַּרְנֵס, הִשְׂתַּכֵּר

living room טְרַקְלִין, סָלוֹן

living space מֶרְחַב מִחְיָה

liz'ard *n.* לְטָאָה

load *n.* מַשָּׂא; מִטְעָן, מַעֲמָסָה; עוֹמֶס

get a load of *רָאָה; הִקְשִׁיב

load *v.* הִטְעִין, הֶעֱמִיס; טָעַן; הִכְבִּיד

load the dice זִיֵּף הַקּוּבִּיּוֹת; רִמָּה

loaded *adj.* עָמוּס, טָעוּן; מְזוּיָף; שָׁתוּי

loaf *n&v.* כִּכַּר לֶחֶם; *רֹאשׁ; הִתְבַּטֵּל

loaf-sugar *n.* סוּכָּר בַּחֲתִיכוֹת/בְּקוּבִּיּוֹת

loam *n.* חוֹמֶר, אֲדָמָה עֲשִׁירָה (בּרקבובית)

loan *n&v.* הַלְוָאָה, מִלְוֶה; הִלְוָה; הִשְׁאִיל

loan-word *n.* מִלָּה שְׁאוּלָה

loath *adj.* מְסָרֵב, לֹא רוֹצֶה, לֹא נוֹטֶה

nothing loath בְּרָצוֹן, בְּחֵפֶץ לֵב

loathe (lōdh) *v.* שָׂנֵא, תִּעֵב

loathing (-dh-) *n.* שִׂנְאָה, תִּעוּב

loathsome (-dh-) *adj.* מַגְעִיל, דּוֹחֶה

loaves = pl of loaf (lōvz)

lob *v&n.* (בטניס) תִּלֵּל; תִּלּוּל

lob'by *n.* מִסְדְּרוֹן, מָבוֹא; שְׁדוּלָה, לוֹבִּי

lobby *v.* שִׁדֵּל, פָּעַל בְּשִׁטַּת הַשְּׁדוּלָה

lobe *n.* אוּנָה; בְּדַל־אוֹזֶן, תְּנוּךְ, אַלְיָה

lob'ster *n.* סַרְטָן

lo'cal *adj&n.* מְקוֹמִי, לוֹקָלִי; אֱזוֹרִי

lo·cale' (-kal') *n.* מָקוֹם, אֲתַר־הָעֲלִילָה

lo·cal'ity *n.* מָקוֹם, אֲתַר־הַהִתְרַחֲשׁוּת

lo'calize' *v.* אִתֵּר, הִגְבִּיל לְמָקוֹם

lo'cate *v.* מִקֵּם, אִתֵּר, אִכֵּן; הִתְנַחֵל

located *adj.* נִמְצָא, שׁוֹכֵן

lo·ca'tion *n.* מָקוֹם; אֲתַר־הַסְרָטָה

lock *n.* מַנְעוּל; בְּרִיחַ; סֶכֶר; מַעְצוֹר; תַּלְתַּל

lock, stock, and barrel הַכֹּל בַּכֹּל

lock *v.* נָעַל; סָגַר; נִנְעַל; נֶעֱצַר, נִתְקַע

lock out הִשְׁבִּית; נָעַל הַדֶּלֶת בִּפְנֵי

lock up נָעַל; הִכְנִיס לְמוֹסָד/לְכֶלֶא

lock up money הִשְׁקִיעַ בְּהוֹן לֹא זָמִין

lock'er *n.* תָּא (בְּמַלְתָּחָה), אָרוֹן

lock'et *n.* מַשְׂכִּית, קוּפְסִית־קִשּׁוּט

lock'jaw' *n.* צַפֶּדֶת, טֶטָנוּס

lock-out *n.* הַשְׁבָּתָה

locksmith *n.* מַסְגֵּר, מְתַקֵּן מַנְעוּלִים

lock-up *n&adj.* בֵּית מַעֲצָר, כֶּלֶא; נִסְגָּר

lo'como'tion *n.* תְּנוּעָה, נַיָּדוּת

lo'como'tive *adj&n.* נַיָּד, נָע; קַטָּר

lo'cus (pl - lo'ci') *n.* מָקוֹם

lo'cust *n.* אַרְבֶּה; חָרוּב; חֲרוּבִית

lo·cu'tion *n.* אוֹפֶן דִּבּוּר; נִיב

lode *n.* עוֹרֶק מַתֶּכֶת (בְּמִרְבָּץ)

lodestar *n.* כּוֹכַב הַצָּפוֹן, עִקָּרוֹן מַנְחֶה

lodge *v.* הִתְאַכְסֵן; אִכְסֵן, שִׁכֵּן; שָׂם; נָעַץ

lodge a complaint הִגִּישׁ תְּלוּנָה

lodge money הִפְקִיד כֶּסֶף (בַּבַּנְק)

lodge *n.* בִּיתָן, צְרִיף, אַכְסַנְיָה; לִשְׁכָּה

lodg(e)ment *n.* הִצְטַבְּרוּת, סְתִימָה; עֶמְדָּה

lodger *n.* דַּיָּר, גָּר בִּשְׂכִירוּת

lodging *n.* דִּיּוּר, אַכְסַנְיָה, מְגוּרִים

loft (lôft) *n.* עֲלִיַּת גַג; מַחסַן־תֶּבֶן, יָצִיעַ
lofty *adj.* גָבוֹהַּ; אֲצִילִי; מִתנַשֵׂא, גֵא
log *n&v.* קוֹרָה, בּוּל־עֵץ; מַנוֹט; יוֹמָן; לוֹגָרִיתְם; רָשַׁם בַּיוֹמָן; חָטַב עֵצִים
log'arithm' (-ridhəm) *n.* לוֹגָרִיתְם
log book יוֹמַן־הַנֶּוֶט, יוֹמַן־מְכוֹנִית
logger *n.* חוֹטֵב עֵצִים
loggerhead *n.* *טִפֵּשׁ, מְטוּמטָם; רִיב
log'ic *n.* הִגָיוֹן, לוֹגִיקָה
log'ical *adj.* הֶגיוֹנִי, שִׂכלִי; סָבִיר; לוֹגִי
lo•gi'cian (-jish'ən) *n.* לוֹגִיקָן, הַגְיָן
lo•gis'tic *adj.* לוֹגִיסטִי
log jam גוּשׁ־קוֹרוֹת צָף; מָבוֹי סָתוּם
log-rolling *n.* שְׁמוֹר לִי וְאֶשׁמוֹר לָךְ
loin *n.* מוֹתֶן; יַרכָה
loi'ter *v.* הִתנַהֵל לְאִטוֹ, הִתבַּטֵל
loll *v.* יָשַׁב בַּעֲצַלתַּיִם, עָמַד בְּנִרפּוּת
loll the tongue שִׁרבֵּב אֶת הַלָשׁוֹן
lol'lipop' *n.* סוּכָּרִיָה־עַל־מַקֵל; שַׁלגוֹן
lone *adj.* בּוֹדֵד, יָחִיד; נִדָח
play a lone hand פָּעַל לְבַדוֹ
loneliness *n.* בְּדִידוּת
lonely *adj.* בּוֹדֵד, גַלמוּד, עָצוּב; עָזוּב
lonesome *adj.* בּוֹדֵד, חָשׁ בְּדִידוּת, עָזוּב
long (lông) *adj.* אָרוֹךְ
in the long run לְטוֹוַח אָרוֹךְ
long dozen שְׁלוֹשׁ עֶשׂרֵה
not by a long chalk/shot כְּלָל לֹא
will he be long? הַאִם יִתמַהְמַהַּ?
long *adv.* זְמַן רַב, לִזמַן מְמוּשָׁךְ
at longest לְכָל הַיוֹתֵר, מַכּסִימוּם
so long *שָׁלוֹם, לְהִתרָאוֹת
so/as long as כָּל עוֹד, בִּתנַאי שֶׁ—
before long בְּקָרוֹב, בְּתוֹךְ זְמַן קָצָר
take long אָרַךְ/עָגַל זְמַן רַב
the long and short of it בְּסִכּוּם
long *v.* הִשתּוֹקֵק, כָּמַהּ
long-distance call שִׂיחַת־חוּץ
long-drawn-out *adj.* נִמשָׁךְ זְמַן רַב מִדַי
lon•gev'ity *n.* אֲרִיכוּת יָמִים
longhand *n.* כְּתִיבָה רְגִילָה (לא קצרנות)
longing *n&adj.* גַעגוּעִים, כְּמִיהָה; מִשתּוֹקֵק
longish *adj.* אֲרַכרַךְ, אָרוֹךְ בְּמִקצָת
lon'gitude' *n.* קַו־אוֹרֶךְ, מִצהָר
long-lived *adj.* אֶרֶךְ־יָמִים, מַאֲרִיךְ יָמִים
long-playing *adj.* אֲרִיךְ־נֶגֶן
long-range *adj.* שֶׁלטְוָח רָחוֹק
longshoreman *n.* סַוָר
long-sighted *adj.* רְחוֹק־רְאִיָה
long-standing *adj.* יָשָׁן, עַתִּיק־יוֹמִין
long-suffering *adj.* סוֹבֵל בְּדוּמִיָה
long-term *adj.* אֶרֶךְ־מוֹעֵד; לְטוֹוַח רָחוֹק
longways, -wise *adv.* לְאוֹרֶךְ
longwinded (-win-) *adj.* רַב־מֶלֶל
loo *n.* *שֵׁרוּתִים
look *v.* הִסתַּכֵּל, הִבִּיט, רָאָה; נִראָה
it looks as if/like נִראָה שֶׁ־/כְּאִלוּ
look about חִפֵּשׂ; הִסתַּכֵּל מִסָבִיב
look after הִשׁגִיחַ עַל, טִפֵּל בְּ—
look alive!/sharp! הִזדָרֵז! קָדִימָה!
look at רָאָה, הִבִּיט; בָּחַן, בָּדַק
look for חִפֵּשׂ; הִזמִין (צרות); צִפָּה
look good הִרשִׁים, יָצַר רוֹשֶׁם טוֹב
look here! הַבֵּט! רְאֵה! שְׁמַע נָא!
look him up בִּקְרוֹ, סָר אֵלָיו
look in עָרַךְ בִּקוּר קָצָר; קָפַץ אֶל
look into בָּדַק, חָדַר לְנִבכֵי—
look on חָזָה, צָפָה; הִשׁקִיף עַל
look one's best נִראָה נָאֶה בְּיוֹתֵר
look oneself נִראָה כְּתמוֹל שִׁלשׁוֹם
look out נִזהַר; שָׂם לֵב; חִפֵּשׂ, בָּחַר
look over בָּדַק, עָבַר עַל; הֶעֱלִים עַיִן
look through עָבַר עַל, בָּדַק
look to שָׂם לֵב, הִקפִּיד
look up הִשתַּפֵּר, שִׂגשֵׂג; חִפֵּשׂ (בספר)
look up to כִּבֵּד, הוֹקִיר
look *n.* מַבָּט; הַבָּעָה; מַראֶה; הוֹפָעָה
have a look רָאָה, הֵעִיף מַבָּט
look-alike *n.* דָבָר דוֹמֶה, כָּפִיל
looker *n.* אָדָם נָאֶה, יְפֵה תּוֹאַר
looker-on *n.* צוֹפֶה, מַשׁקִיף
look-in *n.* *סִכּוּי לְהַצלִיחַ; בִּקוּר קָצָר
looking glass מַראָה, רְאִי
look-out *n.* עֲמִידָה עַל הַמִשׁמָר, עֵרָנוּת; מִצפֶּה; שׁוֹמֵר, זָקִיף; פְּנֵי־הֶעָתִיד
look-over *n.* בְּדִיקָה, סְקִירָה
loom (lo͞om) *n.* נוֹל, מְכוֹנַת אֲרִיגָה
loom *v.* הוֹפִיעַ, הֵגִיחַ, נִראָה בִּמעוּרפָּל
loon (lo͞on) *n.* טַבלָן; בַּטלָן
loo'ny *n&adj.* *מְטוֹרָף
loop (lo͞op) *n&v.* (עָשָׂה) לוּלָאָה, עֲנִיבָה; שְׁמִינִיָה; הֶתקֵן תּוֹךְ רַחמִי
loop the loop עָשָׂה לוּלָאָה (מטוס)
loophole *n.* אֶשׁנָב, סֶדֶק; פִּרצָה (בחוק)

loose *adj.* חוֹפשִׁי; רָפוּי; לֹא־מְהוּדָק; לֹא
קָשׁוּר; חֲסַר רֶסֶן; מְרוּשָׁל; לֹא מְדוּיָּק
at a loose end לְלֹא תַּעֲסוּקָה
be on the loose הִתְפַּקֵר, הִתהוֹלֵל
come/cut loose הִשְׁתַּחְרֵר, נִתֵּק
let/set loose שִׁחְרֵר, הִתִּיר הָרֶסֶן
loose bowels שִׁלְשׁוּל, קֵבָה רַכָּה
loose living/life חַיֵּי פְּרִיצוּת
loose tongue לָשׁוֹן פַּטְפְּטָנִית
loose woman אִשָּׁה מוּפְקֶרֶת
work loose הִשְׁתַּחְרֵר, נַעֲשָׂה רוֹפֵף
loose-fitting *adj.* (בגד) לֹא־הָדוּק, רָחָב
loose-leaf *adj.* (פנקס) שֶׁדַּפָּיו תְּלִישִׁים
loo'sen *v.* שִׁחְרֵר; רִפָּה; הִתְרוֹפֵף
loot (lōōt) *n&v.* שָׁלָל, בִּזָּה; בָּזַז, גָּזַל
lop *v.* כָּרַת; קִצֵּץ; בִּטֵּל; תָּלָה בְּרִפְיוֹן
lope *v&n.* דָּהַר (בצעדים ארוכים); דְּהִירָה
lop-eared *adj.* שֶׁאוֹזְנָיו תְּלוּיוֹת בְּרִפְיוֹן
lop-sided *adj.* נוֹטֶה לַצַּד, כָּבֵד בְּצַד אֶחָד
lo·qua'cious (-shəs) *adj.* דַּבְּרָנִי
lo·quac'ity *n.* פַּטְפְּטָנוּת, דַּבְּרָנוּת
lo'quat' *n.* שֶׁסֶק
lord *n&v.* ה', הַבּוֹרֵא, לוֹרד, אָדוֹן; שָׁלַט
drunk as a lord שִׁכּוֹר כְּלוֹט
Lord bless me! אֵלִי! (קריאה)
lord it over מָשַׁל בְּ־, רָדָה בְּ—
Lord Mayor רֹאשׁ הָעִיר
lordly *adj.* אֲצִילִי, כְּלוֹרד; מִתְנַשֵּׂא, גֵּא
lordship *n.* אַדְנוּת; אֲצִילוּת; כְּבוֹד הַלּוֹרד
lore *n.* תּוֹרָה, חָכְמָה, יֶדַע
lor·gnette' (lôrnyet') *n.* מִשְׁקְפֵי־אוֹפֶּרָה
lor'ry *n.* מַשָּׂאִית
lose (lōōz) *v.* אִבֵּד; הִפְסִיד; שָׁכַל; מֵת
lose face אִבֵּד כְּבוֹדוֹ, סָר חִנּוֹ
lose one's cool *אִבֵּד שַׁלְוָתוֹ
lose one's hair הִקְרִיחַ
lose one's temper הִתְפָּרֵץ, הִתְלַקֵּחַ
lose oneself in שָׁקַע רֹאשׁוֹ וְרוּבּוֹ בְּ—
the watch loses הַשָּׁעוֹן מְפַגֵּר
los'er (lōōz'ər) *n.* מַפְסִיד, מַפְסִידָן
loss (lôs) *n.* אִבּוּד; אֲבֵדָה; הֶפְסֵד
at a loss בִּמְבוּכָה, אוֹבֵד עֵצוֹת
lost (= p of lose) (lôst) *adj.* אָבוּד
lost in thought שָׁקוּעַ בְּמַחֲשָׁבוֹת
lost on him לֹא מַשְׁפִּיעַ, בְּרָכָה לְבַטָּלָה
lost to לֹא חָשׁ אֶת־, לֹא מוּשְׁפָּע מִן
lot *n.* כַּמּוּת, הַרְבֵּה; גּוֹרָל; מַזָּל; חֵלֶק;
פְּרִיט; חֶלְקָה, מִגְרָשׁ; אוּלְפַּן־הַסְרָטָה
a bad lot *טִיפּוּס רַע, רָשָׁע
a lot of/lots of הַרְבֵּה
cast/draw lots הֵטִיל גּוֹרָל
lo'tion *n.* תַּרְחִיץ, נוֹזֵל רְפוּאִי
lot'tery *n.* הַגְרָלָה; מַזָּל
loud *adj&adv.* (בְּקוֹל) רָם, קוֹלָנִי, רוֹעֵשׁ
loudmouthed *adj.* דַּבְּרָנִי, רַבְרְבָן
loud-speaker *n.* רַמְקוֹל
lounge *v&n.* עָמַד/יָשַׁב בַּעֲצַלְתַּיִם;
הִתְבַּטֵּל; אוּלַם אוֹרְחִים, טְרַקְלִין
lour *v.* זָעַף, רָגַז; קָדַר
louse *n&v.* כִּנָּה; *קִלְקֵל, סִבֵּךְ, פִּשֵּׁל
lou'sy (-zi) *adj.* מְכוּנָּם; *נִתְעָב; שׁוֹרֵץ
lout *n.* גַּס, מְגוּשָּׁם, בּוּר
lov'able (luv'-) *adj.* נֶחְמָד, נָעִים
love (luv) *v&n.* אָהַב; אַהֲבָה, חִבָּה; אֲהוּבָה
*דָּבָר מַקְסִים, מוֹתֶק; אֶפֶס נְקוּדוֹת
in love with אוֹהֵב, מְאוֹהָב בְּ—
love affair פָּרָשַׁת אֲהָבִים, רוֹמָן
love all תֵּיקוּ אֶפֶס
make love הִתְעַלֵּס, הִתְנָה אֲהָבִים
love-child *n.* מַמְזֵר, פְּרִי־אַהֲבָה
loveless *adj.* חֲסַר־אַהֲבָה
lovelorn *adj.* מְיוּסַר־אַהֲבָה, מְאוּכְזָב
lovely *adj.* יָפֶה, נָעִים; מְהַנֶּה, נִפְלָא
love-making *n.* הִתְעַלְּסוּת
lover *n.* מְאַהֵב; אוֹהֵב, חוֹבֵב, שׁוֹחֵר
lovesick *adj.* חוֹלֵה־אַהֲבָה
love-story *n.* סִפּוּר אַהֲבָה, רוֹמָן
low (lō) *adj&adv.* נָמוּךְ; חַלָּשׁ; מְדוּכָּא;
שָׁפָל, נָחוּת, זוֹל; גַּס; רָדוּד; בְּזוֹל
be/get/run low אָזַל, נִגְמַר
fall low נִדְרְדַר, יָרַד
in low water דָּחוּק בְּכֶסֶף
low birth מוֹצָא נָחוּת
low season עוֹנַת־שֵׁפֶל (במסחר)
low tide, low water שֵׁפֶל
low *v&n.* גָּעָה; גְּעִיָּה; דַּרְגָּה נְמוּכָה
low-born *adj.* נְחוּת־מוֹצָא
low-brow עַם־הָאָרֶץ, שׁוֹחֵר אָמָנוּת זוֹלָה
low-down *adj.* *שָׁפָל, נִבְזֶה
low'er (lō'-) *v.* הִפְחִית, הוֹרִיד; יָרַד
lower oneself הִשְׁפִּיל עַצְמוֹ
lower the boom on שָׂם קֵץ לְ—
lower *adj.* תַּחְתּוֹן, יוֹתֵר נָמוּךְ
low'er (lou'-) *v.* זָעַף, רָגַז; קָדַר

low-keyed *adj.* מְרוּסָן, לֹא־צַעֲקָנִי ; חַלָּש
lowland *n.* שְׁפֵלָה
lowliness *n.* פַּשְׁטוּת, שִׁפְלוּת
low'ly (lō'-) *adj&adv.* עָנָיו, פָּשׁוּט ; נְחוּת־דַרְגָּה ; בְּרָמָה נְמוּכָה ; בִּצְנִיעוּת
low-minded *adj.* גַס־רוּחַ
low-necked *adj.* (בגד) עֲמוֹק־מַחְשׂוֹף
low-pitched *adj.* נָמוּךְ ; נְמוּךְ־צְלִיל
low-spirited *adj.* מְדוּכָּא, מְדוּכְדָּךְ
loy'al *adj.* נֶאֱמָן, לוֹיָאלִי, שׁוֹמֵר אֱמוּנִים
loyalist *n.* שׁוֹמֵר אֱמוּנִים (למשטר)
loyalty *n.* נֶאֱמָנוּת, לוֹיָאלִיוּת
loz'enge (-zinj) *n.* גְּלוּלָה, כַּדּוּר, לַכְסָנִית, טַבְלִית ; מְעוּיָן, רוֹמבּוּס
LP = long playing אֲרִיךְ־נֶגֶן
LSD לס״ד (סם)
Ltd. = limited בע״מ
lub'ber *n.* גּוֹלֶם, מְגוּשָּׁם
lu'bricant *n.* שֶׁמֶן סִיכָה, גְּרִיז
lu'bricate' *v.* שִׁמֵּן, גֵּרֵז, סָךְ
lu·bri'cious (lōōbrish'əs) *adj.* גַּס
lu·cerne' (lōōsûrn') *n.* אַסְפֶּסֶת
lu'cid *adj.* בָּרוּר, מוּבָן ; שָׁקוּף, בָּהִיר
luck *n&v.* מַזָּל, גּוֹרָל
  as luck would have it לְמַזָּלוֹ (הרע)
  down on one's luck בִּישׁ־מַזָּל
  for luck לְשֵׁם מַזָּל, לְסִמָּן טוֹב
  good luck! בְּהַצְלָחָה!
  in luck/out of luck בַּר מַזָּל/חֲסַר מַזָּל
  luck out *הָיָה בַּר־מַזָּל
  what luck! אֵיזֶה מַזָּל!
  worse luck חֲבָל! לְרוֹעַ הַמַּזָּל!
luckily *adv.* לְמַרְבֵּה הַמַּזָּל
luckless *adj.* חֲסַר־מַזָּל
lucky *adj.* בַּר־מַזָּל, מוּצְלָח
lu'crative *adj.* מַכְנִיס רֶוַח, רֶנְטַבִּילִי
lu'cre (-kər) *n.* בֶּצַע כֶּסֶף
lu'dicrous *adj.* מְגוּחָךְ, מַצְחִיק
lug *v&n.* מָשַׁךְ ; מְשִׁיכָה ; יָדִית ; אוֹזֶן
lug'gage *n.* מִטְעָן, מִזְוָד, כְּבוּדָה
lu·gu'brious (lōō-) *adj.* עָצוּב, מְדוּכָּא
luke'warm' (lōōk'wôrm) *adj.* פּוֹשֵׁר
lull *v&n.* שִׁכֵּךְ ; הִרְדִּים ; נִרְגַּע ; הֲפוּגָה
lul'laby' *n.* שִׁיר־עֶרֶשׂ ; רַחַשׁ, רִשְׁרוּשׁ
lum·ba'go *n.* מָתְנֶת, לוּמְבָּגוֹ
lum'ber *n.* קְרָשִׁים ; גְּרוּטָאוֹת ; *מַעֲמָסָה
lumber *v.* נָע בִּכְבֵדוּת/בְּטַרְטוּר ; גִּבֵּב
lumberman, -jack *n.* כּוֹרֵת עֵצִים
lu'minar'y (-neri) *n.* כּוֹכָב ; אִישִׁיּוּת
lu'minous *adj.* זוֹהֵר, זוֹרֵחַ ; בָּרוּר, נָהִיר
lum'mox *n.* *גּוֹלֶם, מְגוּשָּׁם
lump *n&v.* גּוּשׁ, חֲתִיכָה ; נְפִיחוּת, תְּפִיחָה ; גּוֹלֶם, טִפֵּשׁ ; הִתְגַּבֵּשׁ ; כָּלַל
  in the lump בְּסַךְ הַכֹּל
  had to lump it בָּלַע זֹאת
lumpy *adj.* רַב־גּוּשִׁים ; טִפֵּשׁ ; גַּלִּי
lu'nacy *n.* שִׁגָּעוֹן
lu'nar *adj.* יַרְחִי, שֶׁל הַלְּבָנָה
lu'natic *adj&n.* חוֹלֵה־רוּחַ, מְטוֹרָף
lunch *n&v.* (סָעַד) אֲרוּחַת צָהֳרַיִם
lunch'eon (-chən) *n.* אֲרוּחַת צָהֳרַיִם
lung *n.* רֵאָה
lunge *n&v.* תְּנוּפָה ; זִנּוּק ; דָּחַף ; זִנֵּק
lurch *v&n.* הִתְנוֹדֵד, נָע בְּטַלְטוּלִים ; תְּנוּעַת פֶּתַע הַצִּדָּה, נְטִיָּה, טַלְטוּל
  leave in the lurch נָטַשׁ בְּעֵת צָרָה
lure *n&v.* פִּתּוּי, קֶסֶם ; פִּתָּה, מָשַׁךְ
lu'rid *adj.* זוֹרֵחַ, מַבְהִיק ; מְזַעֲזֵעַ, אָיוֹם
lurk *v.* אָרַב, הִסְתַּתֵּר ; הִתְגַּנֵּב
lus'cious (lush'əs) *adj.* מָתוֹק ; חוּשָׁנִי
lush *adj&n.* שׁוֹפֵעַ, עָשִׁיר ; שִׁכּוֹר
lust *n&v.* תַּאֲוָה, תְּשׁוּקָה ; הִשְׁתּוֹקֵק, חָשַׁק
lus'ter *n.* בָּרָק, זֹהַר ; פִּרְסוּם ; נִבְרֶשֶׁת
lustful *adj.* חוֹשֵׁק, שְׁטוּף־תַּאֲוָה
lus'trous *adj.* מַבְרִיק, נוֹצֵץ
lust'y *adj.* חָסוֹן, חָזָק, שׁוֹפֵעַ אוֹן
lute *n.* קַתְרוֹס ; מֶרֶק (לסתימת חורים)
Lu'theran *adj&n.* לוּתְּרָנִי
lux·u'riant (lugzhoor'-) *adj.* שׁוֹפֵעַ
lux·u'rious (lugzhoor'-) *adj.* מְפוֹאָר, מוּבְחָר ; אָפוּף מוֹתָרוֹת
lux'ury (luk'shəri) *n.* מוֹתָרוֹת
lye (lī) *n.* בּוֹרִית, אֵפֶר, נוֹזֵל־נִקּוּי
ly'ing = pres p of lie
lying-in *n.* שְׁכִיבַת הַיּוֹלֶדֶת, לֵדָה
lymph *n.* לִימְפָה, לְבָנָה, נַסְיוּב הַדָּם
lymphat'ic *adj.* לִימְפָתִי ; אִטִּי, כָּבֵד
lynch *v&n.* (עָרַךְ) מִשְׁפַּט־לִינְץ'
lynx *n.* חֲתוּל פֶּרֶא (חד־ראייה)
lyre *n.* נֵבֶל (קדום)
lyr'ic *n.* שִׁיר לִירִי, לִירִיקָה
lyrical *adj.* לִירִי, פִּיּוּטִי ; מִשְׁתַּפֵּךְ
lyr'icist *n.* לִירִיקָן, מְשׁוֹרֵר לִירִי
ly'sol (-sôl) *n.* לִיזוֹל

M

m = meters, miles
ma (mä) *n.* *אִמָא
MA = Master of Arts מ״א
ma'am (mam) *n.* גְבֶרֶת
mac *n.* *חָבֵר, אֲדוֹנִי; מְעִיל גֶשֶׁם
macabre (-kä'bər) *adj.* מַקַבְּרִי
macad'am *n.* חָצָץ (לסלילת כביש)
mac'aro'ni *n.* אִטְרִיוֹת, מַקְרוֹנִים
mace *n.* שַׁרְבִיט; אַלָה כְּבֵדָה
mac'erate' *v.* הֵמִיס, מִסמֵס, רִכֵּך
machet' *n.* סַכִּין
mach'iavel'lian (-k-) *adj.* מַקְיָאבֶלִי
mach'ina'tion (-k-) *n.* מְזִמָה
machine' (-shēn) *n.* מְכוֹנָה; רוֹבּוֹט
machine-gun *n.* מְכוֹנַת יְרִיָה, מַקְלֵעַ
machin'ery (-shēn-) *n.* מְכוֹנוֹת, מַנְגְנוֹן
machin'ist (-shēn-) *n.* מְכוֹנַאי
mack'erel *n.* קוֹלִיס
mack'intosh' *n.* מְעִיל גֶשֶׁם
mac'ro·cosm (-koz'əm) *n.* הָעוֹלָם
mad *adj.* מְשׁוּגָע; רוֹגֵז, רוֹתֵחַ מִזַעַם
go mad הִשְׁתַּגֵעַ
work like mad עָבַד כְּמוֹ מְשׁוּגָע
mad'am *n.* גְבֶרֶת; מְנַהֶלֶת בֵּית־בּוֹשֶׁת
madame' (-dam) *n.* גְבֶרֶת, מָדָם
mad'cap' *n&adj.* מְשׁוּגָע; פָּזִיז, נִמְהָר
mad'den *v.* שִׁגַע; הִרְגִיז
made *adj.* עָשׂוּי, נוֹצָר; שֶׁעֲתִידוֹ מוּבְטָח
made = p of make
mad'emoiselle' (-dəməzel) *n.* עַלְמָה
madhouse *n.* בֵּית־מְשׁוּגָעִים
madly *adv.* כְּמוֹ מְשׁוּגָע; *מְאוֹד, בְּיוֹתֵר
madman/-woman *n.* מְשׁוּגָע/מְשׁוּגַעַת
madness *n.* שִׁגָעוֹן, טֵרוּף
mael'strom (māl'-) *n.* מְעַרְבּוֹלֶת
maes'tro (mīs'-) *n.* מָאֶסְטרוֹ, מְנַצֵחַ
mag'azine' (-zēn) *n.* מַגָזִין,
כְּתַב־עֵת; מַחסַן־תַּחמוֹשֶׁת; מַחסָנִית
mag'got *n.* רִמָה, תּוֹלַעַת, זַחַל
mag'ic *n&adj.* כְּשָׁפִים, קֶסֶם; קָסוּם
as if by/like magic כְּבמַטֵה־קֶסֶם
magi'cian (-jish'ən) *n.* מְכַשֵׁף, קוֹסֵם
mag'istrate *n.* שׁוֹפֵט שָׁלוֹם
mag'nanim'ity *n.* רוֹחַב לֵב, גַדלוּת
mag·nan'imous *adj.* רְחַב לֵב
mag'nate *n.* בַּעַל נְכָסִים, רַב הַשפָּעָה
mag·ne'sium (-z-) *n.* מַגנִיוֹן, מַגנֶזִיוּם
mag'net *n.* מַגנֵט
mag·net'ic *adj.* מַגנֵטִי, מוֹשֵׁך; מַקְסִים
mag'netism *n.* מַגנֵטִיוּת; קֶסֶם אִישִׁי
mag'netize' *v.* מִגְנֵט; רִתֵּק, הִקְסִים
mag'nifica'tion *n.* הַגְדָלָה
mag·nif'icent *adj.* מְפוֹאָר, נֶהדָר, נִפְלָא
mag'nify' *v.* הִגְדִיל; הִלֵל; הִגְזִים
magnifying glass זְכוּכִית מַגְדֶלֶת
mag·nil'oquent *adj.* מְנוּפָּח, נִמְלָץ
mag'nitude' *n.* גוֹדֶל, חֲשִׁיבוּת; כָּבוֹד
mag'num o'pus פְּאֵר יְצִירָתוֹ
mag'pie (-pī) *n.* עַקְעַק, עוֹרֵב־הַנְחָלִים
Mag'yar (-yär) *n.* מַדְיָארִי, הוּנְגָרִי
mahog'any *n.* מָהָגוֹנִי, תּוֹלַעֲנָה
maid *n.* נַעֲרָה, בַּחוּרָה; עוֹזֶרֶת, מְשָׁרֶתֶת
maid'en *n&adj.* נַעֲרָה; לֹא נְשׂוּאָה; בְּתוּלִי
maiden name שֵׁם שֶׁלִפְנֵי הַנִשׂוּאִים
maiden speech נְאוּם בְּתוּלִין/בְּכוֹרָה
maidenhair *n.* שַׂעֲרוֹת־שׁוּלַמִית (שרך)
maidenhood *n.* נְעוּרִים, בְּתוּלִים
maidservant *n.* עוֹזֶרֶת, מְשָׁרֶתֶת
mail *n&v.* דוֹאַר; שִׁרְיוֹן; שָׁלַח בַּדוֹאַר
mailbag *n.* שַׂק דוֹאַר; יַלְקוּט הַדַוָר
mailbox *n.* תֵּבַת־דוֹאַר
mailing-card *n.* גְלוּיַת דוֹאַר
mailman *n.* דַוָר
maim *v.* גָרַם לְנָכוּת, הֵטִיל מוּם
main *adj&n.* רָאשִׁי, עִקָרִי; צִנוֹר רָאשִׁי
in the main בִּכְלָל, בְּעִקָר, לָרוֹב
main drag הָרְחוֹב הָרָאשִׁי
with might and main בְּכוֹחַ רַב
mainland *n.* יַבָּשָׁה, אֶרֶץ (ללא האיים)
mainline *v.* הִזְרִיק סַם
mainly *adv.* בְּעִקָר
mainmast/-sail *n.* תּוֹרֶן/מִפְרָשׂ רָאשִׁי
mainspring *n.* קְפִיץ רָאשִׁי; מֵנִיעַ עִקָרִי
mainstay *n.* חֶבֶל רָאשִׁי; מְפַרְנֵס, תּוֹמֵך

mainstream *n.* מַגְמָה שַׁלֶּטֶת, נְטִיָּה
maintain' *v.* הִמְשִׁיךְ, הִתְמִיד; הֶחֱזִיק, שָׁמַר; תָּמַךְ, פִּרְנֵס; תִּחְזֵק; טָעַן
main'tenance *n.* אַחְזָקָה; תַּחֲזוּקָה; פַּרְנָסָה; תְּמִיכָה; דְּמֵי־מְזוֹנוֹת; הַתְמָדָה
mai'sonnette' (-z-) *n.* בַּיִת קָטָן; דִּירָה
maize *n.* תִּירָס
majes'tic *adj.* מַלְכוּתִי, מְעוֹרֵר כָּבוֹד
maj'esty *n.* מַלְכוּת, הוֹד, תִּפְאֶרֶת
ma'jor *adj.* רָאשִׁי, עִקָּרִי, חָשׁוּב; גָּדוֹל
major scale סוּלָּם מָזוֹר, רַבִּיב, דּוּר
major *n&v.* רַב־סֶרֶן; בָּגִיר; מִקְצוֹעַ רָאשִׁי
major in לָמַד כְּמִקְצוֹעַ רָאשִׁי
ma'jor-do'mo *n.* רֹאשׁ הַמְשָׁרְתִים
major general אַלּוּף
major'ity *n&adj.* רוֹב, רוֹב קוֹלוֹת; בַּגִירוּת; דַּרְגַּת רַב־סֶרֶן; שֶׁל הָרוֹב
make *v.* עָשָׂה; יָצַר; גָּרַם, הֵבִיא; הִכְרִיחַ; הִשִּׂיג; הִסְתַּכֵּם בְּ־; הָיָה, הִוָּה
made himself heard הִשְׁמִיעַ קוֹלוֹ
make after רָדַף אַחֲרֵי
make at תָּקַף, הִתְנַפֵּל עַל
make away with חִסֵּל; בִּזְבֵּז; גָּנַב
make do with — הִסְתַּדֵּר עִם, הִסְתַּפֵּק בְּ—
make for נָע בְּכִוּוּן; הִתְנַפֵּל עַל; הֵבִיא לְ־, תָּרַם לְ־; הוֹבִיל לְ—
make it הִגִּיעַ בַּזְּמַן; הִצְלִיחַ
make it worth his while גָּמַל לוֹ
make off בָּרַח, הִסְתַּלֵּק
make one's way הָלַךְ, שָׂם פְּעָמָיו
make out הֵבִין, פִּעְנֵחַ; רָאָה, הִבְחִין; רָשַׁם, כָּתַב; *הִתְעַלֵּס; טָעַן, אָמַר, הֶעֱמִיד פָּנִים; הִתְקַדֵּם, הִצְלִיחַ, הִסְתַּדֵּר עִם
make over הֶעֱבִיר בַּעֲלוּת; נָתַן; הֶחֱלִיף
make towards נָע בְּכִוּוּן
make up הִתְאַפֵּר; פִּבְרֵק; הִשְׁלִים
make up one's mind הֶחְלִיט
make *n.* תּוֹצֶרֶת, סוּג; *רְדִיפַת רְוָחִים
make-believe *n.* הַעֲמָדַת פָּנִים, דִּמְיוֹן
maker *n.* בּוֹרֵא, יוֹצֵר; הַבּוֹרֵא
makeshift *n&adj.* תַּחֲלִיף; זְמַנִּי, אֲרָעִי
make-up *n.* אִפּוּר; הֶרְכֵּב, מִבְנֶה; סִדּוּר
making *n&adj.* עֲשִׂיָּה; תְּכוּנָה; עוֹשֶׂה
in the making בְּתַהֲלִיךְ הַיִּצּוּר
mal (תחילית) (באופן) רַע
mal'adjust'ment *n.* חוֹסֶר הַתְאָמָה
mal'ady *n.* מַחֲלָה, חוֹלִי
malaise' (-z) *n.* תְּחוּשַׁת מַחֲלָה; תְּשִׁישׁוּת
malar'ia *n.* קַדַּחַת הַבִּצּוֹת, מָלַרְיָה
mal'content' *adj.* לֹא מְרוּצֶה
male *n&adj.* זָכָר; גַּבְרִי, שֶׁל גְּבָרִים
mal'edic'tion *n.* קְלָלָה
mal'efac'tor *n.* עוֹשֶׂה רָע, פּוֹשֵׁעַ
malef'icent *adj.* מַזִּיק, עוֹשֶׂה רָע
malev'olent *adj.* חוֹרֵשׁ רָעָה, רָשָׁע
mal'formed' (-fôrmd') *adj.* מְעֻוָּת
mal·func'tion *n.* לִקּוּי בִּפְעוּלָה
mal'ice (-lis) *n.* רִשְׁעוּת, רָצוֹן לִפְגֹּעַ
mali'cious (-lish'əs) *adj.* זְדוֹנִי, רָע
malign' (-līn) *adj&v.* מַזִּיק, רָע; הִשְׁמִיץ
malig'nant *adj.* זְדוֹנִי, רָע; מַמְאִיר
malig'nity *n.* רִשְׁעוּת, זָדוֹן, רוֹעַ־לֵב
malin'ger (-g-) *v.* הִתְחַלָּה
mall (môl) *n.* מִדְרְחוֹב, אֵזוֹר חֲנוּיוֹת
mal'le·able *adj.* חָשִׁיל; סָגִיל
mal'let *n.* פַּטִּישׁ־עֵץ; מַקֵּל־פּוֹלוֹ
mal'low (-lō) *n.* חֶלְמִית
mal'nutri'tion (-nōōtrish'ən) תַּת־תְּזוּנָה, תְּזוּנָה לְקוּיָה
mal·o'dorous *adj.* מַסְרִיחַ, מַדִּיף צַחֲנָה
mal·prac'tice (-tis) *n.* טִפּוּל רָע
malt (môlt) *n&v.* לֶתֶת, מַלְט; לָתַת
mal·treat' *v.* הִתְאַכְזֵר, נָהַג בְּגַסּוּת
mal'versa'tion *n.* שְׁחִיתוּת, מְעִילָה
mama, mamma (mä'-) *n.* אִמָּא
mam'mal *n.* יוֹנֵק
mam'mary *adj.* שֶׁל הַשָּׁדַיִם
mam'mon *n.* מָמוֹן, עוֹשֶׁר, רְדִיפַת בֶּצַע
mam'moth *n&adj.* מַמּוּתָה; עֲנָקִי
mam'my *n.* אִמָּא; *מְטַפֶּלֶת כּוּשִׁית
man *n.* אִישׁ, אָדָם, גֶּבֶר; כְּלִי (בשחמט)
as one man כְּאִישׁ אֶחָד
is his own man הוּא עַצְמָאִי
man and boy מִיַּלְדוּת, כָּל חַיָּיו
man of the world אִישׁ הָעוֹלָם, מְנֻסֶּה
to a man הַכֹּל, כּוּלָּם, עַד אֶחָד
man *v.* אִיֵּשׁ
man'acle *v&n.* כָּבַל; אֲזִקִּים
man'age *v.* נִהֵל; הִסְתַּדֵּר; הִצְלִיחַ
manageable *adj.* נִתָּן לְנִהוּל; צַיְתָן
management *n.* נִהוּל; הַנְהָלָה; טִפּוּל
man'ager (-ni-) *n.* מְנַהֵל
man'age'rial *adj.* מִנְהָלִי, שֶׁל הַנְהָלָה

managing *adj.* חַסְכָן; שְׁתַלְטָן
man′-at-arms′ (-z) *n.* חַיָל, פָּרָשׁ
man′date (-dāt) *n&v.* מַנְדָט, מְמוּנוּת
man′dato′ry *adj.* הֶכְרֵחִי; מַנְדָטוֹרִי
man′dible *n.* לֶסֶת, צְבָת (של סרטן)
man′dolin′ *n.* מַנְדוֹלִינָה
man•drag′ora, man′drake′ *n.* דּוּדָא
mane *n.* רַעְמָה
man-eater *n.* אוֹכֵל אָדָם; קָנִיבָּל
maneu′ver (-noo′-) *n&v.* תִּמְרוֹן; תִּמְרֵן
man′ful *adj.* אַמִּיץ, הֶחְלֵטִי, גַּבְרִי
man′ganese′ (-z) *n.* מַנְגָן
mange (mānj) *n.* שְׁחִין (בכלבים)
man′ger (mān-) *n.* אֵבוּס
man′gle *v&n.* מָחַץ, רִסֵּק; פָּצַע; קִלְקֵל, הִשְׁחִית; גִּהֵץ; מַעְגִּילָה; זִירָה
ma′ngy *adj.* מוּכֵּה־שְׁחִין; מְלוּכְלָךְ, דוֹחֶה
man-handle *v.* הֵזִיז בְּכוֹחַ; טִפֵּל בְּגַסּוּת
man′hole′ *n.* בּוֹר (בכביש), כַּוָּה, גוֹב
manhood *n.* בַּגְרוּת; גַּבְרִיּוּת; הַגְּבָרִים
ma′nia *n.* שִׁגָּעוֹן; תַּאֲוָה, תְּשׁוּקָה
ma′niac′ *n.* מְשׁוּגָּע
mani′acal, man′ic *adj.* שִׁגְעוֹנִי
man′icure′ *n&v.* (עָשָׂה) מָנִיקוּר
man′ifest′ *adj&v.* בָּרוּר, גָּלוּי; הֶרְאָה, גִּלָּה.
manifest *n.* רְשִׁימַת הַסְּחוֹרוֹת, מִצְהָר
man′ifesta′tion *n.* הַבְהָרָה; גִּלּוּי, בִּטּוּי
man′ifes′to *n.* מִנְשָׁר, גִּלּוּי־דַעַת
man′ifold′ (-fōld) *adj.* רַב, רַב־צְדָדִי
manifold *n&v.* סַעֶפֶת (במכונית); שִׁכְפֵּל
man′ikin *n.* גַּמָּד; מָנֶקִין; אִמּוּם־אָדָם
manip′u•late′ *v.* הִפְעִיל, טִפֵּל יָפֶה בְּ־; נָהַג, הִשְׁפִּיעַ; זִיֵּף
manip′u•la′tion *n.* הַפְעָלָה; טִפּוּל
man′kind′ (-kīnd) *n.* אֱנוֹשׁוּת
manlike *adj.* שֶׁל אָדָם, כְּמוֹ גֶבֶר
manly *adj.* גַּבְרִי, כְּגֶבֶר
man′na *n.* מָן (משמיים); מַתַּת־אֵל
manned (mand) *adj.* מְאוּיָשׁ
man′ne•quin (-kin) *n.* מָנֶקִין, בּוּבָּה
man′ner *n.* אוֹפֶן, צוּרָה, שִׁטָּה; סוּג; יַחַס
in a manner בְּמוּבָן מְסוּיָּם, בְּמִדַּת־מָה
manners מִנְהָגִים; דֶּרֶךְ־אֶרֶץ, נִימוּסִים
mannerism *n.* הֶרְגֵּל מְיוּחָד; מָנֵירִיזְם
mannerly *adj.* מְנוּמָּס, אָדִיב
man′nish *adj.* גַּבְרִי, אוֹפְיָנִי לְגֶבֶר
manoeuvre = maneuver

man′-of-war′ (-əv-wôr′) סְפִינַת־קְרָב
manom′eter *n.* מַד־לַחַץ, מָנוֹמֶטֶר
man′or *n.* אֲחוּזָה, מֶשֶׁק, חַוָּה
manpower *n.* כּוֹחַ אָדָם
man′sard (-särd) *n.* גַּג בַּעַל שְׁנֵי שִׁפּוּעִים
manse *n.* בֵּית הַכּוֹמֶר
manservant *n.* מְשָׁרֵת
man′sion *n.* בַּיִת גָּדוֹל, אַרְמוֹן
manslaughter *n.* הֲרִיגָה
man′tel(piece) *n.* לִזְבֵּז הָאָח
man′tis *n.* גְּמַל־שְׁלֹמֹה
man•tis′sa *n.* מַנְטִיסָה (בלוגריתם)
man′tle *n&v* גְּלִימָה; כְּסוּת; כִּסָּה; הִסְמִיק
man′-to-man′ גָּלוּי, לְלֹא גִנּוּנִים
man′u•al (-yooəl) *adj.* יָדִי, יָדְנִי
manual *n.* מַדְרִיךְ, סֵפֶר שִׁמּוּשִׁי; מִקְלֶדֶת
man′u•fac′ture *n&v.* יִצּוּר; יִצֵּר
manufacturer *n.* יַצְרָן, תַּעֲשְׂיָן
man′u•mit′ *v.* הוֹצִיא (עבד) לַחָפְשִׁי
manure′ *n&v.* זֶבֶל, דֶּשֶׁן; זִבֵּל, דִּשֵּׁן
man′u•script′ *n.* כְּתַב־יָד
many (men′i) *adj&n.* הַרְבֵּה, רַבִּים
a good/great many הַרְבֵּה
in so many words בְּמִלִּים מַמָּשׁ
many a man אֲנָשִׁים רַבִּים
many-colored/-sided רַבְגּוֹנִי, רַב־צְדָדִי
map *n&v.* מַפָּה; מִפָּה, תִּכְנֵן, סִדֵּר
off the map נִדָּח; לֹא קַיָּם
ma′ple *n.* אֶדֶר (עץ)
mapping *n.* מִפּוּי
mar *v.* קִלְקֵל, פָּגַם, הִשְׁחִית
make or mar הִמֵּר עַל כָּל הַקּוּפָּה
mar′athon′ *n.* מָרָתוֹן
maraud′ *v.* שָׁדַד, שׁוֹטֵט, שִׁחֵר לַטֶּרֶף
mar′ble *n&adj.* שַׁיִשׁ; גּוּלָה; שֵׁישִׁי, קַר
lose one's marbles *הִשְׁתַּגֵּעַ
march *v.* צָעַד; הִצְעִיד, הוֹבִיל; גָּבַל
march *n.* צְעָדָה, צְעִידָה, מַסָּע; מִצְעָד; הִתְקַדְּמוּת; מַרְשׁ, שִׁיר לֶכֶת; גְּבוּל
march past מִצְעַד הַצְדָּעָה
on the march מִתְקַדֵּם, צוֹעֵד קָדִימָה
March *n.* מַרְץ, מַרס (חודש)
marching orders *מִכְתַּב פִּטּוּרִים
mar′chioness′ (-shən-) *n.* מַרְקִיזָה
mare *n.* סוּסָה; אָתוֹן
mare's nest מְתִיחָה; אַמְצָאַת־שָׁוְא
mar′garine (-jərin) *n.* מַרְגָּרִינָה

mar'gin *n.* שׁוּלַיִם; שָׂפָה, קָצֶה; תְּחוּם
mar'ginal *adj.* שֶׁל שׁוּלַיִם, שׁוּלִי; זָעוּם
marginal life חַיִּים מִן הַיָּד אֶל הַפֶּה
mar'igold' (-gōld) *n.* צִפּוֹרְנֵי־הֶחָתוּל
mar'ijua'na (-riwä'-) *n.* מָרִיחוּאָנָה
mari'na (-rē'-) *n.* מָרִינָה, חוֹף סִירוֹת
mar'inade' *n.* תַּחְמִיץ בָּשָׂר/דָּגִים
marine' (-rēn) *adj&n.* יַמִּי; צִי; נֶחָת
tell it to the marines סַפֵּר לְסָבְתָא
mar'iner *n.* מַלָּח, יַמַּאי
mar'ionette' *n.* מָרְיוֹנֶטָה, בּוּבָּה
mar'ital *adj.* שֶׁל נִשּׂוּאִים, שֶׁל בַּעַל
mar'itime' *adj.* יַמִּי; שֶׁלְּיַד הַיָּם
mar'joram *n.* אֵזוֹב (צמח)
mark *n.* כֶּתֶם; סִמָּן; אוֹת; צִיּוּן; עִקְבָה;
מַטָּרָה; קַו־הַזִּנּוּק; סוּג, מוֹדֶל; מַרְק
beside the mark לֹא רֶלֶוַנְטִי
full marks 100 נְקוּדוֹת, 100 אָחוּז
make one's mark עָשָׂה לוֹ שֵׁם
quick off the mark מְהִיר־תְּפִיסָה
up to the mark בָּרָמָה הַנְּאוֹתָה
mark *v.* סִמֵּן, צִיֵּן; רָשַׁם; שָׂם לֵב
mark down/up הוֹזִיל/יִקֵּר (סחורה)
mark off תָּחַם; הִפְרִיד; סִמֵּן
mark out סִמֵּן, צִיֵּן; יִחֵד, יִעֵד
mark time דָּרַךְ בַּמָּקוֹם
mark-down *n.* הוֹזָלָה, הֲנָחָה
marked *adj.* מְסוּמָן; מְצֻיָּן; בּוֹלֵט, נִכָּר
marker *n.* מְסַמֵּן; רוֹשֵׁם נְקוּדוֹת; צִיּוּן
mar'ket *n.* שׁוּק; בִּקּוּשׁ; שִׁוֵּק; קָנָה
go to a bad market נִכְשַׁל
in the market for מְבַקֵּשׁ לִקְנוֹת
marketable *adj.* שָׁוִיק, בַּר־שִׁוּוּק
marketer *n.* שַׁוָּק; מְשַׁוֵּק
marketing *n.* שִׁוּוּק, הֲפָצַת סְחוֹרָה
market-place *n.* שׁוּק, כִּכַּר הַשּׁוּק
marking *n.* סִמּוּן, סִמָּנִים מְגוּוָּנִים
marks'man *n.* קַלָּע, צַלָּף
mark-up *n.* עֲלִיָּה, יִקּוּר
marl *n.* אַדְמַת־סִיד, חַוָּר (לזיבול)
mar'malade' *n.* מַרְמֶלָדָה, מִמְרַח רִבָּה
mar·mo're·al *adj.* שַׁיִשִׁי, קַר, לָבָן
maroon' (-rōōn) *n&adj.* חוּם; זְקוּקִית
maroon *v.* נָטַשׁ אָדָם (על אי שומם)
mar'quis, mar'quess *n.* מַרְקִיז
mar'riage (-rij) *n.* נִשּׂוּאִים
give in marriage הִשִּׂיא (בּת)

marriageable *adj.* הִגִּיעַ לְפִרְקוֹ
married *adj.* נָשׂוּי; שֶׁל נִשּׂוּאִים
mar'row (-ō) *n.* לָשָׁד; תַּמְצִית; קִשּׁוּא
mar'ry *v.* הִתְחַתֵּן; נָשָׂא; הִשִּׂיא
marry off הִשִּׂיא (את בתו)
Mars (-z) *n.* מַרְס; מַאְדִּים
marsh *n.* בִּצָּה
mar'shal *n.* מַרְשָׁל; שֶׁרִיף; רֹאשׁ־הַטֶּקֶס
marshal *v.* סִדֵּר; לִוָּה אָדָם לִמְקוֹמוֹ
marshmallow *n.* חוֹטְמִית; מַרְשְׁמֶלוֹ
marshy *adj.* בִּצָּתִי, מָלֵא בִּצּוֹת
mar·su'pial *adj&n.* כִּיסִי; חַיַּת כִּיס
mart *n.* שׁוּק, מֶרְכָּז מִסְחָרִי
mar'tial *adj.* צְבָאִי, מִלְחַמְתִּי
mar'tin *n.* סְנוּנִית
mar'tinet' *n.* דּוֹרֵשׁ מִשְׁמַעַת, קַפְּדָן
mar'tyr (-tər) *n.* קָדוֹשׁ; קָדוֹשׁ מְעוּנֶּה
martyr *v.* הָפַךְ לְקָדוֹשׁ; עִנָּה
martyrdom *n.* מוֹת קְדוֹשִׁים; סֵבֶל רַב
mar'vel *n&v.* פֶּלֶא; הִתְפַּלֵּא; הִשְׁתּוֹמֵם
do/work marvels חוֹלֵל נִפְלָאוֹת
mar'velous *adj.* נִפְלָא, מַפְלִיא
Marx'ism *n.* מַרְקְסִיזְם
mar'zipan' *n.* מַרְצִיפָּן
mas·ca'ra (-kä-) *n.* פּוּךְ, צֶבַע לָעֵינַיִם
mas'cot (-kot) *n.* קָמֵיעַ
mas'cu·line (-lin) *adj.* זָכָר; גַּבְרִי
mash *n.* בְּלִיל, תַּעֲרֹבֶת; מְחִית, פְּיוּרֶה
mash *v.* רִסֵּק, מָחָה, עָשָׂה מְחִית
mask *n&v.* מַסֵּכָה; מַסְוֶה; כִּסָּה; הִסְוָה
throw off the mask חָשַׂף פַּרְצוּפוֹ
mas'ochis'tic (-k-) *adj.* מָזוֹכִיסְטִי
ma'son *n.* בַּנַּאי, בּוֹנֶה; בּוֹנֶה חוֹפְשִׁי
ma'sonry *n.* בְּנִיָּה, בִּנְיָן, בַּנָּאוּת
mas'querade' (-kər-) *n&v.* נֶשֶׁף
מַסֵּכוֹת; הִתְחַזּוּת; הִתְחַפֵּשׂ, הִתְחַזָּה
mass *n&adj.* מִיסָה; גּוּשׁ, כַּמּוּת רַבָּה;
מַסָּה; הָמוֹן, צִבּוּר; שֶׁפַע; הֲמוֹנִי
in the mass בְּעִקָּרוֹ, בִּכְלָלוֹ
mass *v.* צָבַר; רִכֵּז; הִתְרַכֵּז; הִתְקַבֵּץ
mas'sacre (-kər) *n&v.* (עָרַךְ) טֶבַח
massage (-säzh') *n&v.* עִסּוּי, מַסָּז'; עִסָּה
masseur' (-sûr') *n.* עַסְיָן, עַסַּאי
masseuse' (-sōōz') *n.* עַסְיָנִית
mas'sive *adj.* מְסִיבִי, גָּדוֹל, מוּצָק, חָזָק
mast *n.* תֹּרֶן; תֹּרֶן אַנְטֶנָה; פֵּרוֹת־עֵצִים
mas'ter *n.* אָדוֹן; מוֹרֶה; אָמָן; מַעֲבִיד

master *adj.* רָאשִׁי; שׁוֹלֵט; מוּמחֶה, מְיוּמָן
master *v.* שָׁלַט; הָיָה בָּקִי בְּ—
masterful *adj.* שְׁתַלְטָן; שַׁלִּיט, שׁוֹלֵט
masterly *adj.* מוּמחֶה, אָמָנוּתִי
mastermind *n&v.* גָאוֹן, מְתַכנֵן; תִּכנֵן
Master of Arts מוּסמָך לְמַדְעֵי הָרוּחַ
masterpiece/-work *n.* יְצִירַת פְּאֵר
mastership, mastery *n.* שְׁלִיטָה
masterstroke *n.* צַעַד גְאוֹנִי (מדיני)
mas′ticate′ *n.* לָעַס
mas′turbate′ *v.* אוֹנֵן
mat *n&v.* מַחצֶלֶת, מִדְרָסָה; תַּחתִּית; סְבַך, קֶשֶׁר; עָמוּם; סִבֵּך; הִסתַּבֵּך
on the mat בְּצָרָה, סוֹפֵג עוֹנֶשׁ
welcome mat *קַבָּלַת פָּנִים חַמָה
match *n.* גַפרוּר; תַּחֲרוּת; יָרִיב שָׁקוּל; בֶּן זוּג; דָבָר דוֹמֶה/הוֹלֵם; שִׁדוּך
is a match for יָכוֹל לְהִתמוֹדֵד עִם
make a match (of it) הִתחַתֵּן
match *v.* הָיָה יָרִיב שָׁקוּל; הִשׁתַּוָה; הִתאִים; הֶעֱמִיד בְּתַחֲרוּת; הִשִּׂיא
matchless *adj.* שֶׁאֵין דוֹמֶה לוֹ
matchmaker *n.* שַׁדְכָן
mate *n&v.* מַט; נָתַן מַט (בשחמט)
mate *v.* חִתֵּן, זִוֵג; הִזדַוֵג
mate *n.* חָבֵר; בֶּן־זוּג; קְצִין־אוֹנִיָה; שׁוּליָה
mate′rial *adj.* גַשׁמִי, חוֹמרִי; יְסוֹדִי
material *n.* חוֹמֶר; אָרִיג, בַּד
mate′rialism *n.* חָמְרָנוּת, מָטֶריָאלִיזם
mate′rialize′ *v.* הִתגַשֵׁם; הוֹפִיעַ
mater′nal *adj.* אִמָהִי; שֶׁמִצַד הָאֵם
mater′nity *n&adj.* אִמָהוּת; שֶׁל לֵדָה
ma′tey *adj.* *יְדִידוּתִי, חַברוּתִי
math, maths *n.* *מָתֵימָטִיקָה
math′emat′ical *adj.* מָתֵימָטִי; מְדוּיָק
math′emat′ics *n.* מָתֵימָטִיקָה
mat′inee′ (-nā) *n.* הַצָגָה יוֹמִית
matinee coat בֶּגֶד לְתִינוֹק
mat′ins, mat′tins *npl.* תְּפִלַת שַׁחֲרִית
ma′triarch′ (-k) *n.* אֵם שַׁלֶטֶת
ma′trices = pl of matrix (-sēz)
mat′ricide′ *n.* רֶצַח אֵם; הוֹרֵג אֵם
matric′u·late′ *v.* רָשַׁם לְאוּנִיבֶרסִיטָה
mat′rimo′ny *n.* נִשׂוּאִים
ma′trix *n.* מַטרִיצָה, אִמָה; טַבלָה
ma′tron *n.* אֵם בַּיִת; גְבֶרֶת, מַטרוֹנָה
matt, matte *n.* עָמוּם, מָאט

mat′ted *adj.* מְסוּבָּך; מְכוּסֶה שָׁטִיחַ
mat′ter *n.* חוֹמֶר; עִניָן, נוֹשֵׂא; מוּגלָה
a matter of בְּעֶרֶך, בִּסבִיבוֹת, כְּ—
a matter of course דָבָר מוּבָן מֵאֵלָיו
as a matter of fact לְמַעֲשֶׂה, בְּעֶצֶם
it makes no matter לֹא חָשׁוּב
no matter לֹא חָשׁוּב, אֵין דָבָר
what's the matter? מַה קָרָה?
matter *v.* הָיָה חָשׁוּב; הִתמַגֵל
matter-of-course *adj.* צָפוּי, טִבעִי
matter-of-fact *adj.* מַעֲשִׂי, עִניָנִי, קַר
mat′tock *n.* מַעדֵר, חֲפַרוּר, מַכּוֹשׁ
mat′tress *n.* מִזרָן, מִזרוֹן
mat′urate′ (-ch′-) *v.* הִבשִׁיל
mature′ (-choor) *adj&v.* מְבוּגָר, מְפוּתָּח, בָּשֵׁל; שָׁקוּל, יְסוֹדִי; הִבשִׁיל; הִתבַּגֵר
matu′rity *n.* בְּשֵׁלוּת, בַּגרוּת; תְּחוּלָה
maud′lin *adj.* רַגשָׁנִי, פּוֹרֵץ בִּבכִי
maul *v.* פָּצַע, מָחַץ; נָהַג בְּגַסוּת
maun′der *v.* גִמגֵם; שׁוֹטֵט; הִשׁתָּרֵך
mau′sole′um *n.* מָאוּסוֹלֵיאוּם, קֶבֶר
mauve (mōv) *adj&n.* סָגוֹל; אַרגָמָן
maw *n.* זֶפֶק; קֵבָה; פֶּה; לוֹעַ פָּעוּר
maw′kish *adj.* רַגשָׁנִי, מִשׁתַּפֵּך, מְגוּחָך
max′im *n.* פִּתגָם, מֵימרָה
max′imal *adj.* מְרַבִּי, מַקסִימָלִי
max′imize′ *v.* מֵרַב
max′imum *n&adj.* מַקסִימוּם, מֵרַב
may *v.* הָיָה יָכוֹל; יִתָּכֵן; אוּלַי, הַלְוַאי
may well אֶפשָׁרִי מְאוֹד, מִן הַסְתָם
May *n.* מַאי (חודש); תִּפרַחַת עוּזרָד
may′be (-bi) *adv.* יִתָּכֵן, אוּלַי
as soon as maybe מַהֵר כְּכָל הָאֶפשָׁר
may′day *n.* אוֹתוֹת לְעֶזרָה, קְרִיאַת עֶזרָה
May Day *n.* 1 בְּמַאי, חַג הַפּוֹעֲלִים
may′hem′ *n.* פְּגִיעָה גוּפָנִית; אִי־סֵדֶר
mayn't = may not (mānt)
may′onnaise′ (-z) *n.* מְיוֹנִית
may′or *n.* רֹאשׁ עִיר
maze *n.* מָבוֹך; מְבוּכָה
MC = master of ceremonies
MD = Doctor of Medicine
me (mi) *pron.* אוֹתִי, לִי; *אֲנִי
mead *n.* תְּמֶד, מַשׁקֵה דְבַשׁ; אָחוּ
meadow (med′ō) *n.* אָחוּ, כַּר־מִרעֶה
mea′ger, mea′gre (-gər) *adj.* רָזֶה
meal *n.* אֲרוּחָה; קֶמַח, דָגָן טָחוּן

mealy *adj.* קִמְחִי; מְקוּמָח, אֲבָקִי; חִוֵּר
mean *adj&n.* עָלוּב, דַּל; רָע, שָׁפָל, נִבְזֶה; קַמְצָן; אָנוֹכִיִּי; נָחוּת; מְמוּצָע, אֶמְצָעִי
golden/happy mean שְׁבִיל הַזָּהָב
mean *v.* צִיֵּן, הוֹרָה, הָיָה פֵּרוּשׁוֹ; הִתְכַּוֵּן; יִעֵד; הָוָה סִמָּן, בִּשֵּׂר
mean well by הִתְכַּוֵּן לְהֵיטִיב עִם
you're meant to עָלֶיךָ, אַתָּה חַיָּב
me•an'der *v.* הִתְפַּתֵּל; שׁוֹטֵט
meaning *n.* כַּוָּנָה, מַשְׁמָעוּת, מוּבָן
meaning *adj.* מַשְׁמָעִי, רַב־מַשְׁמָעוּת
meaningful *adj.* מַשְׁמָעוּתִי
means (-z) *n&npl.* אֶמְצָעִי; אֶמְצָעִים
by all means בְּהֶחְלֵט, בְּוַדַּאי
by means of בְּאֶמְצָעוּת, בְּעֶזְרַת
by no means בְּהֶחְלֵט לֹא
meant = p of mean (ment)
well-meant שֶׁכַּוָּנָתוֹ טוֹבָה
mean'time' *adv&n.* בֵּינְתַיִם
in the meantime בֵּינְתַיִם
mean'while' *adv.* בֵּינְתַיִם
mean'y, mean'ie *n.* *רָע, קַמְצָן
mea'sles (-zəls) *npl.* חַצֶּבֶת
meas'ly (-z-) *adj.* זָעוּם, עָלוּב
meas'urable (mezh'-) *adj.* מָדִיד
meas'ure (mezh'ər) *n&v.* מִדָּה; אֶמְצָעִי; מִשְׁקָל; קֶצֶב; מָדַד; הִתְמוֹדֵד
beyond measure גָּדוֹל לְאֵין שִׁעוּר
made to measure תָּפוּר לְפִי הַזְמָנָה
measure off/out מָדַד, הִקְצִיב
measure up to הִתְאִים, הִגִּיעַ לְרָמָה
take his measure עָמַד עַל טִיבוֹ
take measures נָקַט אֶמְצָעִים
measured *adj.* מָדוּד, זָהִיר, שָׁקוּל, קָצוּב
measurement *n.* מְדִידָה; מִדָּה
meat *n.* בָּשָׂר; אֹכֶל; אֲרוּחָה; תּוֹכֶן
meatball *n.* כַּדּוּר־בָּשָׂר, קְצִיצַת־בָּשָׂר
meaty *adj.* בְּשָׂרִי; מָלֵא תּוֹכֶן
mechan'ic (-k-) *n.* מְכוֹנַאי
mechan'ical (-kan-) *adj.* מֵכָנִי
mechanics *n.* מֵכָנִיקָה; מְכוֹנָאוּת
mech'anism (-k-) *n.* מַנְגָּנוֹן, מֵכָנִיזְם
mech'anize' (-k-) *v.* מִכֵּן
med'al *n.* מֶדַלְיָה, עִטּוּר, פְּאֵרָה
medal'lion *n.* מֶדַלְיוֹן, תִּלְיוֹן
med'dle *v.* הִתְעָרֵב (בְּעִנְיָנֵי הַזּוּלַת)
meddlesome *adj.* אוֹהֵב לְהִתְעָרֵב
me'dia *n.* כְּלֵי־הַתִּקְשֹׁרֶת
me'dian *adj&n.* אֶמְצָעִי, תִּיכוֹן; חֶצְיוֹן
me'diate' *v.* תִּוֵּךְ; יִשֵּׁב, הִסְדִּיר
med'ical *adj&n.* רְפוּאִי; שֶׁל רְפוּאָה, תְּרוּפָתִי; *סְטוּדֶנְט לִרְפוּאָה; בְּדִיקָה
med'icament *n.* תְּרוּפָה, רְפוּאָה
med'ica'tion *n.* תְּרוּפָה; טִפּוּל בִּתְרוּפוֹת
medic'inal *adj.* רְפוּאִי, תְּרוּפָתִי
med'icine (-sən) *n.* רְפוּאָה; תְּרוּפָה
take one's medicine קִבֵּל הַמַּגִּיעַ לוֹ
medicine man רוֹפֵא אֱלִיל
me'die'val (-diē'-) *adj.* בֵּינַיִמִי
me'dio'cre (-kər) *adj.* בֵּינוֹנִי, סוּג ב'
med'itate' *v.* חָשַׁב; שָׁקַע בְּמַחֲשָׁבוֹת
med'ita'tion *n.* הָגוּת; מֶדִיטַצְיָה
Med'iterra'ne•an *adj.* יָם תִּיכוֹנִי
me'dium *n&adj.* אֶמְצָעִי; סְבִיבָה; מֶדְיוּם; מְתַוֵּךְ; בֵּינוֹנִי
through the medium of בְּאֶמְצָעוּת
med'lar *n.* שֶׁסֶק
med'ley *n.* עִרְבּוּבְיָה; עֵרֶב־רַב; עֲרַבְרַב
meed *n.* גְּמוּל, פְּרָס
meek *adj.* עָנָיו, נִכְנָע, צָנוּעַ, צַיְּתָן
meet *v.* פָּגַשׁ; נִפְגַּשׁ; נִתְקַל בְּ־; הִתְאַסֵּף; קִדֵּם פְּנֵי; הִכִּיר; פָּרַע; נָגַע; נִרְכַּס; סִפֵּק, עָנָה עַל
make both ends meet הִרְוִיחַ כְּדֵי מִחְיָתוֹ
meet the eye נִגְלָה לָעַיִן
meet with approval קִבֵּל אִשּׁוּר
meet with success נָחַל הַצְלָחָה
meet *n&adj.* תַּחֲרוּת, מִפְגָּשׁ; יָאֶה, מַתְאִים
meeting *n.* פְּגִישָׁה; אֲסֵפָה; תַּחֲרוּת
meg'alith' *n.* מֶגָלִית, אֶבֶן גְּדוֹלָה
meg'aloma'nia *n.* שִׁגָּעוֹן הַגַּדְלוּת
meg'aphone' *n.* מֶגָפוֹן, מַגְבִּיר קוֹל
meg'aton' (-tun) *n.* מֶגָטוֹן
mel'ancho'lia (-k-) *n.* מָרָה שְׁחוֹרָה
mel'anchol'y (-k-) *n&adj.* מָרָה שְׁחוֹרָה, מֶלַנְכּוֹלְיָה; מְדוּכָּא; מְדַכֵּא
melee (mā'lā) *n.* תִּגְרָה; דִּיּוּן סוֹעֵר
me'liorate' *v.* שִׁפֵּר; הִשְׁבִּיחַ; הִשְׁתַּפֵּר
mellif'luous (-looəs) *adj.* מָתוֹק, עָרֵב
mel'low (-lō) *adj&v.* מָתוֹק, בָּשֵׁל, רַךְ, נָעִים; חָכָם; עַלִּיז; הִבְשִׁיל; רִכֵּךְ
melod'ic *adj.* מֶלוֹדִי, עָרֵב, לַחִין, נְעִימִי
melo'dious *adj.* מֶלוֹדִי, עָרֵב לָאֹזֶן

mel'odrama (-rä-) *n.* מֶלוֹדְרָמָה
mel'ody *n.* נְעִימָה, לַחַן, מֶלוֹדְיָה
mel'on *n.* מֶלוֹן, אֲבַטִּיחַ צָהוֹב
melt *v.* הֵמֵס; נָמֵס; הִתִּיךְ; נֶעֱלַם
melt into tears הִתְמוֹגֵג בִּבְכִי
melting point נְקוּדַת הַתִּוּךְ
melting pot כּוּר הַתִּוּךְ
mem'ber *n.* חָבֵר; אֵיבָר, אֵבֶר
membership *n.* חֲבֵרוּת
mem'brane *n.* מֶמְבְּרָנָה, קְרוּמִית
memen'to *n.* מַזְכֶּרֶת
mem'o *n.* תַּזְכִּיר, מֶמוֹרַנְדוּם
mem'oir (-mwär) *n.* סִפּוּר חַיִּים; מַסָּה
memoirs זִכְרוֹנוֹת, אוֹטוֹבִּיוֹגְרַפְיָה
mem'orable *adj.* שֶׁרָאוּי לְזָכְרוֹ, מְיוּחָד
mem'oran'dum *n.* תַּזְכִּיר, מִזְכָּר
memo'rial *n.* מַצֶּבֶת זִכָּרוֹן, יָד; תַּזְכִּיר
memorials דִּבְרֵי הַיָּמִים, קוֹרוֹת
Memorial Day יוֹם זִכָּרוֹן (לחללים)
memor'ialize' *v.* הִגִּישׁ תַּזְכִּיר
memorial service אַזְכָּרָה
mem'orize' *v.* שִׁנֵּן, לָמַד עַל פֶּה
mem'ory *n.* זִכָּרוֹן; זֵכֶר
commit to memory לָמַד עַל פֶּה
of blessed memory זִכְרוֹנוֹ לִבְרָכָה
men = pl of man
men's room שֵׁרוּתֵי גְּבָרִים
men'ace (-nis) *n&v.* אִיּוּם; סַכָּנָה; אִיֵּם
menage (-näzh') *n.* מֶשֶׁק בַּיִת
menag'erie *n.* בֵּיבָר; אוֹסֶף חַיּוֹת
mend *v.* תִּקֵּן; שִׁפֵּר; הִשְׁתַּפֵּר; *הֶחֱלִים
mend one's pace הֵחִישׁ צְעָדָיו
mend one's ways תִּקֵּן דְּרָכָיו
mend *n.* תִּקּוּן; הַחְלָמָה
men·da'cious (-shəs) *adj.* כּוֹזֵב, שַׁקְרִי
men'dicant *n&adj.* קַבְּצָן, עָנִי
men'folk (-fōk) *npl.* *גְּבָרִים
me'nial *n.* מְשָׁרֵת; שֶׁל מְשָׁרֵת; בָּזוּי
men'ingi'tis *n.* דַּלֶּקֶת קְרוּם הַמּוֹחַ
men'opause' (-z) *n.* הַפְסָקַת הַוֶּסֶת
men'ses (-sēz) *n.* וֶסֶת, אוֹרַח נָשִׁים
men'stru·ate' (-rōō-) *v.* קִבְּלָה וֶסֶת
men'surable (-shər-) *adj.* מָדִיד
men'sura'tion (-shər-) *n.* מְדִידָה
men'tal *adj.* רוּחָנִי, שִׂכְלִי; לֹא שָׁפוּי
mental home בֵּית־חוֹלִים לְחוֹלֵי רוּחַ
mental illness מַחֲלַת נֶפֶשׁ

men·tal'ity *n.* מֶנְטָלִיּוּת; הֲלָךְ־נֶפֶשׁ
men'thol' *n.* מֶנְתּוֹל (כּוֹהל)
men'tion *v&n.* הִזְכִּיר; אִזְכּוּר; צָלָ"שׁ
don't mention it עַל לֹא דָבָר
not to mention נוֹסָף עַל, מִבְּלִי לְהַזְכִּיר
mentioned *adj.* הַמּוּזְכָּר; הַמּוּבָא
men'tor *n.* יוֹעֵץ, מְיָעֵץ
men'u (-nū) *n.* תַּפְרִיט
me·ow' *n&v.* מְיָאוּ; יִלֵּל (חתול)
mer'cantile' *adj.* מִסְחָרִי
mer'cenary (-ner'i) *n.* חַיָּל שָׂכִיר
(בְּמדינה זרה), שְׂכִיר־חֶרֶב; רוֹדֵף מָמוֹן
mer'cer *n.* סוֹחֵר בַּדִּים
mer'chandise' (-z) *n&v.* סְחוֹרוֹת; סָחַר
mer'chant *n&adj.* סוֹחֵר; *מָכוּר לְ—
merciful *adj.* רַחוּם, רַחֲמָן
merciless *adj.* אַכְזָרִי, חֲסַר־רַחֲמִים
mercu'rial *adj.* שֶׁל כַּסְפִּית, כַּסְפִּיתָנִי
mer'cu·ry *n.* כַּסְפִּית; כּוֹכָב (כּוֹכב לכת)
mer'cy *n.* רַחֲמִים; חֲסָדִים; מַזָּל, הַקָּלָה
it's a mercy מַזָּל/תּוֹדָה לָאֵל שֶׁ—
mercy killing הֲמָתַת חֶסֶד
mere *adj.* רַק, בִּלְבַד, גְּרֵידָא, לֹא יוֹתֵר מִן
the merest הַזָּעִיר בְּיוֹתֵר
mere *n.* בְּרֵכָה, אֲגַם
merely *adv.* אַךְ וְרַק, בִּלְבַד, גְּרֵידָא, סְתָם
mer'etri'cious (-rish'əs) *adj.* מְזוּיָּף
merge *v.* מִזֵּג; הִתְמַזֵּג, נִבְלַע, נִטְמַע
merg'er *n.* הִתְמַזְּגוּת; מִזּוּג
merid'ian *n.* מִצְהָר, קַו אוֹרֶךְ; צָהֳרַיִם
meringue (-rang') *n.* מִקְצֶפֶת
merino (-rē'-) *n.* מֵרִינוֹ (כבש/אריג)
mer'it *n.* עֵרֶךְ, יִתְרוֹן, מַעֲלָה
merit *v.* הָיָה רָאוּי/זַכַּאי לְ—
mer'ito'rious *adj.* רָאוּי לְשֶׁבַח
mer'maid *n.* בְּתוּלַת־הַיָּם (אישה־דג)
mer'riment *n.* שִׂמְחָה, עֲלִיזוּת
mer'ry *adj.* שָׂמֵחַ, עַלִּיז; *שָׁתוּי
merry-go-round *n.* סְחַרְחֵרָה
merry-making *n.* שִׂמְחָה, הִלּוּלָה
me·seems' (-z) *v.* נִרְאֶה לִי, דּוֹמַנִי
mesh *n&v* רֶשֶׁת; עֵינִית; לָכַד; שִׁלֵּב; הִשְׁתַּלֵּב
in mesh מוּצְמָד, מְשׁוּלָּב (גלגל, הילוך)
mes'merism (-z-) *n.* הִיפְּנוּט
mess *n* אִי־סֵדֶר, לִכְלוּךְ; צָרָה; חֲדַר אוֹכֶל;
אֲרוּחָה; אָכַל בְּצַוְתָּא; בִּלְבֵּל; לִכְלֵךְ
make a mess שִׁבֵּשׁ, קִלְקֵל, הָרַס

mess around הִסתּוֹבב בְּעַצלתַּיִם
mess up לִכלֵך; קִלקֵל; שִׁבֵּשׁ; הִכָּה
mes'sage *n.* הוֹדָעָה; מֶסֶר; בְּשׂוֹרָה
mes'senger *n.* שָׁלִיחַ, נוֹשֵׂא מֶסֶר
Messi'ah (-sī'ə) *n.* מָשִׁיחַ
mes'sieurs (-sərz) *n.* הָאֲדוֹנִים
Mes'srs (-sərz) *n.* הָאֲדוֹנִים
mess-up *n.* בִּלבּוּל, אִי־סֵדֶר
messy *adj.* מְבוּלבָּל, מְלוּכלָךְ; מְלַכלֵךְ
met = p of meet
metab'olism *n.* חִלּוּף הַחוֹמָרִים בַּגוּף
met'acar'pal *n.* עֶצֶם כַּף־הַיָּד
met'al *n.* מַתֶּכֶת; פַּסֵי־רַכֶּבֶת; חָצָץ
metal'lic *adj.* מַתַּכתִּי
metallic currency מַטבְּעוֹת, מְצַלצְלִים
met'allurgy *n.* מֶטָלוּרגִיָה, מַדַּע מַתָּכוֹת
met'amor'phosis *n.* מֶטָמוֹרפוֹזָה, תְּמוּרָה, שִׁנּוּי צוּרָה, גִלגוּל
met'aphor' *n.* מֶטָפוֹרָה, הַשְׁאָלָה
met'aphor'ical *adj.* מֶטָפוֹרִי, מוּשׁאָל
met'aphys'ics (-z-) *n.* מֶטָפִיסִיקָה
met'atar'sal *n.* עֶצֶם כַּף־הָרֶגֶל
mete (out) *v.* חִלֵּק, הֶעֱנִיק, נָתַן
me'te•or *n.* מֶטֶאוֹר, כּוֹכָב נוֹפֵל
me'te•or'ic *adj.* מֶטֶאוֹרִי; מַזהִיר, חוֹלֵף
me'te•orolog'ical *adj.* מֶטֶאוֹרוֹלוֹגִי
me'te•orol'ogy *n.* מֶטֶאוֹרוֹלוֹגִיָה
me'ter *n.* מֶטֶר; מוֹנֶה, מַד; רֶגֶל, מִקצָב
meth'ane *n.* גַאז הַבִּצּוֹת, מֶתָּן
me•thinks' *v.* נִראֶה לִי, דוֹמַנִי
meth'od *n.* שִׁיטָה, מֶתּוֹדָה; שִׁטָתִיּוּת
method'ical *adj.* שִׁטָתִי, מֶתּוֹדִי
Meth'odism *n.* מֶתּוֹדִיזם (כַּת נוֹצרִית)
meth'yla'ted spirits כּוֹהֶל מְפוּגָל
metic'u•lous *adj.* קַפְּדָן, דַקדְקָן
metre = meter
met'ric *adj.* מֶטרִי, שֶׁל שִׁיטָה עֶשׂוֹרִית
met'ricize' *v.* הִנהִיג הַשִּׁיטָה הַמֶּטרִית
met'ro *n.* מֶטרוֹ, רַכֶּבֶת תַּחתִּית
met'ronome' *n.* מֶטרוֹנוֹם
metrop'olis *n.* מֶטרוֹפּוֹלִין, עִיר־אֵם
met'ropol'itan *adj.* שֶׁל עִיר־אֵם
met'tle *n.* אוֹפִי, עוֹז־רוּחַ, אוֹמֶץ
try his mettle עָמַד עַל טִיבוֹ
mettlesome *adj.* אַמִּיץ
mew (mū) *n&v.* מִיָאוּ; יִלֵּל כְּחָתוּל
mews (mūz) *npl.* אוּרווֹת מְשׁוּפָּצוֹת
Mex'ican *adj&n.* מֶקסִיקָנִי
mez'zanine' (-nēn) *n.* קוֹמַת בֵּינַיִם
mez'zo (mets'ō) *adj.* לַחֲצָאִין, בֵּינוֹנִי
mg = milligram
mi'ca *n.* נָצִיץ, מִיקָה (מחצב שקוף)
mice = pl of mouse
mick *n.* *אִירִי
Mick'ey (Finn) שִׁקּוּי מַרדִּים
take the Mickey out of קִנטֵר
mickey mouse *n.* *מִיקִי מָאוּז, טִפֵּשׁ
mi'cro (תְּחִילִית) קָטָן, זָעִיר
mi'crobe *n.* מִיקרוֹב, חַיְדַק
mi'cro•bi•ol'ogy *n.* מִיקרוֹבִּיוֹלוֹגְיָה
mi'cro•cosm (-koz'əm) *n.* עוֹלָם קָטָן
mi'cro•fiche' (-fēsh) *n.* מִיקרוֹפִישׁ
mi'cro•film' *n.* מִיקרוֹפִילם, סֶרֶט־זָעוּר
mi'cron (-ron) *n.* מִיקרוֹן, אַלְפִּית מ״מ
mi'crophone' *n.* מִיקרוֹפוֹן
mi'croscope' *n.* מִיקרוֹסקוֹפּ
mi'croscop'ic *adj.* מִיקרוֹסקוֹפִּי
mid *adj&prep.* אֶמצַע; בֵּין, בְּתוֹךְ, בְּקֶרֶב
in mid air בַּשָּׁמַיִם, גָבוֹהַּ; לֹא מוּכרָע
mid'day' (-d-d-) *n.* צָהֳרַיִם
mid'den *n.* עֲרֵמַת זֶבֶל, עֲרֵמַת אַשׁפָּה
mid'dle *adj&n.* אֶמצָעִי, בֵּינוֹנִי; אֶמצַע
in the middle of בְּאֶמצַע; עָסוּק בְּ—
middle age גִיל הָעֲמִידָה
Middle Ages יְמֵי הַבֵּינַיִם
middle age spread *הַשׁמָנָה, ״צְמִיגִים״
middlebrow *n.* שׁוֹחֵר אָמָנוּת בֵּינוֹנִית
Middle East הַמִּזרָח הַתִּיכוֹן
middle finger אַמָּה (אצבע)
middleman *n.* מְתַוֵּךְ, אִישׁ בֵּינַיִם
middle-of-the-road מָתוּן, לֹא קִיצוֹנִי
middleweight *n.* מִשׁקַל בֵּינוֹנִי
mid'dling *adj&adv.* בֵּינוֹנִי; לְמַדַּי
fair to middling *כָּכָה־כָּכָה, בֵּינוֹנִי
mid'dy *n.* פֶּרַח קְצוּנָה (בַּצִּי)
midge *n.* יַבחוּשׁ, זְבוּבוֹן, יַתּוּשׁ
midg'et *n&adj.* נַנָּס, גַמָּד; נַנָּסִי, קָטָן
mid'i *n.* שִׂמלַת מִידִי
mid'land *adj.* שֶׁל פְּנִים הָאָרֶץ/הַמְּדִינָה
mid'night' *n.* חֲצוֹת, אֶמצַע הַלַּילָה
mid'point' *n.* נְקוּדַת הָאֶמצַע, אֶמצַע
mid'riff *n.* סַרעֶפֶת; אֵזוֹר הַבֶּטֶן
mid'ship'man *n.* פֶּרַח קְצוּנָה (בַּצִּי)
midst *n&prep.* אֶמצַע; בְּאֶמצַע, בְּתוֹךְ

mid'sum'mer *n.* אֶמְצַע הַקַּיִץ
mid'way' *adj.* בְּמַחֲצִית הַדֶּרֶךְ
mid'week' *n.* אֶמְצַע הַשָּׁבוּעַ
mid'wife' *n.* מְיַלֶּדֶת
mien (mēn) *n.* הַבָּעָה, מַרְאֶה, הוֹפָעָה
miff *v.* הִרְגִּיז, הֶעֱלִיב
might *n.* כּוֹחַ, עוֹצְמָה רַבָּה
might (pt of may) *v.* הָיָה יָכוֹל
mightily *adv.* בְּכוֹחַ; *מְאוֹד, נוֹרָא
mightn't = might not
mighty *adj.* חָזָק; רַב־כּוֹחַ; גָּדוֹל, אַדִּיר
mi'graine *n.* מִיגְרֶנָה; פּוֹלֶג, צִלְחָה
mi'grate *v.* הִגֵּר, נָדַד (בלהקות)
mi'grato'ry *adj.* נוֹדֵד
mike *n.* *מִיקְרוֹפוֹן
mila'dy *n.* גְּבֶרֶת, לֵידִי, גְּבִרְתִּי
milch cow פָּרָה חוֹלֶבֶת
mild (mīld) *adj.* עָדִין, רַךְ, נָעִים, קַל
draw it mild לֹא הַגְזֵם
mil'dew (-dōō) *n.* קִמָּחוֹן, עוֹבֶשׁ, טַחַב
mile *n.* מִיל, מֶרְחָק רַב
be miles out in *טָעָה לַחֲלוּטִין
miles better *הַרְבֵּה יוֹתֵר טוֹב
mile'age (mī'lij) *n.* מֶרְחָק בְּמִילִים
milestone *n.* צִיּוּן דֶּרֶךְ; מְאוֹרָע בּוֹלֵט
milieu (mēlū') *n.* סְבִיבָה, הֲוַי
mil'itancy *n.* מִלְחַמְתִּיּוּת, רוּחַ־קְרָב
mil'itant *adj&n.* מִלְחַמְתִּי, מִילִיטַנְטִי
mil'itarism *n.* מִילִיטָרִיזְם, צְבָאָנוּת
mil'itarize' *v.* נָתַן אוֹפִי צְבָאִי לְ—
mil'itary (-ter'i) *adj&n.* צְבָאִי; צָבָא
mil'itate' *v.* פָּעַל (נגד/לרעת)
militia (-lish'ə) *n.* מִילִיצְיָה
milk *n&v.* חָלָב; חָלַב; סָחַט; נָתַן חָלָב
milk and water חַלָּשׁ, חָלוּשׁ, רָפֶה
milk-bar *n.* מִילְקְבָּר, מִזְנוֹן חֲלָבִי
milker *n.* חוֹלֵב; (פרה) חוֹלֶבֶת
milk'man' *n.* חַלְבָּן, מְחַלֵּק חָלָב
milk run מַסְלוּל שִׁגְרָתִי
milk shake מִילְקְשֵׁיק (חלב וגלידה)
milk'sop' *adj.* עָדִין, רַכְרוּכִי, חֲסַר אוֹמֶץ
milk-tooth *n.* שֵׁן־חָלָב
milky *adj.* חֲלָבִי, מֵכִיל חָלָב; לֹא צָלוּל
Milky Way שְׁבִיל הֶחָלָב
mill *n.* טַחֲנָה; בֵּית חֲרוֹשֶׁת; מַטְחֵנָה
be put through the mill הִשְׁתַּפְשֵׁף
mill *v.* טָחַן; הִתְרוֹצֵץ; שִׁנֵּן, חָרַץ

millen'nium *n.* אֶלֶף שָׁנָה
mil'lepede' *n.* מַרְבֵּה־רַגְלַיִם
mill'er *n.* טֶחָן, טוֹחֵן, בַּעַל טַחֲנָה
mil'let *n.* דּוֹחַן (סוג תבואה)
mill-hand *n.* פּוֹעֵל בֵּית־חֲרוֹשֶׁת
mil'li- (תחילית) אַלְפִּית
mil'liard' *n.* מִילְיַארְד
mil'ligram' *n.* מִילִיגְרַם
mil'lime'ter *n.* מִילִימֶטֶר
mil'liner *n.* כּוֹבְעַן־נָשִׁים
mil'lion *n.* מִילְיוֹן
like a million (dollars) *מְצוּיָּן
mil'lionaire' *n.* מִילְיוֹנֶר
mil'lionth *adj.* מִילְיוֹנִית; הַמִּילְיוֹן
mil'lipede *n.* מַרְבֵּה־רַגְלַיִם
mill-pond *n.* בְּרֵכַת־טַחֲנָה
like a mill-pond (ים) שָׁקֵט, רוֹגֵעַ
mill-race *n.* זֶרֶם טַחֲנַת מַיִם
millstone *n.* אֶבֶן רֵחַיִם; נֵטֶל, מַעֲמָסָה
upper/nether millstone רֶכֶב/שֶׁכֶב
millwheel *n.* אוֹפַן הַטַּחֲנָה
mi·lom'eter *n.* מַד־דֶּרֶךְ
milord' *n.* לוֹרְד, אֲדוֹנִי הַלּוֹרְד
milt *n.* חֲלֵב־הַדָּג (בדג זכר); טְחוֹל
mime *n&v.* פַּנְטוֹמִימָה; חַקְיָן; חִקָּה
mim'e·ograph' *n.* מְכוֹנַת שִׁכְפּוּל
mim'ic *adj.* חִקּוּיִי, מְדוּמֶּה; שֶׁל הַסְוָאָה
mimic *n&v.* חַקְיָן; חִקָּה, דָּמָה לְ—
mim'icry *n.* חִקּוּי; מִימִיקְרְיָה; הַסְוָאָה
min = minutes, minimum
min'aret' *n.* מִינָרֶט, צְרִיחַ־מִסְגָּד
min'ato'ry *adj.* מְאַיֵּם
mince *v.* טָחַן, קָצַץ; הִתְנַהֵג בְּעַדְנוּת
not mince matters דִּבֵּר גְּלוּיוֹת
mince *n.* בְּשַׂר טָחוּן; מְלִית־פֵּרוֹת
mincemeat *n.* מְלִית־פֵּרוֹת (לפשטידה)
make mincemeat of הֵבִיס כָּלִיל
minc'er *n.* מַטְחֵנַת־בָּשָׂר
mincing *adj.* מִצְטַעֲצֵעַ, עָדִין
mind (mīnd) *n.* רוּחַ, נֶפֶשׁ; מוֹחַ, מַחֲשָׁבָה; זִכָּרוֹן; דֵּעָה; כַּוָּנָה, רָצוֹן
absence of mind הֶסַּח הַדַּעַת
be of one mind הָיוּ תְּמִימֵי דֵּעִים
bend one's mind הִשְׁפִּיעַ עַל רוּחוֹ
call/bring to mind זָכַר, נִזְכַּר
has a good mind to בְּדַעְתּוֹ לְ—
has half a mind to נוֹטֶה/שׁוֹקֵל לְ—

in one's mind's eye בְּעֵינֵי רוּחוֹ
keep one's mind on- הִתְרַכֵּז בְּ—
make up one's mind הֶחְלִיט
out of one's mind יָצָא מִדַּעְתּוֹ
put/give one's mind נָתַן דַּעְתּוֹ
set one's mind on גָּמַר אוֹמֶר לְהַשִּׂיג
speak one's mind אָמַר גְּלוּיוֹת
to my mind לְדַעְתִּי; לְטַעֲמִי, לְרוּחִי
mind *v.* נִזְהַר, זָכַר, שָׂם לֵב; הִשְׁגִּיחַ, טִפֵּל בְּ־; הָיָה אִכְפַּת לוֹ
mind out נִזְהַר, שָׂם לֵב
never mind אֵין דָּבָר, לֹא נוֹרָא
I don't mind לֹא אִכְפַּת לִי; אֵינִי מִתְנַגֵּד
mind-bending *adj.* מַשְׁפִּיעַ עַל הַנֶּפֶשׁ
mind-boggling *adj.* *מַדְהִים, מַפְלִיא
minded *adj.* נוֹטֶה, חָפֵץ; בַּעַל נֶפֶשׁ—
mindful *adj.* נוֹתֵן דַּעְתּוֹ, זוֹכֵר, יוֹדֵעַ
mindless *adj.* חֲסַר דֵּעָה; לֹא מַשְׁגִּיחַ בְּ—
mind reading קְרִיאַת מַחֲשָׁבוֹת
mine *pron.* שֶׁלִּי
mine *n&v.* מִכְרֶה; מוֹקֵשׁ; חָפַר; מִקֵּשׁ
mined out שֶׁנּוּצְלוּ מַחְצָבָיו עַד תּוֹם
mine disposal פֵּרוּק מוֹקְשִׁים
minefield *n.* שְׂדֵה מוֹקְשִׁים
mine-layer *n.* מַקֶּשֶׁת, סְפִינַת מִקּוּשׁ
miner *n.* כּוֹרֶה, חוֹפֵר; מוֹקְשַׁאי, חַבְּלָן
min'eral *n&adj.* מַחְצָב, מִינֶרָל; מִינֶרָלִי
min'eral'ogy *n.* מִינֶרָלוֹגְיָה
mine-sweeper *n.* שׁוֹלַת־מוֹקְשִׁים
min'gle *v.* עִרְבֵּב; הִתְעָרֵב, הִתְמַזֵּג
min'gy *n.* קַמְצָן, כִּילַי
min'i *n.* שִׂמְלַת מִינִי; (תחילית) קָטָן
min'iature *n&adj.* מִינְיָאטוּרָה, זוּטָה, זְעֵרוּרָה, מִזְעֶרֶת; זְעִיר־אַנְפִּין
min'imal *adj.* מִינִימָלִי, מִזְעָרִי
min'imize' *v.* הִקְטִין, מִזְעֵר
min'imum *n.* מִינִימוּם, מִעוּט, מִזְעָר
mining *n.* כְּרִיָּה, חֲצִיבַת מִינֶרָלִים
min'ion *n.* מְשָׁרֵת מִתְרַפֵּס; חֲבִיב הָאָדוֹן
min'ister *n&v* שַׂר; צִיר; כּוֹמֶר; שֵׁרֵת, טִפֵּל
min'iste'rial *adj.* שֶׁל שַׂר, מִשְׂרָדִי
min'istra'tion *n.* שֵׁרוּת, טִפּוּל
min'istry *n.* מִשְׂרָד; כְּהוּנַּת שַׂר; כְּמוּרָה
mink *n.* מִינְק, חוֹרְפָּן; פַּרְוַת מִינְק
mi'nor *adj.* קָטָן, צָעִיר, מִשְׁנִי, טָפֵל, לֹא רְצִינִי; מִינוֹרִי; מִינוֹר, זָעִיר; קַטִּין
minor key מַפְתֵּחַ מִינוֹרִי; רוּחַ נְכֵאָה
minor prophets תְּרֵי עָשָׂר (בתנ"ך)
minor'ity *n&adj.* מִעוּט; קַטִּינוּת
min'ster *n.* כְּנֵסִיַּת מִנְזָר
min'strel *n.* בַּדְרָן, בַּדְחָן; זַמָּר נוֹדֵד
mint *n&v.* מִינְתָּה, נַעֲנָה; מִטְבָּעָה; טָבַע
mint money עָשָׂה כֶּסֶף, גָּרַף הוֹן
min'uet' (-nū-) *n.* מִינוּאֶט (ריקוד)
mi'nus *n&adj&prep.* מִינוּס; פָּחוֹת
min'uscule' *adj.* זָעִיר, קְטַנְטַן
min'ute (-nit) *n.* דַּקָּה; פְּרוֹטוֹקוֹל
the minute (that) מִיָּד כְּשֶׁ־, אַךְ
up to the minute מְעוּדְכָּן; מוֹדֶרְנִי
mi'nute' *adj.* זָעִיר; מְדוּקְדָּק, פְּרוֹטְרוֹטִי
minute hand מְחוֹג הַדַּקּוֹת
minutely *adv.* בְּדַיְקָנוּת; בִּפְרוֹטְרוֹט
minu'tiae (-shēē') *npl.* פִּרְטֵי־פְּרָטִים
minx *n.* חוּצְפָּנִית
mir'acle *n.* נֵס, פֶּלֶא
work miracles חוֹלֵל נִפְלָאוֹת
mirac'u•lous *adj.* עַל־טִבְעִי, פִּלְאִי, נִסִּי
mirage' (-räzh) *n.* מִירָז'; חִזָּיוֹן־שָׁוְא
mire *n&v.* בּוֹץ; שָׁקַע/הִכְנִיס לְבוֹץ
mir'ror *n&v.* מַרְאָה, רְאִי; בָּבוּאָה; שִׁקֵּף
mirth *n.* שִׂמְחָה, חֶדְוָה, צְחוֹק
mirthful *adj.* שָׂמֵחַ, עַלִּיז
mi'ry *adj.* בּוֹצִי, מוּכְפָּשׁ בְּבוֹץ
mis- (תחילית) לֹא־, אִי־, רַע, לֹא נָכוֹן
mis'adven'ture *n.* חוֹסֶר מַזָּל; תְּאוּנָה
mis'anthrope' *n.* מִיזַנְתְּרוֹפּ, שׂוֹנֵא אָדָם
mis'appro'pria'tion *n.* מְעִילָה
mis'be•got'ten *adj.* מַמְזֵר; לֹא נָבוֹן
mis'be•ha'vior *n.* הִתְנַהֲגוּת רָעָה
mis•car'riage (-rij) *n.* הַפָּלָה; כִּשָּׁלוֹן
miscarriage of justice עִוּוּת דִּין
miscar'ry *v.* הִפִּילָה עוּבָּר; נִכְשַׁל
mis'cegena'tion *n.* נִשּׂוּאֵי תַּעֲרוֹבֶת
mis'cella'ne•ous *adj.* מְגוּוָּן, מְעוֹרָב
mis'cella'ny *n.* קוֹבֶץ, אַנְתּוֹלוֹגְיָה
mischance' *n.* אָסוֹן, תְּאוּנָה, מַזָּל בִּישׁ
mis'chief' (-chēf) *n.* נֶזֶק, פְּגִיעָה; מַעֲשֵׂה־קוּנְדֵס; שׁוֹבְבוּת; שׁוֹבָב
make mischief חִרְחֵר, סִכְסֵךְ
up to mischif זוֹמֵם מַעֲשֵׂה קוּנְדֵס
mis'chievous (-chiv-) *adj.* מַזִּיק; שׁוֹבָבִי
mis'concep'tion *n.* תְּפִיסָה מוּטְעֵית
mis'conduct' *v.* הִתְנַהֵג רַע
mis'construc'tion *n.* פֵּרוּשׁ מוּטְעֶה

mis′cre•ant *n.* רָשָׁע, נוֹכֵל, נָבָל
miscue (-kū′) *v.* פִּספֵּס בְּחַבָטָה
misdeed′ *n.* פֶּשַׁע; חֵטְא
mis′de•mea′nor *n.* עֲבֵרָה
mis′direct′ *v.* הִתְעָה, הִטעָה
misdo′ing (-do͞o′-) *n.* פֶּשַׁע, עֲבֵרָה
mi′ser (-z-) *n.* קַמְצָן
mis′erable (-z-) *adj.* אוּמלָל, מִסכֵּן, דַל
mi′serly (-z-) *adj.* קַמְצָנִי
mis′ery (-z-) *n.* מְצוּקָה, כְּאֵב, צַעַר
misfire′ *v&n.* הֶחֱטִיא; הַחטָאָה; אִיחוּר
mis′fit *n.* לֹא הוֹלֵם; אָדָם לֹא מַתאִים
misfor′tune (-chən) *n.* מַזָּל רָע, אָסוֹן
misgive′ (-giv) *v.* חָשַׁשׁ, דָאַג
misgiv′ing (-g-) *n.* חֲשָׁשׁ, דְאָגָה, סָפֵק
misgov′ern (-guv-) *v.* שָׁלַט בְּאוֹפֶן רַע
misguid′ed (-gīd-) *adj.* הוֹלֵךְ שׁוֹלָל
mis′hap′ *n.* תְּאוּנָה, פְּגִיעָה, תַּקָּרִית
mis′hit′ *v&n.* הֶחֱטִיא; הַחטָאָה
mis′inform′ *v.* מָסַר מֵידָע כּוֹזֵב
mis′judge′ *v.* לֹא הֶעֱרִיךְ נְכוֹנָה
mis′lay′ *v.* הִנִיחַ (חפץ) וְשָׁכַח הֵיכָן
mis′lead′ *v.* הִתְעָה, הוֹלִיךְ שׁוֹלָל
mis′led′ = p of mislead
mis′man′age *v.* נִהֵל בְּצוּרָה גְרוּעָה
mis′no′mer *n.* שֵׁם לֹא הוֹלֵם
misog′yny *n.* שִׂנאַת נָשִׁים
mis′place′ *v.* הִנִיחַ לֹא בִּמקוֹמוֹ
mis′print′ *n.* טָעוּת דְפוּס
mis′read′ *v.* קָרָא/פֵּרֵשׁ שֶׁלֹּא כַּהֲלָכָה
miss *n.* הַחטָאָה; הִנָצְלוּת; כִּשָׁלוֹן; מַפָּלָה
near miss קְלִיעָה כִּמעַט לַמַטָרָה
miss *v.* הֶחֱטִיא; הֶחֱמִיץ, אֵחַר,
הִפסִיד; חָשׁ בְּחֶסרוֹן־; הִתגַעגֵעַ
miss an accident נִצַל מִתְּאוּנָה
miss one's footing מָעַד, הֶחֱלִיק
miss out הִשׁמִיט; הִפסִיד, הֶחֱמִיץ
miss the bus הֶחֱמִיץ הִזדַמְנוּת
Miss *n.* גְבֶרֶת; נַעֲרָה; מַלכַּת יוֹפִי
mis′sal *n.* סֵפֶר תְּפִלּוֹת
mis′sha′pen *adj.* מוּשׁחַת צוּרָה
mis′sile (-səl) *n.* טִיל; חֵפֶץ מוּשׁלָךְ
missing *adj.* חָסֵר; נֶעְדָר
mis′sion *n.* מִשׁלַחַת; שְׁלִיחוּת, מְשִׂימָה,
מַטָלָה; מִיסיוֹן; יִעוּד; בֵּית הַמִיסיוֹן
mis′sionary (-ner′i) *n.* מִיסיוֹנֶר
mis′sis, mis′sus (-z) *n.* *גְבֶרֶת
mis′sive *n.* אִגֶרֶת, מִכתָּב אָרוֹךְ
mis′spend′ (-s-s-) *v.* בִּזבֵּז בְּלִי טַעַם
mis′state′ (-s-s-) *v.* לֹא צִיֵן
נְכוֹנָה, הִצִיג (עובדה) בְּאוֹפֶן מְסוּלָף
misstatement *n.* אִי דִיוּק, סִלוּף
mis′sy *n.* *צְעִירָה, נַעֲרָה; חֲבִיבָה׳לֶה
mist *n&v.* עֲרָפֶל, דוֹק דְמָעוֹת; עִרפֵּל
mist over הִתעַרפֵּל, הִתכַּסָה דוֹק
mistake′ *n&v.* שְׁגִיאָה, טָעוּת; טָעָה
and no mistake לְלֹא כָּל סָפֵק
mistaken *adj.* מוּטעֶה; טוֹעֶה
Mis′ter *n.* מַר, אָדוֹן
mis′time′ *v.* שָׁגָה בְּעִתּוּי
mistletoe (mis′əltō) *n.* דִבקוֹן
mistook′ = pt of mistake
mis′tress *n.* גְבֶרֶת; פִּילֶגֶשׁ, אֲהוּבָה; מוֹרָה
mis′tri′al *n.* מִשׁפָּט פָּסוּל/לֹא תָּקֵף
mis′trust′ *v&n.* לֹא בָּטַח בְּ־; חַשׁדָנוּת
mistrustful *n.* חַשׁדָנִי, לֹא סוֹמֵךְ עַל
misty *n.* מְעוּרפָּל; מְכוּסֶה דוֹק
mis′un′derstand′ *v.* לֹא הֵבִין כָּרָאוּי
misunderstanding *n.* אִי־הֲבָנָה
mis′use′ (-ūz) *v.* הִשׁתַּמֵשׁ לְרָעָה בְּ—
mis′use′ (-ūs) *n.* שִׁמוּשׁ לְרָעָה
mite *n.* קְטַנטַן; מְעַט; פְּרוּטָה; אֲקָרִית
mi′ter, mi′tre (-tər) *n.* מִצנֶפֶת
miter joint מַחבָּר לוֹכסָנִי
mit′igate′ *v.* שִׁכֵּךְ, הֵקֵל; הַמתִּיק
mi•to′sis *n.* הִתפַּלְגוּת תָּא, הִשׁתַּנְצוּת
mitt *n.* כְּפָפָה, כְּסָיָה; *יָד
mit′ten *n.* כְּפָפָה, כְּסָיָה
mix *v&n.* עִרבֵּב, בָּלַל, עִרבֵּל; הִתעַרבֵּב;
מִזֵג; הִתמַזֵג; תַּעֲרוֹבֶת; עִרבּוּב
he mixes well הוּא חַברוּתִי, מְעוּרֶה
mix me a salad הָכֵן לִי סָלָט
mixed up מְעוּרָב, מִסתַּבֵּךְ; מְבוּלבָּל
mixed *adj.* מְעוּרָב; שֶׁל שְׁנֵי הַמִינִים
mixed blessing אַלְיָה וְקוֹץ בָּהּ
mixed doubles זוּגוֹת מְעוֹרָבִים (טניס)
mixed feelings רְגָשׁוֹת מְעוֹרָבִים
mixed marriage נִשׂוּאֵי תַּעֲרוֹבֶת
mixer *n.* מִיקסֶר, עַרבָּב, עַרבָּל, מְבַלֵל
good mixer חַברוּתִי, מְעוּרֶה בַּחֶברָה
mix′ture *n.* תַּעֲרוֹבֶת; עִרבּוּב
mix-up *n.* תִּסבּוֹכֶת, מְהוּמָה
miz′zen *n.* מִפרָשׂ אֲחוֹרִי; תּוֹרֶן אֲחוֹרִי
miz′zle *v.* טִפטֵף (גשם דק), זִרזֵף

mm = millimeters
mne·mon′ic (ni-) *adj.* מְסַיֵּעַ לַזִּכָּרוֹן
mo = moment *n.* *רֶגַע
moan *n&v.* אֲנָחָה; טְרוּנְיָה; נֶאֱנַח; הִתְלוֹנֵן
moat *n.* תְּעָלָה (מסביב למבצר), חֵיל
mob *n&v.* אֲסַפְסוּף; הִתְנַפֵּל עַל, הִקִּיף
mob orater מַלְהִיב הֶהָמוֹן, דֶּמָגוֹג
mo′bile (-bēl) *adj&n.* נַיָּד, מִתְנַיֵּעַ, נָע, מִתְחַלֵּף; מוֹבַּיְל, מַרְצֵדָה
mo·bil′ity *n.* נַיָּדוּת, קַלּוּת הַתְּנוּעָה
mo′biliza′tion *n.* גִּיּוּס
mo′bilize′ *v.* גִּיֵּס; הִתְגַּיֵּס
mob′ster *n.* בִּרְיוֹן, גַנְגְסְטֶר
moc′casin *n.* מוֹקָסִין (נעל)
mock *v.* לָעַג; צָחַק; חִקָּה; בָּז, בִּטֵּל
mock *adj&n.* מְדוּמֶּה, חִקּוּיִי, מְבוּיָּם
make a mock of עָשָׂה לְלַעַג
mocker *n.* לַגְלְגָן, חַקְיָן
mock′ery *n.* לַעַג, לִגְלוּג, צְחוֹק; זִיּוּף
hold up to mockery עָשָׂה לְלַעַג
mock-up *n.* דֶּגֶם־דֶּמֶה; תַּבְנִית
mod *n.* *מוֹדֶרְנִי, מְצוּחְצָח
mo′dal *adj.* שֶׁל אוֹפֶן, צוּרָתִי, שֶׁל מוֹדוּס
mode *n.* אוֹפֶן, צוּרָה; מוֹדוּס; אוֹפְנָה
mod′el *n&adj.* דֶּגֶם, תַּבְנִית; מוֹדֶל; דּוּגְמָה; דּוּגְמָן; הֶעְתֵּק; מוֹפְתִי
model *v.* דֻּגְמֵן; כִּיֵּר, עִצֵּב, דִּגֵּם
model oneself on חִקָּה, נָהַג כְּ—
mod′erate *adj&n.* מָתוּן; בֵּינוֹנִי
mod′erate′ *v.* מִתֵּן; רִכֵּךְ; הִפְחִית
mod′era′tion *n.* מְתִינוּת, צִמְצוּם
mod′era′tor *n.* מְתַוֵּךְ, בּוֹרֵר
mod′ern *adj.* חָדִישׁ, מִתְקַדֵּם; מוֹדֶרְנִי
mod′ernize′ *v.* עָשָׂה לְמוֹדֶרְנִי, חִדֵּשׁ
mod′est *adj.* צָנוּעַ; לֹא גָּדוֹל; לֹא מַפְרִיז
mod′esty *adj.* צְנִיעוּת, עֲנָוָה
mod′icum *n.* שֶׁמֶץ, מְעַט, קְצָת
mod′ifi′er *n.* (בדקדוק) מַגְבִּיל
mod′ify′ *v.* שִׁנָּה, הִתְאִים, סִגֵּל; מִתֵּן
mo′dish *adj.* אוֹפְנָתִי, מוֹדֶרְנִי
mod′ular (-j′-) *adj.* מוֹדוּלָרִי
mod′ulate′ (-j′-) *v.* וִסֵּת, אִפְנֵן
mod′ule (-j′o͞ol) *n.* מוֹדוּל; חֲלָלִית
mo′dus viven′di הֶסְדֵּר זְמַנִּי
mo′gul *n.* עָשִׁיר מוּפְלָג, אֵיל־הוֹן
mo′hair *n.* מוֹהֵיר, אֲרִיג אַנְגוֹרָה
moi′ety *n.* חֲצִי, מַחֲצִית
moist *adj.* לַח, רָטוֹב, לַחְלוּחִי
moist′en (-sən) *v.* לִחְלַח; הִרְטִיב
mois′ture *n.* לַחוּת, לַחְלוּחִיּוּת
mo′lar *n&adj.* שֵׁן טוֹחֶנֶת
molas′ses (-sēz) *n.* דִּבְשָׁה, מוֹלַסָּה
mold (mōld) *n.* דְּפוּס, תַּבְנִית; טֶבַע, תְּכוּנָה, אוֹפִי; עוֹבֶשׁ; רִקְבּוּבִית
mold *v.* עִצֵּב, צָר צוּרָה, גִּבֵּשׁ; הִתְעַפֵּשׁ
mol′der (mōl′-) *v.* הִרְקִיב, הִתְפּוֹרֵר
molding *n.* עִצּוּב; מוּצָר מְעוּצָב; כַּרְכּוֹב
moldy *adj.* מְעוּפָּשׁ; מַעֲלֶה חֲלוּדָה; *רַע
mole *n.* שׁוּמָה, כֶּתֶם; חֲפַרְפֶּרֶת; שׁוֹבֵר־גַּלִּים
mol′ecule′ *n.* מוֹלֶקוּלָה, פְּרוּדָה
molest′ *v.* הֵצִיק, הִטְרִיד
moll *n.* *פְּרוּצָה, נַעֲרַת פּוֹשֵׁעַ
mol′lify′ *v.* הִרְגִּיעַ, שִׁכֵּךְ
mol′lusc, mol′lusk *n.* רַכִּיכָה
mol′lycod′dle *n&v.* מְפוּנָק; פִּנֵּק
Mo′lotov′ cocktail בַּקְבּוּק מוֹלוֹטוֹב
molt (mōlt) *v&n.* הִשִּׁיר; נָשַׁר; נְשִׁירָה
mol′ten (mōl-) *adj.* מוּתָּךְ, יָצוּק
mom, mom′ma, mom′my *n.* *אִמָּא
mo′ment *n.* רֶגַע; שָׁעָה; חֲשִׁיבוּת, מוֹמֶנְט
at odd moments בִּרְגָעִים פְּנוּיִים
at the moment עַתָּה, בְּשָׁעָה זוֹ
just a moment רַק רֶגַע, הִנֵּה
not for a moment כְּלָל לֹא
of (no) moment רַב (חֲסַר) חֲשִׁיבוּת
mo′mentary (-ter′i) *adj.* רִגְעִי; נִמְשָׁךְ
momen′tous *adj.* חָשׁוּב בְּיוֹתֵר, רְצִינִי
momen′tum *n.* תְּנוּפָה, מוֹמֶנְטוּם, תֶּנֶע
mon′arch (-k) *n.* מוֹנַרְךְ, מֶלֶךְ
mon′archy (-ki) *n.* מוֹנַרְכְיָה, מַלְכוּת
mon′aster′y *n.* מִנְזָר, בֵּית־נְזִירִים
monas′tic *adj.* שֶׁל נְזִירִים, שֶׁל מִנְזָרִים
mon·au′ral *adj.* לְאוֹזֶן אַחַת
Mon′day (mun-) *n.* יוֹם שֵׁנִי
mon′etary (-ter′i) *adj.* כַּסְפִּי, מוֹנִיטָרִי
mon′ey (muni) *n.* כֶּסֶף
good money טָבִין וּתְקִילִין
in the money *עָשִׁיר, זוֹכֶה בְּכֶסֶף
money down בִּמְזוּמָּנִים
money to burn כֶּסֶף רַב, הוֹן תּוֹעָפוֹת
raise money גִּיֵּס כֶּסֶף
ready money מְזוּמָּנִים
moneybag *n.* אַרְנָק, תִּיק כֶּסֶף; *עָשִׁיר
money-changer *n.* חַלְפָן, שׁוּלְחָנִי

moneyed *adj.* עָשִׁיר, שֶׁל בַּעֲלֵי הַהוֹן
money-lender *n.* מַלְוֶה בְּרִבִּית
money order הַמְחָאַת כֶּסֶף
mon'ger (mung'g-) *n.* סוֹחֵר, עוֹסֵק
Mon'gol *adj.* מוֹנגוֹלוֹאִיד; מוֹנגוֹלִי
mon'grel *n.* בֶּן תַּעֲרוֹבֶת, מְעוֹרַב־דָּם
mon'itor *n.* קֶשֶׁב־רַדְיוֹ; מַשׁגּוֹחַ; תּוֹרָן
monitor *v.* הִקְשִׁיב לְשִׁדּוּרִים (זרים)
monk (mungk) *n.* נָזִיר
mon'key (mung'ki) *n&v.* קוֹף; *שׁוֹבָב
get one's monkey up *הִתְרַגֵּז
make a monkey of שָׂם לִצחוֹק
monkey around שִׂחֵק, הִשְׁתַּעֲשֵׁעַ
monkey business רְמָאוּת, מוֹנקִי־בִּיזְנֶס
monkey wrench מַפְתֵּחַ אַנגלִי
mon'o *adj.* (תחילית) אֶחָד, מוֹנוֹ—
mon'ocle *n.* מוֹנוֹקֶל, מִשְׁקָף
monog'amous *adj.* נָשׂוּי לְבֶן־זוּג אֶחָד
mon'ogram' *n.* מוֹנוֹגרַמָה, מִשְׁלֶבֶת
mon'olith' *n.* מוֹנוֹלִית, מַצֶּבֶת־אֶבֶן
mon'olith'ic *adj.* מוֹנוֹלִיתִי, אָחִיד
mon'ologue' (-lôg) *n.* מוֹנוֹלוֹג, חַד־שִׂיחַ
monop'olize' *v.* זָכָה בְּמוֹנוֹפּוֹל
monop'oly *n.* מוֹנוֹפּוֹל, שְׁלִיטָה
mon'orail' *n.* מוֹנוֹרֵיל, מְסִלַּת פַּס
mon'osyllab'ic *adj.* חַד הֲבָרִי; קָצָר
mon'osyl'lable *n.* מִלָּה חַד־הֲבָרִית
mon'othe•ism *n.* מוֹנוֹתֵיאִיזם
monot'onous *adj.* מוֹנוֹטוֹנִי, חַדגוֹנִי
monot'ony *n.* מוֹנוֹטוֹנִיּוּת, חַדגוֹנִיּוּת
mon'otype' *n.* מְסַדֶּרֶת אוֹתִיּוֹת
Monsieur (məsyûr') *n.* מַר, אָדוֹן
mon•soon' (-sōōn) *n.* מוֹנסוּן
mon'ster *n.* מִפְלֶצֶת; עֲנָק, גָּדוֹל
mon•stros'ity *n.* מִפְלֶצֶת, זְוָעָה
mon'strous *adj.* מִפְלַצְתִּי, עֲנָקִי
mon•tage' (-täzh) *n.* מוֹנטָז', מִצְרָף
month (munth) *n.* חוֹדֶשׁ
month of Sundays זְמַן רַב, יוֹבְלוֹת
monthly *adj&adv.* חוֹדשִׁי; פַּעַם בְּחוֹדֶשׁ
monthly *n.* יַרחוֹן; וֶסֶת
mon'u•ment *n.* אַנדַּרטָה, מַצֶּבֶת־זִכָּרוֹן
mon'u•men'tal *adj.* מוֹנוּמֶנטָלִי; כַּבִּיר
moo *n&v.* גָּעָה; גְּעִיָּה (של פרה)
mooch (mōōch) *v.* *בִּקֵּשׁ, סָחַט; שׁוֹטֵט
mood (mōōd) *n.* מַצַּב־רוּחַ; דֶּרֶךְ
moody *adj.* מְצוּבְרָח, מְדוּכְדָּךְ, קוֹדֵר

moon (mōōn) *n.* יָרֵחַ, לְבָנָה; חוֹדֶשׁ
once in a blue moon פַּעַם בְּיוֹבֵל
over the moon בָּרָקִיעַ הַשְּׁבִיעִי, שָׂמֵחַ
promise the moon הִבְטִיחַ
הָרִים וּגבָעוֹת
moon *v.* הָזָה, חָלַם בְּהָקִיץ, עָרַג
moon around/about הִסתּוֹבֵב, שׁוֹטֵט
moonlight *n&v.* אוֹר יָרֵחַ; עָשָׂה חַלטוּרָה
moonshine *n.* אוֹר יָרֵחַ; שְׁטוּיוֹת
moor *v&n.* קָשַׁר, הֶעֱגִין; אַדמַת בּוּר
Moor *n.* מוּרִי, בֶּן־תַּעֲרוֹבֶת, עַרְבִי־בַּרְבָּרִי
moorland *adj.* אַדמַת בּוּר
moose *n.* מוּז, צְבִי (שטוח־קרניים)
moot (mōōt) *v.* הֶעֱלָה (נושא) לְדִיּוּן
moot point נְקוּדָה שְׁנוּיָה בְּמַחֲלוֹקֶת
mop *n&v.* מַקֵּל־שְׁטִיפָה, סְחָבָה, סְמַרטוּט;
סְבַךְ שֵׂעָר פָּרוּעַ; שָׁטַף, נִקָּה, נִגֵּב
mop and mow עָשָׂה הַעֲוָיוֹת
mop the floor with הֵבִיס כָּלִיל
mop up נִקָּה; חִסֵּל, בִּעֵר
mope *v&n.* שָׁקַע בְּיֵאוּשׁ; דִּכדּוּךְ
mo'ped (-ped) *n.* אוֹפַנַּיִם בַּעֲלֵי מָנוֹעַ
mop'pet *n.* *יַלדָּה, בּוּבָּהִלָּה
moraine' *n.* מוֹרֵינָה, סְחוֹפֶת קַרחוֹן, גְּרוֹר
mor'al *adj.* מוּסָרִי; צַדִּיק, טְהָר־מִדּוֹת
moral certainty וַדָּאוּת כִּמעַט גְּמוּרָה
moral lesson מוּסַר־הַשֵּׂכֶל, לֶקַח
moral *n.* מוּסָר, מוּסַר־הַשֵּׂכֶל, פֶּרֶק מְאַלֵּף
morals מִדּוֹת, אוֹרַח חַיִּים מוּסָרִי
morale' (-ral) *n.* מוֹרָל, הֲלָךְ־רוּחַ
mor'alism *n.* מוּסָרָנוּת, מוּסָרִיּוּת
moral'ity *n.* מוּסָרִיּוּת, טוֹהַר מִדּוֹת
mor'alize' *v.* הִטִּיף מוּסָר
morass' *n.* בִּצָּה, בּוֹץ; תִּסבּוֹכֶת, מְצוּקָה
mor'ator'ium *n.* מוֹרָטוֹרְיוּם, תַּדְחִית
mor'bid *adj.* חוֹלָנִי; נָגוּעַ; מְדוּכָּא
mor•bid'ity *n.* חוֹלָנִיּוּת; תַּחֲלוּאָה
mor'dant *adj.* עוֹקֵץ, סַרקַסטִי
more *adj&adv&n.* יוֹתֵר, עוֹד, נוֹסָף
far more הַרבֵּה יוֹתֵר
more or less פָּחוֹת אוֹ יוֹתֵר
once more שׁוּב, פַּעַם נוֹסֶפֶת
some more/any more עוֹד
moreover (môrō'vər) *adv.* נוֹסָף
עַל כָּךְ, חוּץ מִזֶּה, יָתֵר עַל כֵּן
mo'res (-rāz) *npl.* מִנהָגִים
morgue (môrg) *n.* חֲדַר־מֵתִים; אַרכִיוֹן

mor′ibund′ *n.* גוסס, גווֵעַ, דועֵך
morn *n.* בוקֶר, צַפְרָא
mor′ning *n&adj.* בוקֶר; שֶל בוקֶר
mornings בְּשעות הַבּוקֶר, לַבְּקָרים
morning glory לְפופִית (מטפס)
morning star אַיֶלֶת הַשַחַר, נוגַהּ
morning watch מִשמֶרֶת הַבּוקֶר
moroc′co *n.* עור־עִזים
mo′ron (-ron) *n.* מְטוּמטָם, רְפֵה־שֵׂכֶל
morose′ *adj.* כָּעוּס, מַר־נֶפֶש, זועֵף
mor′pheme *n.* מורפֵימָה, צורָן
mor′phine (-fēn) *n.* מורפיום
mor·phol′ogy *n.* מורפולוגיָה
mor′row (-ō) *n.* מָחָר, הַמָחָר; בּוקֶר
mor′sel *n.* חֲתִיכָה, נְגִיסָה; פֵּרוּר, שֶמֶץ
mortal *adj&n.* אֱנושִי; אָנוּש, קַטלָנִי; שֶל מָוֶת; *גָדול, נורָא, רַב; בֶּן־תְּמוּתָה
mortal enemy אויֵב בְּנֶפֶש
mor·tal′ity *n.* תְּמוּתָה
mortally *adv.* אֲנושות; עַד מְאוד, עָמוק
mor′tar *n&v.* מֶלֶט, טִיחַ; מַכתֵּש, מְדוֹכָה; מַרגֵמָה; טִיֵחַ בְּמֶלֶט, מִלֵט
mortar-board *n.* כּובַע אֲקָדֶמִי
mort′gage (-rgij) *n&v.* מַשכַּנתָּה; מִשכֵּן
mor·ti′cian (-tishən) *n.* קַבְּלַן־קְבוּרָה
mor′tify′ *v.* הִשפִּיל, פָּגַע, עִנָה; סִגֵף; הִרקִיב, נוגַע בְּמֶקֶק
mor′tise (-tis) *n.* גֶרֶז, שֶקַע, חָרִיץ
mortise lock מַנעוּל גֶרֶז (שקוע בדלת)
mor′tuary (-chooer′i) *n.* חֲדַר מֵתִים
mortuary *adj.* שֶל קְבוּרָה, שֶל מָוֶת
mo·sa′ic (-z-) *n.* מוזָאִיקָה, פְּסֵיפָס
mosaic *adj.* שֶל (תורת) משֶה
Mo′ses (-zis) *n.* משֶה רַבֵּנוּ
Mos′lem (-z-) *n&adj.* מוּסלְמִי
mosque (mosk) *n.* מִסגָד
mosqui′to (-kē′-) *n.* יַתּוּש
mosquito net כִּלָה (מעל למיטה)
moss (môs) *n.* טַחַב, אֵזוֹב
most (mōst) *adj&adv&n.* הָרַב בְּיותֵר, הֲכִי (גדול), הֲכִי הַרבֵּה; מַרבִּית
at (the very) most לְכָל הַיותֵר
for the most part לָרוב, בְּדֶרֶך כְּלָל
most of all יותֵר מִכֹּל, בְּעִקָר
mostly *adv.* בְּעִקָר, בְּרוב הַמִקרִים
mo·tel′ *n.* מוטֶל, מְלוּנוֹעַ
moth (môth) *n.* עָש
mothball *n.* כַּדוּר נַפְתָּלִין
moth-eaten *adj.* אֲכוּל־עָש; מְיוּשָן
moth′er (mudh′-) *n.* אֵם, אִמָא; גורֵם
mother *v.* יָלְדָה; אִמֵץ; טִפֵּל כְּאֵם
motherhood *n.* אִמָהוּת
mother-in-law *n.* חָמות, חותֶנֶת
motherlike, motherly *adj.* אִמָהִי
mother superior נְזִירָה רָאשִית
mother-to-be אֵם בֶּעָתִיד, אִשָה בְּהֵרָיון
mother wit שֵׂכֶל טִבעִי
mo·tif′ (-tēf) *n.* מוטִיב, רַעיון; תֶּנַע
mo′tion *n&v.* תְּנוּעָה, נִיעַ; הַצָעָה (לדיון); פְּעוּלַת מֵעַיִם, יְצִיאָה; סִמֵן, רָמַז
go through the motions פָּעַל כִּלאַחַר יָד/כְּדֵי לָצֵאת יְדֵי חובָה
motionless *adj.* לְלֹא תְּנוּעָה
motion picture סֶרֶט קולנוֹעַ
mo′tivate′ *v.* הֵנִיעַ, גָרַם, הִמרִיץ
mo′tive *n&adj.* מֵנִיעַ, גורֵם, מוטִיב, תֶּנַע
mot′ley *adj.* מְעוֹרָב, מְגוּוָן; רַבגוֹנִי
mo′tor *n&v.* מָנוֹעַ; מְכונִית; נָסַע, נָהַג
motor *adj.* מְמוּנָע, מוטורִי, מְנוֹעִי
motorbike *n.* אופַנוֹעַ קַל, טִילון
mo′torcade′ *n.* שַיֶרֶת מְכוֹנִיות
motorcar *n.* מְכונִית
motorcycle *n.* אופַנוֹעַ
mo′torist *n.* נֶהָג, בַּעַל מְכונִית
mo′torize′ *v.* מִנֵעַ, מִכֵּן
motorway *n.* כְּבִיש מָהִיר
mot′tle *v.* נִמֵר, גִוֵן בִּכתָמִים
mot′to *n.* מוטו, מֵימרָה, פִּתגָם
mould = mold
mound *n.* תֵּל, גִבעונֶת, סוֹלְלָה; עֲרֵמָה
mount *v.* עָלָה (עַל); הֶעֱלָה; הִרכִּיב
mount an attack עָרַך מִתקָפָה
mount guard שָמַר, שִמֵש כְּזָקִיף
mounted police פָּרָשֵי הַמִשטָרָה
mount *n.* הַר; בֶּהֱמַת־רְכִיבָה; כַּן, מִקבָּע, מֶרכָּב; מִסגֶרֶת, מִשבֶּצֶת
moun′tain (-tən) *n.* הַר; כַּמוּת עֲצוּמָה
mount′aineer′ (-tən-) *n.* מְטַפֵּס הָרִים
moun′tainous (-tən-) *adj.* הֲרָרִי
moun′tebank′ *n.* (רופֵא) רַמַאי
mourn (môrn) *v.* הִתאַבֵּל (עַל)
mourner *n.* אָבֵל, מִשתַּתֵּף בַּלְוָיָה
mournful *adj.* עָצוּב, מָלֵא צַעַר
mourning *n.* אֵבֶל; בִּגדֵי־אֵבֶל, שְחוֹרִים

mouse (-s) *n.* עַכְבָּר; פַּחְדָן, בַּיְשָׁן
mouse (-z) *v.* לָכַד עַכְבָּרִים
mousse (mōōs) *n.* מוּס; מִקְפָּא־קְצֶפֶת
moustache (mus'tash) *n.* שָׂפָם
mous'y *n.* עַכְבָּרִי; פַּחְדָן; שָׁקֵט; חוּם
mouth (-th) *n.* פֶּה, פֶּתַח, כְּנִיסָה, יְצִיאָה
by word of mouth בְּעַל פֶּה, בְּדִבּוּר
down in the mouth עָצוּב, מְדוּכָּא
put the mouth on him *הִכְשִׁילוֹ בְּדִבְרֵי הִתְפַּעֲלוּת, עָשָׂה לוֹ עַיִן־הָרָע
mouth (-dh) *v.* בִּטֵּא; הִבִּיעַ; מִלְמֵל
mouthful *n.* מְלוֹא הַפֶּה, לְגִימָה
say a mouthful *גִּלָּה אֶת אֲמֶרִיקָה
mouth-organ *n.* מַפּוּחִית־פֶּה
mouthpiece *n.* פֶּה; פּוּמִית; שׁוֹפָר, דּוֹבֵר
mouthwash *n.* תַּשְׁטִיף פֶּה
mouth-watering *adj.* עֲסִיסִי, טָעִים
movable (mōōv'-) *adj.* נָיָד, מִתְנַיֵּעַ
movables מִטַּלְטְלִים, נִכְסֵי דְּנָיְדֵי
move (mōōv) *v.* נָע; הֵנִיעַ; זָז; הֵזִיז; עָבַר; הֶעֱבִיר; עָבַר דִּירָה; הִשְׁפִּיעַ, רִגֵּשׁ; גָּרַם, עוֹרֵר; הִצִּיעַ
move heaven and earth הָפַךְ עוֹלָמוֹת
move house עָבַר דִּירָה
move in נִכְנַס לָדוּר; הִשְׁתַּלֵּט
move the bowels רוֹקֵן הַמְּעַיִם
move *n.* תְּנוּעָה, צַעַד; מַסָּע, תּוֹר
get a move on *זָז, הִזְדָּרֵז
on the move בִּתְנוּעָה, מִסְתּוֹבֵב
movement *n.* תְּנוּעָה; מַנְגְּנוֹן; פְּעִילוּת; פֶּרֶק (בסימפוניה); עֲשִׂיַּת צְרָכִים
movie (mōōv'i) *n.* סֶרֶט, קוֹלְנוֹעַ
moving *adj.* נָע; מֵנִיעַ; מְעוֹרֵר רֶגֶשׁ
moving picture סֶרֶט, קוֹלְנוֹעַ
mow (mō) *v&n.* קָצַץ, כִּסַּח; עֲרֵמַת חָצִיר
mow'er (mō'-) *n.* מַכְסֵחָה
MP = Member of Parliament
mph = miles per hour
Mr (mis'tər) *n.* מַר, אָדוֹן
Mrs (mis'iz) *n.* גְּבֶרֶת (נשואה)
Ms (miz) *n.* גְּבֶרֶת
Mt = mount הַר
much *adj&n&adv.* הַרְבֵּה; הַרְבֵּה יוֹתֵר; בְּהַרְבֵּה; מְאוֹד; בְּמִדָּה רַבָּה; כִּמְעַט
for as much as הוֹאִיל וְ—
make much of הֶעֱרִיךְ; הִפְרִיז; הֵבִין
much as לַמְרוֹת שֶׁ־, חֵרֶף
much less וּבְוַדַּאי שֶׁלֹּא
much more כָּל שֶׁכֵּן, קַל וָחוֹמֶר
not much of a גָּרוּעַ, לֹא טוֹב
mu'cilage *n.* רִיר, דֶּבֶק צְמָחִים
muck *n&v.* לִכְלוּךְ; דּוֹמֶן; טִנֵּף; זִבֵּל
make a muck טִנֵּף; שִׁבֵּשׁ, קִלְקֵל
muck around/about *שׁוֹטֵט, הִתְמַזְמֵז
muck-rake *v.* חִטֵּט, חָשַׂף שַׁעֲרוּרִיּוֹת
mu'cous *adj.* רִירִי, רִירָנִי, מַפְרִישׁ רִיר
mu'cus *n.* רִיר, לֵחַ; הַפְרָשָׁה רִירִית
mud *n.* בּוֹץ, רֶפֶשׁ, יָוֵן
throw mud הֵטִיל בּוֹץ, הִשְׁמִיץ
mud'dle *n&v.* עִרְבּוּבְיָה; בִּלְבֵּל; שִׁבֵּשׁ
muddle through הִצְלִיחַ אֵיכְשֶׁהוּ
mud'dy *adj&v.* בּוֹצִי, עָכוּר, מְרוּפָּשׁ; רֶפֶשׁ
mudguard *n.* כָּנָף (מעל אופן הרכב)
mud'pack' *n.* אַמְבַּטְיַת בּוֹץ לַפָּנִים
mudslinger *n.* מֵטִיל בּוֹץ, מַכְפִּישׁ שֵׁם
mu•ez'zin (mūez-) *n.* מוּאַזִּין
muff *n&v.* יְדוֹנִית, גְּלִיל פַּרְוָה; לֹא יוּצְלַח; פִּסְפּוּס; נִכְשַׁל, פִּסְפֵּס
muf'fin *n.* לַחְמָנִיָּה, עוּגַת־תֵּה
muf'fle *v.* עִמְעֵם קוֹל; עָטַף, כִּרְבֵּל
muffler *n.* עַמָּם־פְּלִיטָה; צָעִיף, סוּדָר
muf'ti *n.* מוּפְתִּי; תִּלְבּוֹשֶׁת אֶזְרָחִית
mug *n.* סֵפֶל; *פַּרְצוּף; טִפֵּשׁ, פֶּתִי
mug *v.* שָׁדַד, גָּזַל; *לָמַד, שִׁנֵּן
mug'gy *adj.* (מזג־אוויר) לַח וְחַם
mug'wump' *n.* מְדִינַאי עַצְמָאִי, מִתְנַפֵּחַ
mulat'to *n.* מוּלַט (כושי מעורב)
mul'ber'ry *n.* תּוּת
mulct *v.* קָנַס; הוֹנָה, סָחַט
mule *n.* פֶּרֶד; עַקְשָׁן; נַעַל־בַּיִת; מַטְוִיָּה
mu'leteer' *n.* נַהַג פְּרָדוֹת
mu'lish *adj.* עַקְשָׁן
mull *v&n.* הִשְׁבִּיחַ הַטַּעַם; צוּק חוֹף
mull over it הִרְהֵר בַּדָּבָר
mul'let *n.* מוּלִית (דג־ים), קִיפוֹן
mul'lion *n.* מְחִצָּה אֲנָכִית (בחלון); זָקֵף
mul'ti (תחילית) רַב־, מוּלְטִי—
mul'tifa'rious *adj.* מְגוּוָּן, שׁוֹנִים, רַבִּים
mul'tiform' *adj.* רַב־צוּרוֹת
mul'tilin'gual (-gwəl) *adj.* רַב־לְשׁוֹנִי
mul'timil'lionaire' *n.* מוּלְטִימִילְיוֹנֶר
mul'tiple *adj&n.* מְרוּבֶּה, רַב; כְּפוּלָה
multiple stores רֶשֶׁת חֲנוּיוֹת
mul'tiplica'tion *n.* הַכְפָּלָה, כֶּפֶל

mul′tiplic′ity *n.* רִבּוּי, מִסְפָּר רַב
mul′tiply′ *v.* הִכְפִּיל; ; הִרְבָּה; הִתְרַבָּה
mul′titude′ *n.* הָמוֹן, מִסְפָּר רַב; הַצִּבּוּר
mul′titu′dinous *adj.* רַב, עָצוּם
mum *n.* שֶׁקֶט, דוּמִיָּה; *אִמָּא
mum is the word! אַף מִלָּה! זֶה סוֹד!
mum′ble *v.* מִלְמֵל; לָעַס (בְּלִי שִׁינַּיִים)
mum′mer *n.* פַּנְטוֹמִימַאי, שַׂחְקָן
mum′mery *n.* הַצָּגָה, מִשְׂחָק, טֶקֶס דָּתִי
mum′mify′ *v.* חָנַט
mum′my *n.* חָנוּט, מוּמְיָה; *אִמָּא
mumps *n.* חַזֶּרֶת (מחלה)
munch *v.* לָעַס (בְּקוֹל), גָּרַס
mun·dane′ *adj.* שֶׁל הָעוֹלָם הַזֶּה, רָגִיל
mu·nic′ipal (mū-) *adj.* עִירוֹנִי, שֶׁל עִיר
mu·nic′ipal′ity (mū-) *n.* עִירִיָּה
mu·nif′icent (mū-) *adj.* רְחַב־לֵב, נָדִיב
mu′niments *npl.* מִסְמָכִים, שִׁטְרֵי־קִנְיָן
mu·ni′tion (mūnish′ən) *adj&v.*
שֶׁל תַּחְמוֹשֶׁת; סִפֵּק תַּחְמוֹשֶׁת
munitions *npl.* תַּחְמוֹשֶׁת
mu′ral *adj&n.* שֶׁל קִיר; צִיּוּר קִיר, פְרֶסְקוֹ, תַּמְשִׁיחַ
mur′der *n&v.* רֶצַח; רָצַח; הָרַס
murderer *n.* רוֹצֵחַ
murderess *n.* רוֹצַחַת
mur′derous *adj.* רַצְחָנִי, קַטְלָנִי
murk *n.* אֲפֵלָה, חוֹשֶׁךְ; קַדְרוּת
mur′mur *n&v.* מִלְמוּל, הֶמְיָה, רִשְׁרוּשׁ; פִּכְפּוּךְ; תַּרְעוֹמֶת; מִלְמֵל, רִשְׁרֵשׁ; רָטַן
mus′cle (-səl) *n&v.* שְׁרִיר; כּוֹחַ
muscle in *נִדְחַק בְּכוֹחַ, הִתְמַרְפֵּק
mus′cu·lar *adj.* שְׁרִירִי, חָזָק
muse (-z) *n&v.* מוּזָה, הַשְׁרָאָה; הִרְהֵר
mu·se′um (mūz-) *n.* מוּזֵיאוֹן
mush *n.* דַּיְסָה; בְּלִיל סָמִיךְ; רַגְשָׁנוּת
mush′room *n&adj.* פִּטְרִיָּה; כְּפִטְרִיָּה
mush′y *adj.* דְּמוּי־דַּיְסָה, רַךְ; רַגְשָׁנִי
mu′sic (-z-) *n.* מוּסִיקָה, נְגִינָה
music(al) box תֵּבַת נְגִינָה
mu′sical (-z-) *adj&n.* מוּסִיקָלִי; מַחֲזֶמֶר
musical instrument כְּלִי נְגִינָה
music hall מוּסִיקוֹל; אוּלָם בִּדּוּר
mu·si′cian (mūzish′ən) *n.* מוּסִיקַאי
music stand מַעֲמַד תָּוִים
musk *n.* מוּשְׁק (אַיָּל/רֵיחַ)
mus′ket *n.* מוּסְקֶט (רובה ישן)
mus′keteer′ *n.* מוּסְקֶטֶר, חָמוּשׁ בְּמוּסְקֶט
musk-melon *n.* סוּג שֶׁל מֶלוֹן
mus′lin (-z-) *n.* מוּסְלִין (בַּד עדין)
muss *n.* אַנְדְּרָלָמוּסְיָה, אִי־סֵדֶר; הָפַךְ
Mus′sulman *n.* מוּסְלְמִי
must *v.* הָיָה חַיָּב, מוּכְרָח, צָרִיךְ
he must be cold בֶּטַח קַר לוֹ
must not אָסוּר, אֵין רְשׁוּת
must *n.* הֶכְרֵחַ, צוֹרֶךְ; תִּירוֹשׁ
mus′tard *n.* חַרְדָּל
keen as mustard נִלְהָב, לָהוּט
mus′ter *v.* אָסַף, הִזְעִיק; הִתְקַבֵּץ
muster *n.* מִפְקָד, מִסְדָּר; רְשִׁימָה שֵׁמִית
pass muster עָמַד בַּדְּרִישָׁה
mustn′t = must not (mus′ənt)
mus′ty *adj.* מְעוּפָּשׁ, עָבֵשׁ; מְיוּשָּׁן
mu·ta′tion (mū-) *n.* שִׁנּוּי, מוּטַצְיָה
mute *adj&n* שׁוֹתֵק, מַחֲרִישׁ; אִלֵּם; עַמְעֶמֶת
mute *v.* עִמְעֵם, הֶחֱלִישׁ צְלִיל
mu′tilate′ *v.* קָטַע; הִשְׁחִית; עִוֵּת
mu′tineer′ *n.* מוֹרֵד
mu′tinous *adj.* מוֹרֵד, מַרְדָנִי
mu′tiny *n&v.* מֶרֶד, הִתְקוֹמְמוּת; מָרַד
mutt *n.* *כֶּלֶב, טִפֵּשׁ
mut′ter *v&n.* מִלְמֵל; רָטַן; מִלְמוּל
mut′ton *n.* בְּשַׂר כֶּבֶשׂ
mutton-chops *npl.* זְקַן־לְחָיַיִם
mu′tual (-chōōəl) *adj.* הֲדָדִי; מְשׁוּתָּף
muz′zle *n&v.* חַרְטוֹם הַחַיָּה, זַרְבּוּבִית; זְמָם, מַחְסוֹם; לוֹעַ; חָסַם בִּזְמָם; הִשְׁתִּיק
my *pron&interj.* שֶׁלִּי; אוֹ! (קריאה)
my·op′ic *adj.* קְצַר רְאִיָּה
myr′iad *n.* הַרְבֵּה, מִסְפָּר רַב
myrrh (mûr) *n.* מוֹר, שְׂרַף־בְּשָׂמִים
myr′tle *n.* הֲדַס
my·self′ *pron.* אֲנִי, (לְ־/בְּ־/את) עַצְמִי
I'm not myself אֵינִי כִּתְמוֹל שִׁלְשׁוֹם
myste′rious *adj.* מִסְתּוֹרִי, נֶעְלָם
mys′tery *n.* מִסְתּוֹרִין; תַּעֲלוּמָה
mys′tic *n.* מִיסְטִיקָן, מְקוּבָּל
mys′tic(al) *adj.* מִיסְטִי, סוֹדִי, מִסְתּוֹרִי
mys′ticism *n.* מִיסְטִיּוּת, תּוֹרַת הַנִּסְתָּר
mys′tify′ *v.* הֵבִיךְ, עָטַף בְּסוֹדִיּוּת
myth *n.* מִיתוֹס, אַגָּדָה; דָּבָר בָּדוּי
myth′ical *adj.* אַגָּדִי, שֶׁל מִיתוֹס; דִּמְיוֹנִי
myth′olog′ical *adj.* מִיתוֹלוֹגִי
mythol′ogy *n.* מִיתוֹלוֹגְיָה

N

n = noun, north, number
NA = North America
nab *v.* לָכַד, אָסַר; תָּפַס
na'dir *n.* נָדִיר, נֵבֶךְ; נְקוּדַת הַשֵּׁפֶל
nag *n&v.* *סוּס; נוּדְנִיק; הֵצִיק; נִדְנֵד
nail *n&v.* מַסְמֵר; צִפּוֹרֶן; מִסְמֵר; תָּפַס; פָּגַע
nail down דּוֹבֵב; סִכֵּם, הִסְדִּיר; הִבְטִיחַ
pay on the nail שִׁלֵּם בּוֹ בַּמָּקוֹם
nail varnish/polish לַכַּת־צִפּוֹרְנַיִם
naive (näēv') *adj.* נָאִיבִי, תָּמִים, תָּם
naivete (nä'ēvətā') *n.* נָאִיבִיּוּת
na'ked *adj.* עָרוֹם, חָשׂוּף, גָּלוּי
naked eye עַיִן בִּלְתִּי מְזוּיֶּנֶת
nakedness עֵירוֹם, מַעֲרוּמִּים
name *n&v.* שֵׁם; בַּעַל־שֵׁם; נָתַן שֵׁם; קָרָא; כִּנָּה; מִנָּה, קָבַע; נָקַב
make one's name עָשָׂה לוֹ שֵׁם
the name of the game שֵׁם הַמִּשְׂחָק, פֹּה קָבוּר הַכֶּלֶב, הָעִקָּר
name-drop *v.* זָרַק שֵׁמוֹת (למען הרושם)
nameless *adj.* לְלֹא שֵׁם, אַלְמוֹנִי; נוֹרָא
namely *adv.* כְּלוֹמַר, דְּהַיְנוּ
namesake *n.* בַּעַל שֵׁם דּוֹמֶה
nan'ny *n.* מְטַפֶּלֶת
nanny goat עֵז, עִזָּה
nap *n.* שֵׁנָה קַלָּה, נִמְנוּם; גַּבַּחַת
nap *v.* נִמְנֵם; *נִחֵשׁ, שִׁעֵר תּוֹצָאָה
na'palm (-päm) *n.* נַפָּלְם
nape *n.* מִפְרֶקֶת, עוֹרֶף, אֲחוֹרֵי הַצַּוָּאר
naph'tha *n.* נֵפְט
naph'thalene' *n.* נַפְתָּלִין
nap'kin *n.* מַפִּית־סְעוּדָה; חִתּוּל
nap'py *n.* *חִתּוּל
nar'cissism' נַרְקִיסִיּוּת, אַהֲבָה עַצְמִית
nar'cissus *n.* נַרְקִיס (צמח־בר)
nar·cot'ic *n.* נַרְקוֹטִי; רַדָּם; נַרְקוֹמָן
nark *n.* *מַלְשִׁין, סוֹכֵן שָׁתוּל, שׁוֹטֵר
nark *v.* *הִרְגִּיז, הִתְמַרְמֵר, רָטַן
nar'rate *v.* סִפֵּר, תֵּאֵר; הִקְרִיא
nar·ra'tion *n.* סִפּוּר, תֵּאוּר; קְרִיאָה
nar'rative *n&adj.* סִפֵּר, תֵּאֵר; מְסַפֵּר
nar'row (-ō) *adj&n.* צַר, מְצוּמְצָם

narrow circumstances דַּלּוּת, דּוֹחַק
narrow escape הִנָּצְלוּת בְּנֵס
narrows מֵצַר, רְצוּעַת מַיִם
narrow *v.* הֵצֵר, כִּוֵּץ; הִצְטַמְצֵם
narrowly *adv.* בְּקוֹשִׁי, כִּמְעַט
narrow-minded צַר־אוֹפֶק, קְטַן־מוֹחַ
na'sal (-z-) *adj.* חוֹטְמִי, אַפִּי, אַנְפְּפָנִי
na'salize' (-z-) *v.* אִנְפֵּף
nas'cent *adj.* מִתְהַוֶּה, נוֹלָד, נוֹצָר
nastur'tium (-shəm) *n.* כּוֹבַע הַנָּזִיר
nas'ty *adj.* מְטוּנָּף; מַגְעִיל, מְכוֹעָר, רַע
na'tal *adj.* שֶׁמִּלֵּדָה, שֶׁל לֵדָה
na'tion *n.* אוּמָּה, עַם
na'tional (nash'ən-) *adj&n.* לְאוּמִּי; אַרְצִי, כְּלָלִי; אֶזְרָח, נָתִין
National Insurance בִּטּוּחַ לְאוּמִּי
na'tionalism' (nash'ən-) *n.* לְאוּמִּיּוּת
na'tionalist (nash'ən-) *n&adj.* לְאוּמִּי
na'tionalis'tic (nashən-) *adj.* לְאוּמָּנִי
na'tional'ity (nashən-) *n.* עַם, אוּמָּה; לְאוּמִּיּוּת; אֶזְרָחוּת, נְתִינוּת
na'tionalize' (nash'ən-) *v.* הִלְאִים
nationwide *adj.* כְּלַל אַרְצִי, כְּלַל לְאוּמִּי
na'tive *adj&n.* שֶׁל מוֹלֶדֶת; מְקוֹמִי; טִבְעִי, מִלֵּדָה; שֶׁל יְלִידִים; יָלִיד, תּוֹשָׁב
native land אֶרֶץ מוֹלֶדֶת
nativ'ity *n.* לֵדָה, הוּלֶּדֶת
NATO (nā'tō) נָאטוֹ
nat'ter *v.* פִּטְפֵּט, קִשְׁקֵשׁ; רָטַן
nat'ty *adj.* מְסוּדָּר, נָקִי, מְצוּחְצַח־הוֹפָעָה
nat'ural (-ch'-) *adj.* טִבְעִי; שֶׁל הַטֶּבַע
C natural דּוֹ בֶּקָר (לא דיאז)
natural *n.* רְפֵה־שֵׂכֶל; קָלִיד לָבָן; סַלְקָה, בֶּקָר; אָדָם הוֹלֵם/מַתְאִים
natural-born *adj.* מִלֵּדָה, טִבְעִי
natural history יְדִיעַת הַטֶּבַע
nat'uralism' (-ch'-) *n.* טִבְעָתָנוּת
nat'uraliza'tion (-ch'-) *n.* אִזְרוּחַ
nat'uralize' (-ch'-) *v.* אִזְרַח; הִתְאַזְרַח; אִקְלֵם, סִגֵּל; שָׁאַל (מִלָּה)
naturally *adj.* בְּדֶרֶךְ הַטֶּבַע; כַּמּוּבָן
na'ture *n.* טֶבַע; אוֹפִי; סוּג; סְגוּלוֹת

call of nature צורך לַעֲשִׂית צְרָכִים
in the course of nature בְּדֶרֶךְ הַטֶּבַע
state of nature עֵירוֹם
na′turism′ (-ch-) *n.* נוּדִיזם
na′turop′athy (-′ch-) *n.* רִפּוּי טִבְעוֹנִי
naught (nôt) *n.* אֶפֶס, אַיִן
bring to naught נִפֵּץ, שָׂם קֵץ לְ—
go for naught נִכְשַׁל, בְּרָכָה לְבַטָּלָה
set at naught בִּטֵּל, שָׂם לְאַל
naugh′ty *adj.* שׁוֹבָב, סוֹרֵר; רַע, גַּס
nau′se•a (-ziə) *n.* בְּחִילָה, תִּעוּב
nau′se•ate′ (-z-) *v.* עוֹרֵר בְּחִילָה
nau′se•ous (-z-) *adj.* מַבְחִיל
nau′tical *adj.* יַמִּי, שֶׁל מַלָּחִים
na′val *adj.* שֶׁל סְפִינוֹת־קְרָב, שֶׁל צִי, יַמִּי
nave *n.* מֶרְכַּז הַכְּנֵסִיָּה, מְקוֹם הַמּוֹשָׁבִים
na′vel *n.* טַבּוּר
navel orange תַּפּוּז טַבּוּרִי, וָאשִׁינגטוֹן
nav′igable *adj.* עָבִיר; בַּר־נִוּוּט
nav′igate′ *v.* נִוֵּט; נָהַג; הִפְלִיג, טָס
nav′iga′tion *n.* נִוּוּט; שַׁיִט; תְּנוּעָה
nav′iga′tor *n.* נַוָּט; אִישׁ־יָם
nav′vy *n.* פּוֹעֵל שָׁחוֹר
na′vy *n.* צִי־מִלְחָמָה; חֵיל־הַיָּם; יַמִּיָּה
navy blue כָּחוֹל כֵּהֶה
nay *adv.* לֹא, יוֹתֵר מִכָּךְ, לֹא זוֹ אַף זוֹ
Nazi (nät′si) *n.* נָאצִי
NB נ״ב, נִכְתַּב בַּצַּד, נִזְכַּרְתִּי בְּמַשֶּׁהוּ
-nd, 2nd = second
neap *n&adj.* (גֵּיאוּת־יָם) נְמוּכָה
near *adj&adv&prep&v.* קָרוֹב; סָמוּךְ לְ־; כִּמְעַט; קַמְצָן; הִתְקָרֵב
near and dear קְרוֹבִים, יַקִּירִים
near by בְּקִרְבַת מָקוֹם, בַּסְּבִיבָה
near miss כִּמְעַט קְלִיעָה לַמַּטָּרָה
near thing מַזָּל, הִנָּצְלוּת בְּנֵס
near upon/on כִּמְעַט, לִפְנֵי
near′by′ *adv.* קָרוֹב, בְּקִרְבַת מָקוֹם
Near East הַמִּזְרָח הַקָּרוֹב
nearly *adv.* כִּמְעַט, בְּקֵרוּב
not nearly רָחוֹק מִן, כְּלָל לֹא
nearsighted *adj.* קְצַר־רְאִיָּה
neat *adj.* מְסוּדָּר, נָקִי; פָּשׁוּט, לָעִנְיָן; נָאֶה; פִּקְחִי; טוֹב, מְצֻיָּן; לֹא מָהוּל
'neath = beneath *prep.* מִתַּחַת לְ—
neb′u•la *n.* עַרְפִלִּית
neb′u•lous *adj.* מְעוּרְפָּל, מְטוּשְׁטָשׁ

nec′essar′ily (-ser-) *adv.* בְּהֶכְרֵחַ
nec′essar′y (-seri) *adj&n.* הֶכְרֵחִי, נָחוּץ, חִיּוּנִי; דָּבָר חִיּוּנִי
neces′sitate′ *v.* הִצְרִיךְ, דָּרַשׁ
neces′sitous *adj.* עָנִי, נִצְרָךְ, נִזְקָק
neces′sity *n.* צוֹרֶךְ, נְחִיצוּת, הֶכְרֵחַ; עוֹנִי
by/of necessity בְּהֶכְרֵחַ, מֵאֵין בְּרֵרָה
under the necessity חַיָּב, מוּכְרָח
neck *n&v.* צַוָּאר; מֵצַר; *חוּצְפָּה; הִתְעַלֵּס
break one's neck עָמַל קָשֶׁה
neck and crop לְגַמְרֵי, מְלוֹא קוֹמָתוֹ
neck and neck (מֵירוֹץ) צָמוּד
neck or nothing הַמּוּר עַל הַכֹּל
risk one's neck שָׂם נַפְשׁוֹ בְּכַפּוֹ
win by a neck נִצַּח בְּהֶפְרֵשׁ זָעוּם
neckband *n.* צַוָּארוֹן
neck′erchief (-chif) *n.* סוּדַר־צַוָּאר
neck′lace (-lis) *n.* מַחֲרוֹזֶת, עֲנָק
neck′tie′ (-tī) *n.* עֲנִיבָה
nec′roman′cy *n.* דְּרִישָׁה אֶל הַמֵּתִים
nec′rophil′ia *n.* אַהֲבַת גְּוִיּוֹת
nec′tar *n.* צוּף; מַשְׁקֵה טְעָמִים; נֶקְטָר
nec′tarine′ (-rēn) *n.* נֶקְטָרִינָה
nee (nā) *adj.* לְבֵית־, שֶׁשְּׁמָהּ הַקּוֹדֵם
need *n.* צוֹרֶךְ; מְצוּקָה, נִצְרָכוּת, עוֹנִי
if need be אִם יִהְיֶה צוֹרֶךְ בְּכָךְ
in need of זָקוּק לְ—
need *v.* הָיָה זָקוּק/צָרִיךְ/חַיָּב; הִצְרִיךְ
need′ful *adj.* נָחוּץ, דָּרוּשׁ, הֶכְרֵחִי
nee′dle *n&v.* מַחַט; צִנּוֹרָה; קִנְטֵר, עָקַץ
get the needle הִתְעַצְבֵּן
needle one's way פִּלֵּס דַּרְכּוֹ בְּקוֹשִׁי
needless *adj.* מְיוּתָּר
needlework *n.* תְּפִירָה, מַעֲשֵׂה־מַחַט
needn't = need not (nēdnt)
needs (-z) *adv.* בְּהֶכְרֵחַ
he must needs do it הוּא חַיָּב לַעֲשׂוֹת זֹאת (בְּאִירוֹנְיָה)
needy *adj.* עָנִי, נִצְרָךְ, מְעוּט־יְכוֹלֶת
ne'er = never (nār)
ne'er-do-well בַּטְלָן, לֹא יוּצְלַח
nefa′rious *adj.* רַע, נִפְשָׁע
ne•gate′ *v.* שָׁלַל, אִפֵּס, נִטְרֵל; הִפְרִיךְ
ne•ga′tion *n.* שְׁלִילָה, בִּטּוּל; סְתִירָה
neg′ative *adj.* שְׁלִילִי, נֶגָטִיבִי
negative *n&v.* שְׁלִילָה; מִלַּת שְׁלִילָה; נֶגָטִיב, תַּשְׁלִיל; שָׁלַל, דָּחָה; הִפְרִיךְ

ne•glect′ *v&n.* הזניח; הַזנָחָה, רַשלָנוּת
neglectful *adj.* מַזנִיחַ, רַשלָנִי
neg′ligee′ (-zhā) *n.* חָלוּק
neg′ligence *n.* הַזנָחָה, רַשלָנוּת
neg′ligent *adj.* רַשלָנִי, מִתרַשֵל
neg′ligible *adj.* זָעוּם, אַפסִי, מְבוּטָל
ne•go′tiable (-shəb-) *adj.* פָּתוּחַ
לְמַשָׂא וּמַתָּן; עָבִיר; בַּר־הֲמָרָה, סָחִיר
ne•go′tiate′ (-′sh-) *v.* נִהֵל מַשָׂא וּמַתָּן, דָן; הִסדִיר; בִּצֵע; עָבַר
ne•go′tia′tion (-′sh-) *n.* מַשָׂא וּמַתָּן
Ne′gro *n.* כּוּשִי
neigh (nā) *v&n.* צָהַל; צָהֳלַת־סוּס
neigh′bor (nā′-) *n&v.* שָכֵן; שָכַן, גָבַל
neighborhood *n.* שְכוּנָה, סְבִיבָה
in the neighborhood of בְּעֵרֶך, כְּ —
neighborly *adj.* יְדִידוּתִי, שֶל שְכֵנִים
nei′ther (nē′dh-) *adj&pron.* אַף
אֶחָד (משניהם) לא; וְגַם לא
neither - nor - לא — וְאַף לא —
nem′esis *n.* נְקָמָה, גְמוּל, עוֹנֶש; נוֹקֵם
ne′o- (תחילית) חָדָש, מוֹדֶרנִי
ne•ol′ogism′ *n.* תַּחדִיש; מִלָה חֲדָשָה
ne′on′ *n.* נֵיאוֹן (גאז)
ne′onate′ *n.* תִּינוֹק, רַך נוֹלָד
ne′ophyte′ *n.* טִירוֹן, כּוֹמֶר מַתחִיל
neph′ew (-ū) *n.* אַחיָן, בֶּן אָח, בֶּן גִיס
ne plus ul′tra שִׂיא, הַדַרגָה הָעֶליוֹנָה
nep′otism′ *n.* פְּרוֹטֶקציָה לִקרוֹבִים
nerve *n&v.* עָצָב; אוֹמֶץ, תְּעוּזָה; חוּצפָּה
nerve oneself for הִתאַזֵר לִקרַאת
nerves עֲצַבִּים; עַצבָּנוּת, מֶתַח
strain every nerve עָשָׂה כָּל מַאֲמָץ
nerveless *adj.* רְפֵה־כּוֹחַ; קַר־רוּחַ
nerve-racking *adj.* מוֹרֵט עֲצַבִּים
ner′vous *adj.* עַצבָּנִי, מָתוּחַ; מִתרַגֵש
nervous breakdown הִתמוֹטְטוּת עֲצַבִּים
nerv′y *adj.* חָצוּף, נוֹעָז; עַצבָּנִי
nest *n&v.* קֵן; בַּיִת; מִקלָט; קִנֵן
nest egg סְכוּם מְשוּרייָן (לעתיד)
nes′tle (-səl) *v.* קִנֵן, שָכַן; הִתרַפֵּק
nest′ling *n.* גוֹזָל
net *n&v.* רֶשֶת; מִכמוֹרֶת; לָכַד; רִשֵת
net *adj&v.* נֶטוֹ, נָקִי; הִרוִיחַ נֶטוֹ
neth′er (-dh-) *adj.* תַּחתּוֹן
Neth′erlands (-dh-z) *n.* הוֹלַנד
net′ting *n.* הַתקָנַת רְשָתוֹת; רֶשֶת
net′tle *n&v.* סִרפָּד; הִקנִיט, הִרגִיז
nettlerash *n.* סִרפֶּדֶת, אֲבַעבּוּעָה
network *n.* רֶשֶת, רֶשֶת תִּקשוֹרֶת
neu′ral (noo-) *adj.* עֲצַבִּי, שֶל עֲצַבִּים
neural′gia (nooral′jə) *n.* נוֹירַלגִיָה
neurol′ogist (noo-) *n.* נוֹירוֹלוֹג, רוֹפֵא עֲצַבִּים
neuro′sis (noo-) *n.* נוֹירוֹזָה, עַצֶבֶת
neurot′ic (noo-) *adj&n.* נוֹירוֹטִי
neu′ter (nōō′-) *n.* מִין סְתָמִי; מְסוֹרָס
neuter *adj.* חֲסַר מִין, סְתָמִי, נֵיטרָלִי
neu′tral (nōō′-) *adj.* נֵיטרָלִי, אָדִיש
neutral *n.* מַהֲלַך־סֶרֶק; אָדָם נֵיטרָלִי
neutral′ity (noo-) *n.* נֵיטרָלִיוּת
neu′tralize′ (noo′-) *v.* נִטרֵל; פֵּרֵז
neu′tron′ (noo′-) *n.* נֵיטרוֹן
nev′er *adv.* לְעוֹלָם לא, אַף פַּעַם לא
never mind לא חָשוּב, אֵין דָבָר
this will never do לא בָּא בְּחֶשבּוֹן
well, I never! לא יְאוּמָן!
nev′ermore′ *adv.* לא עוֹד
nev′ertheless′ (-dh-) *adv.* בְּכָל זֹאת
new (nōō) *adj.* חָדָש; טָרִי
new deal תּוֹכנִית (ממשלתית) חֲדָשָה
new rich עָנִי שֶהִתעַשֵר, נוֹבוֹרִיש
New Testament הַבְּרִית הַחֲדָשָה
New Year's Day 1 בְּיָנוּאַר
New Year's Eve 31 בְּדֶצֶמבֶּר
newborn *adj.* (הרך) הַנוֹלָד
newcomer *n.* בָּא מִקָרוֹב, פָּנִים חֲדָשוֹת
new-fan′gled (nōō-ld) *adj.* חָדִיש
newly *adv.* לָאַחֲרוֹנָה; זֶה לא כְּבָר; מֵחָדָש
newly-weds *npl.* שֶזֶה עַתָּה נִשְׂאוּ
news (nōōz) *n.* חֲדָשוֹת, חֲדָשָה, יְדִיעָה
break the news בִּשֵׂר (בשורה רעה)
pieces of news חֲדָשוֹת
newsboy *n.* מְחַלֵק/מוֹכֵר עִתּוֹנִים
newscast *n.* שִדוּר חֲדָשוֹת
newscaster/-reader *n.* קַרייָן־חֲדָשוֹת
news conference מְסִבַּת עִתּוֹנָאִים
news media כְּלֵי־הַתִּקשוֹרֶת
newspaper *n.* עִתּוֹן
newsprint *n.* נְיַר עִתּוֹנִים
newsreel *n.* יוֹמַן קוֹלנוֹעַ, סֶרֶט חֲדָשוֹת
newsstand *n.* דוּכַן עִתּוֹנִים
newsworthy *adj.* רָאוּי לְפִרסוּם, מְעַניֵן

news'y (nōōz'i) *adj.* *גדוש חֲדָשׁוֹת
next *adj&adv.* הַבָּא, הַקָּרוֹב, שֶׁלְּאַחַר מִכֵּן; אַחַר כָּךְ, בַּפַּעַם הַבָּאָה
next best הַשֵּׁנִי בְּמַעֲלָה
next of kin שְׁאֵר בָּשָׂר, קָרוֹב
next to קָרוֹב לְ־; כִּמְעַט; אַחֲרֵי
next to nothing בְּקוֹשִׁי מַשֶּׁהוּ
next! הַבָּא בַּתּוֹר!
nib *n.* צִפּוֹרֶן־עֵט
nib'ble *v&n.* כִּרְסֵם; כִּרְסוּם, נְגִיסָה
nice *adj.* נָאֶה, נֶחְמָד, טוֹב; עָדִין, דַּק
nice mess בּוֹץ, דַּיְסָה
nicely *adv.* הֵיטֵב, כָּרָאוּי; בַּעֲדִינוּת
ni'cety *n.* דִּיּוּק; עֲדִינוּת; הַבְחָנָה דַּקָּה
niceties פְּרָטֵי פְּרָטִים; דְּבָרִים נָאִים
niche (nich) *n.* גּוּמְחָה; מָקוֹם; גִּיּוּב טוֹב
nick *n.* חֲתָךְ, סֶדֶק, חָרִיץ; מַצָּב; *כֶּלֶא
in the nick of time בָּרֶגַע הַקְּרִיטִי
nick *v.* חָתַךְ, חָרַץ, שָׂרַט; *דָּרַשׁ מְחִיר; גָּנַב; עָצַר; תָּפַס
nick'el *n.* נִיקֶל (מַתֶּכֶת, מַטְבֵּעַ)
nickel-plate *v.* צִפָּה בְּנִיקֶל
nick'nack' *n.* קִשּׁוּט קָטָן, חֵפֶץ־נוֹי
nick'name *n&v.* כִּנּוּי; כִּנָּה
nic'otine' (-tēn) *n.* נִיקוֹטִין
niece (nēs) *n.* אַחְיָנִית, בַּת־גִּיס
nif'ty *adj.* *יָפֶה, מוֹשֵׁךְ; מַסְרִיחַ
nig'gard *n.* קַמְצָן
nig'ger *n.* *כּוּשִׁי
nig'gle *v.* חִטֵּט, שָׂם לֵב לִקְטַנּוֹת; רָטַן
nigh (nī) *adv&prep.* קָרוֹב
night *n.* לַיְלָה; חֲשֵׁכָה
have a night out יָצָא לְבַלּוֹת בַּלַּיְלָה
night and day יוֹמָם וָלַיְלָה
nightcap *n.* כּוֹבַע־שֵׁנָה; כּוֹסִית מַשְׁקֶה
nightclub *n.* מוֹעֲדוֹן לַיְלָה
nightfall *n.* רֶדֶת הַלַּיְלָה
night'ingale' *n.* זָמִיר
night-long *adv.* בְּמֶשֶׁךְ כָּל הַלַּיְלָה
nightly *adj&adv.* לֵילִי; בְּכָל לַיְלָה
night'mare' *n.* סִיּוּט, חֲלוֹם־בַּלָּהוֹת
night owl עוֹף לַיְלָה; עוֹבֵד בַּלֵּילוֹת
nights *adv.* בַּלֵּילוֹת, בְּכָל לַיְלָה
night shift/watch מִשְׁמֶרֶת לַיְלָה
nightshirt *n.* חֲלוּק שֵׁנָה
night-time *n.* שְׁעוֹת הַלַּיְלָה
nighty, nightie *n.* *כְּתֹנֶת־לַיְלָה

ni'hilism' (nī'il-) *n.* נִיהִילִיזְם, אַפְסָנוּת
nil *n.* אֶפֶס
Nile *n.* נְהַר הַנִּילוּס
nim'ble *adj.* זָרִיז; קַל־תְּנוּעָה; שָׁנוּן
nim'bus *n.* עַנְנֵי־צָעִיף; הִלָּה
nin'compoop' (-pōōp) *n.* *טִפֵּשׁ
nine *adj&n.* תִּשְׁעָה, 9, תֵּשַׁע
dressed up to the nines לָבוּשׁ בְּהִדּוּר
nine'teen' (nīnt-) *adj&n.* תִּשְׁעָה עָשָׂר
nineteenth *adj&n.* (הַחֵלֶק) ה־19
ninetieth *adj&n.* (הַחֵלֶק) ה־90
nine'ty (nīn'ti) *adj&n.* תִּשְׁעִים, 90
ninth (nīnth) *adj.* (הַחֵלֶק) הַתְּשִׁיעִי
nip *n.* קוֹר; צְבִיטָה; נְשִׁיכָה; גִּיחָה; לְגִימָה
nip *v.* צָבַט; נָשַׁךְ; קִלְקֵל, הִשְׁחִית; מִהֵר, הֵגִיחַ, קָפַץ; גָּזַר, גָּזַם
nip in the bud קָטַף בְּאִבּוֹ
nip'ple *n.* פִּטְמָה; פִּיַּת־סִיכָה
Nip'pon' *n.* יַפָּן
nip'py *adj.* צוֹבֵט, קַר; חָרִיף, זָרִיז
nit *n.* בֵּיצַת כִּנָּה, אִנְבָּה; *טִפֵּשׁ
ni'ter, ni'tre (-tər) *n.* מִלַחַת
nit'pick' *n.* חִפֵּשׂ פְּגָמִים, חִטֵּט
ni'trate *n.* חַנְקָה, נִיטְרָט
ni'tric *adj.* חַנְקָנִי, מֵכִיל חַנְקָן
ni'trogen *n.* חַנְקָן
ni'troglyc'erin *n.* נִיטְרוֹגְלִיצֶרִין
nit'wit' *n.* *טִפֵּשׁ
nit'wit'ted *adj.* חֲסַר־דֵּעָה
nix *n&adv.* *לֹא, לָאו, לֹא כְּלוּם
no *adj&adv.* לֹא; כְּלָל לֹא; אֵין
in no time מִיָּד, מַהֵר מְאוֹד
no one אַף אֶחָד, אֵין אִישׁ שֶׁ—
the noes have it אוֹמְרֵי הַלָּאו נִצְּחוּ
whether or no בֵּין שֶׁכֵּן וּבֵין שֶׁלֹּא
no = number
Noah's ark (nō'əz) תֵּבַת נֹחַ
nob'ble *v.* *הִשִּׂיג בְּרַמָּאוּת; רָכַשׁ לִבּוֹ
no·bil'ity *n.* אֲצִילוּת; אֲצוּלָה
no'ble *n&adj.* אָצִיל; אֲצִילִי, מַרְשִׁים
nobleman/-woman *n.* אָצִיל/אֲצִילָה
no·blesse' *n.* אֲצוּלָה, אֲצִילוּת
no'bod'y *pron&n.* שׁוּם אָדָם (לֹא)
noc·tur'nal *adj.* לֵילִי, שֶׁל הַלַּיְלָה
nod *v&n.* הֵנִיעַ רֹאשׁ, הֵנְהֵן; סִמֵּן בָּרֹאשׁ, נִמְנֵם בִּישִׁיבָה; טָעָה; נִעְנוּעַ רֹאשׁ
on the nod *בְּהַקָּפָה; בְּהַסְכָּמָה מִיָּדִית

node *n.* בְּלִיטָה; מִפְרָק (בצמח); קֶשֶׁר
nod'ule (-jōōl) *n.* גוּשִׁיש, קַשְׁרִיר
no'-go' *adj.* *לֹא בַּר־בִּצּוּעַ, לֹא הוֹלֵךְ
no'how' *adv.* *בְּשׁוּם פָּנִים; כְּלָל לֹא
noise (-z) *n&v.* רַעַשׁ, קוֹל; הֵפִיץ, פִּרְסֵם
noi'some (-səm) *adj.* דּוֹחֶה, מַסְרִיחַ
nois'y (-zi) *adj.* רוֹעֵשׁ, הוֹמֶה, סוֹאֵן
no'mad' *n.* נוֹמָד, נָד
no man's land שֶׁטַח הֶפְקֵר
no'mencla'ture *n.* מִנּוּחַ, כִּנּוּיוֹן
nom'inal *adj.* נוֹמִינָלִי; סִמְלִי; שֵׁמִי
nom'inate' *v.* מִנָּה, קָבַע; הִצִּיעַ
nom'ina'tion *n.* מִנּוּי, הַצָּעַת מוּעֲמָד
nom'inee' *n.* מְמֻנֶּה, מוּעֲמָד
non- (תחילית) לֹא־, אֵינוֹ—
nonce *n.* מִקְרֶה מְיוּחָד
for the nonce לְפִי שָׁעָה, לַזְּמַן הַנּוֹכְחִי
non'chalance' (-shəläns) *n.* אֲדִישׁוּת
non'chalant' (-shəlänt) *adj.* אָדִישׁ
non'combat'ant *adj.* לֹא־קְרָבִי
non'commis'sioned officer מַשַּׁ״ק
non'commit'tal *adj.* לֹא־מְחַיֵּב
non'confor'mist *n&adj.* לֹא תּוֹאֲמָן
non'de•script' *adj.* חֲסַר פְּרָט מְאַפְיֵן
none (nun) *adv.* אַף אֶחָד; כְּלָל לֹא
have none of לֹא סָבַל, לֹא הִסְכִּים
none the less בְּכָל זֹאת
non•en'tity *n.* לֹא קַיָּם; דִּמְיוֹנִי; אֶפֶס
none'such' (nun's-) *n.* מִשְׁכְּמוֹ וָמַעְלָה
none'theless' (nundh-) *adv.* בְּכָל זֹאת
non'fic'tion *n.* סִפְרוּת לֹא־דִמְיוֹנִית
non'in'terven'tion *n.* אִי־הִתְעָרְבוּת
non'pareil' (-rel) *n.* אֵין כָּמוֹהוּ
non•plus' *v.* הֵבִיךְ, בִּלְבֵּל, הִדְהִים
nonplused *adj.* מְבוּלְבָּל, מוּכֵּה תַּדְהֵמָה
non'prolif'era'tion *n.* אִי־הֲפָצָה
non'res'ident (-z-) *n.* לֹא תּוֹשָׁב
non'sense' *n.* שְׁטוּיוֹת, הֲבָלִים
non•sen'sical *adj.* שְׁטוּתִי, אַבְּסוּרְדִי
non'stop' *adj.* יָשִׁיר, רָצוּף, לְלֹא חֲנִיָּה
noo'dle *n.* אִטְרִיָּה; טִפֵּשׁ; *רֹאשׁ, מוֹחַ
nook *n.* פִּנָּה; מַחֲבוֹא, מִסְתּוֹר
noon (nōōn) *n.* צָהֳרַיִם
noonday, noontide *n.* צָהֳרַיִם
noose *n&v.* לוּלָאָה, עֲנִיבַת תְּלִיָּה; לָכַד
nope *interj.* לֹא!
nor *conj.* וְאַף לֹא, לֹא
norm *n.* נוֹרְמָה, מִכְסָה, תֶּקֶן
nor'mal *adj.* נוֹרְמָלִי, תַּקִּין, רָגִיל
nor'malcy, nor•mal'ity *n.* נוֹרְמָלִיּוּת
nor'maliza'tion *n.* נוֹרְמָלִיזַצְיָה, נִרְמוּל
nor'mally *adv.* בְּדֶרֶךְ כְּלָל
Norse *adj&n.* נוֹרְוֶגִי; נוֹרְוֶגִית
north *n&adj&adv.* צָפוֹן; צְפוֹנִי; צָפוֹנָה
north'east' *n.* צְפוֹן־מִזְרָח
northward *adv.* צָפוֹנָה
north'west' *n.* צְפוֹן־מַעֲרָב
Nor'way *n.* נוֹרְוֶגְיָה
nos = numbers
nose (-z) *n&v.* אַף; חַרְטוֹם; חוֹטֶם; רחרח;
follow one's nose הִתְקַדֵּם יָשָׁר
lead by the nose מָשַׁךְ אוֹתוֹ בָּאַף
nose in נָע אַט־אַט קָדִימָה
nose into תָּחַב חוֹטְמוֹ בְּ—
nose out גִּלָּה; נִצַּח בְּהֶפְרֵשׁ קָטָן
nose over הִתְהַפֵּךְ
on the nose הַיְשֵׁר, בִּמְדוּיָּק
tell noses מָנָה מִסְפַּר הַמַּצְבִּיעִים
turn up one's nose עִקֵּם חוֹטְמוֹ
under one's nose מִתַּחַת לְחוֹטְמוֹ
nosebag *n.* שַׂק־הַמָּזוֹן (בצוואר־הסוס)
nosebleed *n.* דִּמּוּם אַף
nosedive *n.* צְלִילַת מָטוֹס; נְפִילַת מְחִיר
nose'gay' (nōz'gā) *n.* צְרוֹר פְּרָחִים
nosering *n.* חָח
nos•tal'gia (-jə) *n.* נוֹסְטַלְגְּיָה
nos'tril *n.* נְחִיר
nosy, nosey *adj.* תּוֹחֵב אַפּוֹ
not *adv.* לֹא; אֵין; אֲפִילוּ לֹא
not at all כְּלָל לֹא; עַל לֹא דָבָר
not but what לַמְרוֹת שֶׁ—
I think not אֲנִי חוֹשֵׁב שֶׁלֹּא
no'table *adj&n.* נִכְבָּד, מְצוּיָּן, בּוֹלֵט
no'tarize' *v.* אִשֵּׁר ע״י נוֹטַרְיוֹן
no'tary (public) *n.* נוֹטַרְיוֹן
no•ta'tion *n.* סִמּוּן, תְּוִיָּה, צִיּוּן
notch *n&v.* חָרִיץ, חֲתָךְ; דַּרְגָּה; חָרַץ
notch up זָכָה, זָקַף לִזְכוּתוֹ
note *n&v.* הֶעָרָה; פֶּתֶק; אִגֶּרֶת; תָּו; צְלִיל; סִמָּן; שָׂם לֵב; צִיֵּן; רָשַׁם
person of note אִישִׁיּוּת חֲשׁוּבָה
take note of שָׂם לֵב לְ—
notebook *n.* פִּנְקָס
noted *adj.* יָדוּעַ, מְפוּרְסָם, בַּעַל־שֵׁם

notepaper *n.* נְיַר מִכְתָּבִים
noteworthy *adj.* רָאוּי לִתְשׂוּמֶת לֵב
noth'ing (nuth-) *adv&n.* שׁוּם דָּבָר (לא)
for nothing בְּחִנָּם; לַשָּׁוְא
go for nothing לֹא שָׁוֶה כְּלוּם
nothing doing! לֹא בָּא בְּחֶשְׁבּוֹן!
nothing near כְּלָל לֹא, רָחוֹק מִכָּךְ
nothing of the kind כְּלָל וּכְלָל לֹא
nothing to do with אֵין שׁוּם קֶשֶׁר
no'tice (-tis) *n.* הוֹדָעָה; הַתְרָאָה; מוֹדָעָה; תְּשׂוּמֶת־לֵב; הַבְחִין, שָׂם לֵב
2 days' notice הוֹדָעָה יוֹמַיִם מֵרֹאשׁ
noticeable *adj.* נִתָּן לְהַבְחִין בּוֹ, נִכָּר
no'tify' *v.* הוֹדִיעַ, הוֹדִיעַ עַל
no'tion *n.* מוּשָּׂג; דֵּעָה, רַעְיוֹן; נְטִיָּה
no'tori'ety *n.* פִּרְסוּם, שֵׁם רָע
notor'ious *adj.* יָדוּעַ (לשמצה)
not'withstand'ing (-widh-) לַמְרוֹת, חֶרֶף; בְּכָל זֹאת
nought = naught (nôt) אֶפֶס, 0
noun *n.* שֵׁם עֶצֶם
nourish (nûr'-) *v.* הֵזִין, כִּלְכֵּל; טִפֵּחַ
nourishment *n.* מָזוֹן; הֲזָנָה
no'va *n.* נוֹבָה, כּוֹכָב הַבּוֹהֵק לְפֶתַע
nov'el *adj&n.* חָדָשׁ, מוּזָר; רוֹמָן, סִפּוּר
nov'elist *n.* נוֹבֶלִיסְט, סוֹפֵר
nov'elty *n.* חִדּוּשׁ; דָּבָר חָדָשׁ; מְצִיאָה
Novem'ber *n.* נוֹבֶמְבֶּר
nov'ice (-vis) *n.* טִירוֹן
now *adv.* עַכְשָׁו, עַתָּה; וּבְכֵן, הֲלוֹא
now and then/again מִפַּעַם לְפַעַם
now (that) - לְאַחַר שֶׁ־, מֵאַחַר שֶׁ—
up to now עַד כֹּה, עַד עַתָּה
now'adays' (-z) *adv.* כַּיּוֹם, בְּיָמֵינוּ
no'where' (-wãr) *adv.* בְּשׁוּם מָקוֹם לֹא
nowhere near רָחוֹק מִן, כְּלָל לֹא
out of nowhere לְפֶתַע, מֵאֵי־שָׁם
no'wise' (-z) *adv.* בְּשׁוּם פָּנִים (לא)
nox'ious (-kshəs) *adj.* מַזִּיק, רָע
noz'zle *n.* פִּי צִנּוֹר, זַרְבּוּבִית
nu'ance (-äns) *n.* נְיוּאַנְס, שׁוֹנִי, גּוֹנִית
nub *n.* גּוּשִׁישׁ, גּוּשׁ קָטָן; עִקָּר, תַּמְצִית
nu'cle·ar *adj.* גַּרְעִינִי, שֶׁל גַּרְעִין
nu'cle·us *n.* גַּרְעִין
nude *adj&n.* עָרוֹם, מְעוּרְטָל; עֵירוֹם
nudge *v&n.* נָגַע/תָּקַע קַלּוֹת בְּמַרְפֵּק; נָע, נִדְחַק; דְּחִיקַת מַרְפֵּק
nu'dism' *n.* נוּדִיזְם, עֵירוֹם
nug'get *n.* גּוּשׁ (של מתכת גולמית)
nui'sance (nōō'-) *n.* מִטְרָד; טַרְדָן
null *adj.* אַפְסִי, חֲסַר־תּוֹקֶף, בָּטֵל
nul'lify' *v.* בִּטֵּל, אִיֵּן, אִפֵּס
nul'lity *n.* בִּטּוּל, אַפְסוּת; חוֹסֶר־תּוֹקֶף
numb (num) *adj.* חֲסַר תְּחוּשָׁה, רָדוּם
numb *v.* בִּטֵּל הַתְּחוּשָׁה, הִרְדִּים, אִבֵּן
num'ber *n.* מִסְפָּר; קֶטַע, שִׁיר; *נַעֲרָה
have his number עָמַד עַל טִיבוֹ
hot number *לָהִיט, דָּבָר פּוֹפּוּלָרִי
numbers of הַרְבֵּה, מִסְפָּר רַב שֶׁל
without/beyond number לְאֵין סְפוֹר
number *v.* מָנָה, סָפַר; כָּלַל; מִסְפֵּר
numberless *adj.* לְאֵין סְפוֹר
Numbers *n.* בְּמִדְבַּר (חומש)
nu'merable *adj.* סָפִיר, שֶׁנִּתָּן לְסָפְרוֹ
nu'meral *n&adj.* סִפְרָה; מִסְפָּרִי
nu'merate' *v.* מָנָה, סָפַר; סִפְרֵר
nu·mer'ical (nōō-) *adj.* מִסְפָּרִי
nu'merous *adj.* הַרְבֵּה, רַב
nu'mismat'ics (-z-) *n.* מַטְבְּעָנוּת
num'skull' *n.* *טִפֵּשׁ, מְטוּמְטָם
nun *n.* נְזִירָה
nun'nery *n.* מִנְזָר
nup'tial *adj.* שֶׁל נִשּׂוּאִים
nurse *n.* אָחוֹת; מְטַפֶּלֶת; טִפּוּל
nurse *v.* הֵינִיק; יָנַק; טִפֵּל; טִפַּח, נָטַר
nur'sery *n.* חֲדַר־יְלָדִים; גַּנּוֹן; מִשְׁתָּלָה
nursery rhyme שִׁיר יְלָדִים
nursery school גַּן יְלָדִים; פָּעוֹטוֹן
nursing *n.* סִעוּד; מִקְצוֹעַ הָאָחוֹת
nurs(e)'ling *n.* תִּינוֹק; בַּר־טִפּוּחִים
nur'ture *n&v.* טִפּוּחַ; כִּלְכֵּל, טִפַּח
nut *n&v.* אֱגוֹז; אוֹם; *מְטוֹרָף; מְשׁוּגָּע
off one's nut מְשׁוּגָּע, יָצָא מִדַּעְתּוֹ
nutcracker *n.* מַפְצֵחַ אֱגוֹזִים
nu'triment *n.* מָזוֹן
nu·tri'tion (nōōtri-) *n.* מָזוֹן; תְּזוּנָה
nu·tri'tious (nōōtrish'əs) *adj.* מֵזִין
nuts *adj&n.* *מְשׁוּגָּע; שְׁטוּיוֹת!
nutshell *n.* קְלִפַּת הָאֱגוֹז; קִצּוּר
nut'ty *adj.* שֶׁל אֱגוֹזִים; *מְשׁוּגָּע
nuz'zle *v.* חִכֵּךְ בְּחוֹטְמוֹ, נָגַע בָּאַף
ny'lon' *n.* נַיְלוֹן; גַּרְבֵּי נַיְלוֹן
nymph *n.* נִימְפָה, יְפֵהפִיָּה; גּוֹלֶם
nym'phoma'nia *n.* נִימְפוֹמַנְיָה

O

O *n&interj.* אֶפֶס, 0; הוֹ, אוֹי (קריאה)
o' = of שֶׁל
oaf *n.* גוֹלֶם, טִפֵּש, מְטוּמטָם
oak *n.* אַלוֹן
oak'en *adj.* עָשׂוּי עֵץ אַלוֹן
oa'kum *n.* חֲבָלִים יְשָׁנִים, מוֹך־חֲבָלִים
oar *n.* מָשׁוֹט; מְשׁוֹטַאי
put one's oar in תָּחַב אַפּוֹ
rest on one's oars הִפְסִיק לַעֲבוֹד
oarsman (-z-) *n.* מְשׁוֹטַאי, תּוֹפֵשׂ מָשׁוֹט
o·a'sis *n.* נְוֵה מִדבָּר, נְאַת מִדבָּר
oat *n.* שִׁבּוֹלֶת־שׁוּעָל
oath *n.* שְׁבוּעָה; קְלָלָה
on my oath עַל דִבְרָתִי, בְּהֵן צִדקִי
on/under oath בִּשְׁבוּעָה
oatmeal *n.* קֶמַח שִׁבּוֹלֶת־שׁוּעָל
oats *npl.* שִׁבּוֹלֶת שׁוּעָל; דַיסַת קְוָאקֶר
be off one's oats אִבֵּד הַתֵּאָבוֹן
feel one's oats *הִרגִישׁ מָלֵא חַיִים
ob'duracy *n.* עַקשָׁנוּת
ob'durate *adj.* עַקשָׁן
obe'dience *n.* צַיְתָנוּת, מִשמַעַת
in obedience to בְּהֶתאֵם לְ—
obe'dient *adj.* צַיְתָן, מְמוּשׁמָע
o·bei'sance (-bā'-) *n.* קִדָּה עֲמוּקָה
ob'elisk' *n.* אוֹבֶּלִיסק, מַצֶּבֶת־מַחַט
o·bese' *adj.* שָׁמֵן מְאוֹד, בְּרִיא בָּשָׂר
o·bes'ity *n.* שׁוֹמֶן, שַׁמנוּת מְרוּבָּה
obey' (-bā') *v.* צִיֵת, עָשָׂה כַּנִדרָשׁ
ob'fuscate' *v.* בִּלבֵּל, הֵבִיך, עִרפֵּל
obit'uar'y (-chooeri) *n.* הוֹדָעַת פְּטִירָה
ob'ject' *n.* חֵפֶץ, עֶצֶם; מַטָּרָה, יַעַד; מוּשָׂא
no object לֹא חָשׁוּב, לֹא גוֹרֵם מְעַכֵּב
object' *v.* הִתנַגֵד, מָחָה, עִרעֵר
objec'tion *n.* הִתנַגְדוּת; אִי־רָצוֹן; פְּגָם
take objection הִתנַגֵד
objectionable *adj.* דוֹחֶה, לֹא נָעִים
objec'tive *adj&n.* אוֹבּיֶקטִיבִי, חִיצוֹנִי, עִנְיָנִי; מַטָּרָה, יַעַד; עַצמִית
ob'jec·tiv'ity *n.* אוֹבּיֶקטִיבִיוּת
object lesson שִׁעוּר הַדגָמָה
objec'tor *n.* מִתנַגֵד

ob'jurgate' *v.* נָזַף, גָעַר
ob·late' *adj.* פְּחוּס, מְשׁוּטַח־קְטָבִים
obla'tion *n.* קוֹרבָּן
ob'ligate' *v.* חִיֵב, אִלֵץ
feel obligated חָשׁ חוֹבָה
ob'liga'tion *n.* חוֹבָה; הִתחַיְבוּת; נֶדֶר
oblig'ato'ry *adj.* מְחַיֵב, הֶכרֵחִי, כּוֹבֵל
oblige' *v.* חִיֵב, אִלֵץ; עָשָׂה טוֹבָה
much obliged to אָסִיר תּוֹדָה לְ—
oblige him with הוֹאִיל לָתֵת לוֹ
obliging *adj.* אָדִיב, שָׂשׂ לַעֲזוֹר
oblique' (-lēk) *adj.* אֲלַכסוֹנִי; עָקִיף
oblique angle זָוִית לֹא יְשָׁרָה
oblique stroke קַו נָטוּי, לוֹכסָן
obliq'uity *n.* שִׁפּוּעַ; נְטִיָה; סְטִיָה
oblit'erate' *v.* מָחַק; הִשׁמִיד
obliv'ion *n.* שִׁכחָה; הִשתַּכְּחוּת
obliv'ious *adj.* לֹא חָשׁ בְּ־, שׁוֹכֵחַ
ob'long (-lông) *n&adj.* מַלבֵּן; מַלבֵּנִי
ob'loquy *n.* גְנַאי, שִׁמצָה; גִדוּפִים
obnox'ious (-kshəs) *adj.* דוֹחֶה, מַגעִיל
o'boe (-bō) *n.* אַבּוּב (כלי נגינה)
o'bo·ist *n.* אַבּוּבָן, מְנַגֵן בְּאַבּוּב
obscene' *adj.* גַס, שֶׁל תּוֹעֵבָה
obscen'ity *n.* גַסוּת; נִבּוּל פֶּה
obscure' *adj&v.* מְעוּרפָּל, לֹא בָּרוּר, אָפֵל; אַלמוֹנִי; עִרפֵּל, טִשׁטֵשׁ
obscu'rity *n.* אִי־בְּהִירוּת; אַלמוֹנִיוּת
ob'sequies (-kwēz) *npl.* טִקסֵי־קְבוּרָה
obse'quious *adj.* מִתרַפֵּס, לָהוּט לְשָׁרֵת
obser'vable (-z-) *adj.* נִכָּר
obser'vance (-z-) *n.* שְׁמִירָה, הַקפָּדָה
obser'vant (-z-) *adj.* שָׂם לֵב, מַבחִין, מִתבּוֹנֵן; שׁוֹמֵר, מְקַיֵם, מַקפִּיד
ob'serva'tion (-z-) *n.* שִׂימַת לֵב, הִתבּוֹנְנוּת, הַשׁגָחָה; תַּצפִּית; הֶעָרָה
obser'vato'ry (-z-) *n.* מִצפֵּה כּוֹכָבִים
observe' (-z-) *v.* הִתבּוֹנֵן, הִבחִין, שָׁמַר, קִיֵם, הִקפִּיד; אָמַר, הֵעִיר
observer *n.* מִתבּוֹנֵן; שׁוֹמֵר; מַשׁקִיף
observing *adj.* פְּקוּחַ־עַיִן, שָׂם לֵב
obsess' *v.* הֵצִיק, הִטרִיד, הִדאִיג

obses′sion *n.* שִׁגָּיוֹן; דִּבּוּק, אוֹבְּסֶסְיָה
ob′soles′cent *adj.* מִתְיַשֵּׁן, הוֹלֵךְ וְנֶעֱלָם
ob′solete′ *adj.* מְיוּשָּׁן, לֹא עוֹד בְּשִׁמּוּשׁ
ob′stacle *n.* מִכְשׁוֹל, אֶבֶן־נֶגֶף
obstet′ric(al) *adj.* שֶׁל מְיַלְּדוּת/לֵדָה
obstet′rics *npl.* מְיַלְּדוּת
ob′stinacy *n.* עַקְשָׁנוּת
ob′stinate *adj.* עַקְשָׁן
obstrep′erous *adj.* מַרְעִישׁ, קוֹלָנִי
obstruct′ *v.* חָסַם; הִסְתִּיר, הִפְרִיעַ
obstruc′tion *n.* מִכְשׁוֹל; הַפְרָעָה; חֶסֶם
obtain′ *v.* קִבֵּל, רָכַשׁ; הָיָה קַיָּם
obtrude′ *v.* הִתְפָּרֵץ, נִדְחַק; כָּפָה
obtru′sive *adj.* מִתְפָּרֵץ, נִדְחָק
obtuse′ *adj.* קֵהֶה (זווית); טִפֵּשׁ
ob′verse *n.* פְּנֵי הַמַּטְבֵּעַ, צַד עִקָּרִי
ob′viate′ *v.* הֵסִיר, סִלֵּק, מָנַע
ob′vious *adj.* בָּרוּר; פָּשׁוּט
obviously *adv.* בָּרוּר, אֵין סָפֵק שֶׁ—
occa′sion (-zhən) *n&v.* הִזְדַּמְּנוּת,
מִקְרֶה; אֵרוּעַ; סִבָּה; צוֹרֶךְ; גָּרַם; הֵסֵב
occasions עֲסוּקִים, עִנְיָנִים
on occasion לִפְעָמִים; בְּעֵת הַצּוֹרֶךְ
on the occasion of לְרֶגֶל, בִּשְׁעַת
take this occasion נִצֵּל הַהִזְדַּמְּנוּת
occasional *adj.* מִקְרִי, לֹא קָבוּעַ
occasionally *adv.* לִפְעָמִים
oc′ciden′tal *n&adj.* מַעֲרָבִי, בֶּן הַמַּעֲרָב
occult′ *adj.* סוֹדִי, לְיוֹדְעֵי חֵ״ן בִּלְבַד
oc′cu·pancy *n.* דִּיּוּר, מְגוּרִים, הַאֲחָזוּת
oc′cu·pant *n.* דַּיָּר, שָׁכֵן, מִתְנַחֵל
oc′cu·pa′tion *n.* כִּבּוּשׁ, הִשְׁתַּלְּטוּת;
יְשִׁיבָה, חֲזָקָה; עֲבוֹדָה, מִקְצוֹעַ; תַּעֲסוּקָה
occupational *adj.* מִקְצוֹעִי, שֶׁל עֲבוֹדָה
oc′cu·py′ *v.* כָּבַשׁ, הֶחֱזִיק; גָּר,
דָּר; תָּפַס, גָּזַל (זמן); הֶעֱסִיק
be occupied הָיָה עָסוּק/שָׁקוּעַ בְּ—
occur′ *v.* קָרָה, הִתְרַחֵשׁ, הוֹפִיעַ
it occurred to me עָלָה בְּדַעְתִּי
occurrence *n.* מִקְרֶה, מְאוֹרָע, הִקָּרוּת
o′cean (-shən) *n.* אוֹקְיָנוֹס
oceans of *הָמוֹן, הַרְבֵּה
o′ce·an′ic (-sh-) *adj.* אוֹקְיָנוֹסִי
o′clock′ (əklok′) *adv.* הַשָּׁעָה, בְּשָׁעָה
oc′tagon′ *n.* אוֹקְטָגוֹן, מְתוּמָן, מְשׁוּמָן
oc′tave *n.* אוֹקְטָבָה; שְׁמִינִיָּה
Oc·to′ber *n.* אוֹקְטוֹבֶּר

oc′topus *n.* תְּמָנוּן
oc′u·lar *adj.* שֶׁל הָעֵינַיִם, שֶׁל רְאִיָּה
oc′u·list *n.* אוֹקוּלִיסְט, רוֹפֵא עֵינַיִם
odd *adj.* מוּזָר; בּוֹדֵד (מתוך סדרה); לֹא
קָבוּעַ, מִזְדַּמֵּן; עוֹדֵף, נִשְׁאָר; וְיוֹתֵר
odd man out מְיוּתָּר; לֹא מְעוֹרֶה
odd number פֶּרֶד, פֶּרֶט, מִסְפָּר לֹא־זוּגִי
40-odd אַרְבָּעִים וְיוֹתֵר
odd′ity *n.* מוּזָרוּת; דָּבָר מְשׁוּנֶּה
odd-job man עוֹשֶׂה עֲבוֹדוֹת מִקְרִיּוֹת
odd′ment *n.* שְׁאֵרִית, שִׁיּוּר, חֵפֶץ נוֹתָר
odds *npl.* סִכּוּיִים, הִסְתַּבְּרוּת; יִתְרוֹנוֹת
at odds בְּמַחֲלֹקֶת, חֲלוּקִים
by all odds לְלֹא סָפֵק, לָבֶטַח
give odds נָתַן מִקְדָּם (פּוֹר)
it makes no odds לָאו נָפְקָא מִנַּהּ
odds and ends שְׁאֵרִיּוֹת, חֲפָצִים שׁוֹנִים
what's the odds? מַאי נָפְקָא מִנַּהּ?
ode *n.* אוֹדָה, שִׁיר־תְּהִלָּה
o′dious *adj.* נִתְעָב, דּוֹחֶה, שָׂנוּא
o′dor *n.* רֵיחַ; צַחֲנָה; שֵׁם, אַהֲדָה
odorless *adj.* נְטוּל־רֵיחַ
o′dorous *adj.* רֵיחָנִי
od′yssey *n.* אוֹדִיסֵיאָה
o′er = over (ôr)
of (əv, ov) *prep.* מִן; שֶׁל, בַּעַל־, עַל; בְּ—
of all people דַּוְקָא הוּא!
what of- מַה בְּנוֹגֵעַ—
off (ôf) *prep.* מִן, מֵעַל, הָלְאָה מִן
off the coast מוּל/בְּמֶרְחַק מָה מֵהַחוֹף
off the subject סוֹטֶה מֵהַנּוֹשֵׂא
off *adj&adv.* הָלְאָה, בְּמֶרְחָק, מִכָּאן,
מֵהַמָּקוֹם; מְכֻבֶּה, מְנוּתָּק; בָּטֵל; יְמָנִי
a day off יוֹם חוֹפֶשׁ
better off בְּמַצָּב יוֹתֵר טוֹב
have it off הֵסִיר זֹאת
I'm off אֲנִי זָז, אֲנִי הוֹלֵךְ
it's a bit off לֹא בְּסֵדֶר, לֹא יָאֶה
off and on מִדֵּי פַּעַם, לֹא בִּקְבִיעוּת
off chance סִכּוּי קָלוּשׁ, שֶׁמֶץ תִּקְוָה
off color חִוֵּר, חָשׁ בְּרַע; לֹא צָנוּעַ
off with his head הַתִּיזוּ רֹאשׁוֹ!
off you go! קָדִימָה! זוּז! לֵךְ!
the off season הָעוֹנָה הַמֵּתָה/הַחַלָּשָׁה
of′fal *n.* פְּסֹלֶת; שְׁיָרֵי־בְּהֵמָה
off-beat *adj.* *לֹא רָגִיל, לֹא מְקֻבָּל
offend′ *v.* הֶעֱלִיב; עָבַר, הֵפֵר; צָרַם

offender *n.* עֲבַרְיָן, עוֹבֵר עַל הַחוֹק
old offender עֲבַרְיָן וָתִיק/מוּעָד
offense′ *n.* עֲבֵרָה, פֶּשַׁע; עֶלְבּוֹן, פְּגִיעָה
offen′sive *adj.* דוֹחֶה; גַס; פּוֹגֵעַ; מִתְקָפִי
offensive *n.* אוֹפֶנְסִיבָה, מִתְקָפָה
of′fer *v.* הִצִּיעַ, הִגִּישׁ; הִבִּיעַ רָצוֹן/נְכוֹנוּת; נִסָּה; הִזְדַּמֵּן, קָרָה
offer battle הִתְגָּרָה מִלְחָמָה
offer itself הִזְדַּמֵּן, בָּא, נִקְרָה
offer resistance גִּלָּה הִתְנַגְּדוּת
offer *n.* הַצָּעָה; נִסָּיוֹן; הַבָּעַת נְכוֹנוּת
offering *n.* הַצָּעָה; מַתָּנָה; תְּרוּמָה; קוֹרְבָּן
off-hand *adv&adj.* כִּלְאַחַר יָד, מִיָּד
of′fice (-fis) *n.* מִשְׂרָד; תַּפְקִיד, כְּהוּנָה
hold office כִּהֵן בְּתַפְקִיד
in (out of) office (לֹא) בְּשִׁלְטוֹן
office-bearer/-holder מְכַהֵן בְּתַפְקִיד
of′ficer *n.* קָצִין; פָּקִיד, מְמוּנֶּה; שׁוֹטֵר
offi′cial (-fish′əl) *n&adj.* פָּקִיד; רִשְׁמִי
offi′ciate′ (-fish′iāt) *v.* שִׁמֵּשׁ, כִּהֵן, מִלֵּא תַּפְקִיד; עָרַךְ טֶקֶס
offi′cious (-fish′əs) *adj.* לָהוּט לְהַצִּיעַ שֵׁרוּתָיו, נַדְבָן עֵצוֹת, מִתְעָרֵב
off′ing (ôf-) *n.* אוֹפֶק הַיָּם, מֶרְחַקֵּי הַיָּם
in the offing בָּאוֹפֶק, עוֹמֵד לְהִתְרַחֵשׁ
off-key *adj.* לֹא הוֹגֵן, לֹא יָאֶה, מְשׁוּנֶּה
off-peak *adj.* (עוֹנַת) שֵׁפֶל, לֹא שִׂיא
off-print *n.* תַּדְפִּיס
off-putting *adj.* מֵבִיךְ; דוֹחֶה, לֹא־נָעִים
off′set′ (ôf-) *n&v.* אוֹפְסֶט; קִזּוּז; קִזֵּז
off′shoot′ (ôf′sho͞ot) *n.* נֵצֶר, חוֹטֶר
off-shore *adj.* מִן הַחוֹף; הַרְחֵק מֵהַחוֹף
off′side′ (ôf-) *adj.* נִבְדָּל
off′spring′ (ôf-) *n.* בֵּן, צֶאֱצָא, שֶׁגֶר
off-stage *adj.* מֵאֲחוֹרֵי הַקְּלָעִים
off-the-cuff *adj.* מֵהַשַּׁרְווּל, מְאוּלְתָּר
off-the-record *adj.* שֶׁלֹּא לְפִרְסוּם
off-white *adj.* לְבַנְבַּן, לֹא צָחוֹר לַחֲלוּטִין
of′ten (ôf′ən) *adv.* תְּכוּפוֹת
as often as כָּל אֵימַת שֶׁ—
every so often מִדֵּי פַּעַם
often as- לַמְרוֹת שֶׁלְּעִתִּים קְרוֹבוֹת —
o′gle *v.* נָעַץ מַבָּט, לָטַשׁ עַיִן
o′gre (-gər) *n.* מִפְלֶצֶת, עֲנָק אוֹכֵל־אָדָם
oh (ō) *interj.* אוֹ! הוֹי! (קְרִיאָה)
ohm (ōm) *n.* (בְּחַשְׁמַל) אוֹהם, אוֹם
oil *n&v.* שֶׁמֶן; נֵפְט; שִׁמֵּן; מָרַח שֶׁמֶן
oil his palm שִׁחֲדוֹ
oils צִבְעֵי שֶׁמֶן
strike oil גִּלָּה מִכְרֵה־זָהָב
oil-cake *n.* כּוּסְפָּה (מְזוֹן־בְּהֵמוֹת)
oil-can *n.* אָסוּךְ (לְסִיכַת מְכוֹנוֹת)
oil-cloth *n.* שַׁעֲוָנִית; לִינוֹלֵיאוּם
oiled *adj.* שָׁתוּי, בְּגִלּוּפִין
oiler *n.* מְכָלִית; אָסוּךְ (לְסִיכָה)
oil-skin *n.* מְעִיל גֶּשֶׁם; בַּד חֲסִין־מַיִם
oil tanker מְכָלִית, מְכָלִית־נֵפְט
oily *adj.* שַׁמְנִי, שַׁמְנוּנִי; מַחֲלִיק־לָשׁוֹן
oink *n&v.* נְחִירַת־חֲזִיר; נָחַר
oint′ment *n.* מִשְׁחָה, מִשְׁחַת־עוֹר
o•kay′, OK *adv&n&v.* אוֹקֵי, בְּסֵדֶר, טוֹב, נָכוֹן; אִשּׁוּר; אִשֵּׁר, נָתַן אוֹקֵי
o′kra *n.* בָּמְיָה (יֶרֶק־מַאֲכָל)
old (ōld) *adj.* בֶּן־, בְּגִיל־; מְבוּגָּר; זָקֵן, קָשִׁישׁ; יָשָׁן; וָתִיק; שֶׁל הֶעָבָר; מְשׁוּמָּשׁ
how old? בֶּן כַּמָּה?
of old בֶּעָבָר, מִימֵי קֶדֶם
of the old school מֵהָאַסְכּוֹלָה הַיְשָׁנָה
old age זִקְנָה
old and young מִנַּעַר וְעַד זָקֵן
old guard הַשַּׁמְרָנִים
old hand מְיוּמָּן, מְנוּסֶּה, וָתִיק
old maid בְּתוּלָה זְקֵנָה
old man *בַּעַל; אָב; קַבַּרְנִיט; חָבֵר!
old master (יְצִירָה שֶׁל) צַיָּר נוֹדָע
old woman/lady *אִשָּׁה, אֵם
the old הַזְּקֵנִים, הַיְשִׁישִׁים
Old Glory הַדֶּגֶל הָאֲמֶרִיקָנִי
Old Nick/Harry/Scratch הַשָּׂטָן
Old Testament תַּנַ"ךְ
old-clothesman *n.* סְמַרְטוּטָר
old′en (ōld′-) *n.* יָשָׁן; שֶׁל הֶעָבָר
old-fashioned *adj.* שֶׁיָּצָא מִן הָאוֹפְנָה
old fogy מְיוּשָּׁן, שַׁמְרָנִי
old′ster (ōld′-) *n.* זָקֵן, קָשִׁישׁ
old-time *adj.* שֶׁל הֶעָבָר, עַתִּיק, יָשָׁן
old timer וָתִיק; זָקֵן
old-world *adj.* שֶׁל יָמִים עָבָרוּ; אֵירוֹפִּי
o′le•an′der *n.* הַרְדּוּף (שִׂיחַ)
ol•fac′tory *adj.* שֶׁל חוּשׁ הָרֵיחַ
ol′igar′chy (-ki) *n.* אוֹלִיגַרְכְיָה
ol′ive (-liv) *n&adj.* זַיִת; זֵיתִי, זֵיתָנִי
olive oil שֶׁמֶן זַיִת
Olym′piad′ *n.* אוֹלִימְפִּיאָדָה

Olym′pian, -pic *adj.* אוֹלִימְפִּי
Olympics *n.* הַמִּשְׂחָקִים הָאוֹלִימְפִּיִּים
om•buds′man (-z-) *n.* אוֹמְבּוּדְסְמָן
om′elet, om′elette *n.* חֲבִיתָה
o′men *n&v.* אוֹת, סִמָּן לַבָּאוֹת; בִּשֵּׂר
om′inous *adj.* מְהַוֶּה סִמָּן רָע, מְאַיֵּם
omis′sion *n.* הַשְׁמָטָה; אִי־עֲשִׂיָּה, מֶחְדָּל
omit′ *v.* הִשְׁמִיט, פָּסַח; זָנַח
not omit to do it עָשָׂה זֹאת
om′nibus′ *n.* קֹבֶץ; אוֹטוֹבּוּס
om•nip′otent *adj.* כֹּל־יָכוֹל, כַּבִּיר כֹּחַ
om•nis′cient (-nish′ənt) יוֹדֵעַ הַכֹּל
om•niv′orous *adj.* אוֹכֵל/זוֹלֵל הַכֹּל
on *prep.* עַל; בְּ־; לְעֵבֶר; עַל־יַד; מִן
just on קָרוֹב מְאוֹד לְ־, כִּמְעַט
on seeing her בִּרְאוֹתִי אוֹתָהּ—
on *adj&adv.* קָדִימָה, הָלְאָה; פּוֹעֵל, פָּתוּחַ, דָּלוּק; נִמְשָׁךְ; מִתְרַחֵשׁ; בְּשִׁדּוּר
and so on וְכֵן הָלְאָה, וְכוּ׳
on and off לְסֵרוּגִים, מִפַּעַם לְפַעַם
on and on לְלֹא הֲפוּגָה, בְּלִי הֶפְסֵק
once (wuns) *adv&conj.* פַּעַם אַחַת; פַּעַם, בֶּעָבָר; בְּרֶגַע שֶׁ־, אִם אַךְ—
all at once פִּתְאוֹם
at once מִיָּד, לְלֹא דִּחוּי; בּוֹ־זְמַנִּית
not/never once אַף לֹא פַּעַם
once and again לִפְעָמִים, מִדֵּי פַּעַם
once upon a time פַּעַם אַחַת (היה)
once I see him בְּרֶגַע שֶׁאֶרְאֶה אוֹתוֹ
once (and) for all אַחַת וּלְתָמִיד
once-over *n.* מַבָּט חָטוּף/בּוֹחֵן
on′coming (-kum-) *adj.* קָרֵב, בָּא
oncoming *n.* הִתְקָרְבוּת, בִּיאָה, הַגָּעָה
one (wun) *adj&n.* אֶחָד; מְסֻיָּם; אָדָם
as one man כְּאִישׁ אֶחָד
be one up הָיָה בְּעֶמְדַּת יִתְרוֹן
be (at) one with הָיָה תְּמִים דֵּעִים
by ones and twos מְעַט מְעַט
for one thing קוֹדֶם כֹּל, דָּבָר רִאשׁוֹן
it's all one הַיְנוּ הָךְ, אֵין הֶבְדֵּל
one and all כּוּלָּם, כָּל אֶחָד
one another זֶה אֶת זֶה, זֶה לָזֶה
one could see אֶפְשָׁר הָיָה לִרְאוֹת
one day יוֹם אֶחָד, בְּאַחַד הַיָּמִים
the book is a good one הַסֵּפֶר טוֹב
which one? אֵיזֶהוּ?
I, for one אֲנִי לְמָשָׁל־, לְדִידִי
one-eyed *adj.* בַּעַל עַיִן אַחַת
one-man *adj.* שֶׁל אִישׁ אֶחָד
one-piece *adj.* (בגד ים) מֵחֵלֶק אֶחָד
on′erous *adj.* מַכְבִּיד, מֵעִיק, כָּבֵד
oneself′ (wuns-) *pron.* (את/ל־) עַצְמוֹ
one-sided *adj.* חַד־צְדָדִי; לֹא הוֹגֵן
one-time *adj.* לְשֶׁעָבַר, בֶּעָבָר
one-track *adj.* חַד־נְתִיבִי; מוּגְבָּל
one-way *adj.* חַד־סִטְרִי; לְכִוּוּן אֶחָד
on′go′ing *adj&n.* מַמְשִׁיךְ; הִתְקַדְּמוּת
on′ion (un′yən) *n.* בָּצָל
knows his onions חָכָם, בַּעַל נִסָּיוֹן
on′look′er *n.* צוֹפֶה, מַשְׁקִיף, מִתְבּוֹנֵן
o′nly *adj&adv&conj.* יָחִיד; אַךְ וְרַק, בִּלְבַד, גְּרֵידָא; רַק, אֶלָּא שֶׁ־, דָּא עָקָא
only just בְּקוֹשִׁי; לִפְנֵי רֶגַע, זֶה עַתָּה
the only הַיָּחִיד; הֲכִי טוֹב
on′rush′ *n.* הִסְתָּעֲרוּת, נְהִירָה, זְרִימָה
on′set′ *n.* הַתְקָפָה; הַתְחָלָה
on′slaught′ (-lôt) *n.* הִסְתָּעֲרוּת
on′to (-too) *prep.* אֶל, עַל
o′nus *n.* אַחֲרָיוּת, נֵטֶל, מַשָּׂא; אַשְׁמָה
on′ward *adj&adv.* מִתְקַדֵּם; קָדִימָה
onwards *adv.* קָדִימָה, הָלְאָה; אֵילָךְ
on′yx *n.* אֶנֶךְ, שׁוֹהַם, קְוָרץ צִבְעוֹנִי
ooze *n&v.* בּוֹץ; טִפְטֵף, זָב; פָּג
o•pac′ity *n.* אֲטִימוּת, אִי־שְׁקִיפוּת
o′pal *n.* לֶשֶׁם (אבן יקרה), אוֹפָּל
o•paque′ (-pāk) *adj.* אָטוּם, לֹא שָׁקוּף
o′pen *adj.* פָּתוּחַ; גָּלוּי; כֵּן, הוֹגֵן
lay oneself open to חָשַׂף עַצְמוֹ לְ—
open air תַּחַת כִּפַּת הַשָּׁמַיִם, חוּץ
open book כְּסֵפֶר הַפָּתוּחַ, גָּלוּי, בָּרוּר
open country שָׂדֶה פָּתוּחַ, שֶׁטַח נִרְחָב
open hands יָד פְּתוּחָה, נְדִיבוּת
open mind רֹאשׁ פָּתוּחַ, רְחַב־אוֹפֶק
open season עוֹנָה מוּתֶּרֶת בְּצַיִד
open secret סוֹד גָּלוּי
open *v&n.* פָּתַח; נִפְתַּח; הִתְחִיל; חוּץ
open his eyes פָּקַח אֶת עֵינָיו
open one's eyes פָּעַר עֵינַיִם
open one's mind גִּלָּה דֵעוֹתָיו
open out נִפְתַּח; נִגְלָה לָעַיִן
open up פָּתַח; נִפְתַּח
open-air *adj.* בַּחוּץ, תַּחַת כִּפַּת הַשָּׁמַיִם
open-and-shut *adj.* בָּרוּר, מְפוֹרָשׁ
opener *n.* פּוֹתְחָן; פּוֹתֵחַ

open-eyed *adj.* פּוֹעֵר־עֵינַיִם, נִדְהָם
open-handed *adj.* שֶׁיָּדוֹ רְחָבָה, נָדִיב
open-hearted *adj.* גְּלוּי־לֵב; נְדִיב־לֵב
open-heart surgery נִתּוּחַ־לֵב פָּתוּחַ
opening *n.* פְּתִיחָה; פֶּתַח, פִּרְצָה; סִכּוּי
opening night עֶרֶב בְּכוֹרָה (של הצגה)
openly *adj.* גְּלוּיוֹת, בְּפַרְהֶסְיָה
open-minded *adj.* רְחַב־אוֹפֶק, פָּתוּחַ
open-mouthed *adj.* פְּעוּר פֶּה
openness *n.* פְּתִיחוּת
open-work *n.* מַעֲשֵׂה־רֶשֶׁת (גרביים)
op′era *n.* אוֹפֶּרָה
op′erable *adj.* נָתִיחַ, נִתָּן לְנִתּוּחַ
opera glasses מִשְׁקֶפֶת תֵּיאַטְרוֹן
op′erate′ *v.* פָּעַל; הִפְעִיל; תִּפְעֵל; נִתַּח
operating theater חֲדַר נִתּוּחִים
op′era′tion *n.* פְּעוּלָּה; מִבְצָע; נִתּוּחַ
operational *adj.* תִּפְעוּלִי; אוֹפֶּרָטִיבִי
op′era′tive *n&adj.* פּוֹעֵל; תָּקֵף, מַשְׁפִּיעַ; חָשׁוּב, נִתּוּחִי, כִּירוּרְגִי
op′era′tor *n.* מַפְעִיל, פּוֹעֵל; מֶרְכָּזָנִית
op′eret′ta *n.* אוֹפֶּרֶטָה, אוֹפֶּרִית
oph′thal•mol′ogist *n.* רוֹפֵא עֵינַיִם
o′piate *n.* שִׁקּוּי שֵׁנָה, סַם מַרְגִּיעַ
o•pine′ *v.* חָשַׁב שֶׁ־, הִבִּיעַ דֵּעָה
opin′ion *n.* דֵּעָה, הַשְׁקָפָה; חַוַּת־דַּעַת
be of the opinion that סָבַר שֶׁ—
high/low opinion הַעֲרָכָה/בּוּז
in my opinion לְדַעְתִּי
public opinion דַּעַת הַקָּהָל
opin′iona′ted *adj.* עַקְשָׁן, דּוֹגְמָטִי
opinion poll מִשְׁאַל דַּעַת הַקָּהָל
o′pium *n.* אוֹפְּיוּם
oppo′nent *n.* יָרִיב
op′portune′ *adj.* מַתְאִים, בְּעִתּוֹ, קוֹלֵעַ
op′portu′nism′ *n.* סְתַגְלָנוּת
op′portu′nist *n.* סְתַגְלָן
op′portu′nity *n.* הִזְדַּמְּנוּת, שָׁעָה נוֹחָה
oppose′ (-z) *v.* הִתְנַגֵּד; הֶעֱמִיד מוּל
as opposed to בְּנִגּוּד לְ—
be opposed to הִתְנַגֵּד לְ—
op′posite (-zit) *adj&n.* נֶגְדִּי; מִמּוּל; הָפוּךְ; מְנוּגָּד; נִגּוּד, הֵפֶךְ
op′posi′tion (-zi-) *n.* הִתְנַגְּדוּת, נִגּוּד; עֵמוּת; אוֹפּוֹזִיצְיָה
oppress′ *v.* דִּכָּא; רָדָה; הֵעִיק
oppressed *adj.* מְדוּכְדָּךְ, מְדוּכָּא
oppres′sion *n.* דִּכּוּי; לַחַץ; מוּעָקָה
oppres′sive *adj.* מְדַכֵּא; מֵעִיק
oppres′sor *n.* עָרִיץ, רוֹדָן
oppro′brious *adj.* מַעֲלִיב, מֵבִישׁ
oppro′brium *n.* עֶלְבּוֹן, בּוּשָׁה, גִּדּוּף
opt *v.* בָּחַר, בֵּרֵר, הֶעֱדִיף
opt out of בָּחַר שֶׁלֹּא לָקַחַת חֵלֶק בְּ—
op′tic *adj.* אוֹפְּטִי, שֶׁל הָרְאִיָּה, שֶׁל הָעַיִן
op′tical *adj.* אוֹפְּטִי, רְאִיָּתִי, חֲזוּתִי
op•ti′cian (-tish′ən) *n.* אוֹפְּטִיקַאי
op′tics *npl.* אוֹפְּטִיקָה, תּוֹרַת הָאוֹר
op′timism′ *n.* אוֹפְּטִימִיּוּת
op′timist *n.* אוֹפְּטִימִיסְט
op′timum *adj.* אוֹפְּטִימָלִי, מֵיטָבִי
op′tion *n.* אוֹפְּצִיָּה; בְּרֵרָה, בְּחִירָה
option of a fine בְּרֵרַת קְנָס
optional *adj.* שֶׁל בְּחִירָה, לֹא חוֹבָה
op•tom′etrist *n.* אוֹפְּטוֹמֶטְרַאי
op′u•lent *adj.* עָשִׁיר, שׁוֹפֵעַ
or *conj.* אוֹ; אוֹ שֶׁ־, וְלֹא
or else וָלֹא, פֶּן; אוֹי לְךָ!
or so בְּעֵרֶךְ, בִּסְבִיבוֹת
or′acle *n.* אוֹרָקֶל; אוּרִים וְתוּמִים
orac′u•lar *adj.* נְבוּאִי, כְּמוֹ אוֹרָקֶל; סָתוּם, לֹא בָּרוּר
or′al *adj&n.* שֶׁבְּעַל־פֶּה; בַּפֶּה; אוֹרָלִי, שֶׁל הַפֶּה; בְּחִינָה בְּעַל־פֶּה
or′ange (-rinj) *n&adj.* תַּפּוּז; כָּתוֹם
or′angeade′ (-jād) *n.* אוֹרַנְגָ'דָה
orang′utan′ *n.* אוֹרַנג־אוּטַנג (קוף)
o•rate′ *v.* נָאַם
o•ra′tion *n.* נְאוּם
or′ator *n.* נוֹאֵם
or′ator′ical *adj.* שֶׁל נוֹאֵם; שֶׁל נְאוּם
or′ator′io′ *n.* אוֹרָטוֹרְיָה
orb *n.* גֶּרֶם־שָׁמַיִם; עַיִן
or′bit *n&v.* מַסְלוּל (של כוכב/לוויין); שִׁגֵּר/נָע/הִקִּיף בְּמַסְלוּל, הִסְלִיל
go into orbit הִתְפָּרֵץ בְּזַעַם
or′chard *n.* פַּרְדֵּס, מַטַּע עֲצֵי־פְּרִי
or′chestra (-ki-) *n.* תִּזְמֹרֶת
or′chestral (-ki-) *adj.* תִּזְמָרְתִּי
or′chestrate′ (-ki-) *v.* תִּזְמֵר
or′chid, or′chis (-k-) *n.* סַחְלָב
or•dain′ *v.* הִסְמִיךְ; צִוָּה, הוֹרָה; גָּזַר
or•deal′ *n.* נִסָּיוֹן, חֲוָיָה מָרָה; מִבְחָן
or′der *n.* סֵדֶר; הוֹרָאָה, צַו; הַזְמָנָה; מִין,

סוג; מַחלָקָה; פְּקוּדָה; מִסדָר דָתִי
call to order קָרָא לְסֵדֶר
in order בְּסֵדֶר, בְּמַצָב תַּקִין
in order to/that כְּדֵי לְ־/שֶ—
in short order מַהֵר, לְלֹא דִחוּי
in working order פּוֹעֵל כַּהֲלָכָה
it's in order to זֶה בְּסֵדֶר לְ—
large/tall order מְשִׂימָה קָשָׁה
made to order לְפִי הַזמָנָה (בגד)
on the order of בְּעֵרֶך, בְּסֵדֶר גוֹדֶל
order of the day סֵדֶר הַיוֹם
out of order לֹא בְּסֵדֶר, לֹא פּוֹעֵל
order *v.* צִוָה, פָּקַד, הוֹרָה עַל; הִזמִין (סְחוֹרָה/מוֹנִית); סִדֵר, נִהֵל
order around הֵצִיק בְּפקוּדוֹת, טִרטֵר
or'derly *adj.* מְסוּדָר; צַיְתָן, מְמוּשמָע
orderly *n.* שַׁמָשׁ, רָץ; אָח, סָנִיטָר
orderly officer קְצִין תּוֹרָן
or'dinal *adj&n.* סוֹדֵר; (מִספָּר) סִדוּרִי
or'dinance *n.* חוֹק, תַּקָנָה, צַו
or'dinar'ily (-ner-) *adv.* בְּדֶרֶך כְּלָל
or'dinar'y (-neri) *adj.* רָגִיל
out of the ordinary יוֹצֵא דוֹפֶן
ord'nance *n.* תּוֹתָחִים; חִמוּשׁ
ore *n.* עַפרָה, מַחצָב
or'gan *n.* אֵיבָר; מַכשִׁיר; בִּטָאוֹן; עוּגָב
or•gan'ic *adj.* אוֹרגָנִי, שֶׁל הַחַי, שֶׁל הָאֵיבָרִים; חִיוּנִי, בִּלתִּי נִפרָד
or'ganism' *n.* אוֹרגָנִיזם, יְצוּר; מַנגָנוֹן
or'ganist *n.* עוּגָבַאי, מְנַגֵן בְּעוּגָב
or'ganiza'tion *n.* אִרגוּן; הִסתַּדְרוּת
or'ganize' *v.* אִרגֵן; סִדֵר; אִגֵד
or'gasm' (-gaz'əm) *n.* אוֹרגַזמָה, רִוְיוֹן
or'gy *n.* אוֹרגְיָה, נֶשֶׁף־חֵשֶׁק, זִמָה
or'iel *n.* גַבלִית, חַלוֹן בּוֹלֵט
or'ient *n&adj.* מִזרָח; אַסיָה; מִזרָחִי
or'ien'tal *adj&n.* אוֹרִיֶנטָלִי, מִזרָחִי
or'ientate' *v.* מִזרֵחַ; אִתֵּר; הִנחָה
orientate oneself הִתמַזרֵחַ, הִתמַצֵא
or'ienta'tion *n.* אוֹרִיֶנטַציָה; מְגַמָה
or'ifice (-fis) *n.* פֶּתַח, פֶּה, נָחִיר
or'igin *n.* מָקוֹר, מוֹצָא
orig'inal *adj&n.* מְקוֹרִי; מָקוֹר, אוֹרִיגִינָל
originally *adv.* בְּדֶרֶך מְקוֹרִית; בַּתְּחִלָה
orig'inate' *v.* הִתחִיל, צָמַח, נָבַע; יָצַר
or'iole' *n.* זְהַבָן (צִיפּוֹר־שִׁיר)
or'nament *n.* קִשּׁוּט, תַּכשִׁיט, עִטוּר
or'nament' *v.* קִשֵׁט, עִטֵר
or•nate' *adj.* מְקוּשָׁט, מְלִיצִי
or'nithol'ogist *n.* אוֹרנִיתוֹלוֹג, צַפָּר
or'otund' *adj.* מִתנַפֵּחַ, יוּמרָנִי; מַרשִׁים
or'phan *n&v.* יָתוֹם; יִתֵּם
or'phanage *n.* בֵּית־יְתוֹמִים
or'thodox' *adj.* אוֹרתּוֹדוֹכּסִי, אָדוּק
or•thog'raphy *n.* כְּתִיב נָכוֹן
or'thope'dic *adj.* אוֹרתּוֹפֶּדִי
os'cillate' *v.* הִתנַדנֵד; נִענַע; הִסֵס
os'cilla'tor *n.* מַתנֵד, אוֹסִילָטוֹר
os•mo'sis (oz-) *n.* אוֹסמוֹזָה, פִּעפּוּעַ
os'sify' *v.* הִקשָׁה כְּעֶצֶם; הִתאַבֵּן
os•ten'sible *adj.* נִראֶה, שֶׁלִכאוֹרָה
os'tenta'tious (-shəs) *adj.* רַאַוְתָנִי
os'tler (-sl-) *n.* סַיָס, מְטַפֵּל בְּסוּסִים
os'tracism' *n.* נִדוּי; הַגלָיָה
os'trich *n.* יָעֵן, בַּת־יַעֲנָה
oth'er (udh'-) *adj&adv.* אַחֵר, שֵׁנִי, נוֹסָף, שׁוֹנֶה; אַחֶרֶת
every other כָּל שֵׁנִי; כָּל הַשְּׁאָר
other than מִלְבַד; זוּלַת, אֶלָא
somehow or other בְּדֶרֶך כָּלשֶׁהִי
otherwise *adv.* אַחֶרֶת; וָלֹא; חוּץ מִזֶה
otherworldly *adj.* לֹא מֵעָלמָא הָדֵין
o'tiose' *adj.* מְיוּתָּר, לֹא מְשָׁרֶת מַטָרָה
ot'ter *n.* (פַּרוַות) לוּטרָה, כֶּלֶב נָהָר
ouch *interj.* אוֹי! אַי! (קְרִיאַת־כְּאֵב)
ought (ôt) *v.* הָיָה חַיָב/צָרִיך
ounce *n.* אוּנקִיָה; שֶׁמֶץ; מִין נָמֵר
our *pron.* שֶׁלָנוּ
ours (-z) *pron.* שֶׁלָנוּ
ourselves' (-selvz) *pron.* (אֶת/לְ־/בְּ־) עַצמֵנוּ; אוֹתָנוּ; לְבַדֵנוּ
oust *v.* גֵרֵשׁ, סִלֵק, דָחַק מִמְקוֹמוֹ
out *adj&adv.* הַחוּצָה; בַּחוּץ; יָצָא; רָחוֹק; לְגַמרֵי, כָּלִיל; טוֹעֶה; לֹא נָכוֹן; בְּקוֹל
all out בִּמלוֹא הַקִּיטוֹר, בְּכָל הַכּוֹחוֹת
is out to בְּכַוָנָתוֹ לְ־, מְנַסֶה לְ—
my day out יוֹם חוּפשָׁה שֶׁלִי
on the outs מְסוּכסָכִים
out and about קָם, מַחֲלִים, מִסתּוֹבֵב
out and away בְּהֶחלֵט, בְּמִדָה רַבָּה
out and out לְגַמרֵי; מוּבהָק, גָמוּר
out of מִחוּץ לְ־; מִתּוֹך; מִן; חָסֵר—
out you go! הִסתַּלֵק! צֵא!
the out tray מַגַשׁ דוֹאַר יוֹצֵא

the secret is out נִתְגַלָּה הַסּוֹד
out *v.* הוֹצִיא; פִּרְסֵם
out (תחילית) עָלָה עַל־, עָבַר
out′bid′ *v.* הִצִּיעַ מְחִיר גָבוֹהַּ מִן
out′break′ (-brāk) *n.* הִתְפָּרְצוּת
out′buil′ding (-bil-) *n.* אֲגַף, יָצִיעַ
out′burst′ *n.* הִתְפָּרְצוּת
out′cast′ *n&adj.* מְנוּדֶּה; חֲסַר־בַּיִת
out′come′ (-kum) *n.* תּוֹצָאָה, תּוֹלָדָה
out′cry′ *n.* צְרִיחָה; זְעָקָה, מְחָאָה
out′da′ted *adj.* מְיוּשָּׁן, שֶׁיָּצָא מִשִּׁמּוּשׁ
out′do′ (-dōō) *v.* עָלָה (בביצוע) עַל—
be outdone נִכְשַׁל, הִפְסִיד
outdo oneself עָלָה עַל עַצְמוֹ
out′door′ (-dôr) *adj.* שֶׁל חוּץ, בַּחוּץ
out′doors′ (-dôrz) *adv.* בַּחוּץ
out′er *adj.* חִיצוֹנִי, קִיצוֹנִי, מְרוּחָק
outer space הֶחָלָל הַחִיצוֹן
out′face′ *v.* הֵעֵז פָּנִים; הֵישִׁיר מַבָּט
out′field′ (-fēld) *n.* הַשָּׂדֶה הַחִיצוֹן
out′fit′ *n&v.* צִיּוּד; כֵּלִים; סִפֵּק, צִיֵּד
out′flow′ (-ō) *n.* זְרִימָה, שֶׁטֶף
out′go′ *n.* הוֹצָאָה
outgoing *adj.* יוֹצֵא, פּוֹרֵשׁ; חַבְרוּתִי
outgoings *npl.* הוֹצָאוֹת
out′grow′ (-ō) *v.* גָדַל מַהֵר מִן; נָטַשׁ
out′growth′ (-ōth) *n.* תּוֹצָאָה; צְמִיחָה
out′ing *n.* טִיּוּל נוֹפֶשׁ; אִמּוּן, תִּרְגּוּל
out•land′ish *adj.* מוּזָר, מְשׁוּנֶּה
out′last′ *v.* חַי/אָרַךְ יוֹתֵר
out′law′ *n.* פּוֹשֵׁעַ; מְשׁוּלַל הֲגָנַת הַחוֹק
outlaw *v.* הוֹצִיא אֶל מִחוּץ לַחוֹק
out′lay′ *n&v.* הוֹצָאָה; בִּזְבֵּז; הוֹצִיא
out′let′ *n.* מוֹצָא, יְצִיאָה; פּוּרְקָן
out′line′ *n&v.* מִתְאָר, קַו מַקִּיף; צוּרָה כְּלָלִית; תֵּאֵר בְּקַוִּים כְּלָלִיִּים
out′live′ (-liv) *v.* הֶאֱרִיךְ יָמִים מִן
out′look′ *n.* מַרְאֶה, נוֹף; סִכּוּי; הַשְׁקָפָה
out′ly′ing *adj.* רָחוֹק מֵהַמֶּרְכָּז, נִדָּח
out′mo′ded *adj.* מְיוּשָּׁן, לֹא בָּאוֹפְנָה
out′most′ (-mōst) *adj.* הַקִּיצוֹנִי
out′num′ber *v.* עָלָה בְּמִסְפָּר עַל
out-of-date *adj.* מְיוּשָּׁן
out-of-doors *adv.* בַּחוּץ, מִחוּץ לַבַּיִת
out-of-the-way *adj.* רָחוֹק, בּוֹדֵד, נִדָּח
out′pa′tient (-shənt) *n.* חוֹלֵה־חוּץ
out′put′ (-poot) *n.* תְּפוּקָה; פֶּלֶט

out′rage′ *n&v.* שַׁעֲרוּרִיָּה, פֶּשַׁע, זְוָעָה; פְּגִיעָה, עֶלְבּוֹן; פָּגַע; אָנַס
out•ra′geous (-jəs) *adj.* מְזַעֲזֵעַ, מֵבִישׁ
out′rank′ *v.* עָלָה בְּדַרְגָּתוֹ עַל—
outré (ōōtrā′) *adj.* מוּזָר, לֹא רָגִיל
out′ri′der *n.* שׁוֹטֵר־אוֹפַנּוֹעַן מְלַוֶּה
out′right′ *adj.* בָּרוּר; גָמוּר, מוּחְלָט
out′right′ *adv.* לְגַמְרֵי; מִיָּד; גְלוּיוֹת
out′set′ *n.* הַתְחָלָה, רֵאשִׁית
out′side′ *n.* חוּץ, הַצַּד הַחִיצוֹנִי
at the outside לְכָל הַיּוֹתֵר
out′side′ *adj.* חִיצוֹנִי; מִבַּחוּץ; מְרַבִּי
outside broadcast שִׁדּוּר חוּץ
outside chance סִכּוּי קָלוּשׁ/קַל
out′side′ *adv&prep.* בַּחוּץ; מִחוּץ לְ־, מֵעֵבֶר לְ־, מִחוּץ לִגְבוּלוֹת־; לְמַעְלָה מִן
out′si′der *n.* חִיצוֹנִי, זָר, לֹא חָבֵר
out′skirts′ *npl.* פַּרְוָרִים, פַּאֲתֵי עִיר
out′smart′ *v.* הֶחְכִּים מִן, הֶעֱרִים עַל—
out′spo′ken *adj.* גָלוּי, כֵּן; מוּבָּע גְלוּיוֹת
out′stand′ing *adj.* מְצוּיָּן, בּוֹלֵט, נִכָּר; לְפֵרָעוֹן, טֶרֶם נִפְרַע; בְּטִפּוּל
out′stretch′ *v.* מָתַח, הוֹשִׁיט
out′ward *adj.* חִיצוֹנִי; כְּלַפֵּי חוּץ
out′ward(s) *adv.* הַחוּצָה, לַחוּץ
out′weigh′ (-wā′) *v.* הָיָה רַב־מִשְׁקָל
out′wit′ *v.* הֶעֱרִים עַל, גָבַר עַל
out′worn′ *adj.* מְיוּשָּׁן, בָּלֶה; נָדוֹשׁ
o′val *adj.* סְגַלְגַל, אֶלִיפְּסִי, בֵּיצִי
o′vary *n.* שַׁחֲלָה
o•va′tion *n.* מְחִיאוֹת כַּפַּיִם, תְּשׁוּאוֹת
ov′en (uv′-) *n.* תַּנּוּר, כִּבְשָׁן
ovenware *n.* כְּלֵי־תַנּוּר (חסיני־אש)
o′ver *prep.* עַל, מֵעַל לְ־, עַל־פְּנֵי
over and above נוֹסָף עַל, מִחוּץ לְ—
over Saturday עַד לְאַחַר שַׁבָּת
over *adv.* לְגַמְרֵי; מֵחָדָשׁ, שׁוּב; עוֹדֵף
be over נִגְמַר, הִסְתַּיֵּם
over against מוּל; לְעוּמַת, בְּהַשְׁוָאָה
over and over again שׁוּב וָשׁוּב
over here/over there פֹּה/שָׁם
over- (תחילית) יוֹתֵר מִדַּי; נוֹסָף; עֶלְיוֹן
o′verall′ (-ôl) *adj&adv.* כּוֹלֵל, מַקִּיף
o′verall′ (-ôl) *n.* סַרְבָּל; בֶּגֶד־עֲבוֹדָה
o′verbear′ (-bār) *v.* גָבַר, נִצַּח
overbearing *adj.* שְׁתַלְטָנִי, שַׁחֲצָן
o′verboard′ *adv.* מֵעֵבֶר לַסְּפִינָה

go overboard for התלהב מן
o′vercast′ *adj.* מעונן, מועב, קודר
o′vercharge′ *v.* גבה מחיר מופרז
o′vercharge′ *n.* מחיר מופרז
o′vercoat′ *n.* מעיל עליון
o′vercome′ (-kum) *v.* התגבר, הכריע
o′verdo′ (-dōō′) *v.* הפריז; הגזים
overdo it הפריז, עבר את הגבול
o′verdose′ *n.* מנה גדושה (של סם)
o′verdraft′ *n.* משיכת יתר
o′verdraw′ *v.* משך מעל היתרה
o′verdue′ (-doo) *adj.* שזמנו פרעונו עבר; מאחר
o′verflow′ (-ō) *n.* גלישה, שפע, ברוץ
o′verflow′ (-ō) *v.* גלש; שפע
o′vergrown′ (-ōn) *adj.* שגדל מהר
o′verhang′ *n.* בליטה, חלק בולט
o′verhang′ *v.* בלט; היה תלוי ממעל
o′verhaul′ *n.* שפוץ, בדיקה, אוברול
o′verhead′ (-hed) *adj&adv.* מעל לראש, עלי; (הוצאות) כלליות
o′verhear′ *v.* שמע (במקרה)
o′verjoy′ *v.* שמח עד מאוד
o′verland′ *adj.* יבשתי, בדרך היבשה
o′verlap′ *v.* חפף; רעף
o′verload′ *n.* עומס יתר
o′verlook′ *v.* השקיף; היה נשקף על; העלים עין, ותר; השגיח
o′verly *adv.* יותר מדי; ביותר
o′vernight′ *adj&adv.* במשך הלילה; לשעות הלילה; בן לילה, לפתע
o′verpass′ *n.* גשר, צומת עלי
o′verpow′er *v.* השתלט, הכניע
overpowering *adj.* משתלט, עז, חזק
o′verrate′ (-r-r-) *v.* הפריז בהערכה
o′verreach′ (-r-r-) *v.* הערים, גבר על
overreach oneself היה שאפתני מדי
o′verride′ (-r-r-) *v.* בטל; רמס
o′verrule′ (-r-r-) *v.* בטל, פסק נגד
o′verrun′ (-r-r-) *v.* התפשט, הציף
o′verseas′ (-sēz) *adj&adv.* מעבר לים
o′versee′ *v.* פקח, השגיח, נהל
o′vershad′ow (-ō) *v.* האפיל על
o′vershoe′ (-shōō) *n.* ערדל
o′versight′ *n.* השמטה, שכחה; השגחה
o′versleep′ *v.* ישן יותר מדי
o′verstate′ *v.* הפריז בהודעתו
overstatement *n.* הגזמה, הפרזה
o•vert′ *adj.* גלוי, פומבי
o′vertake′ *v.* השיג, עקף; תקף
o′verthrow′ (-ō) *n.* נפילה, מהפך, הרס
o′verthrow′ (-ō) *v.* שם קץ ל־, הפיל
o′vertime′ *n.* שעות נוספות
o′vertone′ *n.* צליל עליון, רמז
o′vertop′ *v.* התרומם מעל; עלה על
o′verture *n.* אוברטורה, פתיחה; גשוש
o′verturn′ *v.* הפך, הפיל
o′verween′ing *adj.* יהיר, יומרני
o′verweight′ (-wāt) *n.* עודף משקל
overweight *v.* הכריע הכף
o′verwhelm′ (-welm) *v.* הציף; הכריע
overwhelming *adj.* מכריע, מוחץ, גדול
o′verwork′ (-wûrk) *n.* עבודה רבה
o′verwork′ (-wûrk) *v.* עבד קשה
o′verwrought′ (-vərôt) *adj.* מעובד מדי; מרוט־עצבים, נרגש; עיף, סחוט
ov′u•la′tion *n.* ביוץ
o′vum (pl = o′va) *n.* ביצית
owe (ō) *v.* היה חיב; יחס ל—
ow′ing (ō′-) *adj.* מגיע, חיב, לא נפרע
owing to בגלל, מפני, עקב
owl *n.* ינשוף
own (ōn) *adj.* שלו, של עצמו
be one's own man היה עצמאי
have one's own back נקם
hold one's own עמד איתן
on one's own לבדו; בלי עזרה; מצוין
one's own שלו, של עצמו, שיך לו
with my own eyes במו עיני
own *v.* היה בעלים של־, החזיק; הודה
own oneself הודה, ראה עצמו
own up הודה באשמה
own′er (ōn′-) *n.* בעלים, בעל, אדון
ownerless *adj.* חסר־בעלים, הפקר
ownership *n.* בעלות
ox (pl = ox′en) *n.* שור
ox′ide *n.* תחמוצת
ox′idize′ *v.* חמצן; התחמצן; החליד
ox′ygen *n.* חמצן
oxygen tent אוהל חמצן
oy′ster *n.* צדפה
oyster bed, -bank מושבת צדפות (בים)
oz = ounce
o′zone *n.* אוזון; אויר צח/מרענן

P

p = page, penny, past

mind one's p's and q's הָיָה זָהִיר

pa (pä) *n.* *אַבָּא

pab'u·lum *n.* מָזוֹן; מָזוֹן רוּחָנִי

pace *n&v.* קֶצֶב; צַעַד; צָעַד; פָּסַע

go at a good pace הִתקַדֵּם מַהֵר

keep pace with הִתקַדֵּם בְּאוֹתוֹ קֶצֶב

pace off/out מָדַד בִּצְעָדִים

show one's paces הֶרְאָה יְכוֹלְתּוֹ

pa'ce (pā'si) *prep.* בִּמְחִילָה מִכְּבוֹד —

pace-maker *n.* קוֹבֵעַ קֶצֶב; קוֹצֵב לֵב

pacif'ic *adj.* אוֹהֵב שָׁלוֹם, שָׁלֵו, שָׁקֵט

pac'ifi'er *n.* מַרְגִּיעַ רוּחוֹת; מוֹצֵץ

pac'ifism' *n.* פַּצִּיפִיזם, אַהֲבַת הַשָּׁלוֹם

pac'ifist *n.* פַּצִּיפִיסט, שׁוֹחֵר שָׁלוֹם

pac'ify' *v.* הִרְגִּיעַ, הִשְׁכִּין שָׁלוֹם

pack *n.* חֲבִילָה; צְרוֹר; חֲפִיסָה; קְבוּצָה, לַהֲקָה; תַּחְבּוֹשֶׁת; מִשְׁחָה, תַּמְרוּק

pack *v.* אָרַז; נֶאֱרַז; דָּחַס; הִצְטוֹפֵף

pack a gun נָשָׂא רוֹבֶה

pack it in חָדַל; "עֲזוֹב אֶת זֶה"

pack off סִלֵּק, שָׁלַח

pack up *הִפְסִיק לַעֲבוֹד/לִפְעוֹל

send him packing פִּטֵּר אוֹתוֹ, סִלְּקוֹ

pack'age *n&v.* חֲבִילָה; אֲרִיזָה; אָרַז

package deal עִסְקַת חֲבִילָה

pack animal בֶּהֱמַת־מַשָּׂא

pack'et *n.* חֲבִילָה, חֲפִיסָה; *סְכוּם נִכְבָּד

catch/stop a packet *נִפְצַע קָשֶׁה

packing *n.* אֲרִיזָה; אֲטִימָה, מִלּוּי

pack-saddle *n.* אוּכַּף־מַשָּׂא, מַרְדַּעַת

pact *n.* חוֹזֶה, הֶסְכֵּם, בְּרִית, אֲמָנָה

pad *n.* פִּנְקָס; כַּר, כָּרִית; *מָעוֹן

pad *v.* רִפֵּד, מִלֵּא; נִפַּח; הָלַךְ, צָעַד

pad'ding *n.* רִפּוּד; נִפּוּחַ (מאמר)

pad'dle *n.* מָשׁוֹט; חֲתִירָה; בַּחֲשָׁה; מַחְבֵּט

paddle *v.* חָתַר קַלּוֹת; שִׁכְשֵׁךְ; *סָטַר

paddling pool בְּרֵכַת יְלָדִים (רדודה)

pad'dock *n.* דִּיר; מִכְלָא־סוּסִים

pad'dy *n.* אוֹרֶז; כַּעַס, הֶתְקֵף־זַעַם

pad'lock' *n&v.* מַנְעוּל; נָעַל

pa'gan *n&adj.* עוֹבֵד אֱלִילִים, פָּגָן, פֶּרֶא

page *n.* עַמּוּד, דַּף; מְשָׁרֵת, נַעַר; שׁוּלְיָה

page *v.* עִמֵּד, דִּפֵּף; קָרָא בְּשֵׁם

pag'eant (-jənt) *n.* חִזָּיוֹן, תַּהֲלוּכָה

pageantry *n.* מַחֲזֶה מַרְהִיב־עַיִן

pag'ina'tion *n.* עִמּוּד, דִּפּוּף

paid = p of pay

pail *n.* דְּלִי

pain *n&v.* כְּאֵב, צַעַר; עוֹנֶשׁ; צִעֵר, הִכְאִיב

feels no pain מְבוּסָם, בְּגִלּוּפִין

give a pain *הִרְגִּיז

on/under pain of צָפוּי לְעוֹנֶשׁ —

pain in the neck טַרְדָן, נוּדְנִיק

pains צִירֵי־לֵדָה; מַאֲמַצִּים, טִרְחָה

take pains הִתְאַמֵּץ, הִקְפִּיד

pained *adj.* נֶעֱלָב, נִפְגָּע; שֶׁל כְּאֵב

pain'ful *adj.* כּוֹאֵב, מַכְאִיב, מְצַעֵר

painkiller *n.* מְשַׁכֵּךְ כְּאֵבִים

painless *adj.* לְלֹא כְּאֵב; לְלֹא מַאֲמָץ

painstaking *adj.* זָהִיר, מְדַקְדֵּק; שַׁקְדָנִי

paint *n&v.* צֶבַע; צָבַע; צִיֵּר; תֵּאֵר

paint out כִּסָּה בְּצֶבַע, מָחַק

paint the town (red) חָגַג, הִתְהוֹלֵל

paintbrush *n.* מִבְרֶשֶׁת־צֶבַע; מִכְחוֹל

painter *n.* צַבָּע; צַיָּר; כֶּבֶל־הַחַרְטוֹם

cut the painter נִתֵּק; נִתַּק הַקֶּשֶׁר

painting *n.* צִיּוּר; תְּמוּנָה; צַבָּעוּת

pair *n&v.* זוּג; צֶמֶד; זִוֵּג; הִזְדַּוֵּג

pair off סִדֵּר בְּזוּגוֹת; חִתֵּן; הִתְחַתֵּן

pair up עָרַךְ/נֶעֱרַךְ בְּזוּגוֹת

pajam'as *npl.* פִּיגָ'מָה

pal *n&v.* יָדִיד, חָבֵר; בַּרְנָשׁ; הִתְיַדֵּד

pal'ace (-lis) *n.* אַרְמוֹן; אַנְשֵׁי הָאַרְמוֹן

palace revolution הֲפִיכַת חָצֵר

pal'adin *n.* אַבִּיר, לוֹחֵם, דּוֹגֵל

pal'ankeen' *n.* אַפִּרְיוֹן

pal'atable *adj.* טָעִים, עָרֵב, נָעִים

pal'atal *adj&n.* הֶגֶה חִכִּי; שֶׁל הַחֵךְ

pal'ate *n.* חֵךְ; חוּשׁ טַעַם

pala'tial *adj.* כְּמוֹ אַרְמוֹן, מְפֹאָר

palav'er *n&v.* שִׂיחוֹת; חֲנֻפָּה, פִּטְפּוּט; *רַעַשׁ, טִרְחָה; פִּטְפֵּט, הֶחֱנִיף

pale *adj&v.* חִוֵּר, חַלָּשׁ; הֶחֱוִיר

pale before/beside הֶחֱוִיר לְעוּמַת
pale *n.* מוֹט; קֶרֶשׁ (לבניית גדר), כְּלוֹנָס
outside the pale מִחוּץ לַחֶבְרָה
paleface *n.* לָבָן (בפי האינדיאנים)
pa′le·on·tol′ogy *n.* פָּלֵיאוֹנטוֹלוֹגְיָה, חֵקֶר הַמְּאוּבָּנִים
pal′ette (-lit) *n.* לוּחַ צְבָעִים
palette knife אוֹלַר צַיָּרִים, מוֹרַחַת
pal′frey (pôl-) *n.* סוּס רְכִיבָה
pa′ling *n.* גֶּדֶר־מוֹטוֹת, גֶּדֶר קְרָשִׁים
pal′isade′ *n.* גָּדֵר, מְשׂוּכָה; שׁוּרַת צוּקִים
pa′lish *adj.* חֲוַרְוַר
pall (pôl) *n.* אֲרוֹן־מֵתִים; כִּסּוּי, מַעֲטֶה
pall *v.* עִיֵּף, שִׁעֲמֵם; נַעֲשָׂה תָּפֵל
pall-bearer *n.* נוֹשֵׂא אֲרוֹן־הַמֵּת
pal′let *n.* מִזְרַן־קַשׁ; מִטָּה; כַּף־יוֹצְרִים
pal′liate′ *v.* הֵקֵל, שִׁכֵּךְ; רִכֵּךְ (פשע)
pal′lid *adj.* חִוֵּר, לָבָן
pal′lor *n.* חִוָּרוֹן
pal′ly *adj.* יְדִידוּתִי
palm (päm) *n.* כַּף־יָד; דֶּקֶל, תָּמָר
bear/carry off the palm נִצַּח
grease/oil his palm שִׁחֵד אוֹתוֹ
has an itching palm אוֹהֵב שׁוֹחַד
yield the palm הוֹדָה בִּתְבוּסָה
palm *v.* הִסְתִּיר בְּכַף־הַיָּד; גָּנַב
palm off מָכַר/תָּחַב בְּמִרְמָה
palmer *n.* צַלְיָן, עוֹלֵה־רֶגֶל; נָזִיר נוֹדֵד
pal·met′to *n.* דֶּקֶל קָטָן
palmist *n.* מְנַחֵשׁ לְפִי כַּף־הַיָּד
palmistry *n.* חָכְמַת־הַיָּד, כִּירוֹמַנְטְיָה
palmy (pä′mi) *adj.* מְשַׂגְשֵׂג, מַצְלִיחַ
pal′pable *adj.* מָשִׁישׁ, מַמָּשִׁי; בָּרוּר
pal′pate *v.* בָּדַק, מִשֵּׁשׁ
pal′pitate′ *v.* הָלַם (לב); רָעַד
palsied (pôl′zēd) *adj.* מְשׁוּתָּק
palsy (pôl′zi) *n.* שִׁתּוּק
pal′ter (pôl-) *v.* הוֹנָה; הֵקֵל־רֹאשׁ
pal′try (pôl-) *adj.* חֲסַר־עֵרֶךְ, זָעוּם
pam′per *v.* פִּנֵּק
pam′phlet *n.* פַּמְפְלֶט, חוֹבֶרֶת
pan *n.* מַחֲבַת; סִיר; אַסְלָה; כְּבָרָה; אַגָּן
down the pan לֹא שָׁוֶה, יָרַד לְטִמְיוֹן
flash in the pan דָּבָר חוֹלֵף
pan *v.* שָׁטַף עֲפָרָה; בִּקֵּר קָשׁוֹת
pan out הֵפִיק זָהָב; הִצְלִיחַ
pan′ace′a *n.* תְּרוּפַת־כֹּל
panache′ (-nash) *n.* בִּטָּחוֹן, יוּמְרָה
pancake *n&v.* חֲבִיתִית; נָחַת אֲנָכִית
pan′cre·as *n.* לַבְלָב, פַּנְקְרֵיאָס
pan′da *n.* פַּנְדָּה; מְכוֹנִית שִׁטּוּר
pan·dem′ic *adj.* מַקִּיף, כְּלָלִי, נָפוֹץ
pan′demo′nium *n.* מְהוּמָה, רַעַשׁ
pander *v&n.* (שִׁמֵּשׁ כְּ־) סַרְסוּר; עוֹדֵד, סִפֵּק; פָּנָה לַיְצָרִים, נִצֵּל חוּלְשׁוֹת
pane *n.* שִׁמְשָׁה, זְגוּגִית־חַלּוֹן
pan′egyr′ic *n.* הַלֵּל, שֶׁבַח
pan′el *n.* פָּנֶל, סָפִין, שְׁפוֹלֶת, לוּחַ; רְצוּעָה, חֲתִיכַת בַּד; רְשִׁימָה, צֶוֶת
panel game מִשְׂחַק צֶוֶת
paneling *n.* פָּנֶלִים, סְפִינִים
panelist *n.* מִשְׁתַּתֵּף בְּצֶוֶת
pang *n.* כְּאֵב עַז, יִסּוּרִים
pan′han′dle *n.* רְצוּעַת אֲדָמָה צָרָה
panhandle *v.* בִּקֵּשׁ נְדָבוֹת
pan′ic *n.* פָּנִיקָה, פַּחַד; בֶּהָלָה
at panic stations מְבוּלְבָּל, בְּלַחַץ
panic *v.* נִתְפַּס לְבֶהָלָה; *הִצְחִיק
pan′icky *adj.* אֲחוּז פָּנִיקָה
pan·jam′drum *n.* יָהִיר, מִתְנַפֵּחַ
pan′nier *n.* סַל־מַשָּׂאוֹת, תַּרְמִיל
panniers שַׂקַּיִם (ע״ג בהמה)
pan′nikin *n.* סִפְלוֹן־מַתֶּכֶת
pan′oply *n.* חֲלִיפַת־שִׁרְיוֹן
pan′oram′a *n.* פָּנוֹרָמָה, מַרְאֶה מַקִּיף
pan′sy (-zi) *n.* אַמְנוֹן וְתָמָר; הוֹמוֹ
pant *v.* הִתְנַשֵּׁם; הִשְׁתּוֹקֵק
pant *n.* נְשִׁימָה מְהִירָה, נְשִׁימָה כְּבֵדָה
pan′taloons′ (-o͞onz) *npl.* מִכְנָסַיִם
pan′the·ism′ *n.* פַּנְתֵּאִיזְם
pan′the·on *n.* מִקְדַּשׁ־אֵלִים, פַּנְתֵּיאוֹן
pan′ther *n.* פַּנְתֵּר, פּוּמָה, נָמֵר
pan′ties (-tēz) *n.* תַּחְתּוֹנִים
pan′tograph′ *n.* פַּנְטוֹגְרָף, גַּלְפְּכוֹל
pan′tomime′ *n.* פַּנְטוֹמִימָה
pan′try *n.* מִזָּוֶה; חֲדַר־כְּלֵי־אוֹכֶל
pants *npl.* מִכְנָסַיִם; תַּחְתּוֹנִים
ants in one's pants *קוֹצִים בַּיַּשְׁבָן
fancy pants *נָשִׁי, מִתְנַהֵג כְּבַחוּרָה
in short pants *שֶׁטֶרֶם הִתְבַּגֵּר
pan′ty hose גַּרְבּוֹנִים
pap *n.* מְזוֹן־תִּינוֹקוֹת, דַּיְסָה; פִּטְמָה
pa′pa (pä′-) *n.* *אַבָּא
pa′pacy *n.* אַפִּיפְיוֹרוּת

pa′pal *adj.* שֶׁל אַפִּיפְיוֹר
pa′per *n&adj&v.* נְיָר; עִתּוֹן; טַפֶּט; שְׁאֵלוֹן; חִבּוּר; כִּסָּה בְּטַפֶּט
commit to paper הֶעֱלָה עַל הַנְּיָר
on paper עַל הַנְּיָר, לַהֲלָכָה, תֵּיאוֹרֶטִית
paper over הִסְתִּיר, כִּסָּה
papers מִסְמָכִים, תְּעוּדוֹת, נְיָרוֹת
send in one's papers הִתְפַּטֵּר
paperback *n.* כְּרִיכַת־נְיָר, כְּרִיכָה רַכָּה
paper boy *n.* מְחַלֵּק עִתּוֹנִים
paper clip מְהַדֵּק
paper hanger מַדְבִּיק טַפֶּטִים
paper knife סַכִּין (לפתיחת) מַעֲטָפוֹת
paper-mill *n.* בֵּית־חֲרוֹשֶׁת לִנְיָר
paperweight *n.* אֶבֶן־אֹכֶף, מִשְׁקוֹלֶת
paper-work *n.* נֹהַל נְיֶרֶת (משרדית)
pa′pist *n.* קָתוֹלִי
papri′ka (-rē′-) *n.* פַּפְּרִיקָה, פִּלְפֶּלֶת
papy′rus *n.* פַּפִּירוּס, גּוֹמֶא, כְּתַב־יָד
par *n.* שִׁוְיוֹן; עֵרֶךְ נָקוּב; עֵרֶךְ מְמוּצָע
below par, not up to par לֹא בְּקַו הַבְּרִיאוּת, לֹא כִּתְמוֹל שִׁלְשׁוֹם
on a par (with) שָׁוֶה, בְּאוֹתָהּ רָמָה
par, para = paragraph
par′able *n.* מָשָׁל, פָּרָבּוֹלָה, אַלֶגוֹרְיָה
par′abol′ical *adj.* מְשָׁלִי, בִּמְשָׁלִים
par′achute′ (-shōōt) *n&v.* מַצְנֵחַ; צָנַח
parachutist *n.* צַנְחָן
parade′ *n.* מִסְדָּר, תַּהֲלוּכָה; תְּצוּגָה
parade *v.* עָרַךְ מִסְדָּר; הִפְגִּין
par′adigm (-dim) *n.* תַּבְנִית, דוּגְמָה
par′adise′ *n.* גַּן־עֵדֶן
par′adox′ *n.* פָּרָדוֹקְס; חִידָה
par′adox′ical *adj.* פָּרָדוֹקְסָלִי
par′affin *n.* פָּרָפִין
par′agon′ *n.* מוֹפֵת, אָדָם מוּשְׁלָם
par′agraph′ *n.* פִּסְקָה, סָעִיף
par′allel′ *n&adj.* הַקְבָּלָה; מַקְבִּיל
draw a parallel עָרַךְ הַשְׁוָאָה
without parallel אֵין דּוֹמֶה לוֹ
parallel *v.* הִקְבִּיל, הָיָה שָׁוֶה לְ—
parallel bars מַקְבִּילַיִם
par′allel′ogram′ *n.* מַקְבִּילִית
paral′ysis *n.* שִׁתּוּק; אֲפִיסַת־כּוֹחוֹת
par′alyt′ic *adj&n.* מְשׁוּתָּק; שִׁתּוּקִי
par′alyze′, -lyse′ (-z) *v.* שִׁתֵּק
par′amount′ *adj.* עֶלְיוֹן, חָשׁוּב בְּיוֹתֵר

par′amour′ (-moor) *n.* מְאַהֵב
par′anoi′a *n.* פָּרָנוֹיָה, שִׁגָּעוֹן הָרְדִיפָה
par′apet′ *n.* מַעֲקֶה; תֵּל־חָזֶה
par′apherna′lia *n.* כֵּלִים, חֲפָצִים
par′aphrase′ (-z) *n.* פָּרָפְרָזָה, תַּעְתִּיק
par′asite′ *n.* פָּרָזִיט, טַפִּיל
par′asit′ic *adj.* פָּרָזִיטִי, טַפִּילִי
par′asol′ *n.* שִׁמְשִׁיָּה
par′atroo′per *n.* צַנְחָן
paratroops *npl.* צַנְחָנִים
par′boil′ *v.* בִּשֵּׁל חֶלְקִית
par′cel *n&v.* חֲבִילָה; מִגְרָשׁ; חֲבוּרָה
parcel out חִלֵּק לַחֲלָקוֹת/לְמָנוֹת
parcel up צָרַר, כָּרַךְ לַחֲבִילָה
part and parcel חֵלֶק בִּלְתִּי נִפְרָד
parch *v.* יִבֵּשׁ, הִצְחִיחַ; קָלָה
parch′ment *n.* קְלָף; נְיַר קְלָף
par′don *n&v.* סְלִיחָה, מְחִילָה; סָלַח; חָנַן
pardonable *adj.* סָלִיחַ, בַּר־מְחִילָה
pare *v.* קָצַץ, גָּזַז; קִלֵּף; הִפְחִית
par′egor′ic *n.* תְּרוּפַת הַרְגָּעָה
par′ent *n.* הוֹרֶה, אָב, אֵם
par′entage, parenthood *n.* הוֹרוּת
paren′tal *adj.* שֶׁל הוֹרִים, הוֹרִי
paren′thesis *n.* סוֹגְרַיִם; מַאֲמָר מוּסְגָּר
par′er *n.* מְקַלֵּף, סַכִּין־קִלּוּף
pari′ah (-′ə) *n.* מְנוּדֶּה (בהודו)
pa′rings *npl.* קְלִפּוֹת; גְּזִיזִים
par′i pas′su (-pä′sōō) בְּאוֹתוֹ קֶצֶב
par′ish *n.* קְהִלָּה, אֵזוֹר; כְּפָר; שֶׁטַח
parish′ioner (-shən-) *n.* אִישׁ־הַקְּהִלָּה
Paris′ian (-rizh′ən) *n.* בֶּן־פָּרִיז
par′ity *n.* שִׁוְיוֹן; רָמָה שָׁוָה
park *n&v.* פַּרְק; חֶנְיוֹן; הֶחֱנָה; חָנָה
park oneself יָשַׁב, הִתְיַשֵּׁב
parking *n.* חֲנִיָּה, שֶׁטַח חֲנִיָּה
no parking חֲנִיָּה אֲסוּרָה
parking lot מִגְרַשׁ חֲנִיָּה
parking meter מַדְחָן
parkland *n.* גַּן, פַּרְק (מסביב לאחוזה)
par′ky *adj&n.* *קָרִיר; שׁוֹמֵר פַּרְק
par′lance *n.* נִיב, לָשׁוֹן, עָגָה
par′ley *v&n.* (נִהֵל) מַשָּׂא וּמַתָּן, דִּיּוּן
par′liament (-ləm-) *n.* פַּרְלָמֶנְט
par′lor *n.* סָלוֹן, חֲדַר־אוֹרְחִים, טְרַקְלִין
par′lous *adj.* מְסוּכָּן
paro′chial (-kiəl) *adj.* קְהִלָּתִי; קַרְתָּנִי

par′odist *n.* מְחַבֵּר פָּרוֹדְיוֹת
par′ody *n&v.* (חִבֵּר) פָּרוֹדְיָה, חִקּוּי
parole′ *n.* דִּבְרָה; שִׁחְרוּר עַל תְּנַאי
par′oxysm′ (-ksiz′əm) *n.* עֲוִית
par·quet′ (-kā′) *n.* רִצְפַּת־עֵץ
par′ricide′ *n.* רֶצַח אָב; רוֹצֵחַ אָב
par′rot *n&v.* תּוּכִּי; חִקָּה
parrot-cry *n.* בִּטּוּי נָדוֹשׁ, בִּטּוּי חוֹזֵר
parrot fashion כְּתוּכִּי, מִבְּלִי לְהָבִין
par′ry *v.* הָדַף, הִתְחַמֵּק מִן, תִּמְנַע
parry *n.* הֲדִיפָה, הִתְחַמְּקוּת, תִּמְנוּעַ
parse *v.* נִתַּח מִלָּה/מִשְׁפָּט
par′simo′nious *adj.* קַמְצָן, חַסְכָן
par′sley *n.* פֶּטְרוֹסִילְיָה
par′snip *n.* גֶּזֶר לָבָן
par′son *n.* כּוֹמֶר (של קהילה)
parson's nose אֲחוֹרֵי הָעוֹף (בשר)
part *n.* חֵלֶק; אֵזוֹר; תַּפְקִיד; צַד בְּהֶסְכֵּם
 for my part מִצִּדִּי, לְדִידִי
 for the most part לָרֹב, עַל־פִּי־רֹב
 in part בְּחֶלְקוֹ, בְּמִדַּת־מָה
 man of parts אָדָם בַּעַל כִּשְׁרוֹנוֹת
 on his part מִצִּדּוֹ, מִמֶּנּוּ, עַל יָדָיו
 parts of speech חֶלְקֵי־הַדִּבּוּר
 take part הִשְׁתַּתֵּף, נָטַל חֵלֶק
 take part with him תָּמַךְ בּוֹ
 the greater part of רֹב, חֵלֶק־הָאֲרִי
part *v.* הִפְרִיד; נִפְרַד; חִלֵּק; חָצָה
 part company נִפְרַד, פָּרַשׁ מִן
 part with וִתֵּר עַל, נִפְרַד מִן
part *adj&adv.* לֹא שָׁלֵם, חֶלְקִי; בְּחֶלְקוֹ
par·take′ *v.* הִתְכַּבֵּד בְּ־; הִשְׁתַּתֵּף בְּ—
par′tial *adj.* חֶלְקִי; מְשׁוּחָד; נוֹשֵׂא פָּנִים
par·tic′ipant *n.* מִשְׁתַּתֵּף
par·tic′ipate′ *v.* הִשְׁתַּתֵּף, לָקַח חֵלֶק
par′ticip′le *n.* בֵּינוֹנִי פּוֹעֵל
par′ticle *n.* גַּרְגִּיר, חֶלְקִיק, שֶׁמֶץ; מִלִּית
partic′u·lar *adj&n.* מְיוּחָד, לֹא רָגִיל;
 מְפוֹרָט; מְדַקְדֵּק, קַפְּדָן; אִסְטְנִיס; פְּרָט
 in particular בִּמְיוּחָד, בִּפְרָט
 particulars פְּרָטִים, פְּרָטֵי־פְּרָטִים
particularly *adv.* בִּמְיוּחָד, בִּפְרָט
parting *n.* פְּרֵדָה; שְׁבִילָה, פְּסוֹקֶת
 parting shot הֶעָרָה אַחֲרוֹנָה, מַעֲנֶה סוֹפִי
par′tisan *n&adj.* פַּרְטִיזָן; תּוֹמֵךְ, חָסִיד
parti′tion (-ti-) *n&v.* חֲלוּקָה; מְחִצָּה,
 חַיִץ; חִלֵּק; הִפְרִיד בִּמְחִצּוֹת, חִיֵּץ
partly *adv.* חֶלְקִית, בְּחֶלְקוֹ; בְּמִדַּת־מָה
part′ner *n.* שׁוּתָּף; בֶּן־זוּג; בַּעַל, רַעְיָה
partner *v.* שִׁמֵּשׁ כְּשׁוּתָּף לְ־; זִוֵּג
partnership *n.* שׁוּתָּפוּת, שְׁתוּפָה
par·took′ = pt of partake
par′tridge *n.* חוֹגְלָה, קוֹרֵא (עוף)
part-singing *n.* שִׁירָה רַב־קוֹלִית
part-time *adj.* חֶלְקִי, לֹא מָלֵא (עבודה)
par·tu′rient *adj.* יוֹלֶדֶת
par′ty *n&adj.* מִפְלָגָה; קְבוּצָה; מְסִבָּה;
 צַד (בהסכם); שׁוּתָּף, מְעוֹרָב; *אָדָם
 be party to נָטַל חֵלֶק בְּ־, תָּמַךְ
 party line קַו מְשׁוּתָּף; קַו מִפְלַגְתִּי
 party spirit רוּחַ־צֶוֶת; דְּבֵקוּת בַּמִּפְלָגָה
 throw a party *עָרַךְ מְסִבָּה
party-colored *adj.* רַבְגּוֹנִי, מְגוּוָן
party-spirited *adj.* מָסוּר לַמִּפְלָגָה
pass *v.* עָבַר; הֶעֱבִיר; חָלַף; קָרָה;
 עָשָׂה צְרָכָיו; נָתַן, אִשֵּׁר
 bring to pass בִּצַּע, הֵבִיא לִידֵי
 come to pass קָרָה, הִתְרַחֵשׁ
 pass an opinion הִבִּיעַ דֵּעָה
 pass away מֵת; הִסְתַּלֵּק; חָדַל; עָבַר
 pass by עָבַר (על פניו); הִתְעַלֵּם
 pass for/as נֶחְשַׁב לְ—
 pass off עָבַר, נִפְסַק; רִמָּה, תָּחַב
 pass on מָסַר, הֶעֱבִיר; עָבַר; עָבַר עַל
 pass one's eye הֵעִיף עַיִן, הֵצִיץ
 pass one's word נָתַן דִּבְרָתוֹ, הִבְטִיחַ
 pass out הִתְעַלֵּף; חִלֵּק, הֵפִיץ; מֵת
 pass over עָבַר עַל, הִתְעַלֵּם מִן
 pass sentence הוֹצִיא פְּסַק־דִּין
 pass the hat קִבֵּץ נְדָבוֹת
 pass through עָבַר, הִתְנַסָּה בְּ—
 pass up הֶחֱמִיץ, הִזְנִיחַ, וִתֵּר
 pass water הֵטִיל מֵימָיו, הִשְׁתִּין
pass *n.* מַעֲבָר; הַצְלָחָה; מְסִירַת כַּדּוּר
 a pretty/fine/sad pass מַצָּב בִּישׁ
 hold the pass הֵגֵן (על רעיון)
 make a pass הִתְקִיף; "הִתְחִיל עִם"
 sell the pass בָּגַד (ברעיון)
passable *adj.* עָבִיר; בֵּינוֹנִי, מְסַפֵּק
pas′sage *n.* מַעֲבָר; קֶטַע; מִסְדְּרוֹן
 force a passage פִּלֵּס דֶּרֶךְ
 passage at arms צִחְצוּחַ חֲרָבוֹת, רִיב
 passages חִלּוּפֵי דְּבָרִים
 rough passage יָם סוֹעֵר, שָׁעָה טְרוּפָה

passageway *n.* מַעֲבָר, פְּרוֹזְדוֹר
passbook *n.* פִּנְקַס בַּנְק
passé (pasā′) *adj.* מְיוּשָּׁן; שֶׁעָבַר זְמַנּוֹ
pas′senger *n.* נוֹסֵעַ
passer-by *n.* עוֹבֵר־אוֹרַח
pas′sim *adv.* (מופיע) תְּכוּפוֹת (בספר)
passing *n.* עֲבִירָה, צֵאת, יְצִיאָה; מָוֶת
in passing דֶּרֶךְ אַגַּב
passing *adj.* עוֹבֵר, חוֹלֵף, שִׁטְחִי, קָצָר
passing *adv.* מְאוֹד, בְּיוֹתֵר
pas′sion *n.* תַּאֲוָה, לַהַט; כַּעַס, חֵמָה
pas′sionate (-shən-) *adj.* נִלְהָב, לוֹהֵט
pas′sive *adj&n.* פַּסִּיבִי, סָבִיל; אָדִישׁ
passive voice בִּנְיָן נִפְעַל
passkey *n.* מַפְתֵּחַ; פּוֹתַחַת (מפתח כללי)
Pass′o′ver *n.* פֶּסַח, חַג הַחֵרוּת
pass′port′ *n.* דַּרְכּוֹן, פַּסְפּוֹרְט
password *n.* סִיסְמָה
past *adj.* שֶׁעָבַר, בֶּעָבָר, שֶׁחָלַף, קוֹדֵם
past *n.* עָבָר, הִיסְטוֹרְיָה; זְמַן עָבָר
past *prep&adv.* אַחֲרֵי; מֵעֵבֶר לְ— (כּוֹחוֹ)
go past עָבַר, חָלַף
past hope לְאַחַר יֵאוּשׁ, חֲסַר־תִּקְוָה
past it *כְּבָר אֵינוֹ מְסוּגָּל לְכָךְ
past praying for בְּמַצָּב נוֹאָשׁ
paste (pāst) *n&v.* בָּצֵק; דֶּבֶק; מִמְרָח; מִשְׁחָה; הִדְבִּיק; הִכָּה, הָלַם
pasteboard *n.* קַרְטוֹן
pas•tel′ *n.* פַּסְטֶל, עִפָּרוֹן צִבְעוֹנִי
pas′teurize′ (-tər-) *v.* פִּסְטֵר, חִטֵּא
pas′time′ *n.* בִּדּוּר, בִּלּוּי, מִשְׂחָק
pasting *n.* מַכָּה, מַהֲלוּמָה, מַכּוֹת
past master מוּמְחֶה, בָּקִי בְּמִקְצוֹעַ
pas′tor *n.* כּוֹמֶר, רוֹעֶה רוּחָנִי
pas′toral *adj&n.* שֶׁל רוֹעִים, אִידִילִי; שֶׁל כּוֹמֶר; שִׁירַת רוֹעִים, רוֹעִית
pa′stry *n.* עוּגָה, מַאֲפֶה
pastry-cook *n.* אוֹפֶה עוּגוֹת
pas′turage (-′ch-) *n.* (אַדְמַת) מִרְעֶה
pas′ture *n&v.* שְׂדֵה־מִרְעֶה; אָחוּ; רָעָה
put out to pasture *הוֹצִיא לְפֶנְסְיָה
pa′sty *adj&n.* בְּצֵקִי; פַּשְׁטִידָה, כִּיסַן־בָּשָׂר
pasty-faced *adj.* חִוֵּר־פָּנִים
pat *adj&adv.* מִיָּד, לְלֹא דִּחוּי; מַתְאִים
come pat בָּא בְּעִתּוֹ, קָלַע
have/know it pat יָדַע עַל בּוּרְיוֹ
stand pat הָיָה נָחוּשׁ בְּדַעְתּוֹ

pat *n&v.* טְפִיחָה; טָפַח; חָבַט קַלּוֹת
patch *n&v.* טְלַאי; כֶּתֶם; תַּחְבּוֹשֶׁת; רְטִיָּה; חֶלְקָה, שֶׁטַח קָטָן; הִטְלִיא
a bad patch תְּקוּפָה קָשָׁה, עֵת מְצוּקָה
not a patch on נוֹפֵל בְּהַרְבֵּה מִן
patch′y *adj.* טָלוּא, טְלָאִי עַל גַּבֵּי טְלַאי
pate *n.* *רֹאשׁ
paté (pätā′) *n.* פַּשְׁטִידָה, מִמְרָח
patel′la *n.* פִּקַּת־הַבֶּרֶךְ
pat′ent *adj.* בָּרוּר, נָהִיר, גָּלוּי; מְתוּחְכָּם
patent *n&v.* פָּטֶנְט; קִבֵּל פָּטֶנְט עַל—
pa′ter *n.* *אָב
pater′nal *adj.* אֲבָהִי; (קָרוֹב) מִצַּד הָאָב
pater′nalism′ *n.* אַבְהוּתִיּוּת
pater′nity *n.* אֲבָהוּת; מָקוֹר
path *n.* שְׁבִיל, נָתִיב, דֶּרֶךְ; מַסְלוּל
cross his path נִתְקַל בּוֹ
stand in his path עָמַד בְּדַרְכּוֹ
pathet′ic *adj.* פָּתֶטִי, מְעוֹרֵר חֶמְלָה
path-finder *n.* סַיָּר, מְגַלֶּה נְתִיבִים
path′olog′ical *adj.* פָּתוֹלוֹגִי; חוֹלָנִי
pathol′ogist *n.* פָּתוֹלוֹג
pa′thos′ *n.* פָּתוֹס, רֶגֶשׁ, הִתְלַהֲבוּת
pathway *n.* דֶּרֶךְ, שְׁבִיל, נָתִיב
pa′tience (-shəns) *n.* סַבְלָנוּת, אוֹרֶךְ־רוּחַ; פַּסְיַאנְס (מִשְׂחַק קלפים)
pa′tient (-shənt) *adj&n.* סַבְלָנִי; חוֹלֶה
pat′io′ *n.* חָצֵר מְרוּצֶּפֶת, אַכְסַדְרָה
pa′triarch′ (-k) *n.* פַּטְרִיאַרְךְ
patri′cian (-rish′ən) *n&adj.* אָצִיל
pat′ricide′ *n.* רֶצַח אָב; רוֹצֵחַ אָבִיו
pat′rimo′ny *n.* יְרוּשָּׁה, עִזָּבוֹן
pa′triot *n.* פַּטְרִיוֹט, נֶאֱמָן לַמּוֹלֶדֶת
pa′triot′ic *adj.* פַּטְרִיוֹטִי
pa′triotism′ *n.* פַּטְרִיוֹטִיּוּת
patrol′ (-rōl) *n&v.* פַּטְרוֹל, מִשְׁמָר נַיָּד, נַיֶּדֶת, סִיּוּר; סַיָּר; צוֹפִים; פִּטְרֵל
patrolman *n.* שׁוֹטֵר מָקוֹף; סַיָּר
patrol wagon מְכוֹנִית עֲצִירִים
pa′tron *n.* פַּטְרוֹן, אֶפִּיטְרוֹפּוֹס, תּוֹמֵךְ
pat′ronage *n.* פַּטְרוֹנוּת, חָסוּת; תְּמִיכָה
pat′ronize′ *v.* שִׁמֵּשׁ כְּפַטְרוֹן; הִתְנַשֵּׂא
pat′ten *n.* קַבְקַב
pat′ter *v&n.* מִלְמֵל; דָּפַק; הִקִּישׁ; זַ׳רְגוֹן; מִלְמוּל; נְקִישׁוֹת צְעָדִים
pat′tern *n&v.* דּוּגְמָה; מוֹפֵת; דֶּגֶם; תַּבְנִית; צוּרָה, דֶּרֶךְ; נָהַג כְּ—

pat′ty *n.* פַּשְׁטִידִית
pau′city *n.* מַחְסוֹר, צִמְצוּם, מִעוּט
paunch *n.* כֶּרֶס, בֶּטֶן
pau′per *n.* עָנִי, אֶבְיוֹן, נִתְמָךְ
pau′perize′ *v.* דִּלְדֵּל, רוֹשֵׁשׁ
pause (-z) *n.* הַפְסָקָה, הֲפוּגָה, אֶתְנַחְתָּא
pause *v.* הִפְסִיק, עָצַר; הִתְעַכֵּב עַל
pave *v.* סָלַל, רִצֵּף
pave the way for הִכְשִׁיר הַקַּרְקַע לְ—
pavement *n.* מִדְרָכָה, מַרְצֶפֶת, מִרְצָף
pavil′ion *n.* בִּיתָן; אַפֶּדֶן; פָּבִּילְיוֹן
paw *n.* כַּף־רֶגֶל (שֶׁל טוֹרֵף), כַּפָּה
paw *v.* נָגַע; שָׂרַט; הִקִּישׁ בְּפַרְסָה
pawl *n.* תֶּפֶס, קֶרֶס־עֲצִירָה, שֵׁן
pawn *n&v.* מַשְׁכּוֹן, עֵרָבוֹן; (בשחמט) רַגְלִי; כְּלִי־מִשְׂחָק; מִשְׁכֵּן; סִכֵּן
pawnbroker *n.* מַשְׁכּוֹנַאי
pax *n.* שָׁלוֹם
pay *v&n.* שִׁלֵּם, פָּרַע; הִשְׁתַּלֵּם; הָיָה כְּדַאי; גָּמַל, נָתַן; מַשְׂכֹּרֶת
in the pay of מוּעֲסָק/עוֹבֵד אֵצֶל
it pays to כְּדַאי לְ, מִשְׁתַּלֵּם לְ—
pay a visit/call עָרַךְ בִּקּוּר
pay attention/heed שָׂם לֵב
pay back הֶחֱזִיר; גָּמַל
pay off שִׁלֵּם; הֶחֱזִיר; הִצְלִיחַ
pay out שִׁלֵּם; נָקַם; רִפָּה חֶבֶל
pay up הֶחֱזִיר, שִׁלֵּם כָּל הַמַּגִּיעַ
put paid to חִסֵּל, שָׂם קֵץ לְ—
payable *adj.* בַּר־פֵּרָעוֹן; לְתַשְׁלוּם
pay-day *n.* יוֹם הַתַּשְׁלוּם
pay′ee′ *n.* מְקַבֵּל הַתַּשְׁלוּם
payer, paymaster *n.* שַׁלָּם
pay load הַמִּטְעָן הַמְשֻׁלָּם (בְּמָטוֹס)
payment *n.* תַּשְׁלוּם, שָׂכָר; גְּמוּל; עֹנֶשׁ
pay-off *n.* סִלּוּק חוֹב; סוֹף; שׁוֹחַד
pay phone/station טֶלֶפוֹן צִבּוּרִי
pay-roll *n.* גִּלָּיוֹן שָׂכָר, רְשִׁימַת מַשְׂכּוֹרוֹת
pay slip תְּלוּשׁ מַשְׂכֹּרֶת
pea *n.* אֲפוּנָה
as two peas כִּשְׁתֵּי טִפּוֹת מַיִם
peace *n.* שָׁלוֹם; שֶׁקֶט, שַׁלְוָה; סֵדֶר
at peace with oneself שָׁלֵו, רָגוּעַ
hold one's peace שָׁתַק, הֶחֱשָׁה
peace of mind שַׁלְוַת הַנֶּפֶשׁ
peaceable, -ful *adj.* אוֹהֵב שָׁלוֹם
peacemaker *n.* מַשְׁלִים, מַשְׁכִּין שָׁלוֹם

peach *n&v.* אֲפַרְסֵק; *חֲתִיכָה; הִלְשִׁין
pea′cock′ *n.* טַוָּס
pea-hen, -fowl *n.* טַוֶּסֶת
peak *n.* פִּסְגָּה, שִׂיא; מִצְחִיָּה
peak *v.* הִגִּיעַ לְשִׂיא; רָזָה, נָמַק
pea′ky *adj.* חַלָּשׁ, חוֹלֶה; רָזֶה, כָּחוּשׁ
peal *n&v.* צִלְצוּל פַּעֲמוֹנִים; רַעַם; רָעַם
peals of laughter רַעֲמֵי־צְחוֹק
pea′nut′ *n.* אֱגוֹז־אֲדָמָה, בּוֹטֶן
peanuts *npl.* *סְכוּם זָעוּם בְּיוֹתֵר
pear (pār) *n.* אַגָּס
pearl (pûrl) *n&v.* פְּנִינָה; חִפֵּשׂ פְּנִינִים
pearlies *npl.* תִּלְבֹּשֶׁת רוֹכֵל; *שִׁנַּיִם
pearl-oyster *n.* צִדְפַּת־הַפְּנִינִים
pearly *adj.* פְּנִינִי; מְקֻשָּׁט בִּפְנִינִים
peasant (pez′-) *n.* אִכָּר; בּוּר
peasantry *n.* הָאִכָּרִים
pea souper *עֲרָפֶל סָמִיךְ
peat *n.* כָּבוּל, טוֹרֶף
peb′ble *n.* חַלּוּק אֶבֶן, אֶבֶן חָצָץ
peb′bly *adj.* מְכֻסֶּה חָצָץ; זָרוּעַ חַלּוּקִים
pe·can′ *n.* אֱגוֹז פֶּקָן
pec′cadil′lo *n.* חֵטְא קַל
peck *v.* נִקֵּר; חִטֵּט; *נָשַׁק חֲטוּפוֹת
peck *n.* נִקּוּר, נְקִירָה; נְשִׁיקָה חֲטוּפָה
peck of trouble חֲבִילַת צָרוֹת
peck′er *n.* *אַף, חוֹטֶם; אֹמֶץ־לֵב
pecking order סֻלַּם הַדַּרְגּוֹת
pec′toral *adj.* חָזִי, שֶׁל הֶחָזֶה
pec′u·late′ *v.* מָעַל
pe·cu′liar *adj.* מְיֻחָד; אוֹפְיָנִי; מוּזָר
pe·cu′liar′ity *n.* מוּזָרוּת
Peculiar People יִשְׂרָאֵל, עַם סְגֻלָּה
pe·cu′niar′y (-eri) *adj.* כַּסְפִּי
ped′agog′ic(al) *adj.* פֶּדָגוֹגִי, חִנּוּכִי
ped′agogue′ (-gôg) *n.* פֶּדָגוֹג, מְחַנֵּךְ
ped′agog′y *n.* פֶּדָגוֹגִיָּה, חִנּוּךְ, הוֹרָאָה
ped′al *n&v.* דַּוְשָׁה; דִּוֵּשׁ
pedal *adj.* שֶׁל הָרֶגֶל
ped′ant *n.* פֶּדַנְט, נוֹקְדָן, קַפְּדָן, מְדַקְדֵּק
pe·dan′tic *adj.* פֶּדַנְטִי, דַּקְדְּקָנִי
ped′antry *n.* פֶּדַנְטִיּוּת, נוֹקְדָנוּת
ped′dle *v.* רָכַל; מָכַר; הֵפִיץ
ped′eras′ty *n.* מַעֲשֵׂה סְדוֹם (בְּנַעַר)
ped′estal *n.* בָּסִיס, כַּן, מַעֲמָד
set him on a pedestal סָגַד לוֹ
pedes′trian *n&adj.* הוֹלֵךְ רֶגֶל; מְשַׁעֲמֵם

pe′diat′rics *n.* רִפּוּי יְלָדִים
ped′icure′ *n.* פֶּדִיקוּר, טִפּוּל בָּרַגְלַיִם
ped′igree′ *n.* אִילַן־הַיַּחַס, שׁוֹשֶׁלֶת
ped′iment *n.* גַּמְלוֹן (בחזית בניין)
ped′lar *n.* רוֹכֵל
pee *n&v.* *(עָשָׂה) פִּיפִּי; הִשְׁתִּין
peek *n&v.* הֲצָצָה; הֵעִיף מַבָּט
peek′aboo′ *n.* ״קוּקוּ״ (לתינוק)
peel *v&n.* קִלֵּף; הִתְקַלֵּף; קְלִפָּה
peeler *n.* מַקְלֵף, מְכוֹנַת קִלּוּף; *שׁוֹטֵר
peep *n&v.* הֲצָצָה; צִיּוּץ; *צְפִירָה; הֵצִיץ
peeping Tom מְצִיצָן
peer *n.* שְׁוֵה־מַעֲמָד, דּוֹמֶה, חָבֵר; אָצִיל
one's peer אָדָם כָּמוֹהוּ, אָדָם הַשָּׁוֶה לוֹ
peer *v.* הִתְבּוֹנֵן, הִתְאַמֵּץ לִרְאוֹת
peer′age *n.* אֲצוּלָה; סֵפֶר הָאֲצִילִים
peer′less *adj.* אֵין כָּמוֹהוּ, אֵין שֵׁנִי לוֹ
peeve *v.* *הִקְנִיט, הִרְגִּיז, הֵצִיק
pee′vish *adj.* נִרְגָּז, כּוֹעֵס, עַצְבָּנִי
peg *n.* יָתֵד, פִּין; וָו־תְּלִיָּה; אֶטֶב־כְּבָסִים
peg to hang on בָּסִיס (לתירוץ/טענה)
take down a peg הִנְמִיךְ קוֹמָתוֹ
peg *v.* חִזֵּק בְּיָתֵד; הִדֵּק; הִקְפִּיא
peg away at עָבַד בְּשַׁקְדָנוּת עַל
peg out סִמֵּן בִּיתֵדוֹת; *מֵת
peg leg *רֶגֶל עֵץ; בַּעַל רֶגֶל עֵץ
peignoir (pānwär′) *n.* חֲלוּק־אִשָּׁה
pe·jo′rative *adj.* מְזַלְזֵל; מְדַרְדֵּר
pe·lag′ic *adj.* שֶׁל לֵב־יָם, שֶׁל אוֹקְיָנוֹס
pelf *n.* *כֶּסֶף, עוֹשֶׁר
pel′ican *n.* פֶּלִיקָן, שַׂקְנַאי
pellag′ra *n.* פֶּלַגְרָה, חַסֶּפֶת (מחלה)
pel′let *n.* כַּדּוּרִית; כַּדּוּר; קָלִיעַ; גְּלוּלָה
pell′mell′ *adv.* בְּאִי־סֵדֶר, בְּבַלָּגָן
pellu′cid *adj.* צָלוּל, זַךְ, שָׁקוּף
pelt *n.* פַּרְוָה, עוֹר, שֵׂעָר; שֶׁלַח; מְהִירוּת
pelt *v.* הִשְׁלִיךְ, זָרַק, רָגַם; הִמְטִיר
pel′vis *n.* אַגַּן־הַיְּרֵכַיִם
pen *n&v.* עֵט; סוֹפֵר; סִגְנוֹן; כָּתַב
put pen to paper הִתְחִיל לִכְתּוֹב
pen *n&v.* גְּדֵרָה, מִכְלָאָה; לוּל; כָּלָא
pe′nal *adj.* שֶׁל עוֹנֶשׁ, בַּר־עוֹנֶשׁ; קָשֶׁה
pe′nalize′ *v.* הֶעֱנִישׁ, הִטִּיל עוֹנֶשׁ
penal servitude עֲבוֹדַת פֶּרֶךְ
pen′alty *n.* עוֹנֶשׁ, קְנָס; בְּעִיטַת־עוֹנְשִׁין
pen′ance *n.* עוֹנֶשׁ עַצְמִי, סִגּוּף, תְּשׁוּבָה
pence = pl of penny
pen′chant *n.* חִבָּה, מְשִׁיכָה, נְטִיָּה
pen′cil (-səl) *n&v.* עִפָּרוֹן; כָּתַב
pen′dant *n.* תִּלְיוֹן; קִשּׁוּט תָּלוּי; דֶּגֶל
pen′dent *adj.* תָּלוּי; תָּלוּי וְעוֹמֵד
pen′ding *prep.* עַד שֶׁ־, עַד לְ־; בְּמֶשֶׁךְ
pending *adj.* עוֹמֵד לְהִתְרַחֵשׁ; תָּלוּי וְעוֹמֵד
pen′dulum (-′j-) *n.* מְטוּטֶלֶת
pen′etrable *adj.* חָדִיר
pen′etrate′ *v.* חָדַר; חִלְחֵל; הֵבִין
penetrated with — חָדוּר־, מָלֵא־, אָחוּז
pen′guin (-gwin) *n.* פִּינְגְּוִין
pen′icil′lin *n.* פֶּנִיצִילִין
penin′sula *n.* חֲצִי־אִי
pe′nis *n.* אֵיבַר הַמִּין הַגַּבְרִי
pen′itence *n.* חֲרָטָה, חֲזָרָה בִּתְשׁוּבָה
pen′itent *adj&n.* מִתְחָרֵט; מִסְתַּגֵּף
penknife *n.* אוֹלָר
penman *n.* סוֹפֵר, כַּתְבָן, תּוֹפֵס־עֵט
penmanship *n.* אָמָנוּת הַכְּתִיבָה
pen name כִּנּוּי, שֵׁם בָּדוּי, פְּסֵידוֹנִים
pen′nant *n.* דֶּגֶל, נֵס
penniless *adj.* חֲסַר־פְּרוּטָה, מְרוּשָׁשׁ
pen′non *n.* דֶּגֶל (שֶׁל בי״ס/קְבוּצָה); נֵס
pen′ny *n.* פֶּנִי; סֶנְט; פְּרוּטָה
a pretty penny סְכוּם נִכְבָּד
spend a penny *הִשְׁתִּין
the penny dropped הַמֶּסֶר נִקְלַט
penny-halfpenny פֶּנִי וָחֵצִי
penny pincher קַמְצָן
pennyweight *n.* 1/20 שֶׁל אוּנְקִיָּה
pen pal חָבֵר לָעֵט
pen pusher *פָּקִיד, לַבְלָר
pen′sion *n&v.* פֶּנְסְיָה, קִצְבָּה, גִּמְלָה
pension off הוֹצִיא לְגִמְלָאוֹת
pension (pänsyōn′) *n.* פֶּנְסִיוֹן
pensioner *n.* פֶּנְסְיוֹנֶר, גִּמְלַאי, קִצְבַּאי
pen′sive *adj.* מְהוּרְהָר, שָׁקוּעַ בְּמַחֲשָׁבוֹת
pen′tagon′ *n.* פֶּנְטָגוֹן, מְחוּמָשׁ
Pen′tateuch′ (-to͝ok) *n.* תּוֹרָה, חוּמָשׁ
pen·tath′lon *n.* קְרַב חָמֵשׁ
pen′tecost′ *n.* חַג הַשָּׁבוּעוֹת
pent′house′ *n.* פֶּנְטְהָאוּז, דִּירַת־גַּג
pent-up עָצוּר, מְסוּגָּר
pe·nul′timate *adj.* שֶׁלִּפְנֵי הָאַחֲרוֹן
penu′rious *adj.* עָנִי; קַמְצָן
pen′u·ry *n.* עוֹנִי; קַמְצָנוּת
peo′ple (pē′-) *n.* אֲנָשִׁים; עַם, אוּמָּה

one's people קְרוֹבִים, מִשְׁפָּחָה, הוֹרִים
people *v.* אִכְלֵס, מִלֵּא בַּאֲנָשִׁים
pep *n&v.* מֶרֶץ; הִמְרִיץ, דִּרְבֵּן, עוֹדֵד
pep'per *n&v.* פִּלְפֵּל; רָגַם, הִמְטִיר
peppermint *n.* נַעֲנָע; (מַמְתָּק) מִנְתָּה
peppery *adj.* חָרִיף, מְפוּלְפָּל; רַגְזָן, כַּעֲסָן
pep'tic *adj.* עִכּוּלִי, שֶׁל מַעֲרֶכֶת הָעִכּוּל
per *prep.* לְכָל־, לְ־; ע״י, בְּאֶמְצָעוּת
as per usual כָּרָגִיל
per'adven'ture *adv&n.* אוּלַי; יִתָּכֵן
peram'bu·late' *v.* הָלַךְ, סִיֵּר; שׁוֹטֵט
peram'bu·la'tor *n.* עֶגְלַת־תִּינוֹק
per cap'ita לְגוּלְגּוֹלֶת, לְנֶפֶשׁ, לְכָל אָדָם
perceivable *adj.* מוּרְגָּשׁ
perceive' (-sēv) *v.* הִרְגִּישׁ, הִבְחִין
per cent', percent' אָחוּז, לְמֵאָה
percen'tage *n.* תַּאֲחוּז, אָחוּז; חֵלֶק
no percentage אֵין רֶוַח, אֵין טַעַם
percen'tile *n.* פֶּרְצֶנְטִיל, מֵאוֹן
percep'tible *adj.* מוּרְגָּשׁ, מוּחָשׁ; נִכָּר
percep'tion *n.* תְּחוּשָׁה; הַשָּׂגָה; תְּפִיסָה
percep'tive *adj.* מְהִיר־תְּפִיסָה, מַבְחִין
perch *n.* עָנָף; עֶמְדָּה רָמָה, מָקוֹם בָּטוּחַ
knock off his perch נִפֵּץ תַּדְמִיתוֹ
perch *v.* נָחַת, הִתְיַשֵּׁב; הוֹשִׁיב, הִצִּיב
perchance' *n.* אוּלַי, יִתָּכֵן
percip'ient *adj.* מְהִיר־תְּפִיסָה, מַבְחִין
per'colate' *v.* חִלְחֵל, פִּעְפַּע; סִנֵּן
per'cola'tor *n.* מְסַנֶּנֶת־קָפֶה, חַלְחוּל
percus'sion *n.* הַקָּשָׁה, דְּפִיקָה
percussion instruments כְּלֵי־הַקָּשָׁה
perdi'tion (-di-) *n.* גֵּיהִנּוֹם, תּוֹפֶת
per'egrina'tion *n.* מַסָּע, נְדִידָה
peremp'tory *adj.* תַּקִּיף; הֶחְלֵטִי
peren'nial *adj&n.* רַב שְׁנָתִי; תְּמִידִי
per'fect (-fikt) *adj.* מוּשְׁלָם, לְלֹא דּוֹפִי
perfect' *v.* שִׁכְלֵל; הִשְׁתַּלֵּם
perfec'tion *n.* שְׁלֵמוּת, מְתוֹם; שִׁכְלוּל
per'fectly *adv.* בְּאוֹפֶן מוּשְׁלָם; לַגַּמְרֵי
perfect participle עָבָר נִשְׁלָם
perfid'ious *adj.* בּוֹגֵד, מוֹעֵל בְּאֵמוּן
per'fidy *n.* בְּגִידָה, מְעִילָה
per'forate' *v.* נִקֵּב, נִקְבֵּב, חִרֵר
per'fora'tion *n.* פֶּרְפוֹרַצְיָה, נִקְבּוּב
perforce' *adv.* בְּהֶכְרֵחַ
perform' *v.* עָשָׂה, בִּצֵּעַ; שִׂחֵק,
הִצִּיג; נִגֵּן; עָרַךְ, נִהֵל; פָּעַל

performance *n.* עֲשִׂיָּה; בִּצּוּעַ; מִשְׂחָק
performer *n.* מְבַצֵּעַ, נַגָּן, שַׂחְקָן
per'fume' *n.* בּוֹשֶׂם, רֵיחַ נִיחוֹחַ
perfume' *v.* בִּשֵּׂם; הִזְלִיף מֵי־בּוֹשֶׂם
perfu'mery *n.* בְּשָׂמִים; מִבְשָׂמָה
perfunc'torily *adv.* כִּלְאַחַר יָד
perfunc'tory *adj.* שִׁטְחִי, חָפוּז
perhaps' *adv.* אוּלַי, אֶפְשָׁר, יִתָּכֵן
per'il *n.* סַכָּנָה; אַחֲרָיוּת
per'ilous *adj.* מְסוּכָּן
perim'eter *n.* פֶּרִימֶטֶר, הֶקֵּף
pe'riod *n.* תְּקוּפָה; עוֹנָה; מֶשֶׁךְ־זְמַן;
שִׁעוּר; וֶסֶת; נְקוּדָה; מַחֲזוֹר; הַקָּפָה
period! נְקוּדָה! חֲסַל! זֶהוּ זֶה!
put a period to שָׂם קֵץ לְ—
pe'riod'ic(al) *adj.* תְּקוּפָתִי, מַחֲזוֹרִי
periodical *n.* כְּתַב־עֵת, מַגָּזִין, תְּקוּפוֹן
periph'eral *adj.* הֶקֵּפִי, שׁוּלִי, חִיצוֹנִי
periph'ery *n.* פֶּרִיפֶרְיָה, הֶקֵּף
periph'rasis *n.* פֶּרִיפְרָזָה, דִּבּוּר עָקִיף
per'iscope' *n.* פֶּרִיסְקוֹפּ (שֶׁל צוֹלֶלֶת)
per'ish *v.* מֵת, נִשְׁמַד; הָרַס, קִלְקֵל
perish the thought! חַס וְחָלִילָה!
perishable *adj&n.* (מָזוֹן) מִתְקַלְקֵל
perishing *adj.* *מֵמִית, אָרוּר; מְאוֹד
per'iwig' *n.* פֵּאָה נוֹכְרִית
per'jure (-jər) *v.* נִשְׁבַּע לַשֶּׁקֶר
per'jury *n.* שְׁבוּעַת שֶׁקֶר; עֵדוּת שֶׁקֶר
perk *n&v.* *הֲטָבָה, הַכְנָסָה; סִנֵּן
perk up הָיָה עֵרָנִי; הֵרִים רֹאשׁ
perky *adj.* עַלִּיז, מָלֵא חַיִּים; חָצוּף
perm *n&v.* (עָשָׂה) סִלְסוּל תְּמִידִי
per'manence, -cy *n.* תְּמִידוּת, קֶבַע
per'manent *adj.* תְּמִידִי, קָבוּעַ, קַיָּם
permanent (wave) סִלְסוּל תְּמִידִי
per'me·able *adj.* חָדִיר, נִתָּן לְחִלְחוּל
per'me·ate' *v.* חִלְחֵל, פִּעְפַּע, חָדַר
permis'sible *adj.* מוּתָּר, מוּרְשֶׁה, כָּשֵׁר
permis'sion *n.* הֶתֵּר, רְשׁוּת, הַסְכָּמָה
permis'sive *adj.* מַתִּיר, מַרְשֶׁה; מַתִּירָנִי
permit' *v.* הִתִּיר, הִרְשָׁה; אִפְשֵׁר
per'mit *n.* רִשָּׁיוֹן, רְשׁוּת, הֶתֵּר
per'mu·ta'tion *n.* תְּמוּרָה
permute' *v.* הֶחְלִיף, שִׁנָּה הַסֵּדֶר, תִּמֵּר
perni'cious (-nish'əs) *adj.* מַמְאִיר
per(s)nick'ety *adj.* מַקְפִּיד בִּקְטַנּוֹת
per'ora'tion *n.* הַחֵלֶק הַמְסַכֵּם (בִּנְאוּם)

per′oxide′ *n.* עַל־תַּחְמוֹצֶת
per′pendic′u·lar *adj&n.* נִצָּב; מְאוּנָךְ
per′petrate′ *v.* עָשָׂה, בִּצַּע
perpet′ual (-cho͞oəl) *adj.* תְּמִידִי; נִצְחִי
perpet′uate′ (-cho͞oāt) *v.* הִנְצִיחַ
per′petu′ity *n.* נֶצַח; קִצְבָּה תְּמִידִית
perplex′ *v.* בִּלְבֵּל, הֵבִיךְ; סִבֵּךְ
perplex′ity *n.* מְבוּכָה, בִּלְבּוּל; תִּסְבּוֹכֶת
per′quisite (-zit) *n.* הֲטָבָה, תֶּשֶׁר
per′secute *v.* רָדַף; הֵצִיק, עִנָּה
per′secu′tion *n.* רְדִיפָה; הַטְרָדָה
per′severe′ *v.* הִתְמִיד, שָׁקַד
Per′sian (-shən) *adj&n.* פַּרְסִי; פַּרְסִית
per′siflage′ (-fläzh) *n.* הִתּוּל, לִגְלוּג
persim′mon *n.* אֲפַרְסְמוֹן
persist′ *v.* הִתְעַקֵּשׁ, הִתְמִיד; נִמְשַׁךְ
persistent *adj.* עַקְשָׁן; מַתְמִיד; נִמְשָׁךְ
per′son *n.* בֶּן־אָדָם, אִישׁ; גּוּף
in person אִישִׁית, בְּאוֹפֶן אִישִׁי
perso′na *n.* אָדָם, אִישִׁיּוּת
persona grata אִישִׁיּוּת רְצוּיָה
per′sonable *adj.* יְפֵה־תֹּאַר, נָאֶה
per′sonage *n.* אִישִׁיּוּת, אָדָם חָשׁוּב
per′sonal *adj.* אִישִׁי, פְּרָטִי; גּוּפָנִי
personal estate מִטַּלְטְלִין, נִכְסֵי דְּנָיְדֵי
per′sonal′ity *n.* אִישִׁיּוּת
personality cult פּוּלְחַן אִישִׁיּוּת
per′sonalize′ *v.* עָבַר לְפַסִּים אִישִׁיִּים
per′sonalty *n.* מִטַּלְטְלִין, נִכְסֵי דְּנָיְדֵי
per′sonate′ *v.* גִּלֵּם תַּפְקִיד; הִתְחַזָּה
person′ify′ *v.* הֶאֱנִישׁ, אִנֵּשׁ; גִּלֵּם
per′sonnel′ *n.* פֶּרְסוֹנָל, סֶגֶל, צֶוֶת
perspec′tive *n.* פֶּרְסְפֶּקְטִיבָה; מַרְאֶה
per′spica′cious (-shəs) *adj.* חַד־תְּפִיסָה
per′spic′uous (-ūəs) *adj.* בְּהִיר־בִּטּוּי
per′spira′tion *n.* הַזָּעָה; זֵעָה
perspire′ *v.* הִזִּיעַ
persuade′ (-swād) *v.* שִׁכְנַע, הִשְׁפִּיעַ
persuade out of הֵנִיא, שִׁדֵּל לְבַל—
persua′sion (-swā′zhən) *n.* שִׁכְנוּעַ
persua′sive (-swā′-) *adj.* מְשַׁכְנֵעַ
pert *adj.* חָצוּף, חוּצְפָּנִי; עַלִּיז, מָלֵא־חַיִּים
pertain′ *v.* הָיָה שַׁיָּךְ/קָשׁוּר לְ—
per′tina′cious (-shəs) *adj.* עַקְשָׁן
per′tinent *adj.* שַׁיָּךְ, רֶלֶוַנְטִי, מַתְאִים
perturb′ *v.* הִדְאִיג; גָּרַם לְהִתְרַגְּשׁוּת
peru′sal (-z-) *n.* קְרִיאָה בְּעִיּוּן
peruse′ (-z) *v.* קָרָא (בעיון)
Peru′vian *adj&n.* שֶׁל פֶּרוּ; בֶּן פֶּרוּ
pervade′ *v.* חָדַר, הִתְפַּשֵּׁט, מִלֵּא
perva′sion (-zhən) *n.* חֲדִירָה
perverse′ *adj.* עִקֵּשׁ, סוֹטֶה, נָלוֹז
perver′sion (-zhən) *n.* סִלּוּף, עִוּוּת
perver′sity *n.* עִקְּשׁוּת, סִלּוּף, נְלִיזָה
pervert′ *v.* סִלֵּף, עִוֵּת; הִשְׁחִית
per′vert′ *n.* סוֹטֶה, מוּשְׁחָת; מְעוּוָּת
pes′sary *n.* הֶתְקֵן תּוֹךְ־רַחְמִי; פְּתִילָה
pes′simism′ *n.* פֶּסִימִיּוּת, פֶּסִימִיזְם
pes′simist *n.* פֶּסִימִיסְט, יַאוּשָׁן
pest *n.* מַזִּיק; מַגֵּפָה; טַרְדָן, נוּדְנִיק
pes′ter *v.* הִטְרִיד, נִדְנֵד (בדרישות)
pes′ticide′ *n.* מַדְבִּיר מַזִּיקִים
pes·tif′erous *adj.* מַדְבִּיק; מַזִּיק; מֵצִיק
pes′tilence *n.* מַגֵּפָה (קטלנית)
pes′tilent *adj.* מַגִּפָתִי, קַטְלָנִי; *אָרוּר
pes′tle (-səl) *n&v.* עֱלִי; כָּתַשׁ
pet *n&adj.* חַיַּת שַׁעֲשׁוּעִים; אָהוּב, חָבִיב
in a pet מְצוּבְרָח; נָתוּן בְּהֶתְקֵף־כַּעַס
one's pet hate שְׂנוּא נַפְשׁוֹ
pet *v.* לִטֵּף; פִּנֵּק; נִשֵּׁק; *הִתְגַּפֵּף
pet′al *adj.* עֲלֵה־כּוֹתֶרֶת (בפרח)
pe·tard′ *n.* פְּצָצָה
pe′ter (out) *v.* אָזַל, גָּוַע, דָּעַךְ
peti′tion (-ti-) *n&v.* (הִגִּישׁ) עֲצוּמָה, פֶּטִיצְיָה; עֲתִירָה; בִּקֵּשׁ; הִפְצִיר
pet name כִּנּוּי חִבָּה, שֵׁם חִבָּה
pet′rel *n.* יַסְעוּר (עוֹף־יָם)
pet′rify′ *v.* אִבֵּן; הִתְאַבֵּן; הִקְשָׁה
pet′rol *n.* בֶּנְזִין; דֶּלֶק
pe·tro′le·um *n.* נֵפְט, פֶּטְרוֹלֵיאוּם
pet′ticoat′ *n.* תַּחְתּוֹנִית; אִשָּׁה
pet′tish *adj.* כַּעֲסָן, מְהִיר־חֵמָה, רַגְזָן
pet′ty *adj.* קָטָן, זָעִיר, פָּעוּט; קַטְנוּנִי
petty cash קוּפָּה קְטַנָּה
pet′ulant (-ch′-) *adj.* רַגְזָן, קְצַר־רוּחַ
pew (pū) *n.* סַפְסָל (בַּעַל מִסְעָד), מוֹשָׁב
pew′ter (pū-) *n.* נֶתֶךְ עוֹפֶרֶת וּבְדִיל
phag′ocyte′ *n.* פָּגוֹצִיט, זוֹלְלָן (תא דם)
pha′lanx′ *n.* פָּלַנְגָּה, גּוּשׁ חַיָּלִים צָפוּף
phan′tasm′ (-taz′əm) *n.* פְּרִי הַדִּמְיוֹן
phan′tom *n.* רוּחַ; חֲזוֹן־תַּעְתּוּעִים
Pharaoh (fār′ō) *n.* פַּרְעֹה
phar′isee *n.* פָּרוּשׁ (בבית השני); צָבוּעַ
phar′macist *n.* רוֹקֵחַ

phar′macy *n.* בֵּית מִרְקַחַת; רוֹקְחוּת
phar′ynx *n.* לוֹעַ
phase (-z) *n.* שָׁלָב; תְּקוּפָה; פָּזָה, צַד
phase *v.* תִּכְנֵן/אִרְגֵּן בִּשְׁלַבִּים
phase in הִכְנִיס בִּשְׁלַבִּים/בְּהַדְרָגָה
phase out בִּטֵּל בִּשְׁלַבִּים/בְּהַדְרָגָה
pheas′ant (fez′-) *n.* פַּסְיוֹן (עוֹף)
phenom′enal *adj.* פֶנוֹמֶנָלִי, לֹא־רָגִיל
phenom′enon′ *n.* פֶנוֹמֶן; דָּבָר לֹא רָגִיל
phi′al *n.* בַּקְבּוּקוֹן, צְלוֹחִית
philan′der *v.* פְלִירְטֵט, חִזֵּר, הִתְעַסֵּק
phil′anthrop′ic *adj.* פִילַנְתְּרוֹפִּי, נַדְבָנִי
philan′thropy *n.* פִילַנְתְּרוֹפְּיָה, צְדָקָה
philat′elist *n.* אַסְפָן־בּוּלִים, בּוּלַאי
philat′ely *n.* בּוּלָאוּת, אִסּוּף בּוּלִים
philip′pic *n.* נְאוּם־הַתְקָפָה חָרִיף
Phil′istine′ (-tēn) *n&adj.* פְּלִשְׁתִּי; גַּס
phil′olog′ical *adj.* פִילוֹלוֹגִי, בַּלְשָׁנִי
philol′ogy *n.* פִילוֹלוֹגְיָה, בַּלְשָׁנוּת
philos′opher *n.* פִילוֹסוֹף, הוֹגֵה־דֵעוֹת
phil′osoph′ical *adj.* פִילוֹסוֹפִי, שָׁלֵו
philos′ophize′ *v.* הִתְפַּלְסֵף
philos′ophy *n.* פִילוֹסוֹפְיָה, חָכְמָה
phil′ter *n.* שִׁקּוּי אַהֲבָה
phiz′og′, phiz *n.* *פָּנִים, הַבָּעָה
phlegm (flem) *n.* לֵחָה, כִּיחַ; אֲטִיּוּת
phleg·mat′ic *adj.* פְלֶגְמָטִי, אָטִי
pho′bia *n.* פוֹבְּיָה, בַּעַת
phoe′nix (fē′-) *n.* פֶנִיקְס, חוֹל (עוֹף)
phone *n&v.* הֶגֶה; טֶלֶפוֹן; טִלְפֵּן, צִלְצֵל
phonet′ic *adj.* פוֹנֶטִי, הֲבָרוֹנִי, הֲגָאִי
phonet′ics *n.* פוֹנֶטִיקָה, הַבָּרוֹן
pho′ney, pho′ny *n&adj.* מְזוּיָף, כּוֹזֵב
pho′nograph′ *n.* פַּטִּיפוֹן, מָקוֹל
phonol′ogy *n.* פוֹנוֹלוֹגְיָה, תּוֹרַת הַהֲגָאִים
phos′phate (-fāt) *n.* פוֹסְפָט, זַרְחָה
phos′phores′cence *n.* זַרְחוֹרָנוּת
phos′phorus *n.* זַרְחָן, פוֹסְפוֹר
pho′to *n.* תַּצְלוּם, צִלּוּם, תְּמוּנָה
pho′tocop′y *n&v.* צִלּוּם (מִסְמָךְ); צִלֵּם
photo finish סִיּוּם מְצוּלָּם (בְּמֵירוֹץ)
pho′togen′ic *adj.* פוֹטוֹגֶנִי, נוֹחַ לְצִלּוּם
pho′tograph′ *n&v.* תְּמוּנָה; צִלֵּם
photog′rapher *n.* צַלָּם
photog′raphy *n.* צִלּוּם
pho′tomon·tage′ (-täzh) *n.* מִצְרָף
pho′tostat′ *n.* (מְכוֹנַת) צִלּוּם

pho′tosyn′thesis *n.* הַטְמָעַת הַפַּחְמָן
phra′sal (-z-) *adj&n.* נִיבִי; פּוֹעַל נִיבִי
phrase (-z) *n&v.* נִיב, בִּטּוּי, צֵרוּף מִלִּים; פְּרָזָה, פִּתְגָם; נִסַּח, הִבִּיעַ
to coin a phrase כְּמַאֲמַר הַפִּתְגָם
phre·net′ic *adj.* מְטוֹרָף, מִשְׁתּוֹלֵל
phre·nol′ogy *n.* פְרֶנוֹלוֹגְיָה, קְבִיעַת הָאוֹפִי לְפִי צוּרַת הַגּוּלְגּוֹלֶת
phut *n.* בּוּם, קוֹל הִתְפּוֹצְצוּת (בָּלוֹן)
go phut *הִתְמוֹטֵט; עָלָה בַּתֹּהוּ
phylac′tery *n.* תְּפִלִּין, טוֹטֶפֶת
phys′ic (-z-) *n&v.* (נָתַן) תְּרוּפָה
phys′ical (-z-) *adj&n.* פִיסִי, גַּשְׁמִי; גוּפָנִי; טִבְעִי; בְּדִיקָה רְפוּאִית
physical exercise/jerks הִתְעַמְּלוּת
physi′cian (-zish′ən) *n.* רוֹפֵא
phys′icist (fiz-) *n.* פִיסִיקַאי
phys′ics (fiz-) *n.* פִיסִיקָה
phys′iog′nomy (-z-) *n.* חָכְמַת הַפַּרְצוּף; פַּרְצוּף, תָּוֵי־פָּנִים; פְּנֵי־הַשֶּׁטַח
phys′iolog′ical (-z-) *adj.* פִיסְיוֹלוֹגִי
phys′iol′ogy (-z-) *n.* פִיסְיוֹלוֹגְיָה
phys′io·ther′apy (-z-) *n.* פִיסְיוֹתֶרַפְּיָה
physique′ (-zēk) *n.* מִבְנֵה גוּף
pian′ist *n.* פְּסַנְתְּרָן
pian′o *n&adv.* פְּסַנְתֵּר; פְּיָאנוֹ, בְּשֶׁקֶט
pic′aresque′ (-resk) *adj.* פִּיקָרֶסְקִי, מְתָאֵר חַיֵּי הַרַפְתְּקָנִים וְנוֹכְלִים
pic′colo′ *n.* פִּיקוֹלוֹ, חֲלִילוֹן
pick *v.* בָּחַר, בֵּרֵר; קָטַף; תָּלַשׁ; נִקֵּר; אָכַל כְּצִפּוֹר; קָרַע; חִטֵּט
pick a fight with חִרְחֵר רִיב
pick a guitar פָּרַט עַל גִּיטָרָה
pick a hole in עָשָׂה חוֹר בְּ—
pick a winner קָלַע בְּנִחוּשׁ
pick apart קָרַע לִגְזָרִים, בִּקֵּר, קָטַל
pick at חִפֵּשׂ פְּגָמִים; הֵצִיק; מָשַׁךְ
pick holes in חִפֵּשׂ פְּגָמִים בְּ—
pick off קָטַף; הָרַג בִּצְלִיפָה
pick on בָּחַר בְּ־; הֵצִיק
pick out בָּחַר; הִבְחִין, רָאָה; הֵבִין
pick over בֵּרֵר, בָּדַק וּבָחַר
pick pockets כִּיֵּס, גָּנַב מִכִּיסִים
pick up הֵרִים; אָסַף; הִשְׁתַּפֵּר; רָכַשׁ; קָלַט; רָאָה, הִבְחִין; הִתְיַדֵּד; עָצַר, תָּפַס; הֶחֱלִים
picks his words שׁוֹקֵל כָּל מִלָּה

pick *n.* מַעֲדֵר, מַכּוֹשׁ; בְּחִירָה; מֵיטָב
take your pick קַח כַּטּוֹב בְּעֵינֶיךָ
pick'ax' *n.* מַעֲדֵר, מַכּוֹשׁ
pick'et *n.* שׁוֹמֵר, זָקִיף; מִשְׁמָר; יָתֵד, מוֹט
picket *v.* שָׁמַר; הִצִּיב שׁוֹמְרִים; גָּדַר
picket line מִשְׁמַר שׁוֹבְתִים
picking *n.* בְּחִירָה; גְּנֵבָה; שְׁאֵרִית
pick'le *n.* מֵי־מֶלַח, צִיר; צָרָה; שׁוֹבָב
a nice/pretty pickle *מַצָּב בִּישׁ
pickles כְּבוּשִׁים, חֲמוּצִים, מַחֲמַצִּים
pickle *v.* כָּבַשׁ, הֶחֱמִיץ, שִׁמֵּר, צִמֵּת
pick-me-up *n.* (משקה) מְחַזֵּק, מְעוֹדֵד
pickpocket *n.* כַּיָּס
pick-up *n.* תְּפִיסָה; רֹאשׁ־מָקוֹל; טֶנְדֶּר, מַשָּׂאִית קַלָּה; תְּאוּצָה; *מַכָּר מִקְרִי
pic'nic *n&v.* פִּיקְנִיק; עָרַךְ פִּיקְנִיק
pictor'ial *adj.* מְצוּיָּר, מְצוּלָּם, תְּמוּנָתִי
pic'ture *n&v.* תְּמוּנָה; צִיּוּר; שְׁלֵמוּת, הִתְגַּלְּמוּת; סֶרֶט; צִלֵּם; צִיֵּר
get the picture *הֵבִין, תָּפַס
picture oneself דִּמְיֵן לְעַצְמוֹ
out of the picture לֹא בַּתְּמוּנָה
take his picture צִלֵּם אוֹתוֹ
picture-postcard *n&adj.* גְּלוּיַת־דֹּאַר; יָפֶה, צִיּוּרִי
pic'turesque' (-chəresk) *adj.* צִיּוּרִי
pid'dle *n&v.* *הִשְׁתִּין, (עָשָׂה) פִּיפִּי
pid'dling *adj.* חֲסַר־עֵרֶךְ, קְטַנְטַן
pie (pī) *n.* פַּשְׁטִידָה
pie in the sky חֲלוֹם בְּאַסְפַּמְיָא
piebald *adj.* מְנוּמָּר, בַּעַל חֲבַרְבּוּרוֹת
piece (pēs) *n.* חֲתִיכָה; חֵלֶק; קֶטַע; כְּלִי; יְצִירָה; מַטְבֵּעַ; דּוּגְמָה; *חֲתִיכָה
go to pieces נִשְׁבַּר, הִתְמוֹטֵט
in one piece *שָׁלֵם, לֹא נִזּוֹק
of a piece (with) מֵאוֹתוֹ מִין, דּוֹמִים
piece by piece בַּחֲלָקִים, קִמְעָה־קִמְעָה
piece of cake *מִשְׂחַק יְלָדִים
pull to pieces קָרַע לִגְזָרִים, קָטַל
take to pieces הִתְפָּרֵק/פֵּרֵק לַחֲלָקִים
piece *v.* חִבֵּר, הִרְכִּיב מֵחֲתִיכוֹת, אִחָה
piece out צֵרֵף פְּרָט לִפְרָט
piece'meal' (pēs'-) *adv.* קְצָת־קְצָת
piece-work *n.* עֲבוֹדַת קַבְּלָנוּת, קַבָּלוּת
pied (pīd) *adj.* מְנוּמָּר, חֲבַרְבּוּר
pie-eyed *adj.* שָׁתוּי
pier (pir) *n.* מֵזַח, רָצִיף; עַמּוּד־תּוֹמֵךְ
pierce (pirs) *v.* דָּקַר, חָדַר, נִקֵּב
pierce one's way הִבְקִיעַ דַּרְכּוֹ
piercing *adj.* חוֹדֵר, חַד, עַז
pi'ety *n.* אֲדִיקוּת, דָּתִיּוּת, חֲסִידוּת
pif'fle *n&v.* *(דִּבֵּר) שְׁטוּיוֹת
pif'fling *adj.* חֲסַר־עֵרֶךְ, פָּעוּט
pig *n.* חֲזִיר; בַּרְזֶל יָצוּק; *שׁוֹטֵר
pig *v.* הִמְלִיט חֲזִירִים; חַי כַּחֲזִיר
pigboat *n.* *צוֹלֶלֶת
pi'geon (pij'ən) *n.* יוֹנָה; פֶּתִי, טִפֵּשׁ
not my pigeon לֹא עִסְקִי, לֹא עִנְיָנִי
pigeon-breasted/-chested צַר־חָזֶה
pigeonhole *n&v.* תָּא־מִסְמָכִים, תָּאוֹן, שָׂם בַּתָּא; זָכַר; דָּחָה, שָׁכַח
piggish *adj.* חֲזִירִי, מְטוּנָּף, זוֹלֵל וְסוֹבֵא
piggy *n&adj.* חֲזִירוֹן, חֲזַרְזִיר; זוֹלֵל
piggy-back *adv.* עַל הַכְּתֵפַיִם
pig-headed *adj.* עַקְשָׁן
pig iron יַצֶּקֶת, בַּרְזֶל יָצוּק
pig'ment *n.* פִּיגְמֶנְט, צִבְעָן
pig'my *n.* נַנָּס, גַּמָּד
pig-sticking *n.* צֵיד־חֲזִירִים (בחניתות)
pig'sty', pigpen *n.* דִּיר־חֲזִירִים
pigtail *n.* זְנַב־סוּס, צַמַּת־עוֹרֶף
pike *n.* רֹאשׁ גִּבְעָה; זְאֵב־הַמַּיִם; חֲנִית; כְּבִישׁ־אַגְרָה; דַּרְכִּיָּה; מֶכֶס
pil'chard *n.* מְלִיחַ קָטָן
pile *n.* עֲרֵמָה; הוֹן; בִּנְיָן גָּבוֹהַּ, גּוּשׁ בִּנְיָנִים; סוֹלְלָה; קוֹרַת־מַסָּד; כּוּר
piles טְחוֹרִים
piles of *הָמוֹן, הַרְבֵּה
pile *v.* עָרַם, צָבַר, גִּבֵּב; נֶעֱרַם
pile in נָהַר/נִדְחַק פְּנִימָה
pile it on *הִגְזִים
pile up צָבַר; נֶעֱרַם; הִתְנַגֵּשׁ
pile-up *n.* הִתְנַגְּשׁוּת, תְּאוּנַת שַׁרְשֶׁרֶת
pil'fer *v.* גָּנַב, סָחַב, "הֵרִים"
pil'grim *n.* צַלְיָן, עוֹלֵה־רֶגֶל, נוֹסֵעַ
pil'grimage *n.* עֲלִיָּה לְרֶגֶל, נְסִיעָה
pill *n.* גְּלוּלָה; *כַּדּוּר; טִיפּוּס לֹא נָעִים
sugar the pill הִמְתִּיק אֶת הַגְּלוּלָה
pil'lage *n&v.* בִּזָּה; בָּזַז, שָׁדַד
pil'lar *n.* עַמּוּד; יָד, מַצֵּבָה; תּוֹמֵךְ
pillar-box *n.* תֵּבַת־דֹּאַר (ברחוב)
pillbox *n.* מְצָד, מְצָדִית, בִּצּוּר קָטָן
pil'lion *n.* מוֹשָׁב אֲחוֹרִי (באופנוע)
pil'lock *n.* *טִפֵּשׁ, נִקְלֶה

pil'lory *n&v.* סַד; כָּבַל בַּסַּד; הוֹקִיעַ
pil'low (-ō) *n&v.* כַּר; הִנִּיחַ עַל כַּר
pillow-case, -slip *n.* צִפַּת־כַּר
pi'lot *n&adj.* טַיָּס; נַוָּט; נַתָּב; נִסּוּיִי
pilot *v.* שִׁמֵּשׁ כְּטַיָּס; נִוֵּט; הִנְחָה
pimp *n&v.* סַרְסוּר־זוֹנוֹת; מַלְשִׁין; סִרְסֵר
pim'pernel *n.* מַרְגָּנִית (צמח, פרח)
pim'ple *n.* אֲבַעְבּוּעָה, חֲטָט, פִּצְעוֹן
pin *n.* סִכָּה; תַּכְשִׁיט; יָתֵד, פִּין; *רֶגֶל
clean as a new pin נָקִי בְּיוֹתֵר
not care two pins *לֹא אִכְפַּת כְּלָל
pins and needles מֶתַח, "עַל קוֹצִים"
pin *v.* הִדֵּק בְּסִכָּה; נָעַץ; רִתֵּק
pin down הִצְמִיד; גִּלָּה בִּמְדוּיָּק
pin it on him טָפַל (האשמה) עָלָיו
pin'afore' *n.* סִנָּר
pince-nez (pans'nā) *n.* מִשְׁקְפֵי־חוֹטֶם
pin'cer *n.* זְרוֹעַ, צְבָת; מֶלְקָחַיִם
pincette' *n.* מַלְקֵט, מֶלְקָחִית, פִּינְצֶטָה
pinch *v&n.* צָבַט; לָחַץ; קִמֵּץ; גָּנַב,
עָצַר, אָסַר; צְבִיטָה; כְּאֵב; שֶׁמֶץ
at a pinch בִּשְׁעַת הַדְּחָק, בְּאֵין בְּרֵרָה
pinched for money דָּחוּק בְּכֶסֶף
pinched with סוֹבֵל מִן, מְיוּסַּר —
pinch-hit *v.* מִלֵּא מָקוֹם
pinchpenny *n.* קַמְצָן
pincushion *n.* כָּרִית־סִכּוֹת
pine *v.* נָמַק, תָּשַׁשׁ; עָרַג, הִשְׁתּוֹקֵק
pine *n.* אֹרֶן, צְנוֹבָר; עֵץ אֹרֶן
pineapple *n.* אֲנָנָס
pine cone אִצְטְרוֹבָּל, צְנוֹבָר
pinewood *n.* יַעַר־אֳרָנִים; עֵץ אֹרֶן
ping *n&v.* פִּינְג, צִלְצוּל, שְׁרִיקָה; הִרְעִישׁ
ping'-pong' *n.* טֶנִיס־שׁוּלְחָן
pinhead *n.* רֹאשׁ סִכָּה; *טִפֵּשׁ
pin'ion *n&v.* כָּנָף; אֶבְרָה; קָצַץ; כָּפַת
pink *adj&n.* וָרוֹד; צִפּוֹרֶן; שִׂיא; שְׂמָאלִי
in the pink (of health) בָּרִיא
pink *v.* דִּקֵּר, פָּגַע; קִשֵּׁט בִּנְקָבִים
pink'ie, pink'y *n.* זֶרֶת (אצבע)
pin money הוֹצָאוֹת קְטַנּוֹת, דְּמֵי־כִּיס
pin'nacle *n.* צְרִיחַ; צוּק; שִׂיא, פִּסְגָּה
pinned *adj.* נִתְקַע (בלי יכולת לזוז)
pin'ny *n.* *סִנָּר
pinpoint *n.* חוֹד־סִכָּה; נְקֻדָּה
pinpoint *v.* תֵּאֵר בִּמְדוּיָּק, אִתֵּר, קָלַע
pin-prick *n.* עֲקִיצָה; דְּקִירַת־סִכָּה
pint (pīnt) *n.* פַּיְנְט, 1/8 גָּלוֹן
pin-up *n.* תְּמוּנָה (תלויה/נעוצה בקיר)
pin-up girl נַעֲרַת־תְּמוּנָה (כנ"ל)
pin wheel גַּלְגַּלּוֹן־רוּחַ
pi'oneer' *n&v.* חָלוּץ; (בצבא) פַּלָּס;
נֶחֱלַץ, עָבַר כְּחָלוּץ; סָלַל; יָזַם
pi'ous *adj.* דָּתִי, אָדוּק; מִתְחַסֵּד, צָבוּעַ
pip *n.* חַרְצָן, גַּרְעִין; צִפְצוּף; כּוֹכַב־דַּרְגָּה
give him the pip הֶעֱכִיר רוּחוֹ
pip *v.* *נִצַּח, הֵבִיס; נִכְשַׁל; קָלַע
pipe *n.* צִנּוֹר; מִקְטֶרֶת; מְלוֹא הַמִּקְטֶרֶת;
קָנֶה, חָלִיל; מַשְׁרוֹקִית; שְׁרִיקָה; חָבִית
pipes חֵמֶת־חֲלִילִים
pipe *v.* הִזְרִים; שָׁרַק; נִגֵּן, צִיֵּץ
pipe down שָׁתַק; הִנְמִיךְ הַטּוֹן
pipe up הִתְחִיל לְזַמֵּר/לְדַבֵּר/לְנַגֵּן
piped music מוּסִיקָה מַתְמֶדֶת שְׁקֵטָה
pipe dream חֲלוֹם בְּאַסְפַּמְיָא
pipe-line *n.* צִנּוֹר (להזרמת נפט/מידע)
piper *n.* חֲלִילָן, מְנַגֵּן בְּחֵמֶת־חֲלִילִים
pay the piper נָשָׂא בְּהוֹצָאוֹת
pipette' *n.* שְׁפוֹפֶרֶת, טַפִּי, פִּיפֶּטָה
piping *n.* צַנֶּרֶת; צִנּוֹרוֹת; חִלּוּל; שְׁרִיקָה
piping *adj.* שׁוֹרֵק, צַוְחָנִי
piping hot חַם מְאוֹד
pip-squeak *n.* *אֶפֶס, חֲדַל־אִישִׁים
piquant (pē'kənt) *adj.* חָרִיף, פִּיקַנְטִי
pique (pēk) *n&v.* הִפָּגְעוּת, עֶלְבּוֹן,
תַּרְעוֹמֶת; פָּגַע, הִרְגִּיז; עוֹרֵר
pique oneself on הִתְגָּאָה בְּ —
pi'racy *n.* פִּירָטִיּוּת, שׁוֹד־יָם; גְּנֵבָה
pi'rate (-rit) *n.* פִּירָט, שׁוֹדֵד־יָם;
גּוֹנֵב (זכות־יוצרים וכו') ; גָּנַב
pis aller (pēz'alā') *n.* מִפְלָט אַחֲרוֹן
pis'cato'rial *adj.* שֶׁל דַּיִג, חוֹבֵב דַּיִג
Pi'sces (-sēz) *n.* מַזַּל דָּגִים
piss *n&v.* *שֶׁתֶן; הִשְׁתִּין; הִתְבַּטֵּל
piss off *הִסְתַּלֵּק! הִמְאִיס, שִׁעֲמֵם
pis'til (-təl) *n.* עֱלִי (בפרח)
pis'tol *n.* אֶקְדָּח
pis'ton *n.* בּוּכְנָה
pit *n.* בּוֹר; מִכְרֶה; מַלְכֹּדֶת; מוּסָךְ;
זִירַת־קְרָב; גֵּיהִנּוֹם; שֶׁקַע; צַלֶּקֶת;
מוֹשָׁבִים אֲחוֹרִיִּים; מָדוֹר; גַּלְעִין
pit *v.* צִלֵּק; הִצִּיב מוּל; גִּלְעֵן
pit'-a-pat' *n.* תִּקְתּוּק, נְקִישׁוֹת, הַלְמוּת
pitch *n.* זֶפֶת; מְקוֹם הָעֲסָקִים; גּוֹבַהּ־צְלִיל,

רָמָה, דַרגָה; שִׁפּוּעַ; הֲטָלָה; מִגרָשׁ
queer his pitch סִכֵּל תּוֹכנִיתוֹ
pitch *v.* הֵקִים, הִצִּיב; הֵטִיל, זָרַק; קָבַע רָמָה; נִטלֵטֵל; שִׁפֵּעַ; *סִפֵּר
pitch in נִרתַּם לַעֲבוֹדָה; תָּרַם חֶלקוֹ
pitch into הִסתָּעֵר עַל, הִתנַפֵּל עַל
pitched battle קְרָב עָרוּךְ, מַעֲרָכָה עַזָּה
pitch'er *n.* כַּד; (בְּבֵייסבּוֹל) מַגִישׁ
pitchfork *n&v.* קִלשׁוֹן; דָחַף; כָּפָה
pit'e•ous *adj.* מְעוֹרֵר חֶמלָה
pitfall *n.* פַּח, מַלכּוֹדֶת, מַהֲמוֹרָה
pith *n.* תַּמצִית, עִקָּר, לְשַׁד; כּוֹחַ, עוֹצמָה
pithy *adj.* תַּמצִיתִי, מָלֵא־תּוֹכֶן
pitiable, pitiful *adj.* מְעוֹרֵר חֶמלָה
pitiless *adj.* אַכזָרִי, חֲסַר־חֶמלָה
pit'tance *n.* קִצבָּה זְעוּמָה, סְכוּם פָּעוּט
pit'y *n&v.* רַחֲמִים, חֶמלָה; רִחֵם עַל
for pity's sake לְמַעַן הַשֵּׁם, אָנָּא
it's a pity, what a pity חֲבָל
out of pity מִתּוֹךְ רַחֲמִים
piv'ot *n&v.* צִיר; מוֹקֵד; סָבַב עַל צִיר
pivot on הָיָה תָּלוּי בְּ—
pix'ila'ted *adj.* *מְטוֹרָף, מוּפרָע; שָׁתוּי
pizza (pēt'sə) *n.* פִּיצָה
pl. = plural
plac'ard *n.* כְּרָזָה, מוֹדָעָה, פְּלָקָט
pla'cate *v.* שִׁכֵּךְ, פִּיֵּס, הִרגִיעַ
place *n.* מָקוֹם; מַעֲמָד; חוֹבָה; תַּפקִיד
come to my place בּוֹא לְבֵיתִי
in place בַּמָּקוֹם; יָאֶה, נָאוֹת
in place of בִּמקוֹם—
in the first place רֵאשִׁית כֹּל, א׳
out of place לֹא בַּמָּקוֹם; לֹא הוֹגֵן
take one's/its place תָּפַס מָקוֹם
take place קָרָה, הִתרַחֵשׁ
place *v.* שָׂם, הֵנִיחַ; שִׁכֵּן; מִנָּה; הִצִּיב; הִשׁקִיעַ, הִפקִיד; מִקֵּם
place importance יִחֵס חֲשִׁיבוּת
place bet הִמּוּר עַל אַחַד הָרִאשׁוֹנִים
placement *n.* הֲנָחָה; הַסדָּרַת מִשׂרָה
plac'id *adj.* שָׁקֵט, שָׁלֵו, רוֹגֵעַ, רָגוּעַ
pla'giarism' (-jər-) *n.* פְּלַגיָאט, גְּנֵבָה
pla'giarize' (-jər-) *v.* גָּנַב
plague (plāg) *n&v.* מַגֵּפָה; מִטרָד; הֵצִיק
plaice *n.* סַנדָּל, דַּג משֶׁה רַבֵּנוּ
plaid (plad) *n.* רְדִיד־צֶמֶר; אָרִיג מְשׁוּבָּץ
plain *adj.* פָּשׁוּט, בָּרוּר; מְכוֹעָר; חָלָק
plain clothes (שׁוֹטֵר בְּ־) בְּגדֵי־אֶזרָח
plain dealing הֲגִינוּת (בַּעֲסָקִים)
to be plain with you אוֹמַר גְּלוּיוֹת
plain *n.* מִישׁוֹר, עֲרָבָה
plain-spoken *adj.* דּוֹבֵר־גְּלוּיוֹת, גָּלוּי
plain'tiff *n.* תּוֹבֵעַ, מַאֲשִׁים
plain'tive *adj.* עָצוּב, נוּגֶה, מִתחַנֵּן
plait *n&v.* צַמָּה, מִקלַעַת; קָלַע
plan *n&v.* תּוֹכנִית; תַּרשִׁים; תִּכנֵן; תִּרשֵׁם
plane *n&v.* מִישׁוֹר, מִשׁטָח; דַּרגָה; מַקצוּעָה. דּוֹלֶב; מָטוֹס; הִקצִיעַ, הֶחֱלִיק
plane down דָּאָה, גָּלַשׁ בָּאֲוִיר
plane *adj.* מִישׁוֹרִי, שָׁטוּחַ
plan'et *n.* כּוֹכַב־לֶכֶת, פְּלָנֶטָה
plan'eta'rium *n.* פְּלָנֶטַרְיוּם
plan'gent *adj.* רוֹטֵט, עָצוּב, מְהַדהֵד
plank *n.* קֶרֶשׁ; קוֹרָה, לוּחַ; עִקָּרוֹן בְּמַצָּע
plank *v.* לִוַּח, כִּסָּה בִּקרָשִׁים
plank down שִׁלֵּם מִיָּד, הֵטִיל הַכֶּסֶף
planner *n.* מְתַכנֵן
plant *n.* צֶמַח, שָׁתִיל; צִיּוּד; מִפעָל, בֵּית־חֲרוֹשֶׁת; *רַמָּאוּת; סוֹכֵן שָׁתוּל
plant *v.* נָטַע; שָׁתַל; הִשׁרִישׁ; תָּקַע, הִנחִית; יִסֵּד, יִשֵּׁב
planter *n.* מַטָּעָן; עָצִיץ, אֲדָנִית
plash *n&v.* חֲבָטָה בַּמַּיִם, מַשָּׁק; שִׁקשֵׁק
plas'ma (-z-) *n.* פְּלַסמָה (נוֹזֵל בַּדָּם)
plas'ter *n.* טִיחַ, גֶּבֶס; רְטִיָּה
plaster *v.* טִיֵּחַ; גִּבֵּס; הִדבִּיק; *הֵבִיס
plastered *adj.* *שָׁתוּי, שִׁכּוֹר
plas'tic *adj&n.* (חוֹמֶר) פְּלַסטִי; גָּמִישׁ
plas'ticine (-sēn) *n.* כִּיּוֹרֶת
plate *n.* צַלַּחַת; מָנָה; כְּלֵי־שׁוּלחָן; צִפּוּי; לוּחִית; פְּרָס; רִקּוּעַ; גְּלוּפָה
dental plate שִׁנַּיִם תּוֹתָבוֹת; פְּלָטָה
plate *v.* כִּסָּה בְּלוּחוֹת־מַתֶּכֶת; צִפָּה
plat•eau' (-tō') *n.* רָמָה; דְּרִיכָה בַּמָּקוֹם
plate glass זְכוּכִית רְקוּעָה/מְעוּרגֶּלֶת
platelayer *n.* מַנִּיחַ פַּסֵּי־רַכֶּבֶת
plate rack כּוֹנַן־צַלָּחוֹת, סְרִיג־כֵּלִים
plat'form' *n.* דּוּכָן, בָּמָה; רָצִיף; מַצָּע
plat'inum *n.* פְּלָטִינָה (מַתֶּכֶת יְקָרָה)
plat'itude' *n.* שִׁטחִיּוּת; אִמרָה חֲבוּטָה
Pla'to *n.* אַפּלָטוֹן
platoon' (-tōōn) *n.* מַחלָקָה (בְּצָבָא)
plat'ter *n.* צַלַּחַת, פִּנכָּה; *תַּקלִיט
plau'sible (-z-) *adj.* מִתקַבֵּל עַל

הַדַּעַת, הֶגְיוֹנִי; מְהֵימָן; מוֹלִיד שׁוֹלָל
play *n.* שַׁעֲשׁוּעַ, מִשְׂחָק; מַחֲזֶה;
רִצּוּד; הִמּוּר; חוֹפֶשׁ; רִפְיוֹן
bring into play הִפְעִיל
come into play הִתְחִיל לִפְעוֹל
fair play מִשְׂחָק הוֹגֵן, צֶדֶק לַכֹּל
give play רִפָּה, שִׁחְרֵר קִמְעָה
in play בִּצְחוֹק, לֹא־בִּרְצִינוּת
make a play for פָּעַל כְּדֵי לְהַשִּׂיג
play *v.* הִשְׁתַּעֲשַׁע, שִׂחֵק (בּ־/עַל/כּ־);
הִצִּיג; נִגֵּן; כִּוֵּן, יָרָה, הִתִּיז
play back הִשְׁמִיעַ מֵרְשַׁמְקוֹל
play ball *שִׁתֵּף פְּעוּלָּה
play down הִמְעִיט אֶת חֲשִׁיבוּתוֹ
play guns on הִפְגִּיז, יָרָה עַל
play him a trick "סִדֵּר" אוֹתוֹ
play him for *הִתְיַחֵס אֵלָיו כְּ—
play into his hands שִׂחֵק לְיָדָיו
play it cool *שָׁמַר עַל קוֹר־רוּחַ
play off שִׂחֲקוּ מִשְׂחַק פְּלֵיאוֹף
play on פָּרַט עַל (גיטרה/רגשות)
play out סִיֵּם; לִוָּה יְצִיאָתוֹ בִּנְגִינָה
play the fool הִשְׁתַּטָּה
play the man נָהַג כְּגֶבֶר (באומץ)
play up הוֹסִיף לַחֲשִׁיבוּתוֹ, נִפַּח,
הִדְגִּישׁ; הֵצִיק; הֶחֱנִיף
played out עָיֵף, סָחוּט; מְיוּשָּׁן
plays the field יוֹצֵא עִם כַּמָּה בָּנוֹת
play-acting *n.* מִשְׂחָק, הַעֲמָדַת־פָּנִים
play-back *n.* הַשְׁמָעַת הַקְלָטָה
playbill *n.* מוֹדָעַת־הַצָּגָה
playboy *n.* פְּלֵיבּוֹי, רוֹדֵף תַּעֲנוּגוֹת
player *n.* שַׂחְקָן; נַגָּן
playful *adj.* עַלִּיז, מָלֵא־שְׂחוֹק, שׁוֹבְבָנִי
playgoer *n.* שׁוֹחֵר תֵּיאַטְרוֹן
playground *n.* מִגְרַשׁ־מִשְׂחָקִים
playhouse *n.* תֵּיאַטְרוֹן; בֵּית־מִשְׂחָקִים
playing card קְלָף
playing field מִגְרַשׁ סְפּוֹרְט
playmate *n.* חָבֵר לְמִשְׂחָק
play-off *n.* מִשְׂחָק חוֹזֵר, פְּלֵיאוֹף
play-pen *n.* לוּל־פָּעוֹטוֹת
plaything *n.* צַעֲצוּעַ; כְּלִי־מִשְׂחָק
playwright *n.* מַחֲזַאי
plaz'a *n.* כִּכָּר, רַחֲבַת־שׁוּק
plea *n.* בַּקָּשָׁה; טַעֲנָה; הַצְהָרָה, כְּתַב־הֲגַנָּה
plead *v.* הִתְחַנֵּן; טָעַן; תֵּרֵץ; סִנְגֵּר
plead guilty הוֹדָה בְּאַשְׁמָה
pleading *n.* טַעֲנָה, הַצְהָרָה, טִעוּן
pleas'ant (plez-) *adj.* נָעִים, נוֹחַ, טָעִים
pleas'antry (plez-) *n.* הֲלָצָה; הוּמוֹר
please (-z) *v.* הִשְׂבִּיעַ רָצוֹן, גָּרַם הֲנָאָה
as you please כַּטּוֹב בְּעֵינֶיךָ; *מְאוֹד
if you please בְּבַקָּשָׁה, אָנָּא, בִּרְשׁוּתְךָ
please yourself! עֲשֵׂה כְּחֶפְצְךָ
please God אִם יִרְצֶה הַשֵּׁם
please! אָנָּא, בְּבַקָּשָׁה, הוֹאֵל נָא
pleased(with) שָׂמֵחַ, מְרוּצֶה (מִן)
pleas'ing (-z-) *adj.* מְהַנֶּה, נוֹחַ, נָעִים
pleasure (plezh'ər) *n.* הֲנָאָה, תַּעֲנוּג
at your pleasure כִּרְצוֹנְךָ
my pleasure הַתַּעֲנוּג שֶׁלִּי, הָיָה נָעִים
pleat *v&n.* קִפֵּל; קִפּוּל (בחצאית)
pleb'iscite' *n.* מִשְׁאַל־עַם
plec'trum *n.* מַפְרֵט (התקן־פריטה)
pled = p of plead
pledge *n.* מַשְׁכּוֹן; הַבְטָחָה, הִתְחַיְּבוּת; אוֹת
pledge *v.* הִבְטִיחַ, הִתְחַיֵּב; מִשְׁכֵּן
ple'nary *adj.* מָלֵא, מוּחְלָט, לֹא־מוּגְבָּל
plenary session יְשִׁיבַת הַמְּלִיאָה
plen'itude' *n.* מְלֵאוּת, שֶׁפַע, רוֹב, גּוֹדֶשׁ
plen'tiful *adj.* מָלֵא, שׁוֹפֵעַ, עָשִׁיר, רַב
plen'ty *n&adv.* עוֹשֶׁר; כַּמּוּת רַבָּה;
הַרְבֵּה, דַּי וְהוֹתֵר, מַסְפִּיק, מְאוֹד
in plenty of time בְּעוֹד מוֹעֵד
ple'num *n.* מְלִיאָה (של פרלמנט)
pleth'ora *n.* שֶׁפַע רַב, גּוֹדֶשׁ
pleu'risy (ploor-) *n.* דַּלֶּקֶת הָאֶדֶר
pli'able, pli'ant *adj.* גָּמִישׁ, כָּפִיף, נוֹחַ
pli'ers *npl.* מֶלְקָחַיִם, מֶלְקַחַת
plight *n.* מַצָּב, מַצָּב חָמוּר, צָרָה, תִּסְבּוֹכֶת
plight *v.* הִבְטִיחַ, הִתְחַיֵּב
plinth *n.* בְּסִיס־עַמּוּד, אֶדֶן
PLO אַשָּׁ"ף
plod *v.* הָלַךְ בִּכְבֵדוּת, הִשְׂתָּרֵךְ; עָמַל
plodder *n.* שַׁקְדָן, אִטִּי (אך מצליח)
plonk *v.* פָּרַט; נָפַל לַמַּיִם; צָנַח
plop *v.* נָפַל; נָפַל לַמַּיִם
plot *n&v.* חֶלְקָה, מִגְרָשׁ; מַפָּה, תַּרְשִׁים;
עֲלִילָה; קֶשֶׁר; תִּכְנֵן; זָמַם; קָשַׁר
plot out חִלֵּק (אדמה) לַחֲלָקוֹת
plo'ver *n.* חוֹפָמִי (עוֹף)
plow, plough *n&v.* מַחֲרֵשָׁה; חָרַשׁ;
הִתְקַדֵּם; הִכְשִׁיל, פָּסַל, דָּחָה

Plough דּוּבָּה גדוֹלָה (קבוצת כּוכבים)
plow a lonely furrow פָּעַל לְבַד
plow back הִשְׁקִיעַ שוּב (רווחים)
plow into הִסְתָּעֵר עַל; הִתְנַגֵּשׁ
plow one's way פִּלֵּס דֶּרֶךְ
plow under חָרַשׁ וְהִשְׁמִיד, קָבַר
plowman *n.* חוֹרֵשׁ
plowshare *n.* סַכִּין־הַמַּחֲרֵשָׁה
ploy *n.* תַּכְסִיס, תַּחְבּוּלָה לְהַשָּׂגַת יִתרוֹן
pluck *v&n.* מָרַט; תָּלַשׁ; קָטַף; פָּרַט; פָּסַל, הִכשִׁיל; רָמָה; אוֹמֶץ, תְּעוּזָה
pluck up courage אָזַר אוֹמֶץ
plucky *adj.* אַמִּיץ, נוֹעָז
plug *n.* פְּקָק, מְגוּפָה; תֶּקַע; מַצֵּת; בֶּרֶז — שְׂרֵפָה; חֲתִיכַת־טַבָּק; פִּרְסוֹמֶת
plug *v.* פָּקַק; פִּרסֵם; *יָרָה, הִכָּה
plug away at עָבַד בְּשַׁקְדָנוּת
plug in חִבֵּר לְחַשְׁמַל, הִכנִיס הַתֶּקַע
plug-ugly *n.* בִּריוֹן
plum *n.* שְׁזִיף; *מַשֶּׁהוּ טוֹב, גִיוּב מְצוּיָן
plum'age *n.* נוֹצוֹת
plumb (-m) *n&v.* אֲנָךְ; נִסָּה לְהָבִין
plumb the depths of יָרַד לָעוֹמֶק
plumb *adj&adv.* מְאוּנָךְ; מוּחלָט, גָּמוּר
plumb bob אֲנָךְ, מִשקוֹלֶת
plumb'er (-mər) *n.* שְׁרַבְרָב
plumb'ing (-ming) *n.* שְׁרַבְרָבוּת
plum cake עוּגַת־צִמּוּקִים
plume *n&v.* נוֹצָה; נִקָּה עַצמוֹ
plume of smoke עַמּוּד עָשָׁן
plume oneself on הִתגָּאָה עַל
plum'met *n&v.* אֲנָךְ; נָפַל, צָלַל
plum'my *adj.* *מְצוּיָן; סְנוֹבִּי, מְעוּשֶּׂה
plump *adj&v.* שְׁמַנְמַן; עָגֹל; הִשׁמִין
plump *n&v&adv.* (בְּקוֹל) נְפִילָה, חֲבָטָה; פִּתאוֹם, "טְרָח"; גְלוּיוֹת
a plump no לֹא בְּאֶלֶף רַבָּתִי
plump down הֵטִיל אַרְצָה; נָפַל
plump for בָּחַר, הִצבִּיעַ בְּעַד
plun'der *n&v.* שָׁלַל, בִּזָּה; שָׁדַד, בָּזַז
plunge *v&n.* הֵטִיל פִּתאוֹם; נִזרַק; נָפַל; צָלַל; הִמֵּר, בִּזְבֵּז; צְלִילָה
plunge in קָפַץ פְּנִימָה; הִתפָּרֵץ
plunge into הִתחִיל פִּתאוֹם; נָעַץ
plung'er *n.* טוֹבְלָן; מַשְׁאֵבָה; "פּוֹמְפָּה"
plunk = plonk
plu'ral *n&adj.* (שֶׁל) רַבִּים, צוּרַת הָרִבּוּי
plu•ral'ity (ploo-) *n.* רוֹב קוֹלוֹת
plus *n&adj&prep.* פְּלוּס; וְעוֹד, וְכֵן
plush *n.* פְּלוּסִין, קְטִיפָה
plu'tocrat' *n.* פְּלוּטוֹקְרָט, עָשִׁיר
plu•to'nium (ploo-) *n.* פְּלוּטוֹנִיוּם
ply *v.* נָסַע בְּמַסלוּל קָבוּעַ; עָבַד; הִפעִיל
ply him with סִפֵּק לוֹ, הֵצִיפוֹ בְּ—
ply with questions הֵצִיק בִּשְׁאֵלוֹת
ply *n.* מִדַּת־עוֹבִי (שֶׁל חֶבֶל/קֶרֶשׁ)
3-ply wood לָבִיד, קֶרֶשׁ תְּלַת־שִׁכְבָתִי
plywood *n.* לָבִיד, עֵץ־לָבוּד, דִּיקְט
pm אַחַר הַצָּהֳרַיִם
PM = Prime Minister
pneu•mat'ic (noo-) *adj.* מָלֵא אֲוִיר
pneu•mo'nia (noo-) *n.* דַּלֶּקֶת רֵאוֹת
PO = post office
poach *v.* שָׁלַק בְּרוֹתְחִים; הִסִּיג גְבוּל
poacher *n.* מַסִּיג גְבוּל; מַחֲבַת־שְׁלִיקָה
pock *n.* אֲבַעְבּוּעָה
pock'et *n.* כִּיס; כֶּסֶף; שַׂקִּיק; קָטָן
has it in his pocket מוּנָח בְּכִיסוֹ
in (out of) pocket בְּרֶוַח/בְּהֶפְסֵד
line one's pockets עָשָׂה כֶּסֶף
pocket *v.* שִׁלְשֵׁל לַכִּיס
pocket an insult בָּלַע עֶלְבּוֹן
pocket one's pride מָחַל עַל כְּבוֹדוֹ
pocket-book *n.* סֵפֶר־כִּיס; אַרְנָק; פִּנְקָס
pocket-knife *n.* אוֹלָר
pockmark *n.* גֻּמָּמִית, סִמַּן־אֲבַעְבּוּעָה
pod *n&v.* תַּרְמִיל; מְכַל־דֶּלֶק; תִּרְמֵל
podi'atry *n.* רִפּוּי רַגְלַיִם
po'dium *n.* בָּמָה, דּוּכָן, דּוּכַן־מְנַצְּחִים
po'em *n.* שִׁיר, פּוֹאֶמָה
po'et *n.* מְשׁוֹרֵר, מְחַבֵּר פִּיּוּטִים, פַּיְטָן
po•et'ic(al) *adj.* שִׁירִי, פִּיּוּטִי, פּוֹאֶטִי
po'etry *n.* שִׁירָה, פִּיּוּט; פִּיּוּטִיּוּת
pogrom' *n.* פּוֹגְרוֹם, פְּרָעוֹת
poignant (poin'yənt) *adj.* חָרִיף, חַד
point *n.* נְקֻדָּה; חוֹד, עוֹקֶץ; כֵּף; צוּק; עִקָּר; תַּכְלִית; כַּוָּנָה; עִנְיָן; צַד, אוֹפִי
in point of בְּעִנְיַן־, בַּאֲשֶׁר לְ—
make a point of הִקְפִּיד, הִתְאַמֵּץ
make one's point הוֹכִיחַ טַעֲנָתוֹ
miss the point לֹא הֵבִין הָעוֹקֶץ
off the point לֹא רֶלֶוַנְטִי
on the point of עוֹמֵד לְ—
score a point נִצַּח (בְּוִיכּוּחַ)

take his point הֵבִין/קִבֵּל דְבָרָיו
there's no point in אֵין טַעַם לְ—
to the point לָעִנְיָן
what's the point? מַה הַטַעַם?
point *v.* הִצְבִּיעַ, הוֹרָה; כִּוֵן, הִפְנָה; הִדְגִישׁ; מִלֵא, טִיַח; חִדֵד
point up הִדְגִישׁ, הִבְלִיט
point-blank *adv.* מִקָרוֹב; חַד וְחָלָק
pointed *adj.* מְחוּדָד; הַפְגָנָתִי; שָׁנוּן
pointer *n.* מַחֲוֶה; מַחֲוָן, מָחוֹג; פּוֹינטֶר
pointless *adj.* חֲסַר־טַעַם, מְיוּתָר
point of view נְקוּדַת־מַבָּט
points *npl.* מָסוֹט; קְצוֹת הַבְּהוֹנוֹת
poise (-z) *v.* אִזֵן, יִצֵב, תָּלָה
poise *n.* יַצִיבוּת; בִּטָחוֹן; זְקִיפוּת הַגוּף
poi'son (-z-) *n&v.* רַעַל, אֶרֶס; הִרְעִיל
poisonous *adj.* אַרְסִי, רַעֲלִי; *רַע, גָרוּעַ
poke *v&n.* דָחַף, תָּקַע; תְּקִיעָה; מַכָּה
poke around/about חִטֵט, חִפֵּשׂ
poke fun at לִגְלֵג עַל
po'ker *n.* פּוֹקֶר; מַחתָּה, מוֹט־גֶחָלִים
po'ky *adj.* קָטָן, מוּגבָּל, צַר
Po'land *n.* פּוֹלִין
po'lar *adj.* שֶׁל הַקוֹטֶב; קוֹטבִּי, מְנוּגָד
po'larize' *v.* קִטֵב, בָּא לִידֵי קִטוּב
pole *n.* קוֹטֶב; נְגוֹד; מוֹט, עַמוּד; תּוֹרֶן
up the pole מוּפרָע; בִּמבוּכָה, בִּמְצוּקָה
pole-ax *n&v.* גַרזֶן־מִלחָמָה; הָלַם בְּגַרזֶן
pole'cat' (pōl'-) *n.* חָמוּס, בּוֹאֵשׁ
polem'ical *adj.* פּוֹלמוּסִי, וַכְּחָנִי
pole star כּוֹכַב הַצָפוֹן, פּוֹלָרִיס
pole vault/jump קְפִיצַת־מוֹט
police' (-lēs) *n&v.* מִשׁטָרָה; פִּקֵחַ; שִׁטֵר
policeman שׁוֹטֵר
pol'icy *n.* מְדִינִיוּת; חוֹכמָה; פּוֹלִיסָה
po'lio' *n.* שִׁתּוּק יְלָדִים, פּוֹליוֹ
pol'ish *v.* הִבְרִיק, צִחצֵחַ, לִטֵשׁ
polish off סִיֵם, חִסֵל, *הָרַג
polish the apple הֶחֱנִיף
polish *n.* חוֹמֶר־הַבְרָקָה, מִשׁחָה; צִחצוּחַ
Po'lish *n&adj.* פּוֹלָנִי; פּוֹלָנִית
polite' *adj.* מְנוּמָס, אָדִיב; מְעוּדָן
pol'itic *adj.* נָבוֹן, שָׁקוּל, זָהִיר, מְחוּכָּם
polit'ical *adj.* מְדִינִי, פּוֹלִיטִי
pol'iti'cian (-tish'ən) *n.* מְדִינַאִי
polit'icize' *v.* הִכנִיס פּוֹלִיטִיזַצִיָה
pol'itics *n.* פּוֹלִיטִיקָה, מְדִינִיוּת
pol'ity *n.* מִשׁטָר, מִמשָׁל, שִׁלטוֹן; מְדִינָה
poll (pōl) *n.* הַצבָּעָה; מִספַּר הַמַצבִּיעִים; תָּא; (עָרַךְ) מִשׁאָל; *רֹאשׁ; הִצבִּיעַ
poll (pōl) *v.* גָזַם צַמֶרֶת־עֵץ; גָדַע
pol'len *n.* אַבקָה (הנוצרת בפרח)
pol'linate' *v.* הֶאֱבִיק, הִפרָה פֶּרַח
polling *n.* הַצבָּעָה, בְּחִירוֹת
poll'ster (pōl-) *n.* עוֹרֵךְ מִשׁאָלִים
poll tax מַס גוּלגוֹלֶת
pollute' *v.* זִהֵם, טִמֵא, חִלֵל, הִשׁחִית
pollu'tion *n.* זִהוּם, חִלוּל, הַשׁחָתָה
pol·troon' (-rōōn) *n.* פַּחדָן
pol'y *n.* פּוֹלִיטֶכנִיוֹן, טֶכנִיוֹן
poly- (תחילית) רַב־, בַּעַל הַרבֵּה—
pol'yan'dry *n.* רִבּוּי בְּעָלִים
polyg'amy *n.* פּוֹלִיגַמיָה, רִבּוּי נָשִׁים
pol'yglot' *adj&n.* פּוֹלִיגלוֹט, בַּלשָׁן
pol'ygon' *n.* פּוֹלִיגוֹן, רַב־צַלעוֹן
pol'yno'mial *n.* רַב־אֵיבָר
pol'yp *n.* פּוֹלִיפּ, תְּפִיחָה בַּחֲלַל־הָאַף
pol'yphon'ic *adj.* פּוֹלִיפוֹנִי, סִסקוֹלִי
pol'ythe·ism' *n.* פּוֹלִיתֵיאִיזם
pol'ythe·is'tic *adj.* פּוֹלִיתֵיאִיסטִי
po·made' *v&n.* (בִּשֵׂם בְּ־) מִשׁחַת־שֵׂעָר
pom'egran'ate *n.* רִמוֹן
pom'elo' *n.* פּוֹמֶלוֹ (ממיני ההדרים)
pom'mel *n&v.* תַּפּוּס; גוּלָה; חָבַט
pomp *n.* פְּאֵר, הוֹד, הָדָר
pom'pon' *n.* פּוֹמפּוֹן, גוּלַת־צֶמֶר, צִיצָה
pom·pos'ity *n.* יְהִירוּת, הִתנַפְּחוּת
pom'pous *adj.* יָהִיר, מִתנַפֵּחַ
pond *n.* בְּרֵכָה
pon'der *v.* חָשַׁב, הִרהֵר, שָׁקַל בְּ—
pon'derous *adj.* כָּבֵד, מְגוּשָׁם; מְשַׁעֲמֵם
pon'iard *n&v.* (דָקַר בְּ־) פִּגיוֹן
pon'tiff *n.* הָאַפִּיפיוֹר
pon·tif'icate' *v.* נָהַג כְּאַפִּיפיוֹר
pon·toon' (-tōōn) *n.* פּוֹנטוֹן, 21 (מִשׂחַק קלפים); סִירַת־גֶשֶׁר
po'ny *n.* פּוֹנִי, סוּסוֹן; *הַעתָּקָה
pony-tail *n.* זְנַב־סוּס (תִסרוֹקֶת)
poo'dle *n.* פּוּדֶל, צַמרוֹן (כלב)
pooh (pōō) *interj.* פּוּי, פּוּיָה!
pool (pōōl) *n.* שְׁלוּלִית, בְּרֵכָה; קֶרֶן מְשׁוּתֶּפֶת, שֵׁרוּת מֶרכָּזִי; קוּפָּה
pool *v.* צֵרֵף, הִפקִיד בְּקֶרֶן מְשׁוּתֶּפֶת
poolroom *n.* אוּלַם בִּילְיַרד

pooped (pōōpt) *adj.* ‎*עָיֵף, סָחוּט
poor *adj.* ‎עָנִי; מִסְכֵּן; בִּישׁ־מַזָּל; דַּל, עָלוּב
poor box ‎קוּפַּת־צְדָקָה
poorhouse *n.* ‎בֵּית־מַחְסֶה, מוֹסָד לָעֲנִיִּים
poorly *adj&adv.* ‎חוֹלֶה; בְּצוּרָה עֲלוּבָה
poorly off ‎דָּחוּק (בכסף)
poor-spirited *adj.* ‎פַּחְדָן, חֲסַר־אוֹמֶץ
pop *v.* ‎הִשְׁמִיעַ נִפּוּץ; יָצָא; יָרָה; הִכָּה
pop in/over ‎"קָפַץ", בִּקֵּר חֲטוּפוֹת
pop off ‎הִסְתַּלֵּק לְפֶתַע; מֵת
pop up ‎הִתְרַחֵשׁ פִּתְאוֹם, צָץ
popping in and out ‎נִכְנָס וְיוֹצֵא
pop *n.* ‎נִפּוּץ; גָּזוֹז; פּוֹפּ; *אַבָּא, זָקֵן
in pop ‎*בַּעֲבוֹט, מְמוּשְׁכָּן
pop = popular ‎עֲמָמִי, פּוֹפּוּלָרִי
pop'corn' *n.* ‎פּוֹפְּקוֹרְן, תִּירָס קָלוּי
pope *n.* ‎אַפִּיפְיוֹר
pop-eyed *adj.* ‎פְּעוּר־עֵינַיִם (מתדהמה)
pop-gun *n.* ‎אֶקְדַּח־צַעֲצוּעַ, רוֹבֵה־פְּקָקִים
po'pish *adj.* ‎קָתוֹלִי
pop'lar *n.* ‎צַפְצָפָה (עץ־נוי)
pop'per *n.* ‎לַחְצָנִית; מַקְלֵה־פּוֹפְּקוֹרְן
pop'pet *n.* ‎*בּוּבָּהלֶ'ה, מוֹתֶק; שַׁסְתּוֹם
pop'py *n.* ‎פֶּרֶג
poppycock *n.* ‎*שְׁטוּיוֹת
popshop *n.* ‎*בֵּית־עֲבוֹט
pop'sy *n.* ‎*נַעֲרָה, חֲבֵרָה
pop'u·lace (-lis) *n.* ‎הֶהָמוֹן הַפָּשׁוּט
pop'u·lar *adj.* ‎עֲמָמִי, פּוֹפּוּלָרִי, אָהוּב
pop'u·lar'ity *n.* ‎פּוֹפּוּלָרִיּוּת
pop'u·larize' *v.* ‎עָשָׂה לְפּוֹפּוּלָרִי
pop'u·late' *v.* ‎אִכְלֵס; יִשֵּׁב
pop'u·la'tion *n.* ‎אוֹכְלוּסִיָּה; אוּכְלוּסִין
pop'u·lous *adj.* ‎צְפוּף־אוּכְלוּסִין
por'celain (-lin) *n.* ‎(כלי) חַרְסִינָה
porch *n.* ‎אַכְסַדְרָה, סְטָו; מִרְפֶּסֶת
por'cu·pine' *n.* ‎דָּרְבָּן; קִפּוֹד
pore *n&v.* ‎נַקְבּוּבִית; הִתְעַמֵּק, קָרָא בְּעִיּוּן
pork *n.* ‎בְּשַׂר־חֲזִיר
porky *adj.* ‎שָׁמֵן, בַּעַל־בָּשָׂר
por·nog'raphy *n.* ‎פּוֹרְנוֹגְרַפְיָה, זִמָּה
po·ros'ity *n.* ‎נַקְבּוּבִיּוּת
po'rous *adj.* ‎נַקְבּוּבִי, מְחוֹלְחָל
por'phyry *n.* ‎פּוֹרְפִיר, בַּהַט, סֶלַע אָדוֹם
por'poise (-pəs) *n.* ‎פּוֹקֵנָה; דּוֹלְפִין
por'ridge *n.* ‎דַּיְסָה; *כֶּלֶא
port *n.* ‎נָמֵל; עִיר־נָמֵל; חוֹף־מִבְטַחִים;
‎כְּנִיסָה, פֶּתַח; אֶשְׁנָב; כַּוָּה; שְׂמֹאל
port of call ‎תַּחֲנָה, מְקוֹם בִּקּוּר
port *v&n.* ‎אָחַז, נָשָׂא (רובה)
port arms! ‎טוֹל נֶשֶׁק (לבדיקת המפקד)
por'table *adj.* ‎מְטַלְטֵל, נַיָּד
por'tage *n.* ‎הוֹבָלָה; דְּמֵי הוֹבָלָה
por'tal *n.* ‎פֶּתַח, שַׁעַר, כְּנִיסָה מְפוֹאֶרֶת
at the portals of- ‎עַל סַף—
port·cul'lis *n.* ‎שַׁעַר סוֹרָגִים
por·tend' *v.* ‎בִּשֵּׂר, הָיָה אוֹת לְ—
por'tent' *n.* ‎אוֹת, סִמָּן, סִמָּן לַבָּאוֹת
por·ten'tous *adj.* ‎מְבַשֵּׂר, מְנַבֵּא,
‎מְאַיֵּם; מַרְשִׁים; לֹא רָגִיל, נִפְלָא; יָהִיר
por'ter *n.* ‎שׁוֹעֵר; סַבָּל; סַדְרַן־רַכֶּבֶת
port·fo'lio' *n.* ‎תִּיק; תִּיק מֶמְשַׁלְתִּי
porthole *n.* ‎אֶשְׁקָף, אֶשְׁנָב, חַלּוֹן
por'tico' *n.* ‎אַכְסַדְרָה, סְטָו, כְּנִיסָה
por'tion *n&v.* ‎חֵלֶק; מָנָה; חִלֵּק
port'ly *adj.* ‎שְׁמַנְמַן, חָסוֹן, מַרְשִׁים
port·man'teau (-tō) *n.* ‎מִזְוָדָה
por'trait (-rit) *n.* ‎דְּיוֹקָן, פּוֹרְטְרֶט
por·tray' *v.* ‎תֵּאֵר, צִיֵּר, שִׂרְטֵט
por·tray'al *n.* ‎תֵּאוּר, צִיּוּר
pose (-z) *v.* ‎עָמַד/יָשַׁב בְּפוֹזָה;
‎הֶעֱלָה, הִצִּיג; הִתְחַזָּה
pose a problem ‎עוֹרֵר בְּעָיָה
pose *n.* ‎פּוֹזָה; תְּנוּחָה; תַּעֲמִיד; מַצָּג
pos'er (pōz-) *n.* ‎בְּעָיָה קָשָׁה; דּוּגְמָן
posh *adj.* ‎*הָדוּר, מְפוֹאָר, מְצוּחְצָח
posi'tion (-zi-) *n.* ‎מָקוֹם; עֶמְדָּה; מַצָּב;
‎תְּנוּחָה, תַּעֲמִיד; מַעֲמָד; מִשְׂרָה, עֲבוֹדָה
in position ‎בִּמְקוֹמוֹ הַנָּכוֹן; בִּמְקוֹמוֹ
out of position ‎שֶׁלֹּא בִּמְקוֹמוֹ הַנָּכוֹן
position *v.* ‎הֶעֱמִיד; הִצִּיב בִּמְקוֹמוֹ
pos'itive (-z-) *adj&n.* ‎חִיּוּבִי; מְפוֹרָשׁ,
‎מוּחְלָט; מוּשְׁלָם; מַעֲשִׂי; פּוֹזִיטִיב
he's positive ‎הוּא בָּטוּחַ/מְשׁוּכְנָע
positive! ‎כֵּן, בְּהֶחְלֵט, חִיּוּבִי (תשובה)
pos'se (-si) *n.* ‎קְבוּצָה, פְּלוּגָה, יְחִידָה
possess' (-zes) *v.* ‎הָיָה לוֹ, הָיָה
‎בַּעַל־, הֶחֱזִיק בְּ־; שָׁלַט, הִשְׁפִּיעַ
possessed *adj.* ‎אֲחוּז־דִּבּוּק; מְשׁוּגָּע
posses'sion (-zesh'ən) *n.* ‎בַּעֲלוּת;
‎שְׁלִיטָה; חֲזָקָה; מוּשָׁבָה; אֲחִיזַת דִּבּוּק
in possession ‎מַחֲזִיק (ברכוש/בכדור)
possessions ‎רְכוּשׁ, נְכָסִים
take/enter into possession ‎תָּפַס

posses′sive (-zes-) *adj.* שֶׁל בַּעֲלוּת, שֶׁל קִנְיָן; דוֹרֵשׁ תְּשׂוּמֶת־לֵב
possessor *n.* בְּעָלִים, שֶׁיֵּשׁ לוֹ —
pos′sibil′ity *n.* אֶפְשָׁרוּת, יִתָּכְנוּת
pos′sible *adj.* אֶפְשָׁרִי; יִתָּכֵן; שֶׁבְּכוֹחַ
as soon as possible בְּהֶקְדֵּם הָאֶפְשָׁרִי
possibly *adv.* אֶפְשָׁר, שֶׁבְּאֶפְשָׁרוּתוֹ; אוּלַי
pos′sum *n.* אוֹפּוֹסוּם (חיית־כיס)
play possum הֶעֱמִיד פְּנֵי יָשֵׁן
post (pōst) *n.* עַמּוּד; מְזוּזָה; דּוֹאַר; עֶמְדָה, מוּצָב; מִשְׂרָה, תַּפְקִיד
last post תְּרוּעַת־אַשְׁכָּבָה
post *v.* הִדְבִּיק (מודעות), פִּרְסֵם; מִעֵן, שָׁלַח בַּדּוֹאַר; הִצִּיב
keep him posted עַדְכְּנוֹ בִּידִיעוֹת
post- (תחילית) שֶׁלְּאַחַר־, אַחֲרֵי־, בָּתַר
po′stage *n.* דְּמֵי־דוֹאַר
postage stamp בּוּל־דוֹאַר
po′stal *adj.* שֶׁל דוֹאַר; שֶׁנִּשְׁלַח בַּדּוֹאַר
postal order הַמְחָאַת דוֹאַר
postcard *n.* גְּלוּיַת־דוֹאַר
postcode *n.* מִקּוּד
post′date′ (pōst-) *v.* תֵּאֲרֵךְ בְּאִחוּר
post′er (pōst-) *n.* מוֹדָעָה; כְּרָזָה
pos•te′rior *adj&n.* אֲחוֹרִי; *יַשְׁבָן
pos•ter′ity *n.* צֶאֱצָאִים; הַדּוֹרוֹת הַבָּאִים
post-haste *adv.* בִּמְהִירוּת, בְּחִפָּזוֹן
post′humous (-chəm-) *adj.* אַחַר הַמָּוֶת
postman *n.* דַּוָּר, מְחַלֵּק דּוֹאַר
postmark *n.* חוֹתֶמֶת־דוֹאַר
postmaster *n.* מְנַהֵל מִשְׂרַד דּוֹאַר
post meridiem = PM אַחַה״צ
post-mortem (בדיקה) שֶׁלְּאַחַר הַמָּוֶת
post office מִשְׂרַד דּוֹאַר, סְנִיף דּוֹאַר
post office box = POB תָּא דוֹאַר
postpaid *adj.* דְּמֵי־מִשְׁלוֹחַ שׁוּלְמוּ
post′pone′ (pōst-) *v.* דָּחָה, הִשְׁהָה
post′script′ (pōst-) *n.* נִכְתַּב בְּצִדּוֹ
pos′tulate′ (-′ch-) *v.* הִנִּיחַ (הנחה)
pos′tulate (-′ch-) *n.* הֲנָחָה, דְּרִישָׁה
pos′ture *n.* פּוֹזָה, תַּעֲמִיד; מַצָּב, עֶמְדָה
posture *v.* הִצִּיב; הֶעֱמִיד פָּנִים
postwar *adj.* בָּתַר־מִלְחַמְתִּי
po′sy (-zi) *n.* צְרוֹר פְּרָחִים
pot *n.* סִיר; קוּפָּה; גָּבִיעַ, פְּרָס; חֲשִׁישׁ
a pot of money *הָמוֹן כֶּסֶף
big pot אִישִׁיּוּת, ״תּוֹתָח כָּבֵד״; כַּרְסְתָן
go to pot נֶהֱרַס, יָרַד לְטִמְיוֹן
take pot luck לָקַח בְּלָא לְבָרוֹר
pot *v.* שָׂם בְּסִיר; שָׁתַל בְּעָצִיץ; יָרָה
pot a baby הוֹשִׁיב פָּעוֹט עַל סִיר
po′table *adj.* רָאוּי לִשְׁתִיָּה
pot′ash′ *n.* פּוֹטַשׁ, אַשְׁלָג
potas′sium *n.* אַשְׁלְגָן
po•ta′tion *n.* שְׁתִיָּה, לְגִימָה, טִפָּה מָרָה
pota′to *n.* תַּפּוּחַ־אֲדָמָה
no small potato לָא קָטְלָא קַנְיָא
pot-bellied *adj.* כַּרְסְתָנִי; עֲגַלְגַּל, בּוֹלֵט
pot-boy *n.* עוֹזֵר, מֶלְצַר (במסבאה)
poteen′, potheen′ *n.* וִיסְקִי
po′tency *n.* כֹּחַ, עוֹצְמָה; פּוֹטֶנְצְיָה
po′tent *n.* חָזָק; פּוֹעֵל; בַּעַל כֹּחַ גַּבְרָא
po′tentate′ *n.* חָזָק, רַב־הַשְׁפָּעָה; שַׁלִּיט
poten′tial *adj&n.* פּוֹטֶנְצְיָאלִי, שֶׁבְּכֹחַ, כֹּחָנִי, גָּנוּז, אֶפְשָׁרִי; פּוֹטֶנְצְיָאל; יְכֹלֶת
pot-hole *n.* בּוֹר, חוֹר, גּוּמָה, מְעָרָה
pot-hook *n.* אַנְקוֹל (להחזקת) סִיר
pot-house *n&adj.* בֵּית־מַרְזֵחַ; גַּס
pot-hunter *n.* רוֹדֵף־פְּרָסִים
po′tion *n.* שִׁקּוּי, סַם
pot-man *n.* עוֹזֵר, מֶלְצַר (במסבאה)
pot′sherd′ *n.* חֶרֶס, שֶׁבֶר
pot-shot *n.* יְרִיָּה מִקְרִית; יְרִיָּה פְּשׁוּטָה
pot′ted *adj.* (ספר) מְקוּצָר; *שִׁכּוֹר
pot′ter *n.* קַדָּר
potter *v.* הִתְבַּטֵּל, הִתְמַזְמֵז
potter's wheel אָבְנַיִם
pot′tery *n.* בֵּית־הַיּוֹצֵר; קַדָּרוּת; כְּלֵי־חֶרֶס
pot′ty *adj* *מוּפְרָע, מְשׁוּגָע; קְטַנְטַן, קַל־עֵרֶךְ
potty *n.* סִיר־לַיְלָה, עָבִיט (לפעוט)
pouch *n.* כִּיס; תִּיק; שַׂקִּית (מתחת לעין)
pouf, pouffe (po͞of) *n.* כַּר־יְשִׁיבָה, *הוֹמוֹ
poul′terer (pōl-) *n.* סוֹחֵר־עוֹפוֹת
poul′tice (pōl′tis) *n.* רְטִיָּה (חמה)
poul′try (pōl-) *n.* עוֹפוֹת; עוֹף
pounce *v&n.* עָט עַל; הִסְתָּעֲרוּת
pound *n.* לִיטְרָה; לִירָה; מִכְלָאָה; חֲבָטָה
pound *v.* הִכָּה; הָלַם; נִפֵּץ; שָׁעַט
pound the pavement הִסְתּוֹבֵב
pounding *n.* *מַכָּה, מַפָּלָה, תְּבוּסָה
pour (pôr) *v.* שָׁפַךְ, יָצַק, מָזַג; נִשְׁפַּךְ
pour into/out of נָהַר אֶל/מִן
pour it on הִפְלִיג בְּשְׁבָחִים
pouring *adj.* (יוֹם) גָּשׁוּם

pout *v&n.* שִׁרְבֵּב/שִׁרְבּוּב הַשְּׂפָתַיִם
pov′erty *n.* עוֹנִי, דַּלּוּת, חִסָּרוֹן
POW = prisoner of war
pow′der *n&v.* אֲבָקָה; אִבֵּק; פִּדֵּר; שָׁחַק
take a powder *בָּרַח, הִסְתַּלֵּק
powder puff כָּרִית־פִּדּוּר; *אִישׁ נָשִׁי
powder room שֵׁרוּתֵי־נָשִׁים, נוֹחִיּוּת
pow′er *n&v.* כֹּחַ, כּוֹשֶׁר, יְכֹלֶת; שְׁלִיטָה; סַמְכוּת; חֶזְקָה; סִפֵּק כֹּחַ, הֵנִיעַ
did a power of good *הָיָה מְצֻיָּן
fall into his power נָפַל בְּיָדָיו
in power בְּשִׁלְטוֹן, שׁוֹלֵט
the powers that be *הַשִּׁלְטוֹנוֹת
the Great Powers הַמַּעֲצָמוֹת
power-boat *n.* סִירַת־מָנוֹעַ
power-dive *n.* צְלִילַת־עוֹצְמָה
powerful *adj.* חָזָק, רַב־עוֹצְמָה
power house/plant תַּחֲנַת כֹּחַ
powerless *adj.* חֲסַר־אוֹנִים, קְצַר־יָד
power of attorney יִפּוּי־כֹּחַ
pow′wow′ *v&n.* (נִהֵל) אֲסֵפָה, דִּיּוּן
pox *n.* אֲבַעְבּוּעוֹת; עַגֶּבֶת
pp = pages, pianissimo
prac′tical *adj.* מַעֲשִׂי, פְּרַקְטִי, תּוֹעַלְתִּי
practical joke מַעֲשֶׂה קוּנְדֵס
practically *adv.* לְמַעֲשֶׂה; כִּמְעַט
prac′tice (-tis) *n.* מִנְהָג, הֶרְגֵּל; נִסָּיוֹן; תִּרְגּוּל, אִמּוּן; מִשְׂרָד; פְּרַקְלִיטוּת
in practice בְּאֹפֶן מַעֲשִׂי; מִתְאַמֵּן
practices תּוֹכְנִיּוֹת, תַּחְבּוּלוֹת
put into practice הוֹצִיא לְפֹעַל
practice *v.* תִּרְגֵּל, הִתְאַמֵּן; הִתְמַחָה; נָהַג; עָשָׂה; עָסַק בְּ־; נִצֵּל
practiced *adj.* מְנֻסֶּה, מְיֻמָּן
prac·ti′tioner (-tish′ən-) *n.* עוֹסֵק
general practitioner רוֹפֵא כְּלָלִי
prag·mat′ic *adj.* פְּרַגְמָטִי, מַעֲשִׂי
prai′rie *n.* עֲרָבָה, פְּרֶרְיָה
praise (-z) *v&n.* הִלֵּל, שִׁבַּח; שְׁבָחִים
praise be! תּוֹדָה לָאֵל!
pram *n.* עֶגְלַת תִּינוֹק, עֶגְלַת יְלָדִים
prance *v.* פִּזֵּז, טָפַף בַּעֲלִיצוּת/בְּיְהִירוּת
prance *n.* פִּזּוּז, טְפִיפָה, קִפּוּץ
prank *n&v.* מַעֲשֵׂה קוּנְדֵס; קִשֵּׁט
prank′ster *n.* שׁוֹבָב, קוּנְדָס
prate *v.* פִּטְפֵּט, קִשְׁקֵשׁ
prat′tle *v&n.* פִּטְפֵּט, קִשְׁקֵשׁ; פִּטְפּוּט

pray *v.* הִתְפַּלֵּל, בִּקֵּשׁ; הִתְחַנֵּן
pray! אָנָּא! בְּבַקָּשָׁה!
prayer (prār) *n.* תְּפִלָּה
praying mantis גְּמַל־שְׁלֹמֹה (חרק)
pre (תחילית) לִפְנֵי, קֹדֶם־, מֵרֹאשׁ
preach *v.* הִטִּיף, דָּרַשׁ, נָאַם
pre′am′ble *n.* מָבוֹא, הַקְדָּמָה
preb′end *n.* קִצְבַּת־כּוֹמֶר, שְׂכַר־כּוֹמֶר
pre·ca′rious *adj.* מְסֻכָּן, לֹא יַצִּיב
pre·cau′tion *n.* (אמצעי) זְהִירוּת
pre·cede′ *v.* בָּא לִפְנֵי, הִקְדִּים, קָדַם
preceded by כְּשֶׁלְּפָנָיו, בְּרֹאשׁוֹ, אַחֲרֵי
prec′edence *n.* זְכוּת עֲדִיפוּת; קְדִימָה
prec′edent *n.* תַּקְדִּים, בִּנְיַן־אָב
preceding *adj.* קוֹדֵם, שֶׁלִּפְנֵי כֵן
pre′cept′ *n.* מִצְוָה, הוֹרָאָה, כְּלָל
pre·ces′sion *n.* שִׁנּוּי כִּוּוּן, נְקִיפָה
pre′cinct *n.* שֶׁטַח, חָצֵר; אֵזוֹר, סְבִיבָה
within the precincts of — בֵּין כּוֹתְלֵי
pre′cious (presh′əs) *adj&adv.* יָקָר; דַּקְדְּקָן, מְלָאכוּתִי; *גָּמוּר; מְאֹד
precious few מְעַט מְאֹד, בְּקֹשִׁי כַּמָּה
prec′ipice (-pis) *n.* צוּק, מוֹרָד תָּלוּל
pre·cip′itate′ *v.* זֵרֵז, הֵחִישׁ; הֵטִיל
pre·cip′itate *adj.* נִמְהָר, בִּבְהִילוּת
pre·cip′ita′tion *n.* חִפָּזוֹן; מִשְׁקָע
precip′itous *adj.* תָּלוּל, מַפְחִיד בְּגָבְהוֹ
pre̒cis (prāsē′) *n&v.* תַּמְצִית; תִּמְצֵת
pre·cise′ *adj.* מְדֻיָּק; דַּיְקָן, נוֹקְדָן
precisely *adv.* בְּדִיּוּק; בְּהֶחְלֵט, כֵּן
pre·ci′sion (-sizh′ən) *n.* דִּיּוּק
pre·clude′ *v.* מָנַע, עָשָׂה לְבִלְתִּי אֶפְשָׁרִי
pre·clu′sion (-zhən) *n.* מְנִיעָה, עֲצִירָה
pre·co′cious (-shəs) *adj.* (ילד) מְפֻתָּח
pre′cog·ni′tion (-ni-) *n.* נְבוּאָה
pre′concep′tion *n.* דֵּעָה מוּקְדֶּמֶת
pre′condi′tion (-di-) *n.* תְּנַאי מוּקְדָּם
pre·cur′sor *n.* מַקְדִּים, מְבַשֵּׂר, בָּא לִפְנֵי
pred′ator *n.* טוֹרֵף, חַיַּת־טֶרֶף
pred′ato′ry *adj.* טוֹרֵף; שׁוֹדֵד, עוֹשֵׁק
pre′deces′sor *n.* קוֹדֵם, בָּא לִפְנֵי
pre·des′tina′tion *n.* גְּזֵרָה, גּוֹרָל
pre·des′tine (-tin) *v.* גָּזַר
predestined *adj.* נִגְזָר (מלמעלה); נוֹעָד
pre·dic′ament *n.* מַצָּב בִּישׁ, מַצָּב קָשֶׁה
pred′icate′ *v.* בִּסֵּס עַל; קָבַע, יִחֵס
pred′icate *n.* (בתחביר) נָשׂוּא

pre·dict′ *v.* נִבָּא, חָזָה, צָפָה
pre·dic′tion *n.* נְבוּאָה, חִזּוּי
pred′ilec′tion *n.* נְטִיָּה, חִבָּה
pre′dispose′ (-z) *v.* הִשְׁפִּיעַ, הִטָּה
pre·dom′inant *adj.* עֶלְיוֹן, שׁוֹלֵט
predominantly *adv.* בְּעִקָּר, לָרֹב
pre·dom′inate′ *v.* שָׁלַט, שָׂרַר; בָּלַט
pre·em′inent *adj.* עֶלְיוֹן, בּוֹלֵט, דָּגוּל
preeminently *adv.* בָּרֹאשׁ וּבָרִאשׁוֹנָה
pre·empt′ *v.* רָכַשׁ בְּדִין־קְדִימָה
pre·emp′tive *adj.* שֶׁל דִּין־קְדִימָה
preemptive attack מִתְקֶפֶת מֶנַע
preen *v.* נִקָּה/הֶחֱלִיק נוֹצוֹת בְּמַקּוֹר
preen oneself הִתְיַפָּה; הִתְפָּאֵר בְּ—
pre′fab′ *n.* בַּיִת טְרוֹמִי, בִּנְיָן טְרוֹמִי
pre·fab′ricate′ *v.* הִמְצִיא, פִּבְרֵק
pref′ace (-fis) *n&v* הַקְדָּמָה; שִׁמֵּשׁ כְּמָבוֹא
pre′fect′ *n.* מְמֻנֶּה; מוֹשֵׁל, נָצִיב
pre·fer′ *v.* הֶעֱדִיף, בִּכֵּר; מִנָּה,
קִדֵּם בְּתַפְקִיד; הִגִּישׁ, הֵבִיא לִפְנֵי
pref′erable *adj.* עָדִיף עַל, טוֹב מִן
pref′erence *n.* הַעֲדָפָה; מַתַּן עֲדִיפוּת
pre′fix *n.* תְּחִלִּית; תּוֹאַר; קִדּוֹמֶת
preg′nancy *n.* הֵרָיוֹן; פּוֹרִיּוּת; שֶׁפַע
preg′nant *adj.* הָרָה; רַב־מַשְׁמָעוּת
pregnant with הֲרֵה־, חָדוּר, מָלֵא
pre′histor′ic *adj.* פְּרֶהִיסְטוֹרִי
prej′udice (-dis) *n.* דֵּעָה קְדוּמָה
to the prejudice of תּוֹךְ פְּגִיעָה בְּ—
prejudice *v.* פָּגַע בִּזְכֻיּוֹת; שִׁחֵד דַּעְתּוֹ
prejudiced *adj.* מְשֻׁחָד
prej′udi′cial (-di-) *adj.* מַזִּיק, פּוֹגֵעַ
prel′ate *n.* בִּישׁוֹף, כּוֹמֶר בָּכִיר
pre′lim *n.* *מִבְחָן מוּקְדָּם; מָבוֹא, תּוֹכֶן
preliminaries *npl.* פְּעֻלּוֹת הֲכָנָה
pre·lim′inar′y (-neri) *adj.* הַקְדָּמִי
preliminary to קוֹדֶם לְ־, טֶרֶם
prel′ude *n.* פְּתִיחָה; אַקְדָּמָה, פְּרֶלוּד
pre′mature′ (-toor) *adj.* לִפְנֵי זְמַנּוֹ
premature baby/infant פַּג
pre·med′itate′ *v.* תִּכְנֵן מֵרֹאשׁ
pre·mier′ (-mēr) *n.* רֹאשׁ מֶמְשָׁלָה
premier *adj.* רִאשׁוֹן, עֶלְיוֹן (בַּחֲשִׁיבוּתוֹ)
pre·miere′ (-mēr) *n.* הַצָּגַת בְּכוֹרָה
prem′ise (-mis) *n&v.* (הִנִּיחַ) הַנָּחָה
premises שֶׁטַח, חֲצֵרִים, מִשְׂרָדִים
pre′mium *n.* פְּרֶמְיָה; תּוֹסֶפֶת; הֲטָבָה
at a premium רַב־עֵרֶךְ, יָקָר
put a premium on עוֹדֵד, הִמְרִיץ
pre′moni′tion (-ni-) *n.* הַרְגָּשָׁה מֵרֹאשׁ
pre·mon′ito′ry *adj.* מַזְהִיר, מְבַשֵּׂר רָע
pre·oc′cu·pa′tion *n.* הַעֲסָקַת־הַדַּעַת
preoccupied *adj.* שָׁקוּעַ, עָסוּק
pre·oc′cu·py′ *v.* הֶעֱסִיק הַדַּעַת
prep *n.* *שִׁעוּרֵי־בַּיִת; מְכִינָה, אוּלְפָּן
pre′paid′ *adj.* שֶׁשֻּׁלַּם (עֲבוּרוֹ) מֵרֹאשׁ
prep′ara′tion *n.* הֲכָנָה, סִדּוּר;
תַּכְשִׁיר; שִׁעוּרֵי־בַּיִת, שִׁעוּרֵי־הֲכָנָה
pre·par′ato′ry *adj.* מֵכִין, מַכְשִׁיר
pre·pare′ *v.* הֵכִין; הִכְשִׁיר; נֶעֱרַךְ
prepared *adj.* מוּכָן, עָרוּךְ; מוּכָן מֵרֹאשׁ
preparedness *n.* נְכוֹנוּת, הֶעָרְכוּת
pre′pay′ *v.* שִׁלֵּם מֵרֹאשׁ
pre·pon′derant *adj.* עֶלְיוֹן, שׁוֹלֵט
prep′osi′tion (-zi-) *n.* מִלַּת־יַחַס
pre′possess′ (-zes) *v.* רָכַשׁ לֵב
prepossessing *adj.* מַרְשִׁים, מוֹשֵׁךְ
pre·pos′terous *adj.* מְגֻחָךְ, אַבְּסוּרְדִי
pre′puce *n.* עָרְלָה
pre′req′uisite (-zit) *n.* תְּנַאי מוּקְדָּם
pre·rog′ative *n.* עֲדִיפוּת, זְכוּת בְּכוֹרָה
pres = president, present
pres′age *n.* אוֹת/רֶגֶשׁ מְבַשֵּׂר רָע
pre·sage′ *v.* בִּשֵּׂר, הָיָה אוֹת
pres′byter (-z-) *n.* כּוֹמֶר (קַשִּׁישׁ)
pre′science (-shiəns) *n.* רְאִיַּת הַנּוֹלָד
pre·scribe′ *v.* קָבַע, צִוָּה, הִמְלִיץ
pre′script′ *n&adj.* הוֹרָאָה, צַו; קָבוּעַ
pre·scrip′tion *n.* הוֹרָאָה, צַו; מִרְשָׁם
pres′ence (-z-) *n.* נוֹכְחוּת; הוֹפָעָה
presence of mind צְלִילוּת דַּעַת
pres′ent (-z-) *adj.* נוֹכֵחַ, קַיָּם; הוֹוֶה
present to my mind חָרוּת בְּזִכְרוֹנִי
pres′ent (-z-) *n.* (בְּדִקְדּוּק) הוֹוֶה, בֵּינוֹנִי
at present עַתָּה, בְּשָׁעָה זוֹ
for the present לְפִי שָׁעָה, לְעֵת עַתָּה
presents מִסְמָכִים, תְּעוּדוֹת
pres′ent (-z-) *n.* מַתָּנָה, שַׁי, תְּשׁוּרָה
pre·sent′ (-z-) *v.* נָתַן, הֶעֱנִיק,
הִגִּישׁ; הִצִּיג; הֶרְאָה; כִּוֵּן
present arms! דַּגֵּל שֶׁק!
present itself עָלָה בְּדַעְתּוֹ; הִזְדַּמֵּן
pre·sent′ (-z-) *n.* דִּגּוּל נֶשֶׁק, הַצְדָּעָה
pre·sen′table (-z-) *adj.* נָאֶה, יָאֶה

לְהוֹפִיעַ בּוֹ (בציבור); רָאוּי לְהַצָּגָה
pre′senta′tion (-z-) *n.* הַגָּשָׁה; הַצָּגָה
pre·sen′timent (-z-) *n.* רֶגֶשׁ מְבַשֵּׂר רָע
pres′ently (-z-) *adv.* בְּשָׁעָה זוֹ; מִיָּד
present participle בֵּינוֹנִי פּוֹעֵל
pre·serve′ (-z-) *v.* שָׁמַר, הֵגֵן עַל; שִׁמֵּר; כָּבַשׁ; הִנְצִיחַ
preserve *n.* שְׁמוּרַת־טֶבַע; תְּחוּם פְּרָטִי
preserves שִׁמּוּרִים; רִבָּה
pre·side′ (-z-) *v.* יָשַׁב בְּרֹאשׁ, נִהֵל
pres′idency (-z-) *n.* נְשִׂיאוּת
pres′ident (-z-) *n.* נָשִׂיא
pre·sid′ium *n.* נְשִׂיאוּת, וַעֲדָה קְבוּעָה
press *n.* עִתּוֹנוּת; דְּפוּס; מַכְבֵּשׁ; מַסְחֵט; מַגְהֵץ; לַחַץ; אָרוֹן; הָמוֹן, קָהָל
press *v.* לָחַץ; סָחַט; גִּהֵץ; הִתְגַּהֵץ; נִדְחַק; גִּיֵּס, חָטַף לַצָּבָא; הֶחֱרִים
press an attack הִתְקִיף, לָחַץ
press heavily on הָיָה נֵטֶל עַל
press home לָחַץ בְּלִי הֶרֶף
press on/forward הִמְשִׁיךְ, הִתְקַדֵּם
pressed for money דָּחוּק בְּכֶסֶף
press agency סוֹכְנוּת פִּרְסוּמֶת
press conference מְסִבַּת עִתּוֹנָאִים
pressed *adj.* לָחוּץ, דָּחוּק; כָּבוּשׁ
pressgang *v.* אִלֵּץ (לעשות על כרחו)
pressing *adj&n.* דּוֹחֵק; מִתְעַקֵּשׁ; תַּקְלִיט
press release תַּמְסִיר (לעיתונות)
press-stud *n.* לַחְצָנִית
press-up *n.* שְׁכִיבַת־סְמִיכָה
pres′sure (-shər) *n&v.* לַחַץ; נֵטֶל; לָחַץ
at high pressure בִּמְלוֹא הַקִּיטוֹר
pressure cooker סִיר־לַחַץ
pres′surize′ (-sh′-) *v.* לָחַץ, אִלֵּץ
pres′tidig′ita′tion *n.* לַהֲטוּטָנוּת
pres·tige′ (-tēzh) *n&adj.* יוּקְרָה
pres·tig′ious (-jəs) *adj.* יוּקְרָתִי
presumable *adj.* שֶׁנִּתָּן לְהָנִיחַ, מִסְתַּבֵּר
presumably *adv.* כְּפִי הַנִּרְאֶה
pre·sume′ (-z-) *v.* הִנִּיחַ, שִׁעֵר, חָשַׁב; הִרְשָׁה לְעַצְמוֹ, הֵעֵז; נִצֵּל
pre·sump′tion (-z-) *n.* הַנָּחָה; חוּצְפָּה
pre·sump′tive (-z-) *adj.* מְשׁוֹעָר
pre·sump′tuous (-z-chōōəs) בַּעַל בִּטָּחוֹן עַצְמִי מוּפְרָז, שַׁחֲצָן
pre′suppose′ (-z) *v.* הִנִּיחַ מֵרֹאשׁ
pre·tend′ *v.* הִתְחַזָּה; הִתְיַמֵּר; *נִסָּה

pretender *n.* תּוֹבֵעַ, טוֹעֵן לַכֶּתֶר, תַּבְעָן
pre′tense′ *n.* הִתְחַזּוּת; יוּמְרָה, תְּבִיעָה
pre′ten′sion *n.* טַעֲנָה, יוּמְרָנוּת
pre·ten′tious (-shəs) *adj.* יוּמְרָנִי
pre′text′ *n.* תֵּרוּץ, אֲמַתְלָה
pret′tify′ (prit-) *v.* יִפָּה, קִשֵּׁט
pret′ty (prit′i) *adj.* יָפֶה, נֶחְמָד
sitting pretty בְּמַצָּב נוֹחַ, מְבוּסָס
pretty *adv.* דֵּי־, לְמַדַּי; בְּמִדַּת־מָה; מְאוֹד
pretty much/nearly כִּמְעַט
pretty-pretty *adj.* יָפֶה בְּצוּרָה שִׁטְחִית
pre·vail′ *v.* נִצַּח, גָּבַר; שָׁלַט, שָׂרַר
prevail on/upon שִׁכְנַע
prevailing *adj.* רוֹוֵחַ, נָפוֹץ, שָׁכִיחַ
prev′alent *adj.* רוֹוֵחַ, נָפוֹץ, שָׁכִיחַ, שׁוֹרֵר
pre·var′icate′ *v.* שִׁקֵּר
pre·vent′ *v.* מָנַע; עִכֵּב, הֵנִיא
preventable *adj.* מָנִיעַ, שֶׁאֶפְשָׁר לְמָנְעוֹ
pre·ven′tion *n.* מְנִיעָה, עִכּוּב
pre·ven′tive *adj.* מוֹנֵעַ, מְיוּעָד לִמְנוֹעַ
pre′view (-vū) *n.* הַצָּגָה מוּקְדֶּמֶת
pre′vious *adj.* קוֹדֵם; נִמְהָר, פָּזִיז
previously *adv.* לִפְנֵי כֵן, קוֹדֶם לָכֵן
pre′war′ (-wôr) *adj.* טְרוֹם־מִלְחַמְתִּי
prey (prā) *n&v.* טֶרֶף; קוֹרְבָּן; טָרַף
prey upon one's mind נִקֵּר בְּמוֹחוֹ
price *n.* מְחִיר; עֵרֶךְ, שׁוֹוִי; שַׁעַר
above/without price יָקָר מִפָּז
not at any price בְּשׁוּם תְּנַאי לֹא
of a price עוֹלִים אוֹתוֹ סְכוּם
price *v.* קָבַע מְחִיר; שָׁאַל לִמְחִיר
priceless *adj.* יָקָר מְאוֹד; *מְגוּחָךְ
price list מְחִירוֹן, לוּחַ מְחִירִים
pric′ey (prī′si) *adj.* *יָקָר
prick *n&v.* דְּקִירָה; כְּאֵב; דָּקַר; נִקֵּב
prick of conscience נְקִיפַת מַצְפּוּן
prick up one's ears זָקַף אוֹזְנָיו
prick′le *n&v.* קוֹץ, חוֹד; דִּקְרוּר; עִקְצֵץ
prickly *adj.* דּוֹקְרָנִי, דּוֹקֵר; רָגִישׁ, עַצְבָּנִי
prickly heat חֲרָרָה, עִקְצוּץ בָּעוֹר
prickly pear צַבָּר (פרי)
pric′y (prī′si) *adj.* יָקָר
pride *n&v.* גַּאֲוָה; הִתְנַשְּׂאוּת; פְּרִיחָה
a pride of lions לַהֲקַת אֲרָיוֹת
in the pride of youth בַּאֲבִיב יָמָיו
pride oneself on הִתְגָּאָה בְּ—
priest (prēst) *n.* כּוֹמֶר; כּוֹהֵן

priesthood *n.* כְּמוּרָה
priestly *adj.* שֶׁל כּוֹמֶר, כְּמוֹ כּוֹמֶר
prig *n.* קַפְּדָן, דַּקְדְּקָן, צַדִּיק בְּעֵינָיו
prim *adj.* מְסוּדָּר, נָקִי; עָדִין, יְפֵה־נֶפֶשׁ
pri'ma (-rē'-) *adj.* רָאשִׁי
pri'macy *n.* רִאשׁוֹנוּת; עֶלְיוֹנוּת
pri'mal *adj.* קַדְמוֹן, רִאשׁוֹנִי; עִקָּרִי
pri·mar'ily (-mer-) *adv.* בְּעִקָּר
pri'mary *adj&n.* קָדוּם, רִאשׁוֹן; עִקָּרִי; יְסוֹדִי; בְּחִירוֹת מוּקְדָּמוֹת
pri'mate *n.* אַרְכִיבִּישׁוֹף; יוֹנֵק עִלָּאִי
prime *n.* שְׁלֵמוּת, פְּרִיחָה, אָבִיב; מֵיטָב
past one's prime תְּקוּפַת זָהֳרוֹ חָלְפָה
prime *adj.* רָאשִׁי, עִקָּרִי; מְעוּלֶּה
prime *v.* הִפְעִיל; הֵכִין; תִּחֵל
primed *adj.* *שָׁתוּי, שָׂבֵעַ
prime minister רֹאשׁ מֶמְשָׁלָה
prime number מִסְפָּר רִאשׁוֹנִי
prim'er *n.* סֵפֶר לִמּוּד לַמַּתְחִיל
pri·me'val *adj.* הִיוּלִי, קַדְמוֹן
prim'itive *adj.* פְּרִימִיטִיבִי, קַדְמוֹן
pri'mogen'iture *n.* מִשְׁפַּט הַבְּכוֹרָה
primp *v.* קִשֵּׁט; הִתְפַּרְכֵּס
prim'rose (-z) *n&adj.* רַקֶּפֶת; צְהַבְהַב
primrose path/way דֶּרֶךְ הַתַּעֲנוּגוֹת
pri'mus *n&adj.* פְּרִימוּס; רִאשׁוֹן
prince *n.* נָסִיךְ, שַׁלִּיט, מֶלֶךְ
princely *adj.* שֶׁל נָסִיךְ; אֲצִילִי, אָדִיב
prin'cess *n.* נְסִיכָה
prin'cipal *adj&n.* רָאשִׁי, עִקָּרִי; מְנַהֵל; אַחֲרָאִי רָאשִׁי; נַגָּן רָאשִׁי; קֶרֶן
principally *adv.* בְּעִקָּר
prin'ciple *n.* עִקָּרוֹן, פְּרִינְצִיפּ, חוֹק
in principle עֶקְרוֹנִית, לַהֲלָכָה
principled *adj.* עֶקְרוֹנִי
prink *n.* קִשֵּׁט; הִתְגַּנְדֵּר
print *n.* דְּפוּס; אוֹתִיּוֹת; עָקֵב, סִמָּן
print *v.* הִדְפִּיס; חָרַת; הוֹתִיר סִמָּן
printer *n.* מַדְפִּיס; בַּעַל דְּפוּס; מַדְפֶּסֶת
printer's devil שׁוּלְיַת הַמַּדְפִּיס
printing *n.* הַדְפָּסָה; אוֹתִיּוֹת דְּפוּס
print-out *n.* תַּדְפִּיס
pri'or *adj&n.* קוֹדֵם; רֹאשׁ מִנְזָר
pri·or'ity *n.* עֲדִיפוּת, (זְכוּת) קְדִימָה
prise (-z) *v.* פָּתַח, פָּרַץ, הוֹצִיא
prism (priz'əm) *n.* פְּרִיסְמָה, מִנְסָרָה
pris'on (-z-) *n.* בֵּית סוֹהַר, כֶּלֶא

prisoner *n.* אָסִיר; עָצִיר
prisoner of war שְׁבוּי מִלְחָמָה
pris'sy *adj.* קַפְּדָן (בְּצוּרָה מַרְגִּיזָה)
pris'tine (-tēn) *adj.* קַדְמוֹנִי; טָהוֹר, זַךְ
prith'ee (-dh-) *interj.* אָנָּא!
pri'vacy *n.* פְּרָטִיּוּת, צְנִעָה, חֲשָׁאִיּוּת
pri'vate *adj&n.* אִישִׁי; פְּרָטִי; טוּרַאי
in private בַּחֲשַׁאי, לֹא בְּפוּמְבֵּי
privates אֵיבְרֵי הַמִּין, מְבוּשִׁים
pri·va'tion *n.* מַחְסוֹר, עוֹנִי; שְׁלִילָה
priv'et *n.* לִיגוּסְטְרוּם (שִׂיחַ־נוֹי)
priv'ilege (-lij) *n.* פְּרִיבִילֶגְיָה; יַחֲסָנוּת
privileged *adj.* בַּעַל פְּרִיבִילֶגְיוֹת; סוֹדִי
priv'y *adj&n.* סוֹדִי; פְּרָטִי; בֵּית־שִׁמּוּשׁ
prize *n.* פְּרָס; שָׁלָל; נֶכֶס; "מְצִיאָה"
prize *v.* הוֹקִיר מְאוֹד; פָּתַח, הוֹצִיא
prize out הוֹצִיא, סָחַט (מֵידָע)
prize *adj.* רָאוּי לִפְרָס; מְיוּחָד בְּמִינוֹ
prize-fight *n.* קְרַב אִגְרוּף (לְשֵׁם כֶּסֶף)
prize-ring *n.* זִירַת אִגְרוּף
pro *n&adv.* בְּעַד, מְחַיֵּב, תּוֹמֵךְ
pro- (תְּחִילִּית) תּוֹמֵךְ; פּוֹעֵל בִּמְקוֹם —
proslavery תּוֹמֵךְ בְּעַבְדוּת
pro *n.* *מִקְצוֹעָן, שַׂחְקָן מִקְצוֹעִי; זוֹנָה
prob'abil'ity *n.* הִסְתַּבְּרוּת; סִכּוּי
prob'able *adj.* קָרוֹב לְוַדַּאי, כִּמְעַט וַדָּאִי; צָפוּי, קָרוֹב לֶאֱמֶת, מִסְתַּבֵּר
probably *adv.* קָרוֹב לְוַדַּאי
pro'bate' *v.* אִשֵּׁר צַוָּאָה
pro·ba'tion *n.* מִבְחָן, נִסָּיוֹן, עַל תְּנַאי
probationer *n.* אָחוֹת מִתְמַחָה
probe *n.* חֲקִירָה, בְּדִיקָה; מַבְחֵן
probe *v.* בָּדַק (בְּמַכְשִׁיר); חָקַר, חִטֵּט
pro'bity *n.* יֹשֶׁר, הֲגִינוּת; שְׁלֵמוּת, תֹּם
prob'lem *n.* בְּעָיָה, שְׁאֵלָה
prob'lemat'ic *adj.* בְּעָיָתִי, מְפוּקְפָּק
probos'cis *n.* חֶדֶק (הַפִּיל/הַחֶרֶק); *אַף
proce'dural (-'j-) *adj.* נוֹהָלִי
proce'dure (-jər) *n.* נוֹהַל, פְּרוֹצֶדוּרָה
proceed' *v.* הִמְשִׁיךְ; הִתְקַדֵּם; הִתְחִיל
proceed against נָקַט הָלִיךְ נֶגֶד
proceed from נָבַע מִן, צָמַח מִן
proceed'ing *n.* הִתְנַהֲגוּת; פְּעוּלָּה
proceedings הִתְרַחֲשׁוּיוֹת; פְּרוֹטוֹקוֹל
start proceedings פָּתַח בַּהֲלִיכִים
pro'ceeds *npl.* הַכְנָסָה, תְּשׁוּאָה
proc'ess' *n&v.* תַּהֲלִיךְ; הִתְקַדְּמוּת;

הַזְמָנָה לְדִין; זִיז; עִבֵּד; הֵכִין, בָּדַק
in process of — בְּתַהֲלִיךְ־; בְּמֶשֶׁךְ
proces'sion *n.* תַּהֲלוּכָה, מִצְעָד
proclaim' *v.* הִכְרִיז, הוֹדִיעַ עַל,
הִצְהִיר; הֵעִיד עַל, גִּלָּה, הָיָה אוֹת
proc'lama'tion *n.* הַכְרָזָה, הַצְהָרָה
pro·cliv'ity *n.* נְטִיָּה
pro·cras'tinate' *v.* דָּחָה (למחר)
pro·cras'tina'tion *n.* דְּחִיָּה, סַחֶבֶת
pro'cre·ate' *v.* הוֹלִיד; הִתְרַבָּה
proc'tor *n.* מְפַקֵּחַ, מַשְׁגִּיחַ
proc'u·ra'tor *n.* סוֹכֵן, מְיֻפֵּה־כֹּחַ
procure' *v.* הִשִּׂיג, רָכַשׁ; סִרְסֵר
לִזְנוּת; גָּרַם, הֵבִיא לְ—
prod *v&n.* דָּחַף, תָּקַע; הִמְרִיץ,
עוֹרֵר; דְּחִיפָה; מַקֵּל, מַלְמָד
prod'igal *adj&n.* בַּזְבְּזָנִי; נָדִיב, שׁוֹפֵעַ
prodi'gious (-dij'əs) *adj.* עָצוּם, כַּבִּיר
prod'igy *n.* פֶּלֶא, דָּבָר נִפְלָא; עִלּוּי
produce' *v.* הִצִּיג, הֶרְאָה; הוֹצִיא;
הִצְמִיחַ; יָלַד; יִצֵּר; הֵפִיק; גָּרַם
produce a line הִמְשִׁיךְ/הֶאֱרִיךְ קַו
produce evidence הֵבִיא רְאָיוֹת
pro'duce *n.* תּוֹצֶרֶת; יְבוּל
produ'cer *n.* יַצְרָן; מֵפִיק
prod'uct *n.* תּוֹצֶרֶת; מוּצָר; תּוֹצָאָה
produc'tion *n.* יִצּוּר; יְצִירָה; תְּפוּקָה
produc'tive *adj.* פּוֹרֶה, יַצְרָנִי; מוֹעִיל
productive of — גּוֹרֵם, יוֹצֵר, מֵבִיא לְ—
prod'uctiv'ity *n.* פּוֹרִיּוּת, יַצְרָנוּת
prof'ana'tion *n.* חִלּוּל (הקודש)
profane' *v&adj.* חִלֵּל; טִמֵּא; טָמֵא,
מְחַלֵּל הַקֹּדֶשׁ, מְגַדֵּף; גַּס; חִלּוֹנִי
profan'ity *n.* חִלּוּל הַקֹּדֶשׁ; נְאָצָה
profess' *v.* טָעַן; הִתְיַמֵּר, הֶעֱמִיד
פָּנִים; הֶאֱמִין בְּ־; עָסַק בְּ־; לִמֵּד
professed *adj.* מוּצְהָר, מוּשְׁבָּע; מְזֻיָּף
profes'sion *n.* מִקְצוֹעַ; הַצְהָרָה, הוֹדָאָה
professional *adj&n.* מִקְצוֹעִי; מִקְצוֹעָן
profes'sor *n.* פְּרוֹפֶסוֹר, מוֹרֶה
prof'esso'rial *adj.* פְּרוֹפֶסוֹרִי
prof'fer *v&n.* הִצִּיעַ; הַצָּעָה
profi'ciency (-fish'ən-) *n.* מוּמְחִיּוּת
profi'cient (-fish'ənt) *adj.* מוּמְחֶה
pro'file *n.* פְּרוֹפִיל, צְדוּדִית, דְּיוֹקָן
profile *v.* הִצִּיג בְּפְרוֹפִיל; שִׂרְטֵט דְּיוֹקָן
prof'it *n.* רֶוַח; תּוֹעֶלֶת, יִתְרוֹן, טוֹבָה

profit *v.* הֵפִיק רֶוַח; הִצְמִיחַ תּוֹעֶלֶת
profitable *adj.* רִוְחִי; תּוֹעַלְתִּי, מוֹעִיל
prof'iteer' *n&v.* רַוְחָן, סַפְסָר, מַפְקִיעַ
מְחִירִים; הִפְקִיעַ מְחִירִים
profitless *adj.* חֲסַר־תּוֹעֶלֶת
prof'ligacy *n.* הוֹלְלוּת; בַּזְבְּזָנוּת
prof'ligate *adj&n.* הוֹלֵל, מוּפְקָר; בַּזְבְּזָן
pro for'ma לָצֵאת יְדֵי חוֹבָה
profound' *adj.* עָמֹק, מַעֲמִיק, עַז, רַב
profun'dity *n.* עֹמֶק, מַחֲשָׁבָה עֲמוּקָה
profuse' *adj.* שׁוֹפֵעַ, רַב, נָדִיב, פַּזְרָנִי
profu'sion (-zhən) *n.* שֶׁפַע, רִבּוּי
pro·gen'itor *n.* אָב קַדְמוֹן; אָב, יוֹצֵר
prog'eny *n.* צֶאֱצָאִים, פְּרִי־בֶּטֶן
prog·no'sis *n.* פְּרוֹגְנוֹזָה, סְכִיָּה, סְכוּת
prog·nos'tic *n&adj.* אוֹת; מְבַשֵּׂר
prog·nos'ticate' *v.* נִבָּא, צָפָה
pro'gram' *n&v.* תּוֹכְנִית; תּוֹכְנִיָּה; תִּכְנֵת
programme = program
pro'gram'mer מְתַכְנֵת, תּוֹכְנִיתָן
prog'ress' *n.* הִתְקַדְּמוּת; קִדְמָה
in progress מִתְקַדֵּם, בְּעִצּוּמוֹ
progress' *v.* הִתְקַדֵּם
progres'sion *n.* הִתְקַדְּמוּת; טוּר
progres'sive *adj&n.* מִתְקַדֵּם, מוֹדֶרְנִי,
פְּרוֹגְרֶסִיבִי; בֶּן־זְמַנֵּנוּ; הוֹלֵךְ וּמַחֲמִיר
pro·hib'it *v.* אָסַר; מָנַע, פָּסַל
pro'hibi'tion (-bi-) *n.* אִסּוּר; צַו־אִסּוּר
pro·hib'itive *adj.* אוֹסֵר, מוֹנֵעַ
proj'ect' *n.* תּוֹכְנִית; מִפְעָל; פְּרוֹיֶקְט
project' *v.* תִּכְנֵן; בָּלַט; הִבְלִיט;
הֵטִיל, הִשְׁלִיךְ; הִקְרִין; הִצִּיג תַּדְמִית
project oneself יָצַר תַּדְמִית חִיּוּבִית
project onto הֵטִיל עַל (הזולת)
projected *adj.* מְתוּכְנָן
projec'tile (-til) *n.* טִיל, קָלִיעַ
projec'tion *n.* תִּכְנוּן; הַשְׁלָכָה; הֲטָלָה;
הֶטֵל, פְּרוֹיֶקְצִיָּה; הַקְרָנָה; בְּלִיטָה
projectionist *n.* מַקְרִין, מְטוֹלָן
projector *n.* מָטוֹל, מַקְרֵן, זַרְקוֹר
pro·lapse' *v.* צָנַח, נִשְׁמַט, שָׁקַע
pro'lapse' *n.* צְנִיחָה, שְׁמִיטָה, שְׁקִיעָה
pro'leta'rian *adj&n.* פּוֹעֵל, פְּרוֹלֵיטָרִי
pro'leta'riat *n.* פְּרוֹלֵיטַרְיוֹן
pro·lif'erate' *v.* הִתְרַבָּה בִּמְהִירוּת
pro·lif'era'tion *n.* הִתְרַבּוּת; הֲפָצָה
pro·lif'ic *adj.* פּוֹרֶה, שׁוֹפֵעַ, מִתְרַבֶּה

pro·lix' *adj.* מְשַׁעֲמֵם, אָרוֹךְ, אַרְכָן
pro·log(ue)' (-lôg) *n.* פְּרוֹלוֹג, פְּתִיחָה
pro·long' (-lông) *v.* הֶאֱרִיךְ
prolonged *adj.* אָרוֹךְ, מְמוּשָׁךְ
prom'enade' *n&v.* נֶשֶׁף רִקּוּדִים; טִיּוּל; טַיֶּלֶת; רַחֲבַת־טִיּוּל, מְטוּלָה; טִיֵּל
prom'inence *n.* הִתְבַּלְּטוּת; בְּלִיטָה
come into prominence הִתְבַּלֵּט
prom'inent *adj.* בּוֹלֵט; חָשׁוּב; יָדוּעַ
prom'iscu'ity *n.* עִרְבּוּב; הֶפְקֵרוּת, זְנוּת
promis'cuous (-kūəs) *adj.* מְעוּרְבָּב, לֹא מַבְחִין; מְגוּוָנִים; מוּפְקָר, נַאֲפוּפִי
prom'ise (-mis) *n&v.* הַבְטָחָה; תִּקְוָה; הִבְטִיחַ; גָּרַם לְתִקְוָה; בִּשֵּׂר
promise well עוֹרֵר צִפִּיּוֹת
I promise you אֲנִי מַבְטִיחַ לְךָ, בֶּטַח
Promised Land הָאָרֶץ הַמּוּבְטַחַת
promising *adj.* מַבְטִיחַ, בַּעַל עָתִיד
prom'isso'ry *adj.* שֶׁל הַבְטָחָה
promissory note שְׁטַר חוֹב
prom'onto'ry *n.* צוּק, כֵּף, רֹאשׁ יַבָּשָׁה
promote' *v.* הֶגִּישׁ; קִדֵּם; סִיֵּעַ; אִרְגֵּן; יִסֵּד; עוֹדֵד, עוֹרֵר, גָּרַם
promoter *n.* יוֹזֵם, מְקַדֵּם
promo'tion *n.* קִדּוּם; סִיּוּעַ; אִרְגּוּן
prompt *adj.* מִיָּדִי, מוּכָן; זָרִיז, מָהִיר
at 12 prompt בְּשָׁעָה 12 בְּדִיּוּק
prompt *v&n.* הֵנִיעַ, דָּחַף; עוֹרֵר, עוֹדֵד; עָזַר; לָחַשׁ (לשחקן); לְחִישָׁה
prompter *n.* לַחֲשָׁן
promptly *adv.* מִיָּד, מַהֵר; בְּדִיּוּק
prom'ulgate' *v.* פִּרְסֵם; הֵפִיץ
prone *adj.* (שׁוֹכֵב) עַל בִּטְנוֹ, אַפַּיִם אַרְצָה; נוֹטֶה לְ־, מוּעָד לְ—
prong *n&v.* שֵׁן; חוּד; הָפַךְ בְּקִלְשׁוֹן
pro'noun' *n.* כִּנּוּי־הַשֵּׁם, כִּנּוּי
pronounce' *v.* בִּטֵּא; הִצְהִיר, הִכְרִיז
pronounce oneself חִוָּה דַּעְתּוֹ
pronounced *adj.* מוּגְדָּר, מוּצְהָר; בּוֹלֵט
pronouncement *n.* הוֹדָעָה, הַצְהָרָה
pronun'cia'tion *n.* מִבְטָא
proof (prōōf) *n.* הוֹכָחָה; מִבְחָן; הַגָּהָה
proof *adj.* חָסִין, מְחוּסָן, עָמִיד; אָטִים
proof *v.* חִסֵּן, אִטֵּם; הִגִּיהַּ
proofreader *n.* מַגִּיהַּ
proof sheet עֲלֵה־הַגָּהָה
prop *n&v.* מִשְׁעֶנֶת, סְמוֹכָה; תּוֹמֵךְ; תָּמַךְ
prop against הִשְׁעִין עַל
prop'agan'da *n.* תַּעֲמוּלָה, פְּרוֹפָּגַנְדָּה
prop'agan'dize *v.* נִהֵל תַּעֲמוּלָה
prop'agate' *v.* הִפְרָה; הֵפִיץ; הִתְפַּשֵּׁט
propel' *v.* דָּחַף, הֵנִיעַ קָדִימָה
propel'ler *n.* מַדְחֵף, פְּרוֹפֶּלֶר
propelling pencil עִפָּרוֹן בּוֹרְגִי
propen'sity *n.* נְטִיָּה, תְּכוּנָה מְיוּחֶדֶת
prop'er *adj.* נָכוֹן, מַתְאִים; יָאֶה; נָאֶה; הָגוּן; מוּשְׁלָם; כַּהוֹגֶן; מַמָּשׁ, גּוּפָא
proper to שַׁיָּךְ לְ־, מְיוּחָד לְ—
proper fraction שֶׁבֶר אֲמִתִּי (פשוט)
properly *adv.* הֵיטֵב, כַּהֲלָכָה; כַּהוֹגֶן
proper noun/name שֵׁם־עֶצֶם פְּרָטִי
prop'erty *n.* נֶכֶס; רְכוּשׁ, מְקַרְקְעִין; בַּעֲלוּת; תְּכוּנָה, סְגוּלָה; אֲבִזְר־בָּמָה
real property מְקַרְקְעִין, נַדְלַ"ן
proph'ecy *n.* נְבוּאָה
proph'esy' *v.* נִבֵּא; הִתְנַבֵּא
proph'et *n.* נָבִיא, חוֹזֶה; חֲלוּץ־רַעְיוֹן
Prophets נְבִיאִים (בתנ"ך)
pro'phylac'tic *adj&n.* תְּמִנָעִי, מוֹנֵעַ מַחֲלָה, פְּרוֹפִילַקְטִי; אֶמְצָעִי מְנִיעָה
pro·pin'quity *n.* קִרְבָה, דִּמְיוֹן
propi'tiate' (-pish-) *v.* פִּיֵּס
propi'tious (-pish'əs) *adj.* מַתְאִים, נוֹחַ, נָעִים; (סִימָן) טוֹב, שֶׁל רָצוֹן טוֹב
propo'nent *n.* תּוֹמֵךְ, חָסִיד; מַצִּיעַ
propor'tion *n.* פְּרוֹפּוֹרְצִיָּה, יַחַס; שִׁעוּר
proportions מִדּוֹת, מְמַדִּים, גּוֹדֶל
proportional *adj.* פְּרוֹפּוֹרְצִיוֹנָלִי, יַחֲסִי
propor'tionate *adj.* פְּרוֹפּוֹרְצִיוֹנִי
propo'sal (-z-) *n.* הַצָּעָה; הַצָּעַת נִשּׂוּאִים
propose' (-z) *v.* הִצִּיעַ; הִתְכַּוֵּן, תִּכְנֵן; הִצִּיעַ נִשּׂוּאִים
propose a toast הֵרִים כּוֹסִית
prop'osi'tion (-zi-) *n.* הַצָּעָה; תּוֹכְנִית; בְּעָיָה; הַנָּחָה; טַעֲנָה; הַצָּעָה מְגוּנָה
propound' *v.* הִצִּיעַ, הֶעֱלָה, הֵבִיא
propri'etar'y (-teri) *adj.* שֶׁל בְּעָלִים
propri'etor *n.* בַּעַל, בְּעָלִים, אָדוֹן
propri'ety *n.* הֲגִינוּת; נִימּוּס; הַתְאָמָה
propul'sion *n.* דְּחִיפָה, כֹּחַ הֲנָעָה
propul'sive *adj.* דּוֹחֵף, מֵנִיעַ קָדִימָה
pro·rogue' (-rōg) *v.* נָעַל יְשִׁיבָה, דָּחָה
pro·sa'ic (-z-) *adj.* פְּרוֹזָאִי, יָבֵשׁ, פָּשׁוּט
pro·scribe' *v.* אָסַר, הֶחֱרִים; גֵּרֵשׁ

pro•scrip′tion *n.* אִסוּר, הַחְרָמָה
prose (-z) *n.* פְּרוֹזָה, סִפּוֹרֶת
pros′ecute′ *v.* הֶעֱמִיד לְדִין, תָּבַע; עָסַק, נִהֵל, הִמְשִׁיךְ, הִתְמִיד בְּ—
pros′ecu′tion *n.* תְּבִיעָה; הַמְשָׁכָה
pros′ecu′tor *n.* תּוֹבֵעַ
pros′elyte′ *n&v.* גֵּר; מוּמָר; עָרִיק פּוֹלִיטִי; גִּיֵּר; הִתְגַּיֵּר; הָפַךְ עוֹרוֹ
pros′ody *n.* תּוֹרַת הַמִּשְׁקָל, פְּרוֹסוֹדְיָה
pros′pect′ *n&v.* תִּקְוָה, סִכּוּי; נוֹף; מַרְאֶה, מַחֲזֶה; חִפֵּשׂ (זהב)
prospec′tive *adj.* צָפוּי, עֲתִידִי, אֶפְשָׁרִי
prospec′tus *n.* תּוֹכְנִיָּה, תַּסְבִּיר
pros′per *v.* הִצְלִיחַ, שִׂגְשֵׂג, הִתְפַּתֵּחַ
pros•per′ity *n.* הַצְלָחָה, שִׂגְשׂוּג, שֶׁפַע
pros′perous *adj.* מַצְלִיחַ, מְשַׂגְשֵׂג
pros′tate′ *n.* עַרְמוֹנִית, פְּרוֹסְטָטָה
pros•the′sis *n.* פְּרוֹתֶיזָה, אֵיבָר תּוֹתָב
pros′titute′ *n&v.* זוֹנָה; זָנוּת; מָכַר (כישרון/כבוד) בְּעַד בֶּצַע־כֶּסֶף
pros′titu′tion *n.* זְנוּת
pros′trate′ *adj.* מִשְׁתַּטֵּחַ, מְנוּצָּח
prostrate *v.* הִפִּיל; הִכְנִיעַ; הִכְרִיעַ
prostrate oneself הִשְׁתַּחֲוָה; הִתְרַפֵּס
pros•tra′tion *n.* אֲפִיסַת־כּוֹחוֹת
pro•tag′onist *n.* גִּבּוֹר; תּוֹמֵךְ
protect′ *v.* הֵגֵן עַל, שָׁמַר; בִּטֵּחַ
protec′tion *n.* הֲגַנָּה, שְׁמִירָה; מָגֵן
protec′tive *adj.* מָגֵן, הֲגַנָּתִי
protec′torate *n.* אֶרֶץ־חָסוּת
pro′tégé (-təzhā) *n.* בֶּן־חָסוּת
pro′tein (-tēn) *n.* פְּרוֹטֶאִין, חֶלְבּוֹן
pro tem′(pore) (-ri) *adv.* זְמַנִּית
pro′test′ *n.* מְחָאָה; פְּרוֹטֶסְט, הֶעָדָה
protest′ *v.* מָחָה (על); טָעַן בְּתוֹקֶף
Prot′estant *n&adj.* פְּרוֹטֶסְטַנְט
prot′esta′tion *n.* הַצְהָרָה; מְחָאָה
pro′tocol′ *n.* פְּרוֹטוֹקוֹל, זִכְרוֹן־דְּבָרִים
pro′toplasm′ (-plaz′əm) *n.* אַבְחוֹמֶר
pro′totype′ *n.* אַב־טִיפּוּס
pro′tozo′on *n.* אַבְחַי, קְדוּמִית
pro•tract′ *v.* הֶאֱרִיךְ, מָתַח
pro•trac′tor *adj.* מַדְזָוִית
pro•trude′ *v.* בָּלַט; הִבְלִיט
pro•tru′sion (-zhən) *n.* הַבְלָטָה; בְּלִיטָה
pro•tu′berant *adj.* בּוֹלֵט
proud *adj.* גֵּא; יָהִיר; נִפְלָא, מַרְשִׁים
do proud מִלֵּא גַּאֲוָה, חָלַק כָּבוֹד
prove (proov) *v.* הוֹכִיחַ; בָּחַן, נִסָּה; הֶרְאָה; נִמְצָא, הִתְבָּרֵר
proved true אוּמַת, נִמְצָא נָכוֹן
prov′en (proov-) *adj.* מוּכָח, בָּדוּק
prov′ender *n.* מִסְפּוֹא; *מָזוֹן
prov′erb *n.* פִּתְגָם, מֵימְרָה; מָשָׁל
Proverbs מִשְׁלֵי (בתנ"ך)
provide′ *v.* סִפֵּק, נָתַן, הֶעֱנִיק; קָבַע
provide for פִּרְנֵס, קִיֵּם, דָּאַג לְ־; הֵכִין לְ־; סִפֵּק; הִתִּיר, אִפְשֵׁר
provided *conj.* בִּתְנַאי שֶׁ־, רַק אִם—
prov′idence *n.* הַשְׁגָּחָה; דְּאָגָה, חִסָּכוֹן
prov′ident *adj.* דּוֹאֵג לֶעָתִיד, חַסְכָנִי
prov′iden′tial *adj.* הַשְׁגָּחִי; בַּר־מַזָּל
providing *conj.* בִּתְנַאי שֶׁ־, רַק אִם—
prov′ince *n.* מָחוֹז, אֵזוֹר; מוֹשָׁבָה
provin′cial *adj&n.* קַרְתָּנִי, כַּפְרִי
provi′sion (-vizh′ən) *n.* הַסְפָּקָה; צִיּוּד; הֲכָנוֹת, דְּאָגָה; מָזוֹן; תְּנַאי
with the provision that בִּתְנַאי שֶׁ—
provi′sional (-vizh′ən-) *adj.* זְמַנִּי
provi′so (-z-) *n.* תְּנַאי
provi′sory (-z-) *adj.* כָּפוּף לִתְנַאי; זְמַנִּי
prov′oca′tion *n.* פְּרוֹבוֹקַצְיָה, הִתְגָּרוּת
provoc′ative *adj.* מְעוֹרֵר; מְגָרֶה
provoke′ *v.* הִרְגִּיז; עוֹרֵר, גָּרַם; גֵּרָה
prow *n.* חַרְטוֹם (הספינה)
prow′ess *n.* גְּבוּרָה, אוֹמֶץ; כִּשְׁרוֹן
prowl *v&n.* שִׁחֵר לְטֶרֶף; חִפֵּשׂ; שׁוֹטְטוּת
prowl car מְכוֹנִית שְׁטוּר, נַיֶּדֶת
prox′imate *adj.* הַקָּרוֹב בְּיוֹתֵר, סָמוּךְ
prox•im′ity *n.* קִרְבָה, סְמִיכוּת
prox′imo′ *adj.* שֶׁבַּחוֹדֶשׁ הַבָּא
prox′y *n.* יִפּוּי כֹּחַ, הַרְשָׁאָה; בָּא־כֹּחַ
prude *n.* מִתְחַסֵּד, מִצְטַנֵּעַ, אֲנִין־נֶפֶשׁ
pru′dence *n.* זְהִירוּת, פִּקְחוּת
pru′dent *adj.* זָהִיר, פִּקֵּחַ, שׁוֹקֵל צְעָדָיו
pru′dery *n.* הִצְטַנְּעוּת, אֲנִינוּת־נֶפֶשׁ
pru′dish *adj.* מִצְטַנֵּעַ, מַפְרִיז בִּצְנִיעוּת
prune *n.* שָׁזִיף מְיוּבָּשׁ; *טִפֵּשׁ
prune *v.* גָּזַם, קִצֵּץ, חָתַךְ, סִלֵּק
pruning knife/hook מַזְמֵרָה
pru′rient *n.* תַּאַוְתָנִי, שְׁטוּף זִמָּה
pry *v.* הֵצִיץ, חִטֵּט בְּעִסְקֵי הַזּוּלַת
pry off/open פָּתַח, פָּרַץ, הֵסִיר
ps = **postscript**

psalm (säm) *n.* מִזמוֹר (בתהילים)
Psalms (sämz) *npl.* תְּהִלִים (בתנ״ך)
pseu'do (so͞o'-) *adj.* פְּסֵידוֹ־, מְדוּמֶה
pseu'donym (so͞o'-) *n.* שֵׁם בָּדוּי
psyche (sī'ki) *n&v.* נֶפֶשׁ הָאָדָם
psyche out *הֵבִין, חָדַר לְנִשׁמַת—
psy'chiat'ric (sīk-) *adj.* פְּסִיכִיאַטרִי
psychi'atrist (sikī'-) *n.* פְּסִיכִיאָטֶר
psychi'atry (sikī'-) *n.* פְּסִיכִיאַטרִיָה
psy'chic (sī'k-) *adj.* פְּסִיכִי, נַפשִׁי
psy'cho (sī'kō) *n.* פְּסִיכִי, מוּפרָע
psy'cho·anal'ysis (sīk-) פְּסִיכוֹאֲנָלִיזָה
psy'cholog'ical (sīk-) *adj.* פְּסִיכוֹלוֹגִי
psychol'ogist (sik-) *n.* פְּסִיכוֹלוֹג
psychol'ogy (sik-) *n.* פְּסִיכוֹלוֹגיָה
psy'chopath' (sī'k-) *n.* פְּסִיכוֹפָּת
psy·cho'sis (sīk-) *n.* פְּסִיכוֹזָה, הַפרָעָה
psy·chot'ic (sīk-) *adj.* מוּפרָע
pt = part, pint, point
pto = please turn over
pub *n.* מִסבָּאָה, פַּאבּ; פּוּנדָק
pu'berty *n.* בַּגרוּת מִינִית, הִתבַּגרוּת
pub'lic *adj&n.* צִבּוּרִי, כְּלָלִי; צִבּוּר, קָהָל
in public בְּפוּמבֵּי, בְּפַרהֶסיָה
make public פִּרסֵם, הוֹדִיעַ לַכֹּל
pub'lica'tion *n.* פִּרסוּם; סֵפֶר, כְּתַב־עֵת
public house מִסבָּאָה, פַּאבּ; פּוּנדָק
pub'licist *n.* פּוּבּלִיצִיסט, עִתּוֹנַאי
pub·lic'ity *n.* פִּרסוּם; פִּרסוֹמֶת; פּוּמבֵּי
pub'licize' *v.* פִּרסֵם
public opinion דַעַת הַקָהָל
public servant עוֹבֵד מְדִינָה
pub'lish *v.* הוֹצִיא לָאוֹר; פִּרסֵם
publisher *n.* מוֹצִיא לָאוֹר, מו״ל
puck'er *v&n.* כִּוֵּץ; הִתקַמֵּט; קֶמֶט
pud'ding (pood-) *n.* חֲבִיצָה, פּוּדִינג
pud'dle *n.* שְׁלוּלִית; טִיט, תַּעֲרוֹבֶת
puddle *v.* עִרבֵּב; יָצַר תַּעֲרוֹבֶת; גָּבַל
pu'dency *n.* בַּיְשָׁנוּת, צְנִיעוּת
pudg'y *adj.* גּוּץ, עָבֶה, שָׁמֵן
pu'erile (pyoor'il) *adj.* יַלדוּתִי, שְׁטוּתִי
puff *n.* נְשִׁיפָה, שְׁאִיפָה; נְשִׁימָה; פְּלִיטָה; דָבָר נָפוּחַ; שֶׁבַח מוּפלָג; פַּחֲזָנִית
puff *v.* נָשַׁף; הִתנַשֵּׁם; נִפַּח; עִשֵּׁן
puff a book הִפלִיג בְּשֶׁבַח הַסֵּפֶר
puff out נִפַּח (שיער); כִּבָּה בִּנְשִׁיפָה
puff up נִפַּח; הִתנַפַּח; תָּפַח
puffed up מְנוּפָּח, חֲדוּר גַּאֲוָה
puff box קוּפסַת פּדּוּר
puff pastry בְּצֵק עָלִים
puff'y *adj.* נָפוּחַ, שָׁמֵן; חֲסַר־נְשִׁימָה
pug *n.* חֵמָר, חוֹמֶר; עֲקֵבוֹת; *מִתאַגרֵף
pu'gilism *n.* אִגרוּף, הִתאַגרְפוּת
pu'gilist *n.* אֶגרוֹפָן, מִתאַגרֵף
pug·na'cious (-shəs) *adj.* אוֹהֵב מָדוֹן
pug-nosed *adj.* בַּעַל אַף סוֹלֵד/קָצָר
puis'sance (pwis-) *n.* כּוֹחַ, עוֹצמָה
puke *v&n.* *הֵקִיא; הֲקָאָה
pull (pool) *v.* מָשַׁך, גָּרַר; הוֹצִיא; קָטַף; חָתַר; פִּספֵּס; *שָׁדַד, גָּנַב
pull a fast one on רִמָּה
pull about מָשַׁך לְכָאן וּלכָאן
pull ahead of חָלַף עַל פְּנֵי—
pull apart קָרַע לִגזָרִים (בביקורת)
pull at מָצַץ (מקטרת); לָגַם
pull away הִשתַּחרֵר; הִתרַחֵק
pull back נָסוֹג; רִסֵּן הַהוֹצָאוֹת
pull down הָרַס; דִכָּא; הִרוִיחַ; הִפִּיל
pull in נִכנַס לַתַּחֲנָה; הִתקָרֵב; אָסַר
pull off זָכָה; נָע לְשׁוּלֵי־הַכְּבִישׁ
pull out יָצָא; הוֹצִיא; נָטַשׁ
pull round הִתאוֹשֵׁשׁ; הֵשִׁיב לְאֵיתָנוֹ
pull through הִצלִיחַ, הִתגַּבֵּר; עָזַר
pull up עָצַר; הִשִּׂיג; גָּעַר
pull *n.* מְשִׁיכָה; עֲלִיָה, טִפּוּס; הַשׁפָּעָה; שִׁיט; הַחטָאָה; לְגִימָה; מְצִיצָה
long pull זְמַן רַב, מֶרחָק רַב
pull-back *n.* נְסִיגָה
pul'let (pool-) *n.* פַּרגִּית
pul'ley (pool-) *n.* גַּלגִּלָה, גַּלגֶּלֶת
pull-in/-up מִזנוֹן (לנהגים) בְּצַד הַדֶּרֶך
pull-out *n.* דַף תָּלִישׁ; נְטִישָׁה, יְצִיאָה
pullover *n.* מִפשׂוֹל, אֲפוּדָה, פּוּלוֹבֶר
pull-through *n.* מִשׁחוֹלֶת
pulp *n.* צִיפָּה; כֶּתֶשׁ; דַיְסָה; מְחִית
beat to a pulp "רִסֵּק עַצמוֹתָיו"
pulp *v.* הוֹצִיא צִיפַּת הַפְּרִי; כָּתַשׁ
pul'pit *n.* דוּכָן, בִּימָה (למטיף)
pul'sate' *v.* דָפַק; הָלַם; רָעַד; רִגֵּשׁ
pul·sa'tion *n.* פְּעִימָה, הַלמוּת־לֵב
pulse *n.* דוֹפֶק; פְּעִימָה; קִטנִית
take/feel his pulse מִשֵּׁשׁ הַדּוֹפֶק
pulse *v.* דָפַק, הָלַם; זָרַם, רָחַשׁ
pul'verize' *v.* טָחַן, כָּתַשׁ, שָׁחַק;

נִפֵּץ, הָרַס; חָבַט; נִשְׁחַק
pum'ice (-is) *n.* אֶבֶן סְפוֹג (לניקוי)
pum'mel *v.* הִכָּה, חָבַט, הָלַם
pump *n.* מַשְׁאֵבָה; שְׁאִיבָה; נַעַל קַלָּה
pump *v.* שָׁאַב; נִפַּח; קָלַח
pump full of lead נִקֵּב בְּכַדּוּרִים
pump into הֶחְדִּיר (רעיונות) לְ—
pump out of שָׁאַב (מידע) מִן
pump'kin *n.* דְּלַעַת
pun *n&v.* מִשְׂחַק מִלִּים; שִׂחֵק בְּמִלִּים
punch *v.* הָלַם, הִכָּה, חָבַט; נִקֵּב
punch in הֶחְתִּים עִם הַכְּנִיסָה
punch *n.* מַכַּת־אֶגְרוֹף; עוֹצְמָה; מַקָּב; מְנַקֵּב; חוֹלֵץ בְּרָגִים; פּוּנְשׁ
not pull one's punches הִכָּה, הִתְקִיף, לֹא טָמַן יָדוֹ בַּצַּלַּחַת
packs a punch בַּעַל מַכַּת־מַחַץ
take a punch *כּוּן מַכָּה
punch ball/bag אַגַּס אִגְרוּף
punch-drunk הָלוּם חֲבָטוֹת
punched card כַּרְטִיס נָקוּב (למחשב)
punch line עוֹקֶץ, שִׂיא הַסִּפּוּר
punch-up *n.* *תִּגְרָה, הִתְכַּתְּשׁוּת
punc·til'ious *adj.* דַּקְדְּקָנִי, זָהִיר
punc'tual (-cho͞oəl) *adj.* דַּיְקָנִי
punc'tuate' (-cho͞oāt) *v.* פִּסֵּק, קָטַע
punc'tua'tion (-cho͞oā'-) *n.* פִּסּוּק
punc'ture *n&v.* נֶקֶר, תֶּקֶר; נִקֵּב; תִּקֵּר
pun'dit *n.* חָכָם, מְלוּמָד
pun'gent *adj.* חָרִיף; עוֹקֵץ, חַד
pun'ish *v.* הֶעֱנִישׁ; הִפְלִיא מַכּוֹתָיו
punishable *adj.* עָנִישׁ, בַּר־עוֹנְשִׁין
punishing *adj&n.* מְפָרֵךְ; נֶזֶק; תְּבוּסָה
punishment *n.* עוֹנֶשׁ; נֶזֶק, טִפּוּל גַּס
pu'nitive *adj.* מַעֲנִישׁ; קָשֶׁה, (מס) כָּבֵד
punk *n&adj.* עֵץ רָקוּב; *פּוֹשֵׁעַ; הֲבָלִים
pun'ster *n.* מְשַׂחֵק בְּמִלִּים
punt *n&v.* (שָׁט בְּ־) סִירָה שְׁטוּחָה
punt *v.* הִמֵּר; בָּעַט בַּכַּדּוּר (באוויר)
pu'ny *adj.* חַלָּשׁ, קָטָן
pup *n&v.* כְּלַבְלַב, גּוּר; יָהִיר; הִמְלִיט
sell a pup רִמָּה, תִּחֵב
pu'pa *n.* גּוֹלֶם (גלגול של חרק)
pu'pil (-pəl) *n.* תַּלְמִיד; אִישׁוֹן הָעַיִן
pup'pet *n.* בּוּבָּה, מַרְיוֹנֶטָה
pup'py *n.* כְּלַבְלַב, גּוּר; שַׁחֲצָן, טִפֵּשׁ
puppy love אַהֲבַת נַעַר

pur'blind' (-blīnd) *n.* כִּמְעַט עִוֵּר
pur'chase (-chəs) *n.* קְנִיָּה; מַאֲחָז; קָנָה
purchaser *n.* קוֹנֶה, לָקוֹחַ
pure *adj.* טָהוֹר; נָקִי; כָּלִיל; מוּחְלָט
pure and simple חַד וְחָלָק
pureblooded/-bred *adj.* טְהָר־גֶּזַע
purée (pyoorā') *n.* מְחִית, פְּיוּרֶה
purely *adv.* אַךְ וְרַק, גְּרֵידָא, לַחֲלוּטִין
pur'gative *adj&n.* מְטַהֵר; מְשַׁלְשֵׁל
pur'gato'ry *n.* כּוּר־מַצְרֵף, גֵּיהִנּוֹם
purge *v.* טִהֵר, צֵרֵף; כִּפֵּר; שִׁלְשֵׁל
purge *n.* סַם מְשַׁלְשֵׁל; טִהוּר
pu'rify' *v.* טִהֵר, נִקָּה
pu'rism' *n.* פּוּרִיזְם, טַהֲרָנוּת
pu'ritan *n&adj.* פּוּרִיטָנִי, דּוֹגֵל בִּצְנִיעוּת
pu'rity, pureness *n.* טוֹהַר
purl *n&v&adj.* (סָרַג) סְרִיגַת שְׂמֹאל
purl *n&v.* פִּכְפּוּךְ; זָרַם בְּפִכְפּוּךְ
purl'er *n.* נְפִילָה; מַכָּה, מַהֲלוּמָה
pur'lieu (-lo͞o) *n.* קָצֶה, פַּאֲתֵי עִיר
pur'loin *v.* גָּנַב
pur'ple *adj&n.* אַרְגָּמָן; סָמוּק; מַחְלָצוֹת
Purple Heart מֶדַלְיָה לִפְצוּעֵי מִלְחָמָה
pur'port' *n.* מַשְׁמָעוּת כְּלָלִית, כַּוָּנָה
purport' *v.* טָעַן, הִתְכַּוֵּן, הִתְיַמֵּר
pur'pose (-pəs) *n&v.* כַּוָּנָה, מַטָּרָה, תַּכְלִית; דְּבֵקוּת בַּמַּטָּרָה; הִתְכַּוֵּן
on purpose בְּכַוָּנָה, בְּמֵזִיד; כְּדֵי
to little purpose לְלֹא (שום) תּוֹעֶלֶת
to the purpose לָעִנְיָן, רֶלֶוַנְטִי
purposeful *adj.* תַּכְלִיתִי; רַב־מַשְׁמָעוּת
purposely *adv.* בְּכַוָּנָה, בְּמֵזִיד
purr *v&n.* נָהַם (כחתול) בַּהֲנָאָה; רִטּוּן
purse *n.* אַרְנָק; כֶּסֶף; קֶרֶן, קוּפָּה; פְּרָס
line one's purse מִלֵּא אַרְנָקוֹ (בשוחד)
purse *v.* כִּוֵּץ (השפתיים)
purs'er *n.* גִּזְבַּר־אוֹנִיָּה
pursu'ance *n.* בִּצּוּעַ; הֶמְשֵׁךְ
in pursuance of תּוֹךְ בִּצּוּעַ, בְּהֶמְשֵׁךְ
pursu'ant *adj.* מַמְשִׁיךְ, רוֹדֵף
pursuant to בְּהֶתְאֵם לְ־, בְּעִקְבוֹת
pursue' (-so͞o') *v.* רָדַף אַחֲרֵי; הִמְשִׁיךְ
pursuer *n.* רוֹדֵף
pursuit' (-so͞ot) *n.* רְדִיפָה, מִרְדָּף; עִסּוּק
pu'rulence *n.* מוּגְלָה
pur·vey' (-vā') *v.* סִפֵּק (סחורה)
pur'view (-vū) *n.* תְּחוּם פְּעִילוּת, הֶקֵּף

pus *n.* מוּגְלָה

push (poosh) *v.* דָּחַף; דָּחַק; לָחַץ; אִלֵּץ; שִׁכְנֵעַ; מָכַר סַמִּים

push ahead/along/on הִמְשִׁיךְ

push along הִסְתַּלֵּק, הָלַךְ

push around הֵצִיק, טִרְטֵר

push off *הִסְתַּלֵּק, הִתְחַפֵּף

push on מִהֵר; הִמְרִיץ, הֵטִיל עַל

push over/down הִפִּיל

push through הֶעֱבִיר; נָבַט, בִּצְבֵּץ

push up הֶעֱלָה (מחיר), יִקֵּר

push *n.* דְּחִיפָה; לַחַץ; הַתְקָפַת מַחַץ; מַאֲמָץ עֶלְיוֹן; סִיּוּעַ; דַּחַף, יוֹזְמָה

give the push *פִּטֵּר, סִלֵּק

push button לְחִיץ, מֶתֶג, כַּפְתּוֹר

push-cart/-chair *n.* עֶגְלַת־יָד

pushed *adj.* לָחוּץ, דָּחוּק, נָתוּן בְּקָשַׁיִם

pusher *n.* נִדְחָק, נִדְחָף; סוֹחֵר סַמִּים

pushing, -ful *adj.* נִדְחָק, נִדְחָף; כּוֹפֶה עַצְמוֹ עַל הַזּוּלַת

push-over *n.* מִשְׂחַק יְלָדִים; טֶרֶף קַל

push-up *n.* שְׁכִיבַת־סְמִיכָה

pushy = pushing

pu′sillan′imous *adj.* פַּחְדָן

puss′y (cat) (poos-) *n.* חָתוּל; נַעֲרָה

pussyfoot *v.* הִתְגַּנֵּב, הִסְתּוֹבֵב בִּגְנֵבָה

pus′tule (-chōōl) *n.* מוּגְלִית, סִמְטָה

put (poot) *v.* שָׂם; הִנִּיחַ; הִכְנִיס; הֵטִיל; סִמֵּן, כָּתַב; הִבִּיעַ; הִצִּיעַ

hard put to it בְּצָרָה, בִּמְצוּקָה

is put upon מְנַצְּלִים אוֹתוֹ

put a stop to שָׂם קֵץ לְ־, חִסֵּל

put about שִׁנָּה כִּוּוּן; הִטְרִיד

put across הֶעֱבִיר; הִסְבִּיר יָפֶה

put an end to שָׂם קֵץ לְ־, חִסֵּל

put away חָסַךְ; נָטַשׁ; *חִסֵּל

put back חָזַר; הֶחֱזִיר; עִכֵּב, עָצַר

put by חָסַךְ (לעתיד)

put down הִנִּיחַ; רָשַׁם; דִּכָּא

put forth הִפְעִיל; הוֹצִיא, הִצְמִיחַ

put forward הִצִּיעַ, הֶעֱלָה; הִקְדִּים

put him out הִרְגִּיז, הֵבִיךְ

put in אָמַר, שִׁסַּע; הֶעֱבִיר, בִּלָּה

put it הִבִּיעַ, אָמַר, נִסַּח

put it on *הִפְרִיז; הִשְׁמִין; הִתְנַפֵּחַ

put off דָּחָה; הִתְחַמֵּק, פָּטַר; נִפְטַר; הִפְרִיעַ, הֵנִיא; הִבְחִיל

put off clothes פָּשַׁט בְּגָדִים

put on רִמָּה; לָבַשׁ; הוֹסִיף מִשְׁקָל

put out כִּבָּה; הוֹצִיא; נָקַע; יִצֵּר

put over נָע הַצִּדָּה; הִסְבִּיר יָפֶה, דָּחָה (לעתיד); רִמָּה, תָּחַב

put paid to חִסֵּל, שָׂם לְאַל

put through הֶעֱבִיר; סִיֵּם; קִשֵּׁר

put to death הֵמִית; הוּצָא לְהוֹרֵג

put to use הִשְׁתַּמֵּשׁ, הִפְעִיל

put together בָּנָה, הִרְכִּיב; צֵרֵף

put up שָׂם; הֵקִים; הֵרִים; יִקֵּר; הִתְאַכְסֵן; סִפֵּק; אָרַז; הֶרְאָה; הֵכִין, עָרַךְ; אִכְסֵן; הִנִּיחַ בַּצַּד

put up for הִצִּיג; הִצִּיעַ

put up to הֵסִית; הוֹדִיעַ, הוֹרָה

put up with נָשָׂא, סָבַל, הִשְׁלִים

put-down *n.* *הַשְׁפָּלָה, בִּטּוּל

put-off *n.* הִתְחַמְּקוּת, דְּחִיָּה, תֵּרוּץ

put-on *n.* הַעֲמָדַת־פָּנִים, מִשְׂחָק, רַמָּאוּת

pu′trefy′ *v.* הִרְקִיב

pu·tres′cence (pū-) *n.* רָקָב, צַחֲנָה

pu′trid *adj.* רָקוּב, מַסְרִיחַ; *רַע, מְחוּרְבָּן

putsch (pooch) *n.* פּוּטְשׁ, הֲפִיכַת נֵפֶל

putt *v&n.* חָבַט קַלּוֹת בַּכַּדּוּר; חֲבָטָה

put′tee *n.* חוֹתֶלֶת, מוּק, מוּקַיִם

put′ter *v.* הִתְבַּטֵּל

put′ty *n&v.* מֶרֶק, טִיט; מִלֵּא בְּמֶרֶק

putty in his hands כַּחוֹמֶר בְּיַד הַיּוֹצֵר

put-up job מַעֲשֶׂה מְתוּכְנָן, רַמָּאוּת

put-upon *adj.* מְרוּמֶה, מְנוּצָּל

puz′zle *n.* חִידָה; בְּעָיָה; מִשְׂחַק הַרְכָּבָה

puzzle *v.* הִפְלִיא; הֵבִיךְ; הִתְמִיהַּ

puzzle one's brain "שָׁבַר רֹאשׁוֹ"

puzzle out פָּתַר, פִּעְנֵחַ

puzzle over/about הִתְעַמֵּק בְּ—

puzzler *n.* חִידָה, בְּעָיָה קָשָׁה

pyg′my *n&adj.* נַנָּס, גַּמָּד; זָעִיר

pyjam′a (pəj-) *n.* פִּיגָ'מָה

py′lon *n.* עַמּוּד־חַשְׁמַל; מִגְדַּל־הַנְחָיָה

pyr′amid′ *n.* פִּירָמִידָה, חַדּוּדִית

pyramid *v.* בָּנָה כְּפִירָמִידָה; הִתְיַקֵּר

pyre *n.* מְדוּרָה (לשריפת מת)

py′roma′nia *n.* שִׁגָּעוֹן־הַהַצָּתוֹת

py′roma′niac′ *n.* פִּירוֹמָן, גַּחֲמוֹן

py′rotech′nics (-k-) *n.* זִקּוּקִין־דִּי־נוּר

py′thon *n.* פִּיתוֹן (נחש חונק)

pyx *n.* כְּלִי לַלֶּחֶם־הַקָּדוֹשׁ

Q

QED זאת בִּקַּשְׁנוּ לְהוֹכִיחַ
QM = quarter-master
qr = quarter
qt = quantity, quiet
quack *v&n.* גִּעְגַּע (כברווז); גִּעְגּוּעַ
quack *n&adj.* רוֹפֵא מִתְחַזֶּה; רַמַּאי
quack'ery *n.* רַמָּאוּת, הִתְחַזּוּת
quad'ran'gle (kwod-) *n.* מְרוּבָּע, רִבּוּעַ
quad'rant (kwod-) *n.* קְוַדְרַנְט, רְבִיעַ, רֶבַע מַעְגָּל; רוֹבַע, מוֹדֵד זָוִיּוֹת
quad'rate (kwod-) *adj.* רִבּוּעַ
quad•rat'ic (kwod-) *adj.* רִבּוּעִי
quad'rilat'eral (kwod-) *n.* מְרוּבָּע
quad'ruped' (kwod-) *n.* הוֹלֵךְ־עַל־אַרְבַּע
quad•ru'ple (kwod-) *v.* כָּפַל בְּ־4
quad•rup'lets (kwod-) *n.* רְבִיעִיָּה
quad•ru'plicate' (kwod-) *v.* כָּפַל בְּ־4
quaff *v.* לָגַם, שָׁתָה, גָּמַע
quag'mire' *n.* אַדְמַת בּוֹץ; בִּצָּה; בּוֹץ
quail *n&v.* שְׂלָו (עוף); חָרַד, פָּחַד
quaint *adj.* מוּזָר, יוֹצֵא־דוֹפֶן, מְעַנְיֵן
quake *v&n.* רָעַד; רְעָדָה; רְעִידָה
qual'ifica'tion (kwol-) *n.* כְּשִׁירוּת, כִּשּׁוּר; תְּעוּדָה; הִסְתַּיְּגוּת, הַגְבָּלָה
qualified *adj.* מְסוּיָּג; מוּכְשָׁר, כָּשִׁיר
qual'ify' (kwol-) *v.* הִכְשִׁיר; הִסְמִיךְ; הָיָה כָּשִׁיר; הִגְבִּיל
qual'ita'tive (kwol-) *adj.* אֵיכוּתִי
qual'ity (kwol-) *n.* אֵיכוּת, טִיב; סְגוּלָּה
qualm (kwäm) *n.* נְקִיפַת מַצְפּוּן, פִּקְפּוּק
quan'dary (kwon-) *n.* מְבוּכָה, תְּהִיָּה
quan'tifica'tion (kwon-) *n.* כִּמּוּי
quan'tita'tive (kwon-) *adj.* כַּמּוּתִי
quan'tity (kwon-) *n.* כַּמּוּת; כַּמּוּת רַבָּה
quan'tum (kwon-) *n.* קְוַנְט, כַּמּוּת
quar'antine' (kwôr'ənten) *n&v.* הֶסְגֵּר (רפואי), בִּדּוּד; הֶחֱזִיק בְּהֶסְגֵּר
quar'rel (kwôr-) *n&v.* רִיב, סִכְסוּךְ; רָב
make up a quarrel הִתְפַּיֵּס
quarrelsome *adj.* אִישׁ־רִיב, מְהִיר־חֵמָה
quar'ry (kwôr-) *n&v.* חַיָּה נִרְדֶּפֶת, דָּבָר נִרְדָּף; מַחְצָבָה; חָצַב; חִפֵּשׂ, נָבַר
quart (kwôrt) *n.* קְוַורְט, רֶבַע גָּלוֹן
quar'ter (kwôr'-) *n.* רֶבַע; רְבִיעִית; רֶבַע שָׁנָה; רֶבַע דוֹלָר; רוֹבַע, שְׁכוּנָה
ask for quarter בִּקֵּשׁ רַחֲמִים
from all quarters מִכָּל הָעֲבָרִים
quarter *v.* רִבַּע, חִלֵּק לְ־4; שִׁכֵּן
quarterback *n.* (בראגבי) רָץ
quarter-deck *n.* (סיפון־) הַמְפַקְּדִים
quarter-final *n.* רֶבַע הַגְּמָר
quarterly *adj&adv&n.* אַחַת לְרֶבַע שָׁנָה; תְּלַת־חוֹדְשִׁי; רִבְעוֹן
quarter-master *n.* אַפְסְנַאי; הַגַּאי
quar•tet' (kwôr-) *n.* קְוַורְטֶט, רְבִיעִית
quartz (kwôrts) *n.* קְוַורְץ (מינרל)
quash (kwôsh) *v.* בִּטֵּל; דִּכָּא
qua'si'- כְּאִלּוּ, מְדוּמֶּה, דּוֹמֶה לְ־; בְּחֶצְיוֹ
qua'ver *v&n.* רָעַד; רַעַד; שְׁמִינִית תָּו
quay (kē) *n.* מֵזַח, רָצִיף, מִגְשָׁה
quean *n.* נַעֲרָה חֲצוּפָה, לֹא צְנוּעָה
quea'sy (-zi) *adj.* מַבְחִיל; רָגִישׁ; קַפְּדָן
queen *n&v.* מַלְכָּה; *הוֹמוֹ; הִכְתִּיר
queen it נָהַג כְּמַלְכָּה, הִתְנַשֵּׂא
queen of hearts מַלְכָּה (קלף)
queenly *adj.* שֶׁל מַלְכָּה, יָאֶה לְמַלְכָּה
queer *adj&n.* מְשׁוּנֶּה, מוּזָר; לֹא בְּקַו הַבְּרִיאוּת; *מוּפְרָע; הוֹמוֹסֶקְסוּאָל
in queer street *שָׁקוּעַ בְּחוֹבוֹת; בְּצָרָה
queer *v.* שִׁבֵּשׁ, קִלְקֵל
quell *v.* דִּכָּא, הִכְנִיעַ, שִׁכֵּךְ
quench *v.* כִּבָּה; הִרְוָה; צִנֵּן; חִסֵּל
quer'ulous *adj.* מִתְלוֹנֵן, נִרְגָּן
que'ry *n&v.* שְׁאֵלָה; סָפֵק; שָׁאַל; חָקַר
quest *n&v.* חִפּוּשׂ; חֲקִירָה; חִפֵּשׂ
ques'tion (-'chən) *n&v.* שְׁאֵלָה; בְּעָיָה; סָפֵק; שָׁאַל; הֵטִיל סָפֵק בְּ—
beside the question לֹא רֶלֶוַנְטִי
beyond question מֵעַל לְכָל סָפֵק
call in question הֵטִיל סָפֵק
come into question עָלָה עַל הַפֶּרֶק
in question הַנָּדוֹן, שֶׁדָּנִים בּוֹ; בְּסָפֵק
out of the question לֹא בָּא בְּחֶשְׁבּוֹן

there's no question — אֵין סָפֵק שֶׁ
without question בְּלִי סָפֵק
questionable *adj.* מְפוּקְפָּק
question mark סִמַן שְׁאֵלָה, (?)
question master מַנְחֵה חִידוֹן
ques'tionnaire' (-chən-) *n.* שְׁאֵלוֹן
queue (kū) *n&v.* תּוֹר; שׁוּרָה; טוּר
מְכוֹנִיּוֹת; צַמָּה (של גבר); עָמַד בַּתּוֹר
jump the queue נִדְחַף לְרֹאשׁ הַתּוֹר
quib'ble *n&v.* הִתְחַמְּקוּת, הִתְפַּלְפְּלוּת;
הִתְחַמֵּק; הִתְפַּלְפֵּל; הִתְוַכַּח
quick *adj.* מָהִיר; מְהִיר־תְּפִיסָה; זָרִיז
a quick one כּוֹסִית, לְגִימָה חֲטוּפָה
quick *adv.* מַהֵר, חִישׁ, בִּמְהִירוּת
quick *n.* בָּשָׂר, בְּשַׂר־הַצִּפּוֹרְנַיִם
touch to the quick פָּגַע קָשׁוֹת
the quick (האנשים) הַחַיִּים
quick'en *v.* מִהֵר, הֵחִישׁ; הֶחֱיָה,
עוֹרֵר; גִּלָּה סִמָּנֵי חַיִּים
quick'ie *n.* *יְצִירָה חֲטוּפָה, סִרְטוֹן
quicklime *n.* סִיד חַי
quickly *adv.* מַהֵר, חִישׁ, מִיָּד, בִּמְהִירוּת
quicksand *n.* חוֹל טוֹבְעָנִי
quickset hedge גֶּדֶר־שִׂיחִים, גֶּדֶר חַיָּה
quicksilver *n.* כַּסְפִּית
quick-tempered *adj.* מְהִיר־חֵמָה
quick-witted *adj.* מְהִיר־תְּפִיסָה
quid *n.* חֲתִיכַת טַבָּק; *לִירָה שְׁטֶרְלִינְג
qui•es'cent *adj.* שָׁקֵט, נָח, לְלֹא תְּנוּעָה
qui'et *adj.* שָׁקֵט, חֲרִישִׁי, רָגוּעַ; חָבוּי
on the quiet בְּחֲשַׁאי, בְּסוֹד
quiet *n.* שֶׁקֶט, שַׁלְוָה; רְגִיעָה
quiet *v.* הִשְׁתִּיק; הִרְגִּיעַ; הֶחֱשָׁה
qui'eten *v.* הִשְׁתִּיק; הֶחֱרִישׁ
qui'etism' *n.* שַׁתְקָנוּת, שַׁאֲנַנּוּת, רְגִיעָה
qui'etude' *n.* שֶׁקֶט, שַׁלְוָה, דְּמָמָה
qui•e'tus *n.* מָוֶת; אִי־פְּעִילוּת
quiff *n.* בְּלוֹרִית, תַּלְתַּל (על המצח)
quill *n.* נוֹצָה (ארוכה); דָּרְבּוֹן
quilt *n.* שְׂמִיכָה, כֶּסֶת, שְׂמִיכַת־פּוּךְ
quin, quint *n.* *אֶחָד מֵחֲמִישִׁיָּה
quince *n.* חַבּוּשׁ
qui'nine *n.* כִּינִין (תרופה למלריה)
quin'sy (-zi) *n.* דַּלֶּקֶת שְׁקֵדִים
quintes'sence *n.* מוֹפֵת, דוּגְמָה
מוּשְׁלֶמֶת, הִתְגַּלְּמוּת; תַּמְצִית, עִקָּר
quintet' *n.* קְוִינְטֶט, חֲמִשִּׁית

quintup'let *n.* אֶחָד מֵחֲמִישִׁיָּה
quintuplets חֲמִישִׁיָּה
quip *n.* פִּלְפּוּל, חִדּוּד, הֶעָרָה עוֹקְצָנִית
quip *v.* הִשְׁתַּמֵּשׁ בְּחִדּוּדִים; עָקַץ
quire *n.* 24 גִּלְיוֹנוֹת נְיָר, קְוִירָה
quirk *n.* פִּלְפּוּל; הֶרְגֵּל מְשׁוּנֶּה; תַּחְבּוּלָה
quis'ling (-z-) *n.* קְוִיזְלִינְג, בּוֹגֵד
quit *v.* נָטַשׁ, עָזַב; חָדַל, הִפְסִיק;
הִתְפַּטֵּר; הִתְנַהֵג
quit *adj.* חוֹפְשִׁי, מְשׁוּחְרָר, נִפְטַר מִן
quite *adv.* לְגַמְרֵי, בְּהֶחְלֵט; מְאוֹד; דֵּי־,
לְמַדַּי; בְּמִדָּה מְסוּיֶּמֶת; פָּחוֹת אוֹ יוֹתֵר
not quite לָאו דַּוְקָא
quite a boy בָּחוּר כָּאֶרֶז
quite a few דֵּי הַרְבֵּה, לֹא מְעַט
quite a number מִסְפָּר נִכָּר
quite something מַשֶּׁהוּ לֹא רָגִיל
quite the thing בָּאוֹפְנָה, הַדָּבָר הַנָּכוֹן
quite (so) ! בְּהֶחְלֵט! אָמְנָם כֵּן!
quits *adj.* שָׁוֶה לְ־, לֹא חַיָּב לְ־, מְקוּזָּז
call it quits חָדַל, נָטַשׁ זֹאת
double or quits כִּפְלַיִם אוֹ אֶפֶס
is quits with him פָּרַע חוֹבוֹ לְ—
quit'tance *n.* (כְּתָב) פְּטוֹר
quitter *n.* נוֹטֵשׁ; אוֹמֵר נוֹאָשׁ
quiv'er *n.* אַשְׁפַּת חִצִּים, תְּלִי; רַעַד
quiver *v.* רָעַד, הִזְדַּעֲזַע; הִרְעִיד
quixot'ic *adj.* דּוֹן־קִישׁוֹטִי, אַבִּירִי
quiz *n&v.* חִידוֹן; מִבְחָן; שָׁאַל, בָּחַן
quizmaster *n.* מַנְחֵה־חִידוֹן
quiz'zical *adj.* מַצְחִיק; תּוֹהֶה; לַעֲגָנִי
quod *n.* *בֵּית־סוֹהַר, חַד־גַּדְיָא
quoit *n.* טַבַּעַת (במשחק טבעות)
quon'dam *adj.* בֶּעָבָר, לְשֶׁעָבַר, לֹא עַתָּה
quo'rum *n.* קְוֹורוּם, מִנְיָן חוּקִי
quo'ta *n.* מִכְסָה, כַּמּוּת מוּגְבֶּלֶת
quo•ta'tion *n.* צִטּוּט, צִיטָטָה, מוּבָאָה;
מְחִיר; הַצָּעַת מְחִיר
quotation marks מֵרְכָאוֹת כְּפוּלוֹת
quote *v&n.* צִטֵּט; אָמַר, הִזְכִּיר;
נָקַב (מחיר); צִטּוּט
in quotes *בְּמֵרְכָאוֹת
quoth (kwōth) *v.* אָמַר
quoth I אָמַרְתִּי
quo•tid'ian *adj.* יוֹמִי, יוֹמְיוֹמִי
quo'tient (-shənt) *n.* מָנָה (בחילוק)
qv = quod vide עַיֵּן, רְאֵה, ר׳

R

R = river, Rabbi, road
rab'bi' *n.* רַבִּי, רַב
rab'binate *n.* רַבָּנוּת
rabbin'ical *adj.* רַבָּנִי
rab'bit *n&v.* אַרְנָב; פַּרְוַת־שָׁפָן; *שַׂחְקָן גָרוּעַ; צָד אַרְנָבוֹת; *דִּבֵּר, קִטֵּר
rab'ble *n.* אֲסַפְסוּף; הֶהָמוֹן הַפָּשׁוּט
rabble-rousing *adj.* מַלְהִיב הֲמוֹנִים
rab'id *adj.* (כלב) שׁוֹטֶה; קִיצוֹנִי, קַנַּאי
ra'bies (-bēz) *n.* כַּלֶּבֶת
rac•coon' (-kōōn) *n.* רָקוּן, דְּבִיבוֹן
race *n.* מֵרוֹץ; זֶרֶם חָזָק; תְּנוּעָה; מְרוּצַת הַזְּמַן/הַחַיִּים; גֶּזַע, מִין, זַן; מוֹצָא
race *v.* רָץ; הִשְׁתַּתֵּף/שִׁתֵּף בְּמֵרוֹץ
race by/along חָלַף מַהֵר
race-horse *n.* סוּס־מֵרוֹץ
raceme' *n.* אֶשְׁכּוֹל־פְּרָחִים
racer *n.* סוּס מֵרוֹץ; מְכוֹנִית מֵרוֹץ
race-track *n.* מַסְלוּל־מֵרוֹץ
rachi'tis (-k-) *n.* רַכֶּכֶת (מחלה)
ra'cial *adj.* גִּזְעִי, גִּזְעָנִי
racialism, ra'cism' *n.* גִּזְעָנוּת
racialist, ra'cist *n.* גִּזְעָן
rack *n.* כּוֹנָן, מַדָּף, סָרִיג, מַקְלֵב; אֵבוּס
on the rack מִתְעַנֶּה; סוֹבֵל מְאוֹד
rack and ruin הֶרֶס, עִיֵּי חֳרָבוֹת
rack *v.* עִנָּה, יִסֵּר, לָחַץ
rack one's brains שָׁבַר אֶת הָרֹאשׁ
rack up points צָבַר נְקוּדוֹת
rack'et *n.* רַעַשׁ, הִתְרוֹצְצוּת; רַמָּאוּת; סְחִיטָה; עֵסֶק, מִקְצוֹעַ; מַחְבֵּט
on the racket מְבַלֶּה, מִתְהוֹלֵל
stand the racket נָשָׂא בַּהוֹצָאוֹת
racket *v.* בִּלָּה יָפֶה, הִתְהוֹלֵל
rack'eteer' *n.* סַחְטָן, מַפְיוֹנֶר
rack rent שְׂכַר־דִּירָה מוּפְרָז
ra'cy *adj.* מָלֵא חַיִּים, נִמְרָץ; מְקוֹרִי
ra'dar' *n.* רָדָאר, מַכָּם
ra'dial *adj.* רַדְיָאלִי, טַבּוּרִי; מוֹקְדִי
ra'diance *n.* קְרִינָה, זוֹהַר, קְרִינוּת
ra'diant *adj.* קוֹרֵן; מַקְרִין; זוֹרֵחַ, זוֹהֵר
ra'diate' *v.* קָרַן; הִקְרִין, הֵפִיץ
ra'dia'tion *n.* קְרִינָה; רַדְיוֹאַקְטִיבִיּוּת
ra'dia'tor *n.* רַדְיָאטוֹר; מַקְרֵן, מַצְנֵן
rad'ical *adj.* רָדִיקָלִי, קִיצוֹנִי, שָׁרְשִׁי
radical *n.* רָדִיקָל; שֹׁרֶשׁ; שׁוֹרְשׁוֹן
rad'icle *n.* שׁוֹרְשׁוֹן
ra'dii' = **pl of radius** (-diī)
ra'dio' *n&v.* רַדְיוֹ; אַלְחוּט; שִׁדֵּר בָּרַדְיוֹ
ra'dio•ac'tive *adj.* רַדְיוֹאַקְטִיבִי
ra'dio•ac•tiv'ity *n.* רַדְיוֹאַקְטִיבִיּוּת
ra'dio•graph' *n.* צִלּוּם רֶנְטְגֶן
ra'dio'lo•ca'tion *n.* רָדָאר
ra'diol'ogy *n.* טִפּוּל בְּהַקְרָנָה
radio set מַקְלֵט, רַדְיוֹ
rad'ish *n.* צְנוֹן; צְנוֹנִית
ra'dium *n.* רַדְיוּם, אוֹרִית
ra'dius *n.* רַדְיוּס, מָחוֹג; עֶצֶם אַמַּת־הַיָּד
raf'fia *n.* רַפְיָה, לֶכֶשׁ
raf'fish *adj.* פִּרְאִי, הוֹלֵל, מֵבִישׁ
raf'fle *n&v.* הַגְרָלָה; הִגְרִיל
raft *n&v.* רַפְסוֹדָה, דּוֹבְרָה; הַרְבֵּה; רִפְסֵד
raft'er *n.* קוֹרַת־רְעָפִים, קוֹרַת־גַּג
rag *n&v.* סְמַרְטוּט, מַטְלִית; פֵּרוּר; קַרְנָבָל; הִקְנִיט; שִׂחֵק, הִרְעִישׁ
glad rags *בִּגְדֵי חַג
rag'amuf'fin *n.* זַאֲטוּט לְבוּשׁ־סְחָבוֹת
rag-bag *n.* תַּעֲרוֹבֶת, בְּלִיל, עֵרֶב־רַב
rage *n.* זַעַם; סְעָרָה; תְּשׁוּקָה; אוֹפְנָה
all the rage (המלה האחרונה) בָּאוֹפְנָה
rage *v.* זָעַם; סָעַר; הִשְׁתּוֹלֵל
rage out עָמַד מִזַּעְפּוֹ
rag'ged *adj.* מְרוּפָּט; מְדוּבְלָל; מְחוּסְפָּס
run him ragged הֶלְאָה, הִתִּישׁ
ragout (ragōō') *n.* רָגוּ, תַּרְבִּיךְ
rag'tag' (and bobtail) אֲסַפְסוּף
raid *n&v.* פְּשִׁיטָה; הַפְצָצָה; פָּשַׁט
rail *n.* מַעֲקֶה; מַתְלֶה; פַּס; רַכֶּבֶת
off the rails יָרַד מִן הַפַּסִּים
rail *v.* גָּדַר; רָגַן, הִתְמַרְמֵר
railhead *n.* קְצֵה מְסִלַּת־בַּרְזֶל
railing *n.* תְּלוּנוֹת; מַעֲקֶה, גָּדֵר
rail'lery *n.* קִנְטוּר, לִגְלוּג, הִתְבַּדְּחוּת
railroad *n&v.* רַכֶּבֶת; הֶעֱבִיר בְּרַכֶּבֶת;

אֶלֶץ, לָחַץ; הִשְׁלִיךְ לַכֶּלֶא
railway *n.* רַכֶּבֶת
rai'ment *n.* בֶּגֶד, לְבוּשׁ
rain *n&v.* גֶּשֶׁם, מָטָר; יָרַד גֶּשֶׁם; הִמְטִיר
it's raining, it rains יוֹרֵד גֶּשֶׁם
rain down הִמְטִיר, הֵצִיף; זָלַג
rain off/out חָדַל (הגשם)
rain or shine בָּאֵשׁ וּבַמַּיִם
rains cats and dogs נִתָּךְ גֶּשֶׁם עַז
rainbow *n.* קֶשֶׁת (בשמיים)
raincoat *n.* מְעִיל גֶּשֶׁם
rainfall *n.* כַּמּוּת הַגְּשָׁמִים, מִשְׁקָעִים
rainy *adj.* גָּשׁוּם
raise (-z) *v&n.* הֵרִים, הֶעֱלָה; עוֹרֵר; גָּרַם; גִּדֵּל; הֵקִים; הַעֲלָאָה
raise a dust הֵקִים רַעַשׁ
raise an embargo הֵסִיר אֶמְבַּרְגוֹ
raise eyebrows הִפְתִּיעַ; הוּפְתַּע
raise havoc with עָשָׂה שַׁמּוֹת בְּ—
raise land רָאָה יַבָּשָׁה (מספינה)
raise money גִּיֵּס כֶּסֶף
raise the devil/heck עוֹרֵר מְהוּמָה
raise Cain/the roof הָפַךְ עוֹלָמוֹת
raised *adj.* מוּרָם, מוּגְבָּה, בּוֹלֵט
rai'sin (-z-) *n.* צִמּוּק
rake *v.* גָּרַף; אָסַף; סָרַק; שִׁפַּע; נָטָה/הִטָּה לְאָחוֹר; הִשְׁתַּפֵּעַ
rake around/over חִפֵּשׂ, חִטֵּט
rake in *גָּרַף, עָשָׂה (הון)
rake out/up חָשַׂף, חִטֵּט וּמָצָא
rake *n.* מַגְרֵפָה; שִׁפּוּעַ, נְטִיָּה; מוּפְקָר
rake-off *n.* עֲמָלָה, תַּגְמוּל, חֵלֶק בָּרֶוַח
ra'kish *adj.* מוּפְקָר, מִתְהוֹלֵל; עַלִּיז
ral'ly *v.* לִכֵּד; הִתְלַכֵּד; קִבֵּץ; נֶעֱרַךְ מֵחָדָשׁ; הִתְאוֹשֵׁשׁ; קִנְטֵר, לִגְלֵג
rally *n.* לִכּוּד; הִתְאוֹשְׁשׁוּת; אֲסֵפָה
ram *n.* אַיִל; אֵיל־בַּרְזֶל; סְפִינַת־כַּר
ram *v.* נָגַח; דָּחַף; בָּטַשׁ; תָּקַע
ram'ble *v&n.* טִיֵּל, הִסְתּוֹבֵב; דִּבֵּר/כָּתַב בְּבִלְבּוּל; הִשְׂתָּרֵג; טִיּוּל, סִיּוּר
ram•bunc'tious (-shəs) *adj.* רַעֲשָׁנִי
ram'ify' *v.* הִסְתָּעֵף, הִתְעַנֵּף
ramp *n.* כֶּבֶשׁ, שִׁפּוּעַ; סוֹלְלָה; *סְחִיטָה
ramp *n&v.* הִשְׁתּוֹלְלוּת; הִשְׁתּוֹלֵל
ram'page' *n&v.* הִשְׁתּוֹלְלוּת; הִשְׁתּוֹלֵל
ram•pa'geous (-jəs) *adj.* מִשְׁתּוֹלֵל
ram'pant *adj.* מִשְׁתּוֹלֵל, נָפוֹץ; פּוֹשֶׂה
ram'part' *n.* סוֹלְלָה, דָּיֵק; הֲגַנָּה, מָגֵן
ram'rod' *n.* מָדוֹךְ; חוֹטֶר־נִקּוּי
ram'shack'le *adj.* רָעוּעַ, מָט לִפּוֹל
ran = pt of run
ranch *n.* חַוָּה
rancher *n.* חַוַּאי, בּוֹקֵר, פּוֹעֵל־חַוָּה
ran'cid *adj.* מְקוּלְקָל, מְעוּפָּשׁ, מַבְאִישׁ
ran'cor *n.* שִׂנְאָה, הִתְמַרְמְרוּת
ran'dom *adj&n.* מִקְרִי, בְּלִי מַטָּרָה
at random בְּאַקְרַאי, בְּלִי תִּכְנוּן, לְתוּמוֹ
ran'dy *adj.* שְׁטוּף תַּאֲוָה; מִתְפָּרֵעַ
rang = pt of ring
range (rānj) *n.* רֶכֶס, שׁוּרָה; אֶחוּ; טְוָח; מִטְוָח; תְּחוּם, גְּבוּלוֹת; מִגְוָן
within range בְּטְוַח רְאִיָּה/שְׁמִיעָה
range *v.* הִגִּיעַ לִטְוָח; נָע בֵּין; הִשְׂתָּרֵעַ; שׁוֹטֵט; עָרַךְ, הִצִּיב
range cattle הֶחֱזִיק חַוַּת בָּקָר
range finder מַד־טְוָח
ra'nger *n.* שׁוֹמֵר־יְעָרוֹת; שׁוֹטֵר; צוֹפֶה
rank *n.* דַּרְגָּה; מַעֲמָד; שׁוּרָה; טוּר
break ranks נוֹצַר אִי־סֵדֶר
of the first rank מֵהַשּׁוּרָה הָרִאשׁוֹנָה
pull one's rank נִצֵּל אֶת דַּרְגָּתוֹ
rank and file הָאֲנָשִׁים מִן הַשּׁוּרָה
reduce to the ranks שָׁלַל דַּרְגָּתוֹ
taxi rank שׁוּרַת מוֹנִיּוֹת (בתחנה)
rank *v.* סִדֵּר בְּשׁוּרָה; כָּלַל בֵּין, סִוֵּג
rank *adj.* פּוֹרֶה; מַסְרִיחַ; גָּמוּר; גַּס
ranking *adj.* בַּעַל הַדַּרְגָּה הַגְּבוֹהָה בְּיוֹתֵר
ran'kle *v.* כִּרְסֵם בַּלֵּב
ran'sack' *v.* שָׁדַד, בָּזַז; חִפֵּשׂ, חִטֵּט
ran'som *n&v.* כּוֹפֶר; שִׁחְרֵר; פָּדָה
rant *v&n.* דִּבֵּר גְּבוֹהָה־גְבוֹהָה; עָתָק
rant and rave צָעַק וְגָעַשׁ
rap *v.* דָּפַק, הִקִּישׁ; נָזַף; גִּנָּה
rap out פָּלַט (פקודה, קללה)
rap *n.* דְּפִיקָה, נְקִישָׁה; אַשְׁמָה; נְזִיפָה
not give a rap *לֹא אִכְפַּת כְּלָל
rap on the knuckles נְזִיפָה, גְּעָרָה
rapa'cious (-shəs) *adj* עוֹשֵׁק; טוֹרֵף
rapac'ity *n.* עוֹשֶׁק, חָמָס, אַהֲבַת־בֶּצַע
rape *v&n.* אָנַס; חָטַף; אוֹנֶס; שׁוֹד
rap'id *adj&n.* מָהִיר; אֶשֶׁד, זֶרֶם נָהָר
rapid-fire *adj.* שֶׁל אֵשׁ שׁוֹטֶפֶת
rapid'ity *n.* מְהִירוּת, שֶׁטֶף
ra'pier *n.* סַיִף

rap'ine (-pin) *n.* בִּזָּה, שׁוֹד
ra'pist *n.* אַנָּס; גַּזְלָן
rap·port' (-pôr) *n.* יַחֲסֵי־קִרְבָה, הֲבָנָה
rapt *adj.* שָׁקוּעַ, מְרוּתָּק, מִתְלַהֵב
rap'ture *n.* הִתְלַהֲבוּת, תִּרְגּוֹשֶׁת גִּיל
rap'turous (-ch-) *adj.* נִלְהָב, מַלְהִיב
rare *adj.* נָדִיר; מְצוּיָּן; דָּלִיל, קָלוּשׁ; נָא
ra'refy' *v.* דִּלֵּל, הִקְלִישׁ; עִדֵּן, טִהֵר
rarely *adv.* לְעִתִּים נְדִירוֹת
ra'rity *n.* נְדִירוּת; דָּבָר נָדִיר
ras'cal *n.* נָבָל; *שׁוֹבָב, מַזִּיק, תַּכְשִׁיט
rash *adj.* פָּזִיז, נִמְהָר, לֹא שָׁקוּל
rash *n.* פְּרִיחָה אֲדוּמָּה (בְּעוֹר); בִּצְבּוּץ
rasp *n&v.* מָשׁוֹף; שִׁיּוּף; גֵּרֵד; צָרַם
rasp the nerves מָרַט הָעֲצַבִּים
rasp'ber'ry (raz'beri) *n.* פֶּטֶל; *נְפִיחָה
rat *n.* חוּלְדָּה, עַכְבְּרוֹשׁ; פַּחְדָן, בּוֹגֵד
rats! שְׁטוּיוֹת!
rat *v.* הֵפֵר הַבְטָחָה, נָסוֹג; הִתְחַמֵּק
ratch'et *n.* גַּלְגַּל מְשׁוּנָּן, מַחְגֵּר
rate *n&v.* שִׁעוּר; מְחִיר; מְהִירוּת, קֶצֶב; מַס, אַרְנוֹנָה; שׁוּמָה; הֶעֱרִיךְ; נָזַף
at any rate בְּכָל אוֹפֶן, בְּכָל מִקְרֶה
at that/this rate בְּקֶצֶב כָּזֶה
first-rate מְעוּלֶּה, מְשׁוּבָּח
rate of exchange שַׁעַר הַחֲלִיפִין
rateable *adj.* נִתָּן לְהַעֲרָכָה; חַיָּב בְּמַס
rath'er (-dh-) *adv.* לְמַדַּי, דֵּי־, בְּמִדַּת־מָה, קִמְעָה; מוּטָב שֶׁ־; אַדְּרַבָּה
or, rather לְיֶתֶר דִּיּוּק
rather than מֵאֲשֶׁר־, יוֹתֵר מִשֶּׁ—
I'd rather הָיִיתִי מַעֲדִיף
rat'ify' *v.* אִשֵּׁר (רִשְׁמִית), אִשְׁרֵר
ra'ting *n.* שׁוּמָה, אוּמְדָּן; דַּרְגָּה; סִוּוּג
ra'tio (-shō) *n.* יַחַס, פְּרוֹפּוֹרְצְיָה
ra'tion (rash'ən) *n.* מָנָה, מְנַת מָזוֹן
ration *v.* הִקְצִיב; הִנְהִיג קִצּוּב
ration out חִלֵּק, סִפֵּק מָנוֹת
ra'tional (rash'ən-) *adj.* רַצְיוֹנָלִי
ra'tionalist (rash'ən-) *n.* שִׂכְלְתָן
rat'tle *v.* דָּפַק, הִקִּישׁ, תִּקְתֵּק; עִצְבֵּן
rattle off דִּקְלֵם בִּמְהִירוּת
rattle on/away פִּטְפֵּט, דִּבֵּר בְּשֶׁטֶף
rattle *n.* נְקִישׁוֹת; פִּטְפּוּט; רַעֲשָׁן
rattle-pate *n.* קַשְׁקְשָׁן, טִפֵּשׁ
rattlesnake *n.* נְחַשׁ הַפַּעֲמוֹנִים
rat'ty *adj.* שׁוֹרֵץ עַכְבְּרוֹשִׁים; מִתְרַגֵּז

rau'cous *adj.* צָרוּד, צוֹרְמָנִי, מְחוּסְפָּס
rav'age *v&n.* הָרַס; שָׁדַד; חוּרְבָּן
rave *v.* דִּבֵּר בְּטֵרוּף; זָעַף, גָּעַשׁ
rave about דִּבֵּר בְּהִתְלַהֲבוּת עַל
rave itself out עָמַד מִזַּעְפּוֹ
rave *n&adj.* *הִתְלַהֲבוּת; מְסִבָּה עֲלִיזָה
rav'el *v.* נִפְרַם; סִבֵּךְ; הִסְתַּבֵּךְ
ra'ven *n&adj.* עוֹרֵב; שָׁחוֹר־מַבְרִיק
rav'en *v.* זָלַל, טָרַף; שִׁחֵר לַטֶּרֶף
rav'enous *adj.* רָעֵב, זוֹלְלָנִי, לָהוּט
ravine' (-vēn) *n.* גַּיְא, עֵמֶק צַר
ra'ving *adj&n.* מְטוֹרָף; דִּבְרֵי טֵרוּף
rav'ish *v.* אָנַס; חָטַף; הִקְסִים
ravishing *adj.* מַרְהִיב עַיִן, כּוֹבֵשׁ לֵב
raw *adj.* חַי, לֹא מְבוּשָּׁל; גּוֹלְמִי, טִבְעִי; חֲסַר־נִסָּיוֹן; כּוֹאֵב, מְשׁוּפְשַׁף־עוֹר; גַּס
raw deal יַחַס גַּס, עָוֶל
raw materials חוֹמְרֵי גֶּלֶם
raw weather מֶזֶג אֲוִיר קַר וָלַח
raw *n.* פֶּצַע, מָקוֹם רָגִישׁ (בְּעוֹר)
in the raw בְּמַצָּבוֹ הַטִּבְעִי; עָרוֹם
raw-boned *adj.* רָזֶה, דַּל־בָּשָׂר
raw'hide' *n.* שֶׁלַח, עוֹר גּוֹלְמִי; שׁוֹט
ray *n.* קֶרֶן (אוֹר); זִיק; תְּרִיסָנִית
ray'on' *n.* זְהוֹרִית, מֶשִׁי מְלָאכוּתִי
raze *v.* הָרַס, הֶחֱרִיב; גִּלַּח
ra'zor *n.* סַכִּין גִּלּוּחַ, תַּעַר
razor's edge מַצָּב קְרִיטִי
RC = Red Cross
re (rē) *prep.* בְּנוֹשֵׂא־, בְּעִנְיַן—
re- (תְּחִילִּית) מֵחָדָשׁ, שׁוּב; שִׁ(כְתֵּב)
're = are, we're = we are
reach *v.* הִגִּיעַ; הִשִּׂיג; הִשְׂתָּרַע
reach out a hand הוֹשִׁיט יָד
reach *n.* הוֹשָׁטַת־יָד; הֶשֵּׂג־יָד; הַשָּׂגָה
re·act' *v.* הֵגִיב; עָנָה; הִשְׁפִּיעַ
re·ac'tion *n.* תְּגוּבָה; נְסִיגָה; רֵיאַקְצְיָה
re·ac'tionar'y (-shəneri) *n&adj.* רֵיאַקְצְיוֹנֶר, חָשׁוּךְ; נַסְגָן, נַסְגָנִי
re·ac'tive *adj.* מֵגִיב, הֶגֵבִי
re·ac'tor *n.* מֵגִיב, תְּגוּבָן, כּוּר; מָגוֹב
read *v&n.* קָרָא; הִקְרִיא; נִקְרָא; הֵבִין; לָמַד; גָּרַס; פֵּרֵשׁ; קְרִיאָה
read a lesson/lecture נָזַף
read into הִסִּיק (בְּטָעוּת), פֵּרֵשׁ
read out קָרָא; הִקְרִיא; סִלֵּק, גֵּרֵשׁ
read up on קָרָא, לָמַד עַל

take it as read הִנִּיחַ שֶׁזֶּה בְּסֵדֶר
read = p of read (red)
read′abil′ity *n.* קְרִיאוּת
readable *adj.* קָרִיא, נוֹחַ לִקְרִיאָה
read′er *n.* קוֹרֵא; מַגִּיהַּ; מִקְרָאָה; מַרְצֶה
read′ily (red′-) *adv.* בְּרָצוֹן, בְּחֵפֶץ־לֵב
read′iness (red′-) *n.* נְכוֹנוּת; מִיָּדִיּוּת
read′ing *n.* קְרִיאָה; הַשְׂכָּלָה; גִּרְסָה
reading desk עַמּוּד קְרִיאָה
ready (red′i) *adj&v.* נָכוֹן, מוּכָן, עָרוּךְ; נוֹטֶה, רוֹצֶה; מָהִיר, מִיָּדִי; הֵכִין
make ready הֵכִין; נֶעֱרַךְ
ready tongue לָשׁוֹן מְהִירָה, דַּבְּרָנוּת
ready, steady, go! מוּכָנִים, הִכּוֹן, רוּץ
ready-made *adj&n.* (בגד) מוּכָן
ready money/cash מְזוּמָנִים
re′al *adj&adv.* מְצִיאוּתִי, מַמָּשִׁי, אֲמִתִּי, מַעֲשִׂי, רֵיאָלִי; *בֶּאֱמֶת, מְאוֹד
real estate/property מְקַרְקְעִין
re′alism′ *n.* רֵיאָלִיזְם; מַעֲשִׂיּוּת
re′alist *n.* רֵיאָלִיסְט; אָדָם מַעֲשִׂי
re•al′ity *n.* רֵיאָלִיּוּת, מְצִיאוּת
in reality לְמַעֲשֶׂה, בֶּאֱמֶת
re′aliza′tion *n.* הַמְחָשָׁה; מִמּוּשׁ
re′alize′ *v.* הֵבִין, תָּפַס בִּמְלוֹאוֹ; הִמְחִישׁ, הִגְשִׁים; מִמֵּשׁ; הִתְמַמֵּשׁ
really *adv.* בֶּאֱמֶת; בִּרְצִינוּת
realm (relm) *n.* מַמְלָכָה; עוֹלָם; תְּחוּם
re′altor *n.* סוֹכֵן מְקַרְקְעִין
re′alty *n.* מְקַרְקְעִין, נַדְלָ"ן
ream *n.* חֲבִילָה, 500 גִּלְיוֹנוֹת נְיָר
write reams of- *כָּתַב הָמוֹן—
reap *v.* קָצַר, אָסַף; זָכָה בְּ—
re′appear′ *v.* הוֹפִיעַ שֵׁנִית
rear *n&adj.* אָחוֹר; עוֹרֶף; אֲחוֹרִי
bring up the rear הָיָה אַחֲרוֹן
rear *v.* גִּדֵּל; הֵקִים; הֵרִים; הִתְרוֹמֵם
rearguard *n.* יְחִידָה עוֹרְפִית (להגנה)
re•ar′mament *n.* חִמּוּשׁ מֵחָדָשׁ
rearwards *adv.* אֲחוֹרַנִּית
rea′son (-z-) *n&v.* סִבָּה, טַעַם; שֵׂכֶל, תְּבוּנָה; הִגָּיוֹן; חָשַׁב; טָעַן, נִמֵּק
by reason of בִּגְלַל, מִסִּבַּת
it stands to reason that סָבִיר שֶׁ—
lose one's reason יָצָא מִדַּעְתּוֹ
reason into שִׁכְנֵעַ (שיפעל בהיגיון)
reason out פָּתַר; הֵנִיא
reason with him דִּבֵּר עַל לִבּוֹ
with reason בְּצֶדֶק
reasonable *adj.* הֶגְיוֹנִי; סָבִיר; נָבוֹן
reasoned *adj.* שָׁקוּל, שֶׁלְּאַחַר מַחֲשָׁבָה
re′assure′ (-shoor) *v.* סִלֵּק פְּחָדָיו
re′bate′ *n.* הֲנָחָה, הַפְחָתָה
reb′el *n&adj.* מוֹרֵד, מִתְקוֹמֵם
re•bel′ *v.* מָרַד, הִתְקוֹמֵם
re•bel′lion *n.* מֶרֶד, הִתְקוֹמְמוּת
re•bel′lious *adj.* מוֹרֵד, מַרְדָנִי
re′birth′ *n.* תְּחִיָּה, רֶנֶסַנְס
re•bound′ *v.* נִתַּר לְאָחוֹר, נֶהְדַּף
re′bound′ *n.* קְפִיצָה לְאָחוֹר, רִיבָּאוּנְד
re•buff′ *v&n.* דָּחָה; דְּחִיָּה
re•buke′ *v&n.* נָזַף, גָּעַר; נְזִיפָה
re•but′ *v.* סָתַר, הִפְרִיךְ, הֵזֵם
re•cal′citrant *adj.* מַרְדָן, עַקְשָׁן
re•call′ (-kôl) *v.* זָכַר; הֶחֱזִיר, בִּטֵּל
recall *n.* זִכָּרוֹן, זְכִירָה; הַחְזָרָה, בִּטּוּל
beyond/past recall שֶׁאֵין לְבַטְּלוֹ
re•cant′ *v.* וִתֵּר עַל, הִתְכַּחֵשׁ; חָזַר בּוֹ
re′cap′ *v.* גִּפֵּר, חִדֵּשׁ צְמִיג
re′capit′ulate (-ch′-) *v.* חָזַר עַל עִקְּרֵי הַדְּבָרִים, סִכֵּם
re′cast′ *v.* עִצֵּב/יָצַק מֵחָדָשׁ; שִׁכְתֵּב
re•cede′ *v.* נָסוֹג; יָרַד; הִתְרַחֵק
re′ceipt′ (-sēt′) *n.* קַבָּלָה; מִרְשָׁם
receipts הַכְנָסוֹת, תַּקְבּוּלִים
re•ceive′ (-sēv′) *v.* קִבֵּל; סָפַג; אֵרַח
received *adj.* מְקֻבָּל
receiver *n.* מַקְלֵט; כּוֹנֵס נְכָסִים
receiving set מַקְלֵט
re′cent *adj.* חָדָשׁ, שֶׁאֵרַע לָאַחֲרוֹנָה
re′cently *adv.* לָאַחֲרוֹנָה, זֶה לֹא כְּבָר
re•cep′tacle *n.* כְּלִי־קִבּוּל
re•cep′tion *n.* קַבָּלָה; קַבָּלַת פָּנִים
re•cep′tive *adj.* פָּתוּחַ (לרעיונות)
re′cess′ *n.* הַפְסָקָה; פַּגְרָה; גּוּמְחָה
re•cess′ *v.* יָצָא לְחוּפְשָׁה; שִׁקַּע
re•ces′sion *n.* נְסִיגָה, שֵׁפֶל, מִתּוּן
rec′ipe′ (-sipi) *n.* מִרְשָׁם, מַתְכּוֹן
re•cip′ient *n.* מְקַבֵּל
re•cip′rocal *adj.* הֲדָדִי, מְשֻׁתָּף
re•cip′rocate′ *v.* הֶחֱזִיר, גָּמַל טוֹבָה
rec′iproc′ity *n.* הֲדָדִיּוּת
re•ci′tal *n.* רֶסִיטָל, מֵיפָע; סִפּוּר
re•cite′ *v.* סִפֵּר, קָרָא, דִּקְלֵם; מָנָה

reck *v.* דָּאַג, חָשַׁשׁ, שָׂם לֵב
reck'less *adj.* פָּזִיז, נִמְהָר; לֹא אִכְפַּתִּי
reck'on *v.* חָשַׁב, הֶעֱרִיךְ; סָבַר; חִשֵּׁב
reckon in כָּלַל, לָקַח בְּחֶשְׁבּוֹן
reckon on סָמַךְ עַל, בָּטַח בְּ—
reckon without לֹא הֵבִיא בְּחֶשְׁבּוֹן
reckoning *n.* חִשּׁוּב, חִשּׁוּבִים; חֶשְׁבּוֹן
re·claim' *v.* הֶחֱזִיר לְמוּטָב; דָּרַשׁ
re·cline' *v.* שָׁכַב, נָח, נִשְׁעַן; הֵנִיחַ
rec'luse *n.* מִתְבּוֹדֵד, חַי כְּנָזִיר
rec′ogni'tion (-ni-) *n.* הַכָּרָה; זִהוּי
re·cog'nizance *n.* הִתְחַיְּבוּת; עַרְבוּת
rec'ognize′ *v.* זִהָה; הִכִּיר; הוֹדָה
re·coil' *v.* נִרְתַּע, רָתַע, נָסוֹג
recoil *n.* נְסִיגָה; רְתִיעָה, רֶתַע
rec′ollect' *v.* זָכַר, נִזְכַּר בְּ—
rec′ollec'tion *n.* זְכִירָה, זִכָּרוֹן
rec′ommend' *v.* הִמְלִיץ; הִפְקִיד
rec′ommenda'tion *n.* הַמְלָצָה; הַצָּעָה
rec'ompense′ *n&v.* פִּצּוּי; פִּצָּה, שִׁלֵּם
rec'oncile′ *v.* פִּשֵּׁר, יִשֵּׁב; הִשְׁלִים
rec′oncil′ia'tion *n.* פִּיּוּס
rec'ondite′ *adj.* עָמוֹק, נִסְתָּר
re′condi'tion (-di-) *v.* חִדֵּשׁ, שִׁפֵּץ
re·con'naissance (-nəs-) *n.* סִיּוּר; סֶקֶר
rec′onnoi'ter *v.* סִיֵּר (בשטח אויב)
re′consid'er *v.* שָׁקַל מֵחָדָשׁ
re′construct' *v.* בָּנָה שׁוּב; שִׁחְזֵר
re·cord' *v.* רָשַׁם; הִקְלִיט; הֶרְאָה
rec'ord *n.* רְשִׁימָה, דו״חַ; שֵׁם, רֶקוֹרְד, עָבָר; עֵדוּת; רְשׁוּמָה; שִׂיא; תַּקְלִיט
bear record to הֵעִיד עַל
off the record שֶׁלֹּא לְפִרְסוּם
record changer מַחְלֵף־תַּקְלִיטִים
record player פַּטִיפוֹן, מָקוֹל
re·count' *v.* סִפֵּר, נָתַן דו״חַ
re′count' *v.* מָנָה מֵחָדָשׁ (קולות)
re'count′ *n.* סְפִירָה חוֹזֶרֶת
re·course' (-kôrs) *n.* עֵזֶר, מִפְלָט
have recourse to פָּנָה לְ, נִזְקַק לְ—
re·cov'er (-kuv-) *v.* הֵשִׁיב, הֶחֱזִיר לְעַצְמוֹ; הֶחֱלִים, הִתְאוֹשֵׁשׁ
re′cov'er (-kuv-) *v.* כִּסָּה מֵחָדָשׁ
recovery *n.* הֲשָׁבָה, הַחְזָרָה; הִתְאוֹשְׁשׁוּת
rec're·ant *n.* פַּחְדָן, בּוֹגֵד
rec′re·a'tion *n.* שַׁעֲשׁוּעִים, בִּלּוּי
re·crim'inate′ *v.* הֵטִיחַ אַשְׁמָה נֶגְדִּית
re·cruit' (-kro͞ot) *n&v.* מְגוּיָס, טִירוֹן; גִּיֵּס; הִשִּׂיג; הֵקִים; הֶחֱלִים
rec'tan′gle *n.* מַלְבֵּן
rec'tify′ *v.* תִּקֵּן; זִקֵּק; יִשֵּׁר (זרם)
rec'titude′ *n.* יוֹשֶׁר, הֲגִינוּת, מוּסָרִיּוּת
rec'tor *n.* רֶקְטוֹר; כּוֹמֶר קְהִלָּה
rec'tum *n.* רֶקְטוּם, פִּי־הַטַּבַּעַת
re·cum'bent *adj.* שׁוֹכֵב, שָׁכוּב
re·cu'perate′ *v.* הֶחֱלִים, הִבְרִיא
re·cur' *v.* שָׁב, נִשְׁנָה, הוֹפִיעַ שׁוּב
recurs to his mind עוֹלֶה בְּדַעְתּוֹ
recurrent *adj.* חוֹזֵר (ונשנה)
rec'u·sant (-z-) *n.* מַרְדָן, לֹא מְצַיֵּת
re′cy'cle *v.* מִחְזֵר
red *adj&n.* אָדֹם; אוֹדֶם; קוֹמוּנִיסְט; חוֹבָה; גֵּרָעוֹן, אוֹבֶרְדְרַפְט
in the red שָׁקוּעַ בְּחוֹבוֹת, בְּגֵרָעוֹן
red hands יָדַיִם מְגוֹאָלוֹת בְּדָם
see red הִשְׁתּוֹלֵל מִזַּעַם, הִתְלַקֵּחַ
red-blooded *adj.* חָזָק, גַּבְרִי, נִמְרָץ
redcap *n.* סַבַּל־רַכֶּבֶת; שׁוֹטֵר צְבָאִי
red cent ״קְלִפַּת הַשּׁוּם״
red'den *v.* הִסְמִיק, הֶאְדִּים
red'dish *adj.* אֲדַמְדַּם
re·deem' *v.* פָּדָה; גָּאַל; קִיֵּם, בִּצַּע; פִּצָּה, כִּפֵּר עַל
re·demp'tion *n.* פִּדְיוֹן; גְּאֻלָּה; קִיּוּם
past redemption לְלֹא תַּקָּנָה
red-handed *adj.* (נתפס) בְּעֵת הַפֶּשַׁע
redhead *n.* אֲדוֹם־שֵׂעָר
red herring מַסִּיחַ הַדַּעַת מֵהַנּוֹשֵׂא
red-hot *adj.* לוֹהֵט, נִלְהָב; זוֹעֵם
re′did' = **pt of redo**
red light אוֹר אָדֹם, נוּרָה אֲדֻמָּה
re′do' (-do͞o') *v.* עָשָׂה מֵחָדָשׁ
red'olent *adj.* מֵדִיף רֵיחַ, אָפוּף, מַזְכִּיר
re′done' = **pp of redo** (-dun)
re·doub'le (-dub-) *v.* הִכְפִּיל; הִגְבִּיר
re·doubt' (-dout) *n.* בִּצּוּר, מָעוֹז
re·doubt'able (-dout-) *adj.* נוֹרָא
re·dound' *v.* הִגְדִּיל, תָּרַם, הוֹסִיף
red pepper פִּלְפֶּלֶת, פִּלְפֵּל אָדֹם
re·dress' *v.* תִּקֵּן (עוולה), פִּצָּה
re'dress′ *n.* תִּקּוּן, פִּצּוּי
redskin *n.* אִינְדִיָאנִי
red tape בִּיּוּרוֹקְרַטְיָה, סַחֶבֶת מִשְׂרָדִית
re·duce' *v.* הִקְטִין, הִפְחִית; רָזָה,

צִמְצֵם; הָפַךְ; פֵּרֵק; כָּבַשׁ
reduce to הֵבִיא לִידֵי; הֶחֱלִיף; פָּשַׁט
reduce to writing הֶעֱלָה עַל הַנְּיָר
re·duc′tion *n.* הַקְטָנָה, הַפְחָתָה
re·dun′dant *adj.* שׁוֹפֵעַ; עוֹדֵף, מְיוּתָּר
reed *n.* קְנֵה־סוּף, אַגְמוֹן; לְשׁוֹנִית
broken reed מִשְׁעֶנֶת קָנֶה רָצוּץ
reef *n.* שׁוּנִית, שִׂרְטוֹן; קְצֵה הַמִּפְרָשׂ
reef *v.* גּוֹלֵל/קִפֵּל חֵלֶק הַמִּפְרָשׂ
reef′er *n.* מְעִיל יַמָּאִים; סִיגָרִיַּת חֲשִׁישׁ
reek *n&v.* סִרְחוֹן, צַחֲנָה; עָשָׁן; עִשֵּׁן,
הִסְרִיחַ, הֵדִיף; עוֹרֵר רוֹשֶׁם
reek with הָיָה מְכוּסֶּה/שָׁטוּף—
reel *n&v.* סְלִיל; אַשְׁוָה; גִּלְגֵּל; גָּלַל;
כִּרְכֵּר; הִתְנוֹדֵד; הִסְתַּחְרֵר
off the reel בְּשֶׁטֶף, לְלֹא הֶפְסֵק
reel off דִּקְלֵם בְּשֶׁטֶף
reeve *n.* רֹאשׁ מוֹעָצָה עִירוֹנִית
ref = referee, reference
re·fec′tion *n.* אֲרוּחָה קַלָּה; מָזוֹן, מַשְׁקֶה
re·fec′tory *n.* חֲדַר־אוֹכֶל
re·fer′ *v.* הִתְיַחֵס; יִחֵס; אִזְכֵּר;
פָּנָה; הִפְנָה; עִיֵּן; הֶעֱבִיר
ref′eree′ *n&v.* שׁוֹפֵט; בּוֹרֵר; שָׁפַט
ref′erence *n.* הֶעָרָה, הִתְיַחֲסוּת, אִזְכּוּר;
עִיּוּן; מַרְאֵה־מָקוֹם; אַסְמַכְתָּא; סִמּוּכִין
in/with reference to בְּקֶשֶׁר לְ—
reference book סֵפֶר עִיּוּן, סֵפֶר־יַעַן
ref′eren′dum *n.* מִשְׁאַל עַם
re′fill′ *v.* מִלֵּא מֵחָדָשׁ
re′fill′ *n.* מִלּוּי, מִלּוּי לְעֵט
re·fine′ *v.* זִקֵּק, טִהֵר; צִחְצֵחַ; עִדֵּן
refine upon שִׁכְלֵל, לִטֵּשׁ; עָלָה עַל
refined *adj.* מְזוּקָּק; טָהוֹר; מְעוּדָּן
refinement *n.* זִקּוּק; עִדּוּן; שִׁכְלוּל
re·fi′nery *n.* בֵּית־זִקּוּק
re·flect′ *v.* הֶחֱזִיר, הֵטִיל חֲזָרָה (אוֹר);
שִׁקֵּף, בִּטֵּא; הִרְהֵר, חָשַׁב
reflect on שָׁקַל; הֵטִיל דּוֹפִי
re·flec′tion *n.* הַחֲזָרָה; בָּבוּאָה; מַחֲשָׁבָה;
רַעְיוֹן, הֶעָרָה; דּוֹפִי; אַשְׁמָה; פְּגִיעָה
re·flec′tor *n.* רֶפְלֶקְטוֹר, מַחֲזִירוֹר
re′flex′ *n.* רֶפְלֶקְס, תְּגוּבָה; הֶחְזֵר
re·form′ *v.* תִּקֵּן; הֶחֱזִיר לְמוּטָב
reform *n.* רֶפוֹרְמָה, תִּקּוּן, תַּקָּנָה
ref′orma′tion *n.* רֶפוֹרְמַצְיָה; שִׁנּוּי
עֲרָכִין; תְּנוּעַת תִּקּוּנִים דָּתִית
reformatory *n.* מוֹסָד לַעֲבַרְיָנִים
re·for′mato′ry, -tive *adj.* מְתַקֵּן
re·form′ist *n.* רֶפוֹרְמִי
re·frac′tion *n.* רֶפְרַקְצְיָה, הִשְׁתַּבְּרוּת
re·frac′tory *adj.* עַקְשָׁן, מַרְדָנִי
re·frain′ *v.* נִמְנַע, עָצַר עַצְמוֹ
refrain *n.* חֲזוֹרֶת, פִּזְמוֹן חוֹזֵר
re·fresh′ *v.* רִעְנֵן; הִתְרַעֲנֵן; אָכַל
refresher *n.* תּוֹסֶפֶת, תַּשְׁלוּם נוֹסָף; לְגִימָה
refreshment *n.* רַעֲנוּן, אוֹכֶל, מַשְׁקֶה
re·frig′era′tor *n.* מְקָרֵר
re′fu′el *v.* תִּדְלֵק
ref′uge *n.* מַחְסֶה, מִפְלָט; אִי־תְּנוּעָה
ref′u·gee′ (-fū-) *n.* פָּלִיט
re·fund′ *v.* שִׁלֵּם בַּחֲזָרָה, הֶחֱזִיר הַכֶּסֶף
re′fund′ *n.* הֶחְזֵר (שֶׁל תַּשְׁלוּם)
re·fus′al (-fūz′-) *n.* סֵרוּב, דְּחִיָּה
first refusal אוֹפְּצְיָה, זְכוּת־קְדִימָה
re·fuse′ (-z) *v.* סֵרֵב; דָּחָה
ref′use *n.* אַשְׁפָּה, זֶבֶל
re·fuse′nik (-fūz′-) *n.* מְסוֹרָב־עֲלִיָּה
ref′u·ta′tion (-fū-) *n.* הַפְרָכָה, סְתִירָה
re·fute′ *v.* הִפְרִיךְ, סָתַר
re·gain′ *v.* רָכַשׁ מֵחָדָשׁ; הִגִּיעַ בְּשֵׁנִית
re′gal *adj.* מַלְכוּתִי, יָאֶה לְמֶלֶךְ; מְפוֹאָר
re·gale′ *v.* שִׂמַּח, הֵנָה, עִנֵּג
re·ga′lia *npl.* אוֹתוֹת מַלְכוּת; מַחְלָצוֹת
re·gard′ *n.* כָּבוֹד, הוֹקָרָה; הִתְחַשְּׁבוּת
in this regard בְּעִנְיָן זֶה
in/with regard to בְּנוֹגֵעַ לְ—
regards אִחוּלִים, דְּרִישׁוֹת שָׁלוֹם
regard *v.* הִסְתַּכֵּל; הִתְיַחֵס; הֶעֱרִיךְ
as regards בְּיַחַס לְ־, אֲשֶׁר לְ—
regarding *prep.* בְּנוֹגֵעַ לְ־, בְּיַחַס לְ—
regardless *adj&adv.* לֹא מִתְחַשֵּׁב; בְּלִי
תְּשׂוּמֶת־לֵב; יִקְרֶה אֲשֶׁר יִקְרֶה
re′gency *n.* עֵצֶר, כְּהוּנַּת הָעוֹצֵר
re·gen′erate′ *v.* תִּקֵּן; הִשְׁתַּפֵּר;
הֵפִיחַ חַיִּים; הִתְחַדֵּשׁ, צָמַח מֵחָדָשׁ
re′gent *n&adj.* עוֹצֵר, רֶגֶנְט; חֲבֵר־הַנְהָלָה
reg′icide′ *n.* הֲרִיגַת מֶלֶךְ; הוֹרֵג מֶלֶךְ
regime′ (-zhēm′) *n.* שִׁלְטוֹן, מִשְׁטָר
reg′iment *n.* חֲטִיבָה; גְּדוּד; לַהֲקָה
reg′iment′ *v.* אִרְגֵּן; מִשְׁטֵר; מִשְׁמֵעַ
re′gion (-jən) *n.* אֵזוֹר, תְּחוּם
in the region of בִּסְבִיבוֹת, בְּעֵרֶךְ
regional *adj.* אֲזוֹרִי

reg′ister *n.* רְשִׁימָה; פִּנְקָס; מִשְׁלָב, מִגְבּוֹל; וֶסֶת, מוֹנֶה; סִגְנוֹן, לָשׁוֹן
register *v.* רָשַׁם; הֶרְאָה, הוֹרָה; הִבִּיעַ; שָׁלַח בְּדוֹאַר רָשׁוּם
reg′istrar′ *n.* רַשָּׁם
reg′istra′tion *n.* הַרְשָׁמָה; רִשּׁוּם
reg′istry *n.* מִשְׂרַד רִשּׁוּם; מִרְשָׁמָה
re·gres′sion *n.* תְּסוּגָה, נְסִיגָה, רֶגְרֶס
re·gret′ *v&n.* הִצְטַעֵר; הִתְחָרֵט; צַעַר
it is to be regretted חֲבָל
regrets צַעַר, הִתְנַצְּלוּיוֹת (על דחייה)
regretful *adj.* דּוֹאֵב; מַבִּיעַ צַעַר
regrettable *adj.* מְצַעֵר
reg′u·lar *adj.* קָבוּעַ; רָגִיל; סָדִיר; וָסִית; מוּכָּר, מְקוּבָּל; *מוּשְׁלָם; גָּמוּר
regular guy *בָּחוּר טוֹב, בַּרְנָשׁ חָבִיב
regular *n.* חַיָּל סָדִיר; לָקוֹחַ קָבוּעַ
reg′u·late′ *v.* הִסְדִּיר; כִּוֵּן; וִסֵּת
reg′u·la′tion *n&adj.* תַּקָּנָה, כְּלָל
re′habil′itate′ *v.* שִׁקֵּם; טִהֵר שְׁמוֹ
re′habil′ita′tion *n.* רֵיהַבִּילִיטַצְיָה
re·hears′al (-hûrs′-) *n.* חֲזָרָה, תִּשְׁנוּן
re′hearse′ (-hûrs′) *v.* חָזַר, הִתְאַמֵּן
reign (rān) *n&v.* שִׁלְטוֹן; מָלַךְ; שָׁלַט
re′imburse′ *v.* הֶחֱזִיר, שִׁלֵּם בַּחֲזָרָה
rein (rān) *n&v.* מוֹשְׁכָה; רֶסֶן (השלטון)
draw rein עָצַר, הֵאֵט, רִסֵּן
give (free) rein to נָתַן פּוּרְקָן לְ—
rein back/in/up רִסֵּן, בָּלַם, הֵאֵט
re′incar·na′tion *n.* גִּלְגּוּל (נשמות)
rein′deer′ (rān-) *n.* (סוג) אַיָּל
re′inforce′ *v.* חִזֵּק; תִּגְבֵּר
reinforcement *n.* חִזּוּק; תִּגְבּוֹרֶת
re′instate′ *v.* הֵשִׁיב עַל כַּנּוֹ, הֶחֱזִיר
re·it′erate′ *v.* חָזַר עַל, אָמַר שׁוּב
re·ject′ *v.* דָּחָה; זָרַק; פָּסַל
re·jec′tion *n.* דְּחִיָּה, סֵרוּב, פְּסִילָה
re·joice′ *v.* שָׂמַח; נִמְלָא גִּיל; שִׂמַּח
re·join′ *v.* עָנָה; הֵשִׁיב עַל
re·join′der *n.* תְּשׁוּבָה, מַעֲנֶה
re·ju′venate′ *v.* הֵשִׁיב נְעוּרִים
re·lapse′ *v.* נִדַּרְדֵּר שׁוּב, חָזַר
re′lapse′ *n.* הִדַּרְדְּרוּת, חֲזָרָה
re·late′ *v.* סִפֵּר; קִשֵּׁר, מָצָא קֶשֶׁר
relate to הִתְיַחֵס לְ־; קִשֵּׁר לְ—
related *adj.* קָרוֹב; קְרוֹב־מִשְׁפָּחָה
re·la′tion *n.* קָרוֹב; קְרוֹב־מִשְׁפָּחָה; יַחַס; קִרְבָה, קֶשֶׁר, הֶקְשֵׁר; סִפּוּר
have relations with קִיֵּם יְחָסִים
in/with relation to בְּקֶשֶׁר לְ—
relationship *n.* קִרְבָה; קֶשֶׁר
rel′ative *n.* קְרוֹב־מִשְׁפָּחָה, קָרוֹב
relative *adj.* יַחֲסִי, לֹא־מוּחְלָט; קָשׁוּר
relatively *adv.* בְּאוֹפֶן יַחֲסִי, יַחֲסִית
rel′ativ′ity *n.* (תּוֹרַת ה־) יַחֲסוּת
re·lax′ *v.* נִרְגַּע, הָיָה נִנּוֹחַ; רָפָה; הִרְגִּיעַ; הִרְפָּה; שִׁחְרֵר; הִתְבַּדֵּר
re′lax·a′tion *n.* רְגִיעָה, נִנּוֹחוּת; בִּדּוּר
re′lay′ *n.* מִשְׁמֶרֶת; מִמְסָר, שִׁדּוּר
re′lay′ *v.* הֶעֱבִיר (שידור)
relay race מֵרוֹץ שְׁלִיחִים
re·lease′ *v&n.* שִׁחְרֵר; הִתִּיר; פָּטַר; שִׁחְרוּר; סֶרֶט/תַּקְלִיט חָדָשׁ; תַּמְסִיר
rel′egate′ *v.* הֶעֱבִיר, מָסַר; הוֹרִיד
re·lent′ *v.* הִתְרַכֵּךְ לִבּוֹ, גִּלָּה רַחֲמִים
relentless *adj.* אַכְזָרִי, קָשׁוּחַ, קָשֶׁה
rel′evant *adj.* רֶלֶוַנְטִי, שַׁיָּךְ, נוֹגֵעַ
re·li′able *adj.* מְהֵימָן, אָמִין, מוּסְמָךְ
re·li′ance *n.* בִּטָּחוֹן, אֵמוּן; מִבְטָח
re·li′ant *adj.* סוֹמֵךְ, בּוֹטֵחַ בְּ—
rel′ic *n.* שָׂרִיד; מַזְכֶּרֶת; עֲצָמוֹת
re·lief′ (-lēf′) *n.* הֲקַלָּה; שִׁחְרוּר; סַעַד; עֶזְרָה; מְמַלֵּא מָקוֹם; תַּבְלִיט, רֶלִיף
re·lieve′ (-lēv′) *v.* הֵקֵל, הִרְגִּיעַ; הִגִּישׁ סִיּוּעַ; הֶחֱלִיף; חִלֵּץ; שִׁחְרֵר
relieve of פִּטֵּר; *גָּנַב, סָחַב
relieve oneself עָשָׂה אֶת צְרָכָיו
re·li′gion (-lij′ən) *n.* דָּת, אֱמוּנָה
re·li′gious (-lij′əs) *adj&n.* דָּתִי
re·lin′quish *v.* וִתֵּר עַל, נָטַשׁ
rel′ish *n.* עוֹנֶג; טַעַם מְיוּחָד; תַּבְלִין
relish *v.* נֶהֱנָה, הִתְעַנֵּג עַל
re·luc′tance *n.* אִי־רָצוֹן, אִי־נְטִיָּה
re·luc′tant *adj.* לֹא רוֹצֶה, לֹא מִתְלַהֵב
re·ly′ *v.* סָמַךְ עַל־, בָּטַח בְּ—
re·main′ *v.* נִשְׁאַר
re·main′der *n.* שְׁאֵרִית, יִתְרָה; הַיֶּתֶר
remains *npl.* שְׂרִידִים; הֲרִיסוֹת; גּוּפָה
re·mand′ *v&n.* (הֶחֱזִיק בְּ־) מַעֲצָר
re·mark′ *v&n.* הֵעִיר, אָמַר; הִבְחִין, רָאָה; הֶעָרָה; הַבְחָנָה, תְּשׂוּמֶת־לֵב
remarkable *adj.* מְצֻיָּן, נִפְלָא; לֹא־רָגִיל
re′mar′ry *v.* הִתְחַתֵּן שׁוּב
rem′edy *n&v.* תְּרוּפָה, רְפוּאָה; תִּקֵּן

beyond remedy לְלֹא תַּקָּנָה
re·mem'ber *v.* זָכַר; הִזְכִּיר
re·mem'brance *n.* זִכָּרוֹן; מַזְכֶּרֶת
remembrances בְּרָכוֹת, דַּ"שׁ
re·mind' (-mīnd) *v.* הִזְכִּיר
reminder *n.* תִּזְכֹּרֶת
rem'inisce' (-nis) *v.* הֶעֱלָה זִכְרוֹנוֹת
reminiscent *adj.* מַזְכִּיר, דּוֹמֶה לְ־; זוֹכֵר
re·miss' *adj.* רַשְׁלָנִי, מַזְנִיחַ, לֹא אַחֲרָאִי
re·mis'sion *n.* מְחִילָה; הֲפוּגָה; פְּטוֹר
re·mit' *v.* מָחַל; שָׁלַח; הֶעֱבִיר; פָּטַר; שִׁחְרֵר; הִפְסִיק זְמַנִּית; הִפְחִית
re·mit'tance *n.* הַעֲבָרַת כֶּסֶף; תַּשְׁלוּם
rem'nant *n.* שִׁיּוּר, שְׁאֵרִית, שָׂרִיד
re'mold' (-mōld) *v.* עִצֵּב מֵחָדָשׁ
re·mon'strate *v.* מָחָה, הוֹכִיחַ
re·morse' *n.* חֲרָטָה, צַעַר, מוּסַר־כְּלָיוֹת
remorseless *adj.* אַכְזָרִי, נְטוּל־מַצְפּוּן
re·mote' *adj.* רָחוֹק; נִדָּח; מִתְבַּדֵּל
remote control שְׁלַט־רָחוֹק
removable *adj.* שֶׁנִּתָּן לְסַלְּקוֹ; נָתִיק
re·mov'al (-mōōv-) *n.* הוֹרָדָה, הֲסָרָה
re·move' (-mōōv') *v&n.* הוֹרִיד, הֵסִיר; סִלֵּק; הוֹצִיא; פִּטֵּר; חִסֵּל; עָבַר דִּירָה; שָׁלָב; עֲלִיָּה לְכִתָּה
re·mu'nerate' *v.* שִׁלֵּם; פִּצָּה
ren'aissance' (-nəsäns') *n.* תְּחִיָּה
rend *v.* קָרַע; תָּלַשׁ בְּכֹחַ; נִקְרַע
ren'der *v.* עָשָׂה, הָפַךְ, הֵבִיא לְמַצָּב; בִּצַּע; הִגִּישׁ, מָסַר, גָּמַל
render helpless הוֹתִיר חֲסַר־אוֹנִים
render into תִּרְגֵּם לְ—
rendezvous (rän'dəvōō') *n.* פְּגִישָׁה
ren·di'tion (-di-) *n.* תַּרְגּוּם; בִּצּוּעַ
ren'egade' *n.* בּוֹגֵד, מוּמָר; עָרִיק
re·nege' (-g) *v.* הֵפֵר הַבְטָחָה, הִתְכַּחֵשׁ
re·new' (-nōō') *v.* חִדֵּשׁ; הִתְחַדֵּשׁ
renewal *n.* חִדּוּשׁ
re·nounce' *v.* וִתֵּר עַל; הִתְנַכֵּר
ren'ovate' *v.* שִׁפֵּץ, חִדֵּשׁ
re·nown' *n.* מוֹנִיטִין, שֵׁם טוֹב, פִּרְסוּם
renowned *adj.* מְפֻרְסָם
rent *n.* שְׂכַר דִּירָה; דְּמֵי שְׂכִירוּת; קֶרַע
rent *v.* שָׂכַר; הִשְׂכִּיר; חָכַר; הֶחְכִּיר
rent = p of rend
rent'al *n.* (הַכְנָסָה מ־) דְּמֵי שְׂכִירוּת
renter *n.* שׂוֹכֵר, מַשְׂכִּיר (סרטים)

re·nun'cia'tion *n.* וִתּוּר, הִתְכַּחֲשׁוּת
re·o'pen *v.* פָּתַח/נִפְתַּח שֵׁנִית
re·or'ganiza'tion *n.* רֶה־אִרְגּוּן
re·pair' *v&n.* תִּקֵּן; תִּקּוּן
repair to הָלַךְ לְ־, בִּקֵּר, נָהַר אֶל
in good/bad repair בְּמַצָּב (לֹא) תַּקִּין
rep'arable *adj.* נִתָּן לְתִקּוּן
rep'ara'tion *n.* פִּצּוּי; תִּקּוּן, שִׁפּוּץ
re·past' *n.* אֲרוּחָה, סְעוּדָה
re·pa'triate' *v.* הֶחֱזִיר לְמוֹלַדְתּוֹ
re·pay' *v.* הֶחֱזִיר, שִׁלֵּם בַּחֲזָרָה, פָּרַע
repayment *n.* הֶחְזֵר, פֵּרָעוֹן, גְּמוּל
re·peal' *v&n.* בִּטֵּל (חוֹק); בִּטּוּל
re·peat' *v.* חָזַר (עַל); חָזַר וְאָמַר
repeat a year נִשְׁאַר שָׁנָה (בכיתה)
repeat oneself עָשָׂה (זאת) שׁוּב
repeat *n.* חֲזָרָה, שִׁדּוּר/בִּצּוּעַ חוֹזֵר
repeatedly *adv.* תְּכוּפוֹת, שׁוּב וָשׁוּב
re·pel' *v.* הָדַף; דָּחָה; הִגְעִיל
re·pel'lent *adj&n.* דּוֹחֶה; אָטִים
re·pent' *v.* הִתְחָרֵט, נִמְלָא חֲרָטָה
repentance *n.* חֲרָטָה, צַעַר
re'percus'sion *n.* הֵד; תְּהוּדָה, גַּלִּים
rep'erto'ry *n.* רֶפֶּרְטוּאָר, מְלַאי, אוֹסֶף
rep'eti'tion (-ti-) *n.* הִשָּׁנוּת; חֲזָרָה
re·place' *v.* מִלֵּא מָקוֹם, הֶחֱלִיף
replacement *n.* הַחְלָפָה; תַּחֲלִיף
re'play' *n.* מִשְׂחָק חוֹזֵר; הַקְרָנָה חוֹזֶרֶת
re·plen'ish *v.* חִדֵּשׁ הַמְּלַאי
re·plete' *adj.* מָלֵא, גָּדוּשׁ, דָּחוּס; שָׂבֵעַ
rep'lica *n.* הֶעְתֵּק מְדֻיָּק, רֶפְּרוֹדוּקְצְיָה
re·ply' *v&n.* עָנָה, הֵשִׁיב; תְּשׁוּבָה
re·port' *n.* דּוּחַ, דִּוּוּחַ; יְדִיעָה; שֵׁם
report has it אוֹמְרִים שֶׁ—
report *v.* דִּוַּח; כָּתַב; הִתְיַצֵּב
re·port'age *n.* כַּתָּבָה; רֶפּוֹרְטַז'ָה
report card תְּעוּדָה (מבית־ספר)
reportedly *adv.* כְּפִי שֶׁנִּמְסַר
reporter *n.* כַּתָּב, עִתּוֹנַאי; רַשָּׁם
re·pose' (-z) *v&n.* נָח, שָׁכַב; הֵנִיחַ; הִשְׁעִין; מְנוּחָה, שֵׁנָה; רְגִיעָה
repose in הִשְׁלִיךְ יְהָבוֹ עַל
repose on הִסְתַּמֵּךְ/הִתְבַּסֵּס עַל
re·pos'ito'ry (-z-) *n.* מַחְסָן, מַאֲגָר
rep're·hend' *v.* נָזַף בְּ־, גִּנָּה
rep're·hen'sion *n.* נְזִיפָה, גִּנּוּי
rep're·sent' (-z-) *v.* יִצֵּג; סִמֵּל; תֵּאֵר

rep′re·sen·ta′tion (-z-) *n.* יִצּוּג
rep′re·sen′tative (-z-) *adj&n.* יִצּוּגִי;
מְיַצֵּג; טִיפּוּסִי; נָצִיג; בָּא־כּוֹחַ
re·press′ *v.* דִּכָּא; הִדְחִיק; רִסֵּן
re·prieve′ (-rēv′) *n&v.* דְּחִיָּה (של
הוצאה להורג); הַמְתָּקָה; דָּחָה; הֵקֵל
rep′rimand′ *v&n.* נָזַף; הוֹכִיחַ; נְזִיפָה
re′print′ *n.* הַדְפָּסָה חֲדָשָׁה
re·pri′sal (-rīz-) *n.* פְּעוּלַּת תַּגְמוּל
re·proach′ *v&n.* הֶאֱשִׁים, נָזַף,
גִּנָּה; הוֹכִיחַ; הַאֲשָׁמָה; גְּעָרָה; תּוֹכָחָה
above/beyond reproach לְלֹא דוֹפִי
re′produce′ *v.* הוֹלִיד; הִתְרַבָּה;
יָצַר/הִצְמִיחַ מֵחָדָשׁ; שִׁחְזֵר; שִׁעְתֵּק
re′produc′tion *n.* רְבִיָּה; שִׁעְתּוּק
re·proof′ (-rōōf′) *n.* גְּעָרָה, גִּנּוּי
re·prove′ (-prōōv′) *v.* גָּעַר, הוֹכִיחַ
rep′tile (-til) *n.* זוֹחֵל
re·pub′lic *n.* רֶפּוּבְּלִיקָה, קְהִלִיָּה
re·pub′lican *adj&n.* רֶפּוּבְּלִיקָנִי
re·pu′diate′ *v.* הִתְכַּחֵשׁ; דָּחָה
re·pu′dia′tion *n.* הִתְכַּחֲשׁוּת, שְׁלִילַת
כָּל קֶשֶׁר, הִתְנַעֲרוּת; דְּחִיָּה; הַכְחָשָׁה
re·pug′nant *adj.* דּוֹחֶה, מְעוֹרֵר גּוֹעַל
re·pulse′ *v&n.* הָדַף; דָּחָה; דְּחִיָּה
re·pul′sion *n.* שְׁאָט־נֶפֶשׁ; דְּחִיָּה
re·pul′sive *adj.* דּוֹחֶה
rep′u·ta′tion *n.* שֵׁם, מוֹנִיטִין, כָּבוֹד
re·pute′ *n&v.* שֵׁם, מוֹנִיטִין, תְּהִלָּה
reputed *adj.* יָדוּעַ כְּ־, מְפוּרְסָם, נֶחְשָׁב לְ—
reputedly *adv.* כְּפִי שֶׁאוֹמְרִים
re·quest′ *n&v.* בַּקָּשָׁה, מִשְׁאָלָה; דָּרַשׁ
in request מְבוּקָּשׁ, פּוֹפּוּלָרִי
req′uiem *n.* רֶקְוִיאֶם, תְּפִלַּת אַשְׁכָּבָה
re·quire′ *v.* דָּרַשׁ, תָּבַע; הִצְרִיךְ
requirement *n.* דְּרִישָׁה, צוֹרֶךְ
req′uisite (-zit) *adj&n.* נָחוּץ, דָּרוּשׁ
req′uisi′tion (-zi-) *n.* דְּרִישָׁה; עִקּוּל
re·qui′tal *n.* גְּמוּל, תְּמוּרָה, נְקָמָה
re·quite′ *v.* גָּמַל, הֶחֱזִיר, נָקַם
re·scind′ *v.* בִּטֵּל
res′cue (-kū) *v&n.* הִצִּיל; הַצָּלָה
re·search′ (-sûrch′) *n&v.* מֶחְקָר,
חֲקִירָה; עָרַךְ מֶחְקָר עַל, חָקַר
re·sem′blance (-z-) *n.* דִּמְיוֹן
re·sem′ble (-z-) *v.* הָיָה דּוֹמֶה לְ—
re·sent′ (-z-) *v.* הִתְרַעֵם, הִתְמַרְמֵר

resentment *n.* כַּעַס, תַּרְעוֹמֶת, עֶלְבּוֹן
res′erva′tion (-z-) *n.* הִסְתַּיְּגוּת;
שְׁמוּרָה; הַזְמָנַת מָקוֹם מֵרֹאשׁ
without reservation לְלֹא סְיָג
re·serve′ (-z-) *v&n.* שָׁמַר; הִפְרִישׁ;
reserve *n.* רֶזֶרְבָה, מְלַאי; מִלּוּאִים;
שְׁמוּרָה; אִפּוּק, שַׁתְקָנוּת
reserves חֵיל מִלּוּאִים, עֲתוּדוֹת
without reserve כָּלִיל, לְלֹא סְיָג
reserved *adj.* מְאוּפָּק, עָצוּר; שָׁמוּר
res′ervoir′ (-zərvär) *n.* מַאֲגָר; מְכָל
re′set′ *v.* הֶחֱזִיר, שִׁבֵּץ/קָבַע שׁוּב
re·ship′ *v.* שִׁגֵּר שׁוּב (מישלוח)
re′shuf′fle *v&n.* עָשָׂה חִלּוּפֵי־גַבְרֵי
re·side′ (-z-) *v.* גָּר, חַי; נִמְצָא
res′idence (-z-) *n.* מְגוּרִים; בַּיִת
res′ident (-z-) *n&adj.* תּוֹשָׁב; מְקוֹמִי
res′idue (-zidōō) *n.* שְׁאֵרִית; מִשְׁקָע
re·sign′ (-zīn′) *v.* הִתְפַּטֵּר; נִכְנַע
resign him to- הִפְקִידוֹ בִּידֵי—
resign oneself הִשְׁלִים עִם (גורלו)
res′igna′tion (-z-) *n.* הִתְפַּטְּרוּת; וִתּוּר
re·sil′ient (-z-) *adj.* גָּמִישׁ; עַלִּיז
res′in (-z-) *n.* שְׂרָף
re·sist′ (-zist) *v.* הִתְנַגֵּד; עָמַד בִּפְנֵי;
נִמְנַע, הִתְאַפֵּק, וִתֵּר עַל
resistance *n.* הִתְנַגְּדוּת; מַחְתֶּרֶת
resistant *adj.* מִתְנַגֵּד; חָסִין
resistless *adj.* שֶׁאֵין לַעֲמוֹד בְּפָנָיו
res′olute′ (-z-) *adj.* הֶחְלֵטִי, תַּקִּיף
res′olu′tion (-z-) *n.* הֶחְלֵטִיּוּת,
תַּקִּיפוּת; הַחְלָטָה; פִּתְרוֹן, הַסְדָּרָה
re·solve′ (-z-) *v.* הֶחְלִיט; פָּתַר,
הִסְדִּיר, יִשֵּׁב; הֵפִיג; הִפְרִיד; הִתְפָּרֵק
resolve *n.* הֶחְלֵטִיּוּת; הַחְלָטָה נְחוּשָׁה
res′onance (-z-) *n.* תְּהוּדָה, רֶזוֹנַנְס
res′onate′ (-z-) *v.* תָּהַד, יָצַר תְּהוּדָה
re·sort′ (-z-) *n.* מְקוֹם־בִּקּוּר; מְקוֹם
נוֹפֶשׁ; שִׁמּוּשׁ, הִזְדַּקְקוּת; מִפְלָט
have resort to הִשְׁתַּמֵּשׁ בְּ—
resort *v.* הִשְׁתַּמֵּשׁ בְּ־, פָּנָה לְ־; בִּקֵּר
re·sound′ (-z-) *v.* הִדְהֵד, צִלְצֵל
re·source′ (-sôrs) *n.* אֶמְצָעִי, מִפְלָט;
בִּדּוּר, מְקוֹר־נֶחָמָה; תּוּשִׁיָּה, יְכוֹלֶת
resources מַשְׁאַבִּים, עוֹשֶׁר, מְקוֹרוֹת
resourceful *adj.* רַב־תּוּשִׁיָּה
re·spect′ *n&v.* כָּבוֹד; הוֹקָרָה;

הִתְחַשְׁבוּת; נְקֻדָּה, יַחַס; כַּבֵּד
in all respects מִכָּל הַבְּחִינוֹת
in respect of מִבְּחִינַת־, בְּנוֹגֵעַ לְ—
pay respect הִקְדִּישׁ תְּשׂוּמֶת־לֵב
send him my respects דְּרוֹשׁ בִּשְׁלוֹמוֹ
re·spec′table *adj.* מְכֻבָּד; הָגוּן
respectful *adj.* רוֹחֵשׁ כָּבוֹד
respecting *prep.* בְּנוֹגֵעַ לְ־, בְּעִנְיַן —
re·spec′tive *adj.* שֶׁלּוֹ, הַמַּתְאִים לוֹ
respectively *adv.* בְּהַתְאָמָה, לְפִי הַסֵּדֶר
res′pira′tion *n.* נְשִׁימָה, נֶשֶׁם; הַנְשָׁמָה
re·spire′ *v.* נָשַׁם, שָׁאַף וְנָשַׁף
res′pite (-pit) *n&v.* הֲפוּגָה, הַפְסָקָה
re·splen′dent *adj.* זוֹרֵחַ; מְצוּחְצָח
re·spond′ *v.* עָנָה, הֵשִׁיב; הֵגִיב
re·spon′dent *n.* נִתְבָּע; מֵשִׁיב
re·sponse′ *n.* תְּשׁוּבָה; תְּגוּבָה; הֵעָנוּת
re·spon′sibil′ity *n.* אַחֲרָיוּת
re·spon′sible *adj.* אַחֲרָאִי; רַב־אַחֲרָיוּת
re·spon′sive *adj.* נַעֲנֶה, מֵגִיב בְּחִיּוּב
rest *n.* מְנוּחָה, נוֹפֶשׁ; הַפְסָקָה; מַשְׁעֵן,
מִסְעָד; דְּמִימָה; הֶפְסֵק, שְׁהִי; עֲצִירָה
lay to rest קָבַר, טָמַן גּוּפוֹ
set his fears at rest הִרְגִּיעוֹ
rest *v.* נָח, פָּשׁ; שָׁכַב; נָתַן/הִמְצִיא
מְנוּחָה; הֵנִיחַ, הִשְׁעִין; סִיֵּם; עָצַר
rest assured הָיָה בָּטוּחַ שֶׁ—
rest on הִתְבַּסֵּס עַל; הָיָה תָּלוּי בְּ—
rest *n.* שְׁאָר, שְׁאֵרִית, עוֹדֶף
res′taurant (-tər-) *n.* מִסְעָדָה
restful *adj.* שָׁקֵט, מַרְגִּיעַ, נוֹחַ
resting place קֶבֶר
res′titu′tion *n.* הֲשָׁבָה; פִּצּוּי; הַשָּׁבוֹן
res′tive *adj.* עַצְבָּנִי, לֹא שָׁקֵט; סוֹרֵר
restless *adj.* לֹא־שָׁקֵט, עַצְבָּנִי; קְצַר־רוּחַ
res′tora′tion *n.* הֲשָׁבָה; שִׁקּוּם; קִמּוּם
re·store′ *v.* הֶחֱזִיר; שִׁחְזֵר; שִׁקֵּם
re·strain′ *v.* רִסֵּן, עָצַר, הִבְלִיג
re·straint′ *n.* רִסּוּן, אִפּוּק; כְּלִיאָה
re·strict′ *v.* הִגְבִּיל, צִמְצֵם, תָּחַם
re·stric′tion *n.* הַגְבָּלָה, צִמְצוּם
rest room חֲדַר־שֵׁרוּתִים
re·sult′ (-z-) *n&v.* תּוֹצָאָה; הִסְתַּיֵּם; נָבַע
as a result כְּתוֹצָאָה; לְפִיכָךְ
re·sul′tant (-z-) *adj&n.* נוֹבֵעַ; תּוֹצָאָה
re·sume′ (-z-) *v.* חִדֵּשׁ; הִתְחִיל שׁוּב
resume (rez′oomā′) *n.* תַּקְצִיר; סִכּוּם

re·sump′tion (-z-) *n.* חִדּוּשׁ, הֶמְשֵׁךְ
re·sur′gent *adj.* קָם לִתְחִיָּה, מִתְעוֹרֵר
res′urrect′ (-z-) *v.* הֶחֱיָה
res′urrec′tion (-z-) *n.* תְּחִיַּת הַמֵּתִים
re·sus′citate′ *v.* הֶחֱיָה; שָׁב לְהַכָּרָה
re′tail *n&adj.* קִמְעוֹנוּת; קִמְעוֹנִי
retail *v.* מָכַר בְּקִמְעוֹנוּת
re′tail′ *v.* חָזַר עַל, הֵפִיץ רְכִילוּת
re′tail′er *n.* קִמְעוֹנַאי, חֶנְוָנִי
re·tain′ *v.* שָׁמַר; הֶחֱזִיק, לֹא אִבֵּד
retainer *n.* שְׂכַר טִרְחָה; מְשָׁרֵת
re′take′ *v.* לָקַח בַּחֲזָרָה; צִלֵּם שׁוּב
re·tal′iate′ *v.* גָּמַל, הֶחֱזִיר, נָקַם
re·tal′ia′tion *n.* גְּמוּל, נְקָמָה
re·tard′ *v.* הֵאֵט, עִכֵּב, עָצַר
retarded *adj.* מְפַגֵּר
retch *v.* נִסָּה לְהָקִיא (בלי הצלחה)
re·ten′tion *n.* שְׁמִירָה, הַחְזָקָה; זִכָּרוֹן
re·ten′tive *adj.* שׁוֹמֵר, מַחֲזִיק; זוֹכֵר
ret′icent *adj.* שַׁתְקָן, מְמַעֵט בְּדִבּוּר
re·tic′u·late′ *v.* רִשֵּׁת; הִתְרַשֵּׁת
ret′icule′ *n.* אַרְנָק, אַרְנָקוֹן
ret′ina *n.* רִשְׁתִּית־הָעַיִן
ret′inue′ (-nōō) *n.* פָּמַלְיָה, מְלַוִּים
re·tire′ *v.* הָלַךְ, הִסְתַּלֵּק, פָּרַשׁ;
נָסוֹג; הִתְפַּטֵּר; פִּטֵּר; הָלַךְ לִישׁוֹן
retired *adj.* בְּדִימוֹס, פּוֹרֵשׁ; שָׁקֵט
retirement *n.* פְּרִישָׁה; נְסִיגָה
re·tort′ *v&n.* הֵשִׁיב, הֶחֱזִיר; תְּשׁוּבָה
re·touch′ (-tuch) *n&v.* רֵטוּשׁ; שִׁפֵּר
re·trace′ *v.* חָזַר עַל, שִׁחְזֵר בְּמוֹחוֹ
re·tract′ *v.* חָזַר בּוֹ, בִּטֵּל; נָסוֹג
re·trac′tion *n.* חֲזָרָה, בִּטּוּל; נְסִיגָה
re′tread′ (-red) *v.* גִּפֵּר, חִדֵּשׁ (צמיג)
re·treat′ *v.* נָסוֹג; הִסְתַּלֵּק, נִמְלַט
retreat *n.* נְסִיגָה; תְּסוּגָה; מִפְלָט, חוֹף
מִבְטַחִים; מְקוֹם־מְנוּחָה; הִתְבּוֹדְדוּת
re·trench′ *v.* חָסַךְ, קִמֵּץ; הִצְטַמְצֵם
ret′ribu′tion *n.* עוֹנֶשׁ, גְּמוּל
re′triev′al (-rēv-) *n.* הַחְזָרָה; שְׁלִיפָה
re′trieve′ (-rēv) *v.* הֶחֱזִיר, הֵשִׁיב
לְעַצְמוֹ; מָצָא; שָׁלַף מֵידָע; הִצִּיל
ret′ro·ac′tive *adj.* מַפְרֵעִי
retroactively *adv.* לְמַפְרֵעַ, מַפְרֵעִית
ret′rocede′ *v.* חָזַר; הֶחֱזִיר
ret′rograde′ *adj.* נָסוֹג אֲחוֹרָה, מִדַּרְדֵּר
ret′rogress′ *v.* נָסוֹג אֲחוֹרָה, נִדַּרְדֵּר

ret′rospect′ *n.* מַבָּט לְאָחוֹר
ret′rospec′tive *adj.* שֶׁל הֶעָבָר
re•turn′ *v.* חָזַר; הֶחֱזִיר; עָנָה; הוֹדִיעַ רִשְׁמִית; הִצְהִיר עַל; נָתַן
return *n&adj.* חֲזָרָה; הַחְזָרָה; רֶוַח, תְּשׁוּאָה; דּוּחַ; הַצְהָרָה; גְּמוּל
elections return תּוֹצְאוֹת הַבְּחִירוֹת
in return בִּתְמוּרָה; בִּתְגוּבָה
returns מַחֲזוֹר, פִּדְיוֹן; סִכּוּמִים
tax return דוּ״חַ מִסִּים
return match מִשְׂחַק גּוֹמְלִין
return ticket כַּרְטִיס הָלוֹךְ וָשׁוֹב
re•u′nion *n.* אִחוּד מֵחָדָשׁ; כֶּנֶס, מִפְגָּשׁ
re′u•nite′ (-ū-) *v.* הִתְאַחֵד מֵחָדָשׁ
rev *n&v.* סִבּוּב; סוֹבֵב; הִתְנִיעַ
Rev = Reverend
re′val′u•a′tion (-lū-) *n.* יִסּוּף
re′val′ue (-lū) *v.* שִׁעֲרֵךְ; יִסֵּף, תִּסֵּף
re•veal′ *v.* הֶרְאָה, גִּלָּה, חָשַׂף
rev′eille (-vəli) *n.* תְּרוּעַת הַשְׁכָּמָה
rev′el *v&n.* הִתְהוֹלֵל, שָׂמַח; הִלּוּלָה
rev′ela′tion *n.* גִּלּוּי; הִתְגַּלּוּת
rev′elry *n.* הִלּוּלָה, שִׂמְחָה
re•venge′ *v&n.* נָקַם; נְקָמָה, נַקְמָנוּת
be revenged on נָקַם, נִקַּם
revengeful *adj.* נַקְמָנִי, אֲכוּל נְקָמָה
rev′enue′ (-no͞o) *n.* הַכְנָסָה
re•ver′bera′tion *n.* הִדְהוּד, הֵד
re•vere′ *v.* הֶעֱרִיץ, רָחַשׁ כָּבוֹד רַב
rev′erence *n&v.* יִרְאַת כָּבוֹד, הַעֲרָצָה; אוֹת כָּבוֹד, קִדָּה, מִכְרוֹעַ; כִּבֵּד, הֶעֱרִיץ
rev′erend *adj.* נִכְבָּד; כּוֹמֶר
rev′erie *n.* חֲלוֹם בְּהָקִיץ; הִרְהוּרִים
re•vers′al *n.* הֵפֶךְ, הִפּוּךְ, הֲפִיכָה
re•verse′ *adj.* הָפוּךְ, אֲחוֹרִי, מְנוּגָד
reverse *v.* הָפַךְ; נָע/הִסִּיעַ לְאָחוֹר; הִסְתּוֹבֵב אֲחוֹרָה; שִׁנָּה, בִּטֵּל
reverse *n.* הֵפֶךְ; רֶוֶרס; מַפָּלָה; מַכָּה
in reverse לְאָחוֹר, אֲחוֹרַנִּית
re•vers′ible *adj.* הָפִיךְ, נִתָּן לְהָפְכוֹ
re•vert′ *v.* חָזַר (לְמַצָּב קוֹדֵם)
re•view′ (-vū′) *v.* בָּחַן, שָׁקַל שׁוּב; הֶעֱבִיר בְּדִמְיוֹן; עָרַךְ מִסְקָר; סִקֵּר
review *n.* בְּחִינָה, שִׁקּוּל; מִסְקָר; סְקִירָה; סִקּוֹרֶת, תַּסְקִיר
reviewer *n.* מְבַקֵּר, כּוֹתֵב סִקּוֹרוֹת
re•vile′ *v.* גִּדֵּף, הִשְׁמִיץ, גִּנָּה
re•vise′ (-z) *v.* שִׁנָּה; שִׁפֵּר; הִגִּיהַּ
re•vi′sion (-vizh′ən) *n.* שִׁנּוּי, שִׁפּוּר; עִיּוּן מֵחָדָשׁ; רֶבִיזְיָה, בִּקֹּרֶת, תִּקּוּן
revisionism *n.* רֶבִיזְיוֹנִיזְם
re•vi′val *n.* תְּחִיָּה, הִתְעוֹרְרוּת; חִדּוּשׁ
re•vive′ *v.* קָם לִתְחִיָּה; הֵשִׁיב לַחַיִּים; חִדֵּשׁ; הִתְחַדֵּשׁ; הִתְעוֹרֵר
re•voke′ *v&n.* בִּטֵּל; שָׁלַל; בִּטּוּל
re•volt′ (-vōlt) *n&v.* מֶרֶד, הִתְקוֹמְמוּת; גּוֹעַל; מָרַד; זִעְזַע; הִזְדַּעְזַע
revolting *adj.* מַגְעִיל, מַבְחִיל
rev′olu′tion *n.* מַהְפֵּכָה; סִבּוּב, הַקָּפָה
revolutionary *adj&n.* מַהְפְּכָנִי; מַהְפְּכָן
re•volve′ *v.* סוֹבֵב; הִסְתּוֹבֵב; הִקִּיף
re•volv′er *n.* אֶקְדָּח
re•vue′ (-vū′) *n.* רֶבְיוּ, תַּסְקוֹרֶת
re•vul′sion *n.* בְּחִילָה; שִׁנּוּי פִּתְאוֹמִי
re•ward′ (-wôrd) *n&v.* פְּרָס, גְּמוּל; פִּצּוּי, שָׂכָר; גָּמַל, שִׁלֵּם, פִּצָּה
rewarding *adj.* כְּדַאי, רָאוּי לַעֲשׂוֹתוֹ
re′write′ *v.* כָּתַב מֵחָדָשׁ, שִׁכְתֵּב
rhap′sody (r-) *n.* רַפְּסוֹדְיָה; הִתְלַהֲבוּת
rhe′sus (r-) *n.* רֶזוּס (קוֹף)
rhet′oric (r-) *n.* רֶטוֹרִיקָה; דַּבְּרָנוּת
rhe•tor′ical (r-) *adj.* רֶטוֹרִי, נִמְלָץ
rheu•mat′ic (ro͞o-) *adj.* שִׁגְרוֹנִי
rheu′matism′ (ro͞o′-) *n.* שִׁגָּרוֹן
rhi•noc′eros, rhi′no (r-) *n.* קַרְנַף
rhomb (rom) *n.* רוֹמְבּוּס, מְעוּיָּן
rhom′bus (r-) *n.* רוֹמְבּוּס, מְעוּיָּן
rhu′barb′ (ro͞o-) *n.* רִיבָּס; *הֲמוּלָה, רִיב
rhyme (r-) *n.* חָרוּז; חֲרִיזָה; חָרַז
rhyme or reason הִגָּיוֹן, טַעַם, סִבָּה
rhythm (ridh′əm) *n.* קֶצֶב, מִקְצָב, מִשְׁקָל, רִיתְמוּס; מַחֲזוֹר קָבוּעַ
rhyth′mic(al) (ridh′-) *adj.* רִיתְמִי
rib *n.* צֵלָע; עוֹרֶק־עָלֶה; פַּס בּוֹלֵט
rib *v.* הִתְקִין צְלָעוֹת; קִנְטֵר, לָעַג
rib′ald *adj.* גַּס, שֶׁל נִבּוּל פֶּה
rib′aldry *n.* גַּסּוּת, נִבּוּל פֶּה
ribbing *n.* צְלָעוֹת, פַּסִּים בּוֹלְטִים
rib′bon *n.* סֶרֶט; רְצוּעָה; קֶרַע
rib cage בֵּית הֶחָזֶה
rice *n.* אוֹרֶז
rich *adj.* עָשִׁיר; מְפוֹאָר; מָלֵא, עָמוֹק
rich and poor כֶּעָשִׁיר כֶּעָנִי
that's rich! זֶה כַּבִּיר! זֶה מְגוּחָךְ!

riches *npl.* עוֹשֶׁר; שֶׁפַע
richness *n.* עוֹשֶׁר; פְּאֵר; פּוֹרִיוּת
rick *n&v.* גָּדִישׁ; עָרַם; נָקַע
rick'ets *n.* רַכֶּכֶת (התרככות העצמות)
rick'ety *adj.* רָעוּעַ, חַלָּשׁ, רוֹפֵף
ric'ochet' (-shā') *n.* נֶתֶז, נִתִּיר
rid *v.* שִׁחְרֵר, חָלַץ; טִהֵר
get/be rid of נִפְטַר מִן, הִשְׁתַּחְרֵר
rid'dance *n.* הִפָּטְרוּת
good riddance בָּרוּךְ שֶׁפְּטָרַנִי!
rid'den = pp of ride נִרְדָּף; מָלֵא
rid'dle *n&v.* חִידָה, תַּעֲלוּמָה; כְּבָרָה; פָּתַר; כָּבַר, נִפָּה; נִקֵּב; נִפֵּץ
ride *v.* רָכַב; הִרְכִּיב; נָסַע; שָׁט
let it ride הִנִּיחַ לְזֹאת
ride at anchor עָגַן
ride down הִדְבִּיק בִּרְכִיבָה; רָמַס
ride high נֶהֱנָה מִפּוֹפּוּלָרִיּוּת
ride out (a storm) נֶחֱלַץ מִמַּשְׁבֵּר
ride the wind רִחֵף בָּאֲוִיר
ride *n.* רְכִיבָה; נְסִיעָה; שְׁבִיל
take for a ride רִמָּה; חָטַף וְרָצַח
rider *n.* רוֹכֵב, רַכָּב, פָּרָשׁ; תּוֹסֶפֶת
ridge *n&v.* רֶכֶס, קַו־פִּסְגָּה, רֹאשׁ, קָצֶה; תֶּלֶם, חָרִיץ; תִּלֵּם, חָרַשׁ (קמטים)
rid'icule' *n&v.* צְחוֹק, לַעַג; לָעַג לְ—
hold up to ridicule לָעַג לְ—
ridic'u•lous *adj.* מְגוּחָךְ; אַבְּסוּרְדִּי
riding *n&adj.* (של) רְכִיבָה; פָּרָשׁוּת
riding habit חֲלִיפַת רְכִיבָה (של אישה)
rife *adj.* נָפוֹץ, רוֹוֵחַ; מָלֵא, זָרוּעַ
rif'fle *v&n.* טָרַף קְלָפִים; עִלְעֵל, דִּפְדֵּף; (הֶעֱלָה) אַדְוָה; טְרִיפַת קְלָפִים
riff'raff' *n.* הָאסַפְסוּף, חֶלְאַת אָדָם
ri'fle *n&v.* רוֹבֶה; שָׁדַד; חִפֵּשׂ; רוֹקֵן
rifleman *n.* רוֹבַאי
rift *n.* סֶדֶק; קֶרַע
rig *v.* עָרַךְ הַחִבֵּל; רִמָּה; זִיֵּף
rig out סִפֵּק בְּגָדִים, הִלְבִּישׁ
rig up הִרְכִּיב, בָּנָה, הֵקִים
rig *n.* מַעֲטָה; צִיּוּד, מִתְקָן; *בְּגָדִים
rig'ging *n.* חִבֵּל, מַעֲטֶה (של ספינה)
right *adj.* יְמָנִי, יְמִינִי; נָכוֹן; צוֹדֵק, יָשָׁר, הוֹגֵן; מַתְאִים; בָּרִיא, תַּקִּין
get it right הֵבִין זֹאת כַּהֲלָכָה
put/set right סִדֵּר, תִּקֵּן; רִפֵּא
right enough מַשְׂבִּיעַ רָצוֹן, לֹא רַע
right *adv.* הַיְשֵׁר; בְּדִיּוּק; כַּהֲלָכָה; לְגַמְרֵי
right and left מִיָּמִין וּמִשְּׂמֹאל
right away/off מִיָּד
right now בְּרֶגַע זֶה מַמָּשׁ, עַתָּה
right *n.* יָמִין; יַד יָמִין; צֶדֶק; יוֹשֶׁר; זְכוּת
by right of בִּזְכוּת־, מִכּוֹחַ־, בִּגְלַל—
is in the right הַצֶּדֶק עִמּוֹ
right of way זְכוּת קְדִימָה; זְכוּת מַעֲבָר
right *v.* יִשֵּׁר, סִדֵּר, תִּקֵּן; זָקַף
right-angled *adj.* יְשַׁר־זָוִית
right-down *adj&adv.* גָּמוּר; לְגַמְרֵי
right'eous (rī'chəs) *adj.* צַדִּיק; צוֹדֵק
rightful *adj.* חוּקִי; הוֹגֵן
right-hand *adj.* יְמָנִי
right-hand man יַד־יְמִינוֹ, עוֹזֵר
rightist *n.* יְמָנִי, אִישׁ־הַיָּמִין
rightly *adv.* בְּצֶדֶק; נָכוֹן; *לָבֶטַח
right-minded *adj.* מַאֲמִין בְּצֶדֶק, הוֹגֵן
rightwards *adv.* יָמִינָה
right wing אֲגַף יְמָנִי; קִיצוֹנִי יְמָנִי
rig'id *adj.* קָשֶׁה, קָשׁוּחַ; קַפְּדָן; מְאוּבָּן
rig'marole' *n.* פִּטְפּוּט, סִפּוּר מְבוּלְבָּל
rig'or *n.* חוּמְרָה, הַקְפָּדָה, קְשִׁיחוּת
rig'orous *adj.* קָשֶׁה; קַפְּדָנִי, מַחְמִיר
rile *v.* *הִרְגִּיז
rill *n.* פֶּלֶג קָטָן, פַּלְגְּלָג
rim *n&v.* שָׂפָה, קָצֶה, זֵר, מִסְגֶּרֶת; עִטֵּר (כִּסָּה בְּ־) כְּפוֹר
rime *v&n.* (כִּסָּה בְּ־) כְּפוֹר
rind (rīnd) *n.* קְלִפָּה
ring *n.* טַבַּעַת; מַעְגָּל; קְבוּצָה, חוּג; זִירָה
ring *v.* הִקִּיף; שָׂם טַבַּעַת עַל
ring *v.* צִלְצֵל; טִלְפֵּן; הִשְׁמִיעַ; הִדְהֵד
it rings a bell זֶה מַזְכִּיר מַשֶּׁהוּ
ring off סִיֵּם שִׂיחַת טֶלֶפוֹן
ring the knell of- בִּשֵּׂר אֶת קֵץ—
ring up טִלְפֵּן; רָשַׁם (בקופה)
ring *n.* צִלְצוּל; נְעִימָה; צְלִיל
give a ring הִתְקַשֵּׁר, טִלְפֵּן
ring of truth נְעִימָה (נימה) שֶׁל אֱמֶת
ring finger קְמִיצָה
ring-leader *n.* מַנְהִיג, רֹאשׁ כְּנוּפְיָה
ring-master *n.* מְנַהֵל זִירָה
ringside *n&adj.* (מָקוֹם) קָרוֹב לַזִּירָה
rink *n.* חֲלַקְלַקָּה; רַחֲבַת גַּלְגִּלִּיּוֹת
rinse *v&n.* שָׁטַף, הֵדִיחַ; שְׁטִיפָה
rinse down בָּלַע (בעזרת משקה)
ri'ot *n&v.* מְהוּמָה; רַעַשׁ; הִשְׁתּוֹלֵל

is a riot קוצר הַצְלָחָה כַּבִּירָה
run riot השתולל; גָדַל פֶּרֶא
ri′otous *adj.* פָּרוּעַ, הולל; רַעֲשָׁנִי
rip *v.* קָרַע; נִקְרַע; פָּרַם; נִסֵּר
rip into נָזַף; התנפל על, התקיף
rip *n.* קֶרַע; שִׁבּוֹלֶת־מַיִם; *מוּפקר
ripe *adj.* בָּשֵׁל; מְפוּתָּח, מְנוּסֶה; *גַּס
rip′en (rīp′-) *v.* הבשיל
rip′ple *n&v.* (הֶעֱלָה) אַדְוָה, גַּלִּים
rise (-z) *v.* קָם; עָלָה; הִתְרוֹמֵם; הִתְגַּבֵּר; הִתְעוֹרֵר; הוֹפִיעַ
rise against התקומם, מָרַד
rise *n.* שִׁפּוּעַ; עֲלִיָּה; הַעֲלָאָה
give rise to עוֹרֵר, גָּרַם
riser *n.* קָם מִמִּטָּתוֹ; גוֹבַהּ מַדְרֵגָה
early riser מַשְׁכִּים קוּם
ris′ible (-z-) *adj.* מצחיק; שֶׁל צְחוֹק
rising *n&adj.* מֶרֶד, התקוממות; עוֹלֶה
risk *n&v.* סַכָּנָה, סיכון; אַחְרָיוּת; סִכֵּן
run/take a risk הִסְתַּכֵּן
risky *adj.* מְסוּכָּן, הֲרֵה־סַכָּנוֹת
risqué′ (riskā′) *adj.* גַּס, נוֹעָז
rite *n.* טֶקֶס, מִנְהָג
rit′ual (-ch-) *n&adj.* טֶקֶס, תַּהֲלִיךְ פּוּלְחָנִי; שֶׁל טְקָסִים, דָּתִי, רִיטוּאָלִי
ritually clean כָּשֵׁר
ri′val *n&v.* מִתְחָרֶה, יָרִיב; הִתְחָרָה
rivalry *n.* הִתְחָרוּת, תַּחֲרוּת
riv′er *n.* נָהָר
rivers of blood נַהֲרֵי־נַחֲלֵי־דָם
river-bed *n.* אֲפִיק־נָהָר, קַרְקַע נָהָר
riverside *n.* גָּדָה, שְׂפַת נָהָר
riv′et *n&v.* מַסְמֶרֶת; סִמְרֵר; מִקֵּד; רִתֵּק
riv′u·let *n.* נַחַל קָטָן, פֶּלֶג, פְּלַגְלַג
roach *n.* מַקָּק; *בְּדַל סִיגָרִיַּת־חֲשִׁישׁ
road *n.* כְּבִישׁ, דֶּרֶךְ; מַעֲגָן; מְסִלַּת בַּרְזֶל
middle of the road מַחֲצִית הַדֶּרֶךְ
take the road התחיל בְּמַסָּע
the road to הַדֶּרֶךְ לְ׳, הָאֶמְצָעִי לְ—
road-bed *n.* תַּשְׁתִּית, יְסוֹד הַכְּבִישׁ
road-block *n.* מחסום־כְּבִישׁ, בָּרִיקָדָה
road-house *n.* פּוּנְדָק, מִסְעָדָה
road sign תַּמְרוּר דְּרָכִים
road test מבחן נְהִיגָה; מִבְחַן רֶכֶב
roadway *n.* כְּבִישׁ
roadworthy *adj.* כָּשִׁיר לִתְנוּעָה
roam *v.* שׁוֹטֵט, נָדַד, נָד

roar *v&n.* שָׁאַג; שְׁאָגָה, רַעַשׁ
roar down הֶחֱרִישׁ (נוֹאֵם) בִּצְעָקוֹת
roar past חָלַף בְּרַעַשׁ (כגון רכב)
roaring *adj&adv.* *מְצוּיָּן, כַּבִּיר; מְאוֹד
roast *v.* צָלָה, קָלָה; נִצְלָה
roast *adj&n.* צָלוּי; צָלִי; צְלִיָּה; פִּיקְנִיק
roasting *adj&n.* חַם מְאוֹד; *שְׁטִיפָה
rob *v.* שָׁדַד, גָּזַל
rob the cradle הִתְחַתֵּן עִם צְעִירָה
robber *n.* שׁוֹדֵד, גַּזְלָן
robbery *n.* שׁוֹד, גֶּזֶל
robe *n&v.* (עָטָה) גְּלִימָה; חָלוּק
rob′in (redbreast) *n.* אֲדוֹם־הֶחָזֶה
ro′bot *n.* רוֹבּוֹט; בּוּבָּה
robust′ *adj.* חָסוֹן; בָּרִיא; גַּס
rock *n.* אֶבֶן; סֶלַע; מַמְתָּק; רוֹקֶנְרוֹל
has rocks in his head *מְטוּמְטָם
on the rocks עַל שִׂרְטוֹן; לִפְנֵי מַשְׁבֵּר
Rock of Israel צוּר יִשְׂרָאֵל
rock *v.* נִעְנַע, נִדְנֵד; זִעְזַע; הִתְנוֹעֵעַ
rock the boat הִפְרִיעַ לְהִתְקַדְּמוּת
rock bottom נְקוּדַת שֵׁפֶל; נָמוּךְ בְּיוֹתֵר
rock′er *n.* כִּסְנוֹעַ
off one's rocker יָצָא מִדַּעְתּוֹ
rock′et *n.* טִיל; זִקּוּקִית; *גְּעָרָה
rocket *v.* עָלָה, הִרְקִיעַ שְׁחָקִים
rocking chair כִּסְנוֹעַ
rocking horse סוּס עֵץ, סוּס מִתְנַדְנֵד
rock 'n' roll רוֹקֶנְרוֹל (ריקוד)
rocky *adj.* סַלְעִי; *רָעוּעַ, מִתְנוֹעֵעַ
rod *n.* מוֹט, מַקֵּל; עוֹנֶשׁ; *אֶקְדָּח
rode = pt of ride
ro′dent *n.* מְכַרְסֵם
rod′omontade′ *n.* הִתְרַבְרְבוּת
roe (rō) *n.* אַיָּלָה; בֵּיצֵי דָּגִים
roebuck *n.* אַיָּל
rog′er *interj.* בְּסֵדֶר! (באלחוט)
rogue (rōg) *n&adj.* נוֹכֵל, נָבָל; שׁוֹבָב
roguery *n.* נוֹכְלוּת; מַעֲשֵׂה קוּנְדֵס
ro′guish (-gish) *adj.* נוֹכֵל; שׁוֹבְבָנִי
roi′ster *v.* הִתְהוֹלֵל, הֵקִים רַעַשׁ
role *n.* תַּפְקִיד
roll (rōl) *n.* גָּלִיל, גְּלִילָה; מְגִלָּה; לַחְמָנִיָּה; רְשִׁימַת שֵׁמוֹת; גִּלְגּוּל, טִלְטוּל; רַעַשׁ, רַעַם
roll *v.* גִּלְגֵּל, הִתְגַּלְגֵּל; הִתְנוֹעֵעַ; כָּבַשׁ (בְּמַכְבֵּשׁ); הִדְהֵד, הִרְעִים

roll about הִסְתּוֹבֵב; הִתְגַּלְגֵּל מִצְּחוֹק
roll back הָדַף; הוֹרִיד (מחירים)
roll by/on עָבַר, חָלַף
roll in בָּא, נָהַר, זָרַם פְּנִימָה
roll on הִתְגַּלְגֵּל; חָלַף; זָרַם
roll oneself up הִצְטַנֵּף
roll out רִקֵּעַ; עִרְגֵּל; רִדֵּד; הִרְעִים
roll up בָּא, הִגִּיעַ; גָּלַל; הִפְשִׁיל
ro′ller *n.* מַכְבֵּשׁ; גַּלְגַּל-סַלְסוּל; גַּל
roller skate *n.* גַּלְגִּלִּית, סְקֶט
roller towel מַגֶּבֶת גְּלוּלָה (עַל מִתְקָן)
rolling pin מַעֲרוֹךְ
rolling stone נָע וָנָד, נַוָּד
roll-on *n.* גַּרְבּוֹן (הנגרב בגלילה)
ro′ly-po′ly *n.* פַּשְׁטִידָה מְגוּלְגֶּלֶת
Ro′man *adj&n.* רוֹמָאִי, רוֹמִי; קָתוֹלִי
ro•mance′ *n&v.* רוֹמָן; עֲלִילַת אַהֲבָה; גּוּזְמָה; נִהֵל רוֹמָן; הִגְזִים
ro•man′tic *adj.* רוֹמַנְטִי, רִגְשִׁי
ro•man′ticism′ *n.* רוֹמַנְטִיקָה
romp *v&n.* הִשְׁתּוֹבֵב; הִשְׁתּוֹבְבוּת
romp through עָבַר (מבחן) בְּקַלּוּת
romp′er *n.* מִצְרֶפֶת-יְלָדִים
roof (ro͞of) *n&v.* גַּג; קוֹרַת-גַּג; כִּסָּה
roof of the mouth חֵךְ
roof rack גָּגוֹן (במכונית)
rook *n&v.* צְרִיחַ; רַמַּאי, קַלְפָן; רִמָּה
rook′ie *n.* *טִירוֹן, "בָּשָׂר טָרִי"
room *n&v.* חֶדֶר, מָקוֹם; גָּר, דָּר
no room for doubt אֵין מָקוֹם לְסָפֵק
roomer *n.* דַּיָּר (בחדר שכור)
rooming house בֵּית-חֲדָרִים (להשכרה)
room′y *adj.* מְרֻוָּח, רָחָב
roost (ro͞ost) *n&v.* מוֹט, עָנָף; לוּל; (לגבי עוף) יָשַׁן עַל מוֹט
rule the roost מָשַׁל בְּכִפָּה
roo′ster *n.* תַּרְנְגוֹל
root (ro͞ot) *n.* שֹׁרֶשׁ; מָקוֹר; בָּסִיס, יְסוֹד
put down roots הִשְׁרִישׁ, הִתְעָרָה
root and branch כָּלִיל, עַד תֹּם
strike/take root הִכָּה שֹׁרֶשׁ
root *v.* הִשְׁרִישׁ; שָׁתַל; רִתֵּק; נָבַר
root for עוֹדֵד (קבוצתו), הֵרִיעַ
root out/up שֵׁרֵשׁ, עָקַר
rooted *adj.* מֻשְׁרָשׁ; מְאֻבָּן, מְרֻתָּק
rope *n.* חֶבֶל; מַחֲרֹזֶת; תְּלִיָּה
give him rope נָתַן לוֹ חֹפֶשׁ פְּעֻלָּה
on the ropes נִכְשָׁל, חֲסַר-אוֹנִים
the ropes כְּלָלִים, עִנְיָנִים, תַּהֲלִיךְ
rope *v.* קָשַׁר, כָּבַל; נִקְשַׁר; פִּלְצֵר
ro′sary (-z-) *n.* גַּן-שׁוֹשַׁנִּים; סֵפֶר תְּפִלָּה
rose (-z) *n&adj.* שׁוֹשַׁנָּה; וֶרֶד; רֹאשׁ מַזְלֵף, מַשְׁפֵּךְ; צְרוֹר סְרָטִים; וָרֹד
under the rose בַּחֲשַׁאי
rose = pt of rise (-z)
ro′se•ate (-z-) *adj.* וָרֹד, שׁוֹשַׁנִּי
rose-bed *n.* עֲרוּגַת וְרָדִים
rose′mar′y (rōz′māri) *n.* רוֹזְמָרִין
ro•sette′ (-zet) *n.* שׁוֹשֶׁנֶת; תּוֹבָרָה
ros′in (-z-) *n.* שְׂרָף; נָטָף
ros′ter *n.* לוּחַ תּוֹרָנֻיּוֹת
ros′trum *n.* בָּמָה, דּוּכַן-נוֹאֲמִים
rosy (rōz′i) *adj.* וָרֹד (לחי, עתיד)
rot *v.* הִרְקִיב; נָמַק; *דִּבֵּר שְׁטֻיּוֹת
rot *n.* רָקָב; רֶצֶף-כִּשְׁלוֹנוֹת; *שְׁטֻיּוֹת
ro′tary *adj.* סִבּוּבִי, רוֹטַצְיוֹנִי, מִסְתּוֹבֵב
rotary *n.* אִי-תְּנוּעָה, כִּכָּר, סוֹבָבָה
ro′tate *v.* הִסְתּוֹבֵב; סוֹבֵב; הֶחֱלִיף
ro•ta′tion *n.* סִבּוּב; רוֹטַצְיָה
rote *n.* שִׁנּוּן, שִׁגְרָה
ro′tor *n.* רוֹטָטוֹר; רוֹטוֹר, חוּגָה
rot′ten *adj.* רָקוּב, מְקֻלְקָל; *רַע, גָּרוּעַ
ro•tund′ *adj.* עֲגַלְגַּל; (קול) מָלֵא
rouge (ro͞ozh) *n&v.* אוֹדֶם, צֶבַע; פִּדֵּר
rough (ruf) *adj.* קָשֶׁה; מְחֻסְפָּס; גַּס; סוֹעֵר, גּוֹעֵשׁ; מִתְפָּרֵעַ; צוּרְמָנִי
cut up rough *הִתְרַגֵּז
it's rough on him אִתְרַע מַזָּלוֹ
rough and ready טוֹב לְמַדַּי, פָּשׁוּט
rough time שָׁעָה קָשָׁה, שְׁעַת מְצוּקָה
rough tongue לָשׁוֹן קָשָׁה/חֲרִיפָה
rough *n.* מַצָּב קָשֶׁה; בִּרְיוֹן; טְיוּטָה
rough *v.* חִסְפֵּס; פָּרַע (שיער)
rough it חַי בִּתְנָאִים קָשִׁים
rough up נָהַג בְּגַסּוּת; הִתְנַפֵּל עַל
rough-dry *v.* יִבֵּשׁ לְלֹא גִּהוּץ
rough′en (ruf′-) *v.* חִסְפֵּס
roughhouse *n.* תִּגְרָה, מְהוּמָה
roughly *adv.* בְּעֵרֶךְ; בְּאֹפֶן גַּס, גַּסּוֹת
rough-neck *n.* בִּרְיוֹן
roughshod *adj&adv.* מְסֻמַּר-פַּרְסוֹת
ride roughshod over רָמַס
rough-spoken *adj.* בַּעַל לָשׁוֹן קָשָׁה
rou•lette′ (ro͞olet′) *n.* רוּלֶטָה

round *adj.* עָגוֹל; שְׁמַנְמַן; שָׁלֵם; גָּלוּי
round pace קֶצֶב מָהִיר/נִמְרָץ
round sum סְכוּם נִכְבָּד
round *adv.* מִסָּבִיב, בַּחֲזָרָה; בִּסְבִיבָה
come round! בּוֹא אֵלַי, "קְפוֹץ אֵלַי"
go round הִסְתּוֹבֵב; הִלְכָה (שמועה)
round about בִּסְבִיבָה; בְּעֵרֶךְ
round *prep.* סָבִיב, מִסָּבִיב לְ—
round *n.* עִגּוּל; מַחֲזוֹר, סִבּוּב; מַעֲרָכָה; מַקּוֹף; פְּרוּסָה; יְרִיָּה
rounds סִיוּרִים, סִבּוּב, בִּקּוֹרֶת
round *v.* עִגֵּל; הִתְעַגֵּל; הִקִּיף
round down עִגֵּל כְּלַפֵּי מַטָּה
round off סִיֵּם כָּרָאוּי, קִנַּח בְּ—
round up עִגֵּל כְּלַפֵּי מַעְלָה; קִבֵּץ, אָסַף; לָכַד (פושעים)
round upon הִתְנַפֵּל עַל, הִסְתָּעֵר עַל
round = around
roundabout *adj&n.* עָקִיף, סְחוֹר־סְחוֹר סְחַרְחֵרָה, קָרוּסֶלָה; אִי־תְּנוּעָה, סוּבָּה
round-eyed *adj.* פְּעוּר־עֵינַיִם
roundish *adj.* עֲגַלְגַּל
roundly *adv.* כָּלִיל, לַגַּמְרֵי; נִמְרָצוֹת
round-shouldered *adj.* כְּפוּף־גֵּו
round-trip *adj.* (כרטיס) הָלוֹךְ וָשׁוֹב
round-up *n.* אִסּוּף; מָצוֹד, לְכִידָה
rouse (-z) *v.* הֵעִיר; הֵקִים; עוֹרֵר; הִלְהִיב; הִרְגִּיז; הִתְעוֹרֵר
rout *n&v.* תְּבוּסָה מְלֵאָה, מְנוּסַת בֶּהָלָה; מְהוּמָה; הֵבִיס; הֵנִיס; הוֹצִיא
route (ro͞ot) *n&v.* דֶּרֶךְ, נָתִיב; נִתֵּב
en route בַּדֶּרֶךְ
rou·tine' (ro͞otēn') *n&adj.* שִׁגְרָה, רוּטִינָה; קֶטַע בִּימָתִי; שִׁגְרָתִי, רָגִיל
rove *v.* שׁוֹטֵט, תָּר, נָע
row (rō) *n&v.* שׁוּרָה, טוּר; שַׁיִט, חֲתִירָה; רְחוֹב; חָתַר; שָׁט; תָּפַשׂ מָשׁוֹט
hard row to hoe מְשִׂימָה קָשָׁה
hoe one's own row נָשָׂא לְבַדּוֹ בָּעוֹל
row (rou) *n&v.* מְרִיבָה; רַעַשׁ; מְהוּמָה; נְזִיפָה; רָב; נָזַף; גָּעַר
row-boat *n.* סִירַת־מְשׁוֹטִים
row'dy *n&adj.* פִּרְחָח; פִּרְחָחִי, קוֹלָנִי
row'er (rō-) *n.* חוֹתֵר, תּוֹפֵשׂ מָשׁוֹט
rowing *n.* שִׁיּוּט, חֲתִירָה
roy'al *adj.* מַלְכוּתִי; מַמְלַכְתִּי
roy'alist *adj&n.* מְלוּכָנִי
roy'alty *n.* מַלְכוּת; תַּמְלוּג
rub *v&n.* שִׁפְשֵׁף, חִכֵּךְ; מָרַח, לִטֵּשׁ; צִחְצַח; הִשְׁתַּפְשֵׁף; שִׁפְשׁוּף
rub along הִצְלִיחַ, הִסְתַּדֵּר; חַי
rub in שִׁנֵּן, חָזַר עַל, הֶחְדִּיר
rub out מָחַק; *חִסֵּל, רָצַח
rub shoulders/elbows with הִתְחַכֵּךְ בְּ־, פָּגַשׁ, הִתְרוֹעֵעַ עִם
there's the rub פֹּה קָבוּר הַכֶּלֶב
rub'ber *n.* מְשַׁפְשֵׁף; גּוּמִי; מַחַק; סִדְרָה; מִשְׂחָק מַכְרִיעַ; נַעַל גּוּמִי
rubber band גּוּמִיָּה
rubber check שֶׁק בְּלִי כִּסּוּי
rubberneck *n&v.* סַקְרָן; שִׁרְבֵּב צַוָּאר
rubber stamp חוֹתֶמֶת גּוּמִי
rub'bish *n.* אַשְׁפָּה, זֶבֶל; שְׁטוּיוֹת
rub'ble *n.* חָצָץ, שִׁבְרֵי אֶבֶן
rub-down שִׁפְשׁוּף נִמְרָץ, נִגּוּב, קִרְצוּף
ru·bel'la (ro͞o-) *n.* אַדֶּמֶת
ru'bicund *adj.* אָדֹם, סְמוּק־פָּנִים
ru'bric *n.* הוֹרָאָה, הַנְחָיָה; כּוֹתֶרֶת
ru'by *n&adj.* אוֹדֶם (אבן יקרה); אָדֹם
ruck *v&n.* קִמֵּט; הִתְקַמֵּט; קֶמֶט
ruck'sack' *n.* תַּרְמִיל גַּב
ruck'us, ruc'tion *n.* מְהוּמָה
rud'der *n.* סְנַפִּיר הַזָּנָב (של ספינה)
rud'dy *adj&n.* אָדֹם, אֲדַמְדַּם; אָרוּר
rude *adj.* גַּס; חָצוּף; פִּתְאוֹמִי; פָּשׁוּט
ru'dimen'tary *adj.* יְסוֹדִי, אֶלֶמֶנְטָרִי
ru'diments *npl.* יְסוֹדוֹת, עִקָּרִים
rue (ro͞o) *v.* הִתְחָרֵט, הִצְטַעֵר, נֶעֱצַב
rue'ful (ro͞o'-) *adj.* עָצוּב, מָלֵא יָגוֹן
ruff *n.* צַוָּארוֹן מְסוּלְסָל; טַבַּעַת נוֹצוֹת
ruf'fian *n.* בִּרְיוֹן, חוּלִיגָן, פִּרְחָח
ruf'fle *v&n.* הִרְגִּיז; הִתְרַגֵּז; קִמֵּט; פֶּרַע; פְּרִיעָה; קֶפֶל; אִדְוָה
rug *n.* שָׁטִיחַ; מַעֲטֶה־צֶמֶר
rug'by *n.* רַגְבִּי
rug'ged *adj.* קָשֶׁה; מְחוּסְפָּס; מְסוּלָּע
ru'in *n&v.* הֶרֶס, חוּרְבָּן; חוּרְבָּה; הָרַס
ru'inous *adj.* הַרְסָנִי, מֵמִיט אָסוֹן
rule *n&v.* כְּלָל, חוֹק, תַּקָּנָה; מִנְהָג; שִׁלְטוֹן; סַרְגֵּל; שָׁלַט; פָּסַק, קָבַע
as a rule בְּדֶרֶךְ כְּלָל
rule off מָתַח קַו, הִפְרִיד בְּקַו
rule out הוֹרִיד מֵהַפֶּרֶק, פָּסַל
ru'ler *n.* שַׁלִּיט, מֶלֶךְ; סַרְגֵּל

ru'ling *n&adj.* פְּסַק־דִּין, קְבִיעָה; שׁוֹלֵט
rum *n&adj.* רוּם; *מְשׁוּנֶה; קָשֶׁה
rum'ble *v&n.* רָעַם; הִרְעִישׁ; *גִּלָּה; הֵבִין; רַעַשׁ; מוֹשָׁב אֲחוֹרִי; *תִּגְרָה
ru'minate' *n.* הֶעֱלָה גֵרָה; הִרְהֵר
rum'mage *v&n.* חִפֵּשׂ, פִּשְׁפֵּשׁ; חִפּוּשׂ יְסוֹדִי; חֲפָצִים יְשָׁנִים
ru'mor *n&v.* שְׁמוּעָה; הֵפִיץ שְׁמוּעָה
rump *n.* עַכּוּז; יַשְׁבָן; שָׂרִיד (של ארגון)
rum'ple *v.* קִמֵּט; פֵּרַע (שיער)
rum'pus *n.* מְהוּמָה, רִיב; מִשְׂחָק
run *v.* רָץ; בָּרַח; נָע; חָלַף; נָסַע; הֶעֱבִיר; נִהֵל; פָּעַל; הִפְעִיל; זָרַם; שָׁפַךְ; הָפַךְ, נַעֲשָׂה; נִמְשַׁךְ
run a pen through מָתַח קַו עַל
run a risk הִסְתַּכֵּן
run a temperature קִבֵּל חוֹם
run across נִתְקַל בְּ־, פָּגַשׁ
run around יָצָא בְּחֶבְרַת־, הִסְתּוֹבֵב
run at הִתְנַפֵּל עַל
run away בָּרַח; גָּנַב וְהִסְתַּלֵּק
run back over סָקַר, עָבַר שׁוּב
run down נֶעֱצַר; הִפְחִית פְּעִילוּת; דָּרַס; רָדַף וְתָפַס; בִּקֵּר קָשׁוֹת
run in הִשְׂגִּיר, הֵרִיץ (מנוע); אָסַר
run into נָעַץ; נִתְקַל בְּ־; נִכְנַס לְ—
run off בָּרַח; נִקֵּז, רוֹקֵן; הִדְפִּיס
run on נִמְשַׁךְ; הִמְשִׁיךְ; עָבַר, חָלַף
run out אָזַל, נִגְמַר; בָּלַט, הִזְדַּקֵּר
run out on *זָנַח, נָטַשׁ
run over גָּלַשׁ; דָּרַס; סָקַר, חָזַר
run through דָּקַר, נָעַץ; נִנְעַץ; בִּזְבֵּז
run up against נִתְקַל בְּ־, פָּגַשׁ
run *n.* רִיצָה; נְסִיעָה; מַסְלוּל; מֶרְחָק; מְגַמָּה, נְטִיָּה; (בספורט) נְקוּדָה; פֶּלֶג, יוּבַל; יְרִידָה, נְפִילָה; סִדְרָה, רְצִיפוּת
common run הַטִּיפּוּס הָרָגִיל/הַשָּׁכִיחַ
in the short run לְטוֹוַח קָצָר
make a run for it עָשָׂה "וַיִּבְרַח"
on the run בִּמְנוּסָה; מְמַהֵר; מִתְרוֹצֵץ
run in a stocking רַכֶּבֶת בַּגֶּרֶב
run-around *n.* הִתְחַמְּקוּת, רַמָּאוּת
runaway *adj&n.* בּוֹרֵחַ, נִמְלָט; פָּלִיט
run-down *n&adj.* יְרִידָה; עָיֵף; יָרוּד
rung *n.* שָׁלָב (בסולם), חָוָק; מַדְרֵגָה
rung = pp of ring
run-in *n.* *רִיב, סִכְסוּךְ; תְּקוּפַת־הֲכָנָה
run'ner *n.* רָץ; שָׁלִיחַ; מַפָּה; מַבְרִיחַ
runner-up *n.* שֵׁנִי (בתחרות)
running *adj&adv.* רָץ, בְּרִיצָה; זוֹרֵם; זָב; רָצוּף; (עֲלוּת) שׁוֹטֶפֶת
in running order פּוֹעֵל כַּהֲלָכָה
running head/title כּוֹתֶרֶת הַמְשֵׁכִית
running start הַתְחָלָה נָאָה, זִנּוּק טוֹב
run-of-the-mill *adj.* רָגִיל, בֵּינוֹנִי
run-on *adj.* מְצוֹרָף, נוֹסָף, רָצוּף, הֶמְשֵׁכִי
runt *n.* נַנָּס, לֹא מְפוּתָּח
run-through *n.* חֲזָרָה, תִּשְׁנוּן
run-up *n.* תְּקוּפַת הֲכָנָה/פְּעִילוּת
run'way' *n.* מַסְלוּל הַמְרָאָה, מִמְרָאָה
rup'ture *n.* שֶׁבֶר, קֶרַע, הִתְפַּקְּעוּת; בֶּקַע
rupture *v.* נִקְרַע, הִתְפַּקַּע; נִתֵּק
ru'ral *adj.* כַּפְרִי, שֶׁל כְּפָר
ruse *n.* תַּכְסִיס, תַּחְבּוּלָה
rush *v.* מִהֵר, רָץ בְּבֶהָלוּת; הִסְתָּעֵר; כָּבַשׁ בִּסְעָרָה; הֵחִישׁ, הֶעֱבִיר
rush for— גָּבָה מְחִיר מוּפְרָז עֲבוּר—
rush something עָשָׂה דָּבָר בְּחוֹפְזָה
rush through הֶעֱבִיר בִּמְהִירוּת
rush *n.* מְהִירוּת, חִפָּזוֹן, מְהוּמָה; הִסְתָּעֲרוּת; בֶּהָלָה; זִנּוּק; קְנֵה־סוּף
rush hour שְׁעַת הָעוֹמֶס, שְׁעַת הַדּוֹחַק
rusk *n.* צְנִים
rus'set *adj&n.* חוּם־זְהַבְהַב
Rus'sia (rush'ə) *n.* רוּסְיָה
Rus'sian (rush'ən) *adj&n.* רוּסִי; רוּסִית (שפה)
rust *n&v.* חֲלוּדָה; חִלָּדוֹן; הֶחֱלִיד
rus'tic *adj&n.* פָּשׁוּט, גַּס, מְחוּסְפָּס, לֹא מְהוּקְצָע; כַּפְרִי, קַרְתָּנִי; אִכָּר
rus'ticate' *v.* חַי בִּכְפָר; הִרְחִיק זְמַנִּית; הִשְׁעָה; סִתֵּת בְּחִסְפּוּס/בְּזִיזִים
rus'tle (-səl) *v&n.* רִשְׁרֵשׁ; נָע בְּרִשְׁרוּשׁ; *גָּנַב, סָחַב; רִשְׁרוּשׁ
rustle up *הֵכִין, אִרְגֵּן, סִפֵּק
rustling *n.* רִשְׁרוּשׁ; גְּנֵבַת בָּקָר
rusty *adj.* חָלוּד; לֹא מְלוּטָשׁ; דָּהוּי
rut *n&v.* חָרִיץ, עִקְבוֹת אוֹפַן; שִׁגְרָה; הוֹתִיר חֲרִיצִים (באדמה)
rut *n&v.* עוֹנַת הַיִּחוּם; הִתְיַחֵם
ruth (ro͞oth) *n.* רַחֲמִים; צַעַר
ruthless *adj.* אַכְזָרִי, חֲסַר־רַחֲמִים
rut'ting *adj&n.* מְיוּחָם; הִתְיַחֲמוּת
rye (rī) *n.* שִׁיפוֹן; לֶחֶם שִׁיפוֹן

S

S = South, Sunday, Saturday
Sab′bata′rian *n.* שׁוֹמֵר שַׁבָּת, שַׁבְּתָן
Sab′bath *n.* שַׁבָּת; יוֹם רִאשׁוֹן
break the Sabbath חִלֵּל אֶת הַשַּׁבָּת
sabbat′ical *adj.* שַׁבָּתִי, כְּמוֹ שַׁבָּת
sabbatical year שְׁנַת שַׁבָּתוֹן
sa′ber *n.* חֶרֶב כְּבֵדָה (כפופת־להב), סַיִף
sa′ble *n&adj.* צוֹבֶל (טורף קטן); שָׁחוֹר
sab′ot (-bō) *n.* נַעַל עֵץ, קַבְקַב
sab′otage′ (-tazh) *n&v.* סַבּוֹטַז׳; חִבֵּל
sa′bra (sä′-) *n.* צַבָּר, יְלִיד יִשְׂרָאֵל
sac *n.* כִּיס, שַׁלְפּוּחִית, שַׂק
sac′erdo′tal *adj.* כֹּהֲנִי, שֶׁל אַנְשֵׁי־דָּת
sack *n&v.* שַׂק; סַל־נְיָר; פִּטּוּרִים; פִּטֵּר
got the sack *פּוּטַר, הוּעַף מֵהָעֲבוֹדָה
hit the sack *הָלַךְ לִישׁוֹן
sack out/in *שָׁכַב לִישׁוֹן
sack *v&n.* שָׁדַד, בָּזַז; בִּזָּה; הָרֶג
sackcloth *n.* לְבוּשׁ שַׂק, אֲרִיג שַׂק
sac′rament *n.* סַקְרָמֶנְט, טֶקֶס נוֹצְרִי, פּוּלְחָן; הַלֶּחֶם הַקָּדוֹשׁ
sa′cred *adj.* קָדוֹשׁ; דָּתִי; חֲגִיגִי
sac′rifice′ *n&v.* קוֹרְבָּן, הַקְרָבָה; וִתּוּר, אוֹבְדָן; הִקְרִיב; מָכַר בְּהֶפְסֵד
sac′rilege (-lij) *n.* חִלּוּל קוֹדֶשׁ
sac′rile′gious (-lij′əs) *adj.* שֶׁל חִלּוּל קוֹדֶשׁ
sac′ristan *n.* שַׁמַּשׁ־כְּנֵסִיָּה
sac′ro·sanct′ *adj.* קָדוֹשׁ בְּיוֹתֵר
sac′rum *n.* עֶצֶם הָעָצֶה
sad *adj.* עָצוּב, מְצַעֵר; עָגוּם, מֵבִישׁ, רַע
sad′den *v.* הֶעֱצִיב; נֶעֱצַב
sad′dle *n&v.* אוּכָּף; שְׁלִיטָה; אוּכַּף — הָרִים/אוֹפַנַּיִם; אִכֵּף, שָׂם אוּכָּף עַל
saddle of mutton נֵתַח בְּשַׂר־כֶּבֶשׂ
saddle with הֶעֱמִיס, הִטִּיל, חִיֵּב
saddled with debts שָׁקוּעַ בְּחוֹבוֹת
saddlebag *n.* אַמְתַּחַת, שַׂקִּים
Sad′du·cee′ *n.* צְדוֹקִי
sa′dism′ *n.* סָדִיזְם, אַכְזָרִיּוּת
sadis′tic *adj.* סָדִיסְטִי
sadness *n.* עַצְבוּת
safe *adj.* בָּטוּחַ; מוּגָן; שָׁלֵם; זָהִיר
safe and sound בָּרִיא וְשָׁלֵם
safe *n.* כַּסֶּפֶת; אֲרוֹן אִוְרוּר (למזון)
safe-conduct *n.* רִשְׁיוֹן מַעֲבָר
safe-deposit box כַּסֶּפֶת (בבנק)
safeguard *n&v.* אֶמְצְעֵי־הֲגַנָּה, אֶמְצְעֵי־בְּטִיחוּת, מַחְסֶה; הֵגֵן, שָׁמַר
safe′ty (sāf′-) *n.* בִּטָּחוֹן; בְּטִיחוּת
safety catch נְצְרָה
safety island/zone אִי־תְּנוּעָה
safety match גַּפְרוּר
safety pin סִכַּת בִּטָּחוֹן, פְּרִיפָה
safety razor מַגְלֵחַ, מְכוֹנַת גִּלּוּחַ
saf′fron *n.* זְעַפְרָן, כַּרְכּוֹם; תַּפּוּז־צָהוֹב
sag *v&n.* שָׁקַע, יָרַד, צָנַח; שְׁקִיעָה
sa′ga (sä′-) *n.* סָגָה, הַגָּדָה, סִפּוּר
saga′cious (-shəs) *adj.* נָבוֹן, חָכָם
sage *adj&n.* חָכָם, מְלוּמָד; נַעֲנָה
Sag′itta′rius *n.* מַזַּל קֶשֶׁת
said = p of say (sed)
the said הָאָמוּר, הַנַּ״ל
sail *n.* מִפְרָשׂ; מִפְרָשִׂית; שַׁיִט
make/set sail הִפְלִיג
take in sail מִתֵּן פְּעִילוּיוֹתָיו
sail *v.* שָׁט; הֵשִׁיט; הִפְלִיג; רִחֵף
sail close to the wind הָיָה קָרוֹב לְבִצּוּעַ עֲבֵרָה
sail into him הִתְנַפֵּל עָלָיו
sailing *n.* הַפְלָגָה; שַׁיִט־מִפְרָשִׂית
sailing ship/vessel מִפְרָשִׂית
sailor *n.* מַלָּח, יַמַּאי, יוֹרֵד־יָם
sail plane דָּאוֹן
saint *n.* קָדוֹשׁ; צַדִּיק; ״מַלְאָךְ״
saintly *adj.* קָדוֹשׁ, כַּיָּאֶה לְקָדוֹשׁ
sake *n.* תּוֹעֶלֶת; טוֹבָה; מַטָּרָה
for heaven's sake! לְמַעַן הַשֵּׁם!
for the sake of לְמַעַן, בִּשְׁבִיל, לְטוֹבַת
sa′lable *adj.* מָכִיר, רָאוּי לִמְכִירָה
sala′cious (-shəs) *adj.* שְׁטוּף־זִמָּה; גַּס
sal′ad *n.* סָלָט; תַּעֲרוֹבֶת; יָרָק
sala′mi (-lä′-) *n.* סָלָמִי (נקניק)
sal′ary *n.* מַשְׂכּוֹרֶת, שָׂכָר

sale *n.* מְכִירָה; מְכִירָה כְּלָלִית
no sale! לֹא! בְּהֶחלֵט לֹא!
salesclerk מוֹכֵר, זַבָּן
salesman *n.* סוֹכֵן מְכִירוֹת, זַבָּן
salesmanship *n.* זַבָּנוּת; כּוֹשֶׁר שִׁכנוּעַ
sa'lient *adj&n.* בּוֹלֵט; נִכָּר; רֹאשׁ־חֵץ
sa'line *adj&n.* מִלחִי; תְּמִיסַת מֶלַח
sali'va *n.* רוֹק
sal'ivar'y (-veri) *adj.* שֶׁל רוֹק, רִירִי
sal'low (-ō) *adj.* צָהוֹב; חוֹלָנִי
sal'ly *n&v.* גִּיחָה, הַבקָעָה; הִתפָּרְצוּת; הֶעָרָה שְׁנוּנָה; טִיוּל; הֵגִיחַ; פָּרַץ
sally forth/out הֵגִיחַ; יָצָא לְטִיוּל
salm'on (sam'-) *n.* סַלמוֹן, אִלתִּית
salon' *n.* סָלוֹן, טְרַקלִין, חֲדַר־אוֹרְחִים
saloon' (-lōōn) *n.* מִסְבָּאָה, בַּאר; אוּלָם
saloon car מְכוֹנִית, מְכוֹנִית נוֹסְעִים
salt (sôlt) *n.* מֶלַח; מִלחִיָּה; יַמַּאי
take it with a grain of salt קִבֵּל הַדָּבָר מִתּוֹך פִּקפּוּק בַּאֲמִתּוּתוֹ
salt *v.* מָלַח, הִמלִיחַ; תִּבֵּל; רִמָּה
salt away חָסַך (כֶּסֶף)
saltcellar *n.* מִלחִיָּה, מַבזֵק־מֶלַח
salt-lick *n.* מְלֵחַת־לִקּוּק (לחיות)
salt'pe'ter (sôlt-) *n.* מְלַחַת
saltshaker *n.* מִלחִיָּה, מִבזֶקֶת־מֶלַח
salty *adj.* מָלוּחַ; מְמוּלָּח; *שֶׁל הַיָּם
salu'brious *adj.* מַבְרִיא, יָפֶה לַבְּרִיאוּת
sal'u·tar'y (-teri) *adj.* טוֹב, בָּרִיא
sal'u·ta'tion *n.* בְּרָכָה; פְּתִיחָה, פְּנִיָּה
salute' *v&n.* הִצדִּיעַ; קִדֵּם בִּבְרָכָה; הַצדָּעָה; מַטַּח־כָּבוֹד; בִּרכַּת שָׁלוֹם
sal'vage *n&v.* הַצָּלַת־רְכוּשׁ; חִלּוּץ; סְפִינָה; רְכוּשׁ נִצָּל; נְצוֹלֶת; הִצִּיל
sal·va'tion *n.* יֶשַׁע, יְשׁוּעָה, גְּאוּלָּה
salve (sav) *n&v.* מִשׁחָה, תְּרוּפָה; מָזוֹר; הִרגִּיעַ, הִשׁקִיט, שִׁכֵּך
sal'ver *n.* מַגָּשׁ, טַס
sal'vo *n.* מַטָּח; הִתפָּרְצוּת; תְּשׁוּאוֹת
Samar'itan *n.* שׁוֹמְרוֹנִי
same *adj&adv&pron.* זֶהֶה, שָׁוֶה; אוֹתוֹ (הַדָּבָר); הַנַּ"ל; בְּאוֹפֶן דּוֹמֶה
all the same אַף עַל פִּי כֵן
at the same time בּוֹ־זְמַנִּית; בְּרַם
it's all the same הַיְנוּ הַך
just the same הַיְנוּ הַך; אַף עַל פִּי כֵן
same here *גַּם לִי, גַּם אֲנִי; כַּנַּ"ל

sam'ple *n.* דּוּגמָה, דֶּגֶם, מִדגָּם
sample *v.* בָּדַק מִדגָּם, טָעַם, נִסָּה
san'ative *adj.* מְרַפֵּא, בַּעַל כּוֹחַ לְרַפֵּא
sanc'tify *v.* קִדֵּשׁ; טִהֵר מֵחֵטְא
sanc'timo'nious *adj.* מִתחַסֵּד, צָבוּעַ
sanc'tion *n&v.* אִשּׁוּר, רְשׁוּת; עִדּוּד; סַנקציָה; עִצוּמִים; אִשֵּׁר, עוֹדֵד
sanc'tuary (-chōōəri) *n.* מָקוֹם קָדוֹשׁ; מִקלָט; מַחסֶה; שְׁמוּרַת־חַיּוֹת
sand *n&v.* חוֹל; חוֹף־הַיָּם; שִׁפשֵׁף בְּחוֹל
san'dal *n&v.* סַנדָּל; סִנדֵּל
sandbag *n&v.* שַׂק־חוֹל; בִּצֵּר בְּשַׂקֵּי־חוֹל; כָּפָה, הִכרִיחַ
sandbank, sandbar *n.* שִׂרטוֹן
sandbox *n.* אַרגַּז חוֹל (לפעוטות)
sand dune דְּיוּנָה, חוֹלִית
sandglass *n.* שְׁעוֹן חוֹל
sand-lot *adj&n.* (מִגרָשׁ) שֶׁל חוֹבְבִים
sandpaper *n&v.* (שִׁפשֵׁף בְּ־) נְיַר־שָׁמִיר
sandshoe *n.* נַעַל טֶנִיס, נַעַל־יָם
sandstone *n.* אֶבֶן־חוֹל
sandstorm *n.* סוּפַת־חוֹל
sand'wich *n&v.* כָּרִיך, סֶנדְוִיץ'; עוּגַת־רְבָדִים; הִרבִּיד, דָּחַק, הִכנִיס
sandy *adj&n.* חוֹלִי; *גִ'ינגִ'י
sane *adj.* שָׁפוּי, הֶגיוֹנִי, שָׁקוּל
sang = pt of sing
sangfroid (sänfrwä') *n.* קוֹר־רוּחַ
san'guinar'y (-gwineri) *adj.* עָקוֹב מִדָּם; צְמֵא־דָם, אַכזָרִי; רְווּי קְטָלוֹת
san'guine (-gwin) *adj.* אוֹפְּטִימִי; אָדוֹם
san'ita'rium *n.* סָנָטוֹרִיוּם, בֵּית־מַרפֵּא
san'itar'y (-teri) *adj.* תַּבְרוּאָנִי, הִיגְיֶנִי
sanitary napkin תַּחבּוֹשֶׁת הִיגְיֶנִית
san'ita'tion *n.* סָנִיטַציָה, תַּבְרוּאָנוּת
san'ity *n.* שְׁפִיוּת, שִׁקּוּל־דַּעַת
sank = pt of sink
sans (sanz) *prep.* בְּלִי, בְּלֹא
sap *n.* מוֹהַל, לְשַׁד־הַצֶּמַח; כּוֹחַ, חִיּוּת, מֶרֶץ; חֲפִירָה, מַחתֶּרֶת; *טִפֵּשׁ, פֶּתִי
sap *v.* הֶחֱלִישׁ, הִתִּישׁ, הָרַס, חָתַר
sa'pient *adj.* חָכָם; "חָכָם בַּלַּיְלָה"
sap'ling *n.* עֵץ צָעִיר; נַעַר, עֶלֶם
sap'per *n.* חַפָּר, חַבְּלָן, פַּלָּס
sap'phire (saf'-) *n.* סַפִּיר; כָּחוֹל עַז
sap'py *adj.* מָלֵא חִיּוּת, נִמרָץ; *טִפֵּשׁ
sar·cas'tic *adj.* סַרקַסטִי, עוֹקְצָנִי

sar·coph'agus *n.* סַרקוֹפָג, גְלוֹסקָמָה
sar·dine' (-dēn') *n.* סַרדִין, טָרִית
sar·don'ic *adj.* בָּז, צִינִי, לַגלְגָנִי
sarge *n.* סַרגֶ'נט, סַמָל
sash *n.* אַבנֵט; מִסגֶרֶת הַשִמשָה
sa·shay' (sa-) *v.* נָע בְּקַלִילוּת
sash window חַלוֹן זָחִיחַ (עוֹלֶה ויוֹרד)
sass *n&v.* *חוּצפָּה; הִתחַצֵף כְּלַפֵּי—
sat = p of sit
satan'ic *adj.* שְׂטָנִי, רָע, אַכזָרִי
satch'el *n.* יַלקוּט
sate *v.* פִּטֵם, הִלעִיט, הִשׂבִּיעַ
sateen', sat'in *n.* סָטִין
sat'ellite' *n.* לַוְיָן, יָרֵחַ; חָסִיד; גְרוּרָה
sa'tiate' (-'sh-) *v.* הִשׂבִּיעַ, פִּטֵם
sati'ety *n.* שׂוֹבַע, שְׂבִיעוּת, תְּקוּצָה
sat'iny *adj.* חָלָק, מְשִׁיִי, מַברִיק
sat'ire *n.* סָטִירָה
satir'ical *adj.* סָטִירִי
sat'irist *n.* סָטִירִיקָן, כּוֹתֵב סָטִירוֹת
sat'isfac'tion *n.* שְׂבִיעוּת רָצוֹן, סִפּוּק; מִלוּי צוֹרֶך; פִּצוּי, תַּגמוּל, נָקָם
sat'isfac'tory *adj.* מַשׂבִּיעַ רָצוֹן
sat'isfy' *v.* סִפֵּק; מִלֵא, עָנָה עַל; הִשׂבִּיעַ רָצוֹן; פִּצָה; שִׁכנַע; הִשׂבִּיעַ
sat'urate' (-ch'-) *v.* הִרוָה; הִספִּיג
sat'ura'tion (-ch'-) *n.* רְוָיָה; הַספָּגָה
Sat'urday *n.* שַׁבָּת
Sat'urn *n.* שַׁבְּתַאי (כּוֹכב לכת)
sat'urnine' *adj.* זוֹעֵף, רְצִינִי, קוֹדֵר
sat'yr (-tər) *n.* סָטִיר, אֵל הַיַעַר; הוֹלֵל
sauce *n.* רוֹטֶב; תַּבלִין; רֶסֶק; *חוּצפָּה
hit the sauce *נָתַן בַּכּוֹס עֵינוֹ
sauce *v.* הִתחַצֵף כְּלַפֵּי; תִּבֵּל
saucepan *n.* סִיר, קַלַחַת, אִלְפָּס
sau'cer *n.* תַּחתִּית (לספל); צַלַחַת
sau'cy *adj.* חָצוּף; *נָאֶה, נוֹצֵץ
sau'na *n.* סָאוּנָה, מֶרחַץ־אֵדִים
saun'ter *v&n.* הִלֵך בְּנַחַת; טִיוּל־הֲנָאָה
sau'sage *n.* נַקנִיק, נַקנִיקִית
sauté (sôta') *v.* טִגֵן חֲטוּפוֹת
sav'age *n&adj.* פֶּרֶא; עַז, גַס; זוֹעֵם
savant' (-vänt) *n.* מְלוּמָד, חָכָם
save *v&n.* הִצִיל; חָסַך; גָאַל; הַצָלָה
save one's bacon/skin מִלֵט נַפשוֹ
save one's breath שָׁתַק, הֶחֱרִישׁ
save one's face הִצִיל אֶת כְּבוֹדוֹ
save the day נָחַל נִצָחוֹן, הִצִיל
save, saving *prep.* חוּץ מִן, פְּרָט לְ—
saving *adj&n.* מְפַצֶה, מְאַזֵן; הַצָלָה
savings חֶסכוֹנוֹת
sa'vior *n.* מַצִיל; מוֹשִׁיעַ
sa'vor *n.* טַעַם, רֵיחַ, אוֹפִי, סַממָן
savor *v.* נֶהֱנָה, הִתעַנֵג, לָגַם לְאַט
savors of בַּעַל טַעַם שֶׁל, מַדִיף רֵיחַ
savory *adj&n.* טָעִים, מְתַאֲבֵן; טוֹב, נָעִים; חָרִיף; צַתרָה; פַּרפֶּרֶת מְלוּחָה
saw *n&v.* מַסוֹר; פִּתגָם; נִסֵר; נִנסַר
saw wood *נָחַר
saw = pt of see
sawbuck *n.* שְׁטָר בֶּן 10 דוֹלָרִים
sawdust *n.* נְסוֹרֶת
sawmill *n.* מִנסָרָה
saw'yer (-yər) *n.* נַסָר
Sax'on *n.* סַקסוֹנִי, אַנגלוֹ־סַקסִי
sax'ophone' *n.* סַקסוֹפוֹן
say *v&adv.* אָמַר; דִבֵּר, הִגִיד, הִבִּיעַ; הֶעֱרִיך, שִׁעֵר, חָשַׁב; נַנִיחַ, לְדוּגמָה
say to oneself אָמַר בְּלִבּוֹ, חָשַׁב
says you *שְׁטוּיוֹת! מַה פִּתאוֹם!
that is to say כְּלוֹמַר, הֱוֵי אוֹמֵר
there's no saying אֵין לָדַעַת
they say אוֹמְרִים, הַשְּׁמוּעָה אוֹמֶרֶת
you can say that again נָכוֹן מְאוֹד!
you don't say! מָה אַתָּה סָח!
I say שְׁמַע! הַאוּמנָם?! (בּיטוּי סתמי)
I'd say הָיִיתִי אוֹמֵר שֶׁ־, נִראֶה לִי
It goes without saying בָּרוּר שֶׁ—
It's said that אוֹמְרִים שֶׁ—
say *n.* דֵעָה, הַבָּעַת דֵעָה; זְכוּת דִבּוּר
saying *n.* פִּתגָם, מֵימְרָה
scab *n.* גָרֶדֶת; גֶלֶד; *מֵפֵר־שְׁבִיתָה
scab'bard *n.* נָדָן
scab'by *n.* מְכוּסֶה־גְלָדִים; מוּכֵּה־שְׁחִין
sca'bies (-bēz) *n.* גָרֶדֶת, גָרֶבֶת
sca'brous *adj.* מְחוּספָּס; מְסוּבָּך; גַס
scads *npl.* *הַרבֵּה, מִספָּר רַב
scaf'fold *n.* פִּגוּם; גַרדוֹם
scald (skôld) *v&n.* כָּוָה, הִכוָה; חִמֵם; חָלַט, מָלַג; כְּוִיָה
scalding *adj.* צוֹרֵב; מַתקִיף, חָרִיף
scale *n&v.* כַּף־הַמֹאזנַיִם; שָׁקַל
tip/turn the scales הִכרִיעַ אֶת הַכַּף
scale *n&v.* קַשׂקֶשֶׂת; קְלִפָּה; אַבנִית;

הֵסִיר קַשְׂקַשִּׂים; כִּסָּה בְּאַבְנִית

scale off קִלֵּף; הִתְקַלֵּף

scale *n&v.* סוּלָּם; סַרְגֵּל; קְנֵה־מִדָּה; שִׁעוּר, מִדָּה; טִפֵּס; עָלָה; שִׂרְטֵט

on a large scale בְּקְנֵה־מִדָּה גָּדוֹל

scale up הִגְדִּיל בְּשִׁעוּר קָבוּעַ

scale insect כְּנִימַת־מָגֵן

scales קַשְׂקַשִּׂים; מֹאזְנַיִם

scal'lop *n.* צִדְפָּה; דּוּגְמָה מְתוּלֶּמֶת

scallop *v.* בִּשֵּׁל בְּרוֹטֶב; תִּלֵּם שׁוּלַיִם

scalp *n&v.* קַרְקֶפֶת; קִרְקֵף; סִפְסֵר

call for his scalp תָּבַע רֹאשׁוֹ

scal'pel *n.* אִזְמֵל־נִתּוּחִים

sca'ly *adj.* קַשְׂקַשִּׂי; מִתְקַלֵּף

scamp *n&v.* נָבָל; עָשָׂה בְּשִׁטְחִיּוּת

scam'per *v&n.* רָץ, נָס; מְנוּסָה

scan *v.* בָּחַן, בָּדַק; סָרַק; רִפְרֵף; נִתַּח (שיר); מַבָּט בּוֹחֵן

scan'dal *n.* שַׁעֲרוּרִיָּה, סְקַנְדָּל

scan'dalize' *v.* עוֹרֵר שַׁעֲרוּרִיָּה

scandalmonger *n.* שַׁעֲרוּרָן

scan'dalous *adj.* שַׁעֲרוּרִי, מֵבִישׁ

scan'sion *n.* נִתּוּחַ (של חרוז/שיר)

scant, scan'ty *adj.* מוּעָט, זָעוּם

scant *v.* קִמֵּץ, צִמְצֵם, קִצֵּץ

scant'ling *n.* קוֹרָה קְטַנָּה; קוֹרְטוֹב

scape (landscape) נוֹף, מַרְאֶה

scapegoat *n.* שָׂעִיר לַעֲזָאזֵל

scapegrace *n.* שְׁלוּמִיאֵל, בֶּן־בְּלִיַּעַל

scar *n&v.* צַלֶּקֶת; צִלֵּק; הִצְטַלֵּק

scar'ab *n.* חִפּוּשִׁית, זִבְלִית

scarce (skārs) *adj&adv.* מְצוּמְצָם; נָדִיר, יְקַר־הַמְּצִיאוּת; בְּקוֹשִׁי

make oneself scarce הִסְתַּלֵּק

scarcely *adv.* בְּקוֹשִׁי, כִּמְעַט שֶׁלֹּא; אַךְ

scarcely ever לְעִתִּים נְדִירוֹת

scar'city (skār-) *n.* חוֹסֶר, נְדִירוּת

scare *v&n.* הִפְחִיד, נִבְהַל; בֶּהָלָה

scare away/off הִבְרִיחַ; הִרְתִּיעַ

scare up הִשִּׂיג; הֵכִין בִּבְהִילוּת

scarecrow *n.* דַּחְלִיל

scared *adj.* נִבְהַל, אָחוּז פַּחַד

scaremonger *n.* זוֹרֵעַ בֶּהָלָה, תַּבְהֲלָן

scarf *n.* צָעִיף, סוּדָר, רְדִיד; מַפָּה

scar'ify' *v.* תִּחֵחַ; פּוֹרֵר; חָתַךְ בָּעוֹר

scar'let *n&adj.* שָׁנִי; אָדֹם

scarlet fever שָׁנִית (מחלה)

scarlet woman פְּרוּצָה, יַצְאָנִית

scarp *n.* מִתְלוּל; שׁוּרַת־צוּקִים

scary *adj.* *מַפְחִיד; פּוֹחֵד

scat *v.* *הִסְתַּלֵּק, הִתְחַפֵּף

sca'thing (-dh-) *adj.* פּוֹגֵעַ, קַטְלָנִי

scat'ter *v&n.* פִּזֵּר; הִתְפַּזֵּר; פִּזּוּר

scatterbrain *n.* מְפוּזָּר, פְּזוּר־נֶפֶשׁ

scattering *n.* כַּמּוּת מְעַטָּה/פְּזוּרָה

scat'ty *adj.* *מְפוּזָּר; מְטוֹרָף

scav'enger *n.* פּוֹעֵל־נִקָּיוֹן, מְנַקֵּה רְחוֹבוֹת; חַיָּה נִזּוֹנָה מִנְּבֵלוֹת

scena'rio' *n.* תַּסְרִיט, סְצֶנַרְיוֹ

scene *n.* מְקוֹם־אֵרוּעַ, זִירָה; מַרְאֶה, נוֹף; מַחֲזֶה; תַּפְאוּרָה; סְצֶנָה; עֲלִילָה

behind the scenes מֵאֲחוֹרֵי הַקְּלָעִים

make a scene עָשָׂה סְצֶנָה, הִתְפָּרֵץ

set the scene הִכְשִׁיר אֶת הַקַּרְקַע

steal the scene גָּנַב אֶת הַהַצָּגָה

sce'nery *n.* תַּפְאוּרָה; מַרְאֵה־נוֹף

scene-shifter *n.* מַחֲלִיף תַּפְאוּרוֹת

sce'nic *adj.* שֶׁל נוֹף; שֶׁל תַּפְאוּרָה

scent *v.* הֵרִיחַ; חָשַׁד, הִרְגִּישׁ; בִּשֵּׂם

scent *n.* רֵיחַ; בּוֹשֶׂם; חוּשׁ־רֵיחַ; חֲשַׁד

on the scent בְּעִקְבוֹת, בַּדֶּרֶךְ הַנְּכוֹנָה

scep'ter *n.* שַׁרְבִיט

scep'tic = skeptic (sk-)

sched'ule (skej'ool) *n&v.* רְשִׁימָה; מְחִירוֹן; לוּחַ־זְמַנִּים; תּוֹכְנִית; תִּכְנֵן

behind schedule בְּאִחוּר, בְּפִגּוּר

scheme (sk-) *n&v.* תּוֹכְנִית, שִׁטָּה, סְכֵימָה; תַּחְבּוּלָה, מְזִמָּה; תִּכְנֵן; זָמַם

schism (siz'əm) *n.* פִּלּוּג, שֶׁסַע

schismat'ic (siz-) *adj.* פַּלְגָנִי; פַּלְגָן

schiz'ophre'nia (skits-) *n.* שַׁסַעַת

schmaltz (shmältz) *n.* שְׁמַאלְץ, שׁוּמָן

schol'ar (sk-) *n.* מְלוּמָד; מִלְגַּאי

scholarly *adj.* מְלוּמָד, יַדְעָנִי

scholarship *n.* לַמְדָנוּת, יַדְעָנוּת; מִלְגָּה

scholas'tic (sk-) *adj.* לִמּוּדִי; נוֹקְדָנִי

school (skōōl) *n.* בֵּית־סֵפֶר; אַסְכּוֹלָה; לַהֲקַת דָּגִים; חִנֵּךְ; אִמֵּן

school board מוֹעָצָה חִנּוּכִית

schoolboy/-girl *n.* תַּלְמִיד/תַּלְמִידָה

schooling *n.* חִנּוּךְ, הַשְׂכָּלָה

schoolmaster *n.* מוֹרֶה; מְחַנֵּךְ

schoolmate *n.* חָבֵר לְבֵית־סֵפֶר

schoon'er (skōō'n-) *n.* מִפְרָשִׂית

schwa (shwä) *n.* שְׁוָא
sci·at′ica *n.* נָשִׁית
sci′ence *n.* מַדָּע; תּוֹרָה; יֶדַע, מוּמְחִיוּת
science fiction מַדָּע בִּדְיוֹנִי
sci′entif′ic *adj.* מַדָּעִי, שִׁטָתִי
sci′entist *n.* מַדְעָן
scil′(icet) *adv.* כְּלוֹמַר, הֱוֵי אוֹמֵר
scim′itar *n.* חֶרֶב כְּפוּפַת־לַהַב
scin′tillate′ *v.* נִצְנֵץ; הִבְרִיק
sci′on *n.* חוֹטֶר, נֵצֶר
scis′sors (-zərs) *npl.* מִסְפָּרַיִם
sclero′sis *n.* טָרֶשֶׁת, סְקְלֶרוֹסִיס
scoff *v&n.* לִגְלֵג; לָעַג; *זָלַל; אוֹכֶל
scold (skōld) *v&n.* גָּעַר; צַעֲקָנִית
scolding *n.* גְּעָרָה, נְזִיפָה; "שְׁטִיפָה"
sconce *n.* פָּמוֹט־קִיר, נִבְרֶשֶׁת; גּוּלְגּוֹלֶת
scone *n.* רָקִיק, אֲפִיפִית, בִּיסְקְוִיט
scoop (sko͞op) *n&v.* יָעֶה; כַּף; תַּרְוָד; גְּרִיפָה; סְקוּפּ; גָּרַף; הִקְדִּים; זָכָה
scoop up/out הֶעֱלָה בִּגְרִיפָה
scoot (sko͞ot) *v.* רָץ; בָּרַח
scoo′ter *n.* קַטְנוֹעַ; גַּלְגִּלַּיִם
scope *n.* תְּחוּם; מֶרְחָב, כַּר־פְּעוּלָה
scorch *v.* חָרַךְ; שָׂרַף; נִשְׂרַף; דָּהָה
scorch *n.* מָקוֹם חָרוּךְ; דְּהִירָה (בִּכְבִישׁ)
scorcher *n.* *דּוֹהֵר; חַם, חָזָק; יוֹם לוֹהֵט
score *n.* תּוֹצָאָה; נֶקֶד; שַׁעַר; חֲתָךְ, חָרִיץ; סִמָּן; חוֹב; תַּכְלִיל; עֶשְׂרִים
on the score of עַל בְּסִיס־, בְּשֶׁל—
on this/that score בְּשֶׁל כָּךְ
scores of הָמוֹן, מִסְפָּר רַב
settle a score הִסְדִּיר חֶשְׁבּוֹן
score *v.* זָכָה; הִשִּׂיג; רָשַׁם נְקוּדוֹת; חֵרֵץ; סִמֵּן; בִּקֵּר, גִּנָּה
score a goal כָּבַשׁ שַׁעַר
score high זָכָה בְּצִיּוּן גָּבוֹהַּ
score off הֵבִיס (בְּמַעֲנֶה שָׁנוּן)
score through/out מָחַק
score-board *n.* לוּחַ הַנְּקוּדוֹת (בִּסְפּוֹרְט)
scoreless *adj.* לְלֹא שְׁעָרִים; בְּתֵיקוּ אֶפֶס
scorer *n.* כּוֹבֵשׁ שְׁעָרִים; רוֹשֵׁם נְקוּדוֹת
scorn *v&n.* בָּז, לָעַג; בּוּז, לַעַג
pour scorn on שָׁפַךְ בּוּז עַל
scornful *adj.* מָלֵא־בּוּז, לַעֲגָנִי
Scor′pio′ *n.* מַזַּל עַקְרָב
scor′pion *n.* עַקְרָב
Scot, Scots *n.* סְקוֹטִי
scotch *v.* חִסֵּל, שָׂם קֵץ לְ־; פָּצַע
Scotch *adj&n.* סְקוֹטִי; סְקוֹטְשׁ, וִיסְקִי
scot-free *adj.* פָּטוּר; בְּלִי פֶּגַע, שָׁלֵם
Scot′tish *adj.* סְקוֹטִי; *קַמְצָן
scoun′drel *n.* נוֹכֵל, נָבָל
scour *v&n.* שִׁפְשֵׁף, נִקָּה, צִחְצַח; חִפֵּשׂ; סָרַק; שִׁפְשׁוּף, נִקּוּי, צִחְצוּחַ
scour away/off/out הֵסִיר בְּשִׁפְשׁוּף
scourge (skûrj) *n.* שׁוֹט, מַגְלֵב; מַכָּה, פּוּרְעָנוּת, מְקוֹר־סֵבֶל, שׁוֹט (אִיּוֹב ט׳)
scourge *v.* הִלְקָה; הִכָּה; יִסֵּר
scout *n.* צוֹפֶה; סַיָּר; גַּשָּׁשׁ; סִיּוּר
scout *v.* דָּחָה בְּבוּז, פָּטַר בְּלַעַג
scout around סִיֵּר, חִפֵּשׂ, סָרַק
scoutmaster מַדְרִיךְ צוֹפִים
scowl *v&n.* הִזְעִיף פָּנִים; מַבָּט זוֹעֵף
scrab′ble *v&n.* שִׁרְבֵּט, קִשְׁקֵשׁ; חִטֵּט, גֵּרֵד, זָחַל; חָטַף; נֶאֱבַק; שִׁרְבּוּט; טִפּוּס; הֵאָבְקוּת; שַׁבֵּץ־נָא
scrag *n&v.* כָּחוּשׁ, צָנוּם; חָנַק
scram *interj.* הִסְתַּלֵּק! עוּף! הִתְחַפֵּף!
scram′ble *v&n.* טִפֵּס; עִרְבֵּב; דָּחַף, נִדְחַק; נֶאֱבַק; טִפּוּס; הִדָּחֲקוּת
scramble eggs טָרַף בֵּיצִים
scrap *n&v.* חֲתִיכָה; קוּרְטוֹב; גְּרוּטָה; תַּגְזִיר; מְרִיבָה; זָרַק; רָב
scraps שְׁיָרֵי־אוֹכֶל, שִׁירַיִם; שְׁאֵרִיּוֹת
scrape *v.* גֵּרֵד, שִׁפְשֵׁף; הֵסִיר; קִרְצֵף
bow and scrape הִתְרַפֵּס
scrape along/by הִתְקַיֵּם בְּקוֹשִׁי
scrape together/up קִבֵּץ, אָסַף
scrape *n.* גֵּרוּד, שִׁפְשׁוּף; צָרָה, תִּסְבּוֹכֶת
scrap paper נְיַר טְיוּטָה; פְּסֹלֶת נְיָר
scrap′py *adj.* עָשׂוּי טְלָאִים; שָׂשׂ לָרִיב
scratch *v.* גֵּרֵד; שָׂרַט; שִׁפְשֵׁף; שִׁרְבֵּט
scratch off/out מָחַק, מָתַח קַו
scratch together/up אָסַף, "גֵּרֵד"
scratch *n.* גֵּרוּד; שְׂרִיטָה; חִכּוּךְ; *כֶּסֶף
start from scratch הִתְחִיל מֵאֶפֶס
up to scratch בָּרָמָה הַנְּאוֹתָה
scratch *adj.* חֲסַר־יִתְרוֹן; מְאוּלְתָּר, חִפָּזוֹן
scratch paper נְיַר טְיוּטָה
scrawl *v&n.* קִשְׁקֵשׁ, שִׁרְבֵּט; שִׁרְבּוּט
scraw′ny *adj.* רָזֶה, צָנוּם; גַּל־עֲצָמוֹת
scream *v&n.* צָעַק, צָרַח; צְעָקָה
screamingly funny מַצְחִיק בְּיוֹתֵר
screech *v&n.* צָוַח; חָרַק; חֲרִיקָה

screen *n.* מְחִצָּה; מָסָךְ; מַסְוֶה; מִרְקָע, אַקְרָן, בַּד, קוֹלְנוֹעַ; כְּבָרָה; רֶשֶׁת
screen *v.* הִסְתִּיר; הֵגֵן; חִיֵּץ; סוֹכֵךְ; רִשֵּׁת; סִנֵּן; הִסְרִיט, הִקְרִין
screenplay *n.* תַּסְרִיט
screw (skrōō) *n.* בּוֹרֶג; הַבְרָגָה; מַדְחֵף; לַחַץ; *מַשְׂכֹּרֶת; סוֹהֵר; קַמְצָן; מִשְׁגָּל
screw *v.* הִבְרִיג; סָחַט; *סִדֵּר; בָּעַל
screw around *הִתְמַזְמֵז, הִתְבַּטֵּל
screw up *בִּלְבֵּל, שִׁבֵּשׁ; פִּשֵּׁל
screw-ball *n.* *מְטוֹרָף
screwdriver *n.* מַבְרֵג
scrib'ble *v&n.* שִׁרְבֵּט; שִׁרְבּוּט, קִשְׁקוּשׁ
scribe *n&v.* סוֹפֵר, לַבְלָר; חָרַת, פִּתַּח
scrim'mage *n&v.* תִּגְרָה, מְרִיבָה; רָב
scrimp *v.* קִמֵּץ, חָסַךְ
scrip *n.* כְּתָב; נְיָרוֹת, מִסְמָכִים
script *n.* כְּתַב־יָד, כְּתָב; עוֹתֶק־קְרִיאָה
Scrip'ture *n.* הַתַּנַ"ךְ, כִּתְבֵי הַקּוֹדֶשׁ
scriptwriter *n.* תַּסְרִיטַאי
scrof'u·la *n.* חֲזִירִית (מחלה)
scroll (skrōl) *n.* מְגִלָּה; קִשּׁוּט שַׁבְּלוּלִי
scrooge *n.* קַמְצָן
scro'tum *n.* כִּיס הָאֲשָׁכִים, מַאֲשֵׁכָה
scrounge *v.* *חִפֵּשׂ, בִּקֵּשׁ; שְׁנוֹרֵר
scrub *v&n.* שִׁפְשֵׁף; נִקָּה, שָׁטַף; בִּטֵּל; שִׁפְשׁוּף; שְׁטִיפָה; בָּתָה
scrub'by *adj.* קָטָן, גָּמוּד, קַל־עֵרֶךְ
scruff *n.* עוֹרֶף, אֲחוֹרֵי הַצַּוָּאר
scruf'fy *adj.* *מְלוּכְלָךְ, מוּזְנָח
scrunch *v&n.* מָעַךְ; לָעַס; מְעִיכָה
scru'ple *n.* הִסּוּס; נְקִיפַת מַצְפּוּן
scruple *v.* הִסֵּס, יִסְּרוֹ מַצְפּוּנוֹ
scru'pu·lous *adj.* בַּעַל מַצְפּוּן; דַּיְקָן
scru'tinize' *v.* בָּחַן, בָּדַק
scru'tiny *n.* בְּדִיקָה קַפְּדָנִית
scud *v&n.* הֶחֱלִיק, שָׁט בִּמְהִירוּת; תְּנוּעָה מְהִירָה; עֲנָנִים חוֹלְפִים; מָטָר
scuff *v.* דִּשְׁדֵּשׁ, שָׂרַךְ רַגְלָיו; נִשְׁחַק
scuf'fle *n&v.* הִתְכַּתְּשׁוּת; הִתְכַּתֵּשׁ
scull *n&v.* מָשׁוֹט; סִירַת מְשׁוֹטִים; חָתַר
scul'lery *n.* חֲדַר־שְׁטִיפָה, חֲדַר־כֵּלִים
sculpt *v.* פִּסֵּל, גִּלֵּף, חָקַק
sculp'tor, -tress *n.* פַּסָּל; פַּסֶּלֶת
sculp'ture *n&v.* פֶּסֶל; פִּסּוּל; פִּסֵּל
scum *n&v.* קוֹפִי, קְרוּם, חֶלְאָה; קִפָּה
scup'per *v.* הִטְבִּיעַ; *הָרַס, חִסֵּל
scurf *n.* קַשְׂקַשִּׂים, עוֹר נוֹשֵׁר
scur'rilous *adj.* גַּס, מָלֵא גִדּוּפִים
scur'ry *v&n.* רָץ, מִהֵר; רִיצָה; מֶשֶׁב
scur'vy *adj&n.* שָׁפָל, נִבְזֶה; צַפְדִּינָה
scut'tle *n&v.* כְּלִי לְפֶחָם; פִּתְחָה; מְנוּסָה, בְּרִיחָה; רָץ, בָּרַח; הָרַס
scythe (sīdh) *n&v.* (קָצַר בְּ־) חֶרְמֵשׁ
sea *n.* יָם, אוֹקְיָנוֹס; גַּל, נַחְשׁוֹל
at sea בַּיָּם; נָבוֹךְ, אוֹבֵד עֵצוֹת
follow the sea הָיָה לְיוֹרֵד־יָם
half seas over *שִׁכּוֹר, שָׁתוּי
put to sea הִפְלִיג, יָצָא לַיָּם
sea anemone שׁוֹשַׁנַּת־יָם
seaboard *n.* חוֹף הַיָּם, שְׂפַת הַיָּם
sea change שִׁנּוּי גָּמוּר/פִּתְאוֹמִי
sea dog כֶּלֶב־יָם; מַלָּח וָתִיק
seafaring *adj.* שֶׁל הַפְלָגָה, יַמִּי
seafood *n.* מַאַכְלֵי־יָם (דגים וכו')
sea-going *adj.* שֶׁל הַפְלָגָה, יַמִּי
seagull *n.* שַׁחַף
seal *n.* חוֹתֶמֶת; חוֹתָם; אוֹת, סִמָּן; עֲרוּבָּה, אִשּׁוּר; אֶטֶם; כֶּלֶב־יָם
set the seal נָתַן גוּשְׁפַּנְקָה
seal *v.* חָתַם; סִיֵּם; סָגַר, אָטַם
seal his fate חָרַץ גּוֹרָלוֹ
seal in כָּלָא, שָׁמַר בִּפְנִים
sea legs רַגְלַיִם יַצִּיבוֹת
sea level פְּנֵי־הַיָּם
sealing *n.* צֵיד כַּלְבֵי־יָם; אִטּוּם
seam *n&v.* תֶּפֶר; חָרִיץ; תָּפַר; תִּלֵּם
burst at the seams נִמְלָא, הִתְפַּקַּע
seaman *n.* יוֹרֵד־יָם; יַמַּאי פָּשׁוּט
seam'stress *n.* תּוֹפֶרֶת
seam'y *adj.* גָּרוּעַ, פָּחוֹת נָעִים
séance (sā'äns) *n.* פְּגִישָׁה; סֵיאַנְס
seaplane *n.* מְטוֹס־יָם
seaport *n.* עִיר נָמֵל
sea power מַעֲצָמָה יַמִּית; כּוֹחַ יַמִּי
sear *adj.* יָבֵשׁ, קָמוּל, נוֹבֵל
sear *v.* צָרַב, חָרַךְ; הִקְמִיל; הִקְשִׁיחַ
search (sûrch) *v&n.* חִפֵּשׂ, בָּדַק בִּקְפִידָה; חָדַר; חִפּוּשׂ; חֲקִירָה; חֲדִירָה
search out גִּלָּה לְאַחַר חִפּוּשׂ
searched his soul עָשָׂה חֶשְׁבּוֹן־נֶפֶשׁ
searchlight *n.* זַרְקוֹר
search warrant צַו־חִפּוּשׂ
seascape *n.* נוֹף יַמִּי

sea-shell *n.* קוֹנכִיָה, קַשׂוֹת־צדָפָּה
seashore *n.* חוֹף־יָם
seasickness *n.* מַחֲלַת־יָם
seaside *n.* שְׂפַת־יָם
sea'son (-zən) *n&v.* עוֹנָה, תְּקוּפָה; תִּבֵּל, אִקלֵם, הִרגִיל; הִקשִׁיחַ, שִׁפשֵׁף
for a season לְשָׁעָה קַלָּה
in and out of season בְּכָל עֵת
in season בְּעוֹנַת הַיִחוּם/הַצַּיִד
seasonal *adj.* עוֹנָתִי
seasoned *adj.* מְתוּבָּל; (חַיָל) מְשׁוּפשָׁף
seasoning *n.* תַּבלִין; תִּבּוּל
season ticket כַּרטִיס מָנוּי
seat *n.* מוֹשָׁב; מָקוֹם; בַּיִת; אֲחוֹרַיִם
seat of learning בֵּית מִדרָשׁ
seat *v.* הוֹשִׁיב, הֵכִיל מוֹשָׁבִים; קָבַע
please be seated נָא לָשֶׁבֶת
seat belt חֲגוֹרַת בְּטִיחוּת
-seater מוֹשָׁבִי ("דוּ־מוֹשָׁבִי")
seaward(s) *adj&adv.* כְּלַפֵּי הַיָם, יָמָה
seaway *n.* נְתִיב יַמִי; הִתקַדְמוּת, הַפלָגָה
seaweed *n.* אַצָה, אַצַת־יָם
seaworthy *adj.* רָאוּי לְהַפלָגָה
se'cant *n.* סֶקַנס
se•cede' *v.* פָּרַשׁ, נִפרַד, הִתפַּלֵג
se•ces'sion *n.* פְּרִישָׁה, הִתבַּדְלוּת
se•clude' *v.* בּוֹדֵד, הִפרִיד; הִסתַּגֵר
secluded *adj.* בּוֹדֵד, מְבוּדָד, שָׁקֵט
se•clu'sion (-zhən) *n.* בִּדוּד
sec'ond *adj&adv.* שֵׁנִי; נוֹסָף; שֵׁנִית
in the second place שֵׁנִית, ב׳
second best שֵׁנִי בְּמַעֲלָה; מַפסִיד
second to none אֵין טוֹב מִמֶנוּ
sec'ond *n&v.* שְׁנִיָה, רֶגַע; שֵׁנִי; עוֹזֵר תְּמִיכָה; צִיוּן בֵּינוֹנִי; תָּמַך; עָזַר
se•cond' *v.* הֶעֱבִיר (זמנית) לְתַפקִיד
sec'ondar'y (-deri) *adj.* שֵׁנִי, מִשׁנִי
secondary education חִנוּך תִּיכוֹן
second-class *adj&adv&n.* מַדרֵגָה ב׳; מַחלָקָה שְׁנִיָה; צִיוּן בֵּינוֹנִי
second-degree *adj.* מִמַדרֵגָה שְׁנִיָה
second-hand *adj.* מְשׁוּמָשׁ, יָד שְׁנִיָה
second hand מְחוֹג הַשְּׁנִיוֹת
second lieutenant סֶגֶן מִשׁנֶה
secondly *adv.* שֵׁנִית, ב׳
second person גוּף שֵׁנִי, נוֹכֵחַ
second-rate *adj.* בֵּינוֹנִי, נָחוּת
second sight רְאִיַת הֶעָתִיד, נְבוּאָה
se'crecy *n.* סוֹדִיוּת; שְׁמִירַת סוֹדוֹת
se'cret *adj&n.* סוֹדִי, חֲשָׁאִי; סוֹד
in secret בְּסוֹד, בַּסֵתֶר, בַּחֲשַׁאי
sec'reta'riat' *n.* מַזכִּירוּת
sec'retar'y (-teri) *n.* מַזכִּיר; שַׂר
se•crete' *v.* הִפרִישׁ, יִצֵר; הִסתִּיר
se•cre'tion *n.* הַפרָשָׁה; הַסתָּרָה
sect *n.* כַּת, כִּתָּה, פֶּלֶג, סֶקטָה
sec•ta'rian *adj&n.* כִּתָּתִי, צַר־אוֹפֶק
sec'tion *n&v.* קֶטַע; חֵלֶק; אֵזוֹר; פֶּלַח; פֶּרֶק, חָתָך; כִּתָּה; מַחלָקָה; חָתַך
sec'tor *n.* גִזרָה; מִגזָר, סֶקטוֹר, עָנָף
sec'u•lar *n.* חִלוֹנִי; לֹא חַי בְּמִנזָר
secularism *n.* חִלוֹנִיוּת
sec'u•larize' *v.* חִלֵן, הָפַך לְחִלוֹנִי
se•cure' *adj.* בָּטוּחַ; מוּגָן; נָעוּל; חָזָק
secure *v.* רָכַשׁ; הִבטִיחַ; סָגַר
se•cu'rity *n.* בִּטָחוֹן; הֲגַנָה; אַבטָחָה; בְּטִיחוּת; עֵרָבוֹן, מַשׁכּוֹן; עֲרוּבָּה
securities נְיָרוֹת־עֵרֶך, אג״ח
Security Council מוֹעֶצֶת הַבִּטָחוֹן
se•dan' *n.* מְכוֹנִית נוֹסְעִים; אַפִּריוֹן
se•date' *adj&v.* שָׁלֵו, שָׁקֵט; הִרגִיעַ
sed'ative *adj&n.* מַרגִיעַ; סַם־הַרגָעָה
sed'entar'y (-teri) *adj.* שֶׁל יְשִׁיבָה
sed'iment *n.* מִשׁקָע; סְחוֹפֶת
se•di'tion (-di-) *n.* הֲסָתָה, שִׁסוּי
se•di'tious (-dish'əs) *adj.* מֵסִית, מַדִיחַ
se•duce' *v.* פִּתָּה, שִׁדֵל; הִקסִים
se•duc'tion *n.* פִּתּוּי
se•duc'tive *adj.* מְפַתֶּה, מוֹשֵׁך
sed'ulous (-j'-) *adj.* מַתמִיד, חָרוּץ
see *v.* רָאָה; הֵבִין; לָמַד, מָצָא; חָוָה, הִתנַסָה; דָאַג, טִפֵּל; לִוָה
as far as I can see לְמֵיטַב הֲבָנָתִי
let me see רֶגַע אֶחָד, תֵּן לִראוֹת
see after דָאַג לְ־, הִשׁגִיחַ עַל
see for oneself רָאָה בְּמוֹ עֵינָיו
see it through טִפֵּל בָּזֶה עַד תּוֹם
see oneself רָאָה עַצמוֹ כְּ—
see over בָּדַק, בָּחַן, בִּקֵר
see the back/last of נִפטַר מִן
see things רָאָה מַחֲזוֹת־שָׁוְא
see through רָאָה מִבַּעַד; הִספִּיק
see you, be seeing you לְהִתרָאוֹת
seeing that לְאוֹר הָעוּבדָה, מִכֵּיוָן

see *n.* כְּהוּנַת הַבִּישׁוֹף; מְחוֹז הַבִּישׁוֹף
seed *n&adj&v.* זֶרַע; גַּרְעִין; מָקוֹר; שַׁחְקָן מוּצָב; זָרַע; הִצִּיב שַׁחְקָן
 go/run to seed הִפְסִיק לִפְרוֹחַ
 in seed נוֹשֵׂא זְרָעִים
seed'ling *n.* שָׁתִיל
seedtime *n.* עוֹנַת הַזְּרִיעָה, זָרִיעַ
seedy *adj.* זַרְעִי; מְרוּפָּט, מוּזְנָח; *חוֹלֶה
seek *v.* חִפֵּשׂ, בִּקֵּשׁ; דָּרַשׁ; נִסָּה
 seek out חִפֵּשׂ וּמָצָא
seem *v.* נִרְאָה, יָצַר רוֹשֶׁם, הוֹפִיעַ
 it seems, it would seem כַּנִּרְאֶה
seeming *adj.* נִרְאֶה, יוֹצֵר רוֹשֶׁם
seemingly *adv.* כַּנִּרְאֶה, לִכְאוֹרָה
seem'ly *adj.* יָאֶה, נָאֶה; מְכוּבָּד, הוֹגֵן
seen = pp of see
seep *v.* נָטַף, דָּלַף, חִלְחֵל, חָדַר
seer *n.* חוֹזֶה, נָבִיא
see'saw' *n&v.* נַדְנֵדַת־קֶרֶשׁ (עוֹלָה וְיוֹרֶדֶת); הִתְנַדְנְדוּת; הִתְנַדְנֵד
seethe (-dh) *v.* רָתַח; תָּסַס; גָּעַשׁ
seg'ment *n.* קֶטַע; פֶּלַח; מִקְטָע
seg'menta'tion *n.* חֲלוּקָה; הִתְחַלְּקוּת
seg'regate' *v.* הִפְרִיד; בּוֹדֵד
seis'mic (sīz'-) *adj.* רַעֲשִׁי, סֵיסְמִי
seis'mograph' (sīz'-) *n.* מַד־רַעַשׁ
seismol'ogist (sīz-) *n.* סֵיסְמוֹלוֹג
seize (sēz) *v.* תָּפַס; עִקֵּל; תָּקַף
 seize on נִצֵּל בְּהִתְלַהֲבוּת, קָפַץ עַל
 seize up נִתְקַע, נֶעֱצַר
sei'zure (sē'zhər) *n.* תְּפִיסָה, הִשְׁתַּלְּטוּת; עִקּוּל; הֶתְקֵף־לֵב, שָׁבָץ
sel'dom *adv.* לְעִתִּים נְדִירוֹת
se•lect' *v&adj.* בָּחַר; מוּבְחָר; בִּלְעָדִי
se•lec'tion *n.* בְּחִירָה, סֶלֶקְצְיָה; מִבְחָר
se•lec'tive *adj.* סֶלֶקְטִיבִי; בַּרְרָנִי
self *n.* אֲנִי, עַצְמִי; עַצְמִיּוּת, אִישִׁיּוּת
 not his old self לֹא כִּתְמוֹל שִׁלְשׁוֹם
 to self לְעַצְמִי, לַחֲתוּם מַטָּה
self- עַצְמִי, אֶת עַצְמוֹ, מֵעַצְמוֹ
self-assurance *n.* בִּטָּחוֹן עַצְמִי
self-centered *adj.* מְרוּכָּז בְּעַצְמוֹ
self-collected *adj.* קַר־רוּחַ, מְיוּשָּׁב
self-command *n.* שְׁלִיטָה עַצְמִית, רִסּוּן
self-confidence *n.* בִּטָּחוֹן עַצְמִי
self-conscious *adj.* בַּיְשָׁן, נָבוֹךְ
self-control *n.* שְׁלִיטָה עַצְמִית, אִפּוּק
self-defense *n.* הֲגַנָּה עַצְמִית
self-denial *n.* הַקְרָבָה עַצְמִית, הִנָּזְרוּת
self-determination *n.* הַגְדָּרָה עַצְמִית
self-employed *adj.* עַצְמָאִי, לֹא שָׂכִיר
self-evident *adj.* בָּרוּר, מוּבָן מֵאֵלָיו
self-government *n.* שִׁלְטוֹן עַצְמִי
self-importance *n.* חֲשִׁיבוּת עַצְמִית
self-indulgent *adj.* מִתְמַכֵּר לְתַאֲווֹת
self-interest *n.* אִינְטֶרֶס אִישִׁי
selfish *adj.* אָנוֹכִיִּי
selfless *adj.* דּוֹאֵג לַזּוּלַת, לֹא אָנוֹכִיִּי
self-made (man) *adj.* (אָדָם) שֶׁבָּנָה אֶת עַצְמוֹ, שֶׁעָלָה בְּכוֹחוֹת עַצְמוֹ
self-possessed *n.* קַר־רוּחַ, מְיוּשָּׁב
self-reliance *n.* בִּטָּחוֹן עַצְמִי
self-righteous *adj.* מַאֲמִין בְּצִדְקָנוּתוֹ
self-sacrifice *n.* הַקְרָבָה עַצְמִית
self'same' *adj.* אוֹתוֹ מַמָּשׁ, זֵהֶה
self-satisfied *adj.* מְדוּשַּׁן עוֹנֶג
self-seeking *adj.* אָנוֹכִיִּי
self-service *n.* שֵׁרוּת עַצְמִי
self-styled *adj.* מְכַנֶּה אֶת עַצְמוֹ
self-supporting *adj.* מַחֲזִיק עַצְמוֹ
self-will *n.* עַקְשָׁנוּת, קַשְׁיוּת־עוֹרֶף
sell *v.* מָכַר; נִמְכַּר; רִמָּה, סִדֵּר
 be sold out נִמְכַּר, אָזַל, נֶחְטַף
 is sold on it מָכוּר לְכָךְ
 sell an excuse "מָכַר" תֵּרוּץ
 sell off/out מָכַר הַכֹּל
sell *n.* מְכִירָה; *אַכְזָבָה, רַמָּאוּת, סִדּוּר
seller *n.* מוֹכֵר; סְחוֹרָה מְבוּקֶּשֶׁת/נִמְכֶּרֶת
sell-out *n.* בְּגִידָה; מְכִירָה כְּלָלִית
sel'vage *n.* שׁוּלַיִם, שְׂפַת־הָאָרִיג
selves = pl of self (selvz)
se•man'tic *adj.* סֵמַנְטִי, מַשְׁמָעוּתִי
sem'aphore' *n.* סֵמָפוֹר, תַּמְרוּר־רַכֶּבֶת
sem'blance *n.* דִּמְיוֹן, מַרְאֶה, רוֹשֶׁם
se'men *n.* זֶרַע
se•mes'ter *n.* סֶמֶסְטֶר
sem'i (תְּחִילִית) חֲצִי־, חֶלְקִי—
sem'ico'lon *n.* נְקוּדָה וּפְסִיק, (;)
sem'ifi'nal *n.* חֲצִי־גְּמָר
sem'inar' *n.* סֶמִינָר, קוּרְס
sem'inar'y (-neri) *n.* בֵּית־מִדְרָשׁ
sem'iqua'ver *n.* 1/16 שֶׁל תָּו, טַזִּית
Sem'ite *n&adj.* שֵׁמִי
Semit'ic *adj.* שֵׁמִי, יְהוּדִי

sem′itrail′er *n.* סֶמִיטְרֵילֶר, מִגְרָר
sem′ivow′el *n.* חֲצִי־תְּנוּעָה
sem′iweek′ly *n&adj&adv.* (עִיתּוֹן) חֲצִי־שְׁבוּעִי; פַּעֲמַיִם בְּשָׁבוּעַ
sem′oli′na (-lē-) *n.* סוֹלֶת
sen′ate *n.* סֶנָט; בֵּית מְחוֹקְקִים עֶלְיוֹן
sen′ator *n.* סֶנָטוֹר, חֲבֵר־סֶנָט
send *v.* שָׁלַח, שִׁגֵּר; זָרַק; גָּרַם, הֵבִיא, עוֹרֵר; *הִקְסִים, עִנֵּג
heaven send מִי יִתֵּן, יְהִי רָצוֹן
send down הוֹרִיד; הִשְׁלִיךְ לַכֶּלֶא
send flying הִפִּיל, הֵטִיל, הֵעִיף
send for הִזְמִין, קָרָא, הִזְעִיק
send forth/out הוֹצִיא, הִצְמִיחַ
send mad/crazy הוֹצִיאוֹ מִדַּעְתּוֹ
send packing שָׁלַח בְּבוֹשֶׁת פָּנִים
send up הֶעֱלָה; חִקָּה
send-off *n.* שִׁלּוּחַ, שִׁגּוּר; לִוּוּי
send-up *n.* פָּרוֹדְיָה, חִקּוּי
se•nes′cence *n.* הִזְדַּקְנוּת
se′nile *adj.* סֶנִילִי, שֶׁל זִקְנָה
se•nil′ity *n.* סֶנִילִיּוּת, זִקְנָה
se′nior *n&adj.* קָשִׁישׁ; בָּכִיר; מְבוּגָּר
se′nior′ity *n.* קְשִׁישׁוּת, בַּגְרוּת; וֶתֶק
sen•sa′tion *n.* הַרְגָּשָׁה; סֶנְסַצְיָה
sensational *adj.* תְּחוּשָׁתִי; סֶנְסַצְיוֹנִי
sense *n&v.* חוּשׁ; הַרְגָּשָׁה; הַכָּרָה; חוֹכְמָה; מַשְׁמָעוּת, מוּבָן; הִרְגִּישׁ
common sense שֵׂכֶל יָשָׁר
in a sense בְּמוּבָן מְסוּיָּם, בְּחֶלְקוֹ
in the strict sense בַּמּוּבָן הַצַּר
lose one's senses יָצָא מִדַּעְתּוֹ
make sense הִתְקַבֵּל עַל הַדַּעַת
out of one's senses יָצָא מִדַּעְתּוֹ
talk sense דִּבֵּר בְּהִגָּיוֹן
there's no sense in- אֵין טַעַם בְּ—
senseless *adj.* חֲסַר־הַכָּרָה; חֲסַר־טַעַם
sen′sibil′ity *n.* רְגִישׁוּת; מוּדָעוּת
sen′sible *adj.* נָבוֹן; נִכָּר, מַשְׁמָעוּתִי; חָשׁ
sen′sitive *adj.* רָגִישׁ; פָּגִיעַ; כָּמוּס
sen′sor *n.* מְגַלֶּה, חַיְשָׁן
sen′sory *adj.* חוּשִׁי, שֶׁל הַחוּשִׁים
sen′sual (-sho͞oəl) *adj.* חוּשָׁנִי, חוּשִׁי
sen′suous (-sho͞oəs) *adj.* חוּשִׁי, מְהַנֶּה
sent = p of send
sen′tence *n&v.* פְּסַק־דִּין, עוֹנֶשׁ; (בתחביר) מִשְׁפָּט; דָּן, גָּזַר דִּין
pass sentence גָּזַר דִּין
sen•ten′tious (-shəs) *adj.* נִמְלָץ
sen′tient (-shənt) *adj.* מַרְגִּישׁ, חָשׁ
sen′timent *n.* סֶנְטִימֶנְט, רֶגֶשׁ; רִגְשִׁיּוּת
sen′timen′tal *adj.* סֶנְטִימֶנְטָלִי, רִגְשִׁי
sen′timental′ity *n.* רַגְשָׁנוּת
sen′tinel *n.* זָקִיף, שׁוֹמֵר
sen′try *n.* זָקִיף, שׁוֹמֵר
sep′al *n.* עֲלֵה־גָבִיעַ
sep′arable *adj.* בַּר־הַפְרָדָה, נָתִיק
sep′arate *adj.* נִפְרָד, נִבְדָּל; לְחוּד
sep′arate′ *v.* הִפְרִיד, הִבְדִּיל; חִלֵּק; הִתְפַּלֵּג; נִפְרַד; פָּרַשׁ, הָלַךְ
sep′ara′tion *n.* הַבְדָּלָה; פֵּרוּד, נִתּוּק
sep′aratism′ *n.* בַּדְלָנוּת, סֶפָּרָטִיזְם
sep′sis *n.* אֶלַח, אֶלַח־הַדָּם
Sep•tem′ber *n.* סֶפְּטֶמְבֶּר
sep•tet′ *n.* שְׁבִיעִית, (יצירה ל־) 7 כֵּלִים
sep′tic *adj.* אָלוּחַ, מְזוֹהָם; רָקוּב
sep′ulcher (-k-) *n.* קֶבֶר
se′quel *n.* תּוֹצָאָה; עֲלִילַת־הֶמְשֵׁךְ
se′quence *n.* רֶצֶף, הֶמְשֵׁךְ, סִדְרָה
in sequence בְּסֵדֶר עוֹקֵב, זֶה אַחַר זֶה
se•quen′tial *adj.* עוֹקֵב; סִדְרָתִי
se•ques′ter *v.* בּוֹדֵד, הִרְחִיק; עִקֵּל
se′questrate′ *v.* עִקֵּל, הֶחֱרִים
se′quin *n.* דִּיסְקִית־עִטּוּר, נַצְנְצִים
ser′aph *n.* שָׂרָף, מַלְאָךְ
sere *adj.* יָבֵשׁ, קָמוּל
ser′enade′ *n.* סֶרֶנָדָה, רַמְשִׁית
serene′ *adj.* שָׁקֵט, שָׁלֵו, רָגוּעַ; בָּהִיר
seren′ity *n.* שַׁלְוָה; בְּהִירוּת
serf *n.* אִכָּר צָמִית, עֶבֶד, מְשׁוּעְבָּד
serfdom *n.* עַבְדוּת, מַעֲמַד אִכָּר צָמִית
ser′geant (sär′jənt) *n.* סַמָּל
sergeant at arms קְצִין טְקָסִים
sergeant major רַב־סַמָּל
se′rial *adj.* סִדּוּרִי, סוֹדֵר, שֶׁל סִדְרָה
serial *n.* סִדְרָה, עֲלִילַת־הֶמְשֵׁכִים
se′ries (-rēz) *n.* סִדְרָה, סֶרְיָה, מַעֲרָכָה
se′rious *adj.* רְצִינִי; חָמוּר
seriously *adv.* בִּרְצִינוּת, בְּצוּרָה רְצִינִית
ser′mon *n.* דְּרָשָׁה, הַטָּפַת־מוּסָר
ser′monize′ *v.* דָּרַשׁ; הִטִּיף מוּסָר
ser′pent *n.* נָחָשׁ; רָשָׁע, נוֹכֵל; הַשָּׂטָן
ser′ra•ted *adj.* מְשׁוּנָן, מְחוּסְפַּס־שָׂפָה
se′rum *n.* נַסְיוּב

ser'vant *n.* מְשָׁרֶת; פּוֹעֵל־בַּיִת; עוֹזֶרֶת
civil servant עוֹבֵד מְדִינָה
serve *v.* שֵׁרֵת; שִׁמֵּשׁ; עָבַד; סִפֵּק, נָתַן; הִגִּישׁ לַשּׁוּלְחָן; הִתְיַחֵס אֶל
serve a sentence רִצָּה עוֹנֶשׁ מַאֲסָר
serve as/for שִׁמֵּשׁ כְּ־, מִלֵּא תַּפְקִיד
serve out חִלֵּק; שִׁלֵּם, גָּמַל
serve time יָשַׁב בַּכֶּלֶא
serves him right מַגִּיעַ לוֹ
serve *n.* (בטניס) חֲבָטַת פְּתִיחָה
ser'vice (-vis) *n.* שֵׁרוּת; תַּפְקִיד; עֶזְרָה; שִׁמּוּשׁ; מַעֲרֶכֶת־כֵּלִים, סֶט; תְּפִלָּה; טֶקֶס דָּתִי; חֲבָטַת־פְּתִיחָה
civil service שֵׁרוּת הַמְּדִינָה
the services זְרוֹעוֹת־הַצָּבָא
service *v.* נָתַן שֵׁרוּת (לרכב)
serviceable *adj.* שָׁמִישׁ, שִׁמּוּשִׁי, יָעִיל
service dress מַדֵּי־שֵׁרוּת
serviceman *n.* חַיָּל, אִישׁ־צָבָא
ser'viette' *n.* מַפִּית, מַפִּיוֹנֶת
ser'vile *adj.* מִתְרַפֵּס, כְּעֶבֶד נִרְצָע
ser'ving *n.* מָנָה
ser'vitude' *n.* שִׁעְבּוּד, עַבְדוּת
ses'ame (-səmi) *n.* שׁוּמְשׁוּם
ses'sion *n.* מוֹשָׁב; יְשִׁיבָה; עוֹנַת־לִמּוּדִים
set *v.* הֵנִיחַ, שָׂם; הִצִּיב; קָבַע; עוֹרֵר, גָּרַם; עָרַךְ; סִדֵּר; הֵכִין; הֵטִיל עַל; כִּוֵּן; הִקְרִישׁ; גִּבֵּשׁ; שִׁבֵּץ; נָטָה, זָרַם
set a hen הִדְגִּיר תַּרְנְגֹלֶת
set about הִתְחִיל בְּ־; תָּקַף; הֵפִיץ
set apart הִפְרִיד, הִבְדִּיל
set aside הִפְרִישׁ, הִקְצִיב; דָּחָה
set at ease הִרְגִּיעַ, סִלֵּק חֲשָׁשׁוֹת
set at liberty/free שִׁחְרֵר
set back הִרְחִיק; עִכֵּב; הֶחֱזִיר
set by שָׂם בַּצַּד, הִפְרִישׁ, הִקְצִיב
set down הוֹרִיד; כָּתַב, רָשַׁם
set down as תֵּאֵר כְּ־, רָאָה כְּ—
set eyes on רָאָה
set forth יָצָא לַדֶּרֶךְ; הוֹדִיעַ; רָשַׁם
set him off עוֹרֵר לְ־, הֵבִיא לְ—
set him right הֶעֱלָה עַל דֶּרֶךְ הַיָּשָׁר
set him up אוֹשֵׁשׁ; סִדֵּר, צִיֵּד
set in הִתְחִיל, הִגִּיעַ; הִתְמַקֵּם
set it off פּוֹצֵץ, הִפְעִיל; גָּרַם; קִזֵּז
set light/fire to הִדְלִיק, הִבְעִיר
set off יָצָא לַדֶּרֶךְ; פָּתַח בְּ—
set on הִתְקַדֵּם; הִתְקִיף, שִׁסָּה
set oneself to הֶחְלִיט, נִרְתַּם לְ—
set out עָרַךְ, סִדֵּר; הִצִּיג; הִצְהִיר, פִּרְסֵם; יָצָא, הִפְלִיג; הִתְחִיל
set right/to rights תִּקֵּן
set to הִתְחִיל בְּלַהִיטוּת, הִתְחִיל לֶאֱכוֹל; נִרְתַּם לַעֲבוֹדָה; פָּתַח בְּרִיב
set up הִרְכִּיב; הֵקִים; הִצִּיב; יִסֵּד; גָּרַם, יָצַר; סִדֵּר (בדפוס)
set upon הִתְנַפֵּל עַל; שִׁסָּה
the sun set הַשֶּׁמֶשׁ שָׁקְעָה
well set up מְצוּיָּד כָּרָאוּי; חֲטוּב־גוּף
set *adj.* קָבוּעַ; יַצִּיב; קָבוּעַ מֵרֹאשׁ; עַקְשָׁנִי; נְחוּשׁ־דֵּעָה; מוּכָן, עָרוּךְ
set opinion דֵּעָה מְאוּבֶּנֶת
set phrase בִּטּוּי שִׁגְרָתִי
set smile חִיּוּךְ נִצְחִי (שלא מש מפיו)
set *n.* מַעֲרָכָה; סֶט; אֲנָשִׁים, חוּג; קְבוּצָה; מִבְנֶה, תְּנוּחָה; כִּוּוּן, נְטִיָּה; הִתְקָרְשׁוּת; מַקְלֵט; שָׁתִיל; תִּסְרוֹקֶת; אֲתַר־הַסְרָטָה; תַּפְאוּרָה; הַתְקָפָה
set of sun שְׁקִיעַת־הַחַמָּה
setback *n.* עִכּוּב; נְסִיגָה; תְּבוּסָה
setoff *n.* קִשּׁוּט; פִּצּוּי; קִזּוּז
setsquare *n.* מְשֻׁלַּשׁ־שִׂרְטוּט
set·tee' *n.* סַפָּה
set'ter *n.* קוֹבֵעַ, מֵנִיחַ, סַדָּר; כֶּלֶב־צַיִד
set theory תּוֹרַת־הַקְּבוּצוֹת
set'ting *n.* רֶקַע, סְבִיבָה; תַּפְאוּרָה; מִסְגֶּרֶת, מִשְׁבֶּצֶת; לַחַן
set'tle *v.* סִדֵּר; קָבַע; הֵנִיחַ; הִסְדִּיר; יִשֵּׁב; הִתְיַשֵּׁב; הִתְנַחֵל; יָרַד; שָׁקַע; הִרְגִּיעַ; שָׁכַךְ; הֶחְלִיט
settle down הִתְרַוֵּחַ; הִתְיַשֵּׁב; הִשְׁתַּקֵּעַ; נִרְגַּע; הִתְרַגֵּל; הִתְבַּסֵּס
settle for הִסְתַּפֵּק בְּ־, הִשְׁלִים עִם
settle into הִתְרַגֵּל לְ־, הִסְתַּגֵּל לְ—
settle on/upon הֶחְלִיט, בָּחַר
settle *n.* סַפְסָל גְּבַהּ־מִסְעָד
settled *adj.* יַצִּיב, קָבוּעַ; מְיוּשָׁב
settlement *n.* הִתְיַשְּׁבוּת; הִתְנַחֲלוּת; יִשּׁוּב; הֶסְדֵּר; סִדּוּר; פֵּרָעוֹן
settler *n.* מִתְיַשֵּׁב, מִתְנַחֵל
set-to *n.* קְטָטָה, תִּגְרָה, הִתְכַּתְּשׁוּת
set-up *n.* מִבְנֶה, צוּרַת אִרְגּוּן
sev'en *n&adj.* שֶׁבַע, 7

sev′enteen′ *adj&n.* שְׁבַע־עֶשְׂרֵה, 17
sev′enteenth′ *n&adj.* (החלק) ה־17
sev′enth *adj&n.* שְׁבִיעִי; שְׁבִיעִית
sev′entieth *n&adj.* (החלק) ה־70
sev′enty *n.* שִׁבְעִים , 70
sev′er *v.* חָתַךְ, נִתֵּק; נִתַּק
sev′eral *adj.* כַּמָּה, אֲחָדִים; שׁוֹנִים
severally *adv.* בְּנִפְרָד, אֶחָד־אֶחָד
sev′erance *n.* הִנָּתְקוּת; פִּטּוּרִים
severe′ *adj.* חָמוּר; רְצִינִי; מַקְפִּיד
sever′ity *n.* חוּמְרָה, רְצִינוּת; נוּקְשׁוּת
sew (sō) *v.* תָּפַר
sew up תָּפַר; סָגַר, סִיֵּם; סִדֵּר
sew′age (so͞o′-) *n.* שׁוֹפְכִין, מֵי־בִּיּוּב
sew′er (sō′-) *n.* חַיָּט, תּוֹפֵר
sew′er (so͞o′-) *n.* צִנּוֹר־בִּיּוּב, תְּעָלָה
sew′erage (so͞o′-) *n.* רֶשֶׁת תִּעוּל
sewing *n.* תְּפִירָה
sewn = pp of sew (sōn)
sex *n.* מִין, סֶקְס; בֵּרֵר מִינוֹ
sex appeal מְשִׁיכָה מִינִית, סֶקְסאַפִּיל
sexless *adj.* חֲסַר־מִין, לֹא סֶקְסִי
sex′tant *n.* סֶקְסטַנְט (מכשיר מדידה)
sex•tet′ *n.* שִׁתִּית, (יצירה ל־) 6 כֵּלִים
sex′ton *n.* שַׁמָּשׁ (בכנסיה)
sex′ual (sek′sho͞oəl) *adj.* מִינִי
sexy *adj.* מִינִי, סֶקְסִי, מְגָרֶה
shab′by *adj.* מְרוּפָּט, בָּלוּי; שָׁפָל; דַּל
shack *n&v.* צְרִיף, בִּיתָן, בִּקְתָּה; דָּר
shack′le *n&v.* אֲזִק (אֲזִקִּים); כָּבַל
shade *n.* צֵל; גָּוֶן; מְעַט; מַשֶּׁהוּ
put in the shade הֶעִיב עַל, הֶאֱפִיל
shades דִּמְדוּמִים; *מִשְׁקְפֵי־שֶׁמֶשׁ
shade *v.* פָּרַשׂ צֵל, הֵצֵל, הֶאֱפִיל
shade in (בציור) הִכְהָה, קוֹקֵו
shading *n.* שׁוֹנִי קַל, גָּוֶן, וָרִיאַצְיָה
shad′ow (-ō) *n.* צֵל; רוּחַ, הֶבֶל; שֶׁמֶץ
a shadow of doubt צֵל שֶׁל סָפֵק
worn to a shadow הָפַךְ לְצֵל, סָחוּט
shadow *v.* הֵטִיל צֵל; בָּלַשׁ, עָקַב
shadow cabinet מֶמְשֶׁלֶת צְלָלִים
shadowy *adj.* מוּצָל; מְעוּרְפָּל
sha′dy *adj.* מֵצֵל; צְלָלִי; מְעוּרְפָּל
shaft *n.* מוֹט, חֲנִית, חֵץ; יָדִית, קַת; גַּל; עַמּוּד; פִּיר, חָלָל; אֲרוּבָּה
get the shaft *קִבֵּל "חִזּוּק"
shaft of light קֶרֶן־אוֹר

shag′gy *adj.* גַּס; עָבוֹת, סָבוּךְ, שָׂעִיר
shake *v.* נִעְנֵעַ; הִתְנַעֲנַע; רָעַד; נִעֵר
shake a leg הִזְדָּרֵז, הֵחִישׁ צְעָדָיו
shake down הִתְרַגֵּל; *שָׁכַב, לָן
shake hands לָחַץ יָדַיִם
shake out פָּרַשׂ, נִעֵר; הִתְפַּזֵּר
shake up נִעֵר; נִעְנֵעַ; אִרְגֵּן מֵחָדָשׁ
shake *n.* נִעְנוּעַ; זַעֲזוּעַ; רַעַד; יַחַס
in two shakes מִיָּד, כְּהֶרֶף־עַיִן
no great shakes *לֹא מִי־יוֹדֵעַ־מָה
shake-down *n.* סְחִיטַת כְּסָפִים; חִפּוּשׂ
shaker *n.* מְנַעְנֵעַ; מַבְזֵק־מֶלַח; מְנַעֵר
shake-up *n.* חִלּוּפֵי־גַבְרֵי; רֵה־אִרְגּוּן
sha′ky *adj.* חַלָּשׁ, לֹא יַצִּיב, רָעוּעַ, רוֹעֵד
shall (shal) *v.* (פּוֹעַל עֵזֶר לְצִיּוּן עָתִיד)
shal′low (-ō) *adj.* רָדוּד, שִׁטְחִי
sham *v.* הֶעֱמִיד פָּנִים, הִתְחַזָּה; זִיֵּף
sham *n&adj.* הִתְחַזּוּת, שֶׁקֶר; מְזוּיָּף
sham′ble *v&n.* הָלַךְ בִּכְבֵדוּת; הִשְׁתָּרְכוּת
shambles שְׂדֵה־קֶטֶל; אִי־סֵדֶר
shame *n&v.* בּוּשָׁה, חֶרְפָּה, קָלוֹן; בִּיֵּשׁ
put to shame הֵמִיט חֶרְפָּה עַל
shame on you! הִתְבַּיֵּשׁ לְךָ!
shameful *adj.* מֵבִישׁ, מְגוּנֶּה, מַחְפִּיר
shameless *adj.* חֲסַר־בּוּשָׁה, חָצוּף
sham•poo′ *n&v.* שַׁמְפּוֹ; חָפַף הָרֹאשׁ
shank *n.* שׁוֹק, נֵתַח־רֶגֶל; קָנֶה
shan't = shall not (shant)
shan′ty *n.* צְרִיף, בִּקְתָּה; שִׁיר יַמָּאִים
shape *n.* צוּרָה; דְּמוּת; מַצָּב; אִמּוּם
give shape הִלְבִּישׁ צוּרָה, גִּלֵּם
in shape בְּכוֹשֶׁר; בְּמַרְאֶה, בְּהוֹפָעָה
in the shape of בִּדְמוּת־, בְּצוּרַת—
out of shape לֹא בְּכוֹשֶׁר
put into shape גִּבֵּשׁ, עִצֵּב
take shape לָבַשׁ צוּרָה, הִתְגַּבֵּשׁ
shape *v.* עִצֵּב, צָר צוּרָה; גִּבֵּשׁ; הִתְגַּבֵּשׁ; לָבַשׁ צוּרָה
shaped *adj.* בְּצוּרַת־, דְּמוּי־; צָמוּד
shapeless *adj.* נְטוּל־צוּרָה, אֲמוֹרְפִי
shapely *adj.* (גוּף) חָטוּב, נָאֶה
share *n.* חֵלֶק; מָנָה; מְנָיָה; סַכִּין־מַחֲרֵשָׁה
has no share in אֵין לוֹ חֵלֶק/יָד בְּ—
preference shares מְנָיוֹת בְּכוֹרָה
take share הִשְׁתַּתֵּף, נָטַל חֵלֶק
share *v.* חִלֵּק; הִתְחַלֵּק; הִשְׁתַּתֵּף
share with שִׁתֵּף (בחוויה), סִפֵּר

shareholder *n.* בַּעַל מְנָיוֹת
shark *n.* כָּרִישׁ; רַמַּאי, נוֹכֵל; עַשְׁקָן
sharp *adj.* חַד; מְחוּדָּד; חָרִיף; בָּרוּר; תָּלוּל; פִּקֵּחַ, עַרְמוּמִי; עַז; מָהִיר, נִמְרָץ
 sharp practice תַּרְמִית, עֵסֶק מְפוּקְפָּק
 sharp rise עֲלִיָּה תְּלוּלָה (במחירים)
 sharp words דְּבָרִים כַּדָּרְבָנוֹת
 C sharp דוֹ נָסֵק, דוֹ דִיאֶז
sharp *adv.* בִּצוּרָה חַדָּה; לְפֶתַע; בְּדִיּוּק
 look sharp! הִזְדָּרֵז! הִזָּהֵר!
sharp'en *v.* חִדֵּד, הִשְׁחִיז; הִתְחַדֵּד
sharper *n.* רַמַּאי, נוֹכֵל
sharpshooter *n.* צַלָּף
sharp-witted *adj.* חֲרִיף־שֵׂכֶל
shat'ter *v.* נִפֵּץ; הִתְנַפֵּץ; הָרַס
shave *v&n.* גִּלַּח; הִתְגַּלֵּחַ; הִקְצִיעַ; שִׁפְשֵׁף, חָלַף קָרוֹב לְ־; גִּלּוּחַ
 close/narrow shave הִנָּצְלוּת בְּנֵס
shaven (pp of shave) *adj.* מְגוּלָּח
shaving *n.* גִּלּוּחַ; נְסוֹרֶת
shawl *n.* סוּדָר, צָעִיף
 praying shawl טַלִּית
she *pron&n.* הִיא; נְקֵבָה
 she-goat/-bear עֵז/דּוּבָּה
sheaf *n.* אֲלוּמָה; חֲבִילָה, צְרוֹר
shear *v.* גָּזַז; סִפֵּר; חָתַךְ; שָׁלַל
shears *npl.* מִסְפָּרַיִם; מַגְזֵזָה; מַזְמֵרָה
sheath *n.* נָדָן, נַרְתִּיק; כּוֹבָעוֹן
sheathe (shēdh) *v.* שָׂם בְּנָדָן; נִרְתֵּק
sheaves = pl of sheaf (shēvz)
shed *v.* שָׁפַךְ; הִשִּׁיר; הֵסִיר, פָּשַׁט
 shed light on שָׁפַךְ אוֹר עַל
shed *n.* צְרִיף, בִּקְתָּה; מַחְסָן; דִּיר
she'd = she had/would (shēd)
sheen *n.* בָּרָק; זוֹהַר
sheep *n.* כֶּבֶשׂ; צֹאן
 cast/make sheep's eyes at נָעַץ מַבָּטֵי אַהֲבָה, לָטַשׁ עֵינֵי־אוֹהֵב
sheep dog כֶּלֶב רוֹעִים
sheepish *adj.* נָבוֹךְ, מְבוּיָּשׁ, מְפוּחָד
sheepskin *n.* עוֹר־כֶּבֶשׂ; דִּפְלוֹמָה
sheer *adj.* מוּחְלָט, גָּמוּר, אַךְ וָרַק; טָהוֹר; שָׁקוּף, דַּק; תָּלוּל, מְאוּנָךְ
sheer *v.* שִׁנָּה כִּוּוּן, פָּנָה הַצִּדָּה
 sheer off הִתְרַחֵק; הִסְתַּלֵּק
sheet *n.* סָדִין; גִּלָּיוֹן; לוּחַ; שִׁכְבָה; רִקּוּעַ; מִשְׁטָח נִרְחָב; עִתּוֹן
 in sheets (גשם) נִתַּךְ בְּעוֹז
sheik(h) (shēk) *n.* שֵׁיךְ (ערבי)
shek'el *n.* שֶׁקֶל, כֶּסֶף
shelf *n.* מַדָּף; בְּלִיטָה, זִיז
 on the shelf כְּאֶבֶן שֶׁאֵין לָהּ הוֹפְכִין
shell *n.* קְלִפָּה; קוֹנְכִיָּה; קַשְׂוָה; שֶׁלֶד־בִּנְיָן; פָּגָז; תַּרְמִיל; כַּדּוּר; סִירָה
shell *v.* קִלֵּף; הִתְקַלֵּף; הִפְצִיץ
 easy as shelling peas קַל בְּיוֹתֵר
 shell out שִׁלֵּם, פָּרַע
she'll = she will/shall (shēl)
shellac' *n&v.* (צִפָּה בְּ־) לַכָּה; *הֵבִיס
shellfish *n.* רַכִּיכָה; סַרְטָן
shell-shock *n.* הֶלֶם־קְרָב
shel'ter *n.* מַחְסֶה; מִקְלָט; בִּיתָן; דִּיּוּר
shelter *v.* סוֹכֵךְ; הֶעֱנִיק מִקְלָט
shelve *v.* מִדֵּף, עָרַךְ עַל מַדָּף; דָּחָה (לעתיד); פִּטֵּר; הִשְׁתַּפֵּעַ בְּהַדְרָגָה
shelves = pl of shelf (shelvz)
shep'herd (-pərd) *n&v.* רוֹעֶה; רָעָה
sher'bet *n.* גְּלִידַת־פֵּרוֹת, מַשְׁקֵה־פֵּרוֹת
sher'iff *n.* שֶׁרִיף
sher'ry *n.* שֶׁרִי (יין)
she's = she is, she has (shēz)
shield (shēld) *n.* מָגֵן; שֶׁלֶט־גִּבּוֹרִים
shield *v.* הֵגֵן עַל, שָׁמַר, חִפָּה עַל
shift *n.* שִׁנּוּי, הַעְתָּקַת־מָקוֹם, הַעֲבָרָה, תְּזוּזָה; מִשְׁמֶרֶת; תַּחְבּוּלָה, תַּכְסִיס
 make shift הִסְתַּדֵּר (איכשהו)
shift *v.* הֶעֱבִיר, הֵזִיז, שִׁנָּה כִּוּוּן; נָע; זָז; הֶחֱלִיף הִלּוּכִים/בְּגָדִים
 shift for oneself הִסְתַּדֵּר לְבַד
shift key מַקַּשׁ הָאוֹתִיּוֹת הַגְּדוֹלוֹת
shiftless *adj.* נְטוּל־תּוּשִׁיָּה; עַצְלָן
shift'y *adj.* עַרְמוּמִי, תַּחְבְּלָנִי
shil'ling *n.* שִׁילִינְג
shil'ly-shal'ly *v.* הִסֵּס, לֹא הֶחְלִיט
shim'mer *v&n.* נִצְנֵץ (רכּוֹת); נִצְנוּץ
shin *n&v.* שׁוֹק; טִפֵּס, עָלָה עַל
shine *v&n.* זָרַח; הִקְרִין; הִזְהִיר, הִבְרִיק; הִצְטַיֵּן; צִחְצַח; זוֹהַר
 shine up to *נִסָּה לְהִתְיַדֵּד עִם
shin'gle *n&v.* רַעַף; שֶׁלֶט; חַלּוּקֵי־אֲבָנִים; תִּסְפֹּרֶת קְצָרָה; רִעֵף
shingles *npl.* שַׁלְבֶּקֶת חוֹגֶרֶת
shining *adj.* מַבְרִיק, מַזְהִיר; מְצוּיָּן
shi'ny *adj.* מַבְרִיק

ship *n.* אוֹנִיָה, סְפִינָה; *מָטוֹס
take ship הִפְלִיג
ship *v.* הֶעֱבִיר בָּאוֹנִיָה, שִׁגֵר
ship out הִפְלִיג
shipload *n.* מִטְעַן אוֹנִיָה
ship'mate' *n.* מַלָּח חָבֵר, חָבֵר לַסְפִינָה
shipment *n.* מִשְׁלוֹחַ; הַטְעָנָה, מִטְעָן
shipper *n.* סוֹכֵן־מִשְׁלוֹחִים, מוֹבִיל
shipping *n.* צִי, אֳנִי; מִשְׁלוֹחַ
ship'shape' *adj.* מְטוּפָּח, מְצוּחְצָח
ship'wreck' (-rek) *n&v.* טְבִיעַת — אוֹנִיָה; נִטְרַף בַּיָם, הָרַס, נִפֵּץ
ship'yard' *n.* מִסְפָּנָה, מִבְדּוֹק
shire *n.* מָחוֹז
shirk *v.* הִשְׁתַּמֵט, הִתְחַמֵק
shirt *n.* חוּלְצָה, כּוּתוֹנֶת
keep your shirt on *מְשׁוֹל בְּרוּחֲךָ
shirtfront *n.* חֲזִית־הַחוּלְצָה
shirt-sleeve *adj.* פָּשׁוּט; בְּלִי מְעִיל
shirttail *n.* שׁוּלֵי־הַחוּלְצָה
shirtwaist(er) *n.* חוּלְצַת־אִשָּׁה
shit *n&interj&v.* *חָרָה; חִרְבֵּן
shits *שִׁלְשׁוּל
shiv'er *v&n.* רָעַד; רַעַד, צְמַרְמוֹרֶת
shiver *n&v.* רְסִיס; הִתְנַפֵּץ לִרְסִיסִים
shoal *n&v.* שִׂרְטוֹן, מָקוֹם רָדוּד; נִרְדַד
shoal *n.* לַהֲקַת־דָגִים; הָמוֹן, מִסְפָּר רַב
shock *n.* הֶלֶם; זַעֲזוּעַ; עֲרֵמַת עֳמָרִים
shock of hair גוּשׁ שֵׂעָר סָבוּךְ
shock *v.* זִעְזַע; הִדְהִים; חִשְׁמֵל
shocking *adj&adv.* מְזַעְזֵעַ, רָע; מְאוֹד
shod (= p of shoe) *adj.* נָעוּל
shod'dy *adj&n.* (אָרִיג) זוֹל; מְזוּיָף
shoe (shōō) *n&v.* נַעַל; פַּרְסָה; סַנְדַל — הַבֶּלֶם; נָעַל; הִנְעִיל; פִּרְזֵל
fill his shoes נִכְנַס לִנְעָלָיו
in his shoes בִּנְעָלָיו, בִּמְקוֹמוֹ, בְּמַצָבוֹ
where the shoe pinches הֵיכָן שֶׁכּוֹאֵב, פֹּה קָבוּר הַכֶּלֶב, מְקוֹר־הַקוֹשִׁי
shoeblack *n.* מְצַחְצֵחַ נַעֲלַיִם
shoehorn *n.* כַּף נַעֲלַיִם
shoelace *n.* שְׂרוֹךְ נַעַל
shoemaker *n.* סַנְדְלָר, תּוֹפֵר נַעֲלַיִם
shoeshine *n.* צִחְצוּחַ נַעֲלַיִם
shoestring *n.* שְׂרוֹךְ נַעַל, סְכוּם זָעוּם
shone = p of shine
shook = pt of shake

shoot (shōōt) *v.* יָרָה; פָּגַע; צָד; פָּלַט; הֵטִיל; חָלַף; עָבַר; צָמַח
shoot a film הִסְרִיט סֶרֶט
shoot away יָרָה בְּלִי הֶרֶף
shoot down הִפִּיל (מָטוֹס); שָׁלַל
shoot for/at חָתַר לְ־, קָבַע יַעַד
shoot out פָּלַט, הִשְׁלִיךְ; קָלַח
shoot straight פָּעַל בַּהֲגִינוּת
shoot to kill יָרָה כְּדֵי לַהֲרוֹג
shoot up זִנֵק, עָלָה, הִתְרוֹמֵם, גָדַל
shoot! קָדִימָה! דַבֵּר! פְּתַח פִּיךָ!
shoot *n.* חוֹטֶר, נֵצֶר; יְרִי; צַיִד; אֶשֶׁד
shooting *n.* יְרִי; קְלִיעָה; צַיִד
shooting range מִטְוָח
shooting star מֶטֶאוֹר, כּוֹכָב נוֹפֵל
shop *n.* חֲנוּת; בֵּית־מְלָאכָה; מִקְצוֹעַ
shop hours שְׁעוֹת הַמְכִירָה
talk shop דִבֵּר עַל עֲבוֹדָתוֹ
shop *v.* עָרַךְ קְנִיוֹת; *הִלְשִׁין
go shopping יָצָא לַעֲרוֹךְ קְנִיוֹת
shop around סִיֵר בַּחֲנוּיוֹת; חִפֵּשׂ
shopboy *n.* זַבָּן, מוֹכֵר
shopgirl *n.* זַבָּנִית, מוֹכֶרֶת
shopkeeper *n.* חֶנְוָנִי, בַּעַל חֲנוּת
shoplift *v.* גָנַב מֵחֲנוּיוֹת, "הֵרִים"
shopper *n.* קוֹנֶה, מְבַקֵר בַּחֲנוּיוֹת
shopwalker *n.* מַדְרִיךְ לָקוֹחוֹת (בחנות)
shop window חַלּוֹן רַאֲוָה
shopworn *adj.* מְלוּכְלָךְ, בָּלוּי, דָהוּי
shore *n&v.* חוֹף, יַבָּשָׁה; מִתְמָךְ; תָּמַךְ
shore leave חוּפְשַׁת־חוֹף (של מלחים)
shorn = pp of shear
short *adj.* קָצָר; נָמוּךְ; חָסֵר, לֹא מַסְפִּיק, קָטָן, פָּחוּת; תַּמְצִיתִי; קְצַר־רוּחַ, גַס
for short לְשֵׁם קִצּוּר
in short בְּקִצוּר
in short order עַל רֶגֶל אַחַת, מִיָד
little/nothing short of לֹא פָּחוּת מִן, כִּמְעַט
make short work of חִסֵל מַהֵר
short and sweet קָצָר וְלָעִנְיָן
short of לֹא מַגִיעַ לְ־, עַל סַף־, חָסֵר; לִפְנֵי; דָחוּק בְּ־; פָּחוּת מִן; פְּרָט לְ—
short temper רַגְזָנוּת, קוֹצֶר־רוּחַ
short *adv.* פִּתְאוֹם, לְפֶתַע; בִּקְצָרָה
cut short הִפְסִיק, קִצֵר, שִׁסַע
fall short of לֹא הִסְפִּיק, אִכְזֵב

pull up short עָצַר פִּתְאוֹם
run short אָזַל, נִגְמַר
take him up short הִפְסִיקוֹ, שִׁסְעוֹ
short *n.* *סִרְטוֹן; קֶצֶר חַשְׁמַלִּי; לְגִימָה
shorts שׁוֹרְטְס, (מִיכְנָסַיִים) קְצָרִים
short'age *n.* מַחְסוֹר, חוֹסֶר, גֵּרָעוֹן
short bond אג״ח קְצֶרֶת מוֹעֵד
shortcake *n.* עוּגַת־פֵּרוֹת (עם קצפת)
short-change *v.* הֶחֱזִיר עוֹדֵף חָסֵר
short-circuit *n&v.* קֶצֶר; גָּרַם לְקֶצֶר
shortcoming *n.* פְּגָם, לִקּוּי, חִסָּרוֹן
short cut קַפֶּנְדַּרְיָה, קִצּוּר דֶּרֶךְ
short-dated *adj.* קְצַר־מוֹעֵד
short'en *v.* קִצֵּר; הִתְקַצֵּר
shortfall *n.* גֵּרָעוֹן, דְּפִיצִיט
short'hand' *n.* קַצְרָנוּת
short-lived *adj.* קְצַר־יָמִים
shortly *adv.* מִיָּד; בְּקָרוֹב; בְּקִצּוּר
short-range *adj.* לִטְוָח קָצָר
shortsighted *adj.* קְצַר־רְאוּת
short-tempered *adj.* רַגְזָנִי, קְצַר־רוּחַ
short-term *adj.* קְצַר־מוֹעֵד
shorty *n&adj.* גּוּץ, נְמוּךְ־קוֹמָה; קָצָר
shot *n.* יְרִיָּה; נִסָּיוֹן, פְּגִיעָה, נִחוּשׁ,
קְלִיעָה, בְּעִיטָה; קָלִיעַ; כַּדּוּר־בַּרְזֶל;
צִלּוּם; סִכּוּי; *זְרִיקָה; כּוֹסִית
dead shot צַלָּף מוּמְחֶה
have a shot at נִסָּה
like a shot כְּחֵץ מִקֶּשֶׁת; בְּחֵפֶץ לֵב
not by a long shot בְּשׁוּם תְּנַאי לֹא
shot in the arm זְרִיקַת עִדּוּד
shot in the dark נִחוּשׁ בְּעָלְמָא
shot *adj.* מְגוּוָן; *הָרוּס, סָחוּט
be shot of it נִפְטַר מִזֹּאת
shot through מְגוּוָן, מְתֻבָּל, שָׁזוּר
shot = p of shoot
shot-gun *n.* רוֹבֵה־צַיִד
shot put הֲדִיפַת כַּדּוּר־בַּרְזֶל
should (shood) *v.* צָרִיךְ, חַיָּב, עָלָיו לְ—
you shouldn't אַל לְךָ, בַּל
I said that I should go אָמַרְתִּי
שֶׁאֵלֵךְ (עתיד פשוט בדיבור עקיף)
I should think not! בְּוַדַּאי שֶׁלֹּא!
should = pt of shall
shoul'der (shōl'-) *n&v.* כָּתֵף, שֶׁכֶם;
שׁוּלֵי־הַכְּבִישׁ; כִּתֵּף; נָשָׂא
cold shoulder יַחַס צוֹנֵן
shoulder arms! הַכְתֵּף נֶשֶׁק!
shoulder to shoulder שֶׁכֶם אֶל שֶׁכֶם
shoulder flash תַּג יְחִידָה
shoulder strap כּוֹתֶפֶת, כְּתֵפִיָּה
shouldn't = should not
shout *v&n.* צָעַק, זָעַק; צְעָקָה
shout down הֶחֱרִישׁ (נוֹאֵם) בִּצְעָקוֹת
shove (shuv) *v&n.* דָּחַף; דְּחִיפָה
shove around הֵצִיק, טִרְטֵר
shov'el (shuv-) *n&v.* יָעֶה, אֵת (גָּרַף בְּ־)
show (shō) *v.* הֶרְאָה, הִצִּיג, גִּלָּה;
הִדְרִיךְ, הִנְחָה; הוֹכִיחַ, הֵעִיד עַל;
הִסְבִּיר; נִרְאָה, הוֹפִיעַ
show fight הִפְגִּין רוּחַ־קְרָב
show in/out לִוָּה פְּנִימָה/הַחוּצָה
show itself נִרְאָה, הָיָה נִכָּר
show off הִתְפָּאֵר, נִסָּה לְהַרְשִׁים
show up הוֹקִיעַ; נִרְאָה; *הֵבִיךְ
show *n.* רַאֲוָה; גִּלּוּי; הַצָּגָה; תְּצוּגָה;
מִפְגָּן; רוֹשֶׁם, גַּנְדְּרָנוּת; *הִזְדַּמְּנוּת
good show מְלָאכָה נָאָה; כָּל הַכָּבוֹד!
run the show נִהֵל אֶת הָעִנְיָנִים
show of hands הַצְבָּעָה בַּהֲרָמַת יָדַיִם
steal the show גָּנַב אֶת הַהַצָּגָה
show business עִסְקֵי שַׁעֲשׁוּעִים
show-case תֵּבַת־תְּצוּגָה (מזכוכית)
show-down הַצְהָרַת־כַּוָּנוֹת, עִמּוּת
גִּלּוּי/מַכְרִיעַ/יָשִׁיר; גִּלּוּי הַקְּלָפִים
show'er *n.* מִמְטָר, גֶּשֶׁם; מִקְלַחַת
shower *v.* הִמְטִיר, הִרְעִיף; הִתְקַלֵּחַ
shower bath מִקְלַחַת, הִתְקַלְּחוּת
show-girl *n.* נַעֲרַת־לַהֲקָה
showing *n.* הַצָּגָה, הוֹפָעָה; בִּצּוּעַ
showman *n.* מְנַהֵל מוֹפְעֵי־בִּדּוּר
shown = pp of show (shōn)
show-off *n.* רוֹדֵף רוֹשֶׁם, רַאַוְתָן
showpiece *n.* מוּצָג מוֹפְתִי
showplace *n.* מְקוֹם רַאֲוָה, אֲתַר־תַּיָּרוּת
showroom *n.* חֲדַר תְּצוּגָה
show-window *n.* חַלּוֹן־רַאֲוָה
showy *adj.* רַאַוְתָנִי, צַעֲקָנִי, מְצוּעְצָע
shrank = pt of shrink
shrap'nel *n.* שְׁרַפְנֶל, פְּצִיצִים
shred *n&v.* קֶרַע; שֶׁמֶץ; קָרַע לִגְזָרִים
shred'der *n.* מְגָרֶסֶת נְיָר
shrew (shrōō) *n.* מִרְשַׁעַת, כַּלְבְּתָא
shrewd (shrōōd) *adj.* פִּקֵּחַ, מְמֻלָּח

shriek (shrēk) *v&n.* צָרַח; צְרִיחָה
shrill *adj.* צוֹרְחָנִי, צוֹוֵחַ, חַד
shrimp *n.* שְׁרִימְפּ, חֲסִילוֹן; נַנָּס
shrine *n.* קֶבֶר; מִקְדָּשׁ
shrink *v&n.* כָּוַץ; הִתְכַּוֵּץ; נִרְתַּע; הִתְכַּוְּצוּת; *פְּסִיכִיאַטֶר
shriv'el *v.* צָמֵק; הִצְטַמֵּק; הִתְיַבֵּשׁ
shroud *n&v.* תַּכְרִיכִים; כִּסָּה, אָפַף
shrub *n.* שִׂיחַ
shrub'bery *n.* חֶלְקַת־שִׂיחִים, שִׂיחִים
shrug *v.* מָשַׁךְ בִּכְתֵפָיו
shrug *n.* מְשִׁיכַת כְּתֵפַיִם
shrunk = pp of shrink
shrunk'en *adj.* מְכוּוָץ, מְצוּמָק
shud'der *v&n.* רָעַד, הִתְחַלְחֵל; רַעַד
shuf'fle *v&n.* עִרְבֵּב, טָרַף; גִּבֵּב; הִשְׁתָּרֵךְ; הִשְׁתַּמֵּט; עִרְבּוּב; דִּשְׁדּוּשׁ
shuffle off פָּשַׁט, הֵסִיר; נִפְטַר
shun *v.* נִמְנַע, הִתְרַחֵק, נִזָּר מִן
shunt *v.* עִתֵּק; הֶעֱבִיר, הֵסִיט
shut *v.* סָגַר; נִסְגַּר; נָעַל; סָתַם
shut off נִתֵּק, הִפְסִיק, סָגַר
shut out מָנַע כְּנִיסָתוֹ, חָסַם
shut up סָגַר; כָּלָא; *שָׁתַק; הִשְׁתִּיק
shut-down *n.* הַשְׁבָּתָה
shut'ter *n&v.* תְּרִיס; הֲגִיף תְּרִיסִים
shut'tle *n&v.* בּוּכְיָר; תְּנוּעַת הָלוֹךְ וָשׁוֹב; מַסַּע דִּלּוּגִים; נָע הָלוֹךְ וָשׁוֹב
shuttle service שֵׁרוּת הָלוֹךְ וָשׁוֹב
shy *adj.* בַּיְשָׁן; פַּחְדָן; זָהִיר; *חָסֵר
fight shy of הִתְרַחֵק, הִתְחַמֵּק
shy *v.* נִרְתַּע, נָסוֹג; הֵטִיל, הִשְׁלִיךְ
shy *n.* הֲטָלָה, הַשְׁלָכָה, זְרִיקָה; *נִסָּיוֹן
shy'ster *n.* פְּרַקְלִיט חֲסַר־מַצְפּוּן, נוֹכֵל
Si'amese' *adj&n.* (חָתוּל) סִיָאמִי
Si·be'ria *n.* סִיבִּיר
sib'ilant *n&adj.* עִצּוּר שׁוֹרֵק; שׁוֹרְקָנִי
sib'ling *n.* אָח, אָחוֹת, אֲחָאִים
sib'yl *n.* סִיבִּילָה, נְבִיאָה
sic *adv.* כָּךְ, כָּךְ כָּתוּב, טָעוּת סוֹפֵר
Sic'ily *n.* סִיצִילְיָה
sick *adj&v.* חוֹלֶה, חוֹלָנִי; חָשׁ בְּחִילָה; מַבְחִיל; מְדוּכְדָּךְ; מִתְגַּעְגֵּעַ
be sick, sick up הֵקִיא
look sick נִרְאָה חוֹלֶה, הֶחֱוִיר; לְעוּמַּת, נָפַל בְּהַרְבֵּה מִן
sick jokes בְּדִיחוֹת זְוָעָה
take/fall sick נָפַל לְמִשְׁכָּב
I'm sick of it נִמְאַס לִי מִזֶּה
sickbed *n.* מִטַּת חוֹלִי, עֶרֶשׂ דְּוַי
sick call מִסְדַּר חוֹלִים
sick'en *v.* הִבְחִיל, עוֹרֵר קֶבֶס; חָלָה
sick'le *n.* מַגָּל; חֶרְמֵשׁ
sick leave חוּפְשַׁת מַחֲלָה
sick'ly *adj.* חוֹלָנִי; מַגְעִיל; חִוֵּר
sickness *n.* מַחֲלָה; בְּחִילָה; הֲקָאָה
side *n.* צַד; צֵלָע; בְּחִינָה, אַסְפֶּקְט
at one's side לְצִדּוֹ, לְיָדוֹ
by the side of לְיַד, לְעוּמַּת
on all sides מִכָּל הָעֲבָרִים
on one's good side חָבִיב עָלָיו
on the right/wrong side of 40 מִתַּחַת/מֵעַל לְגִיל 40
side by side זֶה לְיַד זֶה, צַד בְּצַד
split one's sides הִתְפַּקַּע מִצְּחוֹק
take sides צִדֵּד, תָּמַךְ
side *adj&v.* צְדָדִי; תָּמַךְ, צִדֵּד
side against חָבַר מוּל, הִתְנַגֵּד
side-arms *npl.* נֶשֶׁק צַד
sideboard *n.* מִזְנוֹן, תַּרְכּוֹס
sideburns *npl.* פֵּאוֹת־לְחָיַיִם
sided (one-sided) חַד־צְדָדִי
side dish מָנָה נוֹסֶפֶת, תּוֹסֶפֶת
side issue בְּעָיָה מִשְׁנִית
sidelight *n.* פָּנָס צְדָדִי; מֵידָע נוֹסָף
side-line *n.* עֲבוֹדָה צְדָדִית; קַו צַד
si·de're·al *adj.* כּוֹכָבִי, סִידֶרִי
side-saddle *n.* אוּכַּף־אִשָּׁה, אוּכַּף צַד
side-splitting *adj.* מַצְחִיק בְּיוֹתֵר
sidestep *v.* פָּסַע הַצִּדָּה, הִתְחַמֵּק
side-track *v.* עִתֵּק; הִסִּיחַ הַדַּעַת
side-track *n.* מְסִלָּה צְדָדִית; סְטִיָּה
sidewalk *n.* מִדְרָכָה
sideward *adj&adv.* מְצוּדָּד; לַצַּד
sideways *adv&adj.* הַצִּדָּה, מֵהַצַּד
side-whiskers *n.* זְקַן־לְחָיַיִם
sid'ing (sīd-) *n.* מְסִלַּת־עִתּוּק
si'dle *v.* הָלַךְ בִּמְצוּדָּד, נָע בְּהַסְסָנוּת
siege (sēj) *n.* מָצוֹר
sieve (siv) *n&v.* כְּבָרָה, נָפָה; נִפָּה, סִנֵּן
head like a sieve זִכָּרוֹן חַלָּשׁ
sift *v.* נִפָּה, סִנֵּן; בָּזַק; בָּדַק
sigh (sī) *n&v.* אֲנָחָה; נֶאֱנַח; יִלֵּל
sigh for הִתְגַּעְגֵּעַ, נִכְסַף לְ—

sight *n.* מַרְאֶה, מַחֲזֶה, נוֹף; רְאִיָּה; נְקוּדַת־רְאוּת; כִּוּוּן; כַּוֶּנֶת; *הַרְבֵּה
a sight better *טוֹב בְּהַרְבֵּה
at/on sight עִם דְּרִישָׁה רִאשׁוֹנָה
catch sight of רָאָה
have a sight of רָאָה
in my sight לְדַעְתִּי, אַלִּבָּא דִידִי
in one's sights עַל הַכַּוֶּנֶת שֶׁלּוֹ
is within sight of יָכוֹל לִרְאוֹת
not by a long sight כְּלָל לֹא
sight unseen בְּלִי לִרְאוֹת
sights מְקוֹמוֹת־סִיּוּר, אֲתָרֵי־תַּיָּרוּת
take a sight כִּוֵּן
sight *v.* רָאָה; צָפָה; כִּוֵּן; כּוֹנֵן
sighted *adj.* פִּקֵּחַ, לֹא עִוֵּר
nearsighted קְצַר־רְאִיָּה
sightread *v.* נִגֵּן יָשָׁר מֵהַתָּוִים
sightseeing *n.* סִיּוּר, בִּקּוּר, תִּיּוּר
sign (sīn) *n.* סִמָּן; אוֹת; שֶׁלֶט; רֶמֶז
traffic sign, road sign תַּמְרוּר
sign *v.* חָתַם; סִמֵּן, רָמַז; אוֹתֵת
sign in/out חָתַם בְּבוֹאוֹ/בְּצֵאתוֹ
sign off סִיֵּם, חָתַם
sign out חָתַם בְּצֵאתוֹ
sign up חָתַם; גִּיֵּס; נִרְשַׁם
sig'nal *n&v.* אוֹת, סִמָּן, רֶמֶז; אִתּוּת; תַּמְרוּר, רַמְזוֹר; אוֹתֵת; סִמֵּן
signal *adj.* בּוֹלֵט, יוֹצֵא דֹּפֶן, מַרְשִׁים
Signal Corps חֵיל קֶשֶׁר
signally *adv.* בְּצוּרָה בּוֹלֶטֶת/מַרְשִׁימָה
signalman *n.* אַתָּת, קַשָּׁר
sig'nato'ry *n.* חוֹתֵם, חָתוּם
sig'nature *n.* חֲתִימָה; אוֹת; צִיּוּן
sign-board *n.* שֶׁלֶט
signer *n.* חוֹתֵם, חָתוּם
sig'net *n.* חוֹתָם, חוֹתֶמֶת
signif'icance *n.* מַשְׁמָעוּת; חֲשִׁיבוּת
signif'icant *adj.* מַשְׁמָעוּתִי, נִכָּר
sig'nifica'tion *n.* מַשְׁמָעוּת, הוֹרָאָה
sig'nify' *v.* צִיֵּן; רָמַז; הוֹדִיעַ; הִבִּיעַ; הָיָה חָשׁוּב/מַשְׁמָעוּתִי
signpost *n.* תַּמְרוּר, עַמּוּד־צִיּוּן
si'lence *n&v.* שֶׁקֶט, דּוּמִיָּה; הִשְׁתִּיק
si'lent *adj.* שָׁקֵט, שׁוֹתֵק, מַחֲרִישׁ
silent film סֶרֶט אִלֵּם
silent majority הָרוֹב הַדּוֹמֵם
sil'houette' (-lōōet') *n.* צְלָלִית

sil'icon *n.* צוֹרָן (יסוד כימי)
sil'ico'sis *n.* צוֹרֶנֶת, אַבֶּקֶת־רֵאוֹת
silk *n&adj.* מֶשִׁי; מִשְׁיִי
silk and satins שֵׁשׁ וָמֶשִׁי, מַחְלָצוֹת
silken, silky *adj.* מִשְׁיִי, רַךְ
silk hat צִילִינְדֶּר, מִגְבַּע
sill *n.* אֶדֶן־חַלּוֹן; סַף
sil'ly *adj&n.* טִפְּשִׁי, מְגוּחָךְ; טִפֵּשׁ
si'lo *n.* סִילוֹ, מִגְדַּל־הַחְמָצָה
silt *n.* סְחוֹפֶת, גְּרוֹפֶת, אַדְמַת־סַחַף
sil'van *adj.* יַעֲרִי, שֶׁל יַעַר
sil'ver *n.* כֶּסֶף; כְּלֵי־כֶּסֶף
silver *adj.* כַּסְפִּי, מוּכְסָף; צָלוּל
silver tongue פֶּה מֵפִיק מַרְגָּלִיּוֹת
silver *v.* הִכְסִיף; הִלְבִּין; הֶאֱפִיר
sil'vern *adj.* כָּסוּף, כַּסְפִּי; צָלוּל
silver paper/foil נְיַר כֶּסֶף
silver screen מָסַךְ הַכֶּסֶף, מִרְקַע
silverware *n.* כְּלֵי־כֶּסֶף
sim'ian *adj&n.* קוֹפִי, כְּמוֹ קוֹף; קוֹף
sim'ilar *adj.* דּוֹמֶה, בַּעַל דִּמְיוֹן לְ—
sim'ilar'ity *n.* דִּמְיוֹן, נְקוּדַת־דִּמְיוֹן
sim'ile (-məli) *n.* דִּמּוּי, הַשְׁוָאָה מְלִיצִית (כגון: רץ כצבי)
simil'itude' *n.* צוּרָה; דִּמּוּי, מָשָׁל
sim'mer *v&n.* הֵזִיד; רָתַח; תָּסַס, עָמַד לִפְרוֹץ בְּ־; רְתִיחָה
simmer down נִרְגַּע
simp *n.* *פֶּתִי, רְפֵה־שֵׂכֶל
sim'per *v&n.* (חִיֵּךְ) חִיּוּךְ אֱוִילִי
sim'ple *adj.* פָּשׁוּט; רָגִיל; יָשָׁר; פֶּתִי
simple-hearted *adj.* גְּלוּי־לֵב, תָּמִים
simple-minded *adj.* טִפְּשִׁי; תָּמִים
sim'pleton (-pəltən) *n.* פֶּתִי
simplic'ity *n.* פַּשְׁטוּת, תְּמִימוּת
sim'plify' *v.* פִּשֵּׁט
sim'ply *adv.* פָּשׁוּט; אַךְ וְרַק, גְּרֵידָא
sim'u·late' *v.* הֶעֱמִיד פָּנִים; זִיֵּף
si'multa'ne·ous *adj.* סִימוּלְטָנִי, מִתְרַחֵשׁ בְּעֵת וּבְעוֹנָה אַחַת, בּוֹ־זְמַנִּי
sin *n&v.* חֵטְא, עֲבֵרָה, פֶּשַׁע; חָטָא
since *adv&prep&con.* מֵאָז; מֵהַיּוֹם הַהוּא, לְאַחַר מִכֵּן; אַחֲרֵי
ever since מֵאָז וְעַד הַיּוֹם
long since לִפְנֵי זְמַן רַב
since *conj.* מִכֵּיוָן שֶׁ־, הוֹאִיל וְ—
sincere' *adj.* יָשָׁר, אֲמִתִּי, רְצִינִי, כֵּן

sincer′ity *n.* כֵּנוּת, הֲגִינוּת, יוֹשֶׁר
sine *n.* סִינוּס (בטריגונומטריה)
sin′ew (-nū) *n.* גִּיד; שְׁרִירִים, מֶרֶץ
sing *v.* שָׁר, זִמֵּר; זִמְזֵם; *הִלְשִׁין
sing out/up שָׁר בְּקוֹל
sing small הִנְמִיךְ הַטּוֹן
singe *v&n.* חָרַךְ; נֶחֱרַךְ; חֲרִיכָה
singer *n.* זַמָּר, מְשׁוֹרֵר; צִפּוֹר־שִׁיר
sin′gle *adj&v&n.* יָחִיד, אֶחָד, בּוֹדֵד; פָּנוּי, רַוָּק; נִפְרָד; דּוֹלָר אֶחָד
single file טוּר, שׁוּרָה עוֹרְפִּית
single out בֵּרֵר, בָּחַר דַּוְקָא בְּ—
single ticket כַּרְטִיס לְכִוּוּן אֶחָד
singles מִשְׂחַק יְחִידִים (בטניס)
single-handed *adv.* בְּכוֹחוֹת עַצְמוֹ
single-minded *adj.* דָּבֵק בְּמַטָּרָה אַחַת
single-track *adj.* חַד־נְתִיבִי; צַר־אוֹפֶק
singly *adv.* בְּנִפְרָד; בְּכוֹחוֹת עַצְמוֹ
sing′song′ (-sông) *n.* קוֹל חַדְגּוֹנִי, טוֹן עוֹלֶה וְיוֹרֵד; שִׁירָה בְּצִבּוּר
sin′gu·lar *adj&n.* יָחִיד; יָחִיד בְּמִינוֹ
sin′ister *adj.* מְבַשֵּׂר רָע, מְרוּשָּׁע
sink *v.* שָׁקַע; הִשְׁקִיעַ; צָלַל; טָבַע; הִטְבִּיעַ; נָפַל, צָנַח, יָרַד; הוֹרִיד
sink a well חָפַר בְּאֵר
sink his plans שִׁבֵּשׁ תּוֹכְנִיּוֹתָיו
sink into נָעַץ בְּ־; שָׁקַע בְּ—
sink money הִשְׁקִיעַ כֶּסֶף
sink *n.* כִּיּוֹר; בּוֹר שׁוֹפְכִין; מְאוּרָה
sinking fund קֶרֶן לְסִלּוּק חוֹב
sinner *n.* חוֹטֵא, עֲבַרְיָן
sin′uous (-nūəs) *adj.* מִתְפַּתֵּל, נְחָשִׁי
si′nus *n.* סִינוּס, גַּת, חָלָל בָּעֶצֶם
si′nusi′tis *n.* דַּלֶּקֶת הַגַּתִּים
sip *v&n.* לָגַם, טָעַם מְעַט; לְגִימָה
si′phon *n&v.* סִיפוֹן, גִּשְׁתָּה; שָׁאַב
sir *n&adj.* אָדוֹן; אֲדוֹנִי; סֶר (תואר)
Dear Sir אָדוֹן נִכְבָּד, א.נ., נִכְבָּדִי
sire *n&v.* אָב; הוֹד מַלְכוּתְךָ; הוֹלִיד
si′ren *n.* סִירֶנָה, צוֹפָר; יְפֵהפִיָּה
sir′loin′ *n.* בְּשַׂר־מוֹתְנַיִם, בְּשַׂר־וֶרֶד
sis′sify′ *v.* הָפַךְ (גבר) לְנָשִׁי
sis′sy *n&adj.* נָשִׁי, מִתְנַהֵג כְּיַלְדָּה
sis′ter *n.* אָחוֹת
sis′ter-in-law′ *n.* גִּיסָה
sit *v.* יָשַׁב; הִתְיַשֵּׁב; הוֹשִׁיב; דָּן; שָׁכַן, הָיָה מוּנָח; עָמַד לִבְחִינָה
sit around/by יָשַׁב בְּחִבּוּק יָדַיִם
sit back הִתְיַשֵּׁב, הִתְרַוַּח; נָח
sit down יָשַׁב, הִתְיַשֵּׁב; הוֹשִׁיב
sit down under קִבֵּל בִּדְמָמָה
sit in for מִלֵּא מְקוֹמוֹ בִּישִׁיבָה
sit on him *הִשְׁתִּיקוֹ, דִּכְּאוֹ, רִסְּנוֹ
sit out/through יָשַׁב עַד תּוֹם—
sit up יָשַׁב, הִתְיַשֵּׁב; הֵרִים; יָשַׁב זָקוּף; אִחֵר לִשְׁכַּב לִישׁוֹן; נִדְהַם
sit with הִתְיַשֵּׁב עִם, הִתְקַבֵּל עַל
sit down strike שְׁבִיתַת־שֶׁבֶת
site *n&v.* מָקוֹם, אֲתַר־בְּנִיָּה; מִקֵּם
sit-in *n.* פְּלִישָׁה (לבניין, לאות מחאה)
sitting *n.* יְשִׁיבָה; מוֹשָׁב; דְּגִירָה
sitting duck מַטָּרָה קַלָּה, טֶרֶף קַל
sitting room סָלוֹן, חֲדַר אוֹרְחִים
sit′uate′ (sich′o͞oāt) *v.* מִקֵּם
situated *adj.* מְמוּקָּם, שׁוֹכֵן, נִמְצָא
sit′ua′tion (sicho͞oa′-) *n.* מַצָּב, סִיטוּאַצְיָה; סְבִיבָה, רֶקַע; מִשְׂרָה
sit-upon *n.* *יַשְׁבָן, אֲחוֹרַיִם
six *n&adj.* שֵׁשׁ, 6
at sixes and sevens מְבוּלְבָּל
sixpence *n.* 6 פֶּנִים
six′teen′ *n.* שֵׁשׁ עֶשְׂרֵה, 16
sixteenth *n&adj.* ה־16; 1/16
sixth *n.* שִׁשִּׁי; שִׁשִּׁית
six′tieth *adj&n.* ה־60; 1/60
six′ty *n&adj.* שִׁשִּׁים, 60
like sixty בִּמְהִירוּת רַבָּה, בְּעוֹצְמָה
sizable = sizeable
size *n&v.* גּוֹדֶל, שִׁעוּר; מִדָּה
of some size גָּדוֹל לְמַדַּי
size up הֶעֱרִיךְ, גִּבֵּשׁ דֵּעָה לְגַבֵּי—
sizeable *adj.* גָּדוֹל לְמַדַּי, נִכָּר
siz′zle *v&n.* רָחַשׁ, תָּסַס; רְחִישָׁה
skate *n&v.* (הֶחֱלִיק בְּ־) גַּלְגִּלִּית
skates מַחֲלִיקַיִם
skating rink חֲלַקְלַקָּה, רַחֲבַת־הַחְלָקָה
skein (skān) *n.* פְּקַעַת־חוּטִים, דּוֹלְלָה
skel′eton *n&adj.* שֶׁלֶד; שֶׁלֶד־אָדָם
skeleton key פּוֹתַחַת, פּוֹתֵחַ־כֹּל
skep′tical *adj.* סַפְקָנִי, סְקֶפְּטִי
sketch *n&v.* סְקִיצָה, מִתְוֶה; תֵּאוּר; מִרְשָׁם; רְשׁוּמֶת; שִׂרְטֵט, תִּוָּה, תֵּאֵר
sketchy *adj.* גַּס, כְּלָלִי; שִׁטְחִי
skew (skū) *adj.* נוֹטֶה לַצַּד, מְלוּכְסָן

skew'er (skū-) *n&v.* שִׁפּוּד; שִׁפֵּד
skew-eyed *adj.* פּוֹזֵל, פּוֹזְלָנִי
ski (skē) *n&v.* סְקִי, מִגְלָשׁ; גָּלַשׁ
skid *v&n.* הֶחֱלִיק; הַחְלָקָה; מַעְצוֹר
 on the skids מִדַּרְדֵּר, דּוֹעֵךְ
 put the skids on בָּלַם; הֵאִיץ
skiff *n.* סִירָה קַלָּה, סִירַת יָחִיד
skiing *n.* גְּלִישָׁה, סְקִי
ski lift רַכֶּבֶל־גַּלְשָׁנִים
skill *n.* מוּמְחִיּוּת, מְיוּמָנוּת, זְרִיזוּת
skilled *adj.* מוּמְחֶה, מְיוּמָּן
skil'let *n.* מַחֲבַת, אִלְפָּס
skillful *adj.* מוּמְחֶה, מְיוּמָּן, זָרִיז
skim *v.* קִפָּה; רִחֵף; הִרְחִיף; זָרַק
 skim through רִפְרֵף, קָרָא חֲטוּפוֹת
skimmer *n.* מְקַפָּה, כַּף־קִפּוּי
skim milk חָלָב רָזֶה (מקופה)
skimmings *n.* קֶפֶה, קִפּוּי, קוֹפִי, דּוֹק
skimp *v.* קִמֵּץ, נָהַג בְּחַסְכָנוּת, חָס
skimpy *adj.* מוּעָט, מְצוּמְצָם, קַמְצָנִי
skin *n.* עוֹר; קְלִפָּה; קְרוּם; נֹאד, חֵמֶת
 get under his skin הִרְגִּיז; הִקְסִים
 in a whole skin בְּלִי פֶּגַע, שָׁלֵם
skin *v.* פָּשַׁט עוֹר; שָׂרַט; *רִמָּה
 skin alive *הֵבִיס, הָרַג
 skin over הִגְלִיד, הֶעֱלָה קְרוּם
skin-deep *adj.* לֹא־עָמוֹק, שִׁטְחִי
skin'flint' קַמְצָן, כִּילַי
skin graft הַשְׁתָּלַת עוֹר
skinny *adj.* רָזֶה, דַּל־בָּשָׂר; קַמְצָן
skin-tight *adj.* (בגד) צָמוּד, הָדוּק
skip *v&n.* קִפֵּץ, נִתֵּר, כִּרְכֵּר; דִּלֵּג; פָּסַח, הִשְׁמִיט; קְפִיצָה, דִּלּוּג
 skip off/out הִסְתַּלֵּק, בָּרַח
ski pole/stick מוֹט סְקִי
skip'per *n.* קַבַּרְנִיט; רֹאשׁ קְבוּצָה
skipping rope חֶבֶל קְפִיצָה, דַּלְגִּית
skir'mish *n&v.* הִתְנַגְּשׁוּת; הִתְכַּתֵּשׁ
skirt *n.* חֲצָאִית, שִׂמְלָנִית; שׁוּלַיִם
skirt *v.* הִקִּיף, סָבַב; הִתְחַמֵּק
skit *n.* פָּרוֹדְיָה, מַעֲרְכוֹן, מַהֲתַלָּה
skit'tish *adj.* קַלַּת־דַּעַת, שׁוֹבְבָנִית
skulk *v.* הִסְתַּתֵּר; נָע בְּגְנֵבָה, אָרַב
skull *n.* גֻּלְגֹּלֶת; רֹאשׁ, מוֹחַ
skull-cap *n.* כִּפָּה
skull'dug'gery *n.* רַמָּאוּת, תְּכָכִים
skunk *n&v.* בּוֹאֵשׁ (חיה); הֵבִיס
sky *n.* שָׁמַיִם, רָקִיעַ; אַקְלִים
 the sky's the limit לְאֵין שִׁעוּר
skydiving *n.* צְנִיחָה חוֹפְשִׁית
skylark *v.* הִשְׁתּוֹבֵב, הִתְהוֹלֵל
skylight *n.* צֹהַר, אֶשְׁנַב־גַּג
skyline *n.* קַו רָקִיעַ, אוֹפֶק טִבְעִי
sky-rocket *v.* הֶאֱמִיר, הִרְקִיעַ שְׁחָקִים
skyscraper *n.* גּוֹרֵד שְׁחָקִים
sky-writing *n.* רִשּׁוּמִים בָּרָקִיעַ
slab *n.* לוּחַ, לוּחַ־אֶבֶן; טַבְלָה; פְּרוּסָה
slack *adj.* רָפֶה, רָפוּי; רַשְׁלָנִי; עַצְלָן
slack *v.* הִתְעַצֵּל, הִתְרַשֵּׁל, הִתְבַּטֵּל
 slack off רָפָה; נִרְפָּה; הֵאֵט
slack *n.* רִפְיוֹן, קְלִישׁוּת; אֲבַק־פֶּחָם
 slacks מִכְנָסַיִם, מִכְנְסֵי יוֹם־יוֹם
slack'en *v.* הֵאֵט; רִפָּה; הִקְלִישׁ
slack'er *n.* עַצְלָן, שְׁתַמְטָן
slag *n.* סִיגִים; *מְכוֹעֶרֶת
slain = pp of slay
slake *v.* הִשְׁקִיט, הִשְׂבִּיעַ, הִרְוָה
slam *v&n.* טָרַק; נִטְרַק; טְרִיקָה
slan'der *n&v.* (הוֹצִיא) דִּבָּה, הַשְׁמָצָה
slan'derous *adj.* מוֹצִיא דִּבָּה
slang *n&v.* סְלֶנְג, עָגָה; גִּדֵּף
slant *v.* שִׁפַּע; הִשְׁתַּפֵּעַ; הִטָּה; עִוֵּת
slant *n.* שִׁפּוּעַ; הַשְׁקָפָה, נְקוּדַת־רְאוּת
slap *n&v.* סְטִירָה; סָטַר; הֵטִיחַ
 slap down הֵטִיחַ; דִּכֵּא, הִשְׁתִּיק
 slap together הֵכִין בְּחִפָּזוֹן
slap-up *adj.* *מְצֻיָּן, מִמַּדְרֵגָה רִאשׁוֹנָה
slash *v.* חָתַךְ, פָּצַע, שָׂרַט, קָרַע; קִצֵּץ; הוֹרִיד; הִצְלִיף, הִכָּה; תָּקַף
slash *n.* חֲתָךְ, שְׂרִיטָה; לוֹכְסָן, (/)
slat *n.* פַּס, לוּחַ עֵץ דַּק, פְּסִיס
slate *n&v.* צִפְחָה, רַעַף; רְשִׁימַת מוּעֲמָדִים; רִעֵף; הוֹעִיד; תָּקַף
slath'er (-dh-) *v.* מָרַח בְּשֶׁפַע
slat'tern *adj.* מְרֻשֶּׁלֶת־לְבוּשׁ
slaugh'ter (slô-) *n&v.* טֶבַח; שָׁחַט
slaughter-house בֵּית־מִטְבָּחַיִם
slave *n&v.* עֶבֶד, שִׁפְחָה; מְשׁוּעְבָּד, מָכוּר
 slave away עָבַד בְּפֶרֶךְ, עָמַל
slav'er *n&v.* רִיר; רָר, זָב; הִתְלַהֵב
sla'very *n.* עַבְדוּת; עֲבוֹדָה מְפָרֶכֶת
slay *v.* הָרַג, קָטַל, הֵמִית, רָצַח
sled *n&v.* (גָּלַשׁ בְּ־) מִזְחֶלֶת, שַׁלְגִּית
sledge = sled *n&v.* (נָסַע בְּ־) מִזְחֶלֶת

sledge (-hammer) קוּרְנָס, פַּטִּישׁ כָּבֵד
sleek *adj&v.* חָלָק, מַבְרִיק; הֶחֱלִיק
sleep *n&v.* שֵׁנָה; יָשַׁן, נִרְדַּם; הֵלִין
lose sleep נָדְדָה שְׁנָתוֹ
put to sleep יִשֵּׁן, הִשְׁכִּיב לִישׁוֹן
sleep away בִּלָּה (זמן) בְּשֵׁנָה
sleep off סִלֵּק (כְּאֵב־ראש) בְּשֵׁנָה
sleep on it הֵלִין, דָּחָה לְמָחָר
sleep with שָׁכַב עִם, שָׁכַב אֶת
sleeper *n.* יַשְׁנָן; אֶדֶן, קוֹרָה; מִטָּה
sleeping bag שַׂק־שֵׁנָה
sleeping car קְרוֹן־שֵׁנָה
sleeping partner שׁוּתָּף רָדוּם
sleeping pill גְלוּלַת־שֵׁנָה
sleepless *adj.* לְלֹא שֵׁנָה, נְדוּד־שֵׁנָה
sleepwalker *adj.* סַהֲרוּרִי
sleepy *adj.* רָדוּם, יַשְׁנוּנִי; שָׁקֵט
sleepy-head *adj.* מְנוּמְנָם, חוֹלְמָנִי
sleet *n&v.* (יָרַד) שֶׁלֶג מְעוֹרָב בְּגֶשֶׁם
sleeve *n.* שַׁרְווּל; שַׁרְווּל־רוּחַ;
מַעֲטֶפֶת־תַּקְלִיט; נַרְתִּיק־סֵפֶר
sleeved *adj.* מְשׁוּרְוָל, בַּעַל שַׁרְווּלִים
sleigh (slā) *n&v.* מִזְחֶלֶת, מִגְרָרָה,
שַׁלְגִית; הֶעֱבִיר/נָע בְּמִזְחֶלֶת
sleight of hand (slāt) לַהֲטוּטָנוּת
slen'der *adj.* רָזֶה, דַּק; עָדִין; זָעוּם
slept = p of sleep
sleuth (slo͞oth) *n.* *בַּלָּשׁ; כֶּלֶב־גִשּׁוּשׁ
slew (slo͞o) *v.* סוֹבֵב; עָשָׂה תַּפְנִית
slew = pt of slay
slice *n.* פֶּלַח, פְּרוּסָה; חֵלֶק, נֵתַח
slice *v.* פָּרַס, בָּצַע, חָתַךְ, פִּלַּח
slicer *n.* מַחְתֵּכָה, מַבְצֵעָה, מַפְרֵסָה
slick *adj&v.* חָלָק; חֲלַקְלַק
slick down הֶחֱלִיק, הִבְרִיק (שיער)
slid = p of slide
slide *v.* גָּלַשׁ; הֶחֱלִיק; חָמַק
slide around/over חָלַף, עָקַף
slide *n.* גְלִישָׁה, הַחְלָקָה; יְרִידָה, מַפּוֹלֶת;
מִגְלָשׁ; שְׁקוּפִית; חֵלֶק זָחִיחַ
slide rule סַרְגֵל־חִשּׁוּב, גְרָרָה
sliding door דֶּלֶת זְחִיחָה, דֶּלֶת זָזָה
sliding scale סוּלָּם נָע (למשכורת)
slight *adj.* דַּק; חַלָּשׁ; זָעוּם; קַל
not in the slightest כְּלָל לֹא
slight *v&n.* פָּגַע, הֶעֱלִיב; פְּגִיעָה
slightly *adv.* מְעַט, קְצָת, מַשֶּׁהוּ

slim *adj&v.* דַּק, רָזֶה; דַּל; הִרְזָה
slime *n.* בּוֹץ, רֶפֶשׁ; הַפְרָשָׁה רִירִית
sli'my *adj.* מְטוּנָף; מִתְרַפֵּס; רִירִי
sling *v.* הֵטִיל; קָלַע בְּקֶלַע; תָּלָה
sling mud הֵטִיל בּוֹץ בְּ־, הִשְׁמִיץ
sling *n.* הֲטָלָה; קְלִיעָה; קֶלַע, מִקְלַעַת;
מַעֲנָב; רְצוּעַת־רוֹבֶה; מַתְלֵה־זְרוֹעַ
slingshot *n.* מִקְלַעַת, קֶלַע
slink *v.* הִתְגַּנֵּב, חָמַק
slip *v.* הֶחֱלִיק, נָפַל, מָעַד; חָמַק,
חָלַף; נִדְרְדֵר; הִגְנִיב; שִׁחְרֵר
let slip הֶחֱמִיץ; פָּלַט (סוד)
slip by/past חָלַף, חָמַק, עָבַר
slip off/on פָּשַׁט/לָבַשׁ
slip one's mind פָּרַח מֵרֹאשׁוֹ
slip up שָׁגָה, נִכְשַׁל
slip *n.* הַחְלָקָה, מְעִידָה; תַּחְתּוֹנִית,
חֲמוּקִית; צִפִּית; בֶּגֶד קַל;
פֶּתֶק, פִּסַּת־נְיָר; יִחוּר, נֵצֶר
slip of the pen פְּלִיטַת־קוּלְמוּס
slip-case *n.* קוּפְסַת־סֵפֶר
slip-on *adj.* (בגד) מִתְלַבֵּשׁ בְּנָקֵל/מַהֵר
slip'per *n.* נַעַל־בַּיִת; (בְּמנוֹע) זַחְלָן
slip'pery *adj.* חֲלַקְלַק; חֲמַקְמַק
slip'shod' *adj.* רַשְׁלָנִי, מְרוּשָּׁל, מוּזְנָח
slip-up *n.* מִשְׁגֶּה, טָעוּת, פְּלִיטַת־פֶּה
slit *n&v.* חָתַךְ, חָרִיץ, סֶדֶק; חָתַךְ
sliv'er *n&v.* פְּרוּסָה; רְסִיס; נִפֵּץ; שִׁבֵּב
slob *n.* *מְטוּנָף, מְרוּשָּׁל, גַּס
slob'ber *vn.* רָר; הִשְׁתַּפֵּךְ; רוֹק
slog *v.* עָמַל; הִתְמִיד; הִתְקַדֵּם; חָבַט
slo'gan *n.* סִיסְמָה
sloop (slo͞op) *n.* סְפִינָה חַד־תּוֹרְנִית
slop *v&n.* שָׁפַךְ; נִשְׁפַּךְ; הִרְטִיב;
הִתִּיז; הִשְׁתַּפֵּךְ; מָזוֹן נוֹזְלִי
slops פְּסוֹלֶת־מָזוֹן; הַפְרָשָׁה
slop basin/bowl מְשִׁיֶרֶת
slope *n&v.* שִׁפּוּעַ; מִדְרוֹן; הִשְׁתַּפֵּעַ
slope arms הִכְתִּיף נֶשֶׁק
slop'py *adj.* רָטוֹב, מְטוּנָף; מִשְׁתַּפֵּךְ
slot *n&v.* (שָׂם בְּ־) חָרִיץ, פֶּתַח צַר
sloth (slōth) *n.* עַצְלוּת; עַצְלָן (בע״ח)
slot machine אוֹטוֹמָט מְכִירָה
slouch *n&v.* (עָמַד) עֲמִידָה עַצְלָנִית
slouch hat מִגְבַּעַת רְכַּת־אוֹגֶן
slough (slou) *n.* בִּצָּה; מַצָּב בִּישׁ
slough (sluf) *n&v.* עוֹר נָשׁוּל; הִשִּׁיל

slov'en (sluv-) *n.* רַשְׁלָן
slovenly *adj.* רַשְׁלָנִי, מְרוּשַׁל־לְבוּשׁ
slow (slō) *adj&adv&v.* אִטִּי; כָּבֵד; (שעון) מְפַגֵּר; לְאַט
slow down/up הֵאֵט
slow to anger קָשֶׁה לִכְעוֹס
slow-down *n.* הָאָטָה; הַשְׁבָּתַת־הָאָטָה
slowly *adv.* לְאַט, אַט־אַט
slow motion הַקְרָנָה אִטִּית
slug *n&v.* שַׁבְּלוּל, חִלָּזוֹן חֲסַר־קוֹנְכִיָּה; אֲסִימוֹן; כַּדּוּר, קָלִיעַ; חָבַט
slug'gard *adj.* עַצְלָן; אִטִּי
slug'gish *n.* עָצֵל, אִטִּי, נִרְפֶּה
sluice (slōōs) *n.* סֶכֶר; תְּעָלָה; זֶרֶם
slum *n.* מִשְׁכְּנוֹת עוֹנִי; סְלַמְס
slum *v.* בִּקֵּר בְּמִשְׁכְּנוֹת עוֹנִי
slum'ber *n&v.* שֵׁנָה; יָשַׁן, נָם
slum'berous *adj.* רָדוּם; מַרְדִּים; שָׁקֵט
slump *v&n.* נָפַל; צָנַח; נְפִילָה
slung = p of sling
slunk = p of slink
slur *v&n.* הִדְבִּיק (מלים), הִבְלִיעַ; הִשְׁמִיץ; חָלִיק; הַשְׁמָצָה, דּוֹפִי, רְבָב
slur over נָגַע בִּרְפְרוּף, טִשְׁטֵשׁ
slush *n.* שֶׁלֶג מֵימִי; בּוֹץ; רַגְשָׁנוּת
slut *n.* זוֹנָה, פְּרוּצָה; לַכְלְכָנִית
sly *adj.* עַרְמוּמִי, שׁוֹבְבָנִי, קוּנְדֵסִי
on the sly בְּחֲשָׁאִי, בִּגְנֵבָה
smack *n.* סְטִירָה; מַכָּה; נְשִׁיקָה; רֵיחַ; טַעַם; שֶׁמֶץ, פּוּרְתָּא
have a smack at נִסָּה כּוֹחוֹ בְּ—
smack *v.* סָטַר; הֵטִיל; הִדִּיף רֵיחַ
smack one's lips צִקְצֵק בִּשְׂפָתַיִם
smack *adv.* הַיָּשָׁר, פִּתְאוֹם, בְּעוֹצְמָה
smacking *adj&n.* נִמְרָץ; סְטִירוֹת
small (smôl) *adj.* קָטָן; מְצוּמְצָם, מְעַט
small beer בִּירָה חַלָּשָׁה; קוֹטֵל קָנִים
small wonder לֹא פֶּלֶא, מוּבָן מֵאֵלָיו
small arms נֶשֶׁק קַל
small change כֶּסֶף קָטָן, מְצַלְצְלִים
small fry דְּגֵי־רְקָק; אִישׁ קַל־עֵרֶךְ
small hours הַשָּׁעוֹת הַקְּטַנּוֹת
small-minded *adj.* צַר־אוֹפֶק
smallpox *n.* אֲבַעְבּוּעוֹת
small-scale *adj.* שֶׁל קְנֵה־מִדָּה קָטָן
small-time *adj.* מְצוּמְצָם; קַל־עֵרֶךְ
smart *adj.* פִּקֵּחַ, מַבְרִיק; מְצוּחְצָח; מָהִיר, נִמְרָץ, עַז; מַכְאִיב, חָמוּר
look smart! הִזְדָּרֵז!
smart set הַחוּג הַנּוֹצֵץ
smart *v&n.* כָּאַב; סָבַל; כְּאֵב עַז
smart aleck "חָכָם גָּדוֹל", "יַדְעָן"
smart'en *v.* יִפָּה, לִטֵּשׁ; הִצְטַחְצֵחַ
smash *v.* נִפֵּץ; הִתְנַפֵּץ; שָׁבַר; רִסֵּק
smash *n.* הִתְנַפְּצוּת; הִתְנַגְּשׁוּת; *לָהִיט
smash hit *לָהִיט; הַצְלָחָה כַּבִּירָה
smashing *adj.* *מְצוּיָּן, נִפְלָא, כַּבִּיר
smash-up *n.* הִתְנַגְּשׁוּת; הִתְמוֹטְטוּת
smat'tering *n.* יְדִיעָה שִׁטְחִית
smear *v.* מָרַח; הִכְפִּישׁ, הִשְׁמִיץ; מָחַק
smear *n.* כֶּתֶם; הַכְפָּשַׁת שֵׁם, הַשְׁמָצָה
smell *v.* הֵרִיחַ; הִדִּיף רֵיחַ; הִסְרִיחַ
smell round רִחְרֵחַ, חִפֵּשׂ מֵידָע
smell *n.* רֵיחַ; רִחְרוּחַ; צַחֲנָה
smelly *adj.* מַסְרִיחַ, מַדִּיף צַחֲנָה
smelt *v.* הִתִּיךְ, צָרַף, זִקֵּק
smelt = p of smell
smile *v&n.* חִיֵּךְ, הִבִּיעַ בְּחִיּוּךְ; חִיּוּךְ
smirch *v&n.* לִכְלֵךְ, הִכְפִּישׁ; דּוֹפִי
smirk *v&n.* (חִיֵּךְ) חִיּוּךְ מְעוּשֶּׂה
smite *v.* הִכָּה, חָבַט; הֵבִיס; יִסֵּר
smith *n.* נַפָּח, חָרַשׁ־בַּרְזֶל
smith'y *n.* נַפָּחִיָּה, מַפָּחָה
smit'ten = pp of smite
smock *n.* מַעֲפוֹרֶת, סַרְבָּל, חָלוּק
smog *n.* עַרְפִּיחַ, עֲרָפֶל וְעָשָׁן
smoke *n&v.* עָשָׁן; הֶעֱלָה עָשָׁן; עִשֵּׁן
go up in smoke הִתְנַדֵּף כֶּעָשָׁן
smoke out גֵּרֵשׁ (ממחבוא), גִּלָּה
smoker *n.* עַשְׁנָן; קְרוֹן־עִשּׁוּן
smoke-screen *n.* מָסַךְ־עָשָׁן
smoke-stack *n.* אֲרוּבָּה, מַעֲשֵׁנָה
smoking *n&adj.* עִשּׁוּן; מוּתָּר בְּעִשּׁוּן
smoking jacket מִקְטוֹרֶן בֵּיתִי
smoky *adj.* עָשֵׁן, מַעֲלֶה עָשָׁן, עָשׁוֹן
smo'lder *v.* בָּעַר (בְּקִרְבּוֹ)
smooth (smōōdh) *adj.* חָלָק; שָׁקֵט
smooth *v&n.* הֶחֱלִיק, גִּהֵץ; הַחְלָקָה
smooth down הֶחֱלִיק; הִרְגִּיעַ
smooth his path סָלַל דַּרְכּוֹ
smooth over יִשֵּׁר (הדורים), זִעֵר
smoothing-iron *n.* מַגְהֵץ
smooth-spoken *adj.* חֲלַק־לָשׁוֹן
smoothy *adj.* חֲלַק־הֲלִיכוֹת; צָבוּעַ

smote = p of smite
smoth′er (smudh′-) *v.* הֶחֱנִיק; נֶחֱנַק; דִּכָּא, כָּבַשׁ; כִּסָּה; כִּבָּה
smudge *v&n.* לִכְלֵךְ, הִכְתִּים; כֶּתֶם, סִמַּן־לִכְלוּךְ; מְדוּרָה, עָשָׁן סָמִיךְ
smug *adj.* מְדוּשַׁן־עוֹנֶג
smug′gle *v.* הִבְרִיחַ, הִגְנִיב
smut *n.* גַּרְגִּיר פִּיחַ, כֶּתֶם; שִׁדָּפוֹן
smut′ty *adj.* מְלוּכְלָךְ, גַּס
snack *n.* אֲרוּחָה חֲפוּזָה; חֲטִיף
snag *n.* זִיז מְסוּכָּן; מִכְשׁוֹל סָמוּי
snag *v.* נִתְפַּס/הִסְתַּבֵּךְ בְּזִיז; חָטַף
snail *n.* חִלָּזוֹן, שַׁבְּלוּל
snake *n&v.* נָחָשׁ; הִתְפַּתֵּל
snaky *adj.* נְחָשִׁי, מִתְפַּתֵּל; אַרְסִי
snap *v.* חָטַף בְּשִׁנַּיִם; נָשַׁךְ, הִכִּישׁ; הִקִּישׁ; שָׁבַר; נִשְׁבַּר; נִקְרַע
 snap at חָטַף; עָנָה בְּגַסּוּת
 snap it up/snap to it! הִזְדָּרֵז!
 snap out of it הִתְאוֹשֵׁשׁ, יָצָא מִזֶּה
snap *n.* חֲטִיפָה; נְשִׁיכָה; נְקִישָׁה; שְׁבִירָה; נִתּוּק; מֶרֶץ; רָקִיק; עוּגִיָּה; לַחְצָנִית; תְּמוּנַת־בָּזָק
 cold snap גַּל קוֹר, תְּקוּפַת קוֹר
snap *adj&adv.* מָהִיר, חָפוּז; פִּתְאֹם
snap′drag′on *n.* לוֹעַ־הָאֲרִי (צמח)
snap′py *adj.* מָלֵא חַיִּים, נִמְרָץ
 look snappy הִזְדָּרֵז!
snapshot *n.* תְּמוּנַת־בָּזָק
snare *n&v.* מַלְכּוֹדֶת; לָכַד
snarl *v&n.* נָהַם, רָטַן; נְהִימָה, רִטּוּן
snarl *v&n.* סִבֵּךְ; הִסְתַּבֵּךְ; תִּסְבּוֹכֶת
snatch *v&n.* חָטַף, תָּפַס; חֲטִיפָה; הֲנָפָה
 in snatches קְטָעִים־קְטָעִים
sneak *v&n.* חָמַק, הִתְגַּנֵּב; *גָּנַב, הִלְשִׁין; חַמְקָן, גַּנָּב; מַלְשִׁין
sneaker *n.* מִתְחַמֵּק, נַעַל הִתְעַמְּלוּת
sneak thief גַּנָּב, גַּנְבָן, סַחְבָן
sneaky *adj.* מִתְגַּנֵּב, חֲשָׁאִי, רַמָּאִי
sneer *v&n.* לִגְלֵג, לָעַג; לִגְלוּג, בּוּז
sneeze *v&n.* הִתְעַטֵּשׁ; הִתְעַטְּשׁוּת
snick *n.* חָתַךְ, חָרִיץ; סְטִירָה קַלָּה
snick′er *v.* צָחַק בְּצִינִיּוּת; צָהַל
sniff *v.* רִחְרַח; שָׁאַף בָּאַף; זִלְזֵל
sniff *n.* רִחְרוּחַ; שְׁאִיפָה בָּאַף
snif′fle *v&n.* שָׁאַף בַּחוֹטֶם
 sniffles *נַזֶּלֶת
snip *v.* גָּזַר, חָתַךְ בְּמִסְפָּרַיִם
snip *n.* גְּזִירָה, גְּזִיזָה; פִּסָּה; *מְצִיאָה
snipe *n&v.* חַרְטוֹמָן; צָלַף
sniper *n.* צַלָּף
snip′pet *n.* חֲתִיכָה, קֶטַע, תַּגְזִיר
snitch *v&n.* *גָּנַב; הִלְשִׁין; גַּנָּב; אַף
sniv′el *v.* בָּכָה, רָגַן; זָב מֵאַפּוֹ
snob *n.* סְנוֹב, יָהִיר, שַׁחֲצָן
snob′bery *n.* סְנוֹבִּיּוּת
snob′bish, snob′by *adj.* סְנוֹבִּי
snook′er *n.* סְנוּקֶר (מִשְׂחַק ביליארד)
snoop (sno͞op) *v&n.* חִטֵּט, תָּחַב חוֹטְמוֹ; חַטְטָן, בַּלָּשׁ
snoot (sno͞ot) *n.* *אַף, חוֹטֶם; פַּרְצוּף
snoo′ty *adj.* שַׁחֲצָן, יָהִיר, סְנוֹבִּי
snooze *v&n.* (חָטַף) תְּנוּמָה קַלָּה
snore *v&n.* נָחַר; נְחִירָה
snort *v&n.* נָחַר, נִחְרֵר; חִרְחוּר
snot *n.* *רִיר־אַף, לַחַת־חוֹטֶם
snot′ty *adj.* *זַב־חוֹטֶם; מְנוּפָּח, סְנוֹב
snout *n.* חוֹטֶם, אַף; זַרְבּוּבִית; *טַבָּק
snow (-ō) *n&v.* שֶׁלֶג; *שִׁכְנַע, הִרְשִׁים
 it's snowing יוֹרֵד שֶׁלֶג
 snow in בָּא בְּכַמֻּיּוֹת, הֵצִיף
snowball *n&v.* כַּדּוּר־שֶׁלֶג; גָּדַל מַהֵר
snow-blindness *n.* עִוָּרוֹן־שֶׁלֶג
snow-capped *adj.* מְכוּסֶּה שֶׁלֶג
snowdrift *n.* עֲרֵמַת שֶׁלֶג, תֵּל־שֶׁלֶג
snowfall *n.* יְרִידַת שֶׁלֶג, שְׁלִיגָה
snowflake *n.* פְּתִית־שֶׁלֶג
snowplow *n.* דַּחְפּוֹר־שֶׁלֶג, מְפַלֶּסֶת
snowstorm *n.* סוּפַת־שֶׁלֶג
snowy *adj.* מוּשְׁלָג, מְכוּסֶּה שֶׁלֶג
snub *v&n.* (הִתְיַחֵס בְּ־) זִלְזוּל
snub-nosed *adj.* בַּעַל אַף סוֹלֵד
snuff *v.* מָחַט, סִלֵּק מוּחַט הַנֵּר
 snuff out כִּבָּה; שָׂם קֵץ לְ־; מֵת
snuff *n.* טַבַּק־רִיחָה, אַבְקַת הֲרָחָה
 up to snuff *מְמוּלָּח; בְּקַו הַבְּרִיאוּת
snuff *n&v.* שָׁאַף בָּאַף; רִחְרוּחַ
snuff-box *n.* קוּפְסַת־טַבָּק, טַבָּקִיָּה
snuff′er *n.* פַּעֲמוֹן־כִּבּוּי (לנרות)
 snuffers מִסְפְּרֵי־מוּחַט
snuf′fle *v&n.* שָׁאַף בַּחוֹטֶם; חִטּוּם
snug *adj.* חַם, נוֹחַ, נָעִים; בָּטוּחַ; נָקִי, מְסוּדָּר; צָמוּד, מְהוּדָּק לַגּוּף
snug′gle *v.* הִתְרַפֵּק, הִצְטַנֵּף; חִבֵּק

so *adv&conj.* כָּךְ, כָּכָה; כֹּה, כָּל כָּךְ; כֵּן, כְּמוֹ כֵן; מְאוֹד; וּבְכֵן; לָכֵן
and so on/forth וְכוּ׳, וְכַדי, וְגוֹ׳
even so אַף עַל פִּי כֵן
ever so מְאוֹד
or so בְּעֵרֶךְ, פָּחוֹת אוֹ יוֹתֵר
so as to כָּךְ שֶׁ־, כְּדֵי שֶׁ־, בְּאוֹפֶן שֶׁ—
so be it יְהִי כֵּן, בְּסֵדֶר
so far עַד כֹּה, עַד הֵנָּה
so far from בִּמְקוֹם שֶׁ־, לֹא זוֹ בִּלְבַד שֶׁלֹּא־, אַדְּרַבָּה, רָחוֹק מִן
so help me חֵי נַפְשִׁי
so long as כָּל זְמַן שֶׁ־, כָּל עוֹד
so long! שָׁלוֹם! לְהִתְרָאוֹת!
so what? וּבְכֵן מָה? אָז מָה?
soak *v&n.* שָׁרָה; הִסְפִּיג; הִשְׁקִיעַ; סָחַט; שְׁרִיָּה; *שִׁכּוֹר, שַׁתְיָן
soak in נִקְלַט, הָיָה מוּבָן
soak up סָפַג (נוזלים, מכות)
so-and-so *n.* פְּלוֹנִי, זֶה וָזֶה; *רָשָׁע, גַּס
soap *n&v.* סַבּוֹן; סִבֵּן; *הֶחֱנִיף
no soap *לְלֹא הַצְלָחָה, לְלֹא הוֹעִיל
soapbox *n.* דּוּכַן נוֹאֵם (מאולתר)
soap-suds *npl.* קֶצֶף סַבּוֹן, מֵי־סַבּוֹן
soapy *adj.* סַבּוֹנִי; מַחֲנִיף
soar *v.* הִמְרִיא, הִרְקִיעַ; רִחֵף; דָּאָה
sob *v&n.* הִתְיַפֵּחַ, יִבֵּב; הִתְיַפְּחוּת
sob to sleep נִרְדַּם תּוֹךְ בְּכִי
so'ber *adj.* פִּכֵּחַ, צְלוּל־דַּעַת; מְיוּשָּׁב
sober *v.* פִּכֵּחַ; צִלֵּל דַּעַת; הִתְפַּכֵּחַ
sobri'ety *n.* פִּכְּחוֹן, צְלִילוּת־דַּעַת
so'briquet' (-kā) *n.* כִּנּוּי, שֵׁם־לְוַאי
sob story סִפּוּר סוֹחֵט דְּמָעוֹת
so-called *adj.* הַמְכוּנֶה, הַנִּקְרָא; כִּבְיָכוֹל
soc'cer (sok'ər) *n.* כַּדּוּרֶגֶל
so'ciable (-shəb-) *adj&n.* חַבְרוּתִי
so'cial *adj&n.* חֶבְרָתִי, סוֹצְיָאלִי
social evening מְסִבַּת עֶרֶב
social clibmer טַפְּסָן חֶבְרָתִי
socialism *n.* סוֹצְיָאלִיזְם, שִׁתְּפָנוּת
socialist *n&adj.* סוֹצְיָאלִיסְט; ־טִי
so'cialize' (-shəl-) *v.* חִבְרֵת; הִתְעָרָה
social science/studies מַדְּעֵי הַחֶבְרָה
social security בִּטּוּחַ לְאוּמִּי
social worker עוֹבֵד סוֹצְיָאלִי
soci'ety *n.* חֶבְרָה; הַחוּג הַנּוֹצֵץ
so'ciolog'ical *adj.* סוֹצְיוֹלוֹגִי
so'ciol'ogy *n.* סוֹצְיוֹלוֹגְיָה
sock *n&v.* גֶּרֶב; *מַכָּה; חָבַט; הִשְׁלִיךְ
put a sock in it! *הַס! בְּלוֹם פִּיךָ!
sock'et *n.* בַּיִת, בֵּית־נוּרָה; שֶׁקַע, חָלָל, חוֹר, אֲרֻבַּת־הָעַיִן
sod *n.* פִּסַּת עֶשְׂבָּה; *בֶּרְנָשׁ, טִפֵּשׁ, "חֲזִיר"
so'da *n.* סוֹדָה; גָּזוֹז; מֵי־סוֹדָה
soda fountain דֶּלְפֵּק־מַשְׁקָאוֹת
soda jerk מוֹכֵר גָּזוֹז
so·dal'ity *n.* אַחֲוָה, אֲגוּדָה, חֶבְרָה
sod'den *adj.* רָווּי, סָפוּג; בְּצֵקִי; שָׁתוּי
so'dium *n.* נַתְרָן (מתכת)
sod'omy *n.* מַעֲשֵׂה־סְדוֹם
so·ev'er *adv.* כָּלְשֶׁהוּ, (מִי) שֶׁלֹּא יִהְיֶה
in any way soever בְּכָל דֶּרֶךְ שֶׁהִיא
so'fa *n.* סַפָּה
soft (sôft) *adj.* רַךְ; חָלָק; עָדִין; נָעִים, נוֹחַ; שָׁקֵט; רָפֶה; *מְטוֹרָף, מְאוֹהָב
soft drink מַשְׁקֶה קַל (לא חריף)
soft goods בַּדִּים, אֲרִיגִים
soft in the head רְפֵה־שֵׂכֶל
soft tongue לָשׁוֹן רַכָּה, רַכּוּת
softball *n.* כַּדּוּר־בָּסִיס (רך)
soft-boiled egg בֵּיצָה רַכָּה
soft'en (sôf'ən) *v.* רִכֵּךְ; הִתְרַכֵּךְ
softer sex הַמִּין הֶחָלָשׁ, הַמִּין הַיָּפֶה
soft-headed *adj.* רְפֵה־שֵׂכֶל, אִידְיוֹטִי
softish *adj.* רַכְרַךְ, רַךְ כָּלְשֶׁהוּ
soft palate הַחֵךְ הָרַךְ, וִילוֹן
soft pedal דַּוְשַׁת הָעִמְעוּם (בפסנתר)
soft-pedal *v.* עִמְעֵם; הִמְעִיט עֶרְכּוֹ
soft-soap *v.* הֶחֱנִיף
soft-spoken *adj.* רַךְ־לָשׁוֹן, נְעִים־דִּבּוּר
software *n.* תּוֹכְנָה
softy *n.* רַכְרוּכִי; טִפֵּשׁ, פֶּתִי
sog'gy *adj.* רָטוֹב, סְפוּג מַיִם; חֲסַר־חַיִּים
soil *n&v.* אֲדָמָה; לִכְלֵךְ; הִתְלַכְלֵךְ
good/poor soil עֲדִית/זִבּוּרִית
soiled *adj.* מְלוּכְלָךְ, מְזוֹהָם, מְגוֹאָל
soiree (swärā') *n.* מְסִבָּה, נֶשֶׁף
so'journ (-jûrn) *v&n.* הִתְגּוֹרֵר זְמַנִּית, שָׁהָה; הִתְגּוֹרְרוּת; שְׁהִיָּה
sol'ace (-lis) *n&v.* נֶחָמָה; נִחֵם
so'lar *adj.* סוֹלָרִי, שִׁמְשִׁי, שֶׁל הַשֶּׁמֶשׁ
solar system מַעֲרֶכֶת הַשֶּׁמֶשׁ
sold = p of sell (sōld)
sol'der (sod'-) *n.* לֶחָם, מַתֶּכֶת־הַלְחָמָה

solder *v.* הַלְחִים, הִדְבִּיק בְּלַחַם

soldering iron מַלְחֵם

sol′dier (sōl′jər) *n&v.* חַיָּל; לוֹחֵם

soldier of fortune שְׂכִיר־חֶרֶב

soldier on הִמְשִׁיךְ חֵרֶף הַקְּשָׁיִים

soldiery *n.* חַיָּלִים, אַנְשֵׁי־צָבָא

sole *n&v.* (הִתְקִין) סוּלְיָה; כַּף הָרֶגֶל

sole *n.* סַנְדָּל, דַּג־מֹשֶׁה־רַבֵּנוּ, סוֹל

sole *adj.* יָחִיד; בִּלְעָדִי, בִּלְבַדִּי

solely *adv.* אַךְ וְרַק, בִּלְבַד, גְּרֵידָא

sol′emn (-m) *adj.* טִקְסִי, חֲגִיגִי; קָדוֹשׁ, מְעוֹרֵר כָּבוֹד; רְצִינִי; חֲמוּר־סֵבֶר

solemnly *adv.* חֲגִיגִית, בִּרְצִינוּת

solic′it *v.* בִּקֵּשׁ; חִזֵּר אַחֲרֵי, הִפְצִיר; (לגבי זונה) הִצִּיעָה גוּפָהּ, שִׁדֵּל

solic′itor *n.* מְחַזֵּר; עוֹרֵךְ־דִּין

solic′itous *adj.* דּוֹאֵג לְ־, חָרֵד; לָהוּט

solic′itude′ *n.* דְּאָגָה; הִשְׁתּוֹקְקוּת

sol′id *adj&n.* (חוֹמֶר) מוּצָק; מָלֵא; אֵיתָן; מְבוּסָּס; רְצִינִי; סוֹלִידִי

solid against כְּאִישׁ אֶחָד נֶגֶד

solid gold זָהָב טָהוֹר

2 solid hours שְׁעָתַיִם תְּמִימוֹת

sol′idar′ity *n.* סוֹלִידָרִיּוּת

solid′ify′ *v.* מִצֵּק; גִּבֵּשׁ; הִתְמַצֵּק

solid′ity *n.* מוּצָקוּת, אֵיתָנוּת, יַצִּיבוּת

solil′oquize′ *v.* נָשָׂא מוֹנוֹלוֹג

solil′oquy *n.* מוֹנוֹלוֹג, חַד־שִׂיחַ

sol′itaire′ *n.* פַּסְיַנְס; יַהֲלוֹם

sol′itary (-teri) *adj&n.* בּוֹדֵד; נִדָּח; מִתְבּוֹדֵד; יָחִיד; נָזִיר; *צִנּוֹק

sol′itude′ *n.* בְּדִידוּת; מָקוֹם נִדָּח

so′lo *n.* סוֹלוֹ, יְצִירָה לְיָחִיד; מִבְצָע יָחִיד

so′lo·ist *n.* סוֹלִיסְט, סוֹלָן

sol′stice (-tis) *n.* הִפּוּךְ, מִפְנֵה הַשֶּׁמֶשׁ

sol′u·ble *adj.* מָסִיס; פָּתִיר

solu′tion *n.* פִּתְרוֹן; תְּמִסָּה; הֲמַסָּה

solve *v.* פָּתַר, פִּעְנֵחַ

sol′vent *adj.* שֶׁבְּאֶפְשָׁרוּתוֹ לְסַלֵּק חוֹבוֹתָיו; נָזִיל; מָסִיס; מֵמֵס

som′ber *adj.* קוֹדֵר, אָפֵל; מְדוּכְדָּךְ

some (sum) *adj&adv&pron.* קְצָת, מְעַט; כַּמָּה, אֲחָדִים; כְּ־; אֵיזֶה־שֶׁהוּא

go some way הָלַךְ כִּבְרַת דֶּרֶךְ

some friend he is! גַּם כֵּן יָדִיד!

some of these days בְּאַחַד הַיָּמִים

some say אוֹמְרִים, הַפִּתְגָּם אוֹמֵר—

somebody *pron.* מִישֶׁהוּ; אִישִׁיּוּת

someday *adv.* בְּאַחַד הַיָּמִים, בֶּעָתִיד

somehow *pron.* אֵיכְשֶׁהוּ

somehow or other אֵיכְשֶׁהוּ

someone *pron.* מִישֶׁהוּ

someplace *adv.* *אֵיפֹשֶׁהוּ, הֵיכָן שֶׁהוּא

som′ersault′ (sum-) *v&n.* (עָשָׂה) סַלְטָה, סֶבֶב, קְפִיצַת הִתְהַפְּכוּת

something *pron&adv.* מַשֶּׁהוּ; דָּבָר

make something of it *הִתְחִיל לָרִיב עַל כָּךְ, עָשָׂה מִזֶּה "עֵסֶק"

something like- בְּעֵרֶךְ, בִּסְבִיבוֹת

something to do with קָשׁוּר לְ—

sometime *adv&adj.* בְּאַחַד הַיָּמִים

sometime actor שַׂחְקָן לְשֶׁעָבַר

sometimes *adv.* לִפְעָמִים, לְעִתִּים

someway *adv.* אֵיכְשֶׁהוּ

somewhat *adv.* מַשֶּׁהוּ, בְּמַשֶּׁהוּ, קְצָת

somewhere *adv.* הֵיכָן שֶׁהוּא, אֵי־שָׁם

som·nam′bu·list *n.* סַהֲרוּרִי

som′nolent *adj.* רָדוּם; מַרְדִּים

son (sun) *n.* בֵּן

son of a bitch *בֶּן־כַּלְבָּה

song (sông) *n.* שִׁיר; שִׁירָה; מַנְגִּינָה

for a song בְּזִיל הַזּוֹל

songbird *n.* צִפּוֹר־שִׁיר

song′ster (sông-) *n.* זַמָּר; מְשׁוֹרֵר

son′ic *adj.* קוֹלִי, שֶׁל מְהִירוּת הַקּוֹל

sonic boom/bang בּוּם עַל־קוֹלִי

son′-in-law′ (sun′-) *n.* חָתָן

son′net *n.* סוֹנֶטָה, שִׁיר־זָהָב

sonor′ous *adj.* מְצַלְצֵל, עָמוֹק, רָם

son′sy *adj.* נָאָה, שְׁמַנְמוֹנֶת, עַלִּיזָה

soon (sōōn) *adv.* מִיָּד, בְּקָרוֹב, בְּתוֹךְ זְמַן קָצָר, מַהֵר; בִּמְהֵרָה, בְּהֶקְדֵּם

as soon as מִיָּד לְאַחַר שֶׁ־, בָּרֶגַע שֶׁ—

as soon as possible בְּהֶקְדֵּם הָאֶפְשָׁרִי

soon after- מִיָּד לְאַחַר—

sooner or later בְּמוּקְדָּם אוֹ בִּמְאוּחָר

soot *n&v.* פִּיחַ; פִּיֵּחַ, כִּסָּה בְּפִיחַ

sooth (sōōth) *n.* אֱמֶת

soothe (sōōdh) *v.* הִרְגִּיעַ, שִׁכֵּךְ

soothsayer *n.* מַגִּיד עֲתִידוֹת

soot′y *adj.* מְפוּיָּח, שָׁחוֹר כְּפִיחַ

sop *v.* הִטְבִּיל, שָׁרָה, הִסְפִּיג, הִרְוָה

sop up סָפַג, קָלַט נוֹזְלִים, נִגֵּב

sophis′ticate′ *v.* הִתְפַּלְפֵּל; סִבֵּךְ

sophis′tica′ted *adj.* מְתוּחכָּם, מְסוּבָּך
soph′istry *n.* פַּלְפְּלָנוּת; הַטעָאָה
sop′ping *adj&adv.* (רטוב) לְגַמרֵי
sopran′o *n.* סוֹפּרָנוֹ (קול)
sor′cery *n.* כִּשוּף; מַעֲשֵׂה־כְּשָׁפִים
sor′did *adj.* מְלוּכלָך, מְטוּנָף; נִבזֶה
sore *adj&adv.* כּוֹאֵב; מַכאִיב, מְצַעֵר; רָגִישׁ; עָגוּם; נִפגָע, נֶעֱלָב; חָמוּר
I'm sore כּוֹאֵב לִי, גוּפִי כּוֹאֵב
sore *n.* פֶּצַע, דַלֶקֶת; נוֹשֵׂא כָּאוּב
sorely *adv.* בְּאוֹפֶן חָמוּר, מְאוֹד, בְּיוֹתֵר
soror′ity *n.* מוֹעֲדוֹן נָשִׁים
sor′rel *n&adj.* חוּמעָה; חוּם־אֲדַמדַם
sor′row (-ō) *n&v.* צַעַר, עֶצֶב; צָרָה; מְקוֹר־צַעַר; הִצטַעֵר, הִתאַבֵּל
sorrowful *adj.* עָצוּב, מִצטַעֵר; מְצַעֵר
sor′ry *adj.* מִצטַעֵר; מִתחָרֵט; אוּמלָל
feel/be sorry for him רִחֵם עָלָיו
I'm sorry אֲנִי מִצטַעֵר, צַר לִי
sort *n&v.* מִין, סוּג; אָדָם; מִיֵן; סִוֵג
sort of *בְּמִדַת־מָה, מַשֶהוּ, כְּעֵין
sort ill/well (לא) הָלַם/הִתאִים
sor′tie *n.* גִיחָה, יְצִיאָה, הַתקָפָה
so-so *adj&adv.* כָּכָה־כָּכָה, לֹא הָכִי טוֹב
sot *n.* שִכּוֹר, שַתיָן, מְטוּמטָם
souffle′ (sōōflā′) *n.* תְּפִיחָה, תַּפִּיחִית
sought = p of seek (sôt)
sought-after *adj.* מְבוּקָשׁ, נִדרָשׁ
soul (sōl) *n.* נֶפֶשׁ, נְשָׁמָה, רוּחַ; אִישׁ
upon my soul! חֵי נַפשִׁי!
soulful *adj.* מָלֵא־רֶגֶשׁ, מַבִּיעַ רֶגֶשׁ
soul-searching *n.* חֶשבּוֹן הַנֶפֶשׁ
sound *n.* קוֹל; צְלִיל; מֵצַר, מְצַר־יָם
sound *v.* נִשמַע; יָצַר רוֹשֶׁם; הִשמִיעַ; תָּקַע; בָּדַק; הֶאֱזִין; בִּטֵא; פִּרסֵם
sound off בִּטֵא בְּקוֹל, הֵטִיחַ נֶגֶד
sound out עָמַד עַל טִיבוֹ
sound *adj&adv.* בָּרִיא, שָׁלֵם; חָסוֹן, חָזָק; הֶגיוֹנִי, שָׁפוּי; מְבוּסָס; יָעִיל
sound asleep יָשֵׁן שֵׁנָה עֲמוּקָה
sound archives אַרכִיוֹן מִשדָרִים
sound barrier מַחסוֹם הַקוֹל
sound effects אֶפֶקטִים קוֹלִיִים
soundings *npl.* בְּדִיקוֹת־עוֹמֶק
soundless *adj.* חֲסַר־קוֹל; עָמוֹק, תְּהוֹמִי
soundproof *adj&v.* אֲטִים־קוֹל; אִטֵם
sound track פַּסקוֹל; רְצוּעַת הַקוֹל

soup (sōōp) *n&v.* מָרָק; *דַיְסָה, בּוֹץ
soup up הִגבִּיר עוֹצמַת מָנוֹעַ
soup kitchen בֵּית־תַּמחוּי
sour *adj&v.* חָמוּץ; רוֹגֵז; הֶחֱמִיץ
sour on שִׁנָה דַעתּוֹ לְגַבֵּי, הִתנַגֵד
source (sôrs) *n.* מָקוֹר; מוֹצָא, רֵאשִׁית
souse *v.* שָׁרָה, טָבַל, הִרוָה, הִספִּיג
south *n&adj.* דָרוֹם; דְרוֹמִי; דָרוֹמָה
south′east′ *n&adj&adv.* דְרוֹם־מִזרָח; דְרוֹם־מִזרָחִי; דָרוֹמָה־מִזרָחָה
south′ern (sudh-) *adj.* דְרוֹמִי
south′erner (sudh-) *n.* דְרוֹמִי
south′paw′ *n.* סְפּוֹרטַאי שְׂמָאלִי; אִטֵר
south′ward *adv.* דָרוֹמָה
south′west′ *n&adj&adv.* דְרוֹם־מַעֲרָב; דְרוֹם־מַעֲרָבִי; דָרוֹמָה־מַעֲרָבָה
south′west′ern *n.* דְרוֹם־מַעֲרָבִי
sou′venir′ (sōōvənēr′) *n.* מַזכֶּרֶת
sov′ereign (-rən) *n&adj.* שַׁלִיט, מֶלֶך; סוֹבֶרֶן, מַטבֵּעַ־זָהָב; רִבּוֹנִי, עַצמָאִי
sovereignty *n.* סוֹבֶרֶנִיוּת, רִבּוֹנוּת
so′viet′ *n&adj.* סוֹבְיֶט; סוֹבְיֶטִי
sow (sō) *v.* זָרַע; פִּזֵר, הֵפִיץ
sow (sou) *n.* חֲזִירָה
sox = socks גַרבַּיִם
soy *n.* סוֹיָה, פּוֹלֵי־סוֹיָה
spa (spä) *n.* מַעיַן מַיִם מִינֶרָלִיִים
space *n&v.* חָלָל, מֶרחָב; רֶוַח, מִרוָח; מָקוֹם; פֶּרֶק־זְמַן, תְּקוּפָה; רִוַח
space bar מַקַשׁ־הָרְוָחִים, מַבהֵן
spacecraft *n.* חֲלָלִית
spaceship *n.* חֲלָלִית, סְפִינַת חָלָל
space shuttle מַעבּוֹרֶת חָלָל
spa′cious (-shəs) *adj.* מְרוּוָח, רָחָב
spade *n.* אֵת־חֲפִירָה; (בקלפים) פִּיק
call a spade a spade דִבֵּר בְּרוּרוֹת
spade-work *n.* עֲבוֹדַת הֲכָנָה מְפָרֶכֶת
Spain *n.* סְפָרַד
span *n.* סִיט; מִמתָּח; אוֹרֶך, מֶשֶך; צֶמֶד
span *v.* גִשֵׁר, עָבַר/נִמתַּח מֵעַל, חָצָה; כִּסָה, הִקִיף, הִשׂתָּרַע; זֶרֶת
span′gle *n&v.* (קִשֵט בְּ־) נַצנַצִים
Span′iard *n.* סְפָרַדִי
span′iel *n.* סְפָּנִיֵל (כלב נמוך)
Span′ish *adj&n.* סְפָרַדִי; סְפָרַדִית
spank *v.* סָטַר עַל הַיַשׁבָן, הִכָּה
spanking *adj&adv.* זָרִיז; מְצוּיָן, כַּבִּיר

span′ner *n.* מַפְתֵּחַ־בְּרָגִים
spar *n.* קוֹרָה, מוֹט־מִפְרָשׂ; פַּצֶּלֶת
spar *v.* הִתְאַגְרֵף, הִתְאַמֵּן; הִתְפַּלְמֵס
spare *v.* חָס עַל, חָמַל, לֹא פָּגַע;
חָסַךְ; קִמֵּץ; וִתֵּר; הוֹאִיל לָתֵת
be spared נִשְׁאַר בַּחַיִּים
can be spared אֶפְשָׁר לְוַתֵּר עָלָיו
enough and to spare דַּי וְהוֹתֵר
spare oneself חָסַךְ לְעַצְמוֹ (טִרְדָּה)
to spare שְׁאֵרִית, עוֹדֶף
spare *adj.* נוֹסָף, רֶזֶרְבִי, לְעֵת הַצּוֹרֶךְ;
פָּנוּי, מְיוּתָּר; רָזֶה, צָנוּם; זָעוּם, דַּל
spare *n.* תַּחֲלִיף, חֵלֶף; צְמִיג רֶזֶרְבִי
sparely *adv.* בְּצִמְצוּם, בְּדוֹחַק
spare parts חֲלָפִים, חֶלְקֵי חִלּוּף
spare tyre *מוֹתְנַיִם עָבִים, "צְמִיגִים"
sparing *adj.* חַסְכָנִי, מְקַמֵּץ
spark *n&v.* נִצּוֹץ, רֶשֶׁף, גֵּץ; זִיק, שְׁבִיב;
בַּרְנָשׁ עַלִּיז; רָשַׁף; הִצִּית, עוֹרֵר
spar′kle *v&n.* נִצְנֵץ, הִבְרִיק; נִצְנוּץ
sparkling *adj.* מַבְרִיק; תּוֹסֵס, מְבַעְבֵּעַ
spar′row (-ō) *n.* דְּרוֹר (ציפור)
sparse *adj.* דָּלִיל, קָלוּשׁ, לֹא צָפוּף
Spar′tan *adj.* סְפַּרְטָנִי, גִּבּוֹר, צָנוּעַ
spasm (spaz′əm) *n.* עֲוִית, הִתְכַּוְּצוּת
spas•mod′ic (-z-) *adj.* עֲוִיתִי
spas′tic *n&adj.* חוֹלֵה־עֲוִיתוֹת; טִפֵּשׁ
spat *n&v.* מַחֲפֶה, כִּסּוּי־רֶגֶל; בֵּיצֵי־צְדָפוֹת;
שָׁרַץ; (נָתַן) סְטִירָה; רִיב קַל
spat = p of spit
spate *n.* שֶׁטֶף, מִסְפָּר רַב, מַבּוּל
spa′tial *adj.* מֶרְחָבִי
spat′ter *v&n.* הִתִּיז, פִּזֵּר; הַתָּזָה
spat′ula (-ch′-) *n.* מָרִית, כַּף־מְרִיחָה
spawn *v.* שָׁרַץ; הוֹלִיד, הֵטִיל בֵּיצִים
spawn *n.* בֵּיצֵי־דָגִים; תַּפְטִיר־פִּטְרִיּוֹת
speak *v.* דִּבֵּר, אָמַר; הִבִּיעַ, בִּטֵּא
so to speak אִם מוּתָּר לוֹמַר כָּךְ
speak for הֵעִיד עַל־, הָיָה עֵדוּת עַל
speak out הִתְבַּטֵּא בְּחוֹפְשִׁיּוּת/בְּגָלוּי
speak up דִּבֵּר בְּקוֹל, הֵרִים קוֹלוֹ
speak volumes הֵעִיד כְּמֵאָה עֵדִים
speaking likeness דִּמְיוֹן מַרְשִׁים
strictly speaking לְמַעַן הַדִּיּוּק
speaker *n.* נוֹאֵם; דּוֹבֵר; יוֹשֵׁב־רֹאשׁ
הַפַּרְלָמֶנְט; רַמְקוֹל
spear *n&v.* חֲנִית; עָלֶה מְחוּדָּד; דָּקַר
בַּחֲנִית, נָעַץ, שִׁפֵּד; נָע בִּמְהִירוּת
spearhead *n.* כִּתַּת־חוֹד, רֹאשׁ־מַחַץ
spearmint *n.* נַעֲנָה; גּוּמִי־לְעִיסָה
spe′cial (spesh′əl) *adj.* מְיוּחָד
specialist *n.* מוּמְחֶה, סְפֶּצְיָאלִיסְט
spe′cial′ity (spesh′ial′-) *n.* יִחוּד;
מְיוּחָדוּת; מוּמְחִיּוּת, הִתְמַחוּת
spe′cialize′ (spesh′əl-) *v.* הִתְמַחָה
spe′cialty (spesh′əl-) *n.* מוּמְחִיּוּת
spe′cie (-shi) *n.* מַטְבְּעוֹת, מְצַלְצְלִים
spe′cies (-shēz) *n.* מִין, סוּג; זַן
spe•cif′ic *adj&n.* מְפוֹרָט; מְיוּחָד,
סְפֶּצִיפִי; סְגוּלִי; תְּרוּפָה מְיוּחֶדֶת
spec′ifica′tion *n.* פֵּרוּט; מִפְרָט
spec′ify′ *v.* פֵּרֵט, צִיֵּן, תֵּאֵר
spec′imen *n.* דּוּגְמָה, מִדְגָּם; בַּרְנָשׁ
spe′cious (-shəs) *adj.* נָכוֹן לִכְאוֹרָה,
צוֹדֵק לְמַרְאִית עַיִן, מַטְעֶה, מְזוּיָּף
speck, speck′le *n.* כֶּתֶם, נְקוּדָה
speckled *adj.* מְנוּמָּר, נָקוֹד
spec′tacle *n.* מַרְאֶה, מַחֲזֶה, מִפְגָּן
spectacles מִשְׁקָפַיִם
spec•tac′u•lar *adj.* מַרְהִיב־עַיִן, מְרַתֵּק
spec′ta′tor *n.* צוֹפֶה (בתחרות)
spec′ter *n.* רוּחַ־רְפָאִים, צֵל־בַּלָּהוֹת
spec′trum *n.* סְפֶּקְטְרוּם, תַּחֲזִית
spec′u•late′ *v.* שָׁקַל; עִיֵּן; סִפְסֵר
spec′u•la′tion *n.* הִרְהוּר; סְפֶּקוּלַצְיָה
sped = p of speed
speech *n.* דִּבּוּר; מִבְטָא; שָׂפָה; נְאוּם
speechless *adj.* נֶאֱלָם, נְטוּל־דִּבּוּר
speed *n&v.* מְהִירוּת; הִלּוּךְ; *קוֹקָאִין;
מִהֵר, אָץ; חָלַף; שִׁלַּח, שִׁגֵּר
speed up אָץ; הִגְבִּיר תְּאוּצָה
God speed you! דֶּרֶךְ צְלֵחָה!
speeding *n.* נְהִיגָה בִּמְהִירוּת מוּפְרֶזֶת
speedom′eter *n.* מַד־מְהִירוּת, מַד־אוּץ
speedway *n.* כְּבִישׁ מָהִיר; מַסְלוּל־מֵרוֹץ
speedy *adj.* מָהִיר
spell *n.* כִּשּׁוּף; מִלּוֹת־קֶסֶם; הַקְסָמָה;
תְּקוּפָה, פֶּרֶק־זְמַן, תּוֹר, תּוֹרָנוּת
cast a spell on הִקְסִים
under a spell אָחוּז בְּחַבְלֵי־קֶסֶם
spell *v.* הֶחֱלִיף; מִלֵּא מָקוֹם;
אִיֵּת; גָּרַם, הָיָה פֵּרוּשׁוֹ
spell out הִסְבִּיר, פֵּרֵט; אִיֵּת
spellbind *v.* רִתֵּק, הִקְסִים

spelling *n.* אִיּוּת, כְּתִיב
spelt = p of spell
spend *v.* הוֹצִיא, בִּזְבֵּז; כִּלָּה; בִּלָּה
spending money דְּמֵי־כִּיס, מְעוֹת־כִּיס
spendthrift *n.* בַּזְבְּזָן, פַּזְרָן
spent = p of spend
sperm *n.* זֶרַע, תָּא־זֶרַע, זַרְעוֹן
spew (spū) *v.* הֵקִיא; פָּלַט; נִפְלַט
sphere *n.* כַּדּוּר; חוּג, הֶקֵּף, סְפֵירָה
spher'ical *adj.* כַּדּוּרִי, עָגוֹל
sphinx *n.* סְפִינְקְס; אָדָם־חִידָה
spice *n&v.* תַּבְלִין; סַמְמָן; תִּבֵּל
spick and span חָדָשׁ, מַבְרִיק
spi'cy *adj.* מְתֻבָּל; פִּיקַנְטִי
spi'der *n.* עַכָּבִישׁ; מַחֲבַת
spig'ot *n.* מְגוּפָה, פְּקָק; בֶּרֶז
spike *n.* יָתֵד, מַסְמֵר, חוֹד; שִׁבֹּלֶת
spike *v.* תָּקַע יְתֵדוֹת; סִמְרֵר; סִכֵּל
spill *v.* שָׁפַךְ; נִשְׁפַּךְ; גָּלַשׁ; הִפִּיל רוֹכֵב; *סִפֵּר, הִלְשִׁין; גִּלָּה
spill *n.* שְׁפִיכָה; נְפִילָה; גֶּזֶר־עֵץ, קֵיסָם
spin *v&n.* טָוָה, אָרַג, שִׁזֵּר; סוֹבֵב; הִסְתַּחְרֵר; סִבּוּב, סְחְרוּר; נְפִילָה
spin a yarn/story סִפֵּר סִפּוּר
spin out הֶאֱרִיךְ (ככל האפשר)
take a spin עָשָׂה "סִבּוּב" בְּרֶכֶב
spin'ach (-ich) *n.* תֶּרֶד (ירק־גינה)
spi'nal *adj.* שֶׁל עַמּוּד הַשִּׁדְרָה
spinal column עַמּוּד־שִׁדְרָה
spinal cord חוּט־שִׁדְרָה
spin'dle *n.* כּוֹשׁ, כִּישׁוֹר, פֶּלֶךְ; צִיר
spin'dly *adj.* דַּק, צָנוּם, אָרוֹךְ
spin drier מְיַבֵּשׁ כְּבָסִים
spine *n.* שִׁדְרָה; גַּב־הַסֵּפֶר; קוֹץ, מַחַט
spineless *adj.* חֲסַר שִׁדְרָה; הֲפַכְפַּךְ
spinner *n.* טוֹוֶה; כַּדּוּר מְסוּבָּב
spin'ster *n.* רַוָּקָה (לא צעירה)
spi'ral *adj&n.* סְפִּירָלִי, לוּלְיָנִי; סְלִיל
spiral *v.* הִסְתַּלְסֵל, הִתְחַלְזֵן, עָלָה
spire *n.* מִבְנֶה חֲרוּטִי, מִגְדַּל־מַחַט
spir'it *n.* נֶפֶשׁ, נְשָׁמָה, רוּחַ; שֵׁד; אָדָם; כַּוָּנָה, נְטִיָּה; מֶרֶץ, חִיּוּת; סְפִּירְט
in spirit בְּלִבּוֹ, בְּנַפְשׁוֹ, בְּרוּחוֹ
out of spirits מְדֻכְדָּךְ, מְצֻבְרָח
spirits יַי"שׁ, מַשְׁקֶה חָרִיף; מַצַּב־רוּחַ
spirit *v.* עוֹרֵר, הִמְרִיץ, עוֹדֵד; סִלֵּק
spirited *adj.* נִמְרָץ; אַמִּיץ; בְּמַצַּב־רוּחַ
spiritless *adj.* חֲסַר־חַיִּים, נְטוּל־מֶרֶץ
spirit level פֶּלֶס־מַיִם
spir'itu·al (-chōōəl) *adj.* רוּחָנִי, נַפְשִׁי
spiritual *n.* סְפִּירִיטוּאָל, שִׁיר כּוּשִׁי
spiritualism *n.* סְפִּירִיטוּאָלִיזְם
spirt = spurt פָּרַץ; הִתְפָּרְצוּת
spit *n.* רוֹק; יְרִיקָה; שַׁפּוּד; לְשׁוֹן־יַבָּשָׁה
spit and image of דּוֹמֶה לְהַפְלִיא
spit and polish צִחְצוּחַ וְהַבְרָקָה
spit *v.* יָרַק; פָּלַט; טִפְטֵף, שִׁפֵּד
spit it out דַּבֵּר! שְׁפוֹךְ מִלֶּיךָ!
spite *n&v.* רוֹעַ־לֵב; טִינָה; הִרְגִּיז
in spite of לַמְרוֹת, חֵרֶף
out of spite מֵרוֹעַ־לֵב, לְהַכְעִיס
spiteful *adj.* רַע־לֵב, רוֹצֶה לְהָרַע
spittoon' (-tōōn') *n.* מַרְקֵקָה, רַקְקִית
splash *v&n.* שִׁכְשֵׁךְ; הִתִּיז; הִשְׁתַּכְשֵׁךְ; הַתָּזָה; כֶּתֶם; הַבְלָטָה; סֶנְסַצְיָה
splash a story הִבְלִיט כַּתָּבָה (בעיתון)
splash out/about בִּזְבֵּז (כסף)
splash-down *n.* נְחִיתַת חֲלָלִית בַּיָּם
splay *v.* הִרְחִיב; שִׁפַּע, הִטָּה, לִכְסֵן
splay *n.* הִתְרַחֲבוּת, הִתְפַּשְּׂקוּת, שִׁפּוּעַ
splayfoot *n.* רֶגֶל שְׁטוּחָה
spleen *n.* טְחוֹל; דִּכְדּוּךְ; כַּעַס, זַעַם
splen'did *adj.* מְצֻיָּן, נִפְלָא; מְפֹאָר
splen'dor *n.* פְּאֵר, הָדָר, הוֹד
splice *v&n.* חִבֵּר, שִׁלֵּב; חִבּוּר, אִחוּי
get spliced *הִתְחַתֵּן
splint *n.* קַשּׂוֹשֶׁת, גֶּשִׁישׁ, לוּחַ־יִשּׁוּר
splin'ter *n.* קֵיסָם, שֶׁבֶב, רְסִיס
splinter *v.* שָׁבַר לִשְׁבָבִים; הִתְפַּצֵּל
splinter group פֶּלֶג, סִיעָה פּוֹרֶשֶׁת
split *v.* פִּלֵּג, פִּצֵּל, סָדַק; בִּקַּע; חִלֵּק; רִסֵּק; הִתְחַלֵּק; נִפְרַד
split hairs הִתְפַּלְפֵּל, דִּקְדֵּק בְּיוֹתֵר
split one's sides הִתְפַּקֵּעַ (מצחוק)
split *n.* פִּלּוּג, פִּצּוּל; סֶדֶק, בֶּקַע; קֶרַע
split *adj.* מְפוּצָל, מְשׁוּסָע
split personality פִּצּוּל הָאִישִׁיּוּת
split second חֶלְקִיק שְׁנִיָּה, כְּבָזָק
splitting *adj.* (כאב־ראש) חָרִיף, עַז
splurge *v&n.* בִּזְבֵּז; (עָשָׂה) רוֹשֶׁם
splut'ter *n&v.* הַתָּזָה, קוֹל שִׁכְשׁוּךְ; גִּמְגּוּם; הִתִּיז, פָּלַט; מִלְמֵל, גִּמְגֵּם
spoil *v&n.* קִלְקֵל; הִתְקַלְקֵל; הִשְׁחִית, הָרַס; פִּנֵּק; בָּזַז; שָׁלָל, בִּזָּה

spoil for הִשְׁתּוֹקֵק לְ—
spoiling for a fight שָׁשׂ לָרִיב
spoils טוֹבוֹת הֲנָאָה (פוליטיות)
spoil'age *n.* קִלְקוּל; דָּבָר שֶׁהוּשְׁחַת
spoilt = p of spoil מְקוּלְקָל; מְפוּנָק
spoke *n.* חִשּׁוּר, זְרוֹעַ־אוֹפַן; שָׁלָב, חָוָק
spoke = pt of speak
spo'ken = pp of speak
spokesman *n.* דּוֹבֵר
spo'lia'tion *n.* שׁוֹד, בִּזָּה; הַשְׁחָתָה
sponge (spunj) *n.* סְפוֹג; נַצְלָן, טַפִּיל
pass the sponge over מָחַק, שָׁכַח
sponge *v.* נִקָּה בִּסְפוֹג; סָפַג; נִצֵּל
sponge out מָחַק בִּסְפוֹג
sponge cake עוּגָה סְפוֹגִית, לוּבְנָן
sponger *n.* טַפִּיל, נַצְלָן, עֲלוּקָה
spongy *adj.* סְפוֹגִי
spon'sor *n.* אַחֲרַאי; פַּטְרוֹן, סַנְדָּק
sponsor *v.* נָטַל תַּחַת חָסוּתוֹ
sponsorship *n.* אַחֲרָיוּת, חָסוּת
spon·ta'ne·ous *adj.* סְפּוֹנְטָנִי
spoof (spōōf) *v&n.* הִתֵּל; מְתִיחָה
spook (spōōk) *n&v.* *רוּחַ, שֵׁד; הִפְחִיד
spool (spōōl) *n.* אַשְׁוָה, מַזְרֵבָה, סְלִיל
spoon (spōōn) *n&v.* כַּף, כַּפִּית; הֶעֱבִיר בְּכַף; *תִּנָּה אֲהָבִים
spoon-feed *v.* הֶאֱכִיל בְּכַף
spoonful *n.* מְלוֹא הַכַּף, כַּף
sporad'ic *adj.* סְפּוֹרָדִי, לֹא־סָדִיר
spore *n.* נֶבֶג
sport *n.* סְפּוֹרְט; שַׁעֲשׁוּעַ, צְחוֹק, שְׂחוֹק
in sport בִּצְחוֹק, לֹא בִּרְצִינוּת
sports סְפּוֹרְט; שֶׁל סְפּוֹרְט
sport *v.* הִשְׁתַּעֲשֵׁעַ; הִצִּיג לְרַאֲוָה
sporting *adj.* הוֹגֵן; שׁוֹחֵר סְפּוֹרְט
spor'tive *adj.* עַלִּיז, שׁוֹבְבָנִי
sportsman *n.* סְפּוֹרְטַאי; סְפּוֹרְטִיבִי
sportswriter *n.* כַּתַּב סְפּוֹרְט
sport'y *adj.* *(בגד) מְהוּדָּר, צַעֲקָנִי
spot *n.* נְקוּדָה; מָקוֹם; כֶּתֶם; חֲטָטִית; מִשְׂרָה; מְעַט, קוּרְטוֹב; זַרְקוֹר; צָרָה
change one's spots הָפַךְ עוֹרוֹ
hit the spot קָלַע לַמַּטָּרָה
knock spots off him עָלָה עָלָיו
on the spot מִיָּד; לְאַלְתַּר; *בְּצָרָה
spot *v.* הִכִּיר, זִהָה, הִבְחִין; הִכְתִּים; הִתְלַכְלֵךְ; מִקֵּם; הִצִּיב; טִפְטֵף
spot out/up הֵסִיר כְּתָמִים
spot *adj&adv.* מִיָּדִי, נַעֲשֶׂה בַּמָּקוֹם
spot on time *בְּדִיּוּק בַּזְּמַן
spotless *adj.* נָקִי, לְלֹא דּוֹפִי
spotlight *n.* זַרְקוֹר; מוֹקֵד הַהִתְעַנְיְנוּת
spot-on *adj&adv.* *מְדוּיָּק; בְּדִיּוּק
spotted, spotty *adj.* מְנוּמָּר
spouse *n.* בֶּן־זוּג, בַּעַל, אִשָּׁה
spout *n&v.* זַרְבּוּבִית, צִנּוֹר; פָּרַץ, זָרַם
sprain *v&n.* נָקַע, סוֹבֵב, מָתַח; נֶקַע
sprang = pt of spring
sprawl *v&n.* הִשְׂתָּרֵעַ; הִשְׂתָּרְעוּת
spray *n&v.* תַּרְסִיס, סְפְּרֵי; מַרְסֵס; עָנָף קָטָן; רִסֵּס, זִלֵּף
sprayer *n.* מַרְסֵס
spread (spred) *v.* פָּרַשׂ, שָׁטַח, פָּשַׁט; מָרַח; הֵפִיץ; הִתְפַּשֵּׁט
spread it on thick הֶחֱנִיף
spread *n.* הִתְפַּשְּׁטוּת; תְּפוּצָה; מוּטָה; שֶׁטַח; מַפָּה; אֲרוּחָה; מִמְרָח
spree *n.* הִלּוּלָה; בּוּלְמוּס; סְבִיאָה
sprig *n.* עָנָף, זַלְזַל; נֵצֶר; עֶלֶם
spright'ly *adj.* עַלִּיז, מָלֵא־חַיִּים
spring *v.* קָפַץ; נוֹצַר, נָבַע, צָמַח, צָץ; נִסְדַּק; הִפְעִיל
spring from נָבַע מִן; יָצָא מֵחֲלָצָיו
spring open נִפְתַּח בִּתְנוּפָה
spring up צָמַח, צָץ, עָלָה
spring *n.* קְפִיצָה; מַעְיָן; מוֹצָא; קְפִיץ; קְפִיצִיּוּת, גְּמִישׁוּת; אָבִיב
spring-board *n.* מַקְפֵּצָה; קֶרֶשׁ־קְפִיצָה
spring chicken פַּרְגִּית; *צְעִירָה
springtail *n.* קְפַזְנָב, קַפְצִיץ (חרק)
springtime, -tide *n.* עוֹנַת הָאָבִיב
sprin'kle *v&n.* הִתִּיז, הִזְלִיף; פִּזֵּר; בָּזָק; טִפְטוּף; גֶּשֶׁם קַל; מְעַט
sprinkling *adj.* מְעַט, קוֹמֶץ (מפוזר)
sprint *n&v.* מָאוֹץ; רִיצָה; רָץ
sprit *n.* מוֹט־תּוֹרֶן (המחובר למיפרש)
sprite *n.* פֵיָה, רוּחַ, שֵׁד
sprock'et *n.* שֵׁן (של אופן משונן)
sprout *v&n.* נָבַט, הוֹצִיא נִצָּנִים; גָּדַל, לִבְלֵב; גִּדֵּל, הִצְמִיחַ; נֶבֶט; *צָעִיר
spruce *adj&v.* נָקִי, מְצוּחְצָח; הִתְהַדֵּר
sprung = pp of spring
spry *adj.* מָלֵא־חַיִּים, פָּעִיל, קַל־תְּנוּעָה
spud *n.* אֵת צַר־כַּף; *תַּפּוּחַ־אֲדָמָה

spun = p of spin
spunk *n.* אומֶץ, אומֶץ־לֵב*
spur *n.* דָרְבָן; תַּמְרִיץ; שְׁלוּחָה; פָּרִיש
on the spur of the moment
לְפִי דַחַף הָרֶגַע, בְּלֹא הֲכָנָה, לְפֶתַע
spu'rious *adj.* מְזוּיָף, מְלָאכוּתִי
spurn *v.* דָחָה בְּבוּז, סֵרֵב בְּיוּהֲרָה
spurt *n.* הִתְפָּרְצוּת; זֶרֶם, סִילוֹן; פְּלִיטָה
spurt *v.* פָּרַץ, זָרַם, קָלַח; נִפְלַט
sput'ter *v.* מִלְמֵל; הִתִּיז, יָרַק
sputter *n.* גִמגוּם; הַתָּזָה; פִּצְפּוּץ
spy *n&v.* מְרַגֵל; רָאָה; סִיֵר; רִגֵל
spy out תָּר, סִיֵר; גִלָה בַּחֲשַׁאי
spyglass *n.* מִשְׁקֶפֶת, טֶלֶסקוֹפ
sq = square
squab'ble (skwob-) *v&n.* רָב; רִיב
squad (skwod) *n.* יְחִידָה, כִּתָּה, חוּלְיָה
squad'ron (skwod-) *n.* טַיֶסֶת; גַף
squal'id (skwol-) *adj.* מִסכֵּן; מְטוּנָף
squall (skwôl) *n.* צְרִיחָה; סוּפָה
squal'or (skwol-) *n.* לִכלוּך, זוּהֲמָה
squan'der (skwon-) *v.* בִּזְבֵּז
square *n.* רִבּוּעַ; מִשׁבֶּצֶת; מִטפַּחַת;
זָוִיתוֹן; רְחָבָה, כִּכָּר; רוֹבַע; מְרוּבָּע
on the square הוֹגֵן, בַּהֲגִינוּת
square one נְקוּדַת הַמּוֹצָא
square *adj.* מְרוּבָּע, רָבוּעַ; יְשַׁר־זָוִית;
הָגוּן, כֵּן; מוּסדָר, מְאוּזָן; מְסוּלָק
get square הִסדִיר הַחֶשׁבּוֹן; נָקַם
square refusal סֵרוּב מוּחלָט
square *adv.* יָשָׁר, הַיְשֵׁר; בַּהֲגִינוּת
square *v.* רִבֵּעַ; יִשֵׁר (שִׁיפּוּעַ); שִׁבֵּץ;
אִזֵן, הִסדִיר, סִלֵק; שִׁחֵד
square off עָמַד מוּכָן לַקְרָב
square up יִשֵׁר; הִסדִיר; הִתְיַצֵב
square with הִתאִים לְ־, הָלַם
square-built *adj.* רְחַב־כְּתֵפַיִם
squarely *adv.* בַּהֲגִינוּת, בְּכֵנוּת; בְּנִצָב
squash (skwosh) *v.* מָעַךְ; נִמעַךְ;
דָחַס; נִדחַק; הִשׁתִּיק; דִכָּא
squash *n.* מְעִיכָה; דוֹחַק; מִיץ; דְלַעַת
squashy *adj.* מָעִיךְ; רָטוֹב וְרַךְ
squat (skwot) *v&n.* (יָשַׁב) יְשִׁיבָה
שְׁפוּפָה; תָּפַס קַרקַע; גָחַן; רָבַץ
squat *adj.* נָמוּךְ; גוּץ; שָׁפוּף
squatter *n.* פּוֹלֵשׁ; תּוֹפֵס קַרקַע, מִתנַחֵל
squawk *v&n.* צָרַח; קִרקֵר; צְרִיחָה

squeak *v&n.* חָרַק; צִיֵץ; חֲרִיקָה
narrow squeak הִנָצְלוּת בְּנֵס
squeak through עָבַר בְּקוֹשִׁי*
squeal *v&n.* צָרַח; חָרַק; צְרִיחָה
squeam'ish *adj.* עֲדִין־נֶפֶשׁ; רָגִישׁ
squeeze *v.* סָחַט; דָחַק; לָחַץ;
דָחַס; צָבַט; נִסחַט, נִדחַק
squeeze money סָחַט כְּסָפִים
squeeze *n.* סְחִיטָה; לְחִיצָה; דוֹחַק
squelch *v.* דִכָּא, הִשׁתִּיק; רָמַס
squint *v&n.* פָּזַל; הֵצִיץ; פְּזִילָה
squint-eyed *adj.* פּוֹזְלָנִי; עוֹיֵן, רָע
squire *n.* בַּעַל אֲחוּזָה; נוֹשֵׂא כֵּלִים
squire *v.* שִׁמֵשׁ בֶּן־לְוָיָה לְ— (אִישָׁה)
squirm *v&n.* הִתפַּתֵּל; הִתפַּתְּלוּת
squir'rel (sk̂wûr'əl) *n.* סְנָאִי
squirt *v&n.* הִתִּיז, הִזְלִיף; קִלּוּחַ
-st, 1st = first
St = Saint, street
stab *v&n.* דָקַר, נָעַץ; דְקִירָה; פֶּצַע
make a stab at נִסָה כּוֹחוֹ בְּ—*
stabil'ity *n.* יַצִיבוּת
sta'bilize' *v.* יִצֵב, הִקְנָה יַצִיבוּת
sta'ble *adj.* יַצִיב, קָבוּעַ; הֶחלֵטִי
stable *n.* אוּרוָה; צֶוֶת (סוּסֵי־מֵירוֹץ)
stack *n&v.* עֲרֵמָה; גָדִישׁ; מַצוּבָה;
מַדְפֵּי־סְפָרִים; אֲרוּבּוֹת; עָרַם
stacks of הָמוֹן, הַרבֵּה*
stack up הִתנַהֵל, הִתקַדֵם; דָמָה
sta'dium *n.* אִצטַדיוֹן
staff *n&v.* מַקֵל; מַטֶה; מוֹט; מִשׁעָן;
מַחֲמוֹשֶׁת; סֶגֶל; אִיֵשׁ; גִיֵס
staff sergeant סַמָל רִאשׁוֹן
stag *n&adj.* צְבִי; לִגְבָרִים בִּלְבַד
stage *n&v.* בָּמָה, בִּימָה; זִירָה; שָׁלָב,
תְּקוּפָה; כִּרכָּרָה; תַּחֲנָה; בִּיֵם; בִּצַע
by easy stages לְאַט, בְּהַדרָגָה
hold the stage גָנַב אֶת הַהַצָגָה
set the stage הִכשִׁיר אֶת הַקַרקַע
stage-craft *n.* אָמָנוּת הַבָּמָה, מַחֲזָאוּת
stage fright אֵימְתָא דְצִבּוּרָא
stage manager מְנַהֵל בָּמָה, בַּמַאי
stag'ger *v.* הִתנוֹדֵד; זִעזַע, טִלטֵל
staggered to hear נִדהַם לִשׁמוֹעַ
stagger *n.* הִתנוֹדְדוּת; סְחַרחוֹרֶת
staggering *adj.* מְזַעֲזֵעַ; מַדהִים
staging *n.* בִּיוּם; פִּגוּם; הַעֲרָכוּת

stag'nant *adj.* ;לא זורֵם, מְעוּפָּש
קוֹפֵא עַל הַשְּׁמָרִים, לֹא מִתְפַּתֵּחַ
stag'nate *v.* עָמַד; דָּרַךְ בַּמָּקוֹם
staid *adj.* רְצִינִי, מָתוּן, מְיוּשָּׁב
stain *v&n.* הִכְתִּים, גִּוֵּן; צֶבַע; כֶּתֶם
stair *n.* מַדְרֵגָה
stairs מַדְרֵגוֹת, מַעֲרֶכֶת מַדְרֵגוֹת
staircase (-s) *n.* מַעֲרֶכֶת מַדְרֵגוֹת
stairwell *n.* (חלל) חֲדַר הַמַּדְרֵגוֹת
stake *n.* ;יָתֵד, מוֹט; עַמּוּד הַשְּׂרֵפָה
הִמּוּר; הַשְׁקָעָה; אִינְטֶרֶס, עִנְיָן
at stake עַל כַּף הַמֹּאזְנַיִם, בְּסַכָּנָה
pull up stakes עָקַר לְמָקוֹם אַחֵר
stakes מֵרוֹץ־סוּסִים; תַּחֲרוּת; פְּרָס
stake *v.* הִמֵּר, סִכֵּן, הִתְעָרֵב; חִזֵּק
stake out/off תָּחַם (שטח) בִּיתֵדוֹת
stake to שִׁלֵּם בְּעַד, כִּבֵּד בְּ־, רָכַשׁ
stalac'tite *n.* אֶבֶן טִפִּין עִלִּית
stalag'mite *n.* אֶבֶן טִפִּין תַּחְתִּית
stale *adj&v.* ;יָשָׁן, לֹא־טָרִי, מְקוּלְקָל
מַסְרִיחַ; נָדוֹשׁ; הִתְיַשֵּׁן; נִמְאַס
stalemate *n.* פַּט; מָבוֹי סָתוּם
stalk (stôk) *v&n.* ;עָקַב אַחֲרֵי, צָד
נָע חֶרֶשׁ; פָּסַע בְּגַאֲוָה; גִּבְעוֹל
stall (stôl) *n.* ;תָּא; אוּרְוָה, רֶפֶת
דּוּכָן, בִּיתָן; כּוֹבְעוֹן־אֶצְבַּע
stalls שׁוּרוֹת קִדְמִיּוֹת בְּתֵיאַטְרוֹן
stall *v.* ;הִכְנִיס לְאוּרְוָה; עָצַר; כָּבָה
הִדְמִים; דָּחָה; עִכֵּב; הִתְחַמֵּק
stal'lion *n.* סוּס־הַרְבָּעָה
stal'wart (stôl-) *n&adj.* חָזָק, אֵיתָן
sta'men *n.* אַבְקָן
stam'ina *n.* כּוֹשֶׁר עֲמִידָה, סְבוֹלֶת
stam'mer *v&n.* גִּמְגֵּם; גִּמְגּוּם
stamp *v.* ;רָמַס, דָּרַךְ; פָּסַע בְּכוֹחַ
בָּטַשׁ; בִּיֵּל; הֶחְתִּים, הִטְבִּיעַ
stamp out בִּעֵר, דִּכֵּא; עִצֵּב, יָצַר
stamp *n.* בּוּל; חוֹתֶמֶת, חוֹתָם; סוּג
leave its stamp הוֹתִיר רִשּׁוּמוֹ
stam·pede' *n&v.* (נָס) מְנוּסַת בֶּהָלָה
stance *n.* צוּרַת־עֲמִידָה; עֶמְדָּה, הַשְׁקָפָה
stanch *adj&v.* נֶאֱמָן, מָסוּר, אֵיתָן; עָצַר
stand *v.* ;עָמַד; הֶעֱמִיד; קָם; הִתְיַצֵּב
;הִתְנַשֵּׂא; נִשְׁאַר; הָיָה, נִמְצָא
נָשָׂא, סָבַל; כִּבֵּד, הִזְמִין
stand alone הָיָה מִשְׁכְמוֹ וָמַעְלָה
stand aside עָמַד בְּאֶפֶס־מַעֲשֶׂה
stand back נָסוֹג, זָז אֲחוֹרָה
stand by עָמַד הָכֵן לִפְעוּלָּה
stand clear of הִתְרַחֵק מִן
stand for יִצֵּג, סִמֵּל, הָיָה פֵּרוּשׁוֹ
stand off הִשְׁעָה; הִתְרַחֵק; הִרְחִיק
stand on עָמַד עַל, דָּרַשׁ בְּתוֹקֶף
stand out בָּלַט, הָיָה נִכָּר
stand pat הָיָה נָחוּשׁ בְּדַעְתּוֹ
stand up קָם; הֵגֵן עַל, תָּמַךְ
still stands עוֹמֵד בְּעֵינוֹ, עֲדַיִן בְּתוֹקֶף
stand *n.* ;עֲמִידָה, עֲצִירָה; עֶמְדָּה; הֲגַנָּה
תַּחֲנַת־מוֹנִיּוֹת; דּוּכָן, שׁוּלְחָנוֹן
stands מוֹשְׁבֵי הַצּוֹפִים (באיצטדיון)
take a stand נָקַט עֶמְדָּה
stan'dard *n.* ;סְטַנְדַּרְד, תֶּקֶן, מַתְכּוֹנֶת
קְנֵה־מִדָּה; רָמָה; דֶּגֶל; מַעֲמָד, בָּסִיס
up to standard בְּרָמָה הַנְּאוֹתָה
standard *adj.* תִּקְנִי; רָגִיל; טוֹב
stan'dardize' *v.* תִּקְנֵן; דִּגֵּם
standard of living רָמַת־חַיִּים
stand-by *n.* מַצַּב הָכֵן, כּוֹנְנוּת
stand-in *n.* מְמַלֵּא מָקוֹם, מַחֲלִיף
standing *n.* מַעֲמָד, עֶמְדָּה; מֶשֶׁךְ־זְמַן
standing *adj.* עוֹמֵד, זָקוּף; קָבוּעַ
standing army צְבָא קֶבַע
standing committee וַעֲדָה מַתְמֶדֶת
standing order פְּקוּדַת־קֶבַע
standing room מָקוֹם בַּעֲמִידָה
stand'off' (-ôf) *n.* תֵּיקוּ; הִתְנַשְּׂאוּת
standout *n.* בּוֹלֵט, מְצוּיָּן
standpoint *n.* נְקוּדַת מַבָּט, בְּחִינָה
standstill *n&adj.* קִפָּאוֹן; חוֹסֶר־תְּנוּעָה
stand-up *adj.* זָקוּף, עוֹמֵד; פְּרָאִי
stank = pt of stink
sta'ple *n.* ;סִכַּת־הַדּוּק, כְּלִיב; חֵת
מַרְכִּיב עִקָּרִי; מִצְרָךְ; חוּט, סִיב
staple *adj&v.* הִדֵּק בִּכְלִיב; עִקָּרִי, רָאשִׁי
stapler *n.* מְכוֹנַת־הִדּוּק, מַכְלֵב, מְהַדֵּק
star *n&v.* כּוֹכָב; כּוֹכָבִית, (*); כִּכֵּב
his star set כּוֹכָבוֹ דָּעַךְ, יָרַד מִגְּדוּלָּתוֹ
Star of David מָגֵן דָּוִד
star'board (-bərd) *n.* יְמִין הַסְּפִינָה
starch *n&v.* עֲמִילָן; נוּקְשׁוּת; עִמְלֵן
star-crossed *adj.* חֲסַר־מַזָּל, בִּישׁ־גַּדָּא
stardust *n.* הֲזָיָה, אֲבַק פּוֹרֵחַ
stare *v&n.* (נָעַץ) מַבָּט; לָטַשׁ עַיִן
make him stare הִדְהִימוֹ

staring in the face בָּרוּר; וַדַּאי
star-gazing *n.* הֲזָיָה, חוֹלְמָנוּת
staring *adj.* בּוֹלֵט, צַעֲקָנִי, מְסַנְוֵר
stark *adj&adv.* מוּחְלָט; קָשֶׁה, לְגַמְרֵי
stark staring mad מְטוֹרָף לְגַמְרֵי
star'let *n.* כּוֹכֶבֶת, כּוֹכְבָנִית
starred *adj.* כָּכוּב, מְכוּכָּב
Star-Spangled Banner דֶּגֶל הַלְאוֹם (שֶׁל ארה״ב); הַהִימְנוֹן
start *v.* הִתְחִיל; פָּתַח; קָפַץ, הִזְדַּעְזֵעַ; יָצָא לַדֶּרֶךְ; פָּרַץ, זָרַם; רוֹפֵף; הִתְרוֹפֵף; עוֹרֵר; גָּרַם; הֵקִים, יִסֵּד; הִתְנִיעַ; הִפְעִיל
start up הִתְחִיל; הִפְעִיל; צָץ
to start with רֵאשִׁית כֹּל; בְּהַתְחָלָה
start *n.* הַתְחָלָה; רֵאשִׁית; קְפִיצָה, זַעֲזוּעַ; יְצִיאָה לַדֶּרֶךְ; זִנּוּק; יִתְרוֹן
give a start הִפְתִּיעַ, זִעְזַע
starter *n.* מַזְנִיק; פּוֹתֵחַ; מַתְנֵעַ
starting *adj.* מַקְפִּיץ; שֶׁל זִנּוּק
starting post עֶמְדַּת־זִנּוּק
start'le *v.* הֶחֱרִיד, הִקְפִּיץ, זִעְזַע
star•va'tion *n.* רָעָב, מִיתַת רָעָב
starve *v.* רָעַב, מֵת מֵרָעָב; הִרְעִיב
starving for love צְמֵא־אַהֲבָה
stash *v.* אָגַר, צָבַר, גָּנַז
state *n.* מַצָּב, מַעֲמָד, תְּנָאִים; מְדִינָה; פְּאֵר, הָדָר; בִּלְבּוּל, בָּלָגָן
state of mind מַצַּב רוּחַ
state *adj.* מַמְלַכְתִּי, מְדִינִי; טִקְסִי
state *v.* אָמַר, בִּטֵּא, הִצְהִיר; קָבַע
stated *adj.* קָבוּעַ; אָמוּר, נָקוּב
stately *adj.* מְפוֹאָר, מַרְשִׁים, אֲצִילִי
statement *n.* הַצְהָרָה; גִּלּוּי־דַּעַת; הַבָּעָה, הִתְבַּטְּאוּת; חֶשְׁבּוֹן; מַאֲזָן
stateroom *n.* תָּא, תָּא־שֵׁנָה
state's evidence עֵדוּת (עֵד־) הַמְּדִינָה
statesman *n.* מְדִינַאי
statesmanship *n.* מְדִינָאוּת
stat'ic *adj.* סְטָטִי, נַיָּח, לֹא דִּינָמִי
sta'tion *n&v.* תַּחֲנָה; עֶמְדָּה; מַעֲמָד; בָּסִיס צְבָאִי; חַוָּה; הִצִּיב, מִקֵּם
sta'tionar'y (-shəneri) *adj.* יַצִּיב, נַיָּח
sta'tioner (-shənər) *n.* מוֹכֵר מַכְשִׁירֵי כְּתִיבָה
sta'tioner'y (-shəneri) *n.* מַכְשִׁירֵי— כְּתִיבָה, נְיַר מִכְתָּבִים
station-master *n.* מְנַהֵל תַּחֲנַת־רַכֶּבֶת
statis'tical *adj.* סְטָטִיסְטִי
statis'tics *n.* סְטָטִיסְטִיקָה
stat'ue (stach'o͞o) *n.* פֶּסֶל
stat'uesque' (-cho͞oesk') *adj.* כְּפֶסֶל
stat'ure (stach'ər) *n.* קוֹמָה, גּוֹבַהּ
sta'tus *n.* סְטָטוּס, מֵיצָב; מַעֲמָד
stat'ute (stach'o͞ot) *n.* חוֹק
stat'uto'ry (-ch'-) *adj.* מְעוּגָּן בַּחוֹק
staunch *adj&v.* נֶאֱמָן, אֵיתָן; עָצַר
stave *n&v.* לָמוּד; חֲמִשָּׁה; שָׁבַר; פָּרַץ
stave off דָּחָה, הִרְחִיק, הָדַף
stay *v.* נִשְׁאַר; שָׁהָה; חִכָּה; הִמְשִׁיךְ; דָּחָה, עִכֵּב, עָצַר; תָּמַךְ
stay on/in נִשְׁאַר
stay one's hand מָשַׁךְ יָדוֹ, עָצַר
stay put נִשְׁאַר בִּמְקוֹמוֹ
stay up נִשְׁאַר עֵר, אֵחֵר לִישׁוֹן
stay *n.* שְׁהִיָּה; חֶבֶל־תּוֹרֶן; עוֹזֵר
stays מָחוֹךְ
stay-at-home יוֹשֵׁב־אֹהֶל, אוֹהֵב בַּיִת
stead (sted) *n.* מָקוֹם
in his stead בִּמְקוֹמוֹ, תַּחְתָּיו
stead'fast' (sted-) *adj.* נֶאֱמָן; אֵיתָן
stead'y (sted'i) *adj&v.* יַצִּיב, קָבוּעַ; אֵיתָן; יִצֵּב, חִזֵּק; הִתְיַצֵּב
steady *interj.* זְהִירוּת! שִׂים לֵב!
steak (stāk) *n.* סְטֵיק, אוּמְצָה
steal *v.* גָּנַב; נָע בִּגְנֵבָה; הִתְגַּנֵּב
steal away הִתְגַּנֵּב, הִסְתַּלֵּק
stealth (stelth) *n.* סֵתֶר, הִתְגַּנְּבוּת
steam *n&v.* (הֶעֱלָה) אֵדִים; קִיטוֹר
work/blow off steam הִתְפָּרֵק
steam ahead נָע בִּמְלוֹא הַקִּיטוֹר
steamed up *מִתְרַגֵּשׁ, זוֹעֵם, רוֹתֵחַ
steamer *n.* אוֹנִיַּת־קִיטוֹר; סִיר־לַחַץ
steam iron מַגְהֵץ־אֵדִים
steam-roller *n&v.* מַכְבֵּשׁ־קִיטוֹר; מָחַץ
steamship *n.* אוֹנִיַּת־קִיטוֹר
steed *n.* סוּס
steel *n&v.* פְּלָדָה; חֶרֶב; פִּלֵּד, חִשֵּׁל
cold steel חֶרֶב, פִּגְיוֹן; נֶשֶׁק קַר
steel band תִּזְמוֹרֶת כְּלֵי־הַקָּשָׁה
steel wool צֶמֶר פְּלָדָה
steep *adj.* תָּלוּל; *מוּגְזָם, לֹא הֶגְיוֹנִי
steep *v.* שָׁרָה, הִרְוָה, הִסְפִּיג
stee'ple *n.* צְרִיחַ־כְּנֵסִיָּה

steeplechase *n.* מֵרוֹץ־מִכשוֹלִים
steer *v.* נִוֵּט, הִטָּה, הִפנָה, נָהַג
steer clear of *הִתרַחֵק, נִמנַע
steer *n.* שׁוֹר צָעִיר, בֶּן־בָּקָר
steering committee וַעֲדָה מַתמֶדֶת
steering wheel הֶגֶה
steersman (-z-) *n.* הַגַּאי
stele *n.* אַסטֵלָה, מַצֵּבָה, עַמּוּד־זִכָּרוֹן
stel'lar *adj.* כּוֹכָבִי, שֶׁל הַכּוֹכָבִים
stem *n.* גִּבעוֹל; פְּטוֹטֶרֶת; קְנֵה־הַגָּבִיעַ; זְרוֹעַ־הַמִּקטֶרֶת; שׁוֹרֶשׁ־מִלָּה; שׁוֹשֶׁלֶת
from stem to stern מִקָּצֶה אֶל קָצֶה
stem *v.* נָבַע; עָצַר, חָסַם; הָדַף
stench *n.* סִרחוֹן, צַחֲנָה
sten'cil (-səl) *n&v.* שַׁעֲוִית; שִׁכפֵּל
stenog'raphy *n.* קַצְרָנוּת
step *n.* צַעַד; מַדרֵגָה; דַּרגָּה; שָׁלָב
in step צוֹעֵד בְּקֶצֶב אָחִיד, בִּצעִידָה אֲחִידָה; שׂוֹחֶה עִם הַזֶּרֶם
long step צַעַד גָּדוֹל, הִתקַדְּמוּת רַבָּה
step by step צַעַד־צַעַד, בְּהַדרָגָה
take steps נָקַט צְעָדִים
step *v.* הָלַךְ; צָעַד, פָּסַע; דָּרַךְ
step aside זָז הַצִּדָּה; פִּנָּה מְקוֹמוֹ
step down הִתפַּטֵּר; הֵאֵט; יָרַד
step in/into נִכנַס
step on it הִזדָּרֵז, הֵחִישׁ צְעָדָיו
step out הֵחִישׁ צְעָדָיו; *הִתהוֹלֵל
step up הִגדִּיל, הִגבִּיר, הֵאִיץ; עָלָה
step- (תחילית) חוֹרֵג
stepbrother *n.* אָח חוֹרֵג
stepfather *n.* אָב חוֹרֵג
step-ladder *n.* סוּלָּם (רחב־שלבים)
steppe *n.* עֲרָבָה
stepping-stone קֶרֶשׁ־קְפִיצָה, אֶמצָעִי
stepsister *n.* אָחוֹת חוֹרֶגֶת
stepson *n.* בֵּן חוֹרֵג
step-up *n.* עֲלִיָּה, גִּדּוּל, הַסלָמָה
ster'e•o' *n&adj.* סְטֶרֵיאוֹ; תְּלַת־מְמַדִּי
ster'e•om'etry *n.* הַנְדָּסַת הַמֶּרחָב
ster'e•otype' *n.* סְטֶרֵיאוֹטִיפּ, אִמָּה; דּוּגמָה, דָּבָר טִיפּוּסִי; דָּבָר נָדוֹשׁ
ster'ile (-rəl) *adj.* מְעוּקָר, מְחוּטָא; עָקָר
ster'iliza'tion *n.* סְטֶרִילִיזַצְיָה, עִקּוּר
ster'ilize' *v.* עִקֵּר, חִטֵּא
ster'ling *n&adj.* שְׁטֶרלִינג; מְצוּיָּן
stern *adj.* קָשֶׁה, קָשׁוּחַ, חָמוּר; קַפְּדָנִי
stern *n.* יַרכְּתֵי־הַסְּפִינָה, אַחֲרָה
steth'oscope' *n.* סְטֶתוֹסקוֹפּ, מַסכֵּת
ste'vedore' *n.* סַוָּר, פּוֹרֵק מִטעָנִים
stew (stōō) *v.* בִּשֵּׁל; הִתבַּשֵּׁל
stew *n.* תַּבשִׁיל, נְזִיד־בָּשָׂר; בֵּית־בּוֹשֶׁת
in a stew נָבוֹךְ, עַצבָּנִי, מוּדאָג
stew'ard (stōō'-) *n.* דַּיָּל, כַּלכָּל; בֶּן מֶשֶׁק־הַבַּיִת, מְנַהֵל; מְאַרגֵּן
stew'ardess (stōō'-) *n.* דַּיֶּלֶת
stick *n.* מַקֵּל; עָנָף; קָנֶה; חֲתִיכָה
give the stick הִלקָה
out in the sticks רָחוֹק מֵהָעִניָנִים
take stick סָפַג עוֹנֶשׁ
the sticks אֲזוֹרִים כַּפרִיִּים
stick *v.* נָעַץ, תָּקַע; דָּקַר; הִדבִּיק; נִדבַּק; נִתקַע; סָבַל, נָשָׂא; שָׂם, הֵנִיחַ; תָּמַךְ בְּמַקֵּל
be stuck נִתקַע (בְּמָקוֹם)
can't stick him *לֹא סוֹבֵל אוֹתוֹ
stick 'em up יָדַיִם לְמַעְלָה!
stick around נִשאַר בַּסְּבִיבָה, חִכָּה
stick at הִתמִיד בְּ־; נִרתַּע מִן
stick by דָּבַק בְּ־, הָיָה נֶאֱמָן
stick down הִדבִּיק; *רָשַׁם; שָׂם
stick it on גָּבָה מְחִיר מוּפרָז
stick out בָּלַט, הִזדַּקֵּר; הִמשִׁיךְ עַד תּוֹם; הוֹצִיא, שִׁרבֵּב (לשון)
stick to דָּבַק בְּ־, הָיָה נֶאֱמָן לְ—
stick up הִזדַּקֵּר; הֵרִים; שָׁדַד
stick up for הֵגֵן, תָּמַךְ בְּ—
stick'er *n.* מַדבֵּקָה; מַתמִיד; נִצמָד
sticking plaster אֶגֶד מַדבֵּק
stick'ler *n.* קַפְּדָן, עוֹמֵד בְּתוֹקֶף עַל
stickpin *n.* סִכַּת־עֲנִיבָה
stick-up *n.* שׁוֹד מְזוּיָּן
stick'y *adj.* דָּבִיק; קָשֶׁה; מִתנַגֵּד
stiff *adj.* קָשֶׁה, קָשׁוּחַ, לֹא גָּמִישׁ; צוֹנֵן; מוּגזָם; מְפָרֵךְ; כּוֹאֵב; חָזָק; עַז
stiff *adv.* מְאוֹד, כָּלִיל, עַד מָוֶת
stiff *n.* *גּוּפָה, גְּוִיָּה; טִפֵּשׁ
stiffen *v.* הִקשָׁה; הִתקַשָּׁה
stiff-necked *adj.* קְשֵׁה־עוֹרֶף
sti'fle *v.* חָנַק; נֶחֱנַק; דִּכָּא; עָצַר
stig'ma *n.* אוֹת־קָלוֹן, סְטִיגמָה; כֶּתֶם
stig'matize' *v.* הִשׁמִיץ, הִכפִּישׁ שֵׁם
stile *n.* מַדרֵגוֹת־גָּדֵר, אֶמצָעֵי־מַעֲבָר
stilet'to *n.* פִּגיוֹן; *נַעַל גְּבוֹהַת־עָקֵב

still *adj.* שָׁקֵט; דוֹמֵם; לֹא־נָע
still *v.* הִשְׁקִיט, הִרְגִּיעַ, שִׁכֵּךְ
still *n.* דְּמָמָה, שֶׁקֶט; תְּמוּנָה; מַזְקֵקָה
still *adv.* עֲדַיִן, עוֹד; לַמְרוֹת זֹאת; בְּרַם
still-born *adj.* נוֹלַד מֵת
still life (בציור) דוֹמֵם
stilt *n.* קַב, כְּלוֹנַס־הֲלִיכָה
stilt'ed *adj.* מְאוּלָץ, מְלָאכוּתִי, מְנוּפָּח
stim'u·lant *adj&n.* מְדַרְבֵּן; תַּמְרִיץ
stim'u·late' *v.* דִּרְבֵּן, גֵּרָה, הִמְרִיץ
stim'u·li' = pl of stimulus
stim'u·lus *n.* גּוֹרֵם מַמְרִיץ, דְּחִיפָה
sting *v&n.* עָקַץ; כָּאַב; יִסֵּר; עוֹרֵר, דִּרְבֵּן; רִמָּה; עוֹקֶץ; עֲקִיצָה
sting for *סָחַט, "סִדֵּר" בסכום שֶׁל—
sting in its tail אַלְיָה וְקוֹץ בָּהּ
stinger *n.* עוֹקֶץ; מַכָּה חַדָּה/כּוֹאֶבֶת
stin'gy (-ji) *adj.* קַמְצָן
stink *v&n.* הִסְרִיחַ; *הִגְעִיל; סִרְחוֹן
raise a stink הֵקִים שַׁעֲרוּרִיָּה
stinks *כִּימְיָה
stinker *n.* מַסְרִיחַ; *אָדָם שָׁפָל, מַלְשִׁין
stint *v&n.* קִמֵּץ, חָסַךְ; קִמּוּץ; תַּפְקִיד
without stint בְּלִי חָשָׂךְ; בְּעַיִן יָפָה
sti'pend *n.* קִצְבָּה, מִלְגָּה
stip'u·late' *v.* הִתְנָה, קָבַע תְּנַאי
stip'u·la'tion *n.* תְּנַאי; קְבִיעַת תְּנַאי
stir *v.* נָע, זָז; הֵנִיעַ; הֵנִיד; בָּחַשׁ, עִרְבֵּב; עוֹרֵר, רִגֵּשׁ; הִסְתּוֹבֵב
stir a finger נָקַף אֶצְבַּע
stir the blood הִלְהִיב
stir up עוֹרֵר, הִלְהִיב; הִמְרִיץ, דִּרְבֵּן
stir *n.* נִיעַ, תְּנוּעָה; בְּחִישָׁה; הִתְרַגְּשׁוּת, רַעַשׁ, מְהוּמָה; *בֵּית סוֹהַר, כֶּלֶא
stirring *adj.* מְרַגֵּשׁ, מַלְהִיב, מְעוֹרֵר
stir'rup (stûr-) *n.* מִשְׁוֶרֶת, אַרְכּוֹף
stitch *n&v.* תֶּפֶר, תַּךְ; (בסריגה) עַיִן; *כְּאֵב חַד; בְּגָדִים; תָּפַר, הִכְלִיב
in stitches מִתְפַּתֵּל מִצְחוֹק
stock *n.* מְלַאי, סְחוֹרָה; בּוּל־עֵץ; בָּסִיס; קַת; מֶשֶׁק־הַחַי; מְנָיוֹת; אג"ח; שׁוֹשֶׁלֶת, מוֹצָא
out of stock אָזַל (מן המלאי)
stocks כֶּבֶשׁ בְּנִיָּה, מִבְדּוֹק; אַרְכּוֹף
take stock סָפַר הַמְּלַאי; שָׁקַל; הֶאֱמִין; עָמַד עַל טִיבוֹ
stock *v.* שָׁמַר בְּמְלַאי, צִיֵּד, אָגַר
stock *adj.* רָגִיל, שִׁגְרָתִי, קָבוּעַ
stock·ade' *n&v.* גָּדֵר; קִיר; הֵגֵן
stockbreeder *n.* מְגַדֵּל בָּקָר
stockbroker *n.* סוֹכֵן מְנָיוֹת, בְּרוֹקֶר
stock company חֶבְרַת מְנָיוֹת
stock exchange בּוּרְסָה
stockholder *n.* בַּעַל מְנָיוֹת
stock'ing *n.* גֶּרֶב (ניילון); גְּמִישׁוֹן
stocking cap כּוֹבַע גֶּרֶב
stock market בּוּרְסָה
stockpile *n&v.* מַאֲגַר־מְלַאי; אָגַר
stock-room *n.* מַחְסַן סְחוֹרָה
stock-still *adv.* לְלֹא כָּל תְּנוּעָה
stocktaking *n.* סְפִירַת מְלַאי; הַעֲרָכָה
stock'y *adj.* חָסוֹן, נָמוּךְ, מוּצָק
stockyard *n.* מִכְלָא־בָּקָר
sto'ic *n&adj.* סְטוֹאִי, כּוֹבֵשׁ יְצָרָיו
stoke *v.* סִפֵּק פֶּחָם, הוֹסִיף דֶּלֶק
sto'ker *n.* מַסִּיק, מִתְקַן הַסָּקָה
stole *n.* צָעִיף, סוּדָר, רְדִיד
stole = pt of steal
sto'len = pp of steal
stol'id *adj.* נְטוּל־הַבָּעָה/רְגָשׁוֹת
stom'ach (stum'ək) *n&v.* קֵבָה; בֶּטֶן; תֵּאָבוֹן; אָכַל, בָּלַע; סָבַל
turn his stomach עוֹרֵר בּוֹ בְּחִילָה
stomachful *n.* מְלוֹא הַכֶּרֶס, זָרָא
stomp *v.* דָּרַךְ, רָקַע בִּכְבֵדוּת
stone *n.* אֶבֶן; גַּלְעִין; אֶבֶן־חֵן; מַצֵּבָה
stone's throw כִּמְטַחֲוֵי־אֶבֶן, קָרוֹב
throw stones הֵטִיל דּוֹפִי, הִשְׁמִיץ
stone *v.* סָקַל, רָגַם; גִּלְעֵן
stone- לְגַמְרֵי, לַחֲלוּטִין, גָּמוּר, מְאוֹד
stone-blind עִוֵּר לַחֲלוּטִין
stone-broke *adj.* חֲסַר־כֹּל, מְרוּשָׁשׁ
stone-deaf *adj.* חֵרֵשׁ גָּמוּר
stone mason סַתָּת
stonily *adv.* בְּקְרִירוּת, בְּאוֹפֶן צוֹנֵן
sto'ny *adj.* אַבְנִי, מְסוּלָּע; קָשֶׁה
stony broke *חֲסַר־פְּרוּטָה, חֲסַר־כֹּל
stood = p of stand
stooge *n.* מוּקְיוֹן; בּוּבָּה; "לַקֶּקָן"
stool (stōōl) *n.* שְׁרַפְרַף; הֲדוֹם; צוֹאָה
stool-pigeon *n.* יוֹנַת־פִּתָּיוֹן; מַלְשִׁין
stoop (stōōp) *v.* כּוֹפֵף; הִתְכּוֹפֵף
stoop to יָרַד לְ— (שפל המדרגה)
stoop *n.* רְכִינָה; מִרְפֶּסֶת־כְּנִיסָה

stop *v.* עָצַר; חָדַל; מָנַע; עִכֵּב; הִפְסִיק; סָתַם, חָסַם; שָׁהָה
stop at nothing לֹא נִרְתַּע מִמְּאוּמָה, לֹא בָּחַל בְּשׁוּם אֶמְצָעִי
stop by/round עָצַר לְבִקּוּר קָצָר
stop dead/cold עָצַר לְפֶתַע
stop off/over עָצַר, עָשָׂה חֲנִיָּה
stop out נִכָּה (ממשכורת)
I stopped eating הִפְסַקְתִּי לֶאֱכוֹל
I stopped to eat עָצַרְתִּי כְּדֵי לֶאֱכוֹל
stop *n.* עֲצִירָה; מְנִיעָה, עִכּוּב; קֵץ; הַפְסָקָה; סְתִימָה; תַּחֲנָה
put a stop to שָׂם קֵץ לְ—
stopcock *n.* בֶּרֶז, וַסַּת־מַיִם, שַׁסְתּוֹם
stopgap *n.* תַּחֲלִיף אֲרָעִי, מְמַלֵּא מָקוֹם
stop-over *n.* שְׁהִיָּה, חֲנִיַּת בֵּינַיִם
stop'page *n.* עֲצִירָה; שְׁבִיתָה; סְתִימָה
stopper *n.* פְּקָק, מְגוּפָה
put the stopper on הִפְסִיק
stop-watch *n.* שְׁעוֹן־עֶצֶר, סְטוֹפֶּר
stor'age *n.* (דְּמֵי) אַחְסָנָה; מַחְסָן
store *v.* אָגַר, צָבַר; אִחְסֵן; צִיֵּד
store *n.* חֲנוּת; מַחְסָן; מַאֲגָר, מְלַאי
in store צָפוּי, עָתִיד לִקְרוֹת; שָׁמוּר
set great store by הֶעֱרִיךְ, הוֹקִיר
stores סְחוֹרָה; מַחְסָן; חֲנוּת כָּל־בּוֹ
store-house *n.* מַחְסָן, אוֹצָר
storekeeper *n.* חֶנְוָנִי
storeroom *n.* מַחְסָן
sto'rey *n.* קוֹמָה, דְּיוֹטָה, מִפְלָס
sto'ried (-rid) *adj.* מְסוּפָּר; קוֹמָתִי
stork *n.* חֲסִידָה
storm *n.* סְעָרָה, סוּפָה; הִתְפָּרְצוּת, גַּעַשׁ
take by storm כָּבַשׁ בִּסְעָרָה
storm *v.* סָעַר, גָּעַשׁ; הִסְתָּעֵר
storm cloud עֲנַן קוֹדֵר, עֲנַן־סוּפָה
storm lantern פְּנַס־רוּחַ
storm troops פְּלוּגוֹת סַעַר
stormy *adj.* סוֹעֵר, גּוֹעֵשׁ, מִתְפָּרֵץ
sto'ry *n.* סִפּוּר; מַעֲשֶׂה; עֲלִילָה; קוֹמָה
the story goes אוֹמְרִים שֶׁ—
story-teller *n.* מְסַפֵּר סִפּוּרִים; שַׁקְרָן
stoup (sto͞op) *n.* קוּבַּעַת; כַּד
stout *adj.* שְׁמַנְמַן; חָזָק; אַמִּיץ; הֶחְלֵטִי
stout *n.* שֵׁכָר חָרִיף
stove *n.* תַּנּוּר, כִּירַיִם, כִּירָה
stove-pipe *n.* אֲרֻבַּת־תַּנּוּר; *מִגְבַּע

stow (stō) *v.* אִחְסֵן; סִדֵּר (במיזוודה)
stow it! בְּלוֹם פִּיךָ!
stow'age (stō-) *n.* אַחְסָנָה; סְפָנָה
stowaway *n.* נוֹסֵעַ סָמוּי
strad'dle *v.* יָשַׁב בְּפִשּׂוּק רַגְלַיִם; טִרְטֵן; פָּגַע מִסָּבִיב לַמַּטָּרָה
strafe *v.* הִפְצִיץ; הוֹכִיחַ, יִסֵּר
strag'gle *v.* פִּגֵּר, הִשְׂתָּרֵךְ, הִשְׂתָּרֵג
straight (strāt) *adj.* יָשָׁר; מְסוּדָּר; זָקוּף; נִצָּב; הוֹגֵן, כֵּן, גָּלוּי; טָהוֹר
keep straight הָלַךְ בְּדֶרֶךְ הַיָּשָׁר
put straight הִכְנִיס סֵדֶר בְּ—
straight face פְּנֵי פּוֹקֶר
straight fight דּוּ־קְרָב
straight *adv.* הַיְשֵׁר; גְּלוּיוֹת; מִיָּד
straight away/off מִיָּד, לְלֹא דִּחוּי
straight up *בֶּאֱמֶת, אָמְנָם כֵּן
straight *n.* יוֹשֶׁר, יַשְׁרוּת; קֶטַע יָשָׁר
straightaway *adv.* מִיָּד, לְלֹא דִּחוּי
straighten *v.* יִשֵּׁר, סִדֵּר; הִתְיַשֵּׁר
straight'for'ward (strāt-) *adj.* יָשָׁר, הוֹגֵן, כֵּן, גָּלוּי; קַל, פָּשׁוּט, בָּרוּר
straightway *adv.* מִיָּד, לְלֹא דִּחוּי
strain *v.* מָתַח, מָשַׁךְ; אִמֵּץ; הִתְאַמֵּץ; עִוֵּת; סִנֵּן
strain at עָשָׂה מַאֲמָץ עֶלְיוֹן; הִסֵּס
strain at the leash הִשְׁתּוֹקֵק לַחוֹפֶשׁ
strain off סִנֵּן, הֶעֱבִיר בְּמִסְנֶנֶת
strain to one's bosom אִמֵּץ לְחֵיקוֹ
strain *n.* מֶתַח; לַחַץ; מַאֲמָץ; נֶקַע; לַחַן; צְלִיל, נִימָה, טוֹן; רוּחַ, מְגַמָּה; אוֹפִי; סוּג, זַן; מוֹצָא, גֶּזַע
strained *adj.* מְאוּלָּץ; מָתוּחַ; דָּחוּק
strainer *n.* מִסְנֶנֶת
strait *n&adj.* מֵצַר; מְצוּקָה; צַר, קָשֶׁה
strait-jacket *n.* מְעִיל מְשׁוּגָּעִים
strait-laced *adj.* קַפְּדָנִי, מוּסָרִי
strand *n.* גָּדִיל, חוּט, שַׂעֲרָה; גָּדָה
strand *v.* עָלָה עַל שִׂרְטוֹן; נִתְקַע
stranded *adj.* נָטוּשׁ, עָזוּב לַאֲנָחוֹת
strange (strānj) *adj.* מוּזָר, מְשׁוּנֶּה; זָר
stran'ger (strān'-) *n.* זָר, נוֹכְרִי
stran'gle *v.* חָנַק (למוות)
stran'gu·late' *v.* שִׁנֵּק
strap *n&v.* רְצוּעָה, סֶרֶט; קָשַׁר; הִלְקָה
strap-hanger *n.* נוֹסֵעַ בַּעֲמִידָה
strap'ping *adj.* חָזָק, חָסוֹן, גָּבוֹהַּ

stra'ta = pl of stratum
strat'agem *n.* תַּחְבּוּלָה, תַּכְסִיס
strate'gic(al) *adj.* אַסטרָטֶגִי
strat'egist *n.* אַסטרָטֶג
strat'egy *n.* אַסטרָטֶגיָה, תַּכְסִיסָנוּת
strat'ify' *v.* רִבֵּד, עָרַךְ בְּשִׁכָבוֹת
strat'osphere' *n.* סטרָטוֹספֵירָה
stra'tum *n.* שִׁכְבָה, רוֹבֶד
straw *n&adj.* קַשׁ, תֶּבֶן; גִּבעוֹל; קַשִּׁית
last straw הַקַּשׁ שֶׁשָּׁבַר אֶת גַּב הַגָּמָל
not care a straw לֹא אִכפַּת כְּלָל
strawberry *n.* תּוּת שָׂדֶה, תּוּת גִּנָּה
straw man אִישׁ קַשׁ
stray *v&adj.* תָּעָה; תּוֹעֶה; מִקְרִי
streak *n&v.* קַו, רְצוּעָה, פַּס; עִקְבוֹת; נְטִיָּה; תְּכוּנָה; תְּקוּפָה; רָץ; פִּסְפֵּס
stream *n&v.* נַחַל; זֶרֶם; זָרַם, שָׁטַף
go with the stream שָׂחָה עִם הַזֶּרֶם
streamer *n.* נֵס, דִגלוֹן; סֶרֶט
streamer headline כּוֹתֶרֶת עֲנָק
streamline *v.* עָשָׂה זָרִים; פִּשֵּׁט
streamlined *adj.* זָרִים; יָעִיל, שׁוֹטֵף
street *n.* רְחוֹב, דֶּרֶךְ
on easy street מְבוּסָס, עָשִׁיר
streets ahead of עוֹלֶה בְּהַרְבֵּה עַל
up my street בִּתְחוּם שֶׁלִּי
streetcar *n.* חַשׁמַלִּית
street-girl/-walker יַצְאָנִית
strength *n.* חוֹזֶק, כּוֹחַ; תֹּקֶף; מַצָּבָה
in strength בְּמִספָּר רַב (של אנשים)
on the strength of — מִכּוֹחַ־, עַל סְמַךְ
strength'en *v.* חִזֵּק; הִתְחַזֵּק
stren'u·ous (-ūəs) *n.* מְאַמֵּץ, קָשֶׁה
stress *n&v.* לַחַץ; מְצוּקָה; דָּגֵשׁ, חֲשִׁיבוּת; הַטעָמָה; לָחַץ; הִטעִים
stretch *v.* מָתַח; נִמְתַּח; מָשַׁךְ; נִמשַׁךְ; הוֹשִׁיט; הִשְׂתָּרַע, הִתְפַּשֵּׁט
fully stretched מַפעִיל כָּל כּוֹחוֹתָיו
stretch a point נָהַג בִּגמִישׁוּת
stretch one's legs נִעֵר רַגלָיו, טִיֵּל
stretch out הִתְמַתַּח; הוֹשִׁיט
stretch *n.* מְתִיחָה; מְתִיחוּת, גְּמִישׁוּת; מִשְׁטָח; מֶשֶׁךְ־זְמַן; *תְּקוּפַת מַאֲסָר
3 hours at a stretch 3 שָׁעוֹת רְצוּפוֹת
stretcher *n.* אֲלוּנְקָה; מוֹתְחַן
strew (strōō) *v.* פִּזֵּר, כִּסָּה, בִּזֵּק
strick'en (= pp of strike) *adj.* מוּכֶּה, הָלוּם (־יָגוֹן), אָחוּז, חָדוּר; נָגוּעַ
strict *adj.* קַפְּדָן, מַחֲמִיר; חָמוּר; בָּרוּר, מְפוֹרָשׁ; מְדוּיָּק; שָׁלֵם, גָּמוּר, מוּחלָט
stric'ture *n.* בִּקּוֹרֶת, תּוֹכָחָה, נְזִיפָה
stride *v&n.* פָּסַע, צָעַד; צַעַד אָרוֹךְ
make great strides הִתְקַדֵּם יָפֶה
stri'dent *adj.* צוֹרְמָנִי, צַרְצְרָנִי
strife *n.* סִכסוּךְ, חִכּוּךְ, רִיב, מְרִיבָה
strike *n.* שְׁבִיתָה; הַתְקָפָה; גִּלּוּי; מַזָּל
strike *v.* הִכָּה; פָּגַע; הִסְתָּעֵר; הִרְשִׁים; שָׁבַת; עָלָה בְּדַעְתּוֹ; חִשֵּׁב, הִגִּיעַ לְ־; מָצָא, גִּלָּה
strike (up)on נִתקַל; צָץ בְּרֹאשׁוֹ
strike a bargain סִכֵּם עִסקָה
strike a pose עָשָׂה תְּנוּחָה (מסוימת)
strike all of a heap הִדהִים
strike camp פֵּרֵק מַחֲנֶה
strike off מָחַק, סִלֵּק מֵרְשִׁימָה; הִדפִּיס; פָּנָה, הָלַךְ; הִתִּיז, עָרַף
strike oil גִּלָּה נֵפט; הֵאִיר לוֹ מַזָּלוֹ
strike out יָצָא; הָלַךְ; חָבַט; מָחַק
strike through מָחַק
strikebreaker *n.* מֵפֵר שְׁבִיתָה
striker *n.* שׁוֹבֵת; חָלוּץ (בכדורגל)
striking *adj.* מַרשִׁים, שׁוֹבֶה לֵב; מַכֶּה
string *n.* חוּט, שְׂרוֹךְ, פְּתִיל; מֵיתָר; מַחֲרוֹזֶת; סִדְרָה, מַעֲרֶכֶת, שׁוּרָה; סִיב
no strings attached בְּלֹא תְּנָאִים מַגבִּילִים
play second string נִגֵּן כִּנּוֹר שֵׁנִי
string *v.* קָשַׁר; תָּלָה; חָרַז; מָתַח
string along רִמָּה; שִׁתֵּף פְּעוּלָה
strung up מָתוּחַ, עַצבָּנִי, מִתרַגֵּשׁ
string band תִּזמוֹרֶת כְּלֵי־מֵיתָרִים
string bean שְׁעוּעִית יְרוּקָה
stringed instrument כְּלִי־מֵיתָרִים
strin'gent *adj.* מַחֲמִיר, קַפְּדָנִי; מוּגבָּל
strip *v.* הִפשִׁיט; הִתְפַּשֵּׁט; קִלֵּף; גָּזַל; הֵסִיר; פֵּרֵק; רוֹקֵן; שָׁלַל
strip *n.* רְצוּעָה, סֶרֶט, פַּס; הִתעַרטְלוּת
stripe *n.* רְצוּעָה; סֶרֶט־דַּרְגָּה; הַלקָאָה
striped *adj.* מְנוּמָר, מְפוּספָּס
strip'ling *n.* נַעַר, עֶלֶם, בָּחוּר
strip-tease *n.* סְטרִיפּטִיז, חַשְׂפָּנוּת
strive *v.* חָתַר, שָׁאַף; הִתְאַמֵּץ, נִסָּה
strode = pp of stride
stroke *n.* מַכָּה; הַצלָפָה; שָׁבָץ; שְׂחִיָּה,

חֲתִירָה; לְטִיפָה; מְשִׁיכַת־קוּלְמוֹס
at a stroke ״בְּמַכָּה אַחַת״, מִיָּד
on the stroke בְּדִיּוּק, ״עַל הַשָּׁעוֹן״
stroke *v.* לַטֵּף; הִכָּה, חָבַט; הִרְגִּיעַ
stroll (strōl) *v&n.* טִיֵּל בְּנַחַת,
פָּסַע לְאִטּוֹ; הֲלִיכָה בְּנַחַת
stroller *n.* עֶגְלַת־יְלָדִים; מְטַיֵּל
strong (-rông) *adj.* חָזָק, חָסוֹן, אֵיתָן;
תַּקִּיף; עַז; עוֹלֶה, מַאֲמִיר; מַסְרִיחַ
go it strong *הִרְחִיק לֶכֶת, הִגְזִים
still going strong לֹא נָס לֵחוֹ
strong language קְלָלוֹת, גִּדּוּפִים
1000 strong 1000 בְּמִסְפָּר, אֶלֶף אִישׁ
strongarm *adj.* אַלִּים, בִּרְיוֹנִי
strongbox *n.* כַּסֶּפֶת
stronghold *n.* מִבְצָר, מָעוֹז
strong-minded *adj.* תַּקִּיף בְּדַעְתּוֹ
strop *n&v.* (הִשְׁחִיז ב־) רְצוּעַת הַשְׁחָזָה
strove = pt of strive
struck = p of strike
struc'tural (-'ch-) *adj.* מִבְנִי, תַּבְנִיתִי
struc'ture *n&v.* מִבְנֶה, בִּנְיָן; בָּנָה
stru'del *n.* כְּרוּכִית, שְׁטְרוּדֶל
strug'gle *v&n.* נֶאֱבַק; הִתְאַמֵּץ;
הִתְחַבֵּט; מַאֲבָק; מַאֲמָץ
strum *n&v.* פָּרַט (פְּרִיטָה גְרוּעָה)
strum'pet *n.* יַצְאָנִית
strung = p of string
strut *v.* הָלַךְ בִּיהִירוּת, טָפַף בַּחֲשִׁיבוּת
strut *n.* הִלּוּךְ גַּאַוְתָנִי; סָמוֹכָה, יָתֵד
stub *n.* חָבוּר, זָנָב, בָּדָל, קָצֶה, שְׁאֵרִית
stub *v.* נִתְקַל; לָחַץ; מָעַד
stub'ble *n.* שֶׁלֶף; זִיפֵי־זָקָן
stub'born *adj.* עַקְשָׁן, קָשֶׁה לְטִפּוּל
stub'by *adj.* קָצָר וְעָבֶה
stuck (= p of stick) *adj.* תָּקוּעַ; דָּבוּק
is stuck on her מְאוֹהָב בָּהּ
stuck-up *adj.* מִתְנַשֵּׂא, שַׁחֲצָן, סְנוֹב
stud *n&v.* כַּפְתּוֹר; יָתֵד, מַסְמֵר־קִשּׁוּט,
נַעַץ; מַעֲרֶכֶת סוּסִים; שִׁבֵּץ, פִּזֵּר
stu'dent *n.* תַּלְמִיד, סְטוּדֶנְט; חוֹקֵר
stud horse סוּס הַרְבָּעָה
stud'ied (-did) *adj.* מְכֻוָּן, מְתֻכְנָן
stu'dio' *n.* סְטוּדְיוֹ, אוּלְפָּן
stu'dious *adj.* שַׁקְדָן, מַתְמִיד; מְחֻשָּׁב
stud'y *n.* לִמּוּדִים; מֶחְקָר; חֲדַר־עֲבוֹדָה
study *v.* לָמַד; בָּחַן, הִתְבּוֹנֵן; דָּאַג

stuff *n.* חוֹמֶר; אָרִיג; חֲפָצִים; שְׁטוּיוֹת
do one's stuff עָשָׂה הַמּוּטָל עָלָיו
stuff *v.* מִלֵּא, דָּחַס; פִּטֵּם; פִּחלֵץ
stuff oneself זָלַל, מִלֵּא כְּרֵסוֹ
stuffed shirt *טִיפּוּס מִתְנַפֵּחַ
stuffing *n.* מְלִית, חוֹמֶר מִלּוּי
stuffy *adj.* מַחֲנִיק; צַר־אוֹפֶק; רַגְזָן
stul'tify' *v.* שָׂם לַלַּעַג, סִכֵּל
stum'ble *v&n.* נִכְשַׁל, מָעַד; מְעִידָה
stumble across/on נִתְקַל בְּ־, פָּגַשׁ
stumbling block מִכְשׁוֹל, אֶבֶן נֶגֶף
stump *n&v.* כּוֹרֶת, גֶּדֶם, גֶּזַע; זָנָב
stir one's stumps הָלַךְ, מִהֵר
stump *v.* צָעַד בִּכְבֵדוּת; נָשָׂא נְאוּמִים
it stumps me אֲנִי נָבוֹךְ, לֹא אָבִין
stump speeches נְאוּמֵי בְּחִירוֹת
stun *v.* הֵמַם; הִדְהִים, זִעְזַע
stung = p of sting
stunk = p of stink
stunning *adj.* מַקְסִים, נִפְלָא
stunt *v.* עָצַר; גִּמֵּד, עִכֵּב, צִמְצֵם
stunt *n.* מִבְצָע; לַהֲטוּט פִּרְסוּמֶת
stunt man כָּפִיל (לְמִבְצָעִים מְסֻכָּנִים)
stu'pefy' *v.* טִמְטֵם, עִרְפֵּל הַמַּחֲשָׁבָה
stu·pen'dous (stōō-) *adj.* מַדְהִים
stu'pid *adj.* אֱוִילִי, מְגוּחָךְ; *טִפְּשׁוֹן
stu·pid'ity (stōō-) *n.* טִפְּשׁוּת
stu'por *n.* טִמְטוּם, קֵהוּת־חוּשִׁים
stur'dy *adj.* חָזָק, חָסוֹן, נִמְרָץ, בָּרִיא
stut'ter *v&n.* גִּמְגֵּם; גִּמְגּוּם
sty *n.* דִּיר־חֲזִירִים; שְׂעוֹרָה (בעפעף)
style *n.* סִגְנוֹן; אוֹפְנָה; סוּג; כִּנּוּי
style *v.* תִּכְנֵן, עִצֵּב; כִּנָּה, קָרָא
sty'lish *adj.* אוֹפְנָתִי, מְהֻדָּר
sty'list *n.* מְסַגְנֵן, סַגְנָן; מְעַצֵּב־אוֹפְנָה
sty'lus *n.* חֶרֶט, מַכְתֵּב; מַחַט־מָקוֹל
styp'tic *adj.* עוֹצֵר דִּמּוּם
suave (swäv) *adj.* מְנֻמָּס, אָדִיב, נָעִים
sub- (תחילית) לְמַטָּה, מִתַּחַת לְ־; תַּת
sub *n.* *צוֹלֶלֶת; מִקְדָמָה; מְמַלֵּא־מָקוֹם
sub·al'tern (-bôl'-) *n.* קְצִין זוּטָר
sub·con'scious (-shəs) *n&adj.* תַּת —
הַכָּרָה, תַּת־יֶדַע; תַּת־הַכָּרָתִי
sub'divide' *v.* חִלֵּק לְתַת־חֲלָקוֹת
subdue' (-dōō') *v.* הִכְנִיעַ, כָּבַשׁ,
דִּכָּא; רִכֵּךְ, הֶחֱלִישׁ; עִמְעֵם
sub·ed'itor *n.* עוֹרֵךְ־מִשְׁנֶה

sub'head'ing (-hed-) *n.* תַּת־כּוֹתֶרֶת

sub'ject (-jikt) *n.* נָתִין, אֶזְרָח; חוֹמֶר; נוֹשֵׂא; עִנְיָן; מִקְצוֹעַ, עָנָף; אָדָם

sub'ject (-jikt) *adj.* כָּפוּף; נוֹטֶה

subject to כָּפוּף/מוּתְנֶה/תָּלוּי בְּ—

subject' *v.* הִכְנִיעַ; חָשַׂף; הֶעֱבִיר

subjec'tion *n.* הַכְנָעָה, שִׁעְבּוּד, דִּכּוּי

subjec'tive *adj.* סוּבְּיֶקְטִיבִי; אִישִׁי

sub'jugate' *v.* כָּבַשׁ, הִכְנִיעַ, שִׁעְבֵּד

sub'juga'tion *n.* כִּבּוּשׁ, הַכְנָעָה

subjunc'tive *adj&n.* דֶּרֶךְ הַמִּשְׁאָלָה (כְּגוֹן: God save the King)

sub•let' *v.* הִשְׂכִּיר לְדַיַּר־מִשְׁנֶה

sub'lima'tion *n.* הַמְרָאָה; זִכּוּךְ

sublime' *adj.* נַעֲלֶה, נִשְׂגָּב, שְׁמֵימִי

sub'machine' gun (-məshēn') תַּת־מַקְלֵעַ

sub'marine' (-rēn) *adj.* תַּת־יַמִּי

submarine *n.* צוֹלֶלֶת

submerge' *v.* שִׁקַּע; הִסְתִּיר; צָלַל

submis'sion *n.* כְּנִיעָה; הַכְנָעָה; הַגָּשָׁה

submis'sive *adj.* נִכְנָע, מְקַבֵּל מָרוּת

submit' *v.* נִכְנַע, לֹא הִתְנַגֵּד, הִשְׁלִים; הִגִּישׁ, הִצִּיעַ; טָעַן

subor'dinate *adj.* נָחוּת; כָּפוּף, טָפֵל

subor'dinate' *v.* הִכְנִיעַ, שִׁעְבֵּד

suborn' *v.* הֵסִית לִדְבַר־עֲבֵרָה

subpe'na (səp-) *n.* הַזְמָנָה לְבֵי״ד

sub ro'sa (-zə) בַּחֲשַׁאי, בְּסוֹד

subscribe' *v.* חָתַם; תָּרַם, הָיָה מָנוּי; הִבְטִיחַ, הִתְחַיֵּב; תָּמַךְ

subscrip'tion *n.* חֲתִימָה; מִנּוּי

sub'sequent *adj.* שֶׁבָּא לְאַחַר מִכֵּן

subsequently *adv.* לְאַחַר מִכֵּן

subser'vient *adj.* מִתְרַפֵּס; מוֹעִיל

subside' *v.* שָׁקַע; יָרַד; נִרְגַּע

subsid'iar'y (-dieri) *adj.* עוֹזֵר; טָפֵל

sub'sidize' *v.* סִבְּסֵד

sub'sidy *n.* סוּבְּסִידְיָה, סַעַד כַּסְפִּי

subsist' *v.* הִתְקַיֵּם, חַי עַל

subsistence *n.* קִיּוּם; פַּרְנָסָה, מִחְיָה

sub'stance *n.* חוֹמֶר; יֵשׁוּת; תּוֹכֶן

in substance בְּעֶצֶם, בִּיסוֹדוֹ שֶׁל דָּבָר

sub•stan'dard *adj.* תַּת־תִּקְנִי

substan'tial *adj.* חָזָק, אֵיתָן, מוּצָק; נִכָּר, גָּדוֹל, חָשׁוּב; יְסוֹדִי, עִקָּרִי

substan'tiate' (-'sh-) *v.* הוֹכִיחַ, אִמֵּת

sub'stantive *adj.* יֵשׁוּתִי, עַצְמָאִי

sub'sta'tion *n.* תַּחֲנַת־מִשְׁנֶה

sub'stitute' *n.* תַּחֲלִיף, מְמַלֵּא מָקוֹם

substitute *v.* הֶחֱלִיף; תִּחְלֵף

sub'stitu'tion *n.* מִלּוּי מָקוֹם, תַּחֲלִיף

sub'terfuge' *n.* תַּחְבּוּלָה; תּוֹאֲנָה

sub'terra'ne•an *adj.* תַּת־קַרְקָעִי

sub'ti'tle *n.* כּוֹתֶרֶת מִשְׁנִית (של ספר)

subtitles תַּרְגּוּם בְּגוּף הַסֶּרֶט

sub'tle (sut'əl) *adj.* עָדִין, דַּק, שָׁנוּן

sub'tlety (sut'əlti) *n.* עֲדִינוּת, חֲרִיפוּת

subtract' *v.* חִסֵּר, נִכָּה, הִפְחִית

sub'urb' *n.* פַּרְוָר, עִבּוּרָהּ שֶׁל עִיר

subven'tion *n.* מַעֲנָק, סַעַד כַּסְפִּי

subver'sion (-zhən) *n.* חֲתִירָה, חַתְרָנוּת

subver'sive *adj.* חַתְרָנִי, מְעַרְעֵר

subvert' *v.* חָתַר תַּחַת, עִרְעֵר

sub'way' *n.* תַּחְתִּית; מִנְהֶרֶת־חֲצִיָּה

succeed' *v.* הִצְלִיחַ; עָלָה יָפֶה; בָּא אַחֲרֵי, בָּא תַּחַת־; יָרַשׁ; מָלַךְ אַחֲרֵי

success' *n.* הַצְלָחָה; (אדם) מַצְלִיחַ

successful *adj.* מַצְלִיחַ, עוֹשֶׂה חַיִל

succes'sion *n.* רְצִיפוּת; שׁוּרָה; יְרוּשָׁה

succes'sive *adj.* זֶה אַחַר זֶה, רְצוּפִים

succinct' *adj.* תַּמְצִיתִי, מוּבָּע בְּקִצּוּר

suc'cor *n&v.* עֶזְרָה, סִיּוּעַ; עָזַר, סִיֵּעַ

suc'cu•lent *adj.* עֲסִיסִי; (צמח) בַּשְׂרָנִי

succumb' (-m) *v.* נִכְנַע; מֵת

such *adj&adv&pron.* כְּמוֹ, דּוֹמֶה; כָּךְ; כֹּה, כָּל כָּךְ, עַד כְּדֵי כָּךְ; כָּזֶה, כָּאֵלֶּה

such as כְּמוֹ, כְּגוֹן; כָּל כָּךְ, עַד כְּדֵי

suck *v&n.* יָנַק; מָצַץ; בָּלַע; יְנִיקָה

suck up to הִתְחַנֵּף לְ—

suck'er *n.* יוֹנֵק, מוֹצֵץ; *מְטוּמְטָם

suck'le *v.* הֵינִיקָה

suck'ling *n.* תִּינוֹק, יוֹנֵק

suc'tion *n.* מְצִיצָה, יְנִיקָה; שְׁאִיבָה

sud'den *adj.* פִּתְאוֹמִי, לֹא־צָפוּי

all of a sudden פִּתְאוֹם, לְפֶתַע

suddenly *adv.* פִּתְאוֹם, לְפֶתַע

suds *npl.* קֶצֶף־סַבּוֹן, בּוּעוֹת־סַבּוֹן

sue (sōō) *v.* תָּבַע לְדִין; הִתְחַנֵּן

suf'fer *v.* סָבַל; הִתְעַנָּה; נִפְגַּע

suffer defeat נָחַל מַפָּלָה

sufferance *n.* רְשׁוּת, הֶתֵּר

on sufferance בִּרְשׁוּת (מסוייגת)

suffering *n.* סֵבֶל, יִסּוּרִים

suffice′ *v.* הִסְפִּיק; הִשְׂבִּיעַ רָצוֹן
suffic′ient (-fish′ənt) *adj.* מַסְפִּיק, דַּי
suf′fix *n.* סוֹפִית, סִיּוֹמֶת (טפולה)
suf′focate′ *v.* חָנַק; נֶחֱנַק
suf′frage *n.* זְכוּת־הַצְבָּעָה, זְכוּת־בְּחִירָה
suffuse′ (-z) *v.* הִתְפַּשֵּׁט עַל־פְּנֵי, כִּסָּה
sug′ar (shoog′-) *n.* סוּכָּר; *מוֹתֶק
sugar *v.* הוֹסִיף סוּכָּר, סִכֵּר, הִמְתִּיק
sugar-cane *n&n.* קְנֵה־סוּכָּר
suggest′ (səgjest′) *v.* הִצִּיעַ; הִמְלִיץ; הֶעֱלָה בְּמַחֲשָׁבָה, הִזְכִּיר, רָמַז
sugges′tion (səgjes′chən) *n.* הַצָּעָה
sugges′tive (səgjest′-) *adj.* מְרַמֵּז
su′icide′ *n.* הִתְאַבְּדוּת; מִתְאַבֵּד
suit (so͞ot) *n.* חֲלִיפָה; תְּבִיעָה; מִשְׁפָּט; בַּקָּשָׁה, הַפְצָרָה; חִזּוּר; סִדְרָה
suit *v.* הִתְאִים, הָלַם; הִשְׂבִּיעַ רָצוֹן
suit oneself עָשָׂה כְּאַוַּת־נַפְשׁוֹ
suit′able (so͞ot′-) *adj.* מַתְאִים, טוֹב
suit′case (so͞ot′-) *n.* מִזְוָדָה
suite (swēt) *n.* מַעֲרֶכֶת חֲדָרִים, מָדוֹר, דִּירָה; פָּמַלְיָה, סֶגֶל; סְוִיטָה
suit′or (so͞ot′-) *n.* מְחַזֵּר; מַגִּישׁ תְּבִיעָה
sul′fur *n.* גּוֹפְרִית
sul·fu′ric *adj.* גּוֹפְרִיתָנִי, גּוֹפְרָתִי
sul′furous *adj.* גּוֹפְרִיתִי
sulk *v.* זָעַף, שָׁתַק מִתּוֹךְ רוֹגֶז
sulk′y *adj.* זוֹעֵף, רוֹגֵז, שׁוֹתֵק; רַגְזָן
sul′len *adj.* קוֹדֵר; עָצוּב; זוֹעֵף
sul′ly *v.* לִכְלֵךְ, טִנֵּף, הִכְפִּישׁ
sul′phur = sulfur
sul′try *adj.* חַם, מַחֲנִיק, מֵעִיק; לוֹהֵט
sum *n&v.* סִכּוּם; חִשּׁוּב; סַךְ הַכֹּל; סִכֵּם
in sum בְּקִצּוּר, בִּקְצָרָה
sum up סִכֵּם; גִּבֵּשׁ דֵּעָה עַל
sum′marize′ *v.* סִכֵּם, תִּמְצֵת
sum′mary *adj&n.* קָצָר, תַּמְצִיתִי; מָהִיר, מִיָּדִי; תַּמְצִית, קִצּוּר
sum′mer *n&adj.* קַיִץ; קֵיצִי
summer school קוּרְס קַיִץ
sum′mery *adj.* קֵיצִי
sum′mit *n.* שִׂיא, פִּסְגָּה
sum′mon *v.* זִמֵּן, כִּנֵּס; קָרָא; הִזְמִין (לדין); דָּרַשׁ; הוֹרָה לְהוֹפִיעַ
sum′mons (-z) *n.* הַזְמָנָה (לבי"ד)
sump′tuous (-cho͞oəs) *adj.* מְפֹאָר
sun *n.* שֶׁמֶשׁ; אוֹר־שֶׁמֶשׁ, חוֹם־שֶׁמֶשׁ
sun bath הִשְׁתַּזְּפוּת, אַמְבַּט־שֶׁמֶשׁ
sunbeam *n.* קֶרֶן־שֶׁמֶשׁ; זַאֲטוּט עַלִּיז
sunburn *n.* הִשְׁתַּזְּפוּת; כְּוִיַּת־שֶׁמֶשׁ
Sun′day *n.* יוֹם רִאשׁוֹן
in one's Sunday best בְּבִגְדֵי שַׁבָּת
month of Sundays תְּקוּפָה אֲרֻכָּה
sun′der *v.* הִפְרִיד, חִלֵּק; נִתֵּק
sundial *n.* שְׁעוֹן־שֶׁמֶשׁ
sundown *n.* שְׁקִיעַת־הַחַמָּה
sun′dries (-drēz) *npl.* שׁוֹנוֹת, שׁוֹנִים
sun′dry *adj.* שׁוֹנִים, כַּמָּה, אֲחָדִים
all and sundry הַכֹּל, כָּל אָדָם
sunflower *n.* חַמָּנִית (צמח־תרבות)
sung = p of sing
sunglasses *npl.* מִשְׁקְפֵי־שֶׁמֶשׁ
sunk = p of sink
sunk′en *adj.* שָׁקוּעַ, טָבוּעַ; מוּעֳמָק
sunlight *n.* אוֹר־שֶׁמֶשׁ
sunlit *adj.* שְׁטוּף־שֶׁמֶשׁ, מוּצָף שֶׁמֶשׁ
sun′ny *adj.* שְׁטוּף־שֶׁמֶשׁ; בָּהִיר; עַלִּיז
sunny-side up בֵּיצַת־עַיִן
sunray lamp מְנוֹרָה כְּחֻלָּה (לריפוי)
sunrise *n.* זְרִיחַת הַשֶּׁמֶשׁ, הָנֵץ הַחַמָּה
sunset *n.* שְׁקִיעַת הַשֶּׁמֶשׁ
sunshade *n.* שִׁמְשִׁיָּה; גְּנוֹנֶנֶת, גַּגּוֹן
sunshine *n.* אוֹר־שֶׁמֶשׁ; אוֹשֶׁר, שִׂמְחָה
sunstroke *n.* מַכַּת־שֶׁמֶשׁ
sun′tan′ *n.* שִׁזּוּף, הִשְׁתַּזְּפוּת
sup *v.* לָגַם; אָכַל אֲרוּחַת־עֶרֶב
super- (תחילית) עַל, סוּפֶּר־, בְּיוֹתֵר
su′perabun′dant *adj.* שׁוֹפֵעַ, מְשׁוּפָּע
su′peran′nu·ate′ (-nū-) *v.* הוֹצִיא לְגִמְלָאוֹת; הוֹצִיא מִכְּלַל שִׁמּוּשׁ
su·perb′ (soo-) *adj.* נִפְלָא, מְצֻיָּן
su′percharge′ *v.* גָּדַשׁ, דָּחַס
su′percil′ious *adj.* יָהִיר, מִתְנַשֵּׂא
su′perfi′cial (-fish′əl) *adj.* שִׁטְחִי
su′per′fluous (soo-flo͞oəs) *adj.* שׁוֹפֵעַ, עוֹדֵף; לְמַעְלָה מֵהַדָּרוּשׁ, מְיֻתָּר
su′perhu′man *adj.* עַל־אֱנוֹשִׁי
su′perintend′ *v.* פִּקַּח עַל־, הִשְׁגִּיחַ
superintendent *n.* מְפַקֵּחַ; רַב־פַּקָּד
supe′rior *adj&n.* עֶלְיוֹן; גָּבוֹהַּ; נַעֲלֶה, מְשׁוּבָּח; עָדִיף; מִתְנַשֵּׂא; מְמֻנֶּה
rise superior to עָמַד מֵעַל לְ—
supe′rior′ity *n.* עֶלְיוֹנוּת; עֲדִיפוּת
super′lative *adj.* עִלָּאִי, מוּפְלָג

su′perman′ *n.* אָדָם עֶלְיוֹן, סוּפֶּרְמֶן
su′permar′ket *n.* מַרְכּוֹל
su′pernat′ural (-ch′-) *adj.* עַל טִבְעִי
su′perpow′er *n.* מַעֲצֶמֶת־עַל
su′persede′ *v.* הֶחֱלִיף, בָּא בִּמְקוֹם
su′person′ic *adj.* עַל־קוֹלִי
su′persti′tion (-sti-) *n.* אֱמוּנָה טְפֵלָה
su′persti′tious (-stish′əs) *adj.* שֶׁל אֱמוּנוֹת תְּפֵלוֹת; חֲדוּר אֱמוּנוֹת תְּפֵלוֹת
su′pervene′ *v.* בָּא לְפֶתַע; הִפְרִיעַ
su′pervise′ (-z) *v.* פִּקַּח, הִשְׁגִּיחַ עַל
su′pervi′sor (-z-) *n.* מְפַקֵּחַ, מְנַהֵל
su·pine′ (sōō-) *adj.* אַפַּרְקְדָן; עַצְלָן
sup′per *n.* אֲרוּחַת־עֶרֶב
supplant′ *v.* הֶחֱלִיף; תָּפַס מְקוֹם
sup′ple *adj.* רַךְ, גָּמִישׁ, כָּפִיף
sup′plement *n&v.* תּוֹסֶפֶת; הוֹסִיף
sup′plemen′tary *adj.* נוֹסָף, מַשְׁלִים
sup′plicant *adj&n.* מְבַקֵּשׁ, מִתְפַּלֵּל
sup′plicate′ *v.* בִּקֵּשׁ, הִתְחַנֵּן
supply′ *v.* סִפֵּק, צִיֵּד, נָתַן, הִמְצִיא
supply *n.* הַסְפָּקָה; מְלַאי; הֶצֵּעַ
support′ *v.* תָּמַךְ, נָשָׂא; דָּגַל; סִיֵּעַ, אִשֵּׁר; חִזֵּק, עוֹדֵד; פִּרְנֵס
can't support it לֹא סוֹבֵל זֹאת
support *n.* תְּמִיכָה; חִזּוּק; פַּרְנָסָה; תּוֹמֵךְ
in support of בְּעַד, לְמַעַן, בִּתְמִיכָה
supportable *adj.* נִסְבָּל, נִתָּן לְשֵׂאתוֹ
suppose′ (-z) *v.* שִׁעֵר, הֶאֱמִין, הִנִּיחַ
is not supposed to- אָסוּר לוֹ, אַל לוֹ
suppose- מַה דַּעְתְּךָ שֶׁ־; הָבָה; נַנִּיחַ שֶׁ—
supposed *adj.* מְשׁוֹעָר; צָרִיךְ, חַיָּב
supposedly *adv.* לְפִי הַהֲנָחָה, כַּנִּרְאֶה
supposing *conj.* אִם, בְּהַנָּחָה שֶׁ—
supposi′tion (-zi-) *n.* הֲנָחָה; הַשְׁעָרָה
suppos′ito′ry (-z-) *n.* נֵר, פְּתִילָה
suppress′ *v.* דִּכָּא; אִפֵּק; הִדְחִיק
suppres′sion *n.* דִּכּוּי; הַדְחָקָה
sup′pu·rate′ *v.* הִתְמַגֵּל
suprem′acy *n.* עֶלְיוֹנוּת
supreme′ *adj.* עֶלְיוֹן, עִלָּאִי, נַעֲלֶה
sur′charge′ *v&n.* (תָּבַע) תַּשְׁלוּם נוֹסָף
sure (shoor) *adj&adv.* בָּטוּחַ; וַדַּאי; מְהֵימָן, בָּדוּק; בֶּטַח, בְּוַדַּאי
for sure בְּלִי סָפֵק, אָמְנָם כֵּן
make sure וִדֵּא, הִבְטִיחַ, שִׁרְיֵן
sure enough בְּהֶחְלֵט, אָמְנָם, כַּצָּפוּי
sure thing *וַדָּאוּת; לְלֹא סָפֵק
to be sure אֵין סָפֵק
surely *adv.* לְלֹא סָפֵק, בְּוַדַּאי; בְּבִטְחָה
surety (shoor′əti) *n.* עָרֵב; עֲרֵבוּת
of a surety בְּוַדַּאי, לְלֹא סָפֵק
surf *n&v.* גַּלִּים; קֶצֶף־גַּלִּים; גָּלַשׁ
sur′face (-fis) *n.* שֶׁטַח, מִשְׁטָח; פֵּאָה
on the surface לְמַרְאִית עַיִן
surface *adj.* שִׁטְחִי, חִיצוֹנִי, לֹא עָמוֹק
surface *v.* צִפָּה; יִשֵּׁר; צָף; הֵגִיחַ
surf-board *n.* קֶרֶשׁ גְּלִישָׁה, מִגְלָשׁ
sur′feit (-fit) *n&v.* שֶׁפַע; שׂוֹבַע, זְלִילָה; זָרָא; הִלְעִיט, פִּטֵּם; זָלַל
surge *v.* נָע כְּגַלִּים, הִתְנַחְשֵׁל, גָּעַשׁ
surge *n.* תְּנוּעָה גַּלִּית; נַחְשׁוֹל; הִתְפָּרְצוּת
sur′geon (-jən) *n.* מְנַתֵּחַ
sur′gery *n.* כִּירוּרְגְיָה, מְנַתְּחוּת
sur′ly *adj.* סַר וְזָעֵף, גַּס, לֹא־יְדִידוּתִי
surmise′ (-z) *v&n.* נִחֵשׁ, שִׁעֵר; נִחוּשׁ
surmount′ *v.* הִתְגַּבֵּר עַל, נִצַּח
sur′name′ *n.* שֵׁם מִשְׁפָּחָה
surpass′ *v.* עָלָה עַל, הִצְטַיֵּן
surpassing *adj.* מְצוּיָן, אֵין כָּמוֹהוּ
surpassingly *adv.* מְאוֹד, בְּיוֹתֵר
sur′plice (-lis) *n.* גְּלִימָה
sur′plus′ *n&adj.* עוֹדֵף, מוֹתָר; עוֹדֵף
surprise′ (-z) *n&v.* הַפְתָּעָה; הִפְתִּיעַ
surprised *adj.* מוּפְתָּע, נִדְהָם
surprising *adj.* מַפְתִּיעַ
surre′alism′ *n.* סוּרֵיאָלִיזְם
surren′der *v&n.* נִכְנַע; וִתֵּר; הִסְגִּיר, מָסַר; הִפָּדָה; כְּנִיעָה
sur′repti′tious (-tish′əs) חֲשָׁאִי
surreptitiously *adv.* בִּגְנֵבָה
surround′ *v.* הִקִּיף, כִּתֵּר, אָפַף
surrounding *adj.* סוֹבֵב, מַקִּיף, קָרוֹב
surroundings *npl.* סְבִיבָה
sur′tax′ *n.* מַס יֶסֶף
surveil′lance (-vāl′-) *n.* פִּקּוּחַ
survey′ (-vā′) *v.* סָקַר; בָּחַן; מָדַד
survey *n.* סְקִירָה; סֶקֶר; תִּסְקִיר
surveyor *n.* מוֹדֵד; מַעֲרִיךְ; מְפַקֵּחַ
survi′val *n.* הִשָּׂרְדוּת, נִשְׁאָרוּת; שָׂרִיד
survive′ *v.* שָׂרַד, הוֹסִיף לְהִתְקַיֵּם
survivor *n.* שָׂרִיד, נִצּוֹל, נִשְׁאַר בַּחַיִּים
suscep′tible *adj.* רָגִישׁ; מִתְאַהֵב מַהֵר; נִתָּן לְ־, בַּר־, מְסוּגָל

suspect′ *v.* חָשַׁד; הֶאֱמִין; פִּקְפֵּק
sus′pect′ *adj&n.* חָשׁוּד; מְפוּקְפָּק
suspend′ *v.* תָּלָה; עִכֵּב; הִתְלָה; הִפְסִיק, חָדַל; הִשְׁהָה; הִשְׁעָה
suspenders *npl.* כְּתֵפוֹת, בִּירִיּוֹת
suspense′ *n.* צִפִּיָּה, מֶתַח, דְּרִיכוּת
suspen′sion *n.* תְּלִיָּה; עִכּוּב; הַשְׁעָיָה
suspi′cion (-pish′ən) *n.* חֲשָׁד; שֶׁמֶץ
suspi′cious (-pish′əs) *adj.* חָשׁוּד; מְפוּקְפָּק; מְעוֹרֵר חֲשָׁד; חַשְׁדָנִי, חוֹשֵׁד
sustain′ *v.* נָשָׂא, תָּמַךְ; סָבַל; הֶאֱרִיךְ; חִזֵּק; קִיֵּם, קִבֵּל, אִשֵּׁר
sus′tenance *n.* מָזוֹן; מִחְיָה; תְּמִיכָה
su′zerain′ *n.* מוֹשֵׁל; מְדִינָה שַׁלֶּטֶת
swab (swob) *n.* סְחָבָה, מַטְלִית; לַחָה
swab *v.* שָׁטַף, נִקָּה, נִגֵּב
swad′dle (swod-) *v.* חִתֵּל, כָּרַךְ
swaddling bands חִתּוּלִים; כְּבָלִים
swag′ger *v&n.* הִשְׁוִיץ; יְהִירוּת
swain *n.* צָעִיר, בֶּן־כְּפָר; מְאַהֵב, מַעֲרִיץ
swal′low (swol′ō) *v.* בָּלַע; הֶאֱמִין
swallow one's pride מָחַל עַל כְּבוֹדוֹ
swallow *n.* בְּלִיעָה, לְגִימָה; סְנוּנִית
swallowtailed *adj.* בַּעַל זָנָב מְמוּזְלָג
swam = pt of swim
swamp (swomp) *n&v.* בִּצָּה; הֵצִיף
swan (swon) *n&v.* בַּרְבּוּר
swan off *נָסַע, טִיֵּל
swank *v&n.* *הִתְרַבְרֵב; שְׁוִיצֶר
swan song שִׁירַת־הַבַּרְבּוּר
swap (swop) *v&n.* *הֶחֱלִיף; חֲלִיפִין
sward (swôrd) *n.* דֶּשֶׁא, אַדְמַת עֵשֶׂב
swarm (swôrm) *n.* נְחִיל, עֵדָה; הָמוֹן
swarm *v.* שָׁרַץ; נָע בִּנְחִיל; נָהַר
swarth′y (swôr′dhi) *adj.* כֵּהֶה, שְׁחוּם
swash (swosh) *v&n.* שִׁכְשֵׁךְ; רַבְרְבָן
swash′buck′ler (swosh-) *n.* נוֹעָז, הַרְפַּתְקָן, שַׁחֲצָן, פּוֹחֵז
swas′tika (swos′-) *n.* צְלַב־קֶרֶס
swat (swot) *v&n.* הִצְלִיף, חָבַט, קָטַל (זבוב); מַכָּה, חֲבָטָה; מַצְלֵף
swath (swoth) *n.* עוֹמֶר, אֲלוּמָה קְצוּרָה
cut a wide swath הִרְשִׁים בְּיוֹתֵר
swathe (swodh) *v.* עָטַף, חָבַשׁ
sway *v.* נִדְנֵד; הִתְנַדְנֵד, הִתְנוֹעֵעַ; נָטָה; הִטָּה; הִשְׁפִּיעַ; מָשַׁל, שָׁלַט
sway *n.* הִתְנַדְנְדוּת; הַשְׁפָּעָה; שִׁלְטוֹן
swear (swār) *v.* נִשְׁבַּע; הִצְהִיר בְּתוֹקֶף; הִשְׁבִּיעַ; קִלֵּל, חֵרֵף, נִבֵּל פִּיו
swear him in הִשְׁבִּיעוֹ לְתַפְקִיד
swear off נִשְׁבַּע לְהִנָּזֵר מִן
swear-word *n.* קְלָלָה, נְאָצָה, גִּדּוּף
sweat (swet) *n.* זֵעָה; הַזָּעָה; לַחוּת
old sweat חַיָּל מְשׁוּפְשָׁף, אָדָם מְנוּסֶּה
sweat *v.* הִזִּיעַ; עָבַד קָשֶׁה
sweat out *הִמְתִּין בַּחֲרָדָה
sweat′er (swet′-) *n.* אֲפוּדָה, סְוֶדֶר
sweaty *adj.* מַזִּיעַ, שְׁטוּף־זֵעָה; חַם
Swe′dish *adj&n.* שְׁוֶדִי; שְׁוֶדִית
sweep *n.* טִאטּוּא; גְּרִיפָה; תְּנוּפָה; תְּחוּם, הֶקֵּף; טְוָח; מְנַקֵּה־אֲרוּבּוֹת
clean sweep טִאטּוּא כְּלָלִי, הִפָּטְרוּת טוֹטָלִית; טִהוּר יְסוֹדִי; נִצָּחוֹן סוֹחֵף
sweep *v.* טִאטֵא, נִקָּה; גָּרַף, סָחַף; בִּעֵר; שָׁטַף; חָלַף; הִשְׂתָּרֵעַ; סָרַק
sweep him off his feet הִלְהִיבוֹ
sweeper *n.* מְטַאטֵא; מְנַקֶּה־שְׁטִיחִים
sweeping *adj.* סוֹחֵף; מַקִּיף; כּוֹלְלָנִי
sweep-stake *n.* הִמּוּרִים (במירוץ־סוסים)
sweet *adj.* מָתוֹק; עָרֵב; נָעִים, נוֹחַ
is sweet on her מְאוֹהָב בָּהּ
sweet tooth אַהֲבַת מַמְתַּקִּים
sweet *n.* סוּכָּרִיָּה, מַמְתָּק; לִפְתָּן
my sweet יַקִּירִי, יַקִּירָתִי; מוֹתֶק
sweets תַּעֲנוּגוֹת, תַּרְגִּימָה, מַעֲדַנִּים
sweeten *v.* הִמְתִּיק; הִנְעִים; עִדֵּן
sweetheart *n.* אָהוּב, אֲהוּבָה; "מוֹתֶק"
sweetmeat *n.* מַמְתָּק; סוּכָּרִיָּה
sweet potato תַּפּוּ"א מָתוֹק, בָּטָטָה
sweet-scented *adj.* רֵיחָנִי
swell *v.* הִתְנַפֵּחַ, תָּפַח; גָּדַל; נִפַּח
swell *n.* הִתְנַפְּחוּת; תְּפִיחָה; מְלֵאוּת
swell *adj.* *מְצוּיָּן, כַּבִּיר; מְהוּדָּר
swel′ter *v.* הִזִּיעַ, סָבַל מֵחוֹם
swept = p of sweep
swerve *v&n.* סָטָה; תַּפְנִית; סְטִיָּה
swift *adj&n.* מָהִיר; מִיָּדִי; חָטוּף; סִיס
swig *v&n.* *שָׁתָה; לְגִימָה אֲרוּכָּה
swill *v&n.* שָׁטַף; *לָגַם; שְׁטִיפָה; פְּסוֹלֶת־מָזוֹן, מַאֲכַל־חֲזִירִים
swim *v&n.* שָׂחָה; צָף; שְׂחִיָּה
in the swim מְעוֹרֶה, הוֹלֵךְ בַּתֶּלֶם
my head swims רֹאשִׁי עָלַי סְחַרְחַר
swimmer *n.* שַׂחְיָן

swimming *n.* שְׂחִיָּה
swimmingly *adv.* בְּקַלּוּת, הֵיטֵב, יָפֶה
swim-suit *n.* בֶּגֶד־יָם
swin'dle *n&v.* רַמָּאוּת ; הוֹנָה, רִמָּה
swine *n.* חֲזִירִים ; חֲזִיר
swing *v.* ; נִעְנַע ; הִתְנַדְנֵד ; נִדְנֵד
טָפַף ; נוֹפֵף ; נָע בִּתְנוּפָה
swing round הִסְתּוֹבֵב אֲחוֹרָה
you'll swing יִתְלוּ אוֹתְךָ*
swing *n.* ; תְּנוּפָה ; טִלְטוּל ; נִעְנוּעַ
תַּפְנִית ; סְוִינְג ; נַדְנֵדָה ; טְפִיפָה
swing'ing (-ng-) *adj.* מְשׁוּחְרָר ; עַלִּיז*
swi'nish *adj.* גַּס, מְתוֹעָב, חֲזִירִי
swipe *v.* חֲבָטָה ; גָּנַב* ; הִכָּה
swirl *v&n.* מְעַרְבּוֹלֶת ; הִתְעַרְבֵּל
swish *v&n&adj.* ,הִשְׁמִיעַ שְׁרִיקָה
הָדוּר ; צְלִיף ; רִשְׁרוּשׁ ; חָלַף בְּרַעַשׁ
Swiss *adj.* שְׁוֵיצָרִי, שְׁוֵיצִי
switch *n.* ; כַּפְתּוֹר ,מֶתֶג ,מַתֵּק ,מַפְסֵק
הַחְלָפָה ; מַקֵּל ; מַעְתֵּק ; מָסוֹט
switch *v.* ,הִכָּה ,עִתֵּק ,הֵסִיט
חָטַף ; שִׁנָּה ,הֶחֱלִיף ; הִצְלִיף
switch off/on כִּבָּה/הִדְלִיק
switchback *n.* דֶּרֶךְ רַבַּת־פְּנִיּוֹת
switchboard *n.* רַכֶּזֶת, לוּחַ בַּקָּרָה
Switz'erland *n.* שְׁוֵיצְרִיָּה, שְׁוַיְץ
swiv'el *n&v.* הִסְתּוֹבֵב ; חָח ; סְבִיבוֹל
swob = swab
swol'len (-swōl'-) *adj.* נָפוּחַ, יָהִיר
swollen = pp of swell
swoon (swo͞on) הִתְעַלְּפוּת ; הִתְעַלֵּף
swoop (swo͞op) *v&n.* ; נָחַת ,עָט
חֲטִיפָה ; פְּשִׁיטָה ,הִשְׁתָּעֲרוּת ; עִיטָה
swop *v&n.* הַחְלָפָה ; הֶחֱלִיף
sword (sôrd) *n.* חֶרֶב
at swords' points מְצַחְצְחִים חֲרָבוֹת
put to the sword הֶחֱרִים לְפִי חֶרֶב
swordfish *n.* דַּג־הַחֶרֶב
swordsman *n.* נוֹשֵׂא חֶרֶב ; סַיָּף
swore = pt of swear
sworn (pp of swear) מוּשְׁבָּע, גָּמוּר
swum = pp of swim
swung = pp of swing
syc'amore' *n.* (עֵץ) שִׁקְמָה
syc'ophant *n.* מִתְרַפֵּס, חַנְפָן
syl'lable *n.* פֵּרוּר ,שֶׁמֶץ ; הֲבָרָה
syl'labus *n.* תַּמְצִית ; תּוֹכְנִית לִמּוּדִים
syl'logism' *n.* סִילוֹגִיזְם, הֶקֵּשׁ
sylph *n.* עַלְמָה דַּקַּת־גֵּו, יַעֲלַת־חֵן
syl'van *adj.* יַעֲרִי, שֶׁבְּתוֹךְ הַיַּעַר
sym'bol *n.* סֵמֶל, סִמָּן, סִימְבּוֹל
symbol'ical *adj.* סִמְלִי, סִימְבּוֹלִי
sym'bolize' *v.* סִמֵּל, יִצֵּג בִּסְמָלִים
symmet'rical *adj.* סִימֶטְרִי, תָּאוּם
sym'metry *n.* סִימֶטְרִיָּה, תּוֹאַם
sym'pathet'ic *adj.* אוֹהֵד, סִימְפָּתִי
sym'pathize' *v.* אָהַד, רָאָה בְּעַיִן
הִשְׁתַּתֵּף בְּרְגָשׁוֹת ; יָפָה, הִבִּיעַ אַהֲדָה
sym'pathy *n.* סִימְפַּתְיָה, אַהֲדָה
in sympathy with רוֹאֶה בְּחִיּוּב, אוֹהֵד
symphon'ic *adj.* סִימְפוֹנִי
sym'phony *n.* סִימְפוֹנְיָה
sympo'sium (-'z-) *n.* סִימְפּוֹזְיוֹן
symp'tom *n.* סִימְפְּטוֹם, תַּסְמִין
syn'agogue' (-gog) *n.* בֵּית־כְּנֶסֶת
syn'chronize' (-k-) *v.* ,סִנְכְּרֵן
תֵּאֵם ; הִתְרַחֵשׁ בּוֹ־זְמַנִית
syn'chronous (-k-) *adj.* ,סִינְכְּרוֹנִי
בּוֹ־זְמַנִּי, סִימוּלְטָנִי
syn'cline' *n.* סִינְקְלִינָה, קַעַר
syn'copate' *v.* (במוסיקה) סִנְקֵף
syn'dicate *n.* סִינְדִּיקָט, הִתְאַגְּדוּת
syn'drome *n.* תִּסְמוֹנֶת
syn'od *n.* סִינוֹד, כֶּנֶס גְּדוֹלֵי הַכְּנֵסִיָּה
syn'onym *n.* סִינוֹנִים, מִלָּה נִרְדֶּפֶת
synon'ymous *adj.* סִינוֹנִימִי, נִרְדָּף
synop'sis *n.* תַּמְצִית, סִכּוּם מְרֻכָּז
synop'tic *adj.* תַּמְצִיתִי, סִינוֹפְּטִי
syntac'tic *adj.* תַּחְבִּירִי
syn'tax' *n.* תַּחְבִּיר
syn'thesis *n.* תִּצְרֹפֶת ; סִינְתֶּזָה
synthet'ic *adj.* מְלָאכוּתִי ; סִינְתֶּטִי
syph'ilis *n.* עַגֶּבֶת, סִיפִילִיס
sy'phon *n.* סִיפוֹן, גִּשְׁתָּה
Syr'ia *n.* סוּרְיָה
Syr'ian *adj&n.* סוּרִי
syringe' *n&v.* הִזְרִיק ; חוֹקֶן ; מַזְרֵק
syr'up *n.* סִירוֹפּ, שִׁירוֹב
sys'tem *n.* ; שִׁטָּתִיּוּת ; שִׁטָּה ,מַעֲרֶכֶת
מַחְשֵׁב ; מַעֲרוֹכֶת ,גּוּף ; תּוֹכְנִית
sys'temat'ic *adj.* שִׁטָּתִי, סִיסְטֶמָטִי
sys'tematiza'tion *n.* שִׁוּוּט
sys'tematize' *v.* שִׁוֵּט, סִדֵּר בְּשִׁטָּה
systems analyst מְנַתֵּחַ מַעֲרָכוֹת

T

T, t דְּמוּי־טִי, בְּצוּרַת טִי

to a T בְּדִיּוּק, בְּצוּרָה מוּשְׁלֶמֶת

tab *n.* תָּוִית, פִּתְקָה; מַתְלֶה, לוּלָאָה

keep a tab on הִשְׁגִּיחַ, שָׂם לֵב לְ—

tab'by *n.* חָתוּל חֲבַרְבָּר; חֲתוּלָה

tab'ernac'le *n.* מִשְׁכָּן, אוֹהֶל־מוֹעֵד

ta'ble *n.* שׁוּלְחָן; סְעוּדָה; לוּחַ; טַבְלָה

turn the tables הָפַךְ הַקְּעָרָה עַל פִּיהָ

under the table *מְבוּסָּם, בִּגְלוּפִין

Tables of the Law לוּחוֹת הַבְּרִית

table *v.* הֵנִיחַ (הצעה) עַל הַשּׁוּלְחָן; דָּחָה לֶעָתִיד; לִוַּח, עָרַךְ בְּלוּחוֹת

tablecloth *n.* מַפַּת־שׁוּלְחָן

table-land *n.* רָמָה, מִישׁוֹר גָּבוֹהַּ

table linen מַפּוֹת שׁוּלְחָן

table manners נִימוּסֵי־שׁוּלְחָן

tablespoon *n.* כַּף גְּדוֹלָה, כַּף־מָרָק

tab'let *n.* טַבְלִית, גְּלוּלָה; טַבְלָה; לוּחַ; לוּחִית; טַבְלַת־זִכָּרוֹן; פִּנְקָס; דַּפְדֶּפֶת

table tennis טֶנִיס שׁוּלְחָן, פִּינְג־פּוֹנְג

tableware *n.* כְּלֵי־שׁוּלְחָן

tab'loid *n.* עִתּוֹן עֲמָמִי (מצולם)

taboo' *n&adj.* טַבּוּ, חֵרֶם, אִסּוּר

taboo *v.* אָסַר, הֶחֱרִים, הִקְדִּישׁ

tab'u·late' *v.* לִוַּח, עָרַךְ בְּטַבְלָה

tab'u·la'tor *n.* טַבְלָר, מְלַוַּחַת

tac'it *adj.* מוּבָן, מְרוּמָּז, לֹא כָּתוּב

tac'iturn' *adj.* שַׁתְקָנִי, מְמַעֵט בְּמִלִּים

tack *n.* נַעַץ; מַכְלֵב, תֶּפֶר אֲרָעִי; פְּקִימָה; דֶּרֶךְ, קַו־פְּעוּלָּה

tack *v.* חִבֵּר בְּנַעַץ; צֵרֵף, הִכְלִיב; הִפְלִיג בְּזִיגְזַגִים; פָּקַם; שִׁנָּה כִּוּוּן

tack'le *n.* צִיּוּד, כֵּלִים; חֶבֶל; תִּקּוּל

tackle *v.* טִפֵּל; הִפִּיל, תִּקֵּל; תָּפַס

tack'y *adj.* דָּבִיק, לַח; *מְרוּשָּׁל, מוּזְנָח

tact *n.* טַקְט, נִימוּס, תְּבוּנָה בְּהִתְנַהֲגוּת

tactful *adj.* טַקְטִי, מְנוּמָּס

tac'tic *n.* טַקְטִיקָה, תַּכְסִיס

tactical *adj.* טַקְטִי, תַּכְסִיסִי, תַּחְבּוּלָנִי

tac·ti'cian (-tish'ən) *n.* תַּכְסִיסָן

tac'tics *npl.* טַקְטִיקָה, תַּכְסִיסִים

tac'tile (-til) *adj.* מִשּׁוּשִׁי, שֶׁל מִשּׁוּשׁ

tad'pole' *n.* רֹאשָׁן

tag *n.* תָּוִית, מַדְבֵּקָה; קְצוֹת־שְׂרוֹךְ; בִּטּוּי, קְלִישָׁה; תַּלְתַּל; תּוֹסֶפֶת

tag end קָצֶה, סוֹף

tag *v.* הִדְבִּיק תָּוִית; צֵרֵף, סִפֵּחַ

tag along הִצְטָרֵף; עָקַב; הִזְדַּנֵּב

tail *n.* זָנָב; שׁוֹבֶל; *בַּלָּשׁ; חֲתִיכָה

tail of the eye זָוִית הָעַיִן

tails מְעִיל מְזוּנָּב; אֲחוֹרֵי הַמַּטְבֵּעַ

turn tail הָפַךְ עוֹרֶף, נָס

tail *v.* עָקַב, בָּלַשׁ; הִזְדַּנֵּב; קִצֵּץ

tailcoat *n.* מְעִיל מְזוּנָּב, מְעִיל־עֶרֶב

tail end קָצֶה, סוֹף, שִׁלְהֵי

tail-light *n.* אוֹר אֲחוֹרִי, פָּנָס אֲחוֹרִי

tail'or *n&v.* חַיָּט; תָּפַר, עִבֵּד, הִתְאִים

tailor-made *adj.* מַעֲשֵׂה־חַיָּט; הוֹלֵם

tailpiece *n.* תּוֹסֶפֶת, נִסְפָּח; עִטּוּרֶת

tailspin *n.* צְלִילָה לוּלְיָנִית, נְפִילָה

taint *n.* כֶּתֶם, רֶבֶב, דּוֹפִי; רִקָּבוֹן

taint *v.* הִכְתִּים; זִהֵם, הִרְקִיב

take *v.* לָקַח, נָטַל; קִבֵּל; אָחַז; תָּפַס; כָּבַשׁ; חָשַׁב, הֶאֱמִין; בָּחַר; קָטַל; הִפְחִית; הֵבִין, הִסִּיק

take a picture/photograph צִלֵּם

take after דָּמָה לְ־; רָדַף אַחֲרֵי

take apart פֵּרֵק

take away הִפְחִית; לָקַח, סִלֵּק

take down הוֹרִיד; רָשַׁם; פֵּרֵק

take effect נִכְנַס לְתוֹקֶף, חָל

take hold of תָּפַס, הֶחֱזִיק, אָחַז

take in הֵבִין, עִכֵּל; כָּלַל, הִקִּיף

take it קִבֵּל זֹאת; סָבַל זֹאת

take it out on פֵּרֵק זַעֲמוֹ עַל

take off רָץ; פָּשַׁט; הוֹרִיד, סִלֵּק; הִפְחִית; זִנֵּק; הִמְרִיא; חִקָּה

take on הֶעֱסִיק; נָטַל עַל עַצְמוֹ; קִבֵּל; הִתְמוֹדֵד; הִתְרַגֵּשׁ; כָּעַס

take out הוֹצִיא; הֵסִיר; הִשִּׂיג; רָץ

take over קִבֵּל לְיָדָיו, הִתְחִיל לְנַהֵל

take to חִבֵּב, נִמְשַׁךְ לְ־; בָּרַח לְ—

take up הֵרִים; הִתְחִיל; הִמְשִׁיךְ; סָפַג, קָלַט; הֵמֵס; אָסַף

take up with הִתְיַדֵּד עִם
taken up with מִתְעַנְיֵן בְּ־, שָׁקוּעַ בְּ—
take *n.* קַבָּלָה; הַכְנָסָה, רֶוַח; צִלּוּם
on the take *רוֹדֵף בֶּצַע
take-home pay מַשְׂכֹּרֶת נֶטוֹ
take-off *n.* הַמְרָאָה, זִנּוּק; חִקּוּי
take-over *n.* שְׁלִיטָה; קַבָּלַת הַפִּקּוּד
taking *adj.* מוֹשֵׁךְ, שׁוֹבֵה־לֵב
takings *npl.* הַכְנָסוֹת, רְוָחִים
talc *n.* טַלְק (מינראל פריך)
tal'cum powder אַבְקַת טַלְק
tale *n.* סִפּוּר, מַעֲשִׂיָּה; בְּדוּתָה, שֶׁקֶר
talebearer *n.* רַכְלָן, מֵפִיץ שְׁמוּעוֹת
tal'ent *n.* כִּשְׁרוֹן; בַּעֲלֵי כִּשְׁרוֹנוֹת
talented *adj.* בַּעַל כִּשְׁרוֹן, מְחוֹנָן
tal'isman *n.* קָמֵיעַ, טַלִיסְמָה
talk (tôk) *n.* דִּבּוּר; שִׂיחָה; הַרְצָאָה
have a talk שׂוֹחַח, דָּן
talk *v.* דִּבֵּר; שׂוֹחַח; הִבִּיעַ, בִּטֵּא
talk away דִּבֵּר בְּלִי הֶרֶף
talk back עָנָה בְּגַסּוּת
talk big הִתְרַבְרֵב
talk down to דִּבֵּר בְּהִתְנַשְּׂאוּת
talk him into שִׁדְּלוֹ בִּדְבָרִים
talk him out of הֱנִיאוֹ מִן
talk him over/round שִׁכְנְעוֹ
talk it over דָּן בְּכָךְ
talk out יִשֵּׁב (מחלוקת) בְּשִׂיחוֹת
talk up דִּבֵּר בְּקוֹל, אָמַר גְּלוּיוֹת
talk'ative (tôk-) *adj.* דַּבְּרָנִי, פַּטְפְּטָן
talker *n.* דַּבְּרָן, מַרְבֶּה מִלִּים
talk'ie (tôk'i) *n.* סֶרֶט קוֹלְנוֹעַ
talking *n.* דִּבּוּר, שִׂיחָה
talking-to *n.* נְזִיפָה, גְּעָרָה
tall (tôl) *adj.* גָּבוֹהַּ; מוּגְזָם, מוּפְרָז
tallboy *n.* שִׁדָּה, אֲרוֹן מְגֵרוֹת
tall order מְשִׂימָה קָשָׁה
tal'low (-ō) *n.* חֵלֶב, חֵלֶב־נֵרוֹת
tall story גּוּזְמָה, סִפּוּר מְפוּקְפָּק
tal'ly *n.* תָּוִית, פֶּתֶק־זִהוּי; חִשּׁוּב,
חֶשְׁבּוֹן; מִסְפַּר הַנְּקוּדוֹת; מַקֵּל מְחוֹרָץ
tally *v.* תֵּאֵם; הִתְאִים; חִשֵּׁב; סָפַר
Tal'mud *n.* תַּלְמוּד, תּוֹרָה שֶׁבְּעַל־פֶּה
tal'on *n.* טוֹפֶר, צִפּוֹרֶן עוֹף דּוֹרֵס
ta'lus *n.* שִׁפּוּעַ, גַּל־אֲבָנִים לְרַגְלֵי צוּק
tam'arisk' *n.* אֵשֶׁל (עֵץ, שִׂיחַ)
tam'bourine' (-bərēn') *n.* תּוֹף־מִרְיָם
tame *adj&v.* מְאוּלָּף, מְבוּיָּת; צַיְתָן,
נִכְנָע; מְשַׁעֲמֵם; אִלֵּף, בִּיֵּת
tameable, tamable *adj.* בַּר אִלּוּף
tamp *v.* דָּחַס (בחבטות קלות); סָתַם
tam'per *v.* טִפֵּל בְּ־; זִיֵּף; הִתְעָרֵב
tam'pon' *n.* טַמְפּוֹן
tan *v.* שִׁזֵּף; הִשְׁתַּזֵּף; הִשְׁחִים; עִבֵּד
עוֹר, עִפֵּץ, בִּרְסֵק; הִלְקָה, הִצְלִיף
tan *n&adj.* שִׁזּוּף; שָׁזוּף, שָׁחוּם
tang *n.* טַעַם חָרִיף, רֵיחַ חָרִיף; נִימָה
tan'gent *n.* מַשִּׁיק; טַנְגֶּנְס
tan'gerine (-rēn) *n.* מַנְדָּרִינָה
tan'gible *adj.* מָשִׁישׁ; מוּחָשִׁי; מַמָּשִׁי
tan'gle *n&v.* תִּסְבּוֹכֶת, פְּקַעַת; הִסְתַּבֵּךְ
tan'go *n&v.* טַנְגּוֹ; רָקַד טַנְגּוֹ
tank *n&v.* טַנְק; מְכָל, דּוּד
tanked up שָׁתוּי, שִׁכּוֹר, מְבוּסָּם
tank'er *n.* מְכָלִית; מַשָּׂאִית־מְכָל
tan'ner *n.* בּוּרְסְקִי, מְעַבֵּד עוֹרוֹת
tan'talize' *v.* עוֹרֵר תִּקְוַת־שָׁוְא
tan'tamount' *adj.* כָּמוֹהוּ כְּ־, דִּינוֹ כְּ—
tan'trum *n.* הִשְׁתּוֹלְלוּת זַעַם
tap *n.* בֶּרֶז; פְּקָק; נְקִישָׁה, דְּפִיקָה
on tap מִן הֶחָבִית; מוּכָן וּמְזוּמָן, זָמִין
tap *v.* הוֹצִיא, סָחַט; הִקִּישׁ; צוֹתֵת
taps תְּרוּעַת כִּבּוּי אוֹרוֹת (במחנה)
tap dance רִקּוּד נְקִישׁוֹת (ברגל)
tape *n&v.* רְצוּעָה; סֶרֶט; רְשַׁמְקוֹל;
סֶרֶט־מִדָּה, מַגְלוּל; קָשַׁר; הִקְלִיט
have him taped *הֱבִינוֹ הֵיטֵב
tape measure סֶרֶט־מִדָּה, מַגְלוּל
ta'per *n.* נֵר דַּקִּיק; הִצָּרוּת
taper *v.* הִתְחַדֵּד, הִשְׁתַּחֵז וְהָלַךְ; טֵרֵז
tape recorder רְשַׁמְקוֹל
tap'estry *n.* שְׁטִיחַ, מַרְבָד, טַפֵּטִים
tapeworm *n.* שַׁרְשׁוּר, תּוֹלַעַת טַפִּילָה
tap'room' *n.* מִסְבָּאָה, בָּאר
tap-root *n.* שׁוֹרֶשׁ אָב
tar *n&v.* זֶפֶת; מַלָּח, יַמַּאי; זִפֵּת
tar'dy *adj.* מְאַחֵר; אִטִּי, מִשְׁתַּהֶה
tare *n.* טָרָה (מִשְׁקַל האריזה)
tar'get (-g-) *n.* מַטָּרָה, יַעַד
tar'iff *n.* תַּעֲרִיף; תַּעֲרִיפוֹן; מֶכֶס־מָגֵן
tar'nish *v&n.* עִמֵּם, הִכְהָה; הִכְתִּים;
לִכְלֵךְ; כָּהָה; עִמּוּם; כֶּתֶם
tar'ry *v.* שָׁהָה, הִתְעַכֵּב; נִשְׁאַר, דָּר
tar'ry (tär'i) *n.* מָרוּחַ בְּזֶפֶת, מְזוּפָּת

tar'sus *n.* שוֹרֶשׁ־הָרֶגֶל
tart *n.* חָרִיף, חָמוּץ, מַר; עוֹקְצָנִי
tart *n.* עוּגַת־פֵּרוֹת; *זוֹנָה, יַצְאָנִית
tar'tar *n.* אֶבֶן־שִׁנַּיִם; טָטָרִי
task *n.* מְשִׂימָה, מַטָּלָה, עֲבוֹדָה
take to task נָזַף, גָּעַר
task force כּוֹחַ מְשִׂימָה
taskmaster *n.* מַטִּיל מְשִׂימוֹת, מְפַקֵּחַ
tas'sel *n.* צִיצִית, צִיצָה, מְלָל, גְּדִיל
taste (tāst) *n.* טַעַם; טְעִימָה, לְגִימָה; תְּבוּנָה; חִבָּה, נְטִיָּה; קוּרטוֹב
to my taste לְטַעֲמִי, לְרוּחִי
taste *v.* טָעַם; הָיָה טַעֲמוֹ (מר וכו׳)
tasteful, tasty *adj.* טָעִים, עָרֵב
tasteless *adj.* חֲסַר־טַעַם, תָּפֵל
tat *v&n.* רָקַם; בַּד מְרוּפָּט, אָרִיג גַּס
tat'ter *n&v.* קֶרַע, סְחָבָה; רִפֵּט
tattered *adj.* מְרוּפָּט; לְבוּשׁ בְּלוֹאִים
tat'ting *n.* תַּחְרָה, מַלְמָלָה
tat'tle *v&n.* פִּטְפֵּט; רִכֵּל; רְכִילוּת
tattletale *n.* פַּטְפְּטָן; רַכְלָן
tat·too' *n&v.* כְּתוֹבֶת קַעֲקַע; תִּפּוּף, תְּרוּעָה, כִּבּוּי אוֹרוֹת; מִפְגָּן; קִעְקַע
tat'ty *adj.* מוּזְנָח, מְרוּפָּט
taught = p of teach (tôt)
taunt *n&v.* לִגְלוּג, קִנְטוּר; לָעַג; בָּז
Tau'rus *n.* מַזַּל שׁוֹר
taut *adj.* מָתוּחַ; מְסוּדָּר, נָקִי
tav'ern *n.* פּוּנְדָּק; מִסְבָּאָה
taw'dry *adj.* חֲסַר טַעַם, צַעֲקָנִי, זוֹל
taw'ny *adj.* חוּם־צָהוֹב, שְׁחַמְחַם־צָהוֹב
tax *n.* מַס, הֶטֵל; מַעֲמָסָה, מַאֲמָץ רַב
tax *v.* הֵטִיל מַס; הִכְבִּיד, דָּרַשׁ יוֹתֵר מִדַּי; תָּבַע (מחיר); הֶאֱשִׁים; נָזַף
tax'able *adj.* חַיָּב מַס, טָעוּן מַס
tax·a'tion *n.* מִסּוּי, גְּבִיַּת מִסִּים
tax'i *n&v.* מוֹנִית; (לגבי מטוס) נָע/ הִסִּיעַ עַל מַסְלוּל הַהַמְרָאָה
taxi-cab *n.* מוֹנִית
tax'ider'my *n.* פִּחְלוּץ, הַתְקָנַת אֲדָרִים
taxi rank/stand תַּחֲנַת מוֹנִיּוֹת
T.B. = tuberculosis שַׁחֶפֶת
tea *n.* תֵּה; כּוֹס תֵּה; אֲרוּחַת־מִנְחָה
not my cup of tea לֹא לְטַעֲמִי
teach *v.* לִמֵּד, חִנֵּךְ, הוֹרָה
teach'able *adj.* לָמִיד, בַּר־לִמּוּד
teach'er *n.* מוֹרֶה, מַדְרִיךְ
teaching *n.* הוֹרָאָה, הַדְרָכָה; תּוֹרָה
tea cloth מַפַּת־שׁוּלְחָן; מַטְלִית־נִגּוּב
teacup *n.* סֵפֶל־תֵּה
teak *n.* טִיק, שָׂגָא (עץ)
teakettle *n.* קוּמְקוּם, קוּמְקוּם־תֵּה
team *n.* קְבוּצָה (בתחרות); צֶוֶת; צֶמֶד
team *v.* רָתַם; חָבְרוּ יַחְדָּיו
team'ster *n.* עֶגְלוֹן; נַהַג מַשָּׂאִית
teapot *n.* תֵּיוֹן, קוּמְקוּמוֹן־תֵּה
tear (tār) *v&n.* קָרַע; פָּצַע; תָּלַשׁ; שִׁסַּע; נִקְרַע; רָץ; קֶרַע; *הִלּוּלָה
tear down הָרַס, הֶחֱרִיב, קִעְקַע
tear into הִתְקִיף, הִתְנַפֵּל, הִסְתָּעֵר
tear (tēr) *n.* דִּמְעָה, דֶּמַע
tearful *adj.* בּוֹכֶה, דּוֹמְעָנִי
tear'away' (tār-) *adj.* *תּוֹקְפָן, פִּרְחָח
tear gas גַּז מַדְמִיעַ
tear-jerker *n.* *(סרט) סוֹחֵט דְּמָעוֹת
tease (-z) *v&n.* הֵצִיק, קִנְטֵר; קַנְטְרָן
teaser *n.* קַנְטְרָן; *בְּעָיָה קָשָׁה
teaspoon *n.* כַּפִּית, כַּפִּית תֵּה
teaspoonful *n.* מְלוֹא הַכַּפִּית
teat *n.* פִּטְמָה, דַּד
tea-time *n.* שְׁעַת הַתֵּה, שְׁעַת מִנְחָה
tec = detective *בַּלָּשׁ
tech'nical (-k'-) *adj.* טֶכְנִי, מַעֲשִׂי
tech·ni'cian (teknish'ən) *n.* טֶכְנַאי
technique' (teknēk') *n.* טֶכְנִיקָה
tech·nol'ogy (tek-) *n.* טֶכְנוֹלוֹגְיָה
tech'y *adj.* רַגְזָן, כַּעֲסָן
ted'dy bear דּוּבּוֹן (צעצוע)
te'dious *adj.* מְשַׁעֲמֵם, מְעַיֵּף, חַדְגּוֹנִי
tee *n.* (בגולף) תְּלוּלִית, גַּבְשׁוּשִׁית
teem *v.* שָׁפַע; שָׁרַץ, רָחַשׁ; יָרַד
teen'age' *adj.* שֶׁל גִּיל־הָעֶשְׂרֵה
teenager *n.* בְּגִיל הָעֶשְׂרֵה, נַעַר, נַעֲרָה
teens *npl.* שְׁנוֹת הָעֶשְׂרֵה
teen'sy (-zi) *n.* זָעִיר, קְטַנְטַן
tee'ny *n.* זָעִיר, קְטַנְטַן
tee'ter *v.* הִתְנַדְנֵד, הִתְנוֹדֵד
teeth = pl of tooth
teethe (tēdh) *v.* הִצְמִיחַ שִׁנַּיִם
teething troubles כְּאֵבֵי שִׁנַּיִם (של תינוק בעת צמיחתן); חֶבְלֵי לֵדָה
tee'to'tal *adj.* מִתְנַזֵּר; לְגַמְרֵי, כָּלִיל
tee'to'tum *n.* סְבִיבוֹן־קוּבִּיָּה
teg'u·ment *n.* קְלִפָּה, עוֹר, כִּסּוּי

tele (tel′i) *n.* *טֶלֶוִיזְיָה
tel′ecast′ *n.* שִׁדּוּר טֶלֶוִיזְיָה
tel′egram′ *n.* מִבְרָק
tel′egraph′ *n&v.* מִבְרָקָה; טִלְגְרֵף
teleg′rapher *n.* מִבְרְקָן, טֶלֶגְרָפַאי
tel′egraph′ic *adj.* טֶלֶגְרָפִי
telem′etry *n.* טֶלֶמֶטְרִיָּה, מְדִידַת־רוֹחַק
tel′epath′ic *adj.* טֶלֶפַּתִּי
telep′athy *n.* טֶלֶפַּתְיָה
tel′ephone′ *n&v.* טֶלֶפוֹן; טִלְפֵּן
telephone exchange מִרְכֶּזֶת
tel′ephon′ic *adj.* טֶלֶפוֹנִי
tel′ephotog′raphy *n.* צִלּוּם־רַחַק
tel′eprin′ter *n.* טֶלֶפְּרִינְטֶר, מַדְפֵּס־רַחַק
tel′epromp′ter *n.* טֶלֶפְּרוֹמְפְּטֶר, מִתְקַן הַקְרָאָה לְקַרְיַן־טֶלֶוִיזְיָה
tel′escope′ *n.* טֶלֶסְקוֹפ, מַקְרֶבֶת
tel′evise′ (-z) *v.* שִׁדֵּר בְּטֶלֶוִיזְיָה
tel′evi′sion (-vizh′ən) *n.* טֶלֶוִיזְיָה
tel′ex′ *n&v.* טֶלֶקְס; הֶעֱבִיר בְּטֶלֶקְס
tell *v.* אָמַר, סִפֵּר, הִגִּיד; יָדַע, הִבְחִין, גִּלָּה; הִכִּיר; הוֹרָה, צִוָּה; נָתַן אוֹתוֹתָיו, הִשְׁפִּיעַ; מָנָה, סָפַר
  all told בְּסַךְ הַכֹּל
  tell him from— הִבְחִין בֵּינוֹ וּבֵין—
  tell me another! סַפֵּר לְסַבְתָּא!
  tell off נָזַף, גָּעַר; הִפְרִישׁ
  tell on הִתִּישׁ, עִיֵּף; *הִלְשִׁין עַל
  tell them apart הִבְחִין בֵּינֵיהֶם
  you never can tell אֵין לָדַעַת
teller *n.* מוֹנֶה (קוֹלוֹת); קוּפַּאי
telling *adj.* מַרְשִׁים, אֶפֶקְטִיבִי
telltale *n.* רַכְלָן, מְגַלֵּה סוֹד
tel′ly *n.* *טֶלֶוִיזְיָה
tel′star′ *n.* לַוְיַן תִּקְשׁוֹרֶת
temer′ity *n.* הֶעָזָה, פְּזִיזוּת, נִמְהָרוּת
tem′per *n.* מַצַּב־רוּחַ, הֲלָךְ־נֶפֶשׁ; מֶזֶג
  bad-tempered כַּעֲסָן, סַר וְזָעֵף
  fly into a temper הִתְרַתֵּחַ
  lose one's temper אִבֵּד עֶשְׁתּוֹנוֹתָיו
  out of temper כּוֹעֵס, זוֹעֵם
temper *v.* רִכֵּךְ, רִפָּה; מִתֵּן; מָהַל, עִרְבֵּב; הֵקֵל, הִמְתִּיק
tem′perament *n.* טֶמְפֶּרָמֶנְט, מֶזֶג
tem′peramen′tal *adj.* מִזְגִּי, טִבְעִי; הֲפַכְפַּךְ, סוֹעֵר, נָתוּן לְמַצְּבֵי־רוּחַ
tem′perance *n.* מְתִינוּת; הִנָּזְרוּת
tem′perate *adj.* מָתוּן, מְרוּסָן; מְמוּזָּג
tem′perature *n.* חוֹם, טֶמְפֶּרָטוּרָה
  run a temperature קִבֵּל חוֹם
tem′pest *n.* סְעָרָה, סוּפָה; הֲמוּלָה
tem·pes′tuous (-chōōəs) *adj.* סוֹעֵר
tem′ple *n.* מִקְדָּשׁ; בֵּית־כְּנֶסֶת; רַקָּה
tem′po *n.* טֶמְפּוֹ, קֶצֶב, מִפְעָם, זִמְנָה
tem′poral *adj.* זְמַנִּי; חִלּוֹנִי
tem′porar′ily (-rer-) *adv.* זְמַנִּית
tem′porar′y (-reri) *adj.* זְמַנִּי, אַרְעִי
tem′porize′ *v.* דָּחָה, הִשְׁתַּמֵּט
tempt *v.* פִּתָּה, שִׁדֵּל; מָשַׁךְ
  tempt fate הִתְגָּרָה בַּגּוֹרָל, הִסְתַּכֵּן
temp·ta′tion *n.* פִּתּוּי, מְשִׁיכָה
ten *n&adj.* עֶשֶׂר, 10
  count to ten הִמְתִּין, נִרְגַּע
ten′able *adj.* עָמִיד, בַּר־הֲגָנָה, שֶׁאֵין לְפַצְחוֹ/לְהַפְרִיכוֹ; שֶׁנִּתָּן לְהַחֲזִיק בּוֹ
te·na′cious (-shəs) *adj.* מַחֲזִיק, תּוֹפֵס בַּחֲוזְקָה; עַקְשָׁן, לֹא מְוַתֵּר, הֶחְלֵטִי
te·nac′ity *n.* הַחְזָקָה; לְפִיתָה; עַקְשָׁנוּת
ten′ant *n&v.* אָרִיס; שׂוֹכֵר; דַּיָּר; שָׂכַר
tend *v.* פִּקַּח, הִשְׁגִּיחַ; נִהֵל, טִפֵּל בְּ־; שֵׁרֵת לָקוֹחוֹת; נָטָה, הָיְתָה מְגַמָּתוֹ
  tend to הִשְׁגִּיחַ עַל, טִפֵּל בְּ־; נָטָה לְ—
ten′dency *n.* נְטִיָּה, מְגַמָּה, כִּוּוּן
ten·den′tious (-shəs) *adj.* מְגַמָּתִי
ten′der *adj.* עָדִין; רָגִישׁ; רַךְ; שָׁבִיר
tender *v.* הִצִּיעַ, הִגִּישׁ, הִגִּישׁ הַצָּעָה
tender *n.* מְטַפֵּל, מְפַקֵּחַ, מַשְׁגִּיחַ; קְרוֹן־מַשָּׂא; טֶנְדֶּר; מִכְרָז
tenderhearted *adj.* רַחְמָן, רַגְשָׁן
ten′derloin′ *n.* בְּשַׂר־אֲחוֹרַיִם
tenderness *n.* עֲדִינוּת, רוֹךְ
ten′don *n.* (באנטומיה) מֵיתָר, גִּיד
ten′dril *n.* קְנוֹקֶנֶת; תַּלְתַּלּוֹן
ten′ebrous *adj.* קוֹדֵר, חָשׁוּךְ
ten′ement *n.* דִּירָה, בַּיִת; אֲחוּזָּה
ten′et *n.* עִקָּר, אֱמוּנָה, דּוֹקְטְרִינָה
tenfold *adv.* פִּי עֲשָׂרָה, עֶשֶׂר פְּעָמִים
ten′ner *n.* *עֲשִׂירִיָּה, 10 לִישׁ״ט
ten′nis *n.* טֶנִיס
ten′or *n.* טֶנוֹר; מְגַמָּה, כִּוּוּן, נְטִיָּה
tense *adj&v.* מָתוּחַ, דָּרוּךְ, נִרְגָּשׁ; מָתַח
tense *n.* (בדקדוק) זְמַן
ten′sion *n.* מְתִיחָה; מְתִיחוּת; מֶתַח
tent *n&v.* אוֹהֶל; שָׁכַן בְּאוֹהֶל

ten′tacle *n.* זְרוֹעַ (של תמנון)
ten′tative *adj.* נִסיוֹנִי, זְמַנִי; הַסְסָנִי
tenth *adj&n.* עֲשִׂירִי; עֲשִׂירִית, מַעֲשֵׂר
te•nu′ity *n.* דַקוּת, עֲדִינוּת; דְלִילוּת
ten′uous (-nūəs) *adj.* דַק; דָלִיל; חַלָש
ten′ure (-nyər) *n.* חֲזָקָה; קַדֶנצְיָה
tep′id *adj.* פּוֹשֵׁר, לֹא חַם
ter′giversate′ *v.* עָרַק; הָיָה הֲפַכְפַּך
term *n.* מִלָה, בִּטוּי, מוּנָח, מוּשָׂג;
תְּקוּפָה, מוֹעֵד; זְמַן, עוֹנַת־לִמוּדִים
come to terms הִגִיעַ לִידֵי הֶסכֵּם
in terms of בְּמוּנְחֵי־, מִבְּחִינַת, בְּקֶשֶׁר
on equal terms כְּשָׁוִים
on friendly terms בְּיַחֲסֵי יְדִידוּת
terms תְּנָאִים, מִתְנִים; יְחָסִים
term *v.* קָרָא, כִּנָה
ter′minable *adj.* בַּר־סִיוּם, לֹא תְּמִידִי
ter′minal *adj.* עוֹנָתִי; סוֹפִי; מַמאִיר
terminal *n.* מָסוֹף; טֶרמִינָל
ter′minate′ *v.* גָמַר, סִיֵם; הִסתַּיֵם
ter′mina′tion *n.* סִיוּם; תּוֹצָאָה
ter′minol′ogy *n.* מִנוּחַ, טֶרמִינוֹלוֹגיָה
ter′minus *n.* מָסוֹף, תַּחֲנָה סוֹפִית
ter′mite′ *n.* טֶרמִיט, נְמָלָה לְבָנָה
ter′race (-ris) *n.* טֶרַסָה, מִדרָג
terrain′ *n.* שֶׁטַח, פְּנֵי־הַקַרקַע
ter′ra incog′nita אֶרֶץ לֹא נוֹדַעַת
terres′trial *adj.* יַבַּשְׁתִּי, אַרצִי
ter′rible *adj.* אָיוֹם, נוֹרָא; מְזַעֲזֵעַ
terribly *adv.* *נוֹרָא, מְאוֹד מְאוֹד
ter′rier *n.* שַׁפלָן, טֶרְיֶיר (כלב נמוך)
terrif′ic *adj.* אָיוֹם, נוֹרָא; *מְצוּיָן, כַּבִּיר
ter′rify′ *v.* הִפחִיד, מִלֵא אֵימָה
ter′rito′rial *adj&n.* טֶרִיטוֹריָאלִי
ter′rito′ry *n.* טֶרִיטוֹריָה, חֶבֶל־אֶרֶץ
ter′ror *n.* פַּחַד, אֵימָה; טֶרוֹר; *שׁוֹבָב
ter′rorist *n.* טֶרוֹרִיסט, מְחַבֵּל
ter′rorize′ *v.* הִפחִיד, הִשׁלִיט טֶרוֹר
ter′ry *n.* אֲרִיג־מַגָבוֹת
terse *adj.* תַּמצִיתִי; מְמַעֵט בְּמִלִים
ter′tiar′y (-′shieri) *adj.* שְׁלִישִׁי
test *n&v.* מִבחָן, בּוֹחַן, בְּדִיקָה;
נִסוּי; אֶבֶן־בּוֹחַן; בָּחַן, נִסָה
put to the test הֶעֱמִיד לְמִבחָן
testing times יְמֵי נִסָיוֹן, עֵת קָשָׁה
tes′tament *n.* צַוָאָה
Old Testament סֵפֶר הַתַּנַ"ך
tes′tate′ *adj.* שֶׁכָּתַב צַוָאָה, הַמָנוֹחַ
tes′ticle *n.* אֶשֶׁך
tes′tify′ *v.* הֵעִיד (על); הִצהִיר
tes′timo′nial *n.* תְּעוּדַת־הוֹקָרָה
tes′timo′ny *n.* עֵדוּת; הַצהָרָה; רְאָיָה
test tube מַבחֵנָה
tes′ty *adj.* רַגזָנִי, קְצַר־רוּחַ
tet′anus *n.* צַפֶּדֶת, טֶטָנוּס
teth′er (-dh′-) *n&v.* (קָשַׁר בְּ־) אַפסָר
Teu•ton′ic (tōō-) *adj.* טֶבטוֹנִי, גֶרמָנִי
text *n.* טֶקסט, גִרסָה; מָקוֹר; תַּמלִיל
textbook *n.* סֵפֶר־לִמוּד
tex′tile *n&adj.* (של) טֶקסטִיל, אָרִיג
tex′ture *n.* מִבנֶה, מִרקָם, מַאֲרָג, מַסֶכֶת
than (dh-) *conj.* מִן, יוֹתֵר מִן, מֵאֲשֶׁר
thank *v.* הוֹדָה, הִבִּיעַ תּוֹדָה
thank you תּוֹדָה!
thankful *adj.* אֲסִיר־תּוֹדָה; מַבִּיעַ תּוֹדָה
thankless *adj.* כְּפוּי־תּוֹדָה
thanks *npl&interj.* תּוֹדוֹת; תּוֹדָה
thanks to הוֹדוֹת לְ־, בִּגלַל
thanksgiving *n.* הוֹדָיָה, הַבָּעַת תּוֹדָה
thankyou *n.* תּוֹדָה, הַבָּעַת תּוֹדָה
that (dh-) *adj.* זֶה, זֹאת; אוֹתוֹ; כָּזֶה
after that אַחַר כָּך, לְאַחַר מִכֵּן
at that בִּנקוּדָה זוֹ, אָז; כְּמוֹ כֵן
that is כְּלוֹמַר, דְהַיְנוּ
that is to say כְּלוֹמַר, בְּמִלִים אֲחֵרוֹת
that *adv.* כֹּה, כָּל כָּך, עַד כְּדֵי כָּך
I'm not that rich אֵינִי עָשִׁיר כְּדֵי כָּך
that *conj&pron.* אֲשֶׁר, שֶׁ־; כְּדֵי שֶׁ—
Oh, that- מִי יִתֵּן! הַלְוַאי שֶׁ—
thatch *n&v.* סְכָך; כִּסָה בִּסכָך
thaw *v&n.* הִפשִׁיר; הִתרַכֵּך; הַפשָׁרָה
the (dhə, dhē) *adj.* הַ־, הָא־הַיְדִיעָה
6 the dozen תְּרֵיסָר בְּשֵׁשׁ
the *adv.* כְּכָל שֶׁ־, בְּמִדָה שֶׁ—
the′ater *n.* תֵּיאַטרוֹן; זִירָה
the•at′rical *adj.* תֵּיאַטרוֹנִי, תֵּיאַטרָלִי
thee (dh-) *pron.* אוֹתְךָ, לְךָ
theft *n.* גְנֵבָה
their (dhār) *adj.* שֶׁלָהֶם
theirs (dhārz) *pron.* שֶׁלָהֶם
them (dh-) *pron.* אוֹתָם; לָהֶם
theme *n.* תֵּימָה, נוֹשֵׂא; לַחַן חוֹזֵר
themselves (dhəmselvz′) *pron.*
(אֶת־/לְ־/בְּ־/מִ־) עַצמָם

then (dh-) *adv&adj&n.* אָז ; אַחַר כָּךְ, אֲזַי ; אִם כֵּן ; לָכֵן, אֵפוֹא ; חוּץ מִזֶּה
before then לִפְנֵי כֵן
by then אָז
the then king הַמֶּלֶךְ בָּעֵת הַהִיא
then and there בּוֹ בַּמָּקוֹם, מִיָּד
thence (dhens) *adv.* מֵאָז ; מִשָּׁם ; לָכֵן
thenceforth *adv.* מֵאָז ; אַחֲרֵי כֵן
the′olog′ical *adj.* תֵּיאוֹלוֹגִי
the′ol′ogy *n.* תֵּיאוֹלוֹגְיָה
the′orem *n.* מִשְׁפָּט, כְּלָל, תֵּאוֹרֶמָה
the′oret′ic(al) *adj.* תֵּיאוֹרֶטִי, מוּפְשָׁט
the′ory *n.* תֵּיאוֹרְיָה, תּוֹרָה, הַנָּחָה, דֵּעָה
in theory לַהֲלָכָה, תֵּיאוֹרֶטִית
ther′apeu′tics (-pū-) *n.* תּוֹרַת הָרִפּוּי
ther′apist *n.* מְרַפֵּא, מוּמְחֶה־רִפּוּי
ther′apy *n.* תֶּרַפְּיָה, רִפּוּי
there (dhār) *adv.* שָׁם, שָׁמָּה ; הִנֵּה
(not) all there (לֹא) שָׁפוּי
there and then בּוֹ בַּמָּקוֹם
there is/there was יֵשׁ, יֶשְׁנוֹ/הָיָה
there you are הִנֵּה! הֲרֵי לְךָ!
there, there לֹא נוֹרָא! (להרגעה)
there′abouts′ (dhār-) *adv.* בְּעֵרֶךְ, פָּחוֹת אוֹ יוֹתֵר ; בִּסְבִיבָה, בְּקִרְבַת מָקוֹם
there·af′ter (dhār-) *adv.* לְאַחַר מִכֵּן
there·at′ (dhār-) *adv.* אָז ; לְפִיכָךְ
there·by′ (dhār-) *adv.* בְּקֶשֶׁר לָזֶה
there′fore′ (dhār′-) *adv.* לָכֵן, לְפִיכָךְ
there·in′ (dhār-) *adv.* בָּזֶה ; בְּדָבָר זֶה
there′in·af′ter (dhār-) *adv.* לְהַלָּן
there·of′ (dhāruv′) *adv.* מִזֶּה, מִכָּךְ
there·on′ (dhārôn′) *adv.* עַל כָּךְ
thereto (dhārtōō′) *adv.* כְּמוֹ כֵן ; לָזֶה
there′upon′ (dhār′-) *adv.* לָכֵן, כְּתוֹצָאָה מִכָּךְ ; מִיָּד לְאַחַר מִכֵּן, בּוֹ בַּזְּמַן
ther′mal *adj.* תֶּרְמִי, שֶׁל חוֹם, חוּמָנִי
thermom′eter *n.* מַדְחוֹם
ther′mos *n.* שְׁמַרְחוֹם, תֶּרְמוֹס
ther′mostat′ *n.* וַסַּת־חוֹם, תֶּרְמוֹסְטָט
thesau′rus *n.* אוֹצַר מִלִּים (נִרְדָּפוֹת)
these = pl of this (dhēz) אֵלֶּה, אֵלּוּ
the′ses = pl of thesis (-sēz)
the′sis *n.* תֵּיזָה, הַנָּחָה ; מַסָּה, מֶחְקָר
thews (thōōz) *npl.* שְׁרִירִים ; כּוֹחַ
they (dhā) *pron.* הֵם, הֵן ; אֲנָשִׁים
they'd = they had/would (dhād)
they'll = they will/shall (dhāl)
they're = they are (dhār)
they've = they have (dhāv)
thick *adj&adv.* עָבֶה ; סָמִיךְ ; צָפוּף ; עָכוּר ; עָמוּם ; מָלֵא, שׁוֹפֵעַ ; מְטוּמְטָם
lay it on thick הֶחֱנִיף
lay it thick שָׁפַע, הִרְעִיף
thick and fast בִּמְהִירוּת, בְּשֶׁפַע
thick beard/forest זָקָן/יַעַר עָבוֹת
thick *n.* עוֹבִי, עָבִי, מַעֲבֶה
through thick & thin בָּאֵשׁ וּבַמַּיִם
thick′en *v.* עִבָּה ; הִתְעַבָּה ; הִרְבִּיךְ
thick′et *n.* סְבַךְ, חוֹרֶשׁ שִׂיחִים
thick-headed/-witted *adj.* טִפֵּשׁ
thick-set *adj.* חָסוֹן, רְחַב־גּוּף ; צָפוּף
thief (thēf) *n.* גַּנָּב
thieve (thēv) *v.* גָּנַב
thiev′ery (thēv′-) *n.* גְּנֵבָה
thieves = pl of thief (thēvz)
thigh (thī) *n.* יָרֵךְ
thighbone *n.* עֶצֶם־הַיָּרֵךְ, קוּלִית
thim′ble *n.* אֶצְבָּעוֹן
thin *adj&adv.* דַּק ; רָזֶה ; דָּלִיל ; שָׁקוּף
out of thin air יֵשׁ מֵאַיִן
thin on top מַקְרִיחַ
thin *v.* הִרְזָה ; הִקְלִישׁ ; דִּלֵּל, קָלַשׁ
thine (dh-) *pron&adj.* שֶׁלְּךָ
thing *n.* דָּבָר, חֵפֶץ ; מַעֲשֶׂה, עִנְיָן
first thing מוּקְדָּם, לִפְנֵי הַכֹּל
for one thing רֵאשִׁית כֹּל
make a thing of עָשָׂה "עִנְיָן" מִן
poor thing מִסְכֵּן, יְצוּר אוּמְלָל
things בְּגָדִים ; כֵּלִים ; חֲפָצִים
think *v.* חָשַׁב ; סָבַר, הֶאֱמִין ; זָכַר
come to think of it בְּהִרְהוּר שֵׁנִי
think better of רָאָה בְּעַיִן יָפָה, הֶחְשִׁיב יוֹתֵר ; שָׁקַל שׁוּב
think fit חָשַׁב לְנָכוֹן
think highly of הֶחְשִׁיב בְּיוֹתֵר
think nothing of it "עַל לֹא דָבָר"
think out/through שָׁקַל הֵיטֵב
think over שָׁקַל שׁוּב
think up הִמְצִיא, תִּכְנֵן, זָמַם
think *n.* מַחֲשָׁבָה, הִרְהוּר
thinkable *adj.* מִתְקַבֵּל עַל הַדַּעַת
thinking *adj&n.* חוֹשֵׁב, הוֹגֶה ; חֲשִׁיבָה
third *adj&n.* שְׁלִישִׁי ; שְׁלִישׁ ; טֶרְצָה

third degree חֲקִירַת־עִנּוּיִים
thirdly *adv.* שְׁלִישִׁית, ג׳
third person גוּף שְׁלִישִׁי, נִסְתָּר
thirst *n&v.* צָמָא; תְּשׁוּקָה; צָמֵא; עָרַג
thirst'y *adj.* צָמֵא; תָּאֵב; מַצְמִיא
thir'teen' *adj&n.* שְׁלוֹשׁ עֶשְׂרֵה, 13
thirteenth *adj&n.* (הַחֵלֶק) ה־13
thir'tieth *adj&n.* (הַחֵלֶק) הַשְּׁלוֹשִׁים
thir'ty *adj&n.* שְׁלוֹשִׁים
this (dh-) *pron&adj&adv.* זֶה, זֹאת
this day week הַיּוֹם בְּעוֹד שָׁבוּעַ
this late/far כֹּה מְאוּחָר/רָחוֹק
this much כְּדֵי כָּךְ
this'tle (-səl) *n.* דַּרְדַּר, קוֹץ
thith'er (-dhər) *n.* שָׁמָּה, לְשָׁם
thong (thông) *n.* רְצוּעַת־עוֹר, עַרְקָה
tho'rax' *n.* חָזֶה
thorn *n.* קוֹץ; דַּרְדַּר
thorny *adj.* קוֹצָנִי, דּוֹקְרָנִי; קָשֶׁה
thorough (thûr'ō) *adj.* מוּחְלָט, גָּמוּר, מוּבְהָק; יְסוֹדִי, קַפְּדָנִי
thoroughbred *adj.* גִּזְעִי; מְתוּרְבָּת
thoroughfare *n.* רְחוֹב, כְּבִישׁ; מַעֲבָר
thorough-going *adj.* מוּחְלָט, גָּמוּר
thoroughly *adv.* בִּיסוֹדִיּוּת; כָּלִיל
those (dhōz) *adj&pron.* הָהֵם, אוֹתָם
thou (dh-) *pron.* אַתָּה, אַתְּ
though (dhō) *conj&adv.* לַמְרוֹת, חֵרֶף; בְּכָל זֹאת, אַף עַל פִּי כֵן
as though כְּאִלּוּ
thought (thôt) *n.* מַחֲשָׁבָה; הִרְהוּר; חֲשִׁיבָה; כַּוָּנָה; רַעְיוֹן; מְעַט, מַשֶּׁהוּ
thought = p of think
thoughtful *adj.* מְהוּרְהָר; מִתְחַשֵּׁב
thoughtless *adj.* לֹא מִתְחַשֵּׁב; פָּזִיז
thou'sand (-z-) *adj&n.* אֶלֶף, 1000
thousandth *adj&n.* הָאֶלֶף; אַלְפִּית
thrall (thrôl) *n.* עֶבֶד, מְשׁוּעְבָּד
thrash *v.* חָבַט; הֵבִיס; הֵנִיעַ; פִּרְפֵּר
thrash out דָּן בִּיסוֹדִיּוּת, הִבְהִיר
thread (thred) *n&v.* חוּט, מְשִׁיחָה, פְּתִיל; תַּבְרוֹגֶת; הִשְׁחִיל; תִּבְרֵג
the river threads הַנָּהָר מִתְפַּתֵּל
threadbare *adj.* בָּלֶה, מְרוּפָּט; נָדוֹשׁ
threat (thret) *n.* אִיּוּם, סַכָּנָה; אוֹת רַע
threat'en (thret-) *v.* אִיֵּם, סִכֵּן
three *adj&n.* שָׁלוֹשׁ, שְׁלוֹשָׁה, 3
three-D תְּלַת־מְמַדִּי
three-ply *adj.* תְּלַת־רוֹבְדִי; תְּלַת־חוּטִי
three-ring circus בִּלְבּוּל, בָּלָגָן
three R's קְרִיאָה, כְּתִיבָה, וְחֶשְׁבּוֹן
three'score' *n.* שִׁשִּׁים (20 כפול 3)
thren'ody *n.* קִינָה, שִׁיר־אֵבֶל
thresh *v.* דָּשׁ, חָבַט שִׁבֳּלִים
thresh = thrash
thresher *n.* דַּיָּשׁ; מְכוֹנַת־דִּישָׁה
threshing floor גּוֹרֶן
thresh'old (-ōld) *n.* סַף, מִפְתָּן; גְּבוּל
threw = pt of throw (thro͞o)
thrice *adv.* פִּי שְׁלוֹשָׁה, שְׁלוֹשְׁתַּיִם
thrift *n.* חַסְכָנוּת, קִמּוּץ
thrifty *adj.* חַסְכָנִי, מְקַמֵּץ; מְשַׂגְשֵׂג
thrill *n&v.* רֶטֶט; הִרְטִיט; הִתְרַגֵּשׁ
thriller *n.* מַרְטִיט; סִפּוּר/סֶרֶט מֶתַח
thrive *v.* הִצְלִיחַ, לִבְלֵב, שִׂגְשֵׂג
throat *n.* גָּרוֹן, גַּרְגֶּרֶת; צַוָּאר
cut one's throat הִתְאַבֵּד; נֶהֱרַס
lie in one's throat שִׁקֵּר בְּגַסּוּת
throb *v&n.* פָּעַם, הָלַם; פְּעִימָה
throe (thrō) *n.* יִסּוּרִים, עֲוִית־כְּאֵב
throes חֶבְלֵי־לֵדָה; יִסּוּרֵי גְּסִיסָה
throm·bo'sis *n.* פְּקֶקֶת, תַּקְרִישׁ
throne *n.* כִּסֵּא כָּבוֹד; כֵּס מַלְכוּת
throng *n&v.* קָהָל, הָמוֹן; הִתְקַהֵל; נָהַר
throt'tle *n&v.* מַשְׁנֵק; חָנַק; שִׁנֵּק
through (thro͞o) *prep.* דֶּרֶךְ, מִבַּעַד; בְּתוֹךְ; בֵּין; בְּאֶמְצָעוּת, ע״י; בִּגְלַל
be through (it) סִיֵּם זֹאת
go through עָבַר; הִתְנַסָּה, חָוָה
through *adv.* מִצַּד לְצַד, מֵא׳ עַד ת׳; עַד לְסִיּוּם; כָּלִיל, לַחֲלוּטִין
all through כָּל הַזְּמַן
put through קִשֵּׁר טֶלֶפוֹנִית
through and through לַחֲלוּטִין
through *adj.* יָשִׁיר; גָּמוּר, סִיֵּם
through·out' (thro͞o-) *prep&adv.* בְּכָל־; בְּמֶשֶׁךְ; כּוּלוֹ, בְּכָל מָקוֹם
throughway *n.* כְּבִישׁ מָהִיר
throve = pt of thrive
throw (-ō) *v.* זָרַק, הֵטִיל, הִשְׁלִיךְ; שָׁזַר; הִמְלִיטָה; *הֵבִיךְ, הִדְהִים
throw a curve *שִׁקֵּר; הִדְהִים
throw a party עָרַךְ מְסִבָּה
throw away הִשְׁלִיךְ; אִבֵּד, בִּזְבֵּז

throw doubt upon הִטִּיל סָפֵק בְּ—
throw in one's hand מָשַׁךְ יָדוֹ
throw light on שָׁפַךְ אוֹר עַל
throw oneself at הִסְתָּעֵר עַל
throw open פָּתַח לַקָּהָל הָרָחָב
throw out דָּחָה; זָרַק; פָּלַט
throw up וִתֵּר; הִצְמִיחַ; הֵקִיא
throw up one's hands הִתְיָאֵשׁ
throw *n.* זְרִיקָה, הַשְׁלָכָה; צָעִיף
throwaway *n.* עֲלוֹן־פִּרְסוֹמֶת
throw-in *n.* זְרִיקַת־חוּץ (בספורט)
thru = through
thrum *v.* פָּרַט (על גיטרה); דָּפַק
thrush *n.* קִיכְלִי, טֶרֶד; פַּטֶּרֶת הַפֶּה
thrust *v.* דָּחַף; דָּחַק; נָעַץ; נִדְחַק
be thrust upon נִכְפָּה עַל
thrust *n.* דְּחִיפָה; לַחַץ; מַכָּה; הַתְקָפָה
thud *n&v.* (הִשְׁמִיעַ) קוֹל עָמוּם; חֲבָטָה
thug *n.* בִּרְיוֹן, אַלָּם, פּוֹשֵׁעַ
thumb (-m) *n.* אֲגוּדָל, בּוֹהֶן
all thumbs "בַּעַל יָדַיִם שְׂמָאלִיּוֹת"
turn thumbs down דָּחָה, סֵרֵב
thumb *v.* דִּפְדֵּף; לִכְלֵךְ; בִּקֵּשׁ הַסָּעָה
thumbnail *adj.* קָטָן, זָעִיר; קָצָר
thumbscrew *n.* בּוֹרֶג־כְּנָפַיִם
thumbtack *n.* נַעַץ
thump *v&n.* הִכָּה, חָבַט; פָּסַע; מַכָּה
thump'ing *adj.* *מְאוֹד, כַּבִּיר, עָצוּם
thun'der *n&v.* רַעַם; רָעַם; הִרְעִים
by thunder! חֵי נַפְשִׁי!
why, in thunder- לָמָּה, לַעֲזָאזֵל—
thunderbolt *n.* חֲזִיז, בָּרָק; אָסוֹן
thunderclap *n.* נֶפֶץ־רַעַם; מַהֲלוּמָה
thundering *adj.* מְאוֹד, כַּבִּיר, עָצוּם
thun'derous *adj.* רוֹעֵם, מַרְעִים
thunderstruck *adj.* הֲלוּם־רַעַם; הָמוּם
thu'rible *n.* מַחְתָּה, מִקְטֶר
Thurs'day (-z-) *n.* יוֹם חֲמִישִׁי
thus (dh-) *adv.* כָּךְ, כָּכָה; לָכֵן, לְפִיכָךְ
thus far עַד כֹּה
thwack *v&n.* חָבַט; חֲבָטָה
thwart (thwôrt) *v&n.* סִכֵּל, הֵנִיא
thy (dhī) *adj.* שֶׁלְּךָ
thyme (t-) *n.* קוֹרָנִית (צמח)
thy'roid gland בַּלּוּטַת־הַתְּרִיס
thy·self' (dh-) *pron.* אַתָּה בְּעַצְמְךָ
ti (tē) *n.* סִי (צליל)

tiar'a *n.* כֶּתֶר, נֵזֶר, עֲטָרָה, טִיאָרָה
tic *n.* טִיק, הִתְכַּוְּצוּת־שְׁרִירִים (בפנים)
tick *n.* טִקְטוּק; סִמַּן־בְּדִיקָה; אַשְׁרַאי, הַקָּפָה; קַרְצִית; צִפָּה; *רֶגַע
tick *v.* טִקְטֵק; סִמֵּן, אִמֵּת
what makes him tick מַה מֵּרִיץ אוֹתוֹ
tick'er *n.* טִיקֶר; *לֵב, שָׁעוֹן
tick'et *n&v.* כַּרְטִיס; פֶּתֶק; תְּעוּדָה; דּוּ"חַ־תְּנוּעָה; רְשִׁימַת־מוּעֲמָדִים; יִעֵד
just the ticket הַדָּבָר הַנָּכוֹן/הַנָּחוּץ
ticket collector כַּרְטִיסָן
ticking off *נְזִיפָה
tick'le *v&n.* דִּגְדֵּג; הִצְחִיק; דִּגְדּוּג
tick'ler *n.* בְּעָיָה קָשָׁה, מַצָּב מְיוּחָד
ticklish *adj.* עָדִין; רָגִישׁ לְדִגְדּוּג
ti'dal wave גַּל הַרְסָנִי; גַּל גּוֹאֶה
tid'bit' *n.* מָנָה יָפָה; יְדִיעָה, רְכִילוּת
tide *n.* גֵּאוּת וָשֵׁפֶל; נְטִיָּה, מְגַמָּה
go with the tide הָלַךְ בַּתֶּלֶם
turn the tide חוֹלֵל מִפְנֶה
tide *v.* זָרַם, גָּאָה; סִיֵּעַ לְהֵחָלֵץ
ti'dings *npl.* חֲדָשׁוֹת, בְּשׂוֹרוֹת
ti'dy *adj&v.* נָקִי, מְסוּדָּר; גָּדוֹל; נִקָּה
tidy *n.* צִפִּית; כְּלִי לִפְסוֹלֶת, תֵּבָה
tie (tī) *n.* עֲנִיבָה; חֶבֶל, שְׂרוֹךְ; מוֹט— חִבּוּר; קֶשֶׁר; דָּבָר כּוֹבֵל; תֵּיקוּ
tie *v.* קָשַׁר, חִבֵּר, הִדֵּק; נִקְשַׁר
tie into הִתְנַפֵּל עַל, הִתְקִיף
tie the knot *הִתְחַתֵּן
tie up קָשַׁר; הִגְבִּיל; סָגַר (בחשבון)
tied up קָשׁוּר, כָּבוּל, טָרוּד, עָסוּק
tiebreak *n.* (בטניס) שׁוֹבֵר שִׁוְיוֹן
tiepin *n.* סִכַּת עֲנִיבָה
tier (tēr) *n.* שׁוּרָה, נִדְבָּךְ, מַדְרֵגָה
ti'ger (-g-) *n.* נָמֵר, טִיגְרִיס
tiger lily שׁוֹשָׁן מְנוּמָּר (פרח)
tight *adj.* הָדוּק; מָתוּחַ; צָמוּד; לוֹחֵץ; צַר; דָּחוּס, דָּחוּק; אָטִים; *שָׁתוּי
tight corner/spot מַצָּב בִּישׁ
tight schedule לוּחַ־זְמַנִּים עָמוּס
tight *adv.* בִּמְהוּדָּק, בְּחוֹזְקָה, הֵיטֵב
tighten *v.* הִדֵּק; הִתְהַדֵּק; חִזֵּק
tight-fisted *adj.* קַמְצָן, קְמוּץ־יָד
tight-lipped *adj.* חֲתוּם־פֶּה, שַׁתְקָנִי
tight-rope *n.* חֶבֶל מָתוּחַ (של לוליין)
tights *npl.* מִכְנְסֵי־גּוּף; גַּמִּישׁוֹנִים
ti'gress *n.* נְמֵרָה, נְקֵבַת־הַטִּיגְרִיס

tike = tyke *n.* יַלְדוֹן, זַאֲטוּט
tile *n&v.* רַעַף; אָרִיחַ, מַרְצֶפֶת; רִעֵף
on the tiles *מִתהוֹלֵל
till *prep&conj.* עַד, עַד לְ־, עַד שֶׁ—
till *v.* עִבֵּד אֲדָמָה, חָרַשׁ
till *n.* מְגֵרַת־קוּפָּה, מְגֵרַת־כֶּסֶף
til'ler *n.* אִכָּר; יָדִית־הַסְנַפִּיר
tilt *v.* הִטָּה; הִרְכִּין; שִׁפַּע; הִשְׁתַּפֵּעַ
tilt at תָּקַף, הִתְנַפֵּל עַל
tilt *n.* שִׁפּוּעַ, הַטָּיָה; נְטִיָּה; הִסְתָּעֲרוּת
full tilt בִּמְהִירוּת רַבָּה, בְּעוֹצמָה
tim'ber *n.* עֵצִים; קוֹרָה; תְּכוּנוֹת
tim'bre (-bər) *n.* טֶמְבֶּר, גוֹן הַקּוֹל
time *n.* זְמַן, עֵת, תְּקוּפָה, שָׁעָה; פַּעַם; קֶצֶב, מִפְעָם, מִשְׁקָל
all the time כָּל הַזְּמַן
at one time פַּעַם, בֶּעָבָר
at the same time בּוֹ־זְמַנִית, בְּעֵת וּבְעוֹנָה אַחַת; יַחַד עִם זֹאת, בְּרַם
at the time אָז, בְּאוֹתָהּ שָׁעָה
at times לִפְעָמִים
behind time מְפַגֵּר, מְאַחֵר
do time יָשַׁב בַּכֶּלֶא
for a time לִזְמַן־מָה
for the time being לְפִי שָׁעָה
from time to time מִפַּעַם לְפַעַם
in good time בְּשָׁעָה הַנְּכוֹנָה, מַהֵר
in no time כְּהֶרֶף עַיִן, מַהֵר
in time בְּבוֹא הַיּוֹם; בַּזְּמַן, לֹא בְּאִחוּר
it's time הִגִּיעָה הַשָּׁעָה שֶׁ—
last time בַּפַּעַם הָאַחֲרוֹנָה
many a time תְּכוּפוֹת, לֹא אַחַת
on time בְּמוֹעֵד, בַּשָּׁעָה הַמְדוּיֶּקֶת
one at a time אֶחָד אֶחָד
take one's time לֹא מִהֵר
time and again שׁוּב וָשׁוּב
time out of mind לִפְנֵי זְמַן רַב
times יָמִים, זְמַנִּים; פְּעָמִים; כָּפוּל
what is the time? מַה הַשָּׁעָה?
time *v.* עִתֵּת, קָבַע הָעִתּוּי; תִּזְמֵן
well timed בְּעִתּוּי נָכוֹן
time bomb פְּצָצַת־זְמַן
time card כַּרְטִיס נוֹכְחוּת (לעובד)
time fuse מַרְעוֹם זְמָן, שְׁעוֹן־הַשְׁהָיָה
timekeeper *n.* שׁוֹפֵט־זְמַן (בתחרות); רַשַּׁם־נוֹכְחוּת (של עובדים); שָׁעוֹן
timeless *adj.* נִצְחִי
timely *adj.* בְּעִתּוֹ, בְּשָׁעָה הַנְּכוֹנָה
time out *n.* פֶּסֶק־זְמַן
timepiece *n.* שָׁעוֹן
ti'mer *n.* שָׁעוֹן, שְׁעוֹן־עֶצֶר
time sheet גִּלָּיוֹן נוֹכְחוּת (לעובד)
time signal אוֹת הַזְּמַן (ברדיו)
timetable *n.* לוּחַ זְמַנִּים; מַעֲרֶכֶת שָׁעוֹת
timeworn *adj.* בָּלֶה, אֲכוּל־שָׁנִים
tim'id *adj.* בַּיְשָׁן, פַּחְדָן, רַךְ־לֵבָב
timid'ity *n.* בַּיְשָׁנוּת, פַּחְדָנוּת
timing *n.* עִתּוּי, תִּזְמוּן; תֵּאוּם קֶצֶב
tim'orous *adj.* פַּחְדָן, חֲסַר־אוֹמֶץ
tin *n.* בְּדִיל; פַּח; פַּחִית; *כֶּסֶף
tinc'ture *n.* תְּמִסָּה, תַּשְׁרִית; שֶׁמֶץ
tincture *v.* צָבַע, גִּוֵּן; תִּבֵּל
tin'der *n.* חוֹמֶר דָּלִיק/מִתְלַקֵּחַ
tinderbox *n.* "חָבִית חוֹמֶר־נֶפֶץ"
tin'foil' *n.* נְיַר כֶּסֶף, נְיַר אֲלוּמִינְיוּם
tinge *v&n.* צָבַע, גִּוֵּן, תִּבֵּל, הוֹסִיף נוֹפֶךְ; גֶּוֶן; סִמָּן, רֶמֶז, שֶׁמֶץ
tin'gle *v&n.* (חָשׁ) דְּקִירוֹת קַלּוֹת
tin hat *קַסְדָּה, קוֹבַע
tin'ker *n.* פֶּחָח; תִּקּוּן שְׁלוּמִיאֵלִי
tinker *v.* תִּקֵּן כְּלֵי־בַּיִת; הִתְבַּטֵּל
tin'kle *v&n.* צִלְצֵל, הִקִּישׁ; צִלְצוּל
tin'ny *adj.* שֶׁל בְּדִיל; מַתַּכְתִּי; *זוֹל
tin opener פּוֹתְחַן־קוּפְסָאוֹת
tin'sel *n.* קִשּׁוּט צַעֲקָנִי; נַצְנַצִּים
tinsmith *n.* פֶּחָח, חָרַשׁ־פֶּחִים
tint *n&v.* צֶבַע, גּוֹן קַל; גִּוֵּן; צָבַע
tin'tinnab'u·la'tion *n.* צִלְצוּל
ti'ny *adj.* זָעִיר, קְטַנְטַן
tip *n.* קָצֶה, חוֹד, עוֹקֶץ, בָּדָל; שִׁפּוּעַ; מִזְבָּלָה; טִיפ, תֶּשֶׁר; עֵצָה, רֶמֶז
tip *v.* נָטָה; שִׁפַּע; הָפַךְ; הִפִּיל; שָׁפַךְ; הִשְׁלִיךְ; הֶעֱנִיק תֶּשֶׁר; רָמַז
tip the scales הִטָּה אֶת הַכַּף
tip off הִזְהִיר, סִפֵּק מֵידָע; רָמַז
tip *v&n.* חָבַט קַלּוֹת; חֲבָטָה קַלָּה
tip-off *n.* רֶמֶז, אַזְהָרָה, מֵידָע
tip'pet *n.* סוּדָר, צָעִיף, רְדִיד
tip'ple *v&n.* שָׁתָה; מַשְׁקֶה חָרִיף
tip'staff' *n.* שַׁמָּשׁ בֵּית־הַמִּשְׁפָּט
tip'sy *adj.* שָׁתוּי, מְבֻסָּם
tip'toe' (-tō) *n.* קְצוֹת הַבְּהוֹנוֹת
tip-top *adj&adv.* *מְעוּלֶּה, מְצֻיָּן
ti·rade' *n.* תּוֹכָחָה, נְאוּם־בִּקֹּרֶת

tire (out) *v.* עָיֵף; הִתְעַיֵּף; שִׁעֲמֵם
tire = tyre *n.* צְמִיג
tired *adj.* עָיֵף, לֵאֶה, יָגֵעַ
tireless *adj.* לֹא יוֹדֵעַ לֵאוּת, מַתְמִיד
tiresome *adj.* מְעַיֵּף, מַרְגִּיז, מְשַׁעֲמֵם
ti'ro *n.* טִירוֹן, מַתְחִיל
tis'sue (tish'ōō) *n.* רִקְמָה; מִמְחָטַת
  נְיָר, נְיַר מֶשִׁי; אָרִיג; מִרְקָם, מַסֶּכֶת
tit *n.* יַרְגָּזִי; *שַׁד, פִּטְמָה; טִפֵּשׁ
  tit for tat עַיִן תַּחַת עַיִן, תַּגְמוּל
ti·tan'ic *adj.* עֲנָק, כַּבִּיר, עָצוּם
tit'bit' *n.* מָנָה יָפָה; יְדִיעָה מְעַנְיֶנֶת
tithe (tīdh) *n.* מַעֲשֵׂר, עֲשִׂירִית
tit'illate' *v.* דִּגְדֵּג, גֵּרָה
ti'tle *n.* תֹּאַר, כִּנּוּי־כָּבוֹד; כּוֹתֶרֶת;
  זְכוּת, בַּעֲלוּת, חֲזָקָה; אַלִּיפוּת
titleholder *n.* מַחֲזִיק הַתֹּאַר, אַלּוּף
title page שַׁעַר (הַסֵּפֶר), עַמּוּד הַשַּׁעַר
tit'ter *v&n.* צִחְקֵק; צְחוֹק כָּבוּשׁ
tit'ular (tich'-) *adj.* תֹּאֳרִי, נוֹמִינָלִי
tiz'zy *n.* *הִתְרַגְּשׁוּת, מֶתַח, מְבוּכָה
to (too, tōō, tə) *prep.* אֶל, לְ־
  עַד לְ־; לְעוּמַת; לְכָל־; כְּדֵי
  as to אֲשֶׁר לְ־, בְּנוֹגֵעַ לְ־
  to a man עַד אֶחָד, הַכֹּל
  to and fro הֵנָּה וָהֵנָּה, אֵילָךְ וָאֵילָךְ
  to me לְדִידִי, לְגַבִּי
to (tōō) *adv.* לְמַצָּב קוֹדֵם, לְמַצָּב סָגוּר
  come to שָׁב לְהַכָּרָה, הִתְאוֹשֵׁשׁ
  slam the door to טָרַק הַדֶּלֶת
toad *n.* קַרְפָּדָה; שָׁפָל, נִבְזֶה
toad'y *n&v.* חַנְפָן, מִתְרַפֵּס; הִתְרַפֵּס
toast *n.* לֶחֶם קָלוּי, טוֹסְט; הֲרָמַת כּוֹס
toast *v.* קָלָה; חִמֵּם; שָׁתָה לְחַיִּים
toaster *n.* מַצְנֵם, מַקְלֶה, טוֹסְטֶר
toast-master *n.* מַנְחֶה־הַמְּסִבָּה
tobac'co *n.* טַבָּק, עֲלֵי טַבָּק
tobog'gan *n.* מִזְחֶלֶת־שֶׁלֶג, שַׁלְגִּית
toc'sin *n.* פַּעֲמוֹן אַזְעָקָה; אוֹת אַזְעָקָה
tod, (on one's tod) *לְבַדּוֹ
today' *adv&n.* הַיּוֹם; בַּזְּמַן הַזֶּה
tod'dle *v.* הִתְנוֹדֵד, הָלַךְ כְּתִינוֹק
toddler *n.* תִּינוֹק (הלומד ללכת)
tod'dy *n.* טוֹדִי; מַשְׁקֵה־תְּמָרִים
to-do (tədōō') *n.* הֲמוּלָה, הִתְרַגְּשׁוּת
toe (tō) *n.* בֹּהֶן, אֶצְבַּע־הָרֶגֶל; חַרְטוֹם
  from top to toe מִכַּף רֶגֶל וְעַד רֹאשׁ
toe *v.* נָגַע בִּבְהוֹנוֹת הָרֶגֶל
  toe the line/mark הָלַךְ בַּתֶּלֶם
tof'fee, tof'fy *n.* טוֹפִי, סוּכָּרִיָּה
tog *v&n.* לָבַשׁ; הִלְבִּישׁ; בֶּגֶד
togeth'er (-gedh-) *adv.* יַחַד, בְּיַחַד;
  בּוֹ־זְמַנִּית; בְּלִי הֶרֶף, בִּרְצִיפוּת
  bring together הִפְגִּישׁ
  come together נִפְגַּשׁ
  put together יִחֵד; הִרְכִּיב
tog'gle *n.* כַּפְתּוֹר־עֵץ, כַּפְתּוֹר מוֹאֳרָךְ
toil *n.* עָמָל, עֲבוֹדָה מְפָרֶכֶת; רֶשֶׁת
toil *v.* עָמַל, טָרַח; הִתְנַהֵל בִּכְבֵדוּת
toi'let *n.* רַחְצָה, הִתְיַפּוּת; תַּמְרוּק;
  הוֹפָעָה; טוֹאָלֶט; שֵׁרוּתִים; אַסְלָה
toilet water מֵי־קוֹלוֹן
toilsome *adj.* מְעַיֵּף, מְיַגֵּעַ
to'ken *n&adj.* אוֹת, סִמָּן; מַזְכֶּרֶת;
  אֲסִימוֹן; תַּו־קְנִיָּה, תְּלוּשׁ; סִמְלִי
  by the same token בְּאוֹרַח דּוֹמֶה
told = p of tell (tōld)
tol'erable *adj.* נִסְבָּל, טוֹב לְמַדַּי
tol'erance *n.* סוֹבְלָנוּת; סִבּוֹלֶת
tol'erate' *v.* סָבַל, נָשָׂא; הִתִּיר
toll (tōl) *n&v.* מַס, מַס־דְּרָכִים;
  מְחִיר; קְצִיר־דָּמִים; צִלְצוּל; צִלְצֵל
toll call שִׂיחָה בֵּין־עִירוֹנִית; שִׂיחַת־חוּץ
toll-house *n.* בֵּית גּוֹבֵה־הַמַּס, דַּרְכִּיָּה
toma'to *n.* עַגְבָנִיָּה
tomb (tōōm) *n.* קֶבֶר
tom'boy' *n.* נַעֲרָה נִמְרֶצֶת, שׁוֹבָבָנִית
tombstone *n.* מַצֵּבָה
tom'cat' *n.* חָתוּל (זָכָר)
tome *n.* כֶּרֶךְ עָבֶה, סֵפֶר כָּבֵד
tom'foo'lery *n.* טִפְּשׁוּת, שְׁטוּת
Tom'my gun טוֹמִיגָן, תַּת־מַקְלֵעַ
tomor'row (-ō) *adv&n.* מָחָר; הֶעָתִיד
ton (tun) *n.* טוֹנָה; 100 מִיל בְּשָׁעָה
to'nal *adj.* צְלִילִי, טוֹנִי, טוֹנָלִי
tone *n.* טוֹן, צְלִיל; נִימָה; אֲוִירָה,
  רוּחַ; אוֹפִי, צִבְיוֹן; גָּוֶן; גְּמִישׁוּת
tone *v.* שִׁוָּה צְלִיל/גָּוֶן מְיוּחָד לְ־
  tone down רִכֵּךְ; הִנְמִיךְ הַטּוֹן; עִדֵּן
  tone in with הִתְאִים, הִשְׁתַּלֵּב עִם
  tone up הִגְבִּיר, חִזֵּק, הִמְרִיץ
tongs *npl.* צְבָת; מֶלְקָחַיִם
tongue (tung) *n.* לָשׁוֹן; שָׂפָה
  hold one's tongue שָׁתַק, הֶחֱרִישׁ

lost his tongue דָּבְקָה לְשׁוֹנוֹ לְחִכּוֹ
tongue in cheek לֹא רְצִינִי, אִירוֹנִי
tongue of flame לְשׁוֹן־אֵשׁ
tongue-tied *adj.* נְטוּל־דִּבּוּר, שַׁתְקָן
tongue twister מִלָּה קָשַׁת־בִּטּוּי
ton'ic *n&adj.* טוֹנִיק, אֶתֶן, סַם חִזּוּק; יָסֵד, טוֹן יְסוֹדִי; מְחַזֵּק, מְרַעֲנֵן
tonight' *adv&n.* הַלַּיְלָה, בְּלַיְלָה זֶה
ton'nage (tun-) *n.* טוֹנָז', תְּפוּסָה
ton'sil (-səl) *n.* שָׁקֵד (בלוטה)
ton'silli'tis *n.* דַּלֶּקֶת־שְׁקֵדִים
ton'sure (-shər) *n.* גִּלּוּחַ הָרֹאשׁ
too *adv.* יוֹתֵר מִדַּי; בְּיוֹתֵר; גַּם כֵּן
only too- מְאוֹד, בְּהֶחְלֵט, בְּיוֹתֵר
too much/too many יוֹתֵר מִדַּי
took = pt of take
tool (to͞ol) *n&v.* מַכְשִׁיר, כְּלִי; אֶמְצָעִי; כְּלִי־שָׁרֵת; עִצֵּב; קִשֵּׁט, צִיֵּד
tool along נָסַע; נָהַג
toot (to͞ot) *n&v.* צְפִירָה; שְׁרִיקָה; צָפַר
tooth (to͞oth) *n.* שֵׁן; חוֹד, זִיז
in the teeth of לַמְרוֹת, חֵרֶף
long in the tooth זָקֵן, יָשִׁישׁ
set his teeth on edge עִצְבְּנוֹ
teeth שִׁנַּיִם, כּוֹחַ אֶפֶקְטִיבִי
toothache *n.* כְּאֵב־שִׁנַּיִם
toothbrush *n.* מִבְרֶשֶׁת־שִׁנַּיִם
toothless *adj.* חֲסַר־שִׁנַּיִם
toothpaste *n.* מִשְׁחַת־שִׁנַּיִם
toothpick *n.* קֵיסַם־שִׁנַּיִם, מַחְצֵצָה
toothsome *adj.* טָעִים, עָרֵב
too'tle *v&n.* *צָפַר; הָלַךְ; צְפִירָה
toots, toot'sy *n.* *מוֹתֶק, חָבִיב
top *n.* רֹאשׁ; שִׂיא, פִּסְגָּה; חֵלֶק עֶלְיוֹן, צַמֶּרֶת; מִכְסֶה; סְבִיבוֹן
blow one's top *הִתְפָּרֵץ בְּזַעַם
go over the top פָּעַל בִּמְהִירוּת
on top לְמַעְלָה; יָדוֹ עַל הָעֶלְיוֹנָה
on top of מֵעַל לְ, עַל־גַּבֵּי; בְּרֹאשׁ
on top of that נוֹסָף עַל כָּךְ
on top of the world בָּרָקִיעַ הַשְּׁבִיעִי
top *v.* הִגִּיעַ לַפִּסְגָּה; עָלָה עַל
to top it all וּמֵעַל כָּל זֹאת
top off הִשְׁלִים, סִיֵּם, גָּמַר
top out חָגַג סִיּוּם, חָנַךְ
top up מִלֵּא (כוסית/כלי), הוֹסִיף
top *adj.* רָאשִׁי, עֶלְיוֹן, רִאשׁוֹן, מְרַבִּי

top dog מְנַצֵּחַ, יָדוֹ עַל הָעֶלְיוֹנָה
to'paz' *n.* פִּטְדָה, טוֹפָּז
top brass *קְצוּנָה גְּבוֹהָה
topcoat *n.* מְעִיל עֶלְיוֹן; צִפּוּי עֶלְיוֹן
top-flight *adj.* מֵהַשּׁוּרָה הָרִאשׁוֹנָה
top hat מִגְבַּע, צִילִינְדֶר
to'piar'y (-pieri) *n.* גַּנָּנוּת־נוֹי
top'ic *n.* נוֹשֵׂא, נוֹשֵׂא לְשִׂיחָה
top'ical *adj.* מְקוֹמִי; אַקְטוּאָלִי
topless *adj.* חֲשׂוּפַת־שָׁדַיִם, לְלֹא חָזִיָּה
topmast *n.* תֹּרֶן עִלִּי
topmost *adj.* גָּבוֹהַּ בְּיוֹתֵר, עֶלְיוֹן
topog'raphy *n.* טוֹפּוֹגְרַפְיָה, פְּנֵי הַקַּרְקַע
top'ping *n&adj.* צִפּוּי עֶלְיוֹן; *מְצֻיָּן
top'ple *v.* הִפִּיל; הִתְמוֹטֵט, קָרַס
top secret סוֹדִי בְּיוֹתֵר
topside *n.* צִדּוֹן; נֵתַח בָּשָׂר מוּבְחָר
topsoil *n.* שִׁכְבָה עֶלְיוֹנָה (בקרקע)
top'sy-tur'vy *n.* תֹּהוּ וָבֹהוּ
To'ra, To'rah (-rə) *n.* תּוֹרָה
torch *n.* לַפִּיד, אֲבוּקָה; מַבְעֵר; פַּנַּס־יָד
carry a torch for הָיָה מְאוֹהָב בְּ—
torchbearer *n.* לַפִּידַאי, נוֹשֵׂא לַפִּיד
torch singer זַמֶּרֶת שִׁירֵי־אַהֲבָה נוּגִים
tore = pt of tear
tor'ment' *n.* כְּאֵב, סֵבֶל, יִסּוּרִים
tor·ment' *v.* הִכְאִיב, יִסֵּר, עִנָּה
torn = pp of tear
tor·na'do *n.* טוֹרְנָדוֹ, סוּפָה עַזָּה
tor·pe'do *n&v.* טוֹרְפֶּדוֹ; טִרְפֵּד
tor'pid *adj.* אִטִּי; רָדוּם; חֲסַר־תְּחוּשָׁה
tor'por, tor·pid'ity *n.* אִטִּיּוּת
torque (tôrk) *n.* עֲנָק, קוֹלָר; אֶצְעָדָה
tor'rent *n.* זֶרֶם, שֶׁטֶף; מָטָר, מַבּוּל
tor'rid *adj.* חַם, לוֹהֵט, צָחִיחַ; נִלְהָב
tor'so *n.* טוֹרְסוֹ, גּוּף נְטוּל רֹאשׁ וְגַפַּיִם
tor'toise (-təs) *n.* צָב
tor'tuous (-'cho͞oəs) *adj.* מִתְפַּתֵּל
tor'ture *n&v.* סֵבֶל, כְּאֵב; עִנָּה
toss (tôs) *v&n.* זָרַק, הֵטִיל; טִלְטֵל; הִתְנַפְנֵף; בָּחַשׁ; זְרִיקָה; הַגְרָלָה
toss off שִׁרְבֵּט; גָּמָא בִּגְמִיעָה אַחַת
toss-up *n.* הֲטָלַת־מַטְבֵּעַ
tot *n&v.* פָּעוֹט, תִּינוֹק; כּוֹסִית מַשְׁקֶה
tot up to הִסְתַּכֵּם בְּ—
to'tal *adj&n.* שָׁלֵם, מוּחְלָט; סַךְ הַכֹּל
total *v.* סִכֵּם; הִסְתַּכֵּם בְּ־; הִגִּיעַ לְ—

to·tal'ita'rian *adj.* טוֹטָלִיטָרִי, רוֹדָנִי
to'tally *adv.* לְגַמְרֵי, כָּלִיל
to'to *n.* סַךְ הַכֹּל
tot'ter *v.* פָּסַע בְּאִי־יַצִּיבוּת; מָעַד
touch (tuch) *v.* נָגַע; מִשֵּׁשׁ; הִגִּיעַ לְ־; הִקִּישׁ/לָחַץ קַלּוֹת; הִשְׁתַּוָּה אֶל; עָסַק/דָּן בְּ־; נָגַע לַלֵּב; קִלְקֵל
touch bottom יָרַד פְּלָאִים
touch for *סָחַט (הלוואה), שְׁנוֹרֵר
touch off גָּרַם, הִפְעִיל, פּוֹצֵץ
touch up שִׁפֵּר, שִׁפֵּץ, תִּקֵּן, תִּגְמֵר
touch wood הַקֵּשׁ בָּעֵץ, בְּלִי עַיִן הָרָע
touch *n.* מַגָּע, נְגִיעָה; (חוש ה־) מִשּׁוּשׁ; הֶתְקֵף; מַכָּה; נִימָה; קוּרְטוֹב
easy touch *טֶרֶף קַל לִשְׁנוֹרְרוּת
near touch הִנָּצְלוּת בְּנֵס
touch-and-go (מצב) עָדִין; מְסוּכָּן
touchdown *n.* (ברגבי) שַׁעַר; נְחִיתָה
touching *adj.* מְרַגֵּשׁ, נוֹגֵעַ לַלֵּב
touching *prep.* בְּנוֹגֵעַ לְ־, בְּיַחַס לְ—
touch-type *n.* כַּתְבָנוּת עִוֶּרֶת
touch'y (tuch'i) *adj.* פָּגִיעַ, רָגִישׁ, עָדִין
tough (tuf) *adj&n.* חָזָק; קָשֶׁה; קָשׁוּחַ; צָמִיג; עַקְשָׁנִי; גַּס; פִּרְאִי; אַלִּים
toughen *v.* הִקְשָׁה; הִתְקַשָּׁה
tour (toor) *n&v.* טִיּוּל; סִיּוּר; תִּיּוּר; סְבוּב־הוֹפָעוֹת; טִיֵּל, סִיֵּר
tour'ism' (toor'-) *n.* תַּיָּרוּת
tour'ist (toor'-) *n&adj.* תַּיָּר
tour'nament (toor'-) *n.* טוּרְנִיר
tourniquet (toor'nikət) *n.* חַסָּם, חוֹסֵם־עוֹרְקִים
tou'sle (-zəl) *v.* פָּרַע (שיער)
tout *n.* מְשַׁדֵּל לָקוֹחוֹת, סַפְסָר
tow (tō) *v&n.* גָּרַר, מָשַׁךְ; גְּרִירָה
toward(s) (tôrd(z)) *prep.* אֶל, לְעֵבֶר, כְּלַפֵּי, לִקְרַאת; לְשֵׁם, לְמַעַן
tow'el *n&v.* מַגֶּבֶת, אֲלוּנְטִית; נִגֵּב
throw in the towel נִכְנַע, וִתֵּר
tow'er *n&v.* מִגְדָּל; הִתְנַשֵּׂא; הִתְרוֹמֵם
tower over הָיָה מִשִּׁכְמוֹ וָמַעְלָה
towering *adj.* רָם, מִתְנַשֵּׂא; גָּדוֹל
tow-line *n.* כֶּבֶל־גְּרִירָה
town *n.* עִיר, כְּרַךְ
paint the town red חָגַג, הִתְהוֹלֵל
town and gown אֶזְרָחִים וַאֲקָדֶמָאִים
town clerk מַזְכִּיר הָעִיר
town council מוֹעֶצֶת הָעִירִיָּה
town hall בִּנְיַן הָעִירִיָּה
townsfolk *n.* תּוֹשְׁבֵי הָעִיר, עִירוֹנִיִּים
township *n.* עִיר, עֲיָרָה, מָחוֹז
townsman *n.* תּוֹשַׁב עִיר, בֶּן־כְּרַךְ
tow-rope *n.* כֶּבֶל־גְּרִירָה
tox'ic *adj.* טוֹקְסִי, רַעֲלִי, רַעֲלָנִי
tox'in *n.* טוֹקְסִין, רַעֲלָן
toy *n&v.* צַעֲצוּעַ; שַׁחֵק; הִשְׁתַּעֲשֵׁעַ
trace *n.* עָקֵב, עֲקֵבוֹת; סִמָּן; רוֹשֶׁם; קוּרְטוֹב; נִימָה; מוֹשְׁכָה, רְתָמָה
trace *v.* עָקַב; גִּלָּה; מָצָא; חָקַר; הִתְחַקָּה; שִׂרְטֵט; הֶעְתִּיק; הִשְׁתַּלְשֵׁל
tra'cery *n.* מַעֲשֵׂה־אֶבֶן; קִשּׁוּט, מִרְקָם
tracing *n.* עִקּוּב, מַעֲקָב; הִתְחַקּוּת
track *n.* עֲקֵבוֹת, סִמָּנִים; מַסְלוּל, נָתִיב; פַּסֵּי־רַכֶּבֶת; זַחַל, שַׁרְשֶׁרֶת
inside track מַסְלוּל פְּנִימִי; יִתְרוֹן
keep track of עָקַב אַחֲרֵי—
make tracks for שָׂם פְּעָמָיו אֶל—
track and field אַתְלֶטִיקָה קַלָּה
track *v.* עָקַב; הָלַךְ בְּעִקְּבוֹת
tracking *n.* מַעֲקָב
tracksuit *n.* בֶּגֶד־אִמּוּנִים, אִמּוּנִית
tract *n.* מַסֶּכֶת, חוֹבֶרֶת; אֵזוֹר, שֶׁטַח
trac'table *adj.* צַיְּתָן, מְמוּשְׁמָע, נוֹחַ
trac'tion *n.* גְּרִירָה; (כּוֹחַ־) מְשִׁיכָה
trac'tor *n.* טְרַקְטוֹר
trade *n.* סַחַר; עֵסֶק, מִקְצוֹעַ; עֲבוֹדָה
trade *v.* סָחַר; הֶחֱלִיף; קָנָה
trade in הֶחֱלִיף (משומש בחדש)
trade on נִצֵּל, הִשְׁתַּמֵּשׁ לְרָעָה
trademark *n.* סִמָּן מִסְחָרִי; סִמָּן הֶכֵּר
trader *n.* סוֹחֵר, אוֹנִיַּת־סוֹחֵר
tradesman *n.* סוֹחֵר, חֶנְוָנִי
trade union אִגּוּד מִקְצוֹעִי
trading post חֲנוּת־סְפָר
trading stamp בּוּל־קְנִיָּה, תָּוִית־שַׁי
tradi'tion (-di-) *n.* מָסוֹרֶת, מְסוֹרָה
traditional *adj.* מָסָרְתִּי
traduce' *v.* הוֹצִיא דִּבָּה, הִשְׁמִיץ
traf'fic *n.* תַּעֲבוּרָה, תְּנוּעָה; סַחַר
traffic light/signal רַמְזוֹר
trag'edy *n.* טְרַגֶדְיָה, חִזָּיוֹן תּוּגָה
trag'ic *adj.* טְרָגִי, מַעֲצִיב, נוּגֶה
trail *n.* עָקֵב, עֲקֵבוֹת, שׁוֹבֶל; נָתִיב
trail *v.* גָּרַר, מָשַׁךְ; עָקַב; הָלַךְ

בְּעִקְבוֹת; נִגְרַר, הִשְׁתָּרֵךְ; פִּגֵּר

trail off דָּעַךְ, נָמוֹג, גָּוַע

trail'er *n.* קְרוֹן־מְגוּרִים; גָּרוּר, נִגְרֶרֶת, נִגְרָר, מִגְרָר; קִטְעֵי־סֶרֶט; רוֹגְלִית

train *n.* רַכֶּבֶת; שַׁיָּרָה; סִדְרָה; שׁוֹבֶל

bring in its train הֵבִיא בְּעִקְבוֹתָיו

train *v.* אִמֵּן, אִלֵּף; הִכְשִׁיר; הִתְאַמֵּן

train on/upon כִּוֵּן לְעֵבֶר—

trainee' *n.* מִתְאַמֵּן, מִתְמַחֶה; חָנִיךְ

trainer *n.* מַדְרִיךְ, מְאַלֵּף; מְטוֹס־אִמּוּן

training *n.* הַכְשָׁרָה; אִמּוּנִים; כּוֹשֶׁר

trait *n.* תְּכוּנָה, סְגֻלָּה, מְאַפְיֵן

trai'tor *n.* בּוֹגֵד

trai'torous *adj.* בּוֹגְדָנִי

trajec'tory *n.* מַסְלוּל, נָתִיב (של טיל)

tram *n.* חַשְׁמַלִּית, קְרוֹן־פֶּחָם

tram'mel *v.* כָּבַל, עָצַר, הִכְבִּיד

tramp *v&n.* צָעַד בִּכְבֵדוּת; שׁוֹטֵט; רָמַס; פַּעֲמֵי־רֶגֶל; טִיּוּל; קַבְּצָן; יַצְאָנִית

tram'ple *v&n.* דָּרַךְ, רָמַס; מִרְמָס

trance *n.* טְרַנְס, חֲרָגוֹן, הִפְנוּט

tran'quil *adj.* שָׁקֵט, שָׁלֵו, רָגוּעַ

tran·quil'ity *n.* שֶׁקֶט, שַׁלְוָה, מַרגוֹעַ

tran'quilize' *v.* הִשְׁקִיט, הִרְגִּיעַ

trans·act' *v.* הוֹצִיא לְפוֹעַל, נִהֵל

trans·ac'tion *n.* עִסְקָה; דו"חַ

tran·scend' *v.* הִתְעַלָּה/עָלָה עַל

tran·scribe' *v.* תִּעְתֵּק; הִקְלִיט

tran·scrip'tion *n.* תִּעְתּוּק, תַּעְתִּיק

trans'fer *v.* הֶעֱבִיר; מָסַר; עָבַר

transfer *n.* הַעֲבָרָה, מְסִירָה; טְרַנְסְפֶר

trans'ferable *adj.* עָבִיר

trans·fig'ure (-gyər) *v.* שִׁנָּה צוּרָה

trans·fix' *v.* שִׁפֵּד; נָעַץ; שִׁתֵּק, אִבֵּן

trans·form' *v.* שִׁנָּה, הָפַךְ

trans·form'er *n.* שַׁנַּאי

trans·fu'sion (-zhən) *n.* עֵרוּי

trans·gress' *v.* הֵפֵר (חוק/זכויות)

trans·gres'sor *n.* מֵפֵר, עַבְרָיָן

tran'sient (-'shənt) *adj&n.* אֲרָעִי

tran·sis'tor (-zis-) *n.* טְרַנְזִיסְטוֹר

tran'sit *n.* הַעֲבָרָה, מַעֲבָר

tran·si'tion (-zi-) *n.* מַעֲבָר, שִׁנּוּי

tran'sitive verb פּוֹעַל יוֹצֵא

tran'sito'ry *adj.* אֲרָעִי, רִגְעִי, חוֹלֵף

Trans·jor'dan *n.* עֵבֶר־הַיַּרְדֵּן

trans·late' *v.* תִּרְגֵּם; נִתַּרְגֵּם; פֵּרֵשׁ, הִסְבִּיר; הֶעֱבִיר, הֶעְתִּיק

trans·la'tion *n.* תִּרְגּוּם, תַּרְגּוּם

trans·la'tor *n.* מְתַרְגֵּם

trans·lit'era'tion *n.* תַּעְתִּיק

trans·lu'cent *adj.* שָׁקוּף עֲמוּמוֹת

trans·mis'sion *n.* הַעֲבָרָה; מְסִירָה; שִׁדּוּר; מִמְסָרָה

trans·mit' *v.* הֶעֱבִיר; שִׁדֵּר; שִׁגֵּר

trans·mit'ter *n.* מַעֲבִיר; מַשְׁדֵּר

trans·mute' *v.* שִׁנָּה, הָפַךְ

trans·par'ency *n.* שְׁקִיפוּת; שְׁקוּפִית

trans·par'ent *adj.* שָׁקוּף; בָּרוּר, פָּשׁוּט

tran·spire' *v.* הִזִּיעַ, הִפְרִישׁ, פָּלַט, דִּיֵּת; הִתְגַּלָּה, הִתְבָּרֵר; הִתְרַחֵשׁ

trans·plant' *n&v.* הַשְׁתָּלָה; הֶעֱבִיר

trans·port' *v.* הוֹבִיל, הֶעֱבִיר; שִׁגֵּר; הִגְלָה, גֵּרֵשׁ; הִלְהִיב, מִלֵּא גִּיל

trans'port' *n.* תּוֹבָלָה; מִשְׁלוֹחַ; רֶכֶב

trans'porta'tion *n.* הוֹבָלָה; הַגְלָיָה

trans'pose' (-z) *v.* שִׁנָּה סֵדֶר/מָקוֹם

trans·ship' (-s-sh-) *v.* שִׁטְעֵן

trap *n&v.* מַלְכֹּדֶת; מַאֲרָב; סִיפוֹן; מֶרְכָּבָה; לָכַד; חָסַם; סָכַר

traps חֲפָצִים אִישִׁיִּים, מִטְעָן

trapdoor *n.* דֶּלֶת־רִצְפָּה, דֶּלֶת־תִּקְרָה

trapeze' *n.* טְרַפֵּז; מֶתַח נָע

trape'zium, trap'ezoid' *n.* טְרַפֵּז

trap'pings *npl.* קִשּׁוּטִים, עִטּוּרִים

trap-shooting *n.* קְלִיעָה לְמַטָּרָה עָפָה

trash *n.* זֶבֶל, אַשְׁפָּה; שְׁטֻיּוֹת; שָׁפָל

trau'ma *n.* טְרָאוּמָה; פְּגִיעָה, פֶּצַע

travail' *n.* עָמָל; צִירֵי־לֵדָה

trav'el *v.* נָסַע; שׁוֹטֵט, סִיֵּר; נָע

travel over עָבַר עַל פְּנֵי, בָּחַן

travel *n.* נְסִיעָה, מַסָּע; סִיּוּר; תְּנוּעָה

traveler *n.* נוֹסֵעַ; סוֹכֵן־נוֹסֵעַ

traverse' *v.* עָבַר, חָצָה; בָּחַן; צִדֵּד (תותח); הֵפֵר, הִתְנַגֵּד

traverse' *adj.* רוֹחְבִּי, חוֹצֶה

trav'esty *n&v.* פָּרוֹדְיָה, חִקּוּי, סִלּוּף, קָרִיקָטוּרָה; שָׂם לְלַעַג, חִקָּה

trawl *v&n.* (דג ב־) מכמורת; כָּמַר

tray *n.* מַגָּשׁ, טַס

in/out tray מַגַּשׁ דּוֹאַר נִכְנָס/יוֹצֵא

treach'erous (trech'-) *adj.* בּוֹגְדָנִי

treach'ery (trech'-) *n.* בְּגִידָה

trea'cle *n.* דִּבְשָׁה, נוֹזֵל דִּבְשִׁי

tread (tred) *v&n.* דָּרַךְ, צָעַד, הָלַךְ; רָמַס; דְּרִיכָה; צַעַד; הִלּוּךְ, מִדְרָךְ
tread on air רָחַף בָּרָקִיעַ הַשְּׁבִיעִי
tread water שָׂחָה זָקוּף
tread'le (tred-) *n&v.* דַּוְשָׁה; דָּוַשׁ
tread-mill *n.* עֲבוֹדָה חַדְגּוֹנִית
trea'son (-z-) *n.* בְּגִידָה
trea'sonous (-z-) *adj.* בּוֹגֵד
trea'sure (trezh'ər) *n&v.* אוֹצָר; מַטְמוֹן; יַקִּיר; אָצַר; הֶעֱרִיךְ, הוֹקִיר
treas'urer (trezh'-) *n.* גִּזְבָּר
treas'ury (trezh-) *n.* בֵּית־אוֹצָר, קֻפָּה
Treasury מִשְׂרַד הָאוֹצָר
treat *v.* נָהַג בְּ־, הִתְיַחֵס; טִפֵּל בְּ־; עָסַק; דָּן; הִזְמִין, כִּבֵּד; עִבֵּד
treat with נָשָׂא וְנָתַן עִם
treat *n.* תַּעֲנוּג; טִיּוּל; הַזְמָנָה, כִּבּוּד
it's my treat תּוֹרִי לְהַזְמִין/לְכַבֵּד
trea'tise (-tis) *n.* מֶחְקָר, מַסָּה
treatment *n.* טִפּוּל; יַחַס, הִתְנַהֲגוּת
trea'ty *n.* חוֹזֶה, בְּרִית, אֲמָנָה; מו״מ
treb'le *n.* דִּיסְקַנְט, סוֹפְּרָנוֹ
treble *adj&v.* פִּי שְׁלוֹשָׁה; שִׁלֵּשׁ
tree *n.* עֵץ; אִילָן; שִׂיחַ; קוֹרָה
at the top of the tree בַּצַּמֶּרֶת
up a tree בְּמַצָּב בִּישׁ, בְּבוֹץ
treetop *n.* צַמֶּרֶת
trel'lis *n&v.* (תָּמַךְ בְּ־) סוֹרֵג, סְבָכָה
trem'ble *v&n.* רָעַד; הִזְדַּעְזַע; רַעַד
tre•men'dous *adj.* גָּדוֹל, עָצוּם, כַּבִּיר
trem'or *n.* רַעַד, רְעִידָה, זַעֲזוּעַ
trem'u•lous *adj.* רוֹעֵד; נִפְחָד, נִבְהָל
trench *n&v.* חֲפִירָה, תְּעָלָה; חָפַר; הִתְחַפֵּר; בִּצֵּר; הִסִּיג גְּבוּל
tren'chant *adj.* נִמְרָץ, עַז, שָׁנוּן, חָרִיף
trend *n&v.* כִּוּוּן, מְגַמָּה; נָטָה, פָּנָה
trep'ida'tion *n.* פַּחַד, מֶתַח; רְעָדָה
tres'pass *v&n.* הִסִּיג גְּבוּל, חָדַר לִתְחוּם הַזּוּלַת; הַסָּגַת גְּבוּל; עֲבֵרָה
tress *n.* תַּלְתַּל, קְוֻצַּת־שֵׂעָר, מַחְלָפָה
tres'tle (-səl) *n.* חֲמוֹר, כַּן־שֻׁלְחָן
tri'al *n.* מִשְׁפָּט, שְׁפִיטָה; מִבְחָן; נִסָּיוֹן, נִסּוּי; מְצוּקָה; מְקוֹר־סֵבֶל
on trial לְנִסָּיוֹן; בִּבְדִיקָה; בְּדִין
trial balance מֹאזֵן־בּוֹחַן
trial balloon כַּדּוּר־גִּשּׁוּשׁ
tri'an'gle *n.* מְשֻׁלָּשׁ

tri'bal *adj.* שִׁבְטִי
tribe *n.* שֵׁבֶט, מִשְׁפָּחָה; קְבוּצָה, חוּג
trib'u•la'tion *n.* סֵבֶל, מְצוּקָה, תְּלָאָה
tri•bu'nal *n.* בֵּית־דִּין; טְרִיבּוּנָל
trib'une *n.* טְרִיבּוּן, מַנְהִיג; דּוּכָן, בָּמָה
trib'u•tar'y (-teri) *n.* פֶּלֶג; מְשַׁלֵּם מַס
trib'ute *n.* מַס; שַׁי; מֶחֱוַת־הוֹקָרָה
trice, in a trice כְּהֶרֶף עַיִן
trick *n.* תַּכְסִיס, תַּחְבּוּלָה; לַהֲטוּט
dirty trick מַעֲשֶׂה מֵבִישׁ, מַעֲשֶׂה שָׁפָל
do/turn the trick הִשִּׂיג הַמַּטָּרָה
trick *adj.* תַּחְבְּלָנִי, מַטְעֶה; חַלָּשׁ, קוֹרֵס
trick *v.* רִמָּה, הוֹלִיךְ שׁוֹלָל; קִשֵּׁט
trick'ery *n.* רַמָּאוּת, הוֹלָכַת־שׁוֹלָל
trick'le *v&n.* טִפְטֵף; זָרַם; זֶרֶם
trick'ster *n.* רַמַּאי, נוֹכֵל
trick'y *adj.* עַרְמוּמִי, תַּחְבְּלָנִי; מַטְעֶה
tri'cycle *n.* תְּלַת־אוֹפַן
tried (p of try) *adj.* בָּדוּק, מְנֻסֶּה
tri'fle *n.* דָּבָר פָּעוּט; קְצָת, מַשֶּׁהוּ
trifle *v.* שִׂחֵק, הִשְׁתַּעֲשֵׁעַ; זִלְזֵל
trifle away בִּזְבֵּז
tri'fling *adj.* חֲסַר־עֵרֶךְ, פָּעוּט, זָעוּם
trig *adj.* נָקִי, מְסֻדָּר, מְטֻפָּח
trig'ger *n&v.* הֶדֶק; עוֹרֵר, הִפְעִיל
trig'onom'etry *n.* טְרִיגוֹנוֹמֶטְרִיָּה
tri•lin'gual (-ngwəl) *adj.* תְּלַת־לְשׁוֹנִי
trill *n&v.* סִלְסוּל־קוֹל, טְרִיל; טִרְלֵל
tril'lion *n.* טְרִילְיוֹן
trim *v.* סִדֵּר, גָּזַז, גָּזַם; קִשֵּׁט, עִטֵּר; שִׁנָּה עֶמְדּוֹתָיו; *הֵבִיס; נָזַף
trim *adj.* מְסֻדָּר, מְטֻפָּח, נָקִי
trim *n.* סִדּוּר, גִּזּוּם; סֵדֶר; עִטּוּר
in (good) trim בְּמַצָּב תַּקִּין, כָּשִׁיר
tri•mes'ter *n.* טְרִימֶסְטֶר, רֶבַע שָׁנָה
trin'ity *n.* שְׁלִישִׁיָּה; שִׁלּוּשׁ
trin'ket *n.* תַּכְשִׁיט (פְּחוּת־עֵרֶךְ)
tri'o (trē'-) *n.* טְרִיּוֹ, שְׁלִישִׁיָּה, שְׁלָשִׁית
trip *v.* מָעַד, נִכְשַׁל; הִכְשִׁיל; רָץ
trip over a word גִּמְגֵּם מִלָּה
trip *n.* מְעִידָה; נְפִילָה; הַכְשָׁלָה; טָעוּת; מַסָּע, טִיּוּל; הֶתְקֵן־הַפְעָלָה; *טְרִיפּ
tripe *n.* כֹּתֶל־קֵבָה; *שְׁטֻיּוֹת, הֲבָלִים
trip'le *adj&v.* מְשֻׁלָּשׁ; פִּי 3; שִׁלֵּשׁ
trip'let *n.* שְׁלִישִׁיָּה; מְשֻׁלּוֹשׁ
trip'licate' *v.* שִׁלֵּשׁ, הִכְפִּיל בְּ־3
trip'licate *adj&n.* (הֶעְתֵּק) מְשֻׁלָּשׁ

tri′pod′ *n.* חֲצוּבָה, תְּלַת־רֶגֶל
trip′ping *adj.* קַל, קַלִּיל, זָרִיז, מָהִיר
trite *adj.* נָדוֹשׁ, חָבוּט, מְיוּשָּׁן
tri′umph *n&v.* נִצָּחוֹן; הַצְלָחָה מְלֵאָה; שִׂמְחַת־נִצָּחוֹן; נָחַל נִצָּחוֹן; צָהַל
tri·um′phant *adj.* חוֹגֵג; מְנַצֵּחַ
triv′ia *npl.* קְטַנּוֹת, דְּבָרִים חַסְרֵי־עֵרֶךְ
triv′ial *adj.* קַל־עֵרֶךְ, פָּעוּט; רָגִיל, שִׁטְחִי
triv′ial′ity *n.* דָּבָר פָּעוּט/נְטוּל חֲשִׁיבוּת
trod = p of tread
trod′den = pp of tread
Tro′jan *n.* טְרוֹיָאנִי, אַמִּיץ
troll (trōl) *v.* דָּג בְּחַכָּה; שָׁר, זִמֵּר
trol′ley *n.* עֶגְלַת־יָד; שׁוּלְחַן־תֵּה; קְרוֹנִית־יָד; גַּלְגִּלּוֹן־מַגָּע; חַשְׁמַלִּית
trolley bus טְרוֹלֵיבּוּס, אוֹטוֹבּוּס חַשְׁמַלִּי
trol′lop *n.* יַצְאָנִית, מוּפְקֶרֶת; מְרוּשֶּׁלֶת
trom·bone′ *n.* טְרוֹמְבּוֹן (כלי־נשיפה)
troop (tro͞op) *n&v.* קְבוּצָה, לַהֲקָה; פְּלוּגָה; חַיִל; צָעַד בִּקְבוּצָה, נָהַר
troop carrier מוֹבִיל צָבָא
troo′per *n.* שׁוֹטֵר; פָּרָשׁ; שִׁרְיוֹנַאי
tro′phy *n.* פְּרָס; מַזְכֶּרֶת־צַיִד; שָׁלָל
trop′ic *n.* טְרוֹפִּיק, מַהְפָּךְ, חוּג
trop′ical *adj.* טְרוֹפִּי, חַם
trot *v&n.* רָהַט, רָץ; דָּהֲרֵר; דַּהֲרוּר
trot out *הֶרְאָה, הִפְגִּין, הִצִּיג
on the trot בָּזֶה אַחַר זֶה; בִּרְצִיפוּת; בִּתְנוּעָה; מִתְרוֹצֵץ; *סוֹבֵל מִשִּׁלְשׁוּל
troth *n.* נֶאֱמָנוּת, כֵּנוּת; אֱמֶת
plight one's troth הִבְטִיחַ נִשּׂוּאִים
troub′le (trub′-) *v.* הֵצִיק, הִדְאִיג, הִרְגִּיז; הִטְרִיחַ; הֶעֱלָה אַדְוָה
trouble *n.* צָרָה, צָרוֹת, דְּאָגָה, קוֹשִׁי; טִרְחָה; אִי־נְעִימוּת; מֵחוֹשׁ; תַּקָּלָה
go to/take the trouble טָרַח
trouble-maker *n.* עוֹשֵׂה־צָרוֹת
trouble-shooter *n.* מְיַשֵּׁר־הַדּוּרִים
troublesome *adj.* מַרְגִּיז, מַדְאִיג
trough (trôf) *n.* אֵבוּס; עֲרֵבָה; תְּעָלָה
trounce *v.* הִכָּה, הִלְקָה; הֵבִיס
troupe (tro͞op) *n.* לַהֲקָה, קְבוּצָה
trou′sers (-z-) *npl.* מִכְנָסַיִם
trousseau (tro͞o′sō) *n.* חֶפְצֵי־הַכַּלָּה
trout *n.* טְרוּטָה (דג); זְקֵנָה בָּלָה
trow′el *n.* כַּף־סַיָּדִים, מָרִית
tru′ant *n.* נֶעְדָּר (מבי״ס), שְׁתַמְטָן

truce *n.* הֲפוּגָה, הַפְסָקַת־אֵשׁ
truck *n.* מַשָּׂאִית; קְרוֹן־מַשָּׂא; חֲלִיפִין
has no truck with אֵין לוֹ עֵסֶק עִם
truck system תַּשְׁלוּם בְּשָׁוֶה־כֶּסֶף
truc′u·lent *adj.* אַכְזָרִי, פִּרְאִי; עַז
trudge *v.* הָלַךְ בִּכְבֵדוּת, הִשְׁתָּרֵךְ
true (tro͞o) *adj&n.* נָכוֹן, אֲמִתִּי, כֵּן, נֶאֱמָן; מְקוֹרִי; מְדֻיָּק, מְהֵימָן; וַדַּאי
come true הִתְגַּשֵּׁם, הִתְאַמֵּת
true *adv&v.* בֶּאֱמֶת, נֶאֱמָנָה; בְּדִיּוּק
true up כִּוֵּן/הִתְאִים בְּדַיְקָנוּת
true-born *adj.* מִבֶּטֶן וּמִלֵּדָה, כָּשֵׁר
true-love *n.* אָהוּב, אֲהוּבָה
tru′ism *n.* אֲמִתָּה, אֱמֶת בְּרוּרָה
tru′ly *adv.* בֶּאֱמֶת; אַלִּבָּא דֶּאֱמֶת
trump *n.* קְלַף־נִצָּחוֹן; חֲצוֹצְרָה; בֶּן־חַיִל
trump *v.* זָכָה, שִׂחֵק בִּקְלַף הַנִּצָּחוֹן
trump up הִמְצִיא, בָּדָה
trum′pet *n.* (תְּקִיעַת) חֲצוֹצְרָה
trumpet *v.* חִצְצֵר; הֵרִיעַ; הִכְרִיז
trun′cate *v.* קָטַם, קִצֵּץ
trun′cheon (-chən) *n.* אַלָּה, מַקֵּל
trun′dle *v.* גִּלְגֵּל; הִתְגַּלְגֵּל; דָּחַף
trunk *n.* גֶּזַע; גּוּפָה, עִקַּר־הַשֶּׁלֶד; מִזְוָדָה; תָּא־הַמִּטְעָן; חֶדֶק־הַפִּיל
trunks מִכְנָסַיִם קְצָרִים; בֶּגֶד־יָם
trunk call שִׂיחַת־חוּץ (טלפונית)
truss *v.* קָשַׁר, צָרַר; עָקַד; תָּמַךְ
truss *n.* מִתְמָךְ; חֲגוֹרַת־שֶׁבֶר; חֲבִילָה
trust *n.* בִּטָּחוֹן, אֵמוּן; פִּקָּדוֹן, שְׁמִירָה; נֶאֱמָנוּת, אֶפִּיטְרוֹפְּסוּת; טְרַסְט, מוֹנוֹפּוֹל
take on trust קִבֵּל, הֶאֱמִין
trust *v.* בָּטַח, סָמַךְ עַל; הֶאֱמִין; הִפְקִיד; הִרְשָׁה; מָכַר בְּהַקָּפָה
I trust אֲנִי בָּטוּחַ/מְשׁוּכְנָע/מְקַוֶּה
trus·tee′ *n.* נֶאֱמָן, מְמוּנֶּה, מְפַקֵּחַ
trusteeship *n.* (שטח) נֶאֱמָנוּת
trustful *adj.* מַאֲמִין, בּוֹטֵחַ, לֹא חַשְׁדָנִי
trustworthy *adj.* רָאוּי לְאֵמוּן, אָמִין
trusty *adj&n.* מְהֵימָן; אָסִיר מְהֵימָן
truth (tro͞oth) *n.* אֱמֶת; כֵּנוּת; יְסוֹד
in truth לַאֲמִתּוֹ שֶׁל דָּבָר, לְמַעֲשֶׂה
truthful *adj.* אֲמִתִּי, אָמִין, דּוֹבֵר אֱמֶת
try *v.* נִסָּה; בָּדַק, בָּחַן; שָׁפַט, דָּן; אִמֵּץ, הֶלְאָה, מָתַח; צִעֵר
try for נִסָּה לִזְכּוֹת, הִתְמוֹדֵד עַל
try one's hand נִסָּה כּוֹחוֹ בְּ—

try out נִסָּה, בָּחַן; הִתְמוֹדֵד
try *n.* נִסָּיוֹן; בְּדִיקָה; (ברגבי) זְכִיָּה
trying *adj.* קָשֶׁה, מַרְגִּיז; מְאַמֵּץ
try-out *n.* מִבְחַן הַתְאָמָה (לתפקיד)
tryst *n.* פְּגִישָׁה, מְקוֹם מִפְגָּשׁ
T-shirt *n.* חוּלְצַת טִי (קְצָרַת שַׁרווּל)
tub *n.* גִּיגִית, עָבִיט; *אַמְבַּט; גּוּץ
tub'by *adj.* דְּמוּי־גִּיגִית; גּוּץ, שָׁמֵן
tube *n.* אַבּוּב, שְׁפוֹפֶרֶת, צִנּוֹר, קָנֶה; נוּרַת־רַדְיוֹ; מִנְהָרָה, רַכֶּבֶת תַּחְתִּית
tu'ber *n.* פְּקַעַת, גִּבְעוֹל מְעוּבֶּה
tu·ber'cu·lo'sis (tōō-) *n.* שַׁחֶפֶת
tuck *v.* הִכְנִיס, תָּחַב; קִפֵּל, חָפַת
tuck away שָׁמַר, הִסְתִּיר; *זָלַל
tuck *n.* קֶפֶל, חֵפֶת; *אוֹכֶל, מַמְתַּקִּים
Tues'day (tōōz'-) *n.* יוֹם שְׁלִישִׁי
tuft *n.* צִיצָה, צְרוֹר (שערות/נוצות)
tug *v&n.* מָשַׁךְ; סָחַב, גָּרַר; גְּרִירָה
tug of war מְשִׁיכַת־חֶבֶל (תחרות)
tug-boat *n.* סְפִינַת־גְּרַר
tu·i'tion (tōōish'ən) *n.* הוֹרָאָה, לִמּוּד
tu'lip *n.* צִבְעוֹנִי (צמח, פרח)
tum'ble *v.* נָפַל; הִפִּיל; מָעַד, נִכְשַׁל; הִתְגַּלְגֵּל; פָּרַע, בִּלְבֵּל
tumble in bed הִתְהַפֵּךְ עַל מִשְׁכָּבוֹ
tumble to *תָּפַס, קָלַט, הֵבִין
tumble *n.* נְפִילָה, מְעִידָה; אַנְדְּרָלָמוּסְיָה
tumble-down *adj.* רָעוּעַ, מָט לִפּוֹל
tum'bler *n.* כּוֹס; לוּלְיָן, אַקְרוֹבָּט
tu·mes'cent (tōō-) *adj.* תּוֹפֵחַ, נָפוּחַ
tu'mid *adj.* נָפוּחַ; (סגנון) מְנוּפָּח
tu'mor *n.* גִּדּוּל (בגוף), שְׂאֵת
tu'mult *n.* רַעַשׁ, הֲמוּלָה; מְבוּכָה
tu'na *n.* טוּנָה, טוּנוּס, אֲטוּנָס (דג)
tune *n.* לַחַן, מַנְגִּינָה, נְעִימָה; הַרְמוֹנְיָה
call the tune מָשַׁל בְּכִפָּה
to the tune of בְּסַךְ, טָבִין וּתְקִלִין
tune *v.* כִּוֵּן, כּוֹנֵן, תֵּאֵם
tuneful *adj.* נָעִים לָאוֹזֶן, מֶלוֹדִי
tu'ner *n.* כַּוְנָן, מוּמְחֶה לְכִוְנוּן
tu'nic *n.* טוּנִיקָה; מוֹתְנִיָּה; לְסוּטָה
tuning fork *n.* מַזְלֵג־קוֹל, קוֹלָן, מַצְלֵל
tun'nel *n&v.* (חָפַר) מִנְהָרָה, נִקְבָּה
tur'ban *n.* טוּרְבָּן, מִצְנֶפֶת, תַּרְבּוּשׁ
tur'bid *adj.* בּוֹצִי, עָכוּר; מְבוּלְבָּל
tur'bine *n.* טוּרְבִּינָה
tur'bu·lent *adj.* תּוֹסֵס, רוֹגֵשׁ; נִסְעָר

tureen' *n.* מָגֵס, קְעָרַת־שׁוּלְחָן עֲמוּקָה
turf *n.* טוֹרֶף, כָּבוּל; עֶשְׂבָּה
the turf (מסלול) מְרוֹצֵי־סוּסִים
tur'gid *adj.* נָפוּחַ; נִמְלָץ, מְנוּפָּח
Turk *n.* טוּרְקִי; *שׁוֹבָב, תַּכְשִׁיט
tur'key *n.* תַּרְנְגוֹל־הוֹדּוּ; *כִּשָּׁלוֹן
talk turkey דִּבֵּר גְּלוּיוֹת/לָעִנְיָן
Tur'kish *adj&n.* טוּרְקִי; תּוּרְכִּית
tur'moil *n.* מְבוּכָה, מְהוּמָה, אִי־שֶׁקֶט
turn *v.* סוֹבֵב; הִסְתּוֹבֵב; הִפְנָה; פָּנָה; נָטָה; הָפַךְ; הִתְהַפֵּךְ; הָיָה, נַעֲשָׂה; שִׁנָּה; הִשְׁתַּנָּה; כִּוֵּן; הִגִּיעַ; עָבַר; יָצַר, עִצֵּב (במחרטה)
turn a blind eye הֶעֱלִים עַיִן
turn a phrase טָבַע בִּטּוּי נָאֶה
turn about הִסְתּוֹבֵב, פָּנָה לְאָחוֹר
turn away הִסְתַּלֵּק, סָר מִן; גֵּרֵשׁ
turn back חָזַר; הֶחֱזִיר; קִפֵּל
turn down דָּחָה; הִקְטִין; קִפֵּל
turn his head סִחְרֵר רֹאשׁוֹ
turn in קִפֵּל; הֶחֱזִיר, הֵשִׁיב; מָסַר, נָתַן; הִסְגִּיר; *הָלַךְ לִישׁוֹן
turn into הָפַךְ לְ־, נַעֲשָׂה לְ—
turn on פָּתַח; הִדְלִיק; הִפְעִיל
turn on/upon הִתְקִיף, הִתְנַפֵּל עַל
turn out סָגַר; כִּבָּה; הָפַךְ; רוֹקֵן; נִקָּה; גֵּרֵשׁ, פִּטֵּר; הִתְאַסֵּף, הוֹפִיעַ; הֵפִיק, יִצֵּר; הִסְתַּבֵּר
turn over הָפַךְ; הִתְהַפֵּךְ; מָסַר
turn round הִסְתּוֹבֵב; סוֹבֵב; הִקִּיף
turn up הוֹפִיעַ, הִגִּיעַ; הִתְגַּלָּה, נִמְצָא; מָצָא, גִּלָּה; חָשַׂף; קִפֵּל, הִפְשִׁיל; הִגְבִּיר; קָרָה
turn *n.* סִבּוּב; פְּנִיָּה; מִפְנֶה; תּוֹר, הִזְדַּמְּנוּת; תּוֹרָנוּת; מַעֲשֶׂה, פְּעוּלָה; מַטָּרָה; מוֹפָע, קֶטַע; נְטִיָּה, כִּשְׁרוֹן; טִיּוּל, הֲלִיכָה; *הֶלֶם, זַעֲזוּעַ; הֶתְקֵף
by turns חֲלִיפוֹת, לְסֵרוּגִין
in turn לְפִי תּוֹר, בָּזֶה אַחַר זֶה
out of turn לֹא בְּעִתּוֹ; לֹא בְּחוֹכְמָה
turn of the century סוֹף הַמֵּאָה
turnabout *n.* תַּפְנִית, שִׁנּוּי־כִּוּוּן
turncoat *n.* עָרִיק מִפְלַגְתִּי, בּוֹגֵד
turn-down *adj.* מִתְקַפֵּל
turning *n.* פְּנִיָּה, מִסְעָף
turning point נְקוּדַת־מִפְנֶה
tur'nip *n.* לֶפֶת (ירק)

turnkey *n.* שׁוֹמֵר הַמַּפְתְּחוֹת, סוֹהֵר
turn-out *n.* נוֹכְחִים, צוֹפִים; תִּלְבּוֹשֶׁת; צִיּוּד; פִּנּוּי, נִקּוּי; תְּפוּקָה
turn-over *n.* שִׁנּוּי, הֲפִיכָה; מַחֲזוֹר, פִּדְיוֹן; תַּחֲלוּפָה; קִפּוּלִית (עוגה)
turn'pike' *n.* כְּבִישׁ מָהִיר; כְּבִישׁ אַגְרָה
turn'stile' *n.* שַׁעַר מִסְתּוֹבֵב
turntable *n.* מִשְׁטָח מִסְתּוֹבֵב
turn-up *n.* חֵפֶת, קֶפֶל; הַפְתָּעָה
tur'pitude' *n.* רִשְׁעוּת, שִׁפְלוּת
tur'quoise (-z) *n.* טוּרְקִיז, פִּרוֹזָג, נוֹפֶךְ
tur'ret (tûr'-) *n.* צְרִיחַ
tur'tle *n.* צָב, צַב־יָם
turn turtle (לגבי ספינה) הִתְהַפְּכָה
turtle-dove *n.* תּוֹר, יוֹנַת־בָּר
tusk *n.* נִיב; שֶׁן־הַפִּיל, שֶׁנְהָב
tus'sle *v&n.* נֶאֱבַק, נִלְחַם; תִּגְרָה
tu'telage *n.* חָסוּת, פַּטְרוֹנוּת; פִּקּוּחַ
tu'tor *n&v.* מוֹרֶה פְּרָטִי; חוֹנֵךְ; הִדְרִיךְ
tu·to'rial (too-) *adj&n.* שֶׁל מוֹרֶה; שֶׁל הוֹרָאָה, לִמּוּדִי; שִׁעוּר
tux·e'do *n.* טוּקְסִידוֹ, חֲלִיפָה מְהוּדֶּרֶת
TV = television טֶלֶוִיזְיָה
twad'dle (twod-) *n.* שְׁטֻיּוֹת, פִּטְפּוּט
twang *n&v.* צְלִיל; אִנְפּוּף; אִנְפֵּף
'twas = it was (twoz)
tweak *v&n.* צָבַט, מָשַׁךְ; צְבִיטָה
tweed *n.* טְוִיד (אריג צמר רך)
'tween = between
tweet *n&v.* צִיּוּץ; צִיֵּץ
twee'zers *npl.* מַלְקֵט; מֶלְקָחִית
twelfth *adj&n.* (הַחֵלֶק) הַשְּׁנֵים־עָשָׂר
twelve *adj&n.* שְׁנֵים־עָשָׂר, תְּרֵיסָר
twen'tieth *adj&n.* (הַחֵלֶק) הָעֶשְׂרִים
twen'ty *n.* עֶשְׂרִים, 20
twice *adv.* פַּעֲמַיִם, כִּפְלַיִם, פִּי שְׁנַיִם
twice-told *adj.* שֶׁסּוּפַּר כְּבָר, יָדוּעַ
twid'dle *v.* הִשְׁתַּעֲשֵׁעַ; סוֹבֵב, גִּלְגֵּל
twig *n.* עֲנַפְנַף, זַלְזַל, זֶרֶד, שָׂרִיג
twig *v.* *הֵבִין, תָּפַס, רָאָה
twi'light' *n.* דִּמְדּוּמֵי עֶרֶב
twill *n.* אָרִיג מְלוּכְסַן־קַוִּים
twin *adj&n.* תְּאוֹם; תְּאוֹמִי, זֵהֶה
twins תְּאוֹמִים
twine *n.* חוּט, פְּתִיל, מְשִׁיחָה
twine *v.* שָׁזַר, פִּתֵּל; כָּרַךְ; הִשְׂתָּרֵג
twinge *n.* כְּאֵב עַז, יִסּוּרִים
twin'kle *v&n.* נִצְנֵץ, זָהַר, רִצֵּד; מִצְמֵץ; נִצְנוּץ, זוֹהַר; מִצְמוּץ
twinkling *n.* נִצְנוּץ; רֶגַע קָט
twirl *v&n.* סוֹבֵב; הִסְתּוֹבֵב; סִבּוּב
twist *v.* שָׁזַר, פִּתֵּל; כָּרַךְ, קָלַע; סוֹבֵב; גִּלְגֵּל; הִתְפַּתֵּל; עִקֵּם; עִוֵּת
twist *n.* שְׁזִירָה, קְלִיעָה; פְּתִיל, חֶבֶל; סִבּוּב, עִקּוּל; עִוּוּת; חַלָּה קְלוּעָה
twister *n.* רַמַּאי; בְּעָיָה קָשָׁה; סוּפָה
twit *v.* לִגְלֵג; לִגְלוּג; *טִפֵּשׁ
twitch *v&n.* הֵנִיעַ, הִרְעִיד; פִּרְפֵּר; הִתְעַוֵּת; מָשַׁךְ, חָטַף; עֲוִית, זִיעַ
twit'ter *v&n.* צִיֵּץ; צִיּוּץ; הִתְרַגְּשׁוּת
two (too) *adj&n.* שְׁנַיִם, שְׁתַּיִם, דּוּ
in two (חָתַךְ) לִשְׁנַיִם, לִשְׁנֵי חֲלָקִים
two-bit *adj.* *חֲסַר־עֵרֶךְ, זוֹל
two-edged *adj.* בַּעַל שְׁנֵי לְהָבִים, בַּעַל פִּיפִיּוֹת; דּוּ־מַשְׁמָעִי, תַּרְתֵּי מַשְׁמַע
two-faced *adj.* דּוּ־פַּרְצוּפִי
twopence *n.* שְׁנֵי פֶּנִים
not care twopence לֹא אִכְפַּת כְּלָל
two-ply *adj.* דּוּ־חוּטִי, דּוּ־רוֹבְדִי
twosome *n.* זוּג, צֶמֶד, שְׁנַיִם
two-time *v.* בָּגַד (באהובתו), רִמָּה
two-way *adj.* דּוּ־סִטְרִי
ty·coon' (-koon') *n.* אֵיל־הוֹן
ty'ing = pres p of tie
tyke *n.* זַאֲטוּט, "מַזִּיק"; כֶּלֶב
type *n.* טִיפּוּס, סוּג, מִין; דּוּגְמָה, צוּרָה, תַּבְנִית; אוֹתִיּוֹת, סֶדֶר
type *v.* הִדְפִּיס, תִּקְתֵּק; סִוֵּג; סִמֵּל
typescript *n.* חוֹמֶר מוּדְפָּס
typesetter *n.* סַדָּר, מְסַדֵּר אוֹתִיּוֹת
typewriter *n.* מְכוֹנַת־כְּתִיבָה
ty'phoid *n.* טִיפוּס־הַמֵּעַיִם/־הַבֶּטֶן
ty·phoon' (-foon') *n.* טַיְפוּן (סערה)
typ'ical *adj.* טִיפּוּסִי, אוֹפְיָנִי
typ'ify' *v.* יִצֵּג, סִמֵּל, אִפְיֵן
ty'pist *n.* כַּתְבָנִית, כַּתְבָן
ty·pog'raphy *n.* הַדְפָּסָה, דַּפָּסוּת
tyran'nical *adj.* רוֹדָנִי, עָרִיצִי
tyr'annize' *v.* רָדָה, מָשַׁל בַּעֲרִיצוּת
tyr'annous *adj.* רוֹדָנִי, עָרִיצִי
tyr'anny *n.* רוֹדָנוּת, עָרִיצוּת
ty'rant *n.* רוֹדָן, עָרִיץ
tyre *n.* צְמִיג
ty'ro *n.* טִירוֹן, מַתְחִיל, יָרוֹק

U

u·biq′uitous (ū-) *adj.* נִמְצָא בְּכָל מָקוֹם
u·biq′uity (ū-) *n.* נוֹכְחוּת בְּכָל מָקוֹם
ud′der *n.* עֲטִין
UFO עב״מ (עצם בלתי מזוהה)
ugliness *n.* כִּעוּר
ug′ly *adj.* מְכוֹעָר, דוֹחֶה; קוֹדֵר
ul′cer *n.* כִּיב, אולקוּס; שְׁחִיתוּת
ul′cerate′ *v.* גָּרַם/הִתְפַּתֵּחַ כִּיב
ul′cera′tion *n.* כִּיּוּב, הִתְכַּיְּבוּת
ul·te′rior *adj.* כָּמוּס, נִסְתָּר, חָבוּי; מְרוּחָק, רָחוֹק; שֶׁלְּאַחַר מִכֵּן
ul′timate *adj.* סוֹפִי, אַחֲרוֹן; מוּחְלָט
ultimately *adv.* בְּסוֹפוֹ שֶׁל דָּבָר
ul′tima′tum *n.* אוּלְטִימָטוּם, אַתְרָאָה
ul′timo′, ult *adj.* שֶׁל הַחוֹדֶשׁ שֶׁעָבַר
ul′tra *adj.* קִיצוֹנִי, בְּיוֹתֵר, אוּלְטְרָה
ul′tramun′dane *adj.* שֶׁמֵּעֵבֶר לָעוֹלָם הַזֶּה, לָא מֵעָלְמָא הָדֵין
ul′travi′olet *adj.* אוּלְטְרָה־סָגוֹל
ul′u·late′ *v.* קוֹנֵן, יִלֵּל, יִבֵּב
um′ber *n&adj.* חוּם, חוּם־אֲדַמְדַּם
um·bil′ical cord *n.* חֶבֶל הַטַּבּוּר
um′brage *n.* פְּגִיעָה, עֶלְבּוֹן
 take umbrage נִפְגַּע, נֶעֱלַב
um·brel′la *n&adj.* מִטְרִיָּה, סוֹכֵךְ; חִפּוּי, הֲגַנָּה; כּוֹלֵל, מַקִּיף
um′pire *n&v.* שׁוֹפֵט; בּוֹרֵר; שָׁפַט
un- (תחילית) לֹא־, אִי־, חֲסַר־, נְטוּל־
UN = United Nations
un′aba′ted *adj.* לְלֹא הֲפוּגָה, לֹא רוֹגֵעַ
un·a′ble *adj.* לֹא יָכוֹל, לֹא מְסוּגָּל
un′account′able *adj.* נְטוּל־הֶסְבֵּר
un′advised′ (-vīzd′) *adj.* לֹא נָבוֹן
un′affect′ed *adj.* טִבְעִי, לֹא מְזוּיָּף
u′nanim′ity *n.* תְּמִימוּת דֵּעִים
u·nan′imous (ū-) *adj.* תְּמִימֵי דֵּעִים
un·an′swerable (-sər-) *adj.* לְלֹא מַעֲנֶה; שֶׁאֵין לְהַפְרִיכוֹ
un′assu′ming *adj.* צָנוּעַ, לֹא מִתְבַּלֵּט
un′attached′ (-tacht′) *adj.* עַצְמָאִי
un′avail′ing *adj.* עָקָר, חֲסַר־תּוֹעֶלֶת
un′avoid′able *adj.* בִּלְתִּי־נִמְנָע
un′aware′ (-awār′) *adj.* לֹא מוּדָע
unawares *adv.* בְּהֶסַּח הַדַּעַת
un·bal′ance *v.* עִרְעֵר יַצִּיבוּת
unbalanced *adj.* לֹא מְאוּזָּן, לֹא שָׁפוּי
un·bar′ *v.* הֵסִיר הַבְּרִיחַ; פָּתַח
un·bear′able (-bār′-) *adj.* לֹא נִסְבָּל
un′be·com′ing (-kum′-) *adj.* לֹא יָאֶה, לֹא נָאוֹת; לֹא הוֹלֵם, לֹא מַתְאִים
un′be·liev′able (-lēv′-) לֹא יְאוּמַן
un·bend′ing *adj.* קָשׁוּחַ, תַּקִּיף
un·bi′ased (-əst) *adj.* לֹא מְשׁוּחָד
un·bind′ (-bīnd′) *v.* הִתִּיר, שִׁחְרֵר
un·blush′ing *adj.* חֲסַר־בּוּשָׁה, מַחְפִּיר
un·bos′om (-booz′-) *v.* שָׁפַךְ שִׂיחוֹ
un·bound′ed *adj.* בִּלְתִּי מוּגְבָּל
un·bro′ken *adj.* רָצוּף, לֹא מְשׁוּסָּע
un·buck′le *v.* הִתִּיר הָאַבְזֵם
un·bur′den *v.* פָּרַק מַשָּׂא; גִּלָּה
un·but′toned (-tənd) *adj.* לֹא רִשְׁמִי
un·called′-for′ (-kôld′-) *adj.* מְיוּתָּר
un·can′ny *adj.* לֹא־טִבְעִי, מִסְתּוֹרִי
un·cared′-for′ (-kārd′-) *adj.* מוּזְנָח
un·cer′tain (-tən) *adj.* לֹא בָּטוּחַ, לֹא וַדָּאִי, מְפוּקְפָּק; מְפַקְפֵּק; הֲפַכְפַּךְ
un·cer′tainty (-tən-) *n.* אִי־וַדָּאוּת
un·checked′ (-chekt′) *adj.* לֹא מְרוּסָּן, לֹא נֶעֱצָר; לֹא מְבוּקָּר, לֹא נִבְדַּק
un·chris′tian (-kris′chən) *adj.* לֹא נוֹצְרִי; לֹא אָדִיב; לֹא נוֹחַ
un·cir′cumcised′ (-sīzd) *adj.* עָרֵל
un′cle *n.* דּוֹד; *מַשְׁכּוֹנַאי
 say/cry uncle נִכְנַע, הֵרִים יָדַיִם
un·clean′ *adj.* לֹא נָקִי; טָמֵא, טָרֵף
un·col′ored (-kul′ərd) *adj.* פָּשׁוּט
un·com′fortable (-kum-) לֹא נוֹחַ
un′commit′ted *adj.* לֹא מְחוּיָּב
un·com′mon *adj.* לֹא רָגִיל
un·com′promi′sing (-z-) *adj.* תַּקִּיף
un′concern′ *n.* חוֹסֶר־עִנְיָן; אִי־דְּאָגָה
un′condi′tional (-dish′ən-) לְלֹא תְּנָאִים

un·con′scious (-shəs) חֲסַר־הַכָּרָה
un·cork′ *v.* חָלַץ פְּקָק, פָּקַק
un·couth′ (-ko͞oth′) *adj.* גַּס
un·cov′er (-kuv′-) *v.* גִּלָּה, חָשַׂף
unc′tion *n.* יְצִיקַת־שֶׁמֶן; הִתלַהֲבוּת
unc′tuous (-cho͞oəs) *adj.* חֲלַקְלַק
un·daunt′ed *adj.* עָשׂוּי לִבלִי חָת
un′de·ci′ded *adj.* מְהַסֵּס; לֹא מוּכרָע
un′de·mon′strative *adj.* מְאוּפָּק
un′de·ni′able *adj.* שֶׁאֵין לְהַכחִישׁוֹ
un′der *adv.* מַטָּה, לְמַטָּה, מִתַּחַת
keep under דִּכָּא, רִסֵּן
under *prep.* מִתַּחַת לְ־; לְמַטָּה מִן; בְּ־; בְּתַהֲלִיךְ־; לְפִי, בְּהֶתאֵם לְ—
come under הִשתַּיֵּךְ לְ־, נִכלַל בְּ—
under- (תחילית) תַּת־; מְעַט מִדַּי
un′derbred′ *adj.* חֲסַר־נִימוּס, גַּס
un′dercar′riage (-rij) *n.* תּוֹשֶׁבֶת
un′derclothes′ (-klōz) *n.* לְבָנִים
un′dercov′er (-kuv′-) *adj.* חֲשָׁאִי
un′derdog′ (-dôg) *n.* מְקוּפָּח, מַפסִיד
un′derfed′ *adj.* חֲסַר תְּזוּנָה מַספֶּקֶת
un′dergar′ment *n.* בֶּגֶד תַּחתּוֹן
un′dergo′ *v.* הִתנַסָּה; עָבַר; נָשָׂא
undergone = pp of undergo
un′dergrad′uate (-j′o͞oit) סְטוּדֶנט
un′derground′ *adj&n.* תַּת־קַרקָעִי; מַחתַּרתִּי; מַחתֶּרֶת; תַּחתִּית
un′dergrowth′ (-grōth) *n.* שִׂיחִים
un′derhand′ed *adj.* חֲשָׁאִי, עַרמוּמִי
un′derlie′ (-lī′) *v.* הָיָה מוּנָח בִּיסוֹד
un′derline′ *v&n.* מָתַח קַו תַּחַת־; הִדגִּישׁ, הִבלִיט; קַו תַּחתִּי
un′dermen′tioned (-shənd) *adj.* דִּלְהַלָּן, דִּלְקַמָּן
un′dermine′ *v.* עִרעֵר; חָתַר תַּחַת
un′derneath′ *adv&prep.* מִתַּחַת (לְ־)
un′dernour′ish (-nûr′-) *v.* הֵזִין לְמַטָּה מֵהַדָּרוּשׁ
un′derpants′ *npl.* תַּחתּוֹנִים
un′derpin′ *v.* תָּמַךְ; הָוָה בָּסִיס לְ—
un′derpriv′ileged (-lijd) *adj.* מְקוּפָּח
un′derrate′ (-r-r-) *v.* לֹא הֶעֱרִיךְ דַּי
un′derscore′ *v.* הִדגִּישׁ, הִבלִיט
un′dershirt′ *n.* גּוּפִיָּה
un′dersign′ (-sīn′) *v.* חָתַם לְמַטָּה
the undersigned הֶחָתוּם מַטָּה

un′derskirt′ *n.* תַּחתּוֹנִית
un′derstand′ *v.* הֵבִין, תָּפַס; הִסִּיק
understandable *adj.* מוּבָן
understanding *adj.* מֵבִין, מְגַלֶּה הֲבָנָה
understanding *n.* הֲבָנָה, תְּבוּנָה; הֶסכֵּם
un′derstate′ *v.* הִבִּיעַ בְּלָשׁוֹן מְאוּפֶּקֶת
understatement *n.* לְשׁוֹן הַמעָטָה
un′derstood′ *adj.* מוּבָן
understood = p of understand
un′derstud′y *n.* מַחֲלִיף, מְמַלֵּא מָקוֹם
un′dertake′ *v.* נָטַל עַל עַצמוֹ; עָרַב
un′derta′ker *n.* עוֹרֵךְ הַלְוָיוֹת
un′derta′king *n.* מְשִׂימָה; הִתחַיְבוּת
undertook = p of undertook
un′derwear′ (-wār) *n.* לְבָנִים
un′derwent′ = pt of undergo
un′derworld′ (-wûrld) עוֹלָם תַּחתּוֹן
un′derwrit′er (-rīt-) *n.* עָרֵב; מְמַמֵּן
un′de·sir′able (-zīr-) *adj.* לֹא רָצוּי
un·did′ = pt of undo
un′dies (-dēz) *npl.* תַּחתּוֹנִים
un·do′ (-do͞o′) *v.* הִתִּיר, פָּתַח, שִׁחרֵר; הָרַס, חִסֵּל; קִלקֵל
un·do′ing (-do͞o′-) *n.* חִסּוּל, הֶרֶס
un·done′ = pp of undo (-dun′)
un·done′ *adj.* לֹא קָשׁוּר; מְחוּסָּל
come undone נִתַּק
un·doubt′ed (-dout-) *adj.* לֹא מוּטָל בְּסָפֵק, וַדָּאִי
undoubtedly *adv.* לְלֹא סָפֵק, בְּוַדַּאי
un·dreamt′ (-of) (-dremt′) שֶׁלֹּא נֶחֱלַם, לֹא מִתקַבֵּל עַל הַדַּעַת
un·dress′ *v.* פָּשַׁט, הֵסִיר בְּגָדִים
un·due′ (-do͞o) *adj.* יוֹתֵר מִדַּי, מוּפרָז
un′dulate′ (-′j-) *v.* נָע כְּגַל
un·du′ly *adv.* יוֹתֵר מִדַּי, בְּיוֹתֵר
un·dy′ing *adj.* נִצחִי, אַלמוֹתִי
un·earth′ (-ûrth′) *v.* חָפַר; גִּלָּה
unearthly *adj.* עַל־טִבעִי; מִסתּוֹרִי
un·ease′ (-z) *n.* אִי־נוֹחוּת, עַצבָּנוּת
un·eas′y (-z-) *adj.* לֹא־נוֹחַ; מוּדאָג
un′em·ployed′ (-ploid′) *adj.* מוּבטָל
un′em·ploy′ment *n.* אַבטָלָה
un·end′ing *adj.* אֵינסוֹפִי, נִצחִי
un·e′qual *adj.* לֹא שָׁוֶה, לֹא זֵהֶה
unequaled *adj.* שֶׁאֵין שֵׁנִי לוֹ, מְצוּיָן
un′e·quiv′ocal *adj.* חַד־מַשמָעִי, בָּרוּר

un·err′ing *adj.* לֹא טוֹעֶה, מְדוּיָּק
un·e′ven *adj.* לֹא חָלָק; לֹא זוּגִי
un′ex·pect′ed *adj.* לֹא צָפוּי
un·fail′ing *adj.* נֶאֱמָן; לֹא־פּוֹסֵק
unfailingly *adj.* תָּמִיד, לְעוֹלָם
un·fair′ *adj.* לֹא הוֹגֵן, לֹא צוֹדֵק
un·faith′ful *adj.* לֹא נֶאֱמָן, בּוֹגְדָנִי
un′famil′iar *adj.* לֹא מוּכָּר; זָר
un·fath′omable (-dh-) *adj.* תְּהוֹמִי
un·fa′vorable *adj.* שְׁלִילִי; לֹא־נוֹחַ
un·feel′ing *adj.* חֲסַר־לֵב, אַכְזָרִי
un·fit′ *adj.* לֹא מַתְאִים, לֹא כָּשִׁיר, פָּסוּל
un·flag′ging *adj.* מַתְמִיד, בִּלְתִּי־נִלְאֶה
un·fledged′ (-lejd′) *adj.* חֲסַר־נִסָּיוֹן
un·flinch′ing *adj.* לְלֹא חַת, תַּקִּיף
un·fold′ (-fōld′) *v.* פָּתַח, גּוֹלֵל, פָּרַשׂ; גִּלָּה, הִבְהִיר; הִתְגַּלָּה
un′fore·seen′ (-fôrs-) *adj.* לֹא צָפוּי
un′forget′table (-g-) *adj.* בִּלְתִּי נִשְׁכָּח
un·for′tunate (-′ch-) *adj&n.* חֲסַר־מַזָּל; לֹא מוּצְלָח; אוּמְלָל
un·friend′ly (-frend-) *adj.* עוֹיֵן
un·furl′ *v.* גּוֹלֵל, פָּתַח, פָּרַשׂ
un·gain′ly *adj.* חֲסַר־חֵן, מְגוּשָּׁם
un·god′ly *adj.* כּוֹפֵר; *מַרְגִּיז, לֹא נוֹחַ
un·grate′ful (-grāt′f-) כְּפוּי־טוֹבָה
un·grudg′ing *adj.* רְחַב־לֵב; מְפַרְגֵּן
un′guent (-gwənt) *n.* מִשְׁחָה
un·hand′ *v.* סִלֵּק יָדָיו מִן, הִרְפָּה
un·hap′py *adj.* עָצוּב; אוּמְלָל; בִּישׁ־מַזָּל
un·heard′ (-hûrd′) *adj.* לֹא נִשְׁמָע
unheard-of *adj.* שֶׁלֹּא נִשְׁמַע כָּמוֹהוּ
un·hinge′ *v.* הֵסִיר מֵהַצִּירִים; שִׁגַּע
un·ho′ly *adj.* לֹא קָדוֹשׁ; מְרוּשָׁע; *נוֹרָא
un·hoped′ (-hōpt′) *adj.* לֹא צָפוּי
u′nifica′tion *n.* אִחוּד
u′niform′ *adj&n.* אָחִיד, קָבוּעַ, שָׁוֶה־צוּרָה, אוּנִיפוֹרְמִי; מַדִּים
u′niform′ity *n.* אֲחִידוּת, חַד־צוּרָתִיּוּת
u′nify′ *v.* אִחֵד, הֶעֱנִיק צוּרָה אֲחִידָה
u′nilat′eral *adj.* חַד־צְדָדִי
un·in′terest′ed *adj.* לֹא מְעוּנְיָן, אָדִישׁ
u′nion *n.* אִגּוּד; אִחוּד; הַרְמוֹנְיָה
union suit מִצְרֶפֶת
u·nique′ (ūnēk′) *adj.* יָחִיד וּמְיוּחָד
u′nison *n.* הַרְמוֹנְיָה, הַתְאָמָה; תֵּאוּם
u′nit *n.* יְחִידָה; רָהִיט; מִתְקָן
u·nite′ (ū-) *v.* אִחֵד; הִתְאַחֵד; חִבֵּר; הִתְחַבֵּר; לִכֵּד; הִתְלַכֵּד; הִתְחַתֵּן
united *adj.* מְאוּחָד; מְלוּכָּד; מְחוּבָּר
United Kingdom בְּרִיטַנְיָה
United Nations הָאוּמוֹת הַמְאוּחָדוֹת
United States אַרְצוֹת־הַבְּרִית
u′nity *n.* אִחוּד; אֲחִידוּת; אַחְדוּת; שְׁלֵמוּת; הַרְמוֹנְיָה, הַתְאָמָה; אֶחָד, 1
u′niver′sal *adj.* אוּנִיבֶרְסָלִי; כְּלָלִי
universally *adv.* לְלֹא יוֹצֵא מִן הַכְּלָל
u′niverse′ *n.* עוֹלָם, יְקוּם, תֵּבֵל
u′niver′sity *n.* אוּנִיבֶרְסִיטָה
un·kempt′ *adj.* לֹא מְסוֹרָק, פָּרוּעַ
un·kind′ (-kīnd′) *adj.* רַע; אַכְזָרִי
un·know′ing (-nō′-) *adj.* לֹא יוֹדֵעַ
unknowingly *adv.* בְּלִי יְדִיעָה/כַּוָּנָה
un·known′ (-nōn′) *adj&n.* לֹא יָדוּעַ; אַלְמוֹנִי; נֶעְלָם
un·leash′ *v.* הִתִּיר, שִׁחְרֵר; פָּרַק
un·leav′ened (-lev′ənd) לְלֹא שְׂאוֹר
unleavened bread מַצָּה
un·less′ *conj.* אֶלָּא אִם כֵּן, עַד שֶׁלֹּא
un·let′tered (-tərd) *adj.* לֹא מְחוּנָּךְ
un·like′ *adj&prep.* לֹא דּוֹמֶה, שׁוֹנֶה; לֹא אוֹפְיָנִי, לֹא טִיפּוּסִי
unlikely *adj.* לֹא נִרְאֶה, לֹא סָבִיר
un·load′ *v.* פָּרַק; נִפְטַר מִן, מָכַר
un·looked′-for′ (-lookt′-) לֹא־צָפוּי
un·loose′ *v.* שִׁחְרֵר, רִפָּה, הִתִּיר
un·luck′y *adj.* בִּישׁ־מַזָּל
un·make′ *v.* בִּטֵּל; הָפַךְ; הָרַס
un·man′ly *adj.* חַלָּשׁ, פַּחְדָנִי, נָשִׁי
un·man′nerly *adj.* לֹא־מְנוּמָּס, גַּס
un·mar′ried (-rid) *adj.* רַוָּק, לֹא נָשׂוּי
un·mask′ *v.* חָשַׂף, הֵסִיר הַמַּסֵּכָה
un·matched′ (-macht′) *adj.* שֶׁאֵין מוֹשְׁלוֹ, אֵין שֵׁנִי לוֹ
un·men′tionable (-shən-) *adj.* שֶׁאֵין לְהַזְכִּירוֹ; מֵבִישׁ; מַחְפִּיר; מְזַעֲזֵעַ
un·mind′ful (-mīnd′-) *adj.* שׁוֹכֵחַ, לֹא מִתְחַשֵּׁב בְּ־, לֹא זָהִיר; נִמְהָר, פָּזִיז
un′mista′kable *adj.* בָּרוּר, מוּבְהָק
un·nec′essar′y (-seri) *adj.* מְיוּתָּר
un·nerve′ (-n-n-) *v.* עִרְעֵר בִּטְחוֹן
un·pack′ *v.* רוֹקֵן; הוֹצִיא; פָּרַק
un·par′alleled′ (-leld) *adj.* אֵין כָּמוֹהוּ
un·pleas′ant (-plez′-) *adj.* לֹא—

נָעִים; חָפֵץ לָרִיב, שֶׁל מְרִיבָה
un·plumbed′ (-plumd′) *adj.* שֶׁאֵין לָרֶדֶת לְעוּמקוֹ
un·prec′edent′ed *adj.* חֲסַר־תַּקְדִּים
un·prin′cipled (-pəld) *adj.* —בִּלְתִּי מוּסָרִי, נְטוּל־עֶקְרוֹנוֹת; חֲסַר־מַצְפּוּן
un·priv′ileged (-lijd) *adj.* מְקוּפָּח
un·qual′ified′ (-kwol′ifīd) *adj.* לֹא מוּגְבָּל, לֹא מְסוּיָג, מוּחלָט; פָּסוּל
un·ques′tionable (-chən-) *adj.* וַדָּאִי
un·quote′ *adv.* "סוֹף צִטּוּט"
un·rav′el *v.* הִתִּיר, פָּרַם; פָּתַר
un′relent′ing *adj.* קָשׁוּחַ, תַּקִּיף
un′re·li′able *adj.* שֶׁאֵין לִסמוֹךְ עָלָיו
un′re·mit′ting *adj.* לֹא חָדֵל, מַתמִיד
un·rest′ *n.* אִי־שֶׁקֶט, תְּסִיסָה
un′re·served′ (-zûrvd′) *adj.* לֹא מוּגְבָּל, שָׁלֵם; גָּלוּי, לֹא מְאוּפָּק
un·ripe′ *adj.* לֹא בָּשֵׁל
un·ri′valed (-vəld) *adj.* שֶׁאֵין שֵׁנִי לוֹ
un·roll′ (-rōl′) *v.* גּוֹלֵל, פָּרַשׂ
un·ruf′fled (-fəld) *adj.* שָׁקֵט, שָׁלֵו
un·ru′ly *adj.* שֶׁאֵין לִשלוֹט בּוֹ; פָּרוּעַ
un·say′ *v.* חָזַר בּוֹ, בִּטֵּל
un·screw′ (-skroo͞′) *v.* הוֹצִיא בּוֹרֶג
un·scru′pu·lous *adj.* חֲסַר־מַצְפּוּן
un·seem′ly *adj.* לֹא יָאֶה, לֹא נָאוֹת
un·seen′ *adj&n.* לֹא נִראֶה; (בְּמִבחָן) קֶטַע שֶׁיֵּשׁ לְתַרגְמוֹ
un·set′tle *v.* בִּלְבֵּל, הִדְאִיג
unsettled *adj.* לֹא מְיוּשָׁב, הֲפַכְפַּךְ
un·shod′ *adj.* יָחֵף; לֹא־מְפוּרזָל
un·sight′ly *adj.* מְכוֹעָר
un·sound′ *adj.* לֹא בָּרִיא; רָעוּעַ
un·spa′ring *adj.* חֲסַר־רַחֲמִים; נָדִיב
un·strung′ *adj.* רְפֵה־עֲצַבִּים, חַלָּשׁ
un·stud′ied (-did) *adj.* טִבְעִי
un·swerv′ing *adj.* אֵיתָן, נֶאֱמָן; יָשָׁר
un·tan′gle *v.* הִתִּיר הַסְּבַךְ; הִבְהִיר
un·ten′able *adj.* לֹא בַּר־הֲגָנָה, רוֹפֵף
un·think′able *adj.* שֶׁלֹּא יֵאָמֵן
un·think′ing *adj.* לְלֹא שִׁקּוּל דַּעַת
un·tie′ (-tī′) *v.* הִתִּיר, שִׁחְרֵר, חִלֵּץ
un·til′ *prep&conj.* —עַד, עַד לְ־, עַד שֶׁ
not until לֹא לִפְנֵי
un·time′ly (-tīm′li) *adj.* לֹא בְּעִתּוֹ
un′to = to (-too͞) *prep.* לְ־, אֶל

un·told′ (-tōld′) *adj.* עָצוּם, מוּפלָג
un·touch′able (-tuch′-) *adj.* טָמֵא
un·toward′ (-tôrd′) *adj.* לֹא־נָעִים, לֹא־נוֹחַ; בִּישׁ־מַזָּל; לֹא יָאֶה, לֹא נָאוֹת
un·truth′ (-troo͞th) *n.* שֶׁקֶר, לֹא אֱמֶת
untruthful *adj.* כַּזְּבָנִי, מְשַׁקֵּר
un·used′ (-ūzd′) *adj.* חָדָשׁ, לֹא מְשׁוּמָּשׁ; לֹא בְּשִׁמּוּשׁ; —לֹא רָגִיל לְ
un·u′sual (-ūzhoo͞əl) *adj.* בִּלְתִּי רָגִיל
un·ut′terable *adj.* שֶׁאֵין לְהַבִּיעוֹ
un·veil′ (-vāl′) *v.* חָשַׂף; הֵסִיר הַלּוֹט
un·war′ranted (-wôr-) *adj.* —לֹא מוּצְדָּק; נְטוּל יְסוֹד
un·well′ *adj.* חוֹלֶה; בִּתקוּפַת הַוֶּסֶת
un·wiel′dy (-wēl-) *adj.* מְסוּרְבָּל, כָּבֵד
un·wind′ (-wīnd′) *v.* פָּתַח, הִתִּיר, גּוֹלֵל; נִפְתַּח; הִתבַּהֵר; *נִרגַּע
un·wit′ting *adj.* לֹא מְכוּוָּן; לֹא יוֹדֵעַ
un·wont′ed *adj.* בִּלְתִּי רָגִיל, נָדִיר
up *adv&adj.* לְמַעְלָה, אֶל עַל; עֵר; עוֹמֵד; לְגַמְרֵי, כָּלִיל; תַּם, נִגמַר
get up קָם
it's up to you הַדָּבָר תָּלוּי בְּךָ; עָלֶיךָ לְ־, חוֹבָתְךָ לְ—
speak up! הָרֵם קוֹלְךָ! דַּבֵּר בְּקוֹל!
the score is 3 up הַתּוֹצָאָה הִיא 3:3
up against נִצָּב בִּפְנֵי (קשיים)
up and about קָם, מִסְתּוֹבֵב
up and down אֵילָךְ וָאֵילָךְ
up to עַד, עַד לְ־, עַד כְּדֵי־; טוֹב כְּדֵי־, מְסוּגָּל לְ־; עוֹמֵד לְ־, עַל סַף—
up to now עַד כֹּה
what's up? מַה קָּרָה? מָה הָעִנְיָנִים?
up *prep.* —בְּמַעֲלֵה־, מוּל הַזֶּרֶם; בְּהֶמְשֵׁךְ
up *n.* עֲלִיָּה, מַעֲלֶה; תְּנוּעָה אֶל עַל
up *v.* הֶעֱלָה; הִגְבִּיר; הֵרִים; קָם
up-and-coming מוּכשָׁר, מַבְטִיחַ
up·braid′ *v.* גָּעַר, נָזַף
upbringing *n.* גִּדּוּל־בָּנִים, חִנּוּךְ
upcoming *adj.* הַבָּא, הַקָּרוֹב
upcountry *n.* פְּנִים־הָאָרֶץ
up·date′ *v.* עִדְכֵּן
up′grade′ *v&n.* קִדֵּם; שִׁפֵּר; מַעֲלֶה
on the upgrade מִשְׁתַּפֵּר; מִתקַדֵּם
up·heav′al *n.* הִתְפָּרְצוּת; מַהְפָּךְ
up·held′ = p of uphold
up·hill′ *adj.* קָשֶׁה, מְיַגֵּעַ; עוֹלֶה

up·hold′ (-hōld′) *v.* תָּמַךְ; קִיֵּם, אִשֵּׁר; רָאָה בְּחִיּוּב, עוֹדֵד
up·hol′ster (-hōl′-) *v.* רִפֵּד
upholstery *n.* רַפָּדוּת; רִפּוּד
up′keep′ *n.* אַחְזָקָה, תַּחֲזוּקָה
up′land *n&adj.* רָמָה; שֶׁל רָמָה
up·lift′ *v.* רוֹמֵם; הֶעֱלָה; עוֹדֵד
up′lift′ *n.* הִתְרוֹמְמוּת־הָרוּחַ; הֲרָמָה
up′most′ (-mōst) *adj.* עֶלְיוֹן
upon′ = on *prep.* עַל, עַל גַּבֵּי; בִּשְׁעַת —
once upon a time פַּעַם אַחַת (הָיָה)
up′per *adj.* עֶלְיוֹן; שׁוֹכֵן בִּפְנִים הָאָרֶץ
upper hand יָדוֹ עַל הָעֶלְיוֹנָה
upper *n.* פֶּנֶת, פַּנְתָּה; *סַם מְשַׁכֵּר
upper case אוֹתִיּוֹת גְּדוֹלוֹת (בדפוס)
uppermost *adj.* עֶלְיוֹן, בְּמָקוֹם רִאשׁוֹן
up′pish *adj.* יָהִיר, שַׁחֲצָן, גְּבַהּ־אַף
up′right′ *adj&adv&n.* זָקוּף, אֲנָכִי, נִצָּב; הוֹגֵן; זְקִיפוּת; קוֹרָה אֲנָכִית
up′ri′sing (-z-) *n.* הִתְקוֹמְמוּת, מֶרֶד
up′roar′ *n.* רַעַשׁ, מְהוּמָה, בִּלְבּוּל
up·roar′ious *adj.* רוֹעֵשׁ, קוֹלָנִי, עַלִּיז
up·root′ (-rōōt′) *v.* שֵׁרֵשׁ, עָקַר
up·set′ *v.* הָפַךְ; הִתְהַפֵּךְ; קִלְקֵל, שִׁבֵּשׁ, בִּלְבֵּל; הִדְאִיג, צִעֵר
up·set′ *adj.* מוּדְאָג, מְזוּעְזָע; מְבוּלְבָּל
up′set′ *n.* מַהְפֵּכָה, בִּלְבּוּל; שִׁבּוּשׁ; קִלְקוּל (קיבה); רִיב; מְצוּקָה נַפְשִׁית
up′shot′ *n.* תּוֹצָאָה, תּוֹלָדָה
up′side down′ הָפוּךְ, מְהוּפָּךְ; מְבוּלְבָּל
up′stage′ *adj.* יָהִיר, שַׁחֲצָן, סְנוֹבּ
upstage *v.* הֶאֱפִיל, גָּנַב אֶת הַהַצָּגָה
up′stairs′ (-z) *adv&adj&n.* לְמַעְלָה, שֶׁל קוֹמָה עֶלְיוֹנָה; קוֹמוֹת עֶלְיוֹנוֹת
up·stand′ing *adj.* זָקוּף, חָזָק; יָשָׁר
up′start′ *n.* אָדָם שֶׁעָלָה לִגְדוּלָּה
up′swing′ *n.* עֲלִיָּה נִכֶּרֶת, שִׁפּוּר
up′take′ *n.* תְּפִיסָה, הֲבָנָה
up′-to-date′ *adj.* מְעוּדְכָּן, עַדְכָּנִי
up′town′ *adv.* אֶל/בְּ־/מַעֲלֵה הָעִיר
up′turn′ *n.* שִׁנּוּי לְטוֹבָה; מְגַמַּת־עֲלִיָּה
up·turn′ *v.* הִפְנָה לְמַעְלָה; הָפַךְ
up′ward *adj&adv.* לְמַעְלָה; יוֹתֵר
ur′ban *adj.* עִירוֹנִי
ur·bane′ *adj.* אָדִיב, מְנוּמָּס, אֱלֶגַנְטִי
ur′banize′ *v.* עִיֵּר, הָפַךְ לְעִירוֹנִי
ur′chin *n.* יֶלֶד, פִּרְחָח, זַאֲטוּט
urge *v&n.* הִמְרִיץ, הֵאִיץ, זֵרֵז; דָּחַק, לָחַץ; דַּחַף, יֵצֶר
ur′gency *n.* דְּחִיפוּת, מִיָּדִיּוּת, תְּכִיפוּת
ur′gent *adj.* דָּחוּף, מִיָּדִי, דּוֹחֵק
u′rinal *n.* מַשְׁתֵּן, עֲבִיט־שֶׁתֶן; מִשְׁתָּנָה
u′rinate′ *v.* הִשְׁתִּין
u′rine (-rin) *n.* שֶׁתֶן, מֵי־רַגְלַיִם
urn *n.* קַנְקַן, מֵחַם; כַּד־אֵפֶר (של מת)
us *pron.* אוֹתָנוּ, לָנוּ
US, USA אַרְצוֹת־הַבְּרִית
us′able (ūz-) *adj.* שָׁמִישׁ, שִׁמּוּשִׁי
us′age (ū′sij) *n.* שִׁמּוּשׁ; נוֹהַג
use (ūs) *n.* שִׁמּוּשׁ; נִצּוּל; תּוֹעֶלֶת, טַעַם, תַּכְלִית, יִתְרוֹן; מִנְהָג
put to use הִשְׁתַּמֵּשׁ בְּ־, יִשֵּׂם
use (ūz) *v.* הִשְׁתַּמֵּשׁ; נִצֵּל; צָרַךְ, כִּלָּה; הִתְיַחֵס, נָהַג
used (ūzd) *adj.* מְשׁוּמָּשׁ, לֹא חָדָשׁ
used (ūst) *adj.* רָגִיל, מוּרְגָּל
use′ful (ūs′-) *adj.* מוֹעִיל, שִׁמּוּשִׁי
use′less (ūs′-) *adj.* חֲסַר־תּוֹעֶלֶת
us′er (ūz′-) *n.* מִשְׁתַּמֵּשׁ; צוֹרֵךְ
ush′er *n.* סַדְּרָן; שׁוֹעֵר, שַׁמַּשׁ בֵּית־דִּין
usher *v.* הִכְנִיס, הוֹבִיל, הִנְחָה
USSR בְּרִית־הַמּוֹעָצוֹת
u′su·al (-zhōōəl) *adj.* רָגִיל, מְקוּבָּל
usually *adv.* בְּדֶרֶךְ כְּלָל, לָרוֹב
u′surer (-zh-) *n.* מַלְוֶה בְּרִבִּית קְצוּצָה
u·surp′ (ū-) *v.* תָּפַס בְּכוֹחַ; חָמַס
u′sury (-zh-) *n.* הַלְוָאָה בְּרִבִּית קְצוּצָה
u·ten′sil (ūten′səl) *n.* כְּלִי; מַכְשִׁיר
u′terine′ *adj.* רַחְמִי; מֵאוֹתָהּ אֵם
u′terus *n.* רֶחֶם
u·til′ita′rian (ū-) *n&adj.* תּוֹעַלְתָּן
u·til′ity (ū-) *n&adj.* תּוֹעַלְתִּיּוּת; תּוֹעֶלֶת; שֵׁרוּת צִבּוּרִי; שִׁמּוּשִׁי
u′tilize′ *v.* נִצֵּל, הֵפִיק תּוֹעֶלֶת מִן
ut′most′ (-mōst) *adj&n.* הַגָּדוֹל בְּיוֹתֵר, רַב, מְרַבִּי; עֶלְיוֹן, קִיצוֹנִי
u·to′pian (ū-) *adj.* אוּטוֹפִּי, דִּמְיוֹנִי
ut′ter *adj.* מוּחְלָט, גָּמוּר, טוֹטָלִי
utter *v.* בִּטֵּא, הִבִּיעַ; פָּלַט, הוֹצִיא
utterance *n.* בִּטּוּי; דָּבָר; (אוֹפֶן) דִּבּוּר
utterly *adv.* לַגַּמְרֵי, כָּלִיל, עַד מְאוֹד
U-turn *n.* פְּנִיַּת פַּרְסָה; תַּפְנִית לְאָחוֹר
u′vu·la *n.* עִנְבָּל, לְהָאָה (בקצה החך)
ux·o′rious *adj.* מָסוּר מְאוֹד לְאִשְׁתּוֹ

V

v = versus, vide (= see)
va′cancy *n.* חָלָל רֵיק; מָקוֹם פָּנוּי
va′cant *adj.* רֵיק; פָּנוּי; בָּטֵל
va′cate *v.* פִּנָּה (דירה); הִתְפַּטֵּר
vaca′tion *n&v.* (יָצָא לְ־) חוּפְשָׁה
vacationer, vacationist *n.* נוֹפֵשׁ
vac′cinate′ *v.* הִרְכִּיב, חִסֵּן
vac′cine (-ksin) *n.* תַּרְכִּיב, תַּזְרִיק
vac′illate′ *v.* הִתְנוֹעֵעַ; הִסֵּס, פִּקְפֵּק
vacu′ity *n.* רֵיקוּת; חָלָל; הֶעְדֵּר־תּוֹכֶן
vac′u•um (-kūəm) *n.* רִיק, וָקוּם
vacuum cleaner שַׁאֲבָק, שׁוֹאֵב־אָבָק
vag′abond′ *n&adj.* נַוָּד, נָע וָנָד
va′gary *n.* קַפְּרִיסָה, גַּחֲמָה, שִׁגָּעוֹן
vagi′na *n.* נַרְתִּיקָה, מְבוֹא־הָרֶחֶם
va′grancy *n.* שׁוֹטְטוּת, נַוָּדוּת
va′grant *n&adj.* נָע וָנָד, נַוָּד, שׁוֹטְטָן
vague (vāg) *adj.* מְטוּשְׁטָשׁ, מְעוּרְפָּל
vain *adj.* שַׁחֲצָן; שָׁוְא; רֵיק, הַבְלִי
in vain, vainly לַשָּׁוְא, חִנָּם, לָרִיק
vain′glo′rious *adj.* שַׁחֲצָן, יָהִיר
val′ance *n.* וִילוֹנִית, וִילוֹן קָצָר
vale *n.* עֵמֶק, בִּקְעָה
val′edic′tion *n.* נְאוּם־פְּרֵדָה
va′lence, -cy *n.* (בכימיה) עֶרְכִּיּוּת
val′et *n&v.* מְשָׁרֵת, שַׁמָּשׁ; שֵׁרֵת
val′iant *adj.* אַמִּיץ, שֶׁל עוֹז־רוּחַ
val′id *adj.* כָּשֵׁר, שָׁרִיר; הֶגְיוֹנִי
val′idate′ *v.* הִשְׁרִיר, נָתַן תּוֹקֶף לְ—
val′ida′tion *n.* תַּשְׁרִיר, מַתַּן תּוֹקֶף
valid′ity *n.* תּוֹקֶף, תְּקֵפוּת
valise′ (-lēs′) *n.* מִזְוָדִית, מִזְוָד
val′ley *n.* עֵמֶק, בִּקְעָה, גַּיְא
val′or *n.* גְּבוּרָה, אוֹמֶץ, עוֹז־רוּחַ
val′orous *adj.* אַמִּיץ, שֶׁל עוֹז־רוּחַ
val′u•able (-lū-) *adj&n.* בַּעַל־עֵרֶךְ,
רַב־עֵרֶךְ, יָקָר, רַב־חֲשִׁיבוּת; חֵפֶץ־עֵרֶךְ
val′u•a′tion (-lū-) *n.* הַעֲרָכָה, שׁוּמָה
val′ue (-lū) *n.* עֵרֶךְ; הַעֲרָכָה; שׁוֹוִי
value *v.* הֶעֱרִיךְ, אָמַד; הוֹקִיר
value added tax מַס עֵרֶךְ מוּסָף
valve *n.* שַׁסְתּוֹם; נוּרַת־רַדְיוֹ; קַשְׂוָה
vamp *n.* חַרְטוֹם־נַעַל, פֶּנֶת; סַחְטָנִית
vamp *v.* הִטְלִיא; אִלְתֵּר (לחן); סָחַט
vam′pire *n.* עֲרָפָד, עֲלוּקָה; נַצְלָן
van *n.* טֶנְדֶר, מִטְעָנִית; חָלוּץ
van′dalism *n.* וַנְדָלִיּוּת, בַּרְבָּרִיּוּת
vane *n.* שַׁבְשֶׁבֶת; כָּנָף (של מדחף)
van′guard′ (-gärd) *n.* חֵיל חָלוּץ
vanil′la *n.* שֶׁנֶף, וָנִיל
van′ish *v.* נֶעֱלַם, חָלַף; נִכְחַד
van′ity *n.* גַּאֲוָה, הִתְרַבְרְבוּת; הֶבֶל
vanity case קוּפְסַת־תַּמְרוּקִים
van′quish *v.* נִצַּח, הֵבִיס, גָּבַר עַל
van′tage *n.* יִתְרוֹן, עֶמְדַת־יִתְרוֹן
vap′id *adj.* תָּפֵל, חֲסַר־טַעַם, מְשַׁעֲמֵם
va′por *n.* אֵדִים, קִיטוֹר, הֶבֶל; דִּמְיוֹן
va′porize′ *v.* אִדָּה, אִיֵּד; הִתְאַדָּה
va′porous *adj.* אֵדִי, מַעֲלֶה אֵדִים
va′riable *n&adj.* מִשְׁתַּנֶּה; לֹא־יַצִּיב
va′riance *n.* שִׁנּוּי; נִגּוּד; מַחֲלוֹקֶת
va′riant *adj&n.* שׁוֹנֶה; וָרִיאַנְט, גִּרְסָה
va′ria′tion *n.* שִׁנּוּי; הֶבְדֵּל; וָרִיאַצְיָה
var′icose′ *adj.* שֶׁל דָּלִיּוֹת, נָפוּחַ
va′ried (-rid) *adj.* שׁוֹנֶה, שׁוֹנִים; מְגוּוָּן
va′riegate′ *v.* גִּוֵּן; שִׁנָּה
vari′ety *n.* גּוֹוֶן, רַבְגוֹנִיּוּת; מִגְוָן,
מִבְחָר; סוּג, זַן; וָרְיֶאטֵי (הצגה)
va′rious *adj.* שׁוֹנֶה, שׁוֹנִים, מְגוּוָּנִים,
אֲחָדִים, מִסְפָּר, כַּמָּה
var′mint *n.* שְׁרָצִים; *מַזִּיק, שׁוֹבָב
var′nish *n&v.* לַכָּה, צִפּוּי; בָּרָק
חִיצוֹנִי; צִפָּה בְּלַכָּה, לִכָּה, יִפָּה
var′sity *n.* (קבוצת־) אוּנִיבֶרְסִיטָה
va′ry *v.* שִׁנָּה; הִשְׁתַּנָּה; גִּוֵּן; סָטָה
vas′cu•lar *adj.* נִימִי, שֶׁל כְּלֵי־הַדָּם
vase *n.* אֲגַרְטֵל, וָזָה, צִנְצֶנֶת־נוֹי
vas′eline′ (-lēn) *n.* וָזֶלִין
vas′sal *n.* וַסָּל, אָרִיס; מְשׁוּעְבָּד
vast *adj.* גָּדוֹל, עָצוּם, כַּבִּיר, נִרְחָב
vat *n.* מְכָל, דּוּד, חָבִית, גִּיגִית
VAT = value added tax מַע״מ
vau′deville *n.*ווֹדְבִיל, הַצָּגַת וָרְיֶאטֵי
vault *n.* קֶשֶׁת, כִּפָּה; מַרְתֵּף; קֶבֶר

vault *v&n.* קָפַץ; קְפִיצָה; קְפִיצַת־מוֹט
vaulting *adj&n.* קוֹפֵץ; מוּפְרָז; מִקְמָר
vaunt *v&n.* הִתְפָּאֵר; הִתְפָּאֲרוּת
veal *n.* בְּשַׂר־עֵגֶל
vec'tor *n.* וֶקְטוֹר; חֶרֶק; נְתִיב־מָטוֹס
veer *v.* פָּנָה, שִׁנָּה כִּווּן/נָתִיב,
סָטָה; נָטָה; (לגבי הרוח) חָגָה
veg (vej) *n.* *יָרָק, יְרָקוֹת
ve'gan (-jən) *n.* צִמְחוֹנִי, טִבְעוֹנִי
veg'etable *n&adj.* יָרָק; צוֹמֵחַ;
צֶמַח; בַּטְלָן; מְחוּסַר־הַכָּרָה; צִמְחִי
veg'eta'rian *n&adj.* צִמְחוֹנִי, וֶגֶטָרִי
veg'eta'tion *n.* צִמְחִיָּה, צוֹמֵחַ
ve'hement (vē'əm-) *adj.* חָזָק, עַז
ve'hicle (vē'ik-) *n.* כְּלִי— רֶכֶב; מַכְשִׁיר,
כְּלִי־הַעֲבָרָה/הֲפָצָה; אֶמְצְעֵי־פִּרְסוּם
veil (vāl) *n&v.* צָעִיף, רְעָלָה; מַעֲטֶה;
מָסוֶה; כִּסָּה, הֶלִיט, צִעֵף, הִסְתִּיר
vein (vān) *n.* וְרִיד; עוֹרֶק; נִימָה; גִּיד;
רְצוּעָה; מַצַּב־רוּחַ, אֲוִירָה
ve'lar *adj&n.* וִילוֹנִי, שֶׁל הַחֵךְ הָרַךְ
ve·loc'ity *n.* מְהִירוּת
vel'vet *n&adj.* קְטִיפָה; קְטִיפָתִי, רַךְ
ve'nal *adj.* שָׁחִיד, בַּר־שֹׁחַד, מוּשְׁחָת
vend'or, vend'er *n.* מוֹכֵר, רוֹכֵל
veneer' *n.* לָבִיד; מַסְוֶה, כְּסוּת, בְּרָק
ven'erable *adj.* נִכְבָּד, נְשׂוּא־פָּנִים
ven'erate' *v.* הֶעֱרִיץ, כִּבֵּד, הוֹקִיר
vene're·al *adj.* מִינִי, שֶׁל יַחֲסֵי־מִין
venge'ance (ven'jəns) *n.* נְקָמָה
venge'ful (venj'fəl) *adj.* נַקְמָנִי
ve'nial *adj.* סָלִיחַ, בַּר־מְחִילָה, קַל
ven'ison *n.* בְּשַׂר־צְבִי
ven'om *n.* אֶרֶס, רַעַל
ven'omous *adj.* אַרְסִי, מְרוּשָׁע
vent *n.* אַוְרָר, פֶּתַח; מוֹצָא; פּוּרְקָן
vent *v.* נָתַן בִּטּוּי לְ־; פָּרַק
ven'tilate' *v.* אִוְרֵר; בִּטֵּא בְּפוּמְבֵּי
ven'tila'tor *n.* מְאַוְרֵר
ven'tricle *n.* קֵבִית, חָלָל; חֲדַר־הַלֵּב
ven·tril'oquist *n.* מְדַבֵּר מֵהַבֶּטֶן
ven'ture *n.* סִכּוּן, הִמּוּר, הַרְפַּתְקָה
at a venture לְתוּמוֹ, בְּנִחוּשׁ, בְּמִקְרֶה
venture *v.* סִכֵּן; הִסְתַּכֵּן; הֵעֵז; הִמֵּר
ven'turous (-'ch-) *adj.* נוֹעָז; מְסוּכָּן
ven'ue (-nū) *n.* זִירַת־הַפֶּשַׁע; מָקוֹם
Ve'nus *n.* וֶנוּס, נוֹגַהּ (כוכב־לכת)
vera'cious (-'shəs) *adj.* אֲמִתִּי
verac'ity *n.* אֲמִתּוּת, מְהֵימָנוּת
veran'da *n.* מִרְפֶּסֶת, אַכְסַדְרָה
verb *n.* (בְּדִקְדּוּק) פּוֹעַל
ver'bal *adj.* שֶׁבְּעַל־פֶּה; מִלּוּלִי; פָּעֳלִי
verba'tim *adv.* מִלָּה בְּמִלָּה
verbose' *adj.* רַב־מֶלֶל, מַכְבִּיר מִלִּים
ver'dant *adj.* יָרוֹק; נֶעְדַּר־נִסָּיוֹן
ver'dict *n.* פְּסַק־דִּין, מִשְׁפָּט; הַחְלָטָה
ver'dure (-jər) *n.* יַרְקוּת, לִבְלוּב; דֶּשֶׁא
verge *n.* קָצֶה, גְּבוּל, סַף; שַׁרְבִיט
on the verge of עַל סַף־, עוֹמֵד לְ—
verge *v.* גָּבַל בְּ־, הִתְקָרֵב לְ—
ver'ifica'tion *n.* אִמּוּת, וִדּוּא; אִשּׁוּר
ver'ify' *v.* אִמֵּת, וִדֵּא; אִשֵּׁר
ver'itable *adj.* מַמָּשִׁי, אֲמִתִּי
ver'ity *n.* אֱמֶת, אֲמִתָּה; אֲמִתִּיּוּת
vermil'ion *n&adj.* שָׁנִי, אָדוֹם עַז
ver'min *n.* שְׁרָצִים; כִּנִּים; נִבְזֶה
vernac'u·lar *n.* שְׂפַת הַמָּקוֹם; נִיב
ver'nal *adj.* אֲבִיבִי, שֶׁל הָאָבִיב
ver'satile (-til) *adj.* רַב־צְדָדִי; מְגוּוָּן
verse *n.* חָרוּז, בַּיִת; שִׁיר; שִׁירָה
versed (vûrst) *adj.* בָּקִי, מְנוּסֶּה, מְיוּמָן
ver'sify' *v.* חָרַז, כָּתַב חֲרוּזִים
ver'sion (-zhən) *n.* גִּרְסָה; נוּסַח
ver'sus *prep.* מוּל, נֶגֶד, לְעוּמַּת
ver'tebrate *adj&n.* בַּעֲלֵי־חוּלְיוֹת
ver'tex' *n.* שִׂיא, פִּסְגָּה, רֹאשׁ, קוֹדְקוֹד
ver'tical *adj&n.* אֲנָכִי, זָקוּף; נִצָּב
ver'tices = pl of vertex (-sēz)
vertig'inous *adj.* מְסַחְרֵר; מִסְתּוֹבֵב
ver'tigo' *n.* סְחַרְחֹרֶת
ver'y *adv&adj.* מְאוֹד, בְּיוֹתֵר; הוּא הוּא,
אוֹתוֹ עַצְמוֹ, מַמָּשׁ; גָּמוּר, מוּחְלָט
the very idea עֶצֶם הָרַעְיוֹן
very much הַרְבֵּה; מְאוֹד
very well טוֹב מְאוֹד; אוֹ קֵי
ves'icle *n.* שַׁלְחוּפִית, צִיסְטָה, בּוּעִית
ves'sel *n.* כְּלִי; כְּלִי־דָם; סְפִינָה
vest *n.* חֲזִיָּה, לְסוּטָה; גּוּפִיָּה
vest *v.* לָבַשׁ; הִלְבִּישׁ; הֶעֱנִיק, הִקְנָה
ves'tibule' *n.* פְּרוֹזְדוֹר; אוּלַם־כְּנִיסָה
ves'tige (-tij) *n.* שָׂרִיד; עֲקֵבוֹת; שֶׁמֶץ
vest'ment *n.* בֶּגֶד, גְּלִימָה
vest-pocket *n&adj.* כִּיס־חֲזִיָּה; קָטָן
ves'try *n.* מֶלְתַּחַת כְּנֵסִיָּה; חֲדַר תְּפִלָּה

ves′ture *n&v.* לְבוּשׁ; הַלְבִּישׁ
vet *n&v.* *וֶטֶרִינָר; חַיָּל וָתִיק; בָּדַק
בְּדִיקָה רְפוּאִית; בָּחַן, בָּדַק
vetch *n.* בִּקְיָה (ממשפחת הַקִּטְנִיּוֹת)
vet′eran *adj&n.* וָתִיק; חַיָּל וָתִיק
vet′erina′rian *n.* וֶטֶרִינָר
ve′to *n&v.* (הֵטִיל) וֶטוֹ; בִּטֵּל, אָסַר
vex *v.* הִרְגִּיז, הֵצִיק; עִנָּה
vex•a′tion *n.* רֹגֶז; הַרְגָּזָה; דְּאָגָה
vex•a′tious (-shəs) *adj.* מֵצִיק, מַרְגִּיז
vi′a *prep.* דֶּרֶךְ, בְּאֶמְצָעוּת
vi′able *adj.* בֶּן־חַיִּים, בַּר־קְיָמָא
vi′aduct′ *n.* גֶּשֶׁר דְּרָכִים, וִיאָדוּקְט
vi′al *n.* בַּקְבּוּקוֹן, צְלוֹחִית
vi′ands *npl.* מִצְרְכֵי מָזוֹן, מַעֲדַנִּים
vi′brant *adj.* מָלֵא־חַיִּים; חָזָק; רַטְטָנִי
vi′brate *v.* הִרְעִיד, הִרְטִיט
vi•bra′tion *n.* רֶטֶט, רְטוּט; תְּנוּדָה
vi′bra•tor *n.* מַרְטֵט, רַטָּט, וִיבְּרָטוֹר
vic′ar *n.* כּוֹמֶר־הַקְּהִלָּה; מְמַלֵּא־מָקוֹם
vic′arage *n.* מְעוֹן־הַכּוֹמֶר
vica′rious *adj.* עָקִיף, יִצּוּגִי
vice *n.* מִדָּה מְגֻנָּה; שְׁחִיתוּת; פְּגָם
vice- סְגַן
vice-president *n.* סְגַן הַנָּשִׂיא
vi′ce (vī′si) *prep.* בִּמְקוֹם—
vice′roy′ (vīs′r-) *n.* מִשְׁנֶה לַמֶּלֶךְ
vice ver′sa *adv.* לְהֵפֶךְ, וּלְהֵפֶךְ
vicin′ity *n.* שְׁכֵנוּת, סְמִיכוּת־מָקוֹם
in the vicinity of בִּסְבִיבוֹת־, בְּעֵרֶךְ—
vi′cious (vish′əs) *adj.* רַע, אַכְזָרִי,
מְרֻשָּׁע; בִּלְתִּי־מוּסָרִי; מוּשְׁחָת; לָקוּי
vicious circle מַעְגָּל־קְסָמִים
vicis′situde′ *n.* תַּהְפּוּכוֹת, תְּמוּרוֹת
vic′tim *n.* קָרְבָּן
vic′timize′ *v.* פָּגַע, הֶעֱלָה לְקָרְבָּן
vic′tor *n.* מְנַצֵּחַ
victo′rious *adj.* מְנַצֵּחַ, שֶׁל נִצָּחוֹן
vic′tory *n.* נִצָּחוֹן
victual (vit′əl) *v&n.* צִיֵּד, סִפֵּק
מִצְרְכֵי־מָזוֹן; הִצְטַיֵּד; מִצְרַךְ־מָזוֹן
vi′de (vī′di) *v.* רְאֵה, עַיֵּן
videl′icet′ *adv.* כְּלוֹמַר, דְּהַיְנוּ
vid′e•o′ *n&adj.* וִידֵאוֹ; שֶׁל וִידֵאוֹטֵיפּ
videotape *n&v.* (הִקְלִיט בְּ־) וִידֵאוֹטֵיפּ
vie (vī) *v.* הִתְחָרָה, הִתְמוֹדֵד
view (vū) *n.* מַרְאֶה, מַחֲזֶה; נוֹף; מַבָּט;
(שְׂדֵה־) רְאִיָּה; הַשְׁקָפָה, דֵּעָה; תְּצוּגָה
in view of לְאוֹר־, בְּשִׂים לֵב לְ—
point of view נְקֻדַּת־רְאוּת
with a view to בְּמַטָּרָה/בְּתִקְוָה לְ—
view *v.* רָאָה, בָּחַן, בָּדַק; הִסְתַּכֵּל
viewer *n.* רוֹאֶה; צוֹפֵה־טֶלֶוִיזְיָה
viewfinder *n.* כַּוֶּנֶת, עֲדָשַׁת־הַתְּמוּנָה
viewpoint *n.* נְקֻדַּת־רְאוּת
vig′il *n.* עֵרוּת, אִי־שֵׁנָה; עֶרֶב חַג
vig′ilant *adj.* עֵר, עַל הַמִּשְׁמָר, דָּרוּךְ
vignette′ (vinyet′) *n.* תַּכְשִׁיט, עִטּוּרֶת
vig′or *n.* כֹּחַ, חֹסֶן; מֶרֶץ, נִמְרָצוּת
vig′orous *adj.* חָזָק, חָסוֹן; נִמְרָץ
vile *adj.* שָׁפָל, דּוֹחֶה; מְרֻשָּׁע; גָּרוּעַ
vil′ify′ *v.* הִשְׁמִיץ, הִכְפִּישׁ שֵׁם
vil′la *n.* וִילָה, חֲוִילָה, אֲחֻזָּה
vil′lage *n.* כְּפָר; אַנְשֵׁי הַכְּפָר
vil′lain (-lən) *n.* נָבָל; פּוֹשֵׁעַ; צָמִית
vil′lainous (-lən-) *adj.* מְרֻשָּׁע, *גָּרוּעַ
vil′lainy (-ləni) *n.* נְבָזוּת, רִשְׁעוּת
vim *n.* מֶרֶץ, נִמְרָצוּת, עָצְמָה, לַהַט
vin′dicate′ *v.* הִצְדִּיק, הֵגֵן; זִכָּה,
נִקָּה מֵאַשְׁמָה; הוֹכִיחַ נְכוֹנוּת, אִשֵּׁר
vindic′tive *adj.* נַקְמָנִי, תְּאֵב־נְקָמָה
vine *n.* גֶּפֶן; צֶמַח מְטַפֵּס
vin′egar *n.* חֹמֶץ
vine′yard (vin′yərd) *n.* כֶּרֶם
vin′tage *n.* בָּצִיר; יַיִן מְשֻׁבָּח; תּוֹצֶרֶת
vint′ner *n.* יֵינָן, סוֹחֵר יֵינוֹת
vio′la *n.* וִיאוֹלָה, כּוֹנֶרֶת
vi′olate′ *v.* הֵפֵר; אָנַס; חִלֵּל; פָּגַע
vi′olence *n.* עֹז, עָצְמָה; אַלִּימוּת
vi′olent *adj.* חָזָק, רַב־עָצְמָה; אַלִּים,
פִּרְאִי; מִתְפָּרֵעַ; חָרִיף, עַז
vi′olet *n.* סֶגֶל, סִגָּלִית (פרח); סָגֹל
vi′olin′ *n.* כִּנּוֹר
vi′oloncel′lo (-chel-) *n.* בַּטְנוּנִית
VIP אַחַ״ם, אִישִׁיּוּת חֲשׁוּבָה מְאוֹד
vi′per *n.* צֶפַע (נחש ארסי)
vira′go *n.* מִרְשַׁעַת, כַּלְבְּתָא
vir′gin *n&adj.* בְּתוּלָה; בְּתוּלִי, טָהוֹר
Vir′go *n.* מַזַּל בְּתוּלָה
vir′ile (vir′əl) *adj.* גַּבְרִי, חָזָק; נִמְרָץ
vir′tual *adj.* לְמַעֲשֶׂה, בִּמְצִיאוּת, בְּעֶצֶם
vir′tue (-choo) *n.* חֲסִידוּת; מִדָּה טוֹבָה;
צְנִיעוּת, טֹהַר; יִתְרוֹן; מַעֲלָה
by/in virtue of בְּתֹקֶף־, בִּגְלַל—

vir'tu·o'so (-chōo-) n.	וירטואוז
vir'tu·ous (-chōos) adj.	טוב, צַדִיק
vir'ulent adj.	אַרְסִי; מְסוּכָּן, קַטְלָנִי
vi'rus n.	וירוס, נָגִיף
visa (vē'zə) n.	וִיזָה, אַשְׁרָה
vis'age (-z-) n.	פָּנִים, פַּרְצוּף, מַרְאֶה
vis-a-vis (vē'zəvē') adv&prep.	פָּנִים אֶל פָּנִים, מִמּוּל; בְּהַשְׁוָאָה לְ—
vis'cera n.	קְרָבַיִם, מֵעַיִם
vis'count' (vī'k-) n.	וִיקוֹנְט, אָצִיל
vis'cous, vis'cid adj.	צָמִיג, דָּבִיק
vise, vice n.	מֶלְחָצַיִם
vis'ibil'ity (-z-) n.	הָרְאוּת, רְאוּת
vis'ible (-z-) adj.	נִרְאֶה; בָּרוּר, גָלוּי
vi'sion (vizh'ən) n.	רְאוּת, חָזוֹן, מָעוֹף; מַחֲזֶה מַרְהִיב; דִּמְיוֹן, חֲלוֹם
vis'it (-z-) v&n.	בִּקֵּר; שׁוֹחֵחַ; בִּקּוּר
vis'itant (-z-) n.	מְבַקֵּר; צִפּוֹר נוֹדֶדֶת
vis'ita'tion (-z-) adj.	בִּקּוּר; גְּמוּל
visitor n.	מְבַקֵּר, אוֹרֵחַ; צִפּוֹר נוֹדֶדֶת
vi'sor (-z-) n.	מִצְחִיָּה, סַנְוֶרֶת
vis'ta adj.	מַרְאֶה, מַחֲזֶה, נוֹף
vis'u·al (-zhōoəl) adj.	חָזוּתִי, וִיזוּאָלִי
vis'u·alize' (-zhōoəl-) v.	רָאָה, חָזָה
vi'tal adj&n.	חִיּוּנִי, נָחוּץ, הֶכְרֵחִי
vi·tal'ity n.	חִיּוּת, חִיּוּנִיּוּת; הַשִּׂרְדוּת
vi'tamin n.	וִיטָמִין
vit'iate' (vish'-) v.	הֶחֱלִישׁ, הִשְׁחִית
vit'riol n.	חוּמְצָה גוֹפְרָתִית; סֶרְקָזָם
vitu'perate' v.	הִשְׁמִיץ, גִּדֵּף, גִּנָּה
viva'cious (-shəs) adj.	עַלִּיז, עֵרָנִי
vi'va vo'ce (-si) n.	מִבְחָן בְּעַל-פֶּה
viv'id adj.	חַי, נִמְרָץ, עַז; בָּהִיר
viv'ify' v.	הֶחֱיָה, הִפִּיחַ חַיִּים בְּ—
viv'isec'tion n.	נִתּוּחַ בַּעֲלֵי-חַיִּים
vix'en n.	שׁוּעָלָה; מִרְשַׁעַת, אֵשֶׁת-רִיב
viz adv.	דְּהַיְנוּ, כְּלוֹמַר
vo·cab'u·lar'y (-leri) n.	אוֹצַר מִלִּים
vo'cal adj.	קוֹלִי, ווֹקָלִי; קוֹלָנִי
vo'calist n.	זַמָּר
vo'calize' v.	שָׁר, זִמֵּר; בִּטֵּא, נִקֵּד
vo·ca'tion n.	יָעוּד; שְׁלִיחוּת; מִשְׁלַח-יָד, מִקְצוֹעַ; כִּשָּׁרוֹן, הַתְאָמָה
vo·cif'erous adj.	צַעֲקָנִי, קוֹלָנִי
vogue (vōg) n.	אוֹפְנָה, מוֹדָה; פִּרְסוּם
voice n.	קוֹל; דֵּעָה; (בְּדִקְדּוּק) בִּנְיָן
give voice to	הִבִּיעַ, נָתַן בִּטּוּי לְ—

with one voice	קוֹל אֶחָד, פֶּה אֶחָד
voice v.	הִבִּיעַ, בִּטֵּא; הֵפִיק הֲגֶה קוֹלִי
void adj.	רֵיק, חֲסַר-תּוֹקֶף, נָטוּל—
void n&v.	חָלָל; רִיק, בִּטֵּל, רוֹקֵן
vol'atile (-təl) adj.	נָדִיף; הֲפַכְפַּךְ
vol·ca'no n.	הַר-גַעַשׁ, ווּלְקָן
vole n.	עַכְבְּרוֹשׁ, חוּלְדָּה
vo·li'tion (-li-) n.	רָצוֹן, בְּחִירָה
vol'ley n.	מַטָּח, צְרוֹר; מַכַּת-יָעָף
volley v.	יָרָה מַטָּח; הִכָּה בִּיעָף
volleyball n.	כַּדּוּרְעָף
volt (vōlt) n.	ווֹלְט (יְחִידַת-מִידָה)
vol'tage n.	(בְּחַשְׁמַל) ווֹלְטָג'
volte-face (vōlt fäs')	תְּפְנִית לְאָחוֹר
vol'u·ble adj.	רָהוּט בְּדִבּוּרוֹ, מַלְלָן
vol'ume n.	כֶּרֶךְ; כַּמּוּת, נֶפַח; עוֹצְמַת קוֹל
speak volumes	הֵעִיד בְּרוּרוֹת עַל
volu'minous adj.	גָּדוֹל, רַב-כַּמּוּת
vol'untar'y (-teri) adj.	רְצוֹנִי, חוֹפְשִׁי; ווֹלוּנְטָרִי; לֹא-כָּפוּי, הִתְנַדְּבוּתִי
vol·unteer' n&v.	מִתְנַדֵּב; הִתְנַדֵּב
volup'tu·ous (-chōos) adj.	חוּשָׁנִי, מְעוֹרֵר תַּאֲוָה; רוֹדֵף תַּעֲנוּגוֹת; מְהַנֶּה
vom'it v&n.	הֵקִיא, קִיא; הֲקָאָה
vora'cious (-shəs) adj.	רַעַבְתָנִי, זוֹלֵל
vor'tex' n.	מְעַרְבֹּלֶת; מַצָּב סוֹחֲפָנִי
vo'tary n.	חָסִיד, מַעֲרִיץ, סוֹגֵד
vote n.	קוֹל; קוֹלוֹת, הַצְבָּעָה; דֵּעָה
vote v.	הִצְבִּיעַ; בָּחַר; הִקְצִיב
be voted out	הֻפְסַד בַּבְּחִירוֹת
vote down	דָּחָה/סִכֵּל בַּהַצְבָּעָה
voter n.	מַצְבִּיעַ, בּוֹחֵר
vo'tive adj.	מוּקְדָּשׁ, שֶׁל קִיּוּם נֶדֶר
vouch v.	הֵעִיד עַל, עָרַב לְ—; הִבְטִיחַ
vouch'er n.	שׁוֹבֵר, תְּלוּשׁ, מִסְמָךְ
vouch·safe' v.	נָתַן, הוֹאִיל לָתֵת
vow n.	נֶדֶר, הַבְטָחָה חֲגִיגִית, הַצְהָרָה
vow v.	נָדַר, הִצְהִיר, הִתְחַיֵּב, נִשְׁבַּע
vow'el n.	תְּנוּעָה, ווֹקָל
voy'age n&v.	הַפְלָגָה; מַסָּע, הִפְלִיג
VS = versus	מוּל, נֶגֶד, לְעֻמַּת
vul'canize' v.	גָּפֵּר, עִבֵּד בְּגוֹפְרִית
vul'gar adj.	גַּס, ווּלְגָרִי, הֲמוֹנִי; פָּשׁוּט
vul'nerable adj.	פָּגִיעַ, לֹא מְבוּצָּר
vul'pine' adj.	שׁוּעָלִי, עַרְמוּמִי, פִּקֵּחַ
vul'ture n.	נֶשֶׁר; פֶּרֶס; עַשְׁקָן
vy'ing = pr. p of vie	מִתְחָרֶה, נֶאֱבָק

W

w = watt, week, west
wack'y *adj.* *מוּזָר, אַבְּסוּרְדִי, תִּמְהוֹנִי
wad (wod) *n.* סֶתֶם, רְפִיד; מוֹךְ; צְרוֹר
wad *v.* סָתַם, רִפֵּד, צָרַר, כָּרַךְ
wad'ding (wod-) *n.* מִלּוּי, רִפּוּד
wad'dle (wod-) *v&n.* פָּסַע בְּצַעֲדֵי בַּרְוָז, הִתְנַדְנֵד מִצַּד לְצַד; הִלּוּךְ בַּרְוָזִי
wade *v.* חָצָה, עָבַר בְּקֹשִׁי
wade in נִרְתַּם בְּמֶרֶץ לְ־; הִתְנַפֵּל
wa'fer *n.* אֲפִיפִית, מַרְקוֹעַ
waf'fle (wof-) *n.* וָפֶל; עוּגָה מְתוּלֶּמֶת
waft *v.* נָשָׂא; הֵדִיף, הֵפִיץ; רִחֵף
waft *n.* הִנָּשְׂאוּת; נֶדֶף; רוּחַ קַלָּה
wag *v.* כִּשְׁכֵּשׁ, נִעְנַע; הִתְנוֹעֵעַ
wag *n.* כִּשְׁכּוּשׁ, נִעְנוּעַ; לֵיצָן, תַּעֲלוּלָן
wage *v.* עָרַךְ, נִהֵל
wage war עָרַךְ מִלְחָמָה, נִלְחַם
wage *n.* שָׂכָר, מַשְׂכֹּרֶת; גְּמוּל
wa'ger *n&v.* הִתְעָרְבוּת, הִמּוּר; הִמֵּר
wage scale סוּלַּם שָׂכָר
wag'gery *n.* לֵיצָנוּת, קוּנְדֵסוּת
wag'gish *adj.* לֵיצָנִי, תַּעֲלוּלָנִי
wag'gle *v.* כִּשְׁכֵּשׁ; נִעְנַע; הִתְנוֹעֵעַ
waggle *n.* כִּשְׁכּוּשׁ, נִעְנוּעַ
wag'on, wag'gon *n.* קָרוֹן; עֲגָלָה
fix his wagon *נָקַם בּוֹ; הִכָּהוּ
on the wagon *מִתְנַזֵּר מִמַּשְׁקָאוֹת
wag'oner *n.* עֶגְלוֹן
wag'tail *n.* נַחֲלִיאֵלִי
waif *n.* חֲסַר־בַּיִת, זַאֲטוּט־רְחוֹב
wail *v&n.* בָּכָה, קוֹנֵן; בְּכִי, קִינָה
Wailing Wall הַכּוֹתֶל הַמַּעֲרָבִי
wain'scot *n.* פָּנֶל, סָפִין; לוּחַ
waist *n.* מָתְנַיִם, חֲלָצַיִם; לְסוּטָה
waistcoat (wes'kət) *n.* חֲזִיָּה
wait *v.* חִכָּה, הִמְתִּין; דָּחָה; חָנָה
wait at table הִגִּישׁ, שִׁמֵּשׁ כְּמֶלְצַר
wait on/upon שֵׁרֵת, שִׁמֵּשׁ, הִגִּישׁ; בִּקֵּר; בָּא אַחֲרֵי; הָיָה תָּלוּי בְּ—
wait *n.* הַמְתָּנָה, צִפִּיָּה; מַאֲרָב
wait'er *n.* מֶלְצַר
waiting room חֲדַר הַמְתָּנָה
wait'ress *n.* מֶלְצָרִית
waive *v.* וִתֵּר עַל, לֹא עָמַד עַל; דָּחָה
waiv'er *n.* וִתּוּר, כְּתַב־וִתּוּר
wake *v.* עוֹרֵר, הֵעִיר; הִתְעוֹרֵר
wake up עוֹרֵר; הִתְעוֹרֵר; הִקְשִׁיב
wake *n.* לֵיל־שִׁמּוּרִים; שׁוֹבֶל, עִקְבָה
in the wake of בְּעִקְּבוֹת־, אַחֲרֵי—
wakeful *adj.* עֵר, לֹא יָשֵׁן; לְלֹא שֵׁנָה
wa'ken *v.* הֵעִיר, עוֹרֵר; הִתְעוֹרֵר
wale *n.* חַבּוּרָה, סִמַּן־הַצְלָפָה; פַּס
walk (wôk) *v.* הָלַךְ, פָּסַע, צָעַד; טִיֵּל; הוֹלִיךְ, הוֹבִיל; הֶעֱבִיר; לִוָּה
walk away/off with גָּנַב; זָכָה בִּפְרָס; נִצַּח בְּקַלּוּת
walk in peace חַי בְּשָׁלוֹם
walk into גָּעַר, נָזַף; זָלַל
walk out שָׁבַת; יָצָא; נָטַשׁ
walk over נִצַּח, הֵבִיס; רָמַס, נִצֵּל
walk the chalk הָלַךְ בַּתֶּלֶם
walk up נִגַּשׁ; נִכְנַס; הָלַךְ
walks on air הוּא בָּרָקִיעַ הַשְּׁבִיעִי
walk *n.* הֲלִיכָה, צְעִידָה, הִלּוּךְ; טִיּוּל; שְׁבִיל, דֶּרֶךְ; מְהִירוּת נְמוּכָה
walk of life אוֹרַח־חַיִּים
win in a walk נִצַּח בְּקַלּוּת
walkaway *n.* *נִצָּחוֹן קַל
walker *n.* הַלְכָן; הֲלִיכוֹן (לנכה)
walk'ie-talk'ie (wô'ki tô'ki) *n.* ווֹקִי־טוֹקִי, מַשְׁדֵּר רַדְיוֹ נַיָּד
walking papers מִכְתַּב פִּטּוּרִים
walking stick מַקֵּל הֲלִיכָה
walk-on *n.* תַּפְקִיד אִלֵּם (על הבמה)
walk-out *n.* שְׁבִיתָה; יְצִיאָה הַפְגָּנָתִית
walk-over *n.* נִצָּחוֹן קַל
walkway *n.* טַיֶּלֶת
wall (wôl) *n.* קִיר, כּוֹתֶל, חוֹמָה, דּוֹפֶן
climb the wall *יָצָא מִדַּעְתּוֹ
go to the wall נִכְנַע, נָחַל תְּבוּסָה
up the wall רוֹתֵחַ מִזַּעַם
wall *v.* הִקִּיף בְּחוֹמָה; סָתַם, אָטַם
wall off הִפְרִיד בִּמְחִצָּה, חִיֵּץ
wal'let (wol-) *n.* אַרְנָק, תִּיק

wal'lop (wol-) *v&n.* ‎*הִכָּה; מַכָּה

walloping *adj.* ‎*גָּדוֹל, כַּבִּיר, עָצוּם

wal'low (wol'ō) *v&n.* ‎הִתְפַּלֵּשׁ,
 ‎הִתְגּוֹלֵל, הִתְבּוֹסֵס; הִתְפַּלְּשׁוּת

wallpaper *n&v.* ‎(צִפָּה בְּ־) טַפֶּט

wal'nut' (wôl-) *n.* ‎אֱגוֹז, אֱגוֹז הַמֶּלֶךְ

wal'rus (wôl-) *n.* ‎סוּס־יָם, וַלְרוּס

 walrus moustache ‎שָׂפָם דְּמוּי־חֵית

waltz (wôlts) *n&v.* ‎(רָקַד) וַלְס

wan (won) *adj.* ‎חִוֵּר; חָלוּשׁ, עָיֵף

wand (wond) *n.* ‎שַׁרְבִיט; מַטֵּה־קֶסֶם

wan'der (won-) *v.* ‎שׁוֹטֵט, נָדַד;
 ‎טִיֵּל; תָּעָה; סָטָה; הִתְפַּתֵּל

wanderer *n.* ‎מְשׁוֹטֵט, נוֹדֵד

wanderings *npl.* ‎מַסָּעוֹת, נְדוּדִים

wane *v&n.* ‎הִתְמַעֵט, דָּעַךְ; הִתְמַעֲטוּת

 on the wane ‎דּוֹעֵךְ, פּוֹחֵת וְהוֹלֵךְ

wan'gle *v&n.* ‎*הִשִּׂיג בְּתַחְבּוּלָה;
 ‎סָחַט; פִּתָּה; רִמָּה; תַּחְבּוּלָה; שִׁדּוּל

want (wont) *v.* ‎רָצָה, חָפֵץ; הָיָה
 ‎חָסֵר/זָקוּק/דָּרוּשׁ/צָרִיךְ/חַיָּב

 be wanted ‎הָיָה רָצוּי/מְבוּקָּשׁ

 wants for nothing ‎לֹא חָסֵר דָּבָר

want *n.* ‎רָצוֹן; מַחְסוֹר; צוֹרֶךְ; עוֹנִי

 from/for want of ‎מֵחוֹסֶר־, מֵהֶעְדֵּר—

want ad ‎מוֹדַעַת "דָּרוּשׁ" (בעיתון)

wanting *adj.* ‎חָסֵר, נֶעְדָּר, לֹא מַסְפִּיק

wanting *prep.* ‎בְּלִי; בְּהֶעְדֵּר; פָּחוֹת

wan'ton (won'-) *n&adj.* ‎פְּרוּצָה;
 ‎פָּרוּעַ, קַפְרִיזִי; שׁוֹפֵעַ; מְרוּשָׁע

wanton *v.* ‎הִשְׁתּוֹבֵב, הִתְהוֹלֵל; בִּזְבֵּז

war (wôr) *n&v.* ‎מִלְחָמָה; נִלְחַם

 been in the wars ‎*יָצָא בְּשֵׁן וָעַיִן

war'ble (wôr-) *v&n.* ‎טִרְלֵל, זִמֵּר
 ‎בְּסִלְסוּל; סִלְסוּל, טִרְלוּל; טְרִיל

war'bler (wôr-) *n.* ‎סִבְּכִי (ציפור)

war cry ‎זַעֲקַת־הַקְּרָב; סִיסְמַת־בְּחִירוֹת

ward (wôrd) *n&v.* ‎מַחְלָקָה, בִּיתָן;
 ‎רוֹבַע; בֶּן־חָסוּת; שְׁמִירָה; מָנַע

 ward off ‎מָנַע, הָדַף, תִּמְנַע

war'den (wôr'-) *n.* ‎סוֹהֵר, מְפַקֵּד
 ‎בֵּית־סוֹהַר; מְמוּנֶּה, מְפַקֵּחַ; מְנַהֵל

ward'er (wôrd'-) *n.* ‎שׁוֹמֵר; סוֹהֵר

ward'robe' (wôrd'-) *n.* ‎אֲרוֹן—
 ‎בְּגָדִים, מֶלְתָּחָה

ware *n&v.* ‎כֵּלִים; סְחוֹרָה; אִחְסֵן

warehouse *n.* ‎מַחְסָן, מַחְסַן־סְחוֹרוֹת

warfare *n.* ‎מִלְחָמָה, לוֹחְמָה

warhead *n.* ‎רָאשׁ חֵץ, רֹאשׁ טִיל

wa'rily *adv.* ‎בִּזְהִירוּת

warlike *adj.* ‎מִלְחַמְתִּי; שָׂשׂ לַקְּרָב

warlord *n.* ‎מַצְבִּיא, מְפַקֵּד צְבָאִי

warm (wôrm) *adj&v.* ‎חַם, חָמִים;
 ‎נִלְהָב; חִמֵּם; הִתְחַמֵּם; "נִדְלַק"

 warm over ‎חִמֵּם/הִתְחַמֵּם שׁוּב

 warm the bench ‎חָבַשׁ אֶת הַסַּפְסָל

 warm up ‎חִמֵּם; הִתְחַמֵּם; הִתְיַדֵּד

warm-blooded *adj.* ‎חֲמוּם־מֶזֶג

warm-hearted *adj.* ‎חַם־לֵב, לְבָבִי

warmonger *n.* ‎מְחַרְחֵר מִלְחָמָה

warmth (wôrmth) *n.* ‎חֲמִימוּת; חוֹם

warm-up *n.* ‎חִמּוּם; הִתְחַמְּמוּת

warn (wôrn) *v.* ‎הִזְהִיר, הִתְרָה

warning *n.* ‎אַזְהָרָה; הַתְרָאָה; הוֹדָעָה

warp (wôrp) *n.* ‎שְׁתִי; עִקּוּם; פִּתּוּל

warp *v.* ‎עִקֵּם; הִתְעַקֵּם; פִּתֵּל, עִוֵּת

war-path *n.* ‎דֶּרֶךְ הַמִּלְחָמָה

 on the war-path ‎עָרוּךְ לַקְּרָב; נֶאֱבָק

war'rant (wôr-) *n.* ‎הַצְדָּקָה, סַמְכוּת
 ‎הַרְשָׁאָה; עֲרוּבָּה; כְּתָב; צַו־חִפּוּשׂ

warrant *v.* ‎הִצְדִּיק; הִרְשָׁה; עָרַב

warrant officer ‎נַגָּד בָּכִיר (בצבא)

war'ranty (wôr-) *n.* ‎אַחֲרָיוּת; סַמְכוּת

war'ren (wôr'-) *n.* ‎אַרְנַבִיָּה, שְׁפַנִּיָּה

warring *adj.* ‎נִלְחָם, נֶאֱבָק

war'rior (wôr'-) *n.* ‎לוֹחֵם

warship *n.* ‎אוֹנִיַּת־מִלְחָמָה, סְפִינַת־קְרָב

wart (wôrt) *n.* ‎יַבֶּלֶת; *אָדָם דּוֹחֶה

wartime *n.* ‎עֵת מִלְחָמָה

wa'ry *adj.* ‎זָהִיר, חַשְׁדָנִי

was = pt of be (wôz)

wash (wôsh) *v.* ‎רָחַץ, כִּבֵּס, הֵדִיחַ;
 ‎שָׁטַף; הֵצִיף; סָחַף; נִשְׁטַף

 wash away/off ‎שָׁטַף, סָחַף

 wash down ‎בָּלַע (בעזרת משקה)

 wash out ‎כִּבֵּס, שָׁטַף; הִתְכַּבֵּס

 washed out ‎חִוֵּר, עָיֵף; מוּצָף

wash *n.* ‎רְחִיצָה, כְּבִיסָה, שְׁטִיפָה;
 ‎גַּל; תַּשְׁטִיף; מִמְשָׁח; פְּסוֹלֶת־מִטְבָּח

wash'able (wosh'-) *adj.* ‎כָּבִיס

wash-basin/-bowl *n.* ‎כִּיּוֹר

wash-board *n.* ‎לוּחַ־כְּבִיסָה, כַּסְכֶּסֶת

wash-down *n.* ‎רְחִיצָה, שְׁטִיפָה

washed-up *adj.* ‎*מְחוּסָל; עָיֵף; הָרוּס

washer *n.* מְכַבֵּס; דיסקית (לבורג)
washing machine מְכוֹנַת כְּבִיסָה
wash-out *n.* חוֹר, תְּעָלַת־סַחַף; כִּשָּׁלוֹן
washroom *n.* חֲדַר־שֵׁרוּתִים, נוֹחִיּוּת
wash-stand *n.* שׁוּלְחַן־רְחִיצָה, כִּיּוֹר
wash'y (wosh'i) *adj.* דָּלִיל, מֵימִי
wasn't = was not (woz'ənt)
wasp (wosp) *n.* צִרְעָה
was'sail (wos'əl) *n&v.* מִשְׁתֶּה; שָׁתָה
waste (wāst) *n.* בִּזְבּוּז, אִבּוּד; שְׁמָמָה, מִדְבָּר, שֶׁטַח חַדְגוֹנִי; פְּסוֹלֶת, אַשְׁפָּה
waste *v.* בִּזְבֵּז; אִבֵּד; כִּלָּה, דִּלְדֵּל; הֶחֱרִיב; הִשְׁחִית; נִדַּלְדֵּל; הִתְבַּזְבֵּז
waste *adj.* שָׁמֵם; הָרוּס; מְיוּתָּר; פָּגוּם
waste basket/bin סַל פְּסוֹלֶת
wasteful *adj.* בַּזְבְּזָנִי, פַּזְרָנִי
wastepaper *n.* פְּסוֹלֶת־נְיָר
wa'strel *n.* בַּזְבְּזָן; בַּטְלָן, לֹא־יוּצלח
watch (woch) *n.* שָׁעוֹן (־יד); שְׁמִירָה; עֵרָנוּת; מִשְׁמָר; מִשְׁמֶרֶת
on the watch עַל הַמִּשְׁמָר, פּוֹקֵחַ עַיִן
watch *v.* רָאָה, הִתְבּוֹנֵן, הִסְתַּכֵּל; צָפָה; הִשְׁגִּיחַ, שָׁמַר; שָׂם לֵב
watch one's time חִכָּה לִשְׁעַת כּוֹשֶׁר
watch out for חִפֵּשׂ, בִּקֵּשׁ, שָׂם לֵב
watchband *n.* רְצוּעַת־שָׁעוֹן (לשעון־יד)
watchdog *n.* כֶּלֶב שְׁמִירָה
watchful *adj.* עֵר; זָהִיר, פּוֹקֵחַ־עַיִן
watchmaker *n.* שְׁעָן
watchman *n.* שׁוֹמֵר
watchword *n.* סִיסְמָה
wat'er (wôt'-) *n.* מַיִם; נוֹזֵל; יָם
above water לֹא בִּמְצוּקָה
get into hot water הִסְתַּבֵּךְ בְּצָרָה
hold water הָיָה הֶגְיוֹנִי/סָבִיר
in deep water בְּצָרָה, שָׁקוּעַ בִּקְשָׁיִים
of the first water מִמַּדְרֵגָה רִאשׁוֹנָה
pass/make water הִשְׁתִּין
water *v.* הִשְׁקָה; הִזְלִיף; הִתִּיז; דָּמַע
water down מִיֵּם, הֶחֱלִישׁ, דִּלֵּל
water bottle מֵימִיָּה; כְּלִי לְמַיִם
water closet בֵּית שִׁמּוּשׁ, שֵׁרוּתִים
watercourse *n.* תְּעָלָה; אֲפִיק־מַיִם
watered silk מוֹאָר, מֶשִׁי גַּלִּי/מֵימִי
waterfall *n.* מַפַּל־מַיִם, אֶשֶׁד
waterfront *n.* שֶׁטַח הַחוֹף, אֵזוֹר הַגָּדָה
watering *n.* הַשְׁקָאָה, הַשְׁקָיָה; הַזְלָפָה
watering can/pot מַזְלֵף (של גנן)
watering place אֲתַר מַעְיָנוֹת־מַרְפֵּא
water level גּוֹבַהּ־מַיִם, מִפְלַס־מַיִם
waterline *n.* קַו־הַמַּיִם (באונייה)
water-logged *adj.* מָלֵא מַיִם, רְווּי מַיִם
watermelon *n.* אֲבַטִּיחַ
waterproof *adj.* חֲסִין־מַיִם, אֲטִים־מַיִם
waterproof *n.* מְעִיל־גֶּשֶׁם
watershed *n.* פָּרָשַׁת־מַיִם; קַו מַפְרִיד (בין אגני־נהר/אירועים); נְקוּדַּת מִפְנֶה
waterside *n.* חוֹף, גָּדָה, גְּדַת־נָהָר
waterskin *n.* נֹאד, חֵמַת־מַיִם
water-spout *n.* צִנּוֹר, גִּשְׁמָה, מַזְחִילָה; זַרְבּוּבִית; עַמּוּד מַיִם, טוֹרְנָדוֹ
watertight *adj.* אֲטִים־מַיִם; בָּרוּר מְאוֹד
waterway *n.* נְתִיב־מַיִם (עביר לספינה)
waterwings מְצוֹפִים (ללומד לשחות)
watery *adj.* מֵימִי; דּוֹמֵעַ; חִוֵּר, חַלָּשׁ
watt (wot) *n.* וָט (בחשמל)
wat'tle (wot-) *n.* שְׂבָכָה; שִׁטָּה (עץ); דִּלְדּוּל בָּשָׂרִי (בצוואר תרנגול)
wave *v.* הִתְנוֹעֵעַ, הִתְנוֹפֵף; נִעְנַע, נוֹפֵף; סִלְסֵל (שיער); הִסְתַּלְסֵל
wave aside בִּטֵּל, דָּחָה הַצִּדָּה
wave *n.* גַּל; נַחְשׁוֹל; נִפְנוּף יָד; סִלְסוּל
wa'ver *v.* הִתְנוֹעֵעַ; הִבְלִיחַ; הִסֵּס, פִּקְפֵּק; הִתְמוֹטֵט, הִתְחִיל לִקְרוֹס
wa'vy *adj.* גַּלִּי; מְסוּלְסָל, מְתוּלְתָּל
wax *n.* דּוֹנַג, שַׁעֲוָה; *זַעַם, הִתְלַקְּחוּת
wax in his hands כַּחוֹמֶר בְּיַד הַיּוֹצֵר
wax *v.* דִּנֵּג; גָּדַל, הָיָה, הָפַךְ לְ—
waxen, waxy *adj.* שַׁעֲוִי; חִוֵּר
way *n.* דֶּרֶךְ, אוֹרַח, נָתִיב; אוֹפֶן, שִׁיטָה, צוּרָה; כִּוּוּן; *סְבִיבָה, מָקוֹם
a long way מֶרְחָק נִכָּר; בְּהַרְבֵּה
any way בְּכָל אוֹפֶן, עַל כָּל פָּנִים
by the way דֶּרֶךְ אַגַּב
by way of דֶּרֶךְ; בִּמְקוֹם, בְּצוּרַת־, בְּכַעֵין־, בְּכַוָּנָה לְ, בְּמַטָּרָה לְ—
gather way צָבַר מְהִירוּת
get in the way הִפְרִיעַ, חָסַם דֶּרֶךְ
give way נִכְנַע, וִתֵּר, נָסוֹג; קָרַס
he has a way with him יֵשׁ לוֹ קֶסֶם מְיוּחָד, יֵשׁ לוֹ דֶּרֶךְ מִשֶּׁלּוֹ
in a bad way בְּמַצָּב רַע
in a way בְּמִדָּה מְסוּיֶּמֶת
in no way כְּלָל לֹא

in the same way בְּאוֹפֶן דּוֹמֶה
in this way בְּדֶרֶךְ זוֹ, בְּשִׁיטָה זוֹ
lead the way הוֹלִיךְ, שִׁמֵּשׁ דּוּגְמָה
look his way הִסְתַּכֵּל לְעֶבְרוֹ
make way הִתְקַדֵּם, עָשָׂה דַּרְכּוֹ
on the way בַּדֶּרֶךְ, לִקְרַאת
out of the way יוֹצֵא דּוֹפֶן, לֹא רָגִיל
put out of the way חִסֵּל, רָצַח
the whole way לְגַמְרֵי, מֵאַ׳ וְעַד תּ׳
under way מִתְקַדֵּם; בִּתְנוּעָה; בְּבִצּוּעַ
way behind הַרְחֵק מֵאָחוֹר
way-ahead *adj.* מִתְקַדֵּם
waybill *n.* רְשִׁימַת סְחוֹרוֹת/נוֹסְעִים
wayfarer *n.* הֵלֶךְ, צוֹעֵד, נוֹסֵעַ
way'lay' *v.* אָרַב, תָּקַף; נִגַּשׁ אֶל—
way-out *adj.* מְשׁוּנֶּה, מוּזָר בְּיוֹתֵר
wayside *n.* שׁוּלֵי הַדֶּרֶךְ, צַד הַכְּבִישׁ
way'ward *adj.* עַקְשָׁן, קַפְּרִיזִי, הֲפַכְפַּךְ
WC = water closet בֵּית שִׁמּוּשׁ
we (wē) *pron.* אָנוּ, אֲנַחְנוּ; אֲנִי
weak *adj.* חַלָּשׁ, רָפֶה; מֵימִי, דָּלִיל
weak'en *v.* הֶחֱלִישׁ; נֶחֱלַשׁ
weak-headed/-minded רְפֵה־שֵׂכֶל
weak'ling *adj&n.* (אָדָם) חַלָּשׁ
weakly *adj&adv.* חַלָּשׁ; בְּחוּלְשָׁה
weakness *n.* חוּלְשָׁה; פְּגָם, חִסָּרוֹן
weal *n.* אוֹשֶׁר, הַצְלָחָה; סִמַּן־חַבָּטָה
the general weal טוֹבַת הַכְּלָל
wealth (welth) *n.* עוֹשֶׁר; שֶׁפַע, רוֹב
wealth'y (welth'i) *adj.* עָשִׁיר
wean *v.* גָּמַל (מִינִיקָה); הִגְמִיל
weap'on (wep'-) *n.* נֶשֶׁק, כְּלִי־נֶשֶׁק
weap'onry (wep'-) *n.* כְּלֵי־נֶשֶׁק
wear (wār) *v.* לָבַשׁ; נָשָׂא; לָבַשׁ
אֲרֶשֶׁת; הָיָה מַרְאֵהוּ; בָּלָה, שָׁחַק;
הִשְׁתַּמֵּר, הִתְקַיֵּם; *הִסְכִּים, אִפְשֵׁר
wear away שָׁחַק; נִשְׁחַק; חָלַף
wear down שָׁחַק; נִשְׁחַק;
הֶחֱלִישׁ, יִגַּע, הִתִּישׁ; דִּלְדֵּל
wear off נָמוֹג, נֶעֱלַם; שָׁחַק
wear on הִתְקַדֵּם; הִרְגִּיז; עִיֵּף
wear out שָׁחַק; נִשְׁחַק; הִתְבַּלָּה
wear through שָׁחַק; נִשְׁחַק; בָּלָה
wear well נִרְאָה צָעִיר (חרף גילו)
wear *n.* לְבוּשׁ; הַלְבָּשָׁה; שְׁחִיקָה;
הִתְבַּלּוּת; יַצִּיבוּת, אִי־בְּלִיָּה
wear and tear הִתְבַּלּוּת, פְּחָת

wea'riness *n.* עֲיֵפוּת, לֵאוּת
wearing apparel מַלְבּוּשִׁים, בְּגָדִים
wea'risome *adj.* מְעַיֵּף; מְשַׁעֲמֵם
wea'ry *adj&v.* עָיֵף; מְשַׁעֲמֵם; עִיֵּף
wea'sel (-z-) *n&v.* סָמוּר; הִתְחַמֵּק
weasel word מִלָּה דּוּ־מַשְׁמָעִית
weath'er (wedh'-) *n.* מֶזֶג־אֲוִיר
under the weather לֹא חָשׁ בְּטוֹב
weather *v.* עָבַר בְּשָׁלוֹם, הֶחֱזִיק
מַעֲמָד, הִתְגַּבֵּר; דָּהָה; נִשְׁחַק
weather bureau שֵׁרוּת מֶטֶאוֹרוֹלוֹגִי
weathercock *n.* שַׁבְשֶׁבֶת; הֲפַכְפַּךְ
weatherman *n.* חַזַּאי
weatherproof *adj.* חֲסִין־רוּחַ/־גֶּשֶׁם
weather vane שַׁבְשֶׁבֶת, נֵס הָרוּחַ
weave *v.* אָרַג, טָוָה; שָׁזַר; בָּנָה,
הִרְכִּיב; פִּתֵּל; הִתְפַּתֵּל
get weaving *נִרְתַּם בְּמֶרֶץ לַעֲבוֹדָה
weave one's way הִתְקַדֵּם בְּפִתּוּלִים
weave *n.* מַאֲרָג, מִשְׁזָר, מִרְקָם, מַטְוֶה
weaver *n.* אוֹרֵג, טַוַּאי
web *n.* קוּרִים; רֶשֶׁת, מַסֶּכֶת, מַאֲרָג;
קְרוּם־שְׂחִיָּה; גְּלִיל־נְיָר
web-toed *adj.* בַּעַל קְרוּמֵי־שְׂחִיָּה
wed *v.* הִתְחַתֵּן, נִשָּׂא; הִצְמִיד
we'd = we would/had (wēd)
wedded *adj.* נָשׂוּי; צָמוּד; מָסוּר
wed'ding *n.* חֲתוּנָּה, נִשּׂוּאִים
wedding cake עוּגַת־כְּלוּלוֹת
wedge *n.* יָתֵד, טְרִיז; פֶּלַח טְרִיזִי
drive a wedge תָּקַע טְרִיז (ביניהם)
wedge *v.* יִתֵּד, טֵרֵז; דָּחַק; דָּחַס
wed'lock' *n.* נִשּׂוּאִים, נִשּׂוּאִין
out of wedlock מִחוּץ לְנִשּׂוּאִים
Wednes'day (wenz'd-) *n.* יוֹם רְבִיעִי
wee *adj.* קָטָן, קְטַנְטַן, זָעִיר
wee hours הַשָּׁעוֹת הַקְּטַנּוֹת, הַשְׁכֵּם
weed *n&adj.* עֵשֶׂב שׁוֹטֶה; טַבָּק,
סִיגָרִיּוֹת; חַשִּׁישׁ; כָּחוּשׁ וְגָבוֹהַּ, חַלָּשׁ
weed *v.* נִכֵּשׁ (עשבים), יִבֵּל, עִשֵּׂב
weeds *npl.* בִּגְדֵי אַלְמָנוּת, שְׁחוֹרִים
week *n.* שָׁבוּעַ; שְׁבוּעַ עֲבוֹדָה
this day week שָׁבוּעַ מֵהַיּוֹם
weekday *n.* יוֹם חוֹל
weekend *n.* סוֹפְשָׁבוּעַ, וִיקֶאנְד
weekly *adj&adv&n.* שְׁבוּעִי; שְׁבוּעוֹן
wee'ny *adj.* *קְטַנְטַן, זָעִיר

weep *v.* בָּכָה; זָלַג, זָב
weepy *adj.* בַּכְיָנִי; סוֹחֵט דְמָעוֹת
wee'vil (-vəl) *n.* חִדְקוֹנִית (חיפושית)
weft *n.* עֵרֶב, חוּטֵי־הָרוֹחַב
weigh (wā) *v.* שָׁקַל (משא/רעיון)
 weigh down הִכְבִּיד, הֵעִיק, כּוֹפֵף
 weigh out שָׁקַל, מָדַד בְּמִשְׁקָל
 weigh up שָׁקַל בְּכוֹבֶד־רֹאשׁ; הֵבִין
 weigh with הָיָה רַב־חֲשִׁיבוּת בְּעֵינֵי
weight (wāt) *n&v.* מִשְׁקָל; מִשְׁקוֹלֶת;
 נֵטֶל; הוֹסִיף מִשְׁקָל, הִכְבִּיד
 carry weight הָיָה כְּבַד־מִשְׁקָל
 of great weight כְּבַד־מִשְׁקָל
 weight in favor of הֶעֱנִיק יִתְרוֹן ל—
weighting *n.* תּוֹסֶפֶת, הֲטָבָה
weight lifting הֲרָמַת־מִשְׁקָלוֹת
weighty *adj.* כְּבַד־מִשְׁקָל, רַב־חֲשִׁיבוּת
weir (wēr) *n.* סֶכֶר; מַחְסוֹם, רֶשֶׁת
weird (wērd) *adj.* מְשׁוּנֶה; לֹא־טִבְעִי
welch *v.* הִתְחַמֵּק מִתַּשְׁלוּם
wel'come (-kəm) *adj.* רָצוּי, מִתְקַבֵּל
 בְּחֵפֶץ־לֵב; נָעִים; רַשַּׁאי, חוֹפְשִׁי
 You're welcome "עַל לֹא דָבָר"
 welcome home בָּרוּךְ בּוֹאֲךָ הַבַּיְתָה
welcome *n.* קַבָּלַת־פָּנִים, קִדּוּם־פָּנִים
welcome *v.* קִבֵּל פָּנִים, שִׁחֵר פָּנָיו
weld *v&n.* רִתֵּךְ, הִצְמִיד; רִתּוּךְ
wel'fare' *n.* טוֹבָה, רְוָחָה; סַעַד
welfare work עֲבוֹדָה סוֹצְיָאלִית
wel'kin *n.* שָׁמַיִם, שְׁחָקִים
well *n.* בְּאֵר, בְּאֵר־מַיִם, בְּאֵר־נֵפְט;
 מָקוֹר, מַעְיָן; פִּיר, אֲרוּבַּת־מַעֲלִית
well *v.* פָּרַץ, זָרַם, קָלַח
 well up עָלָה, גָּאָה; מָלֵא; נִמְלָא
well *adv.* טוֹב, הֵיטֵב, יָפֶה; כָּרָאוּי;
 בְּהַרְבֵּה; בְּמִדָּה נִכֶּרֶת; בְּצֶדֶק, בְּדִין
 as well גַּם כֵּן, נוֹסָף לְכָךְ, כְּמוֹ כֵן
 as well as נוֹסָף ל־, וְגַם
 do well הִצְלִיחַ, הִתְקַדֵּם
 go well הָלַם, הִתְאִים
 pretty well כִּמְעַט; לֹא רַע, מְצוּיָן
 speak well of לִמֵּד זְכוּת עַל
 very well טוֹב מְאוֹד; הֵיטֵב הֵיטֵב
 well done! יָפֶה מְאוֹד!, כָּל הַכָּבוֹד!
 well off עָשִׁיר, אָמִיד; בַּר־מַזָּל
 well up in בָּקִי בְּ—
well *adj.* טוֹב, בָּרִיא; בְּסֵדֶר; מוּטָב
well *n.* טוֹב, טוֹבָה, רְוָחָה, אוֹשֶׁר
 let well alone הַנַּח לוֹ כְּמוֹת שֶׁהוּא
well *interj.* וּבְכֵן, טוֹב, אוֹ קֵי, בְּסֵדֶר
 well, well! יוֹפִי! מְצוּיָן! הַאוּמְנָם!
we'll = we will/shall (wēl)
well-advised *adj.* נָבוֹן, חָכָם
well-appointed *adj.* מְצוּיָד כַּהֲלָכָה
well-behaved *adj.* מִתְנַהֵג כַּהֲלָכָה
well-being *n.* טוֹבָה, רְוָחָה; בְּרִיאוּת
well-born *adj.* מְיוּחָס, מִמִּשְׁפָּחָה טוֹבָה
well-bred *adj.* מְחוּנָּךְ, מְנוּמָּס
well-disposed *adj.* יְדִידוּתִי
well-favored *adj.* יְפֵה־תֹאַר, נָאֶה
well-groomed *adj.* מְצוּחְצָח, מְטוּפָּח
well-heeled *adj.* *עָשִׁיר
well-intentioned *adj.* מִתְכַּוֵּן לְטוֹב
well-meaning *adj.* בַּעַל כַּוָּנוֹת טוֹבוֹת
well-nigh *adv.* כִּמְעַט
well-off *adj.* עָשִׁיר, אָמִיד
well-oiled *adj.* *שָׁתוּי, מְבוּסָּם
well-read *adj.* שֶׁקָּרָא הַרְבֵּה
well-spoken *adj.* מְנוּמָּס, יְפֵה־דִבּוּר
wellspring *n.* מָקוֹר, מַעְיָן הַמִּתְגַּבֵּר
well-thought-of *adj.* בַּעַל שֵׁם טוֹב
well-timed *adj.* בְּעִתּוֹ, קוֹלֵעַ בְּעִתּוּיוֹ
well-to-do *adj.* עָשִׁיר, אָמִיד
well-wisher *adj.* מְאַחֵל טוֹב, מְבָרֵךְ
well-worn *adj.* מְשׁוּמָּשׁ; נָדוֹשׁ, חָבוּט
welsh *v.* הִתְחַמֵּק מִתַּשְׁלוּם; הִשְׁתַּמֵּט
welt *n.* פַּס־מַלְקוֹת, חַבּוּרָה
wel'ter *v.* הִתְבּוֹסֵס, הִתְפַּלֵּשׁ
welter *n.* בִּלְבּוּל, עִרְבּוּבְיָה; בְּלִיל
welterweight *n.* מִשְׁקָל מְצוּעָ
wench *n.* בַּחוּרָה, נַעֲרַת־כְּפָר; פְּרוּצָה
wend *v.* הָלַךְ, נָסַע, שָׂם פְּעָמָיו
went = pt of go
wept = p of weep
were = pt of be (wûr)
 as it were כִּבְיָכוֹל, כְּאִלּוּ
 if I were/were I אִלּוּ הָיִיתִי
we're = we are (wēr)
west *n&adj&adv.* מַעֲרָב;
 מַעֲרָבִי; מַעֲרָבָה
west'ern *adj&n.* מַעֲרָבִי; מַעֲרָבוֹן
west'ernize' *v.* מִעֲרֵב
westward(s) *adv.* מַעֲרָבָה
wet *adj.* רָטוֹב, לַח; סַגְרִירִי; *חֲסַר־מֶרֶץ

all wet *מבולבל; טועה לחלוטין
wet *n&v.* רטיבות; גשם; הרטיב
wet blanket מדכא, מרפה ידים
wet nurse מינקת
we've = we have (vēv)
whack *v&n.* הכה, הצליף; הלקה
whack *n.* הצלפה; *נסיון; חלק
whacked *adj.* *עייף, סחוט, מותש
whacking *n&adj.* מכות; *כביר, ענק
whale *n.* לויתן; *דבר כביר/עצום
whale *v.* צד לויתנים *הכה
wharf (wôrf) *n.* רציף, מזח, מעגן
what (wot) *adj&adv&pron.* מה?
איזה? איזו? כמה? מה ש־; הדבר ש—
and what not וכדומה, וכולי
or/and what have you וכדומה, וכ׳
what about מה בקשר ל־?
what for? למה? מדוע? לשם מה?
what of it? ובכן, מה בכך?
what with- עקב, מהסבות (הבאות)
what's up? מה קורה? מה נשמע?
what·ev'er (wot-) *adj.* כלשהו
what'not' (wot'-) *n.* הכל, מה לא
wheat *n.* חטה
whee'dle *v.* פתה, שדל; סחט
wheel *n.* גלגל, אופן; הגה; סבוב
at the wheel ליד ההגה, בשלטון
big wheel *אישיות חשובה
wheel *v.* גלגל, דחף, גרר (עגלה);
הסיע; פנה; התגלגל; חג
wheel around הסתובב, סב לאחור
wheelbarrow *n.* מריצה, חדופן
wheelchair *n.* כסא־גלגלים
wheeze *v&n.* נשם בקול (שורקני);
נשימה שורקנית; *בדיחה, טריק
whelp *n&v.* גור; חוצפן; המליטה
when *adv&conj&pron.* מתי?
בשעה ש־, כאשר־, כש־; ואז
since when? ממתי? מאימתי?
whence *adv&conj.* מאין? מהיכן ש—
when·ev'er *conj&adv.* בכל שעה ש—
where (wār) *adv&conj&pron.*
איפה? לאן? היכן ש־; אד
where to? לאן?
where'abouts' (wār'-) *n&adv.*
מקום, סביבה; איפה? באיזו סביבה?
where·as' (wāraz') *conj.* ואלו,
אד; בעוד ש־; הואיל ו—
where·at' (wārat') *adv.* לכן; שבו
where·by' (wārbī') *adv.* שדרכו,
שבאמצעותו; שלפיו
where'fore (wār'-) *conj.* למה? לכן
where·in' (wārin') *adv.* שבו
where·of' (wārov') *adv.* שממנו
where·on' (wāron') *adv.* שעליו
where·to' (wārto͞o') *adv.* לאן
where'upon' (wār'-) *conj.* אשר
על כן; ומיד אחר כך, ואז
wherev'er (wār-) *adv.* בכל מקום ש—
where'withal' (wār'widhôl) *n.*
אמצעים; כסף, ממון
whet *v.* השחיז, חדד; עורר, גרה
wheth'er (-dh-) *conj.* אם; בין ש—
whether or no בכל מקרה, ויהי מה
whetstone *n.* אבן משחזת
which *adj&pron.* איזה? ל־/מאיזה?
אשר־; שהוא־, שאותו; וזאת
at which שעליו, שלעברו, שבו
of which ממנו, מהם
which·ev'er *adj&pron.* איזשהו
whiff *n.* משב, ריח קל, נדף; שאיפה
whiff *v.* נשב; הדיף ריח; שאף
while *n&v.* שעה, זמן; העביר (זמן)
(all) the while במשך (כל) הזמן
for a while לזמן־מה
while away העביר הזמן; התבטל
worth (one's) while כדאי, משתלם
while *conj.* בשעה ש־; אד, ואלו—
whim *n.* קפריזה, שגעון, בולמוס
whim'per *v&n.* בכה, יבב; יבבה
whim'sical (-z-) *adj.* קפריזי, מוזר
whine *v&n.* בכה, יבב; בכי, יבבה
whin'ny *n&v.* צהלת־סוס; צהל, צנף
whip *n.* שוט; מצליף; מקצפת
whip *v.* הצליף; הביס; הקציף;
חטף; דג (בחכה); קשר
whip round התרים; כרך, לפף
whip up עורר; הכין חטופות
whipper-snapper *n.* אפס נפוח, שחצן
whipping boy שעיר לעזאזל, קורבן
whir(r) *n&v.* רעש, משק, זמזום,
רשרוש; חלף ברשרוש; שקשק
whirl *v.* סובב; הסתחרר; הסיע
whirl *n.* סבוב; סחרחורת; בלבול

whirlpool *n.* מְעַרְבּוֹלֶת, שִׁבּוֹלֶת־מַיִם
whirlwind *n.* סוּפָה, עַלְעוֹל
whirlybird *n.* *הֶלִיקוֹפְּטֶר
whisk *n.* מַטְאֲטֵא; מַקְצֵף; תְּנוּפָה
whisk *v.* טִאטֵא; הִבְרִישׁ; הִקְצִיף
whisk away/off סִלֵּק חִישׁ, חָטַף
whisk'er *n.* שָׂפָם, זִיף־מִשּׁוּשׁ
whiskers זְקַן־לְחָיַיִם, שְׂעַר־הַלֶּחִי
whis'ky, whis'key *n.* וִיסקִי
whis'per *v&n.* לָחַשׁ; רִשְׁרֵשׁ; לְחִישָׁה, לַחַשׁ, שְׁמוּעָה; אִוְשָׁה
whist *n.* וִיסט (מִשְׂחַק קלפים)
whis'tle (-səl) *n.* שְׁרִיקָה; מַשְׁרוֹקִית
whistle *v.* שָׁרַק, צִפְצֵף
whit *n.* שֶׁמֶץ, קוּרְטוֹב, מַשֶּׁהוּ
white *adj.* לָבָן; צָחוֹר, צַח; חִוֵּר
white *n.* לָבָן; לוֹבֶן; חֶלְבּוֹן; לַחְמִית
whites בְּגָדִים לְבָנִים, בִּגְדֵי־לָבָן
whitecap *n.* מִשְׁבָּר, גַּל עֲטוּר־קֶצֶף
white-collar *adj.* שֶׁל הַצַּוָּארוֹן הַלָּבָן
white feather פַּחְדָנוּת, רִפְיוֹן יָדַיִם
white heat חוֹם לוֹהֵט; לַהַט, רֶגֶשׁ עַז
white-livered *adj.* פַּחְדָנִי, מוּג־לֵב
whi'ten *v.* הִלְבִּין; הָפַךְ לָבָן
whiteness *n.* לוֹבֶן, צֶבַע לָבָן, לַבְנוּת
white slavery סְחַר נָשִׁים, סְחַר זוֹנוֹת
white tie תִּלְבּוֹשֶׁת עֶרֶב
whitewash *n.* סִיד; טִיּוּחַ, חִפּוּי, הַעֲלָמָה
whitewash *v.* סִיֵּד; טִיֵּחַ, חִפָּה
whith'er (-dh-) *adv.* לְאָן? לְהֵיכָן שֶׁ —
whi'tish *adj.* לְבַנְבַּן
whit'low (-ō) *n.* מוּרְסָה (באצבע)
Whit'sun *n.* חַג הַשָּׁבוּעוֹת (הנוצרי)
whit'tle *v.* חִתֵּךְ, גִּלֵּף; קִצֵּץ, צִמְצֵם
whiz *v&n.* שָׁרַק; (חָלַף בְּ־) שְׁרִיקָה
who (hōō) *pron.* מִי? (הָאִישׁ) שֶׁ —
who's who מִי הוּא מִי; מִי וָמִי
who'd = who had/would
who•ev'er (hōō-) *pron.* מִי שֶׁ־; מִי שֶׁלֹּא יִהְיֶה, לֹא חָשׁוּב מִי; *מִי?
whole (hōl) *adj&n.* שָׁלֵם, כָּל
on the whole בְּסַךְ הַכֹּל, כְּלָלִית
whole-hearted *adj.* בְּכָל לִבּוֹ; מָסוּר
wholesale *adj.* סִיטוֹנִי; בְּסִיטוֹנוּת
wholesome *adj.* בָּרִיא; טוֹב
who'll = who will (hōōl)
whol'ly (hōl'-) *adv.* כָּלִיל, לַחֲלוּטִין

whom (hōōm) *pron.* אֶת מִי? שֶׁאוֹתוֹ
to whom לְמִי? שֶׁאֵלָיו
whoop (hōōp) *v&n.* צָעַק, פָּלַט קְרִיאָה; צְעָקָה; שְׁאִיפָה שׁוֹרְקָנִית
whooping-cough שַׁעֶלֶת
whop'per *adj&n.* *כַּבִּיר; שֶׁקֶר גַּס
whore (hôr) *n.* זוֹנָה
who're = who are (hoor)
whorl (wûrl) *n.* דוּר (עָלִים); קַו סְלִילִי
whor'tle (wûr'-) *n.* אוּכְמָנִית
who's = who is/was (hōōz)
whose (hōōz) *pron.* שֶׁל מִי? שֶׁלּוֹ
who've = who have (hōōv)
why (wī) *adv&conj&n.* לָמָה, מַדּוּעַ
whys and wherefores הַסִּבּוֹת
why *interj.* הִנֵּה! רְאֵה! (קריאה)
wick *n.* פְּתִילָה
wick'ed *adj.* רַע, רָשָׁע; זְדוֹנִי
wick'er *n.* מַעֲשֵׂה־מִקְלַעַת
wicker basket סַל־נְצָרִים
wick'et *n.* פִּשְׁפָּשׁ; (בקריקט) שַׁעַר
wide *adj&adv.* רָחָב; נִרְחָב; רָחוֹק מֵהַמַּטָּרָה/מֵהָאֱמֶת; *מְמוּלָח, עַרְמוּמִי
wide of the mark לֹא נָכוֹן כְּלָל
wide-awake *adj.* עֵר לְגַמְרֵי; עֵרָנִי
widely *adj.* בְּהַרְבֵּה; בְּהֶקֵּף רָחָב
wi'den *v.* הִרְחִיב
widespread *adj.* נָפוֹץ, רוֹוֵחַ, נִרְחָב
wid'ow (-ō) *n.* אַלְמָנָה
widower *n.* אַלְמָן
width *n.* רוֹחַב; חֲתִיכָה (ברוחב מסוים)
wield (wēld) *v.* תָּפַס; הִפְעִיל
wife *n.* אִשָּׁה
wig *n.* פֵּאָה נָכְרִית, קַפֶּלֶט
big wig *אִישִׁיּוּת חֲשׁוּבָה, תּוֹתָח כָּבֵד
wig'gle *v&n.* נִדְנֵד; הֵנִיעַ; הִתְנוֹעֵעַ; זָע; הִתְפַּתֵּל; נִדְנוּד; הִתְנוֹעֲעוּת
wild (wīld) *adj&adv.* פִּרְאִי; בַּר; פָּרוּעַ; רוֹתֵחַ; לֹא שָׁקוּל; מְטוֹרָף
run wild גָּדַל פֶּרֶא; הִתִּיר הָרֶסֶן
wild *n.* שְׁמָמָה, יַעַר
wildcat *n&adj.* חֲתוּל בָּר; פִּרְאִי; נִמְהָר
wil'derness *n.* מִדְבָּר, שְׁמָמָה
wildfire *n.* אֵשׁ מִשְׁתּוֹלֶלֶת
wild-goose chase מִרְדַּף סְרָק
wildlife *n.* חַיּוֹת־פֶּרֶא; צִמְחֵי־בָּר
wile *n.* תַּחְבּוּלָה, תַּכְסִיס, הוֹנָאָה

wil'ful = willful
will *n.* רָצוֹן, רְצִיָּה; כּוֹחַ־רָצוֹן; צַוָּאָה
have one's will הִשִּׂיג אֶת מְבוּקָשׁוֹ
will *v.* (פּוֹעַל עֵזֶר לְצִיּוּן עָתִיד)
will *v.* רָצָה, חָפֵץ; צִוָּה, הוֹרִישׁ
as you will כַּטּוֹב בְּעֵינֶיךָ
will'ful *adj.* עִקֵּשׁ, עַקְשָׁן; בְּמִכֻוָּן
willing *adj.* רוֹצֶה, חָפֵץ; מִשְׁתּוֹקֵק
will-o'-the-wisp אוֹר בִּצּוֹת; אַשְׁלָיָה
wil'low (-lō) *n.* עֲרָבָה (עץ)
willowy *adj.* גָּמִישׁ, חִנָּנִי, תָּמִיר
wil'ly-nil'ly *adv.* בְּרָצוֹן אוֹ שֶׁלֹּא
בְּרָצוֹן, אִם יַחְפּוֹץ וְאִם לָאו; הַסְּסָנִי
wilt *v.* נָבַל, קָמַל; הָיָה נִרְפֶּה
wi'ly *adj.* עַרְמוּמִי, מָלֵא תַּחְבּוּלוֹת
win *v&n.* זָכָה; נִצַּח; רָכַשׁ, הִשִּׂיג;
קָנָה; הִגִּיעַ; זְכִיָּה; נִצָּחוֹן
win clear/free נֶחֱלַץ לְבַסּוֹף
wince *v&n.* נִרְתַּע; הִתְכַּוֵּץ; רְתִיעָה
winch *n&v.* כַּנֶּנֶת, מִתְקַן הֲרָמָה; הֵנִיף
wind (wind) *n.* רוּחַ; נְשִׁימָה; גַּאזֵי־מֵעַיִם
break wind פָּלַט נְפִיחָה
get wind of קָלְטָה אוֹזְנוֹ מַשֶּׁהוּ
have the wind up נִבְהַל
second wind הִתְאוֹשְׁשׁוּת
the 4 winds אַרְבַּע רוּחוֹת הַשָּׁמַיִם
winds (נגני) כְּלֵי־נְשִׁיפָה
wind (wind) *v.* אִבֵּד/הִכְבִּיד נְשִׁימָה;
הֵשִׁיב רוּחַ; הֵרִיחַ עִקְבוֹת—
wind (wīnd) *v&n.* סוֹבֵב; פִּתֵּל;
הִתְפַּתֵּל; כָּרַךְ; כּוֹנֵן; סִבּוּב; לִפּוּף
wind down נָח, נִרְגַּע; חִסֵּל
wind off פָּתַח, הִתִּיר (פקעת)
wind up חִסֵּל; סִיֵּם; הִסְתַּיֵּם; מָתַח
wound up מָתוּחַ, נִרְגָּשׁ
wind'bag' *n.* פַּטְפְּטָן, מַרְבֶּה לְדַבֵּר
windbreak *n.* שׁוֹבֵר־רוּחַ, שַׁבְרוּחַ
windfall *n.* נֶשֶׁר־רוּחַ; מַתַּת־פֶּתַע
winding *adj.* מִתְפַּתֵּל, לוּלְיָנִי
winding sheet תַּכְרִיכִים (למת)
wind instrument כְּלִי־נְשִׁיפָה
windmill *n.* טַחֲנַת־רוּחַ; גַּלְגַּלּוֹן רוּחַ
win'dow (-ō) *n.* חַלּוֹן, אֶשְׁנָב
window box אֲדָנִית
window dressing קִשּׁוּט חַלּוֹנוֹת
רַאֲוָה; כְּסוּת־עֵינַיִם
window envelope מַעֲטֶפֶת־חַלּוֹן
window-pane *n.* שִׁמְשָׁה
window shade וִילוֹן
window shop *v.* סִיֵּר בְּחַלּוֹנוֹת־רַאֲוָה
window-sill *n.* אֶדֶן־חַלּוֹן
windpipe *n.* קָנֶה, צִנּוֹר־הַנְּשִׁימָה
windscreen *n.* שִׁמְשָׁה קִדְמִית (ברכב)
wind sock שַׁרְווּל־רוּחַ
wind-up *n.* סִכּוּם, סִיּוּם
windward *adj&n&adv.* (הַצַּד)
הַגָּלוּי לָרוּחַ; צַד הָרוּחַ; לְעֵבֶר הָרוּחַ
wind'y *adj.* רַב־רוּחוֹת, סוֹעֵר; *פַּחְדָן
wine *n&v.* יַיִן; לָגַם יַיִן
wine press גַּת, מַכְבֵּשׁ יַיִן
wineskin *n.* נֹאד יַיִן
wing *n.* כָּנָף; אֲגַף; יָצִיעַ; קִיצוֹנִי
clip his wings קִצֵּץ אֶת כְּנָפָיו
take wing עָף; חָלַף
under his wing בְּצֵל כְּנָפָיו, בְּחָסוּתוֹ
wing *v.* עָף, טָס; הִכְנִיף; זֵרֵז
wing it אִלְתֵּר, בִּצַּע בְּלִי הֲכָנָה
wing-span/-spread *n.* מוּטַת־כְּנָפַיִם
wink *v.* קָרַץ; מִצְמֵץ; הִבְהֵב
wink at הֶעֱלִים עַיִן מִן
wink *n.* קְרִיצָה; הִבְהוּב; רֶגַע קָט
wink'er *n.* נוּרַת־הִבְהוּב, פָּנַס־אִתּוּת
winning *adj.* מְנַצֵּחַ; מוֹשֵׁךְ, מַקְסִים
winnings *npl.* כַּסְפֵּי הַזְּכִיָּה
win'now (-ō) *v.* זָרָה (תבואה); נִפָּה
win'some (-səm) *adj.* מוֹשֵׁךְ, מַקְסִים
win'ter *n&v.* חוֹרֶף; חָרַף
win'try *adj.* חוֹרְפִּי, סַגְרִירִי, קַר, קוֹדֵר
wi'ny *adj.* יֵינִי
wipe *v.* נִגֵּב, מָחָה, קִנֵּחַ; *הִכָּה
wipe out נִגֵּב; הִשְׁמִיד; מָחָה; חִסֵּל
wipe up נִגֵּב, נִקָּה; סָפַג
wipe *n.* נִגּוּב, נִקּוּי, קִנּוּחַ
wiper *n.* מְנַגֵּב, מְנַקֶּה; מַגֵּב (במכונית)
wire *n.* תַּיִל, חוּט־מַתֶּכֶת; מִבְרָק
live wire אָדָם נִמְרָץ וּפְעַלְתָּנִי
wire *v.* תִּיֵּל, הִדֵּק בְּתַיִל; הִבְרִיק
wireless *n.* אַלְחוּט; רַדְיוֹ
wire-puller *n.* מוֹשֵׁךְ בַּחוּטִים
wiretap *v.* צוֹתֵת (לטלפון)
wiring *n.* מַעֲרֶכֶת תַּיְלֵי־חַשְׁמַל; תִּיּוּל
wi'ry *adj.* רָזֶה, שְׁרִירִי, חָזָק
wis'dom (-z-) *n.* חוֹכְמָה, תְּבוּנָה
wise (-z) *adj&v.* חָכָם, נָבוֹן

be/get wise to לָמַד, הֵבִין
in no wise בְּשׁוּם אוֹפֶן
wise up לָמַד, הֵבִין; הוֹדִיעַ
wiseacre (wīz'a'kər) *n.* "חָכָם"
wisecrack *n&v.* ‎* (הֵעִיר) הֶעָרָה שְׁנוּנָה
wise guy "חָכָם גָדוֹל"
wish *v.* רָצָה; הִשְׁתּוֹקֵק; אִחֵל
wish for בִּקֵשׁ, הִתְאַוָּה, הִתְפַּלֵּל
wish (off) on הֶעֱבִיר, הֵטִיל עַל—
I wish הַלְוַאי, מִי יִתֵּן וְ—
wish *n.* רָצוֹן; חֵפֶץ; מִשְׁאָלָה; אִחוּל
wishbone *n.* עֶצֶם הַבְּרִיחַ (בעוף)
wishful *adj.* רוֹצֶה; נִכְסָף, כָּמֵהַּ
wisp *n.* צְרוֹר, אֲגוּדָה; כְּרִיכָה; חֲתִיכָה
wist'ful *adj.* עָצוּב, מִתְגַּעְגֵּעַ, עוֹרֵג
wit *n.* תְּבוּנָה, הֲבָנָה, שֵׂכֶל; חֲרִיפוּת
at one's wits end אוֹבֵד־עֵצוֹת
out of one's wits יָצָא מִדַּעְתּוֹ
to wit דְּהַיְנוּ, כְּלוֹמַר
wits שֵׂכֶל, תּוּשִׁיָּה; יִשּׁוּב הַדַּעַת
witch *n&v.* מְכַשֵּׁפָה; כִּשֵּׁף
witchdoctor *n.* רוֹפֵא־אֱלִיל
with (-dh) *prep.* עִם־, בְּ־, אֵצֶל
in with חָבֵר לְ־, מִתְרוֹעֵעַ עִם
with all- לַמְרוֹת־, חֵרֶף, עִם כָּל—
withal' (-dhôl') *adv.* כְּמוֹ כֵן
withdraw' *v.* מָשַׁךְ, הוֹצִיא; נָסוֹג
withdraw'al *n.* הוֹצָאָה; נְסִיגָה
with'er (-dh-) *v.* קָמַל; הִקְמִיל;
נָבַל; גָּוַע; הִשְׁתִּיק, הֵבִיךְ
with·hold' (-hōld') *v.* עִכֵּב, מָנַע
within' (-dh-) *adv.* בִּפְנִים; בְּתוֹךְ
within reach בְּהֶשֵּׂג יָד
without' (-dh-) *prep&adv.* לְלֹא,
בְּלִי, בִּלְעֲדֵי־; חֲסַר־, נְטוּל־; בַּחוּץ
without number אֵין סְפוֹר
withstand' *v.* עָמַד בִּפְנֵי
wit'ness *n.* עֵד; עֵד־רְאִיָּה; עֵדוּת; אוֹת
witness *v.* רָאָה; הָיָה עֵד; הֵעִיד
witted *adj.* בַּעַל תְּפִיסָה, בַּעַל שֵׂכֶל
wit'ticism' *n.* הֶעָרָה שְׁנוּנָה, חִדּוּד
wit'ting *adj.* נַעֲשֶׂה בְּיוֹדְעִין, מְכֻוָּן
wit'ty *adj.* פִּקֵּחַ, חָרִיף, שָׁנוּן, מְבַדֵּחַ
wives = pl of wife (wīvz)
wiz'ard *n&adj.* מְכַשֵּׁף; אַשָּׁף; ‎*מְצֻיָּן
wiz'en *v.* נָבַל; הִקְמִיל
wob'ble *v&n.* נִעְנַע; הִתְנוֹדֵד; הִסֵּס;
נִעְנוּעַ, הִתְנוֹדְדוּת; רַעַד
woe (wō) *n.* צַעַר, יָגוֹן; צָרָה
woe to אוֹי לְ־, אָרוּר יְהֵא—
woeful *adj.* עָצוּב; מַעֲצִיב; אוּמְלָל
woke = pt of wake
wo'ken = pp of wake
wolf (woolf) *n&v.* זְאֵב; זָלַל
wolves = pl of wolf (woolvz)
wom'an (woom'-) *n&adj.* אִשָּׁה
womanhood *n.* נָשִׁיּוּת; בַּגְרוּת
womanlike, womanly*adj.* נָשִׁי
womb (wōōm) *n.* רֶחֶם
wom'en = pl of woman (wim-)
won = p of win
won'der (wun'-) *n.* הִתְפַּלְּאוּת; פֶּלֶא
small wonder מַה הַפֶּלֶא, בְּוַדַּאי
wonder *v.* הִתְפַּלֵּא; תָּמַהּ
wonderful *adj.* נִפְלָא, נֶהְדָּר; מַפְלִיא
wont *adj&n.* רָגִיל, נוֹהֵג; הֶרְגֵּל, מִנְהָג
won't = will not (wōnt)
wont'ed *adj.* רָגִיל, נָהוּג, מְקֻבָּל
woo *v.* חִזֵּר אַחֲרֵי; בִּקֵּשׁ; רָדַף
wood *n.* עֵץ; עֵצִים; חוּרְשָׁה; חָבִית
out of the woods נֶחֱלַץ מִצָּרָה
woodcarving *n.* גִּלּוּף; תַּגְלִיף־עֵץ
woodcraft *n.* תּוֹרַת הַיַּעַר; חִטּוּב בָּעֵץ
woodcut *n.* הֶדְפֵּס־עֵץ; חִתּוּךְ עֵץ
woodcutter *n.* חוֹטֵב עֵצִים
wooded *adj.* מְיֹעָר, מְכֻסֶּה עֵצִים
wood'en *adj.* עֵצִי; צוֹנֵן, נְטוּל־הַבָּעָה
wooden-headed *adj.* טִפֵּשׁ, מְטֻמְטָם
woodland *n.* יַעַר, שֶׁטַח מְכֻסֶּה עֵצִים
wood'peck'er *n.* נַקָּר (עוף)
woodshed *n.* מַחְסַן־עֵצִים
woodsman *n.* יַעֲרָן; חוֹטֵב עֵצִים
woodwind *n.* כְּלִי (נשיפה עשוי) עֵץ
woodwork *n.* מְלֶאכֶת־עֵץ; מַעֲשֵׂה־עֵץ
woody *adj.* מְיֹעָר; עֵצִי, מְעוּצֶּה
woo'er *n.* מְחַזֵּר; רוֹדֵף
woof *n.* (באריגה) עֵרֶב
wool *n&adj.* צֶמֶר; לְבוּשׁ צֶמֶר; צַמְרִי
lose one's wool ‎*הִתְרַגֵּז, הִתְלַקַּח
woolen, woollen *adj&n.* צַמְרִי; צֶמֶר
wooly *adj&n.* צַמְרִי; מְעֻרְפָּל; אֲפוּדָה
word (wûrd) *n.* מִלָּה; דָּבָר, דִּבּוּר;
הוֹדָעָה; סִיסְמָה; פְּקוּדָה; דִּבְרָה
by word of mouth בְּעַל פֶּה, בְּדִבּוּר

in a word בְּקִצּוּר
in so many words בְּרוּרוֹת, בְּדִיּוּק
on the word מִיָּד, בּוֹ בַּמָּקוֹם
say the word נָתַן הָאוֹת, אָמַר הֵן
upon my word עַל דִּבְרָתִי
word *v.* נִסַּח, סִגְנֵן; בִּטֵּא בְּמִלִּים
wordbook *n.* מִלּוֹן, אֶגְרוֹן, סֵפֶר מִלִּים
worded *adj.* מְנוּסָּח, מְסוּגְנָן
word-splitting *n.* פַּלְפְּלָנוּת; דַּקְדְּקָנוּת
wordy *adj.* רַב מֶלֶל, מַכְבִּיר מִלִּים
wore = pt of wear
work (wûrk) *n.* עֲבוֹדָה, מְלָאכָה; מִשְׁלַח־יָד, מִקְצוֹעַ; מַעֲשֶׂה; יְצִירָה
in the works בַּהֲכָנָה, בְּתִכְנוּן
make short work of סִיֵּם חִישׁ קַל
out of work מוּבְטָל, מְחוּסַּר עֲבוֹדָה
works יְצִירוֹת, יְצוּרָה, כְּתָבִים; בֵּית־חֲרוֹשֶׁת, מִפְעָל; בִּצּוּרִים; מַנְגָּנוֹן
work *v.* עָבַד, עָשָׂה, פָּעַל; הֶעֱבִיד; הִפְעִיל; נִהֵל; הִתְקַדֵּם לְאַט; חָדַר; עִצֵּב, יָצַר; הִתְעַוֵּת; תָּסַס
work in/into הִכְנִיס, שִׁבֵּץ, כָּלַל; חָדַר פְּנִימָה; הֶחְדִּיר בְּשִׁפְשׁוּף
work it out חִשֵּׁב; סִכֵּם, סִיֵּם; פָּתַר; הִמְצִיא, פִּתַּח; תִּכְנֵן; עִבֵּד
work loose הִתְרוֹפֵף; נִפְרַע (שיער)
work off סִלֵּק; חִסֵּל; פָּרַק
work oneself (up) הִתְלַהֵב; נִסְחַף
work out נִפְתַּר; הִסְתַּכֵּם; עִבֵּד
work through חָדַר בְּהַדְרָגָה, חִלְחֵל
work up הִלְהִיב, עוֹרֵר; פִּתַּח, בָּנָה
worked out כָּלֶה, מְרוּקָן, מְנוּצָל
workable *adj.* עָבִיד; בַּר־בִּצּוּעַ
work'aday' (wûrk-) *adj.* רָגִיל, יָבֵשׁ
workbench *n.* שׁוּלְחַן־עֲבוֹדָה
workbook *n.* יוֹמַן עֲבוֹדָה
workday *n.* יוֹם עֲבוֹדָה, יוֹם חוֹל
worker *n.* פּוֹעֵל, עוֹבֵד; פּוֹעֵל־כַּפַּיִם
work force כּוֹחַ אָדָם, כּוֹחַ עֲבוֹדָה
workhouse *n.* בֵּית־מַחְסֶה
working *n.* תִּפְעוּל; מִכְרֶה, מַחְצָבָה
working *adj.* שֶׁל עֲבוֹדָה; פּוֹעֵל; שִׁמּוּשִׁי
working-out *n.* חִשּׁוּב, פְּתִירָה; תִּכְנוּן
workman *n.* פּוֹעֵל, עוֹבֵד; אוּמָן
workmanship *n.* אוּמָנוּת, טִיב־עֲבוֹדָה
work-out *n.* אִמּוּן, תִּרְגּוּל; בְּדִיקָה
workshop *n.* סַדְנָה, בֵּית־מְלָאכָה
worktop *n.* מִשְׁטַח־עֲבוֹדָה (בְּמִטְבָּח)
work-to-rule עֲבוֹדָה לְפִי הַסֵּפֶר, שְׁבִיתָה
world (wûrld) *n.* עוֹלָם, הָעוֹלָם; תֵּבֵל
a/the world of הַרְבֵּה, הָמוֹן
come up in the world הִצְלִיחַ
for all the world בְּעַד כָּל הוֹן
not for the world בְּשׁוּם אוֹפֶן
on top of the world בָּרָקִיעַ הַשְּׁבִיעִי
the whole world הַכֹּל, כָּל הָעוֹלָם
where/who in the world אֵיפֹה/ מִי לְכָל הָרוּחוֹת
worlds apart שׁוֹנִים תַּכְלִית שִׁנּוּי
world-beater *n.* שִׂיאָן עוֹלָמִי
worldly *adj.* גַּשְׁמִי, חוֹמְרִי, אַרְצִי
worldly-wise *adj.* בָּקִי בַּהֲלִיכוֹת־עוֹלָם
world-old *adj.* מִשֵּׁשֶׁת יְמֵי בְּרֵאשִׁית
worldwide *adv&adj.* חוֹבֵק עוֹלָם
worm (wûrm) *n.* תּוֹלַעַת, שִׁלְשׁוֹל; שָׁפָל, פַּחְדָן; תַּבְרִיג, הַבְרָגָה
worm *v.* תִּלַּע; זָחַל, הִתְפַּתֵּל, חָדַר
worm out a secret סָחַט סוֹד
worm-eaten *adj.* מְתוּלָּע; *מְיוּשָּׁן
wormwood *n.* לַעֲנָה; מְרִירוּת, סֵבֶל
wormy *adj.* מְתוּלָּע, תָּלוּעַ; תּוֹלָעִי
worn *adj.* שָׁחוּק, בָּלוּי; עָיֵף, לֵאֶה
worn = pp of wear
worn-out *adj.* שָׁחוּק; עָיֵף, סָחוּט
worried *adj.* מוּדְאָג, דּוֹאֵג
wor'risome (wûr'isəm) *adj.* מַדְאִיג
wor'ry (wûr'-) *v.* הִדְאִיג, הֵצִיק; דָּאַג; חָשַׁשׁ; נָשַׁךְ, קָרַע בְּשִׁנָּיו
worry at מָשַׁךְ; הֵצִיק; שָׁקַד
worry *n.* דְּאָגָה, מְקוֹר־דְּאָגָה, צָרָה
worrying *adj.* אֲכוּל־דְּאָגוֹת; מַדְאִיג
worse (wûrs) *adj&adv&n.* יוֹתֵר רָע; בְּצוּרָה גְּרוּעָה מִן; דָּבָר גָּרוּעַ
none the worse לֹא נִזַּק; לֹא פָּחוֹת
the worse for wear שָׁחוּק עֵקֶב שִׁמּוּשׁ, בָּלֶה מֵרֹב יָמִים; עָיֵף
worse off בְּמַצָּב יוֹתֵר גָּרוּעַ
wors'en (wûrs'-) *v.* הֵרַע; הֶחְמִיר
wor'ship (wûr'-) *n&v.* פּוּלְחָן, תְּפִלָּה, הַעֲרָצָה, סְגִידָה; הֶעֱרִיץ; הִתְפַּלֵּל
his Worship כְּבוֹדוֹ, כְּבוֹד (־הַשּׁוֹפֵט)
worst (wûrst) *n&adj&adv.* מֵרָע; הָרָע בְּיוֹתֵר; בַּצּוּרָה הַגְּרוּעָה בְּיוֹתֵר
at worst בַּמִּקְרֶה הֲכִי גָּרוּעַ

come off worst נָחַל מַפָּלָה
in the worst way עַד מְאוֹד*
worst *v.* נִצַּח, הֵבִיס
wor'sted (woos'tid) *n.* אֲרִיג צֶמֶר
worth (wûrth) *adj.* שָׁוֶה, עֶרְכּוֹ; רָאוּי, כְּדַאי; בַּעַל רְכוּשׁ שֶׁנֶּאֱמָד בְּ–
for all he is worth בְּכָל יְכָלְתּוֹ
worth one's while כְּדַאי, מְשַׁתַּלֵּם
worth *n.* עֵרֶךְ, חֲשִׁיבוּת, שׁוֹוִי
worthless *adj.* חֲסַר־עֵרֶךְ; נִבְזֶה, שָׁפָל
worthwhile *adj.* כְּדַאי; מְשַׁתַּלֵּם
wor'thy (wûr'dhi) *adj.* רָאוּי, כְּדַאי; בַּעַל עֵרֶךְ/חֲשִׁיבוּת; הָגוּן, נִכְבָּד
worthy *n.* נִכְבָּד, אָדָם חָשׁוּב
would = pt of will (wood)
would heaven מִי יִתֵּן, הַלְוַאי
would that- הַלְוַאי! לוּ!
I would rather הָיִיתִי מַעֲדִיף לְ–
would-be *adj.* עָתִיד לִהְיוֹת; מִתְיַמֵּר
wouldn't = would not
wound (wōōnd) *n&v.* פֶּצַע, מַכָּה; פְּגִיעָה, עֶלְבּוֹן; פָּצַע, פָּגַע בְּ–
wound = p of wind (wound)
wove = pt of weave
wo'ven = pp of weave
wow *interj.* נִפְלָא, מְצֻיָּן, וָאוּ!*
wrack *n.* הֶרֶס, הַשְׁמָדָה
wraith *n.* רוּחַ־מֵת; שֶׁלֶד־אָדָם
wran'gle *v&n.* הִתְוַכֵּחַ, רָב; רִיב
wrap *v.* עָטַף; כָּרַךְ; אָרַז
wrap up עָטַף; הִתְעַטֵּף; סִכֵּם, סִיֵּם
wrap *n.* כִּסּוּי, מַעֲטֶה, מְעִיל, צָעִיף
wrapper *n.* עֲטִיפָה; חָלוּק, מַעֲטֶפֶת
wrath *n.* זַעַם, חֵמָה, חֲרוֹן־אַף
wrathful *adj.* זוֹעֵם
wreak *v.* פָּרַק, נָתַן בִּטּוּי, עָשָׂה
wreak havoc עָשָׂה שַׁמּוֹת
wreath *n.* זֵר, עֲטָרָה; טַבַּעַת, סְלִיל
wreathe (rēdh) *v.* עָטַף, אָפַף
wreck *n&v.* חוּרְבָּן; סְפִינָה שֶׁנִּטְרְפָה; שֶׁבֶר־כְּלִי; הֲרִיסָה; הָרַס, נִפֵּץ
wreckage *n.* הֶרֶס, חוּרְבָּן; שְׂרִידִים
wren *n.* גִּדְרוֹן (ציפור־שיר)
wrench *n.* עִקּוּם, פִּתּוּל; מְשִׁיכָה; נֶקַע; סֵבֶל, כְּאֵב; מַפְתֵּחַ בְּרָגִים
throw a wrench תָּקַע מַקֵּל בַּגַּלְגַּלִּים
wrench *v.* עִקֵּם; פִּתֵּל; מָשַׁךְ; נָקַע

wrest *v.* הוֹצִיא בְּכוֹחַ, מָשַׁךְ; סָחַט, הִשִּׂיג בְּקוֹשִׁי; עִוֵּת, סִלֵּף
wres'tle (res'əl) *v.* נֶאֱבַק, הִתְגּוֹשֵׁשׁ
wrestler *n.* מִתְאַבֵּק
wrestling *n.* הֵאָבְקוּת
wretch *n.* אוּמְלָל, מִסְכֵּן; שָׁפָל
wretch'ed *adj.* אוּמְלָל, מִסְכֵּן, עָלוּב
wrick *v&n.* נָקַע קַלּוֹת; נֶקַע קַל
wrig'gle *v.* הִתְפַּתֵּל; חָשׁ אִי־נוֹחוּת
wriggle out of נֶחֱלַץ, הִתְחַמֵּק
wriggle *n.* הִתְפַּתְּלוּת; נִעְנוּעַ; פִּרְכּוּס
wright *n.* חָרָשׁ, פּוֹעֵל, עוֹשֶׂה
wring *v&n.* עִקֵּם, סוֹבֵב; לָחַץ; סָחַט; לְחִיצָה; סְחִיטָה
wring one's hands הִצְמִיד יָדָיו (בשעת צער), סָפַק כַּפָּיו
wringer *n.* מַעְגִּילָה, מַכְבֵּשׁ־כְּבָסִים
wrin'kle *n.* קֶמֶט; קֶפֶל; תַּחְבּוּלָה
wrinkle *v.* קִמֵּט; הִתְקַמֵּט
wrist *n.* שׁוֹרֶשׁ הַיָּד, מִפְרַק כַּף־הַיָּד
wrist'let *n.* רְצוּעַת־שָׁעוֹן; צָמִיד, חֵפֶת
wristwatch *n.* שְׁעוֹן־יָד
writ *n.* צַו, כְּתָב, כְּתָבִים
write *v.* כָּתַב; רָשַׁם; חִבֵּר
write down כָּתַב; הוֹרִיד מְחִיר
write off מָחַק, בִּטֵּל; שִׁרְבֵּט
write up שִׁבַּח; הִשְׁלִים, עִדְכֵּן
writer *n.* כּוֹתֵב; סוֹפֵר, מְחַבֵּר; לַבְלָר
write-up *n.* בִּקֹּרֶת, מַאֲמָר, כַּתָּבָה
writhe (rīdh) *v.* הִתְפַּתֵּל, הִתְיַסֵּר
writing *n.* כְּתִיבָה; כְּתַב־יָד; יְצִירָה
writ'ten = pp of write
wrong (rông) *adj.* לֹא־טוֹב, לֹא־נָכוֹן; לֹא־צוֹדֵק, לֹא־הוֹגֵן, לֹא־יָשָׁר; מוּטְעֶה
wrong side צַד הָפוּךְ (של בגד)
wrong *adv.* בְּצוּרָה לֹא־נְכוֹנָה
go wrong טָעָה; הִשְׁתַּבֵּשׁ, נִכְשַׁל
wrong *n.* רַע; חֵטְא, עָוֶל; טָעוּת
wrong *v.* גָּרַם עָוֶל לְ–
wrongdoer *n.* עוֹשֵׂה רָע, חוֹטֵא
wrote = pt of write
wroth (rôth) *adj.* זוֹעֵם, זוֹעֵף
wrought (rôt) *adj.* עָשׂוּי, מְעוּבָּד
wrought up מָתוּחַ, נִרְגָּשׁ, נִסְעָר
wrought iron בַּרְזֶל חָשִׁיל/מְעוּבָּד
wrung = p of wring
wry *adj.* מְעֻוָּת, עָקוּם; חָמוּץ, מַר

X

x (eks) *n&v.* נֶעלָם; פְּלוֹנִי; מָחַק
xen′opho′bia (z-) *n.* בַּעַת־זָרִים
xerox (zē′roks) *n&v.* צִלּוּם (שֶׁל מִסְמָךְ); צִלֵּם (מִסְמָכִים)
Xerx′es (zûrk′zēs) *n.* אֲחַשְׁוֵרוֹשׁ
Xmas = christmas (kris′məs)
X ray *n.* קֶרֶן־רֶנטגֶן; צִלּוּם רֶנטגֶן, חוֹזִי; טִפּוּל הַקְרָנָה
X rays קַרְנֵי־רֶנטגֶן, קַרְנֵי־אִיקס
X-ray *v.* צִלֵּם בְּקַרְנֵי־רֶנטגֶן
xy′lonite′ (z-) *n.* צֶלוּלוֹאִיד, תָּאִית
xy′lophone′ (z-) *n.* קְסִילוֹפוֹן, מַקּוֹשִׁית

Y

y = year, yard
yacht (yot) *n.* יַכְטָה; סְפִינַת־מֵרוֹץ
yachting *n.* שִׁיּוּט (בְּיַכְטָה)
yachtsman *n.* בַּעַל יַכְטָה; שׁוֹחֵר־שַׁיִט
yak *n.* יַאק, שׁוֹר טִבֶּטִי
yak *v&n.* *פִּטְפֵּט, קִשְׁקֵשׁ; פִּטְפּוּט
yam *n.* בָּטָטָה, תַּפּוּד מָתוֹק
yam′mer *v.* *הִתְלוֹנֵן, קִטֵּר; פִּטְפֵּט
yank *v&n.* מָשַׁךְ, שָׁלַף; מְשִׁיכָה, עֲקִירָה
Yan′kee *n.* יַנְקִי, אֲמֶרִיקָנִי צְפוֹנִי
yap *v&n.* נָבַח; פִּטְפֵּט; נְבִיחָה חַדָּה
yard *n.* יַרְד; חָצֵר; מִגְרָשׁ; מַחְסָן
yardstick *n.* סַרְגֵּל־יַרְד; קְנֵה־מִדָּה
yarn *n&v.* מַטְוֶה; סִפּוּר; סִפֵּר
spin a yarn סִפֵּר/בָּדָה סִפּוּר
yaw *v&n.* סָטָה מֵהַמַּסְלוּל; סְטִיָּה
yawl *n.* מִפְרָשִׂית; סִירַת־אוֹנִיָּה, יָאוּל
yawn *v&n.* פִּהֵק; נִפְעַר; פִּהוּק
yawp *v.* צָרַח; *קִשְׁקֵשׁ, פִּטְפֵּט
yea (yā) *adv&n.* כֵּן; אוֹמֵר הֵן, מְחַיֵּב
yeah (ye) *adv.* *כֵּן
year *n.* שָׁנָה
get on in years הִזְדַּקֵּן, הִזְקִין
man of years קָשִׁישׁ, בָּא בַּיָּמִים
year by year שָׁנָה בְּשָׁנָה
yearbook *n.* שְׁנָתוֹן, סֵפֶר שָׁנָה
year′ling *n.* בֶּן שָׁנָה, בֶּן שְׁנָתוֹ
yearly *adj&adv.* שְׁנָתִי, בְּכָל שָׁנָה
yearn (yûrn) *v.* הִתְגַּעְגֵּעַ, הִשְׁתּוֹקֵק
yearning *n.* גַּעְגּוּעִים, כְּמִיהָה, כִּסּוּפִים
yeast *n.* שְׁמָרִים
yell *v&n.* צָעַק; צָרַח; צְעָקָה, צְרִיחָה
yel′low (-ō) *adj&n.* צָהֹב; *פַּחְדָן
yellow *v.* הִצְהִיב
yellowish *adj.* צְהַבְהַב
yelp *v&n.* נָבַח, יִלֵּל; נְבִיחָה, יְלָלָה
Yem′enite′ *adj.* תֵּימָנִית
yen *n&v.* כִּסּוּפִים, תְּשׁוּקָה; הִשְׁתּוֹקֵק
yeo′man (yō′-) *n.* (בצי) סַמָּל, לְבַלָר; אִכָּר עַצְמָאִי; מְשָׁרֵת
yep *adv.* *כֵּן
yes *adv&n.* כֵּן, הֵן; תְּשׁוּבָה חִיּוּבִית
yes man אוֹמֵר הֵן, עוֹנֶה אָמֵן; יֶסְמֶן
yes′terday′ *adv&n.* אֶתְמוֹל
yesterday week לִפְנֵי 8 יָמִים
yet *adv.* עוֹד, עֲדַיִן; כְּבָר; עַד עַתָּה; בֶּעָתִיד, לַבַּסּוֹף; בְּנוֹסָף
as yet עַד כֹּה, עַד עַתָּה
nor yet יְתֵרָה מִזּוֹ, וְאַף לֹא
not yet עוֹד לֹא, עֲדַיִן לֹא, טֶרֶם
yet *conj.* אֲבָל, אַךְ, בְּרַם, אֶפֶס
and yet וַעֲדַיִן, וּבְכָל זֹאת
Yid *n.* *יְהוּדוֹן
Yid′dish *n.* יִדִּישׁ
yield (yēld) *v.* הֵנִיב, הֵפִיק; נָשָׂא פְּרִי; וִתֵּר עַל; נָתַן, מָסַר; הֶעֱנִיק; נִכְנַע; לֹא עָמַד בִּפְנֵי, קָרַס
yield ground נָסוֹג
yield up the ghost מֵת
yield *n.* תְּנוּבָה, יְבוּל; תְּשׁוּאָה, תְּפוּקָה, רֶוַח, הַכְנָסָה
yielding *adj.* נִכְנָע, כָּנוּעַ, וַתְּרָן, צַיְּתָן

yo'del *n&v.* יוֹדֶל; יִדלוּל; יִדלֵל
yo'ga *n.* יוֹגָה
yoke *n.* עוֹל; צֶמֶד־בָּקָר; אֵסֶל; מוֹתנֵי־חֲצָאִית; קֶשֶר; שִעבּוּד
yoke *v.* רָתַם בְּעוֹל; חִבֵּר, הִצמִיד
yokefellow *n.* בֶּן־זוּג, שוּתָּף
yo'kel *n.* אִיש־כְּפָר, כַּפרִי, בּוּר
yolk (yōlk) *n.* חֶלמוֹן־הַבֵּיצָה
yon'der *adv&adj.* שָם, הַהוּא; בַּכִּוּוּן הַהוּא, שָמָה
yore *n.* הֶעָבָר הָרָחוֹק, לְפָנִים
 in days of yore בְּיָמִים עָבָרוּ
you (ū) *pron.* אַתָּה, אַתְּ, אַתֶּם; אוֹתְךָ, אֶתכֶם; לְךָ, לָכֶם
 you bet בֶּטַח, בְּוַדַאי
you'd = you had/would (yood)
you'll = you will/shall (yool)
young (yung) *adj.* צָעִיר; בִּתחִלָּתוֹ, רַעֲנָן; טָרִי; חֲסַר־נִסָּיוֹן; יָרוֹק
 the younger הַצָּעִיר, הַבֵּן
 young and old מִנַּעַר וְעַד זָקֵן
young *npl.* גוּרִים, וְלָדוֹת, צֶאֱצָאִים
 with young הָרָה, מְעוּבֶּרֶת
youngish *adj.* צָעִיר לְמַדַי
young'ster (yung'-) *n.* צָעִיר, נַעַר
your (yoor) *adj.* שֶלְךָ, שֶלָּכֶם
you're = you are (yoor)
yours (yoorz) *pron.* שֶלְךָ, שֶלָּכֶם
yourself' (yoor-) *pron.* (אֶת/לְ־/בְּ־/מֵ־) עַצמְךָ
 by yourself לְבַדְךָ, בְּעַצמְךָ
 you are not yourself today אֵינְךָ כִּתמוֹל שִלשוֹם, בְּרִיאוּתְךָ לְקוּיָה
youth (ūth) *n.* נְעוּרִים, שְנוֹת הַנּוֹעַר; צָעִיר, נַעַר; נוֹעַר, הַדּוֹר הַצָּעִיר
youthful *adj.* צָעִיר, שֶל נְעוּרִים, רַעֲנָן
youth hostel אַכסַנְיַת־נוֹעַר
you've = you have (yoov)
yowl *v&n.* יִלֵּל, יִבֵּב; יְלָלָה, יְבָבָה
yo'yo *n.* יוֹ־יוֹ (צַעֲצוּעַ)

Z

za'ny *n&adj.* לֵיצָן, מוּקיוֹן; טִפְּשִי
zeal *n.* קַנָּאוּת, לְהִיטוּת, הִתלַהֲבוּת
zeal'ot (zel'-) *n.* קַנַּאי, פָּנָטִי
zeal'ous (zel'-) *adj.* קַנָּאִי, נִלהָב
ze'bra *n.* זֶבּרָה
zebra crossing מַעֲבַר חֲצִיָּה
ze'nith *n.* זֶנִית, צוֹהַר; שִׂיא, פִּסגָה
zeph'yr (-fər) *n.* זֶפִיר, רוּחַ מַעֲרָבִית
zep'pelin *n.* צֶפֶּלִין, סְפִינַת־אֲוִיר
ze'ro *n&v.* אֶפֶס, 0; אִפֵּס
 zero in אִפֵּס, כִּוֵּן; הִתמַקֵד
zest *n.* הִתלַהֲבוּת, חֵשֶק; הֲנָאָה; טַעַם, תַּבלִין; קְלִפַּת לִימוֹן/תַּפּוּז
zestful *adj.* מִתלַהֵב, מָלֵא־הִתלַהֲבוּת
zig'zag' *n&v.* זִיגזָג; נָע בְּזִיגזָג
zigzag *adj&adv.* זִיגזַגִי; בְּזִיגזָג
zinc *n.* אָבָץ
Zi'on *n.* צִיּוֹן, יִשׂרָאֵל
Zi'onism' *n.* צִיּוֹנוּת
Zi'onist *n.* צִיּוֹנִי
zip *n.* שְרִיקָה; מֶרֶץ, פְּעַלתָּנוּת; רוֹכְסָן
zip *v.* שָרַק, חָלַף בִּשרִיקָה; רָכַס
 zip open פָּתַח (רוכסן)
zip code מִספַּר הַמִּיקוּד
zip fastener רוֹכְסָן
zip'per *n.* רוֹכְסָן, רִיצ׳רָץ׳
zo'diac' *n.* זוֹדִיאַק, גַּלגַּל־הַמַּזָּלוֹת
zo'nal *adj.* אֲזוֹרִי
zone *n.* אֵזוֹר; שֶטַח, תְּחוּם
zone *v.* חִלֵּק לַאֲזוֹרִים; הִקצָה אֵזוֹר
zone defense הֲגַנָּה אֲזוֹרִית
zoo *n.* גַּן־חַיּוֹת
zo'olog'ical *adj.* זוֹאוֹלוֹגִי
zo•ol'ogist *n.* זוֹאוֹלוֹג
zo•ol'ogy *n.* זוֹאוֹלוֹגיָה, תּוֹרַת הַחַי
zoom (zo͞om) *v&n.* נָסַק אֶל־עָל; נָע בִּמהִירוּת, חָלַף בִּיעָף; נְסִיקָה מְהִירָה
 zoom in עָבַר בִּמהִירוּת לְצִלּוּם מִקָּרוֹב

• •